SCOFIELD

BÍBLIA DE ESTUDO

AEC

SCOFIELD

BÍBLIA DE ESTUDO

Vida

BÍBLIA DE ESTUDO SCOFIELD

Distribuição e comercialização: Editora Vida.

ISBN 978-85-7557-076-0

SUMÁRIO

O ANTIGO TESTAMENTO

O NOVO TESTAMENTO

INTRODUÇÃO

A BÍBLIA DE ESTUDO SCOFIELD une uma excelente versão das Escrituras ao popular método de estudo da Bíblia inicialmente apresentado pelo dr. C. I. Scofield, em 1909. As notas neste método de estudo da Bíblia continuam com as mesmas doutrinas sustentadas pelo dr. Scofield. Elas incluem a inspiração verbal e plenária e a inerrância das Escrituras, a existência de um Deus em três Pessoas – Pai, Filho e Espírito Santo –, o nascimento virginal e a divindade de Cristo, sua morte substitutiva, ressurreição física e ascensão, sua iminente volta para buscar sua noiva, a Igreja, seu regresso visível e pré-milenar à terra, a bem-aventurança eterna dos redimidos e o castigo eterno dos perdidos. As notas da presente edição são uma adaptação em linguagem moderna realizada pelo comitê revisor em 1967.

A *Bíblia de Estudo Scofield* ocupa um lugar único entre as publicações concebidas para auxiliar às pessoas a entender as Escrituras. Sua popularidade e utilidade se devem tanto às circunstâncias históricas que cercaram sua publicação e posterior revisão como também aos vários e importantes assuntos doutrinários que compreende. A história da Bíblia Scofield é fascinante e pode proporcionar a todos que a usarem um maior entendimento de seu conteúdo, de como usá-la e como estudar a Bíblia em geral. A razão é que a própria história da Bíblia Scofield está ligada a importantes desenvolvimentos em estudos bíblicos, pregações e ensinamentos. Na verdade, ela surgiu do profundo estudo da Bíblia por parte de um indivíduo e foi concebida como auxílio para permitir que outros compreendam a Bíblia por si sós. Como a primeira Bíblia de estudo de seu tipo, ela alcançou seu objetivo de maneira que o seu primeiro compilador provavelmente nunca imaginou.

A partir da primeira edição, o objetivo da Bíblia de Estudo Scofield tem sido ajudar o estudante da Bíblia a considerar as Escrituras como um todo. A Bíblia Scofield afirma doutrinas históricas como a divindade de Jesus Cristo, a realidade dos milagres e a salvação pela graça por meio da fé. No entanto, também reflete uma perspectiva da atividade de Deus na história humana, tal como está revelada nas próprias Escrituras. Para entender a totalidade da Bíblia, é crucial crer no caráter progressivo do relacionamento de Deus com a humanidade. As relações que Deus estabelece com as pessoas estão fundamentadas em alianças e vão se revelando por meio de alianças, que ligam a vida humana com a redenção divina. Grande parte do material de estudo nessa edição corresponde à análise dessas alianças e a sua relação com a obra de Cristo.

Além disso, a Bíblia de Estudo Scofield distingue as dispensações, algo que demonstra ainda mais a natureza progressiva de como Deus trata com a humanidade. As dispensações estão associadas a períodos em que as pessoas foram submetidas a provas específicas e variadas de sua obediência a Deus, do começo ao final da história humana. Mesmo que nem todos os estudantes da Bíblia estejam de acordo com cada detalhe do sistema dispensacional apresentado nesta Bíblia de estudo, de modo geral é admitido que a distinção entre a Lei e a graça é básica para compreender o programa divino das eras, sempre que se compreender com clareza que: 1) por meio das Escrituras, há somente uma maneira de salvação, ou seja, pela graça por meio da fé; 2) não pode haver limites estritos quanto ao término de cada dispensação, pois existe certa sobreposição entre elas; 3) a economia divinamente transmitida pode continuar depois de haver sido concluído o período de prova específico. Para essa perspectiva das Escrituras é essencial o regresso pré-milenar de nosso Senhor e os aspectos da profecia bíblica relacionados com esse evento.

HISTÓRIA DA *BÍBLIA DE ESTUDO SCOFIELD*

CYRUS INGERSON SCOFIELD nasceu em 19 de agosto de 1843 na zona rural do condado de Lenawee, Michigan, a sudoeste de Detroit, nos Estados Unidos. Depois de prestar serviço militar no Exército da Confederação, pelo que recebeu a Cruz de Honra, estudou leis no escritório de uma firma de Saint Louis. Quando Scofield tinha 29 anos, o presidente Ulisses S. Grant o designou fiscal dos Estados Unidos para o estado de Kansas.

Em 1879, enquanto praticava advocacia em Saint Louis, foi confrontado com a mensagem do evangelho e recebeu a Cristo. Imediatamente começou a dedicar-se a um profundo estudo das Escrituras. É indubitável que Deus o estava preparando para um futuro trabalho de consolidar um sistema para estudo bíblico pessoal numa ferramenta fácil de ser usada.

Várias pessoas importantes exerceram influência formativa sobre Scofield antes e durante seu trabalho na Bíblia de estudo. Uma das primeiras pessoas foi o dr. James H. Brookes, pastor de Saint Louis e um dos principais expositores bíblicos de seu tempo. Outro foi D. L. Moody, quem Scofield havia conhecido brevemente após sua conversão e cujo lugar ocupou mais tarde como pastor da Igreja Congregacional em Northfield, Massachusetts. Estes e outros grandes estudantes das Escrituras ajudaram Scofield a confirmar sua perspectiva unificadora da Bíblia e seu desejo de ver que a Bíblia transforma vidas.

Depois de sua conversão, Scofield prestou serviço cristão ativo de modo contínuo, primeiro como obreiro entre trabalhadores ferroviários em Saint Louis e, depois, como pastor em Dallas (1882-1895, 1903) e em Northfield, Massachusetts (1895-1903). Isso fortaleceu sua preocupação com um ensinamento bíblico *prático* que resultasse em frutos à semelhança de Cristo. Scofield deu ênfase ao estudo bíblico e ao evangelismo, e teve parte na fundação de dois importantes ministérios: a Missão Centro-Americana (1890) e a Philadelphia School of the Bible (com William L. Pettingill, em 1914), que mais tarde tornou-se o Philadelphia College of the Bible. Seu *Curso por Correspondência Bíblia Scofield*, baseado em suas notas pessoais de estudo bíblico e no influente, ainda que pequeno, livro *Manejando bem a Palavra da Verdade*, produto de uma classe bíblica que tinha a seu cargo em Dallas, também exemplifica seu fervoroso desejo de ajudar as pessoas a estudar a Bíblia por si sós.

Em 1903, depois de renunciar ao ministério pastoral, Scofield iniciou um intenso período em que estudava e escrevia, tanto nos Estados Unidos como na Europa, a fim de compilar um sistema unificado de estudo da Bíblia que servisse como veículo para as grandes verdades das Escrituras que ele considerava cruciais para a fé e o serviço. Sua preparação incluiu estudo e investigação na Universidade de Oxford e interação com eruditos internacionais. Ele idealizou uma Bíblia de estudo que tivesse particularidades-chave como: 1) referências temáticas em cadeia, 2) introdução para cada livro e para as seções da Bíblia, 3) um sistema de parágrafos/esboços e 4) notas. Apesar de não contar com preparação teológica acadêmica, demonstrou ser capaz de expressar

– de maneira compreensível para o leitor médio – os grandes ensinamentos ortodoxos que haviam sido enfatizados durante o período de avivamento doutrinário do final do século. O resultado de seu trabalho, finalizado em 1907, foi colocado em circulação na língua inglesa em 1909 pela sucursal de Nova York da Oxford University Press com o nome Scofield Reference Bible (Bíblia de Referência Scofield). Na preparação dessa publicação, foram realizadas consultas com vários reconhecidos mestres da Bíblia do princípio do século XX, que representavam diferentes matizes eclesiásticos, homens como James M. Gray, diretor do Instituto Bíblico Moody, e Arno C. Gaebelein, notável expositor e paladino da verdade profética. Scofield faleceu em 24 de julho de 1921, após ter sofrido em razão de sua precária saúde por vários anos.

Nenhum estudante ou mestre jamais deve alegar que pode apresentar uma verdade ou material doutrinário supostamente dados por Deus e no mesmo nível da Bíblia. Se C. I. Scofield estivesse vivo, provavelmente seria o primeiro a reconhecer que seu sistema de estudo nunca deve ser considerado um substituto das páginas da própria Bíblia. Por essa razão, a Bíblia Scofield é significativa. Ela declara que seu propósito é fazer que a Bíblia fale por si, permitindo que o estudante compare diferentes partes das Escrituras, passando do que é facilmente compreendido para o mais difícil. Todo o sistema é concebido para tornar acessível ao leitor tantas passagens das Escrituras quanto possível. Para isso, a Bíblia Scofield, além de oferecer ajudas de estudo, referências cruzadas e em cadeia, também adota uma posição teológica que apresenta um quadro completo da Bíblia. Essa combinação de franqueza teológica e ferramentas de ajuda torna a *Bíblia de Estudo Scofield* única em sua categoria.

Pode uma Bíblia de estudo adotar uma postura particular sem ser acusada de parcialidade? Sim, sempre e quando permitir à Bíblia demonstrar seus próprios ensinamentos. Devemos lembrar que cada tradução reflete a posição teológica do indivíduo ou do comitê que lhe deu forma. Cada trabalho sobre interpretação bíblica amalgama alguma posição com certos pressupostos. Duas pautas prevaleceram e guiaram Scofield em seu estudo: 1) O entendimento mais exato da Bíblia vem quando lhe é permitido lançar luz sobre si mesma e, 2) na análise final, todas as Escrituras devem relacionar-se com a obra do Senhor Jesus Cristo. Isso está em conformidade com o princípio bíblico enunciado em Ap 19.10: "O testemunho de Jesus é o espírito da profecia" (veja a nota de Scofield em Ap 19.10).

A resultante ênfase nas doutrinas ortodoxas da fé e verdades proféticas vitais, especialmente o regresso pré-milenar de Cristo (veja Ap 20.4), fez que o Sistema de Estudo Scofield se tornasse de grande valor para milhões de pessoas. Ele lhes permitiu apropriarem-se de uma mensagem bíblica unificada para sua fé e serviço. Os estudantes da Bíblia puderam ver as Escrituras como uma revelação progressiva das diferentes maneiras com que Deus tratou a humanidade, ou seja, as *dispensações* (veja Gn 1.28). Puderam reconhecer que, ainda que os propósitos de Deus em diferentes momentos da história humana pudessem não ter as mesmas facetas, em essência todas as suas obras se relacionariam com a cruz e todas as suas bênçãos para a humanidade se efetuariam por meio de *alianças* (veja Gn 2.16). Essa ênfase nas dispensações e alianças é, certamente, uma particularidade doutrinária da Bíblia Scofield. É o aspecto central do dispensacionalismo, até hoje a forma mais produtiva de abordar a Bíblia. Na verdade, a Bíblia é uma história das alianças de Deus e nos estimula a formular uma teologia de alianças. Entender que o dispensacionalismo nos fornece um método de abordagem da Bíblia faz que se torne um importante sistema para o estudo bíblico. Frank Gaebelein, um dos consultores da *New Scofield Reference Bible* publicada em 1967, observa: "É duvidoso que ele [Scofield] tenha equiparado esse particular sistema dispensacionalista com a verdade absoluta. Mas é inegável, como sabe o incontável número de pessoas que usam esta edição da Bíblia, que ele se torna uma ferramenta útil para compreender a revelação inspirada do plano divino para as eras".

Em outras palavras, a própria teologia da *Bíblia de Estudo Scofield* é baseada no pressuposto de que o melhor método para lidar com a Bíblia é aquele que permite ao leitor entender grande parte dela. É o que, exatamente, faz a estrutura dispensacionalista. Muita gente tem testificado que a ênfase na grande cadeia de verdades proféticas na Bíblia, muitas ainda por cumprir-se, fez que a Bíblia se abrisse para eles de maneira lógica e proveitosa. Para eles, frequentemente, isso é um notável contraste com o ensinamento anterior de que muitas partes da Bíblia não podem ser entendidas, pois são apenas repetições ou não devem ser consideradas de maneira literal.

Por fim, é significativo que a ênfase que Scofield dá ao serviço em sua própria vida e na formulação das notas tem levado muitos a apreciar a Bíblia Scofield por sua ajuda no caminhar pessoal com Deus. Uma apresentação de entendimento doutrinário da Bíblia não está completa sem as respectivas palavras de ânimo para viver uma vida com frutos à semelhança de Cristo. A doutrina bíblica sã, na verdade, consegue isso. Ela considera os ensinamentos da Bíblia com seu propósito de chegar à vida de seres de carne e osso e, pela lógica que tem e pela maneira com que exalta a Cristo, guia as pessoas a servir a um Deus da graça. Podemos ver claramente essa conexão entre doutrina e prática em passagens como Tt 2.11, onde o entendimento dos propósitos de

Deus centrados em Cristo produz uma vida piedosa enquanto os crentes esperam o regresso de Cristo. A doutrina correta leva a um comportamento correto, assim como a doutrina incorreta leva a um comportamento incorreto. Uma correta interpretação da Bíblia é a condição para agradar a Deus. Scofield sabia disso e tem ajudado milhões a confirmá-lo em sua própria vida.

A edição original de 1909 da Scofield Bible Reference foi revisada por Scofield e um comitê consultor e publicada em 1917. Em 1930, as vendas das duas edições alcançaram um milhão de exemplares. Em 1954, a Oxford University Press comissionou um grupo de nove destacados educadores evangélicos para revisar e ampliar a edição de 1917. Eles deviam clarificar notas e integrar ao sistema de estudo os descobrimentos bíblicos realizados desde que se havia preparado a última publicação. Os membros do comitê revisor trabalharam liderados por E. Schuyler English.

Quando, em 1917, foi publicada a segunda edição em inglês de sua Bíblia de estudo, o dr. Scofield afirmou que, por seu uso, "o povo de Deus [...] havia sido ajudado a [ter] uma compreensão mais clara e espiritual da Palavra de Deus". Ainda assim, o dr. Scofield também reconheceu certa gratidão ao poder fazer algumas alterações para a versão de 1917, de maneira que "ele pudesse ter oportunidade de acrescentar, aqui e ali, a ajuda adicional aconselhada pela experiência".

A produção da presente edição – com seus inerentes problemas para adaptar a uma nova tradução o material de estudo que originariamente foi preparado para outro texto bíblico – não trouxe nenhuma mudança doutrinária por parte do comitê revisor ou do corpo editorial. A pauta primordial para ajustar o material de Scofield à presente versão da Bíblia (AEC – Almeida Edição Contemporânea) foi preservar ao máximo aquele material, tanto quanto possível. Foram necessárias mudanças nos seguintes casos:

1. Quando o texto bíblico é citado ou aludido nas notas da Bíblia de Estudo Scofield. Em alguns casos, a fraseologia do material teve de ser reformulada a fim de corresponder às citações da AEC.
2. Não são atribuídas datas anteriores a 2100 a.C. por falta de evidência para fixá-las com exatidão (comp. Gn 1.1; 5.3; 11.10, notas). Entre 2100 e 1000 a.C. são fornecidas datas aproximadas. Posteriormente a 1000 a.C., é atribuída aos eventos data mais precisa quando as informações presentes tornam isso possível; mesmo nesses casos a maioria das datas constitui tentativas e podem requerer revisão se evidência assim o exigir.

Que esta obra reavive os esforços daqueles que servem ao amoroso e santo Deus e exaltam sua maravilhosa graça em Jesus Cristo.

COMO USAR ESTA BÍBLIA DE ESTUDO

MÉTODO DE ESTUDO BÍBLICO

Ao longo dos séculos, a Bíblia tem sido o livro mais lido. No entanto, à medida que as pessoas são impulsionadas a lê-la, talvez por curiosidade, talvez por interesse espiritual, frequentemente descobrem que a Bíblia as desconcerta. Por vezes, os estudantes da Bíblia reagem dizendo: "Somos muitos lendo este versículo, e cada um o entende de maneira diferente!". Alguns que não creem que a Bíblia tenha algum direito sobre sua vida ficam perplexos e rejeitam qualquer estudo bíblico sério. Há duas razões básicas para a incerteza na interpretação e a falta de interesse no estudo bíblico. A primeira é falta de fé em Deus e de conhecimento do Deus que deu a Bíblia. A segunda é falta de entendimento do plano e propósito da Bíblia em si.

Quanto ao nosso conhecimento de Deus, a Bíblia é clara. Apesar de o homem ter sido criado à imagem de Deus (Gn 1.27), ele caiu em pecado (Gn 3.6-11) e se tornou, por natureza, pecador (Ef 2.1-3). Ainda assim, Deus amou o homem (Rm 5.8) e proveu um sacrifício – Jesus Cristo, o Filho de Deus – para o pecado do homem (1Pe 2.24). Aqueles que creem em Jesus (Jo 5.24) são libertos do castigo da eterna condenação (Jo 3.16) e recebem o dom da vida eterna (Rm 6.23). O homem natural, disse Paulo, não pode saber nem perceber "as coisas do Espírito de Deus, pois lhe parecem loucura, e não pode entendê-las" (1Co 2.14). A pessoa que chegou a conhecer Deus e seu dom da vida veio a conhecer o autor da Bíblia e, por meio do estudo bíblico, pode vir a conhecer a revelação de Deus nas Escrituras.

Avançando para o segundo aspecto – a falta de entendimento do plano e propósito da Bíblia –, muitos leitores também necessitam de direção. O plano da Bíblia pode ser comparado a um mosaico. Cada palavra, cada capítulo e cada livro formam componentes necessários e, no entanto, incompletos em si mesmos. Nunca podem ser considerados isoladamente, assim como um mosaico só pode ter sentido como um todo unificado. Para beneficiar-se da Bíblia, o leitor deve poder trabalhar tanto com as partes individuais como com os temas e propósitos gerais.

Uma das qualidades desta Bíblia de estudo é que tenta apresentar todo o plano da revelação escrita. Seu objetivo é relacionar essa perspectiva global com os detalhes das Escrituras, os quais podem ser encontrados em declarações concisas e descrições dos propósitos e das obras de Deus no tempo e além dele.

Ao apresentar a Palavra escrita de Deus como um todo, a Bíblia Scofield enfatiza várias características unificantes: 1) a natureza das Escrituras que dá corpo à revelação progressiva, 2) a significativa divisão do cânon total de 66 livros em subseções conectadas, 3) a presença de temas recorrentes ao longo da Bíblia, 4) a relação das obras de Deus com o contínuo fluir da história humana, incluindo metas específicas em seu relacionamento com a humanidade, e 5) a conexão dos detalhes individuais das Escrituras com o plano geral – até onde isso pode ser discernido – para a humanidade e para os seres angelicais.

É muito certo afirmar que esta Bíblia de estudo oferece ao leitor toda uma vida de oportunidades de estudo. É concebida para ajudar o leitor a analisar partes separadas das Escrituras e uni-las entre si. Em vista de as profundidades da Bíblia nunca poderem ser totalmente sondadas por nenhuma mente finita – sempre há mais a aprender –, várias características descritas nesta seção foram pensadas para ajudar o estudante a aprofundar-se mais no texto, descobrindo detalhes e relacionando-os.

O PLANO GERAL DA BÍBLIA

HÁ VÁRIAS CARACTERÍSTICAS proeminentes da Bíblia que são indispensáveis para o estudo.

1. *A Bíblia é um livro*. Várias manifestações reveladoras dão testemunho dessa unidade. 1) De Gênesis em diante, a Bíblia dá testemunho de que há um único Deus. Onde quer que ele fale ou aja, sempre haverá coincidência quanto a si mesmo e a toda a revelação sobre si mesmo. 2) A Bíblia é uma história ininterrupta – o relato de como Deus trata com a raça humana. 3) A Bíblia traz o que pareceriam improváveis predições quanto ao futuro e, depois, oferece o registro de seu cumprimento no momento assinalado. 4) A Bíblia é uma revelação progressiva de verdades. Deus não dá, num momento particular, toda a informação que proporcionará sobre determinado tema. (Também é importante recordar que Deus não nos disse *tudo* acerca de si mesmo e de seus propósitos em relação ao homem, mas apenas o que necessitamos saber.) Para estimular nosso interesse e impedir casualidades, ao longo do tempo Deus tem dado sua revelação por partes. Em Hebreus 1.1,2, encontramos uma declaração útil sobre esse princípio: "Havendo Deus outrora falado, muitas vezes e de muitas maneiras, aos pais, pelos profetas, a nós falou-nos, nestes últimos dias, pelo Filho". 5) A Bíblia apresenta um único caminho de acesso a Deus. Toda a história bíblica até a cruz prevê a grande obra de Deus provendo um caminho para que os pecadores cheguem à sua presença. O restante do que é registrado no Novo Testamento considera esse ato retrospectivamente, delineando o relato daqueles que viveram após a cruz. O meio de acesso a Deus (morte substitutiva de um sacrifício) e o único canal para obter esse acesso (a fé) são apresentados de maneira uniforme nas Escrituras, sem nenhum indício de que haja outra maneira possível. 6) Do princípio ao fim, a Bíblia possui um grande tema: a pessoa e obra do Senhor Jesus Cristo. De forma muito precisa e minuciosa, as Escrituras estão, antes de tudo, relacionadas com ele. Apocalipse 19.10 nos lembra disso ao declarar: "O testemunho de Jesus é o espírito da profecia". As palavras proféticas do Antigo e Novo Testamentos se concentram em Jesus Cristo: elas são testemunhos acerca dele. 7) As doutrinas da Bíblia são harmoniosas, mesmo tendo sido escritas por cerca de 44 escritores ao longo de mais de dezesseis séculos. A frequente citação do Antigo Testamento por parte de escritores do Novo Testamento testifica isso. Por exemplo, o fato de Paulo poder citar Gn 2.24 para formular seu argumento em Ef 5.31 mostra que ele cria que suas palavras estavam em harmonia com as de Moisés.

2. *A Bíblia é um livro composto de livros*. Cada um dos 66 livros está completo em si mesmo e tem seu próprio tema e análise. Na *Bíblia de Estudo Scofield*, as características de cada livro aparecem na introdução dele – que inclui um esboço do texto – e nos subtítulos ao longo do texto, que se baseiam no esboço e o ampliam. É importante que cada livro seja estudado à luz de seus temas distintivos. Gênesis, por exemplo, é o livro dos princípios, a sementeira de toda a Bíblia. Mateus é o Evangelho que descreve a vida do Senhor Jesus como o rei apresentado a Israel, em contraposição a João, por exemplo, que enfatiza as obras de Jesus como o Filho de Deus, ou seja, como Divindade.

3. *Os livros da Bíblia podem ser divididos em grupos.* Nas Escrituras, é possível ver cinco grandes divisões, cada uma das quais associada a uma palavra-chave que sinaliza a encarnação de Cristo (comp. Lc 24.25-27).

PREPARAÇÃO	MANIFESTAÇÃO	PROPAGAÇÃO	EXPLICAÇÃO	CONSUMAÇÃO
o Antigo Testamento	os Evangelhos	Atos	as Epístolas	Apocalipse

Todo o Antigo Testamento é uma preparação para Cristo (Lc 24.27). Os quatro Evangelhos apresentam sua vida e ministério como a segunda pessoa da Trindade encarnada. O livro de Atos registra a divulgação inicial do *euangelion*, o evangelho, as boas-novas sobre Jesus. As Epístolas proporcionam interpretação e explicação da vida, do ministério e da morte de Jesus. O livro de Apocalipse descreve a consumação dos propósitos de Deus em Cristo durante e muito além da história humana na terra.

Podem-se ver importantes subdivisões adicionais. No Antigo Testamento, podem ser consideradas quatro partes bem definidas:

A LEI (PENTATEUCO)	HISTÓRIA	LIVROS POÉTICOS E SAPIENCIAIS	PROFECIA	
Gênesis	Josué	Jó	Isaías	Obadias
Êxodo	Juízes	Salmos	Jeremias	Jonas
Levítico	Rute	Provérbios	Lamentações	Miqueias
Números	1 e 2Samuel	Eclesiastes	Ezequiel	Naum
Deuteronômio	1 e 2Reis	Cântico dos Cânticos	Daniel	Habacuque
	1 e 2Crônicas		Oseias	Sofonias
	Esdras		Joel	Ageu
	Neemias		Amós	Zacarias
	Ester		Malaquias	

Dentro desses grupos, cada livro traz uma contribuição característica. Enquanto, por exemplo, a redenção é o tema geral do Pentateuco e relata a história da redenção de Israel da escravidão para uma terra boa e ampla, cada um dos cinco livros tem seu aspecto particular no todo. Gênesis descreve o chamamento de Deus para Israel, um povo em particular, para ser o especial objeto de seu relacionamento com a humanidade; Êxodo narra a libertação de Israel; Levítico descreve o culto de Israel como povo livre; Números relata a peregrinação e os fracassos desse povo livre, e Deuteronômio adverte e instrui o povo em vista de sua iminente entrada na herança.

4. *A Bíblia relata a história da humanidade*. Começando, logicamente, com a criação da terra e do primeiro ser humano, a história de nossa raça – que surgiu a partir do primeiro casal humano –, continua nos primeiros onze capítulos de Gênesis. No duodécimo capítulo, começa a história de Abraão e da nação de quem ele é o predecessor. É nessa nação, Israel, que, em sua maior parte, centra-se a narrativa bíblica posterior, de Gênesis 11 até Atos 2. Os gentios são mencionados, mas somente em conexão com Israel. Torna-se cada vez mais claro que Israel ocupa a cena dessa forma somente porque a essa nação foi confiado o cumprimento de grandes propósitos de dimensões mundiais.

A missão estabelecida para Israel foi 1) dar testemunho da unicidade de Deus em meio à idolatria universal (Dt 6.4; Is 43.10); 2) exemplificar para as nações a grande bênção de servir ao único Deus verdadeiro (Dt 33.26-29; 1Cr 17.20,21; Sl 102.15); 3) receber e preservar a revelação divina (Rm 3.1,2), e 4) dar à luz o Messias, o Salvador e Senhor da humanidade (Rm 9.4,5). Os profetas predizem um futuro glorioso para Israel durante o reinado do Messias.

A história bíblica de Israel – passada, presente e futura – abarca sete períodos distintos: 1) do chamamento de Abraão (Gn 12) ao Êxodo (Êx 1–20); 2) do Êxodo até a morte de Josué (Êx 21–Js 24); 3) da morte de Josué até o estabelecimento da monarquia hebraica com Saul; 4) o período dos reis, de Saul até os cativeiros; 5) o período dos cativeiros; 6) a nação restaurada (do final do cativeiro babilônico até a destruição de Jerusalém em 70 d.C.), e 7) a presente dispersão e posterior regresso à terra de Israel.

Os Evangelhos registram o surgimento do Messias prometido, Jesus Cristo, na história humana e dentro da nação hebraica, e relatam a maravilhosa história de sua manifestação a Israel, a rejeição por parte desse povo, sua crucificação, morte e ascensão.

O livro de Atos registra a descida do Espírito Santo e o começo de uma nova entidade na história humana, a Igreja. A humanidade é agora dividida em três categorias: os judeus, os gentios e a Igreja de Deus (1Co 10.32). Assim como Israel está em primeiro plano do chamamento de Abraão até a ressurreição de Cristo, assim a Igreja domina a cena do capítulo 2 de Atos até o capítulo 4 de Apocalipse. Os capítulos restantes desse livro completam a história da humanidade e o triunfo final de Cristo.

5. *O tema central da Bíblia é Cristo*. O que constitui o evangelho é a manifestação de Jesus Cristo, sua pessoa como o Deus revelado em carne (1Tm 3.16), sua morte como sacrifício e sua ressurreição (1Co 15.1-4). Todo o registro bíblico anterior conduz a isso; todo o registro posterior procede disso. O evangelho é pregado em Atos e explicado nas Epístolas. O tema de Cristo, Filho de Deus, Filho do homem, Filho de Abraão, Filho de Davi, une, assim, os muitos livros em um Livro. Como descendente da mulher (Gn 3.15), ele é o destruidor final de Satanás e de suas obras; como descendente de Abraão, ele é o abençoador do mundo; como descendente de Davi, ele é o Rei de Israel. Exaltado à destra de Deus, é Cabeça da Igreja, a qual é seu corpo; enquanto para Israel, e para as nações, a promessa de sua vinda constitui a única expectativa racional, que a própria humanidade terá de cumprir. Entretanto, a Igreja busca o cumprimento da especial promessa de Jesus: "Virei outra vez e vos levarei para mim mesmo" (Jo 14.3). O Espírito Santo dá testemunho dele ao longo da era da Igreja. O último livro da Bíblia, o livro da consumação, é a "revelação de Jesus Cristo" (Ap 1.1).

UTILIZANDO O MATERIAL DE ESTUDO

O LEITOR DEVE ler as p. xxvii-xxviii para uma ilustração de como usar o Sistema de Estudo Scofield para estudar o texto bíblico. Essa seção dá mais detalhes sobre as ajudas de estudo e proporciona exemplo de como utilizá-las, de modo geral relacionando-as com o primeiro capítulo de Efésios.

1. *Introduções às seções da Bíblia*. As quatro introduções às seções do Antigo Testamento, *Pentateuco* (p. 3), *Livros Históricos* (p. 213), *Livros Poéticos e Sapienciais* (p. 463) e *Livros Proféticos* (p. 603), são valiosas para mostrar: 1) o contexto histórico desse livros, 2) o conteúdo característico e as diferentes formas literárias em cada seção e 3) a revelação progressiva de Deus no que se refere às promessas do Messias e do Reino, promessas que vão se intensificando com o transcorrer dos registros. A introdução *De Malaquias a Mateus* (p. 853) mostra as profundas mudanças culturais e religiosas que ocorreram entre o Antigo e o Novo Testamentos. As introduções às seções do Novo Testamento, *Os Quatro Evangelhos* (p. 857), *As Epístolas de Paulo* (p. 1037) e *As Epístolas Gerais* (p. 1137), explicam o conteúdo geral e a essência de cada seção. A introdução às epístolas de Paulo mostra a revelação de Deus com respeito à Igreja como um "mistério" e assinala o lugar singular e o propósito da Igreja no tempo presente. Isso é especialmente importante, por exemplo, para ajudar o leitor a entender a mensagem de Efésios.

2. *Notas introdutórias a cada livro da Bíblia*. No começo de cada livro, há uma introdução que inclui a data em que foi escrito, o nome do autor, o tema central, uma síntese do livro, informações relevantes sobre história e doutrina e o esboço principal. A nota introdutória a Efésios, por exemplo, é de grande relevância, pois oferece ao leitor útil material ilustrativo sobre as bênçãos recebidas pelo crente (Ef 1.3-14). Estas são comparadas às recompensas para o povo de Israel sob a liderança de Josué ao entrar e conquistar a terra prometida. A introdução ao livro deve ser lida e analisada antes de se iniciar o estudo do livro propriamente dito.

3. Esboços do texto de cada livro. Há esboços de cada livro na introdução e no próprio texto, como ajuda para entender a progressão do pensamento no livro. Apesar de estes esboços serem apenas sugestões e estarem baseados em preferências editoriais, mostram o seguinte: 1) uma análise do conteúdo geral de cada livro, 2) a relação das partes dentro do livro e 3) o tema e propósito geral do livro.

4. Numerosos subtítulos no texto. Como regra geral, em cada capítulo há vários subtítulos ao longo do texto. Eles têm várias funções: 1) podem ampliar-se a partir do esboço dado na introdução ao livro (veja como exemplos os três subtítulos em Ef 1); 2) podem servir como título que resume o conteúdo do trecho que se segue (veja 2Rs 15); 3) ocasionalmente, designam o interlocutor do trecho que se segue (como em Cântico dos Cânticos); 4) por vezes, assinalam um versículo-chave na seção seguinte (como nos cap. 6–9 de Jó); 5) adicionados aos títulos dos salmos, proporcionam, de maneira breve, o tema para alguns deles; 6) podem servir como títulos

de capítulos (Provérbios), e 7) incluem a localização de passagens paralelas em Samuel, Reis, Crônicas e nos quatro Evangelhos.

5. *Notas comentando aspectos do texto bíblico*. As notas de rodapé, indicadas no texto por números sobrescritos são uma característica importante do Sistema de Estudo Scofield. A principal ênfase das notas é doutrinária, e elas proveem informação concisa e clara sobre o ensinamento das Escrituras. O estudante que considerar e examinar cuidadosamente essas notas será "perfeito e perfeitamente instruído para toda a boa obra" (2Tm 3.17). Além do conteúdo doutrinário, as notas de rodapé incluem aspectos como: 1) informação histórica (Êx 1.8; Dn 5.18; At 17.18); 2) atos relacionados com os costumes das épocas bíblicas que soam estranhos para o leitor contemporâneo (Gn 21.13; Mt 27.17; Jo 19.14); 3) informação geográfica relevante (Dt 1.17; Jz 5.19); 4) informação relacionada com os tipos de Cristo no Antigo Testamento (Gn 22.9; Lv 1.3ss); 5) explicações de termos e frases significantes (2Rs 2.24; At 17.30); 6) detalhes arqueológicos (Js 13.2; 2Cr 8.17; Am 6.4); 7) respostas sugeridas para perguntas difíceis sobre interpretação (1Co 15.29; Gl 3.19; Ef 3.6); 8) informação cronológica e datas sugeridas (Js 1.1; Dn 1.1); 9) descrições de nações vizinhas (Jz 13.1; 2Rs 7.6); 10) ajudas quando, em passagens paralelas, há diferenças em quantidades mencionadas (1Sm 6.19; 1Cr 11.11); 11) informações para distinguir personagens com o mesmo nome (Mt 4.21; Lc 1.27), e 12) comparações de incidentes similares em que existem diferenças (Mt 20.30).

Para se ter uma ideia da variedade das notas de rodapé, segue uma lista dos aspectos mencionados e uma breve descrição de seu conteúdo:

1) HISTÓRIA		2) COSTUMES		3) GEOGRAFIA	
Êx 1.18	Faraó no Egito, cronologia	Gn 21.13	Abraão e Hagar	Dt 1.1,7	Arabá e Sefelá
Dn 5.1	Reis no tempo de Daniel	Mt 27.17	Sistemas jurídicos que condenaram Cristo	Jz 5.19	Localização de Megido
At 17.1	Epicureus e estoicos	Jo 19.14	Épocas romanas e judaicas		

4) TIPOS		5) TERMOS		6) ARQUEOLOGIA	
Gn 22.9	Sacrifício de Isaque	2Rs 2.23	"Meninos" que chamaram Eliseu de "careca"	Js 13.2	Área geográfica das doze tribos
Lv 1.3	Sacrifícios levíticos	At 17.30	"Se arrependam"	2Cr 8.17	Escavações em Eziom-Geber
				Am 6.4	Escavação do luxo em Samaria

7) INTERPRETAÇÃO		8) CRONOLOGIA		9) NAÇÕES	
1Co 15.29	Batismo pelos mortos	Js 1.1	Data da conquista	Jz 13.1	Filisteus
Gl 3.19	Propósito da Lei	Dn 1.1	Data comparada com Jr 25.1	2Rs 7.6	Heteus (hititas)
Ef 3.6	Mistério da Igreja				

10) QUANTIDADES		11) NOMES		12) COMPARAÇÃO DE RELATOS	
1Sm 6.19	Quantidades hebraicas e gregas, diferenças	Mt 4.21	Tiago	Mt 20.30	Dois cegos versus um cego
1Cr 11.11	Aparentes divergências	Lc 1.17	Maria		

6. *Referências na coluna central (Antigo Testamento) e nas margens (Novo Testamento)*. Essa ferramenta-chave para o estudo bíblico ajuda o leitor a interpretar uma passagem ao mostrar-lhe o que a Bíblia toda diz sobre palavras, frases ou temas individuais. Como a Bíblia é a melhor intérprete de si mesma, sua mensagem em determinado lugar quase sempre se

elucida com outros textos nas Escrituras. Os estudantes que se iniciam no hábito de consultar essas ajudas de estudo descobrem que: 1) podem relacionar melhor diferentes porções da Bíblia; 2) aprendem a pensar em termos de unidade das Escrituras, e 3) permitem que a Bíblia lance sua própria luz sobre porções difíceis. Por exemplo, em Hb 12.1 a ação de deixar "todo embaraço e o pecado que tão de perto nos rodeia" tem seu paralelo e está explicada pelo conceito de não recuar, crer e ser salvos (a conservação da alma) em Hb 10.39. A conexão está indicada pela primeira letra sobrescrita em Hb 12.1.

Nesse tipo de referências, também se encontra o sistema de referências temáticas em cadeia.

7. *Pesos e medidas.* Em 2Cr 2.10 e At 27.28 há notas sobre pesos e medidas. Há também uma tabela na p. 1187.

8. *Um sistema de referências temáticas em cadeia.* Cada tema bíblico importante representado em uma cadeia tem uma série de referências ao longo da Bíblia e uma nota de resumo que organiza a informação numa cadeia temática. As cadeias são deliberadamente seletivas, para proporcionar uma descrição clara do tema em consideração. Estão ordenadas de acordo com temas, não simplesmente pelas palavras que aparecem, a fim de guiar melhor o leitor na aprendizagem da doutrina bíblica. Além disso, os temas escolhidos para as cadeias temáticas são de grande relevância para o entendimento da própria Bíblia. Por essa razão, o tempo investido no estudo desses temas é proveitoso para compreender a Bíblia como um todo. Uma cadeia temática de referências em determinado capítulo incluirá todos os lugares significativos em que aquele tema aparece. A seguir, há uma explicação das notas da cadeia de referência:

Em Ef 1.4: Santificação (NT): v. 4; Ef 2.21 (Mt 4.5; Ap 22.11, *nota*).

Aqui o tema é Santificação (NT). A localização da alusão no capítulo é o v. 4. Ef 2.21 é a referência seguinte na cadeia. A primeira referência da cadeia e a última estão entre parênteses: Mt 4.5 é a primeira, e Ap 22.11, a última, e ali também aparece a nota de resumo.

Em Ef 1.2: Graça: v. 2,6; Ef 1.7 (Jo 1.14; Jo 1.17, *nota*).

Aqui o tema é Graça. Há três alusões no capítulo, nos v. 2,6,7. Ef 1.7 conduz o leitor à referência seguinte na cadeia. Enquanto a primeira referência no parêntese, Jo 1.14, identifica o começo da cadeia, a segunda referência, Jo 1.17, indica a nota de resumo. A cadeia continua, a partir deste lugar, até Ap 22.21, a última vez em que ocorre na cadeia.

Na p. 1189, encontra-se um índice completo das referências temáticas em cadeia, índice que inclui o tema, a primeira referência da cadeia e a última, a localização da nota de resumo e a quantidade de vezes que aparece a cadeia na Bíblia.

Para aprender a usar as referências em cadeia, comece com uma cadeia pequena. Várias cadeias pequenas, cujo estudo será gratificante, são: Esposa (de Cristo), Igreja (visível), Reconciliação, Morte (segunda). Como modelo, observe a pequena cadeia de Adoção (de somente três referências).

A primeira vez em que aparece a cadeia de Adoção está em Rm 8.15 (veja o Índice das Referências Temáticas em Cadeia). Nessa ocasião, a cadeia diz:

Adoção: v. 15,23; Gl 4.5 (Rm 8.15; Ef 1.5)

Aqui aparecem duas alusões à adoção em Rm 8. A primeira (v. 15) diz que recebemos "o espírito de adoção, pelo qual clamamos: Aba, Pai!"; a segunda (v. 23) indica que "gememos interiormente, aguardando a adoção, a saber, a redenção do nosso corpo". Assim, como crentes, temos (v. 15) a adoção como filhos e também esperamos a redenção final de nosso corpo na vinda do Senhor, quando a adoção (v. 23) será para nós uma realidade ao estar em sua presença. Gálatas 4.5 é a referência seguinte e revela que Jesus veio para redimir aqueles que estavam sob a Lei a fim de que recebessem a adoção de filhos. Tendo feito a ressalva de que a adoção se relaciona com "filhos" (v. 5), não com "meninos" (v. 1-4), Paulo, outra vez, enfatiza os resultados da adoção (v. 5-7), concentrando a atenção na condição de herdeiros. A referência final é Ef 1.5, onde Paulo declara: "[Deus] nos predestinou para sermos filhos de adoção por Jesus Cristo", e observa que a adoção já estava na vontade de Deus no passado. Ainda que, de modo geral, as cadeias estejam ordenadas de acordo com versículos individuais, o estudante deve consultar o contexto (como feito em Gl 4.1-7) de cada referência mencionada.

A nota de resumo de Ef 1.5 define o termo, indica sua relação com a regeneração, descreve o que significa adoção para os crentes, que agora são filhos de Deus, e proporciona outras referências que iluminam ainda mais o termo. Assim, os passos básicos para o estudo das referências em cadeia são: 1) começar com a primeira citação na cadeia (isso se encontra na própria nota ou no índice de referências temáticas em cadeia nas p. 1189-1190); 2) ler atentamente os versículos a que se faz alusão, observando a informação proporcionada pela(s) referência(s); 3) localizar cada referência em seu contexto no capítulo em que se encontra, já que os versículos que a precedem e a seguem lançarão muita luz sobre o tema; 4) em cada passagem, buscar referências cruzadas indicadas nas margens ou coluna central (estas, frequentemente, mostrarão outras passagens que não estão na cadeia, mas lançarão luz adicional ao tema); 5) prestar atenção nas possíveis diferenças de significado quando a cadeia unir ambos Testamentos ou outros grupos grandes de livros; 6) anotar a informação reunida em um caderno de anotações, de maneira que possa ser revisada e estudada novamente; 7) estudar todas as notas de rodapé que estão relacionadas com o tema e forem encontradas por meio da cadeia; 8) examinar cuidadosamente a nota de resumo e reunir todas as informações obtidas usando a cadeia.

9. *O índice das referências temáticas em cadeia* (p. 1189). Este índice completo oferece o título de cada cadeia, a primeira referência e a última, e a localização da nota de resumo por referência. Inclui também a quantidade de vezes que aparece a cadeia no Antigo Testamento, no Novo Testamento e na Bíblia como um todo. Das 72 cadeias, três contam com apenas três referências: Adoção, Predestinação e Esposa (do Senhor). A maior cadeia é Inspiração, com 33 referências no Antigo Testamento e 129 no Novo. As cadeias no Sistema de Estudo Scofield têm um total de quase 2.650 referências. A seguir, apresentamos uma explicação do índice para a cadeia de Fé:

Fé	Gn 3.20 Ap 2.19 Hb 11.39 23 108 131
Fé	Tema da cadeia
Gn 3.20	Primeira referência na cadeia
Ap 2.19	Última referência na cadeia
Hb 11.39	Localização da nota de resumo
23	Quantidade de referências no AT
108	Quantidade de referências no NT
131	Quantidade de referências na Bíblia

10. *Índice das notas, um índice dos principais temas tratados nas notas de rodapé* (p. 1191). Essa relação seletiva permite ao leitor encontrar rapidamente a explicação de palavras e temas-chave. Por exemplo, o tema do sangue de Cristo é tratado especificamente nas notas em Lv 16.5 e 17.11. O tema mais genérico de sangue para sacrifícios também é tratado em Lv 17.11.

ABREVIATURAS UTILIZADAS

a.C.	antes de Cristo
AT	Antigo Testamento
aprox.	aproximadamente
aram.	aramaico
cap.	capítulo/capítulos
cm	centímetro
col.	coluna
comp.	compare, compare com
cont.	continua
contr.	contraste com
d.C.	depois de Cristo
i.e.	isto é
g	grama (peso)
gr.	grego (transliteração)
heb.	heb (transliteração)

lit.	literalmente
LXX	Septuaginta (ou Versão dos Setenta – antiga versão grega do AT)
m	metro
marg.	margem/marginal (nota)
p. ex.	por exemplo
p.	página/páginas
prov.	provavelmente
ref./refs.	referência/referências
sist.	sistema (monetário)
ss.	seguintes
tít.	título hebraico (ou inscrição) dos salmos
trad.	tradução, traduzido
v.	versículo/versículos
km	quilômetro

PÁGINA DE EXEMPLO

1

- **Autor:** Paulo
- **Tema:** A Igreja, o corpo de Cristo
- Escrito em 60 d.C., aprox.

2

3

EFÉSIOS

4

A EPÍSTOLA AOS EFÉSIOS, a primeira das epístolas da prisão (At 20–27; veja At 28.30, nota), foi escrita em Roma, e Tíquico a levou em mãos, com a carta aos colossenses e a carta a Filemom. Provavelmente, as duas mais extensas foram escritas por ocasião do regresso de Onésimo à casa de Filemom. Efésios é a mais impessoal das cartas de Paulo. Em Cl 4.16, há menção de uma carta aos laodicenses. É possível que a epístola de Efésios tenha sido enviada tanto a Éfeso como a Laodiceia, dirigida "aos santos [...] e fiéis em Cristo Jesus" que estão em todo lugar.

A doutrina da epístola confirma este ponto de vista. Ela contém a verdade mais elevada sobre a Igreja, mas não menciona em absoluto a ordem dentro da igreja. Essencialmente, há três linhas que formam essa epístola: 1) a posição exaltada do crente mediante a graça, 2) a verdade sobre o corpo de Cristo e 3) uma vida de acordo com essa posição.

Há uma notável afinidade espiritual entre Efésios e Josué; na posição cristã, as "regiões celestiais" correspondem a Canaã na experiência de Israel. Em ambos os livros, há conflito, frequentes fracassos, mas também vitória, descanso e posse (Js 21.43-45; Ef 1.3; 3.14-19; 6.16). Como é de esperar em uma revelação completa, na estrutura de Efésios o número sete se destaca.

5

A epístola pode ser dividida da seguinte maneira: Introdução, 1.1,2. I. A posição do crente na graça, 1.3–3.21. II. A vida e o serviço do crente, 4.1–5.17. III. A vida e a luta do crente cheio do Espírito, 5.18–6.20. Conclusão, 6.21-24.

Introdução, 1.1,2

1 Paulo, apóstolo de Cristo Jesus pela vonta-
de de Deus, aos [1]santos que estão em Éfeso
6
e fiéis [2]em Cristo Jesus:
2 [a]Graça e paz a vós outros, da parte de Deus
nosso Pai e do Senhor Jesus Cristo.

I. A posição do crente na graça, 1.3–3.21

7

(1) O crente em Cristo nos lugares celestiais

3 **B**endito seja o Deus e Pai de nosso Senhor
Jesus Cristo, o qual nos abençoou com todas
as bênçãos espirituais nas [3]regiões celestiais
em Cristo.
4 Pois nos [b]elegeu nele antes da fundação do
[c]mundo, para sermos [d]santos e irrepreensíveis
diante dele. E em amor
5 nos [e]predestinou para sermos filhos de
[4f]adoção por Jesus Cristo, para si mesmo, se-
gundo o bom propósito da sua vontade,
6 para louvor e glória da sua graça, a qual
nos deu gratuitamente no Amado.
7 Nele temos a [g]redenção pelo seu [h]sangue,
a [i]remissão dos [j]pecados, segundo as riquezas
da sua [k]graça,
8 que ele derramou profundamente sobre
nós em toda a sabedoria e entendimento.
9 E desvendou-nos o [l]mistério da sua vonta-
de, segundo o bom propósito que propusera
em Cristo,
10 de fazer convergir em Cristo todas as
coisas, na [5m]dispensação da plenitude dos
tempos, tanto as que estão nos céus como
as que estão na terra.

[a] Veja 2Pe 3.18, nota. Graça: v. 2,6; Ef 1.7 (Jo 1.14; Jo 1.17, nota)
[b] Eleição (coletiva): v. 4; Cl 3.12 (Dt 7.6; 1Pe 5.13)
[c] Gr. *kosmos*
[d] Santificação (NT): v. 4; Ef 2.21 (Mt 4.5; Ap 22.11
[e] Predestinação: v. 5; Ef 1.11 (Rm 8.29; Ef 1.11)
[f] Adoção: v. 5 (Rm 8.15; Ef 1.5)
[g] Veja Rm 3.24, nota
[h] Veja Gl 4.5, marg. f
[i] Perdão: v. 7; Ef 4.32 (Lv 4.20; Mt 26.28, nota)
[j] Veja Rm 3.23, nota
[k] Graça: 1.7; 2.5,7,8; 3.2; Ef 3.7 (Jo 1.14; 1.17, nota)
[l] Veja Mt 13.11, nota
[m] Veja Ap 20.4, nota

8

[1] (1.1) No NT, santo não é uma pessoa sem pecado, mas um pecador salvo. É por meio da fé no Senhor Jesus Cristo que um pecador se torna santo. Veja Rm 1.7, *nota*.

[2] (1.1) Este é o lugar do cristão como membro do corpo de Cristo; o crente está unido a ele de forma vital pelo batismo com o Espírito Santo (1Co 12.12,13).

[3] (1.3) "As *regiões* celestiais" podem ser definidas como a esfera da experiência espiritual do cristão que está identificado com Cristo em natureza (2Pe 1.4), vida (Cl 3.4; 1Jo 5.12), relacionamentos (Jo 20.17; Hb 2.11), serviço (Mt 28.20; Jo 17.18), sofrimento (Fp 1.29; 3.10; Cl 1.24), herança (Rm 8.16,17) e na glória futura do Reino (Rm 8.18-21; 1Pe 2.9; Ap 1.6; 5.10). O cristão é um homem celestial, um estrangeiro e peregrino sobre a terra (Hb 3.1; 1Pe 2.11).

[4] (1.5) "Adoção" (gr. *huiothesia*, que significa *estar na posição de filho*) não é tanto uma palavra que denota relacionamento, mas posição. Na regeneração, um cristão recebe a natureza de filho de Deus; na adoção, recebe a posição de filho de Deus. Todos os cristãos obtêm a posição de filhos e o direito de assim ser chamados no momento em que creem (Gl 3.25,26; 4.6; 1Jo 3.1,2). O Espírito que habita no crente confirma esta realidade na experiência presente do cristão (Gl 4.6); mas a manifestação plena da condição de filhos aguarda a ressurreição, a transformação e o arrebatamento dos santos, algo que recebe o nome de "a redenção do nosso corpo" (Rm 8.23; Ef 1.14; 1Ts 4.14-17; 1Jo 3.2).

9

[5] (1.10) "Dispensação da plenitude dos tempos". Esta é a sétima e última das dispensações ordenadas que condicionam a vida humana na terra; identifica-se com o Reino da aliança firmada com Davi (2Sm 7.8-17; Zc 12.8, Resumo; Lc 1.31-33; 1Co 15.24, Resumo) e reúne em si e debaixo de Cristo todos os *tempos* passados: 1) O tempo de opressão e desgoverno tem fim quando Cristo estabelece o seu Reino (Is 11.3,4); 2) O tempo de testemunho e paciência divina termina em julgamento (Mt 25.31-46; At 17.30,31; Ap 20.7-15); 3) O tempo de luta termina em descanso e recompensa (2Ts 1.6,7); 4) O tempo de sofrimento termina em glória (Rm 8.17,18); 5) O tempo de

EXPLICAÇÃO DA PÁGINA DE EXEMPLO

1 O autor do livro, informação geralmente obtida das declarações do próprio livro. Veja Ef 1.1 e especialmente 3.1, onde o autor afirma chamar-se Paulo.

2 O tema do livro, com base em um resumo dos conteúdos e do propósito do autor. Efésios expressa verdades sobre a Igreja, o Corpo de Cristo. Veja a introdução ao livro e Ef 1.22,23; 3.6-10; 4.12-16; 5.23-32.

3 Data em que foi escrito, normalmente uma data aproximada. Para maiores informações, p. ex., sobre a cronologia das cartas de Paulo, veja *As Epístolas de Paulo* (p. 1037) e At 28.30, *nota*.

4 Uma breve introdução resume as características do livro. Essa introdução, p. ex., provê informações sobre o título da carta, seu portador, a ocasião em que possivelmente foi escrita, uma comparação com o livro de Josué e a essência doutrinária do livro: a verdade sobre a Igreja.

5 Essa seção da introdução apresenta um esboço do livro.

6 As letras sobrescritas indicam as referências cruzadas. Podem indicar uma passagem que inclui um termo ou frase igual ou similar ou um conceito que esclarece ou proporciona mais detalhes.

7 Subtítulos incluídos ao longo do texto expandem o esboço da introdução e ajudam a entender o desenvolvimento da mensagem do autor. De acordo com esses subtítulos, p. ex., Ef 1–3 mostra os vários aspectos do pensamento de Paulo quando escreveu sobre a posição do crente na graça de Deus.

8 As referências temáticas em cadeia rastreiam informações sobre um tema por toda a Bíblia. Em Ef 1.1-5, p. ex., há cinco cadeias. A cadeia que trata da Graça enumera três ocasiões em que o termo aparece em Ef 1 (v. 2,6,7). Na cadeia para a palavra Adoção, como Ef 1.5 é tanto a última vez em que a palavra aparece como também a localização da nota de resumo, na nota de rodapé está a explicação de adoção. A nota indica que a palavra "Adoção" está relacionada mais com uma posição do que com uma relação, o que significa que, tão logo o crente recebe a salvação, ele é considerado um filho adulto e um herdeiro na família de Deus. A nota ajuda o leitor a entender as outras vezes em que o termo aparece na cadeia. Veja *Índice das Referências Temáticas em Cadeia*, p. 1189.

9 São incluídas notas doutrinárias e de interpretação, concebidas para ajudar o estudante a entender passagens difíceis e proporcionar informações para um estudo mais profundo da Bíblia. Essa nota, p. ex., sobre os lugares celestiais oferece a interpretação do termo, bem como os outros locais em que é usado. Além disso, na nota podem ser encontradas algumas palavras práticas de ânimo a fim de encorajar o crescimento espiritual diário.

10 Quando uma nota em outras passagens esclarece mais um termo ou versículo, o leitor é aconselhado a consultá-la. Por exemplo, veja Ef 2.1 (p. 1093), o termo "delitos" está incluído na nota de resumo sobre o tema "pecado" em Rm 3.23 (p. 1042).

LIVROS DA BÍBLIA EM ORDEM BÍBLICA

O ANTIGO TESTAMENTO

39 livros, 929 capítulos

O NOVO TESTAMENTO

LIVROS DA BÍBLIA EM ORDEM ALFABÉTICA

LIVRO	ABREVIATURA	TESTAMENTO	PÁGINA	CAPÍTULOS	LIVRO	ABREVIATURA	TESTAMENTO	PÁGINA	CAPÍTULOS
Ageu	Ag	AT	835	2	Gênesis	Gn	AT	5	50
Amós	Am	AT	806	9	Habacuque	Hc	AT	827	3
Apocalipse	Ap	NT	1161	22	Hebreus	Hb	NT	1124	13
Atos	At	NT	997	28	Isaías	Is	AT	605	66
Cânticos	Ct	AT	595	8	Jeremias	Jr	AT	665	52
Colossenses	Cl	NT	1103	4	Jó	Jó	AT	465	42
1Coríntios	1Co	NT	1058	16	João	Jo	NT	967	21
2Coríntios	2Co	NT	1075	13	1João	1Jo	NT	1152	5
1Crônicas	1Cr	AT	373	29	2João	2Jo	NT	1157	1
2Crônicas	2Cr	AT	400	36	3João	3Jo	NT	1158	1
Daniel	Dn	AT	773	12	Joel	Jl	AT	802	3
Deuteronômio	Dt	AT	180	34	Jonas	Jn	AT	815	4
Eclesiastes	Ec	AT	586	12	Josué	Js	AT	215	24
Efésios	Ef	NT	1092	6	Judas	Jd	NT	1159	1
Esdras	Ed	AT	432	10	Juízes	Jz	AT	237	21
Ester	Et	AT	455	10	Lamentações	Lm	AT	720	5
Êxodo	Êx	AT	64	40	Levítico	Lv	AT	109	27
Ezequiel	Ez	AT	726	48	Lucas	Lc	NT	930	24
Filemom	Fm	NT	1123	1	Malaquias	Ml	AT	849	4
Filipenses	Fp	NT	1098	4	Marcos	Mc	NT	908	16
Gálatas	Gl	NT	1085	6	Mateus	Mt	NT	861	28

LIVROS DA BÍBLIA EM ORDEM ALFABÉTICA (*continuação*)

LIVRO	ABREVIATURA	TESTAMENTO	PÁGINA	CAPÍTULOS
Miqueias	Mq	AT	818	7
Naum	Na	AT	824	3
Neemias	Ne	AT	442	13
Números	Nm	AT	140	36
Obadias	Ob	AT	813	1
Oseias	Os	AT	792	14
1Pedro	1Pe	NT	1143	5
2Pedro	2Pe	NT	1148	3
Provérbios	Pv	AT	563	31
1Reis	1Rs	AT	316	22
2Reis	2Rs	AT	345	25
Romanos	Rm	NT	1039	16
Rute	Rt	AT	260	4

LIVRO	ABREVIATURA	TESTAMENTO	PÁGINA	CAPÍTULOS
Salmos	Sl	AT	492	150
1Samuel	1Sm	AT	264	31
2Samuel	2Sm	AT	292	24
Sofonias	Sf	AT	831	3
1Tessalonicenses	1Ts	NT	1107	5
2Tessalonicenses	2Ts	NT	1111	3
Tiago	Tg	NT	1139	5
1Timóteo	1Tm	NT	1113	6
2Timóteo	2Tm	NT	1117	4
Tito	Tt	NT	1121	3
Zacarias	Zc	AT	837	14
TOTAL	66 livros, 1189 capítulos			

ANTIGO TESTAMENTO

O PENTATEUCO

Certos críticos negam que Moisés seja o autor do Pentateuco (Gênesis—Deuteronômio), apesar do fato de esses livros terem sido atribuídos a Moisés pelo próprio Senhor Jesus Cristo. Os argumentos contra a autoria de Moisés fundamentam-se principalmente na variação dos nomes de Deus (Eloim e Jeová), as diferenças no estilo e vocabulário e a presença de mais de uma narrativa sobre o mesmo acontecimento, como, por exemplo, a criação do homem em Gênesis 1.26 e 2.7.

Tais argumentos foram devidamente respondidos na explicação de que a variação nos nomes divinos tem o propósito de revelar determinados aspectos do caráter de Deus; o estilo depende do assunto; e as narrativas paralelas, comuns na antiga literatura do Oriente Médio, têm a intenção de acrescentar detalhes à primeira narrativa.

Alguns teólogos, rejeitando a veracidade dos acontecimentos registrados nos primeiros capítulos de Gênesis, mas, ao mesmo tempo, reconhecendo seu valor religioso, chamam de "mitos" tais narrativas, como as do Éden e da Queda, querendo dizer com "mito" não apenas uma lenda, mas, antes, uma história "supra-histórica" que transmite ensinamento espiritual de significado permanente. Contudo, a historicidade do registro de Gênesis está tão relacionada à autoridade de Cristo que não pode ser colocada numa categoria mítica sem impugnar a perfeição do seu conhecimento.

Esses cinco livros têm um lugar peculiar na estrutura da Bíblia e uma ordem que inegavelmente é a ordem da experiência do povo de Deus em todas as dispensações. Gênesis é o livro das origens — do início da vida e da ruína por causa do pecado. Suas primeiras palavras, "No princípio [...] Deus", fazem contraste notável com o final, "num caixão no Egito". Êxodo é o livro da redenção, a primeira necessidade de uma raça arruinada. Levítico é o livro do culto e da comunhão, o exercício apropriado aos remidos. Números fala das experiências de um povo peregrino, os remidos passando por um cenário hostil a caminho de uma herança prometida. Deuteronômio, retrospectivo e prospectivo, é um livro de instruções para os remidos que vão tomar posse da herança.

Os monumentos da Babilônia e Assíria contêm registros de semelhança impressionante com a majestosa narrativa da Criação, dando testemunho de que é verdadeira, como também de que aconteceu em data anterior a Moisés. Mas isso confirma e não invalida a inspiração da narrativa de Moisés. Algumas tradições sobre a Criação e o Dilúvio teriam sido inevitavelmente transmitidas aos antigos povos da raça humana. Tais tradições, como todas as tradições, assumem aspectos incongruentes e mitológicos e são abundantes nos registros da Babilônia. Faz-se necessário, portanto, que a primeira tarefa da inspiração seja a de suplantar as tradições geralmente absurdas e infantis com uma revelação da verdadeira história, e tal história encontramos nas palavras de grandeza incomparável e numa ordem que, devidamente entendidas, são absolutamente científicas.

No Pentateuco, portanto, temos uma introdução verdadeira e lógica de toda a Bíblia; e, em tipo, um epítome da revelação divina.

- **Autor:** Moisés
- **Tema:** Os começos
- [a]Escrito no século XV a.C., aprox.

GÊNESIS

GÊNESIS é o livro dos começos. Registra não apenas o começo dos céus e da terra, da vida vegetal, animal e humana, mas também de todas as instituições e relacionamentos humanos. Tipologicamente, ele fala do novo nascimento, da nova criação. (Veja tb. O Pentateuco, p. 3.)

Com Gênesis, também começa a progressiva autorrevelação de Deus, a qual culmina em Cristo. Em Gênesis, aparecem os três nomes primários da Divindade – *Eloim*, *YHWH* e *Adonai* – e os cinco nomes compostos mais importantes também aparecem em Gênesis e ocorrem numa progressão ordenada que não poderia ser modificada sem gerar confusão.

Aqui encontramos, em essência, o problema do pecado afetando a condição do homem na terra e seu relacionamento com Deus e a solução divina para esse problema. Das oito grandes alianças que condicionam a vida humana e progressivamente revelam a redenção divina, quatro delas – a Edênica, a Adâmica, a Noeica e a Abraâmica – estão neste livro. São as alianças fundamentais, e as outras quatro – a Aliança Mosaica, a Aliança da Terra de Israel, a Aliança Davídica e a Nova Aliança – estão relacionadas a elas, especialmente acrescentando-lhes detalhes ou desenvolvendo-as.

Gênesis penetra na própria estrutura do Novo Testamento, onde é citado mais de sessenta vezes em dezessete livros. Portanto, e num sentido profundo, as raízes de todas as revelações posteriores encontram-se em Gênesis, e quem verdadeiramente desejar compreender essa revelação deve começar aqui.

A inspiração de Gênesis e seu caráter de revelação divina são autenticados pelo testemunho de Jesus Cristo (Mt 19.4-6; 24.37-39; Mc 10.4-9; Lc 11.49-51; 17.26-29,32; Jo 7.21-23; 8.44,56) e suplementados pelo testemunho da História. Como indicado nas *notas* ao longo de todo o livro, a arqueologia confirma a confiabilidade histórica de Gênesis.

Gênesis pode ser dividido em cinco partes: I. A Criação, 1.1–2.25. II. A Queda e a promessa de redenção, 3.1–4.7. III. As distintas descendências, Caim e Sete, até o Dilúvio, 4.8–7.24. IV. Do Dilúvio até Babel, 8.1–11.9. V. Do chamado de Abrão até a morte de José, 11.10–50.26.

I. A Criação, 1.1–2.25

Criação dos céus e da terra

1 [1]**No** [2b]princípio [3]criou [4c]Deus os céus e a terra.

A terra sem forma e vazia

2 A terra era [5]sem forma e vazia; havia trevas
sobre a face do abismo, [d]e o [e]Espírito de Deus
pairava sobre a face das águas.
3 **E** disse Deus: Haja luz. E houve luz.

Primeiro dia: a difusão da luz

4 Viu Deus que a luz era boa, e fez separação
entre a [6]luz e as trevas.
5 E chamou Deus à luz [7]dia, e às trevas, [f]noite.
E houve [8]tarde e manhã; esse foi o primeiro dia.

Segundo dia: a criação do firmamento e a separação das águas

6 E disse Deus: Haja um [g]firmamento no
meio das águas, e haja separação entre águas
e águas.
7 Deus fez o firmamento e fez [h]separação entre
as águas que estavam debaixo do firmamento
e as [i]águas que estavam por cima do firma-
mento. E assim foi.
8 Chamou Deus ao [j]firmamento céu. E houve
tarde e manhã; esse foi o segundo dia.

[a] Cronologia: Introd. p. vi (2)
[b] Jo 1.1
[c] Divindade (nomes da): v. 1; Gn 2.4 (Gn 1.1; Ml 3.18)
[d] Espírito Santo (AT): v. 2; Gn 6.3 (Gn 1.2; Zc 12.10)
[e] Jó 26.13
[f] Sl 104.20
[g] Comp. Gn 2.5,6
[h] Pv 8.27-29
[i] Sl 148.4
[j] Comp. Gn 7.11; 8.2

[1] (1.1) A Bíblia começa com Deus, não com argumentos filosóficos sobre sua existência.

[2] (1.1) As Escrituras não apresentam a data da criação do universo. Veja *notas* em Gn 5.3; 11.10. Compare com a Introdução, p. vi (2).

[3] (1.1) Neste capítulo são registrados apenas três atos em que Deus cria: 1) os céus e a terra (v. 1), 2) a vida animal (v. 20,21) e 3) a vida humana (v. 26,27). O primeiro ato da Criação refere-se a um passado remoto e sem datas.

[4] (1.1) *Eloim* (em português, "Deus"), o primeiro dos nomes da Divindade, é um substantivo plural na forma, mas singular no significado quando se refere ao verdadeiro Deus. A ênfase em Gn 1.26 está na pluralidade na Divindade; no v. 27, na unidade da Substância divina (comp. Gn 3.22). A forma plural da palavra indica a Trindade. Veja Gn 2.4; 14.18, *nota*; 15.2, *notas*; 17.1, *nota*; 21.33, *nota*; Êx 34.6, *nota*; 1Sm 1.3, *nota*; Ml 3.18, *nota*.

[5] (1.2) Foram propostas duas principais interpretações para explicar a expressão "sem forma e vazia" (heb. *tohu* e *vabohu*). A primeira, que pode ser chamada de "interpretação do caos original", considera que essas palavras são uma descrição da matéria original amorfa na primeira etapa da criação do universo. A segunda, que pode ser chamada de "interpretação do juízo divino", vê nessas palavras uma descrição apenas da terra e numa condição subsequente a sua criação, não de sua forma original (comp. *notas* em Is 14.12; Ez 28.12).

[6] (1.3) O sol e a luz foram criados "no princípio". Certamente, a luz provinha do sol, mas o vapor fazia que a luz fosse difusa. Mais tarde, o sol apareceu num céu sem nuvens.

[7] (1.5) A palavra "dia" é usada nas Escrituras com quatro acepções: 1) aquela parte do dia solar de 24 horas quando há luz (Gn 1.5,14; Jo 11.9), 2) um período de 24 horas (Mt 17.1; Lc 24.21), 3) um tempo separado para algum propósito específico, como "o Dia da Expiação" (Lv 23.27), e 4) um período maior, durante o qual são cumpridos certos propósitos revelados de Deus (comp. 2Pe 3.10).

[8] (1.5) O uso de "tarde" e "manhã" pode limitar "dia" a um dia solar.

Terceiro dia: terra e mar; aparece a vida vegetal

9 **E** disse Deus: [k]Ajuntem-se as águas que estão debaixo dos céus num só lugar, e apareça a parte [l]seca. E assim foi.

10 Chamou Deus à parte seca terra, e ao ajuntamento das águas, mares. E viu Deus que isso era bom.

11 E disse Deus: [1]Produza a terra relva, ervas que deem semente e árvores frutíferas que deem fruto conforme a sua espécie, cuja semente esteja nele, sobre a terra. E assim foi.

12 A terra produziu relva, ervas que davam semente conforme a sua espécie e árvores que davam fruto, cuja semente estava nele, conforme a sua espécie. E viu Deus que isso era bom.

13 E houve tarde e manhã; esse foi o terceiro dia.

Quarto dia: o sol, a lua e as estrelas tornam-se visíveis

14 **E** disse Deus: [m]Haja luminares no firmamento do céu, para fazerem separação entre o dia e a noite; e sejam eles sinais par a [n]marcar estações, dias e anos.

15 Sirvam de luminares no firmamento do céu, para iluminar a terra. E assim foi.

16 Fez Deus os dois grandes luminares: o [2]luminar maior para governar o dia e o luminar menor para governar a noite. Fez também as estrelas.

17 Deus os pôs no firmamento do [o]céu para iluminar a terra,

18 para governar o dia e a noite e para fazer separação entre a luz e as trevas. E viu Deus que isso era bom.

19 **E** houve tarde e manhã; esse foi o quarto dia.

Quinto dia: vida animal (veja Gn 2.19)

20 **E** disse Deus: Produzam as águas enxames de seres viventes; e voem as aves acima da terra, no firmamento do céu.

21 Assim Deus criou as grandes criaturas do mar, todos os [3]seres viventes que se arrastam, os quais povoavam as águas, conforme as suas espécies, e todas as aves que voam, conforme a sua espécie. E viu Deus que isso era bom.

22 Deus os abençoou, dizendo: [p]Frutificai e multiplicai-vos; enchei as águas dos mares; e multipliquem-se as aves na terra.

23 E houve tarde e manhã; esse foi o quinto dia.

Sexto dia: (1) os seres viventes surgem na terra

24 **E** disse Deus: Produza a terra [4]seres viventes conforme a sua espécie: animais domésticos, répteis e animais selvagens conforme a sua espécie. E assim foi.

25 Deus fez os animais selvagens, conforme a sua espécie, e os animais domésticos, conforme a sua espécie, e todos os répteis, conforme a sua espécie. E viu Deus que isso era bom.

Sexto dia: (2) a criação do homem e o domínio lhe é concedido

26 **Então** disse Deus: Façamos o [5]homem à nossa imagem, conforme a nossa semelhança;

[k] Jó 26.10
[l] Sl 95.5
[m] Sl 136.5-9
[n] Sl 104.19
[o] Comp. Gn 15.5
[p] v. 28; 8.17

[1] (1.11) Se foram criadas sementes no v. 11, não é necessário supor que as sementes da vida pereceram no juízo catastrófico que destruiu a ordem primitiva. Com a restauração da terra seca e da luz, a Terra "produziu" conforme a descrição. Foi a vida animal que pereceu, sendo os fósseis os vestígios disso. Ao relacionarmos os fósseis com a criação primitiva, não resta nenhum conflito entre a Ciência e a cosmogonia de Gênesis.

À luz das novas evidências científicas, um número crescente de cientistas está tomando posição firme e consistente com o relato bíblico, ao relacionar o Dilúvio com a maior parte dos grandes depósitos de fósseis (comp. Gn 1.31; 2.1-3; Êx 20.11).

[2] (1.16) O "luminar maior" é tipo de Cristo, o "sol da justiça" (Ml 4.2). Ele assumirá essa característica em sua segunda vinda. Moralmente, agora o mundo está num estado intermediário entre Gn 1.3 e 1.16 (comp. Ef 6.12; At 26.18; 1Pe 2.9). O sol não é visto, mas há luz. Cristo é essa luz (Jo 1.4,5,9), mas "resplandece nas trevas", sendo compreendido apenas mediante a fé. Como "sol da justiça" ele dissipará toda treva. Dispensacionalmente, a Igreja está na posição do "luminar menor", a lua, refletindo a luz do sol invisível. As estrelas (Gn 1.16) são os crentes individuais que são "luz" (Fp 2.15,16). Veja Jo 1.5.

(Um tipo é uma ilustração com o propósito divino de indicar alguma verdade. Ele pode ser: 1) uma pessoa (Rm 5.4); 2) um evento (1Co 10.11); 3) um objeto (Hb 10.20); 4) uma instituição (Hb 9.11); 5) uma cerimônia (1Co 5.7). Tipos ocorrem muito frequentemente no Pentateuco, mas são também encontrados, embora esparsamente, no restante da Bíblia. O antítipo, ou cumprimento do tipo, é encontrado, normalmente, no Novo Testamento.)

[3] (1.21) O conceito de "*todos os seres viventes*", para diferenciar de apenas os peixes, aparece outra vez no v. 24 e mostra que no segundo ato da Criação foi incluída toda a vida animal.

[4] (1.24) "Ser" (heb. *nephesh*, também traduzido por "alma vivente" em algumas versões) implica vida consciente, que se distingue das plantas, que têm vida inconsciente. No sentido de vida consciente, isso engloba também os animais. Veja v. 26 (*nota* 5) e 27.

[5] (1.26) Homem. Gn 1.26,27 faz um relato geral da criação do homem, e Gn 2.7,21-23, um relato detalhado. Os fatos revelados são os seguintes:

1) O homem foi *criado*, não é produto da evolução. Isso está declarado de forma expressa, e a declaração foi confirmada por Cristo (Mt 19.4; Mc 10.6); também está confirmada pela diferença abismal entre o homem e os animais; o animal mais desenvolvido não tem consciência de Deus (natureza religiosa).

[q]domine ele sobre os peixes do mar, sobre as
aves dos céus, sobre os animais domésticos,
sobre toda a terra e sobre todos os répteis que
se arrastam sobre a terra.

27 Assim Deus criou o [r]homem
à sua imagem,
à imagem de Deus o criou;
macho e fêmea os criou.

Primeira [2]Dispensação: Inocência (Gn 1.28—3.6)

28 [s]Deus os abençoou e lhes disse: Frutificai,
multiplicai-vos; [3]enchei a terra e [4]sujeitai-a.
Dominai sobre os peixes do mar, sobre todas as
aves dos céus e sobre todos os animais que se
arrastam sobre a terra.

29 E disse Deus ainda: Tenho-vos dado todas
as ervas que produzem semente e se acham
sobre a face de toda a terra, bem como todas as
árvores em que há fruto que dá semente. Elas
vos servirão de mantimento.

30 E a todos os animais da terra, a todas as aves
do céu e a todos os seres viventes que se arras-
tam sobre a terra, tenho dado todas as ervas
verdes como [t]mantimento. E assim foi.

31 Viu Deus tudo o que tinha feito, e que era muito
bom. E houve tarde e manhã; esse foi o sexto dia.

[q] Reino (AT): v. 26-28; Gn 9.6 (Gn 1.26; Zc 12.8)
[r] Comp. Mt 19.4; Mc 10.6-8
[s] Gn 5.2
[t] Gn 9.3

2) O homem foi feito à imagem e semelhança de Deus. Essa imagem se encontra principalmente no fato de que o homem é um ser pessoal, racional e moral. Embora Deus seja infinito e o homem, finito, este possui elementos de personalidade similares aos da Pessoa divina: pensamento (Gn 2.19,20; 3.8), sentimentos (v. 6) e vontade (v. 6,7). Que o homem tem natureza moral está implícito na narração e é posteriormente confirmado pelo NT (Ef 4.23,24; Cl 3.10). De acordo com 1Ts 5.23 (comp. *nota*), o homem também é uma unidade tripartite, composta de corpo, alma e espírito; mas, considerando que "Deus é Espírito" (Jo 4.24), a natureza tripartite do homem não deve ser confundida com a original "imagem e semelhança" de Deus, algo que, por ser espiritual, se relaciona com os elementos da personalidade.

[1] (1.26) Domínio, senhorio. A Bíblia é uma unidade, e o propósito de Deus é único. O homem criado à imagem de Deus (v. 26,27) foi colocado numa posição de soberania sobre a terra (v. 28-30), coroado de glória e honra (Sl 8.5-8), mas, sem dúvida, em sujeição a Deus, seu Criador (Gn 2.15-17). A intenção divina foi e é que o homem em obediência tenha comunhão com Deus. Apareceu o pecado, a essência do qual é rebelião contra a vontade de Deus, e o homem separou-se de Deus (Gn 3.8-10) e perdeu a soberania sobre a terra (Gn 3.17-19). O propósito de Deus é restaurar o homem pecador à imagem de Deus, à comunhão e ao domínio (Rm 8.29; Ap 21.3; 20.6; 22.5). "Mas agora ainda não vemos todas as coisas sujeitas. Vemos, porém [...] Jesus, coroado de glória e de honra" como antecipação de muitos filhos que partilharão de sua comunhão e seu domínio (Hb 2.8-10; Rm 8.17-19). Isto está de acordo com a primeira promessa da redenção (Gn 3.15). Enquanto isso, esperamos com certeza e paciência a vitória completa de Deus na terra (Rm 8.19-25; 1Co 15.24-28; Ap 11.15-18). Cumprimento do propósito divino de redenção total: veja *nota* sobre as dispensações em 1.28.

[2] (1.28, título) Dispensação. Uma dispensação é um período de tempo durante o qual o homem é posto à prova em sua obediência a certa revelação específica da vontade de Deus.

Há três importantes conceitos implícitos nesta definição: 1) um *depósito* de revelação divina quanto à vontade de Deus, dando forma ao que ele requer na conduta do homem, 2) a *mordomia* do homem desta revelação divina, na qual é responsável por obedecer a ela, 3) um *tempo-período*, geralmente chamado de "era", durante o qual essa revelação divina tem influência dominante nessa prova da obediência do homem a Deus.

As dispensações são uma revelação progressiva e conexa da forma como Deus trata com o homem, revelação que, às vezes, é dada a toda a raça e, em outras, a um povo em particular, Israel. Estas diferentes dispensações não são caminhos separados de salvação. Durante cada dispensação, o homem se reconcilia com Deus somente de uma maneira: pela graça de Deus por meio da obra de Cristo que foi realizada na cruz e vindicada em sua ressurreição. Antes da cruz, o homem era salvo pela perspectiva do sacrifício expiatório de Cristo, ao crer na revelação que lhe havia sido dada até aquele momento. A partir da cruz, o homem tem sido salvo crendo no Senhor Jesus Cristo, no qual se consumam a revelação e a redenção.

Para o homem, o requisito contínuo é a obediência à revelação de Deus. Essa obediência é uma mordomia ou economia da fé. Embora a revelação divina ocorra progressivamente, o depósito da verdade em tempos-períodos passados não é posto de lado; antes, é cumulativo. Assim, a consciência (responsabilidade moral) é uma verdade constante na vida humana (Rm 2.15; 2Co 1.12; 4.2), embora não continue como uma dispensação. Da mesma forma, os salvos na presente dispensação não estão "sob a lei" como prova específica de obediência à revelação divina (Gl 5.18; comp. Gl 2.16; 3.11), mas a Lei permanece como parte integral das Sagradas Escrituras, que, para os remidos, são úteis para "instruir em justiça" (2Tm 3.16,17; comp. Rm 15.4).

O propósito de cada dispensação, portanto, é colocar o homem sob uma regra de conduta específica, mas tal mordomia (ou economia) não é uma condição para a salvação. Em cada dispensação passada, o homem irregenerado fracassou, tem fracassado na presente dispensação e fracassará no futuro. Mas ele tem encont rado e continuará encontrando a salvação pela graça de Deus por meio da fé.

Nesta edição da Bíblia, distinguimos sete dispensações (veja Introdução, p. v): da Inocência (Gn 1.28), da Consciência ou Responsabilidade Moral (Gn 3.7), do Governo Humano (Gn 8.15), da Promessa (Gn 12.1), da Lei (Êx 19.1), da Igreja (At 2.1), do Reino (Ap 20.4); tb. Gn 11.10, *nota*.

[3] (1.28) *A Primeira Dispensação: da Inocência*. Quando foi criado, o homem era inocente, foi colocado em um ambiente perfeito, estava sujeito a uma prova simples e recebeu advertências sobre as consequências da desobediência. Ele não era obrigado a pecar, mas, ao ser tentado por Satanás, optou por desobedecer a Deus. A mulher foi enganada; o homem transgrediu deliberadamente (1Tm 2.14). A economia da Inocência terminou com a sentença de expulsão do Éden (Gn 3.24). *Notas* sobre as outras dispensações: da Consciência ou Responsabilidade Moral (Gn 3.7), do Governo Humano (Gn 8.15), da Promessa (Gn 12.1), da Lei (Êx 19.1), da Igreja (At 2.1), do Reino (Ap 20.4); tb. Gn 11.10, *nota*.

[4] (1.28) Esta é a carta magna divina para todo verdadeiro progresso científico e material. O homem começou com uma mente perfeita em sua capacidade finita de aprender, mas não começou conhecendo todos os segredos do universo. Ele recebeu ordens de "sujeitar", i.e., adquirir conhecimento e ter domínio sobre seu ambiente material, a fim de que esse ambiente estivesse a seu serviço.

O descanso de Deus no sétimo dia (sábado)

2 Assim os céus, a terra e todo o seu exército foram acabados.

2 Havendo Deus acabado no sétimo dia a obra que fizera, [u]descansou nesse dia de toda a sua obra.

3 E abençoou Deus o [v]sétimo dia e o [1][w]santificou, porque nele descansou de toda a obra de criação que fizera.

Mais detalhes (v. 4-25) sobre a criação do homem

4 Estas são as origens dos céus e da terra quando foram [2]criados. No dia em que o [3][x]Senhor Deus fez a terra e os céus,

5 [y]não havia ainda nenhuma planta do campo na terra; nenhuma erva do campo tinha brotado, pois o Senhor Deus ainda não tinha feito [z]chover sobre a terra, e também não havia homem para [a]lavrar o solo.

6 Um vapor, porém, subia da terra e regava toda a superfície do solo.

Deus forma o homem e prepara-lhe o Éden

7 [b]Formou o Senhor Deus o homem do [c]pó da terra e soprou-lhe nas narinas o fôlego da vida, e o homem tornou-se alma vivente.

8 Ora, plantou o Senhor Deus um jardim no [d]Éden, ao oriente, e pôs ali o homem que tinha formado.

9 E o Senhor Deus fez brotar da terra toda espécie de [e]árvores agradáveis à vista e boas para comida, bem como a árvore da vida no meio do jardim, e a árvore do conhecimento do bem e do mal.

10 Saía um rio do Éden para regar o jardim; dali se dividia e se tornava em quatro braços.

11 O nome do primeiro é Pisom: este é o que rodeia toda a terra de Havilá, onde há ouro.

12 O ouro dessa terra é bom: ali há o bdélio e a pedra de ônix.

13 O nome do segundo rio é Giom: este é o que rodeia toda a terra de Cuxe.

14 O nome do terceiro rio é Tigre: este é o que corre pelo oriente da Assíria. E o quarto rio é o Eufrates.

Primeira Aliança ou Aliança Edênica: prova de obediência (v. 16, nota; comp. Gn 1.28)

15 O Senhor Deus tomou o [f]homem e o pôs no jardim do Éden para o lavrar e o guardar.

16 [4][g]Ordenou o Senhor Deus ao [5]homem, dizendo: De toda a árvore do jardim comerás livremente,

[u] Hb 4.4; comp. Hb 4.8,9
[v] Sábado (dia de repouso): v. 3; Êx 16.25 (Gn 2.3; Mt 12.1, nota)
[w] Santificação (AT): Êx 19.23 (Gn 2.3; Zc 8.3)
[x] Divindade (nomes da): v. 4ss.; Gn 14.18 (Gn 1.1; Ml 3.18)
[y] Comp. Gn 1.11,12
[z] Gn 7.4; Jó 5.10
[a] Gn 3.23
[b] Mt 19.4; Mc 10.6; 1Co 15.45
[c] v. 19; Gn 3.19
[d] Delícia, deleite
[e] Gn 3.22,24
[f] Heb. *'adam*
[g] Oito Alianças: v. 15-17; comp. 1.26-28; Gn 3.15 (Gn 2.16; Hb 8.8)

---

[1] (2.3) A palavra hebraica *qadash* possui dois significados básicos: *separar* e *santificar*, com diversas implicações, dependendo do contexto em que for usada. Por exemplo, no AT, a mesma palavra é traduzida por "tornar santo", "ser santificado", "consagrar", "dedicar". A palavra *qodesh* é usada como substantivo e significa "santo", "ser separado para o serviço a Deus". A palavra *qadosh* aparece no AT como adjetivo com o significado de "santo".

[2] (2.4) Diz-se que Gn 2.4-25 é um segundo relato da Criação, diferindo de Gn 1.1–2.3. Sem dúvida, Gn 1 fala sobre a criação de todo o universo, incluindo a criação do homem e da mulher; por outro lado, Gn 2 descreve especificamente a origem do homem e da mulher, sem repetir a história da Criação narrada em Gn 1. Assim, Gn 2 nada diz sobre a criação da luz, a separação das águas ou a formação do sol, da lua e das estrelas; tampouco descreve a criação da vegetação ou dos animais.

[3] (2.4) Até este ponto, foi usado o termo geral "Deus" (*Eloim*). No v. 4, aparece pela primeira vez o nome santíssimo e impronunciável de Deus (YHWH). Embora alguns traduzam esse tetragrama por *Yahweh*, Javé ou Jeová, os judeus mais ortodoxos não ousam tentar pronunciá-lo ou escrevê-lo. Ao falar, dizem "O Nome", "O Eterno" ou "O Senhor"; traduções, normalmente, grafam "D-s" ou "Senhor". Nos textos bíblicos, *YHWH* é consistentemente traduzido por Senhor, em versal-versalete (a AEC, entretanto, não apresenta este destaque na grafia), a não ser nas vezes em que aparece junto ao outro nome que se refere a Deus, *Adonai* (Senhor); nesses casos, é traduzido por Deus, para evitar confusão (*Adonai YHWH*: Senhor Deus). Veja *notas* em Êx 3.14,15; 6.3; 34.6; Ml 3.18. A teoria documentária sobre o autor do Pentateuco foi formulada em parte com base nesta mudança no nome de Deus. Comp. tb. *notas* em Gn 1.1; 15.2 (2); 17.1; 21.33; 1Sm 1.3.

[4] (2.16) Uma aliança é um pronunciamento soberano de Deus, pelo qual ele estabelece uma relação de responsabilidade: 1) entre ele mesmo e um indivíduo (p. ex., Adão na Aliança Edênica, Gn 2.16ss.), 2) entre ele e a humanidade em geral (p. ex., na promessa da Aliança Noeica de que nunca mais destruiria toda a carne com um dilúvio, Gn 9.9ss.), 3) entre ele e uma nação (p. ex., Israel na Aliança Mosaica, Êx 19.3ss.) ou 4) entre ele e uma família específica (p. ex., a casa de Davi na promessa de uma linhagem real perpétua pela Aliança Davídica, 2Sm 7.16ss.). Uma aliança de determinada categoria pode sobrepor-se a outras; p. ex., a Aliança Davídica, em que a bênção máxima foi prometida a uma casa real que permaneceria; não diz respeito só a Davi, mas também a todo o mundo no reinado de Jesus Cristo.

As alianças são geralmente incondicionais no sentido de que Deus, pela graça e pela irrestrita declaração de que fará algo, se obriga a consumar certos propósitos anunciados, apesar dos fracassos por parte da pessoa ou do povo com o qual firma a aliança. A reação humana ao propósito divinamente anunciado sempre é importante, já que conduz à bênção pela obediência e à disciplina pela desobediência. Mas, por causa do fracasso humano, a aliança nunca seria ab-rogada ou impedido o seu cumprimento.

No caso da Aliança Mosaica, o cumprimento de todas as promessas foi condicionado à obediência de Israel, como está implícito nas palavras: "Agora, se diligentemente ouvirdes a minha voz e guardardes a minha aliança, sereis [...]", seguidas de: "Então todo o povo respondeu a uma voz: Tudo o que o Senhor falou, faremos" (Êx 19.5,8).

As três alianças universais e gerais são: a Adâmica, a Noeica e também a Edênica, na qual toda a raça está representada em Adão, em seu fracasso. Todas as outras alianças são feitas com Israel ou com os israelitas e aplicam-se primeiramente a eles, embora com a bênção final para todo o mundo. Veja a *nota* seguinte.

[5] (2.16) Ao explicar a forma como se cumprem os propósitos de Deus com o homem, podem-se observar oito grandes alianças de singular importância. Essas alianças são: a Edênica (Gn 2.16), a Adâmica (Gn 3.15), a Noeica (Gn 9.16), a Abraâmica (Gn 12.2), a Mosaica (Êx 19.5), a da Terra de Israel (Dt 30.3), a Davídica (2Sm 7.16) e a Nova Aliança (Hb 8.8). Veja *notas* nas passagens mencionadas.

17 mas da [1]árvore do conhecimento do bem e do mal, dela não comerás, [h]pois no dia em que dela comeres, certamente [i]morrerás.

Deus cria uma esposa para Adão (comp. Gn 1.27)

18 **D**isse o Senhor Deus: Não é bom que o homem esteja só. Farei para ele uma [j]ajudadora que lhe corresponda.

19 Havendo, pois, o Senhor Deus formado da terra todos os animais do campo e todas as aves do céu, trouxe-os ao homem, para ver como lhes chamaria; e o nome que o homem deu a todo ser vivente, esse foi o seu nome.

20 Assim o homem deu nome a todos os animais domésticos, às aves do céu e a todos os animais do campo. Mas para o homem não se achava ajudadora que lhe correspondesse.

21 Então o Senhor Deus fez cair um sono pesado sobre o homem, e este adormeceu; então, tomou o Senhor Deus uma das suas costelas e fechou a carne em seu lugar.

22 **E**ntão da costela que o Senhor Deus tomou do homem, formou a mulher e a trouxe ao homem.

Deus institui o casamento

23 Disse o homem:
[2]Esta é agora [k]osso dos meus ossos,
e carne da minha carne;
ela será chamada [3][l]mulher,
pois do [4]homem foi tomada.

24 Portanto, deixará o homem a seu pai e a sua mãe e [m]se unirá à sua mulher, e serão os dois uma só carne.

25 E ambos estavam nus, o homem e a sua mulher, e não se envergonhavam.

II. A Queda e a Promessa de Redenção, 3.1—4.7

A tentação e a Queda

3 **O**ra, a [5][n]serpente era o mais astuto de todos os animais do campo, que o Senhor Deus tinha feito. Esta disse à mulher: [o]É assim que Deus disse: Não comereis de toda árvore do jardim?

2 Respondeu a mulher à serpente: Do fruto das árvores do jardim podemos comer,

3 mas do fruto da árvore que está no meio do jardim, disse Deus: Não comereis dele nem [p]nele [q]tocareis, para que não morrais.

4 Então a serpente disse à mulher: Certamente não morrereis.

5 Porque Deus sabe que no dia em que comerdes desse fruto, os vossos olhos se abrirão, e sereis como Deus, conhecendo o bem e o mal.

6 Vendo a [r]mulher que aquela árvore era boa para se comer, agradável aos olhos e desejável para dar entendimento, tomou do seu fruto e

[h] Comp. Rm 5.12; 1Co 15.21,22
[i] Morte (espiritual): v. 17; 3.3; Mt 8.22 (Gn 2.17; Ef 2.5, nota). Morte (física): v. 17; Gn 3.19 (Gn 2.17; Hb 9.27, nota)
[j] 1Co 11.8,9
[k] Gn 29.14
[l] Heb. *'Isshah*, "porquanto do homem (*'Ish*) foi tomada". Os 2.16
[m] Mt 19.5; Mc 10.7,8; 1Co 6.16; Ef 5.31
[n] Satanás: v. 1,2,4,13,14; 1Cr 21.1 (Gn 3.1; Ap 20.10)
[o] Provar-Tentar: v. 1-6,12,13; Gn 22.1 (Gn 3.1; Tg 1.14)
[p] Comp. Gn 2.17
[q] Comp. Êx 19.12,13
[r] 1Tm 2.14

A primeira aliança, a Edênica, exigiu de Adão as seguintes responsabilidades: 1) propagar a raça, 2) sujeitar a terra para o benefício do homem, 3) ter domínio sobre a criação animal, 4) lavrar o jardim e comer seus frutos e ervas e 5) abster-se de comer de uma árvore, a árvore do conhecimento do bem e do mal, ordem cuja desobediência seria castigada com a morte.

[1] (2.17) À parte das sete referências às árvores em geral nos primeiros três capítulos de Gênesis, frequentemente chamadas de árvores frutíferas (1.11,12,29; 3.2,3; etc.), outras duas árvores recebem grande importância na narrativa:

1) "A árvore do conhecimento do bem e do mal" (Gn 2.9), que se dizia estar "no meio do jardim" (3.3), era boa para se comer e também agradável aos olhos (3.6). Deus havia proibido a Adão e Eva que comessem de seu fruto, sob a pena de morrerem (2.17; 3.11,17). A árvore era real, não mítica (comp. O Pentateuco, p. xx); no entanto, o que produziu desastre moral ou morte ao comer do fruto não foi nenhum efeito mágico ou psicológico, mas a desobediência a Deus.

2) Da "árvore da vida" (2.9) não há detalhes, exceto que também estava "no meio do jardim". A árvore adquire importância por causa das palavras em 3.22, de que Adão devia ser expulso do jardim, para que "não aconteça que ele estenda a mão e tome também da árvore da vida e coma e viva eternamente". Adão e Eva já estavam num estado de pecado, pelo qual foram plantadas neles as sementes da morte. Evidentemente, havia alguma virtude no fruto desta árvore que prolongaria indefinidamente a vida física. Seria trágico para o homem viver perpetuamente em um estado de pecado e a caminho da morte. No entanto, a verdadeira vida agora é possível para toda a humanidade, por meio da morte de Cristo sobre um madeiro, ou seja, em outra árvore (At 5.30; 10.39; 1Pe 2.24). Essa árvore da vida, de acordo com Ap 2.7; 22.2, adquire um significado ainda mais profundo para os redimidos, num paraíso eterno preparado por Deus para os pecadores salvos por sua graça.

[2] (2.23) Um *tipo* (veja Gn 1.16, *nota*) é uma ilustração que Deus propõe sobre alguma verdade. Pode ser: 1) uma pessoa (Rm 5.14), 2) um acontecimento (1Co 10.11), 3) uma coisa (Hb 10.19,20), 4) uma instituição (Hb 9.11,12) ou 5) uma cerimônia (1Co 5.7). Os tipos ocorrem com grande frequência no Pentateuco, mas aparecem em toda a Bíblia. O antítipo, ou cumprimento do tipo, geralmente é encontrado no NT.

É preciso fazer duas advertências: 1) nada pode ser tomado como um tipo se não há autoridade explícita no NT e 2) todos os tipos não autenticados desta maneira devem ser considerados como tendo apenas autoridade de analogia e congruência espiritual.

[3] (2.23) Heb. *'Isshah*. A mulher é tipo da Igreja, a esposa de Cristo (Ef 5.25-32; 2Co 11.2,3; comp. Jo 3.28,29; Ap 19.7,8).

[4] (2.23) Heb. *'Ish*. Homem.

[5] (3.1) Não se deve imaginar que a serpente no Éden era um réptil que se contorcia e rastejava. Esse foi o efeito da maldição (Gn 3.14). A criatura que se prestou aos desígnios de Satanás bem pode ter sido a mais bela, já que entre as criaturas abaixo do homem era a mais "astuta". Apesar da maldição, ainda há vestígios daquela beleza. Cada movimento da serpente é cheio de graça, e muitas espécies têm um belo colorido. Na serpente, Satanás apareceu como "anjo de luz" (2Co 11.14). Satanás é chamado de "serpente" em Ap 12.9,14,15; 20.2. Relato da queda de Satanás: veja Is 14.12-14 e leia atentamente a *nota* do v. 12.

[1]comeu, e deu também a seu marido, que estava
com ela, e ele comeu.

Segunda Dispensação: Consciência (Responsabilidade Moral) (Gn 4.1—8.14)

7 Então os olhos de ambos foram abertos, e
[2]perceberam que estavam nus; juntaram, pois,
folhas de figueira e cobriram-se.

A interrogação divina

8 Então ouvindo a voz do Senhor Deus, que
passeava no jardim pela viração do dia, o homem
e sua mulher [s]esconderam-se da presença do
Senhor Deus, entre as árvores do jardim.
9 Chamou, porém, o Senhor Deus o homem e
lhe perguntou: Onde estás?
10 Ele respondeu: Ouvi a tua voz no jardim e
tive [t]medo, porque estava nu, e escondi-me.

[s] Jó 31.33
[t] Êx 3.6; Dt 9.19
[u] 2Co 11.3
[v] Is 65.25

11 Perguntou-lhe Deus: Quem te mostrou que
estavas nu? Comeste da árvore de que te ordenei
que não comesses?
12 Disse o homem: A mulher que me deste por
companheira deu-me da árvore, e eu comi.
13 Então disse o Senhor Deus à mulher: Que
é isso que fizeste? Respondeu a mulher: A ser-
pente me [u]enganou, e eu comi.

Segunda Aliança ou [3]Aliança Adâmica (v. 15, nota)

14 Disse, pois, o Senhor Deus à serpente:
Porque fizeste isso,
maldita és entre todos os
animais domésticos,
e entre todos os animais do campo;
sobre o teu ventre andarás,
e [v]pó comerás todos os dias da tua vida.

[1] (3.6) A trágica consequência da tentação e da Queda foi nada menos que a pecaminosidade universal da humanidade. O comentário do Espírito Santo no NT claramente afirma que a mulher foi enganada, enquanto o homem não, mas ambos transgrediram (1Tm 2.14). O ataque de Satanás foi tríplice (comp. Mt 4.1-11; 1Jo 2.16). A tentação se iniciou quando Satanás introduziu dúvida e negou a palavra de Deus (Gn 3.1-5; Jo 8.44). A Queda teve como resultado a consciência de pecado, de condenação e de separação de Deus, como indicado pelo fato de Adão e Eva se esconderem "da presença do Senhor Deus" (Gn 3.8; veja tb. v. 9-13). A natureza do homem tornou-se maligna e inimiga de Deus (Rm 5.19; 8.7,8). Este estado de morte espiritual, por fim, resultou em morte física, ambas implícitas em Gn 2.17 (comp. Rm 5.12-14, *notas*). Veja tb. Gn 3.15, *nota* 2.

[2] (3.7) *A Segunda Dispensação: da Consciência* (*ou Responsabilidade Moral*). O homem havia pecado (3.6,7), a primeira promessa de redenção estava para ser feita (3.15), e nossos primeiros pais iam ser expulsos do Éden (3.22-24). O pecado do homem foi uma rebelião contra uma ordem específica de Deus (2.16,17) e marcou a transição do conhecimento teórico para o conhecimento experimental do bem e do mal (3.5-7,22). O homem pecou, pois entrou no reino da experiência moral pela porta errada, quando poderia ter entrado fazendo o bem. Assim, o homem tornou-se como Deus por meio de uma experiência pessoal da diferença entre o bem e o mal, mas também se diferenciou de Deus, pois chegou a essa experiência ao escolher o mal em vez de o bem. Deus, então, o colocou sob a economia da responsabilidade moral, pela qual ficou responsável por fazer todo o bem que conhecia, responsável por abster-se de todo o mal que conhecia e responsável por aproximar-se de Deus por meio do sacrifício de sangue aqui instituído, que tinha em perspectiva a obra consumada de Cristo. O resultado é apresentado na Aliança Adâmica (Gn 3.14-21, veja v. 15, *nota*). O homem falhou na prova desta dispensação (comprove em Gn 6.5) e das outras. Embora, como prova específica, este período de tempo tenha terminado com o Dilúvio, o homem continuou com responsabilidade moral à medida que, em períodos posteriores, Deus acrescentava revelação sobre si mesmo e sobre sua vontade (p. ex., At 26.14-16; Rm 2.15; 2Co 4.2).

Notas sobre as outras dispensações: da Inocência (Gn 1.28), do Governo Humano (Gn 8.15), da Promessa (Gn 12.1), da Lei (Êx 19.1), da Igreja (At 2.1), do Reino (Ap 20.4); tb. Gn 1.28; 11.10, *notas*.

[3] (3.14, título) A Aliança Adâmica condiciona a vida do homem caído. Essas condições devem permanecer até que, na era do Reino, a própria criação "será liberta do cativeiro da corrupção, para a liberdade da glória dos filhos de Deus" (Rm 8.21). Os elementos da aliança são:

1) A serpente, instrumento de Satanás, recebe maldição (v. 14; Rm 16.20; 2Co 11.3,14; Ap 12.9) e se torna a advertência viva de Deus na natureza com respeito aos efeitos do pecado – de ser a mais bela e astuta das criaturas e se tornar um réptil repulsivo. O mais profundo mistério da cruz de Cristo está surpreendentemente ilustrado pela serpente de metal, um tipo de Cristo feito pecado por nós ao carregar o castigo que merecíamos (Nm 21.5-9; Jo 3.14,15; 2Co 5.21).

2) A primeira promessa de um Redentor (Gn 3.15). Aqui, começa o caminho genealógico do Descendente. Abel, Sete, Noé (Gn 6.8-10), Sem (Gn 9.26,27), Abraão (Gn 12.1-4), Isaque (Gn 17.19-21), Jacó (Gn 28.10-14), Judá (Gn 49.10), Davi (2Sm 7.5-17), Emanuel-Cristo (Is 7.10-14; Mt 1.1,20-23; Jo 12.31-33; 1Jo 3.8).

3) A mudança da condição da mulher (v. 16) em três aspectos particulares: a) concepção multiplicada, b) dores na maternidade e c) liderança do homem (comp. Gn 1.26,27). A desordem gerada pelo pecado faz necessária uma cabeça, posição que é concedida ao homem (Ef 5.22-26; 1Co 11.7-9; 1Tm 2.11-14).

4) A ocupação leve do Éden (Gn 2.15) se transforma em trabalho pesado (3.17-19) como consequência da maldição sobre a terra (3.17).

5) O inevitável sofrimento da vida (v. 17).

6) A brevidade da vida e a trágica certeza da morte física de Adão e todos os seus descendentes (v. 19; Rm 5.12-21). Veja tb. Morte (espiritual), Gn 2.17; Ef 2.5; e *notas*. Não obstante, a maldição contra o solo é para o bem do homem. Não é bom que o homem viva sem trabalhar.

Notas sobre outras alianças importantes: Edênica (Gn 2.16), Noeica (Gn 9.16), Abraâmica (Gn 12.2), Mosaica (Êx 19.5), da Terra de Israel (Dt 30.3), Davídica (2Sm 7.16), Nova Aliança (Hb 8.8). Use tb. a cadeia de referências sobre esse tema.

15 [w]"E porei [1]inimizade entre ti e a mulher,
entre a [x]tua descendência
e o [y]seu descendente.
Este te ferirá a cabeça,
e [2]tu lhe [z]ferirás o [a]calcanhar.
16 À mulher disse:
Multiplicarei grandemente a dor da
tua gravidez;
em dor darás à luz filhos.
O [3]teu desejo será para o teu marido,
e ele te [b]dominará.
17 Ao homem disse: Porque deste ouvidos à voz de tua mulher e comeste da árvore de que te ordenei não comesse,
maldita é a terra por tua causa;
em fadiga comerás
dela todos os dias da tua vida.
18 Ela produzirá também espinhos e [c]ervas daninhas,
e tu comerás das plantas do campo.
19 Do suor do teu rosto comerás o teu pão,
até que tornes à terra,
porque dela foste tomado;
pois és pó,
e ao [d]pó tornarás.
20 [e]Chamou o homem a sua mulher [4][f]Eva, porque era a mãe de todos os viventes.
21 Fez o Senhor Deus [5]vestimenta de peles para Adão e sua mulher e os [g]vestiu.

Expulsão do Éden

22 Então disse o Senhor Deus: O homem agora se tornou como um de nós, conhecendo o bem e o mal. Não aconteça que ele estenda a mão e tome também da árvore da vida e coma e viva eternamente.

23 O Senhor Deus, pois, o [6]lançou fora do jardim do Éden, para lavrar a terra de que fora tirado.

24 Havendo lançado fora o homem, pôs [h]querubins ao oriente do jardim do Éden e uma espada flamejante que se movia por todos os lados, para guardar o caminho da árvore da vida.

Nascimento de Caim e Abel

4 Conheceu Adão a Eva, sua mulher, e ela concebeu e teve a [7]Caim; então disse: [8]Adquiri um varão com o auxílio do Senhor.

2 Tornou a dar à luz e teve a [9]Abel, seu irmão. Abel foi pastor de ovelhas, e Caim foi lavrador da terra.

3 Ao cabo de dias trouxe Caim do fruto da terra uma oferta ao Senhor.

4 Abel também trouxe dos [10]primogênitos das suas ovelhas e da gordura delas. [i]Atentou o Senhor para Abel e para a sua [j]oferta,

5 mas para Caim e para a sua oferta não atentou. E irou-se Caim fortemente, e descaiu-lhe o semblante.

[w] Oito Alianças: v. 14-20; Gn 9.16 (Gn 2.16; Hb 8.8)
[x] Comp. Mt 3.7
[y] Is 7.14; Mt 1.18,25
[z] Sacrifício (profético): v. 15; Gn 4.4; (tipológico): v. 4; Gn 8.20 (Gn 3.15; Hb 10.18, nota)
[a] Cristo (primeira vinda): v. 15; Gn 12.3 (Gn 3.15; At 1.11)
[b] 1Co 11.3; Ef 5.22; Tt 2.5; 1Pe 3.1
[c] Comp. Rm 8.22
[d] Morte (física): v. 19; Gn 5.5 (Gn 2.17; Hb 9.27, nota)
[e] Fé: v. 20; 4.4; Gn 5.22 (Gn 3.20; Hb 11.39, nota)
[f] Trazer à vida ou vivente
[g] Justiça (vestes de): v. 21; Jó 29.14 (Gn 3.21; Ap 19.8)
[h] Comp. Ez 1.5, nota
[i] Hb 11.4
[j] Sacrifício (tipológico): Gn 8.20 (Gn 4.4; Hb 10.18)

[1] (3.15) Nosso Senhor especificamente designa Satanás como o "inimigo" (Mt 13.25,28, comp. v. 39; provavelmente tb. Lc 10.19). Sem Cristo, todos os homens são inimigos de Deus (Rm 5.10; Cl 1.21; Tg 4.4); a mente carnal está em inimizade contra Deus (Rm 8.7). Essa inimizade, que se manifesta particularmente naqueles que são "inimigos da cruz de Cristo" (Fp 3.18), crescerá em intensidade no fim dos tempos (Ap 12.13-37).

[2] (3.15) A cadeia temática de referências que começa aqui inclui as promessas e profecias sobre Cristo que se cumpriram em seu nascimento e obras em sua primeira vinda. Quanto a promessas e profecias não cumpridas, veja: Cristo (segunda vinda) (Dt 30.3 a At 1.11); reino (AT) (Gn 1.26,27 a Zc 12.6-8); reino (NT) (Lc 1.31-33 a 1Co 15.24-28); dia do Senhor (Is 2.10-22 a Ap 19.11-21).

[3] (3.16) Veja Sara e Abraão, 1Pe 3.6,7.

[4] (3.20) O nome em hebraico, *Havvah*, se assemelha à palavra que se usa para *vivente*.

[5] (3.21) Vestimenta de peles: um tipo de Cristo, que foi feito justiça por nós (1Co 1.30). Esta foi uma vestimenta divinamente providenciada para que os primeiros pecadores pudessem apresentar-se diante de Deus. Veja Justiça, vestes de (Ap 19.8).

[6] (3.23) Pela desobediência, o homem chegou ao conhecimento pessoal e empírico do bem e do mal – do bem como obediência, e do mal como desobediência à vontade conhecida de Deus. Por meio desse conhecimento, a consciência foi despertada. Expulso do jardim e colocado sob a Segunda Aliança, ou Aliança Adâmica, o homem tornou-se responsável por fazer todo o bem conhecido, abster-se de todo o mal conhecido e aproximar-se de Deus mediante sacrifícios. O resultado desse segundo teste do homem é declarado em Gn 6.5, e a dispensação terminou no julgamento do Dilúvio. Aparentemente, o "oriente do jardim" (v. 24), onde havia querubins e a espada flamejante, continuou sendo o local de adoração durante toda a segunda dispensação. Veja as outras seis dispensações: da Inocência (Gn 1.28), do Governo Humano (Gn 8.15), da Promessa (Gn 12.1), da Lei (Êx 19.1), da Igreja (At 2.1), do Reino (Ap 20.4); tb. Gn 1.28; 11.10, *notas*.

[7] (4.1) Caim (*aquisição*) é tipo do homem meramente terreno. Sua religião era destituída de um adequado sentimento do pecado ou da necessidade de expiação. Esse tipo religioso é descrito em 2Pe 2. Diz-se ali sete coisas sobre Caim: 1) adora segundo sua própria vontade, 2) está zangado com Deus, 3) recusa-se a apresentar uma oferta pelo pecado, 4) assassina seu irmão, 5) mente para Deus, 6) torna-se um "fugitivo e errante" e 7) ainda assim, é objeto da solicitude divina.

[8] (4.1) Heb. *qanah*, *adquirir*.

[9] (4.2) Abel (*exalação* ou *aquilo que ascende*) é um tipo do homem espiritual. Seu sacrifício, no qual foi derramado sangue expiatório (Hb 9.22), foi, ao mesmo tempo, sua confissão de pecado e a expressão de sua fé na interposição de um substituto (Hb 11.4).

[10] (4.4) O Cordeiro de Deus, tipo de Cristo, é o mais frequente tipo do Messias sofredor, "o Cordeiro de Deus que tira o pecado do mundo" (Jo 1.29). O cordeiro é um símbolo adequado da mansa inocência do Senhor Jesus (Is 53.7; Mt 26.25-54; Lc 23.9). Esse tipo se destaca pelo contraste com a oferta sem sangue, feita por Caim, dos frutos da terra e, nos primeiros passos da humanidade, proclama a verdade fundamental de que "sem derramamento de sangue não há remissão [de pecados]" (Hb 9.22; 11.4). Caim reconheceu Deus como

Caim é exortado, mesmo assim, a trazer uma oferta pelo pecado

6 Então lhe disse o Senhor: Por que te iraste? E por que descaiu o teu semblante?

7 Se procederes bem, não serás aceito? E, se não procederes bem, o [1]pecado jaz à porta, querendo conquistar-te, mas [2]sobre ele deves dominar.

III. As distintas descendências, Caim e Sete, até o Dilúvio, 4.8—7.24

Primeiro homicídio: a história de Caim (comp. Gn 4.23)

8 Disse Caim a seu irmão Abel: Vamos ao campo. Estando eles no campo, Caim se levantou contra o seu irmão Abel e o [k]matou.

9 Disse o Senhor a Caim: Onde está Abel, teu irmão? E ele respondeu: Não sei. Acaso sou eu guarda do [l]meu irmão?

10 Disse Deus: Que fizeste? A voz do sangue do teu irmão clama a mim desde a terra.

11 Agora maldito és desde a terra, que abriu a sua boca para receber das tuas mãos o sangue do teu irmão.

12 Quando lavrares o solo, não te dará mais a sua força; fugitivo e errante serás pela terra.

13 Então disse Caim ao Senhor: É maior o meu castigo do que o que eu possa suportar.

14 Hoje me lanças da face da terra, e da tua presença me esconderei; serei fugitivo e errante pela terra, e qualquer que comigo se encontrar me matará.

15 O Senhor, porém, lhe disse: Portanto qualquer que matar a Caim será vingado sete vezes. E pôs o Senhor um [m]sinal em Caim, para que não o ferisse quem quer que o encontrasse.

[k] Mt 23.35; Lc 11.51; 1Jo 3.12
[l] 1Co 8.11-13
[m] Aparentemente, para proteção de Caim. A lei de Gn 9.6 ainda não havia sido sancionada. Comp. Êx 12.23
[n] Jn 1.3
[o] Sl 49.11
[p] 1Rs 7.14

Civilização cainita

16 Então saiu Caim da [n]presença do Senhor e habitou na terra de [3]Node, ao oriente do Éden.

17 Conheceu Caim a sua mulher, e ela concebeu e teve a Enoque. Caim [4]edificou uma cidade e lhe [o]deu o nome do filho, Enoque.

18 A Enoque nasceu Irade, e Irade gerou a Meujael, e Meujael gerou a Metusael, e Metusael gerou a Lameque.

19 Lameque tomou para si duas mulheres: o nome de uma era Ada; o da outra, Zilá.

20 E Ada deu à luz a Jabal; este foi o pai dos que habitam em tendas e possuem gado.

21 O nome do seu irmão era Jubal; este foi o pai de todos os que tocam harpa e flauta.

22 Zilá também deu à luz Tubal-Caim, [p]mestre de toda a obra de cobre e de ferro. A irmã de Tubal-Caim foi Naamá.

23 Disse Lameque às suas mulheres:
Ada e Zilá, ouvi a minha voz;
vós, mulheres de Lameque,
escutai as minhas palavras.
Matei um homem por me ferir,
e um rapaz por me pisar.

24 Se Caim há de ser vingado sete vezes,
com certeza Lameque
o será setenta e sete vezes.

O nascimento de Sete

25 Tornou Adão a conhecer a sua mulher, e ela teve um filho, a quem pôs o nome de [5]Sete; porque, disse ela, Deus me deu outro descendente em lugar de Abel, que Caim matou.

26 A Sete também nasceu um filho, a quem pôs o nome de Enos. Foi nesse tempo que os homens começaram a invocar o nome do Senhor.

---

a fonte de todo bem, mas rejeitou a maneira de adoração que havia sido revelada; em conformidade com essa revelação, Abel trouxe uma oferta de sangue, confessando-se como um pecador. Com Caim começaram as falsas religiões, cuja essência é o homem aproximando-se de Deus, mas à sua maneira, não segundo Deus.

[1] (4.7) Ou "a oferta pelo pecado". Em hebraico, a mesma palavra é usada para "pecado" e "oferta pelo pecado", enfatizando, assim, notavelmente a completa identificação do pecado do crente com sua oferta pelo pecado (comp. Jo 3.14 com 2Co 5.21). Aqui os dois significados estão reunidos. "O pecado jaz à porta", mas ali também está a oferta pelo pecado. É "onde o pecado abundou" que "superabundou a graça" (Rm 5.20). Na oferta de Abel, há implícita uma instrução prévia (comp. Gn 3.21), pois ela foi oferecida "pela fé" (Hb 11.4), e fé é crer no que Deus disse; de maneira que a oferta sem sangue de Caim constituiu uma rejeição à instrução divina. Mas o Senhor fez um último apelo a Caim para que trouxesse a oferta requerida (Gn 4.7).

[2] (4.7) Veja Gn 3.16; Hb 11.4.

[3] (4.16) Errante.

[4] (4.17) Esta civilização primitiva, que pereceu no juízo do Dilúvio, foi cainita em origem, caráter e destino. Muitos elementos da civilização material são mencionados nos v. 16-22: vida urbana e vida rural e o desenvolvimento das artes e manufatura. Mas eles excluíram Deus de seus pensamentos de forma deliberada (Rm 1.18-23). Observe o discurso jactancioso de Lameque (v. 23,24). Enoque, cujo nome foi dado à primeira cidade, significa "professor". A terminação *el* no nome do filho e do neto de Enoque mostra que, durante um tempo, o conhecimento de Eloim foi preservado, mas logo desapareceu (Rm 1.21-23). Ada significa "prazer" ou "adorno"; Zilá significa "esconder"; Lameque significa "conquistador" ou "homem selvagem" (cf. Rm 1.21-25; veja tb. Gn 6.4). A civilização que proveio de Caim pode ter sido tão esplêndida quanto a da Grécia ou de Roma, mas o juízo divino se faz de acordo com o estado moral, não o material (Gn 6.5-7). Ainda não foram encontrados vestígios desta civilização avançada nem se conhece sua localização geográfica. Algum dia, os arqueólogos talvez encontrem evidências.

[5] (4.25) *Substituição*.

Reinado da morte (Rm 5.12)

5 Este é o livro das [q]gerações de [1]Adão. No dia em que Deus criou o homem, [r]à semelhança de Deus o fez.
2 [s]Macho e fêmea os criou; e os [t]abençoou, e os chamou pelo nome de Homem, no dia em que foram criados.
3 Adão viveu cento e trinta [2]anos e gerou um filho à [u]sua semelhança, conforme a sua imagem, e pôs-lhe o nome de [v]Sete.
4 [w]Foram os dias de Adão, depois que gerou Sete, oitocentos anos, e gerou filhos e filhas.
5 Foram todos os dias que Adão viveu novecentos e trinta anos, e [x]morreu.

Os descendentes de Sete

6 Viveu Sete cento e cinco anos e gerou [y]Enos.
7 Viveu Sete, depois que gerou Enos, oitocentos e sete anos e gerou filhos e filhas.
8 Foram todos os dias de Sete novecentos e doze anos, e morreu.
9 Viveu Enos noventa anos e gerou Cainã.
10 Viveu Enos, depois que gerou Cainã, oitocentos e quinze anos e gerou filhos e filhas.
11 Foram todos os dias de Enos novecentos e cinco anos, e morreu.
12 Viveu Cainã setenta anos e gerou Maalaleel.
13 Viveu Cainã, depois que gerou Maalaleel, oitocentos e quarenta anos e gerou filhos e filhas.
14 Foram todos os dias de Cainã novecentos e dez anos, e morreu.
15 Viveu Maalaleel sessenta e cinco anos e gerou Jarede.
16 Viveu Maalaleel, depois que gerou Jarede, oitocentos e trinta anos e gerou filhos e filhas.
17 Foram todos os dias de Maalaleel oitocentos e noventa e cinco anos, e morreu.
18 Viveu Jarede cento e sessenta e dois anos e gerou Enoque.
19 Viveu Jarede, depois que gerou Enoque, oitocentos anos e gerou filhos e filhas.
20 Foram todos os dias de Jarede novecentos e sessenta e dois anos, e morreu.
21 Viveu Enoque sessenta e cinco anos e gerou Matusalém.

[q] Gn 2.4; 6.9
[r] Gn 1.27
[s] Mc 10.6
[t] Gn 1.28; 9.1
[u] v. 1
[v] Gn 4.25
[w] v. 4-32; comp. 1Cr 1.1-4; Lc 3.36-38
[x] Morte (física): v. 5; Gn 6.17 (Gn 2.17; Hb 9.27, nota)
[y] Gn 4.26
[z] Fé: v. 22-24; Gn 6.22 (Gn 3.20; Hb 11.39, nota)
[a] Milagres (AT): v. 24; Gn 7.11 (Gn 5.24; Jn 1.17)
[b] 2Ts 2.7
[c] Espírito Santo (AT): v. 3; Gn 41.38 (Gn 1.2; Zc 12.10). Comp. 1Pe 3.19,20
[d] Comp. Nm 13.32,33

22 [z]Andou [3]Enoque com Deus, depois que gerou Matusalém, trezentos anos e gerou filhos e filhas.
23 Foram todos os dias de Enoque trezentos e sessenta e cinco anos.
24 Andou Enoque com Deus; e já não era, porque Deus para si o [a]tomou.
25 Viveu Matusalém cento e oitenta e sete anos e gerou Lameque.
26 Viveu Matusalém, depois que gerou Lameque, setecentos e oitenta e dois anos e gerou filhos e filhas.
27 Foram todos os dias de Matusalém novecentos e sessenta e nove anos, e morreu.
28 Viveu Lameque cento e oitenta e dois anos e gerou um filho,
29 a quem chamou [4]Noé, dizendo: Este nos consolará acerca de nossas obras e do trabalho de nossas mãos, por causa da terra que o Senhor amaldiçoou.
30 Viveu Lameque, depois que gerou Noé, quinhentos e noventa e cinco anos e gerou filhos e filhas.
31 Foram todos os dias de Lameque setecentos e setenta e sete anos, e morreu.
32 Aos quinhentos anos, Noé tinha gerado Sem, Cão e Jafé.

O Dilúvio (Gn 6.1—8.14)

(1) Continuação da raça humana

6 Quando os homens começaram a multiplicar-se sobre a terra e lhes nasceram filhas,
2 viram os filhos de Deus que as filhas dos homens eram formosas e tomaram para si mulheres de todas as que escolheram.

(2) Advertência do Senhor

3 Então disse o Senhor: Não [b]permanecerá o meu [c]Espírito para sempre com o homem, pois este é mortal; os seus dias serão cento e vinte anos.

(3) Civilização antediluviana (veja Lc 17.27)

4 Havia naqueles [d]dias gigantes na terra, e também depois, quando os [5]filhos de Deus

---

[1] (5.1) Adão, como cabeça natural da raça humana (Lc 3.38), é um tipo contrastante de Cristo, a Cabeça da nova criação. Comp. Rm 5.14; 1Co 15.21,22,45-47.

[2] (5.3) As Escrituras não dão a data da criação de Adão. A data de 4004 a.C., sugerida por Ussher (veja Gn 1.1), é a estimativa dele e é próxima da data tradicionalmente sugerida no calendário judaico, que corresponde a 3761 a.C. Para a relação das primeiras genealogias com esta e outras questões similares: Gn 11.10, *nota*.

[3] (5.22) Enoque, que, antes do juízo do Dilúvio, foi "trasladado, para não ver a morte" (Hb 11.5), é um tipo dos santos que serão trasladados antes dos juízos apocalípticos (1Ts 4.14-17).

[4] (5.29) *Consolo* ou *Descanso*.

[5] (6.4) Alguns defendem que os "filhos de Deus" foram anjos caídos "que não guardaram o seu principado" (Jd 6,7, comp. "Assim também Sodoma e Gomorra"; 2Pe 2.4-9). Assim, essa intrusão na esfera humana produziu uma raça de gigantes perversos (Gn 6.4-6).

conheceram as filhas dos homens, as quais lhes deram filhos. Estes foram valentes, os homens de renome que houve na antiguidade.

(4) Propósito do Senhor no juízo

5 Viu o Senhor que a maldade do homem se multiplicara sobre a terra e que toda a [e]imaginação dos pensamentos de seu coração era má continuamente.

6 Então [f]arrependeu-se o Senhor de haver feito o homem sobre a terra, e isso [g]lhe pesou no coração.

7 Disse o Senhor: [h]Destruirei de sobre a face da terra o homem que criei, tanto o homem como o animal, os répteis e as aves do céu, pois me arrependo de os haver feito.

(5) Propósito do Senhor na graça

8 Noé, porém, achou graça aos olhos do Senhor.

9 São estas as gerações de Noé. Era ele homem [i]justo e íntegro em sua geração; Noé [1]andava com Deus.

10 Gerou Noé três filhos: Sem, Cão e Jafé.

11 A [j]terra, porém, estava corrompida diante de Deus e cheia de violência.

12 Viu Deus que a terra estava corrompida, pois todas as pessoas haviam corrompido a sua conduta sobre a terra.

13 Então disse Deus a Noé: O fim de todos os seres humanos é chegado perante mim, pois a terra está cheia da violência dos homens. Eu os destruirei com a terra.

14 Faze para ti uma [2]arca de madeira de cipreste. Farás compartimentos na arca e a revestirás de betume por dentro e por fora.

15 Desta maneira a farás: o comprimento da arca será de trezentos [3][k]côvados, a sua largura de cinquenta e a sua altura de trinta.

16 Farás na arca uma [l]janela e lhe darás um côvado de altura. A porta da arca porás no seu lado; farás um primeiro, um segundo e um terceiro andares.

17 Eu trago o Dilúvio sobre a terra, para destruir tudo o que tem vida debaixo dos céus; tudo o que há na terra [m]expirará.

18 Contigo, porém, estabelecerei a minha [n]aliança. Entrarás na arca tu e contigo os teus filhos, a tua mulher e as mulheres de teus filhos.

19 De tudo o que vive, de tudo o que é carne, [4]dois de cada espécie, farás entrar na arca, para os conservares vivos contigo; macho e fêmea serão.

20 Das aves conforme as suas espécies, de todos os animais conforme as suas espécies, de todo réptil da terra conforme as suas espécies, dois de cada espécie virão a ti, para os conservares em vida.

21 Leva contigo de tudo o que se come e ajunta-o para ti; e te será para mantimento, a ti e a eles.

22 Assim fez [o]Noé, conforme tudo o que Deus lhe mandou.

[e] Envolve não apenas a imaginação, mas tb. os propósitos e desejos
[f] Zc 8.14, nota
[g] Comp. Sl 78.40; Ef 4.30
[h] Justiça (AT): v. 9; Gn 7.1 (Gn 6.9; Lc 2.25, nota)
[i] Gn 7.1; Rm 1.17; 4.2,3; Hb 11.7; 2Pe 2.5
[j] Ez 8.17
[k] Veja pesos e medidas (AT): 2Cr 2.10, nota
[l] Uma abertura de um côvado de altura, talvez ao redor da arca
[m] Morte (física): v. 17; Lc 16.22 (Gn 2.17; Hb 9.27, nota)
[n] Gn 8.20–9.17
[o] Fé: v. 22; Gn 12.5 (Gn 3.20; Hb 11.39, nota)

Outros sustentam que, uma vez que se diz que os anjos não têm sexo (comp. Mt 22.30) e já que as palavras "tomaram para si mulheres" (Gn 6.2) significam uma união duradoura, a referência está relacionada ao colapso da separação ocorrida entre a linhagem piedosa de Sete e a linhagem ímpia de Caim, por meio de casamentos entre uns e outros. Ao refinar este último ponto de vista, a conclusão é que a expressão "filhos de Deus" refere-se a todos os piedosos, e "filhas dos homens", a todos os ímpios, independentemente de sua filiação natural. Qualquer que seja o ponto de vista defendido, é óbvio que Satanás tentou corromper desta maneira a raça humana para que o Messias não pudesse vir a fim de redimir o homem. Mas Deus resgatou um remanescente (Gn 6.8ss.) e preservou uma linhagem piedosa. Contudo, não há remédio para a rebelião contra Deus e, por isso, teve lugar o juízo profetizado pelo antepassado de Noé (Jd 14,15; comp. Gn 7.11; Is 1.2-7,24,25).

[1] (6.9) Noé e Enoque são dois antediluvianos dos quais é dito que andaram com Deus (Gn 5.24; 6.9). Enoque, "trasladado, para não ver a morte" (Hb 11.5), torna-se um tipo dos santos que serão "arrebatados" antes da grande tribulação (1Ts 4.14-17; Ap 3.10; Dn 12.1; Mt 24.21); Noé, preservado no Dilúvio, é um tipo do povo israelita que será preservado durante a tribulação (Jr 30.5-9). Veja "tribulação" (Ap 7.14).

[2] (6.14) Arca: tipo de Cristo como o refúgio do seu povo por ocasião do juízo (Hb 11.7). Numa aplicação mais estrita, fala da preservação na "grande tribulação" (Mt 24.21,22) do remanescente de Israel que se voltará para o Senhor depois que a Igreja (tipificada por Enoque, que foi trasladado para o céu antes do juízo do Dilúvio) for arrebatada para se encontrar com o Senhor (Gn 5.22-24; 1Ts 4.15-17; Hb 11.5; Is 2.10,11; 26.20,21). No entanto, o tipo é também uma referência atual da posição do crente "em Cristo" (Ef 1). Note que a palavra traduzida por "betume" em Gn 6.14 é a mesma palavra traduzida por "expiação" em Lv 17.11. É a expiação que afasta as águas do juízo e torna a posição do crente "em Cristo" segura e bendita.

[3] (6.15) As dimensões da arca são, em si, uma evidência da exatidão das Escrituras. Com base em que um côvado media cerca de 45 cm, a arca tinha 135 m de comprimento, 22,5 m de largura e 13,5 m de altura. São proporções similares às de um moderno transatlântico. Estas dimensões estão em notável contraste com as descrições da arca encontradas na mitologia antiga. Compare com a representação cuneiforme da arca como um gigantesco cubo de seis andares (aprox. 80 m), sobre o qual estavam o mastro e o timoneiro; ou com a lenda grega, de acordo com Beroso (astrônomo babilônico do séc. IV a.C.), em que tinha cerca de 1.000 m de comprimento por 400 m de largura.

[4] (6.19) Comp. Gn 7.2. Além dos animais, dois de cada espécie, que tinham de ser preservados para procriação futura ("macho e fêmea"), foi dada a ordem adicional de tomar entre os animais limpos – i.e., animais aceitáveis para o sacrifício –, sete pares de cada espécie (Dt 14.4,5 menciona dez espécies de animais limpos). Os navios modernos carregam centenas de animais vivos, com seu correspondente alimento, além de grande quantidade de seres humanos.

(6) O juízo do Dilúvio

7 Depois disse o Senhor a Noé: [1]Entra na arca, tu e toda a tua casa, porque és [p]justo diante de mim nesta geração.

2 De todos os animais limpos levarás contigo sete e sete, o macho e sua fêmea; mas dos animais que não são [q]limpos, dois, o macho e sua fêmea.

3 Também das aves dos céus sete e sete, macho e fêmea, para se conservar em vida a semente sobre a face de toda a terra.

4 Porque, passados ainda sete dias, farei chover sobre a terra quarenta dias e quarenta noites; exterminarei da face da terra todos os seres que fiz.

5 E Noé fez conforme tudo o que o Senhor lhe ordenara.

6 Tinha [r]Noé seiscentos anos de idade quando as águas do Dilúvio vieram sobre a terra.

7 [s]Entrou [t]Noé, seus filhos, sua mulher e as mulheres de seus filhos na arca, por causa das águas do Dilúvio.

8 Dos animais limpos e dos animais que não são limpos, das aves e de todo o réptil sobre a terra

9 entraram de dois em dois para Noé na arca, macho e fêmea, como Deus ordenara a Noé.

10 E, passados sete dias, vieram sobre a terra as águas do [2]Dilúvio.

11 No ano seiscentos da vida de Noé, [u]no segundo mês, aos dezessete dias do mês, [v]romperam-se todas as fontes do [w]grande abismo, e as [x]janelas dos céus se abriram.

12 Houve copiosa chuva sobre a terra durante quarenta dias e quarenta noites.

13 Nesse mesmo dia, entrou Noé na arca, e com ele seus filhos Sem, Cão e Jafé, como também sua mulher e as três mulheres de seus filhos,

14 e com eles todo animal conforme a sua espécie, e todo o gado conforme a sua espécie, e todo o réptil que se arrasta sobre a terra conforme a sua espécie, e toda a ave conforme a sua espécie, pássaros de toda qualidade.

15 E de todas as criaturas, em que havia fôlego de vida, entraram de dois em dois para Noé na arca.

16 E os que entraram eram macho e fêmea de todos os seres viventes, como Deus lhe tinha ordenado. Então o Senhor fechou a porta por fora.

17 Esteve o Dilúvio quarenta dias sobre a terra; e aumentaram as águas e levantaram a arca, e ela se elevou por cima da terra.

18 Prevaleceram as águas e aumentaram grandemente sobre a terra; e a arca vagava sobre as águas.

19 As águas prevaleceram excessivamente sobre a terra. Todos os altos montes, que havia debaixo de todo o céu, foram cobertos.

20 Quinze [y]côvados acima deles prevaleceram as águas; e os montes foram cobertos.

21 [z]Pereceram todos os seres viventes que se moviam sobre a terra: aves, gado, animais selvagens, todo réptil que se arrasta sobre a terra e todo homem.

22 Tudo o que tinha fôlego de vida em suas narinas, tudo o que havia em terra seca, morreu.

23 Assim foram exterminados todos os seres que havia sobre a face da terra: o homem e o animal, os répteis e as aves dos céus foram extintos da terra; ficaram somente Noé e os que com ele estavam na arca.

24 E prevaleceram as águas sobre a terra [3]cento e cinquenta dias.

IV. Do Dilúvio até Babel, 8.1—11.9

(7) Cessa o Dilúvio

8 [a]Lembrou-se Deus de Noé, de todos os animais selvagens e de todos os animais domésticos que com ele estavam na arca e fez passar um vento sobre a terra, e as águas começaram a baixar.

2 [b]Cerraram-se as fontes do abismo e as [c]janelas dos céus, e a chuva dos céus se deteve.

3 As águas se foram retirando de sobre a terra. No fim de cento e cinquenta dias as águas haviam diminuído,

4 e a arca repousou, no sétimo mês, no dia dezessete do mês, sobre os montes de [d]Ararate.

5 E as águas foram minguando até o décimo mês. No décimo mês, no primeiro dia do mês, apareceram os cumes dos montes.

Noé solta um corvo e depois uma pomba

6 Ao cabo de quarenta dias, Noé abriu a janela que havia feito na arca

[p] Justiça (AT): v. 1; Gn 15.6 (Gn 6.9; Lc 2.25, nota)
[q] Veja Gn 6.19, nota
[r] Gn 6.22
[s] Mt 24.38
[t] Veja Gn 6.9, nota
[u] Mt 24.39; Lc 17.27; 2Pe 2.5; 3.6
[v] Milagres (AT): v. 11; Gn 8.2 (Gn 5.24; Jn 1.17)
[w] Is 51.10
[x] Comportas
[y] Veja pesos e medidas (AT): 2Cr 2.10, nota
[z] v. 4
[a] Gn 19.29
[b] Milagres (AT): v. 2; Gn 11.7 (Gn 5.24; Jn 1.17)
[c] Comportas
[d] Região anteriormente pertencente à Armênia e que se encontra hoje sob possessão da Turquia

---

[1] (7.1) Aqui, o chamamento de Deus compreende os significados básicos do convite da graça, que aparece muitas vezes nas Escrituras, até a última página (Ap 22.17). Este convite 1) é feito por Deus ao homem, 2) insiste em que ele faça uso da provisão perfeita que Deus fez para sua salvação e 3) foi feito num momento de juízo avassalador e de fatalidade.

[2] (7.10) O NT refere-se ao Dilúvio em três aspectos: 1) nosso Senhor disse que, como havia ocorrido nos dias de Noé, assim seria no final desta era (Mt 24.37-39; Lc 17.26,27); 2) o próprio Noé serve como ilustração da fé que salva (Hb 11.7); 3) o Dilúvio é usado como tipo do batismo (1Pe 3.19-21).

[3] (7.24) O número 150 sugere o uso de um mês de 30 dias: cinco meses de 30 dias. Comp. Gn 7.11; 8.4; veja tb. 8.14, *nota*.

7 e soltou um corvo que, saindo, ia e voltava até
que as águas se secaram de sobre a terra.
8 Depois soltou uma pomba, para ver se
as águas tinham minguado de sobre a face
da terra.
9 A pomba, porém, não achando onde pousar
a planta do pé, voltou a ele para a arca, porque
as águas ainda estavam sobre a face de toda a
terra. Noé, estendendo a mão, tomou-a e a reco-
lheu consigo na arca.
10 Esperou ainda outros sete dias e tornou a
enviar a pomba fora da arca.
11 Quando a pomba voltou a ele à tarde, no seu
bico havia uma folha verde de oliveira. Assim
soube Noé que as águas tinham minguado de
sobre a terra.
12 Então esperou ainda outros sete dias e
enviou fora a pomba, mas esta não tornou
mais a ele.
13 **N**o ano seiscentos e um, no primeiro
mês, no primeiro dia do mês, as águas se
secaram de sobre a terra. Então Noé tirou a co-
bertura da arca, e olhou, e a face da terra es-
tava enxuta.
14 No segundo mês, aos [1]vinte e sete dias do
mês, a terra estava seca.

[e] Gn 1.22; 9.1,7
[f] Gn 12.7
[g] Sacrifício (tipológico): v. 20; Gn 12.7 (Gn 3.15; Hb 10.18, nota)

Terceira Dispensação: Governo Humano (Gn 8.15—11.32)

15 **E**ntão [2]disse Deus a Noé:
16 Sai da arca, tu e tua mulher, teus filhos e as
mulheres de teus filhos.
17 Todos os animais que estão contigo, de
todos os seres viventes, tanto aves como animais
domésticos e todo réptil que se arrasta sobre a
terra, traze-os fora contigo, para que se [e]repro-
duzam abundantemente na terra, frutifiquem e
se multipliquem.
18 Então saiu Noé, e com ele seus filhos, sua
mulher e as mulheres de seus filhos.
19 Todos os animais, todos os répteis, todas as
aves, tudo o que se move sobre a terra, conforme
as suas famílias, saíram da arca.
20 **E**ntão edificou Noé um [f]altar ao Senhor
e, tomando de todos os animais limpos e de
todas as aves limpas, ofereceu [g]holocaustos
sobre o altar.
21 O Senhor sentiu o suave cheiro e disse em
seu coração: Não tornarei mais a amaldiçoar a
terra por causa do homem; porque a imaginação
do coração do homem é má desde a sua meni-
nice. E jamais tornarei a ferir a todos os seres
viventes, como fiz.

[1] (8.14) O Dilúvio começou no 17º dia do 2º mês do ano 600 da vida de Noé (7.11). Choveu 40 dias e 40 noites (7.12); as águas continuaram subindo (7.18) até alcançarem seu nível mais alto no 150º dia (7.24), soma que inclui os 40 dias de 7.12. A arca repousou em algum lugar da cordilheira conhecida como Ararate (hoje, região da Turquia; 8.4), no 17º dia do 7º mês. No primeiro dia do 10º mês, apareceram os cumes dos montes (i.e., 74 dias depois; 8.5). Seguiram-se 40 dias antes que Noé enviasse um corvo (8.6,7), e três períodos de sete dias relacionados com os três envios da pomba (8.8-12, comp. v. 10, "ainda outros sete dias"). Até aqui, transcorreram 285 dias. Há um período de 29 dias entre a remoção da cobertura da arca (no primeiro dia do primeiro mês do ano 601 de Noé, v. 13) e o terceiro envio da pomba (dedução feita pela comparação de 8.13 com os eventos ocorridos desde a entrada na arca, 7.11). Por fim, uma comparação de 8.13 com os v. 14-16 indica uma espera de outros 57 dias antes que Noé e sua família saíssem para a terra seca, ou 371 dias ao todo, número que resulta também quando deduzimos 7.11 de 8.14: doze meses de 30 dias, mais 11 dias. (Os judeus contam tanto o dia inicial como o final de uma sequência.) Mas o período real transcorrido foi de exatamente um ano solar. Isto se estabelece multiplicando os 12 meses, de 7.11 e 8.14, por 29 dias e meio, que formam um mês lunar. O total é de 354 dias. Ao acrescentar 11 dias (do 17º ao 27º dia do segundo mês, 7.11 e 8.14), o total é de 365 dias, um ano solar.

[2] (8.15) *A Terceira Dispensação: do Governo Humano.* Esta dispensação começou quando Noé e sua família saíram da arca. Como Noé entrava numa nova situação, Deus (na Aliança Noeica) submeteu a humanidade a outra prova. Até aqui, nenhum homem tinha o direito de tirar a vida de outro homem (comp. Gn 4.10,11,14,15,23,24). Nesta nova dispensação, embora a responsabilidade moral direta do homem para com Deus continuasse ("Dai [...] a Deus o que é de Deus", Mt 22.21), Deus lhe delegou certas áreas da autoridade divina nas quais o homem devia obedecer a Deus por meio da submissão a outros homens ("Dai a César o que é de César", Mt 22.21). Portanto, no governo humano, Deus instituiu um relacionamento corporativo de homem para homem.

A mais alta função do governo é proteger a vida humana, da qual deriva a responsabilidade da pena capital. O homem não deve vingar o homicídio individualmente, mas, como um grupo corporativo, deve salvaguardar a santidade da vida humana como um dom de Deus, a qual não se tem o direito de tirar, exceto quando Deus o permite. Não há autoridade que não venha de Deus; e as que existem foram ordenadas por Deus, e resistir-lhes é resistir a Deus (Rm 13.1,2). Enquanto na dispensação precedente a restrição nos homens era interna (Gn 6.3), pois o Espírito de Deus operava pela responsabilidade moral, com o governo civil foi acrescentada uma restrição nova e exterior.

O homem fracassou em governar com justiça. É tristemente manifesto que tanto judeus como gentios têm governado para si mesmos, não para Deus. Este fracasso foi visto, de forma geral, na confusão de Babel (Gn 11.9); no fracasso de Israel no período da teocracia, o qual terminou com o cativeiro na Babilônia (2Cr 36.15-21); e no fracasso das nações durante os "tempos dos gentios" (Lc 21.24; comp. Dn 2.31-45). Por fim, o governo humano será substituído pelo glorioso reinado de nosso Senhor Jesus Cristo, cujo direito de reinar é inquestionável (Is 9.6,7; Jr 23.5,6; 33.17; Ez 21.27; Lc 1.30-33; Ap 11.15-18; 19.16; 20.4-6). A dispensação do Governo Humano como prova específica de obediência foi seguida pela dispensação da Promessa, quando Deus chamou Abrão como seu instrumento de bênção para a humanidade. Contudo, a responsabilidade do homem em relação ao governo não acabou, mas continuará até que Cristo estabeleça seu reino.

Notas sobre outras dispensações: da Inocência (Gn 1.28), da Consciência ou Responsabilidade Moral (Gn 3.7), da Promessa (Gn 12.1), da Lei (Êx 19.1), da Igreja (At 2.1), do Reino (Ap 20.4). Veja tb. *notas* sobre Gn 1.28; 2.16; 11.10.

22 Enquanto a terra durar,
não deixará de haver plantio e colheita,
frio e calor,
verão e inverno,
dia e noite.

Terceira Aliança ou Aliança Noeica (v. 16, nota)

9 Abençoou Deus a Noé e a seus filhos, e lhes disse: [h]Frutificai, multiplicai-vos e enchei a terra.

2 O [i]pavor e o medo de vós virão sobre todos os animais da terra e sobre todas as aves dos céus; tudo o que se move sobre a terra e todos os peixes do mar são entregues nas vossas mãos.

3 Tudo o que se move e vive será para vosso mantimento. Assim como vos dei as ervas verdes, tudo vos dou agora.

4 A carne, porém, com sua [j]vida, isto é, com seu sangue, não comereis.

5 Certamente requererei o vosso sangue, o sangue das vossas vidas; de todo animal o requererei, como também das mãos do homem, sim, das mãos do irmão de cada um requererei a vida do homem.

6 [k]Quem derramar [l]sangue de homem,
pelo homem o seu sangue
será derramado;
pois Deus fez o homem
à sua imagem.

7 Mas vós, frutificai e multiplicai-vos; povoai abundantemente a terra e multiplicai-vos nela.

8 **E**ntão [m]disse Deus a Noé e a seus filhos:

9 Agora estabeleço a minha aliança convosco e com a vossa descendência depois de vós,

10 e com todos os seres viventes que convosco estão: as aves, os animais domésticos e os animais selvagens que saíram da arca, como todos os animais da terra.

11 Estabeleço convosco a minha aliança: Não mais será destruído tudo o que tem vida pelas águas do Dilúvio; não haverá mais Dilúvio para destruir a terra.

12 E disse Deus: Este é o sinal da aliança que ponho entre mim e vós e entre todos os seres viventes que estão convosco, por gerações perpétuas:

13 O meu [1]arco tenho posto nas nuvens e ele será por sinal de haver uma aliança entre mim e a terra.

14 Sempre que eu trouxer nuvens sobre a terra e aparecer o arco nas nuvens,

15 eu me lembrarei da minha aliança,
que está entre mim e vós e todos os seres viventes de toda a carne. As águas não se tornarão mais em Dilúvio, para destruir tudo o que tem vida.

16 O arco estará nas nuvens, e eu o verei, para me lembrar da [2][n]aliança eterna entre Deus e todos os seres viventes de todas as espécies, que estão sobre a terra.

17 Disse Deus a Noé: Este é o sinal da aliança que tenho estabelecido entre mim e tudo o que tem vida que está sobre a terra.

18 **O**s filhos de Noé, que saíram da arca, foram Sem, Cão e Jafé. Cão é o pai de Canaã.

19 Esses três foram os filhos de Noé, e deles se povoou toda a terra.

O pecado de Noé

20 **C**omeçou Noé a cultivar a terra e plantou uma vinha.

21 Bebeu do vinho, embriagou-se e ficou nu dentro de sua tenda.

22 E Cão, pai de Canaã, vendo a nudez de seu pai, fê-lo saber, fora, a seus dois irmãos.

23 Então Sem e Jafé tomaram uma capa e puseram-na sobre os seus ombros, e indo virados para trás, cobriram a nudez do seu pai, tendo os rostos virados, de maneira que não viram a nudez do seu pai.

[h] v. 7; 8.17
[i] Gn 1.26; Sl 8.6
[j] Lv 17.11-14
[k] Reino (AT): v. 6; Êx 3.1 (Gn 1.26; Zc 12.8)
[l] Gn 42.22; comp. Gn 4.9,10; Êx 21.12,14
[m] Veja Gn 8.15 e 9.16, notas
[n] Oito Alianças: 8.21–9.17,24-27; Gn 12.2 (Gn 2.16; Hb 8.8)

[1] (9.13) Não é dito que o arco-íris apareceu pela primeira vez nessa ocasião, mas simplesmente que lhe foi dado o caráter de sinal.

[2] (9.16) A Aliança Noeica reafirma as condições de vida para o homem caído, tal como foram anunciadas na Aliança Adâmica, e institui o princípio do governo humano para refrear o pecado, uma vez que a ameaça do juízo divino na forma de outro dilúvio havia sido eliminada. Os elementos da aliança são:

1) O homem é responsável por proteger a santidade da vida humana por meio de governo disciplinado para os homens, chegando até mesmo à pena capital (Gn 9.5,6; comp. Rm 13.1-7).

2) Não há maldição adicional sobre a terra, nem o homem deve temer outro dilúvio universal (Gn 8.21; 9.11-16).

3) A ordem da natureza é confirmada (Gn 8.22; 9.2).

4) A carne dos animais é apresentada como parte da dieta do homem (Gn 9.3,4).

5) Uma declaração profética é feita sobre os descendentes de Canaã, um dos filhos de Cão, de que seriam servos dos seus irmãos (Gn 9.25,26).

6) Faz-se uma declaração profética de que Sem terá uma relação muito especial com o Senhor (Gn 9.26,27). Toda a revelação divina foi dada por intermédio de homens semitas, e Cristo, segundo a carne, é descendente de Sem.

7) Uma declaração profética é feita de que os grandes povos virão de Jafé (Gn 9.27). Em termos gerais, o governo, a ciência e a arte provêm de Jafé, de modo que a história é o registro incontestável do cumprimento exato destas declarações.

Notas sobre as outras alianças importantes: Edênica (Gn 2.16), Adâmica (Gn 3.15), Abraâmica (Gn 12.2), Mosaica (Êx 19.5), da Terra de Israel (Dt 30.3), Davídica (2Sm 7.16) e a Nova Aliança (Hb 8.8).

A profecia de Noé

24 Despertando Noé do seu vinho, soube o que
seu filho mais moço lhe fizera
25 e disse:
[o]Maldito seja Canaã!
[p]Escravo de escravos seja
para seus irmãos.
26 Disse mais:
Bendito seja o Senhor Deus de Sem!
Seja-lhe Canaã por servo.
27 Alargue Deus a Jafé;
habite ele nas tendas de Sem,
e seja-lhe Canaã por servo.
28 Viveu Noé, depois do Dilúvio, trezentos e
cinquenta anos.
29 Foram todos os dias de Noé novecentos e
cinquenta anos, e morreu.

Os descendentes de Noé (Gn 9.28—10.32)

10 **S**ão estas as [1]gerações dos filhos de Noé:
Sem, Cão e Jafé, aos quais nasceram
filhos depois dox Dilúvio.
2 **O**s [q]filhos de Jafé são: [2]Gômer, [3]Magogue,
[4]Madai, [5]Javã, [6]Tubal, [7]Meseque e [8]Tiras.
3 Os filhos de Gômer são: [9]Asquenaz, [10]Rifá
e Togarma.
4 Os filhos de Javã são: [11]Elisá, [12]Társis, Quitim
e [13]Dodanim.
5 Por estes foram repartidas as ilhas das
nações nas suas terras, cada qual segundo a
sua língua, segundo as suas famílias, entre as
suas nações.
6 **O**s [r]filhos de Cão: [14]Cuxe, [15]Mizraim, [16]Pute
e Canaã.
7 Os filhos de Cuxe são: Sebá, Havilá, Sabtá,
Raamá e Sabtecá. Os filhos de Raamá: Sabá
e Dedã.
8 Cuxe também gerou [s]Ninrode, que começou
a ser poderoso na terra.
9 Ele foi poderoso caçador diante da face do
Senhor; pelo que se diz: Como Ninrode, pode-
roso caçador diante do Senhor.
10 O princípio do seu reino foi [t]Babel, Ereque,
Acade e Calné, na terra de Sinear.
11 Dessa mesma terra saiu ele para a Assíria e
edificou [u]Nínive, Reobote-Ir e Calá.
12 E, entre Nínive e Calá, a grande cidade
de Resém.
13 Mizraim gerou Ludim, Anamim, Leabim,
Naftuim,
14 Patrusim, Casluim (donde saíram os filis-
teus) e Caftorim.
15 Canaã gerou [17]Sidom, seu primogênito, e [18]Hete,

[o] Veja v. 16, nota, parág. 5-7
[p] Js 9.23
[q] 1Cr 1.5-7
[r] 1Cr 1.8-16
[s] Mq 5.6
[t] Veja Is 13.1 e Ap 18.2, notas; comp. Gn 11.10, nota
[u] Veja Na 1.1, nota

---

[1] (10.1) Este capítulo contém o primeiro quadro etnológico da literatura do mundo antigo, compilado séculos antes dos escritos de Homero. Neste quadro das nações, há uma notável percepção da situação étnica e linguística do tempo de Noé e dos seus descendentes. Praticamente todos estes nomes foram encontrados em descobertas arqueológicas dos dois últimos séculos.

Muitos destes nomes reaparecem posteriormente na literatura hebraica em Is 13–27; Jr 46–51; Ez 25–32. Onze dos nomes reaparecem em Ez 27: Javã, Tubal, Meseque, Togarma, Quitim (quiteus), Dedã, Lude (lídios), Sidom, Társis, Arvade e Mizraim, que é o Egito. Quitim (Chipre) também aparece em Is 23.12; Sidom, em Is 23.4ss.; Jr 47.4; Egito, em Is 19; Jr 46; Ez 29–32. De Babilônia se fala profeticamente em Is 13; 47; Jr 50; 51, como também em Ap 17; 18. Elão reaparece em Is 21.2; Jr 49.34-39, e Társis, em Is 23.1,6. Magogue é dominante em Ez 38 e 39. Algumas destas profecias ainda não se cumpriram totalmente; assim, algumas destas regiões e tribos terão sua história no programa de Deus milhares de anos depois que seus nomes apareceram pela primeira vez.

[2] (10.2) Antepassado dos antigos cimérios e cimbros, dos quais descendem a família celta.

[3] (10.2) De Magogue talvez descendam os antigos citas (Josefo, *Ant.* 1, vi, i), que viviam ao norte do mar Negro. Magogue na profecia: comp. Ez 38.2; 39.6; Ap 20.8.

[4] (10.2) Antepassado dos antigos medos.

[5] (10.2) Antepassado daqueles que povoaram a Grécia, a Síria etc.

[6] (10.2) Alguns creem que os descendentes de Tubal povoaram a região ao sul do mar Negro, de onde se espalharam para o norte e para o sul. É provável que Tobolska perpetue o nome da tribo.

[7] (10.2) Antepassado de um povo mencionado em conexão com Tubal, Magogue e outras nações do norte (Ez 38.2; 39.1). Muitos creem que a Rússia é a moderna Magogue, Tubal e Meseque.

[8] (10.2) De acordo com uma antiga opinião, Tiras é antepassado dos trácios, que, mais recentemente, foram os etruscos, um povo que ocupava o litoral do mar Egeu.

[9] (10.3) Jr 51.27 revela que os descendentes de Asquenaz viveram nas vizinhanças do Ararate. Na literatura judaica posterior, Asquenaz é empregado como uma designação da Germânia. Os *asquenazim* eram judeus que viviam em países germânicos, assim como *sefardim* designa os judeus de Portugal e da Espanha.

[10] (10.3) Rifate e Togarma eram habitantes da Ásia Menor.

[11] (10.4) Talvez os povos da Sicília ou Chipre.

[12] (10.4) No AT, Társis é mencionado frequentemente como um florescente porto marítimo (comp. 1Rs 10.22; Jn 1.3). Talvez seja uma referência a Tartesso, antiga cidade da Bética, na região da Andaluzia, na antiga Espanha.

[13] (10.4) Esse nome talvez aluda ao povo da ilha de Rodes, no mar Egeu.

[14] (10.6) Etiópia.

[15] (10.6) Egito.

[16] (10.6) Pute refere-se à Líbia.

[17] (10.15) Sidom foi capital da antiga Fenícia.

[18] (10.15) Os hititas (ou heteus), povo que constituiu um poderoso império no segundo milênio a.C.

16 e o [1]jebuseu, o amorreu, o girgaseu,
17 o heveu, o arqueu, o sineu,
18 o arvadeu, o zemareu e o hamateu. Depois se
espalharam as famílias dos cananeus.
19 Foi o termo dos cananeus desde Sidom, em
direção a Gerar, até Gaza; em direção a Sodoma,
Gomorra, Admá e Zeboim, até Lasa.
20 Estes são os filhos de Cão segundo as suas
famílias, segundo as suas línguas, em suas ter-
ras, em suas nações.
21 **A** Sem, irmão mais velho de Jafé, nas-
ceram filhos; ele foi o pai de todos os filhos
de Éber.
22 Os [v]filhos de Sem foram: [2]Elão, [3]Assur, [w]Ar-
faxade, Lude e Arã.
23 Os filhos de Arã: [4]Uz, Hul, Géter e Más.
24 Arfaxade gerou Selá, e Selá gerou Éber.
25 **A** Éber nasceram dois filhos: o nome
de um foi [5]Pelegue, porque em seus dias
se repartiu a terra; o nome do seu irmão foi
Joctã.
26 Joctã gerou Almodá, Salefe, Hazarmavé, Jerá,
27 Hadorão, Uzal, Dicla,
28 Obal, Abimael, Sabá,
29 [6]Ofir, Havilá e Jobabe. Todos esses foram
filhos de Joctã.
30 E habitaram desde Messa até Sefar, monta-
nha do oriente.
31 São esses os filhos de Sem segundo as suas
famílias, segundo as suas línguas, nas suas ter-
ras, segundo as suas nações.
32 **São** essas as famílias dos filhos de Noé
segundo as suas gerações, nas suas nações.
Deles foram disseminadas as nações na terra
depois do Dilúvio.

[v] Gn 11.10-26; 1Cr 1.17-28
[w] v. 24; Lc 3.36
[x] Dt 1.28
[y] Milagres (AT): v. 7-9; Gn 12.17 (Gn 5.24; Jn 1.17)
[z] Em um interessante jogo de palavras, Babel é comparada com *balal*, em heb. confundir. Veja v. 1 e Is 13.1, notas; comp. Ap 18.2, nota.
[a] Gn 10.22-24; 1Cr 1.17,18; Lc 3.36

O fracasso do homem em Babel. A vida prossegue sob as Alianças Adâmica e Noeica

11 **Ora**, a terra toda tinha [7]uma só língua e uma
só maneira de falar.
2 Partindo eles do oriente, acharam uma planí-
cie na terra de Sinear e habitaram ali.
3 Disseram uns aos outros: Vinde, façamos
tijolos e queimemo-los bem. Os tijolos lhes ser-
viram de pedra e o betume de cal.
4 Então disseram: Vinde, edifiquemos para nós
uma cidade e uma [8]torre cujo [x]cume toque no céu.
Tornemos famoso o nosso nome, para que não
sejamos espalhados sobre a face de toda a terra.
5 O Senhor, porém, desceu para ver a cidade
e a torre que os filhos dos homens edificavam.
6 Disse o Senhor: O povo é um e todos têm uma
só língua. Começam a construir a torre; agora
não haverá restrição para tudo o que eles inten-
tarem fazer.
7 Vinde, desçamos e [y]confundamos ali a sua lín-
gua, para que não entendam mais um ao outro.
8 Assim o Senhor os espalhou dali sobre a face
de toda a terra, e cessaram de edificar a cidade.
9 Por isso se chamou o seu nome [z]Babel, por-
que ali [9]confundiu o Senhor a língua de toda a
terra e dali os espalhou o Senhor sobre a face de
toda a terra.

V. Do chamado de Abrão até a morte de José, 11.10—50.26

Ascendência de Abrão

10 **São** estas as [10]gerações de Sem. Sem era da
idade de cem anos quando gerou [a]Arfaxade, dois
anos depois do [11]Dilúvio.

---

[1] (10.16) Uma tribo nas redondezas de Jerusalém, que também era chamada de Jebus (Jz 19.10).

[2] (10.22) Um povo a leste da Babilônia e do golfo Pérsico.

[3] (10.22) Assíria.

[4] (10.23) Um lugar da Arábia setentrional, onde viveu Jó (Jó 1.1).

[5] (10.25) *Divisão*.

[6] (10.29) Ofir, no extremo sul do mar Vermelho, era famosa por seu ouro (1Rs 9.28; 10.11); ali também a madeira de sândalo era evidentemente abundante. Veja 1Rs 10.11, nota.

[7] (11.1) Como juízo, pela primeira tentativa do homem pecador de estabelecer um estado mundial em oposição ao governo divino, Deus o feriu exatamente naquilo que o unia, isto é, a língua comum (v. 7-9).

[8] (11.4) Entre as descobertas da arqueologia na Mesopotâmia estão os zigurates, torres com andares construídas para adoração de divindades pagãs.

[9] (11.9) Compare à palavra hebraica *balal* (confundir).

[10] (11.10) Gênesis 11 e 12 marcam um importante ponto decisivo na maneira como Deus trata a humanidade. Até agora, tem sido a história de toda a raça adâmica. Não havia nem judeus nem gentios; todos haviam sido um no "primeiro homem", Adão. Daqui em diante, segundo as Escrituras, a humanidade devia ser con siderada como uma vasta torrente, um rio do qual Deus, no chamamento de Abrão e na criação da nação de Israel, extraiu um arroio, por meio do qual possa purificar, por fim, o grande rio propriamente dito. Israel foi chamado para ser testemunha da unidade de Deus no meio da idolatria universal (Dt 6.4; Is 43.10-12), para ilustrar a bênção de servir ao Deus verdadeiro (Dt 33.26-29), para receber e preservar as revelações divinas (Dt 4.5-8; Rm 3.1,2) e para ser o canal humano para a vinda do Messias (Gn 21.12; 28.10,14; 49.10; 2Sm 7.16,17; Is 7.13,14; Mt 1.1).

O leitor das Escrituras deve ter sempre em mente: 1) De Gn 12 a Mt 12.45, as Escrituras tratam principalmente de Israel, o arroio, não do grande rio gentio; contudo, vez por outra, a universalidade do propósito último de Deus irrompe à vista (p. ex., Gn 12.3; Is 2.2,4; 5.26; 9.1,2; 11.10-12; 42.1-6; 49.6,12; 52.15; 54.3; 55.5; 60.3,5,11-16; 61.6,9; 62.2; 66.12,18,19; Jr 16.19; Jl 3.9,10; Ml 1.11; Rm 9–11; Gl 3.8-14). 2) A raça humana, gentios e judeus, continua sob as alianças Adâmica e Noeica, bem como sob as dispensações (responsabilidades da mordomia) da Consciência (Responsabilidade Moral) e do Governo Humano. Além disso, Israel recebeu a luz e a responsabilidade adicional, primeiro da Aliança

11 E viveu Sem, depois que gerou Arfaxade,
quinhentos anos e gerou filhos e filhas.
12 **Viveu** Arfaxade trinta e cinco anos e
gerou Selá.
13 Viveu Arfaxade, depois que gerou Selá, qua-
trocentos e três anos e gerou filhos e filhas.
14 **Viveu** Selá trinta anos e gerou Héber.
15 Viveu Selá, depois que gerou Héber, quatro-
centos e três anos e gerou filhos e filhas.
16 **Viveu** Héber trinta e quatro anos e
gerou Pelegue.
17 Viveu Héber, depois que gerou Pelegue,
quatrocentos e trinta anos e gerou filhos
e filhas.
18 **Viveu** Pelegue trinta anos e gerou Reú.
19 Viveu Pelegue, depois que gerou Reú, duzen-
tos e nove anos e gerou filhos e filhas.
20 **Viveu** Reú trinta e dois anos e gerou Serugue.
21 Viveu Reú, depois que gerou Serugue, duzen-
tos e sete anos e gerou filhos e filhas.
22 **Viveu** Serugue trinta anos e gerou Naor.
23 Viveu Serugue, depois que gerou Naor,
duzentos anos e gerou filhos e filhas.
24 **Viveu** Naor vinte e nove anos e gerou Terá.
25 Viveu Naor, depois que gerou Terá, cento e
dezenove anos e gerou filhos e filhas.
26 **Viveu** Terá setenta anos e gerou Abrão,
Naor e Harã.

27 **São** estas as gerações de Terá: Terá gerou
[1][b]Abrão, Naor e Harã. E Harã gerou Ló.
28 Morreu Harã estando seu pai, Terá, ainda vivo,
na terra do seu nascimento, em [2]Ur dos caldeus.
29 Abrão e Naor tomaram mulheres para si.
O nome da mulher de Abrão era [c]Sarai, e o nome
da mulher de Naor era [d]Milca, filha de Harã, pai
de Milca e de Iscá.
30 Sarai era estéril; não tinha filhos.

Anos desperdiçados em Harã

31 **Tomou** Terá a Abrão, seu filho, e a Ló, filho
de [e]Harã, filho de seu filho, e a Sarai, sua nora,
mulher de seu filho Abrão, e saiu com eles de
Ur dos caldeus, para ir à terra de Canaã. Mas,
quando chegaram a Harã, habitaram ali.
32 Foram os dias de Terá duzentos e cinco
anos, e morreu Terá em Harã.

Quarta Dispensação: Promessa
(Gn 12.1—Êx 18.27)

Quarta Aliança ou Aliança Abraâmica
(v. 2, nota; comp. 13.14-18; 15.1-21;
17.4-8; 22.15-24; 26.1-5; 28.10-15)

12 **Ora**, o Senhor [3]disse a Abrão: [f]Sai da tua
terra, da tua parentela e da casa de teu pai,
para a terra que eu te mostrarei.

[b] Depois chamado Abraão (Gn 15.15). Veja 11.27, nota

[c] Depois chamada Sara (Gn 17.15)

[d] Ascendente de Rebeca; comp. Gn 22.20; 24.15

[e] Uma cidade no noroeste da Mesopotâmia, aprox. 950 km de Ur, leva este nome. Veja última parte deste v.

[f] Separação: v. 1-5; Gn 13.9 (Gn 12.1; 2Co 6.17)

Abraâmica e, então, da Mosaica e da Terra de Israel. 3) A história moral do mundo gentio, começando com Babel, como desceu para o pecado da idolatria com sua resultante perversão moral, é descrita pelo Espírito Santo em Rm 1.18-32, junto com sua responsabilidade moral (Rm 2.1-16). A consciência nunca absolve: ela *acusa* ou *defende*. 4) Apesar de a Lei, mais tarde, ter-se tornado conhecida dos gentios, para eles, tanto como para Israel, foi um "ministério da morte", uma "maldição" (Rm 3.19,20; 7.9,10; 2Co 3.7; Gl 3.10). 5) Uma responsabilidade totalmente nova surge quando um judeu ou um gentio conhece o evangelho (Jo 3.18,19,36; 15.22-24; 16.9; 1Jo 5.9-12).

[11] (11.10) As Escrituras não nos dão informação pela qual se possa descobrir a data do Dilúvio. (Veja *notas* em Gn 1.1; 5.3.) A palavra hebraica traduzida por "gerou" não significa apenas isso necessariamente, mas também pode implicar *foi antepassado de*; e a palavra bíblica "filho", embora normalmente indique um filho propriamente dito, pode também ser o equivalente ao termo "descendente". Assim, Mt 1.1 chama Jesus Cristo de "filho de Davi, filho de Abraão". Veja tb. Mt 22.42. A genealogia em Mt 1.8 diz que Jorão gerou a Uzias, omitindo assim três elos: Acazias, Joás e Amazias, todos reis de Judá cujos nomes deviam ser familiares a todos os judeus. Comp. tb. Ed 7.3 com 1Cr 6.7-11. À luz desses fatos, vemos que Gn 11.10 significa que, quando Sem tinha cem anos, sua esposa teve um filho, que foi Arfaxade ou um antepassado de Arfaxade. Na cadeia dos antepassados, muitos elos podem ter sido omitidos.

[1] (11.27) Ainda não há evidências que tornem possível estabelecer uma data precisa para a vida de Abrão. Alguns eruditos conservadores colocam-no em uma época tão antiga quanto 2200 a.C.; outros, em uma tão posterior quanto 1650 a.C. Nesta edição da Bíblia, usamos uma data estimada de aproximadamente 2100 a.C. para o nascimento de Abrão.

[2] (11.28) Esta cidade estava localizada na região sul da Mesopotâmia. Escavações têm provado que esta era uma civilização muito avançada, mesmo muito antes de Abrão; na época do patriarca, as casas de Ur mostram um nível de prosperidade material equivalente ao da Babilônia nos tempos de Nabucodonosor, mais de mil anos depois.

[3] (12.1) *A Quarta Dispensação: da Promessa.* Esta dispensação foi do chamamento de Abrão até a entrega da Lei no Sinai (Êx 19.3ss.). Sua mordomia se baseou na aliança de Deus com Abrão, citado pela primeira vez aqui, Gn 12.1-3, e confirmado e ampliado em Gn 13.14-17; 15.1-7; 17.1-8,15-19; 22.16-18; 26.2-5,24; 28.13-15; 31.13; 35.9-12.

Observe: 1) as provisões específicas que afetavam Abrão (Gn 15.15), seu filho, Isaque, e seu neto, Jacó (Gn 26.1-5; 28.10-16), sob as quais a bênção individual dependia da obediência pessoal (Gn 12.1; comp. 22.18; 26.5).

2) Deus fez uma promessa incondicional de bênçãos por meio da descendência de Abrão: a) para a nação de Israel herdar perpetuamente um território específico (Gn 12.2; 15.18-21; 17.7,8), b) para a Igreja, em Cristo (Gl 3.16,28,29), e c) para as nações gentias (Gn 12.3).

3) Havia uma promessa de bênçãos para aqueles indivíduos e nações que abençoassem os descendentes de Abrão, e uma maldição sobre os que perseguissem os judeus (Gn 12.3; Mt 25.31-46). Consequentemente, esta dispensação teve ênfases variadas. Para os gentios daquele período, houve pouca aplicação direta, com exceção do que está implícito em Gn 12.3 e ilustrado pela bênção ou juízo de Deus sobre os indivíduos (o faraó, Gn 12.17; Abimeleque, Gn 20.3,17; etc.) ou nações (p. ex., o Egito, Gn 47–50; Êx 1–15) que trataram bem ou mal Abrão e seus descendentes.

Ao longo dos séculos, na continuação desta mordomia/economia da verdade revelada a Abrão, os crentes da era da Igreja são chamados a confiar em Deus como Abrão confiou (Rm 4.11,16,23-25; Gl 3.6-9) e, assim, entrar nas bênçãos da aliança que inaugurou a dispensação da Promessa.

2 [1g]Farei de ti uma grande [h]nação,
te abençoarei e engrandecerei o teu nome,
e tu serás uma bênção.
3 Abençoarei os que te abençoarem,
e amaldiçoarei os que te amaldiçoarem;
em ti serão [i]benditas
[j]todas as famílias da terra.

Abrão na terra de Canaã: adoração, comunhão e promessa

4 **P**artiu, pois, Abrão, como o Senhor lhe tinha dito, e Ló foi com ele. Tinha Abrão setenta e cinco anos quando saiu de Harã.

[g] Oito Alianças: v. 1-3,7; Êx 19.5 (Gn 2.16; Hb 8.8)
[h] Israel (origem): v. 1-3; Gn 13.15 (Gn 12.2; Rm 11.26)
[i] Evangelho: v. 3; Is 41.27 (Gn 12.3; Ap 14.6)
[j] Cristo (primeira vinda): v. 3; Gn 17.19 (Gn 3.15; At 1.11)
[k] Fé: v. 1-5; Gn 13.18 (Gn 3.20; Hb 11.39, nota)
[l] Veja Sl 60.6, nota
[m] Sacrifício (tipológico): v. 7,8; Gn 13.18 (Gn 3.15; Hb 10.18, nota)

5 Abrão levou consigo Sarai, sua mulher, e Ló, filho de seu irmão, e todos os bens que haviam adquirido e os servos comprados em Harã; [k]e foram para a [2]terra de Canaã, e lá chegaram.

6 Passou Abrão pela terra até o lugar de [l]Siquém, até o carvalho de Moré. Nesse tempo, estavam os cananeus na terra.

7 [3]Apareceu o Senhor a Abrão e disse: À tua semente [4]darei esta terra. Abrão edificou ali um [m]altar ao Senhor, que lhe [n]aparecera.

8 Dali passou para o monte ao oriente de [5]Betel e armou a sua tenda, ficando Betel ao ocidente

---

As promessas de Deus a Abrão e sua descendência certamente não terminaram no Sinai, quando a Lei foi entregue (Gl 3.17). Tanto o AT como o NT estão cheios de promessas pós-sinaíticas referentes a Israel e à terra que será a possessão perpétua de Israel (p. ex., Êx 32.13; 33.1-3; Lv 23.10; 25.2; 26.6; Dt 6.1-23; 8.1-18; Js 1.2,11; 24.13; At 7.17; Rm 9.4). Mas, como teste específico da mordomia de Israel para com a verdade divina, a dispensação da Promessa foi substituída, embora não anulada, pela Lei do Sinai (Êx 19.3ss.).

Notas sobre dispensações: da Inocência (Gn 1.28), da Consciência ou Responsabilidade Moral (Gn 3.7), do Governo Humano (Gn 8.15), da Lei (Êx 19.1), da Igreja (At 2.1), do Reino (Ap 20.4).

[1] (12.2) A Aliança Abraâmica em sua constituição (Gn 12.1-4) e confirmação (Gn 13.14-17; 15.1-7,18-21; 17.1-8) tem três aspectos:

1) A promessa de uma grande nação: "Farei de ti uma grande nação" (Gn 12.2). Isto se refere primordialmente a Israel, os descendentes de Jacó, aos quais foi prometida a possessão perpétua da terra (Gn 17.8), com quem se fez a aliança eterna (Gn 17.7), e aos quais Deus disse: "serei o seu Deus" (Gn 17.8). A promessa a Abraão também foi de que seria pai de outras nações (comp. Gn 17.6,20), cumprida principalmente por meio de Ismael e Esaú.

2) Abraão recebe quatro promessas pessoais: a) Ser o pai de numerosos descendentes (Gn 17.16); b) receber bênção pessoal – "te abençoarei" –, cumprida de duas maneiras: materialmente (Gn 13.14,15,17; 15.18; 24.34,35) e espiritualmente (Gn 15.6; Jo 8.56); c) receber honra pessoal: "e engrandecerei o teu nome" (Gn 12.2), cumprida no reconhecimento por todos aqueles que honram a Bíblia; d) seria canal de bênçãos: "e tu serás uma bênção" (Gn 12.2), cumprida nas bênçãos a outros por intermédio de sua descendência, Israel, que se tornou instrumento de revelação divina, por meio de Abraão, como exemplo de fé piedosa (Rm 4.1-22) e, proeminentemente, por meio de Cristo, o Descendente de Abraão (Gl 3.16).

3) Promessas aos gentios. a) "Abençoarei os que te abençoarem" (Gn 12.3). Aqueles que honram Abraão serão abençoados. b) "E amaldiçoarei os que te amaldiçoarem" (Gn 12.3). Esta foi uma ameaça que se cumpriu literalmente na história das perseguições a Israel. Invariavelmente, quem tem perseguido os judeus sofre dano – e recebem o bem aqueles que os protegem. Quando uma nação comete o pecado do antissemitismo, o juízo é inevitável. O futuro demonstrará esse princípio de forma ainda mais notável (Dt 30.7; Is 14.1,2; Jl 3.1-8; Mq 5.7-9; Ag 2.22; Zc 14.1-3; Mt 25.40,45). c) "Em ti serão benditas todas as famílias da terra" (Gn 12.3). Esta é a grande promessa do evangelho cumprida no Descendente de Abraão, Cristo, e em toda a descendência espiritual de Abraão que, como ele, é justificada pela fé (Rm 4.3; Gl 3.6-9,16,29; comp. Jo 8.56-58). Ela acrescenta revelação e confirmação à promessa da Aliança Adâmica quanto à Descendência da mulher (Gn 3.15).

A Aliança Abraâmica revela o propósito soberano de Deus em cumprir, por meio de Abraão, seu programa para Israel, e em prover em Cristo o Salvador para todos os que creem. O cumprimento final se baseia na promessa divina e no poder de Deus mais do que na fidelidade humana.

Notas sobre outras alianças importantes: Edênica (Gn 2.16), Adâmica (Gn 3.15), Noeica (Gn 9.16), Mosaica (Êx 19.5), da Terra de Israel (Dt 30.3), Davídica (2Sm 7.16), Nova Aliança (Hb 8.8).

[2] (12.5) A terra que Deus prometeu como herança perpétua a Abraão e seus descendentes (Gn 12.5-7; 15.17-21; 17.7,8) passa por diversos nomes ao longo da história. Por vezes, é chamada de Canaã (Gn 23.5,7), Filístia (Êx 15.14), Terra de Israel (Js 11.23), Terra Prometida (Js 23.5), ou Terra Santa (Zc 2.12). Abraão comprou Hebrom, local de Jerusalém, de Hete (Gn 23.1-16). Os hebreus conquistaram e habitaram uma boa parte da terra, mas não toda (Js 13.1-6; 23.13; Jz 3.1-3). Ao longo dos séculos, várias nações (Babilônia, Pérsia, Medo-Pérsia, Grécia, Roma e os árabes) invadiram a terra, tentaram destruir os judeus, levaram-nos cativos e até mudaram o nome da terra para Palestina. Veja Jz 13.1, *nota*. Desejaram apagar toda a conexão judaica, porém sempre permaneceu um remanescente na terra.

[3] (12.7) As teofanias são aparições do Filho de Deus anteriores à encarnação, em forma angélica ou humana, por meio de uma glória manifestada (Ez 1) ou de maneira não descrita (Gn 17.1). Veja tb. *nota n* na coluna central.

[4] (12.7) O verbo "dar" aparece mais de mil vezes na Bíblia. A maior frequência é em relação a Deus dando a terra a seu povo, Israel, uma verdade anunciada aqui pela primeira vez, mas repetida em quase 150 passagens do AT, desde os dias dos patriarcas até a volta do exílio (Ne 9.35,36) e até mesmo incorporada ao Decálogo (Êx 20.12).

Por muitos séculos, essa terra foi chamada de Palestina. Esse nome é derivado do nome Filístia e foi usado primeiramente por volta de 500 a.C. por Heródoto para referir-se à terra habitada pelos judeus, por vezes chamada de Canaã (Gn 12.5,7), Terra Prometida (Js 23.5), Terra Santa (Zc 2.12) ou Terra de Israel (Js 11.23), a qual Deus prometeu como herança perpétua a Abraão, Isaque, Jacó e seus descendentes (Gn 12.5-8; 15.17-21; 17.7,8).

Abraão comprou Hebrom de Hete (Gn 23.1-16), local de Jerusalém. Os hebreus conquistaram e habitaram uma boa parte da Terra Prometida, mas não toda (Js 23.13). Ao longo dos séculos, várias nações (Babilônia, Pérsia, Medo-Pérsia, Grécia, Roma e árabes) invadiram a terra, tentaram destruir os judeus, levaram-nos cativos e até mudaram o nome da terra para Palestina, desejando apagar toda a sua relação com o povo judeu, porém sempre permaneceu um remanescente na terra. Quando, em 1948, a Organização das Nações Unidas concedeu reconhecimento ao moderno Estado de Israel, muitos árabes fugiram, declarando-se, depois, os verdadeiros palestinos. Deus prometeu outras terras aos árabes e outros povos (p. ex., Is 19.24). À luz desses fatos, é mais correto hoje referir-se à aliança firmada com Israel de "Aliança da Terra de Israel", não "Aliança Palestiniana".

[5] (12.8) Betel, um dos lugares sagrados de Canaã, significa *casa de Deus* (Gn 28.1-22; veja 35.7, *nota*). Foi nesse lugar que Jeroboão decidiu praticar idolatria (1Rs 12.28–13.6), em consequência do que o juízo de Deus decretou a destruição de Betel apesar das memórias

e Ai ao oriente; também ali edificou um altar ao Senhor e invocou o nome do Senhor.

9 Depois continuou Abrão o seu caminho, seguindo sempre para o [1][o]sul.

Abrão falha diante da provação, abandonando o lugar de bênção

10 **H**avia fome naquela terra. Desceu Abrão ao Egito, para peregrinar ali, porque a fome era grande na terra.

11 Estando ele prestes a entrar no Egito, disse a Sarai, sua mulher: Ora, bem sei que és mulher formosa à vista.

12 Quando os egípcios te virem, dirão: Esta é a mulher dele. E me matarão, e te guardarão com vida.

13 [p]Dize, peço-te, que és minha [2]irmã, para que me vá bem por causa de ti, e que viva a minha alma por tua causa.

14 Entrando Abrão no Egito, viram os egípcios que a mulher era muito formosa.

15 Viram-na os príncipes de faraó e gabaram-na diante dele; e foi levada a mulher para a casa de faraó.

16 Ele [q]tratou bem a Abrão por causa dela, e este veio a [r]ter ovelhas, vacas, jumentos, servos e servas, jumentas e camelos.

17 [s]**F**eriu, porém, o Senhor a faraó e a sua casa com grandes pragas, por causa de Sarai, mulher de Abrão.

18 Então chamou faraó a Abrão e disse: Que é isso que me fizeste? Por que não me disseste que ela era tua mulher?

19 Por que disseste: É minha irmã? Por isso que a tomei para ser minha mulher. Agora, pois, eis aqui tua mulher; toma-a e vai-te.

20 Então faraó deu ordens aos seus guardas a respeito de Abrão, os quais o fizeram partir com sua mulher e tudo o que tinha.

Abrão volta do Egito

13 Subiu, pois, Abrão do Egito para o [t]Neguebe, com sua mulher e tudo o que tinha, e [u]Ló estava com ele.

[n] Teofanias – v. 7; Gn 17.1 (Gn 12.7, nota; Dn 10.5)
[o] Veja v. 9, nota
[p] Comp. Gn 20.1-18; 26.6-11
[q] Gn 20.14
[r] Gn 13.2
[s] Milagres (AT): v. 17; Gn 15.17 (Gn 5.24; Jn 1.17)
[t] Veja Gn 12.9, nota
[u] Gn 12.4; 14.12,16
[v] Gn 24.35
[w] Gn 12.8; 21.33
[x] Separação: v. 7-11,14-17; Êx 6.6 (Gn 12.1; 2Co 6.17)
[y] Gn 18.20,21

2 Era Abrão muito [v]rico em gado, em prata e em ouro.

3 Fez as suas jornadas do Neguebe até Betel, até o lugar onde primeiro estivera a sua tenda, entre Betel e Ai,

4 até o lugar do altar que dantes ali fizera. Ali [w]invocou Abrão o nome do Senhor.

Abrão e Ló separam-se

5 Também Ló, que ia com Abrão, tinha rebanhos, gado e tendas.

6 A terra, porém, não podia sustentá-los, para que habitassem juntos, pois os seus bens eram muitos; de maneira que não podiam habitar juntos.

7 Houve contenda entre os pastores do gado de Abrão e os pastores do gado de Ló. Nesse tempo, os cananeus e os ferezeus habitavam na terra.

8 **D**isse Abrão a Ló: Ora, não haja contenda entre mim e ti, e entre os meus pastores e os teus pastores, pois somos irmãos.

9 Não está toda a terra diante de ti? Rogo-te que te [x]apartes de mim. Se escolheres a esquerda, irei para a direita; se a direita escolheres, irei para a esquerda.

Primeiro passo de Ló na apostasia (veja Gn 13.12; 19.1,33)

10 Levantou Ló os olhos e viu que a campina do Jordão era [3]toda bem regada (antes de o Senhor ter destruído Sodoma e Gomorra). Ela era como o jardim do Senhor, como a terra do Egito, na direção de Zoar.

11 Então, Ló escolheu para si toda a campina do Jordão e partiu para o oriente. Assim se apartaram um do outro.

Segundo passo de Ló na apostasia (veja Gn 13.10; 19.1,33)

12 Habitou Abrão na terra de Canaã, e Ló habitou nas cidades da campina e armou as suas tendas até Sodoma.

13 Ora, eram maus os [y]homens de Sodoma e grandes pecadores contra o Senhor.

---

sagradas do lugar (1Rs 13.1-5; 2Rs 23.15-17; Am 3.14,15). Embora Deus, por fim, deva agir castigando o que é contrário ao seu caráter, não importando a que estivesse anteriormente unido, tal ação é acompanhada da tristeza de sua compaixão divina (Êx 34.6,7).

[1] (12.9) Sul é o significado da palavra hebraica *negebe*, que, por sua vez, é baseada em um termo que significa *seco*. Como nome próprio, é um termo geográfico que se refere a uma seção específica da Palestina (p. ex., Gn 13.1) localizada entre Debir e o deserto do norte da Arábia. É uma região árida durante a maior parte do ano. Como esta área estava ao sul de grande parte de Israel, a palavra também passou a ser usada para indicar aquela direção (comp. Gn 13.14; Dn 8.4,9; 11.5 etc).

[2] (12.13) A proposta de Abrão era uma verdade parcial, pois Sara era sua meia-irmã (Gn 20.12), mas o que ele disse foi com a intenção de enganar. Comp. Gn 26.7.

[3] (13.10) Pelo menos numa época tão remota como a de Josué, a maior parte do vale do Jordão era um lugar desolado, totalmente diferente da descrição neste versículo. Críticos destrutivos têm considerado que esta história originou-se no período posterior do reino israelita. No entanto, estudos arqueológicos têm comprovado que, durante muitos séculos, o vale do Jordão esteve cheio de cidades populosas, mas a maioria delas havia desaparecido até o tempo de Josué. A tarefa do arqueólogo serviu novamente para confirmar as Escrituras, não para negá-las.

A terra é concedida sob a Aliança Abraâmica; promessa de posteridade natural (v. 16)

14 **Disse** o Senhor a Abrão, depois que Ló se apartou dele: Levanta agora os teus olhos e olha desde o lugar onde estás, para o norte, para o sul, para o oriente e para o ocidente.

15 Toda esta terra que vês, hei de dar a ti e à tua [z]descendência, para sempre.

16 Farei a tua descendência [a]como o pó da terra, de modo que, se alguém puder contar o pó da terra, também a tua descendência será contada.

17 Levanta-te, percorre a terra no seu comprimento e na sua largura, pois eu a darei a ti.

18 Então [b]mudou Abrão as suas tendas e foi habitar nos carvalhais de Manre, que estão junto a Hebrom, onde edificou um [c]altar ao Senhor.

Abrão liberta Ló

14 **N**aquele tempo, Anrafel, rei de Sinear, Arioque, rei de Elasar, Quedorlaomer, rei de Elão, e Tidal, rei de Goim,

2 fizeram guerra a Bera, rei de Sodoma, a Birsa, rei de Gomorra, a Sinabe, rei de Admá, a Semeber, rei de Zeboim, e ao rei de Belá (esta é Zoar).

3 Todos esses últimos se juntaram no vale de Sidim (que é o mar Salgado).

4 Doze anos haviam servido a Quedorlaomer, mas no décimo terceiro ano rebelaram-se.

5 No décimo quarto ano, Quedorlaomer e os reis que estavam com ele feriram os refains em Asterote-Carnaim, os zuzins em Hã, os emins em Savé-Quiriataim,

6 e os horeus no seu monte Seir, até El-Parã, que está junto ao deserto.

7 Depois voltaram e vieram a En-Mispate (que é Cades), e feriram toda a terra dos amalequitas e dos amorreus, que habitavam em Hazazom-Tamar.

8 Então saíram os reis de Sodoma, de Gomorra, de Admá, de Zeboim, de Belá (esta é Zoar) e ordenaram batalha contra eles no vale de Sidim,

9 contra Quedorlaomer, rei de Elão, Tidal, rei de Goim, Anrafel, rei de Sinear e Arioque, rei de Elasar; quatro reis contra [1]cinco.

10 Ora, o vale de Sidim estava cheio de poços de betume. Quando os reis de Sodoma e de Gomorra fugiram, caíram ali; então os restantes fugiram para os montes.

11 Os quatro reis tomaram todos os bens de Sodoma e de Gomorra, todo o seu mantimento e se foram.

12 **Tomaram** também Ló, filho do irmão de Abrão, que habitava em Sodoma, e os bens dele, e partiram.

13 Então veio um que escapara e contou tudo a Abrão, o [2d]hebreu. Ora, habitava Abrão junto aos carvalhais de Manre, o amorreu, irmão de Escol e de Aner, aliados de Abrão.

14 Quando Abrão [e]ouviu que o seu parente estava preso, chamou trezentos e dezoito [3]homens treinados, nascidos em sua casa, e perseguiu os reis até Dã.

15 Dividiu-se contra eles de noite, ele e os seus servos, e os feriu, perseguindo-os até Hobá, que fica à esquerda de Damasco.

16 Assim trouxe de novo todos os seus bens. Trouxe também Ló, seu sobrinho, e os bens dele, e também as mulheres e o povo.

Deus se revela como El Elyon (v. 18)

17 Depois que Abrão voltou do ataque a Quedorlaomer e aos reis que estavam com ele, o rei de Sodoma saiu-lhes ao encontro no vale de Savé (isto é, o vale do Rei).

18 **Então** [4f]Melquisedeque, rei de [5]Salém e [g]sacerdote do Deus [h]Altíssimo, trouxe pão e vinho;

[z] Israel (aliança): v. 15-17; Gn 15.5 (Gn 12.2; Rm 11.26)
[a] Gn 15.5; 28.14
[b] Fé: v. 14-18; Gn 14.22 (Gn 3.20; Hb 11.39, nota)
[c] Sacrifício (tipológico): v. 18; Gn 22.8 (Gn 3.15; Hb 10.18, nota)
[d] Gn 39.14
[e] Abrão, o homem separado, podia ajudar. Comp. Gn 19.29; 2Tm 2.20,21
[f] Signif. rei de justiça. Salém signif. paz. Comp. Hb 7.2
[g] Primeira menção a um sacerdote
[h] Divindade (nomes da): 14.18; 15.2; Gn 17.1 (Gn 1.1; Ml 3.18)

[1] (14.9) Antigamente havia dúvidas de que os reis da distante Mesopotâmia pudessem completar uma expedição dessa envergadura, tão longe de sua própria terra numa época tão remota, mas hoje há muitas evidências de expedições similares. Uma razão pela qual alguns têm questionado a historicidade deste capítulo é a descrição dos reis seguindo uma rota próxima ao extremo oriental da Palestina (v. 5). No entanto, os arqueólogos já encontraram as cidades mencionadas no v. 5 e descobriram que elas eram muito fortificadas no tempo de Abrão. Quanto a Sodoma e Gomorra, veja Gn 19.28, *nota*.

[2] (14.13) Esta é a primeira vez que a palavra "hebreu" aparece na Bíblia. Talvez seja derivada de "Éber", um antepassado de Abrão (Gn 10.25).

[3] (14.14) A palavra hebraica usada aqui não aparece em nenhum outro lugar na Bíblia hebraica; é empregada em documentos egípcios antigos para indicar os soldados contratados que trabalhavam para chefes palestinos daquele período.

[4] (14.18) Melquisedeque, tipo de Cristo, o Rei-Sacerdote. O tipo se aplica estritamente à obra sacerdotal de Cristo na ressurreição, pois Melquisedeque apresenta apenas os memoriais do sacrifício, o pão e o vinho. "Segundo a ordem de Melquisedeque" (Sl 110.4; Hb 5.5,6; 6.20) refere-se à autoridade real e à duração infinita do sumo sacerdócio de Cristo (Hb 7.23,24). O sacerdócio araônico era frequentemente interrompido pela morte. Cristo é um sacerdote segundo a ordem de Melquisedeque e, como tal, Rei de justiça, Rei de paz (Is 11.4-9; Hb 7.2), e na perpetuidade do seu sacerdócio; mas o sacerdócio araônico tipifica sua obra sacerdotal.

[5] (14.18) Esta é a primeira menção de Jerusalém na Bíblia. Sua existência nessa época está evidenciada pelas tabuinhas de Tell el-Amarna, descobertas em Tell el-Amarna, no Egito. Estas tabuinhas são cartas trocadas entre os reis do Egito, no século XV a.C., e vários governantes da Palestina e de outros lugares. Elas lançam muita luz sobre as condições na Palestina naquela época primitiva e corroboram o quadro geral de Canaã apresentado em Gênesis.

A arqueologia tem demonstrado que numerosas cidades mencionadas em Gênesis tiveram uma existência tão remota quanto à época de Abrão. Muitas cidades mencionadas em livros posteriores da Bíblia, mas não em Gênesis, só foram fundadas em períodos bem posteriores, como provam as escavações.

19 e abençoou a Abrão, dizendo:
Bendito seja Abrão pelo
[1]Deus Altíssimo,
o Criador dos céus e da terra.
20 E bendito seja o Deus Altíssimo,
que entregou os teus inimigos nas
tuas mãos!
Então Abrão [i]deu-lhe o [j]dízimo de tudo.
21 O rei de Sodoma disse a Abrão: Dá-me as
pessoas e toma os bens para ti.
22 Abrão, porém, [k]respondeu ao rei de Sodoma:
Levantei a minha mão ao Senhor, o Deus
Altíssimo, o Criador dos céus e da terra,
23 jurando que não tomarei coisa alguma
de tudo o que é teu, nem um fio, nem uma
correia de sapato, para que não digas: Eu enri-
queci a Abrão;
24 salvo tão somente o que os rapazes come-
ram e a parte que toca aos homens que foram
comigo — Aner, Escol e Manre. Esses que tomem
a sua parte.

[i] Hb 7.4
[j] Gn 28.22; Lv 27.30
[k] Fé: v. 22-24; Gn 15.6 (Gn 3.20; Hb 11.39, nota)
[l] Orações da Bíblia (AT): v. 2,3; Gn 17.18 (Gn 15.2; Hc 3.1)
[m] Rm 4.18; comp. Hb 11.12
[n] Israel (aliança): v. 1-5,18-21; Gn 17.19 (Gn 12.2; Rm 11.26)
[o] Fé: v. 6; Gn 21.1 (Gn 3.20; Hb 11.39, nota)
[p] Imputação: v. 6; Sl 32.2 (Gn 15.6; Tg 2.23)
[q] Justiça (AT): v. 6; Pv 21.15 (Gn 6.9; Lc 2.25, nota)

A Aliança Abraâmica é confirmada: promessa de uma descendência espiritual (v. 5)

15 Depois dessas coisas veio a palavra do
Senhor a Abrão numa visão, dizendo:
Não temas, Abrão,
eu sou o teu escudo;
o teu galardão será muito grande.
2 Então [l]disse Abrão: Ó [2]Senhor [3]Deus, o que
me darás, se continuo sem filhos, e o herdeiro da
minha casa é o damasceno Eliézer?
3 Disse mais Abrão: A mim não me tens dado
filhos; de modo que um servo nascido na minha
casa será o meu herdeiro.
4 Ao que lhe veio a palavra do Senhor: Este
homem não será o teu herdeiro, mas aquele que
de tuas entranhas sair será o teu herdeiro.
5 Então o levou para fora e disse: Olha agora
para o céu e conta as estrelas, se as podes contar.
Então lhe disse: [m]Assim será a tua [n]descendência.
6 [o]Creu Abrão no Senhor, e isso lhe [4][p]foi impu-
tado para [q]justiça.

---

[1] (14.19) "Deus Altíssimo" (heb. *El Elyon*). *Elyon* significa simplesmente *o mais alto*; *El Elyon* é *Deus, o altíssimo*.

1) A primeira revelação deste nome (v. 18) indica seus significados distintivos. Quando Abrão retorna de sua vitória sobre os reis confederados (Gn 14.1-17), saiu-lhe ao encontro Melquisedeque, rei de Salém e sacerdote do Deus Altíssimo (*El Elyon*), que abençoou Abrão em nome de *El Elyon*, "Criador dos céus e da terra". Essa revelação produziu uma notável impressão sobre o patriarca. Ele não só imediatamente deu a Melquisedeque "o dízimo de tudo", i.e., dos despojos da batalha, mas, quando o rei de Sodoma ofereceu esses despojos a Abrão, sua resposta foi: "Levantei a minha mão ao Senhor [*YHWH*], o Deus Altíssimo [*El Elyon*], o Criador dos céus e da terra, jurando que não tomarei coisa alguma de tudo o que é teu, nem um fio, nem uma correia de sapato" etc. (Gn 14.22,23).

a) O rei gentio (Melquisedeque) conhece o Senhor pelo nome de "Deus Altíssimo" (*El Elyon*); b) um gentio é sacerdote de *El Elyon*; c) sua característica distintiva como Deus Altíssimo é ser "o Criador dos céus e da terra".

Apropriadamente, a esse conhecimento gentio do nome "Altíssimo" para designar Deus, está escrito que "o Altíssimo distribuía as heranças às nações [i.e., aos gentios], quando separava os filhos dos homens" (Dt 32.8). Como "o Criador dos céus e da terra", foi prerrogativa do Altíssimo distribuir a terra entre as nações de acordo com o princípio pelo qual optou. Esse princípio está enunciado em Dt 32.8. Com o mesmo sentido, o nome foi usado em Daniel, o livro da profecia dos gentios (Dn 3.26; 4.17,24,25,32,34; 5.18,21).

2) Como "o Criador dos céus e da terra", o Altíssimo tem e exerce autoridade em ambas as esferas: a) a autoridade celestial de *El Elyon* (p. ex., Dn 4.35,37; Is 14.13,14; Mt 28.18) e b) a autoridade terrena de *El Elyon* (p. ex., Dt 32.8; 2Sm 22.14,15; Sl 9.2-5; 21.7; 47.2-4; 56.2,3; 82.6,8; 83.16-18; 91.9-12; Dn 5.18). Outros nomes da Divindade: veja *notas* em Gn 1.1; 15.2 (2); 17.1; 21.33; Êx 34.6; 1Sm 1.3; Ml 3.18.

[2] (15.2) "Senhor" (heb. *Adon*, *Adonai*).

1) O significado principal de *Adon*, *Adonai*, é *Senhor* e aplica-se nas Escrituras do AT tanto à Divindade como ao homem. (A distinção é feita pelo uso de minúsculas, quando se refere aos homens, e de inicial maiúscula, ao se referir a Deus. Veja 1Sm 1.26, onde ambos usos são encontrados.) Quando aplicada ao homem, a palavra é usada para indicar dois relacionamentos: amo e marido (Gn 24.9,10,12 ilustra o primeiro caso; Gn 18.12, o segundo). Ambos os relacionamentos existem entre Cristo e o crente (Jo 13.13, Senhor; 2Co 11.2, Esposo).

2) Há dois princípios inerentes ao relacionamento de amo e servo: a) o direito do amo à obediência implícita (Lc 6.46; Jo 13.13,14); b) o direito do servo a orientação no serviço (Is 6.8-11). Em Êxodo 4.10-12, é feita uma clara distinção no uso dos nomes divinos. Moisés sente sua fraqueza e incapacidade e "disse Moisés ao Senhor [*YHWH*]: Ah! Senhor [*Adonai*]! Eu nunca fui eloquente" etc. Como é o serviço que está em questão, Moisés apropriadamente dirige-se a Deus chamando-o de Senhor. Mas, logo após, é o poder que está em foco, não é o Senhor (*Adonai*), mas o Senhor (*YHWH*) quem responde, referindo-se ao poder manifestado na Criação: "Disse-lhe o Senhor[*YHWH*]: Quem fez a boca do homem? [...] Vai, pois, agora; eu serei com a tua boca". A mesma distinção aparece em Js 7.8-11. Os outros nomes da Divindade: *notas* em Gn 1.1; 14.20; 17.1; 21.33; Êx 34.6; 1Sm 1.3; Ml 3.18; tb. a próxima *nota*.

[3] (15.2) "Senhor Deus" (heb. *Adonai YHWH*). Quando esse nome composto é usado de forma distintiva, ainda que reúna em um só os significados especiais de ambos (veja *nota* Gn 15.2 [2]; Êx 34.6, *nota*), veremos que enfatiza mais o caráter de *Adonai* do que o de *YHWH* da Divindade. (As seguintes passagens são suficientes para ilustrar isso: Gn 15.2,8; Dt 3.24; 9.26; Js 7.7; Jz 6.22; 16.28; 2Sm 7.18-20,28,29; 1Rs 2.26; Sl 69.6; 71.5; Is 7.7.) Outros nomes da Divindade: *notas* em Gn 1.1; 14.20; 17.1; 21.33; Êx 34.6; 1Sm 1.3; Ml 3.18; tb. *nota* anterior.

[4] (15.6) "Isso lhe foi imputado para justiça". Aqui aparece pela primeira vez a única condição para a salvação, uma condição essencial. O homem carece de justiça (Sl 51.5; Rm 3.23); para ser justo diante de Deus, Deus tem de computar sua própria justiça em favor do homem e deve fazê-lo por intermédio da fé deste em Deus. A citação dessa passagem em Rm 4.3 indica que o método de salvação no AT e no NT é o mesmo. Gl 3.3,6 afirma que a vida cristã é uma vida de fé, pois se entra nela pela fé. Tg 2.21 ensina que a fé salvadora manifesta-se em obras tal como na oferta que Abraão fez de Isaque (Gn 22).

O cativeiro de Israel predito por Deus

7 **D**isse-lhe mais: Eu sou o Senhor, que te tirei de Ur dos caldeus, para dar-te por herança esta terra.

8 Perguntou-lhe Abrão: Ó Senhor Deus, como saberei que hei de herdá-la?

9 Respondeu-lhe: Toma-me uma novilha de três anos, uma cabra de três anos, um carneiro de três anos, uma rola e um pombinho.

10 Abrão trouxe-lhe todos esses animais, partiu-os pelo meio, e pôs cada parte deles em frente da outra; as aves, porém, não partiu.

11 Então as aves de rapina desciam sobre os cadáveres, porém Abrão as enxotava.

12 **A**o pôr do sol, caiu um profundo sono sobre Abrão, e lhe sobrevieram grande pavor e densas trevas.

13 Então disse o Senhor a Abrão: Sabe, com certeza, que peregrina será a tua descendência em terra alheia, e será reduzida à escravidão, e será afligida por quatrocentos anos.

14 Eu, porém, julgarei a nação à qual ela tem de servir, e depois sairá com muitos bens.

15 Tu, porém, irás para os teus pais em paz, e em boa velhice serás sepultado.

16 Na quarta geração, voltarão para cá, pois a medida da [r]iniquidade dos amorreus ainda não está cheia.

17 **P**osto o sol, [s]houve densas trevas; um fogo fumegante e uma tocha acesa apareceram e [t]passaram por aquelas metades.

Fronteiras da terra

18 Naquele mesmo dia, fez o Senhor uma aliança com Abrão, dizendo: À tua descendência dei esta [1]terra, desde o [u]rio do Egito até o grande rio Eufrates;

19 o [2]queneu, o quenezeu, o cadmoneu,

20 o [v]heteu, o ferezeu, os refains,

21 o amorreu, o cananeu, o girgaseu e o jebuseu.

[r] Veja Lv 18.24, nota
[s] Heb. denota uma fornalha portátil
[t] Milagres (AT): v. 17; Gn 19.11 (Gn 5.24; Jn 1.17)
[u] Não o Nilo, mas um ribeiro pequeno ao sul de Gaza, conhecido como Wadi el-Arish
[v] Veja 2Rs 7.6, nota
[w] Comp. Gn 30.3
[x] Gn 3.17
[y] 1Sm 1.6,7
[z] Anjo do Senhor: v. 7-12; Gn 21.17 (Gn 16.7; Jz 2.1, nota)
[a] Gn 17.20

O plano de Sarai falha

16 **O**ra, Sarai, mulher de Abrão, não lhe dava filhos. Mas tinha uma serva egípcia, cujo nome era Hagar.

2 Disse, pois, Sarai a Abrão: O Senhor me tem impedido de ter filhos. Toma a minha serva; que eu [w]tenha filhos por meio dela. E [x]ouviu Abrão a voz de Sarai.

3 Assim, Sarai, mulher de Abrão, tomou a [3]Hagar, a egípcia, sua serva, e a deu por mulher a Abrão, seu marido, depois de ter Abrão habitado dez anos na terra de Canaã.

4 Ele conheceu a Hagar, e ela concebeu. Vendo ela que concebera, [y]desprezou a sua senhora.

5 Então disse Sarai a Abrão: Sobre ti seja a afronta que me é dirigida. Pus a minha serva em teu regaço, e vendo ela agora que concebeu, desprezou-me. O Senhor julgue entre mim e ti.

6 Disse Abrão a Sarai: A tua serva está nas tuas mãos, faze-lhe como bem te parecer. Então Sarai a maltratou, e ela fugiu de sua presença.

7 **O** [z]anjo do Senhor encontrou-a junto a uma fonte de água no deserto, a fonte que está no caminho de Sur.

8 E disse: Hagar, serva de Sarai, donde vens e para onde vais? Ela respondeu: Estou fugindo da presença de Sarai, minha senhora.

9 Então lhe disse o anjo do Senhor: Volta para a tua senhora e humilha-te debaixo de suas mãos.

10 Disse-lhe mais o anjo do Senhor: [a]Multiplicarei sobremaneira a tua descendência, de modo que, por numerosa, não será contada.

11 Disse-lhe também o anjo do Senhor:

Concebeste e terás um filho,
a quem chamarás [4]Ismael,
pois o Senhor ouviu a tua aflição.

---

[1] (15.18) O dom da terra é modificado pelas profecias de três desapossamentos e restaurações (v. 13,14,16; Dt 28.62-65; 30.1-3; Jr 25.11,12). Dois desapossamentos e restaurações já se realizaram. Israel está agora na terceira dispersão, da qual será restaurado no regresso do Senhor como Rei sob a Aliança Davídica (veja 2Sm 7.16, *nota*; comp. Dt 30.3; Jr 23.5-8; Ez 37.21-25; Lc 1.30-33; At 15.14-17).

A Aliança Abraâmica, como foi firmada (Gn 12.1-4) e confirmada (Gn 13.14-17; 15.1-7; 17.1-8) apresenta sete partes distintas:

(1) "Farei de ti uma grande nação". Cumprida de forma tripla: (a) Numa posteridade natural – "como o pó da terra" (Gn 13.16; Jo 8.37), ou seja, o povo hebreu. (b) Numa posteridade espiritual – "Olha agora para o céu [...] Assim será a tua descendência" (Gn 15.5; Jo 8.39; Rm 4.16,17; 9.7,8; Gl 3.6,7,29), ou seja, todos os homens de fé, sejam judeus ou gentios. (c) Cumprida também por intermédio de Ismael (Gn 17.18-20).

(2) "Te abençoarei". Cumprida de duas formas: (a) temporalmente (Gn 13.14,15,17; 15.18; 24.34,35); (b) espiritualmente (Gn 15.6; Jo 8.56).

(3) "Engrandecerei o teu nome". O nome de Abraão é conhecido universalmente.

(4) "Tu *serás* uma bênção" (Gn 12.2).

(5) "Abençoarei os que te abençoarem". Seu cumprimento está intimamente relacionado à próxima cláusula.

(6) "Amaldiçoarei os que te amaldiçoarem". Maravilhosamente cumprida na história da dispersão. Os povos que perseguiram os judeus invariavelmente experimentaram males. Os que os protegem experimentam o bem. O futuro provará esse princípio de forma ainda mais notável (Dt 30.7; Is 14.1,2; Jl 3.1-8; Mq 5.7-9; Ag 2.22; Zc 14.1-3; Mt 25.40,45).

(7) "Em ti serão benditas todas as famílias da terra". Esta é a grande promessa evangélica cumprida na Semente de Abraão, Cristo (Gl 3.16; Jo 8.56-58). Traz uma definição ainda maior à promessa da Aliança Adâmica concernente à Semente da mulher (Gn 3.15).

[2] (15.19) Essas dez nações (v. 19-21) algumas vezes são resumidas em três (Êx 23.28), seis (Êx 3.17) ou sete (Js 24.11; comp. At 13.19).

[3] (16.3) Hagar é tipo da Lei, a qual, como diz Paulo, gera "filhos para a escravidão". Comp. Gl 4.24,25.

[4] (16.11) *Deus ouve.* Ismael, o filho da escorregadela de Abrão e Sarai na incredulidade, foi o progenitor dos árabes, os inimigos tradicionais do povo judeu. Além disso, Maomé, o fundador do islamismo, cujos seguidores constituem o problema missionário mais difícil

12 Ele será como um jumento selvagem
entre os homens;
a sua mão será contra todos,
e a mão de todos, contra ele;
e habitará diante de todos os seus irmãos.

13 Ela chamou o nome do Senhor, que com ela falava: Tu és Deus que vê, pois disse ela: Agora olhei para aquele que me vê.

14 Por isso, aquele poço se chama [b]Beer-Laai-Roi; está entre Cades e Berede.

15 **A**ssim, Hagar deu um filho a Abrão, e Abrão pôs no menino o nome de Ismael.

16 Tinha Abrão oitenta e seis anos quando Hagar lhe deu Ismael.

Revelação de Deus como El Shadai, Deus Todo-poderoso

17 Quando Abrão tinha noventa e nove anos de idade, [c]apareceu-lhe o Senhor e lhe disse: Eu sou o [1d]Deus Todo-poderoso; anda na minha presença e sê [e]perfeito.

2 Firmarei a minha aliança entre mim e ti e te [f]multiplicarei extremamente.

3 Então prostrou-se Abrão com o rosto em terra, e falou Deus com ele, dizendo:

Abrão torna-se Abraão

4 Quanto a mim, é esta a minha aliança contigo: Serás pai de muitas nações.

5 Não mais te chamarás [2]Abrão, mas [3]Abraão será o teu nome, pois por [g]pai de muitas nações te tenho posto.

A Aliança Abraâmica é novamente confirmada e tornada perpétua

6 Eu te farei frutificar sobremaneira; de ti farei [h]nações, e [i]reis sairão de ti.

7 Estabelecerei a minha aliança entre mim e ti e a tua descendência depois de ti em suas gerações, como aliança perpétua, para ser o teu Deus e da tua descendência depois de ti.

8 [j]Darei a ti e à tua descendência depois de ti a terra das tuas peregrinações, toda a terra de Canaã, em perpétua possessão; e serei o seu Deus.

Instituição da circuncisão como sinal da Aliança Abraâmica

9 **D**isse mais Deus a Abraão: Quanto a ti, guardarás a minha aliança, tu e a tua descendência depois de ti, nas suas gerações.

10 Esta é a minha aliança, que guardareis entre mim e vós e a tua descendência depois de ti: Todo macho entre vós será [4]circuncidado.

11 Circuncidareis a carne do vosso prepúcio; será isso por [k]sinal da aliança entre mim e vós.

12 Quando completarem oito dias, todos os machos serão [l]circuncidados, nas vossas gerações, tanto o nascido em casa, como o comprado por dinheiro de qualquer estrangeiro, que não for da tua linhagem.

13 Com efeito será circuncidado o nascido em tua casa e o comprado por teu dinheiro. Assim estará a minha aliança na vossa carne como aliança perpétua.

[b] Gn 24.62; 25.11
[c] Teofanias: v. 1-22; Gn 18.1 (Gn 12.7, nota; Dn 10.5)
[d] Divindade (nomes da): v. 1; Gn 21.33 (Gn 1.1; Ml 3.18)
[e] Reto ou sincero
[f] Gn 12.2; 18.18
[g] Rm 4.17
[h] Gn 35.11
[i] Gn 36.31; 1Sm 8.22
[j] Gn 12.7; 13.15; At 7.5
[k] Rm 4.9-12
[l] Lc 2.21; Rm 2.25-29; 4.9-12; 1Co 7.18,19; Gl 5.2,3; comp. Cl 2.11

---

do cristianismo, veio da linhagem de Ismael. O islã é a religião do mundo que, talvez, mais se aproxime do cristianismo; por isso, é a mais difícil de ser penetrada com o evangelho de Cristo.

[1] (17.1) "Deus Todo-Poderoso" (heb. *El Shadai*). *Shadai* é o nome de Deus caracteristicamente usado pelos patriarcas antes da entrega da Lei no Sinai. Sua maior frequência é no livro de Jó, onde *Shadai* ("Todo-Poderoso") aparece 31 vezes. O nome Senhor (*YHWH*) é usado no lugar de *Shadai* principalmente a partir de Êx 6, onde a atenção se centra de maneira mais particular em Israel como o povo da aliança com Deus.

1) *El Shadai* é o nome de Deus que o apresenta principalmente como o que fortalece e satisfaz seu povo. É traduzido por "Todo-Poderoso". O nome de Deus, *El* ou *Eloim*, é suficiente para dar a ideia de onipotência. "O Todo-Poderoso", o que é suficiente para tudo, expressa o uso característico do nome *Shadai* nas Escrituras.

2) O Deus Todo-Poderoso (*El Shadai*) não só enriquece, como também torna frutífero. Em nenhum lugar isso é mais bem ilustrado como na primeira ocorrência do nome (Gn 17.1-8). Para um homem de 99 anos de idade, "sem vitalidade" (Hb 11.12), Deus disse: "Eu sou o Deus Todo-poderoso [*El Shadai*] [...]. Firmarei a minha aliança entre mim e ti e te multiplicarei extremamente". Em Gn 28.3,4, observamos o mesmo sentido no uso do nome.

3) Como o doador de fertilidade, o Deus Todo-Poderoso (*El Shadai*) castiga o seu povo. Quanto à conexão moral entre castigo e fertilidade, veja Jo 15.2; comp. Rt 1.20; Hb 12.10. Por isso, "o Todo-Poderoso" é o nome característico de Deus em Jó. A mão de *Shadai* cai sobre Jó, o melhor homem de seu tempo, mas não como um juízo; antes, como purificação, a fim de que haja mais fruto (Jó 5.17-25). Outros nomes da Divindade: *notas* em Gn 1.1; 14.20; 15.2 (2); 21.33; Êx 34.6; 1Sm 1.3; Ml 3.18.

[2] (17.5) *Pai enaltecido*.

[3] (17.5) *Pai de uma multidão*.

[4] (17.10) O rito da circuncisão aparece pela primeira vez na Bíblia depois do anúncio da Aliança Abraâmica (Gn 12.1). O sinal da aliança entre Deus e Noé foi o arco-íris (Gn 9.13; comp. 8.20-22), em relação ao qual o homem não tinha responsabilidade alguma. Mas este sinal da aliança de Deus com Abraão, a circuncisão, só se torna efetivo pela obediência voluntária do homem, especialmente do pai em relação ao filho, e desta maneira indica: 1) a responsabilidade do homem, 2) sua fé na Palavra de Deus (Rm 4.11,12) e 3) seu assentimento quanto às condições para a misericórdia divina. O homem circunciso devia identificar-se como parte integrante de Israel.

A circuncisão era praticada no Egito em tempos muito remotos, mas não entre os babilônios nem os horeus (Gn 36.21), que constituíam grande parte da população de Canaã no tempo de Abraão. Gn 17 não descreve a origem da circuncisão, mas relata como Deus a prescreveu para Abraão e seus descendentes e lhe deu um significado espiritual.

14 O incircunciso, cuja carne do prepúcio não for circuncidada, será extirpado do seu povo; violou a minha aliança.

Promessa relativa a Isaque, pelo qual passa a linhagem de Cristo

15 **D**isse também Deus a Abraão: Quanto a Sarai, tua mulher, não mais a chamarás de Sarai, mas [1]Sara será o seu nome.

16 Eu a abençoarei e dela te darei um filho. Eu a abençoarei, e ela será mãe de nações; [m]reis de povos sairão dela.

17 Então [n]prostrou-se Abraão com o rosto em terra, e [o]riu-se, e disse no seu coração: A um homem de cem anos há de nascer um filho? Conceberá Sara com a idade de noventa anos?

18 [p]Disse Abraão a Deus: Oxalá viva Ismael diante de ti!

19 Deus lhe respondeu: Na verdade, Sara, tua mulher te dará um filho, e lhe porás o nome de [2]Isaque; com ele estabelecerei a [q]minha aliança, aliança perpétua para a sua [r]descendência depois dele.

Ismael será uma nação

20 E quanto a Ismael, também te tenho ouvido: Certamente o abençoarei; o farei fecundo e o multiplicarei grandissimamente. [s]Doze príncipes gerará, e dele farei uma grande [t]nação.

21 A minha [u]aliança, porém, estabelecerei com Isaque, que Sara te dará neste [v]mesmo tempo, daqui a um ano.

22 Tendo acabado de falar com Abraão, subiu Deus de diante dele.

23 **E**ntão tomou Abraão seu filho Ismael, e todos os nascidos na sua casa, e todos os comprados por seu dinheiro, todos os machos entre os homens da casa de Abraão e circuncidou a carne do seu prepúcio, naquele mesmo dia, como Deus lhe ordenara.

24 Tinha Abraão a idade de noventa e nove anos quando lhe foi circuncidada a carne do prepúcio.

25 E Ismael, seu filho, tinha treze anos quando lhe foi circuncidada a carne do prepúcio.

26 No mesmo dia, foram circuncidados Abraão e Ismael, seu filho.

27 E todos os homens da sua casa, tanto os nascidos em casa como os comprados por dinheiro, do estrangeiro, foram circuncidados com ele.

Abraão, "amigo de Deus" (comp. Jo 3.29; 15.13-15)

18 **D**epois [w]apareceu o Senhor a Abraão nos carvalhais de Manre, estando ele assentado à porta da tenda, no maior calor do dia.

2 Levantou Abraão os olhos, olhou e viu três homens em pé na sua frente. Vendo-os, correu da porta da tenda ao seu encontro e prostrou-se em terra.

3 Disse ele: Senhor meu, se achei graça aos teus olhos, rogo-te que não passes de teu servo.

4 Traga-se agora um pouco d'água; lavai os pés e repousai debaixo desta árvore.

5 Trarei um bocado de pão, para que possais refazer as vossas forças, e depois passareis adiante, visto que chegastes até o vosso servo. Responderam: Faze como disseste.

6 Abraão apressou-se em ir ter com Sara na tenda e lhe disse: Amassa depressa três medidas de flor de farinha e faze bolos.

7 Então, ele correu ao rebanho, tomou um bezerro tenro e bom e deu-o ao criado, que se apressou a prepará-lo.

8 Tomou também coalhada, leite e o bezerro que tinha preparado, e pôs tudo diante deles, ficando ele em pé ao lado deles debaixo da árvore; e eles comeram.

9 **E**ntão lhe perguntaram: Onde está Sara, tua mulher? Ele respondeu: Está aí na tenda.

10 Disse um deles: Certamente tornarei a ti, daqui a um ano, e [x]Sara, tua mulher, terá um filho. Sara estava escutando à porta da tenda, que estava atrás dele.

11 Abraão e Sara eram já [y]velhos e avançados em idade; e a Sara havia cessado o costume das mulheres.

12 Assim [z]riu-se Sara consigo, dizendo: Terei ainda prazer depois de haver envelhecido, sendo também o meu senhor já velho?

13 Disse o Senhor a Abraão: Por que se riu Sara, dizendo: É verdade que darei ainda à luz, sendo velha?

14 Há, acaso, [a]alguma coisa demasiadamente difícil para o Senhor? Ao tempo determinado, daqui a um ano tornarei a ti, e Sara terá um filho.

15 Então Sara, receosa, mentiu, dizendo: Eu não ri. Ele, porém, disse: Não é assim, é certo que riste.

16 **L**evantando-se aqueles homens dali, olharam para a direção de Sodoma, e Abraão ia com eles, para os encaminhar.

17 **D**isse o Senhor: Ocultarei eu a Abraão o que faço,

18 visto que Abraão certamente virá a ser uma grande e poderosa nação, e nele serão [b]benditas todas as nações da terra?

19 Pois eu o escolhi para que ordene a seus filhos e a sua casa depois dele, para que guardem o caminho do Senhor, para que pratiquem

[m] Gn 36.31; 1Sm 8.22
[n] v. 3
[o] Gn 18.12
[p] Orações da Bíblia (AT): v. 17,18; Gn 18.23 (Gn 15.2; Hc 3.1)
[q] Israel (aliança): v. 15-21; Gn 22.16 (Gn 12.2; Rm 11.26)
[r] Cristo (primeira vinda): v. 19; Gn 24.60 (Gn 3.15; At 1.11)
[s] Gn 16.10; 25.12-16
[t] Gn 21.13,18
[u] Gn 26.2-5
[v] Gn 18.14
[w] Teofanias: v. 1,17,22,33; Gn 26.2 (Gn 12.7, nota; Dn 10.5). Os três homens do v. 2 parecem ser a segunda pessoa da Deidade dois anjos (veja Hb 1.4, nota). Os anjos aparecem outra vez em Gn 19.1
[x] Rm 9.9
[y] Comp. Lc 1.18
[z] Gn 17.17
[a] Nm 11.23; Mt 19.26; Mc 10.27
[b] Gn 12.3; 22.18

[1] (17.15) *Princesa.*
[2] (17.19) *Riso.*

a justiça e o juízo, a fim de que o Senhor faça vir sobre Abraão o que acerca dele tem falado.

20 Disse mais o Senhor: O [c]clamor de Sodoma e Gomorra se tem multiplicado tanto, e o seu [d]pecado se tem agravado de tal maneira que

21 descerei e verei se de fato o que têm praticado corresponde a esse clamor que é vindo até mim. Se não, saberei.

22 **E**ntão viraram aqueles homens o rosto dali e foram para Sodoma, mas Abraão permaneceu ainda na presença do Senhor.

Abraão, o intercessor

23 Então Abraão [e]aproximou-se dele e [f]disse: Destruirás também o [g]justo com o ímpio?

24 Se houver cinquenta justos na cidade, destruirás e não pouparás o lugar por causa dos cinquenta justos que ali estão?

25 Longe de ti que faças tal coisa, que mates o justo com o ímpio; que o justo seja como o ímpio, longe de ti esteja. Não [h]fará justiça o Juiz de toda a terra?

26 Então, disse o Senhor: [i]Se eu em Sodoma achar cinquenta justos dentro da cidade, pouparei o lugar por causa deles.

27 Respondeu Abraão: Agora que me atrevi a falar ao Senhor, ainda que sou pó e cinza,

28 se de cinquenta justos faltarem cinco, destruirás toda a cidade por causa dos cinco? Respondeu ele: Não a destruirei, se eu achar ali quarenta e cinco.

29 Continuou Abraão ainda a falar-lhe, e disse: Se porventura se acharem ali quarenta? Respondeu: Não o farei por causa dos quarenta.

30 Disse mais: Ora, não se ire o Senhor, se eu ainda falar: Se porventura se acharem ali trinta? Respondeu o Senhor: Não o farei se achar ali trinta.

31 Continuou Abraão: Agora que me atrevi a falar ao Senhor, se porventura se acharem ali vinte? Respondeu o Senhor: Não a destruirei por causa dos vinte.

32 Disse ainda Abraão: Ora, não se ire o Senhor, pois só mais esta vez falarei. Se porventura se acharem ali dez? Respondeu o Senhor: Não a destruirei por causa dos dez.

33 E foi-se o Senhor, logo que acabou de falar com Abraão, e Abraão voltou para o seu lugar.

O terceiro passo de Ló na apostasia: um grande homem em Sodoma (v. 1; comp. Gn 13.10,12; 19.33)

19 À tarde [j]chegaram os dois [k]anjos a Sodoma. Ló estava [1]sentado à porta de Sodoma e, vendo-os, levantou-se para os receber e prostrou-se com o rosto em terra.

2 Disse ele: Meus senhores, entrai, peço-vos, na casa do vosso servo, e passai nela a noite e [l]lavai os pés; de madrugada vos levantareis e seguireis vosso caminho. Responderam eles: Não, antes na rua passaremos a noite.

3 Ló, porém, insistiu muito com eles, pelo que foram com ele e entraram na sua casa. Ele lhes deu um banquete, assando-lhes pães [m]sem fermento, e eles comeram.

4 Entretanto, antes que se deitassem, os homens daquela cidade cercaram a casa, os homens de Sodoma, desde o moço até o velho; todo o povo de todos os lados.

5 Chamaram a Ló e lhe perguntaram: Onde estão os homens que entraram esta noite na tua casa? Traze-os para fora, para que os conheçamos intimamente.

6 Então Ló saiu-lhes à porta, fechando-a atrás de si,

7 e disse: Meus irmãos, rogo-vos que não façais mal.

8 Tenho duas filhas virgens. Eu as trarei para fora e lhes fareis como bem vos parecer. Somente nada façais a estes homens, pois se acham sob a proteção do meu teto.

9 Eles, porém, disseram: Sai daí. Disseram mais: Este indivíduo, como [n]estrangeiro veio aqui habitar, e pretende ser [o]juiz em tudo? Agora te faremos mais mal a ti do que a eles. E arremessaram-se contra o homem, isto é, contra Ló, e aproximavam-se para arrombar a porta.

10 Aqueles homens, porém, estendendo a mão, fizeram Ló entrar para dentro da casa e fecharam a porta.

11 Então [p]feriram de cegueira os homens que estavam do lado de fora, desde o menor até o maior, de modo que se cansaram de procurar a porta.

12 **D**isseram aqueles homens a Ló: Tens alguém mais aqui? Teu genro, teus filhos, tuas filhas e todos quantos tens nesta cidade, tira-os fora deste lugar,

13 porque nós vamos destruir este lugar, pois o seu [q]clamor se tem avolumado diante do Senhor, e o Senhor nos enviou a destruí-lo.

14 Então saiu [2]Ló e disse a seus genros, que haviam de casar com suas filhas: Levantai-vos, saí deste lugar, porque o Senhor há de destruir a cidade. Porém ele pareceu aos seus genros como quem estava gracejando.

[c] Gn 19.13
[d] Gn 13.13
[e] v. 1-8: comunhão e intercessão andam juntas
[f] Orações da Bíblia (AT): v. 23-33; Gn 24.12 (Gn 15.2; Hc 3.1)
[g] Jó 9.22; Gn 20.4
[h] Dt 32.4
[i] Jr 5.1
[j] Comp. Gn 18.2,16,22
[k] Veja Hb 1.4, nota
[l] Gn 18.4; 24.32
[m] Fermento: v. 3; Êx 12.8 (Gn 19.3; Mt 13.33, nota)
[n] O desprezo que o mundo sente por um crente mundano
[o] Comp. Êx 2.14
[p] Milagres (AT): v. 11,24-26; Gn 20.17 (Gn 5.24; Jn 1.17)
[q] Gn 18.20

[1] (19.1) Ló tinha posição de autoridade em Sodoma (comp. Dt 21.19-21).

[2] (19.14) Ló havia arruinado totalmente seu testemunho. Ao ganhar influência (Gn 19.1), havia perdido a autoridade até mesmo em sua própria família.

Destruição de Sodoma

15 **A**o amanhecer os anjos apertaram com Ló, dizendo: Levanta-te, toma tua mulher e tuas duas filhas que aqui estão, para que não pereças na injustiça desta cidade.

16 Ele, porém, demorava-se, e aqueles homens lhe pegaram pela mão, pela mão de sua mulher, e pela mão de suas duas filhas, sendo-lhe misericordioso o Senhor, e o tiraram e o puseram fora da cidade.

17 Havendo-os tirado fora, disse um deles: Escapa-te, salva tua vida; não [r]olhes para trás, nem te detenhas em toda esta planície. Escapa-te para [s]os montes, para que não pereças.

18 Respondeu-lhes Ló: Assim não, meu Senhor!

19 O teu servo achou graça aos teus olhos, e engrandeceste a tua misericórdia que a mim fizeste, salvando-me a vida. Mas não posso escapar-me para os montes, pois receio que o mal me apanhe, e eu morra.

20 Eis ali perto uma cidade, para a qual eu posso fugir, e é pequena. Permite que eu escape para lá (não é pequena?), e viverá a minha alma.

21 Disse-lhe: Quanto a isso estou de acordo, para não subverter a cidade de que falaste.

22 Apressa-te, escapa-te para lá, porque nada poderei fazer enquanto não tiveres ali chegado. Por isso se chamou o nome da cidade Zoar.

23 **S**aía o sol sobre a terra, quando Ló entrou em [1]Zoar.

24 Então o Senhor fez chover enxofre e [t]fogo sobre [u]Sodoma e Gomorra, desde o céu.

25 Subverteu, pois, aquelas cidades, e toda aquela planície, e todos os moradores daquelas cidades, e o que nascia da terra.

26 E a [v]mulher de Ló olhou para trás e foi transformada numa estátua de sal.

27 Abraão levantou-se de madrugada e foi ao lugar onde [w]estivera em pé na presença do Senhor.

28 Olhando para [2]Sodoma e Gomorra, e para toda a terra da planície, viu que subia da terra fumaça como a de uma fornalha.

29 [x]**Q**uando destruía as cidades da planície, Deus lembrou-se de Abraão e tirou Ló do meio da destruição, ao subverter aquelas cidades em que Ló habitara.

[r] Comp. Mt 24.16-18
[s] Gn 14.10
[t] Lv 10.2
[u] Dt 29.23; Is 1.9,10; 3.9; 13.19; Jr 23.14; 49.18; 50.40; Lm 4.6; Ez 16.48,56; Am 4.11; Sf 2.9; Mt 10.15; Mc 6.11; Rm 9.29; 2Pe 2.6; Jd 7; Ap 11.8. Comp. Mt 11.23,24; Lc 10.12; 17.29
[v] Lc 17.32
[w] Gn 18.22
[x] Veja v. 36, nota
[y] Dt 2.9,19
[z] Nm 21.24
[a] Veja Gn 12.9, nota
[b] Gn 16.14; Nm 13.26
[c] Gn 26.1,6
[d] Gn 12.13; 26.7

O último passo de Ló na apostasia (comp. Gn 13.10,12; 19.1; comp. Lc 22.31-62)

30 **S**ubiu Ló de Zoar e habitou nos montes com suas duas filhas, pois temia habitar em Zoar. Habitou numa caverna, ele e as suas duas filhas.

31 Então a primogênita disse à menor: Nosso pai já está velho, e não há homem na terra que venha deitar-se conosco, segundo o costume de toda a terra.

32 [3]Vem, demos a nosso pai vinho a beber e deitemo-nos com ele, para que conservemos a descendência de nosso pai.

33 Deram, pois, a seu pai vinho a beber naquela noite, e veio a primogênita e deitou-se com seu pai. Não sentiu ele quando ela se deitou nem quando se levantou.

34 No dia seguinte, disse a primogênita à menor: Eu ontem à noite me deitei com meu pai. Demos-lhe vinho a beber também esta noite, e então entra tu, deita-te com ele, para que conservemos a descendência de nosso pai.

35 Deram, pois, a seu pai vinho a beber também naquela noite, e a menor foi-se e deitou-se com ele. De novo, não sentiu ele quando ela se deitou nem quando se levantou.

36 Assim as duas filhas de Ló [4]conceberam do próprio pai.

37 A primogênita deu à luz um filho, a quem chamou de Moabe; este é o pai dos [y]moabitas de hoje.

38 A menor também deu à luz um filho, a quem chamou de Ben-Ami; este é o pai dos [z]amonitas de hoje.

Abraão nega que Sara é sua mulher (comp. Gn 26.6-32)

20 Partiu Abraão dali para a terra do [a]Neguebe, habitou entre [b]Cades e Sur, e morou em [c]Gerar.

2 Havendo Abraão dito de Sara, sua mulher: É minha [d]irmã, Abimeleque, rei de Gerar, mandou buscá-la.

---

[1] (19.22) *Pequena.*

[2] (19.28) As ruínas de Sodoma e Gomorra provavelmente estão escondidas sob as águas do pouco profundo extremo sul do mar Morto, que em tempos recentes tem crescido consideravelmente para cobrir uma área muito maior do que antigamente. Já foram descobertas ruínas de um centro de festivais num platô vizinho, onde os habitantes destas cidades podem ter se reunido. Exames arqueológicos demonstram que esse centro foi usado durante séculos, mas abandonado após a época de Abraão.

[3] (19.32) Ló "armou as suas tendas até Sodoma" (13.12) para obter lucro material; tornou-se, então, um homem importante em Sodoma (19.1), pagando o preço de suas filhas aceitarem os padrões morais de Sodoma.

[4] (19.36) Abraão e Ló são personalidades contrastantes. Da mesma família (11.31), sujeitos ao mesmo ambiente, e ambos justificados (15.6; 2Pe 2.7,8); o contraste em caráter e no caminho que tomaram torna-se evidente como resultado da escolha que fizeram num momento de crise. Ló "escolheu para si toda a campina do Jordão" (Gn 13.11) para ter vantagens imediatas; Abraão "esperava a cidade que tem fundamentos" (Hb 11.10), e foi habitar nos "carvalhais de Manre [*gordura/abundância*], que estão junto a Hebrom [*comunhão*]" (Gn 13.18). Esses homens são, respectivamente, representativos do crente espiritual e do mundano ou carnal.

3 Deus, porém, veio a Abimeleque em sonhos,
de noite, e lhe disse: Estás para morrer por causa
da mulher que tomaste; ela tem marido.
4 Ora, Abimeleque ainda não se havia chegado
a ela, por isso perguntou: Senhor, [e]matarás tam-
bém uma nação inocente?
5 Não me disse ele mesmo: É minha irmã? E
ela também disse: É meu irmão. Na sinceri-
dade do meu coração e na pureza das minhas
mãos procedi.
6 Então lhe disse Deus no sonho: Bem sei eu que
na sinceridade do teu coração procedeste, e tam-
bém eu te [f]impedi de pecar [g]contra mim. É por isso
que não te permiti tocá-la.
7 Agora, pois, restitui a mulher ao seu marido,
pois ele é profeta, e rogará por ti, para que vivas.
Mas, se não a restituíres, certamente morrerás, tu
e tudo o que é teu.
8 **L**evantou-se Abimeleque de madrugada e,
chamando todos os seus servos, falou-lhe todas
essas palavras; os homens temeram muito.
9 Então chamou Abimeleque a Abraão e lhe
perguntou: Que nos fizeste? E em que pequei
contra ti, para trazeres sobre mim e meu reino
tamanho pecado? Tu me fizeste o que não se
deve fazer.
10 Disse mais Abimeleque a Abraão: Com que
intenção fizeste isto?
11 Respondeu Abraão: Eu disse comigo mesmo:
Certamente não há [h]temor de Deus neste
lugar, e eles me [i]matarão por causa da minha
mulher.
12 E, na verdade, é ela também minha irmã,
filha do meu pai, mas não filha da minha mãe; e
veio a ser minha mulher.
13 E, quando Deus me fez sair errante da casa
de meu pai, eu disse a ela: Seja esta a graça que
me farás: em todo lugar aonde formos, dize de
mim: É meu irmão.
14 Então tomou Abimeleque ovelhas e bois, e
servos e servas, e os deu a Abraão, e lhe restituiu
Sara, sua mulher.
15 E disse Abimeleque: A minha terra está
diante da tua face, habita onde bem te parecer.
16 E a Sara disse: Tenho dado ao teu irmão mil
moedas de prata. Isso te seja por reparação da
ofensa que sofreste diante de todos os que estão
contigo; perante todos estás justificada.
17 Orou Abraão a Deus, e Deus [j]curou Abime-
leque, e sua mulher, e suas servas, de maneira
que tiveram filhos,
18 pois o Senhor havia fechado totalmente todas
as madres da casa de Abimeleque, por [k]causa de
Sara, mulher de Abraão.

O nascimento de Isaque

21 **O** Senhor visitou Sara, como tinha [l]dito, e
lhe fez como havia [m]prometido.
2 Sara concebeu e deu a Abraão um filho na
sua [n]velhice, ao [o]tempo determinado, de que Deus
lhe falara.
3 Abraão pôs no filho que lhe nascera, que
[1]Sara lhe dera, o nome de [2][p]Isaque.
4 Abraão [3]circuncidou o seu filho Isaque quando
tinha [q]oito dias, conforme Deus lhe havia ordenado.
5 Era Abraão da idade de [r]cem anos quando lhe
nasceu Isaque, seu filho.
6 Disse Sara: Deus me trouxe riso, e todo
aquele que o ouvir, rirá comigo.
7 Disse mais: Quem diria a Abraão que Sara
amamentaria um filho? Contudo, lhe dei um
filho na sua velhice.
8 **C**resceu o menino e foi desmamado. Abraão
fez um grande banquete no dia em que Isaque
foi desmamado.

A escrava e seu filho são expulsos (Gl 4.21-31)

9 **S**ara, porém, viu que o [s]filho de Hagar, a
egípcia, o qual ela dera à luz a Abraão, zombava
de Isaque,
10 e disse a Abraão: [t]Deita fora esta escrava e o
seu filho, pois o filho desta escrava não herdará
com meu filho Isaque.
11 Pareceu isso muito penoso aos olhos de
Abraão, por causa de seu filho.
12 Deus, porém, disse a Abraão: Não te
pareça isso mal por causa do moço e por
causa da tua serva. Em tudo o que Sara te diz,
ouve a sua voz, porque [u]em Isaque será cha-
mada a tua descendência.
13 Também, do filho desta [4]serva, porém, farei
uma [v]nação, porque ele é da tua descendência.

[e] Gn 18.23; Nm 16.22
[f] Comp. 1Sm 25.26,34
[g] Comp. Gn 39.9; 2Sm 12.13
[h] Veja Sl 19.9, nota
[i] Comp. Gn 12.12
[j] Milagres (AT): v. 17,18; 21.2; Êx 4.3 (Gn 5.24; Jn 1.17)
[k] Comp. Gn 12.17
[l] Fé: v. 1-6; Gn 22.3 (Gn 3.20; Hb 11.39, nota)
[m] Gn 18.10
[n] Hb 11.11,12
[o] Gn 18.14; comp. Gl 4.4
[p] Comp. Gn 17.19
[q] Gn 17.12; Lv 12.3
[r] Gn 17.1,17
[s] Gn 16.1,15; Gl 4.22,23
[t] Gl 3.18; 4.30
[u] Rm 9.7
[v] v. 18; Gn 17.20

[1] (21.3) Sara, tipo da graça, "a [mulher] livre", da "Jerusalém que é de cima". Comp. Gn 17.15-19; Gl 4.22-31.

[2] (21.3) Isaque constitui um tipo quádruplo: 1) da Igreja, que é composta dos filhos espirituais de Abraão (Gl 4.28); 2) de Cristo, o Filho "obediente até a morte" (Gn 22.1-10; Fp 2.5-8); 3) de Cristo, o Noivo da noiva que recebeu um chamado (comp. Gn 24; veja Igreja, Mt 16.18, *nota 2*); 4) da nova natureza do crente, gerado "segundo o Espírito" (Gl 4.29).

[3] (21.4) Por meio desse rito, Isaque, ainda criança, foi identificado com a nação de Israel. Veja Gn 17.10, *nota*.

[4] (21.13) Muitos aspectos da maneira como Abraão tratou Hagar parecem estranhos ao leitor moderno; no entanto, estão de todo conformes às cláusulas do Código de Hamurábi, o grande código jurídico babilônico da Mesopotâmia, a região da qual Abraão viera. Antes da descoberta deste código, muitos críticos questionavam a possibilidade de um código tão complexo como o de Moisés ter sido escrito em uma época tão remota. Contudo, o Código de Hamurábi é mais complexo do que o de Moisés e vem de um período muito anterior. O Código Mosaico não deriva do de Hamurábi, mas muitos dos costumes do livro de Gênesis demonstram que seus preceitos eram conhecidos nos tempos de Abraão.

14 Então se levantou Abraão de madrugada,
tomou pão e um odre de água e os deu a Hagar,
pondo-os sobre o ombro dela; também lhe deu
o [1]menino e a despediu. Ela partiu e foi andando
errante pelo deserto de Berseba.
15 Consumida a água do odre, colocou o
menino debaixo de um dos arbustos
16 e foi assentar-se em frente dele, a boa dis-
tância, como a de um tiro de arco, pois dizia:
Que eu não veja morrer o menino. E sentada em
frente dele, levantou a voz e chorou.
17 Ouviu Deus a voz do menino, e bradou o
[w]anjo de Deus a Hagar, desde o céu, dizendo-lhe:
Que tens, Hagar? Não temas. Deus ouviu a voz do
rapaz desde o lugar onde está.
18 Ergue-te, levanta o rapaz e toma-o pela mão,
pois dele farei uma grande nação.
19 Então Deus [2][x]abriu-lhe os olhos, e ela viu um
poço; e foi encher de água o odre e deu de beber
ao rapaz.
20 Deus estava com o rapaz, que cresceu e,
habitando no deserto, foi flecheiro.
21 Ele habitou no deserto de Parã, e sua mãe
tomou-lhe uma mulher da terra do Egito.

Abimeleque faz uma aliança com Abraão

22 Naquele mesmo tempo, Abimeleque, acom-
panhado de Ficol, o chefe do seu exército, disse
a Abraão: Deus é contigo em tudo o que fazes.
23 Agora jura-me aqui por Deus que não men-
tirás a mim, nem a meu filho nem a meu neto.
Segundo a bondade que te fiz, me farás a mim, e
à terra onde peregrinaste.
24 Respondeu Abraão: Eu jurarei.
25 Abraão, porém, repreendeu Abimeleque
por causa de um poço de água que os servos de
Abimeleque haviam [y]tomado à força.
26 Então disse Abimeleque: Eu não sei quem
fez isso. Também nada me fizeste saber, tam-
pouco ouvi falar nisso, senão hoje.
27 Tomou Abraão ovelhas e bois, e os deu a
Abimeleque, e fizeram ambos aliança.
28 Abraão pôs à parte sete cordeiras do
rebanho,
29 e perguntou Abimeleque a Abraão: Para que
estão aqui estas sete cordeiras, que puseste à parte?
30 Respondeu Abraão: Tomarás estas sete cor-
deiras das minhas mãos, para que sirvam de
testemunho de que eu cavei este poço.
31 Por isso se chamou aquele lugar [3]Berseba,
porque ambos juraram ali.
32 Assim fizeram aliança em Berseba. Depois
se levantaram Abimeleque e Ficol, chefe do seu
exército, e voltaram para as terras dos filisteus.
33 Plantou Abraão um bosque em Berseba e
[z]invocou ali o nome do Senhor, o [4]Deus [a]eterno.
34 E morou Abraão na terra dos [5]filisteus mui-
tos dias.

Isaque como oferenda (Hb 11.17-19)

22 [6]Depois dessas coisas, [7][b]provou Deus a
Abraão dizendo-lhe: Abraão! E este res-
pondeu: Eis-me aqui.

[w] Anjo do Senhor: v. 17; Gn 22.11 (Gn 16.7; Jz 2.1, nota)
[x] Gn 3.7; Nm 22.31; 2Rs 6.17; Lc 24.31
[y] Comp. Gn 26.20
[z] Gn 13.4; 26.25
[a] Divindade (nomes da): v. 33; Gn 35.11 (Gn 1.1; Ml 3.18)
[b] Provar-Tentar: v. 1; Êx 15.25 (Gn 3.1; Tg 1.14)

[1] (21.14) A palavra hebraica para "menino" (*yeled*), que significa *gerado* ou *nascido*, era usada para qualquer varão até que atingisse a juventude (comp. 4.23, onde a mesma palavra é traduzida por *rapaz*). Ismael, nesse momento, tinha cerca de quinze anos (comp. 16.16; 21.5), e Hagar abandonou o menino exausto à sombra de um arbusto.

[2] (21.19) Esta é uma cena tocante: a escrava, aparentemente sozinha e sem auxílio, e o Deus da graça chamando-a do céu. "Então Deus abriu-lhe os olhos, e ela viu um poço [...] de água." Do mesmo modo, o Espírito Santo abre os olhos dos pecadores que creem e os conduz à água da vida (comp. Jo 4.14).

[3] (21.31) *Poço dos sete* ou *Poço do juramento*.

[4] (21.33) "Deus eterno" (heb. *El Olam*).

1) O heb. *Olam* é usado nas Escrituras: a) em relação às coisas secretas ou coisas escondidas (p. ex., "esconder" em 2Rs 4.27 e Sl 10.1) e b) em relação a um tempo ou período indefinidos (Lv 25.32, "perpétuo"; Js 24.2, "antigamente"). Portanto, a palavra é usada para expressar a permanência eterna de Deus (Sl 90.2, "de eternidade a eternidade"); tb. é o sinônimo hebraico do grego *aion*, *era*. Veja Gn 1.28, *nota*.

2) Portanto, nessa palavra, se combinam as ideias de coisas mantidas em segredo e de duração indefinida. Ambas as ideias são inerentes à doutrina das dispensações ou das eras e são parte dos "mistérios" de Deus (Mt 13.11; Ef 1.9,10; 3.2-6). O "Deus eterno" (*El Olam*) é, portanto, o nome da Divindade em virtude do qual ele é o Deus cuja sabedoria dividiu todo o tempo e a eternidade no mistério das sucessivas eras ou dispensações. Não significa simplesmente que ele é eterno, mas que ele é Deus das coisas eternas. Outros nomes da Divindade: *notas* em Gn 1.1; 14.20; 15.2 (2); 17.1; Êx 34.6; 1Sm 1.3; Ml 3.18.

[5] (21.34) A presença dos filisteus em Canaã nesse período tem sido às vezes considerada como imprecisão da narrativa, uma vez que a grande invasão dos filisteus não aconteceu antes de 1200 a.C. Contudo, como declarado em Gênesis (21.32,34; 26.15,18; etc.), havia grupos menores de filisteus em Canaã em período anterior. Veja tb. Jz 13.1, *nota*.

[6] (22.1) A experiência espiritual de Abraão foi marcada por quatro grandes crises, em cada uma das quais houve renúncia a algo muito amado. As crises foram: 1) Seu país e a parentela (Gn 12.1. Comp. Mt 10.34-39; 2Co 6.14-18). 2) Seu sobrinho Ló; especialmente querido por Abraão, como possível herdeiro e como companheiro na fé (Gn 13.1-18; 2Pe 2.7,8). Em Gênesis 15.1-3, fica evidente quão totalmente Abraão se separou de alguém que, embora crente, foi um vaso para "desonra". Comp. At 15.36-40; 2Tm 2.20,21. 3) Seus próprios planos em relação a Ismael (Gn 17.17,18. Comp. 1Cr 13.1-14; 15.1,2). 4) Isaque, "teu filho, o teu único filho, Isaque, a quem amas" (Gn 22.1-19. Comp. Hb 11.17-19).

[7] (22.1) Deus provou a sinceridade, a lealdade e a fé de Abraão. O NT declara categoricamente que Deus não incita nenhum homem a fazer o mal (não tenta). Veja Tg 1.2,13,14, com *nota*. Comp. outras referências do AT onde esta palavra é empregada: Êx 17.2,7; Nm 14.22; Dt 6.16; Sl 78.18,41,56; 95.9; 106.14; Is 7.12; e outra palavra, Ml 3.15.

2 Então disse Deus: Toma o teu filho, o teu
único filho, Isaque, a quem [c]amas, e vai à terra
de [1]Moriá, e oferece-o ali em holocausto sobre
um dos montes que te mostrarei.
3 Levantou-se, [d]pois, Abraão de madrugada,
albardou o seu jumento, tomou consigo dois de
seus servos e a Isaque, seu filho. Tendo cortado
lenha para o holocausto, partiu para o lugar que
Deus lhe dissera.
4 Ao terceiro dia, levantou Abraão os olhos e
viu o lugar de longe.
5 Disse Abraão a seus servos: Ficai-vos aqui
com o jumento; eu e o rapaz iremos até lá e,
havendo adorado, [e]voltaremos a vós.
6 Tomou Abraão a lenha do holocausto e a [2]pôs
sobre Isaque, seu filho; e ele tomou o [f]fogo e o
cutelo na sua mão, e foram ambos juntos.
7 Então disse Isaque a Abraão, seu pai: Meu
pai! Respondeu Abraão: Eis-me aqui, meu filho!
Perguntou-lhe Isaque: Eis o fogo e a lenha, mas
onde está o cordeiro para o holocausto?
8 Respondeu Abraão: Deus proverá para si o
[g]cordeiro para o [h]holocausto, meu filho. E os dois
seguiam juntos.
9 **C**hegaram ao lugar que Deus lhe dissera; e
edificou Abraão ali o altar, e sobre ele pôs em
ordem a lenha. Amarrou Isaque, seu filho, [3]dei-
tou-o sobre o altar, em cima da lenha
10 e, estendendo a mão, pegou no cutelo
para imolá-lo.
11 O [i]anjo do Senhor, porém, lhe bradou desde
o céu e disse: Abraão! Abraão! Respondeu ele:
Eis-me aqui.
12 Então disse o anjo: Não estendas a tua mão
sobre o rapaz e não lhe faças nada. Agora sei que
[j]temes a Deus, pois não me [k]negaste o teu filho,
o teu único filho.
13 Então levantou Abraão os olhos e olhou, e
viu atrás de si um carneiro preso pelos chifres
entre os arbustos. Foi Abraão, tomou o carneiro e
o ofereceu em holocausto em lugar de seu filho.
14 Assim chamou Abraão àquele lugar "o
[4]Senhor proverá". Daí dizer-se até o dia de hoje:
No monte do Senhor se proverá.

Aliança Abraâmica novamente confirmada

15 **E**ntão o anjo do Senhor bradou a Abraão
pela segunda vez desde o céu
16 e [m]disse: Por mim mesmo jurei, diz o Senhor,
porque fizeste isso e não me negaste o teu filho,
o teu único filho,
17 que deveras te [n]abençoarei e grandemente
multiplicarei a tua descendência, como as [o]es-
trelas do céu e como a [p]areia que está na praia do
mar. A tua descendência tomará posse das [q]cida-
des dos seus inimigos,
18 e em tua descendência serão ben-
ditas [r]todas as nações da terra, porque [s]obe-
deceste à minha voz.
19 Então Abraão voltou aos seus servos e,
levantando-se, foram juntos a Berseba. E Abraão
habitou em Berseba.
20 **D**epois dessas coisas, anunciaram a Abraão
dizendo: [t]Milca também deu à luz filhos a Naor,
teu irmão:
21 Uz, o primogênito; Buz, seu irmão; Quemuel,
pai de Arã;
22 Quésede, Hazo, Pildas, Jidlafe e Betuel.
23 Betuel gerou [u]Rebeca. Estes oito deu à luz
Milca a Naor, irmão de Abraão.
24 A sua concubina, cujo nome era Reumá, lhe
deu também à luz Tebá, Gaã, Taás e Maaca.

Morte e sepultamento de Sara

23 **O**s anos da vida de Sara foram cento e
vinte e sete.
2 Morreu Sara em [v]Quiriate-Arba, que é
Hebrom, na terra de Canaã, e veio Abraão lamen-
tar Sara e chorar por ela.
3 Depois se levantou Abraão de diante da sua
esposa morta e disse aos filhos de [w]Hete:
4 Estrangeiro e peregrino sou entre vós. Dai-me
o direito de um lugar de [x]sepultura entre vós,
para que eu sepulte a minha morta.
5 Responderam os filhos de Hete a Abraão:
6 Ouve-nos, meu senhor. Príncipe de Deus és
no meio de nós. Enterra a tua morta na mais
escolhida de nossas sepulturas; nenhum de
nós te vedará a sua sepultura, para enterrares a
tua morta.
7 Então se levantou Abraão e prostrou-se em
terra diante do povo da terra, diante dos filhos
de Hete,
8 dizendo: Se é de vossa vontade que eu
sepulte a minha morta, ouvi-me e intercedei por
mim junto a Efrom, filho de Zoar,

[c] Primeiro uso da palavra amar. Comp. Jo 5.20
[d] Fé: v. 1-14; Gn 50.24 (Gn 3.20; Hb 11.39, nota)
[e] Hb 11.19
[f] Talvez arbustos queimando ou um pote com brasas
[g] Jo 1.29,36
[h] Sacrifício (tipológico): v. 8,13; Êx 12.3 (Gn 3.15; Hb 10.18, nota)
[i] Anjo do Senhor: v. 11,15; Gn 31.11 (Gn 16.7; Jz 2.1, nota)
[j] Veja Sl 19.9, nota
[k] Comp. Jo 3.16
[l] Veja Êx 34.6, nota
[m] Israel (aliança): v. 16-18; Gn 26.3 (Gn 12.2; Rm 11.26)
[n] Gn 17.16; 26.3,24
[o] Gn 15.5; 26.4
[p] Gn 32.12
[q] Gn 24.60
[r] Gn 18.18; 26.4
[s] Gn 26.5
[t] Gn 11.29; 24.15
[u] Gn 24.15
[v] Gn 35.27
[w] Chamados heteus. Veja 2Rs 7.6, nota
[x] v. 17; veja At 7.16, nota

[1] (22.2) O sacrifício de Isaque pode ter acontecido perto do lugar onde foi construído o templo de Salomão. Comp. 2Cr 3.1.

[2] (22.6) Abraão "a pôs sobre Isaque". Isaque não era uma criança, mas um rapaz (comp. Gn 21.14, *nota*). Observe a amorosa submissão ao pai (comp. Cristo, Hb 5.7,8).

[3] (22.9) As lições tipológicas são: 1) Isaque, tipo de Cristo "obediente até a morte" (Fp 2.5-8); 2) Abraão, tipo do Pai que "nem mesmo a seu próprio Filho poupou, antes o entregou por todos nós" (Rm 8.32; Jo 3.16); 3) o carneiro, tipo da substituição – Cristo oferecido como holocausto em nosso lugar (Hb 10.5-10); e 4) comp. a ressurreição (Hb 11.17-19), onde a expressão "dentre os mortos [...] daí também *em figura* [Isaque] o recobrou" (v. 19) confirma a tipologia. Comp. Tg 2.21-23.

[4] (22.14) Heb. *Jeová-Jirê*.

9 para que ele me dê a caverna de [y]Macpela, que possui no fim do seu campo; que dê a mim pelo devido preço em posse de sepulcro no meio de vós.

10 Ora, Efrom, o heteu, estava sentado no meio dos filhos de Hete e respondeu a Abraão, aos ouvidos dos filhos de Hete, de todos os que entravam pela porta da sua cidade, dizendo:

11 Não, meu senhor. Ouve-me, o campo te dou, também te dou a caverna que nele está, na presença dos filhos do meu povo te dou. Sepulta a tua morta.

12 Então Abraão se inclinou diante do povo da terra

13 e disse a Efrom, aos ouvidos do povo da terra: Se te agrada, ouve-me, peço-te. Darei o preço do campo. Toma-o de mim, e sepultarei ali a minha morta.

14 Respondeu Efrom a Abraão:

15 Meu senhor, ouve-me. Um terreno de quatrocentos [z]siclos de prata! Que é isso entre mim e ti? Sepulta ali a tua morta.

16 Abraão concordou com os termos de Efrom e pesou-lhe a prata de que este tinha falado aos ouvidos dos filhos de Hete, quatrocentos siclos de prata, moeda corrente entre os mercadores.

17 **A**ssim o campo de Efrom, que estava em Macpela, em frente de Manre, o campo e a caverna que nele estava, e todo o arvoredo que nele havia, e todo o limite em redor

18 se confirmaram a Abraão por posse na presença dos filhos de Hete, de todos os que entravam pela porta da sua cidade.

19 Depois [a]sepultou Abraão a sua mulher, Sara, na caverna do campo de Macpela, em frente de Manre, que é Hebrom, na terra de Canaã.

20 Assim o campo e a caverna que nele estava foram confirmados a Abraão pelos filhos de Hete em posse de sepultura.

Abraão manda seu servo buscar uma esposa para Isaque

24 [1]**E**ra Abraão já idoso e avançado em anos; e o Senhor em tudo o [b]havia abençoado.

2 Disse Abraão ao seu [c]servo, o mais antigo da casa, que governava tudo o que possuía: [d]Põe a tua mão debaixo da minha coxa,

3 para que eu te faça jurar pelo Senhor Deus do céu e da terra, que não tomarás para meu filho mulher dentre as filhas dos cananeus, no meio dos quais habito;

4 mas que irás à [e]minha terra e à minha parentela, e dali tomarás mulher para meu filho Isaque.

5 Perguntou-lhe o servo: Se a mulher não quiser seguir-me a esta terra, farei então tornar teu filho à terra donde saíste?

6 Respondeu-lhe Abraão: Guarda-te de não fazeres tornar para lá meu filho.

7 O Senhor, Deus do céu, que me tirou da casa de meu pai e da terra da minha parentela, e que me falou, e que me jurou, dizendo: Darei esta terra à tua descendência; ele enviará o seu [f]anjo adiante de ti, para que tomes mulher de lá para meu filho.

8 Se a mulher, porém, não quiser seguir-te, serás [g]livre deste juramento. Somente não faças para lá tornar a meu filho.

9 Então pôs o servo a sua mão debaixo da coxa de Abraão, seu senhor, e jurou-lhe sobre esse negócio.

10 **T**omou o servo dez dos camelos do seu senhor e, levando consigo de todos os bens do seu senhor, partiu rumo à Mesopotâmia, para a cidade de [2][h]Naor.

11 Fez ajoelhar os camelos fora da cidade, junto a um poço de água, pela tarde, à hora em que as [i]mulheres saíam a tirar água.

12 Então [j]disse: Ó Senhor, Deus de meu senhor Abraão, dá-me hoje, peço-te, bom êxito e usa de bondade para com o meu senhor Abraão.

13 Eis que estou em pé junto à fonte, e as filhas dos homens desta cidade saem para tirar água.

14 Faze, pois, que a moça a quem eu disser: Abaixa o teu cântaro, peço-te, para que eu beba, e ela responder: Bebe, e também darei de beber aos teus camelos, seja aquela que designaste para o teu servo Isaque. Nisso [k]verei que usaste de bondade para com o meu senhor.

A oração do servo respondida

15 [l]**A**ntes que acabasse de orar, saía Rebeca, filha de [m]Betuel, filho de Milca, mulher de Naor, irmão de Abraão, com o seu cântaro sobre o ombro.

[y] Gn 25.9
[z] Veja sistema monetário (AT): Êx 30.13, nota
[a] v. 4; veja At 7.16, nota
[b] Gn 17.20; 25.11
[c] Gn 15.2
[d] Gn 47.29
[e] Comp. 28.2
[f] Veja Hb 1.4, nota
[g] Comp. Js 2.17-20
[h] Gn 22.20; 29.5
[i] 1Sm 9.11
[j] Orações da Bíblia (AT): v. 12-14; Gn 32.9 (Gn 15.2; Hc 3.1)
[k] Jz 6.17,37; 2Rs 20.9; Pv 16.33; At 1.26; comp. Mt 12.39. Os sinais se dão quando há fé, não dúvida
[l] Is 65.24
[m] Gn 22.20-23

[1] (24.1) Todo o capítulo é altamente tipológico: 1) Abraão, tipo de certo rei que faria um casamento para o filho (Mt 22.2); 2) o servo de quem não se menciona o nome, tipo do Espírito Santo, que não fala "de si mesmo", mas das coisas do Noivo para conquistar e persuadir a noiva (Jo 16.13,14); 3) o servo, tipo do Espírito, que enriquece a noiva com os presentes do Noivo (1Co 12.7-11; Gl 5.22,23); 4) o servo, tipo do Espírito que leva a noiva ao encontro do Noivo (At 13.4; 16.6,7; Rm 8.11; 1Ts 4.14-17); 5) Rebeca, tipo da Igreja, a *eclesia*, a virgem chamada para ser a noiva, a esposa de Cristo (Gn 24.16; 2Co 11.2; Ef 5.25-32); 6) Isaque, tipo do Noivo, a quem, "não o tendes visto", a noiva ama graças ao testemunho do Servo anônimo (1Pe 1.8); e 7) Isaque, tipo do Noivo, que sai ao encontro da sua noiva para recebê-la (Gn 24.63; 1Ts 4.14-17).

[2] (24.10) A existência desta cidade no tempo de Abraão já foi evidenciada pela descoberta de muitas referências feitas a ela em tabuinhas de barro deste período, descobertas em Mari, na região norte da Mesopotâmia.

16 A moça era muito formosa à vista, virgem, a quem nenhum homem havia conhecido. Ela desceu à fonte, encheu o seu cântaro e subiu.

17 Então o servo correu-lhe ao encontro e disse: Deixa-me beber um pouco da água do teu cântaro.

18 Respondeu ela: Bebe, meu senhor. Então, prontamente, abaixou o seu cântaro para a mão e lhe deu de beber.

19 Acabando ela de lhe dar de beber, disse: Tirarei também água para os teus camelos, até que todos bebam.

20 E, apressando-se, despejou o seu cântaro no bebedouro e correu outra vez ao poço para tirar mais água para todos os camelos.

21 O homem a contemplava atentamente, em silêncio, para saber se o Senhor havia tornado próspera a sua jornada ou não.

22 **Q**uando os camelos acabaram de beber, o homem tomou um pendente de ouro, de meio [n]siclo de peso, e duas pulseiras para as suas mãos, do peso de dez siclos de ouro,

23 e perguntou: De quem és filha? Peço-te que me digas. Haverá em casa de teu pai lugar para nós pousarmos?

24 Ela respondeu: Sou filha de Betuel, filho de Milca, o qual ela deu a Naor.

25 Disse-lhe mais: Temos palha e forragem bastante, e lugar para pousar.

26 Então se inclinou o homem e adorou ao Senhor,

27 dizendo: Bendito seja o Senhor, Deus de meu senhor Abraão, que não retirou a sua benevolência e a sua verdade de meu senhor. Quanto a mim, o Senhor me guiou no caminho à casa dos irmãos de meu senhor.

28 **A** moça correu e contou essas coisas aos da casa de sua mãe.

29 Ora, Rebeca tinha um irmão, chamado Labão; este correu ao encontro do homem junto à fonte.

30 Pois, quando viu o pendente e as pulseiras nas mãos de sua irmã e tendo ouvido as palavras de sua irmã Rebeca, que dizia: Assim me falou o homem, foi Labão ter com ele, o qual estava em pé junto aos camelos, junto à fonte.

31 E lhe disse: Entra, bendito do Senhor, por que estás aí fora? Pois já preparei a casa e o lugar para os camelos.

32 Então veio o homem à casa, e descarregaram os camelos. Trouxeram palha e forragem para os camelos, água para [o]lavar os pés dele e os pés dos homens que com ele estavam.

33 Diante dele puseram comida. Porém ele disse: Não comerei até que tenha exposto a minha incumbência. Disse-lhe Labão: Fala.

[n] Veja sistema monetário (AT): Êx 30.13, nota
[o] Gn 19.2; 43.24; comp. Jo 13.5,13-15
[p] Gn 25.5
[q] v. 3
[r] 1Rs 8.23
[s] Veja Hb 1.4, nota
[t] v. 12
[u] 1Sm 1.13
[v] Gn 31.24

O servo anuncia sua missão

34 Então ele disse: Sou servo de Abraão.

35 O Senhor tem abençoado muito ao meu senhor, e ele se tem engrandecido. Deu-lhe ovelhas e bois, e prata e ouro, e servos e servas, e camelos e jumentos.

36 Sara, mulher do meu senhor, mesmo depois de velha, gerou um filho a meu senhor, e a este deu ele [p]tudo o que tem.

37 E meu senhor me [q]fez jurar, dizendo: Não tomarás mulher para meu filho dentre as filhas dos cananeus, em cuja terra habito,

38 mas irás à casa de meu pai e à minha família, e tomarás mulher para meu filho.

39 Então respondi ao meu senhor: Porventura, e se não me seguir a mulher?

40 Ele me disse: O Senhor, em cuja [r]presença tenho andado, enviará o seu [s]anjo contigo e prosperará o teu caminho, para que, da minha família e da casa de meu pai, tomes esposa para meu filho.

41 Então serás livre do meu juramento, quando chegares à minha família; e, se não a derem a ti, livre serás do meu juramento.

42 **E** hoje cheguei à fonte e disse: Ó [t]Senhor, Deus de meu senhor Abraão, se prosperas o meu caminho, o qual venho seguindo,

43 eis que estou junto à fonte; faze, pois, que a moça que sair para tirar água, a quem eu disser: Dá-me, peço-te, de beber um pouco de água do teu cântaro,

44 e ela me disser: Bebe tu, e também tirarei água para os teus camelos; seja esta a mulher que o Senhor designou para o filho de meu senhor.

45 **A**ntes que eu acabasse de falar no meu [u]coração, saía Rebeca com o seu cântaro sobre o seu ombro, desceu à fonte e tirou água, e eu lhe disse: Dá-me de beber, peço-te.

46 E ela, prontamente, abaixou o seu cântaro do ombro e disse: Bebe, e também darei de beber aos teus camelos. Assim bebi, e ela deu também de beber aos camelos.

47 Então lhe perguntei: De quem és filha? E ela disse: Filha de Betuel, filho de Naor, que Milca lhe deu. Então eu lhe pus o pendente no nariz e as pulseiras nas mãos,

48 e, inclinando-me, adorei e bendisse ao Senhor, Deus do meu senhor Abraão, que me havia conduzido pelo caminho direito, a fim de tomar para seu filho a filha do irmão de meu senhor.

49 Agora, pois, se vós haveis de usar de bondade e verdade para com o meu senhor, fazei-me saber; e, se não, declarai-me, para que eu vá ou para a direita ou para a esquerda.

50 Então responderam Labão e Betuel: Do Senhor procede esse negócio; não podemos falar-te [v]mal ou bem.

51 Eis Rebeca diante de ti; toma-a e vai-te; seja ela a mulher do filho de teu senhor, como tem dito o Senhor.

52 **Q**uando o servo de Abraão ouviu as palavras deles, prostrou-se em terra diante do Senhor.

53 Então tirou o servo joias de prata, e joias de ouro, e vestidos, e deu-os a Rebeca; também deu coisas preciosas a seu irmão e a sua mãe.

54 Então comeram e beberam, ele e os homens que com ele estavam, e ali passaram a noite. Quando se levantaram de manhã, disse o servo: Deixai-me voltar a meu senhor.

55 O irmão e a mãe da moça, porém, disseram: Fique ela ainda conosco alguns dias, pelo menos dez; e depois irá.

56 Ele, porém, lhes disse: Não me detenhais, pois o Senhor tem prosperado o meu caminho. Deixai-me partir, para que eu volte a meu senhor.

A noiva é levada para Isaque

57 Disseram: Chamemos a moça e perguntemos a ela mesma.

58 Chamaram, pois, Rebeca e lhe perguntaram: Irás tu com este homem? Ela respondeu: Irei.

59 Então despediram-se de Rebeca, sua irmã, e de sua [w]ama, e do servo de Abraão, e de seus homens.

60 Abençoaram Rebeca e lhe disseram:

Irmã nossa, sê tu a mãe de milhares
de milhares,
e que a tua [x]descendência possua
a [y]porta dos seus inimigos!

61 Então se levantou Rebeca com as suas moças e, montando nos camelos, seguiram o homem. Assim o servo tomou a Rebeca e partiu.

62 **O**ra, Isaque tinha vindo de [z]Beer-Laai-Roi, pois habitava na terra do [a]Neguebe.

63 Saiu Isaque a meditar no campo, à tarde, e, levantando os olhos, viu que vinham camelos.

64 Rebeca também levantou os olhos e, vendo a Isaque, saltou do camelo

65 e perguntou ao servo: Quem é aquele homem que vem pelo campo ao nosso encontro? Respondeu o servo: É meu senhor. Então ela tomou o véu e se cobriu.

[w] Gn 35.8
[x] Cristo (primeira vinda): v. 60; Gn 28.14 (Gn 3.15; At 1.11)
[y] Gn 22.17
[z] Gn 16.14; 25.11
[a] Veja Gn 12.9, nota
[b] 1Cr 1.32,33
[c] Gn 15.15; comp. Jz 8.32
[d] Gn 23.9,17; 49.30
[e] Gn 23.19
[f] Comp. v. 19; Gn 11.10,27

66 O [1]servo contou a Isaque todas as coisas que havia feito.

67 Isaque levou Rebeca para a tenda de Sara, sua mãe, e a tomou. Assim ela lhe foi por mulher, e ele a amou; e Isaque foi consolado depois da morte de sua mãe.

Abraão casa com Quetura e tem filhos

25 Tomou Abraão outra mulher, cujo nome era [b]Quetura.

2 Ela lhe deu à luz Zinrá, Jocsã, Medã, Midiã, Jisbaque e Sua.

3 Jocsã gerou Sabá e Dedã; os filhos de Dedã foram os assurins, os letusins e os leumins.

4 Os filhos de Midiã foram Efá, Efer, Enoque, Abida e Elda. Todos estes foram filhos de Quetura.

Isaque, herdeiro de todas as coisas (Hb 1.2)

5 Abraão deu tudo o que possuía a Isaque.

6 Aos filhos das suas concubinas, porém, deu Abraão presentes e, ainda em vida, separou-os do seu filho Isaque, enviando-os ao Oriente.

Morte de Abraão

7 **E**stes, pois, foram os [2]dias de vida que viveu Abraão: cento e setenta e cinco anos.

8 Expirou [3]Abraão e morreu em [c]boa velhice, velho e cheio de dias; e foi [4]reunido ao seu povo.

9 Sepultaram-no Isaque e Ismael, seus filhos, na caverna de [d]Macpela, no campo de Efrom, filho de Zoar, o heteu, que estava em frente de Manre,

10 o campo que Abraão comprara dos filhos de Hete. Ali estão sepultados Abraão e [e]Sara, sua mulher.

11 Depois da morte de Abraão, Deus abençoou Isaque, seu filho; habitava Isaque junto a Beer-Laai-Roi.

Os descendentes de Ismael

12 **S**ão estas as [f]gerações de Ismael, [5]filho de Abraão, que Hagar, a egípcia, serva de Sara, lhe deu.

13 São estes os nomes dos filhos de Ismael pela sua ordem, segundo as suas gerações: o

[1] (24.66) Este é o servo modelo: 1) não vai sem ser enviado (v. 2-9); 2) vai aonde é enviado (v. 4,10); 3) não faz outra coisa; 4) ora e é grato (v. 12-14,26,27); 5) é sábio para conquistar e ganhar (v. 17,18,21. Comp. Jo 4.7); 6) não fala de si mesmo, mas das riquezas do seu senhor e de Isaque, o herdeiro (v. 22,34-36; At 1.8); e 7) apresenta a verdadeira questão e exige uma decisão clara (v. 49).

[2] (25.7) Portanto, Abraão viveu 38 anos depois da morte de Sara. Os filhos de Quetura evidenciam a renovação sobrenatural do corpo de Abraão (Gn 17.5,6,15-17; Rm 4.17-22).

[3] (25.8) O NT dá grande importância à história de Abraão: ele é chamado de "amigo de Deus" (Tg 2.23) e de "nosso pai" (Tg 2.21; comp. Mt 3.9); ele é uma ilustração da justificação (Rm 4; Gl 3; Tg 2.21) e da fé (Hb 11.8-19).

[4] (25.8) Isto implica vida após a morte, não sepultamento físico.

[5] (25.12) Foi dito a Abraão que ele seria pai de muitas nações (17.4,6,16), não apenas de Israel. De Ismael, filho de Abraão, Deus disse: "O farei fecundo e o multiplicarei grandissimamente" (17.20). Quetura também deu filhos a Abraão (25.1-4), os quais não foram nem israelitas (descendentes de Isaque) nem árabes (descendentes de Ismael), mas constituíram outra nação.

primogênito de Ismael foi Nebaiote, depois Quedar, Abdeel, Mibsão,

14 Misma, Dumá, Massá,

15 Hadade, Tema, Jetur, Nafis e Quedemá.

16 Foram estes os filhos de Ismael, e foram estes os seus nomes pelas suas vilas e pelos seus acampamentos: doze líderes segundo as suas tribos.

17 E os anos da vida de Ismael foram cento e trinta e sete. Ele morreu e foi reunido ao seu povo.

18 Os seus filhos habitaram desde Havilá até Sur, que está em frente do Egito, como quem vai na direção da Assíria. Ele se estabeleceu diante da face de todos os seus irmãos.

Os descendentes de Isaque

19 **S**ão estas as [g]gerações de Isaque, filho de Abraão: Abraão gerou Isaque,

20 e Isaque tinha quarenta anos quando tomou por mulher [h]Rebeca, filha de Betuel, arameu de Padã-Arã, e irmã de Labão, arameu.

21 Isaque orou insistentemente ao Senhor por sua mulher, porque ela era estéril. O Senhor ouviu as suas orações, e Rebeca, sua mulher, [i]concebeu.

22 Os filhos lutavam no ventre dela, e ela disse: Por que isso está acontecendo comigo? E foi perguntar ao Senhor.

23 O Senhor lhe disse:

Duas nações há no teu ventre,
e [j]dois povos se dividirão das
tuas entranhas;
um povo será mais forte do que o
outro povo,
e o [k]mais velho servirá ao mais moço.

O nascimento de Esaú e Jacó

24 Cumpridos os dias para que desse à luz, havia gêmeos no seu ventre.

25 Saiu o primeiro, ruivo, todo [l]revestido de pelo; por isso lhe chamaram [1m]Esaú.

26 Depois saiu o seu irmão, agarrada sua [n]mão ao calcanhar de Esaú; por isso lhe chamaram [2]Jacó. Tinha Isaque sessenta anos quando Rebeca os deu à luz.

Venda da primogenitura

27 **C**resceram os meninos. Esaú tornou-se perito caçador, homem do campo, ao passo que Jacó, homem sossegado, habitava em tendas.

28 Isaque, que tinha [o]gosto pela caça, amava a Esaú, mas Rebeca amava a Jacó.

29 **J**acó tinha feito um guisado, quando Esaú chegou do campo muito cansado.

30 Disse Esaú a Jacó: Deixa-me, peço-te, comer desse guisado vermelho, porque estou muito cansado. Por isso se chamou [3]Edom.

31 Disse Jacó: Vende-me primeiro o teu direito de primogenitura.

32 Respondeu Esaú: Estou a ponto de morrer; logo, para [p]que me servirá o direito de [4]primogenitura?

33 Então disse Jacó: Jura-me primeiro. Ele jurou e vendeu o seu direito de primogenitura a Jacó.

34 Jacó deu a Esaú pão e o guisado de lentilhas. Ele comeu e bebeu, e então se levantou e saiu. Assim [q]desprezou Esaú o seu direito de primogenitura.

Confirmação da Aliança Abraâmica a Isaque

26 **H**ouve uma [r]fome na terra, além da primeira ocorrida nos dias de Abraão. Por isso foi Isaque a [s]Abimeleque, rei dos filisteus, em Gerar.

2 [t]Apareceu-lhe o Senhor e disse: Não [u]desças ao Egito; habita na terra que eu te disser.

3 [v]Mora nesta terra, e eu serei contigo e te abençoarei. Pois a ti e à tua descendência darei todas estas terras e confirmarei o [5w]juramento que fiz a Abraão, teu pai.

4 Multiplicarei a tua descendência como as estrelas do céu e lhe darei todas estas terras. Por meio dela serão benditas todas as nações da terra,

5 porque Abraão obedeceu à minha voz e guardou o meu mandado, os meus preceitos, os meus estatutos e as minhas leis.

[g] Comp. v. 12; Gn 36.1,9
[h] Gn 24.15
[i] Rm 9.10-13
[j] Gn 17.16; 24.60
[k] Rm 9.12
[l] Gn 27.11
[m] Peludo
[n] Os 12.3
[o] Gn 27.4,31
[p] Comp. Mt 16.26; Mc 8.36,37
[q] Hb 12.16,17
[r] Gn 12.10
[s] Comp. Gn 20
[t] Teofanias: v. 2,24; Gn 35.9 (Gn 12.7, nota; Dn 10.5)
[u] Comp. Gn 46.3
[v] Israel (aliança): v. 2-5; Gn 28.13 (Gn 12.2; Rm 11.26)
[w] Gn 22.15-18

[1] (25.25) Esaú representa o homem terreno comum (Hb 12.16,17). Destituído de fé, ele desprezou o direito de primogenitura – algo espiritual, que só tinha valor se houvesse fé para compreendê-lo.

[2] (25.26) *O que segura pelo calcanhar* ou *O que suplanta*.

[3] (25.30) *Vermelho*.

[4] (25.31) A primogenitura tinha três elementos: 1) Até o estabelecimento do sacerdócio araônico, o chefe da família exercia os direitos sacerdotais. 2) A família abraâmica possuía a promessa edênica daquele que feriria Satanás (Gn 3.15) – Abel, Sete, Sem, Abraão, Isaque, Esaú. 3) Esaú, como o primogênito, estava na linhagem direta da promessa feita a Abraão quanto àquele que abençoaria a terra (Gn 12.3). Ele vendeu sua primogenitura em troca de uma gratificação terrena passageira. Esaú tinha apenas prioridade natural na primogenitura, e o propósito de Deus nunca foi que a linhagem da bênção viesse por meio dele (Rm 9.11-13; comp. Gn 25.23). O conceito que Jacó tinha da primogenitura naquela ocasião era, sem dúvida, carnal e inadequado, mas seu desejo de tê-la evidenciava fé.

[5] (26.3) Aqui, o Senhor confirmou a Isaque a aliança que havia feito com Abraão. As principais promessas aos patriarcas estão registradas nas seguintes passagens: 1) a Abraão (12.1-3,7; 13.14-18; 15; 17.1-8,15-22; 22.15-18); 2) a Isaque (26.1-5; 28.13-15); 3) a Jacó (28.13-15; 35.11,12).

Isaque nega que Rebeca é sua mulher (comp. Gn 20)

6 Assim habitou Isaque em Gerar.

7 Perguntando-lhe os homens do lugar acerca de sua mulher, disse: É minha [x]irmã, porque [y]temia dizer: É minha mulher; para que, dizia ele, não me matem os homens do lugar por causa de Rebeca, porque é muito formosa.

8 **O**ra, tendo Isaque permanecido ali muito tempo, Abimeleque, rei dos filisteus, olhou por uma janela e viu que Isaque estava acariciando a Rebeca, sua mulher.

9 Então chamou Abimeleque a Isaque e disse: Na verdade é tua mulher! Como, pois, disseste: É minha irmã? Respondeu-lhe Isaque: Porque eu dizia: Para que eu não morra por causa dela.

10 Disse Abimeleque: Que é isso que nos fizeste? Facilmente se teria deitado alguém deste povo com tua mulher, e tu terias trazido [z]culpa sobre nós.

11 Assim Abimeleque ordenou a todo o povo, dizendo: Qualquer que tocar neste homem ou em sua mulher, certamente morrerá.

12 Semeou Isaque naquela terra e, no mesmo ano, colheu [a]cem vezes mais, porque o Senhor o [b]abençoava.

13 Engrandeceu-se o homem e foi-se enriquecendo até que se tornou muito poderoso.

14 Possuía ovelhas e bois, e muita gente de serviço; de modo que os filisteus o invejavam.

15 Por isso, entulharam todos os poços que os servos de seu pai tinham cavado, nos dias de Abraão, enchendo-os de terra.

16 Disse Abimeleque a Isaque: Aparta-te de nós, pois já és muito mais [c]poderoso do que nós.

Isaque, o abridor de poços

17 **E**ntão Isaque partiu dali e se acampou no vale de Gerar, e aí se estabeleceu.

18 Tornou Isaque a abrir os poços de água que se escavaram nos dias de Abraão, seu pai, e que os filisteus haviam entulhado depois da morte de Abraão, e lhes deu os mesmos nomes que seu pai lhes havia posto.

19 Cavaram, pois, os servos de Isaque naquele vale e acharam ali uma fonte de águas correntes.

20 Os pastores de Gerar, porém, contenderam com os pastores de Isaque, dizendo: Esta água é nossa. Por isso, [1]chamou o poço de Eseque, porque contenderam com ele.

21 Então cavaram outro poço e também contenderam por causa dele; por isso chamou-lhe Sitna.

22 Partiu dali e cavou ainda outro poço, pelo qual não contenderam. Por isso lhe deu o nome de Reobote e disse: Agora o Senhor nos deu lugar, e cresceremos nesta terra.

23 Depois subiu dali a Berseba.

24 [d]Apareceu-lhe o Senhor naquela mesma noite e disse: Eu sou o Deus de Abraão, teu pai. Não temas, pois eu sou contigo; eu te abençoarei e multiplicarei a tua descendência por amor de Abraão, meu servo.

25 Então [e]edificou ali um altar e [f]invocou o nome do Senhor. Armou ali a sua tenda, e os seus servos cavaram um poço.

Abimeleque faz uma aliança com Isaque

26 **E**ntão Abimeleque veio a ele de Gerar, com Ausate, seu amigo, e Ficol, chefe do seu exército.

27 Disse-lhes Isaque: Por que viestes a mim, visto que me odiais e me expulsastes do vosso meio?

28 Responderam eles: Temos visto claramente que o Senhor é contigo, pelo que dissemos: Haja agora juramento entre nós e ti. Façamos aliança contigo,

29 que nos não farás mal, como nós não te temos tocado, mas te fizemos somente o bem e te deixamos ir em paz. Agora tu és o bendito do Senhor.

30 Então Isaque lhes deu um banquete, e comeram e beberam.

31 Levantaram-se de madrugada e juraram de parte a parte. Então Isaque os despediu, e eles se foram em paz.

32 Nesse mesmo dia, vieram os servos de Isaque e deram-lhe notícia acerca do poço que tinham cavado, dizendo-lhe: Achamos água.

33 Ele chamou o poço de [g]Seba; por isso até o dia de hoje o nome daquela cidade é [h]Berseba.

34 **Q**uando Esaú tinha quarenta anos, tomou por mulher Judite, filha de Beeri, [i]heteu, e Basemate, filha de Elom, heteu.

35 Elas foram para Isaque e Rebeca uma amargura de espírito.

A bênção roubada

27 Quando Isaque [j]estava velho e os seus [k]olhos se enfraqueciam, de maneira que não podia ver, chamou a Esaú, seu filho mais velho, e lhe disse: Meu filho. Respondeu ele: Eis-me aqui!

2 Disse-lhe o pai: Agora estou velho e não sei o dia da minha morte.

[x] Gn 12.13
[y] Comp. Gn 31.31
[z] Comp. Êx 32.21
[a] Mt 13.8,23
[b] Gn 25.11
[c] Êx 1.9
[d] Gn 26.2, col. central t
[e] Gn 22.9; 33.20
[f] Gn 21.33; comp. 1Rs 18.24
[g] Juramento
[h] O poço do juramento. Comp. Gn 21.31
[i] Gn 36.2; veja 2Rs 7.6, nota
[j] Gn 35.28
[k] Gn 48.10

[1] (26.20) Os poços em Gênesis têm nomes importantes e estão associados a eventos significativos: 1) Beer-Laai-Roi, *o poço daquele que vive e me vê* (16.14; 24.62; 25.11). 2) Berseba, *poço do juramento ou da aliança* (21.25-33; 22.19; 26.23,25; 46.1-5). 3) Eseque, *contenda, disputa* (26.20). 4) Sitna, *oposição, inimizade* (Gn 26.21). Eseque e Sitna foram tentativas do próprio Isaque de cavar poços. Mais tarde, ele viveu próximo aos antigos poços de seu pai. 5) Reobote, *lugar espaçoso* (26.22). Depois que Isaque retornou a Berseba, o Senhor se revelou a ele.

3 Toma, pois, as tuas armas, a tua aljava e o
teu arco, e sai ao campo, e apanha para mim
alguma caça.
4 Faze-me um guisado saboroso, como eu
gosto, e traze-me, para que eu coma, para que a
minha alma te abençoe, antes que morra.
5 Ora, Rebeca esteve escutando quando Isaque
falava ao seu filho Esaú. E foi-se Esaú ao campo
para apanhar a caça e trazê-la.
6 Então disse Rebeca a Jacó, seu filho: Ouvi o
teu pai falar com Esaú, teu irmão, dizendo:
7 Traze-me caça e faze-me um guisado sabo-
roso, para que eu coma e te abençoe diante do
Senhor, antes da minha morte.
8 Agora, pois, filho meu, ouve a minha voz
naquilo que eu te ordeno:
9 Vai ao rebanho e traze-me de lá dois bons
cabritos, e eu farei deles um guisado saboroso
para teu pai, como ele gosta.
10 Depois leva-o a teu pai, para que ele o coma,
para que te abençoe antes da sua morte.
11 Disse Jacó a Rebeca, sua mãe: Mas Esaú, meu
irmão, é peludo, e eu sou liso.
12 Pode ser que meu pai me apalpe, e serei a
seus olhos enganador; assim trarei sobre mim
maldição, não bênção.
13 Disse-lhe sua mãe: Meu filho, sobre mim
seja a tua maldição. Somente obedece à minha
voz; vai e traze-os a mim.
14 Então ele foi, tomou-os e os trouxe a sua
mãe, que fez um guisado saboroso, como seu
pai gostava.
15 Depois Rebeca tomou as melhores vestes de
Esaú, seu filho mais velho, que tinha consigo em
casa, e vestiu a Jacó, seu filho mais moço.
16 Com a pele dos cabritos cobriu-lhe as mãos
e a lisura de seu pescoço.
17 Então pôs o guisado saboroso e o pão que
tinha preparado na mão de Jacó, seu filho.
18 Ele veio a seu pai e disse: Meu pai! Ele res-
pondeu: Eis-me aqui. Quem és tu, meu filho?
19 Respondeu Jacó a seu pai: Eu sou Esaú, teu
primogênito. Fiz o que me ordenaste. Levanta-te
agora, assenta-te e come da minha caça, para
que me abençoe.
20 Então disse Isaque a seu filho: Como
é que tão depressa a achaste, filho meu?
Respondeu ele: O Senhor teu Deus a mandou ao
meu encontro.
21 Então disse Isaque a Jacó: Chega-te, pois,
para que te apalpe e veja se és mesmo meu filho
Esaú ou não.
22 Então se chegou Jacó a Isaque seu pai, que o
apalpou e disse: A voz é de Jacó, porém as mãos
são de Esaú.
23 Ele não o reconheceu, pois as suas mãos
estavam peludas, como as de Esaú, seu irmão.
E o abençoou.
24 E lhe disse: Tu és mesmo o meu filho Esaú?
Respondeu ele: Sou.
25 Então disse: Faze chegar isso para perto
de mim, para que eu coma da caça de meu filho,
e te abençoe. E assim fez, e ele comeu; e trouxe-
-lhe também vinho, e ele bebeu.
26 Então lhe disse Isaque, seu pai: Aproxima-te
agora e beija-me, filho meu.
27 Ele se aproximou e o [l]beijou. Quando
sentiu o cheiro das vestes dele, Isaque o aben-
çoou, dizendo:
Eis que o cheiro do meu filho
é como o cheiro do campo,
que o Senhor abençoou.
28 Assim, pois, Deus te dê do orvalho do céu,
da gordura da terra,
e da abundância de [m]trigo e de mosto.
29 Sirvam-te povos,
e nações se encurvem a ti.
Sê [n]senhor de teus irmãos,
e os filhos da tua mãe se encurvem a ti.
[o]Malditos sejam os que te amaldiçoarem,
e benditos sejam os que te abençoarem.
30 Depois que Isaque acabou de abençoar a
Jacó, tendo este saído da presença de Isaque,
seu pai, chegou Esaú, seu irmão, da sua caçada.
31 Fez também ele um guisado saboroso, o trouxe
a seu pai e lhe disse: Levanta-te, meu pai, e come
da caça de teu filho, para que me abençoe.
32 Perguntou-lhe Isaque, seu pai: Quem és tu?
Respondeu ele: Eu sou teu filho, o teu primogê-
nito, Esaú.
33 Então estremeceu Isaque de um estreme-
cimento muito grande e disse: Quem, pois, é
aquele que apanhou a caça e a trouxe a mim? Eu
comi de tudo, antes que tu viesses, e o abençoei,
e [1]ele será bendito.

O remorso inútil de Esaú (comp. Hb 12.16,17)

34 Esaú, ouvindo as palavras de seu pai, bra-
dou com grande e amargo brado e disse a seu
pai: Abençoa-me também a mim, meu pai.
35 Respondeu Isaque: Veio teu irmão e, com
sutileza, tomou a tua bênção.
36 Disse Esaú: Não se chama ele com razão
Jacó, visto que já duas vezes me enganou? [p]To-
mou-me o direito de primogenitura e agora me
tirou a bênção. Disse ainda: Não reservaste bên-
ção alguma para mim?
37 Então respondeu Isaque a Esaú: Eu o tenho
posto por senhor sobre ti, e todos os seus irmãos
lhe tenho dado por servos, e de trigo e de mosto

[l] Gn 29.13
[m] Dt 7.13
[n] Gn 25.23
[o] Veja Gn 12.2, nota, parág. 3. Comp. Nm 24.9
[p] Gn 25.31-34

[1] (27.33) Isaque reconhece que a bênção de Deus para seus filhos é melhor do que sua própria vontade para eles.

o tenho fortalecido. O que, pois, poderei fazer
por ti, meu filho?
38 Disse Esaú a seu pai: Tens uma única bên-
ção, meu pai? Abençoa-me também a mim, meu
pai. Levantou Esaú a voz e chorou.
39 Então lhe respondeu Isaque, seu pai:

A tua habitação será
longe dos lugares férteis da terra,
longe do orvalho que cai do alto.
40 Pela tua espada viverás,
e ao teu irmão servirás.
Mas quando te tornares impaciente,
[q]sacudirás o jugo do teu pescoço.

41 Esaú passou a [r]odiar a Jacó por causa da bên-
ção com que seu pai o tinha abençoado e disse
consigo: Os dias de luto por meu pai estão próxi-
mos; então matarei a Jacó, meu irmão.
42 Quando essas palavras de Esaú, seu filho
mais velho, chegaram aos ouvidos de Rebeca,
ela mandou chamar a Jacó, seu filho mais moço,
e lhe disse: Esaú, teu irmão, se consola a teu
respeito, propondo-se matar-te.
43 Agora, pois, meu filho, ouve a minha voz:
Levanta-te, refugia-te na casa de [s]Labão, meu
irmão, em Harã.
44 Fica com ele [t]alguns dias, até que passe o
furor de teu irmão.
45 Quando a ira de teu irmão se desviar de ti,
e ele se esquecer do que lhe fizeste, mandarei
[u]trazer-te de lá. Por que eu perderia meus dois
filhos num só dia?
46 Então disse Rebeca a Isaque: Enfadada
estou da minha vida, por causa das filhas de
[v]Hete. Se Jacó tomar mulher dentre as filhas de
Hete, tais como estas, dentre as filhas desta terra,
de que me servirá a vida?

Jacó em Betel: A Aliança Abraâmica lhe é confirmada

28 Isaque chamou Jacó, o abençoou e orde-
nou-lhe, dizendo: Não tomes mulher de
entre as filhas de Canaã.
2 [w]Levanta-te, vai a Padã-Arã, à casa de [x]
Betuel, pai de tua mãe, e toma de lá uma mulher
dentre as filhas de [y]Labão, irmão de tua mãe.
3 Que o Deus [z]Todo-poderoso te abençoe, e te
faça [a]frutificar, e te multiplique, para que venhas
a ser uma multidão de povos;
4 e te dê a [b]bênção de Abraão, a ti e à tua des-
cendência contigo, para que herdes a terra de
tuas [c]peregrinações, que Deus deu a Abraão.
5 Assim despediu Isaque a Jacó, o qual foi a
Padã-Arã, a Labão, filho de Betuel, o arameu,
irmão de Rebeca, mãe de Jacó e de Esaú.
6 Vendo, pois, Esaú que Isaque abençoara a
Jacó e o enviara a Padã-Arã, para tomar de lá
mulher para si, e que, abençoando-o, lhe orde-
nara, dizendo: Não tomes mulher dentre as
filhas de Canaã,
7 e que Jacó, obedecendo a seu pai e a sua mãe,
fora a Padã-Arã;
8 vendo também Esaú que as filhas de Canaã
eram más aos olhos de Isaque, seu pai,
9 foi-se Esaú a Ismael e [d]tomou para si por
mulher, além das suas mulheres, a [e]Maalate,
filha de Ismael, filho de Abraão, irmã de
Nebaiote.
10 Partiu Jacó de Berseba e se foi a [f]Harã.
11 Chegou a um lugar onde passou a noite, por-
que o sol já se havia posto. Tomando uma das
pedras daquele lugar e fazendo-a de travesseiro,
deitou-se ali para dormir.
12 E [g]sonhou: Eis que uma escada estava posta
na terra, cujo topo chegava ao céu; e os [h]anjos de
Deus [i]subiam e desciam por ela.
13 Por cima dela estava o Senhor, que lhe disse:
Eu sou o Senhor, o Deus de Abraão, teu pai, e o
Deus de Isaque. Esta [j]terra em que estás deitado,
eu a [k]darei a ti e à tua descendência.
14 A tua descendência será [l]como o pó da terra.
Tu te estenderás ao [m]ocidente, ao oriente, ao
norte e ao sul, e em ti e na tua [n]descendência
serão benditas [o]todas as famílias da terra.
15 Estou [p]contigo, e te guardarei por onde quer
que fores, e te [qq]farei tornar a esta terra. Não te
[rr]deixarei até que tenha cumprido aquilo que te
tenho dito.
16 Despertando Jacó do seu sono, disse:
Na verdade, o Senhor está neste [ss]lugar, e eu
não o sabia.
17 Temeu e disse: Quão terrível é este lugar!
Este não é outro lugar senão a casa de Deus; esta
é a porta dos céus.
18 Então se levantou Jacó de madrugada, tomou
a pedra que tinha posto por travesseiro, erigiu-a
em [tt]coluna e derramou azeite em cima dela.
19 E chamou [uu]àquele lugar [1vv]Betel; porém o
nome daquela cidade antes era [2]Luz.
20 [ww]Fez também Jacó um voto, dizendo: [xx]Se
Deus for comigo e me guardar nesta viagem
que ora faço, e me der pão para comer e vestes
para vestir,
21 e eu em paz voltar à casa de meu pai, o
Senhor será o meu Deus;
22 e esta pedra que tenho posto como coluna
será casa de Deus, e de tudo o que me deres, cer-
tamente te darei o [yy]dízimo.

[q] 2Rs 8.20-22
[r] Comp. Gn 26.27; 37.4,5
[s] Gn 25.20; 28.2,5
[t] Comp. Gn 31.41
[u] Rebeca nunca mais viu Jacó
[v] Gn 26.34,35; veja 2Rs 7.6, nota
[w] Jacó tinha 77 anos
[x] Gn 25.20
[y] Gn 27.43; 29.5
[z] Veja Gn 17.1, nota
[a] Gn 26.24
[b] Gn 12.2,3
[c] Gn 23.4; 36.7
[d] Gn 26.34,35
[e] Chamada Basemate em Gn 36.3
[f] Gn 27.43; 29.4
[g] Comp. Gn 31.10
[h] Veja Hb 1.4, nota
[i] Jo 1.51
[j] Israel (aliança): v. 13-15; Gn 35.11 (Gn 12.2; Rm 11.26)
[k] Gn 26.3; 35.12
[l] Gn 13.16; Nm 23.10
[m] Gn 13.14
[n] Gn 26.4
[o] Cristo (primeira vinda): v. 14; Gn 49.10 (Gn 3.15; At 1.9)
[p] Gn 26.3
[qq] Gn 31.3,13
[rr] Lv 26.44; Dt 31.6; Hb 13.5
[ss] Comp. Êx 3.5
[tt] Gn 31.45
[uu] Gn 13.3; 31.13
[vv] Comp. Gn 35.7
[ww] Gn 28.15
[xx] Gn 31.13
[yy] Gn 14.20; Lv 27.30

[1] (28.19) *Casa de Deus*. Por causa da visão noturna que Jacó teve ali, Betel se torna um dos lugares mais importantes das Escrituras. Para o cristão, é símbolo, ainda que imperfeito, do conteúdo celestial e espiritual da fé, e correspondente à oração de Paulo em Ef 1.17-23.
[2] (28.19) *Amendoeira*.

Jacó chega ao poço de Harã

29 Então seguiu viagem Jacó e [1]chegou à terra dos filhos do [z]Oriente.

2 Viu ali um [a]poço no campo e três rebanhos de ovelhas que estavam deitados junto dele porque desse poço se dava de beber aos rebanhos. E havia uma grande pedra sobre a boca do poço.

3 Ajuntavam-se ali todos os rebanhos, e os pastores removiam a pedra de sobre a boca do poço, davam de beber às ovelhas e tornavam a pôr a pedra no seu lugar sobre a boca do poço.

4 Perguntou-lhes Jacó: Meus irmãos, donde sois? Responderam eles: Somos de [b]Harã.

5 Perguntou-lhes mais: Conheceis a [c]Labão, filho de Naor? Responderam: Conhecemos.

6 Perguntou-lhes ainda: Vai ele bem? Responderam: Vai bem. Aí vem Raquel, sua filha, [d]chegando com as ovelhas.

7 Disse ele: Olha, ainda vai alto o dia; não é hora de se ajuntar o gado. Dai de beber às ovelhas e ide apascentá-las.

8 Responderam: Não podemos, até que todos os rebanhos se ajuntem e seja removida a pedra da boca do poço, para que demos de beber às ovelhas.

Jacó encontra Raquel

9 **E**nquanto Jacó ainda lhes falava, chegou Raquel com as ovelhas de seu pai, pois ela era pastora.

10 Quando Jacó viu a Raquel, filha de Labão, irmão de sua mãe, e as ovelhas de Labão, irmão de sua mãe, chegou-se, revolveu a pedra da boca do poço e deu de beber às ovelhas de Labão, irmão de sua mãe.

11 Então Jacó beijou a Raquel e, levantando a voz, chorou.

12 E Jacó anunciou a Raquel que ele era parente de seu pai e que era [e]filho de Rebeca. Então ela correu e o anunciou a seu pai.

13 **A**ssim que Labão ouviu as novas de Jacó, filho de sua irmã, [f]correu-lhe ao encontro, abraçou-o, beijou-o e o levou à sua casa. E Jacó contou a Labão todas essas coisas.

14 Então, Labão lhe disse: Verdadeiramente tu [g]és meu osso e minha carne. E Jacó ficou com ele um mês inteiro.

15 **D**epois perguntou Labão a Jacó: Por seres meu irmão hás de servir-me de graça? Declara-me, [h]qual será o teu salário?

16 Ora, Labão tinha duas filhas; o nome da mais velha era Lia; o da mais moça, Raquel.

17 Lia tinha olhos [i]fracos, ao passo que Raquel era [j]formosa de porte e de semblante.

18 Jacó amava a Raquel e disse: Sete anos te servirei por Raquel, tua filha mais moça.

19 Respondeu Labão: Melhor é que eu a dê a ti do que a outro. Fica comigo.

20 Assim, serviu Jacó sete anos por amor a Raquel, mas estes lhe pareceram como poucos dias, pelo muito que a amava.

Labão engana Jacó

21 **E**ntão, Jacó disse a Labão: Dá-me minha mulher. O meu tempo já está cumprido, e eu quero tomá-la por mulher.

22 Reuniu, pois, Labão a todos os homens daquele lugar e fez um [k]banquete.

23 Chegada, porém, a tarde, ele tomou a Lia, sua filha, e a trouxe a Jacó. E Jacó se deitou com ela.

24 E Labão deu sua serva [l]Zilpa por serva a Lia, sua filha.

25 Quando amanheceu, eis que era Lia; pelo que perguntou Jacó a Labão: Que é isso que me fizeste? Não te servi em troca de Raquel? Por que me [m]enganaste?

26 Respondeu Labão: Não se faz assim em nossa terra; não se dá a mais nova antes da primogênita.

27 Cumpre a [n]semana desta; então te daremos também a outra, pelo trabalho de outros sete anos que ainda me servirás.

Jacó casa com Raquel

28 E Jacó fez assim. Cumpriu a semana de Lia, e então Labão [2]lhe deu por mulher a Raquel, sua filha.

29 Labão deu sua serva [o]Bila por serva a Raquel, sua filha.

30 Jacó deitou-se também com Raquel e a [p]amou muito mais do que a Lia. E serviu a Labão ainda outros sete anos.

31 **Q**uando o Senhor viu que Lia era desprezada, abriu a sua madre, mas Raquel era estéril.

O nascimento dos filhos de Jacó

32 **C**oncebeu Lia e deu à luz um filho, a quem chamou [3]Rúben, pois disse: O Senhor [q]atendeu à minha aflição; certamente agora me amará meu marido.

[z] Gn 25.6; Nm 23.7
[a] Gn 24.11; Êx 2.15
[b] Gn 28.10
[c] Gn 28.2
[d] Gn 24.11; Êx 2.16,17
[e] Gn 28.5
[f] Comp. Lc 15.20
[g] Gn 2.23; 37.27
[h] Gn 30.28
[i] Em algumas versões, "tenros"
[j] Gn 26.7
[k] Jz 14.10; comp. Lc 15.23
[l] Gn 30.9,10
[m] Gn 31.7; comp. 27.35
[n] Veja Dn 9.24, nota
[o] Gn 30.3-5
[p] Gn 29.20; comp. Dt 21.15-17
[q] Gn 16.11; 31.42

[1] (29.1) Jacó em Harã é uma surpreendente ilustração da nação de Israel em sua atual e longa dispersão. Tal como Israel, ele 1) estava fora do lugar da bênção (26.3), 2) não tinha um altar (Os 3.4,5), 3) ganhou má reputação (Gn 31.1; Rm 2.17-24), mas 4) encontrava-se sob os cuidados da aliança com o Senhor (Gn 28.13-15; Rm 11.1,25-31) e 5) ao final foi levado de volta (Gn 31.3; 35.1-4; Ez 37.21-23). A lição pessoal é óbvia: embora Jacó não tenha sido abandonado, colheu a vergonha e a tristeza do caminho que escolheu.

[2] (29.28) Jacó não teve de esperar outros sete anos por Raquel, que lhe foi dada imediatamente, mas precisou trabalhar outros sete anos sem salário (v. 30).

[3] (29.32) *Eis um filho.*

33 Concebeu outra vez e deu à luz um filho, e disse: Porque o Senhor [1]ouviu que eu era desprezada, deu-me também este. E lhe pôs o nome de [r]Simeão.
34 Concebeu ainda outra vez e deu à luz um filho, e disse: Agora esta vez se [2]unirá meu marido comigo, porque três filhos lhe tenho dado. Por isso lhe chamou [s]Levi.
35 De novo concebeu e deu à luz um filho, e disse: Esta vez [3]louvarei ao Senhor. Por isso lhe chamou [t]Judá. E cessou de dar à luz.

30 Vendo Raquel que [u]não dava filhos a Jacó, teve inveja de sua irmã e disse a Jacó: Dá-me filhos, senão eu morro.
2 Então se acendeu a ira de Jacó contra Raquel e disse: Acaso estou eu no [v]lugar de Deus que te impediu o fruto de teu ventre?
3 Respondeu ela: Eis aqui minha serva Bila; recebe-a por mulher, para que ela tenha filhos em meu lugar, e eu receba filhos por meio dela.
4 Assim, ela lhe deu Bila, sua serva, por mulher. Jacó deitou-se com Bila,
5 e ela concebeu e deu a Jacó um filho.
6 Então disse Raquel: Julgou-me Deus; ouviu a minha voz e me deu um filho. Por isso lhe chamou [4]Dã.
7 Bila, serva de Raquel, concebeu outra vez e deu a Jacó o segundo filho.
8 Então disse Raquel: Com grandes lutas tenho [5]lutado com minha irmã e venci. E lhe chamou [w]Naftali.
9 **V**endo Lia que ela mesma cessara de conceber, tomou a Zilpa, sua serva, e a deu a Jacó por mulher.
10 Zilpa, serva de Lia, deu um filho a Jacó.
11 Então disse Lia: Afortunada! E chamou-lhe [6]Gade.
12 Depois deu Zilpa, serva de Lia, um segundo filho a Jacó.
13 Então disse Lia: Feliz sou eu! As filhas me chamarão feliz. E chamou-lhe [7]Aser.
14 **S**aiu Rúben nos dias da ceifa do trigo e achou mandrágoras no campo, e as trouxe a Lia, sua mãe. Então disse Raquel a Lia: Dá-me, peço-te, das mandrágoras do teu filho.
15 Respondeu ela: É já pouco que hajas tomado o meu marido? Tomarás também as mandrágoras do meu filho? Disse Raquel: Por isso ele se deitará contigo esta noite, pelas mandrágoras de teu filho.
16 Quando Jacó veio à tarde do campo, saiu-lhe Lia ao encontro e disse: Hoje te deitarás comigo, porque certamente te aluguei com as mandrágoras do meu filho. E deitou-se com ela aquela noite.
17 E ouviu Deus a Lia, e ela concebeu e deu à luz um quinto filho.
18 Então disse Lia: Deus me tem dado o meu [8]galardão, porque dei minha serva ao meu marido. E o chamou de [x]Issacar.
19 Lia concebeu outra vez e deu a Jacó um sexto filho.
20 Disse Lia: Deus me deu um excelente dote; desta vez o meu marido me [9]tratará com honras, porque lhe dei seis filhos. E chamou-lhe [y]Zebulom.
21 Algum tempo mais tarde deu à luz uma [z]filha e chamou-lhe [a]Diná.
22 Então Deus se [b]lembrou de Raquel, ouviu-a e abriu a sua madre.
23 Ela concebeu, deu à luz um filho e disse: Tirou-me Deus a minha [c]humilhação.
24 E chamou-lhe [10]José, dizendo: [d]Acrescente-me o Senhor outro filho.

Deus multiplica os rebanhos de Jacó

25 **D**epois que Raquel deu à luz José, disse Jacó a Labão: Despede-me a fim de que eu vá para o meu lugar e para a minha terra.
26 Dá-me as minhas mulheres e os meus filhos, pelas quais te [e]servi, e partirei. Tu sabes o serviço que te prestei.
27 **L**abão lhe respondeu: Se tenho achado graça aos teus olhos, fica comigo. Tenho experimentado que o Senhor me abençoou por amor de [f]ti.
28 E disse mais: Determina-me o teu salário, que o darei a ti.
29 Disse-lhe Jacó: Tu sabes como te tenho servido e como cuidei do teu gado.
30 O pouco que tinhas antes da minha vinda foi aumentado grandemente, e o Senhor te tem

[r] Ele escuta
[s] Unido. Nm 18.2-4
[t] Louvor
[u] Comp. Gn 16.1,2
[v] Gn 50.19
[w] Luta
[x] Recompensa
[y] Morada
[z] Gn 34.1
[a] Juízo
[b] Gn 19.29; 1Sm 1.19
[c] Lc 1.25; comp. 1Sm 1.6
[d] Gn 35.16-18
[e] Gn 29.18-20
[f] Gn 26.24; 39.5

[1] (29.33) Heb. *shamá*.
[2] (29.34) Heb. *lawah*.
[3] (29.35) Heb. *hodah*.
[4] (30.6) *Ele julgou*.
[5] (30.8) Heb. *niftal*.
[6] (30.11) *Sorte*.
[7] (30.13) *Bem-aventurada*.
[8] (30.18) Heb. *sakar*.
[9] (30.20) Heb. *zabal*.
[10] (30.24) *Ele acrescenta*.

abençoado por meu trabalho. Agora, pois, quando hei de [g]trabalhar também por minha casa?

31 Perguntou-lhe Labão: Que te darei? Respondeu Jacó: Não me darás nada. Tornarei a apascentar e a guardar o teu rebanho se me fizeres isto:

32 Passarei hoje por todo o teu rebanho, [1]separando dele todos os salpicados e malhados, e todos os negros entre os cordeiros, e os malhados e salpicados entre as cabras. Esse será o meu [h]salário.

33 Assim responderá por mim a minha justiça no dia de amanhã, quando vieres ver o meu salário assim exposto diante de ti: tudo o que não for salpicado e malhado entre as cabras, e negro entre as ovelhas, esse, se for achado comigo, será tido por furtado.

34 Disse Labão: Concordo! Seja conforme a tua palavra.

35 E separou naquele mesmo dia os bodes listrados e [i]malhados, todas as cabras salpicadas e malhadas, tudo em que havia brancura, e todos os negros entre os cordeiros, e os deu nas mãos dos seus filhos.

36 Então pôs três dias de caminho entre si e Jacó; e Jacó apascentava o restante dos rebanhos de Labão.

37 Tomou então Jacó varas verdes de álamo, de amendoeira e de plátano e, descascando nelas riscas brancas, descobriu o branco que nelas havia.

38 Então pôs as varas, que tinha descascado, em frente dos rebanhos, nos canais de água e nos bebedouros, onde os rebanhos bebiam; e conceberam quando vinham beber.

39 E concebiam os rebanhos diante das varas, e as ovelhas davam crias listradas, salpicadas e malhadas.

40 Então separou Jacó os cordeiros e fez os rebanhos olharem para os listrados e para os pretos no rebanho de Labão; e pôs o seu rebanho à parte, e não o pôs com o rebanho de Labão.

41 Todas as vezes que as ovelhas fortes concebiam, punha Jacó as varas diante do rebanho, nos bebedouros, para que concebessem diante das varas.

42 Quando, porém, o rebanho era fraco, não as punha. Assim as fracas eram de Labão, e as fortes de Jacó.

43 E o homem [j]se enriqueceu sobremaneira; e teve [k]grandes rebanhos, servas e servos, camelos e jumentos.

[g] 1Tm 5.8
[h] Gn 31.8
[i] Gn 31.9-12
[j] v. 30
[k] Comp. Gn 26.14; 32.5
[l] Gn 28.15; 32.9
[m] Gn 46.4
[n] v. 2,3
[o] Gn 30.29
[p] v. 38-41; comp. Gn 30.29
[q] Gn 30.32
[r] v. 16
[s] Comp. v. 24; Gn 28.12,13; 37.5-7,10,11
[t] Anjo do Senhor: v. 11-13; Gn 48.16 (Gn 16.7; Jz 2.1, nota)
[u] 31.42
[v] Gn 28.16-22
[w] Gn 28.19; 35.1,6,15
[x] v. 3

Deus ordena a Jacó que volte a Betel

31 Então Jacó ouviu que os filhos de Labão estavam dizendo: Jacó tomou tudo o que nosso pai possuía, e do que pertencia a nosso pai fez ele todas estas riquezas.

2 Viu também Jacó que o rosto de Labão não lhe era favorável, como antes.

3 Disse o Senhor a Jacó: [l]Volta para a terra dos teus pais e para a tua parentela, e eu [m]serei contigo.

4 Então Jacó mandou chamar a Raquel e a Lia ao campo, onde estava o seu rebanho,

5 e lhes disse: Vejo que o rosto de vosso pai para comigo não é como antes, mas o Deus de meu pai [n]tem estado comigo.

6 Vós mesmas [o]sabeis que com todas as minhas forças tenho [p]servido a vosso pai;

7 mas vosso pai me tem enganado, e dez vezes mudou o meu salário. Porém Deus não permitiu que ele me fizesse mal.

8 Quando ele dizia: [q]Os salpicados serão o teu salário, então todo o rebanho dava salpicados. E, quando ele dizia: Os listrados serão o teu salário, então todo o rebanho dava listrados.

9 [r]Assim Deus tomou o gado de vosso pai, e deu-o a mim.

10 Chegado o tempo em que o rebanho concebia, levantei os olhos e num [s]sonho vi que os bodes que cobriam o rebanho eram listrados, salpicados e malhados.

11 Disse-me o [t]anjo de Deus no sonho: Jacó. Eu respondi: Eis-me aqui.

12 Prosseguiu o anjo: Levanta os teus olhos e vê que todos os bodes que cobrem o rebanho são listrados, salpicados e malhados, pois [u]vi tudo o que Labão te vem fazendo.

13 Eu sou o [v]Deus de [w]Betel, onde ungiste uma coluna, onde me fizeste um voto. Agora levanta-te, [x]sai desta terra e volta para a terra da tua parentela.

Fuga de Jacó

14 Então lhe responderam Raquel e Lia: Temos nós ainda parte ou herança na casa de nosso pai?

15 Não nos considera ele estrangeiras? Pois nos vendeu e consumiu tudo o que foi pago por nós.

16 Toda a riqueza que Deus tirou de nosso pai é nossa e de nossos filhos. Portanto, faze tudo o que Deus te ordenou.

17 Então se levantou Jacó, pôs os seus filhos e as suas mulheres sobre os camelos,

[1] (30.32) O que produziu o aumento na prole dos animais coloridos não foi o ardil de Jacó para influência pré-natal – que era sumamente dúbio –, mas o controle de Deus sobre o processo de reprodução, processo que se deu pelas leis da hereditariedade. Comp. Gn 31.11,12, onde o anjo de Deus mostrou a Jacó o que estava acontecendo: "Levanta os teus olhos e vê que todos os bodes que cobrem o rebanho são listrados, salpicados e malhados." No testemunho do próprio Jacó, há reconhecimento do ocorrido: "Deus tomou o gado de vosso pai" (31.9).

18 e levou todo o seu gado e todos os seus bens,
que havia adquirido em Padã-Arã, a fim de ir ter
com Isaque, seu pai, à terra de [y]Canaã.
19 Tendo Labão ido tosquiar as suas ovelhas,
Raquel furtou os ídolos do lar que perten-
ciam a seu pai.
20 E enganou Jacó a Labão, o arameu, não lhe
fazendo saber que fugia.
21 Assim fugiu com tudo o que tinha, e, pas-
sando o rio, foi em direção da montanha
de Gileade.
22 **N**o terceiro dia, foi anunciado a Labão que
Jacó tinha fugido.
23 Tomando consigo os seus irmãos, seguiu
a Jacó por sete dias e o alcançou na montanha
de Gileade.
24 Veio, porém, Deus a Labão, o arameu, num
[z]sonho de noite, e disse-lhe: Guarda-te, não fales
a Jacó nem bem nem mal.
25 **A**lcançou, pois, Labão a Jacó. Ora, Jacó tinha
armado a sua tenda naquela montanha; também
Labão armou com os seus irmãos a sua na mon-
tanha de Gileade.
26 Então disse Labão a Jacó: Que fizeste, que
me enganaste e levaste minhas filhas como cati-
vas pela espada?
27 Por que fugiste ocultamente, e me enga-
naste, e não me fizeste saber, para que eu te
despedisse com alegria e com cânticos, ao som
de tambores e de harpas?
28 Nem mesmo me permitiste beijar meus
filhos e minhas filhas. Fazendo assim, proce-
deste nesciamente.
29 Eu tenho o poder para vos fazer mal, mas
o Deus de vosso pai me falou ontem à noite,
dizendo: Guarda-te, não fales a Jacó nem
bem nem mal.
30 Ora, partiste de vez porque tinhas saudades
de voltar à casa de teu pai. Mas por que furtaste
os meus [1]deuses?
31 Respondeu Jacó a Labão: [a]Tive medo, porque
pensava que tu me arrebatarias as tuas filhas.
32 [b]Com quem achares os teus deuses, esse não
viva. Diante de nossos irmãos, descobre o que
é teu do que está comigo e leva-o contigo. Pois
Jacó não sabia que Raquel os tinha furtado.
33 **D**e modo que Labão entrou na tenda de Jacó,
na tenda de Lia, na tenda de ambas as servas, e

[y] Gn 17.8; 33.18
[z] Comp. v. 10; Gn 20.3; 46.2-4
[a] Gn 32.7,11; comp. 26.7
[b] Gn 44.9
[c] Êx 22.10-13
[d] Gn 29.20,28
[e] Gn 29.32
[f] Gn 26.28
[g] Gn 28.22; 35.14

não os achou. Saindo da tenda de Lia, entrou na
tenda de Raquel.
34 Ora, Raquel havia tomado os ídolos do lar e
os tinha metido na sela do camelo, e se assen-
tara sobre eles. Labão vasculhou toda a tenda,
mas não os achou.
35 Disse Raquel a seu pai: Não se acenda a ira
de meu senhor, por não poder eu levantar-me na
tua presença, pois estou com o incômodo das
mulheres. Assim ele procurou, mas não achou
os ídolos do lar.
36 **E**ntão irou-se Jacó e contendeu com Labão,
dizendo: Qual é a minha transgressão? Qual
é o meu pecado, que tão furiosamente me
tens perseguido?
37 Havendo vasculhado todos os meus utensí-
lios, o que achaste de todos os utensílios de tua
casa? Põe-nos aqui diante de meus irmãos e de
teus irmãos, para que julguem entre mim e ti.
38 Estes vinte anos eu estive contigo, as tuas
ovelhas e as tuas cabras nunca abortaram, e
nunca comi os carneiros do teu rebanho.
39 Não te trouxe eu o despedaçado; eu o [c]pa-
gava. Das minhas mãos requerias o furtado de
dia e o furtado de noite.
40 De maneira que eu andava, de dia consu-
mido pelo calor, de noite, pela geada, e o meu
sono me fugia dos olhos.
41 [d]Vinte anos permaneci na tua casa. Catorze
anos te servi por tuas duas filhas, e seis por teu
rebanho, e dez vezes mudaste o meu salário.
42 Se o Deus de meu pai, o Deus de Abraão,
e o Temor de Isaque não fora por mim, cer-
tamente hoje me enviarias vazio. Deus [e]viu a
minha aflição e o trabalho das minhas mãos e te
repreendeu ontem à noite.
43 **E**ntão respondeu Labão a Jacó: Estas filhas
são minhas filhas, e estes filhos são meus filhos,
e este rebanho é meu rebanho. Tudo o que vês é
meu. O que farei hoje a estas minhas filhas, ou
aos filhos que tiveram?
44 Agora, pois, vem, e façamos uma aliança [f]eu
e tu, e seja por testemunho entre mim e ti.
45 Então Jacó tomou uma [g]pedra e erigiu-a
por coluna.
46 Disse Jacó a seus irmãos: Ajuntai pedras.
Tomaram pedras e fizeram um montão, e come-
ram ali sobre aquele montão.

---

[1] (31.30) Este incidente foi um enigma por muito tempo. Por que Labão se preocupou tanto em recuperar as imagens que Raquel roubara (v. 19)? A fim de recuperá-las, ele realizou uma expedição longa e dispendiosa.

Escavações em Nuzi, na parte norte da Mesopotâmia, na região em que Labão vivia, mostram que a posse dos deuses domésticos de um sogro por parte de seu genro era legalmente aceita como prova da designação do genro como principal herdeiro. Isto não só explica a história, mas também prova que ela foi escrita num período em que os fatos eram tão conhecidos que não necessitavam de explicação. Não foi sem motivo que Jacó ficou tão indignado pela acusação que recebera (v. 36) nem que os dois homens estabeleceram fronteiras e prometeram não cruzá-las nem prejudicar um ao outro (v. 45-52). Jacó jamais fez uso indevido das imagens que Raquel roubou, mas ordenou que fossem enterradas em Siquém (35.2-4).

47 Chamou-lhe Labão [1]Jegar-Saaduta, e Jacó chamou-lhe [2]Galeede.

48 Disse Labão: Este montão seja hoje por testemunha entre mim e ti. Por isso foi chamado Galeede.

49 Foi também chamado [3]Mispa, porque disse: Atente o Senhor entre mim e ti, quando nós estivermos apartados um do [4]outro.

50 Se afligires as minhas filhas e se tomares mulheres além das minhas filhas, embora ninguém esteja conosco, lembra-te de que Deus é testemunha entre mim e ti.

51 **D**isse mais Labão a Jacó: Eis este mesmo montão, e eis esta coluna que levantei entre mim e ti.

52 Este montão seja testemunha, e esta coluna seja testemunha de que eu não passarei este montão para lá, e que tu não passarás este montão e esta coluna para cá, para mal.

53 O Deus de Abraão e o Deus de Naor, o Deus do pai deles julgue entre nós. E jurou Jacó pelo [h]Temor de seu pai Isaque.

54 E ofereceu Jacó um sacrifício na montanha e convidou seus irmãos para comer pão; comeram pão e passaram a noite na montanha.

55 **L**evantou-se Labão de madrugada, [i]beijou seus filhos e suas filhas e os abençoou. Então partiu e voltou para o seu lugar.

Jacó recebe o nome de Israel

32 Jacó também seguiu o seu caminho, e os [j]anjos de Deus o encontraram.

2 Quando Jacó os viu, disse: Este é o acampamento de Deus. E chamou àquele lugar [5][k]Maanaim.

3 **J**acó enviou mensageiros adiante de si a Esaú, seu irmão, à terra de Seir, território de [l]Edom.

4 Ordenou-lhes, dizendo: Assim direis a meu senhor Esaú: Assim diz Jacó, teu servo: Como peregrino morei com Labão e estive lá até agora.

5 Tenho bois e jumentos, ovelhas e bodes, servos e servas; envio esta mensagem a meu senhor, para achar graça aos teus olhos.

6 **O**s mensageiros voltaram a Jacó, dizendo: Fomos a teu irmão Esaú, e também ele vem a encontrar-te, e quatrocentos homens com ele.

7 Então Jacó [m]temeu muito e se angustiou, e repartiu em dois bandos o povo que com ele estava, e as ovelhas, os bois e os camelos.

8 Porque dizia: Se Esaú vier a um bando e o ferir, o outro bando escapará.

9 [n]**D**isse mais Jacó: Ó Deus de meu pai Abraão, e Deus de meu pai Isaque, ó Senhor, que me disseste: [o]Volta para a tua terra e para a tua parentela, e eu te farei bem;

10 sou indigno de todas as [p]beneficências e de toda a fidelidade que tens usado para com teu servo. Com o meu cajado passei este Jordão e agora me tornei em dois bandos.

11 Livra-me, peço-te, das mãos de meu irmão, das mãos de Esaú, pois eu o temo, para que não venha ele matar-me, e a mãe com os filhos.

12 Pois tu [q]disseste: Certamente te farei bem e farei a tua descendência como a [r]areia do mar, que, pela multidão, não se pode contar.

13 **E**le passou ali aquela noite e separou do que tinha um presente para seu irmão Esaú:

14 duzentas cabras e vinte bodes, duzentas ovelhas e vinte carneiros,

15 trinta camelas de leite com suas crias, quarenta vacas e dez touros, vinte jumentas e dez jumentinhos.

16 Ele os entregou ao cuidado dos seus servos, cada manada à parte, e disse aos servos: Passai adiante de mim e ponde espaço entre manada e manada.

17 Ordenou ao primeiro, dizendo: Quando Esaú, meu irmão, te encontrar e te perguntar: De quem és, para onde vais, de quem são estes diante de ti?

18 Responderás: São de teu servo Jacó, presente que envia a meu senhor, a Esaú, e ele mesmo vem vindo atrás de nós.

19 Ordenou também ao segundo, ao terceiro e a todos os que vinham atrás das manadas: Desta maneira falareis a Esaú, quando vos encontrardes com ele.

20 E direis também: O teu servo Jacó vem atrás de nós. Porque dizia: Eu o aplacarei com o presente, que vai diante de mim, e depois verei a sua face; porventura ele me aceitará.

21 Assim passou o presente adiante dele; ele, porém, ficou aquela noite no acampamento.

22 **N**aquela mesma noite Jacó se levantou e tomou suas duas mulheres, suas duas servas e seus onze filhos e passou o vau de [s]Jaboque.

23 Tomou-os e fê-los passar o ribeiro, e fez passar tudo o que tinha.

[h] v. 42
[i] Comp. Gn 29.11,13
[j] Veja Hb 1.4, nota
[k] Ou dois acampamentos: o visível, Jacó e seus servos; o invisível, os anjos de Deus. Comp. 2Rs 6.13-17
[l] A região de Esaú. Gn 25.30. Veja Gn 36.1, nota
[m] Gn 31.31; 35.3
[n] Orações da Bíblia (AT): v. 9-12; Êx 32.11 (Gn 15.2; Hc 3.1)
[o] Gn 31.3,13; 35.6
[p] Gn 24.7
[q] Gn 28.13-15
[r] Gn 22.17
[s] Nm 21.24

---

[1] (31.47) Aram. *Montão do testemunho.*
[2] (31.47) Heb. *Montão do testemunho.*
[3] (31.49) *Atalaia, torre de vigia.*
[4] (31.49) Frequentemente usadas incorretamente como se fossem uma bênção, em seu contexto original essas palavras constituíam, antes, uma maldição. Labão e Jacó desconfiavam um do outro. Ao partir, Jacó levantou um montão de pedras como testemunho de sua aliança com Labão, e Labão disse que as pedras serviriam de lembrete de que Deus vigiaria o modo pelo qual Jacó iria tratar Lia e Raquel no futuro.
[5] (32.2) Entende-se aqui *dois acampamentos.*

24 Jacó, porém, ficou só. [t]E [u]lutou com ele um homem até o romper do dia.

25 Quando o homem viu que não prevalecia contra ele, tocou-lhe a articulação da coxa, e se deslocou a articulação da coxa de Jacó, enquanto lutava com ele.

26 Então o homem disse: Deixa-me ir, pois já rompeu o dia. Porém Jacó respondeu: Não te deixarei ir, se não me abençoares.

27 Perguntou-lhe o homem: Qual é o teu nome? E Jacó respondeu: Jacó.

28 Então o homem disse: Não te chamarás mais [v]Jacó, mas [1][w]Israel, porque lutaste com Deus e com os homens e prevaleceste.

29 Perguntou-lhe Jacó: Dize-me, peço-te, o teu nome. Mas o homem respondeu: Por que perguntas pelo meu nome? E ali o [x]abençoou.

30 Jacó chamou àquele lugar [2]Peniel, pois disse: [y]Vi a Deus face a face, e a minha vida foi poupada.

31 Saía o sol quando ele transpôs Peniel; e manquejava de uma coxa.

32 Por isso, os filhos de Israel até hoje não comem o nervo do quadril, que está sobre a articulação da coxa, porque o homem tocou a articulação da coxa de Jacó no nervo do quadril.

Jacó se humilha e é perdoado por Esaú

33 Levantou Jacó os olhos e olhou, e viu que vinha Esaú, e com ele quatrocentos homens. Então repartiu os filhos entre Lia, Raquel e as duas servas.

2 Pôs as servas e seus filhos na frente, Lia e seus filhos atrás destes, e Raquel e José por último.

3 Ele mesmo passou adiante deles e inclinou-se à terra sete vezes, até que chegou a seu irmão.

4 Então Esaú correu-lhe ao encontro, abraçou-o, lançou-se ao pescoço dele e o beijou. E eles choraram.

5 Depois Esaú levantou os olhos e viu as mulheres e os meninos, e perguntou: Quem são estes contigo? E ele respondeu: Os filhos que Deus bondosamente deu a teu servo.

6 Então chegaram-se as servas, elas e seus filhos, e se inclinaram.

[t] Crises de Jacó. Comp. Js 5.13-15; Jó 42.5,6; Is 6.1-8; Jr 1.4-9; Ez 1.28; 2.1-7; Dn 10.1-12; At 9.1-6; Ap 1.13-18
[u] Os 12.2-4
[v] Ambos os nomes, Jacó e Israel, se aplicam à nação que descende de Jacó
[w] O que luta com Deus ou Deus luta ou Deus governa
[x] Gn 35.9
[y] Is 6.5; veja Jo 1.18, nota; comp. Gn 12.7, nota
[z] Gn 32.5
[a] Êx 33.19
[b] Gn 32.3; 36.8
[c] Gn 12.6; 35.4. Veja Sl 60.6, nota
[d] Js 24.32. Veja At 7.16, nota

7 Chegaram-se também Lia e seus filhos e se inclinaram; depois chegaram José e Raquel e se inclinaram.

8 Perguntou Esaú: Que queres dizer com todo este bando que encontrei? Respondeu Jacó: Para [z]achar graça aos olhos de meu senhor.

9 Então, disse Esaú: Eu tenho bastante, meu irmão; seja teu o que tens.

10 Então disse Jacó: Não, se agora achei graça aos teus olhos, peço-te que aceites o meu presente, porque vi o teu rosto, como se tivesse visto o rosto de Deus, e te agradaste de mim.

11 Aceita, peço-te, o presente que eu te trouxe, pois Deus tem sido [a]bondoso para comigo, e tenho de tudo. E insistiu com ele, e ele o aceitou.

12 Então disse Esaú: Ponhamo-nos a caminho, e vamos; eu irei adiante de ti.

13 Respondeu-lhe Jacó: Meu senhor sabe que estes filhos são tenros, e que tenho comigo ovelhas e vacas de leite; se forçadas a caminhar demais um só dia, todos os rebanhos morrerão.

14 Passe o meu senhor adiante de seu servo, e eu seguirei, conduzindo-os pouco a pouco, conforme o passo do gado que está diante de mim, e conforme o passo dos meninos, [3]até que chegue a meu senhor em [b]Seir.

15 Respondeu Esaú: Então permite-me deixar contigo alguns dos meus homens. Perguntou Jacó: Para quê? Basta que eu ache graça aos olhos de meu senhor.

16 Assim tornou Esaú aquele dia pelo seu caminho a Seir.

Jacó adora a Deus

17 Jacó, porém, partiu para Sucote, edificou para si uma casa e fez abrigos para o seu gado. Por isso chamou àquele lugar [4]Sucote.

18 Depois que voltou de Padã-Arã, Jacó chegou são e salvo à cidade de [c]Siquém, que está na terra de Canaã, e se acampou diante da cidade.

19 Por [5]cem peças de prata ele [d]comprou dos filhos de Hamor, pai de Siquém, a parte do campo em que estendera a sua tenda.

---

[1] (32.28) *O que luta com Deus.* Os dois nomes são aplicados à nação que descendeu de Jacó. "Jacó" é o nome da posteridade natural de Abraão, Isaque e Jacó; "Israel" refere-se à parte espiritual da nação. Veja, p. ex., Is 9.8: A "palavra" foi enviada a todo o povo, "Jacó", mas "caiu em Israel", i.e., foi compreendida pela parte espiritual do povo. Veja "Israel" (Gn 12.2,3; Rm 11.26, Resumo).

[2] (32.30) *A face de Deus.* O conceito de ver a face de Deus nem sempre é o mesmo nas Escrituras. Em Êx 33.20, Deus disse a Moisés: "Não poderás ver a minha face, pois homem nenhum pode ver a minha face e viver", mas, nessa ocasião, Deus se revelou a Moisés por meio de uma manifestação de sua glória. Quando Jacó disse que tinha visto Deus face a face, simplesmente quis dizer que tinha visto um Ser divino, o Anjo do Senhor, não que tivesse visto Deus em todo o resplendor de sua glória, algo que nenhum homem pode contemplar, assim como não podemos olhar para o sol sem que nos cegue. Tudo o que essas passagens dão a entender culmina quando o homem contempla a glória de Deus na face de Jesus Cristo (comp. Sl 27.8; 2Co 4.6; veja Gn 12.7; Jo 1.18).

[3] (33.14) A mudança de nome de Jacó para Israel não mudou completamente este homem. Às vezes, "Jacó" reaparecia e tomava o controle da vida de "Israel", o novo homem. Comp. Gn 35.1-10, onde o modo de andar está de acordo com o novo nome.

[4] (33.17) *Cabanas.*

[5] (33.19) Heb. cem *quesitas*, quantidade de metal de valor hoje desconhecido.

20 Então levantou ali um altar e lhe chamou "[1]Deus, o Deus de Israel".

Pecado na família de Jacó

34 **O**ra, [e]Diná, filha de Lia, que esta dera a Jacó, saiu para ver as filhas da terra.

2 Quando Siquém, filho do heveu Hamor, príncipe da terra, a viu, tomou-a, deitou-se com ela e a humilhou.

3 Seu coração se apegou a Diná, filha de Jacó, e amou a moça, e falou-lhe afetuosamente.

4 Então disse Siquém a Hamor, seu pai: Consegue-me esta moça por esposa.

5 Quando Jacó ouviu que sua filha Diná fora violada por Siquém, estavam os seus filhos no campo com o gado; calou-se Jacó até que viessem.

6 E saiu Hamor, pai de Siquém, a fim de falar com Jacó.

7 Ora, os filhos de Jacó tinham vindo do campo assim que souberam do caso. Entristeceram-se e iraram-se muito, pois Siquém havia cometido uma [f]insensatez em Israel, deitando-se com a filha de Jacó, o que não se devia fazer.

8 **E**ntão falou Hamor com eles, dizendo: A alma de Siquém, meu filho, está enamorada da vossa filha; dai-a a ele, peço-vos, por esposa.

9 Aparentai-vos conosco, dai-nos as vossas filhas e tomai as nossas.

10 Habitareis conosco; a terra estará diante de vós. Habitai e negociai nela, e nela adquiri propriedades.

11 Então Siquém disse ao pai e aos irmãos dela: Ache eu graça aos vossos olhos e darei o que me disserdes.

12 Aumentai quanto quiserem o valor do dote e os presentes, e darei o que me pedirdes. Somente dai-me a moça por esposa.

13 **E**ntão responderam os filhos de Jacó a Siquém e a Hamor, seu pai, enganosamente, porque [g]havia contaminado a Diná, sua irmã,

14 e lhes disseram: Não podemos fazer isso, dar a nossa irmã a um homem [h]incircunciso. Isso seria uma [i]vergonha para nós.

15 Sob uma única condição consentiremos: se vos tornardes como nós, circuncidando-se todo macho entre vós.

16 Então vos daremos as nossas filhas e tomaremos as vossas; habitaremos convosco e seremos um só povo.

17 Se, porém, não nos ouvirdes e não vos circuncidardes, tomaremos a nossa filha e iremos embora.

18 **E** suas palavras agradaram a Hamor e a Siquém, seu filho.

19 Não tardou o moço em fazer isso, porque se agradava da filha de Jacó e era o mais honrado de toda a casa de seu pai.

20 Vieram, pois, Hamor e Siquém, seu filho, à [j]porta da sua cidade e falaram aos homens da cidade, dizendo:

21 Estes homens são pacíficos para conosco. Portanto habitem na terra e negociem nela, pois é bastante espaçosa para eles. Recebamos as suas filhas por mulheres e lhes demos as nossas.

22 Somente, porém, consentirão aqueles homens em habitar conosco, para que sejamos um só povo, se todo macho entre nós se circuncidar, como eles são circuncidados.

23 O seu gado, as suas propriedades e todos os seus animais não serão nossos? Concordemos, pois, com eles, e habitarão conosco.

24 Deram ouvidos a Hamor e a Siquém, seu filho, todos os que saíam da porta da cidade, e todo homem foi circuncidado, dos que saíam pela porta da sua cidade.

25 **T**rês dias mais tarde, quando os homens estavam doloridos, dois filhos de Jacó, [k]Simeão e [l]Levi, irmãos de Diná, tomaram cada um a sua espada, entraram inesperadamente na cidade e mataram todos os homens.

26 [m]Mataram também a fio de espada a Hamor e a seu filho, Siquém, e tomaram a Diná da casa de Siquém e saíram.

27 Vieram os filhos de Jacó aos mortos e saquearam a cidade, porque haviam violentado a sua irmã.

28 Tomaram deles os seus rebanhos, os bois, os jumentos e o que havia tanto na cidade como no campo.

29 Todos os seus bens, e todos os seus meninos, e as suas mulheres levaram cativos e pilharam tudo o que havia nas casas.

30 Então disse Jacó a Simeão e a Levi: Tendes-me perturbado, fazendo-me odioso aos habitantes da terra, aos cananeus e ferezeus. Nós somos pouca gente, e, se eles se ajuntarem e vierem contra mim, serei destruído, eu e minha casa.

31 Ao que responderam: Devia ele tratar a nossa irmã como uma prostituta?

[e] Gn 30.21
[f] Dt 22.21
[g] Êx 8.29; comp. Gn 31.7
[h] Êx 12.48
[i] Js 5.2-9
[j] Gn 19.1; 23.10; Rt 4.1,11
[k] Gn 29.33; 42.24
[l] Gn 29.34
[m] Gn 49.5,6

[1] (33.20) Este foi um ato de fé por parte de Jacó. Ao chamar o altar de *Deus, o Deus de Israel* (El-Eloi-Israel), ele não apenas se apropriou do seu novo nome, mas também se relacionou com *Eloim* de maneira nova, como o único Deus por meio do qual ele podia andar de acordo com este novo nome. Veja Gn 14.18-23 (com v. 20, *nota*) onde se observa que Abraão fez algo similar.

Jacó retorna a Betel: comunhão restaurada

35 Então [1]disse Deus a Jacó: Levanta-te, sobe a [n]Betel e habita ali; e faze ali um altar ao Deus que te apareceu quando fugias da presença de Esaú, teu irmão.

2 Então disse Jacó à sua família e a todos os que com ele estavam: [o]Lançai fora os deuses estranhos que há no meio de vós, purificai-vos e trocai as vossas vestes.

3 Levantemo-nos e subamos a Betel, onde farei um altar ao Deus que me respondeu no dia da minha angústia e que foi [p]comigo no caminho por onde andei.

4 Então deram a Jacó todos os deuses estranhos que tinham nas mãos e as argolas que lhes pendiam das orelhas; e Jacó os escondeu debaixo do carvalho que está junto a Siquém.

5 **E**ntão partiram, e o terror de Deus caiu sobre as cidades que estavam ao redor deles, e não seguiram aos filhos de Jacó.

6 **A**ssim chegou Jacó a [q]Luz, que está na terra de Canaã (isto é, Betel), ele e todo o povo que com ele havia.

7 Edificou ali um [r]altar e chamou àquele lugar [2]El-Betel, porque ali Deus se lhe tinha manifestado quando fugia de seu irmão.

8 Morreu Débora, a ama de Rebeca, e foi sepultada ao pé de Betel, debaixo do carvalho que se chamou [3]Alom-Bacute.

9 **D**epois que Jacó voltou de Padã-Arã, Deus lhe [s]apareceu de novo e o [t]abençoou.

[n] Gn 28.19; 31.13
[o] Êx 23.24
[p] Gn 28.20
[q] Gn 28.19; 48.3
[r] Gn 33.20
[s] Teofanias: v .9-13; Js 5.13 (Gn 12.7, nota; Dn 10.5)
[t] Gn 32.29
[u] Gn 32.28
[v] Divindade (nomes da): v. 11; Êx 3.14 (Gn 1.1; Ml 3.18)
[w] Gn 9.1,7
[x] Israel (aliança): v. 11,12; Gn 37.13 (Gn 12.2; Rm 11.26)
[y] Gn 17.6
[z] Gn 28.13; 48.4
[a] Gn 31.13,45
[b] Comp. Gn 30.24
[c] Gn 48.7

10 Disse-lhe Deus: O teu nome é Jacó, mas não te chamarás mais Jacó; Israel será o [u]teu nome. E lhe chamou Israel.

11 Disse-lhe mais Deus: Eu sou o [v]Deus Todo-poderoso; [w]frutifica e multiplica-te. Uma [x]nação, sim, uma [y]multidão de nações sairá de ti, e reis procederão dos teus lombos.

12 E te darei a [z]terra que dei a Abraão e a Isaque, a ti a darei; também à tua descendência, depois de ti, a darei.

13 Então Deus se retirou dele, do lugar onde lhe falara.

14 Jacó erigiu uma [a]coluna de pedra no lugar onde Deus lhe falara e derramou sobre ela uma [4]libação; deitou-lhe também azeite.

15 Jacó chamou Betel ao lugar onde Deus lhe falara.

O nascimento de Benjamim e a morte de Raquel

16 **P**artiram de Betel e, havendo ainda pequena distância para chegar a Efrata, Raquel deu à luz um filho, cujo nascimento lhe foi penoso.

17 Tendo ela trabalho em seu parto, disse-lhe a parteira: Não temas, pois [b]também este filho terás.

18 Ao sair-lhe a alma (porque morreu), chamou-lhe [5]Benoni. Mas seu pai lhe chamou [6][c]Benjamim.

19 Assim morreu Raquel e foi sepultada no caminho de Efrata (isto é, [7]Belém).

---

[1] (35.1) Este é o primeiro avivamento registrado na Bíblia e tem praticamente todos os aspectos que se destacam de muitos avivamentos subsequentes descritos no AT. Esses aspectos são: 1) como aqui, o avivamento é frequentemente precedido de um período de manifesta iniquidade, opróbrio e o consequente medo (34.30,31); 2) inicia-se com uma palavra de Deus, direta ou por meio de um líder consagrado – "Disse Deus"; 3) é preciso abandonar tudo o que desagrada a Deus: "Lançai fora os deuses estranhos que há no meio de vós, purificai-vos" (v. 2); 4) há um correspondente retorno à obediência à vontade revelada de Deus: "Subamos a Betel, onde farei um altar"; 5) lembrança das bênçãos passadas: "Deus que te apareceu quando fugias [...] que me respondeu no dia da minha angústia"; 6) aqueles que sinceramente querem servir ao Senhor recebem certeza da proteção divina em relação aos seus inimigos: "não seguiram aos filhos de Jacó"; 7) o avivamento vem acompanhado por uma nova revelação do caráter de Deus (v. 11); 8) as promessas de Deus são renovadas e é dada uma revelação da possibilidade de uma vida espiritual mais elevada (v. 10,11); 9) o avivamento pode ter sido o preparativo de Deus para uma prova ou aflição futuras, como aconteceu aqui com a morte de Raquel (v. 16-20); e 10) avivamentos posteriores no AT quase sempre foram marcados por uma volta à oferta de sacrifícios com sangue. Outros avivamentos do AT: sob o rei Asa (2Cr 15.1-15), sob o rei Joás (2Rs 11–12; 2Cr 23–24), sob o rei Ezequias (2Rs 18.4-7 e, especialmente, 2Cr 29–31), sob o rei Josias (2Rs 22–23; 2Cr 34–35), em Nínive (Jn 3), no tempo de Zorobabel (Ed 5–6) e sob Neemias (Ne 8–9; 13.1-6).

[2] (35.7) *O Deus de Betel*. Comp. Gn 28.19, em que foi o lugar, como cenário da visão da escada, que impressionou Jacó. Ele chamou o lugar de "Betel", *a casa de Deus*. Agora, o que o impressiona não é tanto o lugar, mas o Deus do lugar, e ele o chama de "El-Betel", i.e., *o Deus da casa de Deus*. Veja Gn 33.20, *nota*.

[3] (35.8) *Carvalho das lágrimas*.

[4] (35.14) A primeira menção de uma libação (oferta ritual de um líquido). Não se encontra entre as ofertas levíticas de Lv 1–7, embora fosse incluída nas instruções para os sacrifícios na terra de Canaã (Nm 15.5-7). Sempre era derramada, nunca bebida, e pode ser considerada como um tipo de Cristo no sentido apresentado em Sl 22.14; Is 53.12.

[5] (35.18) *Filho de minha tristeza*.

[6] (35.18) *Filho da mão direita*. Benoni (*filho de minha tristeza*) para sua mãe, mas Benjamim (*filho da mão direita*) para o pai, ilustra dois aspectos de Cristo. Como Benoni, ele foi o Messias sofredor, por cuja causa uma espada atravessou o coração de sua mãe (Lc 2.35); como Benjamim, chefe da tribo guerreira (Gn 49.27) e firmemente unido a Judá, a tribo do rei (Gn 49.8-12; 1Rs 12.21), ele é o Messias vitorioso.

[7] (35.19) Esta é a primeira referência a Belém na Bíblia. A palavra significa *casa do pão*. Nessa cidade, nasceu nosso Senhor, aparecendo em carne, a qual daria pela vida do mundo. É a cidade da maternidade, mas maternidade em relação à morte como é mostrado

20 Sobre a sepultura de Raquel erigiu Jacó uma coluna, e até o dia hoje essa coluna marca a sepultura de Raquel.

21 Então partiu Israel e armou a sua tenda além de Migdal-Eder.

22 Enquanto Israel habitava nessa região, [d]Rúben foi e se deitou com Bila, concubina de seu pai, e Israel o soube. Eram doze os [1]filhos de Jacó:

23 **O**s filhos de Lia: Rúben, o primogênito de Jacó, depois Simeão, Levi, Judá, Issacar e Zebulom.

24 Os filhos de Raquel: José e Benjamim.

25 Os filhos de Bila, serva de Raquel: Dã e Naftali.

26 Os filhos de Zilpa, serva de Lia: Gade e Aser. Foram estes os filhos de Jacó, que lhe nasceram em Padã-Arã.

Jacó retorna para Isaque; Isaque morre

27 **J**acó veio a seu pai Isaque a Manre, a Quiriate-Arba (esta é Hebrom), onde peregrinaram Abraão e Isaque.

28 Foram os dias de Isaque cento e oitenta anos.

29 Então expirou Isaque e [2]morreu, e foi reunido ao seu povo, velho e cheio de dias. E Esaú e Jacó, seus filhos, o sepultaram.

Os descendentes de Esaú

36 São estas as [e]gerações de Esaú (que é [3]Edom).

2 Esaú tomou suas mulheres dentre as filhas de Canaã: Ada, filha de Elom, [f]heteu, Oolíbama, filha de Aná, filho de Zibeão, heveu,

3 e Basemate, filha de Ismael, irmã de Nebaiote.

4 Ada teve de Esaú a Elifaz, Basemate teve a Reuel,

5 e Oolíbama teve a Jeús, a Jalão e a Coré. Foram estes os filhos de Esaú, que lhe nasceram na terra de Canaã.

6 **T**omou Esaú suas mulheres, seus filhos, suas filhas e todas as pessoas de sua casa, seu gado, todos os seus animais e todos os seus bens, que havia adquirido na terra de Canaã, e foi-se para outra terra, apartando-se de seu irmão Jacó.

7 Os bens deles eram muitos para habitarem juntos; a terra de suas peregrinações não os podia sustentar por causa do seu gado.

8 Portanto Esaú (isto é, Edom) habitou no monte de Seir.

9 **S**ão estas as gerações de Esaú, pai dos idumeus, no monte de Seir:

10 São estes os nomes dos filhos de Esaú: Elifaz, filho de Ada, mulher de Esaú, e Reuel, filho de Basemate, mulher de Esaú.

11 Os filhos de Elifaz: Temã, Omar, Zefô, Gaetã e Quenaz.

12 Timna era concubina de Elifaz, filho de Esaú, e teve de Elifaz a [g]Amaleque. Foram estes os filhos de Ada, mulher de Esaú.

13 Os filhos de Reuel: Naate, Zerá, Samá e Mizá. Foram estes os filhos de Basemate, mulher de Esaú.

14 Os filhos de Oolíbama, filha de Aná, filha de Zibeão, mulher de Esaú, que ela deu a Esaú: Jeús, Jalão e Coré.

15 **S**ão estes os chefes dos filhos de Esaú: dos filhos de Elifaz, o primogênito de Esaú, os chefes Temã, Omar, Zefô, Quenaz,

16 Coré, Gaetã e Amaleque. Foram estes os chefes de Elifaz na terra de Edom; foram filhos de Ada.

17 São estes os filhos de Reuel, filho de Esaú: os chefes Naate, Zerá, Samá e Mizá. Foram estes os chefes de Reuel, na terra de Edom; foram filhos de Basemate, mulher de Esaú.

18 São estes os filhos de Oolíbama, mulher de Esaú: os chefes Jeús, Jalão e Coré. Foram estes os chefes que nasceram a Oolíbama, filha de Aná, mulher de Esaú.

19 Foram estes os filhos de Esaú (isto é, Edom), e foram estes os seus chefes.

20 **S**ão estes os filhos de Seir, o [4]horeu, moradores da terra: Lotã, Sobal, Zibeão, Aná,

[d] Gn 49.3,4
[e] v. 9; Gn 25.19; 37.2
[f] Veja 2Rs 7.6, nota
[g] Êx 17.8-14; 1Sm 15.1-33

aqui (Mt 2.16-18; Lc 2.34,35). Belém nunca é mencionada no NT como lugar de algum acontecimento no ministério de nosso Senhor ou na Igreja do primeiro século. Jamais houve dúvida quanto à localização de Belém, que fica cerca de oito quilômetros ao sul de Jerusalém.

[1] (35.22) Esta é a primeira lista completa dos doze filhos de Jacó, cujos nascimentos foram descritos nos capítulos precedentes. Deles vieram as doze tribos de Israel, e a bênção para as tribos foi dada a cada um respectivamente quando Jacó estava próximo à morte (Gn 49). Os nomes reaparecem nas genealogias de 1Cr 1 e 2. Como nome de tribos, são relacionados em sete diferentes ocasiões em Números e aparecem novamente na bênção de Moisés (Dt 33), na divisão da terra (Js 15), em outras passagens do AT e, por fim, como as doze tribos seladas de Ap 7.4-8. A ordem em que os nomes aparecem varia.

[2] (35.29) Como Isaque estava errado quanto à ocasião de sua morte! Veja Gn 27.2. Ele viveu ainda 43 anos depois do incidente do cap. 27, e 25 anos após Jacó retornar de Padã-Arã (35.26,27). Jacó havia ficado fora vinte anos (31.41).

[3] (36.1) Edom (chamado "Seir", Gn 32.3; 36.8) é o nome do país ao sul do antigo reino de Judá, estendendo-se do mar Morto até o golfo de Ácaba. Inclui as ruínas de Petra e limita-se ao norte com Moabe. Povoado pelos descendentes de Esaú (Gn 36.1-19), Edom tem lugar proeminente na Palavra profética (junto com Moabe) como o cenário da destruição final do poder mundial dos gentios no Dia do Senhor. Veja Armagedom (Ap 16.13-16; 19.17-21) e "tempos dos gentios" (Lc 21.24; Ap 16.19). Comp. Sl 137.7; Is 34.1-8; 63.1-6; Jr 49.17-22; Ez 25.12-14; Ob 1-21.

[4] (36.20) Os horeus permaneceram completamente esquecidos por milhares de anos. Agora descobriu-se que eram um grande povo estabelecido na parte norte da Mesopotâmia, na Síria e na Palestina, antes de 2000 a.C. Nas escavações, milhares de "tabuinhas" contendo documentos comerciais e de outros tipos foram recuperadas.

21 Disom, Eser e Disã. São estes os chefes dos horeus, filhos de Seir, na terra de Edom.

22 Os filhos de Lotã: Hori e Hemã. A irmã de Lotã era Timna.

23 São estes os filhos de Sobal: Alvã, Manaate, Ebal, Sefô e Onã.

24 São estes os filhos de Zibeão: Aiá e Aná. Este é o Aná que achou as fontes termais no deserto, quando apascentava os jumentos de Zibeão, seu pai.

25 São estes os filhos de Aná: Disom e Oolíbama, filha de Aná.

26 São estes os filhos de Disã: Hendã, Esbã, Itrã e Querã.

27 São estes os filhos de Eser: Bilã, Zaavã e Acã.

28 São estes os filhos de Disã: [h]Uz e Arã.

29 São estes os chefes dos horeus: os chefes Lotã, Sobal, Zibeão, Aná,

30 Disom, Eser e Disã. Foram estes os chefes dos horeus segundo as suas divisões na terra de Seir.

31 **F**oram estes os [1][i]reis que reinaram na terra de Edom, antes que reinasse rei algum sobre os filhos de Israel.

32 Belá, filho de Beor, reinou em Edom, e o nome da sua cidade era Dinabá.

33 Morreu Belá, e Jobabe, filho de Zerá de Bozra, reinou em seu lugar.

34 Morreu Jobabe, e Husão, da terra dos temanitas, reinou em seu lugar.

35 Morreu Husão, e em seu lugar reinou Hadade, filho de Bedade, o que feriu Midiã no campo de Moabe. O nome da sua cidade era Avite.

36 Morreu Hadade, e Samlá de Masreca reinou em seu lugar.

37 Morreu Samlá, e Saul de Reobote do rio reinou em seu lugar.

38 Morreu Saul, e Baal-Hanã, filho de Acbor, reinou em seu lugar.

39 Morreu Baal-Hanã, filho de Acbor, e Hadar reinou em seu lugar. O nome da sua cidade era Pau, e o nome da sua mulher era Meetabel, filha de Matrede, filha de Me-Zaabe.

[h] Jó 1.1
[i] Gn 17.6
[j] Gn 44.20
[k] 1Sm 2.19
[l] Uma túnica, sinal de uma honra especial. Jz 5.30
[m] Gn 27.41; comp. Jo 15.18-20
[n] v. 9,10; comp. Gn 40.5-23
[o] Gn 42.6; 44.14; comp. Fp 2.10
[p] Comp. Jo 19.15

40 **S**ão estes os nomes dos chefes de Esaú, segundo as suas famílias, segundo as suas regiões, pelos seus nomes: os chefes Timna, Alva, Jetete,

41 Oolíbama, Elá, Pinom,

42 Quenaz, Temã, Mibzar,

43 Magdiel e Irã. Foram estes os chefes de Edom, segundo as suas habitações na terra da sua possessão. Este é Esaú, pai dos idumeus.

História de Jacó — continuação

37 Jacó habitou na terra das peregrinações de seu pai, na terra de Canaã.

José, o amado de seu pai

2 Esta é a história de Jacó. Sendo [2]José de dezessete anos, apascentava os rebanhos com seus irmãos; sendo ainda jovem, andava com os filhos de Bila e com os filhos de Zilpa, mulheres de seu pai; e trazia más notícias deles a seu pai.

3 Israel amava a José mais do que a todos os seus outros filhos, porque [j]era filho da sua velhice; e [k]fez-lhe uma [l]túnica de várias cores.

4 Vendo seus irmãos que seu pai o amava mais do que a todos os outros filhos, [m]odiaram-no e já não podiam falar com ele pacificamente.

5 José teve um sonho e o contou a seus irmãos; por isso o odiaram ainda mais.

6 Pois lhes disse: Ouvi, peço-vos, este [n]sonho que tive:

7 Estávamos atando feixes no campo, e eis que o meu feixe, levantando-se, ficou de pé; e os vossos feixes o rodeavam e se [o]inclinavam ao meu feixe.

José é odiado e rejeitado por seus irmãos

8 Então lhe disseram seus irmãos: Tu deveras reinarás sobre nós? Tu deveras terás [p]domínio sobre nós? Por isso, tanto mais o odiavam por causa dos seus sonhos e das suas palavras.

9 Teve ainda outro sonho e o contou a seus irmãos, dizendo: Tive outro sonho; e eis que o sol, a lua e onze estrelas se inclinavam perante mim.

---

[1] (36.31) É característico das Escrituras que os reis de Edom sejam citados antes de os reis de Israel. A declaração deste princípio está em 1Co 15.46. Em primeiro lugar, está o "natural", o melhor que o homem tem e que sempre falha; em seguida, vêm as coisas espirituais, as coisas de Deus, que triunfam. Assim, temos: Adão – Cristo; Caim – Abel; a posteridade de Caim – a posteridade de Sete; Saul – Davi etc.

A menção dos reis neste momento, uma vez que Israel não teve reis até o período de Saul (1Sm 10), tem sido usada por alguns como argumento contra a paternidade literária de Moisés. A resposta à objeção se encontra em Gn 17.6,16, onde a Abraão e a Sara já havia sido feita a promessa de que haveria reis entre seus descendentes.

[2] (37.2) Embora em parte alguma seja afirmado que José foi um tipo de Cristo, as muitas analogias que existem são significativas: 1) ambos foram objeto especial do amor de um pai (v. 3; Mt 3.17; Jo 3.35; 5.20); 2) ambos foram odiados por seus irmãos (Gn 37.4; Jo 15.25); 3) as declarações de superioridade de ambos foram rejeitadas por seus irmãos (Gn 37.8; Mt 21.37-39; Jo 15.24,25); 4) os irmãos de ambos conspiraram contra eles para matá-los (Gn 37.18; Mt 26.3,4); 5) tanto em intenção como simbolicamente, José foi morto por seus irmãos, assim como ocorreu com Cristo – em relação a Cristo, a referência é a seus irmãos de raça – (Gn 37.24; Mt 27.35-37); 6) ambos foram uma bênção entre os gentios e ganharam uma esposa (Gn 41.1-45; At 15.14; Ef 5.25-32); e 7) assim como José reconciliou-se com os seus irmãos e depois os exaltou, assim será com Cristo e seus irmãos judeus (Gn 45.1-15; Dt 30.1-10; Os 2.14-18; Rm 11.1,15,25,26).

10 Quando o contou a seu pai e a seus irmãos, repreendeu-o seu pai, dizendo: Que sonho é esse que tiveste? Viremos, eu e tua mãe e teus irmãos, a inclinar-nos em terra perante ti?

11 Seus irmãos, pois, o [q]invejavam; seu pai, porém, guardava este caso no coração.

12 **O**ra, seus irmãos foram apascentar o rebanho de seu pai em Siquém.

13 [r]Disse Israel a José: Não apascentam os teus irmãos em Siquém? Vem, e te enviarei a eles. Respondeu-lhe José: Eis-me aqui.

14 Disse-lhe Israel: Vai, vê se vão bem os teus irmãos e o rebanho; e traze-me notícias. Assim o [s]enviou do vale de Hebrom; e José foi a Siquém.

15 Um homem encontrou a José, que andava errante pelo campo, e lhe perguntou: Que procuras?

16 Respondeu ele: Procuro meus irmãos; dize-me, peço-te, onde apascentam eles o rebanho.

17 Disse o homem: Foram-se daqui, pois ouvi-os dizer: Vamos a Dotã. Então, José seguiu atrás de seus irmãos e os achou em [t]Dotã.

18 Eles o viram de longe e, antes que chegasse onde estavam, [u]conspiraram contra ele, para o matarem.

19 Disseram uns aos outros: Lá vem o sonhador!

José é lançado em uma cisterna

20 Vinde agora, matemo-lo e lancemo-lo numa destas cisternas, e diremos: Um animal selvagem o devorou. Veremos, então, que será dos seus sonhos.

21 Rúben, porém, ouvindo isso, livrou-o das mãos deles, dizendo: Não lhe tiremos a vida.

22 Também lhes disse: Não derrameis sangue. Lançai-o nesta cisterna aqui no deserto, e não lanceis mão nele. Disse isso para livrá-lo das mãos deles, a fim de restituí-lo a seu pai.

23 Chegando José a seus irmãos, estes o [v]despiram da sua [w]túnica, a túnica de várias cores, que ele estava usando;

24 e, tomando-o, lançaram-no na cisterna. Ora, a cisterna estava vazia, não havia água nela.

25 **Q**uando se assentaram para comer, levantaram os olhos e viram que uma caravana de ismaelitas vinha de Gileade; nos seus camelos traziam especiarias, bálsamo e mirra, que levavam para o Egito.

José é vendido pelos seus irmãos

26 Então Judá disse a seus irmãos: Que proveito teremos em matar a nosso irmão e encobrir o seu sangue?

27 Vinde, vendamo-lo a esses ismaelitas; não seja nossa mão sobre ele, pois é nosso irmão, nossa carne. E seus irmãos concordaram.

José é tirado da cisterna e vendido ao Egito

28 Passando, pois, os mercadores midianitas, os irmãos de José, tirando-o da cisterna, [x]venderam-no por vinte siclos de prata aos [1]ismaelitas, os quais o levaram para o Egito.

29 **Q**uando Rúben voltou à cisterna e viu que José não estava nela, [y]rasgou as suas vestes,

30 voltou a seus irmãos e disse: O menino não está lá! E eu, para onde irei?

31 Então tomaram a túnica de José, mataram um cabrito e a molharam no sangue.

32 Enviaram a túnica de várias cores a seu pai e disseram: Achamos esta túnica. Vê se é a túnica de teu filho ou não.

33 Ele a reconheceu e disse: É a túnica de meu filho! Um animal selvagem o devorou. Certamente José foi despedaçado.

34 Então Jacó rasgou as suas vestes, vestiu-se de [z]pano de saco e [a]lamentou o seu filho por muitos dias.

35 Levantaram-se todos os seus filhos e todas as suas filhas, para o consolarem, mas ele recusou ser consolado e disse: Na verdade, com choro hei de descer a meu filho até a [2b]sepultura. Assim o chorou seu pai.

36 Os midianitas venderam José no Egito a [c]Potifar, oficial de faraó, capitão da guarda.

O pecado vergonhoso de Judá

38 **N**esse tempo [d]Judá desceu de entre seus irmãos e entrou na casa de um homem de Adulão, que se chamava Hira.

2 Ali Judá viu a filha de um homem cananeu, chamado [e]Sua. Ele a tomou por mulher e se deitou com ela.

3 Ela concebeu e teve um filho, e o pai lhe chamou [f]Er.

4 Tornou ela a conceber e teve um filho, a quem chamou Onã.

5 Concebeu outra vez e deu à luz outro filho, cujo nome foi Selá. Foi em Quezibe que ela lhe deu à luz.

6 Judá tomou uma mulher para Er, o seu primogênito; o nome dela era [g]Tamar.

[q] Mt 27.17,18; At 7.9
[r] Israel (história): v. 13-28; Gn 46.1 (Gn 12.2; Rm 11.26)
[s] Comp. 1Sm 17.17,18; Lc 20.13-15; Jo 3.16
[t] 2Rs 6.13
[u] Comp. Mt 21.38; 26.3,4
[v] Mt 27.28
[w] v. 3
[x] Comp. Mt 26.15; 27.9
[y] Gn 44.13
[z] 2Sm 3.31
[a] Gn 50.10; comp. 27.41
[b] Gn 42.38; 44.29,31. Veja Hc 2.5, nota
[c] Gn 39.1
[d] Gn 37.26; 43.3,8
[e] 1Cr 2.3
[f] Gn 46.12
[g] Rt 4.12

[1] (37.28) Os mercadores que levaram José para o Egito, os ismaelitas dos v. 25,27 e 39.1 e os midianitas dos v. 28,36, são do mesmo parentesco, descendentes de Abraão. Veja Gn 16.15 e 25.1,2.

[2] (37.35) Heb. *Seol*. Refere-se 1) ao estado geral da morte; 2) ao sepulcro; ou 3) ao paraíso, para os salvos, ou 4) ao inferno de tormento em chamas de fogo para os perdidos. Veja Hc 2.5 e Lc 16.2, *notas*.

7 Er, porém, o primogênito de Judá, era mau aos
olhos do Senhor, pelo que o Senhor o [h]matou.
8 Então disse Judá a Onã: Deita com a mulher
do teu irmão, cumprindo-lhe o dever de
cunhado, e [1]suscita descendência a teu irmão.
9 Onã, porém, sabia que a descendência não
seria dele; de modo que sempre que deitava com
a mulher de seu irmão, derramava o sêmen na
terra para não dar descendência a seu irmão.
10 O que ele fazia era mau aos olhos do Senhor,
pelo que também o matou.
11 Então disse Judá a Tamar, sua nora: [i]Per-
manece viúva em casa de teu pai, até que Selá,
meu filho, venha a ser homem. Pois pensava:
Para que não morra também este, como seus
irmãos. Assim se foi Tamar e morou em casa
de seu pai.
12 **D**epois de muito tempo, morreu a filha de
Sua, mulher de Judá. Depois de consolado, Judá
subiu aos tosquiadores de suas ovelhas, em
Timna, ele e Hira seu amigo, o adulamita.
13 E avisaram a Tamar, dizendo: O teu sogro
sobe a Timna para tosquiar as suas ovelhas.
14 Então ela se despiu dos vestidos da sua
viuvez, se cobriu com o véu para se disfarçar e
[j]assentou-se à entrada de Enaim, no caminho de
Timna. Pois via que Selá já era homem, e ela não
lhe fora dada por mulher.
15 Vendo-a Judá, teve-a por prostituta, pois ela
havia coberto o rosto.
16 Não percebendo que era a sua nora, ele se
dirigiu a ela no caminho e lhe disse: Vem, deixa-
-me dormir contigo. E ela lhe perguntou: Que
darás para dormires comigo?
17 Disse ele: Eu te enviarei um [k]cabrito do reba-
nho. Perguntou ela: O que me dás como garantia
até que o envie?
18 Respondeu ele: Que garantia devo eu dar-te?
Disse ela: O teu [l]selo com o seu cordão e o cajado
que está em tua mão. Ele, pois, os deu e dormiu
com ela, e ela concebeu dele.
19 Levantou-se ela e se foi; tirou de si o véu e
vestiu os vestidos da sua viuvez.
20 **E**nviou Judá o cabrito por mão do adula-
mita, seu amigo, para receber o penhor da mão
da mulher, porém ele não a achou.
21 Então perguntou aos homens daquele lugar:
Onde está a prostituta cultual que estava junto
ao caminho de Enaim? Responderam: Aqui não
esteve prostituta alguma.
22 Assim ele voltou a Judá e disse: Não a achei.
E também disseram os homens daquele lugar:
Aqui não esteve prostituta cultual alguma.

[h] 1Cr 2.3; Jó 8.3,4
[i] Comp. Rt 1.12,13
[j] Pv 7.12
[k] Jz 15.1
[l] v. 25; comp. 41.42
[m] O selo, o cordão e o cajado. Gn 37.18
[n] Lv 20.14
[o] 1Sm 24.17
[p] Gn 46.12; Mt 1.3
[q] Gn 12.10; 43.15
[r] Gn 37.36
[s] Gn 37.28; 45.4; Sl 105.17
[t] Comp. Gn 35.3
[u] Gn 41.40; comp. 24.10
[v] Gn 18.26; 30.27; 2Sm 6.11

23 Então disse Judá: [m]Deixa-a ficar com o penhor,
para que não venhamos a cair em desprezo.
Enviei-lhe este cabrito, mas tu não a achaste.
24 **P**assados cerca de três meses, foram dizer
a Judá: Tamar, tua nora, adulterou, pois está
grávida. Então disse Judá: Tirai-a para fora, e
seja [n]queimada.
25 Enquanto ela era tirada para fora, man-
dou dizer a seu sogro: Do homem de quem
são estas coisas eu concebi. E disse mais:
Reconhece de quem é este selo com o cordão
e este cajado.
26 Reconheceu-os Judá e disse: [o]Mais justa é
ela do que eu, porque não a dei a meu filho Selá.
E nunca mais a conheceu.
27 **E**stando ela para dar à luz, havia gêmeos em
seu ventre.
28 Dando ela à luz, um pôs fora a mão, e a par-
teira tomou um fio escarlate e o atou em sua
mão, dizendo: Este saiu primeiro.
29 Ele, porém, recolheu a mão, e saindo o outro,
ela disse: Como tens tu rompido! E lhe chama-
ram [2][p]Perez.
30 Depois saiu o seu irmão, em cuja mão estava
o fio escarlate, e foi chamado Zerá.

José resiste à tentação

39 José foi [q]levado ao Egito. [r]Potifar, oficial
de faraó, capitão da guarda, egípcio,
[s]comprou-o dos ismaelitas que o tinham leva-
do para lá.
2 O Senhor estava [t]com José; ele se tornou prós-
pero e estava na casa de seu senhor egípcio.
3 Vendo o seu senhor que Deus era com ele e
que tudo o que ele fazia o Senhor prosperava em
suas mãos,
4 achou José graça aos olhos dele e o servia. Ele
o [u]pôs por mordomo de sua casa e entregou nas
suas mãos tudo o que tinha.
5 Desde que o pôs por mordomo de sua casa
e de tudo o que tinha, o Senhor [v]abençoou a
casa do egípcio por amor de José. A bênção do
Senhor estava sobre tudo o que tinha, tanto na
casa como no campo.
6 Assim Potifar deixou tudo o que tinha nas
mãos de José, de modo que de nada sabia do que
estava com ele, a não ser do pão que comia. Ora,
José era atraente e de boa aparência.
7 **D**epois dessas coisas, a mulher de seu
senhor começou a cobiçar José e lhe disse:
Deita-te comigo.
8 Ele, porém, recusou e disse à mulher do seu
senhor: Estando eu aqui, meu senhor não se

[1] (38.8) Este costume posteriormente se tornou parte da Lei mosaica (Dt 25.5,6); em linhas gerais, com esta provisão, cada homem teria garantida sua descendência. Comp. com Mt 22.23-33, onde os saduceus apresentaram um caso hipotético em sua tentativa de confundir Jesus.

[2] (38.29) *Ruptura* ou *Brecha*.

preocupa com o que se passa na casa e entregou nas minhas mãos tudo o que tem.

9 Ninguém há maior do que eu nesta casa, e nenhuma coisa me vedou, senão a ti, porque és sua mulher. Como, pois, posso cometer este tão [w]grande mal e [x]pecar [y]contra Deus?

10 Embora ela instasse com José dia após dia, ele, porém, não lhe dava [z]ouvidos, para se deitar com ela ou estar com ela.

11 Certo dia, ele entrou na casa para atender aos seus deveres, e ninguém da casa estava presente.

12 Ela o [a]pegou pela capa, dizendo: Deita-te comigo! Mas ele deixou a sua capa nas mãos dela e fugiu, escapando para fora.

José é acusado falsamente

13 Quando ela viu que ele deixara a capa em suas mãos e fugira para fora,

14 chamou pelos homens de sua casa e lhes disse: Vede, trouxe-nos meu marido este [b]hebreu para nos insultar! Veio a mim para se deitar comigo, mas eu gritei em alta voz.

15 Quando ele ouviu que eu levantava a voz e gritava, deixou a capa ao meu lado e fugiu, escapando para fora.

16 Ela guardou a capa consigo, até que o senhor dele voltou para casa.

17 Então falou-lhe conforme as mesmas palavras, dizendo: O servo hebreu, que nos trouxeste, veio a mim para me insultar,

18 mas, levantando eu a voz e gritando, ele deixou a capa comigo e fugiu para fora.

19 Quando o seu senhor ouviu as palavras de sua mulher, que lhe dizia: Desta maneira me fez teu servo, a sua ira se acendeu.

20 Então o senhor de José o tomou e o lançou na [c]prisão, no lugar em que os presos do rei estavam presos. Mas, enquanto José ficou preso,

21 o Senhor era com ele; estendeu sobre ele a sua benignidade e lhe concedeu [d]graça aos olhos do carcereiro.

22 De sorte que o carcereiro entregou nas mãos de José todos os presos que estavam no cárcere, e era José quem ordenava tudo o que se fazia ali.

23 O carcereiro não tinha cuidado de coisa alguma que estava nas mãos de José, porque o Senhor era com ele, fazendo prosperar tudo o que ele empreendia.

José é esquecido na prisão

40 Depois dessas coisas, o copeiro do rei do Egito e o seu padeiro ofenderam o seu senhor, o rei do Egito.

2 Indignou-se faraó contra os seus dois oficiais, contra o copeiro-chefe e o padeiro-chefe.

3 E mandou detê-los na casa do [e]capitão da guarda, na [f]prisão onde José estava preso.

4 O capitão da guarda pô-los a cargo de José, para que os servisse. Depois que estiveram muitos dias na prisão,

5 ambos sonharam, cada um o seu sonho, na mesma noite, cada um conforme a interpretação do seu [g]sonho, o copeiro e o padeiro do rei do Egito, que estavam presos.

6 Quando José veio a eles pela manhã, viu que estavam perturbados.

7 Então perguntou aos oficiais de faraó, que com ele estavam na prisão da casa de seu senhor: [h]Por que estão hoje tristes os vossos semblantes?

8 Responderam-lhe: Tivemos um sonho e ninguém há que o interprete. Disse-lhes José: Não pertencem a Deus as [i]interpretações? Contai-o a mim, peço-vos.

9 Então o copeiro-chefe contou o seu sonho a José. Disse-lhe: Em meu sonho havia uma videira diante de mim,

10 e na videira três ramos. Ao brotar a videira, havia flores, e seus cachos produziam uvas maduras.

11 O copo de faraó estava na minha mão, e eu tomava as uvas, e as espremia no copo de faraó, e entregava o copo na mão de faraó.

12 Então lhe disse José: Esta é a sua [j]interpretação: os três ramos são [k]três dias.

13 Dentro de três dias faraó levantará a tua [l]cabeça e te restaurará ao teu cargo, e darás o copo de faraó na sua mão, conforme o costume antigo, quando eras seu copeiro.

14 [m]Lembra-te, porém, de mim, quando te for bem; [n]usa, peço-te, de compaixão para comigo e faze menção de mim a faraó, e tira-me desta prisão.

15 Pois fui [o]roubado da terra dos hebreus e, aqui, nada fiz para que me pusessem nesta masmorra.

16 Quando o padeiro-chefe viu que tinha interpretado bem, disse a José: Eu também sonhei, e três cestos de pão branco estavam sobre a minha cabeça.

17 No cesto mais alto, havia de todos os manjares de faraó, arte de padeiro, mas as aves os comiam do cesto na minha cabeça.

18 Então respondeu José: Esta é a interpretação do sonho: os três cestos são três dias.

19 Dentro de três dias, faraó tirará fora a tua cabeça e te [p]pendurará num madeiro, e as aves comerão a tua carne.

20 Ora, no terceiro dia, o dia do [q]aniversário de faraó, deu este um banquete a todos os seus servos. Levantou a cabeça do copeiro-chefe e do padeiro-chefe, na presença dos seus oficiais.

21 Restaurou o copeiro-chefe ao seu cargo de copeiro, e este deu o [r]copo na mão de faraó,

22 mas ao padeiro-chefe enforcou, como José havia interpretado.

[w] Lv 20.10
[x] Gn 20.6
[y] Sl 51.4
[z] Pv 1.10
[a] Pv 7.13
[b] Gn 14.13; 41.12
[c] Sl 105.18
[d] Dn 1.9; At 7.9,10
[e] Gn 39.1; 41.10
[f] Gn 39.20,23
[g] Gn 37.5; 41.1
[h] Comp. Ne 2.2
[i] Dn 2.20-22
[j] Dn 2.36
[k] v. 18; Gn 42.17
[l] 2Rs 25.27; Jr 52.31
[m] Comp. 1Sm 25.31; Lc 23.42
[n] Comp. Gn 24.49; 47.29
[o] Gn 37.28
[p] Dt 21.22
[q] Comp. Mt 14.6-10
[r] Comp. Ne 2.1

23 O copeiro-chefe, porém, não se lembrou de José, antes se [s]esqueceu dele.

O sonho profético de faraó

41 Passados dois anos inteiros, faraó [t]sonhou que estava em pé junto ao rio Nilo.

2 Do rio subiam sete vacas, formosas e gordas, e pastavam entre os juncos.

3 Após elas subiam do Nilo outras sete vacas, feias e magras, e paravam junto às outras vacas à beira do rio.

4 E as vacas feias e magras devoravam as sete formosas e gordas. Então faraó acordou.

5 Depois dormiu e tornou a sonhar. Brotavam de um mesmo pé sete espigas cheias e boas.

6 E após elas brotavam sete espigas miúdas e queimadas do vento [u]oriental.

7 As espigas miúdas devoravam as sete espigas grandes e cheias. Então acordou faraó; tinha sido um sonho.

8 Pela manhã, o seu [v]espírito estava perturbado, pelo que mandou chamar todos os [w]adivinhadores do Egito e todos os seus sábios. Faraó contou-lhes os seus sonhos, mas não havia quem os interpretasse.

9 **E**ntão [x]disse o copeiro-chefe a faraó: Das minhas faltas me lembro hoje:

10 faraó estava muito indignado contra os seus servos e entregou-me à prisão na casa do capitão da guarda, a mim e ao padeiro-chefe.

11 Então tivemos um sonho na mesma noite, eu e ele, e cada sonho com a sua própria [y]interpretação.

12 Estava ali conosco um moço [z]hebreu, servo do capitão da guarda; e contamos-lhe os sonhos, e ele interpretou os nossos sonhos, a cada um interpretou conforme o seu sonho.

13 E conforme a sua interpretação, assim mesmo aconteceu: Eu fui restituído ao meu cargo, e ele foi enforcado.

A exaltação de José no Egito

14 **E**ntão faraó [a]mandou chamar José, e o [b]fizeram sair apressadamente [c]da masmorra. Ele se barbeou, [d]trocou de roupa e apresentou-se a faraó.

15 Disse faraó a José: Eu tive um sonho, e não há quem o interprete. Mas de ti ouvi dizer que, [e]ouvindo contar um sonho, podes interpretá-lo.

16 Respondeu José a faraó: Isso não está em mim, mas [f]Deus é que dará uma resposta de paz a faraó.

17 Então disse faraó a José: Em meu sonho eu estava em pé à beira do rio Nilo,

18 e subiam do rio sete vacas gordas e formosas, e pastavam entre os juncos.

19 Após elas subiam outras sete vacas, fracas, muito feias e magras, tão feias quais nunca vi em toda a terra do Egito.

20 As vacas magras e feias devoravam as primeiras sete vacas gordas.

21 Depois de as terem consumido, não se podia reconhecer que as houvessem consumido; a sua aparência era tão feia como no princípio. Então acordei.

22 Depois vi, em meu sonho, que de um mesmo pé subiam sete espigas cheias e boas.

23 Após elas brotavam sete espigas secas, miúdas e queimadas do vento oriental.

24 As sete espigas miúdas devoravam as sete espigas boas. [g]Contei-o aos magos, mas não houve quem o interpretasse.

25 **E**ntão disse José a faraó: O sonho de faraó é um só. O que Deus [h]há de fazer, mostrou-o a faraó.

26 As sete vacas boas são sete anos, e as sete espigas boas também são sete anos; o sonho é um só.

27 As sete vacas magras e feias, que subiam após as primeiras, são sete anos, como as sete espigas miúdas e queimadas do vento oriental: são [i]sete anos de fome.

28 Esta é a palavra que eu disse a faraó: o que Deus há de fazer, mostrou-o a faraó.

29 Vêm sete anos de grande fartura em toda a terra do Egito.

30 Depois deles surgirão sete anos de fome, e toda aquela fartura será esquecida na terra do Egito, e a fome consumirá a terra.

31 Não será conhecida a abundância na terra, por causa daquela fome que seguirá, porque será intensa.

32 Ora, o sonho de faraó foi duplicado porque esta coisa é determinada por Deus, e ele se apressa a fazê-la.

33 Portanto, procure faraó agora um homem entendido e sábio e o ponha sobre a terra do Egito.

34 Faça isso faraó, e nomeie administradores sobre a terra, que tomem a quinta parte dos produtos da terra do Egito nos sete anos de fartura.

35 Ajuntem todo o mantimento dos bons anos que vêm e amontoem trigo debaixo da autoridade de faraó, para mantimento nas cidades, e o guardem.

36 Será o mantimento para provimento da terra, para os sete anos de fome, que haverá na terra do Egito, para que a terra não pereça de fome.

37 **E**ste plano pareceu bom aos olhos de faraó, e aos olhos de todos os seus oficiais.

38 Perguntou, pois, faraó a seus oficiais: Acaso acharíamos um homem como este, em quem haja o [j]espírito de Deus?

[s] v. 9; comp. Is 49.15
[t] Gn 40.5; Jz 7.13
[u] Êx 10.13; Ez 17.10
[v] Dn 2.1,3
[w] Êx 7.11,22
[x] Gn 40.1
[y] Gn 40.5; Jz 7.15
[z] Gn 39.14; 43.32
[a] Sl 105.20,21
[b] Comp. Dn 2.25
[c] Comp. 1Sm 2.8
[d] Comp. 2Rs 25.27-29
[e] Dn 5.16
[f] Gn 40.8; Dn 2.28
[g] Dn 4.7
[h] Comp. Dn 2.29,45
[i] 2Rs 8.1
[j] Espírito Santo (AT): v. 38; Êx 28.3 (Gn 1.2; Zc 12.10); comp. Êx 31.3

39 Depois disse faraó a José: Visto que Deus te fez saber tudo isso, ninguém há tão entendido e sábio como tu.

40 Tu estarás sobre a minha casa, e por tua boca se governará todo o meu povo. Somente no trono eu serei maior do que tu.

41 Disse mais faraó a José: Vê, eu te hei [k]posto sobre toda a terra do Egito.

42 Então [l]tirou faraó o anel da sua mão e o pôs na mão de José, e o fez [m]vestir roupas de linho fino e pôs um colar de ouro no seu pescoço.

43 E fê-lo subir no segundo [n]carro que tinha, e [o]clamavam diante dele: [1]Ajoelhai-vos. Assim faraó o pôs sobre toda a terra do [2]Egito.

44 Disse ainda faraó a José: Eu sou faraó, porém sem ti ninguém levantará a mão ou o pé em toda a terra do Egito.

José, rejeitado por seus irmãos, recebe uma noiva

45 Chamou faraó a José de Zafenate-Paneia e deu-lhe por mulher a [3p]Asenate, filha de Potífera, sacerdote de Om. E saiu José por toda a terra do Egito.

46 **E**ra José da idade de trinta anos quando esteve diante de faraó, rei do Egito. E saiu José da presença de faraó e viajou por toda a terra do Egito.

47 Nos sete anos de fartura, a terra produziu com abundância.

48 Ajuntou José todo o mantimento dos sete anos produzidos na terra do Egito, e o guardou nas cidades. O mantimento do campo que estava ao redor de cada cidade, guardou-o na mesma cidade.

49 Assim ajuntou José muitíssimo trigo, como a areia do mar, até que cessou de contar, porque ia além das medidas.

50 **A**ntes de chegar o ano da fome, nasceram a José dois filhos, que lhe deu Asenate, filha de Potífera, sacerdote de Om.

51 Chamou José ao primogênito [4q]Manassés e disse: Deus me fez esquecer de todo o meu trabalho e de toda a [r]casa de meu pai.

52 Ao segundo chamou [5s]Efraim e disse: Deus me fez crescer na terra da minha aflição.

53 **A**cabaram-se, então, os sete anos de fartura que houve na terra do Egito,

[k] Gn 42.6; Dn 6.3
[l] Et 3.10
[m] Comp. Et 8.15
[n] Gn 46.29
[o] Comp. Et 6.9
[p] Gn 46.20
[q] Gn 46.20
[r] Sl 45.10
[s] Gn 48.5
[t] Comp. Jo 2.5
[u] Gn 42.3; comp. Gn 27.28,37
[v] At 7.12
[w] Gn 43.8
[x] Gn 12.10
[y] Gn 37.8
[z] Comp. Gn 45.1,2
[a] Gn 37.5,9

54 e começaram os sete anos de fome, como José tinha dito. Havia fome em todas as terras, mas em toda a terra do Egito havia pão.

55 Quando toda a terra do Egito começou a ter fome, clamou o povo a faraó por pão. Então disse faraó a todos os egípcios: Ide a José, e o [t]que ele vos disser, fazei.

56 Havendo fome em toda a terra, abriu José todos os celeiros e vendia aos egípcios, pois a fome prevaleceu na terra do Egito.

57 E todas as terras vinham ao Egito, para [u]comprar de José, porque a fome prevaleceu em todo o mundo.

Os irmãos de José, com exceção de Benjamim, vêm ao Egito em busca de mantimentos

42 [v]**Q**uando Jacó soube que havia mantimento no Egito, disse a seus filhos: Por que estais olhando uns para os outros?

2 Disse mais: Tenho ouvido que há cereais no Egito. Descei até lá e comprai-nos deles, para que [w]vivamos e não morramos.

3 Então desceram os dez irmãos de José, para comprar cereal do Egito.

4 A Benjamim, porém, irmão de José, não enviou Jacó com os seus irmãos, porque dizia: Para que não lhe suceda algum desastre.

5 Assim foram os filhos de Israel, entre os que iam comprar cereal, pois havia [x]fome na terra de Canaã.

José prova seus dez irmãos

6 Ora, José era o governador da terra; era ele quem vendia cereal a todo o povo da terra. Assim os irmãos de José vieram e se [y]inclinaram diante dele com o rosto em terra.

7 Vendo José os seus irmãos, reconheceu-os, mas comportou-se como [z]estranho para com eles; falou-lhes asperamente e perguntou-lhes: De onde vindes? Responderam: Da terra de Canaã, para comprar mantimento.

8 José conheceu os seus irmãos, mas eles não o conheceram.

9 Então se [a]lembrou José dos sonhos que tivera a respeito deles e lhes disse: Vós sois espias e viestes para ver a nudez da terra.

10 Responderam: Não, senhor meu. Os teus servos vieram comprar mantimento.

---

[1] (41.43) *Abrec*, provavelmente uma palavra egípcia sonoramente semelhante à palavra hebraica que significa *ajoelhar-se*.

[2] (41.43) Tem sido posta em dúvida a possibilidade de que um estrangeiro fosse elevado a um alto cargo no Egito, mas os documentos egípcios provam que tal acontecimento, embora raro, não foi de modo nenhum o único de seu tipo.

[3] (41.45) Asenate, a esposa de José, o rejeitado (Jo 19.15), é símbolo da Igreja, chamada do mundo para ser a esposa de Cristo durante o tempo em que Israel, os irmãos de Cristo, o rejeitem (Jo 1.10-12; At 15.14; Ef 5.31,32). Israel será preservado tal como o foram os irmãos de José (Ez 11.16). Veja Gn 37.2, *nota*.

[4] (41.51) *O que faz esquecer*.

[5] (41.52) De uma palavra hebraica que significa *frutífero*.

11 Nós somos todos filhos de um mesmo homem. Os teus servos são homens de retidão, não são espias.

12 Disse-lhes ele: Não! Viestes para ver a nudez da terra.

13 Eles, porém, responderam: Nós, teus servos, somos doze irmãos, filhos de um homem da terra de Canaã. O mais novo está hoje com nosso pai, e um já não existe.

14 Disse-lhes José: É como já vos disse: sois espias!

15 E nisto sereis provados: Pela vida de faraó, não saireis daqui sem que primeiro venha o vosso irmão mais novo.

16 Enviai um dentre vós que traga vosso irmão; o restante de vós ficará preso, e vossas palavras serão provadas, se há verdade no que dizeis. Se não, pela vida de faraó, vós sois espias!

17 E colocou a todos eles na prisão por [b]três dias.

18 **A**o terceiro dia, disse-lhes José: Fazei isso, e vivereis, pois eu [c]temo a Deus.

19 Se sois homens de retidão, que fique um de vossos irmãos aqui na prisão; vós outros ide, levai cereal para a fome de vossas casas.

20 Trazei-me, porém, o vosso irmão mais [d]novo, para que sejam verificadas as vossas palavras, e não morrereis. Eles assim fizeram.

Simeão é mantido como refém, enquanto os outros irmãos vão para casa

21 Então disseram uns aos outros: Na verdade, somos [e]culpados com respeito a nosso irmão, pois vimos a angústia de sua alma, quando nos rogava, mas nós não o atendemos; é por isso que vem sobre nós esta angústia.

22 Respondeu-lhes Rúben: Não vos dizia eu: Não pequeis contra o menino? Mas não me quisestes ouvir! Por isso, agora, é [f]requerido de nós o seu sangue.

23 Eles não sabiam que José os entendia, porque lhes falava por intérprete.

24 Retirando-se deles, [g]chorou. Depois voltou a eles, falou-lhes, tomou [h]Simeão entre eles e o amarrou perante os seus olhos.

25 [i]**O**rdenou José que lhes enchessem os sacos de cereal, [j]restituíssem o dinheiro a cada um na sua bagagem e dessem comida para o caminho. E assim fizeram-lhes.

26 E carregaram o cereal sobre os seus jumentos e partiram dali.

27 Abrindo um deles a sua bagagem, para dar de comer ao seu jumento na estalagem, viu o seu dinheiro, pois estava na boca da bagagem.

28 Então disse a seus irmãos: Devolveram o meu dinheiro. Está aqui na bagagem. Então lhes desfaleceu o coração e, tremendo, entreolhavam-se, dizendo: Que é isso que Deus nos fez?

[b] Comp. Gn 40.12
[c] Gn 22.12; Êx 1.17; Pv 1.7; 9.10; veja Sl 19.9, nota
[d] v. 34
[e] Gn 44.16
[f] Gn 9.5,6; Sl 9.12
[g] Gn 43.30
[h] Gn 34.25,30; 43.23
[i] Gn 44.1
[j] Gn 43.12
[k] Gn 42.20; 43.3,5
[l] Gn 43.14
[m] Gn 35.18; 43.14; comp. Rm 8.28,31
[n] Gn 37.33; 44.20,28
[o] Veja Hc 2.5, nota. Comp. Gn 37.35; 44.29,31
[p] Gn 42.5; 45.6,11
[q] Gn 42.2; 44.25
[r] Gn 44.23

29 E vieram para Jacó, seu pai, na terra de Canaã, e contaram-lhe tudo o que lhes acontecera, dizendo:

30 O homem, o senhor da terra, falou conosco asperamente e tratou-nos como espias da terra.

31 Dissemos-lhe, porém: Somos homens de retidão; não somos espias.

32 Somos doze irmãos, filhos de um mesmo pai. Um já não existe, e o mais novo está hoje com nosso pai na terra de Canaã.

33 Respondeu-nos o homem, o senhor da terra: Nisto conhecerei que vós sois homens de retidão: Deixai comigo um de vossos irmãos, tomai o cereal para a fome de vossas casas e parti.

34 Trazei-me o vosso irmão mais [k]novo para que eu saiba que não sois espias, mas homens de retidão. Então vos entregarei o vosso irmão e negociareis na terra.

35 Esvaziando eles a sua bagagem, eis que a trouxinha de dinheiro de cada um estava na bagagem! Quando eles e seu pai viram as trouxinhas de dinheiro, temeram.

36 Então Jacó, seu pai, lhes disse: Tendes-me [l]desfilhado. José já não existe e Simeão não está aqui; agora haveis de levar a [m]Benjamim. Todas essas coisas vieram sobre mim.

37 Rúben, porém, disse a seu pai: Mata os meus dois filhos se eu não tornar a trazê-lo para ti. Entrega-o nas minhas mãos, e tornarei a trazê-lo.

38 Ele, porém, disse: Não descerá meu filho convosco; o seu irmão é [n]morto, e só ele ficou. Se lhe suceder algum desastre na viagem que ireis fazer, fareis descer os meus cabelos brancos com tristeza à [o]sepultura.

Judá se torna fiador de Benjamim (comp. Gn 37.26-28)

43 Ora, a [p]fome era intensa na terra.

2 Tendo eles acabado de comer o cereal que trouxeram do Egito, disse-lhes seu pai: Voltai, [q]comprai-nos um pouco mais de alimento.

3 Judá, porém, lhe respondeu: Fortemente nos protestou o homem, dizendo: Não vereis a minha face, se o vosso irmão não vier convosco.

4 Se enviares conosco o nosso irmão, desceremos e te compraremos alimento.

5 Se, contudo, não o enviares, não desceremos, porque o homem nos disse: Não [r]vereis a minha face, se o vosso irmão não vier convosco.

6 Perguntou Israel: Por que me causastes este mal, fazendo saber ao homem que tínheis ainda outro irmão?

7 Responderam eles: O homem perguntou particularmente por nós e por nossa família, dizendo: Vive ainda vosso pai? Tendes mais um irmão? Simplesmente respondemos às suas perguntas.

Podíamos acaso saber que ele diria: Trazei vosso irmão?

8 Então disse Judá a Israel, seu pai: Envia o jovem comigo, e nos levantaremos, e iremos, para que tu, nós e nossos filhos [s]vivamos e não morramos.

9 Eu serei [t]responsável por ele; das minhas mãos o requererás. Se eu não o trouxer e não o puser perante a tua face, [u]serei réu de crime para contigo para sempre.

10 E se não nos tivéssemos demorado, certamente já segunda vez estaríamos de volta.

11 **E**ntão lhes disse Israel, seu pai: Se é assim, fazei isto: tomai dos melhores produtos da terra em vossos sacos e levai ao homem um [v]presente; um pouco de [w]bálsamo, um pouco de mel, especiarias, mirra, nozes de pistácia e amêndoas.

12 Levai também dinheiro em dobro; e o dinheiro que foi [x]devolvido na boca das vossas bagagens, tornai a levá-lo nas vossas mãos. Bem pode ser que fosse erro.

13 Levai também a vosso irmão, levantai-vos e voltai ao homem.

14 E o Deus [y]todo-poderoso vos [z]dê misericórdia diante do homem, para que deixe vir convosco vosso outro irmão e Benjamim. E eu, se ficar sem filhos, sem filhos ficarei.

15 **T**omaram, pois, os homens aquele presente, o dinheiro em dobro e Benjamim. Levantaram-se, [a]desceram ao Egito e se apresentaram perante José.

José recebe seus onze irmãos

16 Quando José viu a Benjamim com eles, disse ao [b]despenseiro de sua casa: Leva os homens à casa, mata reses e prepara tudo; eles comerão comigo ao meio-dia.

17 O homem fez como José dissera, e levou-os à casa de José.

18 Então os homens [c]tiveram medo, porque foram levados à casa de José, e diziam: Por causa do dinheiro que da outra vez voltou nos nossos sacos, fomos trazidos aqui, para nos [d]incriminar e arremeter contra nós, para nos tomar por [e]servos, tanto a nós como a nossos jumentos.

19 Por isso, eles se chegaram ao despenseiro de José e falaram com ele à porta da casa,

20 dizendo: Ai! meu senhor, já uma vez descemos a comprar mantimento.

21 Quando, porém, chegamos à estalagem, [f]abrimos nossa bagagem, e o dinheiro de cada um estava na boca da sua bagagem, nosso dinheiro no peso exato. Assim tornamos a trazê-lo nas nossas mãos.

22 Também trouxemos outro dinheiro nas nossas mãos, para comprar mantimento. Não sabemos quem colocou o nosso dinheiro nas nossas bagagens.

23 Respondeu ele: Paz seja convosco, não temais. O vosso Deus, o Deus de vosso pai, vos deu tesouro nas vossas bagagens; o vosso dinheiro me chegou a mim. Então lhes trouxe fora a [g]Simeão.

24 Depois levou os homens à casa de José, deu-lhes água para lavarem os pés e providenciou forragem para os seus jumentos.

25 Então prepararam o presente, para quando José viesse ao meio-dia, porque tinham ouvido que ali haviam de comer.

26 Quando José chegou, trouxeram-lhe ali o presente que guardavam junto de si e se [1][h]inclinaram a ele até a terra.

27 Então ele lhes perguntou como estavam e prosseguiu: Vosso pai, o velho de quem falastes, [i]está bem? Ainda vive?

28 Responderam eles: Bem está o teu servo, nosso pai vive ainda. E abaixaram a cabeça e se inclinaram.

29 Levantando os olhos, José viu a Benjamim, seu irmão, filho de sua mãe, e perguntou: É este o vosso irmão mais novo de quem me falastes? E disse: Deus te conceda graça, meu filho.

30 Profundamente [j]comovido por causa de seu irmão, José se apressou e procurou onde chorar. E, entrando no seu quarto, [k]chorou ali.

31 Depois que lavou o rosto, saiu e, contendo-se, disse: Servi a comida.

32 Eles o serviram à parte, e a eles também à parte, e aos egípcios, que comiam com ele, à parte, porque os egípcios não podiam comer com os [l]hebreus, pois é isso [m]abominação para os egípcios.

33 Assentaram-se diante dele, o [n]primogênito segundo a sua primogenitura, e o menor segundo a sua menoridade; e disso os homens se maravilhavam entre si.

34 Então lhes apresentou as porções que estavam diante dele; [2]porém a [o]porção de Benjamim era cinco vezes maior do que a de qualquer deles. Eles beberam e se regalaram com ele.

[s] Gn 42.2; 47.19
[t] Gn 44.32
[u] Comp. Gn 27.13; 1Sm 25.24; comp. Fm 18
[v] Gn 33.10
[w] Gn 37.25
[x] Gn 42.25
[y] Gn 35.11; 48.3
[z] Comp. Gn 39.21
[a] Gn 39.1; 46.3,6
[b] Gn 44.1
[c] Gn 42.28
[d] Jz 14.4
[e] Gn 44.9,33
[f] Gn 42.27,35
[g] Gn 42.24
[h] Gn 42.6; 44.14
[i] Gn 29.6; 2Rs 4.26
[j] 1Rs 3.26
[k] Gn 42.24; 45.2,14
[l] Gn 41.12; Êx 1.15
[m] Gn 46.34; Êx 8.26
[n] Gn 27.36; Dt 21.16,17
[o] Gn 45.22

[1] (43.26) Os irmãos de José pensavam que jamais fariam isso. Comp. Gn 37.8-11,19,20.

[2] (43.34) Comp. Gn 35.18, *nota*. Benjamim se destaca. Ele prefigura Cristo quando seu poder se revelar no Reino. José é peculiarmente um tipo de Cristo em seu primeiro advento, rejeição, morte, ressurreição e presente exaltação entre os gentios, mas não reconhecido em Israel. Como Benjamim, "Filho de minha tristeza", mas também "Filho da mão direita", ele deverá ser revelado em poder no Reino. Só então Israel será restaurado e convertido. Veja *notas* em Gn 1.26; 1Sm 8.7; Zc 12.8.

Judá cumpre a promessa (Gn 43.9)

44 Deu José esta ordem ao [p]despenseiro de sua casa: [q]Enche de mantimento a bagagem desses homens, quanto puderem levar, e põe o dinheiro de cada um na boca da sua bagagem.

2 E a minha taça, a taça de prata, porás na boca da bagagem do mais novo, com o dinheiro do seu cereal. Assim fez ele conforme a palavra que José tinha dito.

3 Chegada a luz da manhã, despediram-se os homens, eles com os seus jumentos.

4 Tendo eles saído da cidade, mas não se tendo distanciado muito, disse José ao despenseiro de sua casa: Levanta-te e segue os homens; e, quando os alcançares, dirás: Por que [r]pagastes o bem com o mal?

5 Não é esta a taça em que bebe meu senhor e por meio da qual faz suas adivinhações? Procedestes mal no que fizestes.

6 E alcançou-os e lhes falou essas mesmas palavras.

7 Então eles lhe responderam: Por que diz meu senhor tais palavras? Longe estejam teus servos de fazer semelhante coisa.

8 Até o dinheiro que achamos nas bocas das nossas bagagens tornamos a trazer-te desde a terra de Canaã. Como, pois, furtaríamos da casa do teu senhor prata ou ouro?

9 [s]Aquele dos teus servos com quem for achada, morra; e ainda nós seremos [t]escravos do meu senhor.

10 Ao que ele disse: Seja conforme as vossas palavras. Aquele com quem se achar será meu escravo; vós outros sereis inocentes.

11 Depressa, cada um pôs em terra sua bagagem e a abriu.

12 O despenseiro buscou, começando pelo maior e acabando pelo mais novo. E achou-se a taça na bagagem de Benjamim.

13 Então [u]rasgaram as suas vestes e, tendo cada um carregado o seu jumento, tornaram à cidade.

14 E veio Judá com seus irmãos à casa de José, porque ele ainda estava ali, e prostraram-se diante dele em terra.

15 Disse-lhes José: Que é isto que fizestes? Não sabeis vós que um homem como eu é capaz de adivinhar?

16 Respondeu-lhe Judá: Que diremos a meu senhor? Que falaremos? Como nos justificaremos? Achou Deus a [v]iniquidade de teus servos; somos escravos de meu senhor, tanto nós como aquele em cuja mão foi achada a taça.

17 Ele, porém, disse: Longe de mim que eu tal faça! O homem em cuja mão foi achada a taça, esse será meu servo. Porém vós subi em paz para vosso pai.

[p] Gn 43.16
[q] Gn 42.25
[r] 1Sm 25.21
[s] Gn 31.32
[t] Gn 43.18; Êx 22.2,3
[u] Gn 37.29; Nm 14.6
[v] Nm 32.23
[w] Gn 42.38
[x] Gn 46.19
[y] Gn 37.3; 42.4
[z] Gn 43.3,5
[a] Gn 43.2
[b] Gn 30.22-24; 35.16-18; 46.19
[c] Gn 37.33
[d] Gn 42.38
[e] Gn 37.33; 44.20. Veja Hc 2.5, nota
[f] Comp. 1Sm 18.1; 25.29
[g] Gn 43.31
[h] Comp. Os 2.14-23

18 Então Judá se chegou a ele e disse: Ai! senhor meu, deixa, peço-te, o teu servo dizer uma palavra aos ouvidos de meu senhor, e não se acenda a tua ira contra o teu servo, porque tu és como faraó.

19 O meu senhor perguntou a teus servos: Tendes vós pai ou irmão?

20 E respondemos a meu senhor: Temos pai já velho e um filho da sua velhice, o mais novo. O seu irmão é [w]morto, e [x]ele é o único de sua mãe, e seu [y]pai o ama.

21 Então disseste a teus servos: Trazei-o a mim, para que o veja.

22 Respondemos a meu senhor: O moço não poderá deixar a seu pai; se deixar a seu pai, este morrerá.

23 Então disseste a teus servos: [z]Se vosso irmão mais novo não descer convosco, nunca mais vereis a minha face.

24 Então subimos a teu servo, meu pai, e lhe contamos as palavras de meu senhor.

25 Disse nosso pai: Tornai; [a]comprai-nos um pouco de mantimento.

26 Nós respondemos: Não poderemos descer. Somente se nosso irmão menor for conosco, desceremos. Não poderemos ver a face do homem, se nosso irmão menor não estiver conosco.

27 Então nos disse teu servo, meu pai: Vós sabeis que minha mulher me deu [b]dois filhos.

28 Um se ausentou de mim, e eu disse: [c]Certamente foi despedaçado, e não o vi mais.

29 Se agora também me tirardes a este e lhe acontecer algum [d]desastre, fareis descer os meus cabelos brancos com tristeza à [e]sepultura.

30 Agora, pois, indo eu a teu servo, meu pai, e não indo o moço, visto a sua alma estar [f]ligada com a dele,

31 acontecerá que, vendo ele que o moço ali não está, morrerá. E teus servos farão descer os cabelos brancos de teu servo, nosso pai, com tristeza à sepultura.

32 O teu servo ficou responsável pelo moço diante de meu pai, dizendo: Se eu não tornar a trazê-lo, serei culpado para com meu pai todos os dias.

33 Agora, pois, fique teu servo em lugar do moço por escravo de meu senhor, e que suba o moço com os seus irmãos.

34 Como subirei eu a meu pai, se o moço não for comigo? Não me permitas ver o mal que se abaterá sobre meu pai.

José revela-se a seus irmãos

45 Então José, não se podendo [g]conter diante de todos os que estavam com ele, clamou: Fazei sair a todos da minha presença! E ninguém ficou com ele, quando José se deu [h]a conhecer a seus irmãos.

2 E levantou a voz em [i]choro, de maneira que os egípcios o ouviram, bem como a casa de faraó.

3 Disse José a seus irmãos: [j]Eu sou José! Vive ainda meu pai? E seus irmãos não lhe puderam responder, porque estavam [k]perplexos diante dele.

4 **D**isse mais José a seus irmãos: Peço-vos, chegai-vos a mim. E eles se chegaram. Então disse: Eu sou José, vosso irmão, a quem [l]vendestes para o Egito.

5 Agora, porém, não vos entristeçais nem vos irriteis contra vós mesmos por me haverdes vendido para cá, porque, para conservação da vida, [m]Deus me enviou adiante de vós.

6 Pois já houve dois anos de [n]fome na terra, e ainda restam cinco anos em que não haverá lavoura nem colheita.

7 Pelo que Deus me [o]enviou adiante de vós a fim de [p]conservar vossa sucessão na terra e para guardar-vos em vida por um grande livramento.

8 Assim, não fostes vós que me enviastes para cá, senão [q]Deus, que me tem posto por [r]pai de faraó, por senhor de toda a sua casa e como [s]governador em toda a terra do Egito.

9 Apressai-vos, subi a meu pai e dizei-lhe: Assim diz teu filho José: Deus me pôs por senhor em toda a terra do Egito. Desce a mim; não te demores.

10 Habitarás na terra de [t]Gósen e estarás perto de mim, tu, teus filhos, os filhos dos teus filhos, os teus rebanhos, o teu gado e tudo o que tens.

11 Ali te [u]sustentarei, porque ainda haverá cinco anos de fome, para que não sejas reduzido à pobreza, tu e tua casa, e tudo o que tens.

12 Os vossos olhos e os olhos de meu irmão Benjamim veem que é minha a boca que vos fala.

13 Fazei, pois, saber a meu pai toda a minha glória no Egito e tudo o que tendes visto. Apressai-vos a fazer [v]descer meu pai para cá.

14 Então se lançou ao pescoço de Benjamim, seu irmão, e chorou; e Benjamim chorou também ao pescoço dele.

15 E José [w]beijou a todos os seus irmãos e chorou sobre eles. Depois seus irmãos falaram com ele.

Os irmãos de José são abençoados e enviados em busca de Jacó

16 **Q**uando se ouviu no palácio de faraó que os irmãos de José haviam chegado, isso pareceu bem aos olhos de faraó e dos seus oficiais.

17 Disse faraó a José: Dize a teus irmãos: Fazei isto: carregai os vossos animais e parti, tornai à terra de Canaã,

18 tomai a vosso pai e as vossas famílias e vinde a mim. Eu vos darei o melhor da terra do Egito, e [x]comereis da fartura da terra.

19 A ti, pois, é ordenado dizer-lhes: Fazei isto: levai da terra do Egito carros para vossos meninos e para vossas mulheres; trazei vosso pai e vinde.

20 Não vos preocupeis com vossos bens, porque o melhor de toda a terra do Egito será vosso.

21 **A**ssim fizeram os filhos de Israel. José lhes deu [y]carros, conforme o mandado de faraó, e também lhes deu comida para a viagem.

22 A cada um deles deu [z]mudas de roupa, mas a Benjamim deu trezentas peças de prata e cinco mudas de roupa.

23 E a seu pai enviou o seguinte: dez jumentos carregados do melhor do Egito, dez jumentas carregadas de trigo, pão e outras provisões para a sua viagem.

24 Então despediu-se dos seus irmãos. Ao partirem, disse-lhes: Não contendais pelo caminho.

25 Assim, subiram do Egito e vieram à terra de Canaã, a Jacó, seu pai,

26 e lhe anunciaram: José ainda vive. Ele é governador de toda a terra do Egito. E o coração de Jacó fraquejou, porque não acreditava neles.

27 Porém, havendo-lhe eles contado todas as palavras que José lhes falara e vendo ele os carros que José enviara para levá-lo, reanimou-se o seu [a]espírito

28 e disse: Basta! Ainda vive meu filho José. Eu irei e o verei antes que morra.

Jacó e toda a sua família descem ao Egito

46 **P**artiu [b]Israel com tudo o que tinha e chegou a [c]Berseba, onde ofereceu sacrifícios ao [d]Deus de seu pai Isaque.

2 Falou Deus a Israel em [e]visões de noite: Jacó, Jacó! Ele respondeu: Eis-me aqui.

3 Disse Deus: [1]Eu sou Deus, o Deus de teu pai. Não temas descer ao Egito, pois eu te farei [f]ali uma grande nação.

4 Eu descerei [g]contigo ao Egito e certamente te farei tornar a [h]subir. E José fechará os teus olhos.

5 Então se levantou Jacó de Berseba; e os filhos de Israel levaram seu pai, Jacó, seus meninos, suas mulheres nos [ii]carros que faraó enviara para o levar.

[i] Gn 43.30; 46.29
[j] At 7.13
[k] Comp. Zc 12.10-14
[l] Gn 37.28; 39.1; Sl 105.17
[m] Gn 50.20
[n] Gn 43.1; 47.4,13
[o] Gn 50.20; comp. At 2.23,24
[p] Refere-se a um remanescente. Veja Is 1.9 e Rm 11.5, notas
[q] Rm 8.28
[r] Is 22.21
[s] Gn 42.6
[t] Gn 47.6; Êx 9.26
[u] Gn 47.12
[v] Gn 46.6-28; At 7.14
[w] Gn 48.10
[x] Gn 47.6; Dt 32.9-14
[y] Gn 46.5
[z] Jz 14.12; 2Rs 5.5
[a] Jz 15.19; Is 40.29
[b] Israel (história): v. 1-6; Êx 3.15 (Gn 12.2; Rm 11.26)
[c] Gn 21.33; 26.32,33; 28.10
[d] Gn 32.9
[e] Gn 31.11; comp. 22.11
[f] Êx 12.37; Dt 26.5; comp. Gn 35.11; 48.4
[g] Gn 31.3; Êx 3.12
[h] Gn 15.16; 50.13,25; Êx 3.8
[ii] Gn 45.19-21

[1] (46.3) É importante fazer uma distinção entre a vontade diretiva e a vontade permissiva de Deus. No primeiro sentido, o local da aliança era Canaã (Gn 26.1-5). Gn 46.3 é um exemplo tocante da vontade permissiva de Deus. A bondade do Senhor não proibiria o velho patriarca de acompanhar a família, agora separada, para o Egito, onde parte dela já estava. Deus acompanha seu povo e, sempre que possível, o abençoa, mesmo quando estão fora do seu melhor. Quando Israel escolheu um rei (1Sm 8.7-9), no retorno de Cades (Dt 1.19-22), no envio dos espias e no caso de Balaão vemos ilustrações desse princípio. É desnecessário dizer que a vontade permissiva de Deus jamais se estende a coisas moralmente erradas. A bênção mais elevada sempre é encontrada na obediência à sua vontade diretiva.

6 Tomaram o seu gado e os seus bens que tinham adquirido na terra de Canaã e vieram para o [j]Egito, Jacó e toda a sua descendência com ele.

7 Os seus filhos e os filhos de seus filhos com ele, as suas filhas e as filhas de seus filhos e toda a sua descendência, levou-os consigo para o Egito.

Registro dos que foram para o Egito

8 São estes os nomes dos filhos de Israel, Jacó e seus filhos, que vieram para o Egito: Rúben, o primogênito de Jacó.

9 Os [k]filhos de Rúben: Enoque, Palu, Hezrom e Carmi.

10 Os [l]filhos de Simeão: Jemuel, Jamim, Oade, Jaquim, Zoar e Saul, filho de uma mulher cananeia.

11 Os [m]filhos de Levi: Gérson, Coate e Merari.

12 Os [n]filhos de Judá: Er, Onã, Selá, Perez e Zera. Er e Onã, porém, morreram na terra de Canaã. Os filhos de Perez foram: Hezrom e Hamul.

13 Os [o]filhos de Issacar: Tola, Puva, Jó e Sinrom.

14 Os [p]filhos de Zebulom: Serede, Elom e Jaleel.

15 Foram estes os [q]filhos de Lia, que ela deu a Jacó em Padã-Arã, além de Diná, sua filha. Ao todo trinta e três pessoas.

16 Os [r]filhos de Gade: Zifiom, Hagi, Suni, Esbom, Eri, Arodi e Areli.

17 Os [s]filhos de Aser: Imna, Isvá, Isvi, Berias e Será, irmã deles. Os filhos de Berias: Héber e Malquiel.

18 Foram estes os [t]filhos de Zilpa, a qual Labão deu à sua filha Lia; estes ela deu a Jacó, ao todo dezesseis pessoas.

19 Os [u]filhos de Raquel, mulher de Jacó: José e Benjamim.

20 Nasceram a José na terra do Egito, [v]Manassés e Efraim, que lhe deu [w]Asenate, filha de Potífera, sacerdote de Om.

21 Os [x]filhos de Benjamim: Bela, Bequer, Asbel, Gera, Naamã, Eí, Rôs, Mupim, Hupim e Arde.

22 Foram estes os filhos de Raquel, que nasceram a Jacó, ao todo catorze pessoas.

23 O [y]filho de Dã: Husim.

24 Os [z]filhos de Naftali: Jazeel, Guni, Jezer e Silém.

25 Foram estes os [a]filhos que Bila, serva que Labão deu à sua filha Raquel, deu a Jacó; ao todo sete pessoas.

26 Todos [1]os que vieram com Jacó para o Egito, e que eram da sua descendência, fora as mulheres dos filhos de Jacó, foram sessenta e seis pessoas.

27 Com os dois filhos de José, que lhe nasceram no Egito, todas as pessoas da casa de Jacó, que vieram para o Egito, foram setenta.

O encontro de José com seu pai

28 Jacó enviou Judá à sua frente a José, para o encaminhar a Gósen. Quando chegaram à terra de Gósen,

29 José aprontou o seu [b]carro e subiu ao encontro de Israel, seu pai, a Gósen. Quando o viu, correu, lançou-se ao seu pescoço, e chorou por longo tempo.

30 Disse Israel a José: Já [c]posso morrer, pois vi o teu rosto, e ainda vives.

31 Depois disse José a seus irmãos e à casa de seu pai: Eu subirei e informarei a faraó, e lhe direi: Meus irmãos e a casa de meu pai, que estavam na terra de Canaã, vieram a mim.

32 Os homens são [d]pastores, homens de gado, e trouxeram consigo os seus rebanhos, o seu gado e tudo o que têm.

33 Quando faraó vos chamar e perguntar: Qual é a vossa ocupação?

34 Respondereis: Teus servos foram homens de gado desde a nossa juventude até agora, tanto nós como os nossos pais; para que habiteis na terra de Gósen, pois todos os pastores são [e]abominação para os egípcios.

A família de Jacó é honrada

47 Então veio José e disse a faraó: Meu pai e meus irmãos, com seus rebanhos e seu gado, e tudo o que têm, chegaram da terra de Canaã, e estão na terra de [f]Gósen.

2 E tomou cinco dos seus irmãos e [g]os apresentou a faraó.

3 Então perguntou faraó aos irmãos de José: [h]Qual é a vossa ocupação? Eles responderam: Teus servos são [i]pastores, tanto nós como nossos pais.

4 Disseram mais a faraó: Viemos para [jj]habitar nesta terra, porque não há pasto para os rebanhos de teus servos, pois a [kk]fome é grave na terra de Canaã. Agora, rogamos-te, permite que teus servos habitem na terra de Gósen.

5 Então disse faraó a José: Teu pai e teus irmãos vieram a ti,

6 e a terra do Egito está diante de ti; no [ll]melhor da terra faze habitar teu pai e teus irmãos. Habitem na terra de Gósen. E, se sabes que entre

[j] Comp. Gn 47.9. Veja Gn 11.27, nota
[k] Êx 6.14
[l] Êx 6.15
[m] Êx 6.16,17
[n] Nm 26.19,20
[o] Nm 26.23
[p] Nm 26.26
[q] Gn 35.23; 49.31
[r] Nm 26.15-18
[s] Nm 26.44-47
[t] Gn 37.2
[u] Gn 35.24
[v] Gn 41.51,52; 48.1
[w] Gn 41.45
[x] Nm 26.38
[y] Nm 26.42
[z] Nm 26.48
[a] 1Cr 7.13
[b] Gn 41.43
[c] Comp. Lc 2.29,30
[d] Gn 47.3
[e] Gn 43.32
[f] Gn 50.8
[g] At 7.13
[h] Gn 46.33; Jn 1.8
[i] Gn 46.32; Êx 2.17,19
[jj] Gn 15.13; Dt 26.5
[kk] Gn 45.6; Sl 105.16
[ll] Gn 45.18

[1] (46.26) Existe razão para os números diferentes apresentados nos v. 26 e 27. "Todos os que vieram com Jacó [...] foram sessenta e seis pessoas" (v. 26). "Todas as pessoas da casa de Jacó" (v. 27, i.e., *toda* a família de Jacó) foram setenta: sessenta e seis que vieram com Jacó, mais José e seus dois filhos, que já estavam no Egito, que perfaz o total de sessenta e nove, mais o próprio Jacó, que perfaz setenta. Veja At 7.14, *nota*.

eles há homens capazes, põe-nos por chefes dos pastores do meu gado.

7 **T**rouxe José a Jacó, seu pai, e o apresentou a faraó. E Jacó [m]abençoou a faraó.

8 Então perguntou faraó a Jacó: Quantos são os dias dos anos da tua vida?

9 Respondeu-lhe Jacó: Os anos das minhas peregrinações são [n]cento e trinta. Poucos e maus foram os anos da minha vida e não [o]chegaram aos anos da vida de meus pais nos dias das suas peregrinações.

10 Então Jacó abençoou a faraó e saiu da sua presença.

11 Assim, José instalou seu pai e seus irmãos, dando-lhes possessão na terra do Egito, no melhor da terra, na terra de [p]Ramessés, como faraó ordenara.

12 E José [q]sustentou de pão a seu pai, a seus irmãos e a toda a casa de seu pai, segundo o número de seus filhos.

Como José comprou toda a terra do Egito para faraó

13 **N**ão havia pão em toda a terra, porque a fome era muito intensa; de modo que a terra do Egito e a terra de Canaã desfaleciam por causa da fome.

14 Então José [r]recolheu todo o dinheiro que se achou na terra do Egito e na terra de Canaã, pelo trigo que compravam, e trouxe-o à casa de faraó.

15 Acabando-se o dinheiro na terra do Egito e na terra de Canaã, vieram todos os egípcios a José, dizendo: Dá-nos pão. Por que morreremos na tua presença? Pois não há mais dinheiro.

16 Respondeu José: Se vos falta dinheiro, trazei o vosso gado; em troca do vosso gado eu vos suprirei.

17 Então trouxeram o seu gado a José, e ele lhes deu pão em troca de cavalos, de ovelhas, de bois e de jumentos. E os sustentou de pão aquele ano em troca de todo o seu gado.

18 Findo aquele ano, vieram a ele no segundo ano e disseram-lhe: Não ocultaremos ao meu senhor que o dinheiro é acabado, e meu senhor possui os animais; nenhuma outra coisa nos resta diante de meu senhor, senão o nosso corpo e a nossa terra.

19 Por que morreremos diante dos teus olhos, tanto nós como a nossa terra? [s]Compra-nos, e também a nossa terra em troca de pão, e nós e a nossa terra seremos servos de faraó. Dá-nos semente para que [t]vivamos e não morramos, e a terra não fique deserta.

20 **A**ssim José [u]comprou toda a terra do Egito para faraó. Os egípcios venderam cada um o seu campo, porque a fome lhes era grave em extremo. A terra passou a ser de faraó,

[m] Gn 48.15,20; comp. Hb 7.7
[n] Comp. Gn 46.6
[o] Gn 5.5; 11.10,11; 25.7,8
[p] Êx 12.37
[q] Gn 45.11; 50.21
[r] Gn 42.6
[s] v. 23
[t] Gn 43.8
[u] Comp. Ap 5.5-10; 11.15
[v] Comp. Lv 25.34
[w] v. 19; comp. 1Co 6.20
[x] Gn 15.13-16; Êx 1.7-12; 12.37; Hb 11.12
[y] Gn 47.9
[z] Gn 24.2-4
[a] Js 2.14
[b] Gn 50.5-13; Hb 11.21
[c] Gn 46.20; 50.23
[d] Gn 43.14; 49.25
[e] Gn 35.6
[f] Gn 46.3
[g] Gn 35.12; Êx 6.8
[h] Gn 17.8

21 e José escravizou o povo de uma a outra extremidade da terra do Egito.

22 [v]Somente a terra dos sacerdotes não a comprou, porque eles recebiam sustento de faraó, e viviam do que faraó lhes dava. Por isso não venderam a sua terra.

23 Então disse José ao povo: Eis que hoje vos [w]comprei a vós e a vossa terra para faraó; aí tendes semente para vós, para que semeeis a terra.

24 Há de ser, porém, que das colheitas dareis o quinto a faraó, e as quatro partes serão vossas, para semente do campo, para o vosso mantimento e dos vossos filhos e de todos os que estão nas vossas casas.

25 Responderam eles: A vida nos tens dado! Achemos graça aos olhos de meu senhor e seremos servos de faraó.

26 José, pois, estabeleceu isto por lei até o dia de hoje, na terra do Egito, que um quinto da produção pertence a faraó. Só a terra dos sacerdotes não passou a ser de faraó.

José promete sepultar Jacó em Canaã

27 **A**ssim habitou Israel na terra do Egito, na terra de Gósen. Nela adquiriram propriedades, e frutificaram, e se [x]multiplicaram muito.

28 Jacó viveu na terra do Egito dezessete anos, e os anos da sua [y]vida foram cento e quarenta e sete.

29 **A**proximando-se o tempo da morte de Israel, ele chamou José, seu filho, e lhe disse: Se achei graça a teus olhos, rogo-te que [z]ponhas a tua mão debaixo da minha coxa e [a]usa para comigo de benevolência e verdade. Rogo-te que não me enterres no Egito,

30 mas, quando eu [b]tiver dormido com meus pais, me levarás do Egito e me sepultarás onde eles foram sepultados. Respondeu José: Farei conforme a tua palavra.

31 Então lhe disse Jacó: Jura-me. E ele lhe jurou, e Israel se inclinou sobre a cabeceira da cama.

Jacó abençoa os filhos de José

48 **D**epois dessas coisas, disseram a José: Teu pai está enfermo. Então José tomou consigo os seus dois filhos, [c]Manassés e Efraim.

2 Disse alguém a Jacó: José, teu filho, vem a ti. E esforçou-se Israel, e se assentou na cama.

3 Disse Jacó a José: O Deus [d]todo-poderoso me apareceu em [e]Luz, na terra de Canaã, e me abençoou,

4 e me disse: Eu te [f]farei frutificar e te multiplicarei. Eu te farei uma multidão de povos e [g]darei esta terra à tua descendência depois de ti, em possessão [h]perpétua.

5 Agora, pois, os teus dois filhos, que te nasceram na terra do Egito, antes que eu viesse a

ti no Egito, são meus; Efraim e Manassés serão
meus, como Rúben e Simeão.
6 A tua descendência, porém, que gerarás
depois deles, será tua; no território que her-
darem serão contados segundo o nome de
seus irmãos.
7 Vindo eu de Padã, morreu-me Raquel no
caminho, na terra de Canaã, quando ainda faltava
alguma distância para chegar a Efrata. Sepultei-a
ali, no caminho de Efrata, que é [i]Belém.
8 **V**endo Israel os filhos de José, perguntou:
Quem são estes?
9 José disse a seu pai: Eles são meus filhos, [j]que
Deus me deu aqui. Continuou Israel: Traze-os
aqui, peço-te, para que os [k]abençoe.
10 Ora, os [l]olhos de Israel já se tinham escure-
cido por causa da velhice, de modo que não
podia ver. José, pois, fê-los chegar a ele, e seu pai
os [m]beijou e os abraçou.
11 Então disse Israel a José: Eu não esperava ver
o teu rosto de novo, e agora Deus me fez ver tam-
bém a tua descendência.
12 Então José os tirou dos joelhos de seu pai, e
se inclinou à terra diante dele.
13 Tomou José ambos, a Efraim com a mão
direita, à esquerda de Israel, e a Manassés com
a mão esquerda, à direita de Israel, e os fez che-
gar a ele.
14 Israel, porém, estendeu a mão direita e a
[n]pôs sobre a cabeça de Efraim, ainda que era
o menor, e a sua esquerda sobre a cabeça de
Manassés, cruzando assim as mãos, não obs-
tante ser Manassés o [o]primogênito.
15 E [p]abençoou a José, dizendo:
O Deus em cuja presença
[q]andaram meus pais Abraão e Isaque,
o Deus que me sustentou,
desde que nasci até este dia,
16 o [r]Anjo que me [s]livrou de todo o mal,
abençoe estes rapazes.
Seja chamado neles o meu nome,
e o nome de meus pais Abraão e Isaque,
e [t]multipliquem-se abundantemente
no meio da terra.

[i] Gn 35.19
[j] Gn 33.5
[k] v. 15
[l] Gn 27.1; 1Sm 3.2
[m] Gn 45.15; 50.1
[n] Comp. Mt 19.15; Mc 10.16
[o] Js 17.1
[p] Gn 47.7,10
[q] Gn 24.40; comp. 2Rs 20.3
[r] Anjo do Senhor: v. 16; Êx 3.2 (Gn 16.7; Jz 2.1, nota)
[s] Redenção (tipo do parente remidor): v. 16; Êx 6.6 (Gn 48.16; Is 59.20, nota)
[t] Nm 26.34,37
[u] Gn 46.4
[v] Gn 14.7
[w] v. 1-27; comp. Dt 33.6-25
[x] Is 2.2
[y] Gn 35.22; 1Cr 5.1

17 **V**endo José que seu pai punha a mão
direita sobre a cabeça de Efraim, foi-lhe isso
desagradável, e tomou a mão de seu pai, para
mudar da cabeça de Efraim para a cabeça
de Manassés.
18 Disse José a seu pai: Não assim, meu pai,
este é o primogênito; põe a tua mão direita sobre
a cabeça dele.
19 Seu pai, porém, o recusou e disse: Eu sei,
filho meu, eu sei. Também ele será um povo, e
também ele será grande. Contudo o seu irmão
menor será maior do que ele, e a sua descendên-
cia será uma multidão de nações.
20 Assim os abençoou naquele dia, dizendo:
Por vós Israel abençoará e dirá: Deus te faça
como a Efraim e como a Manassés. E pôs a
Efraim diante de Manassés.
21 Depois disse Israel a José: Eis que eu morro,
mas Deus será [u]convosco e vos fará tornar à terra
de vossos pais.
22 E eu te dou um pedaço de terra a mais que a
teus irmãos, o [v]qual tomei com a minha espada e
com o meu arco das mãos dos amorreus.

A bênção profética de Jacó

49 **D**epois [w]chamou Jacó a seus filhos e
disse: Ajuntai-vos para que vos anuncie
o que vos há de acontecer [x]nos [1]dias vindouros.
2 Ajuntai-vos e ouvi, filhos de Jacó;
ouvi a Israel, vosso pai.
3 **R**úben, tu és meu primogênito,
minha força, e as primícias do meu vigor,
o mais excelente em alteza,
e o mais excelente em poder.
4 Turbulento como as águas, não serás o
mais excelente,
[y]pois subiste ao leito de teu pai,
subiste à minha cama e a desonraste.
5 **S**imeão e Levi são irmãos;
as suas espadas são instrumentos
de violência.
6 No seu conselho não entre minha alma,
com a sua congregação
minha glória não se ajunte,

[1] (49.1) Esta é a primeira vez que aparece o termo "dias vindouros", um conceito sumamente importante na profecia bíblica. (A palavra hebraica para "vindouro" aqui é *acharith*.) De modo geral, essa expressão (como tb. "os últimos dias" e "os últimos tempos") refere-se ao período final da história de um grupo particular de pessoas ou nações, quando os propósitos anunciados de Deus para eles estão a ponto de ser consumados. 1) Em Dn 2.28–10.14, refere-se ao fim do governo das nações gentias. 2) No AT, o termo, muito frequentemente, se refere à rebelião final de Israel contra Deus (Dt 31.29), acompanhada de uma época de grande angústia (Dt 4.30; Ez 38.16), que será seguida pelo retorno de Israel ao Senhor (Os 3.5). Isso, por sua vez, será seguido pelo estabelecimento em Jerusalém do centro da soberania divina na terra, ao qual as nações do mundo irão para conhecer a lei do Senhor (Mq 4.1ss.). Não há dúvida de que isso será contemporâneo ao derramamento universal do Espírito Santo predito por Joel (Jl 2.28,29; At 2.17). 3) No NT, a expressão é usada duas vezes em relação ao período da história iniciado com a vinda de Cristo (Hb 1.2; 1Pe 1.20), mas 4) mais frequentemente é usada para denotar o fim da era da Igreja, quando a apostasia da fé, a iniquidade e o consequente perigo alcançarão sua maior intensidade (2Tm 3.1; Tg 5.3; 1Pe 1.5; 2Pe 3.3). 5) Nosso Senhor usou a expressão "o último dia" apenas no Evangelho de João, onde se relaciona com a ressurreição (Jo 6.39,40,44,54; 12.48; comp. Jo 11.24). O cap. 49 parece combinar a segunda e a terceira destas definições. Comp. At 2.17, *nota*; Jl 2.28, *nota 1*.

pois no seu furor [z]mataram homens,
e na sua teima aleijaram touros.
7 Maldito seja o seu furor, pois era forte,
e a sua ira, pois era dura;
eu os [a]dividirei em Jacó,
e os espalharei em Israel.
8 [b]**J**udá, a ti te louvarão os teus irmãos;
a tua mão será sobre o pescoço de
teus inimigos;
diante de ti se [c]inclinarão os filhos
de teu pai.
9 Judá é um [d]leãozinho.
Subiste da presa, filho meu.
Encurva-se e deita-se como leão
e como leoa; quem o despertará?
10 O [e]cetro não se arredará de Judá,
nem o bastão de autoridade de entre seus pés,
até que venha [1][f]Siló,
[g]e a ele obedecerão os povos.
11 Ele amarrará o seu jumentinho à vide,
e o filho da sua jumenta à videira
mais excelente;
lavará as suas vestes no vinho,
e a sua capa em sangue de uvas.
12 Os seus olhos serão mais escuros do que
o vinho,
e seus dentes mais brancos do que o leite.
13 **Z**ebulom habitará no litoral,
e servirá de porto para navios;
o seu termo se estenderá até [h]Sidom.
14 [i]**I**ssacar é jumento forte,
deitado entre dois fardos.
15 Viu ele que o descanso era bom,
e que a terra era deliciosa
e baixou o ombro à carga;
sujeitou-se ao trabalho servil.
16 [j]**D**ã julgará o seu povo,
como uma das tribos de Israel.
17 Dã será serpente junto ao caminho,
uma víbora junto à vereda,
que morde os calcanhares do cavalo,
e faz cair o seu cavaleiro para trás.
18 A tua salvação espero, ó Senhor!
19 **Q**uanto a [k]Gade, uma
guerrilha o acometerá,
mas ele a acometerá por fim.

[z] Gn 34.26
[a] Nm 18.24; Js 19.1,9; 1Cr 4.24-27
[b] v. 8-10; Ap 5.5
[c] 1Cr 5.2
[d] Comp. Dt 33.22
[e] Nm 24.17
[f] Cristo (primeira vinda): v. 10; 2Sm 7.16 (Gn 3.15; At 1.11)
[g] Sl 2.8
[h] Gn 10.19; Js 11.8
[i] 1Cr 12.32
[j] Gn 30.6
[k] Gn 30.11
[l] Js 19.24-31
[m] Sl 132.2,5
[n] Sl 23
[o] Cristo (Rocha): v. 24; Êx 17.6 (Gn 49.24; 1Pe 2.8)
[p] Gn 50.17
[q] Dt 33.13
[r] Dt 33.15
[s] Gn 35.29
[t] Veja 2Rs 7.6, nota
[u] Veja At 7.16, nota
[v] Comp. Gn 23.19,20; 25.9; 35.29; 50.13

20 **D**e [l]Aser, o seu pão será abundante,
e ele providenciará delícias reais.
21 **N**aftali é uma gazela solta
que profere palavras formosas.
22 **J**osé é um ramo frutífero,
ramo frutífero junto à fonte,
cujos galhos se estendem sobre o muro.
23 Os flecheiros lhe deram
amargura,
o flecharam e perseguiram.
24 O seu arco, porém,
permanece firme,
e os seus braços foram fortalecidos
pelas mãos do [m]Poderoso de Jacó,
o [n]Pastor, o [o]Rochedo de Israel,
25 pelo [p]Deus de teu pai,
o qual te ajudará,
e pelo Todo-poderoso, o qual te abençoará
com bênçãos dos céus em cima,
com bênçãos do [q]abismo que jaz embaixo,
com bênçãos da fartura e da fertilidade.
26 As bênçãos de teu pai
excederão as bênçãos de meus pais
até o cume dos montes [r]eternos;
elas estarão sobre a cabeça de José,
e sobre o alto da cabeça do que
foi separado
de seus irmãos.
27 **B**enjamim é lobo que despedaça;
pela manhã devorará a presa,
e à tarde repartirá o despojo.
28 **T**odas estas são as doze tribos de Israel, e
isto é o que lhes falou seu pai quando os [2]aben-
çoou; a cada um deles abençoou segundo a
sua bênção.
29 Depois lhes ordenou, dizendo: Eu estou
para [s]ser reunido ao meu povo. Sepultai-me
com meus pais, na caverna que está no campo
de Efrom, o [t]heteu,
30 na caverna que está no campo de Macpela,
fronteiro a Manre, na terra de Canaã, a qual
Abraão comprou de Efrom, o heteu, com aquele
campo, como propriedade de [u]sepultura.
31 [v]Ali sepultaram a Abraão e a Sara, sua
mulher; ali sepultaram a Isaque e a Rebeca,
sua mulher; e ali eu sepultei a Lia.

---

[1] (49.10) Heb. *Siló*. Diversas sugestões já foram oferecidas para explicar essa palavra. Algumas traduções mais antigas traduzem-na por "aquele de quem é" ou "aquele a quem pertence", fazendo referência ao reinado do Messias e à profecia de Ez 21.27. A opinião que relaciona Siló à cidade de Siló é notadamente fraca, pois Judá não experimentou uma crise memorável em Siló. A sugestão de alguns poucos de que esta passagem se cumpriu em Davi a esvazia de sua força. Na verdade, não houve governo manifesto de Judá até Davi; portanto, o texto indica governo em Judá antes de Siló vir. *A referência é ao Messias.* O governo ou reinado em Judá não se concluirá até que ele venha, quando essa soberania será aumentada para incluir o mundo.

[2] (49.28) A vida de Jacó, que terminou com serenidade e bênção, testifica do poder de Deus de transformar o caráter. Na vida espiritual de Jacó, houve seis fases notáveis: 1) o primeiro exercício prático da fé, demonstrado na compra da primogenitura (Gn 25.28-34; 27.9-29); 2) a visão em Betel (Gn 28.10-19); 3) o andar na carne (Gn 29.1–31.55); 4) a experiência transformadora (Gn 32.24-31); 5) o retorno a Betel: os ídolos são rejeitados e enterrados (Gn 35.1-7); e 6) o caminho de fé em Deus (Gn 37.1–49.33).

32 O campo e a caverna que está nele foram comprados aos filhos de Hete.

33 Acabando Jacó de dar estas instruções a seus filhos, recolheu os pés na cama, expirou e foi reunido ao seu povo.

A lamentação por Jacó e seu sepultamento

50 Então [w]José se lançou sobre o rosto de seu pai, [x]chorou sobre ele e o beijou.

2 Ordenou José aos seus servos, os médicos, que [y]embalsamassem a seu pai. Assim os médicos [1]embalsamaram a Israel.

3 Eles levaram quarenta dias, pois assim se cumprem os dias daqueles que se embalsamam. E os egípcios o [z]choraram setenta dias.

4 **Passados** os dias de seu choro, disse José à casa de faraó: Se achei graça aos vossos olhos, rogo-vos que faleis aos ouvidos de faraó, dizendo:

5 Meu pai me fez [a]jurar, dizendo: Eis que eu morro; em meu sepulcro, que cavei para mim na terra de Canaã, ali me sepultarás. Agora, peço-te, que eu suba, para que sepulte meu pai; então voltarei.

6 Respondeu faraó: Sobe e sepulta teu pai, como ele te fez jurar.

7 José subiu para sepultar seu pai. Subiram com ele todos os oficiais de faraó, as autoridades da sua corte e todas as autoridades da terra do Egito,

8 como também toda a família de José, e seus irmãos, e a família de seu pai. Somente deixaram na terra de Gósen os seus pequeninos, e os rebanhos, e o gado.

9 Subiram também com ele tanto carros como cavaleiros. O cortejo foi enorme.

10 Chegando eles à eira de Atade, que está perto do Jordão, levantaram ali um grande e forte pranto; assim José levantou por seu pai um grande pranto por sete dias.

11 Vendo os moradores da terra, os cananeus, o [b]luto na eira de Atade, disseram: Grande pranto é este dos egípcios. Por isso se chamou àquele lugar de [2]Abelmizraim, que está perto do Jordão.

12 Fizeram-lhe os seus filhos assim como ele lhes havia ordenado:

13 Levaram-no à terra de Canaã e o [c]sepultaram na caverna do campo de Macpela, perto de Manre, que Abraão comprara com o campo, de Efrom, o [d]heteu, como propriedade de sepultura.

14 Depois de haver sepultado seu pai, voltou José para o Egito, ele e seus irmãos, e todos os que com ele haviam subido para sepultar seu pai.

Os irmãos de José ficam com medo

15 **Vendo** os irmãos de José que seu pai já estava morto, disseram: Porventura nos odiará José e nos retribuirá todo o mal que lhe fizemos.

16 Portanto mandaram dizer a José: Teu pai ordenou, antes da sua morte:

17 Assim direis a José: Perdoa, rogo-te, a transgressão de teus irmãos e o seu pecado, porque te fizeram mal. Agora, pois, rogamos-te que perdoes a transgressão dos servos do [e]Deus de teu pai. E José chorou quando eles lhe falavam.

18 Depois vieram também seus irmãos, [f]prostraram-se diante dele e disseram: Somos teus servos.

19 Respondeu-lhes José: Não temais. Acaso [g]estou eu em lugar de Deus?

20 Vós, na verdade, intentastes o mal contra mim, porém [h]Deus o tornou em [i]bem, para fazer como se vê neste dia, para conservar muita gente com vida.

21 Agora, pois, não temais. Eu vos sustentarei, a vós e a vossos filhos. Assim os consolou e lhes falou ao coração.

Os últimos dias de José e sua morte

22 **José** habitou no Egito, ele e a família de seu pai. Ele viveu cento e dez anos.

23 E viu os [j]filhos de Efraim, da terceira geração. Também os filhos de [k]Maquir, filho de Manassés, nasceram sobre os joelhos de José.

24 [l]Disse José a seus irmãos: Eu morro. Mas Deus certamente vos [m]visitará e vos fará subir desta terra para a [n]terra que jurou a Abraão, a Isaque e a Jacó.

25 E José fez [o]jurar os filhos de Israel, dizendo: Certamente Deus vos [p]visitará, e então fareis transportar daqui os meus [q]ossos.

26 Assim morreu José com a idade de cento e dez anos. E depois que o [r]embalsamaram, puseram-no num caixão no Egito.

[w] Gn 46.4
[x] Gn 46.29
[y] Gn 50.26
[z] Gn 37.34; Nm 20.29; Dt 34.8
[a] Gn 47.29-31
[b] 2Cr 35.25
[c] Gn 49.30,31. Veja At 7.16, nota
[d] Veja 2Rs 7.6, nota
[e] Gn 49.25
[f] Gn 44.14
[g] Gn 30.2; 2Rs 5.7
[h] Gn 45.5,7
[i] Um complemento de Rm 8.28 no AT
[j] Gn 48.1
[k] Nm 26.29
[l] Fé: v. 24,25; Êx 1.17 (Gn 3.20; Hb 11.39, nota)
[m] Êx 3.16
[n] Gn 48.4; Êx 6.8
[o] Êx 13.19; Js 24.32; At 7.15,16; Hb 11.22
[p] Gn 17.8; 28.13; 35.12; Dt 1.8; 30.1-8
[q] Êx 13.19
[r] v. 2

[1] (50.2) No Egito, o embalsamamento de pessoas importantes era um procedimento comum. Já se encontraram muitas múmias, geralmente em excelente estado de preservação. O processo era muito elaborado, como comprovado pelo fato de requerer quarenta dias (v. 3).

[2] (50.11) *Pradaria do Egito*, semelhante ao nome hebraico Ebel-Mizraim, que significa *Pranto do Egito*.

ÊXODO

- **Autor:** Moisés
- **Tema:** Livramento
- Escrito no século XV a.C., aprox.

ÊXODO significa *saída, partida* – um título apropriado para a descrição da saída do povo escolhido da terra onde, oprimido, sofreu escravidão durante gerações.

Essa redenção do cativeiro no Egito foi realizada por intervenção divina e milagrosa, exigindo da parte dos israelitas apenas fé na eficácia do sangue derramado (12.1-13). Assim como no NT, a redenção tem o propósito de tornar possível a comunhão entre um povo redimido e Deus. Depois da realização da redenção no Egito, foi dada a Lei, seguida pela revelação das grandes verdades de uma adoração aceitável a Deus como detalhada no tabernáculo, com seus respectivos sacrifícios e o serviço do sacerdócio.

Em Êxodo, Deus, até então ligado ao povo israelita apenas por meio de sua aliança com Abraão (veja Gn 12.2, *nota*), atrai-os para si, nacionalmente, por intermédio da redenção, colocados sob a Aliança Mosaica (19.5, *nota*), e habita no meio deles na nuvem de glória. Gálatas explica o relacionamento da Lei com a Aliança Abraâmica. Nos mandamentos, Deus ensinou a Israel suas justas exigências. A experiência de viver sob os mandamentos convenceu Israel do pecado, e a provisão do sacerdócio e os sacrifícios (cheios de preciosos tipos de Cristo) deram a um povo culpado o caminho para o perdão, a purificação, a restauração da comunhão e a adoração.

O Êxodo apresenta muitos tipos de profundo significado. Veja *notas* das seguintes passagens para uma explicação sobre: a importância de Moisés (2.2), da Páscoa (12.11), do maná (16.35), da rocha (17.6) e do tabernáculo (25.9), e também as *notas* sobre o azeite (27.20) e o sacerdócio (29.4,5).

Êxodo pode ser dividido em três seções principais: I. Israel no Egito: opressão e conflito com o faraó, 1.1–12.36. II. O êxodo do Egito e a viagem ao Sinai, 12.37–18.27. III. No Sinai: a Lei e a construção do tabernáculo, 19.1–40.38.

I. Israel no Egito: opressão e conflito com faraó, 1.1—12.36

Acontecimentos após a morte de José

1 São estes os [a]nomes dos filhos de Israel que entraram no Egito com Jacó, cada um com a sua família:

2 Rúben, Simeão, Levi e Judá;

3 Issacar, Zebulom e Benjamim;

4 Dã e Naftali, Gade e Aser.

5 Todas as pessoas, pois, que descenderam de Jacó foram [b]setenta; José já estava no Egito.

6 Faleceu [c]José, e todos os seus irmãos, e toda aquela geração.

7 Os filhos de Israel, porém, [d]frutificaram e aumentaram muito, multiplicaram-se e se tornaram sobremaneira fortes, de modo que a terra se encheu deles.

A escravidão no Egito

8 [1]**E**ntão se levantou um novo rei sobre o Egito, [e]que não conhecera José.

9 Disse ele ao seu povo: O povo de Israel é mais numeroso e [f]mais forte do que nós.

10 Eia, [g]usemos de astúcia para com ele, para que não se multiplique, e, vindo a guerra, ele se ajunte com os nossos inimigos, peleje contra nós e saia da terra.

11 Então puseram sobre eles [h]feitores, para os afligirem com as suas cargas. Assim os israelitas edificaram para faraó cidades-[i]celeiros, Pitom e Ramessés.

12 Todavia, quanto mais os egípcios afligiam o povo de Israel, mais este se multiplicava e se espalhava; de maneira que os egípcios se inquietavam por causa dos filhos de Israel

13 e os faziam [j]servir com dureza.

14 Assim lhes amarguravam a vida com dura servidão, em barro e em tijolos, e com toda a sorte de trabalho no campo; com todo o serviço que eram obrigados a fazer.

As parteiras poupam a vida dos recém-nascidos

15 **O** rei do Egito disse às parteiras das [k]hebreias, das quais uma se chamava Sifrá, e a outra Puá:

16 Quando ajudardes no parto às hebreias e as virdes sobre os assentos, se for [l]filho, matai-o; mas, se for filha, então viva.

17 As parteiras, porém, [m]temeram a Deus e [n]não fizeram como o rei do Egito lhes dissera, antes [o]conservavam os meninos com vida.

18 Então o rei do Egito chamou as parteiras e lhes disse: Por que fizestes isso? Por que deixastes viver os meninos?

19 Responderam as parteiras a faraó: É que as mulheres hebreias não são como as egípcias; são vigorosas, e já têm dado à luz os seus filhos antes que a parteira chegue a elas.

20 Portanto Deus [p]fez bem às parteiras. O povo [q]aumentou e se fortaleceu muito.

[a] Comp. Gn 46.8-27; Êx 6.14-16
[b] Gn 46.27; Dt 10.22
[c] Gn 50.26; comp. Gn 37.1–50.26
[d] Gn 28.3; 35.11; 46.3; 47.27; 48.4; Nm 22.3; Dt 1.10,11; At 7.17
[e] At 7.18,19
[f] Gn 26.16
[g] Sl 105.25
[h] Êx 3.7; 5.6
[i] Comp. 1Rs 9.19; 2Cr 8.4
[j] Gn 15.13; Êx 5.7-19
[k] Êx 2.6
[l] At 7.19
[m] Veja Sl 19.9, nota
[n] Comp. Dn 3.16-18
[o] Fé: Êx 12.28 (Gn 3.20; Hb 11.39, nota)
[p] Comp. Gn 15.1; Rt 2.12
[q] 1.17

---

[1] (1.8) Considerando que as Escrituras não dão o nome específico de nenhum rei egípcio deste período, mas os chama a todos por seu título oficial, faraó, o período dos acontecimentos de Êxodo a Rute é incerto, colocado até dois séculos mais tarde do que a data adotada por Scofield e alguns eruditos conservadores.

21 E, porque as parteiras temeram a Deus, ele lhes constituiu família.

22 Então ordenou faraó a todo o seu povo: A todos os filhos que nascerem aos hebreus lançareis no [r]Nilo, mas a todas as [s]filhas deixareis viver.

Nascimento de Moisés: Deus prepara um libertador (Êx 2.1—4.28)

2 Um [t]homem da tribo de Levi casou-se com uma [u]descendente da mesma tribo.

2 A mulher concebeu e deu à luz um [1]filho. Vendo que ele era [v]formoso, [w]escondeu-o três meses.

3 Não podendo, porém, escondê-lo por mais tempo, tomou um cesto de [x]juncos e o revestiu de [y]betume e [z]piche. Então pôs nele o menino e o largou entre os [a]juncos à beira do rio.

4 Sua [b]irmã postou-se de longe, para saber o que lhe havia de acontecer.

5 A filha de faraó desceu para se lavar no rio, e as suas donzelas passeavam pela beira do rio. Ela viu o cesto no meio dos juncos e enviou a sua criada para tomá-lo.

6 Abrindo-o, viu o menino. Ele chorava, e ela teve compaixão dele, e disse: Este é [c]menino dos hebreus.

7 Então disse sua irmã à filha de faraó: Queres que eu vá chamar uma ama dentre as hebreias, que crie este menino para ti?

8 Respondeu-lhe a filha de faraó: Vai. Foi, pois, a moça e chamou a mãe do menino.

9 Então lhe disse a filha de faraó: Leva este menino e o cria, que eu te darei o teu salário. A mulher tomou o menino e o criou.

10 Sendo o menino já grande, ela o trouxe à filha de faraó, que o adotou. Ela lhe pôs o nome de [2]Moisés, e disse: Das águas o [3]tirei.

Moisés se identifica com Israel; rejeitado, foge para Midiã (Hb 11.23-27)

11 **N**aqueles dias, sendo Moisés já grande, saiu ao encontro de seus irmãos e atentou para as suas cargas. Ele viu que um egípcio feria a um hebreu dos seus irmãos.

12 Olhou de uma e de outra banda, e, vendo que ninguém ali havia, matou o egípcio e o escondeu na areia.

13 Tornou a sair no dia seguinte e viu dois hebreus que [d]contendiam. Perguntou ao culpado: Por que feres a teu próximo?

14 O homem respondeu: Quem te pôs por líder e juiz sobre nós? Pensas matar-me, como mataste o egípcio? Então [e]temeu Moisés e disse: Certamente tudo foi descoberto.

15 Ouvindo, pois, faraó este caso, procurou matar Moisés, mas Moisés [f]fugiu da presença de faraó e foi habitar na terra de [g]Midiã, onde se assentou junto a um [h]poço.

16 O sacerdote de Midiã tinha sete filhas, as quais [i]vieram tirar água e encher os [j]bebedouros para dar de beber ao rebanho de seu pai.

17 Então vieram os [k]pastores e as [l]expulsaram dali; Moisés, porém, levantou-se, as defendeu e deu de [m]beber ao rebanho delas.

18 Tendo elas voltado a [n]Reuel, seu pai, este lhes perguntou: Por que voltastes hoje tão depressa?

19 Responderam elas: Um egípcio nos livrou das mãos dos pastores. Ele ainda tirou água para nós e deu de beber ao rebanho.

20 Ele perguntou a suas filhas: E onde está ele? Por que deixastes lá o homem? Chamai-o para que [o]coma pão.

21 Moisés concordou em morar com aquele homem, e ele deu a Moisés sua filha Zípora.

22 Zípora deu à luz um filho, a quem Moisés chamou Gérson, dizendo: [4]Peregrino sou em terra estranha.

A piedade de Deus para com Israel

23 Depois de muitos dias, morreu o rei do Egito. Os filhos de Israel gemiam sob a servidão e por causa dela clamaram, e o seu clamor subiu a Deus.

24 Ouviu Deus o seu gemido e se lembrou da sua [p]aliança com Abraão, com Isaque e com Jacó.

25 **E** viu Deus os filhos de Israel e atentou para a sua condição.

[r] O rio com este nome
[s] At 7.19
[t] Êx 6.16-19
[u] Êx 6.20
[v] Hb 11.23
[w] At 7.20; Hb 11.23
[x] Is 18.2
[y] Gn 14.10
[z] Gn 6.14; Is 34.9
[a] Is 19.6
[b] Êx 15.20; Nm 26.59
[c] v. 1,2
[d] Pv 25.8
[e] Comp. Gn 32.7; Jz 6.27; Hb 11.27
[f] At 7.29; comp. Hb 11.27
[g] Êx 3.1
[h] Gn 24.11; 29.2; Êx 15.27
[i] Comp. Gn 29.6-9
[j] Gn 30.38
[k] Gn 47.3; 1Sm 25.7
[l] Comp. Gn 26.19-21
[m] Gn 29.3,10
[n] Nm 10.29
[o] Gn 43.25
[p] Gn 12.1-3; 15.18-21; 17.1-14; 22.15-18; 26.1-5; 28.13-15

[1] (2.2) Moisés, um tipo de Cristo, o Libertador (Is 61.1,2; Lc 4.18,19; 2Co 1.10; 1Ts 1.10): 1) Um libertador escolhido por Deus (Êx 3.7-10; At 7.25; Jo 3.16). 2) Rejeitado por Israel, ele se volta para os gentios (Êx 2.11-15; At 7.23-29; 18.5,6; comp. At 28.17-28). 3) Durante a sua rejeição, ele obtém uma esposa (Êx 2.16-21; Mt 12.14-21; 2Co 11.2; Ef 5.30-32). 4) Depois, ele volta a apresentar-se como o libertador de Israel e é aceito (Êx 4.29-31; Rm 11.24-26; comp. At 15.14-17). 5) Oficialmente, Moisés tipifica Cristo como Profeta (At 3.22,23), Advogado (Êx 32.31-35; 1Jo 2.1,2), Intercessor (Êx 17.1-6; Hb 7.25) e Líder ou Rei (Dt 33.4,5; Is 55.4; Hb 2.10); enquanto em relação à casa de Deus ele está em contraste com Cristo. Moisés foi fiel como servo sobre a casa de outrem; Cristo, como Filho, sobre sua própria casa (Hb 3.5,6).

[2] (2.10) Heb. *moshê*. O nome egípcio Moisés já era familiar na corte daquele país. Diversos faraós tiveram nomes compostos a partir do elemento "Moisés", como Ramsés ou Tutmés. O fato de este filho de mulher hebreia receber tal nome corrobora os antecedentes egípcios da história. O v. 10 destaca que o nome parecia especialmente apropriado por causa da semelhança com a palavra hebraica que significa *tirar das águas*.

[3] (2.10) Heb. *masha*.

[4] (2.22) Veja Êx 18.3.

A sarça ardente: a vocação de Moisés

3 [q]Apascentava Moisés o rebanho de [r]Jetro, seu sogro, sacerdote de [s]Midiã, e levou o rebanho para trás do deserto e chegou a [t]Horebe, o monte de Deus.

2 [u]Apareceu-lhe o [v]anjo do Senhor numa chama de fogo do meio duma sarça. Moisés olhou e viu que a sarça ardia no fogo, mas a sarça não se consumia.

3 Então disse consigo mesmo: Agora me virarei para lá e verei esta estranha visão, e por que a sarça não se queima.

4 Vendo o Senhor que se virava para ver, bradou Deus a ele do meio da sarça: Moisés! Moisés! Respondeu ele: Eis-me aqui.

5 Continuou Deus: Não te chegues para cá. Tira as sandálias dos pés, pois o lugar em que estás é terra santa.

6 Disse mais: Eu sou o Deus de teu pai, o [w]Deus de Abraão, o Deus de Isaque e o Deus de Jacó. Moisés escondeu o rosto, porque temeu olhar para Deus.

7 Então disse o Senhor: De fato tenho visto a aflição do meu povo, que está no Egito, e tenho ouvido o seu clamor por causa dos seus opressores, conheço os seus sofrimentos.

8 Por isso, desci para livrá-lo das mãos dos egípcios e para fazê-lo subir daquela terra para uma terra boa e espaçosa, para uma terra em que manam leite e mel: a terra do [x]cananeu, do [y]heteu, do amorreu, do ferezeu, do heveu e do jebuseu.

9 E agora o clamor dos filhos de Israel chegou a mim e também tenho visto a opressão com que os egípcios os oprimem.

10 Vem, agora, e eu te enviarei a faraó, para que tires do Egito o meu povo, os filhos de Israel.

11 Então Moisés disse a Deus: [z]Quem sou eu, para que vá a faraó e tire do Egito os filhos de Israel?

12 Respondeu-lhe Deus: Certamente eu serei contigo. E isto te será por [a]sinal de que eu te enviei: Quando houveres tirado do Egito o meu povo, servireis a Deus neste monte.

Deus se revela como o Senhor: Moisés é comissionado

13 Então disse Moisés a Deus: Quando eu for aos filhos de Israel e lhes disser: O Deus de vossos pais me enviou a vós, e me perguntarem: Qual é o seu nome?, que lhes direi?

14 Disse Deus a Moisés: [1][b]Eu SOU O QUE SOU. Disse mais: Assim dirás aos filhos de Israel: Eu SOU me enviou a vós.

15 Disse mais Deus a Moisés: Assim dirás aos filhos de [c]Israel: O [2]Senhor, Deus de vossos pais, o Deus de Abraão, o Deus de Isaque e o Deus de Jacó me enviou a vós. Este é o meu nome eternamente, e este é o meu memorial de geração em geração.

16 Vai, [d]ajunta os anciãos de Israel e dize-lhes: O Senhor, o Deus de vossos pais, o Deus de Abraão, o Deus de Isaque e o Deus de Jacó, me apareceu, dizendo: Certamente vos tenho [e]visitado e visto o que vos tem sido feito no Egito.

17 Portanto disse: Eu vos farei subir da aflição do Egito para a terra do cananeu, do [f]heteu, do amorreu, do ferezeu, do heveu e do jebuseu, para uma terra em que manam leite e mel.

18 E ouvirão a tua voz. Então ireis, tu e os anciãos de Israel, ao rei do Egito e lhe direis: O [g]Senhor, o Deus dos hebreus, nos [h]encontrou. Agora, pois, deixa-nos ir caminho de três dias para o deserto, a fim de que [i]sacrifiquemos ao Senhor nosso Deus.

19 Eu sei, porém, que o rei do Egito [j]não vos deixará ir, a não ser por uma forte mão.

20 Portanto [k]estenderei a minha mão e ferirei ao Egito com todas as minhas [l]maravilhas que farei no meio dele. Depois disso ele vos [m]deixará ir.

21 E eu [n]darei graça a este povo aos olhos dos egípcios, e, quando sairdes, não saireis vazios.

22 Cada [o]mulher pedirá à sua vizinha e à sua hóspeda [p]joias de prata e joias de ouro, bem como vestimentas, as quais poreis sobre vossos filhos e sobre vossas filhas. E assim [qq]despojareis os egípcios.

Primeira objeção de Moisés: a incredulidade do povo

4 Então respondeu Moisés: Mas, eis que não crerão em mim, nem ouvirão a minha voz e dirão: O Senhor não te apareceu.

2 Perguntou-lhe o Senhor: Que é isso na tua [rr]mão? E ele respondeu: [3]Uma vara.

3 Então lhe disse: Lança-a na terra. Ele a lançou na terra, e ela se [ss]tornou em cobra. E Moisés fugia dela.

4 Então disse o Senhor a Moisés: Estende a mão e pega-lhe pela cauda. Ele estendeu a mão, pegou-lhe pela cauda, e ela se tornou em vara na sua mão.

[q] Reino (AT): v. 1-10; Êx 19.9 (Gn 1.26; Zc 12.8)
[r] Êx 4.18
[s] 2.15; 4.19
[t] Êx 17.6
[u] Veja Êx 1.8, nota
[v] Anjo do Senhor: v. 2–4.17; Êx 14.19 (Gn 16.7; Jz 2.1, nota)
[w] Mt 22.32; Mc 12.26; At 7.32
[x] Gn 15.21; Êx 13.5; Js 24.11
[y] Veja 2Rs 7.6, nota
[z] Êx 4.10
[a] Êx 4.8
[b] Divindade (nomes da): v. 13-15; Êx 34.6 (Gn 1.1; Ml 3.18)
[c] Israel (história): v. 15-17; Êx 12.1 (Gn 12.2; Rm 11.26)
[d] Êx 4.29
[e] Gn 50.24; Êx 4.31
[f] Veja 2Rs 7.6, nota
[g] Êx 5.3
[h] Comp. Êx 4.24
[i] Êx 5.1
[j] Êx 5.2
[k] Êx 6.6
[l] Êx 4.21
[m] Comp. Êx 12.31-37
[n] Êx 11.3
[o] Êx 11.2
[p] Êx 33.6
[qq] Êx 12.36
[rr] O uso do pequeno. Comp. Jz 3.31; 1Rs 17.12-16; Jo 6.9; 1Co 1.25-31
[ss] Milagres (AT): v. 3,4,6,7; Êx 7.10 (Gn 5.24; Jn 1.17)

[1] (3.14) Nesta primeira autoidentificação de Deus, é significativo que o verbo esteja na primeira pessoa; aquele que fala nomeia a si mesmo, enfatizando, assim, sua identificação pessoal. É o anúncio de um Deus presente, que veio para cumprir sua aliança e guardar sua promessa para com a descendência sofredora de Abraão, de Isaque e de Jacó. Comp. 34.6, *nota*; Ml 3.18, *nota*.

[2] (3.15) *Jeová*, aqui traduzido "Senhor", representa o nome divino *YHWH*, que se relaciona com o verbo *hayah*, ser.

[3] (4.2) O sinal da vara fala de poder (Sl 2.9; 110.2; Ap 2.27). Era o cajado de pastor de Moisés, o instrumento de sua vocação. Lançada na terra, transformou-se em uma cobra; levantada pela fé, tornou-se "a vara de Deus" (4.20; veja 7.12, *nota*).

5 É para que [t]creiam que te apareceu o Senhor,
Deus de seus pais, o Deus de Abraão, o Deus de
Isaque e o Deus de Jacó.
6 Disse-lhe mais o Senhor: [1]Mete a mão no
peito. Ele meteu a mão no peito e, tirando-a, a
mão estava [u]leprosa, branca como a neve.
7 Disse-lhe ainda: Torna a meter a mão no
peito. Ele tornou a meter a mão no peito e,
tirando-a do peito, ela se tornara como o res-
tante da sua pele.
8 Se eles não crerem em ti nem atentarem para
o [v]primeiro sinal, talvez crerão no segundo.
9 Se ainda assim não crerem nestes [w]dois
sinais nem ouvirem a tua voz, tomarás das águas
do rio e as derramarás na terra seca. As águas,
que tomarás do rio, se tornarão em sangue sobre
a terra seca.

Segunda objeção de Moisés: sua falta de eloquência

10 Então [x]disse Moisés ao Senhor: Ah! Senhor!
Eu nunca fui eloquente, nem antes nem depois
que falaste ao teu servo. Sou pesado de boca e
pesado de língua.
11 Disse-lhe o Senhor: [y]Quem fez a boca do
homem? Ou quem fez o mudo, ou o surdo, ou
o que vê, ou o cego? Não sou eu, o Senhor?
12 Vai, pois, agora; eu serei [z]com a tua boca e te
ensinarei o que hás de falar.
13 Ele, porém, disse: Ah! Senhor! Envia aquele
que hás de enviar.

Deus designa Arão como porta-voz

14 Então se acendeu a [a]ira do Senhor contra
Moisés e disse: Não é Arão, o [2]levita, teu [b]ir-
mão? Eu sei que ele fala muito bem. Ele também
te sai ao encontro e, vendo-te, se alegrará em
seu coração.
15 Tu lhe [c]falarás e [d]porás as palavras na sua
[e]boca; eu serei com a [f]tua boca e com a dele, ensi-
nando-vos o que haveis de fazer.
16 Ele falará por ti ao povo e te será por boca e
tu lhe serás por Deus.

[t] Êx 19.9
[u] Nm 12.10
[v] Êx 7.6-13
[w] v. 1-8,21
[x] Êx 3.11; 6.12
[y] Sl 94.9
[z] Comp. Nm 22.38
[a] Nm 11.1,33
[b] Nm 26.59
[c] Êx 7.1,2
[d] 2Sm 14.3,19
[e] Inspiração: v. 15,28,30; Êx 17.14 (Êx 4.15; 2Tm 3.16)
[f] v. 30; 7.1,2
[g] Êx 7.15
[h] Êx 3.1
[i] Jz 18.6; comp. Gn 43.23
[j] Êx 3.1; 18.1
[k] Gn 46.3,6
[l] Êx 2.15,23
[m] Êx 18.2-5
[n] Êx 17.9
[o] Êx 3.20; 11.9,10
[p] Êx 11.9
[q] Comp. Êx 5.1
[r] Os 11.1
[s] Êx 11.5
[tt] Gn 42.27
[uu] Êx 3.18; 5.3
[vv] Êx 2.21; 18.2
[ww] Js 5.2,3

17 Toma, pois, esta [g]vara na mão, com a qual
hás de fazer os sinais.

Moisés volta ao Egito

18 Então voltou Moisés para [h]Jetro, seu sogro, e
lhe disse: Deixa-me ir, voltar a meus irmãos, que
estão no Egito, para ver se ainda vivem. Disse
Jetro a Moisés: [i]Vai em paz.
19 Disse também o Senhor a Moisés em [j]Midiã:
Vai, volta para o [k]Egito, pois morreram [l]todos os
que procuravam tirar-te a vida.
20 Assim [m]tomou Moisés sua mulher e seus
filhos, e os fez montar num jumento e voltou
para a terra do Egito. E Moisés levou a [n]vara de
Deus na sua mão.
21 Disse ainda o Senhor a Moisés: Quando vol-
tares ao Egito, vê que faças diante de faraó todas
as [o]maravilhas que tenho posto na tua mão. Mas
[3][p]endurecerei o seu coração, para que não deixe
ir o povo.
22 [q]Dirás a faraó: Assim diz o Senhor: [r]Israel é
meu filho, meu primogênito,
23 e eu te disse: Deixa ir o meu filho, para que
me sirva. Mas tu recusaste deixá-lo ir; por isso
[s]matarei a teu filho, o teu primogênito.
24 Durante a viagem, estando Moisés numa [tt]es-
talagem, [uu]encontrou-o o Senhor e o quis [4]matar.
25 Então [vv]Zípora tomou uma pedra [ww]aguda,
circuncidou o prepúcio de seu filho e, lançando-o
aos pés de Moisés, disse: Certamente me és um
esposo sanguinário.
26 O Senhor, pois, o deixou. Ela disse: "Esposo
sanguinário", por causa da circuncisão.

Arão encontra-se com Moisés: o livramento é anunciado a Israel

27 Disse o Senhor a Arão: Vai ao deserto para te
encontrares com Moisés. Ele foi e, encontrando
Moisés no monte de Deus, o beijou.
28 Então relatou Moisés a Arão todas as pala-
vras do Senhor, com as quais o enviara, e todos
os sinais que lhe mandara.

---

[1] (4.6) O sinal da lepra. Dentro de seu manto, a mão de Moisés cobria seu coração. O peito (coração) representa o que somos; a mão, o que fazemos. O que somos determina o que finalmente fazemos. É um sinal do que é exposto em Lc 6.43-45. Os dois sinais, vara e mão, falam da preparação para o serviço: 1) consagração – nossa capacidade dedicada a Deus – e 2) a mão que segura a vara do poder de Deus deve ser uma mão pura, dirigida por um coração novo (Is 52.11).

[2] (4.14) Veja Êx 28.1, *nota*.

[3] (4.21) Comp. Êx 7.3,13,14,22; 8.15,19,32; 9.7,12,34,35; 10.1,20,27; 11.10; 14.4,8. Há dois aspectos no endurecimento do coração do faraó: 1) o judicial e 2) o pessoal. O primeiro expressa a soberania de Deus; o segundo reflete a responsabilidade do homem. No decorrer da narrativa da controvérsia com o faraó, há nove menções de que o Senhor endureceu o coração do faraó; enquanto em três oportunidades é dito que o faraó endurecia o próprio coração. Em cinco ocasiões, foi declarado, sem indicação de causa, que o coração do faraó se endureceu.

O hebraico usa três diferentes palavras para falar da condição do coração do faraó. Estas palavras indicam obstinação. Deus permitiu que a natureza perversa do faraó se manifestasse e, então, ao subjugar a oposição do faraó, Deus revelou sua majestade soberana. Quando se rejeita a luz e não há a devida obediência, invariavelmente a consciência e o coração se endurecem. Comp. Rm 9.17-24.

[4] (4.24) Comp. Gn 17.14. O contexto (v. 25) interpreta o v. 24. Moisés esqueceu-se do sinal fundamental da aliança de Israel com Deus. Na véspera do livramento de Israel, ele foi lembrado de que, sem a circuncisão, um israelita ficava fora da aliança. Veja Js 5.2-9.

29 Foram Moisés e Arão e ajuntaram [x]todos os anciãos dos filhos de Israel.

30 Arão falou todas as palavras que o Senhor havia dito a Moisés. Então Moisés fez os sinais perante os olhos do povo,

31 e o povo creu. E, quando ouviram que o Senhor havia [y]visitado os filhos de Israel e que tinha [z]visto a sua aflição, [a]inclinaram-se e o adoraram.

A controvérsia com faraó

5 **D**epois foram Moisés e Arão e disseram a faraó: Assim diz o [b]Senhor, o Deus de Israel: Deixa ir o meu povo, para que me [c]celebre uma festa no deserto.

2 Faraó, porém, respondeu: [d]Quem é o Senhor para que eu ouça a sua voz e deixe ir Israel? Não conheço o Senhor, [e]tampouco deixarei Israel partir.

3 Então eles disseram: [f]O Deus dos hebreus nos [g]encontrou. Portanto deixa-nos agora ir caminho de três dias ao deserto, para que ofereçamos sacrifícios ao Senhor, e ele não venha sobre nós com [h]pestilência e com espada.

4 Então lhes disse o rei do Egito: Moisés e Arão, por que fazeis o povo cessar das suas obras? Voltai ao vosso [i]trabalho.

5 Disse mais faraó: O povo da terra já é muito, e vós os fazeis abandonar o trabalho.

Faraó aflige os israelitas

6 **N**aquele mesmo dia faraó deu ordem aos [j]feitores do povo e aos seus capatazes:

7 Daqui em diante não torneis a dar palha ao povo, para fazer [k]tijolos, como fizestes ontem e anteontem; vão eles mesmos e colham palha para si.

8 Deles, porém, exigireis a mesma quantidade de tijolos que dantes faziam; nada diminuireis dela. Eles estão [l]ociosos; é por isso que clamam, dizendo: Vamos, sacrifiquemos ao nosso Deus.

9 Aumente-se o serviço sobre estes homens, para que se ocupem nele e não confiem em palavras de mentira.

10 **E**ntão saíram os feitores do povo e seus capatazes e falaram ao povo: Assim diz faraó: Eu não vos darei palha.

11 Ide vós mesmos e tomai palha onde a achardes, mas [m]nada se diminuirá de vosso serviço.

12 Então o povo se espalhou por toda a terra do Egito a colher restolho em lugar de palha.

[x] Êx 3.16; 12.21
[y] Êx 3.16; 13.19
[z] Êx 3.7; Dt 26.7
[a] Gn 24.26; Êx 12.27
[b] Primeira vez em que aparece o nome O Senhor, o Deus de Israel, no AT
[c] Êx 3.18; 7.16
[d] 2Rs 18.35
[e] Êx 3.19; 7.14
[f] Êx 3.18; 7.16
[g] Êx 4.24; Nm 23.3
[h] Êx 9.15
[i] Êx 2.11; 6.6
[j] Êx 3.7
[k] Êx 1.14
[l] v. 17
[m] v. 19
[n] Is 10.24
[o] Êx 5.6
[p] Comp. Êx 3.19
[q] Gn 17.1
[r] Gn 49.25; Nm 24.4
[s] Êx 3.15; 15.3

13 Os inspetores os apertavam, dizendo: Acabai a vossa obra, a tarefa do dia no seu dia, como quando havia palha.

14 [n]Foram açoitados os [o]capatazes dos filhos de Israel, que os feitores de faraó tinham posto sobre eles. E lhes perguntavam: Por que não acabastes a vossa tarefa nem ontem nem hoje, fazendo tijolos como antes?

15 **P**elo que os capatazes dos filhos de Israel foram e clamaram a faraó, dizendo: Por que tratas assim teus servos?

16 Palha não se dá a teus servos e nos dizem: Fazei tijolos. Os teus servos são açoitados, mas o teu povo é que tem a culpa.

17 Disse faraó: Sois preguiçosos, sois preguiçosos; por isso dizeis: Vamos, sacrifiquemos ao Senhor.

18 Ide, pois, agora, trabalhai. Palha, porém, não se vos dará, contudo fareis a conta integral dos tijolos.

19 Então os capatazes dos filhos de Israel viram-se em aflição, porque lhes era dito que não poderiam diminuir a quantidade de tijolos exigida por dia.

Os israelitas queixam-se de Moisés e Arão

20 Ao saírem da presença de faraó, encontraram-se com Moisés e Arão, que vinham ao encontro deles,

21 e lhes disseram: Olhe o Senhor para vós e julgue isso, pois nos fizestes repelentes diante de faraó e diante de seus servos, dando-lhes a espada nas mãos para nos matar.

22 **E**ntão, tornando-se Moisés ao Senhor, disse: Senhor! Por que trataste mal a este povo? Por que me enviaste?

23 Pois desde que me apresentei a faraó para falar em teu nome, ele tem maltratado este povo, e de nenhum modo livraste o teu povo.

O Deus de Abraão, Isaque e Jacó encoraja Moisés

6 **E**ntão disse o Senhor a Moisés: Agora verás o que hei de fazer a faraó. Por causa da minha [p]poderosa mão os deixará ir, por causa da minha poderosa mão os lançará fora da sua terra.

2 **D**isse mais Deus a Moisés: Eu sou o Senhor.

3 [q]Apareci a Abraão, a Isaque e a Jacó, como o [r]Deus todo-poderoso, mas pelo meu nome, o [1][s]Senhor, não lhes fui conhecido.

[1] (6.3) Com base neste versículo, muitos críticos sustentam que duas das fontes utilizadas para a composição dos livros mosaicos são um documento que usa *Eloim* para o nome de Deus e outro que emprega *Jeová* e que esta passagem revela que o escritor ignorava as muitas seções de Gênesis nas quais foi usado o nome *Jeová* (transcrito como Senhor na ACF). Também se presume que o escritor de Êx 6.3 cria que o nome *Jeová* foi revelado pela primeira vez no tempo de Moisés. A resposta para tais conjecturas é a seguinte: 1) A declaração “pelo meu nome, o Senhor [Jeová], não lhes fui conhecido” refere-se ao grau de conhecimento deles. 2) No AT, o verbo “conhecer” geralmente significa muito mais do que ter um conhecimento intelectual. Temos muitos exemplos disso, tais como Os 6.3: “Conheçamos e prossigamos em conhecer ao Senhor”. 3) Os patriarcas estavam familiarizados com o nome *Jeová*, mas sua experiência de Deus era principalmente de ele

4 Também estabeleci a minha [t]aliança com eles, para lhes dar a terra de Canaã, a terra de suas peregrinações, na qual foram [u]peregrinos.

5 E agora [v]ouvi o gemido dos filhos de Israel, aos quais os egípcios escravizam, e me lembrei da minha aliança.

6 Portanto dize aos filhos de Israel: [w]Eu sou o Senhor. Eu vos [x]tirarei de debaixo das cargas dos egípcios, vos livrarei da sua servidão e vos [1y]resgatarei com braço estendido e com grandes juízos.

7 Eu vos tomarei por meu [z]povo e serei o vosso Deus. Então sabereis que eu sou o Senhor, o vosso Deus, que vos tiro de debaixo das cargas dos egípcios.

8 E vos levarei à terra, a qual [a]jurei dar a Abraão, a Isaque e a Jacó; e a darei a vós por herança. Eu sou o Senhor.

9 Deste modo falou Moisés aos filhos de Israel, mas eles não lhe deram ouvidos, por causa da [b]angústia de espírito e da dura servidão.

10 **Disse** mais o Senhor a Moisés:

11 Entra e fala a faraó, rei do Egito, que deixe sair os filhos de Israel da sua terra.

12 Moisés, porém, disse ao Senhor: Se nem os filhos de Israel me querem ouvir, como, pois, me ouvirá faraó? Ainda mais que não falo com desenvoltura.

13 Todavia o Senhor falou a Moisés e a Arão e lhes deu [c]mandamento para os filhos de Israel e para faraó, rei do Egito, a fim de tirarem os filhos de Israel da terra do Egito.

Genealogias de Rúben, Simeão e Levi

14 **São** estes os chefes das famílias de seus pais: Os [d]filhos de Rúben, o primogênito de Israel: Enoque, Palu, Hezrom e Carmi. São estas as famílias de Rúben.

15 Os [e]filhos de Simeão: Jemuel, Jamim, Oade, Jaquim, Zoar e Saul, filho de uma cananeia. São estas as famílias de Simeão.

16 São estes os nomes dos [f]filhos de Levi, segundo as suas gerações: Gérson, Coate e Merari. Os anos da vida de Levi foram cento e trinta e sete.

17 Os filhos de Gérson: Libni e Simei, segundo as suas famílias.

18 Os filhos de Coate: Anrão, Jizar, Hebrom e Uziel. Os anos da vida de Coate foram cento e trinta e três.

19 Os filhos de Merari: Maali e Musi. São estas as famílias de Levi, segundo as suas gerações.

20 [g]Anrão tomou por mulher a [h]Joquebede, sua tia, que lhe deu a [i]Arão e a Moisés. Os anos da vida de Anrão foram cento e trinta e sete.

21 Os filhos de Jizar: Corá, Nefegue e Zicri.

22 Os filhos de Uziel: Misael, Elzafã e Sitri.

23 Arão tomou por mulher a Eliseba, filha de Aminadabe, irmã de Naassom, e ela lhe deu a [j]Nadabe, Abiú, [k]Eleazar e Itamar.

24 Os filhos de Corá: Assir, Elcana e Abiasafe. São estas as famílias dos coraítas.

25 Eleazar, filho de Arão, tomou para si por mulher uma das filhas de Putiel, e ela lhe deu a [l]Fineias. São estes os chefes de suas famílias, segundo seus clãs.

26 **São** estes Arão e Moisés, aos quais o Senhor disse: [m]Tirai os filhos de Israel da terra do Egito, segundo os seus exércitos.

27 São estes os que falaram a faraó, rei do Egito, a fim de tirarem do Egito os filhos de Israel. São estes Moisés e Arão.

Apesar do encorajamento de Deus (v. 1), Moisés alega falta de eloquência

28 **No** dia em que o Senhor falou a Moisés na terra do Egito,

29 disse o Senhor a Moisés: Eu sou o Senhor. Dize a faraó, rei do Egito, tudo o que eu te digo.

30 Respondeu Moisés ao Senhor: Eu não falo com desenvoltura, como, pois, me ouvirá faraó?

O comissionamento de Moisés é renovado

7 Então disse o Senhor a Moisés: Vê que te tenho posto como [n]Deus sobre faraó, e [o]Arão, teu irmão, será o teu profeta.

2 [p]Tu falarás tudo o que eu te mandar, e Arão, teu irmão, falará a faraó que deixe ir os filhos de Israel da sua terra.

3 Eu, porém, [q]endurecerei o coração de faraó e, embora eu multiplique na terra do Egito os meus [r]sinais e as minhas maravilhas,

4 [s]ele não vos ouvirá. Então [tt]porei a minha mão sobre o Egito e tirarei os meus exércitos,

[t] Gn 12.7; 15.18; 17.8; 26.3; 28.4,13
[u] Gn 47.9; Lv 25.23
[v] Êx 2.24; At 7.34
[w] Êx 13.3,14; 20.2; Dt 6.12
[x] Separação: v. 6,7; Êx 8.26 (Gn 12.1; 2Co 6.17)
[y] Redenção (tipo do parente remidor): v. 6,7; Êx 15.13 (Gn 48.16; Is 59.20, nota)
[z] Lv 26.12
[a] v. 4; Gn 15.18; 26.3; 35.12
[b] Êx 2.23; comp. Nm 21.4
[c] Nm 27.19,23; Dt 31.14
[d] Gn 46.9; Nm 26.5-11
[e] Gn 46.10; Nm 26.12-14
[f] Gn 46.11; 1Cr 6.16-30
[g] Nm 3.19
[h] Nm 26.59
[i] Nm 26.59
[j] Nm 3.2; Lv 10.1
[k] Êx 28.1
[l] Nm 25.7,11
[m] Êx 5.1; 7.4
[n] Êx 4.16
[o] Êx 4.15,16
[p] Dt 18.18
[q] Êx 4.21; 9.12
[r] Dt 4.34
[s] Êx 3.19,20; 11.9
[tt] Êx 9.14

como *El Shadai* (comp. Gn 17.1, *nota*), aquele que provia todas as suas necessidades. Aqui, em Êx 6.3, Deus diz a Moisés que agora iria se revelar no aspecto do seu caráter divino indicado pelo nome *Jeová* – i.e., sua relação especial com Israel na qualidade daquele que o redime do pecado e o livra do Egito (comp. v. 6-8). 4) Na verdade, não há nenhum contraste em Êx 6.3 entre *Eloim* e *Jeová*, pois os nomes neste texto são *El Shadai* (Todo-Poderoso) e *Jeová* (o Senhor). 5) O registro de Gênesis revela muitas vezes que o nome *Jeová* era conhecido; para um exemplo excelente, comp. Gn 49.18.

[1] (6.6) Redenção (veja introdução de Êxodo): Êxodo é o livro da redenção e ensina: 1) que a redenção vem totalmente de Deus (Êx 3.7,8; Jo 3.16); 2) que a redenção é realizada por meio de uma pessoa (Êx 2.2, *nota*; Jo 3.15-17); 3) que a redenção se realiza com sangue (Êx 12.13,23,27; 1Pe 1.18,19); 4) que a redenção é levada a termo com poder (Êx 6.6; 13.14; Rm 8.2. Veja Is 59.20 e Rm 3.24, *notas*).

O sangue de Cristo redime o crente da culpa e da pena do pecado (1Pe 1.18,19) e, em razão do Calvário, o poder do Espírito Santo liberta-o do domínio do pecado (Rm 8.2; Gl 5.16).

o meu povo, os filhos de Israel, da terra do Egito, com grandes [u]juízos.

5 E os egípcios [v]saberão que eu sou o Senhor, [1]quando [w]estender a minha mão sobre o Egito e [x]tirar os filhos de Israel do meio deles.

6 Assim fizeram Moisés e Arão; como o Senhor lhes ordenara, assim fizeram.

7 Era [y]Moisés da idade de oitenta anos, e [z]Arão de oitenta e três, quando falaram com faraó.

A vara de Arão se transforma em serpente; os magos do Egito fazem encantamentos

8 **D**isse o Senhor a Moisés e a Arão:

9 Quando faraó vos disser: [a]Apresentai da vossa parte algum milagre, dirás a Arão: Toma a tua vara e lança-a diante de faraó, e ela se tornará em [b]serpente.

10 Então Moisés e Arão foram ter com faraó e fizeram assim como o Senhor ordenara. Lançou Arão a sua vara diante de faraó e diante dos seus conselheiros, e ela se [c]tornou em serpente.

11 Faraó então mandou vir os sábios e encantadores, e os [d]magos do Egito também fizeram o mesmo com os seus encantamentos.

12 Cada um deles lançou a sua vara, e elas se [2]tornaram em serpentes. Mas a [3]vara de Arão tragou as varas deles.

13 O coração de faraó, porém, se endureceu, e ele não os ouviu, como o Senhor tinha dito.

14 **E**ntão, disse o Senhor a Moisés: O coração de faraó está obstinado; ele recusa deixar ir o povo.

15 Vai pela manhã a faraó, quando ele sair às águas. Esperarás por ele à beira do [e]rio, tomarás em tua mão a [f]vara que se tornou em cobra

16 e lhe dirás: O Senhor, o Deus dos hebreus, me enviou a ti, dizendo: Deixa ir o meu povo, para que me [g]sirva no deserto; porém até agora não tens ouvido.

17 Assim diz o Senhor: Nisto saberás que eu sou o Senhor: Com esta vara que tenho em minha mão, ferirei as águas que estão no rio, e elas se transformarão em [h]sangue.

18 Os peixes que estão no rio morrerão, e o rio cheirará mal; os egípcios terão nojo de beber da água do rio.

A primeira praga: as águas tornam-se em sangue

19 Disse mais o Senhor a Moisés: Dize a Arão: Toma a tua vara e estende a tua mão sobre as águas do Egito, sobre as suas correntes, sobre os seus rios, sobre os seus canais, sobre as suas lagoas e sobre todas as suas águas, para que se tornem em sangue; haja sangue em toda a terra do Egito, assim nos vasos de madeira como nos de pedra.

20 **F**izeram Moisés e Arão como o Senhor lhes havia mandado. Arão, levantando a sua vara, feriu as águas que estavam no rio, diante dos olhos de faraó e diante dos olhos de seus conselheiros, e [i]todas as águas do rio se transformaram em [4]sangue.

21 Os peixes que estavam no rio morreram, e o rio cheirou mal, e os egípcios não podiam beber da água do rio. Houve sangue por toda a terra do Egito.

22 Os [j]magos do Egito, porém, fizeram o [k]mesmo com os seus encantamentos, de maneira que o coração de faraó se endureceu, e não os ouviu, [l]como o Senhor tinha dito.

23 Virou-se faraó e foi para seu palácio; nem ainda nisso pôs o seu coração.

24 Todos os egípcios cavaram poços junto ao rio para encontrar água que beber, porque não podiam beber das águas do rio.

25 Assim se passaram sete dias, depois que o Senhor feriu o rio.

A segunda praga: as rãs

8 **E**ntão disse o Senhor a Moisés: Vai ter com faraó e dize-lhe: Assim diz o Senhor: Deixa ir o meu povo, para que me [m]sirva.

2 Se recusares deixá-lo ir, ferirei com [5][n]rãs todo o teu território.

[u] Êx 6.6; 12.12
[v] Êx 6.7; 8.19,22
[w] Êx 9.15
[x] Êx 6.6; 12.51
[y] Comp. Dt 31.2
[z] Comp. Nm 33.39
[a] Êx 10.1
[b] Êx 4.3
[c] Milagres (AT): v. 10-12,20-25; Êx 8.6 (Gn 5.24; Jn 1.17)
[d] Gn 41.8; Êx 8.7,18,19
[e] Êx 2.5
[f] Êx 7.10
[g] Êx 5.1; 8.1
[h] Êx 4.9; Ap 16.4
[i] Sl 78.44; 105.29
[j] Êx 7.11
[k] Êx 8.7
[l] Êx 3.19
[m] Êx 7.16; 9.1
[n] Ap 16.13

[1] (7.5) Também um sinal profético. As nações conhecerão o Senhor quando ele restaurar e abençoar Israel no Reino (Is 2.1-3; 11.10-12; 14.1; 60.4,5; Ez 37.28).

[2] (7.12) As varas dos magos transformaram-se em serpentes, assim como o fez Moisés (v. 11). Alguns acham que isto só pode ser explicado pressupondo que ou 1) os magos tinham o poder de criar vida ou 2) que Deus lhes deu tal poder na ocasião. No entanto, parece que 3) as varas dos magos eram, na verdade, serpentes rígidas que, quando jogadas ao chão, foram vistas como realmente eram – serpentes. As serpentes eram, e ainda são, um elemento comum na parafernália dos mágicos do Egito.

[3] (7.12) Comp. Êx 4.2. Assim como as serpentes, símbolos de Satanás que tinha o poder da morte (Hb 2.14; Ap 12.9), foram aqui devoradas, assim, na ressurreição, a morte será tragada na vitória (1Co 15.54). Comp. Nm 17.8. A vitória foi obtida por nosso Senhor Jesus Cristo tanto por meio de sua morte pelo pecado no Calvário como por meio de sua ressurreição.

[4] (7.20) Já se formulou uma classificação útil destas pragas: 1) repugnantes: águas transformadas em sangue, rãs, piolhos; 2) dolorosas: moscas que picavam, peste nos animais, úlceras; 3) apavorantes: saraiva, gafanhotos, trevas; e 4) esmagadora: a morte dos primogênitos. Nem mesmo as nove primeiras pragas, espantosas como foram, puderam comover o coração irregenerado e endurecido do faraó.

[5] (8.2) Os deuses dos egípcios eram realmente numerosos, supostamente habitantes do céu, da terra e das regiões subterrâneas. Seria impossível julgar qualquer uma daquelas três esferas sem tocar uma ou mais divindades do Egito. As dez pragas foram planejadas como visitações simultâneas sobre os egípcios e seus deuses. Assim, a praga das trevas (10.21-23), p. ex., foi dirigida contra o deus-sol *Ra*, a mais proeminente das deidades dos egípcios.

3 O rio produzirá rãs em abundância, que subirão e virão à tua casa, e ao teu quarto, e sobre a tua cama, e às casas dos teus oficiais, e sobre o teu povo, e aos teus fornos, e às tuas amassadeiras.

4 As rãs subirão sobre ti, e sobre o teu povo, e sobre todos os teus oficiais.

5 Disse mais o Senhor a Moisés: Dize a Arão: Estende a tua mão com a tua vara sobre as correntes, e sobre os rios, e sobre as lagoas, e faze subir rãs sobre a terra do Egito.

6 Estendeu Arão a sua mão sobre as águas do Egito, [o]e subiram [p]rãs, e cobriram a terra do Egito.

7 Então os [q]magos fizeram o mesmo com os seus encantamentos, e fizeram subir rãs sobre a terra do Egito.

8 **C**hamou faraó a Moisés e a Arão e disse: [r]Rogai ao Senhor que tire as rãs de mim e do meu povo, depois deixarei [s]ir o povo, para que sacrifiquem ao Senhor.

9 Respondeu Moisés a faraó: Digna-te de dizer-me quando é que hei de rogar por ti, pelos teus subordinados, e pelo teu povo, para tirar as rãs de ti e das suas casas, de sorte que somente fiquem no rio.

10 Disse faraó: Amanhã. E Moisés disse: Seja conforme a tua palavra, para que saibas que ninguém [t]há como o Senhor nosso Deus.

11 As rãs se apartarão de ti, e das tuas casas, dos teus oficiais e do teu povo; ficarão somente no rio.

As rãs são destruídas

12 Então saíram Moisés e Arão da presença de faraó, e Moisés clamou ao Senhor por causa das rãs que tinha posto sobre faraó.

13 E o Senhor fez conforme a palavra de Moisés. As rãs morreram nas casas, nos pátios e nos campos.

14 Ajuntaram-nas em montões, e a terra cheirou mal.

15 Vendo, pois, faraó que havia [u]descanso, [v]endureceu o seu coração e não os ouviu, como o Senhor tinha dito.

A terceira praga: os piolhos

16 **D**isse mais o Senhor a Moisés: Dize a Arão: Estende a tua vara e fere o pó da terra, para que se torne em piolhos por toda a terra do Egito.

17 Assim fizeram. Arão estendeu a sua mão com a sua vara e feriu o pó da terra, e houve muitos [w]piolhos nos homens e no gado. Todo o pó da terra se tornou em piolhos em toda a terra do Egito.

18 Fizeram os magos o mesmo com os seus encantamentos para produzir piolhos, mas [x]não puderam. E havia piolhos nos homens e no gado.

19 Então disseram os magos a faraó: [y]Isso é o dedo de Deus. Mas o coração de faraó se endureceu e não os ouviu, como o Senhor tinha dito.

A quarta praga: as moscas

20 **D**isse mais o Senhor a Moisés: Levanta-te pela manhã cedo e põe-te diante de faraó, quando ele sair às águas, e dize-lhe: Assim diz o Senhor: Deixa ir o meu povo, para que me sirva.

21 Se não deixares ir o meu povo, enviarei enxames de moscas sobre ti, e sobre os teus oficiais, e sobre o teu povo, e nas tuas casas. As casas dos egípcios se encherão desses enxames, e também a terra em que eles estiverem.

22 Naquele dia, separarei a terra de [z]Gósen, em que meu povo habita, a fim de que nela não haja enxames de moscas, para que [a]saibas que eu sou o Senhor no meio desta [b]terra.

23 Farei [c]distinção entre o meu povo e o teu povo. Amanhã será este [d]sinal.

24 Assim fez o Senhor. Vieram grandes enxames de moscas à casa de faraó, e às casas dos seus oficiais, e por todo o Egito a terra foi assolada por estes enxames.

O acordo de faraó não é aceito

25 **E**ntão faraó chamou Moisés e Arão e disse: Ide e oferecei sacrifícios ao vosso Deus [1e]nesta terra.

26 [f]Respondeu Moisés: Não convém que façamos assim, porque sacrificaríamos ao Senhor nosso Deus a [g]abominação dos egípcios. E, se sacrificássemos a abominação dos egípcios perante os seus olhos, não nos apedrejariam eles?

27 Devemos ir caminho de [h]três dias ao deserto, para que ofereçamos sacrifícios ao Senhor nosso Deus, como ele nos ordenar.

28 Então disse faraó: Eu vos deixarei ir, para que ofereçais sacrifícios ao Senhor, o vosso Deus, no deserto, apenas se, saindo, não [i]fordes longe. Agora orai por mim.

29 Respondeu Moisés: Assim que eu tiver saído da tua presença, orarei ao Senhor, que estes enxames de moscas se retirem amanhã de faraó, dos seus oficiais e do seu povo. Mas que o faraó não mais me [j]engane, não deixando ir o povo para oferecer sacrifícios ao Senhor.

[o] Milagres (AT): v. 5-14,16-18,20-24; Êx 9.3 (Gn 5.24; Jn 1.17)
[p] Sl 78.45; 105.30
[q] Êx 7.11,22
[r] Êx 8.28; 9.28; 10.17
[s] Êx 10.8,24
[t] Êx 9.14; 15.11; Dt 33.26
[u] Ec 8.11
[v] Êx 7.14,22; 9.34; 1Sm 6.6
[w] Sl 105.31
[x] Comp. Êx 7.11; 8.7
[y] Êx 7.5; 10.7
[z] Gn 50.8
[a] Êx 7.5,17; 10.2; 14.4
[b] Êx 9.29
[c] Tipologicamente é Gl 6.14
[d] Êx 4.8
[e] Êx 8.28; 10.8-11,24; 12.31
[f] Separação: v. 25-27; Êx 10.8 (Gn 12.1; 2Co 6.17)
[g] Gn 46.34
[h] Êx 3.18; 5.3
[i] Veja Êx 8.25, nota
[j] Êx 8.15

[1] (8.25) As três propostas de transigência feitas pelo faraó são similares às apresentadas aos cristãos de hoje: 1) É como se fosse dito: "Sejam cristãos se quiserem, mas não cristãos rigorosos – fiquem no Egito". Isto invariavelmente acaba em conformidade com o mundo. Comp. Sl 50.9-17; 2Co 6.14-18; Gl 1.4. 2) O faraó, ao sugerir que os israelitas não fossem "longe" (v. 28), apenas modificou a primeira proposta, como se dissesse: "Não sejam demasiadamente espirituais". Comp. 1Sm 15.3,9,13-15,19-23. 3) O faraó faz, então, a mais sutil das três propostas, dizendo (10.8-11) que os israelitas podiam sair para oferecer sacrifícios ao seu Deus, mas seus filhos deviam ficar no Egito. Mesmo alguns dos pais mais piedosos têm a tendência de desejar prosperidade e possessões terrenas para seus filhos. Comp. Mt 20.20,21.

As moscas são destruídas

30 Então saiu Moisés da presença de faraó e orou ao Senhor.

31 Fez o Senhor conforme a palavra de Moisés, e os enxames de moscas se retiraram de faraó, dos seus oficiais e do seu povo; não ficou uma sequer.

32 Faraó, porém, [k]endureceu novamente o seu coração e não deixou ir o povo.

A quinta praga: a peste nos animais

9 Então disse o Senhor a Moisés: Vai ter com faraó e dize-lhe: Assim diz o Senhor, o Deus dos hebreus: Deixa ir o meu povo, para que me [l]sirva.

2 Se recusares deixá-los ir, e ainda por força os detiveres,

3 a mão do Senhor será sobre o teu gado, que está no campo, sobre os cavalos, sobre os jumentos, sobre os camelos, sobre os bois e sobre as ovelhas, com [m]pestilência gravíssima.

4 O Senhor, porém, fará [n]distinção entre o gado de Israel e o gado do Egito, para que nada morra de tudo o que for dos filhos de Israel.

5 O Senhor assinalou certo tempo, dizendo: Amanhã fará o Senhor isso na terra.

6 E o Senhor o fez no dia seguinte, e todo o gado dos egípcios morreu, mas do gado dos filhos de Israel não morreu nenhum.

7 Faraó mandou ver e descobriu que do gado de Israel não morrera nenhum. Porém o coração de faraó se endureceu, e não deixou ir o povo.

A sexta praga: as úlceras

8 Então disse o Senhor a Moisés e a Arão: Tomai mãos cheias da cinza do forno, e Moisés a espalhe para o céu diante dos olhos de faraó.

9 Ela se tornará em pó miúdo sobre toda a terra do Egito e se tornará em tumores que arrebentem em úlceras nos homens e nos animais, por toda a terra do Egito.

10 Eles tomaram a cinza do forno e se apresentaram a faraó. Moisés a espalhou para o céu, e ela se tornou em tumores que arrebentavam em úlceras nos homens e nos animais.

11 Os [o]magos não podiam permanecer na presença de Moisés, por causa dos [p]tumores que havia neles e em todos os egípcios.

12 O Senhor, porém, endureceu o coração de faraó, e ele não os [q]ouviu, como o Senhor tinha dito a Moisés.

As ameaças de Deus

13 Então disse o Senhor a Moisés: [r]Levanta-te pela manhã cedo, apresenta-te a faraó e dize-lhe: Assim diz o Senhor, o Deus dos hebreus: Deixa ir o meu povo para que me [s]sirva,

14 ou desta vez enviarei todas as minhas pragas sobre o teu coração, e sobre os teus oficiais, e sobre o teu povo, para que saibas que [t]não há outro como eu em toda a terra.

15 Pois eu já poderia ter [u]estendido a minha mão para te ferir a ti e ao teu povo com [v]pestilência, e terias sido destruído da terra.

16 Para isto, porém, te [w]mantive, para te [x]mostrar o meu poder e para que o meu [y]nome seja anunciado em toda a terra.

17 Ainda te levantas contra o meu povo, para não os deixar ir?

A sétima praga: a saraiva

18 Portanto, amanhã por este tempo farei chover saraiva tão grave qual nunca houve no Egito, desde o dia em que foi fundado até agora.

19 Agora, pois, manda recolher o teu [z]gado e tudo o que tens no campo; todo homem e animal que forem achados no campo e não forem recolhidos à casa, a saraiva cairá sobre eles, e morrerão.

20 Alguns dos [a]oficiais de faraó que [b]temiam a palavra do Senhor fizeram fugir os seus servos e o seu gado para as casas.

21 Aqueles, porém, que não tinham aplicado a palavra do Senhor ao seu coração deixaram os seus servos e o seu gado no campo.

22 Então disse o Senhor a Moisés: Estende a tua mão para o céu, e haverá saraiva em toda a terra do Egito, sobre os homens e sobre os animais, e sobre toda a erva do campo na terra do Egito.

23 Estendeu Moisés a sua vara para o céu, e o Senhor deu trovões e saraiva, e fogo desceu à terra. Assim fez o Senhor chover saraiva sobre a terra do Egito;

24 havia saraiva misturada com fogo, saraiva tão grave qual nunca houve em toda a terra do Egito, desde que veio a ser nação.

25 A [c]saraiva feriu, em toda a terra do Egito, tudo o que havia no campo, desde os homens até os animais; feriu toda a erva do campo e quebrou todas as árvores do campo.

26 [d]Somente na terra de Gósen, [e]onde se achavam os filhos de Israel, não havia saraiva.

Faraó consente; depois volta atrás

27 Então faraó mandou [f]chamar Moisés e Arão e disse-lhes: Desta vez [g]pequei. O Senhor é justo, mas eu e o meu povo somos ímpios.

28 [h]Orai ao Senhor, pois já bastam estes trovões da parte de Deus e esta saraiva. Eu vos deixarei [i]ir, e não ficareis mais aqui.

29 Então lhe disse Moisés: Em saindo eu da cidade, estenderei as mãos ao Senhor. Os trovões cessarão, e não haverá mais saraiva, para que saibas que a [j]terra é do Senhor.

---

[k] Sl 52.2
[l] Êx 7.16
[m] Milagres (AT): v. 3-6,8-11,22-26,33-35; Êx 10.13 (Gn 5.24; Jn 1.17)
[n] Êx 8.22
[o] Êx 8.18
[p] Dt 28.27; Jó 2.7; Ap 16.1,2
[q] Êx 7.13
[r] Êx 8.20
[s] Êx 9.1
[t] Êx 8.10
[u] Êx 7.5
[v] Êx 5.3
[w] Rm 9.17; comp. 2Co 2.16; 1Pe 2.8
[x] Êx 7.4,5; 10.1; 11.9; 14.17
[y] 1Rs 8.43
[z] v. 6
[a] Êx 8.19; 10.7
[b] Êx 1.17; 14.31; Pv 13.13
[c] Sl 78.47,48; 105.32
[d] Êx 8.22
[e] Êx 8.23
[f] Êx 8.8
[g] Êx 9.34; 10.16,17
[h] Êx 8.8
[i] Êx 8.25
[j] Êx 8.22; 19.5; 20.11; Sl 24.1

30 [k]Todavia, quanto a ti e aos teus oficiais, eu sei que ainda não temereis ao Senhor Deus.

31 (O linho e a cevada foram feridos, porque a cevada já estava na espiga, e o linho, em flor.

32 Não foram, porém, danificados o trigo e o centeio, porque amadurecem mais tarde.)

33 Então saiu Moisés da cidade, da presença de faraó, e estendeu as mãos ao Senhor. Cessaram os trovões e a saraiva, e a chuva não mais caiu sobre a terra.

34 Vendo faraó que a chuva, a saraiva e os trovões tinham cessado, continuou a pecar e endureceu o coração, ele e os seus oficiais.

35 Assim o coração de faraó se endureceu, e ele não deixou ir os filhos de Israel, como o Senhor tinha dito por Moisés.

Deus ameaça faraó com a praga dos gafanhotos

10 Depois disse o Senhor a Moisés: Vai ao faraó, pois [l]endureci o seu coração e o coração de seus oficiais, para [m]fazer estes meus sinais no meio deles,

2 e para que [n]contes aos teus filhos, e aos filhos de teus filhos, as coisas que fiz no Egito, e os meus sinais, que operei entre eles, e para que [o]saibais que eu sou o Senhor.

3 Foram Moisés e Arão a faraó e lhe disseram: Assim diz o Senhor, o Deus dos hebreus: Até quando recusarás humilhar-te diante de mim? Deixa ir o meu povo, para que me [p]sirva.

4 Do contrário, se recusares deixar ir o meu povo, trarei amanhã [q]gafanhotos ao teu território.

5 Eles cobrirão a face da terra, de modo que não se poderá ver o solo. Comerão o resto do que escapou, o que vos [r]ficou da saraiva; comerão todas as árvores que vos crescem no campo.

6 [s]Encherão os teus palácios, as casas de todos os teus oficiais e as casas de todos os egípcios, como nunca viram teus pais nem os pais de teus pais, desde o dia em que eles apareceram sobre a terra até o dia de hoje. Com isso Moisés virou-se e saiu da presença de faraó.

7 Então os [t]oficiais de faraó lhe disseram: Até quando este homem nos há de ser uma ameaça? Deixa ir os homens, para que sirvam ao Senhor, o seu Deus. Ainda não sabes que o Egito está destruído?

8 Então Moisés e Arão foram levados outra vez a faraó, e ele lhes disse: [u]Ide, servi ao Senhor, o vosso Deus. Quem deverá ir?

9 Respondeu-lhe Moisés: Temos de ir com os nossos jovens e com os nossos velhos, com os nossos filhos e com as nossas filhas, com os nossos rebanhos e com o nosso gado, porque temos de celebrar [v]festa ao Senhor.

10 Disse-lhe faraó: Seja o Senhor convosco, se eu vos deixar ir com as crianças! Vede como tendes más intenções.

11 Não será assim. Agora, ide [w]vós, os homens, e servi ao Senhor, pois isso é o que pedistes. E os [x]expulsaram da presença de faraó.

A oitava praga: os gafanhotos

12 Então disse o Senhor a Moisés: Estende a mão sobre a terra do Egito, para que os gafanhotos venham sobre a terra do Egito e comam toda a erva da terra, tudo o que deixou a saraiva.

13 Estendeu Moisés a sua vara sobre a terra do Egito, e o Senhor trouxe sobre a terra um vento oriental todo aquele dia e toda aquela noite. Quando amanheceu, o vento oriental trouxe os [y]gafanhotos.

14 Vieram os gafanhotos sobre toda a terra do Egito e pousaram sobre todo o seu território. Tão numerosos foram, que antes destes nunca houve tantos [z]nem depois deles virão outros assim.

15 Cobriram a face de toda a terra, de modo que a terra se escureceu. Comeram toda a erva da terra e todo o fruto das árvores, que deixara a saraiva. Não ficou verdura alguma nas árvores nem na erva do campo, em toda a terra do Egito.

16 Então faraó se apressou a [a]chamar Moisés e Arão e disse: [b]Pequei contra o Senhor, o vosso Deus, e contra vós.

17 Agora peço-vos que esta vez ainda perdoeis o meu pecado e que [c]oreis ao Senhor, o vosso Deus, que tire de mim esta morte.

18 Saiu Moisés da presença de faraó e orou ao Senhor.

19 Então o Senhor trouxe um vento ocidental fortíssimo, o qual levantou os gafanhotos e os lançou no mar Vermelho. Nem um só gafanhoto ficou em todo o território do Egito.

20 O Senhor, porém, [d]endureceu o coração de faraó, e este não deixou ir os filhos de Israel.

A nona praga: as trevas

21 Então disse o Senhor a Moisés: Estende a mão para o céu, e virão trevas sobre a terra do Egito, trevas que se possam apalpar.

22 Estendeu Moisés a mão para o céu, e houve [e]trevas espessas em toda a terra do Egito por [f]três dias.

23 Não viram uns aos outros, e ninguém se levantou do seu lugar por três dias. [g]Mas todos os filhos de Israel tinham luz nas suas habitações.

O último acordo é rejeitado

24 Então faraó mandou chamar Moisés e disse: [h]Ide, servi ao Senhor. Somente fiquem os vossos rebanhos e o vosso gado; vão também convosco as vossas crianças.

---

[k] Êx 8.29; Is 26.10
[l] Êx 4.21; 9.12; 10.27; 11.10; 14.4
[m] Êx 9.16
[n] Êx 12.26; 13.8,14; Dt 4.9; 6.7; 11.19
[o] Êx 8.22
[p] Êx 8.1; 9.1
[q] Pv 30.27; Ap 9.3
[r] Êx 9.32
[s] Êx 8.3,21
[t] Êx 8.19; 9.20; 12.33
[u] Separação: v. 8-11,24-26; Êx 11.7 (Gn 12.1; 2Co 6.17)
[v] Êx 5.1; 7.16
[w] Veja Êx 8.25, nota
[x] Êx 10.28
[y] Milagres (AT): v. 12-19,21-23; Êx 12.29 (Gn 5.24; Jn 1.17)
[z] Jl 2.2
[a] Êx 8.8; 9.27
[b] Êx 9.27
[c] Êx 8.8
[d] Êx 10.1
[e] Sl 105.28
[f] Êx 3.18
[g] Comp. Êx 8.23
[h] Êx 8.25

25 Moisés, porém, disse: Tu também tens de dar em nossas mãos sacrifícios e holocaustos, que ofereçamos ao Senhor nosso Deus.

26 Também o nosso [i]gado há de ir conosco; nem uma unha ficará. Dele havemos de tomar para servir ao Senhor, e até que cheguemos lá não saberemos o que devemos usar para servir ao Senhor.

27 O Senhor, porém, [j]endureceu o coração de faraó, e este não os quis deixar ir.

28 Disse faraó a Moisés: [k]Vai-te da minha presença! Guarda-te que não mais vejas o meu rosto! No dia em que vires o meu rosto, morrerás.

29 Respondeu Moisés: Bem disseste. Eu nunca mais [l]verei o teu rosto.

Faraó é advertido da morte de todos os primogênitos

11 Disse o Senhor a Moisés: Ainda uma praga trarei sobre faraó e sobre o Egito. [m]Então vos deixará ir daqui, e, quando vos deixar ir, é certo que vos [n]expulsará completamente.

2 Fala agora aos ouvidos do povo, que cada homem peça ao seu vizinho, e cada mulher à sua vizinha, joias de prata e joias de ouro.

3 O Senhor deu [o]graça ao povo aos olhos dos egípcios; e o [p]próprio Moisés era muito famoso na terra do Egito, aos olhos dos oficiais de faraó e aos olhos do povo.

4 Disse Moisés a faraó: Assim diz o Senhor: À [q]meia-noite eu sairei pelo meio do Egito.

5 Todos os primogênitos na terra do Egito [r]morrerão, desde o [s]primogênito de faraó, que se assenta com ele sobre o seu trono, até o primogênito da serva que está detrás do moinho, e todos os primogênitos dos animais.

6 Haverá grande [t]clamor em toda a terra do Egito, [u]como nunca houve nem jamais haverá.

7 Contra todos os filhos de Israel, porém, nem ainda um cão moverá a sua língua, desde os homens até os animais, para que saibais que o Senhor faz [v]distinção entre os egípcios e os israelitas.

8 Então todos estes teus oficiais [w]descerão a mim e se inclinarão diante de mim, dizendo: Sai tu e todo o povo que te segue as pisadas. Depois disso eu sairei. [x]Saiu Moisés da presença do faraó ardendo em ira.

[i] Êx 10.9
[j] Êx 10.1
[k] Êx 10.11
[l] Hb 11.27
[m] Êx 12.33
[n] Êx 6.1; 12.39
[o] Êx 3.21; 12.36
[p] Dt 34.10-12; comp. Nm 12.3
[q] Êx 12.29
[r] Êx 4.23
[s] Sl 78.51; 105.36; 135.8; 136.10
[t] Êx 12.30
[u] Êx 10.14
[v] Separação: v. 7; Êx 19.4 (Gn 12.1; 2Co 6.17)
[w] Êx 12.31-33
[x] Êx 10.29; Hb 11.27
[y] Êx 9.16
[z] Êx 10.1
[a] Israel (história): v. 1-13; Êx 13.22 (Gn 12.2; Rm 11.26)
[b] Êx 13.4; 23.15; 34.18; Dt 16.1
[c] Veja Lv 23.2, nota
[d] Js 4.19
[e] Sacrifício (tipológico): v. 3-11,27; Êx 17.15 (Gn 3.15; Hb 10.18, nota)
[f] Lv 22.18-20
[g] 12.14-28; Lv 23.5; Nm 9.1-5,11
[h] Veja Nm 28.4, nota; comp. Dt 16.4,6
[ii] Êx 34.25; Nm 9.12
[jj] Dt 16.7
[kk] Fermento: v. 8,15-20,34,39; Êx 13.3 (Gn 19.3; Mt 13.33, nota)

9 O Senhor dissera a Moisés: Faraó não vos ouvirá, para que as minhas [y]maravilhas se multipliquem na terra do Egito.

10 Moisés e Arão fizeram todas estas maravilhas diante de faraó, mas o Senhor [z]endureceu o coração de faraó, e ele não deixou ir da sua terra os filhos de Israel.

Deus ordena o sacrifício do cordeiro pascal

12 [a]Disse o Senhor a Moisés e a Arão na terra do Egito:

2 Este [b]mês será para vós o primeiro mês, o [c]primeiro mês do ano.

3 Dizei a toda a congregação de Israel: Aos [d]dez deste mês tome cada homem um [e]cordeiro para a sua família, um cordeiro para cada casa.

4 Se a família, porém, for pequena para um cordeiro, então convidará ele o seu vizinho mais próximo, conforme o número das pessoas. Conforme o que cada um puder comer, fareis a conta para o cordeiro.

5 O cordeiro, ou cabrito, será sem [f]defeito, um macho de um ano, o qual tomareis das ovelhas ou das cabras.

6 Vós os guardareis até o [g]décimo quarto dia deste mês, quando toda a assembleia da congregação de Israel o matará ao [h]crepúsculo.

7 Tomarão do sangue e o porão em ambos os batentes e na viga da porta, nas casas em que o comerem.

8 Naquela [ii]noite, comerão a carne [jj]assada ao fogo, com pães [kk]sem fermento e ervas amargas.

9 Não comereis dele nada cru nem cozido em água, mas sim assado ao fogo: a cabeça, as pernas e vísceras.

10 Nada deixareis dele até pela manhã; se algo ficar dele até pela manhã, queimareis ao fogo.

11 Assim o comereis: Os vossos lombos cingidos, os vossos sapatos nos pés e o vosso cajado na mão. E o comeis apressadamente; esta é a [1]Páscoa do Senhor.

Redenção: (1) pelo sangue

12 Naquela noite, passarei pela terra do Egito e ferirei todos os primogênitos na terra do Egito, desde os homens até os animais; e sobre todos os deuses do Egito executarei juízo. Eu sou o Senhor.

[1] (12.11) A Páscoa, um tipo de Cristo, nosso Redentor (Êx 12.1-28; Jo 1.29; 1Co 5.6,7; 1Pe 1.18,19): 1) O cordeiro não podia ter defeito e, para comprovar-se, era mantido sob observação durante quatro dias (Êx 12.5,6). Da mesma maneira, a vida pública de nosso Senhor, sob escrutínio hostil, foi o teste que demonstrou sua santidade (Lc 11.53,54; Jo 8.46; 18.38). 2) O cordeiro assim posto à prova devia ser morto (Êx 12.6; Jo 12.24; Hb 9.22). 3) O sangue tinha de ser devidamente aplicado (Êx 12.7). Isto corresponde à apropriação pela fé pessoal e refuta o universalismo (Jo 3.36). 4) O sangue aplicado dessa maneira, em si mesmo e sem nenhum acréscimo, constituía uma proteção perfeita contra o juízo (Êx 12.13; Hb 10.10,14; 1Jo 1.7). 5) A festa era um tipo de Cristo, o Pão da Vida, e corresponde à ceia memorial (Mt 26.26-28; 1Co 11.23-26). Guardar a festa era um dever e um privilégio, mas não uma condição para a salvação. O crente em Cristo é salvo pelo sangue do "Cordeiro que foi morto desde a fundação do mundo" (Ap 13.8) e é fortalecido diariamente ao deleitar-se com o banquete da Palavra – a Palavra viva, Cristo, e a Palavra escrita, as Escrituras.

13 O sangue vos será por sinal nas casas em que estiverdes; vendo o sangue, passarei por cima de vós, e não haverá entre vós praga destruidora, quando eu ferir a terra do Egito.

A Páscoa: memorial da redenção

14 **Este** dia vos será por memorial, e o celebrareis por festa ao Senhor; nas vossas gerações o celebrareis por estatuto perpétuo.

15 [l]Sete dias comereis pães sem fermento. No primeiro dia tirareis o fermento das vossas casas, pois qualquer que comer pão levedado, desde o primeiro dia até o sétimo, será eliminado de Israel.

16 No primeiro dia e no sétimo dia haverá santa [m]assembleia. Nenhuma obra se fará neles, senão o que cada pessoa houver de comer; somente isso podereis fazer.

17 Guardai, pois, a festa dos pães sem fermento, porque nesse mesmo dia tirei vossos [n]exércitos da terra do Egito. Pelo que guardareis este dia nas vossas gerações por estatuto perpétuo.

18 No primeiro [o]mês, aos catorze dias do mês, à tarde, comereis pães sem fermento até vinte e um do mês à tarde.

19 Por sete dias não se ache nenhum fermento nas vossas casas. E qualquer que comer pão levedado será eliminado da congregação de Israel, tanto o [p]peregrino como o natural da terra.

20 Nenhuma coisa levedada comereis. Em todas as vossas habitações comereis pães sem fermento.

21 **Chamou**, pois, [q]Moisés todos os [r]anciãos de Israel e lhes disse: Escolhei e tomai vós cordeiros para vossas famílias, e imolai a Páscoa.

22 Então tomai um molho de hissopo, molhai-o no sangue que estiver na bacia e [s]marcai a viga da porta e os seus batentes. Nenhum de vós saia da porta da sua casa até pela manhã.

23 Quando o Senhor [t]passar para ferir os egípcios, verá o [u]sangue na viga da porta e em ambos os batentes e passará sobre aquela porta, e não [v]deixará o destruidor entrar em vossas casas, para vos ferir.

24 Portanto, [w]guardai isto por estatuto para vós e para vossos filhos, para sempre.

25 Quando tiverdes entrado na terra que o Senhor vos dará, como tem dito, guardareis esta cerimônia.

26 Quando vossos [x]filhos vos perguntarem: Que cerimônia é esta?

27 Respondereis: Este é o sacrifício da [y]Páscoa ao Senhor, que passou por cima das casas dos filhos de Israel no Egito, quando feriu os egípcios e livrou as nossas casas. Então o povo se inclinou e [z]adorou.

28 Foram os filhos de Israel e [a]fizeram tudo como o Senhor ordenara a Moisés e a Arão.

A morte dos primogênitos

29 À [b]meia-noite o Senhor [c]feriu todos os primogênitos na terra do Egito, desde o primogênito de faraó, que se sentava em seu trono, até o primogênito do cativo que estava no cárcere, e todos os primogênitos dos [d]animais.

30 Levantou-se faraó de noite, ele, todos os seus oficiais e todos os egípcios, e havia grande clamor no Egito, pois não havia casa em que não houvesse um morto.

Os filhos de Israel recebem ordem de partir do Egito rapidamente

31 Então [e]chamou Moisés e a Arão de noite e disse: [f]Levantai-vos, saí do meio do meu povo, tanto vós como os filhos de Israel! Ide, servi ao Senhor, como [g]pedistes.

32 Levai também convosco os vossos rebanhos e o vosso gado, como [h]dissestes. E abençoai também a mim.

33 Os [i]egípcios [j]apertavam com o povo, apressando-se em lançá-los fora da terra, pois diziam: Morreremos todos.

34 **O** povo tomou a sua massa, antes que levedasse, e as suas amassadeiras atadas em trouxas com as suas vestimentas, sobre os seus ombros.

35 Fizeram, pois, os filhos de Israel conforme a palavra de Moisés: pediram aos egípcios joias de prata, joias de ouro e roupas.

36 O Senhor deu ao povo graça aos olhos dos egípcios, de modo que estes lhes davam o que pediam; assim despojaram os egípcios.

II. O êxodo do Egito e a viagem ao Sinai, 12.37—18.27

Redenção: (2) pelo poder (até 15.21); primeira etapa da viagem

37 [k]**Partiram** os filhos de Israel de [ll]Ramessés para Sucote, [mm]cerca de seiscentos mil a pé, somente de homens, sem contar mulheres e crianças.

38 Subiu também com eles uma [1][nn]grande mistura de gente, ovelhas, gado, muitíssimos [oo]animais.

39 Fizeram bolos sem fermento da massa que levaram do Egito. A massa não se tinha levedado,

- [l] Êx 13.6
- [m] Lv 23.2
- [n] Nm 33.1
- [o] v. 2; Lv 23.5-8; Nm 28.16-25
- [p] Êx 12.43-49
- [q] Hb 11.28
- [r] Êx 3.16
- [s] v. 7
- [t] Êx 12.12,13
- [u] Êx 24.8
- [v] Comp. 2Sm 24.16; Hb 12.24
- [w] Êx 13.5,10
- [x] Êx 10.2
- [y] Êx 12.11
- [z] Êx 4.31
- [a] Fé: v. 21-28; Êx 14.22 (Gn 3.20; Hb 11.39, nota)
- [b] Êx 11.4,5
- [c] Milagres (AT): v. 29,30; Êx 14.21 (Gn 5.24; Jn 1.17)
- [d] Êx 9.6
- [e] Êx 10.28,29
- [f] Êx 8.25; 11.1
- [g] Êx 10.9
- [h] Êx 10.26
- [i] Êx 10.7
- [j] Sl 105.38
- [k] Veja Êx 1.8, nota
- [ll] Gn 47.11; Êx 1.11; Nm 33.3,4
- [mm] Êx 38.26; Nm 1.46; 2.32; 11.21; 26.51
- [nn] Nm 11.4
- [oo] Nm 32.1; Dt 3.19

[1] (12.38) “Grande mistura de gente”. Estas pessoas, parecidas com os membros das igrejas que não são convertidos, foram causa de fraqueza e divisão naquela época e o são no presente (comp. Nm 11.4-6). Diante da manifestação do poder divino, os homens se sentiram atraídos, mas não tiveram uma mudança no coração. Comp. Lc 14.25-27.

porque foram lançados fora do Egito e não tiveram tempo de preparar provisões para o caminho.

40 Ora, o tempo que os filhos de Israel habitaram no Egito foi de quatrocentos e trinta [p]anos.

41 Passados os quatrocentos e trinta [1]anos, nesse mesmo dia, todos os exércitos do Senhor [q]saíram da terra do Egito.

42 Esta noite se observará ao Senhor, porque nela os tirou da terra do Egito. Esta é a noite do Senhor, que devem guardar todos os filhos de Israel nas suas gerações.

43 Disse mais o Senhor a Moisés e a Arão: Esta é a ordenança da Páscoa: Nenhum [r]estrangeiro comerá dela.

44 Todo escravo comprado por dinheiro, porém, depois que o houveres [s]circuncidado, comerá dela.

45 O estrangeiro e o assalariado não comerão dela.

46 Numa só casa se comerá o cordeiro; não levareis daquela carne fora da casa. Não lhe [t]quebrareis [u]osso algum.

47 Toda a congregação de Israel o [v]fará.

48 Se, porém, algum estrangeiro se hospedar contigo e quiser celebrar a Páscoa do Senhor, seja-lhe circuncidado todo macho; então se chegará e a celebrará, e será como o natural da terra. Nenhum incircunciso comerá dela.

49 A [w]mesma lei haja para o natural e para o estrangeiro que peregrinar entre vós.

50 Fizeram todos os filhos de Israel como o Senhor ordenara a Moisés e a Arão.

51 Naquele mesmo dia, o Senhor [x]tirou os filhos de Israel da terra do Egito, segundo os seus exércitos.

Os primogênitos são santificados a Deus

13 **D**isse o Senhor a Moisés:

2 [y]Consagra-me todos os primogênitos, todo o que abrir a madre de sua mãe entre os filhos de Israel, assim de homens como de animais, será meu.

3 **D**isse Moisés ao povo: Lembrai-vos deste [z]dia, em que saístes do Egito, da casa da servidão, porque com mão forte o Senhor vos tirou daqui. [a]Portanto não comereis pão levedado.

4 Hoje, no mês de [b]abibe, estais saindo.

5 Quando o Senhor te [c]houver introduzido na [d]terra dos cananeus, dos [e]heteus, dos amorreus, dos heveus, dos jebuseus, a qual jurou a teus pais que te daria, terra em que manam leite e mel, [f]guardarás esta cerimônia neste mês:

6 [g]Sete dias comerás pães sem fermento, e no sétimo dia haverá festa ao Senhor.

7 Sete dias se comerão pães sem fermento; o levedado não se verá contigo nem ainda fermento será visto em todo o teu território.

8 [h]Naquele mesmo dia, farás saber a teu filho: Isto é por causa do que o Senhor me fez, quando saí do Egito.

9 Esta lembrança te será por [i]sinal sobre a tua mão e entre os teus olhos, para que a lei do Senhor esteja em tua boca. Pois com mão forte o Senhor te tirou do Egito.

10 Portanto [j]guardarás este estatuto a seu tempo, de ano em ano.

11 **T**ambém quando o Senhor te houver feito [k]entrar na terra dos [l]cananeus, como jurou a ti e a teus pais, quando a houver dado a ti,

12 [m]apartarás para o Senhor tudo o que abrir a madre e todo o primogênito dos animais que tiveres. Os machos serão do Senhor.

13 Todos os [2][n]primogênitos da jumenta, porém, [o]resgatarás com um cordeiro, mas, se não o resgatares, lhe cortarás a cabeça. Todos os primogênitos do homem entre teus filhos resgatarás.

14 [pp]Quando teu filho no futuro te perguntar: Que é isso? Tu lhe dirás: O Senhor, com mão forte, nos tirou do Egito, da casa da servidão.

15 Endurecendo-se faraó, para não nos deixar ir, o Senhor [qq]matou todos os primogênitos na terra do Egito, desde o primogênito do homem até o primogênito dos animais. É por isso que eu sacrifico ao Senhor todos os primogênitos machos e resgato todos os primogênitos de meus filhos.

16 E isto será por sinal sobre tua mão e por frontais entre os teus olhos, de que o Senhor nos tirou do Egito com mão forte.

Deus guia o povo pelo caminho

17 **Q**uando faraó deixou ir o povo, Deus não os levou pelo caminho da terra dos filisteus, ainda que este fosse o caminho mais curto. Pois Deus disse: Para que o povo não se [rr]arrependa, vendo a guerra, e volte ao Egito.

18 Assim Deus fez o povo rodear pelo caminho do deserto perto do mar Vermelho. Os filhos de Israel subiram da terra do Egito armados para a batalha.

19 Levou Moisés os [ss]ossos de [tt]José consigo, porque havia este solenemente ajuramentado os filhos de Israel, dizendo: Certamente Deus vos [uu]visitará, e então fazei subir daqui os meus ossos convosco.

[p] Gn 15.13,16; At 7.6; Gl 3.17
[q] Êx 3.8; 6.6
[r] v. 19,48
[s] Gn 17.12,13
[t] Nm 9.12
[u] Veja Jo 19.36
[v] Nm 9.13,14
[w] Lv 24.22; Nm 15.15,16
[x] Êx 20.2
[y] Êx 13.12-15; 22.29; Lc 2.22,23
[z] Dt 16.3
[a] Fermento: v. 3,6,7; Êx 23.15 (Gn 19.3; Mt 13.33, nota)
[b] Veja Lv 23.2, nota
[c] Êx 3.8,17; 6.8; Js 24.11
[d] Gn 17.8; Dt 30.5
[e] Veja 2Rs 7.6, nota
[f] Êx 12.25
[g] Êx 12.15-20
[h] Êx 10.2; 13.14
[i] Êx 12.14; 31.13; Dt 6.8; 11.18
[j] Êx 12.14
[k] Êx 13.5
[l] Nm 21.3
[m] 13.2; Lc 2.23
[n] Êx 34.20
[o] Nm 18.15
[pp] Êx 10.2; 13.8
[qq] Êx 12.29
[rr] Zc 8.14, nota
[ss] Gn 50.24,25; Js 24.32
[tt] Êx 1.6,8; Dt 33.13-17
[uu] Êx 4.31

[1] (12.41) Este período provavelmente começou quando Abraão desceu ao Egito. Comp. Gn 12.10; tb. 1Rs 6.1.
[2] (13.13) A redenção do primogênito era, para Israel, um memorial de sua própria redenção.

20 Assim [v]partiram de [w]Sucote e acamparam em Etã, à entrada do deserto.

21 O Senhor ia [x]adiante deles, de dia numa coluna de nuvem, para os guiar pelo caminho, e de noite numa coluna de fogo, para os iluminar, a fim de que caminhassem de dia e de noite.

22 Nunca se apartou do [y]povo a coluna de nuvem de dia nem a coluna de fogo de noite.

Faraó persegue Israel

14 Então disse o Senhor a Moisés:

2 Dize aos filhos de Israel que voltem e se acampem junto a [z]Pi-Hairote, entre Migdol e o mar. Assentareis o acampamento junto ao mar, diante de Baal-Zefom.

3 Então faraó dirá dos filhos de Israel: Estão desorientados na terra, o deserto os encerrou.

4 [a]Endurecerei o coração de faraó, para que os persiga. Mas serei glorificado em faraó e em todo o seu exército, e [b]saberão os egípcios que eu sou o Senhor. Eles assim o fizeram.

5 **S**endo, pois, anunciado ao rei do Egito que o povo fugia, mudou-se o seu coração e dos seus oficiais contra o povo, e disseram: Que foi que fizemos, deixando ir Israel, para que não nos sirva?

6 Assim aprontou faraó o seu carro e tomou consigo o seu povo.

7 Tomou também seiscentos carros escolhidos e todos os carros do Egito, e capitães sobre todos eles.

8 O Senhor endureceu o coração de faraó, rei do Egito, para que perseguisse os filhos de Israel, que estavam marchando [c]afoitamente.

9 [d]Perseguiram-nos os egípcios, todos os cavalos e carros de faraó, e os seus cavaleiros, e o seu exército, e os alcançaram acampados junto ao mar, perto de Pi-Hairote, diante de Baal-Zefom.

10 **A**proximando-se faraó, os filhos de Israel levantaram os olhos e viram os egípcios que vinham atrás deles. Temeram muito e [e]clamaram ao Senhor.

11 [f]Disseram a Moisés: Foi por não haver sepulcros no Egito que nos tiraste de lá para que morramos neste deserto? Por que nos fizeste isto, tirando-nos do Egito?

12 Não é isto que te [g]dissemos no Egito: Deixa-nos, que sirvamos aos egípcios? Pois melhor nos fora servir aos egípcios do que morrermos no deserto.

O livramento miraculoso através do mar Vermelho

13 Moisés, porém, disse ao povo: [h]Não temais. [i]Estai quietos e vede o [j]livramento do Senhor, que hoje vos fará. Aos egípcios, que hoje vistes, nunca mais [k]vereis para sempre.

14 O Senhor [l]pelejará por vós, e vós vos calareis.

A passagem pelo mar

15 **E**ntão disse o Senhor a Moisés: Por que clamas a mim? Dize aos filhos de Israel que marchem.

16 E tu, levanta a tua [m]vara, estende a tua mão sobre o mar e divide-o, para que os filhos de Israel passem pelo meio do mar em seco.

17 [n]Endurecerei o coração dos egípcios, para que entrem atrás deles. Serei [o]glorificado em faraó e em todo o seu exército, nos seus carros e nos seus cavaleiros.

18 Os egípcios saberão que eu sou o Senhor, quando for glorificado em faraó, nos seus carros e nos seus cavaleiros.

19 **E**ntão o [p]anjo de Deus, que ia adiante do exército de [q]Israel, se retirou e se pôs atrás deles. Também a coluna de nuvem se retirou de diante deles e se [r]pôs atrás,

20 e ia entre o acampamento dos egípcios e o acampamento de Israel. A nuvem era escuridade para aqueles, e para este esclarecia a noite; de maneira que em toda a noite este e aqueles não puderam aproximar-se.

21 **E**ntão Moisés estendeu a mão sobre o mar, e o Senhor [s]fez retirar-se o mar por um forte vento oriental toda aquela noite e fez do mar [t]terra seca. As águas foram [u]divididas,

22 e os filhos de Israel [vv]entraram pelo meio do mar em seco, e as águas lhes foram qual muro à sua direita e à sua esquerda.

23 Os egípcios os perseguiram e entraram atrás deles até o meio do mar, com todos os cavalos de faraó, os seus carros e os seus cavaleiros.

24 Na [ww]vigília da manhã, o [xx]Senhor, na coluna de fogo e na nuvem, viu o acampamento dos egípcios e o alvoroçou.

25 Emperrou-lhes as rodas dos carros e fê-los andar dificultosamente. Então, disseram os egípcios: Fujamos da presença de Israel! O Senhor [yy]peleja por eles contra o Egito.

26 **D**isse o Senhor a Moisés: Estende a mão sobre o mar, para que as águas se tornem sobre os egípcios, sobre os seus carros e sobre os seus cavaleiros.

Os egípcios perecem no mar

27 Então Moisés estendeu a mão sobre o mar, e o mar retomou a sua força ao amanhecer. Os egípcios foram de encontro a ele, e o Senhor derrubou os egípcios no meio do mar.

28 As águas, tornando, cobriram os carros e os cavaleiros de todo o exército de faraó, que os haviam seguido no mar. Nem ainda um deles ficou.

29 Os [zz]filhos de Israel, porém, caminharam a [aa]pé enxuto pelo meio do mar, e as águas lhes foram qual muro à sua direita e à sua esquerda.

[v] Nm 33.6-8
[w] Êx 12.37
[x] Êx 14.19; 33.9; Dt 1.33; Sl 78.14; 99.7; 105.39
[y] Israel (história): v. 17-22; Êx 14.19 (Gn 12.2; Rm 11.26)
[z] Nm 33.7
[a] Êx 10.1
[b] Êx 10.2
[c] Nm 33.3; At 13.17
[d] Js 24.6
[e] Ne 9.9
[f] Êx 5.21; 15.24; 16.2; 17.3; Nm 14.2,3; 20.3
[g] Êx 5.21; 6.9
[h] Êx 20.20
[i] 2Cr 20.17; Sl 46.10,11; Is 30.15
[j] Êx 14.30; 15.2
[k] Comp. Dt 28.68
[l] Êx 14.25; 15.3; Dt 1.30
[m] Êx 4.17,20; Is 10.26
[n] Êx 10.1
[o] Êx 9.16
[p] Anjo do Senhor: v. 19; Êx 23.20 (Gn 16.7; Jz 2.1, nota)
[q] Israel (história): v. 19-31; Êx 19.1 (Gn 12.2; Rm 11.26)
[r] Is 52.12; 58.8
[s] Milagres (AT): v. 21-31; Êx 15.25 (Gn 5.24; Jn 1.17)
[t] Sl 106.9; 136.13,14
[u] Sl 78.13; 114.1-8; Is 63.12,13
[vv] Fé: v. 21,22; Js 6.20 (Gn 3.20; Hb 11.39, nota)
[ww] Jz 7.19
[xx] Êx 13.21
[yy] Êx 7.5; 14.4,14
[zz] v. 22
[aa] Sl 66.6; comp. Is 11.15

30 [1][b]Assim o Senhor [2]salvou a Israel naquele
dia das mãos dos egípcios, e Israel viu os
egípcios mortos na praia do mar.
31 Quando Israel viu o grande poder que o
Senhor mostrara aos egípcios, o povo temeu
ao Senhor e confiou no Senhor e em Moisés,
seu servo.

O cântico de Moisés

15 Então [c]cantaram Moisés e os filhos de
Israel este cântico ao Senhor:

[d]Cantarei ao Senhor,
pois sumamente se exaltou.
Lançou no mar o cavalo e o seu cavaleiro.
2 **O** Senhor é a minha força e o meu cântico;
ele me foi por salvação.
Este é o meu Deus, portanto eu o louvarei;
ele é o [e]Deus de meu pai,
por isso o exaltarei.
3 **O** Senhor é um [f]guerreiro;
o Senhor é o seu nome.
4 Lançou no mar os carros de faraó e o
seu exército.
Os seus príncipes afogaram-se no
mar Vermelho.
5 Os abismos os cobriram;
desceram às profundezas como pedra.
6 A tua [g]destra, ó Senhor, é gloriosa em poder;
a tua mão direita, ó Senhor,
despedaça o inimigo.
7 Na grandeza da tua excelência
derrubaste os que se levantaram contra ti.
Enviaste o teu [h]furor, que os [i]consumiu
como palha.
8 Com o sopro das tuas [j]narinas
amontoaram-se as águas.
As correntes pararam em montão;
os abismos coalharam-se no
coração do mar.
9 O inimigo dizia: Perseguirei, alcançarei,
repartirei os despojos;
a minha alma se fartará deles,
arrancarei a minha espada,
a minha mão os destruirá.
10 Sopraste com o teu vento,
e o mar os cobriu.
Afundaram-se como chumbo
em impetuosas águas.
11 **Ó** Senhor, quem é como tu entre os deuses?
Quem é como tu glorificado em [k]santidade,
terrível em [l]louvores, que
[m]opera maravilhas?
12 Estendeste a mão direita,
e a terra os tragou.
13 Tu, com a tua beneficência,
guiarás o povo que [n]remiste.
Com a tua força
o levarás à tua santa [o]habitação.
14 Os povos o ouvirão e tremerão;
a angústia tomará conta dos habitantes
da Filístia.
15 Os príncipes de [p]Edom se perturbarão,
dos poderosos dos [q]moabitas se
apoderará tremor,
todos os habitantes de Canaã [r]serão destruídos.
16 Espanto e [s]pavor cairão sobre eles.
Pela grandeza do teu braço
emudecerão como pedra;
até que o teu povo haja passado, ó Senhor,
até que passe o povo que adquiriste.
17 Tu os introduzirás e os [t]plantarás
no [u]monte da tua herança,
no lugar que tu, ó Senhor,
preparaste para a tua [v]habitação,
no santuário, ó Senhor,
que as tuas mãos estabeleceram.
18 O Senhor [w]reinará eterna e perpetuamente.
19 **Quando** os cavalos de faraó, com os seus car-
ros e com os seus cavaleiros, entraram no mar,
o Senhor fez tornar as águas do mar sobre eles,
mas os filhos de Israel passaram em seco pelo
meio do mar.
20 [x]**Então** [y]Miriã, a profetisa, irmã de Arão,
tomou um tamborim, e todas as mulheres saí-
ram atrás dela com tamborins e com [z]danças.
21 E Miriã lhes respondia:
Cantai ao Senhor,
pois sumamente se exaltou,
e lançou no mar o cavalo com o seu cavaleiro.

Redenção: (3) experiência (até 19.25); Deus sacia a fome e a sede e providencia descanso

22 **Depois** fez Moisés partir os israelitas do
mar Vermelho, e saíram para o [a]deserto de Sur.
Caminharam três dias no deserto e não acha-
ram [bb]água.

[b] Veja Sl 19.9, nota
[c] Sl 106.12
[d] Comp. Is 12.1-6
[e] Êx 3.6,15
[f] Êx 14.14
[g] Êx 3.20; Sl 17.7
[h] Sl 78.49,50
[i] Is 5.24
[j] Êx 14.21,22
[k] Sl 68.35; Is 6.3
[l] Êx 3.20; Sl 77.11
[m] 1Cr 16.25
[n] Redenção (tipo do parente remidor): v. 13; Lv 25.25 (Gn 48.16; Is 59.20, nota)
[o] Dt 12.5; Sl 78.54
[p] Gn 36.15
[q] Gn 19.37; Nm 22.3
[r] Js 2.9-11,24
[s] v. 5,6,13
[t] Sl 80.8,15
[u] Sl 2.6; 78.54
[v] Sl 68.16; 76.2; 132.14
[w] 2Sm 7.16
[x] Comp. 2Sm 6.5
[y] Êx 2.4; Nm 12.1; 20.1
[z] Sl 150.4
[a] Nm 33.8
[bb] Êx 17.1; Nm 20.2

[1] (14.30) Êxodo é o livro da redenção e ensina que: 1) a redenção é totalmente proveniente de Deus (Êx 3.7,8; Jo 3.16); 2) a redenção é por intermédio de uma pessoa (Êx 2.2, nota; Jo 3.16,17); 3) a redenção é por meio de sangue (Êx 12.13,23,27; 1Pe 1.19); 4) a redenção é pelo poder (Êx 6.6; 13.14; Rm 8.2. Veja Rm 3.24, nota).

[2] (14.30) A palavra "salvou" é uma tradução da palavra hebraica *yasha*, a raiz do nome *Jeshua* (Josué), que, por sua vez, é abreviação de *Jehoshua*, que significa *Jeová salva*. *Jeshua* é a forma hebraica de Jesus, e Cristo foi chamado Jesus porque ele salvaria "o seu povo dos pecados deles" (Mt 1.21). O livramento divino ao qual este versículo se refere é uma ilustração notável da redenção providenciada por Cristo.

23 Então chegaram a Mara, mas não puderam beber as águas de [c]Mara, porque eram amargas. É por isso que o lugar é chamado [1]Mara.

24 E o povo murmurou contra Moisés, dizendo: Que havemos de beber?

25 Então Moisés clamou ao Senhor, e o Senhor lhe mostrou uma árvore. [2]Lançou-a Moisés nas águas, e as águas se tornaram [d]doces. Ali Deus lhes deu estatutos e uma ordenança, e ali os [e]provou.

26 Disse ele: Se ouvires atentamente a voz do Senhor, o teu Deus, e fizeres o que é reto diante dos seus olhos, e inclinares os teus ouvidos aos seus mandamentos, e guardares todos os seus estatutos, nenhuma enfermidade virá sobre ti, das que enviei sobre os egípcios, pois eu sou o Senhor que te sara.

27 **Então** chegaram a Elim, onde havia doze fontes de água e setenta palmeiras, e se acamparam junto das águas.

Provisão do maná

16 **Partiram** de Elim, e toda a congregação dos filhos de Israel veio ao deserto de [f]Sim, que está entre Elim e [g]Sinai, aos quinze dias do [h]segundo mês, depois que saíram da terra do Egito.

2 Toda a congregação dos filhos de Israel [i]murmurou contra Moisés e contra Arão no deserto.

3 Disseram-lhes os filhos de Israel: Quem nos dera tivéssemos morrido pela mão do Senhor na terra do Egito, quando estávamos sentados junto às panelas de carne, quando comíamos pão a fartar! Tu nos trouxeste a este deserto, para matardes de fome a toda esta multidão.

4 **Então** disse o Senhor a Moisés: Eu vos farei chover [j]pão dos céus. O povo sairá e colherá diariamente a porção para cada dia, para que eu o [k]prove se [l]anda em minha lei ou não.

5 Ao sexto dia prepararão o que colherem, e será o dobro do que colhem [m]cada dia.

6 Então disseram Moisés e Arão a todos os filhos de Israel: À tarde, [n]sabereis que o Senhor vos tirou da terra do Egito,

7 e amanhã vereis a glória do Senhor, porque ele [o]ouviu as vossas murmurações contra o Senhor. Quem somos nós, para que murmureis contra [p]nós?

8 Disse mais Moisés: Será isso quando o Senhor, à tarde, vos der carne para comer e, pela manhã, pão a fartar, porque o Senhor ouviu as vossas murmurações, com que murmurais contra ele. Quem somos nós? As vossas murmurações não são contra nós, e sim contra o Senhor.

9 Então disse Moisés a Arão: Dize a toda a congregação dos filhos de Israel: Chegai-vos à presença do Senhor, pois ele ouviu as vossas murmurações.

10 Enquanto Arão falava a toda a congregação dos filhos de Israel, eles se viraram para o deserto, e lá estava a [q]glória do Senhor na nuvem.

Deus envia codornizes e maná

11 **Então** disse o Senhor a Moisés:

12 Tenho ouvido as murmurações dos filhos de Israel; dize-lhes: Ao crepúsculo comereis carne e, pela manhã, vos fartareis de pão. Então sabereis que eu sou o Senhor, o vosso Deus.

13 À tarde, subiram [r]codornizes e cobriram o arraial e, pela manhã, havia uma camada de [s]orvalho ao redor do arraial.

A descrição e o recolhimento do maná

14 Quando se evaporou o orvalho caído, sobre a face do deserto estava uma [t]coisa [u]fina e semelhante a escamas, fina como a [v]geada sobre a terra.

15 Vendo-a os filhos de Israel, disseram uns aos outros: [w]Que é isso? Pois não sabiam o que era. Disse-lhes Moisés: Este é o [x]pão que o Senhor vos [y]deu para comer.

16 Esta é a ordem do Senhor: Colhei dele cada um [3][z]conforme o que pode comer, um [a]ômer por cabeça, segundo o número de vossas pessoas. Cada um tomará para os que se acharem na sua tenda.

17 Assim o fizeram os filhos de Israel; e colheram, uns mais, outros menos.

18 Medindo-o com o ômer, porém, não sobrava ao que colhera muito nem [b]faltava ao que colhera pouco. Cada um colheu tanto quanto podia comer.

19 Disse-lhes Moisés: Ninguém [cc]deixe dele para amanhã.

20 Eles, porém, não deram ouvidos a Moisés; antes alguns [4]deixaram um pouco para o

[c] Comp. Rt 1.20
[d] Milagres (AT): v. 23-25; Êx 16.15 (Gn 5.24; Jn 1.17)
[e] Provar-Tentar: v. 25; Êx 16.4 (Gn 3.1; Tg 1.14)
[f] Nm 33.11,12
[g] Êx 19.1
[h] Veja Lv 23.2, nota
[i] Êx 14.1
[j] Sl 78.23-25; Jo 6.31,32
[k] Provar-Tentar: v. 4; Êx 17.2 (Gn 3.1; Tg 1.14)
[l] Jz 2.22
[m] Comp. Lv 25.20,21
[n] Êx 6.7
[o] Nm 14.27; 17.5
[p] Nm 16.11
[q] Êx 24.16,17
[r] Nm 11.31
[s] Nm 11.9
[t] Êx 16.31; Nm 11.7,8
[u] Comp. Is 53.2; Mc 6.3
[v] Sl 147.16
[w] Veja Êx 16.35, nota
[x] v. 4
[y] Milagres (AT): v. 14-35; Êx 17.6 (Gn 5.24; Jn 1.17)
[z] Êx 12.4
[a] Veja pesos e medidas (AT): 2Cr 2.10, nota
[b] 2Co 8.15
[cc] Êx 12.10

[1] (15.23) *Amargura*.

[2] (15.25) Israel chegou a estas águas amargas enquanto andava no caminho indicado pelo Senhor, mostrando, assim, que as experiências difíceis para o povo de Deus são mais educativas que punitivas. A árvore que curou as águas deve lembrar ao cristão que a cruz de Cristo pode acabar com toda a amargura de tais experiências (comp. Rm 5.3,4; Gl 3.13). Veja v. 27 e observe que, depois que a provação é aceita como sendo a vontade do Pai, seguem-se bênçãos e crescimento (comp. Sl 1.3; 92.12).

[3] (16.16) Comp. Jo 6.33 com Jo 6.41,42,52. Cristo se entrega sem reservas, mas, em nossa experiência, não temos dele mais do que aquilo que, por fé (v. 18), nos apropriamos. Em Js 1, comp. v. 2 com v. 3. O v. 2 é o direito de possessão; o v. 3, a lei da possessão.

[4] (16.20) Assim como um homem não se alimenta com a lembrança da comida, da mesma forma o cristão não pode ser sustentado espiritualmente com suas apropriações de Cristo ocorridas no passado.

dia seguinte; entretanto, ele criou bichos e cheirava mal. E Moisés se indignou contra eles.

21 Colhiam-no, pois, pela manhã, cada um conforme o que podia comer, e, vindo o calor, se derretia.

22 **A**o sexto dia, colheram pão em dobro, dois ômeres para cada um; e os principais da congregação vieram e contaram-no a Moisés.

O sábado é investido do significado de aliança especial para Israel (comp. Êx 31.13; Ne 9.13,14; veja Mt 12.1, nota)

23 Ele lhes disse: Isto é o que o Senhor disse: Amanhã é repouso, o santo sábado do Senhor. O que quiserdes assar no forno, assai-o, e o que quiserdes cozer em água, cozei-o em água. Tudo o que sobrar, ponde de lado, para amanhã.

24 Guardaram-no até pela manhã, como Moisés ordenara, e não cheirou mal nem houve nele bicho algum.

25 Então disse Moisés: Comei-o hoje, porque hoje é o [d]sábado do Senhor. Hoje não o achareis no campo.

26 Seis dias o colhereis, mas no sétimo dia, o sábado, nada acharão.

27 Ao sétimo dia, saíram alguns do povo para colher, mas não o acharam.

28 Então disse o Senhor a Moisés: Até quando recusareis guardar os meus mandamentos e as minhas leis?

29 Lembrai-vos de que o Senhor vos deu o sábado, por isso ele no sexto dia vos dá pão para dois dias. Cada um fique no seu lugar, que ninguém saia do seu lugar no sétimo dia.

30 Assim repousou o povo no sétimo dia.

31 **A** casa de Israel deu-lhe o nome de maná. Era como semente de [e]coentro e tinha o sabor de bolos de mel.

32 Disse Moisés: Esta é a palavra que o Senhor ordenou: Encherás um ômer dele e o guardarás para as vossas gerações, para que vejam o pão que vos tenho dado a comer neste deserto, quando vos tirei da terra do Egito.

33 Disse também Moisés a Arão: Toma um vaso, mete nele um ômer cheio de maná e põe-no diante do Senhor, a fim de que seja guardado para as vossas gerações.

34 Como o Senhor tinha ordenado a Moisés, assim Arão o pôs diante do [f]Testemunho para ser guardado.

35 [g]Comeram os filhos de Israel [1]maná [2h]quarenta anos, até que entraram em terra habitada; comeram maná até que [i]chegaram aos termos da terra de Canaã.

36 Um [j]ômer é a décima parte do efa.

Os israelitas murmuram pela falta de água

17 Toda a congregação dos filhos de Israel partiu do deserto de [k]Sim, indo de lugar a lugar, segundo o mandamento do Senhor. Acamparam-se em [l]Refidim, mas não havia ali água para o povo [m]beber.

2 Então [n]contendeu o povo com Moisés e disse: Dá-nos água para beber. Respondeu-lhes Moisés: Por que contendeis comigo? Por que [o]tentais ao Senhor?

3 Tendo aí o povo sede de água, murmurou contra Moisés e disse: Por que nos fizeste subir do Egito, para nos matares de sede, a nós, a nossos filhos e a nosso [p]gado?

4 Clamou Moisés ao Senhor: Que farei com este povo? Daqui a pouco me apedrejarão.

5 Então disse o Senhor a Moisés: Passa adiante do povo. Toma contigo alguns dos anciãos de Israel, leva contigo a tua vara, com que feriste o rio, e vai.

6 Eu estarei ali diante de ti sobre a [3q]rocha, em Horebe. Ferirás a rocha, e dela sairá [r]água, e o povo beberá. Moisés assim o fez, na presença dos anciãos de Israel.

[d] Sábado (dia de repouso): v. 22-25; Êx 20.8 (Gn 2.3; Mt 12.1, nota)
[e] A planta de coentro, silvestre na Palestina e no Egito, produz pequenas sementes aromáticas de cor branco-cinzenta
[f] Êx 25.16
[g] Dt 8.3,16
[h] Nm 14.33
[i] Js 5.12; Ne 9.20,21
[j] Veja pesos e medidas (AT): 2Cr 2.10, nota
[k] Êx 16.1
[l] Nm 33.11-15
[m] Êx 15.22; Nm 20.2
[n] Êx 14.11
[o] Provar-Tentar: v. 2,7; Êx 20.20 (Gn 3.1; Tg 1.14)
[p] Êx 12.38
[q] Cristo (Rocha): v. 6; Êx 33.22 (Gn 49.24; 1Pe 2.8)
[r] Milagres (AT): v. 5-7; Lv 10.2 (Gn 5.24; Jn 1.17)

---

[1] (16.35) A palavra "maná" é uma transliteração de duas palavras hebraicas que significam "O que é isto?" (comp. v. 15), a primeira pergunta que os israelitas fizeram quando o viram. Chamado de "pão dos céus" (Êx 16.4), "pão dos anjos" (Sl 78.24,25) e "miserável pão" (Nm 21.5). Era conservado em um vaso no tabernáculo (Hb 9.4). O maná é comparado à semente do coentro, com aparência de resina, parecendo geada sobre o chão e tendo o gosto de azeite fresco (Nm 11.7,8). Ele caiu durante os quarenta anos de peregrinação no deserto e deixou de cair quando Israel começou a comer o produto da terra em Gilgal (Js 5.10-12). Embora fosse uma substância, o maná é chamado de "comida espiritual" (1Co 10.3) em referência à sua origem sobrenatural.

O maná é um tipo de Cristo ofertando, em humilhação, sua carne para que o crente possa ter vida (Jo 6.49-51). Comer o maná é meditar no Senhor Jesus, sobre o tempo em que viveu entre os homens e fazia não sua própria vontade, mas a vontade do Pai (Jo 6.38-40).

[2] (16.35) A vida de Moisés divide-se em três períodos iguais de quarenta anos: no Egito (Êx 2.1-14), em Midiã (2.15–12.36) e no deserto (12.37–Dt 34.8). As Escrituras geralmente se referem ao período de quarenta anos de peregrinação no deserto (Êx 16.35; At 7.36-40); Estêvão nos informa que a duração do período que Moisés passou como pastor em Midiã foi de quarenta anos (At 7.30); e, uma vez que nos é dito que Moisés viveu até a idade de 120 anos (Dt 34.7), o período de sua residência na corte do faraó também foi de quarenta anos.

Moisés esteve quarenta dias no monte Sinai (Êx 24.18; 34.28), que foi o mesmo tempo que nosso Senhor esteve no deserto no começo de seu ministério (Mt 4.2) e também o período que transcorreu entre sua ressurreição e sua ascensão (At 1.3).

[3] (17.6) A rocha é um tipo da vida por meio do Espírito Santo pela graça: 1) Cristo, a Rocha (1Co 10.4); 2) o povo totalmente indigno (v. 2; Ef 2.1-6) e 3) as características da vida por meio da graça: a) gratuita (Jo 4.10; Rm 6.23; Ef 2.8), b) abundante (Rm 5.20; comp. Sl 105.41), c) acessível (Rm 10.8) e d) o povo devia apenas tomá-la, recebê-la (Is 55.1). A rocha golpeada e ferida como figura da morte de Cristo fala do

7 E chamou o nome daquele lugar [1]Massá e
[2]Meribá, por causa da contenda dos filhos de
Israel e porque [s]tentaram ao Senhor, dizendo:
Está o Senhor no meio de nós ou não?

Amaleque peleja contra os israelitas

8 Então veio Amaleque e pelejou contra Israel
em Refidim.
9 Pelo que disse Moisés a Josué: Escolhe-nos
homens e sai, peleja contra Amaleque. Amanhã
eu estarei no cume do outeiro, e a vara de Deus
estará na minha mão.
10 Fez Josué como Moisés lhe dissera e pelejou
contra Amaleque; mas Moisés, Arão e Hur subiram ao cume do outeiro.
11 Quando Moisés levantava as mãos, Israel
prevalecia, mas, quando ele baixava as mãos,
Amaleque prevalecia.
12 Quando as mãos de Moisés ficaram cansadas,
tomaram uma pedra e a puseram debaixo dele,
e ele se sentou nela. Arão e Hur sustentavam-lhe
as mãos, um de cada lado; assim ficaram as suas
mãos firmes até que o sol se pôs.
13 Assim Josué venceu o exército amalequita a
fio de espada.
14 Então disse o Senhor a Moisés: [3]Escreve
isto para memória num [t]livro e repete-o a Josué,
porque riscarei totalmente a memória de
Amaleque de debaixo dos céus.
15 Edificou Moisés um [u]altar e lhe chamou
[v4]O [v]Senhor é a minha bandeira".
16 Disse ele: Pois mãos foram levantadas ao
trono do Senhor. O Senhor fará guerra contra
Amaleque de geração em geração.

O sogro de Moisés traz-lhe sua mulher e filhos

18 Ora [w]Jetro, sacerdote de Midiã, sogro de
Moisés, ouviu todas as coisas que Deus
tinha feito a Moisés e a Israel, seu povo, e como
o Senhor tinha tirado a Israel do Egito.
2 E Jetro, sogro de Moisés, tomou [x]Zípora,
mulher de Moisés, depois que este a [y]enviara,
3 e os seus dois filhos, dos quais um se chamava [z]Gérson, pois Moisés disse: Fui [5]peregrino
em terra estrangeira;
4 e o outro se chamava [6]Eliezer, pois disse: o
Deus de meu pai foi minha [a]ajuda e me livrou da
espada de faraó.
5 Vindo, pois, Jetro, sogro de Moisés, com os
filhos e com a mulher deste, ao encontro de
Moisés no deserto, ao [b]monte de Deus, onde se
tinha acampado,
6 disse a Moisés: Eu, teu sogro Jetro, venho a ti,
com a tua mulher e seus dois filhos.

[s] Êx 17.2
[t] Inspiração: v. 14; Êx 19.6 (Êx 4.15; 2Tm 3.16)
[u] Sacrifício (tipológico): v. 15; Lv 1.3 (Gn 3.15; Hb 10.18, nota)
[v] Veja Gn 2.3,4, notas
[w] Êx 3.1
[x] Êx 2.21
[y] Êx 4.20-26
[z] Êx 2.22
[a] Gn 49.25
[b] Êx 3.1,12; 4.27; 24.13

derramamento do Espírito Santo (Jo 7.37-39) como resultado da redenção realizada, mais do que sobre nossa culpa. É o lado afirmativo de Jo 3.16. "Não pereça" refere-se ao sangue da expiação; "mas tenha" é uma alusão à vida que foi concedida (Rm 8.2,10,11).

[1] (17.7) *Prova.*

[2] (17.7) *Querela* ou *pleito.*

[3] (17.14) Esta passagem e outras do Pentateuco demonstram que Moisés sabia escrever. Comp. Dt 28.58; 31.24. Na Mesopotâmia e no Egito, foram encontrados escritos antigos de datas muito anteriores à época de Moisés.

Antes do surgimento da Alta Crítica, nos últimos dois séculos, todo o mundo cristão cria que Moisés foi o autor do Pentateuco. Em 1753, um médico francês chamado Jean Astruc apresentou a teoria de que a mudança da palavra "Deus", em Gn 1.1–2.3, para o termo "Senhor [Jeová] Deus" nos capítulos seguintes indica que eles provêm de fontes distintas e oferecem uma ideia quanto às fontes que Moisés utilizou para escrever o Pentateuco. Após um longo processo, durante o qual muitos pontos de vista foram apresentados, desenvolveu-se, com base nisso, a hipótese de Graf-Wellhausen, que foi apresentada em 1878 por Julius Wellhausen e chegou a ser aceita pela maioria dos defensores da Alta Crítica.

Essa teoria divide o Pentateuco em um conjunto de vários documentos, todos eles tendo sido escritos muitos anos após a época de Moisés e finalmente combinados em uma só obra graças a um longo processo, do qual uma série de redatores participaram. Quatro argumentos principais foram apresentados para essa teoria: 1) o uso dos diversos nomes para Deus em diferentes passagens, 2) a proposta de que cada um dos quatro documentos principais pode ser lido como uma unidade completa em si mesma, 3) a afirmação de que há muitas repetições de declarações, acontecimentos e leis paralelas e até de histórias individuais e 4) o argumento de que o estilo dos documentos difere amplamente.

Nem uma só destas alegações foi consubstanciada por cuidadosa investigação: 1) Em outros livros, cuja unidade não é questionada, encontram-se mudanças similares nos nomes divinos. 2) Como resultado de um exame cuidadoso, pode-se demonstrar que a pretendida continuidade e independência de cada documento, na verdade, não ocorre. 3) As chamadas passagens paralelas frequentemente narram eventos diferentes. Quando o mesmo fato é repetido duas vezes, geralmente há uma razão clara para a repetição. 4) O estilo dos supostamente diferentes documentos em geral não difere muito no hebraico. Onde há uma notável diferença, deve-se à disparidade no tema principal.

A arqueologia tem produzido numerosas evidências que sustêm a autoria mosaica, evidências que concordam com a própria Bíblia. Muitas dessas referidas evidências são uma distinta contradição à Alta Crítica em relação à origem dos documentos. Nosso Senhor Jesus Cristo fez referência ao Pentateuco como sendo obra de Moisés. Os cristãos devem imitar seu Senhor e considerar que estes cinco livros são realmente obra do grande profeta (Mc 10.3-5; 12.26; Jo 5.45,46; comp. Mt 8.4; 19.8; Mc 1.44; 7.10; Lc 5.14; 24.44; Jo 7.19,22,23). Veja *nota* relacionada com o tema em Êx 6.3. Comp. tb. com *notas* em Dt 31.24; 34.12.

[4] (17.15) *Jeová-nissi.*

[5] (18.3) Veja Êx 2.22.

[6] (18.4) Heb. *Eli*, meu Deus; *ezer*, ajuda.

7 Então saiu Moisés ao encontro do seu sogro e se inclinou e o [c]beijou, e perguntaram um ao outro como estavam, e entraram na tenda.

8 Contou Moisés a seu sogro todas as coisas que o Senhor tinha feito a faraó e aos egípcios por amor de Israel, e todo o trabalho que passaram no caminho, e como o Senhor os [d]livrara.

9 **A**legrou-se Jetro de todo o [e]bem que o Senhor tinha feito a Israel, livrando-o das mãos dos egípcios,

10 e disse: Bendito seja o Senhor, que vos livrou das mãos dos egípcios e das mãos de faraó.

11 Agora sei que o Senhor é maior que todos os [f]deuses, pois fez isto aos que trataram a Israel com arrogância.

12 Então tomou Jetro, sogro de Moisés, [g]holocausto e sacrifícios para Deus; e veio Arão e todos os anciãos de Israel para [h]comerem pão com o sogro de Moisés diante de Deus.

13 **N**o dia seguinte, [i]assentou-se Moisés para julgar o povo, e o povo estava em pé diante de Moisés desde a manhã até a tarde.

14 Vendo o sogro de Moisés tudo o que ele fazia ao povo, disse: Que é isso que fazes ao povo? Por que te assentas só, e todo o povo está em pé diante de ti, desde a manhã até o cair da tarde?

15 Respondeu Moisés a seu sogro: É porque o povo vem a mim para [j]consultar a Deus.

16 Quando tem alguma [k]questão vem a mim, para que eu julgue entre um e outro e lhes declare os estatutos de Deus e as suas leis.

17 O sogro de Moisés, porém, lhe disse: Não é bom o que fazes.

18 Certamente desfalecerás, assim tu, como este povo que está contigo. O trabalho te é pesado demais; tu só [l]não o podes fazer.

[c] Êx 4.27
[d] Êx 15.6,16
[e] Is 63.7-14
[f] Êx 12.12; 15.11
[g] Êx 24.5
[h] Gn 31.54; Dt 12.7
[i] Dt 33.4,5; Mt 23.2
[j] Comp. Dt 17.8-13
[k] Dt 19.17
[l] Nm 11.14,17; Dt 1.12
[m] Êx 4.16; 20.19
[n] Nm 9.8; 27.5
[o] Dt 1.18
[p] Comp. At 6.3
[q] 2Sm 23.3; veja Sl 19.9, nota
[r] Dt 1.13,15; Sl 15.1-5
[s] Dt 1.17,18
[t] Nm 11.17
[u] Veja Lv 23.2, nota
[v] Israel (história): v. 1-8; Êx 20.1 (Gn 12.2; Rm 11.26)
[w] Lei (de Moisés): v. 1-25; Êx 20.1 (Êx 19.1; Gl 3.24)

19 Ouve agora a minha voz, e te aconselharei, e Deus seja contigo. Representa o povo [m]diante de Deus e [n]leva as suas causas a Deus.

20 [o]Ensina-lhes os estatutos e as leis, e faze-lhes saber o caminho em que devem andar, e a obra que devem fazer.

21 [p]Procura, porém, no meio de todo o povo homens capazes, [q]tementes a Deus, homens de [r]verdade, que aborreçam a avareza; põe-nos sobre eles por chefes de mil, chefes de cem, chefes de cinquenta e chefes de dez.

22 Julguem este povo em todo o tempo. Que a ti [s]tragam toda causa grave, mas toda causa pequena eles mesmos a julguem. Assim a ti mesmo te aliviarás da carga, e eles a [t]levarão contigo.

23 Se isso fizeres, e Deus assim ordenar, poderás então suportar a tensão; e também todo este povo irá em paz para o seu lugar.

24 Moisés deu ouvidos à palavra de seu sogro, e fez tudo o que este lhe dissera.

25 Escolheu Moisés homens capazes, de todo o Israel, e os pôs por cabeças sobre o povo, chefes de mil, chefes de cem, chefes de cinquenta e chefes de dez.

26 Eles julgaram o povo em todo o tempo. A causa grave trouxeram a Moisés, e toda causa pequena julgaram eles.

27 Então despediu Moisés a seu sogro, o qual se foi para a sua terra.

III. No Sinai: a Lei e a construção do tabernáculo, 19.1—40.38

Israel chega ao Sinai

19 **N**o [u]terceiro mês da saída dos filhos de [v]Israel da terra do Egito, nesse mesmo dia, [1]chegaram ao deserto do [w]Sinai.

[1] (19.1) *A Quinta Dispensação: da Lei.* Esta dispensação começou com a entrega da Lei no Sinai e terminou quando Cristo morreu como sacrifício. Ele cumpriu todas as provisões e os tipos da Lei. Na dispensação anterior, Abraão, Isaque e Jacó, assim como um sem-número de outras pessoas, falharam nas provas de fé e obediência pelas quais o homem era responsável (p. ex., Gn 16.1-4; 26.6-10; 27.1-25). O Egito também não fez caso da advertência de Deus (Gn 12.3) e foi julgado. Não obstante, Deus proveu um libertador (Moisés), um sacrifício (o cordeiro pascal) e um poder milagroso para tirar os israelitas do Egito (os juízos sobre o Egito; o livramento no mar Vermelho).

Como resultado de sua transgressão (Gl 3.19), os israelitas foram agora colocados sob a disciplina precisa da Lei. A Lei é clara sobre: 1) a espantosa santidade de Deus (Êx 19.10-25), 2) a extrema pecaminosidade do homem (Rm 7.13; 1Tm 1.8-10), 3) a necessidade de obediência (Jr 7.23,24), 4) a universalidade do fracasso do homem (Rm 3.19,20) e 5) a maravilha da graça de Deus ao prover uma maneira de aproximar o homem de si por meio do sangue de sacrifícios – que era tipológico –, olhando para o futuro, para um Salvador que seria o Cordeiro de Deus para tirar o pecado do mundo (Jo 1.29), manifestando "a justiça de Deus, tendo o testemunho da Lei e dos Profetas" (Rm 3.21).

A Lei não alterou as provisões nem revogou a promessa de Deus dadas na Aliança Abraâmica. Não foi concedida como um caminho para a vida (i.e., um meio de justificação, At 15.10,11; Gl 2.16,21; 3.3-9,14,17,21,24,25), mas como uma regra de vida para um povo que já estava sob a Aliança de Abraão e se achava coberto pelo sangue do sacrifício, i.e., do cordeiro pascal, etc. Um dos seus propósitos foi deixar claro a pureza e a santidade que deveriam caracterizar a vida de um povo, cuja lei era, ao mesmo tempo, a lei de Deus (Êx 19.5,6).

Consequentemente, a função da Lei em relação a Israel foi de restrição disciplinar e correção (Gl 3.24) – como a função do escravo de confiança ou tutor da família em relação aos filhos gregos ou romanos (chamado de "tutor" em Gl 3.24) – a fim de manter Israel submisso para seu próprio bem (Dt 6.24): 1) Até que Cristo viesse (Cristo é nosso Tutor, nosso Aio, pois a graça que nos salva também nos ensina, Gl 3.24; Tt 2.11,12) e 2) até o momento designado pelo Pai para os herdeiros (filhos da promessa) serem promovidos da condição de menoridade legal para ter parte nos privilégios de herdeiros que atingiram a maioridade (Gl 4.1-3). Isto Deus fez enviando seu Filho, e a posição dos crentes agora é a de filhos na casa do Pai (Gl 3.26; 4.4-7).

2 Tendo partido de [x]Refidim, chegaram ao deserto do Sinai, e Israel se [y]acampou ali no deserto em frente do monte.

Quinta Dispensação: a Lei (Êx 19.3—At 1.26)

Os filhos de Israel são provados no Sinai

3 Subiu Moisés a Deus, e o Senhor o chamou do monte, dizendo: [1]Assim falarás à casa de Jacó e anunciarás aos filhos de Israel:
4 Vistes o que fiz aos egípcios, como vos levei sobre asas de águias e vos trouxe a [z]mim.

Quinta Aliança ou Aliança Mosaica (v. 5, nota 3)

5 Agora, [2]se [a]diligentemente ouvirdes a minha voz e [b]guardardes a minha [3c]aliança, sereis a minha [d]propriedade peculiar entre todos os povos. Embora toda a terra seja [e]minha,
6 vós me sereis [4]reino [f]sacerdotal e [g]nação santa. São estas as [h]palavras que falarás aos filhos de Israel.
7 Veio Moisés, chamou os [i]anciãos do povo e lhes expôs todas estas palavras que o Senhor lhe tinha ordenado.
8 Então todo o povo respondeu a uma voz: [5]Tudo o que o Senhor falou, [j]faremos. E relatou Moisés ao Senhor as palavras do povo.

[x] Êx 17.1
[y] Comp. Êx 3.12
[z] Separação: v. 4; Êx 33.16 (Gn 12.1; 2Co 6.17)
[a] Êx 15.26; 23.22
[b] Sl 78.10
[c] Oito Alianças: v. 3-8; Dt 30.3 (Gn 2.16; Hb 8.8)
[d] Dt 7.6; 14.2; 26.18; comp. Tt 2.14; 1Pe 2.9
[e] Êx 9.29
[f] Comp. 1Pe 2.5,9; Ap 1.6; 5.10
[g] Dt 26.19
[h] Inspiração: v. 6,7; Êx 20.1 (Êx 4.15; 2Tm 3.16)
[i] Êx 4.29,30
[j] Êx 24.3,7; Dt 5.27
[k] Êx 19.16; 20.21
[l] Comp. Jo 12.29
[m] Reino (AT): v. 9; Êx 24.12 (Gn 1.26; Zc 12.8)
[n] Êx 34.3; comp. 3.5

O homem pecador é informado da santidade inacessível de Deus (v. 9-24; comp. Rm 7.7-24)

9 Disse o Senhor a Moisés: Eu virei a ti em uma [k]nuvem espessa, para que o povo ouça quando eu [l]falar contigo e para que também sempre [m]creiam em ti. Então Moisés anunciou as palavras do seu povo ao Senhor.
10 Disse mais o Senhor a Moisés: Vai ao povo e santifica-os hoje e amanhã. Lavem eles as suas vestes
11 e estejam prontos para o terceiro dia, porque no terceiro dia o Senhor descerá à vista de todo o povo sobre o monte Sinai.
12 Marcarás limites ao povo em redor, dizendo: Guardai-vos de subir ao monte, e não toqueis o seu termo. Todo aquele que tocar no monte, certamente será [n]morto.
13 Certamente será apedrejado ou flechado; nenhuma mão tocará nele. Quer seja animal, quer seja homem, não viverá. Quando soar longamente a buzina, então subirão ao monte.
14 Então Moisés desceu do monte ao povo, e santificou o povo, e lavaram as suas vestes.
15 E Moisés disse ao povo: Estai prontos para o terceiro dia. Não toqueis mulher nenhuma.
16 Ao amanhecer do terceiro dia, houve trovões, e relâmpagos, e uma espessa nuvem sobre

---

Israel, porém, interpretou mal o propósito da Lei (1Tm 1.8-10), buscando a justiça pelas boas obras e ordenanças cerimoniais (At 15.1; Rm 9.31–10.3), e rejeitou o seu próprio Messias (Jo 1.10,11). A vida de Israel no deserto, na terra de Canaã e espalhado entre as nações tem sido uma longa história de violar a Lei vez após vez. *Notas* referentes às outras dispensações: da Inocência (Gn 1.28); da Consciência ou Responsabilidade Moral (Gn 3.7); do Governo Humano (Gn 8.15); da Promessa (Gn 12.1); da Igreja (At 2.1); do Reino (Ap 20.4); veja tb. *notas* em Gn 1.26; 11.10.

[1] (19.3) É de extrema importância observar que: 1) o Senhor lembrou ao povo que até então eles tinham sido objeto de sua graça generosa; 2) a Lei não está sendo agora proposta como meio de salvação, mas um meio pelo qual Israel, que já era uma nação redimida, pudesse, pela obediência, cumprir seu destino de "propriedade peculiar entre todos os povos [...] reino sacerdotal e nação santa" (Êx 19.5,6); 3) a lei não passou a vigorar enquanto não foi proposta e logo voluntariamente aceita.

[2] (19.5) Comp. 1Pe 2.9; Ap 1.6; 5.10. O que sob a Lei era condicional, sob a graça é gratuitamente dado a cada crente. O "se", condicional, do v. 5 é um método divino do trato de Deus com o homem e a razão fundamental por que "a lei nunca aperfeiçoou coisa alguma" (Hb 7.18,19; comp. Rm 8.3). Para Abraão, a promessa foi anterior à exigência; no Sinai, a exigência é anterior à promessa. Na Nova Aliança, a ordem é a mesma que no caso de Abraão (veja Hb 8.8-12, *nota*).

[3] (19.5) A Aliança Mosaica foi dada a Israel de acordo com três divisões, cada uma essencial às outras e as três como parte essencial da aliança, quais sejam: os mandamentos, que expressam a justa vontade de Deus (Êx 20.1-26); os estatutos, que regem a vida social de Israel (Êx 21.1–24.11), e as ordenanças, que regem a vida religiosa de Israel (Êx 24.12–31.18). Estes três elementos formam "a Lei", tal como essa expressão foi usada no NT (p. ex., Mt 5.17,18). Os mandamentos e as ordenanças formavam um sistema religioso. Os mandamentos eram um "ministério da condenação" e um "ministério da morte" (2Co 3.7-9); as ordenanças proporcionavam, na pessoa do sumo sacerdote, um representante do povo diante do Senhor e, nos sacrifícios, uma cobertura (veja Expiação, Lv 16.6, *nota*) para os pecados em antecipação à cruz (Hb 5.1-3; 9.6-9; comp. Rm 3.25,26). O cristão não está sob a Lei, a Aliança Mosaica das obras, a qual é sujeita a condições. O cristão está sob a Nova Aliança da graça, que é incondicional (Rm 3.21-27; 6.14,15; Gl 2.16; 3.10-14,16-18,24-26; 4.21-31; Hb 10.11-17). A Lei não mudou as provisões da Aliança Abraâmica, mas foi algo acrescentado apenas por um tempo limitado, só até que viesse o Descendente (Gn 3.15; Gl 3.17-19).

Notas sobre as outras alianças importantes: Edênica (Gn 2.16); Adâmica (Gn 3.15); Noeica (Gn 9.16); Abraâmica (Gn 12.2); da Terra de Israel (Dt 30.3); Davídica (2Sm 7.16); Nova Aliança (Hb 8.8).

[4] (19.6) Esta é a primeira vez que a palavra "reino" aparece na Bíblia para referir-se ao governo divino e marca o começo do reino teocrático. Veja *notas* em 1Sm 8.7; Zc 12.8.

[5] (19.8) Esta resposta oral do povo foi aprovada pelo Senhor em Dt 5.27,28: "Eu ouvi as palavras deste povo, que te disseram. Em tudo falaram bem". No entanto, a história subsequente de Israel demonstra que eles não se deram conta de sua própria fraqueza espiritual e moral e da perfeição infinita da lei divina que eles, com tanta prontidão, se comprometeram a obedecer. Veja o lamento de Deus em Dt 5.29: "Quem dera que eles tivessem tal coração que me temessem e em todo o tempo guardassem todos os meus mandamentos".

o monte, e um sonido de buzina muito forte. Todo o povo que estava no arraial se estremeceu.

17 Então levou Moisés o povo para fora do arraial ao encontro de Deus, e puseram-se ao pé do monte.

18 Todo o monte Sinai [o]fumegava, porque o Senhor descera sobre ele em [p]fogo. A sua fumaça subia como a fumaça de uma fornalha; todo o monte [q]tremia grandemente,

19 e o clangor da buzina ia aumentando cada vez mais. Então Moisés falava, e Deus lhe respondia por uma voz.

20 **D**escendo o Senhor para o cume do monte Sinai, chamou Moisés para o cume do monte. Moisés subiu,

21 e o Senhor lhe disse: Desce, adverte ao povo que não ultrapasse o termo até o Senhor para vê-lo, a fim de muitos deles não perecerem.

22 Também os [r]sacerdotes, que se chegam ao Senhor, se hão de [s]consagrar, para que o Senhor não se [t]lance sobre eles.

23 Então disse Moisés ao Senhor: O povo não poderá subir ao monte Sinai, porque tu nos advertiste, dizendo: Marca [u]limites ao redor do monte e [v]consagra-o.

24 Respondeu-lhe o Senhor: Vai, desce; depois subirás tu, e Arão contigo. Os sacerdotes, porém, e o povo não ultrapassem o termo para subir ao Senhor, para que não se lance sobre eles.

25 Desceu, pois, Moisés ao povo e lhes disse isso.

A [1]Lei: (1) os Dez Mandamentos

20 Então [w]falou Deus [x]todas estas [2][y]palavras:

2 Eu sou o Senhor, o teu Deus, que te tirei da terra do Egito, da casa da servidão.

3 **N**ão terás outros deuses diante de mim.

4 **N**ão farás para ti imagem de escultura nem semelhança alguma do que há nos céus, na terra, ou nas águas debaixo da terra.

5 Não te encurvarás a elas nem as servirás; pois eu, o Senhor, o teu Deus, sou Deus zeloso, que visito a maldade dos pais nos filhos até a terceira e quarta geração daqueles que me odeiam,

6 mas faço misericórdia até mil gerações daqueles que me amam e guardam os meus mandamentos.

7 **N**ão tomarás o nome do Senhor, o teu Deus, em vão, pois o Senhor não terá por inocente o que tomar o seu nome em vão.

8 **L**embra-te do dia do [z]sábado, para o santificar.

9 Seis dias trabalharás e neles farás toda a tua obra,

10 mas o sétimo dia é o sábado do Senhor, o teu Deus. Não farás nenhum trabalho, nem tu, nem o teu filho, nem a tua filha, nem o teu escravo, nem a tua escrava, nem o teu animal, nem o estrangeiro que está dentro das tuas portas.

11 Pois em seis dias fez o Senhor o céu e a terra, o mar e tudo o que neles há, mas ao sétimo dia descansou. Por isso, abençoou o Senhor o dia de sábado e o santificou.

12 [a]**H**onra a teu pai e a tua mãe, para que se [b]prolonguem os teus dias na terra que o Senhor, o teu Deus, te dá.

13 [c]**N**ão [3]matarás.

14 [d]**N**ão [e]adulterarás.

15 **N**ão [f]furtarás.

16 **N**ão dirás falso testemunho contra o teu [g]próximo.

17 **N**ão [h]cobiçarás a casa do teu próximo, não cobiçarás a [i]mulher do teu próximo, nem o seu escravo, nem a sua escrava, nem o seu boi, nem o seu jumento, nem coisa alguma do teu próximo.

O efeito sobre o povo

18 **Q**uando o povo viu os trovões, os relâmpagos, o som da buzina e o monte fumegante, tremeu de medo, retirou-se, pôs-se [j]de longe

[o] Sl 104.32; 144.5
[p] Êx 3.2; Dt 5.4
[q] Sl 68.8; comp. 1Rs 19.12
[r] Êx 24.5
[s] Lv 21.6-8
[t] Lv 10.1-3
[u] Êx 19.12
[v] Santificação (AT): v. 23; Êx 28.1 (Gn 2.3; Zc 8.3)
[w] Lei (de Moisés): v. 1-17; Êx 31.18 (Êx 19.1; Gl 3.24)
[x] Inspiração: v. 1; Êx 24.3 (Êx 4.15; 2Tm 3.16)
[y] Israel (história): v. 1-17; Êx 40.1 (Gn 12.2; Rm 11.26)
[z] Sábado (dia de repouso): v. 8-11; Êx 31.13 (Gn 2.3; Mt 12.1, nota)
[a] Mt 15.4; 19.19; Mc 7.10; Ef 6.2,3
[b] Dt 5.33
[c] Mt 5.21; 19.18; Mc 10.19; Lc 18.20
[d] Mt 5.27; Mc 10.19; Lc 18.20; Rm 13.9; Tg 2.11
[e] Lv 20.10
[f] Mt 19.18; Mc 10.19; Lc 18.20; Rm 13.9
[g] Lv 19.18
[h] Comp. Rm 7.7; 13.9
[i] Comp. 2Sm 11.2
[j] Êx 9.16. Contraste entre lei e graça: comp. Lc 1.10; Ef 2.13 com Hb 10.19-22

[1] (20.1, título) Há seis fatores importantes sobre a Lei que devemos ter em mente: 1) a origem da Lei: Deus (Êx 31.18; At 7.53); 2) a via pela qual a Lei é entregue: Moisés e os anjos (Jo 1.17; Gl 3.19; Hb 2.2); 3) a natureza da Lei: a) não é graça (Rm 10.5; Gl 3.10; Hb 10.28), b) é santa, justa, boa e espiritual (Rm 7.12,14) e c) é uma unidade (Tg 2.10,11); 4) os efeitos da Lei: ela a) declara que todos os homens são culpados (Rm 3.19), b) não justifica ninguém (Rm 3.20), c) não pode conferir justiça nem vida (Gl 3.21), d) faz que as ofensas abundem (Rm 5.20; 7.7-13; 1Co 15.56) e e) serviu de tutor até Cristo (Gl 3.24); 5) a relação do crente com a Lei: ele a) não é salvo pela Lei (Gl 2.21), b) não vive sob a Lei (Rm 6.14; 8.4), mas c) está na graça e cresce nela (Rm 5.2; 2Pe 3.18); 6) os que receberam a Lei: apenas Israel (Êx 20.2). Algumas das leis do Decálogo estão escritas no coração dos homens em todo lugar, encontram-se nos códigos legais de outras nações antigas e são de aplicação universal.

[2] (20.1) Há uma tripla entrega da Lei: 1) Oralmente. Em 20.1-17, foram dados dez mandamentos, seguidos de estatutos relativos às relações de hebreus com hebreus (21.1–23.13), aos quais foram acrescentadas diretrizes para a guarda das três festas anuais (23.14-19) e instruções para a conquista de Canaã (23.20-33). Moisés transmitiu ao povo essas palavras (24.3-8). Imediatamente e por meio dos seus anciãos, o povo foi admitido à comunhão com Deus (24.9-11). 2) Então, Moisés é chamado para receber as tábuas de pedra (24.12-18). Nesse ponto da história, surge uma ruptura: Moisés, no monte, recebe as instruções misericordiosas quanto ao tabernáculo, ao sacerdócio e aos sacrifícios (cap. 25–31), enquanto o povo, liderado por Arão, transgride o primeiro mandamento (cap. 32). Ao retornar, Moisés quebra as tábuas "escritas pelo dedo de Deus" (31.18; 32.16-19). 3) Moisés prepara as segundas tábuas, e a Lei é novamente escrita pela mão do Senhor (34.1,28,29; Dt 10.4).

[3] (20.13) A língua hebraica emprega várias palavras para expressar a ideia de *matar*. O verbo usado aqui é uma palavra especial que só pode significar *assassinato* e sempre indica matar intencionalmente.

19 e disse a Moisés: Fala tu conosco, e ouvi-
remos. Mas não fale Deus conosco, para que
não [k]morramos.
20 Respondeu Moisés ao povo: Não temais.
Deus veio para vos [l]provar e para que o seu [m]te-
mor esteja diante de vós, para que não pequeis.
21 O povo permaneceu em pé de longe,
enquanto Moisés se chegou às densas trevas,
onde Deus estava.
22 Então disse o Senhor a Moisés: Assim dirás
aos filhos de Israel: Vistes que do céu eu vos [n]falei.
23 Não fareis outros deuses ao lado de
mim; deuses de prata ou deuses de ouro não
fareis para vós.

A provisão dos sacrifícios

24 Um altar de [o]terra me farás e sobre ele
sacrificarás os teus holocaustos, as tuas ofer-
tas pacíficas, as tuas ovelhas e os teus bois. Em
todo o lugar onde eu fizer celebrar a [p]memória
do meu nome, virei a ti e te abençoarei.
25 Se me levantares um altar de pedras, não o
farás de pedras [q]lavradas, pois, se sobre ele [r]usa-
res a tua ferramenta, tu o profanarás.
26 Não subirás por degraus ao meu altar, para
que não seja ali exposta a tua [s]nudez.

A Lei: (2) os estatutos: relacionamento entre senhor e servo

21 São estes os [t]estatutos que lhes proporás:
2 Se comprares um escravo [u]hebreu, seis
anos servirá. Mas ao sétimo sairá forro, de graça.
3 Se entrou sozinho, sozinho sairá; mas, se era
homem casado, com ele sairá a sua mulher.
4 Se o seu senhor lhe houver dado uma mulher, e
ela lhe houver dado filhos ou filhas, a mulher e os
filhos dela serão do seu senhor, e ele sairá sozinho.
5 Se, porém, esse escravo expressamente dis-
ser: Eu amo a meu senhor, e a minha mulher, e a
meus filhos, e não quero sair forro,
6 então, o seu senhor o levará perante os [v]juízes
e o fará chegar à porta, ou ao batente, e o seu
senhor lhe furará a [w]orelha com uma sovela.
Então ele o servirá para sempre.
7 Se um homem vender a sua filha como
escrava, ela não será liberta como os escravos.
8 Se ela não agradar ao seu senhor, que a
escolheu para si, ele deve permitir que ela seja
resgatada. Não poderá vendê-la a um povo estra-
nho, pois isso será deslealdade para com ela.
9 Se, porém, a casar com seu filho, deve conce-
der-lhe os direitos de filha.
10 Se ele der ao filho outra mulher, não dimi-
nuirá o mantimento, as vestes, ou os direitos
conjugais da primeira.
11 Se não lhe fizer essas três coisas, ela poderá
ir embora sem pagar quantia alguma.

[k] Dt 5.5,23-27; 18.16; Hb 12.19
[l] Provar-Tentar: v. 20; Nm 14.22 (Gn 3.1; Tg 1.14)
[m] Veja Sl 19.9, nota
[n] Dt 5.24; 18.18
[o] Êx 27.1-8
[p] Dt 12.5
[q] Dt 27.5,6
[r] Js 8.30,31; comp. Ef 2.8,9
[s] Êx 28.42,43
[t] Êx 24.3
[u] Lv 25.39-43; Dt 15.12-18; Jr 34.8-14
[v] Êx 22.8,9
[w] Comp. Sl 40.6-8; Hb 10.5-7
[x] Gn 9.6
[y] Veja Nm 35.6, nota
[z] 1Rs 2.29
[a] Dt 24.7
[b] Lv 25.44-46
[c] Êx 18.21,22
[d] Lv 24.20; Dt 19.21; comp. Mt 5.38-44; 1Pe 2.19-21
[e] Gn 9.5

Os estatutos: danos pessoais

12 Quem ferir um homem, de modo que este
morra, certamente será [x]morto.
13 Se, porém, não fez isso premeditadamente,
mas Deus permitiu que isso acontecesse, deverá
ele fugir para um [y]lugar que te designarei.
14 Se, contudo, alguém se levantar intencional-
mente contra o seu próximo, matando-o à
traição, será [z]tirado até mesmo do meu altar,
para que morra.
15 Quem ferir a seu pai ou a sua mãe, certa-
mente será morto.
16 O que [a]raptar alguém e o vender, ou for achado
com ele em seu poder, certamente será morto.
17 Quem amaldiçoar seu pai ou a sua mãe, cer-
tamente será morto.
18 Se dois homens brigarem, e um ferir o outro
com pedra ou com o punho, e este não morrer,
mas cair de cama,
19 se ele tornar a levantar-se e andar com
o auxílio de uma bengala, então, aquele que
o feriu será absolvido; somente lhe pagará o
tempo perdido e o fará curar-se totalmente.
20 Se alguém ferir seu escravo ou a sua escrava
com pau, e o ferido morrer, certamente será punido,
21 mas, se ficar vivo por um ou dois dias, não
será punido, porque é [b]dinheiro seu.
22 Se homens brigarem, e ferirem uma mulher
grávida, e forem causa de que ela dê à luz pre-
maturamente, sem que haja morte, certamente
o ofensor será multado conforme o que lhe
impuser o marido da mulher e pagará segundo
decisão dos [c]juízes.
23 Se, contudo, houver dano grave, então, darás
vida por vida,
24 [d]olho por olho, dente por dente, mão por
mão, pé por pé,
25 queimadura por queimadura, ferida por
ferida, golpe por golpe.
26 Se alguém ferir o olho do seu escravo ou o
olho da sua escrava e o danificar, o deixará livre
por causa do seu olho.
27 E, se tirar o dente do seu escravo ou o dente da
sua escrava, o deixará livre por causa do seu dente.
28 Se um [e]boi chifrar um homem ou uma
mulher, e isso lhe causar a morte, o boi será ape-
drejado, e a sua carne não se comerá. Mas o dono
do boi será absolvido.
29 Se, porém, o boi costumava chifrar, e o seu
dono, tendo sido alertado disso, não o prendeu,
e o boi matar homem ou mulher, será apedre-
jado, e também o seu dono será morto.
30 Se lhe for imposto resgate, então dará como
resgate da sua vida tudo o que lhe for exigido.
31 Quer tenha chifrado um menino, quer tenha
chifrado uma menina, conforme este estatuto
lhe será feito.

32 Se o boi chifrar um escravo ou uma escrava, [f]trinta [g]siclos de prata o dono dele receberá, e o boi será apedrejado.

33 **Se** alguém abrir ou deixar aberta uma cova e não a cobrir, e nela cair boi ou jumento,

34 o dono da cova terá de pagar o prejuízo, mas ficará com o animal morto.

35 **Se** o boi de alguém ferir de morte o boi do seu próximo, será vendido o boi vivo e o dinheiro dele se repartirá igualmente, e também o morto se repartirá igualmente.

36 Se, porém, for notório que o boi costumava chifrar, e o seu dono não o guardou, certamente pagará boi por boi, e ficará com o animal morto.

Os estatutos: direito à propriedade

22 **Se** alguém furtar boi ou ovelha e o abater ou vender, por um boi [h]pagará cinco bois e pela ovelha [i]quatro ovelhas.

2 Se um ladrão for pego [j]arrombando uma casa e for ferido mortalmente, o que o feriu não será culpado do sangue.

3 Se, porém, já havia sol quando tal se deu, quem o feriu será culpado do sangue. O ladrão fará restituição total, mas, se não tiver com que pagar, será vendido por seu furto.

4 Se o furto for achado vivo na sua mão, seja boi, ou jumento, ou ovelha, pagará o dobro.

5 Se alguém fizer pastar o seu animal num campo ou numa vinha e o largar para comer no campo de outro, indenizará com o melhor do seu próprio campo e o melhor da sua própria vinha.

6 Se, ao alastrar-se o fogo, pegar nos espinheiros e destruir o trigo ou a lavoura, aquele que acendeu o fogo pagará totalmente o queimado.

7 **Se** alguém [k]der dinheiro ou objetos ao seu próximo para serem guardados, e isso for roubado da casa daquele homem, se o ladrão for achado, pagará o dobro.

8 Se o ladrão não for achado, o dono da casa será levado à presença dos [l]juízes para se verificar se não se apoderou dos bens do seu próximo.

9 Em todo caso de litígio, seja a respeito de boi, ou de jumento, ou de ovelhas, ou de vestes, ou de qualquer coisa perdida de alguém que disser que é sua, a causa de ambas as partes será levada perante os juízes. Aquele a quem os juízes condenarem pagará o dobro ao seu próximo.

10 Se alguém der ao seu próximo para guardar o seu jumento, boi, ou ovelha, ou outro animal qualquer, e este morrer, ou for dilacerado, ou levado, sem que ninguém o veja,

11 então haverá o [m]juramento do Senhor entre ambos, de que não se apropriou dos bens do seu próximo. O dono aceitará o juramento, e o outro não fará restituição.

12 Se, porém, o animal lhe tiver sido furtado, ele indenizará o seu dono.

13 Se tiver sido [n]dilacerado, o trará em testemunho disso e não pagará o dilacerado.

14 **Se** alguém pedir emprestado a seu próximo algum animal, e este for danificado ou morrer, não estando presente o seu dono, certamente dará indenização.

15 Se, contudo, o dono estiver presente, não fará restituição. Se foi alugado, o preço do aluguel será o pagamento.

Os estatutos: acerca da imoralidade e da idolatria

16 **Se** alguém seduzir uma virgem que ainda não tenha compromisso de casamento e se deitar com ela, certamente pagará o seu dote, e a tomará por mulher.

17 Se o pai dela definitivamente recusar dá-la, pagará ele em dinheiro conforme o [o]dote das virgens.

18 A [p]feiticeira não deixarás viver.

19 Todo aquele que se deitar com [q]animal, certamente será morto.

20 Quem [r]sacrificar aos [s]deuses, e não somente ao Senhor, será [t]morto.

21 O estrangeiro não afligirás nem o oprimirás, pois estrangeiros fostes na terra do Egito.

22 A nenhuma viúva nem órfão [u]afligireis.

23 Se de alguma maneira os afligirdes, e eles clamarem a mim, eu certamente [v]ouvirei o seu clamor.

24 A minha ira se acenderá, e vos [w]matarei à espada; as vossas mulheres ficarão viúvas, e os vossos filhos, órfãos.

25 Se emprestares dinheiro ao meu povo, ao pobre que está contigo, não te comportarás com ele como credor; não lhe imporás [x]juros.

26 Se tomares como [y]garantia a veste do teu próximo, tu a restituirás antes do pôr do sol,

27 porque é a sua única cobertura; é a vestimenta da sua pele. Em que se deitaria? Quando clamar a mim, eu o ouvirei, pois sou [z]misericordioso.

28 [a]Contra Deus não blasfemarás, nem [b]amaldiçoarás a [c]autoridade do teu povo.

29 Não tardarás em trazer ofertas do melhor das tuas colheitas e das tuas [d]vinhas. O [e]primogênito de teus filhos me darás.

30 Assim farás com os teus bois e com as tuas ovelhas. Sete dias ficará a cria com a mãe, mas ao oitavo dia ela me será dada.

31 Sede homens [ff]santos. Portanto, não comereis carne [gg]despedaçada no campo; aos cães a lançareis.

23 **Não** espalharás notícias falsas nem serás cúmplice do ímpio, para seres [hh]testemunha injusta.

[f] Comp. Zc 11.12; Mt 26.15
[g] Veja sistema monetário (AT): Êx 30.13, nota; comp. 2Cr 2.10, nota
[h] Lc 19.8
[i] 2Sm 12.6
[j] Jó 24.16
[k] Lv 6.1-7
[l] Êx 21.6,22; Dt 17.8,9; 19.17
[m] Hb 6.16
[n] Comp. Gn 31.39
[o] Comp. Gn 34.12; 1Sm 18.25
[p] Lv 20.27; Dt 18.10,11; comp. 1Sm 28.3-10
[q] Lv 20.15,16; Dt 27.21
[r] Êx 32.8; 34.15; Lv 17.7
[s] Dt 13.6-16
[t] Dt 14.29
[u] Dt 24.17,18
[v] Dt 10.17,18; Pv 23.10,11; Jr 7.6
[w] Sl 10.14,18; 68.5
[x] Lv 25.35-37; Dt 23.19,20; Ne 5.1-13
[y] Dt 24.6,10-13
[z] Êx 34.6,7
[a] Heb. Eloim. Lv 24.15,16
[b] Ec 10.20
[c] At 23.5
[d] Êx 23.16,19; Dt 26.2-11
[e] Êx 13.12,15
[ff] Êx 19.6; Lv 11.44-47
[gg] Lv 17.15
[hh] Êx 20.16; Dt 19.16-21

2 Não seguirás a multidão para fazeres o mal;
num processo não deporás, acompanhando a
maioria, para perverter a justiça.
3 Nem ao [i]pobre favorecerás na sua causa.
4 Se encontrares o boi do teu inimigo ou o seu
jumento desgarrado, sem falta o reconduzirás a ele.
5 Se vires o jumento daquele que te odeia dei-
tado debaixo da sua carga, não o deixarás aí,
certamente o ajudarás a levantá-lo.
6 **N**ão perverterás o direito dos pobres na
sua causa.
7 Da falsa acusação te guardarás; não
matarás o inocente e o justo, pois não justifi-
carei o ímpio.
8 Também suborno não aceitarás, pois o
suborno cega os que têm vista e perverte as pala-
vras dos justos.
9 Também não oprimirás o estrangeiro; vós
conheceis o coração do estrangeiro, porque fos-
tes estrangeiros na terra do Egito.

Os estatutos: o ano de descanso e o sábado

10 **S**eis anos semearás a tua terra e recolherás
os seus frutos,
11 mas no sétimo ano a deixarás descansar,
para que possam comer os pobres do teu povo,
e da sobra comam os animais do campo. Assim
farás com a tua vinha e com o teu olival.
12 **S**eis dias farás os teus trabalhos, mas ao
sétimo dia descansarás, para que descanse o
teu boi e o teu jumento e para que tome alento o
filho da tua escrava e o estrangeiro.
13 Prestai atenção a tudo o que vos tenho dito.
Do nome de outros [j]deuses não vos lembreis,
nem se ouça da vossa boca.

As três festas nacionais: dos Pães sem Fermento; dos Primeiros Frutos; da Colheita

14 [k]**T**rês vezes no ano me celebrareis festa.
15 A festa dos pães [l]sem fermento guardarás;
sete dias comerás pães sem fermento, como te
ordenei, ao tempo apontado, no mês de [m]abibe,
pois nele saíste do Egito. Ninguém apareça de
mãos vazias perante mim.
16 Guardarás a festa da [n]colheita dos primeiros
frutos do teu trabalho, que houveres semeado no
campo. Guardarás a festa da colheita no final do
ano, quando tiveres recolhido do campo os fru-
tos do teu trabalho.
17 Três vezes no ano todos os teus homens apa-
recerão diante do Senhor Deus.
18 Não oferecerás o sangue do meu sacrifício
com [o]pão fermentado; não guardará da noite
para a manhã a gordura da minha festa.
19 O melhor dos primeiros frutos da tua terra
trarás à casa do Senhor, o teu Deus. Não cozinha-
rás o cabrito no leite da sua mãe.

Instruções e promessas acerca da conquista da terra

20 **E**u envio um [p]anjo adiante de ti, para te
guardar pelo caminho e te levar ao lugar que
te [q]preparei.
21 Guarda-te diante dele e ouve a sua voz. Não
te rebeles contra ele; ele não perdoará a vossa
rebeldia, pois nele está o meu nome.
22 Se, porém, diligentemente ouvires a sua
voz e fizeres tudo o que eu disser, então, serei
inimigo dos teus inimigos e adversário dos
teus adversários.
23 O meu anjo irá adiante de ti e te levará aos
amorreus, aos [r]heteus, aos ferezeus, aos cana-
neus, aos heveus e aos jebuseus, e eu os destruirei.
24 Não te [s]inclinarás diante dos seus deuses,
não os servirás nem farás conforme as suas
obras. Antes os [t]destruirás totalmente e quebra-
rás de todo as suas colunas.
25 [u]Servireis ao Senhor, o vosso Deus, e ele
[v]abençoará o vosso pão e a vossa água. Tirarei
do meio de vós as [w]enfermidades,
26 e na tua terra não haverá mulher que aborte
nem estéril. O número dos teus dias completarei.
27 Enviarei o meu [x]terror à tua frente pondo em
[y]confusão todo o povo em cujas terras entrares.
Farei que todos os teus inimigos te voltem as
costas e fujam.
28 Enviarei [z]vespas à tua frente, que lancem
fora os heveus, os cananeus e os heteus de
diante de ti.
29 Não os expulsarei num só ano, para que a
terra não se transforme em deserto, e as feras do
campo não se multipliquem e te ameacem.
30 Pouco a pouco os expulsarei, até que te mul-
tipliques e possuas a terra por herança.
31 Porei os teus termos desde o mar Vermelho
até o mar dos filisteus e desde o deserto até o
Eufrates. Darei nas tuas mãos os moradores da
terra, para que os expulse.
32 Não farás aliança alguma com eles nem com
os seus deuses.
33 Na tua terra não habitarão, para que não te
façam pecar contra mim, porque, se servires aos
seus deuses, isso te será uma armadilha.

Ordem de culto antes da construção do tabernáculo

24 **D**epois disse a Moisés: Subi ao Senhor,
tu, Arão, [a]Nadabe, Abiú e [b]setenta dos
anciãos de Israel. Adorai de longe,
2 e só Moisés se chegará ao Senhor; os outros
não se chegarão. E o povo não subirá com ele.

O povo reconhece a aliança e cultua a Deus

3 **V**eio, pois, Moisés e relatou ao povo todas
as [c]palavras do Senhor e todos os estatutos, e o
povo respondeu a uma voz: Tudo o que o Senhor
falou, faremos.

[i] v. 6; Dt 1.17
[j] Js 23.7; Sl 16.4
[k] Comp. Lv 23.4-44, festas solenes na Terra Prometida
[l] Fermento: v. 15,18; Êx 29.2 (Gn 19.3; Mt 13.33, nota)
[m] Veja Lv 23.2, nota
[n] Êx 34.22
[o] Êx 34.25,26
[p] Anjo do Senhor: v. 20-23; Êx 32.34 (Gn 16.7; Jz 2.1, nota)
[q] Êx 13.5
[r] Veja 2Rs 7.6, nota
[s] Êx 20.5
[t] Êx 34.13; Nm 33.52
[u] Dt 6.13; Mt 4.10
[v] Dt 7.13-16
[w] Êx 15.26
[x] Êx 15.16
[y] Dt 7.23
[z] Dt 7.20; Js 24.12
[a] Êx 6.23; Lv 10.1,2
[b] Nm 11.16
[c] Inspiração: v. 3,4,7,8,12; Êx 32.16 (Êx 4.15; 2Tm 3.16)

4 Moisés escreveu todas as palavras do Senhor e, tendo-se levantado pela manhã de madrugada, [d]edificou um altar ao pé do monte e doze colunas, segundo as doze tribos de Israel.

5 Então enviou alguns jovens dos filhos de Israel, os quais ofereceram [e]holocaustos e sacrificaram ao Senhor sacrifícios pacíficos de novilhos.

6 Tomou Moisés a metade do sangue e a pôs em bacias; a outra metade do sangue espargiu sobre o [f]altar.

7 Então tomou o [g]livro da aliança e o leu ao povo, e eles disseram: Tudo o que o Senhor falou faremos fielmente.

8 Tomou, pois, Moisés aquele sangue e o aspergiu sobre o povo, dizendo: Este é o [h]sangue da aliança que o Senhor fez convosco no tocante a todas essas palavras.

Moisés sobe ao monte Sinai

9 **S**ubiram Moisés, Arão, Nadabe, Abiú e setenta dos anciãos de Israel

10 e [i]viram o Deus de Israel. Debaixo dos seus pés havia como que uma calçada de pedra de safira que se parecia com o céu na sua claridade.

11 Deus, contudo, não estendeu a sua mão contra os escolhidos dos filhos de Israel; eles viram a Deus, e [j]comeram, e beberam.

12 **E**ntão disse o Senhor a Moisés: Sobe a mim ao monte e espera ali; eu te darei tábuas de pedra, e a lei, e os mandamentos que escrevi, para os [k]ensinares.

13 Levantou-se Moisés com Josué, seu servidor, e subiu ao monte de Deus.

14 Disse Moisés aos anciãos: Esperai-nos aqui até que tornemos a vós. Arão e [l]Hur ficam convosco, e quem tiver alguma questão, se chegará a eles.

15 **T**endo Moisés subido, a [m]nuvem cobriu o monte,

[d] Comp. Êx 33.7-11. Essa instalação temporária para o culto foi chamada "tenda da congregação"
[e] Êx 18.12; 20.24
[f] Êx 29.16,20
[g] v. 4
[h] Hb 9.20; comp. Mt 26.28; Mc 14.24; Lc 22.20; 1Co 11.25
[i] Veja Jo 1.18, nota
[j] Símbolo de comunhão pelo sangue do sacrifício. Comp. v. 8; Hb 9.19-22; 1Jo 1.7
[k] Reino (AT): v. 12; Nm 24.17 (Gn 1.26; Zc 12.8)
[l] Êx 17.10,12
[m] Êx 19.9,16
[n] Êx 33.18
[o] Dt 4.24; 9.3; Hb 12.29
[p] Veja 2Co 8.1, nota
[q] Veja Êx 29.5, nota
[r] Êx 29.45,46
[s] v. 10-20; comp. Êx 37.1-9
[t] Veja pesos e medidas (AT): 2Cr 2.10, nota

16 e a [n]glória do Senhor repousou sobre o monte Sinai. A nuvem o cobriu por seis dias. No sétimo dia, chamou Deus Moisés do meio da nuvem.

17 Aos olhos dos filhos de Israel a glória do Senhor era como um [o]fogo consumidor no cume do monte.

18 Então, Moisés entrou na nuvem, depois que subiu ao monte, e lá permaneceu quarenta dias e quarenta noites.

Moisés no monte

O tabernáculo

25 [1]Então disse o Senhor a Moisés:

2 Fala aos filhos de Israel que me tragam uma oferta. De todo homem cujo coração se mover [p]voluntariamente, dele tomareis a minha oferta.

3 Esta é a oferta que recebereis deles: ouro, prata, bronze,

4 estofo azul, púrpura, carmesim, linho fino, pelos de cabras,

5 peles de carneiros tingidas de vermelho, peles de animais marinhos, madeira de acácia,

6 azeite para a luz, especiarias para o óleo da unção e para o incenso aromático,

7 pedras ônix e pedras de engaste, para a [q]estola e para o peitoral.

8 E me farão um santuário, para que eu [r]habite no meio deles.

9 Conforme tudo o que eu te mostrar para modelo do [2]tabernáculo e para modelo de todos os seus móveis, assim mesmo o fareis.

A arca da aliança

10 **T**ambém [s]farão uma [3]arca de madeira de acácia; o seu comprimento será de dois côvados e meio, a sua largura de um côvado e meio, e a sua altura de um [t]côvado e meio.

[1] (25.1) A sanção geral para respaldar os distintos tipos presentes em Êxodo pode ser encontrada: 1) quanto às pessoas e aos acontecimentos, em 1Co 10.1-11, e 2) quanto ao tabernáculo, em Hb 9.1-24. Tendo certeza de que o tabernáculo e seus utensílios são tipológicos, os detalhes devem necessariamente também ser considerados como elementos tipológicos. Mas, como no NT não há referência explícita a alguns, o significado em tais casos baseia-se na analogia espiritual. Veja Gn 2.23, *nota*. Crê-se que os significados tipológicos dos materiais e das cores do tabernáculo são os seguintes: ouro, a Divindade em sua manifestação, a glória divina; prata, redenção (veja Êx 26.19, *nota*; 30.11-16; 38.27); bronze ou metal, símbolo de julgamento, como no altar de bronze e na serpente de bronze (Nm 21.6-9); azul, celestial em natureza ou origem; púrpura, realeza; carmesim, sacrifício.

[2] (25.9) Em termos gerais, o NT explica o tabernáculo como algo tipológico em três aspectos: 1) tipo da Igreja como lugar em que Deus habita por meio do Espírito (v. 8; Ef 2.19-22); 2) tipo do crente (2Co 6.16); 3) figura das coisas que estão nos céus (Hb 9.23,24). Todos os detalhes falam de Cristo: 1) A arca, com seus materiais de madeira de acácia e ouro, é um tipo da humanidade e da divindade de Cristo (veja Êx 26.15, *nota*). 2) Em relação a seu conteúdo, a arca é um tipo de Cristo, pois: a) tem a lei de Deus em seu coração (Êx 25.16), b) é o alimento (ou a porção) do seu povo no deserto (Êx 16.33) e c) Cristo mesmo é a ressurreição, da qual a vara de Arão é símbolo (Nm 17.10; Jo 11.25; Hb 9.4). 3) Em relação à sua função, a arca, especialmente o propiciatório, é um tipo do trono de Deus. O fato de ela ser, para um israelita que pecava, um trono de graça, não de juízo, devia-se ao propiciatório, feito de ouro e aspergido com o sangue da expiação, que vindicava a Lei e a santidade divina protegidas pelos querubins (Gn 3.24; Ez 1.5, *nota*). Veja Propiciação, Rm 3.25, *nota*.

[3] (25.10) A longa história da arca da aliança começa no monte Sinai, onde foi construída. Ao longo de sua história, a arca conteve as tábuas da Lei (1Rs 8.9) e, durante algum tempo, também o vaso de ouro com o maná e a vara de Arão (Hb 9.4). A arca era normalmente

11 Tu a cobrirás de ouro puro, por dentro e por fora, e farás sobre ela uma moldura de [u]ouro ao redor.

12 Fundirás para ela quatro argolas de ouro e as porás nos seus quatro cantos, duas argolas de um lado e duas do outro.

13 Farás varas de madeira de acácia e as cobrirás com ouro.

14 Meterás as varas nas argolas, aos lados da arca, para se levar por meio delas a arca.

15 As varas permanecerão nas argolas da arca, não se [v]tirarão dela.

16 Então porás na arca o [w]testemunho, que eu te darei.

O propiciatório de ouro

17 **T**ambém farás um [x]propiciatório de ouro puro; o seu comprimento será de dois côvados e meio, e a sua largura de um côvado e meio.

18 Farás dois [y]querubins de ouro batido nas duas extremidades do propiciatório.

19 Farás um querubim numa extremidade e o outro na outra extremidade; de uma só peça com o propiciatório fareis os querubins nas duas extremidades dele.

20 Os querubins [z]estenderão as suas asas por cima, cobrindo com elas o propiciatório. Estarão eles com o rosto voltado um para o outro, o rosto dos querubins estará voltado para o propiciatório.

21 Porás o propiciatório em cima da arca, e dentro dela porás o testemunho que eu te darei.

22 Ali [a]virei a ti e, de cima do propiciatório, do [b]meio dos dois querubins que estão sobre a arca do testemunho, falarei contigo acerca de tudo o que eu te ordenar para os filhos de Israel.

A mesa da proposição

23 **T**ambém [c]farás uma [d]mesa de madeira de acácia; o seu comprimento será de dois côvados, a sua largura de um côvado e a sua altura de um côvado e meio.

[u] Êx 37.2
[v] Nm 4.6
[w] Hb 9.4
[x] Veja Rm 3.25, nota
[y] Veja Ez 1.5, nota
[z] 1Rs 8.6,7; Hb 9.5
[a] Êx 29.42,43
[b] Nm 7.89
[c] Êx 37.10-16
[d] Êx 26.35
[e] Lv 24.5-9
[f] v. 31-39; comp. Êx 37.17-24
[g] Comp. Ap 1.12,13,20

24 De ouro puro a cobrirás e lhe farás uma moldura de ouro ao redor.

25 Também lhe farás ao redor uma guarnição de quatro dedos de largura, e ao redor da guarnição farás uma moldura de ouro.

26 Também lhe farás quatro argolas de ouro, e as porás nos quatro cantos, que estarão sobre os quatro pés.

27 Junto da guarnição estarão as argolas, como lugares para as varas, para se levar a mesa.

28 Farás estas varas de madeira de acácia e as cobrirás de ouro; com elas se levará a mesa.

29 Também farás os seus pratos, os seus recipientes para incenso e as suas tigelas em que se hão de oferecer libações; de ouro puro as farás.

30 Sobre a mesa [e]porás os [1]pães da proposição perante mim perpetuamente.

O candelabro de ouro

31 **T**ambém [f]farás um [2][g]candelabro de ouro puro, de ouro batido se fará o candelabro; o seu pedestal, a sua haste, os seus cálices, os seus botões e as suas flores formarão com ele uma só peça.

32 Dos seus lados sairão seis hastes: três de um lado e três do outro.

33 Numa haste haverá três cálices com formato de amêndoas, um botão e uma flor; três cálices com formato de amêndoas na outra haste, um botão e uma flor; assim serão as seis hastes que saem do candelabro.

34 No candelabro mesmo, porém, haverá quatro cálices com o formato de amêndoas, com seus botões e suas flores.

35 Haverá um botão debaixo do primeiro par de hastes que sai dele, um segundo botão debaixo do segundo par, um terceiro botão debaixo do terceiro par, seis hastes ao todo.

36 Os botões e as suas hastes formarão uma só peça com o candelabro, obra batida de ouro puro.

37 Também lhe farás sete lâmpadas, as quais se acenderão para iluminar a frente dele.

---

guardada no Santo dos Santos no tabernáculo. Durante as viagens dos israelitas, era carregada pelos sacerdotes ou os coatitas da tribo de Levi (Nm 3.30,31). Depois que Salomão construiu o templo, ela foi guardada ali (1Rs 8.6-9). A arca acompanhou os filhos de Israel em suas viagens pelo deserto; em Jericó, precedeu o exército (Js 6). A frequente menção da arca nas Escrituras dá testemunho de sua proeminência em Israel (Nm 3.31; 10.33; Js 3.3-17; 6.4; Jz 20.27; 1Sm 3.3; 4.1-11; 5.1-11; 6.1-21; 7.1,2; 2Sm 6.2-17; 7.2; 15.24-29; 1Rs 8.1-21).

A descrição do mobiliário do tabernáculo começa com a arca, que, como já dissemos, estava colocada no Santo dos Santos, pois, em sua revelação, Deus começa consigo mesmo e segue na direção do homem, assim como o adorador começa de si mesmo e se move na direção de Deus no Santo dos Santos. A mesma ordem é seguida nas ofertas levíticas (Lv 1.5). Ao se aproximar, o homem começa no altar de bronze, um tipo da cruz, onde se faz expiação no fogo do juízo.

[1] (25.30) "Pão da proposição", um tipo de Cristo, o Pão de Deus que alimenta o cristão em sua condição de crente-sacerdote (1Pe 2.9; Ap 1.6). Em Jo 6.33-58, nosso Senhor tem em mente mais do que o maná, esse alimento que "desceu do céu", mas todos os significados tipológicos do pão estão reunidos em suas palavras. O maná é Cristo, o doador da vida; o pão da proposição é Cristo, o mantenedor da vida. O pão da proposição tipifica Cristo como o "grão de trigo" (Jo 12.24) moído no moinho do sofrimento (Jo 12.27) e levado ao fogo do juízo (Jo 12.31-33). Nós, como sacerdotes, alimentamo-nos de quem sofreu isso em nosso lugar e por amor a nós. É a meditação em Cristo, como em Hb 12.2,3.

[2] (25.31) O candelabro, um tipo de Cristo, nossa luz (Jo 1.4,9; 8.12; 9.5), que brilha na plenitude do poder das sete manifestações do Espírito (Is 11.2; Hb 1.9; Ap 1.4). A luz natural estava excluída do santuário e do Santo dos Santos. Comp. 1Co 2.14,15.

38 Os seus aparadores e os seus apagadores serão de ouro puro.

39 De um [h]talento de ouro puro se fará o candelabro, com todos estes utensílios.

40 Vê que os faças conforme o [i]modelo que te foi mostrado no monte.

As cortinas de linho

26 O tabernáculo [j]farás de dez cortinas de [1]linho fino trançado, e de estofo azul, púrpura e carmesim; com [k]querubins as farás de obra de artífice.

2 O comprimento de cada cortina será de vinte e oito [l]côvados; e a largura, de quatro côvados; todas as cortinas terão a mesma medida.

3 Cinco cortinas serão ligadas umas às outras, e as outras cinco também serão ligadas umas às outras.

4 Farás laçadas de estofo azul na borda da última cortina do primeiro grupo; assim também farás na borda da primeira cortina do segundo grupo.

5 Cinquenta laçadas farás numa cortina, e cinquenta na outra cortina no extremo do segundo grupo; as laçadas serão contrapostas umas às outras.

6 Farás cinquenta ganchos de ouro, e prenderás com eles as cortinas, umas às outras, e o tabernáculo virá a ser um todo.

As cortinas de pelos de cabras

7 Farás também cortinas de pelos de cabras para servirem de tenda sobre o tabernáculo; onze cortinas farás.

8 O comprimento de cada cortina será de trinta côvados, e a largura, de quatro côvados; as onze cortinas serão da mesma medida.

9 Ajuntarás cinco cortinas em um grupo, e as outras seis cortinas em outro grupo, e dobrarás a sexta cortina na frente da tenda.

[h] Veja sistema monetário (AT): Êx 30.13, nota; comp. 2Cr 2.10, nota
[i] Êx 25.9; 26.30; Hb 8.5
[j] v. 1-37; comp. Êx 36.8-38
[k] Veja Ez 1.5, nota
[l] Veja pesos e medidas (AT): 2Cr 2.10, nota
[m] Êx 35.7,23; 36.19; 39.34
[n] Êx 36.20-34

10 Farás cinquenta laçadas na borda da última cortina do primeiro grupo, e outras cinquenta laçadas na borda da primeira cortina do segundo grupo.

11 Farás também cinquenta ganchos de bronze e os colocarás nas laçadas, e assim ajuntarás a tenda, para que venha a ser um todo.

12 O resto que sobrar das cortinas da tenda, a saber, a meia cortina que sobrar, penderá aos fundos do tabernáculo.

13 O côvado que sobrar de um lado e de outro no comprimento das cortinas da tenda penderá de um e de outro lado do tabernáculo para o cobrir.

As cobertas de peles de carneiro

14 Farás também para a tenda uma coberta de [m]peles de carneiro, tingidas de vermelho, e por cima desta uma coberta de peles de animais marinhos.

As tábuas e as bases

15 [n]Farás também as [2]tábuas para o tabernáculo de madeira de acácia, que serão colocadas verticalmente.

16 O comprimento de cada tábua será de dez côvados, e a sua largura, de um côvado e meio.

17 Cada tábua terá dois encaixes, unidos um ao outro; assim farás com todas as tábuas do tabernáculo.

18 Ao fazeres as tábuas para o tabernáculo, farás vinte delas para o lado do sul.

19 Farás também quarenta bases de [3]prata debaixo das vinte tábuas; duas bases debaixo de uma tábua, para os seus dois encaixes, e duas bases debaixo de outra, para os seus dois encaixes.

20 Também haverá vinte tábuas ao outro lado do tabernáculo, para o lado do norte,

21 com as suas quarenta bases de prata; duas bases debaixo de uma tábua e duas bases debaixo de outra.

---

[1] (26.1) O linho fino tipifica a justiça pessoal (Ap 19.8). Aqui fala da vida sem pecado de Cristo. Observe as três cores: 1) azul, que fala da origem celestial de Cristo; 2) púrpura, que indica sua realeza como Filho de Davi, 3) carmesim, indicando seu sangue que, como sacrifício, foi derramado pela humanidade.

[2] (26.15) É muito claro o significado tipológico das tábuas em relação a Cristo. A madeira de acácia, uma árvore do deserto, é um símbolo adequado de Cristo em sua humanidade como "raiz de uma terra seca" (Is 53.2). A cobertura de ouro, um tipo da Divindade em sua manifestação, fala de sua glória divina. Quando aplicado a cada crente, o significado das tábuas é menos claro. A conexão pode ser encontrada em Jo 17.21-23; Ef 1.4-6; 1Jo 4.13. Somente ao vê-las aplicadas a Cristo, pode-se considerar que as tábuas representam o crente. Visto desta perspectiva, o tipo é muito belo. Habitando no mundo, mas separado do mundo em virtude da prata da redenção (Êx 30.11-16; 38.25-27; Gl 1.4), assim como as tábuas do tabernáculo estavam separadas da terra pelas bases de prata e unidas todas pelo travessão central (v. 28) – representando tanto unidade de vida (Gl 2.20) como unidade de Espírito (Ef 4.3) –, "todo o edifício bem ajustado cresce para templo santo no Senhor" (Ef 2.21).

[3] (26.19) Nos tempos bíblicos, a prata como metal tinha uso variado: dinheiro, joias e ídolos. Na construção do tabernáculo, Deus disse a Moisés que recolhesse de cada israelita o dinheiro da expiação de meio siclo de prata (Êx 30.11-16), para fazer expiação pela alma deles. A prata recolhida desse modo foi usada para as bases do santuário e para os ganchos (colchetes) e as faixas (vergas) das colunas (veja Êx 25.1, *nota*; comp. 26.15, *nota*). Assim, o tabernáculo repousava sobre as bases de prata; as cortinas da porta do átrio, o meio de acesso, eram suspensas em ganchos e faixas de prata (veja Êx 27.17, *nota*). A prata paga como dinheiro da expiação era apenas um pagamento simbólico; de forma definitiva, o preço da redenção teve de ser pago por Cristo ao derramar seu próprio sangue (1Pe 1.18,19).

22 Ao lado do tabernáculo para o ocidente farás seis tábuas.

23 Farás também duas tábuas para os cantos do tabernáculo, na parte posterior,

24 as quais por baixo serão duplas, mas em cima se ajustarão à primeira argola; assim se fará com as duas tábuas; elas serão para os dois cantos.

25 Assim serão as oito tábuas com as suas bases de prata, dezesseis bases: duas bases debaixo de uma tábua e duas bases debaixo de outra.

26 Farás também travessões de madeira de acácia: cinco para as tábuas de um lado do tabernáculo

27 e cinco para as tábuas do outro lado do tabernáculo, bem como cinco para as tábuas do lado posterior do tabernáculo, o que dá para o ocidente.

28 O travessão central passará [o]entre as tábuas, de uma extremidade à outra.

A cobertura de ouro

29 Cobrirás de ouro as tábuas e farás de ouro as suas argolas, como lugares para os travessões. Cobrirás também de ouro os travessões.

30 Então levantarás o tabernáculo conforme o [p]modelo que te foi mostrado no monte.

O véu interior

31 [q]Farás também um [1r]véu de estofo azul, púrpura e carmesim, e de linho fino trançado; com querubins, obra de artífice se fará.

32 Tu o suspenderás sobre quatro colunas de madeira de acácia, cobertas de ouro; os seus ganchos serão de ouro, sobre quatro bases de prata.

33 Pendurarás o véu debaixo dos ganchos e levarás a arca do [s]testemunho para dentro do véu. Esse véu vos fará separação entre o Lugar Santo e o Santo dos Santos.

34 Porás a coberta do [t]propiciatório sobre a arca do testemunho no Santo dos Santos.

35 A mesa porás [u]fora do véu e o candelabro em frente dela, ao lado do tabernáculo, para o sul, e a mesa porás para o lado do norte.

O véu exterior

36 Farás também para a porta da tenda uma cortina de estofo azul, púrpura e carmesim, e de linho fino trançado, obra de bordador.

37 Farás para esta cortina cinco colunas de madeira de acácia e as cobrirás de ouro; os seus ganchos serão de ouro, e para elas fundirás cinco bases de bronze.

O altar de bronze

27 [v]Farás também o [2]altar de [3]madeira de acácia; de cinco côvados será o comprimento, de cinco côvados a largura (será quadrado o altar) e de [4]três [w]côvados a altura.

2 Farás as suas pontas nos seus quatro cantos; as suas pontas formarão uma só peça, e o cobrirás de [5]bronze.

3 Farás também recipientes para recolher a sua cinza, e as pás, e as suas bacias, e os garfos, e os braseiros; todos os seus utensílios farás de bronze.

4 Farás também uma grelha de bronze em forma de rede e, para essa rede, quatro argolas de metal nos seus quatro cantos,

5 e a porás debaixo da borda do altar, de maneira que chegue até o meio do altar.

6 Farás também varas para o altar, varas de madeira de acácia, e as cobrirás de bronze.

7 As varas serão colocadas nas argolas, de maneira que estejam de ambos os lados do altar, quando for levado.

8 Oco e de tábuas o farás. Como te foi mostrado no monte, [x]assim o farão.

O átrio do tabernáculo

9 [y]Farás também o átrio do tabernáculo. Ao lado que dá para o sul, o átrio terá cortinas de [6]linho fino retorcido, de cem côvados de comprimento.

[o] Êx 36.33
[p] Êx 25.9,40; 27.8; 39.32; Nm 8.4; At 7.44; Hb 8.2,5
[q] Êx 36.35-38
[r] Êx 27.21; Mt 27.51; Hb 9.3; 10.20
[s] Êx 25.10-16
[t] Êx 25.17-22
[u] Êx 25.23-30
[v] v. 1-8; comp. Êx 38.1-7
[w] v. 11-16,18. Veja pesos e medidas (AT): 2Cr 2.10, nota
[x] Êx 26.30
[y] v. 9-19; comp. Êx 38.9-20

[1] (26.31) O véu interior, um tipo do corpo humano de Cristo (Mt 26.26; 27.50; Hb 10.20). Este véu, barrando a entrada no Santo dos Santos, era o símbolo mais expressivo da verdade de que "ninguém será justificado diante dele pelas obras da Lei" (Rm 3.20; Hb 9.8). Quando, na morte de Cristo, uma mão invisível rasgou o véu (Mt 27.51), assim outorgando um acesso imediato a Deus a todos os que chegam a ele pela fé em seu Filho, esse véu rasgado significou o fim da Lei; o caminho para Deus estava aberto. É muito significativo que os sacerdotes provavelmente tenham substituído o véu que Deus havia rasgado, pois os cultos no templo continuaram por aproximadamente mais quarenta anos. Esse véu substituto é o procedimento dos crentes da Galácia, a tentativa de voltar a pôr o crente sob a Lei (comp. Gl 1.6-9). Tudo que não seja a "graça de Cristo" é "outro evangelho" e, portanto, anátema.

[2] (27.1) O altar de bronze, um tipo da cruz sobre a qual Cristo, nosso holocausto, "se ofereceu a si mesmo imaculado a Deus" (Hb 9.14).

[3] (27.1) A madeira, símbolo da humanidade de Cristo (veja Êx 26.15, *nota*), aqui coberta de bronze. Comp. Hb 10.5-7.

[4] (27.1) Comp. Êx 25.10. O altar do holocausto tem o dobro da altura do propiciatório. A expiação não apenas nos salva – ela glorifica a Deus (Jo 17.4).

[5] (27.2) Comp. Nm 21.9 e *nota;* comp. tb. Jo 3.14 com Jo 12.31-33 para determinar o significado simbólico do bronze como *manifestação divina em forma de juízo*.

[6] (27.9) O linho fino geralmente é um tipo da justiça individual (Êx 26.1, *nota*) e, nas cortinas do átrio, indica a medida de justiça que Deus exige de todo aquele que se aproxima dele em sua própria justiça. Cristo, figuradamente falando, levantou as cortinas do átrio

10 Também as suas vinte colunas e as suas vinte bases serão de bronze; os ganchos das colunas e as suas faixas serão de prata.

11 Assim também, do lado do norte, o comprimento das cortinas será de cem côvados, e serão vinte as suas colunas e vinte as suas bases de [z]bronze; os ganchos das colunas e as suas faixas serão de prata.

12 Na largura do átrio do lado do ocidente haverá cortinas de cinquenta côvados; serão dez as suas colunas, e dez as bases.

13 Semelhantemente a largura do átrio do lado que dá para o leste será de cinquenta côvados.

14 As cortinas para um lado da porta serão de quinze côvados com três colunas e três bases.

15 De quinze côvados serão as cortinas do outro lado, com três colunas e três bases.

A porta do átrio

16 À [1]porta do átrio haverá uma cortina de vinte côvados, de estofo azul, púrpura, carmesim e de linho fino trançado, obra de bordador, com quatro colunas e quatro bases.

17 Todas as [2]colunas do átrio ao redor serão cingidas de faixas de prata; os seus [a]ganchos serão de prata, mas as suas bases de bronze.

18 O comprimento do átrio será de cem côvados, a largura de cinquenta e a altura de cinco. As cortinas serão de linho fino trançado, e as bases das colunas, de bronze.

19 Todos os utensílios do tabernáculo em todo o seu serviço, e todas as estacas do átrio, serão de bronze.

O azeite para o candeeiro

20 **O**rdenarás aos filhos de Israel que te tragam [3][b]azeite puro de oliveira batido para o candeeiro, para manter a lâmpada acesa continuamente.

21 Na tenda da congregação fora do véu, que está diante do [c]testemunho, Arão e seus filhos as manterão em ordem, desde a tarde até pela manhã, perante o Senhor. Este será um [d]estatuto perpétuo a favor dos filhos de Israel pelas suas gerações.

A Lei: (3) o sacerdócio

28 **D**epois farás chegar a ti teu irmão [4]Arão, e seus filhos com ele, do [e]meio dos filhos de Israel, para me administrarem o ofício [f]sacerdotal; a saber, Arão, [g]Nadabe e Abiú, [h]Eleazar e Itamar, os filhos de Arão.

2 Farás [i]vestes [5]sagradas para Arão, teu irmão, para glória e ornamento.

3 **F**alarás também a todos os homens hábeis, a quem eu tenha enchido do [j]espírito de sabedoria, que façam as vestes de Arão, para santificá-lo, a fim de que administre o ofício sacerdotal.

As vestes do sumo sacerdote

4 Estas são as vestes que farão: um peitoral, uma [k]estola sacerdotal, um [l]manto, uma [m]túnica bordada, um turbante e um [n]cinto. Farão essas vestes sagradas para Arão, teu irmão, e para seus filhos, a fim de que me administrem o ofício sacerdotal.

5 [o]Tomarão ouro, estofo azul, púrpura, carmesim e linho fino

[z] Veja Nm 21.9, nota
[a] Êx 38.19
[b] Êx 35.8,28; Lv 24.1-4
[c] Êx 16.34; 25.16; 30.6,36
[d] Êx 12.14-17; 29.42
[e] Santificação (AT): v. 1-3; Êx 29.37 (Gn 2.3; Zc 8.3)
[f] Sl 99.6; Hb 5.4
[g] Êx 24.1,9; Lv 10.1
[h] Êx 6.23; Lv 10.6,16
[i] Veja Êx 29.5, nota
[j] Espírito Santo (AT): v. 3; Êx 31.3 (Gn 1.2; Zc 12.10)
[k] Veja Êx 29.5, nota
[l] Êx 28.31-34
[m] Êx 28.39,40
[n] Lv 8.7
[o] Veja Êx 26.1, nota

em Lc 10.25-28. O único meio de acesso era a "porta do átrio" (v. 16 e *nota*; Jo 10.9). As cortinas do átrio, com uma altura de mais de dois metros (v. 18), excluem tanto o homem que se crê bom e justo como o pecador confesso.

[1] (27.16) Nas cortinas do átrio (veja v. 9, *nota*), que representam a justiça prática que Deus exige na Lei e que, portanto, exclui todos os homens (Rm 3.19,20; 10.3-5), não havia cores. Mas a "porta" é Cristo (Jo 10.9), e, assim, as cores reaparecem, como no véu (Êx 26.31).

[2] (27.17) As faixas (vergas) e os ganchos (colchetes) que sustentavam as cortinas de linho eram de prata (veja 26.19, *nota*), pois é em virtude da obra redentora de Cristo que ele é nossa porta de acesso, não em virtude de sua vida de justiça (simbolizada pelo linho fino); mas as colunas ao redor do átrio estavam apoiadas sobre bases de bronze, não de prata, como no caso das tábuas do tabernáculo; e o bronze simboliza a manifestação divina por meio do juízo (v. 2; veja Nm 21.9, *nota*). A redenção não apenas demonstra a misericórdia de Deus, mas também vindica sua justiça mostrando essa misericórdia (Rm 3.21-26).

[3] (27.20) O azeite é um símbolo do Espírito Santo (comp. Zc 4.2-6 e Jo 3.34 com Hb 1.9. Veja At 2.4, *nota*). Em Cristo, sempre arde a luz do Espírito, a luz do mundo (Jo 8.12). Mas aqui não está o mundo, mas o santuário. Não se trata de testemunho no mundo e para o mundo, mas de nossa comunhão e adoração como crentes-sacerdotes no santuário (Hb 10.19,20). No tabernáculo, havia dois compartimentos e duas luzes: 1) o santuário com o candelabro (veja Êx 25.31, *nota*) e 2) o Santo dos Santos com a *Shekiná*, a glória manifesta de Deus. Estes dois lugares agora são um só (Mt 27.50,51; Hb 9.6-8; 10.9-22), mas é importante ver que ainda há duas luzes: 1) Cristo, a Luz da vida (Jo 1.4), que, por meio do Espírito, ilumina as coisas santas de Deus, o pão da proposição e o altar do incenso, e 2) a *Shekiná*, agora no rosto de Jesus Cristo (2Co 4.6). A esta luz dupla é que nós, os crentes-sacerdotes, somos levados (1Pe 2.9). Nós "andamos na luz", não meramente aquela que ele dá, mas na qual ele vive (1Jo 1.7). Mas o que dizer da ordem em relação ao azeite puro? A razão é que nosso acesso, compreensão, comunhão e transformação são pelo Espírito (Ef 2.18, comp. 1Co 2.14,15; 2Co 3.18; 13.14; Fp 2.1). Nosso direito à sua presença é o seu sangue (Ef 2.13), mas é apenas quando estamos cheios do Espírito (Ef 5.18) que realmente andamos na luz.

[4] (28.1) Arão e seus filhos são um tipo de Cristo e dos crentes na era da Igreja. Arão é um tipo de Cristo como nosso Sumo Sacerdote. Cristo é um sacerdote segundo a ordem de Melquisedeque (Hb 7), mas exerce seu ofício sacerdotal segundo o padrão de Arão (Hb 9). Veja Gn 14.18-20 (veja v. 18, *nota* 4). Os filhos de Arão são um tipo dos crentes-sacerdotes da dispensação da Igreja (Ap 1.6; comp. 1Pe 2.9, *nota*).

[5] (28.2) Heb. *qodesh*, separado para Deus. Traduzido por *sagrado*, no v. 2, e *santificar*, no v. 3 (veja Zc 8.3, nota). Sempre traz a ideia fundamental de pessoa ou objeto santo, consagrado, separado ou santificado – algo separado para Deus.

A estola sacerdotal

6 e [p]farão a estola sacerdotal de ouro, estofo azul, púrpura, carmesim e linho fino trançado, trabalho artesanal.

7 Terá duas ombreiras, que se unam às suas duas pontas, e assim se unirá.

8 O cinto de trabalho artesanal, que estará sobre a estola sacerdotal, será de obra igual, formando com ela uma só peça, de ouro, estofo azul, púrpura, carmesim e linho fino trançado.

9 Tomarás duas [q]pedras de ônix e gravarás nelas os nomes dos filhos de Israel,

10 [r]segundo a ordem do seu nascimento: seis dos seus nomes numa pedra e os outros seis nomes na outra pedra.

11 Conforme obra de [s]lapidador, como gravura de selos gravarás estas duas pedras, com os nomes dos filhos de Israel; engastadas ao redor em ouro as farás.

12 E porás as duas pedras nas ombreiras da estola sacerdotal, por pedras de memória para os filhos de Israel. Arão [t]levará os seus nomes sobre ambos os seus [u]ombros, para memória diante do Senhor.

13 Farás também engastes de ouro

14 e duas correntes de ouro puro, entrelaçadas como corda, e as correntes prenderás nos engastes.

O peitoral

15 [v]**F**arás também o peitoral do juízo de trabalho artesanal, conforme a obra da estola sacerdotal o farás; de ouro, estofo azul, púrpura, carmesim e linho fino trançado o farás.

16 Quadrado e duplo, será de um [w]palmo o seu comprimento, e de um palmo a sua largura.

17 E o encherás de pedras de engaste, com quatro ordens de pedras; a ordem de sárdio, topázio e carbúnculo será a primeira ordem;

18 a segunda ordem será de esmeralda, safira e diamante;

19 a terceira ordem será de jacinto, ágata e ametista;

20 a quarta ordem será de berilo, ônix e jaspe. Elas serão guarnecidas de ouro com engastes.

21 As pedras serão conforme os nomes dos filhos de Israel, doze segundo os seus nomes, serão como a gravura de selo, cada uma com o seu nome, para as doze tribos.

22 Farás para o peitoral correntes como cordas, de obra trançada de ouro puro.

[p] v. 6-14; comp. Êx 39.2-7
[q] Êx 35.27
[r] Gn 29.31; 30.13,16-24; 35.16-18
[s] Êx 35.35
[t] Êx 28.29,30
[u] O lugar da força. Is 9.6; Lc 15.4,5
[v] v. 15-28; comp. Êx 39.8-21
[w] Veja pesos e medidas (AT): 2Cr 2.10, nota
[x] Êx 28.12
[y] O lugar dos afetos. Comp. v. 9-12
[z] v. 15-28; comp. Êx 39.22-26
[a] Veja Êx 29.5, nota

23 Também farás para o peitoral duas argolas de ouro e porás as duas argolas nas extremidades do peitoral.

24 Então colocarás as duas correntes de ouro nas duas argolas, nas extremidades do peitoral.

25 As duas pontas das correntes prenderás nos dois engastes e as porás nas ombreiras da estola sacerdotal, na parte da frente.

26 Farás duas argolas de ouro e as porás nas duas extremidades do peitoral, na sua borda que estiver junto ao lado interior da estola sacerdotal.

27 Farás também duas argolas de ouro e as porás na parte de baixo das duas ombreiras da estola sacerdotal, próximas da costura, e acima do cinto de trabalho artesanal da estola sacerdotal.

28 E ligarão o peitoral com as suas argolas às argolas da estola sacerdotal por cima com uma fita azul, para que esteja sobre o cinto da estola sacerdotal, e nunca o peitoral se separará da estola sacerdotal.

29 Assim Arão [x]levará os nomes dos filhos de Israel no peitoral do juízo sobre o seu [y]coração, quando entrar no santuário, para memória diante do Senhor continuamente.

Urim e Tumim

30 **T**ambém porás no peitoral do juízo o [1]Urim e o Tumim, para que estejam sobre o coração de Arão, quando entrar diante do Senhor. Assim Arão levará o juízo dos filhos de Israel sobre o seu coração diante do Senhor continuamente.

O manto da estola sacerdotal

31 [z]Farás também o [a]manto da estola sacerdotal todo de estofo azul.

32 No meio dele haverá uma abertura para a cabeça. A abertura terá uma dobra tecida ao redor, como a abertura de uma gola, para que não se rompa.

33 Nas suas abas, em todo o seu redor, farás romãs de estofo azul, púrpura e carmesim, e campainhas de ouro no meio delas.

34 Uma campainha de ouro e uma romã, outra campainha de ouro e outra romã, haverá nas abas do manto ao redor.

35 E estará sobre Arão quando ministrar, para que se ouça o seu sonido, quando entrar no santuário diante do Senhor e quando sair, para que não morra.

[1] (28.30) Urim e Tumim significam *luzes* e *perfeições*. Alguns os consideram simplesmente uma designação coletiva para as pedras do peitoral, no sentido de que o efeito total das doze pedras é manifestar as luzes e as perfeições daquele que é o antítipo do sumo sacerdote araônico. Comp. Lv 8.8. Isso nos levaria a concluir que o Urim e o Tumim são algo além das pedras do peitoral. O Urim e o Tumim eram utilizados, ainda que de um modo não claramente expresso, para indagar a vontade divina em casos particulares (Nm 27.21; Dt 33.8; 1Sm 28.6; Ed 2.63).

A lâmina de ouro puro

36 **T**ambém [b]farás uma lâmina de ouro puro e nela gravarás como se grava um selo: Santidade ao Senhor.

37 Prenda-a com um cordão de estofo azul, de maneira que esteja na frente do turbante.

38 Estará sobre a testa de Arão, para que Arão [c]leve a iniquidade das coisas santas, que os filhos de Israel santificarem em todas as ofertas de suas coisas santas. Estará continuamente na sua testa, para que sejam aceitos diante do Senhor.

As vestes sacerdotais

39 [d]Tecerás a túnica quadriculada de linho fino, farás um turbante de linho fino e um cinto feito por um bordador.

40 Também farás túnicas, cintos e tiaras para os filhos de Arão, para glória e [e]ornamento.

41 Vestirás com eles Arão, teu irmão, e também seus [f]filhos, e os ungirás e consagrarás, e os [g]santificarás, para que me administrem o sacerdócio.

42 Faze-lhes também [h]calções de linho, para cobrirem a pele nua; calções que se estendam da cintura às coxas.

43 Estarão sobre Arão e sobre seus filhos, quando entrarem na tenda da congregação, ou quando [i]chegarem ao altar para ministrar no santuário, para que não levem iniquidade e morram. Isto será estatuto perpétuo para ele e para a sua descendência depois dele.

[b] v. 36-38; comp. Êx 39.30,31
[c] Seja responsável por toda negligência ou ofensa com respeito às "coisas santas"
[d] Êx 35.35; 39.27-29
[e] Êx 28.2
[f] Êx 28.8,9
[g] Êx 19.22; 29.21,44
[h] Êx 39.28
[i] Êx 20.26
[j] Comp. Hb 7.26-28
[k] Veja Lv 1.3, nota
[l] Lv 6.19,23
[m] Fermento: v. 2,23; Êx 34.18 (Gn 19.3; Mt 13.33, nota)
[n] Veja Êx 25.30 e Lv 2.1, notas
[o] Êx 40.12
[p] Êx 25.6; 30.25-31; Sl 133.2
[q] Êx 28.40
[r] Símbolo de serviço. Lc 12.37; 17.8; Jo 13.4; Ap 1.13
[s] Nm 3.10
[t] Êx 28.41
[u] Veja Lv 1.4, nota

Consagração dos sacerdotes

29 Isto é o que lhes farás para os consagrar, para que me administrem o sacerdócio: [j]Toma um [k]novilho e dois carneiros sem defeito,

2 e [l]pães e [m]bolos [n]sem fermento, amassados com azeite, e pães finos, untados com azeite; de flor de farinha de trigo os farás,

3 e os porás num cesto, e os trarás no cesto, com o novilho e os dois carneiros.

4 Então farás chegar [1]Arão e seus filhos à entrada da tenda da congregação e os [2][o]lavarás com água.

5 Depois tomarás as [3]vestes e vestirás a Arão da túnica e do manto da estola sacerdotal, e da estola sacerdotal, e do peitoral, e lhe cingirás a estola sacerdotal com o seu cinto de trabalho artesanal;

6 e o turbante porás sobre a sua cabeça, e a coroa de santidade porás sobre o turbante.

7 Então tomarás o [p]óleo da unção e o derramarás sobre a sua cabeça; assim o ungirás.

8 Depois farás chegar seus [q]filhos e os vestirás de túnicas,

9 [r]porás o cinto em Arão e em seus filhos, e lhes atarás as tiaras, para que tenham o sacerdócio por [s]estatuto perpétuo, e [t]consagrarás Arão e seus filhos.

Os sacrifícios da consagração

10 **F**arás chegar o novilho diante da tenda da congregação, e Arão e seus filhos [u]porão as mãos sobre a cabeça do novilho.

---

[1] (29.4) Arão participa da lavagem (a qual é símbolo da regeneração, Tt 3.5; Jo 3.5,6): 1) por necessitar dela, e nisto está em contraste com Cristo (Hb 7.26-28), e 2) para tipificar a ação de Cristo, que recebeu o batismo de João não por precisar dele, mas para identificar-se com os pecadores e cumprir o tipo de Arão. Tal como no caso de Arão, sua unção veio após a lavagem (v. 4,7; Mt 3.14-16).

[2] (29.4) Esta lavagem deve ser distinguida do uso da pia de cobre (Êx 30.18-21). A lavagem aqui tipifica a regeneração (Tt 3.5); a pia de cobre, a purificação diária (1Jo 1.9). Veja ambas em Jo 13.10.

[3] (29.5) As vestes do sumo sacerdote eram colocadas na ordem inversa à das instruções dadas para sua confecção:

1) A túnica (Êx 28.39), uma longa veste oriental usada junto ao corpo, feita de linho fino (veja Êx 27.9, *nota*).

2) O manto da estola (Êx 28.31-35), uma veste longa e sem costuras de linho azul, com uma abertura para a cabeça, usado sobre a túnica. Nas bordas do manto havia romãs bordadas, símbolo de fertilidade, em azul, púrpura e carmesim, alternadas com campainhas de ouro, um símbolo de testemunho, que soavam quando o sacerdote entrava e saía do santuário. O manto era preso por um cinto bordado.

3) A estola (Êx 28.6-30; 39.1-21; Lv 8.7,8), uma veste curta externa. Era "de ouro, estofo azul, púrpura, carmesim e linho fino trançado" (Êx 28.6). Consistia em duas peças, uma para a frente e outra para as costas, unidas por duas ombreiras e por um cinto ao redor de sua parte inferior. Sobre as ombreiras havia duas pedras de ônix engastadas em ouro e gravadas com o nome das doze tribos de Israel (Êx 28.7,12,27).

4) O peitoral, preso com correntes de ouro às ombreiras da estola. Era como uma bolsa quadrada com o Urim e o Tumim e uma peça ovalada de ouro que continha doze pedras preciosas (quatro fileiras com três pedras em cada), sobre as quais estavam gravados os nomes das tribos de Israel, um sobre cada pedra (Êx 28.15-21,29,30). Assim como o Urim e o Tumim eram, em certos casos, utilizados para descobrir a vontade de Deus (veja Êx 28.30, *nota*), também a estola, com seus acessórios, era aparentemente empregada com o mesmo fim (1Sm 23.9-12; 30.7,8).

Está registrado que Samuel (1Sm 2.18), os sacerdotes de Nobe (1Sm 22.18) e Davi (2Sm 6.14) usavam estola de linho, embora dificilmente tenham sido como a estola do sumo sacerdote.

Nosso Senhor, o grande Sumo Sacerdote (Hb 3.1; 5.10; 7.26; 9.11), agora nos representa diante de Deus (Rm 8.33,34; Hb 7.25; 9.24; 1Jo 2.1,2; comp. Is 49.16), assim como o sumo sacerdote de antigamente levava o nome das tribos de Israel sobre os ombros e sobre o peitoral, Cristo leva nosso nome diante de Deus.

5) O turbante de linho fino (Êx 28.37,39) que cobria a cabeça e tinha na frente uma lâmina de ouro gravada com os dizeres: Santidade ao Senhor (v. 36).

6) Calções de linho, "da cintura às coxas" (Êx 28.42). A túnica e os calções eram também feitos para os sacerdotes, e eram as vestes comuns do sumo sacerdote e dos sacerdotes, diferindo das outras vestes que eram "para glória e ornamento" (Êx 28.2).

11 Degolarás o novilho perante o Senhor, à entrada da tenda da congregação.

12 Depois tomarás do sangue do novilho e o porás com o dedo sobre as pontas do altar, e todo o sangue restante [v]derramarás à base do altar.

13 Também tomarás toda a [w]gordura que cobre as vísceras, o redenho do fígado, os dois rins e a gordura que houver neles, e os queimarás sobre o altar.

14 A carne do novilho, o seu couro e o seu excremento, porém, queimarás com fogo [x]fora do arraial. É sacrifício pelo pecado.

15 Depois tomarás um carneiro sobre o qual Arão e seus filhos porão as mãos.

16 Degolarás o carneiro e pegarás o seu sangue, e o [y]espargirás sobre o altar ao redor.

17 Partirás o carneiro em suas partes e lavarás as suas vísceras e as suas pernas, e as porás sobre as suas partes e sobre a sua cabeça.

18 Assim queimarás todo o carneiro sobre o altar. É [z]holocausto para o Senhor, cheiro suave, oferta queimada ao Senhor.

19 **D**epois tomarás o outro carneiro. Arão e seus filhos porão as mãos sobre a cabeça dele.

20 Degolarás o carneiro e pegarás do seu sangue, e o porás sobre a ponta da orelha direita de Arão e sobre a ponta das orelhas direitas de seus filhos, como também sobre o polegar das mãos direitas e sobre o polegar dos pés direitos. O resto do sangue espargirás sobre o altar ao redor.

21 Então tomarás do sangue, que estará sobre o altar, e do óleo da unção, e os [a]espargirás sobre Arão e sobre as suas vestes, sobre os seus filhos e sobre as vestes deles. Assim ele será [b]santificado, e as suas vestes, também os seus filhos e as vestes deles.

22 **D**epois tomarás do carneiro a gordura, a cauda gorda, a gordura que cobre as vísceras, o redenho do fígado, os dois rins com a gordura que houver neles e a coxa direita. Este é o carneiro da consagração.

23 Do cesto dos pães sem fermento que estiverem diante do Senhor, tomarás um pão, um bolo de pão azeitado e um pão fino.

24 Tudo porás nas [c]mãos de Arão e nas mãos de seus filhos e, movendo-as de um lado para outro, as oferecerás como ofertas movidas perante o Senhor.

25 Depois o tomarás das suas mãos e o queimarás no altar sobre o holocausto por cheiro suave perante o Senhor, oferta queimada ao Senhor.

[v] Lv 4.7
[w] Lv 1.8
[x] Veja Lv 4.12, nota
[y] Êx 24.6; Lv 1.5,11
[z] Êx 20.24
[a] Comp. Lv 8.23,24
[b] Êx 28.41
[c] Comp. Lv 8.7
[d] Lv 7.31-34; 8.29
[e] Lv 3.1
[f] Êx 28.2
[g] Nm 20.28
[h] Êx 28.41; 30.30
[i] Êx 12.43; Lv 22.10
[j] Êx 12.10; 23.18; 34.25
[k] Veja v. 33, nota
[l] Êx 30.26-29
[m] Êx 40.10,11
[n] Santificação (AT): v. 37,44; Êx 30.30 (Gn 2.3; Zc 8.3)
[o] Nm 28.3-31; 29.6-38

Os alimentos dos sacerdotes

26 **T**omarás o peito do carneiro da consagração, que é de Arão, e, movendo-o de um lado para outro, o oferecerás como oferta movida perante o Senhor, e isso será a tua [d]parte.

27 Consagrarás o peito da oferta de movimento e a coxa da oferta alçada, depois de movida e alçada, isto é, aquilo do carneiro da consagração que for de Arão e de seus filhos.

28 Isto será para Arão e para seus filhos por estatuto perpétuo da parte dos filhos de Israel. É a oferta alçada que, dos seus sacrifícios [e]pacíficos, os filhos de Israel farão ao Senhor.

29 **A**s vestes [f]santas de Arão [g]passarão a seus filhos depois dele, para nelas serem [h]ungidos e consagrados.

30 Sete dias as vestirá aquele que de seus filhos for sacerdote em seu lugar, quando entrar na tenda da congregação para ministrar no santuário.

31 **T**omarás o carneiro da consagração e cozinharás a sua carne em lugar santo.

32 Arão e seus filhos comerão a carne deste carneiro e o pão que está no cesto à porta de entrada da tenda da congregação.

33 Comerão das coisas com que for feita [1]expiação, para consagrá-los e para santificá-los. Mas delas o [i]estranho não comerá, porque são santas.

34 Se [j]sobrar alguma coisa da carne da consagração ou do pão até pela manhã, será queimada no fogo. Não se comerá, porque é santo.

35 **A**ssim farás a Arão e a seus filhos, conforme tudo o que eu te tenho ordenado; por sete dias os consagrarás.

36 Também cada dia prepararás um novilho como oferta pelo pecado para as expiações. Purificarás o altar fazendo [k]expiação por ele mediante oferta pelo pecado, e o [l]ungirás para [m]consagrá-lo.

37 Sete dias farás expiação pelo altar, e o [n]consagrarás. Então o altar será santíssimo, e tudo o que tocar no altar será santo.

Ofertas contínuas

38 **I**sto é o que oferecerás sobre o altar: dois cordeiros de um ano cada dia [o]continuamente.

39 Um cordeiro oferecerás pela manhã, e o outro, à tardinha.

40 Com um cordeiro a décima parte de um efa de flor de farinha, misturada com a quarta parte

[1] (29.33) Heb. *kāphar*, cobrir, propiciar, expiar o pecado. De acordo com as Escrituras, o sacrifício da Lei apenas cobria o pecado de quem o oferecia e assegurava-lhe o perdão divino. Os sacrifícios do AT jamais *tiravam* o pecado do homem, "porque é impossível que sangue de touros e de bodes tire os pecados" (Hb 10.4). A oferta de um israelita tinha implícita a confissão de pecado e o reconhecimento de que o castigo merecido era a morte; e Deus "passava por cima" (Rm 3.25, lit.) do seu pecado antecipando-se ao sacrifício de Cristo, que, finalmente, "tirou" os "pecados dantes cometidos [nos tempos do AT]" (Hb 9.15,26; Rm 3.25, *nota*). Veja Gn 4.4, *ref. marg.* Sacrifício (tipológico); e Lv 16.6, *nota*.

de um [p]him de azeite batido, e para libação a quarta parte de um him de vinho.

41 O outro cordeiro oferecerás à tardinha, e com ele farás oferta de cereais como com a oferta da manhã, e conforme a sua oferta de libação, por cheiro suave, oferta queimada ao Senhor.

42 Este será o holocausto contínuo por vossas gerações, à porta de entrada da tenda da congregação, perante o Senhor. Ali vos [q]encontrarei e falarei contigo;

43 ali também virei aos filhos de Israel, e a tenda será consagrada pela minha [r]glória.

44 Consagrarei a tenda da congregação e o altar; também consagrarei Arão e seus filhos, para que me administrem o sacerdócio.

45 [s]Habitarei no meio dos filhos de Israel e [t]serei o seu Deus.

46 Eles [u]saberão que eu sou o Senhor, o seu Deus, que os [v]tirei da terra do Egito, para habitar no meio deles. Eu sou o Senhor, o seu Deus.

A Lei: (4) o tabernáculo: seu uso; o altar do incenso

30 [w]Farás um altar para queimar o [1]incenso, de madeira de acácia o farás.

2 Será quadrado e terá um côvado de comprimento, um de largura e dois de altura; as suas pontas formarão uma só peça com ele.

3 De ouro puro o cobrirás, tanto a parte superior como as suas paredes ao redor e as suas pontas, e lhe farás uma moldura de ouro ao redor.

4 Também lhe farás duas argolas de ouro debaixo da sua moldura; de ambos os lados as farás, e elas servirão de lugares para as varas com que o altar será levado.

5 Farás as varas de madeira de acácia e as cobrirás de ouro.

6 Porás o altar diante do [x]véu que está junto à [y]arca do testemunho, diante do propiciatório, que se acha sobre o testemunho, onde eu virei a ti.

7 Arão queimará sobre ele o incenso das especiarias, cada manhã, quando puser em ordem as [z]lâmpadas.

8 Também quando acender as lâmpadas ao pôr do sol, o queimará; este será incenso perpétuo perante o Senhor pelas vossas gerações.

9 Não oferecereis sobre ele [2]incenso estranho, nem holocausto, nem oferta de cereais, tampouco derramareis sobre ele ofertas de libação.

10 Uma vez no ano Arão fará [a]expiação sobre as pontas do altar. Com o sangue da oferta pelo pecado fará [b]expiação sobre ele pelas vossas gerações. Santíssimo é ao Senhor.

Quem podia adorar? (1) os remidos (Êx 15.1-21; Sl 107.1,2)

11 **Disse** mais o Senhor a Moisés:

12 Quando fizeres [c]recenseamento dos filhos de Israel, cada um deles pagará ao Senhor o resgate pela sua vida, quando os contares; para que não haja entre eles [d]praga alguma quando os [e]contares.

13 [f]Cada recenseado dará metade de um [3]siclo, segundo o siclo do santuário (este siclo é de vinte [g]geras); a metade de um siclo é a oferta ao Senhor.

14 Todo recenseado, de vinte anos para cima, dará a oferta ao Senhor.

15 O rico [h]não dará mais nem o pobre dará menos de meio siclo, quando derem a oferta ao Senhor, para fazerdes expiação por vossa vida.

16 Tomarás o dinheiro da expiação dos filhos de Israel e o [i]darás ao serviço da tenda da congregação. Será para memória aos filhos de Israel diante do Senhor, para fazerdes expiação pelas vossas almas.

Quem podia adorar? (2) os purificados (Jo 13.3-10; Hb 10.22; 1Jo 1.9)

17 **Disse** mais o Senhor a Moisés:

18 Farás também uma [4][j]pia de bronze com a sua base de bronze, para lavar. E a porás entre a tenda da congregação e o altar, e deitarás água nela.

19 Nela Arão e seus filhos [k]lavarão as mãos e os pés.

[p] Veja pesos e medidas (AT): 2Cr 2.10, nota
[q] Êx 25.22; 33.7,9
[r] Êx 40.34
[s] Êx 25.8; Dt 12.11
[t] Gn 17.8; Lv 11.45
[u] Êx 16.12; Dt 4.35
[v] Lv 11.45
[w] v. 1-5; comp. Êx 37.25-29
[x] Êx 26.31-35
[y] Êx 25.10-22
[z] Êx 25.31-40; 27.20,21
[a] Veja Êx 29.33, nota
[b] Lv 16.3-34
[c] Nm 1.2; 26.2
[d] Comp. 2Sm 24.15
[e] Nm 1.2
[f] Prata; torna-se tipo da redenção. Veja Êx 26.19, nota
[g] Veja pesos e medidas (AT): 2Cr 2.10, nota
[h] Comp. Jó 34.19
[i] Êx 38.25-31
[j] Êx 38.8
[k] Êx 40.31,32; Jo 13.8

---

[1] (30.1) Altar do incenso, um tipo de Cristo, nosso Intercessor (Jo 17.1-26; Hb 7.25), por intermédio de quem nossas orações e louvores chegam a Deus, e um tipo do sacrifício de louvor e adoração por parte do crente-sacerdote (Hb 13.15; Ap 8.3,4).

[2] (30.9) Comp. Lv 10.1-3. São feitas duas proibições com respeito à adoração: 1) Não se deve oferecer incenso "estranho". Isso se refere ao culto simulado ou puramente formal. 2) Não se permite fogo "estranho". Isto talvez se refira à substituição da devoção a Deus por qualquer outra devoção, como, por exemplo, a causas ou seitas religiosas. Comp. 1Co 11.11-13; Cl 2.8,16-19. Veja Êx 30.38, *nota*.

[3] (30.13) Sistema monetário (AT). O siclo aqui é uma peça de prata, não uma moeda. Não foram encontradas moedas cunhadas nas terras bíblicas antes de 700 a.C. As transações comerciais eram realizadas por meio de um sistema de permuta usando, como "dinheiro", gado, cereais, especiarias e metais preciosos. Os hebreus só vieram a usar moedas por volta de 500 a.C. (comp. Ed 1.4). A menção a siclos e talentos na história hebraica antes desse período refere-se a certo peso, não a peças cunhadas como moeda (comp. Gn 23.15,16; Êx 21.32; 1Cr 21.25). É difícil determinar o valor exato do ouro e da prata por causa da flutuação do poder aquisitivo em diferentes períodos. As moedas, com exceção da dracma persa, diferiam em peso e variavam no valor. Havia de moedas leves a pesadas: as leves valiam a metade do valor das pesadas, embora tivessem o mesmo nome. Sistema monetário do NT: veja Mt 5.26, *nota*.

[4] (30.18) A pia de bronze, um tipo de Cristo purificando-nos da contaminação a fim de que seu povo fosse "sem mácula, nem ruga, nem coisa semelhante" (Ef 5.25-27; comp. Jo 13.2-10). É significativo que, até que suas mãos e pés fossem purificados, os sacerdotes não podiam entrar no santuário depois de prestar serviço no altar de bronze.

20 Sempre que entrarem na tenda da congregação, deverão lavar-se com água, para que não morram. Também, quando se chegarem ao altar para ministrar, para acender a oferta queimada ao Senhor,

21 lavarão as mãos e os pés, para que não morram. Isso lhes será por estatuto perpétuo, a ele e à sua descendência, por todas as suas gerações.

Quem podia adorar? (3) os ungidos (Jo 4.23; Ef 2.18; 5.18,19)

22 **D**isse mais o Senhor a Moisés:

23 Toma das principais especiarias: da mais pura [l]mirra quinhentos siclos, de canela aromática a metade, a saber, duzentos e cinquenta siclos, de cálamo aromático duzentos e cinquenta siclos,

24 de [m]cássia quinhentos siclos, segundo o siclo do santuário, de azeite de oliveira um him.

25 Disso farás o óleo sagrado para a unção, um perfume composto segundo a arte do perfumista. Este será o óleo sagrado da [n]unção.

26 Com ele [o]ungirás a tenda da congregação, a arca do testemunho,

27 a mesa com todos os seus utensílios, o candelabro com os seus utensílios, o altar do incenso,

28 o altar do holocausto, com todos os seus utensílios, e a pia com a sua base.

29 Assim consagrarás essas coisas, para que sejam santíssimas, e tudo o que tocar nelas será santo.

30 Também ungirás a Arão e a seus filhos e os [p]santificarás para me administrarem o sacerdócio.

31 Dirás aos filhos de Israel: Este me será o [1]óleo sagrado da unção nas vossas gerações.

32 Não se ungirá com ele o corpo do homem, nem fareis outro semelhante conforme a sua composição. Sagrado é, e para vós será sagrado.

33 O homem que compuser um perfume como este, ou que com ele ungir um estranho, será extirpado do seu povo.

O incenso: tipo da oração e do louvor

34 **D**isse mais o Senhor a Moisés: Toma [q]especiarias aromáticas, [r]estoraque, onicha e [s]gálbano; essas especiarias aromáticas com [2][t]incenso puro, cada um de igual peso,

35 e disso farás incenso, perfume segundo a arte do perfumista, temperado com sal, puro e santo.

36 Uma parte dele reduzirás a pó e o porás diante do testemunho, na tenda da congregação, onde eu virei a ti. Coisa santíssima vos será.

37 O incenso que fareis, segundo a composição deste, porém, não o fareis para vós mesmos; santo será para o Senhor.

38 O homem que fizer tal como este para o [3]cheirar, será extirpado do seu povo.

Artífices cheios do Espírito

31 [u]Disse mais o Senhor a Moisés:

2 Vê, eu chamei por nome a Bezalel, filho de Uri, filho de Hur, da tribo de Judá,

3 e o enchi do [v]Espírito de Deus, de [w]habilidade, de inteligência e de conhecimento em todo o [4]artifício,

4 para inventar obras artísticas e trabalhar em ouro, em prata e em bronze,

5 e em lavramento de pedras para engastar, e em entalhadura de madeira; enfim para trabalhar em todo o tipo de obra artesanal.

6 Além disso, eu lhe designei por companheiro a Aoliabe, filho de Aisamaque, da tribo de Dã. Também dei habilidade a todos os artífices, para que façam tudo o que tenho ordenado,

7 a saber, a tenda da congregação, a arca do testemunho, o propiciatório que estará sobre ela, e todos os utensílios da tenda;

8 a mesa com os seus utensílios, o candelabro de ouro puro com todos os seus utensílios, o altar do incenso,

9 o altar do holocausto com todos os seus utensílios, a pia com a sua base;

10 as vestes finamente tecidas, e as vestes sagradas do sacerdote Arão, e as de seus filhos, para administrarem o sacerdócio,

11 e o óleo da unção, e o incenso aromático para o santuário. Eles farão tudo conforme tenho ordenado.

O sábado, sinal entre o Senhor e Israel

12 **D**isse mais o Senhor a Moisés:

[l] Ct 4.14
[m] Sl 45.8
[n] Êx 37.29; Lv 8.10
[o] Êx 40.9-16
[p] Santificação (AT): v. 30,37; Lv 8.15 (Gn 2.3; Zc 8.3)
[q] Goma-resina do estoraque; especiaria aromática doce
[r] Casca de um molusco que, ao ser queimada, desprendia perfume
[s] Goma-resina leitosa de uma planta umbelífera síria; especiaria fragrante
[t] Goma-resina fragrante de cor branca de uma árvore do sul da Arábia
[u] v. 1-11; comp. Êx 35.30-35
[v] Espírito Santo (AT): v. 3; Êx 35.31 (Gn 1.2; Zc 12.10)
[w] Êx 28.3

[1] (30.31) O óleo da unção, um tipo do Espírito Santo no que se refere ao culto (At 1.8). Veja Êx 27.20, *nota*.

[2] (30.34) O incenso puro não deve ser confundido com o incenso (do qual fazia parte), já que frequentemente era usado de modo separado deste. Na Escritura, é especificado o que compunha o incenso, mas nunca se detalha o que era o incenso puro. Todos os componentes falam de Cristo: as especiarias aromáticas referem-se àquelas perfeições que o crente pode tomar para si; o incenso puro, àquilo que Deus viu de inefável em Jesus.

[3] (30.38) O que se condena aqui é fazer do culto de adoração um mero prazer para o homem natural. Comp. Jo 4.23,24.

[4] (31.3) Essa habilidade especial de Bezalel, dada pelo Espírito, incluía não apenas habilidade manual, mas também sabedoria intelectual e um entendimento essencial em todas as artes. O talento artístico de toda espécie é um dom divino (Tg 1.17). Aquele que "pelo seu sopro os céus se aclararam" (Jó 26.13) também criou o homem com faculdades estéticas que, como todas as faculdades humanas, foram corrompidas na Queda.

13 Dize aos filhos de Israel: Certamente guardareis os meus [x]sábados. Isso é um [y]sinal entre mim e vós nas vossas gerações, para que saibais que eu sou o Senhor, que vos [z]santifica.

14 Portanto guardareis o sábado, porque santo é para vós. Aquele que o profanar certamente [a]será morto; qualquer que nele fizer algum trabalho será exterminado do meio do seu povo.

15 Seis dias se trabalhará, mas o sétimo dia será o sábado do descanso solene, santo ao Senhor. Qualquer que no dia do sábado fizer algum trabalho, certamente será morto.

16 Os filhos de Israel guardarão o sábado, celebrando-o nas suas gerações por aliança perpétua.

17 Entre mim e os filhos de Israel será ele um sinal para sempre, pois em seis dias fez o Senhor o céu e a terra, e ao sétimo dia [b]descansou e tomou alento.

As duas tábuas do testemunho

18 Quando o Senhor acabou de falar com Moisés no monte Sinai, deu-lhe as duas tábuas do [c]testemunho, [d]tábuas de pedra, [e]escritas pelo [f]dedo de Deus.

A transgressão da lei: o bezerro de ouro

32 **V**endo o povo que Moisés [g]tardava em descer do monte, [h]juntou-se em volta de Arão e lhe disse: Levanta-te, [i]faze-nos deuses que nos conduzam. Quanto a este Moisés, esse homem que nos [j]tirou da terra do Egito, não sabemos o que lhe sucedeu.

2 Disse-lhes Arão: Tirai os [k]pendentes de ouro que estão nas orelhas de vossas mulheres, de vossos filhos e de vossas filhas, e trazei-os.

3 Então todo o povo tirou os pendentes de ouro que estavam nas suas orelhas e os trouxe a Arão.

4 Ele os tomou das suas mãos e com um buril deu forma ao ouro, e dele fez um [l]bezerro de fundição. Então eles disseram: São estes, ó Israel, os teus [m]deuses, que te [n]tiraram da terra do Egito.

5 Arão, vendo isso, edificou um altar diante do bezerro e, apregoando, disse: Amanhã será festa ao Senhor.

6 No dia seguinte, madrugaram, ofereceram holocaustos e trouxeram ofertas pacíficas. Depois o povo assentou-se para comer e beber, e levantou-se para [o]farrear.

O Senhor condena a apostasia de Israel

7 [p]Então disse o Senhor a Moisés: Vai, desce, porque o [q]teu povo, que fizeste subir do Egito, se corrompeu.

8 Depressa se desviou do caminho que eu lhes ordenei e fizeram para si um bezerro de fundição. Perante ele se inclinaram e lhe ofereceram sacrifícios, e disseram: São estes, ó Israel, os teus deuses, que te tiraram da terra do Egito.

9 Disse mais o Senhor a Moisés: Tenho visto este povo, e é povo [r]obstinado.

10 [1]Agora, pois, deixa-me, para que o meu furor se acenda contra eles e os consuma. Então eu farei de ti uma grande nação.

A defesa de Moisés

11 **M**oisés, porém, suplicou ao Senhor, o seu Deus, e [s]disse: Ó Senhor, por que se acende o teu furor contra o teu povo, que tiraste da terra do Egito com grande força e com forte mão?

12 Por que hão de dizer os egípcios: Para mal os tirou, para matá-los nos montes e para destruí-los da face da terra? Torna-te da ira do teu furor e [t]arrepende-te deste mal contra o teu povo.

13 Lembra-te de Abraão, de Isaque, e de Israel, teus servos, aos quais por ti mesmo juraste e lhes disseste: Multiplicarei os vossos descendentes como as estrelas dos céus e lhes darei toda esta terra, de que tenho dito, para que a possuam por herança eternamente.

14 Então o Senhor se arrependeu do mal que dissera havia de fazer ao seu povo.

Juízo disciplinar

15 **V**oltou-se Moisés e desceu do monte com as duas tábuas do testemunho na mão; tábuas escritas de ambos os lados, de um e de outro lado estavam escritas.

16 Aquelas [u]tábuas eram obra de Deus; também a [v]escritura era a mesma escritura de Deus, esculpida nas tábuas.

17 Ora, ouvindo Josué a voz do povo que jubilava, disse a Moisés: Barulho de guerra há no arraial.

18 Respondeu-lhe Moisés:

Não é canto dos vitoriosos, nem canto
dos vencidos,
mas é a voz dos que cantam que eu ouço.

[x] Sábado (dia de repouso): v. 13-16; Êx 35.2 (Gn 2.3; Mt 12.1, nota)
[y] Ez 20.12,20
[z] Lv 20.8
[a] Comp. Nm 15.32-36
[b] Gn 2.2,3
[c] Veja Êx 20.4, nota
[d] Lei (de Moisés): v. 18; Êx 34.18 (Êx 19.1; Gl 3.24)
[e] Êx 24.12; 32.15,16
[f] Comp. Jo 8.6
[g] Êx 24.18; Dt 9.11,12
[h] Êx 17.1-3
[i] At 7.40
[j] Êx 32.8
[k] Êx 11.2; 35.22
[l] At 7.41
[m] Êx 20.3,4,23
[n] Comp. Êx 29.45,46
[o] Êx 32.17-19; Nm 25.2
[p] Dt 9.8-21
[q] Comp. v. 11
[r] Êx 33.3,5; 34.9; Dt 9.6; At 7.51
[s] Orações da Bíblia (AT): v. 11-14; Êx 33.12 (Gn 15.2; Hc 3.1)
[t] Zc 8.14, nota
[u] Veja Êx 20.1, nota
[v] Inspiração: v. 16; Êx 34.1 (Êx 4.15; 2Tm 3.16)

[1] (32.10) Deus estava provando Moisés quando lhe ofereceu substituir Israel por uma nação nova descendente de Moisés. Do ponto de vista teológico, um teste como esse deve ser considerado à luz da vontade soberana de Deus, que é subjacente a todas as decisões humanas. Para Moisés, esta prova foi real, embora a destruição de Israel proposta não estivesse no plano de Deus, como vemos na Aliança Abraâmica e em promessas como a feita a Judá em Gn 49.10. Da mesma forma, Cristo nos Evangelhos ofereceu-se como Rei a Israel, embora, de acordo com o "determinado propósito e conhecimento antecipado de Deus" (At 2.23), o reino glorioso de Cristo deveria ser precedido pela rejeição e pela morte na cruz.

Moisés quebra as tábuas do testemunho

19 **C**hegando ele ao arraial e vendo o bezerro e as danças, irou-se, [w]arremessou das mãos as tábuas e as quebrou ao pé do monte.

20 Então tomou o bezerro que tinham feito e o queimou no fogo, moendo-o até que se tornou em pó, e o espargiu sobre a água e deu-o a [x]beber aos filhos de Israel.

21 Perguntou Moisés a Arão: Que te fez este povo, que sobre ele trouxeste tamanho pecado?

22 Respondeu Arão: Não se acenda a ira do meu senhor. Tu sabes que o povo é [y]inclinado para o mal.

23 Disseram-me: Faze-nos deuses que vão adiante de nós. Não sabemos o que sucedeu a este Moisés, a esse homem que nos tirou da terra do Egito.

24 Então eu lhes disse: Quem tem ouro, arranque-o. Deram-no a mim, e eu o lancei no fogo, e [z]saiu este bezerro.

Moisés manda matar os idólatras

25 **V**endo Moisés que o povo estava desenfreado e que Arão o havia deixado à solta, para vergonha entre os seus inimigos,

26 pôs-se em pé à entrada do arraial e disse: Quem é do Senhor, venha a mim. E se ajuntaram a ele todos os filhos de Levi.

27 Então ele lhes disse: Assim diz o Senhor, o Deus de Israel: Cada um ponha a sua espada sobre a sua coxa. Passai e tornai pelo arraial de porta em porta e [a]mate cada um a seu irmão, e cada um a seu amigo, e cada um a seu vizinho.

28 Os filhos de Levi fizeram conforme a palavra de Moisés; e morreram do povo, naquele dia, cerca de três mil homens.

29 Então disse Moisés: Hoje fostes [b]separados para o Senhor, pois cada um foi contra o seu filho, e contra o seu irmão, e hoje ele vos abençoou.

Moisés intercede pelo povo

30 **N**o dia seguinte, Moisés disse ao povo: Vós cometestes grande pecado. Agora, porém, subirei ao Senhor; talvez eu possa fazer [c]propiciação pelo vosso pecado.

31 Assim tornou Moisés ao Senhor e disse: Oh! este povo cometeu grande pecado, fazendo para si deuses de [d]ouro.

32 Agora, peço-te, perdoa o seu pecado; ou, se não, risca-me do [e]livro que escreveste.

33 Então, disse o Senhor a Moisés: [f]Aquele que pecar contra mim, a este [g]riscarei do meu livro.

34 Agora vai, conduze este povo para o lugar que te tenho [h]dito; e o meu [i]Anjo irá adiante de ti. Mas, no dia da minha visitação, punirei o [j]pecado deles.

35 E o Senhor feriu o povo por causa do que fizeram com o bezerro que Arão fabricara.

Deus não irá no meio do povo, mas enviará um anjo

33 Disse mais o Senhor a Moisés: Vai, sobe daqui, tu e o povo que fizeste [k]subir da terra do Egito, para a terra da qual [l]jurei a Abraão, a Isaque e a Jacó, dizendo: À tua descendência a darei.

2 Enviarei um anjo à tua frente e [m]lançarei fora os cananeus, os amorreus, os [n]heteus, os ferezeus, os heveus e os jebuseus.

3 Sobe para uma terra em que manam leite e mel. Mas eu não subirei no meio de ti, porque és povo [o]obstinado, para que eu não te destrua no caminho.

4 **O**uvindo o povo essas más notícias, pôs-se a prantear, e nenhum deles vestiu os seus enfeites.

5 Pois o Senhor tinha dito a Moisés: Dize aos filhos de Israel: És um povo obstinado. Se por um momento eu subir no meio de ti, eu te consumirei. Tira, pois, de ti os atavios, para que eu saiba o que te hei de fazer.

6 Então os filhos de Israel se despojaram dos seus atavios, ao pé do monte Horebe.

A tenda da congregação fora do arraial

7 **O**ra, Moisés costumava tomar a [1]tenda e armá-la para si, fora, bem longe do arraial, e lhe chamava a tenda da congregação. Todo aquele que buscava o Senhor saía à tenda da congregação, que estava fora do arraial.

8 Quando Moisés saía à tenda, todo o povo se levantava e ficava em pé cada um à porta da sua tenda, e olhava Moisés pelas costas, até entrar ele na tenda.

9 Quando Moisés entrava na tenda, descia a coluna de nuvem e ficava à porta de entrada da tenda, e o Senhor [p]falava com Moisés.

10 Assim todo o povo via a coluna de nuvem que estava à entrada da tenda, e todo o povo, levantando-se, se inclinava cada um à entrada da sua tenda.

11 Falava o Senhor a Moisés face a [q]face, como quem fala com o seu amigo. Depois tornava Moisés ao arraial, mas o jovem Josué, seu servidor, filho de Num, não se distanciava da tenda.

[w] Dt 9.17
[x] Comp. Nm 5.17,24
[y] Dt 9.24
[z] 32.4
[a] Comp. Nm 25.7-13; Dt 33.9
[b] Êx 28.41
[c] Veja Êx 29.33, nota
[d] Êx 20.23
[e] Sl 69.28; Dn 12.1
[f] Ez 18.4,20
[g] Comp. Êx 17.14
[h] Êx 3.17
[i] Anjo do Senhor: 32.34–33.2; Nm 22.22 (Gn 16.7; Jz 2.1, nota)
[j] Comp. Sl 99.8
[k] Êx 32.1,7
[l] Êx 32.13
[m] Êx 23.27-31
[n] Veja 2Rs 7.6, nota
[o] Êx 34.9
[p] Sl 99.7
[q] Nm 12.8; Dt 34.10

[1] (33.7) A tenda da congregação era um lugar temporário de adoração e não deve ser confundido com o tabernáculo e seu mobiliário, descritos em 25.1–31.11. O relato de como se ergueu o último, cujo desenho e utensílios o Senhor especificou a Moisés de maneira muito minuciosa, começa no cap. 36. Êx 40.33 fala do término da obra.

Moisés roga a Deus a sua presença

12 [r]Disse Moisés ao Senhor: Tu me dizes: [s]Faze
subir este povo, mas não me fizeste saber a
quem hás de enviar comigo. Disseste também:
Conheço-te pelo teu nome, e achaste [t]graça aos
meus olhos.
13 Se eu achei graça aos teus olhos, rogo-te que
agora me mostres os [u]teus caminhos, para que
eu te conheça, a fim de que ache graça aos teus
olhos. [v]Considera que esta nação é teu povo.
14 Respondeu-lhe o Senhor: A minha presença
[w]irá contigo, e eu te darei [x]descanso.
15 Então Moisés lhe disse: Se a tua presença
não for conosco, não nos faças subir deste lugar.
16 Como se saberá que achamos graça aos teus
olhos, eu e o teu povo? Acaso não é por [y]andares
conosco, de modo que somos [z]separados, eu e o teu
povo, de todos os povos que há sobre a face da terra?
17 Então disse o Senhor a Moisés: Farei tam-
bém isto que disseste, porque achaste graça aos
meus olhos, e te conheço pelo teu nome.

Moisés roga a Deus que lhe mostre a sua glória

18 Então disse Moisés: Rogo-te que me mostres
a tua [a]glória.
19 Respondeu-lhe o Senhor: Eu farei passar
toda a minha [b]bondade diante de ti, e te procla-
marei o nome do Senhor. [c]Terei misericórdia de
quem eu tiver misericórdia e me compadecerei
de quem me compadecer.
20 E acrescentou: Não poderás ver a minha
[d]face, pois homem nenhum pode ver a minha
face e viver.

[r] Orações da Bíblia (AT): v. 12-23; Nm 6.23 (Gn 15.2; Hc 3.1)
[s] Êx 32.34
[t] v. 13-17
[u] Sl 25.4
[v] Êx 3.7,10
[w] Êx 3.12
[x] Dt 12.10
[y] Nm 14.14
[z] Separação: v. 16; Lv 20.24 (Gn 12.1; 2Co 6.17)
[a] Êx 24.16,17
[b] Êx 34.6,7
[c] Rm 9.15
[d] Veja Jo 1.18, nota. Comp. 2Co 4.6
[e] Comp. Ct 2.14
[f] Cristo (Rocha): v. 21,22; Nm 20.11 (Gn 49.24; 1Pe 2.8)
[g] Is 49.2; comp. Jo 10.28,29
[h] Veja Êx 20.1, nota 2
[i] Êx 32.15,16; Dt 4.13
[j] Inspiração: v. 1,27,28; Êx 35.1 (Êx 4.15; 2Tm 3.16)
[k] Êx 19.11,18,20
[l] Êx 19.12,13; comp. Êx 24.9-11
[m] Êx 19.9
[n] Êx 33.19
[o] Divindade (nomes da): v. 5-7; 1Sm 1.3 (Gn 1.1; Ml 3.18)

21 Disse mais o Senhor: Eis aqui um lugar perto
de mim; aqui, sobre a penha, te porás.
22 Quando a minha glória passar, eu te [e]porei
numa fenda da [f]penha, e te cobrirei com a minha
[g]mão, até que eu tenha passado.
23 Depois, quando eu tirar a mão, me verás
pelas costas; mas a minha face não se verá.

As novas tábuas do testemunho

34 Então disse o Senhor a Moisés: [h]Lavra
duas tábuas de pedra, [i]como as primei-
ras, e eu escreverei nelas as mesmas [j]palavras
que estavam nas primeiras tábuas, que tu que-
braste.
2 Prepara-te para amanhã, para que subas pela
manhã ao monte [k]Sinai, e ali te apresentes a
mim no cume do monte.
3 [l]Ninguém suba contigo, ninguém apareça em
todo o monte; nem ovelhas nem gado pastem
perto dele.
4 Então Moisés lavrou duas tábuas de pedra,
como as primeiras, levantou-se de madrugada
e subiu ao monte Sinai, como o Senhor lhe
tinha ordenado, levando na mão as duas tábuas
de pedra.

A nova visão (comp. Êx 33.18-23)

5 O Senhor desceu numa [m]nuvem e, pondo-se
ali junto a ele, proclamou o [n]nome do Senhor.
6 Passando o Senhor perante Moisés, procla-
mou: [1]Senhor, [o]Senhor Deus misericordioso e
compassivo, tardio em irar-se e grande em bene-
ficência e verdade,

---

[1] (34.6) Jeová (heb. *YHWH*).

1) O significado fundamental do nome Jeová (talvez pronunciado Iavé, em português *Jeová*) é literalmente "o que existe por si mesmo" (como em Êx 3.14), e, na primeira pessoa, *Eu sou o que sou*, portanto *o eterno EU SOU*.

2) É significativo que a primeira vez que o nome *Jeová* é usado nas Escrituras segue-se à criação do homem. Foi Deus (*Eloim*) que disse: "Façamos o homem à nossa imagem" (Gn 1.26), mas quando o homem, como em Gn 2, é o centro da cena e tem domínio sobre a criação, é o Senhor Deus (*Jeová Eloim*) que age (Gn 2.4ss.). Isso indica claramente que a Divindade, em seu caráter de *Jeová*, tem uma relação especial com o homem, algo que toda a Escritura enfatiza.

3) Entre os nomes da Divindade, *Jeová* é o que mais caracteristicamente está relacionado com a redenção. Quando o pecado entrou no mundo e se fez necessária a redenção do homem, foi *Jeová Eloim* quem procurou os pecadores (Gn 3.9-13) e os vestiu de túnicas de peles (Gn 3.21), um belo tipo da justiça providenciada pelo Senhor Deus por meio do sacrifício (Rm 3.21-25). A primeira revelação de si mesmo por seu nome *Jeová* se deu em conexão com o povo da aliança e sua redenção do Egito (Êx 3.13-17).

Ao falar dele como Redentor, enfatizam-se os atributos de *Jeová*, que tomam forma ativa em razão do pecado e da salvação do homem. Esses atributos são: a) sua santidade (Lv 11.44,45; 19.1,2; 20.26; Hc 1.12,13), b) sua justiça, que o leva a odiar o pecado e a executar juízo sobre os pecadores (Dt 32.35-42; comp. Gn 6.5-7; Êx 34.6,7; Sl 11.4-6; 66.18), e c) seu amor derramado sobre os pecadores que o leva a proporcionar-lhes redenção, mas sempre de acordo com sua justiça (Gn 3.21; 8.20,21; Êx 12.12,13; Lv 16.2,3; Is 53.5,6,10). A salvação por *Jeová* à parte do sacrifício é desconhecida nas Escrituras.

4) *Jeová* é também o nome distintivo da Divindade na aliança com Israel (Êx 19.3; 20.1,2; Jr 31.31-34).

5) Senhor Deus (heb. *Jeová Eloim*) é o primeiro nome composto de Deus. Senhor Deus é usado especialmente: 1) Na relação da Divindade com o homem: a) como Criador (Gn 2.7-15), b) ao ter autoridade moral sobre o homem (Gn 2.16,17), c) ao criar e reger os relacionamentos terrenos do homem (Gn 2.18-24; 3.16-19,22-24), d) ao redimir o homem (Gn 3.8-15,21); 2) na relação da Divindade com Israel (Gn 24.7; 28.13; Êx 3.15,18; 4.5; 5.1; 7.5 etc.; Dt 1.11,21; 4.1; 6.3; 12.1 etc.; Js 7.13,19,20; 10.40,42; Jz 2.12; 1Sm 2.30; 1Rs 1.48; 2Rs 9.6; 10.31; 1Cr 22.19; 2Cr 1.9; Ed 1.3; Is 21.17).

6) No relacionamento redentor de Deus com o homem, encontramos vários nomes compostos de *Jeová* que o revelam como aquele que satisfaz todas as necessidades do homem desde o seu estado de perdição até o fim. Estes nomes compostos são: a) *Jeová-jirê*, "O Senhor

7 que usa de beneficência com milhares, que perdoa a iniquidade, a rebeldia e o pecado. Contudo, ao culpado não tem por inocente; castiga a iniquidade dos pais sobre os filhos e sobre os filhos dos filhos até a terceira e quarta [p]geração.

8 Então Moisés imediatamente se prostrou e adorou,

9 dizendo: Senhor, se agora achei [q]graça aos teus olhos, vá o Senhor no meio de nós. Embora este seja povo [r]obstinado, perdoa a nossa iniquidade e o nosso pecado, e toma-nos por tua herança.

Deus faz uma aliança com Israel

10 **Então** disse o Senhor: Eu faço uma [s]aliança contigo. Farei diante de todo o teu povo maravilhas que nunca foram feitas em toda a terra nem entre gente alguma. Todo este povo, em cujo meio estás, verá a obra do Senhor, porque coisa temível é o que farei contigo.

11 Guarda o que eu te ordeno hoje. Lançarei [t]fora de diante de ti os amorreus, os cananeus, os [u]heteus, os ferezeus, os heveus e os jebuseus.

12 Guarda-te de fazeres [v]aliança com os moradores da terra em que hás de entrar, para que não se tornem armadilha no meio de ti.

13 Os seus altares, porém, derrubareis, as suas colunas quebrareis e os seus [w]postes sagrados cortareis.

14 Não te inclinarás diante de outro [x]deus, pois o nome do Senhor é Zeloso, sim, Deus [y]zeloso é ele.

15 Guarda-te de fazeres aliança com os moradores da terra; pois, quando se prostituírem após os seus deuses e sacrificarem a eles, eles te [z]convidarão para comeres do seu sacrifício.

16 Não [a]tomarás mulheres das suas filhas para os teus filhos, pois, quando as suas filhas se prostituírem após os seus deuses, farão que também os teus filhos se prostituam após os seus deuses.

17 **Não** farás para ti [b]deuses de fundição.

As festas e o sábado: reiteração do mandamento (comp. Lv 23.4-44)

18 **A** festa dos pães [c]sem fermento guardarás. Sete dias comerás pães sem fermento, como te ordenei, no tempo apontado no mês de abibe, porque foi no mês de [d]abibe que saíste do [e]Egito.

19 Todo o primeiro a sair do ventre é meu, todo o primeiro macho que nascer das tuas vacas e das tuas ovelhas.

20 O jumento, porém, que nascer primeiro resgatarás com um cordeiro, mas, se não o resgatares, lhe cortarás a cabeça. Todos os primogênitos de teus filhos resgatarás. Ninguém aparecerá diante de mim com as mãos vazias.

21 **Seis** dias trabalharás, mas ao sétimo dia descansarás, quer no tempo de arar quer no tempo de colher.

22 Também guardarás a festa das semanas, que é a festa dos primeiros frutos da colheita do trigo, e a festa da colheita no fim do ano.

23 Três vezes no ano todo homem entre ti aparecerá perante o Senhor Deus, Deus de Israel.

24 Lançarei fora as nações de diante de ti, alargarei as tuas fronteiras e ninguém cobiçará a tua terra quando subires para aparecer três vezes no ano diante do Senhor, o teu Deus.

25 **Não** oferecerás o sangue do meu sacrifício com pão fermentado nem o sacrifício da festa da Páscoa [f]ficará da noite para a manhã.

26 O melhor dos primeiros frutos da tua terra trarás à casa do Senhor, o teu Deus. Não cozinharás o cabrito no leite da sua mãe.

27 Disse mais o Senhor a Moisés: [g]Escreve estas palavras, pois conforme o teor delas fiz aliança contigo e com Israel.

28 Moisés esteve ali com o Senhor quarenta dias e quarenta noites, sem comer pão nem beber água. E escreveu nas tábuas as palavras da aliança, os dez mandamentos.

O rosto de Moisés resplandece

29 **Quando** Moisés desceu do monte Sinai, trazendo nas mãos as duas tábuas do testemunho, sim, quando desceu do monte, Moisés não sabia que a pele do seu rosto [h]resplandecia, por haver Deus falado com ele.

30 Olhando Arão e todos os filhos de Israel para Moisés, a pele do seu rosto resplandecia, pelo que tiveram medo de aproximar-se dele.

[p] Êx 20.5,6
[q] Êx 33.12,13
[r] Êx 33.3
[s] Êx 34.27
[t] Êx 23.20-33; 33.2
[u] Veja 2Rs 7.6, nota
[v] Js 23.12,13; Sl 106.34-38; 2Co 6.14; 2Tm 2.20,21; Tg 4.4
[w] Veja Dt 16.21, nota
[x] Êx 20.3-5
[y] Dt 4.24
[z] Comp. Nm 25.1,2
[a] Comp. Gn 28.1; Js 23.12,13
[b] Êx 20.23
[c] Fermento: v. 18,25; Lv 2.4 (Gn 19.3; Mt 13.33, nota)
[d] Veja Lv 23.2, nota
[e] Lei (de Moisés): v. 18-28; Lv 1.1 (Êx 19.1; Gl 3.24)
[f] Êx 12.10
[g] Êx 24.4
[h] 2Co 3.7

proverá" (Gn 22.13,14), i.e., proverá um sacrifício. b) *Jeová-rafá*, "o Senhor que te sara" (Êx 15.26). O contexto mostra que isso se refere à cura física, mas está implícita a cura mais profunda da enfermidade da alma. c) *Jeová-nissi*, "o Senhor *é* A minha bandeira" (Êx 17.8-15). O nome é interpretado pelo contexto. O inimigo era Amaleque, uma figura da carne, e o conflito daquele dia ilustra o conflito de Gl 5.17, a guerra do espírito contra a carne. A vitória foi totalmente devida à ajuda divina. d) *Jeová-shalom*, "o Senhor é paz" (Jz 6.24; Ef 2.14). Praticamente todo o ministério do Senhor encontra expressão e está ilustrado neste capítulo. O Senhor odeia o pecado e o julga (v. 1-5); o Senhor ama e salva os pecadores (v. 7-18), mas apenas por meio do sacrifício (v. 19-21; comp. Rm 5.1; Ef 2.14; Cl 1.20). e) *Jeová-tsidkenu*, "o Senhor, nossa justiça" (Jr 23.6). Este nome do Senhor aparece em uma profecia sobre a futura restauração e conversão de Israel. Então, Israel se dirigirá a ele chamando-o *Jeová--tsidkenu*, "o Senhor, nossa JUSTIÇA". f) *Jeová-shamá*, "o Senhor *está* ali" (Ez 48.35). Este nome fala da constante presença do Senhor entre seu povo (Êx 33.14,15; 1Cr 16.27,33; Sl 16.11; 97.5; Mt 28.20; Hb 13.5). No AT, também há descrições das atividades do Senhor que, em alguns casos, são semelhantes, ainda que não exatamente iguais, às dos seus nomes compostos (p. ex., Sl 23.1; 27.1; 28.1; comp. Sl 61.3,4; 62.6,7).

Veja outros nomes da Divindade: Gn 1.1, *nota*; 2.4, *nota*; 14.18, *nota*; 15.2, *nota*; 17.1, *nota*; 21.33, *nota*; 1Sm 1.3, *nota*; Ml 3.18, *nota*.

31 Moisés, porém, os chamou; Arão e todos os príncipes da congregação tornaram a ele, e Moisés lhes falou.

32 Depois chegaram também todos os filhos de Israel, e ele lhes ordenou tudo o que o Senhor falara com ele no monte Sinai.

33 Tendo Moisés acabado de falar com eles, pôs um véu sobre o seu rosto.

34 Entrando, porém, Moisés perante o Senhor, para falar com ele, tirava o [i]véu até sair. Quando saía e dizia aos filhos de Israel o que lhe era ordenado,

35 viam os filhos de Israel que o rosto de Moisés resplandecia. Então Moisés cobria de novo o rosto com o véu até entrar para falar com Deus.

O sábado novamente enfatizado

35 **M**oisés convocou toda a congregação dos filhos de Israel e lhes disse: São [j]estas as [k]palavras que o Senhor ordenou que se cumprissem:

2 Seis dias trabalhareis, mas o sétimo dia vos será santo, [l]sábado de repouso solene ao Senhor. Todo aquele que nele fizer qualquer trabalho [m]será morto.

3 Não [n]acendereis fogo em nenhuma das vossas moradas no dia de sábado.

As ofertas para o tabernáculo (comp. Êx 25.1-8)

4 **D**isse mais Moisés a toda a congregação dos filhos de Israel: Esta é a palavra que o Senhor ordenou:

5 Tomai, do que tendes, uma oferta para o Senhor. Cada um, cujo coração é [o]voluntariamente disposto, a trará por oferta alçada ao Senhor: [p]ouro, prata e bronze,

6 como também estofo [q]azul, púrpura, carmesim, linho fino, [r]pelos de cabras,

7 peles de carneiros tingidas de vermelho, peles de animais marinhos, madeira de acácia,

8 azeite para a iluminação, [s]especiarias para o óleo da unção e para o incenso aromático,

9 pedras de ônix e pedras de engaste para a estola sacerdotal e para o peitoral.

10 **V**enham todos os homens [t]hábeis entre vós e façam tudo o que o Senhor ordenou:

11 o tabernáculo, a sua [u]tenda e a sua coberta, os seus ganchos e as suas tábuas, os seus travessões, as suas colunas e as suas bases;

12 a arca e as suas varas, o propiciatório e o véu protetor;

13 a mesa e as suas varas, todos os seus utensílios e os [v]pães da proposição;

14 o candelabro da iluminação, os seus utensílios, as suas lâmpadas e o azeite para a iluminação;

15 o altar do incenso e as suas varas, o óleo da unção e o incenso aromático, e a cortina da porta para a entrada do tabernáculo;

[i] Comp. 2Co 3.13-16
[j] Êx 34.32
[k] Inspiração: v. 1; Nm 11.24 (Êx 4.15; 2Tm 3.16)
[l] Sábado (dia de repouso): v. 2,3; Lv 19.3 (Gn 2.3; Mt 12.1, nota)
[m] Nm 15.32-36
[n] Êx 12.16
[o] v. 21,22,26,29; Êx 36.3-6; 1Cr 29.14; Mt 12.41-44; 2Co 8.10-12; 9.7
[p] Êx 38.24
[q] Êx 36.8
[r] Êx 36.14
[s] Êx 30.23-25
[t] Êx 31.2-6; 36.1,2
[u] Êx 36.14
[v] Veja Êx 25.30, nota
[w] Êx 25.2
[x] Êx 36.2
[y] Êx 32.2,3
[z] Êx 11.2
[a] v. 5; 36.3
[b] Êx 31.1-6
[c] Espírito Santo (AT): v. 31; Nm 11.17 (Gn 1.2; Zc 12.10)

16 o altar do holocausto e a sua grelha de bronze, as suas varas e todos os seus utensílios, a pia e a sua base;

17 as cortinas do átrio, as suas colunas e as suas bases, a cortina para a porta do átrio;

18 as estacas do tabernáculo, as estacas do átrio e as suas cordas;

19 as vestes do ministério para ministrar no santuário, as vestes sagradas do sacerdote Arão, e as vestes de seus filhos, para administrarem o sacerdócio.

20 **E**ntão toda a congregação dos filhos de Israel saiu da presença de Moisés,

21 e veio [w]todo homem cujo coração o moveu, e todo aquele cujo espírito o estimulou e trouxeram a [x]oferta alçada ao Senhor para a obra da tenda da congregação, para todo o seu serviço e para as vestes sagradas.

22 Vieram homens e mulheres, todos dispostos de coração, e trouxeram fivelas, [y]pendentes, anéis, braceletes, todos [z]objetos de ouro. Todo homem fazia oferta de ouro ao Senhor.

23 Todo homem que possuía estofo azul, púrpura, carmesim, linho fino, pelos de cabras, peles de carneiro tingidas de vermelho e peles de animais marinhos os trazia.

24 Todo aquele que fazia oferta alçada de prata ou de metal, por oferta ao Senhor a trazia; e todo aquele que possuía madeira de acácia a trazia para toda a obra do serviço.

25 Todas as mulheres hábeis teciam com as mãos e traziam o que tinham tecido, estofo azul, púrpura, carmesim e linho fino.

26 E todas as mulheres, cujo coração as moveu em habilidade, teciam os pelos das cabras.

27 Os príncipes traziam pedras de ônix e pedras de engaste para a estola sacerdotal e para o peitoral.

28 Traziam também as especiarias e o azeite para a iluminação, para o óleo da unção e para o incenso aromático.

29 Os filhos de Israel, tanto os homens quanto as mulheres, cujo coração [a]voluntariamente se moveu a trazer alguma coisa para toda a obra que o Senhor ordenara se fizesse pela mão de Moisés, trouxeram oferta voluntária ao Senhor.

Deus chama Bezalel e Aoliabe

30 **E**ntão disse Moisés aos filhos de Israel: Vede, o Senhor [b]chamou por nome a Bezalel, filho de Uri, filho de Hur, da tribo de Judá,

31 e o [c]Espírito de Deus o encheu de habilidade, inteligência e conhecimento, em todo artifício,

32 para inventar obras artísticas, para trabalhar em ouro, em prata e em bronze,

33 em lavramento de pedras de engaste, em entalhadura de madeira, para trabalhar em toda obra artesanal.

34 Também lhe dispôs o coração para ensinar a outrem, a ele e a Aoliabe, filho de Aisamaque, da tribo de Dã.

35 Encheu-os de habilidade, para fazerem toda obra de mestre, até a mais engenhosa, e a do bordador, em estofo azul, em púrpura, em carmesim e em linho fino, e a do tecelão; toda sorte de obra, e a elaborar desenhos.

A construção do tabernáculo (Êx 36—39)

36 Assim trabalharam Bezalel e Aoliabe, e todo o homem [d]hábil a quem o Senhor dera [e]habilidade e inteligência para saberem fazer toda obra para o serviço do santuário, conforme tudo o que o Senhor tinha ordenado.

Moisés entrega aos obreiros as ofertas do povo

2 Então Moisés chamou Bezalel e Aoliabe, e todo homem hábil, em cujo [f]coração Deus tinha posto sabedoria, isto é, a todo aquele cujo coração o moveu a se chegar à obra para fazê-la.

3 Estes receberam de Moisés toda a [g]oferta alçada que os filhos de Israel tinham trazido para realizar a obra do santuário. E ainda lhe traziam cada manhã ofertas [h]voluntárias.

4 Então vieram todos os sábios que faziam a obra do santuário, cada um interrompeu a obra que fazia,

5 e disseram a Moisés: O povo traz muito mais do que é [i]necessário para o serviço da obra que o Senhor ordenou se fizesse.

6 Então Moisés deu uma ordem e proclamou-se por todo o arraial: Nenhum homem, ou mulher, deve fazer mais obra alguma para a oferta alçada do santuário. Assim o povo foi proibido de trazer mais,

7 porque o material que tinham era suficiente para toda a obra que se devia fazer, e ainda [j]sobrava.

As cortinas de linho

8 Assim todos os homens habilidosos, dos que [k]trabalhavam na obra, fizeram o tabernáculo de dez cortinas de linho fino trançado, de estofo azul, de púrpura, de carmesim com querubins, de obra de artífice.

9 O comprimento de cada cortina era de vinte e oito [l]côvados, e a largura, de quatro; todas as cortinas tinham a mesma medida.

10 Ligaram cinco cortinas umas às outras, e as outras cinco da mesma maneira.

11 Fizeram laçadas de estofo azul na borda da última cortina do primeiro grupo; e assim também fizeram na borda da primeira cortina do segundo grupo.

12 Cinquenta laçadas fizeram na borda de uma cortina, e cinquenta laçadas na borda da outra, do segundo grupo; as laçadas eram contrapostas umas às outras.

[d] Êx 28.3; 31.6; 35.10,35
[e] Êx 35.30,31
[f] Êx 35.25,26; 1Cr 29.5,9,17
[g] Êx 35.5
[h] Veja 2Co 8.1, nota
[i] Comp. 2Cr 24.14; 31.6-10; 2Cr 8.2,3
[j] Comp. 1Rs 8.64
[k] v. 8-19; comp. Êx 26.1-14
[l] Veja pesos e medidas (AT): 2Cr 2.10, nota
[m] Êx 35.11; 40.19
[n] Êx 26.14
[o] v. 20-34; Êx 26.15-29
[p] Êx 26.17
[q] Êx 26.26

13 Também fizeram cinquenta ganchos de ouro, e com estes uniram as cortinas umas às outras, e o tabernáculo veio a ser um todo.

As cortinas de pelos de cabras

14 Fizeram cortinas de pelos de cabras para servirem de [m]tendas sobre o tabernáculo; onze cortinas fizeram.

15 O comprimento de uma cortina era de trinta côvados, e a largura, de quatro; estas onze cortinas tinham a mesma medida.

16 Uniram cinco cortinas à parte, e as outras seis à parte.

17 Fizeram cinquenta laçadas na borda da última cortina do primeiro grupo, e cinquenta na borda da primeira cortina do segundo grupo.

18 Fizeram cinquenta ganchos de bronze para ajuntar a tenda, para que viesse a ser um todo.

As cobertas de peles

19 Fizeram também para a tenda uma [n]coberta de peles de carneiros, tingidas de vermelho, e por cima desta uma coberta de peles de animais marinhos.

As tábuas e as bases

20 [o]Fizeram, de madeira de acácia, as tábuas para o tabernáculo, as quais foram colocadas verticalmente.

21 O comprimento de cada tábua era de dez côvados, e a largura de um côvado e meio.

22 Cada tábua tinha dois encaixes, [p]unidos um ao outro. Assim fizeram com todas as tábuas do tabernáculo.

23 Fizeram vinte tábuas para o lado sul do tabernáculo,

24 quarenta bases de prata debaixo das vinte tábuas; duas bases debaixo de uma tábua para os seus dois encaixes e duas bases debaixo de outra para os seus dois encaixes.

25 Também fizeram vinte tábuas para o outro lado do tabernáculo, o que dá para o norte,

26 com as suas quarenta bases de prata; duas bases debaixo de uma tábua e duas bases debaixo de outra tábua.

27 Ao lado do tabernáculo para o ocidente fizeram seis tábuas.

28 Fizeram também duas tábuas para os cantos do tabernáculo, de ambos os lados,

29 as quais por baixo eram duplas, dali se estendendo até a primeira argola, em cima. Assim fizeram com as duas tábuas nos dois cantos.

30 Assim havia oito tábuas com as suas bases de prata, a saber, dezesseis bases, duas debaixo de cada tábua.

31 Fizeram também [q]travessões de madeira de acácia; cinco para as tábuas de um lado do tabernáculo,

32 cinco para as tábuas do outro lado do tabernáculo e outros cinco para as tábuas do tabernáculo no lado posterior, o que dá para o ocidente.

33 Fizeram o travessão central de modo que passasse ao meio das tábuas de uma extremidade à outra.

Cobertura de ouro

34 Cobriram as tábuas de ouro, e de ouro fizeram as suas argolas, pelas quais passavam os travessões. Também os travessões cobriram de ouro.

O véu interior

35 [r]**F**izeram o [s]véu de estofo azul, púrpura, carmesim e de linho fino trançado, com querubins bordados nele.

36 E lhe fizeram quatro colunas de madeira de acácia e as cobriram de ouro. Os seus ganchos fizeram de ouro e fundiram-lhe quatro bases de prata.

O véu exterior

37 Fizeram para a porta da tenda uma [t]cortina de estofo azul, púrpura, carmesim e de linho fino trançado, obra de bordador,

38 com as suas cinco colunas e os seus ganchos. E de ouro cobriram as partes superior e lateral das colunas, e as suas cinco bases eram de bronze.

A arca da aliança

37 [u]Fez [v]Bezalel a arca de madeira de acácia; o seu comprimento era de dois [w]côvados e meio, a sua largura de um côvado e meio, e a sua altura de um côvado e meio.

2 Cobriu-a de ouro puro por dentro e por fora e fez-lhe uma moldura de ouro ao redor.

3 Fundiu-lhe quatro argolas de ouro nos seus quatro cantos, duas argolas num lado e duas no outro.

4 Também fez varas de madeira de acácia e as cobriu de ouro.

5 E colocou as varas pelas argolas aos lados da arca, para erguê-la.

O propiciatório

6 **F**ez de ouro puro o propiciatório; o seu comprimento era de dois côvados e meio, e a sua largura de um côvado e meio.

7 Então fez dois [x]querubins de ouro; de ouro batido os fez nas duas extremidades do [y]propiciatório.

8 Um querubim numa extremidade, e o outro querubim na outra; de uma só peça com o propiciatório fez os querubins nas duas extremidades dele.

[r] v. 35-38; comp. Êx 26.31-37
[s] Êx 26.31; 30.6; Hb 10.20
[t] Êx 26.36
[u] v. 1-9; comp. Êx 25.10-20
[v] Êx 35.30; 36.1
[w] Veja pesos e medidas (AT): 2Cr 2.10, nota
[x] 1Rs 6.23; veja Ez 1.5, nota
[y] Êx 25.20
[z] v. 10-16; comp. Êx 25.23-29
[a] Êx 25.23; 35.13; 40.4,22
[b] v. 17-24; comp. Êx 25.31-39
[c] Nm 4.9
[d] Veja sistema monetário (AT): Êx 30.13, nota; comp. 2Cr 2.10, nota
[e] v. 25-28; comp. Êx 30.1-5

9 Os querubins estendiam as asas por cima, cobrindo com elas o propiciatório. Estavam eles de frente um para o outro, e estavam com o rosto voltado para o propiciatório.

A mesa da proposição

10 [z]**F**ez a [a]mesa de madeira de acácia; o seu comprimento era de dois côvados, e a sua largura de um côvado, e a sua altura de um côvado e meio.

11 Cobriu-a de ouro puro e fez-lhe uma moldura de ouro ao redor.

12 Fez-lhe também uma borda, da largura de quatro dedos, e ao redor da borda fez uma moldura de ouro.

13 Fundiu-lhe quatro argolas de ouro e pôs as argolas nos quatro cantos que estavam nos seus quatro pés.

14 Perto da borda estavam as argolas para os lugares das varas, para se levar a mesa.

15 Fez as varas de madeira de acácia e as cobriu de ouro, para se levar a mesa.

16 E de ouro puro fez os utensílios que haviam de estar sobre a mesa, os seus pratos e as suas colheres, as suas tigelas e os seus cântaros, com que se haviam de oferecer as libações.

O candelabro de ouro

17 [b]**F**ez o candelabro de ouro puro, de ouro batido o fez; o seu pedestal, a sua haste, os seus cálices, as suas flores e os seus botões formavam com ele uma só peça.

18 Dos seus lados saíam seis hastes: três de um lado do candelabro e três do outro.

19 Numa haste havia três cálices em forma de amêndoas, com botões e flores; igualmente na outra haste três cálices em forma de amêndoas, com botões e flores; assim fez com as suas hastes que saíam do candelabro.

20 No candelabro havia quatro cálices em forma de amêndoas com botões e flores.

21 Um botão estava debaixo do primeiro par de hastes que saíam do candelabro, um segundo botão debaixo do segundo par e um terceiro botão debaixo do terceiro par — seis hastes ao todo.

22 Os seus botões e as suas hastes formavam uma só peça com o candelabro; tudo era uma só peça, obra batida de ouro puro.

23 Fez-lhe sete lâmpadas, e os seus [c]aparadores e os seus apagadores eram de ouro puro.

24 De um [d]talento de ouro puro fez o candelabro e todos os seus utensílios.

O altar do incenso

25 [e]**F**ez o altar do incenso de madeira de acácia. Era quadrado e tinha um côvado de comprimento, um de largura, e dois de altura; os seus chifres formavam uma só peça com ele.

26 Cobriu-o de ouro puro, a parte superior, as paredes ao redor e os chifres, e lhe fez uma moldura de ouro ao redor.

27 Fez-lhe duas argolas de ouro debaixo da sua moldura, nos dois cantos de ambos os lados, para as varas, para com elas se levar o altar.

28 As varas [f]fez de madeira de acácia e as cobriu de ouro.

O azeite da unção e o incenso aromático

29 **F**ez também o óleo [g]sagrado da unção e o incenso aromático, puro, de obra de [h]perfumista.

O altar do holocausto

38 [i]Fez o altar do holocausto de madeira de acácia, de três côvados de altura; era quadrado e tinha cinco [j]côvados de comprimento, e cinco de largura.

2 Fez-lhe os chifres nos seus quatro cantos, de modo que os chifres formavam uma só peça com ele, e o cobriu de bronze.

3 Fez todos os utensílios do altar — os recipientes para as cinzas, as pás, as bacias, os garfos e os braseiros; todos os seus utensílios fez de bronze.

4 Fez para o altar uma grelha de bronze em forma de rede, debaixo da borda ao redor, que chegava até o meio do altar.

5 Fundiu quatro argolas nas quatro extremidades da grelha de bronze, para as varas.

6 Fez as varas de madeira de acácia e as cobriu de bronze.

7 Meteu as varas pelas argolas aos lados do altar, para com elas se levar o altar. O altar era oco, feito de tábuas.

8 **F**ez a pia de bronze com a sua base de bronze, dos espelhos das mulheres que se reuniam e ministravam à porta da tenda da congregação.

O átrio

9 **A** seguir [k]fez o átrio. Para o lado do sul as cortinas do átrio eram de linho fino trançado, de cem côvados.

10 As suas vinte colunas e as suas vinte bases eram de bronze; os ganchos dessas colunas e as suas faixas eram de prata.

11 Para o lado do norte as cortinas eram de cem côvados; as suas vinte colunas e as suas vinte bases eram de bronze, os ganchos das colunas e as suas faixas eram de prata.

12 Para o lado ocidental as cortinas eram de cinquenta côvados, as suas colunas eram dez, e as suas bases dez; os ganchos das colunas e as suas faixas eram de prata.

[f] Êx 30.5
[g] Êx 30.23,24,31-33
[h] Êx 30.35
[i] v. 1-7; comp. Êx 27.1-8
[j] Veja pesos e medidas (AT): 2Cr 2.10, nota
[k] v. 9-20; comp. Êx 27.9-19
[l] Êx 36.13; 39.32
[m] Nm 1.50-53
[n] Êx 28.1; Lv 10.6,16
[o] Êx 31.2; 1Cr 2.18-20
[p] Êx 36.1
[q] Êx 35.5,22
[r] Veja sistema monetário (AT): Êx 30.13, nota; comp. 2Cr 2.10, nota
[s] Êx 30.11-16; Nm 1.2
[t] Êx 30.15
[u] Êx 12.37; Nm 1.46
[v] Veja Êx 26.19, nota

13 Para o lado oriental eram as cortinas de cinquenta côvados.

14 As cortinas para um lado da porta eram de quinze côvados; as suas colunas três e as suas bases três.

15 Para o outro lado da porta do átrio, de ambos os lados, as cortinas eram de quinze côvados; as suas colunas três e as suas bases três.

16 Todas as cortinas do átrio ao redor eram de linho fino trançado.

17 As bases das colunas eram de bronze, os ganchos das colunas e as suas faixas eram de prata, o revestimento dos seus capitéis era de prata, e todas as colunas do átrio eram cingidas de faixas de prata.

A porta do pátio

18 **A** cortina da porta do átrio era de estofo azul, púrpura, carmesim e de linho fino trançado, obra de bordador. Tinha vinte côvados de comprimento e, conforme a medida das cortinas do átrio, cinco côvados de altura.

19 As suas quatro colunas e as suas quatro bases eram de bronze; os seus ganchos eram de prata, o revestimento dos seus capitéis e as suas faixas, de prata.

20 Todas as estacas do tabernáculo e do átrio ao redor eram de bronze.

A enumeração das coisas do tabernáculo

21 **E**sta é a lista das coisas para o [l]tabernáculo, a saber, o tabernáculo do testemunho, que por ordem de Moisés foram contadas para o ministério dos [m]levitas, por intermédio de [n]Itamar, filho do sacerdote Arão.

22 Fez [o]Bezalel, filho de Uri, filho de Hur, da tribo de Judá, tudo o que o Senhor tinha ordenado a Moisés.

23 Com ele [p]Aoliabe, filho de Aisamaque, da tribo de Dã, gravador, desenhista e bordador em estofo azul, púrpura, carmesim e linho fino.

24 Todo o ouro gasto na obra, em toda a obra do santuário, a saber, o ouro da [q]oferta, foi vinte e nove [r]talentos e setecentos e trinta siclos, conforme o siclo do santuário.

25 A prata recolhida dos [s]recenseados da congregação foi cem talentos e mil setecentos e setenta e cinco siclos, conforme o siclo do santuário;

26 um beca por cabeça, isto é, [t]meio siclo, conforme o siclo do santuário, de qualquer dos arrolados, de vinte anos para cima, que [u]foram seiscentos e três mil quinhentos e cinquenta.

27 Houve [1]cem talentos de prata para fundir as [v]bases do santuário e as bases do véu;

[1] (38.27) A prata assim recebe seu significado simbólico – redenção. As bases eram feitas com o dinheiro da redenção dos filhos de Israel. Comp. Êx 26.19; 30.13-16; Nm 3.44-51.

para cem bases eram cem talentos, um talento para cada base.

28 Os mil setecentos e setenta e cinco siclos foram usados para fazer os ganchos para as colunas, para revestir a parte superior das colunas e para as faixas.

29 O bronze da oferta foi setenta talentos e dois mil e quatrocentos siclos.

30 Dele fez as bases da porta da tenda da congregação, o altar de bronze e a grelha de bronze para ele, todos os utensílios do altar,

31 as bases do átrio ao redor e as bases da porta do átrio, todas as estacas do tabernáculo e todas as estacas do átrio ao redor.

As vestes sacerdotais

39 Fez de estofo [w]azul, púrpura e de carmesim as [x]vestes, finamente tecidas, para ministrar no lugar santo, e fez as vestes sagradas para Arão, como o Senhor ordenara a Moisés.

2 [y]**Fez** a [z]estola sacerdotal de ouro, estofo azul, púrpura, carmesim e de linho fino trançado.

3 De ouro batido fez lâminas delgadas e as cortou em fios, para entretecê-los no estofo azul, na púrpura, no carmesim e no linho fino da obra de desenhista.

4 Fez-lhe duas ombreiras que se ajuntavam nas duas extremidades, e assim se uniam.

5 O cinto, que estava sobre a estola sacerdotal, formava com ela uma só peça e era de obra semelhante, de ouro, estofo azul, púrpura, carmesim e de linho fino trançado, como o Senhor ordenara a Moisés.

6 **Preparou** as pedras de ônix, engastadas em ouro, lavradas como se grava um selo, com os nomes dos filhos de Israel.

7 Então pôs as pedras de ônix sobre as ombreiras da estola sacerdotal para servirem de pedras de [a]memorial para os filhos de Israel, como o Senhor ordenara a Moisés.

8 [b]**Fez** o peitoral de obra de desenhista, como a obra da estola sacerdotal, de ouro, estofo azul, púrpura, carmesim e de linho fino trançado.

9 Era quadrado; duplo fez o peitoral: o seu comprimento e a sua largura eram de um [c]palmo, dobrado em dois.

10 Então colocou nele quatro ordens de pedras. A ordem de sárdio, topázio e carbúnculo era a primeira;

11 a segunda ordem era de esmeralda, safira e diamante;

12 a terceira ordem era de jacinto, ágata e ametista;

13 a quarta ordem era de berilo, ônix e jaspe. Eram elas engastadas nos seus engastes de ouro.

14 As pedras eram segundo os nomes dos filhos de Israel, [d]doze segundo os seus nomes; eram semelhantes a gravuras de selo, cada uma com o seu nome para as doze tribos.

15 Fez para o peitoral correntes como cordas, de obra trançada de ouro puro.

16 Fez dois engastes de ouro e duas argolas de ouro, e fixou as duas argolas nas duas extremidades do peitoral.

17 Pôs as duas correntes trançadas de ouro nas duas argolas, nas duas extremidades do peitoral.

18 As outras duas pontas das duas correntes trançadas pôs nos dois engastes e as pôs sobre as ombreiras da estola sacerdotal, na parte da frente dela.

19 Fez outras duas argolas de ouro, as quais pôs nas duas extremidades do peitoral, na sua borda que estava junto à estola sacerdotal por dentro.

20 Então fez mais duas argolas de ouro, as quais pôs nas duas ombreiras da estola sacerdotal, debaixo, na parte da frente, junto à sua costura, acima do cinto de trabalho artesanal da estola sacerdotal.

21 Ligou o peitoral, pelas suas argolas, às argolas da estola sacerdotal, por meio de um cordão azul, para que estivesse sobre o cinturão, e o peitoral não se separasse da estola sacerdotal, como o Senhor ordenara a Moisés.

22 [e]**Fez** a [f]sobrepeliz da estola sacerdotal de obra tecida, toda de estofo azul,

23 e a abertura da sobrepeliz no centro dela, como uma gola, e esta abertura tinha uma dobra em volta, para que não se rompesse.

24 Nas abas da sobrepeliz fez romãs de estofo azul, púrpura, carmesim, de fio trançado.

25 Fez [g]campainhas de ouro puro e as pôs nas abas da sobrepeliz ao redor, intercaladas com as romãs.

26 Uma campainha e uma romã, outra campainha e outra romã, nas abas da sobrepeliz ao redor, para uso no ministério, como o Senhor ordenara a Moisés.

27 **Fez** as [h]túnicas de linho fino, de obra de tecelão, para Arão e para seus filhos,

28 e o [i]turbante, o adorno das tiaras e os calções, todos de linho [j]fino trançado,

29 e o [k]cinto de linho fino trançado, e de estofo azul, e de púrpura e de carmesim, obra de bordador, como o Senhor ordenara a Moisés.

30 Fez, de ouro puro, a [l]lâmina da coroa sagrada e nela gravou uma inscrição como se grava um selo: "[m]Santidade ao Senhor".

31 Então a prendeu com um cordão de estofo azul, para prendê-la à parte superior do turbante, como o Senhor ordenara a Moisés.

32 **Assim** se [n]acabou toda a obra do tabernáculo da tenda da congregação. Os filhos de Israel fizeram conforme tudo o que [o]o Senhor ordenara a Moisés.

[w] Êx 25.4; 35.23
[x] v. 2-7; comp. Êx 28.6-14
[y] Êx 31.10; 35.19
[z] Lv 8.7
[a] Êx 28.29; Js 4.7
[b] v. 8-21; Êx 28.15-29
[c] Veja pesos e medidas (AT): 2Cr 2.10, nota
[d] Ap 21.12
[e] v. 22-31; comp. Êx 28.31-37
[f] Êx 29.5; Lv 8.7
[g] Êx 28.33
[h] Êx 28.40
[i] Êx 28.4,39; Lv 8.9
[j] Êx 28.42; Lv 6.10
[k] Êx 28.39
[l] Êx 28.36,37
[m] Zc 14.20
[n] Êx 40.17
[o] Êx 25.40; 26.30

33 **E**ntão trouxeram a Moisés o tabernáculo, a tenda e todos os seus utensílios, os seus ganchos, as suas tábuas, as suas varas, as suas colunas e as suas bases;

34 a cobertura de peles de carneiro tingidas de vermelho, a cobertura de peles de animais marinhos e o véu protetor;

35 a arca do testemunho com as suas varas e o propiciatório;

36 a mesa com todos os seus utensílios e os [p]pães da proposição;

37 o candelabro de ouro puro com as suas lâmpadas em ordem, todos os seus utensílios, e o azeite para a iluminação;

38 o altar de ouro, o óleo da unção, o incenso aromático e a cortina da porta da tenda;

39 o altar de bronze e o seu crivo de bronze, as suas varas e todos os seus utensílios; a pia e a sua base;

40 as cortinas do átrio, as suas colunas e as suas bases, a cortina da porta do átrio, as suas cordas e as suas estacas, e todos os utensílios do serviço do tabernáculo, para a tenda da congregação;

41 e as vestes finamente tecidas para ministrar no santuário e as vestes sagradas do sacerdote Arão, e as vestes dos seus filhos, para administrarem o sacerdócio.

42 Conforme tudo o que o Senhor ordenara a Moisés, assim fizeram os filhos de Israel.

43 Moisés inspecionou toda a obra e viu que a tinham feito como o Senhor ordenara. Então Moisés os [q]abençoou.

Deus manda Moisés levantar o tabernáculo

40 [r]Depois [s]disse o Senhor a Moisés:
2 No [t]primeiro mês, no [u]primeiro dia do mês, [v]levantarás o tabernáculo da tenda da congregação.

3 Porás nele a arca do testemunho e [w]cobrirás a arca com o véu.

4 Depois colocarás nele a mesa [x]e porás em ordem o que se deve pôr em ordem nela. Então colocarás nele o candelabro e acenderás as suas lâmpadas.

5 Porás o altar de ouro para o incenso diante da arca do testemunho e pendurarás a cortina da porta do tabernáculo.

6 Porás o [y]altar do holocausto em frente da porta do tabernáculo da tenda da congregação;

7 porás a pia entre a tenda da congregação e o altar, e nela derramarás água.

8 Depois porás o átrio ao redor e pendurarás a cortina na porta de entrada do átrio.

9 Então tomarás o óleo da unção e ungirás o tabernáculo e tudo o que nele há; tu o consagrarás com todos os seus pertences, e será santo.

[p] Êx 25.23-30
[q] Lv 9.22,23
[r] Comp. Êx 25.1–31.18
[s] Israel (história): v. 1-38; Lv 16.1 (Gn 12.2; Rm 11.26)
[t] Comp. Êx 19.1; Nm 1.1
[u] Veja Lv 23.2, nota
[v] Êx 40.17
[w] Lv 16.2
[x] Êx 39.36; Lv 24.6
[y] Êx 39.39
[z] Êx 30.26-30
[a] Êx 29.4-9
[b] Êx 29.5; 39.1,41
[c] Êx 29.9; Nm 25.13
[d] Êx 40.2; comp. Nm 7.1-89
[e] Êx 25.16; Dt 10.2,5; Hb 9.4
[f] Lv 24.5,6
[g] Êx 30.7,8; Lv 24.3,4
[h] Êx 30.19,20; comp. Jo 13.8

10 [z]Ungirás também o altar do holocausto e todos os seus utensílios; consagrarás o altar, e será santíssimo.

11 Então ungirás a pia e a sua base, e a consagrarás.

12 Farás [a]chegar Arão e seus filhos à entrada da tenda da congregação e os lavarás com água.

13 Então vestirás Arão das [b]vestes sagradas; o ungirás e o consagrarás para que me administre o sacerdócio.

14 Farás chegar seus filhos e lhes vestirás as túnicas;

15 e os ungirás como ungiste a seu pai, para que me administrem o sacerdócio. A sua unção lhes será por sacerdócio [c]perpétuo nas suas gerações.

16 **M**oisés fez conforme tudo o que o Senhor lhe ordenou.

O tabernáculo é levantado

17 No primeiro mês do segundo ano, ao primeiro do mês, o tabernáculo foi [d]levantado.

18 Moisés levantou o tabernáculo, e pôs as suas bases, e armou as suas tábuas, e colocou nele os seus travessões, e levantou as suas colunas.

19 Então estendeu a tenda sobre o tabernáculo e pôs a cobertura da tenda sobre ela, em cima, como o Senhor lhe ordenara.

20 Tomou o [e]testemunho e o pôs na arca, e colocou as varas na arca, e pôs o propiciatório em cima da arca.

21 Trouxe a arca para o tabernáculo, pendurou o véu protetor e cobriu a arca do testemunho, como o Senhor lhe ordenara.

22 Pôs a mesa na tenda da congregação, ao lado do tabernáculo para o norte, fora do véu,

23 e sobre ela pôs em ordem o [f]pão perante o Senhor, como o Senhor lhe ordenara.

24 Pôs na tenda da congregação o candelabro em frente da mesa, ao lado do tabernáculo para o sul,

25 e [g]acendeu as lâmpadas perante o Senhor, como o Senhor lhe ordenara.

26 Pôs o altar de ouro na tenda da congregação, diante do véu,

27 e acendeu sobre ele o incenso de especiarias aromáticas, como o Senhor lhe ordenara.

28 Então pendurou a cortina da porta do tabernáculo

29 e pôs o altar do holocausto à entrada do tabernáculo da tenda da congregação e ofereceu sobre ele holocausto e oferta de cereais, como o Senhor lhe ordenara.

30 Pôs a pia entre a tenda da congregação e o altar e a encheu de água;

31 Moisés, Arão e seus filhos a usaram para [h]lavar as mãos e os pés.

32 Quando entravam na tenda da congregação
e quando chegavam ao altar, lavavam-se, como
o Senhor ordenara a Moisés.
33 Então Moisés levantou o átrio ao redor
do tabernáculo e do altar e pendurou a
cortina da entrada do átrio. Assim Moisés [i]aca-
bou a obra.

A glória Shekiná enche o abernáculo

34 [j]Então a [k]nuvem cobriu a tenda da congrega-
ção, e a [1][l]glória do Senhor encheu o tabernáculo.
35 Moisés não podia entrar na tenda da congre-
gação, porque a nuvem repousava sobre ela, e a
glória do Senhor enchia o tabernáculo.
36 Quando a [m]nuvem se levantava de sobre o
tabernáculo, os filhos de Israel seguiam viagem;
37 se a nuvem, porém, não se levantava, não
prosseguiam até o dia em que ela se levantava.
38 Assim, a [n]nuvem do Senhor estava de dia
sobre o tabernáculo, e o fogo estava de noite
sobre ele, perante os olhos de toda a nação de
Israel, em todas as suas viagens.

[i] Hb 3.2-5
[j] Comp. 1Rs 8.10,11
[k] Lv 16.2; Nm 9.15-22; 1Rs 8.10; 2Cr 5.13
[l] Lv 9.6,23
[m] Êx 13.21,22
[n] Ne 9.12; Sl 78.14; Is 4.5

[1] (40.34) Comp. Ef 2.19-22. O que a glória da *Shekiná* era para o tabernáculo e para o templo, o Espírito é para o "templo santo" (Ef 2.21), a Igreja, e para o outro "templo", que é o corpo do crente (1Co 3.16; 6.19).

- **Autor:** Moisés
- **Tema:** Santidade
- Escrito no século XV a.C., aprox.

LEVÍTICO

LEVÍTICO é dedicado à adoração a Deus pelo povo redimido, como se vê pelo uso frequente das palavras relacionadas com santidade e sacrifício. Na Torá hebraica, o título deste livro é sua primeira palavra, *wayiqrá*, que significa *e chamou*. O título Levítico baseia-se no nome de Levi, que era um dos doze filhos de Jacó (Israel) (Gn 46.1-27).

Enquanto Êxodo é o registro da redenção e estabelece o fundamento para a purificação, adoração e serviço do povo redimido, Levítico oferece os detalhes da caminhada, adoração e serviço desse povo. Em Êxodo, Deus revela-se no monte, do qual o povo é proibido de se aproximar. Em Levítico, Deus revela-se no tabernáculo, onde habita no meio do seu povo e lhes fala do que condiz com sua santidade ao se aproximarem e terem comunhão com ele. A palavra-chave de Levítico é santidade.

O livro está permeado de terminologia relacionada ao sacrifício – as palavras "sacerdote", "sacrifício", "sangue" e "oferta" ocorrem com muita frequência, e *odesh*, traduzido por "santidade" ou "santo", aparece mais de 150 vezes. Observe também a repetida ordem: "Eu *sou* o Senhor, o vosso Deus; consagrai-vos e sede santos, porque eu *sou* santo" (11.44,45; 19.2; 20.7,26).

Levítico pode ser dividido da seguinte maneira: I. As ofertas, 1–7. II. A consagração de Arão e seus filhos, 8–10. III. As leis da pureza e santidade, 11–15; 17–22. IV. O Dia da Expiação, 16. V. Leis sobre os relacionamentos pessoais do povo redimido, 18–20. VI. Leis sobre o sacerdócio e as sete grandes festas do calendário hebreu, 21–23. VII. Leis adicionais, promessas e advertências, 24–27.

I. As Ofertas, 1–7

Ofertas de cheiro suave: (1) o holocausto (veja Lv 6.8-13)

1 [a]Chamou o Senhor a [b]Moisés e, da tenda da
congregação, lhe disse:
2 Fala aos filhos de Israel e dize-lhes: Quando
algum de vós apresentar oferta ao Senhor, trareis
as vossas ofertas de gado ou de ovelhas.
3 Se a sua oferta for [1][c]holocausto de gado, oferecerá ele um macho sem [d]defeito. À entrada da
tenda da congregação o oferecerá, para que seja
aprovado pelo Senhor.
4 Porá a [2]mão sobre a cabeça do holocausto,
para que este seja aceito a favor dele, para a
sua [e]expiação.
5 Depois degolará o novilho perante o Senhor,
e os filhos de Arão, os sacerdotes, oferecerão o
sangue, e o espargirão [f]em volta do altar que está
à entrada da tenda da congregação.
6 Então [g]esfolará o holocausto e o partirá em
pedaços.
7 Os filhos de Arão, os sacerdotes, porão [h]fogo sobre
o altar, colocando em ordem a lenha sobre o fogo.
8 Também os filhos de Arão, os sacerdotes,
porão em ordem os pedaços, a cabeça e a [i]gordura
sobre a lenha que está no [3]fogo em cima do altar.

[a] Veja Êx 1.8, nota
[b] Lei (de Moisés): cap. 1–16; Lv 16.34 (Êx 19.1; Gl 3.24)
[c] Sacrifício (tipológico): v. 3-17; Lv 2.2 (Gn 3.15; Hb 10.18, nota)
[d] Lv 22.20-24
[e] Veja Êx 29.33, nota
[f] Lv 17.11
[g] Lv 7.8
[h] Comp. Ml 1.10
[i] Lv 3.3,4; 7.23,24

[1] (1.3) O holocausto 1) tipifica Cristo oferecendo-se sem mácula a Deus, comprazendo-se em fazer a vontade do Pai ainda que na morte; 2) é expiatório, pois o crente não teve esse prazer na vontade de Deus; 3) é substitutivo (v. 4) porque Cristo o cumpriu em lugar do pecador. No entanto, a ideia de castigo não é proeminente (Hb 9.11-14; 10.5-7; comp. Sl 40.6-8; Fp 2.8). As palavras enfáticas (Lv 1.3-5) são "holocausto", "aceito a favor dele" e "expiação".

Os animais aceitáveis para sacrifício são cinco:

1) O bezerro ou boi, tipo de Cristo como o Servo paciente e sofredor (Hb 12.2,3), "obediente até a morte" (Fp 2.5-8). Sua oferta, nesse sentido, é substitutiva, pois nós somos desobedientes.

2) A ovelha, ou cordeiro, é um tipo de Cristo em relação à sua entrega voluntária e sem resistência para morrer na cruz (Is 53.7; At 8.32-35).

3) O bode é um tipo do pecador (Mt 25.33,41-46) e, quando usado como sacrifício, é tipo de Cristo "contado com os transgressores" (Is 53.12; Lc 23.33). Deus fez que "aquele que não conheceu pecado" fosse feito "pecado por nós" (2Co 5.21). O santo Filho de Deus foi feito "maldição por nós" (Gl 3.13) quando pregado na cruz.

4-5) A rola e o pombinho, por natureza símbolos de inocência (Is 38.14; 59.11; Mt 23.37; Hb 7.26), estão associados com pobreza em Lv 5.7; 12.8 e falam daquele que se fez pobre por amor a nós (Lc 9.58), cujo caminho da pobreza começou quando se esvaziou de sua glória anterior à encarnação e terminou sendo o sacrifício pelo qual nos tornamos ricos (2Co 8.9; Fp 2.6-8; comp. Jo 17.5). O sacrifício de Jesus, o Homem pobre, torna-se o sacrifício do homem pobre (Lc 2.24; 1Tm 2.5,6; comp. Hb 9.26; 13.15).

Esses diferentes tipos de sacrifício tipológico testam a medida de nossa compreensão dos variados aspectos do sacrifício de Cristo na cruz. O cristão amadurecido vê o Cristo crucificado em todos esses aspectos.

[2] (1.4) Ao pôr a mão sobre a oferta, o ofertante estava indicando aceitação da oferta e identificação com ela. Em figura, corresponde à fé do cristão, aceitando e identificando-se com Cristo (Rm 4.5; 6.3-11). O crente é justificado pela fé, e sua fé é reconhecida como justiça, pois o identifica com Cristo, que morreu em seu lugar como oferta pelo pecado (2Co 5.21; 1Pe 2.24).

[3] (1.8) Fogo. Essencialmente, este é um símbolo da santidade de Deus (Hb 12.29). Como tal, é expressão de Deus em três aspectos: 1) em juízo sobre aquilo que sua santidade condena de modo absoluto (p. ex., Gn 19.24; Mc 9.43-48; Ap 20.15); 2) na manifestação de si mesmo e

9 As vísceras, porém, e as pernas, ele as lavará com água, e o sacerdote queimará tudo isso sobre o altar. É holocausto,[j]oferta queimada, de [1k]cheiro [l]suave ao Senhor.

10 **S**e a sua oferta for de gado miúdo, de ovelhas ou de cabritos, para holocausto, oferecerá macho sem defeito.

11 Ele o degolará ao lado do altar que dá para o norte, perante o Senhor, e os filhos de Arão, os sacerdotes, espargirão o seu sangue em volta do altar.

12 Depois ele o partirá em pedaços, como também a sua cabeça e a sua gordura, e o sacerdote os porá em ordem sobre a lenha que está no fogo sobre o altar.

13 As vísceras, porém, e as pernas serão lavadas com água, e o sacerdote tudo oferecerá, e o queimará sobre o altar. É holocausto, [m]oferta queimada, de cheiro suave ao Senhor.

14 **S**e a sua oferta ao Senhor for holocausto de aves, trará a sua oferta de [n]rolinhas ou de pombinhos.

15 O sacerdote a trará ao altar, lhe torcerá o pescoço e a queimará sobre o altar; espremerá o seu sangue na parede do altar.

16 Tirará o seu papo com as suas penas e o jogará junto ao altar, para o lado do oriente, no lugar da [o]cinza.

17 Rasgará a ave pelas asas, porém não a [p]partirá, e o sacerdote a queimará em cima do altar sobre a lenha que está no fogo. É holocausto, oferta de cheiro suave ao Senhor.

Ofertas de cheiro suave: (2) a oferta de alimentos (veja Lv 6.14-23)

2 **Q**uando alguém fizer oferta de cereais ao Senhor, a sua oferta será de [2]flor de farinha. Nela derramará azeite, sobre ela porá o [q]incenso

2 e a trará aos filhos de Arão, os sacerdotes. O sacerdote tomará dela um punhado da flor de farinha e do seu azeite com todo o seu incenso e os queimará sobre o altar por oferta [r]memorial. É oferta [s]queimada de cheiro suave ao Senhor.

3 O que sobrar da oferta de cereais será de Arão e [t]de seus filhos; é coisa santíssima das ofertas queimadas ao Senhor.

4 **Q**uando fizerdes oferta de cereais cozida no forno, será de bolos sem fermento de flor de farinha, amassados com azeite, e pães [u]finos untados com azeite.

5 Se a tua oferta for de cereais cozida na assadeira, será de flor de farinha sem fermento, amassada com azeite.

6 Em pedaços a partirás e sobre ela derramarás azeite; é oferta de cereais.

7 Se a tua oferta for de cereais cozida na [v]frigideira, será feita de flor de farinha com azeite.

8 Então, trarás ao Senhor a oferta de cereais que for feita dessas coisas; ela será apresentada ao sacerdote, que a levará ao altar.

9 O sacerdote tomará da oferta de cereais o [w]memorial dela e o queimará sobre o altar; é oferta queimada de cheiro suave ao Senhor.

10 O que sobrar da oferta de cereais será de Arão e de seus filhos; é coisa santíssima das ofertas queimadas ao Senhor.

11 **N**enhuma oferta de cereais, que fizerdes ao Senhor, se fará com [3]fermento, pois de nenhum fermento nem de [4]mel algum fareis oferta queimada ao Senhor.

A oferta dos primeiros frutos

12 Deles trareis ao Senhor por oferta dos [x]primeiros frutos, mas sobre o altar não subirão por cheiro suave.

13 Todas as ofertas dos teus cereais temperarás com [5]sal. Não deixarás faltar às tuas ofertas de cereais o sal da aliança do teu Deus; em todas as tuas ofertas oferecerás sal.

[j] Nm 15.3,8-10
[k] Gn 8.21; Ef 5.2
[l] Êx 29.18; comp. Ef 5.2
[m] Nm 15.4-7; 28.12-14
[n] Gn 15.9; Lv 5.7,11
[o] Lv 6.10
[p] Gn 15.10; Lv 5.8
[q] Comp. Lv 5.11
[r] Lv 2.9,16
[s] Sacrifício (tipológico): v. 1-16; Lv 3.1 (Gn 3.15; Hb 10.18, nota)
[t] Lv 6.16; 10.12,13
[u] Fermento: v. 4,5,11; Lv 6.16 (Gn 19.3; Mt 13.33, nota)
[v] Lv 7.9
[w] v. 2
[x] Êx 34.22; Lv 23.10,17

daquilo que aprova (p. ex., Êx 3.2; 13.21; 1Pe 1.7); 3) em purificação (p. ex., Ml 3.2,3; 1Co 3.12-14). Da mesma maneira, em Levítico, o fogo que apenas manifesta o cheiro suave do holocausto, da oferta de alimentos e do sacrifício pacífico consome totalmente a oferta pelo pecado.

[1] (1.9) As ofertas queimadas de cheiro suave são assim chamadas porque são tipos de Cristo em suas perfeições divinas e em sua amorosa devoção à vontade do Pai. As ofertas que não são chamadas de "cheiro suave" tipificam Cristo levando sobre si todas as ofensas do pecador. Ambas as ofertas são substitutivas. No holocausto, Cristo toma nosso lugar e compensa nossa falta de devoção a Deus, e, na oferta pelo pecado e pela culpa, sofre em razão de nossa desobediência.

[2] (2.1) A oferta de alimentos: 1) a flor de farinha fala da uniformidade e do equilíbrio do caráter de Cristo, dessa perfeição na qual nenhuma qualidade era excessiva e nenhuma faltava; 2) o fogo fala de Cristo ter sido provado por meio do seu sofrimento, que chegou até a morte; 3) o incenso, da fragrância de sua vida diante de Deus (veja Êx 30.34, *nota*); 4) a ausência de fermento, do seu caráter como "a verdade" (Jo 14.6; comp. Êx 12.8, *marg. kk*); 5) a ausência de mel fala de que em sua vida não houve uma mera doçura natural que é independente da graça; 6) o azeite misturado com a farinha fala de Cristo que nasceu do Espírito Santo (Mt 1.18-23); 7) o azeite sobre a oferta é um tipo de Cristo ao ser batizado com o Espírito (Jo 1.32; 6.27); 8) o forno, dos sofrimentos invisíveis de Cristo, sua agonia interior (Mt 27.45,46; Hb 2.18); 9) a assadeira (v. 5), de seus sofrimentos mais evidentes (p. ex., Mt 27.27-31); 10) o sal, da agudeza da verdade de Deus, a qual detém a ação do fermento.

[3] (2.11) Significados do fermento: veja Mt 13.33, *nota*; tb. Lv 7.13, *nota*.

[4] (2.11) O mel é doçura puramente natural e não poderia simbolizar a graça divina do Senhor Jesus.

[5] (2.13) Comp. Nm 18.19; 2Cr 13.5; Ez 43.24; Mc 9.49,50; Cl 4.6.

14 Se fizeres ao Senhor oferta de cereais dos [y]primeiros frutos, oferecerás espigas verdes tostadas ao fogo, isto é, o grão esmagado de espigas verdes.

15 Sobre ela derramarás azeite, e por cima lhe porás incenso; é oferta de cereais.

16 Assim o sacerdote queimará a porção memorial do grão esmagado, e do seu azeite, com todo o incenso; é oferta queimada ao Senhor.

Ofertas de cheiro suave:

(3) o sacrifício pacífico (veja Lv 7.11-21)

3 Se a oferta de alguém for [z]sacrifício [1]pacífico e se o fizer de gado, seja macho ou fêmea, deverá ser oferecida sem [a]defeito diante do Senhor.

2 [b]Porá a mão sobre a cabeça da sua oferta e a degolará diante da entrada da tenda da congregação. Então os filhos de Arão, os sacerdotes, [c]espargirão o sangue em volta do altar.

3 Do sacrifício de oferta pacífica oferecerá, como oferta queimada ao Senhor, a [d]gordura que cobre as vísceras, sim, toda a gordura que está sobre ela,

4 os dois rins e a gordura que está sobre eles, e a que está junto aos lombos, e o redenho que está sobre o fígado com os rins, ele os tirará.

5 Os [e]filhos de Arão [f]queimarão isso sobre o altar, em cima do [g]holocausto que estará sobre a lenha no fogo; é [h]oferta queimada de cheiro suave [i]ao Senhor.

6 Se a sua oferta por sacrifício pacífico ao Senhor for de gado miúdo, seja macho ou fêmea, sem defeito a oferecerá.

7 Se trouxer um [j]cordeiro por sua oferta, deverá [k]oferecê-lo [l]perante o Senhor.

8 Porá a mão sobre a cabeça da sua oferta e a degolará diante da tenda da congregação. Então os filhos de Arão espargirão o seu sangue em volta do altar.

9 Do sacrifício de oferta pacífica trará ao Senhor por oferta queimada a sua gordura, a cauda toda, que tirará do espinhaço, e a gordura que cobre as vísceras, sim, toda a gordura que está sobre ela,

y Lv 23.14
z Sacrifício (tipológico): v. 1-17; Lv 4.3 (Gn 3.15; Hb 10.18, nota)
a Lv 22.20-24
b Lv 1.4; 16.21; comp. Is 53.6
c Lv 1.5
d Lv 1.8; 3.16
e Êx 29.27,28; Lv 7.28-34
f 2Cr 35.14
g Nm 28.3-10
h Nm 15.8-10
i Lv 1.9
j Nm 15.4,5
k 1Rs 8.62
l Lv 17.8,9
m v. 4
n Nm 28.2; Lv 21.6,8,17
o Nm 15.6-11
p v. 11
q Lv 7.23-25
r Lv 7.26; 17.10-16
s Lv 5.15-18; comp. At 3.17
t Êx 40.15
u Sacrifício (tipológico): v. 3-35; Lv 5.1 (Gn 3.15; Hb 10.18, nota)
v Lv 3.1
w Lv 9.7
x Lv 1.4
yy Êx 40.21,26
zz Comp. Lv 4.18,25,30,34

10 os dois rins e a [m]gordura que está sobre eles, e a que está junto aos lombos, e o redenho que está sobre o fígado com os rins, ele os tirará.

11 O sacerdote queimará tudo isso sobre o altar; é o [n]alimento da oferta queimada ao Senhor.

12 Se a sua [o]oferta, porém, for uma cabra, perante o Senhor a oferecerá.

13 Porá a mão sobre a sua cabeça e a degolará diante da tenda da congregação. Então os filhos de Arão espargirão o seu sangue em volta do altar.

14 Depois trará dela a sua oferta, por oferta queimada ao Senhor, a gordura que cobre as vísceras, sim, toda a gordura que está sobre ela,

15 os dois rins e a gordura que está sobre eles, e a que está junto aos lombos, e o redenho que está sobre o fígado, com os rins, ele os tirará.

16 O sacerdote queimará isso sobre o altar; é o [p]alimento da oferta queimada, de cheiro suave. Toda [q]gordura será do Senhor.

17 Estatuto perpétuo será nas vossas gerações, em todas as vossas habitações: Nenhuma gordura nem [r]sangue algum comereis.

A expiação do pecado (veja Lv 6.25-30)

O sacrifício pelos pecados dos sacerdotes

4 Disse o Senhor a Moisés:

2 Dize aos filhos de Israel: Quando alguém pecar por [s]ignorância e fizer o que é proibido em qualquer dos mandamentos do Senhor,

3 se o sacerdote [t]ungido pecar para escândalo do povo, [u]oferecerá ao Senhor, pelo pecado que [2][v]cometeu, um novilho sem [w]defeito como oferta.

4 Trará o novilho à entrada da tenda da congregação, perante o Senhor. [x]Porá a mão sobre a cabeça do novilho e o degolará perante o Senhor.

5 Então o sacerdote ungido tomará do sangue do novilho e o trará à tenda da congregação.

6 Molhará o dedo no sangue e espargirá dele sete vezes perante o Senhor, diante do [yy]véu do santuário.

7 Então o sacerdote porá daquele sangue sobre os chifres do [zz]altar do incenso aromático, perante o Senhor, que está na tenda da congregação.

[1] (3.1) O sacrifício pacífico. Neste tipo, está representada toda a obra de Cristo em relação à paz do crente. Cristo 1) fez a paz (Cl 1.20), 2) evangelizou a paz (Ef 2.17) e 3) é a nossa paz (Ef 2.14). Em Cristo, Deus e o pecador têm um encontro de paz; houve uma propiciação para com Deus e reconciliação para com o pecador; ambos são igualmente satisfeitos com a obra de Cristo. Mas o preço de tudo isto foi sangue e fogo. Os detalhes falam de comunhão, o que ressalta proeminentemente a ideia da comunhão com Deus por meio de Cristo. Por isso, o sacrifício pacífico é apresentado como uma provisão de alimento para os sacerdotes (Lv 7.31-34). Observe que é o peito (os afetos) e a espádua (a força) aquilo de que nós, como sacerdotes (1Pe 2.9), nos alimentamos em comunhão com o Pai. Isto é que, de maneira especial, faz do sacrifício pacífico uma oferta de ação de graças (Lv 7.11-13).

[2] (4.3) A oferta pelo pecado simboliza Cristo carregando o pecado do crente e ocupando de maneira absoluta o lugar do pecador, não, como nas ofertas de cheiro suave, nas quais vemos Cristo em suas perfeições. A oferta pelo pecado é a morte de Cristo tal como está descrita em Is 53; Sl 22; Mt 26.28; 1Pe 2.24; 3.18. Mas observe de que maneira a santidade daquele que foi feito pecado por nós é resguardada (Lv 6.24-30; 2Co 5.21). As ofertas pelo pecado são expiatórias, substitutivas e eficazes (v. 12,29,35) e têm o propósito de vindicar a Lei por meio do sacrifício substitutivo.

Todo o resto do sangue do novilho derramará à base do [a]altar do holocausto, que está à entrada da tenda da congregação.

8 Toda a gordura do novilho da expiação tirará dele; a gordura que cobre as vísceras, sim, toda a gordura que está sobre ela,

9 os dois rins e a gordura que está sobre eles, e a que está junto aos lombos, e o redenho de sobre o fígado, com os rins, ele os tirará,

10 como se tira do novilho do sacrifício de oferta [b]pacífica. Então o sacerdote os queimará sobre o altar do holocausto.

11 O [c]couro do novilho, porém, e toda a sua carne, com a cabeça, as pernas, as víceras e o excremento,

12 a saber, o novilho todo, levará [1]fora do arraial, a um lugar limpo, onde se lança a cinza, e o queimará com fogo sobre a lenha, no monte de cinza.

O sacrifício pelos pecados do povo

13 **S**e, porém, [d]toda a congregação de Israel pecar por ignorância, e isso for oculto aos olhos da assembleia, e se fizerem o que é proibido em qualquer dos mandamentos do Senhor, aquilo que não se deve fazer, e forem culpados,

14 e o pecado que cometerem for notório, então a assembleia oferecerá um [e]novilho como oferta pelo pecado e o trará diante da tenda da congregação.

15 Os anciãos da congregação porão as mãos sobre a cabeça do novilho [f]perante o Senhor, e o novilho será degolado perante o Senhor.

16 Então o sacerdote ungido trará do sangue do novilho à tenda da congregação.

17 O sacerdote molhará o dedo naquele sangue e o espargirá sete vezes perante o Senhor, diante do véu.

18 Daquele sangue porá sobre os chifres do [g]altar que está perante o Senhor, na tenda da congregação. O restante do sangue derramará à base do altar do holocausto, que está na entrada da tenda da congregação.

19 Tirará dele toda a sua gordura e a queimará sobre o altar;

20 e fará com este novilho como fez ao novilho da [h]oferta pelo pecado. Assim lhe fará, e o sacerdote por eles fará [i]propiciação, e lhes será [j]perdoado o pecado.

21 Depois [k]levará o novilho fora do arraial e o queimará como queimou o primeiro novilho. É oferta pelo pecado da assembleia.

O sacrifício pelos pecados pecados de um líder

22 **Q**uando um líder pecar e por ignorância fizer alguma de todas as coisas que o Senhor, o seu Deus, ordenou não se fizessem, ele se tornará culpado.

23 Quando o pecado que cometeu lhe for notificado, então trará por sua oferta um bode sem defeito.

24 Porá a mão sobre a cabeça do bode e o degolará no lugar onde se degola o holocausto, perante o Senhor. É oferta pelo pecado.

25 Depois, o sacerdote, com o dedo, tomará do sangue da oferta pelo pecado e o porá sobre os chifres do altar do holocausto; o restante do seu sangue derramará à base do altar do holocausto.

26 Também queimará sobre o altar toda a sua gordura, como a gordura do sacrifício de oferta [l]pacífica. Assim o sacerdote fará por ele [m]expiação do seu pecado, e ele será perdoado.

O sacrifício pelos pecados de qualquer pessoa

27 **S**e alguém do povo da terra pecar por ignorância, fazendo algumas das coisas que o Senhor ordenou não se fizessem, ele se torna culpado.

28 Quando o pecado que cometeu lhe for notificado, então trará por sua oferta uma cabra, sem defeito, pelo pecado cometido.

29 Porá a mão sobre a cabeça da oferta pelo pecado e a degolará no lugar do holocausto.

30 Depois o sacerdote, com o dedo, tomará do sangue da oferta e o porá sobre os chifres do altar do holocausto; o restante do seu sangue derramará à base do altar.

31 Tirará toda a gordura, como se tira a gordura do sacrifício de oferta pacífica, e a queimará sobre o altar, por cheiro suave ao [n]Senhor. Assim o sacerdote fará expiação por ele, e ele será perdoado.

32 **S**e, porém, como sua oferta pelo pecado trouxer uma cordeira, sem defeito a trará.

[a] Êx 40.5,6
[b] Lv 3.3,4
[c] Êx 29.14; Lv 9.11
[d] Nm 15.24-26
[e] v. 3; comp. v. 23,28
[f] Lv 1.3
[g] v. 7
[h] v. 3-12
[i] Lv 1.4. Veja Êx 29.33, nota.
[j] Perdão: v. 20,26,31,35; Lv 5.10 (Lv 4.20; Mt 26.28, nota)
[k] Veja v. 12, nota
[l] Lv 3.3,4
[m] Veja Lv 16.6, nota
[n] Lv 1.9

[1] (4.12) Comp. Êx 29.14; Lv 16.27; Nm 19.3; Hb 13.10-13. A última passagem proporciona a interpretação. O "arraial" era o judaísmo, uma religião de formalidades e cerimônias. "Jesus, para santificar o povo [separá-lo para Deus] pelo [por meio de] seu próprio sangue, padeceu fora da porta [porta do templo, porta da cidade, i.e., judaísmo civil e religioso]" (Hb 13.12). Mas como isso santifica ou separa um povo? "Saiamos, pois, a ele, fora do acampamento [antes, o judaísmo, agora, o cristianismo legalista – qualquer coisa religiosa que negue Cristo como nossa oferta pelo pecado], suportando a vergonha que ele suportou" (Hb 13.13). A oferta pelo pecado, que era queimada fora do arraial, tipifica este aspecto da morte de Cristo. A cruz se torna um novo altar, em um novo lugar, onde, sem termos o menor mérito, como crentes-sacerdotes os redimidos se reúnem para oferecer sacrifícios espirituais (Hb 13.15; 1Pe 2.5). O corpo dos animais oferecidos pelo pecado era queimado fora do arraial, não porque não fosse apropriado para um acampamento santo, mas porque um acampamento que não era santo não era o lugar apropriado para a santidade da oferta pelo pecado.

33 [o]Porá a mão sobre a cabeça do animal que será morto e o degolará por oferta pelo pecado, no lugar onde se degola o holocausto.

34 Depois, o sacerdote, com o dedo, tomará do sangue da oferta pelo pecado e o porá sobre os chifres do altar do holocausto; o restante do seu sangue derramará na base do altar.

35 Tirará toda a gordura, como se tira a gordura do cordeiro do sacrifício pacífico, e a queimará sobre o altar, em cima das ofertas queimadas ao Senhor. Assim o sacerdote fará por ele [p]expiação do pecado que cometeu, e ele será perdoado.

A expiação da culpa (veja Lv 7.1-7)

O sacrifício pelos pecados ocultos

5 Quando alguém [q]pecar porque, [r]intimado a depor em juízo, não denunciar o que viu ou o que soube, levará a sua iniquidade.

2 Ou, quando uma pessoa tocar em alguma coisa imunda, seja cadáver de animal selvagem, seja cadáver de animal doméstico, seja cadáver de réptil, ainda que o faça sem perceber, será ela imunda e culpada.

3 Ou, quando alguém, sem perceber, tocar em qualquer imundícia humana, qualquer coisa que o faça imundo, quando ele souber depois, será culpado.

4 Ou, quando uma pessoa jurar irrefletidamente com os seus lábios para fazer mal ou para fazer bem, em tudo o que o homem possa [s]jurar sem refletir, sem perceber, e o souber depois, culpado será numa dessas coisas.

5 Sendo alguém culpado numa dessas coisas, [t]confessará aquilo em que pecou,

6 e, como [1]oferta pelo pecado que cometeu, trará ao Senhor uma fêmea de gado miúdo, cordeira ou cabrita, e o sacerdote fará por ele expiação do seu pecado.

7 **Se** os seus recursos, porém, [u]não forem suficientes para gado miúdo, então trará ao Senhor, em expiação da culpa que cometeu, duas rolinhas ou dois pombinhos: um como oferta pelo pecado, e o outro como holocausto.

8 Ele os trará ao sacerdote, que oferecerá primeiro o que é para a oferta pelo pecado, e com a sua unha lhe torcerá a cabeça rente ao pescoço, [v]sem separá-la de todo.

9 Do sangue da oferta pelo pecado [w]espargirá sobre a parede do altar, mas o que sobrar daquele sangue deixará escorrer na base do altar. É oferta pelo pecado.

10 Do outro fará holocausto conforme o [x]estabelecido; assim o sacerdote fará por ele a expiação do pecado que cometeu, e lhe será [y]perdoado.

11 **Se** os seus recursos, porém, [z]não lhe permitirem oferecer duas rolinhas, ou dois pombinhos, então aquele que pecou trará pela sua oferta a décima parte de um [a]efa de flor de farinha, como oferta pelo pecado. Não lhe [b]misturará azeite, nem sobre ela porá o incenso, pois é oferta pelo pecado.

12 Ele a trará ao sacerdote, que dela tomará um punhado cheio como memorial e a queimará sobre o altar, em cima das ofertas queimadas ao Senhor. É oferta pelo pecado.

13 Assim o sacerdote fará por ele a expiação do pecado que cometeu em alguma dessas coisas, e lhe será perdoado. O restante será do [c]sacerdote, como nas ofertas de cereais.

14 **Disse** o Senhor a Moisés:

15 Quando uma pessoa cometer [d]ofensa e pecar por [e]ignorância nas coisas sagradas do Senhor, então trará ao Senhor por oferta um carneiro sem defeito do rebanho, conforme a tua avaliação em siclos de prata, segundo o [f]siclo do santuário, para [g]oferta pela culpa.

16 Assim restituirá o que tirou das coisas sagradas, e ainda acrescentará o seu [h]quinto, e o trará ao sacerdote. O sacerdote fará expiação por ele com o carneiro da oferta pelo pecado, e será perdoado.

O sacrifício pelos pecados de ignorância

17 **Se** alguém pecar, fazendo contra algum de todos os mandamentos do Senhor o que não se deve fazer, ainda que sem perceber, será culpado, e levará a sua iniquidade.

18 Do rebanho trará ao sacerdote um carneiro sem defeito, conforme a tua avaliação, como oferta pela culpa, e o sacerdote por ele fará expiação do erro que cometeu sem perceber, e lhe será perdoado.

19 É oferta pelo pecado; certamente se fez culpado para com o Senhor.

A expiação da culpa e a restituição (v. 5) (veja Lv 7.1-7)

6 Disse o Senhor a Moisés:

2 [i]Quando alguém [j]pecar e for [k]infiel ao Senhor, enganando o seu próximo referente a algo que este lhe [l]deu em depósito, ou penhor ou roubo, ou reter em seu poder alguma coisa de seu próximo,

[o] Nm 8.12
[p] Veja Êx 29.33, nota
[q] Sacrifício (tipológico): v. 1-19; Lv 6.2 (Gn 3.15; Hb 10.18, nota)
[r] Comp. Jz 17.12; Pv 29.24
[s] Comp. Mt 5.33-37; Tg 5.12
[t] Nm 5.7; Sl 32.5; 1Jo 1.9; comp. Lv 16.21; Js 7.19
[u] Lv 12.8; 14.21
[v] Lv 1.17
[w] Lv 4.7
[x] Lv 1.14-17
[y] Perdão: v. 10,13,16,18; Lv 6.7 (Lv 4.20; Mt 26.28, nota)
[z] Comp. Lv 14.21-32
[a] Veja pesos e medidas (AT): 2Cr 2.10, nota
[b] Comp. Lv 2.1,2; 6.15
[c] Lv 2.3; 6.17,26
[d] Nm 5.5-8
[e] Lv 4.2
[f] Veja Êx 30.13, nota
[g] Ed 10.19
[h] Lv 6.5
[i] Sacrifício (tipológico): v. 1-7; Lv 16.5 (Gn 3.15; Hb 10.18, nota)
[j] Nm 5.6
[k] Comp. Sl 51.4
[l] Êx 22.7-15

[1] (5.6) As ofertas pela culpa (5.1–6.7; 7.1-10), que são descritas como “expiação” (5.6), contemplam o dano causado pelo pecado, não tanto a culpa do pecado, porque este está contemplado na oferta pelo pecado. Aqui se considera a dívida que cada ser humano tem pendente por causa dos direitos que Deus tem sobre ele. O Sl 51.4 é uma expressão perfeita desta verdade.

3 ou que, tendo achado o [m]perdido, o negar com
falso juramento, ou fizer alguma outra coisa de
todas aquelas em que o homem costuma pecar,
4 quando assim pecar e se tornar culpado, [n]res-
tituirá o objeto roubado, ou extorquido, ou o que
lhe foi confiado, ou o perdido que achou,
5 ou tudo aquilo sobre o que falsamente jurou.
Restituirá por inteiro e ainda sobre isso acres-
centará a [o]quinta parte; a quem pertence o dará
no dia da sua oferta pela culpa.
6 E por sua oferta pela culpa trará ao Senhor
um carneiro sem [p]defeito, do rebanho, conforme
a tua avaliação para a [q]oferta pela culpa, o qual
entregará ao sacerdote.
7 Assim o [r]sacerdote fará por ele expiação
diante do Senhor, e lhe será [s]perdoada qual-
quer de todas as coisas que fez, pela qual se
tornou culpado.

A lei das ofertas: (1) o holocausto (Lv 1.1-17)

8 **Disse** o Senhor a Moisés:
9 Dá ordem a Arão e a seus filhos, dizendo:
Esta é a [t]lei do holocausto: o holocausto ficará
sobre a lareira do altar a noite inteira, até a
manhã seguinte, e nela se conservará aceso o
fogo do altar.
10 O sacerdote então vestirá a sua [u]túnica de
linho e as [v]calças de linho sobre a sua pele, e reti-
rará a cinza, que o fogo consumiu do holocausto
no [w]altar, e a porá junto ao altar.
11 Depois, trocará as suas vestes e vestirá
outras; e levará a cinza para [x]fora do arraial a um
lugar limpo.
12 O fogo sempre se conservará aceso sobre o
altar; não se apagará. Cada manhã o sacerdote
acenderá lenha nele, e sobre ele porá em ordem
o holocausto, e [y]sobre ele queimará a gordura
das ofertas pacíficas.
13 O fogo arderá continuamente sobre o [z]altar;
não se apagará.

A lei das ofertas: (2) a oferta de alimentos (Lv 2.1-16)

14 **Esta** é a lei da oferta de cereais: os filhos
de Arão a oferecerão perante o Senhor diante
do altar.
15 O sacerdote tomará um punhado de flor
de farinha da oferta de cereais e do seu azeite,
e todo o incenso que estiver sobre a oferta de
cereais, e os queimará no altar como memorial
de cheiro suave ao Senhor.
16 Arão e seus filhos comerão o restante dela,
mas deverá ser comido sem [a]fermento, no lugar
santo, no [b]pátio da tenda da congregação.
17 Fermentado não se assará; é a parte que
lhes dei das minhas ofertas queimadas. Como a
[c]oferta pelo pecado, e como a oferta pela culpa, é
coisa santíssima.
18 Todo varão entre os filhos de Arão comerá
dela. Estatuto perpétuo será para as vossas gera-
ções das ofertas queimadas ao Senhor. Tudo o
que nelas tocar será santo.

A oferta na consagração dos sacerdotes

19 **Disse** mais o Senhor a Moisés:
20 Esta é a oferta de Arão e de seus filhos, que
oferecerão ao Senhor no dia em que ele for [d]un-
gido: a décima parte de um [e]efa de flor de farinha
como oferta de cereais [f]contínua, metade pela
manhã e metade à tarde.
21 Numa [g]assadeira será preparada com
azeite; bem misturada; e apresentará a oferta de
cereais partida em pedaços, como cheiro suave
ao Senhor.
22 Também o sacerdote, que dentre seus filhos
for ungido em seu lugar, fará o mesmo. Por esta-
tuto perpétuo será toda ela queimada ao Senhor.
23 Assim toda a oferta de cereais do sacerdote
será totalmente queimada; não se comerá.

A lei das ofertas: (3) a expiação do pecado (Lv 4.1-35)

24 **Disse** o Senhor a Moisés:
25 Dize a Arão e a seus filhos: Esta é a lei da
oferta pelo pecado: no [h]lugar onde se imola
o holocausto se imolará a oferta pelo pecado
perante o Senhor; é coisa santíssima.
26 O sacerdote que a oferecer pelo pecado,
a comerá no lugar santo, no pátio da tenda
da congregação.
27 Tudo o que tocar a carne da oferta será
santo, e se o sangue respingar sobre alguma
roupa, lavarás a mancha no lugar santo.
28 O vaso de barro em que for cozida será [i]que-
brado; mas se for cozida num vaso de cobre, este
será esfregado e lavado com água.
29 Todo varão entre os sacerdotes comerá dela;
é coisa santíssima.
30 Não se [j]comerá, porém, nenhuma oferta pelo
pecado, da qual se levou sangue à tenda da con-
gregação, para fazer [k]expiação no [l]santuário; no
fogo será [mm]queimada.

A lei das ofertas: (4) a expiação da culpa (Lv 5.1—6.7)

7 **Esta** é a lei da oferta pela culpa, que é coisa
santíssima:
2 No lugar onde imolam o holocausto, imo-
larão a oferta pela culpa, e o seu sangue se
espargirá em volta do altar.
3 Dela se oferecerá toda a sua gordura: a cauda,
e a gordura que cobre as vísceras,
4 ambos os rins, e a gordura que está sobre
eles, junto aos lombos, e o redenho sobre o
fígado com os rins se tirará.

---

[m] Êx 23.4; Dt 22.1-4
[n] Lv 24.18,21
[o] Lv 5.16
[p] Nm 5.7,8
[q] Lv 1.3
[r] Lv 4.26
[s] Perdão: v. 7; Lv 19-22 (Lv 4.20; Mt 26.28, nota)
[t] Nm 28.3-10
[u] Êx 28.39
[v] Êx 28.42
[w] v. 9
[x] Lv 4.12
[y] Lv 3.5
[z] Lv 6.25; 7.2
[a] Fermento: v. 16,17; Lv 7.12 (Gn 19.3; Mt 13.33, nota)
[b] Êx 40.8
[c] Lv 7.7
[d] Lv 8.1-36
[e] Veja pesos e medidas (AT): 2Cr 2.10, nota
[f] Nm 4.16
[g] Êx 29.2
[h] v. 9-13; comp. Lv 10.16-20
[i] Lv 11.33
[j] Lv 4.1-21; 16.2-7
[k] Veja Lv 16.6, nota; comp. Êx 29.33, nota
[l] Êx 26.33
[mm] Lv 16.27

5 O sacerdote o queimará sobre o altar em oferta queimada ao Senhor. É oferta pela culpa.

6 Todo homem entre os sacerdotes [n]a comerá, mas no lugar santo se comerá; é coisa santíssima.

7 Como a oferta pelo pecado, assim será a oferta pela culpa, uma mesma [o]lei haverá para elas: a vítima pertencerá ao sacerdote que com ela fizer a [p]expiação.

8 Também ao sacerdote que oferecer o holocausto de alguém pertencerá o couro do animal que oferecer.

9 Como também toda a oferta que se assar no forno, com tudo o que se preparar na frigideira e na assadeira, será do sacerdote que a oferecer.

10 Também toda a oferta de cereais, amassada com azeite ou seca, será de todos os filhos de Arão, sem distinção.

A lei das ofertas:
(5) a oferta pacífica (Lv 3.1-17)

11 Esta é a lei das ofertas [1]pacíficas que alguém pode oferecer ao Senhor:

12 Se for oferecida em ação de graças, com a oferta em ação de graças serão oferecidos bolos sem [q]fermento amassados com azeite, pães finos sem fermento untados de azeite, e bolos de flor de farinha embebidos em azeite.

13 Com os bolos oferecerá pão [2]levedado como sua oferta, com o sacrifício de sua oferta pacífica por ação de graças.

14 De toda oferta se retirará um bolo por oferta alçada ao Senhor, o qual será do sacerdote que espargir o sangue da oferta pacífica.

15 A carne do sacrifício de ofertas pacíficas de ação de graças, porém, se comerá no dia do seu oferecimento; nada se deixará dela para o [r]dia seguinte.

16 Se, porém, o sacrifício da sua oferta for [s]voto, ou oferta voluntária, no dia em que for oferecido se comerá, mas o que dele ficar se comerá no dia seguinte.

17 O que ainda restar da carne do sacrifício ao terceiro dia, será queimado no fogo.

[n] Lv 6.18
[o] Lv 6.24-30
[p] Veja Êx 29.33, nota
[q] Fermento: v. 12,13; Lv 8.2 (Gn 19.3; Mt 13.33, nota)
[r] Lv 22.29,30
[s] Lv 22.18-23; 27.2-33
[t] Comp. Hb 2.17
[u] Lv 5.3; 22.3-7; Nm 19.13
[v] Êx 31.14
[w] Lv 11.24,28
[x] Lv 3.17
[y] Êx 22.31; Lv 22.8
[z] Lv 17.10-16
[a] v. 20
[b] Êx 29.24-27; Lv 8.27; 9.21

18 Se da carne do seu sacrifício pacífico se comer ao terceiro dia, aquele que a ofereceu não será aceito nem lhe terá o sacrifício, pois coisa abominável será; a pessoa que comer dela levará a sua iniquidade.

19 A carne que tocar em alguma coisa imunda não se comerá; com fogo será queimada. Mas da outra carne qualquer que estiver limpo comerá dela.

20 Se, contudo, uma pessoa comer a carne do sacrifício da oferta pacífica, que é do [t]Senhor, estando [u]imunda, essa pessoa será [v]extirpada do seu povo.

21 Se uma [w]pessoa tocar em alguma coisa imunda, como imundícia de homem, ou gado, ou qualquer réptil e comer da carne do sacrifício da oferta pacífica, que é do Senhor, essa pessoa será extirpada do seu povo.

Deus proíbe comer a gordura e o sangue

22 Depois disse o Senhor a Moisés:

23 Dize aos filhos de Israel: Nenhuma [x]gordura de boi, carneiro ou cabra comereis.

24 A gordura do animal que morre por si mesmo e a gordura do dilacerado por feras podereis usar para qualquer fim, [y]mas de maneira alguma a comereis.

25 Qualquer que comer a gordura do animal, do qual se oferecer ao Senhor oferta queimada, será extirpado do seu povo.

26 Nenhum [z]sangue comereis em qualquer das vossas habitações, quer de aves, quer de gado.

27 Toda pessoa que comer algum sangue será [a]extirpada do seu povo.

A porção dos sacerdotes

28 Disse o Senhor a Moisés:

29 Dize aos filhos de Israel: Quem oferecer ao Senhor o seu sacrifício pacífico, trará ao Senhor a oferta do seu sacrifício pacífico.

30 Com suas próprias mãos trará as ofertas queimadas ao Senhor; o peito com a gordura trará para [b]movê-lo por oferta movida perante o Senhor.

---

[1] (7.11) Na lei das ofertas, a oferta pacífica não ocupa o lugar como a terceira das ofertas de cheiro suave e é colocada sozinha, depois de todas as ofertas que não são de cheiro suave (Lv 1.9, *nota*). A explicação é simples, porém bela. Ao revelar as ofertas, o Senhor começa de si mesmo e vai até o pecador (veja Êx 25.10, *nota*). Todo o holocausto é mencionado em primeiro lugar para satisfazer o que é exigido pelos afetos divinos, e a oferta pela culpa (expiação) aparece em último lugar, atendendo ao aspecto mais simples do pecado: seu caráter danoso. Mas o pecador necessariamente começa com aquilo que se encontra mais perto de sua consciência recém-despertada: o reconhecimento de que está em inimizade com Deus por causa do pecado. Portanto, sua primeira necessidade é paz com Deus. E esta é precisamente a ordem do evangelho. Após sua ressurreição, a primeira mensagem de Cristo foi "Paz" (Jo 20.19); depois ele mostrou suas mãos e seu lado (v. 20). É a ordem de 2Co 5.18-21: primeiro a "mensagem da reconciliação" (v. 19); depois as ofertas pela culpa (v. 21). A experiência, assim, inverte a ordem da revelação.

[2] (7.13) O uso do fermento aqui é significativo. A paz com Deus é algo que o crente partilha com Deus. Cristo é nossa oferta pacífica (Ef 2.13-18). Toda ação de graças deve, em primeiro lugar, ser apresentada a ele. No v. 12, isso é apresentado tipologicamente e, por essa razão, o fermento é excluído. No v. 13, o ofertante agradece por sua participação nesta paz com Deus, de modo que o fermento aqui adequadamente significa que, embora ele tenha paz com Deus graças à obra de outrem, no ofertante ainda há o pecado. Isso está ilustrado em Amós 4.5, onde o mal de Israel, por meio da oferta "do que é levedado", está diante de Deus.

31 O sacerdote queimará a gordura sobre o altar, mas o peito será de Arão e [c]de seus filhos.

32 Também a coxa direita dareis ao [d]sacerdote por oferta alçada dos vossos sacrifícios das ofertas pacíficas.

33 Aquele dentre os filhos de Arão que oferecer o sangue do sacrifício da oferta pacífica e a gordura, esse terá a coxa direita por sua parte.

34 O peito movido e a espádua alçada tomei dos filhos de Israel dos sacrifícios das suas ofertas pacíficas e os dei a Arão, o sacerdote, e a seus filhos, por direito perpétuo dos filhos de Israel.

35 Esta é a parte de Arão e de seus filhos das ofertas queimadas ao Senhor, no dia em que os apresentou para administrar o sacerdócio ao Senhor.

36 No dia em que foram [e]ungidos, ordenou o Senhor aos israelitas que se lhes desse essa parte, como estatuto perpétuo pelas suas gerações.

37 Esta é a [f]lei do holocausto, da oferta de cereais, da oferta pelo pecado, da oferta pela culpa, da oferta das [g]consagrações, e do sacrifício das ofertas pacíficas,

38 que o Senhor ordenou a Moisés no monte Sinai, no dia em que [h]mandou que os filhos de Israel oferecessem as suas ofertas ao Senhor no deserto de Sinai.

II. A consagração de Arão e seus filhos, 8—10

8 [i]Disse o Senhor a Moisés:

2 Toma [1]Arão e seus filhos, e as [j]vestes, e o [k]azeite da unção, como também o [l]novilho da oferta pelo pecado, e dois [m]carneiros, e o cesto dos pães sem [n]fermento,

3 e reúne toda a congregação à entrada da tenda da congregação.

4 Fez, pois, Moisés como o Senhor lhe ordenara, e a comunidade se reuniu à entrada da tenda da congregação.

5 Então disse Moisés à comunidade: Isto é o que o Senhor ordenou que se fizesse.

A consagração: (1) purificação (Ef 5.25-27; Jo 13.3-10)

6 Então Moisés trouxe Arão e seus filhos e os [o]lavou com água.

A consagração: (2) o sumo sacerdote é vestido

7 E [p]vestiu Arão com a túnica, e cingiu-o com o cinto, e pôs sobre ele o manto. Também pôs sobre ele a estola sacerdotal e a prendeu, cingindo-a com o cinturão.

8 Depois, colocou-lhe o peitoral, no qual pôs o [q]Urim e o Tumim.

9 Então pôs sobre a sua cabeça o [r]turbante e, na parte da frente dele, pôs a lâmina de ouro, a coroa sagrada, como o Senhor lhe ordenara.

A consagração: (3) o sumo sacerdote é ungido

10 Então Moisés tomou o azeite da unção e ungiu o tabernáculo e tudo o que havia nele e os [s]consagrou.

11 E dele espargiu sete vezes sobre o altar e ungiu o altar e todos os seus vasos, como também a pia e a sua base, para consagrá-los.

12 Depois [2]derramou do azeite da unção sobre a [t]cabeça de Arão e ungiu-o, para [u]consagrá-lo.

A consagração: (4) os sacerdotes são vestidos (comp. Rm 13.14)

13 Também Moisés trouxe os filhos de Arão e vestiu-lhes as túnicas, cingiu-os com o cinto e apertou-lhes as tiaras, como o Senhor lhe ordenara.

A consagração: (5) as ofertas

14 Então trouxe o novilho da oferta pelo pecado, e Arão e seus filhos puseram as mãos sobre a cabeça do novilho da oferta pelo pecado.

15 Depois de imolá-lo, Moisés tomou o sangue, e dele pôs com o dedo sobre os chifres ao redor do altar, purificando o altar. Derramou o resto do sangue na base do [v]altar e o [w]consagrou para fazer [x]expiação por ele.

16 Tomou também toda a gordura que está nas vísceras, o redenho do fígado, e os dois rins e a sua gordura, e os queimou sobre o altar.

17 O novilho, porém, com o seu couro, e a sua carne, e o seu esterco [y]queimou com fogo [z]fora do arraial, como o Senhor lhe ordenara.

18 Depois mandou trazer o carneiro do holocausto, e Arão e seus filhos puseram as mãos sobre a cabeça do carneiro.

[c] Nm 18.11; Dt 18.3
[d] Nm 6.20
[e] Êx 40.13,15; Lv 8.12,30
[f] Lv 6.9,14,25; 7.1
[g] Êx 29.22-34; Lv 8.22-33
[h] Lv 1.1
[i] Êx 29.1-46
[j] Lv 6.10
[k] Êx 30.25
[l] Êx 29.10
[m] Êx 29.15,19
[n] Fermento: v. 2,26; Lv 10.12 (Gn 19.3; Mt 13.33, nota)
[o] Comp. Hb 10.22
[p] Êx 39.1-31
[q] Urim, luzes; Tumim, perfeições. Veja Êx 28.30, nota
[r] Êx 28.37; 29.6
[s] Êx 40.10,11
[t] Sl 133.2
[u] Êx 40.13
[v] Lv 5.9
[w] Santificação (AT): v. 15; Lv 27.14 (Gn 2.3; Zc 8.3)
[x] Heb. Kāphar (de kippur), cobrir. Veja Lv 16.6, nota; comp. Êx 29.33, nota
[y] Veja Lv 4.12, nota
[z] Lv 4.11,12

[1] (8.2) Os sacerdotes não consagravam a si mesmos, mas tudo era feito por outra pessoa, que, nesse momento, era Moisés agindo em lugar do Senhor. Os sacerdotes simplesmente apresentavam o corpo no sentido de Rm 12.1.

[2] (8.12) É preciso fazer duas importantes distinções no caso do sumo sacerdote, confirmando assim o seu relacionamento tipológico com Cristo, o antítipo: 1) Arão é ungido antes que sejam mortos os animais para os sacrifícios, enquanto no caso dos sacerdotes a aplicação do sangue precede a unção. Cristo, que não teve pecado, não necessitou de preparação para receber o óleo da unção, um símbolo do Espírito Santo. 2) Sobre o sumo sacerdote derramava-se apenas óleo da unção. "Deus lhe dá o Espírito sem medida" (Jo 3.34). "Deus, o teu Deus, te ungiu com óleo de alegria mais do que a teus companheiros" (Hb 1.9).

19 Moisés o imolou e espargiu o sangue em volta do altar.

20 Depois de partir o carneiro em seus pedaços, Moisés queimou dele a [a]cabeça, os pedaços e a gordura.

21 Lavou com água as vísceras e as pernas e queimou todo o carneiro sobre o altar; foi holocausto de cheiro suave, uma oferta queimada ao Senhor, como o Senhor ordenara a Moisés.

A consagração: (6) o sangue é aplicado

22 **E**ntão mandou trazer o [b]outro carneiro, o carneiro da consagração, e Arão e seus filhos puseram as mãos sobre a cabeça do carneiro.

23 Moisés o imolou, pegou do seu [c]sangue e pôs sobre a ponta da orelha direita de Arão, e sobre o polegar da sua mão direita, e sobre o polegar do seu pé direito.

24 Moisés também trouxe os filhos de Arão e pôs daquele [d]sangue sobre a ponta da orelha direita deles, e sobre o polegar da sua mão direita, e sobre o polegar do seu pé direito. Então [e]espargiu o resto do sangue em volta do altar.

25 [f]Tomou a gordura, a cauda, toda a gordura que está nas vísceras, o redenho do fígado, ambos os rins e a sua gordura e a coxa direita.

26 Então do cesto dos pães sem fermento, que estava diante do Senhor, pegou um bolo sem fermento, e um bolo de pão azeitado, e um pão fino, e os pôs sobre a gordura e sobre a coxa direita.

A consagração: (7) as mãos cheias

27 Tudo isso pôs nas mãos de Arão e nas [g]mãos de seus filhos e o ofereceu por oferta [h]movida perante o Senhor.

28 Depois Moisés os tomou das mãos deles e os queimou no altar sobre o holocausto; era uma oferta de consagração, por cheiro suave, oferta queimada ao Senhor.

29 Em seguida, tomou [i]Moisés o [j]peito e o moveu por oferta movida perante o Senhor; era a parte de Moisés do carneiro da consagração, como o Senhor lhe ordenara.

A consagração: (8) a unção dos sacerdotes

30 **P**egou também Moisés do azeite da unção e do sangue que estava sobre o altar e os espargiu sobre Arão e suas vestes, e sobre os seus filhos e sobre as vestes de seus filhos. Assim consagrou a Arão e as suas vestes, e a seus filhos, e as vestes de seus filhos com ele.

A consagração: (9) o alimento dos sacerdotes (veja Êx 29.26 e refs.)

31 Então disse Moisés a Arão e a seus filhos: Cozinhai a carne na entrada da tenda da congregação e ali a comei com o pão que está no cesto da consagração, como [k]ordenei, dizendo: Arão e seus filhos a comerão.

32 O que sobrar da carne e do pão, porém, queimareis com fogo.

A consagração: (10) os sacerdotes são separados para Deus

33 Também da entrada da tenda da congregação não saireis durante sete dias, até que se cumpram os dias da vossa consagração, pois por sete dias ele [l]vos consagrará.

34 Como se fez no dia de hoje, assim o Senhor ordenou se fizesse, em [m]expiação por vós.

35 Ficareis à entrada da tenda da congregação dia e noite durante sete dias e observareis as [n]ordenanças do Senhor, para que não morrais; pois assim me foi ordenado.

36 Assim Arão e seus filhos fizeram todas as coisas que o Senhor lhes ordenou por meio de Moisés.

Os sacerdotes iniciam seu ministério

9 Ao [o]oitavo dia, Moisés chamou Arão e seus filhos, e os anciãos de Israel,

2 e disse a Arão: Toma um [p]bezerro para oferta pelo pecado, e um carneiro para holocausto, ambos sem defeito, e traze-os perante o Senhor.

3 Então dirás aos filhos de Israel: Tomai um [q]bode para oferta pelo pecado, um bezerro e um cordeiro de um ano, ambos sem defeito, para o holocausto,

4 e um boi e um carneiro por oferta pacífica, para sacrificar perante o Senhor, e oferta de cereais amassada com azeite. Pois hoje o Senhor vos aparecerá.

5 Então trouxeram diante da tenda da congregação o que Moisés ordenou, e chegou-se toda a congregação, e se pôs perante o Senhor.

6 Disse Moisés: Isto é o que o Senhor vos ordenou que fizésseis, para que a sua glória vos apareça.

7 Disse Moisés a Arão: Chega-te ao altar, oferece a tua oferta pelo pecado e o teu holocausto, e faze expiação por ti e pelo povo; também oferece a oferta do povo e faze expiação por ele, como o Senhor ordenou.

8 **E**ntão Arão se chegou ao altar e imolou o bezerro da oferta pelo pecado destinado a [r]si próprio.

9 Os filhos de Arão trouxeram-lhe o sangue e ele molhou o seu dedo no sangue e o pôs sobre as pontas do altar; o resto do sangue derramou na base do altar.

10 A gordura, e os rins, e o redenho do fígado, porém, tirados da oferta pelo pecado, queimou sobre o altar, como o Senhor ordenara a Moisés;

11 a carne e o couro queimou fora do arraial.

[a] Lv 1.8
[b] Êx 29.19,31
[c] Lv 14.14
[d] Êx 29.20; comp. Hb 9.13,14,22,23
[e] v. 19
[f] Êx 29.22
[g] Comp. Êx 29.24
[h] Lv 7.30,34
[i] Sl 99.6
[j] Êx 29.27
[k] Lv 7.31-36
[l] Lv 10.7
[m] Veja Êx 29.33, nota
[n] Nm 1.53
[o] Comp. Ez 43.27
[p] Lv 4.1-12
[q] Lv 4.23,28
[r] v. 8-11; comp. Lv 4.1-12

12 **A** seguir, imolou o holocausto, e os filhos de
Arão lhe entregaram o sangue, e ele o espargiu
sobre o altar em redor.
13 Também lhe entregaram o holocausto
nos seus pedaços, com a cabeça, e o queimou
sobre o altar.
14 E lavou as vísceras e as pernas e as queimou
sobre o holocausto, no altar.
15 **Depois** apresentou a oferta do povo, pegou
o bode da oferta pelo pecado, que era do povo,
o imolou e o preparou por oferta pelo pecado,
como fizera com a primeira vítima.
16 Apresentou também o holocausto e o ofere-
ceu segundo o [s]rito.
17 Apresentou a oferta de cereais, da qual
tomou um punhado e queimou sobre o altar,
além do holocausto da manhã.
18 **Depois** imolou o boi e o carneiro em sacrifício
pacífico pelo povo. Os filhos de Arão entregaram-
-lhe o sangue, que ele espargiu ao redor do altar,
19 como também a gordura do boi e do car-
neiro, a cauda e o que cobre as vísceras, os rins e
o redenho do fígado.
20 Puseram a gordura sobre os peitos, e ele a
queimou sobre o altar.
21 Os peitos e a coxa direita, porém, Arão os
ofereceu por oferta movida perante o Senhor,
como Moisés ordenara.
22 **Depois**, Arão [t]levantou as mãos ao povo e o
abençoou. E desceu, havendo feito a oferta pelo
pecado, o holocausto e as ofertas pacíficas.
23 Moisés e Arão entraram na tenda da congre-
gação. Quando saíram, abençoaram o povo; e a
glória do Senhor apareceu a todo o povo.
24 Fogo saiu da presença do [u]Senhor e consu-
miu o holocausto e a gordura sobre o altar. O que
vendo todo o povo, [v]jubilou e prostrou-se com o
[w]rosto em terra.

Fogo estranho de Nadabe e Abiú

10 [x]Nadabe e [y]Abiú, filhos de Arão, tomaram
cada um o seu incensário, puseram neles
fogo, puseram incenso sobre ele e trouxeram
[1]fogo [z]estranho perante o Senhor, o que ele não
lhes ordenara.
2 Então saiu [a]fogo da presença do Senhor e os
consumiu; e [b]morreram perante o Senhor.
3 Disse Moisés a Arão: Isto é o que o Senhor disse:
[c]Serei santificado naqueles que se
chegarem a mim;
serei glorificado diante de todo o povo.
Arão, porém, se calou.
4 **Moisés** chamou [d]Misael e [e]Elzafã, filhos de
[f]Uziel, tio de Arão, e disse-lhes: Chegai, [g]tirai vossos
irmãos da frente do santuário, para fora do arraial.
5 Então se chegaram e levaram-nos nas suas
túnicas para fora do arraial, como Moisés ordenara.
6 Disse Moisés a Arão e a seus filhos, [h]Elea-
zar e [i]Itamar: Não descobrireis a vossa cabeça
nem rasgareis as vossas vestes, para que não
morrais, nem venha grande [j]indignação sobre
toda a congregação; mas vossos irmãos, toda
a casa de Israel, lamentem este incêndio que o
Senhor provocou.
7 Não saireis da entrada da tenda da congrega-
ção, para que não morrais, porque está sobre vós
o azeite da unção do Senhor. E fizeram conforme
a palavra de Moisés.

Os sacerdotes e a bebida forte

8 **Disse** o Senhor a Arão:
9 Não beberás vinho nem [k]bebida forte, nem
tu nem teus filhos, quando entrardes na tenda
da congregação, para que não morrais. Estatuto
perpétuo será isso pelas vossas gerações,
10 para que possais [l]discernir entre o santo e o
profano, e entre o imundo e o limpo,
11 e para ensinar aos filhos de Israel todos os
estatutos que o Senhor lhes tem dado por meio
de Moisés.

A lei acerca das coisas santas

12 **Disse** Moisés a Arão, a Eleazar e a Itamar,
seus filhos, que ficaram vivos: Tomai a oferta
de cereais, restante das ofertas queimadas ao
Senhor, e comei-a sem [m]fermento junto ao altar,
pois é coisa santíssima.
13 E vós a comereis em lugar [n]santo, pois isso
é a tua parte e de teus filhos das ofertas quei-
madas do Senhor; pois assim me foi ordenado.
14 Também o peito da oferta movida e a coxa
da oferta alçada comereis em lugar limpo, tu,
teus filhos e tuas [o]filhas contigo; [p]foram dados
por tua parte e de teus filhos, dos sacrifícios das
ofertas pacíficas dos filhos de Israel.
15 A coxa da oferta alçada e o peito da oferta
movida trarão com as ofertas queimadas de
gordura, para movê-los como oferta movida
perante o Senhor. Pertencem a ti e a teus filhos
contigo, por direito perpétuo, como o Senhor
tem ordenado.
16 **Moisés** buscou diligentemente o bode da
oferta pelo pecado e descobriu que já havia
sido queimado. Indignado grandemente contra

[s] Lv 1.1-13
[t] Comp. Lc 24.50
[u] Comp. Jz 6.21
[v] Comp. Ed 3.11
[w] 1Rs 18.38,39
[x] Heb. generoso
[y] Heb. ele é meu pai
[z] Comp. Êx 30.9
[a] Gn 19.24; Nm 11.1; Ap 20.9
[b] Milagres (AT): v. 1,2; Nm 11.1 (Gn 5.24; Jn 1.17)
[c] Êx 19.22
[d] Heb. que pertence a Deus
[e] Heb. Deus protegeu
[f] Heb. minha fortaleza é Deus
[g] Comp. At 5.6,10
[h] Heb. Deus ajudou
[i] Nm 16.46; Js 7.1; 22.18,20; 2Sm 24.1,15
[j] Lv 8.33
[k] Comp. Gn 9.21; Ez 44.21
[l] Lv 11.47; Ez 22.26
[m] Fermento: v. 12; Lv 23.6 (Gn 19.3; Mt 13.33, nota)
[n] Nm 18.10
[o] Comp. Lv 22.13
[p] Lv 7.30-34

[1] (10.1) Fogo estranho. O fogo “da presença do Senhor” (9.24) havia acendido sobre o altar do holocausto a chama que os sacerdotes tinham de manter acesa (6.12,13). Ainda não havia mandamento sobre como acender o incenso (comp. 16.12,13). O pecado de Nadabe e Abiú foi o de agir nas coisas de Deus sem buscar a mente de Deus. Foi culto de si mesmo que frequentemente tem “aparência de sabedoria”, mas desprovido de valor (Cl 2.23).

Eleazar e Itamar, os filhos de Arão que ficaram vivos, disse-lhes:

17 Por que não [q]comestes a oferta pelo pecado em lugar santo? É coisa santíssima, e o Senhor a deu a vós, para que [r]leveis a iniquidade da congregação e para que façais [s]expiação por eles diante do Senhor.

18 Visto que não se trouxe o seu sangue para dentro do [t]santuário, certamente devíeis tê-la comido no santuário, como eu tinha ordenado.

19 Então, disse Arão a Moisés: Hoje ofereceram a sua oferta pelo pecado e o seu holocausto perante o Senhor, mas tais coisas me sucederam. Se eu tivesse comido hoje a oferta pelo pecado, seria isso porventura [u]agradável aos olhos do Senhor?

20 Ouvindo isso, Moisés deu-se por satisfeito.

III. As Leis da Pureza e Santidade, 11—15; 17—22

Um Deus santo – um povo santo: (1) seu alimento

11 [v]Disse o Senhor a Moisés e a Arão:

2 Dizei aos filhos de Israel: São [1]estes os animais que podereis comer de todos os animais que há sobre a terra:

3 Dos animais, podereis comer tudo o que tem unhas fendidas, o casco dividido e que rumina.

4 Mas dos que ruminam e têm a unha fendida [w]não comereis: o camelo, que rumina mas não tem as unhas fendidas, esse vos será imundo.

5 O coelho, que rumina, mas não tem as unhas fendidas, esse vos será imundo.

6 A lebre, que rumina, mas não tem as unhas fendidas, essa vos será imunda.

7 Também o [x]porco, que tem as unhas fendidas e o casco dividido, mas não rumina, esse vos será imundo.

8 Da sua carne não comereis nem tocareis no seu cadáver. Estes vos serão imundos.

9 **Estes** são os que podereis comer de todos os animais que há nas águas: tudo o que tem barbatanas e escamas, nos mares e nos rios, esses comereis.

10 Tudo, porém, o que não tem barbatanas nem escamas, nos mares e nos rios, todo réptil das águas e todos os animais que vivem nas águas, esses serão [y]abomináveis para vós.

11 Eles serão para vós abominação; da sua carne não comereis e abominareis o seu cadáver.

12 Tudo o que não tem barbatanas ou escamas, nas águas, será para vós abominável.

13 **Das** aves, a estas abominareis, não se comerão, serão [z]abomináveis: a águia, o urubu, a águia-marinha,

14 o açor, o falcão de qualquer espécie,

15 toda a variedade de corvo,

16 o avestruz, a coruja, a gaivota, o gavião de qualquer espécie,

17 o mocho, o corvo-marinho, o corujão,

18 a gralha, o pelicano, o abutre,

19 a cegonha, a garça de qualquer espécie, a poupa e o morcego.

20 **Todo** inseto que voa e anda sobre quatro pés será para vós abominação.

21 Mas de todo inseto que voa, que anda sobre quatro pés, podereis comer dos que tiver pernas compridas para com elas saltar sobre a terra.

22 Deles comereis estes: a [a]locusta de qualquer espécie, o gafanhoto devorador de qualquer espécie, o grilo de qualquer espécie e o gafanhoto de qualquer espécie.

23 Todos os outros insetos que voam e têm [b]quatro pés serão para vós abominação.

24 **Por** eles sereis imundos; qualquer que [c]tocar nos seus cadáveres, imundo será até a tarde.

25 Qualquer que transportar um de seus cadáveres [d]lavará as suas vestes e será imundo até a tarde.

26 Todo animal que tem unhas fendidas, mas cuja fenda não as divide em duas, e tudo o que não rumina, vos será imundo; qualquer que neles tocar será imundo.

27 Todos os animais quadrúpedes, que andam nas plantas dos pés, vos serão imundos; qualquer que tocar nos seus cadáveres será imundo até a tarde.

28 O que transportar os seus cadáveres [e]lavará as suas vestes e será imundo até a tarde. Eles vos serão imundos.

29 **Também** estes vos serão imundos entre os animais que se arrastam pelo chão: a doninha, o [f]rato, o lagarto de qualquer espécie,

30 a lagartixa, o lagarto da areia, o lagarto pintado, a lesma e a toupeira.

31 Esses vos serão imundos entre todos os animais que se arrastam pelo chão. Qualquer que neles [g]tocar, estando eles mortos, será imundo até a tarde.

32 Todo objeto sobre o qual cair algum desses animais, estando mortos, será imundo, seja [h]vaso de madeira, ou vestes, ou pele, ou saco,

[q] Lv 6.24-30
[r] Êx 28.38; Lv 22.16; Nm 18.1
[s] Veja Lv 16.6, nota
[t] Lv 6.26,30
[u] Is 1.11,15; Jr 6.20; 14.12; Os 9.4; Ml 1.10,13
[v] v. 1-47; comp. Dt 14.3-20
[w] Comp. At 10.14
[x] Comp. Mc 5.1-17
[y] Lv 7.21
[z] Is 66.17
[a] Comp. Mt 3.4
[b] v. 20,42
[c] v. 8
[d] Nm 19.10,21; 31.24; comp. Zc 13.1; Hb 9.10; 10.22
[e] v. 24,25
[f] Is 66.17
[g] 11.8; Ag 2.13
[h] Lv 15.12

[1] (11.2) As ordenanças quanto à alimentação do povo da aliança devem ser consideradas, antes de tudo, como cuidados em relação à saúde. É preciso ter em mente que Israel era uma nação com um governo teocrático. Necessariamente, a legislação divina tinha relação tanto com a vida social como com a vida religiosa desse povo. Forçar um significado tipológico sobre cada palavra dessa legislação é forçar 1Co 10.1-11 e Hb 9.23,24 além de toda interpretação razoável.

qualquer instrumento com que se faz alguma obra. Será colocado na água; será imundo até a tarde e, então, será limpo.

33 Todo vaso de [i]barro em que cair algum deles, tudo o que houver nele, será imundo, e o vaso [j]quebrareis.

34 Todo alimento preparado com a água desse vaso será imundo; e toda bebida que se pode beber, depositada nesse vaso, será imunda.

35 Todo objeto sobre o qual cair algum desses cadáveres será imundo; o forno e o vaso de barro serão quebrados. Imundos são, portanto vos serão imundos.

36 A fonte ou cisterna, porém, que contenha águas, será limpa, mas quem tocar no cadáver será imundo.

37 Se dos seus cadáveres cair alguma coisa sobre alguma semente que se há de semear, esta será limpa.

38 Se, porém, for derramada água sobre a semente, e um cadáver cair sobre ela, será imunda.

39 Se morrer algum dos animais destinados à vossa alimentação, quem tocar no seu cadáver será [k]imundo até a tarde.

40 Quem [l]comer do seu cadáver lavará as suas vestes e será imundo até a tarde. Quem transportar o seu cadáver lavará as suas vestes e será imundo até a tarde.

41 Toda criatura que se arrasta sobre a terra será abominação; não se comerá.

42 Tudo o que anda sobre o ventre, e tudo o que anda sobre quatro pés, ou que tem mais pés, de toda criatura que se arrasta sobre a terra, não comereis; é abominação.

43 Não façais a vossa alma abominável por nenhuma criatura que se arrasta nem com elas vos contaminareis, para não serdes imundos.

44 Eu sou o Senhor, o vosso [m]Deus; consagrai-vos e sede santos, porque eu sou [n]santo. Não vos contaminareis com nenhuma criatura que se arrasta sobre a terra.

45 Eu sou o Senhor que vos fiz subir da terra do Egito para ser o vosso [o]Deus; portanto, sede santos porque eu sou santo.

46 Esta é a lei referente aos animais, às aves, a todos os seres viventes que se movem nas águas e a todos os que se arrastam sobre a terra,

47 para que possais [p]distinguir entre o imundo e o limpo, entre os animais que se podem comer e os que não se podem comer.

Um Deus santo – um povo santo: (2) a lei da maternidade (Sl 51.5; Jo 3.6)

12 Disse o Senhor a Moisés:
2 Dize aos filhos de Israel: Se uma mulher conceber e tiver um menino, será imunda durante [q]sete dias, como nos dias da sua [r]menstruação.

3 No [1]oitavo dia, o menino será [s]circuncidado.

4 Depois ficará ela trinta e três dias purificando-se do seu sangue; em nenhuma coisa santa tocará e não virá ao santuário até que se cumpram os dias da sua purificação.

5 Se, porém, tiver uma menina, será imunda duas semanas, como nos dias da sua menstruação; depois ficará sessenta e seis dias purificando-se do seu sangue.

6 Quando forem cumpridos os dias da sua purificação por filho ou por filha, trará um [t]cordeiro de um ano por holocausto e um pombinho ou uma rolinha para [u]oferta pelo pecado, à entrada da tenda da congregação, ao sacerdote.

7 Ele os oferecerá perante o Senhor, fazendo por ela [v]expiação, e será limpa do fluxo do seu sangramento. Esta é a lei para a mulher que der à luz um menino ou uma menina.

8 Se os seus recursos não forem suficientes para um cordeiro, então, tomará duas [w]rolinhas ou dois [x]pombinhos, um para o holocausto e outro para a oferta pelo pecado. Assim o sacerdote fará por ela expiação, e será limpa.

Um Deus santo – um povo santo: (3) a lepra – tipo do pecado como em Rm 6.12-14; 1Jo 1.8

13 Disse o Senhor a Moisés e a Arão:
2 Quando um homem tiver na pele [y]inchaço, erupção ou mancha lustrosa, com aparência de praga de lepra, será levado ao [z]sacerdote Arão ou a um de seus filhos, os sacerdotes.

3 O sacerdote lhe examinará a praga na pele, e, se o pelo na praga se tornou branco e a praga parecer mais profunda do que a pele do seu corpo, é praga de [2]lepra. O sacerdote, vendo-o, o declarará imundo.

[i] Lv 6.28
[j] Lv 6.28; 15.12
[k] Ag 2.11-13
[l] Comp. Êx 22.31; Lv 17.15; 22.8
[m] Êx 6.7
[n] Lv 19.2; 1Pe 1.16
[o] Lv 22.33; 25.38; 26.45
[p] Lv 10.10; comp. Êx 11.7
[q] Êx 22.30; Lv 8.33; 13.4
[r] Lv 15.19; 18.19
[s] Gn 17.12; comp. Lc 1.59; 2.21
[t] Comp. Jo 1.29; 1Pe 1.18,19
[u] Lv 5.7
[v] Veja Lv 16.6, nota
[w] Veja v. 3, nota
[x] Lc 2.22-24
[y] v. 1-28; comp. 14.56
[z] Dt 17.8,9; 24.8; Ml 2.7; Lc 17.14

[1] (12.3) Lc 2.21-24 com os v. 3,4 mostra que nosso Senhor foi apresentado no templo depois de quarenta dias (sete mais 33 dias). A pobreza de José e Maria foi enfatizada pela oferta das rolinhas ou pombinhos (v. 8).

[2] (13.2) Do ponto de vista médico, os sintomas descritos nos cap. 13–14 não são os da enfermidade hoje conhecida como lepra, denominada com mais precisão de hanseníase, uma enfermidade atualmente curável. A lepra na Bíblia, como em Nm 12.10-15; 2Rs 5; Lc 5.12-14 e em seções destes dois capítulos de Levítico, era algo muito pior.

Na Bíblia, lepra fala de pecado, 1) pois se manifesta de maneiras repugnantes e 2) por ser humanamente incurável. O antítipo aplicado ao povo de Deus é "pecado", que requer julgamento (1Co 11.31), e "pecados" que requerem confissão e purificação (1Jo 1.9).

4 Se a mancha lustrosa na pele for branca, e não parecer mais profunda do que a pele, e o pelo não se tornou branco, então, o sacerdote isolará durante [a]sete dias o que tem a praga.

5 Ao sétimo dia, o sacerdote o examinará e, se no seu parecer, a praga não mudou e não se estendeu na sua pele, então o sacerdote o isolará por outros sete dias.

6 No sétimo dia, o sacerdote o examinará outra vez e, se perceber que a praga se escureceu e não se estendeu na pele, então o sacerdote o declarará limpo; é apenas uma erupção. O homem [b]lavará as suas vestes e será limpo.

7 Se, porém, a erupção se estender muito na pele, depois de ele ter sido examinado pelo sacerdote, outra vez será mostrado ao sacerdote.

8 O sacerdote o examinará e, se a erupção se tiver estendido na pele, o declarará imundo; é lepra.

9 **Q**uando no homem houver praga de lepra, será levado ao sacerdote.

10 [c]O sacerdote o examinará e, se houver inchação branca na pele, a qual tornou o pelo branco e houver carne viva no inchaço,

11 é lepra envelhecida na sua pele, e o sacerdote o declarará imundo. Não o isolará, porque já é imundo.

12 Se a lepra florescer de todo na pele e cobrir toda a pele do que tem a praga, desde a sua cabeça até os seus pés, quanto podem ver os olhos do sacerdote,

13 o sacerdote o examinará e, se a lepra tiver coberto toda a carne, declarará limpo o que tem a mancha. Toda a lepra se tornou [d]branca, o homem está limpo.

14 No dia em que aparecer nela carne viva, porém, será imundo.

15 Vendo o sacerdote a carne viva, o declarará imundo. A carne é imunda; é lepra.

16 Ou, tornando a carne viva e mudando-se em branca, ele virá ao sacerdote.

17 O sacerdote o examinará e, se a praga se tornou branca, o sacerdote declarará limpo o que tem a mancha; limpo está.

18 **S**e também a carne, em cuja pele houver alguma úlcera, se sarar,

19 e em lugar da erupção aparecer inchaço branco ou mancha lustrosa rosada, se mostrará ao sacerdote.

20 O sacerdote o examinará e, se ela parecer mais profunda do que a pele e o seu pelo se tornou branco, o sacerdote o declarará imundo. É praga de lepra que brotou da úlcera.

21 Se o sacerdote, porém, vendo-a, notar que o seu pelo não se tornou branco, nem está mais profunda do que a pele, mas escurecida, então o sacerdote o isolará durante sete dias.

22 Se depois ela grandemente se espalhar na pele, o sacerdote declarará imundo o homem; é praga.

23 Se, ao contrário, a mancha lustrosa permanecer no mesmo lugar, não se estendendo, é cicatriz da úlcera, e o sacerdote o declarará limpo.

24 **Q**uando na pele houver [e]queimadura e na parte queimada houver mancha lustrosa rosada ou branca,

25 o sacerdote a examinará e, se o pelo na mancha lustrosa se tornou branco, e ela parece mais profunda do que a pele, é lepra que brotou da queimadura. O sacerdote declarará imundo o homem; é praga de lepra.

26 Se o sacerdote, porém, constatar que a mancha lustrosa não está mais profunda do que a pele, e nela não aparece pelo branco, mas tiver escurecido, o sacerdote o isolará durante sete dias.

27 Ao sétimo dia, o sacerdote o examinará, e, se grandemente se houver estendido na pele, o sacerdote o declarará imundo; é praga de lepra.

28 Se, porém, a mancha lustrosa permanecer no seu lugar, não se estendendo, mas se tornando escura, é inchaço da queimadura, e o sacerdote o declarará limpo; é cicatriz da queimadura.

29 Quando o homem ou a mulher tiver [f]chaga na cabeça ou na barba,

30 o sacerdote examinará a chaga e, se perceber que ela parece mais profunda do que a pele e houver nela pelo amarelo fino, o sacerdote declarará imunda a pessoa; é sarna, é lepra da cabeça ou da barba.

31 Se, contudo, o sacerdote, havendo examinado a praga da sarna, achar que ela não parece mais profunda do que a pele, e nela não houver pelo preto, então o sacerdote isolará o que tem a praga da sarna durante [g]sete dias.

32 Ao sétimo dia, examinará a praga e, se a sarna não se tiver estendido, e nela não houver pelo amarelo nem parecer mais profunda do que a pele,

33 então o homem se rapará, exceto a área afetada pela sarna, e o sacerdote o isolará por mais sete dias.

34 Ao sétimo dia, o sacerdote examinará a sarna e, se ela não se houver estendido na pele e não parecer mais profunda do que a pele, o sacerdote declarará limpo o homem. Este lavará as suas vestes e será limpo.

35 Se, porém, a sarna, depois da sua purificação, se [h]estender grandemente na pele,

36 o sacerdote o examinará e, se a sarna se tiver estendido na pele, o sacerdote não buscará pelo amarelo; o homem está imundo.

[a] Lv 14.8
[b] Lv 11.25; comp. Jo 13.8,10
[c] v. 1-28; comp. Nm 12.10,12; 2Rs 5.27; 2Cr 26.20
[d] Comp. Êx 4.6
[e] Is 3.24
[f] v. 29-46; comp. 14.54
[g] v. 4,6
[h] v. 7,27

37 Se, contudo, a sarna, a seu ver, parou, e nela cresceu pelo preto, ela está curada. Limpo está o homem, e o sacerdote o declarará limpo.

38 **Q**uando o homem ou a mulher tiver manchas lustrosas brancas na pele,

39 o sacerdote as examinará, e, se na pele aparecem manchas escurecidas, é impigem que floresceu na pele; está limpo.

40 **Q**uando alguém perder os cabelos da cabeça, e for calvo, está limpo.

41 Se perder os cabelos da frente e ficar com a testa calva, é limpo.

42 Se, porém, na [i]parte calva houver ferida de cor avermelhada, é lepra que está brotando na sua calvície da frente ou de trás da cabeça.

43 Havendo o sacerdote examinado e constatado que o inchaço da praga na calvície da frente ou de trás da cabeça é avermelhada, como parece a lepra na pele,

44 leproso é aquele homem, e está imundo. O sacerdote o declarará totalmente imundo; na sua [j]cabeça está a praga.

45 **T**ambém o leproso, em quem está a praga, andará com as vestes rasgadas, a cabeça [k]descoberta e os cabelos soltos, mas [l]cobrirá o bigode, e gritará: [m]Imundo! Imundo!

46 Será imundo todos os dias em que a praga estiver nele. É imundo, e habitará [n]só; a sua habitação será [o]fora do arraial.

47 **Q**uando houver praga de [1]lepra em alguma veste de lã ou de linho,

48 quer no fio entrelaçado, quer no fio tecido, seja de linho ou de lã, ou em pele, ou em qualquer obra de peles,

49 e a praga na veste, na pele, no fio entrelaçado ou tecido, ou em qualquer coisa de peles, for verde ou vermelha, é praga de lepra, pelo que se mostrará ao sacerdote.

50 O sacerdote examinará a praga e isolará o objeto que tem a praga durante sete dias.

51 Então examinará a praga ao sétimo dia e, se a praga se houver estendido na veste, no fio entrelaçado ou tecido, na pele, ou sobre qualquer obra feita de pele, é lepra [p]roedora; o objeto é imundo.

52 Pelo que se queimará aquela veste, ou o fio entrelaçado ou tecido, seja de lã ou de linho, ou qualquer obra de peles em que houver a praga, porque é lepra roedora; ao fogo se queimará.

53 **E**xaminando-a, porém, o sacerdote, se a praga não se estendeu na veste, no fio entrelaçado ou tecido, ou em qualquer obra de peles,

54 então o sacerdote ordenará que se lave aquilo em que havia a praga e o isolará por mais sete dias.

55 Se, depois de lavada, o sacerdote constatar que a praga não mudou o seu parecer, nem se estendeu, o objeto é imundo. Ao fogo se queimará; é praga penetrante, seja no avesso ou no direito.

56 **S**e o sacerdote, porém, notar que a mancha se escureceu depois de lavada, então a rasgará da veste, ou da pele, ou do fio entrelaçado ou tecido.

57 Se, contudo, ainda aparecer na veste, ou no fio entrelaçado ou tecido ou em qualquer coisa de peles, é lepra brotante, e ao fogo queimarás o objeto em que há a praga.

58 Se, porém, a veste, ou fio entrelaçado ou tecido, ou qualquer coisa de peles, que lavares, e de que a praga se retirar, se lavará segunda vez, e será limpo.

59 Esta é a lei da praga da lepra na veste de lã, ou de linho, ou do fio entrelaçado ou tecido, ou de qualquer coisa de peles, para determinar se são limpos ou imundos.

Um Deus santo – um povo santo:
(4) a lei da purificação do leproso

14 Disse o Senhor a Moisés:

2 Esta será a [q]lei do leproso no dia da sua purificação, quando for levado ao [r]sacerdote:

3 O sacerdote irá para [2]fora do arraial e o examinará. Se a praga da lepra estiver curada,

4 o sacerdote ordenará que, por aquele que deve ser purificado, se tragam duas [3]aves vivas e limpas, [s]madeira de cedro, [t]carmesim e [u]hissopo.

5 Mandará também que se imole uma ave num [4]vaso de barro sobre águas correntes.

6 **T**omará a ave viva, a madeira de cedro, com o pano vermelho e o hissopo e os molhará com a ave viva no sangue da ave morta sobre as águas correntes.

[i] Comp. 2Cr 26.19
[j] Is 1.5
[k] Comp. Lv 10.6; 21.10
[l] Comp. Ez 24.17,22
[m] Comp. Jó 40.4; Sl 51.3,5; Is 6.5; 64.6; Lc 5.8
[n] 2Cr 26.21; Sl 38.11
[o] Nm 5.1-4; 12.14
[p] v. 47-59; comp. 14.55
[q] v. 2-32; Dt 24.8
[r] Mt 8.4; Mc 1.44; Lc 5.14; 17.14
[s] v. 49-52; Nm 19.6; Hb 9.19
[t] Êx 25.4
[u] Êx 12.22

[1] (13.47) "Praga de lepra" provavelmente se refere a algum tipo de mofo ou fungo. Veja tb. Lv 13.2, *nota*.

[2] (14.3) Como tipo da salvação do evangelho, os pontos principais são: 1) o leproso não faz nada (Rm 4.4,5); 2) o sacerdote busca o leproso, não o leproso busca o sacerdote (Lc 19.10); 3) "sem derramamento de sangue não há remissão" (Hb 9.22), e 4) "se Cristo não foi ressuscitado, é vã a vossa fé, e ainda permaneceis nos vossos pecados" (1Co 15.17).

[3] (14.4) A ave morta e a ave viva molhada no sangue e solta apresentam os dois aspectos da salvação indicados em Rm 4.25. Cristo "foi entregue por nossos pecados e ressurgiu para a nossa justificação".

[4] (14.5) O vaso de barro é um tipo da humanidade de Cristo, e as águas vivas (correntes) são um tipo do Espírito Santo como o "espírito de vida" (Rm 8.2). Cristo foi "morto na carne, mas vivificado pelo Espírito" (1Pe 3.18).

7 Sobre aquele que deve ser purificado da
lepra, espargirá sete vezes e o declarará limpo.
Então soltará no campo a ave viva.
8 Aquele que deve ser [v]purificado [w]lavará as
suas vestes, rapará todos os seus pelos e se
lavará com água; assim será limpo. Depois
entrará no arraial, mas ficará fora da sua tenda
por [x]sete dias.
9 Ao [y]sétimo dia, rapará o cabelo, a cabeça, a
barba, as sobrancelhas e o restante do seu pelo.
Lavará as suas vestes e banhará o corpo com
água; e então será limpo.
10 **N**o oitavo dia, tomará dois cordeiros sem
defeito, uma ovelha sem defeito, de um ano, três
décimos de um efa de flor de farinha para oferta
de cereais amassada com azeite e uma [z]caneca
de azeite.
11 O sacerdote que faz a purificação apresen-
tará perante o Senhor o homem que deve ser
purificado com aquelas coisas, na entrada da
tenda da congregação.
12 Então o sacerdote tomará um dos cordei-
ros e o oferecerá como oferta pela culpa, com
a caneca de azeite; ele os moverá por oferta
movida perante o Senhor.
13 Então imolará o cordeiro no [a]lugar em que
se imola a oferta pelo pecado e o holocausto,
no lugar santo. Tanto a oferta pela culpa como
a oferta pelo pecado pertencem [b]ao sacerdote; é
coisa santíssima.
14 O sacerdote tomará do sangue da oferta pela
culpa e o [c]porá sobre a ponta da orelha direita
daquele que deve ser purificado e sobre o pole-
gar da sua mão direita, e sobre o polegar do seu
pé direito.
15 Também o sacerdote pegará azeite da
caneca e o derramará na palma da sua própria
mão esquerda.
16 Então molhará o dedo direito no azeite
que está na sua mão esquerda e daquele azeite
com o seu dedo [d]espargirá sete vezes perante
o Senhor.
17 Do restante do azeite que está na sua mão,
o sacerdote porá sobre a ponta da orelha direita
daquele que se há de purificar, e sobre o dedo
polegar da sua mão direita, e sobre o dedo pole-
gar do seu pé direito, em cima do sangue da
oferta pela culpa.
18 O restante do azeite que está na mão do
sacerdote, este o porá sobre a cabeça daquele
que deve ser purificado; assim o sacerdote fará
[e]expiação por ele perante o Senhor.
19 Também o sacerdote oferecerá a [f]oferta pelo
pecado e fará expiação por aquele que deve
ser purificado da sua imundícia. Depois imo-
lará o holocausto
20 e o oferecerá com a oferta de cereais sobre o
altar; assim o sacerdote fará [g]expiação pelo ofer-
tante, que ficará [h]limpo.
21 Se, porém, for [i]pobre, e os seus recursos insu-
ficientes, tomará apenas um cordeiro para oferta
pela culpa como oferta movida, para fazer expia-
ção por ele. Levará a décima parte de um efa de
flor de farinha amassada com azeite, para oferta
de cereais, e uma caneca de azeite,
22 duas rolinhas ou dois pombinhos, conforme
os seus recursos, dos quais um será para oferta
pelo pecado, e o outro, para holocausto.
23 Ao oitavo dia da sua purificação os trará ao
sacerdote, à entrada da tenda da congregação,
perante o Senhor.
24 O sacerdote tomará o cordeiro da oferta pela
culpa e a caneca de azeite e os moverá por oferta
movida perante o Senhor.
25 Então o sacerdote imolará o cordeiro da
oferta pela culpa e pegará do sangue da oferta
pela culpa e o porá sobre a ponta da orelha
direita daquele que deve ser purificado, e sobre
o polegar da sua mão direita, e sobre o polegar
do seu pé direito.
26 Também o sacerdote derramará do azeite na
palma da sua própria mão esquerda
27 e com o dedo indicador direito espargirá o
azeite sete vezes perante o Senhor.
28 Do azeite que tem na mão porá na ponta da
orelha direita daquele que deve ser purificado,
no polegar da sua mão direita e no polegar do
seu pé direito, no mesmo lugar em que pôs o
sangue da oferta pela culpa.
29 O que sobrar do azeite que tem na mão,
o sacerdote porá sobre a cabeça do que deve
ser purificado, para fazer expiação por ele
perante o Senhor.
30 Depois oferecerá uma das rolinhas ou um
dos pombinhos, conforme os seus recursos.
31 Será um para oferta pelo pecado e o outro
para holocausto, além da oferta de cereais.
Assim o sacerdote fará expiação por aquele que
deve ser purificado perante o Senhor.
32 Esta é a lei daquele em quem está a praga
da lepra, cujos recursos são [j]insuficientes para a
sua purificação.

A lei acerca da lepra numa casa

33 **D**isse o Senhor a Moisés e a Arão:
34 **Q**uando entrardes na terra de Canaã, que vos
[k]darei por propriedade, e eu enviar [l]a praga da
[1]lepra a alguma casa da terra que vos pertence,

[v] Comp. Nm 8.7
[w] Lv 13.6
[x] Lv 13.5
[y] Comp. Nm 19.19
[z] Veja pesos e medidas (AT): 2Cr 2.10, nota
[a] Lv 1.11
[b] Lv 6.24-30
[c] Lv 8.23,24
[d] Comp. Lv 4.6
[e] Veja Lv 16.6, nota
[f] Comp. 2Co 5.21
[g] Veja Lv 16.6, nota
[h] Lv 14.8,9
[i] Lv 5.11; 12.8; 27.8
[j] v. 21-32
[k] Gn 12.7; 13.17; 17.8; Dt 32.49
[l] Pv 3.33

[1] (14.34) Assim como no caso da lepra em relação às vestes (13.47ss.), esta passagem provavelmente se refere a algum tipo de mofo ou fungo. Veja tb. Lv 13.2, *nota*.

35 o dono da casa o fará saber ao sacerdote, dizendo: Parece-me que há [m]praga em minha casa.

36 O sacerdote ordenará que esvaziem a casa antes de ir examinar a praga, para que não seja contaminado tudo o que nela há. Depois entrará o sacerdote para examinar a casa.

37 Se, ao examinar a praga, notar nas paredes da casa manchas verdes ou vermelhas, parecendo mais profundas do que a parede,

38 o sacerdote sairá da casa e a isolará durante sete dias.

39 Ao sétimo dia, o sacerdote voltará e, se constatar que a praga se alastrou pelas paredes da casa,

40 ordenará que arranquem as pedras em que estiver a praga e que as lancem fora da cidade num lugar imundo.

41 Fará raspar toda a casa por dentro, e o pó da raspagem será lançado fora da cidade, num lugar imundo.

42 Depois tomarão outras pedras e as porão no lugar das primeiras, e a casa será rebocada com outra argamassa.

43 **S**e, porém, a praga tornar a brotar, depois de arrancadas as pedras e de a casa ter sido raspada e rebocada,

44 o sacerdote voltará para examinar. Se a praga se tiver estendido na casa, é lepra [n]maligna, e a casa está imunda.

45 Portanto será demolida a casa com as suas pedras, a sua madeira, como também todo o reboco, e tudo será levado para fora da cidade, a um lugar imundo.

46 Aquele que entrar na casa, em qualquer dia em que estiver fechada, será [o]imundo até a tarde.

47 Também o que dormir ou comer em tal casa, [p]lavará as suas vestes.

48 **S**e, porém, ao entrar na casa o sacerdote notar que a praga não se estendeu nela depois de ter sido rebocada, declarará a casa limpa, porque a praga está curada.

49 Para purificar a casa, [q]tomará duas aves, madeira de cedro, pano vermelho e hissopo.

50 Imolará uma ave num vaso de barro sobre águas correntes.

51 Então tomará a madeira de cedro, o hissopo, o pano vermelho e a ave viva e os molhará no sangue da ave morta, e nas águas correntes, e espargirá a casa sete vezes.

52 Assim purificará aquela casa com o sangue da ave, com as águas correntes, com a ave viva, com a madeira de cedro, com o hissopo e com o pano vermelho.

53 Então soltará a ave viva para fora da cidade, para o campo aberto. Assim fará [r]expiação pela casa, e ela será limpa.

54 **E**sta é a lei referente a toda a sorte de [s]praga de lepra, de sarna,

55 da lepra dos [t]vestuários e das casas,

56 do inchaço, da erupção e das manchas lustrosas,

57 para [u]determinar quando qualquer coisa é limpa ou imunda. Esta é a lei da lepra.

Um Deus santo – um povo santo:
(5) a necessidade de purificação
(Jo 13.3-10; Ef 5.25-27; 1Jo 1.9)

15 **D**isse o Senhor a Moisés e a Arão:

2 Falai aos filhos de Israel e dizei-lhes: Qualquer homem que tiver um [v]fluxo que sai do seu corpo, será imundo por causa do fluxo.

3 Esta é a lei da imundícia: Quer o fluxo continue a escorrer, quer seja estancado, ele é imundo.

4 Toda cama em que o homem que tiver o fluxo se deitar será imunda, e toda coisa sobre o que se assentar será imunda.

5 Quem lhe [w]tocar na cama [x]lavará as vestes, se banhará em água e será imundo até a tarde.

6 Quem se assentar sobre aquilo em que esteve assentado o que tem o [y]fluxo, lavará as vestes, se banhará em água e será imundo até a tarde.

7 Quem tocar no corpo do que tem o fluxo lavará as vestes, se banhará em água e será imundo até a tarde.

8 Se o homem que tem o fluxo [z]cuspir numa pessoa limpa, esta lavará as suas vestes, se banhará em água e será imunda até a tarde.

9 Toda a sela em que cavalgar o que tem o fluxo será imunda,

10 e qualquer que tocar em alguma coisa que estiver debaixo dele será imundo até à tarde; qualquer que levar essas coisas lavará as suas vestes, se banhará em água e será imundo até a tarde.

11 Todo aquele em quem o que tem fluxo tocar, sem que este tenha lavado as mãos em água, lavará as suas vestes, se banhará em água e será imundo até a tarde.

12 O [a]vaso de barro em que tocar o que tem o fluxo será quebrado; mas todo vaso de madeira será lavado em água.

13 **Q**uando, pois, o que tem o fluxo estiver limpo do seu fluxo, se [b]contarão sete dias para a sua purificação; então lavará as suas vestes, se banhará em águas correntes e será limpo.

14 No oitavo dia, tomará [c]duas rolinhas ou dois pombinhos e virá perante o Senhor, à entrada da tenda da congregação, e os dará ao sacerdote.

15 O sacerdote os oferecerá, um para oferta pelo pecado, e o outro, em [d]holocausto. Assim o sacerdote fará por ele expiação do seu fluxo perante o Senhor.

[m] Sl 91.10
[n] Lv 13.51; Zc 5.4
[o] Lv 11.24; 15.5
[p] Lv 14.8
[q] v. 49-53; comp. Lv 14.4-8
[r] Veja Lv 16.6, nota
[s] Lv 13.30
[t] Lv 13.47
[u] Lv 10.10; 11.47; 20.25
[v] Lv 22.4; Nm 5.2; 2Sm 3.29
[w] Lv 14.46
[x] Lv 14.8,47
[y] Lv 15.10; Dt 23.10
[z] Nm 12.14
[a] Lv 6.28; 11.33
[b] v. 28; Lv 14.8; Nm 19.11,12
[c] Lv 14.22,30,31
[d] Lv 5.7

16 Quando um homem tiver uma emissão de [e]sêmen, banhará todo o seu corpo em água e será imundo até a tarde.

17 Também todo vestuário e toda pele em que houver sêmen, se lavarão em água e serão imundos até a tarde.

18 Quando um homem se deitar com uma mulher e houver emissão de sêmen, ambos se banharão em água e serão [f]imundos até a tarde.

19 **Q**uando uma [g]mulher tiver o fluxo menstrual, e o fluxo de seu corpo for sangue, ficará sete dias na impureza da sua menstruação, e qualquer que nela tocar será imundo até a tarde.

20 Tudo aquilo sobre o que ela se deitar durante a sua impureza será imundo, e tudo aquilo sobre o que se assentar será imundo.

21 Todo aquele que tocar na sua cama lavará as suas vestes, se banhará em água e será imundo até a tarde.

22 Quem tocar em alguma coisa sobre o que ela tiver assentado, lavará as suas vestes, se banhará em água e será imundo até a tarde.

23 Quem tocar em alguma coisa que estiver sobre a cama, ou sobre aquilo em que ela se assentou, ficará imundo até a tarde.

24 Se um homem se [h]deitar com ela, e a sua menstruação o atingir, ficará imundo durante sete dias; também toda cama sobre a qual ele se deitar será imunda.

25 **Q**uando uma mulher tiver [i]fluxo sanguíneo por muitos dias fora do tempo da sua menstruação, ou quando o fluxo se prolongar além do costume, ficará imunda enquanto durar o fluxo, como nos dias da sua menstruação.

26 Toda cama em que se deitar todos os dias do seu fluxo será como a cama da sua menstruação e toda coisa sobre a qual se assentar será imunda, conforme a imundícia da sua menstruação.

27 Quem tocar em alguma dessas coisas ficará imundo; portanto, lavará as suas vestes, se banhará em água e será imundo até a tarde.

[e] Lv 22.4; Dt 23.10,11
[f] Comp. 1Sm 21.4
[g] Lv 12.2
[h] Lv 18.19; 20.18
[i] Mt 9.20
[j] Lv 5.7
[k] Veja Lv 16.6, nota
[l] Lv 14.57; 22.2
[m] Lv 20.3; Nm 19.13,20; Ez 36.17
[n] Israel (história): v. 1-34; Nm 3.1 (Gn 12.2; Rm 11.26)
[o] Lv 10.1,2
[p] Êx 30.10; Lv 16.34; Hb 9.7,8; comp. Hb 4.16; 10.19
[q] Êx 25.21,22
[r] Lv 4.1-12
[s] v. 24
[t] Lv 4.14
[u] Sacrifício (tipológico): v. 2-34; Lv 17.11 (Gn 3.15; Hb 10.18, nota)

28 Quando ela estiver livre do seu fluxo, se contarão sete dias, e depois será limpa.

29 Ao oitavo dia, tomará duas rolinhas, ou dois pombinhos, e os trará ao sacerdote, à entrada da tenda da congregação.

30 O sacerdote oferecerá um deles como oferta pelo pecado, e o outro, em [j]holocausto. Assim fará por ela [k]expiação diante do Senhor por causa da impureza do seu fluxo.

31 **A**ssim [l]separareis os filhos de Israel das suas imundícias, para que não morram nas suas imundícias, [m]contaminando o meu tabernáculo, que está no meio deles.

32 Esta é a lei a respeito do homem que tem fluxo, daquele que ficou imundo em virtude de emissão de sêmen,

33 da mulher em seu período menstrual, da pessoa que tem fluxo, seja homem ou mulher, e do homem que se deita com mulher imunda.

IV. O Dia da Expiação, 16

O Dia da Expiação: Cristo como sumo sacerdote e sacrifício (Hb 9.1-14)

16 O Senhor falou a [n]Moisés, depois da morte dos [o]dois filhos de Arão, que morreram quando se aproximaram do Senhor.

2 Disse o Senhor a Moisés: Dize a Arão, teu irmão, que não entre no Santíssimo Lugar a qualquer [p]hora, além do véu, diante do propiciatório que está sobre a arca, para que não morra; porque eu [q]apareço na nuvem sobre o propiciatório.

3 Deste modo Arão entrará no santuário: com um novilho para [r]oferta pelo pecado e um carneiro para holocausto.

4 Vestirá ele a sagrada túnica de linho, terá os calções de linho sobre o corpo, porá um cinto de linho e se cobrirá com um turbante de linho. Essas são vestes sagradas; por isso ele se [s]banhará com água, antes de vesti-las.

5 Da [t]congregação dos filhos de Israel tomará dois [1]bodes para [u]oferta pelo pecado e um carneiro para holocausto.

---

[1] (16.5) Os dois bodes. A oferta que o sumo sacerdote fazia por si mesmo não tem antítipo em Cristo (Hb 7.26,27). O interesse tipológico centraliza-se nos dois bodes e no sumo sacerdote. Tipologicamente, 1) tudo é realizado pelo sumo sacerdote (Hb 1.3, "havendo feito por si mesmo"); a pessoa só trazia o sacrifício (Mt 26.47,50; 27.24,25). 2) O bode morto ("a sorte pelo Senhor", v. 8) é o aspecto da morte de Cristo que vindica a santidade e a justiça de Deus tal como se expressa na Lei (Rm 3.24-26) e é um aspecto expiatório. 3) O bode vivo é um tipo do aspecto da obra de Cristo que tira nossos pecados de diante de Deus (Hb 9.26; Rm 8.33,34). 4) Ao entrar no Santo dos Santos, o sumo sacerdote é um tipo de Cristo entrando "pelo seu próprio sangue [...] no mesmo céu" (Hb 9.11,12,24). O seu sangue fez que aquilo que, de outra maneira, teria de ser um trono de juízo (Hb 4.16), agora seja um "trono da graça". 5) Para nós, os sacerdotes da Nova Aliança, há um véu rasgado, algo que Israel nunca teve (Mt 27.51; Hb 10.19,20). De modo que, em virtude do sangue de Cristo (Hb 4.14-16; 10.19-22), entramos onde ele está, no Santo dos Santos, para adoração e bênção.

A expiação de Cristo, conforme prefigurada pelos tipos do AT, tem os seguintes elementos necessários: 1) É substitutiva: a oferta toma o lugar do ofertante na morte. 2) A Lei não é contornada, mas honrada: a morte no sacrifício era uma execução da sentença da Lei. 3) A impecabilidade daquele que levou nossos pecados é manifesta em cada animal para o sacrifício: tinha de ser sem mácula. 4) O efeito da obra expiatória de Cristo é tipificada a) na promessa "e lhe será perdoada" (Lv 6.7) e b) na oferta pacífica, a expressão de comunhão, o mais alto privilégio do crente. Veja Êx 29.33, *nota*.

6 Arão trará o novilho da sua [1]oferta pelo pecado e fará expiação por [v]si e pela sua casa.

7 Também tomará ambos os bodes e os porá perante o Senhor, na entrada da tenda da congregação.

8 Arão lançará sortes sobre os dois bodes: uma pelo Senhor, e a outra, pelo bode emissário.

9 Arão fará chegar o bode, sobre o qual cair a sorte pelo Senhor, e o oferecerá como oferta pelo pecado.

10 O bode escolhido por sorte como o bode emissário, porém, será apresentado vivo diante do Senhor, para fazer com ele [w]expiação a fim de ser enviado ao deserto como bode emissário.

O sacrifício pelo próprio sumo sacerdote

11 **A**rão trará o novilho da oferta pelo seu [x]próprio pecado e fará [y]expiação por si e pela sua casa; imolará o novilho da oferta pelo seu próprio pecado.

12 Tomará também o incensário cheio de brasas de fogo do [z]altar, diante do Senhor, e tomará dois punhados de [a]incenso aromático moído e levará tudo para trás do véu.

13 Porá o incenso sobre o fogo perante o Senhor, e a nuvem do incenso cobrirá o propiciatório, que está sobre o Testemunho, para que [b]não morra.

14 [c]Tomará do sangue do novilho e, com o seu dedo, o espargirá sobre a frente oriental do propiciatório; e perante o propiciatório espargirá sete vezes do sangue com o seu dedo.

O sacrifício pelo povo

15 **D**epois, imolará o bode da oferta pelo pecado do [d]povo e trará o seu sangue para trás do véu; fará com o seu sangue como fez com o sangue do novilho: o espargirá sobre o propiciatório e diante do propiciatório.

16 Assim fará expiação pelo [e]Santíssimo Lugar por causa das impurezas dos filhos de Israel e das suas rebeldias, segundo todos os seus pecados. Procederá da mesma forma para com a tenda da congregação que está entre eles, no meio das suas impurezas.

17 [f]Nenhum homem estará na tenda da congregação desde quando ele entrar para fazer propiciação no Santíssimo Lugar até sair, tendo feito expiação por si mesmo, pela sua casa e por toda a congregação de Israel.

18 Então [2]sairá ao altar, que está diante do Senhor, e fará [g]expiação por ele. Tomará do sangue do novilho e do sangue do bode e os porá sobre as pontas do altar ao redor.

19 Daquele sangue espargirá, com o seu dedo, sete vezes sobre o altar, e o purificará das impurezas dos filhos de Israel, e o santificará.

O bode expiatório (2Co 5.21)

20 **T**erminada a [h]purificação do Santíssimo Lugar, da tenda da congregação e do altar, Arão trará o bode vivo.

21 Porá ambas as mãos sobre a cabeça do bode vivo e sobre ele [i]confessará todas as iniquidades dos filhos de Israel, e todas as suas rebeldias, segundo todos os seus pecados, fazendo-os assim cair sobre a cabeça do bode. E o enviará ao deserto pela mão de um homem designado para isso.

22 O bode [j]levará sobre si todas as iniquidades deles para terra solitária; e o homem [k]soltará o bode no deserto.

23 **D**epois, Arão entrará na tenda da congregação, [l]tirará as vestes de linho, que havia vestido antes de entrar no Santíssimo Lugar, e ali as deixará.

24 Banhará o corpo em água no lugar santo e vestirá as suas vestes. Então sairá e preparará o seu holocausto e o holocausto do povo, e fará [m]expiação por si e pelo povo.

25 Também queimará a [n]gordura da oferta pelo pecado sobre o altar.

26 O homem que tiver soltado o bode emissário lavará as suas vestes e banhará o corpo em água; depois entrará no arraial.

27 O novilho da oferta pelo pecado, porém, e o bode da oferta pelo pecado, cujo sangue

[v] Hb 5.3
[w] Comp Is 53.5,6; Hb 7.27; 9.23,24
[x] Hb 9.7
[y] Veja v. 6, nota; Lv 17.11
[z] Comp. Is 6.6,7
[a] Êx 30.34-38
[b] Êx 28.43; Nm 4.15,20
[c] Hb 9.25
[d] Hb 7.27
[e] Êx 30.10
[f] Comp. Êx 34.3; Lc 1.10
[g] Êx 29.36
[h] Heb. kâphar (de kippur), cobrir. Veja 16.6, nota; comp. Êx 29.33, nota
[i] Lv 5.5; 26.40
[j] Lv 8.14; comp. Is 53.6
[k] Comp. Lv 14.7
[l] Lv 6.11
[m] Veja v. 6, nota; Lv 17.11
[n] Lv 1.8

[1] (16.6) Expiação. O uso bíblico e o significado da palavra devem ser claramente entendidos no seu uso teológico. Na teologia, expiação é um termo que cobre toda a obra de sacrifício e redenção de Cristo. No AT, expiação é a palavra usada para traduzir as palavras hebraicas que significam *coberta*, *cobertura* ou *cobrir*. As ofertas levíticas "cobriram" os pecados de Israel até a cruz e em antecipação a ela, mas não os "tiraram" (Hb 10.4). Estes eram os pecados cometidos no período do AT (cobertos de modo provisório pelos sacrifícios levíticos), que Deus deixou de lado (ou *passou por cima*, Êx 12.13; Lv 16.15,16). Com este *passar por cima*, a justiça de Deus não foi vindicada até a cruz, com Jesus Cristo, o qual "Deus [...] propôs para propiciação". Veja Propiciação, Rm 3.25, *nota*. O que completou a redenção foi a cruz, não os sacrifícios levíticos. Os sacrifícios do AT permitiram que Deus continuasse tratando com um povo culpado, porque aqueles sacrifícios eram tipos da cruz. Para quem os oferecia, eram a confissão de que mereciam a morte e eram a expressão de sua fé; para Deus, eram as "sombras" das boas coisas futuras, as quais se fizeram realidade em Cristo (comp. Hb 10.1). Veja Êx 29.33, *nota*.

[2] (16.18) Do ponto de vista dispensacional, para Israel isto ainda ocorrerá no futuro; Cristo, o Sumo Sacerdote, ainda está dentro do Santo dos Santos. Quando ele se manifestar para seu antigo povo, eles se converterão e serão restaurados (Rm 11.23-27; comp. Zc 12.10-12; 13.1; Ap 1.7). Entretanto, os crentes na Era da Igreja, como sacerdócio santo, entram no Santo dos Santos onde ele está (1Pe 2.9; Hb 10.19-22).

foi trazido para o Santíssimo Lugar para fazer expiação, serão levados para fora do arraial. As peles, a carne e o excremento serão [o]queimados com fogo.

28 Aquele que os queimar lavará as suas vestes, banhará o corpo em água e, depois, entrará no arraial.

A festa anual das expiações

29 Isto vos será por estatuto perpétuo: No [p]sétimo mês, aos dez do [q]mês, afligireis as vossas almas e nenhuma obra fareis, nem o natural nem o estrangeiro que peregrina entre vós,

30 porque [1]nesse dia se fará expiação por vós, para serdes purificados. Diante do Senhor sereis purificados de todos os vossos pecados.

31 Será sábado de descanso para vós, e [r]afligireis as vossas almas; é estatuto perpétuo.

32 O sacerdote que for [s]ungido e ordenado para administrar o sacerdócio no lugar de seu pai fará a expiação. Porá as vestes sagradas de linho

33 e fará expiação pelo Santíssimo Lugar, pela tenda da congregação e pelo altar, pelos sacerdotes e por todo o povo da congregação.

34 Isto vos será por estatuto perpétuo, para fazer expiação pelos filhos de Israel de todos os seus pecados, uma vez por ano. E fez Arão como o Senhor ordenara a [t]Moisés.

O lugar aceitável para o sacrifício (ainda a ser revelado)

17 Disse o Senhor a Moisés:

2 Fala a Arão e aos seus filhos, e a todos os filhos de Israel, e dize-lhes: Isto é o que o Senhor ordenou:

3 Qualquer homem da casa de Israel que imolar boi, ou cordeiro, ou cabra, no arraial ou fora dele,

4 e não os trouxer à entrada da tenda da [u]congregação, para oferecê-lo ao Senhor diante do seu tabernáculo, tal homem será considerado culpado de derramamento de sangue; derramou sangue, esse homem será eliminado do seu povo.

5 Isso é [v]para que os filhos de Israel tragam os seus sacrifícios, que agora imolam no campo aberto, e os apresentem ao Senhor, à entrada da tenda da congregação, ao sacerdote, e os ofereçam por sacrifícios pacíficos ao Senhor.

6 O sacerdote espargirá o sangue sobre o altar do Senhor, à entrada da tenda da congregação, e [w]queimará a gordura por cheiro suave ao Senhor.

7 Nunca mais oferecerão os seus sacrifícios aos [x]demônios, com os quais se prostituem. Isto lhes será por estatuto perpétuo pelas suas gerações.

8 Dize-lhes: Qualquer homem da casa de Israel, ou dos [y]estrangeiros que peregrinam entre vós, que oferecer holocausto ou sacrifício

9 e não o [z]trouxer à entrada da tenda da [a]congregação, para oferecê-lo ao Senhor, esse homem será eliminado do seu povo.

O significado do sangue

10 Qualquer homem da casa de Israel, ou dos estrangeiros que peregrinam entre eles, que comer [b]sangue, contra ele [c]porei o meu rosto e o eliminarei do seu povo.

11 Pois a [d]vida da carne está no sangue, pelo que o tenho dado a vós para fazer [e]expiação pela vossa [f]vida sobre o [2]altar; é o [3]sangue que faz expiação pela vida.

12 Portanto digo aos filhos de Israel: Nenhum de vós comerá sangue, nem o estrangeiro que peregrine entre vós.

13 Também, qualquer homem dos filhos de Israel, ou dos estrangeiros que peregrinam entre eles, que caçar um animal selvagem ou uma ave própria para comer, derramará o seu sangue e o [g]cobrirá com pó,

14 porque a vida de toda criatura é o seu sangue. Por isso, eu disse aos filhos de Israel: Não comereis o sangue de nenhuma carne, porque a vida de toda carne é o seu sangue. Qualquer que o comer será eliminado.

[o] Lv 6.30; Hb 13.11
[p] Veja Lv 23.2, nota
[q] Lv 23.27-32
[r] Lv 23.27,32; comp. Is 58.3-5
[s] Lv 21.10
[t] Lei (de Moisés): v. 34; Lv 26.3 (Êx 19.1; Gl 3.24)
[u] Comp. Dt 5.5-21
[v] Ez 20.28; comp. Dt 12.1-27
[w] Êx 29.13
[x] Dt 32.17; Êx 34.16
[y] Lv 18.26
[z] v. 4
[a] Lv 14.23
[b] Lv 3.17; 7.26,27; Dt 12.16,23-25
[c] Lv 20.3,6
[d] Gn 9.4
[e] Veja Lv 16.6, nota
[f] Sacrifício (tipológico, profético): v. 11; Sl 22.1 (Gn 3.15; Hb 10.18, nota)
[g] Comp. Ez 24.7

[1] (16.30) O Dia da Expiação era o dia mais importante do calendário hebraico. Geralmente é chamado simplesmente de “o Dia”, e, atualmente, *Yom Kippur*.

No v. 31, é chamado de “sábado de descanso”. Era somente neste dia que o sumo sacerdote entrava no Santo dos Santos (Êx 30.10; comp. Hb 9.7,8) e apenas neste dia era dito ao povo que devia afligir sua alma (v. 29). O fato de que o sumo sacerdote entrava três vezes no Santo dos Santos e que o sangue da oferta pelo pecado era aspergido sete vezes diante do propiciatório enfatiza a importância deste sacrifício. Neste dia, se manifestou a dupla tipologia de tirar o pecado na morte de um dos bodes e ao enviar o outro (o bode expiatório) ao deserto. Veja tb. Nm 29.7-11.

[2] (17.11) Duas verdades especialmente importantes se encontram aqui: 1) O valor da “vida” é a medida do valor do “sangue”. Isto dá ao sangue de Cristo um valor inconcebível. Quando ele foi derramado, o Deus-homem sem pecado deu sua vida. “Porque é impossível que sangue de touros e de bodes tire os pecados” (Hb 10.4). 2) A eficácia não está no sangue nas veias da vítima do sacrifício, mas no sangue *sobre o altar*. As Escrituras nunca falam de salvação pela imitação ou influência da vida de Cristo, mas apenas por sua vida entregue na cruz.

[3] (17.11) Aqui é explicado o significado do sacrifício pelo pecado. Cada oferta desse tipo era uma execução da sentença da Lei sobre um substituto do ofensor e apontava para a morte substitutiva de Cristo, o único que vindicou a justiça de Deus quando passou por cima dos pecados daqueles que ofereceram sacrifícios tipológicos (Rm 3.24,25; veja Êx 29.33, *nota*).

15 Todo homem, quer natural, quer estrangeiro, que comer um animal morto ou dilacerado, lavará as suas vestes, se banhará em água e será imundo até a tarde; depois será limpo.

16 Se, porém, não as lavar nem banhar o corpo, levará sobre si a sua culpa.

V. Leis sobre os relacionamentos pessoais do povo remido, 18—20

Os relacionamentos e o comportamento do povo de Deus na terra: (1) casamentos ilícitos

18 **D**isse o Senhor a Moisés:

2 Fala aos filhos de Israel e dize-lhes: [h]Eu sou o Senhor, o vosso Deus.

3 Não [i]imitareis os costumes do Egito, onde habitastes, nem [j]os da terra de Canaã, para a qual vos conduzo, nem andareis segundo os seus estatutos.

4 Praticareis os meus juízos e guardareis os meus estatutos, para andardes neles. Eu sou o Senhor, o vosso Deus.

5 Portanto, os meus estatutos e os meus juízos guardareis, pois o homem que os cumprir, por eles viverá. Eu sou o Senhor.

6 **N**enhum de vós se chegará a qualquer parente próximo, para relacionar-se sexualmente com ele. Eu sou o Senhor.

7 Não [k]desonrarás o teu pai, nem a tua mãe. É tua mãe; não descobrirás a sua nudez.

8 Não te envolverás sexualmente com a [l]mulher de teu pai.

9 Não te envolverás sexualmente com a tua [m]irmã, quer seja filha de teu pai, quer filha de tua mãe, quer seja nascida em casa, quer fora dela.

10 Não te envolverás sexualmente com a filha de teu filho, ou com a filha de tua filha; pois te desonrarias a ti mesmo.

11 Não te envolverás sexualmente com a filha da mulher de teu pai, gerada de teu pai; ela é tua irmã.

12 Não te envolverás sexualmente com a irmã de teu pai; ela é parente próxima de teu pai.

13 Não te envolverás sexualmente com a irmã de tua mãe; ela é parenta próxima de tua mãe.

14 Não desonrarás o irmão de teu pai, aproximando-se da sua mulher com interesse sexual; ela é tua tia.

[h] Lv 11.44,45; 19.3
[i] Js 24.14; Ez 20.7,8
[j] Lv 18.24-30; Dt 12.30,31
[k] v. 7-16; comp. Lv 20.11-21
[l] Comp. Gn 35.22
[m] Dt 27.22
[n] Lv 20.14
[o] Ez 18.6
[p] Lv 15.24
[q] Pv 6.25-33
[r] Êx 20.14; Lv 20.10
[s] Lv 20.2-5; Dt 12.31
[t] 2Rs 16.3
[u] At 7.43
[v] Lv 20.13; Rm 1.27
[w] Êx 22.19
[x] Lv 20.23
[y] Nm 35.33,34
[z] Dt 9.5
[a] Lv 20.22
[b] Lv 22.9
[c] Lv 18.2

15 Não te envolverás sexualmente com a tua nora. Ela é mulher de teu filho; não te envolverás sexualmente com ela.

16 Não te envolverás sexualmente com a mulher de teu irmão; é desonra para teu irmão.

17 Não te envolverás sexualmente com uma mulher e sua [n]filha. Não tomarás a filha de seu filho nem a filha de sua filha, para se envolver sexualmente com ela; são parentes próximos. É maldade.

18 Não tomarás a irmã de tua esposa como esposa rival, para se envolver sexualmente com ela enquanto tua esposa viver.

(2) Uniões abomináveis

19 **N**ão te chegarás à mulher [o]durante a sua [p]menstruação, para se envolver sexualmente com ela.

20 [q]Não te deitarás com a [r]mulher de teu próximo, para te contaminares com ela.

21 Não darás nenhum de teus filhos para [s]ser [t]sacrificado a [u]Moloque, a fim de não profanares o nome do teu Deus. Eu sou o Senhor.

22 Com [v]homem não te deitarás, como se fosse mulher; é abominação.

23 Não te deitarás com um [w]animal, para te contaminares com ele. A mulher não se porá perante um animal, para juntar-se com ele; é depravação.

24 **C**om nenhuma dessas coisas vos contamineis, porque com todas essas coisas se contaminaram as nações que eu [x]expulso de diante de [1]vós.

25 Até a [y]terra foi contaminada; pelo que a [z]castiguei por sua iniquidade, e a terra [a]vomitou os seus moradores.

26 Mas vós guardareis os meus estatutos e os meus juízos; nenhuma dessas abominações fareis, nem o natural, nem o estrangeiro que peregrina entre vós,

27 pois todas essas abominações foram cometidas pelos homens que habitaram esta terra antes de vós, e a terra foi contaminada.

28 Não vos vomite a terra pelo fato de haverdes contaminado, como vomitou o povo que nela estava antes de vós.

29 Todo aquele que praticar algumas dessas abominações será eliminado do seu povo.

30 Portanto, [b]guardareis o meu mandamento, não praticando nenhum dos costumes abomináveis que se praticavam antes de vós e não vos contamineis com eles. [c]Eu sou o Senhor, o vosso Deus.

---

[1] (18.24) Esta lista de práticas abomináveis que os hebreus deviam evitar destaca de maneira vívida a total degradação da moral cananeia. Descobertas arqueológicas têm revelado muitos exemplos desta condição, que era tão terrível que um Deus santo teve de ordenar o completo extermínio dos cananeus. Vários séculos antes, Deus predisse que, neste tempo, a “medida da iniquidade dos amorreus” estaria completa (Gn 15.16). A arqueologia ilustra a crescente degeneração moral da civilização cananeia durante esse período.

(3) A idolatria é proibida

19 Disse o Senhor a Moisés:
2 Fala a toda a congregação dos filhos de Israel e dize-lhes: Sede [d]santos porque eu, o Senhor vosso Deus, sou santo.

3 Cada um temerá a sua [e]mãe e a seu pai e [f]guardará os meus [g]sábados. Eu sou o Senhor, o vosso Deus.

4 Não vos voltareis para os [h]ídolos nem fareis para vós deuses de fundição. Eu sou o Senhor, o vosso Deus.

(4) A oferta pacífica não deve ser profanada

5 Quando oferecerdes sacrifício de ofertas pacíficas ao Senhor, oferecei-o de modo que sejais aceitos.

6 No dia em que o oferecerdes e no dia seguinte, se comerá; o que sobrar no terceiro dia será queimado com fogo.

7 Se alguma coisa dele for comida ao terceiro dia, é abominação; não será aceita.

8 Qualquer que o comer levará sobre si a sua iniquidade, porque profanou o que foi consagrado ao Senhor; por isso será eliminado do seu povo.

(5) Provisão para os menos afortunados

9 Quando fizeres a colheita da tua terra, não a segarás totalmente, nem colherás as espigas caídas da tua messe.

10 Semelhantemente não rabiscarás a tua vinha, nem colherás os bagos caídos da tua vinha. Deixá-los-ás para o pobre e para o [i]estrangeiro. Eu sou o Senhor, o vosso Deus.

11 Não furtareis. Não mentireis. Não vos defraudeis uns aos outros.

12 Não [j]jurareis [k]falsamente pelo meu nome, pois profanaríeis o nome do vosso Deus. Eu sou o Senhor.

13 Não [l]oprimirás o teu próximo, nem o roubarás. O [m]salário do operário não ficará em teu poder até o dia seguinte.

14 Não amaldiçoarás o surdo nem porás tropeço diante do cego, mas [n]temerás a teu Deus. Eu sou o Senhor.

(6) Exigência de justiça

15 Não farás injustiça no [o]juízo; não [p]favorecerás ao pobre nem serás complacente com o poderoso, mas com justiça julgarás o teu próximo.

16 Não propagarás [q]mexericos no meio do teu povo. Não conspirarás contra a vida do teu próximo. Eu sou o Senhor.

17 Não [r]odiarás o teu irmão no teu coração, mas [s]repreenderás o teu próximo e não levarás sobre ti pecado por causa dele.

18 Não te [t]vingarás nem guardarás ira contra os filhos do teu povo, mas [u]amarás o teu próximo como a ti mesmo. Eu sou o Senhor.

19 Guardarás os meus estatutos. Não permitirás que os teus animais se acasalem com os de espécie diferente. Não semearás no teu campo duas espécies de semente. Não usarás vestes de dois tecidos diferentes.

20 Quando um homem se deitar com uma mulher que for [v]escrava, concubina de outro homem, e que não foi resgatada nem liberta, ambos serão castigados, mas não morrerão, porque ela não era livre.

21 Pela sua culpa, o homem trará ao Senhor, à entrada da tenda da congregação, um carneiro para expiação.

22 Com esse carneiro da expiação da culpa, o sacerdote fará expiação diante do Senhor pelo homem, pelo seu pecado que cometeu, e o seu pecado lhe será [w]perdoado.

23 Quando tiverdes entrado na terra e plantardes toda espécie de árvore frutífera, vos será proibido o seu fruto. Três anos vos será proibido; dele não se comerá.

24 No quarto ano, porém, todo o seu fruto será santo, será oferta de louvores ao Senhor.

25 No quinto ano, podereis comer os frutos, para que a sua produção seja mais abundante. Eu sou o Senhor, o vosso Deus.

26 Não comereis coisa alguma com sangue. Não agourareis nem adivinhareis.

27 Não cortareis o cabelo em redondo nem danificareis a ponta da barba.

28 Pelos mortos não fareis incisões no vosso corpo nem fareis [x]marca alguma sobre vós. Eu sou o Senhor.

29 Não [y]contaminarás a tua filha, fazendo-a prostituir-se, para que a terra não se prostitua, nem se encha de maldade.

30 Guardareis os meus sábados e o meu santuário reverenciareis. Eu sou o Senhor.

31 Não vos voltareis para os [z]médiuns nem para os feiticeiros, a fim de vos contaminardes com eles. Eu sou o Senhor, o vosso Deus.

32 Diante dos idosos te levantarás, honrarás o ancião e temerás o teu Deus. Eu sou o Senhor.

33 Se o estrangeiro peregrinar na vossa terra, não o oprimireis.

34 Como o natural entre vós será o estrangeiro que peregrina convosco. Devereis amá-lo como a vós mesmos, pois fostes estrangeiros na terra do Egito. Eu sou o Senhor, o vosso Deus.

35 Não cometereis injustiça nos julgamentos, nas medidas de comprimento, de peso ou de capacidade.

[d] Lv 11.44,45; 1Pe 1.16
[e] Êx 20.12; Mt 15.4; Ef 6.2
[f] Sábado (dia de repouso): v. 3,30; Lv 23.3 (Gn 2.3; Mt 12.1, nota)
[g] Êx 16.23; 20.8
[h] Êx 20.4; Sl 96.5; 115.4-7; 1Co 10.14; Cl 3.5
[i] Êx 23.9; Dt 24.19-21
[j] Êx 20.7; Dt 5.11
[k] Mt 5.33
[l] Êx 22.7-15,21-27
[m] Dt 24.15
[n] Lv 25.17; veja Sl 19.9, nota
[o] Dt 16.19
[p] Êx 23.3,6; Dt 1.17; comp. 10.17
[q] Pv 11.13; 18.8; 20.19
[r] 1Jo 2.9,11; 3.15
[s] Sl 141.5; Mt 18.15
[t] Dt 32.35; comp. 1Sm 24.12
[u] Mt 5.43; 19.19; 22.39; Mc 12.31; Lc 10.27; Gl 5.14; Tg 2.8
[v] Comp. Dt 22.23-27
[w] Perdão: v. 22; Nm 15.25 (Lv 4.20; Mt 26.28, nota)
[x] Comp. 1Rs 18.28
[y] Dt 23.17
[z] Lv 20.6,27

36 Balanças justas, pesos justos, efa justo e justo [a]him tereis. Eu sou o Senhor, o vosso Deus, que vos tirei da terra do Egito.

37 Guardareis todos os meus estatutos e todos os meus juízos e os cumprireis. Eu sou o Senhor.

(7) Regulamentos sobre sacrifícios humanos, espiritismo e diversas imoralidades

20 Disse o Senhor a Moisés:
2 Também dirás aos filhos de Israel: Qualquer dos filhos de Israel, ou dos estrangeiros que peregrinam em Israel, que der de seus filhos a Moloque, certamente será morto. O povo da terra o [b]apedrejará.

3 Porei a minha face contra esse homem e o eliminarei do meio do seu povo; pois, dando os seus filhos a Moloque, ele contaminou o meu santuário e profanou o meu santo nome.

4 Se o povo da terra de alguma maneira fechar os olhos para não ver esse homem, quando der os seus filhos a Moloque, e não o matar,

5 voltarei o meu rosto contra esse homem e contra a sua família; o eliminarei do meio do seu povo, com todos os que, como ele, se prostituírem após Moloque.

6 [c]**Q**uando alguém se voltar para os médiuns e feiticeiros, para se prostituir após eles, eu me voltarei contra ele e o eliminarei do meio do seu povo.

7 Portanto, [d]santificai-vos e sede santos, porque eu sou o Senhor, o vosso Deus.

8 [e]Guardai os meus estatutos e cumpri-os. [f]Eu sou o Senhor que vos santifico.

9 [g]Quando um homem amaldiçoar seu pai ou sua mãe, certamente será morto. Ele amaldiçoou seu pai ou sua mãe, e o seu [h]sangue será sobre ele.

10 Se um homem cometer [i]adultério com a mulher de seu próximo, ambos, o adúltero e a adúltera, certamente serão mortos.

11 **O** homem que se deitar com a [j]mulher de seu pai, desonrou seu pai; ambos certamente serão mortos, e o seu sangue será sobre eles.

12 Se um homem se deitar com a sua [k]nora, ambos certamente serão mortos. Cometeram perversão, e o seu sangue será sobre eles.

13 Se também um homem dormir com outro [l]homem, como se fosse com mulher, ambos fizeram abominação. Certamente serão mortos, e o seu sangue será sobre eles.

14 Se um homem desposar ao mesmo tempo uma mulher e a [m]mãe dela, é perversão. Tanto ele quanto elas serão queimados com fogo, para que não haja perversidade no meio de vós.

15 Se um homem se deitar com um [n]animal, certamente será morto, e matareis o animal.

[a] Veja pesos e medidas (AT): 2Cr 2.10, nota
[b] Dt 17.2-5
[c] Lv 19.31; 1Sm 28.7-25
[d] Hb 12.14
[e] Lv 19.19,37
[f] Êx 31.13; Dt 14.2; Ez 37.28
[g] Êx 21.17; Pv 20.20; Mt 15.4
[h] v. 11,13,16,17
[i] Êx 20.14; Lv 18.20; Jo 8.5
[j] Lv 18.8
[k] Lv 18.15
[l] Lv 18.22; comp. Jz 19.22
[m] Lv 18.17; Dt 27.22
[n] Lv 18.23
[o] Lv 18.9
[p] Lv 18.19; Ez 18.6
[q] Lv 18.13
[r] Lv 18.14
[s] Lv 18.16; comp. Mt 14.3,4
[t] Lv 18.25,28
[u] 1Rs 14.24
[v] Êx 13.5
[w] Separação: v. 24-26; Nm 6.2 (Gn 12.1; 2Co 6.17)
[x] Lv 10.10; 11.1-47
[y] Lv 19.31; 1Sm 28.9
[z] Ez 44.25
[aa] Lv 19.28

16 Se uma mulher se aproximar de um animal, para juntar-se com ele, matarás tanto a mulher como o animal. Certamente serão mortos, e o seu sangue será sobre eles.

17 **Se** um homem tomar sua [o]irmã, filha de seu pai ou filha de sua mãe, para se envolver sexualmente com ela, é torpeza; serão eliminados aos olhos dos filhos de seu povo. Desonrou sua irmã; levarão sobre si a sua iniquidade.

18 Se um homem se deitar com uma mulher durante o período [p]menstrual e tiver relação sexual com ela, serão ambos eliminados do meio do seu povo por terem posto a descoberto a fonte do sangue.

19 Também não te relacionarás sexualmente com a [q]irmã de tua mãe ou com a irmã de teu pai, pois aquele que se relaciona sexualmente com seu parente próximo levará sobre si a sua iniquidade.

20 Se um homem se deitar com a sua [r]tia, desonrou seu tio; ambos levarão seu pecado sobre si e sem filhos morrerão.

21 Se um homem tomar a [s]mulher de seu irmão, é imundícia; desonrou seu irmão, e sem filhos ficarão.

22 **Guardai** todos os meus estatutos e juízos, e cumpri-os, a fim de que a terra, para a qual vos levo, para nela morardes, não vos [t]vomite.

23 Não andeis nos costumes das nações que eu expulso de diante de vós. Porque praticaram todas essas [u]coisas, eu me aborreci delas.

24 Eu, porém, disse a vós: Em herança possuireis a sua terra; [v]eu a darei para a possuirdes, terra em que manam leite e mel. Eu sou o Senhor, o vosso Deus, que vos [w]separei dos povos.

25 Portanto, fareis [x]distinção entre os animais limpos e os imundos e entre as aves imundas e as limpas. Não vos façais abomináveis por causa de animais, aves, ou de tudo o que se arrasta sobre a terra, os quais separei de vós como imundos.

26 Sereis para mim santos, porque eu, o Senhor, sou santo e vos separei dos povos para serdes meus.

27 **O** homem ou a mulher que entre vós for médium ou [y]feiticeiro certamente serão mortos. Serão apedrejados, e o seu sangue cairá sobre a sua própria cabeça.

VI. Leis sobre o sacerdócio e as sete grandes festas do calendário hebreu, 21—23

(8) Regulamentos acerca dos sacerdotes

21 Disse o Senhor a Moisés: Fala aos sacerdotes, filhos de Arão, e dize-lhes: O sacerdote [z]não se [aa]contaminará com o cadáver de um morto no meio do seu povo,

2 exceto com parente mais chegado a ele, como sua mãe ou seu pai, seu filho ou sua filha, seu irmão,

3 ou sua irmã virgem, chegada a ele, que ainda não teve marido.

4 Por ser principal no meio do seu povo, não se contaminará, pois que se profanaria.

5 Os sacerdotes [b]não raparão a cabeça, os cantos da barba, nem farão incisões no corpo.

6 [c]Santos serão a seu Deus e não profanarão o nome do seu Deus, porque oferecem as ofertas queimadas do Senhor, o [d]pão do seu Deus; [e]santos serão.

7 Não tomarão mulher prostituta ou desonrada nem tomarão mulher [f]repudiada de seu marido, pois o sacerdote é santo para seu Deus.

8 Tu [1]os considerarás [g]santos, pois oferecem o pão do teu Deus. Serão santos para ti, porque [h]eu, o Senhor que vos [i]santifica, sou santo.

9 Se a filha de um sacerdote se desonrar, prostituindo-se, desonrará seu pai; com fogo será [j]queimada.

10 **O** sumo sacerdote entre seus irmãos, sobre cuja cabeça foi [k]derramado o azeite da unção, e que foi consagrado para vestir as vestimentas sagradas, não [l]desgrenhará os cabelos nem rasgará as vestes.

11 Não se [m]chegará a cadáver algum. Não se contaminará por causa de seu pai ou de sua mãe.

12 [n]Não sairá do santuário, a fim de que não profane o santuário do seu Deus, pois a [o]coroa do azeite da unção do seu Deus está sobre ele. Eu sou o Senhor.

13 Ele tomará uma mulher na sua virgindade.

14 Viúva, ou repudiada, ou [p]desonrada, ou prostituta, essas não tomará, mas virgem do seu povo tomará por mulher,

15 pois assim não profanará a sua descendência entre o seu povo. Eu sou o Senhor que o santifico.

16 **D**isse o Senhor a Moisés:

17 Dize a Arão: Nenhum dos teus descendentes, nas suas gerações, em quem houver algum defeito, se chegará para oferecer o pão do seu Deus.

18 Nenhum homem, caso tenha algum [q]defeito físico, se chegará: nenhum homem que seja cego, coxo, desfigurado ou [r]deformado;

19 nenhum homem que tenha o pé quebrado ou a mão quebrada,

20 ou for corcunda, ou anão, ou que tenha qualquer defeito dos olhos, ou [s]sarna, ou impigens ou testículos esmagados.

21 Nenhum dos descendentes de Arão, o sacerdote, em quem houver algum defeito, se chegará para oferecer as ofertas queimadas do Senhor. Ele tem defeito; por isso, não se chegará para oferecer o pão do seu Deus.

22 **P**oderá comer o pão do seu Deus, tanto do santíssimo como do santo,

23 mas não se aproximará do [t]véu nem do altar, porque tem defeito, para que não profane os meus santuários. Eu sou o Senhor que os santifico.

24 Assim falou Moisés a Arão, aos filhos deste e a todos os israelitas.

Separação dos sacerdotes

22 **D**isse o Senhor a Moisés:
2 Dize a Arão e a seus filhos que se [u]apartem das coisas sagradas dos filhos de Israel, as quais eles [v]consagram a mim, para que [w]não profanem o meu santo nome. Eu sou o Senhor.

3 Dize-lhes: Todo aquele que, de vossos descendentes, em todas as vossas gerações, se chegar às coisas sagradas que os filhos de Israel consagram ao Senhor, [x]tendo sobre si a sua imundícia, essa pessoa será eliminada de diante de mim. Eu sou o Senhor.

4 Ninguém da descendência de Arão que for [y]leproso ou tiver [z]fluxo comerá das coisas sagradas, até que seja [a]limpo. [bb]Também será imundo todo aquele que tocar em alguma coisa que um cadáver tornou imunda, como aquele que teve emissão de [cc]sêmen,

5 ou qualquer que tocar em algum [dd]réptil pelo qual se torne imundo, ou em algum homem pelo qual se torne imundo, seja qual for a sua imundícia.

6 O homem que tocar nele será imundo até a tarde e não comerá das coisas sagradas sem primeiro [ee]lavar o seu corpo em água.

7 Depois de posto o sol, então será limpo e poderá comer das coisas sagradas, [ff]pois são o seu alimento.

8 Não poderá comer um animal encontrado [gg]morto, ou dilacerado por feras, para não se contaminar. Eu sou o Senhor.

9 [hh]Guardarão os meus mandamentos, [ii]para que não incorram em pecado e morram nele, havendo-os profanado. Eu sou o Senhor que os santifico.

10 **N**enhum [jj]estranho comerá das coisas sagradas. Nem o hóspede do sacerdote nem o seu empregado comerão das coisas sagradas.

11 Quando, porém, o sacerdote com o seu dinheiro [kk]comprar algum escravo, este comerá

[b] Dt 14.1; Ez 44.20
[c] Êx 22.31
[d] Lv 3.11
[e] Is 52.11
[f] Ez 44.22; comp. Dt 24.2
[g] Veja Gn 2.3, nota
[h] Lv 11.44,45
[i] Lv 8.12,30
[j] Comp. Dt 22.21
[k] Lv 8.12
[l] Lv 10.6,7
[m] 19.14
[n] Lv 10.7
[o] Êx 29.7
[p] v. 7
[q] Comp. Lv 22.19-22
[r] Lv 22.23
[s] Dt 23.1; comp. Is 56.3-5
[t] Lv 16.2
[u] Nm 6.3
[v] Lv 16.19; 25.10
[w] Lv 18.21
[x] Lv 7.20
[y] Nm 5.2
[z] Lv 15.2
[a] Lv 15.13
[bb] Lv 11.24-28,39,40; Nm 19.11
[cc] Lv 15.16,17
[dd] Lv 11.23,24
[ee] Lv 15.5; comp. Hb 10.22
[ff] Lv 21.22; Nm 18.11,13
[gg] Lv 7.24; 17.15
[hh] Lv 18.30
[ii] Êx 28.43
[jj] Êx 29.33
[kk] Êx 12.44

[1] (21.8) Eis uma ilustração da santidade ou santificação no AT: uma pessoa separada para o serviço a Deus.

delas; também os nascidos na sua casa comerão
do seu pão.
12 Se a filha de um sacerdote se casar com
estranho, ela não comerá da oferta das coi-
sas sagradas.
13 Quando, porém, a filha do sacerdote for
viúva ou repudiada, e não tiver filhos, e se tiver
tornado à casa de seu pai, como na sua juven-
tude, do pão de seu pai comerá. Mas nenhum
estranho comerá dele.
14 Se alguém por engano comer alguma coisa
sagrada, terá de restituí-la acrescida da quinta
parte e a dará ao sacerdote com a coisa sagrada.
15 Os sacerdotes não profanarão as coisas [l]sagra-
das que os filhos de Israel oferecem ao Senhor,
16 pois assim os fariam levar sobre si a ini-
quidade, comendo as coisas sagradas. Eu sou o
Senhor que os santifico.

Os sacrifícios devem ser fisicamente perfeitos – tipo da perfeição moral de Cristo (Hb 9.14)

17 **Disse** o Senhor a Moisés:
18 Fala a Arão e a seus filhos, e a todos os filhos de
Israel, e dize-lhes: Qualquer que, da casa de Israel
ou dos estrangeiros em Israel, apresentar a sua
oferta em cumprimento de voto, ou como oferta
voluntária, que oferecer ao Senhor em holocausto,
19 para que seja aceitável, oferecerá macho sem
defeito, ou do gado, ou do rebanho de ovelhas
ou de cabras.
20 Nenhuma coisa que tenha defeito [m]oferece-
reis, porque não seria aceita a vosso favor.
21 Quando alguém oferecer sacrifício pacífico
ao Senhor, em cumprimento de voto, ou como
oferta voluntária, do gado ou do rebanho, o ani-
mal deverá ser sem defeito, para que seja aceito;
nenhum defeito haverá nele.
22 O cego, ou aleijado, ou mutilado, ou ulce-
roso, ou sarnoso, ou cheio de impigens, não os
oferecereis ao Senhor e deles não poreis oferta
queimada ao Senhor sobre o altar.
23 Contudo, o novilho ou cordeiro que tenha
membros desproporcionados poderás ofe-
recer por oferta voluntária, mas por voto não
será aceito.
24 Não podereis oferecer ao Senhor um animal
que tenha testículos machucados, esmagados,
despedaçados ou cortados. Não fareis isso na
vossa terra.
25 Também das [n]mãos do estrangeiro nenhum
desses [o]animais aceitareis para oferecer como
pão ao vosso Deus, pois a sua corrupção está
neles. Não serão aceitos a vosso favor.
26 **Disse** o Senhor a Moisés:
27 Quando nascer o boi, ou cordeiro ou cabra,
[p]sete dias ficarão com a sua mãe. Do oitavo
dia em diante, será aceito por oferta queimada
ao Senhor.
28 Quer seja vaca, quer ovelha, não [q]imolareis
num mesmo dia um animal com a sua cria.
29 Quando oferecerdes sacrifício de [r]louvor
ao Senhor, oferecei-o de modo que seja aceito
a vosso favor.
30 No mesmo dia deve ser comido; nada deixa-
reis para o [s]dia seguinte. Eu sou o Senhor.
31 [t]Guardareis os meus mandamentos e os
cumprireis. Eu sou o Senhor.
32 Não profanareis o meu santo nome. [u]Eu serei
santificado no meio dos filhos de Israel. Eu sou o
Senhor que vos santifico
33 e que vos [v]tirei da terra do Egito, para vos ser
por Deus. Eu sou o Senhor.

As festas do Senhor: o sábado e as festas

23 Disse o Senhor a Moisés:
2 Fala aos filhos de Israel e dize-lhes:
As [1]festas do Senhor, que proclamareis como
[w]santas [2]convocações, são estas:

[l] Nm 18.32
[m] Dt 15.21
[n] Nm 16.40
[o] v. 7
[p] Êx 22.30
[q] Dt 22.6,7
[r] Lv 7.12
[s] Lv 7.15
[t] Lv 19.37; Nm 15.40; Dt 4.40
[u] Lv 10.3
[v] Lv 19.36
[w] Êx 12.16

[1] (23.2) As festas do Senhor. Havia sete grandes festivais religiosos que deviam ser observados por Israel todos os anos. Os três primeiros versículos deste capítulo não se relacionam com as festas, mas as separam do sábado.

[2] (23.2) O calendário religioso de Israel começava em nisã (na primavera); o ano civil, em tisri (no outono). As sete festas dos hebreus estavam incluídas nos sete primeiros meses do calendário religioso: as três primeiras festas (Páscoa, dos Pães Ázimos e das Primícias) aconteciam no primeiro mês, nisã; as três últimas (das Trombetas, o Dia da Expiação e dos Tabernáculos), no sétimo mês, tisri. Entre as três primeiras e as três últimas estava a Festa das Semanas (Pentecoste), que ocorria cinquenta dias após a oferta das primícias.

O quadro abaixo relaciona o calendário religioso hebreu com o geralmente aceito pelos cristãos:

Nisã (ou Abibe)	=	março-abril	Tisri (ou Etanim)	=	setembro-outubro
Iar (ou Zive)	=	abril-maio	Marchesvã (ou Bul)	=	outubro-novembro
Sivã	=	maio-junho	Quisleu	=	novembro-dezembro
Tamuz	=	junho-julho	Tebete	=	dezembro-janeiro
Abe	=	julho-agosto	Sebate	=	janeiro-fevereiro
Elul	=	agosto-setembro	Adar	=	fevereiro-março

Mais ou menos a cada seis anos, acrescentava-se um mês extra (um segundo adar, ou mês do ano bissexto), porque o calendário era baseado na lua, não no sol.

O sábado

3 Seis dias trabalhareis, mas o sétimo dia será
o sábado do descanso, dia de santa convocação.
Nenhuma obra fareis; é [x]sábado do Senhor em
todas as vossas casas.

As festas do Senhor: (1) a Páscoa; Cristo, nosso Redentor

4 Estas são as festas do Senhor, as san-
tas convocações que proclamareis no seu tem-
po determinado:
5 No [y]primeiro mês, aos catorze do mês, pela
tarde, é a [1z]Páscoa do Senhor.

As festas do Senhor: (2) os Pães sem Fermento. Festa memorial (comp. 1Co 11.23-26)

6 Aos quinze dias deste mês é a festa dos pães
sem [2a]fermento, a festa do Senhor; durante sete
dias comereis pão sem fermento.
7 No primeiro dia, tereis santa convocação;
nenhuma obra servil fareis.
8 Durante sete dias apresentareis oferta quei-
mada ao Senhor. Ao sétimo dia haverá santa
convocação; nenhuma obra servil fareis.

As festas do Senhor: (3) os Primeiros Frutos; Cristo ressuscitado (1Co 15.23)

9 Disse o Senhor a Moisés:
10 Fala aos filhos de Israel e dize-lhes: Quando
entrardes na terra que vos dou e fizerdes nela a
colheita, trareis um molho dos [3]primeiros frutos
da vossa colheita ao sacerdote.
11 Ele moverá o molho perante o Senhor, para
que sejais aceitos; o sacerdote o moverá no dia
seguinte ao sábado.
12 No dia em que moverdes o molho, ofere-
cereis um cordeiro sem defeito, de um ano, em
holocausto ao Senhor.
13 A sua oferta de cereais será dois décimos
de um efa de flor de farinha, amassada com
azeite, para oferta queimada em cheiro suave ao
Senhor, e a sua oferta de libação será de vinho, a
quarta parte de um [b]him.
14 Não comereis pão, nem trigo tostado, nem
espigas verdes até o dia em que [c]trouxerdes a
oferta do vosso Deus. É estatuto perpétuo por
vossas gerações, em todas as vossas casas.

As festas do Senhor: (4) os pães movidos (Festa das Semanas); a igreja no Pentecoste, cinquenta dias depois da ressurreição de Cristo

15 [d]Contareis sete semanas completas, a partir
do dia seguinte ao sábado; desde o dia em que
trouxerdes o molho da oferta movida, sete sema-
nas inteiras serão.
16 Até o dia seguinte ao sétimo sábado, conta-
reis [4]cinquenta dias e, então, apresentareis nova
oferta de cereais ao Senhor.
17 Das vossas casas trareis [5]dois pães feitos de
dois décimos de um efa de flor de farinha, cozi-
dos com [e]fermento, como oferta movida; são os
primeiros ao Senhor.
18 Com o pão oferecereis sete cordeiros sem
defeito, de um ano, um novilho e dois carneiros.
Holocausto serão ao Senhor, com a sua oferta de
cereais e as suas libações, por oferta queimada
de cheiro suave ao Senhor.
19 Também oferecereis um bode, para [f]oferta
pelo pecado, e dois cordeiros de um ano por
sacrifício pacífico.
20 Então o sacerdote os moverá, com o pão dos
primeiros frutos, por oferta movida perante o
Senhor, com os dois cordeiros. Santos serão ao
Senhor [g]para o uso do sacerdote.
21 No mesmo dia, apregoareis que tereis santa
convocação; nenhum trabalho servil fareis.

[x] Sábado (dia de repouso): v. 3; Nm 15.32 (Gn 2.3; Mt 12.1, nota)
[y] Veja v. 2, nota 2
[z] Êx 12.1-28; Nm 9.1-5; 28.16-25
[a] Fermento: v. 6-17; Nm 6.15 (Gn 19.3; Mt 13.33, nota)
[b] Veja pesos e medidas (AT): 2Cr 2.10, nota
[c] Êx 34.26; Nm 15.20,21
[d] Êx 34.22; Dt 16.9-12
[e] Veja Lv 7.13, nota
[f] Nm 28.30; comp. 2Co 5.21
[g] Lv 14.13

[1] (23.5) A Páscoa, v. 4,5. Esta festa é memorial e representa a redenção sobre a qual se baseiam todas as bênçãos. Tipologicamente, ela representa "Cristo, nossa Páscoa" que foi sacrificado por nós (1Co 5.7; comp. 1Pe 1.19). A Páscoa foi a primeira festa judaica e acontecia no dia catorze do primeiro mês, nisã.

[2] (23.6) A Festa dos Pães sem Fermento, v. 6-8. Esta festa fala da comunhão com Cristo, o Pão sem fermento, na bênção plena de sua redenção e vida santa. Há beleza na ordem divina: primeiro, redenção; depois, vida santa. Comp. 1Co 5.6-8; 2Co 7.1; Gl 5.7-9. A festa começava no dia quinze do primeiro mês, nisã, e continuava por uma semana.

[3] (23.10) A Festa das Primícias, v. 10-14. Esta festa é um tipo da ressurreição – primeiro, de Cristo; depois, dos que são seus em sua segunda vinda (1Co 15.23; 1Ts 4.13-18). A festa, observada na mesma semana da Festa dos Pães sem Fermento, era realizada no dia dezesseis do primeiro mês, nisã, que era o começo da colheita da cevada.

[4] (23.16) A Festa das Semanas, ou Festa da Colheita conhecida como Pentecoste, v. 15-22. O antítipo é a descida do Espírito Santo para formar a Igreja. Por esta razão, há fermento, já que na Igreja existe o pecado (Mt 13.33; At 5.1-10; 15.1). Observe que, agora, são mencionados pães; não mais molhos de hastes separadas, frouxamente reunidas, mas uma união real de partículas que formam um corpo homogêneo. A descida do Espírito Santo no Pentecoste uniu os discípulos, antes separados, em um só organismo (1Co 10.16,17; 12.12,13,20). O Pentecoste acontecia cinquenta dias depois da oferta das primícias, aproximadamente no começo do verão.

[5] (23.17) Os pães movidos eram oferecidos cinquenta dias depois da oferta movida. Cinquenta dias é precisamente o período entre a ressurreição de Cristo e a formação da Igreja no Pentecoste pelo batismo do Espírito Santo (At 2.1-4; 1Co 12.12,13). Veja Igreja (Mt 16.18, *nota* 2; Hb 12.23, *nota*). Na oferta movida, não se oferecia fermento, pois em Cristo não havia maldade alguma; mas os pães movidos, tipos da Igreja, eram cozidos com fermento, pois na Igreja ainda existe pecado.

É estatuto perpétuo pelas vossas gerações em todas as vossas casas.

22 **Q**uando [h]fizeres a colheita da tua terra, não colherás totalmente os cantos do teu campo nem colherás as espigas caídas. Para o pobre e para o estrangeiro as deixarás. Eu sou o Senhor, o vosso Deus.

As festas do Senhor: (5) as Trombetas; profecia do reajuntamento futuro de Israel

23 **D**isse o Senhor a Moisés:

24 Dize aos filhos de Israel: No [i]sétimo mês, ao primeiro do mês, tereis descanso solene, um memorial com som de [1j]trombeta, santa convocação.

25 Nenhum trabalho servil fareis, mas trareis oferta queimada ao Senhor.

As festas do Senhor: (6) o Dia da Expiação (Hb 9.1-16)

26 **D**isse o Senhor a Moisés:

27 O dia dez deste sétimo mês será o Dia da [2k]Expiação. Tereis santa convocação, afligireis as vossas almas e oferecereis oferta queimada ao Senhor.

28 Nesse dia nenhum trabalho fareis, porque é o Dia da Expiação, [l]para fazer [m]expiação por vós perante o Senhor, o vosso Deus.

29 Toda pessoa que, nesse dia, não se [n]humilhar será eliminada do seu povo.

30 Toda pessoa que nesse dia fizer algum trabalho, eu a [o]destruirei do meio do seu povo.

31 Nenhum trabalho fareis. É estatuto perpétuo pelas vossas gerações em todas as vossas casas.

32 Sábado de descanso solene vos será; e vos humilhareis. Aos nove do mês, à tarde, de uma tarde a outra tarde, celebrareis o vosso sábado.

As festas do Senhor: (7) os Tabernáculos (Ed 3.4)

33 **D**isse o Senhor a Moisés:

[h] Lv 19.9; Dt 24.19-22
[i] Veja 23.2; nota 2
[j] Nm 29.1-6
[k] Lv 16.1-34; 25.9; Nm 29.7
[l] Lv 16.34
[m] Veja Lv 16.6, nota
[n] Comp. Is 22.12; Jr 31.9; Ez 7.16
[o] Lv 20.3-6
[p] Dt 16.13; comp. Zc 14.16-19
[q] Nm 29.12; Dt 16.16
[r] Nm 29.12-34
[s] Nm 29.35-38
[t] Continua no v. 39
[u] Nm 29.39
[v] Comp. Dt 12.7
[w] Comp. Hb 11.13,16
[x] Ne 8.14-18
[y] Êx 10.2
[z] Êx 13.14
[a] Lv 22.23

34 Dize aos filhos de Israel: Aos quinze dias deste sétimo mês será a [p]festa dos [3q]tabernáculos ao Senhor, por sete dias.

35 No primeiro dia, haverá santa convocação; nenhum trabalho servil fareis.

36 Durante sete dias [r]oferecereis ofertas queimadas ao Senhor; no oitavo dia, tereis santa convocação e [s]apresentareis ofertas queimadas ao Senhor. É dia solene; nenhum trabalho servil [t]fareis.

37 **E**stas são as festas do Senhor, que apregoareis para santas convocações, para apresentar ao Senhor oferta queimada, holocausto e oferta de cereais, sacrifício e libações, cada qual em seu dia próprio.

38 Estas ofertas são além dos sábados do Senhor, além dos vossos dons, além de todos os vossos votos e além [u]de todas as vossas ofertas voluntárias que dareis ao Senhor.

39 **A**os quinze dias do sétimo mês, porém, quando tiverdes colhido os produtos da terra, celebrareis a festa do Senhor durante sete dias; o primeiro dia é dia de descanso, e também o oitavo dia é dia de descanso.

40 No primeiro dia, tomareis para vós frutos de árvores formosas, folhas de palmeiras e ramos de árvores cheias de folhas; durante sete dias vos [v]alegrareis perante o Senhor, o vosso Deus.

41 Celebrareis esta festa ao Senhor durante sete dias cada ano. É estatuto perpétuo pelas vossas gerações; no sétimo mês a celebrareis.

42 Sete dias [w]habitareis em tendas; [x]todos os naturais de Israel habitarão em tendas,

43 para que [y]saibam as vossas [z]gerações que eu fiz habitar os filhos de Israel em tendas, quando os [a]tirei da terra do Egito. Eu sou o Senhor, o vosso Deus.

44 Assim Moisés proclamou aos filhos de Israel as festas do Senhor.

[1] (23.24) A Festa das Trombetas, v. 23-25. Esta festa é um tipo profético e refere-se ao futuro reajuntamento de Israel, disperso por tanto tempo. Transcorria um grande intervalo entre o Pentecoste e a Festa das Trombetas, e isso corresponde ao período da obra do Espírito Santo na Era da Igreja. Estude cuidadosamente Is 18.3; 27.13 (com os contextos) e Jl 2.1–3.21 em conexão com as trombetas e você notará que estas trombetas, sempre símbolos de testemunho, estão relacionadas com o reajuntamento e o arrependimento de Israel quando se concluir a Era da Igreja. Esta festa, que era realizada no primeiro dia do sétimo mês, tisri, era imediatamente seguida pelo Dia da Expiação.

[2] (23.27) O Dia da Expiação, v. 26-32. O dia é o mesmo que foi descrito em Lv 16, mas a ênfase aqui foi colocada sobre a tristeza e o arrependimento de Israel. Ou seja, destaca-se o aspecto profético e se prevê o arrependimento de Israel depois do seu reajuntamento sob os termos da Aliança da Terra de Israel (Dt 30.1-10), antes da segunda vinda do Messias e o estabelecimento do Reino. Veja a conexão entre a trombeta em Jl 2.1 e o pranto que se segue nos v. 11-15; tb. Zc 12.10-14 em conexão com a expiação de Zc 13.1. Do ponto de vista histórico, a "fonte" de Zc 13.1 foi aberta na crucificação, mas foi rejeitada pelos judeus daquele século e dos posteriores. Depois de reajuntar Israel, a fonte estará eficazmente aberta para Israel. O Dia da Expiação era o décimo dia de tisri, o sétimo mês.

[3] (23.34) A Festa dos Tabernáculos, ou da Colheita (v. 34-44), é tanto memorial como profética: memorial quanto à redenção do Egito (v. 43); profética quanto ao reino futuro de Israel depois do reajuntamento e restauração, quando a festa novamente se torna um memorial, não só para Israel, mas também para todas as nações (Ed 3.4; Zc 14.16-21; comp. Ap 21.3). Esta festa, cujo nome deriva do fato de, durante sua observância, os israelitas habitarem em tendas ou tabernáculos (v. 42,43), começava no dia quinze do sétimo mês, tisri, e durava uma semana.

VII. Leis adicionais, promessas e advertências, 24—27

O azeite para as lâmpadas no lugar santo (Êx 25.6)

24 Disse o Senhor a Moisés:
2 [b]Ordena aos filhos de Israel que te tragam azeite puro de olivas batidas, para o candelabro, a fim de alimentar as lâmpadas continuamente.

3 Arão as porá em ordem perante o Senhor continuamente, desde a tarde até a manhã, fora do véu do Testemunho, na tenda da congregação. É estatuto perpétuo pelas vossas gerações.

4 Sobre o castiçal de ouro puro porá em ordem as lâmpadas perante o Senhor continuamente.

O pão da proposição (Êx 25.23-30)

5 Tomarás flor de farinha e dela cozerás [c]doze bolos, tendo cada bolo dois décimos de um efa.

6 E os porás em duas fileiras, seis em cada fileira, sobre a [d]mesa de ouro puro perante o Senhor.

7 Sobre cada fileira porás incenso puro para que seja, para os pães, como porção [e]memorial; é oferta queimada ao Senhor.

8 [f]Cada dia de sábado, Arão os porá em ordem perante o Senhor continuamente, da parte dos filhos de Israel, por aliança perpétua.

9 Serão de Arão e de seus filhos, os quais o comerão em lugar santo, porque é coisa santíssima para eles das ofertas queimadas ao Senhor, como estatuto perpétuo.

A pena do pecado de blasfêmia (Jo 8.59; 10.31)

10 **A**pareceu entre os filhos de Israel o filho de uma israelita com pai egípcio, o qual contendeu com certo homem israelita no arraial.

11 Então o filho da mulher israelita [g]blasfemou o nome do Senhor e o amaldiçoou, pelo que o [h]trouxeram a Moisés. O nome de sua mãe era Selomite, filha de Dibri, da tribo de Dã.

12 Levaram-no à prisão, onde o deixaram até que a vontade do Senhor [i]fosse declarada.

13 **D**isse o Senhor a Moisés:

14 Tira o que blasfemou para fora do arraial. Todos os que o ouviram porão as mãos sobre a cabeça dele, e toda a congregação o apedrejará.

15 Aos filhos de Israel dirás: Qualquer que amaldiçoar o seu Deus, levará sobre si o seu pecado;

16 [j]aquele que blasfemar o nome do Senhor, certamente será morto. Toda a congregação o apedrejará. Quer seja estrangeiro, quer natural, blasfemando o nome do Senhor será morto.

A pena do pecado de homicídio ou injúria física

17 Quem matar a alguém, certamente será morto.

18 Quem, porém, matar um animal, o restituirá: vida por vida.

19 Se alguém desfigurar o seu próximo, como ele fez, assim lhe será feito:

20 quebradura por [k]quebradura, [l]olho por olho, dente por dente. Assim como feriu alguém, assim será ferido.

21 Quem matar um animal, terá de restituí-lo, mas quem matar um homem, será morto.

22 [m]Uma mesma lei tereis, tanto para o estrangeiro como para o natural. Eu sou o Senhor, o vosso Deus.

Execução da pena do pecado de blasfêmia

23 Disse Moisés aos filhos de Israel que levassem o que tinha blasfemado para fora do arraial e o apedrejassem. Os filhos de Israel fizeram como o Senhor ordenara a Moisés.

A lei da terra: (1) o ano sabático

25 Disse o Senhor a Moisés no monte [n]Sinai:
2 Fala aos filhos de Israel e dize-lhes: Quando tiverdes entrado na terra que eu vos dou, a terra [o]guardará um sábado ao Senhor.

3 Seis anos semearás a tua terra, e seis anos podarás a tua vinha, e colherás os seus frutos.

4 No sétimo ano, [p]porém, a terra terá o seu sábado de [q]descanso, um sábado ao Senhor. Não semearás o teu campo nem podarás a tua vinha.

5 [r]O que nascer de si mesmo da tua seara não podada não colherás. Ano de descanso solene será para a terra.

6 Os frutos da terra em descanso, porém, vos serão por alimento, a ti, ao teu servo, à tua serva, ao teu empregado e ao estrangeiro que peregrina contigo,

7 como também ao teu gado e aos animais que estão na tua terra; todos os seus produtos servirão de alimento.

A lei da terra: (2) o ano do jubileu

8 **C**ontarás sete semanas de anos, sete vezes sete anos, de maneira que os dias das sete semanas de anos te serão quarenta e nove anos.

9 Então no [s]sétimo mês, aos dez do mês, farás soar fortemente a trombeta; no Dia da [t]Expiação fareis passar a trombeta por toda a vossa terra.

10 Santificareis o quinquagésimo ano e proclamareis [u]liberdade na terra a todos os seus moradores. Ano de jubileu vos será; cada um de vós [v]retornará à sua propriedade, e cada um voltará à sua família.

11 O quinquagésimo ano vos será jubileu; não semeareis, nem segareis o que nele nascer de si mesmo nem colhereis as uvas das vinhas não podadas.

[b] Êx 27.20
[c] Êx 25.30
[d] Êx 25.24
[e] Lv 2.2
[f] 1Cr 9.32; comp. Mt 12.4,5
[g] Êx 22.28
[h] Êx 18.26
[i] Nm 27.5
[j] Êx 20.7
[k] Êx 21.23
[l] Mt 5.38
[m] Êx 12.49; Lv 19.33-37
[n] Lv 26.46
[o] Lv 26.34,35
[p] Dt 15.1; Ne 10.31
[q] Comp. Hb 4.9
[r] 2Rs 19.29
[s] Veja Lv 23.2, nota
[t] Veja Lv 16.6, nota
[u] Comp. Is 61.1
[v] Lv 25.13,28,54

12 Pois é jubileu, santo será para vós; o produto do campo comereis.

13 **N**este ano de jubileu tornareis cada um à sua [w]propriedade.

14 Se venderes alguma terra ao teu próximo, ou a comprares de teu próximo, não vos [x]exploreis uns aos outros.

15 De acordo com o número dos anos decorridos desde o jubileu, comprarás de teu próximo. E, [y]de acordo com o número dos anos de colheita, ele venderá a ti.

16 Se os anos forem muitos, aumentarás o preço, e, sendo poucos, abaixarás o preço, porque de acordo com o número de colheitas é que ele te vende.

17 Ninguém explore o seu próximo, mas [z]tema a seu Deus. Eu sou o Senhor, o vosso Deus.

18 **O**bservai os meus estatutos, guardai os meus juízos, e cumpri-os; assim habitareis seguros na terra.

19 Então a terra dará o seu fruto, e comereis fartamente e nela habitareis seguros.

20 Se disserdes: Que [a]comeremos no sétimo ano, visto que não havemos de semear nem colher o nosso produto?

21 Eu [b]enviarei a minha bênção sobre vós no [c]sexto ano, para que dê fruto por três anos.

22 No oitavo ano, semeareis e comereis da colheita anterior até o nono ano; até que venha a colheita nova, comereis da antiga.

23 A terra não será vendida perpetuamente, porque a terra é [d]minha, e vós estais comigo como [e]estrangeiros e peregrinos.

24 Portanto, em toda a terra em que tiverdes propriedade dareis resgate à terra.

A lei da terra: (3) resgate da herança

25 **S**e teu irmão se tornar pobre e vender alguma parte das suas propriedades, [f]então virá o seu resgatador, seu parente, e [g]resgatará o que seu irmão vendeu.

26 Se alguém não tiver resgatador, mas conseguir o bastante para o seu resgate,

27 contará os anos desde a sua venda, e o que ficar restituirá ao homem a quem vendeu, e retomará a sua propriedade.

28 Se, porém, os seus recursos não lhe permitirem reavê-la, a que for vendida ficará em poder do comprador até o ano do Jubileu. No ano do Jubileu será liberada e tornará à sua propriedade.

29 **S**e alguém vender uma casa de moradia em cidade murada, poderá resgatá-la dentro de um ano a contar da sua venda. Durante um ano será lícito o seu resgate.

30 Se não for resgatada antes de passado um ano inteiro, a casa que estiver na cidade murada ficará perpetuamente com o que a comprou, pelas suas gerações. Não será devolvida no jubileu.

31 As casas das aldeias não muradas em redor, porém, serão estimadas como os campos da terra. Para elas haverá resgate, e serão devolvidas no jubileu.

32 Quanto às [h]cidades dos levitas, às casas das cidades que lhe pertencem, têm os levitas direito perpétuo de resgate.

33 Se é um levita que faz o resgate, a casa comprada e a cidade da sua propriedade serão devolvidas no jubileu, porque as casas das cidades dos levitas são a sua propriedade no meio dos filhos de Israel.

34 O campo ao redor das suas cidades, porém, [i]não se [j]venderá; é a sua propriedade permanente.

A lei da terra: (4) o irmão pobre

35 **Q**uando teu irmão empobrecer e as suas forças decaírem, tu o [k]sustentarás como se faz ao estrangeiro ou peregrino, para que viva contigo.

36 Não tomarás dele [l]juros nem ganho, mas [m]temerás o teu Deus, para que teu irmão viva contigo.

37 Não lhe emprestarás o teu dinheiro com juros nem lhe darás o teu mantimento por lucro.

38 Eu sou o Senhor, o vosso Deus, que vos tirei da terra do Egito, para vos dar a terra de Canaã e para ser o vosso Deus.

39 **S**e o teu irmão se tornar pobre, estando ele contigo, e vender-se a ti, não lhe imporás serviço de escravo.

40 Como um assalariado ou peregrino estará contigo; até o ano do Jubileu te servirá.

41 Então ele e seus filhos sairão da tua casa e tornarão à sua família e à propriedade de seus pais.

42 Porque os israelitas são meus servos, que tirei da terra do Egito; não serão vendidos como se vendem os escravos.

43 Não dominarás sobre eles com rigor, mas terás temor do teu Deus.

44 Quanto a teu escravo ou à tua escrava que tiveres, serão das nações que estão ao redor de vós; deles comprareis escravos e escravas.

45 Também os comprareis dos filhos dos forasteiros que peregrinam entre vós, deles e das suas gerações que estiverem convosco, que tiverem gerado na vossa terra, e vos serão por propriedade.

46 Vós os deixareis por herança para vossos filhos depois de vós, a fim de que os possuam como propriedade perpétua. Vós os tereis como escravos, mas sobre vossos irmãos, os filhos de Israel, não dominareis com rigor.

[w] Lv 27.24
[x] Lv 19.13
[y] Lv 27.18,23
[z] Lv 19.14; veja Sl 19.9, nota
[a] Comp. Mt 6.25,31
[b] Dt 28.8
[c] Comp. Êx 16.29
[d] Êx 18.5; Dt 11.12, 2Cr 7.20
[e] Êx 6.4; Sl 39.12; Hb 11.13
[f] Nm 5.8; Jó 19.25; Jr 32.7,8
[g] Redenção (tipo do parente remidor): v. 25-27,48,49,54; Lv 27.13 (Gn 48.16; Is 59.20, nota)
[h] Nm 35.1-8
[i] Comp. Gn 47.22; Ed 7.24
[j] Comp. At 4.36,37
[k] Dt 15.7-11
[l] Êx 22.25; Dt 23.19,20
[m] Veja Sl 19.9, nota

A lei da terra: (5) resgate do irmão pobre – Cristo, nosso Remidor

47 **Se** um estrangeiro ou peregrino que está contigo se tornar rico, e teu irmão que está com ele empobrecer e se vender ao estrangeiro ou peregrino que está contigo, ou ao descendente de uma família estrangeira,

48 depois de ter-se vendido haverá ainda resgate para ele. Um de seus irmãos o resgatará:

49 Será resgatado pelo seu tio, pelo filho de seu tio, ou por qualquer de seus [1]parentes ou da sua família. Ou, se conseguir recursos, poderá resgatar-se a si mesmo.

50 Ajustará contas com aquele que o comprou desde o ano que se vendeu a ele até o ano do Jubileu. O preço da sua venda será calculado segundo o número de anos, de acordo com as diárias de um assalariado.

51 Se ainda faltarem muitos anos, ele deve pagar por seu resgate um valor maior como parte do preço pelo qual foi vendido.

52 Se restarem apenas poucos anos até o ano do Jubileu, então ajustará contas com ele; segundo os seus anos restituirá o seu resgate.

53 Ele será tratado como um assalariado que ganha por ano, mas não domine sobre ele com rigor diante dos teus olhos.

54 Se por nenhuma dessas formas for [n]resgatado, será libertado no ano do Jubileu, ele e seus filhos com ele,

55 pois os filhos de Israel só a mim pertencem como servos. São os meus servos, que tirei da terra do Egito. Eu sou o Senhor, o vosso Deus.

A lei da terra: (6) condições para as bênçãos; advertência sobre os castigos

26 [2]Não fareis para vós [o]ídolos nem para vós levantareis imagem de [p]escultura nem estátua; não poreis figura de pedra na vossa terra para inclinar-vos diante dela. Eu sou o Senhor, o vosso Deus.

2 Guardareis os meus sábados e [q]reverenciareis o meu santuário. Eu sou o Senhor.

Condições para as bênçãos

3 [r]**Se** andardes nos meus estatutos e guardardes os meus [s]mandamentos, e os cumprirdes,

4 eu vos darei as vossas chuvas a seu tempo, e a terra dará o seu produto, e as árvores do campo o seu fruto.

5 A debulha se estenderá até a colheita das uvas, e a colheita das uvas [t]até a época da plantação; comereis o vosso pão a fartar e habitareis seguros na vossa terra.

6 Darei paz na terra, e [u]dormireis seguros sem que ninguém vos [v]perturbe. Farei [w]desaparecer da terra os animais nocivos, e pela vossa terra não passará espada.

7 Perseguireis os vossos inimigos, que cairão à espada diante de vós.

8 [x]Cinco de vós perseguirão a cem, e cem de vós perseguirão a dez mil; os vossos inimigos cairão à espada diante de vós.

9 [y]Olharei para vós e vos farei frutificar; vos multiplicarei e confirmarei a minha [z]aliança convosco.

10 Estareis comendo ainda da [a]colheita velha, quando lançareis fora a velha para dar lugar à nova.

11 [b]Porei a minha habitação no meio de vós, e a minha alma não vos rejeitará.

12 Andarei no meio de vós, serei o vosso [c]Deus, e vós sereis o meu povo.

13 Eu sou o Senhor, o vosso Deus, que vos tirei da terra do Egito, para que não fôsseis seus [d]escravos; quebrei as traves do vosso [e]jugo e vos fiz andar de cabeça erguida.

Advertência sobre os castigos

14 **Se**, porém, não me ouvirdes e não cumprirdes todos estes mandamentos,

15 e se rejeitardes os meus estatutos, e a vossa alma rejeitar os meus juízos, não cumprindo todos os meus mandamentos, e assim violardes a minha aliança,

Primeiro castigo: aflição

16 então eu vos farei isto: Porei sobre vós o terror, a tuberculose e a febre, que consomem os olhos e [f]esgotam a vida. Em [g]vão semeareis a vossa semente, porque os vossos inimigos a comerão.

17 Eu me [h]voltarei contra vós, e sereis [i]feridos diante de vossos inimigos; os que vos odeiam [j]dominarão sobre vós, e [k]fugireis sem que ninguém vos persiga.

Segundo castigo: seca

18 Se depois de tudo isso não me ouvirdes, eu vos castigarei sete vezes mais por causa dos vossos pecados.

19 Quebrarei a soberba da vossa força e vos farei os [l]céus como de ferro e a terra, como de bronze.

[n] v. 25
[o] Dt 4.15-18
[p] Êx 20.4
[q] Lv 19.30
[r] v. 3-13, comp. Dt 7.12-26, 28.1-14
[s] Lei (de Moisés): v. 3; Lv 27.1 (Êx 19.1; Gl 3.24)
[t] Comp. Am 9.13
[u] Sl 4.8
[v] Jó 11.19
[w] Comp. Os 2.18
[x] Dt 32.30; comp. Jz 7.7-12
[y] 2Rs 13.23
[z] Gn 17.1-7
[a] Lv 25.22
[b] Êx 29.45,46
[c] Jr 7.23; 2Co 6.16
[d] Êx 20.2
[e] Comp. Gn 27.40
[f] Ez 24.23
[g] Jz 6.3-6
[h] Sl 34.16
[i] 1Sm 4.10; 31.1
[j] Sl 106.41
[k] Pv 28.1
[l] Dt 28.23; comp. 1Rs 17.1

[1] (25.49) O parente remidor. A palavra *goel* é usada para indicar o remidor, aquele que paga. O caso de Rute e Boaz (Rt 2.1; 3.10-18; 4.1-10) ilustra perfeitamente esse belo tipo de Cristo. Veja Redenção, Is 59.20, *nota*.

[2] (26.1) O cap. 26 deve ser lido em conexão com Dt 28–30, que se refere à Aliança da Terra de Israel. Leia tb. Dt 30.3, *nota*.

20 [m]Em vão se gastará a vossa força, pois a terra não dará o seu produto nem as árvores [n]darão o seu fruto.

Terceiro castigo: animais selvagens

21 **Se** andardes contrariamente para comigo e não me quiserdes ouvir, multiplicarei as vossas aflições sete vezes mais, segundo os vossos pecados.
22 Enviarei animais [o]selvagens contra vós, que matarão vossos filhos, acabarão com o vosso gado e vos reduzirão a tão poucos que os vossos caminhos se tornarão [p]desertos.

Quarto castigo: peste

23 **Se** nem ainda com essas coisas vos corrigirdes e voltardes para mim, mas continuardes a hostilizar-me,
24 eu mesmo vos serei contrário e eu vos feriréi sete vezes mais por causa dos vossos pecados.
25 Trarei contra vós a espada, que vingará a quebra da minha aliança. Quando vos ajuntardes nas vossas cidades, enviarei a [q]peste contra vós, e sereis entregues nas mãos do inimigo.
26 Quando eu cortar o suprimento do vosso pão, dez mulheres assarão o [r]pão num só forno, e o pão será distribuído por peso. Comereis, mas não vos [s]fartareis.

Quinto castigo: fome

27 **Se** ainda com tudo isso não me ouvirdes e continuardes a hostilizar-me,
28 então eu vos serei contrário em furor e vos castigarei sete vezes mais por causa dos vossos pecados.
29 [t]Comereis a carne dos vossos filhos e das vossas filhas.
30 Destruirei os vossos [u]altares idólatras, desfarei os vossos altares de incenso, [v]lançarei os vossos cadáveres sobre os cadáveres dos vossos deuses e vos abominarei.
31 Converterei as vossas [w]cidades em deserto, assolarei os vossos [x]santuários e não [y]aspirarei o vosso cheiro suave.

Sexto castigo: dispersão (comp. Dt 28.58-67)

32 Assolarei a terra, e se [z]espantarão disso os vossos inimigos que nela morarem.
33 Eu os [a]espalharei pelas nações e desembainharei a espada atrás de vós. A vossa terra será assolada, e as vossas cidades ficarão desertas.
34 Então a terra usufruirá dos seus [b]sábados todos os dias da sua assolação, e vós estareis na terra dos vossos inimigos. Nesse tempo, a terra descansará e usufruirá dos seus sábados.

[m] Sl 127.1
[n] Gn 4.12
[o] Dt 32.24; Ez 14.21
[p] Jz 5.6
[q] Nm 16.49; 2Sm 24.15
[r] Sl 105.16; Ez 4.16,17
[s] Ag 1.6
[t] 2Rs 6.28,29
[u] 2Rs 23.8,20; veja Jz 3.7 e 1Rs 3.2, notas
[v] 1Rs 13.2
[w] 2Rs 25.4,10
[x] 2Cr 36.19
[y] Is 1.11-15
[z] Jr 18.16
[a] Sl 44.11
[b] 2Cr 36.21
[c] Ez 21.7,12,15
[d] Js 7.12,13
[e] Dt 4.26
[f] Ez 33.10
[g] Êx 34.7
[h] 1Rs 8.33,34; Ne 9.2; 1Jo 1.9
[i] 2Cr 12.6,7,12; 1Pe 5.5,6
[j] Sl 39.9; 51.3,4; Dn 9.7
[k] Êx 6.5; Sl 106.45
[l] Dt 4.31; Jr 30.11; Rm 11.1-36
[mm] Lei (de Moisés): v. 1-34; Dt 5.1 (Êx 19.1; Gl 3.24)
[nn] Lv 7.16; Nm 30.2-16

35 Todos os dias da assolação descansará, porque não descansou nos vossos sábados, quando habitáveis nela.
36 E, quanto aos que restarem de vós, nas terras dos seus inimigos, eu lhes encherei o coração de tal [c]pavor que o sonido de uma folha movida os perseguirá; fugirão como quem foge da espada e cairão sem que ninguém os persiga.
37 Cairão uns sobre os outros como diante da espada, sem que ninguém os persiga, e não podereis [d]permanecer diante dos vossos inimigos.
38 [e]Perecereis entre as nações; a terra dos vossos inimigos vos consumirá.
39 Aqueles que de vós [f]restarem, nas terras dos seus inimigos, serão consumidos por causa das suas iniquidades; também por causa das iniquidades de seus [g]pais serão consumidos.

A Aliança Abraâmica permanece apesar da desobediência e dispersão

40 **Se**, porém, [h]confessarem a sua iniquidade, e a iniquidade de seus pais, e as suas infidelidades contra mim e suas hostilidades diante de mim,
41 por causa das quais fui contrário a eles e os conduzi à terra dos seus inimigos, então, se o seu coração incircunciso se [i]humilhar, e [j]aceitarem o castigo da sua iniquidade,
42 eu me [k]lembrarei da minha aliança com Jacó, e da minha aliança com Isaque, e da minha aliança com Abraão, e da terra me lembrarei.
43 Pois a terra abandonada por eles descansará nos seus sábados, enquanto estiver assolada sem eles. Aceitarão o castigo pela sua iniquidade, visto que rejeitaram os meus juízos e desprezaram os meus estatutos.
44 Mesmo assim, estando eles na terra dos seus inimigos, não os [l]rejeitarei nem me aborrecerei deles, para consumi-los e invalidar a minha aliança com eles. Eu sou o Senhor, o seu Deus.
45 Antes, por amor deles, me lembrarei da aliança com os seus antepassados, que tirei da terra do Egito perante os olhos das nações, para lhes ser por Deus. Eu sou o Senhor.
46 **Estes** são os estatutos, os juízos e as leis que o Senhor estabeleceu entre si e os filhos de Israel, no monte Sinai, por intermédio de Moisés.

Votos especiais

27 Disse o Senhor a [mm]Moisés:
2 Dize aos filhos de Israel: Quando alguém fizer um [nn]voto de dar ao Senhor o valor estimativo de uma pessoa,
3 se a tua avaliação for de um homem da idade de vinte anos até a idade de sessenta, será a tua

avaliação de cinquenta [o]siclos de prata, segundo o siclo do santuário.

4 Se, porém, for mulher, a tua avaliação será de trinta siclos.

5 Se a idade for de cinco anos até vinte, a tua avaliação de um homem será de vinte siclos, e da mulher, dez siclos.

6 Se a idade for de um mês até cinco anos, a tua avaliação de um homem será de cinco siclos de prata, e a tua avaliação da mulher será de três siclos de prata.

7 Se a idade for de sessenta anos para cima, a tua avaliação de um homem será de quinze siclos, e da mulher, dez siclos.

8 Se aquele que fez o voto for demasiado pobre para pagar a sua [p]avaliação, então apresentará a pessoa diante do sacerdote, para que este a avalie. Segundo os recursos do que fez o voto, o sacerdote a avaliará.

9 **S**e for animal dos que se oferecem ao Senhor, tudo quanto der dele ao Senhor será santo.

10 Não o mudará nem o trocará, substituindo um bom por um ruim, ou um ruim por um bom. Se, porém, de algum modo um animal for trocado por outro, serão ambos [q]santos.

11 Se for animal imundo, dos que não se oferecem ao Senhor, então, apresentará o animal diante do sacerdote,

12 que o avaliará, seja bom ou ruim. Segundo a avaliação do sacerdote, assim será.

13 Se de algum modo o [r]resgatar, então acrescentará à tua avaliação a [s]quinta parte do seu valor.

14 **S**e alguém dedicar a sua casa para ser [t]santa ao Senhor, o sacerdote a avaliará, seja boa ou ruim. Como o sacerdote a avaliar, assim será.

15 Se aquele que a dedicou quiser resgatar a sua casa, acrescentará à avaliação a quinta parte do seu valor, e será dele.

16 **S**e alguém dedicar ao Senhor uma parte do campo da sua propriedade, a avaliação será segundo a semente necessária para o semear: um ômer de semente de cevada será avaliado por cinquenta siclos de prata.

17 Se consagrar o campo desde o ano do Jubileu, segundo a tua avaliação ficará.

18 Se, contudo, dedicar o seu campo depois do ano do Jubileu, então o sacerdote lhe [u]contará o dinheiro conforme os anos [v]restantes até o ano do Jubileu, e isso se abaterá da tua avaliação.

19 Se aquele que dedicou o campo de alguma maneira o resgatar, acrescentará à avaliação a quinta parte do seu valor, e será seu.

[o] Veja sist. monetário (AT): Êx 30.13, nota; comp. 2Cr 2.10, nota
[p] Lv 14.21-24
[q] Lv 27.33
[r] Redenção (tipo do parente remidor): v. 13-15,28,33; Nm 5.8 (Gn 48.16; Is 59.20, nota)
[s] Lv 6.5; 22.14
[t] Santificação (AT): v. 14-22; Js 5.15 (Gn 2.3; Zc 8.3)
[u] Imputação divina: veja Tg 2.23, nota
[v] Lv 25.28
[w] Lv 25.8-10
[x] Nm 18.14
[y] Lv 25.10-13
[z] Êx 13.2
[a] v. 13
[b] Gn 28.22; Nm 18.21,24
[c] Veja 2Co 8.1, nota
[d] Comp. Jr 33.13; Ez 20.37; Mq 7.14
[e] Ml 4.4
[f] Êx 19.1-6,25; comp. Hb 12.18-29

20 Se, porém, não o resgatar, ou se o vender a outra pessoa, o campo nunca mais se resgatará.

21 Quando o campo sair livre no ano do [w]Jubileu, será santo ao Senhor, como campo [x]dedicado. A propriedade dele será do sacerdote.

22 **S**e alguém dedicar ao Senhor o campo que comprou, e não for parte da sua propriedade,

23 o sacerdote lhe calculará o preço até o ano do Jubileu, e aquele que o dedicou pagará o seu valor no mesmo dia, como coisa santa ao Senhor.

24 No ano do Jubileu, o campo [y]voltará àquele que o vendeu, àquele que tem a posse do campo.

25 Toda avaliação será feita em siclos do santuário; o siclo será de vinte geras.

Três coisas pertencem absolutamente ao Senhor: (1) os primogênitos dos animais

26 **O** [z]primogênito de um animal, porém, por já pertencer ao Senhor, ninguém o dedicará; seja boi ou gado miúdo, é do Senhor.

27 Se for de um animal imundo, será resgatado segundo a tua avaliação, sobre a qual acrescentará a quinta parte do seu valor. Se ele não for resgatado, será vendido segundo a avaliação.

(2) qualquer coisa consagrada

28 **T**odavia, nada do que alguém dedicar ao Senhor, de tudo o que possui, seja homem ou animal, ou campo da sua propriedade, se poderá vender nem [a]resgatar; toda coisa assim consagrada será santíssima ao Senhor.

29 Nenhuma pessoa votada ao extermínio será resgatada; certamente será morta.

(3) todos os dízimos do campo, do fruto das árvores e dos animais

30 [b]**T**odos os [c]dízimos do campo, da semente do campo, do fruto das árvores, são do Senhor; são santos ao Senhor.

31 Se alguém do seu dízimo resgatar alguma coisa, acrescentará sobre ele a sua quinta parte.

32 No tocante a todos os dízimos de vacas e ovelhas, de tudo o que [d]passar debaixo da vara do pastor, o dízimo será santo ao Senhor.

33 Não esquadrinhará entre o bom e o ruim nem o substituirá. Se de algum modo o substituir, ambos serão santos, e não podem ser resgatados.

34 **S**ão [e]esses os mandamentos que o Senhor deu a Moisés, no monte [f]Sinai, para os filhos de Israel.

NÚMEROS

- **Autor:** Moisés
- **Tema:** A peregrinação no deserto
- Escrito no século XV a.C., aprox.

O nome do livro deriva do fato de registrar os censos do exército de Israel (cap. 1 e 26). Historicamente, Números dá continuidade à narrativa a partir de onde Êxodo a interrompeu. O livro narra as peregrinações do povo no deserto como consequência de este ter falhado em entrar na Terra Prometida.

A primeira parte do livro conclui o relato das experiências no Sinai e, assim, volta a centrar a atenção no Êxodo. A maior parte de Números narra os anos da peregrinação, desde o momento em que Israel partiu do Sinai até que, com uma nova geração, chegou ao rio Jordão. O primeiro ano e meio (aprox.) dos quarenta anos de peregrinação de Israel está registrado em Êx 12.37–Nm 14.45, e os últimos meses, de Nm 20.14 ao final do livro. Entre 14.45 e 20.14, há um período de cerca de 38 anos (comp. Dt 2.14).

Redimidos do Egito, de posse da Lei, conduzidos por Moisés, contemplando diariamente o tabernáculo e sobrenaturalmente guiados pela nuvem e pela coluna de fogo, os israelitas deveriam ter marchado vitoriosamente na perfeita vontade de Deus. No entanto, falharam repetidas vezes.

Tipologicamente, é o livro do serviço e da caminhada, completando, assim, com os livros precedentes, uma bela ordem moral: Gênesis, o livro da Criação e da Queda; Êxodo, da redenção; Levítico, da adoração e da comunhão; e Números, que os segue, do serviço e da caminhada.

É importante ver que nada foi deixado para a vontade própria do homem. Cada servo foi contado, sabia seu lugar na família e tinha seu próprio serviço claramente designado. O paralelo neotestamentário é 1Co 12. Assim como, em Israel, cada pessoa tinha seu lugar e sua própria tarefa já definidos para o bem-estar de toda a nação, também na Igreja cada membro do corpo de Cristo tem seu lugar e função particulares definidos "para a edificação do corpo de Cristo" (1Co 12; Ef 4.1-16).

Números pode ser dividido em quatro seções principais: I. Preparativos para a partida do Sinai, 1.1–10.10. II. Do Sinai às planícies de Moabe, 10.11–21.35. III. As profecias de Balaão, 22.1–25.18. IV. Instruções e preparativos para entrar na Terra Prometida, 26.1–36.13.

I. Preparativos para a Partida do Sinai, 1.1—10.10

O povo posto em ordem: (1) Moisés conta os homens capazes para a guerra

1 No [a]primeiro dia do [b]segundo mês, no segundo ano após a saída do Egito, o Senhor [c]falou a Moisés no deserto de [d]Sinai, na tenda da congregação, dizendo:

2 [e]Fazei um recenseamento de toda a congregação dos filhos de Israel, segundo seus clãs e suas famílias, contando todos os homens, um [f]a um, pelo nome.

3 Todos os maiores de [g]vinte anos, capazes de sair à guerra em Israel, a estes tu e Arão contareis segundo os seus exércitos.

4 Estará convosco um homem de cada tribo que seja chefe da família de seus pais.

5 São estes os nomes dos homens que estarão convosco: De Rúben, Elizur, filho de Sedeur;

6 de Simeão, Selumiel, filho de Zurisadai;

7 de Judá, Naassom, filho de Aminadabe;

8 de Issacar, Natanael, filho de Zuar;

9 de Zebulom, Eliabe, filho de Helom.

10 Dos filhos de José: De Efraim, Elisama, filho de Amiúde; de Manassés, Gamaliel, filho de Pedazur;

11 de Benjamim, Abidã, filho de Gideoni;

12 de Dã, Aieser, filho de Amisadai;

13 de Aser, Pagiel, filho de Ocrã;

14 de Gade, Eliasafe, filho de Deuel;

15 de Naftali, Aira, filho de Enã.

[a] Comp. Êx 40.2,17; Nm 9.1; 10.11
[b] v. 18; veja Lv 23.2, nota
[c] Veja Êx 1.8, nota
[d] Êx 19.1; Nm 10.12; comp. Hb 12.18
[e] v. 2-46; comp. Êx 30.12; Nm 26.1-63; 2Sm 24.2; 1Cr 21.2
[f] Êx 30.12,13; 38.26
[g] Êx 30.14
[h] Nm 7.2; 1Cr 27.16-22
[i] Nm 16.2
[j] Êx 18.21,25; Jr 5.5; Mq 3.1,9; 5.2
[k] v. 2
[l] Comp. Nm 26.5-11
[m] Comp. Nm 26.12-14
[n] Comp. Nm 26.15-18

16 [h]Estes foram os [i]chamados da congregação, os líderes das tribos de seus pais, os clãs dos [j]chefes de Israel.

17 Então Moisés e Arão tomaram estes homens, que foram declarados pelos seus nomes,

18 e ajuntaram toda a congregação no primeiro dia do segundo mês. Declararam a descendência deles segundo seus clãs e conforme suas famílias, e todos os homens de vinte anos para cima foram relacionados por nome, um por um,

19 [k]como o Senhor ordenara a Moisés. E assim ele os contou no deserto de Sinai.

20 Dos filhos de [l]Rúben, o primogênito de Israel, conforme seus clãs e suas famílias, foram relacionados, um por um, os nomes de todos os homens de vinte anos para cima, todos os aptos para a guerra.

21 Foram contados deles, da tribo de Rúben, quarenta e seis mil e quinhentos.

22 Dos filhos de [m]Simeão, conforme seus clãs e suas famílias, foram relacionados, um por um, os nomes de todos os homens de vinte anos para cima, todos os aptos para a guerra.

23 Foram contados deles, da tribo de Simeão, cinquenta e nove mil e trezentos.

24 Dos filhos de [n]Gade, conforme seus clãs e suas famílias, foram relacionados os nomes de todos os homens de vinte anos para cima, todos os aptos para a guerra.

25 Foram contados deles, da tribo de Gade, quarenta e cinco mil seiscentos e cinquenta.

26 **D**os filhos de [o]Judá, conforme seus clãs e suas famílias, foram relacionados os nomes de todos os homens de vinte anos para cima, todos os aptos para a guerra.

27 Foram contados deles, da tribo de Judá, setenta e quatro mil e seiscentos.

28 **D**os filhos de [p]Issacar, conforme seus clãs e suas famílias, foram relacionados os nomes de todos os homens de vinte anos para cima, todos os aptos para a guerra.

29 Foram contados deles, da tribo de Issacar, cinquenta e quatro mil e quatrocentos.

30 **D**os filhos de [q]Zebulom, conforme seus clãs e suas famílias, foram relacionados os nomes de todos os homens de vinte anos para cima, todos os aptos para a guerra.

31 Foram contados deles, da tribo de Zebulom, cinquenta e sete mil e quatrocentos.

32 **D**os filhos de [r]José, dos filhos de Efraim, conforme seus clãs e suas famílias, foram relacionados os nomes de todos os homens de vinte anos para cima, todos os aptos para a guerra.

33 Foram contados deles, da tribo de [s]Efraim, quarenta mil e quinhentos.

34 **D**os filhos de [t]Manassés, conforme seus clãs e suas famílias, foram relacionados os nomes de todos os homens de vinte anos para cima, todos os aptos para a guerra.

35 Foram contados deles, da tribo de Manassés, trinta e dois mil e duzentos.

36 **D**os filhos de [u]Benjamim, conforme seus clãs e suas famílias, foram relacionados os nomes de todos os homens de vinte anos para cima, todos os aptos para a guerra.

37 Foram contados deles, da tribo de Benjamim, trinta e cinco mil e quatrocentos.

38 **D**os filhos de [v]Dã, conforme seus clãs e suas famílias, foram relacionados os nomes de todos os homens de vinte anos para cima, todos os aptos para a guerra.

39 Foram contados deles, da tribo de Dã, sessenta e dois mil e setecentos.

40 **D**os filhos de [w]Aser, conforme seus clãs e suas famílias, foram relacionados os nomes de todos os homens de vinte anos para cima, todos os aptos para a guerra.

41 Foram contados deles, da tribo de Aser, quarenta e um mil e quinhentos.

42 **D**os filhos de [x]Naftali, conforme seus clãs e suas famílias, foram relacionados os nomes de todos os homens de vinte anos para cima, todos os aptos para a guerra.

43 Foram contados deles, da tribo de Naftali, cinquenta e três mil e quatrocentos.

44 **E**stes foram os homens contados por Moisés, Arão e os cabeças de Israel, doze homens, um de cada uma das famílias.

45 Assim, o total de todos os contados dos filhos de Israel, segundo suas famílias, de vinte anos para cima, todos os aptos para a guerra em Israel,

46 [y]foi de [1]seiscentos e três mil quinhentos e cinquenta.

Os levitas são separados para outro serviço

47 **A** tribo dos [2]levitas, [z]porém, segundo suas famílias, não foi contada entre eles.

48 O Senhor tinha dito a Moisés:

49 Somente não contarás a tribo de Levi, nem tomarás a soma dela entre os filhos de Israel.

50 [a]Estabelece, porém, os levitas sobre o tabernáculo do testemunho, sobre todos os seus utensílios e sobre tudo o que lhe pertence. Eles transportarão o tabernáculo e todos os seus utensílios; eles o administrarão e se acamparão ao redor dele.

51 Quando o tabernáculo tiver de partir, os [b]levitas o desarmarão; e, quando o tabernáculo parar, os levitas o [c]armarão. O estranho que se aproximar dele será morto.

52 Os filhos de Israel se acamparão [d]cada um no seu esquadrão, junto à sua bandeira, segundo os seus exércitos.

53 **O**s levitas, porém, se [e]acamparão ao redor do tabernáculo do testemunho, para que não haja [f]indignação sobre a congregação dos filhos de Israel. Os levitas terão o cuidado da [g]guarda do tabernáculo do testemunho.

[o] Comp. Nm 26.19-22
[p] Comp. Nm 26.23-25
[q] Comp. Nm 26.26,27
[r] Comp. Gn 48.1-22; Nm 26.28-37
[s] Comp. Nm 26.35-37
[t] Comp. Nm 26.29-34
[u] Comp. Nm 26.38-41
[v] Comp. Nm 26.42,43
[w] Comp. Nm 26.44-47
[x] Comp. Nm 26.48-50
[y] Êx 38.26; Nm 2.32; 26.63; comp. Êx 12.37; Nm 14.22-38; 26.51,64,65; Hb 11.12; Ap 7.4-8; veja Nm 3.43, nota
[z] Nm 2.33; comp. 3.14-22; 26.57-62; 1Cr 6.1-47; 21.6
[a] Nm 3.7,8,25-38
[b] Nm 4.5-15; 10.17
[c] Nm 10.21
[d] Nm 2.2; 24.2
[e] Comp. Nm 3.23,29,35
[f] Lv 10.6; Nm 8.19
[g] 1Cr 23.32

[1] (1.46) Aqui há 603.550 (comp. Nm 26.51, onde há 601.730, uma diferença de 1.820). Dos que foram contados no primeiro censo, todos menos dois (Calebe e Josué) pereceram no deserto.

[2] (1.47) Os levitas derivam seu nome da tribo de Levi, da qual provieram. Levi teve três filhos: Gérson, Coate e Merari (Gn 46.11). Os netos de Coate foram Moisés e Arão por meio de Anrão (veja Êx 6.16-20; Nm 3.14-24; 1Cr 6.1-48). Todos os verdadeiros sacerdotes de Israel eram descendentes de Arão; por isso, são conhecidos como o sacerdócio araônico (Êx 28.1ss.; 31.10; Lv 8.2ss.; 9.1ss.; Nm 3.1-4).

O transporte e manutenção do tabernáculo e, mais tarde, os cuidados com o templo exigiram o trabalho de muito mais homens do que os descendentes de Arão. Os que ministravam dessa maneira eram os levitas. Diferentemente das outras tribos, eles não tinham uma porção definida da terra que lhes foi designada, mas viviam em diversas vilas e cidades (Js 21). Originariamente, a idade dos que serviam neste ministério era entre os trinta e os cinquenta; mais tarde, a idade mínima foi baixada para vinte (2Cr 31.17).

No cap. 18, são descritas as tarefas específicas das três principais divisões dos levitas. Eles serviam em lugar dos primogênitos de todas as famílias de Israel, que, originariamente, foram declarados separados para o serviço de Deus (Êx 13.1,2,12-16). Como descendentes de Levi, todos os sacerdotes também eram verdadeiros levitas, mas a designação mais acertada para o sacerdócio é araônico, não levítico.

54 Assim fizeram os filhos de Israel, de acordo
com tudo o que o Senhor ordenara a Moisés.

O povo posto em ordem:
(2) a disposição das tribos no acampamento

2 **D**isse o Senhor a Moisés e a Arão:
2 Os filhos de Israel se acamparão junto à sua
bandeira, segundo as insígnias da sua família.
Ao redor, a certa distância da tenda da congrega-
ção, se acamparão.
3 [h]Ao oriente se acamparão os da bandeira do
exército de Judá, segundo os seus esquadrões;
[i]Naassom, filho de Aminadabe, será líder dos
filhos de Judá.
4 O seu exército, segundo o recenseamento, é
de setenta e quatro mil e seiscentos.
5 Junto a ele se acampará a tribo de Issacar;
Natanael, filho de Suar, será líder dos filhos
de Issacar.
6 Seu exército, segundo o recenseamento, é de
cinquenta e quatro mil e quatrocentos.
7 Depois a tribo de Zebulom. Eliabe, filho de
Helom, será líder dos filhos de Zebulom.
8 O seu exército, segundo o recenseamento, é
de cinquenta e sete mil e quatrocentos.
9 Todos os contados do exército de Judá são
cento e oitenta e seis mil e quatrocentos, segundo
os seus esquadrões. Estes marcharão [j]primeiro.
10 **A**o [k]sul se acamparão os da bandeira do
exército de Rúben, segundo os seus esqua-
drões; Elizur, filho de Sedeur, será líder dos
filhos de Rúben.
11 O seu exército, segundo o recenseamento,
é de quarenta e seis mil e quinhentos.
12 Junto a ele se acampará a tribo de Simeão;
Selumiel, filho de Zurisadai, será líder dos filhos
de Simeão.
13 O seu exército, segundo o recenseamento,
é de cinquenta e nove mil e trezentos.
14 Depois a tribo de Gade. Eliasafe, filho de
Deuel, será líder dos filhos de Gade.
15 O seu exército, segundo o recenseamento, é
de quarenta e cinco mil seiscentos e cinquenta.
16 Todos os contados do exército de Rúben
são cento e cinquenta e um mil quatrocentos e
cinquenta, segundo os seus esquadrões. Esses
marcharão em [l]segundo lugar.
17 **E**ntão [m]partirá a tenda da congregação com
o exército dos levitas [n]no meio dos exércitos.
Como se acamparam, assim marcharão, cada um
no seu lugar, segundo as suas bandeiras.
18 **A**o ocidente se acamparão os da bandeira
do exército de Efraim, segundo os seus esqua-
drões. Elisama, filho de Amiúde, será líder dos
filhos de Efraim.
19 O seu exército, segundo o recenseamento,
é de quarenta mil e quinhentos.

[h] Nm 10.5
[i] Nm 1.7; 7.12; 10.14; 1Cr 2.10
[j] Nm 10.14
[k] Nm 10.6
[l] Nm 10.18
[m] Nm 10.17,21
[n] Nm 1.53
[o] Comp. Sl 80.2
[p] Nm 10.22
[q] Nm 10.25
[r] Êx 38.26; Nm 1.46
[s] Nm 1.47
[t] Nm 1.54
[u] Nm 24.2,5
[v] Êx 6.16-27
[w] Israel (história): v. 1-10; Dt 1.1 (Gn 12.2; Rm 11.26)
[x] Lv 10.1,2; Nm 26.61; 1Cr 24.2

20 Depois a tribo de Manassés. Gamaliel, filho
de Pedazur, será líder dos filhos de Manassés.
21 O seu exército, segundo o recenseamento,
é de trinta e dois mil e duzentos.
22 Depois a tribo de Benjamim. Abidã, filho de
Gideoni, será líder dos filhos de Benjamim.
23 O seu exército, segundo o recenseamento,
é de trinta e cinco mil e quatrocentos.
24 Todos os contados no exército de Efraim são
cento e oito mil e cem, segundo os seus esqua-
drões. Estes [o]marcharão em [p]terceiro lugar.
25 **A**o norte se acamparão os da bandeira
do exército de Dã, segundo os seus esqua-
drões. Aieser, filho de Amisadai, será líder dos
filhos de Dã.
26 O seu exército, segundo o recenseamento,
é de sessenta e dois mil e setecentos.
27 Junto a ele se acampará a tribo de Aser.
Pagiel, filho de Ocrã, será líder dos filhos de Aser.
28 O seu exército, segundo o recenseamento,
é de quarenta e um mil e quinhentos.
29 Depois a tribo de Naftali. Aira, filho de Enã,
será líder dos filhos de Naftali.
30 O seu exército, segundo o recenseamento,
é de cinquenta e três mil e quatrocentos.
31 Todos os contados no exército de Dã são
cento e cinquenta e sete mil e seiscentos.
Esses marcharão em [q]último lugar, segundo as
suas bandeiras.
32 **S**ão estes os que foram contados dos filhos
de Israel, segundo a casa de seus pais. [r]To-
dos os recenseados dos exércitos pelos seus
esquadrões foram seiscentos e três mil quinhen-
tos e cinquenta.
33 Os levitas, porém, [s]não foram contados
entre os filhos de Israel, como o Senhor orde-
nara a Moisés.
34 **O**s filhos de Israel [t]fizeram tudo de acordo
com o que o Senhor ordenara a Moisés. Assim
se [u]acamparam segundo as suas bandeiras, e
assim marcharam, cada qual segundo seu clã
e sua família.

O povo posto em ordem: (3) os sacerdotes

3 **S**ão estas as [v]gerações de Arão e de Moisés,
quando o Senhor falou a Moisés no mon-
te [w]Sinai.
2 São estes os nomes dos filhos de Arão:
Nadabe, o primogênito, [x]Abiú, Eleazar e Itamar.
3 Esses são os nomes dos filhos de Arão, dos
sacerdotes ungidos, consagrados para exer-
cer o sacerdócio.
4 Nadabe e Abiú morreram perante o Senhor,
quando ofereceram fogo estranho perante o
Senhor no deserto de Sinai. Não tiveram filhos;
assim, somente Eleazar e Itamar exerceram
o sacerdócio diante de Arão, seu pai.

O povo posto em ordem:
(4) a tribo de Levi

5 **Disse** o Senhor a Moisés:

6 [y]Faze chegar a tribo de Levi e põe-na diante de Arão, o sacerdote, para que o sirvam.

7 Cumprirão eles os seus deveres e os de todo o povo, diante da tenda da congregação, para ministrar no tabernáculo.

8 Cuidarão de todos os utensílios da tenda da congregação, cumprindo as obrigações dos filhos de Israel, ao ministrarem no tabernáculo.

9 [z]Darás os levitas a Arão e a seus filhos; dentre os filhos de Israel lhes são dados.

10 A Arão e a seus filhos, porém, ordenarás que guardem o seu [a]sacerdócio, e o estranho que nele tomar parte será morto.

11 **Disse** o Senhor a Moisés:

12 Eu mesmo tomei os levitas do meio dos filhos de Israel, [b]em lugar de todo primogênito que abre a madre, entre os filhos de Israel. Os levitas são [c]meus,

13 pois todo primogênito é [d]meu. Desde o dia em que feri todo primogênito na terra do Egito, consagrei para mim todo primogênito em Israel, tanto de homens como de animais. Eles são meus. Eu sou o Senhor.

O povo posto em ordem: (5) as famílias de Levi

14 **Disse** o Senhor a Moisés no deserto de Sinai:

15 Conta os filhos de [e]Levi, segundo suas famílias e seus clãs. Conta todos os homens da idade de um mês para cima.

16 Assim Moisés os contou de acordo com o mandado do Senhor, como lhe fora ordenado.

17 São estes os filhos de Levi, pelos seus nomes: Gérson, Coate e Merari.

18 São estes os nomes dos filhos de [f]Gérson, pelas suas famílias: Libni e Simei.

19 Os filhos de [g]Coate, pelas suas famílias: [h]Anrão, Jizar, Hebrom e Uziel.

20 Os filhos de [i]Merari, pelas suas famílias: Mali e Musi. Estas são as famílias dos levitas, segundo a casa de seus pais.

21 **De** Gérson descendem os libnitas e os simeítas; essas são as famílias dos gersonitas.

22 O número de todos os homens da idade de um mês para cima, que foram contados, foi de sete mil e quinhentos.

23 As famílias dos gersonitas se acamparão atrás do tabernáculo, ao ocidente.

24 O líder da casa paterna dos gersonitas será Eliasafe, filho de Lael.

O povo posto em ordem:
(6) os deveres dos filhos de Levi

25 Os filhos de Gérson serão responsáveis, na tenda da congregação, pela guarda do tabernáculo, da tenda, da sua coberta, do véu da porta da tenda da congregação,

26 das cortinas externas do pátio, da cortina da porta do pátio, que rodeia o tabernáculo e o altar, e as suas [j]cordas: todo o serviço a eles devido.

27 **De** [k]Coate originaram-se as famílias dos anramitas, dos jizaritas, dos hebronitas e dos uzielitas. Essas são as famílias dos coatitas.

28 Todos os homens contados, da idade de um mês para cima, foram oito mil e seiscentos. Os coatitas eram responsáveis pela guarda do santuário.

29 As famílias dos [l]filhos de Coate se acamparão ao lado do tabernáculo, ao sul.

30 O líder da família dos coatitas será Elisafã, filho de [m]Uziel.

31 Terão eles a seu cuidado a arca, a mesa, o candelabro, os altares, os utensílios do santuário com que ministram e a cortina com todo o seu serviço.

32 O líder principal dos levitas será Eleazar, filho de Arão, o sacerdote; ele terá a superintendência sobre os que estão encarregados da guarda do santuário.

33 **De** Merari originaram-se as famílias dos malitas e dos musitas. Essas são as famílias de Merari.

34 Todos os homens contados, da idade de um mês para cima, foram seis mil e duzentos.

35 O líder da casa paterna das famílias de Merari será Zuriel, filho de Abiail. Eles se acamparão ao lado do tabernáculo, ao norte.

36 Terão eles a seu [n]cuidado as tábuas do tabernáculo, os seus travessões, as suas colunas, as suas bases, todos os seus utensílios com todo o seu serviço,

37 bem como as colunas ao redor do pátio, as suas bases, as suas estacas e as suas cordas.

O povo posto em ordem:
(7) o resgate dos primogênitos

38 **Moisés** e Arão, com seus filhos, se acamparão diante do tabernáculo, ao oriente, em frente da tenda da congregação, para o nascente. Serão responsáveis pela guarda do santuário, em nome dos filhos de Israel. O estranho que se aproximar do santuário será [o]morto.

39 [p]Todos os levitas recenseados, contados por Moisés e Arão, por ordem do Senhor, segundo as suas famílias, todo homem da idade de um mês para cima, foram vinte e dois mil.

40 **Disse** o Senhor a Moisés: [q]Conta todo primogênito homem dos filhos de Israel, da idade de um mês para cima, e faze uma lista dos seus nomes.

41 [r]Para mim tomarás os levitas em lugar de todo primogênito dos filhos de Israel, e os animais dos levitas em lugar de todo primogênito entre os animais dos filhos de Israel.

[y] Nm 8.6-19; 18.2-4; comp. Êx 32.26-28; Dt 33.8-11
[z] Nm 18.6,7
[a] Êx 29.9
[b] Êx 13.2
[c] Nm 8.14
[d] Lv 27.26; Nm 8.16,17
[e] v. 22; 4.46-49; comp. 1.47-49; 26.57-62
[f] Nm 4.38-41
[g] Nm 4.34-37
[h] v. 27; 26.58,59
[i] Nm 4.42-45
[j] Êx 35.18
[k] 1Cr 26.23
[l] Êx 6.18
[m] Lv 10.4
[n] Nm 4.31,32
[o] Nm 1.51
[p] v. 34; 4.46-49; comp. 26.57-63
[q] v. 15
[r] v. 12,45

42 Contou Moisés, como o Senhor lhe ordenara, todo primogênito entre os filhos de Israel.

43 [s]Todos os primogênitos homens da idade de um mês para cima, relacionados por nome, [1]foram vinte e dois mil duzentos e setenta e três.

44 **Disse** o Senhor a Moisés:

45 [t]Toma os levitas em lugar de todo primogênito entre os filhos de Israel, e os animais dos levitas em lugar dos animais deles. Os levitas serão meus. Eu sou o Senhor.

46 Para resgatar os duzentos e setenta e três primogênitos dos filhos de Israel, que excederam o número dos levitas,

47 tomarás [u]por pessoa [v]cinco [w]siclos; segundo o siclo do santuário os tomarás, a vinte geras o siclo.

48 Darás a Arão e a seus filhos o dinheiro para resgate dos que são excedentes.

49 Então Moisés tomou o dinheiro do resgate dos que excederam os resgatados pelos levitas.

50 Dos primogênitos dos filhos de Israel ele recebeu mil trezentos e sessenta e cinco siclos, segundo o siclo do santuário.

51 Deu Moisés o dinheiro desse resgate a Arão e a seus filhos, segundo o mandado do Senhor, como o Senhor lhe ordenara.

O povo posto em ordem: (8) o serviço dos filhos de Coate

4 **Disse** o Senhor a Moisés e a Arão:

2 Fazei o recenseamento dos filhos de [x]Coate, do meio dos filhos de Levi, pelas suas famílias, segundo a casa de seus pais.

3 Contareis os homens de [y]trinta a cinquenta anos de idade, todos os que são aptos, para que sirvam na tenda da congregação.

4 Este será o serviço dos filhos de Coate na tenda da congregação: o cuidado das coisas santíssimas.

5 Quando partir o acampamento, Arão e seus filhos virão, abaixarão o [z]véu protetor e com ele cobrirão a [a]arca do testemunho.

6 Por cima lhe porão uma coberta de peles de animais marinhos; sobre ela estenderão um pano todo [b]azul e lhe colocarão as [c]varas.

7 Sobre a mesa da [d]proposição estenderão um pano azul; sobre ela porão os pratos, as colheres, as taças e os jarros para libação. O pão [e]contínuo estará sobre ela.

8 Depois estenderão em cima deles um pano vermelho, que será recoberto com uma coberta de peles de animais marinhos, e lhe porão as suas varas.

9 Tomarão um pano azul e cobrirão o candelabro da luminária, as suas lâmpadas, os seus espevitadores, os seus apagadores e todos os vasos de azeite com que servem o candelabro.

10 Envolverão o candelabro com todos os seus acessórios numa coberta de peles de animais marinhos e o porão sobre as varas.

11 Sobre o altar de [f]ouro estenderão um pano azul, que será recoberto com uma coberta de peles de animais marinhos, e lhe porão as varas.

12 Também tomarão todos os [g]utensílios usados no serviço do santuário e os envolverão num pano azul, que será recoberto com uma coberta de peles de animais marinhos, e os porão sobre as varas.

13 Tirarão as cinzas do altar e por cima dele estenderão um pano roxo,

14 sobre o qual porão todos os seus utensílios com que servem no altar: os braseiros, os garfos, as pás e as bacias. Estenderão por cima uma coberta de peles de animais marinhos e lhe porão as varas.

15 Depois que Arão e seus filhos tiverem acabado de cobrir o santuário e todos os seus utensílios, os filhos de [h]Coate virão para transportá-lo, mas sem tocar nas coisas santas, para que não [i]morram. Os filhos de Coate transportarão essas coisas que estão na tenda da congregação.

O povo posto em ordem: (9) as responsabilidades de Eleazar

16 Eleazar, filho do sacerdote Arão, terá a seu cargo o [j]azeite da luminária, o incenso [k]aromático, a contínua oferta de cereais e o azeite da [l]unção. Cuidará também do tabernáculo em geral e de tudo o que nele há, incluindo os objetos sagrados e os seus acessórios.

17 **Disse** o Senhor a Moisés e a Arão:

18 Não deixareis que a tribo das famílias dos coatitas seja extirpada do meio dos levitas.

19 Isto lhes fareis, para que vivam e não morram, quando se aproximarem das coisas [m]santíssimas: Arão e seus filhos entrarão e designarão a cada um o seu serviço e a sua carga.

20 Os coatitas, porém, não entrarão para [n]ver as coisas santas, nem por um momento, para que não morram.

[s] Comp. v. 39
[t] v. 41
[u] Nm 1.2,18,20
[v] Nm 18.16
[w] Veja sist. monetário (AT): Êx 30.13, nota; comp. 2Cr 2.10, nota
[x] Nm 3.27-32
[y] v. 23,30,35, 39,43,47; comp. 8.24
[z] Êx 26.31; Hb 9.3; 10.20
[a] Êx 25.10,16
[b] Êx 39.1
[c] 1Rs 8.7,8
[d] Veja Êx 25.30, nota
[e] Lv 24.5-9
[f] Êx 30.1-5
[g] Êx 25.9; 1Cr 9.29
[h] Nm 7.9; 10.21; Dt 31.9; Js 4.10; 2Sm 6.13; 1Cr 15.2,15
[i] Comp. 2Sm 6.6,7
[j] Êx 25.6; Lv 24.2
[k] Êx 30.34
[l] Êx 30.23-25
[m] v. 4
[n] Comp. 1Sm 6.19

[1] (3.43) Considerando que Nm 1.45,46 afirma que, por ocasião do Êxodo, havia 603.550 homens "capazes de sair à guerra", e aqui se diz que havia 22.273 primogênitos homens de um mês para cima em Israel, pode parecer haver uma contradição; caso contrário, devemos supor que, em Israel, cada família tinha pelo menos cinquenta varões, o que é inconcebível. O problema se resolve quando lembramos que a lei do primogênito não entrou em vigor até o período do Êxodo (Êx 13.1,2). Os "cerca de seiscentos mil [...] homens, sem contar mulheres e crianças" (Êx 12.37) foram aqueles que nasceram nos anos que precederam o Êxodo, enquanto os 22.273 primogênitos nasceram depois do êxodo da terra do Egito.

O povo posto em ordem:
(10) o serviço dos filhos de Gérson

21 **D**isse mais o Senhor a Moisés:

22 Faze um recenseamento dos filhos de [o]Gérson, segundo a casa de seus pais, segundo as suas famílias.

23 Contarás todos os homens da idade de [p]trinta anos para cima, até os cinquenta, que forem aptos para a guerra, e que farão o seu serviço na tenda da congregação.

24 Será este o [q]serviço das famílias dos gersonitas, suas funções e seus encargos:

25 [r]Levarão as [s]cortinas do tabernáculo, a tenda da congregação, a sua coberta, a coberta de [t]peles de animais marinhos que o recobre, a cortina da porta da tenda da congregação,

26 as cortinas externas do pátio, a cortina da porta do pátio que rodeia o tabernáculo e o altar, as cordas e todos os utensílios usados no seu serviço. Eles servirão em tudo o que diz respeito a essas coisas.

27 Todo o serviço dos filhos dos gersonitas será feito segundo o mandado de Arão e de seus filhos. Confiarás à sua guarda tudo o que tiverem de transportar.

28 Será este o serviço das famílias dos filhos dos gersonitas na tenda da congregação. O seu serviço estará sob o mandado de [u]Itamar, filho do sacerdote Arão.

O povo posto em ordem:
(11) o serviço dos filhos de Merari

29 **Q**uanto aos filhos de [v]Merari, os contarás conforme seus clãs e suas famílias.

30 Contarás todos os homens da idade de [w]trinta anos para cima, até os cinquenta, todos aqueles que prestarem serviço na tenda da congregação.

31 [x]Isto é o que deverão transportar, segundo todo o seu [y]serviço na tenda da congregação: as [z]tábuas do tabernáculo, suas varas, suas colunas e bases,

32 como também as colunas ao redor do pátio, as suas bases, estacas, cordas e todos os [a]utensílios usados no seu serviço. Designarás, nome por nome, os objetos que devem transportar.

33 Esse é o serviço das famílias dos filhos de Merari, segundo todo o seu serviço, na tenda da [b]congregação, debaixo da orientação de Itamar, filho do sacerdote Arão.

34 **M**oisés, Arão e os líderes da comunidade contaram os filhos dos coatitas, conforme seus clãs e suas famílias.

35 Todos os homens da idade de [c]trinta anos para cima, até os cinquenta, que entraram para o serviço da tenda da congregação,

36 contados segundo seus clãs, foram dois mil setecentos e cinquenta.

[o] Nm 3.22
[p] v. 3
[q] Nm 7.7
[r] Nm 3.25,26
[s] Êx 36.8
[t] Êx 26.14
[u] v. 33
[v] Nm 3.33-37
[w] v. 3
[x] Nm 3.36,37
[y] Nm 7.8
[z] Êx 26.15
[a] Êx 25.9
[b] v. 28
[c] v. 47
[d] v. 22
[e] Nm 3.39; comp. 26.57-62; 1Cr 23.3-23
[f] v. 3,23,30; comp. 1Cr 23.3
[g] v. 15,24,31
[h] Lv 13.46
[i] Lv 15.2
[j] Nm 19.11
[k] Lv 26.12; Nm 35.34

37 Esses são os que foram contados das famílias dos coatitas, todos aqueles que deviam servir na tenda da congregação, os quais foram contados por Moisés e Arão, conforme o mandado do Senhor, dado a Moisés.

38 **O**s gersonitas foram contados conforme seus clãs e suas famílias.

39 Todos os homens da idade de trinta anos para cima, até os cinquenta, que entraram para o serviço da tenda da congregação,

40 contados conforme seus clãs e suas famílias, foram dois mil seiscentos e trinta.

41 [d]Esses são os que foram contados das famílias dos filhos de Gérson, todos aqueles que deviam servir na tenda da congregação, os quais foram contados por Moisés e Arão, segundo o mandado do Senhor.

42 **O**s que foram contados das famílias dos filhos de Merari, conforme seus clãs e suas famílias,

43 todos os homens da idade de trinta anos para cima, até os cinquenta, que entraram para o serviço da tenda da congregação,

44 contados segundo as suas famílias, foram três mil e duzentos.

45 Esses são os que foram contados das famílias dos filhos de Merari, os quais foram contados por Moisés e Arão, segundo o mandado do Senhor a Moisés.

46 **O** [e]número total de todos os levitas, contados por Moisés, Arão e os líderes de Israel, conforme seus clãs e suas famílias,

47 [f]da idade de trinta anos para cima, até os cinquenta, que entraram para o serviço de transportar a tenda da congregação,

48 foram oito mil quinhentos e oitenta.

49 Segundo o mandado do Senhor a Moisés, foram contados, cada qual segundo o seu [g]serviço e segundo a sua obrigação. Assim foram contados, conforme o Senhor ordenara a Moisés.

O povo posto em ordem:
(12) exigência de pureza;
o imundo lançado fora do acampamento

5 Disse o Senhor a Moisés:

2 Ordena aos filhos de Israel que [h]lancem fora do acampamento todo leproso, todo o que padece [i]fluxo e todo [j]imundo por causa de contato com algum morto.

3 Sejam homens ou mulheres os lançareis fora do acampamento, para que não o contaminem, no [k]meio do qual eu habito.

4 Assim fizeram os filhos de Israel e os lançaram fora do arraial. Como o Senhor falara a Moisés, assim fizeram os filhos de Israel.

A restituição

5 **D**isse o Senhor a Moisés:

6 Dize aos filhos de Israel: Se um homem ou uma mulher cometer algum pecado que prejudique o próximo, sendo assim infiel ao mandamento do Senhor, essa pessoa é culpada.

7 [l]Confessará o pecado que cometeu e fará plena [m]restituição àquele a quem prejudicou, acrescentando a quinta parte do seu valor.

8 Se, porém, essa pessoa não tiver parente chegado [n]a quem possa fazer restituição pela culpa, a restituição pertencerá ao Senhor e será dada ao sacerdote, além do [o]carneiro da [p]expiação com que se fizer expiação pelo culpado.

9 Semelhantemente, toda oferta de todas as coisas santificadas dos filhos de Israel, que trouxerem ao sacerdote, será [q]deste.

10 As coisas que alguém consagra lhe pertencem, mas aquilo que der ao sacerdote, será do sacerdote.

A prova da mulher suspeita de adultério

11 **D**isse mais o Senhor a Moisés:

12 Fala aos filhos de Israel e dize-lhes: Quando a mulher de alguém se desviar e lhe for infiel,

13 de maneira que outro homem se tenha [r]deitado com ela, sem o conhecimento do seu marido, e o fato for oculto aos olhos do próprio marido, por ela se ter contaminado em segredo e não haver quem deponha contra ela, por não ter sido surpreendida em [s]flagrante,

14 e o espírito de ciúmes vier sobre ele, e de sua mulher tiver [t]ciúmes, por ela se haver contaminado, ou sobre ele vier o espírito de ciúmes, e de sua mulher tiver ciúmes, mesmo que ela não se tenha contaminado,

15 então esse homem trará a sua mulher perante o sacerdote e juntamente trará a sua [u]oferta por ela: a décima parte de um [v]efa de farinha de cevada, sobre a qual não derramará azeite nem porá incenso, porque é oferta de cereais de ciúmes, oferta memorativa, que [w]traz a iniquidade em memória.

16 **O** sacerdote a fará chegar e a porá perante a face do Senhor.

17 Em seguida, pegará água santa num vaso de barro e, tendo tomado do pó que houver no chão do tabernáculo, o espargirá na água.

18 E apresentará a mulher perante o [x]Senhor, soltando o cabelo dela, e lhe porá nas mãos a oferta memorativa de cereais, que é a oferta de cereais dos ciúmes. Nas mãos do sacerdote estarão as águas [y]amargas e de maldição.

[l] Lv 5.5; Sl 32.5; 1Jo 1.9
[m] Lv 6.4,5
[n] Redenção (tipo do parente remidor): v. 8; Nm 35.12 (Gn 48.16; Is 59.20, nota)
[o] Lv 5.15
[p] Veja Êx 29.33, nota
[q] Lv 7.32-34; 10.14,15
[r] Lv 20.10
[s] Comp. Jo 8.4
[t] Pv 6.34
[u] Lv 5.11
[v] Veja pesos e medidas (AT): 2Cr 2.10, nota
[w] 1Rs 17.18; Ez 29.16; Hb 10.3
[x] Hb 13.4
[y] v. 17,22,24
[z] Js 6.26; 1Sm 14.24; Ne 10.29
[a] Sl 109.18
[b] Dt 27.15-26
[c] Lv 8.27
[d] Lv 2.2,9
[e] Dt 28.37; Is 65.15; Jr 24.9; 29.18,22; 42.18
[f] Separação: v. 1-8; Nm 16.21 (Gn 12.1; 2Co 6.17)
[g] Jz 13.5; Lm 4.7; Am 2.11,12

19 O sacerdote a fará jurar, dizendo-lhe: Se ninguém contigo se deitou, e se não te apartaste de teu marido pela imundícia, dessas águas amargas e de maldição serás livre.

20 Se, contudo, te apartaste de teu marido, e te contaminaste, e algum homem que não o teu marido se deitou contigo,

21 o sacerdote fará, aqui, a mulher [z]prestar um juramento sob pena de maldição, dizendo à mulher: O Senhor te ponha por maldição e por conjuração no meio do teu povo, fazendo-te o Senhor descair a coxa e inchar a barriga.

22 Esta água de maldição [a]penetre nas tuas entranhas, para te fazer inchar a barriga e te fazer descair a coxa. Então a mulher dirá: [b]Amém, amém.

23 **D**epois o sacerdote escreverá essas mesmas maldições num livro e com a água amarga as apagará.

24 Fará a mulher beber a água amarga e de maldição, a fim de que essas águas de maldição penetrem nela causando-lhe amargura.

25 Da mão da mulher o sacerdote pegará a oferta de cereais, a [c]moverá perante o Senhor e a trará ao altar.

26 Tomará um punhado da oferta de cereais, da oferta [d]memorativa, e sobre o altar o queimará. Depois dará a beber a água à mulher.

27 Ao fazê-la beber a água, será que, se ela se tornou imunda enganando a seu marido, a água de [e]maldição penetrará nela para amargura; a sua barriga se inchará, a sua coxa descairá; aquela mulher será por maldição no meio do seu povo.

28 Se, ao contrário, a mulher não se tiver contaminado, mas estiver limpa, então será livre e conceberá.

29 **E**sta é a lei dos ciúmes, quando a mulher se desviar e se tornar imunda, enquanto sob o poder de seu marido,

30 ou quando sobre o homem vier o espírito de ciúmes, e tiver ciúmes de sua mulher. O sacerdote apresente a mulher perante o Senhor e nela execute toda esta lei.

31 O homem será isento de culpa, porém a mulher levará a sua iniquidade.

O povo posto em ordem: (13) os nazireus

6 [1]Disse o Senhor a Moisés:

2 Fala aos filhos de Israel e dize-lhes: Se um homem ou uma mulher [f]fizer um voto especial de [2g]nazireu, um voto de separação para o Senhor,

---

[1] (6.1) Há uma excelente ordem de caráter moral nos cap. 6 e 7: 1) separação (6.1-12); 2) culto (6.13-21); 3) bênção (6.22-27); e 4) serviço (7.1-89). Comp. Hb 13.12-16.

[2] (6.2) O nazireu (que significa *separado* ou *consagrado*) era uma pessoa separada completamente para o Senhor. A abstenção do vinho, símbolo da alegria natural (Sl 104.15), era a expressão de uma devoção que encontrava toda a sua alegria em Deus (comp. Sl 97.12; Hc 3.18; Fp 3.1; 4.4,10). O cabelo comprido, naturalmente uma desonra para o homem (1Co 11.14), era o sinal visível da separação do nazireu e de sua

3 terá que se abster de [h]vinho e de bebida forte; não beberá vinagre de vinho, nem vinagre de bebida forte; não tomará nenhuma bebida feita de uvas nem comerá uvas frescas nem secas.

4 Todos os dias da sua consagração não comerá nenhum produto da videira, desde as sementes até as cascas.

5 Todos os dias da sua consagração não passará navalha sobre a sua [i]cabeça. Será santo, até que se cumpram os dias pelos quais se separou para o Senhor; depois deixará [j]crescer o cabelo.

6 Durante todo o tempo da sua consagração ao Senhor, não se aproximará de nenhum [k]cadáver.

7 Nem se o pai, a mãe, o irmão ou a irmã morrerem, não se contaminará, porque traz sobre a cabeça o nazireado do seu Deus.

8 Durante todo o tempo do seu nazireado será santo ao Senhor.

9 **S**e alguém subitamente morrer junto a ele, contaminando assim o cabelo que consagrou, no sétimo dia, o dia da sua purificação, [l]rapará a cabeça.

10 No oitavo dia, [m]trará ao sacerdote [n]duas rolinhas, ou dois pombinhos, à entrada da tenda da congregação.

11 O sacerdote oferecerá um como oferta pelo pecado e o outro, como holocausto; e fará por ele a [o]expiação do pecado que cometeu por causa do morto. Assim, naquele mesmo dia consagrará a sua cabeça.

12 Então consagrará ao Senhor os dias do seu nazireado e para oferta pela culpa trará um cordeiro de um ano. Os dias antecedentes serão perdidos, porque o seu nazireado foi contaminado.

13 É esta a lei do nazireu: no dia em que se [p]cumprirem os dias do seu nazireado, será trazido à porta da tenda da congregação.

14 Ali apresentará ao Senhor a sua oferta: um cordeiro sem defeito, de um ano, em holocausto, uma cordeira sem defeito, de um ano, como oferta pelo pecado, um carneiro sem defeito como oferta pacífica,

15 um cesto de bolos [q]sem fermento, de flor de farinha amassada com azeite, e pães finos untados com azeite, acompanhados da sua [r]oferta de cereais e das libações.

16 O sacerdote os trará perante o Senhor e sacrificará a oferta pelo pecado e o holocausto.

17 Depois sacrificará o carneiro como oferta pacífica ao Senhor, com o cesto dos bolos sem fermento, e oferecerá a oferta de cereais e a libação.

[h] Lv 10.9
[i] 1Sm 1.11
[j] Ez 44.20; comp. Jz 16.17-22; 1Co 11.14
[k] Nm 19.11-22
[l] Lv 14.8,9
[m] Lv 15.14,29
[n] Lv 5.7
[o] Veja Êx 29.33, nota
[p] At 21.26
[q] Fermento: v. 15,17,19; Nm 9.11 (Gn 19.3; Mt 13.33, nota)
[r] Nm 15.1-7
[s] Lv 7.28-34
[t] 1Sm 2.15
[u] Êx 29.23,28
[v] v. 13
[w] 1Cr 23.13
[x] Orações da Bíblia (AT): v. 22-26; Nm 10.36 (Gn 15.2; Hc 3.1)
[y] Dt 28.3-6
[z] Êx 23.20; 1Sm 2.9; 1Cr 4.10
[a] Sl 31.16; 80.3,7,19; Dn 9.17
[b] Sl 89.15
[c] Lv 26.6; Is 26.3,12
[d] 2Sm 7.23
[e] Êx 20.24
[f] Êx 40.17-34
[g] Lv 8.10,11
[hh] Nm 1.4
[ii] Comp. Is 66.20

18 Então o nazireu rapará o cabelo que consagrou, à entrada da tenda da congregação, pegará o cabelo e o porá sobre o fogo que está debaixo da oferta pacífica.

19 Depois o sacerdote [s]tomará o ombro [t]cozido do carneiro, um bolo [u]sem fermento do cesto, um pão fino e os porá nas mãos do nazireu, quando este já houver rapado o seu cabelo.

20 O sacerdote os moverá em oferta movida perante o Senhor; são santos e pertencerão ao sacerdote, com o peito da oferta movida e com a espádua da oferta alçada. [v]Depois disso o nazireu poderá beber vinho.

21 **E**sta é a lei do nazireu que fez voto e da sua oferta para a sua consagração ao Senhor, além do que permitirem seus recursos. De acordo com o voto que fez, assim fará conforme a lei do nazireado.

O modo de abençoar os filhos de Israel

22 **D**isse o Senhor a Moisés:

23 Dize a Arão e a seus filhos: Assim [w]abençoareis os filhos de Israel, [x]dizendo-lhes:

24 O Senhor te [y]abençoe e te [z]guarde.

25 O Senhor faça resplandecer o seu [a]rosto sobre ti e tenha misericórdia de ti.

26 O Senhor sobre ti [b]levante o seu rosto e te dê a [c]paz.

27 Assim [d]porão o meu nome sobre os filhos de Israel, e eu os [e]abençoarei.

O povo posto em ordem: (14) as ofertas dos líderes (veja v. 12, 18, 24, 30, 36, 42, 48, 54, 60, 66, 72, 78)

7 [f]Quando Moisés acabou de levantar o tabernáculo, e o [g]ungiu, e o consagrou, e a todos os seus pertences, também ungiu e consagrou o altar e todos os seus utensílios.

2 Então os [hh]líderes de Israel, os chefes das famílias, os que foram líderes das tribos e os responsáveis pelo recenseamento fizeram ofertas.

3 [1]Trouxeram a sua oferta perante o Senhor: seis carros [ii]cobertos e doze bois; um boi de cada líder, e um carro de cada dois líderes; e os apresentaram diante do tabernáculo.

4 Disse o Senhor a Moisés:

5 Recebe-os deles, e sejam destinados ao serviço da tenda da congregação. Tu os darás aos levitas, a cada um segundo o seu serviço.

6 Assim Moisés recebeu os carros e os bois e os deu aos levitas.

disposição em levar a desonra por amor a Deus. O tipo encontrou seu cumprimento perfeito em Jesus, que foi "santo, inocente, imaculado, separado dos pecadores" (Hb 7.26), totalmente separado para o Pai (Jo 1.18; 6.38) e que não permitiu que quaisquer demandas, mesmo as naturais, o impedissem ou distraíssem (Mt 12.46-50).

[1] (7.3) É reconfortante observar que, embora as ofertas dos príncipes fossem idênticas, por inspiração divina cada uma é registrada separadamente. Comp. Mc 12.41-44.

7 Dois carros e quatro bois deu aos filhos de [j]Gérson, segundo o seu serviço.

8 Quatro carros e oito bois deu aos filhos de [k]Merari, segundo o seu serviço, sob a direção de Itamar, filho do sacerdote Arão.

9 Aos filhos de Coate, porém, nada deu, porque a seu [l]cargo estava o santuário e o levavam aos ombros.

10 **O**s líderes trouxeram a sua oferta para a [m]consagração do altar, no dia em que este foi ungido, e a apresentaram perante o altar.

11 Pois o Senhor dissera a Moisés: Cada líder oferecerá a sua oferta, cada qual em seu dia, para a consagração do altar.

12 **O** que ofereceu a sua oferta no primeiro dia foi [n]Naassom, filho de Aminadabe, pela tribo de Judá.

13 A sua oferta foi um prato de prata de cento e trinta [o]siclos e uma bacia de prata para as aspersões de setenta siclos, segundo o siclo do santuário, ambos cheios de flor de farinha amassada com azeite, para a oferta de cereais;

14 um vaso de ouro de dez siclos, cheio de incenso;

15 um novilho, um carneiro e um cordeiro de um ano, para [p]holocausto;

16 um bode para [q]oferta pelo pecado;

17 dois bois, cinco carneiros, cinco bodes e cinco cordeiros de um ano para [r]sacrifício de ofertas pacíficas. Esta foi a oferta de Naassom, filho de Aminadabe.

18 **N**o segundo dia, Natanael, filho de Zuar, líder de Issacar, fez a sua oferta.

19 Como [s]oferta apresentou um prato de prata de cento e trinta siclos, e uma bacia de prata de setenta siclos, para as aspersões, segundo o siclo do santuário, ambos cheios de flor de farinha amassada com azeite, para a oferta de cereais;

20 um vaso de ouro de dez siclos, cheio de incenso;

21 um novilho, um carneiro e um cordeiro de um ano, para holocausto;

22 um bode para oferta pelo pecado;

23 dois bois, cinco carneiros, cinco bodes e cinco cordeiros de um ano, para sacrifício de ofertas pacíficas. Esta foi a oferta de Natanael, filho de Zuar.

24 **N**o terceiro dia Eliabe, filho de Helom, líder dos filhos de Zebulom, fez a sua oferta.

25 Como oferta apresentou um [t]prato de prata de cento e trinta siclos, e uma bacia de prata, para as aspersões, de setenta siclos, segundo o siclo do santuário, ambos cheios de flor de farinha amassada com azeite, para oferta de cereais;

26 um vaso de ouro de dez siclos, cheio de incenso;

27 um novilho, um carneiro e um cordeiro de um ano, para holocausto;

28 um bode para oferta pelo pecado;

29 dois bois, cinco carneiros, cinco bodes e cinco cordeiros de um ano, para sacrifício de ofertas pacíficas. Esta foi a oferta de Eliabe, filho de Helom.

30 **N**o quarto dia, [u]Elizur, filho de Sedeur, líder dos filhos de Rúben fez a sua oferta.

31 Como oferta apresentou um prato de prata de cento e trinta siclos, e uma bacia de prata de setenta siclos, para as aspersões, segundo o siclo do santuário, ambos cheios de flor de farinha amassada com azeite, para oferta de cereais;

32 um vaso de ouro de dez siclos, cheio de incenso;

33 um novilho, um carneiro e um cordeiro de um ano, para holocausto;

34 um bode para oferta pelo pecado;

35 dois bois, cinco carneiros, cinco bodes e cinco cordeiros de um ano, para sacrifício de ofertas pacíficas. Esta foi a oferta de Elizur, filho de Sedeur.

36 **N**o quinto dia, o líder dos filhos de Simeão, Selumiel, filho de Zurisadai, fez a sua oferta.

37 Como oferta apresentou um prato de prata de cento e trinta siclos e uma bacia de prata de setenta siclos, para as aspersões, segundo o siclo do santuário, ambos cheios de flor de farinha amassada com azeite, para oferta de cereais;

38 um vaso de ouro de dez siclos, cheio de incenso;

39 um novilho, um carneiro e um cordeiro de um ano, para holocausto;

40 um bode para oferta pelo pecado;

41 dois bois, cinco carneiros, cinco bodes e cinco cordeiros de um ano, para sacrifício de ofertas pacíficas. Esta foi a oferta de Selumiel, filho de Zurisadai.

42 **N**o sexto dia, o líder dos filhos de Gade, [v]Eliasafe, filho de [w]Deuel, fez a sua oferta.

43 Como oferta apresentou um prato de prata de cento e trinta siclos, e uma bacia de prata de setenta siclos, para as aspersões, segundo o siclo do santuário, ambos cheios de flor de farinha amassada com azeite, para oferta de cereais;

44 um vaso de ouro de dez siclos, cheio de incenso;

45 um novilho, um carneiro e um cordeiro de um ano, para holocausto;

46 um bode para oferta pelo pecado;

47 dois bois, cinco carneiros, cinco bodes e cinco cordeiros de um ano, para sacrifício de ofertas pacíficas. Esta foi a oferta de Eliasafe, filho de Deuel.

48 **N**o sétimo dia, o líder dos filhos de Efraim, Elisama, filho de Amiúde, fez a sua oferta.

[j] Nm 4.24-28
[k] Nm 4.29-33
[l] Nm 4.4-15
[m] 2Cr 7.9
[n] Nm 2.3
[o] Veja sist. monetário (AT): Êx 30.13, nota; comp. 2Cr 2.10, nota
[p] Lv 1.2,3
[q] Lv 4.23
[r] Lv 3.1
[s] v. 13
[t] Comp. Mt 14.1-12
[u] Nm 1.5; 2.10
[v] Nm 1.14; 2.14
[w] Nm 2.14

49 Como oferta apresentou um prato de prata
de cento e trinta siclos e uma bacia de prata de
setenta siclos, para as aspersões, segundo o siclo
do santuário, ambos cheios de flor de farinha
amassada com azeite, para oferta de cereais;
50 um vaso de ouro de dez siclos, cheio de
incenso;
51 um novilho, um carneiro e um cordeiro de
um ano, para holocausto;
52 um bode para oferta pelo pecado;
53 dois bois, cinco carneiros, cinco bodes e
cinco cordeiros de um ano, para sacrifício de
ofertas pacíficas. Esta foi a oferta de Elisama,
filho de Amiúde.
54 **N**o oitavo dia, [x]o príncipe dos filhos de
Manassés, Gamaliel, filho de Pedazur, fez a
sua oferta.
55 Como [y]oferta apresentou um prato de prata,
do peso de cento e trinta siclos e uma bacia
de prata de setenta siclos, para as aspersões,
segundo o siclo do santuário, ambos cheios de
flor de farinha amassada com azeite, para oferta
de cereais;
56 um vaso de ouro de dez siclos, cheio de
incenso;
57 um novilho, um carneiro e um cordeiro
de um ano, para holocausto;
58 um bode para oferta pelo pecado;
59 dois bois, cinco carneiros, cinco bodes e
cinco cordeiros de um ano, para sacrifício de
ofertas pacíficas. Esta foi a oferta de Gamaliel,
filho de Pedazur.
60 **N**o nono dia, o líder dos filhos de Benjamim,
Abidã, filho de Gideoni, fez a sua oferta.
61 Como oferta apresentou um prato de prata
de cento e trinta siclos e uma bacia de prata
de setenta siclos, para as aspersões, segundo o
siclo do santuário, ambos cheios de flor de farinha amassada com azeite, para oferta de cereais;
62 um vaso de ouro de dez siclos, cheio de
incenso;
63 um novilho, um carneiro e um cordeiro
de um ano, para holocausto;
64 um bode para oferta pelo pecado;
65 dois bois, cinco carneiros, cinco bodes e
cinco cordeiros de um ano, para sacrifício de
ofertas pacíficas. Esta foi a oferta de Abidã, filho
de Gideoni.
66 **N**o décimo dia, o príncipe dos filhos de Dã,
Aieser, filho de Amisadai, fez a sua oferta.
67 Como oferta apresentou um prato de prata
de cento e trinta siclos e uma bacia de prata de
setenta siclos, para as aspersões, segundo o siclo
do santuário, ambos cheios de flor de farinha
amassada com azeite, para oferta de cereais;
68 um vaso de ouro de dez siclos, cheio
de incenso;
69 um novilho, um carneiro e um cordeiro de
um ano, para holocausto;
70 um bode para oferta pelo pecado;
71 dois bois, cinco carneiros, cinco bodes e
cinco cordeiros de um ano, para sacrifício de
ofertas pacíficas. Esta foi a oferta de Aieser, filho
de Amisadai.
72 **N**o décimo primeiro dia, o líder dos filhos de
Aser, [z]Pagiel, filho de Ocrã, fez a sua oferta.
73 Como oferta apresentou um prato de prata
de cento e trinta siclos e uma bacia de prata de
setenta siclos, para as aspersões, segundo o siclo
do santuário, ambos cheios de flor de farinha
amassada com azeite, para oferta de cereais;
74 um vaso de ouro de dez siclos, cheio de
incenso;
75 um novilho, um carneiro e um cordeiro de
um ano, para holocausto;
76 um bode para oferta pelo pecado;
77 dois bois, cinco carneiros, cinco bodes e
cinco cordeiros de um ano, para sacrifício de
ofertas pacíficas. Esta foi a oferta de Pagiel,
filho de Ocrã.
78 **N**o décimo segundo dia, o líder dos filhos de
Naftali, Aira, filho de Enã, fez a sua oferta.
79 Como oferta apresentou um prato de prata
de cento e trinta siclos e uma bacia de prata de
setenta siclos, para as aspersões, segundo o siclo
do santuário, ambos cheios de flor de farinha
amassada com azeite, para oferta de cereais;
80 um vaso de ouro de dez siclos, cheio de
incenso;
81 um novilho, um carneiro e um cordeiro
de um ano, para holocausto;
82 um bode para oferta pelo pecado;
83 dois bois, cinco carneiros, cinco bodes
e cinco cordeiros de um ano, para sacrifício
de ofertas pacíficas. Esta foi a oferta a Aira,
filho de Enã.

Resumo das ofertas dos líderes

84 **F**oram estas as ofertas dos líderes de Israel
para a [a]consagração do altar, no dia em que foi
ungido: doze pratos de prata, doze bacias de
prata e doze vasos de ouro.
85 Cada prato de prata pesava cento e trinta
siclos, e cada bacia, setenta siclos. Toda a prata
dos vasos foi dois mil e quatrocentos siclos,
segundo o siclo do santuário.
86 Os doze vasos de ouro cheios de incenso
pesavam dez siclos cada, segundo o siclo do
santuário. Todo o ouro dos vasos foi cento e
vinte siclos.
87 Todos os animais para holocausto foram
doze novilhos, doze carneiros, doze cordeiros
de um ano, com a sua oferta de cereais, e doze
bodes para oferta pelo pecado.

[x] Nm 1.10; 2.20
[y] v. 13
[z] Nm 1.13; 2.27
[a] v. 10

88 Todos os animais para sacrifício de ofertas pacíficas foram vinte e quatro novilhos, sessenta carneiros, sessenta bodes e sessenta cordeiros de um ano. Essas foram as ofertas para a consagração do altar, depois que foi [b]ungido.

89 **Q**uando Moisés entrava na tenda da congregação para [c]falar com o Senhor, ouvia a voz que lhe falava de cima do [d]propiciatório, que está sobre a arca do testemunho, [e]entre os dois querubins. Era assim que lhe falava.

O povo posto em ordem:
(15) as lâmpadas e o candelabro

8 **D**isse o Senhor a Moisés:

2 Fala a Arão e dize-lhe: Quando [f]acenderes as sete [g]lâmpadas, deverão iluminar a área em frente do [h]candelabro.

3 Assim fez Arão; pôs as lâmpadas voltadas para a frente do candelabro, como o Senhor ordenara a Moisés.

4 O candelabro era feito de ouro batido; desde o seu pedestal até as suas flores, segundo o [i]modelo que o Senhor mostrara a Moisés, assim fez ele o candelabro.

O povo posto em ordem:
(16) a purificação dos levitas

5 **D**isse o Senhor a Moisés:

6 Toma os levitas do meio dos filhos de Israel e [j]purifica-os.

7 Assim procederás para os purificar: Esparge sobre eles a [k]água da expiação. Depois devem [l]passar a navalha sobre todo o corpo e lavar as vestes; assim se purificarão.

8 Tomarão um novilho com a [m]sua oferta de cereais de flor de farinha amassada com azeite; então tomarás outro novilho, para oferta pelo pecado.

9 Farás os levitas se aproximarem da tenda da congregação; farás ajuntar toda a congregação dos filhos de Israel.

10 Trarás os levitas diante do Senhor, e os filhos de Israel porão as suas mãos sobre eles.

11 Arão [n]trará os levitas à presença do Senhor como [o]oferta movida da parte dos filhos de Israel, para que atuem no serviço do Senhor.

12 Depois que os levitas impuserem as mãos sobre a cabeça dos novilhos, sacrificarás um para oferta pelo pecado e o outro, para holocausto ao Senhor, para fazer [p]expiação pelos levitas.

13 Colocarás os levitas em pé perante Arão e seus filhos e com um gesto os apresentarás como oferta movida ao Senhor.

14 **D**esta maneira [q]separarás os levitas do meio dos filhos de Israel, e os levitas serão [r]meus.

[b] v. 1
[c] Êx 33.9,11; Nm 12.8
[d] Êx 25.22
[e] Sl 80.1; 99.1
[f] Lv 24.3,4
[g] Êx 25.37; 40.25
[h] Êx 25.31
[i] Êx 25.40; At 7.44
[j] v. 15; comp. 2Co 7.1
[k] Nm 19.9,17; comp. Sl 51.2,7; Hb 9.13,14
[l] Lv 14.8,9
[m] Nm 15.8-10
[n] v. 11-22; comp. Rm 15.16
[o] Lv 7.30-34; Nm 18.6
[p] Veja Êx 29.33, nota
[q] Nm 16.9
[r] Nm 3.12
[s] Nm 3.9
[t] Nm 3.45; comp. Êx 13.2
[u] Nm 3.9
[v] Nm 1.53
[w] Comp. Nm 4.3; 1Cr 23.3
[x] Veja Lv 23.2, nota; comp. Êx 40.2,17; Nm 1.1
[y] Lv 23.5; Nm 28.16
[z] Êx 12.3; Dt 16.1; 2Cr 30.1-15; Lc 22.7; comp. 1Co 5.7,8

15 Depois que tu os purificares e os apresentares como oferta movida, os levitas entrarão para fazer o serviço da tenda da congregação.

16 Eles me são [s]dados dentre os filhos de Israel; [t]em lugar de todo primogênito, do primeiro filho de cada um dos israelitas; eu os tenho tomado para mim.

17 Todo primogênito entre os filhos de Israel, homem ou animal, é meu. No dia em que, na terra do Egito, feri a todo primogênito, os consagrei para mim.

18 Tomei os levitas em lugar de todo primogênito entre os filhos de Israel.

19 Do meio de todos os filhos de Israel dei [u]os levitas a Arão e a seus filhos, para fazerem o serviço dos filhos de Israel na tenda da congregação, para fazerem expiação por eles, de modo que não haja [v]praga entre os filhos de Israel, quando se aproximarem do santuário.

20 **M**oisés, Arão e toda a congregação dos filhos de Israel fizeram assim com os levitas. De acordo com tudo o que o Senhor ordenara a Moisés acerca dos levitas, assim os filhos de Israel lhes fizeram.

21 Os levitas se purificaram e lavaram as suas vestes; Arão os apresentou perante o Senhor como oferta movida e fez expiação por eles, para purificá-los.

22 Depois, vieram os levitas para fazerem o seu serviço na tenda da congregação, perante Arão e seus filhos. Como o Senhor ordenara a Moisés acerca dos levitas, assim lhes fizeram.

23 Disse o Senhor a Moisés:

24 Isto é o que compete aos levitas: da idade de [w]vinte e cinco anos para cima entrarão para fazerem o seu serviço na tenda da congregação,

25 mas com a idade de cinquenta anos sairão desse serviço e nunca mais servirão.

26 Contudo, poderão ajudar os seus irmãos na guarda da tenda da congregação, mas o serviço não exercerão. Assim farás para com os levitas no tocante aos seus cargos.

O povo posto em ordem:
(17) a celebração da Páscoa no deserto de Sinai

9 **F**alou o Senhor a Moisés no deserto de Sinai, no segundo ano da sua saída da terra do Egito, no [x]primeiro mês. Disse ele:

2 Celebrem os filhos de Israel a [y]Páscoa no [z]tempo determinado.

3 No dia catorze deste mês, à tarde, no tempo determinado a celebrareis. Segundo todos os seus estatutos e segundo todos os seus ritos, a celebrareis.

4 Disse, pois, Moisés aos filhos de Israel que celebrassem a Páscoa.

5 Então celebraram a Páscoa no dia catorze do primeiro mês, à tarde, no deserto de Sinai.

Segundo tudo o que o Senhor ordenara a Moisés, assim fizeram os filhos de Israel.

Segunda celebração para os ausentes e os imundos

6 **Alguns** deles, porém, que se acharam [a]imundos por terem tocado um cadáver, não puderam celebrar a Páscoa naquele dia. Por isso, naquele mesmo dia, se chegaram perante Moisés e Arão

7 e lhes disseram: Estamos imundos por causa de um cadáver, mas por que seríamos privados de oferecer a oferta do Senhor no tempo determinado no meio dos filhos de Israel?

8 Disse-lhes Moisés: Esperai, e [b]ouvirei o que o Senhor vos ordenará.

9 **Então** disse o Senhor a Moisés:

10 Dize aos filhos de Israel: Quando alguém entre vós, ou entre os vossos descendentes, achar-se imundo por causa de um cadáver, ou se achar em jornada longe de vós, ainda celebrará a Páscoa ao Senhor.

11 No segundo mês, no dia catorze, de tarde, a [c]celebrarão. Com pães [d]sem fermento e ervas amargas a comerão.

12 Dela nada deixarão para o dia seguinte e dela não quebrarão [e]osso algum. Segundo todo o estatuto da Páscoa a celebrarão.

13 O homem, porém, que, achando-se limpo e não estiver em viagem, deixar de celebrar a Páscoa, [f]esse será eliminado do seu povo, porque não ofereceu a oferta do Senhor no tempo determinado. Tal homem levará sobre si o seu pecado.

14 Algum estrangeiro, peregrinando entre vós, que quiser celebrar a Páscoa ao Senhor, deverá celebrá-la segundo o estatuto e o rito da Páscoa. Apenas um estatuto haverá entre vós, tanto para o estrangeiro como para o natural da terra.

O povo posto em ordem: (18) a nuvem guia a marcha dos israelitas

15 **No** dia em que o tabernáculo foi levantado, a [g]nuvem [h]cobriu o tabernáculo sobre a tenda do testemunho. Desde a tarde até a manhã, a nuvem estava sobre o tabernáculo com uma aparência de [i]fogo.

16 Assim era continuamente: a nuvem o cobria e, de noite, havia aparência de fogo.

17 Quando a nuvem se erguia sobre a tenda, os filhos de Israel partiam; no lugar onde a [j]nuvem parava, ali os filhos de Israel se acampavam.

18 Segundo a ordem do Senhor, os filhos de Israel partiam e, segundo a ordem do Senhor, se acampavam. Permaneciam acampados todos os dias em que a nuvem repousava sobre o tabernáculo.

19 Quando a nuvem se detinha muitos dias sobre o tabernáculo, os filhos de Israel cumpriam a ordem do Senhor e não partiam.

[a] Nm 19.11-22
[b] Êx 18.22
[c] v. 2
[d] Fermento: v. 11; Nm 28.17 (Gn 19.3; Mt 13.33, nota)
[e] Êx 12.46; comp. Jo 19.36
[f] Comp. Hb 10.29; 12.25
[g] Êx 40.34
[h] Is 4.5
[i] Êx 13.21,22
[j] Êx 40.36-38; Nm 10.11,12,33,34; comp. Êx 33.14,15
[k] Êx 40.37
[l] Êx 18.21; Nm 1.16
[m] Jl 2.1
[n] Nm 2.3
[o] Nm 2.10
[p] Nm 31.6; 1Cr 15.24; 2Cr 13.12
[q] Comp. Js 6.5
[r] Lv 23.24; Nm 29.1; 2Cr 5.12; Sl 81.3; Is 18.3-7; 27.13
[s] Lv 23.24
[t] Veja Lv 23.2, nota
[u] Comp. Êx 19.1; 40.17; Dt 1.6

20 Houve ocasiões em que a nuvem deteve-se poucos dias sobre o tabernáculo; segundo a ordem do Senhor, eles permaneciam acampados e, segundo a ordem do Senhor, partiam.

21 Às vezes, a nuvem ficava desde a tarde até pela manhã seguinte; quando a nuvem se erguia pela manhã, partiam. Quer de dia, quer de noite, erguendo-se a nuvem, partiam.

22 Quando a nuvem se detinha sobre o tabernáculo dois dias, ou um mês, ou um ano, permanecendo sobre ele, os filhos de Israel [k]permaneciam acampados e não partiam; mas erguendo-se ela, partiam.

23 Segundo a ordem do Senhor se acampavam e, segundo a ordem do Senhor, partiam. Cumpriam a ordenança do Senhor, como este ordenara por meio de Moisés.

O povo posto em ordem: (19) as trombetas de prata para o toque de reunir

10 **Disse** o Senhor a Moisés:

2 Faze duas trombetas de prata batida; elas te servirão para convocar a comunidade e dar ordem para a partida dos acampamentos.

3 Quando ambas soarem, toda a comunidade se ajuntará a ti à entrada da tenda da congregação.

4 Quando, porém, soar uma só, a ti se ajuntarão os líderes, os [l]chefes dos clãs de Israel.

5 Quando se tocar [m]retinindo, partirão os exércitos que estão acampados ao [n]oriente.

6 Quando pela segunda vez se tocar retinindo, partirão os exércitos que estão acampados ao [o]sul. Para a partida dos acampamentos se tocará retinindo.

7 Para ajuntar a comunidade, se tocará sem retinir.

8 Os filhos de Arão, os [p]sacerdotes, tocarão as trombetas. Será isso para vós e vossas gerações um estatuto perpétuo.

9 Quando na vossa terra sairdes a pelejar contra o inimigo que vos oprime, tocareis as trombetas retinindo, e perante o Senhor, o vosso Deus, haverá [q]lembrança de vós, e sereis salvos de vossos inimigos.

10 Semelhantemente, [r]no dia da vossa alegria, nas vossas solenidades e nos princípios dos vossos meses tocareis as trombetas sobre os vossos holocaustos, sobre os vossos sacrifícios de ofertas pacíficas e vos serão por [s]lembrança perante o vosso Deus. Eu sou o Senhor, o vosso Deus.

II. Do Sinai às Planícies de Moabe, 10.11—21.35

Do Sinai até Cades-Barneia: (1) primeira marcha e primeira parada

11 **No** [t]segundo ano, no segundo mês, aos [u]vinte do mês, a nuvem se ergueu de sobre o tabernáculo da congregação.

12 Então os filhos de Israel partiram do deserto
do Sinai em viagem, e a nuvem parou no deserto
de [v]Parã.
13 Assim partiram pela primeira vez segundo o
mandado do Senhor, pela mão de Moisés.
14 [w]Primeiro partiu a bandeira do acampamento
dos filhos de Judá, segundo as suas divisões. À frente
do seu exército estava Naassom, filho de Aminadabe;
15 à frente do exército da tribo dos filhos de
Issacar estava Natanael, filho de Zuar;
16 e à frente do exército da tribo dos filhos
de Zebulom estava Eliabe, filho de Helom.
17 Então [x]desarmaram o tabernáculo, e os filhos de
Gérson e os filhos de Merari [y]partiram, levando-o.
18 Depois [z]partiu a bandeira do acampamento
de Rúben, segundo as suas divisões. À frente do
seu exército estava Elizur, filho de Sedeur;
19 à frente do exército da tribo dos filhos de
Simeão estava Selumiel, filho de Zurisadai;
20 e à frente do exército da tribo dos filhos de
Gade estava Eliasafe, filho de Deuel.
21 Então partiram os [a]coatitas, [b]levando as coi-
sas santas, de modo que o tabernáculo já estava
montado quando eles chegaram.
22 **D**epois [c]partiu a bandeira do acampamento
dos filhos de Efraim, segundo as suas divisões.
À frente do seu exército estava Elisama, filho
de Amiúde;
23 à frente do exército da tribo dos filhos de
Manassés estava Gamaliel, filho de Pedazur;
24 e à frente do exército da tribo dos filhos
de Benjamim estava Abidã, filho de Gideoni.
25 **F**inalmente, [d]partiu a bandeira do acampa-
mento dos filhos de Dã, à retaguarda de todos os
acampamentos, segundo as suas divisões. À frente
do seu exército estava Aieser, filho de Amisadai;
26 à frente do exército da tribo dos filhos de
Aser estava Pagiel, filho de Ocrã;
27 e à frente do exército da tribo dos filhos
de Naftali estava Aira, filho de Enã.
28 Esta era a ordem de partida dos filhos
de Israel, segundo os seus exércitos, quando
se punham em marcha.

Moisés roga a Hobabe que vá com eles

29 **D**isse Moisés a [e]Hobabe, filho de [f]Reuel,
o [g]midianita, sogro de Moisés: Estamos cami-
nhando para o [h]lugar que o Senhor nos prometeu:
[i]Eu vos darei. Vem conosco, e seremos bons con-
tigo, pois o Senhor prometeu boas coisas a Israel.
30 Respondeu ele: Não, não irei. Estou voltando
à minha terra e à minha parentela.
31 Tornou-lhe Moisés: Não nos deixes. Tu
sabes onde devemos nos acampar no deserto;
e nos servirás de guia.
32 Se vieres conosco, [j]compartilharemos
contigo tudo de [k]bom que o Senhor nos fizer.

A bênção de Moisés

33 **A**ssim partiram do [l]monte do Senhor e viaja-
ram três dias. A arca da aliança do Senhor seguia
adiante deles, para lhes [m]buscar [n]lugar de descanso.
34 A nuvem do Senhor ia sobre eles de dia,
quando partiam do acampamento.
35 Partindo a arca, [o]dizia Moisés:
[p]Levanta-te, Senhor,
e dissipados sejam os teus inimigos;
fujam diante de ti os que te aborrecem.
36 Pousando ela, dizia:
Volta, ó Senhor,
para os muitos milhares de Israel.

Do Sinai até Cades-Barneia: (2) Deus julga os murmuradores

11 **O**ra, o povo [q]queixou-se de sua sorte, aos ouvi-
dos do Senhor. Ouvindo-o o Senhor, a sua
ira se acendeu, e o fogo do Senhor ardeu entre eles,
[r]consumindo as extremidades do acampamento.
2 Quando o povo [s]clamou a Moisés, ele orou
ao Senhor, e o fogo se apagou.
3 Pelo que chamou aquele lugar [1][t]"Taberá", por-
que o fogo do Senhor se acendera entre eles.

Do Sinai até Cades-Barneia: (3) a abundância do Egito

4 **O**s estrangeiros que estavam no meio deles
[u]desejaram muito outro alimento, e os filhos de
Israel tornaram a chorar, dizendo: Quem nos
dará carne a comer?
5 [w]Lembramo-nos dos peixes, que no Egito
comíamos de graça, e dos pepinos, dos melões,
dos alhos-porós, das cebolas e dos alhos.
6 Agora, porém, estamos definhando e
nenhuma coisa vemos senão este [ww]maná.
7 O [xx]maná era como semente de coentro, e a
sua aparência como a de resina.
8 O povo espalhava-se para colhê-lo e em moi-
nhos o moía, ou num pilão o socava. Cozia-o em
panelas e dele fazia bolos. E o seu sabor era de
bolos amassados com azeite.
9 Quando à noite o orvalho descia sobre o
acampamento, também descia o maná.
10 **M**oisés ouviu o povo chorar por famílias, cada
qual à entrada da sua tenda. A ira do Senhor se acen-
deu grandemente, e Moisés se perturbou muito.

Do Sinai até Cades-Barneia: (4) Moisés acha pesado o seu cargo

11 Disse Moisés ao Senhor: Por que fizeste mal a
teu servo? Por que não achei graça aos teus olhos,

[v] Gn 21.21; Nm 12.16
[w] Nm 2.3-9
[x] Nm 1.51
[y] Nm 4.21-32; 7.7-9
[z] Nm 2.10-16
[a] Nm 4.4-20
[b] v. 17
[c] Nm 2.18-24
[d] Nm 2.25-31
[e] Jz 4.11
[f] Êx 2.18
[g] Comp. Êx 18.14-27
[h] Comp. Êx 18.27; Jz 1.16
[i] Comp. Jr 32.42
[j] Lv 19.34
[k] Êx 18.9
[l] Dt 1.6
[m] Dt 1.33
[n] Comp. Is 11.10
[o] Orações da Bíblia (AT): 10.35,36; 11.11-15; Nm 12.13 (Gn 15.2; Hc 3.1)
[p] Sl 68.1,2
[q] Nm 14.2
[r] Milagres (AT): v. 1-3; Nm 16.31 (Gn 5.24; Jn 1.17)
[s] Nm 21.7
[t] Dt 9.22
[u] 1Co 10.6
[w] Êx 16.3
[ww] Veja Êx 16.35; nota 2
[xx] Êx 16.14,31

[1] (11.3) *Incêndio.*

visto que puseste sobre mim o encargo de todo este povo?

12 Concebi eu porventura todo este povo? Gerei-o eu para que me dissesses: [y]Leva-o em teus braços, como a ama [z]leva a criança no colo, à terra que juraste a seus pais?

13 Onde conseguiria eu carne para dar a [a]todo este povo? Contra mim choram, dizendo: Dá-nos carne a comer.

14 Eu sozinho não posso levar todo este povo; é muito pesado para mim.

15 Se assim me tratas, [b]mata-me de uma vez, eu te peço, se tenho achado graça aos teus olhos, e não me deixes ver a minha própria ruína.

Do Sinai até Cades-Barneia: (5) Deus designa setenta anciãos para ajudarem Moisés (comp. Êx 18.19)

16 **D**isse o Senhor a Moisés: Ajunta-me setenta homens dos anciãos de Israel, que [c]sabes serem líderes e supervisores do povo. Tu os trarás à tenda da congregação, onde permanecerão contigo.

17 Eu descerei e ali falarei contigo, e tirarei do [d]Espírito que está sobre ti e o porei sobre eles. Eles te ajudarão a levar o fardo do povo, para que tu não o leves sozinho.

18 Dirás ao povo: Consagrai-vos em preparação para amanhã, quando comereis carne. O Senhor vos ouviu quando chorastes, dizendo: Quem nos dará carne a comer? Bem nos ia no Egito! Pelo que o Senhor vos dará carne, e comereis.

19 Não comereis um dia nem dois dias; nem cinco dias nem dez dias, nem vinte dias,

20 mas um mês inteiro, até vos sair pelos narizes, até vos enfastiardes dela, porque [e]rejeitastes ao Senhor, que está no meio de vós, e chorastes diante dele, dizendo: Por que saímos do Egito?

21 Disse Moisés: [f]Seiscentos mil homens de pé é este povo no meio do qual estou, e tu dizes: Darei a eles carne, e comerão um mês inteiro!

22 Haverá para eles rebanhos de ovelhas e vacas, que lhes bastem? Ou se ajuntarão para eles todos os peixes do mar, que lhes bastem?

23 Respondeu o Senhor a Moisés: Estaria [g]limitado o poder do Senhor? Agora mesmo verás se a minha [h]palavra se cumpre ou não.

24 **M**oisés saiu e disse ao povo as [i]palavras do Senhor e ajuntou setenta homens dos anciãos do povo, e os pôs ao redor da tenda.

25 Então o Senhor desceu na nuvem e lhe falou; e, tirando do Espírito que estava sobre ele, o pôs sobre aqueles setenta anciãos. Quando o Espírito repousou sobre eles, profetizaram, porém nunca mais voltaram a fazê-lo.

Do Sinai até Cades-Barneia: (6) a profecia de Eldade e Medade

26 No acampamento ficaram dois homens, um chamado Eldade e o outro, Medade. Estavam eles entre os inscritos, mas não tinham ido à tenda. Contudo, o Espírito repousou sobre eles, e profetizavam no acampamento.

27 Então correu um moço e anunciou a Moisés: Eldade e Medade profetizam no acampamento.

28 Josué, filho de Num, servidor de Moisés desde a juventude, disse: Moisés, meu Senhor, [j]proíbe-os!

29 Moisés respondeu: Tens [k]ciúmes por mim? Quem dera que todo o povo do Senhor fosse profeta, que o Senhor lhes desse o seu Espírito!

30 Depois Moisés se recolheu ao acampamento, ele e os anciãos de Israel.

Do Sinai até Cades-Barneia: (7) as codornizes e a praga

31 **E**ntão soprou um [l]vento mandado pelo Senhor, o qual trouxe [m]codornizes do lado do mar, e as espalhou numa extensão de quase um dia de marcha, de um lado e do outro do acampamento, ao seu redor, cerca de dois [n]côvados [1]sobre a terra.

32 Então o povo se levantou todo aquele dia, toda aquela noite e todo o dia seguinte para colher codornizes. O que menos tinha colhera dez ômeres. Então as estenderam para si ao redor do acampamento.

33 Quando a carne estava entre os seus dentes, antes que fosse mastigada, acendeu-se a ira do Senhor contra o povo, e o feriu com uma praga muito grande.

34 Pelo que se chamou aquele lugar [2]Quibrote-Taavá, porque ali foi sepultado o povo que desejou outro alimento.

35 De Quibrote-Taavá o povo [o]partiu para Hazerote, onde se acamparam.

Do Sinai até Cades-Barneia: (8) a sedição de Miriã e Arão

12 [p]Miriã e Arão falaram [q]contra Moisés por causa da mulher etíope que este tomara, pois ele havia desposado uma mulher etíope.

2 Diziam: [r]Porventura falou o Senhor somente por [s]Moisés? Não falou também por nós? E o Senhor o ouviu.

[y] Comp. Is 40.11; At 13.18
[z] Is 49.23
[a] Comp. Jo 6.5-14
[b] Comp. 1Rs 19.4
[c] Êx 18.25
[d] Espírito Santo (AT): v. 17,25,26,29; Nm 24.2 (Gn 1.2; Zc 12.10)
[e] 1Sm 10.19
[f] Nm 2.32
[g] Is 50.2; 59.1
[h] Nm 23.19
[i] Inspiração: v. 24; Nm 22.38 (Êx 4.15; 2Tm 3.16)
[j] Comp. Mc 9.38-40
[k] Comp. 1Co 12.1-31; 14.5
[l] Sl 78.26-31
[m] Êx 16.13
[n] Veja pesos e medidas (AT): 2Cr 2.10, nota
[o] Nm 33.17
[p] Êx 15.20,21; Nm 20.1
[q] Nm 11.1
[r] Comp. Lc 9.33-36
[s] Nm 16.3

[1] (11.31) Voaram baixo, ao alcance do povo, para que as matassem e comessem. A declaração não é de que havia codornizes amontoadas sobre a terra até a altura de cerca de dois côvados; o nível do seu voo era de cerca de dois côvados sobre a terra.

[2] (11.34) *Sepulcros do desejo.*

3 Ora, Moisés era homem muito [1][t]manso, mais do que todos os homens que havia na terra.

4 **L**ogo o Senhor disse a Moisés, a Arão e a Miriã: Vós três saí à tenda da congregação. E saíram eles três.

5 Então o Senhor desceu numa coluna de [u]nuvens, pôs-se à entrada da tenda e chamou a Arão e a Miriã. Quando ambos se apresentaram,

6 ele disse:
Ouvi agora as minhas palavras:
Se entre vós há [v]profeta, eu, o Senhor,
em visão a ele me farei conhecer, ou em
[w]sonhos falarei com ele.
7 Não é assim com o meu [x]servo Moisés,
[y]que é fiel em toda a minha casa.
8 Face a [z]face falo com ele,
às [a]claras, e não por figuras;
ele contempla a semelhança do Senhor.
Por que, pois, não [b]temestes
falar contra o meu servo Moisés?

9 **A** ira do Senhor se acendeu contra eles, e ele se retirou.

10 Quando a nuvem se afastou de sobre a tenda, Miriã se [c]achou [d]leprosa, branca como a neve. Voltando-se para Miriã, Arão viu que estava leprosa.

11 Então disse Arão a Moisés: Ah! senhor meu, não ponhas sobre nós este pecado, que loucamente cometemos.

12 Não seja ela como um aborto, que saindo do ventre de sua mãe, tenha metade da sua carne já consumida.

13 Moisés clamou ao Senhor: Ó Deus, [e]rogo-te que a [f]cures.

14 O Senhor respondeu a Moisés: Se seu pai lhe [g]cuspisse no rosto, não ficaria envergonhada durante sete dias? Seja Miriã [h]fechada sete dias fora do acampamento e, depois, recolhida.

15 Assim Miriã esteve fechada fora do acampamento durante sete dias, e o povo não partiu enquanto ela não foi novamente recolhida.

16 Depois disso, o povo partiu de [i]Hazerote e se [j]acampou no deserto de Parã.

Em Cades-Barneia: (1) doze espias são enviados para avaliar a terra de Canaã

13 Disse o [k]Senhor a Moisés:
2 [l]Envia homens que espiem a terra de Canaã, que eu hei de dar aos filhos de Israel. De cada tribo de seus pais envia um de seus líderes.

3 Enviou-os Moisés do deserto de Parã, segundo o mandado do Senhor. Todos aqueles homens eram líderes dos filhos de Israel.

4 São estes os seus nomes: Da tribo de Rúben, Samua, filho de Zacur;
5 da tribo de Simeão, Safate, filho de Hori;
6 da tribo de Judá, Calebe, filho de Jefoné;
7 da tribo de Issacar, Jigeal, filho de José;
8 da tribo de Efraim, [m]Oseias, filho de Num;
9 da tribo de Benjamim, Palti, filho de Rafu;
10 da tribo de Zebulom, Gadiel, filho de Sodi;
11 da tribo de José, pela tribo de Manassés, Gadi, filho de Susi;
12 da tribo de Dã, Amiel, filho de Gemali;
13 da tribo de Aser, Setur, filho de Micael;
14 da tribo de Naftali, Nabi, filho de Vofsi;
15 da tribo de Gade, Guel, filho de Maqui.

16 São esses os homens que Moisés enviou para espiar a terra. Moisés deu a Oseias, filho de Num, o nome de [n]Josué.

17 **Q**uando Moisés os enviou para explorar a terra de Canaã, disse-lhes: Subi ao [o]Neguebe e escalai as montanhas.

18 Vede como é a terra e o povo que nela habita, se é forte ou fraco, se são poucos ou muitos.

19 Como é a terra em que habita? É boa ou má? Como são as cidades em que vivem? São abertas ou fortificadas?

20 Como é o solo? É fértil ou estéril? Tem matas ou não? [p]Esforçai-vos; e trazei do produto da terra. Era o tempo das primícias das uvas.

21 **A**ssim subiram e espiaram a terra desde o deserto de [q]Zim até Reobe, à entrada de [r]Hamate.

22 Subiram através do [s]Neguebe e vieram até [tt]Hebrom, onde viviam Aimã, Sesai e Talmai, filhos de [uu]Enaque. (Hebrom tinha sido fundada sete anos antes de Zoã no Egito.)

23 Depois vieram até o vale de [vv]Escol e dali cortaram um ramo de vide com um cacho de uvas, o qual dois homens trouxeram numa vara, bem como romãs e figos.

24 Chamou-se aquele lugar o vale de [2]Escol, por causa do cacho que dali cortaram os filhos de Israel.

25 **A**o fim de quarenta dias, voltaram de espiar a terra.

Em Cades-Barneia: (2) os relatórios contraditórios dos espias

26 Vieram a Moisés, a Arão e a toda a comunidade dos filhos de Israel no [ww]deserto de Parã, a [xx]Cades.

[t] Comp. Nm 20.10
[u] Êx 34.5
[v] Comp. Nm 11.25
[w] Gn 31.10,11; 1Rs 3.5
[x] Js 1.1
[y] Hb 3.2,5
[z] Comp. Êx 33.11; Dt 34.10
[a] Êx 33.20-23
[b] Sl 105.15
[c] Dt 24.9
[d] Comp. 2Rs 5.27; 2Cr 26.19
[e] Sl 103.3
[f] Orações da Bíblia (AT): v. 13; Nm 14.13 (Gn 15.2; Hc 3.1)
[g] Dt 25.9
[h] Lv 13.4,46
[i] Nm 33.17,18
[j] Nm 33.18
[k] Comp. Dt 1.22,23
[l] v. 2-25; Nm 32.8
[m] Nome mudado para Josué, v. 16; Dt 32.44
[n] Salvador ou libertador
[o] Veja Gn 12.9, nota
[p] Dt 31.6,23
[q] Nm 20.1; 27.14; 33.36
[r] Nm 34.8; Js 13.5
[s] Veja Gn 12.9, nota
[tt] Jz 1.10; comp. Js 15.14
[uu] Js 11.21,22
[vv] Nm 32.9
[ww] v. 3
[xx] Nm 20.1,16; 32.8; 33.36; Dt 1.19; Js 14.6

[1] (12.3) O fato de esta declaração ter sido escrita por Moisés tem sido questionado. Como livro divinamente inspirado, a Bíblia nunca esconde a fraqueza e as faltas dos seus personagens; por outro lado, também fala francamente de suas virtudes. Apesar da crítica infundada contra sua família, Moisés não disse nada e não fez nenhuma tentativa de se defender até que o Senhor interveio em seu favor (v. 4). Para compreender plenamente a narrativa, se fez necessária esta afirmação sobre a mansidão de Moisés. Estas palavras, portanto, não constituem argumento contra a autoria mosaica.

[2] (13.24) *Cacho de uvas*. Veja 13.23.

Deram-lhes conta a eles, bem como a toda a
comunidade, e mostraram-lhes o fruto da terra.
27 Relataram a Moisés o seguinte: Fomos à
terra a que nos enviaste. Nela verdadeiramente
[y]manam leite e mel! Este é o seu fruto.
28 O [z]povo que habita nessa terra, porém, é
poderoso, e as cidades fortificadas e muito gran-
des. Também vimos ali os filhos de Enaque.
29 Os [a]amalequitas habitam na terra do Neguebe;
os [b]heteus, os jebuseus e os amorreus habitam na
parte montanhosa; e os cananeus habitam junto
ao mar e ao longo do Jordão.
30 **E**ntão Calebe fez calar o povo perante
Moisés e disse: Subamos animosamente e
possuamo-la em herança, pois certamente pre-
valeceremos contra ela.
31 Os homens que com ele subiram, porém,
disseram: Não poderemos atacar aquele povo; é
mais forte do que nós.
32 E diante dos filhos de Israel [c]divulgaram rela-
tório negativo da terra que tinham explorado,
dizendo: A terra, pelo meio da qual passamos
a espiar, é terra que [1]devora os seus moradores.
[d]Todo o povo que vimos nela são homens de
grande estatura.
33 Também vimos ali gigantes (pois os descen-
dentes de Enaque são de raça gigante), e éramos,
aos nossos próprios olhos, como gafanhotos e
assim também lhes parecíamos.

Em Cades-Barneia: (3) a rebelde incredulidade de Israel (1Co 10.1-5; Hb 3.7-19)

14 [2]Então toda a comunidade levantou-se e
[e]chorou em voz alta aquela noite.
2 Todos os filhos de Israel [f]murmuraram contra
Moisés e Arão, e toda a comunidade lhes disse:
Antes tivéssemos morrido na terra do Egito ou
mesmo neste deserto!
3 Por que nos traz o Senhor a esta terra, para
cairmos à espada e para que nossas mulheres e
[g]crianças sejam por presa? Não nos seria melhor
voltarmos ao Egito?
4 E diziam uns aos outros: Levantemos um
capitão e [h]voltemos para o Egito.
5 **E**ntão Moisés e Arão prostraram-se perante
todo o ajuntamento dos filhos de Israel.
6 Josué, filho de Num, e Calebe, filho de Jefoné,
dos que espiaram a terra, rasgaram as suas vestes
7 e disseram a toda a comunidade dos filhos
de Israel: A terra pelo meio da qual passamos a
espiar é terra muito boa.
8 Se o Senhor se agradar de nós, então nos fará
entrar nessa terra e a dará a nós. É uma terra em
que manam leite e mel.
9 Somente não sejais [i]rebeldes contra o Senhor
e não temais o povo dessa terra, porque como
pão os devoraremos. A proteção deles se foi, mas
o Senhor [j]está conosco. Não os temais.
10 **T**oda a comunidade, porém, disse que os [k]ape-
drejassem. Então a glória do Senhor apareceu na
tenda da congregação a todos os filhos de Israel.

Em Cades-Barneia: (4) Moisés roga por perdão para o povo

11 Disse o Senhor a Moisés: Até quando me [l]pro-
vocará este povo e até quando não crerá em mim,
apesar de todos os sinais que fiz no meio deles?
12 Com pestilência o ferirei e o rejeitarei, mas
farei de ti [m]povo maior e mais forte do que este.
13 [n]**R**espondeu [o]Moisés ao Senhor: [p]Os egípcios
ouviram que com a tua força fizeste subir este
povo do meio deles
14 e contam aos moradores desta terra. Eles
têm [q]ouvido que tu, ó Senhor, estás no meio
deste povo, que face a face, ó Senhor, lhes apare-
ces, que a tua nuvem está sobre eles, e que vais
adiante deles numa coluna de nuvem de dia e,
numa coluna de fogo, de noite.
15 Se matares este povo, as nações que ouviram
a tua fama dirão:
16 O Senhor não [r]pôde levar este povo para a terra
que lhes tinha jurado, por isso os matou no deserto.
17 Agora, rogo-te que a força do meu Senhor se
manifeste, como disseste:
18 O [s]Senhor é muito paciente e grande em
beneficência; que perdoa a iniquidade e a trans-
gressão, que ao culpado não tem por inocente e
visita a iniquidade dos pais sobre os filhos até a
terceira e quarta geração.
19 [t]Perdoa a iniquidade deste povo, [u]segundo a
grandeza da tua benignidade, como também per-
doaste a este povo desde a terra do Egito até aqui.

Em Cades-Barneia: (5) o Senhor perdoa, mas repreende o povo

20 **D**isse o Senhor: Conforme a tua palavra
lhe [v]perdoei.
21 Tão certo como eu vivo, e como a glória do
Senhor [w]encherá toda a terra,
22 [x]nenhum dos homens que viram a minha
glória e os sinais que fiz no Egito e no deserto,
e me [yy]tentaram estas dez vezes e não obedece-
ram à minha voz,

[y] Êx 3.8; 33.3
[z] Dt 1.28; 9.1,2
[a] Êx 17.8-16; Nm 14.25,45
[b] Veja 2Rs 7.6, nota
[c] Nm 14.36,37
[d] Am 2.9
[e] Nm 11.4; Dt 1.45
[f] Êx 16.2; 17.3; Nm 16.41; Sl 106.25; 1Co 10.10
[g] Dt 1.39
[h] At 7.39
[i] 1Sm 15.23
[j] Gn 48.21; Êx 33.16; Dt 20.1,3,4; 31.6-8; Js 1.5; Jz 1.22; 2Cr 13.12; Sl 46.7,11; Zc 8.23; Mt 28.20; Hb 13.5
[k] Êx 17.4
[l] v. 23; Dt 9.7,8,22; Hb 3.8,16
[m] Êx 32.10
[n] Orações da Bíblia (AT): v. 13-19; Nm 27.15 (Gn 15.2; Hc 3.1)
[o] Sl 106.23
[p] Êx 32.12; Dt 9.26-28; 32.27
[q] Dt 2.25
[r] Comp. Js 7.9
[s] Êx 34.6,7
[t] Êx 34.9
[u] Sl 51.1
[v] 2Sm 12.13; Mq 7.18-20
[w] Sl 72.19; Is 6.3; 11.9; 66.18,19; Hc 2.14; Mt 6.10
[x] Dt 1.35; 1Co 10.5
[yy] Provar-Tentar: v. 22; Dt 6.16 (Gn 3.1; Tg 1.14)

[1] (13.32) Esta é uma referência à força das facções guerreiras de Canaã, que tornava a vida insegura, mas de modo nenhum é uma negação da grande produtividade da terra.
[2] (14.1) Em razão de certas repetições, há quem alegue que os cap. 13 e 14 são uma reunião de relatos conflitantes. No entanto, no AT, é comum a repetição a fim de obter ênfase, e cada uma das alegadas discrepâncias pode ser explicada de pleno acordo com a unidade da narrativa.

23 [1]nenhum deles [z]verá a terra que prometi com juramento a seus pais. Nenhum daqueles que me desprezaram a verá.

24 O meu servo Calebe, no entanto, porque nele houve outro espírito e perseverou em seguir-me, eu o levarei à terra em que entrou, e a sua semente a possuirá em herança.

25 Como os amalequitas e os cananeus habitam no vale, mudai amanhã de rumo e retornai ao deserto, na direção do [a]mar Vermelho.

Aos murmuradores não é permitido entrar na terra de Canaã

26 **D**epois disse o Senhor a Moisés e a Arão:

27 Até quando sofrerei esta má congregação, que murmura contra mim? Tenho ouvido as queixas desses murmuradores filhos de Israel.

28 Dize-lhes: Tão certo como eu vivo, diz o Senhor, como falastes aos meus ouvidos, assim [b]farei a vós outros.

29 Neste deserto cairão os vossos cadáveres, como também todos os que de vós foram [c]contados no recenseamento, de vinte anos para cima, e que murmuraram contra mim.

30 Não entrareis nesta terra, a respeito da qual eu, levantando a mão, jurei de nela vos fazer habitar, [d]salvo Calebe, filho de Jefoné, e Josué, filho de Num.

31 Os vossos filhos, porém, dos quais dizeis que seriam levados como presa, eu os farei entrar nela, e eles conhecerão a terra que desprezastes.

32 Quanto a vós, porém, os vossos cadáveres cairão neste deserto.

33 Vossos filhos serão pastores neste deserto durante quarenta anos, sofrendo por causa das vossas infidelidades, até que os vossos cadáveres se consumam no deserto.

34 Segundo o número dos dias em que espiastes a terra, quarenta dias, cada dia representando um ano, levareis sobre vós as vossas iniquidades quarenta anos e conhecereis o meu desagrado.

35 Eu, o Senhor, falei e certamente assim farei a toda esta má congregação, que se levantou contra mim. Neste deserto se consumirão e morrerão.

36 Os homens que Moisés havia mandado para explorar a terra e que, voltando, fizeram murmurar toda a comunidade contra ele, infamando a terra,

37 aqueles mesmos homens, que infamaram a terra, [e]morreram de praga perante o Senhor.

38 Dos homens que foram espiar a terra somente permaneceram vivos Josué, filho de Num, e Calebe, filho de Jefoné.

Em Cades-Barneia: (6) uma reação errada; Israel é ferido

39 **Q**uando Moisés transmitiu essas palavras a todos os filhos de Israel, o povo se [f]contristou muito.

40 Levantaram-se de manhã cedo e subiram ao cume do monte, dizendo: Pecamos. [g]Subiremos ao lugar que o Senhor prometeu.

41 Disse, porém, Moisés: Por que desobedeceis ao mandado do Senhor? Isso não prosperará.

42 [h]Não subais, porque o Senhor não estará no meio de vós. Sereis derrotados diante dos vossos inimigos,

43 pois os amalequitas e os cananeus estão ali diante da vossa face. Porque vós vos desviastes do Senhor, ele não será convosco, e caireis à espada.

44 Contudo, audaciosamente [i]tentaram subir ao cume do monte, mas a arca da aliança do Senhor e Moisés não se apartaram do meio do acampamento.

45 Então desceram os amalequitas e os cananeus que viviam naquela região montanhosa e os feriram, derrotando-os até [j]Hormá.

Os anos de peregrinação: (1) regras para Israel entrar em Canaã

15 [2]**D**isse o Senhor a Moisés:

2 Fala aos filhos de Israel e [3]dize-lhes: Quando entrardes na terra das vossas habitações, que eu vos darei,

[z] Nm 26.65; 32.11
[a] Nm 21.4
[b] Hb 3.16-19
[c] Nm 1.46
[d] v. 38; Nm 26.65; 32.12; Dt 1.36-38; Js 14.6-15
[e] Nm 16.49
[f] Êx 33.4
[g] Dt 1.41-44
[h] Dt 31.17
[i] Comp. Js 7.1-8
[j] Nm 21.3

[1] (14.23) Em vista da incredulidade de Israel em Cades-Barneia e do que Deus disse sobre essa incredulidade (v. 22-38; Dt 1.19-40; 1Co 10.1-5; Hb 3.12-19), a Cades é dada uma grande importância espiritual. O povo havia obedecido a Deus ao aspergir o sangue (Êx 12.28) e em sair do Egito, mas não entrou no descanso de Canaã por causa da incredulidade (Hb 3.18,19). Portanto, embora fossem integrantes de uma nação redimida, foram, por quarenta anos, motivo de irritação para o Senhor (Sl 95.10,11).

[2] (15.1) O deserto fez parte da disciplina necessária para o povo redimido, mas não os anos de peregrinação. Estes foram totalmente devidos à incredulidade do povo em Cades-Barneia. O mar Vermelho, Mara, Elim e o Sinai foram os caminhos de Deus para desenvolvimento e disciplina, e têm, necessariamente, seu correspondente na vida cristã: 1) o mar Vermelho fala da cruz (morte para Cristo, mas vida para nós), como aquilo que nos separa do Egito, o mundo (Gl 6.14); 2) Mara, o poder de Deus para transformar em bênção as coisas que geram mágoa e angústia; 3) Elim, o poder de Deus para dar descanso e refrigério no caminho; e 4) o Sinai, a santidade de Deus e nossa profunda maldade natural, a experiência de Rm 7.7-25. Até aqui, o caminho foi e continuou sendo de Deus. Mas, de Cades-Barneia até o Jordão, tudo (exceto a graça de Deus para com um povo incrédulo) é para advertência, não para imitação (1Co 10.1-11; Hb 3.17-19). Há um descanso de Deus no presente, do qual o sábado e Canaã são tipos, no qual os crentes podem e, portanto, devem entrar pela fé (Hb 3–4).

[3] (15.2) É notável que, no momento em que o povo, incrédulo, rejeita a terra de Canaã, Deus dá instruções quanto à conduta que deveriam ter quando entrassem nela (comp. Rm 11.29; Fp 1.6).

3 e ao Senhor apresentardes oferta queimada, holocausto ou sacrifício, seja em cumprimento de um voto, ou a título de oferta voluntária, seja nas vossas solenidades, para oferecer com o sacrifício de ovelhas ou vacas um cheiro suave [k]ao Senhor,

4 então aquele que oferecer a sua oferta ao Senhor, por oferta de cereais [l]oferecerá a décima parte de um efa de flor de farinha, misturada com a quarta parte de um [m]him de azeite.

5 De vinho para libação preparareis a quarta parte de um him por [n]cordeiro, além do holocausto ou do sacrifício.

6 Para cada [o]carneiro prepararás uma oferta de cereais de dois décimos de um efa de flor de farinha, misturada com a terça parte de um him de azeite.

7 De vinho para a libação oferecerás a terça parte de um him ao Senhor, em cheiro suave.

8 Quando preparares novilho para holocausto ou sacrifício, para cumprir um voto, ou um sacrifício de ofertas pacíficas ao Senhor,

9 com o novilho, trarás uma oferta de cereais de três décimos de um efa de flor de farinha, misturada com a metade de um him de azeite.

10 Também oferecerás, para a libação, a metade de um him, oferta queimada de cheiro suave ao Senhor.

11 Assim se fará para cada novilho, cada carneiro ou cada cabeça de gado miúdo, cordeiros ou cabritos.

12 Segundo o número que oferecerdes, fareis o mesmo para cada um, segundo o número deles.

13 Todo o natural fará essas coisas, oferecendo oferta queimada de cheiro suave ao Senhor.

Lei do estrangeiro peregrino na terra (v. 14-16)

14 Se algum estrangeiro peregrinar convosco ou estiver no meio de vós nas vossas gerações, e ele trouxer uma oferta queimada de cheiro suave ao Senhor, como vós fizerdes, assim fará ele.

15 Quanto à assembleia, um só estatuto haverá para vós e para o estrangeiro que entre vós peregrinar, nas vossas gerações; como vós sois, assim será o estrangeiro perante o Senhor.

16 A mesma lei e o mesmo rito haverá para vós e para o estrangeiro que peregrina convosco.

17 **D**isse o Senhor a Moisés:

18 Fala aos filhos de Israel: Quando entrardes na terra em que vos introduzirei,

19 e [p]comerdes do pão dessa terra, apresentareis ao Senhor uma porção como oferta alçada.

20 Das [q]primícias da vossa farinha apresentareis um bolo em oferta alçada; como oferta da eira, assim o oferecereis.

21 Das primícias da vossa farinha dareis ao Senhor oferta alçada nas vossas gerações.

22 **S**e, por inadvertência, deixardes de cumprir qualquer desses mandamentos que o Senhor deu a Moisés,

23 qualquer mandamento que o Senhor vos mandou por intermédio de Moisés, desde o dia que o Senhor ordenou e daí em diante, nas vossas gerações,

24 quando se fizer alguma coisa por [r]inadvertência e for encoberta aos olhos da congregação, toda a congregação oferecerá um novilho para holocausto em cheiro suave ao Senhor, com a sua oferta de cereais e libação, conforme o estatuto, e um bode para oferta pelo pecado.

25 O sacerdote fará [s]expiação por toda a comunidade dos filhos de Israel, e serão [t]perdoados, pois foi uma inadvertência, e trouxeram ao Senhor, pelo pecado, a sua oferta queimada e a sua oferta pelo pecado.

26 Toda a comunidade dos filhos de Israel e mais os estrangeiros que peregrinam no meio deles serão perdoados, porque todo o povo foi envolvido no erro.

27 [u]**S**e alguém pecar por inadvertência, para expiação do pecado oferecerá uma cabra de um ano.

28 O sacerdote fará expiação pela pessoa que errou, quando por inadvertência pecar perante o Senhor, fazendo expiação por ela, e será perdoada.

29 Tanto para o natural dos filhos de Israel como para o estrangeiro que no meio deles peregrina, haverá uma só lei entre vós, para aquele que pecar por inadvertência.

30 A pessoa, porém, que fizer alguma coisa [v]deliberadamente, seja dos naturais da terra, seja dos estrangeiros, injuria ao Senhor; tal pessoa será eliminada do meio do seu povo.

31 Porque desprezou a palavra do Senhor e anulou o seu mandamento, totalmente será eliminada essa pessoa, e a sua iniquidade será sobre ela.

A condenação da Lei
(Rm 3.19; 7.7-11; 2Co 3.7,9; Gl 3.10)

32 **E**stando os filhos de Israel no deserto, acharam um homem apanhando [w]lenha no [x]dia de sábado.

33 Os que o acharam apanhando lenha trouxeram-no a Moisés e a Arão, e a toda a comunidade,

34 e o puseram sob guarda, porque ainda não estava determinado o que se devia fazer com ele.

35 Então disse o Senhor a Moisés: Tal homem será morto. Toda a comunidade o apedrejará fora do acampamento.

36 Portanto, toda a comunidade o levou para fora do acampamento e o apedrejou até que morreu, como o Senhor ordenara a Moisés.

[k] Lv 1.9
[l] Nm 28.1-29.40
[m] Veja pesos e medidas (AT): 2Cr 2.10, nota
[n] Lv 1.10; 3.6; Nm 28.4,5
[o] Nm 28.12,14
[p] Js 5.11,12
[q] Lv 23.10,14,17
[r] Lv 4.13
[s] Veja Êx 29.33, nota
[t] Perdão: v. 25,26,28; Sl 32.5 (Lv 4.20; Mt 26.28)
[u] Lv 4.27
[v] Dt 1.43; 17.12,13
[w] Êx 35.3
[x] Sábado (dia de repouso): v. 32-36; Ne 9.14 (Gn 2.3; Mt 12.1, nota)

Bordas nas vestes com um cordão azul – lembretes da vida separada

37 **D**isse o Senhor a Moisés:

38 Fala aos filhos de Israel e dize-lhes que, por todas as suas gerações, façam [y]franjas nas bordas das vestes e ponham nas bordas das vestes um cordão [1]azul.

39 Tereis essas franjas para que, vendo-as, vos [z]lembreis de todos os mandamentos do Senhor, para os cumprirdes, e não sigais vosso coração nem vossos olhos, com os quais andais adulterando.

40 Então vos lembrareis de cumprir todos os meus mandamentos e sereis [a]consagrados ao vosso Deus.

41 Eu sou o Senhor, o vosso Deus, que vos tirei da terra do Egito, para ser vosso Deus. Eu sou o Senhor, o vosso Deus.

Os anos de peregrinação: (2) a rebelião de Coré (v. 8-10; Jd 11)

16 [b]Coré, filho de Jizar, filho de Coate, filho de Levi, tomou consigo a [c]Datã e a Abirão, filhos de Eliabe, e a Om, filho de Pelete, filhos de Rúben, encheram-se de presunção

2 e se levantaram contra Moisés, com duzentos e cinquenta homens dos filhos de Israel, líderes da comunidade, respeitados nas solenidades, homens de [d]posição.

3 Ajuntaram-se [e]contra Moisés e contra Arão e lhes disseram: Basta! Toda a comunidade é santa, todos eles são santos, e o Senhor está no meio deles. Por que, pois, vos elevais sobre a comunidade do Senhor?

4 **Q**uando Moisés ouviu isso, [f]caiu prostrado, com o rosto em terra.

5 Então disse a Coré e a todos os seus seguidores: Amanhã pela manhã o Senhor fará saber quem é [g]seu e quem é o santo que ele fará chegar a si. Aquele a quem escolher, fará chegar a si.

6 Fazei isto, Coré e todos os seus seguidores: Tomai incensários,

7 ponde neles fogo e incenso amanhã, perante o Senhor. O homem a quem o Senhor escolher, este será o santo. Isso vos é suficiente, filhos de Levi.

8 Disse mais Moisés a Coré: Ouvi agora, filhos de Levi:

9 Porventura pouco é para vós que o Deus de Israel vos tenha separado da comunidade de Israel, para vos fazer chegar a si, a fim de fazerdes o [h]serviço do tabernáculo do Senhor e estar diante da comunidade para servi-la?

10 Ele te fez chegar a si, Coré, e todos os teus irmãos, os filhos de Levi, contigo, e também [2]procurais o sacerdócio?

11 Pelo que tu e todos os teus seguidores estais congregados contra o Senhor. [i]Quem é Arão, para que murmureis contra ele?

12 Moisés mandou chamar a Datã e a Abirão, filhos de Eliabe. Eles, porém, disseram: Não subiremos.

13 Porventura é pouco que nos fizeste subir de uma [j]terra em que manam leite e mel para nos matares neste deserto, senão que também totalmente [k]domines sobre nós?

14 Além do mais, não nos trouxeste [l]a uma terra em que manam leite e mel nem nos deste campos e vinhas em herança! Porventura arrancarás os olhos a estes homens? Não subiremos.

15 **E**ntão Moisés irou-se muito e disse ao Senhor: [m]Não atentes para a sua oferta. [n]Não tomei deles um jumento nem sequer fiz mal a nenhum deles.

16 Disse Moisés a Coré: Tu e todos os teus seguidores ponde-vos perante o Senhor; tu e eles, e também Arão.

17 Tomai cada um o seu incensário, e neles ponde incenso; trazei cada um o seu incensário perante o Senhor, duzentos e cinquenta incensários. Também tu e Arão, cada qual o seu incensário.

18 Tomaram, pois, cada qual o seu incensário, neles puseram fogo e incenso, e se colocaram à entrada da tenda da congregação com Moisés e Arão.

19 Quando Coré ajuntou contra eles toda a comunidade à entrada da tenda da congregação; a glória do Senhor apareceu a toda a congregação.

20 **D**isse o Senhor a Moisés e a Arão:

21 [o]Apartai-vos do meio desta congregação, e os [p]consumirei como num momento.

22 Eles, porém, se prostraram sobre os seus rostos e disseram: Ó Deus, [q]Deus dos espíritos de todos os viventes, pecará um só homem, e tu te indignarás tanto contra toda esta [r]comunidade?

23 Disse o Senhor a Moisés:

24 Dize a toda esta comunidade: Levantai-vos do redor da tenda de Coré, Datã e Abirão.

25 Então Moisés se levantou e foi a Datã e a Abirão; e após ele foram as autoridades de Israel.

26 E disse à comunidade: Desviai-vos, peço-vos, das tendas destes homens ímpios e não toqueis nada do que é seu, [s]para que porventura não pereçais em todos os seus pecados.

[y] Dt 22.12; Mt 23.5
[z] Sl 103.18
[a] Lv 11.44,45
[b] Êx 6.21; Jd 11
[c] Nm 26.9; Dt 11.6
[d] Nm 1.16
[e] Nm 12.2; 14.2
[f] Nm 14.5; 20.6
[g] 2Tm 2.19
[h] Nm 3.41-45; 8.13-16; Dt 10.8
[i] Êx 16.7,8
[j] Nm 11.4-6
[k] Êx 2.14
[l] Nm 14.1-4
[m] Gn 4.4,5
[n] 1Sm 12.3
[o] Separação: v. 20-26; Dt 22.10 (Gn 12.1; 2Co 6.17)
[p] Êx 32.10
[q] Nm 27.16
[r] Gn 18.23-32; 20.4
[s] Gn 19.15,17

[1] (15.38) O cordão azul. Azul, a cor celestial, usada nas bordas das vestes dos sacerdotes, significava que a obediência e o caráter dos servos de Deus deviam ser celestiais, e eles deviam estar separados das ambições e desejos terrenos.

[2] (16.10) A revolta de Coré (Jd 11) foi uma intromissão no ofício sacerdotal, pois "ninguém toma para si esta honra" (Hb 5.4). Foi uma revolta contra a ordem divina no reino teocrático.

27 Levantaram-se, pois, do redor da tenda de Coré, Datã e Abirão. E Datã e Abirão saíram e se puseram à porta das suas tendas, com as suas mulheres, seus filhos e suas [t]crianças.

28 Então disse Moisés: Nisto conhecereis que o Senhor me enviou a fazer todos estes feitos, que não procedem de meu coração.

29 Se estes morrerem como morrem todos os homens e acontecer com eles o que normalmente acontece a todos os homens, então o Senhor não me enviou.

30 Se, porém, o Senhor fizer alguma coisa estranha, e a terra abrir a sua boca e os tragar com tudo o que é seu, e vivos [u]descerem ao [v]sepulcro, então conhecereis que estes homens desprezaram o Senhor.

31 **A**cabando ele de falar todas essas palavras, o solo se [w]fendeu sob os pés deles,

32 abriu a sua boca e os tragou com as suas casas, bem como [x]todos os homens de Coré e todos os seus bens.

33 Eles e tudo o que lhes pertencia desceram vivos ao sepulcro; a terra os cobriu, e desapareceram do meio da comunidade.

34 Ouvindo o seu clamor, fugiram todos os filhos de Israel que estavam ao redor deles, gritando: Que a terra não nos trague também.

35 Então saiu [y]fogo do Senhor e consumiu os duzentos e cinquenta homens que ofereciam o incenso.

Uma praga cai sobre os murmuradores

36 **D**isse o Senhor a Moisés:

37 Dize a Eleazar, filho de Arão, o sacerdote, que tome os incensários do meio do incêndio e espalhe o fogo longe, pois são [z]santos.

38 Quanto aos incensários daqueles que pecaram contra a sua própria vida, que deles se façam lâminas para recobrir o altar, pois os trouxeram perante o Senhor, pelo que são santos. Serão um [a]sinal para os filhos de Israel.

39 Eleazar, o sacerdote, tomou os incensários de bronze trazidos por aqueles que foram queimados e os converteu em lâminas para cobertura do altar,

40 por memorial para os filhos de Israel, para [b]que nenhum estranho, que não for da semente de Arão, se chegue [c]para acender incenso perante o Senhor, para que não seja como Coré e seus seguidores, como o Senhor lhe tinha dito pela boca de Moisés.

41 **N**o dia seguinte, porém, toda a comunidade dos filhos de Israel murmurou contra Moisés e contra Arão, dizendo: Vós matastes o povo do Senhor.

42 Quando a comunidade se ajuntou contra Moisés e Arão e virou-se para a tenda da congregação, de súbito a nuvem a cobriu, e a glória do Senhor apareceu.

43 Então vieram Moisés e Arão perante a tenda da congregação,

44 e o Senhor disse a Moisés:

45 Levantai-vos do meio desta comunidade, e a consumirei num momento. E eles se [d]prostraram com o rosto em terra.

46 Disse Moisés a Arão: Toma o teu incensário, põe nele fogo do altar, deita incenso sobre ele, vai depressa à comunidade e faze [e]expiação por eles. [f]Grande indignação saiu de diante do Senhor, e já começou a praga.

47 Fez Arão conforme ordenou Moisés, e correu ao meio da comunidade. A praga já havia começado entre o povo, mas Arão ofereceu o incenso e fez expiação pelo povo.

48 [g]Pôs-se em pé entre os mortos e os vivos, e a praga cessou.

49 Os que morreram daquela praga foram [h]catorze mil e setecentos, [i]fora os que morreram por causa de Coré.

50 Então voltou Arão a Moisés na entrada da tenda da congregação, pois a praga tinha cessado.

Os anos de peregrinação: (3) a vara de Arão floresce

17 Disse o Senhor a Moisés:

2 Fala aos filhos de Israel e recebe deles doze varas, uma para cada tribo de todos os seus líderes; segundo as tribos, doze varas. Escreve o nome de cada um deles na sua própria vara.

3 O nome de Arão, porém, escreverás sobre a vara de Levi, pois cada líder de tribo terá uma vara.

4 E as porás na tenda da congregação, perante o [j]testemunho, [k]onde virei a vós.

5 A vara do homem que eu tiver [l]escolhido florescerá. Assim afastarei de mim as murmurações que os filhos de Israel fazem contra vós.

6 Assim falou Moisés aos filhos de Israel, e todos os seus líderes lhe deram uma vara, para cada líder uma vara, segundo as tribos. Doze varas, e a vara de Arão estava entre elas.

7 Moisés pôs as varas perante o Senhor na [m]tenda do testemunho.

8 **N**o dia seguinte, quando Moisés entrou na tenda do testemunho, viu que a [1][n]vara de Arão, pela tribo de Levi, havia [o]florescido: os botões haviam surgido, as flores haviam desabrochado e produzido amêndoas.

[t] Nm 26.11
[u] Sl 55.15
[v] Veja Hc 2.5, nota
[w] Milagres (AT): v. 31-35; Nm 17.8 (Gn 5.24; Jn 1.17)
[x] 1Cr 6.22-28; comp. Nm 26.11
[y] Nm 11.1-3
[z] Lv 27.28
[a] Nm 17.10
[b] Comp. 1Sm 13.9; Hb 5.4; Jd 11
[c] Nm 3.10
[d] 16.4
[e] Nm 25.13; veja Êx 29.33, nota
[f] Nm 18.5
[g] Comp. 2Co 2.15,16
[h] Comp. Nm 25.9
[i] v. 35
[j] Êx 25.16
[k] Êx 25.22; 29.42,43; 30.36
[l] Nm 16.5
[m] Nm 9.15
[n] Hb 9.4
[o] Milagres (AT): v. 8; Nm 20.11 (Gn 5.24; Jn 1.17)

[1] (17.8) A vara de Arão que brotou: tipo de Cristo na ressurreição, a quem Deus reconhece como sumo sacerdote. Na revolta de Coré, o sacerdócio de Arão fora questionado; o próprio Deus, então, o confirmaria (v. 5). O príncipe de cada tribo trouxe uma vara sem vida; Deus colocou vida apenas na de Arão.

9 Então Moisés retirou todas as varas da presença do Senhor e as levou a todos os filhos de Israel. Eles as viram, e cada líder pegou sua vara.

10 Disse o Senhor a Moisés: Põe de volta a vara de Arão perante o testemunho, como [p]sinal para os [q]filhos rebeldes. Assim farás acabar as suas murmurações contra mim, e não morrerão.

11 Moisés fez como lhe ordenara o Senhor.

12 Disseram os filhos de Israel a Moisés: Nós morreremos! [r]Morreremos todos, estamos todos perdidos!

13 Todo aquele que se aproximar do tabernáculo do Senhor morrerá. Seremos todos consumidos?

Os anos de peregrinação: (4) confirmação dos deveres e privilégios de Arão e dos levitas

18 Disse o Senhor a Arão: Tu e teus filhos, e a casa de teu pai contigo, levareis sobre vós as faltas cometidas com relação ao santuário. Tu e teus filhos contigo [s]levareis sobre vós as faltas do vosso sacerdócio.

2 Farás também chegar contigo teus irmãos, a [t]tribo de Levi, a tribo de teu pai, para que se ajuntem a ti e te sirvam. Mas tu e teus filhos contigo [u]estareis perante a tenda do testemunho.

3 Eles estarão a teu serviço e a serviço de toda a tenda, mas [v]não se chegarão aos vasos do santuário e ao altar, para que não morram, tanto eles como vós.

4 Eles se unirão a ti e farão todo o serviço da tenda da congregação; o estranho não se chegará a vós.

5 Vós fareis a [w]guarda do santuário e a guarda do altar, para que não haja mais [x]ira contra os filhos de Israel.

6 Eu mesmo tomei vossos irmãos, os levitas, do meio dos filhos de Israel como uma dádiva a vós, dedicada ao Senhor para fazer o serviço da tenda da congregação.

7 Tu e teus filhos contigo assumireis o vosso sacerdócio em tudo o que se refere ao altar, e por tudo o que estiver atrás do véu. Eu vos tenho dado o [y]serviço do sacerdócio como dádiva. O estranho que se aproximar morrerá.

8 Então disse o Senhor a Arão: Eu mesmo confiei a ti o cuidado das minhas [z]ofertas alçadas; todas as coisas santas que os filhos de Israel me apresentarem dei-as a ti e a teus filhos por estatuto perpétuo.

9 Isto terás das coisas santíssimas reservadas do fogo: todas as suas ofertas, com todas as suas ofertas de cereais, e com todas as suas ofertas pelo pecado, e com todas as suas ofertas pela culpa, que me apresentarem, serão coisas santíssimas [a]para ti e para teus filhos.

10 Num lugar santo as comerás; todo homem as comerá. Elas te serão santas.

11 Também isto será [b]teu: a oferta alçada das suas dádivas com todas as ofertas movidas dos filhos de Israel, a ti, a teus filhos e a tuas filhas contigo as tenho dado por estatuto perpétuo. Todo o que estiver limpo na tua casa as comerá.

12 Todo o melhor do azeite, do mosto e do grão, os [c]primeiros frutos que derem ao Senhor, dei-os a ti.

13 Os primeiros frutos de tudo o que houver na terra, que trouxerem ao Senhor, serão teus. Todo o que estiver limpo na tua família os comerá.

14 Toda a coisa [d]consagrada em Israel será tua.

15 Todo primogênito que trouxerem ao Senhor, tanto de homens como de animais, será teu. Mas os [e]primogênitos dos homens resgatarás, bem como resgatarás também os primogênitos dos animais imundos.

16 Quando tiverem um mês de idade, tu os resgatarás, segundo a tua avaliação, por cinco [f]siclos de prata, segundo o siclo do santuário, que é de vinte geras.

17 O primogênito do gado, ou o primogênito de ovelhas, ou o primogênito de cabras, porém, não resgatarás; são santos. Espargirás o seu sangue sobre o altar, e a sua gordura queimarás em oferta queimada de cheiro suave ao Senhor.

18 A carne deles será tua, assim [g]como serão teus o peito movido e a coxa direita.

19 Todas as ofertas sagradas que os filhos de Israel oferecerem ao Senhor, dei-as a ti, a teus filhos e a tuas filhas contigo, por estatuto perpétuo. É aliança perpétua de [h]sal perante o Senhor para ti e para a tua descendência contigo.

20 Disse também o Senhor a Arão: Na sua terra, herança [i]alguma terás, e, no meio deles, nenhuma parte terás; [j]eu sou a tua parte e a tua herança no meio dos filhos de Israel.

21 Aos filhos de Levi dei todos os [k]dízimos em Israel por herança, pelo serviço que exercem, o serviço da tenda da congregação.

22 Nunca mais os filhos de Israel se chegarão à tenda da congregação, para que não levem sobre si o pecado e morram.

23 Os levitas, porém, farão o serviço da tenda da congregação e [l]levarão sobre si a sua iniquidade. Este será estatuto perpétuo pelas vossas gerações. No meio dos filhos de Israel, nenhuma herança terão.

24 Porque os dízimos dos filhos de Israel, que oferecerem ao Senhor em oferta alçada, dei-os por herança aos levitas, pois eu lhes disse: No meio dos filhos de Israel nenhuma herança terão.

25 Disse o Senhor a Moisés:

26 Também falarás aos levitas e lhes dirás: Quando receberdes os dízimos dos filhos de Israel, que da parte deles vos dou como herança, deles trareis uma oferta ao Senhor, o [m]dízimo dos dízimos.

[p] Nm 16.38
[q] Dt 9.7,24
[r] Comp. Is 6.5
[s] Responsáveis por toda negligência ou ofensa em relação ao santuário. Comp. Êx 28.38
[t] Nm 1.47
[u] Nm 3.5-10
[v] Nm 4.15-20; comp. 2Sm 6.6
[w] Nm 3.31,38
[x] Nm 8.19
[y] Nm 3.9; 8.19; comp. 1Pe 5.2,3
[z] Lv 7.28-34
[a] Nm 5.8-10
[b] Dt 18.3-5
[c] Lv 23.20
[d] Lv 27.1-33
[e] Êx 13.2,12-15; 34.20; comp. Lc 2.22-24
[f] Veja sist. monetário (AT): Êx 30.13, nota; comp. 2Cr 2.10, nota
[g] Êx 29.26-28; Lv 7.31-36
[h] Lv 2.13; 2Cr 13.5; Mc 9.49,50; Cl 4.6
[i] Dt 10.8,9; 12.12; 14.27-29; 18.1,2; Js 13.14,33; 14.3; 18.7
[j] Sl 16.5; Ez 44.28
[k] v. 24,26; Lv 27.30,32; Ne 10.37; 12.44; Ml 3.8-10; Hb 7.4-10
[l] 18.1
[m] Ne 10.38

27 Vossa oferta será considerada [n]como grão
da [o]eira e como plenitude do tanque de
prensar uvas.
28 Assim também trareis ao Senhor uma oferta
de todos os vossos dízimos, que receberdes dos
filhos de Israel. Desses dízimos dareis a oferta
do Senhor ao sacerdote Arão.
29 De todas as dádivas que receberdes tra-
reis a oferta do Senhor; do melhor delas, a sua
santa parte.
30 Dize aos levitas: Quando oferecerdes o
melhor dos dízimos, será para vós como a novi-
dade da eira e como a novidade do tanque de
prensar uvas.
31 E vós e a vossa família o comereis em todo
o lugar, pois é vosso galardão pelo vosso serviço
na tenda da congregação.
32 Não sereis culpados de pecado algum por
isso, quando deles oferecerdes o melhor; então
não [p]profanareis as coisas sagradas dos filhos de
Israel, para que não morrais.

Os anos de peregrinação: (5) a ordenança da novilha vermelha

19 Disse o Senhor a Moisés e a Arão:
2 Este é o estatuto da lei que o Senhor
ordenou, dizendo: Dize aos filhos de Israel que
te tragam uma [1]novilha vermelha sem [q]defeito e
perfeita, [r]sobre a qual nunca foi posto jugo.
3 Entregareis a novilha a [s]Eleazar, o sacerdote.
Será tirada para [t]fora do acampamento e será
imolada diante dele.
4 Eleazar, o sacerdote, tomará do sangue com o
dedo, e dele [u]espargirá para a frente da tenda da
congregação sete vezes.
5 Na presença dele a novilha será queimada.
Serão queimados o [v]couro, a carne, o sangue e
os excrementos.
6 O sacerdote, tomando em seguida pau de
[w]cedro, [x]hissopo e pano vermelho, os lançará no
meio do fogo que queima a novilha.
7 Então o sacerdote [y]lavará as suas vestes e
banhará o seu corpo com água. Depois entrará
no acampamento, mas estará imundo até a tarde.
8 Também o que queimou a novilha lavará as
suas vestes com água, e com água banhará o seu
corpo, e imundo será até a tarde.

[n] Comp. 2Co 8.12
[o] Nm 15.20
[p] Lv 19.8; 22.2,15,16; Ez 22.26
[q] Lv 22.20-25
[r] Dt 21.3; 1Sm 6.7
[s] Nm 3.4
[t] Veja Lv 4.12, nota
[u] Lv 4.6; 16.14-19
[v] Lv 9.11
[w] Lv 14.4,6,49
[x] Êx 12.22; 1Rs 4.33
[y] Lv 16.26,28
[z] Hb 9.13,14
[a] v. 13,20,21; Nm 31.23; comp. Nm 8.7
[b] Nm 5.2; 6.6
[c] Lv 22.3-7
[d] Lv 15.31
[e] Nm 31.19
[f] Veja Nm 19.2 e Jo 13.10, notas

9 Um homem limpo ajuntará a [z]cinza da novi-
lha e a porá fora do acampamento, num lugar
limpo. Será guardada pela comunidade dos
filhos de Israel, para uso na [a]água purificadora;
é oferta pelo pecado.
10 Aquele que recolheu a cinza da novilha lavará
as suas vestes e ficará imundo até a tarde. Isso
será por estatuto perpétuo aos filhos de Israel
e ao estrangeiro que peregrinar no meio deles.
11 Aquele que [b]tocar em um cadáver, qualquer
que seja o morto, ficará imundo sete dias.
12 Deverá purificar-se com esta água no ter-
ceiro e no sétimo dia; então será limpo. Mas se
não se purificar no terceiro e no sétimo dia, não
será limpo.
13 Todo aquele que tocar em um morto, cadá-
ver de alguém que morreu, e [c]não se purificar,
[d]contamina o tabernáculo do Senhor. Tal pessoa
será eliminada de Israel. Porque a água purifi-
cadora não foi espargida sobre ele, é imundo;
permanece nele a sua imundícia.
14 Esta é a lei a respeito de uma pessoa que
morre numa tenda: Todo aquele que entrar
na tenda, e todo aquele que estiver nela, será
imundo sete dias.
15 Também todo recipiente aberto, que não
tenha sido fechado com uma tampa ou com uma
atadura, será imundo.
16 Todo aquele que no campo aberto [e]tocar em
alguém que tenha sido morto pela espada, ou
em alguém que tenha morrido de causas natu-
rais, ou nos ossos de algum homem, ou numa
sepultura, será imundo sete dias.
17 [f]Para o imundo tomarão num vaso um
pouco da cinza da vítima queimada como oferta
pelo pecado e sobre esta porão água corrente.
18 Então um homem limpo tomará hissopo
e o molhará naquela água, e a espargirá sobre
aquela tenda, e sobre todo utensílio, e sobre as
pessoas que ali estiverem; como também sobre
aquele que tenha tocado em ossos, ou em
alguém que tenha sido morto, ou que morreu de
causas naturais, ou numa sepultura.
19 O homem limpo espargirá sobre o imundo
no terceiro e sétimo dias e, no sétimo dia, o puri-
ficará. O que era imundo lavará as suas vestes
e se banhará com água, e à tarde estará limpo.

[1] (19.2) A novilha vermelha (ruiva): um tipo do sacrifício de Cristo como base da purificação da contaminação que o crente contraiu em sua peregrinação neste mundo e uma ilustração do método de purificação. A ordem é: 1) matar a vítima do sacrifício; 2) espargir o sangue sete vezes, testemunho público tipológico aos olhos de todos de que todos os pecados do crente diante de Deus foram tirados e que essa ação é completa e definitiva (Hb 9.12-14; 10.10-12); 3) reduzir o sacrifício a cinzas, que eram guardadas e se tornavam um memorial do sacrifício; e 4) a purificação da imundícia (o pecado tem dois aspectos: culpa e imundícia) pela aspersão das cinzas misturadas à água. A água é um tipo do Espírito e da Palavra (Jo 7.37-39; Ef 5.26). A operação tipificava o seguinte: o Espírito Santo usa a Palavra para produzir no crente convicção do mal que ele permitiu em sua vida, o qual impede a alegria, o crescimento e o serviço. Quando existe essa convicção, ele se lembra de que a culpa do seu pecado foi paga pelo sacrifício de Cristo (1Jo 1.7). Portanto, em lugar de se desesperar, o crente com convicção do pecado julga esse pecado e confessa a imundícia como algo indigno de um cristão. Então, é perdoado e purificado (Jo 13.3-10; 1Jo 1.7-10).

20 Quem, porém, estiver imundo e não se purificar, esse será eliminado do meio da assembleia, porque contaminou o santuário do Senhor. A água purificadora não foi espargida sobre ele; é imundo.

21 Isto será para eles um estatuto perpétuo. O homem que espargir a água purificadora lavará as suas vestes, e o que tocar na água purificadora será imundo até a tarde.

22 Tudo em que o imundo tocar também será [g]imundo e quem nele tocar será imundo até a tarde.

Os anos de peregrinação: (6) a morte de Miriã

20 Toda a comunidade dos filhos de Israel chegou ao deserto de [h]Zim, no [i]primeiro mês, e o povo ficou em [j]Cades. Ali morreu [k]Miriã e, ali, foi sepultada.

Os anos de peregrinação: (7) sede em Meribá de Cades (Dt 32.51; comp. Êx 17.1-7)

2 Como [l]não havia água para a comunidade, o povo ajuntou-se [m]contra Moisés e Arão.

3 [n]Contendeu o povo com Moisés, dizendo: Quem dera tivéssemos expirado [o]quando expiraram nossos irmãos perante o Senhor!

4 Por que trouxestes a congregação do Senhor a este deserto, para que nós e os nossos animais morramos aqui?

5 Por que nos fizestes subir do Egito, para nos trazer a este terrível lugar? Não há cereais, nem figos, nem vides, nem romãs, nem [p]água para beber.

6 Então Moisés e Arão se foram de diante do povo à entrada da tenda da congregação e se [q]prostraram com a face em terra, e a glória do Senhor lhes apareceu.

O pecado de Moisés ao ferir a rocha

7 Disse o Senhor a Moisés:

8 Toma a [r]vara, ajunta o povo, tu e teu irmão Arão. Na presença deles [1]ordenai à rocha que dê as suas águas. Assim lhes tirareis água da [s]rocha e dareis a beber ao povo e aos seus animais.

9 Então Moisés tomou a vara de diante do Senhor, como lhe tinha ordenado.

10 Moisés e Arão reuniram o povo diante da rocha e lhes disseram: [t]Ouvi, agora, rebeldes, porventura tiraremos água desta rocha para vós?

11 Então Moisés levantou a mão e feriu a [u]rocha duas vezes com a sua vara. A [v]água jorrou abundantemente, e a comunidade e os seus animais beberam.

12 O Senhor, porém, disse a Moisés e a Arão: Visto que [w]não crestes em mim, para me santificardes diante dos filhos de Israel, [x]não introduzireis este povo na terra que lhe dei.

13 Estas são as águas de [2][y]Meribá, onde os filhos de Israel contenderam com o Senhor, que neles se santificou.

Os anos de peregrinação: (8) o pecado de Edom jamais será perdoado (Gn 25.30; Ob 10)

14 [3]**Moisés** [z]enviou de Cades mensageiros [a]ao rei de [b]Edom, dizendo: Assim diz teu irmão Israel: [c]Sabes todo o trabalho que nos sobreveio,

15 como nossos pais desceram ao Egito e [d]vivemos lá muitos anos. Os egípcios nos maltrataram, a nós e a nossos pais,

16 mas quando clamamos ao Senhor, ele ouviu a nossa voz, enviou um [e]anjo e nos tirou do Egito. Agora estamos em Cades, cidade na extremidade dos teus termos.

17 Deixa-nos passar pela tua terra. Não passaremos por nenhuma plantação ou vinhas nem beberemos a água dos poços. Seguiremos pela estrada real, sem nos desviarmos nem para a direita nem para a esquerda, até que atravessemos os teus termos.

18 Respondeu-lhes [f]Edom: Não passarás por mim; do contrário sairei com a espada ao teu encontro.

19 Disseram-lhe os filhos de Israel: Iremos pelo caminho principal; se nós ou o nosso gado bebermos da tua água, pagaremos por ela. Nada mais queremos, senão passar a pé.

20 Outra vez respondeu ele: Não passarás. Então Edom saiu contra eles com muita gente e grande força.

21 Assim Edom negou passagem a Israel pelo seu território, pelo que Israel se desviou dele.

A morte de Arão

22 **Então** partiu de Cades toda a comunidade dos filhos de Israel, e chegaram ao monte Hor.

23 Disse o Senhor a Moisés e a Arão no monte Hor, na fronteira da terra de Edom:

[g] Ag 2.11-13
[h] Nm 13.21
[i] Veja Lv 23.2, notas
[j] Nm 13.26
[k] Êx 15.20; Nm 26.59
[l] Êx 17.1
[m] Nm 16.19,42
[n] Comp. Êx 17.2; Nm 14.2
[o] Nm 16.31-35
[p] v. 8, nota
[q] Nm 16.4
[r] Êx 17.5,6; comp. Nm 17.9,10
[s] Ne 9.15; Sl 78.15,16; 105.41; 1Co 10.4
[t] Sl 106.33
[u] Cristo (Rocha): v. 8-11; Dt 32.4 (Gn 49.24; 1Pe 2.8)
[v] Milagres (AT): v. 7-11; Nm 21.9 (Gn 5.24; Jn 1.17)
[w] Nm 27.14; Dt 3.26,27
[x] v. 24,28; Dt 3.23-26
[y] Êx 17.7
[z] Veja Êx 1.8, nota
[a] Jz 11.16,17
[b] Gn 36.31-39; Dt 2.4-8
[c] Comp. Dt 31.17-21
[d] Gn 15.13
[e] Veja Jz 2.1 e Hb 1.4, notas
[f] Nm 24.18; Sl 137.7; Ez 25.12,13; Ob 10.15

[1] (20.8) A gravidade da ofensa pode ser vista pelos seguintes elementos: Moisés 1) atribuiu a si mesmo algo que Deus havia feito ("Porventura, tiraremos [...]?", v. 10); 2) desobedeceu a Deus ao não falar à rocha (v. 11); 3) perdeu o controle (ele feriu a rocha duas vezes quando foi instruído que falasse a ela, v. 11); 4) usou uma expressão rude quando falou com o povo ("rebeldes", v. 10; comp. Sl 106.33); 5) ficou incomodado com a necessidade do povo e sentiu-se ofendido por eles ("Porventura, tiraremos", v. 10); 6) foi culpado de incredulidade, porque não confiou no poder de Deus, como se o poder de Deus precisasse de sua ajuda ("não crestes em mim", v. 12); 7) não glorificou a Deus diante do seu povo ("para me santificardes diante dos filhos de Israel", v. 12); e 8) rebelou-se contra Deus (v. 24). Arão estava com Moisés nessa ofensa, por isso sofreu o mesmo castigo.

[2] (20.13) *Contenda* ou *discórdia*.

[3] (20.14) Entre Nm 14.45 e 20.14 há um período de cerca de 38 anos (comp. Dt 2.14).

24 Arão será recolhido ao seu povo. Ele não entrará na terra que dei aos filhos de Israel, [g]porque fostes rebeldes à minha palavra, nas águas de Meribá.

25 Toma a Arão e a Eleazar, seu filho, e faze-os subir ao monte Hor.

26 Depois despirás a Arão das suas vestes e as porás em Eleazar, seu filho, pois Arão será recolhido e morrerá ali.

27 Moisés fez como o Senhor lhe ordenara: Subiram ao monte Hor perante os olhos de toda a comunidade.

28 Moisés despiu a Arão das suas vestes e as [h]vestiu em Eleazar, seu filho. E [1][i]morreu Arão ali no cume do monte. Então Moisés e Eleazar desceram do monte.

29 Quando toda a congregação soube que Arão havia morrido, toda a nação de Israel chorou por Arão durante trinta dias.

Marcha de Israel: (1) a vitória

21 Quando o rei cananeu de [j]Arade, que habitava no [k]Neguebe, soube que Israel vinha pelo caminho de Atarim, pelejou contra Israel e levou alguns prisioneiros dentre eles.

2 Então Israel fez um voto ao Senhor, dizendo: [l]Se entregares este povo nas minhas mãos, destruirei totalmente as suas cidades.

3 O Senhor ouviu a voz de Israel e entregou-lhe os cananeus. Os israelitas os destruíram totalmente, a eles e a suas cidades; assim o lugar passou a ser chamado [2][m]Hormá.

Marcha de Israel: (2) a serpente de bronze (Gn 3.1, nota; Jo 3.14,15; 2Co 5.21)

4 Então partiram do monte Hor, pelo caminho do mar Vermelho, para contornarem a terra de Edom. Mas o povo tornou-se impaciente no caminho;

5 [n]falou contra Deus e contra Moisés, dizendo: [o]Por que nos fizestes subir do Egito, para morrermos neste deserto? Aqui não há pão nem água, e [p]nossa alma detesta [q]este miserável pão.

6 Então o Senhor [r]enviou contra o povo serpentes venenosas, que os picavam, e morreu muita gente de Israel.

7 O povo [s]veio a Moisés e disse: [t]Pecamos, pois temos falado contra o Senhor e contra ti. Ora ao Senhor que tire de nós as serpentes. Então Moisés orou pelo povo.

8 Disse o Senhor a Moisés: [u]Faze uma [v]serpente e põe-na sobre uma haste. Todo aquele que for mordido e olhar para ela, viverá.

9 Moisés fez uma serpente de bronze e a pôs sobre uma [3]haste. Quando alguém era mordido por alguma serpente, se olhava para a serpente de bronze, [w]vivia.

10 Partiram os filhos de Israel e se acamparam em [x]Obote.

11 Depois partiram de Obote e se acamparam nos outeiros de [y]Abarim, no deserto que está em frente de Moabe, para o nascente.

12 Dali partiram e se acamparam junto ao ribeiro de Zerede.

13 Partindo dali, acamparam no outro lado do [z]Arnom, que está no deserto que sai do território dos amorreus. Arnom é a fronteira de Moabe, entre Moabe e os amorreus.

14 Por isso se diz no livro das guerras do Senhor:

Vaebe em Sufá, e os vales de Arnom,
15 e o declive dos vales
que se inclina em direção à sede de [a]Ar
e se encosta na fronteira de Moabe.

16 Dali partiram para [4]Beer, o poço do qual o Senhor disse a Moisés: Ajunta o povo, e lhe darei água.

17 [5]Então Israel cantou este cântico:

Brota, ó poço! E vós, entoai-lhe cânticos!
18 Poço que os líderes cavaram,
que os nobres do povo abriram
com cetro e com cajados.

Então partiram do deserto para Matanã.

19 De Matanã, para Naaliel, e de Naaliel, para Bamote.

20 De Bamote, ao vale que está no campo de Moabe, no cume de [b]Pisga, que fica diante do deserto.

Marcha de Israel: (3) duas vitórias

21 Israel enviou mensageiros a [c]Seom, rei dos amorreus, dizendo:

[g] Comp. Dt 32.48-52
[h] Êx 29.29,30; Dt 10.6
[i] Nm 33.38
[j] Nm 33.40
[k] Veja Gn 12.9, nota
[l] Comp. Gn 28.20; Jz 11.30
[m] Nm 14.45
[n] Sl 78.19
[o] Comp. Êx 16.3; 17.3
[p] Comp. Nm 11.4-6
[q] Comp. Jo 6.48-52,60-64
[r] Dt 8.15; 1Co 10.9
[s] Nm 11.2
[t] Lv 26.40
[u] Jn 3.14,15
[v] Is 30.6
[w] Milagres (AT): v. 8,9; Js 3.16 (Gn 5.24; Jn 1.17)
[x] Nm 33.43,44
[y] Ruínas de Abarim
[z] Nm 22.36
[a] Dt 2.9
[b] A divisão, a fenda
[c] Nm 32.33; Dt 2.26-37

[1] (20.28) A morte de Arão marca o final da peregrinação. Daqui em diante, Israel marcha ou acampa, mas não vaga pelo deserto (veja Nm 15.1, *nota*).

[2] (21.3) *Destruição*.

[3] (21.9) Veja Gn 3.14, *nota* 3, *item* 1. A serpente aqui é um símbolo do pecado julgado; o bronze fala do juízo divino, como no caso do altar de bronze (veja Êx 27.1,2, *notas*), e de autojulgamento, como no caso da pia de bronze. A serpente de bronze é tipo de Cristo feito pecado por nós (Jo 3.14,15; 2Co 5.21) ao levar o juízo que cabia a nós. Historicamente, esse momento é indicado no clamor: "Deus meu, Deus meu, por que me desamparaste?" (Mt 27.46).

[4] (21.16) *Poço*.

[5] (21.17) A ordem espiritual aqui é muito bela: 1) expiação (v. 8,9; Jo 3.14,15); 2) água, símbolo do Espírito concedido (v. 16; Jo 7.37-39); 3) alegria (v. 17,18; Rm 14.17); e 4) poder (v. 21-24).

22 Deixa-me [d]passar pela tua terra. Não
nos desviaremos por nenhuma plantação
ou vinha, nem a água dos poços beberemos.
Seguiremos pela estrada real até que passemos
os teus termos.
23 Seom, porém, não deixou Israel passar pelo
seu território. Ao contrário, reuniu todo o seu
povo e saiu ao encontro de Israel no deserto.
Quando chegou a Jaza, pelejou contra Israel.
24 Israel, porém, o feriu a fio de espada e apo-
derou-se da sua terra, desde Arnom até Jaboque,
fronteira dos filhos de Amom, porque esta fron-
teira era fortificada.
25 Assim Israel tomou todas estas cidades
dos amorreus e as [e]ocupou, inclusive Hesbom e
todas as suas aldeias.
26 Hesbom era cidade de Seom, rei dos amor-
reus, que fez guerra ao primeiro rei dos moabitas
e tomou dele toda a sua terra até Arnom.
27 Por isso dizem os poetas:
Vinde a Hesbom!
Edifique-se e estabeleça-se a cidade
de Seom!
28 Fogo saiu de [f]Hesbom,
e uma chama da cidade de Seom,
e consumiu Ar dos moabitas
e os senhores dos [g]altos de Arnom.
29 Ai de ti, [h]Moabe!
Perdido estás, povo de [i]Camos!
Entregou seus [j]filhos como fugitivos
e suas [k]filhas, como cativas
a Seom, rei dos amorreus.
30 Nós, porém, os subvertemos;
Hesbom está destruída até [l]Dibom.
Nós os assolamos até Nofá,
que se estende até Medeba.
31 Assim Israel habitou na terra dos amorreus.
32 Depois, Moisés mandou espiar a [m]Jazer, de
modo que os israelitas a conquistaram, bem
como as suas aldeias, e desapossaram os amor-
reus que estavam ali.
33 [n]Em seguida, viraram-se e subiram pelo
caminho de [o]Basã. E Ogue, rei de Basã, com todo
o seu exército, marchou contra eles para travar
batalha em Edrei.
34 [p]Disse o Senhor a Moisés: Não o temas, pois
eu o dei nas tuas mãos, a ele, a todo o seu povo e
a sua terra, e tu lhe farás como fizeste a Seom, rei
dos amorreus, que habitava em Hesbom.

[d] Nm 20.17
[e] Am 2.10
[f] Jr 48.45
[g] Nm 22.41; 33.52
[h] Jr 48.46
[i] Jz 11.24; 1Rs 11.33
[j] Is 15.2
[k] Is 16.2
[l] Nm 32.3,34
[m] Nm 32.1
[n] Dt 29.7
[o] Dt 3.1,3-7
[p] Dt 3.2
[q] Nm 33.48,49
[r] Js 24.9; Jz 11.25; Mq 6.5; Ap 2.14
[s] Êx 15.15
[t] Nm 25.15-18; 31.1-3
[u] Nm 31.8,16; Js 13.22; Ne 13.2; 2Pe 2.15; Jd 11; Ap 2.14
[v] Nm 23.7
[w] Nm 24.9
[x] Comp. v.20
[y] Nm 23.20

35 De tal maneira o feriram, a seus filhos e a
todo o seu povo, que nenhum deles escapou.
E tomaram posse da sua terra.

III. As Profecias de Balaão, 22.1—25.18

Marcha de Israel:
(4) Balaão (2Pe 2.15; Jd 11; Ap 2.14)

22 Partiram os filhos de Israel e se acampa-
ram nas [q]campinas de Moabe, do outro
lado do Jordão, na altura de Jericó.
2 Ora, [r]Balaque, filho de Zipor, viu tudo o que
Israel fizera aos amorreus,
3 e Moabe [s]temeu muito diante deste povo,
porque era muito numeroso, e andava angus-
tiado por causa dos filhos de Israel.
4 Disse Moabe aos anciãos dos [t]midianitas:
Agora devorará esta multidão tudo quanto hou-
ver ao redor de nós, como o boi devora a erva
do campo. Então Balaque, filho de Zipor, que
naquele tempo era o rei de Moabe,
5 enviou mensageiros a [1][u]Balaão, filho de Beor,
a Petor, que está junto ao rio, na terra dos amo-
nitas, a chamá-lo, dizendo: O povo que saiu
do Egito cobriu a face da terra e estabeleceu-
-se perante mim.
6 [v]Vem, agora, rogo-te, [w]amaldiçoa este povo,
pois é mais poderoso do que eu. Talvez assim eu
possa combatê-lo e expulsá-lo da terra. Pois sei
que a quem tu abençoares será abençoado, e a
quem tu amaldiçoares será amaldiçoado.
7 Então partiram os líderes dos moabitas e os
dos midianitas com o preço dos encantamentos.
Chegaram a Balaão e lhe disseram as palavras
de Balaque.
8 Balaão lhes respondeu: Passai aqui esta noite
e vos trarei a resposta, como o Senhor me falar.
Então os líderes de Moabe ficaram com Balaão.
9 Veio Deus a Balaão e lhe disse: Quem são
estes homens que estão contigo?
10 Respondeu Balaão a Deus: Balaque,
filho de Zipor, rei dos moabitas, enviou-os a
mim, dizendo:
11 O povo que saiu do Egito cobriu a face da
terra. Vem agora amaldiçoá-lo por mim.
Talvez assim eu possa combatê-lo e expulsá-
-lo da terra.
12 Então disse Deus a Balaão: [x]Não irás com eles
nem amaldiçoarás o povo, porque é [y]bendito.

[1] (22.5) Balaão era um típico profeta mercenário, buscando apenas fazer comércio com o seu dom. Este é o *caminho* de Balaão (2Pe 2.15) e caracteriza os falsos mestres. O *engano do prêmio* de Balaão (Jd 11) foi que ele via apenas a moralidade de caráter natural. Seu raciocínio era que um Deus santo deveria amaldiçoar um povo como Israel. Como todos os falsos mestres, ele ignorava a moralidade mais elevada da expiação vicária, moralidade pela qual Deus podia ser justo e, ainda assim, justificar os pecadores que criam (Rm 3.26). A *doutrina* de Balaão (Ap 2.14) refere-se ao que ensinou a Balaque, a fim de corromper o povo a quem não podia amaldiçoar (comp. Nm 31.16 com Nm 25.1-3 e Tg 4.4). Do ponto de vista espiritual, a doutrina de Balaão nunca sobrepuja o raciocínio natural e, na prática, é uma fácil conformidade com o mundo. Veja Ap 2.14, *nota*.

13 Levantou-se Balaão de manhã e disse aos líderes de Balaque: Tornai à vossa terra, pois o Senhor não me deixa ir convosco.

14 Levantaram-se os líderes dos moabitas, voltaram a Balaque e lhe disseram: Balaão recusou-se a vir conosco.

15 **B**alaque tornou a enviar outros líderes, em maior número e mais honrados que os primeiros.

16 Chegando a Balaão, disseram-lhe: Assim diz Balaque, filho de Zipor: Rogo-te que não te demores em vir a mim,

17 porque grandemente te [z]honrarei e farei tudo o que me disseres. Portanto vem, rogo-te, e amaldiçoa por mim este povo.

18 Respondeu Balaão aos servos de Balaque: Ainda que Balaque me desse o seu palácio cheio de prata e de ouro, eu [a]não poderia desobedecer à ordem do Senhor, o meu Deus, para fazer coisa pequena ou grande.

19 Agora rogo-vos que também aqui fiqueis esta noite, para que eu saiba o que o Senhor me dirá ainda.

20 Veio o Senhor a Balaão, de noite, e disse-lhe: [b]Visto que aqueles homens te vieram chamar, levanta-te, vai com eles, mas [c]farás somente o que eu te disser.

21 **E**ntão Balaão se levantou de manhã, selou a sua jumenta e partiu com os líderes de Moabe.

22 A [1]ira de Deus, porém, se acendeu quando ele se foi, e o [d]Anjo do Senhor postou-se no caminho para barrar-lhe a passagem. Ele ia caminhando, montado na sua jumenta, e dois de seus moços com ele.

23 Viu a jumenta o Anjo do Senhor, que estava no caminho com a sua espada desembainhada na [e]mão, pelo que a jumenta se desviou do caminho e foi-se pelo campo. Então Balaão espancou a jumenta para fazê-la voltar ao caminho.

24 O Anjo do Senhor, porém, pôs-se numa passagem estreita entre duas vinhas, com paredes de ambos os lados.

25 Quando a jumenta viu o Anjo do Senhor, encostou-se contra uma das paredes e apertou contra a parede o pé de Balaão; por isso ele tornou a espancá-la.

26 Então o Anjo do Senhor passou mais adiante e pôs-se num lugar estreito, onde não havia caminho para se desviar nem para a direita nem para a esquerda.

27 Quando a jumenta viu o Anjo do Senhor, deitou-se debaixo de Balaão; a ira de Balaão se acendeu, e ele espancou a jumenta com o cajado.

28 Então o Senhor [f]abriu a boca da jumenta, [2]e ela disse a Balaão: Que te fiz eu, que me espancaste já três vezes?

29 Respondeu Balaão à jumenta: É porque zombaste de mim. Se eu tivesse uma espada na mão, agora te mataria.

30 A jumenta disse a Balaão: Porventura não sou a tua jumenta, em que toda a tua vida cavalgaste até hoje? Tenho o costume de agir assim contigo? Ele respondeu: Não.

31 **E**ntão o Senhor [g]abriu os olhos a Balaão, e ele viu o Anjo do Senhor parado no caminho, tendo a espada desembainhada na mão. De modo que ele se inclinou e se prostrou com o rosto em terra.

32 Disse-lhe o Anjo do Senhor: Por que já três vezes espancaste a tua jumenta? Eu saí para ser teu adversário, porque o teu caminho é [h]perverso diante de mim.

33 A jumenta, porém, me viu, e já três vezes se desviou de mim. Se ela não se tivesse desviado de mim, na verdade eu te haveria matado, e a ela deixaria com vida.

34 Então Balaão respondeu ao Anjo do Senhor: [i]Pequei, sem saber que estavas no caminho para te opores a mim. Agora, se parece mal aos teus olhos, voltarei.

35 Disse o [j]Anjo do Senhor a Balaão: Vai com esses homens, mas fala somente aquilo que eu te mandar. Assim Balaão foi com os líderes de Balaque.

36 **O**uvindo Balaque que Balaão vinha, saiu-lhe ao encontro até Ir-Moabe, [k]na fronteira do Arnom, na extremidade do território.

37 Balaque disse a Balaão: Não enviei diligentemente a chamar-te? Por que não vieste a mim? Não posso eu na verdade honrar-te?

38 Balaão respondeu a Balaque: Eis-me junto de ti. Porventura poderei eu agora falar alguma coisa? A [l]palavra que Deus puser na minha boca, essa [m]falarei.

39 Balaão foi com Balaque, e chegaram a [n]Quiriate-Huzote.

40 Então Balaque matou bois e ovelhas, e deu parte deles a Balaão e aos líderes que estavam com ele.

[z] Nm 24.11
[a] Nm 24.13
[b] v. 12
[c] Nm 23.5,16; 24.13
[d] Anjo do Senhor: v. 22-35; Jz 2.1 (Gn 16.7; Jz 2.1, nota)
[e] Js 5.13
[f] 2Pe 2.16
[g] Gn 21.19; 2Rs 6.17; Lc 24.16
[h] Comp. 2Pe 2.15,16
[i] Comp. Nm 14.40
[j] Veja Jz 2.1, nota
[k] Nm 21.13
[l] Inspiração: 22.38; 23.5,12-16; Dt 4.2 (Êx 4.15; 2Tm 3.16)
[m] Nm 23.26; 24.13; 1Rs 22.14; 2Cr 18.13
[n] Cidade de ruas

[1] (22.22) No v. 12, a vontade diretiva de Deus foi revelada a Balaão; no v. 20, a vontade permissiva de Deus. O profeta tinha agora liberdade para ir, mas ele conhecia a mente de Deus sobre o assunto. A questão era toda entre o Senhor e seu servo. A permissão do v. 20, na verdade, constituía uma prova para Balaão. Ele escolheu o caminho da vontade própria e das vantagens para si mesmo, e Deus só podia mostrar sua completa desaprovação. Toda a cena (v. 22-35) preparou Balaão para o que viria a seguir.

[2] (22.28) Além da serpente no Jardim do Éden, este é o único exemplo nas Escrituras em que se menciona um animal falando. Deus, que criou os órgãos vocais do homem e dos animais, usou o animal, neste caso único, para reprovar a fraqueza do profeta e para assegurar que ele executaria sua intenção manifestada no v. 18 (comp. v. 20).

41 Pela manhã, Balaque tomou a Balaão, e o
fez subir a Bamote-Baal, e de lá [1]ele viu parte
do povo.

Balaão abençoa Israel dos lugares altos de Baal

23 Então Balaão disse a Balaque: Edifica-me
aqui [o]sete altares e prepara-me sete novi-
lhos e sete carneiros.
2 Balaque fez como Balaão lhe havia dito; e
Balaque e Balaão ofereceram um novilho e um
carneiro sobre cada altar.
3 Disse mais Balaão a Balaque: Fica junto
do teu holocausto, enquanto eu me retiro.
Talvez o Senhor me sairá ao encontro, e o que
me mostrar, te notificarei. E afastou-se para
um monte.
4 Encontrando-se Deus com Balaão, este lhe
disse: Preparei sete altares e ofereci um novilho
e um carneiro sobre cada altar.
5 Então o Senhor [p]pôs a palavra na boca de
Balaão e disse: Volta para junto de Balaque, e
assim lhe falarás.
6 Voltando para ele, encontrou-o junto do seu
holocausto, ele e todos os líderes de Moabe.
7 Então proferiu Balaão a sua palavra:
De [q]Arã [2]me mandou trazer Balaque,
rei dos moabitas das montanhas do Oriente,
dizendo: [r]Vem, amaldiçoa a Jacó;
vem, denuncia a Israel.
8 Como amaldiçoarei
o que Deus não [s]amaldiçoou?
E como denunciarei
a quem o Senhor não denunciou?
9 Do cume das penhas o vejo,
e dos outeiros o contemplo.
Vejo um povo que habitará à [t]parte
e entre as nações não será contado.
10 Quem pode contar o [u]pó de Jacó
ou numerar a quarta parte de Israel?
Que morra eu a morte dos justos,
e seja o meu fim como o deles.
11 Então disse Balaque a Balaão: Que me
fizeste? Chamei-te para amaldiçoar os meus ini-
migos, mas inteiramente os abençoaste.
12 Ele respondeu: Porventura não terei cuidado
de falar o que o Senhor [v]pôs na minha boca?

[o] v. 14,30; comp. 1Cr 15.26
[p] Nm 22.20,38; Dt 18.18
[q] Nm 22.5; Dt 23.4
[r] Nm 22.6
[s] Nm 22.12
[t] Dt 32.8; 33.28
[u] Gn 28.14
[v] 23.5
[w] Veja Zc 8.14, nota
[x] Nm 11.23; 1Rs 8.56
[y] v. 23; Êx 29.45,46
[z] Sl 31.19; 44.1
[a] Comp. Gn 49.8-12

Balaão: a profecia em Pisga: a justificação e o poder de Israel

13 Então Balaque lhe disse: Rogo-te que venhas
comigo a outro lugar de onde o verás. Verás
somente uma parte dele; não poderás vê-lo todo.
E de lá amaldiçoa-o por mim.
14 Assim o levou ao campo de Zofim, ao cume
do monte Pisga. Edificou ali sete altares e ofere-
ceu um novilho e um carneiro sobre cada altar.
15 Então disse Balaão a Balaque: Fica aqui
junto do teu holocausto, enquanto eu vou ali ao
encontro do Senhor.
16 Encontrando-se o Senhor com Balaão, pôs
uma palavra na sua boca e disse: Volta para
junto de Balaque e assim lhe falarás.
17 Vindo a ele, encontrou-o junto do holocausto,
e com ele os líderes de Moabe. Perguntou-lhe
Balaque: Que disse o Senhor?
18 Então proferiu a sua palavra:
Levanta-te, Balaque, e ouve;
inclina os teus ouvidos, filho de Zipor.
19 Deus não é homem para que minta
nem filho do homem para que se [w]arrependa.
Porventura tendo ele [x]dito, não o fará?
Ou, tendo falado, não o realizará?
20 Recebi ordem de abençoar;
ele abençoou, e não o posso revogar.
21 Não vi iniquidade em Jacó
nem maldade observei em Israel.
O Senhor seu Deus está [y]com ele,
e no meio deles se ouvem aclamações
ao seu rei.
22 Deus os tirou do Egito;
as suas forças são como as do boi selvagem.
23 Não há encantamento que possa
prevalecer contra Jacó
nem adivinhação contra Israel.
Agora será dito de Jacó e de Israel:
[z]Que coisas Deus tem feito!
24 O povo se levanta como uma [a]leoa;
ergue-se como um leão
que não se deitará sem ter
devorado a presa
e bebido o sangue de suas vítimas.
25 Então Balaque disse a Balaão: Não o amaldi-
çoarás nem o abençoarás.

---

[1] (22.41) A expressão "ele viu parte do povo" refere-se ao extremo do acampamento, "a quarta parte de Israel" (Nm 23.10). A ideia de Balaque era não permitir que Balaão visse todas as hostes hebreias. Levando Balaão a Pisga, Balaque deseja corrigir o que ele considerava, evidentemente, ser um engano (Nm 23.13,14). Mas, quando o mercenário vê todo o acampamento, ele tem de enunciar palavras ainda mais magníficas: "Não vi iniquidade em Jacó nem maldade observei em Israel" (23.21), e isso tendo toda a nação diante dos olhos. Eis uma ilustração excelente da verdade de Rm 4.5-8.

[2] (23.7) Nas profecias de Balaão, Deus testifica *em favor* de seu povo mais do que *para* seu povo. É o testemunho divino da sua posição de povo redimido em vista da serpente levantada e da água que saiu da rocha ferida por Moisés (Nm 21.5-9; 20.11). O estado do povo era moralmente ruim, mas isso era uma questão relacionada com a disciplina de Deus, não com seu juízo. Por meio de Cristo "levantado" (Jo 3.14,15), a posição do cristão está eternamente segura e perfeita, embora sua condição possa requerer a disciplina do Pai (1Co 11.30-32; Hb 12.4-10); enquanto isso, Deus é "por nós" contra todos os inimigos (Rm 8.31).

26 Balaão, porém, respondeu a Balaque: Não
te falei eu, dizendo: Tudo o que o Senhor falar,
isso farei?

Balaão: a profecia em Peor: (1) a beleza e ordem de Israel

27 Disse mais Balaque a Balaão: Ora, vem, e te
levarei a outro lugar. Talvez de lá parecerá bem
aos olhos de Deus que o amaldiçoes.
28 E Balaque conduziu Balaão ao cume de Peor,
que [b]domina o [1]deserto.
29 Disse Balaão a Balaque: Edifica-me aqui sete
altares e prepara-me sete novilhos e sete carneiros.
30 Balaque fez conforme Balaão lhe dissera
e ofereceu um novilho e um carneiro sobre
cada altar.

A profecia em Peor (continuação)

24 **V**endo Balaão que era do agrado do
Senhor que abençoasse a Israel, não
recorreu, como das outras vezes, aos encantamentos, mas voltou a face para o deserto.
2 Levantando Balaão os olhos, e vendo a Israel
[c]acampado segundo as suas tribos, veio sobre
[d]ele o [e]Espírito de Deus.
3 [f]Então proferiu a sua palavra:
Palavra de Balaão, filho de Beor,
palavra do homem de olhos abertos,
4 palavra daquele que ouve os ditos de Deus,
o que tem a visão do Todo-poderoso,
e [g]cai em êxtase, porém de olhos abertos:
5 Que boas são as tuas tendas, ó Jacó!
Que boas as tuas moradas, ó Israel!
6 Como vales que se estendem,
como jardins ao lado de um rio,
como árvores de sândalo que o
Senhor plantou,
como cedros junto às águas!
7 De seus baldes manarão águas,
suas lavouras estarão [h]bem irrigadas.
Seu rei será maior do que [i]Agague;
o seu [j]reino será exaltado.
8 Deus os tirou do Egito;
eles têm a força de um boi selvagem.
[k]Devoram as nações inimigas,
[l]quebram os seus ossos em pedaços
e com setas as atravessam.
9 Como um leão encurvam-se e deitam-se;
como leoa, quem os despertará?
[m]Benditos os que te abençoarem,
e malditos os que te amaldiçoarem!
10 **E**ntão Balaque se encolerizou contra Balaão,
bateu as mãos e lhe disse: Chamei-te para amaldiçoar os meus inimigos, mas estas três vezes
os abençoaste.

[b] Nm 21.20
[c] Nm 2.2,34
[d] Nm 11.25; 1Sm 10.10; 19.20,23; 2Cr 15.1
[e] Espírito Santo (AT): v. 2; Nm 27.18 (Gn 1.2; Zc 12.10)
[f] Nm 23.7,18
[g] Prostrado. Comp. 1Sm 19.24; Ez 1.28; Dn 8.18; 10.15,16; 2Co 12.2-4; Ap 1.10,17
[h] Comp. Jr 51.13; Ap 17.1,15
[i] Rei dos amalequitas, antepassado de Agague de 1Sm 15.9
[j] 2Sm 5.12; 1Cr 14.2
[k] Nm 14.9; 23.24
[l] Sl 2.9
[m] Gn 12.3; 27.29
[n] Nm 22.17,37
[o] Gn 49.1; Dt 4.30
[p] Reino (AT): v. 17; Dt 30.1 (Gn 1.26; Zc 12.8). Veja Gn 49.10, nota
[q] Am 9.11,12
[r] Primeira das nações que lutaram contra Israel. Êx 17.8
[s] Gn 10.4; Dn 11.30
[t] v. 14; 31.8
[u] Nm 31.16; 1Co 10.8

11 Agora foge. Vai para o teu lugar. [n]Eu tinha dito
que te honraria grandemente, mas o Senhor te
privou dessa honra.
12 Balaão respondeu a Balaque: Não falei eu
aos teus mensageiros, dizendo:
13 Ainda que Balaque me desse o seu palácio
cheio de prata e de ouro, não posso desobedecer à
ordem do Senhor, fazendo bem ou mal de meu próprio coração; aquilo que o Senhor disser, isso falarei.
14 Agora que voltarei para o meu povo, vem, e
te avisarei do que este povo fará ao teu povo nos
[o]últimos dias.

Balaão: a profecia em Peor: (2) o reino messiânico

15 **E**ntão proferiu a sua palavra e disse:
Palavra de Balaão, filho de Beor,
palavra do homem de olhos abertos,
16 palavra daquele que ouve os ditos de Deus
e sabe a ciência do Altíssimo.
Ele tem a visão do Todo-poderoso
e cai em êxtase, porém de olhos abertos.
17 Eu o verei, mas não agora;
o contemplarei, mas não de perto.
Uma estrela procederá de Jacó,
e de Israel subirá um [p]cetro
que quebrará as frontes de Moabe
e destruirá todos os filhos de Sete.
18 Edom será conquistado,
e Seir, seu inimigo, também será conquistado,
mas Israel fará proezas.
19 Um [q]dominador sairá de Jacó,
e destruirá os sobreviventes da cidade.
20 Então, vendo Amaleque, Balaão proferiu a
sua palavra e disse:
Amaleque era a primeira das [r]nações,
mas o seu fim será ruína para sempre.
21 Depois, vendo os quenitas, proferiu a sua
palavra e disse:
Firme está a tua habitação,
e puseste o teu ninho na penha.
22 Todavia, tu, quenita, serás destruído
quando Assur te levar cativo.
23 Proferindo ainda a sua palavra,
disse:
Ai! Quem viverá quando Deus fizer isto?
24 Navios virão das costas de [s]Quitim;
afligirão a Assur e a Héber,
mas também perecerão.
25 **E**ntão Balaão se levantou e [t]voltou ao seu
lugar. Balaque também seguiu o seu caminho.

A doutrina de Balaão (Nm 31.16; Tg 4.4; Ap 2.14)

25 **E**nquanto Israel se demorava em Sitim,
o [u]povo se entregou à prostituição com
as filhas de Moabe.

[1] (23.28) Heb., *Jesimon*.

2 Estas convidaram o povo aos sacrifícios dos seus deuses; o povo [v]comia e se [w]prostrava diante deles.

3 Juntando-se Israel a [x]Baal-Peor, a ira do Senhor se acendeu contra Israel.

4 Disse o Senhor a Moisés: Toma todos os chefes do povo e enforca-os ao Senhor ao ar livre, e o ardor da ira do Senhor se retirará de Israel.

5 Assim Moisés disse aos juízes de Israel: Cada um [y]mate aquele dos seus homens que aderiram a Baal-Peor.

6 **E**ntão um homem dos filhos de Israel veio e trouxe a seus irmãos uma midianita perante os olhos de Moisés e de toda a comunidade dos filhos de Israel, enquanto eles choravam diante da tenda da congregação.

7 Vendo isso, Fineias, filho de Eleazar, filho de Arão, o sacerdote, levantou-se, tomou uma lança,

8 seguiu o israelita até a tenda e lá trespassou-os pela barriga, o homem israelita e a mulher. [z]E [a]cessou a praga que feria os filhos de Israel.

9 Os que [b]morreram da praga foram vinte e quatro mil.

10 Então disse o Senhor a Moisés:

11 Fineias, filho de Eleazar, filho de Arão, o sacerdote, desviou a minha ira de sobre os filhos de Israel, pois foi tomado de zelo por mim; por isso, no meu zelo, não [c]consumi os filhos de Israel.

12 Portanto dize: [d]Dou-lhe a minha [e]aliança de paz.

13 Ele, e a sua [f]descendência depois dele, terá a aliança do sacerdócio [g]perpétuo, porque foi zeloso pela honra de seu Deus e fez [h]propiciação pelos filhos de Israel.

14 O nome do israelita que foi morto com a midianita era Zinri, filho de Salu, líder de uma família simeonita.

15 E o nome da mulher midianita morta era Cosbi, filha de [i]Zur, chefe de um clã midianita.

16 Disse o Senhor a Moisés:

17 [j]Afligireis os midianitas e os ferireis,

18 porque eles vos afligiram com os seus enganos por intermédio de Peor e de Cosbi, filha do líder dos midianitas, irmã deles, morta no dia da praga por causa de Peor.

IV. Instruções e preparativos para entrar na Terra Prometida, 26.1—36.13

Moisés conta a nova geração de homens aptos para a guerra (v. 64,65)

26 **D**epois dessa [k]praga, disse o Senhor a Moisés e a Eleazar, filho de Arão, o sacerdote:

2 Fazei o [l]recenseamento de toda a comunidade dos filhos de Israel, da idade de vinte anos para cima, conforme suas famílias; todos os aptos para a guerra em Israel.

3 Falou-lhes Moisés e Eleazar, o sacerdote, nas campinas de Moabe, junto do Jordão, na direção de Jericó, dizendo:

4 Contai o povo da idade de vinte anos para cima, como o Senhor [m]ordenara a Moisés. Estes foram os filhos de Israel que saíram do Egito:

5 **O**s filhos de [n]Rúben, primogênito de Israel, foram: de Enoque, a família dos enoquitas; de Palu, a família dos paluítas;

6 de Hezrom, a família dos hezronitas; de Carmi, a família dos carmitas.

7 Foram estes os descendentes de Rúben, os quais formaram o total de [o]quarenta e três mil setecentos e trinta recenseados.

8 O filho de Palu: Eliabe;

9 os filhos de Eliabe: Nemuel, Datã e Abirão. Datã e Abirão foram os eleitos pela comunidade, os quais se rebelaram contra Moisés e Arão na rebelião de Coré, quando se rebelaram contra o Senhor.

10 [p]A terra abriu a sua boca e os tragou com Coré, cujos seguidores morreram quando o fogo consumiu os duzentos e cinquenta homens, [q]os quais serviram de advertência.

11 Os filhos de [r]Coré, porém, não morreram.

12 **O**s filhos de [s]Simeão, segundo as suas famílias: de Nemuel, a família dos nemuelitas; de Jamim, a família dos jaminitas; de Jaquim, a família dos jaquinitas;

13 de Zerá, a família dos zeraítas; de Saul, a família dos saulitas.

14 Foram estas as famílias dos simeonitas; [t]vinte e dois mil e duzentos.

15 **O**s filhos de [u]Gade, segundo as suas famílias: de Zefom, a família dos zefonitas; de Hagi, a família dos hagitas; de Suni, a família dos sunitas;

16 de Ozni, a família dos oznitas; de Heri, a família dos heritas;

17 de Arode, a família dos aroditas; de Areli, a família dos arelitas.

18 Foram estes os descendentes de Gade, os quais formaram o total de quarenta mil e quinhentos recenseados.

19 **O**s filhos de [vv]Judá: Er e Onã, mas Er e Onã morreram na terra de Canaã.

20 Assim os filhos de Judá, segundo as suas famílias, foram: de Selá, a família dos selanitas; de Perez, a família dos perezitas; de Zerá, a família dos zeraítas.

21 Os filhos de Perez foram: de Hezrom, a família dos hezronitas; de Hamul, a família dos hamulitas.

22 Foram estes os descendentes de Judá, os quais formaram o total de [ww]setenta e seis mil e quinhentos recenseados.

[v] Êx 34.15,16; comp. 1Co 10.20
[w] Êx 20.5
[x] Nm 23.28; Sl 106.28,29; Os 9.10
[y] Comp. Êx 32.27
[z] Sl 106.30
[a] Nm 16.48
[b] Dt 4.3; veja 1Co 10.8, nota
[c] Êx 20.5; Dt 32.16,21; 1Rs 14.22
[d] Ml 2.4; 3.1
[e] Is 54.10; Ez 34.25; Ml 2.5
[f] 1Cr 6.4-15
[g] Êx 40.15
[h] Veja Êx 29.33, nota
[i] Nm 31.8
[j] Nm 31.1-3
[k] Nm 25.9
[l] Nm 1.2; 14.29
[m] Nm 1.1
[n] Gn 46.8; Êx 6.14; 1Cr 5.1-3
[o] Comp. Nm 1.20,21
[p] Nm 16.32-35
[q] Nm 16.36-40; comp. 1Co 10.6; 2Pe 2.6
[r] Êx 6.24; 1Cr 6.22,23
[s] Gn 46.10; 1Cr 4.24
[t] Comp. Nm 1.22,23
[u] Gn 46.16; comp. Nm 1.24,25
[vv] Gn 38.3-5; 46.12; 1Cr 2.3
[ww] Comp. Nm 1.26,27

23 **O**s filhos de [x]Issacar, segundo as suas famílias, foram: de Tola, a família dos tolaítas; de Puva, a família dos puvitas;

24 de Jasube, a família dos jasubitas; de Sinrom, a família dos sinronitas.

25 Foram estes os descendentes de Issacar, os quais formaram o total de [y]sessenta e quatro mil e trezentos recenseados.

26 Os filhos de [z]Zebulom, segundo as suas famílias, foram: de Serede, a família dos sereditas; de Elom, a família dos elonitas; de Jaleel, a família dos jaleelitas.

27 Foram estes os descendentes de Zebulom, os quais formaram o total de [a]sessenta mil e quinhentos recenseados.

28 **O**s filhos de [b]José, segundo as suas famílias, foram Manassés e Efraim.

29 Os filhos de [c]Manassés foram: de Maquir, a família dos maquiritas (Maquir gerou Gileade); de Gileade, a família dos gileaditas.

30 Foram estes os filhos de Gileade: de Jezer, a família dos jezeritas; de Heleque, a família dos helequitas;

31 de Asriel, a família dos asrielitas; de Siquém, a família dos siquenitas;

32 de Semida, a família dos semidaítas; de Hefer, a família dos heferitas.

33 Zelofeade, filho de Hefer, porém, não teve filhos, mas apenas [d]filhas, cujos nomes foram Maalá, Noa, Hogla, Milca e Tirza.

34 Foram estes os descendentes de Manassés, os quais formaram o total de [e]cinquenta e dois mil e setecentos recenseados.

35 Foram estes os filhos de Efraim, segundo as suas famílias: de Sutela, a família dos sutelaítas; de Bequer, a família dos bequeritas; de Taã, a família dos taanitas.

36 Foram estes os filhos de Sutela: de Erã, a família dos eranitas.

37 Foram estes os descendentes de Efraim, os quais formaram o total de [f]trinta e dois mil e quinhentos; foram estes os filhos de José, segundo as suas famílias.

38 **O**s filhos de [g]Benjamim, segundo as suas famílias: de Bela, a família dos belaítas; de Asbel, a família dos asbelitas; de Airã, a família dos airamitas;

39 de Sufã, a família dos sufamitas; de Hufã, a família dos hufamitas.

40 Os filhos de Bela foram Arde e Naamã. De Arde, a família dos arditas; de Naamã, a família dos naamanitas.

41 Foram estes os descendentes de Benjamim, os quais formaram o total de [h]quarenta e cinco mil e seiscentos recenseados.

[x] Gn 46.13; 1Cr 7.1
[y] Comp. Nm 1.28,29
[z] Gn 46.14
[a] Comp. Nm 1.30,31
[b] Gn 46.20
[c] 1Cr 7.14-20
[d] Nm 27.1
[e] Comp. Nm 1.34,35
[f] Comp. Nm 1.32,33
[g] Gn 46.21; 1Cr 7.6; 8.1,2
[h] Comp. Nm 1.36,37; 1Cr 7.9
[i] Gn 46.23
[j] Comp. Nm 1.38,39
[k] Gn 46.17; 1Cr 7.30
[l] Comp. Nm 1.40,41
[m] Gn 46.24; 1Cr 7.13
[n] Comp. Nm 1.42,43
[o] Comp. Êx 12.37; 38.26; Nm 1.46; 11.21
[p] Veja Nm 1.46, nota
[q] Js 11.23; 14.1
[r] Nm 33.54
[s] Nm 33.54
[t] Gn 46.11; Nm 3.15; 1Cr 6.1
[u] Êx 6.20
[v] Lv 10.1,2; Nm 3.4; 1Cr 24.2

42 **F**oram estes os filhos de [i]Dã, segundo as suas famílias: de Suã a família dos suamitas. Foram estas as famílias de Dã, segundo as suas famílias.

43 Todas as famílias dos suamitas formaram o total de [j]sessenta e quatro mil e quatrocentos recenseados.

44 **O**s filhos de [k]Aser, segundo as suas famílias, foram: de Imna, a família dos imnaítas; de Isvi, a família dos isvitas; de Berias, a família dos beriitas.

45 Dos filhos de Berias, foram: de Héber, a família dos heberitas; de Malquiel, a família dos malquielitas.

46 O nome da filha de Aser foi Sera.

47 Foram estes os descendentes de Aser, os quais formaram o total de [l]cinquenta e três mil e quatrocentos recenseados.

48 **O**s filhos de [m]Naftali, segundo as suas famílias: de Jazeel, a família dos jazeelitas; de Guni, a família dos gunitas;

49 de Jezer, a família dos jezeritas; de Silém, a família dos silemitas.

50 Foram estes os descendentes de Naftali, segundo as suas famílias, os quais formaram o total de [n]quarenta e cinco mil e quatrocentos recenseados.

51 **F**oram estes os [o]recenseados dos filhos de [p]Israel: [1]seiscentos e um mil setecentos e trinta.

Lei acerca da divisão da terra

52 **D**isse o Senhor a Moisés:

53 [q]A estes a terra será [r]repartida em herança, segundo o recenseamento.

54 [s]À tribo mais numerosa darás herança maior e à pequena, herança menor; cada um receberá a herança em proporção aos seus recenseados.

55 Todavia a terra será repartida por sortes; cada um receberá a sua herança segundo os nomes das tribos de seus pais.

56 Cada herança será distribuída por sorte entre as tribos maiores e as menores.

57 **F**oram estes os recenseados de [t]Levi, segundo as suas famílias: de Gérson, a família dos gersonitas; de Coate, a família dos coatitas; de Merari, a família dos meraritas.

58 Foram estas as famílias de Levi: a família dos libnitas, a família dos hebronitas, a família dos malitas, a família dos musitas, a família dos coreítas; e Coate gerou Anrão.

59 O nome da mulher de Anrão era [u]Joquebede, filha de Levi, nascida no Egito. Ela deu a Anrão: Arão, Moisés; e Miriã, irmã destes.

60 A Arão nasceram [v]Nadabe, Abiú, Eleazar e Itamar.

---

[1] (26.51) Comp. Nm 1.46. Dos 603.550 mencionados ali, todos os adultos, exceto Calebe e Josué, pereceram no deserto. Contudo, o total aqui de 601.730 é de apenas 1.820 homens a menos.

61 Nadabe e Abiú morreram quando trouxeram fogo estranho perante o Senhor.

62 Ao todo foram recenseados [w]vinte e três mil homens, da idade de um mês para cima. Estes não foram recenseados com os filhos de Israel, porque não lhes foi destinada nenhuma [x]herança entre eles.

63 **F**oram estes os recenseados por Moisés e Eleazar, o sacerdote, quando ambos contaram os filhos de Israel nas campinas de Moabe, junto do Jordão, na direção de Jericó.

64 Entre estes não se encontrava nem um só daqueles que foram recenseados por Moisés e Arão, o sacerdote, no [y]deserto de Sinai,

65 porque o Senhor havia dito acerca deles: certamente [z]morrerão no deserto. Nenhum deles sobreviveu, [a]exceto Calebe, filho de Jefoné, e Josué, filho de Num.

Lei acerca da herança

27 **V**ieram então as [b]filhas de Zelofeade, filho de Héfer, filho de Gileade, filho de Maquir, filho de Manassés, entre as famílias de Manassés, filho de José. São estes os nomes de suas filhas: Maalá, Noa, Hogla, Milca e Tirza.

2 Elas se puseram diante de Moisés, diante de Eleazar, o sacerdote, diante dos [c]líderes e de toda a comunidade, à entrada da tenda da congregação, e disseram:

3 Nosso pai morreu no deserto e não estava entre os seguidores de Coré, que se rebelaram contra o Senhor; mas morreu no seu próprio [d]pecado e não teve filhos.

4 Por que seria [e]riscado o nome de nosso pai do meio da sua família, por não ter tido filhos? [f]Dá-nos propriedade entre os irmãos de nosso pai.

5 **M**oisés [g]levou a causa delas perante o Senhor,

6 e o Senhor disse a Moisés:

7 As filhas de Zelofeade falam [h]retamente. Certamente lhes darás propriedade como herança entre os irmãos de seu pai, e a herança de seu pai farás passar a elas.

8 Dirás aos filhos de Israel: Quando alguém morrer e não tiver filho, transmitireis a sua herança à sua filha.

9 Se não tiver filha, então a sua herança dareis a seus irmãos.

10 Se, porém, não tiver irmãos, então dareis a sua herança aos irmãos de seu pai.

11 Se também seu pai não tiver irmãos, então dareis a sua herança àquele de sua família que lhe for o parente mais próximo, para que a possua. Isso será para os filhos de Israel estatuto de direito, como o Senhor ordenou a Moisés.

Deus anuncia a morte de Moisés

12 **D**epois, disse o Senhor a Moisés: [i]Sobe a este monte Abarim e vê a terra que dei aos filhos de Israel.

13 E, tendo-a visto, [j]serás reunido aos teus, como Arão, teu irmão,

14 pois no deserto de Zim, quando a comunidade [k]contendeu contra mim, não santificaste o meu nome diante deles na questão das águas. (Essas foram as águas de Meribá de Cades, no deserto de Zim.)

15 **E**ntão [l]disse Moisés ao Senhor:

16 Possa o Senhor, [m]Deus que a todos dá a vida, pôr um homem sobre esta comunidade,

17 que saia de diante deles, e entre diante deles, e os faça sair e entrar, para que a comunidade do Senhor não seja como [n]ovelhas sem pastor.

Josué é designado sucessor de Moisés

18 Então disse o Senhor a Moisés: Toma a Josué, filho de Num, homem em quem há o [o]Espírito, e põe a tua mão sobre ele.

19 Apresenta-o perante Eleazar, o sacerdote, e perante toda a comunidade, e dá-lhe [p]mandamentos na presença deles.

20 Põe sobre ele da tua autoridade, para que lhe [q]obedeça toda a comunidade dos filhos de Israel.

21 Ele se apresentará perante Eleazar, o sacerdote, o qual por ele consultará, segundo [r]o juízo de Urim, perante o Senhor. [s]Sob a sua ordem, ele e todos os filhos de Israel sairão, e sob a sua ordem entrarão.

22 Fez Moisés como o Senhor lhe ordenara. Tomou a Josué, apresentou-o perante Eleazar, o sacerdote, e perante toda a comunidade.

23 Então impôs as mãos sobre ele [t]e lhe deu mandamentos, como o Senhor ordenara por meio de Moisés.

Instruções sobre as ofertas: (1) o holocausto contínuo

28 **D**isse o Senhor a Moisés:

2 Ordena aos filhos de Israel e dize-lhes: Cuidai de apresentar-me no tempo determinado a oferta, o meu manjar para as minhas ofertas queimadas, como [u]cheiro suave para mim.

3 Também lhes dirás: Esta é a oferta queimada que oferecereis ao Senhor, dia após dia: dois cordeiros de um ano, sem defeito, em contínuo [v]holocausto.

4 Um cordeiro sacrificarás pela manhã, e o outro cordeiro sacrificarás ao cair da [1]tarde;

5 e a décima parte de um [ww]efa de flor de farinha em oferta de cereais, amassada com a quarta parte de um him de azeite batido.

[w] Comp. Nm 3.15-39; 1Cr 6.2-53
[x] Nm 18.23,24
[y] Nm 1.1-46
[z] Nm 14.28,29; 1Co 10.5
[a] Nm 14.30
[b] Nm 26.33; 36.1-12
[c] Chefes, príncipes
[d] Nm 26.64,65
[e] Dt 25.6
[f] v. 7-11
[g] Êx 18.13-26
[h] Js 17.3-7
[i] Dt 32.48-52; 34.1-4
[j] Nm 20.12,24,28; 31.2; Dt 10.6; 34.5,6
[k] Dt 1.37; 32.51; Sl 106.33
[l] Orações da Bíblia (AT): v. 15-17; Dt 3.23 (Gn 15.2; Hc 3.1)
[m] Nm 16.22; Hb 12.9
[n] 1Rs 22.17; Zc 10.2; Mt 9.36; Mc 6.34
[o] Espírito Santo (AT): v. 18; Dt 34.9 (Gn 1.2; Zc 12.10)
[p] Dt 3.28; 31.7
[q] Js 1.16-18
[r] Veja Êx 28.30, nota
[s] Jz 20.18,23,26
[t] Dt 31.7,8
[u] Aroma agradável. Veja Lv 1.9, nota
[v] Êx 29.38-42
[ww] Veja pesos e medidas (AT): 2Cr 2.10, nota

[1] (28.4) O que os judeus entendiam ser depois do meio-dia até o cair da noite, o período em que se oferecia o segundo dos dois sacrifícios diários. De acordo com Josefo, o cordeiro pascal era morto entre a hora nona e a undécima, ou seja, entre 15h e 17h. (comp. Êx 12.6). Assim, a morte de nosso Senhor à hora nona (Mt 27.45) concorda com a hora da oferta do cordeiro pascal e com a do segundo sacrifício diário.

6 Este é o holocausto contínuo, instituído no monte Sinai, em cheiro suave, oferta queimada ao Senhor.

7 A sua libação será a quarta parte de um him para um cordeiro. No santuário oferecerás a libação de bebida forte ao Senhor.

8 O outro cordeiro sacrificarás ao cair da tarde; com a oferta de cereais da manhã e com a sua libação, o trarás em oferta queimada de cheiro suave ao Senhor.

Instruções sobre as ofertas: (2) os holocaustos dos dias santos

9 **No** dia de sábado, porém, oferecereis dois cordeiros de um ano, sem defeito, e dois décimos de um efa de flor de farinha, amassada com azeite, em oferta de cereais, com a sua libação.

10 É o holocausto de todos os sábados, além do holocausto contínuo, e a sua libação.

11 **Nos** [x]princípios dos vossos meses oferecereis, em holocausto ao Senhor, dois novilhos, um carneiro e sete cordeiros de um ano, sem defeito.

12 Três décimos de um efa de flor de farinha, amassada com azeite, em oferta de cereais, para um novilho; dois décimos de um efa de flor de farinha, amassada com azeite, em [y]oferta de cereais, para um carneiro;

13 e a décima parte de um efa de flor de farinha, amassada com azeite, em oferta de cereais, para um cordeiro. É holocausto de cheiro suave, oferta queimada ao Senhor.

14 As suas libações serão a metade de um him de vinho para um novilho, a terça parte de um him para um carneiro e a quarta parte de um him para um cordeiro. Este é o holocausto da lua nova de cada mês, segundo os meses do ano.

15 Além do holocausto contínuo, trarás ao Senhor um bode como oferta pelo pecado, com a sua libação.

16 **No** [z]primeiro mês, aos catorze dias do mês, é a [a]Páscoa do Senhor.

17 Aos quinze dias do mesmo mês, haverá festa; por sete dias se comerão pães [b]sem fermento.

18 No primeiro dia, haverá santa convocação; não fareis nenhum trabalho servil.

19 Trareis oferta queimada em holocausto ao Senhor, dois novilhos, um carneiro e sete cordeiros de um ano, todos eles sem defeito.

20 A sua oferta de cereais será de flor de farinha, amassada com azeite; oferecereis três décimos de um efa para um novilho e dois décimos para um carneiro.

21 Oferecereis um décimo para cada um dos sete cordeiros;

22 e um bode como oferta pelo pecado, para fazer [c]expiação por vós.

[x] Nm 10.10; Ez 46.6,7
[y] Nm 15.4-12
[z] Veja Lv 23.2, nota
[a] Êx 12.3-18; Lv 23.5; Nm 9.2-5; Dt 16.1; Ez 45.21
[b] Fermento: v. 17; Dt 16.3 (Gn 19.3; Mt 13.33, nota)
[c] Veja Êx 29.33, nota
[d] Êx 12.16; 13.6; Lv 23.8
[e] Êx 23.16; 34.22; Lv 23.10-21; Dt 16.10; At 2.1
[f] Veja Lv 23.2, nota
[g] Veja Lv 23.24, nota; comp. Ne 8.1-12
[h] Nm 28.11-15
[i] Nm 28.3
[j] Lv 16.29-34; 23.26-32
[k] Comp. Is 58.3-7

23 Essas coisas oferecereis, além do holocausto da manhã, que é o holocausto contínuo.

24 Assim preparareis cada dia, durante sete dias, o alimento para a oferta queimada em cheiro suave ao Senhor, além do holocausto contínuo com a sua oferta derramada.

25 [d]No sétimo dia, tereis santa convocação; nenhum trabalho servil fareis.

26 **Semelhantemente**, tereis santa convocação [e]no dia da festa dos primeiros frutos, quando oferecerdes ao Senhor oferta nova de cereais durante a festa das semanas; nenhum trabalho servil fareis.

27 Então oferecereis ao Senhor por holocausto, em cheiro suave, dois novilhos, um carneiro e sete cordeiros de um ano.

28 A sua oferta de cereais será de flor de farinha, amassada com azeite; três décimos de um efa para um novilho, dois décimos para um carneiro

29 e um décimo para cada um dos sete cordeiros;

30 e um bode para fazer expiação por vós.

31 Fareis isso além do holocausto contínuo, da sua oferta de cereais e das ofertas derramadas. Os animais deverão ser sem defeito.

Instruções sobre as ofertas: (3) os holocaustos da Festa das Trombetas

29 **No** [f]sétimo mês, no primeiro dia do mês, tereis santa convocação; nenhum trabalho servil fareis. [g]Será para vós dia do toque de trombetas.

2 Então por holocausto, em cheiro suave ao Senhor, oferecereis um novilho, um carneiro e sete cordeiros de um ano, sem defeito.

3 Pela sua oferta de cereais de flor de farinha, amassada com azeite, três décimos de um efa para o novilho, dois décimos para o carneiro

4 e um décimo para cada um dos sete cordeiros;

5 e um bode como oferta pelo pecado, para fazer expiação por vós.

6 Isso além do holocausto do [h]mês e da sua oferta de cereais, do holocausto [i]contínuo e da sua oferta de cereais, com as suas ofertas derramadas, segundo o seu estatuto. São ofertas queimadas ao Senhor, em cheiro suave.

7 **No** dia [j]dez deste sétimo mês, tereis santa convocação e vos [k]humilhareis; nenhum trabalho fareis.

8 Por holocausto, porém, em cheiro suave ao Senhor, oferecereis um novilho, um carneiro e sete cordeiros de um ano, todos sem defeito.

9 Pela sua oferta de cereais de flor de farinha, amassada com azeite, três décimos de um efa para o novilho, dois décimos para o carneiro

10 e um décimo para cada um dos sete cordeiros;

11 e um bode como oferta pelo pecado, além da [l]oferta pelo pecado do Dia da Expiação, do holocausto contínuo e da sua oferta de cereais com as suas ofertas derramadas.

12 [m]**A**os quinze dias deste sétimo mês, tereis santa convocação; nenhum trabalho servil fareis, mas sete dias celebrareis festa ao Senhor.

13 [n]Apresentareis uma oferta queimada de cheiro suave ao Senhor: treze novilhos, dois carneiros e catorze cordeiros de um ano, todos sem defeito.

14 Pela sua oferta de cereais de flor de farinha, amassada com azeite, três décimos de um efa para cada um dos treze novilhos, dois décimos para cada um dos dois carneiros,

15 e um décimo para cada um dos catorze cordeiros;

16 e um bode como oferta pelo pecado, além do holocausto contínuo, da sua oferta de cereais e da sua oferta derramada.

17 **N**o [o]segundo dia, doze novilhos, dois carneiros, catorze cordeiros de um ano, sem defeito,

18 com a sua oferta de cereais e as suas ofertas derramadas para os novilhos, para os carneiros e para os cordeiros, conforme o seu número, [p]segundo o estatuto.

19 Um bode como oferta pelo pecado, além do holocausto contínuo, da sua oferta de cereais e das suas ofertas derramadas.

20 **N**o terceiro dia, onze novilhos, dois carneiros, catorze cordeiros de um ano, sem defeito,

21 com as suas ofertas de cereais e as suas ofertas derramadas para os novilhos, para os carneiros e para os cordeiros, conforme o seu número, segundo o estatuto;

22 e um bode como oferta pelo pecado, além do holocausto contínuo, da sua oferta de cereais e da sua oferta derramada.

23 **N**o quarto dia, dez novilhos, dois carneiros, catorze cordeiros de um ano, sem defeito,

24 com as suas ofertas de cereais, e as suas ofertas derramadas para os novilhos, para os carneiros e para os cordeiros, conforme o seu número, segundo o estatuto;

25 e um bode como oferta pelo pecado, além do holocausto contínuo, da sua oferta de cereais e da sua oferta derramada.

26 **N**o quinto dia, nove novilhos, dois carneiros e catorze cordeiros de um ano, sem defeito,

27 com a sua oferta de cereais e as suas ofertas derramadas para os novilhos, para os carneiros e para os cordeiros, conforme o seu número, segundo o estatuto;

28 e um bode como oferta pelo pecado, além do holocausto contínuo, da sua oferta de cereais e da sua oferta derramada.

[l] Lv 16.3,5
[m] Lv 23.34; Dt 16.13; Ez 45.25
[n] Ed 3.4
[o] Lv 23.36
[p] v. 3,4,9,10; Nm 15.12; 28.7,14
[q] Lv 23.36; Ne 8.18
[r] Lv 23.1-44; 1Cr 23.31; 2Cr 31.3; Ed 3.5; Ne 10.33; Is 1.14
[s] Lv 7.16; 22.18; 23.38
[t] Nm 1.4,16; 7.2
[u] Lv 27.2; Dt 23.21-23; Jz 11.30,31,35; Ec 5.4; comp. Jz 11.30-40
[v] Lv 5.4; Mt 14.9; At 23.14; comp. Mt 5.33-37

29 **N**o sexto dia, oito novilhos, dois carneiros, catorze cordeiros de um ano, sem defeito,

30 com a sua oferta de cereais e as suas ofertas derramadas para os novilhos, para os carneiros e para os cordeiros, conforme o seu número, segundo o estatuto;

31 e um bode como oferta pelo pecado, além do holocausto contínuo, da sua oferta de cereais e da sua oferta derramada.

32 No sétimo dia, sete novilhos, dois carneiros, catorze cordeiros de um ano, sem defeito,

33 com a sua oferta de cereais e as suas ofertas derramadas para os novilhos, para os carneiros e para os cordeiros, conforme o seu número, segundo o seu estatuto;

34 e um bode como oferta pelo pecado, além do holocausto contínuo, da sua oferta de cereais e da sua oferta derramada.

35 **N**o oitavo dia, tereis reunião [q]solene; nenhum trabalho servil fareis.

36 Apresentareis uma oferta queimada de cheiro suave ao Senhor: um novilho, um carneiro, sete cordeiros de um ano, sem defeito,

37 com a sua oferta de cereais e as suas ofertas derramadas para o novilho, para o carneiro e para os cordeiros, conforme o seu número, segundo o estatuto;

38 e um bode como oferta pelo pecado, além do holocausto contínuo, da sua oferta de cereais e da sua oferta derramada.

39 **E**stas coisas oferecereis ao Senhor nas vossas [r]solenidades, além dos vossos [s]votos, das vossas ofertas voluntárias, com os vossos holocaustos, com as vossas ofertas de cereais, com as vossas ofertas derramadas e com os vossos sacrifícios de ofertas pacíficas.

40 Moisés falou aos filhos de Israel tudo o que o Senhor lhe ordenara.

A lei acerca dos votos

30 **D**isse Moisés [t]aos chefes das tribos dos filhos de Israel: Isto é o que o Senhor ordena:

2 Quando um homem fizer um [u]voto ao Senhor, ou [v]um juramento, impondo restrições a si próprio, não violará a sua palavra; segundo tudo aquilo que sair da sua boca, fará.

3 Quando uma mulher, na sua juventude, fizer um voto ao Senhor, impondo restrições a si própria, estando ainda na casa de seu pai,

4 e este, conhecendo o seu voto e a sua obrigação, nada lhe disser, todos os seus votos serão válidos.

5 Se, porém, o seu pai, no dia em que o souber, se opuser, todos os seus votos e as suas obrigações não serão válidos; o Senhor lhe perdoará, porque o seu pai fez oposição.

6 Se ela se casar, estando ainda comprometida por votos ou por alguma palavra precipitada que lhe saiu dos lábios,

7 e se o seu marido, ao tomar conhecimento, nada lhe disser, os seus votos serão válidos.

8 Se, contudo, o seu marido, no dia em que o souber, se [w]opuser, anula assim o voto a que estava obrigada, como também a declaração dos seus lábios, e o Senhor lhe perdoará.

9 O voto de uma viúva ou de uma divorciada, e qualquer obrigação que contrair, serão válidos.

10 Se uma mulher, vivendo na casa de seu marido, fez um voto, ou mediante juramento se obrigou a alguma coisa,

11 e o seu marido, sabendo do fato, nada lhe disser e não lhe fizer oposição, todos os seus votos e obrigações, pelos quais ela se obrigou a si mesma, serão válidos.

12 Se, porém, o seu marido, no dia em que o souber, os anular, nada será válido de tudo quanto saiu dos seus lábios, tanto os seus votos como as suas obrigações. Seu marido os anulou, e o Senhor lhe perdoará.

13 Seu marido pode confirmar ou anular todo voto e todo juramento que ela tiver feito para se humilhar.

14 Se, porém, o seu marido de dia em dia se calar inteiramente para com ela, então confirma todos os seus votos e todas as suas obrigações, que estiverem sobre ela, pois se calou para com ela quando o soube.

15 Se, porém, ele, depois de estar informado, os anular mais tarde, responderá ele pela culpa dela.

16 São estes os estatutos que o Senhor ordenou a Moisés, com relação ao marido e à mulher, ao pai e à sua filha que, na sua juventude, vive na casa de seu pai.

Juízo sobre Midiã (Nm 25.6-18)

31 Disse o Senhor a Moisés:

2 [x]Vinga os filhos de Israel dos midianitas. Em seguida, [y]serás recolhido ao teu povo.

3 Portanto, disse Moisés ao povo: Armem-se alguns de vós para a guerra e saiam contra os midianitas, para [z]fazerem a vingança do Senhor [a]nos midianitas.

4 Enviareis à guerra mil de cada uma das tribos de Israel.

5 Assim foram dados dos milhares de Israel mil de cada tribo: doze mil armados para a peleja.

6 Moisés mandou-os à guerra, de cada tribo mil, a eles e a Fineias, filho do sacerdote Eleazar, o qual levou os [b]utensílios sagrados e [c]as [d]trombetas de alarme.

7 Pelejaram contra os midianitas, como o Senhor ordenara a Moisés, e mataram a todos os [e]homens.

8 Mataram ainda os reis dos midianitas: Evi, Requém, [f]Zur, Hur e Reba, cinco reis dos midianitas, e também a [g]Balaão, filho de Beor, mataram à espada.

9 Os filhos de Israel, porém, levaram presas as mulheres dos midianitas e as suas crianças. Levaram também todos os seus animais, todo o seu gado e todos os seus bens.

10 Queimaram as cidades em que habitavam e todos os seus acampamentos.

11 Em seguida, [h]tomaram todo o despojo e toda a presa de homens e de animais.

12 Trouxeram os cativos, a presa e o despojo a Moisés e a Eleazar, o sacerdote, e à comunidade dos filhos de Israel, ao acampamento, nas campinas de Moabe, junto ao Jordão, na altura de Jericó.

A purificação dos soldados

13 Moisés e Eleazar, o sacerdote, e todos os maiorais da congregação saíram a recebê-los [i]fora do acampamento.

14 Indignou-se Moisés grandemente contra os oficiais do exército, capitães dos milhares e capitães das centenas, que retornavam da batalha.

15 Disse-lhes: Por que [j]deixastes com vida todas as mulheres?

16 [k]Foram elas que, por [l]conselho de Balaão, levaram os filhos de Israel a serem infiéis ao Senhor no caso de Peor, pelo que houve aquela praga na comunidade do Senhor.

17 Agora [m]matai a todas as crianças do sexo masculino. E matai também a todas as mulheres que coabitaram com algum homem, deitando-se com ele.

18 Para vós, porém, [n]deixai viver todas as meninas e as jovens que não coabitaram com algum homem, deitando-se com ele.

19 Quanto a vós, acampai-vos durante sete dias fora do acampamento. Qualquer que tiver matado alguma pessoa, e qualquer que tiver tocado em algum morto, no terceiro e no sétimo dias vos purificareis, a vós e a vossos cativos.

20 Purificai também toda veste, toda obra de peles, toda obra de pelos de cabra e todo vaso de madeira.

21 Disse Eleazar, o sacerdote, aos homens do exército que partiram à peleja: Este é o estatuto da lei que o Senhor ordenou a Moisés:

22 O ouro, a prata, o cobre, o ferro, o estanho, o chumbo e

23 tudo aquilo que resiste ao fogo fareis passar pelo fogo, para que fique limpo. Todavia, será purificado com a água purificadora. E tudo aquilo que não pode suportar o fogo, fareis passar pela água.

[w] v. 5,11; comp. Gn 3.16
[x] Nm 25.17
[y] Nm 27.12,13
[z] v. 7-12
[a] Js 13.21
[b] Comp. Nm 14.44
[c] Nm 10.9
[d] Clarins de guerra; Js 6.5
[e] Gn 34.25; Dt 20.13
[f] Nm 25.15
[g] Js 13.22
[h] Dt 20.14
[i] Dt 23.10,12; comp. Nm 19.11-22
[j] 2Pe 2.15; Ap 2.14
[k] Comp. 1Sm 15.3
[l] Nm 25.2
[m] Dt 7.2; 20.16-18
[n] Dt 21.10-14

24 Lavareis as vossas vestes no sétimo dia, para que fiqueis limpos. Depois, entrareis no acampamento.

A divisão dos despojos

25 **D**isse o Senhor a Moisés:

26 Faze, com Eleazar, o sacerdote, e com os chefes das famílias da comunidade um inventário de tudo o que foi tomado, tanto de homens como de animais,

27 e divide a presa em duas metades, uma para os soldados que foram à guerra e outra para toda a comunidade.

28 Então para o Senhor tomarás o [o]tributo dos soldados que foram à guerra; um em quinhentos, tanto de pessoas como de bois, de jumentos e de ovelhas.

29 Da metade que lhes pertence o tomareis e [p]dareis ao sacerdote Eleazar, para a oferta do Senhor.

30 Da metade que pertence aos filhos de Israel, porém, tomareis [q]um de cada cinquenta, tanto de pessoas como de bois, de jumentos e de ovelhas, de todos os animais, e os dareis aos levitas [r]que têm a seu cargo o serviço do tabernáculo do Senhor.

31 Moisés e Eleazar, o sacerdote, fizeram como o Senhor ordenara a Moisés.

32 **F**oi a presa, o restante do despojo, que tomaram os homens de guerra, seiscentas e setenta e cinco mil ovelhas,

33 setenta e dois mil bois,

34 sessenta e um mil jumentos

35 e trinta e duas mil mulheres que não coabitaram com algum homem, deitando-se com ele.

36 A metade, atribuída aos que foram à guerra, foi trezentas e trinta e sete mil e quinhentas ovelhas,

37 das quais o tributo para o Senhor foi seiscentas e setenta e cinco;

38 trinta e seis mil bois, dos quais o seu tributo para o Senhor foi setenta e dois;

39 trinta mil e quinhentos jumentos, dos quais o seu tributo para o Senhor foi sessenta e um;

40 dezesseis mil pessoas, das quais o seu tributo para o Senhor foi trinta e duas.

41 Moisés deu a Eleazar, o sacerdote, o tributo da oferta do Senhor [s]como o Senhor ordenara a Moisés.

42 Da metade atribuída aos filhos de Israel, que Moisés separara daquela pertencente aos que foram à guerra;

43 a metade pertencente à congregação foi de trezentas e trinta e sete mil e quinhentas ovelhas,

44 trinta e seis mil bois,

45 trinta mil e quinhentos jumentos

46 e dezesseis mil pessoas.

47 Desta metade dos filhos [t]de Israel, Moisés tomou um de cada cinquenta, de homens e de animais, e os deu aos levitas, que tinham cuidado da guarda do tabernáculo do Senhor, como o Senhor ordenara a Moisés.

A oferta voluntária dos oficiais

48 **E**ntão os oficiais sobre os milhares do exército, os comandantes sobre mil e os comandantes sobre cem chegaram-se a Moisés

49 e lhe disseram: Teus servos fizeram a contagem dos soldados que estiveram sob o nosso comando, e não falta nenhum deles.

50 Pelo que trouxemos, cada um, como [u]oferta ao Senhor, o que achamos em objetos de ouro: braceletes, correntes, anéis, brincos e colares, para fazer [v]propiciação por [w]nós perante o Senhor.

51 Moisés e Eleazar, o sacerdote, receberam o ouro, composto de objetos bem trabalhados.

52 O total da oferta que os comandantes de mil e os comandantes de cem ofereceram ao Senhor foi de dezesseis mil setecentos e cinquenta [x]siclos.

53 Cada um dos [y]soldados havia tomado despojo para si.

54 Moisés e Eleazar, o sacerdote, receberam o ouro dos comandantes de mil e comandantes de cem e o trouxeram à tenda da congregação, como memorial [z]para os filhos de Israel perante o Senhor.

As tribos de Rúben e Gade pedem a terra de Gileade

32 **O**s filhos de [1]Rúben e os filhos de Gade, que tinham gado em muitíssima quantidade, viram que a terra de [a]Jazer e a terra de [b]Gileade eram um lugar próprio para gado.

2 Assim vieram os filhos de Gade e os filhos de Rúben a Moisés, a Eleazar, o sacerdote, e aos líderes da comunidade e disseram:

3 Atarote, Dibom, Jazer, Ninra, [c]Hesbom, Eleale, Sebã, Nebo, e Beom,

4 esta terra que o Senhor [d]feriu diante da congregação de Israel, é terra de gado, e os teus servos têm gado.

5 Disseram mais: Se achamos graça aos teus olhos, dê-se esta terra aos teus servos em possessão, e não nos faças passar o Jordão.

6 **M**oisés, porém, disse aos filhos de Gade e aos filhos de Rúben: Irão vossos irmãos à peleja, e vós permanecereis aqui?

[o] v. 37-41,51,54; comp. 18.26,27
[p] Dt 18.1-5
[q] v. 42-47
[r] Nm 3.7,8,25,31,36; 18.3,4
[s] Comp. Nm 18.8-19
[t] v. 30
[u] Comp. Jz 8.24-26
[v] Veja Êx 29.33, nota
[w] Êx 30.12-16
[x] Veja sist. monetário (AT): Êx 30.13, nota; comp. 2Cr 2.10, nota
[y] Dt 20.14
[z] Êx 30.16
[a] Nm 21.32; Js 13.25; 2Sm 24.5
[b] Dt 3.13
[c] Js 13.17,26
[d] Nm 21.24,35

[1] (32.1) Os rubenitas e os gaditas, que escolheram sua herança fora da terra de Canaã, simbolizam os cristãos carnais, os que vivem junto às fronteiras do mundo (2Tm 4.10; comp. Gn 11.31).

7 Por que [e]desencorajais o coração dos filhos de Israel, para que não passem à terra que o Senhor lhes deu?

8 Assim fizeram vossos pais, [f]quando os mandei de [g]Cades-Barneia a ver esta terra.

9 [h]Chegando eles até o vale de Escol e vendo esta terra, desencorajaram o coração dos filhos de Israel, para que não viessem à terra que o Senhor lhes tinha dado.

10 Então a ira do Senhor se acendeu naquele mesmo dia, e jurou, [i]dizendo:

11 De certo esses homens que subiram do Egito, da idade de vinte anos para cima, [j]não verão a terra que jurei a Abraão, a Isaque e a Jacó, porque não perseveraram em seguir-me;

12 exceto Calebe, filho de Jefoné, o quenezeu, e Josué, filho de Num, os quais [k]perseveraram em seguir ao Senhor.

13 Assim se acendeu a ira do Senhor contra Israel, e fê-los andar errantes pelo deserto durante quarenta anos, até que toda aquela geração, que fizera mal aos olhos do Senhor, fosse consumida.

14 E aqui estais vós, uma multidão de homens pecadores, levantando-vos em lugar de vossos pais, para aumentardes ainda mais a [l]ira do Senhor contra Israel.

15 Se vós vos [m]apartardes de segui-lo, ele outra vez deixará este povo no deserto, e vós sereis a causa da destruição deles.

16 **E**ntão se chegaram a Moisés e disseram: Edificaremos aqui currais para o nosso gado e cidades para as nossas crianças.

17 [n]Nós, porém, nos armaremos, apressando-nos diante dos filhos de Israel, até que os levemos ao seu lugar. Nossas crianças ficarão nas cidades fortificadas, por causa dos moradores da terra.

18 [o]Não voltaremos para nossas casas até que os filhos de Israel estejam de posse, cada um da sua herança.

19 Não herdaremos com eles do outro lado do Jordão nem mais além, visto que teremos nossa herança do Jordão no lado leste.

20 Então [p]Moisés lhes disse: Se realmente fizerdes assim, se vos armardes para a guerra perante o Senhor,

21 e cada um de vós armado passar o Jordão perante o Senhor, até que haja lançado fora os seus inimigos de diante dele,

22 e a terra esteja subjugada perante o Senhor, então voltareis e ficareis desculpados perante o Senhor e perante Israel. E esta terra vos será por propriedade perante o Senhor.

[e] Nm 13.27–14.4
[f] Nm 13.3-26
[g] Dt 1.19-22
[h] Dt 1.24,28
[i] Dt 1.34-36
[j] Nm 26.63-65
[k] Nm 14.6-9,24,30; Dt 1.36; Js 14.8,9
[l] Nm 11.1
[m] Dt 30.17; Js 22.16-18; 2Cr 7.19; 15.2
[n] Js 4.12,13
[o] Js 22.3,4
[p] v. 33; Dt 3.18-20; Js 1.12-15
[q] Gn 4.7; 44.16; Is 59.12; Js 7.1-26
[r] Comp. Nm 30.2
[s] Dt 3.8-17; Js 12.1-6; 13.8-31
[t] Nm 27.1; 36.1
[u] Dt 3.14; Jz 10.4; 1Cr 2.23

23 Se não fizerdes assim, estareis pecando contra o Senhor; e sabei que o [q]vosso pecado vos há de achar.

24 Edificai cidades para as vossas crianças e currais para as vossas ovelhas, mas [r]cumpri o que prometestes.

25 Os filhos de Gade e os filhos de Rúben disseram a Moisés: Como ordena meu senhor, assim farão os teus servos.

26 As nossas crianças, as nossas mulheres, os rebanhos e todo o nosso gado estarão aí nas cidades de Gileade.

27 Os teus servos, porém, passarão, cada um armado para a guerra, perante o Senhor, como diz meu senhor.

28 **E**ntão Moisés deu ordem acerca deles a Eleazar, o sacerdote, a Josué, filho de Num, e aos chefes de família das tribos dos filhos de Israel,

29 dizendo: Se os filhos de Gade e os filhos de Rúben passarem convosco o Jordão, armado cada um para a guerra perante o Senhor, então quando a terra estiver subjugada diante de vós, em propriedade lhes dareis a terra de Gileade.

30 Se, porém, não passarem armados convosco, receberão entre vós a sua herança na terra de Canaã.

31 Responderam os filhos de Gade e os filhos de Rúben: O que o Senhor falou a teus servos, isso faremos.

32 Nós passaremos, armados, perante o Senhor à terra de Canaã e teremos a propriedade de nossa herança deste lado do Jordão.

33 **A**ssim [s]deu Moisés aos filhos de Gade, aos filhos de Rúben e à meia tribo de Manassés, filho de José, o reino de Seom, rei dos amorreus, e o reino de Ogue, rei de Basã; toda essa terra com as suas cidades e o território ao redor delas.

34 Os filhos de Gade edificaram a Dibom, Atarote, Aroer,

35 Atarote-Sofã, Jazer, Jogbeá,

36 Bete-Ninrá, e Bete-Harã, cidades fortificadas, e currais de ovelhas.

37 Os filhos de Rúben edificaram a Hesbom, Eleale, Quiriataim,

38 Nebo, Baal-Meom, mudando-lhes o nome, e Sibma. Deram outros nomes às cidades que edificaram.

39 Os filhos de [t]Maquir, filho de Manassés, marcharam contra Gileade e a tomaram, expulsando os amorreus que ali viviam.

40 Assim Moisés deu Gileade a Maquir, filho de Manassés, o qual se estabeleceu nela.

41 Jair, filho de Manassés, foi e tomou as suas aldeias, e as chamou [1][u]Havote-Jair.

[1] (32.41) Heb., *as aldeias de Jair.*

42 Noba foi e tomou a Quenate com as suas aldeias, e a chamou Noba.

Resumo das jornadas desde o Egito até o Jordão

33 **E**stas são as jornadas que os filhos de Israel percorreram segundo os seus exércitos, desde que saíram da terra do Egito, segundo os seus exércitos, sob a [v]direção de Moisés e Arão.

2 Moisés registrou as suas saídas, segundo as suas jornadas, conforme o mandado do Senhor. São estas as suas jornadas, segundo as suas saídas:

3 [w]Partiram de [x]Ramessés no décimo quinto dia do [y]primeiro mês. No dia seguinte à Páscoa, os filhos de Israel saíram triunfantes aos olhos de todos os egípcios,

4 que ficaram sepultando os seus primogênitos, a quem o Senhor tinha ferido entre eles. Assim o Senhor fez justiça [z]contra os seus deuses.

5 [a]**P**artindo os filhos de Israel de Ramessés, acamparam-se em Sucote.

6 Partindo de [b]Sucote, acamparam-se em Etã, que está no fim do deserto.

7 [c]Partindo de Etã, voltaram a Pi-Hairote, que está em frente de Baal-Zefom, e se acamparam diante de Migdol.

8 Partindo de Pi-Hairote, [d]passaram pelo meio do mar ao deserto, andaram caminho de três dias no deserto de Etã e se acamparam em Mara.

9 Partindo de [1]Mara, vieram a Elim. Em Elim havia doze fontes de águas e setenta palmeiras; e se acamparam ali.

10 Partindo de Elim, acamparam-se junto ao [e]mar Vermelho.

11 Partindo do mar Vermelho, acamparam-se no [f]deserto de Sim.

12 Partindo do deserto de Sim, acamparam-se em [g]Dofca.

13 Partindo de Dofca, acamparam-se em Alus.

14 Partindo de Alus, acamparam-se em [h]Refidim, porém não havia ali água para beber.

15 Partindo de Refidim, acamparam-se no [i]deserto de Sinai.

16 Partindo do deserto de Sinai, acamparam-se [j]em [k]Quibrote-Hataavá.

17 Partindo de Quibrote-Hataavá, acamparam-se em [l]Hazerote.

18 Partindo de Hazerote, acamparam-se em Ritma.

19 Partindo de Ritma, acamparam-se em Rimom-Perez.

20 Partindo de Rimom-Perez, acamparam-se em Libna.

21 Partindo de Libna, acamparam-se em Rissa.

22 Partindo de Rissa, acamparam-se em Queelata.

23 Partindo de Queelata, acamparam-se no monte de Sefer.

24 Partindo do monte de Sefer, acamparam-se em Harada.

25 Partindo de Harada, acamparam-se em Maquelote.

26 Partindo de Maquelote, acamparam-se em Taate.

27 Partindo de Taate, acamparam-se em Tara.

28 Partindo de Tara, acamparam-se em Mitca.

29 Partindo de Mitca, acamparam-se em Hasmona.

30 Partindo de Hasmona, [m]acamparam-se em Moserote.

31 Partindo de Moserote, acamparam-se em Bene-Jaacã.

32 Partindo de Bene-Jaacã, [n]acamparam-se em Hor-Hagidgade.

33 Partindo de Hor-Hagidgade, acamparam-se em Jotbata.

34 Partindo de Jotbata, acamparam-se em Abrona.

35 Partindo de Abrona, acamparam-se em [o]Eziom-Geber.

36 Partindo de Eziom-Geber, acamparam-se no deserto de Zim, que é Cades.

37 Partindo de Cades, acamparam-se no [p]monte Hor, no fim da terra de Edom.

38 **E**ntão Arão, o sacerdote, subiu ao monte Hor, conforme o mandado do Senhor, e morreu ali no [q]quinto mês do ano quadragésimo da saída dos filhos de Israel da terra do Egito, no primeiro dia do mês.

39 Era Arão da idade de [r]cento e vinte e três anos quando morreu no monte Hor.

40 **O** rei de [s]Harade, cananeu que habitava no [t]Neguebe, soube que chegavam os filhos de Israel.

41 **P**artindo do monte Hor, acamparam-se em Zalmona.

42 Partindo de Zalmona, acamparam-se em Punom.

43 Partindo de Punom, acamparam-se em [u]Obote.

44 Partindo de Obote, acamparam-se em [vv]Ije-Abarim, na fronteira de Moabe.

45 Partindo de Ije-Abarim, acamparam-se em Dibom-Gade.

46 Partindo de Dibom-Gade, acamparam-se em Almom-Diblataim.

47 Partindo de Almom-Diblataim, acamparam-se nos [ww]montes de Abarim, em frente de Nebo.

[v] Sl 77.20
[w] Êx 12.37
[x] Chamada também Tanis, Avaris, Zoan; situada no Delta
[y] Veja Lv 23.3, nota
[z] Êx 12.12; 18.11; Is 19.1
[a] Êx 12.37
[b] Êx 13.20
[c] Êx 14.2,9
[d] Êx 14.22; 15.22,23
[e] Êx 10.19
[f] Êx 16.1
[g] A palavra indica atividades de fundição; talvez Serabit el-Khadim
[h] Talvez Wadi Refayed. Êx 17.1; 19.2
[i] Êx 19.1
[j] Nm 11.34
[k] Tumbas da cobiça, concupiscência
[l] Nm 11.35
[m] Moserá, Dt 10.6
[n] Gudgodá, Dt 10.7
[o] 1Rs 9.26 diz que está junto a Elate; ao extremo norte do golfo de Ácaba
[p] Nm 20.22
[q] Veja Lv 23.3, nota
[r] Comp. Êx 7.7
[s] Nm 21.1
[t] Veja Gn 12.9, nota
[u] Nm 21.10,11
[vv] As ruínas de Abarim. Dt 32.49
[ww] Os montes a leste do rio Jordão e do mar Morto

[1] (33.9) Embora os locais exatos de certo número dos 56 nomes geográficos registrados neste capítulo sejam conhecidos, muitos não o são. É preciso ter em mente que muitos dos lugares mencionados eram apenas lugares de passagem onde os filhos de Israel acamparam.

48 Partindo dos montes de Abarim, acamparam-se nas [x]campinas dos moabitas, junto ao Jordão, na altura de Jericó.

49 Acamparam-se junto ao Jordão, desde Bete-Jesimote até [y]Abel-Sitim, nas campinas de Moabe.

Lei da possessão da terra

50 **D**isse o Senhor a Moisés, nas campinas de Moabe, junto ao Jordão, na altura de Jericó:

51 Fala aos filhos de Israel e dize-lhes: [z]Quando houverdes atravessado o Jordão para a terra de Canaã,

52 [a]expulsareis de diante de vós todos os moradores da terra. Destruireis todas as suas imagens esculpidas, todas as suas imagens de fundição e [b]demolireis todos os seus lugares altos.

53 Tomareis posse da terra, e nela habitareis, pois [c]vos dei esta terra para a possuirdes.

54 Por sortes [d]herdareis a terra, segundo as vossas famílias. Ao [e]mais numeroso dareis herança maior, e ao [f]menos numeroso dareis herança menor. Onde a sorte cair para alguém, aí será a sua herança; segundo as tribos de vossos pais tomareis as heranças.

55 Se, porém, não expulsardes os moradores da terra de diante de vós, os que deixardes entre eles vos serão por [g]farpas nos vossos olhos e por espinhos nas vossas costas; eles vos hostilizarão na terra em que habitardes.

56 E será que farei a vós como pensei fazer a eles.

Preparativos para entrar na terra

34 **D**isse o Senhor a Moisés:

2 Dá ordem aos filhos de Israel e dize-lhes: Quando entrardes na terra de [h]Canaã, esta será a terra que vos caberá em herança: a terra de Canaã, segundo as suas fronteiras.

3 O lado sul será desde o deserto de Zim, acompanhando a fronteira de Edom; o limite do sul [i]será desde a extremidade [j]do mar Salgado para o oriente.

4 Este limite contornará pelo sul a subida de Acrabim, passará por Zim e chegará até o sul de Cades-Barneia. Depois continuará na direção de Hazaar-Adar, passará por Azmom,

5 onde a fronteira voltará [k]até o rio do Egito e terminará nas praias do mar.

6 Por vosso limite ao [l]ocidente tereis o mar Grande. Este será a vossa fronteira do ocidente.

7 Esta será a vossa fronteira ao [m]norte: traçareis uma linha desde o mar Grande até o monte Hor.

8 Do monte Hor traçareis uma linha até a [n]entrada de Hamate. Então a fronteira seguirá para [o]Zedade;

9 dali continuará até Sefã e terminará em [p]Hazar-Enã. Esta será a vossa fronteira ao norte.

10 Por vosso limite ao [q]oriente traçareis uma linha de Hazar-Enã até Sefã.

11 A fronteira descerá desde Sefã até [r]Ribla, ao oriente de Aim, e continuará descendo ao longo da costa oriental do mar de [s]Quinerete.

12 Esta fronteira descerá, então, ao longo do Jordão e terminará no mar Salgado. Esta será a vossa terra, segundo as fronteiras que a cercam.

13 **M**oisés deu ordem aos filhos de Israel, dizendo: Esta é a terra que herdareis por meio de sortes. O Senhor mandou dá-la às nove tribos e à meia tribo,

14 [t]porque a tribo dos filhos de Rúben, segundo as suas famílias, a tribo dos filhos de Gade, segundo a casa de seus pais, e a meia tribo de Manassés já receberam a sua herança.

15 Estas duas tribos e meia já receberam a sua herança deste lado oriental do Jordão, em frente de Jericó.

Os homens que devem repartir a terra

16 **D**isse o Senhor a Moisés:

17 São estes os [u]nomes dos homens que vos repartirão a terra por herança: Eleazar, o sacerdote, e Josué, o filho de Num.

18 Para cada tribo tomareis um líder, para repartir a terra em herança.

19 São estes os nomes dos homens: Da tribo de Judá, Calebe, filho de Jefoné;

20 da tribo dos filhos de Simeão, Samuel, filho de Amiúde;

21 da tribo de Benjamim, Elidade, filho de Quislom;

22 da tribo dos filhos de Dã, o príncipe Buqui, filho de Jogli;

23 dos filhos de José, da tribo dos filhos de Manassés, o líder Haniel, filho de Éfode;

24 da tribo dos filhos de Efraim, o líder Quemuel, filho de Siftã;

25 da tribo dos filhos de Zebulom, o líder Elizafã, filho de Parnaque;

26 da tribo dos filhos de Issacar, o líder Paltiel, filho de Azã;

27 da tribo dos filhos de Aser, o líder Aiúde, filho de Selomi;

28 da tribo dos filhos de Naftali, o líder Pedael, filho de Amiúde.

29 Estes são aqueles aos quais o Senhor ordenou que repartissem a herança pelos filhos de Israel na terra de Canaã.

As quarenta e oito cidades dos levitas

35 **D**isse o Senhor a Moisés nas campinas de Moabe, junto ao Jordão, na altura de Jericó:

2 [v]Dá ordem aos filhos de Israel que, da herança que possuem, deem aos levitas cidades,

[x] Nm 22.1; 31.12; 35.1
[y] As planícies de Sitim
[z] Dt 7.1,2; 9.1; Js 3.17
[a] Êx 23.24,33; 34.13; Dt 7.2-5; 12.3; Js 11.12; Jz 2.2
[b] Veja Jz 3.7 e 1Rs 3.2, notas
[c] Dt 11.31; Js 21.43
[d] Nm 26.53-56
[e] As maiores
[f] As menores
[g] Js 23.13; Jz 2.3; Sl 106.34-36; comp. Êx 23.33; Ez 28.24
[h] Gn 17.8; Dt 1.7,8; Sl 78.55; 105.11; comp. Ez 47.14
[i] Js 15.1; comp. Ez 47.19
[j] Gn 14.3; Js 15.2
[k] Gn 15.18; Js 15.4,47; 1Rs 8.65; Is 27.12
[l] Êx 23.31; Js 15.12; comp. Ez 47.20
[m] Comp. Ez 47.15-17
[n] Js 13.5
[o] Ez 47.15
[p] Ez 47.17
[q] Js 15.5; comp. Ez 47.18
[r] 2Rs 23.33; Jr 39.5,6
[s] Dt 3.17; Js 12.3; 13.27; Lc 5.1; Jo 6.1
[t] Nm 32.33
[u] Js 14.1,2
[v] Js 21.2,3; comp. Lv 25.32-34; Js 14.3,4; Ez 48.10-20

para que nelas habitem, e pastagens ao redor das cidades.

3 As cidades serão para habitação, mas as suas pastagens serão para os seus rebanhos, seu gado e todos os seus animais.

4 As pastagens nos arredores das cidades que dareis aos levitas se estenderão, desde o muro da cidade, mil [w]côvados ao seu redor.

5 Fora da cidade medireis dois mil côvados ao oriente, dois mil côvados ao sul, dois mil côvados ao ocidente e dois mil côvados ao norte, ficando a cidade no centro. Estas serão as pastagens dessas cidades.

Seis cidades de refúgio

6 Seis das cidades que dareis aos levitas serão cidades de [1]refúgio, para que o homicida ali se acolha. Além delas, lhes dareis quarenta e duas cidades.

7 Ao todo, dareis aos levitas quarenta e oito cidades, com as suas pastagens.

8 As cidades que dareis aos levitas, da herança dos filhos de Israel, serão dadas em proporção à herança de cada tribo: tomareis muitas cidades da que tem muitas e poucas cidades da que tem poucas.

9 **E**ntão disse o Senhor a Moisés:

10 Fala aos filhos de Israel e dize-lhes: Quando passardes o Jordão para a terra de Canaã,

11 escolhereis [x]cidades para servirem de refúgio, para que ali se acolha o homicida que matar alguém sem intenção.

12 Estas cidades vos servirão de refúgio contra o [y]vingador do sangue, a fim de que o homicida [z]não morra antes de comparecer para julgamento perante a comunidade.

13 Serão seis as cidades que dareis por cidades de refúgio para vós.

14 [a]Dareis três delas deste lado do Jordão e três delas na terra de Canaã, como cidades de refúgio.

15 Estas seis cidades serão um lugar de refúgio para os filhos de Israel, para o estrangeiro e para o que se hospedar no meio deles, para que ali se acolha o homicida que matar alguém sem intenção.

16 **S**e alguém [b]ferir a outrem com instrumento de ferro, e este morrer, é homicida; o homicida será morto.

17 Ou se o ferir com uma pedrada, que possa causar a morte, e ele morrer, é homicida; o homicida será morto.

[w] Veja pesos e medidas (AT): 2Cr 2.10, nota
[x] Dt 19.1-13
[y] Redenção (tipo do parente remidor): v. 12,19,21, 24,25,27; Dt 19.6 (Gn 48.16; Is 59.20, nota)
[z] Dt 19.6; Js 20.3,5,6
[a] Dt 4.41; Js 20.8
[b] Êx 21.12,14; Lv 24.17; Dt 19.11,12
[c] v. 12
[d] Êx 21.14; Dt 19.11,12
[e] Dt 17.6; 19.15; Mt 18.16; 2Co 13.1; Hb 10.28
[f] Sl 106.38; comp. Dt 21.7,8

18 Ou se o ferir com instrumento de madeira, que possa causar a morte, e ele morrer, é homicida; o homicida será morto.

19 O [c]vingador do sangue matará o homicida; encontrando-o, ele o matará.

20 Se alguém empurrar a outrem com ódio ou [d]intencionalmente lançar contra ele alguma coisa, e ele morrer,

21 ou por inimizade o ferir com a sua mão, e ele morrer, aquele que o feriu será morto; é homicida. O vingador do sangue, encontrando o homicida, o matará.

22 **S**e, porém, o empurrar acidentalmente, sem inimizade, ou contra ele lançar algum projétil, sem intenção de atingi-lo,

23 ou, sem o ver, deixar cair sobre ele alguma pedra, que possa matar, e ele morrer, não sendo ele seu inimigo nem o tendo procurado para o mal,

24 então a comunidade julgará entre ele e o vingador do sangue, segundo estas leis.

25 A comunidade livrará o homicida da mão do vingador do sangue e o enviará de volta à cidade do seu refúgio, onde se tinha acolhido; ali ficará até a morte do sumo sacerdote, que foi ungido com o santo óleo.

26 Se, porém, de alguma maneira o homicida sair dos limites da cidade do seu refúgio, onde se tinha acolhido,

27 e o vingador do sangue o achar fora dos limites da cidade do seu refúgio, e o matar, não será culpado de crime.

28 O homicida deve morar na cidade do seu refúgio até a morte do sumo sacerdote. Somente depois da morte do sumo sacerdote, o homicida voltará à terra da sua propriedade.

29 Estas exigências legais serão para vós e para vossas gerações, onde quer que habitardes.

30 **T**odo aquele que ferir a alguma pessoa será morto [e]conforme o depoimento das testemunhas, mas ninguém morrerá segundo o depoimento de uma só testemunha.

31 Não aceitareis resgate pela vida do homicida, que é culpado de morte. Ele certamente morrerá.

32 Também não aceitareis resgate por aquele que, tendo-se recolhido à sua cidade de refúgio, deseja tornar a habitar na sua terra antes da morte do sumo sacerdote.

33 Não profanareis a terra em que estais. O sangue [f]profana a terra, e nenhuma expiação

[1] (35.6) Aqui, nos v. 6,9-28, é dada uma ordem geral de separar seis cidades de refúgio, três de cada lado do rio Jordão (v. 14). Em Dt 4.41-43, Moisés separa três cidades a leste do Jordão (Bezer, Ramote e Golã, v. 43) antes da conquista de Canaã. Js 20 registra a lei das cidades de refúgio e narra a designação feita por Josué de três cidades a oeste do rio (Quedes, Siquém e Quiriate-Arba, v. 7). Aqui também se registra a redesignação das três cidades do outro lado do Jordão. A lei das cidades de refúgio é registrada em detalhes em Dt 19.1-13, e a elas se alude em Êx 21.13.

As cidades de refúgio são ilustrações de Cristo como um refúgio para o pecador (Rm 8.1,33,34; Hb 6.17-20; comp. Sl 46.1; 142.5).

pode ser feita pela terra por causa do sangue
que nela for derramado, exceto pelo [g]sangue de
quem o derramou.
34 [h]Não contaminareis a terra na qual habitais,
e no meio da qual eu habito. [i]Eu, o Senhor, habito
no meio dos filhos de Israel.

Os casamentos das herdeiras

36 Os chefes das famílias dos descendentes de Gileade, filho de Maquir, filho de
Manassés, uma das famílias dos filhos de José,
[j]apresentaram-se diante de Moisés e dos líderes,
chefes dos filhos de Israel,
2 e disseram: O Senhor mandou dar esta
terra a meu senhor por sorte, em herança aos
filhos de Israel; e a meu senhor foi ordenado
pelo Senhor que a [k]herança do nosso irmão
Zelofeade se desse a suas filhas.
3 Ora, casando-se elas com algum dos filhos
das outras tribos dos filhos de Israel, a sua
herança seria tirada da herança de nossos pais
e acrescentada à herança da tribo de quem
forem; assim se tiraria da herança que nos
tocou em sorte.
4 Vindo também o ano do [l]Jubileu dos filhos de
Israel, a sua herança se acrescentaria à herança
da tribo daqueles com que se casarem; assim a
sua herança será tirada da herança da tribo de
nossos pais.
5 Então Moisés deu ordem aos filhos de Israel,
segundo o mandado do Senhor, dizendo: A tribo
dos filhos de José [m]falou o que é justo.
6 Esta é a palavra que o Senhor mandou acerca
das filhas de Zelofeade, dizendo: Tomem por
mulheres a quem bem parecer aos seus olhos, contanto que se casem na família da tribo de seu pai.
7 Assim a herança dos filhos de Israel não passará de tribo em tribo, pois os filhos de Israel se
chegarão cada um à herança da tribo de seus pais.
8 [n]Qualquer filha que herdar alguma herança das
tribos dos filhos de Israel se casará com alguém da
geração da tribo de seu pai, para que os filhos de
Israel possuam cada um a herança de seus pais.
9 Assim a herança não passará de uma tribo a
outra, pois as tribos dos filhos de Israel se chegarão cada uma à sua herança.
10 Como o Senhor ordenara a Moisés, assim
fizeram as filhas de Zelofeade,
11 pois [o]Maalá, Tirza, Hogla, Milca e Noa, filhas
de Zelofeade, se casaram com os filhos de seus
tios paternos.
12 Elas se casaram nas famílias dos filhos de
Manassés, filho de José, e a herança delas permaneceu na tribo da família de seu pai.
13 [p]Estes são os mandamentos e as leis que o
Senhor ordenou por intermédio de Moisés aos
filhos de Israel [q]nas campinas de Moabe, junto
ao Jordão, na altura de Jericó.

[g] Comp. Gn 9.6
[h] Lv 18.24,25
[i] Êx 29.45,46
[j] Nm 27.1-11
[k] Js 17.3,4
[l] Lv 25.10
[m] Nm 27.7
[n] 1Cr 23.22
[o] Nm 26.33
[p] Comp. Lv 26.46; 27.34
[q] Nm 26.3; 33.48

DEUTERONÔMIO

- **Autor:** Moisés
- **Tema:** Repetição da lei
- Escrito no século XV a.C., aprox.

DEUTERONÔMIO começa com uma revisão da história de Israel, depois desenvolve algumas das leis básicas dos livros anteriores e conclui com uma série de profecias, estendendo-se pela história de Israel até seu retorno final à Terra Prometida. O título do livro significa *Segunda Lei.*

O livro consiste principalmente nos discursos finais de Moisés proferidos nas planícies de Moabe, diante da Terra Prometida, um pouco antes de sua morte. Há mais de oitenta menções a este livro no NT e foi citado por Cristo mais do que qualquer outro livro do AT. Em Deuteronômio, são proeminentes os conceitos sobre o amor de Deus e a obediência do homem.

Deuteronômio pode ser dividido da seguinte maneira: I. Primeiro discurso: Revisão da história de Israel após o Êxodo, suas lições, 1–4. II. Segundo discurso: Recordação das leis do Sinai, advertências e exortações, 5–26. III. Terceiro discurso: Bênçãos pela obediência e maldições pela desobediência, 27–28. IV. Quarto discurso: A Aliança da Terra de Israel; advertências e bênçãos prometidas, 29–30. V. Conclusão: Palavras finais e últimos atos de Moisés; sua morte, 31–34.

I. Primeiro discurso: Revisão da história de Israel após o Êxodo, suas lições, 1—4

Moisés recorda o fracasso de Israel em Cades-Barneia (Nm 14)

1 São estas as palavras que Moisés falou a todo o [a]Israel [b]além do Jordão, no deserto, no [1][c]Arabá, diante do mar de Sufe, entre Parã, Tofel, Labã, Hazerote e Di-Zaabe.

2 São necessários [2]onze dias de jornada do Horebe a Cades-Barneia, pelo caminho da montanha de Seir.

3 No quadragésimo ano, no primeiro dia do [d]décimo primeiro mês, [e]falou Moisés aos filhos de Israel, conforme tudo o que o Senhor lhe ordenara a respeito deles,

4 depois que feriu [f]Seom, rei dos amorreus, que habitava em Hesbom, e Ogue, rei de Basã, que habitava em Astarote e Edrei.

5 Além do Jordão, na terra de Moabe, começou Moisés a expor-lhes esta lei, dizendo:

6 O Senhor nosso Deus nos disse em [g]Horebe: Já [h]permanecestes bastante tempo nesta montanha.

7 Voltai-vos e parti para a região montanhosa dos amorreus; ide a todos os povos vizinhos no [3][i]Arabá, nas montanhas, no Neguebe e ao longo da [j]costa do mar, para a terra dos cananeus e para o Líbano, até o grande rio Eufrates.

8 Eis a terra que eu vos dei; entrai e possuí a terra que o Senhor jurou dar a vossos pais, Abraão, Isaque e Jacó, e à sua descendência depois deles.

9 **N**esse mesmo tempo eu vos [k]disse: Sozinho eu não poderei levar-vos.

10 O Senhor vosso Deus vos tem multiplicado, de modo que hoje sois multidão como as estrelas dos céus.

11 Possa o Senhor Deus de vossos pais aumentar-vos mil vezes mais e abençoar-vos, como vos prometeu.

12 Como poderia eu, sozinho, suportar vossos problemas, vossas cargas e vossas contendas?

13 Elegei homens sábios, entendidos e respeitados, segundo as vossas tribos, e eu os constituirei vossos chefes.

14 Vós me respondestes: É bom cumprir a palavra que tens falado.

15 De modo que tomei os chefes de vossas tribos, homens sábios e respeitados, e os constituí chefes sobre vós, por comandantes de mil, de cem, de cinquenta e de dez, e por oficiais, segundo as vossas tribos.

16 No mesmo tempo ordenei a vossos juízes: Ouvi a causa entre vossos irmãos e julgai com justiça entre um homem e seu irmão, ou o estrangeiro que está com ele.

17 Não [l]mostrareis parcialidade no julgamento; ouvireis tanto o pequeno como o grande. Não temereis a ninguém, pois o juízo é de Deus. Mas, se a causa for muito difícil para vós, a trareis a mim, e eu a ouvirei.

18 Assim, naquele tempo vos ordenei todas as coisas que havíeis de fazer.

[a] Israel (história): v. 1,6-8,19-40; Dt 7.6 (Gn 12.2; Rm 11.26)
[b] Dt 4.44-46
[c] Veja nota 1
[d] Veja Lv 23.2, nota
[e] Veja Êx 1.8, nota
[f] Nm 21.23,24,33-35
[g] Êx 3.1,12; 19.2
[h] Comp. Gn 31.3; Nm 10.11-13
[i] Veja nota 3
[j] Veja Gn 12.9, nota
[k] Nm 11.14,24; comp. Êx 18.13-26
[l] Dt 16.19; Lv 19.15; Pv 24.23; Tg 2.1; comp. 1Sm 16.7

[1] (1.1) Planície de Arabá. Arabá é a transliteração de uma palavra hebraica. Quando usada com o artigo definido, refere-se ao vale que vai do mar da Galileia ao golfo de Ácaba. Ao sul do mar Morto, é conservado ainda seu nome (Wadi el-Arabah).

[2] (1.2) Em razão da incredulidade de Israel, quando o povo não quis entrar em Canaã depois de ouvir o relatório dos espias que Moisés enviou do deserto de Parã à Terra Prometida (Nm 13.1–14.39), uma viagem que deveria levar onze dias foi prolongada para quarenta anos. Veja Nm 14.23, *nota*.

[3] (1.7) Em algumas versões, "Sefelá". Sefelá é uma região da Terra Prometida que se limita ao norte com o vale de Aijalom, a oeste com a planície marítima, a leste com o platô central e chega a Berseba ao sul. Caracteriza-se por colinas baixas de solo cretáceo separadas por diversos vales largos. Em Js 9.1; 10.40; 12.8; 1Cr 27.28; 26.10; 28.18; Zc 7.7, a palavra é traduzida por "campinas/campina"; em Js 11.2,16; 15.33; Jz 1.9; 1Rs 10.27; Jr 17.26; 32.44; 33.13; Ob 19, "planícies"; em 2Cr 1.15; 9.27, "baixadas".

19 Então partimos de Horebe e caminhamos por todo aquele grande e tremendo deserto que vistes, pelo caminho das montanhas dos amorreus, como o Senhor nosso Deus nos ordenara, e [m]chegamos a Cades-Barneia.

20 Então eu vos disse: Chegastes às montanhas dos amorreus, que o Senhor nosso Deus nos dá.

21 Vê, o Senhor, o teu Deus, te deu esta terra. Sobe e toma posse dela como te falou o Senhor Deus de teus pais. Não temas e não te assustes.

22 Então todos vós vos [n]chegastes a mim e dissestes: Enviemos homens à nossa frente para que espiem a terra por nós e nos informem por qual caminho devemos subir a ela e a que cidades devemos ir.

23 Isso me pareceu bem, de modo que [o]tomei dentre vós doze homens, um de cada tribo.

24 [p]Eles partiram, atravessaram a região montanhosa até o vale de Escol, e espiaram a terra.

25 Tomaram do fruto da terra nas suas mãos e o trouxeram a nós, e nos deram informações, dizendo: [q]Boa é a terra que nos dá o Senhor nosso Deus.

26 Vós, [r]porém, não quisestes subir; fostes rebeldes ao mandado do Senhor, o nosso Deus.

27 [s]Murmurastes nas vossas tendas e dissestes: O Senhor nos odeia, pois nos tirou da terra do Egito para nos entregar nas mãos dos amorreus e nos destruir.

28 Para onde subiremos? Nossos irmãos fizeram que se desanimasse o nosso coração, dizendo: Maior e mais alto é [t]este povo do que nós; as cidades são grandes e fortificadas até o céu. Também vimos ali os descendentes dos enaquins.

29 Então eu vos disse: Não vos espanteis [u]nem os temais.

30 O Senhor, o vosso Deus, que vai adiante de vós, [v]combaterá por vós, conforme tudo o que fez convosco, diante dos vossos olhos, no Egito.

31 Também no deserto vistes que o Senhor, o vosso Deus, vos levou, como um [w]homem leva seu filho, por todo o caminho que andastes até chegardes a este lugar.

32 Nem ainda assim, porém, [x]crestes no Senhor, o vosso Deus,

33 que foi [y]adiante de vós em vossa jornada, de noite no fogo e de dia na nuvem, para vos achar lugar onde deveríeis acampar, e para vos mostrar o caminho por onde havíeis de andar.

34 Quando o Senhor ouviu as vossas palavras, indignou-se e jurou, dizendo:

35 [z]Nenhum dos homens desta maligna geração verá esta boa terra que jurei dar a vossos pais,

36 [a]salvo Calebe, filho de Jefoné. Ele a verá, e a terra que pisou darei a ele e a seus filhos, porque perseverou em [b]seguir ao Senhor.

37 [c]Também o Senhor se indignou contra mim por causa de vós, dizendo: Também tu lá não entrarás.

38 [d]Josué, filho de Num, que está em pé diante de ti, ele ali entrará. [e]Encoraja-o, porque é ele quem fará que Israel a receba por herança.

39 [f]Vossos meninos, de quem dissestes que seriam presas do inimigo, vossos filhos que hoje não sabem discernir entre o bem e o mal, eles ali entrarão, e a darei a eles para que a possuam.

40 Quanto a vós, voltai-vos e parti para o deserto, pelo caminho do mar Vermelho.

41 Então respondestes e me dissestes: [g]Pecamos contra o Senhor. Subiremos e combateremos, conforme tudo o que nos ordenou o Senhor, o nosso Deus. Vós vos armastes, cada um, dos seus instrumentos de guerra e estivestes prestes a subir à região montanhosa.

42 O Senhor então me disse: Dize-lhes: [h]Não subais nem pelejeis, pois não estou no meio de vós, para que não sejais feridos diante de vossos inimigos.

43 Assim vos falei, mas não ouvistes; antes fostes [i]rebeldes ao mandado do Senhor e vos [j]ensoberbecestes, subindo à região montanhosa.

44 Os amorreus, que habitavam naquela região montanhosa, saíram contra vós e vos perseguiram como abelhas e vos [k]derrotaram desde Seir até Hormá.

45 Voltastes e chorastes perante o Senhor, mas [l]o Senhor não ouviu a vossa voz nem vos deu atenção.

46 Por isso, estivestes [mm]muitos dias em Cades.

Peregrinações e diversos conflitos no deserto

2 Depois viramo-nos e [nn]partimos para o deserto, caminho do mar Vermelho, como o Senhor me tinha dito, e muitos dias rodeamos a montanha de Seir.

2 Então o Senhor me disse:

3 Já rodeastes [oo]bastante esta montanha; virai-vos para o norte.

4 Dá ordem ao povo, dizendo: [pp]Passareis pela fronteira de [qq]vossos irmãos, os filhos de Esaú, que habitam em Seir. Eles terão medo de vós; todavia, guardai-vos bem.

5 Não os ataqueis, pois nada vos darei da sua terra nem mesmo o espaço de um pé do seu território. A Esaú [rr]dei a montanha de Seir por herança.

6 Comprareis deles, a preço de dinheiro, alimento para comerdes e também comprareis deles, a preço de dinheiro, água para beberdes.

7 O Senhor, o teu Deus, te abençoou em toda a obra das tuas mãos. Ele [ss]sabe que andas por este grande deserto. Nestes quarenta anos, o Senhor, o teu Deus, esteve contigo, e coisa nenhuma te faltou.

8 Assim passamos por nossos irmãos, os filhos de Esaú, que habitavam em Seir, desde o

[m] Nm 13.26
[n] Comp. Nm 13.1-3
[o] Nm 13.2
[p] Nm 13.22-24
[q] Nm 13.27
[r] Nm 14.1-4; Sl 106.24
[s] Sl 106.25
[t] Nm 13.28,31-33; Dt 9.1,2
[u] Nm 14.9; Dt 7.18
[v] Êx 14.14
[w] At 13.18
[x] Nm 20.12; Hb 3.9,10,16-19; 4.1,2; Jd 5
[y] Nm 9.15-23
[z] Nm 14.22,23; Sl 95.10,11
[a] Nm 14.24-30; Js 14.9,10
[b] Nm 32.11,12
[c] Nm 27.14; Dt 3.26; 4.21; 34.4; Sl 106.32
[d] Nm 14.30; Dt 3.28
[e] Dt 31.7,23
[f] Nm 14.3,31; 32.17
[g] Nm 14.40
[h] Nm 14.41-43
[i] Nm 14.44
[j] Dt 17.12,13
[k] Nm 14.45
[l] Comp. Zc 7.11-13
[mm] Os 38 anos de esperar e caminhar. Dt 2.14
[nn] Dt 1.40
[oo] Comp. Dt 1.6,7
[pp] Nm 20.14-21
[qq] Dt 23.7
[rr] Gn 36.8; Js 24.4
[ss] Sl 1.6; 37.18; 44.21; 69.5; 94.11; 103.14; Mt 6.8,32; 2Pe 2.9

caminho do [t]Arabá de [u]Elate e de Eziom-Geber. Depois nos [v]viramos e seguimos o caminho do [w]deserto de Moabe.

9 Então o Senhor me disse: Não incomodes os moabitas e não contendas com eles em combate, pois nada te darei da sua terra. Eu [x]dei Ar aos filhos de Ló por herança.

10 (Antes habitavam ali os [y]emins, um povo grande e numeroso, alto como os [z]enaquins;

11 também estes foram considerados como refains, assim como os enaquins; os moabitas lhes chamavam emins.

12 Outrora os [a]horeus também habitavam em Seir; os filhos de Esaú, porém, os desalojaram e destruíram, habitando no seu lugar, assim como Israel fez para se apossar da terra que o Senhor lhes dera.)

13 Levantai-vos, agora, e passai o ribeiro de [b]Zerede; assim passamos o ribeiro de Zerede.

14 Os dias que caminhamos, desde [c]Cades-Barneia até que passamos o ribeiro de Zerede, foram trinta e oito anos, [d]até que toda aquela geração dos homens de guerra se consumiu do meio do acampamento, [e]como o Senhor lhes jurara.

15 A mão do Senhor esteve contra eles, para os eliminar do meio do acampamento até a sua completa extinção.

16 Ora, quando todos os homens de guerra se extinguiram do meio do acampamento, pela morte,

17 o Senhor me disse:

18 Hoje passarás por Ar, nas fronteiras de Moabe,

19 e te aproximarás dos filhos de [f]Amom. Não os incomodes nem contendas com eles em combate, pois nada te darei da sua terra. Aos filhos de Ló dei-a por herança.

20 (Também esta era considerada terra dos refains, pois outrora moravam lá gigantes que os filhos de Amom chamavam [g]zanzumins,

21 um povo grande, numeroso, de estatura alta como os enaquins. O Senhor os destruiu diante dos amonitas, que os desalojaram e habitaram no seu lugar.

22 O Senhor havia feito o mesmo com os filhos de Esaú, que habitavam em Seir, de diante dos quais exterminou os horeus. Os filhos de Esaú, tendo-os desalojado, habitaram no seu lugar até o dia de hoje.

23 Também os caftorins, que saíram de [h]Caftor, exterminaram os [i]aveus, que moravam em aldeias até Gaza, e habitavam no lugar deles.)

24 Levantai-vos, parti e passai o ribeiro de Arnom. Vê, na tua mão entreguei [j]Seom, amorreu, rei de Hesbom, e a sua terra. Começa a conquistá-la guerreando contra eles.

25 Começarei hoje a espalhar [k]terror e medo de ti no meio dos povos que estão debaixo de todo o céu. Os que ouvirem a tua fama [l]tremerão diante de ti e se angustiarão.

26 Então [m]mandei mensageiros desde o deserto de Quedemote a Seom, rei de Hesbom, com [n]palavras de paz, dizendo:

27 Deixa-me passar pela tua terra; irei somente pela estrada, sem me desviar nem para a direita nem para a esquerda.

28 A comida que eu comer e a água que eu beber, por dinheiro, me venderás; deixa-me apenas atravessar a pé,

29 como fizeram comigo os filhos de Esaú, que habitam em Seir, e os moabitas, que habitam em Ar, até que eu atravesse o Jordão, em direção à terra que o Senhor, o nosso Deus, nos dará.

30 Seom, rei de Hesbom, porém, não nos quis deixar passar por sua terra, pois o Senhor, o teu Deus, [o]endurecera o seu espírito e fizera obstinado o seu coração, a fim de entregá-lo nas tuas mãos, como hoje se vê.

31 O Senhor me disse: Vê, comecei a dar-te Seom e a sua terra diante de ti. Agora, começa a [p]conquistá-la, para que herdes a sua terra.

32 Seom saiu-nos ao encontro, ele e todo o seu povo, ao combate em Jaza.

33 O Senhor nosso Deus o entregou a nós, e nós o derrotamos, a ele, a seus filhos e a todo o seu povo.

34 Naquele tempo, tomamos todas as suas cidades e condenamos ao extermínio todos os seus habitantes: homens, mulheres e crianças, sem deixar um só sobrevivente.

35 Somente levamos por presa o gado para nós, e o despojo das cidades que tínhamos tomado.

36 Desde [q]Aroer, que está junto ao ribeiro de Arnom, com a [r]cidade que está junto a esse mesmo ribeiro, até Gileade, não houve cidade cujos muros fossem altos demais para nós. Tudo isso o Senhor, o nosso Deus, nos entregou.

37 Somente à terra dos amonitas não chegastes, ou seja, toda a terra ao longo do ribeiro de Jaboque e as cidades da região montanhosa, como nos proibira o Senhor, o nosso Deus.

Derrota de Ogue, rei de Basã

3 Depois nos viramos e subimos o caminho de Basã; e [s]Ogue, rei de Basã, saiu ao nosso encontro com todo o seu exército, à batalha em [tt]Edrei.

2 Então o Senhor me disse: Não o temas, pois a ele, a todo o seu povo e a sua terra dei nas tuas mãos; tu lhe farás como fizeste a [uu]Seom, rei dos amorreus, que habitava em Hesbom.

3 Também o Senhor, o nosso Deus, nos deu nas nossas mãos a Ogue, rei de Basã, com todo o seu povo; de maneira que o ferimos até que não restou nenhum sobrevivente.

4 Nesse tempo, tomamos todas as suas cidades, e não houve um só lugar que não caísse em nossas mãos: sessenta cidades, toda a região de Argobe e o reino de Ogue, em Basã.

[t] Veja Dt 1.1, nota
[u] 1Rs 9.26
[v] Nm 21.4
[w] Uma região a leste do mar Morto
[x] Gn 19.36-38
[y] Gn 14.5
[z] Nm 13.22,33; Dt 9.2
[a] v. 22; Gn 14.6; 36.20
[b] Nm 21.12
[c] Nm 13.26
[d] Nm 26.64; Dt 1.34,35
[e] Ez 20.15; Hb 3.17,18
[f] Nm 21.24
[g] Zuzins, Gn 14.5
[h] Gn 10.14
[i] Js 13.3
[j] Dt 1.4
[k] Êx 23.27; Dt 11.25
[l] Êx 15.14-16
[m] Nm 21.21-32
[n] Dt 20.10
[o] Comp. Êx 4.21
[p] Js 1.3
[q] Dt 3.12; 4.48; Js 13.9
[r] Js 13.9,16
[s] Nm 21.33-35; Dt 29.7
[tt] Dt 1.4
[uu] Js 13.21

5 Todas essas cidades eram fortificadas com altos muros, portas e trancas, além de muitas outras cidades sem muros.

6 Destruímo-las completamente, como fizemos a Seom, rei de Hesbom, [v]matando todos, homens, mulheres e crianças.

7 Todo o gado e o despojo das cidades, porém, tomamos como presa.

8 Assim, naquele tempo, tomamos daqueles dois reis dos amorreus o [w]território ao oriente do Jordão, desde o rio Arnom até o monte [x]Hermom.

9 (Os sidônios chamam ao Hermom de Siriom, porém os amorreus lhe chamam Senir.)

10 Tomamos todas as cidades do planalto, toda Gileade e Basã, até Salca e Edrei, cidades do reino de Ogue em Basã.

11 (Só Ogue, rei de Basã, ficou do resto dos [y]refains. Seu leito é o leito de ferro que está em Rabá dos filhos de Amom; tem nove [z]côvados de comprimento e quatro côvados de largura, pelo côvado comum.)

A terra de Ogue é dada às duas tribos e meia

12 **T**omamos posse desta [a]terra nesse tempo. Desde [b]Aroer, que está junto ao ribeiro de Arnom, e a metade da região montanhosa de Gileade, com as suas cidades, [c]dei aos rubenitas e gaditas.

13 [d]O resto de Gileade, como também toda Basã, o reino de Ogue, dei à meia tribo de Manassés. Toda aquela região de Argobe, toda Basã, se chamava terra dos refains.

14 [e]Jair, filho de Manassés, tomou toda a região de Argobe, até as fronteiras dos gesuritas e dos maacatitas, isto é Basã, e às aldeias deu o nome de Havote-Jair, que permanece até hoje.

15 A Maquir dei [f]Gileade.

16 Aos rubenitas e gaditas, porém, dei desde Gileade até o vale de Arnom, cujo meio serve de fronteira, até o ribeiro de Jaboque, que é fronteira dos filhos de Amom,

17 como também [g]Arabá, tendo o Jordão como limite ocidental, desde Quinerete até o mar da Arabá, o mar Salgado, das encostas do Pisga em direção ao oriente.

18 Ordenei-vos nessa ocasião: O Senhor, o vosso Deus, vos deu esta terra, para a possuirdes. Passai, [h]armados, todos os homens valentes, diante de vossos irmãos, os filhos de Israel.

19 Tão somente vossas mulheres, vossas crianças e vosso rebanho, que eu sei é muito grande, ficarão nas vossas cidades, que já vos tenho dado,

20 até que o Senhor dê [i]descanso a vossos irmãos como a vós, para que eles herdem também a terra que o Senhor, o vosso Deus, lhes dará no outro lado do Jordão. Então [j]voltareis cada um à propriedade que vos dei.

21 Também nessa ocasião [k]ordenei a Josué: Teus olhos veem tudo o que o Senhor, o nosso Deus, tem feito a estes dois reis. Assim fará o Senhor a todos os reinos por onde passares.

22 Não tenhas medo deles; quem combate por vós é o [l]Senhor, o vosso Deus.

Moisés pode ver a terra, mas não entra nela

23 **T**ambém nessa ocasião pedi [m]graça ao Senhor, dizendo:

24 Ó Senhor Jeová! Já começaste a mostrar ao teu servo a tua grandeza e a [n]tua forte mão. Pois que Deus há nos céus e na terra que possa realizar obras e feitos poderosos como os teus?

25 Rogo-te que me deixes passar, para que veja essa boa terra que está do outro lado do Jordão, essa boa região montanhosa, e o Líbano!

26 O Senhor, porém, [o]indignou-se muito contra mim por vossa causa e não me atendeu. Pelo contrário, disse-me: Basta; não me fales mais a esse respeito.

27 Sobe ao cume do Pisga, levanta os olhos para o ocidente, e para o norte, e para o sul, e para o oriente. Vê a terra com os teus próprios olhos, porque não atravessarás este Jordão.

28 Dá ordens a Josué, encoraja-o e fortalece-o, pois é ele quem passará à frente deste povo, e o fará possuir a terra que tu apenas verás.

29 Assim ficamos no vale diante de [p]Bete-Peor.

A nova geração aprende a grandeza da Lei

4 Agora, ó Israel, ouve os [q]estatutos e os juízos que eu vos ensino, para os cumprirdes, para que vivais e entreis para possuir a terra que o Senhor, o Deus de vossos pais, vos dá.

2 [r]Nada acrescentareis ao [s]que vos ordeno e nada diminuireis, para que guardeis os mandamentos do Senhor, o vosso Deus, que eu vos ordeno.

3 Os vossos olhos viram o que Deus fez por causa de Baal-Peor. A todo homem que seguiu a [t]Baal-Peor, o Senhor, o teu Deus, exterminou do meio de ti.

4 Mas todos vós, que vos chegastes ao Senhor, o vosso Deus, hoje estais vivos.

5 Vede, tenho-vos ensinado estatutos e juízos, como me ordenou o Senhor, o meu Deus, para que pratiqueis na terra em que ides entrar para a possuir.

6 Guardai-os e praticai-os, pois assim a vossa sabedoria e o vosso entendimento serão vistos pelos outros povos. Quando ouvirem todos estes estatutos, dirão: Este grande povo é realmente sábio e entendido.

7 Que nação há tão grande, que tenha deuses tão [u]chegados a si como o Senhor, o nosso Deus, todas as vezes que o invocamos?

[v] Dt 2.34,35
[w] Nm 32.33; Js 12.6; 13.8-12
[x] Dt 4.48; 1Cr 5.23; Sl 29.6
[y] Dt 2.11,20
[z] Veja pesos e medidas (AT): 2Cr 2.10, nota
[a] Nm 32.33; Js 12.6; 13.8-12
[b] Dt 2.36
[c] Nm 34.14
[d] Js 13.29-31; 17.1
[e] 1Cr 2.22
[f] Nm 32.39,40
[g] Veja Dt 1.1, nota
[h] Js 4.12,13; comp. Nm 32.1-32
[i] Dt 12.9,10
[j] Js 22.4
[k] Nm 27.22,23
[l] Êx 14.14; Dt 1.30; 20.4
[m] Orações da Bíblia (AT): v. 23-25; Dt 9.26 (Gn 15.2; Hc 3.1)
[n] Dt 5.24
[o] Nm 20.12; 27.14; Dt 1.37; 31.2; 32.51,52; 34.4; Sl 106.32,33
[p] Dt 34.6
[q] Lv 19.37; 20.8; 22.31; Dt 5.1; 8.1; Ez 20.11; Rm 10.5
[r] Dt 12.32; Pv 30.6; Ap 22.18,19
[s] Inspiração: v. 2,13; Dt 5.22 (Êx 4.15; 2Tm 3.16)
[t] Nm 25.4-9
[u] Sl 46.1; 145.18; 148.14; Is 55.6

8 Que gente há tão grande, que tenha estatutos e juízos tão justos como toda esta lei que hoje dou perante vós?

9 **T**ão somente guarda-te a ti mesmo e [v]guarda bem a tua alma, para que não te esqueças das coisas que os teus [w]olhos viram, e para que elas não se apartem do teu coração todos os dias da tua vida. [x]Ensina-as aos teus filhos e aos filhos dos teus filhos.

10 Lembra-te do dia em que estiveste diante do Senhor, o teu Deus, em [y]Horebe, quando o Senhor me disse: Ajunta-me o povo, para que eu os faça ouvir as minhas palavras, e aprendam a [z]temer-me todo o tempo em que viverem na terra, e as ensinem a seus filhos.

11 Então vos chegastes e vos pusestes ao pé do monte, e o monte ardia em fogo até o céu, em meio a nuvens negras e profunda escuridão.

12 E o Senhor vos falou do meio do fogo. Vós ouvistes as palavras, [a]mas, além da voz, não vistes figura nenhuma.

13 Ele vos anunciou a sua aliança, que vos prescreveu, os [b]dez mandamentos, e os escreveu em duas tábuas de pedra.

14 E o Senhor me ordenou ao mesmo tempo que vos ensinasse estatutos e juízos, para que os cumprísseis na terra que passais a possuir.

15 No dia em que o Senhor, o vosso Deus, falou convosco em Horebe, do meio do fogo, não [c]vistes figura nenhuma. Portanto, ficai muito atentos,

16 para que não vos [d]corrompais, fazendo um ídolo, uma imagem de qualquer tipo, [e]figura de homem ou de mulher,

17 de algum animal que vive na terra, ou de algum pássaro que voa pelos céus;

18 de algum animal que rasteja sobre o solo, ou de algum peixe que há nas águas que estão debaixo da terra.

19 E para não acontecer que, quando levantares os teus olhos aos céus e ao vires o sol, a lua, as estrelas e todo o exército dos céus, não sejas [f]seduzido a inclinar-te e adorar coisas [1]que o Senhor, o teu Deus, repartiu a todos os povos que vivem debaixo do céu.

20 O Senhor, porém, vos tomou e vos [g]tirou do forno de ferro do Egito, para que lhe sejais por [h]povo hereditário, como hoje se vê.

21 **T**ambém o [i]Senhor se indignou contra mim por causa das vossas palavras e jurou que [j]eu não atravessaria o Jordão nem entraria na boa terra que o Senhor, o teu Deus, te dá por herança.

22 Vou morrer nesta terra, sem atravessar o Jordão. Vós, porém, o atravessareis e possuireis aquela boa terra.

[v] Pv 4.23
[w] Dt 29.2-8
[x] Dt 6.7,20-25
[y] Êx 19.17
[z] Dt 14.23; 17.19; 31.12,13; veja Sl 19.9, nota
[a] Êx 19.17-19; 20.22; 1Rs 19.11-18
[b] Êx 34.28
[c] Veja Jo 1.18, nota
[d] Dt 9.12; 31.29
[e] Rm 1.23
[f] Dt 13.5,10
[g] 1Rs 8.51; Jr 11.4
[h] Dt 27.9
[i] Dt 1.37; 3.26
[j] Nm 27.13,14
[k] Dt 9.3; Hb 12.29
[l] Êx 34.14
[m] Dt 30.18,19; Is 1.2; Mq 6.2
[n] Lv 26.33; Dt 28.62,64; Ne 1.8
[o] Sl 115.4-7; 135.15-17; Is 44.9; 46.7
[p] Dt 30.1-3; Jr 50.4
[q] Gn 49.1; Dt 31.29; Jr 23.20; Os 3.5
[r] Lv 26.44; Jr 30.11
[s] Êx 20.22; Dt 5.24-26
[t] Êx 14.30
[u] Dt 7.19; Sl 136.12
[vv] Dt 26.8
[ww] Êx 8.10; 9.14
[xx] Êx 19.9,19; 20.18-22; 24.16; Hb 12.19
[yy] Dt 7.7,8; 10.15; 33.3

23 **C**uidado para não esquecerdes da aliança que o Senhor, o vosso Deus, fez convosco, fazendo alguma imagem de escultura, figura de alguma coisa que o Senhor, o vosso Deus, proibiu.

24 Pois o Senhor, o teu Deus, é [k]fogo que consome, é Deus [l]zeloso.

25 **Q**uando gerardes filhos e netos e envelhecerdes na terra, se vos corromperdes fabricando alguma imagem de escultura, figura de alguma coisa, fazendo assim mal aos olhos do Senhor, provocando-o à ira,

26 tomo [m]hoje por testemunhas contra vós o céu e a terra, que depressa sereis exterminados da face da terra que, atravessando o Jordão, ides possuir. Não prolongareis os vossos dias nela, antes sereis de todo destruídos.

27 O Senhor vos [n]espalhará entre os povos, e de vós só restará um pequeno número entre as nações, às quais o Senhor vos conduzirá.

28 Ali servireis a deuses feitos por mãos humanas, de madeira e de pedra, [o]que não veem nem ouvem, nem comem nem cheiram.

29 Então dali [p]buscarás ao Senhor, o teu Deus, e o acharás, quando o buscares de todo o teu coração e de toda a tua alma.

30 Quando estiveres em angústia e todas essas coisas te alcançarem, [q]então, nos últimos dias, voltarás para o Senhor, o teu Deus, e ouvirás a sua voz.

31 Pois o Senhor, o teu Deus, é Deus misericordioso; não te desamparará, nem te [r]destruirá, nem se esquecerá da aliança que jurou a teus pais.

32 **A**gora pergunta aos tempos passados que te precederam desde o dia em que Deus criou o homem sobre a terra, desde uma extremidade do céu até a outra, se jamais aconteceu coisa tão grande como esta, ou se jamais se ouviu coisa semelhante!

33 Ou se algum outro povo [s]ouviu a voz de Deus falar do meio do fogo, como tu a ouviste, e tenha ficado vivo?

34 Ou se um deus decidiu tomar para si um povo do meio de outro [t]povo com provas, sinais, milagres e combate; com mão forte e braço [u]estendido, com [vv]grandes terrores, conforme tudo quanto o Senhor, o vosso Deus, vos fez no Egito aos vossos olhos?

35 A ti te foi mostrado para que [ww]soubesses que o Senhor é Deus, e que nenhum outro há senão ele.

36 [xx]Desde os céus ele te fez ouvir a sua voz para te ensinar, e sobre a terra te mostrou o seu grande fogo, e ouviste as suas palavras do meio do fogo.

37 Porque [yy]amou teus pais, e depois deles escolheu a sua descendência, tirou-te do Egito com a sua presença e com a sua grande força,

[1] (4.19) A última cláusula não significa que o culto aos corpos celestes foi designado por Deus às nações, mas que o propósito destes corpos é o mesmo para todas as nações, para regulamento das estações, sinais etc., como em Gn 1.14-19.

38 para desalojar de diante de ti nações [z]maio-
res e mais poderosas do que tu, e te introduzir na
sua terra, e dá-la em herança a ti, como hoje se vê.
39 Portanto, reconhece hoje, e medita em teu
coração, que só o Senhor é Deus em cima no céu,
e embaixo na terra; nenhum outro há.
40 Guarda os seus [a]estatutos e os seus manda-
mentos que hoje te ordeno, para que te vá bem a
[b]ti, e a teus filhos depois de ti, e para que prolon-
gues os dias na terra que o Senhor, o teu Deus, te
dá, para todo o sempre.

Três cidades de refúgio a leste do Jordão

41 **E**ntão Moisés separou três cidades além do
Jordão, ao oriente,
42 [c]para que ali se acolhesse o homicida que
tivesse matado alguém sem intenção, de quem
dantes não tivesse ódio algum. Ele poderia
então salvar a própria vida, fugindo para uma
dessas cidades.
43 A [d]Bezer, no deserto, na terra plana, para os
rubenitas; a Ramote, em Gileade, para os gadi-
tas; e a Golã, em Basã, para os manassitas.

Cenário para a recordação da Lei

44 **E**sta é a lei que Moisés propôs aos filhos
de Israel.
45 Estes são os testemunhos, os estatutos e
os juízos que Moisés comunicou aos filhos
de Israel, quando saíram do Egito,
46 no outro lado do Jordão, no vale em frente
de Bete-Peor, na terra de Seom, rei dos amorreus,
que habitava em Hesbom, a quem Moisés e os
filhos de Israel [e]feriram, ao saírem do Egito.
47 Tomaram posse da sua terra, como também
da terra de Ogue, rei de Basã, dois reis dos amor-
reus, que estavam além do Jordão, ao oriente.
48 Esta terra se estendia desde [f]Aroer, que está
nas encostas do vale de Arnom, até o monte de
Siom, que é Hermom,
49 e incluía toda a [g]Arabá além do Jordão, ao
oriente, até o mar da Arabá, ao pé das encostas
do Pisga.

II. Segundo discurso: Recordação das leis do Sinai, advertências e exortações, 5—26

A nova geração aprende os fundamentos da Lei

5 **C**hamou Moisés a todo o Israel e disse-lhes:
Ouve, ó Israel, os estatutos e juízos que hoje
vos proclamo aos ouvidos, para que os apren-
dais e cuideis de [h]praticá-los.
2 O Senhor, o vosso Deus, fez [i]aliança conosco
em Horebe.
3 Não foi com nossos pais que o Senhor [j]fez
esta aliança, mas conosco, todos os que hoje
aqui estamos vivos.
4 Face a face o Senhor falou conosco no monte,
do meio do fogo
5 (nesse tempo, [k]eu estava em pé entre o
Senhor e vós, para vos notificar a palavra do
Senhor, porque temestes o fogo e não subistes
ao monte), dizendo:

A repetição dos Dez Mandamentos

6 [l]Eu sou o Senhor, o teu Deus, que te tirei da
terra do Egito, da casa da servidão.
7 [m]Não terás outros deuses diante de mim.
8 Não farás para ti imagem de [n]escultura, nem
semelhança alguma do que há em cima no céu,
nem embaixo na terra, nem nas águas debaixo
da terra.
9 Não te [o]encurvarás a elas nem as servirás; pois
eu, o Senhor, o teu Deus, sou Deus zeloso, que
visito a maldade dos pais nos filhos até a terceira
e quarta gerações daqueles que me aborrecem;
10 faço, porém, [p]misericórdia até mil gera-
ções daqueles que me amam e guardam os
meus mandamentos.
11 Não tomarás o nome do Senhor, teu Deus,
em [q]vão, pois o Senhor não deixará sem punição
o que tomar o seu nome em vão.
12 Guarda o dia de sábado para o [r]santificar,
como te ordenou o Senhor, o teu Deus.
13 [s]Seis dias trabalharás e farás toda a tua obra,
14 o sétimo dia, porém, é o sábado do Senhor,
o teu Deus. Não farás nenhuma obra nele, nem
tu, nem o teu filho, nem a tua filha, nem o teu
servo, nem a tua serva, nem o teu boi, nem o teu
jumento, nem animal algum teu, nem o estran-
geiro que está na tua cidade, para que o teu servo
e a tua serva descansem como tu.
15 [t]Lembra-te de que foste escravo na terra do
Egito e que o Senhor, o teu Deus, te tirou dali com
mão forte e braço estendido. Pelo que o Senhor,
o teu Deus, te ordenou que guardasses o sábado.
16 **H**onra a teu pai e a tua [u]mãe, como o Senhor,
o teu Deus, te ordenou, para que se [v]prolonguem
os teus dias e para que [w]te vá bem na terra que o
Senhor, o teu Deus, te dá.
17 [x]Não matarás.
18 Não adulterarás.
19 Não furtarás.
20 Não dirás falso testemunho contra o
teu próximo.
21 Não cobiçarás a mulher do teu próximo.
Não desejarás a casa do teu próximo, nem o seu
campo, nem o seu servo, nem a sua serva, nem o
seu boi, nem o seu jumento, nem coisa alguma
do teu próximo.

O povo pede a Moisés para receber a Lei do Senhor

22 Essas [y]palavras falou o Senhor a toda a
assembleia no monte, do meio do fogo, da nuvem

[z] Dt 7.1
[a] Dt 4.1; 6.1; veja Êx 20.1, nota
[b] Dt 5.16; 32.46,47
[c] Dt 19.4
[d] Js 20.8
[e] Nm 21.24; Dt 1.4
[f] Dt 2.36; 3.12
[g] Veja Dt 1.1, nota
[h] Lei (de Moisés): v. 1-22; Dt 6.1 (Êx 19.1; Gl 3.24)
[i] Êx 19.5; Dt 4.23; Ml 4.4
[j] Comp. Nm 26.63-65; Hb 8.9
[k] Êx 20.19-21; Gl 3.19
[l] v. 6-21; comp. Êx 20.2-17
[m] Êx 23.13; Os 13.4
[n] Dt 4.15-18
[o] Êx 34.14-16
[p] Jr 32.18; Dn 9.4
[q] Dt 6.13; 10.20
[r] Ez 20.12
[s] Êx 23.12; 35.2
[t] Dt 15.15
[u] Lv 19.3; Mt 15.4; Ef 6.2,3; Cl 3.20
[v] Dt 6.2
[w] Dt 4.40
[x] Refere-se a homicídio. Veja Êx 20.13, nota
[y] Inspiração: v. 22; Dt 10.1 (Êx 4.15; 2Tm 3.16)

e da escuridão, com grande voz, e nada acrescen-
tou. Então as [z]escreveu em duas tábuas de pedra
e as entregou a mim.
23 Quando ouvistes a voz do meio das trevas
e vistes o monte ardente em fogo, chegaste-vos
a mim, todos os chefes das vossas tribos e vos-
sas autoridades
24 e dissestes: O Senhor, o nosso Deus, nos fez
ver a sua glória e a sua grandeza; ouvimos a sua
voz do meio do fogo. Hoje vimos que Deus fala
com o homem, e que este permanece [a]vivo.
25 Agora, porém, por que [b]morreríamos? Este
grande fogo nos consumirá, e morreremos se con-
tinuarmos a ouvir a voz do Senhor, o nosso Deus.
26 Qual o mortal, como nós, que ouviu a voz do
Deus vivo falando do meio do fogo e sobreviveu?
27 Chega-te e ouve tudo o que disser o Senhor, o
nosso Deus. Então nos [c]dirás tudo o que te disser o
Senhor, o nosso Deus, e o ouviremos, e o faremos.
28 Ouvindo o Senhor as vossas palavras,
quando me faláveis, o Senhor me disse: Eu ouvi
as palavras deste povo, que te disseram. Em
tudo [d]falaram bem.
29 [e]Quem dera que eles [f]tivessem tal coração
que me [g]temessem e em todo o tempo guardas-
sem todos os meus mandamentos, para que bem
lhes fosse a eles e a seus filhos para sempre!
30 Vai, dize-lhes: Voltai às vossas tendas.
31 Mas tu fica-te aqui comigo, e eu te direi todos
os mandamentos, estatutos e juízos que tu lhes
hás de ensinar, para que os pratiquem na terra
cuja posse eu lhes darei.
32 Portanto, cuidareis de fazer tudo o que o
Senhor, o vosso Deus, vos ordenou; não vos des-
viareis nem para a direita nem para a esquerda.
33 Andareis em [h]todo o caminho que o Senhor,
o vosso Deus, vos ordenou, para que vivais,
sejais prósperos e prolongueis os vossos dias na
terra que haveis de possuir.

Essência da Lei (v. 4,5)

6 Estes são os mandamentos, os estatutos e
os juízos que o Senhor, o teu Deus, mandou
ensinar-te, para que os [i]cumpras na terra a que
passas para a possuir,
2 para que [j]temas ao Senhor, o teu Deus, e guar-
des todos os seus estatutos e mandamentos que

[z] Êx 31.18; Dt 4.13
[a] Dt 4.33; comp. Jz 13.21-23
[b] Dt 18.16
[c] Êx 20.19; Hb 12.19
[d] Dt 18.17
[e] Dt 32.29; Sl 81.13; Is 48.18; Mt 23.37; Lc 19.42
[f] Comp. Jr 31.31-34
[g] Veja Sl 19.9, nota
[h] Dt 10.12; Sl 119.3; Jr 7.23; Lc 1.6
[i] Lei (de Moisés): v. 1-5; Sl 1.2 (Êx 19.1; Gl 3.24)
[j] Dt 10.20; veja Sl 19.9, nota
[k] Dt 7.13
[l] Êx 3.8,17
[m] Dt 4.35
[n] Mc 12.29
[o] Dt 11.18-20
[p] Dt 4.9
[q] Js 24.13
[r] Dt 8.11-18
[s] Mt 4.10; Lc 4.8
[t] Dt 5.11
[u] Dt 4.24
[v] Êx 33.3
[w] Provar-Tentar: v. 16; Dt 7.25 (Gn 3.1; Tg 1.14)
[x] Mt 4.7; Lc 4.12
[y] Êx 17.7
[zz] Dt 8.7-10
[aa] Nm 33.52,53

ordeno a ti, a teus filhos e a teus netos, todos
os dias da tua vida, a fim de que os teus dias
sejam prolongados.
3 Ouve, ó Israel, e cuida de pô-los em prática,
para que te vá bem e muito te [k]multipliques na
[l]terra em que manam leite e mel, como te disse o
Senhor, o Deus de teus pais.
4 [1]Ouve, ó Israel: O Senhor nosso Deus é o
[m]único [n]Senhor.
5 [2]Amarás o Senhor, o teu Deus, de todo o teu
coração, de toda a tua alma e de toda a tua força.
6 Estas palavras que hoje te ordeno estarão no
teu [o]coração.
7 Tu as [p]ensinarás repetidamente a teus filhos
e delas falarás assentado em tua casa, andando
pelo caminho, deitando-te e levantando-te.
8 Também as atarás na tua mão por sinal, e te
serão por faixa na tua testa.
9 E as escreverás nos batentes das portas da
tua casa.
10 **Q**uando o Senhor, o teu Deus, te fizer entrar
na terra que, sob juramento, prometeu a teus
pais, Abraão, Isaque e Jacó, que te daria, grandes
e boas cidades que [q]não edificaste,
11 casas cheias de bens que não encheste,
poços abertos que não cavaste, vinhas e olivais
que não plantaste; quando comeres e te fartares,
12 guarda-te, que não te esqueças do [r]Senhor,
que te tirou da terra do Egito, da casa da servidão.
13 Ao Senhor, o teu Deus, temerás, a [s]ele servi-
rás, e pelo seu [t]nome jurarás.
14 Não seguirás outros deuses, os deuses dos
povos que estão ao teu redor;
15 pois o Senhor, o teu Deus, é um Deus [u]zeloso
[v]no meio de ti, para que a ira do Senhor, o teu
Deus, não se acenda contra ti, e ele te destrua
da face da terra.
16 Não [w]tentarás o Senhor, o teu [x]Deus, como o
tentaste em [y]Massá.
17 Diligentemente guardarás os mandamentos
do Senhor, o teu Deus, bem como os seus teste-
munhos e estatutos que te ordenou.
18 Farás o que é reto e bom perante o Senhor,
para que te vá bem e entres e possuas a [zz]boa
terra que o Senhor jurou dar a teus pais,
19 [aa]expulsando da tua frente todos os teus ini-
migos, como o Senhor tem dito.

---

[1] (6.4) A palavra hebraica inicial deste versículo é *Shemá*; todo o versículo é recitado como uma confissão de fé judaica. Na liturgia hebraica, o *Shemá* inclui Dt 6.4-9; 11.13-21 e Nm 15.37-41 e enfatiza a fé monoteísta do judaísmo. É atribuído a Moisés o mandamento de se ler o *Shemá* duas vezes por dia ("deitando-te e levantando-te", v. 7), e os judeus sempre o consideraram como algo prescrito por Deus. No final da primeira e da última palavra da sentença no texto hebraico, usavam-se letras grandes. O propósito era enfatizar, de acordo com a tradição judaica, a necessidade de pronunciar estas importantes palavras distintamente e sem erros.

[2] (6.5) O conceito de amor é um dos grandes temas de Deuteronômio. Primeiramente há a declaração do amor de Deus por seu povo (7.7; 10.15; 23.5); então, há a exortação de que o povo de Deus sempre deve amá-lo com todo o seu ser (6.5; 10.12; 11.1,13,22; 19.9; 30.6,16,20), e, por último, de amar até mesmo o estrangeiro entre eles (10.19). Nosso Senhor resume todos estes mandamentos em seu discurso aos fariseus sobre "o primeiro e grande mandamento" (Mt 22.34-40; Mc 12.28-34, onde ele se refere também a Lv 19.18. Comp. Lc 10.27).

20 **Q**uando teu filho te perguntar no futuro: Que são estes testemunhos, estatutos e juízos que o Senhor, o nosso Deus, vos ordenou?,

21 então dirás a teu filho: Éramos [b]escravos de faraó no Egito, mas o Senhor nos tirou de lá com mão forte.

22 À nossa vista o Senhor fez grandes sinais e terríveis prodígios contra o Egito, contra faraó e contra toda a sua família.

23 Ele, porém, nos tirou de lá para nos [1]trazer à terra que, com juramento, prometera a nossos pais.

24 O Senhor nos ordenou que cumpríssemos todos estes estatutos, para [c]temermos ao Senhor, o nosso Deus, [d]para que tudo nos corra bem, para nos guardar em vida, como hoje se vê.

25 E [e]será justiça para nós, se cuidarmos de cumprir todos estes mandamentos perante o Senhor, o nosso Deus, como ele nos tem ordenado.

Resultados da obediência e da desobediência (Dt 7—12). A ordem da separação

7 **Q**uando o Senhor, o teu Deus, te houver feito entrar na terra, a qual passas a [f]possuir, e tiver expulsado de diante de ti muitas [g]nações: os [h]heteus, os girgaseus, os amorreus, os cananeus, os ferezeus, os heveus, os jebuseus, sete nações mais numerosas e mais poderosas do que tu,

2 e, quando o Senhor, teu Deus, [i]as tiver dado diante de ti, totalmente as destruirás. Não farás aliança com elas nem terás piedade delas.

3 [j]Não te aparentarás com elas. Não darás tuas filhas a seus filhos, e não tomarás suas filhas para teus filhos,

4 pois elas afastariam o teu filho de mim, para servir a outros deuses, e a ira do Senhor se acenderia contra vós e vos [k]destruiria rapidamente.

5 Assim, porém, lhes fareis: Derrubareis os seus altares, quebrareis as suas colunas, cortareis os seus bosques sagrados e queimareis no fogo as suas [l]imagens de escultura.

6 Pois tu és um [m]povo [n]santo ao Senhor, o teu Deus. O Senhor, o teu Deus, te [o]escolheu para que lhe fosses o [p]seu povo próprio, de todos os povos que há sobre a terra.

7 [q]O Senhor não se afeiçoou de vós e vos escolheu por serdes mais numerosos do que todos os outros povos, pois éreis menos em número do que todos os povos.

8 Mas porque o Senhor vos amava, e para guardar o juramento que fizera a vossos pais, ele vos tirou com mão forte e vos resgatou da casa da [r]servidão, da mão de faraó, rei do Egito.

9 Saberás, portanto, que o Senhor, o teu Deus é Deus, o Deus fiel, que [s]guarda a aliança e a misericórdia, até mil gerações aos que o amam e guardam os seus mandamentos,

10 e que retribui diretamente aos que o odeiam,
fazendo-os perecer; não será [t]demorado
para com aquele que o odeia,
retribuindo-lhe prontamente.

11 **G**uarda, pois, os mandamentos, os estatutos e os juízos que hoje te mando cumprir.

Promessa de vitória

12 [u]Se ouvires estes juízos e os puseres em prática, o Senhor, o teu Deus, manterá a aliança e a misericórdia que jurou a teus pais.

13 Ele te [v]amará, te abençoará e te fará multiplicar. Abençoará o fruto do teu ventre, o fruto da tua terra, o teu [w]cereal, o teu vinho, o teu azeite, a cria das tuas vacas e a cria das tuas ovelhas na terra que jurou a teus pais que te daria.

14 Bendito serás mais do que todos os povos; não haverá [x]estéril no meio de ti, seja homem, seja mulher, nem entre os teus animais.

15 O Senhor desviará de ti toda enfermidade. Ele não te afligirá com as [y]terríveis doenças que conheceste no Egito, antes as porá sobre todos os que te odeiam.

16 Exterminarás todos os povos que o Senhor, o teu Deus, te entregar. Não olharás para eles com piedade e não servirás a seus deuses, pois isso seria [z]uma armadilha para ti.

17 **T**alvez digas no teu coração: Essas nações são mais numerosas do que eu. Como poderei conquistá-las?

18 Delas não tenhas medo. Não deixes de te lembrar do que o Senhor, o teu Deus, fez a faraó e a todos os egípcios.

19 Viste com teus próprios olhos as grandes provas, e os sinais, e as maravilhas, e a mão forte, e o braço estendido com que o Senhor, o teu Deus, te fez sair! Assim fará o Senhor, o teu Deus, com todos os povos, diante dos quais temes.

20 Além disso, o Senhor, o teu Deus, enviará entre eles vespões, até que pereçam os que ficarem e se esconderem de ti.

21 Não te espantes diante deles, pois o Senhor, o teu Deus, está no meio de ti, Deus [a]grande e terrível.

22 O Senhor, o teu Deus, expulsará fora essas nações [bb]pouco a pouco de diante de ti. Não poderás destruí-las todas de uma só vez, para que as feras do campo não se multipliquem contra ti.

23 O Senhor, o teu Deus, as entregará a ti, e lhes atingirá com profunda perturbação até que sejam destruídas.

[b] Êx 13.3
[c] Veja Sl 19.9, nota
[d] Dt 10.13; Jó 35.7,8; Jr 32.39
[e] Lv 18.5; Dt 24.13; Rm 10.3,5
[f] Dt 6.10
[g] Gn 15.19-21; Êx 33.2
[h] Veja 2Rs 7.6, nota
[i] Êx 23.32,33; Nm 31.17; Dt 20.16-18
[j] Js 23.12,13; 1Rs 11.2; comp. Ed 9.2
[k] Dt 6.15
[l] Veja Dt 16.21, nota
[m] Israel (história): v. 6-8; Dt 28.58 (Gn 12.2; Rm 11.26)
[n] Êx 19.6
[o] Eleição (coletiva): v. 6,7; Dt 10.15 (Dt 7.6; 1Pe 5.13)
[p] Êx 19.5; Dt 14.2; 26.18; comp. Tt 2.14; 1Pe 2.9
[q] Dt 4.37
[r] Veja Êx 6.6, nota
[s] Êx 20.6; Dt 5.10; Ne 1.5; Dn 9.4
[t] 2Pe 3.9
[u] v. 12-16; comp. Lv 26.3-13; Dt 28.1-14
[v] Jo 14.21
[w] Gn 27.28
[x] Êx 23.26
[y] Êx 9.14; 15.26; Dt 28.27,60
[z] Êx 23.33; Jz 8.27; Sl 106.36
[a] Dt 10.17
[bb] Êx 23.30

[1] (6.23) A redenção sempre deve ser seguida pela santificação e crescimento na graça. Deus não nos "tirou" para deixar-nos vagando pelo deserto.

24 Também [c]entregará nas tuas mãos os seus
reis, e apagarás a sua memória debaixo dos céus.
[d]Ninguém te poderá resistir, até que os destruas.

Os ídolos devem ser destruídos

25 As imagens de escultura de seus deuses
queimarás no fogo. Não [e]cobiçarás a prata nem
o ouro que haja nelas, nem os tomarás para ti,
para que não [f]sejas iludido, pois é abominação
ao Senhor, o teu Deus.
26 Não introduzirás tal abominação em tua
casa, para que não sejas amaldiçoado, como a
ela. De todo a detestarás, e de todo a abomina-
rás, pois é amaldiçoada.

Exortação a lembrar-se da misericórdia de Deus

8 Tereis muito cuidado em cumprir todos os
mandamentos que hoje vos ordeno, para que
[g]vivais, e vos [h]multipliqueis, e tomeis posse da
terra que o Senhor com juramento prometeu a
vossos pais.
2 E te lembrarás de todo o caminho [i]pelo qual
o Senhor, o teu Deus, te guiou no deserto estes
quarenta anos, para te humilhar e te [j]provar, para
[1]saber o que estava no teu [k]coração, se guardarias
ou não os seus mandamentos.
3 Ele te afligiu e te deixou ter fome; depois te
sustentou com o maná que não conhecias, e que
os teus pais também não conheceram, para te
dar a entender que não [l]só de pão vive o homem,
mas de tudo o que sai da boca do Senhor.
4 Nunca se envelheceu a tua [m]veste nem se
inchou o teu pé estes quarenta anos.
5 [n]Reconhece, portanto, em teu coração que,
como um homem castiga seu filho, assim te cas-
tiga o Senhor, teu Deus.
6 Guarda os mandamentos do Senhor, o teu Deus,
para andares nos seus caminhos e o [o]temeres.
7 Pois o Senhor, o teu Deus, te faz entrar numa
[p]boa terra, terra de ribeiros de águas, de fontes e
de mananciais profundos que manam dos vales
e das montanhas;
8 terra de trigo, cevada, vides, figueiras e romã-
zeiras; terra de oliveiras, de azeite e mel;
9 terra em que comerás pão sem escassez, e
nada te faltará nela; terra cujas pedras são de
ferro e de cujas montanhas cavarás o cobre.
10 Comerás e te [q]fartarás, bendizendo ao
Senhor, o teu Deus, pela boa terra que te deu.
11 Guarda-te de não te esqueceres do Senhor,
o teu Deus, não cumprindo os seus mandamen-
tos, os seus juízos e os seus estatutos que hoje
te ordeno;
12 para [r]não suceder que, depois de teres
comido e estares farto, de teres edificado boas
casas e habitado nelas,
13 e depois de se multiplicarem as tuas vacas
e as tuas ovelhas, e aumentar a prata e o ouro e
tudo quanto tens,
14 [s]se ensoberbeça o teu coração e te [t]esqueças
do Senhor, o teu Deus, que te tirou da terra do
Egito, da casa da servidão;
15 que te guiou por aquele grande e terrível
deserto de serpentes [u]abrasadoras, de escor-
piões, de terra árida e sem água, onde fez jorrar
para ti água da [v]pedra dos rochedos;
16 que no deserto te sustentou com maná, que
teus pais não conheceram, a fim de te humilhar
e [w]provar, [x]e afinal te fazer bem.
17 Não digas no teu coração: A [y]minha força
e o poder do meu braço me proporcionaram
esta riqueza.
18 Antes te lembrarás de que o Senhor, o [z]teu
Deus, é que te dá força para adquirires riquezas,
confirmando a aliança que jurou a teus pais,
como hoje se vê.
19 Se, porém, te esqueceres do Senhor, o teu
Deus, e andares após outros deuses, servindo-
-os e adorando-os, protesto hoje contra vós que
certamente perecereis.
20 Como as nações que o Senhor destruiu de
diante de vós, assim perecereis, pois não quises-
tes obedecer à voz do Senhor, o vosso Deus.

As murmurações e as infidelidades dos israelitas

9 Ouve, ó Israel: Hoje passarás o Jordão para
entrares a possuir nações maiores e mais for-
tes do que tu, cidades grandes e muradas até o céu.
2 O povo é grande e alto, [a]filhos dos enaquins,
que tu conheces e de quem já ouvistes dizer:
Quem poderá enfrentar os filhos de Enaque?
3 Sabe, porém, hoje, que é o Senhor, o teu Deus,
que [b]vai na tua frente, como um fogo [cc]consumi-
dor. Ele os destruirá e os derrubará diante de ti,
e tu cedo os expulsarás e os desfarás, como o
Senhor te prometeu.
4 Quando o Senhor, o teu Deus, os lançar fora de
diante de ti, [dd]não digas em teu coração: Por causa
da minha justiça é que o Senhor me trouxe a esta
terra para a possuir. Antes, é [ee]pela [ff]impiedade des-
tas nações que o Senhor as expulsa de diante de ti.
5 Não é por causa da tua justiça nem pela reti-
dão do teu coração que possuirás a sua terra,
mas pela impiedade destas nações o Senhor, o
teu Deus, as expulsa de diante de ti, e para con-
firmar a [gg]palavra que o Senhor, o teu Deus, jurou
a teus pais, Abraão, Isaque e Jacó.

[c] Js 10.24,42; 12.1-24
[d] Js 23.9
[e] Pv 23.6
[f] Provar-Tentar: v. 25; 8.2; Dt 8.16 (Gn 3.1; Tg 1.14)
[g] Dt 4.1; 6.24
[h] Dt 30.16
[i] Dt 2.7; 29.5; Sl 136.16; Am 2.10
[j] Êx 15.25; 20.20
[k] Comp. 2Cr 32.31
[l] Mt 4.4; Lc 4.4
[m] Dt 29.5; Ne 9.21
[n] Sl 89.30-33; Pv 3.11,12; Hb 12.5-11; Ap 3.19; comp. 2Sm 7.14,15
[o] Dt 10.12; veja Sl 19.9, nota
[p] Dt 11.9-12
[q] Dt 6.11
[r] Dt 28.47; Pv 30.9; Os 13.6; comp. Dt 32.15
[s] 1Co 4.7; comp. Ez 28.17
[t] Sl 106.21
[u] Nm 21.6
[v] Êx 17.6; Nm 20.11
[w] Provar-Tentar: v. 15,16; Dt 13.3 (Gn 3.1; Tg 1.14)
[x] Jr 24.5,6; Hb 12.11
[y] Dt 9.4; comp. Dn 4.30
[z] Os 2.8
[a] Nm 13.22,28,32,33
[b] Dt 1.33; 31.3; Js 3.11; comp. Jo 10.4
[cc] Dt 4.24
[dd] Dt 8.17; comp. Rm 11.6,20; 1Co 4.4,7
[ee] Gn 15.16
[ff] Lv 18.3,24-30; Dt 12.31; 18.9-14
[gg] Gn 50.24

[1] (8.2) Isto não significa que Deus não sabia o que havia no coração dos homens. O saber aqui é algo a ser demonstrado pondo os homens à prova em uma experiência moral. Veja a conexão entre os dois verbos: "te *provar*, para *saber*".

6 **S**abe, portanto, que não é por causa da tua justiça que o Senhor, o teu Deus te dá esta boa terra, para a possuíres, pois és povo [h]rebelde.

7 Lembrai-vos e não vos esqueçais de que muito [i]provocastes à ira o Senhor, o vosso Deus, no deserto. Desde o dia em que saístes do Egito até que chegastes a este lugar, fostes rebeldes contra o Senhor.

8 Já em [j]Horebe tanto provocastes à ira o Senhor, que ele se irritou contra vós para vos destruir.

9 Subindo eu ao monte para receber as [k]tábuas de pedra, as tábuas da aliança que o Senhor fizera convosco, fiquei no monte [l]quarenta dias e quarenta noites, sem comer pão nem beber água.

10 [m]O Senhor me deu as duas tábuas de pedra, [n]escritas com o dedo de Deus, e nelas estavam todas as palavras que o Senhor havia falado convosco no monte, do meio do fogo, no dia da reunião.

11 Ao fim dos quarenta dias e das quarenta noites, o Senhor me deu as duas tábuas de pedra, as tábuas da aliança.

12 [o]Então o Senhor me disse: Levanta-te, desce depressa daqui, porque o povo que tiraste do Egito já se corrompeu. Cedo se desviaram do caminho que eu lhes tinha ordenado e fizeram para si imagem fundida.

13 **D**isse-me ainda o Senhor: Observei este povo e vi que é povo rebelde.

14 Deixa-me que os destrua e [p]apague o seu nome de debaixo dos céus. E [q]farei a ti nação maior e mais numerosa do que esta.

15 Então me virei e desci do monte, que ardia em fogo. E as duas tábuas da aliança estavam nas minhas duas mãos.

16 Olhei e vi que havíeis pecado contra o Senhor, o vosso Deus, fazendo para vós um bezerro fundido. Cedo vos desviastes do caminho que o Senhor vos ordenara.

17 Então peguei as duas tábuas, e as arremessei das minhas mãos, e as [r]quebrei diante dos vossos olhos.

18 Depois, [s]prostrei-me perante o Senhor, como [t]dantes, quarenta dias e quarenta noites, sem comer pão nem beber água, por causa de todo o vosso pecado que havíeis cometido, fazendo o que era mal aos olhos do Senhor, provocando-o à ira.

19 Temi por causa da ira e do furor do Senhor contra vós, para vos destruir. Mas ainda desta vez o Senhor me ouviu.

20 E o Senhor se irou muito contra Arão para o destruir, mas também orei por Arão nesse mesmo tempo.

21 Peguei o bezerro do vosso pecado, a obra que fabricastes, e o atirei ao fogo, e o esmaguei, moendo-o bem até que se tornou pó, e lancei [u]o pó no ribeiro que descia do monte.

22 **T**ambém em [v]Taberá, e em [w]Massá, e em [x]Quibrote-Hataavá provocastes muito a ira do Senhor.

23 E, quando o Senhor vos enviou desde [y]Cades-Barneia, dizendo: Subi e possuí a terra que vos dei, fostes rebeldes ao mandado do Senhor, o vosso Deus, e não o crestes, e não obedecestes à sua voz.

24 Fostes rebeldes contra o Senhor desde o dia em que vos conheci.

25 Prostrei-me perante o Senhor, quarenta dias e quarenta noites, porque o Senhor dissera que vos queria destruir.

26 [z]Orei ao Senhor, dizendo: Senhor Deus, não destruas o teu povo e a [a]tua herança, que [b]resgataste com a tua grandeza, que tiraste do Egito com mão forte.

27 Lembra-te dos teus servos Abraão, Isaque e Jacó. Não atentes para a dureza deste povo, nem para a sua impiedade nem para o seu pecado,

28 para que o povo da terra donde nos tiraste não diga: O Senhor não foi capaz de fazê-los entrar na terra de que lhes tinha falado. Ele os odiava, por isso os tirou daqui para os matar no deserto.

29 Todavia são eles o teu povo e a tua herança que tiraste com a tua grande força e com o teu braço estendido.

A misericórdia de Deus ao substituir as tábuas da lei quebradas

10 **N**aquele mesmo tempo, [c]disse-me o Senhor: Alisa duas tábuas de pedra, como as primeiras, e sobe a mim a este monte, e faze uma [d]arca de madeira.

2 Nessas tábuas escreverei as palavras que estavam nas primeiras tábuas que quebraste, e as porás na arca.

3 Assim, [e]fiz uma arca de madeira de acácia, alisei duas tábuas de pedra, como as primeiras, e subi ao monte com as duas tábuas na mão.

4 Então o Senhor escreveu nessas tábuas o que estava nas primeiras, os [f]dez mandamentos que ele vos falara no dia da assembleia, no monte, do meio do fogo. E o Senhor entregou-as a mim.

5 Desci do monte, depositei as tábuas na arca que fizera; e ali [g]estão, como o Senhor me ordenou.

6 **P**artiram os filhos de Israel de [1]Beerote-Bene-Jaacã para Moserá. Ali [hh]faleceu Arão e ali foi sepultado. Eleazar, seu filho, administrou o sacerdócio em seu lugar.

7 Dali partiram para Gudgodá, e de lá para [ii]Jotbatá, terra de ribeiros de águas.

[h] Êx 34.9; Dt 31.27
[i] Nm 14.22
[j] Êx 32.4; Sl 106.19
[k] Dt 5.2-22
[l] Êx 24.18
[m] Veja Êx 20.1, nota
[n] Dt 4.13
[o] v. 12-14; comp. Êx 32.7-10
[p] Êx 32.33
[q] Nm 14.12
[r] Êx 32.19
[s] Êx 34.28; Sl 106.23
[t] v. 9; comp. 10.10
[u] Êx 32.20
[v] Nm 11.3
[w] Êx 17.7
[x] Nm 11.34
[y] Nm 14.11
[z] Orações da Bíblia (AT): v. 26-29; Dt 21.8 (Gn 15.2; Hc 3.1)
[a] Dt 32.9
[b] Veja Êx 6.6, nota
[c] Inspiração: v. 1-14; Dt 29.29 (Êx 4.15; 2Tm 3.16)
[d] Êx 25.10
[e] Comp. Êx 37.1-9
[f] Êx 34.28; Dt 4.13
[g] 1Rs 8.9
[hh] Nm 20.25-28; 33.38
[ii] Nm 33.33,34

[1] (10.6) *Os poços dos filhos de Jaacã.*

Da vocação da tribo de Levi

8 Nesse tempo, o Senhor [j]separou a tribo de Levi para [k]levar a arca da aliança do Senhor, para estar diante do Senhor, para o servir, e para abençoar em seu nome até o dia de hoje.

9 Pelo que Levi [l]não tem parte nem herança com os irmãos; o Senhor é a sua herança, como o Senhor, o teu Deus, lhe disse.

10 **E**u estive no monte, como antes, [m]quarenta dias e quarenta noites, e o Senhor me ouviu ainda essa vez. O Senhor não quis destruir-te.

11 Em vez disso o Senhor me disse: Levanta-te, põe-te a caminho diante do povo, para que entrem e possuam a terra que jurei dar a seus pais.

Exortação à obediência

12 **E** agora, ó Israel, o que o Senhor, o teu Deus, [n]pede de ti? Não é que [o]temas o Senhor, o teu Deus, que andes em todos os seus caminhos, e o [p]ames, e sirvas ao Senhor, o teu Deus, de todo o teu coração e de toda a tua alma,

13 para guardares os mandamentos do Senhor e os seus estatutos que hoje te ordeno, [q]para o teu bem?

14 Os céus e os céus dos céus são do [r]Senhor, o teu Deus, a terra e tudo o que nela há.

15 Mesmo assim, o Senhor se afeiçoou a teus pais e os amou; e a vós, descendentes deles, [s]escolheu dentre todas as nações, como hoje se vê.

16 Circuncidai, portanto, o vosso [t]coração e não mais sejais obstinados.

17 Pois o Senhor, o vosso Deus, é o [u]Deus dos deuses, o Senhor dos senhores, o Deus grande, poderoso e terrível, que não faz acepção de pessoas, nem aceita suborno.

18 Ele faz [v]justiça ao órfão e à viúva e ama o [w]estrangeiro, dando-lhe alimento e vestes.

19 Amai o estrangeiro, pois fostes estrangeiros na terra do Egito.

20 Ao Senhor, o teu Deus, temerás, a ele servirás, a ele te chegarás e pelo seu nome jurarás.

21 Ele é o teu louvor e o teu Deus, que por ti fez estas grandes e terríveis coisas que os teus olhos têm visto.

22 Com setenta pessoas teus pais desceram ao Egito, e agora o [x]Senhor, o teu Deus, te fez como as estrelas dos céus em multidão.

A importância de guardar a Palavra de Deus

11 **A**marás ao Senhor, o teu Deus, e todos os dias observarás os seus estatutos, os seus juízos e os seus [y]mandamentos.

2 Considerai hoje (não falo com vossos filhos, que não conheceram nem viram) a disciplina do Senhor, o vosso Deus: a sua grandeza, a sua mão forte e o seu braço estendido;

3 os sinais e as obras que fez no meio do Egito a faraó, rei do Egito, e a toda a sua terra;

4 o que fez ao exército dos egípcios, aos seus cavalos e aos seus carros, fazendo passar sobre eles as águas do mar Vermelho, quando [z]vos perseguiam, e como o Senhor os destruiu até o dia de hoje.

5 Não foram os vossos filhos que viram o que ele fez por vós no deserto, até chegardes a este lugar,

6 e o [a]que fez a Datã e a Abirão, filhos de Eliabe, filho de Rúben, quando a terra abriu a sua boca e os tragou com as suas famílias, as suas tendas e tudo o que lhes pertencia, no meio de todo o Israel.

7 Mas fostes vós que [b]vistes com os vossos olhos toda a grande obra que o Senhor fez.

8 **G**uardai, portanto, todos os mandamentos que hoje vos ordeno, para que sejais fortes e tomeis posse da terra que passais a possuir,

9 e para que [c]prolongueis os dias na terra que o Senhor, sob juramento, prometeu dar a vossos pais e à sua descendência, terra em que manam leite e mel.

10 A terra que passais a possuir não é como a terra do [d]Egito, de onde saístes, em que semeáveis a vossa semente e a regáveis com a ajuda do pé, como se rega uma horta.

11 A [e]terra que passais a possuir, porém, é terra de montes e de vales, que bebe a água das chuvas dos céus.

12 É uma terra da qual o Senhor, o teu Deus, tem cuidado; os olhos do Senhor, o teu Deus, estão sobre ela continuamente, desde o começo até o fim do ano.

Os benefícios da obediência

13 Se fielmente obedecerdes aos mandamentos que hoje vos ordeno, de amar o Senhor, o vosso Deus, e de o servir de todo o vosso coração e de toda a vossa alma,

14 então darei a [f]chuva da vossa terra no tempo, as [g]primeiras e as últimas, para que recolhais o vosso trigo, o vosso vinho e o vosso azeite.

15 Darei erva nos vossos campos ao vosso gado, e comereis e vos [h]fartareis.

16 Cuidai para que o vosso coração não se engane e, desviando-vos, sirvais a outros deuses, e vos prostreis diante deles.

17 Então a ira do Senhor se acenderá contra vós, e ele fechará os céus para que [i]não haja chuva, e a terra não dê o seu fruto, e cedo desaparecereis da boa terra que o Senhor vos dá.

18 **G**ravai estas minhas palavras no vosso [jj]coração e na vossa [kk]alma, atai-as por sinal nas vossas mãos e ponde-as como faixas na vossa testa.

19 Ensinai-as a vossos filhos, falando delas assentado na vossa casa, andando pelo caminho, deitando-vos e levantando-vos.

[j] Nm 3.6
[k] Nm 10.21
[l] Nm 18.20,24
[m] Dt 9.18,25
[n] Mq 6.8
[o] Veja Sl 19.9, nota
[p] Dt 6.5
[q] Dt 6.24
[r] Ne 9.6
[s] Eleição (coletiva): 10.15; Dt 14.2 (Dt 7.6; 1Pe 5.13)
[t] Dt 30.6; Jr 4.4; Rm 2.28,29
[u] Dt 4.35,39; Is 44.8; 45.5; 46.9; 1Co 8.5,6
[v] Êx 22.22-24
[w] Lv 19.34
[x] Êx 1.1-5; veja Gn 46.26 e At 7.14, notas
[y] Dt 6.5; 10.12
[z] Êx 14.28
[a] Nm 16.1-33; 26.9,10; 27.3; Sl 106.17
[b] Dt 10.21; 29.2
[c] Dt 6.2
[d] Comp. Zc 14.17,18
[e] Dt 8.7
[f] Dt 28.12
[g] Comp. Jr 5.24; Jl 2.23; Tg 5.7
[h] Dt 6.11
[i] Dt 28.24
[jj] Dt 6.6-9
[kk] Sl 119.2,34

20 Escrevei-as nos batentes das portas da vossa casa,

21 para que se multipliquem os vossos dias e os dias de vossos filhos na terra que o Senhor, sob juramento, prometeu dar a vossos pais, [l]como numerosos são os dias em que o céu permanecer sobre a terra.

22 Se fielmente guardardes todos estes mandamentos que vos prescrevo, amando o Senhor, o vosso Deus, andando em todos os seus caminhos e [m]achegando-vos a ele,

23 também o Senhor de diante de vós expulsará todas estas nações, e despojareis nações maiores e mais poderosas do que vós.

24 [n]Todo o lugar que pisar a planta do vosso pé será vosso; o vosso termo se estenderá do deserto ao Líbano e do rio Eufrates ao mar [o]ocidental.

A bênção e a maldição

25 Ninguém [p]subsistirá diante de vós. O Senhor, o vosso Deus, porá sobre toda a terra que pisardes o terror e o [q]temor, como vos disse.

26 Vede, [r]hoje eu ponho diante de vós a bênção e a maldição;

27 a [s]bênção, se ouvirdes os mandamentos do Senhor, o vosso Deus, que hoje vos mando;

28 a [t]maldição, se não ouvirdes os mandamentos do Senhor, o vosso Deus, e vos desviardes do caminho que hoje vos ordeno, para seguirdes outros deuses que não conhecestes.

29 Quando o Senhor, o teu Deus, te fizer entrar na terra que vais conquistar, pronunciarás a [u]bênção sobre o monte Gerizim e a [v]maldição sobre o monte Ebal.

30 Porventura não estão eles além do Jordão, na direção do pôr do sol, na terra dos cananeus, que habitam na [w]campina próximos de Gilgal, junto aos carvalhais de Moré?

31 Estais atravessando o Jordão para entrar e possuir a terra que vos dá o Senhor, o vosso Deus. Quando tomardes posse dela, e nela habitardes,

32 tende cuidado em cumprir todos os estatutos e os juízos que hoje vos proponho.

O único lugar de culto

12 São estes os estatutos e os juízos que cuidareis de cumprir na terra que o Senhor, o Deus de vossos pais, vos destinou como possessão, todos os dias que viverdes nela.

2 Destruireis todos os lugares sobre as altas montanhas, sobre os outeiros e debaixo de qualquer árvore frondosa em que as nações, por vós desapossadas, prestavam cultos aos seus deuses.

3 Derrubareis os seus altares, quebrareis as suas colunas, queimareis os seus [x]bosques sagrados, abatereis as imagens esculpidas dos seus deuses e apagareis o seu nome daquele lugar.

4 Não fareis [y]assim para com o Senhor, o vosso Deus,

5 mas buscareis o [z][1]lugar que o Senhor, o vosso Deus, escolher entre todas as vossas tribos, para ali pôr o seu nome e a sua [a]habitação.

6 [b]Trareis a esse lugar os vossos holocaustos e os vossos sacrifícios, os vossos dízimos e as vossas ofertas especiais, os vossos votos e as vossas ofertas voluntárias, e o [c]primogênito das vossas vacas e das vossas ovelhas.

7 Ali comereis na presença do Senhor, o vosso Deus, e vos [d]alegrareis com as vossas famílias por todo o bem com que vos abençoar o Senhor, o vosso Deus.

8 Não fareis [e]cada um como bem parece aos seus olhos, conforme tudo o que hoje fazemos aqui,

9 pois ainda não entrastes no [f]descanso e na herança que vos dá o Senhor, o vosso Deus.

10 Passareis, porém, o Jordão e habitareis na terra que vos fará herdar o Senhor, o vosso Deus. Quando vos der repouso de todos os vossos inimigos em [g]redor, e morardes em segurança,

11 então, para o lugar que escolher o Senhor, o vosso Deus, a fim de nele fazer habitar o seu nome, trareis tudo o que vos ordeno: os vossos holocaustos, os vossos sacrifícios, os vossos dízimos, as vossas ofertas especiais e todas as vossas dádivas escolhidas que votardes ao Senhor.

12 E ali [h]vos alegrareis perante o Senhor, o vosso Deus, vós, vossos filhos e vossas filhas, vossos escravos e vossas escravas, bem como o [i]levita que mora dentro das vossas cidades, que não recebeu nem parte nem herança convosco.

13 Guarda-te de ofereceres os teus holocaustos em todo lugar que vires.

14 Somente no lugar que o Senhor escolher em uma das tuas tribos, ali oferecerás os teus holocaustos e ali farás tudo o que te ordeno.

15 **N**o entanto, conforme desejares, poderás abater um animal e comer a sua carne nas tuas cidades, assim como se come a [j]corça e o veado, segundo a bênção do Senhor, o teu Deus, que ele te houver dado. Tanto o imundo como o limpo comerão dela.

16 [k]Tão somente não comerás o sangue; tu o derramarás sobre a terra, como água.

17 Nas tuas cidades não poderás comer o dízimo do teu grão, do teu vinho, do teu azeite, nem os primogênitos das tuas vacas e das tuas ovelhas, nem nada do que ofereceres como cumprimento de um voto, nem das ofertas voluntárias, nem das ofertas especiais.

[l] Sl 72.5; 89.29
[m] Dt 10.20
[n] Js 1.3; 14.9
[o] Dt 34.2
[p] Dt 7.24
[q] Êx 23.27; Dt 2.25; Js 2.9-11
[r] Dt 30.1,15,19
[s] Dt 28.2-14
[t] Dt 28.15-45
[u] Dt 27.12,13; Js 8.33
[v] Dt 27.13-26
[w] Veja Dt 1.1, nota
[x] Veja Dt 16.21, nota
[y] Dt 12.31
[z] Êx 20.24
[a] Êx 15.13; 1Sm 2.29
[b] Lv 17.3,4
[c] Dt 14.23
[d] Dt 14.26
[e] Jz 17.6; 21.25
[f] Dt 3.20
[g] Js 11.23
[h] v. 18; 26.11
[i] Dt 14.27
[j] Dt 14.5
[k] v. 23,24; Gn 9.4; Lv 7.26; 17.10; Dt 15.23

[1] (12.5) Jerusalém foi o lugar onde finalmente Deus pôs seu nome (v. 11; 26.2, Js 9.27; 1Rs 8.29; 2Cr 7.12; Sl 78.68).

18 Antes, somente perante o Senhor, o teu Deus, no lugar que o Senhor, o teu Deus, escolher, comerás com teu filho, tua filha, teu escravo, tua escrava e o levita que mora dentro da tua cidade; e perante o Senhor, o teu Deus, te alegrarás em tudo em que puseres a tua mão.

19 Guarda-te de desamparar o levita enquanto viver na tua terra.

20 **Q**uando o Senhor, o teu Deus, [l]alargar as tuas fronteiras, como te prometeu, e disseres: Tenho desejo de comer carne, então, conforme o teu desejo, comerás carne.

21 Se estiver longe [m]o lugar que o Senhor, o teu Deus, escolher para ali pôr o seu nome, então, degolarás do teu gado e do teu rebanho, que o Senhor te houver dado, como te ordenei, e poderás comer em suas próprias cidades, conforme todo o teu desejo.

22 Comerás essa carne como se come a corça e o veado. O homem imundo e o limpo igualmente comerão dela.

23 De forma alguma comerás o [n]sangue, porque o sangue é a vida, e não comerás a vida com a carne.

24 Não o comerás; na terra o derramarás como água.

25 Não o comerás, para que bem te suceda a [o]ti e a teus filhos depois de ti, fazendo o que é reto aos olhos do Senhor.

26 Toma, porém, as ofertas sagradas que tiveres de fazer e os teus votos e vai ao lugar que o Senhor tiver escolhido.

27 Ali [p]oferecerás os teus holocaustos, a carne e o sangue sobre o altar do Senhor, o teu Deus. O sangue dos teus sacrifícios se derramará sobre o altar do Senhor, o teu Deus, mas a carne comerás.

28 Guarda e cumpre todas estas palavras que te ordeno, para que bem te suceda a ti e a teus filhos depois de ti, para sempre, fazendo o que é bom e reto aos olhos do Senhor, o teu Deus.

29 **Q**uando o [q]Senhor, o teu Deus, exterminar de diante de ti as nações para onde vais, para as possuir, e as tiveres expulsado e habitares em suas terras,

30 cuidado para não te enganares, imitando-as depois que forem destruídas diante de ti. Não perguntes acerca dos seus deuses: Como serviam estas nações os seus deuses? Assim também, faremos.

31 Assim não farás ao Senhor, o teu Deus, porque tudo o que é abominável ao Senhor, e que ele aborrece, fizeram eles a seus [r]deuses. Até seus filhos e suas filhas queimaram no fogo aos seus deuses.

32 **T**udo o que eu te ordeno, [s]observarás; nada lhe acrescentarás nem diminuirás.

O castigo dos falsos profetas e dos idólatras

13 **Q**uando um profeta ou um [t]sonhador se [u]levantar no meio de ti e te der um sinal ou prodígio,

2 e suceder o tal sinal ou prodígio de que te houver falado, e disser: Vamos após outros deuses, que não conheceste, e sirvamo-los,

3 não ouvirás as palavras daquele profeta ou sonhador. O Senhor, o vosso Deus, vos [v]prova para saber se o amais de todo o vosso coração e de toda a vossa alma.

4 Andareis após o Senhor, o vosso Deus, e a [w]ele [x]temereis. Os seus mandamentos guardareis, a sua voz [1]ouvireis, a ele servireis, e a ele vos achegareis.

5 Aquele profeta ou sonhador [y]será morto, porque falou rebeldia contra o Senhor, o vosso Deus, que vos tirou do Egito e vos [z]resgatou da terra da servidão, para vos apartar do caminho que vos ordenou o Senhor, o vosso Deus, para andardes nele. Assim tirareis o mal do meio de [a]ti.

6 Se teu irmão, filho da tua mãe, ou teu filho, ou tua filha, ou a [b]mulher do teu regaço, ou o teu amigo mais íntimo te incitar em segredo, dizendo: Vamos, sirvamos a outros deuses, os quais não conheceste, nem tu nem teus pais,

7 entre os deuses dos povos que estão em redor de ti, perto ou longe, de um ao outro extremo da terra,

8 não o atenderás nem o ouvirás. Não terás piedade dele, não o [c]pouparás nem o esconderás.

9 Certamente o matarás. A tua mão será a primeira contra ele, para o [d]matar, e depois a mão de todo o povo.

10 Tu o apedrejarás até que morra, porque procurou apartar-te do Senhor, o teu Deus, que te tirou do Egito, da terra da servidão.

11 Assim todo o Israel, ao sabê-lo, [e]temerá e já não tornará a fazer maldade como esta no teu meio.

Juízo para as cidades idólatras

12 **S**e em alguma das tuas cidades que o Senhor, o teu Deus, te dá para ali habitares, ouvires dizer

13 que homens malignos saíram do meio de ti e incitaram os moradores da sua cidade, dizendo: Vamos, sirvamos a outros deuses aos quais não conheceste,

14 então averiguarás, e com diligência perguntarás. Se for verdade que se cometeu tal abominação no teu meio,

[l] Êx 34.24; Dt 19.8
[m] Dt 14.24
[n] v. 16; Lv 17.11-14
[o] Dt 6.18
[p] Lv 1.5,9,13,17
[q] Êx 23.23; Dt 19.1; Js 23.4
[r] Lv 20.1,2; Dt 18.10
[s] Dt 4.2; 13.18; Js 1.7; Pv 30.6; Ap 22.18,19
[t] Nm 12.6; Jr 23.28; Zc 10.2
[u] Mt 24.24; Mc 13.22; 2Ts 2.9; comp. Hb 2.4
[v] Provar-Tentar: v. 3; Dt 33.8 (Gn 3.1; Tg 1.14); comp. Dt 8.1
[w] Dt 10.12,20
[x] Veja Sl 19.9, nota
[y] Dt 18.20
[z] Veja Êx 6.6, nota
[a] Dt 17.5; comp. 1Co 5.13
[b] Comp. Lc 14.26
[c] Dt 7.16
[d] Dt 17.7
[e] Dt 17.13

[1] (13.4) A principal credencial de um verdadeiro profeta não pode ser encontrada simplesmente em sua capacidade de realizar "um sinal ou prodígio" (v. 1); antes, na harmonia que deve haver entre sua mensagem e suas obras e a Palavra de Deus.

15 certamente ferirás a fio de espada os moradores daquela cidade, destruindo-a completamente com tudo o que nela houver, até os animais.

16 Ajuntarás todo o seu despojo no meio da sua praça, e a cidade com todo o seu despojo queimarás totalmente para o Senhor, o teu Deus. Será montão perpétuo de ruínas, nunca mais se edificará.

17 Também nada reterá a tua mão do que foi condenado à destruição, para que o Senhor se aparte do ardor da sua [f]ira e use de piedade e de misericórdia para contigo e te multiplique, como jurou a teus pais,

18 se ouvires a voz do Senhor, o teu Deus, e guardares todos os seus mandamentos que hoje te ordeno, para fazeres o que for reto aos olhos do Senhor, o teu Deus.

Proibidos os costumes do luto pagão

14 Vós sois [g]filhos do Senhor, o vosso Deus. Não fareis incisão alguma no vosso corpo nem rapareis o cabelo em honra de algum [h]morto,

2 [i]pois sois povo [j]santo ao Senhor, o vosso Deus. O Senhor vos [k]escolheu, dentre todos os povos que há na face da terra, para lhes serdes o seu [l]povo próprio.

Leis dietéticas

3 **N**enhuma abominação comereis.

4 [m]Estes são os animais que comereis: o boi, a ovelha, a cabra,

5 o veado, a gazela, a corça, a cabra montês, o antílope, o búfalo e o gamo.

6 Todo animal que tem unhas fendidas, que tem a unha dividida em duas, que rumina, esse comereis.

7 Todavia, dos que somente ruminam, ou que têm a unha fendida, estes não comereis: o camelo, a [n]lebre, o coelho, porque ruminam, mas não têm a unha fendida, são imundos para vós.

8 O porco, que tem a unha fendida, mas não rumina, será imundo para vós. Destes não comereis a carne e não tocareis no seu cadáver.

9 Dos animais que vivem na água, podereis comer todos os que têm barbatanas e escamas.

10 Tudo, porém, que não tiver barbatanas nem escamas não comereis; será imundo para vós.

11 **T**oda ave limpa comereis.

12 Estas, porém, são as que não comereis: a águia, o urubu, a águia marinha,

13 o açor, o falcão, o milhano de qualquer espécie,

14 todo corvo segundo a sua espécie,

15 o avestruz, a coruja, a gaivota, o gavião de qualquer espécie,

16 o mocho, o corvo marinho, o corujão,

17 a gralha, o pelicano, o abutre,

18 a cegonha, a garça de qualquer espécie, a poupa e o morcego.

19 Também todo inseto que voa vos será imundo; não se comerá.

20 Toda ave limpa comereis.

21 Não comereis nenhum animal que morreu de causas naturais. Podereis dá-lo ao estrangeiro, que mora nas vossas cidades, ou vendê-lo ao estranho. Mas vós sois povo santo ao Senhor, o vosso Deus. Não cozinhareis um cabrito no leite da sua mãe.

Os dízimos para o serviço do Senhor

22 **C**ertamente darás os [o]dízimos de todo o fruto das tuas sementes, que cada ano se recolher do campo.

23 Perante o Senhor, o teu Deus, no [p]lugar que ele escolher para ali fazer habitar o seu nome, comereis os dízimos do teu cereal, do teu vinho e do teu azeite e os primogênitos das tuas vacas e das tuas ovelhas, para que [q]aprendas a [r]temer ao Senhor, o teu Deus, todos os dias.

24 Se o caminho, porém, for longo demais, de modo que não os possas levar, por estar longe de [s]ti o lugar que o Senhor, o teu Deus, escolher para ali pôr o seu nome, quando ele tiver te abençoado,

25 então vende-os e leva o dinheiro na tua mão, e vai ao lugar que o Senhor, o teu Deus, escolher.

26 Com esse dinheiro comprarás tudo o que desejares: vacas, ou ovelhas, ou vinho, ou bebida forte, ou qualquer outra coisa que desejares. Come-o ali perante o Senhor, o teu Deus, e [t]alegra-te, tu e a tua família.

27 E não desampararás ao [u]levita que está na tua cidade, pois ele não tem parte nem herança contigo.

28 [v]Ao fim de cada três anos porás de lado todos os [w]dízimos da colheita do terceiro ano e os recolherás na tua cidade,

29 para que, vindo o levita, que não tem parte nem herança contigo, o estrangeiro, o órfão e a viúva, que estiverem em tua cidade, comam e se fartem, e assim o [x]Senhor, o teu Deus, te abençoe em todas as obras que as tuas mãos fizerem.

O ano do perdão das dívidas

15 [y]Ao fim de cada sete anos, as dívidas deverão ser perdoadas.

2 Essa prática deverá ser feita assim: todo credor, que emprestou ao seu próximo alguma coisa, perdoará o empréstimo; não exigirá nada do seu próximo ou do seu irmão, uma vez proclamado o ano do Senhor para perdão das dívidas.

3 Do estrangeiro poderás [z]exigir pagamento, mas o que tiveres em poder de teu irmão a tua mão o quitará,

4 para que em teu meio não haja pobre, pois o Senhor abundantemente te [a]abençoará na terra

[f] Comp. Js 7.26
[g] Gl 3.26
[h] Lv 21.1-5
[i] Dt 7.6; comp. 1Pe 2.9
[j] Dt 7.6
[k] Eleição (coletiva): v. 1,2; Dt 26.18 (Dt 7.6; 1Pe 5.13)
[l] Êx 19.5; Dt 7.6; 26.18; comp. Tt 2.14; 1Pe 2.9
[m] v. 4-19; Lv 11.1-20; comp. At 10.13,14
[n] Veja Lv 11.6, nota
[o] Lv 27.30; Dt 12.6,17; Ne 10.37
[p] Dt 12.5
[q] Dt 4.10
[r] Veja Sl 19.9, nota
[s] Dt 12.21
[t] Dt 12.7
[u] Dt 12.12
[v] Dt 26.12; Am 4.4
[w] Nm 18.21-24
[x] Comp. Ml 3.10
[y] Êx 21.2; 23.10,11; Lv 25.4; Jr 34.14
[z] Comp. Dt 23.20
[a] Dt 7.13

que o Senhor, o teu Deus, te dará por herança, para possuí-la,

5 se apenas ouvires diligentemente a voz do Senhor, o teu Deus, para cuidares em cumprir todos estes mandamentos que hoje te ordeno.

6 Pois o Senhor, o teu Deus, te abençoará, como te prometeu; assim, emprestarás a muitas nações, mas não tomarás empréstimos. Dominarás sobre muitas nações, mas elas não dominarão sobre [b]ti.

7 **Q**uando no meio de ti houver algum pobre, entre teus irmãos, em qualquer das tuas cidades, na terra que o Senhor, o teu Deus, te dá, não endurecerás o teu coração nem fecharás a tua mão a teu irmão [c]pobre.

8 Antes lhe [d]abrirás de todo a tua mão e livremente lhe emprestarás o bastante para a sua necessidade.

9 Guarda-te; que não haja pensamento ímpio no teu coração e venhas a dizer: Aproxima-se o sétimo ano, o ano do perdão das dívidas, e que o teu olho não seja maligno para com teu irmão pobre, não lhe dando nada; e que ele [e]clame contra ti ao Senhor, e haja pecado em ti.

10 Livremente lhe darás; não seja maligno o teu coração quando lhe [f]deres; pois, por isso, te abençoará o Senhor, o teu Deus, em toda a tua obra e em tudo o que puseres a mão.

11 Nunca deixará de haver [g]pobres na terra. Portanto eu te ordeno: Livremente abrirás a tua mão para o teu irmão, para o teu necessitado e para o teu pobre na tua terra.

12 **Q**uando teu irmão hebreu ou irmã hebreia [h]se [i]vender a ti, seis anos te servirá, mas no sétimo ano lhe darás a liberdade.

13 E, quando lhe deres a liberdade, não o despedirás de mãos vazias.

14 Liberalmente lhe fornecerás do teu rebanho, da tua eira e do teu lagar; daquilo com que o Senhor, o teu Deus, te tiver abençoado lhe darás.

15 Lembra-te de que foste servo na terra do Egito e de que o Senhor, o teu Deus, te [j]resgatou. É por isso que te ordeno hoje este mandamento.

O servo perpétuo (Sl 40.6-8)

16 Se, porém, ele te disser: Não quero deixar-te, porque ama a ti e a tua família e se sente bem contigo,

17 então pegarás um furador, e lhe furarás a [k]orelha contra a porta, e será para sempre teu escravo. Procederás do mesmo modo com a tua [l]escrava.

18 Não seja difícil para ti ter de libertá-lo, pois seis anos te serviu pela metade do que se paga a um assalariado. Assim o Senhor, o teu Deus, te abençoará em tudo o que fizeres.

19 **T**odo primogênito macho que nascer das tuas vacas e das tuas ovelhas [m]consagrarás ao Senhor, o teu Deus. Com o primogênito da vaca não trabalharás nem tosquiarás o primogênito das ovelhas.

20 Perante o Senhor, o teu Deus, os comerás de ano em ano, no [n]lugar que o Senhor escolher, tu e a tua família.

21 Se, porém, tiver qualquer [o]defeito, se for coxo, ou cego, ou tiver qualquer outra deformidade, não o oferecerás em sacrifício ao Senhor, o teu Deus.

22 Nas tuas cidades o comerás. O imundo e o limpo igualmente o comerão, como se come a corça ou o veado.

23 Não comerás, porém, o sangue; sobre a terra o derramarás como água.

A Páscoa

16 [p]Guarda o mês de abibe e [1]celebra a Páscoa ao Senhor, o teu Deus, porque no mês de [q]abibe ele te tirou do Egito, de noite.

2 Sacrificarás ao Senhor, o teu Deus, como oferta de Páscoa, ovelhas e vacas, no [r]lugar que o Senhor escolher para ali fazer habitar o seu nome.

3 Nela não comerás pão levedado; [s]sete dias nela comerás pães [t]sem fermento, pão de aflição (porque apressadamente saíste do Egito), para que te [u]lembres todos os dias da tua vida do dia da tua saída do Egito.

4 Fermento [v]não se achará contigo durante sete dias em todo o teu território; também da vítima que matares à tarde do primeiro dia, nada ficará para a [w]manhã seguinte.

5 Não poderás sacrificar a Páscoa em nenhuma das tuas cidades que te dá o Senhor, o teu Deus,

6 senão no lugar que o Senhor, o teu Deus, escolher para fazer habitar o seu nome. Ali sacrificarás a Páscoa à tarde, ao pôr do sol, hora da tua saída do Egito.

7 Assarás a carne do animal e a comerás no lugar que o Senhor, o teu Deus, escolher. Então, na manhã seguinte, voltarás às tuas tendas.

8 Durante seis dias comerás pães sem fermento, e, no sétimo dia, haverá solenidade ao Senhor, o teu Deus; nenhum trabalho farás.

[b] Dt 28.12,13
[c] Êx 23.6; Lv 25.35-37; Dt 24.12-14
[d] 1Jo 3.17
[e] Êx 22.23; Tg 5.
[f] 2Co 9.7
[g] Mt 26.11; Mc 14.7; Jo 12.8
[h] Êx 21.2-6; Jr 34.14
[i] Lv 25.39-46
[j] Veja Êx 6.6, nota
[k] Veja Hb 10.5, nota
[l] Comp. Êx 21.7-11
[m] Êx 13.2
[n] Dt 14.23
[o] Lv 22.19-25
[p] v. 1-8; comp. Êx 12.2-39
[q] Veja Lv 23.2, nota
[r] Dt 15.20
[s] Nm 29.12
[t] Fermento: v. 3,4,8,16; Am 4.5 (Gn 19.3; Mt 13.33, nota)
[u] Êx 13.3
[v] Êx 13.7
[w] Nm 9.12

[1] (16.1) Comp. a ordem das festas em Lv 23. Aqui, a Páscoa e a Festa dos Tabernáculos recebem ênfase especial, pois marcam o começo e a consumação dos caminhos de Deus para Israel: a primeira festa fala de redenção, o fundamento de tudo; a última festa fala do reajuntamento e da bênção de Israel no Reino. Entre as duas, em Dt 16.9-12, está a Festa das Semanas – a alegria de um povo redimido antecipando à maior bênção que ainda está por vir. Comp. Rm 5.1,2.

A Festa das Semanas

9 **C**ontarás sete semanas. No dia em que começares a colheita, começarás a contar as sete semanas.

10 Celebrarás, então, a [x]festa das semanas ao Senhor, o teu Deus, com ofertas voluntárias da tua mão, que darás [y]segundo as bênçãos que o Senhor, o teu Deus, te tiver concedido.

11 E te alegrarás perante o Senhor, o teu Deus, tu, teu filho, tua filha, teu servo, tua serva, o levita que está na tua cidade, o estrangeiro, o órfão, a viúva, que vivem contigo, no lugar que o Senhor, o teu Deus, escolher para ali fazer habitar o seu nome.

12 Lembra-te de que foste escravo no Egito e cumpre fielmente estes estatutos.

A Festa dos Tabernáculos

13 **C**elebrarás a festa dos tabernáculos durante sete dias, quando houveres recolhido os produtos da eira e do tanque de prensar uvas.

14 Tu te alegrarás na festa; tu, teu filho, tua filha, teu escravo, tua escrava, o levita, o estrangeiro, o órfão e a viúva que habitam em tua cidade.

15 Durante [z]sete dias celebrarás a festa ao Senhor, o teu Deus, no lugar que o Senhor escolher. Pois o Senhor, o teu Deus, há de abençoar-te em toda a tua colheita e em toda a obra das tuas mãos, e a tua alegria será completa.

As ofertas dos homens

16 [a]Três vezes no ano, todos os teus homens aparecerão perante o Senhor, o teu Deus, no lugar que escolher: na festa dos pães sem fermento, na festa das semanas e na festa dos tabernáculos. Ninguém aparecerá de mãos vazias perante o Senhor.

17 Cada um dará segundo as suas posses, segundo a bênção que o Senhor, o seu Deus, lhe houver concedido.

Deveres dos juízes

18 **C**onstituirás juízes e oficiais em todas as cidades que o Senhor, o teu Deus, te der entre as tuas tribos, para que julguem o povo com reto [b]juízo.

19 Não torcerás a justiça nem farás acepção de pessoas. Não tomarás subornos, pois o suborno cega os olhos dos sábios e perverte as palavras dos justos.

20 Segue a justiça, e só a justiça, para que vivas e possuas a terra que o Senhor, o teu Deus, te dá.

21 Não estabelecerás um [1]poste sagrado junto ao altar que levantares para o Senhor, o teu Deus,

22 nem levantarás para ti estátuas; coisas que o Senhor, o teu Deus, detesta.

As ofertas devem ser sem defeito

17 Não sacrificarás ao Senhor, o teu Deus, bois ou ovelhas que tenham [c]defeito ou qualquer deformidade, pois isso é abominação para ele.

Os idólatras devem ser apedrejados

2 Quando no teu meio, em alguma das cidades que o Senhor, o teu Deus, te dá, se achar um homem ou uma mulher que pratique o que desagrada ao Senhor, o teu Deus, violando a sua aliança,

3 servindo a outros deuses e prostrando-se diante deles, ou do sol, ou da lua, ou de qualquer astro do céu, coisas que não ordenei,

4 logo que te for denunciado, investigarás bem. Se de fato for verdade que se cometeu tal abominação em Israel,

5 então levarás o homem ou a mulher que fez esse malefício às portas da tua cidade e os [d]apedrejarás até que [e]morram.

6 Sob o depoimento de duas ou três [f]testemunhas será morto o que houver de morrer, mas pelo depoimento de uma só testemunha não será condenado à morte.

7 As mãos das testemunhas serão as primeiras a levantar-se contra ele, para matá-lo, e depois as mãos de todo o povo. Assim extirparás o mal do meio de [g]ti.

Obediência à autoridade

8 **Q**uando alguma causa te for [h]difícil demais para julgar, tal como: homicídio, demanda, lesão física ou outras questões de litígio em tuas cidades, então te levantarás e subirás ao [i]lugar que o Senhor, o teu Deus, escolher.

9 [j]Virás aos [k]sacerdotes levitas e ao juiz que houver nesses dias e os consultarás; e eles te anunciarão a sentença do julgamento.

10 Farás segundo a sentença que anunciarem no lugar que o Senhor houver escolhido e cuidarás de fazer conforme tudo o que te ensinarem.

11 Conforme a sentença da lei que te ensinarem e o juízo que te disserem, farás. Da sentença que te anunciarem não te desviarás, nem para a direita nem para a esquerda.

12 [l]O homem que proceder soberbamente, não dando ouvidos nem ao sacerdote que está ali para servir ao Senhor, o teu Deus, nem ao juiz, o tal homem será morto. Assim eliminarás o mal de Israel,

[x] Êx 34.22; Lv 23.15,16; Nm 28.26
[y] v. 17; comp. 1Co 16.2; 2Co 8.12
[z] Lv 23.39-41
[a] Êx 23.14-17; 34.22-24
[b] Êx 23.1-8; Dt 1.16,17; Jo 7.24
[c] Dt 15.21
[d] Lv 24.14,16; Js 7.25
[e] Dt 13.6-18
[f] Nm 35.30; Dt 19.15
[g] Dt 13.5; 19.19
[h] Dt 1.17
[i] Dt 12.5; 16.2
[j] Dt 19.17; comp. Jr 18.18
[k] Dt 19.17-19
[l] Nm 15.30; Dt 1.43; Os 4.4; comp. Ed 10.8

[1] (16.21) Eram árvores (heb. *asherim*) dedicadas ao culto de Astarote (ou Aserá), que era a deusa babilônica Ishtar, a Afrodite dos gregos, a Vênus dos romanos. Veja Jz 2.13, *nota*.

13 a fim de que todo o povo o ouça e tema, e
nunca mais se ensoberbeça.

Instruções sobre o rei

14 **Q**uando entrares na terra que o Senhor, o teu
Deus, te dá, e a possuíres, e nela habitares, e disseres: [m]Porei sobre mim um rei, como todas as
nações que me cercam,
15 estabelecerás sobre ti o rei que [n]o Senhor,
o teu Deus, escolher, entre os teus irmãos. Não
poderás estabelecer como rei um estrangeiro,
que não seja teu irmão.
16 Ele, porém, não adquirirá para si grande
número de cavalos nem fará o povo voltar
ao Egito, para adquirir mais cavalos, pois o
Senhor vos disse: Nunca mais voltareis por
este caminho.
17 Tampouco adquirirá para si mulheres em
grande número, para que o seu [o]coração não se
desvie. Não acumulará para si grande quantidade de prata ou de [p]ouro.
18 [q]**Q**uando se assentar no trono do seu reino,
[r]escreverá para si num livro uma cópia desta lei,
que está [s]diante dos sacerdotes levitas.
19 Conservará a cópia consigo e a [t]lerá todos os
dias da sua vida, para que aprenda a [u]temer ao
Senhor, o seu Deus, e a guardar todas as palavras desta lei e estes estatutos, para os cumprir.
20 Isso fará para que o seu coração não se eleve
sobre os seus irmãos, e não se aparte do mandamento, nem para a direita nem para a esquerda,
de sorte que [v]prolongue os dias no seu reino, ele
e seus filhos no meio de Israel.

Os direitos dos sacerdotes e dos levitas

18 **O**s sacerdotes levitas e toda a tribo de
Levi não terão parte nem [w]herança em
Israel; viverão das ofertas queimadas ao Senhor
e daquilo que lhes é devido.
2 Eles não terão herança entre seus irmãos; o
Senhor é a sua herança, como lhes tem dito.
3 Este será o [x]direito dos sacerdotes sobre o
povo, sobre os que oferecem sacrifício, seja boi
seja ovelha: darão a eles o ombro, as queixadas
e o estômago.
4 A eles darás também as primícias do cereal,
do vinho e do azeite, e a primeira lã da tosquia
das ovelhas,
5 pois foi a eles e a seus filhos que o Senhor, o teu
Deus, escolheu dentre todas as tuas tribos, para exercer o ministério no nome do Senhor, todos os dias.
6 Quando um levita sair de qualquer cidade de
Israel, onde habita, e vier com todo o desejo da
sua alma ao [y]lugar que o Senhor escolheu,
7 a fim de ministrar no nome do Senhor, o seu
Deus, como todos os seus irmãos levitas que ali
se encontrarem diante do Senhor,
8 poderá comer uma porção igual à dos outros,
além das vendas do seu patrimônio.

O espiritismo é proibido

9 **Q**uando tiveres entrado na terra que o
Senhor, o teu Deus, te dá, não imitarás as [z]abominações dessas nações.
10 [1]Não haja no teu meio quem queime seu
filho ou sua filha, nem adivinhador, nem prognosticador, nem agoureiro, nem feiticeiro,
11 nem encantador, nem necromante, nem
mágico, nem quem consulte os mortos.
12 O Senhor abomina todo aquele que faz essas coisas. É por causa dessas abominações que o Senhor,
o teu Deus, expulsa essas nações de diante de ti.
13 Serás [a]perfeito diante do Senhor, o teu Deus.
14 As nações, que hás de possuir, dão ouvidos a
agoureiros e a adivinhos. Mas a ti o Senhor, o teu
Deus, não permite tal prática.

O Grande Profeta: Cristo

15 **O** Senhor, o teu Deus, te levantará um [2]profeta
como eu do meio de teus irmãos. A ele [b]ouvirás.
16 [c]Foi o que pediste ao Senhor, o teu Deus,
em Horebe, no dia da assembleia, dizendo: Não
ouvirei mais a voz do Senhor, o meu Deus, nem
mais verei este grande fogo, para que não morra.
17 Então o Senhor me disse: Falaram bem no
que [d]disseram.
18 Eu lhes levantarei um profeta do meio de
seus irmãos, semelhante a [e]ti; [f]porei as minhas
palavras na sua boca, e ele lhes falará tudo o que
eu lhe ordenar.

[m] 1Sm 8.5,19,20
[n] 1Sm 9.15,16; 10.24; 16.12,13; 1Cr 22.8-10; comp. Os 8.4
[o] Comp. 2Sm 5.13; 1Rs 11.1-8
[p] 1Rs 10.14
[q] Comp. 2Rs 11.12
[r] Veja Êx 17.14, nota
[s] Dt 31.24-26
[t] Comp. Js 1.7,8
[u] Veja Sl 19.9, nota
[v] Dt 11.9
[w] Dt 10.9; 1Co 9.13
[x] Lv 7.32-34; Nm 18.11,12; comp. 1Sm 2.13-16,29
[y] Dt 14.23
[z] Dt 20.16-18
[a] Reto ou sincero. Comp. Gn 17.1; Mt 5.48
[b] Comp. Mt 21.33-44
[c] Êx 20.18,19; Dt 5.23-27
[d] Dt 5.28
[e] Dt 34.10
[f] Nm 23.5; Is 49.2

[1] (18.10) Esta é uma passagem importante sobre a proibição de sacrifícios e de investigação do futuro, práticas seguidas pelas nações pagãs. O item relativo ao sacrifício que está sendo condenado relaciona-se com o culto prestado a Moloque (comp. Lv 18.21; 20.2-5; Dt 12.31; Jr 19.5; Ez 16.21; 23.37).

As oito práticas proibidas na determinação de ações futuras são as: 1) do adivinhador (os métodos são apresentados em Ez 21.21), 2) do prognosticador (possivelmente referindo-se à feitiçaria ou astrologia), 3) do agoureiro, 4) do feiticeiro (aquele que usa fórmulas mágicas ou encantamentos), 5) dos encantadores (Sl 58.4,5), 6) de quem consulta um espírito adivinhador (veja próximo item), 7) do mágico, geralmente usado com o anterior (Is 8.19 descreve a prática), e 8) daquele que consulta os mortos.

Duas coisas precisam ser mantidas em mente: 1) Este mandamento tinha aplicação específica para Israel ao entrar na terra de Canaã; tinha como objetivo preservar os israelitas das abominações dos seus predecessores (v. 9,12,14) e 2) para fazer um claro contraste entre esses falsos profetas e um profeta como Moisés (v. 15-19).

[2] (18.15) O NT torna claro que nos v. 15-19 há uma alusão ao Senhor Jesus Cristo (Jo 1.21,45; 6.14; At 3.22,23; 7.37).

A prova dos profetas

19 Eu mesmo pedirei contas de [g]todo aquele que não ouvir as minhas palavras, que ele falar em meu nome.

20 O [h]profeta, porém, que ousar falar em meu nome alguma palavra que eu não lhe tenho mandado falar, ou o [i]que falar em nome de outros [j]deuses, o tal profeta será morto.

21 Se disseres no teu coração: Como conheceremos a palavra que não procede do Senhor?

22 Quando o tal [k]profeta falar em nome do Senhor, e o que disse não acontecer nem se realizar, essa palavra não procede do Senhor. Com soberba a falou o tal profeta. Não tenhas temor dele.

As cidades de refúgio (Nm 35.1-34)

19 Quando o Senhor, o teu Deus, expulsar as nações cuja terra te dá, e tirar delas tudo o que têm, e morares nas suas cidades e nas suas casas,

2 três [l]cidades [m]reservarás na terra que o Senhor, o teu Deus, te dá para a possuíres.

3 Construirás caminhos para elas e dividirás em três partes o território que o Senhor, o teu Deus, te dá em herança, para que nelas se acolha todo homicida.

4 **S**ão estes os casos em que o homicida, ao se acolher nelas, terá a vida salva: aquele que sem o querer ferir o seu próximo, sem ódio premeditado.

5 Por exemplo, aquele que com o seu próximo entrar no bosque para cortar lenha e, no momento de levantar o machado para cortar a árvore, o ferro se separar do cabo e atingir o seu próximo, e este morrer, o tal fugirá para uma dessas cidades, e viverá.

6 De outra forma, o [n]vingador do sangue, enfurecido, perseguiria o homicida e, alcançando-o, por ser longo o caminho, lhe tiraria a vida, não sendo ele culpado de morte, pois não o odiava antes.

7 Portanto te ordeno: Três cidades separarás.

8 Se o Senhor, o teu Deus, [o]ampliar as tuas fronteiras, como jurou a teus [p]pais, e te der toda a terra que a teus pais jurou dar-te

9 — desde que guardes todos estes mandamentos que hoje te ordeno, para cumpri-los, amando o Senhor, o teu Deus, e andando nos seus caminhos todos os dias —, então acrescentarás outras três cidades além destas [q]três,

10 para que não se derrame o sangue [r]inocente no meio da terra que o Senhor, o teu Deus, te dá por herança, e sejas culpado de derramamento de sangue.

11 **S**e, contudo, alguém, por [s]ódio ao seu próximo, lhe armar ciladas, levantar-se contra ele, o ferir mortalmente, de modo que morra, e se acolher a alguma destas cidades,

12 os anciãos da cidade mandarão prendê-lo e o entregarão nas mãos do vingador do sangue, para que morra.

13 Não terás [t]piedade dele. Antes eliminarás de Israel o derramamento de sangue inocente, para que te vá bem.

Acerca dos limites e das testemunhas

14 **N**ão mudes os [u]marcos do teu próximo, que teus antepassados fixaram na tua herança, na terra que o Senhor, o teu Deus, te dá para a possuíres.

15 Uma só testemunha não será suficiente contra uma pessoa, seja qual for o seu delito, ou o seu pecado. Só pelo depoimento de duas ou três [v]testemunhas se estabelecerá o fato.

16 Quando se levantar uma testemunha [w]falsa contra uma pessoa, acusando-a de algum delito,

17 então, as duas pessoas que tiverem a demanda se apresentarão perante o Senhor, diante dos sacerdotes e [x]juízes em exercício naqueles dias.

18 Se os juízes, depois de cuidadosa investigação, constatarem que a testemunha é falsa, que levantou falso testemunho contra seu irmão,

19 farás com ela o que pretendia fazer a seu irmão. Assim eliminarás o mal do meio de ti,

20 para que os que ficarem o ouçam e [y]temam, e nunca mais tornem a fazer tal mal no meio de ti.

21 Não terás piedade dela: [z]vida por vida, olho por olho, dente por dente, mão por mão, pé por pé.

As leis da guerra

20 Quando saíres à batalha contra teus inimigos e vires cavalos, [a]carros e exército mais poderoso do que o teu, não os [b]temerás, porque o Senhor, o teu Deus, que [c]te tirou da terra do Egito, está contigo.

2 Quando vos achegardes ao combate, o sacerdote virá à frente e falará ao povo,

3 dizendo: Ouve, ó Israel, hoje vos achegais ao combate contra os vossos inimigos. Que não desanime o vosso coração; não temais, nem tremais, nem vos aterrorizeis diante deles,

4 pois o Senhor, o vosso Deus, é quem vai convosco [d]a combater contra os vossos inimigos, para salvar-vos.

5 Então os oficiais dirão ao povo: Qual é o homem que construiu uma casa nova e ainda não a inaugurou? Volte para a sua casa, para que não morra no combate e outro homem a receba.

6 Qual é o homem que plantou uma vinha e ainda não desfrutou dela? Volte para a sua casa, para que não morra no combate e outro desfrute dela em seu lugar.

[g] At 3.23; Hb 12.25
[h] Dt 13.5; Jr 14.14,15; comp. Zc 13.2-5
[i] Dt 13.1-3; Jr 2.8
[j] Comp. Js 23.7
[k] Comp. Jr 28.9
[l] Veja Nm 35.6, nota
[m] Êx 21.13; Js 20.2
[n] Redenção (tipo do parente remidor): v. 6,12; Js 20.3 (Gn 48.16; Is 59.20, nota)
[o] Dt 12.20
[p] Gn 15.18-21
[q] Js 20.7-9
[r] Dt 21.1-9
[s] Lv 19.17; comp. 1Jo 2.9,11
[t] Dt 13.8
[u] Dt 27.17
[v] Dt 17.6; Mt 18.16; Jo 8.17; 2Co 13.1
[w] Êx 23.1
[x] Dt 17.8-11
[y] Dt 17.13
[z] Êx 21.23-25; Lv 24.20; comp. Mt 5.38,39
[a] Sl 20.7
[b] Dt 7.18
[c] Dt 5.6
[d] Dt 1.30; 3.22; Js 23.10

7 Qual é o homem que prometeu casamento a alguma [e]mulher e ainda não a recebeu? Volte para a sua casa, para que não morra no combate e outro homem a receba.

8 Os oficiais continuarão a dizer ao povo: Qual é o homem medroso e de coração covarde? Volte para a sua casa, para que o coração de seus irmãos não se desanime como o seu coração.

9 Quando os oficiais acabarem de falar ao povo, os comandantes dos exércitos se colocarão à frente do povo.

10 **A**o marchar contra alguma cidade para combater contra ela, [f]proponha-lhe antes a paz.

11 Se a sua resposta é de paz, e te abrir as portas, todo o seu povo será sujeito a trabalhos forçados e te servirá.

12 Se ela recusar a paz e preferir a guerra, então a sitiarás.

13 Quando o Senhor, o teu Deus, a entregar nas tuas mãos, matarás [g]todos os homens à espada.

14 Quanto às mulheres, às crianças, aos [h]animais e a tudo o que houver na cidade, todo o seu despojo, tomarás para ti. E comerás o despojo dos teus inimigos, que o Senhor, o teu Deus, te dá.

15 Assim farás a todas as cidades mais afastadas, que não pertencerem às cidades destes povos.

16 Das cidades destas [i]nações que o Senhor, o teu Deus, te dá em herança, porém, nada que respire deixarás com vida.

17 Antes, as destruirás totalmente: os [j]heteus, os amorreus, os cananeus, os ferezeus, os heveus, os jebuseus, como o Senhor, o teu Deus, te mandou,

18 para que não vos ensinem a imitar as [k]abominações que fazem em honra a seus deuses, e venhais a [l]pecar contra o Senhor, o vosso Deus.

19 **Q**uando sitiares uma cidade por muitos dias, combatendo contra ela para a tomar, não destruas as suas [m]árvores, cortando-as com o machado, porque do seu fruto comerás. Não as cortarás. São as árvores do campo pessoas para que sejam sitiadas por ti?

20 Somente as árvores que souberes não serem frutíferas poderás destruir e cortar, a fim de edificares baluartes contra a cidade que está em guerra contra ti, até que seja derrubada.

Expiação por um homicídio de autoria desconhecida

21 Quando, na terra que o Senhor te der em posse, se achar no campo alguém morto, sem que se saiba quem o matou,

2 os anciãos e os juízes sairão e medirão a distância até as cidades que estiverem em redor do morto.

3 Os anciãos da cidade mais próxima do morto tomarão uma bezerra da manada que não tenha trabalhado nem tenha puxado na [n]canga.

4 e a trarão a um vale de águas correntes que nunca tenha sido cultivado nem semeado. Ali, nesse vale, lhe quebrarão a nuca.

5 Depois, os sacerdotes, filhos de Levi, se aproximarão, pois o Senhor, o teu Deus, os escolheu para o servirem e para abençoarem em seu nome e, por sua palavra, decidirem toda demanda e todo dano,

6 e todos os anciãos da cidade mais próxima ao morto lavarão as suas mãos sobre a bezerra cuja nuca foi quebrada no vale

7 e dirão: As nossas mãos não derramaram este sangue, e os nossos olhos não o viram.

8 Sê [o]favorável ao teu povo Israel, que tu, ó Senhor, [p]resgataste, e não ponhas a culpa do sangue [q]inocente no meio do teu povo Israel. E aquele sangue lhes será expiado.

9 Assim eliminarás do meio de ti a culpa do sangue inocente e farás o que é justo aos olhos do Senhor.

Acerca da mulher prisioneira

10 **Q**uando fores à guerra contra os teus inimigos, e o Senhor, o teu Deus, os entregar nas tuas mãos, e os fizeres prisioneiros,

11 e vires entre eles uma mulher formosa, da qual te afeiçoes e a queiras tomar por [r]esposa,

12 então a trarás para a tua casa. Ela [s]rapará a cabeça, cortará as unhas,

13 despirá o vestido do seu cativeiro, permanecerá em tua casa e chorará a seu pai e a sua mãe um mês inteiro. Depois disso a tomarás; tu serás seu marido, e ela será tua mulher.

14 Se ela cessar de te agradar, a deixarás [t]partir livre, mas não a poderás vender nem maltratar, pois foi tua mulher.

O direito de primogenitura

15 **S**e um homem tiver duas mulheres, uma a quem ama e outra a quem [u]não ama, e ambas lhe derem filhos, e o primogênito for filho da desprezada,

16 no dia em que repartir os bens entre seus filhos, não poderá dar o direito de primogenitura ao filho da amada, preferindo-o ao filho da desprezada, que é o primogênito.

17 [v]Reconhecerá, porém, por primogênito o filho da mulher não amada, dando-lhe porção dobrada dos bens. Esse filho é o primeiro fruto do seu [w]vigor; a ele pertence o [x]direito de primogenitura.

Um filho desobediente sob a Lei

18 **S**e alguém tiver um filho obstinado e rebelde, que não obedece à voz do pai nem da mãe e, embora o castiguem, não lhes dê ouvidos,

19 seu pai e sua mãe o tomarão e o levarão aos líderes da sua cidade, à sua porta,

[e] Dt 24.5
[f] Comp. 2Sm 20.18-22
[g] Nm 31.7
[h] Js 8.2
[i] Dt 7.1-5
[j] Veja 2Rs 7.6, nota
[k] Dt 18.9
[l] Êx 23.33
[m] Comp. 2Rs 3.19,25
[n] Nm 19.2
[o] Orações da Bíblia (AT): v. 6-8; Dt 26.5 (Gn 15.2; Hc 3.1)
[p] Veja Êx 6.6, nota
[q] Nm 35.33,34; Dt 19.10,13
[r] Nm 31.18
[s] Lv 14.8,9
[t] Comp. Jr 34.16
[u] Gn 29.33
[v] 1Cr 5.1
[w] Gn 49.3
[x] Comp. Gn 25.31-33

20 e lhes dirão: Este nosso filho é rebelde e obstinado, não dá ouvidos à nossa voz. É dissoluto e beberrão.

21 Então, todos os homens da sua cidade o [y]apedrejarão, até que morra. Assim extirparás o mal do meio de ti e, ao sabê-lo, todo o Israel [z]temerá.

22 **Quando** alguém tiver cometido um crime que mereça a [a]morte, e, condenado, for suspenso num madeiro,

23 o [b]seu cadáver não permanecerá no madeiro durante a noite. Certamente o enterrarás no mesmo dia, porque o que for pendurado é [c]maldito de Deus. Assim não contaminarás a terra que o Senhor, o teu Deus, te dá em herança.

A lei da fraternidade

22 [d]Vendo extraviado o boi ou a ovelha de teu irmão, não te desviarás deles, mas os restituirás sem falta a teu irmão.

2 Se teu irmão não estiver perto de ti, ou não o conheceres, tu os recolherás na tua casa, para que fiquem contigo até que teu irmão os busque, e tu lhe restituas.

3 O mesmo farás com o jumento, com o manto e com qualquer outra coisa perdida pelo teu irmão, que tu achares. Não poderás ignorá-las.

4 Se [e]vires o jumento ou o boi, que pertencem a teu irmão, caídos no caminho, deles não te desviarás, mas sem falta os levantarás.

Diversas leis

5 **A** mulher não usará roupa de homem, e o homem não usará roupa de mulher, pois quem faz tal coisa é abominável ao Senhor, o teu Deus.

6 **Se** encontrares no caminho um ninho de ave, numa árvore ou no chão, com passarinhos, ou ovos, e a mãe posta sobre os passarinhos, ou sobre os ovos, [f]não tomarás a mãe com os filhos.

7 Deixarás ir livremente a mãe, e os filhos tomarás para ti, para que te vá bem e prolongues os teus dias.

8 **Quando** construíres uma casa nova, farás um parapeito ao redor do terraço, para que não tragas sangue sobre a tua casa, se alguém cair dela.

A lei da separação

9 [g]Não plantes dois tipos de semente na tua vinha com duas espécies de semente, para que não degenere o fruto da semente que semeaste nem o produto da vinha.

10 [h]Não lavrarás [i]com boi e jumento no mesmo jugo.

11 **Não** usarás roupa de lã e linho tecidos no mesmo jugo.

12 **Farás** [j]borlas nas quatro bordas do manto com que te cobrires.

[y] Dt 17.5,7; 22.21,24
[z] Dt 19.20
[a] Mt 26.66
[b] Js 8.29; 10.26,27; Jo 19.31
[c] Gl 3.13
[d] Êx 23.4
[e] Êx 23.5
[f] Lv 22.28
[g] Lv 19.19
[h] Comp. 2Co 6.14-16
[i] Separação: v. 10; 1Rs 8.53 (Gn 12.1; 2Co 6.17)
[j] Nm 15.37-40; comp. Mt 23.5
[k] Dt 21.15; 24.3
[l] Veja sist. monetário (AT): Êx 30.13, nota; comp. 2Cr 2.10, nota
[m] Comp. Dt 24.2
[n] Dt 21.21
[o] Comp. Gn 34.7; Jz 20.6,10; 2Sm 13.12
[p] Comp. Lv 21.9
[q] Lv 20.10
[r] Comp. Ez 16.38
[s] Comp. Lv 19.20-22
[t] Êx 22.16,17

A esposa inocente

13 **Se** um homem casar-se e, depois de unir-se com sua mulher, a [k]desprezar

14 e acusar de delitos vergonhosos, e difamá-la, dizendo: Tomei esta mulher e me cheguei a ela, mas não a achei virgem,

15 os pais da moça tomarão as provas da virgindade dela e as levarão aos líderes da cidade, à porta.

16 O pai da moça dirá aos anciãos: Dei minha filha por mulher a este homem, mas ele a desprezou

17 e lhe acusou de delitos vergonhosos, dizendo: Não achei tua filha virgem. Mas aqui estão os sinais da virgindade de minha filha. Então os pais estenderão a roupa dela diante dos líderes da cidade,

18 os quais tomarão aquele homem, e o castigarão.

19 Eles o condenarão em cem [l]siclos de prata e o entregarão ao pai da moça, porque difamou uma virgem de Israel. Ela continuará a ser sua mulher, e ele não poderá [m]mandá-la embora enquanto viver.

20 Se, porém, a acusação for verdadeira, e não se provar a virgindade da moça,

21 esta será conduzida à entrada da casa de seu pai, e os homens da sua cidade a [n]apedrejarão, até que morra. Ela [o]cometeu loucura em Israel, [p]prostituindo-se na casa de seu pai. Assim extirparás o mal do meio de ti.

22 **Se** um homem for achado deitado com uma [q]mulher casada, ambos [r]serão mortos, o homem que se deitou com a mulher, e a mulher. Assim extirparás o mal de Israel.

23 **Se** um homem encontrar na cidade uma moça ainda virgem, noiva de algum homem, e se deitar com ela,

24 trareis ambos à entrada daquela cidade e os apedrejareis, até que [s]morram; a moça, por não ter gritado, estando na cidade, e o homem por haver abusado da noiva de seu próximo. Assim extirparás o mal do meio de ti.

25 **Se**, porém, algum homem achar no campo uma moça noiva e a forçar, e se deitar com ela, somente será morto o homem que se deitou com ela.

26 À moça nada farás; ela não tem culpa de morte, pois o caso se assemelha a um homem que se levanta contra o seu próximo e o mata,

27 pois ele a achou no campo, e a moça gritou, mas não houve quem a livrasse.

28 **Se** um homem achar uma moça virgem, que não esteja noiva, e, forçando-a deitar-se com ela, forem apanhados,

29 então o homem que se deitou com ela dará ao pai da moça [t]cinquenta siclos de prata. Ela lhe

será por mulher, pois a humilhou. Não poderá despedi-la enquanto ela viver.

30 **N**enhum homem tomará a [u]mulher de seu pai, pois isso o desonraria.

Pessoas excluídas das assembleias santas

23 **N**inguém que se tenha tornado eunuco, por acidente ou por mutilação, [v]entrará na assembleia do Senhor.

2 **N**enhum bastardo entrará na assembleia do Senhor; nem ainda a sua décima geração poderá ser ali admitida.

3 Nenhum [w]amonita nem moabita entrarão na assembleia do Senhor; nem ainda na décima geração, nunca poderão entrar na assembleia do Senhor,

4 [x]pois não foram ao vosso encontro com pão e água, no caminho, quando saístes do Egito e, [y]além disso, subornaram contra ti a Balaão, filho de Beor, de Petor, da Mesopotâmia, para te amaldiçoar.

5 O Senhor, o teu Deus, porém, não quis ouvir Balaão, antes trocou em bênção a maldição, porque o Senhor, o teu Deus, [z]te ama.

6 [a]Não procurarás paz ou amizade com eles enquanto viveres.

7 **N**ão abominarás o edomita, pois é teu [b]irmão. Não abominarás o egípcio, pois foste estrangeiro em sua terra.

8 Os filhos que lhes nascerem poderão ser admitidos na assembleia do Senhor a partir da terceira geração.

Proibição da impureza

9 **Q**uando saíres para guerrear contra os teus inimigos, evita toda impureza.

10 Se houver nas tuas fileiras alguém que por motivo de polução noturna não estiver limpo, sairá para fora do acampamento; não permanecerá nele.

11 Ao cair da tarde, porém, se lavará com água, e, em se pondo o sol, entrará no acampamento.

12 **T**ambém terás um lugar fora do acampamento para as tuas necessidades.

13 Entre as tuas armas terás alguma coisa com que cavar, e, quando defecares, cavarás e cobrirás os teus excrementos.

14 Pois o Senhor, o teu Deus, [c]anda no meio do teu acampamento, para te proteger e para entregar-te os teus inimigos. O teu acampamento será santo, para que ele não veja em ti coisa indecente e se afaste de ti.

Várias leis

15 **N**ão [d]entregarás ao seu senhor o escravo fugitivo que se acolher a ti.

16 Contigo ficará, no meio de ti, no lugar que escolher em uma das tuas cidades, onde lhe agradar. Não o [e]oprimirás.

17 **N**ão haverá entre os israelitas homem ou mulher que se entregue à [f]prostituição cultual.

18 Não trarás salário de prostituição, [g]nem de homem nem de mulher, à casa do Senhor, o teu Deus, em pagamento de algum voto, porque a ambos ele abomina.

19 **D**e teu irmão não [h]exigirás juro algum, quer se trate de dinheiro, quer se trate de víveres, ou de qualquer coisa que se empresta a juros.

20 Ao estranho poderás emprestar com juros, mas não ao teu irmão, para que o Senhor, o teu Deus, te abençoe em tudo o que puseres a tua mão, na terra que passas a possuir.

Instruções sobre os votos

21 **Q**uando fizeres algum voto ao Senhor, o teu Deus, não tardarás em cumpri-lo, pois o Senhor, o teu Deus, certamente o requererá de ti, e em ti haverá pecado.

22 Se, porém, não votares, não haverá pecado em ti.

23 Tudo o [i]que proferiram os teus lábios, isso guardarás, e o farás, porque fizeste teu voto livremente ao Senhor, o teu Deus, com a tua própria boca.

24 **Q**uando entrares na vinha do teu próximo, poderás comer uvas até te fartares, mas não as levarás no cesto.

25 Quando entrares na plantação do teu próximo, com a tua mão poderás colher espigas, mas não [j]usarás a foice na plantação do teu próximo.

A lei mosaica do divórcio

24 **S**e um homem tomar uma mulher, casar-se com ela, e esta depois deixar de lhe agradar por ter ele achado nela qualquer coisa indecente, este lhe escreverá uma [k]carta de [l]divórcio e a dará na mão, despedindo-a da sua [m]casa.

2 Se, uma vez saída da casa dele, for e [n]se casar com outro homem,

3 e este também a rejeitar e, escrevendo-lhe uma carta de divórcio, a der na mão e a despedir da sua casa; ou, se este último homem, que a tomou para si por mulher, vier a morrer,

4 então o seu primeiro marido, que a despedira, não poderá tornar a tomá-la para que seja sua [o]mulher, porque ficou contaminada. Isso é abominação aos olhos do Senhor. Não farás pecar a terra que o Senhor, o teu Deus, te dá por herança.

Instruções adicionais sobre santidade e misericórdia

5 **U**m homem recém-casado não sairá à guerra; nenhum encargo lhe será imposto. Por [p]um ano ficará livre na sua casa, para alegrar a sua mulher, com quem casou.

[u] Lv 20.11; Dt 27.20
[v] Lv 21.20
[w] Ne 13.1,2
[x] Veja Dt 2.27-30
[y] Nm 22.5,6
[z] Dt 4.37
[a] Ed 9.12
[b] Gn 25.24-26; Dt 2.4,8; Am 1.11; Ob 10,12
[c] Lv 26.12; Dt 7.21
[d] 1Sm 30.15
[e] Êx 22.21
[f] Lv 19.29; Dt 22.21
[g] Lv 18.22; 20.13
[h] Êx 22.25; Lv 25.35-37
[i] Nm 30.2; Sl 66.13,14
[j] Mt 12.1; Mc 2.23; Lc 6.1
[k] Mt 5.31; comp. Jr 3.8
[l] Mc 10.4
[m] Mt 19.7,8; comp. Mt 5.32; 19.9
[n] Comp. Lv 21.7; Dt 21.14
[o] Comp. Jr 3.1
[p] Dt 20.7

6 Não tomarás em [q]penhor as duas pedras do moinho, nem mesmo a pedra de cima, pois se penhoraria assim a vida.

7 [r]Se for descoberto alguém que tenha raptado um dos seus irmãos israelitas e o tenha feito escravo, ou vendido, esse sequestrador será morto. Assim extirparás o mal do meio de ti.

8 Guarda-te da [s]praga da lepra e tem grande cuidado de seguir fielmente tudo o que te ensinarem os sacerdotes levitas. Como lhes tenho ordenado, terás cuidado de o fazer.

9 [t]Lembra-te do que o Senhor, o teu Deus, fez [u]a Miriã no caminho, quando saíste do Egito.

10 Se [v]emprestares alguma coisa a teu próximo, não lhe invadirás a casa para te garantires com algum penhor.

11 Ficarás do lado de fora, e o homem, a quem emprestaste, te trará fora o penhor.

12 Se ele, porém, for pobre, não te deitarás com o seu penhor.

13 Em se pondo o sol, lhe [w]restituirás sem falta o penhor, para que possa deitar-se no seu manto. Então ele te abençoará, e isso será para ti [x]justiça diante do Senhor, o teu Deus.

Caridade para com os pobres, os estrangeiros e os órfãos

14 Não [y]explorarás o assalariado pobre e necessitado, seja ele teu irmão, seja ele estrangeiro que mora na tua terra e nas tuas cidades.

15 No mesmo dia, pagarás a ele o seu salário, antes que o sol se ponha sobre a dívida, pois ele é pobre, e disso depende a sua vida; para que não clame contra ti ao Senhor, e haja em ti pecado.

16 Os pais não serão mortos pela culpa dos filhos, nem os filhos pela culpa dos [z]pais; cada qual morrerá pelo seu pecado.

17 Não perverterás o direito do estrangeiro e do órfão, nem tomarás em penhor a roupa da viúva.

18 Lembra-te de que foste escravo no Egito, de onde o Senhor te libertou, pelo que te ordeno proceder assim.

19 Quando fizeres a [a]colheita do teu campo e te esqueceres de algum feixe, não voltarás a tomá-lo. Ele ficará para o estrangeiro, para o órfão e para a viúva, para que o Senhor, o teu Deus, te [b]abençoe em toda a obra das tuas mãos.

20 Quando sacudires a tua oliveira, não voltarás a colher o que restou nos galhos; isso ficará para o estrangeiro, para o órfão e para a viúva.

21 Quando colheres uvas, não voltarás para buscar o que ficou; o que ficar, será para o estrangeiro, para o órfão e para a viúva.

22 Lembra-te de que foste escravo na terra do Egito. Por isso, eu te ordeno que faças isso.

[q] v. 10-13; Êx 22.26
[r] Êx 21.16
[s] Lv 13.2; 14.2
[t] Lc 17.32; 1Co 10.6
[u] Nm 12.10
[v] Mt 5.42
[w] Ez 18.7
[x] Dt 6.25
[y] Lv 25.35-43; Dt 15.7-18; 1Tm 5.18
[z] 2Rs 14.6; 2Cr 25.4; Ez 18.20
[a] Lv 19.9,10
[b] Dt 15.10; Sl 41.1; Pv 19.17
[c] Dt 17.8-13
[d] Lc 12.48
[e] 2Co 11.24
[f] 1Co 9.9; 1Tm 5.18
[g] Mt 22.24; Mc 12.19; Lc 20.28
[h] Gn 38.9
[i] Comp. Rt 4.1,2
[j] Comp. Rt 4.6
[k] Comp. Rt 4.7
[l] Comp. Rt 4.11
[m] Lv 19.35-37
[n] Êx 20.12
[o] Pv 11.1; 1Ts 4.6

A pena de açoites

25 Se entre dois homens houver contenda, e vierem a [c]juízo para serem julgados, o inocente será absolvido, e o culpado será condenado.

2 Se o culpado [d]merecer a pena de açoites, o juiz fará que ele se deite e seja açoitado na sua presença, com o número de açoites, segundo a sua culpa;

3 mas não poderás dar-lhe mais de [e]quarenta açoites. Se lhe fizer dar mais açoites do que estes, teu irmão ficará humilhado aos teus olhos.

4 Não amordaçarás a boca ao boi quando [f]estiver debulhando.

Perpetuação do nome de um irmão

5 Quando dois irmãos morarem juntos, e um deles morrer sem deixar [g]filho, a mulher do defunto não poderá casar-se com um homem estranho, de [h]fora da família. Seu cunhado a tomará e a receberá por mulher, e exercerá para com ela a obrigação de cunhado.

6 O primogênito que ela tiver, usará o nome do irmão morto, para que o seu nome não se apague de Israel.

7 Se, porém, o homem não quiser tomar a sua cunhada, esta irá aos [i]líderes da cidade no tribunal e dirá: Meu cunhado recusa-se a suscitar a seu irmão nome em Israel. Não quer exercer para comigo o dever de cunhado.

8 Então os líderes da sua cidade devem chamá-lo e falar-lhe. Se ele persistir e disser: [j]Não quero tomá-la,

9 a sua cunhada se chegará a ele na presença dos líderes, e lhe [k]descalçará a sandália do pé, e lhe cuspirá no rosto, e protestará, dizendo: Assim se fará ao homem que não quer [l]edificar a família de seu irmão.

10 E sua casa será chamada em Israel de a casa do descalçado.

11 Se dois homens brigarem, um com o outro, e a mulher de um chegar para livrar a seu marido das mãos do que o fere, e estender a mão, e o pegar pelas partes íntimas,

12 tu lhe cortarás a mão. Não terás piedade dela.

Pesos e medidas justas

13 Não terás dois [m]pesos na tua bolsa, um grande e um pequeno.

14 Não terás duas medidas em tua casa, uma grande e uma pequena.

15 Terás somente pesos exatos e justos, e medidas exatas e justas, [n]para que se prolonguem os teus dias na terra que o Senhor, o teu Deus, te dá.

16 Pois o Senhor, o teu Deus, abomina todo [o]aquele que pratica tal injustiça.

Amaleque será destruído

17 [p]**L**embra-te do que te fez Amaleque no caminho, quando saíste do Egito,

18 como te surpreendeu no caminho e derrubou todos os fracos que seguiram atrás de ti, na retaguarda, estando tu cansado e afadigado; não temeu a Deus.

19 Quando o Senhor, o teu Deus, te tiver dado repouso de todos os teus inimigos em redor, na terra que ele te dará por herança, para que a possuas, então apagarás a memória de Amaleque de debaixo do céu. Não te esqueças.

As primícias da terra (comp. Êx 23.16-19)

26 Quanto tiveres entrado na terra que o Senhor, o teu Deus, te dá por herança, e a possuíres, e nela habitares,

2 separarás das [q]primícias de todos os frutos do solo, que colheres da terra que o Senhor, o teu Deus, te dá, as porás num cesto e irás ao lugar que o Senhor, o teu Deus, escolher para ali fazer habitar o seu nome.

3 E irás apresentar-te ao sacerdote em exercício e lhe dirás: Hoje declaro perante o Senhor, o teu Deus, que entrei na terra que o Senhor prometeu a nossos pais que nos daria.

4 O sacerdote receberá o cesto da tua mão e o porá diante do altar do Senhor, o teu Deus.

5 Então protestarás perante o Senhor, o teu Deus, e [r]dirás: [s]Arameu [t]prestes a perecer foi meu pai, que desceu ao Egito e ali peregrinou com [u]pouca gente. Mas cresceu até tornar-se nação [v]grande, poderosa e numerosa.

6 Os [w]egípcios, porém, nos maltrataram e nos afligiram, impondo sobre nós dura escravidão.

7 [x]Mas nós clamamos ao Senhor, o Deus de nossos pais, e ele ouviu a nossa voz e atentou para a nossa miséria, para o nosso trabalho e para a nossa opressão,

8 [y]e nos tirou do Egito com mão forte, com braço estendido, com grande espanto, com sinais e com milagres.

9 Ele nos trouxe a este lugar e nos deu esta [z]terra, terra em que manam leite e mel;

10 e agora trago as primícias dos frutos da terra que tu, ó Senhor, me deste. Então, as porás perante o Senhor, o teu Deus, e o adorarás.

11 E te alegrarás por todo o bem que o Senhor, o teu Deus, tem dado a ti e à tua família, tu e o levita, e o estrangeiro que está no meio de ti.

Dízimos do terceiro ano

12 **Q**uando [a]acabares de separar todos os dízimos dos produtos do terceiro ano, que é o ano dos dízimos, então os darás ao levita, ao estrangeiro, ao órfão e à viúva, para que comam e se fartem nas tuas cidades.

13 Dirás perante o Senhor, o teu Deus: Retirei de minha casa o que era consagrado e dei também ao levita, ao estrangeiro, ao órfão e à viúva, segundo todos os teus mandamentos que me tens ordenado. Não me desviei dos teus mandamentos nem deles me esqueci.

14 Dos dízimos [b]não comi no meu luto, e estando eu imundo deles nada tirei, e deles nada ofereci aos mortos. Obedeci à voz do Senhor meu Deus; segundo tudo o que me ordenaste, tenho feito.

15 Olha desde a tua santa habitação, desde o céu, e abençoa o teu povo, a Israel, e a terra que nos deste, como juraste a nossos pais, terra em que manam leite e mel.

A aliança

16 **H**oje o Senhor, o teu Deus, te manda cumprir estes estatutos e juízos; guarda-os e observa-os de todo o teu coração e de toda a tua alma.

17 Hoje [c]declaraste que o Senhor é o teu Deus e que andarás nos seus caminhos, guardarás os seus estatutos, os seus mandamentos, os seus juízos, e darás [d]ouvidos à sua voz.

18 E hoje o Senhor te declarou que serás para ele um [e]povo particular, como te tem dito, e que guardarás todos os seus mandamentos.

19 Para assim te [f]exaltar em louvor, em fama e em honra sobre todas as nações que criou, e para que sejas povo santo ao Senhor, o teu Deus, como tem dito.

III. Terceiro discurso: Bênçãos pela obediência e maldições pela desobediência, 27—28

A lei gravada sobre pedras

27 Moisés e os anciãos deram ordem ao povo de Israel, dizendo: Guardai todos estes mandamentos que eu hoje te ordeno.

2 No [g]dia em que passares o Jordão para a terra que o Senhor, o teu Deus, te dá, [h]levantarás pedras grandes e as pintarás com cal.

3 Escreverás nelas todas as palavras desta lei, para entrares na terra que te dá o Senhor, o teu Deus, terra em que manam leite e mel, como te disse o Senhor, Deus de teus pais.

4 E, quando tiveres passado o Jordão, levantarás estas pedras, como hoje te ordeno, no monte [i]Ebal, e as pintarás com cal.

5 [j]Edificarás um altar ao Senhor, o teu Deus, um altar de pedras. Não utilizarás ferramenta sobre elas.

6 De pedras inteiras edificarás o altar do Senhor, o teu Deus, e nele oferecerás holocaustos ao Senhor, o teu Deus.

7 Oferecerás sacrifícios de ofertas pacíficas e ali comerás perante o Senhor, o teu Deus, e te [k]alegrarás.

[p] Êx 17.8; 1Sm 15.1-3
[q] Êx 22.29; 23.16,19
[r] Orações da Bíblia (AT): v. 5-10,13-15; Js 7.7 (Gn 15.2; Hc 3.1)
[s] Gn 25.20; Os 12.12
[t] Gn 13.1,2; 45.7,11
[u] Gn 46.27; Dt 10.22
[v] Dt 1.10
[w] Êx 1.11,14
[x] Êx 2.23-25; 3.9; 4.31
[y] Êx 12.42,51; 13.3,14,16; Dt 5.15
[z] Êx 3.8
[a] Dt 14.28,29
[b] Lv 7.20; Jr 16.7; Os 9.4
[c] Eleição (coletiva): 26.18,19; 27.9; 1Cr 16.13 (Dt 7.6; 1Pe 5.13)
[d] Dt 15.5
[e] Êx 19.5; Dt 7.6; 14.2; comp. Tt 2.14; 1Pe 2.9
[f] Dt 28.1
[g] Js 4.1
[h] Js 8.32
[i] Dt 11.29; Js 8.30
[j] Êx 20.25; Js 8.31
[k] Dt 26.11

8 Nessas pedras [l]escreverás todas as palavras desta lei, gravando-as com nitidez.

9 **E**ntão Moisés, juntamente com os sacerdotes levitas, disseram a todo o Israel: Escuta e ouve, ó Israel! Hoje [m]vieste a ser povo do Senhor, o teu Deus.

10 Obedecerás à voz do Senhor, o teu Deus, e lhe cumprirás os mandamentos e os estatutos que hoje te ordeno.

As maldições que serão lançadas do monte Ebal

11 **N**o mesmo dia, Moisés deu ordem ao povo, dizendo:

12 Quando houveres passado o Jordão, estas são as tribos que estarão [n]sobre o monte Gerizim para abençoar o povo: Simeão, Levi, Judá, Issacar, José e Benjamim.

13 E estas são as tribos que estarão [o]sobre o monte Ebal para amaldiçoar: Rúben, Gade, Aser, Zebulom, Dã e Naftali.

14 Os [p]levitas testificarão a todo o povo de Israel em alta voz e dirão:

15 [q]**M**aldito o homem que fizer imagem de escultura, ou de fundição, abominável ao Senhor, obra de artífice, e a puser em lugar oculto. E todo o povo, respondendo, dirá: Amém!

16 [r]**M**aldito aquele que desprezar seu pai ou sua mãe. E todo o povo dirá: Amém!

17 [s]**M**aldito aquele que remover os marcos do seu próximo. E todo o povo dirá: Amém!

18 **M**aldito aquele que fizer o cego errar o caminho. E todo o povo dirá: Amém!

19 [t]**M**aldito aquele que perverter o [u]direito do estrangeiro, do órfão e da viúva. E todo o povo dirá: Amém!

20 **M**aldito aquele que se deitar com a mulher de seu pai, pois desonra assim o leito paterno. E todo o povo dirá: Amém!

21 [v]**M**aldito aquele que se deitar com algum animal. E todo o povo dirá: Amém!

22 [w]**M**aldito aquele que se deitar com sua irmã, filha de seu pai ou filha de sua mãe. E todo o povo dirá: Amém!

23 [x]**M**aldito aquele que se deitar com sua sogra. E todo o povo dirá: Amém!

24 [y]**M**aldito aquele que ferir o seu próximo em oculto. E todo o povo dirá: Amém!

25 [z]**M**aldito aquele que aceitar suborno para matar uma pessoa inocente. E todo o povo dirá: Amém!

26 **M**aldito aquele que não confirmar as palavras desta lei, para as [a]cumprir. E todo o povo dirá: Amém!

[l] Js 8.32
[m] Dt 26.18
[n] Dt 11.29; Js 8.33; Jz 9.7
[o] Dt 11.29
[p] Dt 33.10; Dn 9.11
[q] Êx 20.4,23; Êx 34.17; Lv 19.4; 26.1
[r] Lv 20.9; Ez 22.7
[s] Dt 19.14
[t] Lv 19.14
[u] Dt 24.17
[v] Lv 18.23
[w] Lv 18.9
[x] Lv 20.14
[y] Êx 21.12
[z] Êx 23.7
[a] 3.10
[b] v. 1-14; comp. Êx 23.22-27; Lv 26.3-13; Dt 7.12-26
[c] Êx 15.26; Is 55.2
[d] Dt 26.19
[e] Comp. v. 15
[f] Lv 25.21
[g] Nm 6.27; 2Cr 7.14; Is 63.19; Dn 9.18,19
[h] Dt 11.25
[i] Dt 11.14
[j] Dt 15.6
[k] Comp. v. 44; Is 9.14,15
[ll] v. 15-68; comp. Lv 26.14-43
[mm] Dn 9.10-14; Ml 2.2

As bênçãos anunciadas do monte Gerizim

28 [1][b]Se atentamente [c]obedeceres à voz do Senhor, o teu Deus, tendo o cuidado de guardar todos os seus mandamentos que hoje te ordeno, o Senhor, o teu Deus, te [d]exaltará sobre todas as nações da terra.

2 Se ouvires a voz do Senhor, o teu Deus, todas estas bênçãos [e]virão sobre ti, e te seguirão:

3 Bendito serás na cidade e bendito serás no campo.

4 Bendito o fruto do teu ventre, e o fruto da tua terra, e o fruto dos teus animais, e as crias das tuas vacas e das tuas ovelhas.

5 Bendito o teu cesto e a tua amassadeira.

6 Bendito serás ao entrares e bendito serás ao saíres.

7 O Senhor fará que sejam derrotados na tua presença os inimigos que se levantarem contra ti. Se por um caminho vierem contra ti, por sete caminhos fugirão à tua vista.

8 O Senhor [f]mandará que a bênção esteja contigo nos celeiros e em todo empreendimento da tua mão. O Senhor, o teu Deus, te abençoará na terra que te dá.

9 O Senhor te confirmará como seu povo santo, como te tem jurado, contanto que guardes os seus mandamentos e andes nos seus caminhos.

10 Todos os povos da terra verão que és [g]chamado pelo nome do Senhor e terão [h]temor de ti.

11 O Senhor te dará abundância de bens no fruto do teu ventre, no fruto dos teus animais, no fruto do teu solo, na terra que o Senhor jurou a teus pais te dar.

12 O Senhor te abrirá o seu bom tesouro, o céu, para dar [i]chuva à tua terra no seu tempo e para abençoar toda a obra das tuas mãos. Emprestarás a muitas nações, mas não tomarás [j]emprestado.

13 O Senhor te porá por [k]cabeça, não por cauda. Estarás por cima, não por baixo, se obedeceres aos mandamentos do Senhor, o teu Deus, que hoje te ordeno, para os guardar e cumprir.

14 Não te desvies, nem para a direita nem para a esquerda, de nenhum dos mandamentos que hoje te ordeno, seguindo outros deuses, para os servires.

Maldições advindas da desobediência

15 [ll]**S**e, porém, [mm]não deres ouvidos à voz do Senhor, o teu Deus, se não cuidares em cumprir todos os seus mandamentos e estatutos que hoje te ordeno, então virão sobre ti todas estas maldições, e te atingirão:

---

[1] (28.1) Os cap. 28–29 são parte integrante da Aliança da Terra de Israel que é anunciada em 30.1-9. Veja 30.3, *nota*; veja tb. Gn 12.7, *nota* 3.

16 Maldito serás na cidade e maldito serás no campo.

17 Maldito o teu cesto e a tua amassadeira.

18 Maldito o fruto do teu ventre, e o fruto da tua terra, e as crias das tuas vacas e das tuas ovelhas.

19 Maldito serás ao entrares e maldito serás ao saíres.

20 **O** Senhor te enviará a [n]praga, a [o]confusão e a [p]ameaça em tudo o que empreenderes, até seres destruído e repentinamente pereceres por causa da maldade das tuas obras, pelas quais me deixaste.

21 O Senhor fará que a pestilência te pegue, até que te consuma a terra a que passas a possuir.

22 O Senhor te ferirá com a tuberculose e com a febre, com a inflamação, com o calor ardente, com a seca, com o [q]crestamento e com a ferrugem; e isto te perseguirá até que pereças.

23 Os teus céus sobre a tua cabeça serão de bronze, a terra debaixo de ti será de ferro.

24 O Senhor transformará a chuva da tua terra em pó e areia, que descerão dos céus sobre ti, até que pereças.

25 O Senhor te fará cair diante dos teus inimigos. Por um caminho sairás contra eles, mas por sete caminhos fugirás diante deles, e serás [r]espalhado por todos os reinos da terra.

26 Teu cadáver servirá de pasto a todas as [s]aves do céu e aos animais da terra, e ninguém os espantará.

27 O Senhor te ferirá com as [t]úlceras do Egito, com tumores, com sarna e com prurido, de que não possas curar-te.

28 O Senhor te ferirá com loucura, cegueira e confusão mental.

29 Apalparás ao meio-dia, como o cego apalpa na escuridão. Não prosperarás nos teus caminhos; pelo contrário, serás sempre oprimido e roubado todos os dias, sem que ninguém te socorra.

30 Ficarás noivo de uma mulher, mas outro dormirá com [u]ela. Edificarás casa, mas não morarás [v]nela. Plantarás vinha, mas não desfrutarás dela.

31 O teu boi será abatido em tua presença, mas dele não comerás. Roubarão o teu jumento diante de ti e não o devolverão. Tuas ovelhas serão dadas aos teus inimigos, e ninguém te socorrerá.

32 Teus filhos e tuas filhas serão dados a [w]outro povo; os teus olhos verão isso e desfalecerão de saudades todo o dia, mas a tua [x]mão nada poderá fazer.

33 O fruto da tua terra e o produto do teu trabalho serão consumidos por um povo que nunca conheceste; tu serás oprimido e subjugado todos os dias.

34 E te enlouquecerás pelo que hás de ver com os teus olhos.

35 O Senhor te ferirá os joelhos e as pernas com tumores malignos incuráveis, desde a planta do teu pé até o alto da tua cabeça.

[n] Ml 2.2
[o] Is 65.14; Zc 14.13; comp. 1Sm 14.20
[p] Sl 80.16; Is 30.17; 51.20
[q] Am 4.9
[r] v. 49
[s] Sl 79.2
[t] Êx 9.9; Dt 7.15
[u] 2Sm 12.11; Jr 8.10
[v] Am 5.11
[w] 2Cr 29.9
[x] Ne 5.5
[y] v. 49; 2Rs 17.6; 24.12,14; 25.7,11; 2Cr 33.11; 36.6,20
[z] Jr 16.13
[a] 1Rs 9.7,8; Jr 24.9; 25.9; Zc 8.13
[b] Is 5.10; Mq 6.15
[c] Jl 1.4
[d] Sf 1.13
[e] v. 13
[f] Is 8.18; Ez 14.8
[g] Dt 31.20
[h] Lm 4.4-6
[i] Comp. Jr 28.14
[j] Tempos dos gentios: v. 49-68; comp. 25-29; 2Rs 18.11 (Dt 28.49; Ap 16.19)
[k] Lm 4.19; comp. Ez 17.3,12
[l] 2Cr 36.17
[m] Lv 26.29; comp. 2Sm 6.28,29

36 **O** Senhor te [y]levará, e a teu rei que tiveres estabelecido sobre ti, a uma gente que não conheceste, nem tu nem teus pais, e lá servirás a outros [z]deuses, deuses de madeira e de pedra.

37 Serás motivo de [a]assombro, provérbio e zombaria entre todos os povos a que o Senhor te levará.

38 Lançarás muita semente ao campo, mas colherás [b]pouco, porque o [c]gafanhoto a consumirá.

39 Plantarás vinhas e as cultivarás, mas não beberás do seu [d]vinho nem colherás as uvas, porque as larvas a tudo devorarão.

40 Terás oliveiras em todo o teu território, mas não te ungirás com azeite, porque as azeitonas cairão.

41 Gerarás filhos e filhas, mas não serão teus, porque serão levados ao cativeiro.

42 O gafanhoto consumirá todas as tuas árvores e o fruto da tua terra.

43 O estrangeiro, que está no meio de ti, se elevará mais e mais, e tu cada vez mais descerás.

44 Ele te emprestará, mas tu não emprestarás a ele. Ele será por [e]cabeça, e tu serás por cauda.

45 Todas estas maldições virão sobre ti, te perseguirão e te atingirão, até que sejas destruído, porque não ouviste a voz do Senhor, o teu Deus, para guardares os seus mandamentos e os estatutos que te ordenou.

46 Serão no [f]teu meio por sinal e por maravilha, como também entre a tua descendência, para sempre.

47 **Porque** [g]não serviste ao Senhor, o teu Deus, com alegria e bondade de coração, por causa da abundância de tudo,

48 assim servirás aos teus inimigos, que o Senhor enviará contra ti, em [h]fome e sede, e em nudez, e em falta de tudo. Sobre o teu pescoço ele [i]porá um jugo de ferro, até que te tenha destruído.

A invasão

49 O Senhor levantará contra ti uma [j]nação de longe, da extremidade da [k]terra, veloz como a águia; nação cuja língua não entenderás,

50 nação feroz de aparência, que não terá respeito pelo velho, nem compaixão do [l]moço.

51 Ela devorará as crias dos teus animais e o fruto do teu solo, até que sejas destruído. Não te deixará trigo, nem vinho, nem azeite, nem as crias das tuas vacas e das tuas ovelhas, até que te tenha consumido.

52 Ela sitiará todas as tuas cidades, até que venham a cair, em toda a tua terra, os altos e fortes muros, em que confiavas. Ela sitiará todas as tuas cidades, toda a terra que o Senhor, o teu Deus, te deu.

53 Comerás o [m]fruto do teu ventre, a carne de teus filhos e filhas, que o Senhor, o teu Deus, te houver dado, por causa do cerco e da angústia com que os teus inimigos te apertarão.

54 O homem mais delicado e afetuoso do teu meio olhará sem piedade o seu irmão, a mulher de seu amor, e o resto dos filhos que ainda tiver,

55 e não dará a nenhum deles da carne de seus filhos que estiver comendo, porque nada restou no cerco e na angústia com que o inimigo te apertará em todas as tuas cidades.

56 Quanto à mulher mais delicada e afetuosa do teu meio, que de tão delicada e afetuosa nunca tentaria pôr a planta do pé sobre a terra, será mesquinha para com o marido do seu amor, e para com seu filho, e para com sua filha,

57 e também ela será mesquinha para com a placenta que lhe saiu do ventre, e dos filhos que acabou de dar à luz, pois, na falta de tudo, ela os comerá às escondidas, na angústia e no aperto com que o teu inimigo te apertará nas tuas cidades.

58 Se [n]não tiveres o cuidado de guardar todas as palavras desta lei, escritas neste livro, para [o]temeres este nome [p]glorioso e terrível, o Senhor, o teu Deus,

59 o Senhor tornará terríveis as tuas pragas e as pragas da tua descendência; grandes e duradouras pragas, doenças cruéis e persistentes.

60 Fará voltar contra ti todos os males do Egito, de que tiveste temor, e eles se apegarão a ti.

61 O Senhor também fará vir sobre ti toda enfermidade e toda praga que não está escrita no livro desta lei, até que sejas destruído.

62 Ficareis poucos em número, vós que éreis [q]como as estrelas dos céus em multidão, porque não destes ouvidos à voz do Senhor, o vosso Deus.

Dispersão pelo mundo

63 Assim como o Senhor se alegrava em vós, em fazer-vos [r]bem e multiplicar-vos, assim o Senhor se alegrará em destruir-vos e consumir-vos. Sereis [s]desarraigados da terra que passais a possuir.

64 O Senhor vos [t]espalhará entre todos os povos, de uma até a outra extremidade da terra, e ali servireis a outros deuses que não conhecestes, nem vós nem vossos pais, ídolos de madeira e de pedra.

65 Nem ainda [u]no meio dessas nações acharás repouso, nem a planta de teu pé descansará, pois ali o Senhor te dará tremor de coração, desespero de olhos e ansiedade de alma.

66 A tua vida estará suspensa como por um fio diante de ti; viverás sobressaltado de noite e de dia e não acreditarás na tua própria vida.

67 Pela manhã dirás: Ah! quem me dera ver a noite! E à tarde dirás: Ah! quem me dera ver a manhã! Tudo por causa do medo que tomará conta do teu coração e pelo que verás com os teus olhos.

68 O Senhor te fará voltar ao Egito em navios, pelo caminho de que te disse: Nunca jamais o [v]verás. Ali sereis oferecidos como escravos e escravas aos vossos inimigos, mas não haverá quem vos compre.

IV. Quarto discurso: A Aliança da Terra de Israel; advertências e bênçãos prometidas, 29—30

Recordação do Passado

29 São estas as palavras da aliança que o Senhor ordenou que Moisés fizesse com os filhos de Israel, na terra de Moabe, além da [w]aliança que fizera com eles em Horebe.

2 Moisés convocou todo o Israel e lhes disse: [x]Tendes visto tudo o que, perante os vossos olhos, o Senhor fez na terra do Egito, a faraó, a todos os seus oficiais e a toda a sua terra.

3 Com os vossos próprios olhos vistes as grandes provas, os sinais e aquelas grandes maravilhas.

4 Até hoje, porém, o [y]Senhor não vos deu um coração para entender, nem olhos para ver, nem ouvidos para ouvir.

5 Quarenta anos vos fiz andar pelo deserto, sem que envelhecessem sobre vós as vossas vestes, nem se gastasse no vosso [z]pé a sandália.

6 Não comestes [a]pão nem bebestes vinho ou bebida forte, para que soubésseis que eu sou o Senhor, o vosso Deus.

7 Quando viestes a este lugar, Seom, rei de Hesbom, e Ogue, rei de Basã, nos saíram ao encontro, à batalha, mas nós os [b]derrotamos.

8 Tomamos a sua terra e a demos por herança aos rubenitas, aos gaditas e à meia tribo de Manassés.

A obediência produzirá bênçãos

9 Guardai as palavras desta aliança e cumpri-as para que prospereis em tudo quanto fizerdes.

10 **T**odos vós estais hoje perante o Senhor, o vosso Deus: os chefes das tribos, as autoridades, os líderes, todo homem de Israel,

11 os meninos, as mulheres, o estrangeiro que se acha dentro do acampamento, desde o rachador de lenha até o tirador de água,

12 para que entres em aliança com o Senhor, o teu Deus, que o Senhor, o teu Deus, hoje faz contigo sob juramento,

13 para que hoje ele te estabeleça por seu povo e te seja por [c]Deus, como te prometeu, e como jurou a teus pais, Abraão, Isaque e Jacó.

14 E faço esta aliança, sob juramento, não [d]somente convosco,

15 que hoje estais aqui conosco perante o Senhor, o nosso Deus, mas também com aqueles que não estão aqui agora conosco.

Advertência contra a desobediência

16 **V**ós mesmos sabeis como habitamos na terra do Egito e como passamos por várias nações que atravessastes.

---

[n] Israel (história): v. 58-68; Dt 30.1 (Gn 12.2; Rm 11.26)
[o] Veja Sl 19.9, nota
[p] Êx 6.3; veja Êx 34.6, nota
[q] Dt 10.22; Ne 9.23
[r] Is 1.24
[s] Jr 12.14
[t] Dt 4.27; Jr 16.13; Am 9.9
[u] Lm 1.3; Am 9.4
[v] Dt 17.16
[w] Lv 26.46; 27.34; Dt 5.2,3
[x] Êx 19.4; Dt 11.7
[y] Is 6.9,10; At 28.26,27; Rm 11.8; 2Co 3.14-16; comp. Jo 8.43; Ef 4.18
[z] Dt 8.4
[a] Dt 8.3
[b] Nm 21.21-24,33-35
[c] Gn 17.7,8; Êx 6.7
[d] Jr 31.31-33; Hb 8.7-10

17 Vós vistes entre elas as suas abominações e os seus ídolos de madeira e de pedra, de prata e de ouro.

18 Que entre vós não exista homem, nem mulher, nem família, nem tribo cujo coração hoje se desvie do Senhor, o nosso Deus, e vá servir aos deuses dessas nações; que entre vós [e]não exista raiz que produza frutos [f]venenosos e amargos.

19 Não aconteça que, ouvindo alguém as palavras desta maldição, invoque uma bênção sobre si mesmo e pense: Terei paz, ainda que persista em seguir o meu próprio caminho; para acrescentar à sede a bebedice.

20 O Senhor não lhe quererá perdoar, mas se inflamará de ira e de zelo contra esse homem, e todas as maldições escritas neste livro cairão sobre ele, e o Senhor apagará o seu nome de debaixo do céu.

21 O Senhor o separará de todas as tribos de Israel para entregá-lo à calamidade, segundo as maldições da aliança escritas no livro desta [g]lei.

22 Os vossos descendentes, os vossos filhos que se levantarem depois de vós, e o estrangeiro que vier de terras remotas [h]verão as pragas desta terra e as suas doenças com que o Senhor a afligirá.

23 [i]Toda a sua terra será abrasada com enxofre e sal, de sorte que não será semeada, e nada produzirá, nem nela crescerá erva alguma. Será [j]como a destruição de Sodoma e de Gomorra, de Admá e de Zeboim, que o Senhor destruiu na sua ira e no seu furor.

24 Todas as nações perguntarão: Por que o Senhor fez assim a esta terra? Qual a causa do furor e desta tão grande [k]ira?

25 Então se dirá: Porque abandonaram a aliança do Senhor, o Deus de seus pais, a qual com eles tinha feito quando os tirou do Egito.

26 Foram servir a outros deuses e prostraram-se diante deles, deuses desconhecidos, que o Senhor não lhes tinha dado.

27 Portanto se acendeu a ira do Senhor contra esta terra, para trazer sobre ela todas as maldições que estão escritas neste livro.

28 O Senhor os [l]tirou da sua terra com ira, com indignação, com grande furor, e os lançou em outra terra, como hoje se vê.

29 **As** coisas encobertas pertencem ao Senhor, o nosso Deus, mas as [m]reveladas pertencem a nós e a nossos filhos para sempre, para que cumpramos todas as palavras desta lei.

A restauração depende do arrependimento

30 Quando te sobrevierem todas estas [n]bênçãos e [o]maldições que pus diante de [p]ti, e te recordares delas entre todas as nações para onde te lançar o [q]Senhor, o teu Deus,

2 e te [r]converteres ao Senhor, o teu Deus, tu e teus filhos, de todo o teu coração e de toda a tua alma, e deres ouvidos à sua voz conforme tudo o que te ordeno hoje,

Sexta Aliança ou Aliança da Terra de Israel (v. 3, nota; comp. Gn 29)

3 [s]então o Senhor, o teu Deus, te fará [1]voltar do teu cativeiro, se compadecerá de ti e [t]tornará a ajuntar-te dentre todas as nações entre as quais te espalhou.

4 Ainda que os teus exilados estejam na extremidade dos céus, de lá os ajuntará o Senhor, o teu Deus, e [u]de lá os trará.

5 [2]O Senhor, o teu Deus, te trará à terra que teus pais possuíram, e a possuirás. Ele te abençoará e te multiplicará mais do que a teus pais.

6 O [v]Senhor, o teu Deus, circuncidará o teu coração e o coração dos teus descendentes, a fim de que ames ao Senhor, o teu Deus, de todo o coração e de toda a alma, para que vivas.

7 O Senhor, o teu Deus, porá todas estas [w]maldições sobre os teus inimigos e sobre os teus aborrecedores, que te perseguiram.

8 De novo darás ouvidos à voz do Senhor e [x]cumprirás todos os seus mandamentos que hoje te ordeno.

9 O Senhor, o teu Deus, te fará prosperar grandemente em toda a obra das tuas mãos, no fruto do teu ventre, na cria dos teus animais e no produto do teu solo. O Senhor tornará a [y]alegrar-se em ti para te fazer bem, como se alegrou em teus pais,

[e] Hb 12.15; comp. At 8.23
[f] Dt 32.32
[g] Dt 30.10
[h] Jr 19.8
[i] Dt 28.52
[j] Gn 19.24,25; Is 1.9; Os 11.8
[k] 1Rs 9.8,9
[l] 1Rs 14.15; Ez 19.12,13
[m] Inspiração: v. 29; Dt 31.24 (Êx 4.15; 2Tm 3.16)
[n] Dt 28.2
[o] Dt 28.15
[p] Israel (história): v. 1-7; Dt 31.19 (Gn 12.2; Rm 11.26)
[q] Reino (AT): v. 1-9; Dt 33.5 (Gn 1.26; Zc 12.8)
[r] Dt 4.29,30
[s] Oito Alianças: v. 1-9 (comp. Dt 28.63-68); 2Sm 7.8 (Gn 2.16; Hb 8.8)
[t] Cristo (segunda vinda): v. 3; Sl 2.9 (Dt 30.3; At 1.11, nota)
[u] Is 62.11,12
[v] Jr 32.39; Ez 11.19; 36.26
[w] Is 54.15-17; Jr 30.16,20; veja Gn 12.2, nota
[x] Sf 3.20; veja v. 3, nota
[y] Jr 32.41

[1] (30.3) A Aliança da Terra de Israel apresenta as condições sob as quais Israel entraria na Terra Prometida. É importante observar que a nação até esse momento não havia tomado a terra sob a Aliança Abraâmica, que era incondicional (veja Gn 12.2, *nota*), nem ainda possuiu toda a terra (comp. Gn 15.18 com Nm 34.1-12). A Aliança da Terra de Israel consta de sete partes: 1) a dispersão por causa da desobediência (v. 1 – Dt 28.63-68; veja Gn 15.18, *nota*); 2) o futuro arrependimento de Israel durante a dispersão (v. 2); 3) a volta do Senhor (v. 3 – Am 9.9-15; At 15.14-17); 4) a restauração à Terra Prometida (v. 5 – Is 11.11,12; Jr 23.3-8; Ez 37.21-25); 5) a conversão nacional (v. 6 – Os 2.14-16; Rm 11.26,27); 6) o julgamento dos opressores de Israel (v. 7 – Is 14.1,2; Jl 3.1-8; Mt 25.31-46); e 7) a prosperidade nacional (v. 9 – Am 9.11-15).

Notas sobre outras importantes alianças: Edênica (Gn 2.16); Adâmica (Gn 3.14); Noeica (Gn 9.16); Abraâmica (Gn 12.2); Mosaica (Êx 19.5); Davídica (2Sm 7.16); a Nova Aliança (Hb 8.8).

[2] (30.5) Nenhuma passagem das Escrituras tem tido tanta confirmação nos eventos da História do que Dt 28–30. No ano 70 d.C., a nação judaica foi dispersa pelo mundo por causa da desobediência e rejeição de Cristo. Na dispersão mundial, o povo experimentou exatamente os castigos profetizados por Moisés. Por outro lado, quando a nação andou de conformidade com a vontade de Deus, desfrutou da bênção e proteção de Deus. No século 20, o povo foi restaurado à sua pátria.

10 se deres ouvidos à voz do Senhor, o teu Deus,
guardando os seus mandamentos e os seus esta-
tutos escritos neste livro da lei, e te converteres
ao Senhor, o teu Deus, de todo o coração e de
toda a alma.

A escolha crucial

11 **O**ra, este mandamento, que hoje te ordeno,
não te é difícil demais nem está longe de ti.
12 Não está nos céus, para dizeres: Quem subirá
por nós aos [z]céus para trazê-lo e proclamá-lo a
nós a fim de que o cumpramos?
13 Nem está do outro lado do mar, para dizeres:
Quem atravessará por nós o mar para que o traga
a nós e o faça ouvir, para que o cumpramos?
14 Pois esta palavra está muito perto de ti, na
tua [a]boca e no teu coração, para a cumprires.
15 **V**ê, hoje te proponho a vida e o bem, a
morte e o mal.
16 Pois hoje te ordeno que ames o Senhor,
o teu Deus, andes nos seus caminhos e guar-
des os seus mandamentos, estatutos e leis;
então, viverás e te multiplicarás, e o Senhor,
o teu Deus, te abençoará na terra que pas-
sas a possuir.
17 Se, porém, o teu coração se desviar, e não
quiseres dar ouvidos, e fores seduzido, e te incli-
nares a outros deuses, e lhes prestares culto,
18 eu te anuncio hoje que certamente perece-
rás. Não prolongarás os dias na terra à qual vais,
passando o Jordão, para a possuíres.
19 Os céus e a terra tomo hoje por [b]testemunhas
contra ti, que te propus a vida e a morte, a bên-
ção e a maldição. Agora escolhe a vida, para que
vivas, tu e os teus filhos,
20 amando o Senhor, o teu Deus, dando ouvi-
dos à sua voz e [c]apegando-te a ele. Pois ele é a
tua [d]vida e ele te dará muitos anos na terra que
jurou dar a teus pais, Abraão, Isaque e Jacó.

V. Conclusão: Palavras finais e últimos atos de Moisés; sua morte, 31—34

Os últimos conselhos de Moisés à nação, a Josué e aos sacerdotes

31 **E**m seguida, Moisés dirigiu estas palavras
a todo o Israel:
2 Tenho hoje [e]cento e vinte anos e já não posso
[f]conduzir-vos. O Senhor me disse: Não atraves-
sarás o Jordão.
3 O Senhor, o teu Deus, é quem passará adiante
de ti. Ele destruirá estas nações de diante de ti,
para que possuas as suas terras. [g]Josué passará
adiante de ti, como o Senhor disse.
4 O Senhor lhes fará como fez a Seom e a Ogue,
reis dos amorreus, aos quais destruiu com a
sua terra.
5 Quando o Senhor vos entregar estas nações,
[h]procedereis com elas segundo todo o manda-
mento que vos tenho ordenado.
6 [i]Esforçai-vos e animai-vos. Não temais nem
vos espanteis diante deles, pois o Senhor,
o teu Deus, que vai contigo, [j]não te deixará nem
te desamparará.
7 Chamou Moisés a Josué e lhe disse diante de
todo o [k]Israel: Esforça-te e anima-te, pois com
este povo entrarás na terra que o Senhor jurou
a teus pais que lhes daria, e tu os farás herdá-la.
8 O Senhor é quem vai adiante de ti; [l]ele será
contigo, nunca te deixará, jamais te desampa-
rará. Não temas. Não te espantes.

A Lei deve ser lida ao povo de sete em sete anos

9 **M**oisés escreveu esta lei e a [m]entregou aos
sacerdotes, filhos de Levi, que [n]levavam a arca da
aliança do Senhor, e a todos os líderes de Israel.
10 Ordenou-lhes Moisés: Ao fim de cada sete
anos, ao chegar o [o]ano da remissão, na festa
dos tabernáculos,
11 quando todo o Israel vier [p]apresentar-se
diante do Senhor, o teu Deus, no [q]lugar que ele
escolher, [r]lerás esta lei diante de todo o Israel
para que a ouçam.
12 Reunireis o povo, homens, mulheres e crian-
ças, e os estrangeiros que se acharem nas vossas
cidades, para que ouçam, aprendam a [s]temer
ao Senhor, o vosso Deus, e tenham cuidado de
observar todas as palavras desta lei.
13 Os seus filhos, que não a souberem, ouçam
e aprendam a temer ao Senhor, o vosso Deus,
todos os dias que viverdes na [t]terra de que toma-
rão posse depois de passardes o Jordão.

Deus dá a Josué o encargo do povo

14 **D**isse o Senhor a Moisés: Ora, está próximo
o dia da tua morte. Chama a Josué e apresentai-
-vos na tenda da congregação, para que eu lhe dê
[u]ordens. Assim Moisés e Josué foram e se apre-
sentaram na tenda da congregação.

O Senhor adverte Moisés da [v]apostasia de Israel

15 Então o Senhor apareceu na tenda, na [w]co-
luna de nuvem, que parou à entrada da tenda.
16 **D**isse o Senhor a Moisés: Dormirás com
teus pais. Este povo se levantará e se prostituirá
com os deuses estrangeiros da terra para onde
está indo. Eles me deixarão e anularão a minha
aliança que fiz com eles.
17 Nesse dia, a minha ira se [x]acenderá contra
eles. Eu os desampararei e deles esconderei o
meu rosto, para que sejam devorados. Tantos
males e angústias os alcançarão, que dirão
naquele dia: Não nos alcançaram estes males
por não estar o nosso Deus no meio de nós?

[z] Comp. Rm 10.6,7
[a] Rm 10.8
[b] v. 15; comp. Dt 4.26
[c] Dt 10.20
[d] Jo 11.25; 14.6; Cl 3.4
[e] Dt 34.7; comp. Êx 7.7
[f] Comp. Nm 27.17; Js 14.11
[g] Nm 27.18
[h] Dt 7.2; 20.10-20
[i] Js 10.25; 1Cr 22.13
[j] Hb 13.5
[k] Nm 27.19
[l] Js 1.5,9; 1Cr 28.20
[m] Dt 17.18
[n] Dt 10.8
[o] Dt 15.1,2
[p] Dt 16.16
[q] Dt 12.5
[r] Js 8.34,35
[s] Veja Sl 19.9, nota
[t] Dt 12.1
[u] v. 23; Nm 27.19; Dt 3.28
[v] Comp. 1Tm 4.1-3; 2Tm 3.1-8; Jd 4-19
[w] Êx 33.9
[x] Jz 2.14

18 E esconderei totalmente o meu rosto naquele dia, por todo o mal que tiverem feito, por se haverem tornado a outros deuses.

19 Agora, escrevei para vós este cântico e ensinai-o aos filhos de [y]Israel; ponde-o na sua boca, para que este cântico me sirva por testemunha contra os filhos de Israel.

20 Quando eu tiver introduzido este povo na terra que, com juramento, prometi a seus pais, terra em que manam leite e mel, e, quando tiverem comido e se tiverem fartado e [z]engordado, eles se voltarão para outros deuses e os servirão, irritando-me e anulando a minha aliança.

21 E, quando o tiverem atingido muitos males e angústias, este cântico dará testemunho contra eles, pois não será esquecido pelos seus descendentes. Eu conheço a sua imaginação, o que eles fazem hoje antes que os introduza na terra que, sob juramento, lhes prometi.

22 Assim Moisés escreveu este [a]cântico naquele dia e o ensinou aos filhos de Israel.

23 **O**rdenou o Senhor a Josué, filho de Num: Esforça-te e anima-te, pois farás entrar os filhos de Israel na terra que, com juramento, lhes prometi, e eu serei contigo.

24 **Q**uando Moisés acabou de [1][b]escrever todas as [c]palavras desta lei,

25 deu ordem aos levitas, que levavam a arca da aliança do Senhor:

26 Tomai este livro da lei e ponde-o ao lado da arca da aliança do Senhor, o vosso Deus, para que ali esteja por testemunha contra ti.

27 Pois conheço a tua [d]rebeldia e a tua [e]obstinação. Se, vivendo eu ainda hoje convosco, sois rebeldes contra o Senhor, quanto mais depois da minha morte.

28 Ajuntai perante mim todas as autoridades das vossas tribos e os vossos líderes, pois quero falar-lhes estas palavras, e [f]tomar contra eles os céus e a terra por testemunhas.

29 Pois [g]sei que depois da minha morte certamente vos corrompereis e vos [h]desviareis do caminho que vos ordenei. Então este mal vos alcançará nos [i]últimos dias, quando fizerdes mal aos olhos do Senhor, provocando-o à ira com a obra das vossas mãos.

30 **E** Moisés proferiu todas as palavras deste cântico aos ouvidos de toda a congregação de Israel:

[y] Israel (história): v. 16-23; Dt 32.8 (Gn 12.2; Rm 11.26)
[z] Dt 32.15,17
[a] v. 19,21; 32.1-44
[b] Veja 2Rs 22.8, nota
[c] Inspiração: v. 24; 2Sm 23.2 (Êx 4.15; 2Tm 3.16)
[d] Dt 9.7; Ne 9.26
[e] Dt 10.16; 2Rs 17.14
[f] Dt 30.19
[g] Comp. Jz 2.19; At 20.29
[h] Jz 2.17
[i] Dt 4.30; comp. Is 2.2; veja At 2.17, nota
[j] Dt 4.26; Is 1.2
[k] Is 55.10,11; 1Co 3.6-8
[l] Dt 28.58
[m] Êx 33.19
[n] Cristo (Rocha): v. 4,15,30,31; 2Sm 23.3 (Gn 49.24; 1Pe 2.8)
[o] Dn 4.37; Ap 15.3
[p] Dt 7.9
[q] Dt 31.29
[r] Comp. 2Pe 2.13
[s] Êx 4.22; Dt 1.31
[t] Sl 44.1
[u] Sl 78.5-8
[v] Gn 11.8; At 17.26
[w] Israel (história): v. 8,9; Dt 34.1 (Gn 12.2; Rm 11.26)
[x] Jr 2.6; Os 13.5
[yy] Zc 2.8

Cântico de Moisés

32 Inclinai os ouvidos, ó céus, e falarei,
e a [j]terra ouça as palavras da
minha boca.
2 Goteje a [k]minha doutrina como a chuva,
destile o meu dito como o orvalho,
como chuvisco sobre a erva,
e como gotas de água sobre a relva.
3 [l]Apregoarei o [m]nome do Senhor.
Engrandecei o nosso Deus.
4 Ele é a [n]Rocha, cuja obra é perfeita,
e todos os seus caminhos são [o]justos.
Deus é a [p]verdade, e não
há nele injustiça.
Ele é justo e reto.
5 [q]Corromperam-se contra ele;
já não são seus filhos,
e isso é a sua [r]mancha;
geração perversa e depravada é.

A escolha e a proteção de Deus

6 É assim que recompensas ao Senhor,
povo louco e ignorante?
Não é ele teu [s]Pai,
que te adquiriu, que te fez e te estabeleceu?
7 [t]Lembra-te dos dias antigos,
atenta para os anos de cada geração!
[u]Pergunta a teus pais, e eles te ensinarão,
aos teus líderes, e eles te dirão.
8 Quando o Altíssimo [v]distribuía
as [w]heranças às nações,
quando separava os filhos dos homens,
fixou os limites dos povos,
segundo o número dos filhos de Israel.
9 Pois a porção do Senhor é o seu povo;
Jacó é a sua parte, a sua herança.
10 Achou-o [x]numa terra deserta,
numa terra árida e de ventos uivantes.
Rodeou-o, instruiu-o,
guardou-o como a [yy]menina dos seus olhos.

---

[1] (31.24) Certos críticos têm negado que Moisés seja o autor de Deuteronômio. 1) Destacam a diferença de estilo em relação aos livros precedentes. 2) Declaram que este tem de ser o livro que Josias encontrou e que foi a causa de sua grande reforma (2Rs 22.8–23.27), alegando que a destruição que Josias fez dos lugares altos, centralizando o culto em Jerusalém, foi algo totalmente novo e fundamentado em Dt 12. 3) Dizem que as leis de Deuteronômio diferem em certos pontos daquelas nos quatro primeiros livros do Pentateuco.

Há respostas para estas objeções: 1) A diferença de estilo é facilmente explicada pelo fato de Deuteronômio consistir em discursos formais e exortações orais feitas por Moisés, e o estilo deles, por certo, não seria semelhante ao da narrativa escrita e da lei técnica. 2) A centralização do lugar de culto feita por Josias não era algo novo. Cem anos antes, Ezequias havia instituído uma reforma semelhante, e Js 22 mostra conhecimento da mesma lei no tempo de Josué. 3) Quanto às diferenças nas leis entre as seções anteriores do Pentateuco e de Deuteronômio, essas divergências podem ser explicadas pelo fato de ter sido necessário que Moisés não apenas reiterasse a lei geral aplicável ao povo sob todas as situações, mas também que repetisse certas leis, para que se ajustassem às mudanças de condição de Israel na nova terra em que haveria de se fixar e se espalhar. Veja *notas* em Êx 17.14; Dt 34.12.

11 Como a águia desperta a sua ninhada,
paira sobre os seus filhotes e,
estendendo as suas asas, toma-os
e leva-os sobre as asas,
12 assim só o Senhor o guiou,
e não havia com ele deus estranho.
13 Ele o fez cavalgar sobre as alturas da terra
e o alimentou com os produtos
do campo.
Ele o fez sugar mel da rocha
e azeite do penhasco pedregoso,
14 coalhada das vacas e leite de ovelhas,
com a gordura dos cordeiros,
dos carneiros que pastam
em Basã e dos bodes,
com o mais escolhido trigo.
Bebeste o sangue das uvas,
o vinho puro.

O perigo da apostasia e o juízo

15 Engordando-se [z]Jesurum, deu coices;
engordou-se, engrossou-se,
cobriu-se de gordura
e deixou Deus, que o fez,
desprezando a Rocha da sua salvação.
16 Com deuses estranhos o
provocaram a zelos;
com abominações o irritaram.
17 Sacrifícios ofereceram aos
[a]demônios, não a Deus;
a deuses que não haviam conhecido,
novos deuses recém-chegados,
aos quais vossos pais não veneraram.
18 Abandonaste [b]a Rocha que te gerou
e te esqueceste do Deus que te formou.
19 [c]Ao ver isso, o Senhor se irritou,
provocado à ira por
seus filhos e suas filhas,
20 e disse: Esconderei deles o meu rosto
e verei qual será o seu fim;
pois são uma geração perversa,
filhos sem lealdade.
21 A [d]ciúmes me provocaram com
aquilo que não é Deus
e com os seus ídolos me
provocaram à ira.
Também farei que tenham ciúmes
daquele que não é povo;
com nação louca os despertarei à ira.
22 Pois um fogo se acendeu na minha ira,
e arderá até o mais profundo
do [e]inferno.
Devorará a terra com seus produtos
e consumirá os fundamentos
das montanhas.
23 Males [f]amontoarei sobre eles,
e as minhas setas esgotarei contra eles.

[z] O que é reto. Nome poético para Israel que o designa com o caráter ideal
[a] Sl 106.37; 1Co 10.20
[b] Is 17.10
[c] Jz 2.14
[d] Rm 10.19
[e] Veja Hc 2.5, nota
[f] Dt 29.24
[g] Lv 26.22
[h] Ez 20.23
[i] Is 10.12-15
[j] Sl 81.13
[k] Dt 31.29
[l] Jz 2.14; Sl 44.12; comp. Js 23.10
[m] 1Sm 4.7,8; Jr 40.2,3; comp. 1Sm 2.2
[n] Rm 12.19; Hb 10.30
[o] Sl 106.45
[p] Veja Zc 8.14, nota
[q] Jr 2.28
[r] Veja Sl 2.12, nota

24 Consumidos serão pela fome,
e devorados pela febre e peste violenta;
enviarei contra eles o [g]dente das
feras e o veneno ardente das serpentes
que se arrastam no pó.
25 Por fora devastará a espada,
e por dentro o pavor;
tanto ao jovem como à virgem,
assim à criança de
peito como ao homem encanecido.
26 [h]Eu teria dito: Por todos os
cantos os espalharei;
farei cessar a sua memória entre
os homens,
27 se não receasse a arrogância do inimigo,
para que os seus
adversários não se iludam
e digam: A [i]nossa mão triunfa;
não foi o Senhor quem fez tudo isso.
28 O meu povo é gente que
perdeu o bom senso,
e neles não há entendimento.
29 [j]Quem dera fossem sábios!
Então, entenderiam isso e
atentariam para o [k]fim que os espera.
30 Como poderia um só perseguir mil,
e dois colocarem em fuga dez mil,
se a sua Rocha não os tivesse [l]vendido,
e o Senhor não os tivesse entregado?
31 Pois a rocha deles não é
como a nossa Rocha;
[m]os próprios inimigos o confirmam.
32 A sua vinha é a vinha de Sodoma
e provém dos campos de Gomorra.
As suas uvas estão cheias de veneno,
e os seus cachos são amargos.
33 O seu vinho é ardente veneno de répteis
e peçonha cruel de víboras.
34 Não está isto guardado comigo
e selado nos meus tesouros?
35 A mim pertencem a vingança
e a [n]recompensa,
ao tempo em que seus pés resvalarem;
o dia da sua ruína está próximo,
e as coisas que lhes hão de
suceder se apressam a chegar.
36 O Senhor fará justiça ao seu [o]povo
e terá [p]compaixão dos seus servos,
quando vir que a sua força se foi,
e já não há nem escravo nem livre.
37 Então dirá: Onde estão os seus [q]deuses,
a rocha em que [r]confiavam,
38 os deuses que comiam as gorduras de suas
vítimas e bebiam o vinho
de suas libações?
Levantem-se eles e vos ajudem,
para que haja esconderijo para vós.

39 Vede agora que Eu sou, [s]Eu somente,
e não há outro Deus além de mim.
[t]Eu causo a morte e restituo a vida;
eu firo e eu saro, e não há quem
possa livrar das minhas mãos.
40 Levanto a mão aos céus
e juro por minha vida eterna:
41 Se eu afiar a minha espada reluzente
e a minha mão empunhá-la para o juízo,
eu me vingarei dos meus [u]inimigos
e retribuirei aos que me odeiam.
42 Embeberei as minhas setas de sangue,
e a minha espada se fartará de carne:
o sangue dos mortos e dos cativos,
e as cabeças dos líderes dos inimigos.
43 Regozijai-vos, ó nações, com o seu povo,
pois o Senhor vingará o sangue dos
seus servos,
ele se vingará dos seus inimigos
e purificará a sua terra e o seu povo.
44 **A**companhado de [v]Josué, filho de Num,
Moisés veio e proferiu todas as palavras deste
cântico aos ouvidos do povo.
45 Acabando Moisés de falar todas as palavras
deste cântico a todo o Israel,
46 disse-lhes: Guardem no vosso coração todas
as palavras que hoje vos proclamo e ensinai-as
a vossos [w]filhos, para que tenham cuidado de
cumprir todas as palavras desta lei.
47 Ela não é para vós uma palavra vã; antes é a
vossa [x]vida. Cumprindo-a, prolongareis os dias
na terra que, passando o Jordão, ides a possuir.

Moisés recebe ordem de subir ao monte Nebo

48 **N**aquele mesmo dia, disse o
Senhor a Moisés:
49 [y]Sobe à cadeia de montanhas de Abarim,
ao monte Nebo, que está na terra de Moabe, em
frente de Jericó, e contempla a terra de Canaã,
que eu dou aos filhos de Israel por propriedade.
50 Morrerás no monte a que vais subir e serás
recolhido ao teu povo, assim [z]como Arão, teu irmão,
morreu no monte Hor e foi recolhido ao seu povo,
51 pois [a]fostes infiéis a mim na presença dos
filhos de Israel, nas águas de Meribá, em Cades,
no deserto de Zim, não santificando o meu
nome no meio deles.
52 Pelo que [b]verás a terra diante de ti, mas não
entrarás nela, na terra que dou aos filhos de Israel.

A bênção de Moisés

33 **E**sta é a [c]bênção com que Moisés, homem
de Deus, antes de morrer, abençoou os
filhos de Israel.

[s] Is 41.4
[t] 1Sm 2.6
[u] Is 1.24; Jr 50.28-32
[v] Comp. Nm 13.8,16
[w] Dt 11.19
[x] Dt 30.15-20
[y] Nm 27.12-14
[z] Nm 33.38
[a] Nm 20.12
[b] Dt 34.1-5
[c] Comp. Gn 49.28
[d] Êx 19.18,20
[e] Dt 2.1,4
[f] Nm 10.12
[g] Comp. Dn 7.10
[h] Jo 1.17; 7.19
[i] Reino (AT): v. 4,5; Js 1.1 (Gn 1.26; Zc 12.8)
[j] Gn 49.3
[k] Gn 49.8-12
[l] Gn 49.5
[m] Veja Êx 28.30, nota
[n] Êx 17.1-7; 28.30; Nm 20.2-13; Sl 106.14
[o] Provar-Tentar: v. 8,9; Jz 6.39 (Gn 3.1; Tg 1.14)
[p] Êx 32.26-29; Nm 25.5-8
[q] Gn 49.22-26

2 Disse ele:
O Senhor veio de [d]Sinai
e lhes alvoreceu de [e]Seir,
resplandeceu desde o [f]monte Parã.
Veio das [g]miríades de santos;
à sua direita havia para eles o fogo da lei.
3 Na verdade, amas os povos;
todos os santos estão na tua mão.
Eles se colocam a teus pés
e recebem das tuas palavras.
4 [h]Moisés prescreveu-nos a lei
por herança da assembleia de Jacó.
5 Ele foi [i]rei em Jesurum,
quando se congregaram os chefes do povo
com as tribos de Israel.

As bênçãos das tribos

6 Viva [j]Rúben, e não morra;
e que os seus homens sejam numerosos.
7 Isto é o que disse de [k]Judá:
Ouve, ó Senhor, a voz de Judá;
coloca-o no meio do seu povo.
As suas mãos lhe bastem,
e tu lhe sejas em ajuda contra os
seus inimigos.
8 De [l]Levi disse:
Dá, ó Deus, o teu [m]Tumim e o teu Urim
ao homem que te é [1]fiel,
[n]que tu [o]provaste em Massá,
com quem contendeste nas águas
de Meribá.
9 [p]Ele disse a seu pai e a sua mãe:
Nunca os vi.
Não conheceu a seus irmãos,
não estimou a seus filhos,
mas guardou a tua palavra
e observou a tua aliança.
10 Ele ensina os teus juízos a Jacó e a tua
lei a Israel.
Ele oferece incenso diante de ti
e holocausto sobre o teu altar.
11 Abençoa os seus esforços, ó Senhor,
e que a obra das suas mãos te agrade.
Fere os lombos dos que
se levantam contra ele e o aborrecem,
para que nunca mais se levantem.
12 De Benjamim disse:
O amado do Senhor habitará seguro com ele;
todo o dia o protegerá,
e descansará nos seus braços.
13 De [q]José disse:
Bendita do Senhor seja a sua terra,
com o melhor do céu, o orvalho,
e com as águas das profundezas;

[1] (33.8) As palavras hebraicas geralmente traduzidas por "santo" são *qadosh* e *qodesh*, que significam *separado*. Aqui, o vocábulo hebraico traduzido por "amado" é *chasid*, que denota *bondoso, piedoso, cheio de graça* e *santo*. Veja *notas* em Zc 8.3; Mt 4.5 e Ap 22.11.

14 com os tesouros que o sol amadurece
e com o que germina
durante cada lua;
15 com os produtos preciosos dos
montes antigos,
com o mais excelente dos
outeiros eternos;
16 com as delícias do solo e da
sua plenitude
e com a benevolência daquele
[r]que habita na sarça ardente.
Que tudo isso repouse sobre a cabeça
de José,
sobre a fronte do escolhido
de seus irmãos.
17 Em majestade ele é como o primogênito
do touro,
e seus [1]chifres são como os de um
boi selvagem.
Com eles ferirá os povos,
todos juntos, até as extremidades
da terra.
Tais são as miríades de Efraim,
e tais são os milhares de Manassés.
18 De [s]Zebulom disse:
Zebulom, alegra-te nas tuas saídas,
e tu, Issacar, nas tuas tendas.
19 Os dois [t]convidarão os povos ao monte
e ali oferecerão ofertas de justiça;
sugarão a abundância dos mares
e os tesouros escondidos na areia.
20 De Gade disse:
Bendito seja aquele que amplia Gade!
Ele habita como a leoa
e despedaça o braço e a cabeça.
21 Ele se proveu do melhor;
ali estava escondida a porção do chefe.
Ele se tornou líder do povo,
executou a [u]justiça do Senhor
e os seus juízos para com Israel.
22 De [v]Dã disse:
Dã é leãozinho;
saltará de Basã.
23 De [w]Naftali disse:
Ó Naftali, saciado com a benevolência
e cheio de bênçãos do Senhor,
o sul do lago será a sua posse.
24 De [x]Aser disse:
Bendito entre os filhos é Aser!
Agrade a seus irmãos
e banhe o pé em azeite.
25 De ferro e bronze são os teus ferrolhos,
e a tua paz durará como os teus dias.

[r] Êx 3.2-4; At 7.30-35
[s] Gn 49.13-15
[t] Comp. Is 2.3
[u] Js 4.12
[v] Gn 49.16,17
[w] Gn 49.21
[x] Gn 49.20
[y] Sl 68.33,34
[z] Sl 91.2,9
[a] Jr 23.6; 33.16
[b] Nm 23.9
[c] Dt 4.32-34
[d] Dt 32.49
[e] Israel (história): v. 1-5; Js 3.9 (Gn 12.2; Rm 11.26)
[f] Nm 34.6; Dt 11.24
[g] Veja Gn 12.9, nota
[h] Nm 12.7
[i] Jd 9
[j] Dt 31.2
[k] Gn 50.3
[l] Comp. Nm 20.29
[m] Nm 27.18; comp. At 6.5
[n] Espírito Santo (AT): v. 9; Jz 3.10 (Gn 1.2; Zc 12.10)
[o] Nm 27.23; comp. 1Tm 4.14

26 Não há outro, ó Jesurum,
semelhante a Deus,
que [y]cavalga sobre os céus
para a tua ajuda
e com a sua alteza sobre as mais
altas nuvens.
27 O Deus eterno é a tua [z]habitação
e teu apoio são os braços eternos.
Ele expulsa o inimigo de diante de ti
e diz: Destrói-o.
28 Portanto, [a]Israel [b]habitará em segurança,
e a fonte de Jacó a sós,
na terra do grão e do vinho novo,
onde os céus destilarão orvalho.
29 Bem-aventurado és tu, ó Israel!
Quem é como [c]tu, povo salvo pelo Senhor?
Ele é o teu escudo e a tua ajuda,
a espada da tua glória.
Assim os teus inimigos te serão sujeitos,
e tu pisarás sobre os seus altos.

Moisés vê a terra prometida

34 **E**ntão [d]subiu Moisés das campinas de
Moabe ao monte Nebo, ao cume do
Pisga, que está em frente de Jericó. Ali o Senhor
[e]mostrou-lhe toda a terra desde Gileade até Dã.
2 Todo o Naftali, e a terra de Efraim e Manassés;
toda a terra de Judá até o mar [f]ocidental;
3 e o [g]Neguebe e a campina do vale de Jericó, a
cidade das palmeiras até Zoar.
4 Então disse o Senhor: Esta é a terra que,
sob juramento, prometi a Abraão, a Isaque e a
Jacó, dizendo: À tua descendência a darei. Eu te
faço vê-la com os teus próprios olhos, mas nela
não entrarás.

Moisés morre

5 Assim, Moisés, [h]servo do Senhor, morreu ali,
na terra de Moabe, como disse o Senhor.
6 Este o sepultou num vale, na terra de Moabe,
em frente de Bete-Peor, mas [i]ninguém sabe, até
hoje, onde fica a sepultura.
7 Tinha Moisés a idade de [j]cento e vinte anos
quando morreu; contudo, a sua vista não se
havia escurecido, nem se lhe havia fugido o vigor.
8 Os filhos de Israel choraram por Moisés
nas campinas de Moabe por [k]trinta dias, até que se
cumpriram os [l]dias do pranto de luto por Moisés.
9 **O**ra, Josué, filho de Num, estava [m]cheio do [n]es-
pírito de sabedoria, porque Moisés tinha [o]posto
sobre ele as suas mãos. Assim os filhos de Israel
lhe deram ouvidos e fizeram como o Senhor
ordenara a Moisés.

---

[1] (33.17) As palavras “chifres” ou “pontas” (AT, *qeren*; NT, *keras*) são usadas nas Escrituras tanto literal como figurativamente. Neste último sentido, aparecem pelo menos três significados: 1) força em geral (Dt 33.17), 2) orgulho arrogante (Sl 75.4,5) e 3) poder político e militar (Dn 8.20,21). Por vezes, encontram-se traduzidas como poder, fronte, buzina, força, cabeça ou poderoso.

10 Nunca mais se levantou em Israel profeta
algum [p]como Moisés, [q]a quem o Senhor conhe-
cesse face a face,
11 no que se refere a todos os sinais e maravi-
lhas que o Senhor o enviou para fazer na terra
do Egito, a faraó, a todos os seus servos e a toda
a sua terra,
12 e no que se refere à sua mão poderosa e aos
grandes e magníficos feitos que realizou na pre-
sença de todo o [1]Israel.

[p] Dt 18.15,18
[q] Êx 33.11; Nm 12.6,8

[1] (34.12) Tem-se perguntado se Moisés escreveu a narrativa de sua morte. Embora fosse totalmente possível que o Senhor tenha ordenado a Josué acrescentar este relato ao que Moisés já tinha escrito, também é igualmente possível que ele orientasse Moisés a escrever com antecedência, uma vez que já lhe havia revelado a forma e o tempo de sua morte iminente. Veja *notas* em Êx 17.14; Dt 31.24.

OS LIVROS HISTÓRICOS

Os doze livros históricos do Antigo Testamento (Js–Et) são intitulados "históricos" para contrastar com o restante do AT, denominado de Lei (Gn–Dt), Livros Poéticos (Jó–Ct) e Livros Proféticos (Is–Ml). Leis divinas, história e profecias, assim como exortações, encontram-se, naturalmente, em todo o AT. A exatidão dos livros históricos, embora questionada por alguns críticos, tem sido repetidamente confirmada nos tempos modernos pela descoberta de evidências extrabíblicas.

Os livros históricos relatam o surgimento e a queda da teocracia, os cativeiros de Israel e Judá, o retorno à Terra Prometida (Gn 15.18-21; Ed 2.1) e a restauração do templo e da cidade de Jerusalém. Cronologicamente, os livros históricos chegam até a época de Malaquias. Em contraste, os livros proféticos predizem o juízo de Deus sobre o pecado, exortam o povo de cada geração à fé e à justiça e guardam, mesmo ante a desobediente nação de Israel, a radiante descrição da futura restauração, glória, honra e paz nacionais no reinado do seu Messias.

O programa histórico e profético de Israel pode ser dividido em oito partes:

I. Do chamamento de Abraão ao Êxodo (Gn 12.1–Êx 12.51; comp. At 7). Nesse período, a Aliança Abraâmica foi firmada e parcialmente cumprida com a formação de Israel como uma grande nação. (Crê-se que os acontecimentos do livro de Jó ocorreram nesse período e que o livro documenta a revelação divina e o profundo pensamento filosófico e religioso daqueles dias.)

II. Do Êxodo até a morte de Josué. Nesse período, no qual Israel recebeu a Lei, a história da libertação de Israel do Egito, a peregrinação no deserto e a posse da Terra Prometida são apresentadas em Êxodo, Números, Deuteronômio, Josué e também em porções de Levítico. Moisés, Arão e Josué são os principais personagens históricos.

III. O período dos juízes, da morte de Josué até a escolha de Saul, é desenvolvido em Juízes, Rute e 1Samuel 1.1–10.24. Esse período é caracterizado por ciclos de apostasia, juízo divino, arrependimento e restauração. Entretanto, como se vê em Rute, um remanescente fiel permaneceu. Israel é resgatado do caos moral, espiritual e político pelo profeta Samuel, que, como o último dos antigos profetas, empossou o primeiro dos reis, Saul.

IV. O período dos reis, de Saul até os cativeiros, é descrito em 1Samuel 10.25–31.13, 2Samuel, 1 e 2Reis e 1 e 2Crônicas. A glória e o poder do reino nos tempos de Davi e Salomão declinaram durante os reinos divididos de Israel e Judá e foram acompanhados por um completo fracasso espiritual.

V. O período dos cativeiros. Esse tempo de castigo divino, predito por Moisés e os profetas, é desenvolvido em Jeremias, Lamentações, Ezequiel, Daniel e Ester. O cativeiro de Judá (586 a.C.) deu início ao profeticamente importante "tempos dos gentios" (Lc 21.24), durante o qual Jerusalém tem estado sob controle gentio.

VI. O período da restauração parcial da nação de Israel até a morte, ressurreição e ascensão de Cristo. A história inspirada desse período encontra-se em Esdras, Neemias, nos escritos proféticos de Ageu, Zacarias e Malaquias no AT, e nos Evangelhos no NT. No final desse período, Cristo, o prometido Rei da Aliança Davídica e o Descendente das Alianças Adâmica e Abraâmica, foi rejeitado como Rei e Salvador, foi crucificado, ressuscitou dos mortos e subiu ao céu. Esses tremendos eventos também marcaram o final das 69 semanas proféticas de Daniel 9.24-27.

VII. O período da Igreja, do Pentecostes ao arrebatamento, durante o qual o programa nacional de Israel é colocado de lado. Historicamente, esse período é apresentado em Atos e, teologicamente, em porções dos Evangelhos e nas Epístolas. Na época inicial desse período, Jerusalém foi destruída (70 d.C.), e Israel começou sua terceira e última dispersão. Durante o período da Igreja, todas as prioridades e distinções nacionais foram suspensas, enquanto crentes judeus e gentios têm a mesma posição no corpo de Cristo, que é um só (1Co 12.13; Ef 3.6).

VIII. A história posterior de Israel é apresentada profeticamente e começa com o cumprimento da septuagésima semana de Daniel 9.27, cuja segunda metade é a grande tribulação (Dn 12.1; Mt 24.21). A tribulação terminará com a segunda vinda de Cristo em poder e glória para julgar a terra e reinar nela por m il anos, uma época em que Israel será restaurado a um lugar de privilégio e glória. Da mesma maneira, ao final do milênio, Israel terá sua parte no estado eterno e continuará ilustrando a fidelidade e a justiça de Deus por toda a eternidade.

- **Autor:** Josué
- **Tema:** A conquista de Canaã
- Escrito no século XIV a.C.

JOSUÉ

JOSUÉ registra as campanhas militares realizadas por Josué para conquistar a Terra Prometida e termina com instruções detalhadas para a divisão da terra entre as tribos. É o primeiro livro da Bíblia que leva o nome de seu personagem principal. Quando jovem, Josué havia prestado serviço no tabernáculo (Êx 33.11). Ele e Calebe foram os dois entre os doze espias que trouxeram um relatório favorável sobre a Terra Prometida (Nm 14.6-9,30). Quase ao final das peregrinações, Moisés recebeu direção divina para nomear Josué, "homem em quem há o Espírito" (Nm 27.18-23; Dt 1.38), como seu sucessor. Josué e Calebe "perseveraram em seguir ao Senhor" (Nm 32.12).

Israel entrou na terra de Canaã com a promessa da terra, a presença do Senhor, a lei do Senhor e a liderança de Josué. Com tudo isso, os israelitas deveriam ter tido sucesso em todos os aspectos, mas a desobediência levou-os à derrota. Os acontecimentos narrados aqui cobrem cerca de trinta anos. O livro ilustra o princípio de que o filho de Deus terá conflitos com os poderes do mal e com o próprio Satanás se seriamente se comprometer em tomar posse de tudo o que Deus lhe prometeu nesta terra (Ef 1.3; 6.10-18).

Josué pode ser dividido da seguinte maneira: I. Preparativos para entrar na terra de Canaã, 1–5. II. A conquista da terra, 6–12. III. A distribuição dos territórios entre as tribos, 13–22. IV. A mensagem final e a morte de Josué, 23–24.

I. Preparativos para entrar na terra de Canaã, 1–5

Josué substitui Moisés como líder de Israel (Dt 34.9)

1 Depois da [a]morte de [b]Moisés, servo do Senhor,
[1]disse o Senhor a [2][c]Josué, [d]filho de Num, auxi-
liar de Moisés:
2 Moisés, meu [e]servo, é morto. Levanta-te
agora, passa este Jordão, tu e todo este povo, à
terra que eu dou aos filhos de Israel.
3 [f]Todo o lugar que pisar a planta do vosso
pé, eu o tenho dado a vós, [g]como prome-
ti a Moisés.
4 Desde o deserto e o Líbano até o grande rio,
o rio Eufrates, toda a terra dos [h]heteus e até o
grande mar para o poente será o vosso termo.
5 Ninguém te poderá resistir todos os dias
da tua vida. Como fui com Moisés, assim
[i]serei contigo; nunca te deixarei, jamais te
desampararei.
6 [j]Esforça-te e tem bom ânimo, porque tu farás
a este povo herdar a [3]terra que jurei a seus pais
lhes daria.
7 Tão somente esforça-te e sê muito cora-
joso. Cuida em fazer conforme toda a lei que
meu servo Moisés te [k]ordenou; dela não te [l]des-
vies, nem para a direita nem para a esquerda,
para que sejas bem sucedido por onde quer
que andares.
8 Não se afaste da tua boca o [m]livro desta
lei; [n]medita nele dia e noite, para que tenhas
cuidado de fazer conforme tudo o que nele está
escrito. Então farás prosperar o teu caminho e
serás bem sucedido.
9 Não te mandei eu? Esforça-te e tem bom
ânimo. Não pasmes, nem te espantes, porque
o Senhor, o teu Deus, é contigo por onde quer
que andares.

Josué assume o comando

10 Então Josué ordenou aos oficiais do povo:
11 Passai pelo meio do acampamento e dizei
ao povo: Provede-vos de comida. Dentro de
três dias passareis este Jordão, para ocupar-
des a terra que vos dá o Senhor, o vosso Deus,
para a possuirdes.
12 Aos rubenitas, aos gaditas, e à meia tribo de
Manassés, porém, disse Josué:
13 Lembrai-vos do [o]mandamento que vos
deu Moisés, o servo do Senhor: O Senhor, o
vosso Deus, vos concede descanso e vos dá
esta terra.
14 Vossas mulheres, vossos meninos e vosso
gado fiquem na terra que Moisés vos deu deste
lado do Jordão, mas vós passareis armados na
frente de vossos irmãos, todos os valentes, e
os ajudareis,
15 até que o Senhor conceda descanso a vos-
sos irmãos, como a vós, e eles também possuam
a terra que o Senhor, o vosso Deus, lhes dá.
Então [p]voltareis à terra da vossa herança e pos-
suireis a que vos deu Moisés, servo do Senhor,
deste lado do Jordão, para o nascente do sol.

[a] Dt 1.38
[b] Dt 34.5; comp. Ap 1.18
[c] Reino (AT): v. 1-5; Jz 2.16 (Gn 1.26; Zc 12.8)
[d] Nm 13.16; 14.6,29,30,37,38; At 7.45
[e] Nm 12.7
[f] A lei da apropriação. Deus dá, mas nós temos de tomar posse
[g] Dt 11.24
[h] Veja 2Rs 7.6, nota
[i] Dt 31.6,7; Hb 13.5
[j] Ef 6.10; comp. Fp 4.13
[k] Js 11.15
[l] Dt 5.32; comp. 1Co 9.26,27
[m] Dt 31.26; Js 8.34
[n] Sl 1.2,3; comp. Dt 17.18-20
[o] Dt 3.18-20
[p] Js 22.14

---

[1] (1.1) A conquista da Terra Prometida (Canaã) começou em cerca de 1425 a.C. Alguns afirmam que foi muito mais tarde.

[2] (1.1) Josué (que significa *Jeová-Salvador*; veja *nota* em Gn 2.4) é um tipo de Cristo, o Autor (ou príncipe) da nossa salvação (Hb 2.10). Os pontos mais importantes são: 1) Ele vem depois de Moisés (Jo 1.17; Rm 8.3,4; 10.4,5; Gl 3.23-25). 2) Ele conduz à vitória (Rm 8.37; 2Co 1.10; 2.14). 3) Ele é nosso Advogado quando somos vencidos (1Jo 2.1,2; comp. Js 7.5-9). 4) Ele distribui nossa herança (Ef 1.11,14; 4.7-11).

[3] (1.6) A terra fora prometida a Abraão e à sua descendência por meio da linhagem de Isaque e Jacó (Israel) (Gn 12.6,7; 13.14,15; 15.18-21), e Moisés fora lembrado disso. Agora, a promessa estava por ser cumprida.

16 Então responderam a Josué: Tudo o que nos ordenaste faremos e aonde quer que nos enviares iremos.

17 Como em tudo ouvimos a Moisés, assim [q]ouviremos a ti. Tão somente que o Senhor, o teu Deus, seja contigo, como o foi com Moisés.

18 Todo homem que for rebelde à tua boca e não ouvir as tuas palavras em tudo o que lhe ordenares, será morto. Tão somente esforça-te e tem bom ânimo.

Raabe abriga os espias

2 De [r]Sitim enviou Josué, filho de Num, dois homens, secretamente, como espias, dizendo: Andai e observai a terra, especialmente Jericó. Então foram e entraram na casa de uma prostituta, cujo nome era [1][s]Raabe, e pousaram ali.

2 Deu-se notícia ao rei de Jericó: Vê, esta noite vieram aqui uns homens dos filhos de Israel, para espiar a terra.

3 Então o rei de Jericó mandou dizer a Raabe: Tira fora os homens que vieram a ti e entraram na tua casa, porque vieram espiar toda a terra.

4 Aquela mulher, porém, tomou os dois homens, os [t]escondeu e disse: É verdade que os homens vieram a mim, mas eu não sabia de onde eram.

5 Havendo-se de fechar a porta, sendo já escuro, aqueles homens saíram. Não sei para onde foram. Ide após eles depressa. Podereis alcançá-los.

6 Ela, porém, os tinha feito subir ao eirado e os tinha escondido entre as canas do linho, que havia disposto em ordem sobre o telhado.

7 Foram-se aqueles homens após eles, pelo caminho do Jordão, até os vaus e, logo que saíram, fechou-se a porta.

8 **A**ntes que os espias se deitassem, ela subiu ao eirado a ter com eles

9 e lhes disse: Bem [u]sei que o Senhor vos deu esta terra, e que o vosso [v]pavor caiu sobre nós, e que todos os moradores da terra estão [w]apavorados diante de vós.

10 Temos ouvido como o Senhor [x]secou as águas do mar Vermelho diante de vós, quando saíeis do Egito; e também o que [y]fizestes aos dois reis dos amorreus, Seom e Ogue, que estavam além do Jordão, os quais [z]destruístes.

11 Ouvindo isso, o povo desanimou-se, e em ninguém mais há coragem alguma, por causa da vossa presença, pois o Senhor, o vosso Deus, é Deus em cima nos céus e embaixo na terra.

12 Agora, pois, jurai-me, vos peço, pelo Senhor, porque usei de misericórdia para convosco, que vós também dela usareis para com a minha família; e dai-me um [a]sinal certo

13 de que [b]conservareis a vida a meu pai e a minha mãe, como também a meus irmãos e a minhas irmãs, com tudo o que têm, e de que livrareis a nossa vida da morte.

14 Então lhe responderam os homens: A nossa vida responderá pela vossa até o ponto de morrer, desde que não denuncies os nossos planos; e, dando-nos o Senhor esta terra, [c]usaremos contigo de misericórdia e de fidelidade.

Os espias escapam e dão o relatório a Josué

15 Ela, então, os fez descer por uma corda pela janela, pois a sua casa estava sobre o muro da cidade; ela morava sobre o muro.

16 E disse-lhes: Ide-vos ao monte, para que não vos encontrem os perseguidores, e escondei-vos lá três dias, até que voltem os perseguidores, e depois tomareis o vosso caminho.

17 Disseram-lhe os homens: Desobrigados seremos deste teu juramento, que nos fizeste jurar,

18 se vindo nós à terra, não atares este [d]cordão vermelho à janela por onde nos fizeste descer e não [e]recolheres em casa contigo o teu pai, a tua mãe, os teus irmãos e toda a família de teu pai.

19 Qualquer pessoa que sair da tua casa, o seu sangue será sobre a sua cabeça, e nós seremos sem culpa. Mas qualquer que estiver contigo em casa, o seu sangue seja sobre a nossa cabeça, se nele se puser mão.

20 Se tu, porém, denunciares este nosso negócio, seremos desobrigados do teu juramento, que nos fizeste jurar.

21 Respondeu ela: Conforme as vossas palavras, assim seja. Então os despediu, e eles se foram. E ela atou o [2]cordão vermelho à janela.

22 **F**oram-se e chegaram ao monte, e ficaram ali três dias, até que voltaram os perseguidores, porque os perseguidores os buscaram por todo o caminho, mas não os acharam.

[q] Comp. Nm 27.20
[r] Nm 25.1; Js 3.1
[s] Tg 2.25
[t] Js 6.17; comp. 2Sm 17.19
[u] Dt 1.8
[v] Dt 2.25; Js 9.9,10
[w] Êx 15.15; Js 5.1
[x] Êx 14.21; Nm 23.22
[y] Nm 21.23,24,33,35
[z] Dt 20.17; Js 6.21
[a] v. 18; comp. Êx 12.13
[b] Js 6.23-25
[c] Gn 47.29
[d] v. 21
[e] Js 6.23

[1] (2.1) Nenhum personagem mais impróprio que Raabe poderia ter sido divinamente escolhido para ser liberto da ímpia Jericó. A salvação de Raabe, a prostituta, ilustra que até mesmo numa cidade perdida uma pessoa vil e imoral pode encontrar graça ao voltar-se para Deus com fé. Aqueles que acusam Israel de crueldade bárbara por exterminar os habitantes de Jericó não compreendem que Israel foi o instrumento de Deus para juízo divino. O povo de Jericó, corrompido ao extremo (comp. Lv 18.24-26), preferiu lutar contra Israel a buscar a misericórdia, como fez Raabe. Aqueles que pereceram não creram (Hb 11.31). Até mesmo a mentira de Raabe (v. 4,5), que não deve ser tomada como exemplo, foi evidentemente motivada por sua fé em que Deus destruiria Jericó como tinha sido predito (v. 9-11; comp. Js 1.1-11). Raabe, como ancestral de Davi, está assim na linhagem do Messias (Rt 4.21,22; Mt 1.5,6; Lc 3.31,32).

[2] (2.21) O cordão vermelho de Raabe fala, por sua cor, da segurança que o sacrifício oferece (Hb 9.19-22).

23 Assim aqueles dois homens voltaram, desceram do monte, passaram, e vieram a Josué, filho de Num, e lhe contaram tudo o que lhes acontecera.

24 Disseram a Josué: Certamente o Senhor nos deu toda esta terra nas nossas mãos, e todos os seus moradores estão apavorados diante de nós.

Israel atravessa o Jordão em seco

3 Levantou-se Josué de madrugada e, com todos os israelitas, partiram de [f]Sitim e foram até o [1]Jordão, onde acamparam antes de atravessar o rio.

2 Ao fim de [g]três dias, os oficiais passaram pelo meio do acampamento

3 e ordenaram ao povo: Quando virdes a arca da aliança do Senhor, o vosso Deus, e que os sacerdotes levitas a levam, partireis vós também do vosso lugar e a seguireis.

4 Haja, contudo, [h]distância entre vós e ela, cerca de dois mil [i]côvados. Não vos achegueis a ela, para que conheçais o caminho pelo qual haveis de ir, porque por este caminho nunca passastes antes.

5 Disse Josué também ao povo: [j]Santificai-vos, pois amanhã fará o Senhor maravilhas no meio de vós.

6 Disse Josué aos sacerdotes: Levantai a arca da aliança e passai adiante do povo. Então levantaram a arca da aliança e foram andando na frente do povo.

7 **E** disse o Senhor a Josué: Hoje começarei a [k]engrandecer-te perante os olhos de todo o Israel, para que saibam que, assim como fui com Moisés, [l]assim serei contigo.

8 Ordenarás aos sacerdotes que levam a arca da aliança: Quando chegardes à beira das águas do Jordão, aí parareis.

9 Então disse Josué aos filhos de [m]Israel: Chegai-vos para cá e ouvi as palavras do Senhor, o vosso Deus.

10 Nisto conhecereis que o Deus vivo está [n]no meio de vós, e que [o]expulsará de diante de vós os [p]cananeus, os [q]heteus, os heveus, os ferezeus, os girgaseus, os amorreus e os jebuseus.

11 Vede, a arca da aliança do Senhor de toda a terra passará o Jordão [r]adiante de vós.

12 Tomai, pois, agora [s]doze homens das tribos de Israel, um homem de cada tribo.

13 Assim que a planta dos pés dos sacerdotes que levam a arca do Senhor, o Senhor de toda a terra, tocar nas águas do Jordão, elas serão cortadas; as águas que vêm de cima pararão e se [t]amontoarão.

14 **P**artindo o povo das suas tendas, para passar o Jordão, levavam os sacerdotes a arca da aliança adiante do povo.

15 Quando os que levavam a arca chegaram ao Jordão, e os pés dos sacerdotes que levavam a arca se molharam na beira das águas (ora, o Jordão transbordava todas as suas ribanceiras durante todos os dias da [u]colheita),

16 pararam-se as [v]águas que vinham de cima. Levantaram-se numa muralha, muito longe da cidade de Adã, que fica do lado de Zaretã, e as águas que desciam ao mar da [w]Arabá, que é o [x]mar Salgado, foram de todo cortadas. Então passou o povo bem em frente de Jericó.

17 Os sacerdotes que levavam a arca da aliança do Senhor pararam firmes em [y]seco no meio do Jordão, enquanto todo o Israel passou em seco, até que toda a nação acabou de atravessar o Jordão.

Os dois montes de pedras (v. 9,20)

4 **T**endo todo o povo acabado de passar o Jordão, disse o Senhor a Josué:

2 Escolhei dentre o povo [z]doze homens, de cada tribo um homem,

3 e ordenai-lhes: Tomai daqui, do meio do Jordão, do lugar em que estiveram parados os pés dos sacerdotes, doze pedras, levai-as convosco para o outro lado e depositai-as no [a]lugar em que haveis de passar esta noite.

4 Então chamou Josué os doze homens, que escolhera dentre os filhos de Israel, de cada tribo um homem,

5 e lhes disse: Passai adiante da arca do Senhor, o vosso Deus, ao meio do Jordão. Levante cada um uma pedra sobre o ombro, segundo o número das tribos dos filhos de Israel,

6 para que isso seja por [b]sinal entre vós. No futuro, quando vossos [c]filhos perguntarem: Que significam estas pedras?

7 Então lhes direis que as águas do Jordão se separaram diante da arca da aliança do Senhor. Passando ela pelo Jordão, as águas foram cortadas. Estas pedras serão para sempre por memorial aos filhos de Israel.

8 **F**izeram os filhos de Israel como Josué tinha ordenado; pegaram doze pedras do meio Jordão, como o Senhor dissera a Josué, segundo o número das tribos dos filhos de Israel; e levaram-nas consigo ao lugar em que pousaram e as depositaram ali.

9 Erigiu Josué doze [2]pedras no meio do Jordão, no lugar em que pousaram os pés dos sacerdotes que levavam a arca da aliança. E ali estão até o dia de hoje.

10 Os sacerdotes que levavam a arca pararam no meio do Jordão, até que se cumpriu tudo o

[f] Js 2.1
[g] Js 1.10,11
[h] Êx 19.12,23; comp. Hb 10.19-22
[i] Veja pesos e medidas (AT): 2Cr 2.10, nota
[j] Êx 19.10,11; Js 7.13; Jó 1.5; Jl 2.16
[k] Js 4.14
[l] Js 1.5,9
[m] Israel (história): v. 9-17; Js 24.9 (Gn 12.2; Rm 11.26)
[n] Dt 31.8; comp. Dt 31.17
[o] Dt 18.12
[p] At 13.19
[q] Veja 2Rs 7.6, nota
[r] Êx 13.21,22; Dt 31.3; comp. Jo 10.4
[s] Js 4.2,4
[t] Sl 66.6; 74.15; 114.3; comp. Êx 15.8
[u] Comp. Js 5.12
[v] Milagres (AT): v. 15-17; Js 4.18 (Gn 5.24; Jn 1.17)
[w] Veja Dt 1.1, nota
[x] Dt 3.17
[y] Êx 14.29
[z] Js 3.12
[a] Js 4.20
[b] Dt 27.2; Sl 103.2
[c] Êx 12.26; 13.14; Dt 6.20

[1] (3.1) A passagem do Jordão é uma figura de nossa morte com Cristo (Rm 6.3,4,6-11; Ef 2.5,6; Cl 3.1-3).

[2] (4.9) A construção dos dois memoriais foi, sem dúvida, um ato de obediência à ordem direta de Deus, mas apenas a ordem relativa ao memorial do lado oeste do Jordão é que ficou registrada (v. 1-8).

que o Senhor mandara Josué dizer ao povo, conforme tudo o que Moisés tinha ordenado a Josué. Apressou-se o povo e passou.

11 **Assim** que todo o povo acabou de passar, então passou a [d]arca do Senhor e os sacerdotes à vista do povo.

12 Passaram os filhos de Rúben, os filhos de Gade e a meia tribo de Manassés, [e]armados, à frente dos filhos de Israel, como Moisés lhes tinha dito.

13 Uns quarenta mil homens de guerra armados passaram perante o Senhor para a batalha, às planícies de Jericó.

14 Naquele dia, o Senhor [f]honrou Josué diante dos olhos de todo o Israel; e temeram-no, como haviam temido a Moisés, todos os dias da sua vida.

15 Disse o Senhor a Josué:

16 Dá ordem aos sacerdotes que levam a arca do Testemunho que subam do Jordão.

17 Então ordenou Josué aos sacerdotes: Subi do Jordão.

18 E os sacerdotes que levavam a arca da aliança do Senhor subiram do rio. Assim que a planta dos pés dos sacerdotes tocaram a terra seca, as águas do Jordão [g]voltaram ao seu lugar e [h]corriam, como antes, sobre todas as suas margens.

19 **O** povo subiu do Jordão no dia [i]dez do [j]primeiro mês e se acampou em [k]Gilgal, ao oriente de Jericó.

20 As doze pedras, que tinham tirado do Jordão, levantou-as Josué em Gilgal.

21 Disse ele aos filhos de Israel: Quando no futuro vossos filhos perguntarem a seus pais: Que significam estas pedras?

22 [l]Fareis saber a vossos filhos: Israel passou em [m]seco este Jordão,

23 pois o Senhor, o vosso Deus, fez secar as águas do Jordão diante de vós, até que passásseis. O Senhor, o vosso Deus, fez ao Jordão o que havia feito com o mar Vermelho, que secou perante nós, até que passamos.

24 Ele fez isso para que todos os povos da terra conheçam que a mão do Senhor é forte, e para que temais ao Senhor, o vosso Deus, todos os dias.

Os amorreus são tomados de medo

5 **Ora**, ouvindo todos os reis dos amorreus que habitavam o oeste do Jordão e todos os reis dos cananeus que estavam [n]ao lado do mar que o Senhor tinha secado as águas do Jordão de diante dos filhos de Israel, até que passassem, [o]desanimaram-se e perderam a coragem, por causa dos filhos de Israel.

Circuncisão da nova geração

2 Nesse tempo, disse o Senhor a Josué: Faze facas de pedra e [1]circuncida os filhos de Israel.

3 Então Josué fez facas de pedra e [p]circuncidou os filhos de Israel em Gibeate-Aralote.

4 Foi esta a razão por que Josué os circuncidou: Todo o povo que tinha saído do Egito, os homens, aptos para a guerra, haviam [q]morrido no deserto, pelo caminho.

5 Todo o povo que saíra estava circuncidado, mas a nenhum do povo que nascera no deserto, pelo caminho, depois de terem saído do Egito, haviam circuncidado.

6 [r]Quarenta anos andaram os filhos de Israel pelo deserto, até se acabar toda a nação, isto é, todos os homens de guerra que saíram do Egito, e isso porque não obedeceram à voz do Senhor. Pois o Senhor tinha jurado que não lhes deixaria ver a [s]terra que, sob juramento, prometera a seus pais que nos daria, terra em que manam leite e mel.

7 Em seu lugar, porém, pôs seus filhos; a estes Josué circuncidou. Estavam incircuncisos porque não os haviam circuncidado no caminho.

8 Acabando de circuncidar toda a nação, ficaram no seu lugar no acampamento, até que sararam.

9 Então disse o Senhor a Josué: Hoje removi de sobre vós a [t]humilhação do Egito. Pelo que o nome daquele lugar se chamou [2]Gilgal, até o dia de hoje.

10 **Estando** os filhos de Israel acampados em Gilgal, celebraram a Páscoa no dia catorze do [u]mês, à tarde, nas campinas de Jericó.

11 Comeram do produto da terra no dia seguinte à Páscoa: pães sem fermento e espigas tostadas comeram nesse mesmo dia.

12 No dia depois de terem comido do produto da terra, cessou o [v]maná; os filhos de Israel não o tiveram mais, mas nesse ano comeram das novidades da terra de Canaã.

O Comandante divino

13 **Ora**, estando Josué perto de Jericó, levantou os olhos e viu que se pôs em pé diante dele um [w]homem que tinha na mão uma [x]espada.

[d] Js 3.11; 6.11
[e] Nm 32.17; Js 1.14
[f] Js 3.7; 1Cr 29.25
[g] Milagres (AT): v. 15-18; Js 6.20 (Gn 5.24; Jn 1.17)
[h] Js 3.15; 1Cr 12.15
[i] Êx 12.1-3; comp. Dt 1.3; 34.8
[j] Veja Lv 23.2, nota
[k] Dt 11.30; Js 5.9,10
[l] Êx 12.26,27; 13.8-14; Dt 26.5-9; comp. 1Co 11.23-26
[m] Js 3.17
[n] Nm 13.29
[o] Js 2.10,11; 9.9
[p] Comp. Dt 30.6; Jr 9.25,26
[q] Dt 2.14-16
[r] Dt 29.5
[s] Nm 14.29-35; 26.63-65
[t] Gn 34.14
[u] Comp. Js 4.19; veja Êx 12.11, nota
[v] Êx 16.35
[w] Teofanias. v. 13-15; Ez 40.3 (Gn 12.7, nota; Dn 10.5); comp. Is 6.1,5; Ez 1.28; At 9.3-6; Ap 1.17
[x] Nm 22.23; 1Cr 21.16

[1] (5.2) A circuncisão era o sinal da Aliança Abraâmica (Gn 17.10-14; veja Gn 12.2, *nota*, Rm 4.11). "A humilhação do Egito" (v. 9) foi que, durante os últimos anos da escravidão egípcia, este sinal de separação fora negligenciado (comp. Êx 4.24-26), e esta negligência continuara durante a peregrinação no deserto. A analogia do NT é a da conformidade com o mundo: quando o crente não assume abertamente seu lugar com Cristo na morte e ressurreição (Rm 6.2-11; Gl 6.14-16). Espiritualmente, a circuncisão é condenar à morte, por meio do Espírito, as obras do corpo (Rm 8.13; Gl 5.16,17; Cl 2.11,12; 3.5-10).

[2] (5.9) Heb., *galal, tirar (fazendo rodar)*.

Chegou-se Josué a ele e perguntou-lhe: És tu dos nossos ou dos nossos inimigos?

14 Respondeu ele: Nem uma coisa nem outra. Mas venho agora como comandante do exército do Senhor. Então Josué se [y]prostrou com o rosto em terra, e o [z]adorou, e perguntou-lhe: Que diz meu Senhor ao seu servo?

15 Respondeu o comandante do exército do Senhor a Josué: [a]Tira as sandálias de teus pés, pois o lugar em que estás é [b]santo. E Josué fez assim.

II. A conquista da terra, 6–12

A conquista de Jericó

6 Ora, [c]Jericó estava rigorosamente fechada, por causa dos filhos de Israel. Ninguém saía nem entrava.

2 Então disse o Senhor a Josué: Olha, [d]entreguei na tua mão Jericó, o seu rei e os seus valentes.

3 Vós, todos os homens de guerra, rodeareis a cidade, cercando-a uma vez. Assim fareis por seis dias.

4 Sete sacerdotes levarão sete [e]trombetas de chifres de carneiros diante da arca. No sétimo dia, rodeareis a cidade [f]sete vezes, e os sacerdotes tocarão as trombetas.

5 [1]Tocando-se longamente a trombeta, e ouvindo vós o sonido dela, todo o povo dará um grande brado; então o muro da cidade cairá e o povo subirá nele, cada qual em frente de si.

6 Assim Josué, filho de Num, chamou os sacerdotes e lhes disse: Levai a arca da aliança, e sete sacerdotes levem sete trombetas adiante da arca do Senhor.

7 E ordenou ao povo: Passai e rodeai a cidade; quem estiver armado, passe adiante da arca do Senhor.

8 **Assim** foi que, como Josué dissera ao povo, os sete sacerdotes, levando as sete trombetas adiante do Senhor, passaram e tocaram as trombetas, e a arca da aliança do Senhor os seguia.

9 Os homens armados iam adiante dos sacerdotes que tocavam as trombetas, e a [g]retaguarda seguia após a arca; os sacerdotes seguiam, durante todo o tempo, tocando as trombetas.

10 Ao povo, porém, Josué tinha dado ordem, dizendo: Não gritareis, não levantem a vossa voz, não saia palavra alguma da vossa boca, até o dia em que eu vos diga: Gritai. Então gritareis.

11 Assim fizeram a [h]arca do Senhor rodear a cidade, contornando-a uma vez. Então entraram no acampamento e ali passaram a noite.

12 **Josué** levantou-se de madrugada, e os sacerdotes tomaram a arca do Senhor.

13 Os sete sacerdotes que levavam as sete trombetas adiante da arca do Senhor iam andando, tocando as trombetas. Os homens armados iam adiante deles, e o restante seguia atrás da arca do Senhor; os sacerdotes sempre tocando as trombetas.

14 No segundo dia, rodearam outra vez a cidade e voltaram para o acampamento. Assim fizeram durante seis dias.

15 **No** sétimo dia, madrugaram ao subir da alva, e da mesma maneira rodearam a cidade sete vezes, só que nesse dia rodearam a cidade sete vezes.

16 Tocando os sacerdotes as trombetas pela sétima vez, ordenou Josué ao povo: Gritai, pois o Senhor vos entregou a cidade!

17 A cidade, porém, será [2][i]condenada, ela e tudo o que houver nela. Somente a prostituta [j]Raabe viverá, ela e todos os que com ela estiverem em casa, porque [k]escondeu os mensageiros que enviamos.

18 Tão somente guardai-vos das [l]coisas condenadas, para que, tendo-as vós condenado, não tomeis delas coisa alguma, e não façais maldito o acampamento de Israel, e o perturbeis.

19 Toda a [m]prata, o ouro, os vasos de bronze e de ferro, porém, são [n]consagrados ao Senhor, e irão para o tesouro do Senhor.

20 Gritou o [o]povo, e os sacerdotes tocaram as trombetas; ouvindo o povo o sonido da trombeta, deu um grande brado, e o [p]muro [q]caiu, e o povo subiu à cidade, cada qual a atacou de onde estava, e a tomaram.

21 Tudo o que havia na cidade [r]destruíram totalmente a fio de espada, homem e mulher, menino e velho, bois, ovelhas e jumentos.

22 **Disse** Josué aos dois homens que tinham espiado a terra: Entrai na casa da prostituta e tirai-a de lá com [s]tudo o que tiver, como lhe [t]juraste.

23 Assim entraram os jovens espias e tiraram Raabe, e seu pai, e sua mãe, e seus irmãos, e tudo o que tinha. Tiraram também todos os seus parentes e puseram-nos fora do acampamento de Israel.

24 Então a cidade e tudo o que nela havia [u]foi queimado, mas a prata, o ouro e os vasos de

[y] Gn 17.3; Nm 20.6
[z] Êx 34.8
[a] Comp. Êx 3.5
[b] Santificação (AT): v. 15; Js 6.19 (Gn 2.3; Zc 8.3)
[c] Js 2.1
[d] Dt 7.24; Js 8.1
[e] Lv 25.9
[f] 1Rs 18.43; 2Rs 4.35; 5.10
[g] Is 52.12
[h] Js 4.11
[i] Dt 13.17; Js 7.1
[j] Js 2.1; Mt 1.5
[k] Js 2.6
[l] Js 7.12
[m] Comp. Nm 31.11,12,21-33
[n] Santificação (AT): v. 19; Js 7.13 (Gn 2.3; Zc 8.3)
[o] Fé: v. 20,25; Sl 2.12 (Gn 3.20; Hb 11.39, nota)
[p] Hb 11.30
[q] Milagres (AT): v. 6-25; Js 10.13 (Gn 5.24; Jn 1.17)
[r] Dt 20.17
[s] Comp. Gn 19.12
[t] Js 2.12-19
[u] Comp. Dt 13.16

[1] (6.5) Consideradas de acordo com a sabedoria dos homens pecadores, as vitórias espirituais são obtidas por meios e princípios totalmente loucos e inadequados (1Co 1.17-20; 2Co 10.3-5).

[2] (6.17) Entende-se que era a vontade de Deus que toda a cidade fosse condenada a morrer pela espada e que suas riquezas fossem dedicadas a ele, Deus. Tomar qualquer coisa para si mesmo, como Acã fez, era expor-se a uma maldição. Comp. severidade semelhante com que Deus julgou o pecado de Ananias (At 5.1-11).

bronze e de ferro deram para o tesouro da casa do Senhor.

25 Josué, porém, poupou a vida da prostituta Raabe e a família de seu pai, e a tudo o que tinha, porque escondera os mensageiros que Josué enviara para espiar Jericó; ela habita no meio de Israel até o dia de hoje.

26 Nesse tempo, Josué pronunciou este juramento: Maldito diante do Senhor seja o homem que se levantar e reedificar esta cidade de Jericó:

Com a perda do [v]seu primogênito a fundará,
e com a perda do seu filho mais novo
lhe colocará as portas.

27 **A**ssim era o Senhor com Josué, e corria a sua fama por toda a terra.

O pecado de Acã; a ira do Senhor e a derrota de Israel em Ai

7 Os filhos de Israel, porém, [1][w]foram infiéis no tocante às [x]coisas condenadas; [y]Acã, filho de Carmi, filho de Zabdi, filho de Zerá, da tribo de Judá, tomou das coisas condenadas. Assim a ira do Senhor se acendeu contra os filhos de Israel.

2 **O**ra, enviou Josué, de Jericó, alguns homens a Ai, que está junto a Bete-Áven, ao oriente de Betel, e lhes disse: Subi; espiai a terra. Então subiram aqueles homens e espiaram a Ai.

3 Quando voltaram a Josué, lhe disseram: Não suba todo o povo. Subam uns dois ou três mil homens para ferir a Ai; não canses ali todo o povo, porque há poucos habitantes.

4 Assim, subiram do povo para lá uns três mil homens, os quais fugiram diante dos homens de Ai,

5 que feriram deles uns trinta e seis. Perseguiram-nos desde a porta até Sebarim e os derrotaram na descida. E o coração do povo se desanimou, e se tornou como água.

6 Então Josué rasgou as suas vestes e se prostrou com o rosto em terra perante a arca do Senhor até à tarde. As autoridades de Israel fizeram o mesmo e deitaram pó sobre as suas cabeças.

7 [z]Disse Josué: Ah, Senhor Deus! [a]por que fizeste este povo atravessar o Jordão, para nos entregares nas mãos dos amorreus, para nos fazeres perecer? Quem dera nos tivéssemos contentado em ficar do outro lado do Jordão.

8 Ah, Senhor, que direi? Ora, Israel virou as costas diante dos seus inimigos!

[v] NVI: "Ao preço de seu filho mais velho" 1Rs 16.34
[w] Js 7.20,21
[x] Js 6.17-19
[y] Js 22.20; 1Cr 2.7
[z] Orações da Bíblia (AT): v. 7-9; Jz 13.8 (Gn 15.2; Hc 3.1)
[a] Comp. Êx 5.22; 14.11; 16.3; 17.3; Nm 21.5
[b] Êx 32.12; Nm 14.13
[c] v. 15
[d] Js 6.17-19
[e] 7.21
[f] At 5.1,2; comp. Hb 4.13
[g] Js 3.5
[h] Santificação (AT): v. 13; 1Rs 7.51 (Gn 2.3; Zc 8.3)
[i] Comp. 1Sm 10.19
[j] Nm 5.6,7; Sl 32.5; Pv 28.13; Jr 3.12,13
[k] Nm 22.34; 1Sm 15.24
[l] Veja sist. monetário (AT): Êx 30.13, nota

9 Ouvindo isso, os [b]cananeus e todos os moradores da terra nos cercarão e exterminarão o nosso nome da terra. Então que farás ao teu grande nome?

10 **D**isse o Senhor a Josué: Levanta-te! Por que estás prostrado?

11 [2]Israel pecou; [c]violou a minha aliança que lhes tinha [d]ordenado, [e]tomaram das coisas condenadas, furtaram e [f]mentiram, e até debaixo da sua bagagem as puseram.

12 Pelo que os filhos de Israel não puderam subsistir perante os seus inimigos; viraram as costas diante deles porque Israel se fez condenado. Não serei mais convosco, se não eliminardes do vosso meio a coisa roubada.

13 Levanta-te, [g]santifica o povo e dize: [h]Santificai-vos para amanhã, pois assim diz o Senhor, o Deus de Israel: Coisas condenadas há no meio de ti, ó Israel. Não poderás resistir aos teus inimigos, enquanto não tirares do teu meio as coisas condenadas.

14 Amanhã, vos chegareis, segundo as [i]vossas tribos. A tribo que o Senhor indicar se chegará por famílias; a família que o Senhor indicar se chegará por casas; e a casa que o Senhor indicar se chegará um homem de cada vez.

15 Aquele que for achado com a coisa condenada, será queimado no fogo, ele e tudo o que tiver. Violou a aliança do Senhor e fez loucura em Israel.

16 **E**ntão Josué se levantou de madrugada e fez chegar Israel, segundo as suas tribos, e foi indicada por sorte a tribo de Judá.

17 Fazendo chegar a tribo de Judá, foi escolhida a família dos zeraítas. Fazendo chegar a família dos zeraítas, um homem de cada vez, foi escolhido Zabdi.

18 Fazendo vir à frente a família de Zabdi, um homem de cada vez, foi indicado Acã, filho de Carmi, filho de Zabdi, filho de Zerá, da tribo de Judá.

19 Então disse Josué a Acã: Filho meu, dá, peço-te, glória ao Senhor, o Deus de Israel, e faze confissão perante ele. [j]Declara-me agora o que fizeste, não o ocultes.

20 Respondeu Acã a Josué: Verdadeiramente [k]pequei contra o Senhor, o Deus de Israel. Eis o que fiz:

21 Quando vi entre os despojos uma boa capa babilônica, duzentos [l]siclos de prata e uma barra

[1] (7.1) O pecado de Israel que levou à derrota em Ai teve três aspectos: 1) o mais importante foi que Deus considerou a nação corporativamente responsável pela desobediência deliberada de Acã (v. 1,11); 2) a decisão de enviar apenas alguns poucos homens, porque a cidade era pequena (v. 3), indicou uma pecaminosa dependência das forças humanas, não de Deus; 3) não há registro de qualquer consulta a Deus para obter instruções sobre como tomar Ai, como houve no caso de Jericó (6.1-5).

[2] (7.11) O pecado de Acã e os seus resultados ensinam a grande verdade da unidade do povo de Deus: "Israel pecou". Veja como ilustração 1Co 5.1-7; 12.12-14,26. Toda a causa de Cristo é prejudicada pelo pecado, pela negligência ou até pela falta de espiritualidade de um só crente.

de ouro de cinquenta siclos, cobicei-os, e peguei-os. Estão escondidos na terra, no meio da minha tenda, e a prata debaixo da capa.

22 Então Josué enviou mensageiros, que foram correndo à tenda, e realmente tudo estava escondido na sua tenda, e a prata debaixo da capa.

23 Tomaram aquelas coisas do meio da tenda e as trouxeram a Josué e a todos os filhos de Israel, e as puseram perante o Senhor.

24 Então Josué, e todo o Israel com ele, pegaram Acã, filho de Zerá, e a prata, e a capa, e a barra de ouro, e seus filhos, e suas filhas, e seus bois, e seus jumentos, e suas ovelhas, e sua tenda, e [m]tudo o que tinha, e levaram-nos ao vale de Acor.

25 Disse Josué: Por que nos [n]perturbaste? Hoje o Senhor te perturbará. Então todo o Israel o apedrejou e, depois de apedrejá-los, queimaram-nos a fogo.

26 Levantaram sobre ele um [o]grande monte de pedras, que permanece até o dia de hoje. Assim o Senhor se apartou do ardor da sua ira. Por isso, se chama aquele lugar o [p]vale de [1][q]Acor, até o dia de hoje.

Ai é tomada por meio de emboscada

8 Então disse o Senhor a Josué: Não [r]temas e não te espantes. Toma contigo [s]toda a gente de guerra, levanta-te e sobe a Ai. [t]Entreguei nas tuas mãos o rei de Ai, o seu povo, a sua cidade e a sua terra.

2 Farás com Ai e seu rei [u]como fizeste com Jericó e seu rei: somente para vós saqueareis os seus [v]despojos e o seu gado. Põe emboscadas atrás da cidade.

3 Então levantou-se Josué e toda a gente de guerra, para subir contra Ai. Escolheu Josué trinta mil homens valentes e os enviou de noite

4 com estas ordens: Ouvi atentamente! Armareis uma emboscada atrás da cidade. Não vos distancieis muito da cidade. Todos vós estareis alertas.

5 Eu e todo o povo que está comigo nos aproximaremos da cidade. Quando nos saírem eles ao encontro, [w]como antes, fugiremos diante deles.

6 Deixai-os sair atrás de nós, até que os tiremos da cidade, pois dirão: Fogem diante de nós como dantes. Assim fugiremos diante deles.

7 Então saireis vós da emboscada e tomareis a cidade. O Senhor, o vosso Deus, a entregará na vossa mão.

8 Assim que tiverdes tomado a cidade, ateai fogo nela, [x]conforme a palavra do Senhor. Prestai atenção ao que vos tenho mandado.

[m] Nm 16.32,33; Dn 6.24
[n] Js 6.18
[o] Comp. Js 8.29
[p] Is 65.10; Os 2.15
[q] Comp. v. 25
[r] Js 1.9; 10.8
[s] Comp. Js 7.4
[t] Js 6.2
[u] Js 6.21
[v] Comp. Dt 20.14
[w] Js 7.5
[x] v. 2; Dt 20.16-18
[y] Comp. 2Sm 17.8
[z] Veja Dt 1.1, nota
[a] Comp. Jz 20.36
[b] v. 26; Sl 44.3; comp. Êx 14.16

9 Assim Josué os enviou, e eles se foram e ficaram em emboscada entre Betel e Ai, ao ocidente de Ai; porém Josué [y]passou aquela noite no meio do povo.

10 Levantou-se Josué de madrugada e contou o povo; subiram ele e os anciãos de Israel diante do povo contra Ai.

11 Subiram também todos os homens de guerra que estavam com ele; avançaram, e vieram pela frente da cidade. Acamparam-se ao norte de Ai, havendo um vale entre eles e Ai.

12 Tomou também uns cinco mil homens e os pôs entre Betel e Ai de emboscada, ao ocidente da cidade.

13 Assim tomaram posição o povo, e todo o acampamento ao norte da cidade, e os que estavam em emboscada ao ocidente da cidade. Naquela noite, Josué foi até o meio do vale.

14 Ao ver isto, o rei de Ai, ele e os homens da cidade se apressaram e, levantando-se de madrugada, saíram ao combate contra Israel, ele e todo o seu povo, ao tempo determinado, em frente da [z]planície. Mas não sabia que havia uma emboscada contra ele atrás da cidade.

15 Josué e todo o Israel [a]fingiram-se feridos diante deles e fugiram pelo caminho do deserto.

16 Pelo que todo o povo que estava na cidade foi convocado para os perseguir, e perseguiram Josué, e foram afastados da cidade.

17 Nem um só homem ficou em Ai e em [2]Betel; todos saíram atrás de Israel. Assim deixaram a cidade aberta e seguiram a Israel.

18 Então o Senhor disse a Josué: [b]Estende para Ai a lança que tens na mão, pois a darei na tua mão. E Josué estendeu para a cidade a lança que estava na sua mão.

19 Ao estender ele a mão, os homens da emboscada se levantaram apressadamente do seu lugar, vieram à cidade, tomaram-na e apressando-se a incendiaram.

20 Virando-se os homens de Ai para trás, viram que a fumaça da cidade subia ao céu e não puderam fugir nem para uma parte nem para outra, pois o povo que fugia para o deserto se tornou contra eles.

21 Vendo Josué e todo o Israel que a emboscada tomara a cidade, e que a sua fumaça subia, voltaram e feriram os homens de Ai.

22 Também os israelitas que estavam na cidade saíram para lutar contra eles, e assim os de Ai ficaram cercados, estando os israelitas de uma e outra parte. Feriram-nos os israelitas, de sorte que nenhum deles sobreviveu, nem escapou.

[1] (7.26) *Perturbação.*

[2] (8.17) Vemos aqui que Betel e Ai se haviam aliado para lutar contra Josué. Josué 12.16 inclui Betel na lista das cidades conquistadas, mas não há menção de sua conquista a não ser em conexão com a conquista de Ai.

23 Ao rei de Ai, porém, tomaram vivo, e o trouxeram a Josué.

24 **T**endo os israelitas acabado de matar todos os moradores de Ai no campo, no deserto para onde os tinham seguido, e havendo todos morrido a fio de espada, então todo o Israel voltou a Ai e mataram os que lá haviam ficado.

25 Os que morreram naquele dia, assim homens como mulheres, foram doze mil; todos os moradores de Ai.

26 Pois Josué não retirou a mão, que [c]estendera com a lança, enquanto não [d]destruiu totalmente a todos os moradores de Ai.

27 Tão somente os israelitas tomaram para si o gado e os despojos da cidade, conforme a palavra do Senhor, que ordenara a Josué.

28 Assim, queimou Josué a Ai e a tornou num perpétuo montão de ruínas, como é até o dia de hoje.

29 Ao rei de Ai [e]enforcou, deixando-o no madeiro até à tarde. Ao pôr do sol ordenou Josué que o seu corpo fosse tirado do madeiro, e o lançaram à porta da cidade. E levantaram sobre ele um grande montão de pedras, que permanece até o dia de hoje.

Leitura das bênçãos e maldições

30 **E**ntão Josué edificou um [f]altar ao Senhor, o Deus de Israel, no monte Ebal,

31 como Moisés, servo do Senhor, ordenara aos filhos de Israel, conforme o que está escrito no livro da lei de Moisés, a saber: um [g]altar de pedras brutas, sobre as quais não se manejara instrumento de ferro. Ofereceram sobre ele holocaustos ao Senhor e apresentaram ofertas pacíficas.

32 [h]Escreveu ali em pedras uma cópia da lei de Moisés, que este já tinha escrito diante dos filhos de Israel.

33 E todo o Israel, [i]estrangeiros e naturais, com os seus líderes, oficiais e juízes, estavam de um e de outro lado da arca, perante os sacerdotes levitas que levavam a arca da aliança do Senhor. [j]Metade deles estava em frente do monte Gerizim, e a outra metade, em frente do monte Ebal, como Moisés, servo do Senhor, tinha ordenado, para que abençoassem o povo de Israel.

34 Depois [k]leu em alta voz todas as palavras da lei, a bênção e a maldição, conforme tudo o que está escrito no [l]livro da lei.

35 Palavra nenhuma houve, de tudo o que Moisés ordenara, que Josué não lesse perante toda a congregação de Israel, e as [m]mulheres, e os meninos, e os estrangeiros, que andavam no meio deles.

Josué é enganado pela astúcia gibeonitas

9 **O**ra, ao ouvirem tais coisas, [n]todos os reis que viviam a oeste do Jordão, nas montanhas, nas [o]campinas e em toda a costa do grande mar, em frente do Líbano, a saber, os [p]heteus, os amorreus, os cananeus, os ferezeus, os heveus e os jebuseus,

2 [q]ajuntaram-se de comum acordo para pelejar contra Josué e contra Israel.

3 **T**odavia, quando os moradores de Gibeom ouviram o que Josué fizera com Jericó e com Ai,

4 usaram de astúcia, e foram, e se fingiram embaixadores, e levaram sacos velhos sobre os seus jumentos, e odres de vinho velhos, rotos e consertados.

5 Nos pés traziam sandálias velhas e remendadas, e roupas velhas sobre si. Todo o pão que levavam para o caminho era seco e bolorento.

6 Vieram a Josué, ao [r]arraial em Gilgal, e disseram a ele e aos homens de Israel: Chegamos de uma terra [s]distante; fazei aliança conosco.

7 Os homens de Israel responderam aos [t]heveus: Bem pode ser que habiteis no meio de nós. Então como faremos aliança convosco?

8 Disseram a Josué: Nós somos teus servos. Perguntou-lhes Josué: Quem sois vós? De onde vindes?

9 Responderam-lhe: Teus servos vieram de uma terra muito distante, por causa do nome do Senhor, o teu Deus. Pois [u]ouvimos a sua fama, e tudo o que fez no Egito,

10 e tudo o que fez aos dois reis dos amorreus, que estavam a leste do Jordão, a Seom, rei de Hesbom, e a Ogue, rei de Basã, que estava em Astarote.

11 Pelo que nossos anciãos e todos os moradores da nossa terra nos disseram: Tomai convosco provisão para o caminho, ide-lhes ao encontro e dizei-lhes: Nós somos vossos servos; fazei aliança conosco.

12 Este nosso pão tomamos quente das nossas casas no dia em que saímos para vir ter convosco. Mas agora já está seco e bolorento.

13 E estes odres, que enchemos de vinho, eram novos, mas já estão rotos. E nossas vestes e nossas sandálias já envelheceram, por causa da longa jornada.

14 Então os homens de Israel tomaram da provisão deles e [1]não pediram [v]conselho ao [w]Senhor.

[c] Comp. Êx 17.11,12
[d] Js 6.21
[e] Dt 21.22,23
[f] Dt 27.4-6
[g] Êx 20.25
[h] Dt 27.2,3,8; comp. Dt 17.18; Js 24.26
[i] Dt 31.12
[j] Dt 11.29; 27.12,13
[k] Dt 31.11; 28.1–30.20
[l] Js 1.8
[m] Comp. Dt 29.11
[n] Js 3.10
[o] Veja Dt 1.7, nota
[p] Veja 2Rs 7.6, nota
[q] Js 10.5
[r] Js 5.10
[s] Comp. Dt 20.15
[t] Js 11.19; comp. Êx 23.32
[u] Js 2.9,10; 5.1
[v] Is 30.1; comp. Nm 27.21
[w] 1Sm 23.11; 30.8; 2Sm 2.1; 5.19

[1] (9.14) Embora Israel descobrisse que era necessária a obediência para vencer em Jericó e em Ai, ainda precisava aprender a necessidade da orientação divina em cada passo do caminho. Os gibeonitas só trouxeram problemas a Israel (Js 10.4-15; 2Sm 21.1-14). Além disso, a presença dos gibeonitas em toda a região central de Canaã tendeu a isolar as tribos do norte das do sul, provocando um sentimento separatista e, por fim, teve parte na divisão do reino no tempo de Roboão (1Rs 12).

15 Assim Josué fez uma aliança de paz com eles, prometendo poupar-lhes a vida, e os líderes da comunidade prestaram-lhes juramento.

Os gibeonitas são transformados em servos

16 **A**o fim de três dias, depois de terem feito a aliança com eles, ouviram que eram seus vizinhos e que moravam no meio deles.

17 Então partiram os filhos de Israel, e ao terceiro dia chegaram às cidades deles: Gibeom, Quefira, Beerote e Quiriate-Jearim.

18 Os filhos de Israel, porém, não os feriram, porque os líderes da comunidade lhes haviam jurado pelo Senhor, o Deus de Israel. Toda a comunidade murmurava contra os líderes,

19 que responderam: Nós lhes juramos pelo Senhor, o Deus de Israel, e agora não podemos tocar-lhes.

20 Isto, porém, lhes faremos: Nós os deixaremos viver, para que não haja grande ira sobre nós, [x]por causa do juramento que lhes fizemos.

21 Continuaram os líderes: Vivam. Assim se tornaram rachadores de lenha e tiradores de água para toda a comunidade, como os líderes lhes haviam dito.

22 **C**hamou-os Josué e lhes perguntou: Por que nos enganastes, dizendo: Muito longe de vós habitamos, morando vós no meio de nós?

23 Agora sereis malditos: entre vós nunca deixará de haver [y]servos, rachadores de lenha e tiradores de água, para a casa do meu Deus.

24 Então responderam a Josué: Foi anunciado aos teus servos, como certo, que o Senhor, o teu Deus, ordenou a Moisés, seu servo, que vos desse toda esta terra e destruísse todos os moradores dela diante de vós. Por isso, [z]tememos muito por nossa vida por causa de vós, e fizemos isso.

25 Agora estamos nas tuas mãos. Faze conosco aquilo que te parecer bom e justo.

26 Josué então os livrou das mãos dos filhos de Israel, e não os mataram.

27 Nesse dia, Josué os fez rachadores de lenha e tiradores de água para a comunidade e para o altar do Senhor, até o dia de hoje, no [a]lugar que Deus escolhesse.

Gibeom é milagrosamente defendida

10 Ora, [b]ouviu Adoni-Zedeque, rei de [c]Jerusalém, que Josué tomara a Ai e a tinha destruído totalmente, fazendo [d]com ela e com seu rei como fizera a Jericó e seu rei, e que os moradores de [e]Gibeom fizeram paz com os israelitas, e estavam no meio deles.

2 Temeu [f]muito, porque Gibeom era uma cidade grande como uma das cidades reais, e ainda maior do que Ai, e todos os seus homens eram valentes.

[x] 2Sm 21.2
[y] Comp. Gn 9.25-27; veja Ne 3.26, nota
[z] v. 3; 10.2
[a] Dt 12.5
[b] Js 9.1
[c] Veja Gn 14.18, nota
[d] Js 8.1
[e] Js 9.15
[f] Êx 15.14; Dt 11.25; 1Cr 14.17; comp. Hb 10.27
[g] Js 9.2
[h] Nm 13.29
[i] Veja Js 9.14, nota
[j] Js 1.5,9
[k] Js 21.44
[l] Dt 7.23
[m] Comp. Êx 9.23
[n] Comp. Is 28.21; Hc 3.11
[o] Milagres (AT): v. 12-14; Jz 14.6 (Gn 5.24; Js 1.17)
[p] Veja 1Cr 29.29, nota
[q] 2Sm 1.18
[r] Comp. 2Rs 20.11; Is 38.7,8
[s] Dt 1.30; 20.4
[t] Js 10.43

3 Pelo que Adoni-Zedeque, rei de Jerusalém, enviou mensageiros a Horão, rei de Hebrom, e a Pirão, rei de Jarmute, e a Jafia, rei de Laquis, e a Debir, rei de Eglom, dizendo:

4 Subi a mim e ajudai-me a ferir a Gibeom, porque fez paz com Josué e com os filhos de Israel.

5 Então se [g]ajuntaram e subiram cinco reis dos [h]amorreus, o rei de Jerusalém, o de Hebrom, o de Jarmute, o de Laquis, o rei de Eglom, eles e todos os seus exércitos, sitiaram a Gibeom e pelejaram contra ela.

6 **E**nviaram os homens de Gibeom mensageiros a Josué, ao acampamento de Gilgal, dizendo: Não retires de teus servos as tuas mãos. Sobe apressadamente a nós, e livra-nos, e [i]ajuda-nos, porque todos os reis dos amorreus, que habitam na região montanhosa, se ajuntaram contra nós.

7 Então subiu Josué de Gilgal, ele e todos os homens de guerra com ele, e todos os valentes.

8 Disse o Senhor a Josué: Não os [j]temas; eu os entreguei nas tuas mãos. Nenhum deles te poderá [k]resistir.

9 Josué lhes sobreveio de repente, porque toda a noite veio subindo desde Gilgal.

10 O Senhor [l]perturbou-os diante de Israel e os feriu com grande matança em Gibeom; os perseguiu pelo caminho que sobe a Bete-Horom, derrotando-os até Azeca e Maquedá.

11 Ora, fugindo eles de diante de Israel, à descida de Bete-Horom, o Senhor lançou sobre eles, do céu, grandes pedras até Azeca, e morreram. Foram mais os que morreram das [m]pedras da saraiva do que os que os filhos de Israel mataram à espada.

12 **E**ntão Josué falou ao Senhor, no dia em que o Senhor entregou os amorreus nas mãos dos filhos de Israel, e disse na presença dos israelitas:

Sol, [n]detém-te em Gibeom,
e tu, lua, no vale de Aijalom.

13 E o sol se [o]deteve,
e a lua parou,
até que o povo se vingou de seus inimigos.

Não está isso escrito no [p]livro dos [q]Justos? O sol se deteve no meio do céu e não se apressou a pôr-se, quase um dia inteiro.

14 [r]**N**ão houve dia semelhante a esse, nem antes nem depois dele, em que [s]atendeu o Senhor assim à voz de um homem. Certamente o Senhor pelejava por Israel.

Vitória em Maquedá

15 [t]Voltou Josué, e todo o Israel com ele, ao acampamento em Gilgal.

16 **A**queles cinco reis, porém, fugiram e se esconderam numa caverna em Maquedá.

17 E anunciaram a Josué: Acharam-se os cinco reis escondidos numa caverna em Maquedá.

18 Disse Josué: Arrastai grandes pedras para a boca da caverna, e ponde junto a ela homens que os guardem.

19 Vós, porém, não vos detenhais! Persegui os vossos inimigos e feri os que vão ficando [u]atrás; não os deixeis entrar nas suas cidades, pois o Senhor, o vosso Deus, já os entregou nas vossas mãos.

20 Tendo Josué e os filhos de Israel acabado de os ferir com grande matança, até consumi-los, e tendo os que deles ficaram entrado nas cidades fortificadas,

21 todo o povo voltou em paz a Josué, ao acampamento em Maquedá, não havendo ninguém que usasse a sua boca para provocar os filhos de Israel.

22 **D**epois disse Josué: Abri a boca da caverna e trazei-me aqueles cinco reis.

23 Fizeram assim, e trouxeram-lhe aqueles cinco reis para fora da caverna: o rei de Jerusalém, o de Hebrom, o de Jarmute, o de Laquis, e o de Eglom.

24 Trazidos os reis a Josué, chamou este todos os homens de Israel e disse aos capitães do exército, que tinham ido com eles: Chegai-vos, coloque o pé no pescoço destes reis. E eles obedeceram.

25 Então Josué lhes disse: Não [v]temais! Não vos espanteis! Esforçai-vos e animai-vos. Assim [w]fará o Senhor a todos os vossos inimigos, contra os quais pelejardes.

26 Depois disso, Josué os feriu e os matou; os pendurou em cinco madeiros, [x]onde ficaram até a tarde.

27 Ao pôr do [y]sol, Josué ordenou que fossem tirados dos madeiros, e lançaram-nos na caverna em que se tinham escondido. Puseram grandes pedras na boca da cova, que ainda ali se encontram até o dia de hoje.

28 **N**esse mesmo dia, tomou Josué a Maquedá. Ele a atacou e matou à espada o seu rei. [z]Destruiu-os totalmente, sem deixar ali sobrevivente. Fez ao rei de Maquedá [a]como fizera ao rei de Jericó.

Conclusão da campanha ao sul

29 **E**ntão Josué, e todo o Israel com ele, passou de Maquedá a [b]Libna e pelejou contra ela.

30 E o Senhor a entregou na mão de Israel, a ela e a seu rei, e a feriu à espada, com todos os que nela havia, sem deixar ali sobrevivente. E fez ao seu rei como fizera ao rei de Jericó.

31 **E**ntão Josué, e todo o Israel com ele, passou de Libna a Laquis, sitiou-a e pelejou contra ela.

32 O Senhor entregou Laquis nas mãos de Israel, que a tomou no dia seguinte, e a feriu a fio de espada, com todos os que nela havia, conforme tudo o que fizera a Libna.

33 Então Horão, rei de Gezer, subiu para ajudar a Laquis, mas Josué o feriu, e ao seu povo, até não lhe deixar sobrevivente.

34 **E**ntão Josué, e todo o Israel com ele, passou de Laquis a [c]Eglom, e a sitiaram, e pelejaram contra ela.

35 No mesmo dia, a tomaram e a feriram a fio de espada, com todos os que nela estavam, conforme tudo o que fizera a Laquis.

36 Depois Josué, e todo o Israel com ele, subiu de Eglom a [d]Hebrom e pelejaram contra ela.

37 Tomaram-na e a feriram a fio de espada, assim ao seu rei como a todas as suas cidades, com todos os que nelas havia. A ninguém deixou com vida, conforme tudo o que fizera a Eglom, destruiu-a totalmente, com todos os que nela havia.

38 **E**ntão Josué, e todo o Israel com ele, voltou a [e]Debir, e pelejou contra ela.

39 Tomou-a com o seu rei, e a todas as suas cidades, e as feriram a fio de espada, e a todos os que nelas havia destruíram totalmente, não deixando nela sobrevivente algum. Como fizera a Hebrom, assim fez a Debir e ao seu rei, e como fizera a Libna e ao seu rei.

40 **A**ssim feriu Josué toda aquela [f]terra, a região montanhosa, o [g]Neguebe, as [h]campinas, as descidas das águas, e a [i]todos os seus reis. Não deixou nelas sobrevivente algum. Mas a tudo o que tinha fôlego [j]destruiu, como ordenara o Senhor, o Deus de Israel.

41 [1]Feriu-os Josué desde [k]Cades-Barneia até [l]Gaza, como também toda a terra de Gósen até Gibeom.

42 De uma só [2]vez tomou Josué todos estes reis e a sua terra, porque o [m]Senhor, o Deus de Israel, pelejava por Israel.

43 Então Josué, e todo o Israel com ele, [n]voltou ao acampamento em Gilgal.

Conquista no norte

11 **Q**uando Jabim, rei de Hazor, ouviu isso, [o]enviou mensageiros a Jobabe, rei de Madom, e ao rei de Sinrom, e ao rei de Acsafe,

2 e aos reis que estavam ao norte, na região montanhosa, na [p]Arabá ao sul de Quinerete, nas [q]planícies, e nos planaltos de Dor, da banda do mar;

3 ao cananeu do oriente e do ocidente, ao [r]amorreu, ao [s]heteu, ao ferezeu, ao jebuseu na

[u] Comp. Dt 29.18
[v] Dt 31.6-8; comp. 2Tm 4.17,18
[w] Dt 7.19
[x] Js 8.29
[y] Dt 21.22,23
[z] Dt 7.2,16; comp. 1Co 15.25
[a] Js 6.21
[b] Js 15.42; 21.13; 2Rs 8.22; 19.8
[c] v. 3
[d] Nm 13.22; Js 14.13-15
[e] Js 11.21; 15.15; Jz 1.11
[f] Dt 1.7
[g] Veja Gn 12.9, nota
[h] Veja Dt 1.7, nota
[i] Dt 7.24
[j] Dt 20.16
[k] Nm 13.26; Dt 9.23
[l] Js 11.22
[m] 10.14
[n] 10.15
[o] Comp. Js 10.3
[p] Veja Dt 1.1, nota
[q] Veja Dt 1.7, nota
[r] Js 9.1
[s] Veja 2Rs 7.6, nota

[1] (10.41) Uma vez que Jericó foi destruída, o coração de Canaã ficou exposto ao assalto. Josué derrotou as maiores coligações dos cananeus com rápidas marchas e batalhas decisivas em campo aberto, primeiro na campanha do sul (cap. 10) e, logo depois, na campanha do norte (cap. 11).

[2] (10.42) Comp. Js 11.18. Como indica o contexto, os versículos referem-se a diferentes regiões de Canaã e a diferentes reis. Esses capítulos enfatizam uma fé que é expressa em obras, enquanto a derrota em Ai ilustra as obras sem a fé.

região montanhosa, e ao heveu ao pé do Hermom, na terra de Mispa.

4 Saíram estes, e todos os seus exércitos com eles, muito povo, como a [t]areia da praia, e muitíssimos cavalos e carros.

5 Todos estes reis se ajuntaram, vieram e se acamparam junto às águas de Merom, para pelejarem contra Israel.

6 **D**isse o Senhor a Josué: [u]"Não temas diante deles, porque amanhã a esta mesma hora eu os entregarei todos mortos diante dos filhos de Israel. Os seus cavalos [v]aleijarás, e os seus carros queimarás a fogo.

7 Josué e todos os homens de guerra com ele vieram de repente contra eles às águas de Merom e os atacaram,

8 e o Senhor os entregou nas mãos de Israel. Feriram-nos e os perseguiram até a grande [w]Sidom, e até [x]Misrefote-Maim, e até o vale de Mispa ao oriente; feriram-nos até não lhes deixar sobrevivente.

9 Fez-lhes Josué como o Senhor lhe dissera: os seus cavalos aleijou e os seus carros queimou no fogo.

10 **N**esse mesmo tempo, voltou Josué, tomou Hazor e matou a fio de espada o seu rei. Hazor dantes era a capital de todos estes reinos.

11 A todos os que nela havia matou à espada. Totalmente os [y]destruíram, nada restou do que tinha [z]fôlego, e a Hazor ele queimou a fogo.

12 Josué tomou todas as cidades destes reis, e todos os seus reis, e os matou à espada. Totalmente os destruiu, como ordenara Moisés, servo do Senhor.

13 Tão somente não queimaram os israelitas as cidades que estavam sobre as colinas, exceto a Hazor, a qual Josué queimou.

14 Todos os [a]despojos dessas cidades, e o gado, os filhos de Israel saquearam para si, mas a todos os homens mataram à espada, até os destruírem; nada do que tinha fôlego deixaram com vida.

15 Como ordenara o Senhor a Moisés, seu servo, assim Moisés ordenou a [b]Josué, e assim Josué o fez; nem uma só palavra deixou de cumprir de tudo o que o Senhor ordenara a [c]Moisés.

Resumo das conquistas

16 **A**ssim Josué tomou toda aquela terra, a [d]região montanhosa, todo o [e]Neguebe, toda a terra de Gósen, as [f]planícies, a [g]Arabá, a região montanhosa de Israel e as suas planícies,

17 desde o monte Halque, que sobe a Seir, até Baal-Gade no vale do Líbano, ao pé do monte Hermom. Também tomou [h]todos os seus reis e os feriu, e os matou.

18 Por [i]muito tempo Josué fez guerra contra todos esses reis.

[t] Jz 7.12; 1Sm 13.5
[u] Js 10.8
[v] 2Sm 8.4
[w] Gn 49.13
[x] Js 13.6
[y] Dt 20.16
[z] Js 10.40
[a] Dt 20.14-18
[b] Js 1.7
[c] Êx 34.10-17
[d] Js 10.40,41
[e] Veja Gn 12.9, nota
[f] Veja Dt 1.7, nota
[g] Veja Dt 1.1, nota
[h] Dt 7.24
[i] Veja Js 10.42, nota
[j] Veja Êx 4.21, nota
[k] Nm 13.22; Dt 9.2
[l] Êx 33.2; Nm 34.2
[m] Dt 12.9,10; comp. Hb 4.1-16
[n] Reis de v. 1-6 derrotados por Moisés; v. 7-24, por Josué
[o] Dt 3.8-17
[p] Dt 2.24-27
[q] Dt 3.8,14; Js 13.11,12
[r] Nm 32.29-33
[s] Js 11.17
[tt] Veja Dt 1.7, nota
[uu] Veja Dt 1.1, nota

19 Não houve cidade que fizesse paz com os filhos de Israel, senão os heveus, moradores de Gibeom; por meio da guerra as tomaram todas.

20 Pois do Senhor vinha o [j]endurecimento dos seus corações para saírem à guerra contra Israel, a fim de que fossem destruídos totalmente, e não encontrassem piedade alguma, mas fossem exterminados, como o Senhor tinha ordenado a Moisés.

21 Nesse tempo, veio Josué e exterminou os [k]enaquins da região montanhosa: de Hebrom, de Debir, de Anabe, de toda a região montanhosa de Judá e de toda a região montanhosa de Israel. Josué destruiu-os totalmente, com as suas cidades.

22 Não ficou de resto nem um dos enaquins na terra dos filhos de Israel; somente ficaram alguns em Gaza, em Gate e em Asdode.

23 Assim tomou Josué toda esta terra conforme tudo o que o Senhor tinha [l]dito a Moisés, e Josué deu-a em herança aos filhos de Israel, conforme as suas divisões, conforme as suas tribos. Então a terra [m]repousou da guerra.

Lista dos reis conquistados por Moisés e Josué

12 **E**stes são os [n]reis da terra, aos quais os filhos de Israel feriram, e cujas [o]terras possuíram a leste do Jordão, desde o ribeiro de Arnom até o monte Hermom, e toda a planície do oriente:

2 [p]Seom, rei dos amorreus, que habitava em Hesbom e dominava desde Aroer, que está à beira do vale de Arnom, e desde o meio do vale e a metade de Gileade, e até o ribeiro de Jaboque, termo dos filhos de Amom;

3 desde a campina até o mar de Quinerete para o oriente, e até o mar da campina, o mar Salgado para o oriente, pelo caminho de Bete-Jesimote; e desde o sul abaixo das faldas do Pisga.

4 Como também o território de Ogue, rei de Basã, que era do restante dos gigantes, e que habitava em Astarote e em Edrei;

5 e dominava no monte [q]Hermom, e em Salcá, e em toda a Basã, até a fronteira dos gesureus e dos maacateus, e metade de Gileade, termo de Seom, rei de Hesbom.

6 A estes Moisés, servo do Senhor, e os filhos de Israel feriram. E Moisés, servo do Senhor, deu [r]esta terra como propriedade aos rubenitas, aos gaditas e à meia tribo de Manassés.

7 **E**stes são os reis da terra aos quais Josué e os filhos de Israel derrotaram no lado ocidental do Jordão, desde [s]Baal-Gade, no vale do Líbano, até o monte Halaque, que sobe a Seir; Josué deu as suas terras às tribos de Israel como propriedade, segundo as suas divisões;

8 o que havia na região montanhosa, nas [tt]planícies, na [uu]Arabá, nas descidas das águas, no deserto

e no [v]Neguebe; o [w]heteu, o amorreu, o cananeu, o ferezeu, o heveu e o jebuseu.

9 O rei de [x]Jericó, um; o de Ai, que está ao lado de Betel, outro;

10 o rei de [y]Jerusalém, outro; o de Hebrom, outro;

11 o rei de Jarmute, outro; o de Laquis, outro;

12 o rei de Eglom, outro; o de Gezer, outro;

13 o rei de Debir, outro; o de Geder, outro;

14 o rei de Hormá, outro; o de Arade, outro;

15 o rei de Libna, outro; o de Adulão, outro;

16 o rei de Maquedá, outro; o de [z]Betel, outro;

17 o rei de Tapua, outro; o de [a]Héfer, outro;

18 o rei de Afeque, outro; o de Lasarom, outro;

19 o rei de Madom, outro; o de Hazor, outro;

20 o rei de Sinrom-Merom, outro; o de Acsafe, outro;

21 o rei de Taanaque, outro; o de Megido, outro;

22 o rei de Quedes, outro; o de Jocneão do Carmelo, outro;

23 o rei de Dor em Nafate-Dor, outro; o de Goim em Gilgal, outro;

24 o rei de Tirza, outro; trinta e um reis ao [b]todo.

III. A distribuição dos territórios entre as tribos, 13–22

13 Quando Josué era idoso e avançado em [c]dias, disse-lhe o Senhor: Já estás velho e avançado em dias, e ainda muitíssima terra ficou para se possuir.

2 [1]A terra que ainda fica é [d]esta: todas as [e]regiões dos filisteus e toda a Gesur;

3 desde [f]Sior, próximo ao Egito, até o território de Ecrom para o norte, que se considera dos cananeus; os cinco governantes dos filisteus: o de Gaza, o de Asdode, o de Asquelom, o de Gate e o de Ecrom.

4 E ainda os aveus ao sul, toda a terra dos cananeus e Meara, que é dos sidônios; até [g]Afeque, até o território dos amorreus;

5 como também a terra dos gibleus e todo o Líbano para o nascente do sol, desde [h]Baal-Gade, ao pé do monte Hermom, até a [i]entrada de Hamate;

6 todos os que habitam na região montanhosa desde o Líbano até [j]Misrefote-Maim, todos os sidônios; eu os lançarei de diante dos filhos de Israel; tão somente reparte a terra a Israel por [k]herança, como já te mandei.

7 Reparte agora esta terra por herança às nove tribos e à meia tribo de Manassés.

8 Com a outra meia tribo os rubenitas e os gaditas já receberam a sua herança a [l]leste do Jordão, como já lhes tinha dado [m]Moisés, servo do Senhor:

9 desde Aroer, que está à margem do vale de Arnom, e a cidade que está no meio do vale, todo o planalto de Medeba até Dibom;

10 e todas as cidades de Seom, rei dos amorreus, que reinou em Hesbom, até o termo dos filhos de Amom.

11 E [n]Gileade, e o território dos gesureus e dos maacateus, e todo o monte Hermom e toda a Basã até Salcá;

12 todo o reino de Ogue em Basã, que reinou em Astarote e em Edrei, que ficou do resto dos gigantes, o qual Moisés [o]feriu e expulsou.

13 Os filhos de Israel, porém, [p]não expulsaram os gesureus e os maacateus, antes Gesur e Maacate ficaram no meio de Israel até o dia de hoje.

14 Tão somente à tribo de Levi [q]não deu herança; os sacrifícios queimados do Senhor, o Deus de Israel, são a sua herança, como já lhe tinha dito.

15 Assim Moisés [r]deu herança à tribo dos filhos de Rúben, conforme as suas famílias.

16 Foi o seu território desde [s]Aroer, que está na margem do ribeiro de Arnom, e a cidade que está no meio do vale, e todo o planalto junto a Medeba;

17 [t]Hesbom e todas as suas cidades, que estão na campina: Dibom, Bamote-Baal e Bete-Baal-Meom;

18 [u]Jaza, Quedemote, Mefaate;

19 Quiriataim, Sibma e Zerete-Saar, no monte do vale;

20 Bete-Peor, as encostas do Pisga e Bete-Jesimote;

21 todas as cidades do planalto, todo o reino de Seom, rei dos amorreus, que reinou em Hesbom, a quem Moisés feriu, como também os líderes de [w]Midiã, Evi, Requém, Zur, Hur e Reba, líderes de Seom, moradores da terra.

22 Também os filhos de Israel mataram à espada a [ww]Balaão, o adivinho, filho de Beor, com os demais que por eles foram mortos.

23 E ficou sendo o Jordão a fronteira dos filhos de Rúben; esta é a herança dos filhos de Rúben, segundo as suas famílias: as cidades e as suas aldeias.

24 [xx]Deu Moisés herança à tribo de Gade, aos filhos de Gade, segundo as suas famílias.

25 E foi o território de Jazer: todas as cidades de Gileade, metade da terra dos filhos de Amom, até Aroer, que está em frente de [yy]Rabá;

26 desde Hesbom até Ramate-Mispa e Betonim; desde Maanaim até o termo de Debir;

27 e no vale, [zz]Bete-Harã, Bete-Ninra, Sucote e Safom, que ficara do resto do reino de Seom, rei de Hesbom, tendo o Jordão por termo, até a extremidade do mar de Quinerete, o lado oriental do Jordão.

[v] Veja Gn 12.9, nota
[w] Êx 23.23; Js 11.3; veja 2Rs 7.6, nota
[x] Js 6.2
[y] Js 10.23
[z] Jz 1.22
[a] 1Rs 4.10
[b] Dt 7.24
[c] Js 14.10; 23.1,2
[d] Jz 3.1-3; comp. Nm 34.2-15; Dt 34.1-4
[e] Comp. Jl 3.4
[f] 1Cr 13.5
[g] Js 12.18
[h] Js 12.7
[i] Nm 34.8
[j] Js 11.8
[k] Js 12.7; 14.2
[l] Js 12.1-6
[m] Nm 32.33
[n] Nm 32.1
[o] Nm 21.34
[p] Comp. Nm 33.55; Js 23.12,13; Jz 2.2,3
[q] v. 33; Dt 18.1; Js 14.3,4
[r] v. 15-23; Nm 34.14
[s] Js 12.2
[t] Nm 21.28,30
[u] Nm 21.23
[w] Nm 31.8
[ww] Nm 31.8; comp. Nm 22–25
[xx] v. 24-28; Nm 32.1; 34.14; 1Cr 5.11
[yy] Dt 3.11
[zz] Nm 32.36

[1] (13.2) Em Js 13–19, é feita uma descrição geográfica das regiões de Canaã distribuídas entre as doze tribos de Israel. Essa lista é de grande ajuda na localização dos lugares esquecidos com o passar dos anos. Conforme as pesquisas arqueológicas prosseguem, muitos desses lugares estão sendo redescobertos.

28 Esta é a herança dos filhos de Gade, segundo
as suas famílias, as cidades com suas aldeias.
29 Deu [a]também Moisés herança à meia tribo
de Manassés, segundo as suas famílias.
30 De maneira que o seu território foi desde
Maanaim; toda a Basã, todo o reino de Ogue, rei
de Basã, e todas as [b]aldeias de Jair, que estão em
Basã, sessenta cidades;
31 e metade de Gileade, Astarote e Edrei, cidades
do reino de Ogue, em Basã, foram para os filhos
de [c]Maquir, filho de Manassés, a saber, à metade
dos filhos de Maquir, segundo as suas famílias.
32 Isto foi o que Moisés repartiu em herança
nas planícies de Moabe, a leste do Jordão, do
lado oriental de Jericó.
33 À tribo de Levi, porém, Moisés não deu he-
rança; o Senhor, o Deus de Israel, é a sua herança,
como já lhe tinha dito.

O pedido de Calebe é atendido

14 São estas as terras que os filhos de Israel
receberam por herança na terra de Canaã,
o que [d]Eleazar, o sacerdote, e Josué, filho de Num,
e os chefes paternos dos pais das tribos dos
filhos de Israel lhes fizeram repartir.
2 Sua herança foi feita por [e]sorte, como o Senhor
ordenara por intermédio de Moisés acerca das
nove tribos e meia.
3 Moisés já dera herança às duas tribos e meia
além do Jordão, mas aos levitas não tinha dado
herança entre eles,
4 pois os filhos de José haviam-[f]se tornado
duas tribos, Manassés e Efraim. Aos levitas não
deram herança na terra, senão [g]cidades em que
habitassem, com pasto para seu gado.
5 Como o Senhor ordenara a Moisés, assim
fizeram os filhos de Israel e repartiram a terra.
6 Os filhos de Judá chegaram a Josué em Gilgal, e
[h]Calebe, filho de Jefoné, o quenezeu, lhe disse: Tu
sabes o que o Senhor falou a Moisés, homem de
Deus, em Cades-Barneia, a respeito de mim e de ti.
7 Eu tinha quarenta anos, quando Moisés, servo
do Senhor, me [i]enviou de Cades-Barneia para
espiar a terra. E eu lhe trouxe resposta, como sen-
tia no meu coração.
8 No entanto, meus [j]irmãos, que subiram comigo,
fizeram desanimar o coração do povo. Eu, porém,
[k]perseverei em seguir ao Senhor, o meu Deus.
9 Então Moisés jurou naquele dia, dizendo:
Certamente a terra que [l]pisou o teu pé será tua e
de teus filhos, em herança perpetuamente, porque
perseveraste em seguir ao Senhor, o meu Deus.
10 Agora, pois, o Senhor me conservou em [m]vida,
como falou; [n]quarenta e cinco anos há desde que
o Senhor falou esta palavra a Moisés, andando
Israel ainda no deserto. E já agora tenho oitenta e
cinco anos de idade.
11 Ainda estou tão [o]forte como no dia em que
Moisés me enviou; qual era a minha força então tal
ainda é agora, para a guerra, [p]para sair e para entrar.
12 Agora dá-me este monte de que o Senhor
falou naquele dia. Naquele dia, tu ouviste
[q]que os enaquins estavam ali, bem como cida-
des grandes e fortes. É certo que o Senhor será
comigo para os expulsar, como prometeu.
13 Então Josué o abençoou e deu a Calebe, filho
de Jefoné, Hebrom em herança.
14 Hebrom, portanto, passou a ser de Calebe,
filho de Jefoné, o quenezeu, em herança até o
dia de hoje, porque perseverara em seguir ao
Senhor, o Deus de Israel.
15 Outrora o nome de [1]Hebrom era Quiriate-
Arba, porque Arba era o maior homem entre os
enaquins. Então a terra repousou da guerra.

A porção de Judá

15 [r]A sorte da tribo dos filhos de Judá, se-
gundo as suas famílias, caiu em direção
de Edom, desde o deserto de Zim para o sul, até
a extremidade do lado do sul.
2 Foi o seu termo ao [s]sul, desde a extremidade
do mar Salgado, desde a baía que dá para o sul;
3 sai para o sul, até a subida de Acrabim, passa
a Zim, sobe do sul a Cades-Barneia, passa por
Hezrom, sobe a Adar, e rodeia Carca;
4 passa Azmom, chega ao ribeiro do Egito, pros-
seguindo até o mar; este será a vossa fronteira
do lado do sul.
5 A [t]fronteira, porém, para o oriente será o mar
Salgado até a foz do Jordão, e a fronteira para o
norte será da baía do mar, começando com a foz
do Jordão;
6 sobe [u]Bete-Hogla, passa do norte a Bete-
Arabá e sobe até a pedra de Boã, filho de Rúben.
7 Sobe mais esta fronteira a [v]Debir, desde o [w]vale
de Acor, e olha para o norte, na direção de Gilgal,
que está à subida de Adumim, que está para o sul
do ribeiro; passa até as águas de En-Semes e che-
gam a En-Rogel.
8 Deste ponto sobe pelo vale do filho de Hinom,
da banda dos [x]jebuseus do sul, isto é, Jerusalém;
e sobe até o cume do monte que está diante do
vale de Hinom para o ocidente, que está no fim
do vale dos refains da banda do norte.
9 Então vai desde a altura do monte até a
[y]fonte das águas de Neftoa; e sai até as cidades
do monte de Efrom, estende-se ainda até [z]Baalá,
isto é, Quiriate-Jearim.

[a] v. 29-33; Nm 34.14; Js 13.8; 17.11; Jz 1.27; 1Cr 5.23
[b] Nm 32.41
[c] Js 17.1
[d] Nm 34.16-29
[e] Nm 26.55; 33.54; 34.13; comp. Sl 16.5,6; 47.4
[f] Gn 48.5; 1Cr 5.1,2
[g] Nm 35.2-8; Js 21.1-42
[h] Nm 14.24,30; 32.11,12
[i] Nm 13.6,26
[j] Dt 1.28
[k] Nm 14.24
[l] Dt 1.36
[m] Nm 14.24,30,38
[n] Js 5.6; Ne 9.21
[o] Comp. Dt 34.7
[p] Comp. Dt 31.2
[q] Nm 13.28,33
[r] v. 1-62
[s] Nm 34.3,4
[t] Js 18.15-19
[u] Js 18.19,21
[v] Js 13.26
[w] Js 7.26
[x] Js 15.63
[y] Js 18.15
[z] 2Sm 6.2; 1Cr 13.6

[1] (14.15) Em Hebrom, também conhecida como Quiriate-Arba – *cidade de Arba* – (Gn 23.2; 35.27; Js 15.13; 21.11), Abraão e Sara foram sepultados (Gn 23.19; 25.10).

10 Então volta para o ocidente, até o monte Seir,
e passa ao lado do monte de Jearim da banda do
norte, isto é, Quesalom, e desce a [a]Bete-Semes e
passa por [b]Timna.
11 Segue para a encosta norte de Ecrom e, indo
para Sicrom, passa o monte de Baalá, e chega a
Jabneel, indo terminar no mar.
12 A fronteira [c]ocidental é o mar Grande. São
estas as fronteiras dos filhos de Judá, segundo
as suas famílias.
13 [d]**A** Calebe, filho de Jefoné, porém, [e]deu uma
herança no meio dos filhos de [f]Judá, conforme
o dito do Senhor a Josué, a saber, Quiriate-Arba,
que é Hebrom; Arba era o pai de Enaque.
14 E Calebe expulsou dali os três [g]filhos de
Enaque: Sesai, Aimã e Talmai, gerados de Enaque.
15 Dali subiu contra os habitantes de Debir,
cujo nome dantes era [h]Quiriate-Sefer.
16 Disse Calebe: A quem ferir Quiriate-Sefer e a
tomar, lhe darei a minha filha Acsa por mulher.
17 Tomou-a [i]Otniel, [j]filho de Quenaz, irmão de
Calebe; e este lhe deu a sua filha [k]Acsa por mulher.
18 Certo dia, vindo ela a Otniel, persuadiu-o a
que pedisse um campo a seu pai. Quando ela
desceu do jumento, Calebe lhe perguntou: Que
é o que tens?
19 Respondeu ela: Dá-me um presente. Visto
que me deste terra [l]seca, dá-me também [1]fontes
de águas. Então lhe deu as fontes superiores e as
fontes inferiores.
20 **E**sta é a herança da tribo dos filhos de Judá,
segundo as suas famílias:
21 As cidades no extremo sul da tribo dos filhos
de Judá, [m]em direção de Edom, foram: Cabzeel,
[n]Eder, Jagur,
22 Quiná, Dimona, Adada,
23 Quedes, Hazor, Itnã,
24 [o]Zife, Telém, Bealote,
25 Hazor-Hadata, Quiriote-Hezrom (que é Hazor),
26 [p]Amã, Sema, Moladá,
27 Hazar-Gada, Hesmom, Bete-Palete,
28 Hazar-Sual, [q]Berseba, Biziotiá,
29 Baalá, Iim, Ezém,
30 Eltolade, Quesil, [r]Hormá,
31 [s]Ziclague, Madmana, Sansana,
32 Lebaote, Silim, Aim e [t]Rimom; ao todo vinte
e nove cidades com suas aldeias.
33 **N**as [u]planícies: [v]Estaol, Zorá, Asná,
34 Zanoa, En-Ganim, Tapua, Enã,
35 Jarmute, [w]Adulão, Socó, Azeca,
36 Saaraim, Aditaim, Gederá e Gederotaim;
catorze cidades com suas aldeias.
37 Zenã, Hadasa, Migdal-Gade,
38 Dileã, Mispa, Jocteel,

[a] Js 19.22,38
[b] Gn 38.13; Jz 14.1
[c] Nm 34.6
[d] v. 13-19; comp. Jz 1.10-15
[e] Js 14.13-15
[f] Nm 13.6
[g] Nm 13.22; Jz 1.10,20
[h] Chamada Quiriate-Sana no v. 49
[i] Jz 3.9
[j] Jz 1.13
[k] Jz 1.12
[l] Veja Gn 12.9, nota
[m] Veja Gn 12.9, nota
[n] Gn 35.21
[o] 1Sm 23.14
[p] v. 26,32; comp. Js 19.1-7
[q] Gn 21.31; Js 19.2
[r] Js 19.4
[s] Js 19.5; 1Sm 27.6
[t] Js 20.45,47
[u] Veja Dt 1.7, nota
[v] Jz 13.25; 16.31
[w] 1Sm 22.1
[x] 2Rs 14.19
[y] Js 10.3
[z] Js 21.13
[aa] Js 11.22
[bb] Nm 34.5
[cc] Chamada Quiriate-Sefer nos v. 15,16
[dd] 1Sm 23.24,25
[ee] Js 18.14
[ff] 1Sm 23.29; Ez 47.10
[gg] Jz 1.8,21; 2Sm 5.6
[hh] v. 1-4; comp. Js 17.14-18
[ii] Js 8.15; 18.12
[jj] Js 18.13
[kk] 2Cr 8.5
[ll] Js 21.21
[mm] v. 5-9; Jz 1.29; 1Cr 7.28,29

39 [x]Laquis, Bozcate, [y]Eglom,
40 Cabom, Laamás, Quitlis,
41 Gederote, Bete-Dagom, Naamá e Maquedá;
dezesseis cidades com suas aldeias.
42 [z]**L**ibna, Eter, Asã,
43 Iftá, Asná, Nezibe,
44 Queila, Aczibe e Maressa; nove cidades com
suas aldeias.
45 **E**crom, suas vilas e aldeias;
46 desde Ecrom até o mar, todas as que estão
da banda de [aa]Asdode, com suas aldeias.
47 Asdode, suas vilas e aldeias; e Gaza, suas
vilas e aldeias, até o [bb]rio do Egito, e o mar
Grande, que serve de termo.
48 **E** na região montanhosa: Samir, Jatir, Socó,
49 Daná, [cc]Quiriate-Sana, que é Debir,
50 Anabe, Estemo, Anim,
51 Gósen, Holom e Gilo; onze cidades com
suas aldeias.
52 Arabe, Dumá, Esã,
53 Janim, Bete-Tapua, Afeca,
54 Hunta, Quiriate-Arba (que é Hebrom) e Zior;
nove cidades com suas aldeias.
55 [dd]**M**aom, Carmelo, Zife, Jutá,
56 Jezreel, Jocdeão, Zanoa,
57 Caim, Gibeá, Timna; dez cidades com su-
as aldeias.
58 **H**alul, Bete-Zur, Gedor,
59 Maarate, Bete-Anote e Eltecom; seis cidades
com suas aldeias.
60 [ee]Quiriate-Baal (que é Quiriate-Jearim) e
Rabá; duas cidades com suas aldeias.
61 **N**o deserto: Bete-Arabá, Midim, Secaca.
62 Nibsã, Cidade do Sal e [ff]En-Gedi; seis cida-
des com suas aldeias.
63 **N**ão puderam, porém, os filhos de Judá expul-
sar os [gg]jebuseus que habitavam em Jerusalém;
assim ficaram habitando os jebuseus com os fi-
lhos de Judá em Jerusalém até o dia de hoje.

A porção de Efraim

16 **A** sorte [hh]que tocou aos filhos de José co-
meça no Jordão, perto de Jericó, na banda
oriental das águas de Jericó, e vai ao [ii]deserto que
sobe de Jericó pela região montanhosa de Betel.
2 De [jj]Betel sai para Luz, passa ao território dos
arquitas, até Atarote,
3 desce rumo ao ocidente ao território de Jafleti,
até o território de [kk]Bete-Horom de baixo, e até
[ll]Gezer, terminando no mar.
4 Assim alcançaram a sua herança os filhos de
José, Manassés e Efraim.
5 [mm]**F**oi este o território dos filhos de Efraim, se-
gundo as suas famílias: para o oriente a fronteira

[1] (15.19) A água era de suma importância no clima quente e árido do Oriente; esta foi a razão do pedido de Acsa. Quanto mais valor tem o refrigério espiritual! Comp. Sl 87.7; Jo 4.14.

da sua herança é [n]Atarote-Adar até Bete-Horom
de cima;
6 sai este território para o ocidente junto a [o]Mic-
metá, ao norte, vira para o oriente até Taanate-Siló,
e passa por ela ao oriente a Janoa;
7 desce de Janoa a Atarote e a [p]Naarate, toca em
Jericó e termina no Jordão.
8 De [q]Tapua vai ao território para o ocidente,
ao ribeiro de [r]Caná, e vai terminar no mar; esta é
a herança da tribo dos filhos de Efraim, segundo
as suas famílias,
9 com as cidades que se separaram para os
filhos de Efraim, que estavam no meio da herança
dos filhos de Manassés; todas aquelas cidades
com suas aldeias.
10 [s]Não expulsaram aos cananeus que habita-
vam em Gezer; os cananeus habitam no meio
dos efraimitas até o dia de hoje, mas são sujeitos
a trabalho forçado.

A porção de Manassés

17 [t]A sorte da tribo de Manassés, primogênito
de José, foi primeiramente para [u]Maquir,
primogênito de Manassés. Maquir foi pai dos
gileaditas, que haviam recebido Gileade e Basã,
porque eram homens de guerra.
2 Também os outros [v]filhos de Manassés tive-
ram a sua parte, segundo as suas famílias, a
saber: os filhos de Abiezer, e os filhos de Heleque,
e os filhos de Asriel, e os filhos de Siquém, e os
filhos de Héfer, e os filhos de Semida. São estes
os filhos de Manassés, filho de José, segundo
as suas famílias.
3 [w]Zelofeade, porém, filho de Héfer, filho de
Gileade, filho de Maquir, filho de Manassés, não
teve filhos, mas só filhas; são estes os nomes de
suas filhas: Maalá, Noa, Hogla, Milca e Tirza.
4 Estas se apresentaram diante de [x]Eleazar,
o sacerdote, e diante de Josué, filho de Num, e
diante dos líderes e disseram: O Senhor orde-
nou a Moisés que se nos desse herança no meio
de nossos irmãos. Pelo que, [y]conforme o dito do
Senhor, lhes deu herança no meio dos irmãos
de seu pai.
5 Couberam a [z]Manassés dez quinhões, fora a
terra de Gileade e Basã, que está perto do Jordão,
6 porque as filhas de Manassés no meio de
seus filhos possuíram herança. Os outros filhos
de Manassés tiveram a terra de Gileade.
7 O território de Manassés foi desde Aser até
[a]Micmetá, que está em frente de Siquém, e vai
pela direita até os moradores de En-Tapua.

[n] Js 18.13
[o] Js 17.7
[p] Chamada Naarã em 1Cr 7.28
[q] Js 17.8
[r] Js 17.9
[s] Js 15.63; 17.12,13; 1Rs 9.16
[t] v. 1-11; Nm 32.33,39,40; Js 13.29-33; 1Cr 5.23
[u] Jz 5.14
[v] Nm 26.29-33
[w] Nm 26.33; 27.1
[x] Js 14.1
[y] Nm 27.2-11
[z] Js 22.7
[a] Js 16.6
[b] Js 16.9
[c] 1Cr 7.29
[d] Jz 1.27; 1Rs 4.12
[e] Jz 1.19,28
[f] Js 16.10
[g] Gn 48.19,20; Nm 26.34,37
[h] Gn 15.20
[i] Dt 20.1
[j] Comp. Dt 12.5
[k] Jz 18.9; comp. Ec 9.10

8 Tinha Manassés a terra de Tapua, mas Tapua,
ainda que situada na fronteira de Manassés, per-
tencia aos filhos de Efraim.
9 Então desce a fronteira ao ribeiro de Caná.
A Efraim couberam [b]as cidades ao sul do ribeiro no
meio das cidades de Manassés; mas a fronteira de
Manassés está ao norte do ribeiro, indo até o mar.
10 Efraim ao sul, e Manassés, ao norte; o terri-
tório de Manassés chegava ao mar e tocava em
Aser, e pelo oriente, em Issacar.
11 Em Issacar e em Aser tinha [c]Manassés a [d]Bete-
-Seã e suas vilas, Ibleã e suas vilas, os habitantes
de Dor e suas vilas, os habitantes de En-Dor
e suas vilas, os habitantes de Taanaque e suas
vilas e os habitantes de Megido e suas vilas, bem
como a região dos três outeiros.
12 Os filhos de Manassés [e]não puderam expul-
sar os habitantes daquelas cidades, pois os
cananeus persistiram em habitar naquela terra.
13 Entretanto, fortalecendo-se os filhos de
Israel, sujeitaram os cananeus a [f]trabalhos for-
çados, mas não os expulsaram totalmente.
14 Então os filhos de José disseram a Josué: Por
que nos deste por herança só uma parte e um
quinhão, sendo nós tão [g]grande povo, visto que
o Senhor até aqui nos tem abençoado?
15 Disse-lhes Josué: Se sois grande povo, subi
ao bosque e cortai para vós lugar ali na terra dos
ferezeus e dos [h]refains, visto que a região monta-
nhosa de Efraim vos é estreita demais.
16 Então disseram os filhos de José: A região
montanhosa não nos bastaria, e todos os cana-
neus que habitam na terra do vale possuem
carros de ferro, tanto os de Bete-Seã e suas vilas
como os que estão no vale de Jezreel.
17 Josué, porém, disse à tribo de José, a Efraim e
a Manassés: Povo grande és e tens grande força.
Não terás apenas uma sorte;
18 mas a região montanhosa será tua. Ainda que
seja bosque, tu a cortarás, e as suas extremida-
des serão tuas; apesar de os cananeus possuírem
[i]carros de ferro e serem fortes, tu os expulsarás.

A tenda da congregação é armada em Siló

18 Toda a comunidade dos filhos de Israel,
depois que conquistou a terra, ajuntou-
-se em [1j]Siló e ali armou a tenda da congregação.
2 Dos filhos de Israel ficaram sete tribos que
ainda não tinham repartido a sua herança.
3 Disse Josué aos filhos de Israel: Até quando
sereis [k]negligentes em passardes para possuir a
terra que o Senhor, o Deus de vossos pais, vos deu?

[1] (18.1) Siló ficava situada no território da tribo de Efraim. Construída sobre uma colina a cerca de 14,5 km ao norte de Betel (comp. Jz 21.19), tinha uma posição imponente e de certo modo central. O tabernáculo ficou temporariamente localizado ali (Js 18.1; 19.51; Jz 18.31), e, naquele tempo, o tabernáculo tinha pilares e portas e era chamado de “templo” (1Sm 1.9; 3.3). Embora a destruição de Siló não seja descrita nos documentos deste período (1Sm 4), ela deve ter sido devastadora por causa da impiedade dos filhos de Israel (Sl 78.60; Jr 7.12,14; 26.6).

4 De cada tribo escolhei três homens, para que
eu os envie; e eles saiam a percorrer a terra e a
demarquem segundo as suas heranças, e vol-
tem a mim.
5 Dividirão a terra em sete partes: [l]Judá ficará
no seu território para o sul, e a [m]tribo de José,
para o norte.
6 E vós demarcareis a terra em sete partes e tra-
reis a mim a sua descrição, para que eu aqui vos
lance as sortes perante o Senhor, o nosso Deus.
7 Os [n]levitas, porém, não têm parte no meio
de vós, porque o sacerdócio do Senhor é a sua
parte. Gade, Rúben e a meia tribo de Manassés
tomaram a sua herança no lado leste do Jordão, a
qual lhes deu Moisés, o servo do Senhor.
8 Então aqueles homens se levantaram e se
foram. Josué deu ordem aos que iam demarcar a
terra, dizendo: Ide, [o]percorrei a terra e demarcai-a.
Então voltai a mim, e aqui vos lançarei as sortes
perante o Senhor, em Siló.
9 Assim, foram aqueles homens, percorreram a
terra e a demarcaram em sete partes, segundo as
suas cidades, num livro, e voltaram a Josué, ao
acampamento em Siló.
10 Então Josué lhes lançou as [p]sortes em Siló,
perante o Senhor, e ali [q]repartiu a terra entre os
filhos de Israel, conforme as suas divisões.

A porção de Benjamim

11 [r]**S**aiu a sorte da tribo dos filhos de Benjamim,
segundo as suas famílias, e coube-lhe o territó-
rio entre os filhos de Judá e os filhos de José.
12 A sua fronteira foi para o norte desde o Jordão;
sobe este território ao lado de Jericó para o norte
e sobe pela montanha para o ocidente, indo ter-
minar no deserto de Bete-Áven.
13 Dali passa este território a [s]Luz, ao lado de Luz
(que é Betel) para o sul; desce a Atarote-Adar, ao pé
do monte que está no sul de Bete-Horom de [t]baixo.
14 Vai este termo virando pelo lado do oci-
dente, para o sul do monte que está em frente de
Bete-Horom, para o sul, e termina em Quiriate-
Baal (que é Quiriate-Jearim), cidade dos filhos de
Judá. Este é o seu lado ocidental.
15 O lado sul começa na extremidade de [u]Qui-
riate-Jearim e dali se estende até Efrom, até a
fonte das [v]águas de Neftoa.
16 Desce a fronteira até a extremidade do monte
que está em frente do vale do filho de Hinom,
que está no vale dos refains, para o norte, e desce
pelo vale de Hinom do lado dos jebuseus, para o
sul; então desce à fonte de En-Rogel;
17 e vai para o norte, chegando a En-Semes; dali
sai a Gelilote, que está em frente da subida de
Adumim; desce à [w]pedra de Boã, filho de Rúben;
18 passa pela vertente norte em frente da [x]Arabá,
e desce a Arabá;
19 dali segue para o norte, ladeando Bete-Hogla,
e vai terminar na baía do [y]mar Salgado, na foz do
Jordão ao sul. Essa é a fronteira sul.
20 O Jordão delimitava o limite oriental. Essa é
a herança dos filhos de Benjamim, nos seus limi-
tes em redor, segundo as suas famílias.
21 **A**s cidades da tribo dos filhos de Benjamim,
segundo suas famílias, são: Jericó, Bete-Hogla,
Emeque-Queziz,
22 Bete-Arabá, Zemaraim, Betel,
23 Avim, Pará, Ofra,
24 Quefar-Amonai, Ofni e Geba: doze cidades
com suas aldeias.
25 [z]**G**ibeom, [a]Ramá, Beerote,
26 Mispa, Quefira, Moza,
27 Requém, Irpeel, Tarala,
28 Zela, Elefe, Jebus (esta é [b]Jerusalém), Gibeá e
Quiriate: catorze cidades com suas aldeias. Essa
é a herança dos filhos de Benjamim, segundo as
suas famílias.

As porções de Simeão, Zebulom, Issacar, Aser, Naftali e Dã

19 [c]Saiu a segunda sorte a Simeão, à tribo dos
filhos de Simeão, segundo as suas famí-
lias, e foi a sua herança no meio da herança dos
filhos de Judá.
2 Tiveram na sua herança: [d]Berseba, Seba, Molada,
3 Hazar-Sual, Balá, Ázen,
4 Eltolade, Betul, Hormá,
5 Ziclague, Bete-Marcabote, [e]Hazar-Susa,
6 Bete-Lebaote e Saruém: treze cidades com
suas aldeias.
7 Aim, Rimom, Eter e Asã: quatro cidades com
suas aldeias.
8 E todos os povoados que havia em redor des-
sas cidades, até Baalate-Beer, que é [f]Ramá do
[g]Neguebe. Essa é a herança da tribo dos filhos de
Simeão, segundo as suas famílias.
9 [1]A herança dos filhos de Simeão foi tirada do
quinhão dos filhos de Judá, porque a herança
dos filhos de Judá era demasiadamente grande
para eles, pelo que os filhos de Simeão tiveram a
sua herança no meio deles.
10 **S**aiu [h]a terceira sorte aos filhos de Zebulom,
segundo as suas famílias, e foi a fronteira da sua
herança até Saride.
11 Sobe de lá pelo ocidente a Maralá e estende-
-se até Dabesete; chega até o ribeiro que está em
frente de [i]Jocneão.
12 De Saride volta para o oriente, para o nas-
cente do sol, até o território de Quislote-Tabor,
sai a [j]Daberate, e vai subindo a Jafia.

[l] Js 15.1-63
[m] Js 16.1–17.18
[n] Nm 18.20
[o] Gn 13.17
[p] At 13.19
[q] Nm 34.16-29
[r] v. 11-28; Jz 1.21
[s] Gn 28.19; Js 16.2; Jz 1.23
[t] Js 16.3
[u] 1Cr 13.5,6
[v] Js 15.9
[w] Js 15.6
[x] Veja Dt 1.1, nota
[y] Js 15.2,5
[z] Js 11.19; 21.17; 1Rs 3.4,5
[a] Jr 31.15
[b] Js 15.8,63
[c] v. 1-9; Jz 1.3; 1Cr 4.28-33
[d] Gn 21.31; 1Cr 4.28
[e] Chamada Hazar--Susim em 1Cr 4.31
[f] 1Sm 30.27
[g] Veja Gn 12.9, nota
[h] v. 10-16; Gn 49.13; Jz 1.30; comp. Dt 33.18,19
[i] Js 21.34
[j] 1Cr 6.72

[1] (19.9) Visto que a tribo de Simeão não tinha porção definida (Gn 49.5-7), sua herança foi "tirada do quinhão dos filhos de Judá".

13 Dali passa pelo oriente a [k]Gate-Héfer, a Ete-
-Cazim, vai a Rimom-Metoar, que se estende
até Neá,
14 e volta para o norte, a Hanatom, e termina
no vale de Iftá-El;
15 e Catate, Naalal, Sinrom, Idala e Belém; doze
cidades com suas aldeias.
16 Essa é a herança dos filhos de Zebulom,
segundo as suas famílias, essas cidades com
seus povoados.
17 [l]**A** quarta sorte saiu a Issacar, aos filhos de
Issacar, segundo as suas famílias.
18 Vai o seu território até Jezreel, Quesulo-
te, Suném,
19 Hafaraim, Siom, Anaarate,
20 Rabite, Quisiom, Ebes,
21 Remete, En-Ganim, En-Hadá e Bete-Pazes.
22 O território estende-se até Tabor, Saazima
e [m]Bete-Semes, e termina no Jordão; dezesseis
cidades com seus povoados.
23 Essa é a herança da tribo dos filhos de Issa-
car, segundo as suas famílias; essas cidades com
seus povoados.
24 **Saiu** [n]a quinta sorte à tribo dos filhos de Aser,
segundo as suas famílias.
25 Foi o seu território Helcate, Hali, Béten, Acsafe,
26 Alameleque, Amade e Misal; chega ao [o]Car-
melo para o ocidente, e a Sior-Libnate;
27 vira para o nascente do sol a Bete-Dagom,
chega a Zebulom e ao vale de Iftá-El, ao norte
de Bete-Emeque e de Neiel, e vem sair a [p]Cabul
pela esquerda,
28 Ebrom, Reobe, Hamom e Caná, até a gran-
de Sidom.
29 Vira o território para Ramá e para a cidade
fortificada de Tiro; então torna a Hosa e vai ter-
minar no mar, na região de Aczibe;
30 também Umá, Afeque e Reobe; ao todo vinte
e duas cidades com seus povoados.
31 Essa é a herança da tribo dos filhos de Aser,
segundo as suas famílias; essas cidades com
seus povoados.
32 **Saiu** [q]a sexta sorte aos filhos de Naftali, se-
gundo as suas famílias.
33 Foi o seu território desde Helefe, e desde o
carvalho em Zaananim, e Adami-Neguebe, Jab-
neel, até Lacum e termina no Jordão.
34 Virava para o ocidente a Aznote-Tabor e dali
passa a Hucoque; chega a Zebulom ao sul, e a
Aser, ao ocidente; a Judá à margem do Jordão, ao
nascente do sol.
35 E são as cidades fortificadas: Zidim, Zer,
Hamate, Racate, Quinerete,
36 Adamá, Ramá, Hazor,
37 [r]Quedes, Edrei, En-Hazor,

[k] 2Rs 14.25
[l] v. 17-23; comp. Gn 49.14,15; Dt 33.18,19
[m] Js 15.10; Jz 1.33
[n] v. 24-31; Jz 1.31,32
[o] 1Sm 15.12; 1Rs 18.20; Is 33.9; 35.2; Jr 46.18
[p] 1Rs 9.13
[q] v. 32-39; Jz 1.33
[r] Js 20.7
[s] v. 40-48; Jz 1.34-36
[t] Js 15.33
[u] Chamada Saalbim em Jz 1.35 e 1Rs 4.9
[v] Js 10.12; 21.24
[w] Js 15.11; Jz 1.18
[x] Js 24.30
[y] Js 18.1,10
[z] Veja Nm 35.6, nota
[a] Redenção (tipo do parente remidor): v. 2-6; Rt 2.20 (Gn 48.16; Is 59.20, nota)
[b] Comp. Rt 4.1,2
[c] Comp. Hb 6.18

38 Irom, Migdal-El, Horém, e Bete-Anate e Bete-
Semes; dezenove cidades com seus povoados.
39 Essa é a herança da tribo dos filhos de
Naftali, segundo as suas famílias; estas cidades
com seus povoados.
40 [s]**A** sétima sorte saiu à tribo dos filhos de Dã,
segundo as suas famílias.
41 Foi o território da sua herança Zorá, [t]Estaol,
Ir-Semes,
42 [u]Saalabim, [v]Aijalom, Itla,
43 Elom, Timna, [w]Ecrom,
44 Elteque, Gibetom, Baalate,
45 Jeúde, Bene-Beraque, Gate-Rimom,
46 Me-Jarcom e Racom com o território em
frente de Jope.
47 Saiu, porém, pequeno o território dos filhos
de Dã, pelo que subiram os filhos de Dã, pele-
jaram contra Lesém, tomaram-na, feriram-na a
fio de espada e tomaram posse dela. Habitaram
em Lesém e a chamaram Dã, conforme o nome
de Dã, seu pai.
48 Essa é a herança da tribo dos filhos de Dã,
segundo as suas famílias; essas cidades com
seus povoados.

A porção especial de Josué

49 **A**cabando de repartir a terra em herança,
segundo os seus territórios, deram os filhos
de Israel a Josué, filho de Num, herança no
meio deles,
50 segundo o dito do Senhor. Deram-lhe a
cidade que pediu, [x]Timnate-Sera, na região
montanhosa de Efraim. E ele reedificou a cidade
e habitou nela.
51 Essas são as heranças [1]que Eleazar, o sacer-
dote, e Josué, filho de Num, e os chefes dos clãs
das tribos repartiram por sorte em herança,
pelas tribos dos filhos de Israel em [y]Siló, perante
o Senhor, à porta da tenda da congregação.
E assim acabaram de repartir a terra.

Seis cidades designadas como lugares de refúgio (Nm 35)

20 Então disse o Senhor a Josué:
2 Dize aos filhos de Israel: Indicai para
vós as cidades de [z]refúgio, de que vos falei por
intermédio de Moisés,
3 para que fuja para ali o homicida, que por
engano matar uma pessoa, para que vos sejam
refúgio do [a]vingador do sangue.
4 Fugindo ele para uma dessas cidades, se
apresentará à [b]porta da cidade e exporá a sua
causa aos ouvidos das autoridades de tal ci-
dade. Então lhe darão lugar, para que [c]habite
com eles.

[1] (19.51) Deus dissera a Moisés a quem devia encarregar da divisão da terra (Nm 34.17-29).

5 Se o [d]vingador do sangue o perseguir, não entregarão na sua mão o homicida, porque não o feriu intencionalmente, nem o odiava antes.

6 Habitará na mesma cidade até que compareça em [e]juízo perante a comunidade e até que morra o sumo sacerdote que servir naqueles dias. Então o homicida voltará e virá à sua cidade e à sua casa, à cidade de onde fugiu.

7 Então indicaram a [f]Quedes na Galileia, na região montanhosa de Naftali, Siquém, na região montanhosa de Efraim, e Quiriate-Arba, ou seja, Hebrom, na região montanhosa de Judá.

8 No lado leste do Jordão, perto de Jericó para o oriente, indicaram [g]Bezer, no deserto, na campina da tribo de Rúben, e [h]Ramote, em Gileade, da tribo de Gade, e Golã, em Basã, da tribo de Manassés.

9 Foram estas as cidades designadas para todos os filhos de Israel e para o estrangeiro que peregrinasse entre eles, para que se acolhesse a elas todo aquele que por engano matasse alguém, para que não morresse às mãos do vingador do sangue, antes de comparecer perante a comunidade.

As quarenta e oito cidades dos levitas

21 Então os chefes das famílias dos [i]levitas se chegaram a [j]Eleazar, o sacerdote, e a Josué, filho de Num, e aos chefes das demais famílias das tribos dos filhos de Israel

2 e lhes disseram em [k]Siló, na terra de Canaã: O [l]Senhor ordenou, por intermédio de Moisés, que se nos dessem cidades para habitar e pastos para os nossos animais.

3 Pelo que os filhos de Israel deram aos levitas, da sua herança, conforme o dito do Senhor, estas cidades e os seus pastos.

4 Saiu a [m]sorte pelas famílias dos coatitas. Aos filhos de [n]Arão, o sacerdote, que eram dos levitas, caíram por sorte, da tribo de Judá, da tribo de Simeão e da tribo de Benjamim, treze cidades.

5 Aos outros filhos de Coate caíram por sorte, das famílias da tribo de Efraim, da tribo de Dã e da meia tribo de Manassés, dez cidades.

6 Aos filhos de Gérson caíram por sorte, das famílias da tribo de Issacar, da tribo de Aser, da tribo de Naftali e da meia tribo de Manassés em Basã, treze cidades.

7 Os filhos de Merari, segundo as suas famílias, da tribo de Rúben, da tribo de Gade e da tribo de Zebulom, receberam doze cidades.

8 Deram os filhos de Israel aos levitas estas cidades e os seus pastos por sorte, como o Senhor ordenara por intermédio de Moisés.

9 **D**eram mais, da tribo dos filhos de Judá e da tribo dos filhos de Simeão, estas cidades, que por nome foram mencionadas,

10 para que fossem dos filhos de Arão, das famílias dos coatitas, dos filhos de Levi, porque lhes caiu a primeira sorte.

11 Assim [o]lhes deram Quiriate-Arba, do [p]pai de Enaque (esta é Hebrom), na região montanhosa de Judá, com os seus pastos ao redor.

12 O campo da cidade, porém, e as suas aldeias deram a [q]Calebe, filho de Jefoné, por sua propriedade.

13 Assim aos filhos de Arão, o sacerdote, deram Hebrom, [r]cidade de refúgio do homicida, com seus pastos, [s]Libna com seus pastos,

14 Jatir e Estemoa com seus pastos,

15 [t]Holom e Debir com seus pastos,

16 [u]Aim, Jutá e Bete-Semes com seus pastos; nove cidades dessas duas tribos.

17 Da tribo de Benjamim, Gibeom e Geba com seus pastos,

18 Anatote e Almom com seus pastos; quatro cidades.

19 Todas as cidades dos sacerdotes, filhos de Arão, foram treze cidades com seus pastos.

20 [v]**A**s famílias dos filhos de Coate, levitas, os demais filhos de Coate, tiveram as cidades da sua sorte da tribo de Efraim.

21 Deram-lhes [w]Siquém, cidade de refúgio do homicida, com seus pastos, na região montanhosa de Efraim, [x]Gezer com seus pastos,

22 Quibzaim e Bete-Horom com seus pastos; quatro cidades.

23 Da tribo de Dã, Elteque e seus pastos, Gibetom e seus pastos,

24 [y]Aijalom e Gate-Rimom e seus pastos; quatro cidades.

25 Da meia tribo de Manassés, Taanaque e Gate-Rimom com seus pastos; duas cidades.

26 Todas as cidades para as famílias dos demais filhos de Coate foram dez com seus pastos.

27 [z]**A**os filhos de Gérson, das famílias dos levitas, deram [a]Golã, da meia tribo de Manassés, cidade de refúgio do homicida, em Basã, com seus pastos e também Beesterá com seus pastos; duas cidades.

28 Da tribo de Issacar, Quisiom e Daberate com seus pastos,

29 Jarmute e En-Ganim com seus pastos; quatro cidades.

30 Da tribo de Aser, Misal e Abdom com seus pastos,

31 Helcate e Reobe com seus pastos; quatro cidades.

32 Da tribo de Naftali, deram [b]Quedes, cidade de refúgio do homicida, na Galileia, e Hamote-Dor com seus pastos; três cidades.

33 Todas as cidades dos gersonitas, segundo as suas famílias, foram treze cidades com seus pastos.

[d] Comp. Nm 35.26-28
[e] Nm 35.12,24
[f] Js 21.32; 1Cr 6.76
[g] Dt 4.43; Js 21.36; 1Cr 6.78
[h] Dt 4.43
[i] Nm 35.1-8
[j] Nm 34.16-29; Js 14.1; 17.4
[k] Js 18.1
[l] Nm 35.2; comp. 1Co 9.14
[m] Comp. Nm 26.55
[n] v. 8,19; Js 24.33
[o] v. 11-19; comp. 1Cr 6.54-60
[p] Js 15.13
[q] Js 14.14
[r] Js 20.2,7
[s] 2Rs 8.22
[t] Js 15.51; chamada Hilém em 1Cr 6.58
[u] Chamada Asã em Js 15.42 e 1Cr 6.59
[v] v. 20-26; comp. 1Cr 6.66-70
[w] Js 20.7
[x] Jz 1.29
[y] Js 10.12
[z] v. 27-33; comp. 1Cr 6.71-76
[a] Js 20.8
[b] Js 20.7

34 [c]Às famílias dos demais levitas dos filhos de [d]Merari, deram da tribo de Zebulom, Jocneão e Cartá com seus pastos,

35 Dimna e Naalal com seus pastos; quatro cidades.

36 Da tribo de Rúben, Bezer e Jaza com seus pastos,

37 Quedemote e Mefaate com seus pastos; quatro cidades.

38 Da tribo de Gade, deram Ramote, cidade de refúgio do homicida, em Gileade, e Maanaim com seus pastos,

39 Hesbom e Jazer com seus pastos; ao todo quatro cidades.

40 Todas essas cidades couberam por sorte aos filhos de Merari, segundo as suas famílias, que ainda restavam das famílias dos levitas; ao todo doze cidades.

41 Todas as cidades dos levitas, no meio da herança dos filhos de Israel, foram [e]quarenta e oito cidades com seus pastos.

42 Cada uma dessas cidades tinha os seus pastos ao redor; assim foi com todas elas.

A promessa de Deus é cumprida

43 Desta maneira, deu o Senhor a Israel toda a terra que, com juramento, [f]prometera dar a seus pais; eles a [g]possuíram e habitaram nela.

44 [h]O Senhor lhes deu [i]repouso em redor, conforme tudo o que jurara a seus pais. Nenhum de todos os seus inimigos ficou de pé diante deles; a todos eles o Senhor lhes entregou nas mãos.

45 [j]Palavra alguma falhou de todas as boas coisas que o Senhor prometera à casa de Israel; tudo se cumpriu.

As duas tribos e meia são enviadas a seus territórios

22 Então Josué chamou os rubenitas, os gaditas e a meia tribo de Manassés

2 e lhes disse: Tudo o que [k]Moisés, servo do Senhor, vos ordenou, tendes cumprido, como tendes obedecido à minha voz em tudo o que [l]vos ordenei.

3 A vossos irmãos nunca desamparastes até o dia de hoje; antes tivestes cuidado de guardar o mandamento do Senhor, o vosso Deus.

4 Agora que o Senhor, o vosso Deus, deu [m]repouso a vossos irmãos, como lhes havia prometido, voltai-vos e ide-vos para as vossas tendas, para a terra da vossa possessão, que Moisés, servo do Senhor, vos deu dalém do Jordão.

5 Tão somente tende cuidado de guardar com diligência o mandamento e a lei que Moisés, servo do Senhor, vos [n]ordenou: que ameis o Senhor, o vosso Deus, andeis em todos os seus caminhos, guardeis os seus mandamentos, e vos chegueis a ele, e o sirvais de todo o vosso coração e de toda a vossa alma.

6 Assim Josué os abençoou e os despediu; e eles foram para as suas tendas.

7 **M**oisés dera herança em Basã à meia tribo de Manassés, mas à [o]outra metade Josué deu herança entre seus irmãos, do outro lado do Jordão, para o ocidente. Despedindo-os para as suas tendas, Josué os abençoou

8 e lhes disse: Voltais para as vossas tendas com grandes riquezas, com muitíssimo gado, com prata, com ouro, com metal, com ferro e muitíssima roupa; reparti com vossos irmãos o despojo dos vossos inimigos.

9 Assim os filhos de Rúben, os filhos de Gade e a meia tribo de Manassés, voltaram e se separaram dos filhos de Israel, de Siló, que está na terra de Canaã, para irem à terra de Gileade, à terra da sua propriedade, de que foram feitos proprietários, conforme o dito do Senhor por intermédio de Moisés.

As duas tribos e meia constroem um altar, e seu ato é equivocadamente interpretado

10 **A**ssim que chegaram à região junto ao Jordão, ainda na terra de Canaã, os filhos de Rúben, os filhos de Gade e a meia tribo de Manassés edificaram um [1]altar junto ao Jordão, um altar de grande proporção.

11 E, quando os filhos de Israel [p]ouviram dizer que os filhos de Rúben, os filhos de Gade e a meia tribo de Manassés haviam edificado um [q]altar em frente da terra de Canaã, na região junto ao Jordão, do lado que pertence aos filhos de Israel,

12 ajuntou-se toda a comunidade dos filhos de Israel em [r]Siló, para saírem à batalha contra eles.

13 **E**nviaram os filhos de Israel aos filhos de Rúben, aos filhos de Gade e à meia tribo de Manassés, à terra de Gileade, [s]Fineias, filho de Eleazar, o sacerdote.

14 Com ele enviaram dez líderes, de cada família um líder, de todas as tribos de Israel, cada um o chefe de suas famílias entre os milhares de Israel.

15 Indo eles aos filhos de Rúben, aos filhos de Gade e à meia tribo de Manassés, à terra de Gileade, disseram-lhes:

16 Assim diz toda a comunidade do Senhor: Que [t]transgressão é esta que cometeis contra o Deus de Israel, deixando de seguir ao Senhor, edificando-vos um altar, para vos [u]rebelardes hoje contra o Senhor?

17 Foi-nos pouco a iniquidade de [v]Peor, da qual até hoje não estamos ainda purificados, apesar de ter havido praga na comunidade do Senhor,

[c] v. 34-40; comp. 1Cr 6.77-81
[d] Js 21.7; 1Cr 6.77-81
[e] Nm 35.7
[f] Gn 12.7; 26.3,4; 28.4,13,14
[g] Nm 33.53 Js 1.11
[h] Dt 7.23,24; Js 11.23; 22.4
[i] Js 1.13,15; 11.23
[j] Nm 23.19; Js 23.14; 1Rs 8.56; comp. 1Co 1.9; 1Ts 5.24; Tt 1.2
[k] Nm 32.20-22
[l] Js 1.12-18
[m] Js 21.44
[n] Dt 10.12; 11.13,22
[o] Js 17.1-13
[p] v. 11-34; comp. Dt 13.12-18
[q] Comp. Dt 12.1-14
[r] Js 18.1
[s] Êx 6.25; Nm 25.7
[t] Dt 12.5-14
[u] Lv 17.8,9
[v] Nm 25.1-9

[1] (22.10) O fato de que já nesta época inicial se usava apenas um altar para toda a nação é uma evidência de muito peso contra o argumento errado de certos críticos, de que a centralização do culto (em Jerusalém) não aconteceu até a reforma de Josias (2Rs 22.8-20).

18 para que hoje queirais abandonar o Senhor? Rebelando-vos hoje contra o Senhor, amanhã ele se irará contra [w]toda a comunidade de Israel.

19 Se, porém, a terra da vossa propriedade é imunda, passai-vos para a terra do Senhor, onde habita o tabernáculo do Senhor, e tomai propriedade entre nós. Mas não vos rebeleis contra o Senhor, tampouco vos rebeleis contra nós, edificando-vos um altar, que não o altar do Senhor, o nosso Deus.

20 Não foi [x]Acã, filho de Zerá, infiel no tocante às coisas condenadas? E não veio ira sobre toda a comunidade de Israel, de modo que aquele homem não morreu sozinho na sua iniquidade?

21 **E**ntão responderam os filhos de Rúben, os filhos de Gade e a meia tribo de Manassés, aos chefes dos milhares de Israel:

22 O Poderoso, o Deus, o Senhor! O [y]Poderoso, o Deus, o Senhor! Ele o sabe, e Israel mesmo o saberá. Se agimos em rebeldia ou desobediência ao Senhor, hoje não nos poupeis.

23 Se edificamos altar para nos tornar de após o Senhor, ou para sobre ele oferecer [z]holocausto e oferta de cereais, ou sobre ele fazer oferta pacífica, o Senhor mesmo de nós o requeira.

24 Pelo contrário, fizemos isso com receio de que amanhã vossos [a]filhos digam aos nossos: Que tendes vós com o Senhor, o Deus de Israel?

25 O Senhor pôs o Jordão por fronteira entre nós e vós, ó filhos de Rúben e filhos de Gade! Não tendes parte no Senhor. Assim bem poderiam os vossos filhos fazer que os nossos deixassem de temer ao Senhor.

26 Pelo que dissemos: Edifiquemos agora um altar, não para holocausto ou sacrifício,

27 mas para que entre nós e vós, e entre as nossas gerações depois de nós, nos seja em [b]testemunho, para podermos fazer o serviço do [c]Senhor diante dele com os nossos holocaustos, com os nossos sacrifícios e com as nossas ofertas pacíficas. E para que os vossos filhos não venham a dizer amanhã aos nossos: Não tendes parte no Senhor.

28 Pelo que dissemos: Se amanhã eles assim disserem a nós e às nossas gerações, então responderemos: Vede o modelo do altar do Senhor que fizeram nossos pais, não para holocausto nem para sacrifício, mas para ser [d]testemunho entre nós e vós.

[w] Nm 16.22
[x] Js 7.1-26
[y] Dt 4.35,39; Is 44.8; 45.5; 46.9; 1Co 8.5,6
[z] v. 27; comp. Lv 17.3,4
[a] Comp. Js 4.6
[b] v. 34; Dt 31.19
[c] Dt 12.18
[d] Comp. Gn 31.44-49
[e] Lv 26.11,12; Zc 8.23
[f] 1Cr 29.20
[g] Js 24.27
[h] Js 22.4
[i] Js 13.1; 24.29
[j] Js 24.1; comp. Dt 31.28; 1Cr 28.1
[k] Sl 44.3
[l] Dt 1.30; Js 10.14,42
[m] Js 18.10

29 Longe esteja de nós que nos rebelemos contra o Senhor, ou que hoje o abandonemos, edificando altar para holocausto, oferta de cereais ou sacrifício, além do altar do Senhor, o nosso Deus, que está perante o seu tabernáculo.

30 **O**uvindo Fineias, o sacerdote, e os líderes da comunidade, e os chefes dos milhares de Israel que com ele estavam as palavras que disseram os filhos de Rúben, os filhos de Gade e os filhos de Manassés, ficaram satisfeitos.

31 Então disse Fineias, filho de Eleazar, o sacerdote, aos filhos de Rúben, aos filhos de Gade e aos filhos de Manassés: Hoje sabemos que o [e]Senhor está no meio de nós, porque não agistes com infidelidade para com o Senhor. Agora livrastes os filhos de Israel da mão do Senhor.

32 **V**oltou Fineias, filho de Eleazar, o sacerdote, com os líderes, sem os filhos de Rúben e com os filhos de Gade, da terra de Gileade à terra de Canaã, aos filhos de Israel, e trouxeram-lhes a resposta.

33 A resposta agradou aos filhos de Israel. Eles [f]louvaram a Deus e não falaram mais de subir a pelejar contra eles, para destruírem a terra em que habitavam os filhos de Rúben e os de Gade.

34 Os filhos de Rúben e os de Gade chamaram ao altar [1][g]Testemunho, dizendo: É testemunho entre nós de que o Senhor é Deus.

IV. A mensagem final e a morte de Josué, 23–24

O apelo de Josué

23 Passados muitos dias depois que o Senhor havia dado [h]repouso a Israel de todos os seus inimigos em redor, e sendo Josué já [i]idoso e de idade muito avançada,

2 [j]chamou todo o Israel, as autoridades, os seus líderes, os seus juízes e os seus oficiais e [2]lhes disse: Eu já sou velho, com idade avançada.

3 Vós tendes visto tudo o que o [k]Senhor, o vosso Deus, fez a todas estas nações por causa de vós; é o [l]Senhor, o vosso Deus, que tem pelejado por vós.

4 [m]Vede que vos reparti por sorte estas nações que restam, para serem herança das vossas tribos, com todas as nações que tenho eliminado, desde o Jordão até o mar Grande para o ocidente.

[1] (22.34) Em algumas versões, Ede.

[2] (23.2) Os últimos conselhos de Josué devem ser comparados com os de Moisés em Deuteronômio, especialmente nos cap. 31–33. Tal como Moisés, Josué lembrou Israel das bênçãos que Deus lhes concedeu no passado, da necessidade de obediência contínua, e os instou a continuar a conquistar a terra. Ele os advertiu dos perigos da adoração aos deuses pagãos e da aliança mundana com nações pagãs. O afastamento de Deus levaria Israel inevitavelmente ao juízo. Os últimos conselhos de Josué concluíram com um desafio comovente para escolher o Senhor e servi-lo, e os conselhos foram realçados pela exortação de abandonar os deuses estranhos (24.23), uma evidência surpreendente da incipiente apostasia que já estava invadindo Israel. Diante do apelo de Josué, Israel reagiu prontamente, mas esse compromisso foi tragicamente esquecido depois da morte de Josué e dos anciãos associados com ele.

5 O Senhor, o vosso Deus, as empurrará e as expulsará de diante de vós, e possuireis a sua terra, como o Senhor, o vosso Deus, vos [n]prometeu.

6 Esforçai-vos muito para guardar e cumprir tudo o que está escrito no livro da lei de Moisés, para que dele não vos aparteis, nem para a direita nem para a [o]esquerda.

7 Não vos mistureis com estas nações que ainda restam no vosso meio; não fareis [p]menção dos nomes de seus deuses, não os invocareis nos vossos [q]juramentos, não os [r]servireis, não vos inclinareis a eles.

8 Ao Senhor, o vosso Deus, porém, vos [s]achegareis, como fizestes até o dia de hoje.

9 O Senhor expulsou de diante de vós grandes e numerosas nações; quanto a vós outros, ninguém vos resistiu [t]até o dia de hoje.

10 Um só homem dentre vós perseguirá a [u]mil, porque o Senhor, o vosso Deus, é quem peleja por vós, como já vos prometeu.

11 Portanto, guardai com cuidado a vossa alma, para amardes ao Senhor, o vosso Deus.

12 Se, porém, de alguma maneira vos desviardes e vos achegardes ao resto dessas nações que ficaram entre vós, e com elas vos aparentardes, e vos misturardes com elas, e elas convosco,

13 sabei certamente que o Senhor, o vosso Deus, [v]não continuará a expulsar essas nações de diante de vós. Pelo contrário, elas vos serão por laço e [w]rede, açoite às vossas ilhargas e espinhos aos vossos olhos, até que pereçais nesta boa terra que vos deu o Senhor, o vosso Deus.

14 **O**ra, vou hoje pelo caminho de toda a [x]terra. Vós bem sabeis, de todo o vosso coração e de toda a vossa alma, que nem uma só palavra caiu de todas as boas coisas que o Senhor, o vosso Deus, falou a vosso respeito. Todas vos sobrevieram, nenhuma delas [y]falhou.

15 Assim, porém, como sobre vós vieram todas estas boas coisas, que o Senhor, o vosso Deus, vos disse, da mesma forma trará o Senhor sobre vós [z]todas aquelas más coisas até vos destruir de sobre a boa terra que vos deu o Senhor, o vosso Deus.

16 Se violardes a aliança do Senhor, o vosso Deus, que ele vos ordenou, e fordes e servirdes a outros deuses, e a eles vos inclinardes, então a [a]ira do Senhor se acenderá contra vós, e logo perecereis na boa terra que ele vos deu.

Josué recorda a história de Israel

24 Então Josué reuniu todas as tribos de Israel em Siquém. [b]Chamou as autoridades de Israel, os seus líderes, os seus juízes e os seus oficiais, e eles se apresentaram diante de Deus.

2 Disse Josué a todo o povo: Assim diz o Senhor, o Deus de Israel: Além do [c]Eufrates habitaram antigamente [d]vossos pais, Terá, pai de Abraão e de Naor, e serviram a outros deuses.

3 Eu, porém, tomei a vosso pai Abraão além do rio e o guiei por toda a terra de Canaã; também multipliquei a sua descendência. Dei-lhe [e]Isaque,

4 e a Isaque dei Jacó e Esaú. A Esaú dei o [f]monte Seir, mas Jacó e seus filhos desceram para o [g]Egito.

5 Então enviei Moisés e Arão e feri o Egito com as pragas que enviei a eles, e vos tirei de lá.

6 Tirando eu do Egito a vossos pais, viestes ao [h]mar; e os egípcios perseguiram a vossos pais com carros e com cavaleiros, até o mar Vermelho.

7 Clamaram, porém, ao Senhor, e ele pôs uma [i]escuridão entre vós e os egípcios; trouxe o mar sobre eles e os cobriu. Os vossos olhos viram o que eu fiz no Egito. Então habitastes no deserto muitos dias.

8 Eu vos trouxe à terra dos [j]amorreus, que habitavam a leste do Jordão. Eles pelejaram contra vós, mas os dei nas vossas mãos. Eu os destruí de diante de vós, e possuístes a sua terra.

9 Quando [k]Balaque, filho de Zipor, rei dos moabitas, levantou-se para pelejar contra [l]Israel, mandou chamar Balaão, filho de Beor, para que vos amaldiçoasse.

10 Eu, porém, não quis ouvir a Balaão, pelo que ele vos [m]abençoou, e eu vos livrei da sua mão.

11 Passando vós o Jordão, e chegando a Jericó, os habitantes de Jericó pelejaram contra vós, como também os amorreus, os ferezeus, os cananeus, os [nn]heteus, os girgaseus, os heveus e os jebuseus, mas os entreguei nas vossas mãos.

12 Enviei [oo]vespões adiante de vós, que os expulsaram da vossa presença, bem como aos dois reis dos amorreus, não com a vossa espada ou com o vosso arco.

13 Assim vos dei uma terra em que não trabalhastes, e cidades que não edificastes, e habitais nelas; e [pp]comeis das vinhas e dos olivais que não plantastes.

"Escolhei hoje"

14 **A**gora [qq]temei ao Senhor e servi-o com sinceridade e com verdade. Deitai fora os deuses aos quais serviram vossos pais além do Eufrates e no Egito, e servi ao Senhor.

15 Se, porém, vos parece mal servir ao Senhor, [rr]escolhei hoje a quem sirvais; [ss]se aos deuses a quem serviram vossos pais, que estavam além do Eufrates, ou aos deuses dos amorreus, em cuja terra habitais. [tt]Eu e a minha casa serviremos ao Senhor.

16 **E**ntão respondeu o povo: Nunca nos aconteça que deixemos o Senhor para servirmos a outros deuses!

17 Foi o próprio Senhor, o nosso Deus, que nos fez subir da terra do Egito, com nossos pais, da casa

[n] Nm 35.53
[o] Js 1.7
[p] Êx 23.13; Sl 16.4; Os 2.17
[q] Dt 6.13; 10.20
[r] Êx 20.5
[s] Js 22.5
[t] Dt 7.24
[u] Is 30.17; comp. Lv 26.28; Dt 28.7
[v] Jz 2.3
[w] Êx 23.33
[x] 1Rs 2.2
[y] Js 21.45
[z] Lv 26.14-39; Dt 28.15-68
[a] Dt 4.24-28
[b] Js 23.2
[c] Em algumas versões, "além do rio"
[d] Gn 11.7-32
[e] Gn 12.3; 21.1-8
[f] Dt 2.5
[g] Gn 46.3
[h] Êx 14.2-31
[i] Êx 14.20
[j] Nm 21.21-35
[k] Nm 22.2-14
[l] Israel (história): v. 1-33; Jz 2.8 (Gn 12.2; Rm 11.26)
[m] Nm 24.10
[nn] Veja 2Rs 7.6, nota
[oo] Êx 23.28; Dt 7.20
[pp] Dt 6.10,11
[qq] Veja Sl 19.9, nota
[rr] 1Rs 18.21
[ss] Ez 20.39; comp. Jo 6.66-69
[tt] Gn 18.19; Sl 101.2; 1Tm 3.4,5

da servidão, e fez estes grandes sinais aos nossos
olhos. Ele nos guardou por todo o caminho que
andamos e entre todos os povos pelo meio dos
quais passamos.
18 O Senhor expulsou de diante de nós todas
estas gentes, inclusive o amorreu, morador da
terra. [u]Nós também serviremos ao Senhor, por-
que ele é nosso Deus.
19 Então Josué disse ao povo: Não podereis ser-
vir ao Senhor. Ele é Deus [v]santo; é Deus [w]zeloso.
Ele [x]não perdoará a vossa rebeldia nem os vos-
sos pecados.
20 [y]Se deixardes o Senhor e servirdes a deu-
ses [z]estranhos, ele se voltará e vos fará mal, e vos
consumirá, depois de vos ter feito bem.
21 Disse, porém, o povo a Josué: Não, antes ao
Senhor serviremos.
22 Então disse Josué: Sois testemunhas con-
tra vós mesmos de que escolhestes servir ao
Senhor. Responderam: Somos testemunhas.
23 Agora, pois, [a]lançai fora os deuses estranhos
que há no meio de vós e [b]inclinai o vosso coração
ao Senhor, o Deus de Israel.
24 E [c]disse o povo a Josué: Serviremos ao
Senhor nosso Deus e obedeceremos à sua voz.
25 Assim fez Josué naquele dia uma aliança
com o povo e ali em Siquém lhes deu estatu-
tos e leis.
26 **E** Josué escreveu essas palavras no livro da
lei de Deus. Então tomou uma grande pedra e a

[u] Sl 116.16
[v] Lv 11.44,45
[w] Êx 20.5
[x] Êx 23.21
[y] 1Cr 28.9; Ed 8.22; Is 63.10; 65.11,12
[z] Veja Js 23.2, nota
[a] Gn 35.2; Jz 10.15,16; 1Sm 7.3; comp. 2Co 6.16-18
[b] 1Rs 8.58; comp. Jr 25.4
[c] Dt 5.24-27
[d] Jz 9.6
[e] Jz 2.6,7
[f] Jz 2.8
[g] Js 19.50; Jz 2.9
[h] Veja At 7.16, nota
[i] Gn 50.25; Êx 13.19; Hb 11.22
[j] Gn 33.19
[k] Êx 7.23; 28.1; Nm 20.28; Js 14.1

erigiu [d]ali debaixo do carvalho que estava junto
ao santuário do Senhor.
27 Disse Josué a todo o povo: Vede! Esta pedra
nos será por testemunho. Ela ouviu todas as pala-
vras que o Senhor nos disse. Será por testemunho
contra vós, para que não mintais a vosso Deus.
28 Então Josué [e]despediu o povo, cada um para
a sua propriedade.

As mortes de Josué e Eleazar; os ossos de José são sepultados

29 **D**epois dessas coisas, Josué, filho de Num,
servo do Senhor, [f]faleceu, com a idade de cento
e dez anos.
30 [g]Sepultaram-no no território da sua herança,
em Timnate-Sera, que está na região monta-
nhosa de Efraim, para o norte do monte Gaás.
31 Serviu Israel ao Senhor todos os dias de
Josué, e todos os dias dos líderes que ainda vive-
ram muito depois de Josué, e que sabiam toda a
obra que o Senhor tinha feito a favor de Israel.
32 Também [h]enterraram em Siquém os [i]ossos
de José, que os filhos de Israel trouxeram do Egi-
to, naquela [j]parte do campo que Jacó comprara
aos filhos de Hamor, pai de Siquém, por cem pe-
ças de [1]prata. Esta terra veio a ser a herança dos
filhos de José.
33 **E** faleceu [k]Eleazar, filho de Arão, e o sepulta-
ram em Gibeá, na região montanhosa de Efraim.
Essa cidade tinha sido dada a Fineias, seu filho.

[1] (24.32) Heb. *kesitas*. Veja Gn 33.19, *nota*; Jó 42.11.

- **Autor:** Desconhecido
- **Tema:** Derrota e livramento
- Escrito no século XI a.C.

JUÍZES

JUÍZES tem esse nome por registrar as atividades de doze homens e uma mulher, chamados juízes e convocados por Deus para livrar Israel em períodos de declínio e desunião, depois da morte de Josué. Ninguém foi capaz de uma liderança como a que tivera Josué. O ciclo de quatro fases tão comum na história de Israel (rebelião, castigo, arrependimento e restauração) ocorre repetidas vezes. Josué é um livro de vitórias; Juízes é um livro de derrotas. Josué, o líder, morrera, mas Deus permaneceu com o povo. A derrota era, portanto, desnecessária.

Os juízes foram escolhidos entre diferentes tribos. Nem todos tiveram jurisdição sobre todo o território de Israel; a influência de alguns foi local. Em vários casos, o período de administração deles provavelmente coincidiu. Veja também 2.18, *nota*.

O livro pode ser dividido em seis seções principais: I. Recordação do passado e instituição do ofício de juiz, 1.1–3.4. II. Cinco juízes, 3.5–5.31. III. Gideão, 6.1–9.57. IV. Seis juízes, 10.1–12.15. V. Sansão, 13.1–16.31. VI. Confusão em Israel, 17.1–21.25.

I. Recordação do passado e instituição do ofício de juiz, 1.1–3.4

A situação após a morte de Josué (1.1–2.10)

1 Depois da [a]morte de Josué, [b]os filhos de Israel [1][c]perguntaram ao Senhor: Quem dentre nós subirá primeiro aos [d]cananeus, para pelejar contra eles?

2 Respondeu o Senhor: [e]Judá subirá; entreguei a terra nas suas mãos.

3 Então disse Judá a [f]Simeão, seu irmão: Sobe comigo à herança que me coube por sorte, e pelejemos contra os cananeus, e também eu subirei contigo à tua herança que te coube por sorte. E Simeão partiu com ele.

As vitórias de Judá

4 Subiu Judá, e o Senhor lhe entregou nas mãos os cananeus e os ferezeus, e mataram deles em Bezeque dez mil homens.

5 Acharam Adoni-Bezeque em Bezeque e pelejaram contra ele; mataram os cananeus e os ferezeus.

6 Adoni-Bezeque fugiu, mas o perseguiram e o prenderam; cortaram-lhe os [2]polegares das mãos e dos pés.

7 Então disse Adoni-Bezeque: Setenta reis, com os polegares das mãos e dos pés cortados, apanhavam as migalhas debaixo da minha [g]mesa. Assim como eu fiz, assim Deus me pagou. E o trouxeram a Jerusalém, e morreu ali.

8 **O**s filhos de Judá pelejaram contra [h]Jerusalém e, tomando-a, mataram seus moradores a fio de espada e queimaram a cidade.

9 Depois, os filhos de Judá desceram para pelejar contra os cananeus que habitavam na região montanhosa, no [i]Neguebe e nas [j]planícies.

10 [k]Partiu Judá contra os cananeus que habitavam em Hebrom, cujo nome era outrora [l]Quiriate-Arba, e feriram Sesai, Aimã e Talmai.

11 **D**ali partiu contra os moradores de Debir, que outrora se chamava Quiriate-Sefer.

12 Disse [m]Calebe: A quem atacar Quiriate-Sefer e a tomar, darei a minha filha Acsa por mulher.

13 [n]Otniel, filho de Quenaz, o irmão mais moço de Calebe, tomou-a; assim Calebe lhe deu a sua filha Acsa por mulher.

14 Certo dia, vindo ela a ele, persuadiu-o que pedisse um campo ao pai dela. E, quando ela desceu do jumento, Calebe lhe perguntou: Que é que tens?

15 Respondeu ela: Dá-me um [o]presente. Visto que me deste uma terra [p]seca, dá-me também fontes de águas. Calebe lhe deu as fontes superiores e as fontes inferiores.

16 **O**s filhos do [q]queneu, sogro de Moisés, subiram da cidade das [r]palmeiras com os filhos de Judá ao deserto de Judá, que está ao sul de [s]Arade; foram e habitaram com o povo.

17 Então foi-se Judá com Simeão, seu irmão, e feriram os cananeus que habitavam na cidade de Zefate, e totalmente a destruíram; por isso, chamou-se esta cidade [t]Hormá.

18 Tomou ainda Judá a Gaza, a Ascalom e a Ecrom, com os seus respectivos territórios.

19 Esteve o Senhor com Judá. Este despovoou a região montanhosa, mas não expulsou os moradores do vale, porque tinham [u]carros de ferro.

20 Como Moisés havia prometido, deram [v]Hebrom a Calebe, que dali expulsou os [w]três filhos de Enaque.

[a] Js 24.29
[b] Veja nota 1
[c] Nm 27.21
[d] Js 17.12
[e] Gn 49.8,9; Ap 5.5
[f] Js 19.1
[g] Comp. Lc 16.21
[h] Js 15.63; Jz 1.21
[i] Veja Gn 12.9, nota
[j] Veja Dt 1.7, nota
[k] v. 10-15, comp. Js 15.13-19
[l] Js 15.13
[m] Js 15.16
[n] Jz 3.9
[o] Comp. 1Rs 9.16
[p] Veja Gn 12.9, nota
[q] Nm 10.29-32
[r] Dt 34.3
[s] Nm 21.1
[t] Nm 21.3
[u] Js 17.18
[v] Js 14.9,14
[w] Js 15.14

[1] (1.1) A maioria dos acontecimentos registrados em Juízes aconteceu entre 1400 e 1100 a.C. Há poucas indicações na Bíblia da cronologia exata deste livro, de maneira que a maioria das datas é apresentada em números redondos. Alguns dos juízes foram contemporâneos de outros e atuaram em diferentes regiões do país.

[2] (1.6) "Olho por olho, dente por dente, mão por mão, pé por pé" (Êx 21.24). Como Adoni-Bezeque fizera aos setenta reis (v. 7), assim veio a retribuição divina sobre ele (Lv 24.19; comp. Mt 5.38-45).

Vitórias incompletas de Benjamim e Manassés

21 Os filhos, porém, de Benjamim não expulsa-
ram os jebuseus que habitavam em [x]Jerusalém;
antes os jebuseus habitam com os filhos de
Benjamim em Jerusalém até o dia de hoje.
22 Subiram também os homens da tribo de
José contra Betel, e era o Senhor com eles.
23 Eles mandaram homens para espiar Betel,
cujo nome anteriormente era [y]Luz.
24 Viram os espias um homem que saía da
cidade e lhe disseram: Mostra-nos a entrada
da cidade e [z]usaremos de bondade para contigo.
25 Mostrando-lhes ele a entrada da cidade,
mataram os moradores da cidade à espada, mas
àquele homem e a toda a sua família deixaram ir.
26 Então ele se foi para a terra dos [a]heteus, edi-
ficou uma cidade e pôs-lhe o nome de Luz, que é
o seu nome até o dia de hoje.
27 [b]**M**anassés não expulsou os habitantes
de Bete-Seã e suas vilas, os de [c]Taanaque e
suas vilas, os de [d]Dor e suas vilas, os de Ibleão
e suas vilas, nem os de Megido e suas vilas,
pois os cananeus estavam decididos a habitar
naquela terra.
28 Quando, porém, Israel se tornou forte, sujei-
tou os cananeus a [e]trabalhos forçados, contudo
não os expulsou de todo.
29 Tampouco expulsou [f]Efraim os cananeus
que habitavam em Gezer, mas os cananeus fica-
ram habitando no meio dele, em Gezer.
30 Tampouco expulsou [g]Zebulom os habitan-
tes de Quitrom e os de Naalol, os quais ficaram
habitando no meio dele; mas foram sujeitos a
trabalhos forçados.
31 Tampouco expulsou [h]Aser os moradores de
Aco, de Sidom, de Alabe, de Aczibe, de Helba,
de Afeque nem de Recobe;
32 assim os aseritas continuaram no meio dos
cananeus que habitavam na terra.
33 Tampouco expulsou [i]Naftali os moradores
de Bete-Semes e de Bete-Anate; mas continuou
no meio dos cananeus que habitavam na terra, e
os de Bete-Semes e Bete-Anate foram sujeitos a
trabalhos forçados.
34 Os amorreus impeliram os filhos de [j]Dã para
a região montanhosa e não os deixavam descer
ao vale.
35 Também os amorreus quiseram habitar nas
montanhas de Heres, em Aijalom e em Saalbim,
mas logo que o poder da casa de José aumentou,
foram sujeitos a trabalhos forçados.
36 Foi o território dos amorreus desde a subida
de Acrabim, desde Sela, e dali para cima.

Repreensão a Israel por causa da desobediência

2 Subiu o [1][k]anjo do Senhor de Gilgal a Boquim
e disse: [l]Do Egito vos fiz subir e vos [m]trouxe
à terra que, com juramento, havia prometido a
vossos pais, e vos [n]disse: Nunca invalidarei
a minha aliança convosco,
2 e [o]não fareis aliança com os moradores desta
terra, antes derrubareis os seus [p]altares. [q]Mas vós
não obedecestes à minha voz. Por que fizestes isso?
3 Pelo que também eu disse: Não os expulsarei
de diante de vós; antes serão vossos adversários,
e os seus deuses [r]vos serão por armadilha.
4 Tendo o anjo do Senhor acabado de falar
essas palavras a todos os filhos de Israel, o povo
levantou a voz e chorou;
5 e chamaram àquele lugar, [2]Boquim. Ali ofere-
ceram sacrifícios ao Senhor.
6 Havendo Josué [s]despedido o povo, foram-se
os filhos de Israel, cada um à sua herança, para
possuírem a terra.

[x] Js 15.63
[y] Gn 28.19
[z] Comp. Js 2.12; 1Sm 30.15
[a] Veja 2Rs 7.6, nota
[b] Js 17.11-13
[c] Js 21.25
[d] Js 17.11
[e] Js 17.13
[f] Js 16.10
[g] Js 19.10-16
[h] Js 19.24-30
[i] Js 19.32-39
[j] Comp. Js 19.47,48
[k] Anjo do Senhor: v. 1-4; Jz 5.23 (Gn 16.7; Jz 2.1, nota)
[l] Êx 20.2; Jz 6.8,9
[m] Dt 11.29
[n] Gn 17.7; Êx 23.20; Sl 89.34
[o] Êx 23.32
[p] Êx 34.12,13
[q] Sl 106.34
[r] Nm 33.55; Js 23.13
[s] Js 24.28

---

[1] (2.1) No AT, frequentemente se faz referência a esse anjo específico, distinguido nas Escrituras dos demais (comp. Gn 16.9; 22.11; 48.16; Êx 3.2; 14.19; Nm 22.22; Jz 2.4; 6.11; 13.3; 2Rs 19.35; Is 63.9; Zc 1.12; 12.8):

1) Ele é chamado "o anjo do Senhor [Jeová]" (Gn 16.7), "o anjo de Deus" (Gn 21.17), "anjo da sua face [de Deus]" (Is 63.9) e, provavelmente, "o mensageiro [anjo] da aliança" (Ml 3.1).

2) Ele é claramente identificado com o próprio Deus em sua manifestação aos homens. Em Gn 31.11-13, o anjo disse a Jacó: "Eu sou o Deus de Betel". Em Êx 3.2-6, o mesmo anjo disse a Moisés: "Eu sou o Deus de teu pai, o Deus de Abraão".

3) Atributos e prerrogativas divinos são conferidos a este anjo. Ele disse a Hagar: "Multiplicarei sobremaneira a tua descendência" (Gn 16.10), e Hagar chamou-o de Deus que vê (v. 13). Jacó referiu-se a ele como "o Anjo que me livrou de todo o mal" (Gn 48.16). O lugar onde este anjo apareceu era terra santa e ele devia ser adorado (Êx 3.5,6), quando a adoração é severamente proibida no caso de anjos comuns (Ap 22.8,9). O anjo era o guardador de Israel, e sua voz tinha de ser obedecida, pois o nome de Deus estava nele (Êx 23.20-23).

4) À luz da revelação do NT, este anjo do AT pode ser devidamente identificado como o Filho de Deus antes da encarnação. Em Jz 13.18, o anjo disse que o seu nome era "maravilhoso", e Is 9.6 dá este nome ao prometido Messias de Israel. Malaquias afirmou que "o Senhor" que viria "de repente [...] ao seu templo" também seria "o mensageiro [anjo] da aliança" (3.1). A identificação deste anjo com nosso Senhor está em harmonia com sua função característica em relação à Divindade, pois ele é a Palavra eterna pela qual o Deus invisível fala e se manifesta (Jo 1.1,18).

É significativo que no NT não haja mais referências ao anjo do Senhor. O artigo definido grego é usado somente para identificar algum anjo comum previamente mencionado no contexto. Veja Mt 1.20, onde o artigo definido está ausente no grego, e 1.24, onde acertadamente está presente, referindo-se ao anjo do v. 20.

[2] (2.5) *Os que choram.*

7 Serviu o povo ao Senhor todos os dias de Josué e todos os dias dos líderes que sobreviveram a Josué e viram toda aquela grande obra do Senhor, a qual ele fizera a favor de Israel.

8 Faleceu [t]Josué, filho de Num, servo do Senhor, com a idade de cento e dez anos.

9 E o sepultaram no território da sua herança, em [u]Timnate-Heres, na região montanhosa de Efraim, para o norte do monte Gaás.

A maldade da nova geração

10 **F**oi também congregada toda aquela geração a seus pais, e outra geração após deles se levantou, que não [v]conhecia ao Senhor, tampouco a obra que ele fizera a Israel.

11 Então fizeram os filhos de Israel o que era [w]mau aos olhos do Senhor e serviram aos baalins.

12 [x]Deixaram o Senhor, o Deus de seus pais, que os tirara da terra do Egito. Seguiram outros deuses, entre os deuses das gentes que havia ao redor deles, e os adoraram. Provocaram o Senhor à ira,

13 porque deixaram o Senhor e serviram a Baal e a [1]Astarote.

14 Pelo que a ira do Senhor se [y]acendeu contra Israel, e os [z]entregou nas mãos dos invasores, que os saquearam. Entregou-os nas mãos dos seus inimigos ao redor, aos quais não mais puderam resistir.

15 Por onde quer que saíam para lutar, a mão do Senhor era contra eles para mal, como o Senhor lhes tinha [a]jurado, e estavam em grande aperto.

Deus levanta libertadores

16 **E**ntão levantou o Senhor [b]juízes, que os [c]livraram das mãos dos que os despojavam.

17 Contudo, não ouviram aos juízes, antes se prostituíram após outros deuses e os adoraram. Depressa se desviaram do caminho, pelo qual seus pais andaram em obediência aos mandamentos do Senhor, e não fizeram como eles.

18 Quando o Senhor lhes levantava [2]juízes, o Senhor era com o juiz e os livrava das mãos dos seus inimigos todos os dias desse juiz; pois o Senhor se [d]arrependia em razão do seu gemido por causa dos que os apertavam e oprimiam.

19 Quando, porém, o juiz falecia, os filhos de Israel se desviavam e se corrompiam mais do que seus pais, seguindo outros deuses, servindo-os e adorando-os. Não deixavam as suas obras nem a sua obstinação.

Os cananeus são deixados para provar Israel

20 Pelo que a ira do Senhor se acendeu contra Israel, e disse: Porque este povo [e]violou a minha aliança, que tinha ordenado a seus pais, e não deram ouvidos à minha voz,

21 eu não expulsarei mais de diante deles nenhuma das nações que Josué [f]deixou quando morreu.

22 Eu as usarei para [g]provar a Israel e ver se há de guardar ou não o caminho do Senhor, como seus pais o guardaram.

23 Assim o Senhor deixou ficar essas nações e não as expulsou logo, nem as entregou nas mãos de Josué.

A idolatria conduz à servidão

3 **E**stas são as nações que o Senhor deixou ficar, para por elas provar a Israel, isto é, provar quantos em Israel [h]não sabiam de todas as guerras de Canaã,

2 tão somente para que as gerações dos filhos de Israel delas aprendessem (para lhes ensinar a guerra), pelo menos os que dantes não sabiam disso:

3 [i]Cinco líderes dos filisteus, todos os cananeus, os sidônios e os heveus que habitavam as montanhas do Líbano, desde o monte Baal-Hermom [j]até a entrada de Hamate.

4 Estes ficaram a fim de por eles provar a Israel, para saber se dariam ouvidos aos mandamentos do Senhor, que tinha ordenado a seus pais, por intermédio de Moisés.

II. Cinco juízes, 3.5–5.31

5 Assim, habitaram os filhos de Israel no meio dos cananeus, dos [k]heteus, dos amorreus, dos ferezeus, dos heveus e dos jebuseus.

6 [l]Tomaram de suas filhas para si por mulheres e deram aos filhos deles as suas filhas, e serviram a seus deuses.

7 **O**s filhos de Israel fizeram o que era [m]mau aos olhos do Senhor; [n]esqueceram-se do Senhor, o seu Deus, e serviram aos baalins e ao [3][o]poste sagrado.

[t] Israel (história): v. 8-18; 1Sm 8.1 (Gn 12.2; Rm 11.26)
[u] Js 19.50
[v] Comp. Dt 6.6-25; 1Sm 2.12
[w] Jz 3.7,12; 4.1; 6.1
[x] Dt 13.6; Jz 8.33; 10.6
[y] Dt 31.17
[z] 2Rs 17.20
[a] Lv 26.14-26; Dt 28.15-68
[b] Reino (AT): v. 16-18; 1Sm 8.1 (Gn 1.26; Zc 12.8)
[c] Sl 106.43-45
[d] Veja Zc 8.14, nota
[e] Js 23.16
[f] Js 23.4,13
[g] Veja Dt 8.2, nota
[h] Comp. Êx 13.17
[i] Js 13.3
[j] Js 13.5
[k] Veja 2Rs 7.6, nota
[l] Êx 34.15,16; Dt 7.3,4; Js 23.12
[m] Jz 2.11
[n] Dt 32.18
[o] Veja Dt 16.21, nota

[1] (2.13) Astarote (Aserá, 1Rs 18.19; AEC: "poste sagrado"), equivalente a Astarte, a deusa fenícia da fertilidade (veja Dt 16.21, *nota*), era objeto de idolatria durante os tempos de decadência espiritual em Israel (Jz 10.6; 1Sm 7.3,4; 12.10; 31.10; 1Rs 11.5,33; 2Rs 23.13). Jeremias refere-se a Astarote como a "rainha dos céus" (44.18,19).

[2] (2.18) Os juízes eram homens das tribos de Israel sobre os quais o Senhor colocou a responsabilidade pelo apóstata e oprimido Israel. Eles eram homens levantados por Deus, o Rei teocrático, a fim de o representarem na nação. Eram patriotas e reformadores religiosos, porque a segurança e a prosperidade nacionais estavam inseparavelmente ligadas à lealdade e à obediência ao Senhor.

[3] (3.7) Tanto as aserotes (imagens de Aserá, ou Astarote) como os lugares altos, desde tempos imemoriais, estavam associados com os cultos idólatras. O heb. *asherah* (aserá, pl. aserins), por vezes traduzido "árvore como aserá", às vezes se refere à deusa cananeia e, outras vezes, ao ídolo venerado no lugar alto onde se adorava a deusa (Dt 16.21). Aserotes é às vezes traduzido por "ídolo do bosque" (2Rs 17.16, ARC) ou "bosques" (2Cr 19.3; 33.3, ARC). Este ídolo parece ter sido uma árvore sagrada, cuja figura se encontra comumente nos

Otniel, o primeiro juiz, derrota a Mesopotâmia

8 Acendeu-se a ira do Senhor contra Israel, e os [p]entregou nas mãos de Cusã-Risataim, rei da Mesopotâmia. E os filhos de Israel serviram a Cusã-Risataim durante oito anos.

9 Quando, porém, clamaram ao Senhor, o Senhor [q]levantou-lhes um [r]libertador, que os libertou: [s]Otniel, filho de Quenaz, irmão mais moço de Calebe.

10 Veio sobre ele o [t]Espírito do Senhor, e ele julgou a Israel. Saiu à peleja, e o Senhor entregou nas suas mãos a Cusã-Risataim, rei da Mesopotâmia, contra o qual prevaleceu.

11 Então a terra teve [u]sossego por quarenta anos, até que faleceu Otniel, filho de Quenaz.

Eúde, o segundo juiz, livra Israel de Moabe

12 Tornaram os filhos de Israel a fazer o que era [v]mau aos olhos do Senhor. Então o Senhor fortaleceu Eglom, rei dos moabitas, contra Israel, porque os israelitas tinham feito o que era mau aos olhos do [w]Senhor.

13 E ajuntou consigo os filhos de [x]Amom e os [y]amalequitas, e foi, e feriu Israel, tomando a [z]cidade das palmeiras.

14 Os filhos de Israel serviram a Eglom, rei dos moabitas, [a]dezoito anos.

15 **E**ntão os filhos de Israel clamaram ao Senhor, e o Senhor levantou-lhes um libertador, Eúde, filho de Gera, benjamita, homem [b]canhoto. Por intermédio dele os filhos de Israel enviaram tributo a Eglom, rei dos moabitas.

16 Ora, Eúde fez uma espada de dois gumes, do comprimento de um [c]côvado, e cingiu-a debaixo das suas roupas, à sua coxa direita.

17 Apresentou o tributo a Eglom, rei dos moabitas, que era muito gordo.

18 Acabando Eúde de entregar o tributo, despediu a gente que o trouxera.

19 Voltou, porém, do lugar onde estavam as imagens de escultura que estavam ao pé de Gilgal e disse: Tenho uma palavra secreta para ti, ó rei. O qual disse: Cala-te. Então todos os que lhe assistiam saíram de sua presença.

20 Eúde entrou numa sala de verão, que o rei tinha para si só, onde estava assentado, e disse: Tenho para ti uma palavra de Deus. E Eglom levantou-se da cadeira.

21 Então Eúde, estendendo a mão esquerda, puxou da espada de sobre a coxa direita e a cravou em seu ventre,

[p] Dt 32.30; Jz 2.14
[q] Jz 2.16
[r] Jz 3.10
[s] Jz 1.13
[t] Espírito Santo (AT): v. 10; Jz 6.34 (Gn 1.2; Zc 12.10)
[u] Comp. Js 14.15
[v] Comp. v. 7
[w] Comp. 2Rs 5.1; Is 10.5,6; 45.1-6
[x] Descendentes de Ló
[y] Descendentes de Esaú. Dt 25.17,19
[z] Dt 34.3; 2Cr 28.15
[a] Comp. v. 8; 4.3
[b] Jz 20.16
[c] Veja pesos e medidas (AT): 2Cr 2.10, nota
[d] 1Sm 24.3
[e] 2Rs 2.17; 8.11
[f] Jz 6.34
[g] Jz 2.7
[h] Jz 5.6
[i] Jz 2.19
[j] Jz 2.11
[k] Jz 2.14; comp. Jz 3.8; 1Sm 12.9. Parece referir-se somente ao norte de Israel
[l] Comp. Js 11.1,12
[m] v. 13,16
[n] Dt 20.1; Jz 1.19
[o] Comp. Jz 3.8,14
[pp] Gn 35.8

22 de tal maneira que entrou também o cabo com a lâmina. Eúde não tirou a espada do ventre, e a gordura se fechou sobre ela.

23 Então Eúde, saindo ao pórtico, fechou atrás de si as portas do quarto e as trancou.

24 Tendo ele saído, vieram os servos do rei e encontraram as portas da sala de verão trancadas, e disseram: Sem dúvida ele está [d]fazendo suas necessidades na sala de verão.

25 Esperaram até ficarem [e]alarmados e, como ele não abria a porta da sala, tomaram a chave e a abriram. E viram o seu senhor morto, caído no chão.

26 Eúde escapou, enquanto eles se demoravam e, tendo passado pelas imagens de escultura, foi para Seirá.

27 Entrando ele, [f]tocou a trombeta na região montanhosa de Efraim, e os filhos de Israel desceram com ele das montanhas, indo ele à frente.

28 Ordenou-lhes: Segui-me, pois o Senhor vos entregou nas mãos os vossos inimigos, os moabitas. Desceram após ele e tomaram os [g]vaus do Jordão contra os moabitas, e a nenhum deles deixaram passar.

29 Nessa ocasião mataram dos moabitas uns dez mil homens, todos robustos e valentes; não escapou nenhum.

30 Assim foi subjugado Moabe naquele dia sob o poder de Israel, e a terra teve sossego por oitenta anos.

Sangar, o terceiro juiz, livra-os dos filisteus

31 **D**epois dele foi [h]Sangar, filho de Anate, que matou seiscentos homens dos filisteus com uma [1]aguilhada de bois. Ele também libertou Israel.

Débora, Baraque, o quarto e quinto juízes, libertam Israel dos cananeus

4 Os filhos de Israel [i]tornaram a fazer o que era [j]mau aos olhos do Senhor, depois da morte de Eúde.

2 Por isso, o Senhor os [k]entregou nas mãos de [l]Jabim, rei de Canaã, que reinava em Hazor. O comandante do seu exército era Sísera, que então habitava em [m]Harosete-Hagoim.

3 Então os filhos de Israel clamaram ao Senhor, porque Jabim tinha novecentos [n]carros de ferro e, por [o]vinte anos, oprimia duramente os filhos de Israel.

4 [pp]**D**ébora, profetisa, mulher de Lapidote, liderava Israel nesse tempo.

5 Ela atendia debaixo da palmeira de Débora, entre Ramá e Betel, na região montanhosa de Efraim, e os filhos de Israel procuravam-na para resolver suas causas.

monumentos assírios. No Israel apóstata, entretanto, tais lugares estavam associados a toda forma de idolatria (p. ex., 2Rs 17.16,17). Veja tb. "lugares altos" (1Rs 3.2, *nota*) e "Astarote" (Jz 2.13, *nota 1*).

[1] (3.31) Observe as sete ilustrações de 1Co 1.27: 1) aguilhada (v. 31); 2) estaca (4.21); 3) trombetas; 4) jarros; 5) tochas (7.20); 6) pedra superior de moinho (9.53); 7) carcaça [em outras versões, "queixada"] de jumento (15.15).

6 Ela mandou chamar [q]Baraque, filho de Abinoão, de [r]Quedes de Naftali, e lhe disse: O Senhor, o Deus de Israel, te ordena: Vai, leva contigo dez mil homens dos filhos de Naftali e dos filhos de Zebulom ao monte [s]Tabor.

7 [t]E farei ir a ti, para o ribeiro Quisom, a Sísera, comandante do exército de Jabim, com os seus carros e com as suas tropas, e o darei nas tuas mãos.

8 Então lhe disse Baraque: Se fores comigo irei; mas se não fores comigo, não irei.

9 Respondeu ela: Certamente irei contigo. Mas não será tua a honra desta expedição, pois nas mãos de uma [u]mulher o Senhor entregará Sísera. Levantou-se Débora e partiu com Baraque para Quedes.

10 Então Baraque convocou [v]Zebulom e Naftali em Quedes, e com ele subiram dez mil homens, [w]e Débora também subiu com ele.

11 **O**ra, Héber, o [x]queneu, tinha-se separado dos queneus, dos filhos de Hobabe, sogro de Moisés, e tinha estendido as suas tendas até o carvalho de Zaanaim, que está junto a Quedes.

A derrota e morte de Sísera

12 **A**nunciaram a Sísera que Baraque, filho de Abinoão, tinha subido ao monte Tabor.

13 Então Sísera [y]convocou todos os seus carros, novecentos carros de ferro, e todo o povo que estava com ele, desde Harosete-Hagoim até o ribeiro de Quisom.

14 Disse então Débora a Baraque: Levanta-te! Este é o dia em que o Senhor entregou já Sísera nas tuas mãos. O Senhor saiu na tua [z]frente. Assim, Baraque desceu do monte Tabor, e com ele dez mil homens.

15 O [a]Senhor [1]derrotou Sísera, todos os seus carros e todo o seu exército a fio de espada, diante de Baraque, e Sísera saltou do carro e fugiu a pé.

16 Baraque, contudo, perseguiu os carros e o exército, até Harosete-Hagoim. Todo o exército de Sísera caiu a fio de espada, até não [b]ficar só um homem.

17 **S**ísera, porém, fugiu a pé para a tenda de [c]Jael, mulher de Héber, o queneu, porque havia paz entre Jabim, rei de Hazor, e o clã de Héber, o queneu.

18 Saindo Jael ao encontro de Sísera, disse-lhe: Entra, senhor meu, entra na minha tenda, não temas. Entrou ele na sua tenda e ela o cobriu com uma coberta.

19 Então ele lhe disse: Tenho sede. Dá-me, peço-te, de beber um pouco de água. Então ela abriu um odre de leite e deu-lhe de beber, e o cobriu.

20 Ele lhe disse: Põe-te à porta da tenda. Se alguém vier e te perguntar: Há aqui alguém? responde: Não.

21 Então Jael, mulher de Héber, tomou uma estaca da tenda e, lançando mão de um martelo, foi-se mansamente a ele enquanto estava em profundo sono e muito cansado. Ela cravou-lhe a estaca na têmpora, de sorte que penetrou na terra, e assim ele [d]morreu.

22 Baraque chegou, perseguindo Sísera, e Jael saiu-lhe ao encontro e disse: Vem, e te mostrarei o homem a quem buscas. Entrou ele na tenda e encontrou Sísera morto, com a estaca na têmpora.

23 Assim, Deus humilhou naquele dia Jabim, rei de Canaã, diante dos filhos de Israel.

24 E a mão dos filhos de Israel prevalecia cada vez mais contra Jabim, rei de Canaã, até que o exterminaram.

O cântico de Débora e Baraque

5 [e]Então cantaram [f]Débora e Baraque, filho de Abinoão, naquele dia, dizendo:

2 Quando os chefes se põem à frente em Israel,
quando o povo se oferece [g]voluntariamente,
louvai ao Senhor!
3 Ouvi, ó reis! Dai ouvidos, ó governantes!
Eu, [h]eu mesma cantarei ao Senhor;
salmodiarei ao Senhor, o Deus de Israel.
4 Ó [i]Senhor, quando saístes de [j]Seir,
quando caminhaste desde o campo
de Edom,
a terra estremeceu, os céus gotejaram,
as nuvens gotejaram águas.
5 Os montes se [k]derreteram
diante do Senhor, e até o Sinai,
diante do Senhor, o Deus de Israel.
6 Nos dias de [l]Sangar, filho de Anate,
nos dias de [m]Jael cessaram as caravanas;
os viajantes tomavam caminhos tortuosos.
7 Cessaram as aldeias em Israel,
cessaram até que eu,
Débora, me levantei,
levantei-me por mãe em Israel.
8 Quando escolhiam deuses [n]novos,
logo a guerra estava às portas.
E para os quarenta mil em Israel
não se via escudo ou lança.
9 Meu coração é para os legisladores de Israel,
que [o]voluntariamente
se ofereceram entre o povo.
Louvai ao Senhor!
10 Vós os que cavalgais [p]jumentas brancas,
que vos assentais em juízo,
e que andais pelo caminho, falai disto.

[q] Hb 11.32
[r] Js 21.32
[s] Jz 8.18
[t] Sl 83.9; comp. Êx 14.4
[u] v. 18,21
[v] Jz 5.18
[w] v. 14; comp. Dt 20.1
[x] Jz 1.16
[y] Reuniu-os por clamor ou proclamação
[z] Dt 31.3
[a] Dt 7.23; comp. Js 10.10
[b] Êx 14.28
[c] Jz 5.6
[d] Jz 5.24-27
[e] v. 1-31; comp. Êx 15.1-19; Sl 18, tít.; Ap 15.3,4
[f] Jz 4.4
[g] Comp. 2Cr 17.16
[h] Sl 27.6
[i] Dt 33.2
[j] v. 4,5; comp. Sl 68.7,8
[k] Sl 97.5
[l] Jz 3.31
[m] Jz 4.17
[n] Dt 32.17
[o] v. 2
[p] Jz 10.4; 12.14

[1] (4.15) Uma indicação do que levou Sísera à derrota se encontra em 5.21,22. Deus enviou chuvas pesadas; o Quisom subiu, transbordando pela planície. Os cavalos e os carros de Sísera atolaram na lama, por isso ele fugiu a pé (4.17).

11 Onde se ouve o estrondo dos flecheiros,
entre os lugares onde se tiram águas,
ali falai das [q]justiças do Senhor,
das justiças que fez às suas aldeias em Israel.
Então o povo do Senhor desceu às portas.
12 [r]Desperta, desperta, Débora!
Desperta, desperta, entoa um cântico!
Levanta-te, Baraque!
[s]Leva presos a teus prisioneiros,
tu, filho de Abinoão.
13 Então desceu o restante
dos nobres e do povo;
desceu o Senhor por mim contra
os poderosos.
14 De Efraim desceram os que
tinham a sua raiz em [t]Amaleque;
Benjamim estava entre os teus povos.
De Maquir desceram os comandantes,
e de Zebulom, os que levam a vara
de comando.
15 Também os líderes de Issacar
foram com Débora;
sim, Issacar estava com Baraque,
seguindo-o apressado para o vale.
Nas correntes de Rúben foram grandes
as resoluções do coração.
16 Por que ficaste tu entre os currais
para ouvires os balidos dos rebanhos?
Nas divisões de Rúben houve
muita inquietação.
17 [u]Gileade ficou do outro lado do Jordão.
E Dã, por que se deteve com seus navios?
[v]Aser assentou-se nos portos do mar
e ficou nas suas ruínas.
18 [w]Zebulom é um povo que
expôs a sua vida à morte,
como também Naftali,
nas alturas do campo.
19 Vieram reis e pelejaram;
então pelejaram os reis de Canaã
em [x]Taanaque,
junto às águas de [1]Megido,
mas não tomaram despojo de prata.
20 Desde os céus pelejaram as [y]estrelas,
desde as suas órbitas
pelejaram contra Sísera.
21 O ribeiro de Quisom os arrastou,
aquele antigo ribeiro,
o ribeiro de Quisom.
Pisaste, ó minha alma, com força.
22 Então as unhas dos cavalos feriram a terra;
na fuga precipitada dos seus valentes.
23 Amaldiçoai a Meroz, disse o [z]anjo do Senhor.
Duramente amaldiçoai aos seus moradores,
porque não vieram em socorro do Senhor,
em socorro do Senhor e seus heróis.
24 Bendita seja sobre as mulheres, Jael,
mulher de Héber, o queneu;
bendita seja sobre as mulheres
que vivem em tendas.
25 Água pediu ele, leite lhe deu ela;
em taça de príncipes lhe ofereceu coalhada.
26 À estaca estendeu a mão esquerda,
e ao martelo dos trabalhadores a direita,
e matou Sísera, rachando-lhe a cabeça;
furou e trespassou-lhe a têmpora.
27 Entre os seus pés se encurvou,
caiu e ficou [a]estirado.
Entre os seus pés se encurvou e caiu;
onde se encurvou, ali caiu morto.
28 A mãe de Sísera olhava pela janela
e exclamava pela grade:
Por que tarda em vir o seu carro?
Por que demora o ruído das suas carruagens?
29 As mais sábias das suas
damas responderam,
e ela respondia a si mesma:
30 Não estão achando e repartindo [b]despojos?
Uma ou duas moças a cada homem?
Para Sísera despojos de várias cores,
despojos de estofos de várias cores,
despojos de estofos tingidos
bordados de várias cores,
para o meu pescoço?
31 Assim, ó Senhor, [c]pereçam todos os
teus inimigos!
Mas os que te amam sejam [d]como o [e]sol
quando se levanta na sua [f]força.
32 E a terra teve sossego por quarenta anos.

III. Gideão, 6.1–9.57

Os pecados de Israel; opressão dos midianitas

6 Os filhos de Israel, porém, fizeram o que era [g]mau aos olhos do Senhor, e o Senhor os entregou nas mãos dos [h]midianitas por sete anos.

[q] 1Sm 12.7
[r] Sl 57.8
[s] Sl 68.18; Ef 4.8
[t] Jz 3.13
[u] Js 22.9
[v] Js 19.29,31
[w] Jz 4.6,10
[x] Jz 1.27
[y] Comp. Js 10.11,12
[z] Anjo do Senhor: v. 23-31; Jz 6.11 (Gn 16.7; Jz 2.1, nota)
[a] Jz 4.18-21
[b] Êx 15.9
[c] Sl 92.9
[d] 2Sm 23.4
[e] Sl 37.6; 89.36,37
[f] Sl 19.5
[g] Jz 2.11
[h] Nm 22.4; 31.1-3

[1] (5.19) Esta elevação muitíssimo fortificada, no lado norte dos grandes vales de Jezreel, era uma cadeia de cidades que permaneceram não conquistadas durante o período dos juízes (p. ex., Js 17.11; Jz 1.27). Mais tarde, as cavalariças de Salomão foram construídas ali. A famosa batalha entre sírios e egípcios sob Tutmés III (aprox. 1500 a.C.) aconteceu em Megido. Ela foi registrada tão detalhadamente na literatura da Antiguidade que proporciona o ponto de partida para a história da ciência militar.

Megido dominava a passagem entre as planícies de Jezreel e Sarom e, por isso, foi o cenário de diversas batalhas registradas nas Escrituras: 1) a vitória de Débora (Jz 4.10-24), 2) a vitória de Gideão (Jz 6.33; comp. 7.1-25), 3) a derrota de Saul (1Sm 31.1; comp. 29.1) e 4) a morte do rei Josias na batalha com o faraó Neco (2Rs 23.28-30; 2Cr 35.20-24).

A última grande batalha desta era, Armagedom, ocorrerá ali (Ap 16.12-16; 17.14; veja Ap 19.17, *nota*).

2 Prevalecendo o poder dos midianitas con-
tra Israel, fizeram os filhos de Israel para si, por
causa dos midianitas, as covas que estão nos
montes, as [i]cavernas e as fortalezas.
3 Sempre que Israel semeava, subiam contra
ele os midianitas, os amalequitas e também [j]os
filhos do oriente.
4 Contra eles se acampavam e [k]destruíam o
produto da terra até chegarem a Gaza, e não
deixavam mantimento, ovelhas, bois nem [l]ju-
mentos em Israel.
5 Subiam com os seus rebanhos e tendas,
como um enxame de gafanhotos. Eram tão
numerosos que não se podiam contar, nem a
eles nem aos seus camelos; entravam na terra
para a destruir.
6 Assim Israel se enfraqueceu tanto com a
presença dos midianitas que os filhos de Israel
[m]clamaram ao Senhor.
7 **C**lamando eles ao Senhor por causa dos
midianitas,
8 enviou-lhes o Senhor um [n]profeta, que lhes
disse: Assim diz o Senhor, o Deus de Israel:
Do Egito eu vos fiz subir, e vos tirei da [o]terra
da servidão.
9 Eu vos livrei das mãos dos egípcios, e das
mãos de todos quantos vos oprimiam. Eu os
expulsei de diante de vós e vos dei a sua terra.
10 Eu vos disse: Eu sou o Senhor, o vosso
Deus; não temais aos deuses dos amorreus, em
cuja terra habitais. Mas não destes ouvidos à
minha [p]voz.

Gideão é nomeado o sexto juiz

11 **O** [q]anjo do Senhor veio e assentou-se
debaixo do carvalho que está em Ofra, que per-
tencia a Joás, o [r]abiezrita, onde [s]Gideão, seu filho,
estava malhando o trigo no tanque de prensar
uvas, para o esconder dos midianitas.
12 Quando o anjo do Senhor apareceu a Gideão,
lhe disse: O Senhor é contigo, homem valente.
13 Gideão lhe respondeu: Ai, Senhor meu, [t]se o
Senhor é conosco, por que tudo isso nos sobre-
veio? E que é feito de todas as suas maravilhas
que nossos pais nos [u]contaram, dizendo: Não
nos fez o Senhor subir do Egito? Mas agora o
Senhor nos [v]desamparou e nos entregou nas
mãos dos midianitas.
14 O Senhor olhou para ele e disse: Vai nesta
tua força e livra Israel das mãos dos midianitas.
Não [w]te enviei eu?
15 Respondeu-lhe Gideão: Ai, Senhor meu,
com que livrarei [x]Israel? A minha família é a
mais pobre em Manassés, e eu sou o [y]menor da
minha família.
16 Tornou-lhe o Senhor: Eu serei [z]contigo, e tu
ferirás os midianitas como a um só homem.
17 Prosseguiu Gideão: Se agora achei graça aos
teus olhos, dá-me um [a]sinal de que és tu que
falas comigo.
18 Rogo-te que não te [b]apartes daqui até que eu
volte trazendo o meu presente e o ponha diante
de ti. Respondeu ele: Esperarei até que voltes.
19 **G**ideão foi para casa e [c]preparou um cabrito
e bolos sem fermento de um [d]efa de farinha.
Pondo a carne num cesto e o caldo numa panela,
trouxe tudo até debaixo do carvalho e apresen-
tou ao anjo de Deus.
20 O anjo de Deus, porém, lhe disse: Toma a
carne e os bolos sem fermento; põe-nos sobre
esta [e]rocha e [f]derrama-lhes por cima o caldo.
E assim o fez.
21 [g]Estendeu o anjo do Senhor a ponta do
cajado, que estava na sua mão, e tocou na carne
e nos bolos sem fermento. Então subiu [h]fogo
da rocha e consumiu a carne e os bolos sem
fermento. E o anjo do Senhor desapareceu da
sua presença.
22 Então Gideão [ii]viu que era o anjo do Senhor
e disse: Ai de mim, Senhor Deus, que vi o anjo do
Senhor [jj]face a face.
23 O Senhor, porém, lhe disse: Paz seja contigo!
Não temas! Não morrerás.
24 Então Gideão edificou ali um altar ao
[kk]Senhor e lhe chamou "o Senhor é paz". Até o
dia de hoje está o altar em Ofra dos abiezritas.

Gideão repudia Baal; convoca Israel às armas

25 **N**aquela mesma noite, o Senhor lhe disse:
Toma o boi de teu pai, a saber, o segundo boi de
sete anos. [ll]Derruba o altar de [mm]Baal, que é de teu
pai, e corta o [nn]poste sagrado que está ao pé dele.
26 Edifica ao Senhor, o teu Deus, um altar no
cume deste lugar forte, na forma devida, toma
o segundo boi e o oferece em holocausto com a
lenha que cortares do bosque.
27 Então Gideão tomou dez homens dentre
os seus servos e fez como o Senhor lhe dissera.
Mas temendo ele a casa de seu pai e os homens
daquela cidade, não o fez de dia, mas de noite.
28 **L**evantando-se os homens daquela cidade
de madrugada, encontraram o altar de Baal der-
rubado, o bosque, que estava ao pé dele, cortado,
e o segundo boi oferecido no altar edificado.
29 E uns aos outros diziam: Quem fez isso? E,
perguntando e investigando, concluíram: Foi
Gideão, filho de Joás, que fez isso.
30 Então os homens daquela cidade disseram a
Joás: Traga para fora teu filho. Ele deve [oo]morrer,
porque derrubou o altar de Baal e cortou o bos-
que que estava ao pé dele.
31 Joás, porém, disse a todos os que se puseram
contra ele: Defendereis Baal? Havereis de livrá-
-lo? Qualquer que por ele lutar, ainda esta manhã

[i] 1Sm 13.6
[j] Jz 7.12
[k] Lv 26.16
[l] Dt 28.31
[m] Sl 50.15; Os 5.15
[n] Comp. 1Sm 2.27
[o] Js 24.17
[p] Jz 2.1,2
[q] Anjo do Senhor: v. 11-24; Jz 13.3 (Gn 16.7; Jz 2.1, nota)
[r] Js 17.2
[s] Jz 7.1; Hb 11.32
[t] Comp. Gn 25.22; Sl 44.9-25
[u] Js 4.6,21
[v] Dt 31.17; Sl 44.9
[w] Js 1.9
[x] Comp. Êx 3.11
[y] Comp. 1Sm 9.21
[z] Êx 3.12; Js 1.5
[a] Comp. Is 38.7,8
[b] Comp. Gn 19.1-3; Jz 13.15
[c] Gn 18.6-8
[d] Veja pesos e medidas (AT): 2Cr 2.10, nota
[e] Jz 13.19
[f] Comp. 1Rs 18.33,34
[g] Comp. Mc 6.8
[h] Lv 9.24
[ii] Jz 13.21
[jj] Comp. Gn 32.30; Êx 33.20; Jz 13.22
[kk] Veja Êx 34.6, nota
[ll] Jz 2.2
[mm] Jz 3.7
[nn] Veja Dt 16.21 e Jz 3.7, notas
[oo] Comp. Dt 13.6-9

será morto. [p]Se ele fosse deus, poderia defender-
-se quando alguém lhe derrubou o altar.
32 Pelo que, naquele dia, chamaram Gideão de
Jerubaal, dizendo: Baal contenda contra ele, por-
que derrubou o seu altar.
33 **E** todos os midianitas, amalequitas e os filhos
do oriente ajuntaram seus exércitos, atravessa-
ram o Jordão e se acamparam no [q]vale de Jezreel.
34 Então o [r]Espírito do Senhor revestiu Gideão,
que [s]tocou a trombeta, e os abiezritas passa-
ram a segui-lo.
35 Enviou mensageiros por toda a tribo de
Manassés, chamando-os à batalha, e enviou
ainda mensageiros a [t]Aser, a [u]Zebulom e a
Naftali, que lhe saíram ao encontro.
36 **D**isse Gideão a Deus: [v]Se hás de livrar a
Israel por minhas mãos, como disseste,
37 olha, eu porei um pouco de lã na eira. Se o
orvalho estiver somente na [1]lã, e seca a terra ao
redor, então conhecerei que hás de livrar Israel
por meu intermédio, como disseste.
38 E assim aconteceu. No dia seguinte, ele se
levantou de madrugada, apertou a lã e do orva-
lho da lã espremeu uma taça cheia de água.
39 Disse mais Gideão a Deus: Não se acenda
contra mim a tua ira. Permite-me ainda falar só
[w]esta vez. Rogo-te que mais esta vez eu faça a
[x]prova com a lã. Rogo-te que só a lã fique enxuta,
e em toda a terra haja o orvalho.
40 Deus assim o fez naquela noite. Só a lã
estava enxuta, e sobre toda a terra havia orvalho.

Trezentos guerreiros alertas são escolhidos

7 [y]Jerubaal, que é Gideão, e o povo todo que
estava com ele se levantaram de madrugada,
e se acamparam junto à fonte de Harode, de
maneira que tinha o acampamento dos midia-
nitas para o norte, perto do outeiro de Moré,
no vale.
2 Disse o Senhor a Gideão: É demais o povo
que está contigo, para eu dar os midianitas em
suas mãos. Israel poderia se [z]gloriar contra mim,
dizendo: O meu próprio poder me livrou.
3 Apregoa aos [a]ouvidos do povo: Quem for
medroso e tímido, volte e retire-se da região
montanhosa de Gileade. Então voltaram do povo
vinte e dois mil, e dez mil ficaram.
4 **D**isse o Senhor a Gideão: Ainda há povo [b]de-
mais. Faze-os descer às águas, e ali os provarei.
Aquele de que eu te disser: Este irá contigo, esse
contigo irá; mas todo aquele de que eu te disser:
Este não irá contigo, esse não irá.
5 Fez Gideão descer o povo às águas. Então o
Senhor disse a Gideão: Qualquer que lamber as
águas com a sua língua, como as lambe o cão,
esse porás à parte; como também a todo aquele
que se abaixar de joelhos a beber.
6 Foi o número dos que lamberam, levando a
mão à boca, trezentos homens. Todo o restante
do povo se abaixou de joelhos a beber as águas.
7 Então disse o Senhor a Gideão: Com estes tre-
zentos homens que lamberam as águas eu vos
livrarei e darei os midianitas nas tuas mãos. Que
o restante se vá cada um para o seu lugar.
8 Assim enviou Gideão o restante dos homens
de Israel cada um para a sua tenda, mas reteve
os trezentos, os quais tomaram as [c]provisões e
as trombetas dos outros. Ora, estava o acampa-
mento dos midianitas abaixo dele no vale.
9 [d]**N**aquela mesma noite, o Senhor lhe disse:
Levanta-te e desce ao arraial, porque eu o entre-
guei nas tuas mãos.
10 Se, porém, ainda temes descer, vai com o teu
moço Purá ao acampamento
11 e ouça o que dizem; e então se fortale-
cerão as tuas mãos para desceres contra o
acampamento. Então desceu ele com o seu
moço Purá até o posto avançado das [e]sentinelas
do acampamento.
12 Os midianitas, os amalequitas e todos os [f]fi-
lhos do oriente cobriam o vale, como gafanhotos
[g]em multidão. Eram inumeráveis os seus came-
los, como a areia que há na praia do mar.
13 Chegando Gideão, ouviu um homem contando
o seu sonho ao seu companheiro. Dizia: Eu tive um
sonho. Um pão de cevada torrado rodava contra o
acampamento dos midianitas e atingiu a tenda do
comandante, de maneira que esta caiu, e se virou
de cima para baixo, e ficou assim estendida.
14 Respondeu o seu companheiro: Isso não é
outra coisa senão a espada de Gideão, filho de
Joás, homem israelita. [h]Deus entregou nas mãos
dele os midianitas e todo este acampamento.
15 **O**uvindo Gideão a narração deste sonho e a
sua explicação, adorou. Voltou ao acampamento
de Israel e disse: Levantai-vos! O Senhor entre-
gou o acampamento midianita nas vossas mãos.
16 Então repartiu os trezentos homens em
três companhias e deu-lhes a cada um nas
suas mãos trombetas e jarros vazios, contendo
tochas acesas,
17 e disse-lhes: Olhai para mim e fazei como eu
fizer. Chegando eu ao extremo do acampamento,
como eu fizer, assim fareis vós.

[p] Comp. 1Rs 18.27
[q] Js 17.16; Os 1.5
[r] Espírito Santo (AT): v. 34; Jz 11.29 (Gn 1.2; Zc 12.10)
[s] Jz 3.27
[t] Jz 5.17; 7.23
[u] Jz 4.6,10; 5.18
[v] 6.14-16
[w] Comp. Gn 18.32
[x] Provar-Tentar: v. 39; 2Sm 24.1 (Gn 3.1; Tg 1.14)
[y] Jz 6.32
[z] Dt 8.17; 1Co 1.29; 2Co 4.7; comp. Is 10.13; Rm 11.18; Tg 4.6
[a] Dt 20.8
[b] Comp. 1Sm 14.6
[c] Js 9.11
[d] Jz 6.25
[e] Fileiras de cinco. Êx 13.18
[f] Jz 6.3,33
[g] Jz 8.10
[h] Jz 6.14,16

[1] (6.37) Aqui, Gideão não estava tentando conhecer a vontade de Deus, porque esta já lhe havia sido claramente revelada (v. 14,16). Ele usou um pouco de lã por dois motivos: 1) para fortalecer a sua fé débil e 2) para receber evidências de que convenceria o povo de que ele era realmente instrumento de Deus. Isto não deve ser considerado como método normal para se conhecer a vontade de Deus. Veja Pv 3.5,6; Tg 1.5-8.

18 Tocando eu e todos os que comigo estiverem a trombeta, então também vós tocareis a trombeta ao redor de todo o acampamento e direis: Pelo Senhor e por Gideão!

19 Chegaram Gideão e os cem homens que com ele iam à extremidade do acampamento, ao princípio da vigília da meia-noite, logo depois da troca das sentinelas. Tocaram as trombetas e partiram os jarros que traziam nas mãos.

20 Tocaram as três companhias as trombetas e partiram os jarros. E, segurando na mão esquerda as tochas acesas e na mão direita, as trombetas que tocavam, exclamaram: À espada, pelo Senhor e por Gideão!

21 Enquanto [i]permanecia cada um no seu lugar ao redor do acampamento, todos os midianitas deitaram a correr e, gritando, [j]fugiram.

Outros israelitas juntam-se à perseguição

22 [k]Tocando os trezentos as trombetas, o Senhor tornou a espada de um contra o outro, e isso em todo o acampamento, e fugiram até Bete-Sita, na direção de Zererá, até os limites de [l]Abel-Meolá, acima de Tabate.

23 Então os homens de Israel, de [m]Naftali, de Aser e de todo o Manassés foram convocados, e perseguiram os midianitas.

24 Também Gideão enviou mensageiros por toda a região montanhosa de Efraim, dizendo: Descei para atacar aos midianitas, tomai-lhes as águas até [n]Bete-Bara e também o [o]Jordão. Convocados todos os homens de Efraim, tomaram-lhes as águas até Bete-Bara e também o Jordão.

25 Prenderam também os dois líderes dos [p]midianitas, [q]Orebe e Zeebe. Mataram Orebe na rocha de Orebe e Zeebe, mataram no lagar de Zeebe. Perseguiram os midianitas e trouxeram as cabeças de Orebe e de Zeebe a Gideão, além do Jordão.

Zeba e Zalmuna são mortos

8 Então os homens de [1]Efraim lhe disseram: Que é isto que nos fizeste, que não nos chamaste, quando foste pelejar contra os midianitas? E contenderam com ele fortemente.

2 Ele, porém, lhes disse: Que mais fiz eu agora do que vós? Não são os restos das uvas de Efraim melhores do que a colheita de [r]Abiezer?

3 Deus vos entregou nas vossas mãos os líderes dos midianitas, Orebe e Zeebe. O que pude eu fazer em comparação ao que fizestes? Então a sua ira se abrandou para com ele, quando falou essa palavra.

4 Vindo Gideão [s]ao Jordão, passou com [t]os trezentos homens que com ele estavam, cansados, mas ainda perseguindo.

5 Disse ele aos homens de Sucote: Dai, peço-vos, alguns pães para a tropa que me acompanha, pois ela está cansada, e eu continuo perseguindo Zeba e Zalmuna, reis dos midianitas.

6 Os líderes de Sucote, porém, disseram: Já estão em teu poder as mãos de Zeba e de Zalmuna, para que demos pão ao teu [u]exército?

7 Respondeu Gideão: Quando o Senhor entregar na minha mão a Zeba e a Zalmuna, trilharei a vossa carne com os espinhos do deserto e com os [v]espinheiros do deserto.

8 Dali subiu a Penuel e falou da mesma maneira aos homens desse lugar, que lhe responderam como os homens de Sucote lhe haviam respondido.

9 Pelo que disse aos homens de Penuel: Quando eu voltar em paz, derrubarei esta [w]torre.

10 Ora, Zeba e Zalmuna estavam em Carcor, e os seus exércitos com eles, uns quinze mil homens, todos os que restaram do exército dos filhos do oriente; e os que morreram foram [x]cento e vinte mil homens, que puxavam da espada.

11 Subiu Gideão pela rota dos que vivem em tendas, ao oriente de [y]Noba e Jogbeá, e atacou de surpresa o exército.

12 Fugiram Zeba e Zalmuna, mas ele os perseguiu, prendeu esses dois reis midianitas e derrotou todo o exército.

13 Voltando Gideão, filho de Joás, da peleja, antes do nascer do sol,

14 Capturou um moço dos homens de Sucote e o interrogou; o jovem [z]escreveu o nome dos setenta e sete líderes e autoridades de Sucote.

15 Então veio Gideão aos homens de Sucote e disse: Aqui estão Zeba e Zalmuna, a respeito dos quais escarnecestes de mim, dizendo: Estão já em teu poder as mãos de Zeba e Zalmuna, para que demos pão ao teu exército cansado?

16 Gideão prendeu Zeba e Zalmuna e, com espinhos e [a]espinheiros do deserto, os castigou severamente.

17 Derrubou também a [b]torre de Penuel e matou os homens da cidade.

18 Depois perguntou a Zeba e a Zalmuna: Como eram os homens que matastes em [c]Tabor? Responderam: Qual és tu, tais eram eles; cada um se assemelhava a filho de rei.

19 Então disse ele: Eram meus irmãos, filhos de minha mãe; tão certo como vive o Senhor, se os tivésseis deixado em vida, eu não vos mataria.

[i] Comp. Êx 14.13,14; 2Cr 20.17
[j] Comp. 2Rs 7.7
[k] Comp. Js 6.16,20
[l] 1Rs 4.12
[m] Jz 6.35
[n] Chamada Bete-Arabá em Js 15.6,61 e 18.22
[o] Jz 3.28
[p] Sl 83.9
[q] Sl 83.11; Is 10.26
[r] Jz 6.11
[s] Jz 7.25
[t] Jz 7.6
[u] Comp. 1Sm 25.11
[v] 8.16
[w] 8.17
[x] Jz 6.5; 7.12; Is 9.4
[y] Nm 32.42
[z] Veja Êx 17.14, nota
[a] 8.7
[b] 8.9
[c] Sl 89.12

[1] (8.1) Comp. Jz 12.1, 1Rs 12.16,17. Aqui começa a profunda ruptura em Israel que culminou na divisão do reino de Salomão, em reino de Israel, com Jeroboão, e Judá, com Roboão.

20 Voltando-se para Jéter, seu primogênito, ordenou: Levanta-te, mata-os! O moço, porém, não puxou da espada, porque ainda era muito jovem e temia.

21 Disseram [d]Zeba e Zalmuna: Levanta-te tu mesmo e acomete-nos. Qual o homem, tal a sua força. Portanto, levantou-se Gideão e matou Zeba e Zalmuna, e tomou os ornamentos do pescoço dos seus camelos.

Quarenta anos de paz com Gideão

22 Então os homens de Israel disseram a Gideão: [e]Domina sobre nós, assim tu, como teu filho e o filho de teu filho, porque nos [f]livraste das mãos dos midianitas.

23 Gideão, contudo, lhes disse: Não dominarei sobre vós. Tampouco meu filho dominará sobre vós. O Senhor sobre vós dominará.

24 E lhes disse: Uma petição vos farei: dai-me, cada um de vós, os brincos de ouro do [g]despojo. (Os vencidos, de fato, usavam brincos de ouro porque eram ismaelitas.)

25 Disseram eles: De boa vontade os daremos. Estenderam uma capa, e cada um deles jogou um brinco do seu despojo sobre ela.

26 O peso dos brincos de ouro foi mil e setecentos [h]siclos de ouro, sem contar os ornamentos, as cadeias e as vestes de púrpura que traziam os reis dos midianitas, fora as correntes que estavam no pescoço dos camelos.

27 Fez Gideão desse ouro uma [i]estola sacerdotal e a pôs na sua cidade, em [j]Ofra. Todo o Israel se [k]prostituiu ali após ela; a estola se tornou uma [l]armadilha para Gideão e sua família.

28 Assim foram abatidos os midianitas diante dos filhos de Israel e nunca mais levantaram a cabeça. Nos dias de Gideão a terra teve [m]sossego por quarenta anos.

29 Foi-se [n]Jerubaal, filho de Joás, e habitou em sua casa.

30 Teve Gideão setenta [o]filhos, todos gerados por ele, pois possuía muitas mulheres.

31 A sua concubina, que estava em Siquém, deu-lhe também um filho, a quem chamou pelo nome de [p]Abimeleque.

32 Faleceu Gideão, filho de Joás, em boa velhice e foi sepultado no sepulcro de seu pai, Joás, em Ofra dos abiezritas.

Confusão depois da morte de Gideão

33 [q]Tendo Gideão falecido, os filhos de Israel tornaram a se prostituir, seguindo os [r]baalins e pondo [s]Baal-Berite por deus.

34 Os filhos de Israel não se [t]lembraram do Senhor, o seu Deus, que os livrara das mãos de todos os seus inimigos em redor.

35 Também não usaram de bondade para com a [u]família de Jerubaal, a saber, de Gideão, conforme todo o bem que ele fizera a Israel.

Trajetória de Abimeleque, filho de Gideão

9 Abimeleque, filho de Jerubaal, foi a Siquém, aos irmãos de sua mãe, e disse a eles e a toda a geração da casa do pai de sua mãe:

2 Perguntai, peço-vos, aos [v]ouvidos de todos os cidadãos de Siquém: Que é melhor para vós: que setenta homens, todos os filhos de Jerubaal, dominem sobre vós, ou que um só homem domine sobre vós? Lembrai-vos também de que sou vosso osso e vossa carne.

3 Então os irmãos de sua mãe falaram a respeito dele a todos os cidadãos de Siquém todas aquelas palavras; e o coração deles se inclinou a seguir a Abimeleque, pois disseram: É nosso irmão.

4 Deram-lhe setenta peças de prata tiradas do templo de [w]Baal-Berite, com as quais Abimeleque alugou uns homens [x]ociosos e levianos, que o seguiram.

5 Foi à casa de seu pai, em Ofra, e [y]matou seus irmãos, os filhos de Jerubaal, setenta homens, sobre uma pedra. Mas Jotão, filho menor de Jerubaal, ficou, porque se tinha escondido.

6 Então se ajuntaram todos os cidadãos de Siquém e toda a Bete-Milo, e foram, e proclamaram a Abimeleque rei, junto ao carvalho da coluna que está perto de Siquém.

7 Quando foi avisado disso, Jotão foi, pôs-se no cume do monte Gerizim, levantou a voz e clamou: Ouvi-me, cidadãos de Siquém, e Deus vos ouvirá a vós.

8 Foram certa vez as [z]árvores a ungir para si um rei. Disseram à oliveira: [a]Reina sobre nós.

9 A oliveira, porém, lhes respondeu: Deixaria eu a minha gordura, que Deus e os homens em mim prezam, e iria dominar sobre as árvores?

10 Então disseram as árvores à figueira: Venha reinar sobre nós.

11 A figueira, contudo, lhes respondeu: Deixaria eu a minha doçura e o meu bom fruto, e iria dominar sobre as árvores?

12 Então disseram as árvores à videira: Vem e reina sobre nós.

13 A videira, porém, lhes respondeu: Deixaria eu o meu vinho, que alegra Deus e os homens, e iria dominar sobre as árvores?

14 Então todas as árvores disseram ao espinheiro: Vem e reina sobre nós.

15 Respondeu o espinheiro às árvores: Se, na verdade, me ungis rei sobre vós, vinde [b]refugiar-vos debaixo da minha sombra; mas, se não, saia fogo do espinheiro e consuma os cedros do Líbano.

16 Agora se é que em verdade e sinceridade procedestes, fazendo rei a Abimeleque, e se bem

---

[d] Sl 83.11
[e] Jz 9.8
[f] Jz 3.9; 9.17
[g] Êx 15.9
[h] Veja pesos e medidas (AT): 2Cr 2.10, nota
[i] Veja Êx 29.5, nota
[j] Jz 6.11,24
[k] Jz 2.17
[l] Sl 106.36
[m] Jz 5.31
[n] Jz 6.32; 7.1
[o] Jz 9.2,5
[p] Jz 9.1
[q] Jz 2.19
[r] Jz 6.25
[s] Jz 9.4
[t] Dt 4.9; Jz 3.7
[u] Jz 9.16,18
[v] Comp. Js 20.4
[w] Jz 8.33
[x] Jz 11.3
[y] Comp. 2Rs 10.7; 11.1,2
[z] Parábolas (AT): v. 7-15; 2Sm 12.1 (Jz 9.8; Zc 11.7); comp. 2Rs 14.9
[a] Jz 8.22,23
[b] Veja Sl 2.12, nota

fizestes para com Jerubaal e para com a sua casa, e se com ele usastes conforme o seu merecimento

17 (porque meu [c]pai pelejou por vós, arriscando a vida, e vos [d]livrou das mãos dos midianitas;

18 porém [e]vós hoje vos levantastes contra a família de meu pai e matastes seus filhos, setenta homens, sobre uma pedra, e a Abimeleque, filho de sua [f]escrava, fizestes reinar sobre os cidadãos de Siquém, porque é vosso irmão);

19 se, pois, em verdade e sinceridade procedestes com Jerubaal e com a sua família hoje, alegrai-vos com Abimeleque, e também ele se alegre convosco!

20 Do contrário, saia fogo de [g]Abimeleque e consuma os cidadãos de Siquém e a Bete-Milo; e saia fogo dos cidadãos de Siquém e da casa de Milo, e consuma a Abimeleque.

21 Então fugiu Jotão para Beer, e ali habitou, por medo de Abimeleque, seu irmão.

Abimeleque e Siquém são castigados

22 **H**avendo Abimeleque reinado três anos sobre Israel,

23 [h]enviou Deus um espírito [i]mau entre Abimeleque e os cidadãos de Siquém, os quais procederam traiçoeiramente contra Abimeleque,

24 para que a violência praticada contra os setenta filhos de Jerubaal, como também o [j]sangue deles, [k]recaíssem sobre Abimeleque, seu irmão, que os matara, e sobre os cidadãos de Siquém, que lhe ajudaram a matar a seus irmãos.

25 Os cidadãos de Siquém puseram contra ele homens sobre os cumes dos montes para emboscar e assaltar todo aquele que passava pelo caminho, e contou-se isso a Abimeleque.

26 **V**eio também Gaal, filho de Ebede, com seus irmãos, e se estabeleceram em Siquém; e os cidadãos de Siquém confiaram nele.

27 Saíram ao campo, colheram uvas, pisaram nas uvas e fizeram festas no templo de seu deus. Enquanto comiam e bebiam, amaldiçoaram a Abimeleque.

28 Disse Gaal, filho de Ebede: Quem é [l]Abimeleque, e quem é Siquém, para que o sirvamos? Não é filho de Jerubaal? E não é Zebul o seu oficial? Servi antes aos homens de [m]Hemor, pai de Siquém! Por que razão serviríamos nós a Abimeleque?

29 [n]Se este povo estivesse sob o meu comando, eu expulsaria Abimeleque e lhe diria: Conclama o teu exército e sai.

30 Ouvindo Zebul, o governador da cidade, as palavras de Gaal, filho de Ebede, acendeu-se a sua ira;

31 e enviou astutamente mensageiros a Abimeleque, dizendo: Gaal, filho de Ebede, e seus irmãos vieram a Siquém e estão agitando a cidade contra ti.

[c] Jz 7
[d] Jz 8.22
[e] Jz 8.35
[f] Jz 8.31
[g] Jz 9.45
[h] 1Rs 12.15; Is 19.14
[i] 1Sm 16.14
[j] Nm 35.33
[k] 9.55,56; comp. Jz 1.7
[l] Comp. 1Sm 25.10; 1Rs 12.16
[m] Js 24.32
[n] Sl 10.3; comp. 2Sm 15.4
[o] 9.20
[p] 2Rs 3.25
[q] Jz 8.33

32 Portanto, levanta-te de noite, tu e o povo que tiveres contigo, e ponde-vos de emboscadas no campo.

33 Pela manhã, ao sair o sol, ataca a cidade. Saindo contra ti Gaal e o povo que tiver com ele, faze-lhe como puderes.

34 **A**ssim, levantou-se, de noite, Abimeleque e todo o povo que com ele havia e se puseram de emboscada contra Siquém, em quatro grupos.

35 Ora, Gaal, filho de Ebede, tinha saído e estava parado à entrada da porta da cidade quando Abimeleque e todo o povo que com ele estava se levantaram das emboscadas.

36 Vendo Gaal aquele povo, disse a Zebul: Olha, desce gente dos cumes dos montes. Zebul, ao contrário, lhe disse: As sombras dos montes vês por homens.

37 Gaal, porém, tornou a falar: Olha, desce gente do meio da terra, e uma tropa vem pelo caminho do carvalho de Meonenim.

38 Então lhe disse Zebul: Onde está agora a tua boca, com a qual dizias: Quem é Abimeleque, para que o sirvamos? Não é este o povo que desprezaste? Sai, pois, e peleja contra ele!

39 Saiu Gaal à vista dos cidadãos de Siquém e pelejou contra Abimeleque.

40 Abimeleque o perseguiu, e muitos caíram mortos, até a entrada da porta da cidade.

41 Abimeleque ficou em Arumá, e Zebul expulsou a Gaal e a seus irmãos, para que não habitassem em Siquém.

42 **N**o dia seguinte, o povo saiu ao campo, e Abimeleque foi avisado disso.

43 Tomou o povo e o repartiu em três grupos, e os pôs de emboscada no campo. Quando viu que o povo saía da cidade, levantou-se contra ele e o feriu.

44 Abimeleque e os que com ele estavam avançavam à entrada da porta da cidade, enquanto os dois grupos avançavam sobre todos os que estavam no campo e os feriram.

45 Abimeleque pelejou contra a cidade todo aquele dia e a [o]tomou. Matou o povo que nela havia, [p]destruiu a cidade e espalhou sal sobre ela.

46 **O**uvindo isso todos os cidadãos da torre de Siquém, entraram na fortaleza, na [q]casa de El-Berite.

47 Contou-se a Abimeleque que todos os cidadãos da torre de Siquém se haviam reunido.

48 Subiu Abimeleque ao monte Zalmom, ele e todo o povo que com ele estava, e tomando um machado, cortou um galho de árvore que levantou e colocou sobre os ombros. Disse ao povo que com ele estava: O que me vistes fazer, apressai-vos a fazê-lo também.

49 Cada um cortou o seu galho e seguiu a Abimeleque. Os galhos foram empilhados junto da fortaleza que foi incendiada com os que nela estavam. De maneira que todos os da torre de Siquém morreram, uns mil homens e mulheres.

50 Então Abimeleque foi a Tebes, a sitiou e a tomou.

51 Havia, porém, no meio da cidade uma torre forte, onde todos os homens, mulheres e todos os cidadãos da cidade se acolheram. Fecharam após si as portas e subiram ao telhado da torre.

52 Abimeleque veio até à torre e a atacou. Mas ao chegar-se ele à porta da torre, para a incendiar,

53 certa mulher [r]lançou uma pedra superior de um moinho sobre a cabeça dele e lhe quebrou o crânio.

54 Então ele chamou logo o moço, seu [s]escudeiro, e lhe disse: Desembainha a tua espada e mata-me, para que não se diga de mim: Uma mulher o matou. E o moço o atravessou, e ele morreu.

55 Vendo os homens de Israel que Abimeleque era morto, foram-se cada um para o seu lugar.

56 Desta forma Deus fez [t]tornar sobre Abimeleque o mal que tinha feito a seu pai, matando seus setenta irmãos.

57 Como também todo o mal dos homens de Siquém fez tornar sobre a cabeça deles. Assim a [u]maldição de Jotão, filho de Jerubaal, veio sobre eles.

IV. Seis juízes, 10.1–12.15

Tola, o sétimo juiz (23 anos)

10 Depois de Abimeleque, levantou-se, para livrar Israel, Tola, filho de Puá, filho de Dodô, homem de Issacar. Ele habitava em Samir, na região montanhosa de Efraim.

2 Liderou Israel vinte e três anos; morreu e foi sepultado em Samir.

Jair, o oitavo juiz (22 anos)

3 Depois dele levantou-se Jair, gileadita, e liderou Israel vinte e dois anos.

4 Tinha este [v]trinta filhos, que cavalgavam trinta [w]jumentos. Tinham trinta cidades em Gileade, que se chamam [x]Havote-Jair, até o dia de hoje.

5 Morreu Jair e foi sepultado em Camom.

Servidão sob os filisteus e amonitas (18 anos)

6 Então tornaram os filhos de Israel a fazer o que era [y]mau aos olhos do Senhor. [z]Serviram aos baalins, e a Astarote, e aos deuses da [a]Síria, e aos de Sidom, e de Moabe, e dos amonitas, e dos filisteus. E porque deixaram o Senhor, e não o serviram,

7 acendeu-se a ira do Senhor contra Israel, e os [b]entregou nas mãos dos [c]filisteus e dos [1][d]amonitas,

8 os quais, nesse mesmo ano, os oprimiram e humilharam. Por dezoito anos oprimiram todos os filhos de Israel que estavam do lado leste do Jordão, em Gileade, na [e]terra dos amorreus.

9 Os amonitas também passaram o Jordão para pelejar contra Judá, contra Benjamim e contra a tribo de Efraim; e Israel se viu muito angustiado.

10 Então os filhos de Israel [f]clamaram ao Senhor: Contra ti temos [g]pecado, porque deixamos a nosso Deus e servimos aos baalins.

11 Respondeu o Senhor: Não vos livrei dos egípcios, dos amorreus, dos amonitas e dos [h]filisteus?

12 Também os sidônios, os [i]amalequitas e os maonitas vos oprimiram, e, quando clamastes a mim, não vos livrei da sua mão?

13 Vós, porém, me deixastes a mim e servistes a outros deuses, pelo que não vos livrarei [j]mais.

14 Ide e clamai aos deuses que escolhestes. Que eles vos livrem no tempo do vosso [k]aperto.

15 Os filhos de Israel, porém, disseram ao Senhor: Pecamos. Faze-nos conforme tudo quanto te parecer bem, tão somente te rogamos que nos livres hoje.

16 Então tiraram os deuses alheios do meio de si e serviram ao Senhor. E o Senhor não pôde mais suportar a angústia de Israel.

17 Quando os amonitas se reuniram e se acamparam em Gileade, também os filhos de Israel se reuniram e se acamparam em Mispa.

18 Então o povo e os líderes de Gileade disseram uns aos outros: Quem começar a pelejar contra os amonitas será [l]chefe de todos os moradores de Gileade.

Jefté, o nono juiz

11 Era então [m]Jefté, o gileadita, valente e valoroso. O seu pai era Gileade; a sua mãe era uma prostituta.

2 Também a mulher de Gileade lhe deu filhos, os quais, quando já grandes, repeliram Jefté e lhe disseram: [n]Não herdarás nada de nossa família, porque és filho de outra mulher.

3 Então Jefté fugiu da presença de seus irmãos e habitou na terra de [o]Tobe, onde homens [p]levianos se ajuntaram a ele e o seguiam.

4 Alguns dias mais tarde, quando os [q]filhos de Amom pelejaram contra Israel,

5 foram os líderes de Gileade buscar Jefté da terra de Tobe.

6 Disseram a Jefté: Vem, sê nosso chefe, para que combatamos contra os filhos de Amom.

7 Jefté, porém, disse aos líderes de Gileade: Não me [rr]odiastes e não me expulsastes da casa de meu pai? Por que agora viestes a mim, quando estais em aperto?

8 Responderam os líderes de Gileade a Jefté: É por isso que viemos te procurar. Vem conosco; combate contra os filhos de Amom e serás o nosso [ss]chefe sobre todos os moradores de Gileade.

[r] 2Sm 11.21
[s] Comp. 1Sm 31.4
[t] 9.24
[u] v. 20,45. Comp. Gn 27.12
[v] Comp. Jz 12.9
[w] Jz 5.10; 12.14
[x] Nm 32.41; 1Cr 2.23
[y] Jz 6.1; 13.1
[z] Jz 2.13
[a] Jz 2.12
[b] Jz 4.2
[c] Jz 13.1
[d] Jz 3.13
[e] Nm 32.33
[f] Jz 6.6
[g] Nm 21.7
[h] Jz 3.31
[i] Jz 7.12
[j] Comp. Dt 31.17; 1Rs 9.9
[k] Dt 32.37,38
[l] Jz 11.8,9
[m] Hb 11.32
[n] Gn 21.10; Dt 23.2
[o] 2Sm 10.6,8
[p] Jz 9.4
[q] Jz 10.9,17
[rr] Comp. Gn 37.4; 2Sm 13.22
[ss] Jz 10.18

[1] (10.7) Os amonitas eram descendentes de Ló, sobrinho de Abraão (Gn 19.38).

9 Então Jefté perguntou aos líderes de Gileade:
Se me levardes para combater contra os filhos de
Amom, e o Senhor os der a mim, então eu serei
o vosso chefe?
10 Responderam os líderes de Gileade a Jefté:
O Senhor é nossa [t]testemunha; certamente fare-
mos conforme a tua palavra.
11 Então Jefté foi com os líderes de Gileade, e
o povo o pôs por comandante e chefe sobre si.
E Jefté repetiu todas as suas palavras perante o
Senhor em Mispa.
12 **E**nviou Jefté mensageiros ao rei dos
filhos de Amom, dizendo: [u]Que há entre mim
e ti, que vieste a mim para pelejar contra a
minha terra?
13 Respondeu o rei dos filhos de Amom aos
mensageiros de Jefté: Quando subiu do Egito,
[v]Israel tomou a minha terra, desde [w]Arnom até
Jaboque, e ainda até o Jordão. Devolva-me agora
essas terras em paz.
14 Jefté tornou a enviar mensageiros ao rei dos
filhos de Amom,
15 dizendo: Assim diz Jefté: Israel não [x]tomou
a terra dos moabitas, nem a terra dos filhos
de Amom.
16 Quando, porém, subiu do Egito, Israel
andou pelo deserto até o mar Vermelho e che-
gou a [y]Cades.
17 Então Israel enviou mensageiros ao rei
dos edomitas, dizendo: Rogo-te que me dei-
xes passar pela tua terra. Mas o [z]rei dos
edomitas não lhe deu ouvidos. Enviaram
também mensageiros ao rei dos moabitas, o
qual não lhes quis atender. Assim Israel ficou
em Cades.
18 Depois [a]andou pelo deserto e [b]rodeou a terra
dos edomitas e a terra dos moabitas, e veio pelo
oriente da terra destes, e se acampou além do
Arnom. Mas não entrou nos limites dos moabi-
tas, pois Arnom é limite deles.
19 Então Israel [c]enviou mensageiros a Seom,
rei dos amorreus, rei de Hesbom, e lhe disse:
Deixa-nos, peço-te, passar pela tua terra até o
nosso lugar.
20 Seom, porém, não acreditou que Israel fosse
apenas passar pelo seu território. Pelo contrário,
ajuntou todo o seu povo, acampou em Jaza e
pelejou contra Israel.
21 O Senhor, o Deus de Israel, [d]entregou Seom
com todo o seu povo nas mãos de Israel, que os
feriu e tomou por herança toda a terra dos amor-
reus que habitavam naquela terra.
22 Tomou por herança todo o território dos
amorreus, desde o Arnom até o Jaboque e desde
o deserto até o Jordão.

[t] Gn 31.49,50
[u] Dt 20.10,12
[v] Nm 21.24
[w] Js 13.9
[x] Dt 2.9,19
[y] Nm 20.1,14-21
[z] Js 24.9
[a] Dt 2.9,18,19
[b] Nm 21.4
[c] Nm 21.21; Dt 2.26-36
[d] Js 24.8
[e] 1Rs 11.7
[f] Nm 22.2
[g] Nm 21.25,26
[h] Gn 16.5; 18.25; 31.53; 1Sm 24.12,15
[i] Espírito Santo (AT): v. 29; Jz 13.25 (Gn 1.2; Zc 12.10)
[j] Gn 28.20; Nm 30.2; 1Sm 1.11
[k] Lv 27.2,3,28
[l] 11.11
[m] Nm 30.2
[n] Ec 5.4,5

23 Assim, visto que o Senhor, o Deus de Israel,
expulsou os amorreus da presença do seu povo
de Israel, que direito tendes de possuir essa terra?
24 Não possuirias tu o território que [e]Camos,
o teu deus, te dá? Assim possuiremos nós o
território de todos quantos o Senhor, o nosso
Deus, nos der.
25 És melhor do que [f]Balaque, filho de Zipor, rei
dos moabitas? Contendeu ele em algum tempo
com Israel, ou pelejou alguma vez contra ele?
26 Por trezentos anos Israel [g]habitou em
Hesbom e nas suas aldeias, em Aroer e nas
suas aldeias, em todas as cidades que estão ao
longo do Arnom. Por que não as recuperaste
naquele tempo?
27 Eu não pequei contra ti, mas tu fazes mal
em pelejar contra mim. O Senhor, que é [h]juiz,
julgue hoje entre os filhos de Israel e os filhos
de Amom.
28 O rei dos filhos de Amom, porém, não deu
ouvidos à mensagem que Jefté lhe enviou.

O trágico voto de Jefté

29 **E**ntão o [i]Espírito do Senhor veio sobre [1]Jefté.
Passou ele por Gileade e Manassés, chegou
a Mispa de Gileade e dali foi ao encontro dos
filhos de Amom.
30 E Jefté fez um [j]voto ao Senhor: Se totalmente
entregares os filhos de Amom nas minhas mãos,
31 qualquer que, saindo da porta da minha
casa, me vier ao encontro, voltando eu vitorioso
dos filhos de Amom, esse [k]será do Senhor, e o
oferecerei em holocausto.
32 Assim Jefté foi combater os filhos de Amom,
e o Senhor os entregou nas suas mãos.
33 Jefté feriu-os com grande mortandade,
desde Aroer até chegar a Minite, vinte cidades,
e até Abel-Queramim. Assim os filhos de Israel
subjugaram os filhos de Amom.
34 **V**indo Jefté a [l]Mispa, à sua casa, a sua filha
lhe saiu ao encontro com adufes e com dan-
ças. Era ela filha única. Não tinha ele outro filho
nem filha.
35 Quando a viu, rasgou as suas vestes e disse:
Ah! filha minha! Muito me abateste; és a causa
da minha calamidade, porque fiz voto ao Senhor
e [m]não tornarei [n]atrás.
36 Respondeu ela: Pai meu, fizeste voto ao
Senhor. Faze de mim segundo o teu voto, agora
que o Senhor te vingou dos teus inimigos, os
filhos de Amom.
37 Disse mais a seu pai: Mas concede-me este
único pedido: deixa-me ir por dois meses; que
desça pelos montes e chore a minha virgin-
dade, eu e as minhas amigas.

---

[1] (11.29) Jefté parece ter sido juiz apenas na região nordeste de Israel.

38 Disse ele: Vai. E deixou-a ir por dois meses. Ela foi com as suas amigas e chorou a sua virgindade pelos montes.

39 Ao fim dos dois meses, ela voltou a seu pai, o qual cumpriu nela o [1]voto que tinha feito. E ela jamais teve relação sexual com homem algum. Daí veio o costume em Israel,

40 de as filhas de Israel irem de ano em ano lamentar por quatro dias a filha de Jefté, o gileadita.

Os petulantes homens de Efraim são punidos. Jefté governa seis anos

12 Então os homens de [o]Efraim se reuniram, passaram para Zafom e disseram a Jefté: Por que passaste a combater contra os filhos de Amom e não nos chamaste para ir contigo? Queimaremos a fogo a ti e a tua casa.

2 Respondeu Jefté: Eu e o meu povo tivemos grande contenda com os filhos de Amom e, embora vos tenha chamado, não me livrastes das suas mãos.

3 Vendo que não me livráveis, arrisquei a minha vida e fui lutar contra os filhos de Amom, e o Senhor os entregou nas minhas mãos. Agora por que subistes hoje para pelejar contra mim?

4 Ajuntou Jefté todos os homens de Gileade e pelejou contra Efraim. Os homens de Gileade feriram Efraim, porque este lhes dissera: Fugitivos sois de Efraim, vós gileaditas que habitais entre Efraim e Manassés.

5 Os gileaditas tomaram os [p]vaus do Jordão que conduzem a Efraim, e, quando os fugitivos de Efraim diziam: Quero passar, então os homens de Gileade lhes perguntavam: És tu efraimita? Dizendo ele: Não,

6 então lhe diziam: Dize Chibolete. Mas ele dizia: [q]Sibolete, porque não o podia pronunciar bem. Então pegavam dele e o degolavam nos vaus do Jordão. Morreram de Efraim naquele tempo quarenta e dois mil.

7 Jefté liderou Israel seis anos. Então faleceu Jefté, o gileadita, e foi sepultado numa das cidades de Gileade.

[o] Jz 10.9; veja 8.1, nota
[p] Jz 3.28
[q] Rio, córrego. Sl 69.2,15; Is 27.12
[r] Comp. Jz 10.4
[s] Jz 2.11
[t] Jz 10.7

Ibsã, o décimo juiz (7 anos)

8 **D**epois dele liderou Israel [2]Ibsã, de Belém.

9 Tinha este [r]trinta filhos e trinta filhas. Casou fora as suas trinta filhas e de fora trouxe trinta mulheres para os seus filhos. Liderou Israel sete anos.

10 Então faleceu Ibsã e foi sepultado em Belém.

Elom, o décimo primeiro juiz (10 anos)

11 **D**epois dele Elom, o zebulonita, liderou Israel dez anos.

12 Faleceu Elom, o zebulonita, e foi sepultado em Aijalom, na terra de Zebulom.

Abdom, o décimo segundo juiz (8 anos)

13 **D**epois dele liderou Israel Abdom, filho de Hilel, o piratonita.

14 Tinha este quarenta filhos, e trinta netos, que cavalgavam setenta jumentos. Liderou Israel oito anos.

15 Então faleceu Abdom, filho de Hilel, o piratonita, e foi sepultado em Piratom, na terra de Efraim, na região montanhosa dos amalequitas.

V. Sansão, 13.1–16.31

Servidão sob os filisteus (40 anos)

13 Os filhos de Israel tornaram a fazer o que era [s]mau aos olhos do Senhor, e por isso o Senhor os entregou nas mãos dos [3][t]filisteus por quarenta anos.

---

[1] (11.39) Levando em consideração os mandamentos divinos contra o sacrifício humano na Lei mosaica (Lv 18.21; 20.2-5; Dt 12.31; 18.10), têm surgido questionamentos sobre o ato de Jefté aqui descrito. Existem grandes dúvidas sobre o que exatamente ele fez. Aqueles que pensam que ele matou a filha não veem aprovação divina para o ato, mas o atribuem ao seu voto irrefletido. Passagens como 2Rs 3.27; 16.3; 17.17; 2Cr 33.6; Jr 7.31; 19.5; 32.35 mostram quão propagada estava essa prática maligna e cruel, mesmo em tempos posteriores. Outros não creem que Jefté tenha sacrificado sua filha, mas que a separou para permanecer em virgindade perpétua. Esta última perspectiva tem como foco a expressão do v. 31: "será do Senhor", fora do comum em tal contexto, e a ênfase dada à virgindade, não à morte nos v. 37,39: "virgindade" e "jamais teve relação sexual com homem algum". O voto de Jefté (v. 30,31) foi apressado e aparentemente imprudente. Nosso Senhor falou sobre votos no Sermão da Montanha (Mt 5.33-37).

[2] (12.8) Ibsã aparentemente foi apenas um juiz civil na região nordeste de Israel.

[3] (13.1) Os filisteus eram um povo não semita, às vezes chamado nas Escrituras de "incircuncisos" (Jz 14.3; 15.18; 1Sm 14.6; 31.4; 2Sm 1.20; 1Cr 10.4). Eles se estabeleceram nas planícies e nos montes do sudoeste de Canaã, fazendo parte da grande invasão de povos do mar mencionada por Ramsés III do Egito em cerca de 1200 a.C. Seu conhecimento de metalurgia e o acesso às minas de ferro deram-lhes grande vantagem sobre outras nações e permitiram a um grupo comparativamente pequeno como eles conquistar grupos maiores e estender seu domínio, durante algum tempo, por quase toda a terra de Canaã. Foram os principais inimigos de Israel do tempo de Sansão até a metade do reinado de Davi. Veja 1Sm 13.19,21, *notas*. Os filisteus deram o seu nome a toda aquela terra, chamando-a de "Filístia" (Comp. Is 14.29,31; veja Gn 21.34, *nota*). O nome "Palestina" foi atribuído à terra somente na época da dominação romana. No ano 63 a.C., a Judeia perdeu sua autonomia política sob o domínio romano. Em 135 d.C., o imperador romano Adriano, intentando apagar a memória dos judeus e de sua terra, mudou o nome da terra para o nome do antigo inimigo, Filístia, ou seja, Palestina, uma derivação hebraica. Durante o tempo de Cristo, a terra não foi conhecida como Palestina; no NT, nunca foi chamada por esse nome. Quando, em 1948, a Organização das Nações Unidas concedeu reconhecimento ao moderno Estado de Israel, muitos árabes fugiram, declarando-se, depois, os verdadeiros palestinos. Deus havia antes prometido outras terras aos árabes e outros povos (p. ex., Is 19.24).

Nascimento de Sansão, o décimo terceiro juiz

2 Havia um homem de [u]Zorá, da tribo de Dã, cujo nome era Manoá, cuja mulher era estéril e não tinha filhos.

3 O [v]anjo do Senhor apareceu a esta mulher e lhe [w]disse: És estéril e nunca deste à luz, mas conceberás e terás um filho.

4 Agora guarda-te, não bebas vinho nem [x]bebida forte, nem comas coisa imunda,

5 porque conceberás e darás à luz um filho. Sobre a cabeça dele não passará navalha, porque o menino será [y]nazireu, consagrado a Deus desde o ventre de sua mãe, e começará a livrar Israel das mãos dos filisteus.

6 Então a mulher entrou e disse a seu marido: Um [z]homem de Deus, cujo semblante era como o de um anjo de Deus, extremamente impressionante, veio a mim. Não lhe perguntei de onde era, e ele não me disse o seu nome.

7 Ele, contudo, me disse: Tu conceberás e darás à luz um filho. Agora, pois, não bebas vinho nem bebida forte, e não comas coisa imunda, porque o menino será nazireu, consagrado a Deus desde o ventre de sua mãe até o dia da sua morte.

Oração de Manoá

8 **Então** Manoá [a]orou ao Senhor: Ah! Senhor meu, rogo-te que o homem de Deus que enviaste venha ter conosco outra vez e nos ensine o que devemos fazer ao menino que há de nascer.

9 Deus ouviu Manoá, e o anjo de Deus veio outra vez à mulher estando ela no campo; mas não estava com ela seu marido, Manoá.

10 Apressou-se a mulher e correu para dar a notícia a seu marido e lhe disse: Ele está aqui! O homem que me apareceu outro dia.

11 Então Manoá levantou-se e seguiu a sua mulher, e veio àquele homem e lhe disse: És tu o homem que falou a esta mulher? Ele respondeu: Sou eu.

12 Então disse Manoá: Quando as tuas palavras se cumprirem, qual será o modo de viver do menino e o seu serviço?

13 Respondeu o anjo do Senhor a Manoá: De tudo quanto eu disse à mulher se guardará ela.

14 De tudo o que procede da [b]videira não comerá, nem vinho nem bebida forte beberá, nem coisa imunda comerá. Tudo quanto lhe ordenei guardará.

15 **Então** Manoá disse ao [c]anjo do Senhor: [d]Fica conosco para que te preparemos um cabrito.

16 O anjo do Senhor, porém, disse a Manoá: Ainda que eu fique, não comerei de teu pão. Mas, se fizeres [e]holocausto, ao Senhor o oferecerás. Manoá não sabia que era o anjo do Senhor.

17 Perguntou Manoá ao anjo do Senhor: Qual é o teu nome, para que, quando se cumprir a tua palavra, te honremos?

18 Respondeu ele: Por que perguntas pelo meu nome? Ele é [f]maravilhoso.

19 Então Manoá tomou um cabrito com a oferta de cereais e os apresentou sobre uma rocha ao Senhor. E o Senhor fez maravilhas, enquanto Manoá e sua mulher o observavam.

20 Subindo a [g]chama do altar para o céu, o anjo do Senhor subiu nela. Vendo isso, Manoá e sua mulher prostraram-se com o rosto em terra.

21 Quando o anjo do Senhor não apareceu mais a Manoá e à sua mulher, compreendeu Manoá que era o anjo do Senhor.

22 Disse ele à sua mulher: Certamente [h]morreremos. Vimos a [i]Deus!

23 A sua mulher, contudo, respondeu: Se o Senhor nos quisera matar, não teria recebido da nossa mão o holocausto e a oferta de cereais, não nos teria mostrado tudo isso, não nos teria deixado ouvir tais coisas neste tempo.

24 A mulher deu à luz um filho e pôs-lhe o nome de Sansão. O menino cresceu e o Senhor o abençoou.

25 E o [j]Espírito do Senhor começou a agir nele em [k]Maané-Dã, entre Zorá e [l]Estaol.

A noiva de Sansão

14 **Desceu** Sansão a [m]Timna e viu ali uma mulher das filhas dos filisteus.

2 Quando voltou, disse a seu pai e a sua mãe: Vi uma mulher em Timna, das filhas dos filisteus; agora tomai-a para mim [n]por mulher.

3 Seu pai e sua mãe, porém, responderam: Não há mulher entre as filhas de teus irmãos, ou entre todo o nosso [o]povo? Há motivo para que tu vás tomar mulher dos filisteus, daqueles incircuncisos? Mas Sansão disse a seu pai: Toma-me esta, porque ela muito me agrada.

4 Seu pai e sua mãe, porém, não sabiam que isso vinha do [p]Senhor, que buscava ocasião contra os filisteus; pois naquele tempo os filisteus dominavam sobre Israel.

Sansão mata um leão; seu enigma

5 **Desceu** Sansão com seu pai e com sua mãe a Timna. Chegando às vinhas de Timna, de repente um [q]leão novo, rugindo, saiu-lhe ao encontro.

6 Então o Espírito do Senhor se apossou dele, de tal maneira que ele o rasgou de alto a baixo, como quem rasga um cabrito, sem ter [r]nada na mão. Mas nem a seu pai nem a sua mãe contou o que tinha feito.

7 Desceu, e falou àquela mulher, e dela se agradou muito.

8 Depois de alguns dias, quando voltou para casar-se com ela, saiu do caminho para ver o

---

[u] Js 19.41
[v] Anjo do Senhor: v. 3-21; 2Rs 19.35 (Gn 6.7; Jz 2.1, nota)
[w] Comp. Lc 1.13,30,31
[x] Nm 6.3,20; Lc 1.15
[y] Nm 6.2
[z] Comp. 1Sm 2.27
[a] Orações da Bíblia (AT): v. 8,9; Jz 16.28 (Gn 15.2; Hc 3.1)
[b] Nm 6.4
[c] v. 3
[d] Comp. Jz 6.18
[e] Comp. Jz 6.20-22
[f] Comp. Is 9.6
[g] Comp. 1Rs 18.38
[h] Comp. Jz 6.22,23
[i] Veja Jo 1.18, nota
[j] Espírito Santo (AT): v. 25; 14.6; Jz 14.19 (Gn 1.2; Zc 12.10)
[k] Jz 18.12
[l] Jz 16.31
[m] Js 15.10,57
[n] Dt 7.3,4
[o] Comp. Gn 24.3,4
[p] Js 11.20; 1Sm 2.25
[q] Comp. 1Sm 17.34,35
[r] Milagres (AT): v. 5,6,19; Jz 15.14 (Gn 5.24; Jn 1.17)

corpo do leão morto. Neste havia um enxame de
abelhas com mel.
9 [s]Tomou o favo nas mãos e se foi, andando e
comendo dele. Tendo chegado a seu pai e a sua
mãe, deu-lhes dele, e eles comeram; mas não
lhes contou que pegara o mel do [t]corpo do leão.
10 **D**escendo seu pai à casa daquela mulher, fez
Sansão ali um [u]banquete, porque assim costu-
mavam fazer os moços.
11 Quando os moradores do lugar o viram,
trouxeram trinta companheiros para esta-
rem com ele.
12 Disse-lhes Sansão: Eu vos proporei um
enigma. Se nos [v]sete dias das bodas me derdes
a resposta, eu vos darei trinta túnicas de linho e
trinta [w]mantos.
13 Se, contudo, não puderdes decifrá-lo, vós me
dareis as trinta túnicas de linho e os trinta man-
tos. Disseram eles: [x]Dá-nos o teu enigma, para
que o ouçamos.
14 Respondeu ele:

Do comedor saiu comida;
do forte saiu doçura.

E em três dias não puderam decifrar o enigma.

Sansão é enganado; mata trinta filisteus

15 **N**o sétimo dia, disseram à mulher de
Sansão: [y]Convence teu marido a que nos decifre
o enigma, [z]para que não coloquemos fogo em ti
e na casa de teu pai. Convidaste-nos aqui para
vos apossardes do que é nosso, não é assim?
16 A mulher de Sansão chorou diante dele
e disse: [a]Tu me odeias! Não me amas de ver-
dade. Deste aos filhos de meu povo um enigma
a decifrar e ainda não me declaraste a resposta.
Respondeu ele: Nem a meu pai nem a minha
mãe o declarei, por que devia declará-lo a ti?
17 Ela chorou diante dele os sete dias em que
celebravam as bodas. Assim, ao sétimo dia, ele
lhe declarou a resposta, porque ela o [b]importu-
nava. Então ela declarou o enigma aos filhos do
seu povo.
18 Disseram-lhe os homens daquela cidade, ao
sétimo dia, antes de se pôr o sol:

Que coisa há mais doce do que o mel?
E que coisa há mais forte do que o leão?
Disse-lhes Sansão:
Se vós não lavrásseis com a
minha novilha,
nunca teríeis descoberto o meu enigma.

19 Então o [c]Espírito do Senhor se apossou
dele de tal maneira que desceu aos ascaloni-
tas, matou deles trinta homens, tomou as suas
vestes e deu-as aos que declararam o enigma.
Ardendo em ira, subiu à casa de seu pai.
20 E a mulher de Sansão foi [d]dada ao seu com-
panheiro de honra.

[s] Comp. 1Sm 14.25,26
[t] Lv 11.27
[u] Comp. Gn 29.22
[v] Comp. Gn 29.27
[w] Gn 45.22; 2Rs 5.5
[x] Ez 17.2
[y] Jz 16.5
[z] Jz 15.6
[a] Comp. Jz 16.15
[b] Jz 16.16
[c] Espírito Santo (AT): v. 19; Jz 15.14 (Gn 1.2; Zc 12.10)
[d] Jz 15.2
[e] Gn 38.17
[f] Jz 14.1; comp. 16.1
[g] 14.20
[h] Comp. Êx 22.6; 2Sm 14.30
[i] Jz 14.15
[j] 2Cr 11.6
[k] Jz 13.1; 14.4
[l] Jz 16.11,12
[m] Queixada, segundo várias versões bíblicas
[n] Espírito Santo (AT): v. 14; 1Sm 10.6 (Gn 1.2; Zc 12.10)
[o] Milagres (AT): v. 14-19; Jz 16.30 (Gn 5.24; Jn 1.17)
[p] Comp. 1Co 1.27,28

Sansão põe fogo na plantação dos filisteus

15 **D**epois de alguns dias, durante a colheita do
trigo, Sansão, levando um [e]cabrito, foi visitar
sua mulher. Dizia ele: [f]Entrarei no quarto de minha
mulher. Mas o pai dela não o deixou entrar
2 e lhe disse: Por certo pensava eu que de
todo a odiavas, [g]de modo que a dei ao teu com-
panheiro. Mas não é sua irmã mais nova, mais
formosa do que ela? Toma-a em seu lugar.
3 Disse-lhes Sansão: Desta vez tenho o direito
de acertar contas com os filisteus, e de fato
lhes farei mal.
4 Foi Sansão, apanhou trezentas raposas e,
tomando tochas, amarrou-as pela cauda, em pares.
Então pôs uma tocha entre cada par de caudas,
5 acendeu as tochas e largou as raposas na plan-
tação dos filisteus. [h]Incendiou assim tanto os feixes
como o cereal que iam colher, as vinhas e os olivais.
6 Perguntaram os filisteus: Quem fez isso?
Responderam: Sansão, genro do timnita, porque
este lhe tomou a mulher, e a deu a seu compa-
nheiro. Então subiram os filisteus e [i]queimaram
a fogo ela e seu pai.
7 Disse-lhes Sansão: Se é assim que fazeis, só
cessarei quando me houver vingado de vós.
8 E os atacou furiosamente, matando mui-
tos deles. Então desceu e habitou na fenda do
penhasco de [j]Etã.

Sansão mata mil filisteus

9 **O**s filisteus subiram, acamparam-se contra
Judá e se estenderam por Leí.
10 Perguntaram-lhes os homens de Judá: Por
que subistes contra nós? Responderam eles:
Subimos para amarrar Sansão, para fazer com
ele como ele conosco fez.
11 Então três mil homens de Judá desceram até
a fenda do penhasco de Etã e disseram a Sansão:
Não sabias que os filisteus [k]dominam sobre nós?
Por que nos fizeste isto? Ele lhes respondeu: Fiz
a eles como fizeram a mim.
12 Disseram-lhe eles: Descemos para te amar-
rar, para te entregar nas mãos dos filisteus.
Disse-lhes Sansão: Jurai-me que vós mesmos
não me acometereis.
13 Responderam eles: Não, mas somente te amarra-
remos e te entregaremos nas mãos deles. De maneira
nenhuma te mataremos. E o amarraram com duas
[l]cordas novas e o fizeram subir do penhasco.
14 **T**endo ele chegado a [m]Leí, os filisteus saí-
ram-lhe ao encontro, jubilando. Mas o [n]Espírito
do Senhor se apossou dele de tal maneira que
as cordas que ele tinha nos braços se tornaram
como fios de linho queimados no fogo, e as suas
amarraduras se [o]desfizeram das suas mãos.
15 Achando uma [p]carcaça fresca de jumento,
tomou-a e com ela matou mil homens.

16 Então disse Sansão:
Com uma carcaça de
jumento fiz um montão ou dois;
com uma carcaça de jumento matei
mil homens.

17 Acabando ele de falar, lançou da sua mão a carcaça; e chamou-se àquele lugar Ramate-Leí.

18 **E**ntão, como tivesse grande sede, clamou ao Senhor, dizendo: Pela mão do teu servo tu deste esta grande salvação. Morrerei eu agora de sede e cairei nas mãos destes incircuncisos?

19 Então o Senhor abriu a cavidade que estava em Leí, e dela saiu água. Tendo Sansão bebido, recobrou alento e reviveu. Pelo que [1]a fonte ficou sendo chamada En-Hacoré até o dia de hoje.

20 Sansão [q]liderou Israel durante [r]vinte anos nos [s]dias dos filisteus.

A fraqueza moral de Sansão

16 Foi-se Sansão a [t]Gaza, onde viu uma prostituta. E passou a noite com ela.

2 Foi dito aos gazitas: Sansão está aqui! Então o cercaram e toda a noite o esperaram de emboscada à porta da cidade. E toda a noite ficaram em silêncio, dizendo: Esperaremos até o amanhecer. Então o mataremos.

3 Sansão, porém, deitou-se somente até a meia-noite. Então se levantou, pegou nas portas da cidade, com ambos os umbrais, e, com a tranca, as arrancou. Pondo-as sobre os ombros, levou-as para cima até o cume do monte que está em frente de Hebrom.

4 **D**epois disso ele se afeiçoou a uma [u]mulher do vale de Soreque, cujo nome era Dalila.

5 Os [v]líderes dos filisteus foram dizer a ela: [w]Convença-o, veja se descobre em que consiste a sua grande força e com que poderíamos dominá-lo e amarrá-lo, para assim o subjugarmos. Cada um de nós te dará mil e cem moedas de prata.

6 Disse Dalila a Sansão: Declara-me, peço-te, em que consiste a tua grande força e com que poderias ser amarrado para te poderem subjugar.

7 Respondeu-lhe Sansão: Se me amarrassem com sete cordas de nervos frescos, ainda não secos, então me enfraqueceria e seria como qualquer outro homem.

8 Então os líderes dos filisteus trouxeram a Dalila sete cordas de nervos frescos, ainda não secos, e com as cordas ela o amarrou.

9 Os espias estavam assentados com ela no quarto. Então ela disse: Os filisteus vêm sobre ti, Sansão! E ele quebrou as cordas de nervos, como se quebra o fio da estopa ao lhe chegar o fogo. Assim não se soube em que consistia a sua força.

10 Então disse Dalila a Sansão: Zombaste de mim e me disseste mentiras. Ora, declara-me com que poderias ser amarrado.

11 Ele disse: Se me amarrassem fortemente com [x]cordas novas, com que não se houvesse feito obra nenhuma, então me enfraqueceria e seria como qualquer outro homem.

12 Assim Dalila tomou cordas novas e com elas o amarrou, e disse: Os filisteus vêm sobre ti, Sansão! E os espias estavam assentados no quarto. Ele arrebentou as cordas de seus braços como se fossem um fio.

13 Disse Dalila a Sansão: Até agora zombaste de mim e me disseste mentiras. Declara-me como poderias ser amarrado. Ele respondeu: Se teceres as sete tranças da minha cabeça num pano e as firmares com pino de tear, então me enfraqueceria e seria como qualquer outro homem. De modo que enquanto ele dormia, Dalila tomou as sete tranças da cabeça dele, teceu-as num pano,

14 firmou-as com o pino de tear e disse: Os filisteus vêm sobre ti, Sansão! Ele despertou do seu sono, arrancou o tear com o pino e os fios.

Sansão, importunado por Dalila, revela o seu segredo

15 **E**ntão ela lhe disse: [y]Como podes dizer que me amas, não estando comigo o teu coração? Já três vezes zombaste de mim e ainda não me declaraste em que consiste a tua força.

16 [z]Importunando-o ela todos os dias com as suas palavras e cansando-o, a alma dele se [a]angustiou até a morte.

17 Assim ele [b]revelou tudo: Nunca se passou [c]navalha em minha cabeça, porque sou nazireu de Deus desde o ventre de minha mãe. Se viesse a ser rapado, sairia de mim a minha força, e me enfraqueceria, e seria como qualquer outro homem.

18 **V**endo Dalila que ele lhe havia revelado seu segredo, mandou chamar os líderes dos filisteus, dizendo: Subi esta vez; ele me revelou todo o segredo. Assim os líderes dos filisteus subiram até ela, trazendo o dinheiro nas mãos.

19 Então ela o fez dormir sobre os seus joelhos e mandou chamar um homem para lhe rapar as sete tranças de sua cabeça; assim começou a subjugá-lo, e retirou-se dele a sua força.

20 Então clamou ela: Os filisteus vêm sobre ti, Sansão! Despertando ele do seu sono, disse: Sairei como das outras vezes e me livrarei. Mas não [d]sabia que o Senhor já se tinha [e]retirado dele.

[q] Hb 11.32
[r] Jz 16.31
[s] Jz 13.1
[t] Js 15.47
[u] Comp. 1Rs 11.1
[v] Js 13.3
[w] Jz 14.15
[x] Jz 15.13
[y] Comp. Jz 14.16
[z] Comp. Gn 39.10
[a] Comp. Jz 14.17
[b] Comp. Mq 7.5
[c] Jz 13.5
[d] Comp. Êx 34.29
[e] 1Sm 16.14

[1] (15.19) O v. 17 declara que Sansão terminou de falar, lançou a carcaça [segundo outras versões, "queixada"] no chão e chamou o lugar de Ramate-Leí, "colina da queixada", porque ali matou mil homens com a queixada [AEC: "carcaça"]. Ele sentia muita sede, mas não havia água naquele lugar. Então, clamou a Deus. No lugar onde a queixada caiu, Deus fez brotar do chão uma fonte, a qual passou pela cavidade que Deus fez na queixada, para dessedentar Sansão. Em seguida, Sansão renomeou o lugar para "a fonte do que clama" (heb. *En-hacore*).

21 Então os filisteus o pegaram, arrancaram-lhe os [f]olhos e o fizeram descer a Gaza. Amarrando-o com duas cadeias de bronze, puseram-no para girar um [1]moinho na prisão.

22 E o cabelo da sua cabeça começou a crescer de novo.

Sansão é vingado em sua morte

23 **O**ra, os líderes dos filisteus ajuntaram-se para oferecer um grande sacrifício ao seu deus [g]Dagom e para se alegrarem, dizendo: Nosso [h]deus nos entregou nas mãos o nosso inimigo Sansão.

24 Semelhantemente o povo, vendo-o, [i]louvava ao seu deus, dizendo:

Nosso deus nos entregou
  nas mãos o nosso inimigo,
e o que destruía a nossa terra,
  e o que multiplicava os nossos mortos.

25 Com o coração cheio de alegria, disseram: Mandai vir Sansão, para nos divertir. Assim trouxeram Sansão do cárcere, e ele os divertia. Quando o puseram em pé entre as colunas,

26 disse Sansão ao moço que o tinha pela mão: Deixa-me apalpar as colunas que sustentam o templo, para que me encoste nelas.

27 Ora, o templo estava cheio de homens e mulheres; também ali estavam todos os líderes dos filisteus, e sobre o telhado havia uns três mil homens e mulheres vendo Sansão, que os divertia.

28 **E**ntão [j]clamou Sansão ao Senhor: Senhor Deus, peço-te que te lembres de mim, e fortalece-me agora só esta vez, ó Deus, para que de uma só vez me vingue dos filisteus pelos meus dois olhos.

29 Então abraçou-se Sansão com as duas colunas centrais sobre os quais o templo estava firmado. Apoiando-se em uma com a mão direita, e na outra, com a esquerda.

30 Disse Sansão: Morra eu com os filisteus! Então se inclinou com força, e o templo [k]caiu sobre os líderes e sobre todo o povo que nele estava. Foram mais os que matou na sua morte do que os que matara na sua vida.

31 Então seus irmãos e toda a família de seu pai desceram, tomaram-no, subiram com ele e o sepultaram entre Zorá e Estaol, no sepulcro de Manoá, seu pai. Ele havia [2]liderado Israel durante [l]vinte anos.

VI. Confusão em Israel, 17.1-21.25

Confusão religiosa

17 [3]**O**ra, certo homem chamado [m]Mica, da região montanhosa de Efraim,

2 disse à sua mãe: As mil e cem [n]moedas de prata que te foram tiradas, e acerca das quais ouvi pronunciares [o]maldições, essa prata está comigo; eu a tomei. Então disse à sua mãe: Bendito do Senhor seja meu filho!

3 **Q**uando ele restituiu as mil e cem [p]moedas de prata a sua mãe, ela lhe disse: Solenemente consagro a minha prata ao Senhor para que meu filho faça uma [q]imagem de escultura e uma de fundição. Eu a devolverei a ti.

4 Assim ele restituiu a prata a sua mãe, e ela tomou duzentos siclos de prata e os deu ao [r]ourives, que os transformou na imagem de escultura e na de fundição. E foram colocadas na casa de Mica.

5 Ora, tinha este homem, Mica, uma [s]casa de deuses. Ele fez uma [t]estola sacerdotal e [u]ídolos do lar e consagrou um de seus filhos, para que lhe fosse por [v]sacerdote.

6 Naqueles dias, não havia [w]rei em Israel; cada qual fazia o que [x]parecia direito aos seus olhos.

7 Um jovem levita, de Belém de Judá, da tribo de Judá,

8 [y]partiu da cidade em busca de outro lugar para habitar. Seguindo o seu caminho, chegou à região montanhosa de Efraim, à casa de Mica.

[f] 2Rs 25.7
[g] 1Sm 5.2
[h] Comp. 1Sm 31.9
[i] Dn 5.4,5
[j] Orações da Bíblia (AT): v. 28; 1Sm 1.11 (Gn 15.2; Hc 3.1)
[k] Milagres (AT): v. 28-30; 1Sm 5.6 (Gn 5.24; Jn 1.17)
[l] Jz 15.20
[m] Jz 18.2
[n] Veja sist. monetário (AT): Êx 30.13, nota; comp. 2Cr 2.10, nota
[o] Lv 5.1
[p] Veja pesos e medidas (AT): 2Cr 2.10, nota; comp. Êx 30.13, nota
[q] Êx 20.4,23; 34.17
[r] Comp. Is 46.6
[s] Jz 18.24
[t] Jz 8.27
[u] Em algumas versões bíblicas, "terafins". Veja Gn 31.30, nota
[v] Comp. Nm 3.10
[w] Jz 18.1; 19.1
[x] Dt 12.8; Jz 21.25
[y] Dt 18.6

[1] (16.21) Fazer girar o moinho era tarefa de animais ou escravos.

[2] (16.31) Tanto o caráter como a obra de Sansão são enigmáticos. Anunciado por um anjo (13.2-21), foi um nazireu (Nm 6; Jz 13.5) que, por causa de seus apetites carnais, constantemente contaminou sua separação como nazireu. Foi chamado por Deus para julgar Israel e investido maravilhosamente com o Espírito, mas não realizou nenhuma obra permanente para Israel e morreu no cativeiro de seus inimigos, os filisteus. O que esse homem teve foi sua extraordinária fé no Senhor numa época de dúvidas e declínio espiritual, e Deus honrou essa fé (Hb 11.32).

[3] (17.1) Depois da morte de Sansão, termina a sequência cronológica do livro de Juízes. Não é possível atribuir os acontecimentos dos cinco últimos capítulos a nenhum período particular. Podem, entretanto, ser considerados como um apêndice que mostra a extrema apostasia de Israel em sua vida religiosa, civil e moral. Estes capítulos descrevem o clímax do declínio de Israel resultante do afastamento da Palavra de Deus. Sansão, o último juiz deste livro, participou de alguns dos mesmos pecados pelos quais Israel sofria como nação. O levita consagrado por Mica foi um sacerdote constituído por homens para a ordem arônica, que era divina (cap. 17; 18; veja 17.13, *nota*). A horrível história do cap. 19, que resultou em guerra civil e praticamente na destruição de Benjamim no cap. 20, mostra um Israel em sua condição moral mais baixa do AT. Escrito com total franqueza quanto aos fatos, característica da história bíblica, o relato revela a degradação moral de Israel causada pelo seu afastamento da Lei. Contudo, durante aquele período, houve um remanescente piedoso, como se vê no livro de Rute. Samuel foi o último dos juízes, como também um importante profeta. Seu ministério restaurou a ordem civil e moral em Israel.

9 Perguntou-lhe Mica: De onde vens? Ele lhe
respondeu: Sou levita de Belém de Judá e estou
procurando um lugar para morar.
10 Então lhe disse Mica: Fica comigo e sê-me
por pai e sacerdote; cada ano te darei dez moe-
das de prata, o vestuário e o teu sustento.
11 Assim o levita concordou em ficar com
aquele homem e lhe foi como um de seus filhos.
12 Consagrou Mica o levita, e o moço lhe ser-
viu de sacerdote e ficou morando em sua casa.
13 Então disse Mica: Agora [1]sei que o Senhor
me fará bem, visto que tenho um levita
por [z]sacerdote.

Os danitas procuram mais terras

18 **Naqueles** dias, não havia [a]rei em Israel.
E naqueles dias, a [b]tribo dos danitas
buscava para si um lugar onde se estabelecer,
porque até aquele dia entre as tribos de Israel
não lhe havia caído por sorte a herança.
2 Enviaram os filhos de Dã cinco homens den-
tre todos os da sua tribo, homens valentes, de
[c]Zorá e de Estaol, para espiar e explorar a terra.
Disseram-lhes: Ide, explorai a terra. Os homens
vieram à região montanhosa de Efraim, à casa de
Mica, e passaram ali a noite.
3 Estando eles perto da casa de [d]Mica, reconhe-
ceram a voz do moço levita; assim, dirigindo-se
para lá, perguntaram-lhe: Quem te trouxe para
aqui? O que fazes aqui? E que é o que tens aqui?
4 Ele respondeu: Assim e assim me fez Mica.
Ele me assalariou, e eu lhe sirvo de sacerdote.
5 Então lhe disseram: Ora, [e]consulta a Deus,
para que saibamos se prosperará o caminho
que seguimos.
6 Disse-lhes o sacerdote: Ide em paz. O cami-
nho que seguis está perante o Senhor.
7 **Então** foram-se aqueles cinco homens, che-
garam a [f]Laís e viram que o povo que havia nela
estava seguro, conforme o costume dos [g]sidônios,
em paz e tranquilo. Não havia naquela terra falta
de coisa alguma; era um povo rico e, estando longe
dos sidônios, não tinha relações com ninguém.
8 Quando voltaram a [h]Zorá e a Estaol, seus
irmãos lhes perguntaram: Que dizeis vós?
9 Responderam: [i]Levantai-vos. Subamos contra
eles! Examinamos a terra e vimos que é muito
boa. E vós estais aqui tranquilos? [j]Não sejais pre-
guiçosos em sair para ocupardes a terra.
10 Quando lá chegardes, achareis um povo
tranquilo e uma terra muito espaçosa que [k]Deus
vos entregou nas mãos; uma terra em que não há
falta de coisa alguma.

[z] Dt 10.8,9
[a] Jz 17.6
[b] Js 19.40-48
[c] Jz 13.25
[d] Jz 17.1
[e] Jz 1.1; 20.18; Os 4.12
[f] Jz 18.29; chamada Lesém em Js 19.47
[g] Jz 10.12
[h] v. 2
[i] Comp. Nm 13.30
[j] Comp. Js 18.3
[k] Js 2.23,24
[l] Jz 13.25
[m] Jz 17.5
[n] Comp. Dt 13.6-18
[o] 2Rs 6.28
[p] Gn 31.30

11 **Então** seiscentos homens da tribo dos dani-
tas, armados para a guerra, partiram de Zorá e
de Estaol.
12 Subiram e acamparam-se perto de Quiriate-
-Jearim, em Judá. Pelo que o lugar ao ocidente
de Quiriate-Jearim é chamado [l]Maané-Dã até o
dia de hoje.
13 Dali passaram à região montanhosa de
Efraim e chegaram à casa de Mica.

Os danitas se apropriam dos ídolos de Mica e de Jônatas, seu sacerdote

14 **Então** os cinco homens, que foram espiar
a terra de Laís, disseram a seus irmãos: Sabeis
vós também que naquelas casas há uma [m]es-
tola sacerdotal, e ídolos do lar, e uma imagem
de escultura e uma de fundição? Agora sabeis o
que haveis de [n]fazer.
15 Então foram para lá e chegaram à casa do
moço levita, à casa de Mica, e o saudaram.
16 Os seiscentos homens, de Dã, armados para
a guerra, ficaram à entrada da porta.
17 Os cinco homens, que foram espiar a ter-
ra, subiram, entraram e tomaram a imagem
de escultura, a estola sacerdotal, os ídolos
do lar e a imagem de fundição, ficando o sa-
cerdote em pé à entrada da porta, com os
seiscentos homens que estavam armados para
a guerra.
18 Entrando eles na casa de Mica e tomando a
imagem de escultura, a estola sacerdotal, os ído-
los do lar e a imagem de fundição, disse-lhes o
sacerdote: Que estais fazendo?
19 Responderam-lhe: Cala-te! Não digas uma
palavra. Vem conosco e sê-nos por pai e sacer-
dote. O que te é melhor: ser sacerdote da casa de
um só homem ou de uma tribo e de uma gera-
ção em Israel?
20 Então o coração do sacerdote se alegrou.
Tomou a estola sacerdotal, os ídolos do lar, a
imagem de escultura e foi com o povo.
21 Assim, tendo posto os meninos, o gado e a
bagagem na frente deles, viraram e partiram.
22 Estando eles já longe da casa de Mica, os
homens que estavam nas casas vizinhas à dele
se reuniram e alcançaram os filhos de Dã.
23 E clamaram após os filhos de Dã, os quais,
virando-se, perguntaram a Mica: [o]O que houve?
Por que convocaste esse povo?
24 Respondeu ele: Os meus deuses, que eu
fiz, me [p]tomastes, com o sacerdote, e partistes.
Agora o que me resta? Como me perguntais:
O que houve?

[1] (17.13) Uma ilustração chocante da apostasia. Com o completo afastamento de Mica da vontade revelada de Deus sobre o culto e o sacerdócio, houve uma exaltação do falso sacerdócio. Ao dizer "Bendito do Senhor seja meu filho!", a mãe de Mica está fazendo um ídolo; e Mica crê contar com a bênção do Senhor porque vincula essa idolatria à antiga ordem levítica.

25 Os filhos de Dã, porém, lhe disseram: Não nos faças ouvir a tua voz, para que porventura homens violentos não se lancem sobre ti, e tu percas a tua vida e a da tua família.

26 Assim os filhos de Dã seguiram o seu caminho, e Mica, vendo que eram mais fortes do que ele, virou-se e voltou para sua casa.

A tribo de Dã ataca a confiante cidade de Laís e habitam lá

27 **E**ntão levaram o que Mica havia feito e o sacerdote que tivera, e chegaram a [q]Laís, a um povo pacífico e tranquilo. Mataram-nos a fio de espada e queimaram a cidade.

28 Ninguém houve que os livrasse porque estavam longe de Sidom e não tinham relação com ninguém; e a cidade estava no vale junto a [r]Bete-Reobe. Reedificaram a cidade e habitaram nela.

29 Chamaram-na [s]Dã, segundo o nome de Dã, seu pai, que nascera a Israel; mas anteriormente o nome da cidade era Laís.

30 Os filhos de Dã levantaram para si aquela imagem de escultura, e Jônatas, filho de Gérson, filho de Manassés, ele e seus filhos foram [t]sacerdotes da tribo dos danitas, até o dia do [u]cativeiro da terra.

31 Continuaram a usar a imagem de escultura, que Mica fizera, todos os dias em que o santuário de Deus esteve em [v]Siló.

Degradação moral – a concubina de um levita

19 Naqueles dias, não havia [w]rei em Israel. Ora, certo [x]levita, que vivia nas partes remotas da região montanhosa de Efraim, tomou para si uma concubina, de [y]Belém de Judá.

2 A sua concubina, porém, adulterou contra ele. Deixando-o, foi para a casa de seu pai, em Belém de Judá, e esteve ali alguns dias, a saber, quatro meses.

3 Seu marido levantou-se e partiu atrás dela, para lhe [z]falar ao coração e para tornar a trazê-la. Levava consigo o seu [a]moço e um par de jumentos. Ela o levou à casa de seu pai, o qual, vendo-o, saiu alegre a recebê-lo.

4 Seu sogro, o pai da moça, o deteve consigo por três dias; comeram e beberam, e o casal se hospedou ali.

5 No quarto dia, madrugaram, e se prepararam para partir, mas o pai da moça disse a seu genro: [b]Fortalece-te com um bocado de pão, e depois partireis.

6 Assim ambos se assentaram para comer e beber juntos. Então disse o pai da moça ao homem: Peço-te que ainda esta noite fiques aqui e se alegre o teu coração.

7 O homem, porém, levantou-se para partir, mas, como seu sogro insistisse com ele, tornou a passar a noite ali.

8 Madrugando ele, no quinto dia, para partir, disse o pai da moça: Ora, fortalece-te e detém-te até o declinar do dia. E ambos juntos comeram.

9 Então quando o homem se levantou para partir, ele, e a sua concubina, e o seu moço, disse-lhe o seu sogro, o pai da moça: Olha, já declina o dia. A tarde já vem chegando, passa a noite aqui. Passa aqui a noite, e que o teu coração se alegre. Amanhã de madrugada levantai-vos e ide para a vossa casa.

10 **O** homem, porém, recusou o convite; levantou-se e partiu na direção de [c]Jebus (que é Jerusalém), e com ele os dois jumentos selados, como também a sua concubina.

11 Estando já perto de Jebus e tendo-se já declinado o dia, disse o moço a seu senhor: Vem, peço-te, e paremos nesta cidade dos [d]jebuseus e [e]passemos nela a noite.

12 O seu senhor, porém, lhe disse: Não nos retiraremos a nenhuma cidade estranha, que não seja dos filhos de Israel. Passaremos até Gibeá.

13 Disse mais a seu moço: Vem, cheguemos a Gibeá ou a Ramá e passemos a noite num desses lugares.

14 Então prosseguiram na caminhada, e o sol se pôs estando eles próximos de Gibeá, que pertence a Benjamim.

15 Retiraram-se para Gibeá, a fim de nela passarem a noite. Entrando eles, assentaram-se na praça da cidade, mas não houve quem os convidasse para [e]passar a noite em sua casa.

16 Ao anoitecer, um homem idoso da região montanhosa de Efraim, que morava em Gibeá (os moradores do lugar eram filhos de Benjamim), veio do seu trabalho no campo.

17 Levantando os olhos, viu o viajante na praça da cidade e lhe perguntou: Para onde vais? De onde vens?

18 Respondeu ele: Estamos de viagem de Belém de Judá para as partes remotas da região montanhosa de Efraim, de onde sou. Fui a Belém de Judá e, agora, vou à [f]casa do Senhor. Ninguém me recolheu em casa.

19 Ainda temos palha e pasto para os nossos jumentos, e também pão e vinho para mim, e para a tua serva, e para o moço que vem com os teus servos. De coisa nenhuma temos falta.

20 Então disse o velho: [g]Paz seja contigo. Tudo o que te faltar fique ao meu cargo. Tão somente não passes a noite na praça.

21 Levou-o para a sua casa e deu pasto aos jumentos. Tendo eles lavado os pés, comeram e beberam.

22 **E**nquanto eles se [h]alegravam, alguns [i]homens daquela cidade, [j]filhos de Belial, cercaram a casa. Batendo à porta, gritaram ao velho, dono da casa: Tira para fora o homem que entrou em tua casa, para que tenhamos relações sexuais com ele.

[q] 18.7
[r] 2Sm 10.6
[s] Gn 14.14; Js 19.47; 1Rs 12.29,30; 15.20
[t] Comp. Nm 16.1-40
[u] 2Rs 17.6
[v] Dt 12.1-32; Js 18.1,8
[w] Jz 18.1; 21.25
[x] Comp. Jz 17.7
[y] Jz 17.7; Rt 1.1
[z] Gn 34.3
[a] v. 9,11,13
[b] Sl 104.15
[c] 1Cr 11.4,5
[d] Jz 1.21; 2Sm 5.6
[e] Comp. Lv 25.35
[f] Js 18.1; 1Sm 1.3,7
[g] Jz 6.23; 1Sm 25.6
[h] Jz 16.25; 19.6,9
[i] Gn 19.4
[j] Dt 13.13; 1Sm 2.12

23 O dono da casa saiu e lhes disse: Não,
irmãos meus, não façais semelhante mal. Já
que o homem entrou em minha casa, não façais
essa [k]loucura.
24 Aqui estão minha [l]filha virgem e a concubi-
na do meu hóspede; eu as tirarei para fora.
Humilhai-as, e fazei delas o que parecer bem
aos vossos olhos. Mas a este homem não façais
tal loucura.
25 Aqueles homens, porém, não o quiseram
ouvir. Então aquele homem pegou a concubina
do levita, tirou-a para fora, e eles a forçaram e
abusaram dela a noite toda até pela manhã,
e subindo a alva, a deixaram.
26 Ao romper do dia, veio a mulher e caiu
à porta da casa do homem, onde estava seu
senhor, e ficou ali até que se fez claro.
27 **L**evantando-se o seu senhor pela manhã,
abriu as portas da casa e, saindo para seguir via-
gem, viu que a mulher, sua concubina, estava
caída na entrada da porta da casa, com as mãos
sobre a soleira da porta.
28 Ele lhe disse: Levanta-te; vamo-nos. Mas
[m]ela não respondeu. Então ele a colocou sobre
o jumento e, partindo dali, foi para o seu lugar.

O levita mata a concubina; a ira das tribos

29 Chegando à sua casa, tomou um cutelo e,
pegando sua concubina, despedaçou-a por seus
ossos em doze partes e as [n]enviou por todo o ter-
ritório de Israel.
30 Cada um que via tal coisa dizia: [o]Nunca tal
se fez nem se viu desde o dia em que os filhos de
Israel subiram da terra do Egito, até o dia de hoje.
Pensai! [p]Reflitam! Digam o que se deve fazer.

Os israelitas perante o Senhor em Mispa; advertência aos benjamitas

20 Então saíram todos os filhos de Israel,
e a comunidade se ajuntou perante
o Senhor em [q]Mispa, como se fora um só
homem, desde [r]Dã até [s]Berseba, como também
a terra de Gileade.
2 Os líderes de todo o povo, de todas as tribos
de Israel, se apresentaram na assembleia do
povo de Deus em número de quatrocentos mil
homens soldados que usavam espada.
3 Ouviram os filhos de Benjamim que os filhos
de Israel haviam subido a Mispa. Então disse-
ram os filhos de Israel: Dizei-nos como sucedeu
esta maldade.
4 Então respondeu o levita, marido da
mulher que fora morta: [t]Cheguei com a minha
concubina a Gibeá, cidade de Benjamim, para ali
passar a noite.
5 Durante a noite, os cidadãos de [u]Gibeá se
levantaram contra mim e cercaram a casa,
intentando matar-me. Violentaram a minha
concubina, e ela morreu.
6 Então peguei na minha concubina e a [v]fiz em
pedaços, e os enviei por toda a terra da herança
de Israel, porque cometeram tal [w]abominação e
loucura em Israel.
7 Ora, todos vós, filhos de Israel, dai a vossa
palavra e conselho neste caso.
8 Então todo o povo se levantou como um só
homem, dizendo: Nenhum de nós voltará para a
sua tenda. Nenhum de nós se retirará para sua casa.
9 Isto, porém, é o que faremos a Gibeá: subire-
mos contra ela por [x]sorte.
10 Tomaremos dez homens de cem de todas as
tribos de Israel, e cem de mil, e mil de dez mil, para
providenciarem [y]mantimento para o povo, a fim de
que este, vindo a Gibeá de Benjamim, lhe faça con-
forme toda a loucura que fizeram em Israel.
11 Então ajuntaram-se contra essa cidade todos
os homens de Israel, aliados como um só homem.
12 **A**s tribos de Israel enviaram homens por
toda a tribo de Benjamim, dizendo: Que mal-
dade é essa que se fez entre vós?
13 Entregai-nos agora os [z]homens, filhos de
Belial, que estão em Gibeá, para que os mate-
mos e tiremos de Israel o mal. Mas os filhos de
Benjamim não quiseram ouvir seus irmãos, os
filhos de Israel.
14 Antes, das suas cidades, os filhos de
Benjamim se ajuntaram em Gibeá, para sair a
guerrear contra os filhos de Israel.
15 E contaram-se naquele dia os [a]filhos de
Benjamim vindos das cidades; eram vinte e seis
mil homens que puxavam da espada, sem con-
tar os moradores de Gibeá, que eram setecentos
homens escolhidos.
16 Entre todo esse povo havia setecentos
homens hábeis, [b]canhotos, os quais atiravam com
a funda uma pedra num cabelo e não erravam.
17 Contaram-se dos homens de Israel, fora os de
Benjamim, quatrocentos mil homens que puxa-
vam da espada, e todos eles homens de guerra.

Guerra civil com os benjamitas

18 Levantaram-se os filhos de Israel, subi-
ram a Betel e [c]consultaram a Deus. Disseram:
Quem dentre nós subirá primeiro para guerrear
contra Benjamim? Respondeu o Senhor: [d]Judá
subirá primeiro.
19 **L**evantaram-se os filhos de Israel pela
manhã e acamparam-se contra Gibeá.
20 Saíram os homens de Israel à guerra con-
tra Benjamim e ordenaram a batalha contra eles
junto a Gibeá.
21 Os filhos de Benjamim saíram de Gibeá e
derrubaram por terra naquele dia vinte e dois
mil homens de Israel.

[k] Jz 20.6,10
[l] Comp. Gn 19.8
[m] Jz 20.5
[n] Jz 20.6; comp. 1Sm 11.7
[o] Comp. Os 9.9; 10.9
[p] Jz 20.7
[q] 1Sm 3.20; 2Sm 3.10; 24.2
[r] Js 19.2
[s] 1Sm 7.5
[t] Jz 19.15
[u] Comp. Rm 1.24-27
[v] Jz 19.29
[w] Js 7.15
[x] Jz 1.3
[y] Js 1.11
[z] Jz 19.22
[a] Nm 1.36,37; 2.23; 26.41
[b] Jz 3.15; 1Cr 12.2
[c] Nm 27.21
[d] Jz 1.1,2

22 Os homens de Israel, porém, esforçaram-se
e tornaram a ordenar a peleja no lugar em que
no primeiro dia a tinham ordenado.
23 Subiram os filhos de Israel e choraram
perante o Senhor até a tarde, e consultaram o
Senhor, dizendo: Tornaremos a pelejar contra os
filhos de Benjamim, nosso irmão? Respondeu o
Senhor: Subi contra ele.
24 **E**ntão chegaram-se os filhos de Israel aos
filhos de Benjamim, no dia seguinte.
25 Também os de Benjamim, nesse mesmo dia,
saíram de Gibeá ao seu encontro e derrubaram
ainda por terra mais dezoito mil homens, todos
dos que puxavam da espada.
26 [e]Então todos os filhos de Israel, o exército
todo, subiram e, vindo a Betel, [f]choraram, e esti-
veram ali perante o Senhor. Jejuaram aquele dia
até a tarde e ofereceram holocaustos e ofertas
pacíficas perante o Senhor.
27 E os filhos de Israel consultaram o Senhor.
(A arca da aliança de Deus estava [g]ali naque-
les dias,
28 e [h]Fineias, filho de Eleazar, filho de Arão,
ministrava perante ela.) Disseram: Tornaremos
a sair ainda a pelejar contra os filhos de
Benjamim, nosso irmão, ou desistiremos?
Respondeu o Senhor: Subi, pois amanhã eu os
entregarei nas vossas mãos.
29 **E**ntão Israel pôs [i]emboscadas em redor
de Gibeá.
30 Ao terceiro dia, subiram os filhos de Israel
contra os filhos de Benjamim e ordenaram a
batalha perto de Gibeá, como das outras vezes.
31 Os filhos de Benjamim saíram para enfren-
tá-los e foram atraídos da cidade. Começaram
a ferir o povo como das outras vezes, matando
uns trinta homens de Israel, pelas estradas, [j]das
quais uma sobe para Betel, e a outra, para Gibeá
pelo campo.
32 Enquanto os filhos de Benjamim diziam:
Vão derrotados diante de nós como antes, os
filhos de Israel diziam: Fujamos e atraiamo-los
da cidade para as estradas.
33 Todos os homens de Israel se levantaram do
seu lugar e ordenaram a batalha em Baal-Tamar,
e a emboscada de Israel saiu do seu lugar, a
oeste de Geba.
34 Dez mil homens escolhidos de todo o Israel
vieram contra Gibeá. A peleja tornou-se tão
renhida que os de Gibeá [k]não sabiam que o mal
lhes sobrevinha.
35 Feriu o Senhor a Benjamim diante de Israel,
e, naquele dia, os filhos de Israel mataram
[l]vinte e cinco mil e cem homens de Benjamim,
todos dos que puxavam da espada.
36 Então os filhos de Benjamim viram que
estavam derrotados. Ora, os homens de [m]Israel
haviam cedido terreno aos benjamitas, porque
estavam confiados na emboscada que haviam
posto contra Gibeá.
37 A emboscada se apressou e acometeu a
Gibeá e prosseguiu contra ela e matou a fio de
espada toda a cidade.
38 Os homens de Israel tinham um sinal
determinado com a emboscada, que era faze-
rem levantar da cidade uma grande nuvem
de [n]fumaça.
39 Então os homens de Israel se virariam na
peleja. Benjamim havia começado a atacar os
homens de Israel, matando uns trinta deles, pois
diziam: Certamente vão sendo derrotados diante
de nós, como na peleja anterior.
40 Quando, porém, a coluna de fumaça co-
meçou a levantar-se da cidade, virou-se
Benjamim e viu que toda a cidade subia em
fumaça ao céu.
41 Os homens de Israel se viraram contra os de
Benjamim, os quais ficaram apavorados, porque
viram que o mal lhes sobrevinha.
42 Assim, fugiram diante dos homens de Israel;
fugiram para a estrada do deserto, mas a peleja
os apertou. E os filhos de Israel que saíam das
cidades os destruíram no meio deles.
43 Cercaram os benjamitas e os perseguiram,
pisando-os desde Noá até a altura de Gibeá, para
o nascente do sol.
44 Caíram de Benjamim [o]dezoito mil homens,
todos eles homens valentes.
45 Então os restantes viraram as costas e fugi-
ram para o deserto, até a penha de [p]Rimom; mas
os filhos de Israel apanharam deles pelas estra-
das ainda uns cinco mil homens. Continuaram
a segui-los de perto até Gidom e mataram deles
dois mil homens.
46 Todos os de Benjamim que morreram
naquele dia foram vinte e cinco mil homens,
que puxavam da espada, todos eles ho-
mens valentes.
47 [q]**S**eiscentos homens, porém, viraram as
costas e fugiram para o deserto, até a rocha de
Rimom, onde ficaram quatro meses.
48 Os homens de Israel voltaram para os filhos
de Benjamim e os mataram a fio de espada,
tanto os homens da cidade como os animais,
tudo quanto encontraram. Em [r]todas as cidades
que encontraram puseram fogo.

Pranto pela tribo perdida

21 Os homens de Israel tinham [s]jurado em
[t]Mispa: Nenhum de nós dará sua filha por
mulher aos benjamitas.
2 Veio o povo a Betel e ali ficou até a tarde diante
de Deus, levantando a voz e [u]pranteando com
grande pranto.

[e] v. 18,23
[f] Jz 21.2
[g] 1Sm 1.3; 3.3
[h] Nm 25.7,13; Js 24.33
[i] Comp. Js 8.4
[j] Jz 21.19
[k] Comp. Js 8.14
[l] v. 15
[m] Js 8.15
[n] Js 8.20
[o] Comp. v. 35,46
[p] Js 15.32; 1Cr 6.77; Zc 14.10
[q] Jz 21.13
[r] Comp. Jz 1.8
[s] v. 7,8
[t] Jz 20.1
[u] Jz 20.26

3 O povo clamou: Ah! Senhor, Deus de Israel, por que sucedeu isso em Israel? Por que está faltando uma [1]tribo em Israel?

4 Bem cedo, na manhã seguinte, o povo se levantou e edificou ali um altar, e apresentou holocaustos e ofertas pacíficas.

5 Perguntaram os filhos de Israel: Quem de todas as tribos de Israel não [v]subiu à assembleia do Senhor? Pois se tinha feito um juramento solene acerca dos que não subissem ao Senhor a Mispa, dizendo: Certamente será morto.

6 Ora, os filhos de Israel [w]tiveram dó de Benjamim, seu irmão, e disseram: Hoje foi cortada de Israel uma tribo.

7 Como conseguiremos mulheres para os que ficaram de resto, visto que juramos pelo Senhor que nenhuma de nossas filhas lhes daríamos por mulheres?

Provisão pelo futuro da tribo

8 **E**ntão perguntaram: Há alguma das tribos de Israel que não tenha subido ao Senhor a Mispa? Descobriram que ninguém de [x]Jabes-Gileade viera ao acampamento, à assembleia.

9 Pois ao contar-se o povo descobriram que nenhum dos moradores de Jabes-Gileade se achou ali.

10 Então a comunidade enviou lá doze mil homens dos mais valentes e lhes ordenou, dizendo: [y]Ide e matai a fio de espada os moradores de Jabes-Gileade, com as mulheres e as crianças.

11 Isto é o que haveis de fazer: [z]Matem todo homem e toda mulher que não for virgem.

12 Acharam entre os moradores de Jabes-Gileade quatrocentas moças virgens e as trouxeram ao acampamento, em [a]Siló, que está na terra de Canaã.

13 Então toda a comunidade enviou mensageiros aos filhos de Benjamim, que estavam na rocha de Rimom, e lhes proclamou a paz.

14 Nesse mesmo tempo, voltaram os benjamitas, e se lhes deram por mulheres de Jabes-Gileade as que haviam sido conservadas com vida. Mas estas não lhes bastaram.

15 Então o povo [b]teve pena de Benjamim, porque o Senhor tinha aberto uma brecha nas tribos de Israel.

16 **D**isseram os líderes da comunidade: As mulheres de Benjamim foram destruídas. Como conseguiremos mulheres para os que sobraram?

17 Disseram: Benjamim não deve perder a herança dos que sobraram, para que nenhuma tribo de Israel seja destruída.

18 Nós não lhes poderemos dar mulheres de nossas filhas, porque os filhos de Israel juraram, dizendo: [c]Maldito aquele que der mulher aos benjamitas.

19 Vede, porém, que anualmente [d]acontece a festa do Senhor em [e]Siló, que se celebra ao norte de Betel, do lado do nascente do sol, pela [f]estrada alta que sobe de Betel a Siquém, e para o sul de Lebona.

20 Então instruíram os filhos de Benjamim, dizendo: Ide, escondei-vos nas vinhas,

21 e vigiai. Saindo as filhas de Siló a [g]dançar em rodas, saí vós das vinhas e arrebatai cada um sua mulher das filhas de Siló, e ide-vos para a terra de Benjamim.

22 Quando seus pais ou seus irmãos vierem queixar-se a nós, lhes diremos: Por amor de nós, tende compaixão deles, pois na guerra contra Jabes-Gileade não conseguimos mulheres para cada um deles, e vós sois [h]inocentes, visto que não destes as vossas filhas a eles.

23 **A**ssim fizeram os filhos de Benjamim: quando as moças estavam dançando, cada homem pegou uma delas para ser sua mulher conforme o número deles. Então foram-se, voltaram à sua herança, reedificaram as [i]cidades e habitaram nelas.

24 Naquele tempo, os filhos de Israel partiram dali, e foi cada um para a sua tribo, para a sua família e para a sua herança.

25 **N**aqueles dias, não havia [j]rei em Israel; [2]cada um fazia o que lhe [k]parecia certo.

[v] Comp. Jz 5.23
[w] Veja Zc 8.14, nota
[x] 1Sm 11.1
[y] v. 5; comp. 1Sm 11.7
[z] Nm 31.17; Dt 20.13,14
[a] Jz 18.31
[b] Veja Zc 8.14, nota
[c] v. 1; comp. 1Sm 14.24
[d] Lv 23.2
[e] Dt 12.5; Js 18.1; 1Sm 1.3
[f] Jz 20.31
[g] Jz 11.34
[h] v. 1,18
[i] Jz 20.48
[j] Jz 19.1
[k] Jz 17.6

[1] (21.3) Aqui não há lamento pelo pecado, não há humilhação pela transgressão nacional, não há volta ao Senhor. Portanto, não há palavra do Senhor para eles. Eles agiram totalmente de acordo com sua própria vontade (v. 10). Comp. Dn 9.3-13.

[2] (21.25) A cláusula final da última frase de Juízes não significa, necessariamente, que as condições eram totalmente más sob os juízes, já que a bela história de Rute se situa nesse contexto histórico. Tampouco o v. 25 ensina que toda a maldade dessa época se deveu à falta de um rei; mais tarde, com alguns dos reis, as condições não foram melhores. Este versículo apresenta o perene problema de se alcançar o devido equilíbrio entre um governo central de mão forte e a liberdade pessoal. Comp. 17.6; 18.1; 19.1.

RUTE

- **Autor:** Desconhecido
- **Tema:** O parente remidor
- Escrito no século X a.C., aprox.

EM RUTE, os eventos apresentados são contemporâneos da primeira metade de Juízes. Em contraste com aquele período de lutas e derramamento de sangue, aparece este precioso idílio, famoso na literatura mundial como uma obra-prima da narração. Entretanto, o livro é mais do que um lindo quadro da vida pastoril; por trás da história da fidelidade de Rute, há claras alusões à obra redentora de nosso Senhor. Boaz, o parente remidor, é um tipo de Cristo; Rute representa aqueles que entram na nova vida pela fé em Cristo. É notável que Boaz e Rute sejam mencionados na genealogia messiânica (Mt 1.5).

O livro pode ser dividido de acordo com os capítulos, da seguinte maneira: I. A decisão de Rute, 1. II. O serviço de Rute, 2. III. O repouso de Rute, 3. IV. A recompensa de Rute, 4.

I. A decisão de Rute, 1

Fome em Judá

1 Nos dias em que os [a]juízes julgavam, houve [b]fome na terra; e um homem de [c]Belém de Judá saiu para habitar no país de [d]Moabe, ele, sua mulher e seus dois filhos.

Viagem a Moabe

2 Chamava-se este homem [e]Elimeleque, e sua mulher, [f]Noemi; os filhos se chamavam [g]Malom e [h]Quiliom, [i]efrateus, de Belém de Judá. Foram a Moabe e ficaram ali.

3 Morreu Elimeleque, marido de Noemi, e ficou ela só com os seus dois filhos,

4 que se casaram com mulheres moabitas. O nome de uma era Orfa, e o da outra, [j]Rute. Quando já fazia quase dez anos que moravam ali,

5 morreram também Malom e Quiliom, ficando assim a mulher desamparada de seus dois filhos e de seu marido.

Retorno a Judá

6 Então, levantou-se Noemi com as suas noras, para partir do país de Moabe, porque ouviu que o Senhor tinha [k]ajudado o seu povo, dando-lhe alimento.

7 Pelo que [l]saiu do lugar onde estava, e as suas duas noras com ela. Indo elas caminhando, para voltarem à terra de Judá,

8 disse Noemi às suas noras: Ide, voltai cada uma para a casa de sua mãe. O Senhor use convosco de benevolência, como vós o fizestes com os falecidos e comigo.

9 O Senhor vos dê que acheis [m]descanso cada uma em casa de outro marido. Então ela as beijou e elas levantaram a voz e choraram,

10 dizendo-lhe: Certamente voltaremos contigo para o teu povo.

[a] Jz 2.16,18
[b] Gn 12.10
[c] Casa do pão. Jz 17.7; 19.1
[d] Gn 19.37
[e] Meu Deus é Rei
[f] Agradável
[g] Enfermo, fraco
[h] Que desfalece
[i] Gn 35.19; 1Sm 1.1; 1Rs 11.26
[j] Amizade
[k] Êx 3.16; 4.31; comp. Is 29.6
[l] Comp. Rt 4.17
[m] Rt 3.1
[n] Comp. Dt 25.5
[o] Jz 2.15; Sl 38.2
[p] Js 24.15
[q] Rt 2.11,12
[r] Veja Gn 17.1, nota

A lealdade de Rute

11 Noemi, porém, disse: Voltai, minhas filhas; por que iríeis comigo? Tenho eu ainda no ventre mais filhos, para que vos sejam por [n]maridos?

12 Voltai, minhas filhas, ide-vos embora; eu sou velha demais para ter marido. Ainda que eu dissesse: Tenho esperança, ou ainda que esta noite tivesse marido e ainda tivesse filhos,

13 esperaríeis até que se tornassem grandes? Permaneceríeis sem se casar por causa deles? Não, minhas filhas. Mais amargo me é a mim do que a vós mesmas, porque a [o]mão do Senhor se descarregou contra mim.

14 Pelo que levantaram a voz e tornaram a chorar. Então Orfa se despediu da sogra com um beijo, mas Rute se apegou a ela.

15 **D**isse Noemi: A tua cunhada voltou para o seu povo e para os seus [p]deuses. Volta também com ela.

16 Rute, porém, respondeu: Não insistas para que te deixe e me obrigues a não te seguir. Aonde quer que fores, irei e, onde quer que pousares, ali pousarei. O [q]teu povo será o meu povo, e o teu Deus será o meu Deus.

17 Onde quer que morreres, morrerei eu e ali serei sepultada. Faça-me o Senhor o que bem lhe aprouver, se outra coisa que não seja a morte me separar de ti.

18 Vendo Noemi que de todo estava resolvida a ir com ela, deixou de lhe falar nisso.

De volta a Belém

19 **A**ssim, as duas mulheres seguiram viagem, até que chegaram a Belém. Entrando elas em Belém, toda a cidade se comoveu por causa delas, e as mulheres perguntavam: Não é esta Noemi?

20 Respondia-lhes ela: Não me chameis [1]Noemi. Chamai-me [2]Mara, porque grande amargura me tem dado o [r]Todo-poderoso.

[1] (1.20) *Agradável*.
[2] (1.20) *Amarga*.

21 Cheia parti, porém vazia o Senhor me fez voltar. Por que me chamareis Noemi? O Senhor testificou contra mim; o Todo-poderoso me afligiu tanto.

22 E foi assim que voltou Noemi da terra de Moabe, e com ela Rute, sua nora, a moabita; chegaram a Belém no princípio da colheita da cevada.

II. O serviço de Rute, 2

Boaz elogia o cuidado altruísta de Rute para com Noemi

2 Tinha Noemi um [s]parente de seu marido, homem poderoso e rico, da família de [t]Elimeleque, o qual se chamava Boaz.

2 Rute, a moabita, disse a Noemi: Deixa-me ir ao [u]campo, e [v]apanharei [w]espigas atrás daquele em cujos olhos eu achar [x]graça. E ela lhe disse: Vai, minha filha.

3 Assim ela se foi, chegou ao campo e respigava após os ceifeiros. Por acaso entrou no campo de Boaz, que era da família de Elimeleque.

4 Boaz vinha de [y]Belém e disse aos ceifeiros: O Senhor seja convosco. Responderam-lhe eles: O Senhor [z]te abençoe.

5 Perguntou Boaz ao servo encarregado dos ceifeiros: De quem é esta moça?

6 Respondeu-lhe o servo: Esta é a moça moabita que voltou com Noemi do país de Moabe.

7 Disse-me ela: Deixa-me colher e ajuntar espigas por entre os molhos após os ceifeiros. Ela chegou aqui no início da manhã e está em pé até agora, a não ser por um pequeno descanso no abrigo.

8 Então disse Boaz a Rute: Ouve, minha filha, não vás colher em outra lavoura, tampouco passes daqui. Ficarás aqui com as minhas servas.

9 Os teus olhos estarão atentos na lavoura que ceifarem e irás atrás delas. Dei ordem aos servos, para que não te toquem. Quando tiveres sede, vai aos vasos e bebe do que os servos tiverem tirado.

10 Então ela, [a]inclinando-se e prostrando-se com o rosto em terra, perguntou-lhe: Por que achei [b]graça aos teus olhos, para que faças caso de mim, sendo eu estrangeira?

11 Respondeu-lhe Boaz: Eu [c]ouvi falar de tudo o que fizeste à tua sogra, depois da morte do teu marido; como deixaste teu pai e tua mãe, a terra onde nasceste e vieste para um povo que antes não conhecias.

12 Que o Senhor recompense o teu feito. Que o Senhor, o Deus de Israel, sob cujas asas vieste buscar [e]refúgio, te [d]recompense ricamente.

13 Disse ela: Ache eu graça aos teus olhos, senhor meu, pois me deste ânimo e encorajaste o coração da tua serva, não sendo eu nem ainda como uma das tuas criadas.

14 Também à hora de comer Boaz lhe disse: Achega-te, come do pão e molha o teu bocado no vinho. E, sentando-se ela ao lado dos ceifeiros, ele lhe deu grão tostado, e ela comeu e se fartou, e ainda lhe sobrou.

15 Levantando-se ela para recolher espigas, Boaz deu ordem aos seus servos, dizendo: Até entre os molhos deixai-a recolher; não a censureis.

16 Tirai também dos molhos algumas espigas e deixai-as ficar, para que as colha; não a repreendais.

17 Esteve ela respigando naquele campo até à tarde. Então debulhou o que havia apanhado e foi quase um [f]efa de [g]cevada.

18 Levou-o para a cidade, e viu a sua sogra o que havia apanhado. Também Rute tirou e deu-lhe o que lhe sobrara, depois de fartar-se.

19 Perguntou-lhe a sogra: Onde colheste hoje? Onde trabalhaste? [h]Bendito seja aquele que fez caso de ti. Então Rute relatou à sua sogra com quem tinha trabalhado e disse: O nome do homem com quem hoje trabalhei é Boaz.

20 Disse Noemi a sua nora: Bendito seja ele do Senhor, que não tem deixado a sua beneficência nem para com os vivos nem para com os mortos. Acrescentou Noemi: Esse homem é nosso parente chegado e [i]um dos nossos resgatadores.

21 Respondeu Rute, a moabita: Também ainda me disse: Com os meus servos ficarás, até que acabem toda a colheita que tenho.

22 Disse Noemi a sua nora, Rute: Bom será, minha filha, que saias com as servas dele, para que em outra lavoura não te molestem.

23 Então Rute se ajuntou com as servas de Boaz, para recolher espigas até que a colheita de cevada e de trigo se [j]acabou. E ficou morando com a sua sogra.

III. O repouso de Rute, 3

A fé obediente de Rute (v. 18)

3 Certo dia, Noemi, sua sogra, lhe disse: Minha filha, não hei de buscar para ti um lar [k]seguro, onde fiques bem?

2 Ora, não é Boaz, com cujas servas estiveste, de nossa [l]parentela? Esta noite ele limpará a cevada na eira.

3 Lava-te, unge-te, veste os teus vestidos. Então desce à eira, mas não te dês a conhecer ao homem, até que tenha acabado de comer e beber.

4 Quando ele repousar, notarás o lugar em que se deita. Então entrarás, descobrirás os seus pés e te deitarás. Ele te dirá o que deves fazer.

5 Respondeu-lhe ela: Tudo o que me disseres, farei.

6 Então desceu à eira e fez conforme tudo o que sua sogra lhe tinha ordenado.

[s] Rt 3.2,12; veja 4.5, nota
[t] Rt 1.2
[u] Lv 19.9,10; 23.22
[v] v. 15
[w] Dt 23.25
[x] Comp. v. 10
[y] Rt 1.1
[z] Sl 129.7,8
[a] 1Sm 25.23,41
[b] 2.2; 1Sm 1.18
[c] Rt 1.14-18
[d] Sl 91.2; veja Sl 2.12, nota
[e] 1Sm 24.19; comp. Gn 15.1
[f] Veja pesos e medidas (AT): 2Cr 2.10, nota; comp. Jz 6.19
[g] Rt 1.22
[h] Sl 41.1
[i] Rt 4.4
[j] Comp. Dt 16.9
[k] Rt 1.9
[l] Rt 2.3

7 Havendo Boaz comido e bebido, e estando já o seu coração [m]alegre, veio deitar-se ao pé de um monte de grão. Rute veio de mansinho, descobriu-lhe os pés e se deitou.

8 No meio da noite, o homem acordou de repente, sentou e viu uma mulher deitada a seus pés.

9 Perguntou ele: Quem és tu? Disse ela: Sou Rute, tua [1]serva. [n]Estende a tua capa sobre a tua serva, porque tu és o resgatador.

10 Disse ele: Bendita sejas tu do Senhor, minha filha. Melhor fizeste a tua última benevolência do que a primeira, visto que não foste atrás dos jovens, quer pobres quer ricos.

11 E agora, minha filha, não temas. Tudo o que pedires eu te farei. Toda a cidade do meu povo sabe que és mulher [o]virtuosa.

12 Embora seja verdade que eu sou resgatador, há ainda outro resgatador [p]mais chegado do que eu.

13 Fica-te aqui esta noite, e pela manhã, se ele te [q]resgatar, bem está. Mas, se não te quiser resgatar, tão certo como vive o Senhor, eu te resgatarei. Deita-te aqui até pela manhã.

14 Assim ela ficou deitada a seus pés até pela manhã, mas levantou-se antes que pudesse ser reconhecida, pois disse Boaz: Não se saiba que uma mulher veio à eira.

15 Disse mais: Dá-me o manto que tens sobre ti e segura-o. Ela o segurou, e ele lhe mediu seis medidas de cevada e as pôs nas costas dela. Então ela entrou na cidade.

16 Quando Rute chegou à sua sogra, Noemi lhe perguntou: Como foram as coisas, minha filha? Então ela lhe contou tudo o que aquele homem lhe tinha feito

17 e acrescentou: Estas seis medidas de cevada me deu, dizendo: Não voltarás vazia para tua sogra.

18 Então disse Noemi: Espera, minha filha, até que saibas como irá terminar o caso. Pois o homem não descansará enquanto não resolver esta questão hoje mesmo.

IV. A recompensa de Rute, 4

Rute é recompensada com o casamento

4 Boaz subiu à porta da cidade, e se assentou ali. Quando o resgatador de que ele havia [r]falado ia passando, disse-lhe Boaz: Meu amigo, vem cá, assenta-te aqui. Ele se virou e se assentou.

2 Então Boaz tomou dez homens dentre os líderes da cidade e lhes disse: Assentai-vos aqui. E eles se assentaram.

3 Disse Boaz ao resgatador: Noemi, que voltou da terra dos moabitas, vendeu a parte da terra que pertencia a Elimeleque, [s]nosso irmão.

4 Resolvi informar-te disso e dizer-te: Compra-a na presença dos que estão assentados aqui, na presença dos anciãos do meu povo. Se hás de resgatá-la, faça [t]isso; se não, dizei-o a mim, para que o saiba, pois outro não há senão tu que tenha esse direito, e eu depois de ti. Então disse ele: Eu a resgatarei.

5 Então disse Boaz: No dia em que comprares a terra da mão de Noemi, também tomarás Rute, a moabita, que foi mulher do falecido, para [u]preservar o nome dele sobre a sua [2]herança.

6 Então disse o resgatador: [v]Não poderei resgatá-la para mim, para que não prejudique a minha própria herança. Exerce tu o que me cumpria exercer. Eu não poderei fazê-lo.

7 **O**utrora em Israel, para confirmar qualquer negócio relativo a resgate e permuta, o homem descalçava o sapato e o dava a seu próximo. Isso era por [w]testemunho em Israel.

8 Disse, pois, o resgatador a Boaz: Compra-a tu. E descalçou o sapato.

9 Então disse Boaz aos líderes e a todo o povo: Sois hoje testemunhas de que comprei da mão de Noemi tudo o que pertencia a Elimeleque, a Quiliom e a Malom.

10 Também tomo por mulher Rute, a moabita, que foi mulher de Malom, para preservar o nome do falecido sobre a sua herança, para que o nome dele não desapareça entre seus irmãos e dos registros da cidade. Disso sois hoje testemunhas.

11 Todo o povo que estava à porta e os anciãos disseram: Somos testemunhas. Faça o Senhor a esta mulher, que entra na tua casa, como a Raquel e como a Lia, [x]que juntas edificaram as tribos de Israel. E tu, Boaz, torna-te poderoso em [y]Efrata, e famoso em [z]Belém.

[m] Jz 19.22
[n] Comp. Ez 16.8
[o] Pv 31.10-31
[p] Rt 4.1
[q] Dt 25.5-10; Rt 4.5,10
[r] Rt 3.12
[s] Lv 25.25
[t] Redenção (tipo do parente remidor): v. 4-14; 2Sm 14.11 (Gn 48.16; Is 59.20, nota)
[u] Rt 3.13
[v] Jó 19.14
[w] Dt 25.7-9
[x] Gn 29.30
[y] Gn 35.16-18
[z] 1Sm 16.4-13; Mq 5.2; Mt 2.1-8

[1] (3.9) Esta atitude de Rute deve ser interpretada à luz dos costumes daquela época. Era uma maneira clara de mostrar a um parente (*goel*) mais próximo que ele tinha não só o direito, mas também o poder de requerer a adoção dos atos legais necessários para assumir sua responsabilidade. A recepção, proteção e concordância tácita de Boaz quanto à avaliação geral do caráter de Rute (v. 10,11) mostram que a conduta da jovem foi irrepreensível.

[2] (4.5) Há duas leis do AT envolvidas nesta história (v. 3-5): a lei que regulamentava a remissão da propriedade ("a parte da terra que pertencia a Elimeleque", v. 3) está em Lv 25.25-34, e a lei do levirato, lei referente ao dever de um irmão de suscitar descendência ao falecido, está em Dt 25.5-10. A palavra "irmão" pode ter uma interpretação ampla (comp. Lv 25.48,49; Jz 9.3).

A história descreve de uma maneira muito bela um aspecto de nossa redenção. Boaz representa nosso Senhor, e Rute, o crente. Por sua parte, o Senhor Jesus (Hb 2.14,15) pagou o preço com seu próprio sangue, pois só ele era capaz de redimir-nos e, além disso, quis fazê-lo. Veja *notas* em Êx 6.6; Is 59.20; Rm 3.24.

12 Seja a tua casa como a casa de [a]Perez, que
[b]Tamar teve de Judá, pela descendência que o
Senhor te der desta moça.
13 **A**ssim Boaz casou-se com Rute, e ela se tor-
nou sua mulher. Então ele teve relações sexuais
com ela, e o [c]Senhor lhe concedeu que conce-
besse, e teve um filho.
14 As mulheres [d]disseram a Noemi: Bendito
seja o Senhor, que não te deixou hoje sem res-
gatador, e seja famoso em Israel o nome dele.
15 Ele será restaurador da tua vida e con-
solador da tua velhice. Pois a tua nora, que
te ama, e que é [e]melhor do que sete filhos, o
deu à luz.
16 Então Noemi pegou o menino no colo e
cuidou dele.

O filho de Rute é avô de Davi

17 As mulheres que [f]moravam ali disseram:
A Noemi nasceu um filho. E lhe chamaram
[g]Obede. Este é o pai de Jessé, pai de [h]Davi.
18 [i]**S**ão estas as gerações de [j]Perez: Perez
gerou Hezrom,
19 Herzom gerou Rão, Rão gerou Aminadabe,
20 Aminadabe gerou Naassom, e Naassom
gerou Salmom,
21 [k]Salmom gerou Boaz, Boaz gerou Obede,
22 Obede gerou Jessé, e Jessé gerou [1]Davi.

[a] Mt 1.3
[b] Gn 38.6-29
[c] Gn 29.31; 33.5; comp. Gn 30.2
[d] Lc 1.58; Rm 12.15
[e] Comp. 1Sm 1.8
[f] v. 4
[g] Adorador
[h] Amado
[i] v. 18-22; 1Cr 2.4-15; Mt 1.1-7
[j] Nm 26.20,21
[k] Salmah. Chamado Salma em 1Cr 2.51,54. Salomão, Mt 1.6,7

[1] (4.22) Neste livro, podemos ver o majestoso cumprimento do propósito de Deus. Mesmo durante os obscuros dias dos juízes, ele protegia a linhagem pela qual Cristo viria ao mundo. A genealogia nos v. 18-22 revela que, ao tornar-se a bisavó de Davi, Rute, a moabita, foi recompensada por sua devoção e lealdade. O nascimento de seu neto ocorreu não menos de quarenta e não mais de cem anos antes do nascimento de Davi.

1SAMUEL

- **Autor:** Desconhecido
- **Tema:** Samuel, Saul e Davi
- **Escrito no século X a.C.**

O primeiro livro de Samuel e o segundo livro de Samuel constituem um único livro na Bíblia hebraica. Embora 1Samuel comece com a vida de Samuel, narra mais sobre Davi do que Samuel. O livro discorre sobre a vida de Samuel, a vida de Saul e a unção e os primeiros anos da vida de Davi.

Samuel, descendente de Levi, era sacerdote e profeta. Às vezes, se faz alusão a ele como o iniciador da ordem profética, como em Atos 3.24: "Todos os profetas, desde Samuel, e todos quantos depois falaram" (comp. At 13.20; Hb 11.32). A trajetória de Samuel forma a ponte que une o período dos juízes ao estabelecimento do reino davídico.

O livro de 1Samuel pode ser dividido da seguinte maneira: I. A juventude de Samuel e seu ministério como juiz, 1–8. II. A unção e a rejeição de Saul como rei de Israel, 9–15. III. Paralelo das vidas de Saul e Davi até a morte de Saul, 16–31.

I. A juventude de Samuel e seu ministério como juiz, 1–8

A mãe de Samuel

1 **H**ouve um homem de [a]Ramataim-Zofim, da região [b]montanhosa de Efraim, cujo nome era [c]Elcana, filho de Jeroão, filho de Eliú, filho de Toú, filho de Zufe, efraimita.

2 Tinha ele [d]duas mulheres; o nome de uma era Ana, e o da outra, Penina. Penina tinha filhos, mas Ana não os tinha.

3 **S**ubia este homem [e]anualmente da sua cidade para [f]adorar e sacrificar ao [1][g]Senhor dos Exércitos em [h]Siló. Ali eram os sacerdotes do Senhor Hofni e Fineias, os dois filhos de Eli.

4 No dia em que Elcana sacrificava, dava [i]parte do sacrifício a Penina, sua mulher, e a todos os seus filhos e filhas.

5 A Ana, porém, dava porção dupla, porque ele a amava, ainda que o [j]Senhor lhe tivesse impedido de ter filhos.

6 A sua rival a provocava excessivamente para a irritar, porque o Senhor lhe havia impedido de ter filhos.

7 Assim acontecia anualmente. E todas as vezes que Ana subia à casa do Senhor, Penina a [2]irritava, pelo que chorava e não comia.

8 Então Elcana, seu marido, lhe perguntou: Ana, por que choras? Por que não comes? Por que está triste o teu coração? Não te sou eu melhor do que dez filhos?

O voto de Ana

9 **E**ntão Ana se levantou, depois que comeram e beberam em Siló. Ora, Eli, o sacerdote, estava assentado numa cadeira, perto de um pilar do templo do Senhor.

10 Ela, com amargura de alma, orou ao Senhor, chorou muito

11 e fez um [k]voto, [l]dizendo: Ó Senhor dos Exércitos, se benignamente atentares para a aflição da tua serva, de mim te lembrares e da tua serva não te esqueceres, mas à tua serva deres um filho, ao Senhor o darei por todos os dias da sua vida, e sobre a sua cabeça não passará [m]navalha.

12 **D**emorando-se ela em orar perante o Senhor, Eli prestou atenção à sua boca.

13 Ana só falava no [n]coração, e os seus lábios se moviam, mas não se ouvia a sua voz. Eli a teve por embriagada

14 e lhe disse: Até quando estarás tu [o]embriagada? Aparta de ti o vinho.

15 Ana, porém, respondeu: Não, senhor meu, eu sou uma mulher atribulada de espírito.

[a] Comp. 1Sm 1.19
[b] Js 17.17,18
[c] 1Cr 6.22-28
[d] Dt 21.15-17
[e] Êx 34.23; Jz 21.19; Lc 2.41
[f] Dt 12.5-7
[g] Divindade (nomes da): v. 3; Sl 110.1 (Gn 1.1; Ml 3.18)
[h] Js 18.1
[i] Dt 12.17,18
[j] Comp. Rt 4.13
[k] Nm 30.6-11
[l] Orações da Bíblia (AT): v. 11; 1Sm 2.1 (Gn 15.2; Hc 3.1)
[m] Nm 6.5
[n] Comp. Gn 24.42-45
[o] Comp. At 2.13

[1] (1.3) O Senhor dos Exércitos (heb. *Jeová Sabaó*). Os significados de Senhor (Jeová) são detalhados em Êx 34.6, *nota*. *Sabaó* significa simplesmente *exércitos*, mas faz referência especialmente à guerra ou às forças armadas. No uso desta palavra, as duas ideias estão combinadas: *Jeová* é Senhor dos exércitos (de guerreiros). Portanto, esse é o nome do Senhor em sua manifestação de poder. "O Senhor dos Exércitos [...] é o Rei da Glória" (Sl 24.10), e, por conseguinte, no AT esse nome foi revelado nos tempos da necessidade de Israel. Não aparece no Pentateuco nem em Josué ou Juízes de forma direta e ocorre raramente em Salmos; mas Jeremias, o profeta do iminente juízo nacional, usa o nome cerca de oitenta vezes, Ageu emprega-o catorze vezes, Zacarias invoca o Senhor dos Exércitos cerca de cinquenta vezes e, em Malaquias, o nome aparece 24 vezes. Os significados e usos deste nome podem ser assim resumidos: 1) A palavra "exércitos" na Bíblia relaciona-se com 1) os corpos celestes (Gn 2.1; Ne 9.6; Is 40.26), b) os anjos (Lc 2.13), c) os santos (Js 5.15) e d) os pecadores (Jz 4.2; 2Sm 10.16; 2Rs 5.1). Como Senhor dos Exércitos, Deus pode comandar e guiar todos estes exércitos para que cumpram seus propósitos e ajudem seu povo (Gn 32.1,2; Jz 5.20; 1Sm 11.8-11; 1Rs 22.19; 2Rs 6.16,17; Is 10.16; 14.24-27; Jr 27.6-8; 43.10-13; At 4.27,28). Não é de estranhar que o salmista encontre tanta confiança neste nome (Sl 46.7,11). 2) Este é o nome distintivo de Deus em relação à ajuda e consolo de Israel no tempo da sua divisão e fracasso (1Rs 18.15; 19.14; Is 1.9; 8.11-14; 9.13-19; 10.24-27; 31.4,5; Ag 2.4; Ml 3.16,17; Tg 5.4). Outros nomes de Deus: *notas* em Gn 1.1; 14.18; 15.2; 17.1; 21.33; Êx 34.6; Ml 3.18.

[2] (1.7) A monogamia foi estabelecida por Deus desde o começo para a mais alta felicidade possível dos homens e mulheres (Gn 2.21-24; Mt 19.3-6; Ef 5.21-33). A poligamia, embora não seja expressamente proibida no AT (Dt 21.15-17), não é o ideal de Deus para o casamento. O AT indica significativamente a infelicidade em muitos casos de vida familiar polígama.

Não bebi vinho nem bebida forte; mas estava [p]derramando a minha alma perante o Senhor.

16 Não tenhas a tua serva por filha de Belial; da multidão dos meus cuidados e do meu desgosto tenho falado até agora.

17 Então lhe respondeu Eli: Vai-te em paz, e o Deus de Israel te conceda a petição que lhe fizeste.

18 Disse ela: Ache a tua serva graça aos teus olhos. Assim a mulher se foi o seu caminho, e comeu, e o seu semblante já não era triste.

A oração respondida; o nascimento de Samuel

19 **L**evantaram-se de madrugada, adoraram perante o Senhor; e então voltaram para casa, a Ramá. Elcana teve relações com Ana, sua mulher, e o Senhor se [q]lembrou dela.

20 Passado algum tempo, Ana engravidou e deu à luz um filho. Chamou-o [r]Samuel, dizendo: Tenho-o pedido ao Senhor.

21 Quando aquele homem, Elcana, com toda a sua casa, [s]subiu para oferecer ao Senhor o sacrifício anual e para cumprir o seu voto,

22 Ana não subiu. Disse a seu marido: Depois que o menino for desmamado, então o levarei e o apresentarei ao Senhor e ele ali fique para sempre.

23 Elcana, seu [t]marido, lhe disse: Faze o que bem te parecer. Fica até que o desmames; tão somente confirme o Senhor a sua palavra. Assim ficou a mulher e amamentou seu filho, até que o desmamou.

Samuel é levado a Eli

24 Havendo-o desmamado, tomou-o consigo, [u]com um novilho de três anos, [v]um efa de farinha e um odre de vinho, e o levou à casa do Senhor, em Siló. Era o menino ainda muito criança.

25 Degolaram o novilho e trouxeram o menino a Eli.

26 Disse ela: Tão certo como vive a tua alma, meu senhor, eu sou a mulher que aqui esteve contigo, orando ao Senhor.

27 Por este menino orava eu, e o Senhor me concedeu a petição que eu lhe fiz.

28 Pelo que também agora eu o entrego ao Senhor. Por todos os dias que viver pertencerá ao Senhor. E adoraram ali ao Senhor.

A oração profética de Ana

2 [w]Então [x]orou Ana e [1]disse:
O meu coração [y]exulta no Senhor,
a minha [z]força está exaltada no Senhor.
A minha boca dilata-se contra
os meus inimigos,
porque me alegro na tua salvação.

[p] Sl 42.4; 62.8
[q] Gn 30.22
[r] Pedido a Deus. Veja 1.10-12,27,28
[s] 1Sm 1.3
[t] Nm 30.7
[u] Nm 15.9,10
[v] Veja pesos e medidas (AT): 2Cr 2.10, nota
[w] v. 1-10
[x] Orações da Bíblia (AT): v. 1; 2Sm 7.18 (Gn 15.2; Hc 3.1)
[y] Sl 97.11,12
[z] Veja Dt 33.17, nota
[a] Ap 15.4
[b] Dt 32.4,30,31; 2Sm 22.32; Sl 18.2
[c] 1Sm 16.7
[d] Sl 113.9
[e] Dt 32.39; 2Rs 5.7; Sl 116.3
[f] Veja Hc 2.5, nota; comp. Lc 16.23, nota; Jó 19.26; 1Co 15.42-57
[g] Sl 75.7
[h] Sl 113.7,8
[i] Comp. Gn 41.41
[j] Sl 37.23,24; 91.11,12; 94.18; 121.3; 1Pe 1.5
[k] Rm 3.19
[l] Sl 96.13; Mt 25.31,32
[m] Mt 28.18
[n] Sl 21.1,7
[o] Sl 89.24
[pp] Veja Dt 33.17, nota
[qq] Uma profecia de Cristo como Rei; comp. Sl 2.1-9
[rr] Comp. Jr 2.8
[ss] Comp. Lv 7.29-34; Dt 18.1-5
[tt] 1Sm 1.3
[uu] Lv 3.3-5,16

2 [a]Não há santo como é o Senhor;
não há outro além de ti;
[b]rocha nenhuma há como o nosso Deus.
3 Não multipliqueis palavras altivas,
nem saiam coisas arrogantes da vossa boca,
pois o Senhor é o Deus da [c]sabedoria
e pesa todas as ações na balança.
4 O arco dos fortes está quebrado,
mas os fracos são cingidos de força.
5 Os que eram fartos se alugam por pão
e deixam de ter fome os que
eram famintos.
Até a [d]estéril tem sete filhos,
e a que tinha muitos filhos enfraquece.
6 O Senhor é o que [e]tira a vida e a dá;
faz descer à [f]sepultura e faz subir.
7 O Senhor empobrece e enriquece;
abate e também exalta.
8 Levanta o pobre do pó,
e do monte de cinzas [g]ergue o [h]necessitado,
para o fazer assentar entre os príncipes,
para o fazer herdar um [i]trono de glória.
Pois do Senhor são as colunas da terra;
assentou sobre elas o mundo.
9 Ele [j]guarda os pés dos seus santos,
mas os [k]ímpios emudecem nas trevas.
Não é pela força que prevalece o homem;
10 os que contendem com o Senhor
serão quebrantados.
Desde os céus trovejará contra eles;
o Senhor [l]julgará as extremidades da terra.
[m]Dará [n]força ao seu rei
e [o]exaltará o [pp]poder do seu [qq]ungido.

11 Então Elcana foi-se a Ramá, para sua casa, mas o menino ficou servindo ao Senhor, perante o sacerdote Eli.

Os filhos ímpios de Eli

12 **E**ram os filhos de Eli, [rr]filhos de Belial; não conheciam ao Senhor.

13 Ora, o costume desses sacerdotes para com o povo era que, oferecendo alguém um sacrifício, estando-se cozinhado a carne, vinha o moço do sacerdote com um garfo de três dentes na mão.

14 Enfiava-o na travessa, ou na panela, ou no caldeirão, ou na marmita, e tudo o que o garfo tirava o sacerdote tomava para [ss]si. Assim faziam com todos os israelitas que iam a [tt]Siló.

15 Antes mesmo de queimarem a [uu]gordura, vinha o moço do sacerdote e dizia ao homem que sacrificava: Dá essa carne para assar ao sacerdote; ele não aceitará de ti carne cozida, senão crua.

16 Se lhe respondia o homem: Queime-se primeiro a gordura, depois tomarás o que quiseres,

[1] (2.1) Comp. o cântico de Maria, o *Magnificat* (Lc 1.46-55), onde Maria faz eco às palavras de Ana.

então ele lhe dizia: Não, hás de dá-la agora; se não, eu a tomarei à força.

17 Era muito grande o pecado destes moços perante o Senhor, pois [v]desprezavam a oferta do Senhor.

O menino Samuel perante o Senhor

18 **S**amuel, porém, ministrava perante o Senhor, sendo ainda menino, vestido de uma estola sacerdotal de linho.

19 Sua mãe lhe fazia uma [w]túnica pequena e, anualmente, a trazia, quando com seu marido subia para oferecer o sacrifício anual.

20 Eli [x]abençoava Elcana e sua mulher, dizendo: O Senhor te dê descendência desta mulher, em lugar do filho que pediu e entregou ao Senhor. E voltavam para o seu [y]lugar.

21 E o Senhor abençoou Ana; ela engravidou e deu à luz três filhos e duas filhas. E o menino Samuel [z]crescia diante do Senhor.

Eli repreende seus filhos

22 **O**ra, Eli que já era muito velho, ouvia tudo o que seus filhos faziam a todo o Israel e de como tinham relações com as mulheres que [a]serviam à porta da tenda da congregação.

23 Então ele lhes disse: Por que fazeis tais coisas? Ouço de todo este povo os vossos malefícios.

24 Não, filhos meus, não é boa a [b]fama que ouço entre o povo do Senhor.

25 Pecando o homem contra o próximo, os juízes o [c]julgarão; pecando, porém, o homem contra o [d]Senhor, quem intercederá por ele? Mas não deram ouvidos à voz de seu pai, porque o Senhor os queria matar.

26 E o menino Samuel crescia em estatura e em graça diante do Senhor e dos [e]homens.

Deus adverte os filhos de Eli com juízo

27 **V**eio um [f]homem de Deus a Eli e lhe disse: Assim diz o Senhor: Não me manifestei, na verdade, à [g]família de teu pai, estando eles ainda no Egito, sob domínio de faraó?

28 Eu o [h]escolhi dentre todas as tribos de Israel para sacerdote, para subir ao meu altar, para queimar o incenso e para trazer a estola sacerdotal perante mim. Também dei à família de teu pai todas as ofertas queimadas dos filhos de Israel.

29 Por que pisais aos pés os meus sacrifícios e as minhas ofertas de cereais, que ordenei se fizessem na minha [i]morada? Por que honras teus filhos mais do que a [j]mim, para tu e eles vos engordardes do principal de todas as ofertas do meu povo de Israel?

30 Portanto, diz o Senhor, o Deus de Israel: Na verdade eu [k]tinha dito que a tua família e a linhagem de teu pai andariam diante de mim perpetuamente. [l]Mas agora diz o Senhor: Longe de mim tal coisa, porque aos que me honram, honrarei, mas os que me desprezam serão desprezados.

31 [m]Vêm dias em que acabarei com a tua força e a força da tua família, para que não haja mais velho algum em tua família,

32 e verás o aperto da morada de Deus. Mas o bem será feito a Israel; não haverá por todos os dias velho algum em tua casa.

33 O homem da tua linhagem que eu não desarraigar do meu altar será para te consumir os olhos e para te entristecer a alma; e todos os descendentes da tua casa morrerão na flor da idade.

34 O que sobrevirá a teus dois filhos, a Hofni e a Fineias, te será por [n]sinal: ambos [o]morrerão no mesmo dia.

35 Eu [p]suscitarei para mim um sacerdote fiel, que fará segundo o que está no meu coração e na minha mente. Eu lhe edificarei uma casa duradoura, e ele andará sempre [q]diante do meu ungido.

36 Então todo aquele que restar da tua casa virá a inclinar-se diante dele por uma moeda de prata e por um bocado de pão, e implorará: Nomeia-me a algum cargo sacerdotal, para que possa ter alguma coisa para comer.

Samuel é chamado

3 **O** menino Samuel [r]servia ao Senhor perante Eli. Naqueles dias, a palavra do Senhor era muito [s]rara; as visões não eram frequentes.

2 Certo dia, estando Eli deitado no lugar de costume (os seus olhos já começavam a [t]escurecer-se, de modo que não podia ver),

3 e tendo-se deitado também Samuel, no templo do Senhor, em que estava a arca, antes que a [u]lâmpada de Deus se apagasse,

4 o Senhor chamou: Samuel! Samuel! Ele respondeu: [vv]Aqui estou.

5 E correu a Eli e lhe disse: Aqui estou, pois me chamaste. Mas Eli disse: Não te chamei, torna a deitar-te. Assim ele foi e se deitou.

6 Tornou o Senhor a chamar: Samuel! E Samuel se levantou, foi a Eli e disse: Aqui estou, pois me chamaste. Mas ele disse: Não te chamei, meu filho, torna a deitar-te.

7 Ora, Samuel ainda não conhecia o [ww]Senhor e ainda não lhe tinha sido manifestada a palavra do Senhor.

8 O Senhor tornou a chamar Samuel pela terceira vez, e Samuel se levantou, foi a Eli e disse: Aqui estou, pois me chamaste. Então entendeu Eli que era o Senhor quem chamava o menino.

9 Pelo que Eli disse a Samuel: Vai deitar-te, e se ele te chamar, dirás: [xx]Fala, Senhor, pois o teu

[v] Ml 2.7-9
[w] Comp. Êx 28.31
[x] Lc 2.34
[y] 1Sm 1.28
[z] 1Sm 3.19-21
[a] Êx 38.8
[b] v. 13-17
[c] Dt 25.1,2
[d] Nm 15.30; Sl 51.4,16
[e] Comp. Lc 2.52
[f] Dt 33.1; Jz 13.6; 1Sm 9.6
[g] Êx 4.14-16
[h] Êx 28.1-4
[i] Sl 26.8
[j] Mt 10.37
[k] Êx 29.9
[l] Comp. Jr 18.8-10
[m] v. 31-35; 1Rs 2.27,35; 1Sm 4.11-18; 22.18,19
[n] 1Rs 13.3
[o] 1Sm 4.11
[p] Hb 2.17; 7.26-28
[q] Comp. 1Sm 12.3; 16.13
[r] 1Sm 2.11,18
[s] Comp. 2Cr 15.3; Am 8.11
[t] 1Sm 4.15
[u] Êx 27.20,21
[vv] Comp. Is 6.8
[ww] 1Sm 2.12
[xx] v. 10; Sl 85.8

servo ouve. Então Samuel foi e deitou-se no seu lugar.

10 Veio o Senhor e ali esteve, chamando como das outras vezes: Samuel! Samuel! Respondeu Samuel: Fala, pois o teu servo ouve.

Samuel torna-se um sacerdote-profeta

11 E disse o Senhor a Samuel: Vê, vou fazer uma coisa em Israel, que todo o que a ouvir lhe [y]tinirão ambos os ouvidos.

12 Naquele dia, suscitarei contra Eli tudo o que tenho [z]falado a respeito da sua casa; começarei e o cumprirei.

13 Pois já lhe disse que julgarei a sua família para sempre, pela iniquidade que ele bem [a]conhecia; seus [b]filhos se fizeram desprezíveis, e ele [c]não os repreendeu.

14 Portanto, jurei à família de Eli que [d]nunca jamais será expiada a sua iniquidade, nem com sacrifícios nem com ofertas de cereais.

15 **S**amuel ficou deitado até pela manhã e, então, abriu as [e]portas da casa do Senhor. Ele temia relatar a visão a Eli,

16 mas Eli o chamou e disse: Samuel, meu filho. Respondeu Samuel: Aqui estou.

17 Eli perguntou: Que te falou o Senhor? Não o escondas de mim. Assim Deus te faça, e outro tanto, se me esconderes alguma coisa de tudo o que te falou.

18 Então Samuel lhe contou tudo e nada lhe encobriu. Disse Eli: É o [f]Senhor; faça o que bem parecer aos seus olhos.

O Senhor está com Samuel

19 [g]**C**rescia Samuel, e o Senhor era com ele, fazendo que se [h]cumprissem todas as suas palavras.

20 E todo o Israel, [i]desde Dã até Berseba, conheceu que Samuel estava confirmado como profeta do Senhor.

21 Continuou o Senhor a aparecer em Siló, e ali se manifestava a Samuel pela sua palavra.

Os filisteus capturam a arca de Deus; os dois filhos de Eli são mortos

4 [j]Veio a palavra de Samuel a todo o Israel. Os filhos de Israel saíram à guerra contra os filisteus e se acamparam junto a [k]Ebenézer, e os filisteus se acamparam junto a Afeque.

2 Os [l]filisteus se dispuseram em ordem de batalha, para sair de encontro a Israel. Travada a peleja, Israel foi derrotado diante dos filisteus, que mataram no campo cerca de quatro mil homens.

3 Tornando o povo ao acampamento, as autoridades de Israel disseram: [m]Por que nos feriu o Senhor hoje diante dos filisteus? [n]Tragamos de Siló a arca da aliança do Senhor, para que vá conosco e nos livre das mãos dos nossos inimigos.

4 Assim o povo enviou homens a Siló, e trouxeram de lá a arca da aliança do Senhor dos Exércitos, que se [o]assenta entre os querubins. E os [p]dois filhos de Eli, Hofni e Fineias, estavam ali com a arca da aliança de Deus.

5 **Q**uando a arca da aliança do Senhor veio ao acampamento, todo o Israel gritou tão alto, de modo que a terra estremeceu.

6 Os filisteus, ouvindo a voz do júbilo, disseram: Que voz de grande júbilo é esta no acampamento dos hebreus? Quando souberam que a arca do Senhor viera ao acampamento,

7 os filisteus se atemorizaram. Disseram: Os deuses vieram ao acampamento. [q]Ai de nós! Jamais aconteceu uma coisa assim antes.

8 Ai de nós! Quem nos livrará da mão destes grandiosos deuses? Estes são os deuses que feriram aos egípcios com toda a sorte de pragas no deserto.

9 Esforçai-vos, ó filisteus! Portai-vos varonilmente, para que não venhais a servir aos hebreus, como eles serviram a [r]vós. Portai-vos [s]varonilmente e pelejai!

10 Então pelejaram os filisteus, e Israel foi derrotado; e fugiu cada um para a sua [t]tenda. Foi grande a derrota, pois morreram de Israel trinta mil homens de infantaria.

11 Foi [u]tomada a arca de Deus, e os dois filhos de Eli, Hofni e Fineias, foram [v]mortos.

Eli morre; a glória de Deus se aparta de Israel

12 **E**ntão correu do campo de batalha um homem de Benjamim e chegou no mesmo dia a Siló, com as vestes rasgadas e terra sobre a cabeça.

13 Quando ele chegou, Eli estava [w]assentado numa cadeira, ao pé do caminho, vigiando, porque o seu coração estava temeroso pela arca de Deus. Entrou aquele homem na cidade e anunciou tudo que tinha acontecido. Então toda a cidade pôs-se a gritar.

14 Eli, ouvindo os gritos, perguntou: Que voz de alvoroço é esta? O homem, a toda pressa, veio a Eli,

15 que era da idade de noventa e oito anos e cujos olhos estavam tão [x]escurecidos que não podia ver.

16 Disse ele a Eli: Eu sou o que saí do campo de batalha, de onde fugi hoje mesmo. Perguntou Eli: Que foi que aconteceu, meu filho?

17 Respondeu o que trazia as notícias: Israel fugiu dos filisteus e houve grande matança entre o povo. Além disso, também teus dois filhos, Hofni e Fineias, foram mortos, e a arca de Deus foi tomada.

[y] 2Rs 21.12; Jr 19.3
[z] 1Sm 2.29-36
[a] 1Sm 2.22
[b] 1Sm 2.12-17
[c] Dt 17.12; 21.18
[d] Nm 15.30; Is 22.14; Hb 10.4,26-31
[e] Comp. 1Cr 15.23
[f] Gn 24.50; At 5.39
[g] 1Sm 2.21
[h] 1Sm 9.6
[i] Jz 20.1
[j] A primeira frase refere-se a 1Sm 3.21
[k] 1Sm 7.12
[l] 1Sm 12.9
[m] Js 7.7,8; Pv 19.3
[n] Js 6.6-21
[o] Êx 25.18-22
[p] 1Sm 2.12
[q] Êx 15.14
[r] Jz 10.7
[s] 1Co 16.13
[t] 2Sm 18.17
[u] Sl 78.60,61
[v] 1Sm 2.34
[w] Comp. 1Sm 1.9
[x] 1Sm 3.2

18 Fazendo ele menção da arca de Deus, Eli caiu da cadeira para trás, ao lado da porta, quebrou o pescoço e morreu, pois era homem velho e pesado. Havia ele liderado Israel durante quarenta anos.

19 **E**stando sua nora, a mulher de Fineias, grávida e próxima ao parto, e ouvindo as novas, de que a arca de Deus era tomada e de que seu sogro e seu marido eram mortos, encurvou-se e deu à luz, mas foi dominada pelas dores de parto.

20 Na hora que ia morrendo, disseram as mulheres que estavam com ela: [y]Não temas; tiveste um filho. Ela, porém, não respondeu, nem fez caso disso.

21 Chamou ao menino [1][z]Icabode, dizendo: Foi-se a glória de Israel. Isso porque a arca de Deus fora tomada, e por causa de seu sogro e de seu marido.

22 Disse ela: Foi-se a glória de Israel, pois foi tomada a arca de Deus.

Deus se ira contra os filisteus por causa da arca

5 **D**epois que os filisteus tomaram a arca de Deus, levaram-na de [a]Ebenézer a [b]Asdode.

2 Então os filisteus carregaram a arca de Deus, a colocaram na casa de Dagom, perto da sua [c]estátua.

3 Levantando-se, porém, de madrugada os habitantes de Asdode, no dia seguinte, lá estava Dagom, caído, com o rosto em terra, diante da arca do Senhor! Pegaram Dagom e [d]tornaram a pô-lo no seu lugar.

4 No dia seguinte, levantando-se de madrugada, Dagom estava caído, com o rosto em terra, diante da arca do Senhor! A cabeça de Dagom e ambas as suas mãos estavam cortadas sobre o limiar; somente o tronco ficara a Dagom.

5 Pelo que os sacerdotes de Dagom, e todos os que entram em seu templo, que está em Asdode, não pisam na soleira até o dia de hoje.

6 **A** [e]mão do Senhor, porém, pesou sobre os de Asdode, e os assolou, e os [f]feriu com [g]tumores, a Asdode e ao seu território.

7 Vendo os homens de Asdode que assim era, disseram: Não fique conosco a arca do [h]Deus de Israel, porque a sua mão é pesada sobre nós e sobre Dagom, nosso deus.

8 Assim enviaram mensageiros, congregaram a si todos os [i]líderes dos filisteus e perguntaram: Que faremos da arca do Deus de Israel? Responderam: Seja levada para [j]Gate. E levaram para lá a arca do Deus de Israel.

9 Desde que a levaram para lá, a mão do Senhor veio contra aquela cidade, com grande terror. Feriu os homens que ali viviam, desde o pequeno até o grande, e nasceram-lhes tumores.

10 Então enviaram a arca de Deus a Ecrom. Chegando lá a arca de Deus, os de Ecrom exclamaram: Transportaram para nós a arca do Deus de Israel, para nos matar, e a nosso povo.

11 Então enviaram mensageiros, congregaram a todos os líderes dos filisteus e disseram: Enviai daqui a arca do Deus de Israel; volte ela para o seu lugar, para que não nos mate, nem a nosso povo. Pois havia terror de morte em toda a cidade, e a mão de Deus muito se agravara sobre ela.

12 Os homens que não morriam eram feridos com tumores, e o [k]clamor da cidade subiu até o céu.

A arca retorna a Israel

6 **H**avendo ficado a arca do Senhor na terra dos filisteus sete meses,

2 estes chamaram os sacerdotes e os [l]adivinhadores e disseram: Que faremos da arca do Senhor? Dizei-nos como a devolveremos ao seu lugar.

3 Responderam eles: Se devolverdes a arca do Deus de Israel, não a envieis [m]vazia, mas sem falta enviareis uma oferta para a [n]expiação da culpa. [o]Então sereis curados e sabereis por que a sua mão não se retira de vós.

4 Perguntaram os filisteus: Qual é a expiação da culpa que havemos de oferecer? Responderam: Segundo o número dos líderes dos filisteus, [p]cinco tumores de ouro e cinco ratos de ouro, porque a praga é a mesma sobre todos vós e sobre todos os vossos líderes.

5 Fazei imagens dos vossos tumores e dos ratos que andam destruindo a terra, e dai [q]glória ao Deus de Israel. Porventura [r]aliviará a sua mão de sobre vós, de sobre o vosso deus e de sobre a vossa terra.

6 Por que tens um coração obstinado, como os egípcios e faraó [s]tiveram? Porventura depois de Deus os haver tratado tão mal, eles não os deixaram [t]ir?

7 Agora, pois, fazei um [u]carro novo, tomai duas vacas com crias, sobre as quais não tenha vindo o jugo, amarrem-nas à carroça e os seus bezerros ponde-os no curral.

8 Tomai a arca do Senhor e ponde-a sobre a carroça; guardai num cofre, ao seu lado, as figuras de ouro que haveis de apresentar ao Senhor como oferta pela culpa; e deixai-a ir.

9 Reparai então: se ela subir pelo caminho rumo do seu território a Bete-Semes, foi ele quem nos fez este grande mal. Se não, saberemos

[y] Gn 35.17
[z] 1Sm 14.3
[a] 1Sm 4.1; 7.12
[b] Chamada Azoto em At 8.40
[c] Jz 16.23-30; 1Cr 10.10
[d] Is 46.7
[e] v. 7,9,11; Êx 9.3; Dt 2.15; 1Sm 7.13; 12.15
[f] Milagres (AT): v. 3-12; 2Sm 6.7 (Gn 5.24; Jn 1.17)
[g] Dt 28.27
[h] 1Sm 6.5
[i] 1Sm 6.4
[j] Js 11.22
[k] 1Sm 9.16; Jr 14.2
[l] Gn 41.8; Êx 7.11; Is 47.13
[m] Dt 16.16
[n] Comp. Lv 5.15,16
[o] Comp. Hb 9.22
[p] 1Sm 6.17
[q] Js 7.19; Jr 13.16
[r] Comp. 1Sm 5.6,11
[s] Êx 9.34
[t] Êx 12.31
[u] Comp. 2Sm 6.3

[1] (4.21) *Sem glória* ou *onde está a glória?*

que não foi a sua mão que nos tocou e que isto nos sucedeu por acaso.

10 **Assim** fizeram aqueles homens: tomaram duas vacas com crias e as ataram à carroça, e os seus bezerros prenderam no curral.

11 Puseram a arca do Senhor sobre a carroça, como também o cofre com os ratos de ouro e com as imagens dos tumores.

12 Então as vacas se encaminharam diretamente para Bete-Semes e seguiam sempre por esse mesmo [v]caminho, andando e berrando, sem se desviarem nem para a direita nem para a esquerda. Os líderes dos filisteus foram atrás delas, até o território de Bete-Semes.

13 **Andavam** os de Bete-Semes fazendo a colheita do [w]trigo no vale e, levantando os seus olhos, viram a arca e, vendo-a, se alegraram.

14 O carro veio ao campo de Josué, o bete-semita, e parou ali, ao lado de uma grande pedra. Fenderam a madeira da carroça e ofereceram as vacas ao Senhor em holocausto.

15 Os levitas desceram a arca do Senhor, como também o cofre que estava junto a ela, em que estavam as obras de ouro, e puseram-nos sobre a grande pedra. No mesmo dia, os homens de Bete-Semes ofereceram holocaustos e sacrifícios ao Senhor.

16 Vendo isso, os cinco líderes dos filisteus voltaram para Ecrom no mesmo dia.

17 Estes são os tumores de ouro que os filisteus enviaram ao Senhor como oferta pela culpa: por Asdode um, por Gaza outro, por Ascalom outro, por [x]Gate outro, por Ecrom outro.

18 Como também os ratos de ouro, segundo o número de todas as cidades dos filisteus, pertencentes aos cinco líderes, desde as cidades fortes até as aldeias, e até Abel, a grande pedra sobre a qual puseram a arca do Senhor, que ainda está até o dia de hoje no campo de Josué, o bete-semita.

19 **O** Senhor, porém, feriu os homens de Bete-Semes, [y]porque olharam para dentro da arca do Senhor, sim, [z]matou do povo [1]setenta homens. O povo se entristeceu, porque o Senhor fizera tão grande morticínio entre eles,

20 e os homens de Bete-Semes disseram: [a]Quem poderia estar perante o Senhor, esse Deus santo? [b]Para quem subirá desde nós?

21 Então enviaram mensageiros aos habitantes de [c]Quiriate-Jearim, dizendo: Os filisteus devolveram a arca do Senhor. Descei e fazei-a subir para vós.

Vinte anos de espera; começa o avivamento

7 **Assim** vieram os homens de Quiriate-Jearim: tomaram a arca do Senhor, levaram-na à casa de [d]Abinadabe, no outeiro, e [e]consagraram a Eleazar, seu filho, para que guardasse a arca do Senhor.

2 **A** arca ficou em Quiriate-Jearim bastante tempo, isto é, mais ou menos vinte anos. E toda a nação de Israel [f]suspirava pelo Senhor.

3 E disse Samuel a toda a nação de Israel: Se de todo o vosso coração vos [g]converteis ao Senhor, tirai dentre vós os deuses [h]estranhos e as [i]astarotes, [j]consagrem-se ao Senhor e servi a ele [k]só, e ele vos livrará das mãos dos filisteus.

4 Então os filhos de Israel [l]tiraram dentre si os baalins e as astarotes e serviram só ao Senhor.

5 **Disse** mais Samuel: Congregai todo o Israel em [m]Mispa, e eu [n]orarei por vós ao Senhor.

6 Reuniram-se em Mispa, tiraram água e a derramaram perante o Senhor; [o]jejuaram aquele dia e ali disseram: [p]Pecamos contra o Senhor. E Samuel liderava os filhos de Israel em Mispa.

7 **Ouvindo** os filisteus que os filhos de Israel estavam reunidos em Mispa, subiram os líderes dos filisteus contra Israel. Quando os filhos de Israel ouviram, temeram por causa dos filisteus.

8 Disseram os filhos de Israel a Samuel: Não [q]cesses de clamar ao Senhor, o nosso Deus, por nós, para que nos livre das mãos dos filisteus.

Os israelitas vitoriosos em Ebenézer

9 Então pegou Samuel um [r]cordeiro que ainda não havia sido desmamado e o sacrificou inteiro em holocausto ao Senhor. Clamou Samuel ao Senhor por Israel, e o Senhor lhe [s]respondeu.

10 Enquanto Samuel oferecia o holocausto, os filisteus chegaram para guerrear contra Israel. Mas trovejou o Senhor aquele dia com grande [t]trovoada sobre os filisteus e os [u]aterrorizou de tal modo que foram derrotados diante dos filhos de Israel.

11 Os homens de Israel, saindo de Mispa, perseguiram os filisteus e os feriram até abaixo de Bete-Car.

12 **Então** tomou Samuel uma [w]pedra e a pôs entre Mispa e Sem, e lhe chamou [2]Ebenézer, dizendo: "Até aqui nos ajudou o Senhor".

[v] Nm 20.19
[w] 1Sm 12.17
[x] 1Sm 5.8
[y] Nm 4.15,16; comp. 1Cr 13.9,10
[z] 2Sm 6.7
[a] Sl 24.3,4
[b] Comp. 2Sm 6.9
[c] Js 15.9,60; Jz 18.12
[d] 2Sm 6.3,4
[e] Lv 21.8
[f] Comp. Zc 12.10,11
[g] Dt 30.2,10; Jl 2.13; comp. 2Cr 30.6-9
[h] Js 24.14-23; Jz 10.16
[i] Veja Jz 2.13, nota
[j] Comp. 2Cr 19.3
[k] Mt 4.10
[l] Jz 10.16
[m] Jz 10.17; 20.1; 1Sm 10.17
[n] 1Sm 12.17-19
[o] Jz 20.26; Ne 9.1
[p] 1Sm 12.10
[q] 1Sm 12.19-24
[r] Lv 22.27
[s] 1Sm 12.18; Sl 99.6; Jr 15.1
[t] 2Sm 22.14,15
[u] Sl 18.14
[w] Js 4.9; 24.26

[1] (6.19) Há quem diz que esse número é erro de copista. Contudo, somando a população de Bete-Semes com os soldados e os curiosos atraídos pela chegada da arca, facilmente pode-se chegar à conclusão de que o número citado cabe dentro das possibilidades, e é o certo. Bete-Semes se localizava a aproximadamente 22,4 km a oeste de Jerusalém, perto da fronteira de Judá com a Filístia. Sete meses antes desse evento, 34.000 soldados de Israel morreram numa batalha com os filisteus (1Sm 4.10; 6.1). A população de Judá era de 500.000 homens (2Sm 24.9). Conclui-se, então, que 50.070 não é um número exagerado.

[2] (7.12) *Pedra de auxílio*

13 Assim os filisteus foram abatidos e nunca mais vieram ao território de Israel. Foi a mão do Senhor contra os filisteus todos os dias de Samuel.

14 As cidades que os filisteus haviam tomado de Israel foram-lhe restituídas, desde Ecrom até Gate, e até os territórios delas Israel arrebatou das mãos dos filisteus. E houve paz entre Israel e os amorreus.

Resumo do ministério de Samuel

15 Samuel liderou Israel todos os dias da sua vida.

16 Anualmente rodeava por Betel, Gilgal e Mispa; e julgava as questões de Israel em todos esses lugares.

17 Voltava, porém, a Ramá, porque a sua casa estava ali, onde liderava a Israel. E edificou ali um altar ao Senhor.

Os israelitas exigem um rei

8 [w]Tendo Samuel [x]envelhecido, constituiu a seus filhos por [y]juízes sobre Israel.

2 O seu primogênito chamava-se [z]Joel e o segundo, Abias. Eles foram líderes em Berseba.

3 Seus filhos, porém, não andaram nos caminhos dele; antes se inclinaram à avareza, aceitaram [a]subornos e perverteram o [b]juízo.

4 Então as autoridades de Israel se congregaram e vieram ter com Samuel, a Ramá.

5 Disseram-lhe: Estás velho, e teus filhos não andam nos teus caminhos; [c]constitui-nos, agora, um rei sobre nós, para que nos governe, como o têm todas as nações.

Deus protesta diante da exigência de Israel

6 Essa palavra, porém, [d]não agradou a Samuel, quando disseram: Dá-nos um rei, para que nos governe. Então Samuel [e]orou ao Senhor.

7 E o Senhor lhe disse: Ouve a voz do povo em tudo o que te dizem, [f]pois não rejeitaram a ti, mas a [1][g]mim, para eu não reinar sobre eles.

8 Conforme todas as obras que fizeram desde o dia em que os tirei do Egito até o dia de hoje, pois a mim me deixaram, e a outros deuses serviram, assim também o fazem a ti.

9 Agora, pois, ouve a sua voz, porém [h]protesta-lhes solenemente e declara-lhes qual será o direito do rei que houver de reinar sobre eles.

Samuel adverte o povo quanto ao rei

10 Referiu Samuel todas as palavras do Senhor ao povo, que lhe pedia um rei.

11 Disse-lhes: Este [i]será o direito do rei que houver de reinar sobre vós: Tomará os vossos [j]filhos e os empregará no serviço dos seus [k]carros e como seus cavaleiros, para que corram à frente deles.

12 Alguns [l]porá por chefes de mil e chefes de cinquenta, para lavrarem os seus campos, fazerem as suas colheitas e fabricarem as suas armas e os equipamentos de seus carros de guerra.

13 Tomará as vossas filhas para perfumistas, cozinheiras e padeiras.

14 Tomará o melhor das vossas [m]terras, das vossas vinhas, dos vossos olivais e os dará aos seus servos.

15 As vossas sementes e as vossas vinhas dizimará, para dar aos seus oficiais e aos seus servos.

16 Também os vossos servos, as vossas servas, os vossos melhores jovens e os vossos jumentos tomará e os empregará no seu trabalho.

17 Dizimará o vosso rebanho, e vós lhe sereis por servos.

18 Naquele dia, clamareis por causa do vosso rei, que houverdes escolhido, mas o Senhor [n]não vos [o]ouvirá.

[w] Israel (história): v. 1-8; 2Sm 7.8 (Gn 12.2; Rm 11.26)
[x] 1Sm 12.2
[y] Reino (AT): v. 1-7; 1Sm 9.17 (Gn 1.26; Zc 12.8); Dt 16.18,19
[z] 1Cr 6.28
[a] Êx 23.6-8; comp. 1Sm 12.3
[b] Dt 27.25
[c] Dt 17.14,15; Os 13.10,11
[d] 1Sm 12.17
[e] 1Sm 7.9
[f] Comp. Êx 16.8
[g] 1Sm 10.19; comp. Lc 10.16
[h] Comp. Ez 3.18
[i] Dt 17.14-20; 1Sm 10.25
[j] 1Sm 14.52
[k] 2Sm 15.1
[l] 1Sm 22.7
[m] 1Rs 21.7; Ez 46.18
[n] Pv 1.25-28
[o] Is 1.15; Mq 3.4

[1] (8.7) A exigência de Israel, conforme registrada neste cap. (v. 5,19,20), não significou o fim do reino teocrático. Embora houvesse uma implícita rejeição a Deus (v. 7), a exigência do povo foi atendida parcialmente. Eles receberam um rei, mas certamente não "como o têm todas as nações". Deus sempre tem o controle providencial sobre as nações (At 17.26), mas, neste caso, ele se reservou o direito de escolher o rei por meio de controle direto (9.17; Os 13.11), e o rei foi pessoalmente responsável diante de Deus por seus atos (13.13,14), o que indica claramente uma continuidade ininterrupta da soberania particular do Senhor sobre a nação.

O reino teocrático estabelecido no Sinai sobre a nação de Israel, reino por meio do qual Deus decidiu abençoar todas as outras nações (Êx 19.5,6), era um governo de Deus administrado por mediadores, pessoas divinamente escolhidas que falavam e agiam por Deus em funções de governo, e eram diretamente responsáveis diante de Deus pelo que faziam. Estes governantes, que eram mediadores de Deus, podiam ser grandes líderes, como Moisés e Josué, juízes militares ou mesmo reis; mas Deus é sempre o verdadeiro soberano até o final do reino na história (1Cr 29.25). O símbolo visível da presença de Deus como o Governante divino era a glória *Shekiná*. Esta glória entrou no tabernáculo e o encheu quando do estabelecimento do reino no Sinai (Êx 40.34-38), guiou a nação até a terra de Canaã, manifestou-se no templo de Salomão (2Cr 7.1,2) e afastou-se espetacularmente de Jerusalém quando o reino chegou ao fim no cativeiro babilônico, momento em que a soberania governamental foi transferida para os gentios (comp. Ez 11.23 com Dn 2.31-38). Quando os tempos dos gentios se completarem, este reino de Deus sobre a terra governado por meio de mediadores será restaurado com a vinda do Messias de Deus em grande poder e glória para reinar sobre as nações, como o perfeito Rei Mediador (Mq 4.1-8).

Esse reino sobre a terra governado por mediadores não deve ser confundido com o reino original e universal de Deus que sempre existe de maneira eficaz e abrange todos os objetos, pessoas e eventos, todos os atos dos indivíduos e das nações, todo funcionamento e as mudanças da natureza e da história, absolutamente e sem exceção (Sl 103.19; Dn 4.17). Contudo, o reino terreno com mediadores pode ser considerado como uma fase do reino universal de Deus (1Co 15.24). Resumo do Reino no AT: Zc 12.8, *nota*.

Deus concorda em dar um rei

19 **O** povo, porém, não quis ouvir a voz de Samuel. Disseram: Não, queremos um rei sobre nós.

20 Seremos como todas as outras nações; o nosso rei nos governará, sairá adiante de nós e lutará as nossas guerras.

21 Ouvindo Samuel todas as palavras do povo, repetiu-as perante o Senhor.

22 Disse o Senhor a Samuel: Dá ouvidos à sua voz, constitui-lhes [p]rei. Então Samuel disse aos filhos de Israel: Volte cada um para a sua cidade.

II. A unção e a rejeição de Saul como rei de Israel, 9–15

Deus escolhe Saul como rei

9 **H**avia um homem de Benjamim, cujo nome era [q]Quis, filho de Abiel, filho de Zeror, filho de Becorate, filho de Afia, benjamita, homem forte e valoroso.

2 Este tinha um filho, chamado Saul, jovem e tão belo que entre os filhos de Israel não havia outro homem mais belo do que ele; desde os ombros para cima [r]sobressaía em altura a todo o povo.

3 Ora, perderam-se as jumentas de Quis, pai de Saul. Disse Quis a Saul, seu filho: Chama um dos moços, levanta-te e vai procurar as jumentas.

4 Passaram pela região montanhosa de Efraim, como também pela terra de [s]Salisa, mas não as acharam. Depois passaram pela terra de Saalim, mas tampouco estavam ali. Então passaram pela terra de Benjamim, todavia não as acharam.

5 **Q**uando vieram à terra de [t]Zufe, disse Saul ao moço que ia com ele: Vem e [u]voltemos, para que não suceda que meu pai cesse de preocupar-se com as jumentas e se angustie por causa de nós.

6 O moço, porém, respondeu: Nesta cidade há um [v]homem de Deus; ele é honrado, e tudo o que diz [w]acontece. Vamos até lá agora. Talvez nos mostre o caminho que devemos seguir.

7 Disse Saul ao seu moço: Se formos, que [x]levaremos ao homem? O pão de nossos alforjes se acabou, e presente algum temos para levar ao homem de Deus. Que temos?

8 O moço tornou a responder a Saul: Ainda tenho um quarto de [y]siclo de prata. Eu o darei ao homem de Deus, para que nos mostre o caminho.

9 (Antigamente em Israel, indo alguém consultar a Deus, dizia: Vinde, vamos ter com o vidente, porque ao profeta de hoje antigamente se chamava [z]vidente.)

10 Disse Saul ao moço: Dizes bem. Vem, vamos! E foram-se à cidade onde estava o homem de Deus.

[p] Os 13.11
[q] 1Cr 9.36-39
[r] 1Sm 10.23
[s] 2Rs 4.42
[t] 1Sm 1.1
[u] 1Sm 10.2
[v] Dt 33.1; 2Rs 5.8
[w] 1Sm 3.19
[x] Comp. 1Rs 14.3; 2Rs 5.15; 8.8,9
[y] Veja sist. monetário (AT): Êx 30.13, nota
[z] v. 11,19; 1Cr 9.22; comp. Is 30.10
[a] Gn 24.11; Êx 2.16
[b] 1Sm 7.17; 10.5; 1Rs 3.2
[c] Dt 17.15; 1Sm 10.24
[d] 1Sm 10.1
[e] Êx 2.23-25
[f] 1Sm 16.12
[g] Reino (AT): v. 15-17; 1Sm 10.25 (Gn 1.26; Zc 12.8)
[h] Sl 68.27; comp. Jz 20.46
[i] Comp. Jz 6.15
[j] Comp. 1Sm 15.17
[k] Comp. Lv 7.32,33

11 Subindo eles pela encosta da cidade, encontraram umas [a]moças que saíam a tirar água, e lhes perguntaram: Está aqui o vidente?

12 Responderam elas: Sim, ali vai ele adiante de ti. Apressa-te; ele veio à cidade hoje porque o povo irá sacrificar no altar que está no [b]monte.

13 Ao entrarem na cidade, logo o achareis, antes que suba ao alto para comer. O povo não comerá até que ele venha, porque ele é o que abençoa o sacrifício; depois os convidados comem. Subi agora; hoje o achareis.

14 Subiram à cidade; ao entrarem, Samuel lhes saiu ao encontro, a caminho do altar do monte.

15 **O**ra, o Senhor revelara isso aos ouvidos de Samuel, um dia antes de Saul chegar, dizendo:

16 Amanhã a essas horas [c]te enviarei um homem da terra de Benjamim, o qual [d]ungirás por líder sobre o meu povo de Israel; ele livrará o meu povo da mão dos filisteus. [e]Olhei para o meu povo, pois o seu clamor chegou a mim.

17 Quando Samuel viu Saul, o Senhor lhe disse: [f]Este é o homem de quem te falei. Este [g]dominará sobre o meu povo.

18 Saul se chegou a Samuel na entrada da cidade e pediu: Mostra-me, por favor, onde é a casa do vidente.

19 Respondeu Samuel a Saul: Eu sou o vidente. Sobe na minha frente ao altar, pois hoje comerás comigo e, pela manhã, te despedirei, e tudo o que está no teu coração te declararei.

20 Quanto às jumentas que há três dias foram perdidas, não te preocupes com elas; já foram achadas. Mas para quem é tudo o que é desejável em Israel? Não é para ti, e para toda a família de teu pai?

21 Respondeu Saul: Mas não sou eu filho de Benjamim, da [h]menor das tribos de Israel? E a minha família a menor de todas [i]as famílias da tribo de Benjamim? [j]Por que me dizes tal coisa?

22 **E**ntão Samuel, levou Saul e o seu moço à sala e deu-lhes o lugar de honra entre os convidados, que eram cerca de trinta homens.

23 Disse Samuel ao cozinheiro: Traze a porção que te dei e mandei que reservasse.

24 Assim o cozinheiro levantou a [k]coxa do animal, com o que nela havia, e a pôs diante de Saul. Disse Samuel: Aqui está o que foi reservado. Toma-o e come, pois foi guardado para comeres nessa ocasião, desde o momento que eu disse: Convidei o povo. Assim comeu Saul naquele dia com Samuel.

25 **E**ntão desceram do alto para a cidade, e falou Samuel com Saul, no eirado.

26 Levantaram-se de madrugada; e quase ao subir da alva, Samuel chamou Saul ao terraço e disse: Levanta-te para eu te despedir. Levantou-se Saul, e saíram ambos, ele e Samuel.

27 Descendo eles para a extremidade da cidade, Samuel disse a Saul: Dize ao moço que passe adiante de nós (e ele passou); tu, porém, espera aqui, e te farei ouvir a palavra de Deus.

Saul é ungido rei em particular

10 Então tomou [l]Samuel um vaso de azeite e o derramou sobre a cabeça de Saul, o [m]beijou e disse: Não te ungiu o Senhor por [n]líder sobre a sua [o]herança?

2 Quando te afastares hoje de mim, acharás dois homens junto ao [p]sepulcro de Raquel, no território de Benjamim, em Zelza, os quais te dirão: Acharam-se as jumentas que foste procurar, e agora o teu pai já deixou de pensar no negócio das jumentas, e anda aflito por causa de [q]ti, dizendo: Que farei eu por meu filho?

3 Então passarás dali para o carvalho de Tabor. Ali te encontrarão três homens, que vão subindo a Deus, [r]a Betel. Um estará levando três cabritos, outro três bolos de pão e o outro, um odre de vinho.

4 Eles te saudarão e te darão dois pães, os quais aceitarás da sua mão.

5 Então chegarás ao [s]outeiro de Deus, onde está a guarnição dos filisteus. Entrando na cidade, encontrarás um [t]grupo de profetas que descem do altar, tocando saltérios, tambores, flautas e harpas; eles estarão profetizando.

6 O [u]Espírito do Senhor se apoderará de ti, e profetizarás com eles e serás transformado em outro homem.

7 Quando estes sinais se cumprirem, faze o que achar melhor, porque Deus é [v]contigo.

8 Descerás na minha frente até [w]Gilgal. Depois, eu descerei também, para oferecer holocaustos e sacrifícios de ofertas pacíficas, mas [x]sete dias esperarás, até que eu vá ter contigo e te declare o que hás de fazer.

9 **V**irando Saul as costas para se afastar de Samuel, Deus lhe mudou o coração em outro, e todos aqueles sinais aconteceram naquele mesmo dia.

10 Chegando eles a Gibeá, um grupo de profetas lhes saiu ao encontro; o Espírito do Senhor se [y]apoderou de Saul, e ele profetizou no meio deles.

11 Todos os que dantes o conheciam, ao verem que ele profetizava com os [z]profetas, diziam uns aos outros: Que é que sucedeu ao filho de Quis? Está também Saul entre os profetas?

12 Um homem dali respondeu: E quem é o pai deles? Pelo que se tornou em provérbio: Está também Saul entre os profetas?

13 Tendo ele acabado de profetizar, foi ao altar.

14 **P**erguntou o [a]tio de Saul, a ele e ao seu moço: Aonde fostes? Respondeu ele: Procurar as jumentas. Mas vendo que não apareciam, fomos a Samuel.

15 Disse o tio de Saul: Declara-me o que vos disse Samuel.

16 Respondeu Saul a seu tio: Declarou-nos, na verdade, que as jumentas foram [b]encontradas. Mas quanto ao assunto do reino, de que Samuel falara, nada lhe declarou.

Saul é empossado rei publicamente

17 **C**onvocou Samuel o povo ao Senhor, em [c]Mispa,

18 e disse aos filhos de Israel: Assim diz o Senhor, o Deus de Israel: Eu fiz subir a Israel do [d]Egito e vos livrei das mãos dos egípcios e das mãos de todos os reinos que vos oprimiam.

19 Vós, porém, hoje [e]rejeitastes o vosso Deus que vos livrou de todos os vossos males e trabalhos e lhe dissestes: Põe um rei sobre nós. Portanto, agora ponde-vos perante o Senhor, pelas vossas [f]tribos e pelos vossos grupos de milhares.

20 **T**endo Samuel feito chegar todas as tribos de Israel, foi tomada por sorte a tribo de Benjamim.

21 Tendo feito chegar a tribo de Benjamim, pelas suas famílias, foi tomada a família de Matri, e dela foi tomado Saul, filho de Quis. Mas quando o procuraram, não foi encontrado.

22 Então tornaram a [g]perguntar ao Senhor se aquele homem viera ali. Respondeu o Senhor: Ele se escondeu entre a bagagem.

23 Correram e o trouxeram dali. Estando ele no meio do povo, [h]sobressaía em altura a todo o povo desde os ombros para cima.

24 Disse Samuel a todo o povo: Vedes o homem que o Senhor [i]escolheu? Não há entre o povo nenhum semelhante a ele. Então todo o povo prorrompeu em gritos, exclamando: Viva o rei!

25 **D**eclarou Samuel ao povo o [j]direito do [k]reino, escreveu-o num livro e o [ll]pôs perante o Senhor. Então mandou Samuel que todo o povo fosse cada um para sua casa.

26 Foi também Saul para sua casa em Gibeá, e foram com ele homens valentes, aqueles cujo coração Deus tocara.

27 Os filhos de Belial, porém, disseram: Como pode este homem nos livrar? Desprezaram-no e não lhe trouxeram [mm]presentes. Mas ele se fez como surdo.

Saul derrota os amonitas

11 Então subiu [nn]Naás, amonita, e sitiou a [oo]Jabes-Gileade. E disseram todos os homens de Jabes a Naás: Faze [pp]aliança conosco, e te serviremos.

2 Naás, o amonita, porém, respondeu: Com esta condição farei aliança convosco: que a todos vos

[l] 1Sm 9.16; comp. 16.13; 2Rs 9.3,6
[m] Comp. Sl 2.12
[n] 2Sm 5.2
[o] Êx 34.9; Dt 32.9
[p] Gn 35.19,20
[q] 1Sm 9.5
[r] Gn 35.1
[s] 1Sm 13.2,3
[t] 1Sm 19.20
[u] Espírito Santo (AT): v. 6-10; 1Sm 11.6 (Gn 1.2; Zc 12.10)
[v] Js 1.5; 1Sm 3.19
[w] 1Sm 11.14
[x] 1Sm 13.8-10
[y] Comp. 1Sm 18.10
[z] 1Sm 19.24; comp. Am 7.14,15; Mt 13.54-57
[a] 1Sm 14.50
[b] 1Sm 9.20
[c] 1Sm 7.5
[d] Jz 6.8,9; 1Sm 8.8; 12.6,8
[e] 1Sm 8.7; 12.12
[f] Comp. Js 7.14-17
[g] Comp. 1Sm 9.9; 14.37
[h] 1Sm 9.2
[i] 1Sm 9.16
[j] 1Sm 8.11
[k] Reino (AT): v. 25; 1Sm 15.1 (Gn 1.26; Zc 12.8)
[ll] Comp. Dt 31.26
[mm] 1Rs 10.25; 2Cr 17.5
[nn] 1Sm 12.12
[oo] Jz 21.8; 1Sm 31.11
[pp] Comp. Êx 23.31-33

arranque o olho direito e assim traga [q]vergonha sobre todo o Israel.

3 Disseram-lhe as autoridades de Jabes: Concedenos sete dias para que enviemos mensageiros por todo o território de Israel; não havendo ninguém que nos livre, então nos entregaremos a ti.

4 Chegando os mensageiros a [r]Gibeá de Saul, falaram essas palavras aos ouvidos do povo. Então todo o povo levantou a voz e chorou.

5 Naquela hora, Saul vinha do campo, trazendo os bois, e perguntou: Que tem o povo, que chora? E contaram-lhe as palavras dos homens de Jabes.

6 Então o [s]Espírito de Deus se apoderou de Saul, ao ouvir ele essas palavras, e acendeu-se sobremodo a sua ira.

7 Tomou uma junta de bois, [t]cortou-os em pedaços e os enviou por todo o território de Israel por mãos dos mensageiros, dizendo: Qualquer que não sair após Saul e após Samuel, assim se fará aos seus bois. Então o temor do Senhor caiu sobre o povo, e saíram [u]como um só homem.

8 Contando-os Saul em Bezeque, havia dos filhos de Israel [v]trezentos mil, e dos homens de Judá, trinta mil.

9 Disseram aos mensageiros de Jabes: Direis aos homens de Jabes-Gileade: Amanhã, na hora mais quente do dia, vos virá livramento. Vindo os mensageiros e anunciando-o aos homens de Jabes, estes se alegraram.

10 Disseram os homens de Jabes aos amonitas: Amanhã, nós nos entregaremos a vós, e nos fareis conforme tudo o que quiserdes.

11 No dia seguinte, Saul dividiu o povo em três grupos; durante a última vigília da noite vieram ao acampamento e feriram os amonitas até a hora mais quente do dia. Os sobreviventes se espalharam, e não ficaram dois deles juntos.

Saul é confirmado como rei

12 Então disse o povo a Samuel: [w]Quem são aqueles que diziam que Saul não reinaria sobre nós? Dai cá esses homens, para que os [x]matemos.

13 Saul, porém, disse: Hoje [y]ninguém será morto, pois neste dia o Senhor operou um livramento em Israel.

14 Disse Samuel ao povo: Vinde, vamos a [z]Gilgal e renovemos ali o reino.

15 Assim todo o povo partiu para [a]Gilgal, onde constituíram rei a Saul [b]perante o Senhor. Ali apresentaram sacrifícios de ofertas pacíficas perante o Senhor; e Saul se alegrou muito com todos os homens de Israel.

A integridade de Samuel como juiz

12 Disse Samuel a todo o Israel: [c]Ouvi a vossa voz em tudo o que me dissestes e constituí sobre vós um rei.

2 Agora tendes um que vai adiante de vós. Quanto a mim, já estou [d]velho, de cabelos brancos, e meus filhos estão convosco. Fui o vosso líder desde a minha juventude até o dia de hoje.

3 Aqui estou. Testificai contra mim perante o Senhor e perante o seu [e]ungido: De quem tomei o boi? De quem [f]tomei o jumento? A quem explorei? A quem oprimi? Das mãos de quem recebi [g]suborno para [h]encobrir com ele os meus olhos? Se fiz alguma dessas coisas, eu a restituirei.

4 Responderam: Em [i]nada nos defraudaste nem nos oprimiste, coisa alguma tomaste da mão de ninguém.

5 Disse-lhes Samuel: O Senhor seja testemunha contra vós, e o seu ungido seja hoje testemunha, que nada achaste nas [j]minhas mãos. Respondeu o povo: Ele é testemunha.

Samuel recorda os livramentos que o Senhor concedeu a Israel

6 Então disse Samuel ao povo: O Senhor é o que escolheu a Moisés e a Arão e tirou a vossos pais da terra do Egito.

7 Agora, pois, ponde-vos aqui e [k]pleitearei convosco [l]perante o Senhor, no tocante a todos os seus [m]atos de justiça que fez a vós e a vossos pais.

8 Depois que Jacó entrou no [n]Egito, vossos pais clamaram ao Senhor, e o Senhor [o]enviou Moisés e Arão, que os tiraram do Egito e os fizeram habitar neste lugar.

9 [p]Esqueceram-se, porém, do Senhor, o seu Deus; assim ele os entregou nas mãos de [qq]Sísera, chefe do exército de Hazor, e nas mãos dos [rr]filisteus, e nas mãos do rei dos [ss]moabitas, os quais pelejaram contra eles.

10 Clamaram ao Senhor e [tt]disseram: Pecamos; deixamos ao Senhor e servimos aos [uu]baalins e às [vv]astarotes. Mas agora livra-nos das mãos de nossos inimigos, e te serviremos.

11 Então o Senhor enviou [ww]Jerubaal, Baraque, [xx]Jefté, [yy]Samuel, e vos livrou das mãos de vossos inimigos em redor, e habitastes em segurança.

Deus confirma o reino

12 [zz]Vendo vós que Naás, rei dos filhos de Amom, vinha contra vós, me dissestes: Não, mas reinará sobre nós um [aa]rei — muito embora o Senhor, o vosso Deus, fosse o vosso [bb]rei.

13 Agora aqui está o rei que escolhestes e que pedistes; vede, o Senhor pôs sobre vós um rei.

14 Se [cc]temerdes ao Senhor, e o servirdes, e derdes ouvidos à sua voz, e não fordes rebeldes às suas ordens, e se tanto vós como o rei que reina sobre vós seguirdes o Senhor, o vosso Deus, bem será.

15 Se, porém, [dd]não derdes ouvidos à voz do Senhor e fordes [ee]rebeldes às suas ordens, a mão do Senhor será contra vós como foi contra vossos pais.

[q] Sl 44.13
[r] 1Sm 10.26
[s] Espírito Santo (AT): v. 6; 1Sm 16.13 (Gn 1.2; Zc 12.10)
[t] Comp. Jz 19.29
[u] Comp. Jz 20.1
[v] Comp. Jz 20.15-17; 2Sm 24.9
[w] 1Sm 10.27
[x] Comp. Lc 19.27
[y] Comp. 2Sm 19.22
[z] 1Sm 10.8
[a] 1Sm 10.8
[b] Js 8.31
[c] 1Sm 8.7
[d] 1Sm 8.1,5
[e] 1Sm 10.1; 24.6
[f] Nm 16.15; comp. At 20.33
[g] Êx 23.8
[h] Dt 16.19
[i] Lv 19.13; comp. 2Co 7.2
[j] Êx 22.4
[k] Comp. Is 1.18; Mq 6.2,3
[l] 1Sm 11.15
[m] Jz 5.11; comp. Sl 103.6
[n] Sl 105.23
[o] Êx 3.10
[p] Jz 3.7
[qq] Jz 4.2
[rr] Jz 10.7
[ss] Jz 3.12
[tt] Jz 10.10
[uu] Comp. Jz 10.15,16
[vv] Veja Jz 2.13, nota
[ww] Gideão; Jz 7.1
[xx] Jz 11.1
[yy] 1Sm 7.13
[zz] 1Sm 11.1,2
[aa] 1Sm 8.5,19,20
[bb] Jz 8.23; Sl 59.13
[cc] Js 24.14; veja Sl 19.9, nota
[dd] Dt 28.15
[ee] Is 1.20

16 [f]Ponde-vos também agora aqui e vede esta grande coisa que o Senhor vai fazer diante dos vossos olhos.

17 Não é hoje época da colheita do trigo? Clamarei ao Senhor, e ele dará [g]trovões e [h]chuva. E sabereis e vereis que é grande a vossa [i]maldade que praticastes perante o Senhor, pedindo para vós um rei.

18 Então invocou Samuel ao Senhor, e o Senhor deu trovões e chuva naquele mesmo dia. Pelo que todo o povo [j]temeu em grande maneira ao Senhor e a Samuel.

19 **T**odo o povo disse a Samuel: [k]Roga pelos teus servos ao Senhor, o teu Deus, para que não morramos, pois a todos os nossos pecados acrescentamos o mal de pedirmos para nós um rei.

20 Respondeu Samuel ao povo: Não temais. Vós cometestes todo este mal; contudo, não vos [l]desvieis de seguir ao Senhor, mas servi ao Senhor de todo o vosso coração.

21 Não vos desvieis para seguir [m]ídolos vãos. Para nada vos aproveitam nem poderão livrar-vos, porque são inúteis.

22 O Senhor [n]não desamparará o [o]seu povo, por causa do seu grande nome, porque aprouve ao Senhor fazer-vos o seu povo.

23 Quanto a mim, longe de mim que eu peque contra o Senhor, [p]deixando de orar por vós. E eu vos ensinarei o caminho bom e direito.

24 Tão somente temei ao Senhor e servi-o fielmente de todo o vosso coração; considerai quão grandiosas coisas vos fez.

25 Se, porém, perseverardes em fazer o mal, perecereis, assim vós como o vosso rei.

O egoísmo e a covardia de Saul

13 [1]Um ano reinara Saul em Israel. No segundo ano de seu reinado sobre o povo,

2 escolheu para si três mil homens de Israel; dois mil estavam com Saul em [q]Micmás e na região montanhosa de Betel, e mil estavam com [r]Jônatas em [s]Gibeá de Benjamim. Despediu o resto do povo, cada um para sua casa.

3 Jônatas derrotou a [t]guarnição dos filisteus que estava em Gibeá, e os filisteus [u]ouviram. Pelo que Saul tocou a trombeta por toda a terra, dizendo: Que ouçam os hebreus.

4 Então todo o Israel ouviu dizer: Saul derrotou a guarnição dos filisteus, e também Israel se fez abominável aos filisteus. Então o povo foi convocado após Saul em Gilgal.

5 **O**s filisteus ajuntaram-se para guerrear contra Israel: [2]trinta mil carros, seis mil cavaleiros e povo em multidão [v]como a areia que está à beira do mar. Subiram e se acamparam em Micmás, ao oriente de [w]Bete-Áven.

6 Vendo os homens de Israel que estavam em aperto (porque o povo estava angustiado), [x]esconderam-se nas cavernas, nos espinhais, nos penhascos, nos túmulos e nas cisternas.

7 Alguns dos hebreus até mesmo passaram o Jordão para a [y]terra de Gade e Gileade. Saul ficou em Gilgal, e todo o povo que permaneceu com ele se encheu de temor.

Saul usurpa a função de sacerdote e é rejeitado por Deus

8 **E**sperou Saul sete dias, o tempo que Samuel determinara; não vindo, porém, Samuel a Gilgal, o povo se foi espalhando dali.

9 Portanto disse Saul: Trazei-me aqui o holocausto e as ofertas pacíficas. E [z]ofereceu o holocausto.

10 Mal havia ele acabado de oferecer o holocausto, Samuel chegou, e Saul lhe saiu ao encontro, para o [a]saudar.

11 Perguntou Samuel: Que fizeste? Respondeu Saul: Quando vi que o povo se ia espalhando daqui, e tu não vinhas nos dias aprazados, e os filisteus já se tinham ajuntado em Micmás,

12 pensei: Agora descerão os filisteus sobre mim a Gilgal, e ainda não obtive a benevolência do Senhor. Assim senti-me obrigado a oferecer o holocausto.

13 Disse Samuel a Saul: [b]Procedeste [c]tolamente em não guardar o mandamento que o Senhor, o teu Deus, te [d]ordenou; pois o Senhor teria confirmado o teu reino sobre Israel para sempre.

14 Agora, porém, [e]não subsistirá o teu reino; o Senhor já [ff]buscou para si um homem [gg]segundo o seu coração e já lhe ordenou que seja líder sobre o seu povo, porque [hh]não guardaste o que o Senhor te ordenou.

Israel impotente perante os filisteus

15 Então se levantou Samuel e subiu de Gilgal a Gibeá de Benjamim. Saul contou o povo que se achava com ele, cerca de seiscentos homens.

16 **S**aul e Jônatas, seu filho, e o povo que se achava com eles, ficaram em Gibeá de Benjamim, mas os filisteus se acamparam em Micmás.

[f] Êx 14.13
[g] 1Sm 7.10
[h] Ed 10.9
[i] 1Sm 8.7
[j] Êx 14.31
[k] 1Sm 7.8
[l] Dt 11.16
[m] Sl 60.11; 108.12; Is 41.29
[n] Dt 31.6
[o] Dt 7.6-11; Is 43.21
[p] Comp. Rm 1.9
[q] 1Sm 14.5,31
[r] 1Sm 14.1
[s] 1Sm 10.26
[t] 1Sm 10.5
[u] 1Sm 14.5
[v] Jz 7.12
[w] Js 7.2
[x] 1Sm 14.11; comp. Jz 6.2
[y] Nm 32.1-42
[z] Comp. Nm 16.1-3
[a] 1Sm 15.13
[b] Comp. 1Sm 26.21
[c] 2Cr 16.9
[d] 1Sm 15.11
[e] 1Sm 15.28
[ff] 1Sm 16.1
[gg] Sl 89.20; At 13.22
[hh] 1Sm 15.11,19

[1] (13.1) Este versículo declara que, após reinar um ano, ou seja, no segundo ano de seu reinado, Saul fez o que segue no v. 2: preparou-se para enfrentar um exército que almejava destruir Israel.

[2] (13.5) Jesus Cristo afirmou em Mt 5.18 que o texto do AT em hebraico foi preservado até nos detalhes. Mesmo afirmando-se que Micmás dava vista para um vale grande o suficiente para caber 30.000 mil carros, alguns insistem em dizer que esse número constitui erro de copista. Os tais conjeturam com mais fé nos críticos do que na preservação da Palavra de Deus. É melhor ter fé nas palavras de Jesus em Mt 5.18.

17 Os saqueadores saíram do campo dos filisteus em três companhias. Uma delas tomou o caminho de [i]Ofra para a terra de Sual,

18 outra tomou o caminho de [j]Bete-Horom, e a terceira tomou o caminho do termo que dá para o vale de [k]Zeboim, na direção do deserto.

19 **E**m toda a terra de Israel não se achava nem mesmo um único [1][l]ferreiro, pois os filisteus disseram: Que os hebreus não façam espada nem lança.

20 Pelo que todo o Israel tinha que descer aos filisteus a fim de amolar cada um o seu arado, a sua enxada, o seu machado e a sua foice.

21 O custo era de dois terços de siclo pelos arados e enxadas, e de um terço de siclo para afiar machados e aguilhões.

22 Assim, no dia da peleja [m]não se achou espada nem lança na mão de todo o povo que estava com Saul e com Jônatas; só Saul e seu filho Jônatas as tinham.

23 Ora, uma guarnição dos filisteus tinha saído para o [n]desfiladeiro de Micmás.

O ataque ousado de Jônatas

14 Certo dia, disse Jônatas, filho de Saul, ao seu escudeiro: Vem, passemos à guarnição dos filisteus, que está do outro lado. Mas não o fez saber a seu pai.

2 Saul estava na extremidade de [o]Gibeá, debaixo da romeira que havia em Migrom. O povo que estava com ele era cerca de seiscentos homens,

3 entre os quais se encontrava [p]Aías, que [q]trazia a estola sacerdotal. Aías era filho de Aitube, irmão de [r]Icabode, filho de Fineias, filho de Eli, sacerdote do Senhor em Siló. O povo não sabia que Jônatas tinha ido.

4 Entre os [s]desfiladeiros pelos quais Jônatas procurava passar à guarnição dos filisteus, deste lado havia um penhasco íngreme, e do outro lado, outro; o nome de um era Bozez, e o nome do outro, Sené.

5 Um deles se erguia para o norte na direção de Micmás; o outro, para o sul na direção de Gibeá.

6 **D**isse Jônatas ao seu escudeiro: Vem, passemos à guarnição destes [t]incircuncisos. Porventura operará o Senhor por nós, porque para com o Senhor nenhum impedimento há de [u]livrar com muitos ou com poucos.

7 Respondeu-lhe o seu escudeiro: Faze tudo o que tiveres em mente. Segue; estou contigo, a tua disposição será a minha.

8 Disse Jônatas: Passaremos àqueles homens e deixaremos que eles nos vejam.

i Js 18.23
j Js 16.3
k Ne 11.34
l Comp. 2Rs 24.14
m Comp. Jz 3.31; 5.8
n 1Sm 14.4,5
o 1Sm 13.15,16
p Chamado Aimeleque, 1Sm 21.1; 22.9,14,20; e Abiatar, Mc 2.26
q Comp. Nm 16.1-3; 1Sm 2.27-33; Jd 11
r 1Sm 4.21
s 1Sm 13.23
t 1Sm 17.26
u Dt 32.36; Jz 7.4,7; 2Cr 14.11; Rm 8.31
v Comp. 1Sm 6.9
w 1Sm 13.6
x Lv 26.8; Js 23.10
y Dt 28.7; Jó 18.11; comp. 2Rs 7.6,7
z 1Sm 13.17
a Comp. 1Sm 23.9; 30.7
b Nm 27.21
c Jz 7.22
d Comp. 1Sm 29.4

9 Se nos disserem: Parai até que cheguemos a vós; ficaremos no nosso lugar e não subiremos a eles.

10 Se, porém, disserem: Subi a nós; subiremos, pois o Senhor os entregou em nossas mãos, e isso nos será por [v]sinal.

11 Então ambos se deixaram ver pela guarnição dos filisteus. Disseram os filisteus: Vede, os hebreus já estão saindo das cavernas em que se tinham [w]escondido.

12 **O**s homens da guarnição gritaram a Jônatas e ao seu escudeiro: Subi a nós, e vos daremos uma lição. Disse Jônatas ao seu escudeiro: Sobe atrás de mim; o Senhor os entregou nas mãos de Israel.

13 Então subiu Jônatas de gatinhas, e o seu escudeiro atrás dele. Os filisteus [x]caíram diante de Jônatas, e o seu escudeiro os matava atrás dele.

14 Aconteceu esta primeira derrota, em que Jônatas e o seu escudeiro mataram uns vinte homens, em uma pequena área de terra.

15 Houve [y]terror no acampamento, no campo e em todo o povo; a guarnição e [z]os saqueadores tremeram de medo. A terra também tremeu, e houve grande pânico.

Vitória subsequente de Israel

16 **O**lharam as sentinelas de Saul, em Gibeá de Benjamim, e viram que a multidão se dispersava, fugindo para cá e para lá.

17 Disse então Saul ao povo que estava com ele: Ora, contai e vede quem é que saiu dentre nós. Contaram e viram que nem Jônatas nem o seu escudeiro estavam ali.

18 Então Saul disse a Aías: [a]Traze aqui a arca de Deus. (Naquele tempo a arca de Deus estava com os filhos de Israel.)

19 Estando Saul ainda [b]falando com o sacerdote, o alvoroço que havia no acampamento dos filisteus crescia mais e mais, pelo que disse Saul ao sacerdote: Retira a tua mão.

20 Então Saul e todo o povo que estava com ele se ajuntaram e vieram à peleja. Encontraram os filisteus em grande tumulto, uns lutando contra os [c]outros.

21 Os [d]hebreus que se tinham juntado aos filisteus e tinham ido para o acampamento com eles passaram para os israelitas que estavam com Saul e Jônatas.

22 Ouvindo todos os homens de Israel que se haviam escondido na região montanhosa de Efraim que os filisteus fugiam, também os perseguiram de perto na peleja.

---

[1] (13.19) Uma das razões do grande poder filisteu, apesar de seu número relativamente pequeno entre os povos de Canaã, era o fato de, naquele tempo, serem os únicos que sabiam fabricar ferramentas e armas de ferro. Veja Jz 13.1, *nota*; Gn 12.5, *nota*.

23 Assim o Senhor [e]livrou Israel naquele dia, e a batalha passou além de [f]Bete-Áven.

A ordem precipitada de Saul é ignorada

24 **O**ra, os homens de Israel estavam exaustos naquele dia, porque Saul [g]conjurara o povo, dizendo: Maldito o homem que comer pão antes da tarde, antes que eu me vingue de meus inimigos. Pelo que todo o povo se absteve de provar pão.

25 Todo o povo chegou a um bosque, onde havia mel à flor da terra.

26 Chegando o povo ao bosque, viram o mel que corria, mas ninguém chegou a mão à boca, porque o povo temia o juramento.

27 Jônatas, porém, não tinha ouvido quando seu pai conjurara o povo, e estendeu a ponta da vara que tinha na mão, e a molhou no favo de mel. Levando a mão à boca, seus olhos [h]brilhavam.

28 Então disse um do povo: Teu pai solenemente fez jurar o povo, dizendo: Maldito o homem que hoje comer pão. É por isso que o povo desfalece.

29 Disse Jônatas: Meu pai turbou a terra. Vede como se me aclararam os olhos por ter provado um pouco deste mel.

30 Quanto mais se o povo hoje tivesse comido livremente do despojo, que achou de seus inimigos. Não teria sido maior a derrota dos filisteus?

31 **N**aquele dia, depois de os israelitas terem ferido aos filisteus desde Micmás até Aijalom, o povo estava exausto em extremo.

32 O povo lançou-se ao despojo e, tomando ovelhas, bois e bezerros, degolaram-nos no chão, e os comeram com [i]sangue.

33 Então o anunciaram a Saul: Vê, o povo peca contra o Senhor, comendo carne com sangue. Disse ele: Procedestes deslealmente. Rolai para aqui hoje uma grande pedra.

34 Disse mais Saul: Espalhai-vos entre o povo e dizei-lhes: Trazei-me aqui cada um o seu boi ou a sua ovelha; degolai-os aqui e comei. Não pequeis contra o Senhor, comendo com sangue. Assim todo o povo trouxe de noite, cada um o seu boi, e os degolaram ali.

35 Então [j]edificou Saul um altar ao Senhor; este foi o primeiro altar que ele edificou ao Senhor.

36 **D**epois disse Saul: Desçamos de noite atrás dos filisteus e despojemo-los, até o amanhecer, e não deixemos de resto um homem sequer deles. Responderam: Faze tudo o que bem te parecer. Disse, porém, o sacerdote: Consultemos aqui a Deus.

37 Então Saul [k]perguntou a Deus: Descerei atrás dos filisteus? Eles serão entregues nas mãos de Israel? Mas, naquele dia, Deus [l]não lhe respondeu.

38 Portanto, disse Saul: Chegai-vos para aqui, todos os chefes do povo, informai-vos e vede que pecado hoje se cometeu.

39 Tão certo como vive o Senhor que salva Israel, [m]ainda que esteja em meu filho Jônatas, será morto. Porém ninguém de todo o povo lhe respondeu.

40 Disse mais a todo o Israel: Vós estareis de um lado; eu e meu filho Jônatas estaremos do outro. Então disse o povo a Saul: Faze o que bem te parecer.

41 Então orou Saul ao Senhor, o Deus de Israel: [n]Mostra o que é [o]justo. E Jônatas e Saul foram tomados por sorte, e o povo saiu livre.

42 Disse Saul: Lançai a sorte entre mim e Jônatas, meu filho. E foi tomado Jônatas.

43 **D**isse então Saul a Jônatas: [p]Declara-me o que fizeste. E Jônatas lhe disse: Tão somente provei um pouco de mel com a ponta da vara que tinha na mão. E agora devo morrer?

44 Disse Saul: Assim me faça Deus, e outro tanto, [q]que com certeza morrerás, Jônatas.

45 O povo, porém, disse a Saul: Morrerá Jônatas, que operou tão grande salvação em Israel? Tal não suceda. Tão certo como vive o Senhor, não lhe há de cair no chão um só fio de cabelo, pois [r]com Deus fez isso hoje. Assim o povo livrou Jônatas, para que não morresse.

46 Então Saul deixou de perseguir os filisteus, e estes se foram ao seu lugar.

Resumo do reinado de Saul: guerras constantes por todos os lados

47 **T**endo Saul assumido o reinado de Israel, pelejou contra todos os seus inimigos em redor: contra Moabe, contra os filhos de [s]Amom, contra Edom, contra os reis de [t]Zobá e contra os filisteus. Para onde quer que se voltava, saía vitorioso.

48 Lutou bravamente e derrotou os [u]amalequitas, e libertou Israel das mãos dos que o saqueavam.

49 **O**s [v]filhos de Saul eram Jônatas, Isvi e Malquisua. Os nomes de suas duas filhas eram: o da mais velha Merabe, e o da mais nova, [w]Mical.

50 O nome da mulher de Saul era Ainoã, filha de Aimaás. O nome do general do seu exército era Abner, filho de Ner, [x]tio de Saul.

51 Quis, pai de Saul, e Ner, pai de Abner, eram filhos de Abiel.

52 Houve forte guerra contra os filisteus, todos os dias de Saul; sempre que Saul via algum homem forte e valente, o [y]agregava a si.

Obediência incompleta de Saul

15 [z]Disse Samuel a Saul: Enviou-me o Senhor a ungir-te [a]rei sobre o seu povo, sobre Israel; portanto ouve agora as palavras do Senhor.

2 Assim diz o Senhor dos Exércitos: Castigarei a [b]Amaleque pelo que fez a Israel quando se lhe opôs no caminho, quando este subia do Egito.

3 Vai agora e [c]fere a Amaleque, e [d]destrói totalmente tudo o que tiver. Nada lhe poupes;

[e] Êx 14.30; 2Cr 32.22
[f] 1Sm 13.5
[g] Comp. Js 6.26
[h] Comp. 1Sm 30.12
[i] Comp. Lv 3.17; 17.10; Dt 12.23,24; Ez 33.25; At 15.19,20
[j] 1Sm 7.17
[k] Jz 20.18
[l] 1Sm 28.6
[m] v. 44
[n] Comp. Js 7.14-18
[o] At 1.24-26
[p] Js 7.19
[q] v. 39
[r] Comp. 2Cr 19.11; Is 13.3; 2Co 6.1; Fp 2.12,13
[s] 1Sm 11.1-13
[t] Comp. 2Sm 8.3-10
[u] Êx 17.16; 1Sm 15.3-7
[v] 1Sm 31.2
[w] 1Sm 18.17-20,27; 19.12
[x] 1Sm 10.14
[y] Comp. 1Sm 8.11-22
[z] 1Sm 9.16
[a] Reino (AT): v. 1-26; 1Sm 16.1 (Gn 1.26; Zc 12.8)
[b] Êx 17.8-14; Dt 25.17-19
[c] Dt 25.19
[d] Nm 24.20

matarás homens e mulheres, meninos e crianças de peito, bois e ovelhas, camelos e jumentos.

4 **P**elo que Saul convocou o povo e os contou em Telaim: duzentos mil homens de infantaria e dez mil homens de Judá.

5 Chegando Saul à cidade de Amaleque, pôs emboscadas no vale.

6 Então disse aos [e]queneus: Ide-vos, retirai-vos e saí do meio dos amalequitas, para que não vos destrua com eles, porque vós usastes de misericórdia para com todos os filhos de Israel, quando subiram do Egito. Assim os queneus se retiraram do meio dos amalequitas.

7 Então feriu Saul os amalequitas desde [f]Havilá até [g]Sur, que está a leste do Egito.

8 Tomou vivo a Agague, rei dos amalequitas, mas a todo o povo [h]destruiu a fio de espada.

9 [i]Saul e o povo, porém, pouparam Agague, e o melhor das ovelhas e dos bois, e os animais gordos e os cordeiros e o melhor que havia, e não os quiseram destruir totalmente; mas toda coisa vil e desprezível destruíram totalmente.

10 **E**ntão veio a palavra do Senhor a Samuel:

11 [j]Arrependo-me de haver posto a Saul como rei, porque deixou de me seguir e não executou as minhas palavras. Então Samuel se contristou e [k]clamou ao Senhor a noite toda.

Samuel repreende Saul

12 Madrugou Samuel para encontrar Saul pela manhã, mas foi-lhe dito: Saul já chegou ao Carmelo, e aí levantou para si um monumento; e, voltando, passou e desceu a Gilgal.

13 Veio Samuel a Saul, e este lhe disse: Bendito sejas tu do Senhor! Executei a palavra do Senhor.

14 Samuel, porém, lhe disse: Então que balido de ovelhas é este nos meus ouvidos? Que mugido de bois é este que ouço?

15 Respondeu Saul: Os soldados os trouxeram de Amaleque; [l]pouparam V o melhor das ovelhas e dos bois, para os oferecer ao Senhor, o teu Deus, mas o restante destruímos totalmente.

16 Então disse Samuel a Saul: Espera, e te declararei o que o Senhor me disse esta noite. Respondeu-lhe Saul: Fala.

17 **D**isse Samuel: [m]Porventura, sendo tu pequeno aos teus próprios olhos, não foste feito o líder das tribos de Israel? Não te ungiu o Senhor rei sobre Israel?

18 Enviou-te o Senhor a este caminho e disse: Vai; destrói totalmente a estes pecadores, os amalequitas, e peleja contra eles, até que sejam aniquilados.

19 [n]Por que não deste ouvidos à voz do Senhor? Por que antes te lançaste ao despojo e fizeste o que era mal aos olhos do Senhor?

20 Disse Saul a Samuel: Pelo contrário, dei [o]ouvidos à voz do Senhor e caminhei no caminho pelo qual o Senhor me enviou; e trouxe a Agague, rei de Amaleque, e aos amalequitas destruí totalmente.

21 Os soldados tomaram do despojo ovelhas e bois, o melhor do destinado à destruição, para oferecer ao Senhor, o teu Deus, em Gilgal.

22 Samuel, porém, respondeu:

[p]Tem o Senhor tanto prazer em
holocaustos e sacrifícios
como em que se obedeça à sua palavra?
Obedecer é melhor do que sacrificar,
e atender melhor é do que a
gordura de carneiros.

23 Pois a rebelião é como o
pecado de feitiçaria,
e a obstinação é como a
iniquidade de idolatria.
[q]Visto que rejeitaste a palavra do Senhor,
ele também te [r]rejeitou,
para que não sejas rei.

24 **E**ntão disse Saul a Samuel: [s]Pequei. Violei o mandamento do Senhor e as tuas palavras. Temi ao [t]povo e dei ouvidos à sua voz.

25 Agora, rogo-te, perdoa-me o meu pecado e volta comigo, para que eu adore ao Senhor.

26 Samuel, porém, lhe disse: Não tornarei contigo. Rejeitaste a palavra do Senhor, e ele te rejeitou, para que não sejas rei sobre Israel.

27 Virando-se Samuel para partir, Saul segurou-se à barra do manto, o qual se [u]rasgou.

28 Disse-lhe Samuel: O Senhor [v]rasgou de ti hoje o reino de Israel e o deu ao teu próximo, que é melhor do que tu.

29 Aquele que é a Glória de Israel não [w]mente nem se [x]arrepende; pois não é homem para que se arrependa.

30 Respondeu Saul: Pequei. Mas [y]honra-me diante dos anciãos do meu povo e diante de Israel; volta comigo, para que eu adore ao Senhor, o teu Deus.

31 Assim Samuel voltou com Saul, e Saul adorou ao Senhor.

32 **E**ntão disse Samuel: Trazei-me Agague, rei dos amalequitas. E Agague veio a ele confiante, pensando: Certamente já passou a amargura da morte.

33 Disse, porém, Samuel:

Assim [z]como a tua espada desfilhou mulheres,
assim ficará desfilhada tua mãe
entre as mulheres.

E Samuel despedaçou Agague perante o Senhor em Gilgal.

34 **E**ntão Samuel se foi a [a]Ramá, mas Saul subiu a sua casa, a [b]Gibeá de Saul.

35 Nunca mais viu Samuel a Saul [c]até o dia da sua morte, mas teve muita pena dele. E o Senhor se arrependeu de haver posto Saul como rei sobre Israel.

[e] Nm 24.21; Jz 1.16; 4.11-22; 1Cr 2.55
[f] Gn 25.17,18
[g] Êx 15.22; 1Sm 27.8
[h] 1Sm 27.8,9
[i] Comp. v. 3,18
[j] Veja Zc 8.14, nota
[k] Comp. Êx 32.11-13; Lc 6.12
[l] v. 9,21
[m] 1Sm 9.21
[n] 1Sm 14.32
[o] Pv 28.13
[p] Sl 50.8,9; 51.16,17; Pv 21.3; Is 1.11-17; Jr 7.22,23; Mq 6.6-8; Hb 10.4-10
[q] Comp. Jo 8.47; 10.26; 12.48; 15.22
[r] 1Sm 13.14; 16.1
[s] Js 7.20; 1Sm 26.21
[t] Pv 29.25; comp. Is 51.12,13
[u] Comp. 1Rs 11.31
[v] 1Sm 28.17
[w] Nm 23.19
[x] Veja Zc 8.14, nota
[y] Comp. Jo 5.44; 12.43
[z] Gn 9.6; Mt 7.2; comp. Jz 1.7
[a] 1Sm 7.17
[b] 1Sm 11.4
[c] Comp. 1Sm 19.24

III. Paralelo das vidas de Saul e Davi até a morte de Saul, 16–31

Samuel é enviado a Belém

16 Disse o Senhor a Samuel: Até quando terás
pena de Saul, havendo-o eu [d]rejeitado, para
que não reine sobre Israel? [e]Enche o teu vaso de
azeite e vem; eu te enviarei a [f]Jessé, o belemita.
Entre os seus filhos me tenho provido de um [g]rei.
2 Disse, porém, Samuel: Como irei eu?
Ouvindo-o Saul, me matará. Disse o Senhor:
Toma contigo um novilho e dize: Vim para sacrificar ao Senhor.
3 Convidarás Jessé para o sacrifício, e eu mostrarei o que hás de fazer. Ungirás a quem eu te disser.
4 Fez Samuel o que dissera o Senhor. Quando
chegou a Belém, as autoridades da cidade lhe
saíram ao encontro, tremendo, e perguntaram:
É de paz a tua vinda?
5 Respondeu ele: É de paz; vim sacrificar ao
Senhor. [h]Consagrai-vos e vinde comigo ao sacrifício. Então ele consagrou a Jessé e a seus filhos,
e os convidou para o sacrifício.
6 Entrando eles, Samuel viu a [i]Eliabe e pensou:
Certamente, está perante o Senhor o seu ungido.
7 O Senhor, porém, disse a Samuel: [j]Não atentes para a sua aparência nem para a sua altura,
[k]pois eu o rejeitei. O Senhor não vê como vê o
homem. O homem olha para o que está [l]diante
dos olhos, mas o Senhor olha para o [m]coração.
8 Então chamou Jessé a Abinadabe e o fez passar diante de Samuel, que disse: Nem a este
escolheu o Senhor.
9 Então Jessé fez passar a Samá, mas Samuel
disse: Tampouco a este escolheu o Senhor.
10 Assim fez passar Jessé seus sete filhos
diante de Samuel, mas Samuel disse a Jessé:
O Senhor não escolheu a estes.
11 Assim perguntou Samuel a Jessé:
Acabaram-se os teus filhos? Respondeu Jessé:
Ainda falta o menor, que está apascentando as
[n]ovelhas. Disse Samuel: Manda chamá-lo; não
nos assentaremos à mesa até que ele chegue.

Davi é ungido rei

12 Então mandou buscá-lo e o fez entrar. Ele era
[o]ruivo, de belos olhos e de [p]boa aparência. Disse
o Senhor: [q]Levanta-te e unge-o; é este mesmo.
13 Assim tomou Samuel o vaso de azeite e
ungiu-o no meio de seus irmãos; e daquele dia
em diante, o [r]Espírito do Senhor se apoderou de
Davi. Então Samuel se levantou e foi para Ramá.

Davi na corte de Saul

14 Ora, o Espírito do Senhor [s]retirou-se de Saul,
e um espírito [t]maligno da parte do Senhor o
atormentava.
15 Os servos de Saul lhe disseram: Vê, um espírito maligno da parte do Senhor te atormenta.
16 Dize, ó senhor nosso, a teus servos, que estão
na tua presença, que busquem um homem que
saiba tocar harpa. Quando o espírito maligno da
parte do Senhor vier sobre ti, então ele [u]tocará
com a sua mão, e te sentirás melhor.
17 Disse Saul aos seus servos: Buscai-me um
homem que toque bem e trazei-o a mim.
18 Respondeu um dos moços: Vi um filho de
Jessé, o belemita, que sabe tocar bem, é forte e
valente, homem de guerra, sabe falar bem e tem
boa aparência; e o [v]Senhor é com ele.
19 Saul enviou mensageiros a Jessé, dizendo:
Envia-me Davi, teu filho, o que está com as ovelhas.
20 Então tomou Jessé um jumento carregado
de pão, um odre de vinho e um cabrito, e os
enviou a Saul pela mão de Davi, seu filho.
21 Assim Davi [1]veio a Saul e [w]esteve perante ele.
Saul o amou muito e o fez seu escudeiro.
22 Então Saul mandou dizer a Jessé: Deixa
estar Davi perante mim, pois achou graça aos
meus olhos.
23 Sempre que o espírito maligno da parte de
Deus vinha sobre Saul, Davi tomava a harpa e
a tocava. Então Saul sentia alívio e se achava
melhor, e o espírito maligno se retirava dele.

Golias desafia Israel

17 Ajuntaram os filisteus as suas tropas para
a guerra e congregaram-se em Socó, que
está em Judá, e acamparam-se entre [x]Socó e
Azeca, em [y]Efes-Damim.
2 Saul e os homens de Israel se ajuntaram e
se acamparam no vale de Elá, e ali ordenaram a
batalha contra os filisteus.
3 Os filisteus estavam num monte de um lado,
e os israelitas estavam noutro monte, do outro
lado, e entre eles o vale.
4 Saiu do acampamento dos filisteus um
homem guerreiro, cujo nome era [z]Golias, de
[a]Gate, que tinha seis [b]côvados e um palmo
de altura.
5 Trazia na cabeça um capacete de bronze e
vestia uma couraça escameada, de bronze, cujo
peso era de cinco mil siclos.
6 Trazia caneleiras de bronze nas pernas e um
dardo de bronze entre os ombros.

[d] 1Sm 15.23
[e] 1Sm 10.1
[f] Rt 4.18-22; 1Sm 17.12
[g] Reino (AT): v. 1-13; 2Sm 2.1 (Gn 1.26; Zc 12.8)
[h] Gn 35.2; Êx 19.10
[i] 1Sm 17.13,28
[j] Sl 147.10
[k] Is 55.8,9
[l] 2Co 10.7; comp. 1Pe 2.4
[m] 1Rs 8.39
[n] 2Sm 7.8; Sl 78.70-72
[o] 1Sm 17.42; comp. Ct 5.10
[p] Gn 39.6; Êx 2.2
[q] 1Sm 9.17
[r] Espírito Santo (AT): v. 13,14; 1Sm 19.20 (Gn 1.2; Zc 12.10)
[s] Jz 16.20
[t] 1Sm 18.10
[u] 1Sm 19.9
[v] 1Sm 18.12,14
[w] Pv 22.29; comp. Gn 41.46
[x] Js 15.35
[y] Heb. Efes; chamada Pas-Damim, 1Cr 11.13
[z] Comp. 2Sm 21.19
[a] Js 11.21,22
[b] Veja pesos e medidas (AT): 2Cr 2.10, nota

[1] (16.21) Comp. 1Sm 17.55,56. A ordem dos acontecimentos é a seguinte: 1) Davi, cujas habilidades com a harpa e cujo valor no combate com leões e ursos (1Sm 17.34-36) eram conhecidos de um dos servos de Saul, foi trazido para tocar harpa diante do rei (1Sm 16.17-23). 2) Davi retornou a Belém (1Sm 17.15). 3) Davi foi enviado ao acampamento de Saul (1Sm 17.17,18) e realizou sua grande façanha. 4) A pergunta de Saul (1Sm 17.55,56) indicava que ele apenas tinha esquecido o nome do pai de Davi – certamente nada notável em um rei do Oriente.

7 A haste da sua lança era como o [c]eixo de um
tear, e a ponta de ferro da sua lança pesava seis-
centos siclos; e diante dele ia o escudeiro.
8 Parou, clamou às tropas de Israel e disse-
-lhes: Por que saístes a ordenar a batalha? Não
sou eu filisteu e vós [d]servos de Saul? Escolhei
dentre vós um homem que desça a mim.
9 Se ele puder pelejar comigo e me ferir, sere-
mos vossos servos; porém, se eu o vencer e o
ferir, então sereis nossos servos e [e]nos servireis.
10 Disse mais o filisteu: Hoje desafio as fileiras
de Israel! Dai-me um homem, para que ambos
pelejemos.
11 Ouvindo Saul e todo o Israel as palavras do
filisteu, espantaram-se e temeram muito.
12 **O**ra, Davi era [f]filho de um homem [g]efrateu, de
Belém de Judá, cujo nome era Jessé. Jessé tinha
[h]oito filhos, e, nos dias de Saul, este homem já
era velho e avançado em idade.
13 Os três filhos mais velhos de Jessé tinham
ido com Saul para a guerra: [i]Eliabe, o primogê-
nito; o segundo, Abinadabe; e o terceiro, Samá.
14 Davi era o mais moço. Os três mais velhos
seguiram Saul,
15 mas Davi ia e voltava de Saul, para [j]apascen-
tar as ovelhas de seu pai em Belém.
16 Durante quarenta dias, apresentou-se o filis-
teu pela manhã e à tarde.

Davi visita seus irmãos e ouve a jactância dos filisteus

17 **O**ra, disse Jessé a Davi, seu filho: Toma para teus
irmãos um [k]efa deste grão tostado e estes dez pães
e corre a levá-los ao acampamento, a teus irmãos.
18 [l]Leva também estes dez queijos ao seu
comandante de mil. [m]Visitarás a teus irmãos, para
ver se vão bem; e trarás notícias deles.
19 Eles estão com Saul e todos os homens de
Israel no vale de Elá, pelejando com os filisteus.
20 **N**o dia seguinte, Davi levantou-se de madru-
gada, deixou as ovelhas com um guarda, carregou-se
e partiu, como Jessé lhe ordenara. Chegou ao acam-
pamento quando o exército estava saindo em
ordem de batalha e, a gritos, chamavam à peleja.
21 Os israelitas e os filisteus se puseram em
ordem, fileira contra fileira.
22 Davi, deixando a [n]carga que trouxera com
o guarda da bagagem, correu para a frente de
batalha e, chegando, perguntou a seus irmãos se
estavam bem.
23 Estando Davi ainda a falar com eles, veio
subindo do exército dos filisteus o homem
guerreiro, cujo nome era Golias, o filisteu de Gate, e
falou conforme aquelas palavras, e Davi as ouviu.
24 **Q**uando todos os homens de Israel viram
aquele homem, fugiram de diante dele e teme-
ram grandemente.
25 Diziam uns aos outros: Vistes aquele
homem que subiu? Subiu para afrontar Israel.
A quem o matar o rei o cumulará de grandes
riquezas, lhe [o]dará a sua filha e fará a casa de seu
pai livre de imposto em Israel.
26 Perguntou Davi aos homens que estavam
perto dele: Que farão ao homem que matar a este
filisteu e tirar a [p]afronta de sobre Israel? Quem é
este [q]incircunciso filisteu, para afrontar os exér-
citos do Deus [r]vivo?
27 O povo lhe repetiu aquela palavra, dizendo:
Assim se fará ao homem que o matar.
28 Quando Eliabe ouviu Davi conversando
com aqueles homens, acendeu-se a sua [s]ira con-
tra Davi, e disse: Por que desceste aqui? E com
quem deixaste aquelas poucas ovelhas no
deserto? Bem conheço a tua presunção e a mal-
dade do teu coração; desceste para ver a peleja.
29 Disse Davi: Que fiz eu agora? Não posso
nem fazer uma pergunta?
30 Então se desviou dele para outro e falou a
mesma coisa; e o povo lhe tornou a responder
como antes.

Davi mata Golias

31 **O**uvidas as palavras que Davi falara, anun-
ciaram-nas a Saul, que mandou chamá-lo.
32 Disse Davi a Saul: Não [t]desfaleça o coração
de ninguém por causa deste filisteu; o [u]teu servo
irá e pelejará contra ele.
33 Respondeu Saul: Contra este filisteu não
poderás ir pelejar; tu ainda és moço, e ele
homem de guerra desde a sua juventude.
34 Disse, porém, Davi a Saul: Teu servo apascen-
tava as ovelhas de seu pai. Sempre que vinha um
[v]leão ou um urso e tomava um cordeiro do rebanho,
35 eu saía após ele, o matava e [w]arrancava o
cordeiro da sua boca. Levantando-se ele contra
mim, segurava-o pela barba, o feria e o matava.
36 O teu servo matava, assim o leão como o
urso; este incircunciso filisteu será como um
deles, porque afrontou os exércitos do Deus vivo.
37 O Senhor que me [x]livrou das garras do leão e
das garras do urso me livrará da mão deste filisteu.
Disse Saul a Davi: Vai-te, e o [y]Senhor seja contigo.
38 Então Saul vestiu Davi com a sua própria
armadura, lhe pôs sobre a cabeça um capacete
de bronze e o fez envergar uma couraça.
39 Davi cingiu a espada sobre a armadura e
tentou andar, porque não estava acostumado a
usar essas coisas. Disse Davi a Saul: Não posso
andar com tudo isso, pois não estou acostu-
mado. Assim tirou Davi aquilo de sobre si.
40 Então tomou o seu cajado na mão, escolheu
cinco pedras lisas do ribeiro, pô-las na bolsa
que trazia e, [z]lançando mão da sua funda, apro-
ximou-se do filisteu.

[c] Comp. 1Cr 11.23
[d] 1Sm 8.17
[e] Comp. 2Sm 2.12-16
[f] Rt 4.22
[g] Gn 35.19
[h] 1Sm 16.10,11
[i] 1Cr 2.13
[j] 2Sm 7.8
[k] Veja pesos e medidas (AT): 2Cr 2.10, nota
[l] Comp. 1Sm 16.20
[m] Gn 37.14
[n] Jz 18.21
[o] Js 15.16
[p] v. 10; 1Sm 11.2
[q] 1Sm 14.6
[r] Dt 5.26; Js 3.10
[s] Gn 37.4,8
[t] Comp. Dt 20.2,3
[u] 1Sm 16.18
[v] Jz 14.5
[w] Comp. Am 3.12
[x] Comp. Dn 3.28; 6.22; 2Tm 4.17
[y] 1Sm 20.13; 1Cr 22.11
[z] Comp. Jz 20.16

41 **O** filisteu também vinha-se aproximando de Davi, e o seu escudeiro ia diante dele.

42 Olhando o filisteu e vendo Davi, o desprezou, [a]porque era moço [b]ruivo e de boa aparência.

43 Disse a Davi: Sou eu algum [c]cão para tu vires a mim com paus? E o filisteu, pelos seus deuses, [d]amaldiçoou Davi.

44 [e]Disse a Davi: Vem a mim, e darei a tua carne às aves do céu e às bestas do [f]campo.

45 Disse Davi ao filisteu: Tu vens a mim com espada, com lança e com escudo, mas [g]eu venho a ti em nome do Senhor dos Exércitos, o Deus dos exércitos de Israel, a quem tens [h]afrontado.

46 Hoje mesmo, o Senhor te entregará na minha mão; te ferirei, [i]tirarei a tua cabeça, e os cadáveres do acampamento dos filisteus darei, hoje mesmo, às aves do céu e às bestas da terra; e toda a terra [j]saberá que há Deus em Israel.

47 Saberá toda esta comunidade que o Senhor [k]dá a vitória, não com espada ou com lança; pois do [l]Senhor é a guerra, e ele vos entregará nas nossas mãos.

48 **L**evantando-se o filisteu e indo a encontrar-se com Davi, este se [m]apressou e correu ao combate, para lutar contra ele.

49 Davi meteu a mão na bolsa, pegou uma pedra e, com a funda, a atirou, ferindo o filisteu na testa. A pedra ficou encravada na testa de Golias, que caiu com o rosto no chão.

50 Assim Davi venceu o filisteu com uma [n]funda e com uma pedra; sem uma espada na mão, feriu-o e o matou.

51 Correu Davi e, pondo-se de pé sobre o filisteu, tomou-lhe a [o]espada, desembainhou-a, e o matou, cortando-lhe com ela a cabeça. Vendo os filisteus que o seu campeão estava morto, [p]fugiram.

52 Então os homens de Israel e Judá se levantaram, e jubilaram, e seguiram os filisteus até Gate, e até as portas de Ecrom. E morreram os filisteus. Cadáveres deles ficaram espalhados pelo caminho de Saaraim até Gate e até Ecrom.

53 Então voltaram os filhos de Israel de perseguir os filisteus e levaram tudo o que encontraram no acampamento deles.

54 Davi tomou a cabeça do filisteu e a trouxe a Jerusalém; e as armas dele pôs na sua tenda.

55 **Q**uando Saul viu Davi sair para encontrar-se com o filisteu, perguntou a [q]Abner, o comandante do exército: De quem é [r]filho esse moço, Abner? Respondeu Abner: Vive a tua alma, ó rei, que não sei.

56 Disse então o rei: Pergunta de quem ele é filho.

57 Voltando Davi depois de ferir o filisteu, Abner o levou à presença de Saul, trazendo Davi na mão a cabeça do filisteu.

58 Perguntou-lhe Saul: De quem és filho, jovem? Respondeu Davi: Sou filho do teu servo Jessé, o belemita.

[a] Pv 16.18
[b] 1Sm 16.12
[c] 2Rs 8.13
[d] Comp. Jz 16.23
[e] Comp. 1Rs 20.10,11
[f] Comp. Dt 28.26
[g] 2Sm 22.23; Sl 124.8; Hb 11.32-34
[h] v. 10
[i] v. 51
[j] Js 4.24; 1Rs 8.43; 18.36; 2Rs 19.19; Sl 46.10; Is 52.10
[k] Sl 44.6,7; Os 1.7; Zc 4.6
[l] Comp. 2Cr 20.15
[m] Sl 27.3
[n] v. 40; Jz 3.31; 15.15
[o] 1Sm 21.9
[p] Hb 11.34
[q] 1Sm 14.50
[r] Veja 1Sm 16.21, nota
[s] Dt 13.6; comp. Gn 44.30
[t] Comp. 1Sm 17.15
[u] 1Sm 20.16
[v] Comp. Gn 41.42
[w] 1Sm 21.11
[x] Comp. 2Sm 18.3
[y] Comp. 1Sm 15.28
[z] 1Sm 16.14
[aa] 1Sm 16.23
[bb] 1Sm 19.9,10
[cc] Comp. v. 29; 1Sm 15.28
[dd] 1Sm 16.13,18
[ee] 1Sm 29.6
[ff] Nm 27.16,17; 2Sm 5.2; 1Rs 3.7
[gg] 1Sm 14.49; 17.25
[hh] 1Sm 25.28
[ii] v. 21,25; comp. 2Sm 12.9

Davi é amado por Jônatas

18 **A**cabando Davi de falar com Saul, a alma de Jônatas ligou-se com a de Davi, e Jônatas o amou [s]como à sua própria alma.

2 Saul, naquele dia, o tomou e [t]não lhe permitiu que tornasse para a casa de seu pai.

3 E Jônatas e Davi fizeram [u]aliança, porque Jônatas o amava como à sua própria alma.

4 Jônatas tirou a capa que vestia e a [v]deu a Davi, como também a sua armadura, inclusive a sua espada, o seu arco e o seu cinto.

Saul fica enciumado e tenta matar Davi

5 Aonde quer que Saul o enviava, Davi saía e se conduzia com prudência; por isso, Saul o pôs sobre a gente de guerra. Ele era benquisto de todo o povo, incluindo os servos de Saul.

6 **Q**uando os soldados retornavam para casa, depois de Davi ter ferido o filisteu, as mulheres de todas as cidades de Israel saíram ao encontro do rei Saul, cantando e dançando alegremente, com tambores e com instrumentos de música.

7 As mulheres, dançando, cantavam umas para as outras, dizendo:

Saul [w]feriu os seus milhares,
mas Davi, os seus [x]dez milhares.

8 Então Saul se indignou muito, pois estas palavras lhe desagradaram muito, e pensou: Dez milhares deram a Davi, e a mim somente milhares. Na verdade, o que lhe falta, senão só o [y]reino?

9 Daquele dia em diante, Saul trazia Davi sob suspeita.

10 **N**o dia seguinte, um espírito [z]maligno da parte de Deus se apoderou de Saul. Ele começou a profetizar em sua casa, enquanto Davi [aa]tocava a harpa como nos outros dias. Saul trazia na mão uma [bb]lança,

11 e a atirou, dizendo para si mesmo: Encravarei Davi na parede. Mas Davi se desviou dele duas vezes.

12 **S**aul [cc]temia a Davi, porque o Senhor era com [dd]este e se tinha retirado de Saul.

13 Pelo que Saul o afastou de si e o pôs por chefe de mil; e ele [ee]saía e entrava diante do povo.

14 Davi se saía muito bem em todas as suas expedições, porque o Senhor era com ele.

15 Vendo, então, Saul que ele era sempre bem-sucedido, tinha receio dele.

16 Todo o Israel e Judá, porém, amavam Davi, [ff]porque saía e entrava diante deles.

Davi se casa com a filha de Saul

17 **D**isse Saul a Davi: Aqui está [gg]Merabe, minha filha mais velha. Eu a darei a ti por mulher; tão somente sê-me filho valente e [hh]guerreia as guerras do Senhor. Pois Saul dizia consigo: Não seja contra ele a minha [ii]mão, mas sim a dos filisteus.

18 [j]Respondeu Davi a Saul: Quem sou eu, e qual é a minha vida e a família de meu pai em Israel, para vir a ser genro do rei?
19 Sucedeu, porém, que chegado o tempo em que Merabe, filha de Saul, devia ser dada a Davi, ela foi dada por mulher a [k]Adriel, o [l]meolatita.
20 **O**ra, Mical, a outra filha de Saul, amava a Davi. Sendo isso anunciado a Saul, pareceu bem aos seus olhos.
21 Disse Saul: Eu a darei a ele, para que lhe sirva de armadilha e para que a mão dos filisteus venha a ser contra ele. Pelo que Saul disse a Davi: Com a outra serás hoje meu genro.
22 Saul deu ordem aos seus servos: Falai em segredo a Davi, dizendo: Olha, o rei tem afeição por ti, e todos os seus servos te amam; agora consente em ser genro do rei.
23 Os servos de Saul falaram todas essas palavras aos ouvidos de Davi. Então disse Davi: Parece-vos pouca coisa ser genro do rei, sendo eu homem [m]pobre e de condição humilde?
24 Quando os servos de Saul lhe anunciaram o que Davi tinha dito,
25 Saul respondeu: Assim direis a Davi: O rei não deseja [n]dote, mas cem prepúcios de filisteus, para tomar [o]vingança dos inimigos do rei. O plano de Saul era fazer cair a Davi pelas mãos dos filisteus.
26 Tendo os servos de Saul anunciado essas palavras a Davi, pareceu bem aos olhos deste tornar-se genro do rei. Assim, antes de se cumprirem os dias,
27 Davi se levantou, partiu com os seus homens e feriu dentre os filisteus duzentos homens. Trouxe os [p]prepúcios deles e os entregou todos ao rei, para que lhe fosse genro. Então Saul lhe deu por mulher a sua filha Mical.
28 Quando Saul percebeu que o Senhor era com Davi e que Mical, filha de Saul, o amava,
29 temeu Saul muito mais a Davi e se tornava cada vez mais seu inimigo.
30 **O**s comandantes dos filisteus continuaram a sair à batalha, e sempre que saíam, Davi alcançava maior [q]sucesso do que todos os servos de Saul, pelo que o seu nome se tornou muito famoso.

Davi é protegido três vezes de Saul

19 *Falou Saul* a Jônatas, seu filho, e a todos os seus servos para que matassem a [r]Davi. Porém Jônatas, filho de Saul, estava [s]muito afeiçoado a Davi,
2 e anunciou a Davi: Saul, meu pai, procura matar-te. Portanto, guarda-te pela manhã, fica num lugar oculto e esconde-te.
3 Eu sairei e estarei ao lado de meu pai no campo em que estiveres. Falarei de ti a meu pai, e [t]verei o que houver, e o anunciarei a ti.

[j] v. 23; 1Sm 9.21; 2Sm 7.18
[k] 2Sm 21.8
[l] Jz 7.22; 2Sm 21.8
[m] Comp. Gn 34.11,12
[n] Comp. Êx 22.17
[o] 1Sm 14.24
[p] 2Sm 3.14
[q] 18.5
[r] 1Sm 18.8,9
[s] 1Sm 18.1
[t] 1Sm 20.8-13
[u] 1Sm 24.17
[v] Jz 12.3
[w] 1Sm 17.49,50
[x] Dt 19.10-13
[y] 1Sm 18.2,10,13
[z] 1Sm 18.27; 23.5
[a] 1Sm 16.14; 18.10,11
[b] Sl 59
[c] Comp. Js 2.15; 2Co 11.33
[d] 1Sm 16.13
[e] 1Sm 7.17
[f] v. 22
[g] 1Sm 10.5,6
[h] Espírito Santo (AT): v. 20-23; 2Sm 23.2 (Gn 1.2; Zc 12.10)

4 Jônatas falou bem de Davi a Saul, seu pai, e lhe disse: Não peque o rei contra seu servo Davi; ele não pecou contra ti, e os seus feitos para contigo têm sido [u]muito bons.
5 Ele [v]expôs a sua vida quando [w]feriu os filisteus, e o Senhor deu um grande livramento a todo o Israel. Tu mesmo o viste e te alegraste. Por que, pois, pecarias contra o sangue [x]inocente, matando sem causa a Davi?
6 Saul deu ouvidos à voz de Jônatas e jurou: Tão certo como vive o Senhor, ele não morrerá.
7 Jônatas chamou a Davi e contou-lhe todas essas palavras. Levou-o a Saul, e Davi o assistia [y]como antes.
8 **T**ornou a haver guerra, e Davi saiu e pelejou contra os filisteus. [z]Levou-os a uma derrota tão grande que eles fugiram diante dele.
9 O espírito [a]maligno da parte do Senhor, porém, tornou sobre Saul, estando ele assentado em sua casa e tendo na mão a sua lança. Enquanto Davi tocava o seu instrumento de música,
10 Saul procurou encravá-lo na parede, mas Davi se desviou de diante de Saul, que fincou a lança na parede. Então Davi fugiu e escapou naquela mesma noite.
11 Saul mandou mensageiros à casa de Davi, para que o [b]vigiassem e o matassem pela manhã. Mas Mical, mulher de Davi, o avisou, dizendo: Se não salvares a tua vida esta noite, amanhã te matarão.
12 **E**ntão Mical [c]desceu Davi por uma janela; e ele fugiu.
13 Mical tomou uma estátua, deitou-a na cama, pôs-lhe à cabeceira uma pele de cabra, e a cobriu com uma capa.
14 Tendo Saul enviado mensageiros que trouxessem a Davi, ela disse: Está doente.
15 Então Saul mandou mensageiros que vissem Davi, dizendo-lhes: Trazei-o na cama, para que eu o mate.
16 Vindo os mensageiros, a estátua estava na cama, e a pele de cabra à sua cabeceira.
17 Perguntou Saul a Mical: Por que me enganaste e deixaste o meu inimigo fugir? Respondeu-lhe Mical: Porque ele me disse: Deixa-me ir, senão eu te mato.
18 **A**ssim Davi fugiu, e veio a [d]Samuel, em [e]Ramá, e contou-lhe tudo quanto Saul lhe fizera. Então foram, ele e Samuel, e ficaram em [f]Naiote.
19 Foram dizer a Saul: Davi está em Naiote, em Ramá.
20 **E**ntão enviou Saul mensageiros para trazerem Davi. Mas quando viram um [g]grupo de profetas profetizando, e Samuel a presidi-los, o [h]Espírito de Deus veio sobre os mensageiros de Saul, e também eles profetizaram.
21 Avisado disso, Saul enviou outros mensageiros, e também estes profetizaram. Enviou Saul

ainda uns terceiros mensageiros, os quais também profetizaram.

22 Então foi também ele mesmo a Ramá e, chegando ao poço grande que estava em Seco, perguntou: Onde estão Samuel e Davi? Responderam-lhe: Estão em Naiote, em Ramá.

23 Assim foi para Naiote, em Ramá. Mas o mesmo Espírito de Deus veio sobre ele, e ia caminhando e profetizando, até chegar a Naiote, em Ramá.

24 Ele despiu as suas vestes e profetizou [i]diante de Samuel. Esteve [j]nu por terra todo aquele dia e toda aquela noite. Pelo que se diz: Está também [k]Saul entre os profetas?

Davi e Jônatas renovam a aliança

20 Então fugiu Davi de Naiote, em Ramá, e veio a Jônatas e [l]perguntou: Que fiz eu? Qual é o meu crime? Qual é o meu pecado diante de teu pai, que procura tirar-me a vida?

2 Ele lhe respondeu: Tal não aconteça. Não serás morto! Meu pai não faz coisa nenhuma, nem grande nem pequena, sem primeiro me [m]dizer. Por que meu pai me ocultaria isso? Não é verdade.

3 Davi, porém, respondeu, com juramentos: Teu pai sabe muito bem que achei graça aos teus olhos, e disse a si mesmo: Não saiba disso Jônatas, para que não se magoe. Mas, na [n]verdade, tão certo como vive o Senhor, e tão certo como vive a tua alma, há apenas um passo entre mim e a morte.

4 Disse Jônatas a Davi: O que desejares, eu te farei.

5 Disse Davi a Jônatas: Olha, amanhã é a lua [o]nova, em que costumo assentar-me com o rei para comer; mas deixa-me ir, e me esconderei no [p]campo até a tarde do terceiro dia.

6 Se teu pai notar a minha ausência, dirás: Davi me pediu muito que o deixasse ir correndo a [q]Belém, sua cidade, porque se faz lá o sacrifício anual para toda a família.

7 Se disser: Está bem; então teu servo tem paz. Mas se muito se indignar, sabe que ele já está decidido a praticar o [r]mal.

8 Usa de misericórdia para com o teu servo, porque lhe fizeste entrar contigo em [s]aliança do Senhor. Se há culpa em mim, mata-me tu mesmo. Por que me levarias a teu pai?

9 Disse Jônatas: Longe de ti tal coisa! Se de alguma maneira eu soubesse que já este mal estava de fato determinado por meu pai, para que viesse sobre ti, não o declararia eu a ti?

10 Perguntou Davi: Quem me fará saber isso, se por acaso teu pai te responder asperamente?

11 Disse Jônatas: *Vem, e vamos ao campo. E saíram ambos ao campo.*

12 Então disse Jônatas a Davi: O Senhor, o Deus de Israel, seja testemunha. Sondando eu a meu pai amanhã, a estas horas, ou depois de amanhã, se houver coisa favorável para Davi, não mandarei avisar-te e não te farei saber?

13 O Senhor faça assim a Jônatas, e outro tanto, se, querendo meu pai fazer-te mal, eu não te avisar e não te deixar partir, para ires em paz. O [t]Senhor seja [u]contigo, assim como [v]foi com meu pai.

14 Se eu então ainda viver, não usarás comigo da bondade do Senhor, para que não morra?

15 Tampouco [w]deixarás de ser leal com a minha família mesmo quando o Senhor eliminar da terra todos os inimigos de Davi.

16 Assim fez Jônatas aliança com a casa de Davi, dizendo: O Senhor se [x]vingue dos inimigos de Davi.

17 E Jônatas fez Davi jurar de novo, porque o amava [y]com todo o amor da sua alma.

18 Então disse Jônatas a Davi: Amanhã é a lua nova. Notarão a tua ausência, porque o teu lugar estará vazio.

19 Ao terceiro dia, descerás apressadamente e irás àquele lugar onde te escondeste no dia do negócio; e ficarás junto à pedra de Ezel.

20 Eu atirarei três flechas para aquele lado, como se atirasse ao alvo.

21 Então mandarei um moço, dizendo: Anda, busca as flechas. Se eu disser ao moço: Olha que as flechas estão para cá de ti; apanha-as e vem, tão certo como vive o Senhor, há paz para ti; não há nada que temer.

22 Se eu, porém, disser ao moço: Olha que as flechas estão para lá de ti; vai-te embora, porque o Senhor te manda ir.

23 Quanto ao [z]negócio de que eu e tu falamos — lembra-te de que o [a]Senhor é testemunha entre mim e ti para sempre.

Saul irado contra Jônatas

24 Assim escondeu-se Davi no campo; e chegando a lua nova, assentou-se o rei para comer pão.

25 Assentando-se o rei, como de costume, no seu assento junto à parede, Jônatas assentou-se em frente dele, e Abner assentou-se ao lado de Saul, mas o lugar de Davi ficou vazio.

26 Naquele dia, Saul não disse nada, pois dizia consigo: Aconteceu-lhe alguma coisa pela qual não está [b]limpo; certamente não está limpo.

27 No dia seguinte, porém, o segundo da lua nova, o lugar de Davi estava vazio de novo. Então disse Saul a Jônatas, seu filho: Por que o filho de Jessé não veio comer nem ontem nem hoje?

28 Respondeu Jônatas: Davi pediu-me encarecidamente que o deixasse ir a Belém,

29 dizendo: Peço-te que me deixes ir, porque a nossa família tem um sacrifício na cidade, e meu irmão ordenou que eu fosse. Se achei graça aos teus olhos, peço-te que me deixes ir, para ver meus irmãos. Por isso não veio à mesa do rei.

[i] Comp. 1Sm 15.35
[j] Comp. Is 20.2
[k] 1Sm 10.10-12
[l] Comp. 1Sm 24.9
[m] 1Sm 19.1; comp. 22.8
[n] 1Sm 27.1
[o] Nm 10.10; 28.11-15
[p] 1Sm 19.2,3
[q] 1Sm 17.12; Jo 7.42
[r] 1Sm 25.17
[s] 1Sm 18.3; 23.18
[t] Rt 1.17; 1Sm 3.17
[u] 1Sm 18.12
[v] 1Sm 10.7; comp. 2Sm 7.15
[w] 1Sm 24.21; comp. 2Sm 9.1-7
[x] 2Sm 4.7
[y] 1Sm 18.1
[z] v. 14,15
[a] Comp. Gn 31.49-53
[b] Lv 15.5

30 **E**ntão se acendeu a ira de Saul contra Jônatas e disse-lhe: Filho da perversa e rebelde! Não sei eu que elegeste o filho de Jessé para vergonha tua e para vergonha de tua mãe?

31 Enquanto o filho de Jessé viver sobre a terra, nem tu estarás seguro, nem o teu [c]reino. Pelo que manda buscá-lo agora e [d]traze-o a mim, pois é digno de morte.

32 Respondeu Jônatas a Saul, seu pai: [e]Por que há de morrer? Que fez ele?

33 Então Saul atirou-lhe a [f]lança, para o ferir. Assim entendeu Jônatas que seu pai já tinha decidido matar Davi.

34 Pelo que Jônatas, todo encolerizado, levantou-se da mesa; no segundo dia da lua nova, não comeu, porque se magoara por causa de Davi, pois seu pai o tinha ultrajado.

35 **N**a manhã seguinte, Jônatas saiu ao campo, no tempo ajustado com Davi, levando consigo um rapaz.

36 Então disse ao seu rapaz: Corre a buscar as flechas que eu atirar. Correu o rapaz, e Jônatas atirou uma flecha, que fez [g]passar além dele.

37 Chegando o rapaz ao lugar da flecha que Jônatas havia atirado, gritou Jônatas atrás dele: Não está a flecha mais para lá?

38 Tornou Jônatas a gritar ao rapaz: Apressa-te, não te demores. O rapaz de Jônatas apanhou as flechas e as trouxe a seu senhor.

39 O rapaz não entendeu coisa alguma; só Jônatas e Davi sabiam deste negócio.

40 Então Jônatas deu as suas armas ao rapaz e disse-lhe: Anda, leva-as à cidade.

41 Indo-se o rapaz, levantou-se Davi, do lado do sul, e prostrou-se com o rosto em terra, e inclinou-se três vezes. Então beijaram-se um ao outro e choraram juntos, mas Davi chorou muito mais.

42 Disse Jônatas a Davi: Vai-te em paz, pois juramos amizade um ao outro no nome do Senhor, dizendo: O Senhor seja testemunha entre mim e ti e entre a minha descendência e a tua descendência perpetuamente.

43 Então Davi se foi, e Jônatas voltou para a cidade.

Davi foge

21 Então veio Davi a Nobe, ao sacerdote [h]Aimeleque. Aimeleque, tremendo, saiu ao encontro de Davi e perguntou-lhe: Por que vens só, e ninguém contigo?

2 Respondeu Davi ao sacerdote Aimeleque: O rei me encomendou um negócio e me disse: Ninguém saiba deste negócio pelo qual te enviei e o qual te ordenei. Quanto aos moços, apontei-lhes tal e tal lugar.

3 Agora, pois, que tens à mão? Dá-me cinco pães, ou o que se tiver.

c Comp. 1Sm 15.28
d Comp. 1Sm 19.6-11
e Comp. 1Sm 19.4,5
f 1Sm 18.11
g v. 21,22
h Chamado Aías; 1Sm 14.3; também Abiatar; Mc 2.26
i Êx 25.30; Lv 24.5-9; Mt 12.4
j Comp. Êx 19.14,15
k Veja Êx 25.30, nota
l Lv 24.8,9
m 1Sm 22.9; Sl 52, tít.
n 1Sm 17.1-51
o 1Sm 22.10
p Sl 56, tít.
q 1Sm 18.6-8
r Sl 34.4; 56.3
s Comp. Sl 34, tít.
t Sl 57, tít; 142, tít.
u Comp. Jz 11.13; Hb 2.10
v 1Sm 25.13; comp. 23.13
w 2Sm 8.2

4 Respondeu o sacerdote a Davi: Não tenho pão comum à mão; há, porém, pão [i]sagrado, que os moços poderão comer se não tiveram relações com [j]mulheres recentemente.

5 Respondeu Davi: Sim, deveras, as mulheres foram-nos vedadas há três dias, quando eu saí. Os corpos dos moços não estão imundos. Se tal se dá em viagem comum, quanto mais serão santos hoje!

6 Então o sacerdote lhe deu o [k]pão sagrado, porque não havia ali outro senão os pães da proposição, que se tiraram de diante do [l]Senhor, no dia em que eram trocados por pão quente.

7 **O**ra, achava-se ali, naquele dia, um dos servos de Saul, detido perante o Senhor; o seu nome era [m]Doegue, edomeu, chefe dos pastores de Saul.

8 **P**erguntou Davi a Aimeleque: Não tens aqui à mão lança ou espada alguma? Não trouxe comigo nem a minha espada nem as minhas armas, porque o negócio do rei era urgente.

9 Respondeu o sacerdote: A [n]espada de Golias, o filisteu, a quem tu feriste no vale de Elá, está aqui, envolta num pano detrás da estola sacerdotal. Se a queres tomar, toma-a; não há outra aqui, [o]senão essa. Disse Davi: Não há outra semelhante; dá-a a mim.

Davi, temendo Saul, procura segurança em Gate

10 **D**avi levantou-se e fugiu naquele dia de diante de Saul, e foi a Áquis, rei de Gate.

11 Os [p]servos de Áquis, porém, lhe disseram: Não é este Davi, o rei da sua terra? Não foi dele que cantavam nas danças, dizendo:

Saul feriu os seus milhares,
mas Davi os seus [q]dez milhares?

12 Davi considerou essas palavras no seu coração e teve [r]muito medo de Áquis, rei de Gate.

13 Pelo que na presença deles [s]fingiu-se doido; enquanto esteve com eles, riscava nas portas da cidade e deixava escorrer a saliva pela barba.

14 Disse Áquis aos seus servos: Bem vedes que esse homem está louco! Por que o trouxestes a mim?

15 Faltam-me doidos, para que trouxésseis a esse que fizesse doidices diante de mim? Há de entrar ele na minha casa?

Davi e seus valentes em Adulão (comp. 1Cr 12.16-18)

22 Davi retirou-se dali e escapou para a [t]caverna de Adulão. Quando os seus irmãos e toda a família de seu pai souberam disso, desceram ali para estar com ele.

2 Ajuntaram-se a ele todos os homens que se achavam em aperto, todos os endividados e todos os amargurados de espírito, e ele se fez [u]chefe deles. Eram com ele uns [v]quatrocentos homens.

3 **D**ali passou Davi a Mispa de [w]Moabe e disse ao rei de Moabe: Deixa estar meu pai e minha mãe convosco até que eu saiba o que Deus há de fazer de mim.

4 Trouxe-os perante o rei de Moabe, e ficaram com ele por todo o tempo que Davi esteve no lugar forte.

5 O profeta [x]Gade, porém, disse a Davi: Não fiques neste lugar forte. Vai e entra na terra de Judá. Assim Davi saiu e foi para o bosque de Herete.

Saul mata os sacerdotes

6 **O**ra, Saul teve notícia de que já se sabia onde estavam Davi e os homens que o acompanhavam. Estava Saul em [y]Gibeá, debaixo de um arvoredo, numa colina, e tinha na mão a sua lança, e todos os seus servos estavam com ele.

7 Disse Saul a todos os seus servos que estavam com ele: Ouvi, filhos de Benjamim! O filho de [z]Jessé também os dará a todos vós terras e vinhas, e vos fará a todos chefes de milhares e chefes de centenas,

8 para que todos vós tenhais conspirado contra mim? Ninguém houve que me desse aviso de que meu filho fez [a]aliança com o filho de Jessé; e não há ninguém dentre vós que se preocupe comigo e me conte que meu filho fez acordo com meu servo [b]contra mim, para me armar ciladas, como se vê neste dia?

9 Respondeu, porém, [c]Doegue, o edomeu, que também estava com os servos de Saul: Vi o filho de Jessé chegar a [d]Nobe, a Aimeleque, filho de [e]Aitube.

10 Aimeleque consultou por ele ao Senhor, e lhe deu mantimento, e lhe deu também a espada de Golias, o filisteu.

11 **E**ntão o rei mandou chamar Aimeleque, o sacerdote, filho de Aitube, e toda a família de seu pai, e os sacerdotes que estavam em Nobe, e todos eles vieram ao rei.

12 Disse Saul: Ouve, peço-te, filho de Aitube. Respondeu ele: Sim, meu senhor.

13 Disse-lhe Saul: Por que conspirastes contra mim, tu e o filho de Jessé? Pois lhe deste pão e espada e consultaste por ele a Deus, para que se levantasse contra mim e me armasse ciladas, como se vê neste dia?

14 Respondeu Aimeleque ao rei: Quem, entre todos os teus servos, há tão [f]fiel como Davi, o genro do rei, chefe da tua guarda, e honrado na tua casa?

15 Comecei hoje a consultar por ele a Deus? Longe de mim tal coisa! Não [g]impute o rei coisa nenhuma a seu servo, nem a toda a família de meu pai, pois o teu servo não soube nada de tudo isso, nem muito nem pouco.

16 O rei, porém, disse: Aimeleque, certamente morrerás, tu e toda a família de [h]teu pai.

17 Então o rei ordenou aos da sua guarda, que estavam com ele: Virai-vos e matai os sacerdotes do Senhor, porque também a mão deles está com Davi e porque sabiam que ele fugia e não me fizeram saber. Mas os servos do rei não quiseram [i]estender as suas mãos para arremeter contra os sacerdotes do Senhor.

[x] 2Sm 24.11
[y] 1Sm 15.34
[z] Comp. 1Sm 8.14
[a] 1Sm 18.3; 20.16
[b] Comp. 1Sm 23.21
[c] 1Sm 21.7; 22.22; Sl 52, tít.
[d] 1Sm 21.1
[e] 1Sm 14.3
[f] 1Sm 19.4,5; 24.11
[g] Imputação divina: veja Tg 2.23, nota; comp. 2Sm 19.19
[h] Dt 24.16
[i] Comp. Êx 1.17
[j] 1Sm 2.31
[k] v. 9,11
[l] Js 21.1-45
[m] 1Sm 23.6; 1Rs 2.26,27
[n] 1Sm 2.33
[o] Js 15.44
[p] 1Sm 22.10; 28.6
[q] 1Sm 19.8; 2Sm 5.20
[r] 1Sm 22.20
[s] 1Sm 30.7; comp. Nm 27.21

18 Então o rei ordenou a Doegue: Vira-te e arremete contra os sacerdotes. Então se virou Doegue, o edomeu, e arremeteu contra os sacerdotes, [j]matando, naquele dia, oitenta e cinco homens que vestiam estola sacerdotal de linho.

19 Também a [k]Nobe, [l]cidade desses sacerdotes, passou a fio de espada, homens e mulheres, meninos e crianças de peito, e bois, jumentos e ovelhas.

20 Um dos filhos de Aimeleque, filho de Aitube, cujo nome era [m]Abiatar, porém, escapou e [n]fugiu para Davi,

21 e lhe anunciou que Saul tinha matado os sacerdotes do Senhor.

22 Então Davi disse a Abiatar: Bem sabia eu naquele dia que, estando ali Doegue, o edomeu, não deixaria de o denunciar a Saul. Eu sou o responsável pela morte de todas as pessoas da família de teu pai.

23 Fica comigo, não temas; quem procura a minha morte também procura a tua. Estarás salvo comigo.

Davi livra Queila dos filisteus

23 Foi anunciado a Davi: Olha, os filisteus pelejam contra [o]Queila e saqueiam as eiras.

2 [p]Perguntou Davi ao Senhor: Irei eu e ferirei os filisteus? Respondeu-lhe o Senhor: Vai; e ferirás os filisteus e livrarás Queila.

3 Os homens de Davi, porém, lhe disseram: Tememos aqui em Judá, quanto mais indo a Queila contra os exércitos dos filisteus!

4 Então Davi tornou a consultar o Senhor, e o Senhor lhe respondeu: Levanta-te, desce a Queila, pois te dou os filisteus nas tuas mãos.

5 Assim Davi partiu com os seus homens a Queila, [q]pelejou contra os filisteus e levou o gado. Fez grande matança entre eles e livrou os moradores de Queila.

6 Ora, quando Abiatar, filho de Aimeleque, [r]fugiu para Davi, a Queila, desceu com a estola sacerdotal na mão.

7 **F**oi anunciado a Saul que Davi tinha ido a Queila. Disse Saul: Deus o entregou nas minhas mãos; está encerrado, pois entrou numa cidade de portas e ferrolhos.

8 Então Saul convocou todo o povo à peleja, para que descessem a Queila e cercassem Davi e os seus homens.

9 Sabendo Davi que Saul maquinava este mal contra ele, [s]disse a Abiatar, o sacerdote: Traze aqui a estola sacerdotal.

10 Disse Davi: Ó Senhor, Deus de Israel, teu servo ouviu que Saul procura vir a Queila, a fim de destruir a cidade por minha causa.

11 Será que o povo de Queila me entregará nas mãos dele? Descerá Saul, como o teu servo tem ouvido? Ah! Senhor, Deus de Israel, faze-o saber ao teu servo. Respondeu o Senhor: Descerá.

12 Disse mais Davi: Eles me entregarão, os homens de Queila, a mim e aos meus homens, nas mãos de Saul? Respondeu o Senhor: [t]Entregarão.

Deus protege novamente Davi; Davi vai para En-Gedi

13 Então Davi se levantou com os seus homens, cerca de [u]seiscentos, saíram de Queila e [v]foram-se sem destino definido. Sendo anunciado a Saul que Davi escapara de Queila, cessou de sair contra ele.

14 Davi permaneceu no [w]deserto, em lugares fortes, e ficou na região montanhosa no deserto de Zife. Saul buscava-o todos os dias, porém [x]Deus não o entregou nas suas mãos.

15 **V**endo Davi que Saul saíra para matá-lo, esteve no deserto de Zife, em Horesa.

16 Então se levantou Jônatas, filho de Saul, e foi para Davi em Horesa, e lhe fortaleceu a confiança em Deus.

17 Disse-lhe: Não [y]temas. A mão de Saul, meu pai, não te achará. Tu [z]reinarás sobre Israel, e eu serei contigo o segundo. O que também Saul, meu pai, bem sabe.

18 Ambos fizeram [a]aliança perante o Senhor. Então Jônatas voltou para sua casa, mas Davi ficou em Horesa.

19 [b]**S**ubiram os zifeus a Saul, em Gibeá e disseram: Não se escondeu Davi entre nós nos lugares fortes em Horesa, no outeiro de Haquilá, que está à mão direita de Jesimom?

20 Agora, ó rei, desce apressadamente, conforme todo o desejo da tua alma; a [c]nós nos toca entregá-lo nas mãos do rei.

21 Respondeu Saul: Benditos sejais vós do Senhor, pois vos [d]compadecestes de mim.

22 Ide, informai-vos ainda melhor, sabei e notai o lugar que frequenta e quem o tenha visto ali. Foi-me dito que é muito astuto.

23 Atentai bem e informai-vos acerca de todos os esconderijos em que ele se oculta; quando estiverdes bem seguros, voltai para mim. Então irei convosco; se ele estiver na terra, eu o [e]buscarei entre todos os milhares de Judá.

24 **A**ssim se levantaram eles e foram a Zife, adiante de Saul. Ora, Davi e os seus homens estavam no deserto de [f]Maom, na [g]campina ao sul de Jesimom.

25 Saul e os seus homens foram-se em busca dele. Sendo isso anunciado a Davi, desceu ele à penha que está no deserto de Maom. Ouvindo-o Saul, perseguiu a Davi no deserto de Maom.

26 Saul ia de um lado do monte, e Davi e os seus homens do outro, apressando-se em fugir para escapar de Saul. Porém, assim que Saul e os seus homens estavam para [h]cercar Davi e os seus homens, para os prender,

27 [i]chegou um mensageiro a Saul, dizendo: Apressa-te, e vem! Os filisteus invadiram a terra.

28 Pelo que Saul desistiu de perseguir Davi e se foi ao encontro dos filisteus. Por esta razão aquele lugar se chamou [1]Selá-Hamalecote.

29 E subiu Davi dali e ficou nos lugares fortes de [j]En-Gedi.

A misericórdia de Davi com Saul em En-Gedi

24 Voltando Saul de perseguir os filisteus, foi-lhe [k]dito: Davi está no deserto de En-Gedi.

2 Então tomou Saul [l]três mil homens, escolhidos dentre todo o Israel, e foi em busca de Davi e dos seus homens, perto das rochas das Cabras Selvagens.

3 Chegou a uns currais de ovelhas no caminho, onde havia uma [m]caverna; entrou nela Saul, para [n]fazer suas necessidades. Ora, Davi e os seus homens estavam no mais interior da caverna.

4 Então os homens de Davi lhe disseram: Este é o dia do qual o Senhor te disse: [o]Eu te dou o teu inimigo nas tuas mãos, e farás com ele o que quiseres. Então Davi levantou-se e, de mansinho, cortou uma ponta do manto de Saul.

5 Depois [p]doeu o coração de Davi, por ter cortado a ponta do manto de Saul.

6 Disse ele aos seus homens: O [q]Senhor me guarde de que eu faça tal coisa ao meu senhor, ao ungido do Senhor, que eu estenda a minha mão contra ele; pois é o ungido do Senhor.

7 Com essas palavras Davi conteve os seus homens e não lhes permitiu que se levantassem contra Saul. E Saul se levantou da caverna e prosseguiu o seu caminho.

8 **E**ntão também Davi se levantou e, saindo da caverna, gritou por detrás de Saul: Ó rei, meu senhor! Olhando Saul para trás, Davi se inclinou com o rosto em terra e lhe fez reverência.

9 Disse Davi a Saul: Por que dás ouvidos às palavras dos homens que dizem: Davi procura fazer-te mal?

10 Este dia os teus olhos viram que o Senhor te pôs em minhas mãos nesta caverna. Alguns disseram que eu te matasse, mas a minha mão te poupou; eu disse: Não estenderei a mão contra o meu senhor, porque é o ungido do Senhor.

11 Olha, meu pai, vê aqui a ponta do teu manto na minha mão! Eu a cortei do teu manto, mas não te matei. Considera e vê que não há na minha mão nem mal nem rebeldia alguma, e que [r]não pequei contra ti, ainda que andes à minha [s]procura para matar-me.

12 [tt]Julgue o Senhor entre mim e ti. E vingue-me o Senhor de ti, mas a minha mão não será contra ti.

13 Como diz o provérbio dos antigos: Dos ímpios procede a [uu]impiedade. A minha mão, porém, não será contra ti.

[t] Comp. Jz 15.10-13
[u] Comp. 1Sm 22.2
[v] 2Sm 15.20
[w] 1Sm 26.2; Sl 63, tít.
[x] Sl 32.7
[y] Sl 27.1-3; Is 54.17; Hb 13.6
[z] 1Sm 24.20
[a] 1Sm 18.3; 20.12-17; 2Sm 21.7
[b] 1Sm 26.1; Sl 54, tít.
[c] Comp. v. 12
[d] Comp. 1Sm 22.8
[e] Comp. 1Rs 18.10
[f] 1Sm 25.2
[g] Veja Dt 1.1, nota
[h] Sl 17.9
[i] Comp. 2Rs 19.9
[j] Js 15.62; 2Cr 20.2
[k] 1Sm 23.19
[l] 1Sm 26.2
[m] Sl 54, tít.; 57, tít.
[n] Jz 3.24
[o] 1Sm 26.8-11
[p] 2Sm 24.10
[q] 1Sm 26.11
[r] Jz 11.27
[s] 1Sm 26.20
[tt] 1Sm 26.10-23
[uu] Mt 7.16-20

[1] (23.28) Em algumas versões, "Rochedo das Divisões" (heb. *Sela-Hamalecote*).

14 Após quem saiu o rei de Israel? A quem persegues? A um cão morto? A uma pulga?
15 Seja o Senhor juiz e julgue entre mim e ti. E veja e [v]advogue a minha causa, e me livre das tuas mãos.
16 Acabando Davi de falar a Saul todas essas palavras, disse Saul: É esta a tua [w]voz, meu filho Davi? Então Saul levantou a voz e chorou.
17 Disse a Davi: Mais justo és do que eu. Tu me recompensaste com bem, e [x]eu te recompensei com mal.
18 Tu mostraste hoje que procedeste bem para comigo; o Senhor me entregou em tuas mãos, mas não me mataste.
19 Quem há que, encontrando o seu inimigo, o deixa ir por bom caminho? O Senhor te pague com bem, pelo que hoje me fizeste.
20 [y]Eu sei que certamente hás de reinar, e que o reino de Israel há de ser firme nas tuas mãos.
21 Agora jura-me pelo Senhor [z]que não desarraigarás a minha descendência depois de mim nem desfarás o meu nome da família de meu pai.
22 Assim jurou Davi a Saul. Então Saul foi para sua casa, mas Davi e os seus homens subiram ao [a]lugar forte.

Samuel morre e é pranteado

25 Ora, [b]faleceu Samuel, e todo o Israel se ajuntou e o [c]pranteou; e o sepultaram na sua casa, em Ramá. Então Davi se levantou e desceu ao deserto de [d]Parã.

Ingratidão de Nabal; sabedoria de Abigail

2 Certo homem, em [e]Maom, que tinha muitos bens no [f]Carmelo, era abastado. Tinha mil cabras e três mil ovelhas, as quais estava tosquiando no Carmelo.
3 Chamava-se o homem [g]Nabal, e sua mulher, Abigail. Era a mulher sensata e formosa, mas o homem, descendente de [h]Calebe, era [i]duro e maligno nas suas ações.
4 Ouviu Davi, enquanto estava no deserto, que Nabal [j]tosquiava as suas ovelhas,
5 e lhe enviou dez moços, dizendo-lhes: Subi ao Carmelo e, indo a Nabal, perguntai-lhe, em meu nome, como está.
6 Assim direis a ele: [k]Paz seja contigo, e com a tua família, e com tudo o que tens.
7 Agora, tenho ouvido que tens tosquiadores. Quando os teus pastores estiveram conosco, nenhum agravo lhes fizemos e coisa alguma lhes faltou todos os dias que estiveram no Carmelo.
8 Pergunta aos teus moços, e eles te dirão. Portanto esses moços achem graça aos teus olhos, porque viemos em [l]boa ocasião. Dá a teus servos e a Davi, teu filho, o que puder.
9 Chegando os moços de Davi e tendo falado a Nabal todas essas palavras em nome de Davi, se calaram.
10 Respondeu Nabal aos moços de Davi: Quem é Davi, e quem é o filho de Jessé? Muitos servos há que hoje fogem de seu senhor.
11 [m]Tomaria eu o meu pão, a minha água e a carne do gado que abati para os meus tosquiadores e o daria a homens que não sei de onde vêm?
12 Os moços de Davi puseram-se a caminho e, voltando, vieram anunciar-lhe tudo conforme essas palavras.
13 Disse Davi aos seus homens: Cada um cinja a sua espada. E cada um cingiu a sua espada, e cingiu também Davi a sua. Subiram após Davi uns quatrocentos homens, e duzentos ficaram com a [n]bagagem.
14 Um dos moços, porém, anunciou a Abigail, mulher de Nabal: Davi enviou mensageiros desde o deserto a saudar o nosso amo, mas este os destratou.
15 Todavia, aqueles homens têm-nos sido muito bons; [o]nunca fomos agravados por eles e nada nos faltou em todos os dias que convivemos com eles quando estávamos no campo.
16 De muro em redor nos serviram, tanto de dia como de noite, todos os dias que andamos com eles apascentando as ovelhas.
17 Considera agora o que hás de fazer porque o mal já está de todo determinado contra o nosso amo e contra toda a sua casa. Ele é filho de [p]Belial, e não há quem lhe possa falar.
18 Abigail se apressou e [q]tomou duzentos pães, dois odres de vinho, cinco ovelhas preparadas, cinco [r]medidas de trigo tostado, cem cachos de passas e duzentas pastas de figos, e os pôs sobre jumentos.
19 E disse aos seus moços: Ide adiante de mim; eu vos seguirei de perto. Mas não declarou nada a seu marido Nabal.
20 Quando ela, montada num jumento, ia descendo pelo encoberto do monte, Davi e os seus homens lhe vinham ao encontro, e ela se encontrou com eles.
21 Davi tinha acabado de dizer: Na verdade que em vão tenho guardado tudo o que este possui no deserto, de modo que nada lhe faltou de tudo o que lhe pertence. Ele me pagou mal por [s]bem.
22 Assim faça Deus aos inimigos de Davi, e outro tanto, se eu deixar até o amanhecer, de tudo o que pertence a Nabal, um só do sexo masculino.
23 Vendo Abigail a Davi, [t]apressou-se, desceu do jumento e [u]prostrou-se diante de Davi, inclinando-se à terra.
24 Lançou-se a seus pés e disse: Ah! Senhor meu, minha seja a culpa. Deixa falar a tua serva aos teus ouvidos, e ouve as palavras da tua serva.

v Sl 35.1; comp. 1Sm 25.39
w 1Sm 26.17
x 1Sm 26.21
y 1Sm 23.17
z 2Sm 21.1-9
a 1Sm 23.29
b 1Sm 28.3
c Nm 20.29; Dt 34.8
d Gn 21.21; Nm 10.12
e 1Sm 23.24
f Js 15.55
g v. 25
h Js 15.13
i v. 10,11,17
j Gn 38.13; comp. 2Sm 13.23
k Jz 19.20; 1Cr 12.18
l Et 8.17
m Jz 8.6
n 1Sm 30.24
o v. 7
p 2Sm 23.6,7
q Comp. 2Sm 16.1; 1Cr 12.40
r Veja pesos e medidas (AT): 2Cr 2.10, nota
s 1Sm 24.17
t Js 15.18
u Comp. Rt 2.10

25 Meu senhor, agora não faça este homem de Belial, a saber, Nabal, impressão no seu coração, porque tal é ele qual é o seu nome. Nabal é o seu nome, e a loucura está com ele, e eu, tua serva, não vi os moços de meu senhor, que enviaste.

26 Agora, meu senhor, tão certo como vive o Senhor e a tua alma, porque o Senhor te impediu de derramares sangue e de te vingares com [v]tua própria mão, sejam [w]agora como Nabal os teus inimigos e os que procuram fazer mal ao meu senhor.

27 Aceita agora este [x]presente que a tua serva trouxe a meu senhor; seja ele dado aos moços que seguem o meu senhor.

28 Perdoa a transgressão da tua serva, porque certamente fará o Senhor reino [y]duradouro a meu senhor, porque meu senhor [z]guerreia as guerras do Senhor. Não se ache [a]mal em ti por todos os teus dias.

29 Se alguém se levantar para te perseguir e para procurar tirar a tua vida, então a vida de meu senhor estará bem [b]segura como os que vivem com o Senhor, o teu Deus. Mas a vida de teus inimigos ele a [c]arrojará ao longe, como do côncavo de uma funda.

30 Quando o Senhor fizer para o meu senhor conforme todo o bem que já tem dito de ti e te houver estabelecido por [d]líder sobre Israel,

31 então, meu senhor, não te será por tropeço, nem por pesar no coração, o sangue que sem causa vieres a derramar, ou de haver feito justiça com as próprias mãos. Quando o Senhor fizer bem a meu senhor, lembra-te da tua serva.

32 **E**ntão Davi disse a Abigail: Bendito o Senhor, o Deus de Israel, que hoje te enviou ao meu encontro.

33 Bendito o teu conselho, e bendita sejas tu, que hoje me impediste de derramar sangue e de vingar-me pela minha própria mão.

34 De outra forma, na verdade, tão certo como vive o Senhor, o Deus de Israel, que me impediu de te fazer mal, que se tu não te apressaras e não vieras ao meu encontro, não teria ficado a Nabal até a luz da manhã nem mesmo um menino.

35 Então Davi aceitou das mãos dela o que lhe tinha trazido e lhe disse: Sobe em paz à tua casa. Eu dei ouvidos à tua voz e concedi o teu pedido.

Morte de Nabal

36 **Q**uando Abigail veio a Nabal, ele fazia em casa um banquete, como banquete de rei. E o coração de Nabal estava [e]alegre, pois ele estava muito embriagado. Pelo que ela não lhe deu a entender palavra alguma, nem pouco nem muito, até a luz da manhã.

37 Então, pela manhã, estando Nabal já livre do vinho, sua mulher lhe deu a entender aquelas palavras; se amorteceu nele o coração, e ficou ele como pedra.

38 Aconteceu que passados uns dez dias, [f]feriu o Senhor a Nabal, e este morreu.

39 **O**uvindo Davi que Nabal morrera, disse: [g]Bendito seja o Senhor, que [h]pleiteou a causa da afronta que recebi das mãos de Nabal e deteve do mal a seu servo, fazendo o Senhor cair o mal de Nabal sobre a sua cabeça. Mandou Davi falar a Abigail, para tomá-la por mulher.

40 Vindo os servos de Davi a Abigail, no Carmelo, lhe disseram: Davi nos mandou a ti, para te tomar por mulher.

41 Ela se levantou, inclinou-se com o rosto em terra e disse: Aqui está a tua serva, pronta para servir-te e para [i]lavar os pés dos servos do meu senhor.

42 Abigail se apressou, levantou-se e montou num jumento. Acompanhada por suas cinco moças, seguiu os mensageiros de Davi, que a recebeu por mulher.

43 **D**avi também tinha tomado a [j]Ainoã de [k]Jezreel, e ambas foram suas mulheres,

44 porque Saul dera sua filha [l]Mical, mulher de Davi, a Palti, filho de Laís, o qual era de Galim.

Davi torna a poupar a vida de Saul

26 Vieram os zifeus a Saul, em Gibeá, e disseram: Não está Davi escondido no outeiro de Haquilá, [m]em frente de Jesimom?

2 Pelo que Saul se levantou, desceu ao deserto de Zife, e com ele [n]três mil homens escolhidos de Israel, para buscar Davi no deserto de Zife.

3 Acampou-se Saul no outeiro de Haquilá, em frente de Jesimom, junto ao caminho, mas Davi ficou no deserto. Vendo Davi que Saul vinha após ele ao deserto,

4 enviou espias e soube que Saul tinha chegado.

5 Levantou-se Davi e foi ao lugar onde Saul se tinha acampado. Viu Davi o lugar onde se tinham deitado Saul e [o]Abner, filho de Ner, chefe do seu exército. Saul estava deitado no acampamento, e o povo estava acampado ao redor dele.

6 **D**irigindo-se Davi a Aimeleque, o [p]heteu, e a Abisai, filho de Zeruia, irmão de [q]Joabe, disse: Quem descerá comigo a Saul ao acampamento? Respondeu [r]Abisai: Eu descerei contigo.

7 Assim vieram Davi e Abisai de noite ao povo, e Saul estava deitado, dormindo dentro do acampamento, e a sua lança estava pregada na terra à sua cabeceira. Abner e o povo estavam deitados ao redor dele.

8 Disse Abisai a Davi: [s]Deus te entregou hoje nas mãos o teu inimigo. Agora deixa-me encravá-lo com a lança, de um só golpe, na terra; não o ferirei segunda vez.

9 Davi, porém, disse a Abisai: Nenhum dano lhe faças! [t]Quem pode estender a mão contra o ungido do Senhor e ficar inocente?

[v] Comp. Hb 10.30
[w] Comp. 2Sm 18.32
[x] Comp. 1Sm 30.26
[y] 2Sm 7.11-16
[z] 1Sm 18.17
[a] 1Sm 24.11
[b] Sl 66.9; Ml 3.17; Cl 3.3
[c] Jr 10.18
[d] 1Sm 13.14; 15.28
[e] 2Sm 13.28; Pv 20.1
[f] 1Sm 26.10; 2Rs 15.5
[g] v. 32
[h] 1Sm 24.15; Pv 22.23
[i] Lc 7.38,44
[j] 1Sm 27.3
[k] Js 15.56
[l] 1Sm 18.20
[m] 1Sm 23.19; Sl 54, tít.
[n] 1Sm 24.2
[o] 1Sm 14.50
[p] Veja 2Rs 7.6, nota
[q] 2Sm 2.13
[r] 2Sm 2.18,24
[s] 1Sm 24.4
[t] 1Sm 24.6; 2Sm 1.16

10 Disse mais Davi: Tão certo como vive o [u]Senhor, ou o Senhor o ferirá, ou o seu dia chegará em que [v]morra, ou descerá para a batalha e [w]perecerá.

11 O Senhor me [x]guarde de que eu estenda a mão contra o ungido do Senhor. Agora, porém, toma a lança, que está à sua cabeceira, e o jarro com água, e vamo-nos.

12 Assim tomou Davi a lança e o jarro com água, da cabeceira de Saul, e foram-se. Ninguém houve que o visse, nem que o advertisse, nem que o acordasse. Estavam todos dormindo, porque havia caído sobre eles um [y]profundo sono da parte do Senhor.

13 **E**ntão Davi, passando ao outro lado, pôs-se no cume do monte ao longe, de maneira que havia grande distância entre eles.

14 Davi bradou ao povo, e a Abner, filho de Ner: Não responderás, Abner? Respondeu Abner: Quem és tu, que bradas ao rei?

15 Disse Davi: Não és homem? E quem há em Israel como tu? Por que não guardaste o rei, teu senhor? Um do povo veio para destruir o rei, teu senhor.

16 Não é bom isso que fizeste. Tão certo como vive o Senhor, sois dignos de morte, porque não guardastes vosso senhor, o ungido do Senhor. Vede agora onde está a lança do rei e o jarro com água, que tinha à sua cabeceira.

17 **R**econheceu Saul a voz de Davi e disse: Não é esta a tua voz, meu filho Davi? Respondeu Davi: É a minha voz, ó rei, meu senhor.

18 Disse mais: Por que o meu senhor persegue tanto o seu servo? Que fiz eu? E que maldade se acha nas minhas mãos?

19 Ouve agora, rogo-te, ó rei, meu senhor, as palavras de teu servo: [z]Se é o Senhor quem te incita contra mim, aceite ele a oferta de cereais. Mas se são os filhos dos homens, [a]malditos sejam perante o Senhor! Eles me expulsaram hoje para que eu não tenha parte na [b]herança do Senhor, dizendo: Vai, serve a outros deuses.

20 Agora não se derrame o meu sangue na terra, longe da presença do [c]Senhor. O rei de Israel saiu em busca de uma [d]pulga, como quem persegue uma perdiz nos montes.

Saul admite sua culpa

21 Então disse Saul: [e]Pequei. Volta, meu filho Davi, pois não tornarei a fazer-te mal, porque a minha [f]vida foi hoje preciosa aos teus olhos. Certamente procedi como um [g]louco e errei grandissimamente.

22 Respondeu Davi: Aqui está a lança do rei. Venha cá um dos moços e leve-a.

23 O [h]Senhor, porém, [i]pague a cada um a sua justiça e a sua lealdade. O Senhor te entregou hoje nas minhas mãos, mas eu não quis estendê-las contra o ungido do Senhor.

[u] 1Sm 25.38
[v] Dt 31.14
[w] 1Sm 31.6
[x] 1Sm 24.6-12
[y] Gn 2.21; 15.12
[z] Comp. 2Sm 16.11
[a] 1Sm 14.24
[b] Comp. Js 22.25-27; 2Sm 14.16
[c] Comp. Gn 4.11
[d] 1Sm 24.14
[e] 1Sm 15.24; 24.17; 2Sm 12.13
[f] v. 24
[g] Comp. 2Sm 24.10
[h] Sl 7.8
[i] 2Sm 22.21
[j] 1Sm 18.30
[k] 1Sm 24.20
[l] Comp. 1Cr 29.28
[m] 1Sm 25.13
[n] 1Sm 21.10; 1Rs 2.39
[o] 1Sm 25.43; 30.5
[p] 1Sm 25.3
[q] Js 19.5; 1Cr 12.1
[r] 1Sm 29.3
[s] Js 13.13
[t] Jz 1.29
[uu] 1Sm 15.7,8
[vv] 1Sm 30.29; 1Cr 2.9,25
[ww] Jz 1.16; 4.11

24 **A**ssim como foi a tua vida hoje [j]preciosa para mim, assim também seja a minha vida aos olhos do Senhor, e ele me livre de toda tribulação.

25 Então disse Saul a Davi: Bendito sejas tu, meu filho Davi; grandes coisas farás e certamente [k]prevalecerás. Então Davi se foi o seu caminho, e Saul voltou para o seu lugar.

Davi procura refúgio

27 [l]Disse, porém, Davi no seu coração: Ora, um dia ainda perecerei pela mão de Saul. Não há coisa melhor para mim do que escapar para a terra dos filisteus. Então Saul cessará de me buscar por todos os termos de Israel, e escaparei da sua mão.

2 Então Davi se levantou e passou, com os seiscentos [m]homens que com ele estavam, a [n]Áquis, filho de Maoque, rei de Gate.

3 Davi ficou com Áquis em Gate, ele e os seus homens, cada um com a sua família, e Davi com as suas duas mulheres, [o]Ainoã, a jezreelita, e [p]Abigail, a que fora mulher de Nabal, o carmelita.

4 Sendo Saul avisado de que Davi tinha fugido para Gate, cessou de persegui-lo.

5 **D**isse Davi a Áquis: Se achei graça aos teus olhos, dá-me lugar numa das cidades da terra, para que ali habite. Por que razão habitaria o teu servo contigo na cidade real?

6 Então lhe deu Áquis naquele dia a cidade de [q]Ziclague, e Ziclague pertence aos reis de Judá até o dia de hoje.

7 O número dos dias que Davi [r]habitou na terra dos filisteus foi de um ano e quatro meses.

8 **S**ubia Davi com os seus homens, e davam contra os [s]gesuritas, os [t]gersitas e os [uu]amalequitas. Eram estes os moradores da terra que se estende na direção de Sur até a terra do Egito.

9 Davi feria aquela terra e não deixava com vida nem homem nem mulher, e tomava as ovelhas, e os bois, e os jumentos, e os camelos e as vestes. Então voltava a Áquis.

10 Quando Áquis perguntava: Contra quem destes hoje? Davi respondia: Contra o sul de Judá; ou: Contra o sul dos jerameelitas; ou: Contra o [vv]sul dos [ww]queneus.

11 Davi não deixava com vida nem homem nem mulher para trazê-los a Gate, pois pensava: Porventura não nos denunciem, dizendo: Assim fez Davi. Este era o seu costume por todos os dias que habitou na terra dos filisteus.

12 Áquis confiava em Davi, pois pensava: Fez-se ele por certo tão aborrecível para com o seu povo em Israel que me será por servo para sempre.

Os filisteus planejam atacar

28 **N**aqueles dias, juntando os filisteus os seus exércitos para a peleja, para fazer guerra contra Israel, disse Áquis a Davi: Fica sabendo que comigo sairás ao acampamento, tu e os teus [x]homens.

2 Disse Davi: Então verás o que é capaz de fazer o teu servo. Respondeu Áquis: Por isso, eu te nomeio meu guarda pessoal para sempre.

3 Já [y]Samuel era morto, e todo o Israel o tinha chorado e o tinha sepultado em Ramá, que era a sua cidade. E Saul havia expulsado os necromantes e os [z]adivinhos.

4 Ajuntaram-se os filisteus, vieram e se acamparam em [a]Suném; reuniu Saul a todo o Israel, e se acamparam em [b]Gilboa.

5 Vendo Saul o acampamento dos filisteus, temeu e estremeceu muito o seu coração.

6 Consultou Saul ao Senhor, porém o Senhor [c]não lhe respondeu, nem por sonhos, nem por [d]Urim, nem por profetas.

Saul consulta a necromante de En-Dor

7 Então disse Saul aos seus servos: [e]Buscai-me uma [1]necromante, [f]para que vá a ela e a consulte. Disseram-lhe os seus servos: Em En-Dor há uma mulher que é necromante.

8 **Assim** [g]disfarçou-se Saul, vestiu outras roupas e foi ele com dois homens, e, de noite, chegaram à mulher. E lhe disse: Peço-te que me adivinhes pela necromancia e me faças subir aquele que eu te disser.

9 A mulher, porém, lhe disse: Certamente bem sabes o que fez Saul, como [h]exterminou da terra os necromantes e adivinhos. Por que me preparas uma armadilha à minha vida, para me fazeres morrer?

10 Então Saul lhe jurou pelo Senhor: Tão certo como vive o Senhor, nenhum mal te sobrevirá por isso.

11 Disse-lhe então a mulher: A quem te farei subir? Respondeu ele: Faze-me subir Samuel.

12 Quando a mulher viu a Samuel, gritou em alta voz e disse a Saul: Por que me enganaste? Pois tu mesmo és Saul.

13 Respondeu-lhe o rei: Não temas. O que vês? Disse a mulher: Vejo um deus que sobe da terra.

14 Perguntou ele: Como é a sua figura? Disse ela: Vem subindo um ancião, e está vestindo uma capa. Entendendo Saul que era Samuel, inclinou-se com o rosto em terra e se prostrou.

[x] 1Sm 29.1,2
[y] 1Sm 25.1
[z] Comp. Êx 22.18; Lv 19.31; Dt 18.10
[a] Js 19.18; 2Rs 4.8
[b] 1Sm 31.1
[c] 1Sm 14.37
[d] Veja Êx 28.30, nota
[e] Comp. Is 8.19
[f] 1Cr 10.13
[g] Comp. 2Cr 18.29; 35.22
[h] v. 3
[i] 1Sm 15.28
[j] 1Sm 13.9-13; 15.1-26; 1Cr 10.13
[k] 1Sm 15.3-9
[l] 1Sm 31.1-6; comp. Jó 3.17-19
[m] 1Sm 28.1
[n] 1Sm 4.1

15 **Disse** Samuel a Saul: Por que me inquietaste, fazendo-me subir? Disse Saul: Estou muito angustiado, porque os filisteus guerreiam contra mim, e Deus se tem desviado de mim e já não me responde, nem por intermédio dos profetas nem por meio de sonhos. Por isso te chamei para que me faças saber o que hei de fazer.

16 Então disse Samuel: Por que perguntas a mim, visto que o Senhor te desamparou e se fez teu inimigo?

17 O Senhor fez para contigo como por meu intermédio te disse. [i]Rasgou o reino da tua mão, e o deu ao teu companheiro Davi.

18 [j]Porque não deste ouvidos à voz do Senhor e não executaste o furor da sua ira contra [k]Amaleque, o Senhor te fez hoje isso.

19 O Senhor entregará também Israel [l]contigo nas mãos dos filisteus, e amanhã tu e teus filhos estareis comigo. O acampamento de Israel o Senhor também entregará nas mãos dos filisteus.

20 **Imediatamente** Saul caiu estendido por terra e grandemente temeu por causa das palavras de Samuel. Não houve força nele, pois não tinha comido todo aquele dia e toda aquela noite.

21 Aproximando-se a mulher de Saul e, vendo que estava tão perturbado, disse-lhe: Olha, a tua serva deu ouvidos à tua voz, e arrisquei a minha vida, dando ouvidos às palavras que disseste.

22 Agora ouve também tu as palavras da tua serva e permite que ponha um bocado de pão diante de ti, para que comas e tenhas forças e te ponhas a caminho.

23 Ele, porém, o recusou e disse: Não comerei. Mas os seus servos e a mulher o constrangeram, e ele deu ouvidos à sua voz. Levantou-se do chão e assentou-se na cama.

24 Tinha a mulher em casa um bezerro cevado; apressou-se e o degolou. Tomou farinha, amassou-a e a cozeu em bolos sem fermento.

25 Então os pôs diante de Saul e de seus servos, e eles comeram. Depois levantaram-se e se foram naquela mesma noite.

Davi é livrado de lutar contra Israel

29 **Ajuntaram** os filisteus todos os seus [m]exércitos em [n]Afeque e acamparam-se os israelitas junto à fonte que está em Jezreel.

[1] (28.7) A Bíblia dá instruções estritas e proíbe o contato com o reino dos espíritos (Lv 19.31; 20.6,7,27; Dt 18.10-12). Algumas pessoas que alegam ter contato com espíritos não passam de fraudes; outras têm contato com espíritos demoníacos que se fazem passar por espíritos de mortos. Deus é contra toda a forma de espiritismo, seja fraudulenta, seja real. Veja 1Cr 10.13,14.

A mulher esperava ter contato com um demônio que se faria passar por Samuel (v. 11). A passagem não diz que a mulher fez Samuel aparecer dentre os mortos; a mulher disse estar vendo subir "um ancião [...] vestindo uma capa", o qual entendeu Saul se tratar de Samuel (v. 14). O incidente não dá apoio aos falsos argumentos dos espíritas, que declaram poder falar com os mortos. Os médiuns não têm acesso aos mortos, mas comunicam-se com espíritos que se fazem passar por pessoas que morreram; por isso, esses espíritos são chamados de espíritos mentirosos (1Rs 22.22).

2 Os [o]governantes dos filisteus foram-se para lá com centenas e com milhares, mas [p]Davi e os seus homens iam com Áquis na retaguarda.

3 Perguntaram os governantes dos filisteus: Que fazem aqui estes hebreus? Respondeu Áquis: Não é este Davi, o servo de Saul, rei de Israel, que esteve comigo há muitos dias ou [q]anos? Coisa nenhuma achei contra ele desde o dia em que se revoltou, até o dia de hoje.

4 Os governantes dos filisteus, porém, se indignaram muito contra ele e disseram a Áquis: Faze voltar a este homem, e torne ao seu [r]lugar em que tu o puseste. Não desça conosco à [s]batalha, para que [t]não se nos torne na batalha em adversário. Como se tornaria este agradável a seu senhor? Não seria com as cabeças destes nossos [u]homens?

5 Não é este aquele Davi, [v]de quem [w]cantavam nas danças:

Saul feriu os seus milhares,
mas Davi os seus dez milhares?

6 **E**ntão Áquis chamou Davi e lhe disse: Tão certo como [x]vive o Senhor, tu és reto, e a tua entrada e a tua saída comigo no acampamento são boas aos meus olhos. [y]Nenhum mal achei em ti, desde o dia em que a mim vieste, até o dia de hoje, mas aos governantes não agradas.

7 Volta, agora, e vai em paz; nada faças para desagradar aos governantes dos filisteus.

8 Então Davi disse a Áquis: Mas o que [z]fiz? O que achaste no teu servo, desde o dia em que vim ter contigo, até o dia de hoje, para que eu não vá pelejar contra os inimigos do rei, meu senhor?

9 Respondeu Áquis: Bem sei que aos meus olhos tens sido bom [a]como um [b]anjo de Deus; contudo, os príncipes dos filisteus disseram: Não suba este conosco à batalha.

10 Agora, levanta-te amanhã de madrugada, tu e os servos de teu senhor [c]que vieram contigo, e parti assim que o dia clarear.

11 Assim levantou-se Davi de madrugada, ele e os seus homens, [1]para partirem e voltarem à terra dos filisteus, e os filisteus subiram a Jezreel.

Davi livra os cativos de Ziclague

30 Quando Davi e os seus homens chegaram a [d]Ziclague ao terceiro dia, já os [e]amalequitas com ímpeto tinham dado sobre o sul e Ziclague, e tinham ferido a Ziclague e a tinham queimado a fogo;

2 tinham levado cativas as [f]mulheres e todos os que lá se achavam, tanto grandes quanto pequenos. A ninguém mataram, tão somente os levaram consigo e foram o seu caminho.

3 Quando Davi e os seus homens chegaram à cidade, encontraram-na queimada a fogo, e suas mulheres, seus filhos e suas filhas levados cativos.

4 Então Davi e o povo que se achava com ele alçaram a sua voz e choraram, até que não houve neles mais força para chorar.

5 Também as duas [g]mulheres de Davi tinham sido levadas cativas — Ainoã, a jezreelita, e Abigail, que fora mulher de Nabal, o carmelita.

6 Davi muito se angustiou, porque o povo falava em apedrejá-lo; a alma de todo o povo estava cheia de amargura, por causa dos seus filhos e das suas filhas. Mas Davi se [h]fortaleceu no Senhor, o seu Deus.

7 **E**ntão disse Davi a Abiatar, o sacerdote, filho de Aimeleque: [i]Traze-me aqui a estola sacerdotal. [j]Abiatar trouxe a estola sacerdotal a Davi,

8 e consultou Davi ao Senhor: Perseguirei eu a esta tropa? Irei alcançá-la? Respondeu-lhe o Senhor: Persegue-a. De certo a alcançarás e libertarás os prisioneiros.

9 Partiu Davi, ele e os seiscentos homens que com ele se achavam, e chegaram ao ribeiro de Besor, onde alguns ficaram para trás,

10 pois duzentos homens estavam cansados demais para passarem o ribeiro. Mas Davi e quatrocentos homens continuaram a perseguição.

11 **A**charam no campo um homem egípcio e o trouxeram a Davi. Deram-lhe pão, e comeu, e deram-lhe água a beber.

12 Deram-lhe também um pedaço de pasta de figos secos e dois cachos de passas. Comeu, e voltou-lhe o [k]ânimo, pois havia três dias e três noites que não tinha comido pão nem bebido água.

13 Então Davi lhe perguntou: De quem és tu e de onde és? Respondeu o moço egípcio: Sou servo de um amalequita, e meu senhor me deixou, porque adoeci há três dias.

14 Nós demos com ímpeto contra o lado do sul dos [l]queretitas, contra o território de Judá e contra o lado do sul de Calebe, e pusemos fogo a Ziclague.

15 Perguntou-lhe Davi: Poderias, descendo, guiar-me a essa tropa? Respondeu ele: Jura-me por Deus que não me matarás nem me entregarás nas mãos de meu [m]senhor, e descerei e te guiarei a essa tropa.

16 Então, descendo, o guiou. Os amalequitas estavam espalhados sobre a face de toda a terra, comendo, bebendo e dançando, por todo aquele grande despojo que haviam tomado da terra dos filisteus e da terra de Judá.

17 Feriu-os Davi, desde o crepúsculo até a tarde do dia seguinte, e nenhum deles escapou, senão

[o] 1Sm 6.4; 7.7
[p] 1Sm 28.1
[q] 1Sm 27.7
[r] 1Sm 27.6
[s] 1Sm 14.21
[t] 1Sm 14.21
[u] 1Cr 12.19,20
[v] 1Sm 21.11
[w] 1Sm 18.7
[x] 1Sm 26.10,16
[y] v. 3
[z] Comp. 1Sm 27.10-12
[a] 2Sm 14.17,20
[b] Veja Hb 1.4, nota
[c] 1Cr 12.1-22
[d] 1Sm 27.6; 29.4
[e] 1Sm 27.8
[f] 1Sm 27.2,3
[g] 1Sm 25.42,43
[h] Sl 18.6; 25.1,2; 34.1-8; 40.1,2; 42.5-11; 56.1-4; Is 25.4; Hc 3.17-19
[i] 1Sm 23.2-9
[j] 1Sm 23.6
[k] Jz 15.19; 1Sm 14.27
[l] 2Sm 8.18; 1Rs 1.38
[m] Dt 23.15

[1] (29.11) Veja uma lista de homens que se juntaram a Davi em seu trajeto até Ziclague em 1Cr 12.20-22.

quatrocentos moços que, montados em camelos, fugiram.

18 Assim recobrou Davi tudo o que os amalequitas haviam tomado; também libertou as suas duas mulheres.

19 Não lhes faltou coisa alguma, nem pequena nem grande, nem os filhos, nem as filhas, nem o despojo, nada de tudo o que os amalequitas lhes havia tomado. Tudo Davi [n]tornou a trazer.

20 Também tomou Davi todas as ovelhas e os rebanhos, e o levaram diante do outro gado e diziam: Este é o [o]despojo de Davi.

Davi divide os despojos

21 **C**hegando Davi aos duzentos homens que, de cansados que estavam, não o puderam seguir e ficaram no ribeiro de Besor, estes saíram ao encontro de Davi e do povo que com ele vinha. Aproximando-se Davi do povo, os saudou em paz.

22 Então todos os maus e filhos de Belial, dos homens que tinham ido com Davi, disseram: Visto que não foram conosco, não lhes daremos do despojo que salvamos. Mas que leve cada um sua mulher e seus filhos, e se vá.

23 Disse, porém, Davi: Não fareis assim, irmãos meus, com o que nos deu o Senhor, que nos guardou e entregou nas nossas mãos a tropa que vinha contra nós.

24 Quem vos daria ouvidos nisso? Qual é a parte dos que desceram à peleja, tal será também a parte dos que ficaram com a [p]bagagem. Receberão partes iguais.

25 Assim foi daquele dia em diante, porque o pôs por estatuto e direito em Israel até o dia de hoje.

26 **C**hegando Davi a Ziclague, enviou do despojo aos anciãos de Judá, seus amigos, dizendo: Eis para vós um [q]presente do despojo dos [r]inimigos do Senhor.

27 Enviou-o aos de [s]Betel, aos de [t]Ramote do sul, aos de [u]Jatir,

28 aos de [v]Aroer, aos de [w]Sifmote, aos de [x]Estemoa,

29 aos de Racal, aos que estavam nas cidades dos [y]jerameelitas e nas cidades dos [z]queneus,

30 aos de [a]Hormá, aos de [b]Corasã, aos de Atace,

31 aos de [c]Hebrom e a todos os lugares em que [d]andara Davi, ele e os seus homens.

[n] 30.8
[o] v. 26-31
[p] Comp. Nm 31.27; Js 22.8
[q] Comp. 1Sm 25.27
[r] Comp. 1Sm 18.17; 25.28
[s] Chamada Betul em Js 19.4
[t] Chamada Baalate-Beer e Ramá em Js 19.8
[u] Js 21.14
[v] Js 13.16
[w] 1Cr 27.27
[x] Js 15.50
[y] 1Sm 27.10
[z] Jz 1.16; 1Sm 27.10
[a] Jz 1.17
[b] Chamada Asã em Js 15.42
[c] Js 14.13; 2Sm 2.1
[d] 1Sm 23.22
[e] v. 1-13; 1Cr 10.1,2
[f] 1Sm 28.4
[g] 1Sm 14.49; 1Cr 8.33
[h] v. 3,4; comp. 2Sm 1.1-10
[i] Veja 2Sm 1.10, nota
[j] Jz 9.54
[k] 1Sm 17.26
[l] 2Sm 1.20
[m] Comp. Jz 16.23,24
[nn] Comp. 1Sm 21.9
[oo] Jz 2.13
[pp] Js 17.11
[qq] 1Sm 11.1-3
[rr] Comp. 2Cr 16.14
[ss] 2Sm 2.4,5; 2Sm 21.12-14

Israel é derrotado em Gilboa. Saul e Jônatas são mortos

31 **O**ra, [e]os filisteus pelejaram contra Israel; os homens de Israel fugiram de diante dos filisteus, e caíram feridos no monte [f]Gilboa.

2 Os filisteus apertaram com Saul e seus [g]filhos e mataram a Jônatas, a Abinadabe e a Malquisua, filhos de Saul.

3 [1][h]A peleja agravou-se contra Saul, e os flecheiros o [i]alcançaram, e ele muito temeu por causa dos flecheiros.

4 [j]Disse Saul ao seu escudeiro: Arranca a tua espada e mata-me com ela, para que não venham estes [k]incircuncisos e me matem e escarneçam de mim. Mas o seu escudeiro não o quis, porque temia muito. Assim Saul tomou a espada e se lançou sobre ela.

5 Vendo o seu escudeiro que Saul já era morto, também ele se lançou sobre a sua espada e morreu com ele.

6 Assim Saul, seus três filhos, o seu escudeiro, e todos os seus homens morreram juntos naquele dia.

7 Vendo os homens de Israel, que estavam do outro lado do vale, e os que estavam a leste do Jordão, que os homens de Israel fugiram, e que Saul e seus filhos estavam mortos, abandonaram as cidades e fugiram. E vieram os filisteus e habitaram nelas.

8 **V**indo os filisteus, no dia seguinte, para saquear os mortos, acharam Saul e seus três filhos estirados no monte Gilboa.

9 Cortaram a cabeça de Saul e pegaram suas armas; e enviaram mensageiros pela terra dos filisteus, em redor, a [l]anunciá-lo no templo dos seus [m]ídolos e entre o povo.

10 Puseram as [nn]armas de Saul no templo de [oo]Astarote, e o seu corpo afixaram no muro de [pp]Bete-Seã.

11 Ouvindo isso os moradores de [qq]Jabes-Gileade, o que os filisteus fizeram a Saul,

12 todos os homens valentes se levantaram e caminharam toda a noite até Bete-Seã. Tiraram o corpo de Saul e os corpos de seus filhos do muro de Bete-Seã e foram a Jabes, onde os [rr]queimaram.

13 Então recolheram os seus ossos, os [ss]sepultaram debaixo de um arvoredo em Jabes e jejuaram sete dias.

[1] (31.3) Veja 2Sm 1.6-10 (2Sm 1.10, *nota*).

2SAMUEL

- **Autor:** Desconhecido
- **Tema:** O reinado de Davi
- Escrito no século X a.C.

O primeiro livro de Samuel e o segundo livro de Samuel constituem um único livro na Bíblia hebraica. Segundo Samuel fala do reinado de Davi; a narrativa completa de sua vida se estende de 1Sm 16.12 a 1Rs 2.11.

Primeiro Samuel termina com a morte trágica de Saul, o primeiro rei de Israel; 2Samuel começa com a narrativa das lutas que precederam o estabelecimento do trono davídico em Jerusalém. O livro relata as vitórias militares de Davi, seu grande pecado, sua fuga no tempo da rebelião de Absalão, seu regresso a Jerusalém e seu pecado ao fazer um censo entre o povo. A Aliança Davídica é apresentada em 7.8-17.

Embora não se conheça precisamente a duração dos eventos de 1Samuel, 2Samuel cobre um período de trinta e oito anos.

O livro pode ser dividido da seguinte maneira: I. Da morte de Saul ao início do reinado de Davi, 1–4. II. Da unção de Davi como rei de Israel até a rebelião de Absalão, 5–14. III. Da rebelião de Absalão até o censo do povo, 15–24.

I. Da morte de Saul ao início do reinado de Davi, 1–4

Davi é avisado da morte de Saul

1 **D**epois da [a]morte de Saul, voltou Davi da [b]derrota dos amalequitas e permaneceu dois dias em Ziclague.

2 No terceiro dia, veio um homem do acampamento de Saul com as vestes rasgadas e terra na [c]cabeça. Chegando ele a Davi, [d]lançou-se ao chão e se inclinou.

3 Perguntou-lhe Davi: De onde vens? Respondeu ele: Escapei do acampamento de Israel.

4 Disse-lhe Davi: [e]O que aconteceu? Conta-me. Ele lhe respondeu: O povo fugiu da batalha, e muitos do povo caíram e morreram, assim como também Saul e [f]Jônatas, seu filho, foram mortos.

5 Perguntou Davi ao moço que lhe trazia as novas: Como sabes que Saul e Jônatas, seu filho, são mortos?

6 Então disse o moço que lhe dava a notícia: Cheguei por acaso ao monte Gilboa, e Saul estava encostado sobre a sua lança, e os carros e a cavalaria apertavam com ele

7 Olhando ele para trás, viu-me e chamou-me. Eu disse: Aqui estou.

8 Ele me perguntou: Quem és tu? E eu lhe respondi: Sou [g]amalequita.

9 Então ele me disse: Aproxima-te e mata-me, porque estou com muita vertigem, e toda a minha vida está ainda em mim.

10 Assim me aproximei dele e o [1]matei, porque bem sabia que ele não viveria depois de ter caído. Tomei a [h]coroa que trazia na cabeça e o bracelete que estava no seu braço e os trouxe aqui a meu senhor.

11 **E**ntão Davi apanhou as suas próprias vestes e as rasgou; [i]assim fizeram também todos os homens que estavam com ele.

12 [j]Prantearam, choraram e [k]jejuaram até a tarde por Saul e por Jônatas, seu filho, pelo [l]exército do Senhor e pelo povo de Israel, porque tinham caído à espada.

13 Então Davi perguntou ao moço que lhe trouxera a nova: De onde és tu? Respondeu ele: Sou filho de um homem estrangeiro, amalequita.

14 Disse-lhe Davi: Como não temeste estender a mão para matares ao ungido do [m]Senhor?

15 Então chamou Davi um dos moços e lhe disse: Chega-te e lança-te sobre ele. E o moço o feriu, de sorte que [n]morreu.

16 Disse-lhe Davi: O teu [o]sangue seja sobre a tua cabeça, porque a tua própria boca testificou contra ti, dizendo: Eu matei o ungido do Senhor.

O lamento de Davi por Saul e Jônatas

17 **L**amentou Davi a Saul e a Jônatas, seu filho, com esta lamentação ao Arco,

18 mandando que fosse ensinada aos filhos de Judá; esta lamentação se encontra registrada no [p]Livro de [2q]Jasar:

19 A tua glória, ó Israel, foi morta sobre os teus altos!
Como caíram os valentes!
20 Não o noticieis em Gate,
nem o publiqueis nas ruas de [r]Ascalom,
para que não se [s]alegrem as [t]filhas
dos filisteus,
para que não saltem de
contentamento as filhas dos incircuncisos.
21 Vós, [u]montes de Gilboa,
nem orvalho, nem chuva caia sobre vós,
nem tenhais campos que
produzam ofertas.
Pois aí foi profanado o escudo dos valentes,
o escudo de Saul,
que jamais será ungido com óleo.

a 1Sm 31.6
b 1Sm 30.17-26
c 1Sm 4.12
d 1Sm 25.23
e 1Sm 31.3; comp. 1Sm 4.16
f 1Sm 31.2
g Comp. 1Sm 15.1-23
h 2Rs 11.12
i 2Sm 13.31
j 2Sm 3.31
k 1Sm 31.13
l 2Sm 6.21
m 1Sm 26.9
n 2Sm 4.10-12
o 1Rs 2.32,33-37
p Js 10.13; veja 1Cr 29.29, nota
q 1Sm 27.2; Mq 1.10
r 1Sm 6.17; Jr 25.20
s Jz 16.23
t Comp. 1Sm 18.6
u 1Sm 31.1

[1] (1.10) A discrepância aparente entre os dois relatos (1Sm 31.3-5; 2Sm 1.6-10) pode ser explicada pela suposição de que o amalequita mentiu para agradar a Davi (comp. 2Sm 4.9-11).

[2] (1.18) *Do justo.*

22 Do [v]sangue dos feridos,
da carne dos valentes,
nunca se retirou o arco de Jônatas,
nem voltou vazia a espada de Saul.
23 Saul e Jônatas,
tão amados e queridos em vida,
também na sua [w]morte não se separaram.
Eram mais ligeiros do que as águias,
mais fortes do que os leões.
24 Vós, filhas de Israel,
chorai por Saul,
que vos vestia de escarlata e de delícias,
que adornava os vossos
vestidos com ornamentos de ouro.

Tributo especial a Jônatas

25 Como caíram os valentes no meio da peleja!
Jônatas foi morto nos teus montes.
26 Angustiado estou por ti, meu irmão Jônatas;
quão querido me eras!
Maravilhoso me era o [x]teu amor,
mais maravilhoso do que o amor
das mulheres.
27 Como caíram os valentes,
e pereceram as armas de guerra!

Davi é ungido rei de Judá

2 Depois de algum tempo, [y]Davi perguntou ao Senhor: Subirei a alguma das cidades de Judá? Respondeu-lhe o Senhor: Sobe. Perguntou Davi: Para onde subirei? Respondeu o Senhor: Para [z]Hebrom.

2 Subiu Davi para lá, e também as suas [a]duas mulheres, Ainoã, a jezreelita, e Abigail, que fora mulher de Nabal, o carmelita.

3 [b]Fez também Davi subir os [c]homens que estavam com ele, cada um com a sua família, e habitaram nas cidades de Hebrom.

4 Então vieram os homens de [d]Judá e ali [e]ungiram Davi rei sobre a tribo de Judá. E informaram Davi: Foram os homens de [f]Jabes-Gileade que sepultaram Saul.

Davi elogia Jabes-Gileade

5 Então Davi enviou mensageiros aos homens de Jabes-Gileade e disse-lhes: Benditos sejais vós do Senhor, que fizestes tal benevolência para com vosso senhor, para com Saul, porque o sepultastes!

6 O Senhor use convosco de benevolência e fidelidade, e eu também vos retribuirei esse bem que fizestes.

7 Esforcem-se agora as vossas mãos e sede homens valentes, pois Saul, vosso senhor, é morto, e os da tribo de Judá me ungiram rei sobre si.

[v] Dt 32.42; comp. Is 34.6
[w] 1Sm 31.2-4
[x] 1Sm 18.1-4
[y] Reino (AT): v. 1-4; 2Sm 5.1 (Gn 1.26; Zc 12.8)
[z] 1Sm 30.31; 2Sm 5.1-3
[a] 1Sm 25.42,43
[b] 1Sm 27.2,3
[c] 1Cr 12.1
[d] 1Sm 30.26; 2Sm 19.14,41-43
[e] 1Sm 16.13
[f] 1Sm 31.11-13
[g] 1Sm 14.50; 2Sm 3.6; veja Jz 8.1, nota
[h] Chamado Esbaal em 1Cr 8.33; 9.39
[i] Js 21.38; 2Sm 17.24
[j] Js 22.9
[k] Jz 1.32
[l] 1Sm 29.1
[m] 2Sm 5.5
[n] Js 10.2-12
[o] 1Sm 26.6; 1Cr 2.16
[p] Comp. Jr 41.12
[q] 2Sm 3.27; 4.6; 20.10
[r] 2Sm 20.12

Abner e Is-Bosete

8 [g]**Abner**, filho de Ner, capitão do exército de Saul, tomou a [h]Is-Bosete, filho de Saul, e o levou para [i]Maanaim.

9 Constituiu-o rei sobre [j]Gileade, sobre os [k]assuritas, sobre [l]Jezreel, sobre Efraim, sobre Benjamim e sobre todo o Israel.

10 Da idade de quarenta anos era Is-Bosete, filho de Saul, quando começou a reinar sobre Israel, e reinou dois anos. Mas a tribo de Judá seguia Davi.

11 Foi o número dos dias que Davi reinou em Hebrom, sobre a casa de Judá, [m]sete anos e seis meses.

Guerra civil

12 **Então** saiu Abner, filho de Ner, com os servos de Is-Bosete, filho de Saul, de Maanaim a [n]Gibeom.

13 Saíram também [o]Joabe, filho de Zeruia, e os servos de Davi e se encontraram uns com os outros perto do [p]açude de Gibeom. Pararam estes de um lado do açude, e os outros do outro lado.

14 Disse Abner a Joabe: Levantem-se os moços e lutem diante de nós. Respondeu Joabe: Levantem-se.

15 Então se levantaram e, em número de doze por Benjamim e por Is-Bosete, filho de Saul, e doze dos servos de Davi, atravessaram o açude.

16 Cada um pegou o outro pela cabeça e o feriu à espada, e caíram mortos ambos. Assim se chamou àquele lugar Helcate-Hazurim, que está junto a Gibeom.

17 Seguiu-se, naquele dia, uma violenta guerra. Abner e os homens de Israel foram derrotados diante dos servos de Davi.

18 **Estavam** ali os três filhos de [1]Zeruia: Joabe, Abisai e Asael. Ora, Asael era ligeiro de pés, como as gazelas selvagens.

19 Asael perseguiu Abner, sem se desviar de suas pegadas, nem para a direita nem para a esquerda.

20 Abner olhou para trás e perguntou: És tu Asael? Respondeu ele: Sou eu.

21 Então lhe disse Abner: Desvia-te para a direita, ou para a esquerda, captura um dos soldados e pega as armas dele. Asael, porém, não quis desviar-se de segui-lo.

22 Abner tornou a dizer a Asael: Desvia-te de detrás de mim! Por que hei de eu matar-te e dar contigo em terra? Como levantaria o meu rosto diante de Joabe, teu irmão?

23 Ele, porém, recusou-se a se desviar. Então Abner [q]feriu-o no ventre com a extremidade inferior da lança, que lhe saiu por detrás. Ele caiu ali, e morreu ali mesmo. E todos os que chegavam ao lugar onde Asael caíra e morrera, [r]paravam.

24 **Joabe** e Abisai, porém, perseguiram Abner; e ao pôr do sol, chegaram eles ao outeiro de Amá,

---

[1] (2.18) Zeruia era irmã de Davi; portanto, esses três homens eram parentes de Davi, seus sobrinhos (1Cr 2.16). Outra de suas irmãs teve um filho, Amasa (1Cr 2.16,17), a quem Absalão nomeou chefe do exército em lugar de Joabe (2Sm 17.25; comp. 18.2).

que está diante de Giá, junto ao caminho do deserto de Gibeom.

25 Então os filhos de Benjamim se ajuntaram atrás de Abner e, formando-se num batalhão, puseram-se no cume de um outeiro.

26 Abner gritou a Joabe: Continuará a espada a derramar sangue para sempre? Não sabes que por fim haverá amargura? Até quando demorarás para dizer ao povo que deixe de perseguir os seus irmãos?

27 Respondeu Joabe: Tão certo como vive Deus, se não tivesses falado, só amanhã cedo o povo teria cessado, cada um, de perseguir o seu irmão.

28 Assim Joabe tocou a trombeta, e [s]todo o povo parou; não perseguiu mais Israel, tampouco guerreou [t]mais.

29 Caminharam Abner e os seus homens toda aquela noite pela [u]planície. Passando o Jordão, caminharam por todo o Bitrom e chegaram a [v]Maanaim.

30 Também Joabe deixou de perseguir Abner e, quando ajuntou todo o povo, faltavam dezenove homens dos servos de Davi, e Asael.

31 Os servos de Davi, porém, tinham ferido, dentre os de Benjamim e os de Abner, trezentos e sessenta homens, que ali ficaram mortos.

32 Levaram Asael e o sepultaram na sepultura de seu pai, que estava em [w]Belém. Então Joabe e seus homens caminharam toda aquela noite, e, quando amanheceu, chegaram a Hebrom.

Davi firma-se no poder (1Cr 3.1-4)

3 **A** [x]guerra entre as famílias de Saul e de Davi durou muito tempo. Davi ia se fortalecendo, mas os da família de Saul iam-se enfraquecendo.

2 **N**asceram filhos a Davi em [y]Hebrom: o seu primogênito foi Amnom, de Ainoã, a jezreelita.

3 O segundo, Quileabe, de Abigail, que fora mulher de Nabal, o carmelita; o terceiro, [z]Absalão, filho de Maaca, filha de Talmai, rei de [a]Gesur;

4 o quarto, [b]Adonias, filho de Hagite; o quinto, Sefatias, filho de Abital;

5 o sexto, Itreão, de Eglá, também mulher de Davi. Estes nasceram a Davi em Hebrom.

Abner deserta e se alia a Davi

6 **D**urante a guerra entre as famílias de Saul e de Davi, Abner ia-se tornando poderoso na família de Saul.

7 Tivera Saul uma concubina, cujo nome era [c]Rispa, filha de Aiá. Perguntou Is-Bosete a Abner: Por que te deitaste com uma concubina de meu pai?

8 Então se irou muito Abner pelas palavras de Is-Bosete e disse: Sou eu cabeça de cão, que pertença a Judá? Ainda hoje faço beneficência à casa de Saul, teu pai, a seus irmãos e a seus amigos e não te entreguei nas mãos de Davi. Contudo, tu hoje buscas motivo para me culpares no tocante a essa mulher.

9 Assim faça Deus a [d]Abner, e outro tanto, se, [e]como o Senhor jurou a Davi, assim eu não lhe fizer,

10 transferindo o reino da família de Saul e estabelecendo o trono de Davi sobre Israel e sobre Judá, [f]desde Dã até Berseba.

11 Nenhuma palavra pôde Is-Bosete responder a Abner, porque o temia.

12 Então ordenou Abner da sua parte mensageiros a Davi, dizendo: De quem é a terra? Faze comigo a tua aliança, e eu te ajudarei a conquistar o apoio de todo o Israel.

13 Respondeu Davi: Bem, farei contigo aliança, mas uma coisa exijo de ti: Se primeiro não me trouxeres [g]Mical, filha de Saul, não verás a minha face, quando vieres a mim.

14 Também Davi enviou mensageiros a [h]Is-Bosete, filho de Saul, dizendo: Dá-me de volta a minha mulher Mical, que desposei [i]por cem prepúcios de filisteus.

15 Is-Bosete mandou tirá-la de seu marido, [j]Paltiel, filho de Laís.

16 Seu marido partiu com ela e a seguiu chorando até [k]Baurim. Então lhe disse Abner: Vai-te, volta. E ele voltou.

17 **F**alou Abner com os anciãos de Israel, dizendo: Já faz muito tempo que procurais fazer que Davi reine sobre vós.

18 Fazei-o agora, porque o Senhor prometeu a Davi: Por meio de Davi, meu servo, livrarei o meu povo das mãos dos [l]filisteus e das mãos de todos os seus inimigos.

19 Falou também Abner o mesmo aos ouvidos de Benjamim; e foi também Abner dizer aos ouvidos de Davi, em Hebrom, tudo o que Israel e a tribo de Benjamim desejavam fazer.

20 **V**eio Abner e apresentou-se a Davi, em Hebrom, e vinte homens com ele. Davi ofereceu um banquete a Abner e aos homens que com ele estavam.

21 Então disse Abner a Davi: Eu me levantarei [m]e irei ajuntar ao rei, meu senhor, todo o Israel, para fazerem aliança contigo; tu reinarás sobre tudo o que [n]desejar a tua alma. Assim despediu Davi a Abner, e ele se foi em paz.

22 **P**ouco tempo depois, os servos de Davi e Joabe voltaram de uma investida e traziam consigo grande despojo. Abner já não estava com Davi em Hebrom, porque o tinha despedido, e se tinha ido em paz.

23 Chegando Joabe, e todo o exército que vinha com ele, disseram-lhe: Abner, filho de Ner, veio apresentar-se ao rei e o rei o despediu, e ele se foi em paz.

[s] 1Sm 13.3
[t] Comp. 2Sm 3.1
[u] Veja Dt 1.1, nota
[v] 2Sm 2.12
[w] 1Sm 20.6
[x] 1Rs 14.30
[y] Comp. 2Sm 5.13-16
[z] 2Sm 15.1-18
[a] Js 13.13; 1Sm 27.8; 2Sm 13.37; 14.32; 15.8
[b] 1Rs 1.5
[c] 2Sm 21.8
[d] v. 21; comp. 2Sm 3.27
[e] 1Sm 15.28
[f] 1Sm 3.20
[g] 1Sm 18.20; 19.11; 25.44; 2Sm 6.16
[h] 2Sm 2.10
[i] 1Sm 18.25-27
[j] Palti; 1Sm 25.44
[k] 2Sm 16.5; 19.6
[l] 1Sm 9.16; 2Sm 19.9
[m] v. 10,12
[n] 1Rs 11.37

24 Então Joabe foi ao rei e perguntou: Que fizeste? Abner veio ter contigo. Por que o despediste de maneira que se fosse assim livremente?

25 Bem conheces a Abner, filho de Ner, que te veio enganar, observar os teus [o]movimentos e descobrir tudo quanto fazes.

26 Joabe então retirou-se de Davi e enviou mensageiros atrás de Abner, que o fizeram voltar do poço de Sirá, sem que Davi o soubesse.

Joabe mata Abner

27 Tornando Abner a Hebrom, Joabe o tomou à [p]parte, à entrada da porta, para lhe falar em segredo, e ali o feriu no ventre, e ele morreu, por causa do sangue de [q]Asael, seu irmão.

28 Mais tarde, quando Davi soube disso, falou: Inocente sou, e o meu reino, para com o Senhor, para sempre, do sangue de Abner, filho de Ner.

29 [r]Caia este sangue sobre a cabeça de Joabe e sobre toda a família de seu pai. Nunca falte entre os seus descendentes quem tenha fluxo, quem seja leproso, quem se apoie em muletas, quem caia à espada, quem necessite de pão.

30 Joabe e Abisai, seu irmão, mataram Abner, por ter ele matado a Asael, seu irmão, na peleja em Gibeom.

31 **E**ntão disse Davi a Joabe e a todo o povo que com ele estava: [s]Rasgai as vossas vestes, vesti-vos de pano de saco e ide pranteando diante de Abner. E o próprio rei Davi ia seguindo o féretro.

32 Sepultaram Abner em Hebrom; o rei levantou a voz e chorou junto da sepultura de Abner. Chorou também todo o povo.

33 O rei, [t]pranteando a Abner, disse:
Devia Abner morrer como morre o vilão?
34 As tuas mãos não estavam atadas,
nem os teus pés carregados de grilhões.
Caíste como os que caem
diante dos filhos da maldade.
Então todo o povo chorou muito mais por ele.

35 **E**ntão todo o povo veio fazer que Davi comesse pão, enquanto ainda era dia; mas Davi jurou, dizendo: Assim me faça Deus, e outro tanto, se, [u]antes que o sol se ponha, eu provar pão ou qualquer outra coisa.

36 Todo o povo notou isso e pareceu bem aos seus olhos; deveras, tudo o que o rei fez pareceu bem a todo o povo.

37 Todo o povo e todo o Israel entenderam naquele mesmo dia que não procedera do rei que matassem Abner, filho de Ner.

38 Então disse o rei aos seus servos: Não sabeis que hoje caiu em Israel um líder, um grande homem?

39 Eu sou ainda fraco, apesar de ungido rei, e estes homens, filhos de Zeruia, são [v]fortes demais para mim. [w]Retribua o Senhor ao malfeitor, conforme a sua maldade.

[o] 1Sm 29.6
[p] 1Rs 2.5; comp. 2Sm 20.9,10
[q] 2Sm 2.23
[r] Dt 21.6-9; 1Rs 2.32,33
[s] 2Sm 1.11; comp. Jl 2.12,13
[t] 2Sm 1.17
[u] Jz 20.26; 2Sm 1.12
[v] Comp. 2Sm 19.5-7
[w] 1Rs 2.32-34
[x] 2Sm 3.32
[y] Js 18.25
[z] Ne 11.33
[a] 1Sm 29.1,11
[b] 2Sm 9.6
[c] 2Sm 2.8,9
[d] Veja Dt 1.1, nota
[e] 1Sm 19.2; 23.15; 25.29
[f] Comp. Jr 29.32; 36.31
[g] Veja Êx 14.30 e Is 59.20, notas
[h] 2Sm 1.2,16
[i] Gn 9.5,6
[j] 2Sm 3.32

Is-Bosete é assassinado

4 **O**uvindo o filho de Saul que Abner morrera em [x]Hebrom, as mãos se lhe afrouxaram, e todo o Israel pasmou.

2 Ora, o filho de Saul tinha dois homens capitães de tropas. Um deles se chamava Baaná, e o outro, Recabe, filhos de Rimom, o [y]beerotita, dos filhos de Benjamim — também Beerote era considerado de Benjamim,

3 porque os beerotitas fugiram para [z]Gitaim e ali têm morado como estrangeiros até o dia de hoje.

4 **J**ônatas, filho de Saul, tinha um filho aleijado dos pés. Era este da idade de cinco anos quando as notícias de Saul e Jônatas chegaram de [a]Jezreel. A sua ama o pegou e fugiu, mas apressando-se ela em fugir, ele caiu e ficou coxo. O seu nome era [b]Mefibosete.

5 **F**oram os filhos de Rimom, o beerotita, Recabe e Baaná, e entraram na [c]casa de Is-Bosete, no maior calor do dia, estando ele deitado a dormir, ao meio-dia.

6 Entraram na casa, como que vindo buscar trigo, e o feriram no ventre. Então Recabe e Baaná, seu irmão, fugiram.

7 Entraram na sua casa, estando ele deitado na cama, no seu quarto de dormir, feriram-no e o mataram. Depois cortaram-lhe a cabeça e, tomando-a, andaram toda a noite pelo caminho da [d]planície.

8 Trouxeram a cabeça de Is-Bosete para Davi, em Hebrom, e disseram ao rei: Aqui está a cabeça de Is-Bosete, filho de Saul, teu inimigo, [e]que procurava a tua morte. Assim o Senhor vingou hoje o rei, meu senhor, de Saul e da sua [f]descendência.

9 Respondeu Davi a Recabe e a Baaná, seu irmão, filhos de Rimom, o beerotita: Tão certo como vive o Senhor que [g]remiu a minha alma de toda a angústia,

10 se [h]àquele que me trouxe notícia, dizendo: Saul é morto, parecendo-lhe aos seus olhos que era como quem trazia boas-novas, eu logo lancei mão dele e o matei em Ziclague, sendo essa a recompensa que lhe dei pela notícia,

11 quanto mais quando homens perversos mataram um homem justo em sua casa, sobre a sua cama, não [i]requererei eu o seu sangue das vossas mãos e não vos exterminarei da terra?

12 Assim Davi deu ordem aos seus moços, e eles os mataram. Cortaram-lhes as mãos e os pés e os penduraram junto ao açude em Hebrom. Mas tomaram a cabeça de Is-Bosete, e a [j]sepultaram na sepultura de Abner, em Hebrom.

II. Da unção de Davi como rei de Israel até a rebelião de Absalão, 5–14

Davi reina sobre todo o Israel (comp. 1Cr 11.1-3)

5 Todas as tribos de Israel vieram a [k]Davi, em Hebrom, e disseram: Somos teus ossos e tua [l]carne.

2 Já antes, sendo Saul ainda rei sobre nós, eras tu que [m]saías e entravas com Israel. E também o Senhor te disse: Tu apascentarás o meu povo de Israel e tu serás chefe sobre Israel.

3 Assim todos os [n]anciãos de Israel vieram ao rei, em Hebrom, e o rei Davi fez com eles [o]aliança em Hebrom, [p]perante o Senhor. E [q]ungiram Davi rei sobre Israel.

4 Da idade de [r]trinta anos era Davi quando começou a [s]reinar, e reinou quarenta anos.

5 Em Hebrom reinou sobre Judá sete anos e seis meses, e em Jerusalém, reinou trinta e três anos sobre todo o Israel e Judá.

Jerusalém torna-se capital (1Cr 11.4-9)

6 **P**artiu o rei com os seus homens para [t]Jerusalém, contra os jebuseus que habitavam naquela terra e que disseram a Davi: Não entrarás aqui; até os [1]cegos e os coxos te repelirão. Pensavam: Davi de maneira nenhuma entrará aqui.

7 Davi, porém, tomou a fortaleza de Sião, a Cidade de Davi.

8 Disse Davi naquele dia: Aquele que quiser ferir os jebuseus, esses coxos e cegos a quem a alma de Davi aborrece, terá de subir pelo canal. Por isso se diz: Nem cego nem coxo entrará no palácio.

9 Assim habitou Davi na fortaleza e lhe chamou a Cidade de Davi. E foi edificando em redor, desde os [u]terraços de apoio para dentro.

10 Davi ia-se engrandecendo cada vez mais, porque o [v]Senhor, o Deus dos exércitos, era com [w]ele.

Aliança de Davi com Hirão

11 [xy]**H**irão, [z]rei de Tiro, enviou mensageiros a Davi, e madeira de cedro, e carpinteiros, e pedreiros, que edificaram para Davi uma [a]casa.

12 Entendeu Davi que o Senhor o confirmava rei sobre Israel e que [b]exaltara o seu reino por amor do seu [c]povo.

[k] Reino (AT): v. 1-3; 2Sm 7.16 (Gn 1.26; Zc 12.8)
[l] Jz 9.2; 2Sm 19.12
[m] 1Sm 18.5,13,16
[n] 2Sm 3.17-21; comp. 1Cr 12.23-40
[o] 2Sm 3.21
[p] 1Sm 23.18
[q] 2Sm 2.4
[r] Gn 41.46; Nm 4.3; Lc 3.23
[s] 1Rs 2.11
[t] Js 15.63
[u] Rm 9.15,24
[v] 1Sm 17.45
[w] 1Sm 18.12,28
[x] v. 11-25; comp. 1Cr 14.1-16
[y] 1Rs 5.1-18; 2Cr 2.3-12. Veja 1Rs 7.13, nota
[z] 1Cr 14.1
[a] Sl 30, tít.
[b] Nm 24.7
[c] Is 45.4
[d] Dt 17.17
[e] 2Sm 12.24
[f] 2Sm 23.14
[g] 1Cr 11.15
[h] 2Sm 2.1; comp. Tg 4.15
[i] 1Sm 23.5; 2Sm 8.1
[j] Is 28.21
[kk] Comp. 2Rs 7.6
[ll] Chamada Gibeom em 1Cr 14.16
[mm] v. 1-11
[nn] Chamada Quiriate-Jearim em Js 15.9,60; 1Sm 7.1
[oo] Êx 25.22

Os filhos de Davi que nasceram em Jerusalém (comp. 2Sm 3.2-5; 1Cr 3.1-4)

13 **T**omou Davi mais concubinas e [d]mulheres de Jerusalém, depois que viera de Hebrom, e nasceram-lhe mais filhos e filhas.

14 São estes os nomes dos que lhe nasceram em Jerusalém: Samua, Sobabe, Natã, [e]Salomão,

15 Ibar, Elisua, Nefegue, Jafia,

16 Elisama, Eliada e Elifelete.

Guerras contra os filisteus (comp. 2Sm 23.13-17; 1Cr 14.8-17; 11.15-19; 12.8-15)

17 **O**uvindo os filisteus que haviam ungido Davi rei sobre Israel, subiram [2]todos em busca de Davi. Ouvindo isso, Davi desceu à [f]fortaleza.

18 Os [g]filisteus vieram e se estenderam pelo vale de Refaim.

19 Davi [h]consultou o Senhor, dizendo: Subirei contra os filisteus? Tu os entregarás nas minhas mãos? Respondeu o Senhor a Davi: Sobe, pois certamente entregarei os filisteus nas tuas mãos.

20 Então veio Davi a Baal-Perazim e os [i]derrotou ali, e disse: Destruiu o Senhor os meus inimigos diante de mim, como águas de uma enchente provocam destruição. Por isso deu àquele lugar o nome de [j]Baal-Perazim.

21 Os filisteus deixaram ali os seus ídolos, e Davi e os seus homens os tomaram.

22 **O**s filisteus tornaram a subir e se estenderam pelo vale de Refaim.

23 Davi consultou o Senhor, que respondeu: Não subirás; rodeia por detrás deles e ataca-os em frente das amoreiras.

24 [kk]Ouvindo tu um estrondo de marcha pelas copas das amoreiras, então te apressarás, porque é o Senhor que saiu diante de ti, a ferir o exército dos filisteus.

25 Fez Davi como o Senhor lhe tinha ordenado; e feriu os filisteus desde [ll]Geba até chegar a Gezer.

Davi leva a arca para Jerusalém (comp. 1Cr 13.1-14)

6 [mm]Tornou Davi a ajuntar todos os escolhidos de Israel, em número de trinta mil.

2 Levantou-se Davi e partiu com todo o povo que tinha consigo para [nn]Baalim de Judá, a fim de levarem de lá para cima a arca de Deus, sobre a qual se invoca o Nome, o nome do Senhor dos Exércitos, que se assenta entre os [oo]querubins.

3 Puseram a arca de Deus em um [3]carro novo e a levaram da casa de Abinadabe, que está no alto

---

[1] (5.6) A cidade era tão fortificada que os jebuseus alegavam que até os cegos e os coxos podiam defender Jerusalém, mas Davi percebeu que podia subir pelo canal e que a cidade podia ser tomada (v. 8).

[2] (5.17) Aqui se registram duas campanhas contra os filisteus: a primeira nos v. 17-21; a segunda, nos v. 22-25. Comp. 2Sm 8.1; 21.15-22, campanhas posteriores.

[3] (6.3) A história do carro novo de Davi e seus resultados é uma admirável ilustração da verdade espiritual de que até as melhores intenções no serviço a Deus não são seguidas de bênção, a menos que esse serviço seja oferecido como Deus o exige. Deus tinha dado instruções explícitas sobre como a arca deveria ser carregada (Nm 4.1-15), mas Davi adotou um recurso filisteu (1Sm 6.7,8).

da [p]colina. Uzá e Aiô, filhos de Abinadabe, guiavam o carro novo.

4 Levaram-no da casa de Abinadabe, que estava no alto da colina, com a arca de Deus, e Aiô ia adiante da arca.

5 Davi e todos os israelitas [q]alegravam-se perante o Senhor, com todo tipo de instrumentos de pinho: harpas, saltérios, tamboris, pandeiros e címbalos.

6 **Q**uando chegaram à eira de [r]Nacom, estendeu Uzá a [s]mão à arca de Deus e a segurou, porque os bois tropeçaram.

7 Então a ira do Senhor se acendeu contra Uzá, e Deus o [t]feriu ali por essa irreverência; e morreu ali junto à arca de Deus.

8 Davi se enfureceu, porque o Senhor [u]irrompera contra Uzá, e chamou àquele lugar [1]Perez-Uzá, até o dia de hoje.

9 [v]Temeu Davi ao Senhor naquele dia e disse: Como virá a mim a arca do Senhor?

10 Não quis Davi levar para si a arca do Senhor, para a [w]Cidade de Davi. Antes, fê-la entrar na casa de [x]Obede-Edom, o geteu.

11 Ficou a arca do Senhor na casa de Obede-Edom, o geteu, três meses, e o Senhor abençoou a Obede-Edom e a toda a sua família.

Davi traz a arca para Jerusalém (1Cr 15.1–16.3; esp. 15.26–16.1)

12 [y]**E**ntão disseram a Davi: O Senhor abençoou a família de Obede-Edom e tudo o que tem, por causa da arca de Deus. Assim foi Davi e fez subir a arca de Deus da casa de Obede-Edom para a [z]Cidade de Davi, com alegria.

13 [a]Quando os que levavam a arca do Senhor tinham dado seis [b]passos, ele sacrificava bois e carneiros cevados.

14 Davi [c]dançava com todas as suas forças diante do Senhor, cingido de uma [d]estola sacerdotal de linho.

15 Assim Davi e todos os israelitas subiam, trazendo a arca do Senhor com júbilo e ao som de trombetas.

16 **Q**uando a arca do Senhor entrava na Cidade de Davi, [e]Mical, a filha de Saul, estava olhando pela janela. E vendo o rei Davi, que ia saltando e dançando diante do Senhor, o desprezou no seu coração.

17 [f]Trouxeram a arca do Senhor e a puseram no seu lugar, [g]na tenda que Davi lhe armara, e ofereceu Davi holocaustos e ofertas pacíficas perante o Senhor.

18 Tendo Davi acabado de oferecer os holocaustos e ofertas pacíficas, [h]abençoou o povo em nome do Senhor dos Exércitos.

19 Então repartiu todo o povo e toda a multidão de Israel, tanto homens como mulheres, a cada um, um bolo de pão, um bom pedaço de carne e um bolo de passas. E se retirou todo o povo, cada um para sua casa.

20 **V**oltando Davi para abençoar a sua casa, Mical, a filha de Saul, saiu a encontrar-se com ele e lhe disse: Quão honrado foi o rei de Israel, descobrindo-se hoje aos olhos das servas de seus servos, como sem pudor se descobre um qualquer.

21 Disse Davi a Mical: Perante o Senhor, [i]que me escolheu antes do que a teu pai e a toda a sua família, mandando-me que fosse chefe sobre o [j]povo do Senhor, sobre Israel, perante o Senhor me tenho alegrado.

22 Ainda mais do que isso me rebaixarei e me humilharei aos meus olhos. Quanto às servas, de quem falaste, delas serei honrado.

23 E Mical, filha de Saul, não teve [k]filhos, até o dia da sua morte.

O desejo de Davi de construir uma casa para o Senhor (1Cr 17.1,2)

7 [l]Estando o rei Davi em seu palácio, e tendo-lhe dado o Senhor descanso de todos os seus inimigos em redor,

2 disse o rei ao profeta Natã: Olha, eu moro em um palácio de cedro, e a arca de Deus dentro de uma tenda.

3 Disse Natã ao rei: Vai, faze tudo quanto está no [m]teu coração, pois o Senhor é contigo.

A Aliança Davídica (1Cr 17.3-15)

4 Naquela mesma noite, porém, veio a palavra do Senhor a Natã, dizendo:

5 Vai e dize a meu servo Davi: Assim diz o Senhor: Edificarás tu uma casa para minha habitação?

6 Em casa nenhuma habitei, desde o dia em que fiz subir os filhos de Israel do Egito até o dia de hoje, mas tenho andado em tenda e em tabernáculo.

7 Em todo lugar em que [n]andei com todos os filhos de Israel, falei porventura alguma palavra a qualquer das tribos de Israel, a quem mandei [o]apascentar o meu povo de Israel, dizendo: Por que não me edificais uma casa de cedro?

8 Agora, [pp]pois, assim dirás ao meu servo [qq]Davi: Assim diz o Senhor dos Exércitos: Eu te tomei da malhada, de detrás das ovelhas, para que fosses o soberano sobre o meu povo, sobre Israel.

9 Fui contigo por onde quer que foste e destruí os teus inimigos diante de ti; fiz para ti um grande nome, como o nome dos grandes que há na terra.

10 Prepararei lugar para o meu povo, para Israel, e o plantarei, para que habite no seu lugar e não mais seja perturbado. Nunca mais os filhos da perversidade o aflijam, como dantes,

11 desde o dia em que mandei que houvesse juízes sobre o meu povo Israel. A ti, porém, darei

[p] 1Sm 26.1
[q] 1Sm 18.6,7
[r] Chamado Quidom em 1Cr 13.9
[s] Nm 4.15
[t] Milagres (AT): v. 7; 1Rs 13.4 (Gn 5.24; Jn 1.17); 1Sm 6.19
[u] 2Sm 5.20
[v] Dt 9.19
[w] 2Sm 5.7
[x] 1Cr 26.4-8
[y] v. 12-19
[z] Comp. 1Rs 8.1
[a] 1Sm 6.15; 2Sm 15.24
[b] Veja pesos e medidas (AT): 2Cr 2.10, nota
[c] v. 21; Sl 149.3
[d] 1Sm 2.18,28; comp. Êx 19.6
[e] 2Sm 3.14
[f] Comp. 1Rs 8.1-11
[g] 2Cr 1.4
[h] 1Rs 8.14
[i] 1Sm 13.14; 15.28
[j] 2Rs 11.17
[k] Comp. 2Sm 21.8
[l] v. 1-29
[m] 1Rs 8.17,18
[n] Lv 26.11,12
[o] 2Sm 5.2
[pp] Oito Alianças: v. 4-17; Hb 8.8 (Gn 2.16; Hb 8.8)
[qq] Israel (história): v. 8-17; 2Rs 17.6 (Gn 12.2; Rm 11.26)

[1] (6.8) *O quebrantamento de Uzá.*

descanso de todos os teus inimigos. O Senhor te
declara que ele te estabelecerá dinastia.
12 Quando os teus dias forem completos, e vie-
res a dormir com teus pais, então farei levantar
depois de ti o teu descendente, que sair das tuas
entranhas, e estabelecerei o seu reino.
13 Este edificará uma casa ao meu nome, [r]e es-
tabelecerei o trono do seu reino para sempre.
14 [s]Eu lhe serei por pai, e ele me será [t]por filho.
Se vier a fazer o que é errado, eu o [u]castigarei
com varas de homens e com açoites de filhos
de homens.
15 A minha [1]benignidade, porém, não retira-
rei dele, como a retirei de Saul, a quem tirei de
diante de ti.
16 A tua [v]casa e o teu reino [2]serão firmados para
sempre diante de mim; o teu [w]trono será estabe-
lecido [x]para sempre.
17 Conforme todas estas palavras e conforme
toda esta visão, assim falou Natã a Davi.

Oração de Davi (1Cr 17.16-27)

18 **E**ntão entrou o rei Davi, sentou-se perante
o Senhor e [y]disse: Quem sou [z]eu, Senhor Deus, e
qual é a minha casa, para me trazeres até aqui?
19 E isso ainda foi pouco aos teus olhos, Senhor
Deus, senão que também falaste da casa de teu
servo para tempos distantes. Isto é instrução
para todos os homens, Senhor Deus?
20 Que mais ainda te poderá dizer Davi? Pois tu
[a]conheces bem teu servo, ó Senhor Deus.
21 Por causa da tua palavra e segundo o teu
coração, fizeste toda esta grandeza, dando-a a
conhecer a teu servo.

[r] Is 9.7; 49.8
[s] Hb 1.5
[t] Sl 2.7; 89.26,27
[u] Juízos (os sete): v. 14,15; 2Sm 12.14 (2Sm 7.14; Ap 20.12)
[v] Cristo (primeira vinda): v. 16; Sl 2.2 (Gn 3.15; At 1.11)
[w] Reino (AT): v. 8-16; 2Sm 23.1 (Gn 1.26; Zc 12.8)
[x] Sl 89.36,37
[y] Orações da Bíblia (AT): v. 18-29; 2Sm 24.17 (Gn 15.2; Hc 3.1)
[z] Êx 3.11; Jz 6.15; 1Sm 18.18
[a] 1Sm 16.7; Jo 21.17
[b] Dt 10.17; Sl 86.10
[c] Êx 15.11
[d] Êx 10.2; Sl 44.1
[e] Dt 33.29
[f] Dt 15.15; veja Êx 6.6, nota
[g] Dt 10.21; Sl 65.5
[h] Gn 17.7; Dt 30.1-10
[i] Js 21.45; Jo 17.17

22 Portanto, [b]grandioso és, ó Senhor Deus, por-
que não há [c]semelhante a ti, e não há outro Deus
além de ti, segundo tudo o que temos ouvido
com os nossos [d]ouvidos.
23 Quem há como o teu [e]povo, como Israel,
gente única na terra, a quem tu, ó Deus, foste [f]res-
gatar para ser teu povo? E para fazer a ti mesmo
um nome e a teu povo estas grandes e [g]terríveis
coisas, para a tua terra, diante do teu povo, que
tu resgataste do Egito, desterrando as nações e
seus deuses?
24 Estabeleceste o teu povo Israel por teu
povo para [h]sempre, e tu, ó Senhor, te fizeste o
seu Deus.
25 Agora, pois, ó Senhor Deus, quanto a esta
palavra que falaste acerca de teu servo e acerca
da sua descendência, confirma-a para sempre e
faze como falaste.
26 E seja para sempre engrandecido o teu
nome, e se diga: O Senhor dos Exércitos é Deus
sobre Israel! E a casa do teu servo será estabele-
cida diante de ti.
27 Pois tu, ó Senhor dos Exércitos, Deus de Is-
rael, revelaste aos ouvidos de teu servo, dizendo:
Edificarei para ti uma dinastia. Por isso, o teu ser-
vo se animou a fazer-te esta oração.
28 Agora, ó Senhor Deus, tu mesmo és Deus, e
as tuas palavras são [i]verdade, e tens prometido
a teu servo este bem.
29 Sê agora servido de abençoar a família do
teu servo, a fim de permanecer para sempre dian-
te de ti, pois tu, ó Senhor Deus, o disseste; e com
a tua bênção será para sempre bendita a famí-
lia do teu servo.

---

[1] (7.15) Os v. 14,15 afirmam o princípio de julgamento na família de Deus (veja 1Co 11.31, *nota*). Esse julgamento é sempre corretivo, não punitivo (Hb 12.5-11). O juízo dos ímpios é punitivo, não corretivo.

[2] (7.16) A Aliança Davídica (v. 8-17), sobre a qual será fundamentado o futuro reino de Cristo, "que nasceu da descendência de Davi segundo a carne" (Rm 1.3), provia a Davi: 1) a promessa de posteridade na casa de Davi; 2) um trono simbólico de autoridade real; 3) um reino ou governo sobre a terra e 4) certeza do cumprimento, pois as promessas a Davi falavam de um trono que "será firmado para sempre".

Salomão, cujo nascimento Deus predisse (v. 12), não recebeu a promessa de descendência perpétua, mas apenas a segurança de que 1) edificaria uma casa ao nome do Senhor (v. 13); 2) de que seu reino seria estabelecido (v. 12); 3) de que seu trono – sua autoridade de rei – seria perpétuo e de que, 4) se Salomão pecasse, seria castigado, mas não deposto.

A continuação do trono de Salomão, mas não da sua descendência, demonstra a exatidão da profecia. Israel teve nove dinastias, Judá teve uma. Cristo nasceu de Maria, que não era da linhagem de Salomão (Jr 22.28-30); ele foi descendente de Natã, outro filho de Davi (comp. Lc 3.23-31, e *nota* em Lc 3.23). José, o marido de Maria, era descendente de Salomão e, por meio dele, o trono legalmente passou a Cristo (comp. Mt 1.6,16). Assim, o trono, mas não a descendência, veio de Salomão, o que constitui o cumprimento preciso da promessa do Senhor a Davi.

Em contraste com a irrevogável promessa de cumprimento perpétuo que Davi recebeu, Salomão ilustra o caráter condicional da Aliança Davídica ao ser aplicada aos reis que se seguiram. A desobediência por parte dos descendentes de Davi resultaria em castigo, mas não na anulação da aliança (2Sm 7.15; Sl 89.20-37; Is 54.3,8,10). Assim, sobreveio o castigo, primeiro com a divisão do reino sob Roboão e, por fim, com os cativeiros (2Rs 25.1-21). Desde aquele tempo, apenas um rei da família de Davi foi coroado em Jerusalém, e coroado com espinhos. Mas a Aliança Davídica, firmada com Davi por juramento do Senhor, e confirmada a Maria pelo anjo Gabriel, é uma aliança imutável (Sl 89.20-37), e o Senhor ainda dará "o trono de Davi, seu pai" àquele que foi coroado com espinhos (Lc 1.31-33; At 2.29-32; 15.14-17). Tanto Davi como Salomão entenderam que a promessa se referia a um reino terreno (2Sm 7.18-29; 2Cr 6.14-16).

Notas sobre outras alianças importantes: Edênica (Gn 2.16), Adâmica (Gn 3.15), Noeica (Gn 9.16), Abraâmica (Gn 12.2), Mosaica (Êx 19.5), da Terra de Israel (Dt 30.3), Nova Aliança (Hb 8.8).

A extensão do reino de Davi (1Cr 18.1-17)

8 **D**epois disso, Davi derrotou os filisteus e os sujeitou; e tomou a Metegue-Amá das mãos dos filisteus.

2 Também derrotou os [j]moabitas; fê-los deitar por terra, mediu-os com uma corda. Mediu dois cordéis para os matar e um cordel inteiro para os deixar com vida. Ficaram assim os moabitas por [k]servos de Davi, [l]pagando-lhe tributos.

3 Davi também derrotou a Hadadezer, filho de Reobe, rei de [m]Zobá, quando este [n]ia estabelecer o seu domínio sobre o rio Eufrates.

4 Tomou-lhe Davi [1][o]mil e seiscentos cavaleiros e vinte mil [p]homens de pé. [q]Aleijou todos os cavalos dos carros, menos para cem deles.

5 Quando os [r]siros de Damasco vieram para socorrer Hadadezer, rei de Zobá, Davi matou dos siros vinte e dois mil homens.

6 Davi pôs guarnições na [s]Síria de Damasco, e os siros ficaram por servos de Davi, pagando-lhe tributos. O Senhor dava vitória a Davi por onde quer que ia.

7 Davi tomou os escudos de ouro que os servos de Hadadezer usavam e os trouxe a Jerusalém.

8 Tomou mais o rei Davi grande quantidade de bronze de [t]Betá e de [u]Berotai, cidades de Hadadezer.

9 **O**uvindo então Toí, rei de [v]Hamate, que Davi derrotara todo o exército de Hadadezer,

10 mandou seu filho Jorão ao rei Davi, para o saudar e o felicitar por haver pelejado contra Hadadezer e havê-lo ferido (porque Hadadezer de contínuo fazia guerra a Toí). Jorão trouxe consigo vasos de prata, de ouro e de bronze,

11 os quais o rei Davi [w]consagrou ao Senhor, com a prata e o ouro que já havia consagrado de todas as nações que sujeitara:

12 da [x]Síria, de Moabe, dos filhos de Amom, dos [y]filisteus, de Amaleque e dos despojos de Hadadezer, filho de Reobe, rei de Zobá.

13 Assim Davi [z]aumentou a sua fama, quando, ao voltar de ferir os siros, matou no vale do Sal dezoito mil edomitas.

14 Pôs guarnições em todo o Edom, e todos os [a]edomitas ficaram por servos de Davi. O Senhor dava vitórias a Davi por onde quer que ia.

15 **R**einou Davi sobre todo o Israel, julgando e fazendo justiça a todo o seu povo.

16 [b]Joabe, filho de Zeruia, estava sobre o exército; [c]Josafá, filho de Ailude, era cronista.

17 Zadoque, filho de [d]Aitube, e Aimeleque, filho de Abiatar, eram sacerdotes; Seraías era escrivão.

18 [e]Benaia, filho de Jeoiada, comandava os [f]quereteus e os peleteus; e os filhos de Davi eram os seus ministros.

[j] Nm 24.17
[k] v. 6,14; 2Sm 12.31
[l] 1Rs 4.21; 2Rs 3.4; comp. Sl 60.8
[m] 1Sm 14.47; 2Sm 10.6-8
[n] 2Sm 10.15-19
[o] Comp. 1Cr 18.4; veja 1Cr 11.11, nota
[p] Comp. Sl 68.17
[q] Js 11.6-9
[r] 1Rs 11.24
[s] v. 12
[t] Chamada Tibate em 1Cr 18.8
[u] Ez 47.16
[v] 1Rs 8.65; 2Rs 14.28
[w] 1Rs 7.51
[x] v. 6
[y] 2Sm 5.17-25
[z] 2Sm 7.9
[a] Gn 27.29; Nm 24.18; 1Rs 11.15
[b] v. 16-18; comp. 2Sm 20.23-26
[c] 1Rs 4.3
[d] 1Cr 6.8
[e] 1Rs 1.8
[f] 1Rs 1.38
[g] 1Sm 20.14-16; 2Sm 21.7
[h] 2Sm 16.1-4
[i] 2Sm 4.4
[jj] 2Sm 17.17-29
[kk] 2Sm 19.24-30
[ll] Comp. 1Sm 23.17
[mm] 2Sm 16.9
[nn] 9.7
[oo] v. 13
[pp] 1Cr 8.34
[qq] v. 7,10,11; 1Rs 2.7
[rr] 2Sm 11.1
[ss] 2Sm 9.1; 1Rs 2.7
[tt] 1Sm 11.1

Davi e Mefibosete

9 **P**erguntou Davi: Resta ainda alguém da família de Saul, para que eu o trate com [2]bondade por [g]amor de Jônatas?

2 Havia um servo na casa de Saul cujo nome era Ziba. Chamaram-no que viesse a Davi. Disse-lhe o rei: És tu [h]Ziba? Respondeu ele: Teu servo.

3 Perguntou o rei: Não há ainda alguém da família de Saul a quem eu possa mostrar a bondade de Deus? Ziba respondeu ao rei: Ainda há um filho de Jônatas, [i]aleijado de ambos os pés.

4 Perguntou o rei: Onde está? Respondeu Ziba ao rei: Está na casa de [jj]Maquir, filho de Amiel, em Lo-Debar.

5 **A**ssim mandou o rei Davi trazê-lo da casa de Maquir, filho de Amiel, em Lo-Debar.

6 Vindo [kk]Mefibosete, filho de Jônatas, filho de Saul, a Davi, prostrou-se com o rosto em terra e se inclinou. Disse-lhe Davi: Mefibosete! Respondeu ele: Teu servo.

7 Disse-lhe Davi: [ll]Não temas, pois de certo usarei de bondade contigo por amor de Jônatas, teu pai, e te restituirei todas as terras de Saul, teu pai, e tu sempre comerás pão à minha mesa.

8 Mefibosete se inclinou e disse: Quem é teu servo, para teres olhado [mm]para um cão morto tal como eu?

9 **E**ntão o rei chamou Ziba, servo de Saul, e lhe disse: Tudo o que pertencia a Saul e a toda a sua casa, [nn]dei ao filho de teu senhor.

10 Cultivarás a terra, tu e teus filhos, e teus servos, e recolherás os frutos, para que o filho de teu senhor tenha pão que coma. E Mefibosete, filho de teu senhor, [oo]sempre comerá pão à minha mesa. Tinha Ziba quinze filhos e vinte servos.

11 Então disse Ziba ao rei: Conforme tudo o que o meu senhor, o rei, manda a seu servo, assim fará ele. Assim Mefibosete comeu à mesa de Davi como um dos filhos do rei.

12 Tinha Mefibosete um filho pequeno, cujo nome era [pp]Mica. Todos os que moravam na casa de Ziba eram servos de Mefibosete.

13 E Mefibosete morava em Jerusalém, porque sempre comia à [qq]mesa do rei, e era coxo de ambos os pés.

As campanhas contra os amonitas e sírios sob a liderança de Davi e Joabe (1Cr 19)

10 **D**epois disto morreu o rei dos [rr]filhos de Amom, e seu filho Hanum reinou em seu lugar.

2 Então pensou Davi: Usarei de [ss]bondade para com Hanum, filho de [tt]Naás, como seu pai usou de

[1] (8.4) Veja 1Cr 11.11, *nota*.

[2] (9.1) Aqui há uma excelente figura da salvação pela graça. A graça 1) é bondade para alguém (v. 1-3; Ef 2.1,4-7); 2) dá um lugar privilegiado a quem a recebe (v. 11; Ef 1.3-6) e 3) o sustenta e guarda (v. 13; Jo 10.28,29).

bondade para comigo. Enviou Davi os seus servos para o consolar acerca de seu pai. Quando os servos de Davi chegaram à terra dos filhos de Amom,

3 disseram os líderes dos filhos de Amom a seu senhor, Hanum: Pensas que Davi, por te haver mandado consoladores, está honrando a teu pai? Não te enviou ele os seus servos para reconhecerem a cidade e para a espiarem, a fim de destruí-la?

4 Pelo que Hanum tomou os servos de Davi, [u]rapou-lhes metade da barba, cortou-lhes metade das vestes até as [v]nádegas e os despediu.

5 Quando Davi teve notícia do ocorrido, enviou mensageiros a encontrá-los, pois estavam estes homens sobremaneira envergonhados. Mandou dizer-lhes o rei: Deixai-vos estar em Jericó, até que vos torne a crescer a barba, e então vinde.

6 **V**endo os filhos de Amom que se tinham feito abomináveis para com Davi, mandaram mensageiros alugar dos [w]siros de [x]Bete-Reobe e dos siros de Zobá vinte mil homens de infantaria, e do rei de [y]Maaca mil homens, e dos homens de [z]Tobe doze mil.

7 O que ouvindo Davi, enviou contra eles Joabe com todo o exército dos valentes.

8 Saíram os filhos de Amom e ordenaram a batalha à entrada da porta, e os siros de Zobá e Reobe e os homens de Tobe e Maaca estavam à parte no campo.

9 **V**endo Joabe que a batalha estava preparada contra ele pela frente e pela retaguarda, escolheu os melhores de Israel e formou-os em linha contra os siros.

10 O restante do povo entregou a seu irmão [a]Abisai, o qual o formou em linha contra os filhos de Amom.

11 Disse Joabe: Se os siros forem mais fortes do que eu, tu me virás em socorro; mas se os filhos de Amom forem mais fortes do que tu, eu irei em teu socorro.

12 [b]Sê forte e [c]sejamos corajosos pelo nosso povo e pelas cidades de nosso Deus. Faça o Senhor o que [d]bem parecer aos seus olhos.

13 Então avançou Joabe, e o povo que estava com ele, à peleja contra os siros, e estes [e]fugiram de diante deles.

14 Vendo os filhos de Amom que os siros fugiam, também eles fugiram de diante de Abisai e entraram na cidade. Assim voltou Joabe dos filhos de Amom e tornou a [f]Jerusalém.

15 Vendo os siros que tinham sido derrotados diante de Israel, tornaram a refazer-se.

16 Hadadezer fez sair os siros que estavam do outro lado do rio; vieram a Helã, e [g]Soboque, chefe do exército de Hadadezer, marchava adiante deles.

17 Quando Davi foi informado disso, ajuntou todo Israel, passou o Jordão e foi a Helã. Os siros se puseram em ordem contra Davi e pelejaram com ele.

18 Os siros, porém, fugiram de diante de Israel, e Davi matou dentre os siros os homens de [1][h]setecentos carros e quarenta mil homens de cavalo. Também feriu Soboque, general do exército, de sorte que morreu ali.

19 Vendo todos os reis, servos de Hadadezer, que estavam derrotados diante de Israel, fizeram paz com Israel e o serviram. Pelo que temeram os siros de ainda socorrer os filhos de Amom.

O grande pecado de Davi

11 **N**a primavera do ano seguinte, [i]época em que os reis saem à guerra, enviou Davi a [j]Joabe, e a seus servos com ele, e a todo o Israel, que destruíram os filhos de Amom e sitiaram a [k]Rabá. Mas Davi ficou em Jerusalém.

2 Uma tarde, levantou-se Davi do seu leito e andava passeando no terraço do palácio real. Do terraço [l]viu uma mulher que se estava lavando. Era esta mulher mui formosa.

3 Davi mandou tomar informações sobre ela. Disseram-lhe: Não é esta [m]Bate-Seba, filha de Eliã, mulher de [n]Urias, o [o]heteu?

4 Então Davi enviou mensageiros para trazê-la. Ela veio, e ele se [p]deitou com ela. (Ela já se tinha purificado da sua [q]imundície.) Então ela voltou para sua casa.

5 A mulher concebeu e mandou dizer a Davi: Estou grávida.

6 **P**elo que Davi enviou esta mensagem a Joabe: Manda-me Urias, o heteu. Joabe enviou Urias a Davi.

7 Vindo Urias a ele, perguntou este como passava Joabe, como estava o povo e como ia a guerra.

8 Depois disse Davi a Urias: Desce à tua casa e [r]lava os teus pés. E, saindo Urias do palácio real, logo recebeu um [s]presente da mesa do rei.

9 Urias, porém, se deitou à [t]porta do palácio real, com todos os servos do seu senhor, e não desceu à sua casa.

10 Fizeram-no saber a Davi, dizendo: Urias não desceu a sua casa. Então perguntou Davi a Urias: Não vens tu de uma jornada? Por que não desceste a tua casa?

11 [uu]Respondeu Urias a Davi: A arca, Israel e Judá estão em tendas, e Joabe, meu senhor, e os servos de meu senhor estão acampados ao relento. Como poderia eu entrar na minha casa, para comer e beber e para me deitar com minha mulher? Tão certo como tu vives, não farei tal coisa.

[u] Comp. Is 15.2
[v] Comp. Is 20.4
[w] 2Sm 8.5,6
[x] Jz 18.28
[y] Dt 3.14; Js 13.11,13
[z] Jz 11.3,5
[a] 1Sm 26.6; 2Sm 3.30
[b] Dt 31.6; Js 1.6,7,9; Ne 4.14
[c] 1Co 16.13
[d] 1Sm 3.18
[e] Comp. 1Rs 20.13-21
[f] 2Sm 11.1
[g] Chamado Sofaque em 1Cr 19.16,18
[h] Comp. 1Cr 19.18; veja 1Cr 11.11, nota
[i] 1Rs 20.22-26
[j] 1Cr 20.1
[k] 2Sm 12.26; Jr 49.2,3; Am 1.14
[l] Êx 20.17
[m] Chamada Bate-Sua, em algumas versões, como ACF e ARC, em 1Cr 3.5
[n] 2Sm 23.39
[o] 1Sm 26.6; veja 2Rs 7.6, nota
[p] Lv 20.10; Dt 22.22; Tg 1.14,15
[q] Lv 15.19-28; 18.19
[r] Gn 19.2
[s] Gn 43.34
[t] 1Rs 14.27
[uu] Comp. 2Sm 7.2,6

[1] (10.18) Veja 1Cr 11.11, *nota*.

12 Então disse Davi a Urias: Fica ainda hoje aqui, e amanhã te despedirei. Assim Urias ficou em Jerusalém aquele dia e o seguinte.

13 Davi o convidou, e comeu e bebeu diante dele, e o embebedou. Mas à tarde, Urias saiu a deitar-se na sua cama com os servos de seu senhor; não desceu a sua casa.

14 **P**ela manhã Davi escreveu uma carta a Joabe e a mandou por mão de Urias.

15 Escreveu na carta: Ponde Urias na frente da maior força da peleja. Então retirai-vos de detrás dele para que seja [v]ferido e morra.

16 Tendo Joabe sitiado a cidade, pôs Urias no lugar onde sabia que estavam homens valentes.

17 Saindo os homens da cidade e pelejando com Joabe, caíram alguns do povo, dos servos de Davi; morreu também Urias, o heteu.

18 Então Joabe mandou dizer a Davi tudo o que acontecera na peleja.

19 Deu ordem ao mensageiro: Acabando tu de contar ao rei todo o sucesso desta peleja,

20 caso o rei se encolerize e te diga: Por que vos chegastes tão perto da cidade a pelejar? Não sabíeis vós que haviam de atirar do muro?

21 Quem feriu Abimeleque, filho de [w]Jerubesete? Não lançou uma mulher sobre ele do [x]muro uma pedra de moinho, de que morreu em Tebes? Por que vos chegastes ao muro? Então dirás: Também morreu teu servo Urias, o heteu.

22 **P**artiu o mensageiro e, chegando, fez saber a Davi tudo o que Joabe lhe mandara dizer.

23 Disse o mensageiro a Davi: Na verdade que mais poderosos foram aqueles homens do que nós e saíram contra nós ao campo, mas nós fomos contra eles, até a entrada da porta.

24 Então os flecheiros atiraram contra os teus servos desde o alto do muro, e morreram alguns dos servos do rei. E também morreu o teu servo Urias, o heteu.

25 Disse Davi ao mensageiro: Assim dirás a Joabe: Não te pareça isso mal aos teus olhos; a espada tanto devora este como aquele. Redobra o ataque contra a cidade e derrota-a. Anima-o tu assim.

26 **O**uvindo a mulher de Urias que seu marido era morto, ela o pranteou.

27 [y]Passado o luto, Davi mandou buscá-la e a recolheu em sua casa e ela lhe foi por mulher e lhe deu um filho. Mas o que Davi fizera [z]desagradou ao Senhor.

Natã repreende Davi

12 **O** Senhor enviou [a]Natã a Davi. [b]Entrando ele na presença de Davi, disse-lhe: Havia numa cidade dois homens, um rico e outro pobre.

2 O rico tinha ovelhas e gado em grande número,

3 mas o pobre não tinha coisa nenhuma, [c]senão uma pequena cordeira que comprara e criara, e que em sua casa crescera, com seus filhos. Do seu bocado comia, do seu copo bebia e dormia em seu regaço. Ele a tinha como filha.

4 Chegando um viajante ao homem rico, não quis este tomar das suas ovelhas e do gado para dar de comer ao viajante que viera a ele. Em vez disso, [d]tomou a cordeira do pobre e a preparou para o homem que lhe havia chegado.

5 Então o furor de Davi se acendeu sobremaneira contra aquele homem, e disse a Natã: Tão certo como vive o Senhor, digno de [e]morte é o homem que fez isso.

6 Pela cordeira restituirá o [f]quádruplo, porque fez tal coisa e não se compadeceu.

7 **E**ntão disse Natã a Davi: Tu és esse homem. Assim diz o Senhor, o Deus de Israel: [g]Eu te ungi rei sobre Israel e eu te livrei das mãos de Saul.

8 Dei-te a casa de teu senhor e as mulheres de teu senhor em teus braços. Também te dei a nação de Israel e de Judá, e, se isto fosse pouco, te acrescentaria muito mais.

9 [h]Por que desprezaste a palavra do Senhor, fazendo o mal diante de seus [i]olhos? [j]A Urias, o [k]heteu, mataste à espada, e a sua mulher tomaste por tua mulher. A ele mataste com a espada dos filhos de Amom.

10 Agora, portanto, a espada jamais se apartará da tua [l]família, porque me desprezaste e tomaste a mulher de Urias, o heteu, para ser tua mulher.

11 Assim diz o Senhor: Eu suscitarei da tua própria casa o mal sobre ti, e tomarei tuas mulheres perante os teus olhos, e as darei a teu próximo, o qual se deitará com elas, à plena [m]luz do dia.

12 Tu o fizeste em oculto, mas eu farei este negócio perante todo o Israel e à plena luz do dia.

Davi se arrepende do seu pecado com Bate-Seba

13 Então disse Davi a Natã: [n]Pequei contra o Senhor. Respondeu Natã: O Senhor [o]perdoou o teu pecado. Não morrerás.

14 Como, porém, com este feito deste lugar a que os inimigos do Senhor [p]blasfemem, o filho que te nasceu [q]morrerá.

15 **D**epois que Natã foi para sua casa, o [r]Senhor feriu a criança que a mulher de Urias dera a Davi, e ela caiu gravemente enferma.

16 Buscou Davi a Deus pela criança. Jejuou e, recolhendo-se, [s]passava a noite toda prostrado em terra.

17 Os anciãos da sua casa foram ter com ele, para o levantar da terra, mas ele não quis e não comeu com eles.

18 Ao sétimo dia, a criança morreu. Temiam os servos de Davi dizer-lhe que a criança era morta, porque pensavam: Estando a criança ainda viva, lhe falávamos, mas não dava ouvidos à

[v] 2Sm 12.9
[w] Jz 6.32
[x] Jz 9.50-54
[y] Comp. Gn 50.10; 1Sm 31.13
[z] 1Cr 21.7; Hb 13.4
[a] Parábolas (AT): v. 1-4; 2Sm 14.3 (Jz 9.8; Zc 11.7); comp. 2Sm 7.2; 1Rs 1.18
[b] Sl 51, tít.
[c] Comp. 2Sm 11.3
[d] Comp. 2Sm 11.4
[e] Comp. 1Rs 20.38-40
[f] Êx 22.1; Lc 19.8
[g] 1Sm 16.3-13; 2Sm 5.3
[h] Nm 15.30,31
[i] Comp. 1Sm 15.19-23
[j] 2Sm 11.14-17,27
[k] Veja 2Rs 7.6, nota
[l] 2Sm 13.28; 18.14; 1Rs 2.25
[m] 2Sm 16.21,22
[n] 2Sm 24.10; Lc 18.13; Sl 51; comp. Sl 32
[o] Sl 32.1-5; Pv 28.13; Mq 7.18
[p] Is 52.5; Rm 2.24
[q] Juízos (os sete): v. 13,14; Sl 50.3 (2Sm 7.14; Ap 20.12)
[r] 1Sm 25.38
[s] 2Sm 13.31

nossa voz. Como lhe diremos que a criança é morta? Ele poderá cometer um desatino.

19 Viu Davi que os seus servos falavam baixo e entendeu que a criança era morta. Perguntou a seus servos: É morta a criança? Eles responderam: É morta.

20 Então Davi se levantou da terra. Depois de ter-se lavado, [t]ungido e trocado de roupa, entrou no templo do Senhor e adorou. Então foi para o seu palácio, e, a seu pedido, serviram-lhe pão, e ele comeu.

21 Perguntaram-lhe seus servos: Que é isso que fizeste? Pela criança viva jejuaste e choraste; mas, depois que a criança morreu, te levantaste e comeste pão.

22 Respondeu ele: Vivendo ainda a criança, jejuei e chorei, porque pensava: [u]Quem sabe se o Senhor se compadecerá de mim, de modo que viva a criança?

23 Agora, porém, que é morta, por que jejuaria eu? Poderei eu fazê-la voltar? Eu irei [v]a ela, mas ela [w]não voltará para mim.

O nascimento de Salomão

24 Então consolou Davi a Bate-Seba, sua mulher, entrou e se deitou com ela. Ela teve um filho a quem [x]deram o nome de Salomão. E o Senhor o amou;

25 e porque o Senhor o amou, mandou, por intermédio do profeta Natã, dar-lhe o nome de [1][y]Jedidias.

Davi e Joabe tomam Rabá (1Cr 20.1-3)

26 **E**ntretanto pelejou Joabe contra Rabá, dos filhos de Amom, e tomou a cidade real.

27 Então mandou Joabe mensageiros a Davi, dizendo: Pelejei contra [z]Rabá e também tomei a cidade das águas.

28 Ajunta agora o resto do povo, cerca a cidade e toma-a, para que eu não a tome e seja o meu nome aclamado sobre ela.

29 Então ajuntou Davi todo o seu exército, marchou para Rabá, guerreou contra ela e a tomou.

30 Tirou a coroa da cabeça do seu rei, cujo peso era de um [a]talento de ouro, e havia nela pedras preciosas, e a colocaram na cabeça de Davi. Da cidade levou mui grande despojo.

31 Trazendo os seus habitantes, colocou-os para trabalhar com serras, picaretas, machados de ferro, e em fornos de tijolos. Assim fez com todas as cidades dos filhos de Amom. Depois voltou Davi e todo o povo para Jerusalém.

Conseqüência do pecado de Davi (caps. 13–20): o crime de Amnom

13 **D**epois disto [b]Amnom, filho de Davi, enamorou-se de [c]Tamar, a formosa irmã de [d]Absalão, filho de Davi.

2 [e]Angustiou-se Amnom, até adoecer, por Tamar, sua irmã, pois era virgem, e lhe parecia impossível fazer coisa alguma com ela.

3 Ora, Amnom tinha um amigo, cujo nome era Jonadabe, filho de [f]Simeia, irmão de Davi. Era Jonadabe homem muito sagaz.

4 Este lhe perguntou: Por que tu, filho do rei, cada manhã estás tão abatido? Não me dirás por quê? Disse-lhe Amnom: Amo Tamar, irmã de Absalão, meu irmão.

5 Disse-lhe Jonadabe: Deita-te na tua cama e finge-te doente. Quando teu pai te vier visitar, dize-lhe: Peço-te que minha irmã Tamar venha e me dê de comer pão, preparando a comida diante dos meus olhos, para que eu a veja e coma da sua mão.

6 Assim deitou-se Amnom e fingiu-se doente. Vindo o rei visitá-lo, disse-lhe Amnom: Peço-te que minha irmã Tamar venha e prepare dois bolos diante dos [g]meus olhos, para que eu coma de sua mão.

7 **E**ntão Davi mandou dizer a Tamar em sua casa: Vai à casa de Amnom, teu irmão, e faze-lhe comida.

8 Foi Tamar à casa de Amnom, seu irmão, que estava deitado. Ela tomou massa e, amassando-a, fez bolos e os assou diante dos seus olhos.

9 Então tomou a panela e os tirou diante dele, mas ele recusou comer. Disse Amnom: Fazei retirar [h]a todos da minha presença. E todos se retiraram.

10 Então disse Amnom a Tamar: Traze a comida ao meu quarto, e comerei da tua mão. Tomou Tamar os bolos que fizera e os levou a Amnom, seu irmão, no quarto.

11 Quando os ofereceu a Amnom, para que ele comesse, ele a agarrou e disse: Vem, [i]deita-te comigo, minha irmã.

12 Ela, porém, lhe disse: Não, meu irmão, não me forces. Não se faz assim em [j]Israel. Não faças tal [k]loucura.

13 Aonde iria eu com a minha vergonha? E tu serias como um dos loucos de Israel. Agora peço-te que fales ao rei; ele não me negará a ti.

14 Ele, porém, não quis dar ouvidos ao que ela dizia, e sendo mais forte do que ela, forçou-a e se deitou com ela.

15 **E**ntão Amnom sentiu grande aversão por ela. De fato, era a aversão que sentiu por ela maior do que o amor com que a amara. Disse-lhe Amnom: Levanta-te e vai-te.

16 Então ela lhe disse: Não há razão de me despedires assim; maior seria este mal do que o outro que já me fizeste. Mas ele não lhe quis dar ouvidos.

17 Chamou o moço que o servia e disse: Deita fora esta mulher e fecha a porta após ela.

[t] Rt 3.3
[u] Is 38.2,3; Jl 2.14; Jn 3.9
[v] Gn 37.35
[w] Jó 7.10
[x] Comp. 1Cr 22.9
[y] Ne 13.26; comp. Mt 3.17
[z] 2Sm 11.1
[a] Veja pesos e medidas (AT): 2Cr 2.10, nota
[b] 2Sm 3.2
[c] 1Cr 3.9
[d] 2Sm 3.3; 1Cr 3.1,2
[e] Comp. Gn 39.2-12; Mt 5.27-30
[f] Samá; 1Sm 16.9
[g] Gn 18.5
[h] Comp. Gn 45.1
[i] Dt 27.22; Ez 22.11
[j] Lv 18.9-11; 20.17
[k] Gn 34.7; Jz 19.23; 20.6

[1] (12.25) *Amado do Senhor.*

18 Trazia ela uma [l]túnica ricamente ornamentada, porque assim se [m]vestiam as filhas virgens dos reis. Mesmo assim o servo a colocou para fora, e fechou a porta após ela.

19 Então Tamar tomou [n]cinza sobre a cabeça, [o]rasgou a túnica ornamentada que trazia, [p]pôs as mãos sobre a cabeça e se foi andando e clamando.

20 Absalão, seu irmão, perguntou-lhe: Esteve Amnom, teu irmão, contigo? Ora, minha irmã, cala-te; é teu irmão. Não se angustie o teu coração por isso. Assim ficou Tamar, uma mulher desolada, vivendo na casa de Absalão, seu irmão.

21 Ouvindo o rei Davi todas estas coisas, muito se lhe acendeu a ira.

22 Absalão não falou com Amnom, nem mal nem bem; ele odiava a Amnom, por ter violentado a Tamar, sua irmã.

Absalão vinga Tamar e foge para Gesur

23 **P**assados dois anos inteiros, tendo Absalão tosquiadores em Baal-Hazor, que está junto a Efraim, convidou todos os filhos do rei.

24 Foi Absalão até o rei e disse: O teu servo faz a tosquia. Peço que o rei e os seus servos venham com o teu servo.

25 O rei respondeu a Absalão: Não, meu filho, não vamos todos juntos, para não te sermos pesados. Absalão insistiu com ele, todavia ele não quis ir, mas o abençoou.

26 Então disse Absalão: Ao menos deixa ir conosco Amnom, meu irmão. Perguntou-lhe o rei: Para que iria ele contigo?

27 Insistindo Absalão com o rei, este deixou Amnom ir com ele e todos os filhos do rei.

28 Absalão deu ordem aos seus moços: Ouçam! Quando o coração de Amnom estiver [q]alegre de vinho, e eu vos disser: Feri a Amnom, então o matareis. Não temais. Não sou eu quem vos dá essa ordem? Esforçai-vos e sede valentes.

29 Os moços de Absalão [r]fizeram a Amnom como Absalão lhes havia ordenado. Então todos os filhos do rei se levantaram e, montando cada um no seu [s]mulo, fugiram.

30 **I**am eles ainda a caminho, quando chegou a notícia a Davi: Absalão matou todos os filhos do rei; não ficando nenhum deles.

31 O rei se levantou, rasgou as suas vestes e se [t]lançou por terra; e da mesma maneira todos os seus servos que lhe assistiam rasgaram as suas vestes.

32 [u]Jonadabe, filho de Simeia, irmão de Davi, porém, disse-lhe: Não pense meu senhor que mataram todos os seus filhos; só morreu Amnom. Assim já o tinha resolvido fazer Absalão, desde o dia em que ele violentou a Tamar, sua irmã.

33 Não ponha o rei meu senhor tal coisa no seu [v]coração, supondo que morreram todos os filhos do rei. Só morreu Amnom.

34 Enquanto isso, Absalão fugiu. Ora, o moço que estava de guarda, levantando os olhos, viu que vinha muito povo pelo caminho por detrás dele, ao lado do monte.

35 Disse Jonadabe ao rei: Vê, aí vêm os filhos do rei; conforme a palavra de teu servo, assim sucedeu.

36 Acabando ele de falar, chegaram os filhos do rei e, levantando a voz, choraram. O rei e todos os seus servos também choraram amargamente.

Fuga de Absalão para Gesur

37 **A**bsalão fugiu, e se foi a [w]Talmai, filho de Amiur, rei de Gesur. Mas Davi pranteava a seu filho todos os dias.

38 Absalão fugiu para Gesur e esteve ali três anos.

39 Então o rei Davi sentiu saudades de Absalão, pois já se tinha [x]consolado acerca da morte de Amnom.

O estratagema de Joabe para fazer Absalão retornar

14 Conhecendo Joabe, filho de Zeruia, que o coração do rei estava inclinado para Absalão,

2 mandou trazer de [y]Tecoa uma mulher sábia e lhe disse: Ora, finge que estás de luto. Põe [z]vestidos de luto, não te unjas com óleo e faze-te como uma mulher que há muitos dias está de luto por algum morto.

3 Vai à presença do rei, e [a]fala-lhe estas palavras. E [b]Joabe lhe pôs as palavras na boca.

4 A mulher tecoíta apresentou-se ao rei e, prostrando-se com o rosto em terra, fez-lhe uma [c]reverência e disse: Salva-me, ó rei.

5 Perguntou-lhe o rei: Que tens? Respondeu ela: Na verdade sou viúva; o meu marido morreu.

6 Tinha a tua serva dois filhos, os quais brigaram no campo. Não havendo quem os apartasse, um feriu ao outro e o matou.

7 Ora, toda a parentela se levantou contra a tua serva, dizendo: Dá-nos aquele que feriu seu irmão, para que o matemos [d]pela vida de seu irmão, a quem ele matou, e para que destruamos também ao herdeiro. Assim apagarão a última brasa que me ficou, de sorte que não deixam a meu marido nome, nem remanescente na terra.

8 **D**isse o rei à mulher: Vai para tua casa, e eu darei ordens a teu respeito.

9 Disse a mulher tecoíta ao rei: A [e]iniquidade, ó rei, meu senhor, venha sobre mim e sobre a casa de meu pai, e seja [f]inculpável o rei e o seu trono.

10 Respondeu o rei: Quem falar contra ti, traze-o a mim, e nunca mais te incomodará.

11 Disse ela: Ora, lembre-se o rei do Senhor, o seu Deus, para que os [g]vingadores do sangue não prossigam na destruição e não exterminem o meu filho. Disse ele: Tão certo como vive o Senhor, não há de [h]cair no chão nem um cabelo de teu filho.

[l] Comp. Gn 37.3
[m] Sl 45.13,14
[n] Jó 42.6
[o] Comp. v. 31
[p] Jr 2.37
[q] 1Sm 25.36
[r] 2Sm 12.10
[s] 2Sm 18.9
[t] 2Sm 12.16
[u] 2Sm 13.5
[v] 2Sm 19.19
[w] 2Sm 3.3; 1Cr 3.2
[x] Gn 38.12; 2Sm 12.19-23
[y] 2Cr 11.6
[z] Comp. Rt 3.3
[a] Parábolas (AT): v. 1-14; 1Rs 20.35 (Jz 9.8; Zc 11.7)
[b] v. 19; comp. Êx 4.15
[c] 1Sm 25.23
[d] Nm 35.19; Dt 19.12,13
[e] 1Sm 25.24; comp. Mt 27.25
[f] 1Rs 2.33
[g] Redenção (tipo do parente remidor): v. 11; Ne 5.8 (Gn 48.16; Is 59.20, nota)
[h] Comp. 1Sm 14.45; 1Rs 1.52

12 Então disse a mulher: Permite que a tua serva fale uma palavra ao rei, meu senhor. Respondeu ele: Fala.

13 Disse a mulher: Por que, pois, pensas tu tal coisa contra o povo de Deus? Falando o rei esta palavra, fica como culpado, visto que o rei não torna a trazer o seu [i]desterrado.

14 Certamente [j]morreremos e seremos como águas derramadas na terra, que não podem ajuntar mais; Deus, porém, não tira a vida, mas [k]cogita meios para que não fique banido dele o seu desterrado.

15 E se agora vim falar esta palavra ao rei, meu senhor, é porque o povo me atemorizou. Pensava a tua serva: Falarei ao rei; porventura ele fará segundo a palavra da sua serva.

16 Porventura o rei ouvirá, para livrar a sua serva da mão do homem que intenta exterminar da [l]herança de Deus tanto a mim como a meu filho.

17 E agora diz a tua serva: Seja a palavra do rei, meu senhor, para o meu descanso, pois [m]como um [n]anjo de Deus, assim é o rei, meu senhor, para [o]discernir entre o bem e o mal. O Senhor, o teu Deus, seja contigo.

18 Então disse o rei à mulher: Não me encubras o que eu te perguntar. Disse a mulher: Fale o rei, meu senhor.

19 Perguntou o rei: Não é verdade que a mão de Joabe anda contigo em tudo isso? Respondeu a mulher: Tão certo como vive a tua alma, ó rei, meu senhor, que ninguém se poderá desviar, nem para a direita nem para a esquerda, de tudo o que o rei, meu senhor, diz. Sim, Joabe, teu servo, é quem me deu ordem e foi ele quem [p]pôs na boca da tua serva todas estas palavras.

20 Para mudar a feição deste caso foi que o teu servo Joabe fez isso. Mas sábio é meu senhor, [q]conforme a sabedoria de um anjo de Deus, para entender tudo o que se passa na terra.

Davi perdoa Absalão

21 **D**isse o rei a Joabe: Muito bem, farei o que pedes. Vai e faze voltar o jovem Absalão.

22 Joabe prostrou-se com o rosto em terra e, fazendo uma reverência, abençoou o rei. Disse Joabe: Hoje conhece o teu servo que achei graça aos teus olhos, ó rei, meu senhor, porque o rei fez segundo a palavra do teu servo.

23 Então levantou-se Joabe, foi a [r]Gesur e trouxe Absalão a Jerusalém.

24 Disse, porém, o rei: Torne para a sua casa e não veja a minha face. Tornou Absalão para sua casa e não viu a face do rei.

25 **N**ão havia em todo o Israel homem tão admirado por sua beleza como Absalão. Da planta do pé ao alto da cabeça, não havia nele defeito algum.

26 Ao final de cada ano, Absalão [s]cortava o cabelo, porque muito lhe pesava; o seu peso era de duzentos siclos, segundo o peso real.

27 Nasceram a Absalão três filhos e uma filha. O nome da filha era [t]Tamar, e esta era mulher formosa à vista.

28 **A**ssim ficou Absalão dois anos inteiros em Jerusalém, sem ver a face do rei.

29 Então mandou Absalão chamar Joabe, para o enviar ao rei, mas Joabe não quis vir a ele. Mandou chamá-lo segunda vez, mas ele não quis vir.

30 Então disse aos seus servos: Vede ali o pedaço de campo de Joabe pegado ao meu, e tem cevada nele. Ide e ponde-lhe fogo. E os servos de Absalão puseram fogo ao pedaço de campo.

31 Então Joabe se levantou e foi falar com Absalão, em casa, e lhe perguntou: Por que os teus servos puseram fogo ao pedaço de campo que é meu?

32 Respondeu Absalão a Joabe: Olha, enviei a ti, dizendo: Vem cá, para que te envie ao rei, a dizer-lhe: Para que vim de Gesur? Melhor me fora estar ainda lá. Agora, pois, veja eu a face do rei, e, [u]se há em mim alguma culpa, que me mate.

33 Assim Joabe foi ao rei e disse-lhe essas palavras. Então o rei chamou Absalão, e ele entrou à presença do rei e se prostrou com o rosto em terra diante do rei. E o rei [v]beijou Absalão.

III. Da rebelião de Absalão até o censo do povo, 15–24

15 **D**epois disto Absalão fez [w]aparelhar para si um carro e cavalos e cinquenta homens que corressem adiante dele.

2 Levantando-se Absalão pela manhã, [x]parava ao lado do caminho da porta. E todo homem que tinha alguma [y]demanda para vir ao rei a juízo, Absalão o chamava a si e lhe dizia: De que cidade és tu? Respondendo ele: De tal tribo de Israel é teu servo,

3 Absalão lhe dizia: Olha, a tua causa é boa e reta, mas não tens quem te ouça da parte do rei.

4 [z]Dizia mais Absalão: Ah! quem me dera ser juiz na terra para que viesse a mim todo homem que tivesse demanda ou questão, para que lhe fizesse justiça!

5 Também quando alguém se chegava a ele para fazer-lhe reverência, ele estendia a mão, o pegava e o [a]beijava.

6 Desta maneira fazia Absalão a todo o Israel que vinha ao rei para juízo e, assim, furtava Absalão o coração dos homens de Israel.

Rebelião de Absalão

7 **A**o cabo de quatro anos, Absalão disse ao rei: Deixa-me ir pagar em [b]Hebrom o meu [c]voto que fiz ao Senhor.

[i] 2Sm 13.37,38
[j] Jó 30.23; 34.15; Hb 9.27
[k] Nm 35.15
[l] Dt 32.9; 1Sm 26.19; 2Sm 20.19
[m] 1Sm 29.9; 2Sm 19.27
[n] Veja Hb 1.4, nota
[o] 1Rs 3.9
[p] 14.3
[q] 2Sm 18.13
[r] 2Sm 13.37
[s] Ez 44.20
[t] 2Sm 13.1
[u] 1Sm 20.8
[v] Gn 33.4; Lc 15.20
[w] 1Rs 1.5
[x] Comp. 2Sm 19.8
[y] Dt 19.17
[z] Comp. Jz 9.29
[a] 2Sm 14.33; comp. 20.9
[b] 2Sm 3.2,3
[c] Dt 23.21

8 Enquanto morava em Gesur, na [d]Síria, fez o teu servo um voto, dizendo: Se o Senhor me fizer tornar a Jerusalém, [e]servirei ao Senhor.

9 Disse-lhe o rei: Vai em paz. E ele levantou-se e foi para Hebrom.

10 Enviou Absalão espias por todas as tribos de Israel, dizendo: Quando ouvirdes o [f]som das trombetas, direis: Absalão [g]reina em [h]Hebrom.

11 De Jerusalém foram com Absalão duzentos homens convidados, porém iam na sua simplicidade, pois nada sabiam daquele negócio.

12 Também Absalão mandou vir [i]Aitofel, o gilonita, do conselho de Davi, à sua cidade de [j]Giló, enquanto ele oferecia os seus sacrifícios. E a conspiração se fortificava, e [k]crescia em número o povo que tomava o partido de Absalão.

Davi foge

13 **V**eio um mensageiro a Davi e disse: O coração de todo o Israel segue a Absalão.

14 Então disse Davi a todos os seus servos que estavam com ele em Jerusalém: [l]Levantai-vos, e fujamos, porque não poderemos escapar de Absalão. Dai-vos pressa a sair, para que não se apresse ele, e nos alcance, e lance sobre nós algum mal, e fira a cidade a fio de espada.

15 Disseram-lhe os servos do rei: Os teus servos estão prontos para fazer tudo o que determinar o rei, nosso senhor.

16 Saiu o rei, com todos os da sua família, deixando, porém, dez [m]concubinas para guardarem o palácio.

17 Tendo saído o rei com todo o povo, pararam em um lugar distante.

18 Todos os seus servos iam a seu lado, mas todos os [n]quereteus, todos os peleteus e todos os giteus, [o]seiscentos homens que o seguiram de Gate, caminhavam adiante do rei.

19 **D**isse o rei a Itai, o giteu: Por que irias tu também conosco? Volta e fica-te com o rei Absalão. Tu és estrangeiro e exilado; torna a teu lugar.

20 Ontem vieste, e te levaria eu hoje conosco a vaguear, quando eu mesmo não sei para onde vou? Volta e leva contigo os teus irmãos. A misericórdia e a fidelidade sejam contigo.

21 Respondeu, porém, Itai ao rei: Tão certo como vive o Senhor, e como vive o rei meu senhor, no lugar em que estiver o rei meu senhor, seja para morte, seja para vida, aí [p]certamente estará também o teu servo.

22 Então disse Davi a Itai: Vem e passa adiante. Assim, passou Itai, o giteu, todos os seus homens e todas as crianças que estavam com ele.

23 Toda a terra chorava em alta voz, enquanto todo o povo passava. O rei atravessou o vale do Cedrom, e todo o povo caminhava na direção do [q]deserto.

A arca volta para Jerusalém

24 [r]**Z**adoque, o sacerdote, também estava com eles, e todos os levitas que estavam com ele levavam a [s]arca da aliança de Deus. Puseram a arca de Deus no chão, e [t]Abiatar ofereceu sacrifícios até que todo o povo acabou de sair da cidade.

25 Então disse o rei a Zadoque: Torna a levar a arca de Deus à cidade. Se eu achar graça aos olhos do Senhor, ele me fará [u]voltar para lá, e me deixará ver a arca e a [v]sua habitação.

26 Se ele, porém, disser: Não tenho [w]prazer em ti, então estou pronto, [x]faça de mim como parecer bem aos seus olhos.

27 Disse mais o rei a Zadoque, o sacerdote: Não és tu [y]vidente? Torna em paz para a cidade, e contigo também o teu filho [z]Aimaás e Jônatas, filho de Abiatar.

28 Olhai que me demorarei nos vaus do [a]deserto até que tenha notícias vossas.

29 Assim Zadoque e Abiatar tornaram a levar para Jerusalém a arca de Deus e ficaram ali.

30 Davi, porém, seguiu pela encosta das Oliveiras, subindo e chorando; tinha a [b]cabeça coberta e caminhava com os pés [c]descalços. Todo o povo que ia com ele tinha a cabeça coberta e subia chorando sem cessar.

31 Então fizeram saber a Davi, dizendo: [dd]Aitofel está entre os que conspiram com Absalão. Pelo que disse Davi: Ó Senhor, torna o conselho de Aitofel em [ee]loucura!

Husai é enviado de volta

32 Chegando Davi ao cume, onde se costumava adorar a Deus, Husai, o [ff]arquita, veio encontrar-se com ele, com o manto rasgado e terra sobre a cabeça.

33 Disse-lhe Davi: Se fores comigo, serás para mim um peso.

34 Se voltares para a cidade, porém, e disseres a Absalão: Eu serei, ó rei, teu [gg]servo, como fui antes servo de teu pai, assim agora serei teu servo, me ajudarás, dissipando então o conselho de Aitofel.

35 Não estão ali contigo os sacerdotes [hh]Zadoque e Abiatar? Portanto, tudo o que ouvires do palácio do rei, farás saber a esses sacerdotes.

36 Estão também ali com eles os seus dois filhos, Aimaás, filho de Zadoque, e Jônatas, filho de Abiatar. Por meio deles me mandareis notícias de todas as coisas que ouvirdes.

37 Assim Husai, [ii]amigo de Davi, veio para a cidade, e Absalão entrou em [jj]Jerusalém.

Ziba, o falso servo de Mefibosete

16 **T**endo Davi [kk]passado um pouco além do cume, ali estava [ll]Ziba, o moço de Mefibosete, esperando para encontrar-se com ele, [mm]com um par de jumentos albardados e sobre

[d] 2Sm 13.37
[e] Gn 28.20,21
[f] Comp. 2Sm 18.16
[g] 1Rs 1.34; 2Rs 9.13
[h] Comp. 2Sm 2.3,4
[i] 2Sm 16.15; 1Cr 27.33
[j] Js 15.51
[k] Sl 3.1
[l] 2Sm 12.11; Sl 3, tít.
[m] 2Sm 12.11; 16.21,22
[n] 2Sm 8.18
[o] 1Sm 23.13; 30.9
[p] Comp. Rt 1.16,17
[q] 2Sm 16.2
[r] 2Sm 8.17
[s] Nm 4.15
[t] 1Sm 22.20
[u] Sl 43.3
[v] Êx 15.13
[w] Comp. Nm 14.8; 1Rs 10.9
[x] 1Sm 3.18
[y] 1Sm 9.9
[z] 2Sm 17.17-20
[a] v. 23
[b] Et 6.12; comp. 2Sm 19.4
[c] Is 20.2-4
[dd] 15.12
[ee] 2Sm 17.14-23; comp. 16.23
[ff] Js 16.2
[gg] 2Sm 16.19
[hh] 2Sm 17.15,16
[ii] 1Cr 27.33
[jj] 2Sm 16.15
[kk] 2Sm 15.30,32
[ll] 2Sm 9.2; 19.17,29
[mm] Comp. 1Sm 25.18; 2Sm 17.17-29

eles duzentos pães, cem cachos de passas, cem de frutas de verão e um odre de vinho.

2 Perguntou o rei a Ziba: Que pretendes com isso? Respondeu Ziba: Os jumentos são para a família do rei, para se montarem neles, e o pão e as frutas de verão para os moços comerem, e o vinho para os cansados no [n]deserto beberem.

3 Então perguntou o rei: Onde está o [o]filho de teu senhor? [p]Respondeu-lhe Ziba: Ficou em Jerusalém, porque pensa: Hoje os israelitas me restituirão o reino de meu pai.

4 Então disse o rei a Ziba: Tudo o que pertencia a Mefibosete é teu. Disse Ziba: Inclino-me humildemente e ache mercê aos teus olhos, ó rei, meu senhor.

Simei amaldiçoa Davi

5 Tendo o rei Davi chegado a [q]Baurim, dali saiu um homem do clã da família de Saul, cujo nome era Simei, filho de Gera. E, saindo, ia [r]amaldiçoando.

6 Atirava pedras contra Davi e todos os seus servos, ainda que todo o povo e todos os valentes iam à direita e à esquerda do rei.

7 Amaldiçoando-o, dizia Simei: Sai, sai, homem de sangue, homem de [s]Belial!

8 O Senhor te deu agora a paga de todo o [t]sangue derramado da família de Saul, em cujo lugar tens reinado. O Senhor entregou o reino na mão de Absalão, teu filho. Tu estás na desgraça, porque és homem de sangue.

9 Então disse Abisai, filho de Zeruia, ao rei: Por que amaldiçoaria esse [u]cão morto ao rei meu senhor? Deixa-me passar, e lhe [v]tirarei a cabeça.

10 Respondeu, porém, o rei: Que tenho eu convosco, [w]filhos de Zeruia? Se ele está amaldiçoando porque o Senhor lhe disse: Amaldiçoa a Davi, quem diria: Por que assim fazes?

11 Disse Davi a Abisai e a todos os seus servos: Meu filho, que saiu das minhas entranhas, procura tirar-me a vida. Quanto mais ainda esse benjamita? Deixai-o; que amaldiçoe, [x]pois o Senhor lhe ordenou.

12 Porventura o Senhor olhará para a minha aflição e me [y]pagará com [z]bem a maldição deste dia.

13 Prosseguiam o seu caminho Davi e os seus homens; também Simei ia ao longo do monte, em frente dele, caminhando e amaldiçoando, e atirava pedras contra ele, e levantava poeira.

14 O rei e todo o povo que ia com ele chegaram cansados ao seu destino e refrescaram-se ali.

Absalão entra em Jerusalém

15 Absalão e todos os homens de Israel vieram a [a]Jerusalém, e Aitofel estava com ele.

16 [b]Chegando [c]Husai, o arquita, amigo de Davi, a Absalão, disse-lhe: Viva o rei, viva o rei!

[n] 2Sm 15.23
[o] 2Sm 9.9,10
[p] 2Sm 19.27
[q] 2Sm 3.16
[r] 2Sm 19.21; 1Rs 2.8,9,44-46
[s] 1Sm 2.12
[t] 2Sm 1.16; 3.28,29; 4.8,12; comp. 21.1-9
[u] 2Sm 9.8
[v] Comp. 1Sm 26.8; 2Sm 19.21; Lc 9.54
[w] 2Sm 3.39; 19.22
[x] Comp. 1Sm 26.19
[y] Dt 23.5; Ne 13.2; Pv 20.22
[z] Rm 8.28; Hb 12.10,11
[a] Comp. 2Sm 15.14,17
[b] 2Sm 15.37
[c] 2Sm 15.34
[d] Comp. 2Sm 19.25
[e] 1Cr 27.33
[f] 2Sm 15.12
[g] 2Sm 15.16; 20.3
[h] 2Sm 2.7
[i] 2Sm 12.11,12
[j] Comp. Gn 49.4; 1Cr 5.1
[k] 2Sm 16.14; comp. Dt 25.18
[l] Comp. 1Rs 22.31
[m] 2Sm 5.3; 19.11
[nn] 2Sm 15.32-34
[oo] Jz 18.25
[pp] Os 13.8
[qq] Js 2.11

17 Absalão perguntou a Husai: É esta a tua benevolência para com o teu amigo? [d]Por que não foste com o teu [e]amigo?

18 Respondeu Husai a Absalão: Não, mas àquele a quem o Senhor eleger, e todo este povo e todos os homens de Israel, dele serei e com ele ficarei.

19 Além disto, a quem serviria eu? Não seria a seu filho? Como servi a teu pai, assim servirei a ti.

20 Disse Absalão a [f]Aitofel: Dai o vosso conselho sobre o que devemos fazer.

21 Respondeu Aitofel: Entra às [g]concubinas de teu pai, que deixou para guardarem o palácio. Então todo o Israel ouvirá que te fizeste aborrecível para com teu pai, e se fortalecerão as [h]mãos de todos os que estão contigo.

22 Portanto, estenderam para Absalão uma tenda no terraço, e [i]entrou ele às [j]concubinas de seu pai, à vista de todo o Israel.

23 Ora, o conselho que Aitofel dava naqueles dias era como resposta de Deus a uma consulta. Tal era o conselho de Aitofel, assim para Davi como para Absalão.

Husai impede Aitofel

17 Disse Aitofel a Absalão: Deixa-me escolher doze mil homens, e me levantarei, e perseguirei Davi esta noite.

2 Irei sobre ele, pois está cansado e [k]fraco de mãos. Eu o espantarei e fugirá todo o povo que está com ele. Então ferirei [l]só o rei.

3 Farei tornar a ti todo o povo. Da morte do homem a quem procuras depende a volta de todos; assim todo o povo estará em paz.

4 Esta palavra pareceu boa aos olhos de Absalão e aos olhos de todos os [m]anciãos de Israel.

5 Disse, porém, Absalão: Chamai agora a Husai, o arquita, e ouçamos também o que ele [nn]dirá.

6 Chegando Husai a Absalão, este lhe disse: Desta maneira falou Aitofel. Faremos conforme a sua palavra? Se não, fala tu.

7 Então disse Husai a Absalão: O conselho que Aitofel deu desta vez não é bom.

8 Disse mais Husai: Bem conheces o teu pai, e o seus homens, que são valentes e que estão com o espírito [oo]amargurado, [pp]como a ursa no campo, roubada dos filhotes. Além do mais, teu pai é homem de guerra e não passará a noite com o povo.

9 Agora mesmo está escondido nalguma caverna, ou em qualquer outro lugar. Caindo alguns dos teus homens no primeiro ataque, cada um que o ouvir dirá: Houve derrota no povo que segue a Absalão.

10 Então até o homem valente, cujo coração é como o de leões, sem dúvida [qq]temerá, pois todo o Israel sabe que teu pai é valoroso, e que são valentes os que estão com ele.

11 Eu, porém, aconselho que com toda a pressa se ajunte a ti todo o Israel [r]desde Dã até Berseba, em multidão [s]como a areia do mar; e que tu em pessoa vás à peleja.

12 Então iremos a ele, em qualquer lugar em que se achar, e facilmente cairemos sobre ele, como o orvalho cai sobre a terra. Ele não escapará e nenhum dos homens que com ele estão, nem sequer um.

13 Se ele se retirar para alguma cidade, todo o Israel levará cordas para lá, e [t]arrastaremos aquela cidade até o ribeiro, até que não se ache ali nem uma só pedrinha.

14 Então disseram Absalão e todos os homens de Israel: Melhor é o conselho de Husai, o arquita, do que o de Aitofel. Pois assim o [u]Senhor o ordenara, para aniquilar o bom conselho de Aitofel, para trazer o mal sobre Absalão.

A advertência de Husai salva Davi

15 **D**isse Husai a Zadoque e a Abiatar, sacerdotes: Assim e assim aconselhou Aitofel a Absalão e aos anciãos de Israel, mas assim e assim aconselhei eu.

16 Agora mandai apressadamente avisar Davi, dizendo: Não passes esta noite nos [v]vaus do deserto, mas passa sem falta ao outro lado, para que o rei e todo o povo que com ele está não seja destruído.

17 Estavam [w]Jônatas e Aimaás junto à [x]fonte de En-Rogel. Foi uma criada, e lhes avisou, para que fossem e dissessem ao rei Davi, pois não podiam ser vistos entrar na cidade.

18 Viu-os, porém, um moço e avisou a Absalão. Pelo que ambos partiram apressadamente e entraram na casa de um homem, em [y]Baurim, o qual tinha no pátio de sua casa um poço, para o qual desceram.

19 A mulher desse homem tomou a tampa, colocou-a sobre a boca do poço e espalhou grãos triturados sobre ela. Assim nada se [z]soube.

20 Chegando os servos de Absalão àquela casa, perguntaram à mulher: Onde estão Aimaás e Jônatas? [a]Respondeu-lhes a mulher: Já passaram o vau das águas. E, havendo-os procurado, sem os achar, voltaram para Jerusalém.

21 Depois que os homens partiram, os dois saíram do poço e foram anunciá-lo a Davi. Disseram: Levantai-vos e passai depressa as águas; assim e assim aconselhou contra vós Aitofel.

22 Então levantou-se Davi e todo o povo que com ele estava e passaram o Jordão. Ao amanhecer, não faltava nem um só que não tivesse passado o Jordão.

23 **V**endo Aitofel que não se havia seguido o seu conselho, selou o jumento e partiu, foi para casa, para a [b]sua cidade. Pôs em ordem a sua [c]casa e se [d]enforcou. Morreu e foi sepultado na sepultura do seu pai.

Absalão persegue Davi

24 **V**eio Davi a [e]Maanaim, e Absalão passou o Jordão, ele e todos os homens de Israel com ele.

25 Absalão colocou [f]Amasa em lugar de Joabe sobre o exército. Era Amasa filho de um homem cujo nome era Itra, o ismaelita, que possuíra Abigail, filha de Naás, irmã de Zeruia, mãe de Joabe.

26 Israel e Absalão acamparam-se na terra de Gileade.

Davi é bem recebido

27 **T**endo Davi chegado a Maanaim, Sobi, filho de [g]Naás, de Rabá, dos filhos de Amom, e [h]Maquir, filho de Amiel, de Lo-Debar, e [i]Barzilai, o gileadita, de Rogelim,

28 tomaram camas, bacias, vasilhas de barro, trigo, cevada, farinha, grão torrado, favas e lentilhas,

29 mel, manteiga, ovelhas e queijos de vacas e os trouxeram a Davi e ao povo que com ele estava, para comerem. Pois disseram: Este [j]povo no deserto está faminto, cansado e sedento.

A batalha no Monte Efraim

18 Contou Davi o povo que tinha consigo e [k]pôs sobre eles capitães de mil e capitães de cem.

2 Davi enviou o povo, um [l]terço sob o comando de Joabe, outro terço sob o comando de Abisai, filho de Zeruia, irmão de Joabe, e outro terço sob o comando de [m]Itai, o giteu. Disse o rei ao povo: Eu mesmo sairei convosco.

3 O povo, porém, disse: Não sairás; se formos obrigados a fugir, não se importarão conosco. Ainda que metade de nós morra, não se importarão; mas tu vales por dez mil de nós. Melhor te será que da cidade nos mandes socorro.

4 Respondeu-lhes o rei: O que bem parecer aos vossos olhos, farei. Assim o rei se pôs ao lado da porta, e todo o povo saiu em centenas e em milhares.

5 Deu ordem o rei a Joabe, a Abisai e a Itai: Tratai brandamente, por amor de mim, o jovem Absalão. E todo o povo ouviu quando o rei deu [n]ordem a todos os capitães acerca de Absalão.

6 Saiu o povo ao campo, a encontrar-se com Israel, e deu-se a batalha no bosque de Efraim.

7 Ali foi derrotado o povo de Israel diante dos servos de Davi; e, naquele dia, houve ali um grande morticínio de vinte mil homens.

8 Estendeu-se a batalha por toda aquela região; e o [o]bosque, naquele dia, consumiu mais gente do que a espada.

[r] 2Sm 3.10
[s] Js 11.4; 1Rs 20.10
[t] Mq 1.6
[u] 2Sm 15.31
[v] 2Sm 15.28
[w] 2Sm 15.27,36; 1Rs 1.42,43
[x] 1Rs 1.9
[y] Js 15.7
[z] 2Sm 16.5
[a] Comp. Js 2.4-6
[b] Comp. Lv 19.11; 1Sm 19.12-17
[c] 2Sm 15.12
[d] 2Rs 20.1
[e] Mt 27.5; comp. Et 7.1-10
[f] Gn 32.2; 2Sm 2.8; 19.32
[g] 2Sm 19.13; 1Rs 2.5
[h] 1Sm 11.1; comp. 2Sm 10.1
[i] 2Sm 9.4
[j] 2Sm 16.2,14; 2Sm 19.31,32; 1Rs 2.7
[k] Êx 18.25
[l] Jz 7.16; 1Sm 11.11
[m] 2Sm 15.19-22
[n] v. 12
[o] Comp. Js 17.15-18

Joabe mata Absalão

9 **E**ncontrou-se Absalão por acaso com os servos de Davi. Absalão ia montado num mulo e, entrando o mulo debaixo dos espessos ramos de um grande carvalho, pegou-se [p]a cabeça de Absalão no carvalho. Ele ficou pendurado entre o céu e a terra, e o mulo que estava debaixo dele, passou adiante.

10 Vendo isso um homem, disse a Joabe: Acabo de ver a Absalão pendurado em um carvalho.

11 Então disse Joabe ao homem: O quê? Tu o viste? Por que não o derrubaste logo por terra? Então eu te teria dado dez [q]siclos de prata e um cinto.

12 Respondeu, porém, aquele homem: Ainda que eu pudesse pesar nas minhas mãos mil siclos de prata, não levantaria a minha mão contra o filho do rei. Bem ouvimos que o rei deu ordem a ti, a Abisai e a Itai, dizendo: Guardai-vos, cada um, de tocar no jovem Absalão.

13 Se eu tivesse procedido traiçoeiramente contra a vida dele, nada disso se esconderia ao rei, e tu mesmo te oporias.

14 Disse Joabe: Não vou perder tempo assim contigo. E, tomando três dardos, trespassou com eles o coração de Absalão, estando ele ainda vivo no meio do carvalho.

15 Cercaram-no dez jovens, que levavam as armas de Joabe, feriram a Absalão e o mataram.

16 Então tocou Joabe a [r]trombeta, e o povo voltou de perseguir Israel, pois Joabe deteve o povo.

17 Pegaram Absalão, lançaram-no numa grande cova, no bosque, e levantaram sobre ele um grande montão de pedras. E todo o Israel [s]fugiu, cada um para a sua tenda.

18 Absalão, quando ainda vivia, tinha levantado para si uma [1]coluna, que está no vale do rei, pois pensava: Não tenho nenhum filho para conservar a memória do meu nome. E deu o seu próprio nome à coluna, pelo que até o dia de hoje se chama o Pilar de Absalão.

A tristeza de Davi

19 **O**ra, disse [t]Aimaás, filho de Zadoque: Deixa-me correr e anunciarei ao rei que o Senhor o livrou do poder de seus inimigos.

20 Disse-lhe Joabe: Tu não serás hoje o portador das novas. Outro dia as levarás, mas hoje não darás a nova, porque é morto o filho do rei.

21 Disse Joabe a um etíope: Vai tu e dize ao rei o que viste. O etíope se inclinou diante de Joabe e saiu correndo.

22 Insistiu Aimaás, filho de Zadoque: Seja o que for, deixa-me também correr após o etíope. Mas Joabe respondeu: Por que correrias tu, meu filho? Não receberás nenhuma recompensa pelas notícias?

23 Seja o que for, disse Aimaás, correrei. Disse-lhe Joabe: Corre. Aimaás correu pelo caminho da planície e passou adiante do etíope.

24 Davi estava assentado entre as duas [u]portas, e a [v]sentinela subiu ao terraço da porta junto ao muro e, levantando os olhos, viu um homem que corria só.

25 Gritou a sentinela, e o disse ao rei. O rei respondeu: Se vem só, deve trazer boas notícias. E o mensageiro aproximava-se cada vez mais.

26 Viu a sentinela outro homem que corria; então gritou ao porteiro e disse: Olha, lá vem outro homem correndo só. Disse o rei: Também esse traz boas notícias.

27 Disse a sentinela: Vejo o correr do primeiro, que parece ser o correr de Aimaás, filho de Zadoque. Disse o rei: Este é homem de bem, e virá com [w]boas-novas.

28 Então gritou Aimaás e disse ao rei: Paz. Inclinou-se ao rei com o rosto em terra e disse: [x]Bendito seja o Senhor, o teu Deus, que entregou os homens que levantaram a mão contra o rei meu senhor.

29 Perguntou o rei: Vai bem o jovem Absalão? Respondeu Aimaás: Vi um grande alvoroço, quando [y]Joabe mandou o servo do rei, e a mim, teu servo, porém não sei o que era.

30 Disse o rei: Põe-te aqui ao lado. Ele se pôs ao lado e esperou.

31 Nisso chegou o etíope e disse: Ouve, senhor meu rei, a boa notícia. Hoje o Senhor te livrou do poder de todos os que se levantaram contra ti.

32 Perguntou o rei ao etíope: Vai bem o jovem Absalão? Respondeu o etíope: Sejam como aquele jovem os inimigos do rei meu senhor, e todos os que se levantam contra ti para te fazerem mal.

33 Então o rei, profundamente comovido, subiu à sala que estava por cima da porta e chorou. E andando, dizia: Meu filho [z]Absalão, meu filho, meu filho Absalão! Quem me dera que eu morrera por [a]ti, Absalão, meu filho, meu [b]filho!

Joabe reprova Davi

19 **D**isseram a Joabe: O rei anda chorando e [c]lastimando-se por Absalão.

2 E a vitória se tornou naquele mesmo [d]dia em tristeza para todo o povo, porque nesse dia o povo ouviu dizer: O rei está muito triste por causa de seu filho.

3 Nesse dia, o povo entrou às furtadelas na cidade, como o faz quando, envergonhado, foge da peleja.

[p] 2Sm 14.26
[q] Veja sist. monetário (AT): Êx 30.13, nota
[r] Comp. 2Sm 15.10
[s] 2Sm 19.8
[t] 2Sm 17.17,20
[u] Jz 5.11
[v] 2Rs 9.17
[w] 1Rs 1.42
[x] 2Sm 16.12
[y] v. 14-17
[z] 2Sm 12.10
[a] Comp. Êx 32.32; Rm 9.3
[b] 2Sm 19.4
[c] Jr 14.2
[d] Et 4.3

[1] (18.18) A coluna mencionada deve ter sido erigida antes do nascimento dos filhos de Absalão. Comp. 2Sm 14.27. Uma alternativa é que seus filhos tenham morrido ainda jovens. Não são mencionados nas genealogias.

4 Estava o rei com o rosto coberto e clamava em alta voz: Meu filho Absalão, Absalão meu [e]filho, meu filho!

5 Então entrou [f]Joabe no palácio do rei e disse: Hoje envergonhaste a face de todos os teus servos, que livraram a tua vida, e a vida de teus filhos, e de tuas filhas, e a vida de tuas mulheres, e a vida de tuas concubinas.

6 Tu amas aos que te aborrecem e aborreces aos que te amam. Hoje dás a entender que nada valem para ti capitães e servos. Entendo que se Absalão vivesse hoje, e todos nós fôssemos mortos, estarias contente.

7 Levanta-te, agora, sai e fala ao coração de teus servos. Pelo Senhor te juro que se não saíres, nem um só homem ficará contigo esta noite. E maior mal te será isso do que todo o mal que tem vindo sobre ti desde a tua mocidade até agora.

Davi volta a reinar

8 Então o rei se levantou, e se assentou à [g]porta, e o fizeram saber a todo o povo: O rei está assentado à porta. Todo o povo veio apresentar-se diante do rei. Ora, Israel havia [h]fugido, cada um para a sua tenda.

9 Todo o povo, em todas as tribos de Israel, andava discutindo entre si, dizendo: O rei nos livrou das mãos de nossos [i]inimigos; foi ele que nos livrou das mãos dos [j]filisteus. Mas agora [k]fugiu da terra por causa de Absalão;

10 e Absalão, a quem [l]ungimos sobre nós, morreu na peleja. Portanto, por que vos calais e não fazeis voltar o rei?

11 Então o rei Davi mandou dizer a [m]Zadoque e a Abiatar, sacerdotes: Dizei às autoridades de Judá: Por que seríeis vós os últimos em tornar a trazer o rei para o seu palácio, visto que as palavras de todo o Israel têm chegado aos ouvidos do rei?

12 Vós sois meus irmãos, meu [n]osso e minha carne. Por que seríeis os últimos em tornar a trazer o rei?

13 A [o]Amasa direis: Não és tu meu osso e minha carne? Assim me faça Deus, e outro tanto, se não fores comandante do exército diante de mim para sempre, em lugar de [p]Joabe.

14 Assim moveu ele o coração de todos os [q]homens de Judá, como se fosse o de um só homem. Mandaram dizer ao rei: Volta, com todos os teus servos.

15 Então o rei voltou e chegou até o Jordão. Ora, Judá veio a [r]Gilgal, para encontrar-se com o rei, a fim de fazê-lo [s]passar o Jordão.

16 Apressou-se [t]Simei, filho de Gera, benjamita, que era de Baurim, e desceu com os homens de Judá a encontrar-se com o rei Davi.

17 Com ele mil homens de [u]Benjamim, como também [v]Ziba, servo da casa de Saul, seus quinze filhos e seus vinte servos com ele. Desceram apressadamente ao Jordão onde estava o rei

18 e atravessaram o rio para ajudar a família do rei na travessia e fazer o que aprouvesse a ele. Então Simei, filho de Gera, prostrou-se diante do rei

19 e lhe disse: Não me [w]imputes, senhor, a minha culpa e não te lembres do que [x]tão perversamente fez teu servo, no dia em que o rei meu senhor saiu de Jerusalém. Não o conserves, ó rei, no [y]coração.

20 Pois eu, teu servo, deveras confesso que pequei, mas hoje sou o primeiro, de toda a [z]tribo de José, a descer ao encontro do rei meu senhor.

21 Então disse Abisai, filho de Zeruia: Não morreria Simei por [a]haver [b]amaldiçoado o ungido do Senhor?

22 Respondeu Davi: Que tenho eu convosco, filhos de [c]Zeruia, para que hoje me sejais adversários? Morreria [d]alguém hoje em Israel? Não sei eu que hoje sou rei sobre Israel?

23 Então disse o rei a Simei: Não morrerás. E o rei o jurou.

24 Também [ee]Mefibosete, filho de Saul, desceu ao encontro do rei. Não tinha cuidado dos pés nem feito a barba nem lavado as vestes desde o dia em que o rei saíra até o dia em que voltou em paz.

25 Chegando ele a Jerusalém para encontrar-se com o rei, este lhe perguntou: Por que não foste comigo, Mefibosete?

26 Respondeu ele: Ó rei meu senhor, o meu servo me enganou. O teu servo dizia: Selarei um jumento, montarei nele e irei com o rei; pois o teu servo é coxo.

27 Além disso ele [ff]falsamente acusou o teu servo diante do rei meu senhor. Mas o rei meu senhor é [gg]como um [hh]anjo de Deus; faze, pois, o que bem te parecer.

28 Toda a casa de meu pai não era senão de homens dignos de morte diante do rei meu senhor, mas [ii]puseste a teu servo entre os que comem à tua mesa. Portanto, que direito tenho de clamar ao rei?

29 Respondeu-lhe o rei: Por que falas ainda de teus negócios? Já decidi: Tu e Ziba repartireis as terras.

30 Disse Mefibosete ao rei: Que ele fique com tudo, uma vez que o rei meu senhor já voltou em paz a sua casa.

31 Também Barzilai, o gileadita, desceu de Rogelim e passou com o rei o Jordão, para acompanhá-lo ao outro lado do rio.

32 Ora, [jj]Barzilai era muito velho, da idade de oitenta anos. Ele tinha sustentado o rei, quando este estava em Maanaim, pois era homem muito rico.

[e] 2Sm 18.33
[f] 2Sm 18.14
[g] 2Sm 18.24
[h] 2Sm 18.17
[i] 2Sm 8.1-14
[j] 2Sm 3.18
[k] 2Sm 15.14
[l] Comp. 2Sm 12.7
[m] 2Sm 15.24
[n] 2Sm 5.1; 1Cr 11.1
[o] 2Sm 17.25; 1Cr 2.17
[p] 2Sm 3.37-39
[q] 2Sm 2.4; 20.2
[r] Js 5.9
[s] 2Sm 17.22
[t] 2Sm 16.5; 1Rs 2.8
[u] 2Sm 3.19; 1Rs 12.21
[v] 2Sm 9.2-10
[w] Imputação divina: veja Tg 2.23, nota; comp. 1Sm 22.15
[x] 2Sm 16.5
[y] 2Sm 13.33
[z] Jz 1.22; 1Rs 11.28
[a] Êx 22.28
[b] 1Sm 26.9
[c] 2Sm 3.39; 16.10
[d] 1Sm 11.13
[ee] 2Sm 9.6; 21.7
[ff] 2Sm 16.3
[gg] 2Sm 14.17
[hh] Veja Hb 1.4, nota
[ii] 2Sm 9.7-13
[jj] 2Sm 17.27; 1Rs 2.7

33 Disse o rei a Barzilai: Passa tu comigo e eu te sustentarei em Jerusalém.

34 Barzilai, porém, disse ao rei: Quantos serão os dias dos anos da minha vida, para que suba com o rei a Jerusalém?

35 Da idade de oitenta anos sou eu hoje. Poderia eu discernir entre o bom e o mau? Poderia o teu servo ter gosto no que come e no que bebe? Poderia eu ainda ouvir a voz dos cantores e das cantoras? Por que seria o teu servo ainda pesado ao rei meu senhor?

36 Com o rei irá teu servo ainda um pouco mais além do Jordão. Por que o rei me daria tal recompensa?

37 Deixa voltar o teu servo, para que eu morra na minha cidade junto à sepultura de meu pai e de minha mãe. Mas aqui está o teu servo [k]Quimã. Passe ele com o rei meu senhor e faze-lhe o que bem parecer aos teus olhos.

38 Respondeu o rei: Quimã passará comigo, e eu lhe farei como bem parecer aos teus olhos. E tudo o que me pedires te farei.

39 Havendo todo o povo passado o Jordão, e passando também o rei, beijou o rei a Barzilai e o abençoou, e Barzilai voltou para o seu lugar.

40 Dali passou o rei a Gilgal, e Quimã passou com ele. Todo o povo de Judá, com a metade do povo de Israel, conduziu o rei.

Luta entre Judá e Israel por causa de Davi, o rei

41 Logo todos os homens de Israel vieram ao rei e lhe disseram: [l]Por que te furtaram nossos irmãos, os homens de Judá, e conduziram o rei e a sua família [m]através do Jordão, e todos os homens de Davi com eles?

42 Então responderam todos os homens de Judá aos homens de Israel: Porque o rei é nosso parente. Por que vos irais por isso? Porventura comemos à custa do rei ou nos deu algum presente?

43 Responderam os homens de Israel aos homens de Judá: [n]Dez partes temos no rei; e mais temos em Davi do que vós. Portanto, por que fizestes pouca conta de nós? Não foi a nossa palavra a primeira para tornar a trazer o nosso rei? Mas a palavra dos homens de Judá foi mais forte do que a palavra dos homens de Israel.

A revolta de Seba prejudica a volta de Davi a Jerusalém

20 Ora, achou-se ali por acaso um homem de Belial, cujo nome era Seba, filho de Bicri, homem de Benjamim, o qual tocou a trombeta e disse:

Não temos [o]parte em Davi,
nem herança no filho de Jessé.
Cada um à sua [p]tenda, ó Israel!

2 Então todos os homens de Israel se separaram de Davi e seguiram a Seba, filho de Bicri. Mas [q]os homens de Judá seguiram ao seu rei desde o Jordão até Jerusalém.

3 Vindo Davi para o seu palácio, em Jerusalém, pegou o rei as suas dez [r]concubinas, que deixara para guardar o palácio, e as pôs numa casa, sob guarda. Ele as sustentava, mas não coabitou com elas. E estiveram assim confinadas até o dia da sua morte, vivendo como viúvas.

Joabe mata Amasa

4 Então disse o rei a Amasa: [s]Convoca-me para dentro de três dias os homens de Judá e apresenta-te aqui.

5 Foi Amasa para convocar Judá, mas demorou-se além do tempo que o rei lhe tinha designado.

6 Disse Davi a [t]Abisai: Mais mal agora nos fará Seba, filho de Bicri, do que Absalão. Toma os servos de teu senhor e persegue-o, para que não ache para si cidades fortificadas e escape de nós.

7 Então saíram atrás dele os homens de Joabe, e os [u]quereteus, e os peleteus, e [v]todos os valentes. Saíram de Jerusalém para perseguirem Seba, filho de Bicri.

8 Chegando eles à pedra grande que está junto a Gibeom, Amasa veio ao seu encontro. Estava Joabe cingido das suas vestes de guerra e sobre ela um cinto com a espada presa aos seus lombos, na sua bainha. Adiantando-se ele, a espada caiu da bainha.

9 Disse Joabe a Amasa: Vais bem, meu irmão? Então Joabe, com a mão direita, pegou da barba de Amasa, para o beijar.

10 Amasa não percebeu a espada que estava na mão de Joabe, de sorte que este o [w]feriu com ela no ventre e lhe derramou por terra as entranhas. Não foi necessário feri-lo uma segunda vez, e morreu. Então Joabe e Abisai, seu irmão, perseguiram a Seba, filho de Bicri.

11 Um, porém, entre os moços de Joabe, parou junto de Amasa e disse: Quem favorece a Joabe, e quem é por Davi, siga a Joabe.

12 Amasa se revolvia no seu sangue no meio do caminho, e viu aquele homem que todo o povo parava. Percebendo que todo aquele que chegava a Amasa parava, removeu-o do caminho para o campo e lançou sobre ele um manto.

13 Uma vez removido Amasa do caminho, todos os homens seguiram a Joabe, para perseguirem a Seba, filho de Bicri.

A revolta de Seba é sufocada

14 Seba passou por todas as tribos de Israel até [x]Abel-Bete-Maaca, e todos os beritas, ajuntando-se, também o seguiram.

[k] Comp. Jr 41.17
[l] Comp. Jz 8.1; 12.1
[m] 2Sm 19.11-15
[n] 2Sm 5.1; 1Rs 11.30,31
[o] 1Rs 12.16
[p] 2Sm 18.17
[q] 2Sm 19.14
[r] 2Sm 15.16; 16.21,22
[s] 2Sm 19.13
[t] 2Sm 21.17
[u] 2Sm 8.18; 1Rs 1.38,44
[v] 2Sm 15.18
[w] 2Sm 3.27; 1Rs 2.5
[x] 1Rs 15.20; 2Rs 15.29

15 Vieram Joabe e os homens, e o cercaram em Abel-Bete-Maaca, e levantaram contra a cidade um [y]montão, que chegava até o muro. E todo o povo que estava com Joabe batia no muro, para derrubá-lo.

16 Então uma mulher sábia gritou de dentro da cidade: Ouvi, ouvi! Dizei a Joabe: Chega-te cá, para que eu te fale.

17 Aproximando-se ele, perguntou a mulher: És tu Joabe? Respondeu ele: Eu sou. Ela lhe disse: Ouve as palavras de tua serva. Disse ele: Ouço.

18 Continuou ela: Antigamente costumava-se dizer: Peça-se conselho em Abel; e assim punha-se fim às questões.

19 Somos os pacíficos e fiéis em Israel. Tu [z]procuras destruir uma cidade que é mãe em Israel. Por que devorarias a [a]herança do Senhor?

20 Respondeu Joabe: Longe, longe de mim que eu tal faça, que eu devore ou arruíne!

21 A coisa não é assim. Um só homem da região montanhosa de Efraim, cujo nome é Seba, filho de Bicri, levantou a mão contra o rei, contra Davi. Entregai-me só este, e me retirarei da cidade. Disse a mulher a Joabe: A cabeça dele te será lançada pelo muro.

22 Então a mulher, na sua [b]sabedoria, foi ter com todo o povo, e cortaram a cabeça de Seba, filho de Bicri, e a lançaram a Joabe. Assim tocou este a trombeta e se retiraram da cidade, cada um para sua tenda. E Joabe voltou a Jerusalém, ao rei.

23 [c]Estava [d]Joabe sobre todo o exército de Israel; Benaia, filho de Joiada, sobre os quereteus e os peleteus;

24 Adorão sobre [e]os que estavam sujeitos a trabalhos forçados; Josafá, filho de Ailude, era o cronista;

25 Seva era o escrivão; Zadoque e Abiatar, os sacerdotes;

26 e [f]Ira, o jairita, era ministro de Davi.

Restituição aos gibeonitas

21 Houve, nos dias de Davi, uma fome de três anos consecutivos. [g]Consultou Davi o Senhor, e o Senhor lhe disse: É por causa de Saul e da sua família sanguinária; porque matou os gibeonitas.

2 Chamou o rei os gibeonitas e lhes falou. Ora, os gibeonitas [h]não eram dos filhos de Israel, mas do restante dos amorreus; os filhos de Israel lhes tinham jurado poupá-los, mas Saul procurou destruí-los [i]no seu zelo pelos filhos de Israel e de Judá.

3 Perguntou Davi aos gibeonitas: Que quereis que eu vos faça? Como hei de [j]reparar o que sofrestes, para que [k]abençoeis a herança do Senhor?

[y] 2Rs 19.32
[z] Comp. Dt 20.10
[a] 1Sm 26.19; 2Sm 14.16
[b] Comp. Ec 9.13-16
[c] v. 23-26; comp. 1Rs 4.3-6; 1Cr 18.14-17
[d] 2Sm 8.16-18
[e] 1Rs 12.18
[f] Comp. 2Sm 23.38
[g] Nm 27.21; 2Sm 5.19
[h] Js 9.3-27
[i] Êx 34.11-16
[j] Veja Êx 29.33, nota
[k] 1Sm 26.19; 2Sm 20.19
[l] Comp. Nm 35.31,32
[m] Nm 25.4
[n] Comp. Gn 4.15,24; Sl 79.12
[o] 1Sm 10.26
[p] 1Sm 10.24; Os 13.11
[q] 2Sm 4.4; 9.10; 19.24
[r] 1Sm 20.15,16
[s] 2Sm 3.7
[t] Comp. Dt 21.23
[u] Comp. 1Sm 17.44-46
[v] 1Sm 31.11-13
[w] 1Sm 13.10
[x] Js 18.28
[yy] 2Sm 24.25
[zz] Nm 13.22,28; Js 15.14

4 Responderam-lhe os gibeonitas: [l]Não é por prata nem ouro que temos questão com Saul e com a sua família, tampouco pretendemos matar pessoa alguma em Israel. Perguntou Davi: Que quereis que vos faça?

5 Responderam ao rei: Quanto ao homem que nos destruiu e projetou dizimar-nos, para que não pudéssemos subsistir em termo algum de Israel,

6 de seus filhos se nos [m]deem [n]sete homens, para que os enforquemos ao Senhor em [o]Gibeá de Saul, o [p]eleito do Senhor. E o rei disse: Eu os darei.

7 O rei, porém, poupou a [q]Mefibosete, filho de Jônatas, filho de Saul, por causa do [r]juramento do Senhor, que entre eles houvera, isto é, entre Davi e Jônatas, filho de Saul.

8 Tomou o rei os dois filhos de [s]Rispa, filha de Aiá, que ela tivera de Saul, a saber, a Armoni e a Mefibosete, como também os cinco [1]filhos de Merabe, filha de Saul, que ela tivera de Adriel, filho de Barzilai, meolatita,

9 e os entregou na mão dos gibeonitas, os quais os enforcaram no monte, perante o Senhor. Caíram os sete juntamente; foram mortos nos dias da colheita, nos dias primeiros, no início da colheita de cevada.

10 Então Rispa, filha de Aiá, tomou um pano de saco, estendeu-o para si sobre uma rocha. Desde o início da colheita, até que a chuva caiu sobre os corpos, não [t]deixou as aves do céu pousar sobre eles de dia, nem os animais do campo de [u]noite.

11 Foi dito a Davi o que fizera Rispa, filha de Aiá, concubina de Saul.

12 Então foi Davi e [v]tomou os ossos de Saul e de Jônatas, seu filho, dos moradores de Jabes-Gileade, que os haviam furtado da praça de Bete-Seã, onde os [w]filisteus os tinham pendurado quando feriram Saul em Gilboa.

13 Davi trouxe dali os ossos de Saul e os de Jônatas, seu filho, e ajuntaram também os ossos dos enforcados.

14 Enterraram os ossos de Saul e de Jônatas, seu filho, na terra de Benjamim, em [x]Zela, na sepultura de Quis, seu pai, e fizeram tudo o que o rei ordenara. Depois disso Deus se [yy]aplacou para com a terra.

Campanhas finais contra os filisteus

15 Uma vez mais houve guerra entre os filisteus e Israel. Desceu Davi, e com ele os seus servos, para pelejarem contra os filisteus; e Davi se cansou.

16 E Isbi-Benobe, que era dos filhos do [zz]gigante, cuja lança de bronze pesava trezentos siclos, e que cingia uma espada nova, intentou matar a Davi.

[1] (21.8) Comp. 2Sm 6.23. Os cinco filhos de Mical eram filhos de sua irmã Merabe, esposa de Adriel (1Sm 18.19), os quais ela criou para Adriel.

17 [a]Abisai, filho de Zeruia, porém, o socorreu,
feriu o filisteu e o matou. Então os homens de
Davi lhe juraram, dizendo: [b]Nunca mais sairás
conosco à peleja, para que não apagues a [c]lâm-
pada de Israel.
18 **D**epois disso, houve em Gobe ainda outra
peleja contra os filisteus. Nessa ocasião, [d]Sibe-
cai, o husatita, matou Safe, que era dos filhos
do gigante.
19 Houve ainda outra peleja contra os filisteus
em Gobe; e [e]Elanã, filho de Jaaré-Oregim, o bele-
mita, matou [f]Golias, o giteu, cuja lança tinha a
haste como o eixo do tear.
20 Houve ainda outra peleja em Gate, onde estava
um homem de alta estatura, que tinha seis dedos
em cada mão e seis em cada pé, vinte e quatro ao
todo. Também esse era descendente do gigante.
21 Quando ele [g]injuriava Israel, Jônatas, filho de
[h]Simeia, irmão de Davi, o matou.
22 Estes quatro eram descendentes do gigante
em Gate e caíram pela mão de Davi e pela mão
de seus [i]homens.

Cântico do livramento de Davi

22 [j]Cantou Davi ao Senhor as palavras deste
cântico, no dia em que o Senhor o [k]livrou
das mãos de todos os seus inimigos e das mãos
de Saul.
2 Disse ele:
O Senhor é a minha [l]rocha,
a minha [m]fortaleza e o meu libertador.
3 O meu Deus é a minha rocha, [n]em quem
me [o]refugio;
o meu [p]escudo, a [q]força da minha salvação.
Ele é o meu alto retiro,
meu [r]refúgio e meu Salvador —
dos homens violentos me salvaste.
4 Ao Senhor, digno de louvor, invoco,
e de meus inimigos sou salvo.
5 As ondas da morte me cercaram;
as torrentes da destruição me assombraram.
6 As cordas do [s]inferno me cingiram;
laços de morte me envolveram.
7 [t]Na minha angústia invoquei o Senhor;
clamei ao meu Deus.
Do seu templo [u]ouviu ele a minha voz,
e o meu clamor chegou aos seus ouvidos.
8 Então a terra se abalou e [v]tremeu,
os fundamentos dos céus se moveram;
abalaram-se porque ele se irou.
9 Das suas narinas subiu fumaça,
e, da sua boca, um [w]fogo devorador,
que incendiou carvões.
10 Ele abaixou os céus e [x]desceu;
havia escuridão debaixo de seus pés.
11 Ele montou num querubim e voou;
foi visto sobre as asas do [y]vento.
12 E por tendas pôs as [z]trevas ao redor de si,
ajuntamento de águas,
nuvens de chuva dos céus.
13 Pelo resplendor da sua presença
acenderam-se brasas de fogo.
14 O Senhor [aa]trovejou desde os céus,
e o Altíssimo fez soar a sua voz.
15 Disparou [bb]flechas e os dissipou;
raios, e os desbaratou.
16 Então [cc]apareceram as profundezas do mar;
os fundamentos do mundo se descobriram,
pela repreensão do Senhor,
pelo sopro do vento das suas narinas.
17 Do alto estendeu a mão e me tomou;
tirou-me das muitas [dd]águas.
18 Livrou-me do meu possante inimigo
e daqueles que me odiavam,
porque eram fortes demais para mim.
19 Encontraram-me no dia da
minha calamidade,
mas o Senhor se fez o meu [ee]amparo.
20 Trouxe-me para um [ff]lugar espaçoso;
livrou-me porque se agradou de mim.
21 Recompensou-me o Senhor
[gg]segundo a minha justiça;
conforme a [hh]pureza de minhas mãos
me retribuiu.
22 Pois guardei os caminhos do Senhor
e [ii]não me apartei impiamente do meu Deus.
23 Todos os seus estatutos
estavam diante de mim;
de seus decretos não me desviei.
24 Fui [jj]inculpável para com ele
e guardei-me do pecado.
25 O Senhor me retribuiu
segundo a minha justiça,
conforme a minha pureza
diante dos seus olhos.
26 Para com o fiel te mostras [kk]fiel;
para com o íntegro te mostras íntegro.
27 Com o puro te mostras [ll]puro,
mas com o perverso te mostras sagaz.
28 [mm]Livras o povo humilde,
mas teus olhos são contra os orgulhosos,
e tu os abates.
29 Tu, Senhor, és a minha [nn]lâmpada;
o Senhor ilumina as minhas trevas.
30 Contigo passo pelo meio de um esquadrão;
com o meu Deus salto [oo]muralhas.
31 O caminho de Deus é [pp]perfeito;
e a palavra do Senhor [qq]sem impureza.
Ele é o escudo de todos os que nele confiam.
32 Pois quem é Deus, senão o Senhor?
E quem é rocha, senão o nosso Deus?
33 Deus é a minha fortaleza e a minha força,
e ele perfeitamente
desembaraça o meu caminho.

[a] 2Sm 20.6,10
[b] 2Sm 18.3
[c] 1Rs 11.36
[d] 1Cr 20.4
[e] 2Sm 23.24
[f] 1Sm 17.4
[g] 1Sm 17.10
[h] Chamado Samá em 1Sm 16.9
[i] 1Cr 20.8
[j] Este capítulo é quase idêntico a Sl 18
[k] Sl 34.19
[l] Dt 32.4; 1Sm 2.2
[m] Sl 91.2
[n] Sl 7.1; Hb 2.13
[o] Veja Sl 21.2, nota
[p] Gn 15.1; Sl 84.11
[q] Veja Dt 33.17, nota; Sl 18.5; Jn 2.2
[r] Sl 46.1,7,11
[s] Veja Hc 2.5, nota; comp. Lc 16.23, nota
[t] Sl 116.4; 120.1
[u] Sl 34.6,15
[v] Jz 5.4
[w] Dt 32.22; Sl 97.3,4; Hb 12.29
[x] Êx 19.16-20
[y] Sl 104.3
[z] Jó 36.29
[aa] Sl 29.3
[bb] Dt 32.23
[cc] Na 1.4
[dd] Is 43.2
[ee] Is 10.20
[ff] Sl 118.5
[gg] 1Sm 26.23
[hh] Jó 17.9
[ii] 2Cr 34.33
[jj] Gn 6.9; Ef 1.4
[kk] Mt 5.7
[ll] Mt 5.8
[mm] Sl 72.12,13
[nn] Sl 132.17; comp. 119.105
[oo] 2Sm 5.6-8
[pp] Mt 5.48
[qq] Sl 12.6

34 Ele faz os meus [r]pés como os das corças
e me firma nas alturas.
35 Ele instrui as minhas mãos para a peleja,
de maneira que os meus
braços podem vergar um arco de bronze.
36 Também me deste o escudo da tua salvação;
a tua brandura me engrandece.
37 Alargaste os meus passos debaixo de mim,
e não vacilaram os meus tornozelos.
38 Persegui os meus inimigos e os derrotei;
não voltei sem os ter destruído.
39 Eu os consumi e os atravessei,
de modo que nunca mais se levantaram;
caíram sob meus pés.
40 Tu me cingiste de força para a peleja;
esmagaste debaixo de mim
os meus agressores.
41 Fizeste que meus inimigos
me voltassem as costas,
e destruí aqueles que me odiavam.
42 Clamaram por socorro,
mas não houve quem os libertasse;
clamaram ao Senhor,
mas ele [s]não lhes respondeu.
43 Então os moí como o [t]pó da terra;
como a lama das ruas os amassei e dissipei.
44 Tu me livraste das [u]contendas do meu povo;
guardaste-me para ser o [v]líder das nações.
Um povo que eu não conhecia me serviu,
45 e estrangeiros se me sujeitaram;
ouvindo a minha voz, me obedeceram.
46 Sumiram-se os estrangeiros
e dos seus esconderijos saíram [w]debilitados.
47 Vive o Senhor. Bendita seja a minha Rocha!
Exaltado seja Deus,
a rocha da minha salvação!
48 O Deus que me deu [x]vingança
e sujeitou os povos debaixo de mim;
49 O Deus que me tirou dentre
os meus inimigos.
Tu me exaltaste sobre os meus adversários
e me livraste dos homens violentos.
50 Por isso, ó Senhor, eu te louvarei
entre as nações;
entoarei [y]louvores ao teu [z]nome.
51 Ele dá grandes vitórias ao seu rei
e mostra benignidade
para com o seu ungido,
para com Davi e a sua
descendência [a]para sempre.

As últimas palavras proféticas de Davi

23 São estas as últimas palavras de [b]Davi:
Diz Davi, filho de Jessé,
diz o homem que foi [c]exaltado,
o ungido do Deus de Jacó,
o suave salmista de Israel.
2 O [d]Espírito do Senhor fala por mim,
e a sua [e]palavra está na minha boca.
3 Disse o Deus de Israel,
a [f]Rocha de Israel me falou:
Quando um [g]justo governa sobre os homens,
quando governa no [h]temor de Deus,
4 [i]é como a luz da manhã
ao sair do sol de uma manhã sem nuvens,
como o esplendor depois da chuva
que faz brotar da terra a erva.
5 Não está assim com Deus a minha dinastia?
Não estabeleceu ele comigo
uma aliança [j]eterna,
em tudo bem ordenada e segura?
Não fará ele prosperar toda a minha salvação
e todo o meu desejo?
6 Os filhos de Belial, porém, serão
todos lançados fora como os espinhos,
pois não se pode tocar neles.
7 Todo aquele, porém, que os tocar
deve usar uma ferramenta
de ferro ou a haste de uma lança;
a fogo serão totalmente
queimados no mesmo lugar.

A lista dos valentes de Davi
(comp. 1Cr 11.10-47)

8 **S**ão estes os nomes dos valentes de Davi:
Josebe-Bassebete, filho de Taquemoni, o princi-
pal de três; foi este que, com a sua lança, matou
[k]oitocentos de uma vez.
9 Depois dele Eleazar, filho de [l]Dodô, filho de
Aoí, entre os três valentes que estavam com
Davi, quando desafiaram os filisteus ali reuni-
dos para a peleja, enquanto os homens de Israel
se retiravam.
10 Este se levantou e feriu os filisteus, até lhe
[m]cansar a mão e ficar pegada à espada. Naque-
le dia o Senhor realizou um grande livramento.
O povo voltou para junto de Eleazar, somente pa-
ra tomar o [n]despojo.
11 Depois dele Samá, filho de Agé, o hararita.
Quando os filisteus se ajuntaram em Leí, onde
havia um pedaço de terra cheio de lentilhas, o
povo fugiu de diante dos filisteus.
12 Samá pôs-se no meio daquele terreno, e o
defendeu, e matou os filisteus; e o Senhor reali-
zou um grande livramento.
13 **T**ambém três dos trinta chefes desceram, no
tempo da colheita, e foram encontrar Davi, na
[o]caverna de Adulão, enquanto a tropa dos filis-
teus estava acampada no [p]vale de Refaim.
14 Nessa ocasião, Davi estava no lugar forte, e a
guarnição dos filisteus, em Belém.
15 Davi suspirou por água e disse: Quem me
dera beber da água da cisterna que está junto à
porta de Belém!

[r] Hc 3.19
[s] 1Sm 28.6
[t] 2Rs 13.7
[u] 2Sm 3.1
[v] 2Sm 8.1-14
[w] Mq 7.17
[x] 1Sm 24.12
[y] Sl 57.7
[z] Rm 15.9
[a] 2Sm 7.12-16
[b] Reino (AT): v. 1-5; 1Rs 8.20 (Gn 1.26; Zc 12.8)
[c] 2Sm 7.8,9
[d] Espírito Santo (AT): v. 2; 1Rs 18.12 (Gn 1.2; Zc 12.10)
[e] Inspiração: v. 2; Jó 6.10 (Êx 4.15; 2Tm 3.16)
[f] Cristo (Rocha): v. 3; Sl 62.2 (Gn 49.24; 1Pe 2.8); 2Sm 22.2,3
[g] Is 11.1-5
[h] Veja Sl 19.9, nota
[i] Is 60.1
[j] 2Sm 7.12; Sl 89.29; Is 55.3
[k] Veja 1Cr 11.11, nota
[l] 1Cr 27.4
[m] Jz 8.4
[n] 1Sm 30.24,25
[o] 1Sm 22.1
[p] 2Sm 5.18

16 Então aqueles três valentes atravessaram o acampamento dos filisteus, tiraram água da cisterna que está junto à porta de Belém, e a trouxeram a Davi. Mas ele não quis bebê-la; em vez disso, derramou-a perante o Senhor.

17 Disse ele: Longe de mim, ó Senhor, que eu tal faça! Beberia eu o sangue dos homens que foram com risco da sua vida? De maneira que não a quis beber. Isto fizeram aqueles três valentes.

18 [q]**A**bisai, irmão de Joabe, filho de Zeruia, era chefe de três. Este alçou a sua lança contra trezentos e os matou; assim teve nome entre os três.

19 Não era este o mais nobre entre os três? Ele se tornou o chefe deles, embora não fosse contado entre eles.

20 **B**enaia, filho de Joiada, filho de um homem de [r]Cabzeel, valente e de grandes feitos, matou os dois filhos de Ariel de Moabe. Depois desceu e matou um leão numa cova, no tempo da neve.

21 Matou também um egípcio, homem de grande estatura. Embora o egípcio tivesse uma lança na mão, Benaia o atacou com um cajado, arrancou-lhe da mão a lança e com ela o matou.

22 Essas coisas fez Benaia, filho de Joiada, pelo que teve nome entre os três valentes.

23 Entre os trinta ele era o mais nobre, mas não foi contado entre os três. E Davi o [s]pôs sobre a sua guarda.

24 **E**ntre os trinta estavam: [t]Asael, irmão de Joabe; Elanã, filho de Dodô, de Belém;

25 Samá, harodita; Elica, harodita;

26 Helez, paltita; Ira, filho de Iques, tecoíta;

27 Abiezer, anatotita; Mebunai, husatita;

28 Zalmom, aoíta; Maarai, netofatita;

29 Helebe, filho de Baaná, netofatita; Itai, filho de Ribai, de Gibeá, dos filhos de Benjamim;

30 Benaia, piratonita; Hidai, do ribeiro de [u]Gaás;

31 Abi-Albom, arbatita; Azmavete, barumita;

32 Eliaba, saalbonita; Bene-Jásen; Jônatas;

33 [v]Samá, hararita; Aião, filho de Sarar, ararita;

34 Elifelete, filho de Aasbai, filho dum maacatita; [w]Eliã, filho de Aitofel, gilonita;

35 Hezrai, carmelita; Paarai, arbita;

36 Igal, filho de Natã, de [x]Zobá; Bani, gadita;

37 Zeleque, amonita; Naarai, beerotita, o que trazia as armas de Joabe, filho de Zeruia;

38 [y]Ira, itrita; Garebe, itrita;

39 [z]Urias, [a]heteu. Eram trinta e sete ao todo.

Três dias de peste (1Cr 21.1-17)

24 **A** ira do Senhor [b]tornou a acender-se contra Israel, [c]e ele [1d]incitou Davi contra eles, dizendo: Vai, levanta o [e]censo de Israel e de Judá.

2 Pelo que disse o rei a Joabe e aos chefes do exército que estavam com ele: [f]Percorre todas as tribos de Israel, [g]de Dã até Berseba, e levanta o censo do povo, para que [h]eu saiba o seu número.

3 Joabe, porém, respondeu ao rei: Ora, [i]multiplique o Senhor, o teu Deus, este povo cem vezes tanto quanto agora é, e os olhos do rei meu senhor o vejam. Mas por que o rei meu senhor teria tal desejo?

4 Todavia, a palavra do rei prevaleceu contra Joabe, e contra os chefes do exército; assim Joabe saiu da presença do rei, com os chefes do exército, para levantar o censo do povo de Israel.

5 Tendo eles passado o Jordão, acamparam-se em [j]Aroer, à direita da cidade que está no meio do vale de Gade, e foram a [k]Jazer.

6 Foram a Gileade, e à região de Tatim-Hódsi; dali foram a Dã-Jaã e viraram-se para [l]Sidom.

7 Foram à fortaleza de [m]Tiro e a todas as cidades dos [n]heveus e dos cananeus. Finalmente foram a Berseba, no Neguebe de Judá.

8 Assim percorreram toda a terra e, ao cabo de nove meses e vinte dias, voltaram a Jerusalém.

9 Joabe entregou ao rei o [o]resultado do recenseamento do povo: Havia em Israel [p]oitocentos mil homens de guerra, que puxavam da espada, e os homens de Judá eram quinhentos mil.

10 **O** coração de [qq]Davi, porém, o [rr]acusou depois de haver ele feito o censo do povo, e disse ao Senhor: [ss]Muito pequei no que fiz. Agora, porém, ó Senhor, peço-te que perdoes a iniquidade do teu servo. Procedi mui loucamente.

11 Levantando-se Davi pela manhã, veio a palavra do Senhor ao profeta Gade, vidente de Davi, dizendo:

12 Vai e dize a Davi: Assim diz o Senhor: Três coisas te ofereço. Escolhe uma delas, para que a execute contra ti.

13 Assim veio Gade a Davi e lhe disse: Queres que [tt]sete anos de [uu]fome te venham à tua terra? Ou que por três meses fujas diante de teus inimigos, e eles te persigam? Ou que por três dias haja peste na tua terra? Delibera, agora, e vê que resposta hei de dar ao que me enviou.

14 Disse Davi a Gade: Estou em grande angústia. Mas caiamos nas mãos do Senhor, porque muitas são as suas [vv]misericórdias; mas nas mãos dos homens não caia eu.

15 **E**ntão enviou o Senhor a peste a Israel, desde pela manhã até o tempo determinado, e de Dã até Berseba morreram setenta mil homens do povo.

16 Estendendo o [ww]anjo a sua mão sobre Jerusalém, para a destruir, o Senhor se [xx]arrependeu daquele mal e disse ao anjo que fazia a destruição entre o povo: Basta, agora retira a tua mão. O anjo do Senhor estava junto à eira de Araúna, o jebuseu.

[q] 2Sm 21.17
[r] Js 15.21
[s] 2Sm 8.18; 20.23
[t] 2Sm 2.18
[u] Jz 2.9
[v] 2Sm 23.11
[w] 2Sm 11.3
[x] 2Sm 8.3
[y] 2Sm 20.26
[z] 2Sm 11.3,6
[a] Veja 2Rs 7.6, nota
[b] 2Sm 21.1
[c] Comp. Tg 1.13,14
[d] Provar-Tentar: v. 1; 1Cr 21.1 (Gn 3.1; Tg 1.14)
[e] Nm 26.2
[f] Comp. 1Cr 27.23,24
[g] Jz 20.1
[h] Comp. Jr 17.5
[i] Dt 1.11
[j] Dt 2.36; Js 13.9
[k] Nm 32.1,3
[l] Js 19.28; Jz 18.28
[m] Js 19.29
[n] Js 11.3; Jz 3.3
[o] Comp. Nm 1.44-46; 1Sm 11.8
[p] Comp. 1Cr 21.5; veja 1Cr 11.11, nota
[qq] 2Sm 23.1
[rr] 1Sm 24.5
[ss] 2Sm 12.13
[tt] Comp. 1Cr 21.12; veja 1Cr 11.11, nota
[uu] Veja Gn 12.10, nota
[vv] Sl 51.1
[ww] Anjo do Senhor: v. 16,17; 1Rs 19.5 (Gn 16.7; Jz 2.1, nota)
[xx] Veja Zc 8.14, nota

[1] (24.1) 1Cr 21.1 diz que Satanás levou Davi a fazer isso. Evidentemente Deus permitiu que o Diabo influenciasse seu servo a fim de que os propósitos divinos fossem realizados.

17 Vendo Davi ao anjo que feria o povo, [y]disse ao
Senhor: Eu é que pequei e procedi iniquamente.
Mas estas [z]ovelhas, que fizeram? Seja a tua mão
contra mim e contra a casa de meu pai.

A peste é afastada por causa do holocausto de Davi (1Cr 21.18-30)

18 **N**aquele mesmo dia, veio Gade a Davi e lhe
disse: Sobe, levanta ao Senhor um altar na eira de
[a]Araúna, o jebuseu.
19 Subiu Davi conforme a palavra de Gade,
como o Senhor lhe tinha ordenado.
20 Olhou Araúna e, vendo que vinham para ele
o rei e os seus homens, saiu e se inclinou diante
do rei com o rosto em terra.
21 Perguntou Araúna: Por que vem o rei meu
Senhor ao seu servo? Respondeu Davi: Para
comprar de ti esta eira, a fim de edificar nela
um altar ao Senhor, para que esta praga cesse
de sobre o povo.
22 Disse Araúna a Davi: Tome e ofereça o rei
meu senhor o que bem lhe parecer. Aqui estão
os bois para o holocausto, e os trilhos, e os aparelhos dos bois para lenha.
23 Tudo isso, ó rei, Araúna oferece ao rei. Disse
mais Araúna ao rei: O Senhor, o teu Deus, [b]aceite
a tua oferta.
24 O rei, porém, respondeu a Araúna: Não, antes
quero comprá-la pelo preço devido. Não [c]oferecerei ao Senhor, o meu Deus, holocaustos que não
me custem nada. Assim Davi comprou a [d]eira e
os bois por [e]cinquenta [f]siclos de prata.
25 Edificou Davi ali um altar ao Senhor e ofereceu holocaustos e ofertas pacíficas. Assim o
Senhor teve [g]piedade da terra, e aquela praga
[h]cessou de sobre Israel.

[y] Orações da Bíblia (AT): v. 17; 1Rs 3.5 (Gn 15.2; Hc 3.1)
[z] Sl 74.1
[a] Ornã, em algumas versões, como ACF e ARC, 2Cr 3.1; comp. 1Cr 21.20
[b] Ez 20.40,41
[c] Veja 2Co 8.1, nota
[d] Veja 1Cr 21.25, nota
[e] Comp. 1Cr 21.25; veja 1Cr 11.11, nota
[f] Veja sist. monetário (AT): Êx 30.13, nota
[g] 2Sm 21.14
[h] Comp. Nm 16.44-50

● 1REIS

- **Autor:** Desconhecido
- **Tema:** Reino unido; reino dividido
- Escrito no século VI a.C.

O primeiro livro de Reis e o segundo livro de Reis constituem um único livro na Bíblia hebraica. São apropriadamente chamados livros de Reis, porque neles estão registrados os eventos e as características principais dos reinados dos reis de Judá e de Israel, desde a morte de Davi até o final do reino de Judá e a queda de Jerusalém. As três narrativas mais importantes de 1Reis falam do reinado de Salomão, incluindo um extenso relato da construção do templo, do ministério de Elias e do reinado de Acabe.

Todos os dezenove reis de Judá foram descendentes de Davi e reinaram 345 anos. Israel teve dezenove reis, oito dos quais foram assassinados ou cometeram suicídio, de nove dinastias, que reinaram 210 anos. Judá teve avivamentos frequentes; o reino separado de Israel não teve nenhum.

O livro pode ser dividido da seguinte maneira: I. Os últimos dias de Davi, 1.1–2.11. II. O reinado de Salomão, 2.12–11.43. III. A divisão do reino sob Roboão e Jeroboão, 12.1–14.31. IV. Os reis de Judá e Israel até a ascensão de Acabe, 15.1–16.27. V. O reinado de Acabe, 16.28–22.39. VI. Os reinados de Josafá e Acazias, 22.40-53.

Os últimos dias de Davi, 1.1–2.11

A força física de Davi declina

1 O rei Davi era já [a]velho, de idade avançada, e por mais que o envolvessem com cobertas, não conseguia se aquecer.

2 Então lhe disseram os seus servos: Busque-se para o rei meu senhor uma jovem virgem, que esteja perante o rei e tenha cuidado dele. Durma ela no seu seio, para que o rei meu senhor se aqueça.

3 Assim procuraram por todo o território de Israel uma jovem formosa, e acharam a [b]Abisague, [c]sunamita, e a trouxeram ao rei.

4 Era a jovem sobremaneira formosa; cuidava do rei e o servia, mas o rei não teve relações com ela.

A conspiração de Adonias

5 Então Adonias, [d]filho de Hagite, se exaltou, dizendo: [1]Eu reinarei. [e]Preparou carros e cavaleiros e cinquenta homens que corressem diante dele.

6 Seu pai jamais o havia contrariado, dizendo: Por que fizeste assim? Além disso, era ele muito formoso de parecer, e [f]sua mãe o havia gerado depois de Absalão.

7 Teve Adonias entendimento com [g]Joabe, filho de Zeruia, e com [h]Abiatar, o sacerdote, [i]que lhe deram o seu apoio.

8 No entanto, [j]Zadoque, o sacerdote, e [k]Benaia, filho de Joiada, e [l]Natã, o profeta, e [m]Simei, e Reí, os [n]valentes que Davi tinha, não eram por Adonias.

9 Matou Adonias ovelhas, bois e animais cevados, junto à pedra de Zoelete, que está perto da [o]fonte de Rogel, e convidou todos os seus irmãos, os filhos do rei, e todos os homens de Judá, servos do rei.

10 A Natã, profeta, a Benaia, e os valentes e a [p]Salomão, seu irmão, porém, não convidou.

O plano de Natã e Bate-Seba

11 Então disse Natã a Bate-Seba, mãe de Salomão: Não ouviste que Adonias, filho de Hagite, reina e que nosso senhor Davi não o sabe?

12 Agora vem, deixa-me dar-te um conselho, para que salves a tua vida e a de Salomão, teu filho.

13 Vai à presença do rei Davi e dize-lhe: Não juraste, ó rei meu senhor, à tua serva, dizendo: Certamente teu filho [q]Salomão reinará depois de mim e se assentará no meu trono? Por que, pois, reina Adonias?

14 Estando tu ainda a falar com o rei, eu entrarei depois de ti e confirmarei as tuas palavras.

15 Foi Bate-Seba à presença do rei no seu quarto; o rei era muito velho, e Abisague, a sunamita, o servia.

16 Bate-Seba inclinou a cabeça e prostrou-se perante o rei, que lhe perguntou: Que queres?

17 Respondeu ela: Senhor meu, tu juraste à tua serva pelo Senhor, o teu Deus, dizendo: Salomão, teu filho, reinará depois de mim e se assentará no meu trono.

18 Agora, porém, reina Adonias, e tu, ó rei meu senhor, não o sabes.

19 Ele matou bois, animais cevados e ovelhas em abundância, e convidou todos os filhos do rei, Abiatar, o sacerdote, e Joabe, general do exército, mas a teu servo Salomão não convidou.

[a] 1Cr 23.1
[b] 1Rs 2.17
[c] Js 19.18
[d] 2Sm 3.4
[e] 2Sm 15.1
[f] 2Sm 3.3,4
[g] 1Cr 11.6
[h] 1Sm 22.20-23; 2Sm 20.25
[i] Comp. 1Rs 2.22-34
[j] 1Rs 2.35
[k] 1Rs 2.25; 2Sm 8.18
[l] 2Sm 12.1
[m] 1Rs 4.18
[n] 2Sm 23.8
[o] Js 15.7
[p] 2Sm 12.24
[q] 1Cr 22.9,10

[1] (1.5) Adonias era o irmão mais velho de Salomão (2.22; comp. 1Cr 3.1-5), o mais velho dos filhos vivos de Davi. Sabendo que Davi já proclamara publicamente que Salomão seria seu sucessor (1Cr 22.1-19; 28.1-8), Adonias organizou um complô para apoderar-se do trono por meio de um golpe de Estado. A conspiração falhou. Nada podia desfazer o propósito soberano de Deus relativo a Salomão (1Cr 22.9,10; 28.5-7).

20 Os olhos de todo o Israel, porém, ó rei, meu Senhor, estão sobre ti, para que lhes declares quem se assentará sobre o trono do rei meu senhor, depois dele.

21 Doutro modo, quando o rei meu senhor [r]dormir com seus pais, eu e Salomão meu filho seremos tidos por culpados.

22 **E**stando ela ainda a falar com o rei, entrou o profeta Natã.

23 E fizeram saber ao rei: Está aqui o profeta Natã. Entrou Natã à presença do rei, prostrou-se perante ele com o rosto em terra

24 e disse: Ó rei meu senhor, acaso disseste: Adonias reinará depois de mim e se assentará no meu trono?

25 Hoje ele desceu, matou bois, animais cevados e ovelhas em abundância. Convidou todos os filhos do rei, os chefes do exército e Abiatar, o sacerdote. Estão comendo e bebendo perante ele e dizendo: Viva o rei Adonias!

26 A mim, porém, sendo eu teu servo, Zadoque, o sacerdote, Benaia, filho de Joiada e Salomão, teu servo, não convidou.

27 Foi feito isto da parte do rei meu senhor e não fizeste saber a teu servo quem se assentaria no trono do rei meu senhor depois dele?

28 **R**espondeu o rei Davi: Chamai-me a Bate-Seba. E ela entrou à presença do rei e ficou de pé diante dele.

29 Então jurou o rei: Tão certo como [s]vive o Senhor, que [t]remiu a minha alma de toda a angústia,

30 que, assim como te jurei pelo Senhor, o Deus de Israel, dizendo: Teu filho Salomão reinará depois de mim e se assentará no meu trono, em meu lugar, assim mesmo o cumprirei hoje.

31 Então Bate-Seba se inclinou com o rosto em terra, [u]prostrou-se diante do rei e disse: Viva o rei Davi meu senhor para sempre!

32 **D**isse o rei Davi: Chamai-me Zadoque, o sacerdote, Natã, o profeta, e Benaia, filho de Joiada. E eles entraram à presença do rei.

33 Disse-lhes o rei: [v]Tomai convosco os servos de vosso senhor e fazei montar a meu filho Salomão na minha [w]mula e levai-o a Giom.

34 Zadoque, o sacerdote, com Natã, o profeta, ali o [x]ungirão rei sobre Israel. [y]Tocareis a trombeta e direis: Viva o rei Salomão!

35 Subireis após ele, e ele virá e se assentará no meu trono e reinará em meu lugar. Ordenei que ele seja príncipe sobre Israel e sobre Judá.

36 Benaia, filho de Joiada, respondeu ao rei: [z]Amém! Assim o diga o Senhor Deus do rei meu senhor.

37 [a]Como o Senhor foi com o rei meu senhor, assim seja ele com Salomão e faça que o seu trono seja maior do que o trono do rei Davi meu senhor.

Salomão é ungido rei pela segunda vez (1Cr 29.22b)

38 **E**ntão desceu Zadoque, o sacerdote, Natã, o profeta, [b]Benaia, filho de Joiada, os [c]quereteus e os peleteus e fizeram montar Salomão na mula que era do rei Davi e o levaram a Giom.

39 Zadoque, o sacerdote, tomou do [d]tabernáculo o vaso do azeite e ungiu Salomão. Então tocaram a trombeta, e [e]todo o povo disse: Viva o rei Salomão!

40 E todo o povo subiu após ele, tocando flauta e alegrando-se com grande alegria, de maneira que a terra tremeu com o seu clamor.

A submissão de Adonias

41 **A**donias e todos os convidados que estavam com ele o ouviram, ao acabarem de comer. Joabe ouviu o sonido das trombetas e disse: Que quer dizer este alvoroço na cidade?

42 Estava ele ainda a falar, quando chegou [f]Jônatas, filho de Abiatar, o sacerdote. Disse Adonias: Entra, porque [g]és de bem e trazes boas-novas.

43 Respondeu Jônatas a Adonias: Deveras! O rei Davi, nosso senhor, constituiu rei a Salomão.

44 E Davi enviou com ele Zadoque, o sacerdote, Natã, o profeta, Benaia, filho de Joiada, os quereteus e os peleteus, e eles o fizeram montar na mula do rei.

45 Zadoque, o sacerdote, e Natã, o profeta, o ungiram rei em Giom. Dali subiram alegres, e a cidade estava alvoroçada. Este é o clamor que ouviste.

46 Também Salomão está [h]assentado no trono do reino.

47 Além disso, os servos do rei vieram abençoar o nosso senhor, o rei Davi, dizendo: Faça teu Deus que o nome de Salomão seja mais célebre do que o teu nome e faça que o seu trono seja maior do que o teu trono. E o rei se [i]inclinou no leito

48 e disse: Bendito o Senhor, o Deus de Israel, que hoje [j]deu quem se assente no meu trono e permitiu que os meus olhos o [k]vissem.

49 Então estremeceram e se levantaram todos os convidados que estavam com Adonias, e cada qual se foi o seu caminho.

50 **A**donias, porém, temeu Salomão e, levantando-se, foi apegar-se às [l]pontas do altar.

51 Foi dito a Salomão: Adonias teme ao rei Salomão e se apegou às pontas do altar, dizendo: Jure-me hoje o rei Salomão que não matará a seu servo à espada.

52 Disse Salomão: Se ele for homem de bem, [m]nem um de seus cabelos cairá em terra; mas, caso se achar nele maldade, morrerá.

53 Enviou o rei Salomão mensageiros, e o fizeram descer do altar. Então veio e se prostrou

[r] Dt 31.16; 1Rs 2.10
[s] 2Sm 4.9
[t] Veja Is 59.20, nota 1; comp. Êx 14.30, nota
[u] 2Sm 9.6
[v] 2Sm 20.6
[w] Et 6.8
[x] 1Sm 10.1; 16.13; 1Cr 29.22
[y] 2Sm 15.10; 2Rs 9.13; 11.14
[z] Jr 28.6
[a] 1Sm 20.13; comp. Js 1.5
[b] 2Sm 8.18
[c] 2Sm 20.7,23; 1Cr 18.17
[d] Êx 30.23-32; Sl 89.20
[e] 1Sm 10.24
[f] 2Sm 17.17,20
[g] 2Sm 18.27
[h] 1Rs 2.12
[i] Gn 47.31
[j] 1Rs 3.6; Sl 132.11,12
[k] 2Sm 7.12
[l] 1Rs 2.28
[m] 1Sm 14.45; At 27.34

perante o rei Salomão, e este lhe disse: Vai para tua casa.

Instruções de Davi a Salomão

2 **A**proximando-se o [n]dia da morte de Davi, deu ele ordem a Salomão, seu filho, dizendo:

2 [o]Eu vou pelo caminho de toda a terra. [p]Esforça-te, pois, e sê homem.

3 Guarda as ordenanças do Senhor, o teu Deus, para andares nos seus caminhos, para guardares os seus estatutos e os seus mandamentos, os seus juízos e os seus testemunhos, como está escrito na Lei de Moisés, para que [q]prosperes em tudo o que fizeres e por onde quer que fores;

4 e que o Senhor [r]confirme a palavra que falou de mim, dizendo: Se teus filhos guardarem o seu caminho, para [s]andarem perante a minha face fielmente, de todo o seu coração e de toda a sua alma, [t]nunca te faltará sucessor ao trono de [u]Israel.

5 **O**ra, tu sabes o que me [v]fez Joabe, filho de Zeruia, e o que [w]fez aos dois comandantes do exército de Israel, a Abner, filho de Ner, e a Amasa, filho de Jéter, os quais matou, e em tempo de paz vingou o sangue derramado em guerra, manchando com ele o cinto que tinha nos lombos e os sapatos que trazia nos pés.

6 Faze com ele segundo a tua sabedoria e não permitas que suas cãs desçam à [x]sepultura em paz.

7 Com os filhos de [y]Barzilai, o gileadita, usarás de benevolência, porém, e estarão entre os que comem à tua mesa, porque assim [z]agiram comigo quando eu fugia por causa de teu irmão Absalão.

8 E lembra-te, contigo está [a]Simei, filho de Gera, filho de Benjamim, de Baurim, que me maldisse com maldição atroz, no dia em que eu ia a Maanaim. [b]Quando ele saiu para encontrar-se comigo junto ao Jordão, eu pelo Senhor lhe jurei, dizendo que não o mataria à espada.

9 Agora, porém, não o tenhas por [c]inocente. És homem sábio e bem saberás o que lhe hás de fazer para que apesar de sua idade avançada desça à sepultura com sangue.

A morte de Davi (1Cr 29.26-30)

10 **D**avi descansou com seus pais e foi [d]sepultado na Cidade de Davi.

11 Foi o tempo que Davi reinou sobre Israel [e]quarenta anos: sete anos reinou em Hebrom e em Jerusalém reinou trinta e três anos.

II. O reinado de Salomão, 2.12–11.43

A ascensão de Salomão (1Cr 29.23-25)

12 Salomão [f]assentou-se no trono de Davi, seu pai, e o seu reino se [g]fortificou sobremaneira.

[n] Comp. Gn 47.29; Dt 31.14
[o] Js 23.14
[p] 1Cr 22.13
[q] Dt 29.9; Js 1.7; 1Cr 22.12,13
[r] 2Sm 7.25
[s] 2Rs 20.3
[t] 2Sm 7.12,13; 1Rs 8.25
[u] Sl 132.12
[v] 2Sm 18.9-14
[w] 2Sm 3.27-39; 20.4-10
[x] Veja Hc 2.5, nota; comp. Lc 16.23, nota
[y] 2Sm 19.31-39
[z] 2Sm 17.27
[a] 2Sm 16.5-13
[b] 2Sm 19.18-23
[c] Êx 20.7; Jó 9.28
[d] At 2.29; 13.36
[e] 2Sm 5.4
[f] 1Rs 1.46
[g] 1Rs 2.46; 2Cr 1.1
[h] 1Sm 16.4,5
[i] 1Rs 1.11,18
[j] 1Cr 22.9,10; 28.5-7; Dn 2.21
[k] 1Rs 1.3,4
[l] Comp. Sl 45.9
[m] Comp. 2Sm 12.8
[nn] 1Cr 3.2-5
[oo] 1Rs 1.7
[pp] Comp. 1Rs 1.52
[qq] 2Sm 7.11-13; 1Cr 22.10
[rr] 2Sm 8.18; 1Rs 4.4
[ss] Js 21.18
[tt] 1Sm 22.23; 23.6; 2Sm 15.24,29
[uu] 1Sm 2.31-35

A execução de Adonias

13 **E**ntão veio Adonias, filho de Hagite a Bate-Seba, mãe de Salomão. Perguntou ela: De paz é a tua vinda? Respondeu ele: É de [h]paz.

14 E acrescentou: Uma palavra tenho que dizer-te. Disse ela: Fala.

15 Disse ele: Bem sabes que o reino era meu; todo o Israel tinha posto a vista em [i]mim para que eu viesse a reinar, ainda que o reino se transferiu e veio a ser de meu irmão; pois foi feito seu [j]pelo Senhor.

16 Agora um só pedido te faço; não o rejeites. Ela lhe disse: Fala.

17 Ele disse: Peço-te que fales ao rei Salomão (pois não te recusará), que me dê por mulher a [k]Abisague, a sunamita.

18 Respondeu Bate-Seba: Muito bem, eu falarei por ti ao rei.

19 **Q**uando Bate-Seba foi ter com o rei Salomão, para falar-lhe por Adonias, o rei se levantou para encontrar-se com ela, inclinou-se diante dela e se assentou no seu trono. Mandou que pusessem um trono para a sua mãe, e ela se assentou à sua mão [l]direita.

20 Disse ela: Só um pequeno pedido te faço, não o rejeites. E o rei lhe disse: Pede, minha mãe, porque não to recusarei.

21 Disse ela: Dê-se Abisague, a sunamita, por mulher a Adonias, teu irmão.

22 Respondeu o rei Salomão a sua mãe: Por que pedes Abisague, a sunamita, para Adonias? Pede [m]também para ele o reino (porque é meu [nn]irmão mais velho); para ele, sim, e também para [oo]Abiatar, o sacerdote, e para Joabe, filho de Zeruia.

23 E jurou o rei Salomão pelo Senhor: Assim Deus me faça, e outro tanto, se não falou Adonias esta palavra contra a sua [pp]vida.

24 E agora, tão certo como vive o Senhor, que me estabeleceu e me fez assentar no trono de Davi, meu pai, e que me fundou dinastia, como [qq]tinha dito, Adonias morrerá hoje.

25 Enviou o rei Salomão a [rr]Benaia, filho de Joiada, o qual feriu Adonias, de modo que morreu.

Abiatar é afastado do sacerdócio

26 **A** Abiatar, o sacerdote, disse o rei: Vai para [ss]Anatote, para teus campos. És homem digno de morte, mas hoje não te matarei, porque levaste a arca do Senhor Deus diante de Davi meu pai e te [tt]afligiste com todas as aflições de meu pai.

27 Assim expulsou Salomão a Abiatar, para que não fosse sacerdote do Senhor, [uu]cumprindo a palavra que o Senhor tinha dito a respeito da família de Eli em Siló.

O sangue inocente é finalmente vingado; a execução de Joabe

28 **Quando** essa notícia chegou a Joabe (que [v]tinha apoiado Adonias, embora não tivesse apoiado Absalão), ele fugiu para o tabernáculo do Senhor e [w]pegou nas pontas do altar.

29 Foi dito ao rei Salomão que Joabe tinha fugido para o tabernáculo do Senhor e estava junto ao altar. Então Salomão enviou Benaia, filho de Joiada, dizendo: Vai, [x]mate-o.

30 Portanto, Benaia foi ao tabernáculo do Senhor e disse a Joabe: Assim diz o rei: [y]Sai daí. Respondeu Joabe: Não, mas aqui morrerei. Benaia tornou com a resposta ao rei: Assim falou Joabe e assim me respondeu.

31 Disse-lhe o rei: Faze como ele disse. Mate-o e sepulta-o, para que [z]tires de mim e da família de meu pai o sangue que Joabe sem causa derramou.

32 Assim o Senhor fará [a]recair o sangue dele sobre a sua cabeça, porque deu sobre dois homens mais justos e melhores do que ele e os matou à espada, sem que Davi, meu pai, o soubesse, a saber: [b]Abner, filho de Ner, chefe do exército de Israel, e [c]Amasa, filho de Jéter, chefe do exército de Judá.

33 **Assim** recairá o sangue destes sobre a cabeça de Joabe e [d]sobre a cabeça da sua descendência para sempre. Mas a Davi e à sua descendência, à sua dinastia e ao seu trono, o [e]Senhor dará paz para todo o sempre.

34 Subiu Benaia, filho de Joiada, atacou Joabe e o matou; e ele foi sepultado em sua casa, no deserto.

Benaia é nomeado comandante, e Zadoque, sumo sacerdote

35 Em lugar dele o rei pôs Benaia, filho de Joiada, sobre o exército, e [f]Zadoque, o sacerdote, pôs em lugar de Abiatar.

Simei é executado

36 **Depois** o rei mandou chamar a [g]Simei e lhe disse: Edifica para ti uma casa em Jerusalém e habita aí, e daí não saias, nem para uma nem para outra parte.

37 No dia em que saíres e passares o vale do [h]Cedrom, fica sabendo que certamente serás morto; o teu sangue será sobre a tua cabeça.

38 Simei disse ao rei: Boa é essa palavra. Como tem dito o rei meu senhor, assim fará o teu servo. E Simei habitou em Jerusalém muitos dias.

[v] 1Rs 1.7
[w] 1Rs 1.50
[x] 1Rs 2.5,6
[y] Êx 21.14
[z] Nm 35.33; Dt 19.13; 21.8,9
[a] Gn 9.6; Jz 9.24,57
[b] 2Sm 3.27
[c] 2Sm 20.9,10
[d] 2Sm 3.29
[e] Pv 25.5
[f] 1Rs 4.4; 1Cr 29.22
[g] v. 8; 2Sm 16.5-13
[h] 2Sm 15.23
[i] 1Sm 27.2
[j] 1Sm 25.39
[k] 1Rs 2.12; 2Cr 1.1
[l] 1Rs 7.8; 9.24
[m] 2Sm 5.7
[n] 1Rs 7.1
[o] 1Rs 6
[p] 1Rs 9.15
[q] Lv 17.3-5; Dt 12.13,14; 1Rs 11.7
[r] Comp. 1Rs 11.4,6,38
[s] 1Rs 9.2
[t] 1Cr 16.39; 21.29
[u] Orações da Bíblia (AT): v. 5-14; 1Rs 8.23 (Gn 15.2; Hc 3.1)

39 Ao cabo de três anos, porém, dois servos de Simei fugiram para [i]Áquis, filho de Maaca, rei de Gate. Contaram a Simei, dizendo: Os teus servos estão em Gate.

40 Então Simei se levantou, selou o seu jumento e foi para Gate ter com Áquis, em busca de seus servos. Assim foi Simei e os trouxe de Gate.

41 Disseram a Salomão que Simei fora de Jerusalém a Gate e já havia voltado.

42 Então o rei mandou chamar Simei e lhe disse: Não te fiz jurar pelo Senhor e não te adverti, dizendo: No dia em que saíres para uma ou outra parte, fica sabendo de certo que serás morto? E me disseste: Boa é essa palavra que ouvi.

43 Por que, pois, não guardaste o juramento do Senhor, nem a ordem que te dei?

44 Disse mais o rei a Simei: Bem sabes toda a maldade que o teu coração reconhece que fizeste a Davi, meu pai. Agora o Senhor fará recair a tua maldade sobre a tua [j]cabeça.

45 O rei Salomão, porém, será abençoado, e o trono de Davi será confirmado perante o Senhor para sempre.

46 O rei deu ordem a Benaia, filho de Joiada, o qual saiu e arremeteu contra ele, de modo que morreu. Assim foi [k]confirmado o reino nas mãos de Salomão.

A aliança de Salomão com faraó

3 [l]Salomão fez aliança com faraó, rei do Egito, e tomou sua filha por mulher. Trouxe-a à [m]Cidade de Davi, até que acabasse de edificar o seu [n]palácio, o [o]templo do Senhor e a [p]muralha de Jerusalém em redor.

2 Entretanto o povo oferecia sacrifícios [1]sobre os [q]altos, porque até aqueles dias ainda não se tinha edificado um templo ao nome do Senhor.

O sacrifício de Salomão e sua oração por sabedoria (2Cr 1.2-10)

3 Salomão amava o Senhor e andava nos estatutos de Davi, seu pai, [r]mas nos altos oferecia sacrifícios e queimava incenso.

4 Foi o rei a [s]Gibeom para lá sacrificar, pois aquele era o [t]alto principal, e mil holocaustos sacrificou Salomão naquele altar.

5 Em Gibeom apareceu o Senhor a Salomão de noite, em sonhos, e lhe disse: [u]Pede o que queres que te dê.

---

[1] (3.2) Comp. Lv 26.30; Dt 12.1-4. O uso de lugares altos para os altares parece ter sido algo imemorável e universal. Em si mesma, a prática não era maligna (Gn 12.7,8; 22.2-4; 31.54). Depois de o monte Moriá e o templo terem sido estabelecidos como centro do culto a Deus (comp. Dt 12.5 com 2Cr 7.12), entrou em vigor a proibição mosaica do uso de lugares altos (Dt 12.1-4), que previa o estabelecimento de tal centro, e, a partir de então, os lugares altos começaram a ser identificados com práticas idólatras. O frequente uso de lugares altos depois que o templo foi construído, mesmo para o culto ao Senhor (veja 1Rs 15.14, *nota*), mostra quão arraigado era esse costume. Veja Jz 3.7, *nota*; comp. 2Rs 18.4,22; 23.4-20; 2Cr 33.3,17,19.

6 [v]Respondeu Salomão: De grande benevolência usaste com teu servo Davi, meu pai, porque ele [w]andou contigo em verdade, em justiça e em retidão de coração, perante a tua face. Guardaste-lhe esta grande [x]benevolência e lhe deste um filho que se assentasse no seu trono, como se vê neste dia.

7 Agora, ó Senhor, meu Deus, tu fizeste reinar teu servo em lugar de Davi, meu pai. Mas eu sou apenas um [y]menino pequeno e não sei como sair, nem como [z]entrar.

8 Teu servo está no meio do teu povo que [a]elegeste, povo grande, [b]que nem se pode contar, nem numerar, pela sua multidão.

9 Portanto, dá ao teu servo um coração [c]entendido para julgar o teu povo, para [d]prudentemente discernir entre o bem e o mal. Pois quem poderia julgar este teu grande povo?

A oração de Salomão é atendida (2Cr 1.11-13)

10 **E**sta palavra pareceu boa aos olhos do Senhor, por haver Salomão pedido tal coisa.

11 Disse-lhe Deus: Visto que pediste esta coisa e não pediste para ti muitos dias, nem riquezas, nem a vida de teus inimigos, mas pediste entendimento, para discernires o que é justo,

12 farei segundo as tuas palavras. [e]Eu te darei um coração tão sábio e entendido que antes de ti igual não houve e depois de ti igual não se levantará.

13 Também até o que não pediste te darei, assim [f]riquezas como [g]glória, para que não haja teu igual entre os reis, durante todos os teus [h]dias.

14 E [i]se andares nos meus caminhos e guardares os meus estatutos e mandamentos, [j]como andou Davi, teu pai, eu prolongarei os teus dias.

15 Acordou Salomão e percebeu que era sonho. Veio a Jerusalém, pôs-se perante a arca da aliança do Senhor, ofereceu holocaustos, preparou sacrifícios pacíficos e deu um banquete a todos os seus servos.

16 **O**ra, vieram duas [k]prostitutas ao rei e se puseram perante ele.

17 Disse-lhe uma das mulheres: Ah! senhor meu, eu e esta mulher moramos na mesma casa. Eu tive um filho, estando com ela naquela casa.

18 No terceiro dia, depois do meu parto, também esta mulher teve um filho. Estávamos juntas; nenhuma pessoa estranha estava conosco na casa, somente nós duas estávamos ali.

19 De noite, morreu o filho desta mulher, porque se deitou sobre ele.

20 Assim ela se levantou no meio da noite e, enquanto dormia a tua serva, tirou do meu lado o meu filho e deitou-o no seu seio, e a seu filho morto deitou no meu seio.

[v] 2Cr 1.8
[w] 1Rs 2.4; 9.4
[x] 2Sm 7.8-17
[y] 1Cr 22.5; Jr 1.6,7
[z] Nm 27.17; 2Sm 5.2
[a] Dt 7.6
[b] Gn 13.16; 15.5
[c] Sl 72.1,2; Pv 2.3-9; Tg 1.5
[d] 2Sm 14.17; Is 7.15; Hb 5.14
[e] 1Rs 4.29-31; 5.12; 10.24; Ec 1.16
[f] 1Cr 29.12
[g] Comp. Pv 3.16
[h] Comp. Mt 6.29
[i] 1Rs 6.12
[j] 1Rs 15.5
[k] Nm 27.2
[l] Comp. Is 49.15; Jr 31.20; Os 11.8
[m] Comp. 1Cr 6.8-10
[n] 2Sm 8.16; 20.24
[o] 1Rs 2.35
[p] 1Rs 2.27
[q] 2Sm 8.18; 20.26
[r] 2Sm 15.37; 16.16; 1Cr 27.33
[s] 1Rs 5.14

21 Levantando-me pela manhã, para dar de mamar a meu filho, vi que estava morto. Mas atentando eu para ele à luz do dia, percebi que não era o filho que eu dera à luz.

22 Então disse a outra mulher: Não, mas o vivo é meu filho, o teu é o morto. Mas esta disse: Não, o morto é teu filho, o meu é o vivo. Assim falaram perante o rei.

23 **D**isse o rei: Esta diz: Este que vive é meu filho, e teu filho o morto; e esta outra diz: Não, o morto é teu filho, e meu filho o vivo.

24 Disse mais o rei: Trazei-me uma espada. E trouxeram uma espada diante dele.

25 Ordenou o rei: Dividi em duas partes o menino vivo e dai metade a uma e metade a outra.

26 **E**ntão a [l]mulher, cujo filho era o vivo, disse ao rei (pois as suas entranhas se lhe enterneceram por seu filho): Ah, senhor meu! Dai-lhe o menino vivo e de modo nenhum o mateis. A outra, porém, dizia: Nem meu nem teu. Seja dividido.

27 Então respondeu o rei: Dai à primeira o menino vivo. De modo nenhum o mateis; esta é sua mãe.

28 Quando todo o Israel ouviu a sentença que o rei proferira, temeu ao rei, porque viu que havia nele a sabedoria de Deus para fazer justiça.

Os onze funcionários de Salomão

4 **A**ssim foi Salomão rei sobre todo o Israel.

2 E estes eram os príncipes que tinha: Azarias, [m]filho de Zadoque, o sacerdote;

3 Eliorefe e Aías, filhos de Sisa, secretários; [n]Josafá, filho de Ailude, cronista;

4 [o]Benaia, filho de Joiada, comandante do exército; Zadoque e [p]Abiatar, sacerdotes.

5 Azarias, filho de Natã, chefe dos intendentes; Zabude, filho de Natã, [q]ministro, [r]amigo do rei;

6 Aisar, mordomo; Adonirão, filho de Abda, chefe dos que [s]trabalhavam forçados.

Os doze governantes de Salomão

7 **T**inha Salomão doze governantes sobre todo o Israel, que proviam de mantimento ao rei e à sua casa. Cada um tinha de prover durante um mês do ano.

8 São estes os seus nomes: Ben-Hur, na região montanhosa de Efraim;

9 Ben-Dequer em Macaz, Saalbim, Bete-Semes, Elom e Bete-Hanã;

10 Ben-Hesede em Arubote; também este tinha Socó e toda a terra de Hefer;

11 Ben-Abinadabe, em Nafate-Dor; tinha este por mulher a Tafate, filha de Salomão.

12 Baaná, filho de Ailude, tinha Taanaque, Megido, e toda a Bete-Seã, que está junto a Zaretã, abaixo de Jezreel, desde Bete-Seã até Abel-Meolá, para além de Jocmeão.

13 Ben-Geber em Ramote-Gileade; tinha este as aldeias de Jair, filho de Manassés, as quais estão em Gileade; também tinha a [t]região de Argobe, que está em Basã, sessenta grandes cidades muradas com ferrolhos de bronze;

14 Ainadabe, filho de Ido, em Maanaim;

15 [u]Aimaás em Naftali; também este tomou a Basemate, filha de Salomão, por mulher;

16 Baaná, filho de [v]Husai, em Aser e Alote;

17 Josafá, filho de Paruá, em Issacar;

18 [w]Simei, filho de Elá, em Benjamim;

19 Geber, filho de Uri, [x]na terra de Gileade, a terra de Siom, rei dos amorreus, e de Ogue, rei de Basã. Ele era o único intendente naquela terra.

Grandeza e segurança do reino

20 **E**ram os filhos de Judá e Israel tão numerosos [y]quanto a areia que está à beira do mar; comiam, bebiam e se alegravam.

21 Dominava [z]Salomão sobre todos os reinos desde o [a]rio até a terra dos filisteus e até o termo do [b]Egito. Estes reinos pagavam tributo e serviram a Salomão todos os dias da sua vida.

22 [c]Era o provimento diário de Salomão trinta [d]coros de flor de farinha e sessenta coros de farinha,

23 dez bois cevados, vinte bois de pasto e cem carneiros, fora os veados, as gazelas, os corços e as aves cevadas.

24 Pois dominava sobre toda a região e sobre todos os reis daquém do rio, desde Tifsa até Gaza, e [e]tinha paz por todos os lados em redor.

25 Judá e Israel [f]habitavam [g]seguros, [h]cada um debaixo da sua videira e debaixo da sua figueira, desde Dã até Berseba, todos os dias de Salomão.

26 Tinha também [i]Salomão [j]quarenta mil cavalos em estábulos para os seus carros, e doze mil cavaleiros.

27 Proviam os governantes mantimento, cada um no seu mês, ao rei Salomão e a todos quantos lhe chegavam à mesa. Coisa nenhuma deixavam faltar.

28 Também traziam a cevada e a palha para os cavalos e para os ginetes, ao lugar apropriado, cada um segundo seu cargo.

A sabedoria de Salomão e sua grande fama

29 **D**eus deu a Salomão sabedoria, muitíssimo entendimento e larga inteligência como a areia que está na praia do mar.

30 Era a sabedoria de Salomão maior do que a de todos os do Oriente e do que [k]toda a sabedoria dos egípcios.

31 Era ele ainda [l]mais sábio do que todos os homens, mais sábio do que [m]Etã, ezraíta, e do que Hemã, Calcol e Darda, filhos de [n]Maol. E correu a sua fama por todas as nações em redor.

32 Proferiu ele três mil [o]provérbios, e foram os seus [p]cânticos mil e cinco.

33 Discorreu acerca das plantas, desde o cedro que está no Líbano até o hissopo que brota da parede. Também falou dos animais e das aves, dos répteis e dos peixes.

34 De todos os povos vinha gente ouvir a [q]sabedoria de Salomão, e da parte de todos os reis da terra que tinham ouvido da sua sabedoria.

Salomão prepara-se para construir o templo (2Cr 2.1,3-16)

5 **Q**uando Hirão, rei de Tiro, ouviu que haviam ungido a Salomão rei em lugar de seu pai, [r]enviou os seus servos a Salomão, porque Hirão sempre fora muito amigo de Davi.

2 Então enviou Salomão mensageiros a Hirão, dizendo:

3 Bem [s]sabes que Davi, meu pai, não pôde construir um templo ao nome do Senhor, o seu Deus, [tt]por causa das guerras com que o cercaram, até que o Senhor lhe pôs os inimigos debaixo dos pés.

4 Agora, porém, o Senhor, o meu Deus, me deu [uu]descanso de todos os lados, e não há adversário, nem calamidade alguma.

5 Portanto, pretendo construir um templo ao nome do Senhor meu Deus, como falou o Senhor a Davi, meu pai, dizendo: Teu filho, que porei em teu lugar no teu trono, ele edificará um templo ao meu [vv]nome.

6 Assim, dá ordem que do Líbano me cortem cedros. Os meus servos estarão com os teus servos, e eu te pagarei o salário dos teus servos, conforme tudo o que disseres. Bem sabes que entre nós ninguém há que saiba cortar a madeira como os sidônios.

7 **O**uvindo Hirão as palavras de Salomão, muito se alegrou e disse: Bendito seja hoje o Senhor, que deu a Davi um filho sábio sobre este tão grande povo.

8 Enviou Hirão mensageiros a Salomão, dizendo: Ouvi o que mandaste dizer. Farei toda a tua vontade acerca dos cedros e dos ciprestes.

9 Os meus servos os levarão [ww]do Líbano até o mar, e eu os farei conduzir em jangadas pelo mar até o lugar que me designares. Ali os desamarrarei, e tu os receberás. Tu também farás a minha vontade, [xx]dando sustento à minha casa.

10 Assim deu Hirão a Salomão madeira de cedro e madeira de cipreste, conforme todo o seu desejo,

11 e Salomão dava a Hirão vinte mil [yy]coros de trigo, para sustento da sua casa, e vinte coros de azeite batido. Isso fazia de ano em ano.

12 Deu o Senhor a Salomão sabedoria como lhe tinha [zz]prometido. Houve paz entre Hirão e Salomão, e fizeram aliança.

[t] Dt 3.4
[u] 2Sm 15.27
[v] 2Sm 15.32; 1Cr 27.33
[w] 1Rs 1.8; não é o Simei de 2.8,44
[x] Dt 3.8
[y] Gn 22.17; 1Rs 3.8
[z] 2Cr 9.26; Sl 72.8
[a] 1Rs 8.65
[b] Gn 15.18
[c] Comp. Ne 5.18
[d] Veja pesos e medidas (AT): 2Cr 2.10, nota
[e] 1Rs 5.4; 1Cr 22.9
[f] Jr 23.6
[g] 2Sm 3.10
[h] Mq 4.4; Zc 3.10
[i] 1Rs 10.26
[j] Comp. 2Cr 9.25. Veja tb. 1Cr 11.11, nota
[k] Is 19.11,12; At 7.22
[l] 1Rs 3.12
[m] 1Cr 15.19; Sl 89, tít.
[n] Comp. 1Cr 2.6
[o] Pv 1.1,6; Ec 12.9
[p] Ct 1.1
[q] 1Rs 10.1; 2Cr 9.23
[r] v. 1-18; veja 1Rs 7.13, nota
[s] 1Cr 28.2,3
[tt] 1Cr 22.8; 28.3
[uu] 1Rs 4.24
[vv] 2Sm 7.12,13; 1Cr 17.12; 22.10; 28.6
[ww] Ed 3.7
[xx] v. 11
[yy] Veja pesos e medidas (AT): 2Cr 2.10, nota
[zz] 1Rs 3.12

O recrutamento dos trabalhadores (2Cr 2.2,17,18)

13 **O** rei Salomão [a]recrutou uma leva de trabalhadores em todo o Israel, e se compunha a leva de trinta mil homens.

14 E os enviava ao Líbano em turnos de dez mil por mês, de modo que passavam um mês no Líbano, e dois meses em casa. Adonirão dirigia a [b]leva.

15 Salomão tinha setenta mil que levavam as cargas e oitenta mil que talhavam pedras nas montanhas,

16 fora os [c]mestres de obra que estavam sobre aquele serviço, três mil e trezentos, os quais davam as ordens ao povo que o executava.

17 Mandou o rei que trouxessem grandes blocos de [d]pedra escolhida e lavrada, para servirem de alicerce para o templo.

18 Lavravam-nas os edificadores de Salomão e os de Hirão, e os gebalitas preparavam a madeira e as pedras para edificar a casa.

O começo da edificação do templo (2Cr 3.1,2)

6 **No** ano quatrocentos e oitenta, depois de os filhos de Israel terem saído do Egito, no quarto ano do reinado de Salomão sobre Israel, no mês de [e]zive (este é o segundo mês), começou-se a edificar o [1]templo do Senhor.

Materiais e detalhes da estrutura (2Cr 3.3-14)

2 [f]O [2]templo que o rei Salomão edificou ao Senhor era de sessenta [g]côvados de comprimento, vinte de largura e trinta de altura.

3 O pórtico na frente do recinto principal do templo era de vinte côvados de comprimento, segundo a largura da casa, e de dez côvados de largura.

4 E fez para o templo janelas estreitas com grades.

5 Edificou andares contra a parede do templo, tanto do santuário como do Santo dos Santos, e fez salas laterais ao redor.

6 O andar de baixo era de cinco côvados de largura, o do meio de seis côvados, e o terceiro de sete côvados de largura. E do lado de fora do templo, em redor, fez pilastras de reforço, para que as vigas não se apoiassem nas paredes do templo.

[a] 1Rs 9.15,20-22
[b] 1Rs 4.6; 12.18
[c] 1Rs 9.23
[d] 1Rs 6.7; 1Cr 22.2
[e] Veja Lv 23.2, nota
[f] Comp. Ez 40.1–42.20
[g] Veja pesos e medidas (AT): 2Cr 2.10, nota
[h] v. 14,38
[i] 1Rs 9.4
[j] 2Sm 7.13; 1Cr 22.10
[k] Êx 25.8; Lv 26.11; 2Co 6.16; Ap 21.3
[l] Dt 31.6
[m] Êx 26.33,34; 1Rs 8.6
[n] Êx 30.1-6

7 O templo era edificado com pedras lavradas na pedreira, de maneira que nem martelo, nem machado, nem instrumento algum de ferro se ouviu no templo quando o edificavam.

8 A porta do andar inferior ficava no lado sul do templo, e por meio de escadas em caracol subia-se ao andar intermediário e, deste, ao terceiro.

9 Assim [h]edificou o templo, e o acabou cobrindo com vigas e tábuas de cedro.

10 Também edificou os andares, contra todo o templo, de cinco côvados de altura, e os ligou ao templo com madeira de cedro.

11 **Veio** a [3]palavra do Senhor a Salomão:

12 Quanto a este templo que tu edificas, se andares nos meus [i]estatutos, executares os meus juízos e guardares todos os meus mandamentos, andando neles, confirmarei para contigo a minha palavra, [j]que falei a Davi, teu pai.

13 E [k]habitarei no meio dos filhos de Israel e não [l]desampararei o meu povo de Israel.

14 **Assim** concluiu Salomão aquele templo.

15 Cobriu as paredes do templo por dentro com tábuas de cedro, desde o soalho do templo até o teto, tudo cobriu com madeira por dentro; e cobriu o soalho do templo com tábuas de cipreste.

16 A vinte côvados do fundo da casa fez de tábuas de cedro uma divisão, de altura igual ao teto; e por dentro a preparou para o oráculo, a saber, o [m]Santo dos Santos.

17 Era o recinto principal do templo de quarenta côvados.

18 O cedro do interior do templo era lavrado de botões e flores abertas. Tudo era cedro; pedra nenhuma se via.

19 Na parte mais interior do templo, preparou o oráculo, para pôr ali a arca da aliança do Senhor.

20 Era o Santo dos Santos de vinte côvados de comprimento, vinte de largura e vinte de altura. Cobriu-o de ouro puro, e também cobriu de cedro o altar.

21 Salomão cobriu o interior do templo de ouro puro e estendeu cadeias de ouro diante do Santo dos Santos, que também cobriu de ouro.

22 Assim cobriu inteiramente de ouro [n]todo o templo. Também cobriu de ouro todo o altar que estava diante do Santo dos Santos.

---

[1] (6.1) O NT invariavelmente expande a tipologia do tabernáculo, não a do templo. Nenhuma referência à estrutura do templo, como o que ocorre no caso do tabernáculo (Hb 9; 10), pode ser traçada.

[2] (6.2) Os detalhes correspondentes ao templo podem ser resumidos da seguinte maneira, a partir deste capítulo e de 2Cr 3: 1) suas dimensões (v. 2; 2Cr 3.3); 2) seus materiais (v. 7,9,22; 2Cr 3.5-7); 3) seu pórtico (v. 3; 2Cr 3.4); 4) suas janelas (v. 4); 5) seus andares (v. 5-8,10; 2Cr 3.9); 6) o Santo dos Santos (v. 16-22; 2Cr 3.8,9); 7) os querubins (v. 23-28; 2Cr 3.10-13); 8) o véu interior (2Cr 3.14); 9) suas paredes (v. 15,29; 2Cr 3.7); 10) seu soalho (v. 15,30); 11) suas portas (v. 31-35); 12) seu átrio (v. 36; 2Cr 4.9) e 13) a finalização da obra (v. 9,14,37,38). Veja 1Rs 7.14, *nota*.

[3] (6.11) O Senhor relembra Salomão (v. 12,13) de que o favor de Deus não se encontra nos dons terrenos, mas na obediência.

23 **No** Santo dos Santos [o]fez dois [p]querubins de madeira de oliveira, cada um com dez côvados de altura.

24 Uma asa do primeiro querubim era de cinco côvados, e a outra asa de cinco côvados — dez côvados havia desde a extremidade de uma asa até a extremidade da outra.

25 Assim era também o outro querubim, pois ambos os querubins eram da mesma medida e do mesmo talhe.

26 A altura de cada querubim era de dez côvados.

27 Pôs os querubins na parte mais interior da casa, com as asas estendidas. A asa de um tocava numa parede, e a asa do outro na outra parede, e as suas asas no meio do templo tocavam [q]uma na outra.

28 Cobriu de ouro os querubins.

29 **Nas** paredes do templo em redor, tanto na parte mais interior como na mais exterior, entalhou [r]querubins, palmeiras e flores abertas.

30 Também cobriu de ouro o soalho do templo, tanto na parte mais interior como na mais exterior.

31 Para a entrada do Santo dos Santos fez portas de madeira de oliveira; a viga com os batentes formavam a quinta parte da parede.

32 Assim fez as duas portas de madeira de oliveira, as quais entalhou de [s]querubins, de palmeiras e de flores abertas, e recobriu os querubins e as palmeiras de ouro batido.

33 Assim também fez para a porta do templo umbrais de madeira de oliveira, que constituíam a quarta parte da parede.

34 Eram as duas portas de madeira de cipreste; e as duas [t]folhas de uma porta eram dobradiças, como também as duas folhas entalhadas da outra porta.

35 E as lavrou de querubins, de palmeiras e de flores abertas e as cobriu de ouro acomodado ao lavor.

36 **Também** edificou o [u]átrio interior de três ordens de pedras lavradas e de uma ordem de vigas de cedro.

O templo do Senhor é edificado em sete anos

37 No quarto ano, lançou-se o alicerce do templo do Senhor, no mês de [v]zive.

38 No décimo primeiro ano, no mês de bul, que é o oitavo, acabou-se a construção do templo com todas as suas dependências, e com tudo o que lhe convinha. Salomão levou [w]sete anos para edificá-la.

[o] v. 23-28; comp. Êx 25.18-22
[p] Êx 37.7-9
[q] Êx 25.20
[r] Êx 36.8,35
[s] Comp. Êx 25.18
[t] Comp. Ez 41.24
[u] 1Rs 7.12
[v] Veja Lv 23.2, nota
[w] Comp. v. 1
[x] 1Rs 9.10; 2Cr 8.1
[y] 1Rs 10.17,21; 2Cr 9.16
[z] Veja pesos e medidas (AT): 2Cr 2.10, nota
[a] 1Rs 3.1; 9.24; 11.1; 2Cr 8.11
[b] 1Rs 6.36
[c] Jo 10.23; At 3.11
[d] v. 13-46; 2Cr 2.13,14; 4.11-16; comp. 1Rs 5.1-18; 2Cr 2.3-12. Veja nota em 7.13
[e] 2Cr 4.16
[f] Comp. Êx 31.3; 36.1

O palácio de Salomão

7 [x]Construiu Salomão os seus palácios e levou treze anos para acabá-los.

2 **Edificou** ainda o [y]Palácio do Bosque do Líbano, de cem [z]côvados de comprimento, cinquenta de largura e trinta de altura, sobre quatro ordens de colunas de cedro e vigas de cedro sobre as colunas.

3 Era coberto de cedro acima das vigas que se apoiavam sobre as colunas, quarenta e cinco vigas, quinze em cada ordem.

4 Havia três ordens de janelas, e uma janela estava em frente da outra, em três fileiras.

5 Todas as portas e janelas eram quadradas; e uma janela estava em frente da outra, em três fileiras.

6 **Depois** fez um pórtico de colunas, de cinquenta côvados de comprimento e trinta de largura. Em frente dele outro pórtico, com as suas colunas e degraus.

7 **Também** fez o pórtico para o trono onde julgava, isto é, o pórtico do juízo, que era coberto de cedro desde o soalho até o teto.

8 **E** no palácio, em que morava, havia outro átrio por dentro do pórtico, de obra semelhante à deste. Também para a filha de faraó, que [a]tomara por mulher, Salomão fez um palácio semelhante àquele pórtico.

9 **Todas** estas estruturas eram de pedras escolhidas, talhadas sob medida, serradas por dentro e por fora; e isso desde o fundamento até as beiras do teto, e por fora até o grande pátio.

10 Os fundamentos eram de grandes pedras selecionadas, de dez e de oito côvados.

11 Por cima delas havia pedras de grande preço, lavradas sob medida, e madeira de cedro.

12 Tinha o átrio grande em redor três ordens de pedras lavradas, com uma ordem de vigas de cedro; assim era também o [b]átrio interior da casa do Senhor e o [c]pórtico da casa.

Hirão, o artesão

13 **Enviou** o rei Salomão mensageiros que de Tiro trouxessem [1][d]Hirão.

14 Era este filho de uma mulher viúva, da tribo de Naftali, e fora [e]seu pai um homem de Tiro que trabalhava em [2]bronze. [f]Era cheio de sabedoria,

[1] (7.13) O Hirão dessa passagem (v. 13-46; 2Cr 2.13,14; 4.11-17) era um artesão de Tiro, enquanto o Hirão de 5.1-18 (2Cr 2.3-12) era o rei de Tiro.

[2] (7.14) Usando-se este capítulo e 2Cr 3–4, podem-se listar mais detalhes sobre o templo, particularmente o trabalho de Hirão em cobre: 1) as duas colunas (v. 15-22; 2Cr 3.15-17); 2) o altar de bronze (2Cr 4.1); 3) o tanque de fundição (v. 23-26,39; 2Cr 4.2-5,10); 4) as dez bases (v. 27-37); 5) as dez pias (v. 38,39; 2Cr 4.6); 6) resumo da obra de Hirão em cobre (v. 40-45; 2Cr 4.11-16); 7) resumo dos objetos de ouro (v. 48-50; 2Cr 4.7,8,19-22) e 8) o término da obra (v. 51; 2Cr 5.1). Veja 1Rs 6.2, *nota*.

de entendimento e de ciência para fazer toda sorte de obras de bronze. Veio este ter com o rei Salomão e fez todas as suas obras.

15 **F**ormou as duas colunas de bronze, cada uma de [g]dezoito côvados de altura, e um fio de doze côvados era a medida da sua circunferência.

16 Também fez dois capitéis de fundição de bronze para pôr sobre o alto das colunas; cada capitel era de cinco côvados de altura.

17 Havia redes de malha e grinaldas entrelaçadas, para os capitéis que estavam no alto das colunas, sete para cada capitel.

18 Fez duas fileiras de romãs em redor sobre uma rede, para cobrir os capitéis no alto das colunas; assim fez com um e outro capitel.

19 Os capitéis que estavam no alto das colunas, no pórtico, eram de obra de lírios, de quatro côvados.

20 Nos capitéis, no alto das duas colunas, acima do bojo, próximo à obra de rede, estavam as duzentas romãs dispostas em fileiras em redor.

21 Levantou as colunas no pórtico do templo. Levantando a coluna direita, chamou-lhe [h]Jaquim, e levantando a coluna esquerda, chamou-lhe [i]Boaz.

22 No alto das colunas estava a obra de lírios. E assim se acabou a obra das colunas.

23 [j]Fez o mar de [k]fundição, redondo, de dez côvados de uma borda à outra, cinco de altura e trinta de circunferência.

24 Por baixo da sua borda em redor havia botões que o cingiam, dez em cada côvado, cercando aquele mar em redor. Duas eram as fileiras destes botões, fundidas com o mar.

25 Firmava-se o mar sobre doze bois, três que olhavam para o norte, três para o ocidente, três para o sul e três para o oriente. O mar apoiava-se sobre eles, e as partes posteriores deles convergiam para dentro.

26 A espessura dele era de quatro dedos, e a borda era como a de um copo, como flor de lírio. Ele levava [l]dois mil [m]batos.

27 **F**ez também as dez bases de bronze; cada uma tinha quatro côvados de comprimento, quatro de largura e três de altura.

28 Foram feitas do seguinte modo: tinham [n]painéis, que estavam entre molduras,

29 sobre os quais havia leões, bois e querubins; nas molduras de cima e nas de baixo dos leões e dos bois havia grinaldas pendentes.

30 Cada base tinha quatro rodas de bronze, com eixos de bronze, e cada base tinha uma pia sobre quatro suportes, fundidos com grinaldas de cada lado.

31 A sua boca estava dentro da coroa, e em cima era de um côvado. E era redonda como a obra de um pedestal, de côvado e meio. Também sobre a sua boca havia entalhes, e os seus painéis eram quadrados, não redondos.

32 As quatro rodas estavam debaixo dos painéis, e os eixos das rodas estavam na base. Era a altura de cada roda de côvado e meio.

33 O feitio das rodas era como o de uma roda de carro; seus eixos, suas cambas, seus raios e seus cubos, todos eram fundidos.

34 Havia quatro suportes nos quatro cantos de cada base, os quais faziam parte da própria base.

35 No alto de cada base havia um cinto redondo de meio côvado de altura. Também no topo de cada base havia apoios e [o]painéis, que faziam parte dela.

36 Nas placas de seus apoios e dos seus painéis lavrou querubins, leões e palmeiras, segundo o espaço de cada uma com grinaldas em redor.

37 Conforme esta fez as dez bases: todas tinham a mesma fundição, a mesma medida e o mesmo entalhe.

38 **T**ambém [p]fez dez pias de bronze; em cada uma cabiam quarenta batos, e cada pia era de quatro côvados. Sobre cada uma das dez bases estava uma pia.

39 Pôs cinco bases à direita do templo e cinco, à esquerda. Pôs o mar ao lado direito do templo para a banda do sudeste.

40 [q]Depois fez [r]Hirão as caldeiras, as pás e as bacias. Assim acabou Hirão de fazer toda a obra que executou para o rei Salomão, para o templo do Senhor,

41 a saber, as duas colunas, os dois globos dos capitéis que estavam no alto das duas colunas; as duas redes, para cobrir os dois globos dos capitéis que estavam no alto das colunas;

42 as [s]quatrocentas romãs para as duas redes, a saber, duas carreiras de romãs para cada rede, para cobrirem os dois globos dos capitéis que estavam no alto das colunas;

43 as dez bases e as dez pias sobre as bases;

44 o mar e os doze bois debaixo dele;

45 as caldeiras, as pás e as bacias. Todos esses utensílios que fez Hirão para o rei Salomão e para o templo do Senhor eram de bronze polido.

46 Na planície do Jordão, o rei os mandou fundir em terra barrenta, entre [t]Sucote e Zaretã.

47 Deixou Salomão de pesar todos os utensílios [u]por causa do seu excessivo número; não se averiguou o peso do bronze.

48 **T**ambém fez Salomão todos os utensílios para a casa do Senhor: o [v]altar de ouro e a [w]mesa de ouro, sobre a qual estavam os [x]pães da proposição;

49 os castiçais, de ouro puro, cinco à direita e cinco à esquerda, diante do [y]Santo dos Santos; as flores, as lâmpadas e as espevitadeiras, também de ouro;

[g] Comp. 2Cr 3.15; veja 1Cr 11.11, nota
[h] Ele estabelecerá
[i] Nele (há) fortaleza
[j] v. 23-26; 2Cr 4.2-5
[k] 2Rs 25.13; 2Cr 4.2; Jr 52.17; comp. Êx 30.18
[l] Comp. 2Cr 4.5; veja 1Cr 11.11, nota
[m] Veja pesos e medidas (AT): 2Cr 2.10, nota
[n] 2Rs 16.17
[o] 2Rs 16.17
[p] 2Cr 4.6
[q] v. 40-51; 2Cr 4.11–5.1
[r] v. 13
[s] 1Rs 7.20
[t] Comp. 2Cr 4.17
[u] 1Cr 22.3,14
[v] Êx 37.25,26
[w] Êx 37.10,11
[x] Veja Êx 25.30, nota
[y] 1Rs 6.5

50 fez também as taças, as espevitadeiras, as
bacias, os recipientes para incenso e os brasei-
ros, de ouro finíssimo; as dobradiças para as
portas da sala interior para o Santo dos Santos, e
as das portas do átrio principal, isto é, do templo,
também de ouro.
51 **A**ssim se concluiu toda a obra que fez o rei
Salomão para o templo do Senhor; então trouxe
Salomão as coisas que seu pai Davi havia [z]consa-
grado, a prata, o ouro, os utensílios e os pôs entre
os tesouros do templo do Senhor.

A arca é introduzida: a glória do Senhor enche o templo (2Cr 5.2-14)

8 **E**ntão congregou Salomão as autoridades de
Israel, e todos os [a]chefes das tribos, os chefes
das famílias paternas, dentre os filhos de Israel,
diante de si em Jerusalém, para fazerem subir
a arca da aliança do Senhor da Cidade de Davi,
que é Sião.
2 Todos os homens de Israel se congregaram
ao rei Salomão, na ocasião da [b]festa, no mês de
[c]etanim, que é o sétimo mês.
3 Vieram todas as autoridades de Israel, e os
[d]sacerdotes alçaram a arca do Senhor
4 e a levaram para cima, e a tenda da congrega-
ção, com todos os utensílios sagrados que [e]nela
havia. Os sacerdotes e os levitas trouxeram-nos
para cima,
5 e o rei Salomão, e toda a congregação de
Israel, que se ajuntara a ele, estavam todos diante
da arca, [f]sacrificando ovelhas e bois, que não se
podiam contar nem numerar, pela sua multidão.
6 Os sacerdotes levaram a arca da aliança do
Senhor para o seu lugar, no [g]santuário mais inte-
rior do templo, no Santo dos Santos, debaixo das
asas dos querubins.
7 Os querubins estendiam as asas sobre o lugar
da arca e cobriam por cima a arca e as suas varas.
8 As varas sobressaíam tanto que as suas pon-
tas se viam desde o santuário, diante do Santo
dos Santos, mas de fora não se viam. Ali estão
até o dia de hoje.
9 Na arca [h]nada havia, senão as [i]duas tábuas
de pedra, que Moisés ali pusera, junto a Horebe,
quando o Senhor fez aliança com os filhos de
Israel, ao saírem eles da terra do Egito.
10 Saindo os sacerdotes do santuário, uma [j]nu-
vem encheu o templo do Senhor,
11 de modo que os sacerdotes não podiam ter-
-se em pé para ministrar, por causa da nuvem,
pois a [k]glória do Senhor enchera o templo
do Senhor.

O sermão de Salomão (2Cr 6.1-11)

12 **E**ntão disse Salomão: O Senhor declarou que
habitaria numa [l]nuvem escura.

[z] Santificação (AT): v. 51; 2Cr 2.4 (Gn 2.3; Zc 8.3); 2Sm 8.11; 1Rs 15.15
[a] Veja Lv 23.2, nota
[b] Nm 1.4; 7.2
[c] Lv 23.34; 2Cr 7.8-10
[d] Nm 7.9
[e] 1Rs 3.4; 2Cr 1.3
[f] Comp. 2Sm 6.13
[g] 1Rs 6.19
[h] Comp. Hb 9.4
[i] Êx 25.16,21; Dt 10.2-5
[j] v. 10,11; veja Êx 40.34, nota
[k] 2Cr 7.1,2
[l] Sl 97.2
[m] 1Cr 29.10,20
[n] 2Sm 7.12,13
[o] Dt 12.5
[p] 2Sm 7.8
[q] 2Sm 7.3; 1Cr 17.2
[r] 1Cr 22.8-10
[s] Reino (AT): v. 20; 1Rs 11.31 (Gn 1.26; Zc 12.8)
[t] Orações da Bíblia (AT): v. 22-53; 1Rs 17.20 (Gn 15.2; Hc 3.1)
[u] Dt 7.9; Ne 1.5
[v] 1Rs 2.4; 9.5
[w] 2Sm 7.25
[x] 2Cr 2.6; Is 66.1; Jr 23.24; At 7.49; 17.24

13 Certamente te edifiquei um templo para
morada, lugar para a tua eterna habitação.
14 Então o rei virou o rosto e abençoou toda
a congregação de Israel, enquanto se manti-
nha em pé.
15 E disse: [m]Bendito seja o Senhor, o Deus de
Israel, que falou pela sua boca a Davi, meu pai, e
pela sua mão o cumpriu, [n]dizendo:
16 Desde o dia em que eu tirei o meu povo Israel
do Egito, não escolhi cidade alguma de todas as
tribos de Israel, para edificar uma casa [o]a fim de
ali estabelecer o meu nome; mas [p]escolhi Davi,
para que presidisse sobre o meu povo Israel.
17 Ora, Davi, meu pai, propusera em seu cora-
ção construir um templo ao nome do Senhor, o
Deus de [q]Israel.
18 O Senhor, porém, disse a Davi, meu pai:
Porque propuseste no teu coração construir um
templo ao meu nome, bem fizeste em o propor
no teu coração.
19 Todavia, tu não o construirás, mas teu filho,
que sair de teus lombos, construirá o templo ao
meu [r]nome.
20 Assim confirmou o Senhor a sua palavra
que tinha dito, pois me levantei em lugar de
[s]Davi, meu pai, e me assentei no trono de Israel,
como falou o Senhor, e construí um templo ao
nome do Senhor, o Deus de Israel.
21 Ali constituí lugar para a arca em que está
a aliança que o Senhor fez com nossos pais,
quando os tirou da terra do Egito.

A oração de dedicação de Salomão (2Cr 6.12-42)

22 **P**ôs-se Salomão diante do altar do Senhor,
em frente de toda a congregação de Israel, esten-
deu as mãos para os céus
23 e [t]disse: Ó Senhor, Deus de Israel, não há
Deus como tu, em cima nos céus nem embaixo
na terra, que guardas a aliança e a benevolên-
cia para com teus servos que de todo o [u]coração
andam diante de ti.
24 Cumpriste com teu servo Davi, meu pai, o
que prometeste; com a tua boca o declaraste e
com a tua mão o cumpriste, como neste dia se vê.
25 Agora, ó Senhor, Deus de Israel, faze a teu
servo Davi, meu pai, o que lhe prometeste,
dizendo: Não te faltará sucessor diante de mim,
que se assente no trono de Israel, contanto que
teus filhos guardem o seu caminho, para anda-
rem diante de [v]mim como tu andaste.
26 Agora também, ó Deus de Israel, cum-
pra-se a tua palavra, [w]que disseste a teu servo
Davi, meu pai.
27 **N**a verdade, porém, [x]habitaria Deus na terra?
Os céus, e até o céu dos céus não te podem con-
ter, quanto menos este templo que eu construí.

28 Atenta, pois, para a oração de teu servo e para a sua súplica, ó Senhor meu Deus, para ouvires o clamor e a oração que o teu servo hoje faz diante de ti.

29 Que os teus olhos estejam abertos noite e dia sobre este templo, sobre este lugar, do qual disseste: O [y]meu nome estará [z]ali; para ouvires a oração que o teu servo fizer neste lugar.

30 Ouve a súplica do teu servo e do teu povo Israel, quando orarem neste lugar. Sim, ouve tu no lugar da tua habitação nos céus; ouve e perdoa.

31 Se alguém pecar contra o seu próximo e lhe for exigido [a]que jure, e ele vier [b]jurar diante do teu altar neste templo,

32 ouve tu dos céus e age. Julga a teus servos, condenando o [c]culpado, fazendo recair o seu proceder sobre a sua cabeça e justificando ao justo, retribuindo-lhe segundo a sua justiça.

33 **Q**uando o teu povo Israel for ferido diante do inimigo, por ter pecado contra [d]ti, e se converter a ti e confessar o teu nome e orar e suplicar a ti neste templo,

34 ouve tu nos céus e perdoa o pecado do teu povo Israel; e faze-o voltar à terra que deste a seus [e]pais.

35 Quando os céus se fecharem, e não houver chuva, por ter o povo pecado contra [f]ti, e orar neste lugar, confessar o teu nome e se converter dos seus pecados, havendo-o tu afligido,

36 ouve tu nos céus e perdoa o pecado de teus servos e do teu povo Israel, ensinando-lhes o [g]bom caminho em que andem, e [h]dá chuva na tua terra que deste em herança ao teu povo.

37 **Q**uando [i]houver fome na terra, quando houver peste, quando houver crestamento ou ferrugem, gafanhotos ou lagarta, quando o seu inimigo o cercar na terra das suas cidades, ou houver alguma praga ou doença,

38 toda oração, toda súplica, que qualquer homem de todo o teu povo Israel fizer, conhecendo cada um a chaga do seu coração e estendendo as mãos para este templo,

39 ouve tu nos céus, lugar da tua habitação, perdoa, age e dá a cada um conforme todos os seus caminhos, segundo vires o seu coração, porque só tu conheces o coração de todos os filhos dos [j]homens;

40 para que te [k]temam todos os dias que viverem na terra que deste a nossos pais.

41 **T**ambém ao estrangeiro, que não for do teu povo Israel, que vier de terras remotas, por amor do teu nome

42 (pois ouvirão do teu grande nome, da tua forte mão e do teu braço estendido) e orar voltado para este templo,

43 ouve tu nos céus, lugar da tua habitação, e faze conforme tudo o que o estrangeiro a ti clamar, a fim de que todos os povos da terra conheçam o teu nome, para te temerem como o teu povo Israel e [l]para saberem que pelo teu [m]nome é chamado este templo que construí.

44 **Q**uando o teu povo sair à guerra contra o seu inimigo, pelo caminho por que o enviares, e orar ao Senhor, voltado para esta cidade, que tu elegeste, e para este templo, que construí ao teu nome,

45 ouve então nos céus a sua oração e a sua súplica, e faze-lhes justiça.

46 **Q**uando os teus servos pecarem contra ti (pois não há homem que [n]não peque), e tu te indignares contra eles e os entregares às mãos do inimigo, a fim de os levarem cativos [o]à terra do inimigo, distante ou perto;

47 e na terra para onde forem levados cativos caírem em si e se converterem, e na terra do seu cativeiro te suplicarem, [p]dizendo: Pecamos, perversamente procedemos e cometemos iniquidade;

48 e se converterem a ti de todo o seu coração e de toda a sua alma, na terra de seus inimigos que os levaram cativos, e orarem a ti, [q]voltados para a sua terra que deste a seus pais, para esta cidade que elegeste, e para este templo que construí ao teu nome;

49 ouve então nos céus, lugar da tua habitação, a sua oração e a sua súplica e faze-lhes justiça;

50 perdoa o teu povo, que houver pecado contra ti; todas as suas transgressões que houver cometido contra ti, e dá-lhe [r]misericórdia da parte dos que os levarem cativos, para que se compadeçam deles.

51 Pois são o teu povo e a tua [s]herança que tiraste da terra do Egito, [t]do meio do forno de ferro;

52 [u]para que teus olhos estejam abertos à súplica dos teus servos e à súplica do teu povo Israel, a fim de os ouvires em tudo quanto clamarem a ti.

53 [v]Pois tu, ó Senhor Deus, os separaste dentre todos os povos da terra, para serem a tua herança, [w]como disseste por intermédio de Moisés, teu servo, quando tiraste nossos pais do Egito.

A bênção de Salomão

54 **A**cabando Salomão de [x]fazer ao Senhor esta oração e esta súplica, estando de joelhos e com as mãos estendidas para os céus, levantou-se de diante do altar do Senhor,

55 pôs-se em pé e abençoou toda a congregação de Israel em alta voz, dizendo:

56 Bendito seja o Senhor, que deu [yy]repouso ao seu povo Israel, segundo tudo o que disse; nem uma só palavra falhou de todas as [zz]boas palavras que falou por intermédio de Moisés, seu servo.

[y] Dt 12.11
[z] 1Rs 9.3; 2Cr 7.15
[a] Comp. Lv 5.1
[b] Êx 22.8-11
[c] Dt 25.1
[d] Lv 26.17,25; Dt 28.25
[e] Lv 26.40-42; Dt 30.1-3
[f] Dt 28.23
[g] 1Sm 12.23
[h] Comp. Jr 14.22
[i] Lv 26.16,25,26; Dt 28.21,22, 27,38,42,52; 2Cr 20.9
[j] 1Sm 16.7; 1Cr 28.9
[k] Veja Sl 19.9, nota
[l] 1Sm 17.46; 2Rs 19.19; Sl 67.2
[m] Êx 9.16
[n] Sl 130.3; Pv 20.9; Rm 3.23
[o] Lv 26.34,44; Dt 28.36,64; 2Rs 17.6,18; 25.21
[p] Ed 9.6,7; Ne 1.6; Sl 106.6; Dn 9.5
[q] Dn 6.10; Jn 2.4
[r] 2Cr 30.9
[s] Dt 9.26-29; Rm 11.28,29
[t] Dt 4.20; Jr 11.4
[u] v. 28,30,33,54,59; 9.3
[v] Separação: v. 53; Ed 6.21 (Gn 12.1; 2Co 6.17)
[w] Comp. Êx 19.5,6
[x] 2Cr 7.1
[yy] 1Cr 22.18
[zz] Js 23.14,15

57 O Senhor, o nosso Deus, seja conosco, como foi com nossos pais; não nos desampare, e não [a]nos deixe,

58 mas [b]incline a si o nosso coração, a fim de andarmos em todos os seus caminhos, guardarmos os seus mandamentos, os seus estatutos e os seus juízos, que ordenou a nossos pais.

59 Que estas minhas palavras, com que supliquei perante o Senhor, estejam perto, diante do Senhor, o nosso Deus, de dia e de noite, para que faça ele justiça ao seu servo e ao seu povo Israel, como cada dia o exigir,

60 para que todos os povos da terra saibam que o Senhor é Deus, e que não há outro.

61 Seja o vosso coração [1]completamente leal para com o Senhor, o nosso Deus, para andardes nos seus estatutos e guardardes os seus [c]mandamentos como hoje o fazeis.

Sacrifícios e regozijo (2Cr 7.4-10)

62 **Então** o rei e todo o Israel com ele ofereceram sacrifícios perante a face do Senhor.

63 Ofereceu Salomão em sacrifício pacífico o que apresentou ao Senhor, vinte e dois mil bois e cento e vinte mil ovelhas. [d]Assim o rei e todos os filhos de Israel consagraram o templo do Senhor.

64 No mesmo dia, o rei consagrou a parte central do átrio que estava diante do templo do Senhor, e ali preparou os holocaustos e as ofertas com a gordura das ofertas pacíficas, porque o [e]altar de bronze que estava diante do Senhor era muito pequeno para nele caberem os holocaustos, as ofertas de cereais e a gordura das ofertas pacíficas.

65 **No** mesmo tempo, celebrou Salomão a [f]festa e todo o Israel com ele, uma grande congregação, vinda [g]desde a entrada de Hamate e desde o rio do Egito, perante a face do Senhor, o nosso Deus, por sete dias, e mais sete [h]dias, catorze dias ao todo.

66 No oitavo dia, despediu o povo. Eles abençoaram o rei e então se foram às suas tendas, alegres e de coração contente, por causa de todo o bem que o Senhor fizera a Davi, seu servo, e a Israel, seu povo.

Deus aparece a Salomão pela segunda vez (2Cr 7.11-22)

9 Tendo Salomão acabado de construir [i]o templo do Senhor e o palácio do rei, e [j]tudo o que desejou construir,

2 o Senhor [k]tornou a aparecer a Salomão, [l]como lhe tinha aparecido em Gibeom,

3 e lhe disse: "[m]Ouvi a tua oração e a tua súplica que fizeste perante mim; consagrei o templo que construíste, a fim de pôr ali o meu nome [n]para sempre. Os [o]meus olhos e o meu coração estarão ali todos os dias.

4 Ora, se [p]andares perante mim [q]como andou Davi, teu pai, com inteireza de coração e com sinceridade, para fazeres segundo tudo o que te mandei, [r]guardando os meus estatutos e os meus juízos,

5 então confirmarei o trono de teu reino sobre Israel para sempre, como prometi a Davi, teu pai, dizendo: Não te faltará sucessor sobre o trono de [s]Israel.

6 Se vós e vossos filhos, porém, de qualquer maneira vos apartardes de mim e não guardardes os meus mandamentos e os meus estatutos, que vos tenho proposto, mas fordes, e servirdes a outros deuses, e vos curvardes perante eles,

7 [t]então exterminarei Israel da terra que lhe dei, e a este templo, que consagrei [u]a meu nome, lançarei longe da minha presença. [v]Israel será objeto de zombaria entre todos os povos.

8 E deste templo, que é tão exaltado, todo aquele que por ele passar pasmará, assobiará e dirá: "Por que fez o Senhor assim a esta terra e a este templo?

9 E lhe responderão: Porque deixaram ao Senhor, o seu Deus, que tirou da terra do Egito os seus antepassados, e se apegaram a deuses alheios; e se encurvaram perante eles, e os serviram; por isso trouxe o Senhor sobre eles todo este [x]mal.

O rei Hirão e Salomão trocam presentes (2Cr 8.1,2)

10 **Ao** fim de vinte anos, concluiu Salomão as duas construções: o templo do Senhor e o palácio do rei.

11 Como [y]Hirão, rei de Tiro, trouxera a Salomão madeira de cedro e de cipreste e ouro, segundo todo o seu desejo, deu o rei Salomão a Hirão vinte cidades na terra da Galileia.

12 Saiu Hirão de Tiro a ver as cidades que Salomão lhe dera, mas não lhe agradaram.

13 Pelo que disse: Que cidades são estas que me deste, irmão meu? E lhes chamaram: Terra de [z]Cabul, até hoje.

14 Ora, Hirão enviara ao rei cento e vinte [aa]talentos de ouro.

A fama de Salomão (2Cr 8.3-18)

15 **Este** é o relato do trabalho forçado que o rei Salomão [bb]impôs para edificar o templo do Senhor e o seu próprio palácio, os [cc]terraços de apoio, o muro de Jerusalém, como também [dd]Hazor, [ee]Megido e [ff]Gezer.

[a] Gn 48.21; Rm 8.35-37
[b] Sl 119.36
[c] Dt 18.13; 1Rs 9.4
[d] Comp. Ed 6.15-18; Ne 12.27
[e] 2Cr 4.1
[f] Lv 23.34-42; comp. 1Rs 8.2
[g] 1Rs 4.21,24; 2Rs 14.25
[h] Comp. 2Cr 30.23
[i] 1Rs 7.1
[j] 2Cr 8.6
[k] Comp. 1Rs 11.9-13
[l] 1Rs 3.5
[m] 2Rs 20.5; Sl 10.17
[n] 1Rs 8.29
[o] Dt 11.12
[p] Gn 17.1
[q] 1Rs 11.4,6
[r] 1Rs 8.61
[s] 2Sm 7.12,16; 1Rs 2.4; 6.12; 8.25
[t] Dt 4.26; 2Rs 17.23; 25.21
[u] Jr 7.14
[v] Dt 28.37; Sl 44.14
[w] Dt 29.24-26; Jr 22.8,9
[x] Dt 29.25-28
[y] 1Rs 5.1
[z] Js 19.27
[aa] Veja sist. monetário (AT): Êx 30.13, nota
[bb] 1Rs 5.13
[cc] v. 24; 2Sm 5.9
[dd] Js 19.36
[ee] Js 17.11
[ff] Js 16.10; Jz 1.29

[1] (8.61) Um "coração completamente" dedicado a Deus terá tenacidade e unidade de propósito, bem como sinceridade.

16 Faraó, rei do Egito, subira e tomara a Gezer,
e a queimara e matara os [g]cananeus que mora-
vam nela, e a dera em dote a sua filha, [h]mulher
de Salomão.
17 Assim reconstruiu Salomão Gezer, Bete-
Horom, a baixa,
18 Baalate, Tadmor, no deserto daquela terra,
19 e a todas as cidades-armazéns que Salomão
tinha, as cidades dos [i]carros, as cidades dos [j]ca-
valeiros, e o que desejou construir em Jerusalém,
no Líbano e em toda a terra do seu domínio.
20 Quanto a todo o povo que restou dos amor-
reus, [k]heteus, ferezeus, heveus e jebuseus, e que
não eram dos filhos de Israel,
21 a seus filhos, que restaram depois deles na
terra, os quais os filhos de Israel não puderam
[l]destruir totalmente, Salomão os reduziu a tra-
balhos forçados, até hoje.
22 Dos filhos de Israel, porém, não fez Salomão
[m]escravo algum; eram homens de guerra, seus
servos, seus príncipes, seus capitães e chefes
dos seus carros e dos seus cavaleiros.
23 Eram estes os chefes dos oficiais que esta-
vam sobre a obra de Salomão, [n]quinhentos e
cinquenta, que davam ordens ao povo que tra-
balhava na obra.
24 Logo que a filha de [o]faraó subiu da Cidade
de Davi para o palácio que Salomão lhe havia
construído, edificou ele [p]os terraços de apoio.
25 Oferecia Salomão [q]três vezes por ano holo-
caustos e ofertas pacíficas sobre o altar que
edificara ao Senhor e queimava incenso sobre
o altar perante o Senhor. Assim terminou ele a
construção do templo.
26 Também o rei Salomão fez naus em Eziom-
Geber, que está junto a Elate, na praia do mar
Vermelho, na terra de Edom.
27 Mandou Hirão com aquelas naus os seus
servos, marinheiros que conheciam o mar, com
os servos de Salomão.
28 Chegaram a Ofir e tomaram de lá quatrocen-
tos e [r]vinte talentos de ouro, que trouxeram ao
rei Salomão.

A rainha de Sabá visita Salomão (2Cr 9.1-12)

10 Quando a [s]rainha de Sabá ouviu a res-
peito da fama de Salomão, no que se
refere ao nome do Senhor, veio prová-lo por
enigmas.
2 Chegou a Jerusalém com uma grande co-
mitiva, com camelos carregados de especia-
rias e muitíssimo ouro e pedras preciosas.
Apresentou-se a Salomão e lhe disse tudo o que
lhe ia no coração.
3 Salomão respondeu a todas as suas pergun-
tas; nada houve difícil demais que o rei não
pudesse explicar.
4 Vendo a rainha de Sabá toda a sabedoria de
Salomão, o palácio que edificara,
5 a comida da sua mesa, o assentar dos seus
oficiais, o serviço de seus criados e os trajes
deles, seus copeiros e os holocaustos que ele
oferecia no templo do Senhor, ficou fora de si
6 e disse ao rei: Foi verdade a palavra que
ouvi na minha terra, acerca dos teus feitos e da
tua sabedoria.
7 Eu, porém, não acreditava naquelas palavras,
até que vim e vi com os meus olhos. Deveras,
não me disseram metade; sobrepujaste em sabe-
doria e bens a fama que ouvi.
8 Bem-aventurados os teus homens, bem-a-
venturados estes teus servos, que estão sempre
diante de ti, que ouvem a tua sabedoria!
9 Bendito seja o [t]Senhor, o teu Deus, que se
[u]agradou de ti, para te pôr no trono de Israel.
Porque o Senhor ama Israel para sempre, consti-
tuiu-te [v]rei, para executares juízo e justiça.
10 E deu ela ao rei cento e vinte [w]talentos
de ouro, muitíssimas especiarias e pedras
preciosas. Nunca mais vieram especiarias em
tanta abundância, como as que a rainha de Sabá
deu ao rei Salomão.
11 Também as naus de Hirão, que de [x]Ofir tra-
ziam ouro, trouxeram de lá grande quantidade
de madeira de [1]sândalo e pedras preciosas.
12 Dessa madeira de sândalo fez o rei balaús-
tres para o templo do Senhor e para o palácio do
rei, como também harpas e alaúdes para os can-
tores. Tanta madeira de sândalo nunca mais se
trouxe nem se viu, até o dia de hoje.
13 O rei Salomão deu à rainha de Sabá tudo o
que ela desejou e pediu, além do que já lhe tinha
dado da sua generosidade real. Então ela voltou
e foi para a sua terra, ela e a sua comitiva.

O esplendor de Salomão (2Cr 9.13-28)

14 Era o peso do [y]ouro que se trazia a Salomão
cada ano seiscentos e sessenta e seis talentos,
15 além do que vinha dos vendedores e [z]ne-
gociantes, [a]de todos os reis da Arábia e dos
governadores do país.
16 Também o rei Salomão fez duzentos escudos
grandes de ouro batido; seiscentos siclos de
ouro mandou pesar para cada um.

[g] Js 16.10
[h] 1Rs 3.1; 7.8
[i] 1Rs 10.26
[j] 1Rs 4.26
[k] Veja 2Rs 7.6, nota
[l] Jz 1.21-29; 3.1
[m] Lv 25.39
[n] Comp. 2Cr 8.10; veja 1Cr 11.11, nota
[o] 1Rs 3.1; 2Cr 8.11
[p] 2Sm 5.9; 1Rs 11.27; 2Cr 32.5
[q] Êx 23.14-17
[r] Comp. 2Cr 8.18; veja 1Cr 11.11, nota
[s] 2Cr 9.1; Mt 12.42; Lc 11.31
[t] 1Rs 5.7
[u] 2Sm 22.20
[v] 2Cr 2.11
[w] Veja pesos e medidas (AT): 2Cr 2.10, nota
[x] 1Rs 9.27,28
[y] Comp. Dt 17.17
[z] 2Cr 1.16
[a] 2Cr 9.24; Sl 72.10

[1] (10.11) Heb. *almug*, transliterado almugue em algumas versões, e no plural algumins (veja 2Cr 2.8; 9.10,11, ACF e ARC). Às vezes traduzido por "sândalo" (*Santalum album*), como na AEC, uma madeira de fibras finas, perfumadas, empregada para trabalhos ornamentais e, portanto, especialmente adequada para o propósito para o qual Salomão a empregou. O sândalo não é encontrado naquela região, mas Salomão importava especiarias e madeiras aromáticas do Oriente para o templo (1Rs 9.26-28; 10.11,12; 2Cr 2.8-16; 9.10,11).

17 Fez também trezentos [b]escudos de ouro batido; três arráteis de ouro mandou pesar para cada escudo. Então o rei os pôs no [c]Palácio do Bosque do Líbano.

18 Fez mais o rei um grande trono de marfim e o cobriu de ouro puríssimo.

19 Tinha o trono seis degraus, e o alto do espaldar do trono era redondo. De ambos os lados tinha braços junto ao assento, e dois leões em pé junto aos braços.

20 Também doze leões estavam ali sobre os seis degraus de ambos os lados. Nunca se fizera obra semelhante em nenhum dos reinos.

21 Também [d]todos os vasos de beber do rei Salomão eram de ouro, e todos os vasos do Palácio do Bosque do Líbano eram de ouro puro. Não havia neles prata, porque nos dias de Salomão a prata não tinha estimação alguma.

22 O rei tinha no mar uma frota de [e]Társis, com as naus de Hirão. De três em três anos voltava a [f]frota de Társis, trazendo ouro, prata, marfim, bugios e pavões.

23 [g]Assim o rei Salomão excedeu a todos os reis da terra, tanto em riquezas como em sabedoria.

24 Toda a terra buscava a presença de Salomão, para ouvir a sabedoria que Deus lhe havia posto no coração.

25 Ano após ano, cada um trazia o seu presente, vasos de prata, vasos de ouro, roupas, armaduras, especiarias, cavalos e mulas.

26 [h]Ajuntou Salomão carros e cavaleiros, de sorte que tinha mil e quatrocentos carros e doze mil cavaleiros, e os distribuiu pelas cidades dos [i]carros, e junto ao rei em Jerusalém.

27 [j]Fez[k] o rei que em Jerusalém houvesse prata como pedras e cedros em abundância como as [l]figueiras bravas que estão nas planícies.

28 Os cavalos que Salomão tinha eram trazidos do Egito e de Cue; os comerciantes do rei os compravam de Cue.

29 Importavam um carro do [m]Egito por seiscentos siclos de prata e um cavalo por cento e cinquenta. Também os exportavam para todos os reis dos [n]heteus e para os reis [o]da Síria.

Salomão afasta-se de Deus

11 Além da [p]filha de faraó, o rei Salomão amou muitas [q]mulheres estrangeiras: moabitas, amonitas, edomitas, sidônias e [r]heteias,

2 das nações de que o Senhor tinha dito aos filhos de Israel: Não entrareis em contato com eles, e eles não entrarão em contato convosco, porque perverterão o vosso coração para seguirdes os seus [s]deuses. A estas se apegou Salomão pelo amor.

3 Tinha setecentas mulheres princesas e trezentas concubinas. Suas mulheres lhe perverteram o seu coração.

4 No tempo da velhice de Salomão, suas mulheres lhe perverteram o coração para seguir a outros deuses, e o seu coração não era [t]completamente leal para com o Senhor o seu Deus, como fora o de Davi, seu [u]pai.

5 Salomão seguiu [v]Astarote, deusa dos sidônios, e [w]Milcom, abominação dos [x]amonitas.

6 Assim fez Salomão o que era mau aos olhos do Senhor e não perseverou em seguir ao Senhor, como Davi seu pai.

7 Nesse tempo, edificou Salomão um alto a Quemós, abominação dos moabitas, sobre o monte que está diante de Jerusalém, e a Moloque, abominação dos filhos de Amom.

8 Assim fez para com todas as suas mulheres estrangeiras, as quais queimavam incenso e sacrificavam a seus deuses.

Deus repreende severamente Salomão e lhe diz que seu reino lhe será tirado

9 O Senhor se indignou contra Salomão, porque desviara o seu coração do Senhor, o Deus de Israel, que [y]duas vezes lhe aparecera.

10 Embora acerca deste negócio lhe [z]tivesse dado ordem que não seguisse outros deuses, ele não guardou o que o Senhor lhe ordenara.

11 Assim disse o Senhor a Salomão: Já que houve isso em ti, que não guardaste a minha aliança e os meus estatutos que te ordenei, certamente [a]rasgarei de ti este reino e o darei a teu [bb]servo.

12 Todavia, não o farei nos teus dias, por amor de Davi, teu pai. Da mão de teu filho o rasgarei.

13 Contudo, não rasgarei todo o reino, mas [cc]uma tribo darei a teu filho, [dd]por amor de meu servo Davi e por amor de Jerusalém, que [ee]escolhi.

Salomão é castigado por Hadade, Rezom e Jeroboão

14 Levantou o Senhor contra Salomão um adversário, a Hadade, o edomita, da estirpe real de Edom.

15 Estando Davi em [ff]Edom, e subindo Joabe, comandante do exército, para enterrar os mortos, [gg]feriu todos os homens em Edom.

16 (Joabe ficou ali seis meses com todo o Israel, até que destruiu a todos os homens em Edom.)

17 Hadade, porém, ainda menino, fugiu com alguns homens edomitas, dos servos de seu pai, e foram ao Egito.

18 Levantaram-se de Midiã e foram a Parã. Então tomaram consigo homens de Parã, foram ao Egito ter com faraó, rei do Egito, o qual lhe deu uma casa, forneceu-lhe sustento e lhe deu terras.

19 Hadade de tal maneira ganhou a simpatia de faraó que este lhe deu por mulher a irmã de sua mulher, a irmã da rainha Tafnes.

20 A irmã de Tafnes deu-lhe um filho, Genubate, o qual Tafnes criou no palácio real, onde Genubate esteve entre os filhos de faraó.

[b] Comp. 1Rs 14.26-28
[c] 1Rs 7.2
[d] 2Cr 9.20
[e] Gn 10.4; 2Cr 20.36
[f] 1Rs 9.26-28; 22.48
[g] 1Rs 3.12,13; 4.30
[h] 1Rs 4.26; 2Cr 1.14; 9.25
[i] 1Rs 9.19
[j] 2Cr 1.15-17
[k] Lit. deu
[l] Veja Dt 1.7, nota
[m] Dt 17.16; 2Cr 9.28
[n] Veja 2Rs 7.6, nota
[o] Js 1.4; 2Rs 7.6
[p] 1Rs 3.1
[q] Dt 17.17; Ne 13.23-27
[r] Veja 2Rs 7.6, nota
[s] Êx 34.12-16; Dt 7.3,4
[t] Veja 1Rs 8.61, nota
[u] 1Rs 9.4
[v] v. 33. Veja Jz 2.13, nota
[w] Chamado Moloque, v. 7; Lv 20.2-5
[x] 2Rs 23.13; veja Jz 3.7 e 1Rs 3.2, notas
[y] 1Rs 3.5; 9.2
[z] 1Rs 6.12; 9.6,7
[a] v. 31; 1Rs 12.15,16. Comp. 1Sm 15.28
[bb] 1Rs 11.31,37
[cc] 1Rs 12.20
[dd] 2Sm 7.15,16
[ee] 1Rs 9.3; 14.21
[ff] 2Sm 8.14; 1Cr 18.12,13
[gg] Nm 24.19; Dt 20.13

21 [h]Ouvindo Hadade no Egito que Davi adormecera com seus pais e que Joabe, comandante do exército, era morto, disse a faraó: Deixa-me ir, para que eu volte à minha terra.

22 Faraó, porém, lhe disse: O que te falta comigo, que procuras partir para a tua terra? Disse ele: Nada; mas deixa-me ir.

23 **E** Deus lhe levantou outro adversário, Rezom, filho de Eliada, que havia fugido de seu senhor [i]Hadadezer, rei de Zobá.

24 Ajuntou ele homens e se fez comandante de um esquadrão; [j]quando Davi destruiu os de Zobá, os rebeldes foram para [k]Damasco, onde habitaram e fizeram rei a Rezom.

25 Rezom foi adversário de Israel por todos os dias de Salomão, acrescentando ao mal que Hadade fazia. Assim Rezom reinou sobre a Síria e foi inimigo de Israel.

26 **T**ambém [l]Jeroboão, filho de Nebate, efraimita de Zeredá, servo de Salomão, cuja mãe era viúva, por nome Zerua, [m]rebelou-se contra o rei.

27 Esta é a história da revolta de Jeroboão contra o rei: [n]Salomão tinha edificado os terraços de apoio e fechado as brechas da Cidade de Davi, seu pai.

28 Ora, Jeroboão era homem valente e capaz, e vendo Salomão que o jovem era [o]trabalhador, colocou-o sobre toda a carga da tribo de José.

29 Por esse tempo, saindo Jeroboão de Jerusalém, encontrou-o o profeta [p]Aías, o silonita, no caminho; este usava uma capa nova. Os dois estavam sós no campo,

30 e Aías pegou na [q]capa nova que tinha sobre si e a rasgou em doze pedaços.

31 E disse a Jeroboão: Toma para ti os dez pedaços, pois [r]assim diz o Senhor, o Deus de Israel: Vê, rasgarei o [s]reino da mão de Salomão, e a ti darei as dez tribos.

32 Ele, porém, terá uma tribo, por amor de Davi, meu servo, e por amor de Jerusalém, a cidade que escolhi dentre todas as tribos de Israel.

33 Farei isso porque me deixaram e se encurvaram a Astarote, deusa dos sidônios, a Quemós, deus dos moabitas, e a Milcom, deus dos filhos de Amom; não andaram nos meus caminhos, para fazerem o que é reto aos meus olhos, nem guardaram os meus estatutos e os meus juízos, como fez Davi, seu pai.

34 Não tomarei, porém, da sua mão o reino todo; eu o deixarei governar durante todos os dias da sua vida, por amor de Davi, meu servo, a quem escolhi, o qual guardou os meus mandamentos e os meus estatutos.

35 Da mão de seu filho, contudo, tomarei o reino, a saber, as [t]dez tribos, e as darei a ti.

36 A seu filho darei uma tribo para que Davi, meu servo, sempre tenha uma [u]lâmpada diante de mim em Jerusalém, a cidade que escolhi para ali pôr o meu nome.

37 Todavia, quanto a ti, eu te tomarei, e reinarás sobre tudo o que desejar a tua alma; serás rei sobre Israel.

38 Se ouvires tudo o que eu te ordenar e andares nos meus caminhos e fizeres o que é reto aos meus olhos, guardando os meus estatutos e os meus mandamentos, como fez Davi, meu servo, eu serei [v]contigo e te [w]edificarei uma dinastia firme, como edifiquei Davi, e [x]te darei Israel.

39 Afligirei a descendência de Davi por causa disso, mas não para sempre.

40 Salomão procurou matar a Jeroboão, mas este se levantou e fugiu para o Egito, para com o rei [y]Sisaque, e ali permaneceu até que Salomão morreu.

A morte de Salomão (2Cr 9.29-31)

41 **Q**uanto aos [z]mais atos de Salomão, a tudo quanto fez e à sua sabedoria, porventura não está escrito no [a]livro dos atos de Salomão?

42 O tempo que [b]Salomão reinou em Jerusalém sobre todo o Israel foi quarenta anos.

43 Então dormiu Salomão com os seus pais e foi sepultado na Cidade de Davi, seu pai. E [c]Roboão, seu filho, [d]reinou em seu [e]lugar.

III. A divisão do reino sob Roboão e Jeroboão, 12.1–14.31

A ascensão e insensatez de Roboão (2Cr 12.1; comp. Ec 2.18,19)

12 Foi Roboão a [f]Siquém, pois todo o Israel se reunira ali para fazê-lo rei.

2 Ouvindo isso, [g]Jeroboão, filho de Nebate, que ainda estava no [hh]Egito, para onde fugira de diante do rei Salomão, voltou do Egito.

3 Assim mandaram chamá-lo, e Jeroboão e toda a congregação de Israel vieram a Roboão e lhe disseram:

4 Teu pai agravou o nosso [ii]jugo, mas agora alivia a dura cerviz de teu pai e o seu pesado jugo que nos impôs, e nós te serviremos.

5 Respondeu Roboão: Ide-vos até o terceiro dia e então voltai a mim. E o povo se foi.

6 **T**eve o rei Roboão conselho com os que estiveram na presença de Salomão, seu pai, quando este ainda vivia: Como aconselhais vós que se responda a este povo?

7 [jj]Responderam eles: Se hoje te tornares servo deste povo e o servires e, respondendo-lhe, disseres boas palavras, serão teus servos para sempre.

8 Ele, porém, deixou o conselho que os anciãos lhe deram e teve conselho com os jovens que haviam crescido com ele e que assistiam diante dele.

---

[h] 1Rs 2.10,34
[i] 2Sm 8.3; 10.16
[j] 2Sm 10.8-18
[k] Comp. 1Rs 15.18
[l] 1Rs 12.2; 2Cr 13.6
[m] 1Rs 11.11; 2Sm 20.21
[n] 1Rs 9.24
[o] Pv 22.29
[p] 1Rs 12.15; 14.2; 2Cr 9.29
[q] 1Sm 15.27,28
[r] v. 11-13
[s] Reino (AT): v. 9,13,30-37; 2Rs 25.7 (Gn 1.26; Zc 12.8)
[t] 1Rs 12.16,17
[u] 1Rs 15.4; 2Rs 8.19
[v] Dt 31.8; Js 1.5
[w] 2Sm 7.11,27
[x] Comp. 1Rs 14.7-10
[y] 1Rs 11.17; 2Cr 12.2-9
[z] 2Cr 9.29
[a] Veja 1Cr 29.29, nota
[b] 2Cr 9.30
[c] 2Cr 10.1
[d] 2Cr 9.31
[e] 1Rs 14.21
[f] Jz 9.6; veja Sl 60.6, nota
[g] 1Rs 11.26
[hh] 1Rs 11.40
[ii] 1Sm 8.11-18; 1Rs 4.7; 5.13-15
[jj] 2Cr 10.7; Pv 15.1

9 E lhes perguntou: Que aconselhais vós que
respondamos a este povo, que me disse: Alivia o
jugo que teu pai nos impôs?
10 Os jovens que haviam crescido com ele lhe
disseram: Assim falarás a este povo que disse:
Teu pai fez pesado o nosso jugo, mas tu o alivia de
sobre nós; assim lhe falarás: Meu dedo mínimo
é mais grosso do que os lombos de meu pai.
11 Assim que, se meu pai vos impôs jugo
pesado, ainda eu aumentarei o vosso jugo. Meu
pai vos castigou com açoites; eu vos castigarei
com escorpiões.
12 **V**eio Jeroboão e todo o povo, ao terceiro dia
a Roboão, como o rei havia ordenado, dizendo:
Voltai a mim ao terceiro dia.
13 Respondeu o rei ao povo asperamente.
Deixando o conselho que os anciãos lhe deram,
14 falou-lhes conforme o conselho dos jovens,
dizendo: Meu pai agravou o vosso jugo; eu ainda
o [k]aumentarei. Meu pai vos castigou com açoi-
tes; eu vos castigarei com escorpiões.
15 Assim o rei não deu ouvidos ao povo, pois
esta [l]mudança vinha do Senhor, para confirmar
a palavra que o Senhor tinha dito por intermédio
de [m]Aías, o silonita, a Jeroboão, filho de Nebate.

[k] Comp. Êx 5.5-9
[l] v. 24; Jz 14.4; 2Cr 10.15; 22.7; 25.20
[m] 1Rs 11.29
[n] Veja Jz 8.1, nota
[o] 2Sm 2.1-17; 5.1-3; 20.1
[p] 1Rs 11.13,36; 2Cr 11.14-17
[q] 1Rs 4.6; 5.14
[r] Chamado Adonirão em 1Rs 4.6
[s] 2Rs 17.21
[t] v. 21-24; 2Cr 11.1-4
[u] 2Sm 19.17

O reino dividido; Jeroboão é rei de Israel
(2Cr 10.12-19; 11.1-4)

16 **V**endo todo o Israel que o rei não lhe dava
ouvidos, [n]respondeu-lhe:
[o]Que parte temos nós com Davi?
Não há para nós herança no filho de Jessé.
Às tuas tendas, ó Israel!
Cuida agora da tua casa, ó Davi.
Então Israel se foi às suas tendas.
17 Quanto aos filhos de Israel, porém, que
habitavam nas cidades de Judá, sobre eles [p]rei-
nou Roboão.
18 O rei Roboão [q]enviou [r]Adorão, que estava
sobre os que trabalhavam forçados, mas todo o
Israel o apedrejou, e ele morreu. O rei Roboão,
contudo, conseguiu subir em seu carro e fugir
para Jerusalém.
19 Assim se rebelou [1]Israel contra a casa de
Davi até o dia de hoje.
20 Ouvindo todo o Israel que Jeroboão tinha vol-
tado, mandaram chamá-lo para a congregação e o
fizeram rei sobre todo o [s]Israel. Ninguém seguiu
a dinastia de Davi senão somente a tribo de Judá.
21 [t]**V**indo Roboão a Jerusalém, reuniu toda a
tribo de Judá e a tribo de [u]Benjamim, cento e

---

[1] (12.19) Surgem dificuldades quando comparamos a cronologia dos dois reinos, Israel e Judá. Antes que o sistema moderno de contagem dos anos fosse adotado no século V a.C., os acontecimentos geralmente eram datados pelos reinados dos reis, com cada novo monarca começando uma nova série. Em alguns casos, os meses que restavam do ano em que morria o rei eram contados como sendo o primeiro ano do seu sucessor; em outros casos, a nova série de números não começava até que começasse o novo ano. Frequentemente, acontecia de um rei associar o filho consigo no trono numa corregência, de modo que esse ano poderia ser para qualquer dos reis; nesses casos, um escritor podia começar a contar o reinado do novo monarca quando se convertia em corregente, enquanto outro escritor podia começar a numeração somente após a morte do pai. O interesse por uma cronologia precisa é comparativamente recente. Até os tempos modernos, o ano começava em diferentes datas em diversos países. Quando reconhecemos esses fatos, as aparentes discrepâncias cronológicas nas narrativas dos dois reinos são resolvidas.

Quando tentamos obter a duração total dos reinos de Israel e Judá com base nos acontecimentos mencionados na história de outras nações, as informações nem sempre batem. Chega-se a um total muito maior quando somamos o número dos anos do reinado de cada rei, por causa das frações de ano que aparecem como se fossem anos completos em cada reinado. A Bíblia Sagrada sempre está correta.

De 1095 a 975 a.C. (Ussher), o reino unido foi governado por Saul, Davi e Salomão sucessivamente. Na tabela que segue, temos as datas aproximadas dos reinados dos monarcas de Israel e de Judá:

Israel	*Reinado (a.C.)*	*Corregência (a.C.)*	*Judá*	*Reinado (a.C.)*	*Corregência (a.C.)*
Jeroboão I	975-954		Roboão	975-958	
			Abias	958-955	
Nadabe	954-953		Asa	955-914	
Baasa	953-930				
Elá	930-929				
Zinri	929				
Onri	929-918				
Acabe	918-897		Jeosafá	914-889	917-914
Acazias	897-896		Jeorão	889-885	892-889
Jorão	896-884		Acazias	885-884	
Jeú	884-856		Atalia	884-878	
Jeoacaz	856-839	841-839	Joás	878-839	
Jeoás	841-825		Amazias	839-810	
Jeroboão II	825-784	836-825	Azarias	810-758	834-810

oitenta mil escolhidos, destros para a guerra, a
fim de pelejar contra a casa de Israel, para resti-
tuir o reino a Roboão, filho de Salomão.
22 Porém veio a palavra de Deus a [v]Semaías,
homem de Deus:
23 Dize a Roboão, filho de Salomão, rei de Judá,
a toda a tribo de Judá, a Benjamim e ao restante
do povo:
24 Assim diz o Senhor: [w]Não subireis, nem
pelejareis contra vossos irmãos, os filhos de
Israel. Volte cada um para a sua casa, pois eu é
que fiz esta obra. Ouviram a palavra do Senhor e
voltaram segundo o seu mandado.

A idolatria de Jeroboão divide a nação

25 Jeroboão edificou [x]Siquém, na região mon-
tanhosa de Efraim, e habitou ali. Dali saiu e
edificou [y]Penuel.
26 Disse Jeroboão consigo: Agora tornará o
reino para a dinastia de Davi.
27 Se este povo [z]subir para fazer sacrifícios no
templo do Senhor, em Jerusalém, o seu coração
se tornará para o seu senhor, Roboão, rei de Judá.
Eles me matarão e tornarão ao rei Roboão.
28 Pelo que o rei, tendo tomado conselho, fez [a]dois
bezerros de ouro. E disse ao povo: É muito trabalho
para vós o subir a Jerusalém. Vês aqui teus deu-
ses, ó Israel, que te fizeram subir da terra do [b]Egito.
29 Pôs um em Betel, e o outro, em Dã.
30 E [c]isso se tornou em pecado; o povo ia até Dã
para adorar o bezerro de lá.
31 Jeroboão fez casa nos [d]altos e constituiu
sacerdotes de todo tipo de gente, embora não
fossem dos filhos de [e]Levi.
32 Instituiu uma festa no oitavo [f]mês, no décimo
quinto dia do mês, [g]como a que se celebrava em
Judá, e sacrificou no [h]altar. Semelhantemente fez
em Betel, sacrificando aos bezerros que tinha
feito. E em Betel estabeleceu [i]sacerdotes nos
altos que levantara.
33 Sacrificou no altar que fizera em Betel, no
décimo quinto dia do oitavo mês, mês que ele
tinha escolhido a seu bel-prazer. Assim orde-
nou uma festa aos filhos de Israel e sacrificou
no altar, queimando incenso.

Profecia contra o falso altar de Jeroboão

13 [j]Por ordem do Senhor um homem de Deus
veio de Judá a Betel, [k]quando Jeroboão
estava junto ao altar, para queimar incenso.
2 Clamou o homem contra o altar, por ordem
do Senhor: Altar, altar! Assim diz o Senhor: Um
filho nascerá na família de Davi, cujo nome será
Josias, o qual sacrificará sobre ti os sacerdotes
dos [l]altos que [m]queimam sobre ti incenso e ossos
humanos se queimarão sobre ti.
3 Deu naquele mesmo dia um [n]sinal: Este é o
sinal de que o Senhor falou: O altar se fenderá, e
a cinza que está sobre ele se derramará.

A mão de Jeroboão fica paralisada por causa do juízo; depois é restaurada

4 Tendo o rei Jeroboão ouvido a palavra do
homem de Deus, que clamara contra o altar de
Betel, estendeu a mão de sobre o altar, dizendo:
Pegai-o! Mas a mão que estendera contra ele se
[o]secou e não voltava ao normal.
5 O altar se fendeu, e a cinza se derramou do
altar, segundo o sinal que o homem de Deus
apontara, por ordem do Senhor.
6 Então respondeu o rei ao homem de Deus:
[p]Ora ao Senhor, o teu Deus, e roga por mim, para

[v] 2Cr 12.5-7
[w] Comp. 2Rs 17.12
[x] 1Rs 12.1
[y] Jz 8.17
[z] Dt 12.5-7
[a] 2Rs 10.29
[b] Êx 32.4-8
[c] 1Rs 13.34
[d] Comp. 2Cr 11.15
[e] Nm 17.1-11; Jz 17.5; 1Rs 13.33; 2Rs 17.32
[f] Veja Lv 23.2, nota
[g] Lv 23.33,34; comp. Is 14.12-15
[h] v. 26-33; comp. Dt 12.4-14; veja Am 4.4, nota
[i] Am 7.10-13
[j] 2Rs 23.17
[k] 1Rs 12.32,33
[l] Veja Jz 3.7 e 1Rs 3.2, notas
[m] Lv 26.30
[n] Is 7.14; Jo 2.18; 1Co 1.22
[o] Milagres (AT): v. 4-6; 1Rs 17.16 (Gn 5.24; Jn 1.17)
[p] Êx 8.8; Jr 37.3; At 8.24

Israel	*Reinado (a.C.)*	*Corregência (a.C.)*	*Judá*	*Reinado (a.C.)*	*Corregência (a.C.)*
Não houve rei em Israel durante onze anos e meio (Ussher)					
Zacarias	773				
Salum	773				
Menaém	773-761				
Pecaías	761-759				
Peca	759-739		Jotão	758-742	
Oseias	739-728		Acaz	742-726	
			Ezequias	726-698	
			Manassés	698-643	
			Amom	643-641	
			Josias	641-610	
			Jeoacaz	610	
			Jeoiaquim	610-599	
			Joaquim	599	
			Zedequias	599-588	

que se me restitua a mão. Pelo que o homem de Deus [q]orou ao Senhor, e a mão do rei lhe foi restituída e ficou como antes.

7 Disse o rei ao homem de Deus: Vem comigo a minha casa e come alguma coisa; e eu te [r]recompensarei.

8 O homem de Deus, porém, disse ao rei: [s]Ainda que me desses metade dos teus bens, eu não iria contigo, nem comeria pão, nem beberia água neste lugar.

9 Pois assim me ordenou o Senhor pela sua palavra: Não comerás pão, nem beberás água, nem voltarás pelo caminho por onde foste.

10 Assim, foi-se por outro caminho, e não voltou pelo caminho por onde viera a Betel.

O homem de Deus desobedece

11 **M**orava em Betel um profeta [t]velho, cujos filhos vieram e lhe contaram tudo o que o homem de Deus fizera aquele dia em Betel. Contaram também a seu pai as palavras que dissera ao rei.

12 Perguntou-lhes o pai: Por que caminho se foi? Mostraram os filhos o caminho por onde se fora o homem de Deus que viera de Judá.

13 Então disse a seus filhos: Selai-me um jumento. Selaram-lhe o jumento, ele montou e

14 foi após o homem de Deus. Encontrou-o assentado debaixo de um carvalho e perguntou: És tu o homem de Deus que vieste de Judá? Respondeu ele: Sou.

15 Então lhe disse: Vem comigo a minha casa e come pão.

16 Disse o homem de Deus: [u]Não posso voltar contigo, nem entrar contigo, tampouco comer pão, nem beber água contigo neste lugar.

17 Foi-me mandado pela [v]palavra do Senhor: Ali não comerás pão, nem beberás água, nem voltarás pelo caminho por que foste.

18 Respondeu-lhe ele: Também eu sou profeta como tu, e um [1w]anjo me disse por ordem do Senhor: Faze-o voltar contigo a tua casa, para que coma pão e beba água. Mas ele estava mentindo.

19 Então ele voltou, comeu pão em sua casa e bebeu água.

O homem de Deus é morto

20 **E**stando eles à mesa, veio a palavra do Senhor ao profeta que o tinha feito voltar.

21 E clamou ao homem de Deus, que viera de Judá: Assim diz o Senhor: Porque foste rebelde à palavra do Senhor e não guardaste o mandamento que o Senhor, o teu Deus, te mandara,

22 antes voltaste, comeste pão e bebeste água no [x]lugar de que te dissera: Não comerás pão nem beberás água; o teu cadáver não entrará no sepulcro de teus pais.

23 Depois de o homem de Deus ter comido pão e bebido água, o profeta que o fizera voltar selou para ele o jumento.

24 Este se foi; e um [y]leão o encontrou no caminho e o matou. O cadáver do profeta ficou estendido no caminho, e o jumento e o leão estavam parados ali perto dele.

25 Os homens passaram e viram o corpo estendido no caminho, como também o leão parado junto ao corpo, e foram e o disseram na cidade onde o profeta velho habitava.

26 **O**uvindo-o o profeta que o fizera voltar do caminho, disse: É o homem de Deus, que foi rebelde à palavra do Senhor. O Senhor o entregou ao leão, que o despedaçou e matou, segundo a palavra que o Senhor lhe havia dito.

27 Disse a seus filhos: Selai-me o jumento. Eles o selaram.

28 Ele se foi e achou o cadáver estendido no caminho, e o jumento e o leão, parados perto do cadáver. O leão não tinha devorado o corpo, nem despedaçado o jumento.

29 Assim o profeta levantou o cadáver do homem de Deus, colocou-o em cima do jumento e o levou de volta à cidade para o chorar e enterrar.

30 Então depositou o cadáver no seu próprio sepulcro e o prantearam, dizendo: [z]Ah! irmão meu!

31 Depois de o haver sepultado, disse a seus filhos: Quando eu morrer, sepultai-me no sepulcro em que o homem de Deus está sepultado; [a]ponde os meus ossos junto aos ossos dele.

32 [b]Pois certamente se cumprirá o que, por ordem do Senhor, clamou contra o altar que está em Betel, como também contra todas as casas dos altos que estão nas cidades de [c]Samaria.

Persistência na idolatria

33 **N**em depois destas coisas deixou Jeroboão o seu mau caminho; antes, [d]de entre o povo tornou a fazer sacerdotes dos lugares altos. Qualquer que o queria, consagrava [e]sacerdote dos lugares altos.

34 Esse foi o pecado da família de Jeroboão, que levou à sua [f]destruição e extinção da face da terra.

O filho de Jeroboão morre

14 **N**aquele tempo, adoeceu Abias, filho de Jeroboão.

2 Disse Jeroboão a sua mulher: Levanta-te e disfarça-te, para que não conheçam que és

[q] Comp. Lc 6.27,28
[r] 1Sm 9.7; 2Rs 5.15
[s] Nm 22.18; 24.13
[t] v. 31; 2Rs 23.18
[u] v. 8,9
[v] 1Rs 20.35
[w] Veja Hb 1.4, nota
[x] v. 9
[y] 1Rs 20.36
[z] Comp. Jr 22.18
[a] 2Rs 23.17,18
[b] 13.2; 2Rs 23.16
[c] Veja Jz 3.7 e 1Rs 3.2, notas
[d] Comp. Lv 21.1-24
[e] 1Rs 12.31
[f] 1Rs 14.10; comp. 14.16

[1] (13.18) Essa é uma ilustração impressionante de Gl 1.8,9.

mulher de Jeroboão, e vai a Siló. Lá está o profeta Aías, aquele que [g]falou acerca de mim, que eu seria rei sobre este povo.

3 [h]Leva contigo dez pães, bolos e uma botija de mel e vai ter com ele. Ele te declarará o que há de acontecer a este menino.

4 **A** mulher de Jeroboão fez o que ele mandou; e foi à casa de Aías em Siló. Ora, Aías já não podia ver; os seus olhos já se tinham escurecido por causa da sua idade.

5 O Senhor, porém, disse a Aías: A mulher de Jeroboão vem consultar-te sobre seu filho, que está doente. Assim e assim lhe falarás. Ao entrar, ela fingirá ser outra.

6 **A**ssim, ouvindo Aías o ruído de seus pés, ao entrar ela pela porta, disse: Entra, mulher de Jeroboão. Por que te disfarças? Eu sou enviado a ti com duras novas.

7 Vai e dize a Jeroboão: Assim diz o Senhor, o Deus de Israel: Eu [i]te exaltei do meio do povo e te constituí líder sobre o meu povo Israel.

8 Eu [j]rasguei o reino da família de Davi, e o dei a ti, mas tu não foste como o meu servo Davi, [k]que guardou os meus mandamentos e que andou após mim de todo o seu coração para fazer somente o que era reto aos meus olhos.

9 Tu fizeste o mal, pior do que todos os que foram antes de ti. Foste e [l]fizeste outros deuses e [m]imagens de fundição; provocaste-me à ira e me [n]lançaste para trás das tuas costas.

10 Por causa disso, [o]trarei o mal sobre a família de Jeroboão e exterminarei de Jeroboão todo homem, escravo ou livre, em Israel. [p]Lançarei fora os descendentes da família de Jeroboão, como se lança fora o esterco, até que de todo se [q]acabe.

11 Quem morrer de Jeroboão na cidade, os cães o [r]comerão, e o que morrer no campo, as aves do céu o comerão. O Senhor o disse.

12 Quanto a ti, levanta-te e vai para tua casa. Ao entrarem os teus pés na cidade, o menino morrerá.

13 Todo o Israel o pranteará e o sepultará. De Jeroboão só este entrará em sepultura, porque foi o único da família de Jeroboão em que se achou coisa boa para com o Senhor, o Deus de Israel.

14 O Senhor levantará para si um rei sobre Israel, que [s]destruirá a casa de Jeroboão. Este é o dia! Sim, desde agora.

15 E o Senhor ferirá Israel para que seja como a cana que se agita nas águas. [t]Arrancará Israel desta boa terra que tinha dado a seus pais e o espalhará para além do rio, porque fizeram os seus [u]bosques, provocando o Senhor à ira.

16 E abandonará Israel por causa dos pecados de Jeroboão, que pecou e fez pecar Israel.

17 **E**ntão a mulher de Jeroboão se levantou e foi para [v]Tirza. Chegando ela ao limiar da porta, o menino morreu.

18 Sepultaram-no, e todo o Israel o pranteou, conforme a palavra do Senhor, por intermédio de seu servo, o profeta Aías.

Nadabe sucede Jeroboão (2Cr 13.20)

19 Quanto ao restante dos atos de Jeroboão, como [w]guerreou e como reinou, está escrito no livro das crônicas dos reis de Israel.

20 O tempo que Jeroboão reinou foi de vinte e dois anos; e dormiu com seus pais. E [x]Nadabe, seu filho, reinou em seu [y]lugar.

A apostasia de Judá sob o reinado de Roboão (2Cr 12.1)

21 **R**oboão, filho de Salomão, reinou em Judá. Tinha quarenta e um anos de idade quando [z]começou a reinar, e dezessete anos reinou em Jerusalém, na cidade que o Senhor escolhera dentre todas as tribos de Israel para pôr [a]ali o seu nome. O nome de sua mãe era Naamá, amonita.

22 Fez Judá o que era mau aos olhos do Senhor. Com os seus pecados que cometeu, o provocou a zelo, mais do que o fizeram os seus pais.

23 [b]Também os de Judá edificaram [c]altos, [d]estátuas, colunas e postes sagrados sobre todo alto outeiro e debaixo de toda árvore frondosa.

24 Havia também [e]prostitutos cultuais na terra; fizeram conforme todas as [f]abominações das nações que o Senhor tinha expulsado de diante dos filhos de [gg]Israel.

Invasão de Sisaque (2Cr 2.2-12)

25 No quinto ano do rei Roboão, Sisaque, rei do Egito, subiu contra Jerusalém.

26 Tomou os tesouros do templo do Senhor e os tesouros do palácio do rei. Tomou [hh]tudo, inclusive todos os escudos de ouro que Salomão tinha [ii]feito.

27 Em lugar deles fez o rei Roboão escudos de cobre e os entregou nas mãos dos capitães da guarda, que guardavam a porta do palácio real.

28 Quando o rei entrava no templo do Senhor, os da guarda os usavam e tornavam a trazê-los para a sala da guarda.

Roboão morre (2Cr 12.13-16)

29 [jj]Quanto ao restante dos atos de Roboão e a tudo quanto fez, porventura não está escrito no livro das crônicas dos reis de Judá?

30 Houve [kk]guerra entre Roboão e Jeroboão todos os seus dias.

31 Roboão dormiu com seus pais e foi sepultado com seus pais na Cidade de Davi. Era o

g 1Rs 11.31
h Comp. 1Sm 9.7,8; 2Rs 4.42
i 1Rs 16.2; comp. 2Sm 12.7,8
j 1Rs 11.31
k 1Rs 11.33-38; 15.5
l 1Rs 12.28; 2Cr 11.15
m Êx 34.17
n 2Cr 29.6; Sl 50.17
o 1Rs 15.27-30
p Comp. 1Rs 11.11; 16.3; 21.21,22
q 1Rs 15.29
r 1Rs 16.4; 21.24
s 1Rs 15.27-29
t Dt 29.28; 2Rs 17.6
u Veja Dt 16.21, nota
v 1Rs 15.21,33
w 2Cr 13.2-20
x 1Rs 15.25
y 2Cr 13.20
z 2Cr 9.31
a 1Rs 11.32
b 2Rs 17.9,10
c Comp. Dt 12.2
d Dt 16.22
e Dt 23.17
f Dt 20.18
gg Dt 9.4,5
hh Comp. 1Rs 15.18
ii 1Rs 10.17
jj v. 29-31
kk 1Rs 12.21-24

nome da sua mãe Naamá, amonita. E [l]Abias, seu filho, reinou em seu lugar.

IV. Os reis de Judá e Israel até a ascensão de Acabe, 15.1–16.27

Abias sucede Roboão (2Cr 13.1,2)

15 No décimo oitavo ano do rei Jeroboão, filho de Nebate, Abias começou a [m]reinar sobre Judá.

2 Três anos reinou em Jerusalém. E era o nome da sua mãe Maaca, filha de [n]Absalão.

3 Andou em todos os pecados que seu pai tinha cometido antes dele; o seu coração não foi [o]completamente leal para com o Senhor, o seu Deus, como o coração de Davi, seu pai.

4 Por amor de Davi, porém, o Senhor lhe deu uma [p]lâmpada em Jerusalém, levantando seu filho depois dele e fortalecendo Jerusalém.

5 Pois Davi tinha feito o que era reto aos olhos do Senhor e não se tinha desviado de tudo o que lhe ordenara em todos os dias da sua vida, [q]senão só no caso de Urias, o [r]heteu.

6 Houve [s]guerra entre Roboão e Jeroboão todos os dias da sua vida.

Asa sucede Abias (2Cr 14.1-5; 15.1-19)

7 [t]Quanto ao restante dos atos de Abias e a tudo quanto fez, porventura não está escrito no livro das crônicas dos reis de Judá? Também houve guerra entre Abias e Jeroboão.

8 [u]Abias dormiu com seus pais e foi sepultado na Cidade de Davi. E Asa, seu filho, reinou em seu lugar.

9 No vigésimo ano de Jeroboão, rei de Israel, começou Asa a [v]reinar em Judá.

10 Quarenta e um anos reinou em Jerusalém. E era o nome de sua mãe Maaca, filha de [w]Absalão.

11 Fez [x]Asa o que era reto aos olhos do Senhor, como Davi, seu pai.

12 Expulsou da terra os [y]prostitutos cultuais e removeu todos os ídolos que seus pais fizeram.

13 [z]Até a Maaca, sua avó, depôs da dignidade de rainha-mãe, porque tinha feito uma [a]abominável imagem ao poste sagrado. Asa derrubou esse ídolo e o queimou no vale do Cedrom.

14 Embora ele não [b]tenha tirado os [c]altos, o [d]coração de Asa foi [e]reto para com o Senhor todos os seus dias.

15 Trouxe para o templo do Senhor as coisas consagradas por seu pai [f]e as coisas que ele mesmo consagrara: prata, ouro e vasos.

Aliança de Asa com a Síria; guerra com Baasa (2Cr 14.6-15; 16.1-10)

16 **H**ouve [g]guerra entre Asa e Baasa, rei de Israel, todos os seus dias.

17 [h]Baasa, rei de Israel, subiu contra Judá e edificou [i]Ramá, para que a ninguém fosse permitido entrar no território de Asa, rei de Judá, nem dele sair.

18 Então Asa tomou toda a prata e o ouro que ficara nos tesouros do templo do Senhor e os tesouros do palácio real e os [j]entregou nas mãos de seus servos. E o rei Asa os enviou a Ben-Hadade, filho de Tabrimom, filho de Heziom, rei da Síria, que habitava em [k]Damasco, dizendo:

19 Haja aliança entre mim e ti, entre meu pai e teu pai. Vê, mando um presente para ti, prata e ouro. Vai e anula a tua aliança com Baasa, rei de Israel, para que se retire de sobre mim.

20 Ben-Hadade deu ouvidos ao rei Asa e [ll]enviou os capitães dos seus exércitos contra as cidades de Israel. Feriu [mm]Ijom, [nn]Dã, [oo]Abel-Bete-Maaca e todo o distrito de Quinerote, com toda a terra de Naftali.

21 Ouvindo-o Baasa, deixou de edificar Ramá e ficou em [pp]Tirza.

22 Então o rei Asa fez apregoar por toda a região de Judá que todos, sem exceção, trouxessem as pedras de Ramá e a madeira com que Baasa edificara. Com elas o rei Asa edificou Geba de Benjamim e Mispa.

Josafá sucede Asa (2Cr 16.11–17.1)

23 Quanto ao restante de todos os atos de Asa, todo o seu poder, tudo quanto fez e as cidades que edificou, porventura não está escrito no livro das crônicas dos reis de Judá? Porém, na sua velhice, padeceu dos pés.

24 Asa dormiu com seus pais e foi sepultado com eles na Cidade de Davi, seu pai. E [qq]Josafá, seu filho, [rr]reinou em seu lugar.

Baasa mata Nadabe e o sucede

25 [ss]**N**adabe, filho de Jeroboão, [tt]começou a reinar sobre Israel no segundo ano de Asa, rei de Judá, e reinou sobre Israel dois anos.

26 Fez o que era mau aos olhos do Senhor, andou nos caminhos de seu pai e no seu [uu]pecado com que tinha feito Israel pecar.

27 Conspirou contra ele Baasa, filho de [vv]Aías, da tribo de Issacar, e o feriu em Gibetom, que era dos filisteus, quando Nadabe e todo o Israel cercavam Gibetom.

28 Matou-o Baasa no terceiro ano de Asa, rei de Judá, e reinou em seu lugar.

29 Logo que começou a reinar, matou toda a família de Jeroboão. A ninguém de Jeroboão que tivesse fôlego deixou de destruir, conforme a [ww]palavra do Senhor dada por intermédio de seu servo Aías, o silonita;

30 por causa dos pecados que Jeroboão cometera, pelos que fizera Israel cometer e por causa

[l] 2Cr 13.1
[m] 2Cr 13.1-22
[n] Comp. 2Cr 11.20-22
[o] Veja 1Rs 8.61 e Fp 3.12, notas
[p] 2Sm 21.17; 1Rs 11.36
[q] 2Sm 11.4,15-17; 12.9,10
[r] Veja 2Rs 7.6, nota
[s] 1Rs 14.30
[t] 2Cr 13.2-22
[u] 2Cr 14.1
[v] 2Cr 14.1-8
[w] Comp. v. 2
[x] 2Cr 14.2
[y] 1Rs 14.24; 22.46
[z] 2Cr 15.16-18
[a] Veja Dt 16.21, nota
[b] 1Rs 3.2; 22.43
[c] 2Cr 14.3; veja 1Rs 3.2, nota
[d] 1Sm 16.7
[e] Veja 1Rs 8.61 e Fp 3.12, notas
[f] 1Rs 7.51
[g] v. 32
[h] 2Cr 16.1
[i] Js 18.25
[j] Comp. 2Rs 12.8
[k] 1Rs 11.23,24
[ll] 1Rs 20.1
[mm] 2Rs 15.29
[nn] Jz 18.29
[oo] 2Sm 20.14
[pp] 1Rs 14.17
[qq] 1Rs 22.41-44; Mt 1.8
[rr] 2Cr 17.1
[ss] 1Rs 14.20
[tt] v. 28
[uu] 1Rs 12.28-33
[vv] v. 1-8
[ww] 1Rs 14.10-14

da provocação com que provocara à ira o Senhor, o Deus de Israel.

31 Quanto ao restante dos atos de Nadabe e a tudo quanto fez, porventura não está escrito no livro das crônicas dos reis de Israel?

Guerra de Baasa contra Asa de Judá

32 Houve [x]guerra entre Asa e Baasa, rei de Israel, todos os seus dias.

33 **N**o terceiro ano de Asa, rei de Judá, Baasa, filho de Aías, [y]começou a reinar sobre todo o Israel em Tirza e reinou vinte e quatro anos.

34 Fez o que era mau aos olhos do Senhor e andou no caminho de Jeroboão e no seu pecado com que tinha feito Israel [z]pecar.

Profecia contra Baasa; sua morte

16 **E**ntão veio a palavra do Senhor a [a]Jeú, filho de [b]Hanani, contra [c]Baasa, dizendo:

2 [d]Eu te levantei do pó e te pus por líder sobre o meu povo Israel, mas andaste no [e]caminho de Jeroboão e fizeste pecar o meu povo Israel, irritando-me com os seus pecados.

3 Por isso, [f]exterminarei a ti, Baasa, e os teus [g]descendentes e farei à tua família como à de Jeroboão, filho de Nebate.

4 [h]Quem morrer de Baasa na cidade, os cães o comerão, e o que dele morrer no campo, as aves do céu o comerão.

5 Quanto ao restante dos atos de Baasa, o que fez e o seu poder, porventura [i]não está escrito no livro das crônicas dos reis de Israel?

6 Baasa dormiu com seus pais e foi sepultado em [j]Tirza. E Elá, seu filho, reinou em seu lugar.

7 Veio também a palavra do Senhor, por intermédio do profeta Jeú, filho de Hanani, contra Baasa e contra a sua família, por causa de todo o mal que fizeram aos olhos do Senhor, provocando-o à ira com as suas obras e tornando-se como a família de Jeroboão — e também porque Baasa [k]destruiu a família de Jeroboão.

Reinados de Elá e Zinri

8 **N**o ano vinte e seis de Asa, rei de Judá, Elá, filho de Baasa, [l]começou a reinar em Tirza sobre Israel, e reinou dois anos.

9 Zinri, seu servo, chefe de metade dos carros, [m]conspirou contra ele. Elá estava em Tirza bebendo e embriagando-se na casa de Arsa, seu [n]mordomo em Tirza.

10 Entrou Zinri, o feriu e o matou, no vigésimo sétimo ano de Asa, rei de Judá. Então [o]reinou em seu lugar.

11 **Q**uando começou a reinar, logo que se assentou no seu trono, destruiu toda a família de Baasa. [p]Não lhe deixou homem algum, parentes ou amigos.

[x] v. 16
[y] v. 28
[z] v. 26
[a] v. 7; 2Cr 19.2; 20.34
[b] 2Cr 16.7-10
[c] 1Rs 15.27
[d] 1Rs 14.7
[e] 1Rs 12.25-33
[f] v. 11; 1Rs 21.21
[g] 1Rs 14.10; 15.29
[h] 1Rs 14.11
[i] 2Cr 16.1
[j] 1Rs 14.17; 15.21
[k] 1Rs 15.27-29; Os 1.4
[l] v. 6
[m] 2Rs 9.31
[n] 1Rs 18.3
[o] v. 15
[p] 1Sm 25.22
[q] v. 3
[r] 1Rs 12.28; 15.26,34
[s] 1Rs 12.25-33
[t] Comp. 1Rs 16.15
[u] 1Rs 15.21
[v] Veja sist. monetário (AT): Êx 30.13, nota
[w] Mq 6.16

12 Assim destruiu Zinri toda a família de Baasa [q]conforme a palavra do Senhor, falada contra Baasa por intermédio do profeta Jeú,

13 por causa de todos os pecados de Baasa e dos pecados de Elá, seu filho, com que pecaram e com que fizeram Israel pecar, provocando à ira o Senhor, o Deus de Israel, com os seus ídolos vãos.

14 Quanto ao restante dos atos de Elá e a tudo quanto fez, porventura não está escrito no livro das crônicas dos reis de Israel?

15 **N**o vigésimo sétimo ano de Asa, rei de Judá, reinou Zinri sete dias em Tirza. O povo estava acampado contra Gibetom, que era dos filisteus.

16 Quando o povo que estava acampado ouviu dizer: Zinri conspirou contra o rei e o matou, todo o Israel, no mesmo dia, no acampamento, constituiu rei sobre si a Onri, chefe do exército.

17 Subiu Onri de Gibetom, e todo o Israel com ele, e cercaram Tirza.

18 Vendo Zinri que a cidade era tomada, foi-se ao castelo do palácio do rei e o queimou sobre si. Assim morreu,

19 por causa dos seus pecados que cometera, fazendo o que era mau aos olhos do Senhor, [r]andando no [s]caminho de Jeroboão e no seu pecado que cometera, fazendo Israel pecar.

20 Quanto ao restante dos atos de Zinri e à conspiração que fez, porventura não está escrito no livro das crônicas dos reis de Israel?

Tibni e Onri são rivais em Israel; Tibni morre

21 **E**ntão o povo de Israel se dividiu em dois partidos: metade do povo seguia Tibni, filho de Ginate, para fazê-lo rei, e a outra metade seguia Onri.

22 O povo, porém, que seguia a Onri prevaleceu contra o que seguia a Tibni, filho de Ginate. De sorte que Tibni morreu e Onri reinou.

Onri reina sobre Israel; faz de Samaria a capital

23 No [t]trigésimo primeiro ano de Asa, rei de Judá, Onri começou a reinar sobre Israel e reinou doze anos. Em [u]Tirza reinou seis anos.

24 De Semer comprou o monte de Samaria por dois [v]talentos de prata e edificou uma cidade sobre o monte, chamando-a Samaria, do nome de Semer, dono do monte.

25 **O**nri, porém, fez o que era mau aos olhos do Senhor; fez pior do que todos quantos foram antes [w]dele.

26 Andou em todos os caminhos de Jeroboão, filho de Nebate, como também nos seus pecados com que este fizera Israel pecar, provocando à ira o Senhor, o Deus de Israel, com os seus ídolos vãos.

27 Quanto ao restante dos atos de Onri, ao que fez e ao poder que manifestou, porventura não está escrito no livro das crônicas dos reis de Israel?

V. O reinado de Acabe, 16.28–22.39

Acabe torna-se rei; casa-se com Jezabel

28 Onri dormiu com seus pais e foi sepultado em Samaria. E Acabe, seu filho, reinou em seu lugar.

29 **A**cabe, filho de Onri, [x]começou a reinar sobre Israel no trigésimo oitavo ano de Asa, rei de Judá, e reinou Acabe, filho de Onri, sobre Israel em Samaria, vinte e dois anos.

30 Fez Acabe, filho de Onri, o que era mau aos olhos do Senhor, mais do que todos os que foram antes [y]dele.

31 Como se fosse pouco andar nos pecados de Jeroboão, filho de Nebate, ainda tomou por mulher a [z]Jezabel, filha de Etbaal, rei dos [a]sidônios, serviu a Baal e o [b]adorou.

32 Levantou um altar a Baal, na [c]casa de Baal que edificara em Samaria.

33 Também Acabe fez um [d]poste sagrado. De maneira que Acabe fez muito mais para provocar à ira o Senhor, o Deus de Israel, do que todos os reis de Israel que foram antes dele.

34 Em seus dias Hiel, o betelita, reconstruiu Jericó. Pelo preço de [e]Abirão, seu primogênito, lançou-lhe os fundamentos e pelo preço de seu último filho, Segube, assentou-lhe as suas portas, conforme a [f]palavra do Senhor, falada por intermédio de Josué, filho de Num.

O ministério de Elias (1Rs 17–2Rs 1);
Elias prediz seca de três anos

17 Ora, Elias, o tisbita, dos [g]moradores de Gileade, disse a [1]Acabe: Tão certo como vive o Senhor, Deus de Israel, perante cuja face estou, nem orvalho nem chuva haverá nestes [h]anos senão segundo a minha palavra.

Deus alimenta Elias junto ao Querite

2 Depois veio a palavra do Senhor a Elias:

3 Retira-te daqui, vai para o oriente e esconde-te junto ao ribeiro de Querite, que está a leste do Jordão.

4 Beberás do ribeiro, e eu ordenei aos [i]corvos que ali te sustentem.

5 Assim foi Elias e fez conforme a palavra do Senhor. Foi e habitou junto ao ribeiro de Querite, a leste do Jordão.

6 Os corvos lhe traziam pão e carne pela manhã, como também pão e carne ao anoitecer; e bebia do ribeiro.

7 Passados alguns dias, porém, o ribeiro secou, porque não tinha havido chuva na terra.

Deus alimenta Elias em Sarepta

8 **E**ntão veio a ele a palavra do Senhor, dizendo:

9 Levanta-te, vai a [j]Sarepta, que pertence a [k]Sidom, e habita ali. Ordenei a uma mulher viúva ali que te sustente.

10 Então ele se levantou e foi a Sarepta. Chegando à porta da cidade, estava ali uma viúva apanhando lenha. Ele a chamou e lhe disse: Traze-me, peço-te, num vaso um pouco de água, para eu [l]beber.

11 Indo ela a buscá-la, ele a chamou e lhe disse: Traze-me também um pedaço de pão.

12 Respondeu ela: Tão certo como vive o Senhor, o teu Deus, não tenho nem um bolo, senão somente um punhado de farinha numa panela e um [m]pouco de azeite numa botija. E vês aqui, apanhei dois cavacos e vou prepará-lo para mim e para o meu filho, a fim de que o comamos e [n]morramos.

13 Elias lhe disse: Não temas. Vai, faze como disseste. Mas faze disso primeiro para mim um bolo pequeno e traze-o aqui fora, depois o farás para ti e para teu filho.

14 Pois assim diz o Senhor, o Deus de Israel: A farinha da panela não se acabará, e o azeite da botija não faltará, até o dia em que o Senhor dê chuva sobre a terra.

15 Foi ela e fez conforme a palavra de Elias. Assim comeu ele, ela e a sua casa muitos dias.

16 Da panela a farinha não se acabou, e da botija o azeite não faltou, [o]conforme a palavra do Senhor, falada por intermédio de Elias.

Elias clama, e o Senhor ressuscita o filho da viúva

17 **D**epois dessas coisas adoeceu o filho da mulher, da dona da casa. A sua doença se agravou tanto que ele morreu.

18 Disse ela a Elias: Que tens contra mim, homem de [p]Deus? Vieste a mim para trazeres à memória a minha iniquidade e matares [q]meu filho?

19 Respondeu-lhe ele: Dá-me o teu filho. Ele o tomou dos seus braços, o levou para cima, ao quarto onde ele mesmo habitava, e o deitou em sua cama.

20 Então [r]clamou ao Senhor: Ó Senhor, meu Deus, também até a esta viúva, com quem me hospedo, afligiste, matando-lhe o filho?

21 Estendeu-se sobre o menino três vezes e clamou ao Senhor: Ó Senhor, meu Deus, rogo-te que a alma deste menino torne a entrar nele.

22 O Senhor ouviu o clamor de Elias, e a vida do menino tornou a entrar nele, e reviveu.

[x] 1Rs 16.28–22.39
[y] v. 25; comp. 1Rs 14.9
[z] 1Rs 18.4
[a] Gn 10.19; 1Rs 11.1
[b] Dt 7.1-5
[c] 2Rs 10.18-28
[d] Veja Dt 16.21, nota
[e] Quando lançou os fundamentos, morreu Abirão; quando pôs as portas, morreu Segube
[f] Js 6.26
[g] Jz 12.4
[h] 1Rs 18.1; Tg 5.17
[i] Jó 38.41
[j] Ob 20; Lc 4.25,26
[k] 2Sm 24.6
[l] Comp. Gn 24.17; Jo 4.7
[m] Comp. 2Rs 4.2-7
[n] Dt 28.23,24
[o] Milagres (AT): v. 14-16; 17–24; 1Rs 18.38 (Gn 5.24; Jn 1.17)
[p] Comp. Lc 5.8
[q] Comp. Jo 14.16-19
[r] Orações da Bíblia (AT): v. 20-24; 1Rs 18.36 (Gn 15.2; Hc 3.1); 2Rs 4.34,35; At 9.40; 20.10

[1] (17.1) Para um homem na presença do Senhor, estar diante de Acabe era algo sem muita importância.

23 Elias tomou o menino, trouxe-o do quarto à casa e o entregou a sua mãe, dizendo: Vês aí, teu filho vive.

24 Então a mulher disse a Elias: Agora [s]sei que tu és homem de Deus e que a palavra do Senhor na tua boca é verdade.

Elias e Obadias

18 Depois de muitos dias, no [t]terceiro ano, veio a palavra do Senhor a Elias: Vai, apresenta-te a Acabe, e darei chuva sobre a terra.

2 Assim foi Elias apresentar-se a Acabe. Ora, a fome era extrema em Samaria.

3 Acabe chamou a Obadias, o mordomo. Obadias [u]temia muito ao Senhor,

4 porque, quando Jezabel destruiu os profetas do Senhor, Obadias tomou cem profetas e, de cinquenta em cinquenta, os escondeu numa caverna, sustentando-os com pão e água.

5 Disse Acabe a Obadias: Vai pela terra a todas as fontes de água e a todos os vales. Pode ser que achemos erva, para que em vida conservemos os cavalos e mulas, de modo que não percamos todos os animais.

6 Repartiram entre si a terra que deviam percorrer. Acabe seguiu por um caminho e Obadias por outro.

7 Estando Obadias já a caminho, Elias se encontrou com ele. Obadias o [v]reconheceu e prostrou-se com o rosto em terra e disse: És tu meu senhor Elias?

8 Respondeu-lhe ele: Sou eu; vai e dize a teu senhor: Elias está aqui.

9 Ele, porém, disse: Em que pequei, para que entregues teu servo na mão de Acabe, para ser morto?

10 Tão certo como vive o Senhor, o teu Deus, não houve nação nem reino aonde o meu senhor não tenha mandado à tua procura. E dizendo eles: Não está aqui, fazia-os jurar que não te haviam achado.

11 Agora dizes: Vai e dize a teu senhor: Elias está aqui.

12 Poderá ser que, apartando-me de ti, o [w]Espírito do Senhor te leve não sei para onde e, vindo eu dar as novas a Acabe, e não te achando ele, me matará. Mas eu, teu servo, [x]temo ao Senhor desde a minha juventude.

13 Porventura não disseram a meu senhor o que fiz, quando Jezabel matava os profetas do Senhor, como escondi cem homens dos profetas do Senhor, de cinquenta em cinquenta, numas cavernas e os sustentei com pão e água?

14 E agora tu dizes: Vai e dize a teu senhor: Elias está aqui. Ele me matará.

15 Disse Elias: Tão certo como vive o Senhor dos Exércitos, perante cuja face estou, deveras hoje me apresentarei a ele.

16 Então foi Obadias encontrar-se com Acabe, anunciou-lhe o acontecido, e foi Acabe ter com Elias.

Elias desafia Acabe

17 Vendo Acabe a Elias, disse-lhe: És tu, perturbador de Israel?

18 Respondeu Elias: Eu não tenho perturbado Israel, mas tu e a família de teu pai. Deixastes os mandamentos do Senhor e [y]seguistes os baalins.

19 Agora manda reunir-se a mim todo o Israel no monte [z]Carmelo. E traze os quatrocentos e cinquenta profetas de Baal e os quatrocentos profetas do [a]poste sagrado, que comem da mesa de Jezabel.

O monte Carmelo; o Senhor contra Baal

20 Então Acabe convocou todos os filhos de Israel e reuniu os profetas no monte Carmelo.

21 Elias se chegou a todo o povo e disse: [b]Até quando vacilareis entre dois pensamentos? Se o Senhor é Deus, segui-o; mas se Baal, segui-o. Mas o povo não lhe respondeu nada.

22 Então Elias disse ao povo: Só [c]eu fiquei dos profetas do Senhor, mas os profetas de Baal são quatrocentos e cinquenta homens.

23 Tragam-nos dois novilhos. Escolham eles para si um dos novilhos, dividam-no em pedaços e o ponham sobre a lenha, mas não lhe acendam fogo. Eu prepararei o outro novilho e o porei sobre a lenha, mas não lhe acenderei fogo.

24 Então invocai o nome do vosso deus, e eu invocarei o nome do Senhor. O deus que [d]responder por meio do fogo, esse é que é Deus. E todo o povo respondeu: É boa esta palavra.

25 Disse Elias aos profetas de Baal: Escolhei para vós um dos novilhos e preparai-o primeiro, porque sois muitos. Invocai o nome do vosso deus, mas não lhe acendais fogo.

26 Tomaram o novilho que lhes fora dado e o prepararam. Então invocaram o nome de Baal, desde a manhã até o meio-dia, dizendo: Ah! Baal, responde-nos! Mas não houve resposta; ninguém respondeu. E saltavam ao redor do altar que tinham feito.

27 Ao meio-dia, Elias começou a zombar deles, dizendo: Clamai em alta voz! Pois ele é deus! Talvez esteja pensando, ou tenha alguma coisa que fazer, ou que planeje alguma viagem. Talvez esteja dormindo e necessite de que o [e]desperte.

28 Assim eles clamavam em alta voz, se retalhavam com [f]facas e com lancetas, conforme o seu costume, até derramarem sangue.

29 Passou o meio-dia e continuaram a profetizar até a [g]hora da oferta de cereais. Mas não houve voz, nem resposta, nem atenção alguma.

s Comp. Jo 3.2; 11.45
t 1Rs 17.1
u Veja Sl 19.9, nota
v 2Rs 1.6-8
w Espírito Santo (AT): v. 12; 2Rs 2.16 (Gn 1.2; Zc 12.10)
x Veja Sl 19.9, nota
y 1Rs 16.30-33
z Js 19.26
a Veja Dt 16.21, nota
b 2Rs 17.41; Mt 6.24
c 1Rs 19.10,14
d v. 38; 1Cr 21.26
e Comp. Jz 6.31
f Comp. Lv 19.28; Dt 14.1
g Êx 29.39,41

30 Então Elias disse a todo o povo: Chegai-vos a mim. Todo o povo se chegou a ele. E Elias reparou o altar do Senhor, que estava em [h]ruínas.

31 Tomou Elias doze pedras, segundo o número das tribos dos filhos de Jacó, ao qual viera a palavra do Senhor, dizendo: Israel será o teu [i]nome.

32 Com as [j]pedras edificou um altar em nome do Senhor e fez uma valeta em redor do altar, grande o suficiente para caber duas [k]medidas de semente.

33 [l]Armou a lenha, dividiu o novilho em pedaços e o colocou sobre a lenha.

34 Então disse: Enchei de água quatro cântaros e [m]derramai-a sobre o holocausto e sobre a lenha. Disse mais: Fazei-o segunda vez; e o fizeram segunda vez. Disse ainda: Fazei-o terceira vez; e o fizeram terceira vez.

35 A água correu ao redor do altar e encheu também a valeta.

36 **Q**uando chegou a hora da oferta de cereais, o profeta Elias aproximou-se e [n]disse: Ó Senhor, Deus de Abraão, de Isaque e de Israel, manifeste-se hoje que tu és Deus em Israel e que sou teu servo, e que segundo a tua palavra fiz todas estas coisas.

37 Responde-me, Senhor, responde-me, para que este povo conheça que tu, Senhor, és Deus, e que fizeste retroceder o seu coração.

38 Então [o]caiu fogo do Senhor e consumiu o holocausto, a lenha, as pedras e o pó, e ainda lambeu a água que estava na valeta.

39 O que vendo todo o povo, caiu com o rosto em terra e disse: O Senhor é Deus! O Senhor é Deus!

40 Disse Elias ao povo: Agarrai os profetas de Baal. Que nem um deles escape! E assim foi feito, e Elias os fez descer ao ribeiro de [p]Quisom, e ali os [q]matou.

A profecia e a oração de Elias por chuva (Tg 5.17,18)

41 **E** disse Elias a Acabe: Sobe, come e bebe, pois há ruído de abundante chuva.

42 Subiu Acabe a comer e a beber, mas Elias subiu ao cume do Carmelo e, inclinando-se por terra, pôs o rosto entre os joelhos.

43 Disse ao seu moço: Sobe e olha para a banda do mar. E ele subiu, olhou e disse: Não há nada. Então disse Elias: Volta lá sete vezes.

44 À sétima vez, disse: Levanta-se do mar uma nuvem, do tamanho da mão de um homem. Então disse Elias: Sobe e dize a Acabe: Prepara o teu carro e desce, para que a chuva não te apanhe.

45 Em pouco tempo, os céus se enegreceram de nuvens e vento, e caiu uma grande chuva. Acabe subiu ao carro e foi para Jezreel.

46 O [r]poder do Senhor veio sobre Elias e, cingindo ele os lombos, correu adiante de Acabe, até a entrada de Jezreel.

Elias foge de Jezabel; o anjo do Senhor o serve

19 Ora, Acabe fez saber a Jezabel tudo o que Elias havia feito e como matara à [s]espada todos os profetas.

2 Então Jezabel mandou um mensageiro a Elias, a dizer-lhe: Assim me façam os deuses, e outro tanto, se até amanhã a estas horas eu não fizer com a tua vida como a de um deles.

3 Elias teve medo e correu para salvar a sua vida. Quando chegou a Berseba, que pertence a Judá, deixou ali o seu moço.

Deus encoraja Elias

4 **E**le mesmo, porém, foi ao deserto, caminho de um dia. Chegou, assentou-se debaixo de um zimbro e [t]pediu para si a [u]morte, dizendo: Já basta, ó Senhor. Toma agora a minha vida, pois não sou melhor do que meus pais.

5 E deitando-se, dormiu debaixo do zimbro. De súbito um [v]anjo o tocou e lhe disse: Levanta-te e come.

6 Ele olhou e viu que à sua cabeceira estava um pão cozido sobre brasas e uma botija de água. Tendo comido e bebido, tornou a deitar-se.

7 O anjo do Senhor voltou segunda vez, tocou-o e lhe disse: Levanta-te e come, pois muito longo te será o caminho.

Elias em Horebe

8 Levantou-se, comeu e bebeu. Com a força daquela comida caminhou [w]quarenta dias e quarenta noites até Horebe, o monte de Deus.

9 **Al**i entrou numa caverna, onde passou a noite. E lhe veio a palavra do Senhor, dizendo: Que fazes aqui, Elias?

10 Respondeu ele: Tenho sido muito zeloso pelo Senhor, o Deus dos Exércitos. Os filhos de Israel deixaram a tua aliança, derrubaram os teus altares e mataram os teus [x]profetas à espada. Só eu fiquei, e agora estão tentando matar-me também.

11 Disse-lhe Deus: Vem para fora e põe-te neste monte perante a face do Senhor, pois ele [y]vai passar. Então um [z]grande e forte vento fendeu os montes e despedaçou as penhas diante do Senhor, mas o Senhor não estava no vento. Depois do vento um terremoto, mas o Senhor não estava no terremoto.

12 Depois do terremoto um fogo, mas o Senhor não estava no fogo. Depois do fogo uma voz calma e suave.

13 Ouvindo-a Elias, envolveu o rosto na capa e, saindo, pôs-se à entrada da caverna. Então lhe veio uma voz, que dizia: Que fazes aqui, Elias?

---

[h] 1Rs 19.10,14
[i] Gn 32.28; 35.10; 2Rs 17.34
[j] Êx 20.25
[k] Veja pesos e medidas (AT): 2Cr 2.10, nota
[l] Lv 1.7
[m] Comp. Jz 6.20,21
[n] Orações da Bíblia (AT): v. 36,37; 1Rs 19.4 (Gn 15.2; Hc 3.1)
[o] Milagres (AT): v. 30-38; 2Rs 1.10 (Gn 5.24; Jn 1.17); Lv 10.1,2; Jz 13.19,20; 2Rs 1.12; 1Cr 21.26
[p] Jz 4.7; 5.21
[q] Dt 13.5; 2Rs 10.24
[r] 2Rs 3.15
[s] 1Rs 18.40
[t] Orações da Bíblia (AT): v. 4; 2Rs 6.17 (Gn 15.2; Hc 3.1)
[u] Nm 11.15; Jr 20.14-18; Jn 4.3,8
[v] Anjo do Senhor: v. 5,7; 2Rs 1.3 (Gn 16.7; Jz 2.1, nota)
[w] Êx 34.28; Mt 4.2
[x] v. 14; Rm 11.3
[y] Êx 33.21,22
[z] Ez 1.4

14 Respondeu ele: Eu tenho sido em extremo zeloso pelo Senhor Deus dos exércitos. Os filhos de Israel deixaram a tua aliança, derrubaram os teus altares e mataram os teus profetas à espada. Só eu fiquei, e agora estão tentando matar-me também.

15 Disse-lhe o Senhor: Vai, volta pelo teu caminho para o deserto de Damasco. [a]Quando lá chegares, unge Hazael rei sobre a Síria.

16 E [b]Jeú, filho de Ninsi, ungirás como rei de Israel, e também [c]Eliseu, filho de Safate de Abel-Meolá, ungirás profeta em teu lugar.

17 Quem escapar da [d]espada de Hazael, Jeú o [e]matará, e quem escapar da espada de Jeú, Eliseu o matará.

18 [f]Também conservei em [g]Israel sete mil; todos os joelhos que não se dobraram a Baal, e toda boca que não o [h]beijou.

O chamado de Eliseu

19 **A**ssim partiu Elias dali e achou Eliseu, filho de Safate, que andava lavrando com doze juntas de bois adiante dele; ele estava com a décima segunda. Elias passou por ele e lançou a sua [i]capa sobre ele.

20 Então deixou Eliseu os bois, correu após Elias e disse: Deixa-me beijar a meu pai e a minha mãe, e então te seguirei. Respondeu-lhe Elias: Vai e volta; o [j]que te fiz eu?

21 Assim Eliseu o deixou e voltou. Tomou a junta de bois e os matou. Queimou o [k]equipamento de arar e nele cozinhou a carne, e a deu ao povo, e comeram. Então se levantou e seguiu Elias, e o servia.

A primeira campanha de Acabe contra a Síria

20 **O**ra, [l]Ben-Hadade, rei da Síria, reuniu todo o seu exército. Acompanhado por trinta e dois reis, com seus cavalos e carros, subiu, cercou [m]Samaria e pelejou contra ela.

2 Enviou mensageiros à cidade, a Acabe, rei de Israel,

3 a dizer-lhe: Assim diz Ben-Hadade: A tua prata e o teu ouro são meus; os mais fortes dentre tuas mulheres e teus filhos são meus.

4 Respondeu o rei de Israel: Conforme a tua palavra, ó rei meu senhor, eu sou teu, e tudo quanto tenho.

5 Tornaram a vir os mensageiros e disseram: Assim diz Ben-Hadade: Enviei-te, na verdade, mensageiros que dissessem: Tu me hás de entregar a tua prata e o teu ouro, as tuas mulheres e os teus filhos.

6 Todavia, amanhã a estas horas enviarei os meus servos a ti, os quais vasculharão a tua casa e as casas dos teus servos. Tudo o que for agradável aos teus olhos, tomarão consigo e o levarão.

7 **E**ntão o rei de Israel chamou todas as autoridades da terra e disse: Notai e vede como esse homem procura o [n]mal! Mandou exigir minhas mulheres, meus filhos, minha prata e meu ouro, e não lhe neguei.

8 As autoridades e todo o povo lhe disseram: Não lhe dês ouvidos nem o consintas.

9 Pelo que disse aos mensageiros de Ben-Hadade: Dizei ao rei, meu senhor: Tudo o que primeiro mandaste pedir a teu servo, farei, mas isso não posso fazer. Foram-se os mensageiros e lhe levaram esta resposta.

10 Ben-Hadade tornou a enviar mensageiros, dizendo: Assim me façam os [o]deuses, e outro tanto, se o pó de Samaria bastar para encher as mãos de todo o povo que me [p]segue.

11 O rei de Israel, porém, respondeu: Dizei-lhe: Não se [q]gabe quem se cinge das armas, como aquele que as depõe.

12 Ouvindo ele esta palavra, estando a beber com os reis nas tendas, disse aos seus servos: Ponde-vos em ordem. Assim se puseram em ordem contra a cidade.

A vitória de Acabe

13 **E**nquanto isso, veio um profeta ter com Acabe, rei de Israel, e lhe disse: Assim diz o Senhor: Viste toda esta grande multidão? [r]Hoje a entregarei nas tuas mãos, para que [s]saibas que eu sou o Senhor.

14 Perguntou Acabe: Por quem? Respondeu ele: Assim diz o Senhor: Pelos jovens dos líderes das províncias. Perguntou ele: Quem começará a peleja? Respondeu o profeta: Tu.

15 Assim Acabe convocou os jovens dos líderes das províncias, duzentos e trinta e dois. Depois reuniu todo o povo, todos os filhos de Israel, sete mil.

16 Saíram ao meio-dia. Ben-Hadade estava bebendo e se embriagando nas tendas, com os reis, os trinta e dois reis que o ajudavam.

17 Os jovens dos líderes das províncias saíram primeiro. Ora, Ben-Hadade enviou espias, que lhe deram aviso, dizendo: Saíram de Samaria uns homens.

18 Disse ele: Quer venham eles tratar de paz, quer venham à peleja, tomai-os vivos.

19 Saíram da cidade os jovens dos líderes das províncias, e o exército que os seguia,

20 e feriram, cada um, ao seu adversário. Os siros fugiram, e Israel os perseguiu. Mas Ben-Hadade, rei da Síria, escapou a cavalo, com alguns cavaleiros.

21 Saiu o rei de Israel, destruiu os cavalos e os carros e feriu os siros com grande estrago.

A segunda campanha de Acabe contra a Síria

22 **E**ntão o profeta chegou-se ao rei de Israel e lhe disse: Vai, fortalece-te e atenta bem para o

[a] 2Rs 8.12,13
[b] 2Rs 9.1-3
[c] 2Rs 2.9-15
[d] 2Rs 8.12; 13.3,22
[e] 2Rs 9.14–10.28
[f] Rm 11.4
[g] Comp. Is 1.9; veja Rm 11.5, nota
[h] Os 13.2
[i] 2Rs 2.8,13,14
[j] Comp. Mt 8.21,22
[k] 2Sm 24.22
[l] 1Rs 15.18-20; 2Rs 6.24
[m] 1Rs 16.24
[n] Comp. 2Rs 5.7
[o] 1Rs 19.2
[p] Comp. Êx 11.8; Jz 8.5
[q] Pv 27.1
[r] v. 28
[s] 1Rs 18.36

que hás de fazer, [t]porque decorrido um ano o rei da Síria subirá contra ti.

23 Os servos do rei da Síria lhe disseram: Seus deuses são deuses dos montes; por isso, foram mais fortes do que nós. Mas, se guerrearmos contra eles na planície, por certo seremos mais fortes do que eles!

24 Faze isto: Tira os reis, cada um do seu lugar, e substitui-os por capitães.

25 **A**rregimenta outro exército, como o que perdeste, com outros tantos cavalos e outros tantos carros, e pelejemos com eles na planície. Então por certo seremos mais fortes do que eles. Deu ele ouvidos ao que disseram e assim fez.

26 Decorrido um ano, Ben-Hadade passou revista aos siros e subiu a [u]Afeque, para pelejar contra Israel.

27 Também aos filhos de Israel se passou revista e, providos de víveres, marcharam contra eles. Os filhos de Israel acamparam-se em frente deles, como dois pequenos rebanhos de cabras, enquanto os siros enchiam a [v]terra.

28 Chegou o [w]homem de Deus e disse ao rei de Israel: Assim diz o Senhor: Porque os siros disseram: O Senhor é Deus dos montes, e não Deus dos vales, toda esta grande multidão [x]entregarei nas tuas mãos, para que [y]saibas que eu sou o Senhor.

29 Estiveram acampados sete dias um em frente do outro. No sétimo dia, a peleja começou, e num só dia os filhos de Israel mataram dos siros cem mil homens da infantaria.

30 Os restantes fugiram para a cidade de Afeque, e caiu o muro sobre vinte e sete mil homens. Ben-Hadade fugiu e veio à cidade, onde se escondeu numa câmara interior.

Acabe é repreendido por poupar Ben-Hadade

31 **D**isseram-lhe os seus servos: Ouvimos dizer que os reis da casa de Israel são clementes. [z]Ponhamos sacos aos lombos e cordas ao redor da cabeça e saiamos ao rei de Israel. Pode ser que ele te poupe a [a]vida.

32 Então cingiram sacos aos lombos e cordas ao redor da cabeça, vieram ao rei de Israel e disseram: Diz o teu servo Ben-Hadade: Deixa-me viver. Ao que disse Acabe: Pois ainda vive? É meu irmão.

33 Aqueles homens tomaram isso por bom sinal, apressaram-se em apanhar a sua palavra e disseram: Sim, teu irmão Ben-Hadade! Respondeu-lhes ele: Trazei Ben-Hadade aqui para mim. Quando Ben-Hadade chegou, Acabe o fez subir no carro.

34 Disse Ben-Hadade: Eu te restituirei as [b]cidades que meu pai tomou de teu pai. Faze para ti praças em Damasco, como meu pai as fez em Samaria. E eu, respondeu Acabe, te deixarei ir com esta aliança. Assim fez com ele aliança e o deixou ir.

35 [c]**E**ntão um dos homens dos [d]filhos dos profetas disse ao seu companheiro, [e]pela palavra do Senhor: Fere-me, peço-te. Mas o homem recusou feri-lo.

36 Ele lhe disse: Visto que não obedeceste à voz do Senhor, logo que te apartares de mim, um [f]leão te matará. E assim que se apartou dele, um leão o encontrou e o matou.

37 Depois o profeta encontrou outro homem e disse-lhe: Fere-me, peço-te. Aquele homem o atingiu e o feriu.

38 Então foi o profeta, pôs-se a esperar o rei no caminho e disfarçou-se, cobrindo os olhos com o seu turbante.

39 Passando o rei, clamou o profeta: Teu servo estava no meio da peleja, e um homem, voltando-se, me trouxe outro homem e disse: Guarda-me este homem. Se vier a faltar, a tua vida [g]responderá pela dele, ou pagarás um [h]talento de prata.

40 Estando o teu servo ocupado de uma e de outra parte, o homem desapareceu. Então o rei de Israel lhe disse: Essa é a tua sentença. Tu mesmo a pronunciaste.

41 Então o profeta se apressou, tirou o turbante de sobre seus olhos, e o rei de Israel reconheceu que era um dos profetas.

42 Disse ele ao rei: Assim diz o Senhor: [i]Libertaste o homem que eu havia ordenado que fosse morto. Portanto, a tua vida responderá pela vida dele, e o teu [j]povo, pelo povo dele.

43 [k]Foi-se o rei de Israel para seu palácio, desgostoso e indignado, e chegou a Samaria.

Acabe cobiça a vinha de Nabote

21 **D**epois destas coisas, tendo Nabote, o [l]jezreelita, uma vinha em Jezreel, junto ao palácio de Acabe, rei de Samaria,

2 disse este a Nabote: Dá-me a tua [m]vinha, para que me sirva de horta, porque está vizinha, ao lado do meu palácio. E te darei por ela outra vinha melhor, ou, se for do teu agrado, te darei o seu valor em dinheiro.

3 Nabote, porém, disse a Acabe: Guarde-me o Senhor de [n]que eu te dê a herança de meus pais.

4 Então Acabe veio desgostoso e indignado ao seu palácio, por causa da palavra que Nabote, o jezreelita, lhe falara: Não te darei a herança de meus pais. Deitou-se na sua cama, virou o rosto e [o]não comeu pão.

O plano homicida de Jezabel

5 Veio falar com ele [p]Jezabel, sua mulher, e lhe perguntou: Por que está o teu espírito tão desgostoso, e não comes pão?

---

[t] v. 26; 2Sm 11.1
[u] Js 13.4; 2Rs 13.17
[v] Jz 6.3-5; 1Sm 13.5-8
[w] 1Rs 17.18
[x] v. 13
[y] 1Rs 20.13
[z] Gn 37.34
[a] Comp. Js 9.3-15
[b] 1Rs 15.20
[c] Parábolas (AT): v. 35-40; 1Rs 22.19 (Jz 9.8; Zc 11.7)
[d] 2Rs 2.3-7
[e] 1Rs 13.17
[f] Comp. 1Rs 13.24
[g] 2Rs 10.24
[h] Veja sist. monetário (AT): Êx 30.13, nota
[i] 1Rs 22.31-37
[j] Comp. 1Sm 15.9-23
[k] 1Rs 21.4
[l] 1Rs 18.45,46
[m] 1Sm 8.14
[n] Lv 25.23; Nm 36.7; Ez 46.18
[o] Comp. 1Sm 28.20-25
[p] 1Rs 19.1,2

6 Respondeu-lhe ele: Porque disse a Nabote, o jezreelita: Dá-me a tua vinha por dinheiro, ou, se preferir, te darei outra em seu lugar. Mas ele disse: Não te darei a minha vinha.

7 Então Jezabel, sua mulher, lhe disse: Governas tu, com efeito, no reino de Israel? Levanta-te e come! Alegre-se o teu coração. Eu te darei a vinha de Nabote, o jezreelita.

8 **E**ntão escreveu cartas em nome de Acabe, selou-as com o sinete dele e mandou as cartas às autoridades e aos nobres que havia na sua cidade e habitavam com Nabote.

9 Escreveu nas cartas: Apregoai um jejum e ponde a Nabote diante do povo.

10 Ponde em frente dele dois homens, filhos de Belial, que testemunhem contra ele, dizendo: [q]Blasfemaste contra Deus e contra o rei. Depois levai-o para fora e [r]apedrejai-o, para que morra.

11 Os homens da sua cidade, as autoridades e os nobres que habitavam na sua cidade, fizeram como Jezabel lhes ordenara, conforme estava escrito nas cartas que lhes mandara.

12 [s]Apregoaram um jejum e puseram Nabote diante do povo.

13 Então vieram dois homens, filhos de Belial, e sentaram-se em frente dele, e [t]testemunharam contra Nabote, perante o povo, dizendo: Nabote blasfemou contra Deus e contra o rei. Assim o levaram para fora da cidade e o [u]apedrejaram, e morreu.

14 Então mandaram dizer a Jezabel: Nabote foi apedrejado e morreu.

15 Ouvindo Jezabel que Nabote fora apedrejado e morrera, disse a Acabe: Levanta-te e possui a vinha de Nabote, o jezreelita, a qual ele te recusou dar por dinheiro. Nabote já não vive, mas é morto.

16 Ouvindo Acabe que Nabote era morto, levantou-se para descer à vinha de Nabote, o jezreelita, a fim de tomar posse dela.

Predição da ruína de Acabe e Jezabel. Acabe se arrepende

17 [v]Então veio a palavra do Senhor a [w]Elias, o tisbita:

18 Levanta-te, desce para encontrar-te com Acabe, rei de Israel, [x]que está em Samaria. Ele está na vinha de Nabote, desceu até lá para tomar posse dela.

19 Dirás a ele: Assim diz o Senhor: Não mataste e tomaste a herança? Então lhe dirás: Assim diz o Senhor: [y]No lugar em que os cães lamberam o sangue de Nabote, lamberão o teu sangue, o teu mesmo.

20 Disse Acabe a Elias: [z]Já me achaste, ó inimigo meu? Respondeu ele: Achei-te, porque [a]te vendeste para fazer o que é mau aos olhos do Senhor.

21 [b]Trarei o mal sobre ti, lançarei fora a tua [c]posteridade e arrancarei de Acabe todo homem, escravo ou livre, em Israel.

22 Farei com a tua família [d]como fiz com a de Jeroboão, filho de Nebate, e [e]a de Baasa, filho de Aías, por causa da provocação com que me provocaste à ira, fazendo Israel pecar.

23 Também acerca [f]de Jezabel disse o Senhor: Os cães comerão Jezabel junto ao antemuro de Jezreel.

24 Quem morrer [g]de Acabe na cidade, os cães o comerão, e o que morrer no campo, as aves do céu o comerão.

25 Não houve [h]ninguém como Acabe, que se vendeu para fazer o que era mau aos olhos do Senhor, porque Jezabel, sua mulher, o instigava.

26 Fez grandes abominações, seguindo os ídolos, conforme tudo o que fizeram os [i]amorreus, os quais o Senhor lançou fora da sua possessão, de diante dos filhos de Israel.

27 **Q**uando Acabe ouviu estas palavras, rasgou as suas vestes, cobriu-se de pano de saco e jejuou. Dormia em [j]sacos e andava humildemente.

28 Então veio a palavra do Senhor a Elias, o tisbita:

29 Não viste que Acabe se [k]humilha perante mim? Portanto, visto que se humilha perante mim, não trarei este mal nos seus dias, mas [l]nos dias de seu filho.

A terceira campanha de Acabe contra a Síria; Josafá o auxilia

22 **P**assaram-se três anos sem haver guerra entre a Síria e Israel.

2 No terceiro ano, porém, [m]Josafá, rei de Judá, desceu para avistar-se com o rei de Israel.

3 Disse o rei de Israel aos seus servos: Não sabeis vós que [n]Ramote-Gileade é nossa, e nós estamos quietos, sem a tomar do rei da Síria?

4 Então perguntou a Josafá: Irás tu comigo à peleja, a Ramote-Gileade? Respondeu Josafá ao rei de Israel: [o]Serei como tu és, e o meu povo como o teu povo, e os meus cavalos como os teus cavalos.

Os profetas mentirosos de Acabe prometem vitória (2Cr 18.4,5,9-11)

5 **J**osafá, porém, disse ao rei de Israel: [p]Consulta primeiro a palavra do Senhor.

6 Assim o rei de Israel reuniu os [qq]profetas, cerca de quatrocentos homens, e lhes perguntou: Irei à peleja contra Ramote-Gileade, ou deixarei de ir? Responderam eles: Sobe, pois o Senhor a entregará nas mãos do rei.

7 Disse, porém, Josafá: Não há aqui ainda algum profeta do Senhor, ao qual possamos consultar?

[q] Êx 22.28; Lv 24.15,16; At 6.11
[r] Lv 24.14
[s] Is 58.4
[t] Êx 20.16; 23.1,7
[u] 2Rs 9.26
[v] Sl 9.12
[w] 1Rs 19.1
[x] 1Rs 13.32; 2Cr 22.9
[y] 1Rs 22.38
[z] Comp. 1Rs 18.17
[a] 2Rs 17.17; Rm 7.14
[b] 1Rs 14.10; 2Rs 9.8
[c] 2Rs 10.10
[d] 1Rs 15.29
[e] 1Rs 16.3,11
[f] 2Rs 9.36
[g] 1Rs 14.11; 16.4
[h] 1Rs 16.30-33
[i] Gn 15.16; Lv 18.25-30; 2Rs 21.11
[j] Gn 37.34
[k] 2Rs 22.19
[l] 2Rs 9.25
[m] 1Rs 15.24; 2Cr 18.2
[n] Dt 4.43; Js 21.38
[o] 2Rs 3.7
[p] 2Rs 3.11
[qq] 1Rs 18.19; comp. Dt 18.20

8 Respondeu o rei de Israel a Josafá: Ainda há um homem por quem podemos consultar ao Senhor, mas eu o odeio, porque nunca profetiza o bem a meu respeito, mas somente o mal. Este é Micaías, filho de Inlá. Disse Josafá: Não fale o rei assim.

9 Então o rei de Israel chamou um oficial e disse: Traze-me depressa a Micaías, filho de Inlá.

10 O rei de Israel e Josafá, rei de Judá, estavam assentados cada um no seu trono, vestidos de trajes reais, na praça, à entrada da porta de Samaria, e todos os profetas profetizavam diante deles.

11 Zedequias, filho de Quenaaná, fez para si uns [r]chifres de ferro e disse: Assim diz o Senhor: Com estes [s]ferirás os siros, até de todo os consumir.

12 Todos os profetas profetizaram do mesmo modo, dizendo: Sobe a Ramote-Gileade e triunfarás, pois o Senhor a entregará nas mãos do rei.

Micaías profetiza a derrota
(2Cr 18.6-8,12-27)

13 **O** [t]mensageiro que fora chamar Micaías disse-lhe: As palavras dos profetas a uma voz predizem coisas boas para o rei. Seja a tua palavra como a palavra de um deles e fala o que é bom.

14 Micaías, porém, disse: Tão certo como vive o Senhor, o que o Senhor me disser, isso [u]falarei.

15 Vindo ele à presença do rei, este lhe disse: Micaías, iremos a Ramote-Gileade à peleja, ou deixaremos de ir? Respondeu-lhe ele: Sobe e triunfarás, porque o Senhor a entregará nas mãos do rei.

16 Disse-lhe o rei: Quantas vezes te farei jurar, que não me fales senão a verdade em nome do Senhor?

17 Então disse ele: Vi todo o Israel disperso pelos montes, como ovelhas que não têm pastor, e disse o Senhor: Estes não têm senhor. Torne cada um em paz para sua casa.

18 Então disse o rei de Israel a Josafá: Não te disse eu que ele nunca profetiza o bem a meu respeito, mas somente o mal?

19 Continuou Micaías: [v]Ouve, portanto, a palavra do Senhor: [w]Vi o Senhor assentado sobre o seu trono, [x]e todo o exército do céu estava ao redor dele, à sua mão direita e à sua esquerda.

20 Perguntou o Senhor: Quem induzirá Acabe a subir, para que caia em Ramote-Gileade? Um dizia desta maneira, e outro de outra.

21 Então saiu um espírito e se apresentou diante do Senhor, e disse: Eu o induzirei. E o Senhor lhe perguntou: De que modo?

22 Respondeu ele: Eu sairei e serei um espírito mentiroso na boca de todos os seus profetas. Disse o Senhor: [y]Tu o induzirás e ainda prevalecerás. Sai e faze assim.

23 Assim, agora o Senhor pôs o espírito mentiroso na boca de todos estes teus profetas, e o Senhor falou o que é mau contra ti.

24 **Então** Zedequias, filho de Quenaaná, chegou, [z]feriu Micaías na face e disse: [a]Por onde passou de mim o espírito do Senhor para falar a ti?

25 Respondeu Micaías: Tu o verás naquele dia, quando entrares num [b]quarto, para te esconderes.

26 Então disse o rei de Israel: Tomai a Micaías e tornai a levá-lo a Amom, governador da cidade, e a Joás, filho do rei,

27 dizendo-lhes: Assim diz o rei: [c]Prendei este homem e sustentai-o com pão e água, até que eu volte em paz.

28 Disse Micaías: Se voltares em paz, o [d]Senhor não falou por mim. Disse mais: Ouvi, todos os povos!

Derrota e morte de Acabe
(2Cr 18.28-34)

29 **Assim** o rei de Israel e Josafá, rei de Judá, subiram a Ramote-Gileade.

30 Disse o rei de Israel a Josafá: Eu me [e]disfarçarei e entrarei na peleja, mas tu veste os teus trajes reais. Assim se disfarçou o rei de Israel e entrou na peleja.

31 Ora, o [f]rei da Síria deu ordem aos seus trinta e dois [g]capitães dos carros: Não pelejareis nem contra pequeno nem contra grande, [h]mas somente contra o rei de Israel.

32 Vendo os capitães dos carros a Josafá, disseram: Certamente este é o rei de Israel. Dirigiram-se a ele, para o atacar. Mas Josafá gritou.

33 Vendo os capitães dos carros que não era o rei de Israel, deixaram de persegui-lo.

34 Então um homem entesou o arco e, atirando ao acaso, feriu o rei de Israel por entre as juntas da sua armadura. Disse o rei ao condutor do seu carro: Vira e tira-me do exército. Estou gravemente ferido.

35 A peleja tornou-se violenta naquele dia, e o rei foi sustentado no seu carro contra os siros. O sangue escorria do seu ferimento para o fundo do carro, e à tarde ele morreu.

36 Ao pôr do sol passou pelo exército o pregão: Cada um para a sua cidade, e cada um para a sua terra!

37 **Assim** morreu o rei; o levaram para Samaria e ali o sepultaram.

38 Lavaram o seu carro junto ao tanque de Samaria, e os cães lamberam-lhe o sangue (ora, as prostitutas se banhavam ali), conforme a [i]palavra que o Senhor tinha dito.

39 Quanto ao restante dos atos de Acabe, a tudo quanto fez, à casa de marfim que construiu e a todas as cidades que edificou, porventura não está escrito no livro das crônicas dos reis de Israel?

[r] Zc 1.18-21
[s] Dt 33.17
[t] v. 7-9
[u] Comp. Nm 22.18; 24.13
[v] Parábolas (AT): v. 19-23; 2Rs 14.9 (Jz 9.8; Zc 11.7)
[w] Is 6.1; Dn 7.9; Ez 1.26-28
[x] Jó 1.6; 2.1; Sl 103.20; Dn 7.10
[y] Jz 9.23; Jó 12.16; Ez 14.9
[z] Jr 20.2
[a] 2Cr 18.23
[b] 1Rs 20.30
[c] 2Cr 16.10; 18.25-27
[d] Nm 16.29; Dt 18.20-22
[e] Comp. 2Cr 35.22
[f] 1Rs 20.1
[g] 1Rs 20.24
[h] Comp. 2Sm 17.2
[i] 1Rs 21.19

40 Dormiu Acabe com seus pais. E [j]Acazias, seu filho, reinou em seu lugar.

VI. Os reinados de Josafá e Acazias, 22.40-53

Acazias sucede Acabe como rei de Israel

41 [k]Josafá, filho de Asa, [l]começou a reinar sobre Judá no quarto ano de Acabe, rei de Israel.

Resumo do reinado de Josafá sobre Judá (2Cr 17.19,20)

42 Era Josafá da idade de trinta e cinco anos quando começou a reinar, e vinte e cinco anos reinou em Jerusalém. Era o nome de sua mãe Azuba, filha de Sili.
43 [m]Andou em todos os caminhos de seu pai Asa e não se desviou deles; fez o que era reto aos olhos do Senhor.
44 Todavia, os [n]altos não se tiraram, e o povo ainda sacrificava e queimava incenso nos altos.
45 [o]Josafá teve [p]paz com o rei de Israel.
46 Quanto ao restante dos atos de Josafá, ao poder que mostrou e como guerreou, porventura não está escrito [q]no livro das crônicas dos reis de Judá?
47 **T**ambém expulsou da terra o restante dos [r]prostitutos cultuais que ficaram nos dias de seu pai Asa.
48 Não havia rei em Edom; governava um vice-rei.
49 Ora, fez Josafá [s]navios de Társis, para irem a [t]Ofir em busca de ouro, mas não foram, porque os navios se quebraram em [u]Eziom-Geber.
50 Então Acazias, filho de Acabe, disse a Josafá: Vão os meus servos com os teus servos nos navios. Mas Josafá não quis.

Jorão sucede a Jeosafá (2Cr 21.1)

51 [v]Josafá dormiu com seus pais e foi sepultado junto a eles na Cidade de Davi, seu pai. E Jorão, seu filho, reinou em seu lugar.

Acazias, o perverso filho de Acabe, reina em Israel

52 [w]**A**cazias, filho de [x]Acabe, começou a reinar em Samaria no ano dezessete de Josafá, rei de Judá, e reinou dois anos sobre Israel.
53 Fez o que era mau aos olhos do Senhor, porque [y]andou nos caminhos de seu pai, como também nos caminhos de sua mãe, e nos caminhos de Jeroboão, filho de Nebate, que fez Israel pecar.
54 [z]Serviu a Baal, o adorou e provocou à ira o Senhor, o Deus de Israel, [a]conforme tudo quanto seu pai fizera.

[j] 2Rs 1.2,18
[k] 2Cr 17.1
[l] 2Cr 20.31
[m] 2Cr 17.3; 2Cr 20.32,33
[n] 1Rs 14.23; 15.14; 2Rs 12.3; veja Jz 3.7 e 1Rs 3.2, notas
[o] 2Cr 19.1,2
[p] 2Cr 18.1
[q] 2Cr 20.34
[r] 1Rs 14.24; 15.12; 2Rs 23.7
[s] 1Rs 10.22; 2Cr 20.35-37
[t] 1Rs 9.28
[u] 1Rs 9.26
[v] 2Cr 21.1
[w] v. 40
[x] 1Rs 22.29-40
[y] 1Rs 15.26
[z] Jz 2.11
[a] 1Rs 16.30-32

- **Autor:** Desconhecido
- **Tema:** Israel e Judá
- Escrito no século VI a.C.

2REIS

O primeiro livro de Reis e o segundo livro de Reis constituem um único livro na Bíblia hebraica. Segundo Reis contém o registro de duas grandes tragédias nacionais: a queda de Israel, o Reino do Norte, em 721 a.C. (2Rs 17.21-23), e a queda de Judá, com a destruição de Jerusalém, em 600 a.C. (2Rs 24.10-16), além de um relato do extraordinário ministério de Eliseu. Durante o período registrado nesse livro, Israel recebeu advertências e exortações de Amós e Oseias, e houve vários profetas que surgiram em Judá, incluindo Isaías e Jeremias. Ao concluírem, os livros de Reis mostram o povo de Judá cativo na Babilônia.

O livro pode ser dividido da seguinte maneira: I. O fim do ministério de Elias e sua trasladação, 1.1–2.11. II. O ministério de Eliseu, 2.12–8.15. III. Os reis de Israel e Judá até a queda de Samaria, 8.16–17.41. IV. Da ascensão de Ezequias até o cativeiro de Judá, 18.1–25.30.

I. O fim do ministério de Elias e sua trasladação, 1.1–2.11

Rebelião de Moabe: enfermidade de Acazias, rei de Israel

1 **D**epois da morte de Acabe, revoltou-se [a]Moabe contra Israel.

2 [b]**A**cazias caiu da sacada de um quarto alto, em Samaria, e ficou muito ferido. Enviou mensageiros, dizendo-lhes: Ide e perguntai a [c]Baal-Zebube, deus de [d]Ecrom, se me recuperarei desse [e]acidente.

3 O [f]anjo do Senhor, porém, disse a Elias, o tisbita: Levanta-te e sobe para te encontrares com os mensageiros do rei de Samaria e dize-lhes: Não há Deus em Israel, para irdes consultar a Baal-Zebube, deus de Ecrom?

4 Por isso, assim diz o Senhor: Da cama em que estás não sairás, mas certamente nela morrerás. Então Elias foi embora.

Deus protege Elias

5 **E** os mensageiros voltaram para o rei, que lhes perguntou: O que aconteceu, que voltastes?

6 Responderam eles: Um homem nos saiu ao encontro e nos disse: Ide, voltai para o rei que vos mandou, e dizei-lhe: Assim diz o Senhor: Não há Deus em Israel, para que mandes consultar a Baal-Zebube, deus de Ecrom? Portanto, da cama, em que estás não sairás, mas certamente nela morrerás.

7 Ele lhes perguntou: Como era o homem que vos foi ao encontro e vos falou estas palavras?

8 Responderam: Era [g]um homem com vestimenta de pelos, com os lombos cingidos de um cinto de couro. Então disse ele: [h]É Elias, o tisbita.

9 **E**ntão o rei lhe enviou um capitão de cinquenta, com os seus cinquenta homens. Este foi ao encontro de Elias, que estava assentado no cume do monte, e lhe disse: Homem de Deus, o rei diz: Desce.

10 Elias, porém, respondeu ao capitão de cinquenta: Se eu sou homem de Deus, que [i]desça fogo do céu e [j]consuma a ti e aos teus cinquenta. Então desceu fogo do céu e consumiu ele e os seus cinquenta.

11 Tornou o rei a enviar-lhe outro capitão de cinquenta, com os seus cinquenta homens. Esse lhe disse: Homem de Deus, assim diz o rei: Desce imediatamente.

12 Respondeu Elias ao capitão: Se eu sou homem de Deus, que desça fogo do céu e consuma tu e os teus cinquenta. Então o fogo de Deus desceu do céu e consumiu a ele e aos seus cinquenta.

Jorão torna-se rei de Israel

13 Tornou o rei a enviar pela terceira vez outro capitão de cinquenta, com os seus cinquenta homens. Este terceiro capitão de cinquenta subiu, pôs-se de joelhos diante de Elias e implorou-lhe: Homem de Deus, seja, peço-te, [k]preciosa aos teus olhos a minha vida e a vida destes cinquenta soldados teus servos.

14 Desceu fogo do céu e consumiu aqueles dois primeiros capitães de cinquenta, com os seus cinquenta homens. Agora, porém, seja preciosa aos teus olhos a minha vida.

15 Então o anjo do Senhor disse a Elias: Desce com esse, não temas. Levantou-se e desceu com ele e foi falar com o rei.

16 Disse ao rei: Assim diz o Senhor: Por que enviaste mensageiros a consultar a Baal-Zebube, deus de Ecrom? É por que não há Deus em Israel, para consultares a sua palavra? Portanto desta cama em que estás não sairás, mas certamente nela morrerás.

17 **A**ssim morreu, conforme a palavra do Senhor, que Elias falara. E [l]Jorão começou a [m]reinar no seu lugar no segundo ano de [n]Jeorão, filho de Josafá, rei de Judá, porque Acazias não tinha filho.

18 **Q**uanto aos demais atos de Acazias, acaso não estão escritos no livro das crônicas dos reis de Israel?

[a] 2Sm 8.2; 2Rs 3.5
[b] 1Rs 22.40
[c] Mt 10.25
[d] 1Sm 5.10
[e] Comp. 2Rs 8.7-10
[f] Anjo do Senhor: v. 3,4,15,16; 2Rs 19.35 (Gn 16.7; Jz 2.1, nota)
[g] Comp. Mt 3.4
[h] 1Rs 18.7
[i] Lc 9.54
[j] Milagres (AT): v. 10-12; 2Rs 2.8 (Gn 5.24; Jn 1.17). Comp. Nm 16.35
[k] 1Sm 26.21; Sl 72.14
[l] 2Rs 1.2-4.
[m] Filho de Acabe. 2Rs 8.16; comp. 2Rs 3.1
[n] 1Rs 22.50; Mt 1.8

O Senhor leva Elias ao céu em um redemoinho

2 Quando o Senhor estava para [o]levar Elias ao céu num redemoinho, Elias partiu de Gilgal com [p]Eliseu.

2 Disse Elias a Eliseu: [q]Fica-te aqui; o Senhor me enviou a Betel. Eliseu, porém, disse: Tão certo como vive o Senhor e [r]vive a tua alma, não [s]te deixarei. Assim foram para Betel.

3 Os [t]discípulos dos profetas que estavam em Betel saíram ao encontro de Eliseu e perguntaram: Sabes que o Senhor hoje levará o teu mestre por sobre a tua cabeça? Respondeu ele: Sim, eu sei, mas calai-vos.

4 Então Elias lhe disse: Eliseu, fica-te aqui; o Senhor me enviou a Jericó. Ele, porém, disse: Tão certo como vive o Senhor e vive a tua alma, não te deixarei. Assim foram para Jericó.

5 Os discípulos dos profetas que estavam em Jericó se aproximaram de Eliseu e perguntaram: Sabes que o Senhor hoje levará o teu mestre diante de ti? Respondeu ele: Sim, eu sei, mas calai-vos.

6 Então Elias lhe disse: Fica-te aqui; o Senhor me enviou ao Jordão. Ele, porém, disse: Tão certo como vive o Senhor e vive a tua alma, não te deixarei. Assim ambos foram juntos.

7 Cinquenta homens dos discípulos dos profetas os acompanharam e pararam a certa distância, em frente do lugar em que ambos haviam parado à margem do Jordão.

8 Então Elias pegou a sua [u]capa e, dobrando-a, [v]bateu com elas nas águas, as quais [w]se dividiram para os dois lados; os dois passaram em [x]seco.

9 Havendo eles atravessado, Elias disse a Eliseu: Pede-me o que queres que te faça, antes que seja levado para longe de ti. Disse Eliseu: Peço-te que haja porção [y]dobrada de teu espírito sobre mim.

10 Respondeu Elias: [z]Coisa difícil pediste. Se me vires quando for separado de ti, assim se te fará; porém, se não me vires, não se fará.

11 Indo eles andando e falando, de repente, um [a]carro de fogo, com cavalos de fogo, os separou um do outro; e Elias [b]subiu ao céu num redemoinho.

II. O ministério de Eliseu, 2.12–8.15

Eliseu recebe porção dobrada do espírito de Elias

12 O que vendo Eliseu, clamou: Meu pai, meu pai, carros de Israel e [c]seus cavaleiros! E Eliseu nunca mais o viu. Pegando as suas próprias vestes, rasgou-as em duas partes.

13 Apanhou a capa que caíra de Elias e voltou e parou à margem do Jordão.

14 Então tomou a capa que caíra de Elias, bateu com ela nas águas e disse: Onde está agora o Senhor, Deus de Elias? Quando bateu nas águas, elas se dividiram para um e outro lado, e Eliseu atravessou.

[o] Gn 5.24
[p] 1Rs 19.21
[q] v. 6
[r] v. 4,6; 1Sm 1.26; 2Rs 4.30
[s] Comp. 2Sm 15.21
[t] v. 5,7,15; 1Rs 20.35; 2Rs 4.1,38
[u] v. 13
[v] v. 14; Êx 14.21,22
[w] Milagres (AT): v. 7-14,19-24; 2Rs 3.20 (Gn 5.24; Jn 1.17)
[x] Js 3.17
[y] Comp. Dt 21.17
[z] Comp. Gn 18.14
[a] 2Rs 6.17
[b] Gn 5.24; Hb 11.5; comp. 1 Ts 4.13-17
[c] 2Rs 13.14
[d] Espírito Santo (AT): v. 16; 1Cr 12.18 (Gn 1.2; Zc 12.10)
[e] 1Rs 18.12; At 8.39
[f] 2Rs 8.11
[g] Êx 15.25; 2Rs 4.41
[h] Milagres (AT): v. 7-14,19-24; 2Rs 3.20 (Gn 5.24; Jn 1.17)
[i] Ez 47.8,9
[j] Dt 27.13-26
[k] 1Rs 18.19; 2Rs 4.25

Eliseu sucede Elias

15 Vendo-o os discípulos dos profetas que estavam em Jericó, disseram: O espírito de Elias repousa sobre Eliseu. E vieram-lhe ao encontro e se prostraram diante dele em terra.

16 Disseram-lhe: Com teus servos há cinquenta homens valentes. Deixa-os ir em busca do teu senhor. Pode ser que o [d]Espírito do Senhor [e]o tenha arrebatado e lançado em algum monte, ou em algum vale. Respondeu Eliseu: Não os envieis.

17 Eles, porém, insistiram com ele a ponto de [f]aborrecê-lo. Assim lhes disse: Enviai. E enviaram cinquenta homens, que o procuraram durante três dias, mas não o acharam.

18 Quando voltaram para Eliseu, que havia ficado em Jericó, ele lhes disse: Não vos disse que não fôsseis?

19 Os homens da cidade disseram a Eliseu: Como o meu senhor vê, esta cidade é bem situada, mas as águas são ruins, e a terra é estéril.

20 Disse ele: Trazei-me uma tigela nova e ponde nela sal. E eles a trouxeram.

21 Então foi ele até o manancial das águas e [g]despejou sal nele, dizendo: Assim diz o Senhor: Sarei estas águas. Jamais causarão morte nem esterilidade.

22 [h]Ficaram [i]puras aquelas águas até o dia de hoje, conforme a palavra que Eliseu tinha dito.

A irreverência é julgada

23 Então subiu dali a Betel. Indo ele pelo caminho, alguns meninos saíram da cidade e zombavam dele, dizendo: Sobe, careca! Sobe, careca!

24 Virando-se ele para trás, viu-os e os [j]amaldiçoou em nome do Senhor. Então duas ursas saíram do bosque e despedaçaram quarenta e dois daqueles [1]meninos.

25 E dali foi para o [k]monte Carmelo, de onde voltou para Samaria.

---

[1] (2.24) A palavra *na'ar* ("meninos") não especifica idade. É a palavra usada para falar de José aos dezessete anos (Gn 37.2), de Benjamim (Gn 43.8) e Absalão (2Sm 18.5). A palavra *biqqeа'* ("despedaçaram") indica ferimentos graves, mas não quer dizer *matar* nem *destruir*. Os seguintes fatos mostram a gravidade da ofensa: 1) os jovens zombaram do aspecto físico de Eliseu, o homem de Deus; 2) ao dizer-lhe: "Sobe, careca! Sobe, careca!" estavam zombando da trasladação de Elias (v. 11), e a ofensa em si implicava que os ofensores já não eram crianças, e, 3) ao ridicularizar o homem de Deus, eram culpados de blasfemar a Deus, a quem ele representava.

Jorão reina em Israel

3 [l]Jorão, filho de Acabe, [m]começou a reinar sobre Israel, em Samaria, no décimo oitavo ano de Josafá, rei de Judá, e reinou doze anos.

2 Fez o que era mau aos olhos do Senhor, mas não como seu pai, nem como sua mãe. Derrubou a coluna de [n]Baal, que seu pai fizera.

3 Contudo, persistiu nos [o]pecados de Jeroboão, filho de Nebate, que fizera pecar Israel, e deles não se afastou.

Rebelião moabita (2Rs 1.1)

4 **O**ra, Mesa, rei dos moabitas, era criador de ovelhas e [p]pagava imposto ao rei de Israel de cem mil cordeiros, e cem mil carneiros com a sua lã.

5 Tendo, pois, morrido Acabe, revoltou-se o rei dos moabitas contra o rei de Israel.

6 Assim, nesse tempo, saiu Jorão de Samaria e fez revista de todo o Israel.

7 Mandou dizer a Josafá, rei de Judá: O rei dos moabitas se revoltou contra mim. Irás tu comigo à guerra contra os moabitas? Respondeu ele: Irei. [q]Serei como tu és, o meu povo como o teu povo, e os meus cavalos como os teus cavalos.

8 Perguntou ele: Por que caminho subiremos? Respondeu-lhe Jorão: Pelo caminho do deserto de Edom.

Eliseu repreende Jorão

9 **A**ssim partiu o rei de Israel com o rei de Judá e o [r]rei de Edom. Após marcharem durante sete dias, não havia mais água para o exército, nem para os animais que os acompanhavam.

10 Então disse o rei de Israel: Ah! O Senhor reuniu três reis para entregá-los nas mãos dos moabitas.

11 [s]Josafá, porém, perguntou: Não há aqui algum profeta do Senhor, para que consultemos ao Senhor por meio dele? Então respondeu um dos servos do rei de Israel: Aqui está Eliseu, filho de Safate, que [t]auxiliava Elias.

12 Disse Josafá: Está com ele a palavra do Senhor. Então o rei de Israel, Josafá e o rei de Edom [u]desceram ao encontro dele.

13 **E**liseu, porém, disse ao rei de Israel: Que tenho eu [v]contigo? [w]Vai aos [x]profetas de teu pai e aos [y]profetas de tua mãe. O rei de Israel, porém, lhe disse: Não, porque o Senhor reuniu estes três reis para entregá-los nas mãos dos moabitas.

14 Disse Eliseu: Tão certo como [z]vive o Senhor dos Exércitos, em cuja presença estou, se eu não respeitasse a presença de Josafá, rei de Judá, não olharia para ti, nem daria atenção.

15 Agora, porém, trazei-me um [a]harpista. Enquanto o harpista [b]tocava, veio sobre Eliseu a [c]mão do Senhor,

A derrota de Moabe

16 e disse: Assim diz o Senhor: cavai neste vale muitas covas,

17 porque assim diz o Senhor: Não vereis vento, nem vereis chuva, contudo este vale se encherá de água, e bebereis vós, o vosso gado e os vossos animais.

18 Ainda isso é pouco aos olhos do Senhor; também entregará ele os moabitas nas vossas mãos.

19 Destruireis todas as cidades fortificadas e todas as cidades principais. [d]Destruireis todas as boas árvores, tapareis todas as fontes de água e danificareis com pedras todos os bons campos.

20 Na manhã seguinte, na hora da oferta de cereais, vieram as [e]águas pelo caminho de Edom, e a terra se encheu de água.

21 **O**uvindo todos os moabitas que os reis tinham subido para guerrear contra eles, convocaram-se todos os que podiam empunhar armas desde o mais novo até o mais velho, e posicionaram-se nas fronteiras.

22 Levantaram-se os moabitas cedo de manhã e, brilhando o sol sobre as águas, viram diante de si as águas vermelhas como sangue,

23 e disseram: Isto é sangue! Certamente os reis se destruíram e se mataram um ao outro! Agora, ao saque, moabitas!

24 Chegando, porém, eles ao acampamento de Israel, os israelitas se levantaram e atacaram os moabitas, os quais fugiram diante deles. E ainda entraram na terra, destruindo ali também os moabitas.

25 Arrasaram as cidades, e cada um deles lançou pedras em todos os bons campos e os entulharam. Taparam todas as fontes de águas e derrubaram todas as boas árvores. Somente Quir-Haresete ficou com as pedras no lugar; contudo, os homens armados de fundas a cercaram e a feriram.

26 Vendo o rei dos moabitas que a batalha prevalecia contra ele, levou consigo setecentos homens armados de espada, para romperem contra o rei de Edom, mas fracassaram.

27 Então tomou a seu filho primogênito, que havia de reinar em seu lugar, e o [f]ofereceu em sacrifício sobre o muro, pelo que houve grande indignação em Israel. Por isso, retiraram-se dali e voltaram para a sua terra.

O aumento do azeite da viúva

4 **A** mulher de um dos [g]discípulos dos profetas clamou a Eliseu: Meu marido, teu servo, morreu, e tu sabes que o teu servo [h]temia ao Senhor. Agora o seu credor vem [i]levar-me os meus dois filhos para serem escravos.

2 Respondeu-lhe Eliseu: Como poderei ajudar-te? Dize-me, o que tens em casa? Disse ela:

[l] 2Rs 1.17
[m] 2Rs 3.1-27; 6.8–9.24
[n] 1Rs 16.31,32
[o] 1Rs 12.28-32
[p] 2Sm 8.2
[q] 1Rs 22.4
[r] Comp. 1Rs 22.47; 2Rs 8.20
[s] 1Rs 22.7
[t] 1Rs 19.21
[u] 2Rs 2.25
[v] Comp. Ez 14.3-5
[w] Jz 10.14
[x] 1Rs 22.6-11
[y] 1Rs 18.19
[z] 1Rs 17.1; 2Rs 5.16
[a] 1Sm 10.5
[b] 1Sm 16.16,23; 1Cr 25.1
[c] Ez 1.3; 3.14,22; 8.1
[d] Comp. Dt 20.19,20
[e] Milagres (AT): 3.16-20; 4.2-7,32-44; 2Rs 5.14 (Gn 5.24; Jn 1.17)
[f] Dt 18.10; Am 2.1
[g] 2Rs 2.3
[h] Veja Sl 19.9, nota
[i] Comp. Lv 25.39; Ne 5.2-5

Tua serva não tem nada em casa, além de uma vasilha de azeite.

3 Disse Eliseu: Vai, pede emprestadas vasilhas a todos os teus vizinhos, vasilhas vazias, peça muitas.

4 Depois entra, fecha a porta sobre ti e sobre teus filhos, [j]derrama o azeite em todas aquelas vasilhas e separe as que estiverem cheias.

5 Foi embora e fechou a porta sobre si e sobre seus filhos. Esses lhe traziam as vasilhas, e ela as enchia.

6 Quando todas as vasilhas estavam cheias, disse ela a seu filho: Traze-me mais uma vasilha. Ele, porém, respondeu: Não há mais vasilha nenhuma. Então o azeite parou.

7 Foi ela e fez saber ao homem de Deus, e ele disse: Vai, vende o azeite e paga a tua dívida. Tu e teus filhos vivei do que sobrar.

A sunamita é recompensada

8 **C**erto dia Eliseu foi a [k]Suném, onde havia uma mulher rica, que o convidou para comer. Depois disso, todas as vezes que passava por lá, entrava para comer.

9 Disse ela a seu marido: Vejo que esse que passa sempre por nós é santo homem de Deus.

10 Façamos-lhe um pequeno quarto no terraço e ali lhe ponhamos uma cama, uma mesa, uma cadeira e uma lamparina. Quando ele vier a nós, ali repousará.

11 **C**erto dia chegou Eliseu, recolheu-se àquele quarto e se deitou.

12 Disse ele ao seu moço [l]Geazi: Chama a sunamita. Chamando-a ele, ela se apresentou perante o profeta.

13 Disse Eliseu a Geazi: Dize-lhe: Tu nos tens tratado com todo o cuidado. Agora, o que se há de fazer por ti? Haverá alguma coisa de que se fale por ti ao rei, ou ao chefe do exército? Ela respondeu: Eu habito no meio do meu povo.

14 Então disse o profeta: Que se há de fazer por ela? Disse Geazi: Ora, ela não tem filho, e seu marido é velho.

15 Então disse Eliseu: Chama-a. E, chamando-a ele, ela se pôs à porta.

16 Disse Eliseu: Por este tempo, daqui a um ano abraçarás um filho. Respondeu ela: Não, meu senhor, homem de Deus, não [m]iludas a tua serva.

17 A mulher, porém, engravidou e deu à luz um filho, no tempo determinado, no ano seguinte, como Eliseu lhe dissera.

O filho da sunamita é ressuscitado

18 **T**endo o filho crescido, certo dia saiu a ter com seu pai, que estava com os ceifeiros.

19 Disse a seu pai: Ai, minha cabeça! Ai, minha cabeça! Disse o pai dele a um moço: Leva-o para sua mãe.

20 Ele o pegou e o levou para sua mãe; o menino esteve no colo dela até o meio-dia e, então, morreu.

21 Subiu ela e o deitou sobre a cama do homem de Deus, então fechou a porta e saiu.

22 Então chamou seu marido e disse: Manda-me um dos moços e uma das jumentas, para que eu corra até o homem de Deus e volte.

23 Perguntou ele: Por que vais a ele hoje? Não é lua [n]nova nem sábado. Disse ela: Não se preocupe.

24 Então ela selou a jumenta e disse ao seu moço: Vai depressa; não para no caminhar, senão quando eu mandar.

25 Partiu ela e veio encontrar o homem de Deus, no monte [o]Carmelo. Vendo-a o homem de Deus de longe, disse a Geazi, seu moço: Olha! Aí está a sunamita.

26 Corre-lhe ao encontro e dize-lhe: Vai bem contigo? Vai bem com teu marido? Vai bem com teu filho? Respondeu ela: Vai bem.

27 Chegando ela ao homem de Deus, no monte, abraçou os pés dele. Geazi chegou para a tirar, mas o homem de Deus disse: Deixa-a! A sua alma está em [p]amargura, e o Senhor o escondeu de mim e nada me revelou.

28 Disse ela: Pedi eu a meu senhor algum filho? [q]Não disse eu: Não me iludas?

29 Disse Eliseu a Geazi: [r]Cinge os teus lombos, toma o meu cajado contigo e vai. Se encontrares alguém, [s]não o saúdes, e se alguém te saudar, não lhe respondas. Põe o meu cajado sobre o rosto do menino.

30 Disse, porém, a mãe do menino: Tão certo como [t]vive o Senhor, e vive a tua alma, não te deixarei. Então ele se levantou e a [u]acompanhou.

31 Geazi passou na frente deles e colocou o cajado sobre o rosto do menino, mas não houve nele voz nem reação. Pelo que voltou a encontrar-se com Eliseu e lhe disse: O menino não despertou.

32 Chegando Eliseu àquela casa, viu que o menino estava morto sobre a sua cama.

33 Entrou e, [v]fechando a porta sobre eles, orou ao Senhor.

34 Então subiu na cama, deitou-se sobre o menino e, colocando a boca sobre a boca dele, os olhos sobre os olhos dele e as mãos sobre as mãos dele, debruçou-se sobre ele; e a carne do menino aqueceu.

35 Depois desceu, andou pelo quarto de uma parte para outra, tornou a subir e se debruçou sobre ele. O menino espirrou sete vezes e [w]abriu os olhos.

36 Eliseu chamou Geazi e disse: Chama a sunamita. Ele a chamou. Quando ela se apresentou diante dele, disse ele: [x]Pega o teu filho.

[j] Comp. Jo 2.6-10
[k] Js 19.18
[l] 2Rs 5.20-27; 8.4,5
[m] v. 28
[n] Nm 10.10; 28.11; 1Cr 23.31
[o] 2Rs 2.25
[p] 1Sm 1.10
[q] v. 16
[r] 1Rs 18.46; 2Rs 9.1
[s] Lc 10.4
[t] 2Rs 2.2
[u] 2Rs 2.4
[v] Comp. Mt 9.25; At 9.40
[w] Ressurreição: v. 33-35; 2Rs 13.21 (2Rs 4.35; 1Co 15.52, nota)
[x] 1Rs 17.23; Hb 11.35

37 Ela entrou, prostrou-se a seus pés e inclinou-se à terra. Então pegou o seu filho e saiu.

Mais dois milagres

38 **E**liseu voltou para [y]Gilgal, e havia [z]fome na terra. Enquanto os discípulos dos profetas estavam assentados na sua presença, disse ao seu moço: Põe a panela grande no fogo e faze ensopado para os discípulos dos profetas.

39 Então um saiu ao campo a apanhar ervas e achou uma videira brava. Colheu dela a sua capa cheia, veio e cortou-as na panela do caldo, embora ninguém soubesse o que eram.

40 Assim serviram os homens. Quando começaram a comer do ensopado, gritaram: Homem de Deus, há [a]morte na panela. E não puderam comer.

41 [b]Disse Eliseu: Trazei farinha. Ele a colocou na panela e disse: Servi o povo. E já então não havia mal nenhum na panela.

42 **U**m homem veio de [c]Baal-Salisa, trazendo ao homem de Deus pães das primícias, vinte pães de cevada e grãos novos de trigo. Disse Eliseu: Dá ao povo, para que coma.

43 Seu servo, porém, disse: [d]Como servirei cem homens? Respondeu Eliseu: Dá-o ao povo, para que coma. Pois assim diz o Senhor: [e]Comerão e ainda sobrará.

44 Então ele [f]lhes serviu, comeram, e ainda [g]sobrou, conforme a palavra do Senhor.

Naamã, o siro, é curado

5 **O**ra, [h]Naamã, comandante do exército do rei da Síria, era honrado homem diante do seu senhor e de muito respeito, porque por meio dele o Senhor dera livramento aos siros. Era esse homem valente, mas estava leproso.

2 Saíram [i]tropas da Síria e da terra de Israel e levaram presa uma menina que ficou ao serviço da mulher de Naamã.

3 Disse esta à sua senhora: Quem dera o meu senhor estivesse diante do profeta que está em Samaria! Ele o curaria da sua lepra.

4 Naamã foi ao seu senhor e lhe disse o que a menina da terra de Israel havia falado.

5 Respondeu o rei da Síria: Vai, anda, e enviarei uma carta ao rei de Israel. Assim, Naamã partiu, [j]levando consigo dez [k]talentos de prata, seis mil siclos de ouro e dez mudas de roupas finas.

6 Entregou a carta ao rei de Israel, que dizia: Logo que chegar a ti esta carta, saberás que eu te enviei Naamã, meu servo, para que o cures da sua lepra.

7 Tendo o rei de Israel lido a carta, rasgou as suas vestes e disse: Sou eu [l]Deus? Posso matar e fazer viver? Por que este envia alguém a mim para ser curado da sua lepra? Percebam como busca ocasião contra mim.

[y] 2Rs 2.1
[z] 2Rs 8.1
[a] Êx 10.17
[b] Êx 15.25; 2Rs 2.21
[c] 1Sm 9.4
[d] Comp. Mt 15.33; Jo 6.9
[e] Comp. Jo 6.12
[f] Comp. Mc 8.6
[g] Comp. Mt 14.20; 15.37; Jo 6.13
[h] Lc 4.27
[i] 2Rs 6.23
[j] 1Sm 9.8; 2Rs 8.8
[k] Veja sist. monetário (AT): Êx 30.13, nota
[l] Gn 30.2; Dt 32.39; 1Sm 2.6
[m] Comp. Jo 9.7
[n] 1Sm 28.23
[o] Milagres (AT): v. 10-14,27; 2Rs 6.6 (Gn 5.24; Jn 1.17)
[p] Jó 33.25
[q] Lc 5.13
[r] Ed 1.3; Dn 2.47; 3.29; 6.26,27
[s] 2Rs 3.14
[t] Comp. Gn 14.23
[u] Comp. Êx 20.24
[v] 2Rs 7.2,17
[w] 2Rs 4.12; 8.4,5

8 Quando Eliseu, homem de Deus, ouviu que o rei de Israel rasgara as suas vestes, mandou dizer ao rei: Por que rasgaste as tuas vestes? Deixa-o vir a mim e saberá que há profeta em Israel.

9 Assim, veio Naamã com os seus cavalos, e com o seu carro, e parou na porta da casa de Eliseu.

10 Eliseu mandou-lhe um mensageiro, dizendo: Vai e [m]lava-te sete vezes no Jordão, e a tua carne te será restaurada, e serás purificado.

11 Naamã, porém, indignou-se muito e se foi, dizendo: Eu pensava que ele certamente sairia, se poria em pé, invocaria o nome do Senhor seu Deus, moveria a mão sobre o lugar infectado e me curaria da lepra.

12 Não são Abana e Farfar, rios de Damasco, melhores do que todas as águas de Israel? Não poderia eu lavar-me neles e ser purificado? E foi embora indignado.

13 Chegaram-se a ele os seus [n]servos e lhe disseram: Meu pai, se o profeta te houvesse pedido alguma coisa difícil, não a terias feito? Quanto mais, dizendo-te ele: Lava-te e serás purificado.

14 Pelo que ele desceu, [o]mergulhou no Jordão sete vezes, conforme a palavra do homem de Deus, e a sua [p]carne foi restaurada, e se tornou como a pele de um menino, e ficou [q]purificado.

O pecado e castigo de Geazi

15 **E**ntão voltou Naamã ao homem de Deus, ele e toda a sua comitiva. Veio, pôs-se diante dele e disse: Agora reconheço que em toda a terra [r]não há Deus, senão em Israel. Agora peço-te que aceites um presente do teu servo.

16 Respondeu o profeta: Tão certo como [s]vive o Senhor em cuja presença estou, [t]não o aceitarei. Insistiu Naamã com ele para que o aceitasse, mas ele recusou.

17 Disse Naamã: Se não queres, contudo dê-se ao teu servo uma quantidade de [u]terra que duas mulas possam transportar, pois nunca mais oferecerá este teu servo holocausto nem sacrifício a outros deuses, senão ao Senhor.

18 Nisto perdoe o Senhor ao teu servo: Quando meu senhor entrar no templo de Rimom para ali adorar, e se [v]encostar na minha mão, e eu também tiver de me prostrar no templo de Rimom; quando assim me prostrar no templo de Rimom, nisso perdoe o Senhor ao teu servo.

19 Disse-lhe Eliseu: Vai-te em paz.

Depois que Naamã se tinha afastado a uma pequena distância,

20 [w]Geazi, moço de Eliseu, homem de Deus, disse: Meu senhor poupou a este siro Naamã, não aceitando o que ele trouxe. Tão certo como vive o Senhor, hei de correr atrás dele e obter alguma coisa.

21 Assim foi Geazi para alcançar Naamã. Vendo
Naamã que alguém corria atrás dele, desceu do
carro para encontrá-lo e perguntou: Vai tudo bem?
22 Respondeu ele: Tudo vai [x]bem. Meu senhor
me mandou dizer: Agora mesmo vieram a mim
dois jovens dos discípulos dos profetas da região
montanhosa de Efraim. Dá-lhes um talento de
prata e duas mudas de roupa fina.
23 Disse Naamã: Toma dois talentos. Insistiu
com ele e amarrou dois talentos de prata em
dois sacos, com duas mudas de roupa fina.
Colocou-os sobre dois dos seus moços, os quais
os levaram à frente de Geazi.
24 Quando ele chegou à colina, tomou as coi-
sas das mãos dos moços e as guardou em casa.
Mandou embora aqueles homens, e eles se foram.
25 Então entrou e pôs-se diante de seu senhor.
Perguntou-lhe Eliseu: De onde vens, Geazi?
Respondeu ele: Teu servo não foi a lugar algum.
26 Eliseu, porém, lhe disse: Não foi contigo o
meu coração, quando aquele homem voltou do
seu carro a encontrar-te? [y]Era essa ocasião para
tomares prata, vestes, olivais, vinhas, ovelhas,
bois e servos e servas?
27 A lepra de Naamã se [z]pegará a ti e à tua des-
cendência para sempre. Então Geazi saiu da
presença de Eliseu [a]leproso, branco como a neve.

Eliseu recupera o machado perdido

6 **D**isseram os [b]discípulos dos profetas a Eli-
seu: O lugar em que nos reunimos contigo é
pequeno demais para nós.
2 Vamos até o Jordão e tomemos de lá, cada um
de nós, um tronco e construamos ali um lugar,
para nos reunir. Disse ele: Ide.
3 Então um deles disse: Queres ir com os teus
servos? Respondeu Eliseu: Eu irei.
4 E foi com eles. Tendo eles chegado ao Jordão,
cortaram madeira.
5 Enquanto um deles estava derrubando um
tronco, o ferro do machado caiu na água. Gritou
ele: Ai, meu senhor! Era [c]emprestado.
6 Perguntou o homem de Deus: Onde caiu?
Mostrando-lhe ele o lugar, Eliseu cortou um
galho, lançou-o ali e fez [d]flutuar o ferro.
7 E disse: Pegue-o. Então o homem estendeu a
mão e o pegou.

Eliseu revela os planos de guerra da Síria

8 **O**ra, o [e]rei da Síria fazia guerra contra Israel.
Depois de se reunir com os seus oficiais, disse:
Em tal e em tal lugar estará o meu acampamento.
9 O homem de Deus, porém, mandou dizer ao
rei de Israel: Não passes por tal lugar, porque os
siros estão descendo ali.
10 Pelo que o rei de Israel enviou homens
àquele lugar de que o homem de Deus lhe falara,

[x] 2Rs 4.26
[y] Ec 3.1,6
[z] Comp. 1Tm 6.10
[a] Êx 4.6; Nm 12.10; 2Rs 15.5
[b] 2Rs 4.38
[c] Êx 22.14
[d] Milagres (AT): v. 5-7,18-20; 2Rs 13.21 (Gn 5.24; Jn 1.17)
[e] 2Rs 8.28,29
[f] Gn 37.17
[g] Êx 14.13; 1Rs 17.13
[h] 2Cr 32.7; Sl 55.18; Rm 8.31
[i] Orações da Bíblia (AT): v. 17,18; 2Rs 19.15 (Gn 15.2; Hc 3.1)
[j] Nm 22.31; Lc 24.31
[k] 2Rs 2.11; Sl 34.7; 68.17
[l] Gn 19.11; At 13.11
[m] 2Rs 2.12; 5.13
[n] Comp. 2Cr 28.8-15
[o] 1Rs 20.1
[p] 2Rs 4.38; 8.1

e de que o tinha avisado, e assim se salvou, não
uma nem duas vezes.
11 **E**sse incidente perturbou o coração do rei da
Síria, que chamou os seus oficiais e lhes disse:
Não me fareis saber quem dos nossos é pelo rei
de Israel?
12 Disse um dos seus oficiais: Ninguém de nós,
ó rei meu senhor, mas o profeta Eliseu, que está
em Israel, faz saber ao rei de Israel até as pala-
vras que tu falas no teu quarto.
13 Disse o rei: Ide e vede onde ele está, para
que envie homens e mande trazê-lo. Deram-lhe
aviso, dizendo: Está em [f]Dotã.
14 Então enviou para lá cavalos, carros e um
grande exército, os quais vieram de noite e cer-
caram a cidade.

O Senhor protege Eliseu milagrosamente

15 **Q**uando o moço do homem de Deus se
levantou muito cedo e saiu, viu que um exér-
cito com cavalos e carros tinha cercado a cidade.
Então o seu moço lhe perguntou: Ai, meu senhor,
o que faremos?
16 Ele respondeu: [g]Não temas. [h]Mais são os que
estão conosco do que os que estão com eles.
17 E orou [i]Eliseu: Ó Senhor, peço-te que lhe [j]abras
os olhos, para que veja. E o Senhor abriu os olhos do
moço, e ele olhou e viu que o monte estava [k]cheio
de cavalos e carros de fogo, ao redor de Eliseu.

Os soldados siros ficam cegos

18 Enquanto o inimigo descia contra ele, Eliseu
orou ao Senhor: Fere, peço-te, de cegueira esta gente.
E [l]feriu-a de cegueira, conforme a palavra de Eliseu.
19 Disse-lhes Eliseu: Não é este o caminho,
nem é esta a cidade. Segui-me e vos guiarei ao
homem que buscais. E os guiou a Samaria.
20 **T**endo eles chegado a Samaria, disse Eliseu:
Ó Senhor, abre a estes os olhos, para que vejam.
O Senhor lhes abriu os olhos, e olharam e viram
que estavam dentro de Samaria.
21 Quando o rei de Israel os viu, perguntou a
Eliseu: Devo matá-los, devo matá-los, meu [m]pai?
22 Respondeu ele: Não os matarás. Matarias tu
os que tomasses prisioneiros com a tua espada
e com o teu arco? Põe diante deles pão e água,
para que comam e bebam, e voltem a seu senhor.
23 Assim, [n]preparou-lhes um grande banquete
e, depois que comeram e beberam, despediu-os
e voltaram a seu senhor. Assim, não entraram
mais tropas de siros na terra de Israel.

Ben-Hadade cerca Samaria

24 **D**epois disto [o]Ben-Hadade, rei da Síria, ajun-
tou todo o seu exército, subiu e cercou Samaria.
25 Houve grande [p]fome em Samaria, porque
a cercaram até que se vendeu a cabeça de um

jumento por oitenta siclos de prata, e a quarta
parte de um [q]cabo de cebola selvagem por cinco
siclos de prata.
26 Passando o rei de Israel pelo muro, uma
mulher lhe clamou: Ajuda-me, ó rei meu senhor.
27 Respondeu o rei: Se o Senhor não te ajudar,
quem sou eu para te ajudar? Da eira ou do lagar?
28 Disse-lhe mais o rei: Que tens? Respondeu
ela: Esta mulher me disse: Dá cá o teu filho, para
que hoje o comamos, e amanhã comeremos o
meu filho.
29 Então [r]cozinhamos o meu filho e o come-
mos. Mas dizendo-lhe eu no dia seguinte: Dá cá
o teu filho para que o comamos, ela o escondeu.
30 Ouvindo o rei as palavras dessa mulher, [s]ras-
gou as suas vestes. Enquanto ia passando pelo
muro, o povo olhou e viu que trazia pano de saco
por dentro, sobre o corpo.
31 **D**isse o rei: Assim me castigue [t]Deus severa-
mente se a cabeça de Eliseu, filho de Safate, lhe
ficar hoje sobre os ombros.
32 Ora, Eliseu estava sentado em sua casa,
e também as [u]autoridades de Israel estavam
assentadas com ele. Enviou o rei um homem à
frente de si, mas antes que chegasse a Eliseu,
disse este às autoridades: Vedes como o filho
do [v]homicida mandou tirar-me a cabeça? Olhai,
quando vier o mensageiro, fechai a porta e
empurrai-o para fora com ela. Não vem após ele
o som dos pés de seu senhor?
33 Estando ele ainda a falar com eles, o men-
sageiro chegou. Disse o rei: Este mal vem do
[w]Senhor. [x]Por que esperaria eu mais pelo Senhor?

Eliseu promete abundância de alimento

7 **D**isse Eliseu: Ouvi a palavra do Senhor. Assim
diz o Senhor: Amanhã, por estas horas, [y]haverá
uma medida de farinha por um [z]siclo, e duas medi-
das de cevada por um siclo, na porta de Samaria.
2 O capitão, em cujo braço o rei se [a]apoiava,
porém, respondeu ao homem de Deus: Ainda
que o Senhor fizesse janelas no céu, poderia
acontecer isso? Respondeu Eliseu: Tu o verás
com os teus olhos, porém não comerás.
3 **Q**uatro homens [b]leprosos estavam na en-
trada da porta, os quais disseram uns aos ou-
tros: Para que estaremos nós aqui sentados
até morrermos?
4 Se dissermos: Entremos na cidade, há fo-
me na cidade, e morreremos aí. Se ficarmos
aqui, também morreremos. Portanto, vamo-
-nos ao [c]acampamento siro e nos rendamos.
Se nos deixarem viver, viveremos; se nos mata-
rem, morreremos.
5 Levantaram-se ao anoitecer, para irem ao
acampamento dos siros. Chegando eles à entrada
do acampamento, não havia ali ninguém,
6 pois o Senhor fizera [d]ouvir no acampamento
dos siros um barulho de carros e de cavalos,
como o som de um grande exército, de maneira
que disseram uns aos outros: Vede, o rei de Israel
alugou os [e]reis dos [1]heteus e os reis dos egípcios,
para virem contra nós.
7 Por isso, levantaram-se e fugiram, ao anoitecer,
abandonando as suas barracas, os seus cavalos
e os seus jumentos. Deixaram o acampamento
como estava e fugiram para salvar a sua vida.
8 Chegando estes leprosos à entrada do acam-
pamento, entraram numa barraca. Comeram e
beberam e, tomando dali prata, ouro e vestes,
foram-se e esconderam tudo. Voltaram, entra-
ram em outra barraca, e dali também pegaram
alguma coisa, e esconderam tudo.
9 **E**ntão disseram uns para os outros: Não faze-
mos certo. Este dia é dia de boas notícias, e nos
[f]calamos. Se esperarmos até a luz da manhã,
algum castigo nos sobrevirá. Então vamos e o
anunciemos no palácio do rei.
10 Assim, vieram e gritaram aos porteiros da
cidade e lhes anunciaram: Fomos ao acampa-
mento dos siros e lá não havia ninguém, nem
voz de homem, porém só os cavalos e os jumen-
tos atados, e as barracas abandonadas.
11 Os porteiros gritaram a notícia e a anuncia-
ram dentro do palácio do rei.

A promessa de Eliseu se cumpre

12 O rei se levantou de noite e disse a seus
servos: Agora vos direi o que os siros nos fize-
ram. Sabem muito bem que estamos [g]passando
fome, de modo que saíram do acampamento, a
[h]esconder-se pelo campo, pensando: Quando
saírem da cidade, então os pegaremos vivos e
entraremos nela.
13 Um dos seus servos respondeu: Tomem-se
cinco dos cavalos do restante que ficou aqui
dentro (a sua sorte será como a de todos os israe-
litas que ficaram aqui de resto, sim, serão como
todos os israelitas que já sofreram). Enviemo-
-los e vejamos.

[q] Veja pesos e medidas (AT): 2Cr 2.10, nota
[r] Lv 26.29; Dt 28.53-57
[s] 1Rs 21.27
[t] Rt 1.17; 1Rs 19.2
[u] Ez 8.1
[v] 1Rs 18.4
[w] Comp. Am 3.6
[x] Jó 2.9
[y] Veja pesos e medidas (AT): 2Cr 2.10, nota
[z] Veja sist. monetário (AT): Êx 30.13, nota
[a] 2Rs 5.18
[b] Lv 13.46; Nm 5.2-4; 12.10-14
[c] 2Rs 6.24
[d] 2Sm 5.24; 2Rs 19.7; Jó 15.21
[e] 1Rs 10.29
[f] Comp. Rm 1.14; 1Co 9.16; 2Co 6.1,2
[g] 2Rs 6.24-29
[h] Comp. Js 8.4-12

[1] (7.6) Até o século XX, os heteus (hititas) eram desconhecidos em fontes extrabíblicas. No entanto, descobertas arqueológicas têm ajudado a esclarecer esta referência a eles que, anteriormente, era misteriosa. Baseado nos monumentos egípcios (tábuas de Tell el-Amarna) e nos textos assírios, já se comprovou que eles estiveram no país de Heta (segundo os hieróglifos egípcios) ou terra de Hatti (segundo os documentos babilônicos). Expedições feitas no primeiro decênio do século XX revelaram que Boghaz-koi na Ásia Menor (a leste de Ancara, na Turquia) era a capital do império heteu ou hitita. Períodos de proeminência dos heteus: de aprox. 2000 a 1800 a.C. e de cerca de 1400 a 1200 a.C.

14 Assim, tomaram dois carros com cavalos, e o rei os enviou após o exército dos siros, dizendo: Ide, e vede.

15 Foram após eles até o Jordão, e todo o caminho estava cheio de roupas e de objetos que os siros, apressando-se, lançaram fora. Voltaram os mensageiros e o anunciaram ao rei.

16 **E**ntão saiu o povo e saqueou o acampamento dos siros. Assim, houve uma medida de farinha por um siclo, e duas medidas de cevada por um siclo, [i]conforme a palavra do Senhor.

17 Ora, o rei havia colocado na porta o capitão em cujo braço se apoiava, e o povo o atropelou na porta e ele morreu, [j]como dissera o homem de Deus, o que falou quando o rei descera a ele.

18 Aconteceu como o homem de Deus dissera ao rei: Amanhã, a estas horas, haverá [k]duas medidas de cevada por um siclo, e uma medida de farinha por um siclo, na porta de Samaria.

19 Aquele capitão respondera ao homem de Deus: Ainda que o Senhor fizesse janelas no céu, poderia isso acontecer? E ele dissera: Tu o verás com os teus olhos, porém não comerás.

20 Assim lhe aconteceu, pois o povo o atropelou na porta e ele morreu.

Eliseu prediz sete anos de fome

8 **O**ra, Eliseu havia dito à mulher [l]cujo filho ele tinha ressuscitado: Levanta-te e vai, tu e a tua família, e mora onde puderes, porque o Senhor [m]decretou a [n]fome, a qual virá à terra por [o]sete anos.

2 Levantou-se a mulher e fez conforme a palavra do homem de Deus. Foi com a sua família e habitou na terra dos filisteus durante sete anos.

Jorão restaura as terras da sunamita

3 Ao final dos sete anos, a mulher voltou da terra dos filisteus e saiu para pedir ao rei que lhe devolvesse a sua casa e as suas terras.

4 **O**ra, o rei conversava com [p]Geazi, moço do homem de Deus, dizendo: Conta-me, peço-te, todas as grandes obras que Eliseu tem feito.

5 Contando ele ao rei como Eliseu ressuscitava um morto, a mulher cujo filho ele havia ressuscitado pediu ao rei que lhe devolvesse a sua casa e as suas terras. Disse Geazi: Ó rei, meu senhor, esta é a mulher, e este o seu filho a quem Eliseu ressuscitou.

6 O rei perguntou à mulher, e ela lhe contou a história. Então o rei lhe designou um oficial, dizendo: Devolva-lhe tudo o que era seu e todas as rendas das colheitas desde o dia em que deixou a terra até agora.

[i] 7.1
[j] v. 2; 2Rs 6.32
[k] v. 1
[l] 2Rs 4.35
[m] Sl 105.16; Ag 1.11
[n] 2Sm 21.1; 1Rs 18.2; 2Rs 4.38; 6.25
[o] Comp. Gn 41.27
[p] 2Rs 5.20
[q] 2Rs 6.24
[r] 1Rs 14.3; 2Rs 5.5
[s] 1Rs 19.15
[t] v. 15
[u] 2Rs 2.17
[v] 2Rs 10.32; 12.17; 13.3,7; Am 1.3,4
[w] 2Rs 15.16; Os 13.16; Am 1.13; Na 3.10
[x] 1Sm 17.43
[y] v. 10
[z] 2Rs 1.17; 3.1
[a] Reinou com seu pai
[b] v. 21,23,24
[c] v. 17-22; comp. 2Cr 21.5-10
[d] Comp. 2Rs 8.26,27
[e] 2Sm 7.13; 1Rs 11.36; 15.4; 2Cr 21.7

Eliseu prediz o reinado de Hazael sobre a Síria

7 Eliseu foi a Damasco, e [q]Ben-Hadade, rei da Síria, estava doente. Quando anunciaram ao rei: O homem de Deus chegou aqui,

8 disse ele a Hazael: Leva um [r]presente contigo e vai encontrar-te com o homem de Deus. Por intermédio dele pergunta ao Senhor: Sararei eu desta doença?

9 Foi [s]Hazael a encontrar-se com ele e levou um presente consigo, a saber, quarenta camelos carregados de tudo o que era bom de Damasco. Veio, pôs-se diante dele e disse: Teu filho Ben-Hadade, rei da Síria, me enviou a ti para perguntar: Sararei eu desta doença?

10 Respondeu-lhe Eliseu: Vai e dize-lhe: Certamente sararás. Mas o Senhor me mostrou que ele [t]morrerá.

11 **E** olhou para Hazael, fitando em seus olhos até que esse se sentiu [u]envergonhado. Então o homem de Deus chorou.

12 Perguntou Hazael: Por que chora o meu senhor? Respondeu ele: Porque sei o [v]mal que hás de fazer aos filhos de Israel. Porás fogo às suas fortalezas, os seus jovens matarás à espada, os seus meninos [w]esmagarás e às suas mulheres grávidas rasgarás o ventre.

13 Disse Hazael: Como [x]é que teu servo, que não passa de um cão, poderia fazer tão grande coisa? Respondeu Eliseu: O Senhor me mostrou que tu hás de ser rei da Síria.

14 Então foi embora e voltou a seu senhor, o qual lhe perguntou: Que te disse Eliseu? Respondeu ele: Disse-me que certamente [y]sararás.

15 No dia seguinte, Hazael tomou um cobertor, molhou-o na água e o colocou sobre o rosto do rei, de modo que este morreu. E Hazael reinou em seu lugar.

III. Os reis de Israel e Judá até a queda de Samaria, 8.16–17.41

Jeorão reina junto com seu pai em Judá (2Cr 21.5)

16 [z]**N**o quinto ano de Jorão, filho de Acabe, rei de Israel, reinando ainda Josafá em Judá, [a]começou a reinar [b]Jeorão, filho de Josafá, rei de Judá.

17 Era ele da idade de [c]trinta e dois anos quando começou a reinar e oito anos reinou em Jerusalém.

18 Andou no caminho dos reis de Israel, como também fizeram os da família de Acabe, porque tinha por [1]mulher a [d]filha de Acabe. Fez o que era mau aos olhos do Senhor.

19 O Senhor, porém, não quis destruir a Judá por amor de Davi, seu servo, [e]porque havia

[1] (8.18) O casamento de Jeorão, filho de Josafá, com Atalia, filha de Acabe, foi um grande erro. O propósito da união foi promover paz e cooperação entre os dois reinos, mas conseguiu apenas degradar a Judá.

prometido dar-lhe para sempre um descendente
entre seus filhos.

Edom e Libna rebelam-se contra Judá (2Cr 21.8-10)

20 **N**os seus dias, os [f]edomitas se revoltaram
contra o domínio de Judá e levantaram para
si um rei.
21 Pelo que Jeorão foi a Zair, e todos os carros
com ele. Ele se levantou de noite, com os capitães
dos carros, e atacou os edomitas que o haviam cer-
cado; mas o povo foi para as suas barracas.
22 Até o dia de hoje os edomitas ficaram inde-
pendentes do domínio de Judá. [g]Libna tornou-se
independente no mesmo tempo.

Acazias sucede Jeorão (2Cr 21.18–22.4)

23 **O** restante dos atos de Jeorão e tudo o que
fez, porventura não está escrito no livro das crô-
nicas de Judá?
24 Descansou Jeorão com seus pais e foi sepul-
tado com eles na Cidade de Davi. E [h]Acazias, seu
filho, reinou em seu lugar.
25 [i]**N**o décimo segundo ano de Jorão, filho de
Acabe, rei de Israel, [j]começou a reinar Acazias,
filho de Jeorão, rei de Judá.
26 Era Acazias de [1k]vinte e dois anos de idade
quando começou a reinar e um ano reinou em
Jerusalém. O nome de sua mãe era Atalia, filha
de Onri, rei de Israel.
27 Andou nos caminhos da família de Acabe
e fez o que era mau aos olhos do Senhor, como
a família de Acabe, porque era genro da família
de Acabe.

Defesa de Ramote-Gileade (2Cr 22.5)

28 **F**oi com Jorão, filho de Acabe, a [l]Ramote-
-Gileade, na batalha contra Hazael, rei da Síria.
Os siros feriram a Jorão;
29 assim voltou o rei Jorão para se curar em
Jezreel das feridas que os siros lhe fizeram em
Ramá, quando lutou contra Hazael, rei da Síria.
Então desceu [m]Acazias, filho de Jeorão, rei de
Judá, para ver Jorão, filho de Acabe, em Jezreel,
porque estava ferido.

Jeú é ungido rei de Israel

9 **O** profeta Eliseu chamou [n]um dos discípulos
dos profetas e lhe disse: [o]Veste a tua capa,
vai para [p]Ramote-Gileade e [q]leva este vaso de
azeite contigo.
2 Chegando lá, vê onde está Jeú, filho de Josafá,
filho de Ninsi. Entra, faze que ele se levante
do meio de seus irmãos e leva-o para uma
sala reservada.
3 Pega o vaso de azeite, derrama-o sobre a
sua cabeça e dize: Assim diz o Senhor: Ungi-te
rei sobre Israel. Então abre a porta, foge e não
te demores.
4 **P**ortanto, foi o jovem profeta a Ramote-
-Gileade.
5 Entrando ele, viu que os capitães do exército
estavam reunidos ali. Disse ele: Capitão, tenho
uma palavra para te dizer. Respondeu Jeú: A qual
de todos nós? Disse ele: A ti, capitão!
6 Então se levantou, entrou na casa e derramou
o azeite sobre a sua cabeça, e lhe disse: [r]Assim
diz o Senhor Deus de Israel: Ungi-te rei sobre o
povo do Senhor, sobre Israel.
7 Destruirás a família de Acabe, teu senhor,
para que eu [s]vingue [t]da mão de Jezabel o sangue
de meus servos, os profetas, e o sangue de todos
os servos do Senhor.
8 Toda a família de Acabe perecerá. [u]Destrui-
rei de Acabe todos do sexo masculino, tanto o
escravo como o livre em Israel.
9 À família de Acabe hei de fazer como à
família de [v]Jeroboão, filho de Nebate, e como à
família de [w]Baasa, filho de Aías.
10 [x]Os cães comerão a Jezabel no campo de
Jezreel, e não haverá quem a enterre. Então abriu
a porta, e fugiu.
11 Saindo Jeú aos servos de seu senhor,
perguntaram-lhe: Vai tudo bem? Por que veio
a ti esse louco? Respondeu Jeú: Bem conheceis
esse tipo de homem e o seu falar.
12 Eles, porém, disseram: Isso não é verdade!
Conta-nos o que ele disse. Disse Jeú: Eis o que
ele me falou: Assim diz o Senhor: Ungi-te rei
sobre Israel.
13 Apressaram-se e, pegando cada um a sua
capa, [y]estendeu-a debaixo dele, no mais alto
degrau. Então tocaram a buzina e disseram:
Jeú [z]reina.

Jeú executa Jorão

14 **A**ssim Jeú, filho de Josafá, filho de Ninsi,
conspirou contra Jorão. [a]Jorão, porém, tinha cer-
cado a Ramote-Gileade, ele e todo o Israel, por
causa de Hazael, rei da Síria.
15 O rei Jorão, porém, voltara para se [b]curar
em Jezreel das feridas que os siros lhe fizeram,

[f] Gn 27.40; 2Rs 3.27; 2Cr 21.8-10
[g] Js 21.13; 2Rs 19.8
[h] Comp. 2Cr 21.17; 22.6
[i] Comp. 2Rs 9.29; veja 1Cr 11.11, nota
[j] Comp. 2Rs 8.26-29; 2Cr 22.1-6
[k] Comp. 2Cr 22.2; veja 1Cr 11.11, nota
[l] 1Rs 22.3,29
[m] 2Rs 9.16; 2Cr 22.6,7
[n] v. 4-10
[o] 2Rs 4.29; Jr 1.17
[p] 2Rs 8.28,29
[q] 1Rs 1.39
[r] 1Rs 19.16; 2Cr 22.7
[s] Dt 32.35,41
[t] 1Rs 18.4; 21.15
[u] 1Rs 14.10; 21.21; 2Rs 10.17
[v] 1Rs 15.29; 21.22
[w] 1Rs 16.3,11
[x] v. 35,36; 1Rs 21.23
[y] Comp. Mt 21.8
[z] v. 1-6
[a] 2Rs 8.28
[b] 2Rs 8.29

[1] (8.26) Em algumas versões, como a ACF e ARC, há dois registros diferentes para a idade desse rei ao ascender ao trono (comp. 2Cr 22.2 com 2Rs 8.26). Isso pode ser explicado, se levarmos em conta o período de corregência, prática comum em Israel. Se Acazias foi admitido como corregente com seu pai aos 22 anos de idade e permaneceu nessa função por vinte anos, de modo que teria começado a reger sozinho aos 42 anos – exatamente como registrado em 2Cr 22.2 nessas versões bíblicas. A aparente discrepância desaparece após cuidadoso estudo (veja 1Cr 11.11, *nota*).

quando lutou contra Hazael, rei da Síria. Disse Jeú: Se é isso que desejais, ninguém saia da cidade, nem escape, para ir anunciar isso em Jezreel.

16 Então Jeú subiu a um carro e foi a Jezreel, porque Jorão estava se recuperando ali, e também Acazias, rei de Judá, descera para ver Jorão.

17 **Q**uando a sentinela que estava na torre de Jezreel viu a tropa de Jeú, que vinha, disse: Vejo uma tropa. Então disse Jorão: Toma um cavaleiro, envia-o ao seu encontro e pergunte: Há paz?

18 O cavaleiro foi-lhe ao encontro e disse: Assim diz o rei: Há paz? Respondeu Jeú: Que tens tu com a paz? Saia da minha frente. E a sentinela anunciou: Chegou a eles o mensageiro, porém não volta.

19 Então enviou o rei outro cavaleiro. Chegando esse a eles, disse: Assim diz o rei: Há paz? Respondeu Jeú: Que tens com a paz? Saia da minha frente.

20 O atalaia anunciou: Também esse chegou a eles, porém não volta. O guiar do carro de guerra se parece [c]com o de Jeú, filho de Ninsi, pois guia como um louco.

21 **O**rdenou Jorão: Prepara o carro. E prepararam o seu carro. Saiu [d]Jorão, rei de Israel, e Acazias, rei de Judá, cada um em seu carro, e foram ao encontro de Jeú, e o encontraram no [e]campo de Nabote, o jezreelita.

22 Vendo Jorão a Jeú, perguntou: Há paz, Jeú? Respondeu ele: Que paz, enquanto as [f]prostituições da tua mãe Jezabel e as suas feitiçarias são tantas?

23 Voltou-se Jorão e fugiu, gritando para Acazias: Há [g]traição, Acazias!

24 Então Jeú disparou o seu arco com toda a força e feriu a Jorão nas costas. A flecha lhe atravessou pelo coração, e ele caiu no seu carro.

25 Disse Jeú a Bidcar, seu capitão: Toma-o e lança-o no campo de Nabote, o jezreelita. Lembra-te de que, indo eu e tu juntos a cavalo após seu pai Acabe, o [h]Senhor pôs sobre ele esta [i]sentença:

26 Ontem eu vi o sangue de Nabote e o sangue de seus filhos, diz o Senhor, [j]e certamente te farei pagar por ele neste campo, diz o Senhor. Agora, pois, toma-o e lança-o neste campo, conforme a palavra do Senhor.

Jeú executa Acazias (2Cr 22.7,9)

27 Quando Acazias, rei de Judá, viu o que tinha acontecido, fugiu pelo caminho a Bete-Hagã. Perseguiu-o Jeú, gritando: Matai a este também! Atingiram-no no carro na subida de Gur, que está perto de Ibleão, mas fugiu ele para [k]Megido, onde morreu.

28 Seus servos o levaram num carro para Jerusalém e o [l]sepultaram na sua sepultura, junto a seus pais, na Cidade de Davi.

29 ([m]No décimo primeiro ano de Jorão, filho de Acabe, Acazias havia começado a reinar sobre Judá.)

Jeú executa Jezabel

30 **E**ntão Jeú foi a Jezreel. Quando Jezabel o soube, [n]pintou em volta dos olhos, enfeitou a cabeça e olhou pela janela.

31 Entrando Jeú pelo portão, perguntou ela: Teve paz Zinri, que [o]matou a seu senhor?

32 Ergueu ele o rosto para a janela e gritou: Quem é comigo? Quem? Dois ou três eunucos olharam para ele.

33 Disse Jeú: Jogai-a daí para baixo. Jogaram-na para baixo, e foram salpicados com o seu sangue a parede e os cavalos, e esses a pisotearam.

34 Entrou Jeú, comeu e bebeu. Disse ele: Pegai aquela maldita e sepultai-a, pois [p]é filha de rei.

35 Quando, porém, foram para a sepultar, não acharam dela senão somente o crânio, os pés e as palmas das mãos.

36 Voltaram e comunicaram-no a Jeú, que disse: Esta é a palavra do Senhor, a qual falou por intermédio de Elias, o tisbita, seu servo: No [q]campo de Jezreel os cães comerão a carne de Jezabel.

37 O cadáver de Jezabel será [r]como [s]esterco sobre o campo, num terreno de Jezreel, de modo que não se poderá dizer: Esta é Jezabel.

O juízo sobre a casa de Acabe

10 **O**ra, Acabe tinha [t]setenta filhos em Samaria. Jeú escreveu cartas e as enviou a Samaria, aos líderes da cidade de Jezreel, às autoridades e aos tutores dos filhos de Acabe, dizendo:

2 Logo que esta carta chegar a vós, visto que estão convosco os filhos de vosso senhor, como também carros, cavalos, uma cidade fortificada, e armas,

3 escolhei o melhor e mais digno dos filhos de vosso senhor e ponde-o sobre o trono de seu pai. Então lutai pela dinastia de vosso senhor.

4 Eles, porém, temeram muitíssimo e disseram: Se [u]dois reis não lhe puderam enfrentar, como poderemos nós?

5 Então o oficial responsável pelo palácio, o governador da cidade, as autoridades e os tutores enviaram esta mensagem a Jeú: Teus servos somos; e tudo o que nos disseres faremos. A ninguém constituiremos rei; faze o que parecer bem aos teus olhos.

6 Então Jeú escreveu-lhes outra carta, dizendo: Se estais do meu lado e obedeceis às minhas ordens, tomai as cabeças dos homens, filhos de vosso senhor, e amanhã a estas horas vinde a mim a Jezreel. Ora, os filhos do rei,

[c] Comp. 2Sm 18.27
[d] 1Rs 19.17; 2Cr 22.7
[e] 1Rs 21.1-14
[f] Ap 2.20
[g] Comp. 2Rs 11.13-16
[h] 1Rs 21.29
[i] Is 13.1
[j] 1Rs 21.19
[k] 2Cr 22.9
[l] Comp. 2Rs 23.30
[m] Comp. 2Rs 8.25; veja 1Cr 11.11, nota
[n] Jr 4.30; Ez 23.40
[o] 1Rs 16.9,10
[p] 1Rs 16.31
[q] 1Rs 21.23
[r] Sl 83.10
[s] Comp. Jr 8.1-3
[t] v. 6,7; comp. 1Rs 16.29
[u] 2Rs 9.24,27

que eram setenta, estavam com os grandes da cidade, que os criavam.

7 Chegada a eles a carta, pegaram os setenta filhos do rei e os [v]mataram. Colocaram as suas cabeças em cestos e enviaram-nas a Jeú em Jezreel.

8 Quando o mensageiro chegou, anunciou a Jeú: Trouxeram as cabeças dos filhos do rei. Disse ele: Colocai-as em dois montões na entrada da porta, até amanhã.

9 Saindo Jeú na manhã seguinte, parou e disse a todo o povo: Vós sois inocentes. [w]Eu conspirei contra o meu senhor e o matei, mas quem feriu todos estes?

10 Sabei, pois, que da palavra do Senhor, que o Senhor falou contra a família de Acabe, [x]nada cairá em terra. O Senhor fez o que [y]falou por intermédio de seu servo Elias.

11 Assim, Jeú feriu todos os que sobraram da família de Acabe em Jezreel, como também a todos os seus grandes, os seus conhecidos e os seus [z]sacerdotes, até que nem um lhe deixou viver.

Jeú massacra os príncipes reais de Judá (2Cr 22.8)

12 **E**ntão Jeú se levantou e partiu; e foi a Samaria. Estando no caminho, em Bete-Equede dos pastores,

13 encontrou os irmãos de Acazias, rei de Judá, e perguntou: Quem sois vós? Responderam eles: Somos irmãos de Acazias e descemos a saudar os filhos do rei e os filhos da rainha.

14 Ordenou ele: Apanhai-os vivos. Apanharam-nos vivos e os [a]mataram junto ao poço de Bete-Equede, quarenta e dois homens. A nem um deles deixou viver.

15 **P**artindo dali, encontrou-se com [b]Jonadabe, filho de [c]Recabe, que lhe vinha ao encontro. Saudou-o Jeú e lhe perguntou: Reto é o teu coração, como o meu coração é com o teu coração? Respondeu Jonadabe: É. Então, se é, dá-me a tua mão. Ele lhe deu a mão, e Jeú o fez subir consigo ao carro.

16 Disse Jeú: Vem comigo e vê o meu [d]zelo pelo Senhor. Então o fez sentar consigo no carro.

17 Quando chegou a Samaria, Jeú matou todos os que ficaram da família de Acabe; destruiu-os conforme a palavra do Senhor, falada a [e]Elias.

Jeú extermina os adoradores de Baal

18 **E**ntão ajuntou Jeú todo o povo e disse-lhe: [f]Acabe serviu pouco a Baal; Jeú muito o servirá.

19 Pelo que me chamai agora todos os [g]profetas de Baal, todos os seus servos e todos os seus sacerdotes. Não falte nenhum, porque tenho um grande sacrifício a oferecer a Baal. Todo aquele que faltar não viverá. Jeú, porém, fazia isso com astúcia, para destruir os servos de Baal.

20 Disse mais Jeú: Consagrai a Baal uma assembleia solene. E eles a apregoaram.

21 Também Jeú mandou dizer a todo o Israel, e vieram todos os servos de Baal; nenhum deles ficou que não viesse. Entraram no [h]templo de Baal, e ele se encheu, de um lado a outro.

22 Então disse Jeú ao que tinha o cargo das vestes cultuais: Tira vestes para todos os servos de Baal. E ele lhes tirou as vestes.

23 Entrou Jeú com Jonadabe, filho de Recabe, no templo de Baal, e disse aos servos de Baal: Examinai e vede bem, que nenhum dos servos do Senhor aqui haja convosco, senão somente os servos de Baal.

24 **E**, entrando eles para oferecer sacrifícios e holocaustos, Jeú preparou da parte de fora oitenta homens e disse-lhes: Se escapar algum dos homens que eu entregar em vossas mãos, será a [i]vossa vida pela vida dele.

25 Acabando Jeú de oferecer o holocausto, ordenou aos da sua guarda e aos capitães: Entrai e matai-os, não escape nenhum. Assim os mataram a fio de espada. Os da guarda e os capitães lançaram-nos fora e entraram no mais interior do templo de Baal,

26 tiraram as colunas que nela estavam e as [j]queimaram.

27 Também quebraram a coluna de Baal e derrubaram o templo de Baal, [k]transformando-o em latrinas, até o dia de hoje.

28 Assim Jeú acabou com o culto a Baal em Israel.

Jeú segue os pecados de Jeroboão

29 Jeú, porém, não deixou de seguir os pecados de Jeroboão, filho de Nebate, que fez pecar Israel, a saber, dos [l]bezerros de ouro, que estavam em Betel e em Dã.

30 Pelo que [m]disse o Senhor a Jeú: Porque fizeste bem em executar o que é reto aos meus olhos e, conforme tudo o que eu tinha no meu coração, fizeste à família de Acabe, [n]teus filhos até a [1]quarta geração se assentarão no trono de Israel.

31 Jeú, contudo, não se preocupou em andar de todo o seu coração na lei do Senhor Deus de Israel, nem se afastou dos [o]pecados de Jeroboão, que fez pecar Israel.

Hazael da Síria fere Israel

32 Naqueles dias, começou o Senhor a diminuir o tamanho de Israel. [p]Hazael conquistou-o em todas as fronteiras,

v 1Rs 21.21; comp. Jz 9.5
w 2Rs 9.14-24
x 1Rs 8.56
y 1Rs 21.19-24,29; 2Rs 9.7-10
z v. 17; 11.18
a 2Cr 22.8
b Jr 35.6,8,10, 14,16,18,19
c 2Sm 4.2; 1Cr 2.55
d 1Rs 19.10
e v. 10
f 1Rs 16.31,32
g 1Rs 18.19; 22.6
h v. 22-27
i 1Rs 20.39
j Dt 7.5,25
k Ed 6.11; Dn 2.5; 3.29
l 1Rs 12.28,29
m 2Rs 9.6,7
n v. 35; 2Rs 13.1,10; 14.23; 15.8,12
o 1Rs 14.16
p 1Rs 19.17; 2Rs 8.12; 13.22

[1] (10.30) As quatro gerações foram: Jeoacaz, Jeoás, Jeroboão II e Zacarias. A dinastia de Jeú foi a mais longa do Reino do Norte.

33 desde o Jordão para o leste, toda a terra de Gileade; os gaditas, os rubenitas e os manassitas, desde [q]Aroer, que está perto do vale de Arnom, a saber, [r]Gileade e Basã.

Joacaz sucede Jeú

34 **O**ra, o restante dos atos de Jeú, tudo o que fez e todo o seu poder, porventura não está escrito no livro das crônicas de Israel?

35 Descansou Jeú com seus pais e o sepultaram em Samaria. E [s]Joacaz, seu filho, [t]reinou em seu lugar.

36 Os dias que Jeú reinou sobre Israel em Samaria foram vinte e oito anos.

A rainha Atalia extermina a semente real de Judá (2Cr 22.9-12)

11 **V**endo [u]Atalia, [v]mãe de Acazias, que seu filho era [w]morto, [x]levantou-se e [y]destruiu toda a família real.

2 Jeoseba, filha do rei Jorão, [z]irmã de Acazias, porém, pegou [a]Joás, filho de Acazias, e o furtou dentre os filhos do rei, aos quais matavam, e o levou com sua ama para um quarto, e o escondeu de Atalia, de modo que não foi morto.

3 Esteve com ela escondido na casa do Senhor seis anos, enquanto Atalia reinava sobre a terra.

Joás é ungido rei (2Cr 23.1-11)

4 [b]**N**o sétimo ano, [c]Jeoiada mandou chamar os comandantes dos caritas e os da guarda, fê-los entrar consigo no templo do Senhor, fez com eles uma aliança com juramento, no templo do Senhor, e lhes mostrou o filho do rei.

5 Então lhes ordenou: Este é o serviço que vós haveis de fazer: Uma terça parte de vós, os que entrais no [d]sábado, fará a guarda do palácio do rei,

6 outra terça parte estará à porta Sur, e a outra terça parte à porta detrás dos da guarda. Assim fareis a guarda deste templo, afastando a todos.

7 Os dois grupos, a saber, todos os que saem no sábado, farão a guarda do templo do Senhor junto ao rei.

8 Cercareis o rei, cada um com as suas armas nas mãos. Todo aquele que se aproximar das fileiras será morto. Estareis com o rei quando sair e quando [e]entrar.

9 Fizeram os [f]comandantes conforme tudo o que ordenara o sacerdote Jeoiada. Levou cada um os seus homens, tanto os que entravam no sábado como os que saíam no sábado, e vieram ao sacerdote Jeoiada.

10 Então deu o sacerdote aos comandantes as lanças e os [g]escudos que haviam sido do rei Davi, que estavam no templo do Senhor.

11 Os da guarda se posicionaram ao redor do rei, cada um com as armas na mão, desde o lado direito do templo até o esquerdo, ao longo do altar e do templo.

12 Jeoiada trouxe para fora o filho do rei e colocou-lhe a coroa; deu-lhe o [h]testemunho e o fizeram rei. Ungiram-no e, batendo palmas, clamaram: [i]Viva o rei!

Atalia é assassinada (2Cr 23.12-15; 23.21)

13 [j]Atalia, ouvindo o clamor dos da guarda e do povo, foi ter com o povo no templo do Senhor.

14 Olhou e viu o rei que estava junto à coluna, como de costume. Os capitães e os trombeteiros estavam ao lado do rei, e todo o povo da terra estava alegre e tocava trombetas. Então Atalia rasgou suas vestes, e gritou: Traição! Traição!

15 O sacerdote Jeoiada, porém, ordenou aos centuriões que comandavam as tropas: Levai-a para fora das fileiras, e quem a seguir matai-o à espada. Pois o sacerdote havia dito: Não a matem no templo do Senhor.

16 Agarraram-na quando ela chegava ao palácio real, na entrada da porta dos cavalos, e ali a mataram.

O avivamento promovido por Jeoiada (2Cr 23.16-21)

17 **E**ntão [k]Jeoiada [l]fez aliança [m]entre o Senhor, o rei e o povo, que seriam o povo do Senhor. Fez também aliança entre o rei e o povo.

18 Todo o povo da terra entrou no [n]templo de Baal e o derrubaram. Também os seus altares e as suas imagens totalmente [o]quebraram, e a Matã, sacerdote de Baal, [p]mataram diante dos altares. Então o sacerdote Jeoiada pôs guardas sobre a casa do Senhor.

19 Tomou consigo os comandantes, os caritas, os da guarda e todo o povo da terra, e juntos conduziram do templo do Senhor o rei, e vieram pelo caminho da porta da guarda, do palácio do rei. O rei se assentou no trono real,

20 e todo o povo da terra se alegrou. E a cidade ficou tranquila, depois que mataram a Atalia à espada junto do palácio do rei.

21 Era [qq]Joás da idade de sete anos quando começou a reinar.

Reinado de Joás (2Rs 11.4; 2Cr 24.2)

12 **N**o sétimo ano de Jeú, [rr]começou Joás a reinar, e quarenta anos reinou em Jerusalém. Era o nome de sua mãe Zibia, de Berseba.

2 Fez Joás o que era reto aos olhos do Senhor todos os dias em que o sacerdote [ss]Jeoiada o orientara.

3 Contudo não tiraram os [tt]altares idólatras; o povo ainda sacrificava e queimava incenso nos altares idólatras.

---

[q] Dt 2.36
[r] Am 1.3-5
[s] 2Rs 13.1
[t] Os 1.4
[u] 2Cr 22.10
[v] 2Rs 8.26
[w] 2Rs 9.27
[x] 1Cr 8.26
[y] Comp. Ap 12.1-5
[z] 2Rs 8.25
[a] 2Rs 12.1
[b] v. 4-20; comp. 2Cr 23.1-21
[c] 2Rs 12.2
[d] 1Cr 9.25
[e] Comp. Nm 27.16,17
[f] Comp. 1Sm 8.12
[g] 2Sm 8.7
[h] Êx 25.16; 31.18
[i] 1Sm 10.24
[j] 2Rs 8.26
[k] v. 1; 2Cr 24.15,16
[l] Js 24.24,25; 2Cr 15.12-15
[m] Comp. Gn 9.16; 2Sm 5.3
[n] 2Rs 10.26,27
[o] Dt 12.3
[p] 1Rs 18.40; 2Rs 10.11
[qq] v. 11.21–12.15; comp. 2Cr 24.1-14
[rr] 2Cr 24.1-14
[ss] 2Rs 11.4
[tt] 1Rs 15.14; 22.43; 2Rs 14.4; veja Jz 3.7 e 1Rs 3.2, notas

Os reparos do templo atrasam por vinte e três anos (2Cr 24.4,5)

4 **D**isse Joás aos sacerdotes: Todo o dinheiro das coisas santas, que se trouxer ao [u]templo do Senhor, a saber, o dinheiro recolhido do censo pessoal, o dinheiro recebido de votos pessoais e todo o dinheiro que [v]cada um trouxer voluntariamente para o templo do Senhor,

5 os sacerdotes o recebam, cada um dos seus conhecidos, e consertem todos os estragos que se acharem no templo do Senhor.

6 No vigésimo terceiro ano do rei Joás, porém, os sacerdotes ainda não tinham [w]consertado os estragos do templo.

7 Então o [x]rei Joás chamou o sacerdote Jeoiada e os demais sacerdotes e lhes perguntou: Por que não consertais os estragos do templo? Não recebais mais dinheiro de vossos conhecidos, mas entregai-o para o conserto dos estragos do templo.

8 Concordaram os sacerdotes em não receber mais dinheiro do povo e em não consertarem eles próprios os estragos do templo.

Os reparos do templo são completados com ofertas voluntárias (2Cr 24.8-14)

9 **O** sacerdote [y]Jeoiada pegou um cofre, fez um buraco na tampa e o colocou ao pé do altar, à direita dos que entravam no templo do Senhor. E os sacerdotes que guardavam a entrada da porta colocaram [z]ali todo o dinheiro que se trazia do templo do Senhor.

10 Vendo eles que já havia muito dinheiro no cofre, o [a]escrivão do rei subia com o sumo sacerdote, e contavam e ensacavam o dinheiro que se achava no templo do Senhor.

11 O dinheiro, depois de pesado, davam nas mãos dos que faziam a obra, que tinham a seu cargo o templo do Senhor. Eles o distribuíam aos carpinteiros e aos construtores que reformavam o templo do Senhor,

12 como também aos pedreiros e aos escultores. Compravam madeira e pedras lavradas a fim de [b]consertarem os estragos do templo do Senhor e custeavam as demais despesas do conserto do templo.

13 Todavia, do dinheiro que se trazia ao templo do Senhor [c]não se faziam nem taças de prata, nem garfos, nem bacias, nem trombetas, nem vaso algum de ouro ou de prata para o templo do Senhor;

14 era dado aos que faziam a obra, e consertavam com ele o templo do Senhor.

15 [d]Não pediam contas aos homens em cujas mãos entregavam aquele dinheiro, para o dar aos que faziam a obra, porque agiam com honestidade.

16 O [e]dinheiro das ofertas pela culpa e o dinheiro das ofertas pelo pecado não se traziam ao templo do Senhor; [f]eram para os sacerdotes.

Hazael da Síria subornado com os tesouros do templo

17 **N**essa época, subiu [1g]Hazael, rei da Síria, guerreou contra Gate e a conquistou. Então Hazael decidiu marchar contra Jerusalém.

18 Joás, rei de Judá, porém, [h]pegou todas as coisas santas que Josafá, Jorão e Acazias, seus pais, reis de Judá, haviam consagrado, como também todo o ouro que se achava nos tesouros do templo do Senhor e no palácio do rei, e o mandou a Hazael, rei da Síria, que então se retirou de Jerusalém.

Joás morre; Amazias reina sobre Judá (2Cr 24.25-27)

19 Quanto ao restante dos atos de Joás e a tudo o que fez, porventura não está escrito no livro das crônicas dos reis de Judá?

20 **L**evantaram-se [i]os seus oficiais, conspiraram contra ele e o [j]mataram em Bete-Milo, que está no caminho que desce para Sila.

21 [k]Os oficiais que o mataram foram [l]Jozacar, filho de Simeate, e Jozabade, filho de [m]Somer. Morreu Joás, e o sepultaram com seus pais na Cidade de Davi. E [n]Amazias, seu filho, reinou em seu lugar.

Jeoacaz reina sobre Israel

13 **N**o vigésimo terceiro ano de [o]Joás, filho de Acazias, rei de Judá, [p]começou a reinar [q]Jeoacaz, filho de Jeú, sobre Israel, em Samaria, e reinou dezessete anos.

2 Fez o que era mau aos olhos do Senhor, seguindo os [r]pecados de Jeroboão, filho de Nebate, que fez pecar Israel, e não se afastou deles.

3 Por isso, a [s]ira do Senhor se acendeu contra Israel, e os entregou nas mãos de [t]Hazael, rei da Síria, e nas mãos de [uu]Ben-Hadade, filho de Hazael, todos aqueles dias.

Jeoacaz se arrepende, mas os ídolos não são destruídos

4 Então Jeoacaz [vv]suplicou diante da face do Senhor, e o Senhor o ouviu, pois [ww]viu quanto o rei da Síria oprimia Israel.

5 [xx]O Senhor deu um [yy]salvador a Israel, e saíram de debaixo das mãos dos siros. Assim os filhos de Israel habitaram nas suas casas, como antes.

6 (Contudo, não se afastaram dos pecados da dinastia de Jeroboão, que fez pecar Israel;

[u] 2Rs 22.4
[v] Êx 35.5; 1Cr 29.3-9; comp. 2Co 9.6-15
[w] Comp. Ed 9.9
[x] 2Cr 24.6
[y] 2Cr 23.1
[z] Mc 12.41; Lc 21.1
[a] 2Sm 8.17; 2Rs 19.2; 22.3,4
[b] 2Rs 22.5,6
[c] Comp. 1Rs 7.48,50
[d] 2Rs 22.7
[e] Lv 5.15-18
[f] Lv 7.7; Nm 18.9
[g] 2Rs 8.12
[h] 1Rs 15.18; 2Rs 18.15,16
[i] Comp. 2Rs 14.5
[j] Heb. Bet, casa; ou seja, casa de Milo, como aparece, p. ex., na ACF e na ARC
[k] 2Rs 14.5
[l] Chamado Zabade em 2Cr 24.26
[m] Chamada Sinrite em 2Cr 24.26
[n] 2Rs 14.1
[o] 2Rs 12.1
[p] v. 1-9
[q] 2Rs 10.35
[r] 1Rs 12.26-33
[s] Jz 2.14
[t] 2Rs 8.12
[uu] Am 1.4
[vv] Sl 78.34
[ww] Êx 3.7; Jz 2.18
[xx] v. 25; 2Rs 14.25-27
[yy] Evidentemente Jeoás, v. 19,25; depois Jeroboão II, v. 13; Ne 9.27

[1] (12.17) Hazael invadiu Judá duas vezes. Esta foi a primeira invasão; quanto à segunda, veja 2Cr 24.23.

continuaram neles. Também o [z]poste sagrado
[a]ficou em pé em Samaria.)
7 Nada havia ficado do exército de Jeoacaz,
senão cinquenta cavaleiros, dez carros e dez mil
homens de infantaria, pois o rei da Síria os [b]tinha
destruído e os tinha [c]reduzido a pó.

Jeoacaz morre; Jeoás reina sobre Israel

8 **Q**uanto ao restante dos atos de Jeoacaz, tudo
o que fez e o seu poder, porventura não estão
escritos no livro das crônicas dos reis de Israel?
9 Descansou Jeoacaz com seus pais, e o sepul-
taram em Samaria. E Jeoás, seu filho, reinou em
seu lugar.
10 No trigésimo sétimo ano de Joás, rei de Judá,
[d]começou a reinar Jeoás, filho de Jeoacaz, sobre
Israel, em Samaria, e reinou dezesseis anos.
11 Fez o que era mau aos olhos do Senhor e não se
afastou de nenhum dos pecados de Jeroboão, filho
de Nebate, que fez pecar Israel; continuou neles.

Parêntese: morte de Jeoás

12 Quanto ao restante dos [e]atos de Jeoás, tudo
o que fez, e o seu poder, com que guerreou con-
tra Amazias, rei de Judá, porventura não estão
escritos no livro das crônicas dos reis de Israel?
13 [f]Descansou Jeoás com seus pais, e Jeroboão
se assentou no seu trono. E Jeoás foi sepultado
em Samaria, junto aos reis de Israel.

A fé inadequada de Jeoás

14 **O**ra, Eliseu estava sofrendo da doença de que
morreu. Jeoás, rei de Israel, desceu a vê-lo, cho-
rou sobre ele e disse: Meu pai, meu pai, [g]carros
de Israel e seus cavaleiros!
15 Disse-lhe Eliseu: Pega um arco e flechas.
E ele pegou um arco e flechas.
16 Então disse Eliseu ao rei de Israel: Põe a mão
sobre o arco. Pegando ele o arco, Eliseu pôs as
suas mãos sobre as mãos do rei
17 e disse: Abre a janela para o leste, e ele a abriu.
Disse mais Eliseu: Atira! E ele atirou. Prosseguiu
Eliseu: A flecha do livramento do Senhor é a
flecha do livramento contra os siros! Tu enfren-
tarás os siros em [h]Afeque, até os destruir.
18 Disse mais: Pega as flechas. E o rei as pegou.
Então disse ao rei de Israel: Atira no chão. E ele
atirou três vezes e parou.
19 O homem de Deus se indignou muito con-
tra ele e disse: Cinco ou seis vezes deverias ter
atirado; então terias derrotado os siros até os des-
truir. Agora, [i]porém, só três vezes vencerás os siros.

Eliseu morre; a profecia se cumpre;
o milagre em sua sepultura

20 **M**orreu Eliseu, e o sepultaram. Ora, as [j]tropas
dos moabitas invadiram a terra no começo do ano.
21 Enquanto alguns enterravam um homem,
de repente viram um bando de invasores;
então, jogaram o homem na sepultura de Eliseu.
Quando o cadáver encostou nos ossos de Eliseu,
o homem [k]ressuscitou, e se [l]levantou.
22 [m]**H**azael, rei da Síria, oprimiu a Israel todos
os dias de Jeoacaz.
23 O Senhor, porém, teve [n]misericórdia deles,
e se compadeceu deles, e [o]tornou para eles, [p]por
amor da sua aliança com Abraão, Isaque e Jacó.
Até hoje não os quis destruir, nem tirá-los da
sua presença.
24 Morreu Hazael, rei da Síria, e Ben-Hadade,
seu filho, reinou em seu lugar.
25 Jeoás, filho de Jeoacaz, retomou de Ben-
-Hadade, filho de Hazael, as cidades que ele tinha
[q]tomado, das mãos de Jeoacaz, seu pai. [r]Três vezes
Jeoás o derrotou e recuperou as cidades de Israel.

Amazias reina sobre Judá
(2Rs 12.21; 2Cr 25.1-4)

14 **N**o segundo ano de Jeoás, filho de [s]Jeoacaz,
rei de Israel, começou a [t]reinar [u]Amazias,
filho de Joás, rei de Judá.
2 Tinha vinte e cinco anos quando começou a
reinar e vinte e nove anos reinou em Jerusalém.
Era o nome de sua mãe Joadã, de Jerusalém.
3 Fez o que era reto aos olhos do Senhor, ainda
que não como seu pai Davi. Em tudo [v]seguiu o
exemplo de Joás, seu pai.
4 Os altares, [w]porém, não foram derrubados; o
povo ainda sacrificava e queimava incenso neles.
5 Logo que o reino foi confirmado em suas
mãos, matou os seus servos [x]que tinham matado
o rei, seu pai.
6 Os filhos dos assassinos, porém, não matou,
como está escrito no livro da lei de Moisés, no
qual o Senhor deu ordem, dizendo: [y]Não serão
mortos os pais por causa dos filhos, e os filhos
não serão mortos por causa dos pais; cada um
será morto pelo seu pecado.
7 Foi ele que derrotou a dez mil [zz]edomitas no
[aa]vale do Sal e capturou Sela na guerra, e chamou
o seu nome Jocteel, até o dia de hoje.

A derrota de Amazias (2Cr 25.14-24)

8 **E**ntão Amazias enviou mensageiros a Jeoás,
filho de Jeoacaz, filho de Jeú, rei de Israel,
dizendo: Vem, enfrentemo-nos.
9 Jeoás, rei de Israel, porém, mandou dizer a
Amazias, rei de Judá: [bb]Um espinheiro do Líbano
enviou uma mensagem a um cedro do Líbano,
dizendo: Dá tua filha por mulher a meu filho.
Então um animal selvagem do Líbano veio e
pisou o espinheiro.
10 Na verdade, derrotaste os edomitas, e o teu
coração [cc]se envaideceu. Gloria-te disso, mas fica

[z] Veja Dt 16.21, nota
[a] 1Rs 16.33
[b] 2Rs 10.32
[c] Am 1.3
[d] 2Rs 14.1-16
[e] 2Rs 14.8-15
[f] 2Rs 14.16
[g] 2Rs 2.12
[h] 1Rs 20.26
[i] v. 25
[j] 2Rs 3.5; 24.2
[k] Ressurreição: v. 21; Jó 19.25 (2Rs 4.35; 1Co 15.52, nota)
[l] Milagres (AT): v. 21; 2Rs 19.35 (Gn 5.24; Jn 1.17)
[m] 2Rs 8.12
[n] 2Rs 14.27
[o] Êx 2.24,25
[p] Gn 17.2-7; Êx 32.13
[q] 2Rs 10.32,33; 12.17; 14.25
[r] v. 18,19
[s] 2Rs 13.10
[t] 2Rs 12.20,21
[u] 2Cr 25.1
[v] 2Rs 12.2
[w] 2Rs 12.3; veja Jz 3.7 e 2Rs 3.2, notas
[x] 2Rs 12.20
[y] Dt 24.16; Ez 18.4,20
[zz] 2Cr 25.5-16
[aa] 2Sm 8.13; 1Cr 18.12
[bb] Parábolas (AT): v. 9,10; 2Cr 25.18 (Jz 9.8; Zc 11.7)
[cc] Comp. 2Cr 26.16; Pv 16.18

em tua casa! Por que provocarias o mal, para caíres tu, e Judá, contigo?

11 Amazias, contudo, não o quis ouvir, de modo que Jeoás, rei de Israel, atacou. Ele e Amazias, rei de Judá, enfrentaram-se em Bete-Semes, que está em Judá.

12 Judá foi derrotado diante de Israel, e fugiu cada um para a sua casa.

13 Jeoás, rei de Israel, capturou a Amazias, rei de Judá, filho de Joás, filho de Acazias, em Bete-Semes. Jeoás foi a Jerusalém e quebrou o muro de Jerusalém, desde a Porta de Efraim até a Porta da Esquina, [d]quatrocentos côvados.

14 Ele se [e]apoderou de todo o ouro e prata, e de todos os vasos que se achavam no templo do Senhor e de tesouros do palácio do rei, como também dos reféns, e voltou para Samaria.

Jeoás morre; Jeroboão II reina sobre Israel (comp. 2Rs 13.12-15)

15 Ora, quanto ao restante dos atos de Jeoás, ao que fez, ao seu poder, e como guerreou contra Amazias, rei de Judá, porventura não estão escritos no livro das crônicas dos reis de Israel?

16 Descansou Jeoás com seus pais, e foi sepultado em Samaria, junto aos reis de Israel. E Jeroboão, seu filho, reinou em seu lugar.

Amazias morre; Azarias (Uzias) reina sobre Judá (2Cr 25.26-28)

17 Viveu Amazias, filho de Jeoás, rei de Judá, depois da morte de Jeoás, filho de Jeoacaz, rei de Israel, quinze anos.

18 Quanto ao restante dos atos de Amazias, porventura não está escrito no livro das crônicas dos reis de Judá?

19 Conspiraram contra ele em Jerusalém, e ele fugiu para Laquis, porém enviaram atrás dele homens até Laquis, e ali o mataram.

20 Trouxeram-no sobre cavalos e o sepultaram em Jerusalém, junto a seus pais, na Cidade de Davi.

21 Todo o povo de Judá proclamou [f]Azarias, que era de dezesseis anos, e o constituíram rei em lugar de Amazias, seu pai.

22 Foi ele que construiu [g]Elate e a devolveu a Judá, depois que Amazias descansou com seus pais.

Jeroboão II reina em Israel fazendo o que era mau aos olhos do Senhor; restaura o território de acordo com a profecia de Jonas

23 **No** décimo quinto ano de Amazias, filho de Joás, rei de Judá, [h]começou a reinar em Samaria Jeroboão, filho de Jeoás, rei de Israel, e reinou quarenta e um anos.

24 Fez o que era mau aos olhos do Senhor, e não se afastou de nenhum dos [i]pecados de Jeroboão, filho de Nebate, que fez pecar Israel.

[d] Veja pesos e medidas (AT): 2Cr 2.10, nota
[e] 2Rs 12.18; 16.8
[f] Chamado Uzias, 15.13
[g] 2Rs 16.6
[h] v. 23-29
[i] 1Rs 12.26-33
[j] Cumpre a profecia de 2Rs 13.5. Comp. 2Rs 13.25
[k] 1Rs 8.65
[l] Dt 3.17
[m] Veja Dt 1.1, nota
[n] Jn 1.1
[o] Js 19.13
[p] Êx 3.7; 2Rs 13.4; Sl 106.44
[q] Dt 32.36
[r] 2Rs 13.23
[s] 1Rs 11.24
[t] 2Sm 8.6; 1Rs 11.24; 2Cr 8.3
[u] v. 35; 2Rs 12.3; 14.4; veja Jz 3.7 e 2Rs 3.2, notas
[v] Sl 78.31
[w] Is 6.1
[x] 2Cr 26.23
[y] v. 8-12
[z] 2Rs 14.29
[a] 2Rs 14.24

25 Foi ele que [j]restabeleceu as fronteiras de Israel, [k]desde a entrada de Hamate até o [l]mar da [m]planície, conforme a palavra do Senhor, Deus de Israel, a qual falara por intermédio de seu servo [n]Jonas, filho do profeta Amitai, o qual era de [o]Gate-Hefer.

26 [p]Viu o Senhor que a miséria de Israel era muito amarga, [q]tanto para o escravo quanto para o livre. Não havia ninguém que ajudasse Israel.

27 Ainda [r]não falara o Senhor em apagar o nome de Israel de debaixo do céu, porém o livrou por intermédio de Jeroboão, filho de Joás.

Morte de Jeroboão II; Zacarias reina sobre Israel

28 **Quanto** ao restante dos atos de Jeroboão, tudo o que fez, o seu poder, como guerreou e como reconquistou [s]Damasco e Hamate, [t]pertencentes a Judá, para Israel, porventura não estão escritos no livro das crônicas de Israel?

29 Descansou Jeroboão com seus pais, com os reis de Israel. E Zacarias, seu filho, reinou em seu lugar.

Azarias (Uzias) reina sobre Judá (2Rs 14.21,22; 2Cr 26.1-15)

15 **No** vigésimo sétimo ano de Jeroboão, rei de Israel, começou a reinar Azarias, filho de Amazias, rei de Judá.

2 Tinha dezesseis anos quando começou a reinar e cinquenta e dois anos reinou em Jerusalém. Era o nome de sua mãe Jecolias, de Jerusalém.

3 Fez o que era reto aos olhos do Senhor, conforme tudo o que fizera Amazias, seu pai.

4 [u]Contudo, não tiraram os altares idólatras; o povo ainda sacrificava e queimava incenso neles.

Azarias (Uzias) é ferido com lepra (2Cr 26.16-21); sua morte: Jotão reina sobre Judá

5 **O** Senhor [v]feriu o rei, e este ficou leproso até o dia da sua [w]morte e habitou numa casa separada. Jotão, filho do rei, era responsável pelo palácio e governava o povo da terra.

6 Quanto ao restante dos atos de Azarias e tudo o que fez, porventura não estão escritos no livro das crônicas dos reis de Judá?

7 Descansou Azarias com seus pais, e o [x]sepultaram junto a seus pais, na Cidade de Davi. E Jotão, seu filho, reinou em seu lugar.

Zacarias reina sobre Israel; Salum o assassina

8 **No** trigésimo oitavo ano de Azarias, rei de Judá, [y]reinou [z]Zacarias, filho de Jeroboão, sobre Israel, em Samaria, seis meses.

9 Fez o que era mau aos olhos do Senhor, [a]como tinham feito seus pais, e não se afastou dos pecados de Jeroboão, filho de Nebate, que fez pecar Israel.

10 Salum, filho de Jabes, conspirou contra Zacarias. [b]Atacou-o diante do povo, matou-o e reinou em seu lugar.

11 Quanto ao restante dos atos de Zacarias, está escrito no livro das crônicas dos reis de Israel.

12 Esta foi a [c]palavra do Senhor, que ele falara a Jeú: Teus filhos, até a quarta geração, se assentarão sobre o trono de Israel. E assim foi.

Salum reina sobre Israel; é assassinado

13 **S**alum, filho de Jabes, [d]começou a reinar no trigésimo nono ano de [e]Uzias, rei de Judá, e reinou um mês inteiro em Samaria.

14 Então Menaém, filho de Gadi, subiu de [f]Tirza e veio a Samaria. Atacou ali a Salum, filho de Jabes, matou-o e reinou em seu lugar.

15 Quanto ao restante dos atos de Salum e a conspiração que fez, estão escritos no livro das crônicas dos reis de Israel.

Menaém reina sobre Israel

16 Nessa época Menaém, começando em Tirza, atacou a Tifsa e a todos os que nela havia, como também a seu território, porque se recusaram a [g]abrir as suas portas. Saqueou a Tifsa, e a todas as mulheres grávidas rasgou ao meio.

17 **D**esde o trigésimo nono ano de Azarias, rei de Judá, Menaém, filho de Gadi, começou a reinar sobre Israel e reinou dez anos em Samaria.

18 Fez o que era mau aos olhos do Senhor. Durante todos os seus dias não se afastou dos pecados de Jeroboão, filho de Nebate, que fez pecar Israel.

Pul invade Israel (1Cr 5.26)

19 [h]Então veio Pul, rei da Assíria, invadir a terra, e Menaém deu a Pul mil [i]talentos de prata, para que este o ajudasse a manter o reino na sua mão.

20 Menaém [j]arrecadou este dinheiro de Israel, de todos os poderosos e ricos, para o dar ao rei da Assíria, de cada homem cinquenta siclos de prata. Assim, voltou o rei da Assíria e não se demorou ali na terra.

Menaém morre; Pecaías reina sobre Israel

21 Quanto ao restante dos atos de Menaém e tudo o que fez, porventura não estão escritos no livro das crônicas dos reis de Israel?

22 Descansou Menaém com seus pais. E Pecaías, seu filho, reinou em seu lugar.

23 **N**o quinquagésimo ano de Azarias, rei de Judá, começou a [k]reinar Pecaías, filho de Menaém, e dois anos reinou sobre Israel, em Samaria.

24 Fez o que era mau aos olhos do Senhor e não se afastou dos pecados de Jeroboão, filho de Nebate, que fez pecar Israel.

[b] Am 7.9
[c] 2Rs 10.30
[d] v. 13-15
[e] Chamado Azarias, v. 1
[f] 1Rs 14.17; Ct 6.4
[g] Comp. 2Rs 8.12
[h] 1Cr 5.25; Is 9.1; Os 8.9
[i] Veja sist. monetário (AT): Êx 30.13, nota
[j] 2Rs 23.35
[k] v. 23-26
[l] 1Rs 16.18
[m] v. 27-31
[n] Is 7.1
[o] 2Rs 16.7,10
[p] 1Rs 15.20
[q] 2Rs 17.6
[r] 2Rs 17.1
[s] 2Rs 17.1-6; 18.1,9-12
[t] 1Cr 5.17
[u] v. 4
[v] 2Rs 16.5-9; Is 7.1-17

Peca assassina Pecaías e usurpa o trono de Israel

25 Peca, filho de Remalias, seu capitão, conspirou contra ele. Levando consigo cinquenta homens dos filhos dos gileaditas, feriu Pecaías, Argobe e Arié, na [l]fortaleza do palácio do rei, em Samaria. Assim Peca matou Pecaías, e reinou em seu lugar.

26 Quanto ao restante dos atos de Pecaías, e tudo o que fez, estão escritos no livro das crônicas dos reis de Israel.

27 **N**o quinquagésimo segundo ano de Azarias, rei de Judá, começou a [m]reinar [n]Peca, filho de Remalias, e reinou sobre Israel, em Samaria, vinte anos.

28 Fez o que era mau aos olhos do Senhor e não se afastou dos pecados de Jeroboão, filho de Nebate, que fez pecar Israel.

Tiglate-Pileser invade Israel; Peca é assassinado por Oseias

29 Nos dias de Peca, rei de Israel, veio [o]Tiglate-Pileser, rei da Assíria, conquistou [p]Ijom, Abel-Bete-Maaca, Janoa, Quedes, Hazor, Gileade, Galileia, toda a terra de Naftali, e [q]deportou o povo para a Assíria.

30 Então Oseias, filho de Elá, conspirou contra Peca, filho de Remalias. Atacou-o e o matou, e então [r]reinou em seu [s]lugar, no vigésimo ano de Jotão, filho de Uzias.

31 Quanto ao restante dos atos de Peca e tudo o que fez, estão escritos no livro das crônicas dos reis de Israel.

Jotão reina sobre Judá (v. 7; 2Cr 26.23; 27.1-9)

32 **N**o segundo ano de Peca, filho de Remalias, rei de Israel, começou a reinar [t]Jotão, filho de Uzias, rei de Judá.

33 Tinha vinte e cinco anos de idade quando começou a reinar e dezesseis anos reinou em Jerusalém. Era o nome de sua mãe Jerusa, filha de Zadoque.

34 Fez o que era reto aos olhos do Senhor, conforme tudo o que fizera seu pai Uzias.

35 [u]Contudo os altares idólatras não se tiraram; o povo ainda sacrificava e queimava incenso neles. Jotão reconstruiu a porta alta do templo do Senhor.

36 Os demais atos de Jotão e tudo o que fez, porventura não estão escritos no livro das crônicas dos reis de Judá?

37 Naqueles dias, começou o Senhor a enviar [v]Rezim, rei da Síria, e Peca, filho de Remalias contra Judá.

38 Descansou Jotão com seus pais, e foi sepultado junto a seus pais na Cidade de Davi, seu pai. E Acaz, seu filho, reinou em seu lugar.

Acaz reina sobre Judá
(2Rs 15.38; 2Cr 28.1-4)

16 No décimo sétimo ano de [w]Peca, filho de
Remalias, começou a reinar [x]Acaz, filho de
Jotão, rei de Judá.
2 Tinha Acaz vinte anos de idade quando
começou a reinar e dezesseis anos reinou em
Jerusalém. Não fez o que era reto aos olhos do
Senhor seu Deus, como Davi, seu pai.
3 Andou no caminho dos reis de Israel e até a
[y]seu filho fez passar pelo fogo, [z]segundo os cos-
tumes abomináveis dos gentios que o Senhor
lançara fora de diante dos filhos de Israel.
4 Também sacrificou e queimou incenso nos
[a]altares idólatras e nas colinas, como também
debaixo de toda árvore frondosa.

Rezim, rei da Síria, e Peca, rei de Israel, invadem Judá (2Cr 28.5-19)

5 Então subiu Rezim, rei da Síria, com Peca,
filho de Remalias, rei de Israel, contra Jerusalém,
para lhe fazer guerra, e sitiaram a Acaz, porém
[b]não puderam vencê-lo.
6 Nesse mesmo tempo, Rezim, rei da Síria,
devolveu [c]Elate à Síria e lançou fora dela os
judeus. Os siros então vieram a Elate e ficaram
habitando ali até o dia de hoje.

Acaz procura ajuda da Assíria (2Cr 28.16-25)

7 Acaz enviou mensageiros a [d]Tiglate-Pileser, rei
da Assíria, dizendo: Eu sou teu servo e teu filho.
Sobe e livra-me das mãos do rei da Síria e das
mãos do rei de Israel, que se levantam contra mim.
8 [e]Tomou Acaz a prata e o ouro que se achou no
templo do Senhor e nos tesouros do palácio do
rei e mandou de presente ao rei da Assíria.

Os assírios tomam Damasco

9 O rei da Assíria lhe deu ouvidos e, subindo
contra [f]Damasco, [g]tomou-a, levou o povo para
[h]Quir e matou Rezim.
10 Então o rei Acaz foi a Damasco, encontrar-se
com Tiglate-Pileser, rei da Assíria. Viu um altar que
estava em Damasco e enviou ao sacerdote Urias a
figura do altar e o modelo, conforme toda a sua obra.
11 [i]Urias, o sacerdote, construiu um altar con-
forme tudo o que o rei Acaz tinha ordenado de
Damasco e o acabou antes que o rei Acaz voltasse.
12 Quando o rei voltou de Damasco e viu o
altar, chegou-se a ele e nele sacrificou.
13 Queimou o seu holocausto e a sua oferta de
cereais, derramou a sua libação e espargiu o san-
gue das suas ofertas pacíficas naquele altar.
14 O altar de bronze, porém, que estava perante
o Senhor, tirou de diante do [j]templo, de entre o
seu altar e o templo do Senhor, e o pôs ao lado
do seu altar, da banda do norte.
15 O rei Acaz ordenou a Urias, o sacerdote: No
grande altar queima o [k]holocausto da manhã,
como também a oferta de cereais da tarde, e o
holocausto do rei, e a sua oferta de cereais, e o ho-
locausto de todo o povo da terra, e a sua oferta
de cereais, e as suas ofertas de bebida. Todo o
sangue dos holocaustos e todo o sangue dos sa-
crifícios espargirás nele. Porém o altar de bronze
será para mim, para buscar orientação.
16 Fez Urias, o sacerdote, conforme tudo o que
o rei Acaz lhe ordenara.
17 O rei Acaz cortou os [l]painéis laterais, e de
cima deles tirou as pias. Tirou o [m]mar de sobre
os bois de bronze, que estavam debaixo dele, e o
pôs sobre uma base de pedra.
18 Também a cobertura do sábado, que cons-
truíram no templo, e a entrada real do lado de
fora retirou do templo do Senhor, por causa do
rei da Assíria.

Acaz morre; Ezequias reina sobre Judá
(2Cr 28.26,27)

19 Os demais atos de Acaz e o que fez, porven-
tura não estão escritos no livro das crônicas dos
reis de Judá?
20 Descansou Acaz com seus pais e foi sepultado
junto a seus pais, na Cidade de Davi. E Ezequias,
seu filho, reinou em seu lugar.

Oseias reina sobre Israel

17 No décimo segundo ano de Acaz, rei de
Judá, [n]começou a reinar [o]Oseias, filho de
Elá, e nove anos reinou sobre Israel, em Samaria.
2 Fez o que era mau aos olhos do Senhor, contudo
não como os reis de Israel que foram antes dele.

Israel fica sob o domínio da Assíria

3 Contra ele subiu Salmaneser, rei da Assíria, e
Oseias [p]ficou sendo servo dele e lhe pagava tributo.

Israel (dez tribos) é levado para a Assíria
(comp. 2Rs 18.9-12)

4 O rei da Assíria, porém, achou em Oseias trai-
ção, pois enviara mensageiros a Sô, rei do Egito, e
não pagava o tributo anual ao rei da Assíria, como
antes. Portanto Salmaneser o lançou na prisão.
5 O rei da Assíria invadiu toda a terra e, che-
gando a [q]Samaria, sitiou-a por três anos.

Pecados pelos quais Israel foi levado para o cativeiro

6 No nono ano de Oseias, o rei da Assíria [r]to-
mou Samaria e deportou [s]Israel para a Assíria.
Ele os fez habitar em Hala, em Gozã, junto ao rio
Habor, e nas cidades dos medos.
7 Tudo isso aconteceu [t]porque os filhos de
Israel haviam pecado contra o Senhor, o seu

---

[w] 2Rs 15.26
[x] Is 1.1
[y] Lv 18.21; 2Rs 17.17; Sl 106.37,38
[z] Dt 12.31
[a] 2Rs 15.34,35; veja Jz 3.7 e 2Rs 3.2, notas
[b] Is 7.1
[c] Heb. Elot. 2Rs 14.22
[d] 2Rs 15.29; 1Cr 5.26; 2Cr 28.20
[e] 2Rs 12.18
[f] 2Rs 14.28
[g] Am 1.5
[h] Am 9.7
[i] Is 8.2
[j] Êx 40.6,29
[k] Êx 29.39-41
[l] 1Rs 7.28,29
[m] 1Rs 7.23-25
[n] 2Rs 17.1-6; 18.1,9-12
[o] 2Rs 15.30
[p] 2Rs 24.1
[q] Os 13.16
[r] 2Rs 18.9-11
[s] Dt 28.64; 2Rs 15.29. Israel (história): v. 6-23; 2Rs 24.10 (Gn 12.2; Rm 11.26)
[t] Js 23.16

Deus, que os fizera subir da terra do Egito, de
debaixo do poder de faraó, rei do Egito. Eles
[u]temeram a outros deuses,
8 [v]andaram nos costumes das nações que o
Senhor expulsara de diante deles e nos que os
reis de Israel haviam tomado para si.
9 Os filhos de Israel fizeram secretamente o
que não era reto, contra o Senhor, o seu Deus.
Construíram para si [w]altares idólatras em todas
as suas cidades, desde a torre dos atalaias até a
cidade fortificada.
10 [x]Levantaram para si colunas e [y]postes sagra-
dos em todos os montes altos e debaixo de todas
as árvores frondosas.
11 Queimaram incenso em todos os altares idó-
latras, como as nações que o Senhor expulsara
de diante deles. Cometeram o mal que provocou
à ira o Senhor.
12 Serviram os ídolos, dos quais o Senhor lhes
[z]dissera: Não fareis estas coisas.
13 O Senhor advertiu Israel e Judá, por intermé-
dio de todos os [a]profetas e de todos os [b]videntes:
[c]Convertei-vos de vossos maus caminhos e guar-
dai os meus mandamentos e os meus estatutos,
conforme toda a lei que ordenei a vossos pais e
que vos enviei por intermédio de meus servos,
os profetas.
14 Os filhos de Israel, porém, não deram ouvi-
dos, antes se [d]tornaram obstinados, como fizeram
seus pais, que [e]não creram no Senhor, o seu Deus.
15 [f]Rejeitaram os seus estatutos e a sua [g]aliança,
que fizera com seus pais, como também as suas
advertências, com que protestara contra eles.
Seguiram a vaidade e se [h]tornaram inúteis, como
também seguiram após as nações que estavam
ao redor deles, das quais o Senhor lhes havia
ordenado que não as imitassem.
16 Deixaram todos os mandamentos do Senhor,
o seu Deus, e [i]fizeram para si duas imagens de
metal em forma de bezerros e um [j]poste sagrado.
Adoraram todo o [k]exército do céu e serviram [l]Baal.
17 Também fizeram passar pelo [m]fogo a seus
filhos e suas filhas. [n]Deram-se a adivinhações,
criam em agouros e venderam-se para fazer o que
era mau aos olhos do Senhor, provocando-o à ira.
18 Pelo que o Senhor muito se indignou contra
Israel e os tirou de diante da sua presença. [o]Nada
mais ficou, somente a tribo de Judá,
19 e [p]até mesmo Judá não guardou os man-
damentos do Senhor, seu Deus. Andaram nos
costumes que Israel tomou para si.
20 Pelo que o Senhor rejeitou toda a descen-
dência de Israel; ele os oprimiu e os [q]entregou
nas mãos dos despojadores, até que os expulsou
de diante da sua [r]presença.
21 **Quando** [s]separou Israel da dinastia de Davi,
[t]fizeram rei a Jeroboão, filho de Nebate, o qual
afastou Israel de seguir o Senhor e o fez cometer
grande pecado.
22 Assim andaram os filhos de Israel em todos
os pecados que Jeroboão tinha cometido, não se
afastaram deles,
23 até que o Senhor [1]tirou Israel da sua presença,
[uu]como falara por intermédio de todos os seus ser-
vos, os profetas. Assim foi [vv]Israel deportado da
sua terra para a Assíria, onde está até o dia de hoje.

As cidades de Israel são repovoadas com estrangeiros

24 **O** rei da Assíria trouxe [ww]gente de [xx]Babilônia,
de Cuta, de Ava, de Hamate e de Sefarvaim e a
fez habitar nas cidades de Samaria, em lugar dos
filhos de Israel. Tomaram Samaria em herança e
habitaram nas suas cidades.
25 No princípio da sua habitação ali, [yy]não
temeram ao Senhor; assim mandou o Senhor
entre eles leões, que mataram alguns deles.
26 Pelo que se disse ao rei da Assíria: A gente
que deportaste e fizeste habitar nas cidades de
Samaria não sabe o que exige o Deus da terra.
Ele mandou entre ela leões que a matam, porque
não sabe o que exige o Deus da terra.
27 Então o rei da Assíria mandou dizer: Levai
para lá um dos sacerdotes que de lá trouxestes
cativos; que ele vá, e lá habite, e lhes ensine o
que exige o Deus da terra.

[u] Jz 6.10
[v] Lv 18.3; Dt 18.9
[w] v. 10,11,29; veja Jz 3.7 e 2Rs 3.2, notas
[x] Êx 34.12-14
[y] Veja Dt 16.21, nota
[z] Êx 20.4,5
[a] Ne 9.29,30
[b] 1Sm 9.9
[c] Jr 18.11; 25.5; 35.15
[d] Êx 32.9; 33.3; Dt 31.27; Pv 29.1; At 7.51
[e] Dt 9.23; Sl 78.22
[f] Jr 44.3
[g] Êx 24.6-8; Dt 29.25
[h] 2Cr 13.7; comp. Rm 12.1-3
[i] 1Rs 12.28
[j] Veja Dt 16.21, nota; 1Rs 14.15,23
[k] Dt 4.19
[l] 1Rs 16.31
[m] 2Rs 16.3
[n] Dt 18.10
[o] 1Rs 11.13,32
[p] Jr 3.8
[q] Jz 2.14; 2Rs 13.3; 15.29
[r] 2Rs 24.20
[s] 1Rs 11.11,31
[t] 1Rs 12.20
[uu] 1Rs 14.16
[vv] v. 6
[ww] Ed 4.2,10
[xx] v. 30
[yy] Veja Sl 19.9, nota

[1] (17.23) Apesar do que alguns afirmam, não há "dez tribos perdidas", às quais só Deus conhece e encontrará no futuro, e das quais se fazem várias conjecturas dizendo que são povos anglo-saxônicos, ciganos ou certos grupos da Ásia Central ou África. Essas concepções erradas surgem de interpretação equivocada de passagens tais como os v. 7-23 (comp. 2Cr 6.6-11) e, especialmente, o v. 18.

1) A expressão "tribo de Judá" (v. 18) refere-se ao Reino do Sul (Judá, composto das tribos de Judá e Benjamim) e faz contraste com o Reino do Norte (Israel, composto das outras dez tribos), como deixam claro os v. 21-23, quando comparados com 1Rs 11.13,32.

2) A remoção da maior parte do povo que compunha o Reino do Norte não significa que apenas duas tribos de Israel continuaram na terra. Os v. 7-23 (veja v. 20, "expulsou") não querem dizer que a porção da nação levada em cativeiro pela Assíria ficou excluída de qualquer promessa de retorno futuro. Jeremias refere-se às dez tribos levadas para a Assíria e às duas tribos levadas para a Babilônia como "Israel" (Jr 50.17-19).

3) Antes do cativeiro assírio, um grande número de integrantes das dez tribos se havia identificado com a casa de Davi. Isso teve início nos tempos da rebelião de Jeroboão I (1Rs 12.16-20; 2Cr 11.16,17) e continuou quando as reformas, invasões e outras crises levaram muitos a repudiar o Reino do Norte e a unir-se ao Reino do Sul, sendo fiéis à casa de Davi e ao culto ao Senhor (2Cr 19.4; 30.1,10,11,25,26; 34.5-7,33; 35.17,18; etc.).

4) Os fatos enumerados a seguir mostram que: a) o remanescente que regressou da Babilônia representa a nação, não simplesmente as duas tribos (Ed 6.17; 7.7,13; 9.1; 10.5; Ne 7.73; 12.47; Ez 37.19; 47.13,21; 48.29; Mt 19.28; Lc 22.30; Fp 3.5; Ap 7.4). Todo o Israel, as doze

28 Veio um dos sacerdotes que haviam trazido
de Samaria; ele habitou em Betel e lhes ensi-
nou como deviam temer ao Senhor.
29 **O**s grupos que habitavam nas diversas
cidades, porém, faziam os seus deuses e os pu-
nham [z]nas casas dos altares idólatras que os
samaritanos tinham feito, cada grupo nas cida-
des em que habitavam.
30 Os de Babilônia fizeram Sucote-Benote,
os de Cuta fizeram Nergal e os de Hamate fize-
ram Asima;
31 os aveus fizeram Nibaz e Tartaque, e os
sefarvitas queimavam seus filhos no fogo a [a]Adra-
meleque e a Anameleque, deuses de Sefarvaim.
32 [b]Temiam ao Senhor, mas entre os [c]do povo
nomearam sacerdotes dos altares idólatras, os
quais exerciam o ministério nos santuários dos
altares idólatras.
33 Temiam ao Senhor, mas também [d]serviam
a seus próprios deuses, segundo o costume das
nações dentre as quais tinham sido trazidos.
34 **A**té o dia de hoje fazem segundo os antigos
costumes. Não temem ao Senhor, nem agem se-
gundo os seus estatutos e ordenanças, as leis
e os mandamentos que o Senhor ordenou aos
filhos de Jacó, a quem deu o nome de [e]Israel.
35 Quando o Senhor fez uma aliança com eles,
lhes ordenou: Não temereis outros deuses, nem
vos inclinareis diante deles, nem os servireis,
nem [f]lhes oferecereis sacrifícios.
36 Ao Senhor, porém, que vos fez [g]subir da terra
do Egito com grande força e com [h]braço esten-
dido, a ele temereis, e a ele vos inclinareis, e a ele
oferecereis sacrifícios.
37 Os estatutos e as ordenanças, as leis e os
mandamentos que ele vos escreveu, tereis cui-
dado de [i]obedecer todos os dias. Não temereis
a outros deuses.
38 Da aliança que fiz convosco [j]não vos esque-
cereis e não temereis a outros deuses.
39 Antes, ao Senhor, o vosso Deus, temereis;
é ele que vos livrará das mãos de todos os vos-
sos inimigos.
40 Eles, porém, não deram ouvidos, mas fize-
ram segundo o seu antigo costume.
41 Assim, essas nações temiam o Senhor, mas
serviam às suas próprias imagens de escultu-
ra. Também seus filhos e os filhos de seus fi-
lhos fazem até o dia de hoje como fizeram
seus pais.

IV. Da ascensão de Ezequias até o cativeiro de Judá, 18.1–25.30

Ezequias reina sobre Judá (2Rs 16.20; 2Cr 29.1–31.21)

18 No terceiro ano de [k]Oseias, filho de Elá,
rei de Israel, começou a reinar Ezequias,
filho de Acaz, rei de Judá.
2 Tinha vinte e cinco anos de idade quando
começou a reinar e vinte e nove anos reinou
em Jerusalém. Era o nome de sua mãe Abi, fi-
lha de Zacarias.
3 Fez o que era reto aos olhos do Senhor, con-
forme tudo o que fizera Davi, seu pai.

Avivamento com Ezequias (2Cr 29.3–31.21)

4 Removeu os [l]altares idólatras, quebrou as co-
lunas sagradas, derrubou os [m]postes sagrados.
Despedaçou a [n]serpente de bronze que Moisés
fizera, pois até aquele dia os filhos de Israel lhe
queimavam incenso, e lhe chamaram Neustã.
5 Ezequias [o]confiou no Senhor, o Deus de Is-
rael, de maneira que depois dele não houve seu
semelhante entre todos os reis de Judá, [p]nem
entre os que foram antes dele.
6 Ele se aproximou do Senhor e não deixou
de segui-lo; obedeceu aos mandamentos que
o Senhor tinha dado a Moisés.

Ezequias rebela-se contra a Assíria; derrota dos filisteus

7 E o Senhor foi com ele; por onde quer que
fosse prosperava. [1]Rebelou-se contra o rei da
[q]Assíria e não o serviu.

[z] 1Rs 12.31; 13.32
[a] 2Rs 19.37
[b] Veja Sl 19.9, nota
[c] 1Rs 13.33
[d] Comp. Sf 1.5
[e] Gn 32.28; 35.10
[f] Êx 20.5
[g] Êx 14.15-30
[h] Êx 6.6; 9.15
[i] Dt 5.32
[j] Dt 4.23; 6.12
[k] 2Rs 17.1
[l] v. 22; veja Jz 3.7 e 2Rs 3.2, notas
[m] Veja Dt 16.21, nota
[n] Nm 21.5-9
[o] Veja Sl 2.12, nota; 2Rs 19.10
[p] 2Rs 23.25
[q] 2Rs 16.7

tribos, foi representado na dedicação do templo em Jerusalém (Ed 6.17). Malaquias também refere-se a Israel e Judá juntos, nunca sugerindo que havia dez tribos perdidas; b) é afirmado que nosso Senhor se ofereceu não somente pelas duas tribos (Judá), mas pela nação, as "ovelhas perdidas da casa de Israel" (Mt 10.5,6) – perdidas no pecado; c) além de Judá, há outras tribos mencionadas especificamente no NT que estão representadas na terra (Mt 4.13,15; Lc 2.36; At 4.36; Fp 3.5; comp. "doze tribos", At 26.7; Tg 1.1); o apóstolo Paulo fala do futuro das doze tribos habitando a Terra Prometida, a Terra de Israel (At 26.7; 28.17).

5) Embora Israel esteja, durante a Era da Igreja, em dispersão por haver rejeitado o Messias, continua como um povo, preservado separadamente de outros povos, povo a quem Deus conhece, mas que não conhece a Deus (Dt 28.62; Is 11.11-13; Os 3.4,5; Rm 11.1,2,11,12). Já ocorreu, de acordo com a profecia, uma restauração parcial de Israel à terra, mas sem crer no Messias. As Escrituras claramente afirmam que haverá uma futura restauração espiritual, por meio da salvação de grande quantidade de pessoas de toda a casa de Israel (Ez 36.16-38; 37.15-28; Zc 12.9-14) em que a terra será habitada pelo povo. Veja Aliança da Terra de Israel, Êx 6.8; Dt 30.3, *nota*; 2Sm 7.8-17.

[1] (18.7) A sequência dos acontecimentos na história do reino de Judá depois da queda do reino de Israel – os últimos 23 anos do reinado de Ezequias – foi a seguinte: 1) Ezequias e a libertação do jugo assírio (2Rs 18.7); 2) Ezequias e a bem-sucedida campanha contra os filisteus (2Rs 18.8); 3) Senaqueribe e sua primeira invasão a Judá (2Rs 18.13-16; veja Is 36.1, *nota*); 4) Ezequias e sua enfermidade e recuperação (2Rs 20.1-11; 2Cr 32.24; Is 38); 5) Ezequias e a imprudente revelação de suas defesas e riqueza aos embaixadores babilônicos

8 Derrotou os [r]filisteus até Gaza e os seus
territórios, desde a torre das sentinelas até a ci-
dade fortificada.

Recapitulação do cativeiro de Israel (comp. 2Rs 17.4-6); primeira invasão de Judá (Is 36.1)

9 No quarto ano do rei [s]Ezequias (que era o sé-
timo ano de Oseias, filho de Elá, rei de Israel),
Salmaneser, rei da Assíria, subiu contra Sama-
ria e a cercou.
10 No fim de três anos, os assírios a conquista-
ram. Assim Samaria foi capturada no sexto ano de
Ezequias, que era o nono de Oseias, rei de Israel.
11 O rei da Assíria [t]deportou Israel para a Assí-
ria, e os fez habitar em Hala, em Gozã, junto ao
rio Habor, e nas cidades dos medos.
12 Isso aconteceu porque [u]não obedeceram ao
Senhor, o seu Deus, mas quebraram a sua alian-
ça, e tudo o que Moisés, servo do Senhor, tinha
ordenado. Não deram ouvidos aos seus manda-
mentos nem os praticaram.
13 [v]**N**o décimo quarto ano do rei Ezequias, su-
biu [1]Senaqueribe, rei da Assíria, contra todas as
cidades fortificadas de Judá e as conquistou.
14 Então Ezequias, rei de Judá, enviou esta men-
sagem ao rei da Assíria, em Laquis: Errei. Pare de
atacar-me e tudo o que exigires de mim pagarei.
O rei da Assíria impôs a Ezequias, rei de Judá, tre-
zentos [w]talentos de prata e trinta talentos de ouro.
15 Assim [x]deu Ezequias toda a prata que se
achou no templo do Senhor e nos tesouros no
palácio do rei.
16 Nesse tempo, Ezequias arrancou o ouro das
portas do palácio do Senhor e dos batentes, o
ouro de que ele mesmo os cobrira, e o deu ao
rei da Assíria.

Segunda invasão de Senaqueribe em Judá; ele procura amedrontar Jerusalém (2Cr 32.1-15,30; Is 36.2-10)

17 O rei da Assíria enviou de [y]Laquis Tartã,
Rabe-Saris e Rabsaqué, com um grande exér-
cito, ao rei Ezequias, em Jerusalém. Subiram
a Jerusalém e pararam ao pé do [z]aqueduto do
açude superior, que está junto [a]ao caminho do
campo do Lavandeiro.
18 Chamaram o rei; e [b]Eliaquim, filho de Hil-
quias, o mordomo, Sebna, o escrivão, e Joá, filho
de Asafe, o cronista, saíram-lhes ao encontro.

[r] 2Cr 28.18; Is 14.29
[s] Mt 1.9
[t] Tempos dos gentios: v. 9-12; 2Rs 25.4 (Dt 28.49; Ap 16.19)
[u] 2Rs 17.7-18
[v] Relatos paralelos: veja v. 7,13, notas; Is 36.1, nota
[w] Veja sist. monetário (AT): Êx 30.13, nota
[x] 2Rs 16.8
[y] Veja Is 36.2, nota
[z] 2Rs 20.20
[a] Is 7.3
[b] 2Rs 19.2; Is 22.20
[c] Sl 118.8,9
[d] v. 5
[e] Is 30.2-7; Ez 29.6,7
[f] v. 4; 2Cr 31.1. Veja Jz 3.7 e 1Rs 3.2, notas
[g] 2Rs 18.26–20.21 é quase igual a Is 36.11–39.8. Veja tb. v. 13, nota
[h] Ed 4.7; veja Dn 2.4, nota
[i] Comp. Ne 13.24
[j] 2Cr 32.15

19 Rabsaqué lhes disse: Dizei a Ezequias:
Assim diz o grande rei, o rei da Assíria: Que [c]con-
fiança é esta que tens em tuas [d]palavras?
20 Dizes que tens estratégia e poder para a
guerra, mas são, porém, palavras vãs. Em quem
confias, que contra mim te revoltas?
21 [e]Confias nesse bordão de cana quebrada,
que é o Egito, no qual, se alguém se encostar,
lhe perfurará a mão e a trespassará! Assim é faraó,
rei do Egito, para com todos os que nele confiam.
22 Se, porém, me disserdes: No Senhor nosso
Deus confiamos, não é este aquele cujos san-
tuários e cujos [f]altares Ezequias tirou, dizendo a
Judá e a Jerusalém: Perante este altar adorareis
em Jerusalém?
23 Ora, aceita um desafio de meu senhor, o rei
da Assíria: Darei a ti dois mil cavalos, se puderes
dar cavaleiros para eles.
24 Como poderias derrotar um só oficial dos
menores servos de meu senhor, quando es-
tás confiando no Egito, por causa dos carros
e cavaleiros?
25 Além do mais, subi eu sem o Senhor contra
este lugar, para o destruir? Foi o Senhor que me
disse: Sobe contra esta terra e a destrói.

As ameaças de Rabsaqué (2Cr 32.16,18,19; Is 36.11-21)

26 [g]**E**ntão disseram Eliaquim, filho de Hilquias,
Sebna e Joá a Rabsaqué: Pedimos-te que fales
aos teus servos [h]em aramaico, porque o enten-
demos, e não nos fales em judaico, aos [i]ouvidos
do povo que está em cima do muro.
27 Rabsaqué, porém, lhes respondeu: Man-
dou-me meu senhor só a teu senhor e a ti, para
falar essas palavras, e não, antes, aos homens,
que estão assentados em cima do muro, para
que convosco comam as suas fezes e bebam a
sua urina?
28 **E**ntão Rabsaqué se pôs em pé e clamou em
alta voz em judaico: Ouvi a palavra do grande rei,
do rei da Assíria.
29 Assim diz o rei: [j]Não vos engane Ezequias.
Ele não vos poderá livrar da minha mão.
30 Tampouco vos faça Ezequias confiar no
Senhor, dizendo: Certamente nos livrará o Se-
nhor, e esta cidade não será entregue nas mãos
do rei da Assíria.
31 Não deis ouvidos a Ezequias. Assim diz o rei
da Assíria: Fazei as pazes comigo e vinde a mim,

(2Rs 20.12-19; 2Cr 32.25,26,31; Is 39); 6) as riquezas e as diversas edificações de Ezequias (2Cr 32.27-29); 7) Senaquerib e sua segunda invasão a Judá e o milagroso livramento divino em resposta à oração (2Rs 18.17–19.37; 2Cr 32.1-23,30; Is 36.2–37.38); e 8) morte de Ezequias (2Rs 20.20,21; 2Cr 32.32,33).

[1] (18.13) De todos os reis de Judá, nenhum recebe mais elogios que Ezequias (v. 3-7). Além disso, o fato de que seu encontro com Senaquerib e os eventos subsequentes de seu reinado sejam a única narrativa que aparece três vezes no AT (2Rs 18.13–20.21; 2Cr 32.1-33; Is 36.1–39.18) indica a especial relevância do relacionamento de Deus com este rei piedoso.

e coma cada um da sua [k]vide e da sua figueira, e beba cada um a água da sua cisterna,

32 até que eu venha, e vos leve para uma terra como a vossa, [l]terra de trigo e de cereal, terra de pão e de vinhas, terra de oliveiras, de azeite e de mel. Escolhei a vida, e não a morte! Não deis ouvidos a Ezequias, pois vos engana, dizendo: O Senhor nos livrará.

33 [m]Porventura os deuses das nações puderam livrar, cada um a sua terra, das mãos do rei da Assíria?

34 [n]Que é feito dos deuses de Hamate e de Arpade? Que é feito dos deuses de Sefarvaim, Hena e [o]Iva? Livraram Samaria das minhas mãos?

35 Quais, entre todos os deuses das terras, são os que livraram a sua terra das minhas mãos, para que o Senhor [p]livre Jerusalém das minhas mãos?

36 **O** povo, porém, ficou calado e não lhe respondeu uma só palavra, porque o rei havia ordenado: Não lhe respondereis.

37 Então Eliaquim, filho de Hilquias, o mordomo, Sebna, o escrivão, e Joá, filho de Asafe, o cronista, vieram a Ezequias com as vestes [q]rasgadas e lhe fizeram saber as palavras de Rabsaqué.

Ezequias pede a intercessão de Isaías (2Cr 32.20-22; Is 36.22–37.5)

19 [r]Quando o rei Ezequias ouviu isso, rasgou as suas vestes, cobriu-se de [s]saco e entrou no templo do Senhor.

2 Enviou Eliaquim, o mordomo, Sebna, o escrivão, e os principais dos sacerdotes cobertos de sacos, ao profeta Isaías, filho de Amoz.

3 Disseram-lhe: Assim diz Ezequias: Este dia é dia de angústia, de humilhação e de blasfêmia, porque os filhos chegaram ao parto e não há força para os [t]dar à luz.

4 [u]Bem pode ser que o Senhor, o teu Deus, tenha ouvido todas as palavras de Rabsaqué, a quem enviou o seu senhor, o rei da Assíria, para afrontar o Deus vivo, e repreenda as palavras que o Senhor, o teu Deus, ouviu. Portanto, faze oração pelos que ainda sobrevivem.

5 Quando os servos do rei Ezequias foram ter com Isaías,

A resposta do Senhor por meio de Isaías (Is 37.6,7)

6 Isaías lhes disse: Assim direis a vosso senhor: Assim diz o Senhor: Não [v]temas as palavras que ouviste, com as quais os [w]servos do rei da Assíria me afrontaram.

[k] 1Rs 4.25
[l] Dt 8.7,8
[m] 2Rs 19.12; comp. Is 10.9-11
[n] 2Rs 19.13
[o] Chamada Ava em 2Rs 17.24
[p] Dn 3.15
[q] Is 33.7
[r] Relatos paralelos: veja 2Rs 18.13, nota
[s] Sl 69.11
[t] Comp. Is 26.18
[u] 2Sm 16.12
[v] Sl 112.7
[w] 2Rs 18.17
[x] v. 35-37
[y] 2Rs 18.14,17
[z] Comp. 1Sm 23.27
[a] 1Rs 18.5
[b] Veja Sl 2.12, nota
[c] 2Rs 18.33
[d] Orações da Bíblia (AT): v. 14-19; 2Rs 20.3 (Gn 15.2; Hc 3.1)
[e] Êx 25.22
[f] Sl 31.2
[g] Is 44.9-20; Jr 10.3-5
[h] Sl 115.4; At 17.29
[i] 1Rs 8.42,43
[j] Sl 83.18
[kk] v. 14-19; Is 37.21
[ll] 2Rs 20.5

7 [x]Colocarei nele um espírito tal que, quando ele ouvir certa notícia, voltará para a sua terra; e nela o farei cair morto à espada.

Senaqueribe desafia a Deus (2Cr 32.17; Is 37.8-13)

8 **V**oltou Rabsaqué e achou o rei da Assíria na batalha contra Libna, porque tinha ouvido que o rei havia partido de [y]Laquis.

9 E o rei, [z]ouvindo dizer de Tiraca, rei da Etiópia: Saiu para te fazer guerra, tornou a enviar mensageiros a Ezequias, dizendo:

10 Assim direis a Ezequias, rei de Judá: Não te engane o teu Deus, [a]em quem [b]confias, dizendo: Jerusalém não será entregue nas mãos do rei da Assíria.

11 Certamente já tens ouvido o que os reis da Assíria fizeram a todas as terras, destruindo-as totalmente. E tu te livrarias?

12 Porventura as [c]livraram os deuses das nações, a quem meus pais destruíram, a saber, Gozã, Harã, Rezefe e os filhos de Éden que estavam em Telassar?

13 Que é feito do rei de Hamate, do rei de Arpade, do rei da cidade de Sefarvaim, de Hena e de Iva?

A oração de Ezequias no templo (2Cr 32.20; Is 37.14-20)

14 **R**ecebendo Ezequias a carta das mãos dos mensageiros e lendo-a, subiu ao templo do Senhor e a estendeu perante o Senhor.

15 E [d]orou Ezequias perante o Senhor: Ó Senhor Deus de Israel, que habitas entre os [e]querubins, tu mesmo, só tu és Deus de todos os reinos da terra. Tu fizeste os céus e a terra.

16 [f]**I**nclina, Senhor, o teu ouvido e ouve; abre, Senhor, os teus olhos e vê; ouve as palavras que Senaqueribe enviou para afrontar o Deus vivo.

17 **V**erdade é, ó Senhor, que os reis da Assíria assolaram essas nações e as suas terras.

18 Lançaram os seus deuses no fogo e os destruíram, pois [g]não eram deuses, mas [h]obra de mãos de homens, madeira e pedra.

19 Agora, ó Senhor nosso Deus, livra-nos das suas mãos, para que [i]todos os reinos da terra [j]saibam que só tu és o Senhor Deus.

Segunda resposta do Senhor por meio de Isaías (Is 37.21-35)

20 **E**ntão Isaías, filho de Amoz, mandou dizer a Ezequias: Assim diz o Senhor Deus de Israel: [kk]O que me pediste acerca de Senaqueribe, rei da Assíria, eu te [ll]ouvi.

21 Esta é a palavra que o Senhor falou a respeito dele:

A virgem, a filha de Sião,
te despreza e zomba de ti.

A [m]filha de Jerusalém
meneia a cabeça por detrás de ti.
22 A quem afrontaste e blasfemaste?
E contra quem levantaste a voz
e ergueste os olhos soberbos?
Contra o Santo de Israel!
23 [n]Por meio de teus mensageiros
afrontaste o Senhor e disseste:
Com a multidão de meus carros
subi ao alto dos montes,
aos lados do Líbano.
Cortei os seus altos cedros
e os seus mais formosos pinheiros,
e entrei nas suas regiões mais remotas,
no melhor das suas florestas.
24 Eu cavei, e bebi águas estrangeiras.
Com as plantas de meus pés
[o]sequei todos os rios do Egito.
25 Não ouviste que já
há muito tempo planejei isso,
já desde os dias da antiguidade
o tinha planejado?
Agora, porém, [p]faço acontecer;
eu quis que tu reduzisses as
cidades fortificadas
a montões de ruínas.
26 Por isso, os moradores delas,
sem forças, ficaram
pasmados e confundidos.
Eram como a erva do campo,
e a erva verde,
e o capim dos telhados,
e o trigo queimado,
antes de crescer.
27 Eu, [q]porém, conheço o teu assentar,
e o teu sair, o teu entrar,
e o teu furor contra mim.
28 Por causa do teu furor contra mim,
e porque a tua revolta
subiu até os meus ouvidos,
porei o meu [r]anzol no teu nariz
e o meu freio na tua boca;
te farei voltar pelo caminho
por onde vieste.
29 Isto te será por [s]sinal:
Este ano se comerá o que [t]nascer por
si mesmo
e, no ano seguinte, o que daí proceder.
Mas no terceiro ano plantai e colhei,
plantai vinhas e comei os seus frutos.
30 [u]O que escapou da tribo de Judá e ficou
de resto
tornará a lançar raízes para baixo
e dará fruto para cima.
31 Pois de Jerusalém sairá o remanescente,
e do monte de Sião, o que sobreviveu.
O zelo do Senhor fará isso.

[m] Lm 2.13
[n] 2Rs 18.17
[o] Is 19.6
[p] Is 10.5,6
[q] Sl 139.2,3
[r] Jó 41.2; Ez 29.4; 38.4; Am 4.2
[s] 1Sm 2.3,4; 2Rs 20.8,9; Is 7.11-14; Lc 2.12
[t] Comp. Lv 25.5
[u] 2Cr 32.22,23
[v] Is 8.7-10
[w] 2Rs 20.6
[x] Is 31.5
[y] 1Rs 11.12,13
[z] Êx 12.29
[a] Anjo do Senhor: v. 35; 1Cr 21.12 (Gn 16.7; Jz 2.1, nota)
[b] Milagres (AT): 19.35; 20.11; 2Cr 26.19 (Gn 5.24; Jn 1.17)
[c] 2Rs 17.31
[d] Relatos paralelos: veja 2Rs 18.13, nota
[e] Orações da Bíblia (AT): v. 2,3; 1Cr 4.10 (Gn 15.2; Hc 3.1)
[f] Veja 1Rs 8.61 e Fp 3.12, notas
[g] 2Rs 18.3-6
[h] 1Sm 9.16; 10.1
[i] 2Rs 19.20; Sl 65.2
[j] Sl 39.12; 56.8
[k] 2Rs 19.34

32 **P**ortanto, assim diz o Senhor
acerca do rei da Assíria:
[v]Não entrará nesta cidade,
nem lançará nela flecha alguma.
Tampouco virá perante ela com escudo,
nem levantará rampas de cerco contra ela.
33 Pelo caminho por onde vier,
por esse voltará;
nesta cidade não entrará, diz o Senhor.
34 [w]Eu [x]defenderei esta cidade, para a livrar,
[y]por amor de mim
e por amor do meu servo Davi.

O anjo do Senhor fere 185.000 assírios (2Cr 32.21a; Is 37.36)

35 [z]**N**aquela mesma noite, saiu o [a]anjo do
Senhor e [b]feriu, no acampamento dos assírios,
cento e oitenta e cinco mil deles. Levantando-se
os assírios pela manhã cedo, viram que todos
esses eram cadáveres.

Senaqueribe é assassinado por seus filhos (2Cr 32.21b; Is 37.37,38)

36 Assim Senaqueribe, rei da Assíria, levantou
acampamento e partiu. Voltou e ficou em Nínive.
37 Certo dia, quando ele estava adorando no
templo de Nisroque, seu deus, [c]Adrameleque e
Sarezer, seus filhos, o mataram à espada e esca-
param para a terra de Arará. E Esar-Hadom, seu
filho, reinou em seu lugar.

A enfermidade e recuperação de Ezequias (2Cr 32.24-29; Is 38)

20 **N**aqueles dias, [d]Ezequias adoeceu e esta-
va perto da morte. O profeta Isaías, filho
de Amoz, veio falar com ele e lhe disse: Assim
diz o Senhor: Põe a tua casa em ordem, porque
morrerás e não viverás.
2 Então virou Ezequias o rosto para a parede e
orou ao Senhor:
3 Ah! Senhor! [e]Lembra-te de que andei diante
de ti com [f]fidelidade e integridade de coração, e
fiz o [g]que era reto aos teus olhos. E Ezequias cho-
rou muitíssimo.
4 Não havendo Isaías ainda saído do meio do
pátio, veio a ele a palavra do Senhor:
5 Volta e dize a Ezequias, [h]príncipe do meu po-
vo: Assim diz o Senhor, o Deus de teu pai Davi:
[i]Ouvi a tua oração e vi as [j]tuas lágrimas; eu te cura-
rei. Ao terceiro dia, subirás ao templo do Senhor.
6 Acrescentarei à tua vida quinze anos. E das
mãos do rei da Assíria livrarei a ti e a esta cidade.
[k]Defenderei esta cidade por amor de mim, e por
amor de Davi, meu servo.
7 Disse mais Isaías: Fazei uma pasta de figos.
Fizeram-na e a puseram sobre o tumor, e o rei
ficou curado.

8 Perguntou Ezequias a Isaías: [l]Qual é o sinal de que o Senhor me curará e de que, ao terceiro dia, subirei ao templo do Senhor?

9 Respondeu Isaías: Isto te será sinal, da parte do Senhor, de que o Senhor cumprirá a palavra que [m]disse: Avançará a sombra dez graus, ou recuará dez graus?

10 Então disse Ezequias: É fácil que a sombra avance dez graus. Antes, que ela recue dez graus.

11 Então o profeta Isaías clamou ao Senhor, e o Senhor [n]fez a sombra recuar dez graus, pelos graus que já tinha declinado no relógio de sol de Acaz.

Ezequias revela sua riqueza e defesas à embaixada babilônica *(2Cr 32.25-31; Is 39)*

12 **N**esse tempo, enviou Merodaque-Baladã, filho de Baladã, rei da Babilônia, cartas e um [o]presente a Ezequias, porque ouvira que Ezequias estivera doente.

13 Ezequias recebeu os mensageiros e lhes [p]mostrou toda a casa de seu tesouro, a prata, o ouro, as especiarias, e os melhores azeites, seu [q]palácio de armas e tudo o que havia nos seus tesouros; coisa alguma houve que não lhes mostrasse, nem em seu palácio, nem em todo o seu domínio.

14 Então o profeta Isaías veio ao rei Ezequias e lhe perguntou: Que disseram aqueles homens e de onde vieram a ti? Respondeu Ezequias: De um país muito distante vieram, da Babilônia.

15 Perguntou o profeta: Que viram em teu palácio? Respondeu Ezequias: Tudo o que há em meu palácio viram. Coisa nenhuma há nos meus tesouros que eu não lhes mostrasse.

16 **E**ntão disse Isaías a Ezequias: Ouve a palavra do Senhor:

17 Vêm dias em que tudo o que houver em teu palácio, com o que teus pais entesouraram até o dia de hoje, [r]será levado para Babilônia. Não ficará coisa alguma, disse o Senhor.

18 E até mesmo teus filhos, que descenderem de ti e que tu gerares, [s]tomarão, [t]para que sejam [u]eunucos no palácio do rei da Babilônia.

19 Então disse Ezequias a Isaías: [v]Boa é a palavra do Senhor que disseste. Pois pensava: Não haverá paz e segurança nos meus dias?

A morte de Ezequias *(2Cr 32.32,33)*

20 **O**ra, o restante dos atos de Ezequias e todo o seu poder, como [w]fez o [x]açude e o aqueduto e como fez vir a [y]água à cidade, porventura não estão escritos no livro das crônicas dos reis de Judá?

21 [z]Descansou Ezequias com seus pais. E Manassés, seu filho, reinou em seu lugar.

O reinado de Manassés; sua flagrante idolatria *(2Cr 33.1-9)*

21 **T**inha Manassés doze anos de idade quando começou a reinar e cinquenta e cinco anos reinou em Jerusalém. Era o nome de sua mãe Hefzibá.

2 Fez o que era mau aos olhos do Senhor, conforme as práticas dos gentios que o Senhor expulsara de suas possessões de diante dos filhos de Israel.

3 Tornou a construir os [a]altares idólatras que Ezequias, seu pai, tinha [b]destruído; também levantou altares a Baal, fez um [c]poste sagrado [d]como o que fizera Acabe, rei de Israel. Adorou a todo o exército dos céus e os serviu.

4 Construiu altares no [e]templo do Senhor, do qual o Senhor tinha dito: Em [f]Jerusalém porei o meu nome.

5 Também construiu altares a todo o exército dos céus em ambos [g]os átrios do templo do Senhor.

6 [h]Fez passar a seu próprio filho pelo fogo, praticou encantamentos e [i]adivinhação, consultou médiuns e feiticeiros. Prosseguiu em fazer o que era mau aos olhos do Senhor, provocando-o à ira.

7 Também colocou uma [j]imagem de escultura do poste sagrado que tinha feito, no templo de que o Senhor dissera a Davi e a Salomão, seu filho: Nesta casa e em Jerusalém, que escolhi dentre todas as tribos de Israel, porei o meu nome para [k]sempre.

8 Não mais farei andar errantes os pés de Israel da terra que dei a seus pais, contanto que somente tenham cuidado de fazer conforme tudo o que lhes tenho ordenado e conforme toda a Lei que [ll]Moisés, meu servo, lhes ordenou.

9 Eles, porém, não deram ouvidos. Manassés de tal modo os fez errar, que fizeram pior do que as nações que o Senhor tinha destruído de diante dos filhos de Israel.

Repreensão a Manassés *(2Cr 33.10)*

10 **D**isse o Senhor [mm]por intermédio de seus servos, os profetas:

11 [nn]Manassés, rei de Judá, [oo]cometeu essas abominações. Fez pior do que tudo o que fizeram os [pp]amorreus, que foram antes dele, e também a Judá fez pecar com os ídolos dele.

12 Por isso, assim diz o Senhor, o Deus de Israel: Hei de trazer tal desastre sobre Jerusalém e Judá que [qq]ambos os ouvidos de qualquer que o ouvir lhe ficarão zumbindo.

13 Estenderei sobre Jerusalém o [rr]fio de medir utilizado contra Samaria e o prumo da família de Acabe. [ss]Limparei Jerusalém, como quem limpa um prato e o vira para baixo depois de haver limpado.

[l] Jz 6.17-39; Is 7.11-14
[m] Nm 23.19; comp. Is 7.10-14
[n] Comp. Js 10.12-14
[o] 2Rs 8.8,9
[p] 2Rs 16.9
[q] Is 22.8
[r] 2Rs 24.13; 25.13; Jr 27.21,22; 52.17
[s] 2Rs 24.12; 2Cr 33.11
[t] Profecia cumprida, Dn 1.3-7
[u] Dn 1.11,18
[v] 1Sm 3.18
[w] Ne 3.16
[x] 2Rs 18.17; Is 7.3
[y] 2Cr 32.3
[z] 2Rs 16.20
[a] Veja Jz 3.7 e 2Rs 3.2, notas
[b] 2Rs 18.4,22
[c] Veja Dt 16.21, nota
[d] 1Rs 16.31-33
[e] Jr 7.30
[f] 2Sm 7.13; 1Rs 8.29; 9.3
[g] 1Rs 6.36; 7.12
[h] Lv 18.21; 20.2; 2Rs 16.3; 17.17
[i] Lv 19.26; Dt 18.10
[j] Veja Dt 16.21, nota
[k] 1Rs 8.29; 9.3
[ll] 2Rs 18.12
[mm] 2Rs 17.13
[nn] 2Rs 23.26,27; 24.3,4; Jr 15.4
[oo] 1Rs 21.26
[pp] Gn 15.16
[qq] 1Sm 3.11; Jr 19.3
[rr] Is 34.11; Lm 2.8; Am 7.7,8
[ss] 2Rs 22.16-19

14 Abandonarei o [t]restante da minha herança, o entregarei na mão de seus inimigos. Eles se tornarão presa e despojo para todos os seus inimigos,

15 porque fizeram o que era mau aos meus olhos e me provocaram à ira, desde o dia em que seus pais saíram do Egito até hoje.

Outros pecados de Manassés; sua morte (2Cr 33.11-20)

16 [u]Além disso, também Manassés derramou muitíssimo sangue inocente, até que encheu Jerusalém de um ao outro extremo, além de seu pecado com que fez pecar Judá, fazendo o que era mau aos olhos do Senhor.

17 **Q**uanto [v]ao restante dos atos de [w]Manassés, a tudo o que fez e ao seu pecado, que pecou, porventura não estão escritos no livro das crônicas dos reis de Judá?

18 Descansou Manassés com seus pais e foi sepultado no jardim do seu palácio, no jardim de Uzá. E Amom, seu filho, reinou em seu lugar.

Amom reina sobre Judá (2Cr 33.20-23)

19 **T**inha [x]Amom vinte e dois anos de idade quando [y]começou a reinar e dois anos reinou em Jerusalém. Era o nome de sua mãe Mesulemete, filha de Haruz, de Jotbá.

20 Fez o que era mau aos olhos do Senhor, como fizera Manassés, seu pai.

21 Andou em todo o caminho em que andara seu pai e serviu os ídolos que ele tinha servido, e os adorou.

22 Assim [z]deixou ao Senhor, Deus de seus pais, e não andou no caminho do Senhor.

Amom é assassinado por seus servos; Josias reina sobre Judá (2Cr 33.24,25)

23 Os servos de [a]Amom [b]conspiraram contra ele e o mataram em sua casa.

24 O povo da terra, porém, [c]feriu todos os que conspiraram contra o rei Amom e constituiu a Josias, seu filho, rei em seu lugar.

25 **Q**uanto ao restante dos atos de Amom, e a tudo o que fez, porventura não estão escritos no livro das crônicas dos reis de Judá?

26 Sepultaram-no na sua sepultura, no jardim de Uzá. E Josias, seu filho, reinou em seu lugar.

- [t] Jr 6.9
- [u] 2Rs 24.4
- [v] 2Cr 33.11-19
- [w] 2Cr 33.20
- [x] 2Cr 33.21-23
- [y] v. 19-26
- [z] Jz 2.12,13; 1Rs 11.33; 1Cr 28.9
- [a] 1Cr 3.14; Mt 1.10
- [b] 2Rs 12.20; 14.19
- [c] 2Rs 14.5
- [d] 1Rs 13.2
- [e] 2Cr 34.1
- [f] Js 15.39
- [g] Dt 5.32
- [h] v. 3-20; comp. 2Cr 34.8-28
- [i] 2Rs 12.4
- [j] 2Rs 12.11-14
- [k] 2Rs 12.15
- [l] Dt 31.24-26; comp. Dt 17.18
- [m] 2Rs 25.22; Jr 26.24
- [n] Chamado Abdom, filho de Mica, em 2Cr 34.20

A vida reta de Josias (2Cr 34.1-7)

22 **T**inha [d]Josias oito anos de idade quando [e]começou a reinar e trinta e um anos reinou em Jerusalém. Era o nome de sua mãe Jedida, filha de Adaías, de [f]Bozcate.

2 Fez o que era reto aos olhos do Senhor e andou em todo o caminho de Davi, seu pai, e não [g]se desviou dele nem para a direita nem para a esquerda.

Josias repara o templo (2Cr 34.8-13)

3 [h]**N**o décimo oitavo ano do rei Josias, o rei mandou o escrivão Safã, filho de Azalias, filho de Mesulão, ao templo do Senhor. Disse ele:

4 Sobe a Hilquias, o sumo sacerdote, para que ajunte o dinheiro [i]que se tem trazido ao templo do Senhor, o qual os guardas da porta receberam do povo.

5 Que o [j]entreguem nas mãos dos homens encarregados para supervisionar a obra da casa do Senhor, para que paguem àqueles que fazem a obra que há no templo do Senhor, para consertarem os estragos da casa:

6 aos carpinteiros, aos construtores e aos pedreiros. Comprem madeira e pedras lavradas, para consertarem os estragos do templo.

7 [k]Não precisam, porém, prestar contas do dinheiro que lhes for confiado, porque procedem com honestidade.

Hilquias acha o Livro da Lei (2Cr 34.14-21)

8 **D**isse o sumo sacerdote Hilquias ao escrivão Safã: [1][l]Achei o Livro da Lei na casa do Senhor. Hilquias o entregou a Safã, que o leu.

9 Então o escrivão Safã veio ter com o rei e deu-lhe relatório, dizendo: Teus servos ajuntaram o dinheiro que se recebeu no templo e o entregaram nas mãos dos homens encarregados de supervisionar a obra do templo do Senhor.

10 Então o escrivão Safã informou o rei: O sacerdote Hilquias me entregou um livro. E Safã o leu diante do rei.

"Pela Lei vem o conhecimento do pecado" (Rm 3.20)

11 **O**uvindo o rei as palavras do Livro da Lei, rasgou as suas vestes.

12 Ordenou o rei a Hilquias, o sacerdote, a [m]Aicão, filho de Safã, a [n]Acbor, filho de Micaías, a Safã, o escrivão, e a Asaías, servo do rei:

---

[1] (22.8) Essa passagem (v. 8-10) tem sido usada para ensinar que o livro achado foi Deuteronômio, escrito como uma "fraude piedosa" na época de Josias (621 a.C.) para conseguir a centralização do culto em Jerusalém. De acordo com o uso distintivo dos nomes da Divindade, as leis características de Deuteronômio, a natureza das ordens que pressupõem a peregrinação no deserto e a futura entrada em Canaã, os dados geográficos minuciosamente exatos e o evidente anacronismo de enfatizar a centralização do culto em Jerusalém em 621 a.C. depois da deportação do Reino do Norte, os eruditos conservadores têm, por essas razões, defendido a autoria mosaica para este livro (século XV a.C.). Além disso, a expressão "o Livro da Lei" não se refere apenas a Deuteronômio, mas a todo o Pentateuco.

13 Ide e consultai ao Senhor por mim, e pelo povo e por todo o Judá, acerca das palavras desse livro que se achou. Grande é o furor do Senhor, que se acendeu contra nós, porque nossos pais não deram ouvidos às palavras desse livro; não fizeram conforme tudo o que de nós está escrito.

14 **O** sacerdote Hilquias, Aicão, Acbor, Safã e Asaías foram falar com a profetisa [1]Hulda, mulher de Salum, filho de [o]Ticvá, filho de Harás, o guarda das roupas. Ela habitava em Jerusalém, na segunda parte.

Palavras da profetisa Hulda *(2Cr 34.22-28)*

15 Disse-lhes ela: Assim diz o Senhor, o Deus de Israel: Dizei ao homem que vos enviou a mim:

16 **Assim** diz o Senhor: [p]Trarei desastre sobre este lugar e sobre os seus moradores, a saber, todas as palavras do livro que leu o rei de Judá.

17 [q]Porque me deixaram e queimaram incenso a outros deuses, para me provocarem à ira por todas as obras das suas mãos, o meu furor se acendeu contra este lugar e não se apagará.

18 Ao [r]rei de Judá, porém, que vos enviou para consultar o Senhor, direis: Assim diz o Senhor, o Deus de Israel, acerca das palavras que ouviste:

19 **Visto** que [s]o teu coração se abriu, e te [t]humilhaste perante o Senhor, quando ouviste o que falei contra este lugar e contra os seus moradores, que seriam para [u]assolação e para maldição, e rasgaste as tuas vestes, e choraste perante mim, também eu te ouvi, diz o Senhor.

20 Pelo que eu te recolherei a teus pais, e tu serás recolhido em paz à tua sepultura. Os teus olhos não verão todo o mal que hei de trazer sobre este lugar. Então levaram ao rei a resposta.

Josias lê o Livro da Aliança para o povo *(2Cr 34.29,30)*

23 Então o rei deu ordem, e todas as [v]autoridades de Judá e de Jerusalém se ajuntaram a ele.

2 O rei subiu ao templo do Senhor, e com ele todos os homens de Judá, e todos os moradores de Jerusalém, os sacerdotes, os profetas, e todo o povo, desde o menor até o maior. [w]Leu aos ouvidos deles todas as palavras do Livro da Aliança, [x]que se achou no templo do Senhor.

A aliança de Josias *(2Cr 34.31,32)*

3 O rei se pôs [y]em pé junto à coluna e renovou a [z]aliança perante o Senhor, para o seguirem, obedecerem os seus mandamentos, os seus testemunhos e os seus estatutos, de todo o coração e de toda a alma, confirmando as palavras da aliança, escritas naquele livro. Então todo o povo firmou a aliança.

Outras reformas de Josias *(2Cr 34.33)*

4 **O** rei ordenou ao sumo sacerdote Hilquias, e aos [a]sacerdotes auxiliares, e aos guardas da porta, que se [b]tirassem do templo do Senhor todos os vasos que tinham sido feitos para Baal, e para o [c]poste sagrado, e para todo o exército dos céus. Queimou-os fora de Jerusalém, nos campos de Cedrom, e levou as cinzas deles a Betel.

5 Eliminou os sacerdotes que os reis de Judá estabeleceram para queimarem incenso sobre os [d]altares idólatras nas cidades de Judá e ao redor de Jerusalém, como também os que queimavam incenso a Baal, ao sol, à lua, aos demais planetas e a todo o exército dos céus.

6 Tirou do templo do Senhor o poste sagrado, que levou para fora de Jerusalém até o vale do Cedrom, onde o queimou e o reduziu a [e]pó, e lançou o pó sobre as [f]sepulturas dos filhos do povo.

7 Também derrubou as casas dos [g]prostitutos cultuais que estavam no templo do Senhor, [h]onde as [i]mulheres teciam cortinas para o poste sagrado.

8 A todos os sacerdotes trouxe das cidades de Judá e profanou os altares em que os sacerdotes queimavam incenso, desde Geba até Berseba. Derrubou os altares das portas, que estavam à entrada da porta de Josué, o chefe da cidade, à esquerda daquele que entrava pela porta da cidade.

9 [j]Embora os sacerdotes dos altares não sacrificassem sobre o altar do Senhor em Jerusalém, [k]comiam pães sem fermento no meio de seus irmãos.

10 Profanou a [l]Tofete, que está no [m]vale dos filhos de Hinom, [n]para que ninguém fizesse [oo]passar seu filho, ou sua filha, pelo fogo a Moloque.

11 Tirou os cavalos que os reis de Judá tinham dedicado ao sol, à entrada do templo do Senhor, perto da sala de Natã-Meleque, o camareiro, a qual estava no recinto. Josias então queimou a fogo os carros dedicados ao sol.

12 Derrubou os altares que estavam [pp]sobre o terraço do cenáculo de Acaz, os quais foram feitos pelos reis de Judá, como também os altares que fizera [qq]Manassés nos dois pátios do templo do Senhor. Tirou-os dali, despedaçou-os e lançou o seu pó no vale do Cedrom.

13 O rei profanou também os altares que estavam em frente de Jerusalém, à direita do monte da Corrupção, os quais construíra [rr]Salomão, rei de Israel, para [ss]Astarote, abominação dos sidônios, e para Camos, abominação dos moabitas, e para Milcom, abominação dos filhos de Amom.

[o] 2Cr 34.22
[p] Dt 29.27; Dn 9.11-14
[q] Dt 29.25,26
[r] v. 1
[s] Sl 51.17; Is 57.15
[t] 1Rs 21.29; 2Cr 7.14
[u] Lv 26.31
[v] 2Sm 19.11
[w] Dt 31.10-13
[x] 2Rs 22.8
[y] 2Rs 11.14
[z] 2Rs 11.17
[a] 2Rs 25.18
[b] 2Rs 21.3-7
[c] Veja Dt 16.21, nota
[d] v. 8,9,13,20; veja Jz 3.7 e 2Rs 3.2, notas
[e] Êx 32.20
[f] 2Cr 34.4
[g] 1Rs 14.24; 15.12
[h] Ez 16.16
[i] Êx 38.8
[j] Ez 44.10-14
[k] 1Sm 2.36
[l] Is 30.33; Jr 7.31,32
[m] Js 15.8
[n] Lv 18.21; Dt 18.10; Ez 23.37-39
[oo] 2Rs 21.6
[pp] Jr 19.13; Sf 1.5
[qq] 2Rs 21.5
[rr] 1Rs 11.5-7
[ss] Veja Jz 2.13, nota

[1] (22.14) Houve outras mulheres com o dom de profecia, como, p. ex., Miriã, a irmã de Moisés (Êx 15.20) e Débora (Jz 4.4).

14 Josias [t]quebrou as colunas, cortou os pos-
tes sagrados e encheu o seu lugar de [u]ossos
de homens.
15 **A**té o altar que estava em Betel e o santuá-
rio [v]que fez Jeroboão, filho de Nebate, que tinha
feito pecar a Israel, esse altar e o santuário ele os
derrubou. Queimou o santuário, e o reduziu a pó,
e queimou o poste sagrado.
16 Então Josias, virando-se, viu as sepulturas
que estavam ali no monte; mandou tirar delas os
ossos, e os queimou sobre aquele altar, e assim
o profanou, conforme a [w]palavra do Senhor, que
apregoara o homem de Deus, quando anunciou
estas palavras.
17 Então perguntou: Que monumento é este
que vejo? Responderam os homens da cidade:
É a sepultura do homem de Deus que veio de
Judá, e predisse estas coisas que fizeste contra
o altar de Betel.
18 Disse Josias: Deixai-o como está. Ninguém
mexa nos seus ossos. Assim deixaram estar os
seus ossos com os ossos do [x]profeta que viera
de Samaria.
19 Conforme todos os atos que tinha prati-
cado em Betel, Josias também tirou todos os
santuários que havia nas [y]cidades de Samaria,
e que os reis de Israel tinham feito, provocando
o Senhor à ira.
20 [z]Matou todos os sacerdotes dos altares
idólatras, que havia ali, sobre os altares, e quei-
mou ossos humanos sobre eles. Então voltou
para Jerusalém.

Reinstituição da Páscoa (2Cr 35.1-19)

21 **D**eu ordem o rei a todo o povo: [a]Celebrai a
Páscoa ao Senhor, o vosso Deus, [b]como está
escrito no Livro da Aliança.
22 Nunca se havia celebrado tal Páscoa desde
os dias dos juízes que julgaram Israel, nem em
todos os dias dos reis de Israel, tampouco nos
dias dos reis de Judá.
23 No décimo oitavo ano do rei Josias, celebrou-
-se esta Páscoa ao Senhor em Jerusalém.
24 **J**osias também eliminou os adivinhos, os
feiticeiros, os terafins, os ídolos e todas as abo-
minações que se viam na terra de Judá e em
Jerusalém. Isso fez ele para confirmar as pala-
vras da Lei, [c]que estavam escritas no livro [d]que o
sacerdote Hilquias achara no templo do Senhor.
25 [e]Nem antes nem depois dele houve rei que
lhe fosse semelhante, que se convertesse ao
Senhor de todo o coração, de toda a alma e de
todas as forças, conforme toda a Lei de Moisés.
26 Todavia manteve o Senhor ardor da sua
grande ira, com que ardia contra Judá, [f]por causa
de todas as provocações com que Manassés o
tinha provocado.
27 Disse o Senhor: Também a Judá hei de tirar
de diante da minha presença, como [g]tirei Israel,
e rejeitarei esta cidade de Jerusalém que escolhi,
como também o templo de que disse: Estará ali
o [h]meu nome.
28 **O**ra, o restante dos atos de Josias e tudo o
que fez, porventura não estão escritos no livro
das crônicas dos reis de Judá?

Morte de Josias (2Cr 35.20-27)

29 [i]Nos seus dias subiu faraó Neco, rei do
Egito, contra o rei da Assíria, ao rio Eufrates. O
rei Josias marchou para enfrentá-lo em batalha,
mas, [j]vendo-o, faraó Neco o matou em [k]Megido.
30 De Megido os servos de Josias o levaram
morto num carro; trouxeram-no a Jerusalém e o
sepultaram na sua sepultura. [l]E o povo da terra
tomou a Jeoacaz, filho de Josias, o ungiu e o
constituiu rei em lugar de seu pai.

Jeoacaz reina; é destronado (2Cr 36.1-3)

31 **T**inha [m]Jeoacaz vinte e três anos de idade
quando [n]começou a reinar e três meses reinou
em Jerusalém. Era o nome de sua mãe [o]Hamutal,
filha de Jeremias, de Libna.
32 Fez o que era mau aos olhos do Senhor, con-
forme tudo o que fizeram seus pais.
33 Faraó Neco mandou prendê-lo em [p]Ribla,
na terra de Hamate, para que não reinasse em
Jerusalém, e à terra impôs o tributo de cem talen-
tos de prata e um [q]talento de ouro.

Jeoiaquim é feito rei por faraó Neco (2Cr 36.4,5)

34 Faraó Neco constituiu rei a [r]Eliaquim, filho de
Josias, em lugar de seu pai Josias, e lhe [s]mudou o
nome para [tt]Jeoiaquim. No entanto, [uu]levou con-
sigo Jeoacaz ao Egito, onde ele morreu.
35 Jeoiaquim deu aquela prata e aquele ouro a
faraó. Porém, para dar esse dinheiro conforme
o mandado de faraó, teve de [vv]criar imposto no
país; de cada um segundo a sua avaliação exi-
giu a prata e o ouro do povo da terra, para o dar
a faraó Neco.
36 **T**inha Jeoiaquim vinte e cinco anos de idade
quando começou a reinar e onze anos reinou em
Jerusalém. Era o nome de sua mãe Zebida, filha
de Pedaías, de Ruma.
37 Fez ele o que era mau aos olhos do Senhor,
conforme tudo o que fizeram seus pais.

Jeoiaquim se torna servo de Nabucodonosor, rei da Babilônia (2Cr 36.6,7)

24 Nos [ww]dias de Jeoiaquim subiu Nabu-
codonosor, rei da [xx]Babilônia, e invadiu a
terra, e Jeoiaquim ficou sendo seu servo por três
anos. Depois, porém, mudou de ideia, e se revol-
tou contra Nabucodonosor.

[t] Êx 23.24; Dt 7.5-25
[u] Comp. Jr 8.1,2
[v] 1Rs 12.28-33. Veja Jz 3.7 e 1Rs 3.2, nota
[w] 1Rs 13.2
[x] 1Rs 13.31
[y] 2Cr 34.6,7
[z] 2Rs 10.25; 11.18
[a] Nm 9.5; Js 5.10
[b] Êx 12.3; Lv 23.5; Nm 9.2; Dt 16.2
[c] Lv 19.31; Dt 18.11
[d] 2Rs 22.8
[e] 2Rs 18.5
[f] 2Rs 21.11-13; Jr 15.4
[g] 2Rs 17.18-20; 18.11; 21.13
[h] 1Rs 8.29; 9.3; 2Rs 21.4,7
[i] Jr 46.2
[j] 2Rs 14.8
[k] Jz 5.19; Zc 12.11
[l] v. 30-34
[m] Salum, Jr 22.11
[n] 2Rs 23.34
[o] 2Rs 24.18
[p] 2Rs 25.6-21
[q] Veja sist. monetário (AT): Êx 30.13, nota
[r] 2Cr 36.4
[s] 2Rs 24.17
[tt] 1Cr 3.15
[uu] Jr 22.11,12; Ez 19.3,4
[vv] Comp. 2Rs 15.20
[ww] Jr 25.1-9; Dn 1.1
[xx] Dt 29.22-29

2 O Senhor enviou contra Jeoiaquim as [y]tro-
pas dos caldeus, as tropas dos siros, as tropas
dos moabitas e as tropas dos filhos de Amom.
Enviou-as contra Judá, para o destruir, [z]conforme
a palavra do Senhor, que falara por intermédio
de seus servos, os profetas.
3 Na verdade, estas coisas aconteceram a Jeoia-
quim conforme o mandado do Senhor, que o
tirou de diante de sua presença, por causa dos pe-
cados de Manassés, conforme tudo o que fizera.
4 Como também por causa do [a]sangue ino-
cente que ele derramou. Pois ele havia enchido
Jerusalém de sangue inocente, e o Senhor não
quis perdoar.

Morte de Jeoiaquim; Joaquim reina (2Cr 36.8,9)

5 Ora, o restante dos atos de Jeoiaquim e tudo
o que fez, porventura não estão escritos no livro
das crônicas dos reis de Judá?
6 [b]Descansou Jeoiaquim com seus pais. E Joa-
quim, seu filho, reinou em seu lugar.
7 O rei do [c]Egito nunca mais saiu da sua terra,
porque o rei da Babilônia havia ocupado to-
do o seu território, desde o rio do Egito até o
rio Eufrates.
8 Tinha Joaquim [d]dezoito anos de idade quan-
do [e]começou a reinar e três meses reinou em
Jerusalém. Era o nome de sua mãe Neusta, filha
de Elnatã, de Jerusalém.
9 Fez o que era mau aos olhos do Senhor,
conforme tudo o que fizera seu pai.

Primeira deportação para a Babilônia; Joaquim é levado cativo (2Cr 36.10)

10 Nesse tempo, subiram os servos de Nabu-
codonosor, rei da Babilônia, contra [f]Jerusalém
e a cercaram.
11 Nabucodonosor, rei da Babilônia, veio con-
tra a cidade, enquanto os seus servos a esta-
vam cercando.
12 Então saiu [g]Joaquim, rei de Judá, ao rei da
Babilônia, ele, sua mãe, seus servos, seus prínci-
pes e seus oficiais. No oitavo ano do reinado do
rei da Babilônia, [h]ele levou Joaquim preso.
13 Tirou dali todos os tesouros do palácio do rei
e [i]despedaçou todos os vasos de ouro que fizera
Salomão, rei de Israel, no templo do Senhor,
[j]como o Senhor havia dito.
14 [k]Deportou toda a Jerusalém, como também
todos os príncipes e todos os homens valentes;
dez mil presos ao todo; ninguém ficou senão o
povo pobre da terra.
15 Assim Nabucodonosor [l]deportou Joaquim
para Babilônia. E também a mãe do rei, as
mulheres do rei, os seus oficiais e os podero-
sos da terra, ele os levou presos de Jerusalém
para Babilônia.
16 Todos os homens valentes, em número de
sete mil, e os artesãos e ferreiros, em número de
mil, todos eles hábeis na guerra, levou-os o rei
da Babilônia presos para Babilônia.

Nabucodonosor faz Zedequias (Matanias) rei (2Cr 36.10-12)

17 O [m]rei da Babilônia estabeleceu rei em lugar
de Joaquim a Matanias, seu tio paterno, e lhe
mudou o nome para [n]Zedequias.
18 Tinha [o]Zedequias vinte e um anos de idade
quando [p]começou a reinar e onze anos reinou
em Jerusalém. Era o nome de sua mãe Hamutal,
filha de Jeremias, de Libna.
19 Fez o que era mau aos olhos do Senhor,
conforme tudo o que fizera Joaquim.

Zedequias se rebela (2Cr 36.13-16)

20 Assim aconteceu por causa da ira do Senhor
contra Jerusalém e contra Judá, a ponto de os
lançar da sua presença. Ora, Zedequias rebelou-
-se contra o rei da Babilônia.

Nabucodonosor cerca Jerusalém (2Cr 36.1-4; Jr 39.8-10)

25 No nono ano do reinado de Zedequias,
no [q]décimo mês, aos dez do mês, Nabu-
codonosor, rei da Babilônia, marchou contra
Jerusalém, ele e todo o seu exército. Acampa-
ram-se diante da cidade e levantaram contra ela
[r]trincheiras em redor.
2 A cidade ficou cercada até o décimo primeiro
ano do rei Zedequias.
3 Aos nove dias do quarto mês, a cidade se via
passando [s]fome, e não havia pão para o povo
da terra.

Zedequias é levado prisioneiro

4 [t]Então o muro da cidade foi derrubado e
todos os homens de guerra fugiram de noite pelo
caminho da porta entre os dois muros que esta-
vam junto ao jardim do rei (embora os caldeus
estivessem cercando a cidade), e o rei se foi pelo
caminho da [u]Arabá.
5 O exército dos caldeus, porém, perseguiu o
rei e o alcançou nas campinas de Jericó. Todo o
seu exército se dispersou e o abandonou.
6 Então prenderam o rei e o fizeram [v]subir ao
rei da Babilônia, a Ribla, onde se pronunciou a
sentença contra ele.
7 Aos filhos de [w]Zedequias [x]degolaram na
presença dele e a ele lhe furaram os olhos,
amarraram-no com duas cadeias de bronze e o
levaram para Babilônia.

[y] Jr 35.11
[z] 2Rs 20.17; 21.12-14
[a] 2Rs 21.16
[b] Jr 22.18,19
[c] Jr 37.5-7
[d] Comp. 2Cr 36.9; veja 1Cr 11.11, nota
[e] v. 12; 2Cr 36.9
[f] Israel (história): 24.10-16; 25.1-7; Ed 1.3 (Gn 12.2; Rm 11.26)
[g] Chamado Jeconias em Jr 22.24; 29.1,2
[h] No oitavo ano de Nabucodonosor. Comp. Jr 25.1
[i] Dn 5.2,3
[j] Jr 20.5
[k] Jr 24.1
[l] Et 2.6
[m] Jr 37.1
[n] Ez 17.11-15
[o] Jr 37.1; 52.1
[p] 2Cr 36.10
[q] Veja Lv 23.2, nota
[r] Ez 4.2
[s] Lm 4.9,10
[t] Tempos dos gentios: v. 1-21; 2Cr 36.20 (Dt 28.49; Ap 16.19)
[u] Veja Dt 1.1, nota
[v] Jr 32.4
[w] Ez 17.16
[x] Reino (AT): v. 1-7; Sl 2.6 (Gn 1.26; Zc 12.8)

Jerusalém é destruída pelo fogo; o templo é saqueado; os nobres são mortos (2Cr 36.17-21)

8 [y]**No** quinto mês, no sétimo dia do mês (este era o [z]décimo nono ano de Nabucodonosor, rei da Babilônia), [a]veio Nebuzaradã, capitão da guarda, servo do rei da Babilônia, a Jerusalém.

9 [b]Queimou o templo do Senhor e o palácio do rei, como também a todas as casas de Jerusalém. A todas as casas importantes ele [c]queimou.

10 Todo o exército dos caldeus que estava com o capitão da guarda [d]derrubou os muros ao redor de Jerusalém.

11 O restante do povo que havia ficado na cidade, os que se haviam rendido ao rei da Babilônia e os demais da multidão, Nebuzaradã, o capitão da guarda, levou presos.

12 Dos mais pobres da terra, porém, [e]deixou o capitão da guarda ficar alguns para vinheiros e para lavradores.

13 [f]Despedaçaram os caldeus as colunas de bronze que estavam no templo do Senhor, como também as bases e o mar de bronze que estavam no templo do Senhor, e [g]levaram o seu bronze para Babilônia.

14 Levaram também as panelas, as pás, as espevitadeiras, os recipientes de incenso e todos os utensílios de bronze, com que se ministrava.

15 Tomou também o capitão da guarda os braseiros, as bacias, tudo o que era de ouro e tudo o que era de prata.

16 O bronze das duas colunas, do mar e das bases, que Salomão fizera para o templo do Senhor, [h]era incalculável.

17 A altura de uma coluna era de dezoito [i]côvados, e sobre ela havia um capitel de bronze de três côvados de altura e era decorado com uma rede e romãs de bronze ao redor. A outra coluna, com a sua rede, era semelhante a esta.

18 Também o [j]capitão da guarda levou [k]Seraías, primeiro sacerdote, [l]Sofonias, segundo sacerdote, e os três guardas da porta.

19 Da cidade [m]levou a um oficial que era encarregado da gente de guerra, e cinco homens dos que viam a face do rei e se acharam na cidade, como também o secretário principal do exército, que registrava o povo da terra, e sessenta homens do povo da terra que se achavam na cidade.

20 Tomando-os Nebuzaradã, capitão da guarda, levou-os ao rei da Babilônia, a Ribla.

21 O rei da Babilônia os feriu e os matou em Ribla, na terra de Hamate. Assim Judá foi levado preso para fora da sua terra.

Gedalias é nomeado governador

22 [n]Quanto, porém, ao povo que ficara na terra de Judá, Nabucodonosor, rei da Babilônia, que o deixara ficar, nomeou sobre ele governador Gedalias, filho de [o]Aicão, filho de Safã.

23 **O**uvindo os capitães dos exércitos, eles e os seus homens, que o rei da Babilônia nomeara Gedalias governador, vieram ter com [p]Gedalias, em Mispa, a saber: Ismael, filho de Netanias, Joanã, filho de Careá, Seraías, filho de Tanumete, o netofatita, e Jazanias, filho do maacatita, eles e os seus homens.

24 Gedalias jurou a eles e aos seus homens: Não temais os oficiais dos caldeus. Ficai na terra, servi ao rei da Babilônia e bem vos irá.

Gedalias é assassinado; o povo foge para o Egito

25 No sétimo [q]mês, porém, veio Ismael, filho de Netanias, filho de Elisama, da descendência real, e dez homens com ele, e [r]feriram Gedalias, e ele morreu, como também os judeus, e os caldeus que estavam com ele em Mispa.

26 Então todo o povo se levantou, desde o menor até o maior, como também os capitães dos exércitos, e [s]foram para o Egito, pois temiam os caldeus.

Joaquim, rei de Judá, é liberto da prisão

27 [t]No trigésimo sétimo ano do [u]exílio de Joaquim, rei de Judá, no ano em que Evil-Merodaque começou a [v]reinar na Babilônia, no dia vinte e sete do décimo segundo mês, libertou da prisão Joaquim, rei de Judá.

28 Falou-lhe com bondade e pôs o seu trono acima do trono dos reis que estavam com ele na Babilônia.

29 Mudou-lhe as roupas de prisão, e ele passou a [w]comer pão na presença do rei todos os dias da sua vida.

30 E o rei garantiu a sua sobrevivência de contínuo, dia após dia, todos os dias da sua vida.

[y] v. 8-12; comp. Jr 39.8-12; 52.12-16
[z] Comp. 2Rs 24.12
[a] Jr 21.1-10
[b] Sl 79.1
[c] Jr 17.27
[d] Ne 1.3
[e] 2Rs 24.14; Jr 39.10; 40.7; 52.16
[f] v. 13-17; comp. Jr 52.17-23
[g] Jr 27.19-22
[h] 1Rs 7.47
[i] Veja pesos e medidas (AT): 2Cr 2.10, nota
[j] Jr 39.9-13; comp. 52.12-16
[k] 1Cr 6.14; Ed 7.1
[l] Jr 29.25,29
[m] Jr 52.25
[n] Jr 40.5
[o] 2Rs 22.12
[p] Jr 40.7-9
[q] Veja Lv 23.2, nota
[r] Jr 41.1-3
[s] Jr 43.4-7
[t] v. 27-30; comp. Jr 52.31-34
[u] 2Rs 24.12,15
[v] Jr 52.31; Gn 40.13
[w] 2Sm 9.7

- **Autor:** Desconhecido
- **Tema:** Genealogia e história
- Escrito no século V a.C.

1CRÔNICAS

O primeiro livro de Crônicas e o segundo livro de Crônicas constituem um único livro na Bíblia hebraica. Os dois livros contêm muitos dos eventos registrados em 1 e 2Reis e são dedicados à história de Judá desde a morte de Saul até o cativeiro babilônico. Sua composição é posterior à dos livros de Reis, possivelmente durante o cativeiro, e foram escritos, na sua grande parte, de uma perspectiva sacerdotal. Por esse motivo, 1Crônicas começa com o mais amplo conjunto de registros genealógicos da Bíblia, com o propósito de levar todas as linhas da história redentora a Davi, seu ponto focal. Há uma perceptível ênfase na dedicação e serviço do templo e no ministério dos levitas.

O relato que 1Crônicas faz sobre Judá no reinado de Davi e de Salomão omite certos incidentes mais obscuros incluídos em 1 e 2Reis. O Reino do Norte (Israel) não é focalizado nos livros de Crônicas, exceto em sua relação com Judá.

Algumas porções deste livro são únicas nos registros históricos, como, por exemplo, a preparação que Davi fez de materiais para a construção do templo (22.1-5), a divisão do pessoal que ministrava no templo (cap. 23–27) e a exortação final de Davi a Israel e a Salomão (cap. 28–29).

Primeiro Crônicas pode ser dividido da seguinte maneira: I. Genealogias dos patriarcas e dos doze filhos de Israel, 1–9. II. Últimos dias e morte do rei Saul, 10. III. O reinado de Davi, 11–29.

I. Genealogias dos patriarcas e dos doze filhos de Israel, 1–9

De Adão a Noé (Gn 5.1-32)

1 [a]Adão, [b]Sete, Enos,
2 Quenã, Maalalel, Jarede,
3 Enoque, Matusalém, Lameque,
4 [c]Noé, Sem, Cão e Jafé.

Os filhos de Jafé (Gn 10.2-5)

5 Os [d]filhos de Jafé foram: Gômer, [e]Magogue,
Madai, Javã, Tubal, Meseque e Tiras.
6 Os filhos de Gômer: Asquenaz, [f]Rifate e
Togarma.
7 Os filhos de Javã: Elisá, Társis, Quitim e [g]Rodanim.

Os filhos de Cão (Gn 10.6-21)

8 Os [h]filhos de Cão: Cuxe, Mizraim, Pute e Canaã.
9 Os filhos de Cuxe: Sebá, Havilá, Sabtá, Raamá
e Sabtecá; e os filhos de Raamá: Sebá e Dedã.
10 Cuxe gerou [i]Ninrode. O primeiro a ser pode-
roso na terra.
11 Mizraim gerou os ludeus, os anameus, os lea-
beus, os naftueus,
12 os patruseus, os caslueus (dos quais proce-
deram os filisteus) e os caftoreus.
13 [j]Canaã gerou Sidom, seu primogênito,
depois Hete,
14 os jebuseus, os amorreus, os girgaseus,
15 os heveus, os arqueus, os sineus,
16 os arvadeus, os zemareus e os hamateus.

Os filhos de Sem (Gn 10.22-31)

17 Os [k]filhos de Sem foram: Elão, Assur, [l]Arfa-
xade, Lude, Arã, Uz, Hul, Géter e [m]Meseque.
18 Arfaxade gerou Selá, e Selá gerou Eber.
19 A Eber nasceram dois filhos: o nome de um
foi [n]Pelegue, porque nos seus dias se dividiu a
terra, e o nome de seu irmão foi Joctã.

[a] v. 1-4; Gn 1.27; 2.7; 5.1,2,5
[b] Gn 4.25,26; 5.3,4,6-8
[c] Gn 5.28–10.1
[d] v. 5-7
[e] Comp. Ez 39.6; Ap 20.8; veja Gn 10.2 e Ez 38.2, notas
[f] Gn 10.3
[g] Gn 10.4
[h] v. 8-16
[i] Gn 10.8-10; comp. Mq 5.6
[j] Gn 9.18,25-27
[k] v. 17-23
[l] Gn 11.10-13; Lc 3.36
[m] Chamado Más em Gn 10.23
[n] Divisão
[o] v. 24-27; Lc 3.36
[p] Gn 17.5
[q] Gn 16.11,15; 21.2,3
[r] v. 29-31
[s] v. 32,33
[t] Gn 25.9; 35.29
[u] v. 35-37
[v] Gn 36.11

20 Joctã, gerou Almodá, Selefe, Hazarmavé, Jerá,
21 Hadorão, Huzal, Diclá,
22 Ebal, Abimael, Seba,
23 Ofir, Havilá e Jobabe. Todos estes foram
filhos de Joctã.

De Sem a Abraão (Gn 11.10-26)

24 [o]Sem, Arfaxade, Selá,
25 Eber, Pelegue, Reú,
26 Serugue, Naor, Terá,
27 [p]Abrão, que é Abraão.
28 Os [q]filhos de Abraão: Isaque e Ismael.

Os filhos de Ismael (Gn 25.12-19)

29 São [r]estas as suas gerações: o primogênito
de Ismael foi Nebaiote, depois Quedar, Adbe-
el, Mibsão,
30 Misma, Dumá, Massa, Hadade, Tema,
31 Jetur, Nafis e Quedemá. Estes foram os filhos
de Ismael.

Os filhos de Quetura (Gn 25.1-4)

32 Quanto aos filhos de Quetura, concubina de
Abraão, esta [s]deu à luz a Zinrã, a Jocsã, a Medã,
a Midiã, a Jisbaque e a Suá. Os filhos de Jocsã
foram Sebá e Dedã.
33 Os filhos de Midiã: Efá, Efer, Enoque, Abida e
Elda. Todos estes foram filhos de Quetura.

Os filhos de Isaque (Gn 25.19-26)

34 Abraão gerou Isaque. Os [t]filhos de Isaque
foram Esaú e Israel.

Os filhos e netos de Esaú (Gn 36.1-14)

35 Os [u]filhos de Esaú: Elifaz, Reuel, Jeús, Jalão
e Corá.
36 Os filhos de Elifaz: Temã, Omar, [v]Zefi, Gaetã,
Quenaz, Timna e Amaleque.
37 Os filhos de Reuel: Naate, Zerá, Samá e Mizá.

38 **O**s [w]filhos de Seir: Lotã, Sobal, Zibeão, Aná, Disom, Eser e Disã.

39 Os filhos de Lotã: Hori e Homã. Timna foi a irmã de Lotã.

40 Os filhos de Sobal foram: [x]Aliã, Manaate, Ebal, [y]Sefi e Onã. Os filhos de Zibeão foram Aiá e Aná.

41 O filho de Aná: Disom. Os filhos de Disom: [z]Hanrão, Esbã, Itrã e Querã.

42 Os filhos de Ezer: Bilã, Zaavã e [a]Jacã. Os filhos de Disã: Uz e Arã.

Os primeiros reis e príncipes de Edom (Gn 36.15-19,25-43)

43 **F**oram estes os [b]reis que reinaram na terra de Edom, antes que houvesse rei sobre os filhos de Israel: Belá, filho de Beor, cuja cidade se chamava Dinabá.

44 Morreu Belá, e reinou em seu lugar Jobabe, filho de Zerá, de Bozra.

45 Morreu Jobabe, e reinou em seu lugar Husão, da terra dos temanitas.

46 Morreu Husão, e reinou em seu lugar Hadade, filho de Bedade, que feriu os midianitas no campo de Moabe. Era o nome da sua cidade Avite.

47 Morreu Hadade, e reinou em seu lugar Samlá, de Masreca.

48 Morreu Samlá, e reinou em seu lugar Saul, de Reobote junto ao rio.

49 Morreu Saul, e reinou em seu lugar Baal-Hanã, filho de Acbor.

50 Morreu Baal-Hanã, e [c]Hadade reinou em seu lugar. Era o nome da sua cidade [d]Paí, e o de sua mulher era Meetabel, filha de Matrede, a filha de Me-Zaabe.

51 Morreu também Hadade. Estes foram os príncipes de Edom: o príncipe Timna, o príncipe [e]Alvá, o príncipe Jetete,

52 o príncipe Aolíbama, o príncipe Elá, o príncipe Pinom,

53 o príncipe Quenaz, o príncipe Temã, o príncipe Mibzar,

54 o príncipe Magdiel e o príncipe Irã. Esses foram os príncipes de Edom.

Os doze filhos de Israel (Jacó) (Gn 29.31—30.24; 35.16-18)

2 São estes os [f]filhos de [g]Israel: Rúben, Simeão, Levi, Judá, Issacar, Zebulom,

2 Dã, José, Benjamim, Naftali, Gade e Aser.

Os filhos de Judá até Hezrom (Gn 46.12; Nm 26.19-22)

3 **O**s [h]filhos de Judá foram: [i]Er, Onã e Selá. Esses três lhe nasceram da filha de [j]Sua, a cananeia. Er, o primogênito de Judá, foi mau aos olhos do Senhor, por isso o matou.

4 Tamar, nora de Judá, lhe [k]deu à luz a Perez e a Zerá. Judá teve ao todo cinco filhos.

5 Os filhos de [l]Perez foram [1]Hezrom e Hamul.

6 Os filhos de Zerá: [m]Zinri, Etã, Hemã, Calcol e [n]Dara, cinco ao todo.

7 O filho de Carmi foi [o]Acar, que trouxe desgraça a Israel, porque se apossou das coisas sagradas.

8 O filho de Etã: Azarias.

9 Os filhos que nasceram a Hezrom foram: Jerameel, Rão e [p]Quelubai.

A linhagem de Rão até Davi (Rt 4.17-22)

10 Rão [q]gerou Aminadabe, e Aminadabe gerou Naassom, [r]príncipe dos filhos de Judá.

11 Naassom gerou [s]Salmom, e Salmom gerou Boaz.

12 Boaz gerou Obede, e Obede gerou Jessé.

13 [t]Jessé gerou Eliabe, seu primogênito, Abinadabe, o segundo, [u]Simeia, o terceiro,

14 Natanael, o quarto, Radai, o quinto,

15 Ozém, o sexto, e Davi, o [v]sétimo.

16 Foram suas irmãs Zeruia e Abigail. Os [ww]filhos de Zeruia foram três: Abisai, Joabe e Asael.

17 [xx]Abigail teve Amasa, cujo pai foi Jéter, o ismaelita.

Os filhos de Calebe (filho de Hezrom) gerados de Azuba e Efrate (v. 50)

18 [yy]Calebe, filho de Hezrom, gerou filhos de Azuba, sua mulher, e de Jeriote. Foram estes os filhos dela: Jeser, Sobabe e Ardom.

19 Quando Azuba morreu, Calebe tomou para si Efrate, a qual teve Hur.

20 Hur gerou Uri, e Uri gerou [zz]Bezaleel.

Filhos posteriores de Hezrom (comp. v. 9) gerados de Abia, filha de Maquir

21 Mais tarde, Hezrom tomou por mulher a filha de [aa]Maquir, pai de Gileade, sendo ele de sessenta anos, e teve relações com ela, e ela engravidou e deu à luz Segube.

22 Segube gerou [bb]Jair, que controlou vinte e três cidades na terra de Gileade.

23 Gesur e Arã tomaram dele [cc]Havote-Jair, e Quenate e suas aldeias, sessenta cidades. Todos estes foram filhos de Maquir, pai de Gileade.

24 Depois da morte de Hezrom, em Calebe-Efrata, Abia, mulher de Hezrom, deu-lhe [dd]Asur, pai de Tecoa.

Linhagem de Jerameel até Sesã (v. 31,34,35)

25 Os filhos de Jerameel, primogênito de Hezrom, foram: Rão, o primogênito, Buna, Orém, Ozém e Aías.

[w] v. 38-42; Gn 36.20-28
[x] Gn 36.23
[y] Gn 36.23
[z] Chamado Hendã em Gn 36.26
[a] Chamado Acã em Gn 36.27
[b] v. 43-54; Gn 36.31-39
[c] Chamado Hadar em Gn 36.39
[d] Chamado Pau em Gn 36.39
[e] Gn 36.40
[f] Gn 29.32-35; 35.23-26; 46.8-27
[g] Gn 32.24-28; 35.9,10
[h] v. 3-8; Gn 38.12-30; comp. Nm 26.19-22
[i] Gn 38.3-10
[j] 1Cr 4.11
[k] Mt 1.3
[l] Rt 4.18
[m] Chamado Zabdi em Js 7.1
[n] Chamado Darda em 1Rs 4.31
[o] Js 7.1-26; 22.20
[p] Chamado Calebe, v. 18,42; veja 2.50, nota
[q] Mt 1.4
[r] Nm 1.7
[s] Rt 4.21; Mt 1.5
[t] 1Sm 16.6
[u] Chamado Samá em 1Sm 16.9
[v] 1Sm 16.10,11; 17.12
[ww] 2Sm 2.18
[xx] 2Sm 17.25
[yy] Comp. v. 9; veja 2.50, nota
[zz] Êx 38.22
[aa] Jz 5.14; 1Cr 7.14
[bb] Jz 10.3; 1Rs 4.13
[cc] Que significa "aldeias de Jair"
[dd] 1Cr 4.5

[1] (2.5) Hezrom é uma figura-chave nas genealogias do cap. 2. Por meio de Rão, filho de Hezrom, a linhagem da promessa passa de Judá para Boaz, para Jessé, para Davi (v. 10-15). Do rei Davi, a linhagem leva àquele que foi o cumprimento da promessa, o Senhor Jesus Cristo.

26 Jerameel teve outra mulher, cujo nome era Atara; esta foi a mãe de Onã.

27 Foram os filhos de Rão, primogênito de Jerameel: Maaz, Jamim e Equer.

28 Foram os filhos de Onã: Samai e Jada. Os filhos de Samai: Nadabe e Abisur.

29 O nome da mulher de Abisur era Abiail, que lhe deu a Abã e a Molide.

30 Foram os filhos de Nadabe: Selede e Apaim. Selede morreu sem filhos.

31 O filho de Apaim: Isi, que foi o pai de [e]Sesã. Sesã foi o pai de Alai.

32 Os filhos de Jada, irmão de Samai, foram: Jeter e Jônatas. Jeter morreu sem filhos.

33 Os filhos de Jônatas foram: Pelete e Zaza. Estes foram os filhos de Jerameel.

34 Sesã não teve filhos, somente filhas. Tinha Sesã um servo egípcio cujo nome era Jará.

35 Deu Sesã sua filha por mulher a Jará, seu servo, e ela lhe deu Atai.

36 Atai gerou Natã, e Natã gerou [f]Zabade.

37 Zabade gerou Eflal, e Eflal gerou [g]Obede.

38 Obede gerou Jeú, e Jeú gerou Azarias.

39 Azarias gerou Helez, e Helez gerou Eleasá.

40 Eleasá gerou Sismai, e Sismai gerou Salum.

41 Salum gerou Jecamias, e Jecamias gerou Elisama.

Outros filhos de Calebe (comp. v. 18)

42 Os filhos de Calebe, irmão de Jerameel, foram: Messa, seu primogênito, que foi o pai de Zife, e os filhos de Maressa, pai de Hebrom.

43 Os filhos de Hebrom foram: Corá, Tapua, Requém e Sema.

44 Sema gerou Raão, pai de Jorqueão. Requém gerou Samai.

45 O filho de Samai foi Maom, e Maom foi o pai de Bete-Zur.

46 Efá, a concubina de Calebe, teve Harã, Moza e Gazez. Harã gerou Gazez.

47 Os filhos de Jodai foram: Regem, Jotão, Gesã, Pelete, Efá e Saafe.

48 De Maaca, sua concubina, gerou Calebe, Séber e Tiraná.

49 A mulher de Saafe, pai de Madmana, teve Seva, pai de Macbena e pai de Gibeá. A filha de Calebe foi [h]Acsa.

Linhagem de Hur, filho de Calebe (v. 19; comp. 1Cr 4.1)

50 Estes foram os filhos de [1]Calebe, filho de [i]Ur, o primogênito de [j]Efrata: Sobal, pai de [k]Quiriate-Jearim,

51 Salma, pai dos belemitas e Harefe, pai de Bete-Gader.

[e] v. 34-41
[f] 1Cr 11.41
[g] 2Cr 23.1
[h] Js 15.17
[i] 1Cr 4.4
[j] v. 19
[k] Js 9.17; 18.14
[l] Chamado Reaías em 1Cr 4.2
[m] Jz 1.16
[n] Rs 10.15; Jr 35.2
[o] v. 1-4
[p] 2Sm 13.1
[q] 1Sm 25.43
[r] Chamado Quileabe em 2Sm 3.3
[s] 1Sm 25.39-42
[t] 2Sm 13.37; 15.1
[u] 1Rs 1.5
[v] 2Sm 2.11; 5.4,5
[w] 1Cr 14.4-7
[x] Chamado Jedidias em 2Sm 12.24,25
[y] Nesta referência, chamada Bate-Sua na ACF e na ARC
[z] Comp. 1Rs 11.3
[a] 2Sm 13.1-20
[b] v. 10-14; Mt 1.7-10
[c] Chamado Jeoacaz em 2Rs 23.30
[d] Chamado Eliaquim em 2Rs 23.34
[ee] Mt 1.12

52 Os filhos de Sobal, pai de Quiriate-Jearim, foram: [l]Haroé e metade dos manaatitas.

53 As famílias de Quiriate-Jearim foram: os itritas, os puteus, os sumateus e os misraeus. Destes saíram os zorateus e os estaoleus.

54 Os filhos de Salma foram: Belém e os netofatitas, Atrote-Bete-Joabe, metade dos manaatitas e os zoritas.

55 As famílias dos mestres da lei que habitavam em Jabez foram os tiratitas, os simeatitas e os sucatitas. Estes são os [m]queneus, que vieram de Hamate, pai da casa de [n]Recabe.

Família de Davi, nascida em Hebrom (2Sm 3.2-5; 5.13-16)

3 Estes foram os filhos de Davi, que lhe [o]nasceram em Hebrom: o primogênito, [p]Amnom, de [q]Abinoã, a jezreelita; o segundo [r]Daniel, de [s]Abigail, a carmelita;

2 o terceiro, [t]Absalão, filho de Maaca, filha de Talmai, rei de Gesur; o quarto, [u]Adonias, filho de Hagite;

3 o quinto, Sefatias, de Abital; o sexto, Itreão, de Eglá, sua mulher.

4 Seis filhos lhe nasceram em Hebrom, onde reinou sete anos e seis meses. Trinta e três [v]anos reinou Davi em Jerusalém,

5 [w]onde lhe nasceram: Simeia, Sobabe, Natã e [x]Salomão. Os quatro lhe nasceram de [y]Bate-Seba, filha de Amiel.

6 Nasceram-lhe mais: Ibar, Elisama, Elifelete,

7 Nogá, Nefegue, Jafia,

8 Elisama, Eliada e Elifelete, nove ao todo.

9 Todos esses foram filhos de Davi, além dos filhos das [z]concubinas. E [a]Tamar era irmã deles.

A linhagem de Davi até Zedequias

10 **O** [b]filho de Salomão foi Roboão, de quem foi filho Abias, de quem foi filho Asa, de quem foi filho Josafá;

11 de quem foi filho Jorão, de quem foi filho Acazias, de quem foi filho Joás;

12 de quem foi filho Amasias, de quem foi filho Jotão;

13 de quem foi filho Acaz, de quem foi filho Ezequias, de quem foi filho Manassés;

14 de quem foi filho Amom, de quem foi filho Josias.

15 Os filhos de Josias foram: o primogênito, [c]Joanã; o segundo, [d]Jeoiaquim; o terceiro, Zedequias; o quarto, Salum.

16 Os filhos de Jeoiaquim: Jeconias e Zedequias.

Os filhos de Jeconias

17 Os filhos de Jeconias, o cativo: [ee]Sealtiel,

[1] (2.50) Calebe era pai de Hur (v. 19), não filho de Hur. A cláusula "Estes foram os filhos de Calebe" deveria concluir o v. 49. O sentido dos v. 50,51 é: "[Os] filho[s] de Ur, o primogênito de [Calebe, por meio de] Efrata: Sobal [...] Salma [...] Harefe [...]".

18 Malquirão, Pedaías, Senazar, Jecamias, Hosama e Nedabias.

19 Os filhos de Pedaías: [1]Zorobabel e Simei. Os filhos de Zorobabel: Mesulão e Hananias, e Selomite, sua irmã,

20 e Hasubá, Oel, Berequias, Hasadias e Jusabe-Hesede, cinco ao todo.

21 Os filhos de Hananias: Pelatias e Jesaías; e os filhos de Refaías, de Arnã, de Obadias e de Secanias.

22 Os filhos de Secanias foram: Semaías e seus filhos: [f]Hatus, Igal, Bariá, Nearias e Safate, seis.

23 Os filhos de Nearias: Elioenai, Ezequias e Azricão, três ao todo.

24 Os filhos de Elioenai: Hodavias, Eliasibe, Pelaías, Acube, Joanã, Delaías e Anani, sete ao todo.

Mais linhagem de Hur (comp. 1Cr 2.50)

4 **Os** [g]filhos de Judá foram: [h]Perez, Hezrom, Carmi, Hur e Sobal.

2 Reaías, filho de Sobal, gerou Jaate, e Jaate gerou Aumai e Laade. Essas foram as famílias dos zoratitas.

3 Estes foram os filhos do pai de Etã: Jezreel, Isma e Idbas. Era o nome de sua irmã Hazelelponi.

4 Penuel foi pai de Gedor, e Ezer, pai de Husá. Estes foram os filhos de [i]Hur, o primogênito de Efrata, pai de Belém.

Família de Asur, filho póstumo de Hezrom (1Cr 2.24)

5 Tinha [j]Asur, pai de Tecoa, duas mulheres: Hela e Naará.

6 Naará deu à luz a Auzão, a Hefer, a Temeni e a Haastari. Esses foram os filhos de Naará.

7 Os filhos de Hela: Zerete, Zoar, Etnã

8 e Coz, que gerou Anube e Zobeba, e foi pai das famílias de Aarel, filho de Harum.

Oração de Jabez e a resposta de Deus

9 Foi Jabez [k]mais honrado do que seus irmãos. A sua mãe lhe dera o nome de Jabez, dizendo: Com [2]dores o dei à luz.

10 Jabez [l]clamou ao Deus de Israel: que tu me abençoes e amplies o meu território! Seja a tua mão comigo e me guardes do mal, de modo que eu seja livre da dor. E Deus lhe [m]concedeu o que lhe tinha pedido.

[f] Ed 8.2
[g] Comp. 1Cr 2.3,4
[h] Gn 38.29; 46.12
[i] Êx 31.2
[j] 1Cr 2.24
[k] Gn 34.19
[l] Orações da Bíblia (AT): v. 10; 1Cr 29.10 (Gn 15.2; Hc 3.1)
[m] Comp. 1Cr 26.5
[n] Gn 38.1-5; comp. 1Cr 2.3
[o] Chamado irmão de Calebe, Js 15.17; Jz 3.9,11
[p] Ne 11.35
[q] 1Cr 6.56; Js 14.6,14; 15.13,17
[r] 2Rs 25.23
[s] Gn 38.11,14
[t] Gn 38.1-5; 46.12
[u] Nm 26.12-14
[v] Nm 26.12; Chamado Jemuel em Gn 46.10; Êx 6.15
[w] Chamado Jaquim em Gn 46.10
[x] Chamado Zoar em Gn 46.10
[y] Comp. Gn 49.7; Nm 2.9,12,13

Outros homens de Judá, inclusive Calebe, filho de Jefoné

11 Quelube, irmão de [n]Suá, gerou Meir, que foi o pai de Estom.

12 Estom gerou Bete-Rafa, Paseá e Teína, pai de Ir-Naás. Estes foram os homens de Recá.

13 Os filhos de Quenaz foram: [o]Otniel e Seraías. Os filhos de Otniel: Hatate e Meonotai.

14 Meonotai gerou Ofra, e Seraías gerou Joabe, pai de [p]Ge-Harasim, cujos habitantes foram artesãos.

15 Os filhos de [q]Calebe, filho de Jefoné, foram: Iru, Elá e Naã. O filho de Elá: Quenaz.

16 Os filhos de Jealelel: Zife, Zifa, Tiria e Asareel.

17 Os filhos de Ezra: Jéter, Merede, Efer e Jalom. Uma das mulheres de Merede teve Miriã, Samai e Isbá, pai de Estemoa.

18 Sua mulher judia gerou Jerede, pai de Gedor, Héber, pai de Socó, e Jecutiel, pai de Zanoa. Estes foram os filhos de Bitia, filha de faraó, que Merede tomou por mulher.

19 Os filhos da mulher de Hodias, irmã de Naã, foram: Abiqueila, o garmita, e Estemoa, o [r]maacatita.

20 Os filhos de Simeão: Amnom, Rina, Ben-Hanã e Tilom. Os filhos de Isi: Zoete e Ben-Zoete.

Descendentes de Judá por meio de Selá (1Cr 2.3)

21 Os filhos de [s]Selá, [t]filho de Judá: Er, pai de Leca, e Lada, antepassado de Maressa e das famílias da casa dos fabricantes de linho, em Bete-Asbeia.

22 Como também Joquim, e os homens de Cozeba, de Joás, de Sarafe, os quais governaram em Moabe e em Jasubi-Leém. (Estes registros são antigos.)

23 Estes foram os oleiros, que habitavam em Netaim e em Gedera; ficaram ali com o rei para o seu serviço.

Descendentes de Simeão; cidades e conquistas

24 **Os** [u]filhos de Simeão foram: [v]Nemuel, Jamim, [w]Jaribe, [x]Zerá e Saul;

25 de quem foi filho Salum, de quem foi filho Mibsão, de quem foi filho Misma.

26 Os filhos de Misma foram: Hamuel seu filho, Zacur seu filho e Simei seu filho.

27 Simei teve dezesseis filhos e seis filhas, porém seus irmãos não tiveram muitos filhos; de modo que a sua descendência [y]não se multiplicou tanto como as da tribo de Judá.

---

[1] (3.19) Zorobabel tem um papel mais importante na história posterior de Israel do que geralmente se reconhece. Foi ele quem conduziu a grande expedição dos judeus de volta a Jerusalém, seguindo o decreto de Ciro. Zorobabel provavelmente atuou como governador da cidade até, pelo menos, 515 a.C. (Ed 3.2,8; Ne 12.1; Ag 1.1,12,14; 2.2,21). Como bisneto de Jeoiaquim, era representante da monarquia davídica (Ag 2.20-23). Na genealogia messiânica do NT, Zorobabel é o último nome mencionado do AT (Mt 1.13; Lc 3.27).

[2] (4.9) Heb. *'oceb*, dores.

28 [z]Habitaram em [a]Berseba, em Moladá, em Hazar-Sual,

29 em [b]Bila, em Ezém, em [c]Tolade,

30 em Betuel, em Hormá, em Ziclague,

31 em Bete-Marcabote, em Hazar-Susim, em Bete-Biri e em Saaraim. Essas foram as suas cidades até o reinado de Davi.

32 As suas aldeias foram: [d]Etã, Aim, Rimom, Toquém e Asã; cinco cidades,

33 e todas as suas aldeias, que estavam em redor dessas cidades, até Baal. Essas foram as suas habitações. E tinham um registro genealógico.

34 Mesobabe, Janleque, Josa, filho de Amazias,

35 Joel, Jeú, filho de Josibias, filho de Seraías, filho de Asiel,

36 Elioenai, Jaacobá, Jesoaías, Asaías, Adiel, Jesimiel, Benaia,

37 Ziza, filho de Sifi, filho de Alom, filho de Jedaías, filho de Sinri, filho de Semaías:

38 esses, registrados por seus nomes, foram chefes de suas famílias. As famílias de seus pais se multiplicaram [e]abundantemente,

39 e chegaram até a entrada de Gedor, a leste do vale, em busca de pasto para os seus rebanhos.

40 Encontraram pasto bom e em grande quantidade, e a terra era espaçosa, quieta e pacífica. Os que habitaram ali antes eram descendentes de Cão.

41 Esses, que estão registrados por seus nomes, vieram nos dias de Ezequias, rei de Judá. [f]Ocuparam-se das tendas e atacaram os meunitas que se acharam ali, e os [g]destruíram totalmente como se vê até o dia de hoje. Então habitaram em lugar deles, porque ali havia pasto para os seus rebanhos.

42 Também deles, dos filhos de Simeão, quinhentos homens, tendo por capitães Pelatias, Nearias, Refaías e Uziel, filhos de Isi, invadiram a região montanhosa de Seir.

43 Mataram o restante dos que escaparam dos [h]amalequitas, e ficaram habitando ali até o dia de hoje.

Linhagem de Rúben até o cativeiro

5 **O**s [i]filhos de Rúben, o primogênito de Israel (era [j]ele o primogênito, mas, quando [k]desonrou a cama de seu pai, a sua primogenitura foi dada aos filhos de José, filho de Israel; de modo que na genealogia não pôde ser contado como [l]primogênito,

2 e embora [m]Judá fosse o mais poderoso entre seus irmãos, e dele tenha saído um [n]líder, a primogenitura foi de José),

3 [o]foram: Enoque, Palu, Hezrom e Carmi.

4 Os filhos de Joel: Semaías seu filho, Gogue seu filho, Simei seu filho,

5 Mica seu filho, Reaías seu filho, Baal seu filho,

6 Beera seu filho, o qual [p]Tiglate-Pileser, rei da Assíria, [q]levou para o exílio. Beera foi líder dos rubenitas.

7 Seus irmãos, pelas suas famílias, quando se fez a genealogia das suas [r]gerações, foram: Jeiel, o chefe, Zacarias,

8 Bela, filho de Azaz, filho de Sema, filho de Joel, que habitou em [s]Aroer, até Nebo e Baal-Meom.

Conquistas de Rúben

9 Também habitou a leste, até a entrada do deserto, desde o rio Eufrates, [t]porque o seu gado se tinha multiplicado na terra de Gileade.

10 Nos dias de Saul fizeram guerra aos [1]hagarenos, que foram derrotados pela sua mão; habitaram nas tendas dos hagarenos por toda a região leste de Gileade.

Descendentes e a habitação de Gade

11 **O**s [u]filhos de Gade habitaram ao lado deles, na terra de [v]Basã, até [w]Salcá.

12 Joel foi chefe, e Safã o segundo, Jaanai e Safate em Basã.

13 Seus irmãos, segundo as suas famílias paternas, foram: Micael, Mesulão, Seba, Jorai, Jacã, Zia e Héber, sete.

14 Esses foram os filhos de Abiail, filho de Huri, filho de Jaroa, filho de Gileade, filho de Micael, filho de Jesisai, filho de Jado, filho de Buz.

15 Aí, filho de Abdiel, filho de Guni, foi chefe da sua família.

16 Os gaditas habitaram em Gileade, em Basã, e nas suas aldeias, como também em toda a extensão de [x]Sarom, até os seus limites extremos.

17 Todos esses foram registrados, segundo as suas genealogias, nos dias de [y]Jotão, rei de Judá, e nos dias de [zz]Jeroboão, rei de Israel.

Conquistas de Rúben, Gade e a meia tribo de Manassés; seu pecado e cativeiro

18 **D**os filhos de Rúben, dos gaditas e da meia tribo de Manassés, alguns dos seus guerreiros, que traziam [aa]escudo e espada, atiravam com arco, e eram treinados para a guerra, houve quarenta e quatro mil setecentos e sessenta, que saíam para a guerra.

19 Fizeram guerra aos hagarenos, bem como a [bb]Jetur, a Nafis e a Nodabe.

20 Foram ajudados na guerra contra eles, e os hagarenos e todos os que estavam com eles foram entregues nas suas mãos, porque [cc]clamaram

[z] v. 28-33; comp. Js 19.1,8
[a] Js 19.2
[b] Chamado Balá em Js 19.3
[c] Chamado Eltolade em Js 19.4
[d] Chamado Eter em Js 19.7
[e] Comp. V. 27
[f] 2Rs 18.8
[g] 2Rs 19.11
[h] 1Sm 15.8; 30.17
[i] v. 3; comp. 1Cr 2.1
[j] Gn 29.32; 49.3
[k] Gn 35.22; 49.4
[l] Gn 48.15-22
[m] Gn 49.8-10; Sl 60.7; 108.8
[n] Comp. Mt 2.6
[o] Gn 46.9; Êx 6.14; Nm 26.5
[p] 2Rs 15.29; 16.7
[q] 2Rs 18.11
[r] v. 17
[s] Nm 32.34
[t] Js 22.8,9
[u] Nm 26.15-18
[v] Js 13.11,24-28
[w] Dt 3.10
[x] 1Cr 27.29
[y] 2Rs 15.5,32
[zz] 2Rs 14.16,28
[aa] Comp. Nm 1.3
[bb] Gn 25.15; 1Cr 1.31
[cc] 2Cr 14.11-13

[1] (5.10) Os descendentes de Ismael, filho de Hagar (Gn 25.12; comp. Sl 83.6).

a Deus na guerra. Ele lhes atendeu, porque [d]con-
fiaram nele.
21 Tomaram o seu gado: cinquenta mil came-
los, duzentas e cinquenta mil ovelhas e dois
mil jumentos. Levaram também cem mil pri-
sioneiros,
22 e muitos outros caíram mortos, porque de
Deus [e]era a guerra. E habitaram no lugar deles,
até o exílio.
23 Os filhos da meia tribo de Manassés eram
numerosos; habitaram na terra desde Basã até
Baal-Hermom, isto é, até [f]Senir (o monte Hermom).
24 Estes foram os chefes de suas famílias: Efer,
Isi, Eliel, Azriel, Jeremias, Hodavias e Jadiel, guer-
reiros valentes, homens famosos, e chefes das su-
as famílias.
25 **F**oram, porém, infiéis ao Deus de seus pais
e se prostituíram, seguindo os deuses dos po-
vos da terra, os quais Deus destruíra de diante
deles.
26 Por isso, o Deus de Israel encorajou o espí-
rito de Pul, rei da [g]Assíria (isto é, Tiglate-Pileser,
rei da Assíria), que levou os rubenitas, os gaditas
e a meia tribo de Manassés ao exílio. [h]Levou-os
para Hala, Habor e Hara, e para o rio Gozã, onde
estão até o dia de hoje.

Os filhos de Levi por meio de Coate até Arão e Moisés; Eleazar até o cativeiro (comp. v. 49-53)

6 Os [i]filhos de Levi foram: [j]Gérson, Coate e Me-
rari.
2 Os filhos de Coate: Anrão, Izar, Hebrom e Uziel.
3 Os filhos de Anrão: Arão, Moisés e Miriã. Os fi-
lhos de Arão: [k]Nadabe, Abiú, Eleazar e Itamar.
4 [l]Eleazar gerou Fineias, Fineias gerou Abisua,
5 Abisua gerou Buqui, Buqui gerou Uzi,
6 Uzi gerou Zeraías, Zeraías gerou Meraiote,
7 Meraiote gerou Amarias, Amarias gerou Aitube,
8 [m]Aitube gerou [n]Zadoque, Zadoque gerou Aimaás,
9 Aimaás gerou Azarias, Azarias gerou Joanã,
10 Joanã gerou [o]Azarias. Este é o que serviu co-
mo sacerdote no templo que Salomão construiu
em Jerusalém.
11 Azarias gerou [p]Amarias, Amarias gerou Aitube,
12 Aitube gerou Zadoque, Zadoque gerou [q]Salum,
13 Salum gerou Hilquias, Hilquias gerou Azarias,
14 Azarias gerou [r]Seraías, e Seraías gerou Jeo-
zadaque.
15 [s]Jeozadaque foi levado cativo quando o
Senhor levou para o exílio Judá e Jerusalém pela
mão de Nabucodonosor.

Os filhos de Gérson, Coate e Merari

16 Os filhos de Levi foram: [t]Gérson, Coate
e Merari.
17 Estes são os nomes dos filhos de Gérson:
Libni e Simei.
18 Os filhos de Coate: Anrão, Izar, Hebrom e Uziel.
19 Os filhos de Merari: Mali e Mus. Essas são as
famílias dos levitas, segundo os seus pais.
20 De Gérson: Libni seu filho, Jaate seu filho,
Zima seu filho,
21 [u]Joá seu filho, [v]Ido seu filho, Zerá seu filho,
[w]Jeaterai seu filho.
22 Os filhos de Coate foram: [x]Aminadabe seu
filho, [y]Corá seu filho, Assir seu filho,
23 Elcana seu filho, Ebiasafe seu filho, Assir
seu filho,
24 Taate seu filho, [z]Uriel seu filho, [a]Uzias seu
filho, e [b]Saul seu filho.
25 Os filhos de Elcana: [c]Amasai, Aimote,
26 Elcana seu filho, [dd]Zofai seu filho, [ee]Naate seu filho,
27 [ff]Eliabe seu filho, Jeroão seu filho, Elcana seu
filho e Samuel seu filho.
28 Os filhos de Samuel: [gg]Joel, seu primogênito,
e Abias, o segundo.
29 Os filhos de Merari: Mali seu filho, Libni seu
filho, Simei seu filho, Uzá seu filho,
30 Simeia seu filho, Hagias seu filho, Asaías
seu filho.

Linhagem dos músicos Hemã, Asafe e Etã

31 [hh]Esses são os que Davi encarregou sobre o
serviço de canto na casa do Senhor, depois que
a arca foi [ii]levada para lá.
32 Ministravam diante do tabernáculo, da Tenda
da Congregação com cânticos, até que Salomão
construiu o templo do Senhor em Jerusalém.
Exerciam o seu ministério segundo as normas.
33 Estes são os que ali serviam com seus filhos:
dos filhos dos [jj]coatitas, Hemã, o cantor, filho de
Joel, filho de Samuel,
34 filho de Elcana, filho de Jeroão, filho de Eliel,
filho de Toá,
35 filho de Zufe, filho de Elcana, filho de Maate,
filho de Amasai,
36 filho de Elcana, filho de Joel, filho de Azarias,
filho de Sofonias,
37 filho de Taate, filho de Assir, filho de [kk]Ebia-
safe, filho de Corá,
38 filho de Izar, filho de Coate, filho de Levi,
filho de Israel.
39 Seu irmão [ll]Asafe ficara à sua direita. Era
Asafe filho de Berequias, filho de Simeia,
40 filho de Micael, filho de Baaseias, filho
de Malquias,
41 filho de Etni, filho de Zerá, filho de Adaías,
42 filho de Etã, filho de Zima, filho de Simei,
43 filho de Jaate, filho de Gérson, filho de Levi.
44 Seus irmãos, os filhos de Merari, estavam
à sua esquerda: [mm]Etã, filho de [nn]Quisi, filho de
Abdi, filho de Maluque,

[d] 2Rs 18.5; Sl 9.10; 20.7,8; veja Sl 2.12, nota
[e] Js 23.10; 2Cr 32.8
[f] Dt 3.9
[g] Comp. 2Rs 15.19
[h] 2Rs 17.6
[i] Êx 6.16-25; Nm 26.57-62
[j] v. 16,17,20,43
[k] Lv 10.1,2
[l] v. 4-14; comp. Ed 7.1-5
[m] 2Sm 8.17
[n] 2Sm 15.27
[o] 2Cr 26.17,18
[p] 2Cr 19.11
[q] Chamado Mesulão em 1Cr 9.11
[r] 2Rs 25.18-21
[s] Chamado Jozadaque em Ed 3.2
[t] v. 1; Êx 6.16
[u] Chamado Etã, v. 42
[v] Chamado Adaías, v. 41
[w] Chamado Etni, v. 41
[x] Chamado Izar, v. 2,18,38
[y] Nm 16.1
[z] Chamado Sofonias, v. 36
[a] Chamado Azarias, v. 36
[b] Chamado Joel, v. 36
[c] v. 35
[dd] Chamado Zufe, v. 35
[ee] Chamado Toá, v. 34
[ff] Chamado Eliel, v. 34
[gg] v. 33; 1Sm 8.2
[hh] 1Cr 15.16-22,27; 16.4-6
[ii] 2Sm 6.17; 1Cr 15.25–16.1
[jj] Nm 26.57
[kk] Êx 6.24
[ll] 2Cr 5.12
[mm] Chamado Jedutum, 1Cr 9.16; 25.1,3,6
[nn] Chamado Cusaías, 1Cr 15.17

45 filho de Hasabias, filho de Amazias, filho de Hilquias,

46 filho de Anzi, filho de Bani, filho de Semer,

47 filho de Mali, filho de Musi, filho de Merari, filho de Levi.

48 Seus irmãos, os levitas, foram encarregados de todo o [o]serviço do tabernáculo do templo de Deus.

O sacerdócio de Arão até Aimaás

49 [p]**A**rão e seus filhos, porém, eram os que apresentavam as ofertas [q]sobre o altar do holocausto e sobre o altar do incenso, para todo o serviço do Santíssimo Lugar, e para fazer [r]expiação por Israel, conforme tudo o que Moisés, servo de Deus, tinha ordenado.

50 Estes foram os [s]filhos de Arão: Eleazar seu filho, Fineias seu filho, Abisua seu filho,

51 Buqui seu filho, Uzi seu filho, Seraías seu filho,

52 Meraiote seu filho, Amarias seu filho, Aitube seu filho,

53 Zadoque seu filho, Aimaás seu filho.

As cidades dos sacerdotes e dos levitas

54 [t]**E**stas foram as suas habitações, segundo os seus acampamentos, dentro dos seus territórios, a saber: aos filhos de Arão, das famílias dos coatitas, porque lhes caiu a primeira sorte,

55 deram-lhes Hebrom, na terra de Judá, com as pastagens que a rodeiam.

56 Os campos da cidade e as suas aldeias, porém, foram dados a [u]Calebe, filho de Jefoné.

57 Aos filhos de Arão [v]deram-se as cidades de refúgio: Hebrom, Libna, Jatir, Estemoa,

58 [w]Hilém, Debir,

59 [x]Asã e Bete-Semes com as suas pastagens.

60 E da tribo de Benjamim, foram dadas Geba, [y]Alemete e Anatote com as suas pastagens. Todas as cidades, distribuídas aos coatitas, segundo as suas famílias, foram treze ao todo.

61 **A**o [z]restante dos filhos de Coate caíram por sorte dez cidades das famílias da meia tribo de Manassés.

62 Aos filhos de Gérson, segundo as suas famílias, caíram por sorte treze cidades das tribos de Issacar, Aser e Naftali, e da tribo de Manassés, em Basã.

63 [a]Aos filhos de Merari, segundo as suas famílias, caíram por sorte doze cidades das tribos de Rúben, Gade e Zebulom.

64 Assim deram os filhos de Israel aos levitas essas cidades e as suas pastagens.

65 Deram-lhes por sorte das tribos de Judá, Simeão e Benjamim, essas cidades que são mencionadas pelo nome.

66 Algumas das [b]famílias dos filhos de Coate receberam como seu território cidades da tribo de Efraim.

67 Pois lhes foram dadas as cidades de refúgio, Siquém com as suas pastagens, na região montanhosa de Efraim, como também Gezer com as suas pastagens,

68 [c]Jocmeão com as suas pastagens, Bete-Horom com as suas pastagens,

69 Aijalom com as suas pastagens e Gate-Rimom com as suas pastagens.

70 E da meia tribo de Manassés, deram os filhos de Israel Aner, com as suas pastagens e Bileã com as suas pastagens, ao restante da família dos filhos de Coate.

71 [d]**A**os filhos de Gérson, da família da meia tribo de Manassés, deram Golã, em Basã, e Astarote com as suas pastagens;

72 da tribo de Issacar: Quedes, Daberate,

73 Ramote e Aném com as suas pastagens;

74 da tribo de Aser: Masal, Abdom,

75 Hucoque e Reobe com as suas pastagens;

76 e da tribo de Naftali: Quedes, em Galileia, Hamom, e Quiriataim com as suas pastagens.

77 [e]Os restantes dos filhos de Merari receberam, da tribo de Zebulom, Rimono e Tabor com as suas pastagens;

78 da tribo de Rúben, do outro lado do Jordão, a leste de Jericó, receberam Bezer, Jaza,

79 Quedemote, e Mefaate com as suas pastagens;

80 e da tribo de Gade receberam Ramote, em Gileade, Maanaim,

81 Hesbom e Jazer com as suas pastagens.

Os filhos de Issacar

7 Os filhos de Issacar foram: [f]Tola, [g]Puá, [h]Jasube e Sinrom, quatro.

2 Os filhos de Tola: Uzi, Refaías, Jeriel, Jamai, Ibsão e Semuel, chefes das suas famílias. Nos dias de Davi o número dos descendentes de Tola alistados como homens de guerra em sua genealogia foi de [i]vinte e dois mil e seiscentos.

3 O filho de Uzi: Izraías. Os filhos de Izraías: Micael, Obadias, Joel e Issias, cinco, todos eles chefes.

4 Houve com eles, nas suas gerações, segundo as suas famílias, em tropas de guerra, trinta e seis mil homens, pois tiveram muitas mulheres e filhos.

5 Seus irmãos, em todas as famílias de Issacar, homens valentes, foram oitenta e sete mil, todos registrados pelas suas genealogias.

Os filhos de Benjamim

6 **O**s filhos de [j]Benjamim: Belá, Bequer e Jediael, [1]três.

7 Os filhos de Belá: Esbom, Uzi, Uziel, Jerimote e [k]Iri, chefes de famílias, cinco ao todo, homens valentes, foram vinte e dois mil e trinta e quatro registrados pelas suas genealogias.

[o] 1Cr 9.14-34
[p] Êx 28.1–29.44; Nm 18.1,8
[q] Lv 1.8,9
[r] Veja Êx 29.33, nota
[s] v. 50-53; 1Cr 6.4-8
[t] v. 54-60; comp. Js 21.1-42
[u] Js 14.13; 15.13
[v] v. 57-60; Js 21.13-19
[w] Chamado Holom em Js 15.51; 21.15
[x] Chamado Aim em Js 15.32; 21.16
[y] Chamado Almom em Js 21.18
[z] v. 66; Js 21.5
[a] Js 21.7,34-40
[b] v. 66-70; comp. Js 21.20-26
[c] Alguns nomes aparecem com diferenças em Js 21.22-39
[d] v. 71-76; comp. Js 21.27-33
[e] v. 77-81; comp. Js 21.34-39
[f] Gn 46.13; Nm 26.23
[g] Gn 46.13
[h] Jó, Gn 46.13
[i] Comp. 2Sm 24.1-9; 1Cr 27.1
[j] Gn 46.21; Nm 26.38; 1Cr 8.1
[k] Chamado Ir, v. 12

[1] (7.6) Benjamim teve outros filhos além destes três. Comp. Gn 46.21; Nm 26.38-41; 1Cr 8.1,2.

8 Os filhos de Bequer: Zemira, Joás, Eliezer, Elioenai, Onri, Jeremote, Abias, Anatote e Alemete. Todos esses foram filhos de Bequer.

9 Foram contados pelas suas genealogias, segundo as suas gerações, chefes das suas famílias, homens valentes, vinte mil e duzentos.

10 O filho de Jediael: Bilã. Os filhos de Bilã: Jeús, Benjamim, Eúde, Quenaaná, Zetã, Társis e Aisaar.

11 Todos estes filhos de Jediael foram chefes das suas famílias, homens valentes, dezessete mil e duzentos, que podiam sair no exército para a guerra.

12 [l]Supim e [m]Hupim foram filhos de Ir, e Husim filho de [n]Aer.

Os filhos de Naftali

13 Os [o]filhos de Naftali: [p]Jasiel, Guni, Jezer e [q]Salum, filhos de Bila.

Os filhos de Manassés

14 **Os** [r]filhos de Manassés: Asriel, que lhe deu a sua concubina síria. Ela também deu à luz a [s]Maquir, pai de Gileade.

15 Maquir tomou a irmã de Hupim e Supim por mulher. Era o seu nome Maaca. O nome de outro filho foi [t]Zelofade, que teve somente filhas.

16 Maaca, mulher de Maquir, teve um filho e deu-lhe o nome de Perez. Seu irmão foi chamado Seres. Os filhos de Perez foram Ulão e Requém.

17 O filho de Ulão: [u]Bedã. Estes foram os filhos de Gileade, filho de Maquir, filho de Manassés.

18 Sua irmã Hamolequete teve Is-Dode, [v]Abiezer e Maalá.

19 Os [w]filhos de Semida foram: Aiã, Siquém, Liqui e Anião.

Os filhos de Efraim e suas habitações

20 **Os** filhos de Efraim: Sutelá, de quem foi filho Berede, de quem foi filho Taate, de quem foi filho Eleadá, de quem foi filho Taate,

21 de quem foi filho Zabade, de quem foi filho Sutelá. Ezer e Elade foram mortos pelos homens naturais de Gate, quando desceram para roubar o seu gado.

22 Pelo que Efraim, seu pai, chorou-os por muitos dias, e vieram seus irmãos para o consolar.

23 Depois juntou-se com a sua mulher, e ela engravidou e teve um filho.

Ele o chamou Berias, porque as coisas iam mal na sua casa.

24 Sua filha foi Seerá, que construiu [x]Bete-Horom, a baixa e a alta, como também a Uzém-Seerá.

25 Refá foi seu filho, Resefe seu filho, Telá seu filho, Taã seu filho,

26 Ladã seu filho, Amiúde seu filho, [y]Elisama seu filho,

27 [z]Num seu filho, e [a]Josué seu filho.

28 Foi a sua [b]possessão e habitação: Betel e as suas aldeias, a leste [c]Naarã, e a oeste Gezer e suas aldeias, Siquém e suas aldeias, até Aia e suas aldeias.

29 Da região dos filhos de [d]Manassés, Bete-Seã e as suas aldeias, Taanaque e as suas aldeias, [e]Megido e as suas aldeias, Dor e as suas aldeias. Nessas habitaram os filhos de José, filho de Israel.

Os filhos de Aser

30 **Os** [f]filhos de Aser foram: Imná, Isvá, Isvi, Berias e Sera, sua irmã.

31 Os filhos de Berias: Héber e Malquiel, que foi o pai de Birzavite.

32 Héber gerou Jaflete, [g]Somer, Hotão e Suá, irmã deles.

33 Os filhos de Jaflete: Pasaque, Bimal e Asvate. Estes foram os filhos de Jaflete.

34 Os filhos de Semer: Aí, Roga, Jeubá e Arã.

35 Os filhos de seu irmão Helém: Zofá, Imna, Seles e Amal.

36 Os filhos de Zofá: Suá, Harnefer, Sual, Beri, Inra,

37 Bezer, Hode, Samá, Silsa, Itrã e Beera.

38 Os filhos de Jéter: Jefoné, Pispa e Ara.

39 Os filhos de Ula: Ará, Haniel e Rízia.

40 Todos estes foram filhos de Aser, chefes das suas famílias, escolhidos, homens valentes, chefes de líderes de destaque, registrados nas suas genealogias para o serviço de guerra. Foi o seu número de vinte e seis mil homens.

Os filhos e os homens mais importantes de Benjamim

8 **Benjamim** gerou [h]Bela, seu primogênito, Asbel o segundo, [i]Aará o terceiro,

2 Noá o quarto, Rafa o quinto.

3 Bela teve estes filhos: [j]Adar, Gera, Abiúde,

4 Abisua, Naamã, Aoá,

5 Gera, [k]Sefufã e Hurão.

6 Estes foram os filhos de Eúde, que foram chefes das famílias dos moradores de [ll]Geba, e que foram levados cativos para [mm]Manaate:

7 Naamã, Aías e Gera, que os levou cativos e foi o pai de Uzá e de Aiúde.

8 Saaraim, depois de ter-se divorciado de suas mulheres Husim e Baara, gerou filhos na terra de Moabe.

9 De Hodes, sua mulher, gerou Jobabe, Zíbia, Messa, Malcã,

10 Jeuz, Saquias e Mirma. Estes foram seus filhos, chefes das famílias.

11 De Husim gerou Abitude e a Elpaal.

12 Os filhos de Elpaal: Eber, Misã e Semede, que construiu Ono, Lode e suas aldeias.

---

[l] Chamado Sufã em Nm 26.39; Sefufã em 1Cr 8.5
[m] Chamado Hufã em Nm 26.39
[n] Chamado Airã em Nm 26.38
[o] Nm 26.48-50
[p] Gn 46.24
[q] Chamado Silém em Gn 46.24
[r] Nm 26.29-34
[s] 1Cr 2.21
[t] Nm 27.1
[u] 1Sm 12.11
[v] Chamado Jezer em Nm 26.30
[w] Nm 26.35-37
[x] Js 16.3,5
[y] Nm 10.22
[z] Heb. Non, Nm 13.8,16
[a] Êx 17.9,14; 24.13; 33.11
[b] Js 16.1-10
[c] Chamado Naarate em Js 16.7
[d] Js 17.7
[e] Js 17.11
[f] Gn 46.17; Nm 26.44-47
[g] Chamado Semer, v. 34
[h] Gn 46.21; Nm 26.38; 1Cr 7.6
[i] Chamado Airã em Nm 26.38
[j] Chamado Arde em Gn 46.21 e Nm 26.40
[k] Chamado Supim em 1Cr 7.12; Sufã em Nm 26.39. Em hebraico, p e f representam a mesma letra do alfabeto, com diferente pronúncia segundo sílaba vocálica
[ll] 1Cr 6.60
[mm] 1Cr 2.52

13 Berias e [n]Sema foram chefes das famílias dos moradores de Aijalom, que expulsaram os moradores de Gate.
14 Aiô, Sasaque, Jerimote,
15 Zebadias, Arade, Eder,
16 Micael, Ispa, Joa, foram filhos de Berias.
17 Zebadias, Mesulão, Hizqui, Héber,
18 Ismerai, Izlias e Jobabe, filhos de Elpaal.
19 Jaquim, Zicri, Zabdi,
20 Elienai, Ziletai, Eliel,
21 Adaías, Beraías e Sinrate, filhos de Simei.
22 Ispã, Eber, Eliel,
23 Abdom, Zicri, Hanã,
24 Hananias, Elão, Antotias,
25 Ifdeias e Penuel, filhos de Sasaque.
26 Sanserai, Searias, Atalias,
27 Jaaresias, Elias e Zicri, filhos de Jeroão.
28 Estes foram chefes das famílias, segundo as suas gerações, e habitaram em Jerusalém.

Linhagem do rei Saul, filho de Quis

29 Em Gibeom habitou o pai de Gibeom. Era o nome de sua mulher Maaca,
30 e também seu filho primogênito Abdom, depois Zur, Quis, Baal, Nadabe,
31 Gedor, Aiô e [o]Zequer.
32 Miclote gerou [p]Simeia. Também estes habitaram perto de seus irmãos, em Jerusalém.
33 [q]Ner gerou Quis, Quis gerou Saul, Saul gerou Jônatas, Malquisua, [r]Abinadabe e [s]Esbaal.
34 O filho de Jônatas: [t]Meribe-Baal, que gerou Mica.
35 Os filhos de Mica: Pitom, Meleque, [u]Tareia e Acaz.
36 Acaz gerou [v]Jeoada, Jeoada gerou Alemete, Azmavete e Zinri, e Zinri gerou Moza.
37 Moza gerou Bineá, cujo filho foi [w]Rafa, cujo filho foi Eleasá, cujo filho foi Azel.
38 Azel teve seis filhos, e estes foram os seus nomes: Azricão, Bocru, Ismael, Searias, Obadias e Hanã. Todos estes foram filhos de Azel.
39 Os filhos de Eseque, seu irmão: Ulão, seu primogênito, Jeús o segundo, e Elifelete o terceiro.
40 Os filhos de Ulão foram homens valentes, flecheiros. Tiveram muitos filhos e netos, cento e cinquenta. Todos estes foram os filhos de Benjamim.

Habitantes de Jerusalém

9 Todo o Israel foi [x]alistado por genealogias, que estão registradas no livro dos reis de Israel. Judá [y]foi levado cativo para Babilônia, por causa da sua infidelidade.
2 Os [z]primeiros a se restabelecerem nas suas propriedades e nas suas cidades foram alguns israelitas, os [a]sacerdotes, os levitas e os [b]servidores do templo.
3 Dos filhos de Judá, dos filhos de Benjamim, e dos filhos de Efraim e Manassés, que [c]habitaram em Jerusalém foram:
4 Utai, filho de Amiúde, filho de Onri, filho de Inri, filho de Bani, dos filhos de Perez, filho de Judá.
5 Dos silonitas: Asaías o primogênito, e seus filhos.
6 Dos filhos de Zerá: Jeuel e seus irmãos, seiscentos e noventa.
7 Dos filhos de Benjamim: Salu, filho de Mesulão, filho de Hodavias, filho de Hassenuá;
8 Ibineias, filho de Jeroão, Elá, filho de Uzi, filho de Micri, e Mesulão, filho de Sefatias, filho de Reuel, filho de Ibnias.
9 Seus irmãos, segundo as suas gerações, foram [d]novecentos e cinquenta e seis. Todos esses homens foram chefes de suas famílias.
10 Dos [e]sacerdotes: Jedaías, Jeoiaribe, Jaquim,
11 [f]Azarias, filho de Hilquias, filho de Mesulão, filho de Zadoque, filho de Meraiote, filho de Aitube, [g]líder no templo de Deus;
12 Adaías, filho de Jeroão, filho de Pasur, filho de Malquias, e Masai, filho de Adiel, filho de Jazera, filho de Mesulão, filho de Mesilemite, filho de Imer.
13 Também seus irmãos, chefes das suas famílias, mil setecentos e sessenta, homens capacitados para o serviço do templo de Deus.
14 Dos [h]levitas: Semaías, filho de Hassube, filho de Azricão, filho de Hasabias dos filhos de Merari;
15 Baquebacar, Heres, Galal e Matanias, filho de Mica, filho de [i]Zicri, filho de Asafe;
16 [j]Obadias, filho de [k]Semaías, filho de Galal, filho de Jedutum; e Berequias, filho de Asa, filho de Elcana, morador das aldeias dos netofatitas.
17 Foram porteiros: Salum, Acube, Talmom e Aimã, seus irmãos, cujo chefe era Salum.
18 Até o dia de hoje estavam de guarda à porta do rei, que ficava a leste. Esses foram os porteiros dos acampamentos dos filhos de Levi.
19 Salum, filho de Coré, filho de Ebiasafe, filho de Corá, e seus irmãos da casa de seu pai, os coraítas, tinham cargo da obra do ministério e eram guardas das [l]portas do tabernáculo; seus pais tinham sido responsáveis por guardar a entrada da habitação do Senhor.
20 [m]Fineias, filho de Eleazar, antes era guia entre eles, e o Senhor era com ele.
21 [nn]Zacarias, filho de Meselemias, era o porteiro da entrada da Tenda da Congregação.
22 Todos esses, escolhidos para serem [oo]guardas das portas, foram duzentos e doze. Foram registrados segundo as suas genealogias nas suas aldeias. Davi e Samuel, o vidente, os encarregaram.

[n] Chamado Simei em v. 21
[o] Chamado Zacarias em 1Cr 9.37
[p] Chamado Simeão em 1Cr 9.38
[q] v. 33-39; comp. 1Cr 9.39-44; 1Sm 14.51
[r] Chamado Isvi em 1Sm 14.49
[s] Chamado Is-Bosete em 2Sm 2.8
[t] Chamado Mefibosete em 2Sm 4.4; 9.6,10
[u] 1Cr 9.41
[v] Chamado Jaerá em 1Cr 9.42
[w] Chamado Refaías em 1Cr 9.43
[x] Comp. Ed 2.59,62
[y] Comp. 1Cr 5.25,26
[z] Ed 2.70; Ne 7.73
[a] v. 2-22; comp. Ne 11.3-22
[b] Veja Ne 3.26, nota
[c] Ne 11.1,2
[d] Comp. Ne 11.8
[e] Ne 11.10-14
[f] Chamado Seraías em Ne 11.11
[g] 2Cr 31.13; Jr 20.1
[h] v. 14-17; comp. Ne 11.15-19
[i] Chamado Zabdi em Ne 11.17
[j] Chamado Abda em Ne 11.17
[k] Chamado Samua em Ne 11.17
[l] 2Cr 23.19
[m] Nm 25.6-13; 31.6
[nn] 1Cr 26.2,14
[oo] 1Cr 26.1

23 Tinham eles e seus filhos a responsabilidade das portas do templo do Senhor, o templo da tenda, como guardas.

24 Os porteiros estavam aos quatro lados: a leste, a oeste, ao norte e ao sul.

25 Seus irmãos, que moravam nas suas aldeias, tinham de vir, de tempo em tempo, para trabalhar com eles durante [p]sete dias.

26 Os quatro porteiros principais, porém, que eram levitas, tinham sob sua responsabilidade as salas e os tesouros do templo de Deus.

27 Passavam a noite alojados ao redor do templo de Deus, [q]porque a sua guarda lhes estava entregue, e tinham a responsabilidade de abri-la cada manhã.

28 **A**lguns deles estavam encarregados dos utensílios do templo; contavam-nos quando eram trazidos e contavam-nos quando eram tirados.

29 Outros estavam encarregados dos móveis e de todos os outros utensílios sagrados, como também da [r]farinha, do vinho, do azeite, do incenso e das especiarias.

30 Alguns dos filhos dos sacerdotes, porém, [s]preparavam as especiarias.

31 Matitias, entre os levitas, o primogênito de Salum, o coraíta, tinha a [t]responsabilidade pelo pão para oferta.

32 Alguns dos [u]filhos dos coatitas, seus irmãos, tinham a responsabilidade de preparar os [v]pães da proposição para todos os sábados.

33 **A**queles que eram [w]cantores, chefes das famílias dos levitas, moravam nas salas do templo e estavam isentos de outros serviços, porque de dia e de noite se ocupavam nesse serviço.

34 Todos esses foram chefes das famílias dos levitas, chefes em suas gerações, e moravam em Jerusalém.

Antepassados e descendentes de Saul e Jônatas

35 **E**m [x]Gibeom habitou Jeiel, pai de Gibeom. O nome de sua mulher era [y]Maaca,

36 e seu filho primogênito Abdom, seguido de Zur, Quis, Baal, Ner, Nadabe,

37 Gedor, Aiô, Zacarias e Miclote.

38 Miclote gerou [z]Simeão. Também estes habitaram perto de seus irmãos, em Jerusalém.

39 [a]Ner gerou Quis, Quis gerou Saul, Saul gerou Jônatas, Malquisua, Abinadabe e Esbaal.

40 O filho de Jônatas: Meribe-Baal, que gerou Mica.

41 Os filhos de Mica: Pitom, Meleque e [b]Tareia.

42 [c]Acaz gerou [d]Jaerá, Jaerá gerou Alemete, Azmavete e Zinri, e Zinri gerou Moza.

43 Moza gerou Bineá, cujo filho foi Refaías, cujo filho foi Eleasá, cujo filho foi Azel.

44 Azel teve seis filhos, cujos nomes foram: Azricão, Bocru, Ismael, Seraías, Obadias e Hanã. Estes foram os filhos de Azel.

[p] 2Rs 11.4-7; 2Cr 23.8
[q] 1Cr 23.30-32
[r] 1Cr 23.29
[s] Êx 30.22-25
[t] Lv 2.5; 6.21
[u] Lv 24.8
[v] Veja Êx 25.30, nota
[w] 1Cr 6.31,32; veja 15.16, nota
[x] v. 35-44; comp. 1Cr 8.29-38
[y] 1Cr 8.29
[z] Chamado Simeia em 1Cr 8.32
[a] 1Cr 8.33
[b] 1Cr 8.35
[c] 1Cr 8.35
[d] Chamado Jeoada em 1Cr 8.36
[e] v. 1-12; comp. 1Sm 31.1-13
[f] Chamado Isvi em 1Sm 14.49
[g] Comp. 2Sm 1.1-16
[h] Comp. 1Sm 31.9,10
[i] 1Sm 14.52
[j] 2Sm 21.12
[k] 1Sm 31.5-13
[l] 1Sm 13.13,14; 15.22-26
[m] 1Sm 28.7,8
[n] 1Sm 15.28; 1Cr 12.23

(Quanto à história anterior a 1Cr 10, veja 1Sm 1–30)

II. Últimos dias e morte do rei Saul, 10

Saul é derrotado pelos filisteus; morte de Saul (1Sm 31.1-10; 2Sm 1)

10 **O**ra, [e]os filisteus guerrearam contra Israel; os homens de Israel fugiram de diante dos filisteus, e muitos caíram feridos no monte Gilboa.

2 Os filisteus perseguiram Saul e seus filhos e mataram Jônatas, [f]Abinadabe e Malquisua, filhos de Saul.

3 A guerra agravou-se contra Saul, e, quando os flecheiros o acharam, eles o feriram.

4 [g]Disse Saul ao seu escudeiro: Arranca a tua espada e mata-me com ela, para que não venham estes incircuncisos e zombem de mim. O seu escudeiro, porém, não o quis, porque estava apavorado; então Saul pegou a espada e se lançou sobre ela.

5 Vendo o escudeiro que Saul estava morto, também ele se lançou sobre a sua espada, e morreu.

6 Assim morreram Saul e seus três filhos, e toda a sua casa morreu juntamente com ele.

7 Vendo os homens de Israel que estavam no vale, que Israel havia fugido e que Saul e seus filhos eram mortos, abandonaram as suas cidades e fugiram. Então vieram os filisteus e habitaram nelas.

8 **N**o dia seguinte, vindo os filisteus a saquear os mortos, acharam Saul e seus filhos estirados no monte Gilboa.

9 Saquearam-no, [h]tomaram a sua cabeça e as suas armas e as enviaram por toda a terra dos filisteus ao redor, para anunciarem a notícia a seus ídolos e ao povo.

10 Colocaram as armas de Saul no templo de seus deuses, e a sua cabeça afixaram no templo de Dagom.

Lealdade de Jabes-Gileade para com Saul (1Sm 31.11-13; 2Sm 2.5-7)

11 Ouvindo toda a Jabes-Gileade tudo o que os filisteus fizeram a Saul,

12 todos os [i]homens valentes se levantaram, pegaram o corpo de Saul e os corpos de seus filhos e os trouxeram a Jabes. Então sepultaram os seus ossos debaixo de uma grande árvore, em [j]Jabes, e jejuaram sete dias.

O pecado de Saul que lhe custou o trono

13 Assim [k]morreu Saul por causa da sua [l]infidelidade ao Senhor; não obedeceu à palavra do Senhor, e [m]até consultou uma adivinhadora,

14 e não buscou ao Senhor. Por isso, ele o matou e [n]deu o reino a Davi, filho de Jessé.

III. O reinado de Davi, 11–29

Davi é ungido rei de todo Israel (2Sm 5.1-3; veja 2Sm 2–4)

11 Todo o Israel se [o]ajuntou a Davi em Hebrom e disse: Somos sangue do teu sangue.

2 No passado, sendo Saul ainda rei, eras tu que conduzias Israel na guerra. E o Senhor, o teu [p]Deus, te disse: Tu [q]apascentarás o meu povo Israel e serás governante sobre o meu povo, Israel.

3 Quando todos os anciãos de Israel vieram até o rei, a Hebrom, Davi fez uma aliança com eles em Hebrom, perante o Senhor, e [r]ungiram Davi rei sobre Israel, conforme a palavra do Senhor por intermédio de Samuel.

Jerusalém se torna a capital do reino unido (2Sm 5.6-10)

4 **P**artiu Davi e todo o Israel para Jerusalém, que é [s]Jebus, porque ali estavam os jebuseus, habitantes da terra.

5 Disseram os habitantes de Jebus a Davi: Tu não entrarás aqui. Davi, porém, tomou a fortaleza de [1]Sião, a Cidade de Davi.

6 Davi havia dito: Aquele que conduzir o ataque contra os jebuseus será [t]chefe e comandante. Joabe, filho de Zeruia, subiu primeiro, de modo que foi feito chefe.

7 Então Davi habitou na fortaleza, pelo que foi chamada a Cidade de Davi.

8 Edificou a cidade em redor, desde os terraços de apoio até as muralhas circundantes, e Joabe reformou o restante da cidade.

9 Tornava-se Davi cada vez mais [u]poderoso, porque o Senhor dos Exércitos era com [v]ele.

O rol dos poderosos de Davi (comp. 2Sm 23.8-39)

10 [w]**E**stes foram os capitães dos guerreiros que Davi tinha, que o apoiaram fortemente no seu reino, com todo o Israel, para o fazerem rei, conforme a promessa do Senhor, em relação a Israel.

11 Esta é a lista dos guerreiros deles: [x]Jasobeão, hacmonita, o [y]chefe dos oficiais, o qual, empunhando a sua lança contra [2]trezentos, matou-os de uma só vez.

12 Depois dele, Eleazar, filho de [z]Dodai, o aoíta; um dos três principais guerreiros.

13 Esse esteve com Davi em Pas-Damim, quando os filisteus ali se ajuntaram para a guerra, no lugar em que havia um pedaço de campo cheio de cevada; o povo fugiu da guerra dos filisteus.

14 Se puseram, porém, no meio daquele campo, defenderam-no e mataram os filisteus; e deu o Senhor um grande livramento.

15 **T**rês dos trinta chefes desceram ao penhasco para encontrar Davi, na caverna de Adulão, enquanto o acampamento dos filisteus [a]estava montado no vale de Refaim.

16 Davi estava então no lugar seguro, e a guarnição dos filisteus em Belém.

17 Davi desejou água, e disse: Quem me dera beber da água do poço de Belém, que está junto à porta!

18 Assim aqueles três entraram no acampamento dos filisteus, tiraram água do poço de Belém, que está junto à porta, tomaram-na e levaram a Davi. Ele, porém, não a quis beber; antes, derramou-a como oferta perante o Senhor,

19 e disse: Não permita meu Deus que eu faça isso! Beberia eu o sangue da vida destes homens? Pois arriscando suas vidas a trouxeram. De modo que não a quis beber. Isso fizeram esses três guerreiros.

20 [b]Abisai, irmão de Joabe, foi chefe dos três. Empunhou sua lança contra trezentos homens e os matou; por isso adquiriu nome entre os três.

21 Ele foi duplamente honrado acima dos três e tornou-se seu chefe, porém não se igualou aos primeiros três.

[o] 2Sm 5.1
[p] 1Sm 16.1-3; Sl 78.70-72
[q] 2Sm 7.7
[r] 1Sm 16.4-13
[s] Jz 1.21; 19.10,11
[t] 2Sm 8.16
[u] 2Sm 3.1
[v] 1Sm 16.18
[w] v. 11-47
[x] 1Cr 27.2
[y] 1Cr 12.18
[z] Nesta referência, chamado Dodó na ACF e na ARC
[a] 2Sm 5.18
[b] 1Cr 18.12

[1] (11.5) Sião, a antiga fortaleza jebusita, estava na parte sul da colina oriental de Jerusalém. É chamada de "Cidade de Davi" e, tanto histórica como profeticamente, está associada com a realeza davídica (v. 5,7; Sl 2.6). O nome "Sião" é usado geralmente para referir-se a toda a cidade de Jerusalém, considerada como a cidade de Deus (Sl 48.2,3), especialmente em passagens sobre a futura Era do Reino (Is 1.27; 2.3; 4.1-6; Jl 3.16; Zc 1.16,17; 8.3-8; Rm 11.26). Em Hb 12.22, a palavra é usada simbolicamente para referir-se ao céu. Em Dt 4.48, Sião refere-se ao cume do monte Hermom e, no original hebraico, é uma palavra diferente.

[2] (11.11) Nas páginas da Bíblia Sagrada, há, por vezes, aparentes divergências. Há quem alegue haver muitas discrepâncias entre os números de Samuel e Reis e os de Crônicas. Por exemplo, um valor diferente foi dado para a idade de um rei em sua ascensão ao trono (comp. 2Cr 22.2 com 2Rs 8.26 nas versões ACF e ARC). Isso pode ser explicado, se levarmos em conta que a corregência era uma prática comum em Israel. Se Acazias foi admitido como corregente com seu pai quando tinha 22 anos de idade e ficou nessa função por vinte anos, ele teria começado a reinar sozinho quando tinha 42 anos – exatamente como está indicado em 2Cr 22.2 nessas versões bíblicas. Essa aparente discrepância desaparece com cuidadoso estudo (comp. 1Rs 9.23 com 2Cr 8.10; 1Cr 21.5 com 2Sm 24.24; 2Cr 3.4 com 1Rs 6.2).

Quando os números parecem discordar claramente, é melhor manter a mente aberta, porque, com boa análise, percebe-se que o texto está correto. Deus nos deu uma Bíblia livre de erros nos manuscritos originais. Ele a manteve sem erros. Jesus, referindo-se ao AT, disse que a "Escritura não pode ser anulada" (Jo 10.35) e afirmou que nem uma letra ou um só traço foi omitido (Mt 5.18; 24.35; Lc 16.17; Jo 17.17). O fato de haver aparentes divergências deve advertir-nos sobre a importância de comparar passagem bíblica com passagem bíblica e ser conscientes do perigo de dar demasiada ênfase a qualquer passagem isolada.

22 **B**enaia, filho de Jeoiada, foi um guerreiro
valente de Cabzeel e realizou grandes obras.
Matou dois dos melhores guerreiros de Moabe.
Também desceu e matou um leão dentro de uma
cova, no tempo da neve.
23 Matou também um egípcio, homem de
grande altura, de cinco [c]côvados. Embora o
egípcio tivesse na mão uma lança como uma
lançadeira de tecelão, Benaia foi contra ele com
um cajado. Arrancou a lança da mão do egípcio
e o matou com a sua própria lança.
24 Essas coisas fez Benaia, filho de Jeoiada; fez
também nome entre aqueles três guerreiros.
25 Dos trinta foi ele o mais ilustre, contudo não
se igualou como comandante aos primeiros três.
E Davi o pôs como chefe sobre os da sua guarda.
26 **O**s guerreiros dos exércitos foram: Asael,
irmão de Joabe; Elanã, filho de Dodai, de Belém;
27 [d]Samote, harodita; [e]Helez, [f]pelonita;
28 [g]Ira, filho de Iques, tecoíta; [h]Abiezer, anatotita;
29 [i]Sibecai, husatita; [j]Ilai, aoíta;
30 [k]Maarai, netofatita; [l]Helede, filho de Baaná,
netofatita;
31 Itai, filho de Ribai, de Gibeá, dos filhos de
Benjamim; [m]Benaia, piratonita;
32 [n]Hurai, do ribeiro de Gaás; [o]Abiel, arbatita;
33 Azmavete, baarumita; Eliaba, saalbonita;
34 [p]Ben-Hasém, gizonita; Jônatas, filho de
Sage, hararita;
35 Aião, filho de [q]Sacar, hararita; [r]Elifal, filho
de [s]Ur,
36 Hefer, mequeratita; Aías, pelonita;
37 Hezro, carmelita; [t]Naari, filho de Ezbai;
38 Joel, irmão de Natã; Mibar, filho de Hagri;
39 Zeleque, amonita; Narai, beerotita, escudei-
ro de Joabe, filho de Zeruia;
40 Ira, itrita; Garebe, itrita;
41 [u]Urias, [v]heteu; Zabade, filho de Alai;
42 Adina, filho de Siza, rubenita, chefe dos
rubenitas, e com ele havia trinta;
43 Hanã, filho de Maaca; Josafá, mitnita;
44 Uzias, asteratita; Sama e Jeiel, filhos de
Hotão, aroerita;
45 Jediael, filho de Sinri; Joá, seu irmão, tizita;
46 Eliel, maavita; Jeribai e Josavias, filhos de
Elnaão; Itma, moabita;
47 Eliel, Obede e Jaasiel, mezobaíta.

Companhias que se juntaram a Davi em Ziclague

12 Estes foram os homens que vieram a Davi,
em [w]Ziclague, estando ele ainda escon-
dido da presença de Saul, filho de Quis; eram
dos valentes que o ajudaram na guerra.
2 Estavam armados de arco e usavam tanto a
mão direita como a esquerda para [x]atirar pedras
com fundas e disparar flechas com o arco; eram
dos irmãos de Saul, benjamitas.

[c] Veja pesos e medidas (AT): 2Cr 2.10, nota
[d] Chamado Samá, harodita, 2Sm 23.25
[e] 1Cr 27.10
[f] Chamado paltita em 2Sm 23.26
[g] 1Cr 27.9
[h] 1Cr 27.12
[i] Chamado Mebunai em 2Sm 23.27
[j] Chamado Zalmom em 2Sm 23.28
[k] 1Cr 27.13
[l] Chamado Helebe em 2Sm 23.29
[m] 1Cr 27.14
[n] Chamado Hidai em 2Sm 23.30
[o] Chamado Abi-Albom em 2Sm 23.31
[p] Chamado Bene-Jásen em 2Sm 23.32
[q] Chamado Sarar em 2Sm 23.33
[r] Chamado Elifelete em 2Sm 23.34
[s] Chamado Aasbai em 2Sm 23.34
[t] Chamado Paarai, arbita, 2Sm 23.35
[u] 2Sm 11.1-27
[v] Veja 2Rs 7.6, nota
[w] 1Sm 27.6
[x] Jz 20.16
[y] 1Sm 18.13
[z] Veja Lv 23.2, nota
[a] Js 3.15; 4.18,19
[b] Espírito Santo (AT): v. 18; 1Cr 28.12 (Gn 1.2; Zc 12.10)
[cc] Chamado Amasa em 2Sm 17.25
[dd] v. 20,21
[ee] 1Sm 29.4

3 Aiezer, o chefe, e Joás, filhos de Semaá, o
gibeatita; Jeziel e Pelete, filhos de Azmavete; Be-
raca, e Jeú, o anatotita;
4 Ismaías, o gibeonita, valente entre os trinta, e
chefe deles; Jeremias, Jaaziel, Joanã, e Jozabade,
o gederatita;
5 Eluzai, Jerimote, Bealias, Semarias e Sefatias,
o harufita;
6 Elcana, Issias, Azareel, Joezer e Jasobeão, os
coraítas;
7 Joela e Zabadias, filhos de Jeroão de Gedor.

(Na ordem dos acontecimentos, 1Cr 12.8-15 vem após 2Sm 5.17; 1Cr 14.8)

8 **D**os gaditas apoiaram Davi, na fortaleza do
deserto, homens valentes, homens de guerra
para lutar, armados de escudo e lança. Seus ros-
tos eram como rosto de leão; eles eram ligeiros
como corças sobre os montes.
9 Ezer foi o cabeça; Obadias, o segundo; Eliabe,
o terceiro;
10 Mismana, o quarto; Jeremias, o quinto;
11 Atai, o sexto; Eliel, o sétimo;
12 Joanã, o oitavo; Elzabade, o nono;
13 Jeremias, o décimo; e Macbanai, o décimo
primeiro.
14 Esses, dos filhos de Gade, foram os coman-
dantes do exército; o menor valia por cem, e o
maior por [y]mil.
15 Esses são os que atravessaram o Jordão no pri-
meiro [z]mês, quando ele [a]transbordava por todas
as suas margens, e fizeram fugir todos os que
habitavam nos vales, para o leste e para o oeste.
16 **T**ambém vieram alguns dos filhos de Benja-
mim e de Judá apoiar Davi, na fortaleza.
17 Davi saiu-lhes ao encontro e lhes disse: Se
vindes a mim pacificamente e para me ajudar,
o meu coração se unirá convosco. Todavia se é
para me entregardes aos meus inimigos, sem
que haja violência nas minhas mãos, o Deus de
nossos pais o veja e o repreenda.
18 Então veio o [b]Espírito sobre [cc]Amasai, chefe
dos trinta, e disse:

Nós somos teus, ó Davi!
Contigo estamos,
ó filho de Jessé!
Paz, paz contigo!
E paz com quem te ajuda,
pois o teu Deus te ajuda.

E Davi os recebeu e os fez chefes de tropas.
19 **T**ambém de [dd]Manassés alguns passaram a
seguir Davi, quando veio com os filisteus para
a batalha contra Saul. Ele e seus homens não
ajudaram os filisteus, porque, depois de se acon-
selharem, os seus chefes os mandaram embora.
[ee]Disseram: Ele poderia passar para Saul, seu
senhor, com risco para as nossas vidas.

20 Voltando ele a Ziclague, foram com ele, de Manassés, Adna, Jozabade, Jediael, Micael, Jozabade, Eliú, Ziletai, chefes de milhares dos de Manassés.

21 Esses [f]ajudaram Davi contra aquela tropa, porque todos eles eram guerreiros valentes e chefes no exército.

22 Dia a dia chegavam soldados até Davi para o ajudar, até que se fez um grande exército, [g]como o exército de Deus.

Homens de Israel que proclamaram Davi como rei (comp. 2Sm 5.1-3)

23 **O**ra, estes são os números dos soldados armados para a guerra, que se juntaram [h]a Davi em [i]Hebrom, para [j]entregar a ele o reino de Saul, [k]conforme a palavra do Senhor.

24 Dos filhos de Judá, que traziam escudo e lança, seis mil e oitocentos, armados para a guerra;

25 dos filhos de Simeão, guerreiros valentes para a guerra, sete mil e cem;

26 dos filhos de Levi, quatro mil e seiscentos.

27 Joiada era o chefe dos da família de Arão, e com ele vieram três mil e setecentos.

28 [l]Zadoque, sendo ainda jovem, homem valente, trouxe da casa de seu pai vinte e dois príncipes;

29 dos filhos de Benjamim, irmãos de Saul, três mil, porque até então muitos deles ainda [m]eram fiéis à família de Saul;

30 dos filhos de Efraim, vinte mil e oitocentos guerreiros valentes, homens de nome em suas famílias;

31 da meia tribo de Manassés, dezoito mil, que foram escolhidos por nome para virem fazer rei a Davi;

32 dos filhos de Issacar, conhecedores na ciência dos [n]tempos, para saberem o que Israel devia fazer, duzentos de seus chefes, e todos os seus irmãos sob suas ordens;

33 de Zebulom, soldados experientes, preparados para a guerra com todo o tipo de armas de guerra, para ajudar Davi totalmente [o]encorajados, cinquenta mil;

34 de Naftali, mil chefes, e com eles trinta e sete mil com escudo e lança;

35 dos danitas, preparados para a guerra, vinte e oito mil e seiscentos;

36 de Aser, soldados experientes, preparados para a guerra, quarenta mil;

37 do leste do Jordão, dos rubenitas, dos gaditas e da meia tribo de Manassés, fazendo todo tipo de armas de guerra, cento e vinte mil.

38 **T**odos esses eram homens de combate, que sabiam lutar na batalha, e que [p]voluntariamente vieram a Hebrom para constituir Davi rei sobre todo o Israel. Também todo o resto de Israel era [q]unânime no propósito de constituir a Davi rei.

[f] 1Sm 30.1-20
[g] Js 5.13-15
[h] 2Sm 2.1-4
[i] 1Cr 11.1
[j] 1Cr 10.14
[k] 1Sm 16.1-4
[l] 2Sm 8.17; 1Cr 6.8,53
[m] Comp. 1Cr 9.23
[n] Et 1.13
[o] Sl 12.2; Tg 1.8
[p] Veja 1Rs 8.61 e Fp 3.12, notas
[q] 2Cr 30.12
[r] 1Cr 11.15; 12.34
[s] 1Cr 6.64
[t] 1Sm 6.21; 7.1,2
[u] Js 15.9
[v] Êx 25.22
[w] Comp. Nm 4.15; 1Cr 15.2,15
[x] Chamado Nacom em 2Sm 6.6
[y] Nm 4.15,19,20; comp. 1Cr 15.12-15
[z] 2Sm 6.11

39 Estiveram três dias ali com Davi, comendo e bebendo, porque seus irmãos lhes tinham preparado as coisas necessárias.

40 Também seus vizinhos de mais perto, até Issacar, Zebulom e Naftali, trouxeram pão sobre jumentos, sobre camelos, sobre mulos e sobre bois, provisões de farinha, pastas de figos e cachos de passas, e vinho, azeite, bois e gado miúdo em grande quantidade, pois havia alegria em Israel.

Fazendo o certo de maneira errada (2Sm 6.1-11)

13 **D**avi consultou os [r]capitães dos milhares, e das centenas, e todos os oficiais.

2 Então disse Davi a toda a congregação de Israel: Se estais de acordo, e se vem do Senhor, o nosso Deus, enviemos mensageiros a todos os nossos outros irmãos em todas as terras de Israel, e aos sacerdotes e aos levitas com eles nas [s]cidades e nos seus arredores, para que se reúnam conosco.

3 Voltemos a trazer para nós a arca do nosso Deus, pois não a buscamos nos dias de Saul.

4 Então disse toda a congregação que assim se fizesse, porque este negócio pareceu bom aos olhos de todo o povo.

5 **A**ssim ajuntou Davi a todo o Israel desde Sior no Egito até a entrada de Hamate, para trazer a arca de Deus de [t]Quiriate-Jearim.

6 Davi, com todo o Israel, subiu a [u]Baalá, isto é, a Quiriate-Jearim, que está em Judá, para buscar a arca de Deus, o Senhor que [v]habita entre os querubins, diante da qual é invocado o seu nome.

7 [w]Levaram a arca de Deus sobre um carro novo, tirando-a da casa de Abinadabe. Uzá e Aiô conduziam o carro.

8 Davi e todo o Israel alegravam-se perante Deus, com todas as suas forças, com cânticos, com harpas, com alaúdes, com tamborins, com címbalos e com trombetas.

Uzá é ferido por tocar na arca

9 **C**hegando à eira de [x]Quidom, estendeu Uzá a mão para segurar a arca, porque os bois tropeçaram.

10 Acendeu-se a ira do Senhor contra Uzá, e o feriu por ter estendido a mão à arca. Por isso, morreu ali diante de Deus.

11 Então Davi irou-se porque o Senhor havia ferido Uzá; [y]por isso, chamou aquele lugar [z]Perez-Uzá, até o dia de hoje.

12 Davi temeu a Deus naquele dia, e perguntou: Como levarei a arca de Deus?

13 Não trouxe a arca para si, para a Cidade de Davi. Antes, a fez levar à casa de Obede-Edom, o geteu.

14 Assim permaneceu a arca de Deus com a família de Obede-Edom, três meses, e o Senhor

[a]abençoou a família de Obede-Edom e tudo o que ele tinha.

A prosperidade do reinado de Davi (2Sm 5.11-25; 23.13-17; 1Cr 3.5-9; 11.15-19; 12.8-15)

14 **O**ra, [b]Hirão, rei de Tiro, mandou mensageiros a Davi, e madeira de cedro, e pedreiros e carpinteiros, para lhe construírem uma casa.

2 Entendeu Davi que o Senhor o tinha confirmado rei sobre Israel e que o seu reino se tinha [c]prosperado muito por amor do seu povo, Israel.

3 **D**avi tomou ainda mais mulheres, em Jerusalém, e gerou ainda mais filhos e filhas.

4 São estes os [d]nomes dos filhos que teve em Jerusalém: Samua, Sobabe, Natã, Salomão,

5 Ibar, Elisua, Elpelete,

6 Nogá, Nefegue, Jafia,

7 Elisama, [e]Beeliada e Elifelete.

8 [f]**O**uvindo os filisteus que Davi havia sido ungido rei sobre todo o Israel, subiram todos em busca dele; quando soube disso, Davi logo saiu contra eles.

9 Ora, os filisteus tinham vindo e invadido o vale de [g]Refaim;

10 de modo que Davi [h]consultou a Deus: Subirei contra os filisteus, e os entregarás nas minhas mãos? Respondeu-lhe o Senhor: Sobe, eu os entregarei nas tuas mãos.

11 Então subiram Davi e seus homens a Baal-Perazim, e ali os derrotou. Disse Davi: Por minhas mãos Deus destruiu as tropas dos meus inimigos, como uma brecha feita pelas águas. Pelo que chamaram aquele lugar Baal-Perazim.

12 Os filisteus haviam deixado ali os seus deuses, e Davi ordenou que fossem queimados.

13 Uma vez mais os filisteus [i]atacaram o vale.

14 Voltou Davi a consultar a Deus, que lhe disse: Não subirás atrás deles, mas os rodearás e os atacarás em frente das amoreiras.

15 Ouvindo tu um barulho de marcha pelas copas das amoreiras, então sairás ao combate, porque Deus terá saído à tua [j]frente para ferir o exército dos filisteus.

16 Fez Davi como Deus lhe ordenara, e feriram o exército dos filisteus desde [k]Gibeom até Gezer.

17 Assim se espalhou a fama de Davi por todas aquelas terras, e o Senhor pôs o [l]temor dele sobre todas aquelas nações.

Davi prepara-se para trazer a arca para Jerusalém (2Sm 6.12a)

15 **D**epois de Davi ter construído casas para si mesmo na Cidade de Davi, ele [m]preparou um lugar para a arca de Deus e armou-lhe uma tenda.

2 Então disse Davi: Ninguém pode levar a arca de Deus, [n]senão os levitas, porque o Senhor os [o]escolheu para levarem a arca de Deus e para o servirem eternamente.

3 [p]Ajuntou Davi a todo o Israel em Jerusalém, para fazer [q]entrar a arca do Senhor ao seu [r]lugar, que lhe tinha preparado.

4 Reuniu os filhos de Arão e os levitas:

5 dos filhos de Coate: Uriel, o chefe, e seus irmãos, cento e vinte;

6 dos filhos de Merari: Asaías, o chefe, e seus irmãos, duzentos e vinte;

7 dos filhos de Gérson: Joel, o chefe, e seus irmãos, cento e trinta;

8 dos filhos de Elisafã: Semaías, o chefe, e seus irmãos, duzentos;

9 dos filhos de Hebrom: Eliel, o chefe, e seus irmãos, oitenta;

10 dos filhos de Uziel: Aminadabe, o chefe, e seus irmãos, cento e doze.

11 Chamou Davi os sacerdotes [s]Zadoque e [t]Abiatar, e os levitas, Uriel, Asaías, Joel, Semaías, Eliel e Aminadabe

12 e lhes disse: Vós sois os chefes das famílias dos levitas; santificai-vos, vós e vossos irmãos, para que façais subir a arca do Senhor, Deus de Israel, ao lugar que lhe tenho preparado.

13 [u]Visto que não a levastes da primeira vez, o Senhor irou-se contra nós, porque não o buscamos da forma correta.

14 Assim, santificaram-se os sacerdotes e os levitas, para fazerem subir a arca do Senhor, o Deus de Israel.

15 E os levitas trouxeram a arca de Deus nos ombros, pelas varas que nela havia, como Moisés tinha ordenado, conforme a palavra do Senhor.

16 **D**isse Davi aos chefes dos levitas que encarregassem seus irmãos, [1]cantores, para que, com instrumentos de música, com alaúdes, harpas e címbalos, se fizessem ouvir e levantassem a voz com alegria.

17 Portanto, [v]escolheram os levitas Hemã, filho de Joel; dos seus irmãos, Asafe, filho de Berequias; e dos filhos de Merari, seus irmãos, Etã, filho de Cusaías;

18 e com eles seus irmãos da segunda ordem: Zacarias, Bene, Jaaziel, Semiramote, Jeiel, Uni, Eliabe, Benaia, Maaseias, Matitias, Elifeleu, Micneias, e os porteiros Obede-Edom e Jeiel.

19 Os cantores Hemã, Asafe e Etã se faziam ouvir com címbalos de bronze;

[a] 1Cr 26.4-8
[b] 1Rs 5.1
[c] Nm 24.7
[d] 1Cr 3.5-8
[e] 2Sm 5.16
[f] 2Sm 5.17-21
[g] Heb. Refaim: gigantes, Js 17.15; 18.16
[h] 1Sm 23.2,4; 30.8; 2Sm 2.1; 5.19,23; 21.1
[i] 2Sm 5.22-25
[j] Comp. Js 5.13-15
[k] Chamado Geba em 2Sm 5.25
[l] Dt 2.25; 11.25; 2Cr 20.29
[m] 1Cr 16.1
[n] Nm 4.15; comp. 2Sm 6.1-11
[o] Nm 4.2-15; Dt 10.8; 31.9
[p] Comp. 2Cr 5.3-14
[q] Comp. 1Cr 13
[r] 2Sm 6.12,17
[s] 2Sm 8.17; 15.24-29,35,36; 18.19,22,27; 19.11; 20.25; 1Cr 12.28
[t] 1Sm 22.20-23; 23.6; 30.7; 1Rs 2.22,26,27; Mc 2.6
[u] 1Cr 13.7-11
[v] 1Cr 25.1

[1] (15.16) A música é um fator vital no culto de adoração, tanto no AT como no NT. O novo cântico de louvor que Deus coloca na boca de seu povo (Sl 40.3) é do Espírito (Ef 5.18,19). A música também expressa confissão (p. ex., Sl 32; 51) e conforto na tristeza (p. ex., Sl 27). As Escrituras enfatizam que deve haver grande qualidade para a música no louvor público (15.22; comp. 15.16–16.43; 25.1-7).

20 Zacarias, [w]Aziel, Semiramote, Jeiel, Uni, Eliabe, Maaseias e Benaia, com alaúdes de [x]tonalidade alta,
21 e Matitias, Elifeleu, Micneias, Obede-Edom, Jeiel e Azazias, com harpas de tonalidade baixa, para conduzir o canto.
22 Quenanias, chefe dos levitas, ficava encarregado do canto; era essa a sua responsabilidade porque era excelente nisso.
23 Berequias e Elcana eram porteiros da arca.
24 Sebanias, Josafá, Netaneel, Amasai, Zacarias, Benaia e Eliezer, os sacerdotes, tocavam as trombetas diante da arca de Deus. [y]Obede-Edom e Jeías eram porteiros da arca.

A alegre procissão com a arca (2Sm 6.12b-16,20-23)

25 **A**ssim, Davi, as autoridades de Israel e os capitães de milhares foram, com [z]alegria, para fazer subir a arca da aliança do Senhor, da casa de Obede-Edom.
26 Havendo Deus ajudado os levitas que levavam a arca da aliança do Senhor, sacrificaram sete novilhos e sete carneiros.
27 Davi ia vestido de um manto de [a]linho fino, como também todos os levitas que levavam a arca, e os cantores, e Quenanias, chefe dos que levavam a arca e dos cantores. Davi levava também sobre si uma [b]estola sacerdotal de linho.
28 E todo o Israel acompanhou [c]com júbilo a arca da aliança do Senhor ao som de clarins, de trombetas e de címbalos, juntamente com alaúdes e harpas.
29 **E**ntrando a arca da aliança do Senhor na Cidade de Davi, [d]Mical, filha de Saul, observava por uma janela. E, vendo Davi dançar e tocar, desprezou-o no seu coração.

A arca é colocada na tenda em Jerusalém (2Sm 6.17-19)

16 Trouxeram a arca de Deus e a colocaram no meio da [e]tenda que Davi lhe tinha armado; e ofereceram holocaustos e sacrifícios pacíficos perante Deus.
2 Tendo Davi acabado de oferecer os holocaustos e os sacrifícios pacíficos, [f]abençoou o povo em nome do Senhor.
3 Então repartiu a todos em Israel, tanto homens como mulheres, a cada um, um pedaço de pão, um bom pedaço de carne e um bolo de passas.

Salmo de ação de graças

4 Escolheu alguns dos levitas para ministrarem perante a arca do Senhor, para [g]fazerem petições, para louvarem e exaltarem ao Senhor Deus de Israel:
5 Asafe era o chefe, Zacarias o segundo, e depois [h]Jeiel, Semiramote, Jeiel, Matitias, Eliabe, Banaia, Obede-Edom e Jeiel. Eles deviam tocar os alaúdes e as harpas, e Asafe devia fazer ressoar os címbalos.
6 Benaia e Jaaziel, os sacerdotes, deviam tocar trombetas continuamente perante a arca da aliança de Deus.
7 **N**esse mesmo dia, [i]Davi entregou a Asafe e seus irmãos, pela primeira vez, o seguinte salmo de [j]ações de graças ao Senhor:

8 Louvai ao Senhor, invocai o seu nome,
[k]fazei conhecidos entre os povos os seus feitos.
9 Cantai-lhe, salmodiai-lhe,
atentamente falai de todas
as suas maravilhas.
10 Gloriai-vos no seu santo nome;
alegre-se o coração dos que
buscam ao Senhor.
11 Buscai o Senhor e o seu poder;
buscai a sua face continuamente.
12 Lembrai-vos das maravilhas que fez,
dos seus milagres e dos juízos da sua boca.
13 Vós, descendentes de Israel, seus servos,
vós, filhos de Jacó, seus [l]eleitos.
14 Ele é o Senhor, o nosso Deus;
em toda a terra estão os seus [m]juízos.
15 Lembrai-vos para sempre
da sua aliança e da palavra
que ordenou para mil gerações,
16 da aliança que fez com [n]Abraão,
e do seu juramento a [o]Isaque,
17 o qual também a [p]Jacó [q]confirmou
por decreto,
e a Israel por aliança eterna,
18 dizendo: A ti darei a terra de Canaã,
porção da vossa herança.
19 Sendo vós em [r]pequeno número,
poucos homens e estrangeiros nela,
20 andando de nação em nação,
e de um reino para outro povo,
21 a ninguém permitiu que os oprimisse,
e por amor deles [s]repreendeu
reis, dizendo:
22 Não toqueis os meus ungidos,
e aos meus [t]profetas não façais mal.
23 [u]Cantai ao Senhor em toda a terra;
anunciai dia após dia a sua salvação.
24 Proclamai entre as nações a sua glória,
entre todos os povos as suas maravilhas.
25 Pois grande é o Senhor e muitíssimo
digno de louvor, e mais [v]temível
do que todos os deuses.
26 Pois todos os [ww]deuses das nações são ídolos,
porém o Senhor fez os céus.
27 Majestade e esplendor há diante dele,
força e alegria no lugar da sua habitação.

[w] Chamado Jaaziel, v. 18
[x] Sl 46, tít.
[y] v. 25; 1Cr 13.13,14
[z] 1Rs 8.1
[a] 1Sm 2.18,28
[b] Veja Êx 25.9, nota
[c] Nm 23.21; Js 6.5,20; Zc 4.7; 1Ts 4.16
[d] 1Sm 18.20,27; 19.11-17; 2Sm 3.13,14; 6.20-23
[e] 1Cr 15.1
[f] 1Rs 8.14
[g] Veja Sl 38 e 70, tít.
[h] Chamado Jaaziel em 1Cr 15.18
[i] 2Sm 23.1
[j] v. 8-22; Sl 105.1-15
[k] 1Cr 17.19,20
[l] Eleição (coletiva): v. 13-22; Sl 33.12 (Dt 7.6; 1Pe 5.13)
[m] Is 26.9
[n] Veja Gn 15.18, nota
[o] Gn 26.1-5
[p] Gn 28.10-15
[q] Gn 35.11,12
[r] Gn 34.30
[s] Gn 20.3
[t] Gn 20.7
[u] v. 23-33; comp. Sl 96
[v] Veja Sl 19.9, nota
[ww] 1Co 8.5,6

28 Tributai ao Senhor,
ó famílias das nações,
dai ao Senhor glória e força.
29 Tributai ao Senhor a glória de seu nome.
Trazei ofertas e vinde perante ele;
adorai ao Senhor na beleza
da sua santidade.
30 Trema perante ele toda a terra!
O mundo se acha firmemente estabelecido;
não pode ser abalado.
31 Alegrem-se os céus, e regozije-se a terra;
diga-se entre as nações:
O Senhor reina.
32 Ruja o mar e a sua plenitude;
exulte o campo com tudo o que nele há.
33 Então cantarão as [x]árvores dos bosques,
cantarão de júbilo perante o Senhor,
pois ele [y]vem a julgar a terra.
34 [z]Rendei graças ao Senhor,
pois ele é bom;
o seu amor dura para sempre.
35 Clamai: Salva-nos, ó Deus da nossa salvação;
ajunta-nos e livra-nos das nações,
para que louvemos o teu santo nome
e nos gloriemos no teu louvor.
36 Louvado seja o Senhor Deus de Israel,
de eternidade a eternidade.
E todo o povo disse: Amém!
E louvou ao Senhor.

Adoração diante da arca

37 **D**avi deixou [a]Asafe e seus irmãos diante da [1]arca da aliança do Senhor para ministrarem ali continuamente, conforme se ordenara para [b]cada dia.

38 Também deixou [c]Obede-Edom e seus sessenta e oito irmãos para ministrarem com ele. Obede-Edom, filho de Jedutum, e também Hosa eram porteiros.

39 Davi deixou [d]Zadoque, o sacerdote, e os sacerdotes, seus irmãos, diante do tabernáculo do Senhor, santuário que estava em [e]Gibeom,

40 para oferecerem ao Senhor os holocaustos sobre o altar dos holocaustos continuamente pela manhã e à tarde, conforme tudo o que está escrito na Lei que o Senhor tinha [f]dado a Israel.

41 Com eles estavam Hemã e Jedutum, e os demais escolhidos, que foram [g]escolhidos pelo nome, para louvarem ao Senhor, pois o seu amor dura para sempre.

[x] Is 55.12,13
[y] Jl 3.1-14; Zc 14.1-14; Mt 25.31-46
[z] v. 34-36; Sl 106.1,47,48
[a] 1Cr 6.39; 15.17; 25.1-9; 2Cr 5.12; Ed 2.41. Asafe foi autor dos salmos 50 e 73–83
[b] Ed 3.4
[c] 1Cr 13.14
[d] 2Sm 8.17; 15.24-36; 1Rs 2.35; 1Cr 29.22; Ed 7.2; Ez 40.46
[e] 1Rs 3.4
[f] Êx 29.38-42
[g] 1Cr 25.1-6
[h] 2Sm 6.18,19
[i] 1Cr 14.1
[j] 1Cr 28.2,3
[k] 1Sm 16.11-13
[l] Dt 30.1-9; Is 1.11-13; Jr 16.14-16; 23.5-8; 24.6; Ez 37.21-27; Am 9.14
[m] Refere-se a quando Deus colocou juízes sobre seu povo, Israel

42 Com eles estavam Hemã e Jedutum, que eram responsáveis por fazer ressoar as trombetas e os címbalos e os outros instrumentos de música sagrada. Os filhos de Jedutum estavam à porta.

43 **E**ntão se retirou [h]todo o povo, cada um para a sua casa, e Davi voltou para abençoar a sua família.

Davi deseja construir uma casa para o Senhor (2Sm 7.1-3)

17 **D**epois que Davi se instalou em seu palácio, disse ao profeta Natã: Eu moro num palácio de [i]cedros, mas a arca da aliança do Senhor está debaixo de uma tenda.

2 [2]Respondeu Natã a Davi: Tudo o que tens no teu coração faze, pois Deus é contigo.

O plano do Senhor para dar a Davi uma linhagem real (2Sm 7.4-17); a Aliança Davídica

3 **N**essa mesma noite, veio a palavra do Senhor a Natã, dizendo:

4 Vai e dize a Davi, meu servo: Assim diz o Senhor: Tu [j]não construirás casa para eu morar,

5 porque em casa nenhuma morei, desde o dia em que fiz subir a Israel, até o dia de hoje, mas fui de tenda em tenda, e de tabernáculo em tabernáculo.

6 Por todas as partes por onde tenho andado com todo o Israel, porventura disse a algum dos juízes de Israel, a quem ordenei que apascentasse o meu povo: Por que não me construís um templo de cedros?

7 Agora, pois, assim dirás a meu servo Davi: Assim diz o Senhor dos Exércitos: Eu te [k]tirei do curral, de detrás das ovelhas, para que fosses chefe do meu povo Israel.

8 Estive contigo por onde quer que andaste e, de diante de ti, exterminei todos os teus inimigos. Agora te darei um nome como o nome dos grandes que estão na terra.

9 Prepararei um lugar para o meu povo Israel e o [l]plantarei, para que habite no seu lugar e nunca mais seja retirado de uma parte para outra. Nunca mais os oprimirão os filhos da perversidade, [m]como antes,

10 e como desde os dias em que ordenei juízes sobre o meu povo Israel. Eu também subjugarei a todos os teus inimigos. Também te declaro que o Senhor te estabelecerá uma dinastia.

---

[1] (16.37) O antigo tabernáculo estava agora dividido; a arca foi levada para Sião (veja 1Cr 11.5, *nota*), enquanto pelo menos o altar de bronze e, provavelmente, o mobiliário do Lugar Santo (Êx 25.23-40; 37.10-28; 40.22-27) foram colocados no lugar alto de Gibeom. Asafe e os cantores (1Cr 6.31-47; 15.16-19; 16.5; 25.6) foram deixados diante da arca, enquanto os sacerdotes ministravam em Gibeom diante do tabernáculo (16.39). Isso resultou em confusão (comp. Hb 9.1-7). Com a construção do templo, parece que a divina ordem foi restaurada.

[2] (17.2) Comp. v. 3,4. É loucura confiar no julgamento humano em relação às coisas que pertencem a Deus.

11 [1]Quando se [n]completarem os teus dias, para te juntares a teus pais, levantarei a tua [o]semente depois de ti, um dos teus filhos, e confirmarei o seu reino.

12 [p]Este me construirá um templo, e eu estabelecerei o seu trono para sempre.

13 Eu lhe serei por pai, e ele me será por [q]filho. O meu amor jamais retirarei dele, [r]como o retirei daquele que foi antes de ti.

14 O estabelecerei, porém, na minha casa e no meu reino para sempre; o seu trono será firme [s]para sempre.

15 Conforme todas estas palavras e conforme toda esta visão, assim falou Natã a Davi.

Davi presta culto e ora para que sua casa seja sempre abençoada (2Sm 7.18-29)

16 **E**ntão entrou o rei Davi no tabernáculo, sentou-se perante o Senhor e disse: Quem sou eu, Senhor Deus, e que é a minha família, para que me trouxeste até aqui?

17 E ainda isso, ó Deus, foi pouco aos teus olhos, pelo que falaste da família de teu servo para tempos futuros e proveste-me, segundo o costume dos homens, com esta exaltação, ó Senhor Deus.

18 Que mais te dirá Davi acerca da honra feita a teu servo? Tu, porém, bem conheces teu servo.

19 Ó Senhor, por amor de teu servo e segundo a tua vontade, fizeste todas estas grandezas, para fazer conhecidas todas estas grandes coisas.

20 Senhor, ninguém há como tu, e não há Deus fora de ti, conforme tudo o que ouvimos com os nossos ouvidos.

21 [t]Quem há como o teu povo Israel, gente única na terra, a quem Deus [u]resgatou para seu povo, exaltando-te o nome com coisas grandes e tremendas, expulsando as nações de diante do teu povo, que libertaste do Egito?

22 Escolheste o teu povo Israel para ser teu povo para sempre, e tu, Senhor, lhe foste por Deus.

23 Agora, ó Senhor, a palavra que falaste acerca de teu servo e acerca de sua descendência seja estabelecida para sempre. Faze como falaste,

24 para que se confirme e para que o teu nome se engrandeça para sempre. Então se diga: O Senhor dos Exércitos é o Deus de Israel, é Deus para Israel! E seja estabelecida diante de ti a descendência de Davi, teu servo.

25 Meu Deus, tu revelaste a teu servo que lhe faria uma dinastia. Por isso, teu servo achou confiança para orar em tua presença.

26 Ó Senhor, tu és Deus e falaste esse bem acerca de teu servo.

27 Agora, que seja tua vontade abençoares a família de teu servo, para que esteja perpetuamente diante de ti; pois tu, ó Senhor, a abençoaste, e ficará abençoada para sempre.

Estabelecimento pleno do reinado de Davi (2Sm 8.1-18)

18 [v]Depois disto, Davi derrotou os filisteus e os subjugou, e reconquistou Gate e suas aldeias das mãos dos filisteus.

2 Também derrotou os [w]moabitas, e eles ficaram [x]sujeitos a Davi, e lhe [y]pagavam imposto.

3 **T**ambém [z]Davi derrotou a Hadadezer, rei de Zobá, até a Hamate, quando foi estabelecer os seus domínios pelo Eufrates.

4 Davi capturou mil carros, [a]sete mil cavaleiros e vinte mil homens de pé; aleijou todos os cavalos dos carros, reservando apenas cem deles.

5 Quando os [b]siros de Damasco vieram ajudar a Hadadezer, rei de Zobá, Davi matou vinte e dois mil homens.

6 Davi pôs guarnições na Síria de Damasco, e os siros ficaram sujeitos a Davi, pagando-lhe impostos. O Senhor dava vitória a Davi, por onde quer que ia.

7 Davi tomou os escudos de ouro que os servos de Hadadezer usavam e os trouxe a Jerusalém.

8 Também de [c]Tibate, e de [d]Cum, cidades de Hadadezer, trouxe Davi muitíssimo bronze, de que Salomão fez o mar de bronze, as colunas e os utensílios de [e]bronze.

9 Ouvindo [f]Toú, rei de Hamate, que Davi derrotara todo o exército de Hadadezer, rei de Zobá,

10 mandou seu filho Hadorão a Davi, para o saudar e para o parabenizar por haver guerreado contra Hadadezer e por tê-lo destruído (pois Hadadezer fazia guerra a Toú). Enviou-lhe também todo tipo de [g]utensílios de ouro, de prata e de bronze.

11 O rei Davi consagrou esses utensílios ao Senhor, com a prata e o ouro que trouxera de todas as nações: dos edomeus, dos moabitas, dos [h]amonitas, dos [i]filisteus e dos [j]amalequitas.

12 **T**ambém [k]Abisai, filho de Zeruia, matou dezoito mil edomeus no vale do Sal.

13 Pôs guarnição em [l]Edom, e todos os edomeus ficaram sujeitos a Davi. O Senhor dava vitória a Davi, por onde quer que ia.

14 **R**einou Davi sobre todo o Israel, fazendo juízo e justiça a todo o seu povo.

15 Joabe, filho de Zeruia, era comandante do exército; Jeosafá, filho de Ailude, era cronista;

16 Zadoque, filho de Aitube, e Abimeleque, filho de Abiatar, eram sacerdotes; Sausa era escrivão;

[n] 1Rs 2.10; 1Cr 29.28
[o] Salomão, 1Rs 5.5; 6.12; 8.19-21; 1Cr 22.9-13; 28.20
[p] Sl 89.20-37
[q] Hb 1.5-9
[r] 1Sm 15.23-28
[s] Sl 89.3,4; Lc 1.31-33
[t] Dt 4.6-8,33-38; Sl 147.20
[u] Veja Êx 14.30, nota
[v] v. 1-17
[w] 2Sm 8.2; comp. Nm 24.17; Sf 2.9
[x] Sl 60.8
[y] Comp. 1Sm 10.27
[z] 2Sm 8.3
[a] Comp. 2Sm 8.4; veja 1Cr 11.11, nota
[b] 2Sm 8.5,6; comp. 1Rs 11.23-25
[c] Chamado Betá em 2Sm 8.8
[d] Chamado Berotai em 2Sm 8.8
[e] 1Rs 7.13-51
[f] 2Sm 8.9
[g] 2Sm 8.10-12
[h] 2Sm 10.14
[i] 2Sm 5.17-25
[j] 2Sm 1.1
[k] 2Sm 23.18; 1Cr 2.16
[l] Gn 27.29-40; Nm 24.18; 2Sm 8.14

[1] (17.11) Aqui se pode observar as perspectivas longínqua e imediata da profecia. A promessa dos v. 11-14 foi cumprida primeiro em Salomão (1Rs 8.19,20) e será cumprida em Cristo (Lc 1.31-33; At 15.14-16).

17 Benaia, filho de Joiada, liderava os quereteus e peleteus; e os filhos de Davi eram os principais oficiais do rei.

(Na ordem cronológica, 2Sm 9 precede o cap. 19)

Campanhas siro-amonitas sob o comando de Joabe e Davi (2Sm 10)

19 Depois disto, morreu [m]Naás, rei dos filhos de Amom, e seu filho reinou em seu lugar.

2 Então disse Davi: Serei bondoso com Hanum, filho de Naás, porque seu pai foi bondoso comigo. Então Davi enviou mensageiros para o consolarem acerca de seu pai. Quando os servos de Davi chegaram à terra dos filhos de Amom, a Hanum, para o consolarem,

3 disseram os líderes dos filhos de Amom a Hanum: Pensas que Davi está honrando a teu pai ao enviar-te consoladores? Não vieram os servos dele a ti para observar, para confundir e para espiar a [n]terra?

4 Por isso Hanum prendeu os servos de Davi, [o]rapou-lhes a barba, cortou-lhes as roupas pelo meio até o alto das [p]coxas, e os mandou embora.

5 Quando alguns foram e avisaram Davi acerca destes homens, ele mandou mensageiros ao encontro deles, porque aqueles homens estavam sobremaneira envergonhados. Disse o rei: Deixai-vos ficar em Jericó, até que vos torne a crescer a barba e, então, voltai.

6 Vendo os filhos de Amom que se tinham feito odiosos para com Davi, Hanum e os filhos de Amom enviaram mil [q]talentos de prata, para alugarem para si carros e cavaleiros da [r]Mesopotâmia, de Arã-Maaca e de Zobá.

7 Alugaram para si trinta e dois mil carros, e o rei de Maaca com sua tropa, que vieram e se acamparam em Medeba, enquanto os filhos de Amom se ajuntaram das suas cidades e vieram para a guerra.

8 Sabendo disso, Davi enviou Joabe e todo o exército dos guerreiros valentes.

9 Os filhos de Amom saíram e se posicionaram para a batalha à porta da cidade, mas os reis que tinham vindo estavam separados no campo.

10 Joabe viu que a batalha estava ordenada contra ele pela frente e pela retaguarda; assim escolheu os melhores dos guerreiros de Israel e os posicionou em ordem de batalha contra os siros.

11 O restante do povo entregou a Abisai, seu irmão, e posicionaram-se em ordem de batalha contra os filhos de Amom.

12 Disse Joabe: Se os siros forem mais fortes do que eu, tu virás socorrer-me; mas se os filhos de Amom forem mais fortes do que tu, então eu te socorrerei.

13 Sê forte. Lutemos pelo nosso povo e pelas cidades do nosso Deus. Faça o Senhor o que parecer bem aos seus olhos.

14 Então se chegou Joabe, e a tropa que tinha com ele, diante dos siros, para a batalha, e esses fugiram de diante dele.

15 Vendo os filhos de Amom que os siros fugiram, também eles fugiram de diante de Abisai, irmão de Joabe, e entraram na cidade. Assim Joabe voltou para Jerusalém.

16 Vendo os siros que haviam sido derrotados diante de Israel, enviaram mensageiros e fizeram sair os siros que habitavam do outro lado do rio; Sofaque, capitão do exército de Hadadezer, marchava diante deles.

17 Avisado disso, Davi ajuntou a todo o Israel, atravessou o Jordão e, indo até eles, ordenou contra eles a batalha. Davi ordenou contra os siros a batalha, e estes lutaram contra ele.

18 Os siros, porém, fugiram de diante de Israel, e Davi matou os homens de [s]sete mil carros e quarenta mil homens da infantaria. Também matou Sofaque, capitão do exército.

19 Vendo os servos de Hadadezer que tinham sido derrotados diante de Israel, fizeram paz com Davi e o serviram. Assim, os siros nunca mais quiseram socorrer os filhos de Amom.

Joabe e Davi conquistam Rabá de Amom (2Sm 12.26-31; comp. 11.1–12.25)

20 Na primavera, no tempo em que os reis costumam sair para a guerra, Joabe levou o exército e destruiu a terra dos filhos de Amom, e foi, e cercou Rabá, mas [t]Davi ficou em Jerusalém. Joabe atacou Rabá e a destruiu.

2 Davi tirou a coroa da cabeça do rei deles, achou nela o peso de um [u]talento de ouro e havia nela pedras preciosas; e foi colocada sobre a cabeça de Davi. Ele levou da cidade grande quantidade de despojo,

3 e fez sair o povo que estava nela, e o fez trabalhar com serras, com picaretas de ferro e com machados. Assim fez Davi com todas as cidades dos filhos de Amom. Então Davi voltou, com todo o seu exército, para Jerusalém.

Guerra contra os filisteus (2Sm 21.15-22)

4 Depois disso, houve guerra em [v]Gezer com os filisteus. Nesse tempo Sibecai, o husatita, matou Sipai, que era descendente dos refains, e os filisteus foram subjugados.

5 Voltou a haver guerra com os filisteus; Elanã, filho de Jair, matou a Lami, irmão de Golias, o geteu, que tinha uma lança cuja haste parecia uma [w]lançadeira de tecelão.

6 Voltou a haver guerra em [x]Gate, onde havia um homem de grande estatura, que tinha vinte

[m] 1Sm 11.1
[n] Comp. Gn 42.9-16
[o] Comp. Is 15.2
[p] Is 20.4
[q] Veja sist. monetário (AT): Êx 30.13, nota
[r] Jz 3.8,10
[s] Comp. 2Sm 10.18; veja 1Cr 11.11, nota
[t] Aqui, leia 2Sm 11.2–12.25 com Sl 51
[u] Veja pesos e medidas (AT): 2Cr 2.10, nota
[v] Chamado Gobe em 2Sm 21.18
[w] 1Sm 17.7
[x] 1Sm 5.8

e quatro dedos, seis em cada mão e seis em cada pé. Também esse era descendente dos refains.

7 Quando ele insultou Israel, Jônatas, filho de [y]Simeia, irmão de Davi, o matou.

8 Esses foram descendentes de Rafa, em Gate, e morreram pela mão de Davi e pelas mãos dos seus servos.

(Problemas familiares de Davi, a rebelião de Absalão etc., em 2Sm 13–21, que ocorreram antes do cap. 21)

Praga de três dias como resultado do pecado de Davi em numerar o povo (2Sm 24.1-17)

21 Então [z]Satanás se levantou [a]contra Israel [b]e [c]levou Davi a numerar Israel.

2 Disse Davi a Joabe e aos comandantes do povo: Ide, contai a Israel desde Berseba até Dã. Então [d]trazei-me o relatório, para que eu saiba quantos são.

3 Joabe, porém, respondeu: O Senhor acrescente ao seu povo cem vezes tanto como ele é. Ó rei, meu senhor, não são todos servos de meu senhor? Por que deseja isso o meu senhor? Por que traria ele culpa sobre Israel?

4 A palavra do rei, porém, prevaleceu contra Joabe; de modo que [e]saiu Joabe, passou por todo o Israel, e então voltou para Jerusalém.

5 Deu Joabe a Davi a soma do número dos homens de guerra: Em todo o Israel havia um [f]milhão e cem mil homens que manejavam espada; e em Judá, [g]quatrocentos e setenta mil em Judá.

6 Joabe, porém, não contou entre eles os de Levi e Benjamim, porque a palavra do rei lhe foi absurda.

7 **E**sta ordem também desagradou a Deus, por isso ele puniu Israel.

8 Então disse Davi a Deus: Gravemente pequei em fazer tal coisa. Agora, peço-te, perdoa o [h]pecado de teu servo. Fiz uma grande loucura.

9 Disse o Senhor a Gade, o [i]vidente de Davi:

10 Vai e [j]dize a Davi: Assim diz o Senhor: Três coisas te proponho. Escolhe uma delas, para que eu a faça contra ti.

11 Gade veio a Davi e lhe disse: Assim diz o Senhor: Faze a tua escolha:

12 ou três anos de fome, ou que por [k]três meses estejas fugindo diante de teus adversários, e a espada de teus inimigos em teu encalço, ou que por três dias a espada do Senhor, isto é, a peste na terra, e o [l]anjo do Senhor façam destruição em todas as regiões de Israel. Vê agora que resposta hei de levar a quem me enviou.

[y] Chamado Samá em 1Sm 16.9
[z] Satanás: v. 1; Jó 1.6 (Gn 3.1; Ap 20.10)
[a] Comp. Zc 3.1
[b] Comp. Mt 4.1-11
[c] Provar-Tentar: v. 1; 2Cr 32.31 (Gn 3.1; Tg 1.14)
[d] Comp. 1Cr 27.23,24
[e] Aqui, leia 2Sm 24.4-9
[f] Comp. 2Sm 24.9; veja 1Cr 11.11, nota
[g] Comp. 2Sm 24.9; veja 1Cr 11.11, nota
[h] 2Sm 12.13
[i] 1Sm 9.9; 2Rs 17.13; 1Cr 29.29; 2Cr16.7,10; Is30.9,10; Am 7.12,13
[j] 2Sm 24.12-14
[k] Comp. 2Sm 24.13; veja 1Cr 11.11, nota
[l] Anjo do Senhor: v. 12-20,27-30; Sl 34.7 (Gn 16.7; Jz 2.1, nota)
[m] 1Cr 27.24
[n] 2Sm 24.16
[o] v. 12
[p] 2Cr 3.1
[q] Nesta referência, chamado Ornã na ACF e na ARC
[r] Js 5.13
[s] 2Sm 7.8
[t] Comp. 2Sm 24.24; veja 1Cr 11.11, nota
[u] Veja sist. monetário (AT): Êx 30.13, nota
[v] Lv 9.24; Jz 6.21; 1Rs 18.36-38

13 Disse Davi a Gade: Estou em grande angústia. Caia eu nas mãos do Senhor, porque são muitíssimas as suas misericórdias; mas que eu não caia nas mãos dos homens.

14 **M**andou o Senhor a [m]peste a Israel, e morreram em Israel setenta mil homens.

15 [n]E Deus mandou um [o]anjo para destruir Jerusalém. Ao destruí-la, porém, o Senhor olhou, e se arrependeu do mal, e disse ao anjo destruidor: Basta, agora retira a tua mão. O anjo do Senhor estava perto da [p]eira de [q]Araúna, o jebuseu.

16 Levantando Davi os seus olhos, viu o anjo do Senhor, que estava entre a terra e o céu, com a [r]espada desembainhada na mão estendida contra Jerusalém. Então Davi e autoridades de Israel, cobertos de pano de saco, prostraram-se com o rosto em terra.

17 Disse Davi a Deus: Não fui eu que ordenei que se contasse o povo? Fui eu que pequei e fiz muito mal. Mas estas [s]ovelhas que fizeram? Ah! Senhor, meu Deus, seja a tua mão contra mim e contra a minha família, não contra teu povo.

A praga cessa depois da oferta de Davi (2Sm 24.18-25)

18 **E**ntão o anjo do Senhor ordenou a Gade que dissesse a Davi que subisse para levantar um altar ao Senhor na eira de Araúna, o jebuseu.

19 Subiu Davi, conforme a palavra de Gade, que falara em nome do Senhor.

20 Enquanto Araúna estava debulhando o trigo, voltou-se e viu o anjo; os seus quatro filhos que estavam com ele se esconderam.

21 Então Davi se aproximou e, quando Araúna olhou e o viu, saiu da eira e se prostrou perante Davi com o rosto em terra.

22 Disse Davi a Araúna: Dá-me o lugar da eira pelo seu valor, para eu construir nele um altar ao Senhor, para que pare esta praga de sobre o povo.

23 Disse Araúna a Davi: Toma-o para ti, e faça o rei, meu Senhor, dela o que desejar. Olha, dou os bois para holocaustos, os trilhos para lenha e o trigo para oferta de cereais. Tudo dou.

24 O rei Davi, porém, respondeu a Araúna: Não, antes pelo seu valor a quero comprar. Não darei ao Senhor o que é teu, nem oferecerei holocausto que não me custe nada.

25 Davi deu a Araúna por aquele lugar o peso de [1][t]seiscentos [u]siclos de ouro.

26 Davi construiu ali um altar ao Senhor e ofereceu nele holocaustos e ofertas pacíficas. Invocou o Senhor, o qual lhe respondeu com [v]fogo do céu sobre o altar do holocausto.

---

[1] (21.25) Tem sido imaginada uma discrepância entre as duas narrativas, a de 2Sm 24.24 e esta aqui. Aquela passagem registra o preço da eira (heb. *goren*); este versículo., o preço do lugar (heb. *maqom*) ou área onde posteriormente foi construído o templo, com seus espaçosos átrios (2Cr 3.1). Davi deu cinquenta siclos de prata pelo *goren* e seiscentos siclos de ouro pelo *maqom*.

27 O Senhor deu ordem ao anjo, que colocasse a sua espada na bainha.

28 **V**endo Davi, nesse momento, que o Senhor lhe respondera na eira de Araúna, o jebuseu, sacrificou ali.

29 [w]O tabernáculo do Senhor, que Moisés fizera no deserto, e o altar do holocausto, estavam naquele tempo no altar de [x]Gibeom.

30 Davi, contudo, não podia ir até lá para consultar ao Senhor, porque estava aterrorizado por causa da espada do anjo do Senhor.

Davi prepara material para o templo

22 Então disse Davi: [y]Esta é a casa do Senhor Deus, e este é o altar do holocausto para Israel.

2 Davi deu ordem para que se ajuntassem os [z]estrangeiros que estavam na terra de Israel e encarregou pedreiros que [a]lavrassem pedras de cantaria para construir o templo de Deus.

3 Providenciou Davi ferro em abundância, para os pregos das portas das entradas e para as dobradiças, como também mais bronze do que podia ser pesado.

4 Madeira de cedro [b]sem conta, porque os [c]sidônios e tírios traziam a Davi cedro em grande quantidade.

5 [d]Dizia Davi: Salomão, meu filho, ainda é moço e inexperiente, e o templo que se há de construir para o Senhor deve ser magnífico em excelência, de renome e glória em todas as terras. Portanto, eu lhe farei os preparativos. Assim, Davi fez grandes preparativos antes da sua morte.

Ordens de Davi a Salomão e aos líderes

6 **E**ntão chamou Salomão, seu filho, e lhe ordenou que construísse um templo ao Senhor, o Deus de Israel.

7 Disse Davi a Salomão: Filho meu, quanto a mim, tive [e]em meu coração o propósito de construir um templo ao nome do Senhor, o meu Deus.

8 Veio, porém, a mim esta [f]palavra do Senhor: Tu derramaste muito sangue, e fizeste grandes guerras. Não construirás templo ao meu nome, porque muito sangue derramaste na terra, perante a minha face.

9 Terás, porém, um filho, que será homem de paz e repouso, e lhe darei [g]repouso de todos os seus inimigos ao redor. [1][h]Salomão será o seu nome, e eu darei paz e descanso a Israel nos seus dias.

10 [i]Este construirá templo ao meu nome. Ele me será por filho, e eu lhe serei por pai. E estabelecerei o trono de seu reino sobre Israel, para sempre.

11 Agora meu filho, o Senhor seja contigo; prospera e constrói o templo do Senhor, o teu Deus, como ele disse a teu respeito.

12 O Senhor te dê prudência e [j]entendimento, quando te colocar sobre Israel, a fim de que guardes a Lei do Senhor, o teu Deus.

13 Então prosperarás, se tiveres cuidado de guardar os estatutos e os juízos que o Senhor mandou a Moisés acerca de Israel. Sê forte e corajoso. Não temas nem te desanimes.

14 Com muito esforço preparei para o templo do Senhor cem mil talentos de ouro, e um [k]milhão de talentos de prata, e bronze e ferro em quantidades grandes demais para serem pesados, e madeira e pedras. E podes conseguir o que faltar.

15 Tens muitos trabalhadores: cortadores de pedras, canteiros, carpinteiros, e todo tipo de especialistas em toda obra

16 de ouro, de prata, de bronze e de ferro que não se pode contar. Levanta-te, pois, e faze a obra, e o Senhor seja contigo.

17 **D**avi deu ordem a todos os [l]líderes de Israel que ajudassem Salomão, seu filho.

18 Disse-lhes: Não está convosco o Senhor, o vosso Deus, e não vos deu [m]repouso ao redor? Pois entregou em minhas mãos os moradores da terra, e a terra foi subjugada diante do Senhor e diante do seu povo.

19 Consagre agora o vosso coração e a vossa alma para buscardes ao Senhor, o vosso Deus. Levantai-vos e começai a construir o santuário do Senhor Deus, para [n]que a arca da aliança do Senhor e os utensílios sagrados de Deus sejam trazidos para o templo que será construído ao nome do Senhor.

Davi faz rei a Salomão e reúne todo o Israel (comp. 1Cr 28.1)

23 Sendo Davi já velho e cheio de dias, [o]fez a Salomão, seu filho, rei sobre Israel.

Os vinte e quatro grupos dos levitas; os gersonitas (v. 7); os coatitas (v. 12); os meraritas (v. 21). (Comp. Nm 3.25-37)

2 **A**juntou todos os líderes de Israel, como também os sacerdotes e os levitas.

3 Foram contados os levitas de [p]trinta anos para cima, e foi o [q]número de homens trinta e oito mil.

4 Disse Davi: Destes, vinte e quatro mil [r]promoverão a obra do templo do Senhor e seis mil serão oficiais e [s]juízes.

5 Quatro mil serão porteiros, e quatro mil deverão [t]louvar ao Senhor com os instrumentos musicais que eu [u]fiz para o louvar.

[w] 1Rs 3.4; 2Cr 1.3; veja 1Cr 16.37, nota
[x] 1Cr 16.39
[y] Dt 12.5-7; 2Sm 24.18-25; 1Cr 21.18-28; 2Cr 3.1
[z] 1Rs 9.20,21; 2Cr 2.17,18
[a] 1Rs 5.17,18
[b] 1Rs 7.47
[c] 1Rs 5.6
[d] 1Cr 29.1,2
[e] 2Sm 7.1,2
[f] 1Cr 28.3; 2Sm 7.5-13
[g] 1Rs 4.25
[h] 2Sm 12.24
[i] 1Cr 17.12,13
[j] 1Rs 3.9-12; 2Cr 1.10
[k] Veja sist. monetário (AT): Êx 30.13, nota
[l] 1Cr 28.1-6
[m] 1Rs 5.4; 8.56
[n] 1Rs 8.1-11; 2Cr 5.2-14
[o] 1Rs 1.33-40; 1Cr 28.4,5
[p] Nm 4.1-3
[q] Comp. Nm 4.48
[r] 2Cr 2.2,18; comp. Ed 3.8,9
[s] Dt 16.18-20
[t] 1Cr 15.16
[u] 2Cr 29.25-27

[1] (22.9) *Pacífico.*

6 Davi os repartiu por [v]turmas, correspondentes aos filhos de Levi: Gérson, Coate e Merari.

7 **D**os gersonitas: [w]Ladã e Simei.

8 Os filhos de Ladã: Jeiel, o chefe, Zetão e Joel, três.

9 Os filhos de Simei: Selomote, Haziel e Harã, três. Esses foram os chefes das famílias de Ladã.

10 Os filhos de Simei: Jaate, Ziza, Jeús e Berias. Estes foram os filhos de Simei, quatro.

11 Jaate era o primeiro, Ziza, o segundo, mas Jeús e Berias não tiveram muitos filhos, de modo que foram contados como uma só família.

12 Os filhos de Coate: Anrão, Izar, Hebrom e Uziel, quatro.

13 Os filhos de [x]Anrão: Arão e Moisés. [y]Arão foi separado para consagrar as coisas santíssimas, ele e seus filhos, eternamente, para oferecerem sacrifícios diante do Senhor, para o servirem e pronunciarem a bênção em seu nome para sempre.

14 Quanto a Moisés, homem de Deus, seus filhos foram contados entre a tribo de Levi.

15 Foram os filhos de Moisés: Gérson e Eliezer.

16 De Gérson: [z]Sebuel, o primeiro.

17 Os filhos de Eliezer: Reabias, o primeiro. Não teve outros filhos, porém os filhos de Reabias se multiplicaram grandemente.

18 Os filhos de Izar: [a]Selomote, o primeiro.

19 Os [b]filhos de Hebrom: Jerias, o primeiro; Amarias, o segundo; Jaaziel, o terceiro; e Jecameão, o quarto.

20 Os filhos de Uziel: Mica, o primeiro; e Issias, o segundo.

21 **O**s filhos de Merari: Mali e Musi. Os filhos de Mali: Eleazar e Quis.

22 Morreu Eleazar sem ter filhos: teve somente filhas. Os filhos de Quis, seus irmãos, as tomaram por mulheres.

23 Os filhos de Musi: Mali, Eder e Jerimote, três.

Revisão dos deveres dos levitas (comp. Nm 3.5-12)

24 **E**sses foram os filhos de Levi, segundo as suas famílias e chefes delas, segundo o número dos que foram contados pelo nome, os que faziam a obra do ministério da casa do Senhor, da idade de vinte anos para cima.

25 Pois dissera Davi: Visto que o Senhor, o Deus de Israel, deu [c]descanso ao seu povo e veio habitar em Jerusalém para sempre,

26 os levitas já [d]não terão de carregar o tabernáculo nem algum de seus objetos pertencentes a ele.

27 Segundo as [e]últimas palavras de Davi, foram contados os filhos de Levi da idade de vinte anos para cima.

28 A sua responsabilidade era auxiliar os filhos de Arão no [1]ministério do templo do Senhor, nos pátios, nas salas, na purificação de todas as coisas sagradas e na obra do ministério do templo de Deus.

29 Tinham a responsabilidade de cuidar dos [f]pães da proposição, da [g]flor de farinha para a oferta de cereais, dos bolos sem fermento, das [h]assadeiras, do tostado e de toda sorte de peso e medida.

30 Deviam se apresentar cada manhã para louvarem e celebrarem ao Senhor, e igualmente à tarde,

31 e para oferecerem os holocaustos ao Senhor, nos sábados, nas luas novas e nas [i]festas fixas, segundo o seu costume, continuamente perante o Senhor.

32 E assim os levitas [j]cumpriram com suas [k]responsabilidades para com a Tenda da Congregação, para com a [l]guarda do santuário e, sob seus irmãos, os filhos de Arão, para com o serviço do templo do Senhor.

As vinte e quatro divisões dos sacerdotes (comp. v. 31)

24 **Q**uanto aos filhos de Arão, foram estas as suas divisões: Os [m]filhos de Arão foram: Nadabe, Abiú, Eleazar e Itamar.

2 [n]Nadabe e Abiú morreram antes de seu pai e não tiveram filhos; assim Eleazar e Itamar exerciam o sacerdócio.

3 Com a ajuda de Zadoque, dos filhos de Eleazar, e de [o]Aimeleque, dos filhos de Itamar, Davi os dividiu em grupos, segundo suas responsabilidades no ministério.

4 Achou-se que os filhos de Eleazar entre os chefes de famílias eram mais do que os de Itamar, e foram divididos respectivamente: dezesseis chefes de famílias dos filhos de Eleazar, e oito chefes de famílias dos filhos de Itamar.

5 Foram repartidos por sorteio, tanto uns como os outros, porque havia líderes do santuário e líderes do templo de Deus, assim dos filhos de Eleazar, como dos filhos de Itamar.

6 O escrivão Semaías, filho de Natanael, levita, registrou-os perante o rei e os líderes: Zadoque, o sacerdote, Aimeleque, filho de Abiatar, os chefes de famílias dos sacerdotes e dos levitas, tomando-se uma família de Eleazar, e uma de Itamar.

7 Saiu [p]a primeira sorte a Jeoiaribe; a segunda, a Jedaías;

8 a terceira, a Harim; a quarta, a Seorim;

9 a quinta, a Malquias; a sexta, a Miamim;

10 a sétima, a Hacoz; a oitava, a [2]Abias;

11 a nona, a Jesua; a décima, a Secanias,

[v] 2Cr 8.14
[w] Chamado Libni em 1Cr 6.17
[x] Êx 6.18,20
[y] Êx 28.1; Hb 5.4
[z] Chamado Subael em 1Cr 24.20
[a] Nesta referência, chamado Selomite na ACF e na ARC
[b] 1Cr 24.23
[c] 1Cr 22.18
[d] Nm 4.1-49
[e] 2Sm 23.1
[f] Lv 24.5-9; veja Êx 25.30, nota
[g] Lv 2.1
[h] Lv 2.5; 1Cr 9.31
[i] Lv 23.23-44
[j] 2Cr 13.10,11
[k] Nm 1.53
[l] Nm 3.6-9
[m] Lv 10.1-6; Nm 26.60,61; 1Cr 6.3
[n] Nm 3.1-4
[o] Chamado Abimeleque em 1Cr 18.16
[p] v. 7-18; comp. Ed 2.36-39

[1] (23.28) Este ministério era novo; a responsabilidade anterior de levar o tabernáculo (Nm 1.50) havia terminado.

[2] (24.10) Foi na turma de Abias que Zacarias, o marido de Isabel e pai de João, o Batista, exercia seu serviço sacerdotal no templo de Jerusalém (Lc 1.5).

12 a décima primeira, a Eliasibe; a décima segunda, a Jaquim;

13 a décima terceira, a Hupá; a décima quarta, a Jesebeabe;

14 a décima quinta, a Bilga; a décima sexta, a Imer;

15 a décima sétima, a Hezir; a décima oitava, a Hapisez;

16 a décima nona, a Petaías; a vigésima, a Jeezquel,

17 a vigésima primeira, a Jaquim; a vigésima segunda, a Gamul;

18 a vigésima terceira, a Delaías; e a vigésima quarta, a Maazias.

19 O dever desses no seu ministério era entrar no templo do Senhor, segundo lhes fora ordenado por Arão, seu pai, como o Senhor, o Deus de Israel, lhe tinha ordenado.

Divisão dos coatitas (1Cr 23.12)

20 **D**o restante dos filhos de Levi: dos filhos de Anrão, [q]Subael; dos filhos de Subael, Jedeías.

21 Quanto a Reabias, dos seus filhos: Issias, o primeiro;

22 dos izaritas, [r]Selomote; dos filhos de Selomote, Jaate;

23 dos [s]filhos de Hebrom, Jerias, o primeiro; Amarias, o segundo; Jaaziel, o terceiro; Jecameão, o quarto;

24 dos filhos de Uziel, Mica; dos filhos de Mica, Samir.

25 O irmão de Mica, Issias; dos filhos de Issias, Zacarias.

Divisão dos meraritas (1Cr 23.21)

26 Dos filhos de Merari, Mali e Musi; dos filhos de Jaazias, Beno;

27 dos filhos de Merari: de Jaazias: Beno, Soão, Zacur e Ibri.

28 De Mali: Eleazar, que [t]não teve filhos.

29 De Quis: o filho de Quis: Jerameel.

30 E os filhos de Musi: Mali, Eder e Jerimote. Esses foram os filhos dos levitas, segundo as suas famílias.

31 Também esses, como seus irmãos, os filhos de Arão, [u]lançaram sortes diante do rei Davi, de Zadoque, de Aimeleque, e dos chefes de famílias dos sacerdotes e dos levitas. Assim fizeram, tanto para o chefe de família, como para o seu irmão menor.

Número e função dos músicos e cantores

25 **D**avi, juntamente com os capitães do exército, separou para o ministério alguns dos [v]filhos de Asafe, de Hemã e de Jedutum, para profetizarem com harpas, alaúdes e saltérios. Este foi o número dos homens que realizaram esse serviço:

2 dos filhos de Asafe: Zacur, José, Netanias e [w]Asarela. Os filhos de Asafe estavam sob a supervisão de Asafe, que profetizava sob a supervisão do rei.

3 Quanto a [x]Jedutum, dos seus filhos: Gedalias, [y]Zeri, Jesaías, Hasabias, Matitias, seis, sob a supervisão de seu pai Jedutum, que profetizava com harpas, em ações de graças e louvores ao Senhor.

4 Quanto a Hemã, dos seus filhos: Buquias, Matanias, [z]Uziel, [a]Sebuel, Jerimote, Hananias, Hanani, Eliata, Gidalti, Romanti-Ezer, Josbecasa, Maloti, Hotir e Maaziote.

5 Todos estes foram filhos de Hemã, o vidente do rei, os quais lhe foram dados segundo as promessas de Deus de [b]exaltá-lo. Deus deu a Hemã catorze filhos e três filhas.

6 Todos estes estavam sob a supervisão de seus pais para a música da casa do Senhor, com címbalos, alaúdes e [c]harpas para o serviço da casa de Deus. Asafe, Jedutum e Hemã estavam [d]sob a supervisão do rei.

7 Era o [e]número deles, juntamente com seus irmãos instruídos em cantar ao Senhor, todos eles mestres, duzentos e oitenta e oito.

A divisão em vinte e quatro grupos

8 Lançaram sortes a fim de determinar os seus cargos, todos igualmente, tanto o pequeno como o grande, tanto o mestre como o discípulo.

9 **A** primeira sorte, que era de Asafe, saiu a José, seus filhos e parentes; a segunda, a Gedalias, que com seus irmãos e filhos eram doze ao todo;

10 a terceira, a Zacur, seus filhos e irmãos, doze ao todo;

11 a quarta, a [f]Izri, seus filhos e irmãos, doze ao todo;

12 a quinta, a Netanias, seus filhos e irmãos, doze ao todo;

13 a sexta, a Buquias, seus filhos e irmãos, doze ao todo;

14 a sétima, a [g]Jesarela, seus filhos e irmãos, doze ao todo;

15 a oitava a Jesaías, seus filhos e irmãos, doze ao todo;

16 a nona, a Matanias, seus filhos e irmãos, doze ao todo;

17 a décima, a Simei, seus filhos e irmãos, doze ao todo;

18 a décima primeira, a [h]Azarel, seus filhos e irmãos, doze ao todo;

19 a décima segunda, a Hasabias, seus filhos e irmãos, doze ao todo;

20 a décima terceira, a [i]Subael, seus filhos e irmãos, doze ao todo;

21 a décima quarta, a Matitias, seus filhos e irmãos, doze ao todo;

22 a décima quinta, a Jerimote, seus filhos e irmãos, doze ao todo;

[q] Chamado Sebuel em 1Cr 23.16
[r] Nesta referência, chamado Selomite na ACF e na ARC
[s] 1Cr 23.19
[t] 1Cr 23.22
[u] v. 5,6
[v] 1Cr 6.33,39; 2Cr 5.12
[w] Chamado Jesarela, v. 14
[x] 1Cr 16.41,42
[y] Chamado Izri, v. 11
[z] Chamado Azarel, v. 18
[a] Chamado Subael, v. 20
[b] 1Cr 16.42; veja Dt 33.17, nota
[c] 1Cr 15.16
[d] 1Cr 15.19
[e] 1Cr 23.5
[f] Chamado Zeri, v. 3
[g] Chamado Asarela, v. 2
[h] Chamado Uziel, v. 4
[i] Chamado Sebuel, v. 4

23 a décima sexta, a Hananias, seus filhos e irmãos, doze ao todo;
24 a décima sétima, a Josbecasa, seus filhos e irmãos, doze ao todo;
25 a décima oitava a Hanani, seus filhos e irmãos, doze ao todo;
26 a décima nona, a Maloti, seus filhos e irmãos, doze ao todo;
27 a vigésima a Eliata, seus filhos e irmãos, doze ao todo;
28 a vigésima primeira, a Hotir, seus filhos e irmãos, doze ao todo;
29 a vigésima segunda, a Gidalti, seus filhos e irmãos, doze ao todo;
30 a vigésima terceira, a Maaziote, seus filhos e irmãos, doze ao todo;
31 a vigésima quarta, a Romanti-Ezer, seus filhos e irmãos, doze ao todo.

Divisões dos porteiros

26 Quanto às divisões dos [j]porteiros: Dos coraítas: [k]Meselemias, filho de [l]Coré, dos filhos de [m]Asafe.
2 Os filhos de Meselemias: [n]Zacarias, o primogênito; Jediael, o segundo; Zebedias, o terceiro; Jatniel, o quarto;
3 Elão, o quinto; Joanã, o sexto; e Elioenai, o sétimo.
4 Os filhos de [o]Obede-Edom: Semaías, o primogênito; Jeozabade, o segundo; Joá, o terceiro; Sacar, o quarto; Natanael, o quinto;
5 Amiel, o sexto; Issacar, o sétimo; e Peuletai, o oitavo. Pois Deus o tinha [p]abençoado.
6 Também a seu filho Semaías nasceram filhos, que foram líderes da família de seu pai, porque foram homens valentes.
7 Os filhos de Semaías: Otni, Rafael, Obede e Elzabade, com seus irmãos, homens valentes, Eliú e Semaquias.
8 Todos esses foram filhos de Obede-Edom; eles, seus filhos e seus irmãos, [q]homens capazes e de força para o serviço, ao todo sessenta e dois, de Obede-Edom.
9 Os filhos e os irmãos de Meselemias, homens valentes, foram dezoito.
10 De [r]Hosa, dos filhos de Merari, foram filhos: Sinri, o primeiro (ainda que não fosse o primogênito, seu pai o [s]constituiu o primeiro);
11 Hilquias, o segundo; Tebalias, o terceiro; Zacarias, o quarto. Os filhos e irmãos de Hosa foram treze.
12 **D**esses se fizeram as turmas dos porteiros, isto é, dos chefes deles, tendo deveres como seus irmãos, para ministrarem na casa do Senhor.
13 [t]Lançaram sortes para cada porta para determinar os deveres tanto dos pequenos como dos grandes, segundo as suas famílias.
14 Caiu a sorte da porta do leste a [u]Selemias. Depois lançaram sortes por seu filho Zacarias, conselheiro prudente, e saiu-lhe a porta do norte.
15 A Obede-Edom, a do sul; a seus filhos, a casa dos depósitos.
16 A Supim e Hosa, a porta do oeste, perto da porta Salequete, junto ao caminho da subida, uma guarda em frente a outra guarda.
17 A leste, estavam seis levitas; ao norte, quatro por dia; ao sul, quatro por dia; porém, para a casa dos depósitos, de dois em dois.
18 No átrio a oeste, quatro junto ao caminho, dois junto ao átrio.
19 Essas foram as turmas dos porteiros entre os filhos dos coraítas e entre os filhos de Merari.

Os levitas encarregados do tesouro

20 **Q**uanto aos levitas, Aías tinha a responsabilidade dos tesouros do [v]templo de Deus e dos tesouros das [w]coisas consagradas.
21 Os filhos de [x]Ladã, que eram gersonitas através de Ladã e que eram chefes de famílias de Ladã, o gersonita, foram Jeieli;
22 os filhos de [y]Jeieli, Zetão e Joel, seu irmão. Esses estavam encarregados dos tesouros do templo do Senhor.
23 Dos [z]anramitas, dos izaritas, dos hebronitas e dos uzielitas:
24 Sebuel, filho de Gérson, filho de Moisés, era o chefe encarregado dos tesouros.
25 Seus irmãos através de Eliezer: Reabias, seu filho; Jesaías, seu filho; Jorão, seu filho; Zicri, seu filho; e Selomite, seu filho.
26 Selomite e seus irmãos eram encarregados de todos os tesouros das coisas consagradas que o rei Davi e os chefes de famílias, que eram capitães de milhares, de centenas, e outros capitães do exército haviam [a]consagrado.
27 Dos despojos das guerras consagraram para a manutenção do templo do Senhor.
28 Também tudo o que havia sido consagrado por Samuel, o vidente, Saul, filho de Quis, e Abner, filho, de Ner, e Joabe, filho de Zeruia, isto é, tudo o que qualquer pessoa havia consagrado estava sob a guarda de Selomite e seus irmãos.

Os oficiais e os juízes para "negócios de fora" de Israel

29 **D**os izaritas: Quenanias e seus filhos foram encarregados sobre Israel para os [b]negócios de fora, como [c]oficiais e juízes.
30 Dos hebronitas: [d]Hasabias e seus irmãos, mil e setecentos homens valentes, tinham sob sua responsabilidade Israel a oeste do Jordão, em todos os negócios do Senhor e no serviço do rei.
31 Quanto aos hebronitas, [e]Jerias era o chefe, segundo as suas genealogias e famílias.

[j] 2Cr 35.15
[k] Chamado Selemias, v. 14
[l] Sl 42, tít.
[m] Chamado Ebiasafe em 1Cr 9.19
[n] 1Cr 9.21
[o] 1Cr 15.18,21
[p] Comp. 1Cr 4.10
[q] 1Cr 9.13
[r] 1Cr 16.38
[s] Comp. Gn 48.19
[t] 1Cr 24.5,31; 25.8
[u] Chamado Meselemias, v. 1
[v] 1Cr 9.26
[w] 2Sm 8.11
[x] Chamado Libni em 1Cr 6.17
[y] 1Cr 23.8
[z] Nm 3.27
[a] 2Sm 8.11,12
[b] Ne 11.16
[c] 1Cr 23.4
[d] 1Cr 27.17
[e] 1Cr 23.19

No quadragésimo ano do reinado de Davi, fizeram-se buscas e se acharam entre eles homens valentes em Jazer de Gileade.

32 Jerias tinha dois mil e setecentos irmãos, homens valentes, chefes de famílias de seus pais, e o rei Davi os encarregou sobre os rubenitas e os gaditas, e a meia tribo dos manassitas, para todos os serviços de Deus e para todos os negócios do rei.

Os doze capitães mensais

27 São estes os filhos de Israel segundo o seu número, os chefes de famílias e os capitães dos milhares e das centenas com os seus oficiais, que serviam ao rei em todos os negócios das turmas que entravam e saíam de mês em mês durante o ano, cada turma de vinte e quatro mil.

2 Sobre a primeira turma do [f]primeiro mês estava [g]Jasobeão, filho de Zabdiel. Em sua turma havia vinte e quatro mil.

3 Era esse dos filhos de Perez, chefe de todos os capitães dos exércitos para o primeiro mês.

4 Sobre a turma do segundo mês era [h]Dodai, o aoíta, com a sua turma, cujo chefe era Miclote. Em sua turma havia vinte e quatro mil.

5 O terceiro capitão do exército para o terceiro mês era [i]Benaia, filho do sacerdote Jeoiada. Em sua turma havia vinte e quatro mil.

6 Esse era [j]Benaia, homem poderoso entre os trinta e chefe deles. Sobre a sua turma estava Amizabade, seu filho.

7 O quarto, para o [k]quarto mês, [l]Asael, irmão de Joabe, e depois dele Zebadias, seu filho. Em sua turma havia vinte e quatro mil.

8 O quinto, para o quinto mês, era o chefe [m]Samute, o izraíta. Em sua turma havia vinte e quatro mil.

9 O sexto, para o sexto mês era [n]Ira, filho de Iques, o tecoíta. Em sua turma havia vinte e quatro mil.

10 O sétimo, para o sétimo mês era [o]Helez, o pelonita, dos filhos de Efraim. Em sua turma havia vinte e quatro mil.

11 O oitavo, para o oitavo mês era [p]Sebecai, o husatita, dos zeraítas. Em sua turma havia vinte e quatro mil.

12 O nono, para o nono mês era [q]Abiezer, o anatotita, dos benjamitas. Em sua turma havia vinte e quatro mil.

13 O décimo, para o décimo mês era [r]Maarai, o netofatita, dos zeraítas. Em sua turma havia vinte e quatro mil.

14 O décimo primeiro, para o décimo primeiro mês era [s]Benaia, o piratonita, dos filhos de Efraim. Em sua turma havia vinte e quatro mil.

15 O décimo segundo, para o décimo segundo mês, era [t]Heldai, o netofatita, de Otniel. Em sua turma havia vinte e quatro mil.

[f] Veja Lv 23.2, nota
[g] 1Cr 11.11
[h] Nesta referência, chamado Dodó na ACF e na ARC
[i] 1Cr 18.17
[j] 2Sm 23.20-23
[k] Veja Lv 23.2, nota
[l] 1Cr 11.26
[m] Chamado Samá em 2Sm 23.25 e chamado Samote em 1Cr 11.27
[n] 1Cr 11.28
[o] 1Cr 11.27
[p] 1Cr 11.29; 20.4
[q] 1Cr 11.28
[r] 1Cr 11.30
[s] 1Cr 11.31
[t] Chamado Helede em 1Cr 11.30
[u] Chamado Eliabe em 1Sm 16.6
[v] Dt 6.3
[w] Gn 22.17; 26.4; Êx 32.13; Dt 1.10
[x] 2Sm 24.12-15; 1Cr 21.7,8
[y] Veja Dt 1.7, nota
[z] 1Cr 5.10
[a] 2Sm 15.12
[b] 2Sm 15.32-37
[c] 1Rs 1.7

Os chefes das doze tribos

16 Sobre as tribos de Israel eram estes: sobre os rubenitas era chefe Eliezer, filho de Zicri; sobre os simeonitas, Sefatias, filho de Maaca;

17 sobre os levitas, Hasabias, filho de Quemuel; sobre os aronitas, Zadoque;

18 sobre Judá, [u]Eliú, dos irmãos de Davi; sobre Issacar, Onri, filho de Micael;

19 sobre Zebulom, Ismaías, filho de Obadias; sobre Naftali, Jerimote, filho de Azriel;

20 sobre os filhos de Efraim, Oseias, filho de Azazias; sobre a meia tribo de Manassés, Joel, filho de Pedaías;

21 sobre a outra meia tribo de Manassés em Gileade, Ido, filho de Zacarias; sobre Benjamim, Jaasiel, filho de Abner;

22 sobre Dã, Azarel, filho de Jeroão. Esses eram os capitães das tribos de Israel.

Proibição do censo (comp. 21.1-7)

23 Davi não contou os de vinte anos para baixo, porque o Senhor tinha dito que havia de [v]multiplicar Israel como as [w]estrelas do céu.

24 Joabe, filho de Zeruia, tinha começado a contá-los, porém não acabou, porque viera por isso grande [x]ira sobre Israel, pelo que o número não foi escrito no livro das crônicas do rei Davi.

Os diversos administradores de Davi

25 Sobre os tesouros do rei estava Azmavete, filho de Adiel. Sobre os tesouros dos campos, das cidades, das aldeias e das torres, Jônatas, filho de Uzias.

26 Sobre os que faziam a obra do campo, na lavoura da terra, Ezri, filho de Quelube.

27 Sobre as vinhas, Simei, o ramatita. Sobre o que das vides entrava para as adegas do vinho, Zabdi, o sifmita.

28 Sobre os olivais e as figueiras bravas que havia nas [y]campinas, Baal-Hanã, o gederita. Joás sobre os depósitos do azeite.

29 Sobre os gados que pastavam em Sarom, Sitrai, o saronita. Sobre os gados dos vales, Safate, filho de Adlai.

30 Sobre os camelos, Obil, o ismaelita. Sobre as jumentas, Jedias, o meronotita.

31 Sobre o gado miúdo, Jaziz, o [z]hagrita. Todos esses eram os administradores dos bens do rei Davi.

Os conselheiros especiais de Davi

32 Jônatas, tio de Davi, era do conselho, homem sábio e mestre da lei. Jeiel, filho de Hacmoni, cuidava dos filhos do rei.

33 [a]Aitofel era conselheiro do rei. [b]Husai, o arquita, amigo do rei.

34 Depois de Aitofel, Jeoiada, filho de Benaia, e [c]Abiatar. Joabe era comandante do exército do rei.

Davi faz uma grande convocação (1Cr 23.1)

28 Davi convocou em Jerusalém todos os líderes de Israel, os [d]líderes das tribos, os capitães das turmas, que serviam o rei, os [e]capitães dos milhares, os capitães das centenas, os [f]encarregados de toda a fazenda e possessão do rei e de seus filhos, como também os oficiais, os [g]poderosos e todo guerreiro valente.

2 Pôs-se o rei Davi em pé e disse: Ouvi-me, irmãos meus, e povo meu: Em meu coração propus construir um templo de descanso para a arca da aliança do Senhor e para o [h]estrado dos pés do nosso Deus, e fiz planos para a construir.

3 Deus, porém, me [i]disse: Não edificarás templo ao meu nome, porque és homem de guerra e derramaste muito [j]sangue.

4 O Senhor Deus de Israel [k]escolheu-me de toda a família de meu pai, para que eternamente fosse eu rei sobre Israel. A [l]Judá escolheu por líder, e a tribo de Judá, na família de meu pai; e entre os filhos de meu pai se [m]agradou de mim para me fazer rei sobre todo o Israel.

5 De todos os meus filhos (e muitos filhos me deu o Senhor), escolheu ele o meu filho [n]Salomão para se assentar no trono do reino do Senhor sobre Israel.

6 E me disse: Teu filho Salomão é quem construirá o meu templo e os meus átrios, pois o escolhi para filho, e lhe serei por pai.

7 Estabelecerei o seu reino para sempre, se ele perseverar em cumprir os meus mandamentos e os meus juízos, como o faz até o dia de hoje.

8 Agora, perante os olhos de todo o Israel, a congregação do Senhor, e perante os ouvidos do nosso Deus, guardai e buscai todos os mandamentos do Senhor, o vosso Deus, para que possuais esta boa terra e a deixeis como herança a vossos filhos depois de vós, para sempre.

Davi exorta publicamente Salomão e lhe dá ouro, prata e a planta para o templo

9 E tu, meu filho Salomão, conhece o Deus de teu pai e [o]serve-o com um [p]coração íntegro e alma voluntária, pois o Senhor observa todos os [q]corações e conhece todos os desígnios e pensamentos. Se o [r]buscares, será achado de ti; mas, se o [s]deixares, te rejeitará para sempre.

10 Olha, agora, pois o Senhor te escolheu para construíres um templo para o santuário. Sê forte e [t]faze a obra.

11 **D**eu Davi a Salomão, seu filho, a planta do [u]pórtico com as suas casas, as suas tesourarias, os seus aposentos superiores, as suas salas interiores, como também da casa do propiciatório.

12 Também a [v]planta de tudo o que tinha em mente, a saber: dos átrios do templo do Senhor, de todas as salas em redor, para os tesouros do templo de Deus e para os tesouros das coisas consagradas.

13 Deu-lhe instruções para as turmas dos sacerdotes e dos [w]levitas, e para toda a obra do ministério do templo do Senhor, e de todos os utensílios para o serviço do templo do Senhor.

14 Especificou o peso do ouro para todos os vasos de cada serviço, e o peso da prata para todos os utensílios de prata para cada serviço;

15 o peso do ouro para os castiçais de ouro e suas [x]lâmpadas, com o peso do ouro para cada castiçal e as suas lâmpadas; e o peso da prata para os castiçais de prata, para cada castiçal e as suas lâmpadas, segundo o uso de cada castiçal;

16 o peso do ouro para [y]cada mesa da [z]proposição; o peso da prata para as mesas de prata;

17 o peso de ouro puro para os garfos, para as bacias e para os copos; o peso do ouro para cada taça de ouro; o peso da prata para cada taça de prata;

18 e o peso do ouro refinado para o [a]altar do incenso. Deu-lhe também o modelo do carro, a saber, os querubins de ouro que haviam de estender as asas e cobrir a arca da aliança do Senhor.

19 Tudo isto, disse Davi, foi-me dado por escrito da mão do Senhor, e ele me fez compreender todos os detalhes desta [b]planta.

Davi incentiva Salomão a construir o templo

20 **D**isse Davi a Salomão, seu filho: [c]Sê forte e corajoso. Faze a obra. Não temas nem te desanimes, pois o Senhor Deus, o meu Deus, é contigo. Ele [dd]não te deixará nem te desamparará até que acabes toda a obra para o serviço do templo do Senhor.

21 Aí tens as turmas dos sacerdotes e dos levitas para todo o serviço do templo de Deus e estará contigo para toda a obra todo homem [ee]bem-disposto e especialista em qualquer tipo de serviço. Os chefes e todo o povo estarão inteiramente às tuas ordens.

Davi, com seu exemplo, exorta o povo a contribuir voluntariamente

29 Disse mais o rei Davi a toda a congregação: Salomão, meu filho, o único a quem Deus [ff]escolheu, ainda é [gg]moço e inexperiente. Essa obra é grande, pois o palácio não é para homem, mas para o Senhor Deus.

2 Eu com todas as minhas forças já preparei para a casa do meu Deus ouro para as obras de ouro, prata para as de prata, bronze para as de bronze, ferro para as de ferro, madeira para as de madeira, pedras de ônix, pedras de engaste,

- [d] 1Cr 27.16-22
- [e] 1Cr 27.1-15
- [f] 1Cr 27.25-31
- [g] 2Sm 23.8-39; 1Cr 11.10-47
- [h] Sl 99.5
- [i] 2Sm 7.5-13
- [j] 1Cr 22.8
- [k] 1Sm 16.6-13
- [l] Gn 49.8-10; 1Cr 5.2; Sl 60.7
- [m] 1Sm 13.14; At 13.22
- [n] 1Cr 22.9; 29.1
- [o] 1Sm 12.24
- [p] Veja 1Rs 8.61 e Fp 3.12, notas
- [q] 1Sm 16.7
- [r] Jr 29.13
- [s] Dt 31.17
- [t] 1Cr 22.13
- [u] 1Rs 6.3
- [v] Êx 25.40; Hb 8.5
- [w] 1Cr 23.6
- [x] Êx 25.31-39; 1Rs 7.49
- [y] 1Rs 7.48
- [z] Veja Êx 25.30, nota
- [a] Êx 30.1-10
- [b] Êx 25.40
- [c] Dt 31.6,7; Js 1.6-9; 1Cr 22.13
- [dd] Js 1.5; Hb 13.5
- [ee] Êx 35.25-35; 36.1,2; 2Cr 2.13,14
- [ff] 1Cr 28.5
- [gg] 1Rs 3.7; 1Cr 22.5

pedras de ornato, pedras de várias cores, todo tipo de pedras preciosas e mármore, tudo em grande quantidade.

3 Além disso, pelo amor ao templo do meu Deus, agora dou dos meus tesouros particulares o ouro e a prata; eu o dou para o templo do meu Deus, além de tudo o que preparei para o santuário:

4 [h]três mil [i]talentos de ouro, do ouro de Ofir, e sete mil talentos de prata refinada, para cobrir as paredes das casas,

5 para as obras de ouro e para as de prata, e para todas as obras dos artesãos. Quem está [j]disposto a consagrar-se hoje ao Senhor?

A alegre reação

6 Então os chefes de famílias, os líderes das tribos de Israel, os capitães dos milhares e das centenas e até os [k]capitães da obra do rei, voluntariamente [l]contribuíram.

7 Deram para o serviço da casa de Deus cinco mil talentos de ouro, dez mil dracmas de ouro, dez mil talentos de prata, dezoito mil talentos de bronze e cem mil talentos de ferro.

8 Os que tinham pedras preciosas, deram-nas para o tesouro do templo do Senhor, sob a liderança de [m]Jeiel, o gersonita.

9 O povo se alegrou com as ofertas [n]voluntárias que seus chefes fizeram, pois [o]de coração íntegro deram eles ao Senhor. Também o rei Davi se alegrou com grande júbilo.

Oração e ação de graças de Davi

10 **L**ouvou Davi ao Senhor perante toda a congregação, [p]dizendo: [1]Bendito és tu, Senhor, Deus de nosso pai Israel, de eternidade em eternidade.

11 [q]Tua é, Senhor, a grandeza, o poder, a honra, a vitória e a majestade, pois teu é tudo o que há nos céus e na terra. Teu é, Senhor, o reino, e tu estás acima de todos.

12 Riquezas e glória vêm de ti; tu governas sobre tudo. Nas tuas mãos há força e poder para engrandecer e dar força a tudo.

13 Agora, ó nosso Deus, graças te damos e louvamos o nome da tua glória.

14 Quem, porém, sou eu, e quem é o meu povo, para que pudéssemos dar voluntariamente estas coisas? Tudo vem de ti, e somente devolvemos o que veio das tuas mãos.

15 [r]Somos estranhos diante de ti e peregrinos como todos os nossos pais. Como sombra são os nossos dias sobre a terra, e não há esperança.

[h] Comp. 1Cr 22.14
[i] Veja sist. monetário (AT): Êx 30.13, nota; comp. 2Cr 2.10, nota
[j] 2Rs 12.4; 2Cr 29.31; 2Co 8.5,12
[k] 1Cr 27.25-31
[l] Êx 35.25-35
[m] 1Cr 23.8
[n] Êx 25.2; 2Co 9.7
[o] Veja 1Rs 8.61 e Fp 3.12, notas
[p] Orações da Bíblia (AT): v. 10-19; 2Cr 6.14 (Gn 15.2; Hc 3.1)
[q] Mt 6.13; 1Tm 1.17; Ap 5.13
[r] Lv 25.23; Sl 39.12; Hb 11.13,14; 1Pe 2.11
[s] 1Cr 28.9
[t] Veja 1Rs 8.61 e Fp 3.12, notas
[u] 1Rs 8.62,63
[v] 1Rs 1.32-35; 1Cr 23.1

16 Senhor nosso Deus, toda essa riqueza que preparamos, para construir um templo ao teu santo nome, vem da tua mão, e é toda tua.

17 Bem sei eu, meu Deus, que tu [s]sondas os corações, e que te agradas da integridade. Eu também, na integridade de meu coração, voluntariamente dei todas essas coisas. E agora vi com alegria que o teu povo, que se acha aqui, ofereceu voluntariamente.

18 Senhor, Deus de nossos pais Abraão, Isaque e Israel, conserva para sempre no coração do teu povo essa disposição e esses pensamentos, e encaminha o seu coração para ti.

19 A Salomão, meu filho, dá um [t]coração íntegro para guardar os teus mandamentos, os teus testemunhos e os teus estatutos, e para fazer todas estas coisas, e para construir o palácio para o qual tudo preparei.

A adoração do povo; Salomão é entronizado (comp. 1Cr 23.1; 1Rs 2.12; comp. 1Rs 1.1–3.1)

20 **E**ntão disse Davi a toda a congregação: Louvai ao Senhor, o vosso Deus. Assim toda a congregação louvou ao Senhor, o Deus de seus pais, e inclinaram-se e prostraram-se perante o Senhor, e perante o rei.

21 No dia seguinte, ofereceram sacrifícios ao Senhor e lhe apresentaram holocaustos de mil bezerros, mil carneiros, mil cordeiros, com as suas libações, e [u]sacrifícios em grande quantidade a favor de todo o Israel.

22 Comeram e beberam naquele dia perante o Senhor, com grande alegria. E, pela [v]segunda vez, fizeram rei a Salomão, filho de Davi, e o ungiram ao Senhor para ser soberano, e a Zadoque para ser sacerdote.

23 **A**ssim Salomão assentou-se no trono do Senhor, como rei em lugar de Davi, seu pai. Prosperou, e todo o Israel lhe obedeceu.

24 Todos os líderes e os poderosos, como também todos os filhos do rei Davi, se submeteram ao rei Salomão.

25 O Senhor engrandeceu muito a Salomão perante todo o Israel e deu-lhe majestade real, qual antes dele não teve nenhum rei em Israel.

26 **A**ssim Davi, filho de Jessé, reinou sobre todo o Israel.

Reinado e morte de Davi (comp. 2Sm 5.4,5; 1Rs 2.10-12; 1Cr 3.4)

27 Foi o tempo que reinou sobre Israel quarenta anos; em Hebrom reinou sete anos e, em Jerusalém, trinta e três.

[1] (29.10) Observe a ordem: 1) ofertas (v. 3-8); 2) alegria (v. 9); 3) louvor (v. 10); 4) oração (v. 11-19) e 5) adoração (v. 20).

28 [w]Morreu numa boa velhice, cheio de dias, riquezas e honra. Salomão, seu filho, reinou em seu lugar.
29 Os atos do rei Davi, assim os primeiros como os últimos, estão escritos nas crônicas de Samuel, o vidente, nas [1]crônicas do profeta Natã e nas crônicas de Gade, o vidente,
30 com os detalhes do seu reinado e poder, e as circunstâncias que o cercaram, a Israel e aos reinos das outras terras.

[w] Comp. 1Sm 27.1

[1] (29.29) O AT indica uma grande quantidade de livros do povo hebreu que não foi preservada. Entre os livros não inspirados, aqui são mencionados: *As Crônicas do Profeta Natã* (tb. 2Cr 9.29) e *As Crônicas de Gade, o Vidente*. Entre outros, temos ainda: *O Livro dos Justos* (Js 10.13); o *Livro de Jasar* (2Sm 1.18); o *Livro dos Atos de Salomão* (1Rs 11.41); a *Profecia de Aías, o Silonita* e as *Visões de Ido, o Vidente* (2Cr 9.29; comp. 12.15; 13.22); *Livros de Semaías, o Profeta* (2Cr 12.15); os *Atos de Uzias*, por Isaías (2Cr 26.22), e as *Crônicas dos Videntes* (2Cr 33.19). Alguns dos fatos registrados nestes livros, agora perdidos, aparecem, sob a orientação do Espírito Santo, nos registros históricos do AT. As descobertas em Qumran e proximidades incluem porções de mais de duzentos livros não canônicos.

2CRÔNICAS

- **Autor:** Desconhecido
- **Tema:** A grandeza de Judá
- Escrito no século V a.C.

O segundo livro de Crônicas é continuação da narrativa histórica de 1Crônicas. O primeiro e o segundo livros de Crônicas constituem uma unidade na antiga Bíblia hebraica (o texto massorético do AT). Esse segundo livro de Crônicas registra diversas reformas, incluindo o mais extenso relato de avivamento na história bíblica: o avivamento com Ezequias (cap. 29–31).

O livro pode ser dividido da seguinte maneira: I. O reinado de Salomão, detalhes sobre a construção e a dedicação do templo, 1–9. II. A história de Judá desde o reinado de Roboão até a destruição de Jerusalém e o cativeiro, 10–36.

I. O reinado de Salomão, detalhes sobre a construção e dedicação do templo, 1–9

O Senhor engrandece Salomão, que oferece sacrifícios e pede sabedoria (1Rs 2.12; 3.4-9; 1Cr 19.23-25)

1 Salomão, filho de Davi, fortaleceu-se no seu rei-
no, pois o Senhor seu Deus era com ele e muito
o engrandeceu.
2 Falou Salomão a todo o Israel, aos [a]capitães
dos milhares e das centenas, aos juízes e a todos
os líderes em todo o Israel, cabeças de famílias.
3 Foi Salomão e toda a congregação com ele
ao [b]alto que estava em [c]Gibeom, pois ali estava
a [d]tenda da congregação de Deus, que Moisés,
servo do Senhor, tinha [e]feito no deserto.
4 Ora, Davi tinha feito subir a [f]arca de Deus de
Quiriate-Jearim ao lugar que lhe havia preparado,
porque lhe tinha armado uma tenda em Jerusalém.
5 O [g]altar de bronze [h]feito por Bezalel, filho de
Uri, filho de Hur, porém, estava em Gibeom dian-
te do tabernáculo do Senhor; assim Salomão e a
congregação o consultavam ali.
6 Salomão subiu ao altar de bronze, perante
o Senhor, na tenda da congregação, e sobre ele
[i]ofereceu mil holocaustos.
7 Naquela mesma noite, Deus [j]apareceu a Salo-
mão e lhe disse: Pede o que queres que eu te dê.
8 Respondeu Salomão a Deus: Tu usaste de gran-
de [k]benevolência para com meu pai Davi e a mim
me fizeste rei em seu [l]lugar.
9 Agora, ó Senhor Deus, confirme-se a tua [m]pa-
lavra, dada a meu pai Davi, pois me fizeste rei
sobre um povo numeroso como o [n]pó da terra.
10 Dá-me agora sabedoria e conhecimento,
para que possa sair e entrar perante este povo,
pois quem poderia julgar a este teu povo, que
é tão grande?

Deus se agrada; concede a Salomão sabedoria e riquezas (1Rs 3.10-28)

11 Disse Deus a Salomão: Visto que houve is-
so no teu coração, e não pediste riquezas, bens
ou honra, nem a morte dos que te odeiam, tam-
pouco pediste muitos dias de vida, mas pediste
para ti sabedoria e conhecimento para poderes
julgar a meu povo, sobre o qual te constituí rei,

[a] 1Cr 27.1-34
[b] Veja Jz 3.7 e 1Rs 3.2, notas; comp. 1Rs 15.14 e Am 4.4, notas
[c] Comp. 1Cr 16.39
[d] Veja 1Cr 16.37, nota
[e] Êx 25.1–27.21; 35.4–36.38
[f] Êx 25.10-22; 37.1-9; 2Sm 6.2-17; 1Cr 15.25–16.1
[g] Êx 27.1,2
[h] Êx 38.1-7
[i] Comp. Nm 7.1-89; Lc 21.1-4
[j] 1Rs 3.5
[k] Sl 18.50
[l] 1Cr 28.5
[m] 2Sm 7.8-16
[n] Gn 13.16
[o] 2Cr 9.22; comp. Mt 12.42
[p] v. 14-17; 1Rs 10.26-29; 2Cr 9.25-28
[q] Veja Dt 1.7, nota
[r] Comp. Dt 17.16
[s] Veja 2Rs 7.6, nota
[t] 2Sm 5.13,14; 1Cr 3.5
[u] Veja 1Rs 7.13, nota
[v] 1Cr 14.1
[w] Santificação (AT): v. 4; 2Cr 5.1 (Gn 2.3; Zc 8.3)
[x] Veja Êx 25.30, nota
[y] Êx 29.38-42
[z] Nm 28.9,10
[aa] 1Co 8.5,6

12 sabedoria e conhecimento te são dados; e te
darei riquezas, bens e honra, quais não teve ne-
nhum rei antes de ti, e [o]nenhum depois de ti terá.
13 Assim Salomão veio a Jerusalém, do alto que
estava em Gibeom, de diante da tenda da con-
gregação. E reinou sobre Israel.
14 [p]Salomão ajuntou carros e cavaleiros; tinha
mil e quatrocentos carros e doze mil cavaleiros,
que colocou nas cidades para os carros e junto
ao rei, em Jerusalém.
15 Fez o rei que em Jerusalém houvesse ouro
e prata como pedras e cedros em abundância
como [q]figueiras bravas que há nas baixadas.
16 Os cavalos que Salomão tinha eram trazidos
do [r]Egito e de Coa; os mercadores do rei os rece-
biam de Coa por determinado preço.
17 Importavam do Egito cada carro por seis-
centos siclos de prata e cada cavalo, por cento
e cinquenta. Também os exportavam para todos
os reis dos [s]heteus e para os reis da Síria.

Salomão se prepara para edificar o templo (1Rs 5.1-18; 7.13,14)

2 [t]Salomão deu ordens para edificar um tem-
plo ao nome do Senhor, como também um
palácio para o seu reino.
2 Designou Salomão setenta mil homens como
carregadores, oitenta mil cortadores de pedras
na montanha e três mil e seiscentos inspetores
sobre eles.
3 Salomão mandou dizer a [u]Hirão, rei de Tiro:
Como fizeste com Davi, meu pai, mandando-lhe
cedros para edificar um [v]palácio em que moras-
se, assim também faze comigo.
4 Ora, estou para edificar um templo ao nome
do Senhor meu Deus e [w]consagrá-lo a ele, pa-
ra queimar perante ele incenso aromático, para
apresentar o [x]pão contínuo da proposição e os
[y]holocaustos da manhã e da tarde, nos [z]sábados,
nas luas novas e nas festividades do Senhor nos-
so Deus. Esta é uma obrigação perpétua de Israel.
5 O templo que vou edificar há de ser gran-
de, porque o nosso Deus é maior do que todos
os [aa]deuses.
6 Quem, porém, seria capaz de lhe edificar um
templo, visto que os céus e até os céus dos céus
não o podem conter? E quem sou eu para lhe

edificar um templo, a não ser para queimar in-
censo perante ele?

7 Portanto, manda-me um homem habilidoso
para trabalhar em ouro, prata, bronze, ferro, púr-
pura, carmesim e azul, e que saiba lavrar ao
buril, com os peritos que estão comigo em Judá e
em Jerusalém, os quais Davi meu pai [b]preparou.

8 Manda-me também madeira de cedros, ci-
prestes e [c]sândalo do Líbano, pois bem sei que
os teus servos sabem cortar madeira no Líbano.
Os meus servos estarão com os teus servos,

9 a fim de prepararem muita madeira, por-
que o templo que vou edificar há de ser grande
e maravilhoso.

10 Aos teus servos, os cortadores da madeira,
darei vinte mil [1]coros de trigo batido, vinte mil
coros de cevada, vinte mil batos de vinho e vinte
mil batos de azeite.

11 **H**irão, rei de Tiro, respondeu por meio de
uma carta que enviou a Salomão: Porque o
Senhor ama o seu povo, te constituiu rei so-
bre [d]ele.

12 E acrescentou Hirão: Bendito seja o Senhor,
Deus de Israel, que fez os céus e a terra! Deu ao
rei Davi um filho sábio, de grande prudência e
entendimento, que edifique templo ao Senhor e
para o seu próprio reino.

13 Envio um homem habilidoso, de entendi-
mento, a saber, [e]Hirão-Abi,

14 filho de uma mulher das filhas de Dã, e cujo
pai foi homem de Tiro. Este sabe lavrar em ouro,
em prata, em bronze, em ferro, em pedras, em
madeira, em púrpura, em azul, em linho fino e
em carmesim; é perito em toda a obra de buril e
para toda espécie de engenhosas invenções. Ele
trabalhará com os teus peritos e com os peritos
de Davi, meu senhor, teu pai.

15 Agora mande o meu senhor para os seus
servos o trigo, a cevada, o azeite e o vinho, de
que falou,

16 e nós cortaremos tanta madeira no Líbano
quanta precisares e a levaremos em janga-
das pelo mar até Jope. Então tu a farás subir
a Jerusalém.

17 **C**ontou [f]Salomão todos os homens [g]estran-
geiros que havia na terra de Israel, conforme
o censo que fizera Davi, seu pai; e acharam-se
cento e cinquenta e três mil e seiscentos.

[b] 1Cr 22.15
[c] Veja 1Rs 10.11, nota
[d] 2Cr 9.8
[e] Veja 1Rs 7.13, nota
[f] Comp. 1Rs 5.13-16
[g] 1Cr 22.2

[1] (2.10) Pesos e medidas. Os antigos sistemas de pesos e medidas não eram tão precisos como os padrões conhecidos posteriormente. P. ex., a medida do côvado era baseada no comprimento do antebraço (sistema babilônico) ou em vezes a largura da palma da mão (sistemas egípcio e hebreu). Na Babilônia e no Egito, havia duas medidas equivalentes ao côvado: o comum e o real. Os israelitas também tinham dois diferentes côvados: o comum (Dt 3.11; 2Cr 3.3) e outro que era um palmo mais longo do que o côvado comum (Ez 40.5; 43.13). O palmo é a distância entre o dedo polegar estendido e o dedo mínimo, enquanto a largura da mão (= quatro dedos) é a medida da palma da mão. Nesta versão, a palavra traduzida por "palmo" em Ez 40.5; 43.13 refere-se à "largura da mão".

Em relação aos pesos, também havia diversos padrões nos tempos antigos. Ao pesar ouro e prata, uma mina hebreia equivalia a 50 siclos, mas, em outras mercadorias, o padrão eram 60 siclos por mina. Na Babilônia, 60 siclos eram o padrão para a mina, tanto em se tratando de metais preciosos como em relação a cereais etc.

1) *Medidas de comprimento*. Em Israel, a unidade era o côvado comum, aprox. 46 cm de largura. Tabela:

4 dedos = 1 largura da mão, aprox. 7,5 cm (comp. Êx 37.12; veja *nota* anterior sobre o uso do termo "palmo" para esta medida nesta versão da Bíblia)

3 larguras da mão = 1 palmo, aprox. 22,5 cm (comp. 1Sm 17.4)

2 palmos = 1 côvado, aprox. 46 cm

1 côvado + 1 largura de mão = 1 côvado longo, aprox. 53,5 cm

6 côvados = 1 cana

6 côvados longos = 1 vara em Ez 40.5; aprox. 3 m

400 côvados = 1 estádio (comp. Lc 24.13), aprox. 180 m

2) *Medidas de capacidade para secos*. A unidade era o efa (Lv 19.36), aprox. 22 litros. Tabela:

6 cabos (comp. 2Rs 6.25; aprox. 1 litro por cabo) = 1 coro (comp. 2Cr 2.10)

3 medidas (2Rs 7.1) ou 10 ômeres (comp. Êx 16.16) = 1 efa (Êx 16.36), aprox. 22 litros

10 efas = 1 ômer (Ez 45.11) ou 1 coro (Ed 7.22), aprox. 220 litros

3) *Medidas de capacidade para líquidos*. A unidade era o bato (Is 5.10), aprox. 22 litros. A capacidade do bato equivalia à do efa. Tabela:

12 logues (comp. Lv 14.12 [caneca de azeite]; aprox. 0,3 litro por logue) = 1 him, aprox. 4 litros (comp. Nm 15.4)

6 hins = 1 bato (comp. Is 5.10)

10 batos = 1 ômer ou 1 coro (Ez 45.14), aprox. 220 litros

4) *Pesos*. Os hebreus usavam balanças e pesos (Lv 19.36) e pesavam dinheiro assim como outros produtos (Jr 32.10). Tabela (exceto para o sistema monetário):

10 geras (Êx 30.13) = 1 beca ou meio siclo (Êx 38.26), aprox. 5,5 g

20 geras = 1 siclo (Êx 30.13; Lv 27.25), aprox. 11 g

60 siclos = 1 mina (Ez 45.12), aprox. 600 g

60 minas = 1 talento (comp. 1Rs 9.14), aprox. 34 kg

Antes de 500 a.C., os hebreus não comerciavam com dinheiro, mas transações financeiras eram realizadas por meio de um sistema de troca. Veja Sistema Monetário (AT), Êx 30.13, *nota*. Veja tb. Tabela de Pesos e Medidas, no Apêndice.

18 Deles separou setenta mil para servirem de carreteiros, oitenta mil para cortadores de madeira na montanha, como também três mil e seiscentos inspetores para fazerem trabalhar o povo.

Salomão começa a edificar o templo do Senhor em Jerusalém (1Rs 6.1)

3 Então Salomão começou a edificar o templo do Senhor em Jerusalém, no monte [h]Moriá, onde o Senhor aparecera a Davi, seu pai, no lugar que Davi havia preparado na [i]eira de Araúna, o jebuseu.

2 Começou a edificar no segundo mês, no [j]segundo dia, no quarto ano do seu reinado.

Dimensões e materiais usados no templo (1Rs 6.2-38; 7.13-22)

3 Estas foram as medidas do alicerce que Salomão [k]lançou para edificar o templo de Deus: o comprimento em côvados, segundo a primitiva medida, era de sessenta [l]côvados, e a largura de vinte côvados.

4 O [m]pórtico que estava na frente tinha vinte côvados de comprimento, correspondendo à largura do templo, e a altura era de [1]cento e vinte. Dentro, ele cobriu de ouro puro.

5 [n]O [o]átrio principal forrou com madeira de cipreste e o cobriu de ouro fino, e gravou nele palmas e cadeias.

6 Adornou o templo de pedras preciosas. E o ouro era ouro de Parvaim.

7 Cobriu de ouro as traves e os umbrais, bem como as paredes e as suas portas, e lavrou querubins nas paredes.

8 Fez o [p]Santíssimo Lugar, cujo comprimento era de vinte côvados, correspondendo à largura da casa, e a sua largura era de vinte côvados. Cobriu-o de ouro puro do peso de seiscentos [q]talentos.

9 Os pregos eram de ouro e pesavam cinquenta siclos. Também cobriu de ouro os [r]cenáculos.

10 Fez no Santíssimo Lugar dois querubins de madeira e os [s]cobriu de ouro.

11 As asas dos querubins tinham vinte côvados de comprimento. A asa de um deles, de cinco côvados, tocava na parede do templo, e a outra asa, de cinco côvados, tocava na asa do outro querubim.

12 Da mesma forma, a asa do segundo querubim era de cinco côvados e tocava na parede do templo, e a sua outra asa, igualmente de cinco côvados, estava unida à asa do primeiro querubim.

13 As asas desses querubins se estendiam por vinte côvados. Eles estavam postos em pé, os seus rostos virados para o átrio principal.

14 Fez o [t]véu de azul, púrpura, carmesim e linho fino, e fez bordar nele querubins.

15 Fez na [u]frente do templo duas colunas de [v]trinta e cinco côvados de altura; e o capitel que estava sobre cada uma era de cinco côvados.

16 Fez cadeias, como no Santo dos Santos, e as pôs no alto das colunas. Fez também cem romãs, que pôs nas cadeias.

17 Levantou as colunas diante do templo, uma à direita e outra à esquerda. Chamou o nome da que estava à direita [w]Jaquim, e o nome da que estava à esquerda [x]Boaz.

O mobiliário do templo: altar de bronze, tanque de fundição etc. (1Rs 7.23-50)

4 Fez um [y]altar de bronze de vinte [z]côvados de comprimento, vinte de largura e dez de altura.

2 Fez o [a]tanque de fundição, de dez côvados de uma borda até a outra, redondo, e de cinco côvados de altura. Um fio de trinta côvados era a medida da sua circunferência.

3 Por baixo da sua borda havia figuras de bois que o cingiam ao redor, dez em cada côvado, contornando-o todo. Os bois estavam em duas fileiras, fundidas com o tanque.

4 O tanque estava sobre doze [b]bois; três olhavam para o norte, três para o ocidente, três para o sul e três para o oriente. Ele estava posto sobre os bois, cujas partes posteriores estavam para a banda de dentro.

5 Tinha quatro dedos de espessura, e a sua borda foi feita como a borda de um copo, ou como a flor de um lírio, e sua capacidade era de [c]três mil [d]batos.

6 Fez dez pias, e pôs cinco à direita e cinco à esquerda, para lavarem nelas o que pertencia ao holocausto, porém o tanque era para que os [e]sacerdotes se lavassem nele.

7 Fez dez [f]castiçais de ouro, segundo fora ordenado, e os pôs no templo, cinco à direita e cinco à esquerda.

8 Fez dez [g]mesas e as pôs no templo, cinco à direita e cinco à esquerda. Também fez cem [hh]bacias de ouro.

9 Fez o [2][ii]átrio dos sacerdotes e o átrio [jj]grande, como também as suas portas, as quais cobriu de bronze.

10 Pôs o tanque ao lado direito da casa, para a banda do oriente, para o sul.

11 Também fez as caldeiras, as pás e as bacias. Assim acabou [kk]Hirão de fazer a obra para o rei Salomão, no templo de Deus:

12 as duas colunas; os dois capitéis em forma de globo no alto das colunas; as duas redes para

h Gn 22.2-14
i 1Cr 21.15-28
j Veja Lv 23.2, nota
k 1Cr 28.11-19
l Veja pesos e medidas (AT): 2Cr 2.10, nota
m 1Rs 6.3; 1Cr 28.11
n 1Rs 6.15; Jr 22.14
o 1Rs 6.17
p Êx 26.33
q Veja sist. monetário (AT): Êx 30.13, nota
r 1Cr 28.11
s Comp. Êx 25.18,19
t Êx 26.31; Mt 27.51; Hb 9.3
u v. 15-17
v Comp. 1Rs 7.15; veja 1Cr 11.11, nota
w Ele estabelecerá
x Nele há fortaleza
y Comp. Êx 27.1-8
z Veja pesos e medidas (AT): 2Cr 2.10, nota
a 1Rs 7.23; Êx 30.17-21
b 1Rs 7.25; comp. Jr 52.20
c Comp. 1Rs 7.26; veja 1Cr 11.11, nota
d 1Rs 7.38,40
e Êx 30.19-21
f Comp. Êx 25.31-40; 1Rs 7.49
g Comp. Êx 25.23-30; 1Rs 7.48
hh 1Cr 28.17
ii 1Rs 6.36
jj 2Rs 21.5
kk Veja 1Rs 7.13, nota

[1] (3.4) A altura do pórtico. Comp. 1Rs 6.2 que afirma que a altura do edifício propriamente dito era de trinta côvados. Veja 1Cr 11.11, *nota*.
[2] (4.9) Não havia átrio dos sacerdotes no tabernáculo.

cobrir os dois capitéis em forma de globo que estavam no alto das colunas;

13 as quatrocentas romãs para as duas redes, duas fileiras de romãs para cada rede, para cobrirem os dois capitéis em forma de globo que estavam no alto das colunas;

14 as [l]bases, e as pias sobre as bases;

15 o tanque, e os doze bois debaixo dele;

16 as caldeiras, as pás, os garfos e todos os utensílios. Todos os objetos que fez Hirão-Abi para o rei Salomão, para o templo do Senhor, eram de bronze purificado.

17 Na planície do Jordão os fundiu o rei, na terra argilosa entre Sucote e Zeredá.

18 Fez Salomão todos estes utensílios em grande abundância, de maneira que não se podia determinar o peso do bronze.

19 Fez também Salomão todos os utensílios que eram para o templo de Deus: o altar de ouro, as mesas, sobre as quais estavam os [m]pães da proposição,

20 os castiçais com as suas lâmpadas de ouro puro, para as acenderem segundo o costume, perante o Santo dos Santos;

21 as flores, as lâmpadas e as tenazes eram de ouro, do mais puro ouro;

22 como também os garfos, as bacias, as taças, os incensários, de ouro finíssimo; quanto à entrada do templo, as suas portas de dentro do Santíssimo Lugar e as portas do templo, isto é, do santuário, eram de ouro.

A arca é introduzida: a glória do Senhor enche o templo (1Rs 7.51–8.11)

5 Assim se acabou toda a obra que Salomão fez para o templo do Senhor. Então trouxe Salomão as coisas [n]consagradas de seu pai Davi, a prata, o ouro, todos os utensílios e os pôs nos tesouros do templo de Deus.

2 [o]Convocou Salomão a Jerusalém os anciãos de Israel e todos os [p]cabeças das tribos, os cabeças de famílias dos filhos de Israel, para fazerem subir a arca da aliança do Senhor, da Cidade de Davi, que é Sião.

3 Todos os homens de Israel se congregaram ao rei na [q]festa, no [r]sétimo mês.

4 Vieram todos os anciãos de Israel. Os [s]levitas levantaram a arca

5 e a fizeram subir, com a tenda da congregação, e também todos os utensílios sagrados que nela estavam. Os sacerdotes levitas os fizeram subir.

6 Então o rei Salomão e toda a congregação de Israel, que se tinha congregado a ele, diante da arca, sacrificavam carneiros e bois, que não se podiam contar nem numerar por causa da sua multidão.

7 Assim puseram os sacerdotes a arca da aliança do Senhor no seu lugar, no [t]santuário mais interior, no Santo dos Santos, debaixo das asas dos querubins.

8 Os querubins estendiam as asas sobre o lugar da arca e cobriam a arca e os seus varais.

9 Os [u]varais eram tão compridos que as suas pontas, sobressaindo da arca, eram vistas do Santo Lugar, mas não se viam de fora; e ali estão até o dia de hoje.

10 [v]Nada havia na arca senão as [w]duas tábuas que Moisés ali tinha posto junto a Horebe, quando o Senhor fez aliança com os filhos de Israel, ao saírem eles do Egito.

11 Então os sacerdotes se retiraram do santuário. Todos os sacerdotes que se achavam presentes se tinham consagrado, sem observarem a ordem das suas [x]turmas.

12 Todos os levitas que eram [y]músicos — Asafe, Hemã, Jedutum, seus filhos e seus irmãos — vestidos de linho fino, com címbalos, com alaúdes e com harpas, estavam em pé ao oriente do altar, e com eles cento e vinte sacerdotes, que tocavam as trombetas.

13 Os trombeteiros e os cantores juntaram-se em uníssono, como uma só voz, para louvar ao Senhor e render-lhe graças. Acompanhados de trombetas, címbalos e outros instrumentos, ergueram a voz em louvor ao Senhor e cantaram: Ele é bom, o seu amor dura [z]para sempre. Então o templo do Senhor se encheu de uma [a]nuvem,

14 e os sacerdotes não podiam ter-se em pé, para ministrar, por causa da nuvem, pois a [b]glória do Senhor encheu o templo de Deus.

Sermão de Salomão (1Rs 8.12-21)

6 Então [c]disse Salomão: O Senhor declarou que habitaria em uma [d]nuvem escura;

2 eu te edifiquei um templo para morada, um lugar para a tua eterna [e]habitação.

3 Enquanto toda a congregação se mantinha em pé, voltou o rei o rosto e [f]abençoou a toda a congregação de Israel.

4 Então disse: Bendito seja o Senhor, Deus de Israel, que com as suas mãos cumpriu o que prometeu pela sua boca a Davi, meu pai. Pois [g]disse:

5 Desde o dia em que tirei o meu povo da terra do Egito, não escolhi cidade alguma de todas as tribos de Israel, para edificar nela um templo em que estivesse o meu nome, nem escolhi homem algum para ser chefe do meu povo Israel.

6 Agora, porém, [h]escolhi Jerusalém para que ali estivesse o meu nome, e escolhi [i]Davi para que estivesse sobre o meu povo Israel.

7 Davi, meu pai, teve no seu coração o propósito de [j]edificar um templo ao nome do Senhor, Deus de Israel.

[l] 1Rs 7.27-43
[m] Veja Êx 25.30, nota
[n] Santificação (AT): v. 5; 2Cr 29.5 (Gn 2.3; Zc 8.3)
[o] Comp. 2Sm 6.1,2; 1Cr 13.1-6
[p] Sl 47.9
[q] Lv 23.34; 2Cr 7.8-10
[r] Veja Lv 23.2, nota
[s] 1Cr 15.2,15
[t] 2Cr 4.20
[u] Êx 25.13-15
[v] Comp. Hb 9.4
[w] Êx 25.16; Dt 10.2-5
[x] 1Cr 24.1-5
[y] 1Cr 25.1-7
[z] 1Cr 16.34; 2Cr 7.3
[a] v. 11-14; veja Êx 40.34, nota
[b] Ez 43.5
[c] Êx 19.9; 20.21
[d] Sl 97.2
[e] 2Cr 7.12
[f] 2Sm 6.18
[g] 1Cr 17.5
[h] Dt 12.5-7; 2Cr 12.13
[i] 1Sm 16.7-13
[j] 2Sm 7.2; 1Cr 17.1; Sl 132.1-5

8 O Senhor, contudo, disse a Davi, meu pai: Porque tiveste no teu coração o propósito de edificar um templo ao meu nome, fizeste bem em ter isso no teu coração.

9 Contudo, tu não edificarás a casa, mas teu filho, que há de proceder de teus lombos, esse edificará o templo ao meu [k]nome.

10 Cumpriu o Senhor a promessa que fez. Eu me levantei em lugar de Davi, meu pai, e me [l]assentei sobre o trono de Israel, como o Senhor prometeu; e edifiquei o templo ao nome do Senhor, Deus de Israel.

11 Pus [m]nela a arca, em que está a aliança que o Senhor fez com os filhos de Israel.

A oração de Salomão para dedicar o templo (1Rs 8.22-61)

12 **S**alomão [n]pôs-se em pé [o]perante o altar do Senhor, diante de toda a congregação de Israel, e estendeu as mãos.

13 Ora, Salomão tinha feito uma plataforma de bronze, de cinco [p]côvados de comprimento, cinco de largura e três de altura, e a tinha posto no meio do pátio. Pôs-se em pé sobre ela, então se ajoelhou na presença de toda a congregação de Israel, estendeu as mãos para o céu

14 e [q]disse: Ó Senhor, Deus de Israel, [r]não há Deus semelhante a ti, nem no céu nem na terra, que guardas a [s]aliança e a beneficência aos teus servos que caminham perante ti de todo o seu coração.

15 Cumpriste em favor de teu servo Davi, meu pai, o que lhe [t]prometeste; com a tua boca o disseste e com a tua mão o cumpriste, como se vê neste dia.

16 Agora, Senhor, Deus de Israel, cumpre ao teu servo Davi, meu pai, o que prometeste, [u]dizendo: Nunca te faltará homem diante de mim, que se assente sobre o trono de Israel, se tão somente os teus filhos guardarem os seus caminhos, para andarem na minha lei, como tu andaste diante de mim.

17 E agora, ó Senhor Deus de Israel, confirme-se a tua palavra, que prometeste ao teu servo, a Davi.

18 **V**erdadeiramente, porém, habitará Deus com os homens na terra? [v]O céu e o céu dos céus não te podem conter, quanto menos este templo que edifiquei!

19 Todavia, atende à oração do teu servo e à sua súplica, ó Senhor, meu Deus, para ouvires o clamor e a oração, que o teu servo faz perante ti.

20 Que os teus olhos estejam dia e noite [w]abertos sobre este lugar, do qual disseste que ali porias o teu nome. Que ouças a oração que o teu servo fizer neste lugar.

21 Ouve as súplicas do teu servo e do teu povo Israel, que fizerem neste lugar. Ouve tu do lugar da tua habitação, do céu; ouve e [x]perdoa.

[k] 1Cr 28.3-6
[l] 1Rs 2.12; 10.9
[m] 2Cr 5.7-10
[n] Comp. 1Rs 3.15
[o] 2Cr 7.7-9
[p] Veja pesos e medidas (AT): 2Cr 2.10, nota
[q] Orações da Bíblia (AT): v. 12-42; 2Cr 14.11 (Gn 15.2; Hc 3.1)
[r] Êx 15.11; Dt 4.39
[s] Dt 7.9
[t] 1Cr 22.9,10
[u] 2Sm 7.12-16; 1Rs 2.4; 2Cr 7.18
[v] 2Cr 2.6; comp. Is 66.1
[w] 2Cr 7.15
[x] Mq 7.18
[y] Êx 22.8-11
[z] Jó 34.11
[a] v. 24-42; comp. Lv 26.14-16; Dt 28.15–30.10
[b] 2Rs 21.14,15
[c] Dt 28.23,24; 1Rs 17.1; comp. 18.45
[d] Mq 6.13
[e] 1Cr 28.9; Pv 21.2; 24.12
[f] 1Sm 16.7
[g] Veja Sl 19.9, nota
[h] Comp. Et 8.17

22 **Q**uando alguém pecar contra o seu próximo, e lhe for exigido que jure, e ele vier a [y]jurar diante do teu altar, neste templo,

23 ouve tu dos céus, age e julga a teus servos, pagando ao ímpio, lançando o seu proceder sobre a sua cabeça e justificando ao justo, dando-lhe segundo a sua [z]justiça.

24 **Q**uando também o [a]teu povo Israel for ferido diante do [b]inimigo, por ter pecado contra ti, e eles se converterem, confessarem o teu nome e orarem e suplicarem perante ti neste templo,

25 ouve tu dos céus e perdoa os pecados de teu povo Israel, faze-os tornar à terra que lhe deste e a seus pais.

26 **Q**uando os céus se [c]cerrarem, e não houver chuva, por terem pecado contra ti, e orarem neste lugar, confessarem teu nome e se converterem dos seus pecados, quando tu os afligires,

27 ouve tu dos céus, perdoa o pecado de teus servos e do teu povo Israel. Ensina-lhes o bom caminho, em que devem andar e dá chuva sobre a terra que deste ao teu povo em herança.

28 **Q**uando houver fome na terra ou peste, quando houver praga ou ferrugem, gafanhotos ou lagarta, quando o seu inimigo o cercar em qualquer das suas cidades, ou houver alguma praga ou [d]doença,

29 toda oração e súplica que qualquer homem ou todo o teu povo Israel fizer, conhecendo cada um a sua praga e a sua dor, e estendendo as mãos para este templo,

30 ouve tu dos céus, do assento da tua habitação. Perdoa e dá a cada um conforme a todos os seus caminhos, segundo vires o seu coração (pois só [e]tu conheces o [f]coração dos filhos dos homens),

31 a fim de que te [g]temam e andem nos teus caminhos, todos os dias que viverem na terra que deste a nossos pais.

32 Assim também ao [h]estrangeiro, que não é do teu povo Israel, mas vier de terras remotas por amor do teu grande nome, da tua poderosa mão e do teu braço estendido, vindo ele e orando neste templo,

33 ouve tu dos céus, do assento da tua habitação, e faze conforme tudo o que o estrangeiro te suplicar, a fim de que todos os povos da terra conheçam o teu nome e te temam, como o teu povo Israel, e saibam que pelo teu nome é chamado este templo que edifiquei.

34 Quando o teu povo sair à guerra contra os seus inimigos, pelo caminho que os enviares, e orarem a ti, voltados para esta cidade que escolheste e para este templo que edifiquei ao teu nome,

35 ouve tu dos céus a sua oração e a sua súplica e executa o seu direito.

36 **Q**uando pecarem contra ti (pois não [i]há homem que não peque), e tu te indignares contra eles e os entregares diante do inimigo, para que os levem [j]cativos a uma terra, longe ou perto,

37 e na terra para onde forem levados em cativeiro caírem em si e se converterem, e na terra do seu cativeiro a ti suplicarem, dizendo: Pecamos, perversamente procedemos e cometemos iniquidade;

38 se eles se converterem a ti de todo o seu coração e de toda a sua alma, na terra do seu cativeiro para onde os levaram presos, e orarem voltados para a sua terra, que deste a seus pais, para esta [k]cidade que escolheste e para este templo que edifiquei ao teu nome,

39 ouve tu dos céus, do assento da tua habitação, a sua oração e as suas súplicas e executa o seu direito. Perdoa ao teu povo que houver pecado contra ti.

40 Agora, ó meu Deus, estejam os teus olhos [l]abertos e os teus ouvidos atentos à oração que se fizer neste lugar.

41 [m]"Levanta-te, agora, Senhor Deus,
e vem para o teu repouso,
tu e a arca da tua fortaleza.
Os teus sacerdotes,
ó Senhor Deus,
sejam vestidos de salvação,
e os teus santos se regozijem no bem.

42 Ah! Senhor Deus,
não rejeites o teu ungido.
Lembra-te do [n]grande amor
que prometeste a teu servo Davi.

A confirmação divina

7 **Q**uando Salomão [o]acabou de orar, desceu [p]fogo do céu e consumiu o holocausto e os sacrifícios; e a glória do Senhor encheu o templo.

2 Os sacerdotes [q]não podiam entrar no templo do Senhor, porque a glória do Senhor tinha enchido o seu templo.

3 Todos os filhos de Israel, vendo descer o fogo e a glória do Senhor sobre o templo, ajoelharam-se com o rosto em terra sobre o pavimento e adoraram e louvaram ao Senhor, dizendo: Ele é [r]bom; o seu amor dura para sempre.

Sacrifícios oferecidos ao Senhor; festa e regozijo (1Rs 8.62-66)

4 **E**ntão o rei e todo o povo ofereceram sacrifícios perante o Senhor.

5 E o rei Salomão ofereceu em sacrifício vinte e dois mil bois e cento e vinte mil ovelhas. Assim o rei e todo o povo dedicaram o templo de Deus.

6 Os sacerdotes estavam em pé nos seus postos, como também os [s]levitas com os instrumentos de [t]música, que o rei Davi tinha feito para louvar ao Senhor e que eram usados quando ele rendia graças ao Senhor, dizendo: O seu amor dura para sempre. Os sacerdotes que tocavam as trombetas estavam diante deles, e todo o Israel estava em pé.

7 Salomão [u]consagrou o meio do átrio, que estava diante do templo do Senhor, e ali ofereceu os holocaustos e a gordura das ofertas pacíficas, porque no altar de bronze, que Salomão tinha feito, não podiam caber os holocaustos, as ofertas de manjares e a gordura.

8 **A**ssim, naquele tempo, celebrou Salomão a festa por sete dias, e todo o Israel com ele, uma grande congregação, [v]desde a entrada de Hamate até o rio do Egito.

9 No oitavo dia, [w]celebraram uma assembleia solene, pois por sete dias haviam celebrado a consagração do altar, e por sete dias, a festa.

10 No vigésimo terceiro dia do [x]sétimo mês, despediu o povo para as suas tendas, alegre e de bom ânimo pelo bem que o Senhor tinha feito a Davi e a Salomão, e a seu povo Israel.

11 **Q**uando Salomão [y]acabou a casa do Senhor e a casa do rei, e prosperamente efetuou tudo o que intentou fazer no templo do Senhor e no seu palácio,

O Senhor aparece segunda vez a Salomão (1Rs 9.1-9)

12 o Senhor lhe [z]apareceu de noite e lhe disse: Ouvi a tua oração e [a]escolhi para mim este [b]lugar para templo de sacrifício.

13 Quando eu [c]fechar os céus para que não chova, ou ordenar aos gafanhotos que consumam a terra, ou enviar a peste entre o meu povo,

14 se o meu povo, que se [d]chama pelo meu nome, se [e]humilhar, e orar e buscar a minha face, e se converter dos seus maus caminhos, então eu ouvirei dos céus, perdoarei os seus pecados e sararei a sua terra.

15 Agora estarão [f]abertos os meus olhos e atentos os meus ouvidos à oração que se fizer neste lugar.

16 Escolhi e consagrei este templo, para que o meu nome esteja nele perpetuamente. Nele estarão fixos os meus olhos e o meu coração todos os dias.

17 Quanto a ti, se andares diante de mim, como andou Davi, teu pai, e fizeres conforme tudo o que te ordenei, e guardares os meus estatutos e os meus juízos,

18 também confirmarei o trono do teu reino, conforme a aliança que fiz com Davi, teu pai, dizendo: [g]Não te faltará homem que governe em Israel.

19 **S**e, porém, vos desviardes e deixardes os meus estatutos e os meus mandamentos, que vos tenho proposto, e fordes e servirdes a outros deuses e vos prostrardes a eles,

---

i Pv 20.9; Ec 7.20; Rm 3.9,19,23; 5.12; Gl 3.10; Tg 3.2; 1Jo 1.8
j Dt 28.63-68
k Dn 6.10
l 2Cr 6.20
m Sl 132.8-10,16
n 2Sm 7.15; Sl 89.49; Is 55.3
o 1Rs 8.54
p Lv 9.24; Jz 6.21; 1Rs 18.38; 1Cr 21.26
q 2Cr 5.14
r Sl 136.1
s 1Cr 15.16
t 2Cr 5.12,13
u 1Rs 9.3
v 1Rs 4.21,24; 2Rs 14.25
w Lv 23.36
x Veja Lv 23.2, nota
y 1Rs 9.1
z 1Rs 3.5; 11.9
a Dt 12.5
b 2Cr 6.20
c Dt 28.23,24; 1Rs 17.1; 2Cr 6.26
d Dt 28.10; Is 43.7
e 2Cr 12.6,7
f 2Cr 6.20,40
g 2Sm 7.12-16; 1Rs 2.4; 2Cr 6.16

20 [h]então arrancarei a Israel da minha terra que lhes dei e lançarei da minha presença este templo que consagrei ao meu nome; farei com que seja por provérbio e [i]motivo de zombaria entre todos os povos.

21 E [j]deste templo, que é tão exaltado, qualquer que passar por ele se [k]espantará e perguntará: Por que fez o Senhor assim com esta [l]terra e com este templo?

22 E lhe responderão: Porque abandonaram o Senhor Deus de seus pais, que os tirou da terra do Egito, e se apegaram a outros deuses, e se prostraram a eles, e os serviram; por isso ele trouxe sobre eles todo este mal.

A fama e realizações de Salomão (1Rs 9.15-28; 4.1-34; 10.26-29)

8 [m]Ao fim de [n]vinte anos, nos quais Salomão edificou o templo do Senhor, e a seu próprio palácio,

2 edificou Salomão as cidades que [o]Hirão lhe tinha dado e fez habitar nelas os filhos de Israel.

3 **D**epois foi Salomão a Hamate-Zobá e a tomou.

4 Também edificou a Tadmor no deserto, e a todas as cidades-armazéns em [p]Hamate.

5 Edificou também a alta [q]Bete-Horom e a baixa Bete-Horom, cidades fortificadas com muros, portas e trancas;

6 como também a Baalate e todas as cidades-armazéns que Salomão tinha, e todas as cidades para os carros e os cavaleiros, e tudo o que, conforme o seu desejo, [r]quis edificar em Jerusalém, no Líbano e em toda a terra do seu domínio.

7 **T**odo o povo que tinha [s]ficado dos [t]heteus, amorreus, ferezeus, heveus e jebuseus, que não eram de Israel,

8 isto é, seus filhos, que restaram depois deles na terra, os quais os filhos de Israel não destruíram, Salomão os fez tributários, até o dia de hoje.

9 Dos filhos de Israel, porém, Salomão não fez escravo algum para a sua obra; eram os homens de guerra, chefes dos seus capitães, chefes dos seus carros e dos seus cavaleiros.

10 Eram também os [u]chefes dos oficiais que o rei Salomão tinha, duzentos e cinquenta, que presidiam sobre o povo.

11 Salomão fez subir a [v]filha de faraó da Cidade de Davi para o palácio que lhe tinha edificado, pois disse: Minha mulher não morará no palácio de Davi, rei de Israel, porque santos são os lugares nos quais entrou a arca do Senhor.

12 Ofereceu Salomão holocaustos ao Senhor, sobre o altar que tinha edificado diante do pórtico,

[h] Dt 28.63-68; 2Rs 25.1-7
[i] Sl 44.14
[j] 2Rs 25.9
[k] 2Cr 29.8
[l] Dt 29.24,25; Jr 22.8,9
[m] 1Rs 9.10-14
[n] 1Rs 6.38–7.1
[o] Veja 1Rs 7.13, nota
[p] 1Cr 18.3,9
[q] 1Cr 7.24
[r] 2Cr 7.11
[s] Jz 1.27-35; 2.1-3; comp. Dt 20.17; Js 3.10
[t] Veja 2Rs 7.6, nota
[u] Comp. 1Rs 9.23; veja 1Cr 11.11, nota
[v] 1Rs 3.1; 7.8; 11.1
[w] Nm 28.1–29.40
[x] Êx 23.14-17
[y] Lv 23.1-44
[z] 1Cr 24.1-31
[a] Comp. 1Cr 25.1-31
[b] Comp. 1Cr 26.1-19
[c] Comp. 1Cr 26.20-28
[d] 2Cr 20.36
[e] Chamado Elate em 2Rs 14.22
[f] 1Cr 29.4
[g] Comp. 1Rs 9.28; veja 1Cr 11.11, nota
[hh] Veja sist. monetário (AT): Êx 30.13, nota
[ii] v. 9-12; comp. Mt 12.42
[jj] Mt 12.42; Lc 11.31
[kk] Ne 1.11

13 segundo o dever de cada dia, fazendo ofertas [w]segundo o preceito de Moisés, nos sábados, nas luas novas e nas [x]três [y]festas anuais, a saber, na festa dos pães sem fermento, na festa das semanas e na festa dos tabernáculos.

14 **C**onforme a ordem de Davi, seu pai, designou as [z]turmas dos sacerdotes nos seus ministérios, como também as dos [a]levitas para os seus cargos, para louvarem a Deus e servirem diante dos sacerdotes, segundo exigia o dever de cada dia. Designou também os [b]porteiros, pelas suas turmas, a cada porta, porque assim havia mandado Davi, o homem de Deus.

15 Não se desviaram os sacerdotes e levitas do mandado do rei, em [c]coisa alguma, nem acerca dos tesouros.

16 Assim se executou toda a obra de Salomão, desde o dia da fundação do templo do Senhor até se acabar. Assim se concluiu o templo do Senhor.

17 **E**ntão foi Salomão a [1][d]Eziom-Geber e a [e]Elote, à praia do mar, na terra de Edom.

18 E Hirão enviou-lhe navios comandados por seus oficiais, que eram marinheiros experimentados. Estes foram a [f]Ofir com os servos de Salomão e de lá trouxeram quatrocentos e [g]cinquenta [hh]talentos de ouro, os quais entregaram ao rei Salomão.

Salomão e a rainha de Sabá (1Rs 10.1-13)

9 Quando a [ii]rainha de Sabá ouviu falar da fama de Salomão, [jj]veio a Jerusalém para testá-lo com enigmas. Chegando com uma grande comitiva, camelos carregados de especiarias, ouro em abundância e pedras preciosas, veio ter com Salomão e falou-lhe de tudo o que tinha no seu coração.

2 Salomão lhe respondeu a todas as suas perguntas; nada lhe houve difícil demais que não lhe soubesse explicar.

3 Vendo a rainha de Sabá a sabedoria de Salomão, o palácio que edificara,

4 as iguarias da sua mesa, o assentar dos seus oficiais, o serviço dos seus criados e os trajes deles, seus [kk]copeiros e os seus trajes, e os holocaustos que ele oferecia na casa do Senhor, ficou como fora de si.

5 E disse ao rei: Era verdade a palavra que ouvi na minha terra acerca dos teus feitos e da tua sabedoria.

6 Eu não cria, porém, no que se falava, até que vim e vi com os meus próprios olhos. Deveras, não me disseram a metade da grandeza da tua sabedoria; ultrapassaste a fama que ouvi.

[1] (8.17) Durante os anos de 1937 a 1940, foram feitas escavações em Tell el-Kheleifeh, a antiga Eziom-Geber, no golfo de Ácaba, e foram encontrados restos de refinarias de cobre do século X a.C., do período do reinado de Salomão. As refinarias, construídas sobre princípios similares aos das fundições modernas, estavam localizadas de modo que se pudesse utilizar da melhor maneira as correntes de ar que sopravam da depressão da Arabá vindas do norte.

7 Bem-aventurados os teus homens e estes teus servos, que estão sempre diante de ti e ouvem a tua sabedoria!

8 Bendito seja o Senhor, o teu Deus, que se agradou de ti para te pôr como rei sobre o seu trono, para ser rei pelo Senhor teu Deus. Porque o teu Deus [l]ama a Israel para o estabelecer perpetuamente; por isso constituiu-te rei sobre ele, para executares juízo e justiça.

9 Deu ao rei cento e vinte talentos de ouro, especiarias em grande abundância e pedras preciosas. Nunca houve tais especiarias quais a rainha de Sabá deu ao rei Salomão.

10 Também os servos de [m]Hirão e os servos de Salomão, que de Ofir tinham trazido ouro, trouxeram madeira de [n]sândalo e pedras preciosas.

11 Fez o rei, da madeira de sândalo, escadarias para o templo do Senhor e para a casa do rei, como também harpas e alaúdes para os músicos, quais nunca dantes se viram na terra de Judá.

12 O rei Salomão deu à rainha de Sabá tudo o que ela desejou e pediu; deu-lhe mais do que ela trouxera ao rei. Assim voltou e foi para a sua terra, ela e os seus servos.

As riquezas e o esplendor de Salomão (comp. 1Rs 4.1-34)

13 [o]O peso do ouro que se trazia cada ano a Salomão era de [p]seiscentos e sessenta e seis talentos,

14 fora o que os negociantes e mercadores traziam. Também todos os reis da Arábia e os governadores do país traziam a Salomão ouro e prata.

15 Fez Salomão duzentos escudos de ouro batido; para cada escudo mandou pesar seiscentos siclos de ouro batido.

16 Fez também trezentos [q]escudos de ouro batido; para cada escudo mandou pesar trezentos [r]siclos de ouro. Colocou-os o rei no [s]Palácio do bosque do Líbano.

17 Fez o rei um grande trono de marfim, e o cobriu de ouro puro.

18 O trono tinha seis degraus e um estrado de ouro, que eram ligados ao trono; de ambos os lados tinha braços junto ao lugar do assento e dois leões em pé junto aos braços.

19 Havia doze leões em pé de um e outro lado sobre os seis degraus. Outro tal não se fizera em nenhum reino.

20 Todas as taças do rei Salomão eram de ouro; todos os objetos do palácio do bosque do Líbano, de ouro puro. Nada era feito de prata, porque considerava-se a prata de pouco valor nos dias de Salomão.

21 Tinha o rei navios que iam a [t]Társis com os servos de Hirão. De três em três anos os navios voltavam de Társis, trazendo ouro, prata, marfim, macacos e pavões.

[l] Dt 7.8; 2Cr 2.11; Sl 44.3
[m] Veja 1Rs 7.13, nota
[n] Veja 1Rs 10.11, nota
[o] v. 13-28; 1Rs 10.14-29
[p] Comp. Dt 17.17; Ap 13.18
[q] Comp. 1Rs 14.26-28
[r] Veja pesos e medidas (AT): 2Cr 2.10, nota; comp. 1Rs 10.17
[s] 1Rs 7.2
[t] 2Cr 20.36,37
[u] 1Rs 20.11
[v] Comp. 1Rs 4.26; veja 1Cr 11.11, nota
[w] Dt 17.16; 2Cr 1.14; Is 2.7
[x] 2Cr 7.8; Sl 72.8
[y] Veja Dt 1.7, nota
[z] 1Rs 10.27
[a] 2Cr 1.15
[b] 1Rs 10.28
[c] Comp. 1Cr 29.29
[d] Veja 1Cr 29.29, nota
[e] 1Rs 4.21; 1Cr 29.28
[f] 1Rs 11.40
[g] Comp. Êx 1.14

22 Excedeu o rei Salomão a todos os reis da terra em riqueza e em sabedoria.

23 Todos os reis da terra procuravam ver o rosto de Salomão para ouvirem a sabedoria que Deus lhe pusera no coração.

24 Cada um trazia o seu presente: artigos de prata e de ouro, roupas, [u]armaduras, especiarias, cavalos e mulas, ano após ano.

25 Teve também Salomão [v]quatro mil manjedouras para os [w]cavalos de seus carros e doze mil cavaleiros, os quais mantinha nas cidades dos carros, e com o rei em Jerusalém.

26 [x]Dominava Salomão sobre todos os reis, desde o Rio até a terra dos filisteus, e até a fronteira do Egito.

27 Fez o rei que, em Jerusalém, houvesse [y]prata como pedras e cedros em tanta [z]abundância como as [a]figueiras bravas que há nas baixadas.

28 Do Egito e de todas aquelas terras [b]traziam cavalos a Salomão.

(Quanto ao fracasso de Salomão, veja 1Rs 11.1-40)

A morte de Salomão (1Rs 11.41-43)

29 Quanto ao [c]restante dos atos de Salomão, desde os primeiros até os últimos, porventura não estão escritos no [d]livro da história de Natã, o profeta, e na profecia de Aías, o silonita, e nas visões de Ido, o vidente, acerca de Jeroboão, filho de Nebate?

30 [e]Reinou Salomão em Jerusalém quarenta anos sobre todo o Israel.

31 Descansou com seus pais e foi sepultado na Cidade de Davi, seu pai. E Roboão, seu filho, reinou em seu lugar.

II. A história de Judá desde o reinado de Roboão até a destruição de Jerusalém e o cativeiro, 10–36

Ascensão e insensatez de Roboão (1Rs 12.1-15)

10 Foi Roboão a Siquém, pois todo o Israel tinha-se reunido ali para fazê-lo rei.

2 Ouvindo isso Jeroboão, filho de Nebate (o qual estava então no Egito, para onde [f]fugira da presença do rei Salomão), voltou do Egito.

3 De modo que mandaram chamá-lo, e veio Jeroboão com todo o Israel a Roboão e lhe disseram:

4 [g]Teu pai fez duro o nosso jugo, mas alivia tu agora a dura servidão de teu pai e o pesado jugo que nos impôs, e nós te serviremos.

5 Respondeu Roboão: Daqui a três dias voltai a mim. Pelo que o povo se foi.

6 O rei Roboão tomou conselho com os anciãos que estiveram perante Salomão seu pai, quando este ainda vivia. Perguntou-lhes: Como aconselhais vós que se responda a este povo?

7 Responderam eles: Se te fizeres benigno para com este povo e lhes falares boas palavras, eles sempre serão teus servos.

8 Ele, [h]porém, deixou o conselho que os anciãos
lhe deram e tomou conselho com os jovens que
haviam crescido com ele e estavam perante ele.
9 Perguntou-lhes: Que aconselhais vós? Que
responderemos a este povo, que me diz: Alivia
o jugo que teu pai nos impôs?
10 Os jovens que com ele haviam crescido lhe
responderam: Assim dirás a este povo, que te
disse: Teu pai agravou o nosso jugo, tu porém
alivia-nos. Assim lhe falarás: O meu dedo míni-
mo é mais grosso do que a cintura de meu pai.
11 O meu pai vos [i]impôs jugo pesado; eu ainda o
aumentarei. Ele vos castigou com açoites; eu vos
castigarei com escorpiões.

O reino dividido: Jeroboão torna-se rei sobre Israel (1Rs 12.16-19)

12 **V**eio [j]Jeroboão e todo o povo a Roboão, ao
terceiro dia, como o rei tinha dito: Voltai a mim
ao terceiro dia.
13 O rei lhes respondeu asperamente e, dei-
xando o conselho dos anciãos,
14 seguiu o conselho dos jovens e disse: Meu
pai agravou o vosso jugo; eu lhes acrescentarei
ainda mais. Meu pai vos castigou com açoites;
eu vos castigarei com escorpiões.
15 Assim o rei não deu ouvidos ao povo, [k]pois
esta mudança vinha de Deus, para que o Senhor
confirmasse a sua [l]palavra, a qual falara por in-
termédio de Aías, o silonita, a Jeroboão, filho
de Nebate.
16 Vendo todo o Israel que o rei não lhe dava
ouvidos, respondeu-lhe:

Que parte temos nós com Davi?
Não temos herança no filho de Jessé.
Cada um às suas [m]tendas, ó [1]Israel!
Cuida agora da tua casa, ó Davi.

Assim todo o Israel se foi para as suas tendas.
17 Quanto, porém, aos filhos de Israel que habita-
vam nas cidades de Judá, sobre eles reinou Roboão.
18 Então o rei Roboão enviou a [n]Adorão, que es-
tava sobre os que trabalhavam forçados, porém
os filhos de Israel o apedrejaram, e ele morreu.
Porém o rei Roboão conseguiu tomar o seu carro
e fugir para Jerusalém.
19 Assim os israelitas se mantêm rebelados
contra a dinastia de Davi até o dia de hoje.

Roboão, proibido por Deus de atacar Jeroboão, fortifica Judá (comp. 1Rs 12.21-24)

11 Vindo Roboão a Jerusalém, convocou das
tribos de Judá e de Benjamim cento e oiten-
ta mil escolhidos, destros na guerra, para [o]pelejar
contra Israel a fim de restituírem o reino a Roboão.
2 Veio, porém, a palavra do Senhor a [p]Semaías,
homem de Deus:
3 Dize a Roboão, filho de Salomão, rei de Judá,
e a todo o Israel, em Judá e Benjamim:
4 Assim diz o Senhor: Não subireis, nem pele-
jareis contra os vossos [q]irmãos. Volte cada um
para sua casa, pois de mim proveio isto. Pelo que
ouviram as palavras do Senhor e desistiram de ir
contra Jeroboão.
5 **H**abitou Roboão em Jerusalém e edificou ci-
dades para fortalezas, em Judá.
6 Edificou Belém, Etã, Tecoa,
7 Bete-Zur, Socó, Adulão,
8 Gate, Maressa, Zife,
9 Adoraim, Laquis, Azeca,
10 Zorá, Aijalom e Hebrom, que estão em Judá
e em Benjamim, cidades fortes.
11 Fortificou estas cidades e pôs nelas coman-
dantes, e armazéns de víveres, de azeite e de vinho.
12 Pôs em cada cidade escudos e lanças; forti-
ficou-as grandemente. Judá e Benjamim ficaram-
-lhe sujeitas.

Roboão é apoiado pelos sacerdotes e levitas refugiados (v. 17)

13 **T**ambém os [r]sacerdotes e os levitas, que ha-
via em todo o Israel, se ajuntaram a ele de todos
os seus termos.
14 Os levitas até [s]abandonaram os seus arra-
baldes e os seus bens e vieram para Judá e para
Jerusalém, porque Jeroboão e seus filhos os [t]lan-
çaram fora, para que não ministrassem ao Senhor.

Jeroboão constitui falsos sacerdotes

15 E constituiu Jeroboão para si sacerdotes pa-
ra os [u]altos, para os demônios e para os bezerros
que fizera.
16 Além desses, de todas as tribos de Israel, os
que determinaram no coração [v]buscar ao Senhor, o
Deus de Israel, também [w]vieram a Jerusalém, para
oferecer sacrifícios ao Senhor Deus de seus pais.
17 Assim fortaleceram o reino de Judá e [x]apoia-
ram a Roboão, filho de Salomão, por três anos,
andando no caminho de Davi e Salomão duran-
te esse tempo.

(Quanto ao reinado de Jeroboão, veja 1Rs 12.25–14.18)

A família de Roboão

18 **R**oboão tomou por mulher a Maalate, filha de
Jerimote, filho de Davi, e a Abiail, filha de [y]Eliabe,
filho de Jessé.

[h] v. 8-11; 1Rs 12.8-11
[i] Comp. Êx 5.5-9
[j] 1Rs 12.12-14
[k] v. 14; Jz 14.4; 1Cr 5.22; 2Cr 11.4; 22.7; 25.20
[l] 1Rs 11.29-39
[m] v. 19; comp. 2Sm 19.43–20.2
[n] Chamado Adonirão, um nome israelita, em 1Rs 4.6; 5.14;
[o] Comp. v. 4
[p] 2Cr 12.5-8,15
[q] Comp. 2Cr 28.8-11
[r] v. 14-16
[s] Nm 35.2-8; Js 21.11-41
[t] 2Cr 13.9
[u] Veja Jz 3.7 e 1Rs 3.2, notas
[v] 2Cr 14.7
[w] 2Cr 15.9
[x] 2Cr 12.1,13
[y] 1Sm 16.6

[1] (10.16) "Israel", as outras dez tribos além de Judá e Benjamim, geralmente denominadas de Israel para diferenciá-las de Judá. Esta divisão do reino marca uma época de grande importância na história da nação. Veja 2Rs 17.23, *nota*.

19 Ela lhe deu filhos: Jeús, Semarias e Zaã.

20 Depois dela tomou a [z]Maaca, filha de [a]Absalão, que lhe deu [b]Abias, Atai, Ziza e Selomite.

21 Roboão amava mais Maaca, filha de Absalão, do que a todas as suas outras [c]mulheres e concubinas. Ao todo teve ele dezoito mulheres e sessenta concubinas, vinte e oito filhos e sessenta filhas.

22 Roboão [d]designou [e]Abias, filho de Maaca, chefe entre seus irmãos, a fim de fazê-lo rei.

23 Usou de prudência, distribuindo todos os seus filhos por entre todas as terras de Judá e Benjamim, por todas as cidades [f]fortificadas. Deu-lhes provisões em abundância e lhes conseguiu muitas mulheres.

A apostasia de Roboão (1Rs 14.21-24)

12 **H**avendo Roboão confirmado o reino e havendo-se fortalecido, [g]deixou a lei do Senhor, e com ele todo o Israel.

O juízo de Deus por meio de Sisaque, rei do Egito (1Rs 14.25-28)

2 Pelo que, no ano quinto do rei Roboão, [h]Sisaque, rei do Egito, subiu contra Jerusalém (porque tinham sido infiéis ao Senhor),

3 com mil e duzentos carros e sessenta mil cavaleiros; era inumerável a gente que vinha com ele do Egito, de [i]líbios, suquitas e etíopes.

4 Tomou as cidades fortificadas de Judá e veio a Jerusalém.

O arrependimento produz trégua

5 Então veio [j]Semaías, o profeta, a Roboão e aos líderes de Judá que se reuniram em Jerusalém por causa de Sisaque e lhes disse: Assim diz o Senhor: [k]Vós me deixastes a mim, pelo que agora eu vos abandono nas mãos de Sisaque.

6 Então se [l]humilharam [m]os líderes de Israel e o rei e disseram: O Senhor é justo.

7 **V**endo o Senhor que se humilhavam, veio a palavra do Senhor a Semaías: Humilharam-se, não os destruirei, mas em breve lhes darei socorro, para que o meu [n]furor não se derrame sobre Jerusalém, por intermédio de Sisaque.

8 Serão, porém, seus servos, para que conheçam a diferença da minha [o]servidão e da servidão dos reinos da terra.

9 Subiu Sisaque, rei do Egito, contra Jerusalém e tomou os tesouros do templo do Senhor e os tesouros do palácio do rei. Levou tudo, [p]inclusive os [q]escudos de ouro que Salomão fizera.

10 Por isso fez o rei Roboão para substituí-lo escudos de bronze e os entregou aos capitães da guarda, que guardavam a porta da casa do rei.

11 Sempre que o rei ia ao templo do Senhor, os da guarda iam com ele, levando os escudos, e depois os tornavam a pôr na câmara da guarda.

12 E humilhando-se ele, a ira do Senhor se desviou dele para que não o destruísse de todo. Deveras, em Judá ainda havia boas coisas.

A morte de Roboão (1Rs 14.21,29,31)

13 **F**ortificou-se o rei Roboão em Jerusalém e continuou [r]reinando. Roboão era da idade de quarenta e um anos quando começou a reinar e dezessete anos reinou em Jerusalém, a cidade que o Senhor [s]escolheu dentre todas as tribos de Israel para pôr ali o seu nome. Era o nome de sua mãe Naamá, [t]amonita.

14 Fez o que era mau, [u]porque não preparou o seu coração para buscar ao Senhor.

15 **Q**uanto aos mais atos de Roboão, assim os primeiros como os últimos, porventura não estão escritos nos [v]livros de Semaías, o profeta, e de [w]Ido, o vidente, na relação das genealogias? Houve [x]guerra entre Roboão e Jeroboão todos os seus dias.

16 Descansou Roboão com seus pais e foi sepultado na Cidade de Davi. E [y]Abias, seu filho, reinou em seu lugar.

Abias sucede a Roboão: guerra entre Judá e Israel (1Rs 15.1-7)

13 [zz]No décimo oitavo ano do rei Jeroboão, Abias começou a reinar sobre [aa]Judá.

2 Três anos reinou em Jerusalém. Era o nome de sua mãe [bb]Micaía, filha de Uriel de Gibeá. Houve guerra entre Abias e Jeroboão.

3 Abias ordenou a peleja com um exército de homens valentes, [cc]quatrocentos mil homens escolhidos, e Jeroboão dispôs contra ele a batalha com oitocentos mil homens escolhidos, todos homens valentes.

4 Pôs-se Abias em pé no alto do monte [dd]Zemaraim, que está nas montanhas de Efraim, e disse: Ouvi-me, Jeroboão e todo o Israel:

5 Não vos convém saber que o Senhor Deus de Israel [ee]deu para sempre a Davi a soberania sobre Israel, a ele e a seus filhos, por uma aliança de [ff]sal?

6 Contudo levantou-se Jeroboão, filho de Nebate, servo de Salomão, filho de Davi, e se [gg]rebelou contra seu senhor.

7 Ajuntaram-se a ele homens vadios, filhos de Belial, e fortificaram-se contra Roboão, filho de Salomão; sendo Roboão ainda [hh]jovem e indeciso de coração, não lhes podia resistir.

8 **A**gora pretendeis resistir ao reino do Senhor, que está nas mãos dos filhos de Davi. Sois deveras uma grande multidão e tendes convosco os bezerros de ouro [ii]que Jeroboão vos fez para deuses.

9 Não [jj]lançastes fora os sacerdotes do Senhor, os filhos de Arão e os levitas? Não fizestes para vós sacerdotes, como as gentes das outras terras? Qualquer que vem a [kk]consagrar-se com um novilho e sete carneiros logo se faz sacerdote daqueles [ll]que não são deuses.

[z] Chamada Micaía, filha de Uriel, em 2Cr 13.2
[a] 1Rs 15.2
[b] 1Rs 14.31
[c] Dt 17.17
[d] Dt 21.15-17
[e] 2Cr 13.1
[f] 2Cr 11.5
[g] v. 14
[h] 1Rs 11.40
[i] 2Cr 16.8
[j] 2Cr 11.2
[k] Comp. 2Cr 15.2
[l] Comp. 2Cr 6.24,25
[m] Comp. 2Cr 7.14; 34.27
[n] Comp. 2Cr 34.25
[o] Dt 28.47,48
[p] Comp. 2Rs 24.13
[q] 2Cr 9.16
[r] 1Rs 14.21
[s] 2Cr 6.6
[t] 1Rs 11.1,5
[u] Comp. 1Sm 7.3; 1Cr 29.18; 2Cr 27.6; 30.19
[v] Veja 1Cr 29.29, nota
[w] 2Cr 9.29; 13.22
[x] 1Rs 14.30
[y] 1Rs 14.31; 2Cr 11.20-22
[zz] 1Rs 15.1
[aa] 1Rs 15.2
[bb] Chamada Maaca, filha de Absalão, em 2Cr 11.20 e 1Rs 15.2
[cc] Comp. 2Cr 11.1; 14.8
[dd] Js 18.22
[ee] 2Sm 7.8-16
[ff] Nm 18.19
[gg] 1Rs 11.26
[hh] 2Cr 12.13
[ii] 1Rs 12.28; 14.9; Os 8.4-6; comp. Êx 32.1-4
[jj] 2Cr 11.13-15
[kk] Êx 29.29-33
[ll] Jr 2.11; 5.7

10 Quanto, porém, a nós, o Senhor é nosso [m]Deus, e nunca o deixamos. Os sacerdotes, que ministram ao Senhor, são filhos de Arão e os levitas na sua obra.

11 Queimam perante o Senhor cada manhã e cada tarde holocausto e incenso aromático, dispondo os [n]pães da proposição sobre a mesa pura e o castiçal de ouro e as suas lâmpadas para se acenderem cada tarde, porque nós temos guardado os preceitos do Senhor, o nosso Deus. Porém vós o deixastes.

12 Deus está conosco, à nossa [o]frente, como também os seus sacerdotes, com as [p]trombetas, para dar alarme contra vós. Ó filhos de Israel, [q]não pelejeis contra o Senhor Deus de vossos pais, porque não prosperareis.

13 Ora, Jeroboão havia armado uma emboscada, para atacar Judá pela retaguarda, de maneira que as suas forças estavam em frente de Judá e a emboscada por detrás.

14 Judá voltou-se e viu que tinham de pelejar por diante e por detrás. Então [r]clamaram ao Senhor. Os sacerdotes tocaram as trombetas,

15 e os homens de Judá gritaram. Gritando os homens de Judá, Deus feriu Jeroboão e todo o Israel diante de Abias e de Judá.

16 Os filhos de Israel fugiram de diante de Judá, mas Deus os entregou nas suas mãos.

17 Abias e o seu povo fizeram grande matança entre eles, de maneira que caíram feridos de Israel [s]quinhentos mil homens escolhidos.

18 Assim foram humilhados os filhos de Israel naquele tempo, e os filhos de Judá prevaleceram, porque [t]confiaram no Senhor Deus de seus pais.

19 Abias perseguiu a Jeroboão e tomou as cidades de Betel, Jesana e Efrom, com seus arrabaldes.

A morte de Jeroboão (1Rs 14.19,20)

20 Jeroboão não recobrou mais a sua força nos dias de Abias. E o Senhor o [u]feriu, e ele morreu.

(O reinado de Nadabe precede o relato abaixo. Veja 1Rs 15.25-31)

A família de Abias

21 Abias, porém, se fortificou e tomou para si catorze mulheres, e teve vinte e dois filhos e dezesseis filhas.

22 Quanto ao restante dos atos de Abias, tanto os seus caminhos como as suas palavras, estão escritos na [v]história do profeta Ido.

A morte de Abias; Asa reina em seu lugar

14 E descansou Abias com seus pais e foi sepultado na Cidade de Davi. E Asa, seu filho, reinou [w]em seu lugar. Nos seus dias houve paz na terra durante dez anos.

[m] Js 24.15
[n] Veja Êx 25.30, nota
[o] Js 5.13-15; Hb 2.10
[p] Nm 10.8,9
[q] Comp. At 5.39
[r] Js 24.7; 2Cr 6.34,35; 14.11
[s] Comp. 2Cr 13.3; veja 1Cr 11.11, nota
[t] 2Cr 14.11
[u] 1Sm 2.6; 25.38; At 12.23
[v] 2Cr 9.29; 12.15; veja 1Cr 29.29, nota
[w] 1Rs 15.8
[x] Veja Jz 3.7 e 1Rs 3.2, notas
[y] Veja Dt 16.21, nota
[z] 2Cr 7.14
[a] v. 1
[b] 2Cr 15.15
[c] 1Cr 12.2
[d] 2Cr 13.3
[e] 2Cr 12.3; 16.8
[f] Orações da Bíblia (AT): v. 11; 2Cr 20.6 (Gn 15.2; Hc 3.1)
[g] 1Sm 14.6
[h] 1Sm 17.45
[i] Dt 11.25; Js 2.9; 2Cr 17.10
[j] Espírito Santo (AT): v. 1; 2Cr 20.14 (Gn 1.2; Zc 12.10)
[k] 15.8

Primeiras reformas de Asa (1Rs 15.11)

2 Asa fez o que era bom e reto aos olhos do Senhor seu Deus.

3 Tirou os altares dos deuses estranhos e os [x]altos, e quebrou as [y]colunas e cortou os postes sagrados.

4 Mandou a Judá que [z]buscasse ao Senhor Deus de seus pais e que observasse a lei e o mandamento.

5 Tirou de todas as cidades de Judá os altos e os altares do incenso, e [a]o reino esteve em paz sob seu governo.

Asa derrota Zerá, o etíope

6 Edificou cidades fortificadas em Judá, pois a terra estava em [b]paz. Não havia guerra contra ele naqueles anos, pois o Senhor lhe dera repouso.

7 Disse a Judá: Edifiquemos estas cidades e cerquemo-las de muros e torres, portas e ferrolhos. A terra ainda está em paz diante de nós, porque buscamos ao Senhor nosso Deus; buscamo-lo, e ele nos deu repouso em redor. Portanto, edificaram e prosperaram.

8 Tinha Asa um exército de trezentos mil homens de Judá, que traziam escudos e lanças, e duzentos e oitenta mil de Benjamim, que traziam escudo e atiravam de [c]arco. Todos esses eram homens [d]valentes.

9 Zerá, o [e]etíope, saiu contra eles, com um exército de um milhão de homens e trezentos carros, e chegou até Maressa.

10 Saiu Asa contra ele e ordenaram a batalha no vale de Zefatá, junto a Maressa.

11 Asa [f]clamou ao Senhor seu Deus e disse: Senhor, [g]não há ninguém como tu que possa ajudar o fraco contra o poderoso. Ajuda-nos, ó Senhor nosso Deus, pois em ti confiamos e [h]no teu nome viemos contra esta multidão. Senhor, tu és nosso Deus; não prevaleça contra ti o homem.

12 Feriu o Senhor os etíopes diante de Asa e diante de Judá. Os etíopes fugiram,

13 e Asa e o povo que estava com ele os perseguiram até Gerar. Caíram tantos dos etíopes que já não havia neles resistência alguma; foram destroçados diante do Senhor e diante do seu exército. Os homens de Judá levaram dali grande despojo.

14 Destruíram todas as cidades nos arredores de Gerar, pois o [i]terror do Senhor tinha vindo sobre eles. Saquearam todas as cidades, visto que nelas havia muita presa.

15 Feriram também os acampamentos dos pastores e levaram muitas ovelhas, bodes e camelos. Então voltaram para Jerusalém.

O profeta Azarias adverte Asa

15 Veio o [j]Espírito de Deus sobre Azarias, filho de [k]Obede.

2 Ele saiu ao encontro de Asa e lhe disse: Ouvi-me, Asa, e todo o Judá, e Benjamim. O Senhor

está convosco, quando [l]vós estais com ele. Se o buscardes, o achareis; porém, se o deixardes, ele vos deixará.

3 [m]Israel esteve por muito tempo sem o verdadeiro Deus, sem [n]sacerdote que o ensinasse e sem [o]lei.

4 Na sua angústia, porém, se converteram ao Senhor, Deus de Israel, e o buscaram, e o [p]acharam.

5 Naqueles tempos, não havia paz nem para os que saíam nem para os que entravam, mas muitas perturbações sobre todos os habitantes daquelas terras.

6 Uma nação despedaçava a outra nação, e uma cidade a outra cidade, porque Deus as conturbava com todo tipo de angústia.

7 Quanto a vós, porém, esforçai-vos, e não desfaleçam as vossas mãos, pois a vossa obra terá uma recompensa.

A reação de Asa: mais reformas de grande alcance (1Rs 15.12-15)

8 **O**uvindo Asa estas palavras e a profecia do profeta, filho de Obede, esforçou-se. Tirou as abominações de toda a terra de Judá e de Benjamim, como também das cidades que tomara na região montanhosa de [q]Efraim. Renovou o altar do Senhor, que estava diante do pórtico do Senhor.

9 Congregou todo o Judá e Benjamim, e com eles os estrangeiros [r]de Efraim e Manassés, e de Simeão, pois de Israel [s]vinham a ele em grande número, quando viram que o Senhor seu Deus era com ele.

10 Ajuntaram-se em Jerusalém no [t]terceiro mês, no décimo quinto ano do reinado de Asa.

11 Nesse tempo, ofereceram em sacrifício ao Senhor, do [u]despojo que trouxeram, seiscentos bois e seis mil ovelhas.

12 Entraram em [v]aliança de buscarem o Senhor, Deus de seus pais, de todo o seu coração, e de toda a sua alma.

13 Todo aquele que não buscasse ao Senhor, Deus de Israel, seria [w]morto, tanto pequeno como grande, homem ou mulher.

14 Juraram ao Senhor, em alta voz, com júbilo, com trombetas e buzinas.

15 Todo o Judá se alegrou deste juramento, porque de todo o seu coração juraram. De toda a boa vontade [x]buscaram ao Senhor e o acharam. Pelo que o Senhor lhes deu [y]repouso em redor.

16 **O** rei Asa também depôs Maaca, sua [z]mãe, para que não fosse mais rainha-mãe, porque ela fizera um abominável ídolo [a]Aserá. Asa destruiu o seu horrível ídolo, o despedaçou e o queimou junto ao vale do Cedrom.

17 Embora não tenha tirado os [b]altos de [c]Israel, o coração de Asa foi [d]perfeito todos os seus dias.

18 Trouxe as coisas que seu pai tinha consagrado e as coisas que ele mesmo tinha consagrado à casa de Deus: prata, ouro e utensílios.

19 Não houve guerra até o trigésimo quinto ano do reinado de Asa.

Asa, numa aliança com a Síria, faz guerra contra Baasa (1Rs 15.16-20)

16 **N**o trigésimo sexto ano do reinado de Asa, Baasa, rei de Israel, subiu contra Judá e edificou a Ramá, para não deixar [e]ninguém sair do território de Asa, rei de Judá, nem entrar nele.

2 Então tirou Asa a prata e o ouro dos tesouros do templo de Deus e da casa do rei e enviou mensageiros a Ben-Hadade, rei da Síria, que habitava em Damasco, dizendo:

3 Haja aliança entre mim e ti, como houve entre o meu pai e o teu. Vê, eu te envio prata e ouro. Agora anula a tua aliança com Baasa, rei de Israel, para que se retire de mim.

4 Ben-Hadade deu ouvidos ao rei Asa e enviou os comandantes dos seus exércitos contra as cidades de Israel. Feriram Ijom, Dã, Abel-Maim e todas as cidades-armazéns de Naftali.

5 Ouvindo-o Baasa, deixou de edificar Ramá e não continuou a sua obra.

6 Então o rei Asa reuniu todos os homens de Judá, e eles levaram as pedras de Ramá e a sua madeira, com que Baasa edificara. Com elas edificou Geba e Mispa.

(Para uma narrativa mais completa sobre Baasa, veja 1Rs 15.27–16.7)

Asa, quando repreendido por Hanani, manda prender o profeta

7 **N**esse tempo, veio [f]Hanani, o vidente, ter com Asa, rei de Judá, e lhe disse: Porque confiaste no rei da [g]Síria e não confiaste no Senhor teu Deus, o exército do rei da Síria escapou das tuas mãos.

8 Não foram os [h]etíopes e os líbios um grande exército, com muitíssimos carros e cavaleiros? Confiando tu, porém, no Senhor, ele os entregou nas tuas [i]mãos.

9 [j]Pois os olhos do Senhor passam por toda a terra, para mostrar-se forte para com aqueles cujo coração é [k]perfeito para com ele. Procedeste loucamente; desde agora haverá guerras contra ti.

10 Por causa disso, Asa se indignou contra o vidente; ficou tão enfurecido que o lançou na casa do [ll]tronco. Nesse mesmo tempo, Asa oprimiu a alguns do povo.

(Os reinados de Elá, Zinri, Tibni, Onri e a ascensão de Acabe precedem o relato abaixo. Veja 1Rs 16.6-34)

A enfermidade e morte de Asa (1Rs 15.23,24)

11 **Q**uanto aos [mm]atos de Asa, tanto os primeiros como os últimos, estão escritos no livro dos reis de Judá e Israel.

[l] Comp. 2Cr 20.14-17
[m] Comp. 1Rs 12.28-33
[n] 2Rs 12.2
[o] 2Cr 17.8,9
[p] Dt 4.29
[q] 2Cr 13.19
[r] v. 3
[s] Comp. 2Cr 11.16
[t] Veja Lv 23.2, nota
[u] 2Cr 14.13-15
[v] 2Cr 23.16
[w] Êx 22.20; Dt 13.5-10
[x] v. 2
[y] 2Cr 14.7
[z] Avó. 1Rs 15.2,10
[a] Veja Dt 16.21, nota
[b] Veja Jz 3.7 e 1Rs 3.2, notas
[c] O Reino do Norte, as dez tribos
[d] Veja Fp 3.12, nota
[e] Refere-se a seus súditos, v. 5,6; 2Cr 15.9
[f] 2Cr 19.2
[g] v. 2-4; 2Cr 32.8-10; Sl 118.9; Jr 17.5
[h] 2Cr 14.9
[i] 2Cr 13.16
[j] Jó 34.21,22; Pv 5.21; Jr 16.17; Zc 4.10
[k] Veja Fp 3.12, nota
[ll] Comp. Jr 32.2,3; Dn 6.16,17; Mt 14.3
[mm] 2Cr 14.2

12 No trigésimo nono ano de seu reinado, Asa caiu doente dos pés. Embora a sua enfermidade fosse muito grave, contudo até mesmo na sua doença [n]não buscou ao Senhor, mas aos médicos.

13 No quadragésimo primeiro ano do seu reinado, morreu Asa e descansou com seus pais.

14 Sepultaram-no no seu sepulcro, que tinha cavado para si na Cidade de Davi. Deitaram-no num leito repleto de especiarias e diversos perfumes; fizeram em sua honra um grande [o]fogo.

Jeosafá sucede Asa (1Rs 15.24)

17 [p]Jeosafá, seu filho, [q]reinou em seu lugar e fortificou-se contra Israel.

2 Pôs tropas em todas as cidades fortificadas de [r]Judá e guarnições na terra de Judá, como também nas cidades de Efraim, que [s]Asa seu pai tinha tomado.

Jeosafá institui reformas e anda nos caminhos de Deus

3 O Senhor foi com Jeosafá, porque nos primeiros anos andou nos caminhos de Davi, seu [1]pai, e não buscou aos baalins.

4 Antes buscou ao Deus de seu pai e andou nos seus mandamentos, e não segundo as obras de [t]Israel.

5 O Senhor confirmou o reino nas suas mãos, e todo o Judá [u]trouxe presentes a Jeosafá, o qual teve riquezas e glória em [v]abundância.

6 Encorajou-se o seu coração nos caminhos do Senhor; além disso, tirou os [w]altos e os [x]postes sagrados de Judá.

7 No terceiro ano do seu reinado, enviou os seus oficiais Ben-Hail, Obadias, Zacarias, Natanael e Micaías, para ensinarem nas cidades de Judá.

8 Com eles estavam os levitas Semaías, Netanias, Zebadias, Asael, Semiramote, Jônatas, Adonias, Tobias, Tobe-Adonias, e os sacerdotes Elisama e Jorão.

9 Ensinaram em Judá, e tinham consigo o livro da lei do Senhor; percorreram todas as cidades de Judá, ensinando entre o [y]povo.

O poder crescente de Jeosafá; seus valentes

10 **V**eio o [z]temor do Senhor sobre todos os reinos das terras que estavam em roda de Judá, e não guerrearam contra Jeosafá.

11 Alguns entre os filisteus traziam presentes a Jeosafá, e prata como [a]tributo, e os árabes lhe traziam rebanhos: sete mil e setecentos carneiros e sete mil e setecentos bodes.

12 Cresceu Jeosafá e se engrandeceu sobremaneira; edificou fortalezas e cidades-armazéns em Judá.

[n] Comp. 2Rs 20.1-5
[o] Comp. 2Cr 21.18,19
[p] 2Cr 20.31
[q] 1Rs 15.24
[r] 2Cr 11.5
[s] 2Cr 15.8
[t] O Reino do Norte, as dez tribos
[u] 1Rs 10.25
[v] 2Cr 18.1
[w] Comp. 2Cr 15.17; veja Jz 3.7 e 1Rs 3.2, notas
[x] Veja Dt 16.21, nota
[y] Dt 6.4-9; 2Cr 35.3; Ne 8.3; comp. 2Cr 15.3
[z] 2Cr 14.14
[a] 2Cr 9.14; 26.8
[b] Veja 1Cr 11.11, nota
[c] Jz 5.9
[d] Comp. 1Cr 4.10
[e] 17.2
[f] 2Cr 17.5
[g] 1Rs 22.44; comp. 2Cr 19.1-3
[h] 1Rs 22.40
[i] Êx 23.2
[j] Comp. 2Rs 3.7
[k] Comp. 1Sm 23.2-9; 2Sm 2.1,2
[l] Comp. 1Rs 18.19
[m] 2Rs 3.11
[nn] Comp. 2Cr 16.10

13 Teve também grande quantidade de suprimentos nas cidades de Judá e soldados, homens valorosos, em Jerusalém.

14 Este é o número deles segundo as suas famílias: em Judá eram comandantes de mil: o chefe Adná, e com ele [b]trezentos mil homens valentes;

15 depois dele o chefe Joanã, e com ele duzentos e oitenta mil;

16 depois dele Amazias, filho de Zicri, que [c]voluntariamente se [d]ofereceu, e com ele duzentos mil homens valentes.

17 De Benjamim, Eliada, homem valente, e com ele duzentos mil, armados de arco e de escudo;

18 depois dele Jeozabade, e com ele cento e oitenta mil homens armados para a guerra.

19 Estes estavam no serviço do rei, fora os que o rei tinha [e]posto nas cidades fortificadas por todo o Judá.

(O reinado de Acabe e grande parte do ministério de Elias precedem o relato abaixo. Veja 1Rs 16.28–21.29)

Jeosafá se une a Acabe em sua terceira campanha contra a Síria (1Rs 22.2-4)

18 **O**ra, tinha Jeosafá [f]riquezas e glória em abundância, e [g]aparentou-se com [h]Acabe.

2 Ao fim de alguns anos Acabe [i]foi ter com ele em Samaria. Acabe matou ovelhas e bois em abundância, para ele e para o povo que vinha com ele, e o persuadiu a subir com ele a Ramote-Gileade.

3 Acabe, rei de Israel, perguntou a Jeosafá, rei de Judá: Irás tu comigo a Ramote-Gileade? Respondeu Jeosafá: Como tu és, sou eu, e o meu povo como o teu povo; iremos contigo à [j]guerra.

Os profetas mentirosos de Acabe prometem vitória (1Rs 22.5-12)

4 **D**isse mais Jeosafá ao rei de Israel: [k]Consulta hoje a palavra do Senhor.

5 Então o rei de Israel [l]reuniu os profetas, quatrocentos homens, e lhes perguntou: Iremos à guerra contra Ramote-Gileade, ou deixarei de ir? Responderam eles: Sobe, pois Deus o entregará nas mãos do rei.

6 Perguntou, porém, Jeosafá: Não há ainda aqui profeta algum do Senhor, para que [m]o consultemos?

7 Respondeu o rei de Israel a Jeosafá: Ainda há um homem por quem podemos consultar ao Senhor, porém eu o [nn]aborreço, porque nunca profetiza coisa boa de mim, mas sempre má. É Micaías, filho de Inlá. Mas Jeosafá disse: Não fale o rei assim.

8 Então o rei de Israel chamou um oficial e disse: Traze aqui depressa a Micaías, filho de Inlá.

[1] (17.3) Era costume judeu chamar de “pai” o chefe de uma família ou tribo (p. ex., Jo 8.53).

9 O rei de Israel e Jeosafá, rei de Judá, estavam
assentados cada um no seu trono, vestidos de
seus trajes reais, na praça à entrada da porta
de Samaria, e todos os profetas profetizavam na
sua presença.
10 Zedequias, filho de Quenaaná, fez pa-
ra si uns [o]chifres de ferro e disse: Assim diz o
Senhor: Com estes ferirás os sírios, até de todo
os consumir.
11 Todos os profetas profetizavam o mesmo:
Sobe a Ramote-Gileade e prosperarás, pois o
Senhor a entregará nas mãos do rei.

Micaías fala a verdade e profetiza derrota (1Rs 22.13-28)

12 **O** [p]mensageiro, que fora chamar a Micaías,
lhe disse: Olha, a uma voz os outros profetas
predizem êxito para o rei. Seja também a tua
palavra como a de um deles, e fala o que é bom.
13 Respondeu, porém, Micaías: Tão certo co-
mo vive o Senhor, [q]o que o meu Deus me disser,
isso falarei.
14 Vindo ao rei, o rei lhe perguntou: Micaías,
iremos a Ramote-Gileade à guerra, ou deixarei
de ir? Respondeu ele: Subi e prosperareis, pois
serão entregues nas vossas mãos.
15 O rei lhe disse: Quantas vezes te conjurarei,
para que não me fales senão a verdade no nome
do Senhor?
16 Então respondeu Micaías: Vi a todo o Israel
[r]disperso pelos montes, como ovelhas que não
têm [s]pastor, e disse o Senhor: Estes não têm
dono. Torne cada um em paz para sua casa.
17 Então o rei de Israel disse a Jeosafá: Não
te disse que este não profetizaria coisa boa de
mim, porém má?
18 Disse mais Micaías: Portanto, ouvi a palavra
do Senhor: Vi o Senhor assentado no seu [t]trono
e todo o exército celestial em pé à sua direita e
à sua esquerda.
19 Disse o Senhor: Quem persuadirá Acabe, rei
de Israel, a que suba e caia em Ramote-Gileade?
Um dizia desta maneira, e outro de outra.
20 Então saiu um espírito, se apresentou diante
do Senhor e disse: Eu o persuadirei. E o Senhor
lhe perguntou: De que modo?
21 Respondeu ele: Sairei e serei um espírito
de mentira na boca de todos os seus profetas.
Disse o Senhor: Tu o persuadirás e prevalecerás.
Sai e faze assim.
22 [u]Pelo que agora o Senhor pôs um espírito [v]de
mentira na boca destes teus profetas. O Senhor é
quem falou o que é mau a teu respeito.
23 **Então** Zedequias, filho de Quenaaná, feriu
Micaías, no queixo, e disse: Por que caminho
passou de mim o Espírito do Senhor para fa-
lar a ti?

[o] Zc 1.18-21
[p] v. 6-8
[q] Nm 22.18,20,35; 23.12,26; 24.13
[r] Jr 23.1-8; 31.10
[s] Nm 27.17; Ez 34.5-8; Mt 9.36
[t] Is 6.1-5; Dn 7.9,10
[u] Jó 12.16,17; Is 19.12-14
[v] Comp. Jz 9.23; 1Sm 16.14; 18.10; 19.9
[w] 2Cr 16.10
[x] Dt 18.22
[y] Comp. Dt 1.43
[z] 2Cr 35.22
[a] 2Cr 13.14,15
[b] Comp. Sl 37.35,36,38
[c] 1Rs 16.1; 2Cr 20.34
[d] Comp. Is 7.1-9; 8.12
[e] Sl 1.6
[f] Sl 139.21
[g] Veja Dt 16.21, nota
[h] 2Cr 15.8-13

24 Respondeu Micaías: Descobrirás no dia que
andares de quarto em quarto, para te esconderes.
25 Então ordenou o rei de Israel: Tomai a Mi-
caías e tornai a levá-lo a Amom, o governador da
cidade, e a Joás, filho do rei,
26 e direis: Assim diz o rei: [w]Metei este homem
no cárcere e sustentai-o a pão e água, até que eu
volte em paz.
27 Disse Micaías: Se tornares em paz, não falou o
Senhor por [x]mim. Disse mais: Ouvi, povos todos!

Derrota e morte de Acabe em Ramote-Gileade (1Rs 22.29-40)

28 **Assim** [y]subiram o rei de Israel e Jeosafá, rei
de Judá, a Ramote-Gileade.
29 Disse o rei de Israel a Jeosafá: Eu me [z]disfar-
çarei e entrarei na peleja, mas tu veste os teus
trajes reais. Portanto, disfarçou-se o rei de Israel,
e entraram na peleja.
30 Ora, o rei da Síria dera ordem aos capitães
dos seus carros: Não pelejareis nem contra
pequeno nem contra grande, mas só contra o rei
de Israel.
31 Vendo os capitães dos carros a Jeosafá, pen-
saram: Este é o rei de Israel. Pelo que se voltaram
para atacá-lo, mas Jeosafá [a]clamou, e o Senhor o
ajudou. Deus os desviou dele,
32 pois vendo os capitães dos carros que não
era o rei de Israel, deixaram de persegui-lo.
33 Um homem, porém, entesou o arco e, ati-
rando ao acaso, feriu o rei de Israel entre as
juntas da sua armadura. Disse o rei ao seu carre-
teiro: Vira e tira-me para fora do combate. Estou
gravemente ferido.
34 Naquele dia, a guerra cresceu, mas o rei de
Israel sustentou-se em pé no carro em frente dos
sírios até a tarde. Então, ao pôr do sol, [b]morreu.

(Os reinados de Acazias e Jorão sobre Israel e os ministérios de Elias e Eliseu precedem o relato abaixo. Veja 1Rs 22.51–2Rs 8.15)

Jeú reprova a aliança de Jeosafá com Acabe

19 Jeosafá, rei de Judá, voltou em paz à sua
casa em Jerusalém.
2 O vidente Jeú, filho de Hanani, [c]saiu ao
encontro do rei Jeosafá e lhe [d]disse: Devias tu
ajudar o [e]ímpio e amar aqueles que [f]odeiam ao
Senhor? Por isso virá sobre ti grande ira da parte
do Senhor.
3 Boas coisas contudo se acharam em ti, pois
tiraste os [g]postes sagrados da terra e dispuseste
o coração para buscar a Deus.
4 **Habitou** Jeosafá em Jerusalém e tornou a
passar pelo povo desde Berseba até a região
montanhosa de Efraim, fazendo que voltasse ao
Senhor, Deus de seus [h]pais.

Jeosafá confia no Senhor e faz uma reforma judicial

5 Estabeleceu [i]juízes na terra, em todas as cidades fortificadas, de cidade em cidade.

6 E disse aos juízes: Vede o que fazeis, [j]porque não julgais da parte do homem, mas da parte do Senhor, que está convosco no julgamento.

7 Agora seja o temor do Senhor convosco. Julgai com cuidado, pois não há no Senhor, o nosso Deus, iniquidade, nem acepção de pessoas, nem aceitação de presentes.

8 **T**ambém estabeleceu Jeosafá em Jerusalém alguns dos levitas e dos sacerdotes e dos cabeças das famílias de Israel para julgarem questões da lei do Senhor e sobre as causas civis. E viveram em Jerusalém.

9 Deu-lhes estas ordens: Assim andai no [k]temor do Senhor com fidelidade e [l]inteireza de coração.

10 Em toda controvérsia que vier a vós da parte de vossos irmãos, que habitam nas suas cidades, entre sangue e sangue, entre lei e mandamento, entre estatutos e juízos, admoestai-os a que não se façam culpados para com o Senhor, e não venha grande ira sobre vós e sobre vossos irmãos. Fazei assim e não vos tornareis culpados.

11 [m]Amarias, o sumo sacerdote, presidirá sobre vós em todos os [n]negócios do [o]Senhor, e Zebadias, filho de Ismael, líder da tribo de Judá, em todos os negócios do rei, e os levitas serão oficiais perante vós. Esforçai-vos, e o Senhor seja com os bons.

Judá é invadida por moabitas, amonitas e edomitas

20 **D**epois disso, os filhos de [p]Moabe e os filhos de [q]Amom, e com eles alguns dos meunitas, vieram à peleja contra Jeosafá.

2 Então vieram alguns e disseram a Jeosafá: Vem contra ti uma grande multidão do outro lado do mar e da Síria. Já estão em [r]Hazazom-Tamar, que é En-Gedi.

A oração de Jeosafá

3 Temeu Jeosafá e pôs-se a [s]buscar o Senhor; e apregoou jejum em todo o Judá.

4 Judá se ajuntou para pedir [t]socorro ao Senhor; também de todas as cidades de Judá o povo veio para buscar ao Senhor.

5 **P**ôs-se Jeosafá em pé na congregação de Judá e de Jerusalém, na casa do Senhor, diante do átrio novo,

6 e [u]disse: Ó Senhor, Deus de nossos pais, não és tu Deus nos [v]céus? Tu dominas sobre todos os [w]reinos dos povos; na tua mão há força e poder, e não há quem te possa [x]resistir.

7 Ó nosso Deus, não lançaste fora os moradores desta terra, de diante do teu povo Israel, e não a deste à [y]semente de Abraão, teu [z]amigo, para sempre?

[i] Dt 16.18-20
[j] Lv 19.15; Dt 1.17; Sl 58.1; comp. Is 11.3,4
[k] Veja Sl 19.9, nota
[l] Veja 1Rs 8.61 e Fp 3.12, notas
[m] Ed 7.3
[n] 1Cr 26.30
[o] 1Cr 28.20; 2Cr 20.17
[p] 1Cr 18.2
[q] 1Cr 19.15
[r] Gn 14.7
[s] 2Cr 19.3
[t] 2Cr 14.11
[u] Orações da Bíblia (AT): v. 6-12; 2Cr 30.18 (Gn 15.2; Hc 3.1)
[v] Dt 4.39
[w] Sl 22.28; Dn 4.17,25,32
[x] 1Cr 29.12; 2Cr 25.8
[y] Gn 13.14-17
[z] Is 41.8
[a] 2Cr 6.28-30
[b] Nm 20.17-21; Dt 2.4,5
[c] Sl 83.1-18
[d] Jz 11.27
[e] Sl 25.15
[f] Espírito Santo (AT): v. 14; 2Cr 24.20 (Gn 1.2; Zc 12.10)
[g] Dt 1.29,30
[h] v. 24,25; 1Sm 17.47; 2Cr 32.8; Zc 14.3
[ii] Êx 14.13,14
[jj] 2Cr 7.3; 29.28
[kk] Comp. Is 7.9
[ll] Sl 29.2; 90.17; 96.9; 110.3

8 Habitaram nela e nela edificaram um santuário ao teu nome, dizendo:

9 Se algum mal nos sobrevier, espada, juízo, peste, ou fome, nós nos apresentaremos na tua presença, diante deste templo que leva o teu nome, e clamaremos a ti na nossa angústia, e tu nos ouvirás e [a]livrarás.

10 Agora, porém, aqui estão os homens de Amom, de Moabe e do monte Seir, por cujo território [b]não permitiste que os filhos de Israel passassem, quando vinham da terra do Egito; de modo que dele se desviaram e não o destruíram.

11 Vê como nos dão o pago, vindo para [c]lançar-nos fora da tua herança, que nos fizeste herdar.

12 Ó nosso Deus, não os [d]julgarás? Pois em nós não há força perante essa grande multidão que vem contra nós. Não sabemos o que fazer, mas os nossos olhos estão postos em [e]ti.

13 **T**odo o Judá estava em pé perante o Senhor, como também as suas crianças, as suas mulheres e os seus filhos.

O Senhor responde à oração de Jeosafá por meio de Jaaziel

14 Então veio o [f]Espírito do Senhor no meio da congregação, sobre Jaaziel, filho de Zacarias, filho de Benaia, filho de Jeiel, filho de Matanias, levita, dos filhos de Asafe.

15 Disse ele: Dai ouvidos todo o Judá, e vós, moradores de Jerusalém, e tu, ó rei Jeosafá. Assim vos [g]diz o Senhor: Não temais nem vos assusteis [h]por causa dessa grande multidão. Pois a peleja não é vossa, mas de Deus.

16 Amanhã descereis contra eles. Eles subirão pela ladeira de Ziz, e os achareis no fim do vale, em frente do deserto de Jeruel.

17 Nessa batalha não tereis de pelejar. [ii]Parai, estai em pé e vede a salvação do Senhor para convosco, ó Judá e Jerusalém. Não temais nem vos assusteis. Amanhã saí-lhes ao encontro, e o Senhor será convosco.

18 **J**eosafá prostrou-se com o rosto em terra, e todo o Judá e os moradores de Jerusalém lançaram-se perante o Senhor e o [jj]adoraram.

19 Levantaram-se os levitas dos filhos dos coatitas e dos filhos dos coreítas, para louvarem ao Senhor Deus de Israel, em alta voz.

Jeosafá e o povo louvam ao Senhor; os exércitos inimigos destroem-se mutuamente

20 **P**ela manhã cedo levantaram-se e saíram ao deserto de Tecoa. Saindo eles, Jeosafá pôs-se em pé e disse: Ouvi-me, ó Judá, e vós, moradores de Jerusalém. [kk]Crede no Senhor, o vosso Deus, e estareis seguros; crede nos seus profetas e prosperareis.

21 Tendo ele tomado conselho com o povo, ordenou [ll]cantores para cantarem ao Senhor e o

louvarem por causa do esplendor da sua santidade, enquanto saíam na frente do exército, dizendo: Rendei graças ao Senhor, [m]pois o seu amor dura para sempre.

22 Quando começaram a cantar e dar louvores, o Senhor pôs emboscadas contra os homens de Amom, de Moabe e do monte Seir, que tinham vindo contra Judá, e foram desbaratados.

23 Os filhos de Amom e de Moabe se levantaram contra os moradores do monte Seir, para os destruir e exterminar. [n]Acabando eles com os moradores de Seir, ajudaram uns aos outros a destruir-se.

24 Quando Judá chegou ao alto que olha para o deserto e olharam para a multidão, viram somente corpos mortos, que jaziam em terra; nenhum tinha escapado.

25 Vieram Jeosafá e o seu povo para saquear os despojos e acharam neles bens e cadáveres em abundância, assim como objetos preciosos; tomaram para si tanto que não podiam levar mais. Por três dias saquearam o despojo, porque era muito.

A volta triunfante de Jeosafá e do povo a Jerusalém

26 Ao quarto dia, eles se ajuntaram no vale de Beraca, onde louvaram ao Senhor. Por isso chamaram àquele lugar vale de [1][o]Beraca, até o dia de hoje.

27 Então voltaram todos os homens de Judá e de Jerusalém, e Jeosafá à frente deles, e tornaram para Jerusalém com alegria, pois o Senhor os alegrara sobre os seus inimigos.

28 Vieram a Jerusalém [p]com alaúdes, com harpas e com trombetas, para o templo do Senhor.

29 Veio o [q]temor de Deus sobre todos os reinos daquelas terras, quando ouviram que o Senhor havia pelejado contra os inimigos de Israel.

30 E o reino de Jeosafá teve paz, pois [r]o seu Deus lhe deu repouso em redor.

Resumo do reinado de Jeosafá (1Rs 22.41-49)

31 Assim reinou Jeosafá sobre Judá. Era da idade de trinta e cinco anos quando começou a [s]reinar e vinte e cinco anos reinou em Jerusalém. Era o nome de sua mãe Azuba, filha de Sili.

32 Andou no caminho de [t]Asa, seu pai, e não se desviou dele, fazendo o que era reto aos olhos do Senhor.

33 Contudo, os [u]altos não se [v]tiraram, e o povo ainda não tinha disposto o coração para com o Deus de seus pais.

34 Ora, quanto aos demais atos de Jeosafá, assim os primeiros como os últimos, estão escritos nas [w]notas de Jeú, filho de Hanani, que as inseriu no livro dos reis de Israel.

Aliança entre os reis de Judá e Israel; o Senhor se desagradou de Jeosafá

35 Depois disso Jeosafá, rei de Judá, se [x]aliou com Acazias, rei de Israel, que [y]procedeu [z]impiamente.

36 [a]Aliou-se com ele [b]para fazerem navios que fossem a Társis. Depois que fizeram os navios em Eziom-Geber,

37 Eliezer, filho de Dodava, de Maressa, profetizou contra Jeosafá, dizendo: Porque te aliaste com Acazias, o Senhor destruiu as tuas obras. Os navios se despedaçaram e não puderam ir a Társis.

A morte de Jeosafá; Jeorão o sucede (1Rs 22.50; 2Rs 8.16-19)

21 Então descansou [c]Jeosafá com seus pais e com eles foi sepultado na Cidade de Davi. E [d]Jeorão, seu filho, reinou em seu lugar.

2 Teve este irmãos, filhos de Jeosafá: Azarias, Jeiel, Zacarias, Asarias, Micael e Sefatias. Todos esses foram filhos de Jeosafá rei de Judá.

3 Seu pai lhes deu muitas dádivas de prata, ouro e coisas preciosas, com cidades fortificadas em Judá, mas o reino deu a Jeorão, porque era o primogênito.

4 Subindo Jeorão ao reino de seu pai, e havendo-se fortificado, matou todos os seus irmãos à espada, como também a alguns dos líderes de Israel.

5 Da idade de trinta e dois anos era Jeorão quando [2][e]começou a reinar e oito anos reinou em Jerusalém.

6 Andou no caminho dos reis de Israel, como fizera a família de Acabe, pois tinha a filha de Acabe [f]por mulher. Fez o que era mau aos olhos do Senhor.

7 O Senhor, porém, não quis destruir a dinastia de Davi, em atenção à [g]aliança que tinha feito com Davi. Porque tinha prometido que lhe daria por todos os dias um descendente no trono.

Edom e Libna se rebelam contra Judá (2Rs 8.20-23)

8 Nos dias de Jeorão, os [h]edomitas se revoltaram contra o domínio de Judá e constituíram para si um rei.

9 Pelo que Jeorão passou adiante com os seus chefes, e todos os carros com ele. Levantou-se de noite e feriu os edomitas, que o tinham cercado, a ele e aos capitães dos carros.

[m] Sl 136.1-26
[n] Jz 7.22; 1Sm 14.20
[o] Comp. 1Cr 12.3
[p] Comp. v. 21
[q] 2Cr 14.14; 17.10
[r] Jó 34.29
[s] 1Rs 15.24
[t] 2Cr 14.2
[u] Veja Jz 3.7 e 1Rs 3.2, notas
[v] 2Cr 15.17
[w] Comp. 1Rs 16.7; veja 1Cr 29.29, nota
[x] 2Cr 18.1
[y] 1Rs 22.51-53
[z] 2Cr 19.2
[a] Comp. 2Co 6.14-18
[b] 1Rs 9.26; 10.22
[c] 1Rs 15.24
[d] O heb. usa uma forma curta e outra longa para este nome
[e] v. 20; 2Rs 8.17
[f] Comp. 2Cr 18.1; 22.2
[g] 2Sm 7.8-16
[h] 2Rs 14.7,10; 2Cr 25.14,19

[1] (20.26) Bênção.
[2] (21.5) Jeorão (também chamado Jorão, 1Cr 3.11) começou seu reinado como corregente com o pai, Josafá (2Rs 8.16). O v. 5 marca o começo dessa corregência.

10 Todavia os edomitas ficaram revoltados contra o domínio de Judá até o dia de hoje. Nesse mesmo tempo Libna se revoltou contra o seu domínio, porque ele deixara ao Senhor, Deus de seus pais.

11 **F**ez também [i]altos nos montes de Judá e [j]induziu os moradores de Jerusalém à prostituição fazendo Judá se extraviar.

Mensagem de Elias, escrita antes de seu arrebatamento, anunciando juízo contra Jeorão

12 Veio-lhe uma carta da parte de [k]Elias, o profeta, que dizia: Assim diz o Senhor, Deus de Davi teu pai: Não andaste nos caminhos de Jeosafá, teu pai, e nos caminhos de Asa, rei de Judá.

13 Andaste, porém, no caminho dos reis de Israel e [l]induziste à prostituição a Judá e aos moradores de Jerusalém, segundo [m]a prostituição da casa de Acabe. Também [n]mataste a teus irmãos, membros da família de teu pai, [o]melhores do que tu.

14 Portanto o Senhor ferirá com uma grande praga o teu povo, os teus filhos, as tuas mulheres e a todas as tuas posses.

15 Tu terás grande enfermidade, a [p]saber, um mal nas tuas entranhas, que se agravará até que o seu intestino saia, [q]por causa do tumor.

Judá é invadida por árabes e filisteus

16 [r]**D**espertou o [s]Senhor contra Jeorão o espírito dos filisteus e dos [t]árabes que viviam perto dos etíopes.

17 Estes subiram a Judá, a atacaram e levaram todos os bens que se acharam no palácio do rei, como também a seus [u]filhos e a suas mulheres. De modo que não lhe deixaram filho algum, senão a [v]Jeoacaz, o mais moço deles.

Jeorão fica doente e morre (2Rs 8.23,24)

18 **D**epois de tudo isso, o Senhor o [w]feriu nas suas entranhas com uma [x]enfermidade incurável.

19 No decorrer do tempo, no fim do segundo ano, saiu-lhe o intestino por causa da doença, e ele morreu em grandes agonias. Seu povo não lhe [y]queimou aromas como queimara a seus pais.

20 Jeorão era da idade de trinta e dois anos quando começou a reinar e oito anos reinou em Jerusalém. Foi-se sem [z]deixar de si saudades, e o sepultaram na Cidade de Davi, porém não nos sepulcros dos reis.

Acazias reina sobre Judá (2Rs 8.24-27)

22 **O**s moradores de Jerusalém fizeram a [a]Acazias, filho mais moço de Jeorão, rei em seu [b]lugar, porque a tropa que viera com os [c]árabes ao arraial tinha matado a todos os mais velhos. Assim reinou Acazias, filho de Jeorão, rei de Judá.

2 Acazias era da idade de [1][d]vinte e dois anos quando começou a reinar e um ano reinou em Jerusalém. Era o nome de sua mãe Atalia, filha de Onri.

3 Ele também andou nos caminhos da família de Acabe, pois sua mãe era sua conselheira, para proceder impiamente.

4 Fez o que era mau aos olhos do Senhor, como fizera os membros da família de Acabe, pois eram seus conselheiros depois da morte de seu pai, para sua perdição.

Acazias se une a Jorão na defesa de Ramote-Gileade (2Rs 8.28)

5 Também andou nos conselhos deles e foi com Jorão, filho de Acabe, rei de Israel, à peleja contra Hazael, rei da Síria, em Ramote-Gileade. Os sírios feriram [e]Jorão,

Acazias visita Jorão que está ferido em Jezreel (2Rs 8.29; 9.16)

6 de modo que ele voltou para Jezreel a fim de se curar das feridas que lhe fizeram em Ramá, quando pelejava contra Hazael, rei da Síria. Então desceu Acazias, filho de Jeorão, rei de Judá, para visitar Jorão, filho de Acabe, em Jezreel, por estar ele doente.

7 **P**or intermédio da visita de Acazias a Jorão, Deus trouxe a [f]ruína de Acazias. Quando Acazias chegou, saiu com Jorão contra Jeú, filho de Ninsi, a quem o Senhor tinha ungido para destruir a família de Acabe.

(A unção de Jeú e a execução de Jorão precedem o relato abaixo. Veja 2Rs 9.1-26)

Jeú mata os líderes de Judá (2Rs 10.12-14)

8 Executando Jeú juízo contra a casa de Acabe, achou os líderes de Judá e os filhos dos irmãos de Acazias, que o serviam, e os [g]matou.

Jeú executa Acazias, rei de Judá (2Rs 9.27-29)

9 Depois buscou Acazias, e seus homens o capturaram quando se escondia em Samaria.

[i] Veja Jz 3.7 e 1Rs 3.2, notas
[j] Lv 20.5
[k] Veja a história de Elias em 1Rs 17.1–2Rs 2.12
[l] v. 11
[m] 1Rs 16.31-33; 2Rs 9.22
[n] v. 4
[o] 1Rs 2.32
[p] v. 18,19
[q] Gn 47.13
[r] 1Rs 11.14,23
[s] 2Cr 33.11; Jr 51.11
[t] 2Cr 17.11
[u] 2Cr 24.7
[v] Chamado Acazias em 2Cr 22.1
[w] v. 15
[x] 2Cr 13.20; At 12.23
[y] Comp. 2Cr 16.14
[z] Comp. Jr 22.18,28
[a] Chamado Jeoacaz em 2Cr 21.17. O texto heb. dá três nomes distintos para o mesmo rei
[b] 2Rs 8.24
[c] 2Cr 21.16
[d] Comp. 2Rs 8.26; veja 1Cr 11.11, nota
[e] 2Rs 8.16
[f] 2Rs 9.22-24
[g] Os 1.4

[1] (22.2) Um valor diferente foi dado para a idade deste rei na sua ascensão ao trono (comp. com 2Rs 8.26 nas versões ACF e ARC). Isso pode ser explicado, se levarmos em conta que a corregência era uma prática comum em Israel. Se Acazias foi admitido como corregente com seu pai quando tinha 22 anos de idade e permaneceu nessa função por vinte anos, então ele teria começado a reinar sozinho quando tinha 42 anos – exatamente como está indicado em 2Cr 22.2 nessas versões bíblicas. A aparente discrepância desaparece com cuidadoso estudo. Veja 1Cr 11.11, *nota*.

Trouxeram-no a Jeú e o mataram. Sepultaram--no, pois diziam: É filho de [h]Jeosafá, que [i]buscou ao Senhor de todo o seu coração. E já não tinha a família de Acazias ninguém que fosse capaz de reinar.

(Comp. 2Rs 9.30–10.36; reinado de Jeú; execução de Jezabel etc.)

Atalia mata a família real de Judá, com exceção de Joás (2Rs 11.1-3)

10 **V**endo Atalia, mãe de Acazias, que seu filho era morto, levantou-se e [j]destruiu toda a descendência real da família de Judá.

11 [k]Jeosebeate, filha do rei, porém, tomou a [l]Joás, filho de Acazias, e tirou-o dentre os filhos do rei, aos quais matavam, e o escondeu com a sua ama num quarto. Assim Jeosebeate, filha do rei Jeorão, mulher do sacerdote Jeoiada e irmã de Acazias, o escondeu de Atalia, de modo que ela não o matou.

12 Ele esteve escondido com eles seis anos no templo de Deus, enquanto Atalia reinava sobre a terra.

Jeoiada unge Joás como rei em Judá (2Rs 11.4-12)

23 [m]No [n]sétimo ano, [o]Jeoiada se esforçou e tomou consigo em aliança os capitães de cem, Azarias, filho de Jeroão, Ismael, filho de Jeoanã, Azarias, filho de [p]Obede, Maaseias, filho de Adaías, e Elisafate, filho de Sicri.

2 Estes percorreram a Judá e ajuntaram os levitas e os [q]cabeças das famílias de Israel de todas as cidades. Quando vieram para Jerusalém,

3 toda a congregação fez aliança com o rei no templo de Deus. Jeoiada lhes disse: O filho do rei reinará, como o Senhor [r]falou a respeito dos filhos de Davi.

4 Isto é o que haveis de fazer: uma terça parte de vós sacerdotes e levitas que [s]entrais no sábado servirá de guardas das portas,

5 outra terça parte estará no palácio do rei e a outra terça parte à porta do Fundamento, e todo o povo estará nos átrios do templo do Senhor.

6 Ninguém entre no templo do Senhor, senão os sacerdotes e os levitas que [t]ministram; estes entrarão porque são santos, mas todo o povo guardará a ordenança do Senhor.

7 Os levitas rodearão o rei, cada um com as suas armas na mão. Qualquer que entrar no templo morrerá. Vós estareis com o rei quando entrar e quando sair.

8 **F**izeram os levitas e todo o Judá conforme tudo o que ordenara o sacerdote Jeoiada. Tomou cada um os seus homens, tanto os que entravam como os que saíam no sábado; pois o sacerdote Jeoiada não despediu as [u]turmas.

9 Também o sacerdote Jeoiada entregou aos capitães de cem as lanças, e os [v]escudos grandes e pequenos que haviam sido do rei Davi, e que estavam no templo de Deus.

10 Dispôs todo o povo, cada um com as suas armas na mão, desde o lado direito até o lado esquerdo do templo, por entre o altar e o templo, ao redor do rei.

11 Então levaram para fora o filho do rei, puseram-lhe a coroa, [w]entregaram-lhe o [x]testemunho e o fizeram rei. Jeoiada e seus filhos o ungiram e disseram: Viva o rei!

Atalia é executada (2Rs 11.13-16)

12 Ouvindo [y]Atalia a voz do povo que corria e louvava o rei, veio ao povo ao templo do Senhor.

13 Olhou, e lá estava o rei perto da sua coluna, à entrada. Os capitães e os trombeteiros estavam junto ao rei, e todo o povo da terra se alegrava e tocava trombetas; e os músicos tocavam instrumentos musicais e [z]dirigiam os cânticos de louvor. Então Atalia rasgou os seus vestidos e clamou: [a]Traição! Traição!

14 O sacerdote Jeoiada trouxe para fora os capitães de cem, que comandavam o exército, e disse-lhes: Trazei-a para fora entre as fileiras, e o que a seguir morrerá à espada. Pois dissera o sacerdote: Não a matareis no templo do Senhor.

15 Pelo que lançaram mão dela quando ela chegava à entrada da [b]porta dos cavalos, que dá para o palácio do rei, e ali [c]a mataram.

Avivamento por meio de Jeoiada (2Rs 11.17-20)

16 **J**eoiada fez [d]aliança entre si, o povo e o rei, pela qual seriam o povo do Senhor.

17 Depois todo o povo entrou na [e]casa de Baal e a derrubou; quebraram os seus altares e as suas imagens, e a Matã, sacerdote de Baal, [f]mataram perante os altares.

18 Jeoiada entregou os ofícios do templo do Senhor nas mãos dos sacerdotes levitas, a quem Davi [g]designara no templo do Senhor para oferecerem os holocaustos do Senhor, como está escrito na [hh]lei de Moisés, com alegria e com cânticos, conforme a ordem de Davi.

19 Pôs [ii]porteiros às portas do templo do Senhor, para que não entrasse nela ninguém que de alguma forma fosse imundo.

20 [jj]Tomou os capitães de cem, os nobres, os governadores do povo e todo o povo da terra e trouxeram o rei do templo do Senhor. Entraram no palácio do rei pela porta superior e assentaram o rei no trono do reino.

21 Todo o povo da terra se alegrou. A cidade ficou em paz, depois que mataram a Atalia à espada.

---

[h] 1Rs 15.24
[i] 2Cr 17.4; 20.3,4
[j] Comp. Ap 12.1-5
[k] Chamada Jeoseba em 2Rs 11.2
[l] O heb. usa uma forma curta e outra longa para este nome. 2Rs 12.18
[m] v. 1-21
[n] 2Rs 11.4
[o] 2Rs 12.2
[p] 1Cr 2.37,38
[q] Ed 1.5
[r] 2Sm 7.12; 1Rs 2.4; 9.5; 2Cr 6.16; 7.18; 21.7
[s] 1Cr 9.25
[t] 1Cr 23.28-32
[u] 1Cr 24.5-31
[v] 2Sm 8.7
[w] Dt 17.18
[x] Êx 25.16; 31.18
[y] 2Cr 22.10
[z] 1Cr 25.8
[a] 2Rs 9.23
[b] Ne 3.28
[c] Comp. 2Cr 22.10
[d] Js 24.24,25; 2Cr 15.12-15
[e] Comp. 2Cr 24.7
[f] Dt 13.9; 1Rs 18.40
[g] 1Cr 23.6–24.31
[hh] Nm 28.2
[ii] 1Cr 26.1-19
[jj] 1Rs 9.22

O reino de Joás e a forte influência do sacerdote Joiada (2Rs 11.21–12.3)

24 Tinha Joás [k]sete anos de idade quando começou a reinar e quarenta anos reinou em Jerusalém. Era o nome de sua mãe Zibiá, de Berseba.

2 Fez Joás o que era reto aos olhos do Senhor, todos os dias do sacerdote Jeoiada.

3 Tomou-lhe Jeoiada duas mulheres, e ele gerou filhos e filhas.

Os sacerdotes negligentes atrasam 23 anos as reformas do templo (2Rs 12.4-8)

4 **D**epois disto veio ao coração de Joás renovar o templo do Senhor.

5 Reuniu os sacerdotes e os levitas e lhes disse: Saí pelas cidades de Judá e recolham o imposto anual de todo o [m]Israel, para [n]reformar o templo do vosso Deus. Apressai-vos nesse negócio. Porém os levitas não se apressaram.

6 Portanto, o rei mandou chamar a Jeoiada, o chefe, e lhe perguntou: Por que não requereste que os levitas trouxessem de Judá e Jerusalém o [o]imposto ordenado por [p]Moisés, servo do Senhor, e pela [q]congregação de Israel, para a tenda do testemunho?

7 Ora, os [r]filhos da perversa Atalia haviam arruinado o templo de Deus e empregado até mesmo todas as coisas sagradas do templo do Senhor no serviço dos baalins.

(A "diminuição do tamanho de Israel" e o reinado de Jeoacaz precedem o relato abaixo. Veja 2Rs 10.32-35; 13.1,2)

Os reparos do templo são terminados por meio de ofertas voluntárias (2Rs 12.9-16)

8 **D**eu o [s]rei ordem e fizeram uma [t]arca e a puseram fora, à porta do templo do Senhor.

9 Publicou-se em Judá e em Jerusalém que trouxessem ao Senhor o imposto que Moisés, servo do Senhor, havia ordenado a Israel no deserto.

10 Todos os príncipes e todo o povo se alegraram e trouxeram o imposto e o depositaram na arca, até que ficou cheia.

11 Sempre que a arca era levada pelas mãos dos levitas aos [u]oficiais do rei, e viam que já havia muito dinheiro, vinha o escrivão do rei e o oficial do sumo sacerdote, esvaziavam-na e, tomando-a, tornavam a levá-la ao seu lugar. Assim faziam dia após dia e ajuntaram prata em abundância.

12 O rei e Jeoiada deram o dinheiro aos encarregados da obra do templo do Senhor. Contrataram pedreiros e carpinteiros, como também os que trabalhavam em ferro e em bronze, para [v]repararem o templo do Senhor.

[k] 2Rs 11.21
[l] 2Rs 12.1
[m] Refere-se ao Reino do Norte, as dez tribos
[n] v. 12
[o] Comp. Êx 30.11-16
[p] Dt 34.5
[q] Nm 1.50; At 7.44
[r] 2Cr 21.17
[s] 2Cr 30.12
[t] Comp. Lc 21.1
[u] Comp. Ed 8.24-30
[v] 2Rs 22.5,6
[w] Comp. 2Cr 21.20
[x] Veja Dt 16.21, nota
[y] Êx 34.12-14
[z] 2Rs 17.13; 21.10-15; 2Cr 36.15,16
[a] Espírito Santo (AT): v. 20; Ne 9.20 (Gn 1.2; Zc 12.10)
[b] Mt 23.35
[c] Pv 28.13
[d] 2Cr 15.2
[e] Comp. Êx 1.8
[f] Gn 9.5
[g] 2Rs 12.11
[h] Is 7.2

13 Os encarregados da obra eram diligentes, e os reparos progrediam nas suas mãos. Restauraram a casa de Deus ao seu estado original e a reforçaram.

14 Tendo acabado a obra, trouxeram o resto da prata ao rei e a Jeoiada, e dela se fizeram utensílios para o templo do Senhor, para serem usados no ministério e nos holocaustos, taças e outros objetos de ouro e de prata. E continuamente ofereceram holocaustos no templo do Senhor, todos os dias de Jeoiada.

A morte de Jeoiada; apostasia dos príncipes de Judá

15 **O**ra, Jeoiada envelheceu e morreu em idade avançada. Tinha cento e trinta anos de idade quando morreu.

16 Sepultaram-no na Cidade de Davi com os [w]reis, porque tinha feito o bem em Israel e para com Deus e a sua casa.

(O arrependimento de Jeoacaz e o correinado de Jeoás sobre Israel precedem o relato abaixo. Veja 2Rs 13.4,10)

Joás mata Zacarias, filho de Jeoiada

17 **D**epois da morte de Jeoiada vieram os líderes de Judá e prostraram-se perante o rei, e o rei os ouviu.

18 Deixaram a casa do Senhor, Deus de seus pais, e serviram aos [x]postes sagrados. Então veio grande ira sobre Judá e Jerusalém por causa desta sua [y]culpa.

19 [z]Embora Deus lhes tenha enviado profetas, para os fazer tornar ao Senhor, e embora tenham protestado contra eles, não deram ouvidos.

20 Então o [a]Espírito de Deus revestiu a [b]Zacarias, filho do sacerdote Jeoiada. Ele se pôs em pé diante do povo e lhes disse: Assim diz Deus: Por que desobedeceis aos mandamentos do Senhor? Não [c]prosperareis. Porque deixastes o Senhor, também ele [d]vos deixou.

21 Conspiraram, porém, contra ele e o apedrejaram, por mandado do rei, no átrio do templo do Senhor.

22 O rei Joás [e]não se lembrou da bondade que lhe manifestara Jeoiada, pai de Zacarias, porém matou-lhe o filho, o qual, morrendo, disse: O Senhor o verá e [f]o [g]requererá.

A Síria invade e derrota Judá (2Rs 12.17,18). Comp. invasão de Israel, 2Rs 13.7

23 **D**ecorrido um ano, o exército da [h]Síria subiu contra Joás; vieram a Judá e a Jerusalém e destruíram todos os líderes do povo. E todo o seu despojo enviaram ao rei de Damasco.

24 Embora o exército dos sírios tivesse vindo com poucos homens, o Senhor entregou nas

suas mãos um exército muito grande, porque Judá havia deixado o Senhor, Deus de seus pais. Assim [i]executaram os sírios os juízos de Deus contra Joás.

(A morte de Jeoacaz e Eliseu e o reinado de Jeoás em Israel: veja 2Rs 13.8-11,14-20)

Morte de Joás (2Rs 12.19-21)

25 **Q**uando os sírios se retiraram, deixaram a Joás gravemente ferido. Os seus [j]servos conspiraram contra ele, por causa do sangue do filho do sacerdote Jeoiada, e o mataram na sua cama. Assim ele morreu e o sepultaram na Cidade de Davi, porém não o sepultaram nos sepulcros dos reis.

26 Estes foram os que conspiraram contra ele: [k]Zabade, filho de Simeate, a amonita, e Jeozabade, filho de [l]Sinrite, a moabita.

27 O relato dos seus filhos, as muitas sentenças proferidas contra ele e o registro da restauração do templo de Deus estão escritos no comentário do livro dos reis. E Amazias, seu filho, reinou em seu lugar.

Amazias torna-se rei de Judá (2Rs 12.21; 14.1-6)

25 **E**ra Amazias da idade de vinte e cinco anos quando [m]começou a reinar e vinte e nove anos reinou em Jerusalém. O nome de sua mãe era Jeoadã, de Jerusalém.

2 Fez o que era reto aos olhos do Senhor, porém [n]não com [o]inteireza de coração.

3 Sendo-lhe o reino já confirmado, matou os [p]servos que tinham assassinado o rei, seu pai.

4 Contudo, não matou os filhos deles, mas fez como na lei está escrito, no livro de Moisés, como o Senhor ordenou: Não morrerão os pais pelos filhos, nem os filhos pelos pais; cada qual morrerá pelo seu [q]pecado.

(O milagre na sepultura de Eliseu e a profecia cumprida: veja 2Rs 13.20-25)

Amazias derrota Edom sem os israelitas mercenários (2Rs 14.7)

5 **A**mazias congregou Judá e o pôs segundo as suas famílias sob chefes de mil e chefes de cem, por todo o Judá e Benjamim. Então os numerou, de [r]vinte anos para cima, e achou [s]trezentos mil escolhidos que podiam ir à guerra e sabiam manejar lança e escudo.

6 Também de Israel contratou cem mil homens valentes por cem [t]talentos de prata.

7 Certo [u]homem de Deus, porém, veio a ele e disse: Ó rei, não deixes ir contigo o exército de Israel, pois o Senhor não é com Israel, a saber, com os filhos de [1]Efraim.

8 Ainda que vás e lutes valentemente na batalha, Deus te fará cair diante do inimigo, pois Deus tem o poder para ajudar e para fazer [v]cair.

9 Perguntou Amazias ao homem de Deus: O que se fará dos cem talentos de prata que dei às tropas de Israel? Respondeu o homem de Deus: O Senhor te dará mais do que isso.

10 Então separou Amazias as tropas que lhe tinham vindo de Efraim, para que se fossem ao seu lugar. Pelo que se acendeu a ira deles contra Judá e voltaram para o seu lugar ardendo em ira.

11 Amazias encheu-se de coragem e conduziu o seu povo; foi ao [w]vale do Sal, onde feriu dez mil dos filhos de Seir.

12 Também os filhos de Judá prenderam vivos dez mil e os trouxeram ao cume de um penhasco, de onde os lançaram abaixo, e todos se [x]arrebentaram.

13 Enquanto isso, os homens das tropas que Amazias despedira, para que não fossem com ele à guerra, atacaram as cidades de Judá, desde Samaria até Bete-Horom; feriram deles três mil e saquearam grande despojo.

Amazias é repreendido por causa da idolatria

14 **Q**uando Amazias voltou da matança dos edomitas, trouxe consigo os deuses dos filhos de Seir. [y]Tomou-os por seus deuses, prostrou-se diante deles e queimou-lhes incenso.

15 A ira do Senhor se acendeu contra Amazias, e mandou-lhe um profeta que lhe disse: Por que buscaste deuses que a seu povo não livraram das tuas [z]mãos?

16 Enquanto ele ainda falava, o rei lhe respondeu: Acaso foste nomeado conselheiro do rei? Para com isso! Por que haverias de ser morto? Então o profeta parou, mas disse: Sei que já o Senhor deliberou destruir-te, porque fizeste isso e não deste ouvidos ao meu conselho.

Amazias é derrotado por Jeoás, rei de Israel (2Rs 14.8-14)

17 **D**epois de ter consultado seus conselheiros, Amazias, rei de Judá, enviou mensageiros a Jeoás, filho de Jeoacaz, filho de Jeú, rei de Israel, dizendo: Vem, [a]encontremo-nos face a face.

18 Jeoás, rei de Israel, porém, mandou dizer a Amazias, rei de Judá: [b]O espinheiro que estava no Líbano mandou dizer ao cedro que estava no Líbano: Dá tua filha a meu filho por mulher. Então os animais do campo que estão no Líbano passaram e pisaram o espinheiro.

[i] 2Cr 22.8
[j] 2Cr 25.3
[k] Chamado Jozacar em 2Rs 12.21
[l] Chamado Somer em 2Rs 12.21
[m] 2Rs 14.1
[n] v. 14
[o] Veja 1Rs 8.61 e Fp 3.12, notas
[p] 2Cr 24.25
[q] Dt 24.16; Jr 31.30
[r] Nm 1.3
[s] Comp. 2Cr 17.12-19; 26.12,13
[t] Veja sist. monetário (AT): Êx 30.13, nota
[u] 2Cr 11.2
[v] 2Cr 14.11; 20.6
[w] 2Rs 14.7
[x] Comp. Ob 3
[y] Comp. 2Cr 28.23
[z] v. 11,12; comp. Jz 6.31
[a] Convida-o para se enfrentarem em batalha
[b] Parábolas (AT): v. 18,19; Is 5.1 (Jz 9.8; Zc 11.7)

[1] (25.7) Usado num sentido coletivo com respeito ao reino das dez tribos do norte, que também recebiam a designação “Israel”. Veja 2Rs 17.28, *nota*.

19 Tu dizes: Feri os edomitas; e elevou-se o teu
coração, para te [c]gloriares. Mas fica em tua casa!
Por que te meterias no mal, para caíres tu e Ju-
dá contigo?
20 Amazias, contudo, não lhe deu ouvidos, pois
isso vinha de Deus, para entregá-los nas mãos
dos seus inimigos, porque buscaram os deu-
ses dos edomitas.
21 Assim Jeoás, rei de Israel, subiu. Ele e Ama-
zias, rei de Judá, se encontraram face a face em
[d]Bete-Semes, que está em Judá.
22 Judá foi derrotado diante de Israel, e fugiu
cada um para a sua tenda.
23 Jeoás, rei de Israel, prendeu a Amazias, rei de
Judá, filho de Joás, filho de [e]Jeoacaz, em Bete-Se-
mes. Então Jeoás o trouxe a Jerusalém e derrubou
o muro de Jerusalém, desde a porta de Efraim
até a porta da Esquina, quatrocentos [f]côvados.
24 Tomou todo o ouro, a prata e todos os uten-
sílios que se acharam no templo de Deus sob os
cuidados de [g]Obede-Edom, com os tesouros do
palácio do rei, e os reféns, e voltou para Samaria.

(Quanto à morte de Jeoás, rei de Israel, comp. 2Rs 13.12,13; 14.15,16; quanto ao reinado de Jeroboão sobre Israel, veja 2Rs 13.5,6,13; 14.16,23-27)

Os últimos anos e a morte de Amazias (2Rs 14.17-20)

25 **V**iveu Amazias, filho de Joás, rei de Judá, de-
pois da morte de Jeoás, filho de Jeoacaz, rei de
Israel, quinze anos.
26 Quanto ao restante dos atos de Amazias,
tanto os primeiros como os últimos, estão escri-
tos no livro dos reis de Judá e de Israel.
27 Desde o tempo em que Amazias se desviou
do Senhor, [h]conspiraram contra ele em Jerusa-
lém, e ele fugiu para Laquis, mas o perseguiram
até lá, e o mataram.
28 Trouxeram-no sobre cavalos e o sepultaram
com seus pais na cidade de Judá.

(Interregno)

Uzias torna-se rei de Judá (2Rs 14.21–15.4)

26 Então todo o povo tomou a [i]Uzias, que
era da idade de dezesseis anos, e o fize-
ram rei em lugar de seu pai Amazias.
2 Ele edificou a Elote e a restituiu a Judá, depois
que Amazias descansou com seus pais.
3 Era Uzias da idade de [j]dezesseis anos quando
começou a reinar e cinquenta e cinco anos rei-
nou em Jerusalém. Era o nome de sua mãe
Jecolia, de Jerusalém.
4 Fez o que era [k]reto aos olhos do Senhor, con-
forme tudo o que fizera Amazias, seu pai.
5 Buscou a Deus nos dias de Zacarias, que o
[l]instruiu no temor de Deus. Enquanto buscou ao
Senhor, Deus o fez [m]prosperar.

A prosperidade de Uzias e suas proezas na guerra

6 Saiu, guerreou contra os filisteus, e quebrou
o muro de Gate, o muro de Jabne e o de Asdo-
de. Edificou cidades perto de Asdode e entre
os filisteus.
7 Deus o ajudou contra os [n]filisteus, contra
os árabes que habitavam em Gur-Baal e con-
tra os meunitas.
8 Os amonitas [o]pagaram tributos a Uzias, e a
sua fama se espalhou até a entrada do Egito, por-
que se tornou muito poderoso.
9 Uzias edificou torres em Jerusalém, à [p]porta
da Esquina, à porta do Vale e ao ângulo do mu-
ro, e as fortificou.
10 Também edificou torres no deserto e cavou
muitos poços, porque tinha muito gado, tanto
nos [q]vales como nas campinas. Tinha lavradores
e vinhateiros nos montes e nos campos férteis,
pois gostava da agricultura.
11 Tinha Uzias um exército de homens bem
preparados, que saíam à guerra em tropas, se-
gundo a lista feita pelo escrivão Jeiel, e Maaseias,
oficial, sob a direção de Hananias, um dos ofi-
ciais do rei.
12 O número total dos chefes de famílias, ho-
mens valentes, era de dois mil e seiscentos.
13 Debaixo das suas ordens havia um exército
guerreiro de trezentos e sete mil e quinhentos
homens, que faziam a guerra com grande poder,
para ajudarem o rei contra os inimigos.
14 Preparou-lhes Uzias, para todo o exército,
escudos, lanças, capacetes, couraças e arcos, e
até fundas para atirar pedras.
15 Fez em Jerusalém máquinas [r]inventadas por
peritos, para que fossem colocadas nas torres e
nos cantos das muralhas, para atirarem flechas
e grandes pedras. Correu a sua fama até muito
longe, pois foi maravilhosamente ajudado até
que se tornou poderoso.

(A morte de Jeroboão II; interregno e os reinados de Zacarias, Salum e Menaém precedem o relato abaixo. Veja 2Rs 14.28,29; 15.8-18)

O pecado de Uzias e o seu castigo. Jotão o sucede (2Rs 15.5-7,32)

16 **H**avendo-se, porém, fortificado, [s]exaltou-
-se o seu coração até se corromper. Foi [t]infiel ao
Senhor, seu Deus, e [u]entrou no templo do Senhor
para queimar incenso no altar do incenso.
17 O sacerdote [v]Azarias, porém, entrou após
ele, e com ele oitenta sacerdotes do Senhor, ho-
mens corajosos.

[c] 2Cr 26.16; Pv 16.18
[d] Js 19.38
[e] Chamado Acazias em 2Cr 22.1
[f] Veja pesos e medidas (AT): 2Cr 2.10, nota
[g] 1Cr 26.15
[h] Comp. 2Cr 24.25,26
[i] Chamado Azarias em 2Rs 14.21; 15.1
[j] Comp. 2Rs 15.32-34
[k] 2Cr 24.2
[l] Gn 41.15; Dn 1.17
[m] 2Cr 15.2; 20.20; 31.21
[n] 2Cr 21.16
[o] 2Sm 8.2; 2Cr 17.11
[p] 2Cr 25.23
[q] Veja Dt 1.7, nota
[r] Êx 39.3,8
[s] 2Cr 25.19
[t] Comp. 1Sm 13.9-14
[u] 1Rs 13.1-4; 2Rs 16.12,13
[v] 1Cr 6.10

18 [w]Resistiram ao rei Uzias e lhe disseram: A ti, Uzias, [x]não compete queimar incenso perante o Senhor, mas aos [y]sacerdotes, filhos de Arão, que são consagrados para queimar incenso. Sai do santuário, pois foste infiel; nem será isso para honra tua da parte do Senhor Deus.

19 Então Uzias, que tinha o incensário na mão para queimar incenso, se indignou. Indignando-se ele contra os sacerdotes, a [z]lepra lhe saiu à [a]testa perante os sacerdotes, na casa do Senhor, junto ao altar do incenso.

20 Quando o sumo sacerdote Azarias olhou para ele, como também todos os sacerdotes, e viram que estava leproso na testa, apressadamente o lançaram fora. Até ele mesmo se deu pressa em sair, visto que o Senhor o ferira.

21 Assim ficou [b]leproso o rei Uzias até o dia da sua morte. E morou, por ser leproso, numa casa [c]separada, porque foi excluído do templo do Senhor. Jotão, seu filho, tinha o cargo do palácio real, julgando o povo da terra.

22 Quanto ao restante dos atos de Uzias, tanto os primeiros como os últimos, o profeta [d]Isaías, filho de Amoz, o [e]escreveu.

23 [f]Descansou Uzias com seus pais e com eles foi sepultado no campo do sepulcro que era dos reis, porque disseram: Ele é leproso. E Jotão, seu filho, reinou em seu lugar.

(A invasão de Israel por Tiglate-Pileser, o reinado de Peca precede o cap. 27. Veja 2Rs 15.22-28)

Reinado e morte de Jotão de Judá (2Rs 15.7,32-38)

27 [g]Tinha Jotão vinte e cinco anos de idade quando começou a reinar e dezesseis anos reinou em Jerusalém. Era o nome de sua mãe Jerusa, filha de Zadoque.

2 Fez o que era reto aos olhos do [h]Senhor, conforme tudo o que fizera Uzias, seu pai, exceto que não entrou no templo do Senhor. Mas o [i]povo ainda se corrompia.

3 Jotão edificou a porta superior do templo do Senhor e também edificou muitas obras sobre o muro de Ofel.

4 Edificou cidades na região montanhosa de Judá e nos bosques, castelos e torres.

5 Jotão guerreou contra o rei dos filhos de Amom e o venceu, de modo que os [j]filhos de Amom naquele ano lhe deram cem [k]talentos de prata, dez mil [l]coros de trigo e dez mil de cevada. A mesma quantia lhe trouxeram os filhos de Amom também no segundo e no terceiro anos.

6 Jotão se tornou poderoso, [m]porque [n]dirigiu os seus caminhos na presença do Senhor, o seu Deus.

7 Quanto ao restante dos atos de Jotão, todas as suas guerras e os seus caminhos, estão escritos no livro dos reis de Israel e de Judá.

8 Tinha vinte e cinco anos de idade quando começou a reinar e dezesseis anos reinou em Jerusalém.

9 Descansou Jotão com seus pais e foi sepultado na Cidade de Davi. E [o]Acaz, seu filho, reinou em seu lugar.

(O começo do cativeiro do Reino do Norte precede o cap. 28. Veja 1Cr 5.25,26)

Acaz torna-se rei (2Rs 15.38–16.4)

28 Tinha [p]Acaz vinte anos de idade quando começou a reinar e dezesseis anos reinou em Jerusalém. Não fez o que era reto aos olhos do Senhor, como Davi seu pai.

2 Andou nos caminhos dos reis de Israel e até fez imagens de [q]fundição para os baalins.

3 Queimou incenso no vale do filho de [r]Hinom e queimou a seus [s]filhos no [t]fogo, conforme as abominações dos gentios que o Senhor [u]expulsara de diante dos filhos de Israel.

4 Sacrificou e queimou incenso nos [v]altos e nos outeiros, como também debaixo de toda árvore frondosa.

Síria, Israel e outros invadem Judá (2Rs 16.5,6)

5 Pelo que o Senhor seu Deus o entregou nas mãos do rei dos [ww]sírios, os quais o [xx]derrotaram e levaram dele em cativeiro uma grande multidão de presos, que trouxeram a Damasco. Também foi entregue nas mãos do rei de Israel, que lhe impôs grande derrota.

6 [yy]Peca, filho de Remalias, matou num dia em Judá cento e vinte mil, todos homens valentes, [zz]porque haviam deixado o Senhor, Deus de seus pais.

7 Zicri, homem poderoso de Efraim, matou Maaseias, filho do rei, Azricão, o mordomo, e Elcana, o segundo depois do rei.

8 Os filhos de Israel levaram [aa]presos de [bb]seus irmãos duzentos mil: mulheres, filhos e filhas. Também saquearam deles grande despojo e trouxeram o despojo para Samaria.

Odede garante a libertação dos cativos

9 Estava, porém, ali um [cc]profeta do Senhor, cujo nome era Odede, que saiu ao encontro do exército que vinha para Samaria e lhe disse: Porque o [dd]Senhor, o Deus de vossos pais, se irou contra Judá, ele os entregou nas vossas mãos, e vós os matastes com uma raiva tal que [ee]chegou até os céus.

10 E agora quereis fazer [ff]escravos os filhos de Judá e de Jerusalém. Mas não sois vós mesmos culpados para com o Senhor, o vosso Deus?

11 Agora ouvi-me e tornai a enviar os prisioneiros que trouxestes presos de vossos irmãos, pois o ardor da [gg]ira do Senhor está sobre vós.

[w] Comp. 2Cr 19.2
[x] Nm 16.40
[y] Êx 30.7,8; Hb 7.14
[z] Milagres (AT): v. 16-21; Is 37.36 (Gn 5.24; Jn 1.17)
[a] Lv 13.42
[b] Comp. 2Rs 5.1-14
[c] Lv 13.46; Nm 5.2
[d] 2Rs 20.1; 2Cr 32.20,32; Is 1.1
[e] Veja 1Cr 29.29, nota
[f] Is 6.1
[g] 2Rs 15.5
[h] Comp. 2Cr 26.16
[i] Ez 20.44; 30.13; comp.
[j] 2Cr 33.14
[k] 2Cr 26.8
[l] Veja sist. monetário (AT): Êx 30.13; comp. 2Cr 2.10, nota
[m] Veja pesos e medidas (AT): 2Cr 2.10, nota
[n] 2Cr 26.5
[o] Is 1.1; Os 1.1; Mq 1.1
[p] 2Rs 16.10,11
[q] Êx 34.17; Lv 19.4
[r] Js 15.8
[s] 2Cr 33.6
[t] Lv 18.21
[u] Lv 18.24-30
[v] Veja Jz 3.7 e 1Rs 3.2, notas
[ww] Is 10.5
[xx] Is 7.1,17
[yy] 2Rs 15.27
[zz] 2Cr 29.8
[aa] Dt 28.25,41
[bb] Comp. 2Cr 11.4
[cc] 2Cr 25.15
[dd] Sl 69.26
[ee] Ed 9.6; Ap 18.5
[ff] Lv 25.39
[gg] Sl 78.49

12 Então se levantaram alguns homens dentre os chefes dos filhos de Efraim: Azarias, filho de Joanã, Berequias, filho de Mesilemote, Jeizquias, filho de Salum, e Amasa, filho de Hadlai, contra os que voltavam da batalha

13 e lhes disseram: Não fareis entrar aqui estes presos, porque, em relação à nossa culpa contra o Senhor, intentais acrescentar mais a nossos pecados e a nossas culpas, mas já temos grande culpa, e já o ardor da ira do Senhor está sobre Israel.

14 Então os homens armados deixaram os presos e o despojo diante dos líderes e de toda a congregação.

15 Os homens que [h]foram designados nominalmente se levantaram, tomaram os presos e vestiram do despojo a todos os que entre eles estavam nus, e lhes [i]deram comida e bebida. A todos os que estavam fracos levaram, sobre jumentos, e os trouxeram a Jericó, a [j]cidade das palmeiras, a seus irmãos. Depois voltaram para Samaria.

Edomitas e filisteus invadem Judá; Acaz se compromete com a Assíria (2Rs 15.29; 16.7-18)

16 [k]**N**aquele tempo, o rei Acaz mandou pedir socorro ao rei da Assíria.

17 Os [l]edomitas tinham vindo de novo, derrotado a Judá e levado presos em cativeiro,

18 enquanto os [m]filisteus tinham invadido as cidades da [n]campina e do sul de Judá. Tomaram e ocuparam Bete-Semes, Aijalom, Gederote, Socó e suas aldeias, e Timna e suas aldeias.

19 O Senhor havia humilhado a Judá por causa de Acaz, rei de [o]Israel, pois este [p]promovera a impiedade em Judá e tinha sido totalmente infiel ao Senhor.

20 Veio a ele [q]Tiglate-Pileser, rei da Assíria, porém lhe causou mais problemas em vez de ajudá-lo.

21 Tomou Acaz algumas das coisas do templo do Senhor, do palácio do rei, e dos líderes, e as deu ao rei da Assíria, mas isso [r]não o ajudou.

22 **N**o seu tempo de dificuldades, o rei Acaz tornou-se ainda mais infiel ao Senhor.

23 Sacrificou aos [s]deuses de Damasco, que o feriram, e disse: Visto que os deuses dos reis da Síria os ajudam, eu lhes sacrificarei, [t]para que me ajudem. Porém eles foram a sua ruína, e de todo o Israel.

24 Ajuntou Acaz os utensílios do templo do Senhor e fê-los em pedaços. [u]Fechou as portas do templo do Senhor e fez para si altares em todos os cantos de Jerusalém.

25 Também em cada cidade de Judá fez [v]altos para queimar incenso a outros deuses e assim provocou à ira o Senhor, Deus de seus pais.

[h] v. 12
[i] 2Rs 6.22; Pv 25.21,22
[j] Dt 34.3; Jz 1.16
[k] Comp. v. 23
[l] 2Cr 21.10; Ob 10–14
[m] 2Cr 21.16,17; Ez 16.27,57
[n] Veja Dt 1.7, nota
[o] 2Rs 16.2
[p] Êx 32.25
[q] 2Rs 15.29; 1Cr 5.26
[r] Comp. 1Sm 7.12
[s] 2Cr 25.14
[t] Jr 44.17,18
[u] 2Cr 29.7
[v] Veja Jz 3.7 e 1Rs 3.2, notas
[w] 2Cr 21.20; 24.25; 28.27
[x] 2Cr 32.22
[y] Veja Lv 23.2, nota
[z] Comp. 2Cr 28.24
[a] Santificação (AT): v. 5,17,34; 2Cr 35.6 (Gn 2.3; Zc 8.3); 2Cr 30.15,24
[b] Is 1.4; Ez 8.16
[c] 2Cr 24.18
[d] 2Cr 28.5
[e] 1Rs 9.8; Jr 18.16; 19.8; 25.9,18; 29.18
[f] Dt 28.32
[g] Dt 28.25; 2Cr 28.17
[hh] 2Cr 23.16
[ii] Nm 3.6; 8.6; 2Cr 30.16,17
[jj] 2Cr 31.13
[kk] Nm 3.19,20

Acaz morre; Ezequias o sucede (2Rs 16.19,20)

26 **O** restante de seus atos e de todos os seus caminhos, tanto os primeiros como os últimos, estão escritos no livro dos reis de Judá e de Israel.

27 Descansou Acaz com seus pais e foi sepultado na cidade de Jerusalém, mas [w]não o puseram nos sepulcros dos reis de Israel. E Ezequias, seu filho, reinou em seu lugar.

(A morte de Peca em Israel, um interregno e o reinado de Oseias sobre Israel precedem o cap. 29. Veja 2Rs 15.30,31; 17.6)

O reinado de Ezequias em Judá (2Rs 18.1-7. Comp. Is 36–39)

29 **T**inha [x]Ezequias vinte e cinco anos de idade quando começou a reinar e vinte e nove anos reinou em Jerusalém. Era o nome de sua mãe Abia, filha de Zacarias.

2 Fez o que era reto aos olhos do Senhor, conforme tudo o que fizera Davi seu pai.

O avivamento com Ezequias

3 Ele, no [y]primeiro ano do seu reinado, no primeiro mês, [z]abriu as portas do templo do Senhor e as reparou.

4 Trouxe os sacerdotes e os levitas, ajuntou-os na praça oriental

5 e lhes disse: Ouvi-me, ó levitas, [a]consagrai-vos agora e consagrai o templo do Senhor, Deus de vossos pais, e tirai do santuário a imundícia.

6 Nossos pais foram infiéis; fizeram o que era mau aos olhos do Senhor, o nosso Deus, e o deixaram. Desviaram os seus rostos do tabernáculo do Senhor e lhe voltaram as [b]costas.

7 Também fecharam as portas do alpendre e apagaram as lâmpadas; e não queimaram incenso nem ofereceram holocaustos no santuário ao Deus de Israel.

8 Pelo que veio grande [c]ira do Senhor sobre Judá e Jerusalém, e ele os [d]fez objetos de terror, espanto e [e]zombaria, como vós o estais vendo com os vossos próprios [f]olhos.

9 É por isso que nossos pais caíram à espada e nossos filhos, nossas filhas e nossas mulheres estão em [g]cativeiro.

10 Agora tenho o propósito de fazer uma [hh]aliança com o Senhor, Deus de Israel, para que se desvie de nós o ardor da sua ira.

11 Agora, filhos meus, não sejais negligentes, pois o Senhor [ii]vos escolheu para estardes diante dele e para o servirdes, para serdes seus ministros e queimardes incenso.

12 **E**ntão se levantaram estes levitas: [jj]Maate, filho de Amasai, e Joel, filho de Azarias, dos [kk]filhos dos coatitas; dos filhos de Merari, Quis,

filho de Abdi, e Azarias, filho de Jealelel; dos geronitas, Joá, filho de Zima, e Éden, filho de Joá;

13 dos filhos de Elisafã, Sinri e Jeiel; dos filhos de Asafe, Zacarias e Matanias;

14 dos filhos de Hemã, Jeíel e Simei; dos filhos de Jedutum, Semaías e Uziel.

15 Ajuntaram seus irmãos, consagraram-se e vieram conforme a ordem do rei, segundo as palavras do Senhor, a fim de [l]purificarem o templo do Senhor.

16 Os sacerdotes entraram no templo do Senhor para purificar e levaram para o pátio do templo do Senhor toda a imundícia que acharam no templo do Senhor. Os levitas a tomaram e a levaram para fora, ao vale do [m]Cedrom.

17 Começaram a consagração no primeiro dia do primeiro [n]mês, e no oitavo dia do mês chegaram ao alpendre do Senhor. [o]Consagraram a casa do Senhor em oito dias, e no décimo sexto dia do primeiro mês acabaram.

18 Então foram ter com o rei Ezequias e disseram: Já purificamos todo o templo do Senhor, como também o altar do holocausto com todos os seus utensílios, e a [p]mesa da proposição com todos os seus utensílios.

19 Também todos os utensílios que o rei Acaz, no seu reinado, [q]lançou fora, na sua infidelidade, já os preparamos e consagramos. Agora estão diante do altar do Senhor.

Ezequias restabelece o culto no templo

20 **O** rei Ezequias se levantou de madrugada, reuniu os líderes da cidade e subiu à casa do Senhor.

21 Trouxeram sete novilhos, sete carneiros, sete cordeiros e sete bodes, como [r]oferta pelo pecado em favor do reino, do santuário e de Judá. Ordenou o rei aos filhos de Arão, os sacerdotes, que os oferecessem sobre o altar do Senhor.

22 Assim mataram os bois, e os sacerdotes tomaram o sangue e o espargiram sobre o altar; a seguir mataram os carneiros e espargiram o sangue sobre o altar; então mataram os cordeiros e espargiram o sangue sobre o altar.

23 Trouxeram os bodes, como oferta pelo pecado, perante o rei e a congregação, e lhes [s]impuseram as suas mãos.

24 Os sacerdotes os mataram e com o seu sangue fizeram [t]expiação do pecado sobre o altar, para reconciliar a todo o Israel, porque o rei tinha ordenado que se fizesse aquele holocausto e aquela oferta pelo pecado por todo o Israel.

25 [u]**P**ôs os levitas no templo do Senhor com címbalos, alaúdes e harpas, [v]conforme a ordem de Davi e de [w]Gade, o vidente do rei, e do profeta Natã; esta ordem [x]viera do Senhor, por meio de seus profetas.

[l] 1Cr 23.28
[m] 2Cr 15.16; 30.14
[n] Veja Lv 23.2, nota
[o] v. 5
[p] Veja Êx 25.30, nota
[q] 2Cr 28.24
[r] Lv 4.3-26
[s] Lv 8.14
[t] Veja Êx 29.33, nota
[u] 1Cr 16.4; 25.6
[v] 1Cr 23.5; 25.1; 2Cr 8.14
[w] 2Sm 24.11
[x] 2Cr 30.12
[y] 2Cr 5.12
[z] 2Cr 23.18
[a] 2Cr 20.18
[b] Lv 7.12
[c] Êx 35.5,22
[d] 2Cr 30.3
[e] Sl 7.10
[f] 2Cr 29.5
[g] Lv 3.16
[h] Nm 15.5-10
[i] Nm 9.10,11; veja Lv 23.2, nota
[j] Êx 12.6,18
[k] 2Cr 29.34

26 Assim, estavam os levitas em pé com os instrumentos de Davi, e os sacerdotes com as [y]trombetas.

27 Deu ordem Ezequias que oferecessem o holocausto sobre o altar. Quando o holocausto começou, começou também o cântico ao Senhor com as trombetas e os instrumentos de [z]Davi, rei de Israel.

28 Toda a congregação se prostrou, enquanto se entoava o cântico e as trombetas soavam. Tudo isso até se acabar o holocausto.

29 Tendo-se acabado de oferecer o sacrifício, o [a]rei e todos quantos com ele se achavam, prostraram-se e adoraram.

30 Ordenou o rei Ezequias e os oficiais aos levitas que louvassem ao Senhor com as palavras de Davi e de Asafe, o vidente. Pelo que eles cantaram louvores com alegria e se inclinaram e adoraram.

31 **E**ntão disse Ezequias: Agora que vos consagrastes a vós mesmos ao Senhor, chegai-vos e trazei sacrifícios e [b]ofertas de louvor ao templo do Senhor. Assim, a congregação trouxe sacrifícios e ofertas de louvor, e todos os que estavam [c]dispostos de coração trouxeram holocaustos.

32 O número dos holocaustos que a congregação trouxe foi de setenta bois, cem carneiros e duzentos cordeiros; tudo isso em holocausto para o Senhor.

33 Houve também, de coisas consagradas, seiscentos bois e três mil ovelhas.

34 Os sacerdotes, porém, eram muito poucos e não podiam esfolar a todos os holocaustos; pelo que seus irmãos, os levitas, os ajudaram até se acabar a obra e até que os outros sacerdotes se consagrassem, [d]pois os levitas foram mais [e]retos de coração, para se [f]consagrarem, do que os sacerdotes.

35 Houve holocaustos em abundância, com a [g]gordura das ofertas pacíficas e com as ofertas de [h]libação para cada holocausto. Assim se estabeleceu o ministério do templo do Senhor.

36 Ezequias e todo o povo se alegraram por causa do que Deus tinha preparado em favor do povo, porque apressadamente se fez esta obra.

Certos israelitas juntam-se a Judá para celebrar a Páscoa

30 Depois disso enviou Ezequias mensageiros por todo o Israel e Judá e escreveu cartas a Efraim e a Manassés, para que viessem ao templo do Senhor, a Jerusalém, a fim de celebrarem a Páscoa ao Senhor, o Deus de Israel.

2 O rei e os seus oficiais e toda a congregação em Jerusalém decidiram celebrar a Páscoa no [i]segundo [1]mês.

3 [j]Não a puderam celebrar no tempo próprio, [k]porque não se tinham consagrado sacerdotes

[1] (30.2) A autorização para se comemorar a Páscoa no segundo mês, não no primeiro, encontra-se em Nm 9.10,11.

em número suficiente, e o povo não se tinha reunido em Jerusalém.

4 Isso pareceu bem aos olhos do rei e aos olhos de toda a congregação.

5 Ordenaram que se fizesse pregão por todo o Israel, desde Berseba até Dã, para que viessem celebrar a Páscoa ao Senhor, Deus de Israel, em Jerusalém. Muitos não a tinham celebrado como está escrito.

6 Foram os [l]mensageiros com as cartas do rei e de seus oficiais, por todo o Israel e Judá, segundo a ordem do rei, dizendo: Filhos de Israel, voltai-vos ao Senhor, Deus de Abraão, de Isaque e de Israel, para que ele se [m]volte para o restante de vós que escaparam das mãos dos [n]reis da [o]Assíria.

7 Não sejais como vossos pais e [p]como vossos irmãos, que foram infiéis para com o Senhor, Deus de seus pais, pelo que os [q]entregou à [r]desolação como estais vendo.

8 Não [s]endureçais a vossa cerviz, como vossos pais; submetei-vos ao Senhor e vinde ao santuário que ele consagrou para sempre, e servi ao Senhor, o vosso Deus, [t]para que o ardor da sua ira se desvie de vós.

9 Se vos converterdes ao Senhor, então vossos irmãos e vossos filhos acharão [u]misericórdia perante os que os levaram cativos e voltarão a esta terra, pois o Senhor, o vosso Deus, é piedoso e [v]misericordioso. Não desviará de vós o seu rosto, se vos voltardes a ele.

10 Os mensageiros foram passando de cidade em cidade, pela terra de Efraim e Manassés até Zebulom, mas [w]riram-se e zombaram deles.

11 Todavia, alguns de Aser, de Manassés e de Zebulom se humilharam e vieram a Jerusalém.

12 Também em Judá a mão de Deus esteve com o povo, dando-lhes um só coração, para cumprirem a ordem do rei e dos oficiais, [x]conforme a palavra do Senhor.

Reinstituição da Páscoa; confissão feita perante o Senhor

13 **A**juntou-se em Jerusalém uma congregação muito grande, para celebrar a festa dos [y]pães sem fermento, no segundo mês.

14 Tiraram os [z]altares que havia em Jerusalém e todos os altares de incenso e os lançaram no vale do [a]Cedrom.

15 Imolaram o cordeiro da Páscoa no décimo quarto dia do segundo mês. Os sacerdotes e levitas, [b]envergonhados, consagraram-se e trouxeram holocaustos ao templo do Senhor.

16 Então [c]tomaram os seus lugares, segundo a sua ordem, conforme a lei de Moisés, o homem de Deus. Os sacerdotes espargiam o sangue, tomando-o da mão dos levitas.

[l] Et 8.14; Jó 9.25; Jr 51.31
[m] Jr 4.1; Jl 2.13
[n] 2Rs 15.19,29
[o] 2Cr 28.20
[p] Ez 20.18
[q] Is 1.9; comp. Rm 1.24
[r] 2Cr 29.8
[s] Êx 32.9; Hc 7.51
[t] 2Cr 29.10
[u] Sl 106.46
[v] Êx 34.6; Mq 7.18
[w] 2Cr 36.16
[x] 2Cr 29.25
[y] Lv 23.6; Nm 9.11
[z] 2Cr 28.24
[a] 2Cr 29.16
[b] 2Cr 29.34
[c] 2Cr 35.10,15
[d] Êx 12.43-49; Nm 9.10
[e] Orações da Bíblia (AT): v. 18-20; Ed 9.6 (Gn 15.2; Hc 3.1)
[f] Êx 12.15; 13.6; 2Cr 19.3
[g] 1Rs 8.65
[h] 2Cr 32.6
[i] Dt 33.10; 2Cr 17.9; 35.3
[j] 2Cr 35.17,18
[k] Comp. 2Cr 35.7,8
[ll] 2Cr 7.8-10
[mm] Nm 6.23
[nn] Dt 26.15; Sl 68.5
[oo] Veja Dt 16.21, nota
[pp] Veja Jz 3.7 e 1Rs 3.2, notas

17 Visto que havia muitos na congregação que não se tinham consagrado, os levitas tiveram de imolar os cordeiros da Páscoa por todo aquele que não estava limpo, para o consagrarem ao Senhor.

18 Embora a maioria do povo, muitos de Efraim, Manassés, Issacar e Zebulom, não se tinham purificado, contudo [d]comeram a Páscoa, contrário ao que está escrito. Ezequias, porém, orou por eles, [e]dizendo: O Senhor, que é bom, perdoe a todo aquele

19 que [f]dispôs o coração para buscar o Senhor Deus, o Deus de seus pais, ainda que não esteja purificado de acordo com a purificação do santuário.

20 E ouviu o Senhor a Ezequias e sarou o povo.

21 Os filhos de Israel que se acharam em Jerusalém celebraram a [g]festa dos pães sem fermento por sete dias com grande alegria, enquanto os levitas e os sacerdotes louvaram ao Senhor de dia em dia, com instrumentos de louvor ao Senhor.

22 Ezequias dirigiu palavras de [h]encorajamento a todos os levitas que [i]demonstravam bom entendimento do serviço do Senhor. Comeram as ofertas da solenidade por sete dias, apresentando ofertas pacíficas e rendendo graças ao Senhor, Deus de seus pais.

"Outros sete dias" de festa

23 **T**oda a congregação, então, decidiu celebrar [j]outros sete dias; assim, por outros sete dias celebraram com grande alegria.

24 Ezequias, rei de Judá, providenciou para a congregação mil novilhos e dez mil [k]ovelhas, e os líderes providenciaram-lhes mil novilhos e dez mil ovelhas. Um grande número dos sacerdotes se consagrou.

25 Alegraram-se toda a congregação de Judá, os sacerdotes, os levitas e toda a congregação de todos os que vieram de Israel, como também os estrangeiros que vieram da terra de Israel e os que habitavam em Judá.

26 Houve grande alegria em Jerusalém, pois desde os dias de [ll]Salomão, filho de Davi, rei de Israel, não tinha havido coisa semelhante em Jerusalém.

27 Os sacerdotes e os levitas se levantaram e [mm]abençoaram o povo; a sua oração foi ouvida, pois chegou até a santa [nn]habitação de Deus, até os céus.

Destruição dos ídolos (2Rs 18.4)

31 Acabado tudo isto, os israelitas que ali se achavam saíram às cidades de Judá e quebraram as estátuas, cortaram os [oo]postes sagrados, e derrubaram os [pp]altos e altares por

todo o Judá e Benjamim, como também em Efraim e Manassés, até que tudo destruíram. Então voltaram os filhos de Israel, cada um para sua possessão, para as cidades deles.

Mais reformas de Ezequias

2 **E**stabeleceu Ezequias as turmas dos sacerdotes e levitas, turma após turma, segundo o seu serviço: os sacerdotes e levitas para o [q]holocausto e para as ofertas pacíficas, para ministrarem, renderem graças e cantarem louvores nas portas da habitação do Senhor.

3 O rei contribuiu de seu próprio [r]tesouro para os holocaustos da manhã e da tarde e para os holocaustos dos sábados, para as luas novas e para as festividades, como está escrito na [s]lei do Senhor.

4 Além disso ordenou ao povo de Jerusalém que desse a [t]parte dos sacerdotes e dos levitas, para que pudessem dedicar-se à lei do Senhor.

5 Logo que essa ordem foi promulgada, os filhos de Israel trouxeram em abundância as [u]primícias de trigo, mosto, azeite, mel e todo produto do campo. Trouxeram também em abundância o [v]dízimo de tudo.

6 Os filhos de Israel e de Judá, que habitavam nas cidades de Judá, também trouxeram o dízimo das vacas, das ovelhas e das coisas consagradas ao Senhor seu Deus, e fizeram muitos montões.

7 No terceiro [w]mês, começaram a fazer os primeiros montões e no sétimo acabaram.

8 Vindo Ezequias e os oficiais, e vendo aqueles montões, bendisseram ao Senhor e ao seu povo Israel.

9 Perguntou Ezequias aos sacerdotes e aos levitas acerca daqueles montões;

10 e Azarias, o sumo sacerdote da casa de Zadoque, respondeu-lhe: Desde que o povo começou a trazer suas ofertas ao [x]templo do Senhor, tem havido o que comer e de que se fartar, e ainda há sobra em abundância, porque o Senhor abençoou ao seu povo, e sobrou esta [y]grande quantidade.

11 **E**ntão Ezequias deu ordens para que se preparassem [z]despensas na casa do Senhor, e as prepararam.

12 Ali recolheram fielmente as ofertas, os dízimos e as coisas consagradas. [a]Conanias, o levita, ficou encarregado disso, e Simei, seu irmão, era o segundo.

13 Jeiel, Azazias, Naate, Asael, Jerimote, Jozabade, Eliel, Ismaquias, Maate e Benaia eram superiores sob a direção de Conanias e Simei, seu irmão, por ordem do rei Ezequias e de Azarias, [b]chefe do templo de Deus.

14 Coré, filho de Imna, levita, guarda da porta oriental, tinha o cargo das [c]ofertas voluntárias que se faziam a Deus, para distribuir as ofertas do Senhor e as coisas santíssimas.

15 Debaixo das suas ordens estavam [d]Éden, Miniamim, Jesua, Semaías, Amarias e Secanias, [e]nas cidades dos sacerdotes, para distribuírem com fidelidade a seus irmãos, segundo as suas turmas, tanto aos pequenos como aos grandes.

16 Além disso distribuíram aos que estavam contados pelas genealogias, homens da idade de três anos para cima, e que entravam no templo do Senhor, para a obra de cada dia, no seu dia para o serviço nos seus cargos segundo as suas turmas.

17 E distribuíam aos sacerdotes registrados segundo as suas famílias, e aos levitas de [f]vinte anos para cima, segundo os seus cargos e as suas turmas.

18 Estes incluíam as crianças, as mulheres, os filhos e as filhas de toda a congregação arrolada nestes registros genealógicos. Pois foram fiéis em se consagrarem.

19 Quanto aos sacerdotes, os filhos de Arão, que moravam nos campos [g]ao redor das suas cidades, ou em qualquer outra cidade, designaram-se homens por nome para distribuir as porções a todo homem entre os sacerdotes e a todos os arrolados nas genealogias dos levitas.

20 **A**ssim fez Ezequias em todo o Judá, [h]fazendo o que era bom, reto e verdadeiro perante o Senhor, o seu Deus.

21 Em toda a obra que começou no serviço do templo de Deus, na lei e nos mandamentos, para buscar a seu Deus, de todo o coração o fez. [i]E assim ele [1]prosperou.

(Quanto aos acontecimentos de 2Rs 17–20, veja nota em 31.21)

A segunda invasão de Senaqueribe a Judá. Ele desafia a Deus e intimida o povo (2Rs 18.17-37; 19.8-13; Is 36.2-20)

32 [j]Depois de tudo o que Ezequias havia feito com tanta fidelidade, veio Senaqueribe, rei da Assíria, e invadiu a Judá. Acampou-se contra as cidades fortes com a intenção de se apoderar delas.

2 Vendo Ezequias que Senaqueribe vinha, e que pretendia guerrear contra Jerusalém,

[q] 1Cr 23.30,31
[r] 2Cr 35.7
[s] Nm 28,29
[t] Nm 18.8; 2Rs 12.16; Ne 13.10; Ez 44.29
[u] Êx 22.29
[v] Lv 27.30; Dt 14.28; 26.12,13
[w] Veja Lv 23.2, nota
[x] 1Cr 6.8,9
[y] Êx 36.5
[z] 1Rs 6.5-8
[a] 2Cr 35.9
[b] 1Cr 9.11; Jr 20.1
[c] Dt 23.23; 2Cr 35.8
[d] 2Cr 29.12
[e] Js 21.1-3,9
[f] 1Cr 23.24
[g] Lv 25.34; Nm 35.1-4
[h] 2Rs 20.3
[i] 2Cr 26.5; 32.30; Sl 1.1-3
[j] v. 1-33; relatos paralelos: comp. 2Rs 18.13–20.21; Is 36.1–39.8. Veja 2Rs 18.13, nota

[1] (31.21) Em contraste com este avivamento em Judá, havia deteriorações em Israel. Os últimos anos do Reino do Norte podem ser assim resumidos: 1) Os pecados e a derrota de Oseias (2Rs 17.3-6; 18.9-12); 2) os pecados pelos quais Israel foi levado cativo para a Assíria (2Rs 17.7-23); e 3) traslado, por parte da Assíria, de gente dos países do norte para Samaria, seguido da praga dos leões e o retorno de alguns sacerdotes israelitas para ensinar o novo povo "como deviam temer ao Senhor" (2Rs 17.24-41).

3 consultou com os seus oficiais e os seus comandantes do exército, para que se tapassem as fontes das águas que havia fora da cidade, e eles o ajudaram.

4 Assim muito povo se ajuntou e tapou todas as [k]fontes, como também o ribeiro que corria pelo meio da terra. Diziam: Por que viriam os reis da Assíria e achariam tantas águas?

5 [l]Então ele se fortificou, [m]reparou todo o muro quebrado e levantou torres sobre ele. Fez outro muro [n]por fora, fortificou os [o]terraços de apoio na Cidade de Davi e fez armas e escudos em abundância.

6 Pôs oficiais de guerra sobre o povo, ajuntou-os a si na praça da porta da cidade e disse-lhes [p]ao coração:

7 Esforçai-vos e tende bom ânimo. Não temais nem vos espanteis, por causa do rei da Assíria, nem por causa de toda a multidão que está com ele, [q]pois conosco há um maior do que o que está com ele.

8 Com ele está o [r]braço de carne, mas conosco o Senhor, o nosso Deus, para nos ajudar e [s]guerrear as nossas guerras. E o povo recuperou o ânimo com as palavras de Ezequias, rei de Judá.

9 **M**ais tarde, quando Senaqueribe, rei da Assíria, e todas as suas forças, estavam sitiando a [t]Laquis, enviou os seus oficiais a Jerusalém com esta mensagem:

10 Assim diz Senaqueribe, rei da Assíria: Em que confiais vós, que vos deixais sitiar em Jerusalém?

11 Não vos incita Ezequias, para morrerdes à fome e à sede, quando diz: O Senhor, o nosso Deus, nos livrará das mãos do rei da Assíria?

12 Não é Ezequias o mesmo que [u]tirou os seus [v]altos e os seus altares, e disse a Judá e a Jerusalém: Diante de um só altar vos prostrareis e sobre [w]ele queimareis incenso?

13 Não sabeis vós [x]o que eu e meus pais fizemos a todos os povos das outras terras? Acaso puderam de qualquer maneira os deuses das nações dessas terras livrar a sua terra das minhas mãos?

14 Qual foi, de todos os deuses dessas nações que meus pais destruíram, o que pôde livrar o seu povo do meu poder? Como, pois, poderá o vosso Deus vos livrar das minhas [y]mãos?

15 Agora não vos engane Ezequias nem vos incite assim. Não lhe deis crédito, pois nenhum deus de nação alguma, nem de reino algum, pôde livrar o seu povo das minhas mãos nem das mãos de meus pais. Quanto menos o vosso Deus vos poderá livrar das minhas mãos!

16 **O**s oficiais de Senaqueribe falaram ainda mais contra o Senhor Deus e contra Ezequias, seu servo.

17 O rei também escreveu cartas, blasfemando do Senhor, o Deus de Israel, e [z]dizendo contra ele: Assim como os [a]deuses das nações das outras terras não livraram o seu povo das minhas mãos, assim também o Deus de Ezequias não livrará o seu povo das minhas [b]mãos.

18 [c]Então clamaram em alta voz em judaico contra o povo de Jerusalém, que estava sobre o muro, para os atemorizar e os perturbar, a fim de tomar a cidade.

19 Falaram do Deus de Jerusalém, como dos deuses dos povos das outras terras, obras das mãos dos [d]homens.

A oração de Ezequias é respondida; o exército assírio é derrotado (2Rs 19.14-37; Is 36.21–37.35)

20 O rei [e]Ezequias e o profeta Isaías, filho de Amoz, porém, oraram por causa disso e clamaram ao céu.

21 **E** o Senhor [f]enviou um [g]anjo que destruiu a todos os homens de guerra, os chefes e os oficiais no acampamento do rei da Assíria. Pelo que este voltou à sua terra com o rosto coberto de [h]vergonha. E, entrando no templo de seu deus, os seus próprios filhos o mataram à espada.

22 Assim [i]livrou o Senhor a Ezequias, e aos moradores de Jerusalém, das mãos de Senaqueribe, rei da Assíria, e das mãos de todos os outros. De todos os lados lhes deu descanso.

Ezequias volta a prosperar

23 Muitos traziam ofertas a Jerusalém, ao Senhor, e coisas preciosíssimas a Ezequias, rei de Judá. De modo que depois disso foi exaltado perante os olhos de todas as nações.

Doença e recuperação de Ezequias (2Rs 20.1-11. Veja 2Rs 18.7, nota)

24 **N**aqueles dias, [j]adoeceu Ezequias e estava à morte. Orou ao Senhor, que lhe respondeu e lhe deu um sinal.

25 Ezequias, porém, não correspondeu ao benefício que lhe foi feito, pois o seu coração se [kk]exaltou; pelo que veio grande [ll]ira sobre ele e sobre Judá e Jerusalém.

26 Então Ezequias se humilhou pela soberba do seu coração, ele e os habitantes de Jerusalém; por isso, a grande ira do Senhor não veio sobre eles, nos dias de Ezequias.

A riqueza de Ezequias

27 **T**eve Ezequias riquezas e glória em grande abundância; e fez tesourarias para prata, ouro, pedras preciosas, especiarias, escudos, e toda espécie de objetos desejáveis.

28 Também construiu celeiros para a colheita de cereal, de vinho e de azeite; e estrebarias para toda espécie de animais, e currais para os rebanhos.

[k] 2Rs 20.20
[l] Comp. Is 22.1-13, a perspectiva divina da vida em Judá nessa época
[m] Comp. 2Cr 25.22-24
[n] 2Rs 25.4
[o] 2Sm 5.9; 1Rs 9.15,24; 11.27; 2Rs 12.20; 1Cr 11.8
[p] 2Cr 30.22; Is 40.2
[q] 2Rs 6.16; Rm 8.31
[r] Jr 17.5
[s] Êx 14.13; 1Sm 17.45-47; 2Cr 20.17
[t] Js 10.31
[u] 2Cr 32.12
[v] Veja Jz 3.7; 1Rs 3.2, notas
[w] 2Cr 31.1
[x] Comp. 1Sm 17.43,44
[y] Is 10.5-11
[z] v. 14
[a] 1Co 8.5,6
[b] Dn 3.15
[c] Sl 59.6
[d] Sl 96.5
[e] 2Rs 16.20
[f] Zc 14.3
[g] Veja Hb 1.4, nota
[h] Sl 44.7
[i] 2Sm 8.10; 2Cr 17.5; 26.8; Sl 45.12
[j] Is 38.1-22
[kk] 2Cr 26.16; Hc 2.4
[ll] 2Cr 24.18

29 Edificou cidades e possuiu ovelhas e vacas em abundância, pois Deus lhe tinha dado muitíssimas riquezas.

30 Foi Ezequias quem [m]tapou o manancial superior das águas de Giom e as canalizou para o ocidente da Cidade de Davi. Ezequias [n]prosperou em tudo o que se propôs a fazer.

A insensatez de Ezequias com a embaixada da Babilônia (2Rs 20.12-19; comp. Is 39)

31 Contudo, no negócio dos embaixadores dos governantes de Babilônia, que lhe foram enviados a perguntar acerca do prodígio que se fizera naquela terra, Deus o desamparou, para [o]testá-lo, a fim de saber tudo o que havia no seu coração.

A morte de Ezequias; Manassés o sucede (2Rs 20.20,21)

32 **O** restante dos atos de Ezequias e seus atos de devoção estão [p]escritos na visão do profeta Isaías, filho de Amoz, no livro dos reis de Judá e de Israel.

33 [q]Descansou Ezequias com seus pais e foi sepultado no mais alto dos sepulcros dos filhos de Davi. Todo o Judá e os habitantes de Jerusalém lhe prestaram honras na sua morte. E Manassés, seu filho, reinou em seu lugar.

Manassés pratica idolatria (2Rs 21.1-9)

33 [r]Tinha Manassés doze anos de idade quando começou a reinar e cinquenta e cinco anos reinou em Jerusalém.

2 Fez o que era mau aos olhos do Senhor, conforme as [s]abominações dos gentios que o Senhor expulsara de diante dos filhos de Israel.

3 Tornou a edificar os [t]altos que Ezequias, seu pai, tinha [u]derrubado, levantou altares aos baalins, fez [v]postes sagrados e se prostrou diante de todo o exército dos céus e o serviu.

4 Edificou altares na casa do Senhor, da qual o Senhor tinha dito: Em [w]Jerusalém estará o meu nome eternamente.

5 Em ambos os [x]átrios do templo do Senhor edificou altares a todo o exército dos céus.

6 Sacrificou seus filhos, [y]passando-os pelo fogo no vale do filho de Hinom, praticou feitiçaria, adivinhações e [z]bruxaria, e [a]consultou médiuns e adivinhos. Fez muito mal aos olhos do Senhor, provocando-o à ira.

7 [b]Pôs a imagem de escultura do ídolo que tinha feito, [c]no templo de Deus, da qual Deus tinha dito a Davi e a Salomão, seu filho: [d]Neste templo e em Jerusalém, que escolhi de todas as tribos de Israel, porei eu o meu nome para sempre.

8 [e]Nunca mais removerei o pé de Israel da terra que destinei a vossos pais, se tão somente tiverem o cuidado de fazer tudo o que eu lhes ordenei, toda a lei, os estatutos e os juízos, dados por intermédio de Moisés.

9 Manassés, porém, fez errar Judá e os moradores de Jerusalém, de modo que fizeram pior do que as nações que o Senhor tinha destruído de diante dos filhos de Israel.

Os profetas do Senhor repreendem Manassés (2Rs 21.10-16)

10 **F**alou o Senhor a Manassés e ao seu povo, porém não deram [f]ouvidos.

Manassés é levado cativo pelos assírios; seu arrependimento, restauração e morte (2Rs 21.17,18)

11 [g]Pelo que o Senhor trouxe sobre eles os comandantes do exército do rei da Assíria, os quais prenderam a Manassés, colocaram um gancho no seu nariz, amarraram-no com cadeias de bronze e o levaram para [h]Babilônia.

12 Em sua angústia, ele suplicou ao Senhor, o seu Deus, e [i]humilhou-se muito perante o Deus de seus pais.

13 Depois que ele orou, Deus o ouviu e [j]atendeu a sua súplica; tornou a trazê-lo a Jerusalém, ao seu reino. Então [k]conheceu Manassés que o Senhor era Deus.

14 **D**epois disso reedificou o muro de fora da Cidade de Davi, ao ocidente de [l]Giom, no vale, até a entrada da Porta do Peixe, e rodeando até [mm]Ofel; também o levantou muito alto. Pôs comandantes militares em todas as cidades fortificadas de Judá.

15 Tirou do templo do Senhor os [nn]deuses estranhos e o ídolo, como também todos os altares que tinha edificado no monte do templo do Senhor e em Jerusalém, e os lançou fora da cidade.

16 Então reparou o altar do Senhor e ofereceu sobre ele sacrifícios de ofertas pacíficas e de [oo]ações de graças; ordenou a Judá que servisse ao Senhor Deus de Israel.

17 Contudo, o povo ainda sacrificava nos [pp]altos, mas somente ao Senhor, o seu Deus.

18 **Q**uanto ao restante dos atos de Manassés, à sua oração ao seu Deus e às palavras que os [qq]videntes lhe falaram no nome do Senhor, Deus de Israel, estão nas crônicas dos reis de Israel.

19 A sua oração, e como Deus foi favorável para com ele, como também todo o seu pecado e infidelidade, os lugares onde edificou altos e pôs postes sagrados e [rr]imagens de escultura, antes que se humilhasse, tudo está [ss]escrito nas crônicas dos videntes.

20 [tt]Descansou Manassés com seus pais e foi sepultado em sua propriedade. E Amom, seu filho, reinou em seu lugar.

[m] 2Rs 20.20; Is 22.9-11
[n] 2Cr 31.21
[o] Provar-Tentar: v. 31; Jó 7.18 (Gn 3.1; Tg 1.14)
[p] Is 36.39
[q] 1Rs 1.21
[r] 2Rs 24.3,4
[s] Dt 18.9-12; 2Cr 28.3
[t] Veja Jz 3.7 e 1Rs 3.2, notas
[u] 2Cr 31.1
[v] Veja Dt 16.21, nota
[w] Dt 12.11; 1Rs 8.29; 9.3; 2Cr 6.6; 7.16
[x] 2Cr 4.9
[y] Lv 18.21; Dt 18.10; 2Rs 23.10; 2Cr 28.3; Ez 23.37
[z] Dt 18.11; 2Rs 17.17
[a] Lv 19.31; 20.27
[b] 2Cr 25.14
[c] Comp. Dn 9.27
[d] Sl 132.14
[e] 2Sm 7.10
[f] Comp. 1Rs 11.9-11
[g] Dt 28.36
[h] 2Cr 36.6
[i] 2Cr 7.14; 32.26
[j] 1Cr 5.20; Ed 8.23
[k] 1Rs 20.13; Dn 4.32
[l] 1Rs 1.33
[mm] 2Cr 27.3
[nn] v. 3-7
[oo] Lv 7.12
[pp] Veja Jz 3.7 e 1Rs 3.2, notas
[qq] 1Sm 9.9
[rr] Veja Dt 16.21, nota
[ss] Veja 1Cr 29.29, nota
[tt] 1Rs 1.21

Amom reina sobre Judá (2Rs 21.18-22)

21 [u]**E**ra Amom da idade de vinte e dois anos quando [v]começou a reinar e dois anos reinou em Jerusalém.

22 Fez o que era mau aos olhos do Senhor, como havia feito Manassés, seu pai. Sacrificou Amom a todas as imagens de escultura que Manassés, seu pai, tinha feito, e as serviu.

23 **E**le, porém, não se humilhou perante o Senhor, como Manassés, seu pai, se humilhara; pelo contrário, multiplicou Amom os seus delitos.

Amom é assassinado por seus oficiais; Josias feito rei (2Rs 21.23-26)

24 Conspiraram contra ele os seus [w]oficiais e o [x]mataram em seu palácio.

25 Então o povo da terra matou todos os que conspiraram contra o rei Amom e fizeram reinar em seu lugar a Josias, seu filho.

As primeiras reformas de Josias (2Rs 22.1,2)

34 [y]Tinha Josias oito anos quando [z]começou a reinar e trinta e um anos reinou em Jerusalém.

2 Fez o que era reto aos olhos do Senhor, andou nos caminhos de Davi, seu pai, sem se desviar deles nem para a direita nem para a esquerda.

3 **N**o oitavo ano do seu reinado, sendo ainda [a]moço, começou a [b]buscar o Deus de Davi, seu pai. No décimo segundo ano, começou a purificar a Judá e a Jerusalém, [c]dos altos, dos postes sagrados, das imagens de escultura e de fundição.

4 Sob sua direção foram derrubados os altares dos baalins; fez em pedaços os altares do incenso, que estavam acima deles, [d]quebrou e [e]reduziu a pó os postes sagrados, as imagens de escultura e de fundição, e o espargiu sobre as sepulturas dos que lhes tinham sacrificado.

5 [f]Queimou os ossos dos sacerdotes sobre os seus [g]altares e purificou a Judá e a Jerusalém.

6 Nas cidades de Manassés, de Efraim, de Simeão e até Naftali, em suas ruínas, ao redor,

7 derrubou os altares, os postes sagrados, as [h]imagens de escultura, e os reduziu a pó, e fez em pedaços todos os altares do incenso em toda a terra de Israel. Então voltou para Jerusalém.

Josias repara o templo (2Rs 22.3-7)

8 **N**o décimo oitavo ano do seu reinado, havendo purificado a terra e o palácio, enviou a [i]Safã, filho de Azalias, a Maaseias, [j]governador da cidade, e a Joá, filho de Joacaz, cronista, para repararem o templo do Senhor, o seu Deus.

9 Foram a Hilquias, sumo sacerdote, e entregaram a [k]prata que se tinha trazido ao templo do Senhor e que os levitas, guardas da porta, haviam recolhido das mãos de Manassés, de Efraim e de todo o [l]restante de Israel, como também de todo o Judá e Benjamim, e dos moradores de Jerusalém.

10 Então a entregaram aos que dirigiam a obra e eram supervisores do templo do Senhor. Estes a entregaram aos que faziam a obra e trabalhavam no templo do Senhor, para consertá-lo e fazer os reparos.

11 Deram-na aos carpinteiros e aos edificadores para comprarem pedras lavradas e madeiras para as junturas e para servirem de vigas para as casas que os reis de Judá tinham destruído.

12 Os homens trabalharam fielmente na obra. Os supervisores sobre eles eram Joate e Obadias, levitas, dos filhos de Merari, como também Zacarias e Mesulão, dos filhos dos coatitas, para adiantarem a obra. Os levitas, todos que eram entendidos em instrumentos de música,

13 estavam [m]sobre os carregadores e os inspetores de todos os que trabalhavam em alguma obra. Alguns dos [n]levitas eram escrivães, oficiais e porteiros.

Hilquias acha o livro da lei (2Rs 22.8-10)

14 **Q**uando estavam tirando a prata que se tinha trazido ao templo do Senhor, Hilquias, o sacerdote, [o]achou o livro da lei do Senhor, dada por intermédio de Moisés.

15 Disse Hilquias a Safã, o escrivão: Achei o [p]livro da lei no templo do Senhor. Hilquias entregou o livro a Safã.

16 Então Safã levou o livro ao rei e lhe deu relatório: Teus servos fazem tudo o que se lhes encomendou.

17 Contaram a prata que se achou no templo do Senhor e a entregaram aos supervisores e aos que faziam a obra.

O solene efeito da leitura (2Rs 22.11-13)

18 Então Safã, o escrivão, informou ao rei: O sacerdote Hilquias me entregou um livro. [q]E leu Safã nele perante o rei.

19 [r]**O**uvindo o rei as palavras da lei, rasgou as suas vestes.

20 O rei deu estas ordens a Hilquias, a [s]Aicão, filho de Safã, a [t]Abdom, filho de Mica, a Safã, o escrivão, e a Asaías, servo do rei:

21 Ide, consultai ao Senhor por mim e pelos que restam em Israel e em Judá, sobre as palavras deste livro que se achou. Grande é o furor do Senhor, que se derramou sobre nós, porque nossos pais não [uu]guardaram a palavra do Senhor, para fazerem conforme tudo o que está escrito neste livro.

---

[u] 1Cr 3.14
[v] 2Rs 21.19
[w] 2Cr 24.25
[x] 2Cr 25.27
[y] Jr 2.1
[z] 2Rs 22.1
[a] Ec 12.1
[b] 2Cr 15.2
[c] 2Cr 33.17-19
[d] Comp. Êx 32.20
[e] 2Rs 23.6; Ez 6.5
[f] 1Rs 13.2
[g] 2Rs 23.20
[h] Comp. Dt 9.21
[i] 2Rs 25.22
[j] 2Cr 18.25
[k] 2Rs 12.4
[l] 2Cr 30.6
[m] 2Cr 8.10
[n] 1Cr 23.4,5
[o] Veja 2Rs 22.8, nota
[p] Dt 31.24-26
[q] Comp. Ne 8.1-18
[r] Comp. Ne 8.9
[s] Jr 26.24
[t] Chamado Acbor, filho de Micaías, em 2Rs 22.12
[uu] 2Rs 17.15-19

Hulda, a profetisa (2Rs 22.14-20)

22 Hilquias e os enviados do rei foram falar com a profetisa Hulda, mulher de Salum, filho de [v]Tocate, filho de [w]Hasrás, guarda das vestimentas. Ela habitava em Jerusalém, no [x]segundo distrito.

23 Ela lhes disse: Assim diz o Senhor, Deus de Israel: Dizei ao homem que vos enviou a mim:

24 Assim diz o Senhor: [y]Trarei mal sobre este lugar e sobre os seus habitantes, a saber, todas as maldições que estão escritas no [z]livro que se leu perante o rei de Judá.

25 Porque me deixaram, queimaram incenso perante outros deuses e me provocaram à ira com toda a obra das suas mãos, o meu furor se derramará sobre este lugar e não se apagará.

26 Ao rei de Judá, que vos enviou a consultar ao Senhor, assim direis: Assim diz o Senhor, o Deus de Israel, quanto às palavras que ouviste:

27 Como o teu coração se enterneceu, e te humilhaste perante Deus, ouvindo as suas palavras contra este lugar e contra os seus habitantes, e te humilhaste perante mim, e rasgaste as tuas vestes, e choraste perante mim, também eu te ouvi, diz o [a]Senhor.

28 Agora te ajuntarei a teus pais, e tu serás recolhido ao teu sepulcro em paz, e os teus olhos não verão todo o mal que hei de trazer sobre este lugar e sobre os seus habitantes. Voltaram com esta resposta ao rei.

O povo ouve a leitura do livro da aliança (2Rs 23.1,2)

29 **E**ntão o rei mandou reunir todos os anciãos de Judá e Jerusalém.

30 Subiu o rei ao templo do Senhor, com os homens de Judá, os habitantes de Jerusalém, os sacerdotes, os levitas e todo o povo, desde o maior até o menor. [b]Leu aos ouvidos deles todas as palavras do livro da aliança, que se tinha achado no templo do Senhor.

A aliança real (2Rs 23.3)

31 O rei [c]pôs-se em pé em [d]seu lugar e fez uma [e]aliança perante o Senhor, para andar após o Senhor e para guardar os seus mandamentos, e os seus testemunhos, e os seus estatutos, de todo o seu coração e de toda a sua alma, cumprindo as palavras da aliança, que estavam escritas naquele livro.

32 Então fez que todos os que se acharam em Jerusalém e em Benjamim aderissem a essa aliança; os habitantes de Jerusalém fizeram conforme a aliança de Deus, do Deus de seus pais.

As últimas reformas de Josias (2Rs 23.4-14,24)

33 Josias tirou todas as [f]abominações de todas as terras que eram dos filhos de Israel, e a todos os que se acharam em Israel obrigou a servirem ao Senhor, o seu Deus. Enquanto ele viveu, [g]não se desviaram de após o Senhor, Deus de seus pais.

(O cumprimento da profecia sobre o altar de Betel; veja 2Rs 23.15-20)

A reinstituição da Páscoa (2Rs 23.21-27)

35 Josias celebrou a Páscoa ao Senhor em Jerusalém, e mataram o cordeiro da Páscoa no [h]décimo quarto dia do primeiro [i]mês.

2 Designou os sacerdotes para seus [j]cargos e os [k]encorajou no ministério do templo do Senhor.

3 Disse aos levitas que [l]ensinavam a todo o Israel e estavam consagrados ao Senhor: Ponde a [m]arca sagrada no templo que Salomão, filho de Davi, rei de Israel, edificou. Não tereis mais essa carga sobre os vossos [n]ombros. Agora servi ao Senhor, o vosso Deus, e ao seu povo Israel.

4 Preparai-vos segundo as vossas [o]famílias, segundo as vossas turmas, conforme o [p]preceito de Davi, rei de Israel, e o de Salomão, seu filho.

5 Estai no lugar santo segundo as divisões das famílias de vossos irmãos, os filhos do povo, e haja para cada um uma porção das famílias dos levitas.

6 Imolai a Páscoa, e [q]consagrai-vos e preparai-a para vossos irmãos, fazendo conforme a palavra do Senhor, dada por intermédio de Moisés.

7 **J**osias [r]ofereceu aos filhos do povo cordeiros e cabritos do rebanho, todos para os sacrifícios da Páscoa, em número de trinta mil, por todos os que ali se achavam, e três mil novilhos; tudo isso dos [s]bens do rei.

8 Fizeram os seus [t]oficiais ofertas voluntárias ao povo, aos sacerdotes e aos levitas. Hilquias, Zacarias e Jeíel, chefes do templo de Deus, deram aos sacerdotes, para os sacrifícios da Páscoa, dois mil e seiscentos cordeiros e cabritos e trezentos novilhos.

9 Também [u]Conanias, Semaías e Natanael, seus irmãos, e Hasabias, Jeiel e Jozabade, chefes dos levitas, apresentaram aos levitas, para os sacrifícios da Páscoa, cinco mil cordeiros e cabritos e quinhentos novilhos.

10 Assim se preparou o serviço e puseram-se os [vv]sacerdotes nos seus postos, e os [ww]levitas nas suas turmas, conforme o mandado do rei.

11 **I**molaram a Páscoa, e os sacerdotes espargiam o [xx]sangue que lhes era dado, enquanto os levitas esfolavam os [yy]animais.

12 Puseram à parte os holocaustos para os distribuir aos filhos do povo, segundo as divisões das famílias, a fim de que estes os oferecessem ao Senhor, como está [zz]escrito no livro de Moisés. Do mesmo modo fizeram com os novilhos.

[v] 2Rs 22.14
[w] 2Rs 22.14
[x] Heb. Mishneh
[y] 2Cr 36.14-20
[z] Dt 28.15-68
[a] 2Cr 12.7; 30.6; 33.12,13
[b] Ne 8.1-3
[c] 2Cr 6.13
[d] 2Rs 11.14
[e] 2Cr 23.16; 29.10
[f] 1Rs 11.5; 2Cr 33.2
[g] Comp. Jr 3.10
[h] Êx 12.6
[i] Veja Lv 23.2, nota
[j] 2Cr 23.18
[k] 2Cr 29.5-15
[l] Dt 33.10; 2Cr 17.8,9
[m] Êx 40.21; 2Cr 5.7
[n] 1Cr 23.26
[o] 1Cr 9.13
[p] 1Cr 23.26; 2Cr 8.14
[q] Santificação (AT): v. 6; Sl 2.6 (Gn 2.3; Zc 8.3). Comp. Ed 6.20
[r] 2Cr 30.24
[s] 2Cr 31.3
[t] Nm 7.2
[u] 2Cr 31.12
[vv] Hb 9.6
[ww] 2Cr 5.12; 7.6; 8.14,15; 13.10; 29.25-34
[xx] Êx 12.22
[yy] 2Cr 29.34
[zz] Ed 6.18

13 [a]Assaram a Páscoa no fogo, segundo o rito, e as ofertas sagradas cozeram em panelas, em caldeirões, em tachos, e rapidamente as repartiram entre todo o povo.

14 Depois prepararam o que era preciso para si e para os sacerdotes, porque os sacerdotes, filhos de Arão, se ocuparam até a noite com o sacrifício dos holocaustos e da gordura. Pelo que os levitas fizeram preparação para si e para os sacerdotes, filhos de Arão.

15 Os cantores, filhos de Asafe, estavam no seu posto, [b]segundo o mandado de Davi, de Asafe, de Hemã e de Jedutum, vidente do rei. Os [c]porteiros em cada porta não necessitaram de se desviar do seu serviço, porque seus irmãos, os levitas, prepararam o necessário para eles.

16 **A**ssim se estabeleceu todo o serviço do Senhor naquele dia, para celebrar a Páscoa e oferecer holocaustos sobre o altar do Senhor, segundo o mandado do rei Josias.

17 Os filhos de Israel que ali se acharam celebraram a Páscoa naquele tempo e a [d]festa dos pães sem fermento, durante sete dias.

18 Nunca se [e]celebrara em Israel uma Páscoa como essa, [f]desde os dias do profeta Samuel; e nenhum dos reis de Israel celebrou tal Páscoa como a que celebrou Josias com os sacerdotes e levitas, e todo o Judá e Israel que ali se acharam, e os habitantes de Jerusalém.

19 Foi no décimo oitavo ano do reinado de Josias que se celebrou esta Páscoa.

Josias é ferido na batalha; sua morte
(2Rs 23.28-30)

20 **D**epois de tudo isto, [g]havendo Josias posto em ordem o templo do Senhor, subiu Neco, rei do Egito, para guerrear contra [h]Carquemis, junto ao Eufrates, e Josias lhe saiu ao encontro.

21 Neco, porém, mandou-lhe mensageiros, dizendo: Que tenho eu contigo, rei de Judá? Não é contra ti que venho hoje, mas contra o reino que me faz guerra. Disse Deus que me apressasse; portanto guarda-te de te opores a Deus, que é comigo, ou [i]ele te destruirá.

22 Josias, porém, não voltou atrás, pelo contrário se [j]disfarçou, para pelejar contra ele. Não dando ouvidos às palavras de Neco, que saíram da boca de Deus, veio pelejar no vale de Megido.

23 Os flecheiros atiraram contra o rei Josias, e disse o rei a seus oficiais: Tirai-me daqui; estou gravemente ferido.

24 Seus oficiais o tiraram do carro, o colocaram no seu segundo carro e o trouxeram a Jerusalém, onde ele morreu. Sepultaram-no nos sepulcros de seus pais, e todo o Judá e Jerusalém [k]prantearam a Josias.

25 Jeremias [l]compôs uma lamentação sobre [m]Josias e, até o dia de hoje, todos os cantores e cantoras têm falado de Josias nas suas lamentações. Estas se tornaram tradição em Israel e estão escritas nas Lamentações.

26 Quanto ao restante dos atos de Josias e aos seus atos de devoção, conforme o que está escrito na lei do Senhor,

27 e aos seus sucessos, tanto os primeiros como os últimos, estão escritos no livro dos reis de Israel e de Judá.

O reinado e a deposição de Jeoacaz
(2Rs 23.31-33)

36 **E** o povo da terra tomou a Jeoacaz, filho de Josias, e o fez rei em Jerusalém, em lugar de seu pai.

2 Era Jeoacaz da idade de vinte e três anos quando [n]começou a reinar e três meses reinou em Jerusalém.

3 O rei do Egito o depôs em Jerusalém e condenou a terra a pagar um tributo de cem [o]talentos de prata e um talento de ouro.

Jeoiaquim é feito rei por faraó Neco
(2Rs 23.34–24.4)

4 O rei do Egito constituiu a Eliaquim, irmão de Jeoacaz, rei sobre Judá e Jerusalém, e mudou-lhe o nome em Jeoiaquim. Mas Neco tomou a Jeoacaz, irmão de Eliaquim, e o levou para o Egito.

5 **E**ra [p]Jeoiaquim da idade de vinte e cinco anos quando começou a reinar e onze anos reinou em Jerusalém. [q]Fez o que era mau aos olhos do Senhor seu Deus.

6 [1]Subiu contra ele Nabucodonosor, rei de [r]Babilônia, e o amarrou com cadeias de bronze, a fim de levá-lo para Babilônia.

7 Nabucodonosor também levou alguns dos utensílios do templo do Senhor para Babilônia e os colocou no seu templo em Babilônia.

Jeoiaquim morre; Joaquim torna-se rei
(2Rs 24.5-9)

8 Quanto ao restante dos atos de Jeoiaquim e às abominações que cometeu, e ao mais que se achou nele, estão escritos no livro dos reis de Israel e de Judá. E [s]Joaquim, seu filho, reinou em seu lugar.

9 **E**ra Joaquim da idade de [2]dezoito anos quando [t]começou a reinar e três meses e dez dias reinou em Jerusalém. Fez o que era mau aos olhos do Senhor.

[a] Êx 12.8,9
[b] 1Cr 25.1-6
[c] 1Cr 26.12-19
[d] Êx 12.15; 2Cr 30.21; comp. 1Co 5.8
[e] Comp. 2Cr 30.5
[f] 2Rs 23.22,23
[g] Jr 25.11-14; 46.1-12
[h] Jr 46.2
[i] Comp. 2Cr 25.19
[j] 2Cr 18.29
[k] 1Rs 14.18
[l] Lm 4.20
[m] Jr 22.10,11
[n] 2Rs 23.30
[o] Veja sist. monetário (AT): Êx 30.13, nota; comp. 2Cr 2.10, nota
[p] 1Cr 3.15
[q] Jr 22.13-19
[r] Dt 29.22-29; 2Cr 33.11
[s] Chamado Jeconias em 1Cr 3.16 e em Jr 22.24
[t] 2Rs 24.1-17

[1] (36.6) Esta foi a primeira deportação de Judá (2Rs 24.1-4; Jr 25.1-9; Dn 1.1; Hc 1.6). Veja os v. 15-21 quanto à deportação final.
[2] (36.9) Veja 1Cr 11.11, *nota*.

Primeira deportação para a Babilônia; Zedequias torna-se rei (2Rs 24.10-20)

10 Na [u]primavera, o rei Nabucodonosor mandou que o levassem para Babilônia, com os mais preciosos utensílios do templo do Senhor, e constituiu a [v]Zedequias, seu [w]irmão, rei sobre Judá e Jerusalém.

11 Era Zedequias da idade [x]de vinte e cinco anos quando começou a reinar e onze anos reinou em Jerusalém.

12 Fez o que era mau aos olhos do Senhor, o seu Deus, e [y]não se humilhou perante o profeta Jeremias, que falava da parte do Senhor.

13 Também se [z]rebelou contra o rei Nabucodonosor, que o tinha feito jurar por Deus. Endureceu a sua cerviz, e tanto se obstinou no seu coração que não voltou ao Senhor, Deus de Israel.

A razão do cativeiro de Judá (comp. 2Rs 25.1-21; Jr 39.8-10)

14 Além disso, todos os chefes dos sacerdotes e o povo se tornavam cada vez mais infiéis, seguindo as abominações dos gentios e contaminando o templo do Senhor, que ele tinha consagrado em Jerusalém.

15 O Senhor, Deus de seus pais, enviou-lhes a sua palavra, sem cessar, por meio dos seus mensageiros, porque se compadeceu do seu povo e da sua habitação.

16 Eles, porém, [a]zombaram dos mensageiros de Deus, desprezaram as suas palavras e [b]escarneceram dos seus profetas até que a ira do Senhor subiu tanto contra o seu povo que não houve mais nenhum remédio.

17 **F**ez subir contra eles o rei dos caldeus, que matou os seus jovens à espada, no seu santuário, e não teve piedade nem dos jovens nem das donzelas nem dos velhos. Deus entregou a todos nas mãos de Nabucodonosor.

18 Todos os utensílios do templo de Deus, grandes e pequenos, os tesouros da casa do Senhor, os tesouros do rei e dos seus oficiais, levou para Babilônia.

19 Queimaram o templo do Senhor e derrubaram os muros de Jerusalém; todos os seus palácios queimaram a fogo e destruíram todos os seus objetos preciosos.

20 Os que escaparam da espada, levou para Babilônia, e se [c]tornaram servos dele e de seus filhos, até o tempo do reino da Pérsia.

21 A [d]terra desfrutou dos seus sábados; todos os dias da sua desolação ela descansou, até que se completaram os setenta anos, em cumprimento da palavra que o Senhor falara por [e]intermédio de Jeremias.

A proclamação de Ciro: permissão aos judeus para regressarem do cativeiro

22 **No** [f]primeiro ano de Ciro, rei da Pérsia, para que se cumprisse a palavra do Senhor falada por intermédio de Jeremias, despertou o Senhor o espírito de [g]Ciro, rei da Pérsia, de modo que ele fez passar pregão por todo o seu reino, como também por escrito, dizendo:

23 Assim [h]diz Ciro, rei da Pérsia: O Senhor, Deus dos céus, deu-me todos os reinos da terra e me encarregou de lhe edificar um templo em Jerusalém, que está em Judá. Quem há entre vós, de todo o seu povo, o Senhor, o seu Deus, seja com ele, e [1]suba.

[u] 2Sm 11.1
[v] Jr 37.1
[w] Refere-se ao irmão de seu pai; comp. 2Rs 24.17
[x] Jr 52.1
[y] Jr 21.3-7; 44.10
[z] Ez 17.15
[a] 2Cr 30.10
[b] Comp. 2Cr 24.20,21; Lc 11.51
[c] Tempos dos gentios: v. 17-20; Jr 39.7 (Dt 28.49; Ap 16.19); Dt 28.36,37
[d] Lv 26.34-43
[e] Jr 25.9-12; 27.6-8; 29.10
[f] Jr 25.12,13; 29.10; 33.10,11,14
[g] Ed 1.1; Is 44.28; 45.1; comp. Dn 9.2
[h] Ed 1.2,3

[1] (36.23) Na ordem dos livros no cânon hebraico, este é o fim do Antigo Testamento.

ESDRAS

- **Autor:** Esdras
- **Tema:** O retorno do remanescente
- Escrito no século V a.C.

ESDRAS, Neemias e Ester concluem os livros históricos da Bíblia tal como se encontram na ordem atual do cânon. Ambos, Esdras e Neemias, são dedicados aos acontecimentos que ocorreram na terra de Israel no período do regresso do cativeiro e nos anos subsequentes e cobrem um período de aproximadamente um século, começando em 536 a.C. A ênfase em Esdras é a reconstrução do templo; em Neemias, a reconstrução dos muros de Jerusalém. Ambos os livros contêm longos registros genealógicos, principalmente para estabelecer a legitimidade dos direitos ao sacerdócio por parte dos descendentes de Arão.

Visto que decorreu mais de meio século entre os cap. 6 e 7, os personagens da primeira parte do livro já haviam morrido quando Esdras começou seu ministério em Jerusalém. Esdras é a pessoa que se destaca em Esdras e Neemias. Ambos os livros terminam com orações de confissão (Ed 9; Ne 9) e a consequente separação do povo das práticas pecaminosas em que haviam caído. Certos conceitos das mensagens encorajadoras de Ageu e Zacarias, apresentados nesta narrativa (5.1), podem ser vistos nos livros proféticos que levam os seus nomes.

O livro pode ser dividido da seguinte maneira: I. O primeiro retorno sob a liderança de Zorobabel e a construção do segundo templo, 1–6. II. O ministério de Esdras, 7–10.

I. O primeiro retorno sob a liderança de Zorobabel e a construção do segundo templo, 1–6

Decreto de Ciro permitindo o retorno dos judeus a Jerusalém para reconstrução do templo

1 [a]No primeiro ano de Ciro, rei da Pérsia, para que se cumprisse a [b]palavra do Senhor, falada por intermédio de Jeremias, despertou o Senhor o espírito de [c]Ciro, rei da Pérsia, o qual proclamou por todo o seu reino, como também por escrito, dizendo:

2 Assim diz Ciro, rei da Pérsia: O Senhor Deus dos céus me [d]deu todos os reinos da terra e me encarregou de lhe edificar uma casa em Jerusalém de Judá.

3 Quem há entre vós, de todo o seu [e]povo, que o seu Deus seja com ele, e vá a Jerusalém de Judá e edifique a casa do Senhor, Deus de Israel, o Deus que habita em Jerusalém.

4 Todo sobrevivente, onde quer que seja peregrino, os homens do seu lugar o ajudarão com prata e com ouro, com bens e com gados, fora as dádivas voluntárias para a casa do Senhor, que habita em Jerusalém.

Contribuição aos que retornaram; Ciro restaura os utensílios sagrados

5 Então se levantaram os cabeças das famílias de Judá e Benjamim, e os sacerdotes e os levitas, com todos aqueles cujo espírito Deus despertou, para subir e edificar a casa do Senhor, que está em Jerusalém.

6 Todos os seus vizinhos os ajudaram com utensílios de prata, com ouro, com bens, com gados e com coisas preciosas, fora tudo o que [f]voluntariamente se deu.

7 Além disso, tirou o rei Ciro os [g]utensílios da casa do Senhor, os quais Nabucodonosor tinha [h]trazido de Jerusalém e posto na casa de seus deuses.

8 Ciro, rei da Pérsia, tirou-os por intermédio de Mitredate, o tesoureiro, que os entregou contados a [i]Sesbazar, príncipe de Judá.

9 Este é o número deles: trinta bacias de ouro, mil bacias de prata, vinte e nove facas,

10 trinta taças de ouro, quatrocentas e dez taças de prata e mil outros utensílios.

11 Todos os utensílios de ouro e de prata foram cinco mil e quatrocentos. A todos esses levou Sesbazar, quando os exilados subiram de Babilônia para Jerusalém.

O número dos que retornaram

2 [1][j]São [j]estes os filhos da província que subiram do cativeiro, entre os exilados, que [k]Nabucodonosor, rei de Babilônia, tinha levado para Babilônia, e voltaram para Jerusalém e para Judá, cada um para a sua cidade,

2 os quais vieram com Zorobabel, [l]Jesua, Neemias, [m]Seraías, [n]Reelaías, Mordecai, Bilsã, [o]Mispar, Bigvai, [p]Reum e Baaná. A lista dos homens do povo de Israel:

3 Os filhos de Parós, dois mil cento e setenta e dois.

4 Os filhos de Sefatias, trezentos e setenta e dois.

5 Os filhos de Ara, setecentos e setenta e cinco.

6 Os filhos de Paate-Moabe, dos filhos de Jesua-Joabe, dois mil oitocentos e doze.

[a] Ed 5.13; 6.3
[b] v. 1-3; 2Cr 36.22,23; comp. Jr 25.12; 29.10; 33.7-13
[c] Ed 5.13,14; Is 44.28–45.13
[d] Comp. Dn 2.37,38
[e] Israel (história): v. 1-5; Ed 6.15 (Gn 12.2; Rm 11.26)
[f] Ed 2.68
[g] Ed 6.5; Dn 1.2; 5.2,3
[h] 2Rs 24.13; 2Cr 36.18
[i] Provavelmente, Zorobabel. Ed 2.2; 5.14,16
[j] Comp. Ne 7.6-67
[k] 2Rs 24.14-16; 2Cr 36.20
[l] Josué. Não é a mesma pessoa de Js 1.1ss.
[m] Chamado Azarias em Ne 7.7
[n] Chamado Raamias em Ne 7.7
[o] Chamado Misperete em Ne 7.7
[p] Chamado Neum em Ne 7.7

[1] (2.1) Houve indivíduos de todas as tribos nesse regresso a Jerusalém. Veja 2Rs 17.23, *nota*.

A ordem dos acontecimentos relativos à restauração foi a seguinte: 1) o regresso do primeiro contingente sob a liderança de Zorobabel e Jesua (536 a.C.; cap. 1–6 e Ageu e Zacarias); 2) a expedição de Esdras (457 a.C.), mais de cinquenta anos depois (cap. 7–10); e 3) a comissão de Neemias (445 a.C.), treze anos depois da expedição de Esdras (Ne 2.1-6).

7 Os filhos de Elão, mil duzentos e cinquenta
e quatro.
8 Os filhos de Zatu, novecentos e quarenta
e cinco.
9 Os filhos de Zacai, setecentos e sessenta.
10 Os filhos de [q]Bani, seiscentos e quarenta e dois.
11 Os filhos de Bebai, seiscentos e vinte e três.
12 Os filhos de Azgade, mil duzentos e vinte
e dois.
13 Os filhos de Adonicão, seiscentos e sessenta
e seis.
14 Os filhos de Bigvai, dois mil e cinquenta
e seis.
15 Os filhos de Adim, quatrocentos e quatro.
16 Os filhos de Ater, da família de Ezequias,
noventa e oito.
17 Os filhos de Bezai, trezentos e vinte e três.
18 Os filhos de [r]Jora, cento e doze.
19 Os filhos de Hasum, duzentos e vinte e três.
20 Os filhos de [s]Gibar, noventa e cinco.
21 Os homens de Belém, cento e vinte e três.
22 Os homens de Netofa, cinquenta e seis.
23 Os homens de Anatote, cento e vinte e oito.
24 Os homens de [t]Azmavete, quarenta e dois.
25 Os homens de [u]Quiriate-Arim, Quefira e
Beerote, setecentos e quarenta e três.
26 Os homens de Ramá e de Giba, seiscentos
e vinte e um.
27 Os homens de Micmás, cento e vinte e dois.
28 Os homens de Betel e Ai, duzentos e vinte
e três.
29 Os homens de Nebo, cinquenta e dois.
30 Os homens de Magbis, cento e cinquenta
e seis.
31 Os homens do outro Elão, mil duzentos
e cinquenta e quatro.
32 Os homens de Harim, trezentos e vinte.
33 Os homens de Lode, Hadide e Ono, setecen-
tos e vinte e cinco.
34 Os homens de Jericó, trezentos e quarenta
e cinco.
35 Os homens de Senaá, três mil seiscentos
e trinta.

O número dos sacerdotes que regressaram

36 **Os** [v]sacerdotes: os filhos de Jedaías, da casa
de Jesua, novecentos e setenta e três.
37 Os filhos de Imer, mil e cinquenta e dois.
38 Os filhos de [w]Pasur, mil duzentos e quarenta
e sete.
39 Os filhos de Harim, mil e dezessete.

O número dos levitas que voltaram

40 **Os** levitas: os filhos de Jesua e Cadmiel, dos
filhos de [x]Hodavias, setenta e quatro.
41 Os cantores: os filhos de Asafe, cento e vinte
e oito.
42 Os filhos dos porteiros: os filhos de Salum,
os filhos de Ater, os filhos de Talmom, os filhos
de Acube, os filhos de Hatita, os filhos de Sobai,
ao todo, cento e trinta e nove.
43 **Os** [y]servidores do templo: os filhos de Zia,
os filhos de Hasufa, os filhos de Tabaote,
44 os filhos de Queros, os filhos de [z]Sia, os filhos
de Padom,
45 os filhos de Lebaná, os filhos de Hagabá,
os filhos de Acube,
46 os filhos de Hagabe, os filhos de [a]Sanlai,
os filhos de Hanã,
47 os filhos de Gidel, os filhos de Gaar, os filhos
de Reaías,
48 os filhos de Rezim, os filhos de Necoda,
os filhos de Gazão,
49 os filhos de Uza, os filhos de Paseá, os filhos
de Besai,
50 os filhos de Asná, os filhos de Meunim,
os filhos de [b]Nefusim,
51 os filhos de Bacbuque, os filhos de Hacufa,
os filhos de Harur,
52 os filhos de [c]Bazlute, os filhos de Meída,
os filhos de Harsa,
53 os filhos de Barcos, os filhos de Sísera,
os filhos de Temá,
54 os filhos de Neziá, os filhos de Hatifa.

Número dos descendentes dos servos de Salomão que retornaram

55 **Os** filhos dos [d]servos de Salomão, os filhos de
Sotai, os filhos de [e]Soferete, os filhos de [f]Peruda,
56 os filhos de Jaala, os filhos de Darcom,
os filhos de Gidel,
57 os filhos de Sefatias, os filhos de Hatil, os
filhos de Poquerete-Hazebaim e os filhos de [g]Ami.
58 Os [h]servidores do templo e os filhos dos
servos de Salomão, trezentos e noventa e dois.
59 **T**ambém estes subiram de Tel-Mela, Tel-
-Harsa, Querube, [i]Adã e Imer, porém não puderam
[j]provar que suas famílias eram da linhagem
de Israel.
60 Os filhos de Delaías, os filhos de Tobias, os
filhos de Necoda, seiscentos e cinquenta e dois.

Alguns sacerdotes são excluídos porque não puderam provar sua genealogia

61 E dos filhos dos sacerdotes: os filhos de [k]Ha-
baías, os filhos de Hacoz, os filhos de [l]Barzilai,
que tomou mulher das filhas de Barzilai, o gilea-
dita, e foi chamado por esse nome.
62 Estes buscaram o registro de suas famílias,
mas não puderam encontrá-los, pelo que foram
excluídos do [m]sacerdócio como imundos.
63 Ordenou-lhes o governador que não comes-
sem das coisas santíssimas até que se levantasse
um sacerdote com [n]Urim e Tumim.

[q] Chamado Binui em Ne 7.15
[r] Chamado Harife em Ne 7.24
[s] Chamado Gibeom em Ne 7.25
[t] Chamado Bete-Azmavete em Ne 7.28
[u] Ne 7.29
[v] v. 36-39; comp. 1Cr 24.7-18
[w] 1Cr 9.12
[x] Chamado Hodeviá em Ne 7.43 e Judá em Ed 3.9
[y] Veja Ne 3.26, nota
[z] Ne 7.47
[a] Ne 7.48
[b] Chamados filhos de Nefussim em Ne 7.52
[c] Ne 7.54
[d] Ne 7.57-60; comp. 1Rs 9.21
[e] Ne 7.57
[f] Chamado Perida em Ne 7.57
[g] Chamado Amom em Ne 7.59
[h] Veja Ne 3.26, nota
[i] Chamado Adom em Ne 7.61
[j] Comp. Nm 1.18
[k] Ne 7.63
[l] 2Sm 17.27; 1Rs 2.7
[m] Comp. Nm 3.10; 16.39,40
[n] Veja Êx 28.30, nota

O número total dos que retornaram; seus recursos e ofertas a Deus

64 **T**oda esta congregação junta foi de quarenta e dois mil trezentos e sessenta,

65 afora os seus servos e as suas servas, que foram sete mil trezentos e trinta e sete; também havia duzentos cantores e cantoras.

66 Os seus cavalos, setecentos e trinta e seis; os seus mulos, duzentos e quarenta e cinco;

67 os seus camelos, quatrocentos e trinta e cinco; os seus jumentos, seis mil setecentos e vinte.

68 **A**lguns dos cabeças das famílias, vindo à casa do Senhor, que habita em Jerusalém, deram [o]ofertas voluntárias para a casa de Deus, para a restaurarem no seu lugar.

69 Conforme os seus recursos, deram para a [p]tesouraria da obra, em ouro, sessenta e uma mil [q]dracmas, e, em prata, cinco mil arráteis e cem vestes sacerdotais.

70 Os sacerdotes, os levitas, os cantores, os porteiros e os servidores do templo habitaram nas suas cidades, como também todo o Israel nas suas cidades.

O altar é estabelecido e o antigo sacrifício é restaurado

3 **Q**uando chegou o sétimo [r]mês, estando os filhos de Israel já nas cidades, ajuntou-se o povo, como um só homem, em Jerusalém.

2 Então [s]Jesua, filho de [t]Jozadaque, e seus irmãos, os sacerdotes, e [u]Zorobabel, filho de [v]Sealtiel, e seus irmãos, começaram a edificar o altar do Deus de Israel, para oferecerem sobre ele holocaustos, [w]como está escrito na lei de Moisés, o homem de Deus.

3 Apesar do terror que estava sobre eles por causa dos povos das outras [x]terras, firmaram o altar sobre as suas bases e ofereceram sobre ele holocaustos ao Senhor, de manhã e à tarde.

4 Então, [y]segundo o que está escrito, celebraram a festa dos tabernáculos e ofereceram holocaustos diários conforme o número ordenado para cada dia.

5 Depois disto, apresentaram [z]o holocausto regular e os das luas novas e de todas as festas fixas do Senhor, como também os dos que [a]traziam ofertas voluntárias ao Senhor.

6 Desde o primeiro dia do sétimo mês começaram a oferecer holocaustos ao Senhor, porém ainda não estavam postos os fundamentos do templo do Senhor.

7 Deram o dinheiro aos pedreiros e aos carpinteiros, como também comida, bebida e azeite aos sidônios e aos tírios, para trazerem do Líbano madeira de cedro ao mar, para [b]Jope, [c]segundo a permissão que lhes tinha dado Ciro, rei da Pérsia.

Os alicerces do templo são lançados entre alegria e lágrimas

8 **N**o segundo ano da sua vinda à casa de Deus em Jerusalém, no segundo [d]mês, [e]Zorobabel, filho de Sealtiel, e Jesua, filho de Jozadaque, e os seus outros irmãos, os sacerdotes e os levitas, e todos os que vieram do exílio a Jerusalém iniciaram a obra e constituíram os [f]levitas da idade de vinte anos para cima para [g]superintenderem a obra da casa do Senhor.

9 Levantaram-se Jesua com seus filhos e seus irmãos, Cadmiel e seus filhos, os filhos de [h]Judá, como também os filhos de Henadade, seus filhos e seus irmãos, todos levitas, para juntamente vigiarem os que faziam a obra na casa de Deus.

10 **Q**uando os edificadores lançaram os alicerces do templo do Senhor, [i]apresentaram-se os sacerdotes, trajando suas vestes e com trombetas, e os levitas, filhos de Asafe, com címbalos, para louvarem ao Senhor, conforme a ordem de Davi, rei de Israel.

11 [j]Cantavam alternadamente, louvando e rendendo graças ao Senhor:

[k]Ele é bom;
o seu amor dura para
sempre sobre Israel.

E todo o povo [l]levantou grande brado, quando louvaram ao Senhor, por se terem lançado os alicerces da casa do Senhor.

12 Muitos, porém, dos sacerdotes e levitas e [m]cabeças de famílias mais idosos, que tinham visto a primeira casa, choraram em alta voz quando viram o fundamento desta casa sendo lançado, mas muitos levantaram a voz com gritos de alegria.

13 De maneira que não se podia distinguir as vozes de alegria das vozes do choro do povo, porque o povo bradava em tão alta voz. E o som se ouviu de muito longe.

Os adversários tentam interromper a obra apelando a Artaxerxes

4 **Q**uando os [n]adversários de Judá e Benjamim ouviram que os que voltaram do exílio estavam edificando o templo ao Senhor Deus de Israel,

2 chegaram-se a Zorobabel e aos cabeças de famílias e lhes disseram: Deixai-nos edificar convosco, [1]porque, como vós, buscamos a vosso Deus, como também lhe sacrificamos desde os dias de Esar-Hadom, rei da Assíria, que nos [oo]trouxe para aqui.

[o] Ed 1.6; 3.5; Ne 7.70
[p] Ed 8.25-30,33-35
[q] Veja sist. monetário (AT): Êx 30.13, nota; comp. pesos e medidas (AT): 2Cr 2.10, nota
[r] v. 6; Ne 7.73; 8.1,2; veja Lv 23.2, nota
[s] Ed 4.3; Ne 12.1,8
[t] 1Cr 6.14,15
[u] Ed 2.2; 4.2,3; 5.2
[v] 1Cr 3.17
[w] Dt 12.5,6
[x] Comp. Ed 4.4
[y] Lv 23.33-43; Ne 8.14-18
[z] Comp. Nm 27.1–29.39
[a] Ed 1.4; 2.68; 7.15,16; 8.28
[b] 2Cr 2.16
[c] Ed 1.2; 6.3
[d] Veja Lv 23.2, nota
[e] Ed 4.3
[f] Comp. 1Cr 23.24-27
[g] v. 9; comp. 1Cr 23.4
[h] Chamado Hodavias em Ed 2.40
[i] Comp. 1Cr 6.31; 16.4; 25.1
[j] Comp. Êx 15.21; Ne 12.24,40
[k] Sl 136.1; comp. 2Cr 7.3
[l] Comp. Sl 47.1
[m] Ed 2.68
[n] v. 7-9; comp. Ne 4.1-23
[oo] 2Rs 17.24; comp. Ed 4.10

[1](4.2) O povo da terra quis impedir a obra de três maneiras: 1) tentando fazer os judeus aceitarem uma união irreal (v. 3; comp. 2Rs 17.32); 2) intimidando-os (v. 4); 3) acusando-os diante de Assuero e Dario. A primeira era, com certeza, mais sutil e perigosa. Esdras e Neemias proporcionam muitas ilustrações de uma vida de verdadeira separação. Comp. 2Co 6.14-18; 2Tm 2.19-21.

3 Zorobabel, Jesua e os outros cabeças de famílias de Israel, porém, lhes responderam: [p]Não convém que vós e nós edifiquemos casa a nosso Deus. Nós sozinhos a edificaremos ao Senhor, Deus de Israel, [q]como nos ordenou [1]Ciro, rei da Pérsia.

4 **E**ntão o povo da terra pôs-se a desanimar o povo de Judá e a [r]atemorizá-lo para que não continuasse a construir.

5 Alugaram contra eles conselheiros para frustrarem o seu plano, durante todos os dias de Ciro, rei da Pérsia, até o reinado de [s]Dario, rei da Pérsia.

Parêntese explicativo

6 **N**o princípio [2]do reinado de [t]Assuero, escreveram uma acusação contra os habitantes de Judá e de Jerusalém.

7 E nos dias de [u]Artaxerxes, rei da Pérsia, Bislão, Mitredate, Tabeel e os seus companheiros escreveram uma carta a Artaxerxes, rei da Pérsia. A carta foi escrita em caracteres aramaicos e na língua [v]siríaca.

8 Reum, o comandante, e Sinsai, o escrivão, escreveram uma carta contra Jerusalém, ao rei Artaxerxes, do seguinte teor:

9 Reum, o comandante, e Sinsai, o escrivão, e os seus companheiros, os juízes e os oficiais sobre os homens de Trípoli, da Pérsia, de Ereque e de Babilônia, os elamitas de Susã,

10 e outros povos que o grande e famoso Assurbanípal transportou e que fez [w]habitar na cidade de Samaria, e os outros aquém do Eufrates.

11 Esta é uma cópia da carta que enviaram ao rei Artaxerxes: Teus servos, os homens [x]daquém do Eufrates.

12 Saiba o rei que os judeus que subiram de ti vieram a nós a Jerusalém. Eles estão edificando aquela [y]rebelde e malvada cidade, restaurando os seus [z]muros e reparando os seus fundamentos.

13 Saiba ainda o rei que, se aquela cidade se reedificar, e os muros se restaurarem, eles não pagarão os direitos, os impostos e os pedágios e assim causarão prejuízos ao rei.

14 Agora, visto que somos assalariados do rei e não nos convém ver a desonra dele, mandamos dar-lhe aviso,

[p] Comp. Ne 2.20
[q] Ed 1.1-4
[r] Ed 3.3; comp. Ne 4.8
[s] Ed 5.5; 6.1
[t] Chamado Xerxes. Veja v. 3, nota
[u] Ed 7.1,7,21; veja v. 3, nota
[v] 2Rs 18.26; veja Dn 2.4, nota
[w] 2Rs 17.24
[x] Comp. 1Rs 4.24
[y] 2Cr 36.13
[z] Ed 5.3,9; comp. Ne 4.1
[a] Rio Eufrates
[b] Comp. Gn 15.18; Js 1.4
[c] 1Rs 4.21; 1Cr 18.3; Sl 72.8
[d] v. 17
[e] Comp. Ed 6.14
[f] Ag 1.1
[g] Zc 1.1

15 para que se busque no livro das crônicas de teus pais. Descobrirás no livro das crônicas que aquela foi uma cidade rebelde e danosa aos reis e às províncias e que nela houve rebelião em tempos antigos. É por isso que ela foi destruída.

16 Nós alertamos ao rei que, se aquela cidade se reedificar e os seus muros se restaurarem, não terá o rei porção alguma deste lado do Eufrates.

O rei Artaxerxes ordena que o trabalho do templo seja interrompido

17 **O** rei enviou esta resposta: A Reum, o comandante, e a Sinsai, o escrivão, e aos seus companheiros, que habitam em Samaria, como também ao restante dos que estão além do [a]Eufrates: Saudações!

18 A carta que nos enviastes foi lida e traduzida na minha presença.

19 Ordenando-o eu, buscaram e acharam que de tempos antigos aquela cidade se levantou contra os reis, e nela se têm feito rebelião e revolta.

20 Também houve reis poderosos sobre Jerusalém, que a [b]oeste do Eufrates [c]dominaram em todo lugar, e se lhes pagaram direitos, impostos e pedágios.

21 Agora [d]dai ordem para que aqueles homens parem, a fim de que não seja edificada aquela cidade, até que eu ordene outra coisa.

22 Guardai-vos de serdes remissos nisso. Por que haveria de crescer esta ameaça, para prejuízo dos reis?

23 **L**ogo que a cópia da carta do rei Artaxerxes foi lida perante Reum, Sinsai, o escrivão, e seus companheiros foram apressadamente a Jerusalém, aos judeus, e os impediram à força e com violência.

24 Então [e]cessou a obra da casa de Deus, que estava em Jerusalém, até o segundo ano do reinado de Dario, rei da Pérsia.

A construção do templo é retomada por estímulo dos profetas

5 Ora, o profeta [f]Ageu e o profeta [g]Zacarias, filho de Ido, profetizaram aos judeus que estavam em Judá e em Jerusalém, em nome do Deus de Israel, que estava sobre eles.

---

[1] (4.3) Os reis persas do período abrangido por Esdras, Neemias e Ester foram, cronologicamente:

1) Ciro, o Grande (550-530 a.C.), o conquistador da Babilônia e fundador do Império Persa, que permitiu aos judeus o retorno a Jerusalém sob a liderança de Zorobabel em 538 a.C. (Ed 1.1-11; 4.3). Ciro nomeou *Gobryas* (Gubaru) o governador militar da Babilônia. Muitos mestres creem que esse *Gobryas* é Dario, o medo, de Dn 5.31 (veja *nota*).

2) Cambises (530-522 a.C.)

3) Dario, o Grande (Histaspes) (522-486 a.C.), o rei mencionado em Zc 1.1 e Ag 1.1, que não deve ser confundido com Dario, o medo.

4) Xerxes (486-465 a.C.), o Assuero mencionado no v. 6 e em Et 1.1.

5) Artaxerxes Longímano (465-424 a.C.), o Artaxerxes do v. 7 (comp. 7.1 com Ne 2.1ss.), em cujo reinado Esdras e Neemias receberam autorização para regressar a Jerusalém.

[2] (4.6) Os v. 6-23 são um comentário parentético e fazem referência a períodos posteriores.

2 Então se levantaram [h]Zorobabel, filho de Sealtiel, e Jesua, filho de Jozadaque, e começaram a edificar a casa de Deus, que está em Jerusalém. E [i]com eles estavam os profetas de Deus, que os ajudavam.

3 Naquele tempo, vieram ter com eles [j]Tatenai, o governador da região a oeste do [k]Eufrates, Setar-Bozenai e seus companheiros e lhes perguntaram: [l]Quem vos deu ordem para edificardes esta casa e restaurardes este muro?

4 Também lhes perguntaram: Quais são os [m]nomes dos homens que constroem este edifício?

5 Os [n]olhos de Deus, porém, estavam sobre os anciãos dos judeus, de modo que eles não os impediram, até que o negócio chegasse a Dario e viesse resposta por carta sobre isso.

Os adversários escrevem a Dario

6 Esta é uma cópia da carta que Tatenai, o governador da região a oeste do Eufrates, com Setar-Bozenai e os seus [o]companheiros, os governadores que estavam deste lado do Rio, enviaram ao rei Dario.

7 O relatório que lhe enviaram dizia o seguinte: Ao rei Dario: Saudações cordiais.

8 Saiba o rei que nós fomos à província de Judá, à casa do grande Deus, que se edifica com grandes [p]pedras, e já a madeira está sendo posta sobre as paredes; a obra apressadamente se faz e se adianta em suas mãos.

9 Perguntamos aos anciãos e assim lhes dissemos: [q]Quem vos deu ordem para edificardes esta casa e restaurardes este muro?

10 Perguntamos-lhes também pelos seus nomes, para que pudéssemos escrever os nomes dos seus chefes para tua informação.

11 Esta é a resposta que nos deram: Nós somos [r]servos do Deus dos céus e da terra e reedificamos a casa que há muitos anos foi construída e [s]acabada por um grande rei de Israel.

12 Depois, porém, que nossos pais [t]provocaram à ira o Deus dos céus, ele os entregou nas [u]mãos de Nabucodonosor, rei de Babilônia, o caldeu, que destruiu esta casa e [v]transportou o seu povo para Babilônia.

13 No primeiro ano de [w]Ciro, rei de Babilônia, porém, o rei Ciro deu ordem para que esta casa de Deus fosse reedificada.

14 Ele até removeu do templo de Babilônia os utensílios de ouro e de prata da casa de Deus, que Nabucodonosor tinha tomado do templo que estava em Jerusalém e levado ao templo de Babilônia. Então o rei Ciro os [x]deu a um homem cujo nome era [y]Sesbazar, a quem havia nomeado governador,

15 e lhe disse: Toma estes utensílios, vai, leva-os ao templo que está em Jerusalém e reedifique a casa de Deus, no seu [z]lugar.

16 Assim, veio Sesbazar e lançou os fundamentos da casa de Deus, que está em Jerusalém. Daí para cá se está edificando, e ainda [a]não está acabada.

17 Agora, se parece bem ao rei, [b]busque-se nos arquivos reais, em Babilônia, se é verdade haver uma ordem do rei Ciro para edificar esta casa de Deus em Jerusalém. Então sobre isso nos faça o rei saber a sua vontade.

Dario confirma o decreto do rei Ciro

6 O rei Dario deu ordem, e buscaram nos arquivos onde se guardavam os tesouros em Babilônia.

2 Em Acbátana, fortaleza situada na província da [c]Média, achou-se um rolo e nele estava escrito um memorial:

3 No primeiro ano do rei Ciro, o rei deu esta [d]ordem: Com respeito à casa de Deus em Jerusalém, seja edificada a casa para lugar em que se ofereçam sacrifícios e sejam lançados os seus fundamentos. A sua altura será de sessenta côvados, e a sua largura, de sessenta [e]côvados,

4 com três [f]carreiras de grandes pedras e uma carreira de madeira nova. A [g]despesa se fará da casa do rei.

5 Além disso, os [hh]utensílios de ouro e de prata da casa de Deus, que Nabucodonosor transportou do templo que estava em Jerusalém e levou para Babilônia, sejam restituídos, para que vão ao seu lugar, ao templo que está em Jerusalém; serão depositados na casa de Deus.

6 Agora, pois, [ii]Tatenai, governador da região a oeste do Eufrates, Setar-Bozenai, e os vossos companheiros, os governadores, que estais a oeste do [jj]Rio, permanecei longe dali.

7 Não impeçais a obra desta casa de Deus, para que o governador dos judeus e os seus anciãos [kk]reedifiquem esta casa de Deus no seu lugar.

8 Também por mim se decreta o que haveis de fazer para com os anciãos dos judeus, para que edifiquem esta casa de Deus, a saber, que da tesouraria real, dos tributos recolhidos a oeste do Rio, se [ll]pague prontamente a despesa a estes homens, para que a obra não seja interrompida.

9 Tudo o que for necessário, como novilhos, carneiros e cordeiros, para holocaustos ao Deus dos céus, e trigo, sal, vinho e azeite, segundo a requisição dos sacerdotes que estão em Jerusalém, deve ser entregue a eles diariamente, sem falta,

10 para que ofereçam sacrifícios de cheiro suave ao Deus dos céus e [mm]orem pela vida do rei e de seus filhos.

11 Também por mim se decreta que, se alguém alterar este decreto, arranque-se uma viga da sua

[h] Ed 3.2
[i] Ed 6.14; Ag 2.4
[j] v. 6; Ed 6.6
[k] Rio Eufrates
[l] v. 9
[m] v. 10
[n] 2Cr 16.9; Sl 33.18; comp. Ed 7.6,28
[o] Ed 4.7-10
[p] Refere-se a pedras especiais, redondas
[q] v. 3,4
[r] Comp. Js 24.15; 1Rs 18.36; Sl 119.46; Jn 1.9
[s] 1Rs 6.1,38
[t] 2Cr 34.25; 36.16
[u] 2Cr 36.17
[v] 2Rs 25.8-11; Jr 13.19
[w] Ed 1.1
[x] Ed 1.7,8; 6.5
[y] Provavelmente, Zorobabel. Ag 1.14; 2.2,21
[z] Ed 3.8-10; Ag 2.18
[a] Comp. Ed 6.15
[b] Ed 6.1,2
[c] 2Rs 17.6
[d] Ed 1.1; 5.13
[e] Veja pesos e medidas (AT): 2Cr 2.10, nota
[f] Comp. 1Rs 6.36
[g] Ed 3.7
[hh] Ed 1.7-11; 5.14
[ii] Ed 5.3,6
[jj] Refere-se ao rio Eufrates
[kk] Comp. Is 44.28
[ll] Comp. Ed 7.12-22
[mm] Comp. Ed 7.23; Jr 29.7; 1Tm 2.1,2

casa e seja levantado e pendurado nela; e da sua casa se faça um monte de [n]entulho.

12 O Deus que fez habitar ali o seu nome derrube todos os reis e povos que estenderem a mão para alterar o decreto e para destruir esta casa de Deus, que está em Jerusalém. Eu, Dario, baixei o decreto. Com diligência se execute.

Conclusão e dedicação do templo

13 **E**ntão Tatenai, governador da região a oeste do Eufrates, Setar-Bozenai e os seus companheiros assim fizeram com toda a diligência, conforme o que decretara o rei Dario.

14 De modo que os [o]anciãos dos judeus iam edificando e prosperando sob a pregação do profeta Ageu e de Zacarias, filho de Ido. Edificaram a casa e a [1]acabaram conforme o mandado do Deus de Israel e conforme o decreto de [p]Ciro, de [q]Dario e de [r]Artaxerxes, rei da Pérsia.

15 [s]Acabou-se esta [t]casa no terceiro dia do mês de [u]adar, no sexto ano do reinado do rei Dario.

16 **O**s filhos de Israel, os sacerdotes, os levitas e o restante dos exilados fizeram a [v]dedicação desta casa de Deus com alegria.

17 Ofereceram para a dedicação desta casa de Deus cem novilhos, duzentos carneiros, quatrocentos cordeiros e, como oferta pelo pecado de todo o Israel, doze cabritos, segundo o número das tribos de Israel.

18 E [w]instalaram os sacerdotes nas suas turmas e os levitas nas suas divisões, para o serviço de Deus em Jerusalém, conforme está escrito no livro de Moisés.

Reinstituição da Páscoa

19 **O**s que vieram do exílio [x]celebraram a Páscoa no dia catorze do primeiro mês.

20 Os sacerdotes e os levitas tinham-se [y]purificado como se fossem um só homem; todos estavam limpos. Mataram o cordeiro da Páscoa para todos os exilados e para seus irmãos, os sacerdotes, e para si mesmos.

21 Assim comeram a Páscoa os filhos de Israel que tinham voltado do exílio, com todos os que, juntando-se a eles, se haviam [z]apartado da imundícia das nações da terra para buscarem ao Senhor, Deus de Israel.

22 Celebraram a [a]festa dos pães sem fermento por sete dias com alegria, porque o Senhor os tinha alegrado, [b]mudando o coração do [c]rei da Assíria em favor deles, para ajudá-los na obra da casa de Deus, o Deus de Israel.

[n] Dn 2.5
[o] Ed 5.1,2
[p] v. 3; Ed 1.1; 5.13
[q] v. 12; 4.24
[r] Ed 7.1,11; Ne 2.1
[s] Comp. Ed 5.16
[t] Israel (história): v. 15-18; Ne 2.3 (Gn 12.2; Rm 11.26)
[u] Veja Lv 23.2, nota
[v] Comp. 2Cr 7.5-9
[w] Comp. 1Cr 23.6; 1Cr 24.1
[x] Êx 12.6
[y] Comp. 2Cr 30.15
[z] Separação: v. 21; Ed 9.12 (Gn 12.1; 2Co 6.17)
[a] Êx 12.15; 13.6,7; comp. 2Cr 30.21; 35.17
[b] Pv 21.1; comp. Ed 7.27
[c] Ed 1.1
[d] Veja Ed 4.3, nota
[e] v. 6; 1Cr 6.14
[f] Jr 52.24
[g] 2Cr 35.8
[h] v. 11,12,21
[i] v. 9
[j] Ed 8.1-14
[k] Veja Ne 3.26, nota
[l] Veja Lv 23.2, nota
[m] Comp. 2Cr 30.19; Jó 11.13,14
[nn] Dt 33.10; Ml 2.7; comp. 2Cr 35.3; Ne 8.18
[oo] Comp. Ez 26.7; Dn 2.37
[pp] Comp. Ed 1.1; 6.1
[qq] Et 1.14
[rr] Comp. Ed 1.6; comp. 2Co 8.12

(Mais de cinquenta anos se passaram entre os cap. 6 e 7; durante esse período, ocorreram os eventos narrados no livro de Ester)

II. O ministério de Esdras, 7–10

Viagem de Esdras da Babilônia até Jerusalém; seus antepassados e companheiros

7 Passadas estas coisas, no reinado de [d]Artaxerxes, rei da Pérsia, Esdras, [e]filho de [f]Seraías, filho de Azarias, filho de [g]Hilquias,

2 filho de Salum, filho de Zadoque, filho de Aitube,

3 filho de Amarias, filho de Azarias, filho de Meraiote,

4 filho de Zeraías, filho de Uzi, filho de Buqui,

5 filho de Abisua, filho de Fineias, filho de Eleazar, filho de Arão, o sumo sacerdote,

6 este Esdras subiu de Babilônia. Ele era escriba [h]hábil na lei de Moisés, dada pelo Senhor Deus de Israel. O rei lhe deu tudo o que ele lhe pedira, [i]segundo a boa mão do Senhor seu Deus, que estava sobre ele.

7 Também subiram a Jerusalém [j]alguns dos filhos de Israel, dos sacerdotes, dos levitas, dos cantores, dos porteiros e dos [k]servidores do templo, no sétimo ano do rei Artaxerxes.

8 No [l]quinto mês, Esdras chegou a Jerusalém, no sétimo ano deste rei.

9 Começou a sua jornada no primeiro dia do primeiro mês e chegou a Jerusalém no primeiro dia do quinto mês, segundo a boa mão do seu Deus sobre ele.

10 Pois Esdras tinha [m]disposto o seu coração para buscar ao Senhor e cumprir a sua lei, e para [nn]ensinar em Israel os seus decretos e as suas leis.

Decreto de Artaxerxes em favor de Esdras

11 **E**sta é uma cópia da carta que o rei Artaxerxes deu ao sacerdote Esdras, o escriba instruído nas palavras dos mandamentos e dos decretos do Senhor para Israel:

12 Artaxerxes, [oo]rei dos reis, ao sacerdote Esdras, escriba da lei do Deus do céu: Saudações.

13 Por mim se [pp]decreta que, no meu reino, todo aquele do povo de Israel, dos seus sacerdotes e levitas que quiser ir contigo a Jerusalém, vá.

14 És enviado da parte do rei e dos seus [qq]sete conselheiros, para fazeres inquirição acerca de Judá e de Jerusalém, conforme a lei do teu Deus, que está nas tuas mãos.

15 Além disso, levarás a prata e o ouro que o rei e os seus conselheiros [rr]voluntariamente

---

[1] (6.14) Foi desse modo que o culto ao Senhor foi restabelecido em Jerusalém, mas a teocracia não foi restaurada. O remanescente que retornou do cativeiro da Babilônia viveu na terra pelo consentimento dos gentios, embora, sem dúvida, pelo cuidado providencial do Senhor, até que o Messias viesse e fosse crucificado pelos soldados do quarto império mundial gentio, Roma (Dn 2.40; 7.7). Pouco depois (70 d.C.), Roma destruiu a cidade e o templo. Veja tempos dos gentios, Lc 21.24 e Ap 16.19, *notas*.

deram ao Deus de Israel, cuja habitação está em [s]Jerusalém,

16 [t]além de toda a prata e o ouro que achares em toda a província de Babilônia, como também as ofertas voluntárias do povo e dos sacerdotes, que voluntariamente as ofereceram para a casa de seu Deus, que está em Jerusalém.

17 Portanto, compres com esse dinheiro novilhos, carneiros, cordeiros e o que for necessário para as suas ofertas de cereais e as suas libações, e oferece-as sobre o altar da casa do teu Deus, que está em Jerusalém.

18 Também o que a ti e a teus irmãos bem parecer fazerdes do resto da prata e do ouro, fazei-o conforme a vontade do vosso Deus.

19 Os utensílios que te foram dados para o serviço da [u]casa de teu Deus, restitui-os perante o Deus de Jerusalém.

20 E tudo o mais que for necessário para a casa de teu Deus, que te convenha dar, tu o darás dos tesouros da casa do rei.

21 **A**gora eu, o rei Artaxerxes, decreto a todos os tesoureiros que estão a oeste do [v]Eufrates: Tudo o que vos pedir o sacerdote Esdras, escriba da lei do Deus dos céus, apressadamente se faça.

22 Até cem [w]talentos de prata, cem [x]coros de trigo, cem batos de vinho, cem batos de azeite, e sal à vontade.

23 Tudo o que se ordenar, segundo o mandado do Deus do céu, prontamente se faça para a casa do Deus do céu. Por que haveria grande ira sobre o reino do rei e de seus [y]filhos?

24 Também vos fazemos saber acerca de todos os sacerdotes e levitas, cantores, porteiros, servidores do templo e outros servos desta casa de Deus, que não será lícito [z]impor-lhes nem tributo, nem imposto, nem pedágio.

25 E tu, Esdras, conforme a sabedoria do teu Deus, que [a]possuis, constitui magistrados e juízes que julguem a todo o povo que está a oeste do [b]Eufrates, a todos os que sabem as leis de teu Deus, e aos que não as sabem, que as façam [c]saber.

26 Todo aquele que não observar a lei do teu Deus e a lei do rei, certamente deve ser condenado ou à morte, ou ao desterro, ou à confiscação de bens, ou à prisão.

Ação de graças de Esdras

27 [d]Bendito seja o Senhor Deus de nossos pais, que pôs no [e]coração do rei o desejo de honrar a casa do Senhor, que está em Jerusalém,

28 e que [f]estendeu para mim a sua misericórdia perante o rei, os seus conselheiros e todos os seus príncipes poderosos. Visto que a boa [g]mão do Senhor, meu Deus, estava sobre mim, animei-me e reuni alguns dos chefes de Israel para subirem comigo.

Os companheiros de Esdras

8 **E**stes são os [h]cabeças de famílias, com as suas genealogias, que subiram comigo de Babilônia no reinado do rei Artaxerxes:

2 Dos filhos de Fineias, Gérson; dos filhos de Itamar, Daniel; dos filhos de Davi, Hatus;

3 dos filhos de Secanias, dos filhos de [i]Parós, Zacarias, e com ele foram registrados cento e cinquenta homens;

4 dos filhos de [j]Paate-Moabe, Elioenai, filho de Zeraías, e com ele duzentos homens;

5 dos filhos de Secanias, o filho de Jaaziel, e com ele trezentos homens;

6 dos filhos de Adim, Ebede, filho de Jônatas, e com ele cinquenta homens;

7 dos filhos de Elão, Jesaías, filho de Atalias, e com ele setenta homens;

8 dos filhos de Sefatias, Zebadias, filho de Micael, e com ele oitenta homens;

9 dos filhos de Joabe, Obadias, filho de Jeiel, e com ele duzentos e dezoito homens;

10 dos filhos de Bani, Selomite, filho de Josifias, e com ele cento e sessenta homens;

11 dos filhos de [k]Bebai, Zacarias, filho de Bebai, e com ele vinte e oito homens;

12 dos filhos de Azgade, Joanã, filho de Catã, e com ele cento e dez homens;

13 dos últimos filhos de Adonicão, cujos nomes eram Elifelete, Jeiel e Semaías, e com eles sessenta homens;

14 dos filhos de Bigvai, Utai e Zabude, e com eles setenta homens.

Esdras manda buscar os levitas e os [1]servidores do templo

15 **A**juntei-os perto do rio que corre para Aava, onde ficamos acampados três dias. Quando passei em revista ao povo e aos sacerdotes, não achei ali nenhum dos filhos de [l]Levi.

16 Assim, convoquei a Eliezer, a Ariel, a Semaías, a Elnatã, a Natã, a Zacarias e a [m]Mesulão, os chefes, como também a Joiaribe e a Elnatã, que eram sábios,

17 e os enviei a Ido, chefe em Casifia. Dei-lhes as palavras que deveriam dizer a Ido e a seus irmãos, os [n]servidores do templo, em Casifia, para que nos trouxessem ministros para a casa do nosso Deus.

18 [o]Trouxeram-nos, segundo a [p]boa mão de Deus sobre nós, um homem entendido, dos filhos de Mali, filho de Levi, filho de Israel, a saber, Serebias, com os seus filhos e irmãos, dezoito;

[s] Ed 6.12
[t] Ed 8.24-30; comp. 1Cr 29.6-9
[u] v. 21-23
[v] Rio Eufrates
[w] Veja sist. monetário (AT): Êx 30.13, nota
[x] Veja pesos e medidas (AT): 2Cr 2.10, nota
[y] Comp. Ed 6.10
[z] Comp. Ed 4.13
[a] Comp. Êx 18.21,22; Dt 16.18
[b] Rio Eufrates
[c] v. 10; Ml 2.7; comp. 2Cr 17.7
[d] Comp. 1Cr 29.10
[e] Pv 21.1; comp. Ed 6.22
[f] Ed 9.9
[g] v. 6,9; 8.18
[h] Ed 2.68
[i] Ed 2.3
[j] Ed 10.30
[k] Ed 10.28
[l] Comp. Ed 7.7
[m] Ed 10.15
[n] Veja Ne 3.26, nota
[o] Comp. Ne 8.7; 9.4,5
[p] Comp. Ne 2.8

[1] (8.15, título) Veja Ne 3.26, *nota*.

19 e a [q]Hasabias, e com ele Jesaías, dos filhos de Merari, com seus irmãos e os filhos deles, vinte;

20 e dos servidores do templo, que Davi e os príncipes deram para o ministério dos levitas, duzentos e vinte, todos eles mencionados por nome.

Esdras proclama um jejum pedindo a proteção do Senhor

21 **A**pregoei ali um [r]jejum, junto ao rio Aava, para nos [s]humilharmos diante da face de nosso Deus, a fim de lhe pedirmos [t]jornada segura para nós, para nossos filhos e para todas as nossas posses.

22 Tive vergonha de pedir ao rei soldados e cavaleiros para nos defenderem do inimigo no caminho, [u]porque tínhamos dito ao rei: A [v]mão do nosso Deus é sobre todos os que o buscam para o [w]bem, mas a sua força e a sua ira sobre todos os que [x]o deixam.

23 Assim jejuamos e pedimos isso ao nosso Deus, e ele atendeu à nossa [y]oração.

O tesouro é confiado a doze sacerdotes

24 **D**epois separei doze dos principais entre os sacerdotes: Serebias, Hasabias, e com eles dez dos seus irmãos,

25 e pesei-lhes a prata e o ouro e os utensílios, a oferta para a casa de nosso Deus, a qual [z]ofereceram o rei, os seus conselheiros, os seus príncipes e todo o Israel que estava ali.

26 [a]Entreguei-lhes nas mãos seiscentos e cinquenta talentos de prata e, em objetos de prata cem [b]talentos, cem talentos de ouro,

27 vinte taças de ouro de mil dracmas e dois objetos de bronze lustroso, tão precioso como o ouro.

28 Disse-lhes: [c]Vós e estes objetos sois consagrados ao Senhor. Esta prata e este ouro são ofertas voluntárias, oferecidas ao Senhor Deus de vossos pais.

29 Vigiai e guardai-os até que os peseis na presença dos principais sacerdotes e dos levitas e dos [d]cabeças das famílias de Israel, em Jerusalém, nas câmaras da casa do Senhor.

30 Então os sacerdotes e os levitas receberam o peso da prata, do ouro e dos objetos, a fim de os trazerem a Jerusalém, à casa de nosso Deus.

Esdras chega a Jerusalém; o tesouro é depositado no templo

31 **P**artimos do rio Aava no dia doze do [e]primeiro mês, a fim de irmos para Jerusalém. A boa mão do nosso Deus estava sobre nós, e ele nos livrou dos inimigos e dos que nos armavam ciladas pelo caminho.

32 Assim, [f]chegamos a Jerusalém, onde repousamos três dias.

33 No quarto dia, foram [g]pesados a prata, o ouro e os objetos, na casa do nosso Deus, e foram entregues nas mãos de Meremote, filho do sacerdote Urias. Com ele estava Eleazar, filho de Fineias, e com eles [h]Jozabade, filho de Jesua, e Noadias, filho de Binui, levitas.

34 Tudo foi contado conforme o número e o peso, e o peso total foi registrado.

35 **O**s exilados que [i]vieram do cativeiro [j]ofereceram holocaustos ao Deus de Israel: doze novilhos por todo o Israel, noventa e seis carneiros, setenta e sete cordeiros e doze bodes como oferta pelo pecado. Tudo em holocausto ao Senhor.

O decreto do rei para os governadores

36 Também deram as ordens do rei aos seus [k]sátrapas e aos governadores deste lado do [l]Eufrates; e estes ajudaram o povo e a casa de Deus.

O povo de Deus não se separa das nações vizinhas

9 **A**cabadas essas coisas, vieram ter comigo os príncipes e disseram: O povo de Israel, os sacerdotes e os levitas não se têm [m]separado dos povos destas terras, [n]das abominações dos cananeus, dos [o]heteus, dos ferezeus, dos jebuseus, dos amonitas, dos moabitas, dos egípcios e dos amorreus.

2 [p]Tomaram das suas filhas para si e para seus filhos, e assim se [qq]misturou a descendência santa com os povos dessas terras. E os príncipes e os magistrados foram os primeiros nessa infidelidade.

3 Quando ouvi isso, [rr]rasguei a minha túnica e o meu manto, arranquei os cabelos da cabeça e da barba e me assentei atônito.

4 Então se ajuntaram a mim todos os que [ss]tremiam diante das palavras do Deus de Israel por causa da infidelidade dos exilados. E permaneci assentado atônito até o sacrifício [tt]da tarde.

Oração e confissão de Esdras ao Senhor, seu Deus

5 Na hora do sacrifício da tarde, levantei-me da minha [uu]aflição, havendo já rasgado a minha túnica e o meu manto, e me pus de joelhos, [vv]estendi as mãos para o Senhor, meu Deus,

6 e [ww]disse: Meu Deus! Estou confuso e envergonhado demais para levantar a ti a minha face, meu Deus, porque as nossas iniquidades se multiplicaram sobre a nossa cabeça e a nossa culpa cresceu até os céus.

7 Desde os dias de nossos pais até o dia de hoje estamos em grande [xx]culpa. Por causa das nossas [yy]iniquidades fomos [zz]entregues, nós, os nossos reis e os nossos sacerdotes, nas mãos dos reis das terras, à [aa]espada, ao exílio, ao roubo e à [bb]confusão de rosto, como hoje se vê.

[q] Ne 12.24
[r] Comp. Ne 9.1,2; 2Cr 20.3
[s] Comp. Lv 16.29; Is 58.3-5
[t] Comp. Sl 5.8
[u] Comp. Ne 5.9
[v] Comp. Ed 7.6,9,28
[w] Sl 33.18,19; 35.15,22; Rm 8.28
[x] Comp. 2Cr 15.2; 36.16
[y] Comp. 1Cr 5.20; 2Cr 33.13; Is 19.22
[z] Ed 7.15
[a] Comp. Ed 1.9-11
[b] Veja sist. monetário (AT): Êx 30.13, nota; comp. 2Cr 2.10, nota
[c] Lv 21.6-8
[d] Ed 4.3
[e] Veja Lv 23.2, nota
[f] Ed 7.9; comp. Ne 2.11
[g] v. 26-30
[h] Ne 11.16
[i] Ed 2.1
[j] Comp. Ed 6.17
[k] Comp. Ed 7.21-24
[l] Rio Eufrates
[m] Comp. Ed 6.21; Ne 9.2
[n] Veja 2Rs 7.6, nota
[o] Comp. Lv 18.24-30; Dt 12.30,31; 2Cr 36.14
[p] Ne 13.23; comp. Êx 34.16; Dt 7.3
[qq] Comp. Dt 7.6, 14.2
[rr] Comp. 2Rs 22.11
[ss] Ed 10.3
[tt] Êx 29.39
[uu] Refere-se ao jejum
[vv] Comp. Êx 9.29,33
[ww] Orações da Bíblia (AT): v. 5-15; Ne 1.5 (Gn 15.2; Hc 3.1)
[xx] Comp. Ne 1.6
[yy] 2Cr 36.14-17
[zz] Dt 28.36
[aa] Dt 32.25
[bb] Dn 9.7,8

8 Agora, por breve momento, se nos manifes-
tou a graça da parte do Senhor, nosso Deus,
para nos deixar alguns que escapem, para dar-
-nos [1]estabilidade no seu santo [c]lugar, para nos
iluminar os olhos, ó nosso Deus, e para nos dar
um pouco de alívio em nossa servidão.
9 Embora sejamos [d]servos, não nos [e]desam-
parou o nosso Deus na nossa servidão. Antes
estendeu sobre nós a sua [f]misericórdia perante
os reis da Pérsia, para nos reviver, para levan-
tar a casa do nosso Deus, para restaurar as suas
ruínas e para nos dar um muro em Judá e em
Jerusalém.
10 **A**gora, ó nosso Deus, que diremos depois
disto? Pois deixamos os teus mandamentos,
11 os quais ordenaste por intermédio de teus
servos, os profetas, quando disseste: A terra em
que entrais para a possuir está [g]contaminada
pelas imundícias dos seus povos, pelas abomi-
nações com que, na sua corrupção, a encheram,
de uma extremidade à outra.
12 Portanto, as vossas filhas [h]não [i]dareis a se-
us filhos, e as suas filhas não tomareis para os
vossos filhos. Jamais procurareis a sua [j]paz e
o seu bem, para que sejais fortes e comais o
bem da terra, e a deixeis por [k]herança a vossos
filhos para sempre.
13 Depois de tudo o que nos tem sucedido por
causa das nossas más obras e da nossa gran-
de culpa, ainda assim tu, ó nosso Deus, nos
castigaste menos do que os nossos pecados
merecem e nos deste um remanescente como
este.
14 Voltaremos agora a violar os teus manda-
mentos e a aparentar-nos com os povos que co-
metem estas abominações? Não te [l]indignarias
tu assim contra nós até de todo nos consumi-
res, até não ficar restante nem sobrevivente?
15 Ah! Senhor Deus de Israel, [m]justo és! Fica-
mos qual um restante que escapou, como hoje
se vê. Aqui estamos diante de ti em nossa culpa,
embora por causa disso não haja ninguém que
possa [n]estar na tua presença.

Reconciliação com Deus por meio da confissão e separação

10 **E**nquanto Esdras [o]orava e confessava,
chorando prostrado [p]diante da casa de
Deus, ajuntou-se a ele, de Israel, uma grande
congregação de homens, mulheres e crianças;
pois o povo chorava com grande [q]choro.
2 Então Secanias, filho de Jeiel, um dos filhos
de Elão, tomou a palavra e disse a Esdras: Nós
temos sido [r]infiéis ao nosso Deus, [s]casando com
mulheres estrangeiras dos povos da terra, mas,
no tocante a isso, ainda há esperança para Israel.
3 Agora façamos [t]aliança com o nosso Deus de
que [u]despediremos todas as mulheres e os que
delas são nascidos, conforme o conselho do Se-
nhor e dos que [v]temem ao mandamento do nos-
so Deus. Faça-se conforme a [w]lei.
4 Levanta-te; a ti pertence este negócio. Nós
seremos contigo; portanto sê [x]forte e age.
5 Assim Esdras se levantou e fez [y]jurar os prin-
cipais sacerdotes, os levitas e todo o Israel que
fariam conforme esta palavra. E eles juraram.
6 **E**ntão se levantou Esdras de diante da casa
de Deus e entrou na câmara de Joanã, filho de
Eliasibe. E lá [z]não comeu pão nem bebeu água,
porque continuava a prantear pela infidelida-
de dos exilados.
7 Proclamaram por todo o Judá e por toda a
Jerusalém, a todos os que vieram do exílio, pa-
ra que se ajuntassem em Jerusalém.
8 Todo aquele que em três dias não viesse, se-
gundo a decisão dos príncipes e dos anciãos,
teria os seus bens confiscados e seria excluí-
do da congregação dos que voltaram do exílio.
9 **D**entro dos três dias, todos os homens de
Judá e Benjamim se ajuntaram em Jerusalém.
E, no vigésimo dia do [a]nono mês, todo o povo se
assentou na [b]praça da casa de Deus, [cc]tremendo
por esse negócio e por causa das grandes chuvas.
10 Então se levantou Esdras, o sacerdote, e lhes
disse: Vós fostes infiéis e casastes com mulhe-
res estrangeiras, multiplicando a culpa de Israel.
11 Agora confessai os vossos pecados ao Se-
nhor Deus de vossos pais e fazei a sua vontade.
[dd]Separai-vos dos povos das terras e das mulhe-
res estrangeiras.
12 Respondeu toda a congregação em alta voz:
Assim seja; conforme as tuas palavras nos con-
vém fazer.
13 O povo, porém, é muito e é tempo de gran-
des chuvas; não se pode estar aqui fora. Isso
não é obra de um dia nem de dois, porque so-
mos muitos os que fomos infiéis neste negócio.
14 Decidam os nossos príncipes por toda a
congregação. Então que todos os que em nos-
sas cidades casaram com mulheres estrangeiras
venham em tempos apontados, e com eles os an-
ciãos e os juízes de cada cidade, até que desvie de
nós o ardor da ira do nosso Deus por esta coisa.
15 Somente Jônatas, filho de Asael, e Jaseías,
filho de Ticvá, apoiados por [ee]Mesulão e Sabe-
tai, levita, se opuseram a isso.
16 **A**ssim fizeram os que voltaram do exílio. Es-
dras, o sacerdote, escolheu homens [ff]cabeças de

[c] Veja nota de rodapé; comp. Is 22.23
[d] Et 7.4
[e] Ne 9.17; comp. 2Rs 13.23
[f] Ed 7.28
[g] Ed 6.21
[h] Dt 7.3,4
[i] Separação: v. 10-12; Ed 10.11 (Gn 12.1; 2Co 6.17)
[j] Dt 23.6
[k] Pv 13.22
[l] Comp. Dt 9.8
[m] Ne 9.33; Dn 9.14
[n] Comp. Jó 9.2
[o] Comp. Dn 9.20
[p] 2Cr 20.9
[q] Ne 8.1-9
[r] Comp. Ne 13.23-27
[s] v. 10,13,14,17,18
[t] Comp. 2Cr 34.31
[u] v. 11
[v] Comp. Ed 9.4
[w] Dt 24.1,2
[x] 1Cr 28.10
[y] v. 12,19
[z] Comp. Dt 9.18
[a] Veja Lv 23.2, nota
[b] Refere-se a um lugar aberto
[cc] Comp. 1Sm 12.17,18
[dd] Separação: v. 10,11,19; Ne 9.2 (Gn 12.1; 2Co 6.17)
[ee] Ed 8.16; Ne 3.4
[ff] Ed 4.3

[1] (9.8) A palavra hebraica *yated* (estaca), conforme usada na ACF e na ARC, aqui traduzida por "estabilidade", refere-se ao remanescente que retornou do exílio.

famílias, segundo a casa de seus pais, e todos de-
signados por nome. No primeiro dia do décimo
mês, assentaram-se para averiguar esse [g]negócio;
17 no primeiro dia do primeiro mês, acabaram
de tratar de todos os homens que haviam casa-
do com mulheres estrangeiras.

Lista dos chefes de famílias que se arrependeram

18 **E**ntre os filhos dos sacerdotes acharam-se
estes que haviam casado com mulheres estran-
geiras: dos filhos de [h]Jesua, filho de Jozadaque, e
seus irmãos, Maaseias, Eliezer, Jaribe e Gedalias.
19 [i]Deram a sua mão, comprometendo-se a
despedir suas mulheres e, [j]pela sua culpa, ofe-
receram um carneiro do rebanho.
20 Dos filhos de Imer: Hanani e Zebadias.
21 Dos filhos de Harim: Maaseias, Elias, Se-
maías, Jeiel e Uzias.
22 Dos filhos de Pasur: Elioenai, Maseias, Is-
mael, Natanael, Jozabade e Elasa.
23 **D**os levitas: Jozabade, Simei, Quelaías (este
é Quelita), Petaías, Judá e Eliezer.
24 Dos cantores: Eliasibe; dos porteiros: Sa-
lum, Telém e Uri.
25 **E** de Israel, dos [k]filhos de Parós: Ramias, Izias,
Malquias, Miamim, Eleazar, Malquias e Benaia.
26 Dos filhos de Elão: Matanias, Zacarias,
Jeiel, Abdi, Jeremote e Elias.

[g] v. 14; comp. v. 10,11 com 1Co 11.28-32
[h] Ed 5.2
[i] v. 5; Ne 13.23-29
[j] Lv 5.6,15; 6.4-6
[k] Ed 8.3
[l] Ed 8.11
[m] Ed 8.4

27 Dos filhos de Zatu: Elioenai, Eliasibe, Ma-
tanias, Jeremote, Zabade e Aziza.
28 Dos [l]filhos de Bebai: Joanã, Hananias, Za-
bai e Atlai.
29 Dos filhos de Bani: Mesulão, Maluque,
Adaías, Jasube, Seal e Jeremote.
30 Dos [m]filhos de Paate-Moabe: Adna, Que-
lal, Benaia, Maaseias, Matanias, Bezalel, Binui
e Manassés.
31 Dos filhos de Harim: Eliezer, Issias, Mal-
quias, Semaías, Simeão,
32 Benjamim, Maluque e Semarias.
33 Dos filhos de Hasum: Matnai, Matatá, Zaba-
de, Elifelete, Jeremai, Manassés e Simei.
34 Dos filhos de Bani: Maadai, Anrão, Uel,
35 Benaia, Bedias, Queluí,
36 Vanias, Meremote, Eliasibe,
37 Matanias, Matenai, Jaasai,
38 Bani, Binui, Simei,
39 Selemias, Natã, Adaías,
40 Macnadbai, Sasai, Sarai,
41 Azareel, Selemias, Semarias,
42 Salum, Amarias e José.
43 Dos filhos de Nebo: Jeiel, Matitias, Zabade,
Zebina, Jadai, Joel e Benaia.
44 Todos eles tinham tomado mulheres es-
trangeiras; alguns deles tinham filhos des-
sas mulheres.

NEEMIAS

- **Autor:** Neemias
- **Tema:** Reconstrução dos muros de Jerusalém
- Escrito no século V a.C.

NEEMIAS registra os últimos acontecimentos históricos do AT e leva a história até cerca do ano 430 a.C. A profecia de Malaquias pode ter sido escrita poucos anos depois. Os personagens principais desse livro são Esdras e Neemias. Embora o templo houvesse sido reconstruído, como registrado em Esdras, os muros da cidade ainda estavam em ruínas por causa da indolência do povo.

O texto registra onze vezes que Neemias estava orando.

O livro pode ser dividido da seguinte maneira: I. Neemias recebe permissão de Artaxerxes para visitar Jerusalém (445 a.C.), 1.1–2.8. II. A reconstrução dos muros de Jerusalém, 2.9–7.73. III. O grande avivamento sob a liderança de Esdras, 8.1–10.39. IV. As condições da terra depois de o remanescente viver ali quase cem anos, 11.1–13.31.

I. Neemias recebe permissão de Artaxerxes para visitar Jerusalém (445 a.C.), 1.1–2.8

Neemias toma conhecimento da miséria dos remanescentes em Jerusalém

1 As [a]palavras de [b]Neemias, filho de Hacalias: No mês de [c]quisleu, no [d]vigésimo ano, estando eu na fortaleza de [e]Susã,

2 veio [f]Hanani, um de meus irmãos, com alguns de Judá, e lhes perguntei pelos judeus que tinham escapado ao exílio e a respeito de Jerusalém.

3 Eles me disseram: Os que sobreviveram ao exílio e estão de volta na [g]província encontram-se em grande aflição e [h]humilhação. Os muros de Jerusalém foram derrubados, e as suas portas, queimadas a fogo.

A oração de Neemias

4 Quando ouvi estas palavras, assentei-me e chorei. Lamentei por alguns dias, e estive jejuando e [i]orando perante o Deus dos céus.

5 Então eu [j]disse: Ah! Senhor, Deus dos céus, Deus grande e [k]temível, que [l]guardas a aliança e a benignidade para com aqueles que te amam e obedecem aos teus mandamentos,

6 estejam atentos os teus ouvidos e os teus olhos abertos para ouvires a oração do teu servo, que hoje faço perante ti de dia e de noite, pelos filhos de Israel, teus servos. Faço [m]confissão pelos pecados dos filhos de Israel, que temos cometido contra ti: também eu e o povo de meu pai pecamos.

7 Temos procedido perversamente contra ti e não temos obedecido aos mandamentos, nem aos estatutos, nem aos juízos, que ordenaste a teu servo Moisés.

8 Lembra-te da palavra que ordenaste a teu servo Moisés, [n]dizendo: Se fordes infiéis, eu vos espalharei entre os povos,

9 mas, se [o]voltardes para mim, obedecerdes aos meus mandamentos e os cumprirdes, ainda que os vossos exilados estejam na extremidade do céu, de lá os ajuntarei e os trarei ao lugar que escolhi para ali fazer habitar o meu nome.

10 Estes ainda são os teus servos e o teu povo que [p]resgataste com o teu grande poder e com a tua poderosa mão.

Neemias pede ao Senhor graça perante o rei

11 Ah! Senhor, estejam atentos os teus ouvidos à oração do teu servo e à dos teus servos que se deleitam em [q]reverenciar o teu nome. Dá êxito a teu servo, concedendo-lhe favor perante este homem. Nessa época, eu era [r]copeiro do rei.

A oração de Neemias é atendida

2 No mês de nisã, no vigésimo ano do rei [s]Artaxerxes, quando lhe trouxeram o vinho, eu o tomei e o dei ao rei. Nunca antes eu estivera triste na presença dele;

2 assim o rei me perguntou: Por que está triste o teu rosto, se não estás doente? Não é isso senão tristeza de [t]coração. Temi sobremaneira,

3 mas disse ao rei: Viva o rei para sempre! Como não estaria triste o meu rosto, [u]estando a cidade, o lugar dos sepulcros de meus pais, assolada e tendo sido consumidas as suas portas pelo [v]fogo?

4 Disse-me o rei: O que me pedes agora? Então [w]orei ao Deus do céu

5 e respondi ao rei: Se é do agrado do rei, e se o teu servo achou favor em tua presença, peço-te que me envies a Judá, à cidade dos sepulcros de meus pais, para que eu a [1]reedifique.

6 Então o rei, estando a rainha assentada junto a ele, me disse: Quanto tempo durará a tua viagem? Quando voltarás? Aprouve ao rei enviar-me; de sorte que marquei certo [x]tempo.

[a] aprox. 445 a.C.
[b] Ne 10.1
[c] Veja Lv 23.2, nota
[d] Ne 2.1
[e] Antiga capital da Pérsia, Et 1.1,2,5
[f] Ne 7.2
[g] Ne 7.6
[h] Ne 2.17
[i] Comp. Ed 9.5,6; 10.6
[j] Orações da Bíblia (AT): v. 5-11; Ne 4.4 (Gn 15.2; Hc 3.1)
[k] Ne 4.14
[l] Êx 34.6,7
[m] Ne 9.2
[n] Dt 28.63-67
[o] Dt 30.1-10
[p] Veja Êx 14.30, nota
[q] Veja Sl 19.9, nota
[r] Ne 2.1; comp. 2Cr 9.4
[s] Veja Ed 4.3, nota
[t] Pv 15.13
[u] Israel (história): v. 1-9; Ne 8.1 (Gn 12.2; Rm 11.26)
[v] 2Rs 24.10
[w] Ne 1.4
[x] Ne 5.14; 13.6

[1] (2.5) Este é o único decreto registrado nas Escrituras que tem relação com a restauração e reconstrução da cidade de Jerusalém. E, considerando que Neemias teve o cuidado de datar o decreto real "no mês de Nisã, no vigésimo ano do rei Artaxerxes" (v. 1), é bastante seguro que este seja o ponto de partida do período das setenta semanas profetizadas por Daniel (Dn 9.24-27). De acordo com autoridades competentes neste assunto, o ano era 445 a.C.

7 Disse mais ao rei: Se for do agrado do rei, que
eu leve cartas para os [y]governadores do território
a oeste do [z]Eufrates, para que me permitam pas-
sar até que chegue a Judá;
8 como também uma carta para Asafe, guarda
da floresta do rei, para que me dê madeira para
as vigas das portas da cidadela do [a]templo, para
os muros da cidade e para a casa que eu houver
de ocupar. Graças às graciosas [b]mãos de Deus
sobre mim, o rei atendeu aos meus pedidos.

II. A reconstrução dos muros de Jerusalém, 2.9–7.73

Neemias chega a Jerusalém; inspeciona secretamente os muros arruinados

9 **E**ntão fui aos governadores do território a
oeste do Eufrates e entreguei-lhes as cartas do
rei. O rei também tinha enviado comigo [c]oficiais
do exército e cavaleiros.
10 Quando [d]Sambalate, o horonita, e [1]Tobias,
o oficial amonita, ouviram isso, ficaram extre-
mamente perturbados que alguém viesse a
promover o bem dos filhos de Israel.
11 Cheguei [e]a Jerusalém e, depois de três dias ali,
12 parti de noite, eu e uns poucos homens
comigo. Não declarei a ninguém o que o meu
Deus me tinha posto no coração para fazer em
Jerusalém. Não havia comigo animal algum,
senão o que eu montava.
13 Saí de noite pela [f]Porta do Vale, na direção da
Fonte do Dragão e da Porta do Monturo, e con-
templei os [g]muros de Jerusalém, que estavam
derrubados, e as suas portas, que tinham sido
consumidas pelo fogo.
14 Então passei à [h]Porta da Fonte e à [i]piscina do
rei, mas não havia espaço suficiente para passar
o animal que eu montava;
15 de maneira que de noite subi pelo [j]vale e
contemplei os muros. Finalmente voltei e entrei
pela Porta do Vale.
16 Não souberam os magistrados aonde eu
tinha ido nem o que eu fazia, porque até então
eu não havia declarado coisa alguma, nem aos
judeus nem aos nobres, nem aos magistrados
nem aos demais que faziam a obra.

Neemias encoraja o povo a reconstruir os muros

17 **E**ntão eu lhes disse: Bem vedes vós a aflição
em que estamos: Jerusalém está em ruínas, e as
suas portas foram queimadas pelo fogo. Vinde,
reedifiquemos os muros de Jerusalém para que
não estejamos mais nesta situação humilhante.
18 Também lhes declarei como a mão do meu
Deus me fora favorável e as palavras que o rei me
tinha dito. Responderam eles: Levantemo-nos, e
edifiquemos. De maneira que [k]deram início a
esta boa obra.
19 Quando, porém, Sambalate, o horonita, e
Tobias, o oficial amonita, e Gesém, o árabe,
ouviram a respeito disso, zombaram de nós,
[l]desprezaram-nos e perguntaram: O que é isso
que fazeis? Quereis rebelar-vos contra o rei?
20 Respondi-lhes: O Deus do céu é quem nos
fará prosperar. Nós, seus servos, nos levantare-
mos e reedificaremos, mas vós não tendes [m]parte,
nem direito, nem lembrança em Jerusalém.

Os reconstrutores dos muros

3 Levantou-se [n]Eliasibe, o sumo sacerdote,
com os seus irmãos, os sacerdotes, e edifi-
caram a [2][o]Porta das Ovelhas. Consagraram-na,
assentaram as suas portas e continuaram até a
Torre dos Cem, até a Torre de [p]Hananel.
2 Junto a ele edificaram os [q]homens de Jericó,
e ao seu lado edificou Zacur, filho de Inri.
3 **O**s filhos de Hassenaá edificaram a [r]Porta do
Peixe. Colocaram-lhe as vigas e lhe assentaram
as portas com seus ferrolhos e trancas.
4 Ao seu lado reparou [s]Meremote, filho de
Urias, filho de Hacoz; ao seu lado reparou [t]Me-
sulão, filho de Berequias, filho de Mesezabel; ao
seu lado reparou Zadoque, filho de Baaná.
5 Ao seu lado repararam os tecoítas, mas os seus
nobres não se sujeitaram ao serviço de seu senhor.
6 **J**oiada, filho de Paseá, e Mesulão, filho de
Besodeias, repararam a [u]Porta Velha. Colocaram-
-lhe as vigas, assentaram-lhe as portas com seus
ferrolhos e trancas.
7 Ao seu lado repararam Melatias, o gibeonita,
e Jadom, o meronotita, [v]homens de Gibeom e de
Mispa, que pertenciam ao domínio do [w]governa-
dor do território a oeste do [x]Eufrates.
8 Ao seu lado reparou Uziel, filho de Haraías,
um dos ourives; ao lado dele Hananias, um
dos perfumistas. Fortificaram Jerusalém até o
[yy]Muro Largo.
9 Ao seu lado reparou Refaías, filho de Hur,
maioral da metade de Jerusalém.
10 Ao seu lado reparou Jedaías, filho de Haru-
mafe, em frente da sua casa; ao seu lado reparou
Hatus, filho de Hasabneias.

[y] Ed 7.21; comp. 8.36
[z] Rio Eufrates
[a] Refere-se ao templo
[b] v. 18; Ed 7.6,9,28
[c] Comp. Ed 8.22
[d] Ne 4.1
[e] Comp. Ed 8.32
[f] 2Cr 26.9
[g] Jr 39.8
[h] Ne 3.15
[i] 2Rs 20.20
[j] Jr 31.40
[k] Comp. Ed 4.4; comp. 2Sm 2.7; Ed 6.22; Hb 12.12
[l] Comp. Ne 4.1-6
[m] Comp. Ed 4.3
[n] v. 20,21; Ne 13.4,7,28
[o] Ne 3.32
[p] Jr 31.38
[q] Ne 7.36
[r] Sf 1.10
[s] Ed 8.33
[t] Ed 10.15
[u] Ne 12.39
[v] Ne 7.25
[w] Ed 8.36; comp. Ne 2.9
[x] Rio Eufrates
[yy] Ne 12.38

[1] (2.10) Dois Tobias são especificados: 1) "Tobias, o oficial amonita" (Ne 2.10,19; 4.3,7; 6.1,12,14); 2) um judeu, cujos filhos não foram capazes de provar sua genealogia (7.61,62). É provável que este já estivesse morto nessa ocasião. Apenas um Tobias, o amonita, tem participação nesse livro.

[2] (3.1) Porta pela qual as ovelhas para o sacrifício eram introduzidas na cidade. Evidentemente a Torre dos Cem e a de Hananel ficavam uma de cada lado da porta.

11 A outra parte repararam Malquias, filho de Harim, e Hassube, filho de Paate-Moabe, como também a Torre dos Fornos.

12 Ao seu lado reparou Salum, filho de Haloés, maioral da outra metade de Jerusalém, ele e suas filhas.

13 **A** [z]Porta do Vale reparou-a Hanum e os moradores de Zanoa. Estes a edificaram e lhe assentaram as portas, com seus ferrolhos e trancas, como também mil [a]côvados do muro até a [b]Porta do Monturo.

14 **A** Porta do Monturo reparou-a Malquias, filho de Recabe, maioral do distrito de [c]Bete-Haquerém. Este a edificou e lhe assentou as portas com os seus ferrolhos e trancas.

15 **A** [d]Porta da Fonte reparou-a Salum, filho de Col-Hozé, maioral do distrito de Mispa. Este a edificou, a cobriu e lhe assentou as portas com os seus ferrolhos e trancas, como também o muro do tanque de [e]Siloé, junto ao [f]jardim do rei, até os degraus que descem da Cidade de Davi.

16 Depois dele reparou Neemias, filho de Azbuque, maioral da metade do distrito de Bete-Zur, até em frente dos sepulcros de Davi, até a [g]piscina artificial e a casa dos soldados.

17 Depois dele repararam os levitas: Reum, filho de Bani, ao seu lado Hasabias, maioral da metade do distrito de Queila.

18 Depois dele repararam seus irmãos: Bavai, filho de Henadade, maioral da outra metade do distrito de Queila.

19 Ao seu lado reparou Ezer, filho de Jesua, maioral de Mispa, outra parte em frente da subida para a casa das armas, na esquina do muro.

20 Depois dele, reparou com grande zelo Baruque, filho de Zabai, outra parte, desde a esquina do muro até a porta da casa de Eliasibe, o sumo sacerdote.

21 Depois dele, reparou Meremote, filho de Urias, filho de Hacoz, outra parte, desde a porta da casa de Eliasibe, até o fim dela.

22 Depois dele, repararam os sacerdotes que habitavam nos [h]arredores.

23 Depois repararam Benjamim e Hassube, em frente da sua casa; depois dele reparou Azarias, filho de Maaseias, filho de Ananias, junto à sua casa.

24 Depois dele, reparou [i]Binui, filho de Henadade, outra parte, desde a casa de Azarias até a esquina do muro.

25 Palal, filho de Uzai, reparou em frente da esquina da torre que sai do palácio real superior, que está junto ao [j]pátio do cárcere; depois dele reparou Pedaías, filho de Parós.

26 Ora, os [1]servos do templo, que habitavam em Ofel, fizeram os reparos até em frente da [k]Porta das Águas, para o oriente, e até a torre alta.

27 Depois repararam os tecoítas outra parte, em frente da torre grande e alta, e até o muro de [l]Ofel.

28 **P**ara cima da [m]Porta dos Cavalos repararam os sacerdotes, cada um em frente da sua casa.

29 Depois deles, reparou Zadoque, filho de Imer, em frente da sua casa, e depois dele Semaías, filho de Secanias, guarda da Porta Oriental.

30 Depois dele, reparou Hananias, filho de Selemias, e Hanum, o sexto filho de Zalafe, outra parte; depois dele, reparou Mesulão, filho de Berequias, em frente da sua morada.

31 Depois dele, reparou Malquias, filho de um ourives, até a casa dos [n]servos do templo e dos comerciantes, em frente da Porta da Guarda, e até a câmara superior da esquina;

32 e entre a câmara superior da esquina e a [o]Porta das Ovelhas repararam os ourives e os comerciantes.

A oposição pelo escárnio

4 **Quando** [p]Sambalate ouviu que reedificávamos o muro, ficou furioso, se indignou muito e zombou dos judeus.

2 Disse na presença de seus irmãos e do exército de [q]Samaria: Que fazem estes fracos judeus? Será que vão reedificar o muro? Irão eles sacrificar? Acabarão a obra num só dia? Conseguirão vivificar as pedras que foram queimadas?

3 [r]Tobias, o amonita, que estava ao seu lado, disse: Ainda que reedifiquem, vindo uma raposa derrubará o seu muro de pedra.

A resposta de Neemias é a oração

4 [s]Ouve, ó nosso Deus, pois somos desprezados. Faze cair a [t]vergonha deles sobre a sua cabeça e faze com que sejam um despojo numa terra de cativeiro.

5 [u]Não cubras a sua iniquidade nem se risque de diante de ti o seu pecado, pois te provocaram à ira na presença dos edificadores.

6 Assim reedificamos o muro até a metade de sua altura, em toda a sua extensão, pois o povo se dedicou ao trabalho.

7 Quando, porém, Sambalate, Tobias, os [v]árabes, os amonitas e os asdoditas ouviram que ia

[z] Ne 2.13,15
[a] Veja pesos e medidas (AT): 2Cr 2.10, nota
[b] Ne 2.13
[c] Jr 6.1
[d] Ne 2.14
[e] Is 8.6
[f] 2Rs 25.4
[g] 2Rs 20.20
[h] Comp. Ne 12.28
[i] Ed 8.33
[j] Jr 32.2
[k] Ne 8.1
[l] Comp. 2Cr 27.3; 33.14. Talvez parte da fortaleza chamada Milo em 2Cr 32.5, cf. a ACF e a ARC
[m] 2Cr 23.15
[n] Veja v. 26, nota
[o] Ne 3.1
[p] Ne 2.10,19
[q] Comp. Ed 4.9,10
[r] Ne 2.19
[s] Orações da Bíblia (AT): v. 4,5; Ne 9.5 (Gn 15.2; Hc 3.1)
[t] Comp. Sl 79.12; Pv 3.34
[u] Comp. Sl 69.27; Jr 18.23
[v] Ne 2.19

[1] (3.26) Servos do templo: em algumas versões, netinins (dados, dedicados). Eram pessoas consagradas ao serviço do tabernáculo e do templo, empregando-se nos trabalhos mais humildes, como carregar água e madeira (Nm 31.30,47). Em Js 9.23,27, Josué designou gibeonitas para servir como escravos perpétuos, "rachadores de lenha e tiradores de água" para a casa de Deus. Sendo tiradores de água, era apropriado que morassem perto da Porta das Águas. Os servos do templo (netinins) são mencionados em: 1Cr 9.2; Ed 2.43,58,70; 7.7,24; 8.17,20; Ne 3.31; 7.46,60,73; 10.28; 11.3,21.

avante a reparação dos muros de Jerusalém e que já as brechas se começavam a tapar, iraram-se muito.

8 [w]Uniram-se todos para virem atacar Jerusalém e criar confusão contra ela.

9 Nós, porém, oramos ao nosso Deus e, por causa dessa ameaça, pusemos guarda contra eles, de dia e de noite.

Oposição pelo desânimo do povo: o recurso da fé

10 **E**ntão disse Judá: Desfalecem as forças dos carregadores, e os escombros são tantos que não poderemos edificar o muro.

11 Os nossos inimigos também disseram: Antes que saibam ou vejam qualquer coisa, entraremos no meio deles, os mataremos e poremos fim à obra.

12 Então os judeus que habitavam perto deles vieram e [x]dez vezes nos disseram: Eles nos atacarão de todos os lugares onde moram.

13 Pelo que pus guardas atrás dos pontos mais baixos do muro; nos lugares abertos, dispus o povo segundo as suas famílias, com as suas espadas, com as suas lanças e com os seus arcos.

14 Depois de inspecionar a situação, levantei-me e disse aos nobres, aos magistrados e ao resto do povo: Não os [y]temais. Lembrai-vos do Senhor, grande e [z]temível, e pelejai por vossos irmãos, vossos filhos, vossas mulheres e vossas casas.

15 Ouvindo os nossos inimigos que estávamos informados e que Deus tinha frustrado os [a]desígnios deles, voltamos todos ao muro, cada um à sua obra.

16 Daquele dia em diante, metade dos meus homens trabalhava na obra, enquanto a outra metade empunhava lanças, escudos, arcos e couraças. Os chefes apoiavam todo o povo de Judá

17 que edificava o muro. Os que transportavam material, com uma das mãos realizam o trabalho e com a outra seguravam uma arma.

18 E os edificadores, cada um trazia a sua espada à cinta, e assim edificavam. Mas o que tocava a trombeta estava junto de mim.

19 Então eu disse aos nobres, aos magistrados e ao resto do povo: A obra é grande e extensa, e nós estamos separados uns dos outros ao longo do muro.

20 No lugar em que ouvirdes o som da trombeta, ali vos ajuntareis conosco. O nosso Deus [b]pelejará por nós.

21 **A**ssim trabalhávamos na obra; metade deles empunhava as lanças desde a subida da alva até o sair das estrelas.

22 Também nesse tempo eu disse ao povo: Cada um com o seu ajudante fique em Jerusalém, para que de noite nos sirvam de guarda e de dia trabalhem.

23 Eu, meus irmãos, meus homens e os guardas que me seguiam não largávamos as nossas vestes; cada um levava as suas armas, mesmo quando ia às águas.

Oposição pela ganância: o recurso da restituição

5 **O**ra, os homens e as suas mulheres levantaram um grande clamor [c]contra os judeus, seus irmãos.

2 Alguns diziam: Nós, nossos filhos e nossas filhas somos muitos; que se nos dê trigo, para que comamos e vivamos.

3 Outros diziam: Estamos empenhando as nossas terras, as nossas vinhas e as nossas casas, para conseguirmos trigo durante a fome.

4 Ainda outros diziam: Tomamos dinheiro emprestado até para o [d]tributo do rei, sobre as nossas terras e as nossas vinhas.

5 Embora tenhamos o mesmo sangue que nossos irmãos, e nossos filhos sejam tão bons como os deles, contudo temos de sujeitar nossos filhos e nossas [e]filhas para serem servos. Algumas de nossas filhas já foram reduzidas à escravidão, o que não podemos [f]evitar, porque os nossos campos e as nossas vinhas pertencem a outros.

6 **O**uvindo eu o seu clamor e essas palavras, fiquei muito irado.

7 Considerei-as comigo mesmo e então acusei os nobres e os magistrados e lhes disse: Sois [g]usurários dos vossos próprios irmãos. Assim convoquei contra eles uma grande assembleia,

8 e lhes disse: Nós [h]resgatamos os judeus, nossos irmãos, que foram vendidos às nações, segundo as nossas posses. Agora vós negociaríeis os vossos irmãos, para que sejam vendidos a nós? Eles se calaram, porque não acharam o que responder.

9 Pelo que continuei: Não é bom o que fazeis. Não devíeis andar no [i]temor do nosso Deus, para evitar a zombaria dos gentios, os nossos inimigos?

10 Também eu, meus irmãos e meus homens lhes temos emprestado dinheiro e trigo. Deixemos de cobrar juros.

11 Restituí-lhes hoje as suas terras, as suas vinhas, os seus olivais e as suas casas, como também a centésima parte do dinheiro, do trigo, do vinho e do azeite, que tendes exigido deles.

12 Disseram eles: Nós [j]restituiremos tudo isso; nada lhes pediremos. Faremos assim como dizes. Então convoquei os sacerdotes e os fiz jurar que fariam conforme [k]haviam prometido.

13 **T**ambém sacudi as dobras do meu [l]manto e disse: Assim sacuda Deus da sua casa e do seu trabalho todo aquele que não cumprir essa promessa. Assim seja ele sacudido e esvaziado. E todo o povo respondeu: [m]Amém! E louvaram ao Senhor. E fez conforme a sua promessa.

[w] Comp. Sl 83.5
[x] Comp. Nm 14.22
[y] Comp. Nm 14.9; Dt 1.29,30
[z] Ne 1.5
[a] Comp. 2Sm 17.14
[b] Êx 14.14; Dt 1.30; 2Cr 20.29
[c] v. 2-5; Is 5.7,8; comp. Lv 25.35; Dt 15.7,8
[d] Comp. Ed 4.13,20; 7.24
[e] Êx 21.7
[f] Comp. Lv 25.48
[g] Êx 22.25; Lv 25.36
[h] Redenção (tipo do parente remidor): v. 8; Jó 19.25 (Gn 48.16; Is 59.20, nota)
[i] Veja Sl 19.9, nota
[j] v. 13; comp. 2Cr 28.15; Pv 6.31
[k] Comp. Ed 10.1-5
[l] Comp. At 18.6
[m] Comp. Ne 8.6

O exemplo altruísta de Neemias

14 Além disso, desde o dia em que fui nomeado seu governador na terra de Judá, desde o [n]vigésimo ano até o ano trigésimo segundo do rei Artaxerxes, durante doze anos, [o]nem eu nem meus irmãos comemos o pão devido ao governador.

15 Os primeiros governadores, porém, que foram antes de mim, oprimiram o povo e lhe tomaram pão e vinho, além de quarenta [p]siclos de prata. Os seus assistentes dominavam sobre o povo. Mas eu não fiz assim, por causa do [q]temor de Deus.

16 Em vez disso, devotei-me à [r]obra do muro. Todos os meus homens se ajuntaram ali à obra; terra nenhuma compramos.

17 Além do mais, cento e cinquenta judeus e seus oficiais, e os que vinham a nós, das nações vizinhas, comiam à minha mesa.

18 O que se [s]preparava para cada dia era um boi e seis ovelhas escolhidas, também se me preparavam aves e, de dez em dez dias, um abundante suprimento de vinho de todas as espécies. [t]Apesar de tudo isso, não exigi o pão devido ao governador, porque a servidão deste povo era grande.

19 Lembra-te de mim para [u]bem, ó meu Deus, e de tudo o que fiz a este povo.

Oposição pela astúcia: o recurso da firmeza

6 Ouvindo [v]Sambalate, Tobias, [w]Gesém, o árabe, e o resto dos nossos inimigos que eu tinha reedificado o muro e que nele já não havia brecha alguma, embora até esse tempo não tivesse posto as portas nos portais,

2 Sambalate e Gesém mandaram dizer-me: Vem, encontremo-nos numa das aldeias, na planície de Ono. Porém planejavam fazer-me mal,

3 de modo que lhes enviei mensageiros com esta resposta: Estou fazendo uma grande obra e não poderei descer. Por que cessaria a obra, enquanto eu a deixasse e fosse ter convosco?

4 Quatro vezes me enviaram a mesma mensagem, e cada vez dei-lhes a mesma resposta.

5 Então Sambalate, pela quinta vez, enviou-me o seu moço com uma carta aberta na sua mão,

6 na qual estava escrito: Entre as gentes se ouviu, e Gesém diz, que tu e os judeus intentais [x]revoltar-vos, por isso edificais o muro. Além do mais, segundo se diz, queres ser o rei deles,

7 e que nomeaste profetas para proclamarem a teu respeito em Jerusalém, dizendo: Há rei em Judá. Ora, essas coisas chegarão aos ouvidos do rei; portanto, vem e consultemos juntamente.

8 Mandei-lhe esta resposta: De tudo o que dizes coisa alguma aconteceu; tu, do teu coração, é que o inventas.

9 Todos eles procuravam atemorizar-nos, pensando: As suas [y]mãos ficarão fracas demais para a obra, e não a concluirão. Agora, ó Deus, fortalece as minhas mãos.

10 Certo dia fui à casa de Semaías, filho de Delaías, filho de Meetabel, que estava encerrado. Disse-me ele: Encontremo-nos na casa de Deus, dentro do templo, a portas fechadas, porque virão matar-te; esta noite virão.

11 Eu, porém, disse: Um homem como eu fugiria? E quem há, como eu, que entre no templo para salvar a vida? De maneira nenhuma entrarei.

12 Então percebi que não era Deus quem o enviara, mas que ele tinha profetizado contra mim porque Tobias e Sambalate o haviam subornado.

13 Ele tinha sido subornado para me [z]intimidar, a fim de que eu assim fizesse e pecasse, para que tivessem de que me difamar e desacreditar.

14 Lembra-te, ó meu Deus, de Tobias e de Sambalate, conforme estas suas [a]obras e também da profetisa Noadia e dos demais profetas que têm procurado intimidar-me.

O muro é terminado em cinquenta e dois dias

15 Assim, acabou-se o muro aos vinte e cinco dias do mês de [b]elul, em cinquenta e dois dias.

16 Quando todos os nossos inimigos ouviram isso, todos os gentios que havia em redor de nós temeram e [c]ficaram com o orgulho ferido, porque reconheceram que tínhamos [d]feito esta obra com a ajuda do nosso Deus.

17 Também, naqueles dias, alguns nobres de Judá escreveram muitas cartas, que iam para [e]Tobias, e as cartas de Tobias vinham para eles.

18 Pois muitos em Judá estavam ligados a ele por juramento, por ser ele [f]genro de Secanias, filho de Ará, e por haver seu filho Joanã casado com a filha de [g]Mesulão, filho de Berequias.

19 Também as boas ações dele contavam perante mim, e as minhas palavras levavam a ele. E Tobias escrevia cartas para me intimidar.

Hanani e Hananias ficam responsáveis por Jerusalém

7 Depois que o muro foi reedificado, tendo eu assentado as [h]portas, estabelecido os porteiros, os cantores e os levitas,

2 nomeei a [i]Hanani, meu irmão, e a [j]Hananias, maioral da [k]cidadela, sobre Jerusalém, porque ele era homem fiel e [l]temente a Deus, mais do que muitos.

3 Disse-lhes: Não se abram as portas de Jerusalém até que o sol aqueça. Enquanto os guardas ainda estão ali, que se fechem as portas e se tranquem. Também ponham guardas dos moradores de Jerusalém, cada um no seu turno diante da sua casa.

4 Ora, a cidade era grande e espaçosa, mas havia [m]pouca gente nela, e as casas ainda não estavam edificadas.

[n] Ne 2.1
[o] Comp. 1Sm 12.3; At 20.33-35; 1Ts 2.9
[p] Veja sist. monetário (AT): Êx 30.13, nota
[q] Veja Sl 19.9, nota
[r] Ne 4.1; 6.1
[s] Comp. 1Rs 4.22,23
[t] Comp. 2Ts 3.8
[u] Comp. 2Rs 20.3; Ne 13.14
[v] Ne 2.10,19; 4.1,7; 13.28
[w] v. 6
[x] Ne 2.19
[y] Comp. Ed 4.4
[z] Comp. 2Co 11.26
[a] Comp. Ne 13.29
[b] Veja Lv 23.2, nota
[c] Comp. Ne 2.10; 4.1,7
[d] Sl 31.19; comp. Sl 126.2
[e] Veja Ne 2.10, nota
[f] Ne 13.4,28
[g] Ed 10.15; Ne 3.4
[h] Comp. Ne 6.1
[i] Ne 1.2
[j] Ne 10.23
[k] Comp. Ne 2.8
[l] Veja Sl 19.9, nota
[m] Dt 4.27

Registro da genealogia dos primeiros que regressaram da Babilônia

5 **E**ntão o meu Deus me pôs no coração que reunisse os nobres, os magistrados e o povo, para registrar as genealogias. E achei o livro da genealogia dos que subiram primeiro e achei escrito nele o seguinte:

6 São [n]estes os filhos da província que subiram do cativeiro, entre os exilados, que transportara Nabucodonosor, rei de Babilônia, e que voltaram para Jerusalém e para Judá, cada um para a sua cidade,

7 os quais vieram com [o]Zorobabel, [p]Jesua, Neemias, Azarias, Raamias, Naamani, Mordecai, Bilsã, Misperete, Bigvai, Neum e Baaná. Este é o número dos homens do povo de Israel:

8 Foram os filhos de Parós, dois mil cento e setenta e dois;

9 os filhos de Sefatias, trezentos e setenta e dois;

10 os filhos de Ará, seiscentos e cinquenta e dois;

11 os filhos de Paate-Moabe, dos filhos de Jesua e de Joabe, dois mil oitocentos e dezoito;

12 os filhos de Elão, mil duzentos e cinquenta e quatro;

13 os filhos de Zatu, oitocentos e quarenta e cinco;

14 os filhos de Zacai, setecentos e sessenta;

15 os filhos de Binui, seiscentos e quarenta e oito;

16 os filhos de Bebai, seiscentos e vinte e oito;

17 os filhos de Azgade, dois mil trezentos e vinte e dois;

18 os filhos de Adonicão, seiscentos e sessenta e sete;

19 os filhos de Bigvai, dois mil e sessenta e sete;

20 os filhos de Adim, seiscentos e cinquenta e cinco;

21 os filhos de Ater, de Ezequias, noventa e oito;

22 os filhos de Hasum, trezentos e vinte e oito.

23 Os filhos de Besai, trezentos e vinte e quatro;

24 os filhos de Harife, cento e doze;

25 os filhos de Gibeom, noventa e cinco;

26 os homens de Belém e de Netofá, cento e oitenta e oito;

27 os homens de Anatote, cento e vinte e oito;

28 os homens de Bete-Azmavete, quarenta e dois;

29 os homens de Quiriate-Jearim, Quefira e Beerote, setecentos e quarenta e três;

30 os homens de Ramá e Geba, seiscentos e vinte e um;

31 os homens de Micmás, cento e vinte e dois;

32 os homens de Betel e Ai, cento e vinte e três;

33 os homens do outro Nebo, cinquenta e dois;

34 os homens do outro Elão, mil duzentos e cinquenta e quatro;

35 os homens de Harim, trezentos e vinte;

36 os homens de Jericó, trezentos e quarenta e cinco;

[n] Comp. Ed 2.1-64; 2Cr 36.20
[o] Ed 5.2; Ne 12.1,47; Mt 1.12,13
[p] Ed 2.2; Ne 12.1
[q] 1Cr 9.12
[r] Veja Ne 3.26, nota
[s] Comp. 1Rs 9.21; Ed 2.55,58

37 os homens de Lode, Hadide e Ono, setecentos e vinte e um;

38 os homens de Senaá, três mil novecentos e trinta.

Registro dos sacerdotes que voltaram

39 **O**s sacerdotes: os filhos de Jedaías, da família de Jesua, novecentos e setenta e três;

40 os filhos de [q]Imer, mil e cinquenta e dois;

41 os filhos de Pasur, mil duzentos e quarenta e sete;

42 os filhos de Harim, mil e dezessete.

Registro dos levitas que retornaram

43 **O**s levitas: os filhos de Jesua, de Cadmiel, dos filhos de Hodeviá, setenta e quatro.

44 Os cantores: os filhos de Asafe, cento e quarenta e oito.

45 Os porteiros: os filhos de Salum, os filhos de Ater, os filhos de Talmom, os filhos de Acube, os filhos de Hatita, os filhos de Sobai, cento e trinta e oito.

Registro dos [1]servos do templo que retornaram

46 **O**s [r]servos do templo: os filhos de Zia, os filhos de Hasufa, os filhos de Tabaote,

47 os filhos de Queros, os filhos de Sia, os filhos de Padom,

48 os filhos de Lebana, os filhos de Hagaba, os filhos de Salmai,

49 os filhos de Hanã, os filhos de Gidel, os filhos de Gaar,

50 os filhos de Reaías, os filhos de Rezim, os filhos de Necoda,

51 os filhos de Gazão, os filhos de Uzá, os filhos de Paseá,

52 os filhos de Besai, os filhos de Meunim, os filhos de Nefussim,

53 os filhos de Bacbuque, os filhos de Hacufa, os filhos de Harur,

54 os filhos de Bazlite, os filhos de Meída, os filhos de Harsa,

55 os filhos de Barcos, os filhos de Sísera, os filhos de Temá,

56 os filhos de Nesias e os filhos de Hatifa.

Registro dos filhos dos servos de Salomão

57 **O**s [s]filhos dos servos de Salomão: os filhos de Sotai, os filhos de Soferete, os filhos de Perida,

58 os filhos de Jaala, os filhos de Darcom, os filhos de Gidel,

59 os filhos de Sefatias, os filhos de Hatil, os filhos de Poquerete-Hazebaim e os filhos de Amom.

60 Todos os servos do templo e os filhos dos servos de Salomão, trezentos e noventa e dois.

[1] (7.46, título) Veja *nota* em 3.26.

61 **O**s seguintes subiram de Tel-Melá, Tel-Harsa, Querube, Adom e Imer, porém não puderam provar que suas famílias e a sua linhagem eram de Israel:
62 os filhos de Delaías, os filhos de [t]Tobias, os filhos de Necoda, seiscentos e quarenta e dois.

Os sacerdotes sem genealogia são excluídos

63 Dos sacerdotes: os filhos de Habaías, os filhos de Hacoz, os filhos de Barzilai, que tomara por mulher uma das filhas de Barzilai, o gileadita, e que foi chamado do nome dele.
64 Estes procuraram o seu registro, mas não puderam encontrá-lo e assim foram excluídos do sacerdócio como imundos.
65 O governador, portanto, ordenou-lhes que não comessem das coisas sagradas, até que se levantasse um sacerdote com [u]Urim e [v]Tumim.

O número total dos remanescentes

66 **T**oda esta congregação junta foi de quarenta e dois mil trezentos e sessenta,
67 afora os seus servos e as suas servas, que foram sete mil trezentos e trinta e sete; e também tinham duzentos e quarenta e cinco cantores e cantoras.

Suas propriedades e terras

68 Os seus cavalos, setecentos e trinta e seis; os seus mulos, duzentos e quarenta e cinco.
69 Camelos, quatrocentos e trinta e cinco; jumentos, seis mil setecentos e vinte.
70 **A**lguns dos [w]líderes de famílias contribuíram para a obra. O governador deu para a tesouraria, em ouro, mil [x]dracmas, cinquenta bacias e quinhentas e trinta vestes sacerdotais.
71 Alguns dos [y]líderes de famílias deram para a tesouraria da obra, em ouro, vinte mil [z]dracmas, e em prata, dois mil e duzentos arráteis.
72 O que deu o resto do povo foi, em ouro, vinte mil dracmas, em prata, dois mil arráteis e sessenta e sete vestes sacerdotais.
73 **O**s sacerdotes, os levitas, os porteiros, os cantores, alguns do povo, os servidores do templo e todo o Israel habitavam nas suas cidades.

III. O grande avivamento sob a liderança de Esdras, 8.1–10.39

A lei é lida e explicada

8 Chegado o [a]sétimo mês, e estando os filhos de Israel nas suas cidades, todo o povo se ajuntou como um só homem, na [b]praça, diante da Porta das Águas e disseram a [c]Esdras, o escriba, que trouxesse o [d]livro da lei de Moisés, que o Senhor tinha ordenado a Israel.
2 Assim Esdras, o sacerdote, [e]trouxe a lei perante a congregação, tanto de homens como de mulheres, e perante todos os que podiam entender o que ouviam, no [f]primeiro dia do sétimo mês.
3 [g]Leu nela de frente para a praça que está diante da Porta das Águas, desde o início da manhã até o meio-dia, perante homens e mulheres, e os que podiam entender. E os ouvidos de todo o povo estavam atentos ao livro da lei.
4 Esdras, o [h]escriba, estava num púlpito de madeira, que tinha sido feito para esse fim. Estavam em pé junto a ele, à sua direita, Matitias, Sema, Anaías, Urias, Hilquias e Maaseias; e à sua esquerda, Pedaías, Misael, Melquias, Hasum, Hasbadana, Zacarias e Mesulão.
5 Abriu Esdras o livro à vista de todo o povo, porque estava acima de todo o povo; e, abrindo-o ele, todo o povo se pôs em pé.
6 Esdras louvou ao Senhor, o grande Deus; e todo o povo respondeu: [i]Amém! Amém! [j]levantando as mãos. Então se inclinaram e adoraram ao Senhor, com o rosto em terra.
7 Os levitas Jesua, Bani, Serebias, Jamim, Acube, Sabetai, Hodias, Maaseias, Quelita, Azarias, Jozabade, Hanã e Pelaías [k]ensinavam a lei ao povo, e o povo [l]estava no seu posto.
8 Leram no livro da lei de Deus, esclarecendo-a e explicando o sentido, de modo que o povo pudesse entender o que se lia.
9 **E**ntão Neemias, que era o governador, e Esdras, sacerdote e escriba, e os levitas que ensinavam o povo disseram a todo o povo: Este [m]dia é consagrado ao Senhor, o vosso Deus, pelo que [n]não vos lamenteis nem choreis. Pois todo o povo chorava, ouvindo as palavras da lei.
10 Disse-lhes mais: Ide, comei as gorduras, bebei as doçuras e enviai [o]porções aos que não têm nada preparado para si. Este dia é consagrado ao nosso Senhor. Não vos entristeçais, pois a alegria do Senhor é a vossa força.
11 Os levitas fizeram calar a todo o povo, dizendo: Calai-vos, pois este dia é sagrado. Não vos entristeçais.
12 Então todo o povo se foi a comer, a beber, a enviar porções e a celebrar com grande alegria, [p]porque agora entendiam as palavras que lhes foram comunicadas.

Restauração da Festa das Cabanas

13 **N**o dia seguinte, ajuntaram-se os líderes de famílias de todo o povo, os sacerdotes e os levitas, na presença de Esdras, o escriba, para estudar as palavras da lei.
14 Acharam escrito na lei que o Senhor ordenara, por intermédio de Moisés, que os filhos de Israel habitassem em cabanas, durante a festa do sétimo mês
15 e que publicassem e fizessem passar pregão por todas as suas cidades, e em Jerusalém,

[t] Veja Ne 2.10, nota
[u] Veja Êx 28.30, nota
[v] Comp. Ed 2.61-63
[w] v. 71; 8.13; 11.13; 12.12,22,23
[x] Veja sist. monetário (AT): Êx 30.13, nota
[y] v. 70; 8.13; 11.13; 12.12,22,23
[z] Veja sist. monetário (AT): Êx 30.13, nota
[a] O tempo da Festa das Trombetas; veja Lv 23.2,4, notas
[b] Refere-se a lugar amplo, suficiente para o povo
[c] Israel (história): v. 1-8; Sl 78.1 (Gn 12.2; Rm 11.26)
[d] Comp. 2Cr 34.14-16
[e] Comp. Ed 7.10; Jr 2.8
[f] Lv 23.24; Nm 29.1-6
[g] Dt 31.9-11; 2Rs 23.2
[h] Comp. v. 2
[i] Ne 5.13
[j] Sl 28.2; comp. Gn 14.22
[k] Dt 33.10; Ml 2.7
[l] Ne 9.3
[m] Comp. v. 2
[n] Comp. Dt 12.7,12
[o] Dt 26.11-13; Et 9.19,22; comp. Ap 11.10
[p] 8.7,8,13

dizendo: Saí à região montanhosa e trazei ramos
de oliveiras, ramos de zambujeiros, ramos de
murtas, ramos de palmeiras e ramos de árvores
frondosas, para fazer cabanas, como está [q]escrito.
16 Saíram, pois, e trouxeram os ramos e fize-
ram para si cabanas, cada um no terraço da sua
casa, nos seus pátios, nos átrios do templo de
Deus, na praça da Porta das Águas e na praça da
Porta de Efraim.
17 Toda a congregação dos que tinham voltado
do cativeiro fizeram cabanas e nelas habitaram.
[r]Nunca tinham feito assim os filhos de Israel
[1]desde os dias de Josué, filho de Num, até aquele
dia. E seu regozijo foi [s]muito grande.
18 Dia após dia, do primeiro ao último dia,
Esdras leu o livro da lei de Deus. Celebraram a
festa por [t]sete dias e, no [u]oitavo dia, segundo o
prescrito, houve uma assembleia solene.

O povo jejua e se arrepende

9 **No** vigésimo quarto dia desse [v]mês, ajun-
taram-se os filhos de Israel com jejum e pa-
no de saco e traziam terra sobre si.
2 Os da linhagem de Israel [w]apartaram-se
de todos os estrangeiros, puseram-se em pé e
[x]confessaram os seus pecados e as iniquidades
de seus pais.
3 Levantando-se no seu lugar, [y]leram no livro
da lei do Senhor, o seu Deus, uma quarta parte
do dia; em outra quarta parte, confessaram os
seus pecados e adoraram ao Senhor seu Deus.

Louvor e confissão dos levitas

4 Em pé nos degraus estavam os levitas Jesua,
Bani, Cadmiel, Sebanias, Buni, Serebias, Bani
e Quenani, os quais clamaram em alta voz ao
Senhor seu Deus.
5 E os levitas Jesua, Cadmiel, Bani, Hasabneias,
Serebias, Hodias, Sebanias e Petaquias disse-
ram: Levantai-vos, [z]bendizei ao Senhor, o vosso
Deus, de eternidade em eternidade. Bendito seja
o teu nome glorioso. Seja ele exaltado sobre toda
a bênção e louvor.
6 Só tu és Senhor. Fizeste o céu, o céu dos céus
e todo o seu exército, a terra e tudo o que nela há,
os mares e tudo o que neles há. Tu os [a]conservas
com vida a todos, e o exército dos céus te adora.
7 Tu és o Senhor, o Deus que [b]elegeste a Abrão,
e o tiraste de Ur dos caldeus, e lhe deste o nome
de Abraão.
8 Achaste o seu coração [c]fiel na tua presença
e fizeste com ele a [d]aliança de que darias à sua
descendência a terra dos cananeus, dos [e]heteus,
dos amorreus, dos ferezeus, dos jebuseus e dos
girgaseus. [f]Cumpriste as tuas promessas por-
que és justo.
9 [g]Viste a aflição de nossos pais no Egito e
ouviste o seu clamor junto ao mar Vermelho.
10 Enviaste [h]sinais e prodígios contra faraó,
contra todos os seus oficiais e contra todo o povo
da sua terra, pois soubeste que os trataram com
soberba. Adquiriste renome, como hoje se vê.
11 [i]Dividiste o mar perante eles, de maneira que
passaram pelo meio do mar, em seco, mas lan-
çaste os seus perseguidores nas profundezas,
como uma pedra nas águas impetuosas.
12 De dia os [j]guiaste por uma coluna de nuvem
e de noite por uma coluna de fogo, para os ilumi-
nares no caminho por onde haviam de ir.
13 Desceste sobre o monte Sinai; falaste com
eles desde os céus. Deste-lhes [k]juízos retos, leis
verdadeiras, estatutos e mandamentos bons.
14 [2]Fizeste-lhes conhecer o teu santo [l]sábado e
lhes deste preceitos, estatutos e lei por intermé-
dio de Moisés, teu servo.
15 Pão dos céus lhes [m]deste na sua fome e
[n]água da rocha lhes fizeste brotar na sua sede;
[o]disseste-lhes que entrassem para possuir a terra
que, com mão levantada, lhes juraste dar.
16 Os nossos antepassados, porém, tornaram-
-se arrogantes, obstinados e não deram ouvidos
aos teus mandamentos.
17 Recusaram ouvir-te e não se [p]lembraram
das tuas maravilhas, que fizeste entre eles.
Fizeram-se obstinados e, na sua rebelião, [qq]le-
vantaram um chefe, a fim de voltarem para a sua
servidão. Mas tu, ó Deus perdoador, clemente e
[rr]misericordioso, tardio em irar-te e grande em
bondade, não os desamparaste,
18 ainda [ss]quando fizeram para si um bezerro
de fundição e disseram: Este é o teu Deus, que
te tirou do Egito, ou quando cometeram grandes
blasfêmias.
19 Pela multidão das tuas misericórdias, não
os abandonaste no deserto. A [tt]coluna de nuvem
nunca se afastou deles de dia, para os guiar pelo
caminho, nem a coluna de fogo de noite, para lhes
iluminares o caminho por onde haviam de ir.
20 [uu]Deste o teu bom [vv]Espírito para os ensinar;
o teu [ww]maná não retiraste da sua boca e água
lhes deste na sua sede.
21 Por quarenta anos os sustentaste no deserto;
[xx]não lhes faltou coisa alguma; as suas [yy]vestes não
se envelheceram nem se incharam os seus pés.

[q] Lv 23.40
[r] Comp. Ed 3.4; 2Cr 8.13
[s] 2Cr 30.21
[t] Lv 23.36
[u] Nm 29.35
[v] Comp. Ne 8.2
[w] Separação: v. 2; Ne 13.3 (Gn 12.1; 2Co 6.17)
[x] Ne 1.6
[y] Ne 8.7,8
[z] Orações da Bíblia (AT): v. 5-38; Sl 51.1 (Gn 15.2; Hc 3.1)
[a] Sl 36.6; comp. Cl 1.17
[b] Gn 11.31; 12.1-3; 17.5
[c] Gn 22.1-3; Tg 2.21-23
[d] Veja Gn 12.2 e 15.18, notas
[e] Veja 2Rs 7.6, nota
[f] Comp. Js 23.14
[g] Êx 2.25; 3.7
[h] Êx 7–14
[i] Êx 14.20-28
[j] Êx 13.21
[k] Êx 19–24
[l] Sábado (dia de repouso): v. 13,14; Mt 12.1 (Gn 2.3; Mt 12.1, nota)
[m] Êx 16.14-17; Jo 6.31
[n] Nm 20.8; 1Co 10.4
[o] Dt 1.8
[p] Sl 78.11,42-45
[qq] Nm 14.4; At 7.39
[rr] Êx 34.6,7; Mq 7.18
[ss] Êx 32.1-14
[tt] Êx 13.20-22; 1Co 10.1
[uu] Nm 11.17
[vv] Espírito Santo (AT): v. 20,30; Jó 26.13 (Gn 1.2; Zc 12.10)
[ww] Êx 16.14-16; comp. Jo 6.22-60
[xx] Dt 2.7
[yy] Dt 29.5

[1] (8.17) Isso não significa que não tenha havido alguma observância formal da Festa dos Tabernáculos (comp. 2Cr 8.13; Ed 3.4), mas sim que o povo não tinha habitado em cabanas desde os dias de Josué.

[2] (9.14) Esta importante passagem estabelece, além de qualquer objeção, o momento em que o sábado, o repouso de Deus (Gn 2.1-3), foi dado ao homem. Comp. Êx 20.8-11. Em Êx 31.13-17, o sábado recebe o caráter de sinal entre o Senhor e Israel. Veja Mt 12.1, nota.

22 Deste-lhes reinos e povos, que lhes repartiste em porções. Eles [z]possuíram a terra de Seom, a saber, a terra do rei de Hesbom, e a terra de Ogue, rei de Basã.

23 Multiplicaste o número dos seus filhos como as [a]estrelas do céu e os introduziste à terra de que tinhas dito a seus pais que nela entrariam para a possuírem.

24 [b]Entraram nela os seus filhos e tomaram aquela terra. [c]Subjugaste diante deles os moradores da terra, os cananeus, e os entregaste nas suas mãos, como também os reis e os povos da terra, para fazerem deles segundo a sua vontade.

25 Tomaram [d]cidades fortificadas e terra fértil e possuíram casas cheias de toda sorte de coisas boas, poços já cavados, vinhas e olivais e árvores frutíferas em [e]abundância. Comeram, se fartaram, engordaram e desfrutaram da tua grande bondade.

26 **A**inda assim foram [f]desobedientes e se revoltaram contra ti; lançaram a tua lei para trás das [g]costas. [h]Mataram os teus profetas, que protestavam contra eles para que voltassem a ti; cometeram horríveis blasfêmias.

27 Pelo que os entregaste nas mãos dos seus adversários, que os oprimiram. Mas no tempo da sua angústia, [i]clamando eles a ti, desde os céus os ouviste; e segundo a tua grande misericórdia lhes deste libertadores que os salvaram das mãos dos seus inimigos.

28 Logo, porém, que se viam em descanso, tornavam a fazer o mal diante de ti. Então os deixavas nas mãos dos seus inimigos, para que dominassem sobre eles. E, convertendo-se eles, e clamando a ti, tu os ouvias desde os céus e, segundo a tua misericórdia, os livraste [j]muitas vezes.

29 Testemunhaste contra eles, para que voltassem à tua lei, porém eles procederam soberbamente e não deram ouvidos aos teus mandamentos. Pecaram contra os teus [k]juízos, pelos quais o homem que os cumprir viverá. Viraram os ombros, tornaram-se obstinados e se recusaram a ouvir.

30 Por muitos anos foste paciente com eles e testemunhaste contra eles pelo teu Espírito, por intermédio dos teus profetas. Porém eles não [l]deram ouvidos, pelo que os entregaste nas mãos dos povos das terras.

31 Pela tua grande misericórdia, porém, não os [m]destruíste nem desamparaste, pois és um Deus clemente e misericordioso.

32 **P**ortanto, agora, ó nosso Deus, ó Deus grande, poderoso e temível, que guardas a aliança e a misericórdia, não desconsidere toda a aflição que nos sobreveio, a nós, a nossos reis, a nossos príncipes, a nossos sacerdotes, a nossos profetas, a nossos pais e a todo o teu povo, [n]desde os dias dos reis da Assíria até o dia de hoje.

[z] Nm 21.21-35
[a] Gn 22.17; Hb 11.12
[b] Js 1.2-4
[c] Js 18.1
[d] Comp. Dt 3.5
[e] Dt 6.11; Js 24.13
[f] Jz 2.11
[g] 1Rs 14.9
[h] 1Rs 18.4; 19.10; Mt 23.37; At 7.52
[i] Jz 2.18
[j] Sl 106.43
[k] Lv 18.5
[l] 1Rs 17.13-18; 2Cr 36.11-20
[m] Rm 11.2
[n] 2Rs 15.19
[o] Dt 28.48; Ed 9.9
[p] Ne 10.1
[q] Ne 9.38
[r] v. 2-27; comp. Ne 12.2-21

33 Em tudo o que nos aconteceu, tens sido justo; fielmente procedeste, e nós impiamente.

34 Os nossos reis, os nossos príncipes, os nossos sacerdotes e os nossos pais não guardaram a tua lei nem deram ouvidos aos teus mandamentos e aos teus testemunhos, que testificaste contra eles.

35 Pois eles no seu reino, na muita abundância de bens que lhes deste, na terra espaçosa e fértil que puseste diante deles, não te serviram nem se converteram das suas más obras.

36 Vê, porém, que hoje somos [o]escravos na própria terra que deste a nossos pais, para comerem o seu fruto e o seu bem.

37 Por causa dos nossos pecados, ela multiplica os seus produtos para os reis que puseste sobre nós. Segundo a sua vontade dominam sobre os nossos corpos e sobre o nosso gado. Estamos em grande angústia.

Escritura e estabelecimento de uma firme aliança

38 **P**or causa de tudo isso fizemos uma firme aliança e a [p]escrevemos; e selaram-na os nossos príncipes, os nossos levitas e os nossos sacerdotes.

Assinantes da aliança; seus termos e condições

10 **O**s que a [q]selaram foram: Neemias, o governador, filho de Hacalias, e Zedequias,

2 [r]Seraías, Azarias, Jeremias,

3 Pasur, Amarias, Malquias,

4 Hatus, Sebanias, Maluque,

5 Harim, Meremote, Obadias,

6 Daniel, Ginetom, Baruque,

7 Mesulão, Abias, Miamim,

8 Maazias, Bilgai, Semaías. Esses eram os sacerdotes.

9 **O**s levitas: Jesua, filho de Azanias, Binui, dos filhos de Henadade, Cadmiel,

10 e seus irmãos: Sebanias, Hodias, Quelita, Pelaías, Hanã,

11 Mica, Reobe, Hasabias,

12 Zacur, Serebias, Sebanias,

13 Hodias, Bani e Beninu.

14 **O**s chefes do povo: Parós, Paate-Moabe, Elão, Zatu, Bani,

15 Buni, Azgade, Bebai,

16 Adonias, Bigvai, Adim,

17 Ater, Ezequias, Azur,

18 Hodias, Hasum, Bezai,

19 Harife, Anatote, Nebai,

20 Magpias, Mesulão, Hezir,

21 Mesezabel, Zadoque, Jadua,

22 Pelatias, Hanã, Anaías,

23 Oseias, Hananias, Hassube,

24 Haloés, Pilha, Sobeque,

25 Reum, Hassabná, Maaseias,

26 Aías, Hanã, Anã,

27 Maluque, Harime e Baaná.

28 **O** resto do povo, os sacerdotes, os levitas, os porteiros, os cantores, os [s]servos do templo e todos os que se tinham [t]separado dos povos de outras terras para a lei de Deus, suas mulheres, seus filhos e suas filhas, todos os que tinham capacidade para entender,

29 firmemente aderiram a seus irmãos, os nobres, e se comprometeram sob pena de maldição e sob juramento de que andariam na lei de Deus, que foi dada por intermédio de Moisés, servo de Deus, e de que guardariam e cumpririam todos os mandamentos do Senhor, o nosso Senhor, os seus [u]juízos e os seus estatutos;

30 de que não daríamos as nossas filhas aos povos da terra nem tomaríamos as filhas deles para os nossos filhos;

31 de que, trazendo os povos da terra no dia de [v]sábado alguma mercadoria e algum cereal para venderem, nada compraríamos deles no sábado nem no dia santificado; e de que abriríamos mão do produto do [w]sétimo ano e de toda e qualquer [x]cobrança.

32 **T**ambém sobre nós pusemos preceitos, impondo-nos cada ano a terça [y]parte de um [z]siclo, para o serviço do templo do nosso Deus;

33 para os [a]pães da proposição, para a oferta regular de cereais, e para o holocausto regular dos sábados, das luas novas, para as festas fixas, para as coisas sagradas e para as ofertas pelo pecado a fim de fazer [b]expiação por Israel, e para toda a obra do templo do nosso Deus.

34 Nós, os sacerdotes, os levitas e o povo lançamos as sortes acerca da [c]oferta da lenha que se havia de trazer ao templo do nosso Deus, segundo as nossas famílias, em tempos determinados, de ano em ano, para se queimar sobre o altar do Senhor, o nosso Deus, como está escrito na lei.

35 Também assumimos a responsabilidade de trazer de ano em ano ao templo do Senhor as [d]primícias de nossas colheitas e as primícias de todas as árvores frutíferas.

36 Como está escrito na lei, traremos os [e]primogênitos dos nossos filhos, do nosso gado, das nossas manadas e dos nossos rebanhos ao templo do nosso Deus, aos sacerdotes que ali ministram.

37 Além disso, traremos aos depósitos do templo do nosso Deus, aos sacerdotes, as primícias da nossa massa, as nossas ofertas alçadas e o fruto de todas as nossas árvores, do nosso vinho e do nosso azeite; traremos o [f]dízimo da nossa terra aos levitas, pois são eles que recebem os dízimos em todas as cidades onde trabalhamos.

38 Um sacerdote, filho de Arão, deve estar com os levitas quando estes receberem os dízimos, e os levitas devem trazer o [g]dízimo dos dízimos ao templo do nosso Deus, aos depósitos do templo.

39 Aos depósitos os filhos de Israel e os filhos de Levi devem trazer ofertas alçadas dos cereais, do vinho e do azeite, porque se encontram ali os utensílios do santuário, como também os sacerdotes que ministram, os porteiros e os cantores. Não [h]negligenciaremos o templo do nosso Deus.

IV. As condições da terra depois de o remanescente viver ali quase cem anos, 11.1–13.31

Os que habitavam em Jerusalém

11 Os líderes do povo habitaram em Jerusalém, e o restante do povo lançou sortes para tirar um de cada dez que habitasse na [i]santa cidade de [j]Jerusalém, permanecendo nove nas outras cidades.

2 O povo abençoou a todos os homens que [k]voluntariamente se ofereceram para habitar em Jerusalém.

3 São [l]estes os chefes da província que habitaram em Jerusalém; porém nas cidades de Judá habitou cada um na sua possessão, nas suas cidades, a saber, Israel, os sacerdotes, os levitas, os servos do templo e os filhos dos [m]servos de Salomão.

4 Habitaram em Jerusalém alguns dos filhos de Judá e dos filhos de Benjamim. Dos filhos de Judá: Ataías, filho de Uzias, filho de Zacarias, filho de Amarias, filho de Sefatias, filho de Maalalel, dos filhos de Perez;

5 e Maaseias, filho de Baruque, filho de Col-Hozé, filho de Hazaías, filho de Adaías, filho de Joiaribe, filho de Zacarias, filho de Selá.

6 Todos os filhos de Perez que habitaram em Jerusalém foram quatrocentos e sessenta e oito homens valentes.

7 **S**ão estes os filhos de Benjamim: Salu, filho de Mesulão, filho de Joede, filho de Pedaías, filho de Colaías, filho de Maaseias, filho de Itiel, filho de Jesaías.

8 Depois dele Gabai e Salai, novecentos e vinte e oito.

9 Joel, filho de Zicri, supervisor sobre eles, e Judá, filho de Senua, segundo sobre a cidade.

10 Dos sacerdotes: Jedaías, filho de Joiaribe, Jaquim,

11 Seraías, filho de Hilquias, filho de Mesulão, filho de Zadoque, filho de Meraiote, filho de Aitube, supervisor do templo de Deus,

12 e seus irmãos que faziam a obra do templo, oitocentos e vinte e dois; e Adaías, filho de Jeroão, filho de Pelalias, filho de Anzi, filho de Zacarias, filho de Pasur, filho de Malquias,

13 e seus irmãos, [n]chefes de famílias, duzentos e quarenta e dois; Amassai, filho de Azarel, filho de Azai, filho de Mesilemote, filho de Imer,

[s] Veja Ne 3.26, nota
[t] Ne 9.2; 13.3
[u] Comp. Êx 34.16; Dt 7.2,3; Ed 10.2
[v] Êx 20.9,10
[w] Lv 25.4; Jr 34.14
[x] Dt 15.1,2
[y] Êx 30.11-16; 38.25,26; 2Cr 24.6,9; Mt 17.24
[z] Veja sist. monetário (AT): Êx 30.13, nota
[a] Veja Êx 25.30, nota
[b] Veja Êx 29.33, nota
[c] Ne 13.31
[d] Êx 23.19; 34.26; Dt 26.1,2
[e] Êx 13.1-15; Lv 27.26,27
[f] Lv 27.30; Ml 3.10
[g] Nm 18.26
[h] Hb 10.25
[i] v. 18; Mt 4.5; 5.35; comp. Ap 21.2
[j] Comp. 1Cr 9.3
[k] Jz 5.9; 2Cr 17.16
[l] v. 3-22; comp. 1Cr 9.2-22
[m] Veja Ne 3.26, nota
[n] Ne 7.70,71; 8.13; 12.12,22,23

14 e os irmãos deles, homens valentes, cento e vinte e oito; e supervisionava sobre eles Zabdiel, filho de Gedolim.

15 **D**os levitas: Semaías, filho de Hassube, filho de Azricão, filho de Hasabias, filho de Buni.

16 [o]Sabetai e [p]Jozabade, dos líderes dos levitas, encarregados da obra [q]externa do templo de Deus.

17 Matanias, filho de Mica, filho de Zabdi, filho de Asafe, o chefe que dirigia os louvores nas orações, e Bacbuquias, o segundo de seus irmãos; depois Abda, filho de Samua, filho de Galal, filho de Jedutum.

18 Todos os levitas na santa cidade foram duzentos e oitenta e quatro.

19 **O**s porteiros: Acube, Talmom, e seus irmãos, os guardas das portas, cento e setenta e dois.

Os que habitavam em outras cidades

20 **O** restante de Israel, dos sacerdotes e levitas, habitou em todas as cidades de Judá, cada um na sua herança.

21 Os servos do templo habitaram em Ofel, e Zia e Gispa presidiam sobre eles.

22 O supervisor dos levitas em Jerusalém era Uzi, filho de Bani, filho de Hasabias, filho de Matanias, filho de Mica, dos filhos de Asafe, cantores, ao serviço do templo de Deus.

23 Havia uma [r]ordem do rei a respeito deles, que regulava a sua [s]atividade diária.

24 Petaías, filho de Mesezabel, dos filhos de Zerá, filho de Judá, estava à disposição do rei, em todos os negócios do povo.

25 **Q**uanto às aldeias, com os seus campos, alguns dos filhos de Judá habitaram em [t]Quiriate--Arba e seus arrabaldes, em Dibom e seus arrabaldes, em Jecabzeel e suas aldeias,

26 em Jesua, em Moladá, em Bete-Pelete,

27 em Hasar-Sual, em Berseba e em seus povoados,

28 em Ziclague, em Meconá e em seus povoados,

29 em En-Rimom, em Zorá, em Jarmute,

30 em Zanoá, em Adulão e suas aldeias, em Laquis e seus campos, e em Azeca e em seus povoados. Acamparam-se desde Berseba até o vale de Hinom.

31 Os filhos de Benjamim, de Geba, habitaram em Micmás, Aía, Betel e em seus povoados,

32 em Anatote, em Nobe, em Ananiá,

33 em Hazor, em Ramá, em Gitaim,

34 em Hadide, em Zeboim, em Nebalate,

35 em Lode e em Ono, no vale dos Artífices.

36 Algumas das turmas dos levitas de Judá habitaram em Benjamim.

Sacerdotes e levitas que retornaram a Jerusalém com Zorobabel

12 São [u]estes os sacerdotes e os levitas que subiram com [v]Zorobabel, filho de Sealtiel, e com Jesua: [w]Seraías, Jeremias, Esdras,

2 Amarias, Maluque, Hatus,

3 Secanias, Reum, Meremote,

4 Ido, Ginetom, Abias,

5 Miamim, Maadias, Bilga,

6 Semaías, Joiaribe, Jedaías,

7 Salu, Amoque, Hilquias, Jedaías. Estes foram os chefes dos sacerdotes e de seus irmãos, nos dias de Jesua.

8 **O**s levitas foram Jesua, Binui, Cadmiel, Serebias, Judá, [x]Matanias, que, com os seus irmãos, dirigia os louvores.

9 Bacbuquias e Uni, seus irmãos, estavam em frente dele, nos serviços.

Genealogia dos sacerdotes

10 Jesua foi pai de Joiaquim, Joiaquim foi pai de Eliasibe, Eliasibe foi pai de Joiada,

11 Joiada foi pai de Jônatas, e Jônatas foi pai de Jadua.

12 **N**os dias de Joiaquim foram sacerdotes, [y]chefes de famílias: de Seraías, Meraías; de Jeremias, Hananias;

13 de Esdras, Mesulão; de Amarias, Joanã;

14 de Maluque, Jônatas; de Sebanias, José;

15 de Harim, Adna; de Meraiote, Helcai;

16 de Ido, Zacarias; de Ginetom, Mesulão;

17 de Abias, Zicri; de Miniamim e de Moadias, Piltai;

18 de Bilga, Samua; de Semaías, Jônatas;

19 de Joiaribe, Matenai; de Jedaías, Uzi;

20 de Salai, Calai; de Amoque, Eber;

21 de Hilquias, Hasabias; de Jedaías, Netanel.

Os principais levitas

22 **D**os levitas, nos dias de Eliasibe, foram [z]inscritos como chefes de famílias, Joiada, Joanã e Jadua, como também os sacerdotes, até o reinado de Dario, o persa.

23 Os filhos de Levi foram [a]inscritos como chefes de famílias no livro das crônicas, até os dias de Joanã, filho de Eliasibe.

24 Foram os líderes dos levitas: Hasabias, Serabias e Jesua, filho de Cadmiel, os seus irmãos; estavam em frente deles para [b]louvarem e darem graças, [c]segundo o mandado de Davi, homem de Deus.

25 Matanias, Bacbuquias, Obadias, Mesulão, Talmom e Acube eram porteiros, que guardavam os depósitos que ficavam junto às portas.

26 Eles serviram nos dias de Joiaquim, filho de Jesua, filho de Jozadaque, e nos dias de Neemias, o governador, e de Esdras, o sacerdote e escriba.

Dedicação do muro

27 **N**a dedicação do [d]muro de Jerusalém, buscaram os levitas de todos os seus lugares, para os trazerem, a fim de fazerem a dedicação

[o] Ed 10.15
[p] Ed 8.33
[q] 1Cr 26.29
[r] Comp. Ed 6.8; 7.20
[s] Ne 12.47
[t] Js 14.15
[u] Comp. Ed 2.36-54,61-63
[v] Ne 7.7; Mt 1.12,13
[w] v. 1-21; comp. Ne 10.2-27
[x] Ne 11.17
[y] Ne 7.70,71; 8.13; 11.13
[z] 1Cr 24.6
[a] 1Cr 9.14-22
[b] Ne 11.17
[c] 1Cr 23-25
[d] Ne 7.1

com alegria, louvores, canto, címbalos, alaúdes e harpas.

28 Reuniram os filhos dos cantores, tanto dos arredores de Jerusalém como das [e]aldeias dos netofatitas,

29 bem como de Bete-Gilgal e dos campos de Gibeá e de Azmavete, pois os cantores tinham edificado para si aldeias nos arredores de Jerusalém.

30 [f]Purificaram-se os sacerdotes e os levitas, que purificaram o povo, as portas e o muro.

31 **E**ntão fiz subir os líderes de Judá sobre o muro e formei dois grandes coros em procissão, sendo um à mão direita sobre a muralha para a banda da [g]Porta do Monturo.

32 Após ele ia Hosaías e a metade dos líderes de Judá,

33 Azarias, Esdras, Mesulão,

34 Judá, Benjamim, Semaías, Jeremias,

35 e também alguns sacerdotes com trombetas: Zacarias, filho de Jônatas, filho de Semaías, filho de Matanias, filho de Micaías, filho de Zacur, filho de Asafe,

36 e seus irmãos, Semaías, Azarel, Milalai, Gilalai, Maai, Netanel, Judá e Hanani, [h]com os [i]instrumentos de música de Davi, homem de Deus. Esdras, o [j]escriba, ia adiante deles.

37 À entrada da [k]Porta da Fonte subiram diretamente as [l]escadas da [m]Cidade de Davi, onde começa a subida do muro, acima da casa de Davi, até a [n]Porta das Águas, ao oriente.

38 O segundo coro ia em frente, e eu após ele. Metade do povo ia sobre o muro, desde a [o]Torre dos Fornos até o [p]Muro Largo;

39 e desde a Porta de Efraim, passando por cima da Porta Velha e da Porta do Peixe, e pela Torre de Hananeel e pela Torre dos Cem, até a Porta das Ovelhas. Pararam à Porta da Guarda.

40 Então ambos os coros que davam graças tomaram o seu lugar no templo de Deus; como também eu e a metade dos oficiais comigo.

41 Os sacerdotes Eliaquim, Maaseias, Miniamim, Micaías, Elioenai, Zacarias e Hananias iam com trombetas,

42 como também Maaseias, Semaías, Eleazar, Uzi, Joanã, Malquias, Elão e Ezer. Faziam-se ouvir os coros sob a direção de Jezraías.

43 No mesmo dia, ofereceram grandes sacrifícios, e se alegraram, pois Deus os alegrara com grande alegria. Também as mulheres e os meninos se alegraram, de modo que a alegria de Jerusalém se ouviu [q]até de longe.

Restauração do serviço no templo

44 Ainda no mesmo dia foram nomeados homens sobre as câmaras dos tesouros para as ofertas alçadas, as primícias e os [r]dízimos, para ajuntarem nelas, das cidades, as porções designadas pela lei para os sacerdotes e para os levitas, pois Judá estava alegre com os sacerdotes e os levitas que ministravam ali.

45 Eles executavam o serviço do seu Deus e o da purificação, como também os cantores e os porteiros, segundo o [s]mandado de Davi e de seu filho Salomão.

46 Pois desde a antiguidade, já nos dias de Davi e de [t]Asafe, havia dirigentes dos cantores, cânticos de louvor e de ação de graças a Deus.

47 Pelo que todo o Israel, nos dias de Zorobabel e nos dias de Neemias, dava aos cantores e aos porteiros as porções de [u]cada dia. [v]Separava também as porções destinadas aos levitas, e os levitas separavam as porções destinadas aos filhos de Arão.

A leitura do livro de Moisés; separação da população mista

13 **N**aquele dia, [w]leu-se no [x]livro de Moisés, na presença do povo, e achou-se escrito nele que os amonitas e os moabitas não entrassem jamais na congregação de Deus,

2 porque não deram pão e água aos filhos de Israel, mas tinham contratado contra eles a [y]Balaão para os amaldiçoar. Contudo, o nosso Deus converteu a maldição em bênção.

3 Ouvindo eles esta lei, [z]excluíram de Israel todos os de [a]descendência estrangeira.

Tobias é repudiado e o templo é purificado

4 Antes disso, [b]Eliasibe, sacerdote, fora encarregado dos [c]depósitos do templo do nosso Deus. Sendo parente próximo de [d]Tobias,

5 fizera-lhe uma sala grande, onde antes se depositavam as ofertas de cereais, o incenso, os utensílios e os dízimos do grão, do vinho e do azeite, que se ordenaram para os levitas, cantores e porteiros, como também as ofertas alçadas para os sacerdotes.

6 Enquanto, porém, tudo isto acontecia eu não estava em Jerusalém, pois no [ee]trigésimo segundo ano de Artaxerxes, rei de Babilônia, voltei ao rei. Ao final de alguns dias, pedi licença ao rei

7 e voltei para Jerusalém. Aqui soube do mal que Eliasibe cometera para beneficiar a [ff]Tobias, cedendo-lhe uma sala nos átrios do templo de Deus,

8 o que muito me desagradou. De sorte que lancei fora da sala todos os móveis da casa de Tobias.

9 Então ordenei que se purificassem as câmaras e tornei a trazer para ali os utensílios do templo de Deus com as ofertas de cereais e o incenso.

Provisão devida aos levitas e cantores

10 **T**ambém soube que as [gg]porções dos levitas [hh]não lhes foram dadas, de maneira que os levitas e

[e] 1Cr 9.16
[f] Ed 6.20; Ne 13.22
[g] Ne 2.13
[h] 1Cr 23.5
[i] 2Cr 29.26,27
[j] v. 26
[k] Ne 2.14
[l] Ne 3.15
[m] 2Sm 5.7-9
[n] Ne 3.26
[o] Comp. Ne 3.11
[p] Ne 3.8
[q] Ed 3.13
[r] Ne 10.37-39
[s] 1Cr 25.26
[t] 2Cr 29.30
[u] Ne 11.23
[v] Nm 18.21,24-26
[w] Ne 9.3
[x] Dt 23.3,4
[y] Nm 22–24
[z] Separação: v. 3; Jo 15.19 (Gn 12.1; 2Co 6.17); Ne 9.2; 10.28
[a] Comp. Êx 12.38; 2Co 6.14-18
[b] Ne 12.10
[c] Comp. Ne 12.44
[d] Ne 2.10; 4.3; 6.1
[ee] Ne 5.14-16
[ff] Veja Ne 2.10, nota
[gg] Ne 10.37
[hh] Comp. Ml 3.7-10

os cantores que faziam o serviço tinham retornado cada um para as suas terras.

11 Assim [i]repreendi os magistrados e lhes perguntei: Por que se [j]negligenciou o templo de Deus? Então eu os ajuntei e os reintegrei nos seus postos.

12 Todo o Judá trouxe os dízimos do grão, do vinho e do azeite aos celeiros.

13 Por tesoureiros dos depósitos pus a Selemias, o sacerdote, a Zadoque, o escrivão, e a Pedaías, entre os levitas; como assistente deles a Hanã, filho de Zacur, filho de Metanias, pois foram achados [k]fiéis, e se lhes encarregou a responsabilidade de distribuírem as porções a seus irmãos.

14 Por isso, Deus meu, [l]lembra-te de mim e não apagues as beneficências que fiz ao templo do meu Deus e para o seu serviço.

A restauração do sábado

15 Naqueles dias, vi em Judá homens trabalhando em tanques de prensar uvas no [m]sábado e trazendo trigo que colocavam sobre jumentos, como também vinho, uvas e figos e toda sorte de cargas, que traziam a Jerusalém no [n]dia de sábado. Portanto os adverti contra a venda de mantimentos nesse dia.

16 Também habitavam em Jerusalém alguns da cidade de Tiro que traziam peixe e toda sorte de mercadorias, que no sábado vendiam aos filhos de Judá, e em Jerusalém.

17 Repreendi os nobres de Judá e lhes disse: Que mal é este que fazeis, profanando o dia de sábado?

18 Não fizeram assim vossos pais, e não trouxe o nosso Deus todo este mal sobre nós e sobre esta cidade? E vós ainda [o]acrescentais mais ira sobre Israel, profanando o sábado.

19 **C**aindo as sombras da tarde sobre as portas de Jerusalém antes do sábado, ordenei que elas fossem [p]fechadas; mandei que não as abrissem até passar o sábado. Pus às portas alguns dos meus homens, para que nenhuma carga entrasse no dia de sábado.

20 Uma ou duas vezes, os negociantes e os vendedores de mercadorias passaram a noite fora de Jerusalém.

21 Eu os repreendi e lhes disse: Por que passais a noite em frente do muro? Se outra vez o fizerdes, lançarei mão sobre vós. Daquele tempo em diante não vieram mais no sábado.

22 Também ordenei aos levitas [q]que se purificassem e viessem guardar as portas, para santificar o dia de sábado. Nisso também, Deus meu, [r]lembra-te de mim e perdoa-me segundo o teu grande amor.

A lei contra o matrimônio com outros povos é aplicada

23 **V**i também, naqueles dias, judeus que tinham [s]casado com mulheres [t]asdoditas, amonitas e moabitas.

24 Metade de seus filhos falava a língua de Azdode ou a língua de um dos outros povos e não podia falar a língua de Judá.

25 [u]Repreendi-os e os amaldiçoei; e espanquei alguns deles, lhes arranquei os cabelos e os fiz jurar por Deus, dizendo: Não dareis mais as vossas filhas aos filhos deles e não tomareis mais as filhas deles, nem para os vossos filhos nem para vós mesmos.

26 Não foi por causa de casamentos como estes que pecou [v]Salomão, rei de Israel? Entre as muitas nações não houve rei semelhante a ele. Ele foi amado de seu Deus, e Deus o constituiu rei sobre todo o Israel. [w]Contudo as mulheres estrangeiras o fizeram pecar.

27 Quereis que se diga de vós que cometeis toda essa terrível maldade, sendo infiéis ao nosso Deus, casando com mulheres estrangeiras?

28 **U**m dos [x]filhos de Joiada, filho do sumo sacerdote Eliasibe, era genro de [y]Sambalate, o horonita, pelo que o expulsei para longe de mim.

29 Lembra-te deles, Deus meu, pois [z]contaminaram o sacerdócio, como também a aliança sacerdotal e levítica.

30 **A**ssim os purifiquei de todos os estrangeiros e designei os deveres dos sacerdotes e dos levitas, cada um na sua função.

31 Também restabeleci o [a]fornecimento da madeira e das primícias em tempos determinados. Lembra-te de mim, Deus meu, para o meu bem.

[i] v. 17,25
[j] Ne 10.39
[k] Comp. Ne 7.2
[l] Ne 5.19
[m] Êx 20.10
[n] Ne 10.31
[o] Comp. Ed 9.13,14
[p] Jr 17.21,22
[q] Ne 12.30
[r] v. 14,31
[s] Êx 34.16; Dt 7.3,4; Ed 9.2; Ne 10.30
[t] Ne 4.7
[u] v. 11,17
[v] 1Rs 11.1,2
[w] 1Rs 11.4-8
[x] Ne 12.10
[y] Ne 4.1,7; 6.1,2
[z] Ml 2.1-9
[a] Ne 10.34

- **Autor:** Desconhecido
- **Tema:** O cuidado providencial de Deus
- Escrito no século VI a.C.

ESTER

ESTER, livro que conclui a seção histórica do Antigo Testamento, narra eventos que ocorreram com os judeus que permaneceram na Pérsia. A grande importância do livro de Ester está em testificar o cuidado secreto do Senhor com o Israel disperso. O nome de Deus não é mencionado, mas em nenhum outro livro da Bíblia a providência do Senhor é mais notável. Uns poucos remanescentes retornaram para Jerusalém. A maior parte da nação preferiu a vida fácil e lucrativa sob o governo persa. Mas Deus não os abandonou. O que Deus faz aqui por Judá, seguramente faz por todo o povo da aliança.

O livro pode ser dividido da seguinte maneira: I. Ester é escolhida como rainha, 1.1–2.18. II. Ester livra seu povo, os judeus, 2.19–7.10. III. Os judeus se vingam de seus inimigos, 8.1–10.3.

I. Ester é escolhida como rainha, 1.1–2.18

As festas do rei Assuero no palácio de Susã

1 Foi isto o que [a]aconteceu nos dias de [b]Assuero,
que reinou desde a [c]Índia até a Etiópia, [d]sobre
cento e vinte e sete províncias.
2 Nesse tempo, [e]assentando-se o rei Assuero
no trono do seu reino, que está na fortaleza
de [f]Susã,
3 no terceiro ano de seu reinado, [g]deu um
banquete a todos os seus príncipes e oficiais.
Estavam perante ele os chefes do exército da
Pérsia e Média, os nobres e os governadores
das províncias.
4 Por cento e oitenta dias mostrou ele as grandes riquezas do seu reino e o esplendor e glória
da sua majestade.
5 Acabados aqueles dias, deu o rei um banquete a todo o povo que se achava na fortaleza
de Susã, desde o maior até o menor, por sete
dias, no pátio do [h]jardim do palácio real.
6 As cortinas eram de pano branco, verde e
azul-celeste, atadas com cordões de linho fino
e de púrpura a argolas de prata e as colunas de
mármore. Os [i]leitos eram de ouro e de prata,
sobre um pavimento de pórfiro, de mármore, de
alabastro e de pedras preciosas.
7 Dava-se de beber em copos de ouro, os quais
eram diferentes uns dos outros, e havia muito
vinho real, [j]segundo a [k]generosidade do rei.
8 Segundo a ordem do rei, a cada convidado
era permitido beber conforme o seu costume,
pois o rei tinha ordenado a todos os oficiais
da sua casa que fizessem segundo a vontade
de cada um.
9 Também a rainha Vasti deu um banquete às
mulheres no palácio do rei Assuero.

Vasti é deposta

10 Ao sétimo dia, o rei, estando já [l]alegre do
vinho o seu coração, mandou que Meumã,
Bizta, [m]Harbona, Bigtá, Abagtá, Zetar e Carcas,
os sete eunucos que serviam na presença do
rei Assuero,
11 introduzissem na presença do rei a rainha
Vasti, com a coroa real, para mostrar aos povos
e aos príncipes a formosura dela, pois era extremamente formosa à vista.
12 A rainha Vasti, porém, recusou atender à
ordem do rei dada por intermédio dos eunucos.
Pelo que o rei muito se enfureceu e se inflamou de ira.
13 Então perguntou o rei aos sábios que [n]entendiam dos tempos, porque assim se tratavam
os negócios do rei, na presença de todos os que
sabiam a lei e o direito,
14 e os mais chegados a ele eram: Carsena,
Setar, Admata, Társis, Meres, Marsena e Memucã,
os [o]sete príncipes dos persas e dos medos, que
[p]viam o rosto do rei e ocupavam os primeiros
assentos no reino.
15 O que se deve fazer, segundo a lei, à rainha
Vasti? Ela não cumpriu a ordem do rei Assuero,
dada por intermédio dos eunucos.
16 Respondeu Memucã na presença do rei e
dos príncipes: A rainha Vasti pecou não somente
contra o rei, mas também contra todos os príncipes e contra todos os povos que há em todas as
províncias do rei Assuero.
17 Pois a notícia do que a rainha fez chegará a
todas as mulheres, de modo que desprezarão
a seus maridos, quando ouvirem dizer: Mandou
o rei Assuero que introduzissem à sua presença
a rainha Vasti, mas ela não veio.
18 Nesse mesmo dia, as princesas da Pérsia e
da Média, sabendo o que fez a rainha, dirão o
mesmo a todos os príncipes do rei. Assim haverá
muito desprezo e indignação.
19 Se bem parecer ao rei, saia da sua parte
um edito real, e escreva-se nas leis dos persas
e dos medos, e não se [q]revogue, que Vasti não
entre jamais na presença do rei Assuero. E também o rei dê o reino dela a outra que seja melhor
do que ela.
20 Então quando o edito do rei for proclamado
por todo o seu vasto reino, todas as mulheres
darão [r]honra a seus maridos, desde a maior
até a menor.

[a] Et 8.9; Dn 9.1
[b] Xerxes. Ed 4.6; veja Ed 4.3, nota
[c] Et 8.9
[d] Comp. Dn 6.1
[e] Comp. 1Rs 1.46
[f] Ne 1.1
[g] Comp. Gn 40.20
[h] Comp. Et 7.7,8
[i] Comp. Ez 23.41; Am 6.4
[j] Et 2.18
[k] Pv 20.1; Hc 2.15
[l] Comp. 2Sm 13.28
[m] Et 7.9
[n] Comp. 1Cr 12.32
[o] Comp. Ed 7.14
[p] Comp. 2Rs 25.19; Mt 18.10
[q] Et 8.8; comp. Dn 6.8
[r] Comp. Ef 5.22; Cl 3.18

21 Pareceu bem esse conselho ao rei e aos príncipes, e o rei fez conforme a palavra de Memucã.

22 Enviou cartas [s]a todas as províncias do rei, a cada província segundo o seu modo de escrever, e a cada povo segundo a sua língua, proclamando, na linguagem de cada povo, que todo homem fosse senhor em sua própria casa.

A busca pela sucessora de Vasti

2 **P**assadas essas coisas, e [t]apaziguado o furor do rei Assuero, lembrou-se ele de Vasti, e do que fizera, e do que se tinha [u]decretado a seu respeito.

2 Então disseram os jovens do rei, que lhe serviam: Busquem-se para o rei moças virgens e formosas.

3 Ponha o rei comissários em todas as províncias do seu reino, que reúnam na fortaleza de Susã todas as moças virgens e formosas, na casa das mulheres, sob o cuidado de Hegai, eunuco do rei, guarda das mulheres, e recebam elas tratamentos de [v]beleza.

4 A moça que agradar ao rei, reine em lugar de Vasti. Isso pareceu bem ao rei, e assim se fez.

5 **O**ra, havia na fortaleza de Susã certo judeu, benjamita, cujo nome era Mordecai, filho de Jair, filho de Simei, filho de [w]Quis,

6 [x]que fora transportado de Jerusalém, com os cativos que foram deportados com [y]Jeconias, rei de Judá, o qual Nabucodonosor, rei de Babilônia, transportara.

7 Mordecai tinha uma [z]prima chamada Hadassa, a quem [a]criara porque ela não tinha nem pai nem mãe. Essa moça, que também era conhecida por Ester, era esbelta e formosa; morrendo seu pai e sua mãe, Mordecai a tomara por sua filha.

8 Tendo-se divulgado a ordem do rei e o seu edito, e [b]ajuntando-se muitas moças na fortaleza de Susã, sob os cuidados de Hegai, também levaram Ester à casa do rei, sob os cuidados de Hegai, guarda das mulheres.

9 A moça agradou-lhe e alcançou favor perante ele. Pelo que se apressou em dar-lhe o tratamento de beleza e os alimentos especiais, como também sete jovens escolhidas do palácio e a fez passar com as suas jovens para o melhor lugar da casa das mulheres.

10 [c]Ester, porém, não tinha declarado o seu povo nem a sua parentela, pois Mordecai lhe havia ordenado que não o declarasse.

11 Passeava Mordecai cada dia diante do pátio da casa das mulheres, a fim de se informar de como Ester passava e do que lhe aconteceria.

12 **A**ntes que chegasse a vez de cada moça [d]vir ao rei Assuero, tinha ela de completar doze meses de tratamentos de beleza, segundo as prescrições para as mulheres, seis meses com óleo de mirra e seis meses com especiarias e com perfumes.

13 Dessa maneira vinha a jovem ao rei: tudo o que ela desejasse levar consigo da casa das mulheres para o palácio do rei lhe era dado.

14 À tarde, entrava e, pela manhã, voltava para a segunda casa das mulheres, sob os cuidados de Saasgaz, eunuco do rei, guarda das concubinas. Não tornava mais ao rei, salvo se o rei a desejasse, e ela fosse [e]chamada pelo nome.

Ester se torna rainha

15 **C**hegando a vez de Ester, [f]filha de Abiail, tio de Mordecai, que a tomara por sua filha, para ir ao rei, coisa nenhuma pediu, senão o que disse Hegai, eunuco do rei, guarda das mulheres. E Ester [g]alcançava favor aos olhos de todos os que a viam.

16 Ester foi levada ao rei Assuero, à casa real, no [h]décimo mês, que é o mês de tebete, no sétimo ano do seu reinado.

17 Ora, o rei amou a Ester mais do que a todas as mulheres, e ela alcançou perante ele favor e aprovação mais do que as outras virgens. De modo que lhe pôs sobre a cabeça a [i]coroa real e a fez rainha em lugar de Vasti.

18 Então deu o rei [j]um grande banquete, em honra de Ester, a todos os seus príncipes e aos seus servos. Proclamou feriado por todas as províncias e distribuiu presentes [k]segundo a [l]generosidade real.

II. Ester livra seu povo, os judeus, 2.19–7.10

19 Reunindo-se as virgens pela segunda vez, Mordecai estava assentado à [m]porta do rei.

20 Ester, porém, não tinha declarado a sua parentela e o seu povo, como Mordecai lhe [n]ordenara, pois obedecia às ordens de Mordecai como quando a criava.

Mordecai salva a vida do rei

21 **D**urante os dias que Mordecai estava assentado à porta do rei, dois oficiais do rei, que guardavam a porta, [o]Bigtã e Teres, se indignaram e conspiraram para assassinar o rei Assuero.

22 Veio isso, porém, ao conhecimento de Mordecai, que o [p]revelou à rainha Ester, e Ester o disse ao rei, em nome de Mordecai.

23 Quando se investigou o caso e se achou ser verdade, os dois oficiais foram enforcados. Tudo isso foi [q]escrito no livro das crônicas perante o rei.

Conspiração de Hamã contra os judeus

3 **D**epois dessas coisas, o rei Assuero [r]engrandeceu a Hamã, filho de Hamedata, o [ss]agagita,

[s] Comp. Et 3.12; 8.9
[t] Comp. Et 7.10
[u] Et 1.19,20
[v] v. 12
[w] 1Sm 9.1
[x] 2Rs 24.14,15; 2Cr 36.10,20; Jr 24.1
[y] Chamado Jeoiaquim em 2Rs 24.6
[z] v. 15
[a] Comp. Lv 25.25; Dt 25.5
[b] v. 3
[c] v. 20
[d] Comp. 1Ts 4.4,5
[e] Comp. Is 43.1
[f] v. 7
[g] Et 5.2,8
[h] Veja Lv 23.2, nota
[i] Et 1.11
[j] Comp. Et 1.3,5
[k] Comp. Et 1.7
[l] Pv 20.1; Hc 2.15
[m] Comp. Et 3.2,3
[n] Pv 22.6; comp. Ef 6.1-3
[o] Et 6.2
[p] Et 6.2
[q] Et 6.1
[r] Et 5.11
[ss] Comp. Nm 24.7; 1Sm 15.8

e o exaltou, dando-lhe um assento de honra acima de todos os príncipes que estavam com ele.

2 Todos os oficiais do rei que estavam à [t]porta do rei se inclinavam e se prostravam perante Hamã, pois assim tinha ordenado o rei a respeito dele. Mordecai, porém, [u]não se inclinava nem se prostrava.

3 Então os oficiais do rei que estavam à porta do rei perguntaram a Mordecai: Por que desobedeces ao mandado do rei?

4 Dia após dia, diziam-lhe isso, mas ele não lhes dava ouvidos. De sorte que o fizeram saber a Hamã, para ver se o procedimento de Mordecai seria tolerado, pois ele lhes tinha declarado que era judeu.

5 Vendo Hamã que Mordecai não se inclinava nem se prostrava diante dele, encheu-se de furor.

6 Tendo, porém, descoberto o povo de Mordecai, Hamã achou pouco tirar somente a vida de Mordecai. Por isso [v]procurou um modo de destruir a todos os judeus, o povo de Mordecai, que havia em todo o reino de Assuero.

7 No [w]primeiro mês, que é o mês de nisã, no décimo segundo ano do rei Assuero, lançou-se o [x]pur, isto é, a sorte, perante Hamã, para escolher um dia e um mês. E a sorte caiu no décimo segundo mês, que é o mês de adar.

8 Então disse Hamã ao rei Assuero: Existe espalhado e [y]disperso entre os povos em todas as províncias do teu reino um povo cujas leis são diferentes das leis de todos os povos e que não cumpre as leis do rei; não convém ao rei tolerá-lo.

9 Se agradar ao rei, [z]decrete-se que sejam mortos, e eu porei nos tesouros do rei dez mil [a]talentos de prata para os homens que executarem esse negócio.

10 Assim tirou o rei o [b]anel da mão e o deu a Hamã, filho de Hamedata, o agagita, [c]adversário dos judeus,

11 e lhe disse: Essa prata te é dada, como também esse povo, para fazeres dele o que bem te parecer.

12 **No** décimo terceiro dia do primeiro mês, foram chamados os secretários do rei. [d]Conforme tudo o que Hamã ordenou, escreveu-se aos sátrapas do rei e aos governadores que havia sobre todas as províncias, aos príncipes de todos os povos, a cada província segundo o seu modo de escrever e a cada povo segundo a sua língua. Em [e]nome do rei Assuero se escreveu, e com o anel do rei se selou.

13 [f]Enviaram-se as cartas por intermédio dos correios a todas as províncias do rei, para que destruíssem, matassem e aniquilassem todos os judeus, [g]moços e velhos, crianças e mulheres, em um mesmo dia, no dia treze do décimo segundo mês, que é o mês de adar, e para que lhes [h]saqueassem os bens.

14 Uma cópia do documento havia de ser publicada como lei em cada província e enviada a todos os povos, para que estivessem preparados para aquele dia.

15 Os correios, [i]impelidos pela ordem do rei, saíram, e a lei se proclamou na fortaleza de Susã. O rei e Hamã se assentaram a [j]beber, mas a [k]cidade de Susã estava perplexa.

O jejum dos judeus; Ester fica sabendo da conspiração

4 **Quando** soube de tudo o que se havia passado, Mordecai [l]rasgou as suas vestes, cobriu-se de pano de saco e de cinza e saiu pela cidade, clamando com grande e amargo clamor.

2 E chegou só até diante da porta do rei, pois ninguém vestido de saco podia entrar pelas portas do rei.

3 Em todas as províncias aonde a palavra do rei e o seu decreto chegavam, havia entre os judeus grande luto, com jejum, choro e lamentação. Muitos estavam deitados em [m]saco e em [n]cinza.

4 **Então** vieram as jovens de Ester e os seus eunucos e fizeram-na saber, motivo pelo qual a rainha muito se angustiou. Ela mandou roupas para vestir Mordecai e tirar-lhe o pano de saco, mas ele [o]não as aceitou.

5 Então Ester mandou chamar a Hatá, um dos eunucos do rei, designado para a servir, e lhe ordenou que fosse ter com Mordecai, para saber o que era aquilo e qual o seu motivo.

6 Saindo Hatá a ter com Mordecai, à praça da cidade que estava diante da porta do rei,

7 Mordecai lhe fez saber tudo o que lhe tinha sucedido, inclusive a oferta da [p]prata, que Hamã dissera que daria para os tesouros do rei, pela destruição dos judeus.

8 Também lhe deu uma cópia do decreto escrito que se publicara em Susã para os destruir, para que a mostrasse a Ester e a fizesse saber, a fim de que fosse ter com o rei e lhe pedisse misericórdia e lhe [q]suplicasse pelo povo dela.

9 Veio Hatá e fez saber a Ester as palavras de Mordecai.

Ester envia uma mensagem a Mordecai; ele lhe pede que arrisque sua vida pelo povo

10 Então Ester instruiu Hatá a dizer a Mordecai:

11 Todos os servos do rei e o povo das províncias do rei sabem que para todo homem ou mulher que entrar ao rei, no pátio [r]interior, sem ser chamado, não há senão [s]uma sentença, a de morte, salvo se o rei estender para ele o [tt]cetro de ouro, para que viva. Mas eu nestes trinta dias não fui [uu]chamada para ir ao rei.

[t] Et 2.21
[u] v. 5; comp. Dt 25.19; Sl 15.4
[v] Comp. Sl 83.4; Ap 12.1-17
[w] Veja Lv 23.2, nota
[x] Et 9.24-26
[y] Lv 26.33; Dt 4.27
[z] Comp. Ed 4.12-15; At 16.20,21
[a] Veja sist. monetário (AT): Êx 30.13, nota
[b] Comp. Et 8.2,8
[c] Et 7.6
[d] Et 1.22; comp. Et 8.9
[e] Et 8.8-10; comp. 1Rs 21.8
[f] Comp. Et 1.1
[g] Comp. 1Sm 15.3
[h] Comp. Et 8.11
[i] Comp. Pv 1.16
[j] Comp. Am 6.6
[k] Comp. Et 8.15
[l] Comp. 2Sm 1.11
[m] Comp. Is 58.5; Dn 9.3
[n] Comp. Ne 9.1
[o] Comp. Gn 37.35; Sl 77.2
[p] Et 3.9
[q] Comp. Pv 21.1
[r] Et 5.1
[s] Comp. Dn 2.9
[tt] Et 5.2; 8.4
[uu] Et 2.14

12 Quando as palavras de Ester foram relatadas a Mordecai,

13 mandou ele de volta esta resposta: [v]Não imagines que, por estares no palácio, tu somente escaparás entre todos os judeus.

14 Pois se de todo te calares agora, socorro e livramento de outra parte virá para os judeus, mas tu e a casa de teu pai perecereis. E quem sabe se não foi para tal tempo como este que chegaste ao reino?

15 Então mandou Ester que tornassem a dizer a Mordecai:

16 Vai e reúne todos os judeus que se acharem em Susã, e [w]jejuai por mim. Não comais nem bebais durante [x]três dias, nem de dia nem de noite; e eu e as minhas moças também assim jejuaremos. Depois irei ter com o rei, ainda que seja contra a lei. E, se eu [y]perecer, pereci.

17 Assim Mordecai se foi e fez conforme tudo o que Ester lhe tinha ordenado.

A coragem de Ester; o seu pedido

5 **No** [z]terceiro dia, vestiu-se Ester com seus trajes reais e se pôs no [a]pátio interior da casa do rei, em frente da sala do rei. O rei estava assentado no seu trono real, na sala real, de frente para a entrada.

2 Quando o rei viu a rainha Ester, que estava em pé no pátio, [b]agradou-se dela e estendeu o [c]cetro de ouro que tinha na mão. Assim, Ester chegou-se e tocou a ponta do cetro.

3 Então o rei lhe perguntou: Que é o que tens, rainha Ester, ou qual é a tua petição? Até metade do [d]reino se te dará.

4 Respondeu Ester: Se bem parecer ao rei, venha o rei e Hamã hoje ao banquete que lhe preparei.

5 Disse o rei: Fazei apressar a Hamã, para que cumpramos a vontade de Ester. Vindo o rei e Hamã ao banquete que Ester havia preparado,

6 perguntou o rei a Ester, no banquete do vinho: Qual é a tua petição? Ela te será concedida. E [e]qual é o teu rogo? Ele te será dado, ainda que seja metade do reino.

7 Respondeu Ester: Minha petição e desejo é:

8 Se achei favor perante o rei e se parecer bem ao rei conceder-me a minha petição e cumprir o meu desejo, venha o rei com Hamã amanhã ao [f]banquete que lhes hei de preparar; então responderei à pergunta do rei.

9 **S**aiu Hamã naquele dia [g]alegre e de bom ânimo. Mas vendo a Mordecai à porta do rei, e [h]que não se levantava nem mostrava temor diante dele, Hamã encheu-se de furor contra Mordecai.

10 Hamã, porém, se conteve e foi para casa. Mandando chamar os seus amigos e Zeres, sua mulher,

11 gabava-se Hamã da glória das suas riquezas, da multidão de seus [i]filhos, de tudo em que o rei o tinha engrandecido e de como o tinha [j]exaltado sobre os príncipes e servos do rei.

12 Disse mais Hamã: A própria rainha Ester a ninguém fez vir com o rei ao banquete que preparou, senão a mim. E também para amanhã estou convidado por ela juntamente com o rei.

13 Tudo isso, porém, não me satisfaz, enquanto vir o judeu Mordecai assentado à porta do rei.

14 Disseram-lhe Zeres, sua mulher, e todos os seus amigos: Faça-se uma forca de cinquenta [k]côvados de altura, e, pela manhã, [l]peça ao rei que nela enforquem Mordecai. Então vai alegre com o rei ao banquete. Essa sugestão agradou a Hamã, que mandou construir a [m]forca.

A insônia do rei

6 **Naquela** noite, o rei [1]não pôde dormir; de sorte que mandou trazer o [n]livro das crônicas, os registros do seu reino, as quais se leram diante dele.

2 Achou-se escrito que Mordecai tinha denunciado a [o]Bigtã e a Teres, os dois oficiais do rei, guardas da porta, que tinham conspirado para assassinar o rei Assuero.

3 Perguntou o rei: Que honra e reconhecimento se deu por isso a Mordecai? Os moços do rei, seus servos, responderam: Coisa nenhuma se lhe fez.

Hamã é forçado a homenagear Mordecai

4 Disse o rei: Quem está no pátio? Ora, Hamã tinha acabado de entrar no [p]pátio exterior do palácio do rei, para [q]dizer ao rei que se enforcasse a Mordecai na forca que lhe tinha preparado.

5 Os servos do rei lhe responderam: Hamã está no pátio. O rei ordenou que entrasse.

6 Quando Hamã entrou, perguntou-lhe o rei: O que se fará ao homem a quem o rei se agrada honrar? Ora, Hamã disse consigo mesmo: A quem se agradaria o rei honrar mais do que [r]a mim?

7 Pelo que respondeu Hamã ao rei: Ao homem a quem o rei se agrada honrar,

[v] Comp. Pv 24.10-12
[w] Comp. 2Cr 20.3; Ne 1.11
[x] Et 5.1
[y] Comp. 1Sm 19.5; At 20.24
[z] Et 4.16
[a] Et 4.11
[b] Comp. Pv 21.1
[c] Et 4.11; 8.4
[d] Comp. Sl 116.1
[e] Et 9.12
[f] Et 6.14
[g] Jó 20.5; comp. Lc 6.25
[h] Et 3.5
[i] Et 9.7-10
[j] Et 3.1
[k] Veja pesos e medidas (AT): 2Cr 2.10, nota
[l] Et 7.9
[m] Et 7.10
[n] Comp. Ml 3.16
[o] Et 2.21
[p] Comp. Et 5.1
[q] Et 5.14
[r] Pv 16.18; 18.12

[1] (6.1) Aqui se observa um exemplo notável do velado controle providencial por parte de Deus sobre circunstâncias da história humana. Humanamente falando, a sobrevivência da nação eleita, o cumprimento da profecia, a vinda do Redentor e, portanto, toda a obra de redenção, dependeu da insônia do rei. Mas o resultado nunca foi posto em dúvida, pois Deus tinha o controle, fazendo que os fatos mais triviais contribuíssem para a derrota de Hamã e a preservação de Israel.

8 sejam trazidos trajes reais que o rei tenha usado e um cavalo em que o rei costuma andar, e que se coloque sobre [s]a sua cabeça a coroa real.

9 Então entreguem-se os trajes reais e o cavalo às mãos de um dos mais nobres príncipes do rei, e vistam deles aquele a quem o rei deseja honrar. Levem-no a cavalo pelas ruas da cidade e [t]proclamem diante dele: Assim se faz ao homem a quem o rei se agrada honrar!

10 Ordenou o rei a Hamã: Apressa-te, toma os trajes e o cavalo, como disseste, e faze assim para com o judeu Mordecai, que está assentado à porta do rei. Coisa nenhuma omitas de tudo o que disseste.

11 Hamã apanhou o cavalo, vestiu Mordecai com trajes reais e o levou a cavalo pelas ruas da cidade, apregoando diante dele: Assim se faz ao homem a quem o rei se agrada honrar!

12 **D**epois disso, Mordecai voltou para a porta do rei. Mas Hamã se [u]retirou correndo para casa, com a cabeça [v]coberta de pesar,

13 e contou a Zeres, sua mulher, e a todos os seus amigos, tudo o que lhe tinha acontecido. Os seus sábios e Zeres, sua mulher, lhe disseram: Se Mordecai, diante de quem já começaste a cair, é da semente dos judeus, não [w]prevalecerás contra ele, antes certamente cairás perante ele.

14 Estando eles ainda falando, chegaram os eunucos do rei e se apressaram a levar Hamã ao [x]banquete que Ester preparara.

Ester roga por si mesma e por seu povo

7 **D**e sorte que o rei, com Hamã, foram-se banquetear com a rainha Ester.

2 Enquanto bebiam vinho, no segundo dia, perguntou o rei: Qual é a tua petição, rainha Ester? E te será dada. E qual é o teu rogo? Até metade do reino te será concedido.

3 Então respondeu a rainha Ester: Ó rei, se achei favor aos teus olhos, e se bem parecer ao rei, que a minha vida e a vida do meu povo sejam poupadas; eis a minha petição.

4 Pois fomos [y]vendidos, eu e o meu povo, para nos destruírem, matarem e aniquilarem. Se ainda por [z]servos e por servas nos vendessem, eu teria me calado, porque o adversário não é digno de incomodar o rei.

5 Perguntou o rei Assuero à rainha Ester: Quem é e onde está esse, cujo coração o instigou a fazer assim?

6 Respondeu Ester: O adversário e [a]inimigo é este perverso Hamã. Então Hamã ficou aterrorizado perante o rei e a rainha.

Hamã é enforcado em sua própria forca

7 O rei, no seu furor, levantou-se do banquete do vinho e saiu para o [b]jardim do palácio. Mas Hamã, percebendo que o rei já havia determinado o mal contra ele, ficou a fim de rogar à rainha Ester por sua vida.

8 Assim que o rei voltou do jardim do palácio à sala do banquete, Hamã estava caído sobre o [c]divã em que se achava Ester. Então exclamou o rei: Quereria ele também violentar a rainha na minha presença nesta casa? Assim que essa palavra saiu da boca do rei, cobriram o rosto de Hamã.

9 Então [d]Harbona, um dos eunucos que serviam diante do rei, disse: A [e]forca de cinquenta [f]côvados de altura que Hamã fez para Mordecai, que falou em [g]defesa do rei, está junto à casa de Hamã. Disse o rei: Enforcai-o nela.

10 [h]Assim, [i]enforcaram a Hamã na forca que ele tinha preparado para Mordecai. Então o furor do rei se aplacou.

III. Os judeus se vingam de seus inimigos, 8.1–10.3

A conspiração de Hamã é frustrada com o decreto do rei

8 **N**aquele mesmo dia, o rei Assuero deu à rainha Ester a casa de Hamã, [j]inimigo dos judeus. E Mordecai veio perante o rei, pois Ester tinha declarado que [k]era seu parente.

2 O rei tirou o [l]anel, que tinha tomado a Hamã, e o deu a Mordecai. E Ester [m]nomeou a Mordecai como administrador da casa de Hamã.

3 Suplicou mais Ester perante o rei, caindo-lhe aos pés e chorando. Implorou-lhe que revogasse a maldade de Hamã, o agagita, e o plano que este tinha intentado contra os judeus.

4 Estendeu o rei para Ester o [n]cetro de ouro. Ester levantou-se; pôs-se em pé perante o rei

5 e disse: Se bem parecer ao rei, e se achei favor perante ele, e se este negócio é reto diante do rei, e se lhe agrado, escreva-se que se [o]revoguem os decretos concebidos por Hamã, filho de Hamedata, o agagita, os quais ele escreveu para aniquilar os judeus em todas as províncias do rei.

6 Pois como poderei ver o [p]mal que sobrevirá ao meu povo? E como poderei ver a destruição da minha parentela?

7 Respondeu o rei Assuero à rainha Ester e ao judeu Mordecai: [q]Dei a Ester a casa de Hamã, e a ele enforcaram, porque intentara atacar os judeus.

8 Escrevei, agora, aos judeus, como bem vos parecer, e em nome do rei, e selai-o com o anel do rei; pois um documento escrito em nome do rei e selado com o seu anel [r]não se pode revogar.

9 **F**oram chamados os secretários do rei, sem detença, no [ss]terceiro mês, que é o mês de sivã, no vigésimo terceiro dia do mês. Escreveu-se

[s] Comp. 1Rs 1.33
[t] Comp. Gn 41.43
[u] Comp. 2Cr 26.20
[v] Comp. 2Sm 15.30; Jr 14.3,4
[w] Gn 12.3; Zc 2.8
[x] Et 5.8
[y] Et 3.9; 4.7; comp. Gn 37.26-28
[z] Dt 28.68
[a] Et 3.10
[b] Et 1.5,6
[c] Et 1.6
[d] Et 1.10
[e] Et 5.14
[f] Veja pesos e medidas (AT): 2Cr 2.10, nota
[g] Et 6.2
[h] Sl 7.16; Pv 11.5,6
[i] Sl 37.35,36; comp. Dn 6.24
[j] Et 7.6
[k] Et 2.7
[l] Comp. Et 3.10
[m] Comp. Sl 37.34
[n] Et 4.11; 5.2
[o] Et 3.13
[p] Ne 2.3; Et 7.4
[q] v. 1; Pv 13.22
[r] Et 1.19; Dn 6.8,12,15
[ss] Veja Lv 23.2, nota

conforme tudo o que ordenou Mordecai aos judeus, como também aos sátrapas, aos governadores, aos príncipes das províncias, que se estendem da [t]Índia até a Etiópia, cento e vinte e sete províncias. A cada província [u]segundo a sua escritura, e a cada povo segundo a sua língua, como também aos judeus segundo a sua escritura e segundo a sua língua.

10 [v]Escreveu-se em nome do rei Assuero e se selou com o anel do rei; as cartas foram enviadas por intermédio de correios montados em ginetes criados especialmente para o rei.

11 Nelas o rei concedia aos judeus que havia em cada cidade que se [w]reunissem e se dispusessem para defender as suas vidas, para [x]destruir, matar e aniquilar todas as forças do povo e província que os quisessem assaltar, com as suas crianças e suas mulheres, e que [y]saqueassem os seus bens,

12 [z]num mesmo dia, em todas as províncias do rei Assuero, no dia treze do décimo segundo mês, que é o mês de adar.

13 Uma cópia da carta, que seria divulgada como decreto em todas as províncias, foi enviada a todos os povos, a fim de que os judeus estivessem preparados para aquele dia, para se vingarem dos seus inimigos.

14 Os correios, montados em cavalos que se usavam no serviço do rei, saíram apressadamente, impelidos pela palavra do rei. E o edito foi publicado na fortaleza de Susã.

Exaltação de Mordecai; os judeus se regozijam

15 Saiu Mordecai da presença do rei com um traje real azul-celeste e branco, uma grande coroa de ouro, e um manto de linho fino e de púrpura. E a [a]cidade de Susã exultou e se alegrou.

16 Para os judeus foi uma época de [b]felicidade e alegria, júbilo e honra.

17 Em todas as províncias e em todas as cidades a que chegavam a palavra do rei e o seu edito, havia entre os judeus júbilo e alegria, banquetes e [c]festas. E muitos, entre os povos da terra, se fizeram judeus, porque o [d]temor dos judeus tinha caído sobre eles.

Os judeus destroem seus inimigos; descansam e se rejubilam

9 No décimo segundo mês, que é o mês de adar, no dia treze do mês em que a [e]palavra do rei e o seu edito deveriam ser executados, no dia em que os inimigos dos judeus esperavam assenhorear-se deles, aconteceu o contrário, pois foram os judeus os que se assenhorearam dos que os odiavam.

2 Os judeus nas suas cidades, em todas as províncias do rei Assuero, ajuntaram-se para atacar aqueles que procuravam o seu [f]mal. Ninguém podia resistir-lhes, [g]porque o seu terror tinha caído sobre todos aqueles povos.

3 Todos os príncipes das províncias, os sátrapas, os governadores e os que faziam os negócios do rei auxiliavam os judeus, porque tinha caído sobre eles o temor de Mordecai.

4 Mordecai era grande na casa do rei; a sua fama se espalhava por todas as províncias, e o homem Mordecai ia-se tornando cada vez mais [h]poderoso.

5 Os judeus feriram todos os seus inimigos a golpes de espada com matança e destruição; fizeram dos que os odiavam o que bem quiseram.

6 Na fortaleza de [i]Susã, os judeus mataram e destruíram quinhentos homens.

7 Mataram também Parsandata, Dalfom, Aspata,

8 Porata, Adalia, Aridata,

9 Farmasta, Arisai, Aridai e Vaizata,

10 os [j]dez filhos de Hamã, filho de Hamedata, inimigo dos judeus. [k]Mas ao despojo não estenderam a mão.

11 No mesmo dia, veio ao conhecimento do rei o número dos mortos na fortaleza de Susã.

12 Disse o rei à rainha Ester: Na fortaleza de Susã os judeus mataram e destruíram quinhentos homens e os dez filhos de Hamã. Nas demais províncias do rei, que terão feito? Ora, [l]qual é a tua petição? E te será feito. Ou qual é ainda o teu rogo? E será atendido.

13 Respondeu Ester: Se agradar ao rei, conceda-se também amanhã aos judeus que se acham em Susã que façam [m]conforme o mandado de hoje e dependurem numa forca os dez filhos de Hamã.

14 O rei ordenou que assim se fizesse. Publicou-se um edito em Susã, e enforcaram os dez filhos de Hamã.

15 Reuniram-se os judeus que [n]se achavam em Susã também no dia catorze do mês de [o]adar e mataram em Susã trezentos homens, mas ao despojo [p]não estenderam a mão.

16 Também os demais judeus que se achavam nas províncias do rei se reuniram para defender a vida e tiveram repouso dos seus inimigos. Mataram dos que os odiavam setenta e cinco mil, mas ao despojo não estenderam a mão.

17 Aconteceu isso no dia treze do mês de adar, e no dia catorze repousaram e o fizeram dia de banquetes e de alegria.

18 Os judeus, porém, que se achavam em Susã ajuntaram-se nos dias treze e catorze e então repousaram no dia quinze e o fizeram dia de banquetes e de alegria.

19 Também os judeus das aldeias, que habitavam nas vilas, fizeram do dia catorze do mês de adar [q]dia de alegria e de banquetes, dia de festa e de [r]envio de presentes uns aos outros.

[t] Et 1.1
[u] Comp. Et 1.22; 3.12
[v] Comp. Et 3.12,13; comp. 1Rs 21.8
[w] Et 9.2
[x] Et 9.10,15,16
[y] Comp. 2Cr 15,11-15
[z] Et 3.13; 9.1
[a] Et 3.15; Pv 29.2
[b] Sl 97.11
[c] Et 9.19
[d] Gn 35.5; Êx 15.16; Dt 2.25; 11.25; 1Cr 14.17
[e] Et 3.13
[f] Comp. Sl 41.7
[g] Et 8.17
[h] Comp. 2Sm 3.1
[i] Et 1.2; 3.15; 4.16
[j] v. 7-10; Et 5.11
[k] v. 15,16; comp. Gn 14.23; Et 8.11
[l] Comp. Et 5.6; 7.2
[m] Et 8.11
[n] Comp. 9.2
[o] v. 17,19,21; veja Lv 23.2, nota
[p] v. 10
[q] Et 8.16,17
[r] v. 22; comp. Ne 8.10,12; Ap 11.10

Instituição da Festa do Purim

20 Mordecai escreveu essas coisas e enviou cartas a todos os judeus que se achavam em todas as províncias do rei Assuero, aos de perto e aos de longe,

21 ordenando-lhes que guardassem os dias catorze e quinze do mês de adar todos os anos,

22 como os dias em que os judeus tiveram repouso dos seus inimigos e o mês que se lhes mudou de tristeza em [s]alegria, e de luto em dia de festa. Escreveu-lhes que os fizessem dias de banquetes e de alegria, e de enviarem presentes uns aos outros e dádivas aos [t]pobres.

23 **A**ssim os judeus concordaram em continuar a celebração que já haviam começado, fazendo o que Mordecai lhes tinha escrito.

24 Pois Hamã, filho de Hamedata, o agagita, inimigo de todos os judeus, tinha intentado destruir os judeus e lançado [u]pur, isto é, a sorte, para os assolar e destruir.

25 Vindo, porém, isso perante o rei, ordenou ele por cartas que o mau intento que Hamã planejara contra os judeus recaísse sobre a sua própria cabeça e que ele e os seus filhos fossem [v]enforcados.

26 Por isso àqueles dias chamam Purim, do nome pur. Por causa de todas as palavras daquela carta, do que tinham visto e do que lhes havia acontecido,

27 os judeus tomaram sobre si, sobre a sua descendência e sobre todos os que se [w]achegassem a eles estabelecer o costume de que não deixariam de comemorar estes dois dias todos os anos, conforme o que se prescrevera, segundo o seu tempo determinado.

28 Estes dias seriam lembrados e comemorados geração após geração, por todas as famílias, em todas as províncias e em todas as cidades, e os judeus jamais deixariam de celebrar estes dias de Purim, e a memória deles jamais morreria entre a sua descendência.

29 Assim a rainha Ester, [x]filha de Abiail, e o judeu Mordecai [y]escreveram cartas com toda a autoridade para confirmar esta segunda carta a respeito de Purim.

30 E Mordecai expediu cartas a todos os judeus [z]nas cento e vinte e sete províncias do reino de Assuero, com palavras de paz e fidelidade,

31 para confirmar estes dias de Purim nos seus tempos determinados, como Mordecai, o judeu, e a rainha Ester lhes tinham estabelecido, e como eles mesmos já o tinham estabelecido para si e para a sua descendência, com respeito ao [a]jejum e à sua lamentação.

32 O mandado de Ester confirmou o que dizia respeito ao Purim, e se escreveu num livro.

Engrandecimento posterior de Mordecai

10 **O** rei Assuero impôs tributo aos moradores do seu reino, tanto aos do continente como aos das [b]ilhas do mar.

2 Quanto ao restante dos atos do seu poder e do seu valor e à declaração da [c]grandeza de Mordecai, a quem o rei engrandeceu, não estão escritos no livro das [d]crônicas dos reis da Média e da Pérsia?

3 O judeu Mordecai foi o [e]segundo depois do rei Assuero, grande entre os judeus e estimado pela multidão de seus irmãos, porque [f]trabalhou pelo bem-estar do seu povo e procurou a prosperidade de todos os judeus.

[s] Comp. Sl 30.11
[t] Dt 15.7-11; comp. Jó 29.16
[u] v. 26; Et 3.7
[v] Et 7.10; comp. Sl 7.16
[w] Et 8.17; comp. Is 56.3,6; Zc 2.11
[x] Et 2.15
[y] v. 20; comp. Et 8.10
[z] Comp. Et 1.1
[a] Et 4.3,16
[b] Comp. Gn 10.5
[c] Et 8.15; 9.4
[d] Et 6.1
[e] Comp. Gn 41.43,44; Ne 1.11; Dn 2.48
[f] Comp. Ne 2.10; Sl 122.8,9

OS LIVROS POÉTICOS E SAPIENCIAIS

Os livros classificados como poéticos são Jó, Salmos, Provérbios, Eclesiastes, Cântico dos Cânticos e Lamentações. Há porções poéticas em outros lugares do AT (comp. Êx 15.1-21; Jz 5; e extensas porções dos escritos proféticos). Considerando que esses livros descrevem experiências do povo de Deus, seu alcance é tão amplo quanto a própria vida. Neles a inspiração envolve a experiência humana com uma qualidade universal que tem trazido conforto, força e orientação a incontáveis crentes ao longo do tempo.

A base da poesia hebraica é o paralelismo de ideias. O ritmo não é obtido pela semelhança de sons, como nos versos com rima, nem pela métrica ou cadência, como no verso livre (embora a poesia hebraica ocasionalmente use cadência), mas principalmente pela repetição, pelo contraste e pela elaboração de ideias.

Assim, quando as ideias são essencialmente as mesmas, o paralelismo é chamado de *sinonímico*; por exemplo:

> Faze-me saber os teus caminhos, ó Senhor;
> ensina-me as tuas veredas (Sl 25.4).

Quando as ideias são contrapostas, o paralelismo é chamado *antitético*; por exemplo:

> Pois o Senhor conhece o caminho dos justos,
> mas o caminho dos ímpios perecerá (Sl 1.6).

Quando a ideia principal é desenvolvida e ampliada, o paralelismo recebe o nome de *sintético*; por exemplo:

> Serás confiante, porque há esperança;
> olharás em volta e repousarás seguro (Jó 11.18).

Contudo, nem toda a poesia hebraica encaixa-se precisamente nessas três categorias; a combinação e o desenvolvimento da linha de pensamento mostram uma ampla e sutil variedade por meio de recursos, tais como: paralelismo triplo e quádruplo, inversões, linhas alternadas e refrões. O vocabulário hebraico é tremendamente vivo, e a poesia do AT está adornada de figuras de linguagem, tais como: personificações, hipérboles, metáforas, símiles e aliterações. Há também certos artifícios estruturais, inclusive estrofes e, como em todo o salmo 119 e em Lamentações, acrósticos. Por fim, a poesia hebraica pode também ser classificada sob as divisões mais genéricas de: lírica, dramática e didática.

Três dos livros poéticos, Jó, Provérbios e Eclesiastes, com certos salmos, tais como 1; 10; 14; 19; 37 e 90, encontram-se entre os principais exemplos de literatura sapiencial. Essa designação é usada para descrever a forma de literatura hebraica que não só lida com os problemas práticos da vida, como em Provérbios, mas também com grandes questões morais e espirituais, como a prosperidade dos perversos (comp. Sl 37), o materialismo, o fatalismo e o pessimismo (comp. Eclesiastes), além do sofrimento dos justos (comp. Jó). Em vista do perspicaz sentido prático que têm, os livros sapienciais estão muito longe de poder ser considerados filosofia especulativa. Refletem a vida diária e, ao mesmo tempo, fixam os olhos no único Deus verdadeiro. Sua ênfase na sabedoria de Deus (p. ex., Pv 8.22ss.) ajudou a preparar a vinda do Senhor Jesus Cristo, "o qual para nós foi feito por Deus sabedoria" (1Co 1.30), "em quem estão ocultos todos os tesouros da sabedoria e da ciência" (Cl 2.3) e que disse de si mesmo: "Eu sou o caminho, a verdade e a vida. Ninguém vem ao Pai, senão por mim" (Jo 14.6).

- **Autor:** Desconhecido
- **Tema:** O problema do sofrimento
- Escrito em data incerta

JÓ

JÓ é o primeiro dos livros de sabedoria no cânon do AT. Os outros são Provérbios e Eclesiastes. Os livros de sabedoria, da qual a epístola de Tiago é o exemplo neotestamentário, tratam da ampla área da experiência humana, apresentada em provérbios sucintos, bem como em ensaios, monólogos e drama, como no caso de Jó.

Embora o livro não cite seu autor, Ez 14.14,20 e Tg 5.11 fazem referência a Jó como personagem histórico. Em vista de sua idade avançada, das várias referências geográficas do livro e da ausência de menções à Lei e ao tabernáculo ou ao templo, infere-se que Jó possa ter vivido na época dos patriarcas. No livro, há elevados conceitos bíblicos sobre Deus, o homem, Satanás, a justiça, a redenção e a ressurreição, o que pode ser evidência – em vista de sua data provavelmente remota – do amplo alcance da revelação mesmo antes de a Palavra de Deus tomar forma escrita.

O tema de Jó é o governo providencial e moral de Deus considerado à luz do antiquíssimo problema do sofrimento do homem justo. Nem Jó, que justificou a si mesmo, nem seus três conselheiros, que o acusaram de pecado, encontraram a solução para esse problema. Eliú, que explicou o sofrimento de Jó como castigo de Deus com vistas a uma purificação empírica, alcançou um patamar mais elevado, mas não encontrou a resposta.

Embora Jó fosse "íntegro e reto", foi somente depois de Deus ter se revelado em majestade e poder (cap. 38–41) que ele rejeitou sua própria virtude e confessou: "Por isso me abomino e me arrependo no pó e na cinza" (42.6). Então, tendo visto a si mesmo pior do que em realidade havia sido, Jó emergiu do sofrimento rumo à bênção e à restauração. No livro, há notáveis passagens messiânicas: 9.33; 16.19; 19.25; 33.23,24; 36.18. O cap. 28 contém uma bela exposição sobre a sabedoria, e os cap. 38–41 são poeticamente majestosos.

O livro pode ser dividido em seis partes: I. Prólogo, 1–2. II. Diálogos de Jó com seus conselheiros, 3–31. III. Monólogo de Eliú, 32–37. IV. O Senhor fala, 38–41. V. Confissão de Jó, 42.1-6. VI. Epílogo, 42.7-17.

I. Prólogo, 1–2

O caráter de Jó

1 Havia um homem na terra de [1][a]Uz, cujo nome
era Jó. Este homem era [b]íntegro e reto; [c]temia a
Deus e se desviava do mal.

A família e a prosperidade de Jó

2 Nasceram-lhe [d]sete filhos e três filhas.
3 [e]Possuía ele sete mil ovelhas, três mil camelos,
quinhentas juntas de bois e quinhentas jumentas,
e tinha também grande número de servos. Este
homem era maior do que todos os do Oriente.
4 Iam seus filhos à casa uns dos outros e faziam banquetes,
cada um por sua vez, e mandavam convidar
as suas três irmãs para comerem e beberem com eles.

A piedade de Jó

5 Terminados os dias de seus banquetes, Jó
os chamava e os santificava. Levantando-se de
madrugada, oferecia holocaustos segundo o
número de todos eles, pensando: Talvez os meus
filhos tenham pecado e [f]blasfemado contra Deus
no seu coração. Assim fazia Jó continuamente.

Jó é acusado por Satanás no céu (comp. Ap 12.10). O mistério da vontade permissiva de Deus

6 Certo dia, os [g]filhos de Deus vieram apresentar-se
[h]perante o Senhor, e veio também [i]Satanás entre eles.
7 Disse o Senhor a [j]Satanás: De onde vens?
Respondeu Satanás ao Senhor: De rodear a terra
e passear por ela.
8 Então disse o Senhor a Satanás: [k]Observaste
a meu servo Jó? Não há ninguém na terra semelhante
a ele, homem íntegro e reto, que teme a
Deus e se desvia do mal.
9 Respondeu Satanás ao Senhor: Teme Jó a Deus
sem motivo?
10 Acaso não o tens protegido de todos os lados
a ele, a sua casa e a tudo o que tem? A obra das
suas mãos [l]abençoaste, e os seus bens se multiplicam
na terra.
11 Estende, porém, a tua mão e toca-lhe em tudo
o que tem, e ele certamente blasfemará de ti
na tua face!
12 Disse o Senhor a Satanás: Muito bem, tudo o
que ele tem está no teu poder, mas somente contra
ele não estendas a mão. Então Satanás saiu
da presença do Senhor.

O primeiro ataque de Satanás: a riqueza e os filhos de Jó são tirados

13 Certo [m]dia, quando os filhos e as filhas de Jó comiam
e bebiam vinho na casa do irmão mais velho,
14 veio um mensageiro a Jó e lhe disse: Os bois
lavravam e as jumentas pastavam perto deles;
15 então deram sobre eles os sabeus e os tomaram.
Aos servos mataram a fio de espada; só eu
escapei para te trazer a notícia.

[a] Gn 36.28; Jr 25.20
[b] Veja 1Rs 8.61 e Fp 3.12, notas
[c] Veja Sl 19.9, nota
[d] Comp. Jó 42 .13
[e] Comp. Jó 42.12
[f] Comp. 1Rs 21.10,13
[g] Jó 2.1; veja Gn 6.4, nota
[h] Esta cena acontece no céu. Comp. Jo 2.1-7
[i] Satanás: v. 7-9,12; Jó 2.1 (Gn 3.1; Ap 20.10)
[j] O adversário. Ap 12.9,10
[k] Jó 2.3
[l] Jó 29.2-6
[m] Ec 9.12

[1] (1.1) O nome Uz tem conexão com Edom (Lm 4.21). O lugar onde Elifaz residia era Temã (2.11), geralmente aceito como localizado em Edom. Uz era objeto de saques por parte de caldeus e sabeus (v. 15,17). Portanto, é provável que Uz incluísse a parte leste de Edom e a região norte da Arábia.

16 Estando este ainda falando, veio outro e
disse: Fogo de Deus caiu do céu e queimou as
ovelhas e os servos, e os [n]consumiu; só eu esca-
pei para te trazer a notícia.
17 Estando ainda este falando, veio outro e
disse: Dividindo-se os [o]caldeus em três bandos,
deram sobre os camelos e os tomaram; aos ser-
vos mataram a fio de espada; só eu escapei para
te trazer a notícia.
18 Estando ainda este falando veio outro e
disse: [p]Teus filhos e tuas filhas estavam comendo
e bebendo vinho em casa do irmão mais velho,
19 quando, de repente, sobreveio um grande
vento da banda do deserto, deu nos quatro can-
tos da casa, que caiu sobre eles, e morreram; só
eu escapei para te trazer a notícia.
20 Então Jó se levantou, [q]rasgou o seu manto,
rapou a cabeça e, lançando-se em terra, adorou
21 e disse:

[r]Nu saí do ventre de minha mãe
e nu tornarei para lá.
O [s]Senhor o deu e o Senhor o tomou;
bendito seja o nome do Senhor.

22 Em tudo isso Jó não pecou nem atribuiu a
Deus falta alguma.

O segundo ataque de Satanás: a saúde

2 [t]Em outro dia vieram os filhos de Deus apre-
sentar-se perante o Senhor, e [u]veio também
Satanás entre eles.
2 E disse o Senhor a Satanás: De onde vens?
Respondeu [v]Satanás ao Senhor: De rodear a terra
e passear por ela.
3 Então o Senhor disse a Satanás: Observaste
o meu servo Jó? Não há ninguém na terra seme-
lhante a ele, homem [w]íntegro e reto, que [x]teme a
Deus e se desvia do mal. Ele ainda [y]conserva a
sua integridade, embora me instigasses contra
ele, para o [z]consumir sem motivo.
4 Respondeu Satanás ao Senhor: Pele por pele!
Tudo o que o homem tem ele dará por sua vida.
5 [a]Estende a tua mão e toca-lhe nos [b]ossos e
na carne, e ele certamente blasfemará de ti na
tua face!
6 [c]Disse o Senhor a Satanás: Pois bem. Ele está
em teu poder; mas poupa-lhe a vida.
7 Então saiu Satanás da presença do Senhor e
feriu Jó de chagas malignas, desde a planta do pé
até o alto da cabeça.
8 Então Jó, [d]tomando um caco de telha para
com ele se rapar, assentou-se no meio da [e]cinza.

Palavras de Jó e sua esposa

9 Sua mulher lhe disse: Ainda conservas a tua
integridade? [f]Amaldiçoa a Deus e morre.
10 Respondeu-lhe ele: Como fala qualquer doida,
assim falas tu. Receberemos o bem de Deus e não
receberemos o mal? Em tudo isso [g]não pecou Jó
com os seus lábios.

Jó e seus três amigos. O cenário: sentados na terra fora da cidade

11 Ouvindo três amigos de Jó todo esse mal
que lhe sobreviera, vieram, cada um do seu
lugar: Elifaz, o [h]temanita, Bildade, o [i]suíta, e
Zofar, o naamatita, combinaram de, juntos, irem
demonstrar solidariedade a Jó e consolá-lo.
12 Quando o avistaram de longe, não o
reconheceram; erguendo a voz, choraram, ras-
garam o seu manto e [j]lançaram pó ao ar sobre
a cabeça.
13 Então se assentaram com ele na terra, sete
dias e sete noites. Nenhum lhe disse pala-
vra alguma, pois viram que a dor era muito
grande.

II. Diálogos de Jó com seus conselheiros, 3–31

Seu lamento

3 Depois disso abriu Jó a boca
e amaldiçoou o seu dia.
2 Disse ele:
3 [k]Pereça o dia em que nasci
e a noite em que se disse:
Nasceu um homem!
4 Converta-se aquele dia em trevas;
que Deus, lá de cima,
não tenha consideração por ele,
nem resplandeça sobre ele a luz.
5 Chamem-no as trevas e a [l]sombra da morte;
habitem sobre ele nuvens;
as trevas dominem a sua luz!
6 Aquela noite — que a
escuridão dela se apodere;
não se inclua ela entre os dias do ano
nem entre no número dos meses.
7 Seja estéril aquela noite,
e não se ouça nela gritos de alegria.
8 Amaldiçoem-na aqueles
que amaldiçoam os dias,
que estão prontos para provocar o leviatã.
9 Escureçam-lhe as estrelas da alva;
que ela espere a luz, e ela não venha;
que não veja as [m]pálpebras
dos olhos da alva,
10 pois não fechou as portas
do ventre de minha mãe sobre mim
nem escondeu dos meus olhos a aflição.
11 Por que não morri ao nascer?
Por que não expirei ao sair do ventre?
12 Por que houve [nn]joelhos que me recebessem
e peitos que me amamentassem?
13 Pois agora eu estaria deitado em paz;
estaria dormindo e em [oo]repouso

[n] Comp. 2Rs 1.10,12
[o] Comp. Gn 11.28,31
[p] v. 4,13
[q] Comp. Et 4.1; Jo 2.12
[r] Ec 5.15
[s] 1Sm 2.6
[t] Jó 1.6
[u] Satanás. v. 1-3,6,7; Sl 109.6 (Gn 3.1; Ap 20.10)
[v] Jó 1.7
[w] Veja 1Rs 8.61 e Fp 3.12, notas
[x] Veja Sl 19.9, nota
[y] Jó 27.5,6
[z] Comp. Jó 9.17
[a] Jó 1.11
[b] Comp. Jó 19.20
[c] Jó 1.12
[d] Um pedaço de vasilha quebrada
[e] Comp. Jr 6.26; Jo 3.6
[f] Comp. Jó 1.5,11
[g] Jó 1.21,22; comp. Tg 5.10,11
[h] 1Cr 1.36; Ob 9
[i] Gn 25.2; 1Cr 1.32
[j] Comp. Lm 2.10
[k] Jó 10.18,19; comp. Jr 20.14-18
[l] Jó 10.21,22
[m] Jó 41.18
[nn] Comp. Gn 50.23
[oo] v. 17

14 com os reis e conselheiros da terra
que para si edificavam lugares
que agora estão em [p]ruínas,
15 com os príncipes que tinham ouro,
que enchiam de prata as suas casas.
16 Ou por que não fui sepultado
no chão como o [q]aborto,
como a criança que nunca viu a luz?
17 Ali os ímpios cessam de perturbar,
e, ali, [r]repousam os cansados.
18 Ali os presos juntamente repousam
e não ouvem a [s]voz do opressor.
19 Ali estão o pequeno e o grande,
e o servo está livre de seu senhor.
20 [t]Por que se concede luz ao aflito
e vida aos [u]amargurados de alma,
21 aos que [v]anelam pela morte,
mas ela não vem,
cavam em busca dela
mais do que de tesouros ocultos,
22 que se enchem de alegria
e se regozijam quando
acham a [w]sepultura?
23 Por que se concede vida ao homem
cujo caminho está oculto,
a [x]quem Deus cercou de
todos os lados?
24 Pois me vem o suspiro em vez de alimento;
os meus gemidos se
transbordam como água.
25 O que eu temia me [y]sobreveio;
o que receava me aconteceu.
26 Não tenho paz nem sossego;
não tenho descanso,
mas somente perturbação.

Primeira acusação de Elifaz: os inocentes não sofrem

4 Então [1]Elifaz, o temanita, respondeu:
2 Se intentar alguém falar-te,
ficarás impaciente?
Mas quem poderá conter as palavras?
3 Pense em como tens ensinado a muitos
e [z]fortalecido as mãos fracas.
4 As tuas palavras têm sustentado
aos que tropeçavam,
e os joelhos vacilantes tens fortificado.
5 Agora, porém, que a aflição vem a ti,
tu te desanimas;
sendo tu tocado, te perturbas.
6 Não é o teu [a]temor de Deus a tua confiança,
e a tua esperança a integridade
dos teus caminhos?
7 Lembra-te: Quem, sendo [2]inocente,
alguma vez pereceu?
Onde foram os retos [b]destruídos?
8 Segundo tenho visto,
os que cultivam a iniquidade
e [c]semeiam o mal, isso mesmo colhem.
9 Com o hálito de Deus perecem;
com o [d]sopro da sua ira se consomem.
10 Os leões podem bramir e rugir, contudo,
quebram-se os dentes dos grandes leões.
11 Perece o leão por falta de presa,
e os filhos da leoa são dispersos.

A visão noturna de Elifaz

12 Uma palavra se me disse em segredo,
e os meus ouvidos captaram
um sussurro dela.
13 Entre os sonhos desordenados da noite,
quando cai sobre os homens
o sono profundo,
14 sobrevieram-me o espanto e o tremor,
que fizeram tremer todos os meus ossos.
15 Um espírito passou diante de mim
e fez arrepiar os pelos do meu corpo.
16 Parou ele,
mas não consegui discernir a sua aparência.
Um vulto estava diante dos meus olhos,
e ouvi uma voz abafada:
17 Pode o homem mortal ser mais
justo do que Deus?
Pode o homem ser mais puro
do que o seu Criador?
18 Se Deus não [e]confia nos seus servos
e aos seus [f]anjos atribui loucura,
19 quanto mais aos que habitam
em casas de barro,
cujo alicerce está no pó,
que são facilmente esmagados como a traça!
20 Entre a manhã e a tarde são despedaçados;
despercebidos, perecem para sempre.
21 Não são arrancadas as cordas da sua tenda,
de modo que morrem sem sabedoria?

Elifaz continua: Deus é fiel

5 Clama agora! Haverá alguém que te responda?
E para qual dos [g]seres celestes te virarás?

[p] Comp. Jó 15.28
[q] Sl 58.8
[r] Jó 17.16
[s] Comp. Jó 39.7
[t] Comp. Jr 20.18
[u] Comp. 1Sm 1.10; 2Rs 4.27; Pv 31.6
[v] Comp. Ap 9.6
[w] Jó 7.15,16
[x] Jó 19.8; Lm 3.7
[y] Jó 9.28
[z] Comp. Is 35.3
[a] Jó 1.1
[b] Jó 8.20; comp. Jo 9.2
[c] Comp. Gl 6.7
[d] Comp. Êx 15.8; Jó 1.19; 15.30; Is 11.4; 30.33; 2Ts 2.8
[e] Veja Sl 2.12, nota
[f] Veja Hb 1.4, nota
[g] Jó 15.15

[1] (4.1) Elifaz enfatiza os fatos da experiência humana e se refere especificamente a uma misteriosa visitação espiritual noturna que havia tido (v. 12-16). Veja v. 7, *nota*.

[2] (4.7) Os v. 7,8 enunciam o tema principal elaborado pelos três conselheiros de Jó, a saber, que os inocentes não sofrem. Eles insistem em que, considerando que o sofrimento é resultado do pecado, Jó, que estava sofrendo de maneira tão severa, devia ser um grande pecador. Embora esses conselheiros falem com eloquência e, em alguns momentos, digam a verdade, realmente não entendem o problema de Jó. Comp. Lc 13.1-5.

2 O ressentimento destrói o louco,
e a inveja mata o tolo.
3 Bem vi [h]eu o tolo lançar raízes,
mas de repente a sua casa foi amaldiçoada.
4 Os seus filhos estão [i]longe de
desfrutar segurança,
esmagados no tribunal,
e [j]não há quem os livre.
5 O faminto devora a sua colheita,
até do meio dos espinhos a tira,
e o sedento suspira por sua riqueza.
6 Pois a aflição não procede do pó,
nem da terra brota o trabalho.
7 O homem, porém, nasce para o trabalho,
como as faíscas [k]voam para cima.
8 Quanto a mim, eu buscaria a Deus
e a ele entregaria a minha causa.
9 Ele faz coisas grandiosas,
que não se podem sondar;
milagres que não se podem contar.
10 [l]Ele dá a chuva sobre a terra
e envia as águas sobre os campos.
11 Ele põe os humildes num lugar alto;
os que choram são levados
para um lugar seguro.
12 Ele frustra os planos dos astutos,
de modo que as obras de suas
mãos fracassam.
13 Ele apanha os [m]sábios na sua própria astúcia;
e o conselho dos perversos fracassam.
14 As trevas os cobrem de dia;
ao meio-dia andam como de noite, tateando.
15 Ele [n]livra da espada da sua
boca o necessitado,
e o pobre das garras dos poderosos.
16 Assim [o]há esperança para o pobre;
a injustiça tapa a sua própria boca.
17 [p]Bem-aventurado é o homem
a quem Deus corrige;
portanto, não desprezes a disciplina
do Todo-poderoso.
18 [q]Pois ele faz a chaga e ele mesmo a trata;
ele fere, mas as suas mãos também curam.
19 De seis calamidades te [r]livrará;
na [s]sétima o mal não te tocará.
20 Na [t]fome te [u]livrará da morte,
e na guerra, do poder da espada.
21 Do açoite da língua [v]estarás protegido
e não [w]temerás a destruição, quando vier.
22 Da assolação e da fome te rirás,
e as [x]feras da terra não temerás.
23 Pois terás uma aliança com as pedras do campo,
e os animais selvagens viverão
em paz contigo.
24 Saberás que a tua tenda está segura;
visitarás as tuas possessões,
e nada te faltará.

[h] Sl 37.35,36; Jr 12.1-3
[i] Sl 119.155
[j] Sl 109.12
[k] Gn 3.17-19
[l] Jó 28.26
[m] 1Co 3.19
[n] Sl 35.10
[o] 1Sm 2.8; Sl 107.41,42
[p] Sl 94.12; Pv 3.11,12; Hb 12.5,6; Tg 1.12; Ap 3.19
[q] Dt 32.39; 1Sm 2.7; comp. Is 30.26; Os 6.1
[r] Sl 34.19; 91.3; 1Co 10.13
[s] Sl 91.10; Pv 24.16
[t] Sl 33.19; 37.19
[u] v. 22
[v] Sl 31.20
[w] Is 11.9; 35.9; 65.25; Ez 34.25
[x] Os 2.18
[y] Sl 72.16
[z] Pv 9.11; 10.27
[a] Sl 111.2
[b] Sl 88.15,16
[c] Jó 30.15
[d] Jó 39.5
[e] Jó 7.16; 9.21; 10.1; comp. Nm 11.15; 1Rs 19.4; Jo 4.3,8
[f] Inspiração: v. 10; Jó 32.18 (Êx 4.15; 2Tm 3.16)
[g] Pv 17.17
[hh] Veja Sl 19.9
[ii] Comp. Sl 38.11; 41.9

25 Saberás que se multiplicará
a tua descendência,
e a tua posteridade, como a [y]erva da terra.
26 Com todo o [z]vigor virás à sepultura,
como se recolhe o feixe de trigo a seu tempo.
27 Já [a]examinamos isso, e assim é.
Ouve-o e aplica-o para teu bem.

Jó responde e suplica por compaixão

6 Então Jó respondeu:
2 Oh! Se a minha angústia
retamente se pesasse,
e toda a minha miséria
se pusesse numa balança!
3 Na verdade seria mais pesada
do que a areia dos mares;
por isso é que as minhas palavras
têm sido precipitadas.
4 As flechas do Todo-poderoso
se cravam em mim,
e o meu espírito suga o veneno delas;
os [b]terrores de Deus se
[c]arregimentam contra mim.
5 Zurrará o [d]jumento montês junto à relva,
ou mugirá o boi junto ao seu pasto?
6 Alguém comerá sem sal o que é insípido,
ou haverá sabor na clara do ovo?
7 Recuso-me a tocá-lo;
tal comida me causa repugnância.
8 Quem dera que se cumprisse o meu pedido,
e que Deus me desse o que desejo!
9 Que fosse do agrado de Deus esmagar-me,
que soltasse a sua mão e
[e]acabasse comigo!
10 Isto ainda seria a minha consolação,
a minha alegria na dor implacável,
de não ter negado as [f]palavras do Santo.
11 Qual é a minha força, para que eu espere?
Qual é o meu fim, para que
eu seja paciente?
12 É a minha força a força da pedra?
Ou é de bronze a minha carne?
13 Está em mim a minha ajuda,
agora que me desamparou
todo o auxílio eficaz?
14 Ao que [g]está aflito
devia o amigo mostrar compaixão,
ainda ao que deixasse
o [hh]temor do Todo-poderoso.
15 [ii]Meus irmãos enganaram-me,
como um ribeiro,
como a torrente dos ribeiros que passam,
16 os quais se turvam com o degelo,
e neles se esconde a neve,
17 mas que cessam de fluir no tempo da seca,
e no tempo do calor se desfazem,
desaparecendo do seu lugar.

18 As caravanas desviam-se das suas rotas;
sobem aos lugares desolados e perecem.
19 As caravanas de [j]Temá procuram água,
os viajantes de [k]Seba olham com esperança.
20 Ficam envergonhados por estarem confiantes;
em chegando ali, se decepcionaram.
21 Agora vos tornastes sem valor para mim;
vistes o terror e temestes.
22 Acaso disse eu: Dai-me um presente?
23 Ou: [l]Livrai-me das mãos do adversário?
Ou: Resgatai-me das mãos dos tiranos?
24 Ensinai-me, e eu me calarei;
dai-me a entender em que errei.
25 Oh! Quão dolorosas são as
palavras honestas!
Mas o que é que o vosso argumento prova?
26 Acaso pretendeis corrigir
o que digo e tratar como vento
as palavras de um desesperado?
27 Até sobre o órfão lançaríeis sortes
e venderíeis um amigo
por uma quantia insignificante.
28 Agora, porém, olhem para mim,
e vede se minto em vossa presença.
29 [m]Reconsiderai, não sejais injustos;
mudai de parecer, pois a [n]minha causa é justa.
30 Há iniquidade na minha língua?
Ou não poderia o meu paladar
discernir a malícia?

Jó prossegue: tudo é sofrimento

7 Não tem o homem duro serviço sobre a terra?
E não são os seus dias como
os do assalariado?
2 Como o escravo que suspira pela sombra
e como o assalariado que espera
por seu pagamento,
3 assim me deram por herança
meses de futilidade,
e noites de aflição ordenaram-me.
4 Ao [o]deitar-me, penso: Quando me levantarei?
Mas comprida é a noite, e viro-me
na cama até o amanhecer.
5 O meu corpo se vestiu de [p]vermes
e de cascas de feridas,
a minha pele está quebrada e verte pus.
6 Os meus [q]dias são mais velozes
do que a lançadeira do tecelão
e terminam sem esperança.
7 Lembra-te, ó Deus,
de que a minha [r]vida é um sopro;
os meus olhos jamais tornarão
a ver a felicidade.

[j] Gn 25.15
[k] 1Rs 10.1; Sl 72.10; Ez 27.22,23
[l] Comp. Jó 6.1-12
[m] Jó 17.10
[n] Jó 27.5,6; 34.5; comp. 23.10; 42.1-6
[o] Dt 28.67
[p] Comp. Is 14.11
[q] Jó 9.25; 16.22; 17.11; Sl 90.5; Is 38.12; Tg 4.14
[r] Sl 78.39; 89.47
[s] Veja Hc 2.5, nota; comp. Lc 16.23, nota
[t] Jó 10.21; Sl 103.16
[u] Sl 8.4; 144.3; Hb 2.6
[v] Provar-Tentar: v. 18; Jó 23.10 (Gn 3.1; Tg 1.14)
[w] 2Cr 19.7; Jó 34.12; Dn 9.14
[x] Comp. Gn 18.25; Dt 32.4
[y] Comp. Jó 5.17-27

8 Os olhos dos que agora
me veem não me verão mais;
tu me procurarás, mas já não serei.
9 Tal como a nuvem se desfaz e passa,
assim aquele que desce à [s]sepultura
jamais tornará a subir.
10 Nunca mais tornará [t]à sua casa;
o seu lugar jamais o conhecerá.
11 Por isso não reprimirei a minha boca,
falarei na angústia do meu espírito,
eu me queixarei na amargura
da minha alma.
12 Sou eu o mar, ou o monstro marinho,
para que me ponhas guarda?
13 Quando penso que a minha
cama me consolará
e o meu leito aliviará a minha queixa,
14 então me espantas com sonhos
e com visões me assombras;
15 pelo que a minha alma escolheria antes
ser estrangulada,
antes a morte do que este meu corpo.
16 Aborreço a minha vida;
não quero viver para sempre.
Retira-te de mim; os meus dias são inúteis.
17 [u]Que é o homem, para que tanto o estimes,
e ponhas nele a tua atenção,
18 e cada manhã o visites,
e cada momento o [v]proves?
19 Até quando não apartará de mim a tua vista?
Até quando não me deixarás a sós
até mesmo por um instante?
20 Se pequei, que mal te fiz,
ó vigia dos homens?
Por que me fizeste alvo dos teus dardos,
para que a mim mesmo me seja pesado?
21 Por que não me perdoas as ofensas
e não tiras o meu pecado?
Pois logo me deitarei no pó;
tu me buscarás, mas já não serei.

Primeiro discurso de Bildade: os antepassados concordam

8 Então [1]Bildade, o suíta, respondeu:
2 Até quando falarás tais coisas,
e as razões da tua boca serão
qual vento impetuoso?
3 Perverteria Deus o [w]direito?
Perverteria o Todo-poderoso a [x]justiça?
4 Quando os teus filhos pecaram contra ele,
ele os lançou no poder do seu pecado.
5 Se tu, porém, de madrugada [y]buscares a Deus
e ao Todo-poderoso pedires misericórdia;

[1] (8.1) O conselho de Bildade a Jó está baseado na tradição (v. 8-10). Em seus discursos, abundam provérbios e frases piedosas recolhidas de gerações anteriores que, embora certos, são senso comum (9.1-3; 13.2). Além disso, são superficiais e não lançam luz quanto ao problema de Jó. Veja 4.7, *nota*.

6 se fores puro e reto,
certamente logo despertará em teu favor
e te restaurará à tua justa morada.
7 O teu princípio, na verdade,
terá sido pequeno,
mas o teu último estado
aumentará [z]sobremaneira.
8 Pergunta às gerações passadas
e considera a inquirição de seus pais,
9 pois nós somos de ontem e nada sabemos;
nossos [a]dias sobre a terra
são como a sombra.
10 Não te ensinarão eles e não te falarão?
Do próprio entendimento
não proferirão palavras?
11 Pode o papiro crescer fora do pântano?
Ou pode o junco crescer sem água?
12 Estando ainda na sua verdura,
e ainda não cortado,
seca-se antes de qualquer outra erva.
13 Assim são as veredas de todos
os que se [b]esquecem de Deus;
assim perece a esperança do [c]ímpio.
14 A sua esperança fica frustrada;
a sua [d]confiança é como a teia de aranha.
15 Encosta-se à sua casa, mas ela não subsiste;
apega-se a ela, mas ela não fica em pé.
16 É como planta bem regada sob o sol,
e os seus renovos
estendem-se sobre o seu jardim;
17 as suas raízes se entrelaçam
junto ao monte de pedras
e procuram um lugar entre as rochas.
18 Quando, porém, é arrancado do seu lugar,
então este a rejeita, dizendo: Nunca te vi.
19 Certamente a sua alegria se acaba,
e da terra outros brotam.
20 Certamente [e]Deus não rejeita ao [f]reto
nem toma pela mão os malfeitores.
21 Ele ainda encherá de riso a tua boca
e os teus lábios de [g]alegria.
22 Os teus aborrecedores se
[h]vestirão de confusão,
e a tenda dos ímpios não subsistirá.

Jó responde: como pode o homem ser justo perante Deus?

9 Então Jó respondeu:
2 Na verdade sei que assim é.
Mas como se [i]justificaria o
[j]homem para com Deus?
3 Se quiser argumentar com ele,
nem a uma de mil coisas lhe
poderá responder.
4 [k]Ele é sábio de coração e poderoso em forças.
Quem se endureceu contra
ele e teve paz?

[z] Jó 42.12
[a] 1Cr 29.15; Jó 7.6; Sl 39.5; 102.11; 144.4; comp. Gn 47.9
[b] Sl 9.17
[c] Jó 11.20; 18.14; 27.8; Sl 112.10; Pv 10.28
[d] Veja Sl 2.12, nota
[e] Jó 4.7
[f] Veja 1Rs 8.61 e Fp 3.12, notas
[g] Comp. Sl 126.2
[h] Sl 35.26; 109.29
[i] Hc 2.4; Rm 1.17; Gl 3.11; Hb 10.38
[j] Jó 4.17; 15.14-16; Sl 143.2; Rm 3.20
[k] Jó 36.5
[l] Is 2.19,21; Ag 2.6,21; Hb 12.26
[m] Comp. Mt 14.25
[n] Gn 1.16; Jó 38.31; Am 5.8
[o] Jó 38.32
[p] Jó 5.9
[q] Jó 23.8,9; 35.14
[r] Is 45.9; Dn 4.35; Rm 9.19-21
[s] Jó 26.12; comp. Is 30.7
[t] Jó 23.1-7
[u] Veja 1Rs 8.61 e Fp 3.12, notas
[v] Ec 9.2,3; comp. Ez 21.3; Mt 5.45
[w] Jó 7.6,7

5 Ele é o que transporta as montanhas,
sem que o sintam,
e o que as transtorna no seu furor.
6 Ele [l]remove a terra do seu lugar,
e as suas colunas estremecem.
7 Ele fala ao sol, e ele não sai;
sela a luz das estrelas.
8 Ele sozinho estende os céus,
e [m]anda sobre as ondas do mar.
9 [n]Ele fez a [o]Ursa, o Órion,
o Sete-estrelo e as constelações do sul.
10 Ele faz coisas grandes
que não se podem sondar,
e maravilhas tais que não se podem [p]contar.
11 Quando ele passa por mim, não o vejo;
quando ele torna a passar, [q]não o percebo.
12 Se ele arrebatar a presa, quem
o fará restituí-la?
Quem lhe dirá: [r]Que fazes?
13 Deus não restringe a sua ira;
debaixo dele se encurvam os
[s]aliados de Raabe.
14 Quanto menos lhe poderei eu responder,
ou escolher diante dele as
minhas palavras!
15 A ele, ainda que eu fosse
justo, não responderia;
antes ao meu Juiz [t]pediria misericórdia.
16 Ainda que chamasse, e ele me respondesse,
nem por isso creria que desse
ouvidos à minha voz.
17 Ele me quebranta com uma tempestade
e multiplica as minhas chagas sem causa.
18 Não me permite respirar,
antes me farta de amarguras.
19 Se fosse uma questão de
forças, ele é poderoso!
Se fosse uma questão de justiça,
quem o citaria?
20 Se eu me justificar, a minha
boca me condenará;
se [u]reto me disser, então ele me
declarará perverso.
21 Embora eu seja inocente,
não levo em conta a minha alma;
desprezo a minha vida.
22 Tudo é o mesmo; portanto digo:
[v]Ele consome ao reto e ao ímpio.
23 Quando o açoite mata de repente,
ele se ri do desespero dos inocentes.
24 Quando a terra está entregue
nas mãos do ímpio,
ele cobre o rosto dos juízes.
Se não é ele, quem é, então?
25 Os [w]meus dias são mais velozes
do que um atleta;
fogem e não veem a alegria.

26 Passam como barcos de papiro;
como águia que se lança sobre a presa.
27 [x]Se eu disser: Eu me esquecerei
da minha queixa,
mudarei o meu aspecto e tomarei alento,
28 ainda receio todas as minhas dores,
pois bem sei que não me terás por [y]inocente.
29 Visto que já estou condenado,
por que lutar em vão?
30 [z]Ainda que me lave com água de neve
e purifique as mãos com sabão,
31 mesmo assim me submergirás no fosso,
e as minhas próprias vestes
me abominarão.
32 [a]Ele não é homem, como eu,
a quem eu responda,
vindo juntamente a juízo.
33 Não existe [1b]árbitro entre nós
que ponha a mão sobre nós ambos,
34 alguém que tire a sua vara de cima de mim,
para que não me amedronte o seu terror.
35 Então falarei e não o temerei,
mas como sou agora, não posso.

Jó continua: declara que tanto justos como ímpios sofrem

10 A minha alma tem [c]tédio à vida;
por isso darei vazão à minha queixa,
falarei na amargura da minha alma.
2 Direi a Deus: Não me condenes,
mas faze-me saber por que
contendes comigo.
3 Parece-te bem que me [d]oprimas,
que rejeites o trabalho das tuas mãos
e favoreças o conselho dos ímpios?
4 Tens tu olhos de carne?
[e]Vês tu como vê o homem?
5 São os teus dias como os dias do homem?
Ou são os teus anos como os
anos de um homem,
6 para te informares da minha iniquidade
e averiguares o meu pecado?
7 Bem [f]sabes que não sou ímpio,
todavia ninguém há que me livre da tua mão.
8 As [g]tuas mãos me fizeram e me entreteceram.
Agora te voltas e me [h]consomes?
9 Peço-te que te lembres de que
como barro me formaste,
e de que ao pó me farás tornar.

x Jó 7.13
y Comp. Sl 130.3
z Jr 2.22
a Is 45.9; Jr 49.19; Rm 9.20
b v. 19; comp. 1Sm 2.25
c Jó 7.16
d Comp. Jó 9.22-24; 16.11
e Comp. 1Sm 16.7
f Comp. Sl 139.1,2
g Sl 119.73
h Jó 9.22
i Comp. Sl 8.4
j Jó 7.20; Sl 139.1
k Jó 3.11-13
l Jó 7.19
m Jó 3.13-19; 7.8-10,21; 14.10-15,20-22; 16.22; 17.13-16; 19.25-27; 21.13,23-26; 24.19,20; comp. 2Sm 12.23
n Sl 23.4

10 Não me vazaste como leite,
e como queijo não me coalhaste?
11 De pele e carne me vestiste
e de ossos e nervos me entreteceste.
12 Vida e beneficência me concedeste,
e o teu [i]cuidado guardou o meu espírito.
13 Estas coisas, porém, ocultaste no teu coração,
e sei que isto esteve na tua mente.
14 Se eu pecasse, tu me [j]observarias e da minha
iniquidade não me inocentarias.
15 Se eu for ímpio, ai de mim!
E, se for justo, não levantarei a minha cabeça,
pois estou coberto de vergonha
e afogo-me na minha aflição.
16 Se me exalto, tu me caças
como a um leão feroz
e de novo revelas o teu poder
maravilhoso contra mim.
17 Tu renovas contra mim as tuas testemunhas
e multiplicas contra mim a tua ira;
as tuas forças vêm contra mim
em ondas após ondas.
18 Por que, pois, [k]me tiraste da madre?
Ah! se eu tivesse morrido antes que olho
algum me visse!
19 Seria como se nunca houvera sido,
e desde o ventre teria sido
levado à sepultura.
20 Não são poucos os meus dias?
Cessa, pois, e [l]deixa-me, para que
por um pouco eu tome alento,
21 antes que me vá para o lugar
de onde não voltarei,
para [m]a terra da escuridão e da
[n]sombra da morte;
22 para a terra escuríssima, como
a própria escuridão,
terra da sombra da morte e desordem,
onde a própria luz é como a escuridão.

Primeira acusação de Zofar: como Jó se atreve a se declarar inocente?

11 Então [2]Zofar, o naamatita, respondeu:
2 Não se dará resposta à
multidão de palavras?
Será justificado este tagarela?
3 As tuas mentiras hão de fazer calar os homens?
Zombarás tu sem que ninguém
te envergonhe?

---

[1] (9.33) “Árbitro” fala de um mediador, a mesma palavra que Paulo usa em 1Tm 2.5. Jó anela que haja alguém que entenda tanto a Deus como ao homem e que os aproxime. Essencialmente, isso é o que nosso Senhor Jesus Cristo fez. Mas o que Jó deseja é um homem de sua época que tenha “olhos de carne” (10.4) e possa compadecer-se de sua debilidade humana. Este anelo aumenta à medida que o livro avança (9.32,33; 10.4,5,8-10; 13.21,22; 16.21; 23.3). Finalmente, Eliú declara ser aquele a quem Jó está buscando, aquele que será como ele e não lhe causará medo (33.6,7,23).

[2] (11.1) O conselho de Zofar enfatiza o legalismo. Ele afirma ter conhecimento do que Deus fará em cada caso particular; alega saber por que Deus agirá de determinada maneira, como também todos os pensamentos divinos sobre o assunto. Veja 4.7, *nota*.

4 Tu dizes a Deus: A minha doutrina é pura,
e [o]limpo sou aos teus olhos.
5 Oh! Falasse Deus e abrisse
os seus lábios contra ti,
6 e te fizesse saber os segredos da sabedoria,
pois a verdadeira sabedoria é multiforme.
Sabe isto: [p]Deus exige de ti menos do que
merece a tua iniquidade.
7 [q]Alcançarás os caminhos de Deus?
Chegarás à perfeição do Todo-poderoso?
8 Como as alturas dos céus é a sua sabedoria;
que poderás tu fazer?
Mais profunda é ela do que o [r]inferno;
que poderás tu saber?
9 Mais comprida é a sua medida do que a terra
e mais larga do que o mar.
10 Se ele passar e prender a alguém,
e chamar a juízo, quem o impedirá?
11 Certamente ele conhece os homens vãos;
e, quando vê a iniquidade,
não a terá em consideração?
12 O homem vão, porém, não
tem entendimento;
sim, o homem nasce como a
cria do jumento montês.
13 [s]Se devotares o teu coração
e estenderes as mãos para ele,
14 se lançares para longe de ti o pecado
e não deixares habitar a injustiça
nas tuas tendas,
15 então levantarás o teu rosto sem mácula,
e estarás firme, e não temerás.
16 Certamente te esquecerás da tua aflição
e te lembrarás dela como das
águas que já passaram.
17 A tua vida será mais clara do que o meio-dia,
e as trevas se tornarão como a manhã.
18 Serás confiante, porque há esperança;
olharás em volta e repousarás seguro.
19 Tu te deitarás, e ninguém te espantará;
muitos procurarão obter o teu favor.
20 Os olhos dos ímpios, porém, desfalecerão;
o seu refúgio perecerá;
a sua esperança será a morte.

A refutação de Jó: os perversos não recebem punição imediata

12 Então Jó respondeu:
2 Sem dúvida [t]vós sois o povo,
e convosco morrerá a sabedoria!
3 Tenho tanto entendimento como vós;
não sou [u]inferior.
Quem não sabe coisas como essas?
4 Eu sou motivo de riso para os meus amigos —
eu, que [v]invocava a Deus, e
ele me respondia;
eu, [w]justo e reto, sou seu motivo de riso.
5 No pensamento de quem está [x]seguro
há desprezo para o infortúnio,
como o destino daqueles cujos
pés já escorregam.
6 As [y]tendas dos assoladores têm [z]descanso,
e os que provocam a Deus estão seguros,
aqueles que [a]trazem o seu deus na mão!
7 Pergunta, porém, aos animais,
e cada um deles te ensinará;
e às aves dos céus, e elas te farão saber;
8 ou fala com a terra, e ela te instruirá,
até os peixes do mar te informarão.
9 Qual entre todas essas coisas não sabe
que a mão do Senhor fez isto?
10 Que está [b]na sua mão a vida
de todo o ser vivente
e o [c]espírito de todo o gênero humano?
11 Não prova o ouvido as palavras,
e o paladar o alimento?
12 Com os idosos está a sabedoria,
e na abundância de dias o entendimento.
13 Com Deus está a [d]sabedoria e a força;
ele tem conselho e entendimento.
14 O que [e]ele derruba não se pode reedificar;
quem ele encerra na prisão
não pode ser solto.
15 [f]Ele retém as águas, e elas secam;
[g]solta-as, e devastam a terra.
16 Com ele está a força e a sabedoria;
seu é o que erra e o que faz errar.
17 Aos conselheiros leva-os despojados
e aos juízes faz de tolos.
18 Solta as algemas dos reis
e ata um cinto nos seus lombos.
19 Aos sacerdotes leva despojados
e transtorna os poderosos.
20 Aos conselheiros de confiança faz emudecer
e tira o entendimento aos velhos.
21 [h]Derrama desprezo sobre os príncipes
e afrouxa o cinto dos fortes.
22 Revela as profundezas [i]das trevas
e traz à luz a sombra da morte.
23 Engrandece as nações e as faz perecer;
alarga as fronteiras das nações e as dispersa.
24 Tira o entendimento aos
chefes do povo da terra
e os faz vaguear pelos desertos,
sem caminho.
25 Nas [j]trevas andam tateando sem luz;
ele os faz cambalear como bêbados.

Jó continua refutando

13 Tudo isso viram os meus olhos,
e os meus ouvidos o ouviram
e entenderam.
2 Como vós o sabeis, eu o sei também;
não sou inferior.

[o] Jó 10.7
[p] Ed 9.13
[q] Ec 3.11; Rm 11.33
[r] Veja Hc 2.5, nota; comp. Lc 16.23, nota
[s] v. 15-19; comp. Jó 5.17-27
[t] Comp. Jó 16.1,2; 17.10; Pv 3.7
[u] Jó 13.2
[v] Sl 91.15
[w] Comp. Jó 21.3
[x] Comp. Sl 38.16; 73.2
[y] Jó 15.34
[z] Jó 9.24; 21.6-16; Sl 73.12
[a] Comp. Mt 5.45
[b] At 17.28; comp. Nm 16.22; Dn 5.23
[c] Jó 33.4; comp. Ec 12.7
[d] Jó 9.4; 36.5
[e] Jó 11.10
[f] Comp. 1Rs 8.35; 17.1
[g] Comp. Gn 7.11
[h] Sl 107.40; comp. Dn 2.21
[i] Dn 2.22; Mt 10.26; 1Co 4.5
[j] Jó 5.14; 15.30; 18.18

3 Eu, porém, desejo falar ao Todo-poderoso
e quero defender-me [k]perante Deus.
4 Vós, porém, sois inventores de mentiras,
e vós todos, médicos que não valem nada.
5 Oxalá vos calásseis de todo!
Isso seria a vossa sabedoria.
6 Ouvi, agora, a minha defesa
e escutai os argumentos dos meus lábios.
7 Por Deus [l]falareis perversidade?
Em nome dele falareis mentiras?
8 Sereis parciais por ele?
Contendereis por Deus?
9 Vos seria bom se ele vos examinasse?
Ou zombareis dele, como se zomba
de qualquer homem?
10 Certamente vos repreenderá,
se em oculto fizerdes acepção de pessoas.
11 Não vos amedrontará a sua dignidade?
Não cairá sobre vós o seu temor?
12 As vossas máximas são provérbios de cinza;
as vossas defesas são defesas de barro.
13 Calai-vos na minha presença, e falarei;
venha sobre mim o que vier.
14 Por que razão tomo a minha
carne entre os dentes
e ponho a minha vida na minha mão?
15 [m]Ainda que ele me mate,
contudo nele esperarei;
os meus caminhos [n]defenderei
diante dele.
16 Também isso será a minha salvação,
pois o [o]ímpio não virá perante ele.
17 Ouvi com atenção as minhas razões
e dai ouvidos à minha declaração.
18 Já pus em ordem a minha causa
e sei que serei achado [p]justo.
19 Poderá alguém contender comigo?
Nesse caso, eu me calarei,
renderei o espírito.
20 Concede-me somente duas coisas, ó Deus,
então me esconderei do teu rosto:
21 [q]desvia a tua mão para longe de mim,
e não me amedronte o teu terror.
22 Então chama e te [r]responderei,
ou falarei eu, e tu me responderás.
23 Quantos erros e pecados tenho eu?
Notifica-me a minha transgressão
e o meu [s]pecado.
24 [t]Por que escondes o teu rosto
e me tens por teu inimigo?
25 Quebrantarás a folha arrebatada pelo vento?
Perseguirás o restolho seco?
26 Por que escreves contra mim coisas amargas
e me fazes herdar os pecados
da minha juventude?
27 Pões os meus pés no tronco
e observas todos os meus caminhos,
marcando a sola dos meus pés.
28 De sorte que o homem se consome
como uma coisa podre,
como uma roupa roída pela traça.

Jó continua: ele aguarda a ressurreição

14 **O** homem, nascido da mulher,
é de bem poucos dias e
[u]cheio de dificuldade.
2 [v]Nasce como a flor e murcha;
como uma sombra passageira,
não permanece.
3 Sobre [w]esse tal abres os teus olhos
e a mim me fazes entrar em juízo contigo.
4 Quem do imundo tirará o puro?
Ninguém!
5 Os dias do homem estão determinados,
contigo está o [x]número dos seus meses;
puseste-lhe limites, além dos
quais não passará.
6 Desvia-te dele o teu rosto, para
que tenha repouso,
até que, como o assalariado,
tenha contentamento no seu dia.
7 Pelo menos há esperança para a árvore:
se for cortada ainda se renovará,
e não cessarão os seus renovos.
8 Se envelhecer na terra a sua raiz
e morrer o seu tronco no pó,
9 ao cheiro das águas brotará
e dará ramos como planta nova.
10 Morto o homem, assim permanece;
sim, rendendo o homem o espírito,
então onde [y]está?
11 Como as águas se evaporam de um lago
e o rio se esgota e seca,
12 assim o homem se deita e não se levanta;
[z]até que não haja mais céus
não acordará nem despertará do seu [a]sono.
13 Oxalá me escondesses na [b]sepultura
e me ocultasses até que a tua
ira se desviasse,
e me pusesses um prazo,
e te lembrasses de mim!
14 Morrendo o homem, [1]tornará a viver?
Todos os dias da minha lida esperaria,
até que viesse a minha mudança.

[k] Jó 23.4; 31.35
[l] Jó 27.4
[m] Sl 23.4; Pv 14.32
[n] Jó 27.5
[o] Jó 8.13
[p] Jó 6.29
[q] Sl 39.10
[r] Jó 14.15
[s] Comp. Jó 22.5-10
[t] Sl 13.1; 44.24; 88.14; comp. Dt 32.20; Is 8.17
[u] Jó 5.7; Ec 2.23
[v] Jó 8.9; Sl 90.5,6,9; 102.11; 103.15; 144.4; Is 40.6; Tg 1.10,11; 1Pe 1.24
[w] Comp. Jó 7.17,18
[x] Jó 21.21; Hb 9.27
[y] Jó 10.21,22
[z] Sl 102.25,26; Is 51.6; 65.17; 66.22; 2Pe 3.7,10,11; Ap 20.11; 21.1
[a] Comp. Jó 19.26
[b] Veja Hc 2.5, nota; comp. Lc 16.23, nota

[1] (14.14) Este é um dos três grandes problemas apresentados no livro de Jó, cada um dos quais encontra solução no Senhor Jesus Cristo. Considerados na ordem lógica, esses problemas são: 1) o Deus invisível – "Ah! se eu soubesse onde encontrá-lo!" (23.3) –, que encontra resposta na encarnação de Cristo; 2) o pecado humano – "Como se justificaria o homem para com Deus?" (9.2; 25.4) –, respondido pela morte de Cristo; 3) a morte e a mortalidade – "Morrendo o homem, tornará a viver?" (14.14) –, cuja resposta está na ressurreição de Cristo.

15 Tu me chamarias, e eu te responderia;
terias saudades da obra das tuas mãos.
16 [c]Então contarias os meus passos,
mas não estarias a vigiar
sobre o meu pecado.
17 A minha transgressão [d]estaria
selada num saco,
e ocultarias as minhas iniquidades.
18 Como, porém, a montanha sofre erosão
e se desfaz,
e como a rocha se remove do seu lugar,
19 como a água gasta as pedras,
e as cheias arrebatam o pó da terra,
assim destróis a esperança do homem.
20 Prevaleces para sempre
contra ele, e ele passa;
mudas o seu rosto e o despedes.
21 Os seus filhos recebem honra,
sem que ele o saiba;
são humilhados, [e]sem que ele o perceba.
22 Ele sente a dor do seu próprio corpo
e chora somente por sua alma.

Segundo discurso de Elifaz: Jó é repreendido; os ímpios não prosperam

15 Então [f]Elifaz, o temanita, respondeu:
2 Dará o sábio em resposta noções vazias,
ou encherá o seu ventre de vento oriental?
3 Arguirá com palavras que de nada servem,
e com razões que não têm valor?
4 Tu, porém, até destróis a reverência
e impedes a devoção a Deus.
5 O teu pecado ensina à tua boca;
adotas a língua dos [g]astutos.
6 A [h]tua própria boca te condena, não eu;
os teus lábios testificam contra ti.
7 És tu o primeiro homem que nasceu?
Foste [i]criado antes dos outeiros?
8 Ouves o secreto conselho de Deus?
A ti só limitas a sabedoria?
9 Que sabes tu, que nós não saibamos?
Que entendes, que não haja em nós?
10 Também há entre nós [j]idosos,
mais velhos do que o teu pai.
11 Não te são suficientes as
consolações de Deus,
palavras que te são
benignamente proferidas?
12 Por que te deixas levar pelo coração
e brilham os teus olhos,
13 para voltares contra Deus o teu espírito
e deixares sair tais palavras da tua boca?
14 Que é o homem, para que seja puro?
E o que nasce da mulher,
para que seja [k]justo?
15 Se Deus não [l]confia nem nos seus [m]santos,
se nem os [n]céus são puros aos seus olhos,
16 [o]quanto menos o homem abominável e corrupto,
que bebe a iniquidade como a água?
17 Escuta-me, e te mostrarei;
o que vi, te contarei,
18 o que os sábios anunciaram,
o que ouviram de seus pais
e não o ocultaram
19 (aos quais somente foi dada a terra,
e nenhum estrangeiro passou
por entre eles).
20 Todos os dias o ímpio sofre tormentos,
no curto número de anos
que se reservam para o opressor.
21 O som dos horrores está nos seus ouvidos;
até na paz [p]lhe sobrevém o assolador.
22 Não crê que [q]voltará das trevas,
mas que o espera a espada.
23 Anda vagueando, como pão dos abutres;
sabe que está próximo o [r]dia das trevas.
24 Assombram-no a angústia e a tribulação;
prevalecem contra ele, como o rei
preparado para a peleja,
25 porque estende a mão contra Deus
e contra o Todo-poderoso se embravece;
26 desafiadoramente arremete contra ele,
com um escudo grosso e forte.
27 [s]Embora o seu rosto esteja coberto de gordura
e aumente a carne da sua cintura,
28 habitará em cidades assoladas,
em casas em que ninguém deveria morar,
que estavam prestes a tornar-se
montões de ruínas.
29 Não mais se enriquecerá nem [t]subsistirá
a sua riqueza,
nem se estenderão pela terra as suas possessões.
30 Não escapará das trevas;
à chama do fogo secará os seus renovos,
[u]e ao sopro da boca de Deus, desaparecerá.
31 Não confie na vaidade,
enganando-se a si mesmo,
pois a vaidade será a sua recompensa.
32 Antes do seu dia se cumprirá,
e o seu ramo não reverdecerá.
33 Sacudirá as suas uvas verdes, como a vide,
e deixará cair a sua flor, como a oliveira.
34 Pois o ajuntamento dos
hipócritas se fará estéril,
e o fogo consumirá as [v]tendas
dos que subornam.
35 [w]Concebem a malícia e dão à luz a iniquidade;
o seu ventre prepara enganos.

Resposta de Jó: seus amigos são consoladores lastimáveis

16 Então respondeu Jó:
2 Tenho ouvido muitas coisas como essas;
todos vós sois consoladores [x]lastimáveis.

[c] Jó 10.6,14; 13.27; 31.4; 34.21; Sl 56.8; 139.1-3; Pv 5.21; Jr 32.19
[d] Comp. Dt 32.34; Os 13.12
[e] Comp. Ec 9.5
[f] Jó 4.1
[g] Jó 5.12,13
[h] Jó 9.20; Lc 19.22
[i] Jó 38.4,21
[j] Jó 8.8-10
[k] Comp. Jó 14.4
[l] Jó 5.1; comp. 4.18
[m] Veja Sl 2.12, nota
[n] Jó 4.19; Sl 14.3; 53.3
[o] Comp. Cl 1.20; Hb 9.23
[p] Comp. 1Ts 5.3
[q] Jó 14.10-12
[r] Jó 18.12
[s] Sl 17.10
[t] Jó 20.28; 27.16,17
[u] Jó 4.9
[v] Comp. Jó 12.6
[w] Sl 7.14; Is 59.4; Os 10.13
[x] Jó 13.4; 21.34

3 Não terão fim as vossas palavras inúteis?
Ou o que é que vos irrita para
responderdes assim?
4 Falaria eu também como vós falais,
se a vossa alma estivesse
em lugar da minha?
Ou amontoaria palavras contra vós
e menearia contra vós a minha cabeça?
5 Antes vos fortaleceria com a minha boca,
e a consolação dos meus lábios
abrandaria a vossa dor.
6 Se eu falar, a minha dor não cessa e,
se eu me calar, qual é o meu alívio?
7 Na verdade, ó Deus, [y]exauriste
as minhas forças;
[z]assolaste toda a minha família.
8 Testemunha disso é que já
me tornaste enrugado;
a minha magreza se levanta e
[a]testifica contra mim.
9 Na sua ira ele me [b]despedaça, me persegue
e range os dentes contra mim;
o meu [c]adversário aguça os
olhos contra mim.
10 Os homens [d]abrem a boca contra mim;
com desprezo me ferem no rosto,
e contra mim se unem.
11 Deus me entrega ao perverso
e nas mãos dos ímpios me faz cair.
12 Descansado estava eu, porém
ele me [e]quebrantou;
pegou-me pelo pescoço e me despedaçou.
Colocou-me por seu [f]alvo;
13 cercam-me os seus flecheiros.
Atravessa-me os rins e não me poupa;
o meu fel derrama pela terra.
14 Quebranta-me com golpe sobre golpe;
arremete contra mim como um guerreiro.
15 Costurei sobre a minha pele o pano de saco
e revolvi a minha [g]cabeça no pó.
16 O meu rosto está vermelho de chorar,
e há sombras escuras em
redor dos meus olhos;
17 contudo, as minhas mãos estão
livres de violência e a minha oração é pura.
18 Ó terra, não cubras o meu sangue;
não haja descanso para o meu clamor!
19 Agora mesmo está a minha
testemunha no céu,
e o [h]meu fiador nas alturas.
20 Os meus amigos zombam de mim;
os meus olhos se desfazem em
lágrimas diante de Deus,
21 [i]para que ele [j]defenda o direito
que o homem tem diante de Deus,
e que o filho do homem tem
perante o seu próximo.

[y] Jó 7.3
[z] Jó 19.13-15
[a] Jó 10.17
[b] Os 6.1
[c] Jó 13.24; 33.10
[d] Sl 22.13; 35.21
[e] Jó 9.17
[f] Jó 7.20
[g] Veja Dt 33.17, nota; Jó 30.19; Sl 7.5
[h] Jó 19.25-27; comp. Rm 1.9
[i] Jó 31.35
[j] Comp. Jó 9.33
[k] Jó 10.21
[l] Jó 12.4; 30.1,9; 34.7
[m] Pv 6.1; 17.18; 22.26
[n] Jó 12.20; 32.9
[o] Jó 11.20
[p] Pv 4.18
[q] Sl 24.4
[r] Veja Hc 2.5, nota; comp. Lc 16.23, nota
[s] Jó 7.6; 13.15; 14.19; 19.10
[t] Veja Hc 2.5, nota; comp. Lc 16.23, nota
[u] Jó 8.1

22 Decorridos poucos anos,
seguirei o caminho por onde não [k]tornarei.

Jó prossegue: ele encontrará descanso na morte (v. 16)

17 **O** meu espírito está quebrantado,
os meus dias estão se findando,
e só tenho perante mim a sepultura.
2 Não estão [l]zombadores comigo?
Não contemplam os meus olhos
as suas amarguras?
3 Dá-me, ó Deus, o penhor que exiges.
[m]Quem mais há de ser meu fiador?
4 Aos seus corações encobriste
o [n]entendimento,
pelo que não os exaltarás.
5 Se alguém denuncia os seus amigos
por recompensa,
os olhos de seus filhos [o]desfalecerão.
6 A mim, porém, me pôs por
provérbio dos povos,
de modo que me tornei um homem
em cujo rosto se cospe.
7 Os meus olhos se escureceram de mágoa;
o meu corpo é como a sombra.
8 Os retos pasmarão disso;
o inocente se levantará contra o ímpio.
9 O justo segue o seu [p]caminho,
e o [q]puro de mãos vai
crescendo em força.
10 Tornai-vos, porém, todos vós, e vinde cá,
pois sábio nenhum acho entre vós.
11 Os meus dias passaram,
fracassaram os meus propósitos,
e as aspirações do meu coração.
12 Trocam a noite em dia;
dizem que a luz está perto das trevas.
13 Se a única casa pela qual
espero for a [r]sepultura,
se nas trevas estender a minha cama,
14 se à corrupção clamar: Tu és meu pai;
e aos vermes: Vós sois minha
mãe e minha irmã,
15 onde estará, então, a minha esperança?
Sim, a minha [s]esperança,
quem a poderá ver?
16 Descerá ela até as portas da [t]morte?
Descansaremos juntos no pó?

O segundo discurso de Bildade: uma série de provérbios

18 **Então** [u]Bildade, o suíta, respondeu:
2 Até quando andarás à
procura de palavras?
Considera bem, e então falaremos.
3 Por que somos tratados como animais
e como imundos aos teus olhos?

4 Ó tu que despedaças a tua alma na tua ira,
será a terra abandonada por tua causa?
Serão removidas as rochas do seu lugar?
5 A luz dos ímpios se apaga;
a faísca do seu lar não resplandece.
6 A luz se escurece nas suas [v]tendas;
a sua [w]lâmpada ao lado dele se apaga.
7 Os seus passos fortes se enfraquecem;
o seu próprio conselho o [x]derruba.
8 Por seus próprios pés é lançado na rede
e anda nos fios enredados.
9 A armadilha o apanha pelo calcanhar;
o laço o prende.
10 Uma corda está escondida, para ele na terra,
e uma armadilha na vereda.
11 Os assombros o espantam de todos os lados
e o fazem correr de uma
parte para outra,
por onde quer que apresse os passos.
12 A calamidade vem faminta sobre ele;
o [y]desastre está pronto para
ele quando cair.
13 Ele devora os membros do seu corpo;
sim, o primogênito da morte devora
os membros do seu corpo.
14 É arrancado da segurança da sua tenda
e é levado ao rei dos terrores.
15 Mora na sua tenda aquele que nada lhe era;
espalha-se enxofre sobre a
sua habitação.
16 Por baixo secam as suas raízes,
e por cima são cortados os seus ramos.
17 A sua [z]memória perece na terra;
pelas praças não tem nome.
18 Da luz o lançam nas trevas;
é afugentado do mundo.
19 Não tem filho nem neto entre o seu povo;
descendente nenhum dele fica
nas suas moradas.
20 Do seu [a]dia se espantarão os do Ocidente;
os do Oriente são tomados de horror.
21 Tais são, na verdade, as moradas do perverso;
tal é o lugar do que não conhece a Deus.

Resposta de Jó: ele sabe que seu Redentor vive

19 Então respondeu Jó:
2 Até quando atormentareis a minha
alma e me quebrantareis com palavras?
3 Já [b]dez vezes me humilhastes;
vergonha não tendes de me atacar.
4 Embora tenha eu, na verdade, errado,
comigo ficará o meu erro.
5 Se quereis vos engrandecer contra mim
e me incriminar pela minha humilhação,
6 sabei que [c]Deus é que me oprimiu e com
a sua rede me cercou.
7 Embora eu clame: Violência!,
não sou ouvido;
embora grite por socorro, não há [d]justiça.
8 [e]O meu caminho ele bloqueou,
e não posso passar;
nas minhas veredas pôs trevas.
9 Da [f]minha honra me despiu
e tirou-me da cabeça a coroa.
10 Quebra-me de todos os lados, e eu me vou;
arranca a minha [g]esperança,
como a uma árvore.
11 Faz inflamar contra mim a sua ira
e me considera um de seus [h]inimigos.
12 Juntas vêm as suas tropas;
preparam contra mim o seu caminho
e se acampam ao redor da minha tenda.
13 [i]Pôs longe de mim a meus irmãos;
os que me conhecem tornaram-se
estranhos para mim.
14 Os meus parentes me abandonaram;
os meus conhecidos se
esqueceram de mim.
15 Os meus hóspedes e as minhas servas
me consideram um estranho;
vim a ser um estrangeiro aos seus olhos.
16 Chamo a meu criado, e ele não me responde;
tenho de suplicar-lhe com a
minha boca.
17 O meu hálito é intolerável à minha mulher;
sou repugnante a meus próprios irmãos.
18 Até os pequeninos me [j]desprezam;
levantando-me eu, falam contra mim.
19 Todos os meus amigos íntimos
me abominam;
até os que eu amava se
tornaram contra mim.
20 Os meus ossos se apegaram
à minha pele e à minha carne;
escapei só com a pele dos meus dentes.
21 Compadecei-vos de mim, amigos meus,
compadecei-vos, [k]pois a mão
de Deus me atingiu.
22 Por que me perseguis como
Deus me persegue?
Da minha carne não vos fartareis?
23 Quem me dera fossem registradas as minhas
palavras,
que fossem gravadas num livro
24 com pena de ferro e com chumbo
e que para sempre fossem
esculpidas na [1]rocha!
25 Eu sei que o meu [l]Redentor vive
e que por fim se [m]levantará sobre a terra.

[v] v. 14,15
[w] Jó 21.17
[x] Jó 5.12,13; 15.6
[y] Jó 15.23
[z] Sl 34.16
[a] Sl 37.13
[b] Comp. Nm 14.22; Ne 4.12; Dn 1.20
[c] Jó 16.11; 27.2
[d] Jó 6.29
[e] Jó 3.23; Sl 88.8
[f] Sl 89.44
[g] Jó 17.15,16
[h] Jó 13.24; 33.10
[i] Sl 31.11; 38.11; 69.8; 88.8,18
[j] Jó 17.6
[k] Jó 1.11; Sl 38.1
[l] Redenção (tipo do parente remidor): v. 25-27; Sl 19.14 (Gn 48.16; Is 59.20, nota)
[m] Ressurreição: v. 25-27; Sl 16.9 (2Rs 4.35; 1Co 15.52, nota)

[1] (19.24) Sobre uma rocha para que permaneça, já que o papiro ou as peles de animais, com o tempo, se desfariam.

26 E depois que o meu corpo estiver consumido
e [n]sem [1]carne, [o]verei a Deus.
27 Eu o verei por mim mesmo,
com meus próprios olhos, eu, não outros.
Como o meu coração anseia dentro em mim!
28 Se disserdes: Como o perseguiremos,
visto que a raiz da aflição se acha nele,
29 temei vós mesmos a espada;
pois o furor traz os castigos da espada,
e então sabereis que há um [p]juízo.

O discurso final de Zofar: a porção dos ímpios

20 Então [q]Zofar, o naamatita, respondeu:
2 Os meus pensamentos
me levam a responder,
pois estou grandemente perturbado.
3 Ouvi uma repreensão que me envergonha,
e o meu espírito me inspira a responder.
4 Não sabes que desde a [r]antiguidade,
desde que o homem foi
posto sobre a terra,
5 o [s]júbilo dos ímpios é breve,
e a alegria dos ímpios dura
apenas um [t]momento?
6 Ainda que o seu orgulho suba até o céu
e a sua cabeça chegue até as nuvens,
7 como o seu próprio esterco
apodrecerá para sempre;
os que o viram perguntarão: Onde está?
8 [u]Como um sonho voa, e não será achado;
[v]será afugentado como uma visão da noite.
9 Os olhos que o viram jamais o verão;
o seu lugar não mais o contemplará.
10 Os seus filhos terão de fazer
restituição aos pobres;
as suas próprias mãos terão de
[w]restituir a sua riqueza.
11 O vigor da juventude,
que lhe enche os ossos, se deitará no pó.
12 Ainda que o mal lhe seja doce na boca,
e ele o esconda debaixo da língua,
13 e o guarde, e não o deixe,
antes o retenha no seu paladar,
14 contudo a sua comida se
tornará amarga nas suas entranhas;
em veneno de cobras se
transformará no seu interior.
15 Engoliu riquezas, mas as vomitará;
do seu ventre Deus as lançará.
16 Veneno de cobras sorveu;
língua de víbora o matará.
17 Não verá as correntes,
os rios e os ribeiros de mel e manteiga.

[n] Sl 17.15; 1Co 13.12; 1Jo 3.2
[o] Comp. Jó 14.10-12
[p] Sl 1.5; Ec 12.14
[q] Jó 11.1
[r] Jó 8.8; 15.10
[s] Sl 37.35,36
[t] Jó 8.13; 13.16; 15.34; 27.8
[u] Sl 73.20; 90.5
[v] Jó 18.18; 27.21-23
[w] v. 18
[x] Jó 24.2-4; 35.9
[y] Sl 18.34
[z] Jó 18.11
[a] Jó 18.14,15
[b] Comp. Dt 28.31
[c] Jó 21.30
[d] Jó 27.13; 31.2,3
[e] Jó 12.6; Sl 17.10,14; 73.3,12; Jr 12.1; Hc 1.16

18 O que adquiriu pelo trabalho,
deverá restituir, e não desfrutará dele;
do lucro do seu comércio não
terá alegria alguma.
19 Pois [x]oprimiu e desamparou os pobres;
roubou a casa que não edificou.
20 Certamente não terá descanso da sua cobiça;
não poderá salvar a si mesmo por
aquilo em que se deleita.
21 Nada lhe sobrou para devorar;
a sua prosperidade não perdurará.
22 Apesar da sua fartura, estará angustiado;
toda a força da miséria virá sobre ele.
23 Tendo ele terminado de encher o seu ventre,
Deus mandará sobre ele o ardor da sua ira,
que fará chover sobre ele.
24 Ainda que fuja das armas de ferro,
o arco de [y]bronze o atravessará.
25 Arranca a flecha do seu corpo
e o dardo resplandecente do seu fígado.
Haverá sobre ele [z]terrores;
26 total escuridão espreita os seus tesouros.
Um fogo não assoprado o consumirá
e devorará o que ficar na sua [a]tenda.
27 Os céus manifestarão a sua iniquidade;
a terra se levantará contra ele.
28 Os rendimentos de sua casa
serão [b]transportados;
no dia da ira de Deus todos
se [c]derramarão.
29 [d]Este, da parte de Deus, é o destino do ímpio,
a herança que Deus reservou para ele.

A resposta de Jó: o Deus soberano lidará com os ímpios

21 Então Jó respondeu:
2 Ouvi atentamente as minhas razões;
seja-me isso a vossa consolação.
3 Suportai-me, e falarei;
havendo eu falado, zombai.
4 É a algum homem que me queixo?
Ainda que assim fosse, por que não
se angustiaria o meu espírito?
5 Olhai para mim e pasmai;
ponde a mão sobre a boca.
6 Quando me lembro disso, me perturbo,
e a minha carne estremece de horror.
7 [e]Por que razão vivem os ímpios,
envelhecem e ainda se tornam
mais poderosos?
8 A sua descendência se estabelece
na sua presença
e os seus renovos perante os seus olhos.

[1] (19.26) Esta passagem contém uma das expressões mais sublimes do AT quanto à fé no Redentor vivo, em sua aparição pessoal durante sua vida na terra, na participação pessoal dos piedosos na gloriosa ressurreição – uma participação que ele tornou possível – e na certeza que os justos têm de que verão Deus (comp. 14.13-15).

9 As suas casas têm paz, sem temor;
[f]o castigo de Deus não está sobre eles.
10 O seu touro gera, não falha;
sua vaca tem a cria, não aborta.
11 Enviam os seus filhos como a um rebanho;
seus pequeninos andam saltando.
12 Levantam a voz, ao som do
tamborim e da harpa;
alegram-se ao som da flauta.
13 Na prosperidade passam seus anos
e descem à [g]sepultura em paz.
14 Todavia, dizem a Deus: Retira-te de nós!
Não desejamos ter conhecimento
dos teus caminhos.
15 [h]Quem é o Todo-poderoso
para que o sirvamos?
E [i]que nos aproveitará que
lhe façamos orações?
16 A sua prosperidade, contudo,
não está nas mãos deles,
longe de mim o [j]conselho dos ímpios!
17 Quantas vezes se apaga a
[k]lâmpada dos ímpios?
Quantas vezes lhes sobrevém a destruição,
o destino que Deus reparte em sua ira?
18 Quantas vezes são como a palha
diante do vento,
como a moinha arrebatada
pelo redemoinho?
19 Dizem que Deus reserva aos
filhos o [l]castigo do pai.
A ele, porém, é que deveria Deus dar
a punição, para que o conheça!
20 Que os seus próprios olhos
vejam a sua ruína;
que ele [m]beba do furor do Todo-poderoso.
21 Pois o que lhe importa a sua família
depois de morto,
quando chegarem ao fim
o número dos seus meses?
22 Pode alguém [n]ensinar conhecimento a Deus,
visto que ele julga até os excelsos?
23 Um morre em pleno vigor, completamente
despreocupado e tranquilo,
24 os seus baldes estão cheios de leite,
e os seus ossos cheios de tutano.
25 Outro morre, ao contrário,
na amargura do seu coração,
não havendo provado do bem.
26 Juntamente jazem no pó,
e os vermes os cobrem.
27 Conheço bem os vossos pensamentos
e os maus intentos com que injustamente
me tratais.
28 Vós dizeis: Onde está a casa do [o]príncipe
e onde está a tenda em que
morava o ímpio?
29 Não perguntastes aos que viajam?
Não considerastes os seus relatos?
30 Eles dizem que os maus
são poupados no [p]dia da calamidade,
e socorridos no dia do furor.
31 Quem denunciará diante dele a sua conduta?
Quem lhe retribuirá pelo que faz?
32 Ele é levado à sepultura,
e vigiam-lhe o túmulo.
33 O solo do vale lhe é doce;
todos os homens o seguem,
e são inumeráveis os que o precederam.
34 Portanto, como podeis consolar-me
com as vossas vaidades?
Das vossas respostas só resta falsidade.

Discurso final de Elifaz: ele acusa e exorta Jó

22 Então [q]Elifaz, o temanita, respondeu:
2 Pode o homem [r]ser de algum proveito
a Deus?
Pode até mesmo o sábio
lhe ser proveitoso?
3 Ou tem o Todo-poderoso
prazer em que tu sejas justo,
ou lucro algum em que tu faças [s]perfeitos
os teus caminhos?
4 Ou te repreende pelo temor que tem de ti,
ou entra contigo em juízo?
5 Não é grande a tua malícia
e sem limites as [t]tuas iniquidades?
6 [u]Penhoraste a teus irmãos sem motivo algum;
aos nus despojaste das suas roupas.
7 Não deste ao cansado água a beber
e ao [v]faminto retiveste o pão.
8 Ao poderoso, porém, pertencia a terra,
e o homem favorecido habitava nela.
9 As viúvas despediste vazias
e quebraste os braços dos órfãos.
10 Por isso é que estás cercado de laços
e te perturba um pavor repentino;
11 e está tão escuro que nada vês,
e uma inundação de águas te cobre.
12 Não está Deus na altura dos céus?
Olha para a altura das estrelas,
quão elevadas estão!
13 Contudo tu dizes: Que sabe Deus?
Julga ele através de escuridão tão densa?
14 Grossas [w]nuvens o encobrem,
de modo que não nos pode ver
enquanto passeia pela abóbada do céu.
15 Queres seguir a vereda antiga,
que pisaram os homens iníquos?
16 Eles foram arrebatados antes do seu tempo,
o seu [x]fundamento foi levado
por um dilúvio.
17 Diziam a Deus: Retira-te de nós.
O que [y]pode o Todo-poderoso nos fazer?

[f] Sl 73.5
[g] Veja Hc 2.5, nota; comp. Lc 16.23, nota
[h] Jó 34.9; comp. Êx 5.2
[i] Jó 35.3; Ml 3.14
[j] Jó 22.18; Sl 1.1; Pv 1.10
[k] Lc 12.46
[l] Refere-se ao castigo pela iniquidade
[m] Sl 75.8; Is 51.17; Jr 25.15; Ap 14.10; 19.15
[n] Is 40.13; 45.9; Rm 11.34; 1Co 2.16
[o] Comp. Jó 20.6-9
[p] Dia (de destruição): v. 30; Is 34.2 (Ap 20.11)
[q] Jó 4.1; 15.1; 42.9
[r] Jó 35.7; comp. Lc 17.10
[s] Veja 1Rs 8.61 e Fp 3.12, notas
[t] Comp. Jó 1.1; 13.23; 31.5-34
[u] Êx 22.26,27; Dt 24.10
[v] Dt 15.7; Jó 31.17; Is 58.7; Ez 18.7; Mt 25.42
[w] Sl 139.11,12
[x] Jó 14.19; Sl 90.5; Is 28.2; Mt 7.26,27
[y] 2Pe 2.9

18 Contudo, foi ele que encheu
de bens as suas casas,
por isso fico longe do
conselho dos ímpios!
19 Os justos o viram e se alegraram;
o inocente escarneceu deles,
20 dizendo: Certamente o nosso adversário
é destruído;
e o fogo consome a sua riqueza.
21 Apega-te a Deus, e tem paz com ele;
assim te sobrevirá o bem.
22 Aceita a [z]lei da sua boca
e [a]põe as suas palavras no teu coração.
23 Se te converteres ao Todo-poderoso,
serás restaurados;
se afastares a iniquidade da tua [b]tenda
24 e deitares o teu ouro no pó,
o teu ouro de Ofir entre as
pedras dos ribeiros,
25 então, o Todo-poderoso te será por ouro
e por prata escolhida.
26 Certamente então te deleitarás
no Todo-poderoso
e levantarás o teu rosto para Deus.
27 Orarás a ele, e ele te ouvirá,
e pagarás os teus votos.
28 Determinando tu algum negócio,
assim será feito,
e a luz brilhará em teus caminhos.
29 Quando se abaterem, dirás: Haja exaltação!
E Deus salvará o [c]humilde.
30 Livrará até o que não é inocente,
que será liberto pela pureza
das tuas mãos.

Resposta de Jó: ele anseia por Deus

23 Então Jó [d]respondeu:
2 Ainda hoje a minha queixa está em
amargura;
o peso da mão dele é maior
do que o meu gemido.
3 [e]Ah! se eu soubesse onde encontrá-lo!
Então me chegaria ao seu tribunal.
4 Exporia ante ele a minha causa
e encheria a minha boca de argumentos.
5 Saberia as palavras com que
ele me responderia
e entenderia o que me dissesse.
6 [f]Contenderia ele comigo
segundo a grandeza de seu poder?
Não, antes me atenderia.
7 Ali o reto pleitearia com ele,
e eu me livraria para sempre do meu Juiz.
8 [g]Se me adianto, ali não está;
se torno para trás, não o percebo.
9 Se opera à esquerda, não o vejo;
encobre-se à direita, e não o diviso.
10 [h]Ele, contudo, [i]conhece o meu caminho;
se ele me [j]provasse, eu sairia como o [1]ouro.
11 Nas suas pisadas os meus pés se firmaram;
guardei o seu caminho e não
me desviei dele.
12 Do [k]preceito de seus lábios nunca me apartei;
as palavras da sua boca prezei
mais do que o meu alimento.
13 Se, contudo, ele resolveu alguma coisa,
quem o pode [l]dissuadir?
O que a sua alma quiser isso fará.
14 Cumprirá o que está ordenado
a meu respeito,
e muitas coisas como estas
ainda tem consigo.
15 É por isso que me perturbo perante ele;
quando isso considero, temo diante dele.
16 Deus fez desmaiar o meu coração;
o Todo-poderoso me perturbou.
17 Contudo, não fui [m]silenciado pelas trevas,
pelas densas trevas
que me cobrem o rosto.

Jó continua: Deus parece indiferente com os ímpios

24 Por que o Todo-poderoso
não designa [n]tempos para o juízo?
Por que os que o conhecem
procuram tais [o]dias em vão?
2 Há os que [p]removem os limites,
roubam os rebanhos e os apascentam.
3 Levam o jumento do órfão
e tomam em [q]penhor o boi da viúva.
4 [r]Desviam do caminho os necessitados
e obrigam a todos os pobres da terra
a se esconderem.
5 Como jumentos selvagens no deserto,
os pobres saem ao seu trabalho,
à procura de presa no campo aberto,
como pão para eles e seus filhos.
6 No campo segam o seu pasto
e colhem na vinha do ímpio.
7 Por falta de roupa, passam a noite nus;
não têm cobertas contra o [s]frio.
8 Pelas chuvas das montanhas são molhados
e se [t]abraçam com as rochas
por falta de abrigo.
9 O órfão é arrancado do peito;
aceitam o filho do pobre como penhor.
10 Tendo falta de [u]roupa, andam nus;
carregam as espigas, mas ainda têm fome.
11 Dentro dos seus muros fazem o azeite;
pisam os lagares, e ainda têm sede.

[z] Jó 6.10; 23.12; Pv 2.6
[a] Sl 119.11
[b] Jó 11.14
[c] Jó 5.11; Pv 29.23; Mt 23.12; Tg 4.6; 1Pe 5.5
[d] Jó 7.11
[e] Jó 13.3,18; 16.21; 31.35
[f] Comp. Is 57.15-18
[g] Jó 9.11
[h] Sl 139.1-3
[i] Sl 1.6
[j] Provar-Tentar: v. 10; Jó 34.36 (Gn 3.1; Tg 1.14)
[k] Jó 6.10; 22.22
[l] Sl 33.11; 115.3
[m] Jó 10.18,19
[n] At 1.7
[o] Is 2.12; Jr 46.10
[p] Dt 19.14; 27.17
[q] Jó 22.9
[r] Jó 29.16
[s] Êx 22.26,27; Tg 2.15,16
[t] Comp. Lm 4.5
[u] Jó 31.19

[1] (23.10) Este é provavelmente o momento decisivo na busca de Jó para encontrar uma solução para seu problema.

12 Desde as cidades gemem os homens,
e os feridos clamam por socorro.
Deus, porém, a [y]ninguém acusa de maldade.
13 Estão entre os que se opõem à luz,
que não conhecem os seus caminhos
nem permanecem nas suas veredas.
14 De madrugada se levanta o homicida,
mata o pobre e o necessitado;
de noite torna-se ladrão.
15 Os [w]olhos do adúltero
aguardam o crepúsculo,
dizendo: Não me verá olho nenhum,
e disfarça o rosto.
16 Nas [x]trevas arrombam as casas,
mas de dia se conservam encerrados;
nada querem com a luz.
17 Para eles a profunda escuridão é a sua manhã;
são amigos dos terrores das trevas.
18 São, porém, espuma na face das águas;
maldita é a sua porção sobre a terra,
de modo que ninguém vai às vinhas.
19 Como a secura e o calor
desfazem as águas da neve,
assim faz a [y]sepultura aos que pecaram.
20 A madre se esquecerá dele,
os vermes o comerão avidamente;
nunca mais haverá lembrança [z]dele,
e a iniquidade se quebrará como árvore.
21 Aflige a estéril que não dá à luz
e não faz bem à viúva.
22 Deus, porém, arrasta os
poderosos com a sua força;
embora se levantem, não têm vida segura.
23 Ele pode deixar que descansem
sentindo-se seguros,
mas [a]seus olhos estão nos caminhos deles.
24 Por um pouco são exaltados,
e logo desaparecem;
são abatidos e encerrados
como todos os outros;
são cortados como as pontas das espigas.
25 Se não é assim, quem me desmentirá
e reduzirá a nada as minhas palavras?

Discurso final de Bildade: a solução do problema está além da capacidade humana

25 Então [b]Bildade, o suíta, respondeu:
2 Com Deus estão domínio
e temor; ele faz reinar a paz nas suas alturas.
3 Têm número os seus [c]exércitos?
Sobre quem não se levanta a sua luz?
4 Portanto, [d]como seria justo o
homem perante Deus?
Como seria [e]puro aquele que
nasce de mulher?
5 Se até a lua não resplandece,
e as estrelas não são puras aos seus [f]olhos,
6 quanto menos o homem, que é uma larva,
e o filho do homem, que é um [g]verme!

Jó replica: Bildade é repreendido; a grandeza de Deus é afirmada

26 Então Jó respondeu:
2 Como ajudaste aquele
que não tinha força
e sustentaste o braço que não tinha vigor!
3 Como aconselhaste aquele que
não tinha sabedoria,
e plenamente lhe fizeste saber o
verdadeiro conhecimento!
4 Para quem proferiste palavras?
E de quem é o espírito que saiu de ti?
5 Os [h]mortos tremem debaixo das águas,
com os seus moradores.
6 A [i]morte está nua perante Deus,
e não há coberta para a perdição.
7 Ele estende o norte sobre o vazio;
suspende a terra sobre o nada.
8 Prende as águas em densas nuvens,
contudo as nuvens não se rasgam
sob o seu peso.
9 Encobre a face da lua cheia
e sobre ela estende a sua nuvem.
10 [j]Marca o horizonte na superfície das águas,
como um limite entre a luz e as trevas.
11 As colunas do céu tremem
e se espantam da sua ameaça.
12 Com a sua força fendeu o mar;
com o seu entendimento [k]abateu a Raabe.
13 Pelo seu [l]sopro os céus se aclararam;
a sua mão trespassou a serpente veloz.
14 E isso são apenas as orlas dos seus caminhos;
quão pouco é o que temos ouvido dele!
Quem, pois, entenderia o
trovão do seu poder?

Jó continua sustentando que é justo e deplora a perversidade

27 Prosseguiu Jó em seu discurso:
2 Tão certo como vive o Senhor,
que me [m]negou justiça, e o Todo-poderoso,
que amargurou a minha alma,
3 enquanto eu tiver vida,
e o [n]sopro de Deus no meu nariz,
4 não falarão os meus lábios [o]iniquidade
nem a minha língua pronunciará engano.
5 Jamais admitirei que tendes razão;
até que eu expire,
não negarei a minha integridade.
6 À minha [p]justiça me apegarei,
e não a largarei; não me reprovará
a minha consciência enquanto eu viver.
7 Seja como o ímpio o meu inimigo,
e o que se levantar contra mim como o perverso.

v Comp. Jó 9.23,24; 19.7; 30.20; Ec 8.11-13
w Pv 7.9
x Comp. Jo 3.19,20
y Veja Hc 2.5, nota; comp. Lc 16.23, nota
z Pv 10.7
a Sl 11.4; Pv 15.3
b Jó 8.1; 18.1
c Comp. Mt 22.7
d Jó 4.17; 15.14; Sl 130.3; 143.2
e Jó 14.4
f Jó 15.15
g Sl 22.6
h Comp. Is 14.9
i Comp. v. 6-14 com Jó 9.5-10; Sl 139.8-11; Pv 15.11; Hb 4.13; veja Hc 2.5, nota; comp. Lc 16.23, nota
j Jó 38.8; Sl 33.7; 104.9; Pv 8.29; Jr 5.22
k Jó 9.13
l Espírito Santo (AT): v. 13; Jó 33.4 (Gn 1.2; Zc 12.10)
m Jó 34.5
n Gn 2.7; comp. Jó 32.8; 33.4
o Comp. Jó 13.7
p Jó 2.3; 33.9; comp. 23.10; 42.1-6

8 [q]Pois que esperança tem o
ímpio quando é cortado,
quando Deus lhe arranca a vida?
9 [r]Ouve Deus o seu clamor,
quando lhe sobrevém a tribulação?
10 Se deleitará o ímpio no Todo-poderoso,
ou invocará a Deus em todo o tempo?
11 Eu vos ensinarei acerca do poder de Deus;
não vos encobrirei os caminhos
do Todo-poderoso.
12 Todos vós já vistes isso.
Por que, pois, proferis palavras vãs?
13 Eis da parte de Deus a porção do ímpio,
a herança que os tiranos recebem
do Todo-poderoso:
14 Se os seus filhos se multiplicarem,
será para a espada;
a sua prole não se fartará de pão.
15 Os que ficarem dela, a praga os enterrará,
e as suas viúvas não chorarão.
16 Embora amontoe prata como pó
e vestes como barro,
17 o que ele acumular, [s]o justo vestirá,
e o inocente repartirá a sua prata.
18 A casa que ele edifica é como
o casulo da traça,
como a [t]cabana feita pelo vigia.
19 Rico se deita, mas não o fará mais!
Quando abre os olhos, [u]tudo desapareceu.
20 [v]Pavores se apoderam dele como águas;
de noite o arrebatará a tempestade.
21 O vento oriental o leva, e ele se vai;
arranca-o com ímpeto do seu lugar.
22 Atira-se contra ele sem [w]misericórdia,
enquanto ele foge precipitadamente
do seu poder.
23 Bate palmas contra ele e,
com assobios, o tiram do seu lugar.

Jó prossegue: a busca da sabedoria

28 Há minas de onde se extrai a prata,
e um lugar onde se refina o ouro.
2 O ferro é tirado da terra,
e da pedra se funde o cobre.
3 O homem põe fim às trevas;
até nos últimos confins procura pedras
na mais densa escuridão.
4 Longe da habitação dos homens,
em lugares esquecidos dos pés
do homem, abre um poço;
longe dos homens fica pendente e oscila.
5 A terra, de onde procede o pão,
é revolvida como por fogo;
6 safiras procedem das suas rochas,
e seu pó contém pepitas de ouro.
7 Essa vereda, a ave de rapina ignora,
e os olhos do falcão jamais a viram.
8 Nunca a pisaram feras altivas
nem o feroz leão passou por ela.
9 O homem estende a mão contra a dura rocha
e revolve os montes desde as suas raízes.
10 Abre túneis através da rocha;
seus olhos veem todos os seus tesouros.
11 Procura as fontes dos rios,
e traz para a luz o que estava escondido.
12 [x]Onde, porém, se achará a sabedoria?
Onde habita o entendimento?
13 O homem não lhe compreende o [y]valor;
não se pode encontrar na
terra dos viventes.
14 O abismo diz: Não está em mim;
o mar diz: Ela não está comigo.
15 Não pode ser comprada com o [z]ouro fino,
nem a peso de prata se trocará.
16 Não pode ser comprada com
o ouro fino de Ofir
nem com o precioso ônix
nem com a safira.
17 Com ela não se pode comparar
o [a]ouro ou o cristal
nem pode ser trocada por joias de ouro.
18 Não se fará menção do coral nem do cristal;
o preço da sabedoria está além dos [b]rubis.
19 Não se lhe igualará o topázio da Etiópia;
nem se pode comprar por [c]ouro puro.
20 [d]De onde, pois, vem a sabedoria?
Onde habita o entendimento?
21 Está encoberta aos olhos de todo vivente,
oculta até das aves do céu.
22 A [e]destruição e a morte dizem:
Ouvimos um rumor dela.
23 [f]Deus entende o seu caminho
e sabe o seu lugar,
24 pois ele vê as extremidades da terra
e vê tudo o que há debaixo dos céus.
25 [g]Quando estabeleceu a força do vento
e tomou a medida das águas,
26 quando decretou uma lei para a chuva
e um caminho para a tempestade
acompanhada de relâmpago e trovões,
27 então a viu e a manifestou;
confirmou-a e também a testou.
28 E disse ao homem:
O [h]temor do Senhor é a sabedoria,
e apartar-se do mal é o entendimento.

A grandeza do passado de Jó

29 Prosseguiu Jó em seu discurso:
2 Quem me dera ser como
fui nos meses [i]passados,
como nos dias em que Deus me [j]guardava,
3 quando fazia resplandecer
a sua [k]lâmpada sobre a minha cabeça,
e eu com a sua luz caminhava pelas trevas!

[q] Mt 16.26; Lc 12.20
[r] Jó 35.12,13; Sl 18.41; Pv 1.28; Jr 14.12; Mq 3.4
[s] Pv 28.8; Ec 2.26
[t] Comp. Is 1.8
[u] Jó 20.7
[v] Jó 18.11
[w] Jr 13.14; Ez 5.11
[x] v. 20; Ec 7.24; comp. Pv 2.1-22
[y] Pv 3.15
[z] Pv 3.14
[a] Pv 8.10; 16.16
[b] Pv 3.15; 8.11
[c] Pv 8.19
[d] v. 12; Sl 111.10; Pv 1.7; 9.10
[e] v. 14
[f] Comp. v. 23-28 com Pv 8.22-31
[g] Sl 135.7
[h] Sl 111.10; Pv 1.7; 9.10; veja Sl 19.9, nota
[i] Jó 1.1-5
[j] Jó 1.10
[k] Sl 27.1

4 Ah! quem me dera voltar
aos dias da minha juventude,
quando a amizade de Deus
estava sobre a minha [l]tenda,
5 quando o Todo-poderoso ainda estava comigo
e os meus filhos em redor de mim;
6 quando o meu caminho era regado com leite,
e da rocha me corriam ribeiros de azeite!
7 Quando eu saía para a porta da cidade
e na praça preparava a minha cadeira,
8 os moços me viam e se retiravam,
e os idosos se punham em pé;
9 os príncipes continham as suas palavras
e punham a mão sobre a boca;
10 a voz dos nobres emudecia,
e a sua língua se pegava ao paladar.
11 Ouvindo-me algum ouvido,
tinha-me por bem-aventurado;
vendo-me algum olho,
dava testemunho de mim,
12 [m]porque eu livrava os pobres que clamavam
e o órfão que não tinha quem o socorresse.
13 A bênção do que ia perecendo
vinha sobre mim;
eu fazia rejubilar-se o coração da viúva.
14 Cobria-me de [n]retidão, e ela
me servia de veste;
como manto e diadema era
a minha justiça.
15 Eu era o [o]olho do cego e os pés do coxo.
16 Eu era pai dos [p]necessitados;
examinava com diligência as
causas dos estrangeiros.
17 Eu quebrava os queixos do perverso
e dos seus dentes tirava a presa.
18 Eu dizia: No meu ninho expirarei
e multiplicarei os meus dias como a areia.
19 A minha raiz se estenderá até as águas,
e o orvalho ficará a noite toda
sobre os meus ramos.
20 A minha honra se renovará em mim,
e o meu arco se reforçará na minha mão.
21 Os homens me ouviam com esperança,
e em silêncio aguardavam
o meu conselho.
22 Havendo eu falado, não replicavam;
as minhas palavras caíam
suavemente sobre eles.
23 Esperavam-me como à chuva,
abriam a sua boca como à chuva tardia.
24 Quando eu sorria para eles,
quase não acreditavam;
a luz do meu rosto lhes era preciosa.
25 Eu escolhia o seu caminho,
assentava-me como chefe;
habitava como [q]rei entre as suas tropas,
como quem [r]consola os que pranteiam.

[l] Jó 20.26
[m] Jó 31.16-23
[n] Justiça (vestes de): v. 14; Sl 132.9 (Gn 3.21; Ap 19.8)
[o] Comp. Lv 19.14
[p] Pv 29.7
[q] Comp. Jó 1.3
[r] Comp. Jó 16.2
[s] Jó 17.6; Sl 35.15; 69.12; Lm 3.14,63
[t] Nm 12.14; Dt 25.9; Is 50.6; Mt 26.67; 27.30
[u] Jó 12.18
[v] Jó 19.12
[w] Sl 42.4
[x] Sl 22.14
[y] Jó 19.7
[z] Jó 10.3; 16.9,14; 19.6,22

O atual estado humilhante de Jó

30 Agora, porém, zombam de mim
os de menos idade do que eu,
cujos pais eu teria desdenhado de pôr
com os cães do meu rebanho.
2 De que me serviria a força das suas mãos,
visto que o seu vigor já pereceu?
3 Debilitados pela necessidade e pela fome,
andavam vagando pelos lugares secos,
lugares de ruínas e desolação.
4 Apanhavam malvas junto aos arbustos
e se sustentavam de raízes de zimbros.
5 Do meio dos homens eram expulsos;
gritava-se contra eles,
como se grita atrás de um ladrão.
6 Eram forçados a habitar nos
leitos secos dos rios,
entre as rochas e nas cavernas da terra.
7 Bramavam entre os arbustos
e se ajuntavam debaixo das urtigas.
8 Eram filhos de doidos,
filhos de gente sem nome,
e da terra eram expulsos.
9 E agora [s]sou a sua canção de zombaria;
sirvo-lhes de provérbio.
10 Abominam-me, fogem para longe de mim;
não hesitam em [t]cuspir no meu rosto.
11 Agora que Deus afrouxou a corda
do meu arco e me oprimiu,
eles [u]sacudiram de si o freio
perante o meu rosto.
12 À direita se levantam os moços;
[v]empurram os meus pés e
preparam contra mim
os seus caminhos de destruição.
13 Arruínam o meu caminho,
promovem a minha calamidade;
gente para quem não há socorro.
14 Vêm contra mim como por uma grande brecha;
por entre as ruínas se precipitam.
15 Sobrevieram-me pavores;
como pelo vento é varrida a minha honra;
como nuvem passa a minha segurança.
16 Agora a minha [w]alma se [x]esvai;
dias de sofrimento se apoderam de mim.
17 A noite trespassa os meus ossos;
o mal que me corrói jamais descansa.
18 Em seu grande poder Deus
desfigura a minha veste;
ele me amarra como a gola da minha túnica.
19 Ele me lança na lama,
e sou reduzido a pó e cinza.
20 [y]Clamo a ti, ó Deus, mas não me respondes;
ponho-me de pé, mas para
mim não atentas.
21 Tornas-te cruel para comigo;
com a força da tua mão me [z]atacas.

22 Levantas-me sobre o vento
e fazes-me cavalgá-lo;
dissolves-me na tempestade.
23 Eu sei que me levarás à morte,
ao lugar [a]destinado a todos os viventes.
24 Certamente ninguém estende
a mão para o homem arruinado
quando clama por ajuda em sua aflição.
25 Não chorei pelos aflitos?
Não se angustiou a minha
alma pelos pobres?
26 [b]Contudo, aguardando eu o bem,
me sobreveio o mal;
esperando eu a luz, veio a escuridão.
27 A agitação das minhas entranhas não cessa;
os dias da aflição me sobrevêm.
28 Denegrido [c]ando, mas não do sol;
levanto-me na congregação
e clamo por socorro.
29 Irmão [d]me fiz dos chacais
e companheiro das corujas.
30 A minha [e]pele enegrece e cai;
o meu [f]corpo queima de febre.
31 Pelo que a minha harpa se tornou
em pranto de luto,
e a minha flauta em voz dos que choram.

Jó conclui seu discurso: ele mesmo se justifica

31 Fiz aliança com meus olhos;
portanto, como os fixaria numa [g]jovem?
2 Pois que porção tem o homem
da parte de Deus lá de cima?
Qual a sua herança do Todo-poderoso
lá das alturas?
3 Não é a ruína para os perversos,
e o desastre para os que
praticam a iniquidade?
4 Não vê ele os meus caminhos,
e não conta os meus passos?
5 Se andei com falsidade
e se o meu pé se apressou para o engano
6 (pese-me Deus em balanças fiéis,
e conhecerá a minha [h]integridade),
7 se os meus passos se desviaram do caminho,
se o meu coração seguiu os meus olhos
e se as minhas mãos se
tornaram imundas,
8 então, [i]semeie eu e outro coma;
seja o produto das minhas
colheitas arrancado.
9 Se o meu coração se deixou
seduzir por uma mulher,
ou se andei rondando à porta
do meu próximo,
10 então, que a minha mulher
moa cereal para [j]outro,
e outros se encurvem sobre ela.

[a] Hb 9.27
[b] Jr 8.15
[c] Sl 38.6; 42.9; 43.2
[d] Comp. Sl 102.6; Mq 1.8
[e] Sl 119.83; Lm 4.8; 5.10
[f] Sl 102.3
[g] Mt 5.28
[h] Jó 6.29; 27.5,6
[i] Lv 26.16; Dt 28.30,38
[j] 2Sm 12.11; Jr 8.10
[k] v. 28; Gn 38.24; Lv 20.10; Dt 22.22
[l] Dt 24.14
[m] Sl 44.21
[n] Jó 34.19; Pv 14.31; 22.2; Ml 2.10
[o] Jó 29.12
[p] Comp. Dt 24.13
[q] Jó 22.9
[r] v. 3; 21.17
[s] Mt 6.19,20

11 Pois isso seria uma vergonha,
um [k]pecado para ser punido pelos juízes.
12 É fogo que devora até a destruição;
desarraigaria toda a minha renda.
13 Se [l]desprezei o direito do meu servo
ou da minha serva,
quando contendiam comigo,
14 que faria eu quando Deus se levantasse?
E, [m]inquirindo ele a causa,
que lhe responderia?
15 Aquele que me formou no ventre,
não fez também a meu servo?
Ou [n]não nos formou do mesmo
modo na madre?
16 Se retive o desejo dos pobres,
ou fiz [o]desfalecer os olhos da viúva,
17 se sozinho comi o meu pão,
sem dividi-lo com o órfão
18 (desde a minha juventude
criei o órfão como se lhe fora pai
e guiei a viúva desde o ventre
da minha mãe),
19 se a alguém vi perecer por falta de roupa
e ao necessitado falta coberta,
20 se os seus lombos não me [p]abençoaram,
se ele não se aquentava com a lã
dos meus cordeiros,
21 se levantei a mão [q]contra o órfão,
sabendo ter o apoio dos juízes na porta,
22 então caia do ombro o meu braço e seja
arrancado da articulação.
23 Pois a [r]destruição vinda de
Deus seria para mim
um horror,
e por causa do temor do seu resplendor
eu não poderia fazer tais coisas.
24 Se no [s]ouro pus a minha esperança,
ou disse ao ouro fino:
Tu és a minha segurança;
25 se me alegrei por ser grande a minha riqueza
e por ter a minha mão alcançado muito;
26 se olhei para o sol, quando resplandecia,
ou para a lua, quando se movia gloriosa,
27 e o meu coração se deixou
enganar em oculto,
e com a mão lhes ofereci
beijos de homenagem,
28 também isto seria pecado
para ser punido pelos juízes,
pois eu teria sido infiel a Deus
que está lá em cima.
29 Se me alegrei com o infortúnio
do que me tem ódio e se exultei
quando o mal lhe sobreveio,
30 (não deixei pecar a minha boca
invocando uma maldição
sobre a sua vida),

31 se as pessoas da minha tenda não disseram:
Quem não se fartou de carne
provida por Jó?
32 O estrangeiro não passava a noite na rua,
pois as minhas portas estavam abertas
ao viajante;
33 se, como os [t]homens, encobri o meu pecado,
ocultando a minha culpa no coração,
34 porque temia a multidão,
e tinha tanto pavor do desprezo das famílias
que me calei e não saí da porta.
35 (Ah! [u]quem me dera alguém que me ouvisse!
Agora assino a minha defesa.
Que o Todo-poderoso me responda;
[v]que o meu adversário escreva
a sua acusação.
36 Por certo que a levaria sobre o meu ombro,
sobre mim a ataria como coroa.
37 Eu lhe daria conta dos meus passos;
como príncipe me chegaria a ele.)
38 Se a minha terra clamar contra mim
e se os seus sulcos se
molharem de lágrimas,
39 se comi os seus produtos sem pagar
e quebrantei o espírito dos seus donos,
40 por trigo me produza espinhos,
e por cevada, joio.
Acabaram-se as palavras de Jó.

III. Monólogo de Eliú, 32–37

Embora jovem, ele repreende Jó e os outros

32 Então aqueles três homens [1]cessaram de
responder a Jó, porque era [w]justo aos seus
próprios olhos.
2 Acendeu-se, porém, a ira de [2]Eliú, filho de
Baraquel, o [x]buzita, da família de Rão; acendeu-
-se a sua ira contra Jó, porque este se [y]justificava
a si mesmo, mais do que a Deus.
3 Também a sua ira se acendeu contra os seus
três amigos porque, não achando o que respon-
der, todavia condenavam a Jó.
4 Eliú esperou para falar a Jó, pois eram mais
velhos do que ele.
5 Vendo Eliú que já não havia resposta na boca
daqueles três homens, a sua ira se acendeu.

6 Então disse Eliú, filho de Baraquel, o buzita:
Eu sou de menos [z]idade, e vós sois idosos;
tive receio e temi de vos declarar
a minha opinião.
7 Pensava eu: Falem os dias;
a multidão dos anos ensine a sabedoria.
8 É o [a]espírito do homem que
lhe dá entendimento;
o [b]sopro do Todo-poderoso.
9 Não são apenas os velhos que são sábios,
nem apenas os idosos
que entendem o que é reto.
10 Pelo que digo: Ouçam-me;
também eu declararei a minha opinião.
11 Aguardei as vossas palavras
e dei ouvidos às vossas considerações,
enquanto buscáveis o que dizer.
12 Atentando para vós,
nenhum de vós houve que convencesse a Jó
nem que respondesse às suas palavras.
13 [c]Por isso, não faleis: Achamos a sabedoria;
que Deus o refute, não homem algum.
14 Ora, ele não dirigiu contra mim palavra alguma,
nem lhe responderei com as vossas palavras.
15 Estão pasmados, já não respondem,
faltam-lhes as palavras.
16 Acaso devo esperar, agora que não falam,
agora que estão calados e nada
mais respondem?
17 Também eu responderei pela minha parte;
também eu declararei a minha opinião.
18 Pois estou cheio de palavras,
e o meu espírito me [d]constrange;
19 dentro em mim sou como o vinho
sem respiradouro,
como odres novos, prestes a arrebentar-se.
20 Falarei, para que encontre alívio;
abrirei os lábios e responderei.
21 Não farei acepção de pessoas
nem usarei de bajulação com o homem;
22 pois, se eu soubesse bajular,
em breve me [e]levaria o meu Criador.

Eliú continua e diz que defende Deus e a sua justiça

33 Agora, pois, ó Jó, ouve as minhas palavras;
dá ouvidos a tudo o que eu disser.

[t] Gn 3.10; Pv 28.13
[u] Jó 19.7
[v] Jó 13.24; 33.10
[w] Jó 6.29; 31.6; 33.9
[x] Gn 22.21
[y] Jó 27.5,6
[z] Lv 19.32
[a] Comp. Jó 27.3; 33.4
[b] 1Rs 3.12; 4.29; Jó 35.11; 38.36; Pv 2.6; Ec 2.26; Dn 1.17–2.21; Mt 11.25; Tg 1.5
[c] Jr 9.23; 1Co 1.29
[d] Inspiração: v. 18; Sl 68.11 (Êx 4.15; 2Tm 3.16)
[e] Jó 27.8

[1] (32.1) Apesar das diferenças secundárias, Elifaz, Bildade e Zofar concordam em suas explicações sobre as aflições de Jó – isto é, que Jó é um hipócrita. De outra maneira, de acordo com a concepção que eles tinham de Deus, os sofrimentos de Jó seriam injustos. Jó, embora seja o sofredor, não acusa, por sua causa, a justiça de Deus, e completa sua autodefesa. Diante de Deus, ele é culpado, desamparado e imperfeito, e não há mediador (9.33). Mais tarde, sua fé é recompensada com a revelação do futuro Redentor e da ressurreição (19.25-27). Mas Elifaz, Bildade e Zofar também são pecadores diante de Deus e, no entanto, não sofrem aflições. Jó refuta a teoria dos três de que ele peca secretamente contra princípios comuns de ordem moral, mas o verdadeiro problema continua: Por que sofrem os justos?

[2] (32.2) Eliú tem uma compreensão mais exata do problema do que Elifaz, Bildade e Zofar porque sua concepção de Deus é mais elevada. O Deus de Elifaz e dos outros, embora seja poderoso em obras, de acordo com eles, é mesquinho e intolerante em sua relação com a humanidade. Em contraste, a descrição que Eliú faz de Deus é nobre e correta. No entanto, Eliú não se torna um verdadeiro consolador (comp. 34.35-37) e acusa Jó de maldade e insensatez (34.7,8; 35.16).

2 Estou prestes a abrir a minha boca;
as minhas palavras estão na
ponta da minha língua.
3 As minhas palavras saem da sinceridade
do meu coração;
os meus lábios falam com
sinceridade do que sei.
4 O [f]Espírito de Deus me fez;
o sopro do Todo-poderoso [g]me dá vida.
5 Se podes, responde-me;
prepara-te para confrontar-me.
6 [h]Diante de Deus sou como tu;
do barro também fui formado.
7 Não te perturbará o medo de mim
nem será pesada sobre ti a minha mão.
8 Disseste, porém, em meus ouvidos;
eu ouvi bem as tuas palavras:
9 [i]Estou limpo, sem pecado;
sou puro e livre de culpa.
10 Contudo, Deus encontrou
pretextos contra mim;
ele me considera seu [j]inimigo.
11 Põe no [k]tronco os meus pés e
observa todas as minhas veredas.
12 Eu, porém, te respondo,
que nisso não tens razão,
pois Deus é maior do que o homem.
13 Por que razão contendes com ele,
dizendo que ele não responde
às palavras dos homens?
14 Pois Deus fala, ora de um modo, ora de outro,
embora o homem possa não
atentar para isso.
15 Em sonho ou em visão de noite,
quando cai sono profundo sobre os homens,
enquanto dormem na cama,
16 ele pode falar-lhes aos ouvidos
e atemorizá-los com avisos,
17 para apartar o homem do seu desígnio
e livrá-lo do seu orgulho;
18 para preservar a sua alma da cova
e a sua vida de perecer pela espada.
19 Também na sua [l]cama é com dores castigado,
com incessante agonia nos seus ossos,
20 de modo [m]que a sua vida abomina o [n]pão;
a sua alma, a comida preferida.
21 Desaparece a sua carne a olhos vistos,
e os seus ossos, que não se viam,
agora se descobrem.
22 A sua alma vai-se chegando à [o]cova,
e a sua vida, aos que trazem a morte.
23 Se com ele houver um anjo mediador,
um entre milhares,
para declarar ao homem o que lhe é justo,
24 então terá compaixão dele e lhe dirá:
Livra-o, que não desça à cova;
já achei [p]resgate.

[f] Espírito Santo (AT): v. 4; Sl 51.11 (Gn 1.2; Zc 12.10)
[g] Gn 2.7
[h] Comp. Jó 9.32,33; veja 32.2, nota
[i] Jó 6.29; 9.17; 10.7; 11.4; 16.17; 23.10,11; 27.5; 29.14; 31.
[j] Jó 13.24; 31.35
[k] Jó 19.8
[l] Jó 30.17
[m] Sl 107.18
[n] Jó 3.24
[o] Veja Hc 2.5, nota; comp. Lc 16.23, nota
[p] Mt 20.28; 1Tm 2.6; comp. Jó 36.18
[q] 2Sm 12.13; Pv 28.13; Lc 15.21; 1Jo 1.9
[r] Jó 42.6
[s] Jó 12.11
[t] Jó 33.9
[u] Jó 27.2
[v] Jó 6.4
[w] Jó 15.16
[x] Jó 21.15
[y] Gn 18.25; Dt 32.4; 2Cr 19.7; Jó 8.3; 36.23; Sl 92.15; Rm 9.14

25 A sua carne se reverdece
como a de uma criança;
é restaurada como nos dias
da sua juventude.
26 Ele ora a Deus, que lhe é favorável;
vê a face de Deus e clama de júbilo;
Deus o restaura à sua justiça.
27 Então ele vem aos homens e [q]diz:
[r]Pequei e perverti o direito,
mas não fui punido como merecia.
28 Deus livrou a minha alma de ir para a cova
e viverei para desfrutar a luz.
29 Tudo isso é obra de Deus,
duas a três vezes para com o homem,
30 para desviar a sua alma da perdição,
para que a luz da vida brilhe sobre ele.
31 Escuta, ó Jó, e ouve-me;
cala-te, e eu falarei.
32 Se tens alguma coisa que dizer, responde-me;
fala, pois desejo justificar-te.
33 Se não, escuta-me tu;
cala-te, e te ensinarei a sabedoria.

Eliú acusa Jó de rebeldia contra a justiça soberana

34 Então disse Eliú:
2 Ouvi, vós, sábios, as minhas palavras;
vós, entendidos, inclinai a mim os ouvidos.
3 Pois o ouvido [s]prova as
palavras como o paladar prova a comida.
4 O que é direito escolhamos para nós;
conheçamos entre nós o que é bom.
5 Diz Jó: [t]Sou justo,
e Deus tirou o meu [u]direito.
6 Apesar do meu direito,
sou considerado mentiroso;
a minha ferida é [v]incurável
embora eu esteja sem transgressão.
7 Que homem há como Jó,
que bebe a zombaria como [w]água?
8 Anda na companhia dos que
praticam a iniquidade;
caminha com os ímpios.
9 Pois diz: De nada aproveita ao homem
comprazer-se em [x]Deus.
10 Por isso, vós homens de
entendimento, escutai-me:
[y]Longe de Deus esteja praticar impiedade,
e do Todo-poderoso praticar a iniquidade!
11 Segundo a obra do homem, ele lhe paga,
e faz a cada um segundo o seu caminho.
12 Na verdade, Deus não procede impiamente
nem o Todo-poderoso perverte o juízo.
13 Quem lhe entregou o governo da terra?
Quem lhe deu autoridade
sobre todo o mundo?
14 Se Deus quisesse,
e retirasse o seu espírito e fôlego,

15 [z]toda a carne juntamente expiraria,
e o homem voltaria ao pó.
16 Se há em ti entendimento, ouve isto;
inclina os ouvidos à voz do meu discurso.
17 Pode governar o que aborrece o direito?
[a]Condenarás aquele que é
justo e poderoso?
18 Não é ele que diz aos reis: Sois ímpios,
e aos príncipes: Sois perversos;
19 que não faz discriminação
em favor dos príncipes
nem [b]estima ao rico mais do que ao pobre,
[c]pois todos são obra de suas mãos?
20 Eles num momento morrem,
no meio da noite;
os povos são perturbados e passam;
os poderosos são removidos sem auxílio
de mão humana.
21 [d]Os seus olhos estão sobre os
caminhos dos homens;
ele vê a todos os seus passos.
22 Não há trevas nem sombra de morte
nas quais se escondam
os que praticam a iniquidade.
23 Deus não precisa observar por muito tempo
o homem,
para o fazer ir a juízo diante dele.
24 [e]Quebranta os fortes, sem
depender de investigação,
e põe outros em seu lugar.
25 Porque conhece as suas obras,
de noite os transtorna, e ficam moídos.
26 Ele os castiga por causa
da sua impiedade à vista de todos,
27 [f]porque se desviaram dele
e não compreenderam nenhum
de seus caminhos.
28 Fizeram que o clamor do
pobre subisse até ele,
[g]de sorte que [h]ouviu o clamor dos aflitos.
29 Se, porém, permanecer quieto,
quem poderá condená-lo?
Se encobrir o rosto, quem
poderá contemplá-lo?
Contudo ele domina as nações
e os indivíduos,
30 para que o ímpio não reine
e não haja quem iluda o povo.
31 Se alguém disser a Deus: Sou culpado,
mas não pecarei mais.
32 O que não vejo, ensina-o tu a mim,
se cometi maldade, nunca mais
tornarei a praticá-la.
33 Deve Deus recompensar-te como tu queres,
se não te arrependeres?
Pois tu deves fazer a escolha, não eu;
assim, dize-me o que sabes.
34 Os homens de entendimento declaram,
os sábios que me ouvem dizem-me:
35 Jó fala sem conhecimento;
às suas palavras falta sabedoria.
36 Oxalá fosse Jó [i]provado
até o fim por responder como os ímpios!
37 Ao seu pecado acrescenta a [j]rebelião;
entre nós bate palmas com desprezo
e multiplica contra Deus as suas palavras.

Eliú reprova Jó por falar imprudentemente

35 Então disse Eliú:
2 Achas que é justo dizeres:
Maior é a minha justiça do
que a de Deus?
3 Pois [k]dizes: De que me serviria ela?
Que proveito tiraria dela
mais do que do meu pecado?
4 Eu te darei resposta,
a ti e aos [l]teus amigos contigo.
5 [m]Atenta para os céus e vê;
contempla as mais altas nuvens,
que estão mais altas do que tu.
6 Se pecas, em que isso pode [n]te afetar?
Se os teus pecados são muitos,
que lhe fazes?
7 Se és justo, que lhe dás,
ou que recebe ele das tuas [o]mãos?
8 A tua impiedade fará mal
apenas a outro homem como tu,
e a tua justiça só aproveitará
aos filhos dos homens.
9 Por causa das muitas opressões,
os homens clamam;
clamam por socorro por causa do braço
dos poderosos.
10 Ninguém, porém, diz: [p]Onde
está Deus que me fez,
[q]que inspira cânticos durante a noite,
11 que [r]ensina mais a nós do que
aos animais da terra
e nos faz mais sábios do que
as aves dos céus?
12 Ele não responde quando
os homens clamam,
por causa da arrogância dos maus.
13 Certo é que Deus não [s]ouve a gritos vazios;
nem atenta para eles o Todo-poderoso.
14 Quanto menos ouvirá ele quando dizes que
não o vês,
que a tua [t]causa está perante ele,
e que esperas nele;
15 ainda mais, que a sua ira jamais castiga,
e ele não faz o mínimo caso
da impiedade.
16 Assim Jó abre em vão a sua boca;
sem conhecimento multiplica palavras.

[z] Gn 3.19; Ec 12.7
[a] Jó 40.8
[b] At 10.34; Rm 2.11
[c] Jó 31.15
[d] 2Cr 16.9; Jó 31.4; Sl 34.15; Pv 5.21; 15.3; Jr 16.17; 32.19
[e] Dn 2.21
[f] Comp. 1Sm 15.11
[g] Jó 35.9; Tg 5.4
[h] Êx 22.23
[i] Provar-Tentar: v. 36; Sl 7.9 (Gn 3.1; Tg 1.14)
[j] Jó 7.11; 10.1; comp. 1Sm 15.23
[k] Jó 21.15; 34.9
[l] Jó 34.8; comp. 42.7-9
[m] Jó 22.12
[n] Comp. Jó 7.20; Pv 8.36
[o] Jó 22.2; Pv 9.12; Lc 17.10
[p] Comp. Is 51.13
[q] Sl 42.8; 77.6; 149.5; At 16.25
[r] Sl 94.12; Is 48.17; comp. 1Co 2.13
[s] Is 1.15; Jr 11.11; comp. Jó 27.8,9
[t] Jó 36.17

Deus trata os homens de acordo com as suas obras

36 Continuou Eliú:
2 Espera um pouco mais;
eu te mostrarei que ainda há
argumentos a favor de Deus.
3 De longe trago o meu conhecimento;
ao meu Criador atribuirei a justiça.
4 Na verdade, as minhas palavras
não são falsas;
contigo está alguém cujo
conhecimento é perfeito.
5 Deus é muito poderoso, mas
a ninguém despreza;
ele é [u]poderoso e firme em seu propósito.
6 Não deixa viver o ímpio,
mas faz justiça aos [v]aflitos.
7 Dos [w]justos não tira os seus olhos;
antes, com os reis no trono os faz
assentar para sempre,
e assim são exaltados.
8 Se, porém, estão [x]presos em grilhões
e amarrados com cordas de aflição,
9 ele lhes faz saber a obra e as
transgressões deles,
porque se têm portado com soberba.
10 [y]Abre-lhes os ouvidos para a instrução
e ordena-lhes que se arrependam
da maldade.
11 Se o ouvirem e o servirem,
acabarão os seus dias em prosperidade
e os seus anos em delícias.
12 Se não o ouvirem, à espada
serão traspassados
e expirarão sem [z]conhecimento.
13 Os ímpios de coração
[a]amontoam para si a ira;
ainda quando Deus os põe em grilhões,
não clamam por socorro.
14 Morrem na juventude
e perecem entre os prostitutos
dos santuários.
15 Ao aflito, porém, livra no seu sofrimento;
na sua aflição se revela aos seus ouvidos.
16 Assim também quer atrair-te
para longe da angústia
para [b]um lugar espaçoso, em que
não há aperto,
e para as iguarias da tua mesa
cheias de gordura.
17 Tu, porém, estás cheio de
juízo devido ao [c]ímpio;
o juízo e a justiça tomaram conta de ti.
18 Cuida para que ninguém te
seduza com riquezas;
não permitas que o valor do
suborno te desvie.
19 As tuas riquezas,
ou até mesmo todos os teus
grandes esforços,
te sustentariam para que não
estivesses em aperto?
20 Não suspires pela noite,
para arrastar os povos do seu lugar.
21 Cuida-te, não te inclines para a iniquidade,
que [d]pareces preferir à aflição.
22 Deus é exaltado em seu poder.
Quem é mestre como ele?
23 Quem lhe prescreveu o seu [e]caminho,
ou quem lhe disse:
Tu cometeste [f]maldade?
24 Lembra-te de engrandecer a sua obra,
que os homens têm celebrado.
25 Toda a humanidade a tem visto;
os homens a contemplam de longe.
26 Quão grande é Deus, e nós
[g]não o [h]compreendemos!
O número dos seus anos não
se pode calcular.
27 Ele reúne as gotas das águas
e do seu vapor as destila em chuva,
28 que as nuvens derramam
e gotejam abundantemente sobre o homem.
29 Quem pode entender como
ele espalha as nuvens,
como troveja da sua tenda?
30 Ao redor de si estende o seu relâmpago,
banhando as profundezas do mar.
31 Por essas coisas governa os povos
e lhes dá [i]mantimento em abundância.
32 Enche as mãos de [j]relâmpagos
e ordena que atinjam o alvo.
33 Seu trovão anuncia a tempestade
que se aproxima;
até o gado pressente a sua aproximação.

Eliú conclui seu discurso: a tempestade simboliza a grandeza de Deus

37 Sobre isso também treme o meu coração
e salta do seu lugar.
2 Atentamente ouvi o estrondo da voz de Deus
e o sonido que sai da sua boca.
3 Ele solta o seu relâmpago
por debaixo de todos os céus,
e o envia aos confins da terra.
4 Depois disso vem o seu bramido;
troveja com a sua voz majestosa.
Quando a sua voz ressoa, ele nada retém.
5 A voz de Deus troveja maravilhosamente;
faz [k]grandes coisas que nós
não compreendemos.
6 À [l]neve ele diz: Cai sobre a terra;
como também à chuva e ao aguaceiro:
Sede copiosos.

[u] Jó 9.4; 12.13,16; 37.23; Sl 99.4
[v] Jó 5.15
[w] Sl 33.18; 34.15
[x] Sl 107.10
[y] Jó 33.16
[z] Jó 4.21
[a] Rm 2.5
[b] Sl 18.19; 31.8; 118.5
[c] Jó 22.5
[d] Comp. Hb 11.24-26
[e] Is 40.13,14
[f] Jó 8.3
[g] Jó 37.5
[h] Comp. 1Co 13.12
[i] Gn 9.3; Sl 104.14,15
[j] Sl 147.8
[k] Jó 5.9; 9.10; 36.26; Ap 15.3
[l] Sl 147.16,17

7 Paralisa as mãos de todo homem,
[m]para que [n]todos conheçam a sua obra.
8 Os animais [o]entram nos seus esconderijos
e ficam nas suas cavernas.
9 Das suas recâmaras sai o tufão,
o frio dos fortes ventos.
10 [p]O sopro de Deus produz a geada,
e as grandes águas são congeladas.
11 De umidade ele carrega as grossas nuvens;
esparge entre elas os seus relâmpagos.
12 Então elas, segundo o rumo que ele dá,
espalham-se em redor, sobre
a face de toda a terra,
[q]para fazer tudo o que ele lhes ordena.
13 [r]Ele traz as nuvens para punir os homens,
ou para regar a sua terra,
e mostrar o seu amor.
14 A isto, ó Jó, inclina os teus ouvidos;
atende e [s]considera as
maravilhas de Deus.
15 Sabes tu como Deus controla as nuvens
e faz resplandecer o relâmpago?
16 Sabes como as grossas nuvens se equilibram,
essas maravilhas daquele
que é perfeito em conhecimento?
17 Tu, cujas roupas se aquecem
quando há calma sobre a terra
por causa do vento sul,
18 podes com ele [t]estender os [u]céus,
que são sólidos como um
espelho fundido?
19 Ensina-nos o que lhe diremos;
nada podemos elaborar para a nossa
defesa, por causa das trevas.
20 Alguém lhe contaria o que tenho dito?
Desejaria o homem ser devorado?
21 Ora, ninguém pode olhar para o sol,
que resplandece no céu,
depois que o vento o deixou limpo.
22 Do norte ele vem em esplendor de ouro;
Deus vem em tremenda majestade.
23 O Todo-poderoso está [v]além
do nosso alcance;
ele é exaltado em poder,
em sua [w]justiça e grande retidão
ele a ninguém oprime.
24 Por isso, os homens o temem;
ele não respeita os sábios de coração.

IV. O Senhor fala, 38–41

O Senhor interroga Jó face a face

38 Depois disto o Senhor [1][x]respondeu a Jó
[y]de um redemoinho:
2 [z]Quem é este que escurece o meu conselho
com palavras sem conhecimento?
3 Agora cinge os teus lombos, como homem;
eu te perguntarei, e tu me responderás.
4 [a]Onde estavas tu,
quando eu lançava os fundamentos da terra?
Dize-me, se tens inteligência.
5 Quem lhe pôs as medidas, se é que o sabes?
Ou quem estendeu sobre ela o cordel?
6 Sobre o que estão fundadas as suas bases?
Quem assentou a sua pedra de esquina,
7 quando as estrelas da alva
juntas alegremente cantavam,
e todos os [b]filhos de Deus rejubilavam?
8 [c]Quem encerrou o mar com portas,
quando irrompeu e saiu da madre,
9 quando eu lhe vesti de nuvens
e lhe envolvi com a escuridão?
10 Quando fixei limites para ele,
pondo-lhe portas e ferrolhos,
11 quando eu disse:
Até aqui virás e não mais adiante;
aqui se quebrarão as tuas [d]orgulhosas ondas?
12 Já deste [e]ordens à manhã,
ou mostraste à alva o seu lugar,
13 para que ela agarrasse as
extremidades da terra
e sacudisse dela os ímpios?
14 A terra se transforma como
o barro sob o sinete;
suas feições sobressaem como vestidos.
15 Aos ímpios se [f]nega a sua luz,
e o seu braço altivo é quebrantado.
16 [g]Entraste nos mananciais do mar,
ou passeaste pelas obscuras
profundezas do abismo?
17 Foram-te [h]reveladas as portas da morte?
Viste as portas da sombra da morte?
18 Compreendeste a largura da terra?
Dize-me, se sabes tudo isto.
19 Onde está o caminho para a morada da luz?
E onde residem as trevas?
20 Podes levá-las aos seus limites?
Conheces as veredas da sua casa?
21 De certo tu o conheces, pois já eras nascido
e porque grande é o número dos teus dias!
22 Entraste nos [i]depósitos da neve,
ou viste os depósitos da saraiva,
23 [j]que eu reservo para tempos de angústia,
para dias de peleja e de guerra?
24 Qual é o caminho para o lugar
onde se dispersa o relâmpago,
ou o lugar onde o vento oriental
é espalhado sobre a terra?

[m] Sl 109.27
[n] Sl 19.4
[o] Sl 104.22
[p] Jó 38.29,30; Sl 147.17,18
[q] Sl 148.8
[r] Comp. Êx 9.18,23; 1Sm 12.18,19; Ed 10.9; Jó 36.27-32
[s] Sl 111.2
[t] Gn 1.6; Is 45.12
[u] Sl 104.2; Is 45.12
[v] Jó 11.7,8; 1Tm 6.16; Rm 11.33
[w] Sl 33.5
[x] Jó 40.6
[y] Comp. Êx 19.16,18; 1Rs 19.11; Ez 1.4; Na 1.3
[z] Jó 34.35; 42.3
[a] Sl 104.5; Pv 8.29; 30.4
[b] Veja Gn 6.4, nota; comp. Hb 1.4, nota
[c] Gn 1.9; Sl 33.7; 104.9; Pv 8.29; Jr 5.22
[d] Sl 89.9; 93.4
[e] Sl 74.16; 148.5
[f] Pv 13.9
[g] Sl 77.19
[h] Sl 9.13
[i] Jr 10.13
[j] Êx 9.18; Js 10.11; Is 30.30; Ez 13.11,13; Ap 16.21

[1] (38.1) As palavras do Senhor fazem que Jó, conscientemente, vá à presença divina (42.5). Até agora, os debates versaram sobre Deus, mas ele foi considerado ausente. Agora, Jó e o Senhor estão face a face. Veja 32.2, *nota*.

25 Quem abriu canais para o aguaceiro
e um caminho para a tempestade
com relâmpagos e trovões,
26 para chover sobre a terra,
onde não há ninguém,
e no deserto, em que não há gente;
27 para fartar a terra deserta e assolada
e para fazer crescer os renovos da erva?
28 A chuva [k]tem pai?
Quem gera as gotas do orvalho?
29 De que ventre procede o gelo?
Quem [l]gera a geada do céu
30 quando as águas se endurecem como pedras,
quando a superfície das
profundezas se congela?
31 Podes atar as cadeias do [m]Sete-estrelo?
Podes soltar os laços do Órion?
32 Podes produzir as constelações
a seu tempo e guiar a Ursa
com os seus filhos?
33 Sabes as [n]ordenanças dos céus?
Podes estabelecer o domínio
de Deus sobre a terra?
34 Podes erguer a tua voz às nuvens
e cobrir-te com a abundância das águas?
35 Ordenas aos relâmpagos que saiam
e te digam: Aqui estamos?
36 Quem pôs a [o]sabedoria no íntimo,
ou deu entendimento à mente?
37 Quem tem sabedoria para
numerar as nuvens?
Quem pode despejar os odres dos céus
38 quando o pó se transforma em massa sólida,
e os torrões se apegam uns aos outros?
39 [p]Caças a presa para a leoa
e satisfazes a fome dos filhos dos leões
40 quando se agacham nos covis,
ou estão à espreita nas covas?
41 [q]Quem prepara aos corvos o seu alimento,
quando os seus filhotes gritam a Deus e
andam vagueando, por não
terem o que comer?

O Senhor afirma sua onipotência

39 Sabes o tempo em que as [r]cabras-monteses dão cria?
Observas quando as [s]corças têm
os seus filhotes?
2 Podes contar os meses que cumprem?
Sabes o tempo do seu parto?
3 Elas se encurvam e dão à luz suas crias;
as suas dores de parto terminam.
4 Seus filhos se robustecem,
crescem no campo aberto;
saem e nunca mais tornam para elas.
5 Quem despediu livre o [t]jumento selvagem?
Quem soltou as suas prisões?
6 Dei-lhe o deserto por casa
e a terra salgada por morada.
7 Ri-se do tumulto da cidade;
não ouve os gritos do condutor.
8 Percorre os montes procurando
pasto e anda à busca de [u]toda erva verde.
9 Consentirá o [v]boi selvagem em te servir?
Ficará de noite junto à tua manjedoura?
10 Podes prendê-lo ao arado com cordas?
Gradará ele os vales após ti?
11 Confiarás nele, por ser grande a sua força?
Deixarás a seu cargo o teu trabalho?
12 Confiarás que ele te traga
o que semeaste e o recolha na tua eira?
13 Movem-se alegremente as asas da avestruz,
mas não se podem comparar
com as penas da cegonha.
14 Ela põe os seus ovos na terra
e deixa que ela os aqueça,
15 esquecida de que algum pé os pode esmagar,
ou de que os animais selvagens
podem pisoteá-los.
16 [w]Endurece-se para com os seus filhos,
como se não lhe pertencessem;
não se importa que o seu trabalho tenha
sido em vão,
17 pois Deus a privou de sabedoria
e não lhe deu entendimento.
18 Quando, porém, espalha as penas para correr,
ri-se do cavalo e do cavaleiro.
19 Dás força ao cavalo
ou revestes o seu pescoço de crinas?
20 Tu o fazes pular como o gafanhoto,
lançando terror com o respirar
das suas ventas?
21 Escava a terra, folgando na sua força,
e sai ao encontro dos armados.
22 Ri-se do temor e não tem medo de nada;
não torna atrás por causa da espada.
23 A aljava range contra o seu lado,
com a lança cintilante e o dardo.
24 Tremendo e enfurecido devora a terra;
não pode permanecer quieto
ao som da trombeta.
25 Ao soar a trombeta, ele diz:
Eia!
E de longe cheira a batalha,
o alarido dos príncipes, e o grito de guerra.
26 Voa o gavião pela tua inteligência,
e estende as suas asas para o sul?
27 Remonta a [x]águia pelo teu mandado
e constrói no alto o seu [y]ninho?
28 Mora no penhasco
e aí permanece durante a noite;
o cume das penhas é o seu lugar seguro.
29 Dali descobre a presa;
seus olhos a avistam de longe.

[k] Sl 147.8; Jr 14.22
[l] Sl 147.16
[m] Jó 9.9; Am 5.8
[n] Sl 148.6; Jr 31.35,36
[o] Jó 9.4; Sl 51.6; Ec 2.26; Tg 1.5
[p] Sl 104.21; 145.15
[q] Sl 147.9; Mt 6.26
[r] Sl 104.18
[s] Sl 29.9
[t] Comp. Jó 11.12; 24.5; Jr 2.24
[u] Gn 1.29
[v] Nm 23.22; Dt 33.17
[w] Comp. Lm 4.3
[x] Pv 30.18,19
[y] Jr 49.16; Ob 4

30 Seus filhos chupam sangue,
e onde há [z]mortos, ela aí está.

Uma pergunta conclusiva

40 [a]Disse mais o Senhor a Jó:
2 Quem [b]contende com
o Todo-poderoso,
o ensinará?
Quem assim [c]argui a Deus,
responda a estas coisas.

Jó responde: ele admite sua indignidade

3 Então Jó respondeu ao Senhor:
4 [d]Eu sou indigno; que te responderia eu?
Ponho a mão na minha [e]boca.
5 Uma vez falei, mas não replicarei;
duas vezes, porém não prosseguirei.

O Senhor continua interrogando Jó

6 Então o Senhor falou a Jó do
meio da tempestade:
7 Cinge agora os teus lombos como homem;
eu te [f]perguntarei, e tu me responderás.
8 Farás tu vã a minha justiça?
Ou me [g]condenarás para te [h]justificares?
9 Tens braço como Deus,
ou podes trovejar com voz como a dele?
10 Então adorna-te de glória e esplendor,
e veste-te de honra e majestade.
11 Derrama a fúria da tua ira,
atenta para todo o soberbo e abate-o.
12 Olha para todo [i]soberbo e humilha-o;
esmaga os ímpios no seu lugar.
13 Enterra-os juntamente no pó;
ata-lhes o rosto na sepultura.
14 Então também eu de ti confessarei
que a tua mão direita te poderá salvar.
15 Contempla agora o hipopótamo,
que eu criei contigo,
que come a erva como o boi.
16 A sua força está nos seus lombos,
e o seu poder nos músculos
do seu ventre.
17 Endurece a sua cauda como o cedro;
os nervos das suas coxas
são entretecidos.
18 Os seus ossos são como tubos de bronze;
os seus membros, como barras de ferro.
19 Ele é obra-prima dos [j]feitos de Deus;
aquele que o fez o proveu da
sua espada.
20 Os montes lhe [k]produzem pasto,
onde todos os animais do campo folgam.
21 Deita-se debaixo dos lotos,
oculto entre os juncos do pântano.
22 Os lotos o escondem com a sua sombra;
os salgueiros do ribeiro o cercam.

[z] Mt 24.28
[a] Jó 38.1
[b] Jó 9.3; 10.2; 33.13
[c] Jó 13.3; 23.4; 31.35
[d] Ed 9.6; Jó 42.6; Sl 51.4
[e] Jó 29.9
[f] Jó 38.3
[g] Jó 16.11; 19.6
[h] Jó 17.9
[i] Is 2.12; Dn 4.37
[j] Jó 26.14
[k] Sl 104.14
[l] Sl 74.14; 104.26; Is 27.1
[m] Dt 10.14; Sl 24.1
[n] Tirará sua pele

23 Quando um rio transborda, ele não se alarma;
está seguro, embora o Jordão se levante
até a sua borda.
24 Pode alguém capturá-lo pelos olhos,
ou apanhá-lo em armadilha
e lhe furar o nariz?

O interrogatório continua

41 Podes pescar com anzol o [l]leviatã
ou ligar a sua língua com uma corda?
2 Podes pôr uma corda no seu nariz
ou furar a sua queixada com um gancho?
3 Ele te fará muitas súplicas?
Ou te falará com palavras brandas?
4 Fará ele um acordo contigo, para que o tomes
por escravo para sempre?
5 Brincarás com ele, como se
fora um passarinho,
ou o prenderás para tuas meninas?
6 Os teus sócios negociarão com ele?
Ou o repartirão entre os negociantes?
7 Podes encher-lhe a pele de arpões
ou a cabeça de lanças de pesca?
8 Se puseres a mão sobre ele, te
lembrarás da peleja,
e nunca mais o intentarás.
9 Toda esperança de apanhá-lo é vã;
o homem será derrubado só em vê-lo.
10 Ninguém há tão feroz que se
atreva a despertá-lo.
Quem, pois, é capaz de
erguer-se contra mim?
11 Quem primeiro me deu,
para que eu deva retribuir-lhe?
[m]Tudo o que está debaixo do céu é meu.
12 Não me calarei a respeito dos seus membros,
nem da sua força nem da graça da sua estrutura.
13 Quem lhe pode [n]tirar a vestimenta externa?
Quem se aproximaria dele com um cabresto?
14 Quem ousa abrir-lhe as portas da boca?
Em roda dos seus dentes está o terror.
15 As suas costas possuem fileiras de escamas,
cada uma fechada como por um selo apertado.
16 Umas às outras se chegam tão perto
que nem o ar passa por entre elas.
17 Umas às outras se ligam, aderem entre si
e não se podem separar.
18 Cada um dos seus espirros
faz resplandecer a luz;
os seus olhos são como os raios da alva.
19 Da sua boca saem tochas;
faíscas de fogo saltam dela.
20 Das suas narinas procede fumaça,
como de uma panela que ferve,
ou de juncos que ardem.
21 O seu hálito faz acender os carvões,
e chamas lhe saltam da boca.

22 No seu pescoço reside a força;
perante ele vai o desespero.
23 As dobras da sua carne estão pegadas entre si;
são firmes e imóveis.
24 O seu peito é duro como uma pedra,
duro como a pedra inferior do moinho.
25 Levantando-se ele, tremem os valentes;
debandam-se ante a sua destruição.
26 A espada que o tocar não poderá penetrar,
tampouco a lança, nem o dardo, nem o arpão.
27 Ele trata o ferro como palha,
e o bronze como pau podre.
28 A seta não o fará fugir;
as pedras das fundas são
como palha para ele.
29 Os bastões atirados são para ele como palha;
ri-se do brandir da lança.
30 Debaixo do seu ventre há pontas agudas,
que deixam rastos na lama
como um instrumento de debulhar.
31 As profundezas faz ferver como panela;
torna o mar como caldeira de unguento.
32 Após si deixa uma vereda luminosa;
pode-se pensar que o abismo
se tornou branco.
33 Na terra ele não tem [o]igual;
é uma criatura sem medo.
34 Ele olha com desprezo tudo o que é altivo;
é rei sobre todos os orgulhosos.

V. Confissão de Jó, 42.1-6

Ele reconhece a soberania de Deus e se humilha

42 Então respondeu Jó ao Senhor:
2 Eu sei que tudo [p]podes;
nenhum dos teus planos pode ser impedido.
3 Quem é aquele, perguntaste,
que sem [q]conhecimento
encobre o conselho?
Certamente falei do que não entendia,
coisas [r]maravilhosas demais para mim,
e que eu não compreendia.
4 Escuta-me, disseste, e eu falarei;
eu te [s]perguntarei,
e tu me responderás.
5 Com os ouvidos eu [t]ouvira falar de ti,
mas agora te veem os meus olhos.
6 [1]Por isso me [u]abomino
e me [v]arrependo no pó e na cinza.

VI. Epílogo, 42.7-17

Bênção e prosperidade renovadas para Jó

7 Acabando o Senhor de dizer a Jó essas coi-
sas, disse a Elifaz, o temanita: A minha ira se
acendeu contra ti e contra os teus dois amigos,
porque não dissestes de mim o que era reto,
como o meu servo Jó.
8 Portanto, tomai [w]sete novilhos e sete carnei-
ros, e ide ao meu servo Jó, e oferecei holocaustos
por vós. O meu servo Jó orará por vós; eu acei-
tarei a sua oração e não vos tratarei conforme a
vossa loucura. Vós não falastes de mim o que era
reto, como o meu servo Jó.
9 Então foram Elifaz, o temanita, Bildade, o suíta,
e Zofar, o naamatita, e fizeram como o Senhor lhes
ordenara; e o Senhor aceitou a oração de Jó.
10 Mudou o Senhor a sorte de Jó, quando este
orava pelos seus amigos; deu o Senhor a Jó o
[x]dobro de tudo o que antes possuíra.
11 Vieram a ele [y]todos os seus irmãos e todas as
suas irmãs, e todos os que antes o conheceram,
e comeram com ele em sua casa, e se condoeram
dele, e o consolaram de todo o mal que o Senhor
lhe havia enviado; cada um lhe deu uma peça de
prata e um anel de ouro.
12 Assim abençoou o Senhor o [z]último estado
de Jó mais do que o primeiro. Jó veio a ter [a]ca-
torze mil ovelhas, seis mil camelos, mil juntas
de bois e mil jumentas.
13 [b]Também teve sete filhos e três filhas.
14 Chamou o nome da primeira Jemima, o da
outra Quezia, e o da terceira Quéren-Hapuque.
15 Em toda a terra não se acharam mulheres tão
formosas como as filhas de Jó, e o seu pai lhes
deu herança entre os seus irmãos.
16 Depois disso [c]viveu Jó cento e quarenta anos;
viu a seus filhos, e aos filhos de seus filhos, até a
quarta geração.
17 Então morreu Jó, velho e [d]farto de dias.

[o] Comp. Jó 40.19
[p] Mt 19.26; comp. Gn 18.14; Sl 33.6-9; 107.25-29
[q] Jó 38.2
[r] Sl 40.5; 139.6
[s] Jó 38.3; 40.7
[t] Jó 26.14
[u] Jó 40.4
[v] Veja Zc 8.14, nota
[w] Comp. Nm 23.1
[x] Comp. Is 61.7
[y] Jó 19.13
[z] Jó 8.7; Tg 5.11
[a] Comp. Jó 1.3
[b] Jó 1.2
[c] Jó 5.26; Pv 3.16
[d] Gn 25.8

[1] (42.6) O problema central do livro de Jó – os sofrimentos do povo de Deus – está explicado, pelo menos parcialmente, pelos benéficos propósitos divinos que os seguem. 1) As experiências de Jó abriram mais seus olhos para a inefável santidade de Deus (42.5) e o conduziram a conhecer-se e a julgar a si mesmo (40.4; 42.6). 2) Ficou demonstrado que os sofrimentos de Jó não são punitivos, mas corretivos, e Deus os usa a fim de pôr à prova e refinar o caráter de Jó (23.10). 3) O resultado demonstra que, pela graça de Deus, seu povo confia nele e o serve pelo que ele é, não como uma simples retribuição por benefícios temporais (13.15). 4) Tais experiências, como são interpretadas neste livro pela inspiração divina, revelam o triunfo final de um Deus sábio e amoroso em sua invisível luta com Satanás pela alma dos homens (cap. 1–2).

Por fim, quando já se disse tudo o que podia ser dito como explicação do problema intelectual apresentado, devemos admitir que há um grande mistério muito além dos propósitos revelados de Deus. E, para isso, a única resposta é uma atitude de adoração em que, humildemente, reconhecemos que, a um Deus soberano, os homens não podem demandar ou exigir-lhe razões para o que ele decide fazer (42.1-6; 33.13; Rm 11.33-36). Contudo, Deus nos convida a levar nossas perguntas a ele (Is 1.18). Até Jesus clamou: "Deus meu, Deus meu, por que me desamparaste?" (Mt 27.46; Mc 15.34).

SALMOS

- **Autor:** Davi e outros
- **Tema:** Louvor
- Escrito no século X a.C. e posteriormente

SALMOS é um título derivado do grego *psalmos*, indicando um *poema cantado com acompanhamento de instrumentos musicais*. Esta palavra aparece no NT grego em 1Co 14.26; Ef 5.19; Cl 3.16. O título hebraico do livro era *Sepher Tehilim*, que significa *Livro dos Louvores*.

Setenta e três salmos são atribuídos a Davi, doze a Asafe (50; 73–83), dois a Salomão (72; 127), um a Moisés (90), um a Etã (89) e doze aos filhos de Coré, uma família levítica de cantores (42–49; 84; 85; 87; 88). Estes salmos surgiram ao se considerar o que Deus fizera no passado, o que fará no futuro e a necessidade de Deus no presente imediato, como reconhecimento de sua soberania e bondade.

Enquanto certo número de salmos celebra a Criação e outros eventos históricos, uma seção em particular é totalmente histórica: Os salmos 104–106, que começam com a Criação e terminam com o cativeiro. No grupo histórico, também devem ser incluídos os salmos que tratam exclusivamente da glória da cidade de Jerusalém e seu templo, no passado e no futuro (especialmente 48; 84; 122; 132). Sete salmos são conhecidos como salmos penitenciais (6; 32; 38; 51; 102; 130; 143); quinze recebem o título de Cântico dos Degraus (120–134). O conhecido salmo de ação de graças é o 136, o grande salmo sobre a Palavra de Deus é o 119, e os salmos de louvor – por vezes chamados de Halel ou Aleluia – são os 111–113 e 115–117. A fragilidade humana e a glória de Deus foram contrastadas no salmo 90; o cuidado protetor de Deus foi apresentado no salmo 91.

Os salmos incluem grande número de profecias messiânicas que descrevem: o sofrimento de Cristo (22; 69), seu reinado (2; 21; 45; 72), sua segunda vinda (50; 97; 98) e, fundamentalmente, no salmo 110, sua posição como Filho de Deus e Sacerdote segundo a ordem de Melquisedeque. Este salmo é citado com maior frequência no NT do que qualquer outro capítulo do AT. Há 186 citações do livro de Salmos nas Escrituras do NT.

O Saltério é geralmente dividido em cinco livros, cada um concluído com uma doxologia: I. Salmos 1–41. II. Salmos 42–72. III. Salmos 73–89. IV. Salmos 90–106. V. Salmos 107–150.

Livro I, 1–41

A felicidade dos justos e o castigo dos ímpios

1 [1]**B**em-aventurado o homem
que não anda segundo o
conselho dos ímpios,
nem se detém no caminho dos pecadores
nem se assenta na roda dos zombadores.
2 Antes tem a sua satisfação
na [a]lei do Senhor,
e na sua lei medita de dia e de noite.
3 Será como a árvore plantada
junto a correntes de águas,
que dá o seu fruto na estação própria,
e cujas folhas não caem.
Tudo o que fizer prosperará.
4 Os ímpios não são assim,
mas são como a palha que
o vento espalha.
5 Pelo que os ímpios não subsistirão no juízo,
nem os pecadores na congregação
dos justos.
6 Pois o Senhor conhece o caminho dos justos,
mas o caminho dos ímpios perecerá.

A rebelião dos gentios e a vitória do Messias

2 [2]**P**or que conspiram as nações,
e os povos tramam em vão?
2 Os [b]reis da terra se levantam,
e os governantes se reúnem contra o Senhor
e contra o seu [c]Ungido, dizendo:
3 Rompamos as suas cadeias,
e sacudamos de nós as suas algemas.
4 Aquele que está entronizado nos céus se ri;
o Senhor zomba deles.
5 Então lhes fala na sua ira,
e no seu furor os [d]confunde, dizendo:
6 Eu ungi o meu [3][e]Rei
sobre o meu [f]santo monte Sião.

[a] Lei (de Moisés): v. 2; Sl 19.7 (Êx 19.1; Gl 3.24)
[b] Mt 12.14; 26.3,4, 59-66; 27.1,2; Mc 3.6; 11.18
[c] Cristo (primeira vinda): v. 2; Sl 16.10 (Gn 3.15; At 1.11)
[d] Tribulação (a grande): v. 1-5; Is 24.20 (Sl 2.5; Ap 7.14)
[e] Reino (AT): v. 1-9; Sl 16.9 (Gn 1.26; Zc 12.8)
[f] Heb. qodesh. Santificação (AT): v. 6; Sl 20.6 (Gn 2.3; Zc 8.3)

[1] (1.1) Embora a maioria dos salmos tenha sido escrita por Davi no século X a.C., sabe-se que alguns foram compostos por outros homens. P. ex., o salmo 90 é de Moisés, que viveu vários séculos antes, e o salmo 137 foi escrito no século VI a.C.

[2] (2.1) Os salmos 2; 8; 16; 22; 23; 24; 40; 41; 45; 68; 69; 72; 89; 102; 110; 118 são geralmente considerados messiânicos. Esses salmos, no todo ou em parte, falam do Messias. Sem dúvida, muitos outros também fazem referência a Cristo. Embora a ênfase principal dos salmos messiânicos seja cristocêntrica, também encontramos instrução para os piedosos em seu caminhar com Deus. Veja Sl 118.29, *nota*.

[3] (2.6) O salmo 2 apresenta a ordem do estabelecimento do Reino. Possui seis partes: 1) O amotinamento e a vã imaginação dos judeus e gentios contra o Senhor e seu Ungido (v. 1-3). A interpretação inspirada destas palavras está em At 4.25-28, que apresenta o seu cumprimento na crucificação de Cristo. 2) O Senhor zomba (v. 4), porque os homens creem que podem deixar de lado a aliança (2Sm 7.8-17) e o juramento de Deus (Sl 89.34-37). 3) O furor (v. 5), cumprido na destruição de Jerusalém em 70 d.C. e na dispersão dos judeus naquela ocasião, ainda se cumprirá de forma mais completa na tribulação (Mt 24.29) que precederá imediatamente a volta do Rei (Mt 24.30). 4) O estabelecimento do Rei rejeitado em Sião (v. 6). 5) A sujeição da terra ao governo do Rei (v. 7-9). 6) O apelo atual aos governos mundiais (v. 10-12). Veja o salmo 8, o próximo na série de salmos messiânicos.

7 Proclamarei o decreto do Senhor:
Ele me disse: [g]Tu és meu
Filho, eu hoje te gerei.
8 Pede-me, e eu te darei as nações por herança,
e os fins da terra por tua propriedade.
9 Tu os [h]regerás com vara de ferro;
tu os [i]despedaçarás como a um vaso de oleiro.
10 Portanto, ó reis, sede prudentes;
deixai-vos instruir, juízes da terra.
11 Servi ao Senhor com [j]temor;
alegrai-vos com tremor.
12 Beijai o Filho, para que não se ire
e pereçais no vosso caminho,
pois em breve se inflamará a sua ira.
Bem-aventurados todos aqueles
que nele se [1k]refugiam.

Davi confia em Deus na sua adversidade

Salmo de Davi, quando [l]fugiu de diante
da face de Absalão, seu filho

3 Senhor, como se têm multiplicado
os meus adversários!
São muitos os que se levantam contra mim.
2 Muitos dizem de mim:
Não há salvação para ele em Deus. ([2]Selá)
3 Mas tu, Senhor, és o meu escudo,
a minha glória,
e [m]o que exaltas a minha cabeça.
4 Com a minha voz clamo ao Senhor,
e ele me responde do seu santo monte. (Selá)
5 Eu me deito e durmo; acordo,
porque o Senhor me sustenta.
6 Não terei medo de dez milhares de pessoas
que se puserem contra mim ao meu redor.
7 Levanta-te, ó Senhor!
Salva-me, ó meu Deus!
Fere no queixo a todos os meus inimigos;
quebra os dentes aos ímpios.
8 A salvação vem do Senhor.
Sobre o teu povo seja a tua bênção. (Selá)

Davi ora a Deus na sua angústia

Salmo de Davi para o músico-mor, sobre [n]Neginote

4 Responde-me quando clamo,
ó Deus da minha retidão.
Na angústia dá-me [3]alívio;
tem misericórdia de mim e
ouve a minha oração.
2 Ó poderosos, até quando convertereis
a minha glória em vexame?
Até quando amareis a
futilidade e buscareis a mentira? (Selá)
3 Sabei que o Senhor separou
para si aquele que é piedoso;
o Senhor [o]ouvirá quando eu clamar a ele.
4 Irai-vos e [p]não pequeis;
reflitam nisso na vossa cama,
e calai-vos. (Selá)
5 Oferecei [q]sacrifícios justos,
e [r]confiai no Senhor.
6 Muitos perguntam:
Quem nos mostrará o bem?
Ó Senhor, [s]faze a luz do teu
rosto brilhar sobre nós.
7 Puseste no meu coração mais [t]alegria
do que a deles no tempo em que se lhes
multiplicam o seu trigo e o seu vinho.
8 Em paz me [u]deitarei e dormirei,
pois só tu, ó Senhor,
me fazes [v]viver em segurança.

Oração pedindo direção

Salmo de Davi para o músico-mor, sobre [w]Neilote

5 Dá [x]ouvidos às minhas palavras, ó Senhor,
atende aos meus gemidos.
2 Atende à voz do meu clamor,
Rei meu e Deus meu,
pois é a ti que oro.
3 Pela manhã, ó Senhor,
ouve a minha voz;
pela [y]manhã apresento a ti a minha oração
e aguardo com esperança.
4 Tu não és um Deus
que tenha alegria na iniquidade;
nem contigo habitará o mal.
5 Os [z]arrogantes não [a]permanecerão
na tua presença;
abominas a todos os que
praticam a maldade.
6 Destróis aqueles que proferem a mentira;
o Senhor abomina o [b]traiçoeiro
e assassino.
7 Eu, porém, pela grandeza
da tua misericórdia,
entrarei na tua casa;
em teu [c]temor me inclinarei
para o teu santo templo.

[g] At 13.33; Hb 1.5; 5.5
[h] Cristo (segunda vinda): v. 6-9; Sl 24.10 (Dt 30.3; At 1.11, nota)
[i] Dia (do Senhor): v. 9; Is 2.12 (Sl 2.9; Ap 19.19)
[j] Veja Sl 19.9, nota
[k] Fé: v. 12; Sl 28.7 (Gn 3.20; Hb 11.39, nota)
[l] 2Sm 15.14
[m] Sl 27.6
[n] Instrumentos de corda
[o] Comp. Tg 5.16-18
[p] Ef 4.26
[q] Dt 33.19; Sl 51.19
[r] Veja Sl 2.12, nota
[s] Nm 6.26; Sl 80.3,7,19; 119.135
[t] Comp. Is 9.3
[u] Jó 11.18,19; Sl 3.5
[v] Lv 25.18,19; 26.5; Dt 12.10
[w] Heb. para flautas
[x] Sl 4.1
[y] Sl 55.17; 88.13
[z] Hc 1.13
[a] Sl 1.5
[b] Sl 55.23; Ap 21.8
[c] Veja Sl 19.9, nota

[1] (2.12) "Confiar", neste versículo (ACF e ARC), é a palavra característica do AT que corresponde a "fé" e "crer" do NT. Aparece 152 vezes no AT e é a tradução dos vocábulos hebraicos que significam *refugiar(-se)* aqui na AEC (veja tb. Rt 2.12); *confiar* (p. ex., Sl 56.3; 22.8); *esperar* (p. ex., Jó 35.14).

[2] (3.2) O frequente uso em Salmos da palavra hebraica *Selá* possivelmente indica os lugares onde se fazia uma pausa no recitar do salmo ou uma mudança no acompanhamento instrumental para destacar uma alteração no ritmo.

[3] (4.1) Davi estava em apuros e desamparado. O Senhor lhe deu forças e coragem (v. 7,8). Ele também se tornou um homem mais preparado para as tarefas que o esperavam.

8 [d]Guia-me, ó Senhor, na tua retidão,
por causa dos meus inimigos;
aplaina diante de mim o teu caminho.
9 Não há fidelidade na [e]boca deles;
o seu coração está cheio de destruição.
A sua garganta é um sepulcro aberto;
com a sua língua proferem enganos.
10 Declara-os culpados, ó Deus!
Caiam por suas próprias tramas.
Lança-os fora por causa da multidão dos
seus pecados,
pois se rebelaram contra ti.
11 Alegrem-se, porém,
todos os que em ti [f]confiam;
cantem de alegria eternamente,
porque tu os defendes.
Em ti exultem os que amam o teu nome.
12 Pois certamente tu, ó Senhor,
abençoas o justo;
tu o proteges com o teu favor
como um [g]escudo.

Davi recorre à misericórdia de Deus e alcança perdão

Salmo de Davi para o músico-mor em Neginote, sobre [h]Seminite

6 Ó Senhor, não me [i]repreendas na tua ira,
nem me castigues no teu furor.
2 Tem misericórdia de mim,
Senhor, pois sou fraco;
sara-me, ó Senhor,
pois os meus ossos estão em agonia.
3 A minha alma está em [j]agonia.
Até quando, ó Senhor, até quando?
4 Volta-te, ó Senhor, livra a minha alma;
salva-me por teu constante amor.
5 Na morte [k]não há lembrança de ti.
No [l]sepulcro, quem te louvará?
6 Estou cansado de gemer;
toda a noite faço nadar a
minha cama no choro,
e molho o meu leito com lágrimas.
7 Os meus olhos vão-se
consumindo pela mágoa;
têm envelhecido por causa
de todos os meus inimigos.
8 Afastai-vos de mim todos
os que praticais a [m]iniquidade,
pois o Senhor ouviu a voz do meu choro.
9 O Senhor ouviu a minha
súplica por misericórdia;
o Senhor aceita a minha oração.
10 Todos os meus inimigos
se envergonharão e se perturbarão;
retornarão frustrados em
repentina vergonha.

Oração por livramento

Sigaiom de Davi que cantou ao Senhor, sobre as palavras de Cuxe, homem benjamita

7 Ó Senhor, meu Deus, em ti me refugio;
[n]salva-me de todos os que me perseguem
e livra-me,
2 para que não arrebatem a minha alma,
como leão, despedaçando-a,
sem que haja quem a livre.
3 Ó Senhor, meu Deus, se agi assim,
e se há culpa nas minhas mãos,
4 se paguei com o mal a quem
tinha paz comigo,
ou sem causa [o]despojei o meu inimigo,
5 então persiga o inimigo a
minha alma e alcance-a;
pisoteie a minha vida sobre a terra,
e reduza a pó a minha honra. (Selá)
6 Levanta-te, ó Senhor, na tua ira;
[p]levanta-te contra o furor
dos meus adversários.
Desperta-te, ó meu Deus;
decreta a justiça.
7 Reúna-se ao redor de ti a
assembleia dos povos.
Governa-os das alturas;
8 julgue o Senhor os povos.
[q]Julga-me, ó Senhor,
[r]conforme a minha retidão,
e conforme a integridade que há em mim.
9 Tenha fim a malícia dos ímpios,
mas estabeleça-se o justo.
Pois tu, ó justo Deus,
[s]sondas as mentes e os corações.
10 O meu escudo está com Deus,
que salva os retos de coração.
11 Deus é um juiz justo,
um Deus que expressa a sua
ira todos os dias.
12 Se o homem não se converter,
Deus [t]afiará a sua espada;
armado e pronto está o seu arco.
13 Ele preparou as suas armas mortais;
porá em ação as suas setas
inflamadas contra os perseguidores.
14 Aquele [u]que gera a perversidade,
concebe a malícia e dá à luz a falsidade.
15 Aquele que [v]cava um buraco, e o faz fundo,
cai na cova que faz.
16 A sua malícia recai sobre a sua cabeça;
a sua violência [w]desce sobre
o seu crânio.
17 Eu renderei graças ao Senhor
por causa da sua retidão;
cantarei louvores ao nome do
Senhor Altíssimo.

[d] Sl 25.4,5; 27.11; 31.3
[e] Rm 3.13
[f] Veja Sl 2.12, nota
[g] Comp. Gn 15.1
[h] Heb. oitava, provavelmente instrumento de oito cordas, 8ª corda de instrumento, ou ref. à oitava mais baixa
[i] Sl 38.1; Jr 10.24
[j] Sl 88.3; comp. Jo 12.27
[k] Sl 30.9; 88.9-11; Ec 9.10
[l] Veja Hc 2.5, nota; comp. Lc 16.23, nota
[m] Comp. Mt 7.23
[n] Sl 31.15
[o] Comp. 1Sm 24.11
[p] Sl 94.2
[q] Sl 26.1; 35.24; 43.1
[r] Sl 18.20; 35.24
[s] Provar-Tentar: v. 9; Sl 11.5 (Gn 3.1; Tg 1.14); comp. Pv 17.3
[t] Dt 32.41
[u] Jó 15.35; Is 59.4; Tg 1.15
[v] Sl 57.6
[w] Comp. Gl 6.7

Deus é glorificado nas suas obras e na sua bondade com o homem

Salmo de Davi para o músico-mor, sobre Gitite

8 Ó Senhor, Senhor nosso,
quão admirável é o teu nome
em toda a terra!
Puseste a tua [x]glória sobre os céus.
2 [y]Da boca das crianças e dos que mamam
tu fizeste brotar força,
por causa dos teus adversários,
para fazeres calar o inimigo e vingativo.
3 Quando vejo os teus céus,
obra dos teus dedos,
a lua e as estrelas que estabeleceste,
4 pergunto: Que é o [z]homem mortal
para que te lembres dele?
E o filho do homem,
para que com ele te [a]preocupes?
5 Contudo, [1]pouco menor do
que os [b]anjos o fizeste;
de glória e de honra o coroaste.
6 Fazes com que ele [c]tenha domínio
sobre as obras das tuas mãos;
[d]tudo puseste debaixo de seus pés:
7 todas as ovelhas e bois,
assim como os animais do campo,
8 as aves do céu e os peixes do mar,
e tudo o que passa pelas
veredas dos mares.
9 Ó Senhor, Senhor nosso,
quão admirável é o teu nome
sobre toda a terra!

Louvor pela vitória sobre os inimigos

Salmo de Davi para o músico-mor, sobre [e]Mute-Lábén

9 Eu te louvarei, ó Senhor,
de todo o meu coração;
contarei todas as tuas maravilhas.
2 Em ti me alegrarei e saltarei de prazer;
cantarei louvores ao teu
nome, ó Altíssimo.
3 Os meus inimigos retrocedem;
tropeçam e perecem diante da tua face.
4 Pois tu tens sustentado o meu direito
e a minha causa;
tu te assentaste no tribunal,
julgando justamente.

[x] Comp. Sl 19.1
[y] Mt 21.16; comp. 1Co 1.26-31
[z] Jó 7.17,18; Hb 2.6-8
[a] Jó 10.12
[b] Veja Hb 1.4, nota
[c] Gn 1.26,28
[d] 1Co 15.27
[e] Heb. sobre a morte do filho. Talvez tít. de melodia conhecida
[f] Sl 34.16
[g] Sl 102.12,26; Hb 1.11
[h] Sl 96.13; 98.9; At 17.31; veja Ap 20.12, nota
[i] Sl 32.7; 46.1; 91.2
[j] Veja Sl 2.12, nota
[k] Comp. Jo 10.14
[l] Sl 66.16
[m] Gn 9.5; comp. 1Rs 21.17-19
[n] Sl 13.5; 20.5; 35.9
[o] Meditação
[p] Veja Hc 2.5, nota; comp. Lc 16.23, nota; comp. Jó 24.19; Sl 49.14
[q] Sl 62.5

5 Repreendeste as nações e
destruíste os ímpios;
apagaste o seu nome para
sempre e eternamente.
6 Os inimigos arrasados estão,
as suas ruínas são perpétuas;
arrasaste as suas cidades;
ninguém [f]se lembra delas.
7 O Senhor [g]reina perpetuamente;
já preparou o seu tribunal para julgar.
8 Ele mesmo [h]julgará o mundo com retidão;
governará os povos com justiça.
9 O Senhor é um alto [i]refúgio
para o oprimido,
uma fortaleza em tempos de angústia.
10 Em ti [j]confiarão os que [k]conhecem o teu nome,
pois tu, ó Senhor, nunca desamparaste
os que te buscam.
11 Cantai louvores ao Senhor,
que habita em Sião;
anunciai entre os povos os seus [l]feitos.
12 [m]Pois o que pede do sangue derramado
se lembra dele;
não se esquece do clamor dos aflitos.
13 Ó Senhor, vê como me fazem sofrer
aqueles que me aborrecem!
Tem misericórdia de mim,
e me levanta das portas da morte,
14 para que eu proclame todos
os teus louvores
às portas da cidade de Sião,
e me [n]alegre na tua salvação.
15 As nações caíram na cova que abriram;
na rede que ocultaram ficou
preso o seu pé.
16 O Senhor é conhecido pela sua justiça;
enlaçado ficou o ímpio nos
seus próprios feitos.
([o]Higaiom. Selá)
17 Os ímpios serão lançados no [p]inferno,
e todas as nações que se
esquecem de Deus.
18 O necessitado, porém,
não será esquecido para sempre,
nem a [q]esperança dos pobres
frustrada perpetuamente.
19 Levanta-te, ó Senhor, não
prevaleça o homem;
sejam julgadas as nações
perante a tua face.

[1] (8.5) No salmo 2, vê-se Cristo como o Filho de Deus e Rei, rejeitado e crucificado, o qual, porém, ainda reinaria em Sião. No salmo 8, enquanto sua divindade é plenamente reconhecida (v. 1; comp. Sl 110 com Mt 22.41-46), ele é visto como o Filho do homem (v. 4-6) que foi feito "pouco [de tempo] menor do que os anjos" e terá o domínio sobre a criação redimida (Hb 2.6-11). Assim, este salmo fala principalmente do que Deus concedeu à raça humana representada em Adão (Gn 1.26,28). Aquilo que o primeiro homem perdeu, o segundo Homem – o "último Adão" – recuperou. Hb 2.6-11, em conexão com Sl 8 e Rm 8.17-21, mostra que os "muitos filhos" que ele está trazendo para a glória são coerdeiros com ele tanto no direito real de Sl 2 como no direito humano de Hb 2. Veja o salmo 16, o próximo na série de salmos messiânicos.

20 Incute-lhes medo, ó Senhor;
que as nações saibam que são constituídas
por [r]seres mortais. (Selá)

Oração pelo juízo de Deus

10 **P**or que te conservas longe, ó Senhor?
Por que te escondes nos
tempos de angústia?
2 Os ímpios, na sua arrogância,
perseguem furiosamente o pobre.
Sejam apanhados nas ciladas
que armaram.
3 O ímpio gaba-se da sua própria cobiça;
o avarento amaldiçoa e insulta o Senhor.
4 Por causa do seu orgulho, o
ímpio não o busca;
não há lugar para Deus em
nenhum dos seus planos.
5 Os seus caminhos são sempre prósperos;
as tuas leis estão acima dele,
fora da sua vista;
trata com desprezo os seus adversários.
6 Diz em seu coração: Não serei abalado;
nunca me alcançará a [s]adversidade.
7 A sua boca está cheia de [t]maldições,
de enganos e de ameaças;
debaixo da sua língua há malícia e maldade.
8 Põe-se de tocaia nas aldeias;
nos lugares ocultos mata o [u]inocente,
os seus olhos espreitam o desamparado.
9 Está de emboscada como
o leão no seu covil;
arma ciladas para roubar o pobre;
rouba-o colhendo-o na sua rede.
10 Encolhe-se e fica de tocaia
para que os pobres caiam em
suas fortes garras.
11 Diz em seu coração: Deus se esqueceu;
cobriu o seu rosto e nunca verá isto.
12 Levanta-te, Senhor!
Ó Deus, [v]levanta a tua mão.
Não te esqueças dos [w]necessitados.
13 Por que blasfema de Deus o ímpio,
dizendo no seu coração que
tu não pedirás conta?
14 Tu o [x]viste, pois atentas ao trabalho e à dor,
para os tomares sob as tuas mãos.
A ti se entrega o pobre;
[y]tu és o auxílio do órfão.
15 Quebranta o braço do ímpio e do malvado;
busca a sua impiedade,
até nada mais achares dela.
16 O Senhor é rei eterno;
da sua terra serão exterminadas as nações.
17 Ó Senhor, tu ouves os desejos dos aflitos;
confortas os seus corações e
ouves o seu clamor,
18 para fazeres justiça ao órfão e ao oprimido,
a fim de que o homem, que é da terra,
não mais [z]inspire terror.

Buscando refúgio em Deus

Salmo de Davi para o músico-mor

11 **N**o Senhor [a]me refugio.
Como, pois, dizeis à minha alma:
Fugi para a vossa montanha
como pássaro?
2 Pois os ímpios armam o arco;
põem as flechas na corda,
para com elas atirar,
às ocultas, aos retos de coração.
3 Na verdade, quando já os fundamentos
[b]estão destruídos,
o que pode fazer o justo?
4 O Senhor está no seu santo templo;
o [c]trono do Senhor está nos céus.
Os seus olhos estão atentos,
e as suas pálpebras [d]provam
os filhos dos homens.
5 O Senhor prova o justo,
mas a sua alma odeia o ímpio
e o que ama a violência.
6 Sobre os ímpios fará chover
[e]brasas de fogo e enxofre;
um vento escaldante será a [f]sua herança.
7 Pois o Senhor é justo e ama a justiça;
o seu rosto está voltado para os retos.

A falsidade do homem e a veracidade de Deus

Salmo de Davi para o músico-mor,
sobre [g]Seminite

12 **S**alva-nos, Senhor,
pois já [h]não há homens piedosos;
são poucos os fiéis entre os
filhos dos homens.
2 Cada um fala com falsidade
ao seu próximo;
falam com lábios bajuladores
e coração fingido.
3 O Senhor cortará todos os
lábios [i]bajuladores
e a [j]língua que fala soberbamente.
4 Pois dizem: Com a língua prevaleceremos;
os lábios são nossos.
Quem é senhor sobre nós?
5 Por causa da opressão dos pobres
e do gemido dos necessitados,
eu me levantarei agora, diz o Senhor.
Porei em segurança quem por ela anseia.
6 As palavras do Senhor são [k]puras,
como prata refinada em forno de barro,
purificada sete vezes.

[r] Comp. Sl 62.9
[s] Comp. Is 28.15
[t] Rm 3.14
[u] Comp. 2Rs 24.4
[v] Sl 94.2
[w] Sl 9.12
[x] Sl 11.4
[y] Sl 68.5; Os 14.3
[z] Is 29.20,21
[a] Sl 7.1; veja 2.12, nota
[b] Sl 82.5
[c] Sl 2.4; Is 66.1; Mt 5.34; 23.22; At 7.49; Ap 4.2
[d] Provar-Tentar: v. 4,5; Sl 17.3 (Gn 3.1; Tg 1.14); comp. Gn 22.1; Tg 1.12
[e] Gn 19.24
[f] Sl 75.8; Ez 38.22
[g] Heb. oitava. Veja tít. Sl 6, nota
[h] Is 57.1
[i] Comp. Jó 32.21; Pv 20.19; Rm 16.18
[j] Sl 17.10; comp. 1Sm 2.3; Dn 7.8,25; Ap 13.5
[k] Sl 18.30; 119.140; Pv 30.5

7 Tu os guardarás, ó Senhor;
desta geração os livrarás para sempre.
8 Os ímpios circulam por toda parte,
quando o que é vil é honrado
entre os filhos dos homens.

Davi, na sua extrema tristeza, recorre a Deus e confia nele

Salmo de Davi para o músico-mor

13 Até quando, ó Senhor?
Tu te esquecerás de mim para sempre?
Até quando esconderás de
mim o teu rosto?
2 Até quando estarei inquieto,
tendo tristeza no meu coração cada dia?
Até quando se exaltará sobre
mim o meu inimigo?
3 Atenta para mim e ouve-me,
ó Senhor, meu Deus.
[l]Ilumina-me os olhos para que eu
não durma o sono da morte;
4 para que o meu inimigo não diga:
Prevaleci contra ele;
e os meus adversários não se alegrem,
vindo eu a fracassar.
5 Eu, porém, [m]confio no teu constante amor;
na tua salvação meu coração se alegra.
6 Cantarei ao Senhor,
pois me tem feito muito bem.

A corrupção do homem

Salmo de Davi para o músico-mor

14 [n]Diz o tolo no seu coração: Não há Deus.
[o]Têm-se corrompido,
fazem-se abomináveis em suas obras;
não há ninguém que faça o bem.
2 O Senhor olha dos céus
para os filhos dos homens,
para ver se há alguém que tenha
[p]entendimento e busque a Deus.
3 [q]Desviaram-se todos e juntamente
se fizeram imundos;
não há quem faça o bem, não há
sequer um.
4 Acaso não têm conhecimento
os malfeitores,
[r]que comem o meu povo
como se comessem pão
e não invocam o Senhor?
5 Ali estão, em grande pavor,
pois Deus está no meio dos justos.
6 Vós, malfeitores, frustrais o
conselho dos pobres,
mas o Senhor é o seu refúgio.
7 [s]Oh, que de Sião viesse a salvação de Israel!
Quando o Senhor fizer
voltar os [t]cativos do seu povo,
então se regozijará Jacó e se alegrará Israel.

O homem que permanece com Deus

Salmo de Davi

15 Senhor, quem [u]habitará no teu tabernáculo?
Quem morará no teu santo monte?
2 Aquele que anda em sinceridade
e pratica a justiça,
que de coração fala a [v]verdade;
3 aquele que não [w]difama com a língua,
nem faz mal ao seu próximo
nem contra ele aceita nenhuma afronta;
4 aquele cujos olhos rejeitam o desprezível,
mas que honra os que [x]temem ao Senhor;
aquele que, mesmo que [y]jure
com prejuízo seu,
não muda;
5 aquele que não empresta o seu dinheiro
visando ao [z]lucro,
nem aceita suborno contra o inocente.
Quem faz essas coisas nunca
será abalado.

A confiança e felicidade do crente e a certeza da vida eterna

[a]Mictão de Davi

16 [b]Guarda-me, ó Deus, pois em ti me refugio.
2 A minha alma disse ao Senhor:
Tu és o meu Senhor;
não tenho outro bem além de ti.
3 Quanto aos santos que estão na terra,
são eles os ilustres em quem [c]está todo
o meu deleite.
4 As dores daqueles
que correm após [1]outros deuses
se multiplicarão.
Não oferecerei os seus
sacrifícios de [d]sangue,
nem tomarei os seus nomes
nos meus [e]lábios.
5 O Senhor é a porção da
minha herança e do meu cálice;
tu és o que garante o meu futuro.
6 O meu quinhão caiu em lugares agradáveis;
certamente me coube uma bela herança.

[l] Comp. 1Sm 14.29; Ed 9.8
[m] Veja Sl 2.12, nota
[n] Este salmo é quase idêntico ao Sl 53
[o] v. 3; Rm 3.10
[p] Rm 3.11
[q] Rm 3.12
[r] Jr 10.25; Am 8.4; Mq 3.3
[s] Sl 53.6; Rm 11.25-27
[t] Dt 30.3
[u] Sl 24.3-5
[v] Ef 4.25
[w] Lv 19.16-18
[x] Veja Sl 19.9, nota
[y] Lv 5.4; comp. Jz 11.35
[z] Lv 25.36,37
[a] Termo heb. signif. incerto; talvez, "epigrama"
[b] Sl 17.8
[c] Sl 119.63
[d] Sl 106.37,38
[e] Êx 23.13; Js 23.7

[1] (16.4) Certamente há um só Deus (1Co 8.5,6). Os pagãos, entretanto, chamavam "deuses" também a outros, como, p. ex., Dagom e Baal, no tempo de Davi. Naquele tempo e agora, tudo o que ocupe o lugar que pertence ao Deus verdadeiro em nosso coração pode ser denominado deus, como, p. ex., o ego e os prazeres deste mundo (2Tm 3.2,4).

7 Louvarei ao Senhor que me aconselha;
até de noite o meu coração me ensina.
8 Tenho posto o [f]Senhor
continuamente diante de mim.
Porque ele está à minha direita,
não serei abalado.
9 Portanto [g]está alegre o meu coração
e se regozija a minha língua;
também a [1]minha carne repousará [h]segura,
10 porque não deixarás a minha
[i]alma no [j]inferno,
nem [k]permitirás que o teu
santo veja corrupção.
11 Tu me farás ver a vereda da vida;
na tua presença me encherás de alegria,
com delícias perpétuas à tua direita.

Davi pede a Deus que o proteja dos seus inimigos

Oração de Davi

17 Ouve, ó Senhor, a minha causa justa;
atende ao meu clamor.
Dá ouvidos à minha oração,
que não é feita com lábios enganosos.
2 Saia a minha sentença de
diante do teu rosto;
atendam os teus olhos à justiça.
3 [l]Sondaste o meu coração,
e me visitaste de noite;
examinaste-me, e [m]nada achaste.
A minha boca não [n]transgredirá.
4 Quanto ao trato dos homens,
pela palavra dos teus lábios
me guardei das veredas do destruidor.
5 Dirige os meus passos nos teus caminhos,
para que os meus pés não vacilem.
6 Eu te invoco, ó Deus,
pois me queres ouvir;
inclina para mim os teus ouvidos
e escuta a minha oração.
7 Mostra a maravilha do teu amor,
tu que livras aqueles que em ti confiam
dos que se levantam contra eles.
8 Guarda-me como à menina do olho;
esconde-me à sombra das tuas asas,
9 dos ímpios que me oprimem,
dos meus inimigos mortais
que me andam cercando.
10 Eles endurecem o [o]coração;
com a boca falam soberbamente.
11 Andam agora espiando os nossos passos;
e fixam seus olhos em nós
para nos derrubarem por terra.

[f] v. 8-11; At 2.25-28
[g] Reino (AT): v. 8-11; Sl 72.1 (Gn 1.26; Zc 12.8)
[h] Ressurreição: v. 9-11; Is 26.19 (2Rs 4.35; 1Co 15.52, nota)
[i] Cristo (primeira vinda): v. 10; Sl 22.1 (Gn 3.15; At 1.11)
[j] At 2.27; 13.35; 1Pe 3.19; Ap 20.5. Veja Hc 2.5, nota; comp. Lc 16.23, nota
[k] Sl 49.15; At 13.35
[l] Provar-Tentar: v. 3; Sl 26.2 (Gn 3.1; Tg 1.14)
[m] Comp. Jr 50.20
[n] Sl 39.1
[o] Ez 16.49
[p] Comp. Lc 16.25
[q] Comp. Jó 21.8,11
[r] Is 26.19
[s] Sl 16.11
[t] v. 1-50; comp. 2Sm 22.1-51
[u] Sl 144.1
[v] Pv 2.7
[w] Ap 5.12
[x] Sl 116.3
[y] Heb. Belial
[z] Comp. Mt 27.45-51
[a] Sl 144.5

12 Parecem-se com o leão
que deseja arrebatar a sua presa,
e com o leãozinho que espreita escondido.
13 Levanta-te, ó Senhor,
detém-no, derruba-o;
livra a minha alma do ímpio,
pela tua espada.
14 Ó Senhor, com a tua mão,
livra-me dos homens mundanos,
cuja [p]herança está nesta vida.
Enche-lhes o ventre da tua ira entesourada.
Fartem-se delas os seus [q]filhos,
e deem o que sobrar aos seus pequeninos.
15 Quanto a mim, em retidão
contemplarei a tua face;
quando [r]acordar,
eu me [s]satisfarei com a tua semelhança.

Cântico de louvor a Deus pelas suas muitas bênçãos

Para o músico-mor: salmo do servo do Senhor, Davi, o qual falou as palavras deste cântico ao Senhor, no dia em que o Senhor o livrou de todos os seus inimigos e das mãos de Saul. E [t]disse:

18 Eu te amo, ó Senhor, [u]força minha.
2 O Senhor é o meu rochedo,
o meu lugar forte e o meu libertador;
o meu Deus, a minha fortaleza,
em quem me refugio.
Ele é o meu [v]escudo,
a força da minha salvação,
o meu baluarte.
3 Invocarei o nome do Senhor,
[w]que é digno de louvor,
e ficarei livre dos meus inimigos.
4 [x]Cordas de morte me cercaram;
torrentes de [y]impiedade me assombraram.
5 Cordas do inferno me cingiram;
laços de morte me surpreenderam.
6 Na minha angústia invoquei o Senhor;
clamei ao meu Deus.
Do seu templo ele ouviu a minha voz;
aos seus ouvidos chegou
o meu clamor perante a sua face.
7 A [z]terra se abalou e tremeu,
e os fundamentos dos montes
também se moveram e se abalaram;
tremeram porque ele se indignou.
8 Das suas narinas subiu fumaça;
da sua boca saiu fogo devorador,
carvões se acenderam dele.
9 Ele [a]abaixou os céus e desceu;
a escuridão estava debaixo de seus pés.

---

[1] (16.9) O salmo 16 é uma predição da ressurreição do Rei. Como profeta, Davi declarou que não em sua primeira vinda, mas em algum momento após a sua morte e ressurreição, o Messias assumiria o trono davídico. Comp. At 2.25-31 com Lc 1.32,33 e At 15.13-17. Veja Aliança Davídica, 2Sm 7.16, *nota*; Reino (AT), Zc 12.8, *nota*. Veja o salmo 22, o próximo na série de salmos messiânicos.

10 [b]Montou num querubim e voou;
voou sobre as asas do vento.
11 Fez das [c]trevas o seu lugar oculto;
o [d]abrigo que o cercava era a
escuridão das águas
e as nuvens dos céus.
12 Ao resplendor da sua presença
as nuvens se desfizeram em granizo e [e]raios.
13 O Senhor trovejou dos céus;
o Altíssimo levantou a sua [f]voz.
14 Atirou as suas setas e [g]espalhou
os meus inimigos;
multiplicou os seus raios, e os derrotou.
15 Foram vistas as profundezas das águas,
e foram descobertos os
fundamentos do mundo
pela tua repreensão, ó Senhor,
ao soprar das tuas narinas.
16 [h]Estendeu do alto as mãos e me segurou;
tirou-me das muitas águas.
17 Livrou-me do forte inimigo
e dos que me aborreciam,
pois eram mais poderosos do que eu.
18 Surpreenderam-me no dia
da minha calamidade,
mas o Senhor foi o meu amparo.
19 [i]Trouxe-me para um lugar espaçoso;
livrou-me, porque se agradou de mim.
20 Recompensou-me o Senhor
conforme a minha retidão;
retribuiu-me conforme a pureza
das minhas mãos.
21 Pois guardei os caminhos do Senhor;
não me apartei impiamente
do meu Deus.
22 Todas as suas [j]leis estão diante de mim;
não rejeitei os seus decretos.
23 Também fui sincero perante ele,
e me guardei da iniquidade.
24 Pelo que me retribuiu o Senhor
conforme a minha retidão,
conforme a pureza de minhas mãos
perante os seus olhos.
25 Com o [k]benigno te mostrarás benigno,
e com o homem sincero te
mostrarás sincero.
26 Com o puro te mostrarás puro,
e com o perverso te mostrarás indomável.
27 Tu salvas os humildes,
mas [l]abates os de olhos altivos.
28 [m]Tu, ó Senhor, manténs acesa
a minha [n]lâmpada;
o Senhor meu Deus
transforma as minhas trevas em luz.
29 Com a tua ajuda passo pelo
meio dum esquadrão;
com o meu Deus posso escalar uma muralha.

[b] Comp. Sl 99.1
[c] Comp. Dt 4.11
[d] Sl 97.2
[e] Sl 97.3
[f] Sl 29.3-9
[g] Sl 144.6; comp. Js 10.10; Is 30.30
[h] Sl 144.7
[i] Sl 31.8; 118.5
[j] Sl 19.9
[k] Mt 5.7
[l] Pv 6.17
[m] Sl 119.105; 132.17; comp. 2Cr 21.7
[n] Pv 20.27; comp. Pv 13.9
[o] Sl 12.6; 119.140; Pv 30.5
[p] Sl 18.2
[q] Veja Sl 2.12, nota
[r] 2Sm 22.35
[s] Pv 1.28; Is 1.15; Ez 8.18; Zc 7.13
[t] Comp. Zc 10.5
[u] Sl 2.8
[v] Comp. Is 55.5
[w] 2Sm 22.45,46
[x] 2Sm 22.50; Rm 15.9

30 O caminho de Deus é perfeito.
A [o]palavra do Senhor é pura.
Ele é um [p]escudo para todos
os que nele se [q]refugiam.
31 Pois quem é Deus senão o Senhor?
E quem é rochedo senão o nosso Deus?
32 É Deus que me arma de força,
e aperfeiçoa o meu caminho.
33 Faz os meus pés como os das corças;
coloca-me em segurança nos lugares altos.
34 Adestra as minhas mãos para o combate;
os meus braços quebram
um arco de [r]bronze.
35 Também me dás o escudo da vitória,
e a tua mão direita me sustém;
a tua clemência me engrandece.
36 Alargas sob meus passos o caminho,
de modo que os meus
tornozelos não vacilam.
37 Persegui os meus inimigos e os alcancei;
não voltei senão depois de
os ter destruído.
38 Massacrei-os de tal maneira
que não se puderam levantar;
caíram debaixo dos meus pés.
39 Tu me deste força para a peleja;
fizeste abater debaixo de mim
aqueles que contra mim se levantaram.
40 Deste-me também o pescoço
dos meus inimigos,
para que eu pudesse destruir
os que me aborrecem.
41 Clamaram, mas não houve
quem os livrasse;
clamaram ao Senhor, [s]mas ele não
lhes respondeu.
42 Eu os esmiucei como o pó
levado pelo vento;
[t]deitei-os fora como a lama das ruas.
43 Livraste-me dos ataques do povo;
fizeste-me cabeça das [u]nações;
[v]povos que não conheci me servem.
44 Em ouvindo a minha voz, me obedecem;
os [w]estrangeiros se submetem a mim.
45 Os estrangeiros desfalecem;
tremendo, vêm das suas fortificações.
46 O Senhor vive! Bendito seja o meu rochedo,
e exaltado seja o Deus da minha salvação!
47 Ele é o Deus que me vinga,
que sujeita os povos debaixo de mim,
48 que me livra dos meus inimigos.
Sim, tu me exaltas sobre os que
se levantam contra mim;
tu me livras do homem violento.
49 Pelo que, ó Senhor,
eu te [x]louvarei entre as nações;
cantarei louvores ao teu nome.

50 Ele dá grandes vitórias ao seu rei;
ele usa de benignidade para
com o seu ungido,
[y]com Davi e seus descendentes
para sempre.

A excelência da criação e da Palavra de Deus

Salmo de Davi para o músico-mor

19 **O**s céus [z]declaram a glória de Deus;
o [a]firmamento proclama a
obra das suas mãos.
2 Um dia faz declaração a outro dia,
e uma noite mostra sabedoria a outra noite.
3 Sem linguagem, sem fala,
ouvem-se as suas vozes.
4 Em toda a extensão da terra
estende-se a sua voz,
e as suas palavras até o fim do mundo.
Nos céus pôs uma tenda para o [b]sol,
5 que é qual noivo que sai do seu aposento,
e se alegra, como um herói,
a percorrer o seu caminho.
6 Vai de uma extremidade dos céus até a outra;
nada se furta ao seu calor.
7 A [1][c]lei do Senhor é [d]perfeita, e refrigera a alma;
o testemunho do Senhor é fiel,
e dá [e]sabedoria aos simples.
8 Os preceitos do Senhor são retos,
e alegram o coração;
o mandamento do Senhor é puro,
e ilumina os olhos.
9 O[2] temor do Senhor é limpo,
e permanece para sempre;
as [f]ordenanças do Senhor são verdadeiras,
e inteiramente justas.
10 Mais desejáveis são do que o [g]ouro,
sim, do que muito ouro fino;
mais doces são do que o mel,
do que o mel que goteja dos favos.
11 Por eles é advertido o teu servo;
em os guardar há grande recompensa.
12 Quem pode entender os próprios erros?
[h]Absolve-me tu dos que me são ocultos.
13 Também da [i]soberba guarda o teu servo,
para que não se [j]assenhoreie de mim;
então serei sincero,
e ficarei limpo de grande transgressão.
14 [k]Sejam agradáveis as palavras
da minha boca
e a meditação do meu coração
perante a tua presença
ó Senhor, Rocha minha e [l]Redentor meu!

Pedido de socorro desde o santuário

Salmo de Davi para o músico-mor

20 **Q**ue o Senhor te ouça no dia da angústia;
e o nome do Deus de Jacó te [m]proteja.
2 Envie-te socorro do seu [n]santuário
e te sustenha de Sião.
3 [o]Lembre-se de todas as tuas ofertas,
e aceite os teus holocaustos. (Selá)
4 Conceda-te conforme o teu coração
e [p]cumpra todo o teu desígnio.
5 Nós nos alegraremos pela tua vitória
e em nome do nosso Deus
arvoraremos pendões.
Satisfaça o Senhor a todas as tuas petições.
6 Agora sei que o Senhor salva o seu ungido;
ele o ouve do seu [q]santo céu,
com a força salvadora da sua destra.
7 Uns confiam em carros e
outros em [r]cavalos,
[s]mas nós confiamos no nome do Senhor,
o nosso Deus.
8 Eles se encurvam e caem,
mas nós nos levantamos e estamos de pé.
9 Ó Senhor, salva o rei!
Ouça-nos quando clamarmos.

Davi louva a Deus pela vitória

Salmo de Davi para o músico-mor

21 **O** rei se alegra na tua força, ó Senhor,
e na tua salvação grandemente
se regozija.
2 Cumpriste-lhe o desejo do seu coração
e não lhe negaste as [t]súplicas
dos seus lábios.
(Selá)
3 Tu o proveste das bênçãos de bondade;
puseste-lhe na cabeça uma
coroa de ouro fino.
4 [u]Vida te pediu, e tu lhe deste;
vida longa para sempre.
5 Grande é a sua glória pela tua vitória;
de honra e de majestade o revestiste.
6 Certamente o abençoaste para sempre
e [v]o encheste com a alegria da tua presença.
7 Pois o rei [w]confia no Senhor;
pelo constante amor do Altíssimo
nunca vacilará.
8 A tua mão [x]alcançará a todos
os teus inimigos;
a tua mão direita alcançará
aqueles que te aborrecem.

[y] 2Sm 7.12
[z] Rm 1.19,20
[a] Gn 1.6,7
[b] Comp. Ec 1.5
[c] Lei (de Moisés): v. 7,8; Sl 37.31 (Êx 19.1; Gl 3.24)
[d] Rm 7.12
[e] Sl 119.130
[f] Sl 18.22
[g] Sl 119.72,127; Pv 8.10,11,19
[h] Sl 51.1,2
[i] Nm 15.30
[j] Sl 119.133; Rm 6.12-14
[k] Sl 51.15
[l] Redenção (tipo do parente remidor): v. 14; Sl 69.18 (Gn 48.16; Is 59.20, nota)
[m] Sl 91.4
[n] Sl 28.2
[o] Comp. At 10.4
[p] Sl 21.2
[q] Santificação (AT): v. 6; Sl 89.20 (Gn 2.3; Zc 8.3)
[r] Dt 20.1; Sl 33.16,17; Pv 21.31; Is 31.1
[s] Comp. 2Cr 32.8
[t] 2Sm 7.26-29
[u] Sl 61.5,6
[v] Sl 16.11; 45.7
[w] Veja Sl 2.12, nota
[x] Comp. Is 10.10

[1] (19.7) Embora a lei do Senhor seja resumidamente apresentada nos Dez Mandamentos, ela contém toda a verdade revelada de Deus – no tempo de Davi, era o Pentateuco; hoje, é a Bíblia toda.

[2] (19.9) "O temor do Senhor" é uma expressão do AT que significa *confiança reverente*, incluindo o ódio ao mal.

9 Tu os farás como um forno aceso,
quando te manifestares.
O Senhor os devorará na sua indignação,
e o fogo os consumirá.
10 A sua geração destruirás da terra,
e a sua descendência dentre
os filhos dos homens.
11 Embora intentem o mal contra ti
e tramem perversidade,
não podem [y]prevalecer;
12 pois tu os farás fugir,
quando para os seus rostos apontares o teu arco.
13 Exalta-te, ó Senhor, na tua força;
cantaremos e louvaremos o teu poder.

O Salvador sofredor

Salmo de Davi para o músico-mor,
sobre [z]Aijelete Hashahar

22 [1][a]Deus [b]meu, Deus meu, por que me
desamparaste?
Por que estás tão longe de [c]me salvar,
tão longe das palavras do meu clamor?
2 Deus meu, eu clamo de dia,
mas tu não me ouves;
de noite, e não tenho sossego.
3 Contudo, tu és o Santo,
entronizado entre os louvores de Israel.
4 Em ti confiaram nossos pais;
[d]confiaram, e tu os livraste.
5 A ti clamaram e foram salvos;
em ti confiaram,
e não foram confundidos.
6 Eu, porém, sou verme, não homem,
vergonha dos homens e
[e]desprezado do povo.
7 [2]Todos os que me veem zombam de mim;
estendem os lábios e balançam
a cabeça, dizendo:
8 [f]Confiou no Senhor, que o livre.
Livre-o, já que o quer bem.
9 Contudo, tu me [g]tiraste do ventre;
tu me preservaste,
estando eu ainda aos seios de minha mãe.
10 Sobre ti fui lançado desde a madre;
tu és o meu Deus desde o
ventre de minha mãe.
11 Não te distancies de mim,
pois a angústia está perto,
e não há quem ajude.
12 Muitos touros me cercam;
fortes touros de [h]Basã me rodeiam.
13 [i]Abrem contra mim a boca,
como um leão que despedaça e que ruge.
14 Como água me derramei,
e todos os meus ossos se desconjuntaram.
O meu coração é como cera;
derreteu-se no meu íntimo.
15 A minha força secou-se como um caco,
e a língua se me apega ao paladar;
tu me puseste no pó da morte.
16 [j]Cães me rodearam;
o ajuntamento de malfeitores me cercou,
[k]trespassaram-me as mãos e os pés.
17 Posso contar todos os meus ossos;
eles veem e me contemplam.
18 Repartem entre si as minhas vestes
e [l]lançam sortes sobre a minha túnica.
19 Tu, porém, ó Senhor,
não te distancies de mim;
ó força minha, apressa-te em socorrer-me.
20 Livra a minha alma da espada,
a minha vida do poder do cão.
21 Salva-me da boca dos leões;
livra-me dos chifres dos bois selvagens.
22 [3]Declararei o teu nome aos meus [m]irmãos;
eu te louvarei na congregação.
23 Vós, que [n]temeis ao Senhor, louvai-o!
Todos vós, descendência de Jacó, glorificai-o!
Temei-o, todos vós, descendência de Israel!
24 Pois não desprezou nem abominou
a aflição do aflito;
não escondeu dele o seu rosto,
mas, quando ele clamou, o ouviu.
25 De ti vem o tema do meu louvor
na grande congregação;
cumprirei os meus votos perante
os que o temem.

[y] Sl 2.1-4
[z] Heb. a corça da manhã. Talvez tít. de melodia conhecida
[a] Mt 27.46
[b] Sacrifício (profético): v. 1-18; Is 52.14 (Gn 3.15; Hb 10.18)
[c] Cristo (primeira vinda): v. 1-18; Is 7.14 (Gn 3.15; At 1.11)
[d] Veja Sl 2.12, nota
[e] v. 7,11-13; Sl 109.25; Mt 27.39-44
[f] Comp. Mt 27.43; veja Sl 2.12, nota
[g] Sl 71.6
[h] Dt 32.14
[i] Jó 16.10
[j] Comp. Ap 22.15
[k] Is 53.7; comp. Jo 20.20-25
[l] Mt 27.35
[m] Hb 2.12
[n] Veja Sl 19.9, nota

---

[1] (22.1) Os salmos 22, 23 e 24 formam uma trilogia. No salmo 22, o *Bom* Pastor dá a vida pelas ovelhas (Jo 10.11); no salmo 23, o *Grande* Pastor, que voltou "pelo sangue da aliança eterna [...] dentre os mortos" (Hb 13.20), cuida ternamente de suas ovelhas; no salmo 24, o *Sumo* Pastor aparece como o Rei da Glória que recompensa suas ovelhas (1Pe 5.4).

[2] (22.7) O salmo 22 é um quadro vívido da morte pela crucificação. Os ossos (das mãos, dos braços, dos ombros e da pélvis) desconjuntados (v. 14), a transpiração profusa causada pelo intenso sofrimento (v. 14), as funções do coração afetadas (v. 14), esgotamento total e terrível sede (v. 15), mãos e pés perfurados por cravos (v. 16, comp. Jo 20.20), nudez parcial com a resultante ofensa ao pudor (v. 17) – tudo está associado a esta forma de morte. As circunstâncias que, neste salmo, acompanham este tipo de morte são precisamente as que se cumpriram na crucificação de Cristo. O clamor desolado do v. 1 (Mt 27.46), os períodos de luz e trevas do v. 2 (Mt 27.45), o tratamento desprezivo e a humilhação dos v. 6-8,12,13 (Mt 27.39-44), o lançar sortes do v. 18 (Mt 27.35), tudo se cumpriu literalmente. Quando nos lembramos que a crucificação era uma forma romana de execução, não judia, a prova da inspiração divina torna-se incontestável.

[3] (22.22) No v. 22, o salmo passa da crucificação para a ressurreição; cumpriu-se no "vai ter com meus irmãos [...]" de Jo 20.17. O Cristo ressurreto declara a seus irmãos o nome "Pai".

26 Os [o]pobres [1][p]comerão e se fartarão;
louvarão o Senhor os que o buscam.
Viva para sempre o vosso coração!
27 Todos os confins da terra se lembrarão
e se converterão ao Senhor;
todas as famílias das nações adorarão perante ele,
28 pois o reino é do Senhor,
e ele domina entre as nações.
29 Todos os poderosos da terra
comerão e adorarão;
todos os que descem ao pó
se prostrarão perante ele,
como também os que não podem reter
a própria vida.
30 A [q]posteridade o servirá;
falará do Senhor às gerações futuras.
31 Proclamarão a sua retidão ao povo
que ainda há de nascer, pois ele o fez.

O Pastor divino

Salmo de Davi

23 **O** Senhor é o meu [r]pastor;
[s]nada me faltará.
2 Deitar-me faz em verdes [t]pastos,
conduz-me mansamente a [u]águas tranquilas,
3 refrigera a minha alma.
[v]Guia-me pelas veredas da justiça,
por amor do seu nome.
4 Ainda que eu andasse
pelo vale da [w]sombra da morte,
[x]não temeria mal algum,
porque tu estás [y]comigo;
a tua vara e o teu cajado me consolam.
5 [z]Preparas uma mesa perante mim
na presença dos meus inimigos.
[a]Unges a minha cabeça com óleo;
o meu cálice transborda.
6 Certamente que a bondade
e o amor me seguirão
todos os dias da minha vida,
e habitarei na casa do Senhor
para sempre.

O Rei da Glória

Salmo de Davi

24 **Do** Senhor é a [b]terra e a sua plenitude,
o mundo e todos os que nele habitam;
2 pois ele a [c]fundou sobre os mares
e a firmou sobre as águas.
3 [2][d]Quem subirá ao monte do Senhor?
Quem estará no seu lugar santo?
4 Aquele que é limpo de mãos
e [e]puro de coração,
que não entrega a sua alma à vaidade,
nem jura enganosamente.
5 Este receberá do Senhor a bênção
e a justiça do Deus da sua salvação.
6 Tal é a geração daqueles que o buscam,
daqueles que buscam a tua
face, ó Deus de Jacó.
(Selá)
7 [f]Levantai, ó portas, as vossas cabeças;
levantai-vos, ó entradas eternas,
e entrará o [g]Rei da Glória.
8 Quem é esse Rei da Glória?
O Senhor forte e poderoso,
o Senhor [h]poderoso na guerra.
9 Levantai, ó portas, as vossas cabeças;
levantai-vos, ó entradas eternas,
e entrará o Rei da Glória.
10 Quem é esse [i]Rei da Glória?
O Senhor dos Exércitos,
ele é o Rei da Glória. (Selá)

Pedido de defesa, orientação e perdão

Salmo de Davi

25 **A** ti, Senhor, elevo a minha alma.
2 Deus meu, em ti [j]confio;
não deixes que eu seja envergonhado,
[k]nem deixes que triunfem sobre
mim os meus inimigos.
3 Na verdade, não serão envergonhados
os que esperam em ti,
mas envergonhados ficarão
os que procedem traiçoeiramente
sem causa.
4 [l]Faze-me saber os teus caminhos,
ó Senhor;
ensina-me as tuas veredas.
5 Guia-me na tua verdade, e ensina-me,
pois tu és o Deus da minha salvação,
e por ti espero o dia todo.
6 Lembra-te, ó Senhor,
da tua grande [m]misericórdia e amor,
pois são desde a eternidade.

o Comp. Jo 6.51-58; 1Co 11.26
p Comp. Mt 5.5
q Comp. Is 53.10,11
r Is 40.11; Ez 34.11,12; Jo 10.11; 1Pe 2.25
s Segurança: v. 1-6; Sl 91.1 (Sl 23.1; Jd 1); Fp 4.19
t Ez 34.14
u Comp. Ap 7.17
v Sl 5.8; 31.3; Pv 8.20
w Jó 3.5; 10.21,22; 24.17; Sl 44.19; comp. Ap 1.18
x Sl 27.1
y Comp. Is 43.2
z Sl 104.15
a Sl 92.10; comp. Lc 7.46
b 1Co 10.26,28
c Sl 89.11
d Sl 15.1-5
e Mt 5.8
f Comp. Is 26.2
g 1Co 2.8
h Ap 19.13-16
i Cristo (segunda vinda): v. 7-10; Sl 50.3 (Dt 30.3; At 1.11, nota)
j Veja Sl 2.12, nota
k Sl 13.4
l Sl 5.8; 27.11; 86.11; 119.27; 143.8; comp. Êx 33.13
m Sl 103.17; 106.1; comp. Is 63.15; Jr 33.11

[1] (22.26) Os v. 26-31 narram os resultados dos sofrimentos e da libertação descritos no salmo e provam sua alusão messiânica além de qualquer questionamento. Não se poderia afirmar que o sofrimento e a posterior libertação de qualquer simples ser humano poderiam resultar em saciedade dos pobres e dos poderosos (v. 26,29), em conversão dos limites da terra ao Senhor (v. 27), em todos os mortos se prostrarem diante dele (v. 29) e no nascimento de um novo povo (v. 31). Veja os salmos 23 e 24, os próximos na série de salmos messiânicos.

[2] (24.3) A ordem é a seguinte: 1) a declaração do título: "Do Senhor é a terra" (v. 1,2); 2) quem governará a terra (v. 3-6) é uma questão de ser digno, e ninguém é digno senão o Cordeiro (comp. Dn 7.13,14; Mt 25.31; Ap 5.1-10), e 3) o Rei da Glória assume o trono na terra (v. 7-10). Veja o salmo 40, o próximo na série de salmos messiânicos.

7 Não te lembres dos [n]pecados
da minha mocidade,
nem das minhas transgressões;
[o]segundo o teu amor,
lembra-te de mim,
por tua bondade, ó Senhor.
8 Bom e reto é o Senhor;
portanto ele ensina o caminho
aos pecadores.
9 Guia os humildes no que é [p]reto
e lhes ensina o seu caminho.
10 Todos os caminhos do
Senhor são amorosos
e fiéis para aqueles que
guardam a sua aliança e os
seus testemunhos.
11 [q]Por amor do teu nome, ó Senhor,
perdoa a minha iniquidade,
[r]pois é grande.
12 Qual é o homem que [s]teme ao Senhor?
Este lhe ensinará o caminho
que deve escolher.
13 A sua alma repousará na prosperidade,
e a sua descendência herdará a terra.
14 O [t]segredo do Senhor é para
os que o temem;
ele lhes fará saber a sua [u]aliança.
15 Os meus olhos estão postos
continuamente no Senhor,
pois ele tirará os meus pés da rede.
16 Olha para mim e tem piedade de mim,
pois estou solitário e aflito.
17 As ânsias do meu coração
têm-se multiplicado;
tira-me dos meus apertos.
18 Olha para a minha aflição
e para a minha dor,
e perdoa todos os meus pecados.
19 Olha para os meus inimigos,
pois vão-se multiplicando
e me aborrecem com ódio cruel.
20 Guarda a minha alma e livra-me;
não me deixes decepcionado,
pois me [v]refugio em ti.
21 Guardem-me a integridade e a retidão,
porque espero em ti.
22 [w]Redime, ó Deus,
a Israel de todas as suas angústias.

A integridade de Davi

Salmo de Davi

26 Julga-me, ó Senhor,
pois tenho andado na
minha integridade;
tenho confiado também no Senhor
sem vacilar.
2 Examina-me, ó Senhor,
e [x]prova-me, sonda-me a
mente e o coração;
3 pois o teu amor
está sempre diante dos meus olhos,
e tenho andado na tua verdade.
4 Não me [y]assento com homens falsos,
nem me associo com os hipócritas.
5 Aborreço a congregação de malfeitores;
recuso-me a assentar-me com os ímpios.
6 Lavo as mãos na inocência,
e assim ando, ó Senhor, próximo ao teu altar,
7 proclamando em voz alta o teu louvor
e falando de todas as tuas maravilhas.
8 Senhor, eu [z]amo a habitação da tua casa
e o lugar onde permanece a tua glória.
9 Não me dês o destino dos pecadores,
nem o fim dos homens sanguinários,
10 em cujas mãos há malefício,
e cuja destra está cheia de subornos.
11 Eu, porém, ando na minha integridade;
livra-me e tem compaixão de mim.
12 O meu pé está firme em terreno plano;
na grande congregação
eu louvarei o Senhor.

Confiança em Deus e anelo pela sua presença

Salmo de Davi

27 O Senhor é a minha [a]luz e a minha salvação;
a quem temerei?
O [b]Senhor é a força da minha vida;
de quem me recearei?
2 Quando os malvados,
meus adversários e meus inimigos,
avançam contra mim,
para comerem as minhas carnes,
tropeçam e caem.
3 [c]Ainda que um exército me cerque,
o meu coração não temerá;
ainda que a guerra se levante contra mim,
nele confiarei.
4 Uma coisa pedi ao Senhor, e a buscarei:
que [d]possa morar na casa do Senhor
todos os dias da minha vida,
para contemplar a formosura do Senhor
e aprender no seu templo.
5 Pois no dia da adversidade
ele me esconderá no seu pavilhão;
no oculto do seu tabernáculo
me [e]esconderá
e me [f]colocará sobre uma rocha.
6 Então triunfarei sobre os meus inimigos
que estão ao redor de mim;
pelo que oferecerei sacrifício de júbilo
no seu tabernáculo;
cantarei, sim, cantarei louvores ao Senhor.

[n] Jó 13.26; Jr 3.25
[o] Sl 51.1
[p] Sl 9.16
[q] Sl 31.3; 79.9; 109.21; 143.11
[r] Comp. Rm 5.20
[s] Veja Sl 19.9, nota
[t] Pv 3.32; Jo 7.17; veja Jo 15.15, nota
[u] Comp. 2Sm 7.4-17
[v] Veja Sl 2.12, nota
[w] Veja Êx 14.30 e Is 59.20, notas
[x] Provar-Tentar: v. 2; Sl 66.10 (Gn 3.1; Tg 1.14)
[y] Sl 1.1; Jr 15.17
[z] Sl 27.4; 84.1-4,10
[a] Sl 84.11; Is 60.19,20; Mq 7.8
[b] Sl 62.2,6; 118.14,21; Is 12.2
[c] Sl 3.6
[d] Sl 26.8; 65.4; comp. Lc 2.37
[e] Sl 31.20; 91.1
[f] Sl 40.2

7 Ouve, ó Senhor, a minha voz
quando clamo;
tem compaixão de mim e responde-me.
8 Quando disseste: Buscai o meu rosto;
o meu coração te disse:
O teu rosto, Senhor, buscarei.
9 [g]Não escondas de mim a tua face;
não rejeites o teu servo com ira;
tu és a minha ajuda.
Não me deixes nem me desampares,
ó Deus da minha salvação.
10 Ainda que meu [h]pai e minha [i]mãe
me desamparassem,
o Senhor me recolheria.
11 [j]Ensina-me, ó Senhor, o teu caminho;
guia-me pela vereda direita,
por causa dos que me andam espiando.
12 Não me entregues à vontade
dos meus adversários,
pois contra mim
se levantaram falsas [k]testemunhas,
respirando violência.
13 Creio que ainda verei
a bondade do Senhor
na terra dos viventes.
14 [l]Espera no Senhor.
Sê forte! Anima-te!
Espera no Senhor.

Davi roga a Deus que o aparte dos ímpios

Salmo de Davi

28 A ti clamo, ó Senhor, Rocha minha;
não emudeças para comigo.
Pois, se te calares a meu respeito,
serei semelhante aos que descem à cova.
2 Ouve a voz das minhas súplicas
quando a ti clamar,
quando levantar as minhas mãos
para o teu santo templo.
3 Não me arrastes com os ímpios
e com os que praticam a iniquidade,
que falam de paz ao seu próximo,
mas têm o mal no seu coração.
4 [m]Retribui-lhes segundo as suas obras
e segundo a malícia dos seus esforços;
retribuí-lhes conforme a obra das suas mãos
e envia-lhes a sua recompensa.
5 Visto que não atentam para
as obras do Senhor,
nem para o que as suas mãos têm feito,
ele os derrubará e não os reedificará.
6 Bendito seja o Senhor,
pois ouviu a voz das minhas súplicas.
7 O Senhor é a minha força e o meu escudo;
nele [n]confiou o meu coração,
e fui socorrido.
O meu coração salta de alegria;
com o meu canto o louvarei.
8 O Senhor é a força do seu povo,
a fortaleza salvadora do seu ungido.
9 Salva o teu povo e abençoa a tua herança;
apascenta-os e exalta-os para sempre.

O grande poder de Deus

Salmo de Davi

29 Dai ao Senhor, ó filhos dos poderosos,
dai ao Senhor glória e força.
2 Dai ao Senhor a glória devida ao seu nome;
adorai o Senhor na beleza da sua santidade.
3 A voz do Senhor ouve-se sobre as águas;
o [o]Deus da glória troveja,
o Senhor está sobre as muitas águas.
4 A voz do Senhor é poderosa;
a voz do Senhor é cheia de majestade.
5 A voz do Senhor quebra os cedros;
o Senhor quebra os cedros do Líbano.
6 Ele faz o Líbano saltar como um bezerro,
e a [p]Siriom como um filhote
de boi selvagem.
7 A voz do Senhor separa as
labaredas do fogo.
8 A voz do Senhor faz tremer o deserto;
o Senhor faz tremer o deserto de Cades.
9 A voz do Senhor faz [q]parir as corças,
e despe as florestas.
E no seu templo todos dizem: Glória!
10 O [r]Senhor se assentou sobre o Dilúvio;
o [s]Senhor se assenta como rei,
perpetuamente.
11 O [t]Senhor dá força ao seu povo;
o Senhor abençoa o seu povo com paz.

Louvor pelo livramento

Salmo e canção na dedicação da Casa. Salmo de Davi

30 Eu te exaltarei, ó Senhor, pois tu me
levantaste e não permitiste
que os meus inimigos
se alegrassem sobre mim.
2 Senhor, meu Deus, clamei a ti por socorro,
e tu me [u]curaste.
3 Senhor, fizeste subir a minha
alma da [v]sepultura;
conservaste-me a vida para que
não descesse à cova.
4 [w]Cantai ao Senhor, vós que sois seus santos;
louvai o seu santo nome.
5 [x]Pois a sua ira dura só um momento,
mas no seu favor está a vida;
o choro pode durar uma noite,
mas a alegria vem pela manhã.

g Sl 69.17; 143.7
h Comp. Is 63.16
i Is 49.15
j Sl 25.4; 86.11; 119.33
k Sl 35.11; comp. 1Sm 22.9; 2Sm 16.7,8; Mt 26.60
l Sl 62.1,5; 130.5,6; Is 25.9; Hc 2.3
m Comp. 2Tm 4.14; Ap 18.6
n Fé: v. 7; Sl 32.10 (Gn 3.20; Hb 11.39, nota)
o At 7.2
p Dt 3.9
q Jó 39.1
r Gn 6.17; Jó 38.8,25
s Sl 10.16
t Sl 28.8
u Sl 6.2; 103.3
v Veja Hc 2.5, nota; comp. Lc 16.23, nota
w Sl 97.12; comp. 1Cr 16.4
x Sl 103.9; Is 54.7,8; comp. 2Co 4.17

6 Eu dizia na minha prosperidade:
Jamais serei abalado.
7 Tu, ó Senhor, pelo teu favor
fizeste permanecer forte a minha montanha;
mas, quando encobriste o teu rosto,
fiquei perturbado.
8 A ti, Senhor, clamei;
ao Senhor supliquei.
9 Que proveito haverá se eu descer à cova?
Acaso te louvará o [y]pó?
Anunciará ele a tua verdade?
10 Ouve, ó Senhor, e tem piedade de mim!
Ó Senhor, sê o meu auxílio.
11 [z]Tornaste o meu pranto em dança;
tiraste o meu lamento e me
cingiste de alegria,
12 para que a minha [a]alma te cante louvores,
e não se cale.
Senhor, Deus meu,
eu te louvarei para sempre.

Pedido de proteção ao Senhor

Salmo de Davi para o músico-mor

31 **E**m ti, ó Senhor, me [b]refugio;
nunca seja eu envergonhado;
livra-me pela tua retidão.
2 Inclina para mim os teus ouvidos,
livra-me depressa;
sê a minha firme rocha,
uma casa fortíssima que me salve.
3 Visto que tu és a minha rocha
e a minha fortaleza,
por amor do teu nome,
guia-me e encaminha-me.
4 Tira-me do laço que me [c]armaram,
pois tu és a minha força.
5 [d]Nas tuas mãos encomendo o meu espírito;
tu me remiste, ó Senhor,
Deus da [e]verdade.
6 Odeio aqueles que se entregam
a ídolos inúteis;
eu confio no Senhor.
7 Eu me alegrarei e regozijarei no teu amor,
pois consideraste a minha aflição
e conheceste as angústias da minha alma.
8 Não me entregaste nas mãos do inimigo,
mas [f]puseste os meus pés num lugar espaçoso.
9 Tem misericórdia de mim,
ó Senhor, pois estou angustiado;
consumidos de tristeza estão os meus olhos,
a minha alma e o meu corpo.
10 A minha vida está gasta de tristeza,
e os meus anos de suspiros;
a minha força esgota-se
por causa da minha iniquidade,
e os meus ossos se consomem.
11 Por causa de todos os meus inimigos,
fui a [g]vergonha dos meus vizinhos
e um horror para os meus conhecidos;
os que me viam na rua fugiam de mim.
12 Estou esquecido no coração deles,
como um morto;
sou como um vaso quebrado.
13 Pois ouço a murmuração de muitos,
há terror por todos os lados;
[h]conspiram contra mim
e intentam tirar-me a vida.
14 Eu, porém, confio em ti, ó Senhor; digo:
Tu és o meu Deus.
15 Os meus dias estão nas tuas [i]mãos;
livra-me das mãos dos meus inimigos
e dos que me perseguem.
16 Faze resplandecer o teu rosto
sobre o teu servo;
salva-me por teu constante amor.
17 Não deixes que eu seja humilhado,
ó Senhor,
pois te tenho invocado;
deixa humilhados os ímpios,
e calados fiquem na [j]sepultura.
18 Emudeçam os lábios mentirosos
que dizem coisas más com arrogância
e desprezo contra o [k]justo.
19 Oh! quão grande é a tua bondade,
que guardaste para os que te [l]temem,
e que mostraste àqueles que em ti confiam,
na presença dos filhos dos homens!
20 Tu os [m]esconderás, no secreto
da tua presença,
das intrigas dos homens;
na tua habitação os ocultarás
das línguas acusadoras.
21 Bendito seja W Senhor,
pois mostrou o seu maravilhoso amor
para comigo numa cidade sitiada.
22 Dizia eu na minha pressa:
Estou cortado de diante dos teus olhos;
não obstante, tu ouviste a voz
das minhas súplicas,
quando eu a ti clamei.
23 Amai o Senhor, vós todos
que sois seus santos!
O Senhor guarda os fiéis
e retribui com abundância aos soberbos.
24 Esforçai-vos; e fortaleça-se o vosso coração,
vós todos os que esperais no Senhor.

A alegria do homem perdoado

[n]Masquil de Davi

32 **B**em-aventurado aquele cuja transgressão
é perdoada,
e cujo pecado é coberto.

[y] Sl 6.5
[z] Is 61.3; Jr 31.4; comp. 2Sm 6.14
[a] Sl 16.9; 57.8
[b] Veja Sl 2.12, nota
[c] Sl 64.5
[d] Comp. Lc 23.46
[e] Dt 32.4
[f] Sl 4.1; 18.19
[g] Sl 38.11; 88.8,18; comp. Jó 19.13
[h] Comp. Mt 27.1
[i] Jó 14.5
[j] Veja Hc 2.5, nota; comp. Lc 16.23, nota
[k] Comp. Jd 15
[l] Veja Sl 19.9, nota
[m] Sl 27.5; 32.7
[n] Instrução

2 Bem-aventurado o homem
a quem o Senhor [o]não atribui [p]pecado,
e em quem não há [q]engano.
3 Enquanto me calei,
envelheceram os meus ossos
pelo meu bramido o dia todo.
4 Pois de dia e de noite
a tua mão pesava sobre mim;
o meu vigor se esgotou
como em tempo de seca. (Selá)
5 Confessei-te o meu pecado,
e a minha maldade não encobri.
Disse: [r]Confessarei ao Senhor
as minhas transgressões;
e tu, Senhor, [s]perdoaste a culpa
do meu pecado.
(Selá)
6 Pelo que todo aquele que é fiel
orará a ti a tempo de te poder achar;
até quando transbordarem as muitas águas,
elas não o atingirão.
7 Tu és o lugar em que me escondo;
tu me preservas da angústia
e me cercas com alegres cantos de livramento.
(Selá)
8 Eu te instruirei e te ensinarei
o caminho que deves seguir;
eu te guiarei com os meus olhos.
9 Não sejais como o [t]cavalo ou a mula,
que não têm entendimento,
cuja boca precisa de cabresto e freio,
caso contrário não se sujeitam a ti.
10 Muitas são as dores do ímpio,
mas o [u]constante amor do Senhor
protegerá aquele que nele confia.
11 Alegrai-vos no Senhor,
e regozijai-vos, vós, os justos;
cantai alegremente todos vós que sois
retos de coração.

O júbilo do crente na contemplação das obras de Deus

33 [v]Regozijai-vos no Senhor, vós, os justos;
aos retos convém o louvor.
2 Louvai ao Senhor com a harpa;
cantai a ele com o saltério de dez cordas.
3 Cantai-lhe um cântico novo;
tocai bem e com júbilo.
4 Pois a palavra do Senhor é
reta e verdadeira;
todas as suas obras são fiéis.
5 O Senhor ama a [w]retidão e a justiça;
a terra está cheia do seu constante amor.
6 [x]Pela palavra do Senhor
foram feitos os céus,
e todo o [y]exército deles pelo
[z]sopro da sua boca.
7 Ele [a]ajunta as águas do mar
como num montão;
põe os abismos em depósitos.
8 [b]Tema toda a terra ao Senhor;
temam-no todos os moradores do mundo.
9 Pois ele [c]falou, e tudo se fez;
mandou, e logo tudo apareceu.
10 O Senhor [d]desfaz o conselho das nações;
quebranta os intentos dos povos.
11 O conselho do Senhor, porém,
permanece para sempre,
e os intentos do seu coração de geração
em geração.
12 Bem-aventurada é a nação
cujo Deus é o Senhor,
e o povo que ele [e]escolheu
para sua herança.
13 O Senhor olha desde os céus
e vê todos os filhos dos homens;
14 da sua morada contempla
todos os moradores da terra,
15 ele que forma o coração de todos eles,
que [f]contempla todas as suas obras.
16 Não há rei que se salve
com a grandeza de um exército;
[g]não há valente que se livre
pela muita força.
17 O [h]cavalo é vão para a segurança;
não livra a ninguém com a
sua grande força.
18 Os olhos do Senhor, porém,
estão sobre os que o temem;
sobre os que esperam no seu
constante amor,
19 para [i]livrá-los da morte e
para os conservar vivos na fome.
20 A nossa alma espera no Senhor;
ele é o nosso auxílio e o nosso escudo.
21 Nele se alegra o nosso coração,
pois [j]confiamos no seu santo nome.
22 Seja o teu constante amor,
ó Senhor, sobre nós,
assim como a nossa esperança está em ti.

Davi louva a Deus e exorta a confiar nele

Salmo de Davi, quando mudou o seu semblante perante Abimeleque, e o expulsou, e ele se foi

34 Louvarei ao Senhor em todo o [k]tempo;
o seu louvor estará continuamente
na minha boca.
2 A minha alma se [l]gloriará no Senhor;
os aflitos o ouvirão e se alegrarão.
3 Engrandecei ao Senhor comigo;
juntos exaltemos o seu nome.
4 [m]Busquei ao Senhor, e ele me respondeu;
livrou-me de todos os meus temores.

[o] Imputação: v. 1,2; Rm 4.3 (Gn 15.6; Tg 2.23)
[p] Rm 4.7,8
[q] Comp. Jo 1.47
[r] 2Sm 12.13; Sl 38.18; Pv 28.13; 1Jo 1.9
[s] Perdão: v. 5; Sl 99.8 (Lv 4.20; Mt 26.28, nota)
[t] Pv 26.3
[u] Fé: v. 10; Sl 37.3 (Gn 3.20; Hb 11.39, nota)
[v] Sl 32.11; 97.12
[w] Sl 25.9
[x] Gn 1.6,7; Hb 11.3; 2Pe 3.5
[y] Gn 2.1
[z] Jó 26.13
[a] Gn 1.9; Jó 26.10; 38.8
[b] Veja Sl 19.9, nota
[c] Gn 1.3; Sl 148.5
[d] Comp. Is 8.10; 19.3
[e] Eleição (coletiva): v. 12; Sl 105.43 (Dt 7.6; 1Pe 5.13)
[f] 2Cr 16.9
[g] Jr 9.23,24
[h] Sl 20.7; Pv 21.31
[i] Comp. At 12.11
[j] Veja Sl 2.12, nota
[k] Ef 5.20; 1Ts 5.18
[l] 1Co 1.31
[m] Mt 7.7; Lc 11.9

5 Olhai para ele, e sede iluminados;
os vossos rostos não ficarão
decepcionados.
6 Clamou este pobre, e o Senhor o ouviu;
salvou-o de todas as suas angústias.
7 O [n]anjo do Senhor [o]acampa-se
ao redor dos que o temem, e os livra.
8 [p]Provai e vede que o Senhor é bom;
bem-aventurado o homem
que nele se refugia.
9 Temei ao Senhor, vós, os seus santos,
pois não têm falta alguma aqueles
que o temem.
10 Os filhos dos leões necessitam
e sofrem fome,
mas aqueles que buscam ao Senhor
de nada têm falta.
11 Vinde, meninos, ouvi-me;
eu vos ensinarei o temor do Senhor.
12 Quem é o homem que [q]ama a sua vida,
que deseja viver muito para ver o bem?
13 Guarda a tua língua do mal,
e os teus lábios de falarem
[r]enganosamente.
14 Aparta-te do mal e faze o bem;
procura a [s]paz e segue-a.
15 Os olhos do Senhor estão sobre os justos,
e os seus ouvidos estão atentos ao seu clamor.
16 A face do Senhor
está contra os que fazem o mal,
para apagar da terra a memória deles.
17 Os justos clamam,
e o Senhor os ouve;
livra-os de todas as suas angústias.
18 Perto está o Senhor dos que têm o coração
[t]quebrantado;
ele salva os contritos de espírito.
19 Muitas são as [u]aflições do justo,
mas o Senhor o livra de todas.
20 Ele lhe [v]preserva todos os seus ossos;
nenhum deles será quebrado.
21 A malícia matará o ímpio;
os que aborrecem o justo serão punidos.
22 O Senhor [w]resgata a vida dos seus servos;
nenhum dos que nele confiam
será condenado.

Oração de Davi contra seus inimigos

Salmo de Davi

35 Pleiteia, ó Senhor,
com aqueles que pleiteiam comigo;
[x]peleja contra os que pelejam contra mim.
2 [y]Pega os escudos, o pequeno e o grande;
levanta-te para me socorrer.

[n] Anjo do Senhor: v. 7; Sl 35.5 (Gn 16.7; Jz 2.1, nota)
[o] Comp. 2Rs 6.17; Dn 6.22
[p] 1Pe 2.3
[q] v. 12-16; 1Pe 3.10-12
[r] Ef 4.25
[s] Rm 14.19
[t] Sl 51.17
[u] Comp. 2Tm 3.11,12
[v] Comp. Êx 12.46; Jo 19.36
[w] Veja Êx 14.30 e Is 59.20, notas
[x] Comp. Êx 14.25
[y] Comp. Sl 44.26; 91.4
[z] v. 26; Sl 40.14,15
[a] Sl 129.5
[b] Anjo do Senhor: v. 5,6; Is 37.36 (Gn 16.7; Jz 2.1, nota)
[c] 1Ts 5.3
[d] Sl 51.8
[e] Êx 15.11; Sl 71.19; 86.8; Mq 7.18
[f] Comp. Jó 30.25; Sl 69.10,11
[g] Comp. Mt 10.13; Lc 10.6
[h] Comp. Jó 30.1
[i] Hc 1.13
[j] Sl 22.20

3 Empunha a lança
e obstrui o caminho dos que me perseguem;
dize à minha alma:
Eu sou a tua salvação.
4 [z]Sejam humilhados e envergonhados
os que buscam a minha vida;
[a]voltem atrás e envergonhem-se
os que contra mim tramam o mal.
5 Sejam como a palha diante do vento,
O[b] anjo do Senhor os faça fugir.
6 Seja o seu caminho tenebroso
e escorregadio,
e o anjo do Senhor os persiga.
7 Visto que sem causa
me armaram ocultamente laços,
e sem razão fizeram uma cova
para a minha alma,
8 sobrevenha-lhes [c]destruição repentina;
prendam-nos a rede que ocultaram,
e caiam eles nessa mesma destruição.
9 Então a minha alma se alegrará no Senhor
e se alegrará na sua salvação.
10 [d]Todos os meus ossos dirão:
Senhor, [e]quem é como tu?
Tu livras o pobre daquele
que é mais forte do que ele,
o pobre e o necessitado daquele
que o rouba.
11 Falsas testemunhas se levantam;
depõem contra mim coisas
que eu não sei.
12 Tornam-me o mal pelo bem,
e roubam a minha alma.
13 Contudo, [f]quando estavam enfermos,
as minhas vestes eram o pano de saco,
e humilhava a minha alma com o jejum.
Quando a minha oração [g]não
era respondida,
14 andei enlutado como se fosse
por um irmão ou um amigo.
Curvei a cabeça, de pesar,
como quem chora por sua mãe.
15 Quando, porém, eu tropecei,
eles se reuniram com alegria;
os [h]homens miseráveis
se congregaram contra mim,
e eu não o sabia.
Dilaceraram-me sem tréguas.
16 Como hipócritas [1]zombadores nas festas,
rangeram os dentes contra mim.
17 Senhor, até quando [i]verás isso?
Livra-me das suas violências,
livra a [j]minha vida desses leões.
18 Eu te louvarei na grande assembleia;
entre muitíssimo povo te celebrarei.

[1] (35.16) Eram cômicos remunerados contratados para entreter os convidados em um banquete.

19 [k]Não se alegrem de mim
os meus inimigos sem razão;
não [l]pisquem os olhos aqueles
que me aborrecem sem causa.
20 Não falam de paz, mas tramam enganos
contra os pacíficos da terra.
21 Escancaram a boca contra mim e dizem:
Ah! Ah! os nossos próprios olhos o viram.
22 Tu, Senhor, o viste; não te cales.
Senhor, não te afastes de mim.
23 Acorda e desperta para o meu [m]julgamento,
para a minha causa, Deus
meu e Senhor meu.
24 Julga-me segundo a tua retidão,
ó Senhor Deus meu;
não deixes que se regozijem sobre mim.
25 Não digam em seus corações:
Agora sim! Cumpriu-se o nosso desejo!
Não digam: Nós o devoramos.
26 Envergonhem-se e frustrem-se todos
os que se alegram com o meu mal;
vistam-se de vergonha e de confusão
todos os que se engrandecem contra mim.
27 [n]Cantem e alegrem-se
os que amam a minha justiça;
digam continuamente:
O Senhor, que se deleita na
prosperidade do seu servo,
seja engrandecido.
28 A minha língua falará da tua retidão
e do teu louvor o dia todo.

A perversidade dos ímpios. A misericórdia de Deus

Salmo de Davi, servo do Senhor, para o músico-mor

36 **A** transgressão fala ao ímpio
no íntimo do seu coração:
Não há [o]temor de Deus
perante os seus olhos.
2 Pois ele se julga tão importante
e diz que a sua iniquidade
não há de ser descoberta nem detestada.
3 As palavras da sua boca são
malícia e engano;
deixou de entender e de fazer o bem.
4 Maquina o mal na sua [p]cama;
detém-se em caminho que não é
bom e não odeia o [q]mal.
5 O teu amor, ó Senhor, alcança os céus,
e a tua fidelidade chega até as nuvens.
6 A tua retidão é como as
grandes montanhas,
e a tua justiça como um grande [r]abismo.
Ó Senhor, tu preservas os
homens e os animais.
7 Quão precioso é, ó Deus, o
teu constante amor!
Os filhos dos homens se [s]refugiam
à sombra das tuas asas.
8 Eles se [t]fartam da gordura da tua casa;
tu lhes dá de beber da [u]corrente
das tuas delícias.
9 Pois em ti está o [v]manancial da vida;
na tua luz veremos a luz.
10 Estende o teu amor aos que te conhecem,
a tua retidão, aos retos de coração.
11 Que eu não seja pisoteado pelos soberbos,
e que não me faça recuar a mão dos ímpios.
12 Caídos estão os que praticam a iniquidade;
estão derrubados, não se podem levantar.

Confiança no Senhor

Salmo de Davi

37 [w]Não te indignes por causa dos malfeitores,
nem tenhas inveja dos que
praticam a iniquidade;
2 pois cedo serão ceifados como a erva,
murcharão como a verdura.
3 [x]Confia no Senhor e faze o bem;
habita na terra e vive tranquilo.
4 [y]Deleita-te no Senhor,
e ele te concederá os desejos do teu [z]coração.
5 Entrega o teu caminho ao Senhor;
confia nele, e ele tudo fará.
6 Fará sobressair a tua [a]retidão como a luz,
e a tua justiça como o meio-dia.
7 [b]Descansa no Senhor e espera nele;
[c]não te indignes por causa
daquele que [d]prospera em seu caminho,
por causa do homem que executa
astutos intentos.
8 [e]Deixa a ira e abandona o furor;
não te indignes para fazer o mal.
9 Pois os malfeitores serão exterminados,
mas aqueles que esperam no
Senhor herdarão a terra.
10 [f]Ainda um pouco, e o ímpio não existirá;
olharás para o seu lugar, e não aparecerá.
11 Os [g]mansos, porém, herdarão a terra,
e se deleitarão na abundância de paz.
12 O ímpio maquina contra
o justo e contra ele range os dentes;
13 mas o Senhor se [h]ri dele,
pois vê que vem chegando o seu dia.
14 Os ímpios puxam da espada
e preparam o arco,
para derrubar o pobre e necessitado
e matar os de reto caminho.
15 A [i]sua espada, porém, lhes
entrará no coração,
e os seus arcos se quebrarão.

[k] Sl 69.4; 109.3; Lm 3.52; comp. Jo 15.25
[l] Comp. Pv 6.13; 10.10
[m] Sl 97.2
[n] Comp. Ap 18.20
[o] Rm 3.18
[p] Pv 4.16; Mq 2.1
[q] Rm 12.9
[r] Rm 11.33
[s] Veja Sl 2.12, nota
[t] Sl 65.4
[u] Sl 46.4
[v] Jr 2.13; Jo 4.10,14
[w] v. 7; Sl 73.3; Pv 23.17; 24.19
[x] Fé: v. 3-5; Sl 84.12 (Gn 3.20; Hb 11.39)
[y] Is 58.14
[z] Sl 145.19; Mt 7.7,8
[a] Sl 106.3
[b] Sl 62.1
[c] v. 1,8; comp. Jr 12.1
[d] Sl 73.3-12
[e] Ef 4.26
[f] Comp. Hb 10.36,37
[g] Mt 5.5
[h] Sl 2.4; 59.8
[i] Comp. 1Sm 17.50,51

16 Vale mais o [j]pouco que tem o justo
do que as riquezas de muitos ímpios.
17 Pois os braços dos ímpios se quebrarão,
mas o Senhor sustém os justos.
18 O Senhor conhece os dias dos retos,
e a sua herança permanecerá para sempre.
19 Não ficarão decepcionados nos dias maus;
nos dias de fome se fartarão.
20 Os ímpios, porém, perecerão,
e os inimigos do Senhor
serão como a gordura dos cordeiros;
desaparecerão, e em fumaça se desfarão.
21 O ímpio toma emprestado e não paga,
mas o justo se compadece e dá;
22 aqueles que ele abençoa herdarão a terra,
e aqueles que forem por ele amaldiçoados
serão exterminados.
23 Os passos do homem bom
são confirmados pelo Senhor,
e ele se deleita no seu caminho.
24 Ainda que caia, não ficará [k]prostrado,
pois o Senhor o sustém com a sua mão.
25 Fui moço, e agora sou velho;
contudo, nunca vi desamparado o justo,
nem a sua descendência a
mendigar o pão.
26 Compadece-se sempre e empresta;
a sua descendência será abençoada.
27 Aparta-te do mal e faze o bem;
então terás morada par sempre.
28 Pois o Senhor ama os [l]justos
e não desampara os seus santos.
Eles serão preservados para sempre,
mas a descendência dos ímpios
será exterminada;
29 os justos herdarão a terra
e habitarão nela para sempre.
30 A boca do justo profere sabedoria,
e a sua língua fala do que é reto.
31 A [m]lei do seu Deus está em seu coração;
os seus passos não vacilam.
32 O ímpio espreita o justo
e procura matá-lo;
33 mas o Senhor não o deixará em suas mãos,
nem o condenará quando for julgado.
34 Espera no Senhor e guarda o seu caminho.
Ele te exaltará para herdares a terra;
tu verás quando os ímpios
forem exterminados.
35 Vi o ímpio, cheio de prepotência,
a espalhar-se como a
árvore verde na terra natal,
36 mas logo passou e já não é;
procurei-o, mas não se pôde encontrar.
37 Nota o homem sincero e
considera o que é [n]reto;
o futuro desse homem será de paz.

[j] Pv 15.16; 16.8; 1Tm 6.6
[k] Pv 24.16
[l] Sl 33.5
[m] Lei (de Moisés): v. 31; Sl 40.8 (Êx 19.1; Gl 3.24)
[n] Veja 1Rs 8.61 e Fp 3.12, notas
[o] Veja Sl 2.12, nota
[p] Sl 6.1
[q] Sl 31.11; comp. Lc 23.49
[r] Comp. 2Sm 16.7,8

38 Todos os transgressores, porém,
serão destruídos;
a posteridade dos ímpios perecerá.
39 A salvação dos justos vem do Senhor;
ele é a sua fortaleza no tempo da angústia.
40 O Senhor os ajuda e os livra;
ele os livra dos ímpios e os salva,
porque nele se [o]refugiam.

Arrependimento pelo pecado

Salmo de Davi para lembrança

38 Ó Senhor, não me [p]repreendas na tua ira,
nem me castigues no teu furor.
2 Pois as tuas flechas se
cravaram em mim
e a tua mão sobre mim desceu.
3 Não há coisa sã na minha
carne, por causa da tua cólera;
nem há paz em meus ossos,
por causa do meu pecado.
4 As minhas iniquidades
já ultrapassam a minha cabeça,
como carga pesada
são demais para as minhas forças.
5 As minhas chagas cheiram mal,
e estão purulentas, por causa da minha loucura.
6 Estou encurvado e muito abatido;
ando lamentando o dia todo.
7 O meu corpo está cheio de dores;
não há coisa sã na minha carne.
8 Estou fraco e totalmente esmagado;
dou gemidos por causa da angústia
do meu coração.
9 Senhor, diante de ti está todo o meu desejo;
o meu gemido não te é oculto.
10 O meu coração está agitado,
a minha força me falta;
até a luz dos meus olhos me deixou.
11 Os meus amigos e os meus companheiros
[q]me evitam,
por causa da minha chaga;
os meus parentes põem-se a distância.
12 Os que buscam a minha
vida me armam laços,
e os que procuram o meu mal [r]falam
da minha ruína;
imaginam engano o dia todo.
13 Eu sou como surdo, que não ouve,
e como mudo, que não abre a boca;
14 sou como um homem que não ouve,
e em cuja boca não há resposta.
15 Em ti, ó Senhor, espero;
tu, ó Senhor meu Deus, me ouvirás.
16 Pois eu disse: Não permitas
que se alegrem de mim,
e se engrandeçam quando resvala o meu pé.

17 [s]Pois estou prestes a cair;
a minha dor está constantemente
perante mim.
18 [t]Confesso a minha iniquidade;
[u]entristeço-me por causa do meu pecado.
19 Os meus inimigos estão vivos e são fortes;
aumentam os que sem causa me odeiam.
20 Os que pagam mal pelo bem me caluniam,
[v]porque eu sigo o que é bom.
21 Não me desampares, ó
Senhor; ó meu Deus,
[w]não te distancies de mim.
22 Apressa-te em meu auxílio,
ó Senhor, minha salvação.

A fragilidade do homem

Salmo de Davi para o músico-mor,
para [1]Jedutum

39 Eu disse: Guardarei os meus caminhos,
e não pecarei com a minha [x]língua;
refrearei a minha boca
enquanto o ímpio estiver na minha presença.
2 Quando, porém, fiquei em silêncio,
como mudo, sem dizer uma palavra,
nem mesmo acerca do bem,
a minha dor se agravou.
3 Ardia dentro de mim o meu coração e,
enquanto eu meditava, aumentava o [y]fogo;
então falei com a minha língua:
4 [z]Faze-me conhecer, ó Senhor,
o meu fim e a medida dos meus dias;
faze-me conhecer a minha fragilidade.
5 Mediste os meus dias como a palmos;
o tempo da minha vida é como
nada diante de ti.
Todo homem é como um [a]sopro. (Selá)
6 Todo homem anda como uma sombra:
em [b]vão se inquieta;
amontoa riquezas, sem saber
[c]quem as levará.
7 Agora, porém, Senhor, o que espero?
A minha [d]esperança está em ti.
8 Livra-me de todas as minhas transgressões;
não me faças objeto de
zombaria dos tolos.
9 Emudecido fiquei; não abri a boca,
pois tu fizeste isso.
10 [e]Tira de sobre mim o teu flagelo;
estou desfalecido pelo golpe da tua mão.
11 Quando com repreensões castigas a alguém,
por causa da iniquidade, destróis nele,
como traça,
o que tem de precioso;
todo homem é como um sopro. (Selá)
12 Ouve, ó Senhor, a minha oração
e inclina os teus ouvidos ao meu clamor;
não te cales perante as minhas lágrimas.
[f]Pois habito contigo como um estrangeiro,
um peregrino, como o foram
todos os meus pais.
13 Desvia de mim o teu olhar,
para que eu torne a ter alegria,
antes que me vá e não exista mais.

A obediência é melhor que o sacrifício

Salmo de Davi para o músico-mor

40 [2]Esperei com paciência pelo Senhor;
ele se inclinou para mim
e ouviu o meu clamor.
2 Tirou-me de um lago horrível,
de um charco de lodo;
pôs os meus pés sobre uma rocha,
firmou os meus passos.
3 Pôs um novo cântico na minha boca,
um hino de louvor ao nosso Deus.
Muitos o verão e [g]temerão,
e confiarão no Senhor.
4 Bem-aventurado o homem
que põe no Senhor a sua [h]confiança,
que não atenta para os soberbos
nem para os que se desviam
para a mentira.
5 Muitas são, ó Senhor meu Deus,
as maravilhas que tens
operado para conosco.
Os teus pensamentos
não se podem contar diante de ti;
eu quisera anunciá-los e manifestá-los,
mas são mais do que se podem contar.
6 [i]Sacrifício e oferta não quiseste,
mas as minhas orelhas [j]furaste;
holocausto e expiação pelo
pecado não reclamaste.
7 Então eu disse: Aqui estou, cheguei;
no livro está escrito a meu respeito.
8 Deleito-me em fazer a tua
[k]vontade, ó Deus meu;
a tua [l]lei está dentro do meu coração.

[s] Sl 51.3
[t] Sl 32.5
[u] 2Co 7.9,10
[v] Comp. 1Pe 3.14; 1Jo 3.12
[w] Sl 35.22
[x] Tg 3.5-12
[y] Comp. Jr 20.9
[z] Sl 90.12; 119.84
[a] Sl 62.9
[b] Comp. 1Co 7.31; Tg 4.14
[c] Comp. Lc 12.20
[d] Sl 38.15
[e] Jó 9.34; 13.21
[f] Lv 25.23; 1Cr 29.15; Sl 119.19; Hb 11.13; 1Pe 2.11
[g] Veja Sl 19.9, nota
[h] Veja Sl 2.12, nota
[i] v. 6-8; Hb 10.5-9
[j] Comp. Êx 21.6
[k] v. 7,8; Mt 26.39; Jo 4.34; 6.38; Hb 10.7
[l] Lei (de Moisés): v. 8; Sl 78.10 (Êx 19.1; Gl 3.24)

[1] (39, título) Jedutum, um levita, regente de coro e instrutor. Veja 1Cr 9.16; 16.38,41,42; 25.1,3,6; 2Cr 5.12; 35.15; Ne 11.17. O nome aparece nos títulos ou inscrições dos salmos 39; 62; 77. O salmo é dedicado a Jedutum, ou Jedutum se tornou o nome de uma melodia.

[2] (40.1) O salmo 40 fala do Messias, o Servo do Senhor, obediente até a morte. O salmo começa com a alegria de Cristo na ressurreição (v. 1,2). Ele esteve no horrível abismo da sepultura, mas foi tirado de lá. Os v. 3-5 são o testemunho de sua ressurreição, seu "novo cântico". Os v. 6-8 são retrospectivos. Quando os sacrifícios e as ofertas se tornaram abomináveis por causa da perversidade do povo (Is 1.10-15), o obediente Servo veio para fazer a oferta pura (v. 7-17; Hb 10.5-17). Veja o salmo 41, o próximo na série de salmos messiânicos.

9 Prego retidão na grande assembleia;
não fecho os meus lábios,
Senhor, tu o sabes.
10 Não escondo a tua retidão
dentro do meu coração;
[m]proclamo a tua fidelidade
e a tua salvação.
Não escondo da grande assembleia
o teu amor e a tua verdade.
11 Não retenhas de mim,
ó Senhor, a tua misericórdia;
protejam-me continuamente o
teu amor e a tua verdade.
12 Pois males sem número me rodeiam;
as minhas iniquidades me prenderam
e não posso ver.
São mais numerosas do que
os cabelos da minha cabeça,
e o meu coração desfalece.
13 [n]Agrada-te, ó Senhor, em livrar-me;
ó Senhor, apressa-te em meu auxílio.
14 Sejam à uma humilhados
e envergonhados os que buscam a minha
vida para destruí-la;
tornem atrás e confundam-se
os que me desejam o mal.
15 Confundidos sejam por
causa da sua afronta os que me dizem:
Bem feito! Bem feito!
16 Folguem e alegrem-se
em ti os que te buscam;
digam constantemente os que
amam a tua salvação:
Engrandecido seja o Senhor!
17 Contudo, eu sou pobre e necessitado;
mas tu, ó [o]Senhor, cuidas de mim.
Tu és o meu auxílio e o meu libertador;
[p]não te detenhas, ó Deus meu.

Auxílio aos que fazem o bem

Salmo de Davi para o músico-mor

41 Bem-aventurado é aquele
que atende ao [q]pobre;
o Senhor o livra no dia do mal.
2 O Senhor o livra e o conserva em vida;
será abençoado na terra,
e tu não o entregarás ao desejo
de seus inimigos.
3 O Senhor o sustentará no
leito da enfermidade
e o restaurará da sua doença.
4 Eu disse: Senhor, tem compaixão de mim;
[r]sara a minha alma, pois pequei contra ti.
5 Os meus inimigos falam mal
de mim, dizendo:
Quando morrerá ele?
Quando perecerá o nome dele?
6 Se algum deles vem ver-me, diz falsidade,
enquanto no coração amontoa a maldade;
então sai, e disso fala aos outros.
7 Todos os que me odeiam murmuram
unânimes contra mim;
contra mim imaginam o mal, dizendo:
8 Uma má doença se lhe pegou;
está deitado, não se levantará mais.
9 [1]Até o [s]meu melhor amigo,
em quem eu [t]confiava,
que comia do meu pão,
voltou-se contra mim.
10 Mas tu, ó Senhor, tem piedade de mim;
levanta-me,
para que eu lhes retribua.
11 Sei que te agradas de mim,
pois o meu inimigo não triunfa sobre mim.
12 Tu me sustentas na minha integridade
e me [u]colocas diante da tua
face para sempre.
13 [v]Bendito seja o Senhor, o Deus de Israel,
de eternidade a eternidade.
Amém e amém.

Livro II, 42–72

Anelo por Deus

[w]Masquil para o músico-mor,
entre os filhos de Coré

42 Como o cervo anseia pelas correntes das
águas,
assim suspira a minha alma por ti, ó Deus.
2 A [x]minha alma tem sede de Deus,
do Deus [y]vivo.
Quando entrarei e me [z]apresentarei
ante a face de Deus?
3 As minhas [a]lágrimas
servem-me de alimento
de dia e de noite,
enquanto me dizem constantemente:
[b]Onde está o teu Deus?
4 Lembro-me destas coisas
enquanto dentro em mim
derramo a minha alma:
de como eu ia com a multidão,
guiando a procissão à casa de Deus,
com gritos de alegria e louvor entre
a multidão festiva.
5 Por que estás abatida, ó minha alma?
Por que te perturbas em mim?

[m] Comp. At 20.20,27
[n] v. 13-17; comp. Sl 70.1-5
[o] 1Pe 5.7
[p] Sl 70.5
[q] Pv 14.21
[r] Sl 6.2; 147.3; comp. 2Cr 30.20
[s] Sl 55.12-14; Mt 26.14-16,21-25, 47-50; Jo 13.18, 21-30; At 1.16,17
[t] Veja Sl 2.12, nota
[u] Jó 36.7; Sl 21.6; 34.15
[v] Sl 106.48
[w] Instrução
[x] Sl 63.1; 84.2; comp. Jo 7.37
[y] 1Ts 1.9
[z] Comp. Êx 23.17
[a] Sl 80.5; 102.9
[b] v. 10; Sl 79.10; 115.2

[1](41.9) Eis uma referência à traição feita ao Filho do homem, como o próprio Jesus ensinou (Jo 13.18,19). Veja o salmo 45, o próximo na série de salmos messiânicos.

[c]Espera em Deus, pois ainda o louvarei,
meu Salvador e meu Deus.
6 Ó meu Deus, dentro em mim
a minha alma está abatida;
portanto, de ti me lembro desde
a terra do Jordão,
e desde as alturas do Hermom,
desde o [d]monte de Mizar.
7 Um abismo chama outro abismo,
ao ruído das tuas cataratas;
todas as tuas ondas e vagalhões
têm passado sobre mim.
8 De dia o Senhor [e]concede-me o seu amor;
de [f]noite a sua canção está comigo,
uma oração ao Deus da minha vida.
9 Digo a Deus, a minha Rocha:
Por que te esqueceste de mim?
Por que ando em pranto por causa
da opressão do inimigo?
10 Os meus ossos sofrem agonia mortal,
quando os meus adversários
me afrontam,
dizendo-me o dia todo:
[g]Onde está o teu Deus?
11 [h]Por que estás abatida, ó minha alma?
Por que te perturbas dentro em mim?
Espera em Deus, pois ainda o louvarei,
meu Salvador e Deus meu.

Esperança em Deus

43 Faze-me justiça, ó Deus, e pleiteia a minha causa contra uma nação ímpia;
livra-me do homem enganador e iníquo.
2 Tu és o Deus da minha fortaleza.
Por que me rejeitaste?
Por que me visto de luto
por causa da opressão do inimigo?
3 Envia a tua luz e a tua verdade,
para que me guiem;
levem-me ao teu santo monte,
ao lugar da tua habitação.
4 Então irei ao altar de Deus,
do Deus que é a minha grande alegria.
Com harpa te louvarei, ó Deus, Deus meu.
5 [i]Por que estás abatida, ó minha alma?
Por que te perturbas dentro em mim?
Espera em Deus, pois ainda o louvarei,
meu Salvador e Deus meu.

Oração na aflição

Masquil para o músico-mor,
entre os filhos de Coré

44 Ó Deus, nós ouvimos com os nossos ouvidos;
nossos [j]pais nos contaram os feitos
que realizaste em seus dias,
nos tempos da antiguidade.
2 Expulsaste as nações com a tua mão
e os nossos antepassados plantaste;
esmagaste os povos,
mas a nossos pais fizeste prosperar.
3 [k]Não conquistaram a terra pela sua espada,
nem o seu braço os salvou;
foi a tua destra e o teu braço,
e a luz da tua face, [l]pois os amaste.
4 Tu és o meu rei e o meu Deus,
que ordena vitórias para Jacó.
5 Por meio de ti [m]vencemos
os nossos inimigos;
pelo teu nome pisamos os que
se levantam contra nós.
6 Não [n]confio no meu arco,
nem a minha espada me traz vitória;
7 mas tu nos dás vitória sobre
os nossos inimigos,
tu humilhas os que nos odeiam.
8 [o]Em Deus nos gloriamos o dia todo,
e louvaremos o teu nome
para sempre. (Selá)
9 Agora, porém, tu nos [p]rejeitaste
e nos humilhaste;
já não sais com os nossos exércitos.
10 Tu nos fizeste [q]retroceder
diante do inimigo,
e aqueles que nos odeiam nos despojaram.
11 Tu [r]nos entregaste como ovelhas
para sermos devorados
e nos [s]espalhaste entre as nações.
12 Tu vendeste por um nada o teu povo;
não lucraste com o seu preço.
13 Tu nos [t]humilhaste diante
dos nossos vizinhos,
fizeste de nós objeto de zombaria dos que
nos rodeiam.
14 Tu nos puseste por provérbio
entre as nações;
quando me veem, os povos balançam a cabeça.
15 A minha humilhação
está diante de mim o dia todo,
e o meu rosto está coberto de vergonha,
16 à voz daquele que me afronta e blasfema,
à vista do inimigo e vingador.
17 Tudo isso nos sobreveio,
embora não nos tivéssemos esquecido de ti,
nem sido falsos à tua aliança.
18 O nosso coração não voltou atrás;
os nossos passos não se desviaram
das tuas veredas.
19 Contudo, tu nos quebrantaste e nos
tornaste em lugar onde vivem chacais,
e nos cobriste com as sombras da morte.
20 Se nos tivéssemos esquecido
do nome do nosso Deus,
ou estendido as mãos para um deus estranho,

[c] Lm 3.24
[d] Sl 133.3
[e] Dt 28.8; comp. Lv 25.21
[f] Jó 35.10; Sl 149.5
[g] v.3; Jl 2.17; Mq 7.10
[h] v. 5; Sl 43.5
[i] Sl 42.5,11
[j] Sl 78.3; comp. Êx 12.26,27
[k] Comp. Dt 8.17; Js 24.12
[l] Dt 4.37; 7.7,8
[m] Comp. Dn 8.4
[n] Veja Sl 2.12, nota
[o] Sl 34.2; Jr 9.24; comp. Rm 2.17
[p] Sl 43.2; 60.1; 74.1; 89.38; 108.11
[q] Lv 26.17
[r] Rm 8.36
[s] Dt 28.64
[t] Dt 28.37; Sl 79.4; 80.6

21 [u]não o teria descoberto Deus,
visto que ele conhece os segredos do coração?
22 Contudo, por amor de ti
deparamos com a morte o dia todo;
somos considerados
como ovelhas para o matadouro.
23 Desperta, ó Senhor! Por que dormes?
Acorda! Não nos rejeites para sempre.
24 Por que escondes a tua face
e te esqueces da nossa miséria
e da nossa opressão?
25 A nossa [v]alma está abatida até o pó;
o nosso corpo se apega ao chão.
26 Levanta-te em nosso auxílio;
[w]resgata-nos por causa do
teu constante amor.

O Rei e sua formosura

Masquil, cântico de amor, para o músico-mor, entre os filhos de Coré, sobre [x]Shoshanim

45 O meu coração transborda com um nobre tema,
enquanto recito os meus versos ao [1]rei;
a minha língua é a pena de
um habilidoso escritor.
2 Tu és o mais formoso dos filhos dos homens;
os teus lábios foram ungidos com a [y]graça,
por isso Deus te abençoou para sempre.
3 Prende a tua espada à coxa, ó [z]valente;
cobre-te de [a]glória e majestade.
4 Nessa majestade cavalga vitoriosamente,
pela causa da verdade, da
humildade e da retidão;
que a tua destra realize coisas grandiosas.
5 As tuas flechas são agudas
no coração dos inimigos do rei;
por meio delas os povos
caem debaixo de ti.
6 O [b]teu trono, ó Deus, é eterno e perpétuo;
o [c]cetro do teu reino é um
cetro de equidade.
7 Tu amas a retidão e odeias a impiedade;
portanto Deus, o teu Deus
te [d]ungiu com o óleo de [e]alegria,
mais do que a teus companheiros.
8 Todas as tuas vestes [f]cheiram a mirra,
a aloés e a cássia;
dos palácios de marfim a música
dos instrumentos de corda te alegra.

[u] Jó 31.14; Sl 139.1; Jr 17.10
[v] Sl 119.25
[w] Veja Êx 14.30 e Is 59.20, notas
[x] Os lírios. Talvez tít. de melodia conhecida
[y] Lc 4.22
[z] Is 9.6
[a] Jd 25
[b] Sl 93.2; Hb 1.8
[c] Nm 24.17
[d] Sl 2.2
[e] Sl 21.6; Hb 1.8,9
[f] Ct 1.12,13
[g] Ct 6.8
[h] 1Rs 2.19
[i] Comp. Dt 21.13; Rt 1.16
[j] Sl 95.6; Is 54.5
[k] Comp. Ap 19.7,8
[l] Ct 1.4
[m] Ml 1.11
[n] Soprano. Comp. 1Cr 15.20
[o] Sl 62.7,8; 91.2; 142.5
[p] Dt 4.7; Sl 145.18
[q] Ez 47.1-12
[r] Sl 48.1,8; Is 60.14
[s] Dt 23.14; Is 12.6; Ez 43.7; Os 11.9; Jl 2.27; Sf 3.15; Zc 2.5,10,11; 8.3
[t] Nm 14.9; 2Cr 13.12
[uu] Sl 9.9

9 [g]Filhas de reis estão entre as tuas
ilustres donzelas;
à tua [h]direita está a rainha,
ornada de finíssimo ouro de Ofir.
10 Ouve, filha, e olha, inclina os teus ouvidos:
[i]Esquece-te do teu povo e
da casa de teu pai.
11 O rei está cativado por tua formosura;
honra-o, [j]pois ele é teu Senhor.
12 A cidade de Tiro estará ali com presentes;
os ricos do povo suplicarão o teu favor.
13 A [k]filha do rei está toda
formosa no seu palácio;
as suas vestes são entretecidas de ouro.
14 [l]Em vestidos bordados é levada ao rei;
as virgens, suas companheiras,
a seguem e são trazidas à tua presença.
15 Com alegria e regozijo são conduzidas;
entram no palácio do rei.
16 Teus filhos tomarão o lugar de teus pais;
tu os farás príncipes sobre toda a terra.
17 [m]Perpetuarei a tua memória de geração
em geração;
pelo que os povos te louvarão
para sempre.

Deus, nosso refúgio e fortaleza

Cântico sobre [n]Alamote, para o músico-mor entre os filhos de Coré

46 Deus é o nosso [o]refúgio e fortaleza,
[p]socorro bem presente na angústia.
2 Pelo que não temeremos,
ainda que a terra se mude e os montes se
transportem para o meio dos mares;
3 ainda que as águas rujam e se perturbem,
ainda que os montes se abalem
pela sua braveza. (Selá)
4 Há um [q]rio cujas correntes alegram
a [r]cidade de Deus,
o santuário das moradas do Altíssimo.
5 Deus está [s]no meio dela, não será abalada;
Deus a ajudará ao romper da manhã.
6 As nações se embravecem, os reinos se movem;
ele levanta a sua voz,
e a terra se derrete.
7 O [t]Senhor dos Exércitos está conosco;
o Deus de Jacó é o [uu]nosso refúgio. (Selá)
8 Vinde, contemplai as obras do Senhor,
as desolações que ele tem feito na terra.

[1] (45.1) Este grande salmo do Rei, junto com os salmos 46 e 47, contempla a vinda do Rei em glória. A referência em Hb 1.8,9 não é tanto à unção como evento (Mt 3.16,17), mas ao estado permanente do Rei (comp. Is 11.1,2). As divisões são: 1) a suprema formosura do Rei (v. 1,2); 2) a vinda do Rei em glória (v. 3-5; comp. Ap 19.11-21); 3) a divindade do Rei e o caráter do seu reinado (v. 6,7; Is 11.1-5; Hb 1.8,9); 4) a apresentação da rainha (v. 9-13) unida a ele para governar a terra; 5) a aparição das companheiras virgens da rainha (v. 14,15), que parecem ser o remanescente judeu (veja Rm 11.5, *nota*; Ap 14.1-4); 6) o salmo termina com uma referência ao renome terreno do Rei (v. 16,17). Veja o salmo 68, o próximo na série de salmos messiânicos.

9 Ele faz [v]cessar as guerras até o fim da terra;
[w]quebra o arco e corta a lança,
[x]queima os carros no fogo.
10 Aquietai-vos e sabei que eu sou Deus;
serei exaltado entre as nações,
serei exaltado sobre a terra.
11 O Senhor dos Exércitos está conosco;
o Deus de Jacó é o nosso refúgio. (Selá)

Deus, o soberano

Salmo para o músico-mor, entre os filhos de Coré

47 Aplaudi com as mãos, todos os povos;
cantai a Deus com voz de triunfo.
2 O Senhor Altíssimo é [y]tremendo,
é o grande [z]rei sobre toda a terra.
3 Ele nos [a]submeteu os povos,
e pôs as nações debaixo dos nossos pés.
4 Escolheu para nós a nossa [b]herança,
a glória de Jacó, a quem amou. (Selá)
5 [c]Deus subiu com júbilo,
o Senhor subiu ao som da trombeta.
6 Cantai louvores a Deus, cantai louvores;
cantai louvores ao nosso Rei, cantai louvores.
7 Pois [d]Deus é o Rei de toda a terra;
cantai-lhe salmos de louvor.
8 Deus reina sobre as nações;
Deus se [e]assenta no seu [f]santo trono.
9 Os soberanos dos povos
se reúnem como o [g]povo do Deus de Abraão,
[h]pois os reis da terra pertencem a Deus;
ele é grandemente exaltado.

A formosura de Sião

Cântico e salmo para os filhos de Coré

48 Grande é o Senhor e mui digno de louvor,
na [i]cidade do nosso Deus,
no seu monte santo.
2 Belo e majestoso é o monte Sião,
a alegria de toda a terra,
a cidade do grande Rei.
3 Deus está nos palácios dela;
ele se fez conhecer como alto refúgio.
4 Quando os reis se [j]ajuntaram,
quando juntos avançaram,
5 viram-na e ficaram maravilhados;
fugiram aterrorizados.
6 Tremor ali se apoderou deles,
dores como as de uma parturiente.
7 Foste como um vento oriental de Társis,
quando destruiu os [k]navios.
8 Como temos ouvido, agora
também temos visto
na cidade do Senhor dos Exércitos,
na cidade do nosso Deus:
Deus a [l]confirma para sempre. (Selá)

[v] Is 2.4
[w] Sl 76.3
[x] Ez 39.9
[y] Dt 7.21; Ne 1.5; Sl 76.12
[z] Ml 1.14
[a] Sl 18.47
[b] 1Pe 1.4
[c] Sl 68.24,25
[d] Zc 14.9
[e] Sl 97.2
[f] Sl 48.1
[g] Rm 4.11,12
[h] Sl 89.18
[i] Sl 46.4; 87.3; Mt 5.35
[j] Comp. 2Sm 10.6-19
[k] Ez 27.25
[l] Sl 87.5; Is 2.2; Mq 4.1
[m] Ml 1.11
[n] Sl 78.5-7
[o] Is 58.11
[p] Veja Êx 14.30 e Is 59.20, notas

9 Lembramo-nos, ó Deus,
do teu constante amor no
meio do teu templo.
10 Assim, como é o teu [m]nome, ó Deus,
é também o teu louvor,
até os confins da terra;
a tua destra está cheia de retidão.
11 Alegre-se o monte de Sião,
alegrem-se as filhas de
Judá por causa dos teus juízos.
12 Dai voltas a Sião, rodeai-a,
contai as suas torres,
13 notai bem as suas muralhas,
observai os seus palácios,
para [n]narrardes à geração seguinte.
14 Pois este Deus é o nosso Deus
para todo o sempre;
[o]ele será nosso guia até a morte.

As riquezas não podem salvar os homens

Salmo para o músico-mor,
entre os filhos de Coré

49 Ouvi isto, todos os povos;
inclinai os ouvidos,
todos os moradores do mundo,
2 quer humildes, quer grandes,
tanto ricos como pobres.
3 A minha boca falará a sabedoria;
a meditação do meu coração
será de entendimento.
4 Inclinarei os meus ouvidos a uma parábola;
decifrarei o meu enigma na harpa:
5 Por que temeria eu nos dias maus,
quando me cercar a iniquidade
dos que me armam ciladas,
6 dos que confiam nos seus bens,
e se gloriam na multidão das suas riquezas?
7 Ninguém pode remir a seu irmão,
ou dar a Deus o resgate dele
8 (pois a [p]redenção da sua alma é caríssima,
e seus recursos se esgotariam antes),
9 para que vivesse para sempre,
e não visse a decomposição.
10 Pois todos podem ver que
os sábios morrem;
que perecem igualmente o tolo e o insensato,
e deixam a outros os seus bens.
11 O seu pensamento íntimo
é que as suas casas serão perpétuas
e as suas habitações de
geração em geração;
dão às suas terras os seus próprios nomes.
12 Todavia, o homem, apesar
das suas riquezas,
não permanece;
antes, é como os animais que perecem.

13 Este é caminho daqueles que confiam
em si mesmos,
e dos seus seguidores, que aprovam
as suas palavras. (Selá)
14 Como ovelhas são destinados à [q]sepultura;
a morte se alimentará deles.
Os retos [r]terão domínio sobre eles
ao romper da manhã;
a sua formosura na sepultura
se consumirá,
longe de suas mansões.
15 Deus, porém, remirá a minha
vida do poder da morte;
certamente me [s]receberá. (Selá)
16 Não temas quando alguém se enriquece,
quando a glória da sua casa aumenta;
17 pois, quando morrer, nada levará consigo,
nem a sua glória o acompanhará.
18 Ainda que durante a vida
ele se tenha considerado [t]feliz,
e os homens o louvem quando prospera,
19 ele se juntará com a geração de seus pais,
que jamais verá a luz da vida.
20 O homem que possui riquezas
sem entendimento
é semelhante aos animais que perecem.

Deus, o poderoso Juiz

Salmo de Asafe

50 **O** Deus poderoso, o Senhor,
fala e chama a terra do nascer
do sol até o seu ocaso.
2 De Sião, perfeita em formosura,
resplandece Deus.
3 O nosso Deus [u]vem, e não se calará;
adiante dele um [v]fogo [w]consome,
e há grande tormenta ao redor dele.
4 [x]Chama os altos céus e a terra,
para julgar o seu povo.
5 Congregai os meus santos,
aqueles que fizeram
comigo uma aliança com [y]sacrifícios.
6 E os [z]céus anunciam a sua retidão,
pois Deus mesmo é o Juiz. (Selá)
7 Ouve, povo meu, e eu falarei, ó Israel,
e [a]eu, Deus, o teu Deus,
testemunharei contra ti.
8 Não te repreendo pelos teus sacrifícios,
ou holocaustos,
que estão de contínuo perante mim.
9 Da tua casa não [b]aceitarei novilhos,
nem bodes dos teus currais,
10 pois meu é todo animal da selva,
e o gado sobre milhares de colinas.
11 Conheço todas as aves dos montes,
e é meu tudo o que se move no campo.
12 Se eu tivesse fome, não te diria,
pois [c]meu é o mundo e tudo o que nele há.
13 [d]Como carne de touros,
ou bebo sangue de bodes?
14 Oferece a Deus [e]sacrifícios de louvor,
paga ao Altíssimo os teus votos,
15 e [f]invoca-me no dia da angústia;
eu te livrarei, e tu me glorificarás.
16 Ao ímpio, porém, diz Deus:
Que direito tens de recitar as minhas leis,
ou de tomar a minha aliança na tua boca?
17 Tu odeias a correção,
e [g]lanças as minhas palavras
para detrás de ti.
18 Quando vês um ladrão,
[h]consentes com ele;
tens [i]parte com os adúlteros.
19 Usas a tua boca para o mal,
a tua língua trama enganos.
20 Assentas-te a falar contra o teu irmão,
e falas mal contra o filho da tua mãe.
21 Essas coisas tens feito, e eu me calei;
[j]pensavas que eu era como tu.
Eu, porém, te repreenderei,
e tudo [k]porei à tua vista.
22 Ouvi isto, vós que vos esqueceis de Deus,
para que não vos faça [l]em
pedaços, sem haver quem vos livre:
23 Aquele que oferece
sacrifício de louvor me glorifica,
e àquele que bem ordena o seu caminho
eu mostrarei a salvação de Deus.

Davi confessa o seu pecado

Salmo de Davi para o músico-mor, quando o profeta Natã veio a ele, depois de ele ter possuído [m]Bate-Seba

51 [1]**Tem** [n]misericórdia de mim, ó Deus,
segundo o teu constante amor;
segundo a tua grande compaixão,
apaga as minhas transgressões.
2 Lava-me completamente
da minha iniquidade,
e purifica-me do meu pecado.

[q] Veja Hc 2.5, nota; comp. Lc 16.23, nota
[r] Dn 7.18; 1Co 6.2; Ap 2.26
[s] Sl 73.24
[t] Lc 12.19
[u] Cristo (segunda vinda): v. 3-6; Sl 96.13 (Dt 30.3; At 1.11, nota)
[v] Juízos (os sete): v. 3,4,22; Ez 20.33 (2Sm 7.14; Ap 20.12)
[w] Comp. Lv 10.2; Nm 16.35; Dn 7.10
[x] Dt 32.1; Is 1.2
[y] Êx 24.7,8
[z] Sl 97.6
[a] Êx 20.2
[b] v. 9-15
[c] Êx 19.5; Dt 10.14; Jó 41.11; Sl 24.1; 1Co 10.26
[d] Sl 51.15-17
[e] Os 14.2; Hb 13.15
[f] Jó 22.27; Sl 91.15; 107.6,13; Zc 13.9
[g] Ne 9.26
[h] Rm 1.32
[i] 1Tm 5.22
[j] Rm 2.4
[k] Sl 90.8
[l] v. 3,4
[m] 2Sm 11.1–12.13
[n] Orações da Bíblia (AT): v. 1-19; Is 37.15 (Gn 15.2; Hc 3.1)

[1] (51.1) O salmo 51, na sequência de passos que apresenta, deve ser o modelo de experiência do crente pecador que retorna à plena comunhão e ao serviço. Os passos são: 1) o pecado é totalmente julgado diante de Deus (v. 1-6); 2) perdão e purificação por meio do sangue (v. 7); 3) purificação (v. 7-10; comp. Jo 13.4-10; Ef 5.26; 1Jo 1.9); 4) plenitude do Espírito para que haja alegria e poder (v. 11,12); 5) serviço (v. 13); 6) adoração (v. 14-17) e 7) o crente restaurado em comunhão com Deus. Pessoalmente, foi o caminho de Davi à comunhão restaurada depois de seu pecado com Bate-Seba. Profeticamente, será o caminho do retorno de Israel (Dt 30.1-10, marg. e *notas*).

3 Pois eu conheço as minhas transgressões,
e o meu pecado está sempre
diante de mim.
4 Contra ti, contra ti somente pequei;
fiz o que é mau diante de teus olhos,
de modo que és [o]justo quando falas
e puro quando julgas.
5 [p]Certamente em iniquidade fui formado,
e em pecado me concebeu a minha mãe.
6 Certamente tu amas a verdade no íntimo;
no oculto me fazes conhecer a sabedoria.
7 [q]Purifica-me com [1]hissopo, e ficarei puro;
lava-me, e ficarei [r]mais alvo do que a neve.
8 Faze-me ouvir júbilo e alegria;
regozijem-se os [s]ossos que tu quebraste.
9 Esconde a tua face dos meus pecados
e apaga todas as minhas iniquidades.
10 [t]Cria em mim, ó Deus, um coração puro
e renova em mim um espírito reto.
11 Não me lances fora da tua presença
e [2]não retires de mim o teu [u]Espírito Santo.
12 Torna a dar-me a alegria da tua salvação
e sustém-me com um espírito
[v]disposto a obedecer.
13 Então [w]ensinarei aos transgressores os teus
caminhos, e os pecadores a
ti se converterão.
14 Livra-me dos crimes de sangue, ó Deus,
Deus da minha salvação,
e a minha língua cantará a tua retidão.
15 Abre, ó Senhor, os meus lábios,
e a minha boca entoará o teu louvor.
16 Não te comprazes em [x]sacrifícios,
senão eu os traria;
não te deleitas em holocaustos.
17 Os [y]sacrifícios para Deus
são o espírito quebrantado;
a um coração quebrantado
e contrito não desprezarás, ó Deus.
18 Abençoa a Sião, segundo
a tua boa vontade;
edifica os muros de Jerusalém.
19 Então te agradarás dos
[z]sacrifícios de retidão,
dos holocaustos e das ofertas queimadas;
então sobre o teu altar se
oferecerão novilhos.

[o] Rm 3.4
[p] Jó 14.4; Sl 58.3; Jo 3.6; Rm 5.12; Ef 2.3
[q] Hb 9.19
[r] Is 1.18
[s] Comp. Sl 35.9,10
[t] Comp. At 15.9; Ef 2.10
[u] Espírito Santo (AT): v. 11,12; Sl 104.30 (Gn 1.2; Zc 12.10)
[v] 2Co 3.17
[w] Comp. Sl 19.7,8; Pv 11.30; At 2.38-41
[x] 1Sm 15.22; Sl 50.8-14; Mq 6.6-8
[y] Sl 34.18; Is 57.15; 66.2
[z] Sl 4.5; comp. Ml 3.3
[a] Instrução
[b] 1Sm 22.9
[c] Veja Sl 2.12, nota
[d] Talvez tít. de melodia conhecida
[e] Este salmo é quase igual ao salmo 14
[f] Sl 10.4
[g] Rm 3.10-12
[h] Comp. 2Cr 15.2; 19.3

O juízo dos enganadores

[a]Masquil de Davi para o músico-mor, quando Doegue, o edomeu, o anunciou a Saul, e lhe disse: Davi veio à casa de [b]Abimeleque

52 Por que te glorias na maldade,
ó homem poderoso?
Por que te glorias o dia todo,
tu que és uma vergonha aos olhos de Deus?
2 A tua língua intenta o mal,
como uma navalha afiada,
traçando enganos.
3 Tu amas mais o mal do que o bem,
e mais a mentira do que a verdade. (Selá)
4 Amas todas as palavras devoradoras,
ó língua mentirosa!
5 Certamente Deus te destruirá para sempre;
ele te arrebatará, te arrancará da tua
habitação e te extirpará da terra
dos viventes. (Selá)
6 Os justos o verão e temerão;
rirão dele, dizendo:
7 Aqui está o homem que rejeitou
a Deus como sua fortaleza,
mas [c]confiou na abundância das suas riquezas
e se fortaleceu na sua perversidade.
8 Eu, porém, sou como uma oliveira
que floresce na casa de Deus;
confio no constante amor de Deus
para sempre e eternamente.
9 Para sempre te louvarei pelo que fizeste;
esperarei no teu nome, pois
o teu nome é bom.
Eu te louvarei na presença dos teus santos.

O ímpio nega a existência de Deus

Masquil de Davi para o
músico-mor, sobre [d]Maalate

53 [e]Diz o [f]néscio no seu coração:
[g]Não há Deus.
Têm-se corrompido,
e têm cometido abominável iniquidade;
não há ninguém que faça o bem.
2 Deus olha dos céus para os filhos dos homens,
para ver se há algum que tem
entendimento e [h]busca a Deus.

[1] (51.7) O hissopo é um pequeno arbusto (1Rs 4.33) com o qual se aplicavam o sangue e a água da purificação (Lv 14.1-7; Nm 19.1-19).
A purificação nas Escrituras tem dois aspectos: 1) de um pecador em relação à culpa do pecado – o aspecto do sangue (hissopo) – e 2) o de um santo em relação à contaminação do pecado – o aspecto da água (lavar). Sob a graça, o pecador é purificado pelo sangue quando crê (Mt 26.28; Hb 1.3; 9.12; 10.14). Ambos os aspectos da purificação, pelo sangue e pela água, são apresentados em Jo 13.10; Ef 5.25,26: "Aquele que já se banhou não necessita lavar senão os pés; no mais está todo limpo"; "Também Cristo amou a igreja, e a si mesmo se entregou por ela [redenção pelo sangue], para a santificar, purificando-a com a lavagem da água, pela palavra": isso corresponde ao "lava-me" do v. 7.

[2] (51.11) Nenhum crente da presente Era da Igreja tem necessidade de orar, dizendo: "Não retires de mim o teu Espírito Santo", pois Cristo prometeu aos seus que o Espírito estaria "para sempre" com eles (Jo 14.16; comp. Ef 4.30). Mas sempre é apropriado que o cristão ore para ser conformado às condições essenciais para o pleno ministério do Espírito.

3 Desviaram-se todos, e juntamente
se fizeram imundos;
não há quem faça o bem,
não há sequer um.
4 Acaso não têm conhecimento
estes obreiros da iniquidade,
os quais comem o meu
povo como se comessem pão?
Eles não invocam a Deus.
5 [i]Achavam-se em grande
pavor onde não havia
motivo de pavor.
Deus espalhou os ossos
daquele que te atacou;
tu os envergonhaste, pois Deus os rejeitou.
6 [j]Oxalá que de Sião viesse a
salvação de Israel!
Quando Deus fizer voltar os
cativos do seu povo,
então se regozijará Jacó e
se alegrará Israel.

Clamor por livramento

[k]Masquil de Davi para o músico-mor sobre [l]Neginote, quando os [m]zifeus vieram e disseram a Saul: Porventura não está escondido entre nós?

54 Salva-me, ó Deus, pelo teu nome;
faze-me justiça pelo teu poder.
2 Ó Deus, ouve a minha oração;
inclina os teus ouvidos às
palavras da minha boca.
3 Estrangeiros se levantam contra mim;
tiranos procuram a minha vida—
homens que não têm Deus
diante de si. (Selá)
4 Certamente Deus é o meu ajudador;
o Senhor é quem sustenta a minha vida.
5 Que o mal recaia sobre os
que me caluniam;
destrói-os por tua fidelidade.
6 Eu te oferecerei voluntariamente
sacrifícios;
louvarei o teu nome, ó Senhor, pois é bom.
7 Pois me livraste de toda a angústia,
e os [n]meus olhos viram a ruína
dos meus inimigos.

Queixa contra os falsos amigos

Masquil de Davi para o músico-mor, sobre Neginote

55 Inclina, ó Deus,
os teus ouvidos à minha oração;
não te escondas da minha súplica,
2 atende-me e ouve-me.
Estou agitado e ando perplexo,
3 por causa do clamor do
inimigo e da opressão do ímpio,
pois lançam sobre mim iniquidade,
e com furor me hostilizam.
4 O meu coração está
angustiado dentro em mim;
os terrores da morte me sobrevêm.
5 Temor e tremor me apertaram;
o horror me cobriu.
6 Eu disse: Ah! quem me dera
asas como de pomba!
Voaria, e estaria em descanso.
7 Fugiria para longe,
e pernoitaria no deserto. (Selá)
8 Eu me apressaria em encontrar refúgio,
longe da fúria do vento
e da tempestade.
9 Despedaça os ímpios,
ó Senhor, e divide as suas línguas,
pois vejo violência e contenda na cidade.
10 De dia e de noite andam
ao redor sobre os seus muros;
iniquidade e malícia estão
no meio dela.
11 Maldade há lá dentro;
astúcia e engano não se
apartam das suas ruas.
12 Se fosse um inimigo que me afrontava,
eu o teria suportado;
[o]se fosse um adversário que se
engrandecia contra mim,
dele me teria escondido.
13 Eras, porém, tu, homem como eu,
meu guia e [p]meu íntimo amigo.
14 Conversávamos juntos suavemente
e íamos com a multidão à casa de Deus.
15 A morte os acolha de súbito;
[q]vivos os engula [r]a terra,
pois há maldade nas suas habitações
e no seu íntimo.
16 Eu, porém, invoco a Deus,
e o Senhor me salva.
17 De tarde, de manhã
e ao [s]meio-dia oro e clamo,
e ele ouve a minha voz.
18 Livra-me a alma, sem danos,
da guerra que movem contra mim,
[t]embora sejam muitos os
que me perseguem.
19 Deus ouvirá; ele lhes responderá,
[u]aquele que está entronizado
desde a antiguidade (Selá),
pois não há neles nenhuma mudança;
tampouco temem a Deus.
20 O meu companheiro [v]ataca
os seus [w]amigos;
viola a sua aliança.

[i] Lv 26.17,36; Pv 28.1
[j] Sl 14.7
[k] Instrução
[l] Instrumentos de corda
[m] 1Sm 23.19
[n] Sl 59.10; 92.11
[o] Sl 35.26; 38.16
[p] Sl 41.9
[q] Nm 16.30-33
[r] Veja Hc 2.5, nota; comp. Lc 16.23, nota
[s] Dn 6.10
[t] 2Cr 32.7,8
[u] Dt 33.27
[v] Comp. At 12.1
[w] Sl 7.4

21 [x]A sua boca é mais macia do que a manteiga,
mas no seu coração há guerra;
as suas palavras são mais
brandas do que o azeite,
todavia são espadas desembainhadas.
22 [y]Lança o teu fardo sobre o Senhor,
e ele te susterá;
[z]jamais permitirá que o justo seja abalado.
23 Tu, porém, ó Deus, os farás
descer ao poço da perdição;
assassinos e traidores
não viverão metade dos seus dias.
Eu, porém, em ti confio.

Segurança em Deus

[a]Mictão de Davi para o músico-mor
sobre [b]Jonate-Elém-Recoquim, quando
os filisteus o prenderam em [c]Gate

56 [d]Tem misericórdia de mim, ó Deus,
pois os homens procuram devorar-me;
todo o dia estão sempre me oprimindo.
2 Os que me caluniam me
perseguem o dia todo;
muitos são os que pelejam contra mim,
ó Altíssimo.
3 No dia em que eu temer,
hei de [e]confiar em ti.
4 Em Deus, cuja palavra eu louvo,
em Deus pus a minha
confiança; [f]não temerei.
Que me pode fazer o homem mortal?
5 Todos os dias torcem as minhas palavras;
todos os seus pensamentos
são contra mim para o mal.
6 Ajuntam-se, escondem-se,
espiam os meus passos,
como aguardando a minha morte.
7 Rejeita-os por causa da iniquidade;
ó Deus, derruba os povos na tua ira.
8 Registra as minhas aflições;
[1]põe as minhas lágrimas no teu odre
— [g]não estão elas no teu livro?
9 Quando eu a ti clamar, os meus inimigos
retrocederão.
Por meio disso saberei que
[h]Deus está comigo.
10 Em Deus, cuja palavra eu louvo,
no Senhor, cuja palavra eu louvo,
11 em Deus ponho a minha confiança;
não temerei.
Que me pode fazer o homem?
12 Estou sob os votos que fiz, ó Deus;
eu te oferecerei ações de graças.

[x] Sl 28.3; 57.4; 62.4; 64.3; Pv 5.3,4; 12.18
[y] Sl 37.5; Mt 6.25; Lc 12.22; 1Pe 5.7
[z] Sl 37.24
[a] Termo heb. signif. incerto; talvez, "epigrama"
[b] Uma pomba em carvalhos distantes. Talvez, tít. de melodia conhecida
[c] 1Sm 21.10,11
[d] Sl 57.1
[e] Veja Sl 2.12, nota
[f] Sl 118.6; Is 31.3; Hb 13.6
[g] Ml 3.16
[h] Sl 118.6; Rm 8.31
[i] Sl 116.8,9
[j] Jó 33.30
[k] Não destruas. Talvez tít. de melodia conhecida
[l] Termo heb. signif. incerto; talvez, "epigrama"
[m] Veja Sl 2.12, nota
[n] Sl 17.8; 63.7
[o] Is 26.20
[p] Sl 144.5,7
[q] Termo heb. signif. incerto; talvez, "epigrama"
[r] Não destruas. Talvez. tít. de melodia conhecida

13 [i]Pois tu livraste a minha alma da morte,
como também os meus pés de tropeçarem,
para que eu ande diante de
Deus na [j]luz da vida.

Confiança em Deus no meio da adversidade

Para o músico-mor. [k]Al-Tachete. [l]Mictão de Davi,
quando fugia de diante de Saul na caverna

57 Tem misericórdia de mim, ó Deus,
tem misericórdia de mim,
[m]pois a minha alma em ti se refugia.
À [n]sombra das tuas asas me abrigo,
[o]até que passem as calamidades.
2 Clamo ao Deus Altíssimo,
ao Deus que por mim tudo executa.
3 [p]Ele dos céus envia o seu auxílio e me salva;
repreende os que procuram
devorar-me (Selá).
Deus envia o seu amor e a sua fidelidade.
4 A minha alma está entre leões;
estou deitado entre bestas famintas,
homens cujos dentes são
lanças e flechas,
e cuja língua é espada afiada.
5 Sê exaltado, ó Deus, acima dos céus;
seja a tua glória sobre toda a terra.
6 Armaram uma rede aos meus passos,
a minha alma ficou abatida;
cavaram uma cova diante de mim,
mas foram eles que nela caíram. (Selá)
7 Preparado está o meu coração, ó Deus,
preparado está o meu coração;
cantarei e salmodiarei.
8 Desperta, minha alma!
Despertai, lira e harpa!
Eu despertarei a alva.
9 Eu te louvarei, ó Senhor,
entre os povos; e te cantarei
louvores entre as nações.
10 Pois grande é o teu amor,
e alcança até os céus;
a tua verdade alcança até as nuvens.
11 Sê exaltado, ó Deus, acima dos céus;
seja a tua glória sobre toda a terra.

Clamor pela vingança de Deus

[q]Mictão de Davi para o músico-mor, [r]Al-Tachete

58 Falais deveras o que é justo, ó poderosos?
Julgais retamente, filhos dos homens?
2 Não, antes no coração tramais iniquidades;
sobre a terra fazeis pesar a violência
das vossas mãos.

---

[1] (56.8) Às vezes, no antigo Oriente, os que estavam de luto recolhiam suas lágrimas em odres e os colocavam nas sepulturas dos seus entes queridos.

3 Desviam-se os ímpios desde a madre;
[s]andam errados desde que nascem,
proferindo mentiras.
4 Têm veneno semelhante ao
veneno da serpente;
são como a víbora surda,
que tapa os ouvidos
5 para não [t]ouvir a voz dos encantadores,
nem mesmo do encantador
[u]perito em encantamentos.
6 Ó Deus, quebra-lhes os dentes
nas suas bocas;
arranca, ó Senhor, as presas dos leões.
7 [v]Desapareçam como águas que
se escorrem;
quando armarem as suas flechas,
sejam elas feitas em pedaços.
8 Como a lesma que se derrete,
assim sejam eles;
como o aborto de uma mulher,
nunca vejam o sol.
9 Antes que as vossas [w]panelas
possam sentir o calor dos espinheiros,
assim os verdes como os secos,
os ímpios serão arrebatados como
por um redemoinho.
10 O justo [x]se alegrará quando vir a [y]vingança,
quando [z]lavar os pés no
sangue do [a]ímpio.
11 Então se dirá: Deveras há uma
[b]recompensa para o justo;
deveras há um Deus que [c]julga na terra.

Davi suplica a Deus que o livre

Para o músico-mor, [d]Al-Tachete.
[e]Mictão de Davi, quando Saul lhes
mandou que guardassem a sua
casa para o [f]matarem

59 Livra-me, ó Deus, dos meus inimigos;
defende-me daqueles que se levantam
contra mim.
2 Livra-me dos que praticam
a iniquidade e salva-me dos assassinos.
3 Vê como armam ciladas à minha alma!
Os fortes se ajuntam contra mim,
sem transgressão minha ou pecado meu,
ó Senhor.
4 Correm e se preparam, sem culpa minha.
Desperta para me ajudares, e olha.
5 Ó Senhor Deus dos Exércitos,
Deus de Israel,
desperta para visitares todas
as nações;
não tenhas misericórdia
de nenhum dos pérfidos
que praticam a iniquidade. (Selá)
6 Voltam à tarde;
dão ganidos como cães,
rodeando a cidade.
7 Soltam gritos; espadas
estão nos seus lábios, e dizem:
Quem [g]ouve?
8 No entanto, ó Senhor, te ris deles;
zombas de todas as nações.
9 Em ti, ó força minha, aguardo;
tu, ó Deus, és a minha alta defesa,
10 meu Deus de amor.
Deus me fará [h]ver o meu
desejo sobre os meus inimigos.
11 Não os mates, ó Senhor, nosso escudo,
para que o meu povo não se esqueça.
Espalha-os pelo teu poder, e abate-os.
12 Pelo pecado da sua boca
e pelas palavras dos seus lábios
fiquem presos na sua soberba.
Pelas maldições e pelas
mentiras que proferem,
13 [i]consome-os na tua indignação;
consome-os, de modo que não existam mais.
Então [j]saberão que Deus reina
em Jacó até os fins da terra. (Selá)
14 Voltam à tarde, e dão ganidos como cães,
e rodeiam a cidade.
15 Vagueiam buscando o que comer,
passam a noite sem se fartarem.
16 Eu, porém, cantarei a tua força,
e pela manhã cantarei o teu amor;
pois tu és o meu alto refúgio
e proteção no dia da angústia.
17 A ti, ó Força minha, cantarei louvores;
tu, ó Deus, és o meu alto
refúgio, o meu Deus de amor.

Oração por auxílio

[k]Mictão de Davi, de doutrina,
para o músico-mor, sobre [l]Susã-Edute,
[m]quando pelejou com os sírios da
Mesopotâmia, e com os sírios de Zobá,
e quando Joabe, tornando, feriu no vale
do Sal a doze mil dos edomeus

60 Ó Deus, tu nos rejeitaste, tu nos espalhaste,
tu tens estado indignado;
oh! restabelece-nos.
2 Abalaste a terra e a fendeste;
repara as suas brechas, pois ela treme.
3 [n]Fizeste passar o teu povo
por tempos difíceis;
deste-nos a beber o vinho da [o]perturbação.
4 Deste um estandarte aos que te [p]temem,
para ser desfraldado ante o arco. (Selá)
5 [q]Para que os teus amados sejam livres,
salva-nos com a tua destra e ouve-nos.

[s] Sl 53.3
[t] Jr 8.17
[u] Comp. Mt 11.16-19
[v] Js 7.5; Sl 112.10
[w] Sl 118.12; Ec 7.6
[x] Comp. Ap 19.1-5
[y] Dt 32.43; Jr 11.20
[z] Sl 68.23
[a] Comp. Ap 19.15-21
[b] Pv 11.18; 2Co 5.10
[c] Sl 50.6; 75.7
[d] Talvez tít. de melodia conhecida
[e] Termo heb. signif. incerto; talvez, "epigrama"
[f] 1Sm 19.11
[g] Sl 10.11; 64.5; 73.11
[h] Sl 54.7; 92.11; 112.8
[i] Sl 104.35
[j] Sl 83.18
[k] Termo heb. signif. incerto; talvez, "epigrama"
[l] Lírios da aliança. Tavez tít. de melodia conhecida
[m] 2Sm 8.13; 1Cr 18.12; veja 1Cr 11.11, nota
[n] Sl 71.20
[o] Comp. Is 51.17,22; Jr 25.15
[p] Veja Sl 19.9, nota
[q] Os v. 5-12 são quase idênticos a Sl 108.6-13

6 [r]Disse Deus do seu santuário:
Eu me regozijarei, [s]repartirei [1]Siquém
e medirei o vale de [t]Sucote.
7 Meus são Gileade e Manassés;
[u]Efraim é a força da minha cabeça,
e [v]Judá o meu cetro.
8 [w]Moabe é a minha bacia de lavar,
sobre Edom lanço o meu sapato;
sobre a [x]Filístia dou o [y]brado de triunfo.
9 Quem me conduzirá à cidade forte?
Quem me guiará até Edom?
10 Não és tu, ó Deus, que nos rejeitaste
e já não sais com os nossos exércitos?
11 Dá-nos auxílio contra o inimigo,
[z]pois vão é o socorro do homem.
12 Em Deus faremos proezas;
e ele pisará os nossos inimigos.

Deus, o Refúgio

Salmo de Davi para o músico-mor,
sobre [a]Neginote

61 **O**uve, ó Deus, o meu clamor;
atende à minha oração.
2 Desde o fim da terra clamo a ti,
por estar abatido o meu coração;
leva-me para a rocha que é
mais alta do que eu.
3 Pois tens sido o meu refúgio,
uma torre forte contra o inimigo.
4 Anseio habitar no teu
tabernáculo para sempre
e me abrigar no [b]oculto das tuas asas. (Selá)
5 Pois tu, ó Deus, ouviste os meus votos;
deste-me a herança dos que
temem o teu nome.
6 Prolonga os dias do rei,
os seus anos por muitas gerações.
7 Permaneça ele diante de Deus para sempre;
envia-lhe amor e fidelidade
para preservá-lo.
8 Então cantarei louvores ao teu
nome perpetuamente
e pagarei os meus votos de dia em dia.

Esperando em Deus

Salmo de Davi para o músico-mor,
sobre [c]Jedutum

62 **A** minha alma [d]encontra descanso
somente em Deus;
dele vem a minha salvação.
2 Só ele é a minha [e]rocha e a minha salvação;
é ele a minha defesa, jamais serei [f]abalado.
3 Até quando maquinareis
o mal contra um homem?
Sereis mortos todos vós,
sereis como uma parede encurvada
e uma cerca pouco segura.
4 Consultam como o hão de derrubar
da sua excelência;
deleitam-se em mentiras.
[g]Com a boca bendizem, mas no íntimo
maldizem. (Selá)
5 Ó minha alma, espera somente em Deus;
dele vem a minha esperança.
6 Só ele é a minha rocha e a minha salvação;
é ele a minha defesa, não serei abalado.
7 Em Deus está a minha salvação
e a minha glória;
a rocha da minha fortaleza
e o meu refúgio estão em Deus.
8 Confiai nele, ó povo, em todo o tempo;
[h]derramai perante ele o vosso coração,
pois Deus é o nosso refúgio. (Selá)
9 Os homens de origem
humilde são como um [i]sopro,
e os nobres são mentira;
se pesados em balanças,
juntos são mais leves do que um sopro.
10 Não confieis na extorsão,
nem vos glorieis em coisas roubadas;
ainda que as vossas riquezas aumentem,
não ponhais [j]nelas o coração.
11 Uma coisa disse Deus, duas vezes a ouvi:
que o poder pertence a Deus,
12 e a ti, Senhor, pertence o amor.
Certamente retribuirás a
cada um segundo a sua [k]obra.

Sede de Deus

Salmo de Davi quando estava no deserto de [l]Judá

63 **Ó** Deus, tu és o meu Deus, eu te busco
ansiosamente;
a [m]minha alma tem sede de ti,
o meu corpo te deseja muito
em uma terra seca e cansada,
onde não há água.
2 Contemplei-te no teu [n]santuário,
e vi o teu poder e a tua glória.
3 [o]Porque o teu amor é melhor
do que a vida, os meus lábios te louvarão.
4 Eu te louvarei enquanto viver,
e em teu nome [p]levantarei as minhas mãos.
5 A minha alma se fartará,
como de tutano e de gordura;
a minha boca te louvará com alegres lábios.

[r] Sl 89.35
[s] Js 1.6
[t] Js 13.27
[u] Dt 33.17
[v] Gn 49.10
[w] 2Sm 8.2
[x] 2Sm 8.1
[y] 2Sm 8.14; Sl 108.9
[z] Sl 118.8; 146.3
[a] Instrumentos de corda
[b] Jó 40.21
[c] Veja Sl 39, tít., nota
[d] Sl 65.1
[e] Cristo (Rocha): v. 2,6,7; Sl 118.22 (Gn 49.24; 1Pe 2.8); Sl 61.2
[f] Sl 55.22
[g] Comp. Tg 3.8-12
[h] 1Sm 1.15; Sl 42.4; Lm 2.19
[i] Sl 39.5; Is 40.17
[j] Comp. Lc 12.15
[k] Rm 2.6; 1Co 3.8
[l] Comp. 1Sm 23.14
[m] Sl 42.2; 84.2; 143.6; Mt 5.6
[n] Sl 27.4; comp. Is 6.5
[o] Sl 138.2
[p] Sl 28.2; 143.6

[1] (60.6) Siquém é uma das cidades mais antigas dessa região (Gn 12.6; 37.14; 1Rs 12.1; etc.). A moderna cidade de Nablus, a 50 km ao norte de Jerusalém, é a antiga Siquém.

6 Na minha cama, [q]lembro-me de ti;
medito em ti nas vigílias da noite.
7 Porque tu tens sido o meu auxílio,
canto nas sombras das tuas asas.
8 A minha alma te segue de perto;
a tua destra me sustenta.
9 Aqueles que procuram a minha
vida serão destruídos;
irão para as profundezas da terra.
10 Cairão à espada e servirão
de pasto aos chacais.
11 O rei, porém, se regozijará em Deus;
todo o que jura pelo nome de Deus o louvará,
enquanto serão tapadas as
bocas dos mentirosos.

Clamor pela proteção de Deus

Salmo de Davi para o músico-mor

64 **O**uve, ó Deus, a voz do meu lamento;
livra a minha vida do horror do inimigo.
2 Esconde-me do secreto conselho dos maus
e do tumulto dos que praticam
a iniquidade.
3 Afiam as suas línguas como espadas,
e apontam, como flechas, palavras amargas.
4 De lugares ocultos atiram sobre o [r]inocente;
disparam sobre ele repentinamente,
e não temem.
5 Firmam-se em mau intento,
falam de armar laços secretamente;
[s]dizem: Quem nos verá?
6 Projetam injustiça e dizem:
Temos planos bem traçados!
Certamente a mente e o
coração do homem são sagazes.
7 Deus, porém, atirará contra eles uma seta;
de repente ficarão feridos.
8 Ele fará com que as suas línguas
se voltem contra si mesmos,
e serão levados a tropeçar;
todos os que os virem, fugirão.
9 Todos os homens temerão;
proclamarão a obra de Deus
e considerarão
prudentemente os seus feitos.
10 O justo [t]se alegra no Senhor
e nele se refugia;
cantem louvores todos os retos de coração!

A abundante provisão de Deus na natureza

Salmo e cântico de Davi para o músico-mor

65 **A** ti, ó Deus, espera o louvor em Sião;
[u]a ti se pagará o voto.
2 Ó tu que ouves as orações,
a ti virão todos os homens.
3 Prevalecem as iniquidades contra mim,
mas [v]tu perdoas as nossas transgressões.
4 [w]Bem-aventurado aquele a quem tu escolhes
e fazes chegar a ti,
para que habite em teus átrios!
[x]Somos satisfeitos com a bondade da tua casa,
do teu santo templo.
5 Com feitos tremendos nos
respondes em retidão,
ó Deus da nossa salvação, a
esperança de todas as
extremidades da terra e do mais
longínquo mar;
6 que pela tua força consolidaste os montes,
cingido de poder;
7 que [y]aplacaste o ruído dos mares,
o ruído das suas ondas e o
tumulto das gentes.
8 Os que habitam nos confins da
terra temem os teus [z]sinais;
tu fazes exultar de júbilo
as saídas da manhã e da tarde.
9 Tu [a]visitas a terra e a refrescas;
tu a enriqueces grandemente.
[b]O rio de Deus está cheio de água,
para dar cereal ao povo, pois
assim a tens preparado.
10 Enches de água os seus sulcos
e lhe aplainas as leivas;
tu a amoleces com a chuva e abençoas
as suas novidades.
11 Coroas o ano com a tua bondade;
as tuas veredas destilam gordura.
12 Destilam sobre as pastagens do deserto;
os outeiros vestem-se de alegria.
13 Os campos cobrem-se de rebanhos,
e os vales vestem-se de espigas;
regozijam-se e cantam.

Louvor a Deus pelas suas grandes obras

Cântico e salmo para o músico-mor

66 **L**ouvai a Deus com brados de júbilo,
toda a terra!
2 Cantai a glória do seu nome,
dai glória ao seu louvor.
3 Dizei a Deus: Quão temíveis são os teus feitos!
[c]Pela grandeza do teu poder se
submeterão a ti os teus inimigos.
4 [d]Toda a terra te adora e te canta louvores;
canta louvores ao teu nome. (Selá)
5 Vinde e vede as obras de Deus;
quão tremendo é ele nos seus feitos
para com os filhos dos homens.
6 [e]Converteu o mar em terra seca,
e [f]passaram o rio a pé;
vinde, alegremo-nos nele.

[q] Sl 42.8; 119.55; 149.5
[r] Veja 1Rs 8.61 e Fp 3.12, notas
[s] Sl 59.7
[t] Sl 32.11; 58.10; 68.3
[u] Is 66.23
[v] Sl 51.2; 79.9; Is 6.7; Hb 9.14; 1Jo 1.7,9
[w] Comp. Sl 32.2
[x] Sl 36.8
[y] Mt 8.26
[z] Sl 135.9
[a] Dt 11.12
[b] Sl 104.13; 147.8
[c] Sl 18.44
[d] Sl 65.2; 67.7
[e] Êx 14.21
[f] Js 3.14-16

7 Ele governa eternamente pelo seu poder,
os seus olhos estão sobre as nações;
não se exaltem os rebeldes. (Selá)
8 Bendizei, povos, ao nosso Deus,
fazei ouvir a voz do seu louvor;
9 ao que nos conserva em vida
e não permite que os nossos pés resvalem.
10 Pois tu, ó Deus, nos [g]provaste;
tu nos [h]refinaste como se refina a prata.
11 Tu nos deixaste cair no laço
e cargas pesadas nos colocaste
nas costas.
12 Fizeste com que os homens cavalgassem
sobre as nossas [i]cabeças;
passamos pelo fogo e pela água,
mas nos trouxeste a um lugar
de abundância.
13 [j]Entrarei em tua casa com
holocaustos e cumprirei os meus votos;
14 votos que haviam pronunciado
os meus lábios
e dito a minha boca, quando eu estava
na angústia.
15 Eu te oferecerei holocaustos
de animais gordos,
e incenso de carneiros;
oferecerei novilhos e cabritos. (Selá)
16 Vinde, ouvi, todos vós os
que [k]temeis a Deus;
eu contarei o que ele tem
feito à minha alma.
17 A ele clamei com a boca;
ele foi exaltado pela minha língua.
18 [l]Se eu no coração contemplara o pecado,
o Senhor não me teria ouvido;
19 mas, na verdade, Deus me ouviu e atendeu
à voz da minha oração.
20 Bendito seja Deus,
que não rejeitou a minha oração
nem desviou de mim o seu amor!

O reino de Deus abrange toda a terra

Salmo e cântico para o músico-mor, sobre [m]Neginote

67 Que Deus tenha compaixão de nós
e nos abençoe, e faça resplandecer
o seu [n]rosto sobre nós, (Selá)
2 para que se conheça na terra
os teus caminhos,
e em [o]todas as nações a tua salvação.
3 Louvem-te, ó Deus, os povos;
louvem-te os povos todos.
4 Alegrem-se e regozijem-se as nações,
[p]pois julgas os povos com equidade
e governas as nações sobre a terra. (Selá)
5 Louvem-te, ó Deus, os povos;
louvem-te os povos todos.
6 Então [q]a terra dará o seu fruto,
e Deus, o nosso Deus, nos abençoará.
7 Abençoe-nos Deus,
e todas as extremidades da terra o [r]temerão.

Cântico de triunfo e glória

Salmo e cântico de Davi para o músico-mor

68 [1]Levante-se Deus,
sejam dissipados os seus inimigos;
fujam de diante dele os que o odeiam.
2 Como se dissipa a fumaça,
assim tu os dissipas;
[s]como se derrete a cera diante do fogo,
assim pereçam os ímpios diante de Deus.
3 [t]Alegrem-se, porém, os justos!
Regozijem-se na presença de Deus.
Folguem de alegria.
4 Cantai a Deus, cantai louvores ao seu nome,
[u]louvai aquele que cavalga
sobre as nuvens;
o seu [v]nome é Senhor, exultai diante dele.
5 [w]Pai de órfãos e juiz de viúvas
é Deus no seu santo lugar.
6 [x]Deus faz que o solitário viva em família
e [y]liberta aqueles que estão
presos em grilhões;
mas os rebeldes habitam em terra seca.
7 Ó Deus, quando saías adiante do teu povo,
quando caminhavas pelo deserto, (Selá)
8 a terra tremia, e os céus destilavam chuva
perante a face de Deus, o Deus do Sinai;
na presença de Deus, o Deus de Israel.
9 Tu, ó Deus, mandaste a chuva
em abundância;
refrescaste a tua herança,
quando estava cansada.
10 Nela habitava o teu rebanho,
e tu, [z]ó Deus, da tua bondade proveste o pobre.
11 O Senhor deu a [a]palavra,
e grande foi a companhia dos
que a proclamaram.
12 Reis e exércitos fogem sem parar;
nos acampamentos os homens dividem
os despojos.
13 Mesmo quando dormis entre as fogueiras,
as asas da pomba estão cobertas de prata,
com as penas de ouro brilhante.

[g] Provar-Tentar: v. 10-12; Sl 78.18 (Gn 3.1; Tg 1.14)
[h] Comp. Zc 13.9; 1Pe 4.12
[i] Is 51.23
[j] Sl 100.4; 116.14, 17-19
[k] Veja Sl 19.9, nota
[l] Jó 27.9; Pv 15.29; 28.9; Is 1.15; Jo 9.31; Tg 4.3
[m] Instrumentos de corda
[n] Nm 6.25
[o] Sl 66.4
[p] Sl 96.10,13; 98.9
[q] Lv 26.4; Sl 85.12; Ez 34.27
[r] Veja Sl 19.9, nota
[s] Sl 97.5; Mq 1.4
[t] Sl 32.11; 58.10; 64.10
[u] v. 33; Dt 33.26
[v] Êx 6.3
[w] Sl 10.14,18; 146.9
[x] Sl 113.9
[y] Sl 107.10,14; 146.7; At 12.7
[z] Sl 74.19; comp. Dt 26.5-9
[a] Inspiração: v. 11; Is 6.5 (Êx 4.15; 2Tm 3.16)

[1] (68.1) Neste salmo, destaca-se a alegria de Israel no Reino. No v. 18 (citado em Ef 4.7-16 sobre o ministério de Cristo após sua ascensão, provendo dons para sua Igreja), o salmo tem uma nota profética, talvez considerando o reajuntamento de Israel (v. 21-23) e o reino messiânico. Veja o salmo 69, o próximo na série de salmos messiânicos.

14 Quando o Onipotente espalhou os reis
pela terra,
foi como quando cai a neve em Zalmom.
15 As montanhas de Basã são majestosas;
de cimos numerosos são as
montanhas de Basã.
16 Por que olhais com inveja,
ó montanhas escarpadas,
para o monte que Deus desejou
para a sua habitação,
onde o próprio Senhor
habitará eternamente?
17 Os carros de Deus são
dezenas de milhares,
e milhares de milhares.
O Senhor está entre eles no
Sinai, no seu santuário.
18 Quando subiste ao alto, [b]levaste
cativo o cativeiro;
recebeste [c]dons dos homens,
e até dos rebeldes,
para que o Senhor Deus
habitasse entre eles.
19 Bendito seja o Senhor,
que dia a dia leva a nossa carga,
o Deus que é a nossa salvação. (Selá)
20 O nosso Deus é o Deus da salvação;
a Deus, o Senhor,
pertence o livramento da morte.
21 Certamente Deus esmagará
a cabeça de seus inimigos,
o crânio do que anda em pecados.
22 Disse o Senhor: Eu os farei voltar de Basã;
farei [d]voltar o meu povo das
profundezas do mar,
23 para que banhes o teu pé no
sangue de teus inimigos,
e a língua dos teus cães tenha a sua porção.
24 Ó Deus, viu-se a tua procissão,
a procissão do meu Deus, meu
Rei, no santuário.
25 Os cantores vão na frente,
os tocadores de instrumentos atrás;
entre eles vão as virgens
tocando tamborins.
26 Celebrai a Deus na grande congregação;
celebrai ao Senhor na congregação de Israel.
27 Ali está a [e]pequena tribo de Benjamim,
que os conduz, os príncipes de Judá
com o seu ajuntamento,
e os príncipes de Zebulom e de Naftali.

[b] Ef 4.8
[c] At 2.4,33; 10.44-46; 1Co 12.4-11; Ef 4.7-12
[d] Dt 30.1-9
[e] 1Sm 9.21
[f] Is 26.12
[g] Sl 45.12; 72.10
[h] Is 19.19-23
[i] Heb. Cush. Sf 3.10; terra de Cuxe, Gn 10.6, nota 14
[j] Sl 67.3
[k] Sl 46.6; Is 30.30
[l] Sl 65.5
[m] Lírios. Talvez tít. de melodia conhecida
[n] Sl 35.19; Jo 15.25

28 Convoca, ó Deus, a tua força;
confirma, ó Deus, o que já
[f]realizaste por nós.
29 Por amor do teu templo em Jerusalém,
os reis te trarão [g]presentes.
30 Repreende a fera dos juncos,
a manada de touros entre os
novilhos dos povos.
Humilhada traga barras de prata.
Espalha os povos que se
comprazem na guerra.
31 Embaixadores virão do [h]Egito;
a [i]Etiópia cedo estenderá para
Deus as suas mãos.
32 Ó [j]reinos da terra, cantai a Deus,
cantai louvores ao Senhor, (Selá)
33 àquele que vai montado
sobre os céus dos céus,
desde a antiguidade,
e que troveja com [k]poderosa voz.
34 Proclamai o poder de Deus,
cuja majestade está sobre Israel,
cujo poder está nos céus.
35 Ó Deus, tu és [l]tremendo no teu santuário;
o Deus de Israel dá força e poder ao seu povo.
Bendito seja Deus!

Os sofrimentos de Davi

Salmo de Davi para o músico-mor, sobre [m]Shoshanim

69 [1]Livra-me, ó Deus, pois as águas me
sobem até o pescoço.
2 Atolei-me em profundo lamaçal,
e não tenho onde firmar os pés.
Entrei na profundeza das águas;
a corrente me leva.
3 Estou cansado de clamar;
secou-se a minha garganta.
Os meus olhos desfalecem de
esperar por meu Deus.
4 [n]Aqueles que me odeiam
sem causa são mais do que os cabelos
da minha cabeça;
aqueles que procuram destruir-me,
que me atacam com mentiras,
são poderosos.
Tenho de restituir o que não furtei.
5 Tu, ó Deus, bem conheces a
minha insensatez;
os meus pecados não te são encobertos.

[1] (69.1) As citações neotestamentárias e as referências a este salmo indicam de que maneira ele prefigura Cristo. É o salmo da humilhação e rejeição de Cristo (v. 4,7,8,10-12). Os v. 14-20 podem muito bem descrever as experiências espirituais de sua alma santa no Getsêmani (Mt 26.36-45); por outro lado, o v. 21 é uma referência direta à cruz (Mt 27.34,48; Jo 19.28-30). A seção imprecatória (v. 22-28) está ligada (Rm 11.9,10) à atual cegueira de Israel no aspecto judicial, e o v. 25 é uma referência especial a Judas (At 1.20), que se tornou, assim, um elemento tipológico da sua geração, que participou de sua culpa. Veja o salmo 72, o próximo na série de salmos messiânicos.

6 Não sejam envergonhados
por minha [o]causa
aqueles que esperam em ti,
ó Senhor, Senhor dos Exércitos;
não sejam confundidos por minha causa
aqueles que te buscam, ó Deus de Israel.
7 Pois por amor de ti suporto afronta,
e a confusão cobre o meu rosto.
8 Sou como um [p]estranho para
com os meus irmãos,
e um desconhecido para com
os filhos da minha mãe;
9 [q]pois o zelo pela tua casa me consome,
e os [r]insultos dos que te afrontam
caem sobre mim.
10 Quando choro e castigo com jejum
a minha alma,
suporto afrontas;
11 quando me visto de pano de saco,
torno-me um provérbio para eles.
12 Aqueles que se assentam à porta
falam contra mim,
e sou a canção dos [s]bêbados.
13 Eu, porém, faço a minha
oração a ti, ó Senhor,
em tempo [t]aceitável;
ó Deus, ouve-me segundo
a grandeza do teu amor,
segundo a fidelidade da tua salvação.
14 Tira-me do lamaçal, não me deixes atolar;
seja eu livre dos que me aborrecem,
das profundezas das águas.
15 Não me leve a corrente das águas
e não me engula o abismo,
nem o poço feche a sua boca sobre mim.
16 Ouve-me, ó Senhor, pois
grande é o teu amor;
olha para mim segundo a tua
grande misericórdia.
17 Não escondas o teu rosto do teu servo;
ouve-me depressa, pois estou angustiado.
18 Aproxima-te da minha alma e [u]resgata-a;
livra-me por causa dos meus inimigos.
19 Bem conheces a minha afronta,
a minha vergonha e a minha confusão;
diante de ti estão todos os
meus adversários.
20 Afrontas me quebrantaram
o coração e me deixaram desfalecido;
esperei por alguém que tivesse
compaixão, mas não houve nenhum,
por consoladores, mas não os achei.
21 Deram-me fel por alimento,
e na minha [v]sede me deram
a beber vinagre.
22 [w]Torne-se a sua mesa diante deles em laço;
torne-se em retribuição e ruína.

[o] Comp. 2Sm 12.14
[p] Jo 7.3-5
[q] Jo 2.17
[r] Rm 15.3
[s] Jó 30.9
[t] Is 49.8; 2Co 6.2
[u] Redenção (tipo do parente remidor): v. 18; Sl 71.23 (Gn 48.16; Is 59.20, nota)
[v] Mt 27.34,48
[w] Rm 11.9,10
[x] At 1.20; comp. Mt 23.38
[y] Is 53.4
[z] Ne 4.5; Rm 1.28
[a] Êx 33.32; Fp 4.3; Ap 3.5; 13.8
[b] Lc 10.20; Hb 12.23
[c] Sl 50.13,14,23
[d] Sl 34.2
[e] Sl 22.26
[f] Sl 68.6
[g] Sl 51.18; Is 44.26
[h] v. 1-5; comp. Sl 40.13-17
[i] Sl 40.15
[j] Sl 40.17; 72.12,13
[k] Sl 141.1

23 Escureçam-se os seus olhos,
para que não vejam;
faze com que os seus lombos
tremam constantemente.
24 Derrama sobre eles a tua indignação;
prenda-os o ardor da tua ira.
25 Fique [x]desolado o seu lugar;
não haja quem habite nas suas tendas.
26 Pois perseguem a quem
[y]afligiste e falam sobre a dor
daqueles a quem feriste.
27 Acrescenta [z]iniquidade à iniquidade deles;
não partilhem da tua salvação.
28 Sejam riscados do [a]livro da vida,
e não sejam [b]inscritos com os justos.
29 Estou aflito e triste;
proteja-me, ó Deus, a tua salvação.
30 Louvarei o nome de Deus com cântico,
e o engrandecerei com ações de graças.
31 Isso [c]será mais agradável ao Senhor
do que um boi,
ou um novilho que tem chifres e unhas.
32 Os pobres [d]verão isso e se agradarão;
vós, que buscais a Deus,
reviva o [e]vosso coração.
33 O Senhor ouve os necessitados
e não despreza os seus [f]cativos.
34 Louvem-no os céus e a terra,
os mares e tudo o que neles se move,
35 [g]pois Deus salvará a Sião e
reedificará as cidades de Judá.
Ali habitarão os seus servos e a possuirão;
36 os filhos dos seus servos a herdarão,
e os que amam o seu nome nela habitarão.

Davi suplica a Deus que se apresse em livrá-lo

Salmo de Davi para o músico-mor,
para lembrança

70 [h]Apressa-te, ó Deus, em me livrar;
Senhor, apressa-te em ajudar-me.
2 Fiquem envergonhados e confundidos
os que procuram a minha alma;
retrocedam e confundam-se os que
me desejam mal.
3 [i]Retrocedam cobertos de vergonha
os que dizem: Bem feito!
Bem feito!
4 Folguem e alegrem-se em ti
todos os que te buscam;
aqueles que amam a tua salvação
digam continuamente:
Engrandecido seja Deus.
5 [j]Eu, porém, estou aflito e necessitado;
[k]apressa-te por mim, ó Deus.
Tu és o meu auxílio e o meu libertador;
ó Senhor, não te detenhas.

Davi confia em Deus

71 [l]Em ti, Senhor, [m]me refugiei;
nunca seja eu envergonhado.
2 Livra-me na tua retidão
e faze que eu escape;
inclina os teus ouvidos para
mim e salva-me.
3 Sê tu para mim uma rocha de refúgio,
à qual possa recorrer continuamente;
dá um mandamento que me salve,
pois tu és a minha rocha e
a minha fortaleza.
4 Livra-me, meu Deus, das mãos do ímpio,
das mãos do homem injusto e cruel.
5 Pois tu és a minha esperança,
ó Senhor Deus,
a minha confiança desde a
minha mocidade.
6 Desde o ventre tenho confiado em ti;
tu me [n]tiraste das entranhas da minha mãe.
O meu louvor será para ti constantemente.
7 Sou [o]como um testemunho para muitos,
pois tu és o meu forte refúgio.
8 Encha-se a minha boca do teu louvor
e da tua glória o dia todo.
9 Não me rejeites no tempo da velhice;
não me desampares,
quando se for acabando a minha força.
10 Pois os meus inimigos falam contra mim;
os que espiam a minha alma
consultam juntos,
11 dizendo: Deus o desamparou;
persegui-o e prendei-o, pois
não há quem o livre.
12 [p]Ó Deus, não te distancies de mim;
ó meu Deus, apressa-te em [q]ajudar-me.
13 Sejam confundidos e consumidos
os adversários da minha alma;
cubram-se de vergonha e de confusão
aqueles que procuram o meu mal.
14 Eu, porém, esperarei sempre
e te louvarei mais e mais.
15 A minha boca relatará as bênçãos
da tua retidão e da tua salvação o dia todo,
ainda que eu não conheça o seu número.
16 Sairei na força do Senhor Deus;
farei menção da tua retidão, a tua somente.
17 Ensinaste-me, ó Deus, desde
a minha [r]mocidade,
e até aqui tenho anunciado
as tuas maravilhas.
18 Mesmo quando eu estiver [s]velho
e de cabelos brancos,
não me desampares, ó Deus,
até que tenha anunciado a tua
força a esta geração,
e o teu poder às futuras gerações.
19 A [t]tua retidão, ó Deus, se eleva até os céus,
fizeste grandes coisas.
Ó Deus, quem é semelhante a ti?
20 Tu, que me tens feito ver muitos
males e angústias,
me darás ainda a vida,
e me tirarás dos abismos da terra.
21 Aumentarás a minha grandeza
e de novo me consolarás.
22 Eu te louvarei com a lira,
celebrarei a tua verdade, ó meu Deus;
cantarei os teus louvores com a harpa,
ó Santo de Israel.
23 Os meus lábios exultarão
quando eu cantar os teus louvores,
assim como a minha alma, que tu [u]remiste.
24 A minha língua falará dos teus feitos
justos o dia todo,
pois estão confundidos e envergonhados
aqueles que procuram o meu mal.

O reino glorioso do Messias

Salmo para Salomão

72 [1]Ó Deus, dá ao [v]rei a tua justiça,
e a tua retidão ao filho do rei.
2 Ele julgará o teu povo com
retidão e os teus pobres com [w]justiça.
3 Os montes trarão prosperidade ao povo,
e os outeiros o fruto da retidão.
4 Defenderá os aflitos do povo,
salvará os filhos do necessitado
e quebrantará o opressor.
5 [x]Ele permanecerá enquanto
[y]durar o sol e a lua,
de geração em geração.
6 Ele será como a chuva sobre a erva ceifada,
como os aguaceiros que
umedecem a terra.
7 Nos seus dias florescerá o justo;
abundância de paz haverá
enquanto durar a lua.
8 Dominará de mar a mar, e
desde o [z]Rio até as
extremidades da terra.

[l] v. 1-3; comp. Sl 31.1-3
[m] Veja Sl 2.12, nota
[n] Sl 22.9,10
[o] Is 8.18; Zc 3.8; 1Co 4.9
[p] Sl 22.11,19; 35.22; 38.21,22
[q] Sl 70.1
[r] Dt 6.73
[s] Is 46.4
[t] Dt 3.24; Sl 36.6; comp. Lc 1.49
[u] Redenção (tipo do parente remidor): v. 23; 72.14; Sl 74.12 (Gn 48.16; Is 59.20, nota)
[v] Reino (AT): v. 1-20; Sl 89.4 (Gn 1.26; Zc 12.8)
[w] Sl 25.9
[x] Veja Sl 19.9, nota
[y] Sl 89.36
[z] Rio Eufrates. Zc 9.10

[1] (72.1) O salmo 72 constitui uma visão completa do reino do Messias no que diz respeito à revelação do AT. As orações de Davi terão cumprimento no Reino (v. 20; 2Sm 23.1-4). O v. 1 refere-se à posse do Reino por parte do Filho. A descrição formal desse evento se encontra em Dn 7.13,14; Ap 5.5-10. Os v. 2-7, 12-14 apresentam o caráter do Reino (comp. Is 11.3-9). A palavra enfática é "justiça". Os v. 8-19 falam da universalidade do Reino. É por meio do Israel restaurado que o Reino será estendido sobre a terra (Zc 8.13,20-23). Veja o salmo 89, o próximo na série de salmos messiânicos.

9 Aqueles que habitam no deserto
se inclinarão ante ele,
e os seus inimigos [a]lamberão o pó.
10 Os reis de Társis e das ilhas trarão tributo;
os reis de Sabá e de Seba
ofereceram presentes.
11 Todos os reis se prostrarão perante ele,
e todas as nações o servirão.
12 Pois ele livrará ao necessitado que clamar,
como também ao aflito e ao que
não tem quem o ajude.
13 Ele se compadecerá do pobre e do aflito,
e salvará os necessitados.
14 Eles os libertará do engano e da violência,
pois precioso é o seu sangue aos olhos dele.
15 Tenha ele longa vida!
E se lhe dê do ouro de [b]Sabá.
Continuamente se faça por ele oração,
e todos os dias o bendigam.
16 Haja abundância de cereal na terra;
ondule sobre os cumes dos montes.
Como o Líbano, floresça [c]o seu fruto;
floresça como a erva do campo.
17 Permaneça o seu nome eternamente;
que ele continue enquanto o sol durar.
Todas as nações serão abençoadas [d]nele,
e lhe chamarão bem-aventurado.
18 Bendito seja o Senhor Deus,
o Deus de Israel, o único que
faz maravilhas.
19 Bendito para sempre seja o
seu glorioso nome;
encha-se toda a [e]terra da sua glória.
Amém e amém.
20 [f]Findam aqui as orações de Davi,
filho de Jessé.

Livro III, 73–89

O problema da prosperidade dos ímpios

Salmo de Asafe

73 Verdadeiramente bom é Deus para com
Israel,
para com os limpos de coração.
2 Quanto a mim, os meus pés quase
se desviaram;
pouco faltou para que [g]escorregassem
os meus passos.
3 Pois eu tive inveja dos soberbos,
ao ver a [h]prosperidade dos [i]ímpios.
4 Não há apertos na sua morte;
o seu corpo é forte e sadio.
5 São livres das tribulações dos mortais;
não são afligidos pelos males humanos.
6 Portanto, a soberba lhes serve de colar;
vestem-se de violência como
de um adorno.
7 Os olhos deles estão inchados de gordura;
não têm limite as imaginações
do seu coração.
8 Zombam e falam com malícia;
na sua arrogância [j]ameaçam
com opressão.
9 Erguem a boca [k]contra os céus,
e a sua língua percorre a terra.
10 Pelo que o seu povo volta a eles,
e bebe águas em abundância.
11 Dizem: [l]Como o sabe Deus?
Ou há conhecimento no Altíssimo?
12 São assim os ímpios;
sempre em segurança,
e as suas riquezas aumentam.
13 Na verdade que em [m]vão
purifiquei o meu coração;
em vão lavei as minhas mãos
na inocência.
14 O dia todo sou afligido;
sou castigado cada manhã.
15 Se eu tivesse dito: Falarei assim;
teria traído a geração de teus filhos.
16 Quando tentei compreender isso,
fiquei sobremodo perturbado,
17 até que entrei no [n]santuário de Deus;
então [o]entendi o fim deles.
18 Certamente tu os pões
em lugares escorregadios;
tu os lanças em destruição.
19 Quão [p]repentinamente são destruídos,
totalmente consumidos de terrores!
20 Como faz com um sonho o que acorda,
assim, ó Senhor, quando acordares os
desprezarás como fantasias.
21 Quando o meu coração se amargurou,
e senti picadas nos meus rins,
22 estava embrutecido, e nada sabia;
era como um animal perante ti.
23 Todavia estou de contínuo contigo;
tu me seguras pela minha mão direita.
24 Guias-me com o teu conselho,
e depois me receberás na [q]glória.
25 A quem tenho eu no céu senão a [r]ti?
E na terra não há quem eu
deseje além de ti.
26 A minha carne e o meu coração
desfalecem,
mas Deus é a fortaleza do meu coração
e a minha [s]porção para sempre.
27 Os que se distanciam de ti perecerão;
tu destróis todos aqueles
que te são infiéis.
28 Mas, para mim, bom é
[t]aproximar-me de Deus.
Pus o meu [u]refúgio no Senhor Deus;
[v]anunciarei todas as tuas obras.

[a] Is 49.23
[b] Is 60.6
[c] Comp. 1Rs 4.20
[d] Gn 12.3
[e] Nm 14.21; Hc 2.14
[f] Comp. 2Sm 23.1-4
[g] Jó 12.5
[h] Sl 37.7
[i] Jó 21.5-16
[j] 2Pe 2.18; Jd 16
[k] Ap 13.6
[l] Jó 22.13; Sl 10.11; 94.7
[m] Jó 21.15; 35.3; Ml 3.14
[n] Comp. Hb 10.25
[o] Sl 37.38; 55.23
[p] Comp. 2Pe 3.10
[q] Sl 49.15
[r] Comp. Jo 6.67,68
[s] Sl 16.5
[t] Hb 10.22; Tg 4.8
[u] Veja Sl 2.12, nota
[v] Sl 116.10; 2Co 4.13

O povo de Deus clama por ajuda

[w]Masquil de Asafe

74 Ó Deus, por que nos rejeitaste para sempre?
Por que se acende a tua ira
contra as ovelhas do teu pasto?
2 Lembra-te da tua congregação,
que compraste desde a antiguidade,
que [x]remiste para ser a tribo da tua herança;
do monte Sião, onde habitaste.
3 Dirige os teus passos para
as perpétuas ruínas,
toda a destruição que o inimigo
tem feito no santuário.
4 Os [y]teus inimigos rugiram no meio da
tua assembleia;
puseram nela as suas bandeiras
como sinal de vitória.
5 Comportaram-se como homens que brandem
o machado no espesso da floresta.
6 Toda obra entalhada
quebraram com machados e martelos.
7 Lançaram fogo ao teu santuário;
profanaram a morada do teu nome,
derrubando-a até o chão.
8 Disseram no seu coração:
Nós o esmagaremos de uma vez.
Queimaram todos os lugares santos de Deus
na terra.
9 Já não vemos os sinais miraculosos;
já [z]não há profeta,
nem há entre nós alguém que saiba
até quando isso durará.
10 Até quando, ó Deus,
nos afrontará o adversário?
Blasfemará o inimigo o teu nome para sempre?
11 Por que retiras a tua mão,
a tua mão direita?
Descruze os braços e consome-os.
12 Todavia, [a]Deus é o meu Rei
desde a antiguidade,
operando a salvação no meio da terra.
13 Tu dividiste o mar pela tua força;
quebraste as cabeças dos
monstros nas águas.
14 Fizeste em pedaços as cabeças do [b]leviatã,
e o deste por alimento aos animais do deserto.
15 [c]Abriste as fontes e os ribeiros;
[d]secaste os rios impetuosos.
16 Teu é o dia e [e]tua é a noite;
[f]preparaste a lua e o sol.
17 [g]Estabeleceste todos os limites da terra;
verão e inverno [h]tu os formaste.
18 Lembra-te de como o inimigo te afrontou,
ó Senhor,
e de como um povo louco blasfemou
o teu nome.
19 Não entregues às feras a vida [i]da tua pomba;
não te esqueças para sempre da vida
dos teus aflitos.
20 [j]Atenta para a tua aliança,
porque os lugares tenebrosos da terra
estão cheios de moradas de violência.
21 Não volte envergonhado o oprimido;
louvem o teu nome o aflito
e o necessitado.
22 Levanta-te, ó Deus, pleiteia
a tua própria causa;
lembra-te da afronta que o
louco te faz cada dia.
23 Não te esqueças da gritaria dos teus inimigos;
o tumulto daqueles que se levantam contra ti
aumenta continuamente.

O triunfo final dos justos

Para o músico-mor, [k]Al-Tachete.
Salmo e cântico de Asafe

75 A ti, ó Deus, glorificamos, a ti damos louvor,
pois o teu nome está perto;
os homens falam dos teus
maravilhosos feitos.
2 Dizes: Eu escolho o tempo determinado;
sou eu quem julga retamente.
3 Dissolve-se a terra e todos
os seus moradores,
mas eu fortaleço as suas colunas. (Selá)
4 Digo aos soberbos:
Não sejais arrogantes;
e aos ímpios:
[l]Não levanteis a fronte.
5 Não levanteis a vossa fronte altiva,
nem faleis com arrogância;
6 porque não é do Oriente,
nem do Ocidente
nem do deserto que vem a exaltação.
7 Deus é o juiz;
a um humilha e a outro [m]exalta.
8 [n]Na mão do Senhor
há um cálice cujo vinho ferve,
cheio de mistura, e dá a beber dele;
todos os ímpios da terra
o sugarão e beberão até o fim.
9 Quanto a mim, anunciarei isso para sempre;
cantarei louvores ao Deus de Jacó.
10 Quebrarei [o]as forças de todos os ímpios,
mas as [p]forças dos justos serão [q]exaltadas.

A majestade e o poder de Deus

Salmo e cântico de Asafe,
para o músico-mor, sobre [r]Neginote

76 Conhecido é Deus em [s]Judá; grande é o seu
nome em Israel.

[w] Instrução
[x] Redenção (tipo do parente remidor): v. 2; Sl 77.15 (Gn 48.16; Is 59.20, nota)
[y] Lm 2.7
[z] Comp. 1Sm 3.1; Am 8.11
[a] Sl 44.4
[b] Jó 41.1; Sl 104.26; Is 27.1
[c] Êx 17.5,6; Nm 20.11; Sl 105.41; Is 48.21
[d] Js 3.13
[e] Jó 38.12
[f] Gn 1.14
[g] At 17.26
[h] Gn 8.22
[i] Comp. Ct 2.14
[j] Gn 17.7,8; Lv 26.44,45
[k] Não destruas. Talvez tít. de melodia conhecida
[l] 1Sm 2.3; Sl 94.4
[m] Sl 147.6; Dn 2.21
[n] Jó 21.20; Sl 60.3; Jr 25.15; Ap 14.10; 16.19
[o] Sl 101.8; Jr 48.25
[p] Sl 89.17; 148.14
[q] 1Sm 2.1
[r] Instrumentos de corda
[s] Sl 48.1

2 Em Salém está o seu tabernáculo,
e a sua morada em Sião.
3 Ali quebrou as flechas flamejantes,
os escudos e as espadas,
as armas de guerra. (Selá)
4 Tu és mais ilustre e glorioso
do que os montes ricos de caça.
5 Os ousados de coração estão despojados
e dormem o seu último sono;
nenhum dos homens de força
pode usar as mãos.
6 [t]À tua repreensão, ó Deus de Jacó,
carros e cavalos são lançados num
sono profundo.
7 Tu, somente, és temível.
Quem [u]subsistirá à tua vista, se te irares?
8 Dos céus fizeste ouvir o teu juízo;
a terra tremeu e se aquietou,
9 quando tu, ó Deus, te levantaste para julgar,
para livrar a todos os mansos
da terra. (Selá)
10 Certamente a ira do homem
redunda em teu [v]louvor,
e com o restante da ira te cinges.
11 Fazei votos e pagai-os ao
Senhor, vosso Deus;
tragam presentes,
os que estão em redor dele,
àquele que é [w]tremendo.
12 Ele quebranta o espírito dos governantes;
é [x]temido pelos reis da terra.

Lembrança das grandiosas obras de Deus

Salmo de Asafe, para o músico-mor,
por [y]Jedutum

77 Clamei ao Senhor com a minha voz;
a Deus levantei a voz,
e ele inclinou para mim os ouvidos.
2 No dia da minha angústia
busquei o Senhor;
a minha mão se estendeu de noite,
sem descanso,
e a minha alma recusou ser consolada.
3 Lembrei-me de ti, ó Deus,
e comecei a gemer;
queixei-me, e o meu espírito
desfaleceu. (Selá)
4 Mantiveste os meus olhos vigilantes;
eu estava tão perturbado
que não podia falar.
5 Considerei os dias da antiguidade,
os anos dos tempos passados.
6 De noite chamei à lembrança
o meu cântico;
meditei em meu coração,
e o meu espírito investigou.
7 [z]Rejeitará o Senhor para sempre
e não tornará a ser favorável?
8 Cessou para sempre o seu constante amor?
Acabou-se a [a]promessa que veio
de geração em geração?
9 [b]Esqueceu-se Deus de ter misericórdia?
Ou encerrou ele a sua compaixão
na sua ira? (Selá)
10 Então pensei: A isto apelarei:
aos anos da destra do Altíssimo.
11 Eu me lembrarei das obras do Senhor;
certamente que me lembrarei das tuas
maravilhas da antiguidade.
12 Meditarei também em todas as tuas obras
e falarei dos teus feitos.
13 Os teus caminhos, ó Deus, são [c]santos.
Que Deus é tão grande como o nosso Deus?
14 Tu és o Deus que fazes maravilhas;
fizeste notória a tua força entre os povos.
15 Com o teu braço [d]remiste o teu povo,
os filhos de Jacó e de José. (Selá)
16 As águas te viram, ó Deus,
as águas te viram e [e]tremeram;
os abismos se abalaram.
17 Grossas nuvens se desfizeram em água,
e os céus retumbaram;
as tuas flechas correram de
uma parte para outra.
18 A voz do teu trovão repercutiu-se
no redemoinho,
e o teu relâmpago iluminou o mundo;
a terra se abalou e tremeu.
19 Pelo mar foi o teu caminho,
e as tuas veredas pelas grandes águas;
as tuas pegadas não foram conhecidas.
20 Guiaste o teu povo como a um rebanho
pela mão de Moisés e de Arão.

Deus operando na história de Israel

[f]Masquil de Asafe

78 Escutai a minha lei, ó povo meu;
inclinai os vossos ouvidos
às palavras da minha [g]boca.
2 Abrirei a minha boca em [h]parábolas,
proporei enigmas da antiguidade,
3 o que ouvimos e aprendemos,
e os nossos pais nos contaram.
4 [i]Não o esconderemos aos seus filhos;
[j]mostraremos à geração futura
os louvores do Senhor,
assim como a sua força
e as maravilhas que fez.
5 [k]Ele estabeleceu um testemunho em Jacó,
e pôs uma lei em Israel,
a qual ordenou aos nossos pais
[l]que a fizessem conhecer a seus filhos,

[t] Êx 15.1-21; Ez 39.20; Na 2.13; Zc 12.4
[u] Na 1.6; Ap 6.17
[v] Comp. Gn 50.20; Êx 9.16; Rm 9.17
[w] Veja Sl 19.9, nota
[x] Sl 47.2
[y] Veja Sl 39, tít., nota
[z] Sl 44.9; veja Rm 11.1, nota
[a] 2Pe 3.9
[b] Comp. Is 49.15
[c] Sl 73.17
[d] Redenção (tipo do parente remidor): v. 15; Sl 103.4 (Gn 48.16; Is 59.20, nota)
[e] Êx 14.21
[f] Instrução
[g] Israel (história): v. 1-72; Sl 106.4 (Gn 12.2; Rm 11.26
[h] Mt 13.34,35
[i] Dt 4.9; 6.7; Jl 1.3
[j] Êx 12.26,27; Sl 145.4
[k] Sl 147.19
[l] Dt 11.19

6 para que a geração vindoura a soubesse;
até os filhos que ainda
haveriam de nascer,
e eles, por sua vez, a contassem a seus filhos.
7 Então poriam em Deus a sua esperança,
e não se esqueceriam das obras de Deus
e guardariam os seus mandamentos.
8 Não seriam como os seus pais,
geração obstinada e rebelde,
geração de coração instável,
e cujo espírito não foi fiel para com Deus.
9 Os filhos de Efraim,
armados e trazendo arcos,
retrocederam no dia da peleja;
10 [m]não guardaram a aliança de Deus
e recusaram-se a andar na sua [n]lei.
11 Esqueceram-se das suas obras,
das maravilhas que lhes fizera ver.
12 Fez maravilhas à vista de seus pais
na terra do Egito, no campo de Zoã.
13 Dividiu o mar e os fez passar por ele;
fez com que as águas parassem como
num montão.
14 De dia os guiou com uma nuvem
e durante a noite com um clarão de fogo.
15 Fendeu as penhas no deserto
e deu-lhes de beber abundantemente
como de grandes abismos;
16 fez sair fontes da rocha
e correr as águas como rios.
17 Contudo, prosseguiram em
pecar contra ele,
rebelando-se contra o
Altíssimo no deserto.
18 [o]Tentaram a Deus nos seus corações,
pedindo carne para satisfazerem
o seu apetite.
19 Falaram contra Deus, dizendo:
Pode Deus preparar-nos uma
mesa no deserto?
20 Quando feriu a penha,
águas correram dela,
e rebentaram ribeiros em abundância.
Mas pode ele também dar-nos pão,
ou preparar carne para o seu povo?
21 Quando o Senhor os ouviu, se indignou;
acendeu um fogo contra Jacó,
e também furor subiu contra Israel,
22 pois não creram em Deus
[p]nem confiaram na sua salvação.
23 Contudo, ordenou ele às altas nuvens
e abriu as portas dos céus;
24 [q]fez chover sobre eles o
maná para comerem,
lhes deu cereal do [r]céu.
25 Cada um comeu o pão dos anjos;
mandou-lhes comida com abundância.

26 [s]Fez soprar no céu o vento do oriente
e trouxe o vento sul com a sua força.
27 Fez chover sobre eles carne como pó
e aves de asas como a areia do mar.
28 Fê-las cair no meio do seu arraial,
ao redor das suas tendas.
29 [t]Comeram e se fartaram,
pois lhes satisfez o desejo.
30 Não refrearam o seu apetite.
[u]Ainda lhes estava a comida na boca,
31 quando a ira de Deus desceu sobre eles,
matou os mais fortes deles
e feriu os escolhidos de Israel.
32 Apesar de tudo isso, ainda
pecaram; [v]não deram crédito
às suas maravilhas.
33 Pelo que consumiu os seus
dias como um sopro,
e os seus anos, na angústia.
34 [w]Quando Deus os castigava com a morte,
então o procuravam;
voltavam-se, e de madrugada
buscavam a Deus.
35 Lembravam-se de que
Deus era a sua rocha,
de que o Deus Altíssimo era
o seu [x]Redentor.
36 Todavia, [y]bajulavam-no com a boca,
e com a língua lhe mentiam;
37 o seu coração não era reto para com ele,
não foram fiéis à sua aliança.
38 [z]Ele, porém, foi [a]misericordioso;
perdoou a sua iniquidade
e não os destruiu.
Muitas vezes desviou deles a sua cólera;
não deixou despertar toda a sua ira.
39 Ele [b]se lembrou de que eram apenas carne,
uma [c]brisa que passa e não volta.
40 Quantas vezes o provocaram no deserto,
e o [d]ofenderam no deserto!
41 Voltaram atrás e [e]tentaram a Deus;
duvidaram do Santo de Israel.
42 Não se lembraram do poder da sua mão,
do dia em que os livrou do adversário,
43 do dia em que operou os
seus sinais no Egito,
as suas maravilhas no campo de Zoã.
44 Converteu em sangue os seus rios;
não puderam beber das suas correntes.
45 Mandou-lhes enxames de [f]moscas
que os consumiram, e [g]rãs
que os destruíram.
46 Deu às larvas as suas colheitas,
e o fruto do seu trabalho aos [h]gafanhotos.
47 Destruiu as suas vinhas
com [i]saraiva e os seus
sicômoros com geada.

[m] 2Rs 17.15
[n] Lei (de Moisés): v. 9,10; Sl 119.1 (Êx 19.1; Gl 3.24)
[o] Provar-Tentar: v. 18,41,56; 81.7 (Gn 3.1; Tg 1.14)
[p] Veja Sl 2.12, nota
[q] Êx 16.4
[r] Jo 6.31
[s] Nm 11.31
[t] Nm 11.20
[u] Nm 11.33
[v] Nm 14.11
[w] Comp. Os 5.15
[x] Êx 15.13; Dt 7.8; Is 41.14; 44.6; 63.9
[y] Êx 24.7,8; Ez 33.31
[z] Nm 14.18-20
[a] Êx 34.6
[b] Sl 103.14-16
[c] Jó 7.7,16; Tg 4.14
[d] Ef 4.30
[e] Veja 78.18, ref., Dt 6.16
[f] Êx 8.24
[g] Êx 8.6
[h] Êx 10.14
[i] Êx 9.23

48 Entregou o seu [j]gado à saraiva,
e aos raios os seus rebanhos.
49 Atirou para o meio deles,
quais mensageiros de males,
o ardor da sua ira, furor,
indignação e angústia.
50 Abriu caminho à sua ira;
não poupou da morte a alma deles,
mas os entregou à peste.
51 Feriu todo [k]primogênito no Egito,
as primícias da sua força
nas tendas de Cão.
52 Fez, porém, com que o seu povo saísse
como ovelhas;
guiou-os pelo deserto como a um rebanho.
53 Guiou-os com segurança,
de sorte que não temeram;
mas o mar [l]cobriu os seus inimigos.
54 Assim os conduziu ao limite
da sua terra santa,
a este monte que a sua mão direita adquiriu.
55 Expulsou as nações de diante deles
e [m]delimitou-lhes uma herança;
fez habitar em suas tendas as tribos de Israel.
56 Eles, porém, [n]tentaram
e provocaram o Deus Altíssimo;
não guardaram os seus testemunhos.
57 [o]Tornaram atrás e portaram-se
infielmente como os seus pais,
desviaram-se como um arco traiçoeiro.
58 Provocaram-no à ira com os seus
[p]altares idólatras;
incitaram-no a zelos com as suas imagens
de escultura.
59 Quando Deus ouviu isso, se indignou;
rejeitou completamente a Israel.
60 [q]Abandonou o tabernáculo de Siló,
a tenda que estabelecera
como a sua morada entre os homens.
61 Enviou a arca da sua força ao exílio,
e a sua glória, à mão do inimigo.
62 [r]Entregou o seu povo à espada;
encolerizou-se contra a sua herança.
63 Os seus jovens consumiu-os o fogo,
e as suas [s]donzelas não tiveram
canto nupcial;
64 os seus [t]sacerdotes caíram à espada,
e as suas viúvas não prantearam.
65 Então o Senhor despertou
como de um sono,
como um valente que o vinho excitasse.
66 Fez recuar os seus adversários;
para sempre os entregou à vergonha.
67 Então rejeitou as tendas
de José e não escolheu a tribo de Efraim.
68 Antes escolheu a tribo de Judá,
o monte Sião, [u]que ele amava.
69 Edificou o seu [v]santuário
como os lugares elevados,
como a terra que fundou para sempre.
70 [w]Escolheu a Davi, seu servo,
e o tirou dos apriscos das ovelhas;
71 do cuidado das ovelhas
pejadas o [x]trouxe para ser o pastor
de Jacó, o seu povo,
e de Israel, a sua herança.
72 E Davi os apascentou
segundo a [y]integridade do seu coração;
guiou-os com a perícia das suas mãos.

A assolação de Jerusalém

Salmo de Asafe

79 Ó Deus, as nações invadiram
a tua herança;
contaminaram o teu santo templo,
[z]reduziram Jerusalém a montões de pedras.
2 Deram os cadáveres dos teus servos
por alimento às aves dos céus,
e a carne dos teus fiéis, às feras da terra.
3 Derramaram o sangue deles
como água ao redor de Jerusalém,
e não houve quem os sepultasse.
4 Somos a vergonha dos nossos [a]vizinhos,
o riso e a zombaria dos que
estão à roda de nós.
5 Até quando, Senhor?
Ficarás indignado para sempre?
Até quando arderá o teu zelo como fogo?
6 Derrama o teu furor
sobre as nações que [b]não te conhecem
e sobre os reinos que não
invocam o teu nome;
7 pois devoraram a Jacó
e assolaram as suas moradas.
8 Não cobres de nós as iniquidades
dos nossos pais;
apresse ao nosso encontro a tua misericórdia,
pois estamos muito abatidos.
9 Ajuda-nos, ó Deus da nossa salvação,
[c]pela glória do teu nome;
livra-nos e perdoa os nossos pecados
por amor do teu nome.
10 Por que diriam as nações:
Onde está o seu Deus?
Seja manifesta à nossa vista,
entre as nações,
a vingança do sangue
derramado dos teus servos.
11 Chegue à tua presença o
gemido dos presos;
segundo a grandeza do teu braço,
preserva aqueles que estão
sentenciados à morte.

[j] Êx 9.19
[k] Êx 12.29,30
[l] Êx 14.27,28
[m] Js 13.7; 19.51
[n] Veja 78.18, ref.
[o] v. 41; Ez 20.27,28; Os 7.16
[p] Veja Jz 3.7 e 1Rs 3.2, notas
[q] 1Sm 4.11; Jr 7.12-14; 26.6-9
[r] 1Sm 4.10
[s] Jr 7.34; 16.9; 25.10
[t] 1Sm 4.17
[u] Sl 87.2
[v] 1Rs 6.1-38
[w] 1Sm 16.11,12; 2Sm 7.8
[x] 2Sm 5.2; 1Cr 11.2
[y] 1Rs 9.4
[z] 2Rs 25.9,10; 2Cr 36.19; Mq 3.12
[a] Sl 44.13
[b] Is 45.4,5; 2Ts 1.8
[c] Jr 14.7,21

12 Aos nossos vizinhos, retribui,
sete vezes mais,
a sua ofensa com que te
ofenderam, ó Senhor.
13 Então [d]nós, teu povo e ovelhas
de teu pasto,
te louvaremos eternamente;
de geração em geração
proclamaremos os teus louvores.

Oração pedindo a restauração do favor de Deus

Para o músico-mor. Sobre [e]Shoshanim
Edute. Salmo de Asafe

80 Ó Pastor de Israel, dá ouvidos;
[f]tu, que guias a José como a um rebanho,
que te assentas entre os querubins,
resplandece
2 perante [g]Efraim, Benjamim e Manassés.
Desperta o teu poder, e vem salvar-nos.
3 Faze-nos voltar, ó Deus;
[h]faze resplandecer o teu rosto,
e seremos salvos.
4 Ó Senhor Deus dos Exércitos,
[i]até quando te indignarás
contra a oração do teu povo?
5 [j]Tu os sustentas com pão de lágrimas;
dá-lhes a beber lágrimas em abundância.
6 Tu nos pões por objeto de zombaria
entre os nossos vizinhos,
e os nossos inimigos caçoam de nós.
7 Faze-nos voltar, ó Deus dos Exércitos;
faze resplandecer o teu rosto,
e seremos salvos.
8 Trouxeste uma [k]vinha do Egito;
lançaste fora as nações e a plantaste.
9 Preparaste-lhe lugar,
e ela deitou profundas raízes
e encheu a terra.
10 Os montes cobriram-se com a sua sombra,
e os cedros de Deus com os seus [l]ramos.
11 Estendeu a sua ramagem até o mar,
os seus ramos até o [m]rio.
12 Por que [n]quebraste as suas cercas,
de modo que todos os que passam por ela
colham uvas?
13 O javali da selva a devasta,
e as feras do campo a devoram.
14 Ó Deus dos Exércitos, volta-te,
nós te rogamos!
Atende dos céus, e [o]vê!
Visita esta vinha,
15 a videira que a tua mão direita plantou,
o ramo que [p]para ti fortificaste.
16 A tua vinha queimada
pelo fogo está cortada;
pereceu pela repreensão da tua face.
17 Seja a tua [q]mão sobre o povo
da tua mão direita,
sobre o filho do homem, que
fortaleceste para ti.
18 Então não nos apartaremos de ti;
[r]vivifica-nos, e invocaremos o teu nome.
19 Faze-nos voltar, ó Senhor Deus dos Exércitos;
faze resplandecer o teu rosto,
e seremos salvos.

Deus repreende Israel

Salmo de Asafe para o músico-mor, sobre Gitite

81 Cantai alegremente a Deus,
a nossa fortaleza;
celebrai o Deus de Jacó.
2 Entoai um salmo e fazei soar o adufe,
a suave harpa e o alaúde.
3 Tocai a trombeta na lua nova, na lua cheia,
no dia da nossa festa;
4 isso é um [s]preceito para Israel,
e uma ordenança do Deus de Jacó.
5 Ordenou-o como estatuto para José,
quando saiu contra a terra do Egito,
onde ouvimos uma língua que
[t]não entendíamos.
6 Diz ele: Tirei de seus ombros a carga;
as suas mãos foram livres
dos cestos de carga.
7 [u]Clamaste na angústia, e te livrei,
[v]respondi-te do lugar oculto dos trovões;
[w]provei-te nas águas de Meribá. (Selá)
8 Ouve-me, ó povo meu, e eu te admoestarei;
ó Israel, se tão somente me ouvisses!
9 Não haverá entre ti [x]deus estrangeiro;
não te prostrarás ante um deus estranho.
10 Eu sou o Senhor teu Deus,
que te tirei da terra do Egito;
abre bem a tua boca, e eu [y]a encherei.
11 O meu povo, porém,
não quis ouvir a minha voz;
Israel não me quis.
12 Pelo que eu [z]os entreguei
aos desejos do seu coração,
e andaram segundo os seus
próprios conselhos.
13 [a]Se o meu povo tão somente me ouvisse,
se Israel andasse nos meus caminhos,
14 de pronto eu abateria os seus inimigos
e voltaria a minha mão
contra os seus adversários!
15 Os que odeiam ao Senhor
se lhe submeteriam,
e o seu castigo seria eterno.
16 Eu, porém, te sustentaria
com o trigo mais fino;
com o mel saído da rocha te saciaria.

[d] Sl 74.1; 95.7; 100.3
[e] Lírios da aliança. Talvez tít. de melodia conhecida
[f] Êx 25.20-22; 1Sm 4.4; 2Sm 6.2; Sl 99.1
[g] Sl 78.9,67
[h] Nm 6.25; Sl 4.6; 67.1
[i] Sl 79.5
[j] Sl 42.3; 102.9; Is 30.20
[k] Is 5.1,7; Jr 2.21; Ez 17.6; 19.10; comp. Ez 15.1-8
[l] Lv 23.40
[m] Rio Eufrates. Sl 72.8
[n] Is 5.5
[o] Is 63.15
[p] Is 49.5
[q] Sl 89.21
[r] Sl 71.20
[s] Lv 23.24; Nm 10.10
[t] Comp. Dt 28.49; Sl 114.1
[u] Êx 2.23; 14.10; Sl 50.15
[v] Êx 19.19
[w] Provar-Tentar: v. 7; Sl 95.9 (Gn 3.1; Tg 1.14); Êx 17.6,7; Nm 20.13
[x] Veja Sl 16.4, nota
[y] Êx 20.2
[z] At 7.42; 14.16; Rm 1.24-26
[a] Dt 5.29; 10.12,13; 32.29; Is 48.18

Deus repreende os juízes por suas injustiças

Salmo de Asafe

82 **D**eus [b]preside a grande congregação;
julga no meio dos deuses.
2 Até quando defendereis
os injustos e [c]tomareis partido
ao lado dos ímpios? (Selá)
3 Defendei a causa do fraco
e do órfão; protegei os direitos
do pobre e do oprimido.
4 Livrai o fraco e o [d]necessitado;
tirai-os das mãos dos ímpios.
5 Eles nada sabem, nada entendem.
Andam em trevas;
todos os [e]fundamentos da terra vacilam.
6 Eu disse: [f]Vós sois deuses;
vós sois todos filhos do Altíssimo.
7 Todavia, morrereis como homens;
caireis como qualquer governante.
8 [g]Levanta-te, ó Deus, julga a terra,
[h]pois todas as nações são a tua herança.

Oração contra os inimigos

Cântico e salmo de Asafe

83 **Ó** Deus, não guardes silêncio;
não te cales, nem fiques
impassível, ó Deus.
2 Vê como os [i]teus inimigos se alvoroçam;
os que te odeiam levantam a cabeça.
3 Astutamente formam conselho
contra o teu povo;
conspiram contra os teus protegidos.
4 Dizem: Vinde, [j]ponhamos fim à nação,
para que não haja mais memória
do nome de Israel.
5 Eles tramam juntos;
aliam-se contra ti
6 as tendas de Edom e os ismaelitas,
Moabe e os [k]hagarenos,
7 Gebal, Amom e Amaleque,
e a Filístia com os moradores de Tiro.
8 Até a Assíria se ligou a eles
para dar força ao braço dos
filhos de Ló. (Selá)
9 Faze-lhes como fizeste a [l]Midiã,
como a [m]Sísera, como a Jabim
junto ao rio Quisom,
10 os quais foram destruídos em En-Dor,
e se tornaram esterco para a terra.
11 Faze aos seus nobres como a [n]Orebe e a Zeebe,
e a todos os seus príncipes
como a [o]Zeba e como a Zalmuna,
12 que disseram:
Conquistemos para nós
as famosas habitações de Deus.

[b] 2Cr 19.6; Ec 5.8
[c] Dt 1.17
[d] Dt 24.17
[e] Sl 11.3
[f] Jo 10.34
[g] Comp. Gn 18.25
[h] Sl 2.8; Ap 11.15
[i] Sl 2.1; At 4.25
[j] Et 3.6,9; Jr 11.19; 31.36
[k] 1Cr 5.10
[l] Nm 31.7; Jz 7.22
[m] Jz 4.15-24; 5.20,21
[n] Jz 7.25
[o] Jz 8.12-21
[p] Sl 35.5; comp. Is 17.13
[q] Êx 6.3
[r] Sl 27.4; 46.4,5
[s] Sl 42.1,2; 63.1; 73.26; 119.20
[t] Sl 65.4
[u] Comp. Sl 23.4
[v] Gn 15.1
[w] Sl 34.9,10
[x] Fé: v. 12; Sl 125.1 (Gn 3.20; Hb 11.39, nota)

13 Deus meu, [p]faze-os como
folhas secas levadas pelo redemoinho,
como a palha diante do vento.
14 Como o fogo que queima um bosque,
e como a chama que incendeia
as montanhas,
15 assim persegue-os com a tua tempestade
e assombra-os com o teu redemoinho.
16 Encha-se de vergonha o rosto,
para que busquem o teu nome, ó Senhor.
17 Confundam-se e assombrem-se
perpetuamente;
envergonhem-se, e pereçam.
18 Para que saibam que tu, a
quem só pertence
o [q]nome de Senhor,
és o Altíssimo sobre toda a terra.

Alegria daquele que habita na casa de Deus

Para o músico-mor sobre Gitite.
Salmo para os filhos de Coré

84 **Q**uão [r]amáveis são os teus tabernáculos,
ó Senhor dos Exércitos!
2 [s]A minha alma suspira e
desfalece pelos átrios do Senhor;
o meu coração e a minha
carne clamam pelo Deus vivo.
3 Até o pardal encontrou casa,
e a andorinha, ninho para si e a sua prole,
junto aos teus altares,
ó Senhor dos Exércitos, Rei meu e Deus meu.
4 Bem-aventurados os que habitam em [t]tua casa;
te louvarão continuamente. (Selá)
5 Bem-aventurado o homem
cuja força está em ti,
em cujo coração estão os caminhos aplanados.
6 Ao passar pelo [u]vale de Baca,
faz dele um lugar de fontes;
a chuva do outono o cobre de poços.
7 Vão indo de força em força,
até cada um deles aparecer em Sião,
perante Deus.
8 Ó Senhor Deus dos Exércitos,
ouve a minha oração;
inclina os teus ouvidos, ó Deus de Jacó! (Selá)
9 Olha, [v]ó Deus, escudo nosso,
e contempla o rosto do teu ungido.
10 Vale mais um dia nos teus átrios
do que em outra parte mil;
preferiria estar à porta da casa do meu Deus
a habitar nas tendas da impiedade.
11 Pois o Senhor Deus é sol e escudo;
o Senhor dá graça e glória;
[w]não nega bem algum aos que andam na retidão.
12 Ó Senhor dos Exércitos,
bem-aventurado o homem que em ti [x]confia.

Oração dos que retornaram do exílio

Salmo para o músico-mor, entre os filhos de Coré

85 **A**bençoaste, ó Senhor, a tua terra;
fizeste [y]regressar os cativos de Jacó.
2 Perdoaste a iniquidade do teu povo
e cobriste todos os seus pecados. (Selá)
3 Fizeste cessar toda a tua indignação,
e te desviaste do ardor da tua ira.
4 Restaura-nos, ó Deus da nossa salvação,
e retira de sobre nós a tua ira.
5 Estarás para sempre irado contra nós?
Estenderás a tua ira a todas as gerações?
6 Não tornarás a vivificar-nos,
para que o teu povo se alegre em ti?
7 Mostra-nos, ó Senhor, o teu constante amor
e concede-nos a tua salvação.
8 Escutarei o que Deus, o Senhor, disser;
falará de paz ao seu povo
e aos seus santos;
que [z]não voltem eles à loucura.
9 Certamente que a salvação
está perto daqueles que o [a]temem,
para que a sua glória
habite em nossa terra.
10 O amor e a verdade se encontram;
a [b]retidão e a paz se beijam.
11 A fidelidade brota da terra,
e a retidão olha dos céus.
12 O Senhor deveras dará o que é [c]bom,
e a nossa terra produzirá o seu fruto.
13 A justiça vai adiante dele,
e prepara o caminho para os seus passos.

Súplicas pelo socorro de Deus

Oração de Davi

86 **I**nclina, ó Senhor, os teus ouvidos
e ouve-me,
pois sou pobre e necessitado.
2 Guarda a minha alma,
pois sou fiel a ti.
Tu és o meu Deus;
salva o teu servo,
que em ti [d]confia.
3 Tem misericórdia de mim, ó Senhor,
pois a ti clamo o dia todo.
4 Alegra a alma do teu servo,
pois [e]a ti, Senhor, elevo a minha alma.
5 [f]Tu, ó Senhor, és bom e pronto a perdoar,
abundante em amor para
com todos os que te invocam.
6 Dá ouvidos, ó Senhor, à minha oração;
atende à voz das minhas súplicas.
7 No dia da minha [g]angústia clamarei a ti,
pois me responderás.

[y] Ed 1.11–2.1; Sl 14.7; Jr 30.18; 31.23; Ez 39.25; Jl 3.1
[z] Comp. 2Pe 2.21
[a] Veja Sl 19.9, nota
[b] Is 32.17; comp. Lc 2.14
[c] Tg 1.17
[d] Veja Sl 2.12, nota
[e] Sl 25.1; 143.8
[f] v. 15; Sl 130.7; 145.9; Jl 2.13
[g] Comp. Sl 50.15
[h] Êx 15.11; Sl 89.6; comp. 1Co 8.5,6; veja Sl 16.4, nota
[i] Dt 6.4
[j] Sl 27.11; 143.8
[k] Veja Sl 19.9, nota
[l] Veja Hc 2.5, nota; comp. Lc 16.23, nota
[m] v. 5; Êx 34.6; Sl 103.8; 111.4; 130.7
[n] Êx 3.12
[o] Egito. Sl 89.10; Is 51.9
[p] Heb. Cush. Is 11.11; terra de Cuxe, Gn 10.6, nota 14
[q] Comp. Ez 13.9

8 Entre os deuses não há
semelhante a ti, ó [h]Senhor;
não há obras como as tuas.
9 Todas as nações que fizeste virão
e se prostrarão perante a tua face, ó Senhor;
glorificarão o teu nome.
10 Pois tu és grande e operas maravilhas;
[i]só tu és Deus.
11 [j]Ensina-me, ó Senhor, o teu caminho,
e andarei na tua verdade;
unifica o meu coração para [k]temer o teu nome.
12 Eu te louvarei, ó Senhor,
Deus meu, de todo o coração;
glorificarei o teu nome para sempre.
13 Pois grande é o teu amor para comigo;
livraste a minha alma das [l]profundezas
da sepultura.
14 Ó Deus, os soberbos se
levantam contra mim;
as assembleias dos tiranos
procuram a minha vida,
homens que não têm consideração
para contigo.
15 No entanto, [m]tu, ó Senhor,
és Deus compassivo e gracioso,
lento para irar-se e
abundante em amor e fidelidade.
16 Volta-te para mim
e tem misericórdia de mim;
concede a tua força ao teu servo
e salva o filho da tua serva.
17 Mostra-me um [n]sinal da tua bondade,
para que o vejam aqueles
que me odeiam e sejam humilhados,
pois tu, ó Senhor,
me ajudaste e consolaste.

Sião, a cidade de Deus

Salmo e cântico para os filhos de Coré

87 **O** seu fundamento está nos montes santos;
2 o Senhor ama as portas de Sião
mais do que todas as habitações de Jacó.
3 Coisas gloriosas se dizem de ti,
ó cidade de Deus. (Selá)
4 Dentre os que me conhecem,
farei menção de [o]Raabe e de Babilônia;
da Filístia, e de Tiro, e de [p]Cuxe, se dirá:
Este nasceu em Sião.
5 Sim, de Sião se dirá:
Este e aquele nasceram ali,
e o próprio Altíssimo a estabelecerá.
6 O Senhor, ao [q]registrar os povos, dirá:
Este nasceu em Sião. (Selá)
7 Os cantores e os tocadores de
instrumentos cantarão:
Todas as minhas fontes estão em ti.

Lamentação do aflito

Cântico e salmo para os filhos de Coré
e para o músico-mor sobre Maalate
Leanote; [r]Masquil de Hemã, ezraíta

88 Ó Senhor, Deus da minha salvação,
diante de ti [s]clamo de dia e de noite.
2 Chegue a minha oração perante a tua face;
inclina os teus ouvidos ao meu clamor.
3 Pois a minha alma está cheia de angústias,
e a minha vida se aproxima da [t]sepultura.
4 Estou contado com os que [u]descem à cova;
[v]estou como um homem sem forças.
5 Fui atirado entre os mortos,
como os feridos de morte que
jazem na sepultura,
dos quais não te lembras mais,
os quais os exclui a tua mão.
6 Puseste-me na cova mais profunda,
em trevas, nas profundezas.
7 Sobre mim pesa a tua cólera;
tu me abateste com todas as
tuas [w]ondas. (Selá)
8 [x]Apartaste de mim os meus conhecidos
e me fizeste em extremo
abominável para eles.
Estou [y]preso e não posso sair;
9 as minhas vistas estão fracas
por causa da aflição.
Ó [z]Senhor, a ti clamo o dia todo;
estendo para ti as minhas mãos.
10 Mostras tu maravilhas aos mortos?
Levantam-se [a]os mortos e
te louvam? (Selá)
11 É anunciado o teu amor na sepultura,
ou a tua fidelidade no abismo?
12 Sabem-se as tuas maravilhas nas trevas,
e os feitos justos, na terra
do esquecimento?
13 Eu, porém, Senhor, clamo a ti;
de madrugada te envio a minha oração.
14 Ó Senhor, por que rejeitas a minha alma
[b]e escondes de mim a tua face?
15 Estou aflito e prestes a morrer
desde a minha mocidade;
sofro os teus terrores e estou desesperado.
16 A tua ardente indignação me cobriu;
os teus terrores me destruíram.
17 Como águas me rodeiam o dia todo;
cercaram-me completamente.
18 Afastaste para longe de mim
[c]amigos e companheiros;
o meu amigo mais íntimo agora são as trevas.

Salmo da Aliança Davídica

[d]Masquil de Etã, o ezraíta

89 O grande amor do Senhor cantarei
perpetuamente;
com a minha boca
manifestarei a tua fidelidade
de geração em geração.
2 Direi que o teu amor permanece
para sempre,
e que estabeleceste a tua
fidelidade nos céus.
3 Disseste: [1]Fiz aliança com o meu escolhido,
[e]jurei ao meu servo Davi,
4 estabelecerei a tua descendência
para sempre
e edificarei o teu [f]trono de [g]geração
em geração. (Selá)
5 Os céus louvam as tuas maravilhas,
ó Senhor,
e também a tua fidelidade
na assembleia dos santos.
6 [h]Pois quem no céu se pode igualar ao Senhor?
Quem é semelhante ao Senhor
entre os filhos dos poderosos?
7 Deus é tremendamente
temido na assembleia dos santos;
grandemente reverenciado
por todos os que o cercam.
8 Ó Senhor, Deus dos Exércitos,
quem é forte como tu?
[i]Tu és poderoso, ó Senhor,
e a tua fidelidade está ao redor de ti.
9 Tu [j]dominas o ímpeto do mar;
quando as suas ondas se
levantam, tu as fazes aquietar.
10 Tu [k]quebrantaste a [l]Raabe
como um ferido de morte;
espalhaste os teus inimigos
com o teu poderoso braço.
11 Teus são os céus, e tua é a terra;
o mundo e a sua plenitude tu os fundaste.

[r] Instrução
[s] Lc 18.7
[t] Veja Hc 2.5, nota; comp. Lc 16.23, nota
[u] Sl 28.1
[v] Sl 31.12
[w] Sl 42.7
[x] Jó 19.13,19; Sl 31.11; 142.4
[y] Lm 3.7
[z] Sl 86.3
[a] Veja Ec 9.10, nota
[b] Comp. Mt 27.46; Mc 15.34
[c] Sl 31.11; 38.11; comp. Jó 19.13
[d] Instrução
[e] 2Sm 7.11; 1Cr 17.10; comp. Jr 30.9; Ez 34.23; Os 3.5
[f] Reino (AT): v. 3,4,19-21,27-29,34-36; Is 1.25 (Gn 1.26; Zc 12.8)
[g] v. 1; Lc 1.32,33
[h] Sl 40.5; 86.8; 113.5
[i] Êx 15.11; 1Sm 2.2; Sl 35.10; 71.19
[j] Sl 65.7; 93.3,4; 107.29
[k] Êx 14.26-28
[l] Egito. Sl 87.4

[1] (89.3) O salmo 89 é tanto a confirmação como a exposição da Aliança Davídica (2Sm 7.8-16). Do v. 27 se depreende que a aliança propriamente dita vai muito além de Davi e Salomão. "Mais elevado dos reis da terra" só pode referir-se a Emanuel (Is 7.13-15; 9.6,7; Mq 5.2). O salmo tem quatro partes: 1) A aliança, embora surja da misericórdia do Senhor, está baseada em seu juramento (v. 1-4). 2) O Senhor é glorificado por seu poder e bondade em relação com a aliança (v. 5-18). 3) O Senhor responde (v. 19-37). Isso, por sua vez, tem duas partes: a) confirma a aliança (v. 19-29), mas b) adverte que a desobediência na linhagem real de Davi será castigada (v. 30-32). Esse castigo começou com a divisão do reino davídico (1Rs 11.26-40; 12.16-20) e culminou com os cativeiros. A história posterior de Israel na dispersão dá testemunho da continuação do castigo. Veja Tempos dos gentios, Lc 21.24; Ap 16.19, *notas*. 4) Há uma súplica do remanescente (Is 1.9; Rm 11.5), que insiste na severidade e no prolongamento do castigo (v. 38-52). Veja o salmo 102, o seguinte na série de salmos messiânicos.

12 O norte e o sul tu os criaste;
o [m]Tabor e o [n]Hermom
regozijam-se em teu nome.
13 Tu tens um braço poderoso;
forte é a tua mão, e elevada a tua mão direita.
14 Retidão e justiça são a base do teu trono;
amor e fidelidade vão à tua frente.
15 Bem-aventurado o povo
que aprendeu a aclamar-te,
que anda à luz da tua presença, ó Senhor.
16 Em teu nome se alegrará o dia todo;
na tua retidão se exaltará.
17 Pois tu és a sua glória e força,
e pelo teu favor [o]será exaltado o nosso poder.
18 Certamente o Senhor é a nossa defesa,
e o Santo de Israel o nosso Rei.
19 Uma vez falaste em visão,
ao teu povo fiel disseste:
Dei força a um guerreiro;
exaltei a um [p]jovem dentre o povo.
20 [q]Achei a Davi, meu servo;
com o meu santo óleo o [r]ungi.
21 A minha mão será firme com ele;
o meu braço o fortalecerá.
22 O inimigo não o importunará;
não o afligirá o filho da perversidade.
23 Eu esmagarei os seus inimigos
perante a sua face
e ferirei os que o odeiam.
24 O meu amor fiel estará com ele,
e em meu nome será exaltado o seu poder.
25 [s]Porei a sua mão sobre o mar,
e a sua direita sobre os rios.
26 Ele me invocará, dizendo:
Tu és meu [t]pai, meu Deus,
a rocha da minha salvação.
27 Também lhe darei o lugar de [u]primogênito,
o [v]mais elevado dos reis da terra.
28 O meu amor lhe manterei para sempre,
e a minha aliança lhe será firme.
29 Conservarei para sempre
a sua descendência,
e o seu trono enquanto existir céu.
30 Se os seus filhos deixarem a minha lei
e não andarem nos meus [w]estatutos,
31 se profanarem os meus preceitos
e não guardarem os meus mandamentos,
32 punirei a sua transgressão com a vara,
e a sua iniquidade com açoites.
33 [x]Contudo, não retirarei
totalmente dele o meu amor,
jamais faltarei à minha fidelidade.
34 Não quebrarei a minha aliança,
não [y]alterarei o que saiu dos meus lábios.
35 Uma vez para sempre jurei
por minha santidade;
não [z]mentirei a Davi.

[m] Js 19.22
[n] Js 12.1
[o] v. 24; Sl 75.10; 92.10; 132.17
[p] v. 3; comp. 1Rs 11.34
[q] At 13.22
[r] Santificação (AT): v. 20; Jr 1.5 (Gn 2.3; Zc 8.3)
[s] Sl 72.8; comp. 1Co 15.27
[t] 2Sm 7.14; comp. Hb 1.5
[u] Cl 1.15; comp. Êx 4.22
[v] Nm 24.7; Sl 72.11; Ap 19.16
[w] Ez 20.16
[x] 2Sm 7.14,15
[y] Nm 23.19; Jr 33.20-22
[z] 1Sm 15.29; Tt 1.2
[a] Sl 44.9; comp. 77.7
[b] Sl 74.7
[c] Comp. Lm 5.16
[d] Sl 80.12
[e] Sl 90.9
[f] Sl 62.9
[g] Ec 3.19; veja Ec 9.10 e Hb 9.27, notas
[h] Veja Hc 2.5, nota; comp. Lc 16.23, nota
[i] Sl 41.13; 72.19; 106.48
[j] Dt 33.27; Ez 11.16
[k] Pv 8.25,26

36 A sua descendência durará para sempre,
e o seu trono será como o sol perante mim.
37 Será estabelecido para sempre como a lua,
a fiel testemunha no céu. (Selá)
38 No entanto, tu o [a]rejeitaste, repudiaste-o,
e te indignaste contra o teu ungido.
39 Desprezaste a aliança com o teu servo
e [b]profanaste a sua [c]coroa, lançando-a por terra.
40 Derrubaste todos os seus muros
e arruinaste as suas fortalezas.
41 Todos os que passam pelo
caminho o [d]despojaram;
tornou-se objeto de zombaria
dos seus vizinhos.
42 Exaltaste a mão direita
dos seus adversários;
fizeste com que todos os
seus inimigos se regozijassem.
43 Tiraste o fio da sua espada
e não o sustentaste na peleja.
44 Fizeste cessar o seu
esplendor e deitaste por terra o seu trono.
45 Abreviaste os dias da sua
mocidade;
cobriste-o de vergonha. (Selá)
46 Até quando, ó Senhor?
Acaso te esconderás para sempre?
Até quando arderá a tua ira como fogo?
47 Lembra-te de quão breves [e]são os meus dias.
Por que criarias [f]em vão todos
os filhos dos homens?
48 Que homem há que viva
e não veja a [g]morte,
ou que se livre do [h]poder da sepultura? (Selá)
49 Ó Senhor, onde está o teu
antigo grande amor,
jurado a Davi pela tua fidelidade?
50 Lembra-te, Senhor, da afronta
dos teus servos,
e de como trago no peito
a zombaria de todas as nações,
51 com a qual, ó Senhor,
os teus inimigos têm difamado,
com a qual têm difamado
os passos do teu ungido.
52 [i]Bendito seja o Senhor para sempre!
Amém e amém.

Livro IV, 90–106

A fraqueza do homem e a providência de Deus

Oração de Moisés, homem de Deus

90 Senhor, [j]tu tens sido o nosso refúgio
de geração em geração.
2 [k]Antes que os montes nascessem,
ou que formasses a terra e o mundo,
de eternidade a eternidade, tu és Deus.

3 Tu reduzes o homem ao pó, dizendo:
Voltai ao pó, ó filhos dos homens.
4 Pois [l]mil anos aos teus olhos
são como o dia de ontem que passou,
como a vigília da noite.
5 Tu os arrebatas no sono da morte;
são [m]como a erva que cresce
de madrugada;
6 de madrugada cresce e floresce,
e à tarde corta-se e seca.
7 Somos consumidos pela tua
ira e pelo teu furor
somos angustiados.
8 Diante de ti [n]puseste as nossas iniquidades;
os [o]nossos pecados ocultos,
à luz do teu rosto.
9 Todos os nossos dias
vão passando na tua indignação;
acabam-se os nossos anos
como um conto ligeiro.
10 A duração da nossa vida é de setenta anos,
e, se alguns, pela sua robustez,
chegam a oitenta anos,
o melhor deles é canseira e enfado,
pois passam rapidamente, e nós voamos.
11 Quem conhece o poder da tua ira?
Pois a tua cólera é tão grande quanto
o temor que te é devido.
12 [p]Ensina-nos a contar os nossos dias
de tal maneira que alcancemos
coração sábio.
13 Volta-te para nós, ó Senhor!
Até quando? [q]Tem compaixão dos teus servos.
14 Sacia-nos de manhã
com o teu constante amor,
para que nos regozijemos
e nos alegremos todos os nossos dias.
15 Alegra-nos pelos dias que nos afligiste
e pelos anos em que vimos o mal.
16 Apareça a tua obra aos teus servos,
e a tua glória sobre seus filhos.
17 Seja sobre nós a [r]graça do Senhor,
nosso Deus;
[s]confirma sobre nós a obra
das nossas mãos.
Sim, confirma a obra das nossas mãos.

O lugar secreto da segurança

91 [t]Aquele que habita no esconderijo do Altíssimo,
à [u]sombra do Onipotente descansará.
2 Direi do Senhor:
Ele é o meu refúgio e a minha fortaleza,
o meu Deus, em quem [v]confio.
3 Certamente ele te [w]livrará
do laço do passarinheiro e
da peste perniciosa.

[l] 2Pe 3.8
[m] Sl 103.15; Is 40.6
[n] Sl 50.21; Jr 16.17
[o] Sl 19.12
[p] Sl 39.4
[q] Veja Zc 8.14, nota
[r] Sl 27.4
[s] Is 26.12
[t] Sl 27.5; 31.20; 32.7
[u] Segurança: v. 1; Is 32.17 (Sl 23.1; Jd 1)
[v] Veja Sl 2.12, nota
[w] Sl 124.7
[x] Sl 17.8; 57.1; 61.4
[y] Jó 5.19; Sl 112.7; 121.7; Pv 3.23,24; Is 43.2
[z] Sl 37.34; comp. Ml 1.5
[a] Sl 71.3; 90.1
[b] Pv 12.21
[c] Sl 34.7; Hb 1.14; comp. Lc 4.10,11
[d] Veja Hb 1.4, nota
[e] Mt 4.6
[f] Sl 9.10
[g] Sl 50.15
[h] Is 43.2
[i] Sl 147.1
[j] Sl 89.1
[k] Sl 139.17,18; Is 28.29; Rm 11.33,34
[ll] Jó 12.6; Sl 37.1,2; Jr 12.1,2; Ml 3.15
[mm] Sl 37.38; 73.17

4 Ele te cobrirá [x]com as suas penas,
e debaixo das suas asas estarás seguro;
a sua fidelidade será teu escudo protetor.
5 [y]Não temerás o terror noturno,
nem a seta que voa de dia
6 nem peste que anda na escuridão
nem a praga que destrói ao meio-dia.
7 Mil cairão ao teu lado,
dez mil à tua direita,
mas tu não serás atingido.
8 Somente [z]com os teus olhos olharás,
e verás a recompensa dos ímpios.
9 Se fizeres do Senhor o teu refúgio
e do Altíssimo a tua [a]habitação,
10 [b]nenhum mal te sucederá,
nem praga alguma chegará à tua tenda.
11 [c]Pois aos seus [d]anjos dará
ordem a teu respeito,
para te guardarem em todos
os teus caminhos;
12 eles te sustentarão nas suas mãos,
[e]para que não tropeces em alguma pedra.
13 Pisarás o leão e a cobra;
pisotearás o grande leão e a serpente.
14 Porque ele me ama, diz o
Senhor, eu o livrarei;
eu o porei num alto retiro,
pois [f]conhece o meu nome.
15 Ele me [g]invocará, e eu lhe responderei;
estarei [h]com ele na angústia,
o livrarei e o glorificarei.
16 Eu lhe darei abundância de dias,
e lhe mostrarei a minha salvação.

O salmista exorta a louvar a Deus

Salmo e cântico para o sábado

92 [i]Bom é render graças ao Senhor
e cantar louvores ao teu
nome, ó Altíssimo;
2 de manhã [j]anunciar o teu
amor e todas as noites a tua fidelidade,
3 sobre um instrumento de dez cordas
e sobre o saltério, ao som solene da harpa.
4 Pois tu, ó Senhor, me alegras
com os teus feitos;
exulto nas obras das tuas mãos.
5 Quão grandes são, ó Senhor, as tuas obras,
quão profundos os teus [k]pensamentos!
6 O homem insensato não sabe,
os tolos não entendem,
7 que, [ll]embora os ímpios brotem como a erva
e floresçam todos os que praticam
a iniquidade,
serão [mm]destruídos para sempre.
8 No entanto, tu, ó Senhor,
és exaltado para sempre.

9 Pois certamente os teus inimigos, ó Senhor,
certamente os teus inimigos perecerão;
serão dispersos todos os que praticam
a iniquidade.
10 Tu exaltaste o meu poder,
como o do boi selvagem;
fui [n]ungido com óleo fresco.
11 Os meus olhos [o]viram cumprida
a derrota dos meus inimigos;
os meus ouvidos ouviram o que aconteceu
aos malfeitores que se levantam contra mim.
12 O [p]justo florescerá como a palmeira,
crescerá como o cedro no Líbano;
13 plantados na casa do Senhor,
florescerão nos átrios do nosso Deus.
14 Na velhice ainda [q]darão frutos,
serão viçosos e florescentes,
15 proclamando: O Senhor é reto;
ele é a minha rocha, e nele [r]não há impiedade.

A majestade de Deus

93 O Senhor reina; está vestido de majestade.
O Senhor está vestido
de majestade e envolto em força.
O [s]mundo está estabelecido;
não pode ser abalado.
2 O teu trono está firme desde a antiguidade;
tu existes desde a eternidade.
3 Os mares levantaram, ó Deus,
os mares levantaram a sua voz;
os mares levantaram as suas ondas.
4 O Senhor nas alturas é mais poderoso
do que o ruído das grandes águas,
mais poderoso do que as
grandes ondas do mar.
5 Firmes são os teus estatutos;
a santidade adorna a tua casa,
ó Senhor, para sempre.

A vingança pertence a Deus

94 Ó Senhor, Deus da [t]vingança,
ó Deus da vingança, resplandece!
2 Exalta-te, ó juiz da terra;
retribua aos arrogantes.
3 Até quando os ímpios, ó Senhor,
até quando os ímpios saltarão de prazer?
4 [u]Dizem coisas arrogantes;
gloriam-se todos os que
praticam a iniquidade.
5 Reduzem a pedaços o teu povo;
afligem a tua herança.
6 Matam a viúva e o estrangeiro;
ao órfão tiram a vida.
7 Dizem: O Senhor não o vê;
nem para isso atenta o Deus de Jacó.
8 Atendei, ó [v]insensatos, dentre o povo;
vós, tolos, quando sereis sábios?

[n] Sl 23.5
[o] Sl 54.7; 59.10; 112.8
[p] v. 13,14; Sl 1.3; 52.8
[q] Comp. Jo 15.2
[r] Comp. Rm 9.14
[s] Sl 96.10
[t] Dt 32.35; Rm 12.19
[u] Sl 31.18; Jd 15
[v] Sl 92.6
[w] Êx 4.11; Pv 20.12
[x] 1Co 3.20
[y] Hb 12.5-7
[z] Comp. Is 10.1
[a] Êx 23.7; comp. Mt 27.4
[b] Ef 5.19; Tg 5.13
[c] 1Co 8.5,6; veja Sl 16.4, nota

9 [w]Aquele que fez o ouvido, não ouvirá?
E o que formou o olho, não verá?
10 Aquele que repreende as
nações, não castigará?
E o que dá ao homem o conhecimento,
não saberá?
11 O Senhor [x]conhece os
pensamentos do homem;
sabe que são vaidade.
12 Bem-aventurado o homem
a quem [y]repreendes,
ó Senhor,
e a quem ensinas a tua lei;
13 tu lhe dás descanso dos dias maus,
até que se abra a cova para o ímpio.
14 Pois o Senhor não rejeitará o seu povo;
jamais desamparará a sua herança.
15 O julgamento voltará a ser
firmado na justiça,
e hão de segui-lo todos os
retos de coração.
16 Quem será por mim contra os malfeitores?
Quem se porá ao meu lado
contra os que praticam a iniquidade?
17 Se o Senhor não fora o meu auxílio,
eu já habitaria no lugar do silêncio.
18 Quando eu disse: O meu pé vacila,
o teu amor, ó Senhor, me susteve.
19 Multiplicando-se dentro em mim a minha
ansiedade, as tuas consolações
alegraram a minha alma.
20 Pode acaso associar-se contigo
o trono de iniquidade,
que forja o mal tendo por pretexto uma [z]lei?
21 Ajuntam-se contra a vida do justo
e condenam o sangue [a]inocente.
22 O Senhor, porém, é o meu alto retiro;
o meu Deus é a rocha em que me refugio.
23 Ele fará recair sobre eles
a sua própria iniquidade,
e os destruirá na sua própria malícia;
o Senhor, o nosso Deus, os destruirá.

Exortação à adoração

95 Vinde, cantemos ao Senhor;
cantemos com júbilo à rocha
da nossa salvação.
2 Apresentemo-nos diante
dele com louvores,
e celebremo-lo com [b]salmos.
3 Porque o Senhor é o grande Deus,
grande Rei acima de todos os [c]deuses.
4 Nas suas mãos estão as
profundezas da terra,
as alturas dos montes são suas.
5 Seu é o mar, pois ele o fez;
as suas mãos formaram a terra seca.

6 Oh, vinde, adoremos e prostremo-nos,
ajoelhemos diante do Senhor que nos criou;
7 pois ele é o nosso Deus, e nós povo do seu pasto
e ovelhas da sua mão.
[d]Se hoje ouvirdes a sua voz,
8 não endureçais o coração como em Meribá,
como no dia da tentação no deserto,
9 quando vossos pais me [e]tentaram,
me provaram e viram a minha [f]obra.
10 Durante [g]quarenta anos estive irritado
com aquela geração e disse:
É um povo ingrato de coração,
e não conheceu os meus caminhos.
11 Por isso [h]jurei na minha ira:
Jamais entrarão no meu descanso.

Louvor à grandeza e glória de Deus

96 [i]Cantai ao Senhor um cântico novo,
cantai ao Senhor,
todos os moradores da terra.
2 Cantai ao Senhor, bendizei o seu nome;
anunciai a sua salvação dia após dia.
3 Anunciai entre as nações a sua glória,
entre todos os povos as suas maravilhas.
4 Pois grande é o Senhor e digno de louvor;
é mais [j]temível do que todos os [k]deuses.
5 Pois todos os deuses dos
povos são coisas vãs,
mas o [l]Senhor fez os céus.
6 Glória e majestade estão diante dele;
força e formosura no seu santuário.
7 Dai ao Senhor, ó famílias dos povos,
dai ao Senhor glória e força.
8 Dai ao Senhor a glória devida ao seu nome;
trazei ofertas,
e entrai nos seus átrios.
9 Adorai ao Senhor na beleza
da sua santidade;
tremei diante dele todos os
moradores da terra.
10 Dizei entre as nações: O [m]Senhor reina.
Ele firmou o mundo para que não se abale;
ele julgará os povos com equidade.
11 Alegrem-se os céus, regozije-se a terra;
ruja o mar e a sua plenitude.
12 Alegre-se o campo com tudo o que há nele;
então se regozijarão todas as
árvores do bosque,
13 diante do Senhor, pois ele vem,
ele [n]vem julgar a terra.
Julgará o mundo com retidão,
e os povos com a sua verdade.

O poder do justo Senhor

97 O Senhor [o]reina.
Regozije-se a terra,
alegrem-se as muitas ilhas.

[d] v. 7-11; Hb 3.7-11
[e] Provar-Tentar: v. 9; Sl 106.14 (Gn 3.1; Tg 1.14)
[f] Comp. Nm 14.22
[g] At 7.36; 13.18; Hb 3.17
[h] Hb 4.3
[i] v. 1-13; comp. 1Cr 16.23-33
[j] Veja Sl 19.9, nota
[k] Sl 115.3-7; comp. 1Co 8.5,6; veja Sl 16.4, nota
[l] Is 42.5; Jr 10.12
[m] Sl 93.1; 97.1; Ap 11.15; 19.6
[n] Cristo (segunda vinda): v. 10-13; Sl 110.1 (Dt 30.3; At 1.11, nota)
[o] Sl 96.10
[p] Comp. Hb 1.6
[q] Êx 18.11; Sl 95.3; 96.4
[r] Pv 8.13; Rm 12.9
[s] Sl 31.23; 37.28; 145.20; Pv 2.8
[t] Sl 33.3; 96.1; Is 42.10
[u] Êx 15.11; Sl 77.14; 86.10; 105.5; 136.4; 139.14
[v] Is 52.10; Lc 1.77; 2.30,31
[w] Is 49.6; Lc 3.6; At 13.47; 28.28

2 Nuvens e escuridão estão ao redor dele;
retidão e justiça são a base do seu trono.
3 Adiante dele vai um fogo
que abrasa os seus inimigos em redor.
4 Os seus relâmpagos iluminam o mundo;
a terra vê e treme.
5 Os montes se derretem como cera
na presença do Senhor,
na presença do Senhor de toda a terra.
6 Os céus anunciam a sua retidão,
e todos os povos veem a sua glória.
7 Confundidos sejam todos
os que adoram imagens de escultura,
que se gloriam de ídolos inúteis;
[p]prostrai-vos diante dele,
todos os deuses.
8 Sião ouve e se alegra, e as vilas de Judá se
alegram por causa dos teus
juízos, ó Senhor.
9 Pois tu, ó Senhor, [q]és o Altíssimo
sobre toda a terra;
muito mais elevado que
todos os deuses.
10 Vós, que amais o Senhor, [r]detestai o mal,
pois ele [s]guarda a vida dos seus santos
e os livra das mãos dos ímpios.
11 A luz semeia-se para o justo,
e a alegria para os retos de coração.
12 Alegrai-vos no Senhor, ó justos,
e louvai o seu santo nome.

Louvor ao Senhor

Salmo

98 [t]Cantai ao Senhor um cântico novo,
pois ele [u]fez maravilhas;
a sua mão direita e o seu braço santo
lhe alcançaram a vitória.
2 O Senhor fez [v]notória a sua salvação
e manifestou a sua retidão perante
os olhos das nações.
3 Lembrou-se do seu amor e
da sua fidelidade
para com a casa de Israel;
[w]todas as extremidades da terra
viram a salvação do nosso Deus.
4 Celebrai com júbilo ao Senhor,
todos os moradores da terra!
Dai brados de alegria,
regozijai-vos e cantai louvores;
5 cantai louvores ao Senhor com a harpa,
com harpa e voz de canto;
6 com trombetas, e ao som de buzinas,
exultai perante a face do
Senhor, do Rei.
7 Ruja o mar, tudo o que nele há,
o mundo, e todos os que nele habitam.

8 Os rios batam palmas,
regozijem-se todas as montanhas
9 na presença do Senhor,
pois ele [x]vem julgar a terra.
Com justiça julgará o mundo,
e os povos com retidão.

Reverência perante a grandeza e a santidade de Deus

99 O Senhor reina! Tremam as nações!
Ele está [y]entronizado
entre os querubins.
Trema a terra.
2 O Senhor é grande em Sião;
exaltado acima de todas as nações.
3 Louvem o teu nome, grande e [z]tremendo,
pois é [a]santo.
4 O rei é poderoso, e ama a justiça;
tu firmaste a equidade,
fizeste o que é justo e correto em Jacó.
5 Exaltai ao Senhor, o nosso Deus,
e prostrai-vos diante do estrado de seus pés;
ele é santo.
6 Moisés e Arão estavam entre
os seus sacerdotes,
[b]Samuel entre os que invocavam o seu nome;
[c]clamavam ao Senhor, e ele os ouvia.
7 Na coluna de nuvem lhes falava;
guardavam os seus estatutos
e os decretos que lhes dera.
8 E tu lhes respondeste, ó Senhor, o nosso Deus;
tu foste um Deus [d]que lhes perdoaste,
ainda que os vingasse por seus feitos.
9 Exaltai ao Senhor, o nosso Deus,
e adorai-o no seu santo monte,
pois o Senhor, o nosso Deus, é santo.

Exortação a exaltar o Senhor

Salmo de louvor

100 Celebrai com júbilo ao Senhor,
todos os moradores da terra.
2 Servi ao Senhor com alegria;
apresentai-vos a ele com canto.
3 Sabei que o Senhor é Deus.
Foi ele, não nós, que nos [e]fez [f]povo seu
e ovelhas do seu pasto.
4 [g]Entrai pelas portas dele com ações de graças,
e em seus átrios, com louvor;
rendei-lhe graças e louvai o seu nome.
5 Porque o Senhor é bom
e o seu amor dura para sempre;
a sua fidelidade estende-se
de geração a geração.

[x] Sl 96.10,13
[y] Êx 25.22; Sl 80.1
[z] Dt 28.58; comp. Ap 15.4
[a] Is 6.3; comp. Ap 4.8
[b] Comp. Jr 15.1
[c] 1Sm 7.9
[d] Perdão: v. 8; Sl 103.12 (Lv 4.20; Mt 26.28, nota)
[e] Sl 119.73; 139.13,14; 149.2
[f] Sl 95.7; Ez 34.30,31
[g] Sl 66.13; 116.17-19
[h] Sl 94.15
[i] v. 6; veja 1Rs 8.61, nota
[j] Sl 75.10; comp. Jr 21.12
[k] Sl 48.2,8
[l] Sl 27.9; 69.17
[m] Tg 4.17

Um voto de vida santa

Salmo de Davi

101 Cantarei do teu amor e da [h]justiça;
a ti, ó Senhor, cantarei louvores.
2 Seguirei com inteligência no [i]caminho reto.
Quando virás a mim?
Andarei em minha casa
com um coração sincero.
3 Não porei coisa má diante dos meus olhos.
Aborreço as ações daqueles
que se desviam;
nada disso se me pegará.
4 Longe de mim o coração perverso;
não conhecerei o mal.
5 Aquele que difama o seu
próximo às escondidas,
eu o destruirei;
aquele que tem olhar altivo
e coração soberbo,
não o tolerarei.
6 Os meus olhos procurarão os fiéis da terra,
para que estejam comigo;
o que anda em caminho reto, esse me servirá.
7 O que usa de engano
não ficará dentro da minha casa;
o que profere mentiras
não estará firme perante os meus olhos.
8 Pela manhã [j]destruirei todos os ímpios da terra;
extirparei da [k]cidade do Senhor
todos os que praticam a iniquidade.

O salmista recorre a Deus para que restabeleça o seu povo

Oração do aflito, vendo-se desfalecido, e derramando a sua queixa perante a face do Senhor

102 Ó [1]Senhor, ouve a minha oração;
chegue a ti o meu clamor.
2 [l]Não escondas de mim o teu rosto
no dia da minha angústia.
Inclina para mim os teus ouvidos;
no dia em que eu clamar,
ouve-me depressa.
3 Porque os meus dias se [m]desvanecem
como a fumaça;
os meus ossos queimam como brasa.
4 O meu coração está ferido e seco como a erva;
até me esqueço de comer o meu pão.
5 Os meus ossos se pegam à minha pele,
em virtude do meu gemer doloroso.
6 Sou semelhante à coruja do deserto,
como uma coruja entre as ruínas.

[1] (102.1) A referência a Cristo (Hb 1.10-12) dos v. 25-27 é garantia de que, nos versículos precedentes deste salmo, mostra-se profeticamente a aflição de sua alma santa nos dias em que foi humilhado e rejeitado. Veja o salmo 110, o próximo na série de salmos messiânicos.

7 Velo, e sou como o pardal
solitário no telhado.
8 Os meus inimigos me afrontam o dia todo;
os que contra mim se enfurecem,
me amaldiçoam.
9 Em vez de pão como cinza,
e misturo com lágrimas a minha bebida,
10 por causa da tua ira e da tua indignação,
pois me levantaste e me expulsaste
para longe de ti.
11 Os meus dias são como a
sombra que declina;
como a erva me vou secando.
12 Contudo, ó Senhor,
tu permaneces para sempre;
a tua memória de geração em geração.
13 Tu te levantarás e terás piedade de Sião,
pois o [n]tempo de te compadeceres dela,
o tempo determinado, já chegou.
14 Porque os teus servos têm
prazer nas suas pedras;
compadecem-se do seu pó.
15 As nações [o]temerão o nome do Senhor,
e todos os reis da terra a sua glória.
16 Pois o Senhor edificará a Sião,
e na sua glória se manifestará.
17 [p]Atenderá à oração do desamparado;
não desprezará a sua petição.
18 Escreva-se isto para a geração futura,
e o povo que está por vir louve ao Senhor.
19 O Senhor [q]olhou do alto do seu santuário,
dos céus observou a terra,
20 para [r]ouvir o gemido dos presos,
para soltar os sentenciados à morte.
21 De sorte que o nome do Senhor
será anunciado em Sião,
e o seu louvor em Jerusalém,
22 [s]quando os povos nos reinos
se congregarem para servir ao Senhor.
23 Ele abateu a minha força no caminho;
abreviou os meus dias.
24 Disse eu:
Ó Deus meu, não me leves
no meio dos meus dias;
os teus anos alcançam
todas as gerações.
25 Desde a antiguidade [t]fundaste a terra,
e os céus são obra das tuas mãos.
26 Eles [u]perecerão, mas tu permanecerás;
todos eles, como um vestido, envelhecerão.
Como roupa os mudarás, e os jogarás fora.
27 No entanto, tu és o [v]mesmo,
os teus anos jamais terão fim.
28 Os filhos dos teus servos
habitarão na tua presença;
a sua descendência será
estabelecida diante de ti.

[n] Comp. Dn 8.19
[o] Veja Sl 19.9, nota
[p] Comp. Ne 1.6,11; 2.8
[q] Comp. Êx 3.7
[r] Sl 79.11
[s] Is 2.2,3; 60.3
[t] v. 25-27; Hb 1.10-12
[u] Is 34.4; 51.6; Mt 24.35; 2Pe 3.7,10-12; Ap 20.11
[v] Ml 3.6; Hb 13.8; Tg 1.17
[w] Comp. Dt 6.11,12
[x] Sl 130.8; Is 33.24; comp. Mt 9.2,6; Mc 2.5,10,11; Lc 7.47
[y] Êx 15.26; Is 53.5; Sl 147.3; Jr 17.24
[z] Redenção (tipo do parente remidor): v. 4; Sl 106.10 (Gn 48.16; Is 59.20, nota)
[a] Is 40.31
[b] Êx 33.12-17
[c] Êx 34.6,7; Nm 14.18; Dt 5.10; Ne 9.17; Sl 86.15; Jr 32.18
[d] Sl 30.5; Is 57.16; Jr 3.5; Mq 7.18
[e] v. 13; veja Sl 19.9, nota
[f] Veja Êx 29.33, nota
[g] Perdão: v. 12; Is 38.17 (Lv 4.20; Mt 26.28, nota)
[h] Comp. Lc 11.11-13
[i] Is 40.6-8; Tg 1.10,11; 1Pe 1.24
[j] Sl 83.18; Dn 4.17

Convite a louvar a Deus pela sua graça

Salmo de Davi

103 **B**endize, ó minha alma, ao Senhor;
tudo o que há em mim
bendiga o seu santo nome.
2 Bendize, ó minha alma, ao Senhor,
e [w]não te esqueças de nenhum dos
seus benefícios.
3 É ele quem [x]perdoa todas as
tuas iniquidades
e [y]sara todas as tuas enfermidades,
4 quem [z]redime a tua vida da perdição
e te coroa de amor e de compaixão;
5 quem enche a tua boca de bens,
de sorte que a tua mocidade se [a]renova
como a da águia.
6 O Senhor faz retidão
e justiça a todos os oprimidos.
7 Fez notórios os seus [b]caminhos a Moisés,
e os seus feitos aos filhos de Israel.
8 [c]Compassivo e piedoso é o Senhor,
lento para a cólera e abundante em amor.
9 Não [d]repreenderá perpetuamente,
nem para sempre conservará a sua ira.
10 Não nos tratou segundo os
nossos pecados,
nem nos retribuiu segundo
as nossas iniquidades.
11 Pois quanto o céu está elevado
acima da terra,
assim é grande o seu amor
para com os que o [e]temem.
12 Quanto está longe o Oriente do Ocidente,
assim [f]afasta [g]de nós as
nossas transgressões.
13 Como um pai se [h]compadece de seus filhos,
assim o Senhor se compadece
daqueles que o temem;
14 pois ele conhece a nossa estrutura
e se lembra de que somos pó.
15 Quanto ao homem,
os seus dias são como a [i]erva;
como a flor do campo, assim floresce;
16 passando por ela o vento, logo se vai,
e o seu lugar não se conhece mais.
17 O amor do Senhor, porém,
é de eternidade a eternidade
sobre aqueles que o temem,
e a sua retidão sobre os filhos dos filhos;
18 sobre aqueles que guardam a sua aliança
e sobre os que se lembram
dos seus mandamentos
para os cumprirem.
19 O Senhor estabeleceu
o seu trono nos céus,
e o seu reino domina sobre [j]tudo.

20 Bendizei ao Senhor, [k]anjos seus,
magníficos em poder,
que cumpris as suas ordens,
que obedeceis à sua voz.
21 Bendizei ao Senhor,
todos os seus exércitos celestiais,
vós, ministros seus,
que executais a sua vontade.
22 Bendizei ao Senhor
todas as suas obras,
em todos os lugares do seu domínio.
Bendize, ó minha alma, ao Senhor.

A glória de Deus é manifestada na criação

104 [l]Bendize, ó minha alma ao Senhor.
Ó Senhor, Deus meu,
tu és magnificentíssimo!
Estás vestido de glória e de majestade.
2 Ele se cobre de luz como de um vestido,
estende os céus como uma cortina,
3 e põe nas águas os vigamentos
dos seus aposentos.
Faz das nuvens o seu carro,
e anda sobre as asas do vento.
4 Faz dos ventos os seus mensageiros,
dos seus ministros um fogo abrasador.
5 Ele lançou os fundamentos da terra,
para que não se abale em tempo algum.
6 Tu a [m]cobriste com o abismo,
como com um vestido;
as águas estavam acima dos montes.
7 À tua repreensão fugiram,
à voz do teu trovão se apressaram;
8 correram por sobre os montes,
desceram aos vales,
até o lugar que para elas fundaste.
9 Limite lhes [n]traçaste
que não podem ultrapassar;
[o]jamais tornarão a cobrir a terra.
10 Ele faz rebentar nascentes nos vales;
as suas águas correm entre os montes.
11 Dão de beber a todos os animais do campo;
os jumentos selvagens matam
com ela a sua sede.
12 Junto delas [p]habitam as aves do céu,
cantando entre os ramos.
13 Ele [q]rega os montes desde
os seus aposentos;
a terra farta-se do fruto das suas obras.
14 Faz crescer a erva para os animais,
e as plantas para o serviço do homem,
de sorte que da terra tire o seu alimento:
15 o [r]vinho, que alegra o coração do homem;
o azeite, que faz reluzir o seu rosto;
e o pão, que fortalece o seu coração.
16 Saciam-se as árvores do Senhor,
os cedros do Líbano que ele plantou.
17 Aí as aves se aninham;
a cegonha faz a sua casa nos ciprestes.
18 Os altos montes pertencem
às cabras selvagens;
as rochas são um refúgio para os coelhos.
19 A lua [s]demarca as estações,
e o [t]sol conhece quando deve se pôr.
20 Trazes a [u]escuridão, e faz-se noite,
e todos os animais da selva vagueiam.
21 Os [v]leõezinhos rugem pela presa,
e de Deus buscam o seu sustento.
22 Nasce o sol e logo se recolhem,
e se deitam nos seus covis.
23 Então sai o homem para a sua lida
e para o [w]seu trabalho até a tarde.
24 Ó Senhor, quão [x]variadas
são as tuas obras!
Todas as coisas fizeste com sabedoria;
cheia está a terra das tuas [y]riquezas.
25 Há o mar, vasto e espaçoso,
onde se movem seres inumeráveis,
animais pequenos e grandes.
26 Ali passam os navios, e o [z]leviatã,
que formaste para nele folgar.
27 [a]Todos esperam de ti que
lhes dê o seu sustento
em tempo oportuno.
28 Quando lhes dás o alimento,
eles o recolhem;
quando abres a tua mão,
enchem-se de bens.
29 Quando escondes o teu rosto,
ficam perturbados;
quando lhes tiras a respiração,
[b]morrem, e voltam para o pó.
30 Quando [c]envias o teu
[d]Espírito, são criados,
e renovas a face da terra.
31 A glória do Senhor seja para sempre;
[e]alegre-se o Senhor em suas obras!
32 Olhando ele para a terra, ela [f]treme;
tocando nos montes, logo fumegam.
33 Cantarei ao Senhor enquanto eu viver;
cantarei louvores ao meu Deus,
enquanto eu existir.
34 A minha [g]meditação lhe seja agradável,
enquanto me alegro no Senhor.
35 Desapareçam da terra os pecadores,
e os ímpios não sejam mais.
Bendize, ó minha alma,
ao Senhor. Louvai ao Senhor.

Fidelidade de Deus para com Israel

105 [h]Dai graças ao Senhor,
e invocai o seu nome;
[i]fazei conhecidas as suas
obras entre os povos.

k Veja Hb 1.4, nota
l Sl 103.1
m Gn 1.6
n Jó 26.10; Sl 33.7; Jr 5.22
o Gn 9.11-15
p Comp. Mt 8.20
q Sl 147.8
r Jz 9.13; Sl 23.5; Pv 31.6
s Gn 1.14
t Jó 38.12; Sl 19.6
u Is 45.7
v Comp. Jó 38.39; Jl 1.20
w Gn 3.19
x Sl 40.5
y Sl 65.9
z Jó 41.1; Sl 74.14; Is 27.1
a Sl 136.25; 145.15; 147.9; comp. Mt 6.26-30
b Ec 12.7
c Is 32.15; comp. Ez 37.9,10
d Espírito Santo (AT): v. 30; Sl 139.7 (Gn 1.2; Zc 12.10)
e Gn 1.31; Pv 8.31
f Hc 3.10
g Sl 19.14
h v. 1-45; comp. 1Cr 16.7-36; Is 12.4
i Comp. Sl 78.3-72; 106.1-48

2 Cantai-lhe, cantai-lhe louvores;
falai de todas as suas maravilhas.
3 Gloriai-vos no seu santo nome;
alegre-se o coração
daqueles que buscam o Senhor.
4 Buscai o Senhor e a sua força;
[j]buscai a sua face continuamente.
5 [k]Lembrai-vos das maravilhas que ele fez,
dos seus prodígios e dos
juízos da sua boca,
6 ó descendência de Abraão, seu servo,
ó filhos de Jacó, seus escolhidos.
7 Ele é o Senhor, o nosso Deus;
os seus [l]juízos estão em toda a terra.
8 [m]Lembra-se perpetuamente da sua aliança,
da palavra que ordenou
até milhares de gerações;
9 [n]da aliança que fez com Abraão
e do juramento que fez a Isaque.
10 Ele o confirmou a Jacó por decreto,
e a Israel por aliança eterna,
11 dizendo: [o]A ti darei a terra de Canaã,
como porção da vossa herança.
12 Quando ainda eram [p]poucos homens,
sim, muito poucos, e [q]estrangeiros nela,
13 andaram de nação em nação
e de um reino para outro.
14 Ele não [r]permitiu a ninguém
que os oprimisse;
por amor deles repreendeu reis, dizendo:
15 Não toqueis nos meus ungidos;
não maltrateis os meus [s]profetas.
16 Chamou a fome sobre a terra
e destruiu todo o seu suprimento de pão.
17 Mandou adiante deles um homem,
que foi [t]vendido como escravo: José,
18 cujos pés foram presos com correntes
e a quem puseram em ferros,
19 até que se cumpriu a sua profecia,
e a palavra do Senhor o [u]justificou.
20 O rei mandou soltá-lo,
o dominador dos povos o libertou.
21 Fê-lo senhor da sua casa
e governador de todos os seus bens,
22 para, a seu gosto, instruir os seus oficiais,
e ensinar sabedoria aos seus anciãos.
23 Então Israel entrou no Egito;
Jacó peregrinou na terra de Cão.
24 Ele [v]multiplicou sobremodo o seu povo;
fê-lo mais poderoso do que
os seus inimigos,
25 cujo coração [w]mudou
para que odiassem o seu povo,
para que conspirassem contra
os seus servos.
26 [x]Enviou Moisés, seu servo, e Arão,
a quem escolhera.
27 [y]Fizeram entre eles os seus sinais e prodígios,
na terra de Cão.
28 Mandou às trevas que a escurecessem,
pois haviam sido rebeldes à sua palavra.
29 Converteu as suas águas em [z]sangue,
fazendo morrer os peixes.
30 A sua terra produziu rãs em abundância,
até nos aposentos dos seus reis.
31 Falou ele, e vieram enxames de moscas
e piolhos em todo o seu território.
32 Converteu as suas chuvas em saraiva,
e fogo abrasador na sua terra.
33 Feriu as suas vinhas e os seus figueirais,
e quebrou as árvores da sua terra.
34 Falou ele, e vieram gafanhotos,
e pulgões em quantidade inumerável.
35 Comeram toda a erva da sua terra,
e devoraram o fruto dos seus campos.
36 Então feriu todos os primogênitos
da sua terra,
as primícias de todas as suas forças.
37 Ao seu povo [a]fez sair com prata e ouro,
e entre as suas tribos não houve
um só enfermo.
38 O Egito alegrou-se quando eles saíram,
porque o seu temor caíra sobre eles.
39 [b]Estendeu uma nuvem para os cobrir,
e um fogo para os iluminar de noite.
40 Oraram, e ele fez vir codornizes,
e os saciou com [c]pão do céu.
41 Fendeu a rocha, e dela brotaram águas;
correram no deserto como um rio.
42 Pois se lembrou da sua santa promessa
feita a Abraão, seu servo.
43 Tirou dali o seu povo com alegria,
os seus [d]escolhidos com regozijo;
44 deu-lhes as terras das nações,
e herdaram o trabalho dos povos,
45 para que guardassem os seus preceitos
e observassem as suas leis.
Louvai ao Senhor.

Confissão da infidelidade de Israel

106 Louvai ao Senhor.
Dai graças ao Senhor, pois ele é bom;
o seu amor dura para sempre.
2 Quem pode descrever
as obras poderosas do Senhor?
Quem anunciará os seus louvores?
3 Bem-aventurados os que
[e]observam a justiça,
que praticam o que é correto
em todos os tempos.
4 Lembra-te de mim, ó Senhor,
segundo a tua boa vontade
para com o teu [f]povo;
visita-me com a tua salvação,

[j] Sl 27.8
[k] Sl 77.11
[l] Is 26.9
[m] Lc 1.72
[n] Gn 17.2; 22.16-18; 26.3; 28.13; 35.11; Lc 1.73; Hb 6.17
[o] Gn 13.15; 15.18
[p] Gn 34.30; Dt 7.7; 26.5
[q] Hb 11.9
[r] Gn 35.5
[s] Comp. Gn 20.7
[t] At 7.9
[u] Gn 40.20,21,23
[v] Êx 1.7,12
[w] Êx 1.8-10
[x] Êx 3.10; 4.12-15; Nm 16.5; 17.5
[y] Êx 7–12; Sl 78.43
[z] Êx 7.20; Sl 78.44
[a] Êx 12.35
[b] Êx 13.21; Ne 9.12
[c] Sl 78.24
[d] Eleição (coletiva): v. 43; 106.5; Sl 135.4 (Dt 7.6; 1Pe 5.13)
[e] Lv 19.15,35
[f] Israel (história): v. 1-45; Is 1.25 (Gn 12.2; Rm 11.26)

5 para que eu veja a prosperidade
de teus escolhidos,
me alegre com a alegria do teu povo
e me regozije com a tua herança.
6 Nós [g]pecamos, como os nossos pais;
cometemos iniquidade,
andamos perversamente.
7 Nossos pais não atentaram
para as tuas maravilhas no Egito;
não se lembraram do seu grande amor
e [h]foram rebeldes junto ao
mar, o mar Vermelho.
8 Contudo, ele os salvou [i]por
amor do seu nome,
[j]para fazer conhecido o seu poder.
9 [k]Repreendeu o mar Vermelho,
e este se secou;
[l]conduziu-os pelas profundezas
como por um deserto.
10 [m]Livrou-os das mãos daquele que os odiava;
[n]remiu-os das mãos do inimigo.
11 As águas cobriram os seus adversários;
nem um só deles sobreviveu.
12 Então creram nas suas promessas
e cantaram os seus louvores.
13 Cedo, porém, se esqueceram
das suas obras
e não esperaram o seu conselho.
14 Deixaram-se levar pela cobiça no deserto;
[o]tentaram a Deus na região árida.
15 De sorte que lhes satisfez o desejo,
mas fez definhar as suas almas.
16 [p]Tiveram inveja de Moisés
no acampamento,
e de Arão, o santo do Senhor.
17 Abriu-se a [q]terra e engoliu Datã;
cobriu a companhia de Abirão.
18 Ateou-se um fogo na sua gente;
a chama destruiu os ímpios.
19 [r]Fizeram um bezerro em Horebe
e adoraram a imagem de fundição.
20 [s]Converteram a sua glória
na figura de um boi,
que come erva.
21 Esqueceram-se de Deus, seu Salvador,
que fizera grandes coisas no Egito,
22 maravilhas na terra de Cão,
coisas tremendas no mar Vermelho.
23 Ele os teria exterminado, como dissera,
se Moisés, seu escolhido,
não tivesse intercedido diante dele
para desviar a sua indignação,
a fim de que não os destruísse.
24 Então desprezaram a terra aprazível;
[t]não creram na sua promessa.
25 [u]Murmuraram nas suas tendas
e não deram ouvidos à voz do Senhor.
26 [v]Pelo que levantou a mão contra eles,
afirmando que os faria cair no deserto;
27 que humilharia a sua descendência
entre as nações, e os [w]espalharia pelas terras.
28 Juntaram-se a Baal-Peor
e comeram os sacrifícios dos ídolos mortos;
29 provocaram o Senhor à ira
com as suas ações,
e uma praga rebentou entre eles.
30 Levantou-se, [x]porém, Fineias
e executou o juízo,
e cessou aquela praga.
31 Isso lhe foi [y]imputado por retidão,
de geração em geração, para sempre.
32 [z]Indignaram-no também junto
às águas de Meribá,
de sorte que [a]sucedeu mal a Moisés,
por causa deles;
33 pois se rebelaram contra
o Espírito de Deus,
de modo que Moisés [b]falou sem refletir.
34 Não [c]destruíram os povos,
como o Senhor lhes ordenara,
35 mas se misturaram com as nações
e adotaram os seus costumes.
36 Serviram os seus ídolos,
que vieram a ser-lhes um laço.
37 Sacrificaram seus filhos
e suas filhas aos demônios.
38 Derramaram sangue inocente,
o sangue de seus filhos e de suas filhas,
que sacrificaram aos ídolos de Canaã,
e a terra foi manchada com sangue.
39 Contaminaram-se com as suas obras;
corromperam-se com os seus feitos.
40 Pelo que se acendeu a ira do Senhor
contra o seu povo, e abominou a sua herança.
41 Entregou-os nas mãos das nações,
e aqueles que os odiavam se
apoderaram deles.
42 Os seus inimigos os oprimiram,
humilhando-os debaixo das suas mãos.
43 [d]Muitas vezes os livrou, mas
eles o provocaram
com seus planos rebeldes,
e foram abatidos pela sua iniquidade.
44 Contudo, Deus atentou para a sua aflição
e ouviu o seu clamor.
45 Lembrou-se da sua aliança,
e [e]compadeceu-se,
segundo a grandeza do seu amor.
46 Fez com que deles
[f]tivessem compaixão os que os levaram cativos.
47 [gg]Salva-nos, ó Senhor, nosso Deus,
e congrega-nos dentre as nações,
para que rendamos graças ao teu nome santo
e nos gloriemos no teu louvor.

[g] Dn 9.5; comp. Lv 26.40; 1Rs 8.47
[h] Êx 14.11,12
[i] Comp. Ez 20.14
[j] Êx 9.16
[k] Êx 14.21; comp. Sl 18.15; Na 1.4
[l] Is 63.11-14
[m] Êx 14.30
[n] Redenção (tipo do parente remidor): v. 10; 107.2; Sl 119.154 (Gn 48.16; Is 59.20, nota)
[o] Provar-Tentar: v. 14; Sl 139.23 (Gn 3.1; Tg 1.14)
[p] Nm 16.2,3
[q] Nm 16.31-33; Dt 11.6
[r] Êx 32.1-4
[s] Jr 2.11; Rm 1.23
[t] Hb 3.18
[u] Nm 14.2,27
[v] Nm 14.28-30; Sl 95.11; Ez 20.15,16; Hb 3.11,18
[w] Lv 26.33; Sl 44.11; Ez 20.23
[x] Nm 25.7,8
[y] Nm 25.11-13
[z] Nm 20.3-13; Sl 81.7
[a] Dt 1.37; 3.26
[b] Comp. Mt 26.69-75
[c] Dt 7.2,16; Jz 2.2
[d] Jz 2.16; Ne 9.27
[e] Veja Zc 8.14, nota
[f] Ed 9.9; Jr 42.10-12
[gg] 1Cr 16.35,36

48 [h]Bendito seja o Senhor, Deus de Israel,
de eternidade em eternidade.
Todo o povo diga: Amém.
Louvai ao Senhor.

Livro V, 107–150

Provisão de Deus para os remidos

107 [i]Dai graças ao Senhor, ele é bom;
o seu amor dura para sempre.
2 Digam-no os remidos do Senhor,
os que remiu da mão do inimigo,
3 e os que [j]congregou de outras terras,
do Oriente e do Ocidente,
do Norte e do Sul.
4 Alguns [k]andaram desgarrados pelo deserto,
por caminhos solitários;
não acharam cidade em que habitassem.
5 Famintos e sedentos, a sua
alma neles desfalecia.
6 [l]Então clamaram ao Senhor
na sua angústia,
e ele os livrou das suas necessidades.
7 Levou-os por [m]caminho seguro à cidade que
deviam habitar.
8 Deem graças ao Senhor
pelo seu constante amor
e pelas suas maravilhas
para com os filhos dos homens,
9 [n]pois satisfez a alma sedenta
e encheu de bens a alma faminta.
10 Alguns se assentaram
nas [o]trevas e nas sombras da morte,
presos de aflição e em ferro,
11 por se haverem [p]rebelado
contra as palavras de Deus
e desprezado o conselho do Altíssimo.
12 De modo que lhes abateu
o coração com trabalho;
tropeçaram, e não houve
quem os ajudasse.
13 Então clamaram ao Senhor
na sua angústia,
e ele os livrou das suas aflições.
14 Tirou-os das trevas e das
sombras da morte
e [q]quebrou as suas cadeias.
15 Deem graças ao Senhor
pelo seu constante amor
e pelas suas maravilhas
para com os filhos dos homens,
16 pois quebra as portas de
bronze e despedaça os ferrolhos de ferro.
17 Loucos, por causa do seu
caminho de rebeldia,
e por causa das suas iniquidades,
foram afligidos.
18 A sua alma aborreceu toda a comida,
e já chegavam às portas da morte.
19 Então clamaram ao Senhor
na sua angústia,
e ele os livrou das suas aflições.
20 [r]Enviou a sua palavra e os sarou;
livrou-os da destruição.
21 Deem graças ao Senhor
pelo seu constante amor
e pelas suas maravilhas
para com os filhos dos homens.
22 Ofereçam [s]sacrifícios de louvor
e relatem as suas obras com [t]regozijo.
23 Outros [u]desceram ao mar em navios;
comerciaram nas grandes águas.
24 Viram as obras do Senhor,
as suas maravilhas nas profundezas.
25 Pois ele falou e se [v]levantou
um vento tempestuoso,
que elevou as ondas.
26 Subiram aos céus e desceram
aos abismos;
a sua alma se derreteu em angústias.
27 Andaram e cambalearam como bêbados;
inútil foi toda a sua sabedoria.
28 Então clamaram ao Senhor
na sua tribulação,
e ele os livrou das suas angústias.
29 [w]Fez cessar a tormenta;
acalmaram-se as ondas.
30 Alegraram-se com a bonança,
e os levou ao porto desejado.
31 Deem graças ao Senhor
pelo seu constante amor
e pelas suas maravilhas
para com os filhos dos homens.
32 Exaltem-no na congregação do povo
e louvem-no na assembleia
dos anciãos.
33 Ele [x]converteu rios em desertos,
nascentes em terra sedenta,
34 terra frutífera em [y]terreno salgado,
pela maldade dos que nela habitavam.
35 [z]Converteu o deserto em lagos
e a terra seca, em nascentes;
36 fez habitar ali os famintos,
e edificaram cidade para sua residência.
37 Semearam campos e plantaram vinhas,
que produziram fruto abundante;
38 ele os abençoou,
de modo que se [a]multiplicaram muito,
e o seu gado não [b]diminuiu.
39 Então decresceram e foram abatidos
pela opressão, aflição e tristeza;
40 [c]derramou o desprezo sobre os nobres,
e os fez andar desgarrados pelo deserto,
onde não há caminho.

[h] Sl 41.13; 72.19; 89.52
[i] Sl 106.1
[j] Sl 106.47; Is 43.5,6; Jr 29.14; 31.8-10; Ez 39.27,28
[k] v. 40; comp. Dt 32.10
[l] v. 13,19,28; Sl 50.15; Os 5.15
[m] Ed 8.21
[n] Sl 34.10; Lc 1.53
[o] Lc 1.79
[p] Lm 3.42
[q] Sl 68.6; 146.7; comp. At 12.7; 16.26
[r] Sl 147.15; comp. 2Rs 20.1-7; Mt 8.8
[s] Lv 7.12; Sl 50.14; 116.17; Hb 13.15
[t] Sl 9.11
[u] Is 42.10; comp. Jn 1.3-16; At 27.9-44
[v] Comp. Jn 1.4
[w] Sl 89.9; comp. Mt 8.26
[x] Is 50.2; comp. 1Rs 17.1,7
[y] Comp. Gn 13.10; 14.3; 19.25
[z] Sl 114.8; Is 41.18
[a] Gn 12.2; 17.16,20
[b] Dt 7.14
[c] Jó 12.21,24

41 Ele, porém, [d]levantou da
opressão os necessitados,
para um alto retiro,
e multiplicou as suas famílias
como rebanhos.
42 Os retos veem isso e se alegram,
mas todos os iníquos fecham a boca.
43 [e]Quem é sábio observe essas coisas
e considere atentamente
o grande amor do Senhor.

Louvor constante

Cântico e salmo de Davi

108 Preparado está o meu coração, ó Deus;
cantarei e salmodiarei
de toda a minha alma.
2 Despertai, saltério e harpa!
Eu despertarei a alvorada.
3 Eu te louvarei entre os povos,
ó Senhor; de ti cantarei entre as nações.
4 Porque o teu amor se eleva acima dos céus;
a tua fidelidade ultrapassa
as mais altas nuvens.
5 Exalta-te sobre os céus, ó Deus,
e a tua glória sobre toda a terra.
6 Salva-nos com a tua mão direita,
e ajuda-nos, [f]para que sejam
livres os teus amados.
7 Deus falou do seu santuário:
Em triunfo repartirei a Siquém
e medirei o vale de Sucote.
8 Meu é Gileade, meu é Manassés;
Efraim é a força da minha cabeça,
[g]Judá o meu legislador.
9 Moabe é a minha bacia de lavar,
sobre Edom lançarei o meu sapato;
sobre a Filístia jubilarei.
10 Quem me levará à cidade fortificada?
Quem me guiará até Edom?
11 Não és tu, ó Deus, que nos rejeitaste
e já não sais com os nossos exércitos?
12 Dá-nos auxílio contra o inimigo,
pois vão é o socorro da
parte do homem.
13 [h]Em Deus alcançaremos a vitória,
e ele pisará os nossos inimigos.

[d] 1Sm 2.8; Sl 113.7,8
[e] Sl 64.9; Jr 9.12; Os 14.9
[f] Os v. 6-13 são quase iguais ao Sl 60.5-12
[g] Gn 49.10
[h] Comp. Fp 4.13
[i] Sl 27.12; comp. Mt 26.59-62; Lc 23.1-5
[j] Sl 35.7; 69.4; Jo 15.25
[k] Pv 17.13; comp. Jo 10.32
[l] v. 6-15; comp. Sl 69.22-28
[m] Comp. Jo 17.12; 2Ts 2.3
[n] Satanás: v. 6; Is 14.12 (Gn 3.1; Ap 20.10)
[o] Pv 28.9
[p] Sl 55.23; comp. Mt 27.3-5
[q] Sl 69.25; At 1.20
[r] Comp. Gn 4.12
[s] Sl 69.28

Clamor por vingança e juízo

Salmo de Davi para o músico-mor

109 [1]Ó Deus do meu louvor, não te cales,
2 pois a boca do ímpio
e a boca fraudulenta
estão abertas contra mim;
têm falado contra mim com uma
língua [i]mentirosa.
3 Cercam-me com palavras
odiosas e [j]pelejam contra mim sem causa.
4 Em paga da minha amizade me acusam,
mas eu sou um homem de oração.
5 Dão-me mal pelo bem,
e ódio pela minha [k]amizade.
6 [l]Suscita contra ele um [m]ímpio;
um [n]acusador esteja à sua direita.
7 Quando for julgado, saia condenado,
e em [o]pecado se lhe torne a sua oração.
8 Sejam [p]poucos os seus dias;
outro [q]tome o seu ofício.
9 Sejam órfãos os seus filhos,
e viúva a sua mulher.
10 Sejam [r]vagabundos e
mendigos os seus filhos;
sejam expulsos das suas
habitações assoladas.
11 Tome o credor tudo o que ele tenha;
despojem-no os estranhos
do fruto do seu trabalho.
12 Não haja ninguém que se compadeça dele,
nem haja quem favoreça os seus órfãos.
13 Desapareça a sua posteridade,
o seu nome seja [s]apagado na
geração seguinte.
14 Esteja na memória do Senhor
a iniquidade de seus pais;
não se apague o pecado de sua mãe.
15 Estejam os seus pecados
sempre perante o Senhor,
para que faça desaparecer da terra
a sua memória.
16 Pois não se lembrou de
usar de misericórdia,
mas perseguiu o aflito e o necessitado,
como também o quebrantado de coração,
para o matar.

[1] (109.1) Os salmos imprecatórios (Sl 35; 52; 55; 58; 59; 79; 109; 137) são clamores a Deus pedindo vingança. Os crentes na Palavra de Deus explicam tais invocações da vingança divina: 1) com base no fato de a revelação ser progressiva (essas orações eram parte da vida de Israel antes da revelação de Deus completa e final), ou 2) chamando a atenção para assuntos tais como: a) a vingança é colocada nas mãos de Deus, não nas do salmista (comp. Dt 32.35); b) é verdade que os pecadores incrédulos terão de enfrentar o terrível castigo de Deus; c) em essência, é a retidão de Deus que está em jogo, a justiça de Deus que deve ser vindicada (comp. Sl 139.21,22), e d) a justa indignação dos que amam a Deus é justificada no caso da injustiça, da maldade, da impiedade e, especialmente, contra a apatia em relação a Deus e a rebelião contra ele. Os servos de Deus aguardam o dia em que a justiça será recompensada e a injustiça será punida – em resumo, o dia da vindicação da natureza justa de Deus (Sl 72.1-9; Hc 2.14; Lc 18.7,8; 1Co 15.25-28; 2Ts 1.7-10; Ap 11.17,18; 15.3,4; 19.5-7).

17 Visto que amou a maldição,
que ela lhe sobrevenha;
não desejou a bênção,
que ela se afaste dele.
18 Vestiu-se de maldição, como de um vestido;
penetrou nas suas entranhas como [t]água,
e em seus ossos como azeite.
19 Seja para ele como o vestido que o cobre
e como o cinto com que sempre anda cingido.
20 Seja este da parte do Senhor
o [u]galardão dos meus adversários
e dos que falam mal contra a minha alma.
21 No entanto, tu, ó Senhor Deus,
sê comigo por amor do teu nome;
por causa da bondade do
teu amor, livra-me.
22 Pois estou aflito e necessitado e,
dentro em mim, está aflito o meu coração.
23 Vou passando como a sombra que declina;
sou sacudido como o gafanhoto.
24 De jejuar estão enfraquecidos
os meus joelhos;
a minha carne emagrece.
25 Eu sou para eles objeto de zombaria;
quando me veem, [v]balançam a cabeça.
26 Ajuda-me, ó Senhor, Deus meu;
salva-me segundo o teu amor.
27 Saibam que nisso está a tua mão,
e que tu, Senhor, o fizeste.
28 Amaldiçoem eles, mas abençoa tu;
levantem-se, mas fiquem confundidos,
e alegre-se o teu servo.
29 Vistam-se os meus adversários de vexame,
e cubra-os a sua vergonha
como uma capa.
30 Louvarei grandemente ao Senhor
com a minha boca;
eu o louvarei na grande [w]multidão.
31 Pois ele está à direita do necessitado,
para livrar a sua alma dos que o condenam.

O reino do Messias

Salmo de Davi

110 [1]Disse o [x]Senhor ao meu Senhor:
Assenta-te à minha mão direita,
[y]até que ponha os teus inimigos
por [z]estrado dos teus pés.
2 O Senhor enviará [a]de Sião o cetro do teu poder;
[b]dominarás no meio dos teus inimigos.
3 O teu povo se apresentará voluntariamente
no dia da tua batalha.
Ornado com santa majestade,
do seio da alva receberás
o orvalho da tua mocidade.
4 Jurou o Senhor, e não se [c]arrependerá:
Tu és [d]sacerdote eterno,
segundo a ordem de [e]Melquisedeque.
5 O Senhor está à tua direita;
ferirá os reis no dia da sua ira.
6 Julgará as nações,
ele as encherá de cadáveres
e ferirá os governantes de toda a terra.
7 Pelo caminho beberá do ribeiro;
e então prosseguirá de cabeça erguida.

Louvor pelas obras maravilhosas de Deus

111 Louvai ao Senhor.
Louvarei ao Senhor de todo o coração,
na assembleia dos justos e
na congregação.
2 Grandes são as obras do Senhor;
consideradas por todos os
que nelas têm prazer.
3 Glória e majestade há em sua obra,
e a sua retidão permanece para sempre.
4 Fez lembradas as suas maravilhas;
piedoso e compassivo é o Senhor.
5 Dá mantimento aos que o temem;
lembra-se da sua aliança para sempre.
6 Mostrou ao seu povo o poder
das suas obras,
dando-lhe a herança das nações.
7 As obras das suas mãos são
verdadeiras e justas;
fiéis são todos os seus preceitos.
8 Permanecem firmes para todo o sempre,
são feitos em fidelidade e retidão.
9 Enviou [f]redenção ao seu povo;
ordenou a sua aliança para sempre,
santo e temível é o seu nome.
10 O [g]temor do Senhor é o
[h]princípio da sabedoria;
bom entendimento têm
todos os que obedecem aos seus preceitos.
O seu louvor permanece para sempre.

[t] Nm 5.22
[u] Comp. 2Tm 4.14
[v] Sl 22.7; Mt 27.39
[w] Sl 22.25
[x] Divindade (nomes da): v. 1; Ml 2.16 (Gn 1.1; Ml 3.18)
[y] Cristo (segunda vinda): v. 1-7; Is 9.7 (Dt 30.3; At 1.11, nota)
[z] 1Co 15.25
[a] Rm 11.26,27
[b] Sl 2.9; Dn 7.13,14
[c] Veja Zc 8.14, nota
[d] Zc 6.13
[e] Hb 5.6; 6.20; 7.21
[f] Veja Êx 6.6, nota
[g] Veja Sl 19.9, nota
[h] Pv 1.7

[1] (110.1) A notável proeminência que o salmo 110 recebe no NT dá testemunho de sua importância. 1) Ele declara a divindade de Jesus e, assim, é resposta àqueles que negam o pleno significado divino de seu título, Senhor, no NT (v. 1; Mt 22.41-45; Mc 12.35-37; Lc 20.41-44; At 2.34,35; Hb 1.13; 10.12,13). 2) Ele anuncia o sacerdócio eterno do Messias – uma das declarações mais importantes das Escrituras (v. 4; Gn 14.18, *nota 4*; Jo 14.6; 1Tm 2.5,6; Hb 5.6, *nota*; 7.1-28). 3) Historicamente, o salmo 110 começa com a ascensão de Cristo (v. 1; Jo 20.17; At 7.56; Ap 3.21). 4) Profeticamente, contempla a) tanto o momento em que Cristo vai surgir como o Cetro da fortaleza do Senhor, o Libertador que sairá de Sião (Rm 11.25-27), como também a conversão de Israel (v. 3; Jl 2.27; Zc 13.9; veja Dt 30.1-9, *nota* no v. 3), e b) o julgamento dos poderes gentios, juízo que precede o estabelecimento do Reino (v. 5,6; Jl 3.9-17; Zc 14.1-4; Ap 19.11-21). Veja Armagedom (Ap 16.16; 19.17, *nota*); Israel (Gn 12.2,3; Rm 11.26, *nota*); Reino (Zc 12.8 e 1Co 15.24, *nota*). Veja o salmo 118, o último salmo messiânico.

Bênçãos do homem que teme a Deus

112 [i]Louvai ao Senhor.
Bem-aventurado o homem que
teme ao Senhor,
que em seus mandamentos
tem grande prazer.
2 A sua [j]descendência será poderosa na terra;
a geração dos justos será abençoada.
3 Prosperidade e riquezas há na sua casa,
e a sua retidão permanece para sempre.
4 Aos retos até das trevas [k]nasce a luz,
pois é misericordioso, compassivo e justo.
5 Feliz é o que se compadece e [l]empresta,
que conduz os seus negócios com [m]justiça.
6 Certamente jamais será abalado;
o [n]justo ficará em memória eterna.
7 [o]Não temerá maus rumores;
o seu coração está firme,
[p]confiando no Senhor.
8 O seu coração está bem [q]firmado,
não temerá;
no final verá cumprido o seu desejo
sobre os seus inimigos.
9 [r]É generoso, dá aos pobres;
a sua retidão permanece para sempre;
a sua força se exaltará em honra.
10 O ímpio verá isso e se enraivecerá,
rangerá os dentes e se consumirá;
o desejo dos ímpios perecerá.

O louvor contínuo a Deus

113 Louvai ao Senhor.
[1]Louvai, ó servos do Senhor,
louvai o nome do Senhor.
2 [s]Bendito seja o nome do Senhor
desde agora e para sempre.
3 [t]Desde o nascer do sol até o poente,
louvado seja o nome do Senhor.
4 Exaltado está o Senhor
acima de todas as nações;
a sua [u]glória acima dos céus.
5 Quem é como o Senhor nosso Deus,
que habita nas [v]alturas,
6 que se curva para ver os céus e a terra?
7 Do pó ele [w]levanta o pequeno
e do monturo ergue o [x]necessitado;
8 ele os faz [y]assentar com os príncipes,
com os príncipes do seu povo.
9 Ele faz que a mulher estéril viva em família
e seja alegre mãe de filhos.
Louvai ao Senhor.

[i] Sl 128.1
[j] Sl 25.13; 37.26; 102.28
[k] Jó 11.17; Sl 97.11
[l] Sl 37.26; Lc 6.35
[m] Ef 5.15; Cl 4.5
[n] Pv 10.7
[o] Pv 1.33
[p] Veja Sl 2.12, nota
[q] Hb 13.9
[r] 2Co 9.9
[s] Dn 2.20
[t] Is 59.19; Ml 1.11
[u] Sl 8.1
[v] Sl 11.4; 138.6; Is 57.15
[w] 1Sm 2.8; Sl 107.41
[x] Sl 72.12
[y] Jó 36.7
[z] Sl 81.5
[a] Êx 6.7; 19.6; 25.8; 29.45,46; Dt 27.9
[b] Êx 14.21; Sl 77.16
[c] v. 5; Js 3.13-16
[d] Hc 3.8
[e] Êx 17.6; Nm 20.11; Sl 107.35
[f] Is 48.11; Ez 36.32
[g] Sl 103.19; 135.6
[h] v. 4-8; comp. Sl 135.15-18
[ii] Veja Sl 2.12, nota
[jj] Veja Sl 19.9, nota

Louvor pelo êxodo

114 Quando Israel saiu do Egito,
e a casa de Jacó de um [z]povo
de língua estrangeira,
2 [a]Judá ficou sendo o santuário de Deus,
e Israel, o seu domínio.
3 O mar [b]viu isso e fugiu;
o [c]Jordão recuou.
4 Os montes saltaram como carneiros,
e os outeiros como cordeiros.
5 [d]Que tiveste, ó mar, que fugiste,
e tu, ó Jordão, que tornaste atrás?
6 E vós, montes, que saltastes
como carneiros,
e vós outeiros, como cordeiros?
7 Treme, ó terra, na presença do Senhor,
na presença do Deus de Jacó,
8 [e]o qual converteu a rocha em lagoa,
o rochedo em manancial.

Somente a Deus seja dada glória

115 [f]Não a nós, Senhor, não a nós,
mas ao teu nome dá glória,
por causa do teu amor e da tua fidelidade.
2 Por que dizem as nações:
Onde está o seu Deus?
3 O nosso [g]Deus está nos céus;
ele faz tudo o que lhe agrada.
4 [h]Os ídolos deles são prata e ouro,
obra das mãos do homem.
5 Têm boca, mas não falam,
têm olhos, mas não veem;
6 têm ouvidos, mas não ouvem,
têm nariz, mas não cheiram;
7 têm mãos, mas não apalpam,
têm pés, mas não andam;
som algum sai da sua garganta.
8 Tornem-se semelhantes a eles
os que os fazem
e todos os que neles confiam.
9 [ii]Confia, ó casa de Israel, no Senhor,
ele é o seu auxílio e o seu escudo.
10 Casa de Arão, confia no Senhor;
ele é o seu auxílio e o seu escudo.
11 Vós, os que [jj]temeis ao Senhor,
confiai no Senhor;
ele é o seu auxílio e o seu escudo.
12 O Senhor se lembra de nós
e nos abençoará:
Ele abençoará a casa de Israel,
abençoará a casa de Arão,

---

[1] (113.1) Os salmos de louvor ou de aleluia são os seguintes: 104–106; 111–113; 115–117; 135; 146–150. Destes, os salmos 135, 136 e 146–150 eram usados diariamente no culto das sinagogas. Os salmos 113–118 eram chamados de *Halel Egípcio* e usados nas festas da Páscoa, de Pentecoste, dos Tabernáculos e da Dedicação. Na celebração da Páscoa, a primeira porção destes salmos era cantada antes da festa; os salmos 115–118 (o *Grande Halel*) eram cantados depois do último cálice (comp. Mt 26.30). *Aleluia*, a forma grega do hebraico *hallelujah*, foi diretamente transferido para o texto português em Ap 19.1,3,4,6.

13 [k]abençoará os que temem ao Senhor,
tanto pequenos como grandes.
14 O Senhor vos aumente cada vez mais,
a vós e a vossos filhos.
15 Sede benditos do Senhor,
que fez os céus e a terra.
16 Os mais altos céus são do Senhor,
mas a terra deu-a ele aos
filhos dos homens.
17 Os [l]mortos não louvam ao Senhor,
nem os que descem ao Silêncio;
18 mas nós bendiremos ao Senhor,
desde agora e para sempre.
Louvai ao Senhor.

A gratidão dos remidos

116 **A**mo ao Senhor,
pois ele ouviu a minha voz;
ouviu o meu clamor por misericórdia.
2 Porque inclinou para mim os seus ouvidos,
eu o invocarei enquanto viver.
3 As [m]cordas da morte me cercaram,
as angústias do [n]inferno se
apoderaram de mim;
sofri tribulação e tristeza.
4 Então invoquei o nome do Senhor, dizendo:
Ó Senhor, livra a minha alma.
5 Piedoso e [o]justo é o Senhor;
o nosso Deus é cheio de compaixão.
6 O Senhor protege os simples;
quando eu estava abatido,
ele me livrou.
7 [p]Volta, ó minha alma, ao teu repouso,
pois o Senhor [q]te fez bem.
8 [r]Pois tu, ó Senhor, livraste
a minha alma da morte,
os meus olhos das lágrimas,
e os meus pés da queda,
9 para que eu ande perante a face do Senhor,
na terra dos viventes.
10 [s]Cri, por isso falei:
Estou muito aflito.
11 E na minha perturbação disse:
Todos os homens são mentirosos.
12 Que darei eu ao Senhor,
por todos os benefícios que me tem feito?
13 Tomarei o cálice da salvação,
e invocarei o nome do Senhor.
14 Pagarei os meus votos ao Senhor,
na presença de todo o seu povo.
15 [t]Preciosa é à vista do Senhor
a morte dos seus santos.
16 Ó Senhor, deveras sou teu servo;
sou teu servo, filho da tua serva;
soltaste as minhas ataduras.
17 [u]Oferecerei a ti sacrifícios de louvor
e invocarei o nome do Senhor.

[k] Sl 128.1,4
[l] Veja Ec 9.10, nota
[m] Sl 18.4-6
[n] Veja Hc 2.5, nota; comp. Lc 16.23, nota
[o] Ed 9.15; Ne 9.8; Sl 119.137; 145.17
[p] Comp. Jr 6.16; Mt 11.29
[q] Sl 13.6; 119.17
[r] Sl 56.13
[s] 2Co 4.13
[t] Ap 14.13; comp. Sl 72.14
[u] Lv 7.12; Sl 50.14; 107.22
[v] Rm 15.11
[w] Sl 136.1-26
[x] Sl 56.9; Rm 8.31; Hb 13.6
[y] Comp. 2Cr 32.7,8; Is 31.1-3
[z] Sl 88.17
[a] Comp. Dt 1.44
[b] Comp. Na 1.10
[c] Êx 15.2; Is 12.2
[d] Sl 116.8,9; comp. Sl 6.5; Hc 1.12
[e] 2Co 6.9
[f] Is 26.2; comp. Sl 24.7

18 Pagarei os meus votos ao Senhor,
na presença de todo o seu povo,
19 nos átrios da casa do Senhor,
no seu interior, ó Jerusalém.
Louvai ao Senhor.

Louvor universal a Deus

117 [v]Louvai ao Senhor, todas as nações;
glorificai-o todos os povos.
2 Pois grande é o seu amor para conosco,
e a fidelidade do Senhor dura para sempre.
Louvai ao Senhor.

A benignidade do Senhor

118 **R**endei graças ao Senhor, pois ele é bom;
o [w]seu amor dura para sempre.
2 Diga Israel:
O seu amor dura para sempre.
3 Diga a casa de Arão:
O seu amor dura para sempre.
4 Digam os que temem ao Senhor:
O seu amor dura para sempre.
5 Na minha angústia invoquei o Senhor,
e ele me ouviu, e me libertou.
6 O Senhor está comigo; não temerei.
O que me pode fazer o homem?
7 [x]O Senhor está comigo;
é ele quem me ajuda.
Verei cumprido o meu desejo
sobre os que me odeiam.
8 É melhor refugiar-se no Senhor
do que confiar no [y]homem.
9 É melhor refugiar-se no Senhor
do que confiar nos príncipes.
10 Todas as nações me cercaram,
mas no nome do Senhor as exterminei.
11 [z]Cercaram-me, e tornaram a cercar-me,
mas no nome do Senhor eu as exterminei.
12 Cercaram-me como [a]abelhas,
mas apagaram-se [b]como fogo de espinhos;
no nome do Senhor as exterminei.
13 Com força me impeliste
para me fazeres cair,
mas o Senhor me ajudou.
14 [c]O Senhor é a minha força e o meu cântico;
ele me salvou.
15 Nas tendas dos justos há voz de júbilo
e de salvação;
a mão direita do Senhor faz proezas.
16 A mão direita do Senhor se exalta;
a mão direita do Senhor faz proezas.
17 [d]Não morrerei, mas viverei,
e contarei as obras do Senhor.
18 O Senhor [e]castigou-me muito,
mas não me entregou à morte.
19 [f]Abri-me as portas da retidão;
entrarei por elas e renderei graças ao Senhor.

20 Esta é a porta do Senhor
[g]pela qual os justos entrarão.
21 Renderei graças, pois me ouviste
e me salvaste.
22 [h]A [1]pedra que os edificadores rejeitaram
tornou-se a pedra angular;
23 foi o Senhor que fez isso,
e é maravilhoso aos nossos olhos.
24 Este é o dia que o Senhor fez;
regozijemo-nos e alegremo-nos nele.
25 Ó Senhor, salva-nos;
ó Senhor, concede-nos prosperidade.
26 [i]Bendito aquele que vem
em nome do Senhor.
Da casa do Senhor vos bendizemos.
27 Deus é o Senhor,
e fez que a sua luz brilhasse sobre nós.
Atai a vítima da festa com cordas
às pontas do altar.
28 Tu és o meu Deus, e eu te renderei graças;
tu és o meu Deus, e eu te exaltarei.
29 [2]Rendei graças ao Senhor, pois ele é bom;
o seu amor dura para sempre.

Louvor pela Palavra de Deus

א [3]*Álef*

119 **B**em-aventurados os que trilham
caminhos retos e andam
na [4j]lei do Senhor.
2 Bem-aventurados os que guardam
os seus estatutos
e o buscam de [k]todo o coração.
3 [l]Não praticam iniquidade;
andam em seus caminhos.
4 Tu ordenaste os teus preceitos,
para que diligentemente os
observássemos.
5 Quem dera os meus caminhos
fossem dirigidos de maneira
que eu pudesse observar os teus decretos!
6 Então não ficaria envergonhado,
atentando para todos os teus mandamentos.
7 Eu te louvarei com um coração reto,
enquanto aprender as tuas justas leis.
8 Observarei os teus decretos;
não me desampares totalmente.

ב *Bet*

9 Como purificará o jovem o seu caminho?
Observando-o segundo a tua palavra.
10 [m]De todo o meu coração te busco;
não me deixes desviar
dos teus mandamentos.
11 Escondi a tua palavra no meu coração,
para eu não pecar contra ti.
12 Bendito és tu, ó Senhor;
ensina-me os teus decretos.
13 Com os meus lábios
declaro todas as leis da tua boca.

[g] Is 35.8; Ap 21.27; 22.14,15
[h] Cristo (Pedra): v. 22; Is 8.14 (Gn 49.24; 1Pe 2.8)
[i] Mt 21.9; 23.39; Mc 11.9; Lc 13.35; 19.38; Jo 12.13
[j] Lei (de Moisés): v. 1-176; Is 1.10 (Êx 19.1; Gl 3.24)
[k] Dt 6.5; 10.12; 11.13; 13.3
[l] 1Jo 3.9; 5.18
[m] Comp. 2Cr 15.15

[1] (118.22) Veja Cristo (como a Pedra ou a Rocha), Gn 49.24; Êx 17.6, *nota*; 1Pe 2.8, *nota*. O salmo 118 aponta para além da rejeição da Rocha (Cristo) para a sua final exaltação no Reino (v. 22).

[2] (118.29) Os salmos messiânicos: Resumo. Nosso Senhor mesmo afirmou (Lc 24.44 etc.) que os salmos continham um testemunho de Cristo, e as citações do Saltério feitas no NT apontam, sem dúvida, para os salmos que têm caráter messiânico. Um caráter espiritual e profético semelhante identifica outros salmos. Veja Sl 2.1, *nota*.

1) Cristo é visto no livro de Salmos de duas maneiras: sofrendo (p. ex., Sl 22) e entrando na glória do Reino (p. ex., Sl 2; 24. Comp. Lc 25–27).

2) Em relação à sua Pessoa, Cristo é visto como: a) Filho de Deus (Sl 2.7) e o próprio Deus (Sl 45.6,7; 102.25; 110.1); b) Filho do homem (Sl 8.4-6) e c) Filho de Davi (Sl 89.3,4,27,29).

3) Em relação aos seus ofícios, Cristo é visto como: a) Profeta (Sl 22.22,25; 40.9,10); b) Sacerdote (Sl 110.4) e c) Rei (p. ex., Sl 2; 24).

4) Cristo é visto na realização de diversos aspectos de sua obra. Como Sacerdote, ele se oferece em sacrifício (Sl 22; 40.6-8, com Hb 10.5-12) e, em sua ressurreição, como o Pastor-Sacerdote que vive eternamente para interceder (Sl 23 com Hb 7.21-25; 13.20). Como Profeta, ele proclama o nome do Senhor como Pai (Sl 22.22 com Jo 20.17). Como Rei, ele cumpre a Aliança Davídica (Sl 89) e restaura tanto o senhorio do homem sobre a criação (Sl 8.4-8; Rm 8.17-21) como o senhorio do Pai sobre todas as coisas (1Co 15.25-28).

5) Os salmos messiânicos também apresentam os pensamentos íntimos – os exercícios espirituais de sua alma – em suas experiências terrenas (p. ex., Sl 16.8-11; 22.1-21; 40.1-17).

[3] (119, *Álef*) O salmo 119 é um acróstico no hebraico [conquanto não apareça nessa configuração na AEC] e é o mais elaborado dos salmos alfabéticos (Sl 9; 10; 25; 34; 37; 111; 112; 119; 145). Está dividido em 22 seções correspondendo às 22 letras do alfabeto hebraico. Os oito versículos de cada seção começam com a mesma letra, na sequência do alfabeto, conforme indicado no título de cada seção. P. ex., cada um dos oito primeiros versículos começam com *álef*, cada um dos próximos oito com *bet* etc. Há acrósticos semelhantes em Pv 31.10-31 e Lm 1–4.

[4] (119.1) Este salmo, nascido do amor à lei de Deus, exalta a beleza e a excelência da Palavra de Deus escrita, e o faz de forma não encontrada em nenhum lugar da Bíblia. A Palavra de Deus recebe as seguintes designações 1) lei; 2) testemunhos 3) preceitos; 4) estatutos; 5) mandamentos; 6) ordenações; 7) palavra; 8) juízos. As nuances de significado das palavras empregadas são as seguintes: "Lei" é principalmente instrução ou ensinamento; portanto toda a revelação de Deus para a vida. "Testemunhos" indica as declarações do próprio Deus quanto à sua natureza e propósito. "Preceitos" relaciona-se às obrigações morais do homem prescritas por Deus. "Estatutos" refere-se a disposições civis e religiosas da Lei mosaica. "Mandamentos" são ordens autoritárias emitidas com autoridade e como princípios religiosos. "Ordenações" (também "juízos") refere-se a pronunciamentos legais, normas de administração divina. "Palavra" são declarações, palavras gerais para falar da revelação da vontade de Deus.

14 Folgo mais com o caminho dos teus estatutos
do que com todas as riquezas.
15 Em teus preceitos meditarei
e olharei para os teus caminhos.
16 Deleito-me nos teus decretos;
não me esquecerei da tua palavra.

ג *Guímel*

17 [n]Faze bem ao teu servo, e viverei;
guardarei a tua palavra.
18 Desvenda os meus olhos,
para que veja as maravilhas da tua lei.
19 Sou [o]peregrino na terra;
não escondas de mim os
teus mandamentos.
20 A minha alma está consumida de anelos
pelas tuas leis em todo o tempo.
21 Tu repreendes asperamente os soberbos,
os malditos, que se desviam dos
teus mandamentos.
22 [p]Tira de sobre mim a afronta e o desprezo,
pois guardo os teus estatutos.
23 Embora os príncipes se
reúnam e me caluniem,
o teu servo meditará nos teus decretos.
24 Os teus estatutos são o meu prazer;
são os meus conselheiros.

ד *Dálet*

25 A minha alma está [q]pegada ao pó;
[r]preserva a minha vida
segundo a tua palavra.
26 Meus caminhos te descrevi,
e tu me ouviste;
ensina-me os teus decretos.
27 Faze-me entender o ensino
dos teus preceitos;
[s]assim meditarei nas tuas maravilhas.
28 A minha alma consome-se de tristeza;
[t]fortalece-me segundo a tua palavra.
29 Desvia de mim o caminho da falsidade;
concede-me graça mediante a tua lei.
30 Escolhi o caminho da verdade;
decidi seguir as tuas leis.
31 Apego-me aos teus estatutos, ó Senhor;
não permitas que eu seja decepcionado.
32 Percorro o caminho dos
teus mandamentos,
pois [u]libertaste o meu coração.

ה *He*

33 Ensina-me, ó Senhor,
o caminho dos teus decretos;
então os guardarei até o fim.
34 [v]Dá-me entendimento, e
guardarei a tua lei,
e a observarei de todo o meu coração.
35 Faze-me andar
na vereda dos teus mandamentos,
pois neles encontro satisfação.
36 Inclina o meu coração para os teus estatutos,
não à [w]cobiça.
37 Desvia os meus olhos
de contemplarem a vaidade;
preserva a minha vida segundo a tua palavra.
38 [x]Confirma a tua promessa ao teu servo,
que se inclina ao teu [y]temor.
39 Desvia de mim a humilhação que temo,
pois as tuas leis são boas.
40 Como anseio pelos teus preceitos!
Preserva a minha vida na tua retidão.

ו *Vav*

41 Venha sobre mim o teu constante amor,
ó Senhor, e a tua salvação
segundo a tua promessa.
42 Então responderei ao que me afronta,
pois [z]confio na tua palavra.
43 Da minha boca não tires a
palavra de verdade,
pois espero nas tuas leis.
44 Observarei de contínuo a tua lei,
para sempre e eternamente.
45 Andarei em [a]liberdade,
pois busquei os teus preceitos.
46 [b]Falarei dos teus estatutos
perante os reis e não me envergonharei.
47 Tenho prazer nos teus mandamentos,
porque os amo.
48 Levanto as mãos para os
teus mandamentos,
que amo, e medito nos teus decretos.

ז *Záin*

49 Lembra-te da palavra dada ao teu servo,
pois me deste esperança.
50 Esta é a minha consolação na angústia:
A tua promessa [c]preserva a minha vida.
51 Os soberbos zombam
continuamente de mim,
mas não me desvio da tua lei.
52 Lembro-me das tuas [d]leis antigas, ó Senhor,
e nelas encontro consolo.
53 Grande [e]indignação se apodera de mim
por causa dos ímpios, que
abandonam a tua lei.
54 Os teus decretos são o tema
dos meus cânticos,
no lugar das minhas peregrinações.
55 De noite me lembro do teu
nome, ó Senhor,
e observarei a tua lei.
56 Isto tem sido o que faço:
obedeço aos teus preceitos.

[n] Sl 116.7
[o] 1Cr 29.15; Sl 39.12; Hb 11.13; comp. 2Co 5.6
[p] Sl 39.8
[q] Sl 44.25
[r] Sl 143.11
[s] Sl 145.5,6
[t] Comp. 1Pe 5.10
[u] Comp. 1Rs 4.29; Is 60.5; 2Co 6.11
[v] v. 73; Pv 2.6; Tg 1.5
[w] Ez 33.31; Mc 7.21,22; 1Tm 6.10; Hb 13.5
[x] Comp. 2Sm 7.25
[y] Veja Sl 19.9, nota
[z] Veja Sl 2.12, nota
[a] Pv 4.12
[b] Sl 138.1; comp. Mt 10.18,19; At 26.1-29
[c] v. 40
[d] v. 106
[e] Comp. Êx 32.19; Ed 9.1-4; Ne 13.25

ח Het

57 O Senhor é a [f]minha herança;
eu disse que observaria as tuas palavras.
58 [g]Implorei deveras o teu favor
de todo o meu coração;
tem piedade de mim, segundo
a tua promessa.
59 [h]Considerei os meus caminhos
e voltei os meus passos para
os teus estatutos.
60 Eu me apressarei, e não hesitarei,
em obedecer aos teus mandamentos.
61 Embora os ímpios me prendam com laços,
não me esquecerei da tua lei.
62 À meia-noite me levanto
para te dar graças,
por causa das tuas justas leis.
63 Companheiro sou de todos
os que te [i]temem
e dos que guardam os teus preceitos.
64 A terra, ó Senhor, está cheia do teu amor;
ensina-me os teus decretos.

ט Tet

65 Faze bem ao teu servo, ó Senhor,
segundo a tua palavra.
66 Ensina-me bom juízo e [j]conhecimento,
pois creio nos teus mandamentos.
67 Antes de ser [k]afligido andava errado,
mas agora guardo a tua palavra.
68 Tu és bom e fazes o bem;
ensina-me os teus decretos.
69 Embora os soberbos
tenham forjado mentiras contra mim,
de todo o coração guardo os teus preceitos.
70 Seus corações são insensíveis,
como se fossem de sebo,
mas eu me deleito na tua lei.
71 Foi-me bom ter sido afligido,
para que aprendesse os teus decretos.
72 Mais preciosa é para mim a lei da tua boca
do que milhares de moedas
de ouro ou de prata.

י Iód

73 As tuas mãos me fizeram e me [l]formaram;
dá-me inteligência para aprender os
teus mandamentos.
74 Os que te temem [m]alegram-se quando
me veem,
pois espero na tua palavra.
75 Bem sei, ó Senhor,
[n]que as tuas leis são justas,
e que em tua fidelidade me afligiste.
76 Sirva o teu constante amor
para me consolar,
segundo a promessa que deste ao teu servo.
77 Venham sobre mim a tua compaixão,
para que viva, pois a tua lei é o meu [o]deleite.
78 Confundam-se os soberbos
por me tratarem
de maneira perversa e sem motivo;
mas eu meditarei nos teus preceitos.
79 Voltem-se para mim os que te temem,
os que conhecem os teus estatutos.
80 Seja reto o meu coração para com os
teus decretos,
para que eu não seja envergonhado.

כ Cáf

81 [p]Desfalece a minha alma, aguardando
a tua salvação,
mas espero na tua palavra.
82 Os meus olhos desfalecem,
esperando por tua promessa;
eu digo: Quando me consolarás?
83 Embora eu seja como um [q]odre na fumaça,
não me esqueço dos teus decretos.
84 Quantos dias deve esperar o teu servo?
[r]Quando punirás os que me perseguem?
85 Os soberbos abrem covas para mim,
contrários à tua lei.
86 Todos os teus mandamentos são fiéis;
ajuda-me, pois sou [s]perseguido sem motivo.
87 Quase me exterminaram de sobre a terra,
mas não deixei os teus preceitos.
88 Preserva a minha vida
segundo o teu amor,
e guardarei os estatutos da tua boca.

ל Lámed

89 Ó Senhor, a tua palavra [t]é eterna;
ela está firmada no céu.
90 A tua fidelidade estende-se
de geração em geração;
tu firmaste a terra, e firme permanece.
91 Conforme o que ordenaste,
tudo se mantém até hoje,
pois todas as coisas te obedecem.
92 Se a tua lei não fora o meu deleite,
há muito que teria perecido na
minha angústia.
93 Jamais me esquecerei dos teus preceitos,
pois por eles me tens [u]preservado a vida.
94 Sou teu, salva-me;
busquei os teus preceitos.
95 Os ímpios me esperam para me destruírem,
mas atentarei para os teus estatutos.
96 A toda perfeição vejo limite;
mas os teus mandamentos são ilimitados.

מ Mem

97 Quanto amo a tua lei!
Nela medito o [v]dia todo.

[f] Nm 18.20; Sl 16.5; Lm 3.24
[g] Nm 6.25; Dn 9.17
[h] Comp. Lc 15.17,18
[i] Veja Sl 19.9, nota
[j] Fp 1.9
[k] Pv 3.11; Hb 12.5-11
[l] Jó 10.8; 31.15; Sl 138.8; 139.15,16
[m] Sl 107.42; comp. 1Co 13.6
[n] Hb 12.10
[o] v. 24,47,174
[p] Sl 73.26; 84.2
[q] Comp. Jó 30.30
[r] Comp. Ap 6.10
[s] Sl 38.19; comp. Mt 5.10
[t] Sl 89.2; Mt 24.34,35; 1Pe 1.25
[u] v. 40
[v] Sl 1.2

98 Os teus mandamentos
me fazem [w]mais sábio do que
os meus inimigos,
pois estão sempre comigo.
99 Tenho mais entendimento
do que todos os meus mestres,
pois medito nos teus [x]estatutos.
100 Sou mais prudente do que os [y]velhos,
pois guardo os teus preceitos.
101 [z]Desviei os meus pés de
todo o caminho mau,
para observar a tua palavra.
102 Não me apartei das tuas [a]leis,
pois tu mesmo me ensinaste.
103 Quão doces são as tuas
palavras ao meu paladar,
mais doces do que o mel à minha boca!
104 Por meio dos teus preceitos
alcanço entendimento;
pelo que aborreço todo caminho errado.

נ *Nun*

105 [b]Lâmpada para os meus pés
é a tua palavra,
e luz para o meu caminho.
106 Fiz um [c]juramento e o confirmei,
que hei de guardar as tuas justas leis.
107 Estou aflitíssimo; preserva a minha vida,
ó Senhor, segundo a tua palavra.
108 Aceita, ó Senhor,
as [d]ofertas voluntárias da minha boca
e ensina-me as tuas leis.
109 Embora constantemente
corra perigo a minha alma,
não me esquecerei da tua lei.
110 Os ímpios me armaram laço,
mas não me desviei dos teus preceitos.
111 Os teus estatutos são
a [e]minha herança para sempre;
são a alegria do meu coração.
112 Inclino o coração a guardar os teus decretos,
para sempre, até o fim.

ס *Sámech*

113 Odeio os inconstantes,
mas amo a tua lei.
114 Tu és o meu [f]refúgio e o meu escudo;
espero na tua palavra.
115 [g]Apartai-vos de mim, malfeitores,
para que eu guarde
os mandamentos do meu Deus.
116 Sustenta-me conforme a tua promessa,
para que eu viva;
não me deixes [h]envergonhado
da minha esperança.
117 Sustenta-me, e serei salvo;
sempre terei respeito aos teus decretos.
118 Rejeitas a todos os que
se desviam dos teus decretos,
pois o engano deles é falsidade.
119 Tiras da terra, [i]como escória,
a todos os ímpios;
pelo que amo os teus estatutos.
120 A [j]minha carne se arrepia com temor de ti;
tenho medo das tuas leis.

ע *Aín*

121 Fiz o que é certo e justo;
não me entregues aos meus opressores.
122 Fica por fiador do teu servo para o bem;
não deixes que os soberbos me oprimam.
123 Os meus olhos desfalecem
esperando por tua salvação,
esperando a tua justa promessa.
124 Trata com o teu servo
segundo o teu amor e
[k]ensina-me os teus decretos.
125 Sou teu servo; dá-me inteligência
para entender os teus estatutos.
126 Já é tempo de operares, ó Senhor,
pois têm quebrado a tua lei.
127 Porque amo os teus mandamentos
mais do que o ouro,
e ainda mais do que o ouro fino,
128 e porque tenho como retos
todos os teus preceitos,
odeio todo caminho de falsidade.

פ *Pe*

129 Maravilhosos são os teus estatutos;
por isso a minha alma os guarda.
130 A exposição das tuas palavras [l]dá luz;
dá entendimento aos [m]simples.
131 Abro a minha boca e [n]suspiro,
desejando os teus mandamentos.
132 [o]Olha para mim e [p]tem piedade de mim,
segundo sempre fazes
aos que amam o teu nome.
133 Dirige os meus passos
segundo a tua palavra;
não [q]se apodere de mim
iniquidade alguma.
134 [r]Livra-me da opressão do homem,
para que eu guarde os teus preceitos.
135 [s]Faze resplandecer o teu rosto sobre
o teu servo,
e ensina-me os teus decretos.
136 Rios de águas correm dos [t]meus olhos,
pois os homens não guardam a tua lei.

צ *Tsádi*

137 Justo és, ó Senhor, e retas são as tuas leis.
138 Os teus estatutos que ordenaste
são retos e muito fiéis.

[w] Dt 4.6
[x] Comp. 2Tm 3.14,15
[y] Jó 32.7-9
[z] Comp. 1Rs 3.14; 8.25; 9.4; 11.38; 2Cr 7.17,18
[a] v. 52,56
[b] Pv 6.23
[c] Comp. Ne 10.29
[d] Os 14.2; Hb 13.15
[e] Dt 33.4
[f] Sl 32.7; 91.1
[g] Sl 6.8; 139.19; Mt 7.23
[h] Sl 25.2; Rm 5.5; 9.33; 10.11
[i] Comp. Ez 22.18
[j] Hc 3.16
[k] v. 12
[l] Pv 6.23
[m] Sl 19.7; Pv 1.4
[n] Sl 42.1
[o] Sl 106.4
[p] Sl 51.1
[q] Sl 19.13; Rm 6.12,14
[r] Lc 1.74
[s] Sl 4.6
[t] Jr 9.1; 14.17; comp. Ez 9.4

139 O meu zelo me consome,
pois os meus inimigos se esquecem
das tuas palavras.
140 As tuas promessas foram
completamente testadas,
por isso o teu servo as ama.
141 Embora eu seja pequeno e desprezado,
não me esqueço dos teus preceitos.
142 A tua retidão é eterna,
e a tua lei é a [u]verdade.
143 Aperto e angústia se apoderaram de mim,
mas os teus mandamentos são o meu deleite.
144 Os teus estatutos são justos para sempre;
dá-me inteligência, para que eu viva.

ק Cof

145 Clamo de todo o meu coração;
ouve-me, ó Senhor,
e guardarei os teus decretos.
146 A ti invoco; salva-me,
e guardarei os teus estatutos.
147 Levanto-me antes da [v]alva
e clamo por socorro;
aguardo com esperança a tua palavra.
148 Os meus olhos permanecem abertos
durante as vigílias da noite,
para que eu medite nas tuas promessas.
149 Ouve a minha voz, segundo o teu amor;
[w]preserva-me a vida,
ó Senhor, segundo as tuas leis.
150 [x]Aproximam-se de mim
os que andam após a maldade,
mas se afastam da tua lei.
151 Tu estás perto, ó Senhor,
e todos os teus mandamentos são verdade.
152 Há muito aprendi acerca dos teus estatutos,
que estabeleceste para sempre.

ר Reish

153 [y]Olha para a minha aflição e livra-me,
pois não me esqueci da tua lei.
154 [z]Pleiteia a minha causa e [a]livra-me;
preserva-me a vida segundo a tua promessa.
155 A salvação está longe dos ímpios,
pois não buscam os teus decretos.
156 Grande é, ó Senhor, a tua compaixão;
preserva-me a vida segundo as tuas leis.
157 Muitos são os meus perseguidores
e os meus inimigos,
mas não me [b]desviei dos teus estatutos.
158 Vejo os transgressores e me aflijo,
pois não observam a tua palavra.

[u] v. 151; Sl 19.9; Jo 17.17
[v] Sl 5.3; 88.13; 130.6
[w] v. 25,107
[x] Comp. Sl 145.18
[y] Lm 5.1
[z] Comp. 1Sm 24.15
[a] Redenção (tipo do parente remidor): v. 154; Sl 130.7 (Gn 48.16; Is 59.20, nota)
[b] v. 51; Sl 44.18
[c] v. 23; comp. 1Sm 24.11,14; 26.18
[d] Pv 3.2; Is 32.17
[e] v. 174; Gn 49.18
[f] v. 144
[g] Sl 18.22
[h] Is 53.6; 1Pe 2.25; comp. Lc 15.4

159 Considera como amo os teus preceitos;
preserva-me a vida,
ó Senhor, segundo o teu amor.
160 Todas as tuas palavras são verdadeiras;
todas as tuas justas leis são eternas.

ש Shin

161 Os [c]poderosos me perseguem sem causa,
mas o meu coração teme a tua palavra.
162 Alegro-me nas tuas promessas,
como aquele que acha grande despojo.
163 Odeio e abomino a falsidade,
mas amo a tua lei.
164 Sete vezes no dia
te louvo pelas tuas justas leis.
165 [d]Muita paz têm os que amam a tua lei,
e para eles não há tropeço.
166 Ó Senhor, espero na tua [e]salvação
e sigo os teus mandamentos.
167 A minha alma observa os teus estatutos,
pois os amo extremamente.
168 Observo os teus preceitos e
os teus estatutos,
pois todos os meus caminhos estão diante de ti.

ת Tav

169 Chegue a ti o meu clamor, ó Senhor;
[f]dá-me entendimento conforme a tua palavra.
170 Chegue a minha súplica perante a tua face;
livra-me segundo a tua promessa.
171 Proclamem louvor os meus lábios,
pois me ensinas os teus decretos.
172 A minha língua cante a tua palavra,
pois todos os teus mandamentos são justos.
173 Venha a tua mão socorrer-me,
pois escolhi os teus preceitos.
174 Anelo por tua salvação, ó Senhor,
e a tua lei é todo o meu prazer.
175 Viva a minha alma, para que te louve,
e sustenham-me as tuas [g]leis.
176 [h]Desgarrei-me como a ovelha perdida.
Busca o teu servo,
pois não me esqueci dos teus mandamentos.

Clamor na angústia

[1]Cântico dos degraus

120 Na minha angústia clamo ao Senhor,
e ele me ouve.
2 Ó Senhor, livra a minha alma
dos lábios mentirosos e da
língua enganadora.

[1] (120–134, títulos) Há quinze salmos (120–134) chamados de "Cânticos dos degraus". A explicação mais comumente aceita para esse título é de que esses salmos eram cantados pelos peregrinos quando marchavam subindo do cativeiro da Babilônia para Jerusalém ou que eram cantados pelos adoradores de todas as regiões da antiga Canaã quando subiam a Jerusalém para as grandes festas (Dt 16.16). Uma explicação alternativa é que o título "Cântico dos degraus" refere-se aos quinze degraus que levavam ao Átrio de Israel no templo e que estes salmos eram cantados naqueles degraus.

3 O que te fará ele, ou o que te acrescentará,
ó língua enganadora?
4 Ele a castigará com flechas
agudas do valente,
com brasas vivas de zimbro.
5 Ai de mim, que peregrino em [i]Meseque
e habito entre as tendas de [j]Quedar!
6 Já há tempo demais que a minha alma
habita entre os que odeiam a paz.
7 Sou homem de paz, mas quando falo,
eles são pela guerra.

Deus é o guarda fiel do seu povo

Cântico dos degraus

121 **E**levo os olhos para os montes;
de onde me virá o socorro?
2 O meu socorro [k]vem do Senhor,
que fez o céu e a terra.
3 Não deixará vacilar o teu [l]pé;
aquele que te [m]guarda não dormirá.
4 Certamente não dormitará
nem dormirá o guarda de Israel.
5 O Senhor é quem te guarda;
o Senhor é a tua [n]sombra à tua [o]direita.
6 [p]O sol não te importunará de dia,
nem a lua de noite.
7 O Senhor te guardará de todo o mal;
ele [q]guardará a tua alma.
8 O Senhor [r]guardará
a tua entrada e a tua saída,
desde agora e para sempre.

Oração pela paz de Jerusalém

Cântico dos degraus, de Davi

122 **A**legrei-me quando me disseram:
[s]Vamos à casa do Senhor.
2 Os nossos pés estão dentro das tuas portas,
ó Jerusalém.
3 Jerusalém está edificada
como uma cidade [t]bem estabelecida,
4 para [u]onde sobem as tribos,
as tribos do Senhor, como
estatuto de Israel,
para darem graças ao nome do Senhor.
5 Pois ali [v]estão os tronos do juízo,
os tronos da casa de Davi.
6 Orai pela paz de Jerusalém.
Prosperem aqueles que te amam.
7 Haja paz dentro de teus muros,
e prosperidade dentro dos teus palácios.
8 Por causa dos meus irmãos
e amigos, direi:
Haja paz em ti.
9 Por causa da casa do Senhor,
nosso Deus, buscarei o teu bem.

[i] Gn 10.2; Ez 27.13
[j] Gn 25.13; Jr 49.28,29
[k] Jr 3.23
[l] 1Sm 2.9; Pv 3.23,26
[m] Sl 34.19,20; Pv 24.12
[n] Is 25.4
[o] Sl 16.8; 109.31
[p] Sl 91.5; Is 49.10; Ap 7.16
[q] Sl 41.2; 97.10; 145.20
[r] Dt 28.6; Pv 2.8; 3.6
[s] Comp. Is 2.3, Zc 8.21
[t] Comp. 2Sm 5.9
[u] Êx 23.17; Dt 16.16
[v] Dt 17.8; 2Cr 19.8
[w] Veja tít. Sl 120, nota
[x] Sl 121.1,2; 141.8
[y] Sl 25.15
[z] Comp. Ne 2.19; 4.1-5
[a] Sl 118.6; Rm 8.31
[b] Sl 56.1,2; 57.3; Pv 1.12
[c] Sl 91.3
[d] Pv 6.5
[e] Sl 121.2
[f] Fé: v. 1; Jn 3.5 (Gn 3.20; Hb 11.39, nota)
[g] Is 14.5

Buscando a misericórdia de Deus

[w]Cântico dos degraus

123 **A** ti, que habitas nos céus,
[x]levanto os olhos.
2 Como os olhos dos servos
atentam para as mãos dos seus senhores,
e os olhos da serva
para as mãos da sua senhora,
[y]assim os nossos olhos atentam
para o Senhor, o nosso Deus,
até que tenha piedade de nós.
3 Tem piedade de nós, ó Senhor,
tem piedade de nós,
pois estamos sobremodo fartos de desprezo.
4 A nossa alma está cansada
da [z]zombaria dos soberbos,
do desprezo dos arrogantes.

Deus está perto do seu povo

[w]Cântico dos degraus, de Davi

124 **S**e não fora o Senhor, que esteve
[a]ao nosso lado, ora diga Israel:
2 Se não fora o Senhor, que esteve
ao nosso lado,
quando os homens se
levantaram contra nós,
3 eles então nos teriam engolido [b]vivos,
quando a sua ira se acendeu contra nós;
4 as águas teriam transbordado sobre nós,
e a corrente nos teria afogado;
5 sim, as águas impetuosas
nos teriam afogado.
6 Bendito seja o Senhor,
que não nos deu por presa aos dentes deles.
7 A [c]nossa alma escapou,
[d]como um pássaro do laço
dos passarinheiros;
o laço quebrou-se, e nós escapamos.
8 O nosso [e]socorro está no nome do Senhor,
criador do céu e da terra.

A segurança daquele que confia em Deus

[w]*Cântico dos degraus*

125 **O**s que [f]confiam no Senhor
são como o monte de Sião,
que não se abala,
mas permanece para sempre.
2 Como os montes em volta de Jerusalém,
assim o Senhor está em volta do seu povo,
desde agora e para sempre.
3 [g]O cetro dos ímpios não permanecerá
sobre a terra destinada aos justos,
para que o justo não estenda
a mão à iniquidade.

4 Faze bem, ó Senhor,
aos bons e aos retos de coração.
5 Quanto aos que se desviam
para caminhos tortuosos,
o Senhor os castigará com os malfeitores.
Haja paz sobre Israel.

Deus é louvado porque fez retirar do cativeiro o seu povo

[w]Cântico dos degraus

126 [h]Quando o Senhor trouxe
os cativos de volta a Sião,
[i]estávamos como os que sonham.
2 A nossa boca se encheu de riso,
e a nossa língua de cânticos de alegria.
Então se dizia entre as nações:
Grandes coisas fez o Senhor por eles.
3 Grandes coisas fez o Senhor por nós,
e por isso estamos cheios de alegria.
4 Restaura a nossa sorte, ó Senhor,
como as correntes do [j]Neguebe.
5 Os que semeiam com lágrimas,
[k]colherão com cânticos de [l]alegria.
6 Aquele que leva a preciosa semente,
andando e chorando,
voltará com cânticos de [m]alegria,
trazendo consigo os seus feixes.

Os filhos são herança do Senhor

[n]Cântico dos degraus, de Salomão

127 **S**e o Senhor não edificar a casa,
em [o]vão trabalham os que a edificam.
[p]Se o Senhor não guardar a cidade,
em vão vigia a sentinela.
2 Inútil vos será levantar de madrugada,
repousar tarde, [q]comer o pão de dores,
pois ele dá aos seus amados o sono.
3 Os [r]filhos são herança do Senhor,
e o [s]fruto do ventre, o seu [t]galardão.
4 Como flechas na mão do valente,
assim são os filhos da juventude.
5 [u]Bem-aventurado o homem
que enche deles a sua aljava.
Não serão envergonhados
quando enfrentarem
os seus inimigos no tribunal.

Bênçãos sobre o lar dos que temem a Deus

[n]Cântico dos degraus

128 **B**em-aventurado aquele que [v]teme ao Senhor
e anda nos seus caminhos.
2 Comerás do trabalho das tuas mãos;
feliz serás, e te irá [w]bem.
3 A tua mulher será [x]como a videira frutífera
aos lados da tua casa;
os teus [y]filhos [z]como plantas de oliveira
à roda da tua mesa.
4 Assim é abençoado
o homem que teme ao Senhor.
5 O Senhor te abençoe de Sião
todos os dias da tua vida,
para que vejas a prosperidade de Jerusalém
6 e [a]vivas para ver os filhos de teus filhos.
Paz seja sobre Israel.

Israel é perseguido, mas não destruído

[n]Cântico dos degraus

129 **M**uitas vezes me angustiaram
[b]desde a minha juventude,
diga agora Israel.
2 Muitas vezes me angustiaram
desde a minha juventude,
mas não prevaleceram contra mim.
3 Os lavradores araram sobre
as minhas costas,
e compridos fizeram os seus sulcos.
4 O Senhor, porém, é justo;
cortou as cordas dos ímpios.
5 Sejam envergonhados e retrocedam
todos os que odeiam Sião.
6 Sejam [c]como a grama nos telhados,
que se seca antes que possa crescer;
7 com ela o segador não enche a mão
nem o que ata os feixes enche o braço.
8 Não digam os que passam:
A bênção do Senhor seja sobre vós;
nós [d]vos abençoamos em nome do Senhor.

A esperança do perdão

[e]Cântico dos degraus

130 **D**as profundezas a ti clamo, ó Senhor.
2 Ó Senhor, ouve a minha voz.
Estejam os teus ouvidos atentos ao
meu clamor por misericórdia.
3 Se tu, ó Senhor, observares as iniquidades,
ó Senhor, quem [f]subsistirá?
4 Contigo, porém, há perdão;
portanto és [g]temido.
5 Aguardo ao Senhor, a minha alma o aguarda,
e espero na sua palavra.
6 A [hh]minha alma anseia pelo Senhor,
mais do que os guardas pela manhã, sim,
mais do que os guardas pela manhã.
7 [ii]Espera, ó Israel, no Senhor,
pois no Senhor há constante [jj]amor,
e nele há plena [kk]redenção.
8 Ele remirá Israel
de todas as suas iniquidades.

[h] Sl 53.6; 85.1; Os 6.11; Jl 3.1
[i] Comp. At 12.9
[j] Veja Gn 12.9, nota
[k] Gl 6.9
[l] Comp. Ne 12.43
[m] Is 61.3
[n] Veja tít. Sl 120, nota
[o] Comp. Lv 26.20
[p] Sl 121.1-5
[q] Comp. Gn 3.17-19
[r] Gn 33.5; 48.4; Js 24.3,4
[s] Dt 28.4
[t] Sl 113.9
[u] Sl 128.2,3
[v] Veja Sl 19.9, nota
[w] Dt 4.40; Is 3.10
[x] Ez 19.10
[y] Sl 127.3-5
[z] Sl 52.8; 144.12
[a] Comp. Gn 50.23; Jó 42.16
[b] Jr 1.19; 15.20; Mt 16.18; 2Co 4.8,9
[c] Sl 37.2
[d] Comp. Rt 2.4
[e] Veja tít. Sl 120, nota
[f] Na 1.6
[g] 1Rs 8.39,40; veja Sl 19.9, nota
[hh] Sl 33.20; 40.1; Is 8.17
[ii] Sl 131.3
[jj] Sl 86.5,15; Is 55.7
[kk] Redenção (tipo do parente remidor): v. 7,8; Pv 23.11 (Gn 48.16; Is 59.20, nota)

Crescimento na graça

[l]Cântico dos degraus, de Davi

131 Ó Senhor, o meu coração não
é orgulhoso
nem os meus olhos altivos;
não me ocupo de grandes questões
nem de coisas maravilhosas demais para mim.
2 Contudo, fiz calar e sossegar a minha alma;
como uma criança desmamada com a sua mãe,
como uma criança desmamada
é a minha alma para comigo.
3 Espera, ó Israel, no Senhor,
desde agora e para sempre.

O zelo de Davi pelo templo e pela arca

[m]Cântico dos degraus

132 Lembra-te, ó Senhor, de Davi
e de todas as suas aflições.
2 Ele jurou ao Senhor
e fez votos ao Poderoso de Jacó, dizendo:
3 Não entrarei na casa em que habito
nem subirei ao leito em que durmo,
4 não darei sono aos meus olhos
nem repouso às minhas pálpebras,
5 [n]enquanto não achar lugar para o Senhor,
uma morada para o Poderoso de Jacó.
6 Ouvimos falar dela em [o]Efrata,
e a achamos nos campos de Jaar.
7 [p]Entremos na sua morada;
prostremo-nos ante o estrado dos seus pés.
8 Levanta-te, ó Senhor,
e vem para o teu repouso,
tu e a arca da tua força.
9 Vistam-se os teus sacerdotes de [q]retidão;
alegrem-se os teus santos.
10 Por amor de Davi, teu servo,
não faças virar o rosto do teu ungido.
11 O Senhor jurou a Davi [r]com verdade,
e não se revogará seu juramento:
[s]Do fruto das tuas entranhas
porei sobre o teu trono.
12 Se os teus filhos guardarem
a minha aliança
e os meus estatutos, que eu
lhes hei de ensinar,
também os seus filhos se assentarão
perpetuamente no teu trono.
13 [t]Porque o Senhor escolheu a Sião,
e escolheu-a para sua habitação, dizendo:
14 [u]Este é o lugar do meu
repouso para sempre;
aqui habitarei, pois o desejei.
15 Abençoarei abundantemente
o seu mantimento;
fartarei de pão os seus pobres.

[l] Veja tít. Sl 120, nota
[m] Veja tít. Sl 120, nota
[n] At 7.46
[o] Talvez refira-se a Efraim, próximo a Betel
[p] Sl 122.1,2
[q] Justiça (vestes de): v. 9; Is 11.5 (Gn 3.21; Ap 19.8)
[r] Sl 89.3,4,33; 110.4
[s] 2Sm 7.12; 1Rs 8.25; 2Cr 6.16; Lc 1.69; At 2.30
[t] Sl 48.1,2
[u] Sl 68.16
[v] 2Cr 6.41; Sl 132.9; 149.4
[w] 1Sm 4.5
[x] Ez 29.21; Lc 1.69
[y] Veja Dt 33.17, nota
[z] 1Rs 11.36; 15.4; 2Cr 21.7
[a] Sl 35.26; 109.29
[b] Veja tít. Sl 120, nota
[c] Hb 13.1; comp. Gn 13.8
[d] Dt 4.48
[e] Lv 25.21; Dt 28.8; Sl 42.8
[f] Veja tít. Sl 120, nota
[g] Sl 92.13; 96.8; 116.19
[h] Sl 119.68
[i] Eleição (coletiva): v. 4; Is 43.20 (Dt 7.6; 1Pe 5.13)
[j] 135.15-18; 1Co 8.5,6; veja Sl 16.4, nota
[k] Sl 115.3
[ll] Jó 28.25,26; 38.24-28; Zc 10.1
[mm] Jr 51.16
[nn] Êx 12.12,29; Sl 78.51; 136.10

16 [v]Vestirei de salvação os seus sacerdotes,
e os seus santos [w]exultarão.
17 [x]Ali farei brotar a [y]força de Davi
e farei brilhar a [z]luz do meu ungido.
18 [a]Vestirei os seus inimigos de confusão,
mas a coroa sobre a cabeça
dele resplandecerá.

A excelência do amor fraternal

[b]Cântico dos degraus, de Davi

133 Quão bom e quão suave é
que os [c]irmãos vivam em união!
2 É como o óleo precioso sobre a cabeça,
que desce sobre a barba, a barba de Arão,
e que desce à orla das suas vestes.
3 É como o orvalho de [d]Hermom,
que desce sobre os montes de Sião.
Porque [e]ali o Senhor ordena a bênção
e a vida para sempre.

Exortação a bendizer o Senhor

[f]Cântico dos degraus

134 Bendizei ao Senhor, todos vós,
servos do Senhor que assistis de noite
na casa do Senhor.
2 Erguei as mãos no santuário
e bendizei ao Senhor.
3 O Senhor, criador do céu e da terra,
te abençoe de Sião.

Deus é louvado pela sua bondade, poder e justiça

135 Louvai ao Senhor.
Louvai o nome do Senhor;
louvai-o, servos do Senhor,
2 vós que assistis na casa do Senhor,
[g]nos átrios da casa do nosso Deus.
3 Louvai ao Senhor, [h]pois o Senhor é bom;
cantai louvores ao seu nome,
pois é agradável.
4 Porque o Senhor escolheu para si a Jacó,
e a Israel, para seu [i]tesouro peculiar.
5 Eu sei que o Senhor é grande
e que o nosso Deus está acima
de todos os [j]deuses.
6 [k]Tudo o que o Senhor desejou, ele o fez,
nos céus e na terra,
nos mares e em todas as suas
profundezas.
7 Faz subir as nuvens das
extremidades da terra;
[ll]envia relâmpagos com a chuva
e tira os ventos dos seus [mm]depósitos.
8 Foi ele [nn]que feriu os primogênitos do Egito,
desde os homens até os animais.

9 Foi ele que [o]operou sinais
e prodígios no meio de ti,
ó Egito, contra faraó e contra
os seus servos.
10 Foi ele que feriu muitas nações e matou
poderosos [p]reis:
11 Seom, rei dos amorreus,
e Ogue, rei de Basã,
e todos os reinos de [q]Canaã;
12 [r]e deu a sua terra em herança,
em herança a Israel, seu povo.
13 O teu nome, [s]ó Senhor,
permanece perpetuamente,
e a tua memória, ó Senhor,
de geração em geração.
14 Pois o Senhor vindicará o seu povo
e terá compaixão dos seus servos.
15 [t]Os ídolos das nações são prata e ouro,
obra das mãos dos homens.
16 Têm boca, mas não falam;
têm olhos, mas não veem;
17 têm ouvidos, mas não ouvem;
não há fôlego algum na sua boca.
18 Semelhantes a eles se tornem
os que os fazem,
e todos os que neles confiam.
19 Ó casa de Israel, bendizei ao Senhor;
ó casa de Arão, bendizei ao Senhor.
20 Ó casa de Levi, bendizei ao Senhor;
vós, os que [u]temeis ao Senhor,
louvai ao Senhor.
21 Desde Sião seja bendito o Senhor,
que habita em Jerusalém.
Louvai ao Senhor.

A benignidade do Senhor é para sempre

136 Dai graças ao Senhor,
pois ele é bom,
[v]porque o seu amor dura para sempre.
2 Dai graças ao [w]Deus dos deuses,
porque o seu amor dura para sempre.
3 Dai graças ao Senhor dos senhores,
porque o seu amor dura para sempre;
4 àquele que só faz maravilhas,
porque o seu amor dura para sempre;
5 [x]àquele que, com entendimento, fez os céus,
porque o seu amor dura para sempre;
6 [y]àquele que estendeu a terra sobre as águas,
porque o seu amor dura para sempre;
7 [z]àquele que fez os grandes luminares,
porque o seu amor dura para sempre;
8 [a]o sol para governar de dia,
porque o seu amor dura para sempre;
9 a lua e as estrelas para presidirem à noite,
porque o seu amor dura para sempre;
10 [b]àquele que feriu os primogênitos do Egito,
porque o seu amor dura para sempre;
11 [c]que tirou Israel do meio deles,
porque o seu amor dura para sempre;
12 com mão forte e com braço estendido,
porque o seu amor dura para sempre;
13 [d]àquele que dividiu o mar
Vermelho em duas partes,
porque o seu amor dura para sempre;
14 e fez passar Israel pelo meio dele,
porque o seu amor dura para sempre;
15 [e]mas derrubou faraó
com o seu exército no mar Vermelho,
porque o seu amor dura para sempre;
16 àquele que guiou o seu povo pelo deserto,
porque o seu amor dura para sempre;
17 [f]àquele que feriu os grandes reis,
porque o seu amor dura para sempre;
18 [g]e deu a morte a reis famosos,
porque o seu amor dura para sempre:
19 [h]Seom, rei dos amorreus,
porque o seu amor dura para sempre;
20 e [i]Ogue, rei de Basã,
porque o seu amor dura para sempre;
21 [j]e deu a terra deles em herança,
porque o seu amor dura para sempre;
22 em herança a Israel, seu servo,
porque o seu amor dura para sempre;
23 [k]que se lembrou de nós em nossa humilhação,
porque o seu amor dura para sempre;
24 e nos [l]libertou dos nossos inimigos,
porque o seu amor dura para sempre;
25 que dá mantimento a toda criatura,
porque o seu amor dura para sempre.
26 Dai graças ao Deus dos céus,
porque o seu amor dura para sempre.

Saudades da pátria

137 Junto aos rios de Babilônia
nos assentamos e choramos,
lembrando-nos de Sião.
2 Nos salgueiros que há no meio dela,
penduramos as nossas harpas,
3 pois aqueles que nos levaram cativos
nos pediam canções,
e os que nos atormentavam,
que os alegrássemos, dizendo:
Cantai-nos um dos cânticos de Sião.
4 Como, porém, entoaremos
o cântico do Senhor em terra estranha?
5 Se eu me esquecer de ti, ó Jerusalém,
que a minha mão direita perca a destreza.
6 Que se me apegue a [m]língua ao paladar,
se não me lembrar de ti,
se não preferir Jerusalém à minha maior alegria.
7 Lembra-te, ó Senhor,
do que fizeram os filhos de [n]Edom
no dia da queda de Jerusalém.
Diziam: Arrasai-a, arrasai-a até os seus alicerces.

[o] Êx 7–14
[p] Sl 136.17-22
[q] Js 12.7
[r] Sl 78.55; 136.21,22
[s] Êx 3.15; Sl 102.12
[t] v. 15-18; comp. Sl 115.4-8
[u] Veja Sl 19.9, nota
[v] 1Cr 16.34,41; 2Cr 20.21
[w] Comp. Dt 4.35,39; Is 44.8; 45.5; 46.9; 1Co 8.5,6; veja Sl 16.4, nota
[x] Gn 1.1,6-8; Pv 3.19; Jr 51.15
[y] Gn 1.9; Sl 24.2; Jr 10.12
[z] Gn 1.14
[a] Gn 1.16
[b] Êx 12.29; Sl 135.8
[c] Êx 12.51; 13.3,16
[d] Êx 14.21,22; Sl 78.13
[e] Êx 14.27; Sl 135.9
[f] Sl 135.10,11
[g] Dt 29.7
[h] Nm 21.21
[i] Nm 21.33
[j] Js 12.1; Sl 135.12
[k] Gn 8.1; Dt 32.36; Sl 113.7
[l] Sl 44.7
[m] Ez 3.26
[n] Jr 49.7; Lm 4.22; Ez 25.12; Ob 10; veja Gn 36.1, nota

8 Ó filha de Babilônia,
[o]condenada à destruição,
feliz aquele que te retribuir
pelo que nos fizeste;
9 feliz aquele que pegar em teus filhos
e despedaçar nas pedras.

Ação de graças a Deus por amor da sua fidelidade

Salmo de Davi

138 Eu te louvarei, ó Senhor,
de todo o meu coração;
na presença dos [p]deuses a ti
cantarei louvores.
2 Eu me inclinarei para o teu santo templo
e louvarei o teu nome, por
causa do teu amor,
e por causa da tua fidelidade,
pois engrandeceste acima de
todas as coisas
o teu nome e a tua palavra.
3 No dia em que eu clamei, tu me ouviste;
alentaste-me e fortaleceste a minha alma.
4 Todos os reis da terra te louvem, ó Senhor,
quando ouvirem as palavras da tua boca;
5 cantem os caminhos do Senhor,
pois grande é a glória do Senhor.
6 Embora o Senhor seja excelso,
[q]atenta para o humilde,
mas ao soberbo conhece de longe.
7 Ainda que eu [r]ande no meio da angústia,
tu preservarás a minha vida;
estenderás a tua mão
contra a ira dos meus inimigos,
e a tua mão direita me salvará.
8 O [s]Senhor cumprirá o que me diz respeito;
o teu amor, ó Senhor, dura para sempre!
Não desampares as obras das tuas mãos.

A onisciência e onipresença de Deus

Salmo de Davi para o músico-mor

139 Ó Senhor, tu me [t]sondaste e me conheces.
2 [u]Tu conheces o meu assentar
e o meu levantar;
de longe [v]entendes o meu pensamento.
3 Esquadrinhas o meu andar e o meu deitar;
conheces todos os meus caminhos.
4 Sem que haja uma palavra na minha língua,
ó Senhor, [w]tudo conheces.
5 Tu me cercaste em volta;
puseste sobre mim a tua mão.
6 [x]Tal conhecimento é
[y]maravilhoso demais para mim;
elevado demais para que possa atingir.
7 [z]Para onde me irei do teu [a]Espírito?
Para onde fugirei da tua face?
8 Se subir ao céu, tu aí estás;
se fizer nas [b]profundezas a minha cama,
tu [c]ali também estás.
9 Se tomar as asas da alva,
se habitar nas extremidades do mar,
10 ainda ali a tua mão direita me guiará
e me susterá.
11 Se eu disser: As trevas me encobrirão
e a noite será luz à roda de mim,
12 nem ainda as [d]trevas são escuras para ti;
a noite resplandece como o dia,
pois as trevas e a luz são para
ti a mesma coisa.
13 Pois criaste o meu interior;
entreteceste-me no ventre da minha mãe.
14 Eu te louvo porque de um modo terrível
e maravilhoso fui formado;
maravilhosas são as tuas obras,
e a minha alma o sabe muito bem.
15 Os meus ossos [e]não te foram encobertos,
quando no oculto fui formado.
Quando fui entretecido nas
profundezas da terra,
16 os teus olhos viram o meu corpo
ainda informe.
Todos os dias que foram ordenados para mim,
no teu livro foram escritos
quando nenhum deles havia ainda.
17 [f]Quão preciosos me são, ó Deus,
os teus pensamentos!
Quão vasta é a soma deles!
18 Se os contasse,
seriam em maior número do que a areia.
Quando acordo ainda estou contigo.
19 Se tão somente matasses o ímpio, [g]ó Deus!
Apartai-vos de mim, homens de sangue.
20 Eles falam contra ti com
[h]intenção maligna;
os teus inimigos tomam o teu nome em vão.
21 Não odeio eu, ó Senhor, e abomino
aqueles que se levantam contra ti?
22 Odeio-os com ódio completo;
tenho-os por inimigos.
23 [i]Sonda-me, ó Deus, e conhece
o meu coração;
[j]prova-me e conhece os
meus pensamentos.
24 Vê se há em mim algum caminho mau
e [k]guia-me pelo caminho eterno.

O salmista ora para que seja guardado

Salmo de Davi para o músico-mor

140 Livra-me, ó Senhor, dos homens maus;
protege-me dos homens violentos,
2 que maquinam maldades no coração
e vivem projetando guerras.

[o] Is 13.1-6; 47.1; Jr 25.12; 50.2; 51.24,56
[p] Veja Sl 16.4, nota
[q] Pv 3.34; Tg 4.6
[r] Sl 23.3,4
[s] Sl 57.2; Fp 1.6
[t] Comp. Sl 139.23
[u] Comp. 2Rs 19.27
[v] Comp. Mt 9.4; Jo 2.24,25
[w] Hb 4.13
[x] Jó 42.3; Sl 40.5
[y] Comp. Rm 11.33
[z] Jr 23.24; Am 9.2-4; comp. Jn 1.3
[a] Espírito Santo (AT): v. 7; Sl 143.10 (Gn 1.2; Zc 12.10)
[b] Veja Hc 2.5, nota; comp. Lc 16.23, nota
[c] Am 9.2-4
[d] Jó 26.6; 34.22; Dn 2.22; Hb 4.13
[e] Jó 10.8,9; Ec 11.5
[f] Rm 11.33
[g] Is 11.4
[h] Jd 15
[i] Jó 31.6; Sl 26.2
[j] Provar-Tentar: v. 23,24; Pv 1.10 (Gn 3.1; Tg 1.14)
[k] Sl 5.8; 143.10

3 Aguçam a língua como a serpente;
o [l]veneno das víboras está
debaixo dos seus lábios. (Selá)
4 Guarda-me, ó Senhor, das mãos dos ímpios,
guarda-me do homem violento,
os quais se propuseram desviar
os meus passos.
5 Os soberbos armaram-me [m]laços e cordas;
estenderam uma rede à beira do caminho,
prepararam-me armadilhas. (Selá)
6 Eu digo ao Senhor: Tu és o meu Deus.
Ouve, ó Deus, o meu clamor
por misericórdia.
7 Ó Senhor Deus, fortaleza da minha salvação,
que cobres a minha cabeça
no dia da batalha;
8 não concedas, ó Senhor, ao
ímpio os seus desejos;
não deixes ir avante o seu mau propósito,
[n]para que não se orgulhe. (Selá.)
9 Quanto aos que me cercam,
cubra-lhes a cabeça a maldade
que os seus lábios têm causado.
10 Caiam sobre eles brasas vivas;
sejam lançados no fogo,
em covas profundas,
para que não se tornem a levantar.
11 Não se estabeleça na terra o caluniador;
o desastre persiga o homem violento.
12 Sei que o Senhor [o]concede justiça ao pobre
e sustenta a causa do necessitado.
13 Certamente os justos louvarão o teu nome,
e os retos habitarão na tua presença.

Oração por preservação em meio à tentação

Salmo de Davi

141 Ó Senhor, a ti clamo;
dá-te pressa em me acudir.
Ouve a minha voz quando a ti clamar.
2 Suba a minha oração
perante a tua face [p]como incenso,
e seja o levantar das [q]minhas mãos
como o sacrifício da tarde.
3 Põe, ó Senhor, uma guarda à minha [r]boca;
guarda a porta dos meus lábios.
4 Não inclines o meu coração para o mal,
nem para se ocupar de coisas más,
com aqueles que praticam a iniquidade;
não coma eu das suas [s]iguarias.
5 [t]Fira-me o justo, será isso sinal de bondade;
repreenda-me,
será um excelente óleo sobre a
minha cabeça,
que não o rejeitará.
Contudo, a minha oração será sempre
contra os feitos dos ímpios;

[l] Sl 58.4; Rm 3.13
[m] Sl 35.7; 57.6; 119.110; 141.9; Jr 18.22
[n] Dt 32.27
[o] 1Rs 8.45; Sl 9.4
[p] Ap 8.3
[q] Sl 134.2; 1Tm 2.8
[r] Pv 21.23
[s] Pv 23.6
[t] Pv 9.8; 19.25; 25.12; Gl 6.1
[u] Comp. 2Co 1.9
[v] Veja Hc 2.5, nota; comp. Lc 16.23, nota
[w] 2Cr 20.12; Sl 25.15; 123.1,2
[x] Veja Sl 2.12, nota
[y] Instrução
[z] 1Sm 22.1; 24.3; Sl 57, tít.
[a] Sl 77.3
[b] Sl 141.9
[c] Sl 34.2
[d] Êx 34.7; Jó 4.17; 9.2; 15.14; 25.4; Sl 130.3; Ec 7.20; Rm 3.20; Gl 2.16

6 os seus juízes serão precipitados
penha abaixo,
e os ímpios saberão que as minhas
palavras são verdadeiras.
7 Como quando alguém lavra e sulca a terra,
são os [u]nossos ossos espalhados
à [v]boca da sepultura.
8 Os meus [w]olhos, porém, te contemplam,
ó Senhor Deus; em ti me [x]refugio.
Não desampares a minha alma.
9 Guarda-me dos laços que me armaram,
das armadilhas dos que
praticam a iniquidade.
10 Caiam os ímpios nas suas próprias redes,
enquanto eu escape ileso.

Oração em meio a grande dificuldade

[y]Masquil de Davi; oração que fez
quando estava na [z]caverna

142 Com a minha voz clamo ao Senhor;
com a minha voz ao Senhor suplico.
2 Derramo a minha queixa perante
a sua face;
exponho-lhe a minha angústia.
3 Quando dentro em mim
[a]desfalece o meu espírito,
és tu quem conheces a minha vereda;
no caminho em que eu ando
ocultaram-me um [b]laço.
4 Olha para a minha direita e vê;
ninguém há que se preocupe comigo.
Refúgio me falta;
ninguém cuida da minha alma.
5 A ti, ó Senhor, clamo; eu digo:
Tu és o meu refúgio,
a minha herança na terra dos viventes.
6 Atende ao meu clamor,
pois estou muito abatido;
livra-me dos meus perseguidores,
pois são mais fortes do que eu.
7 Tira a minha alma da prisão,
para que eu [c]louve o teu nome.
Então os justos me rodearão,
por causa da tua bondade para comigo.

Apelo urgente por livramento

Salmo de Davi

143 Ó Senhor, ouve a minha oração,
inclina os ouvidos ao meu clamor
por misericórdia;
escuta-me segundo a tua fidelidade
e segundo a tua retidão.
2 Não entres em juízo com o teu servo,
[d]pois à tua vista não se achará
justo nenhum vivente.

3 O inimigo persegue a minha alma,
abate-me até o chão;
faz-me habitar na escuridão,
como aqueles que morreram há muito.
4 Pelo que o meu espírito se
desanima dentro em mim;
o meu coração está desolado.
5 [e]Lembro-me dos dias antigos;
medito em todos os teus feitos
e considero a obra das tuas mãos.
6 Estendo para ti as minhas mãos;
a minha alma tem sede de ti
como terra sedenta. (Selá)
7 Apressa-te em ouvir-me, ó Senhor;
o meu espírito desfalece.
Não escondas de mim a tua face,
para que não me torne
semelhante aos que descem à cova.
8 [f]Faze-me ouvir do teu constante amor
pela manhã, pois em ti confio.
Faze-me saber o caminho que
devo seguir,
pois a ti levanto a minha alma.
9 Livra-me, ó Senhor, dos meus inimigos,
pois em ti é que eu me refugio.
10 Ensina-me a fazer a tua vontade,
pois és o meu Deus;
guie-me o teu bom [g]Espírito
por terra plana.
11 [h]Preserva-me a vida, ó Senhor,
por amor do teu nome;
por amor da tua retidão,
tira a minha alma da angústia.
12 Por teu constante amor,
silencia os meus inimigos;
destrói todos os meus adversários,
pois eu sou teu servo.

Ação de graças pela proteção de Deus

Salmo de Davi

144 Bendito seja o Senhor, minha rocha,
que adestra as minhas
mãos para a peleja
e os meus dedos para a guerra.
2 Ele é o meu Deus misericordioso
e a minha fortaleza,
o meu alto retiro e o meu libertador,
o meu escudo, em quem me refugio,
que me sujeita o meu povo.
3 Ó Senhor, [i]que é o homem,
para que o conheças,
e o filho do homem,
para que o estimes?
4 O homem é semelhante a um sopro;
os [j]seus dias são como a
sombra que passa.

[e] Sl 77.5,10,11
[f] Sl 5.8
[g] Espírito Santo (AT): v. 10; Is 11.2 (Gn 1.2; Zc 12.10)
[h] Sl 138.7
[i] Jó 7.17; Sl 8.4; Hb 2.6
[j] Jó 8.9; 14.2; Sl 102.11
[k] Sl 18.9; Is 64.1
[l] Os 5.7
[m] Sl 33.2,3; 40.3
[n] Dt 33.29; Sl 33.12; 65.4; 146.5; Jr 17.7
[o] Sl 96.4
[p] Jó 5.9; 9.10; Rm 11.33

5 [k]Abaixa, ó Senhor, os teus céus e desce;
toca os montes, para que fumeguem.
6 Envia os teus raios e dissipa os inimigos;
envia as tuas flechas e desbarata-os.
7 Estende as tuas mãos desde o alto;
livra-me e salva-me das muitas águas
e das mãos dos [l]estranhos,
8 cuja boca fala vaidade
e cuja mão direita é a destra da falsidade.
9 A ti, ó Deus, cantarei um [m]cântico novo;
com o saltério e com o instrumento
de dez cordas
te cantarei louvores.
10 É ele que dá vitória aos reis,
que livra Davi, seu servo, da espada maligna.
11 Livra-me; tira-me das mãos dos estranhos,
cuja boca fala vaidade e cuja mão direita
é a destra da falsidade.
12 Que os nossos filhos sejam como plantas,
bem desenvolvidos na sua juventude,
e as nossas filhas sejam como
pedras angulares,
lavradas como colunas de um palácio.
13 Que os nossos celeiros estejam repletos;
as nossas ovelhas produzam milhares
e dezenas de milhares em nossos campos;
14 e os nossos bois levem cargas pesadas,
e não haja assaltos, nem ataques,
nem clamores em nossas ruas!
15 [n]Bem-aventurado o povo a
quem assim sucede!
Bem-aventurado é o povo cujo
Deus é o Senhor.

Louvor à grandeza de Deus

Cântico de Davi

145 Eu te exaltarei, ó Deus, rei meu;
bendirei o teu nome
pelos séculos dos séculos.
2 Cada dia te bendirei e louvarei o teu nome
pelos séculos dos séculos.
3 [o]Grande é o Senhor e muito
digno de louvor;
a sua [p]grandeza é insondável.
4 Uma geração contará as tuas obras
a outra geração;
anunciarão as tuas proezas.
5 Falarão do glorioso esplendor
da tua majestade,
e meditarei nas tuas obras
maravilhosas.
6 Falarão da força dos teus feitos tremendos,
e proclamarei a tua grandeza.
7 Publicarão abundantemente
a memória da tua grande bondade
e cantarão a tua retidão.

8 [q]Piedoso e benigno é o Senhor,
tardio em irar-se e grande em amor.
9 O Senhor é [r]bom para todos;
tem compaixão de todas as suas obras.
10 Todas as tuas obras te louvarão, ó Senhor;
os teus santos te bendirão.
11 Falarão da glória do teu reino
e relatarão o teu poder,
12 para que façam saber aos
filhos dos homens
as tuas proezas e o glorioso
esplendor do teu reino.
13 O teu [s]reino é um reino eterno;
e o teu domínio estende-se
a todas as gerações.
14 O Senhor sustenta todos os que caem
e levanta todos os abatidos.
15 Os olhos de todos esperam em ti,
e tu lhes dás o seu mantimento
a seu tempo.
16 [t]Abres a tua mão e satisfazes
os anseios de todos os viventes.
17 Justo é o Senhor em todos
os seus caminhos
e bondoso em todas as suas obras.
18 [u]Perto está o Senhor de todos
os que o invocam,
de todos os que o invocam em [v]verdade.
19 Ele realiza o anseio dos que o [w]temem;
ouve o seu clamor, e os salva.
20 O Senhor [x]guarda todos os que o amam,
mas todos os ímpios serão destruídos.
21 A minha boca entoará o louvor do Senhor.
Toda criatura louve o seu santo nome
para todo o sempre.

Louvor a Deus por seu auxílio

146 [y]Louvai ao Senhor.
Ó minha alma, louva ao Senhor.
2 Louvarei ao Senhor durante a minha vida;
cantarei louvores ao meu
Deus enquanto viver.
3 Não [z]confieis em príncipes
nem nos filhos dos homens,
em quem não há salvação.
4 Sai-lhes o espírito e eles tornam ao pó;
nesse mesmo dia perecem
todos os seus [a]planos.
5 Bem-aventurado aquele que tem o
Deus de Jacó por seu auxílio,
cuja esperança está no Senhor, o seu Deus,
6 [b]criador dos céus e da terra,
do mar e de tudo o que neles há,
o Senhor que permanece fiel para sempre.
7 Ele [c]sustenta a causa dos oprimidos
e dá pão aos famintos.
O [d]Senhor liberta os encarcerados,
8 o [e]Senhor abre os olhos aos cegos,
o Senhor levanta os abatidos,
o Senhor ama os justos.
9 O Senhor [f]guarda os estrangeiros
e ampara o órfão e a viúva,
mas frustra os propósitos dos ímpios.
10 O Senhor [g]reina eternamente.
O teu Deus, ó Sião, reina de
geração em geração.
Louvai ao Senhor.

Louvor a Deus pelo ajuntamento de Israel

147 Louvai ao Senhor.
Quão bom é cantar
louvores ao nosso Deus,
quão agradável e decoroso é o louvor!
2 O Senhor edifica Jerusalém;
[h]congrega os dispersos de Israel.
3 [i]Sara os quebrantados de coração
e cura-lhes as feridas.
4 [j]Conta o número das estrelas,
chamando-as todas pelos seus nomes.
5 Grande é o nosso Senhor
e de grande poder;
o seu [k]entendimento não tem limite.
6 O Senhor eleva os humildes,
mas abate os ímpios até a terra.
7 Cantai ao Senhor em ação de graças;
cantai louvores, ao som da
harpa, ao nosso Deus.
8 [l]Ele é que cobre o céu de nuvens,
que prepara a chuva para a terra
e faz produzir erva sobre os montes.
9 Ele dá aos animais o seu sustento,
e aos filhos dos corvos, quando
clamam famintos.
10 Não se deleita na força do cavalo
nem se agrada na agilidade do homem.
11 O Senhor se agrada dos que o [m]temem
e dos que esperam no seu
constante amor.
12 Louva, ó Jerusalém, ao Senhor;
louva, ó Sião, ao teu Deus,
13 pois ele fortalece as trancas das tuas portas
e abençoa os teus filhos que lá habitam.
14 Ele concede paz aos teus termos
e te farta com o melhor do trigo.
15 Envia o seu mandamento à terra;
a sua palavra corre velozmente.
16 Ele espalha a neve como lã
e esparge a geada como cinza.
17 Ele lança o seu gelo em pedaços.
Quem pode resistir ao seu frio?
18 Manda a sua palavra, e o gelo derrete;
faz soprar o vento, e correm as águas.
19 [n]Mostrou a sua palavra a Jacó,
as suas [o]leis e decretos a Israel.

[q] Êx 34.6,7; Nm 14.18; Sl 86.5,15; 103.8
[r] Sl 100.5; Na 1.7
[s] Dn 2.44; 4.3; 1Tm 1.17
[t] Sl 104.28
[u] Dt 4.7
[v] Jo 4.24
[w] Veja Sl 19.9, nota
[x] Sl 31.23; 97.10
[y] Sl 103.1
[z] Veja Sl 2.12, nota
[a] Sl 33.10; comp. 1Co 2.6
[b] Gn 1.1; Êx 20.11; At 4.24; Ap 14.7
[c] Sl 72.2
[d] Sl 68.6; 107.10,14
[e] Mt 9.30; Jo 9.7,32
[f] Dt 10.18; Sl 68.5
[g] Êx 15.18; Sl 10.16; Ap 11.15
[h] Dt 30.3
[i] Sl 51.17; Is 61.1; Lc 4.18
[j] Gn 15.5; Is 40.26
[k] Is 40.28
[l] Jó 38.26,27; Sl 104.13
[m] Veja Sl 19.9, nota
[n] Dt 33.2-4; Sl 76.1; 78.5; 103.7
[o] Sl 97.8

20 Não [p]fez assim a nenhuma outra nação;
elas não conhecem as suas leis.
Louvai ao Senhor.

Louvor a Deus pela criação

148 Louvai ao Senhor.
Louvai ao Senhor desde os céus,
louvai-o nas alturas.
2 Louvai-o, todos os seus [q]anjos;
louvai-o, todos os seus exércitos celestiais.
3 Louvai-o, sol e lua;
louvai-o, todas as estrelas luzentes.
4 Louvai-o, céus dos céus,
e as águas que estão sobre os céus.
5 Louvem o nome do Senhor,
pois mandou ele, e logo foram criados.
6 Ele os estabeleceu para sempre;
e lhes deu uma lei que não mudará.
7 Louvai ao Senhor desde a terra,
vós, [r]monstros marinhos,
e todas as profundezas dos oceanos,
8 relâmpago e saraiva, neve e nuvens,
ventos tempestuosos que executam
a sua vontade;
9 montes e todos os outeiros,
árvores frutíferas e todos os cedros;
10 feras e todos os gados,
répteis e aves voadoras;
11 reis da terra e todos os povos,
governantes e todos os juízes da terra;
12 jovens e donzelas, velhos e crianças,
13 louvai o nome do Senhor,
pois só o seu [s]nome é exaltado;
a sua glória está sobre a terra e o céu.
14 Ele também [t]exaltou o poder do seu povo,
o louvor de [u]todos os seus santos,
dos filhos de Israel,
[v]um povo que lhe é chegado.
Louvai ao Senhor.

Os filhos de Sião louvam a Deus

149 Louvai ao Senhor.
Cantai ao Senhor um cântico novo,
e o seu louvor na assembleia dos santos.
2 Alegre-se Israel naquele que o fez,
regozijem-se os filhos de Sião no seu [w]Rei.
3 Louvem o seu nome com danças;
e lhe cantem louvores com adufe e harpa.
4 Porque o Senhor se agrada do seu povo;
ele coroa os humildes com a salvação.
5 Exultem os santos de glória
e cantem de [x]alegria nos seus leitos.
6 Estejam na sua garganta
os altos louvores de Deus
e [y]espada de dois gumes nas suas mãos,
7 para tomarem vingança
das nações e punirem os povos,
8 para prenderem os seus reis com cadeias
e os seus nobres com algemas de ferro,
9 para [z]executarem contra eles o juízo escrito.
Essa é a [a]glória de todos os santos.
Louvai ao Senhor.

Louvor total a Deus

150 [b]Louvai ao Senhor.
Louvai a Deus no seu santuário;
louvai-o no firmamento do seu poder.
2 Louvai-o pelos seus atos poderosos,
louvai-o conforme a excelência
da sua [c]grandeza.
3 Louvai-o com o som da [d]trombeta,
louvai-o com [e]saltério e com harpa,
4 louvai-o com adufes e danças,
louvai-o com instrumentos de
cordas e com flauta,
5 louvai-o com címbalos sonoros,
louvai-o com címbalos ressonantes.
6 Tudo o que tem fôlego louve ao Senhor.
Louvai ao Senhor.

[p] Dt 4.32-34; Rm 3.1,2
[q] Veja Hb 1.4, nota
[r] Is 43.20
[s] Sl 8.1
[t] Sl 75.10
[u] Sl 149.9
[v] Comp. Ef 2.17
[w] Zc 9.9; Mt 21.5
[x] Jó 35.10
[y] Hb 4.12; Ap 1.16
[z] Dt 7.1,2
[a] 1Co 6.2
[b] Sl 145.5,6
[c] Dt 3.24
[d] Heb. shofar, um chifre de carneiro usado como instrumento de música
[e] Instrumento possivelmente similar ao violão

- **Autor:** Salomão e outros
- **Tema:** A sabedoria
- **Época da compilação:** século X a.C.

PROVÉRBIOS

PROVÉRBIOS é uma coleção de ditos sucintos, nos quais, por meio de comparação ou contraste, algumas verdades importantes são apresentadas. Provérbios são comuns a todas as nações do mundo antigo. Essa coleção em particular foi realizada principalmente por Salomão, de quem é dito ser autor de três mil provérbios (1Rs 4.32).

Entre as virtudes elogiadas nesse livro estão a busca da sabedoria, o respeito aos pais, a generosidade, a fidelidade no lar e a honestidade nos relacionamentos comerciais. Entre os vícios condenados, estão a falta de moderação no comer e no beber, a libertinagem, a falsidade, a preguiça, a inclinação para as contendas e as más companhias.

Os provérbios colecionados por Salomão são difíceis de classificar; as seguintes divisões podem ser úteis: I. Exortações paternais dirigidas principalmente aos jovens, 1–9. II. A sabedoria e o temor a Deus em contraste com a loucura e o pecado, 10–24. III. Provérbios de Salomão selecionados pelos homens de Ezequias, 25–29. IV. Provérbios suplementares de Agur e Lemuel, 30–31.

I. Exortações paternais dirigidas principalmente aos jovens, 1–9

Propósito do livro

1 [1]Provérbios de Salomão, filho de Davi, rei de Israel,
2 para se conhecer a sabedoria e a instrução;
para se entenderem as
palavras da prudência;
3 para se instruir em sábio procedimento,
em retidão, justiça e equidade;
4 para se dar aos [a]simples prudência
e aos jovens conhecimento e bom siso.
5 Ouça o [b]sábio e cresça em sabedoria,
e o entendido adquira habilidade
6 para entender provérbios e parábolas;
os ditados e os [c]enigmas dos sábios.

O alicerce da sabedoria: o temor do Senhor

7 O [d]temor do Senhor é o princípio
do conhecimento,
mas os [2]loucos desprezam a sabedoria
e a instrução.
8 Filho meu, ouve a instrução de teu pai
e não deixes a doutrina de tua mãe.
9 Diadema [e]de graça serão para a tua cabeça
e colares para o teu pescoço.
10 Filho meu, se os pecadores
te [f]quiserem seduzir,
[g]não o consintas.
11 Se disserem: Vem conosco;
armemos uma emboscada para matar,
espreitemos sem razão os inocentes,
12 traguemo-los vivos, como a [h]sepultura,
e inteiros, como os que descem à [i]cova;

[a] Pv 9.4
[b] Pv 9.9
[c] Sl 78.2
[d] Veja Sl 19.9, nota
[e] Pv 3.22
[f] Provar-Tentar: v. 10; Pv 17.3(Gn 3.1; Tg 1.14)
[g] Comp. Gn 39.7,8; Sl 1.1; Ef 5.11
[h] Veja Hc 2.5, nota; comp. Lc 16.23, nota
[i] Sl 28.1; 143.7
[j] Is 59.7; Rm 3.15
[k] Pv 15.27; 1Tm 6.10
[l] Pv 8.1; 9.3; comp. Jo 7.37
[m] Is 65.12; 66.4; Jr 7.13; Zc 7.11

13 acharemos todo tipo de bens preciosos,
encheremos as nossas casas de despojos;
14 lança a tua sorte entre nós,
teremos todos uma só bolsa.
15 Filho meu, não te ponhas a caminho com eles,
desvia o teu pé das suas veredas,
16 pois os [j]pés deles correm para o mal
e se apressam para matar.
17 Na verdade, em vão se estenderia
a rede à vista de qualquer ave.
18 Esses armam ciladas contra o próprio sangue
e espreitam a própria vida.
19 Tais [k]são as veredas de todo aquele
que se entrega à cobiça;
ela prende a alma dos que a possuem.

Advertência da sabedoria

20 A suprema [l]sabedoria
faz soar alto a sua voz e clama nas praças,
pelas ruas levanta a sua voz;
21 nas encruzilhadas,
no meio dos tumultos clama,
às entradas das portas e na cidade
profere as suas palavras:
22 Até quando, ó tolos, amareis a tolice?
Até quando os zombadores desejarão
a zombaria
e os loucos odiarão o conhecimento?
23 Convertei-vos pela minha repreensão;
abundantemente derramarei sobre vós
o meu espírito
e vos farei saber as minhas palavras.
24 Mas [m]porque clamei e vós recusastes;
porque estendi a mão e
não houve quem desse atenção;

[1] (1.1) A maioria dos provérbios provém de Salomão no século X a.C.; contudo, alguns deles foram copiados mais tarde de seus outros escritos (25.1; comp. 1Rs 4.32); autores de outros provérbios são Agur (cap. 30) e o rei Lemuel (cap. 31).

[2] (1.7) O "louco" nas Escrituras não se refere à pessoa mentalmente desequilibrada, mas à pessoa que é arrogante e autossuficiente, a pessoa que ordena sua vida como se Deus não existisse. Veja, p. ex., Lc 12.16-21. O homem rico não era mentalmente desequilibrado, mas insensato, porque supunha que podia alimentar sua alma com o que havia nos celeiros e não se ocupou em pensar no seu bem-estar eterno.

25 antes rejeitastes todo o meu conselho
e não quisestes a minha repreensão;
26 também eu me rirei no dia da vossa desgraça
e zombarei, vindo o vosso temor.
27 Vindo como tempestade o vosso temor
e vindo a vossa perdição como tormenta,
sobrevindo-vos aperto e angústia,
28 [n]então a mim clamarão,
mas eu não responderei;
de madrugada me buscarão,
mas não me acharão.
29 Visto que aborreceram o conhecimento
e não preferiram o [o]temor do Senhor;
30 visto que não quiseram o meu conselho
e desprezaram toda a minha repreensão,
31 comerão do fruto do seu caminho
e se fartarão dos seus próprios conselhos.
32 Porque o desvio dos tolos os matará
e a prosperidade dos loucos os destruirá.
33 O que, porém, me der ouvidos
habitará [p]seguro
e [q]estará descansado do temor do mal.

A sabedoria livra do mal

2 Filho meu, se aceitares as minhas palavras
e [r]esconderes contigo os
meus mandamentos,
2 para fazeres atento à sabedoria o teu ouvido
e para inclinares o teu coração
ao entendimento;
3 se clamares por entendimento
e por inteligência ergueres a tua voz;
4 se como a prata a buscares e
como a tesouros escondidos a procurares,
5 [s]então entenderás o temor do Senhor
e acharás o conhecimento de Deus.
6 Porque o [t]Senhor dá a sabedoria;
da sua boca vêm o conhecimento
e o entendimento.
7 Ele reserva a verdadeira
sabedoria para os retos;
[u]escudo é para os que caminham
na sinceridade,
8 pois guarda as veredas do justo
e protege o caminho dos seus santos.
9 Então entenderás a justiça, o juízo,
a equidade e todas as boas veredas.
10 Porque a sabedoria entrará no teu coração
e o conhecimento será suave à tua alma.
11 O bom siso te guardará
e a inteligência te protegerá.
12 A sabedoria te livrará do mau caminho
e dos homens que dizem coisas perversas,
13 que deixam as veredas da retidão,
para andar pelos caminhos das trevas,
14 [v]que se deleitam em fazer o mal
e folgam com as perversidades dos maus,
15 cujas veredas são tortuosas
e cujos caminhos são iníquos.
16 Também te livrará da [w]mulher adúltera
e da estrangeira, que seduz
com suas palavras;
17 que deixou o companheiro da sua mocidade
e se esqueceu da aliança do seu Deus.
18 Porque a sua casa se inclina para a morte
e as suas veredas para os
espíritos dos mortos;
19 todos os que se dirigem a ela não voltarão
e não atinarão com as veredas da vida.
20 Assim andarás pelo caminho dos bons
e guardarás as veredas dos justos.
21 Porque os justos habitarão a [x]terra
e os [y]íntegros permanecerão nela.
22 Os ímpios, porém, serão
exterminados da terra
e os infiéis dela serão eliminados.

Recompensas da sabedoria

3 Filho meu, não te esqueças do meu ensino,
e o teu coração guarde os meus mandamentos,
2 pois eles aumentarão os teus dias
e te acrescentarão [z]anos de vida e prosperidade.
3 Não te deixem o amor e a fidelidade;
[a]ata-os ao teu pescoço
e [b]escreve-os na tábua do teu coração.
4 Então acharás graça e boa reputação
aos olhos de Deus e dos [c]homens.
5 [d]Confia no Senhor de todo o teu coração
e [e]não te firmes no teu próprio
entendimento;
6 [f]reconhece-o em todos os teus caminhos,
e ele endireitará as tuas veredas.
7 Não sejas sábio a teus próprios olhos;
[g]teme ao Senhor e aparta-te do mal.
8 Isto será saúde para o teu corpo
e refrigério para os teus ossos.
9 [h]Honra ao Senhor com os teus bens
e com as primícias de toda a tua renda;
10 então [i]se encherão os teus celeiros
abundantemente,
e transbordarão de vinho os teus lagares.
11 Filho meu, não [j]rejeites a disciplina do Senhor
nem te enojes da sua repreensão,
12 porque o Senhor corrige aquele a quem ama,
assim como o pai ao filho,
a quem quer bem.
13 Bem-aventurado o homem
que encontra sabedoria,
e o homem que adquire conhecimento,
14 pois ela é mais proveitosa do que a prata
e dá mais lucro do que o ouro.
15 [k]Mais preciosa é do que os rubis;
tudo o que podes desejar não
se compara a ela.

[n] Jó 27.9; 35.12; Is 1.15; Jr 11.11; 14.12; Ez 8.18; Mq 3.4; Zc 7.13; Tg 4.3
[o] Veja Sl 19.9, nota
[p] Pv 3.24-26
[q] Sl 112.7
[r] Pv 4.21; 7.1
[s] Tg 1.5
[t] 1Rs 3.12; Jó 32.8
[u] Sl 84.11; Pv 30.5
[v] Pv 10.23; Jr 11.15; Rm 1.32
[w] Pv 6.24; 7.5
[x] Sl 37.3
[y] Veja 1Rs 8.61 e Fp 3.12, nota
[z] Pv 4.10
[a] Pv 6.21; comp. Êx 13.9; Dt 6.8; Pv 7.3
[b] Comp. Jr 17.1; 2Co 3.3
[c] 1Sm 2.26; Lc 2.52
[d] Sl 37.3,5; veja Sl 2.12, nota
[e] Jr 9.23
[f] 1Cr 28.9
[g] Rm 12.16
[h] Êx 22.29; 23.19; 34.26; Dt 26.2; Ml 3.10
[i] Dt 28.8
[j] Jó 5.17; Sl 94.12; Hb 12.5,6; Ap 3.19
[k] Jó 28.18

16 Longura de dias há na sua mão direita;
na sua [l]esquerda, riquezas e honra.
17 Os seus caminhos são caminhos de delícias,
e todas as suas veredas são paz.
18 É [m]árvore da vida para os que a abraçam;
bem-aventurados são os que a retêm.
19 O Senhor com [n]sabedoria
fundou a terra e com inteligência
preparou os céus;
20 pelo seu conhecimento
se [o]fenderam os abismos,
e as nuvens destilaram o orvalho.
21 Filho meu, não se apartem essas coisas
dos teus olhos,
guarda a verdadeira sabedoria
e o bom senso;
22 serão vida para a tua alma
e graça para o teu pescoço.
23 [p]Então andarás seguro pelo teu caminho,
e não tropeçará o teu pé;
24 quando te deitares, não [q]temerás;
quando te deitares,
o teu sono será suave.
25 Não temas o pavor repentino
nem a assolação dos ímpios quando vier,
26 pois o Senhor será a tua esperança
e guardará os teus pés de serem presos.
27 [r]Não retenhas o bem de quem o merece,
estando na tua mão poder fazê-lo.
28 [s]Não digas ao teu próximo:
Vai, volta mais tarde;
te darei algo amanhã,
tendo-o hoje tu contigo.
29 Não planejes o mal contra o teu próximo,
que habita contigo confiadamente.
30 [t]Não contendas com alguém sem razão,
se não te houver feito mal.
31 [u]Não tenhas inveja do homem violento
nem escolhas nenhum de seus caminhos,
32 pois o perverso é abominação para o Senhor,
mas com os [v]sinceros está o seu segredo.
33 A maldição do Senhor habita
na casa do ímpio,
mas a morada dos justos ele abençoa.
34 Ele zomba dos zombadores,
mas dá [w]graça aos humildes.
35 Os sábios herdam [x]honra,
mas os loucos tomam sobre si a vergonha.

Conselho paternal

4 **O**uvi, [y]filhos, a instrução do pai;
estai atentos para conhecerdes
a prudência.
2 Dou-vos boa doutrina,
portanto não deixeis o meu ensino.
3 Quando eu era menino na casa de meu pai,
tenro e filho [z]único de minha mãe,
4 [a]ele me ensinava e me dizia:
Retenha as minhas palavras
de todo o teu coração;
guarda os meus mandamentos e vive.
5 Adquire a sabedoria e a compreensão;
não te esqueças das
palavras da minha boca nem
delas te apartes.
6 Não abandones a sabedoria,
e ela te protegerá;
[b]ama-a, e ela te guardará.
7 A [c]sabedoria é suprema;
portanto, adquire a sabedoria.
Sim, com tudo o que possuis adquire
o entendimento.
8 [d]Estima-a, e ela te exaltará;
abraça-a, e ela te honrará.
9 Ela dará à tua cabeça uma grinalda de graça
e uma coroa de glória te entregará.
10 Ouve, filho meu, aceita as minhas palavras,
e serão multiplicados os teus anos
de vida.
11 No caminho da sabedoria te [e]ensino
e pelas veredas da justiça te faço andar.
12 Quando andares,
não se embaraçarão os teus passos;
quando correres, não tropeçarás.
13 Apega-te à instrução e não a largues;
guarda-a, pois ela é a tua [f]vida.
14 Não entres na vereda dos ímpios
nem andes pelo caminho dos maus.
15 Evita-o, não passes por ele;
desvia-te dele e passa de largo.
16 Pois não dormem, se não praticarem o mal;
foge deles o sono,
se não fizerem tropeçar alguém.
17 Comem o pão da impiedade
e bebem o vinho da violência.
18 [g]A vereda dos justos [h]é como a luz da aurora,
que vai brilhando mais e mais
até ser dia perfeito.
19 O [i]caminho dos ímpios,
porém, é como a escuridão;
não conhecem aquilo em que tropeçam.
20 Filho meu, atenta para as minhas palavras;
às minhas instruções inclina o teu ouvido.
21 Não as deixes apartar-se dos teus olhos,
guarda-as dentro do teu coração;
22 pois são vida para os que as acham
e saúde para o seu corpo.
23 Sobre tudo o que se deve guardar,
guarda o teu coração,
pois dele procedem as saídas da [j]vida.
24 Desvia de ti a perversidade da boca;
afasta de ti a corrupção dos lábios.
25 Os teus olhos olhem sempre para a frente,
e o teu olhar esteja fixo no que está diante de ti.

[l] Pv 8.18; comp. 1Tm 4.8
[m] Pv 11.30; 13.12; 15.4; comp. Gn 2.9; 3.22,24; Ap 22.2
[n] Sl 136.5; Pv 8.27
[o] Gn 7.11
[p] Sl 37.24; 91.11,12; Pv 10.9
[q] Comp. Pv 1.33
[r] Rm 13.7; Gl 6.10
[s] Lv 19.13; Dt 24.15
[t] Rm 12.18
[u] Sl 37.1; 73.3; Pv 24.1
[v] Sl 25.14; comp. Gn 18.17; Dn 2.19
[w] Tg 4.6; 1Pe 5.5
[x] Comp. Dn 12.3
[y] Sl 34.11; Pv 1.8
[z] 1Cr 29.1
[a] 1Cr 28.9; Ef 6.4
[b] 2Ts 2.10
[c] Pv 3.13,14
[d] 1Sm 2.30
[e] 1Sm 12.23
[f] Comp. Jo 6.63
[g] Mt 5.14; Fp 2.15
[h] 2Sm 23.4
[i] 1Sm 2.9; Jó 18.5,6; Is 59.9,10; Jr 23.12; Jo 12.35
[j] Mt 12.35; 15.18,19

26 Observa a vereda por [k]onde andas,
e todos os teus caminhos sejam retos.
27 Não te desvies nem para a direita
nem para a esquerda;
retira o teu pé do mal.

Advertência contra a imoralidade

5 Filho meu, atende à minha sabedoria;
às minhas palavras de discernimento
inclina o teu ouvido,
2 para que conserves o [l]bom senso,
e os teus lábios preservem o conhecimento.
3 Porque os lábios da [m]mulher
adúltera destilam favos de mel
e as suas palavras são [n]mais
suaves do que o azeite;
4 mas no fim ela é [o]amarga como o absinto,
aguda como a espada de dois gumes.
5 Os seus pés descem à morte;
os [p]seus passos levam ao [q]inferno.
6 Ela não pondera a vereda da vida;
os seus caminhos são incertos,
mas ela não o sabe.
7 Agora, pois, filho, dá-me ouvidos;
não te desvies das palavras da minha boca.
8 Afasta para longe dela o teu caminho
e não te aproximes da porta da sua casa,
9 para que não dês a outros
a tua força nem os teus anos a cruéis;
10 para que não se fartem os
estranhos do teu poder
e todos os teus trabalhos
enriqueçam a casa alheia.
11 No fim da tua vida gemerás,
quando se consumirem a tua
carne e o teu corpo.
12 Dirás: Como odiei a disciplina!
Como o meu coração
desprezou a correção!
13 Não escutei a voz dos que me ensinavam
nem aos que instruíam inclinei o ouvido.
14 Quase cheguei à ruína completa
no meio de toda a assembleia.
15 Bebe a água da tua própria cisterna
e das correntes do teu poço.
16 Acaso se derramariam nas ruas as tuas fontes,
e pelas praças, os teus ribeiros de águas?
17 Sejam para ti só,
não para os estranhos contigo.
18 Seja bendito o teu manancial;
alegra-te [r]com a mulher da tua mocidade.
19 [s]Como corça amorosa e gazela graciosa,
saciem-te os seus seios em todo o tempo,
e pelo seu amor sejas sempre cativado.
20 Por que, filho meu, ser
cativado pela adúltera?
Por que abraçar o seio da mulher alheia?

[k] Hb 12.13
[l] Ml 2.7
[m] Pv 2.16
[n] Sl 55.21
[o] Comp. Ec 7.26
[p] Pv 7.27
[q] Veja Hc 2.5, nota; comp. Lc 16.23, nota
[r] Dt 24.5; Ec 9.9; Ml 2.14
[s] Ct 2.9; 4.5; 7.3
[t] 2Cr 16.9; Jó 31.4; 34.21; Pv 15.3; Jr 16.17; 32.19; Os 7.2; Hb 4.13
[u] Comp. Jo 8.34; Rm 6.16; 2Pe 2.19
[v] Nm 32.23; Pv 1.31; Is 3.11
[w] Pv 11.15
[x] Jó 12.7
[y] Pv 24.33,34
[z] Pv 10.4; 13.4; 20.4
[a] Pv 24.22; Is 30.13; 1Ts 5.3
[b] 2Cr 36.16
[c] Sl 101.5; Pv 21.4; comp. Ez 28.1-19
[d] Sl 120.2,3; comp. At 5.1-10
[e] Is 1.15; comp. 2Rs 21.10-16

21 Porque [t]os caminhos do homem
estão perante os olhos do Senhor;
ele examina todas as suas veredas.
22 Quanto ao ímpio, as suas
iniquidades o [u]prendem;
com as cordas do seu [v]pecado é detido.
23 Ele morrerá por falta de disciplina
e, pelo excesso da sua
loucura, anda errado.

Advertências paternais

6 Filho meu, se ficaste por [w]fiador do teu
companheiro,
se deste a tua mão ao estranho,
2 se te enredaste com as palavras
dos teus lábios,
se te prendeste com as
palavras da tua boca,
3 então faze isto, filho meu, para livrar-te,
pois caíste nas mãos do teu companheiro:
Vai, humilha-te e importuna
o teu companheiro.
4 Não dês sono aos teus olhos
nem repouso às tuas pálpebras.
5 Livra-te como uma gazela da mão do caçador,
como uma ave da mão do passarinheiro.
6 [x]Vai ter com a formiga, ó preguiçoso;
olha para os seus caminhos e sê sábio!
7 Ela não tem superior, nem oficial,
nem dominador,
8 contudo, no verão prepara o seu pão
e no tempo da colheita junta
o seu mantimento.
9 Ó preguiçoso, [y]até quando ficarás deitado?
Quando te levantarás do teu sono?
10 Um pouco para dormir, um
pouco para cochilar,
um pouco para cruzar as
mãos em repouso.
11 Assim te sobrevirá a tua pobreza
como um ladrão;
a tua necessidade, como um homem armado.
12 O homem de Belial, o homem vil,
anda com perversidade na boca,
13 pisca com os olhos,
faz sinais com os pés, e acena com os dedos.
14 Perversidade [z]há no seu coração,
todo o tempo maquina o mal;
anda semeando contendas.
15 Pelo que a sua destruição
virá [a]repentinamente;
subitamente será destruído,
sem que haja [b]remédio.
16 Há seis coisas que o Senhor odeia,
sete que a sua alma abomina:
17 Olhos [c]arrogantes, língua [d]mentirosa,
[e]mãos que derramam sangue inocente,

18 [f]coração que elabora projetos iníquos,
[g]pés que se apressam a correr para o mal;
19 [h]testemunha falsa que profere mentiras
e o que [i]semeia contendas entre irmãos.
20 Filho meu, guarda os
mandamentos de teu pai
e não deixes o ensino de tua mãe.
21 Ata-os perpetuamente ao teu coração;
pendura-os ao teu pescoço.
22 Quando caminhares, te guiarão;
quando te deitares, te guardarão;
quando acordares, falarão contigo.
23 [j]Porque estes mandamentos são lâmpada,
este ensino é luz e as correções
da disciplina
são o caminho da vida,
24 para te guardarem da mulher [k]imoral
e da sedução da língua da adúltera.
25 [l]Não cobices no teu coração a sua formosura
nem te deixes prender pelos seus [m]olhos,
26 pois a prostituta te reduz a um bocado de pão
e a adúltera anda à [n]caça da
tua própria vida.
27 Tomará alguém fogo no seu seio
sem que as suas vestes se queimem?
28 Ou andará alguém sobre as brasas
sem que se queimem os seus pés?
29 Assim é o que dorme com a mulher
do seu próximo;
não ficará inocente todo aquele que a tocar.
30 Não é desprezado o ladrão
que furta para saciar a sua alma,
quando está morrendo de fome.
31 Contudo, se for apanhado,
[o]pagará sete vezes mais,
ainda que lhe custe todos
os seus bens e a sua casa.
32 O que, porém, adultera com uma mulher
tem falta de entendimento;
o que tal coisa faz destrói a sua alma.
33 Açoites e vexame encontrará,
e a sua vergonha nunca se apagará;
34 pois o [p]ciúme desperta a fúria do marido
e ele não terá compaixão no
dia da vingança.
35 Não aceitará compensação alguma;
rejeitará o suborno, por maior que seja.

A cilada da incontinência

7 Filho meu, guarda as minhas palavras
e esconde dentro de ti os
meus mandamentos.
2 [q]Guarda os meus mandamentos e viverás;
guarda os meus ensinos
como a menina dos teus olhos.
3 [r]Ata-os aos teus dedos,
escreve-os na tábua do teu coração.

[f] Sl 36.4; comp. Jr 18.18; Mc 14.1,43,46
[g] Is 59.7; comp. 2Rs 5.20-27
[h] Sl 27.12; Pv 19.5,9; Mt 26.59-66
[i] Pv 6.14; comp. 1Co 1.11-13; Jd 3,4,16-19
[j] Sl 19.8; 119.105; 2Pe 1.19
[k] Pv 2.16
[l] Mt 5.28
[m] Comp. 2Rs 9.30
[n] Ez 13.18
[o] Êx 22.1,4
[p] Ct 8.6
[q] Lv 18.5; Pv 4.4; Is 55.3
[r] Dt 6.8
[s] Pv 2.16; 6.24
[t] Jó 24.15
[u] Comp. Gn 38.14,15
[v] Pv 9.13
[w] Sl 12.2
[x] Ne 13.26; comp. Jz 16.19,20
[y] Veja Hc 2.5, nota; comp. Lc 16.23, nota
[z] Pv 9.18

4 Dize à sabedoria: Tu és minha irmã,
e ao entendimento chama teu parente;
5 eles te guardarão da adúltera,
da [s]estranha, que seduz com as
suas palavras.
6 Da janela da minha casa
olhei por minhas grades.
7 Vi entre os simples,
descobri entre os jovens,
um moço sem juízo.
8 Ele passava pela rua junto
à esquina da mulher
e seguia o caminho da sua casa,
9 [t]à tarde, no crepúsculo;
na escuridão e trevas da noite.
10 Então uma mulher lhe saiu ao encontro,
com [u]vestes de prostituta e
astúcia no coração.
11 É turbulenta e [v]contenciosa;
os seus pés não param em casa;
12 ora está nas ruas,
ora está nas praças,
espreitando por todos os cantos.
13 Aproximou-se dele,
beijou-o e com atrevimento lhe disse:
14 Sacrifícios pacíficos tenho comigo;
hoje paguei os meus votos.
15 Por isso, saí ao teu encontro
a buscar-te e te achei.
16 Já cobri a minha cama de cobertas,
de colchas de linho fino do Egito.
17 Já perfumei o meu leito
com mirra, aloés e canela.
18 Vem, saciemo-nos de amores até pela manhã;
alegremo-nos com amores.
19 Meu marido não está em casa;
foi fazer uma longa jornada.
20 Uma bolsa de dinheiro levou na mão
e só voltará para casa no dia da lua cheia.
21 Seduziu-o com palavras [w]persuasivas;
com os elogios dos seus
lábios o persuadiu.
22 Ele imediatamente a seguiu,
como o boi que vai para o matadouro
e como o cervo que corre para a rede,
23 até que uma flecha lhe atravesse o fígado,
como a ave que se apressa para o laço
e não sabe que ele está ali contra a sua vida.
24 Agora, pois, filho meu, dá-me ouvidos;
sê atento às palavras da minha boca.
25 Não se desvie o teu coração
para os caminhos
dela nem andes perdido nas suas veredas.
26 Muitas são as vítimas que ela derrubou;
são muitos os que por ela [x]foram mortos.
27 Caminho de [y]sepultura é a sua casa,
o qual desce às profundezas da [z]morte.

Em louvor da sabedoria

8 Não clama a sabedoria, e o entendimento não faz soar a sua voz?
2 No cume das alturas, junto ao caminho,
nas encruzilhadas das veredas
ela se apresenta;
3 ao lado das portas, à entrada da cidade,
à entrada das portas está clamando:
4 A vós, ó homens, clamo;
a minha voz se dirige aos filhos dos homens.
5 Entendei, ó simples, a prudência;
vós, loucos, entendei a compreensão.
6 Ouvi, pois proferirei coisas excelentes;
os meus lábios se abrirão para a equidade.
7 A minha boca proferirá a verdade,
pois os meus lábios abominam
a impiedade.
8 Justas são todas as palavras da minha boca;
não há nelas nenhuma coisa tortuosa
nem perversa.
9 Todas são retas para quem bem as entende,
e justas para os que acham o conhecimento.
10 Aceitai a minha instrução, não a prata;
e o conhecimento, em vez do ouro puro,
11 [a]pois melhor é a sabedoria do que os rubis;
de tudo o que se deseja nada se pode
comparar a ela.
12 Eu, a sabedoria, habito com a prudência;
eu possuo conhecimento e discrição.
13 O [b]temor do Senhor é odiar o mal;
odeio o [c]orgulho, a arrogância,
o mau caminho e a boca perversa.
14 Conselho e verdadeira sabedoria são meus;
eu tenho entendimento e poder.
15 [d]Por mim reinam os reis,
e os príncipes ordenam justiça.
16 Por mim governam os príncipes e os nobres;
sim, todos os juízes da terra.
17 Eu [e]amo os que me amam;
os que de madrugada me
buscam [f]me encontram.
18 Riquezas e honra estão comigo,
riquezas duráveis e justiça.
19 Melhor é o meu fruto do que o ouro refinado;
as minhas novidades melhores do que
a prata escolhida.
20 Ando no caminho da retidão,
junto às veredas da justiça,
21 para conceder bens permanentes
aos que me amam e encher os seus tesouros.
22 O [g]Senhor me [1]possuiu no princípio de seus
caminhos,
antes de suas obras mais antigas.
23 Desde a [h]eternidade fui ungida,
desde o princípio, antes do começo da terra.
24 Antes de haver oceanos, fui gerada,
e antes ainda de haver fontes
carregadas de águas;
25 [i]antes que os montes fossem firmados,
antes de haver outeiros, eu nasci;
26 antes que ele fizesse a terra, ou os campos,
ou mesmo o princípio do pó do mundo.
27 Eu estava lá quando ele preparou os céus;
quando traçou o horizonte
sobre a face do abismo,
28 quando firmou as nuvens acima,
quando fortificou as fontes do abismo,
29 [j]quando pôs ao mar o seu termo,
para que as águas não desobedecessem
à sua ordem,
[k]quando marcou os fundamentos da terra;
30 eu estava [l]com ele e era seu arquiteto.
Eu [m]era cada dia as suas delícias,
folgando perante ele em todo o tempo,
31 folgando no seu mundo habitável
e achando as [n]minhas delícias
com os filhos dos homens.
32 Agora, pois, filhos, ouvi-me;
[o]bem-aventurados são os que
guardam os meus caminhos.
33 Ouvi a minha instrução e sede sábios;
não a rejeiteis.
34 Bem-aventurado o homem que me dá ouvidos,
velando diariamente às minhas portas,
esperando no limiar da minha entrada.
35 Porque o que me acha
acha a [p]vida e alcança o favor do Senhor.
36 O que, porém, não consegue me encontrar
faz mal à sua própria alma;
todos os que me odeiam amam a morte.

Louvor à eterna sabedoria

9 A sabedoria [q]edificou a sua casa;
lavrou as suas sete colunas.
2 Sacrificou as suas vítimas,
misturou o seu vinho;
já preparou a sua mesa.
3 Deu ordens às suas criadas
e anda convidando desde o ponto mais alto
da cidade, dizendo:
4 Quem é simples entre aqui.
Aos faltos de entendimento, diz:
5 Vinde, comei do meu pão
e bebei do vinho que misturei.
6 Deixai os insensatos e vivei;
andai pelo caminho do entendimento.

[a] Jó 28.18; Sl 19.10; 119.127; Pv 3.15
[b] Veja Sl 19.9, nota
[c] Pv 6.17; 16.5
[d] Dn 2.21; Rm 13.1
[e] 1Sm 2.30; Sl 91.14; Jo 14.21
[f] Tg 1.5
[g] Pv 3.19; Jo 1.1
[h] Comp. Sl 2.6; Jo 17.5
[i] Jó 15.7,8
[j] Gn 1.9,10; Jó 38.8-11; Sl 33.7; 104.9; Jr 5.22
[k] Jó 38.4
[l] Jo 1.1,2,18
[m] Comp. Mt 3.17; Jo 8.29
[n] Sl 16.3
[o] Sl 119.1,2; 128.1,2; Lc 11.28
[p] Jo 17.3
[q] Mt 16.18; Ef 2.20-22; 1Pe 2.5

[1](8.22) A sabedoria é mais do que a personificação de um atributo de Deus ou da vontade de Deus como o melhor para o homem. É certo aos corações devotos que a sabedoria é, de fato, uma distinta prefiguração de Cristo. As declarações em Pv 8.22-36 com Jo 1.1-3 e Cl 1.17; 2.3 não podem se referir a outro senão ao eterno Filho de Deus. Veja Sl 110.1, *nota*; Jo 20.28, *nota*.

7 O que repreende o zombador,
afronta toma para si;
o que censura o ímpio, sua
reputação mancha.
8 [r]Não repreendas o escarnecedor,
para que não te odeie;
[s]repreende o sábio, e ele te amará.
9 Dá instrução ao sábio,
e ele se fará mais sábio;
ensina ao justo,
e ele [t]crescerá em entendimento.
10 O [u]temor do Senhor é o
princípio da sabedoria;
o conhecimento do Santo é prudência.
11 Porque por mim se multiplicam os teus dias
e anos de vida se te acrescentarão.
12 Se fores sábio, para ti sábio serás;
se fores zombador,
tu só o suportarás.
13 A mulher tola é [v]alvoroçadora;
é indisciplinada e sem conhecimento.
14 Assenta-se à porta da sua casa,
numa cadeira no ponto mais alto da cidade,
15 para chamar os que passam
e seguem reto o seu caminho.
16 Quem é simples entre aqui,
diz ela aos faltos de entendimento.
17 As [w]águas roubadas são doces,
e o pão comido às ocultas é delicioso.
18 Eles não sabem que ali estão os [x]mortos,
que os seus convidados
estão nas profundezas do [y]inferno.

II. A sabedoria e o temor a Deus em contraste com a loucura e o pecado, 10–24

Provérbios de [1][z]Salomão

10 **O** [a]filho sábio alegra a seu pai,
mas o [b]filho louco é a
tristeza de sua mãe.
2 Os tesouros da impiedade
para nada aproveitam,
mas a justiça livra da morte.
3 O [c]Senhor não deixa ter fome a alma do justo,
mas o desejo dos ímpios ele rechaça.
4 O que trabalha com mão
enganosa empobrece,
[d]mas a mão dos diligentes enriquece.
5 O que ajunta no [e]verão é filho entendido,
mas o que dorme durante a colheita
é filho que envergonha.
6 Bênçãos há sobre a cabeça do justo,
[f]mas a violência cobre a boca dos ímpios.
7 A [g]memória do justo é abençoada,
mas o nome dos ímpios apodrecerá.

[r] Mt 7.6
[s] Sl 141.5
[t] Comp. Mt 25.29
[u] Veja Sl 19.9, nota
[v] Pv 7.11
[w] Pv 20.17
[x] Pv 2.18; 7.27
[y] Veja Hc 2.5, nota; comp. Lc 16.23, nota
[z] Pv 1.1; 25.1
[a] Pv 15.20; 17.21,25; 19.13; 29.3,15
[b] Veja Pv 1.7, nota
[c] Sl 10.14; 34.9,10; 37.25
[d] Pv 12.24; 13.4; 21.5
[e] Pv 6.8
[f] v. 11; comp. Et 7.8
[g] Sl 112.6; Ec 8.10
[h] 1Pe 4.8
[i] Jó 31.24; Sl 52.7; Pv 18.11; 1Tm 6.17
[j] Pv 6.23
[k] Pv 26.24
[l] Sl 101.5
[m] Sl 37.22; comp. Gn 24.35; 26.12; 2Cr 9.13-28
[n] Pv 2.14
[o] Sl 145.19; Mt 5.6; 1Jo 5.14,15
[p] v. 30; Sl 15.5; Pv 12.3; Mt 7.24,25
[q] Veja Sl 19.9, nota

8 O sábio de coração aceita os mandamentos,
mas o insensato de lábios
será transtornado.
9 O homem de integridade anda seguro,
mas o que perverte os seus caminhos
será descoberto.
10 O que pisca com malícia causa dores,
e o tolo de lábios será transtornado.
11 A boca do justo é manancial de vida,
mas a violência cobre a boca dos ímpios.
12 O ódio excita contendas,
mas o [h]amor cobre todas as transgressões.
13 Nos lábios do entendido acha-se a sabedoria,
mas a vara é para as costas dos que
não têm entendimento.
14 Os sábios conservam o conhecimento,
mas a boca do tolo convida a ruína.
15 Os [i]bens do rico são a sua cidade fortificada,
mas a pobreza é a ruína dos pobres.
16 A obra do justo conduz à [j]vida,
mas o ganho do ímpio leva ao pecado.
17 O caminho para a vida
é de quem guarda a disciplina,
mas o que abandona a correção erra.
18 O que [k]encobre o ódio tem lábios falsos,
e o que [l]difama é insensato.
19 Na multidão de palavras não
falta transgressão,
mas o que modera os lábios é prudente.
20 Prata escolhida é a língua do justo,
mas o coração dos ímpios é de pouco valor.
21 Os lábios do justo apascentam a muitos,
mas por falta de entendimento
morrem os tolos.
22 A [m]bênção do Senhor enriquece
e não acrescenta dores.
23 Um [n]divertimento é para o tolo
praticar a iniquidade,
mas para o homem entendido é ser sábio.
24 O temor do ímpio virá sobre ele,
[o]mas o desejo dos justos Deus o cumprirá.
25 Como passa a tempestade,
assim desaparece o ímpio,
[p]mas o justo tem perpétuo fundamento.
26 Como vinagre para os dentes
e fumo para os olhos,
assim é o preguiçoso para
aqueles que o enviam.
27 O [q]temor do Senhor aumenta os dias,
mas os anos dos ímpios serão abreviados.
28 A esperança dos justos é alegria,
mas a expectação dos ímpios perecerá.
29 O caminho do Senhor é refúgio para os retos,
mas é ruína para os que praticam
a iniquidade.

[1] (10.1) Os cap. 1–9; 22.17–24.34 contêm poemas com versos relacionados; 10.1–22.16; 25–29, versos independentes.

30 O [r]justo nunca será abalado,
mas o ímpio não habitará a terra.
31 A boca do justo produz [s]sabedoria
em abundância,
mas a língua perversa será exterminada.
32 Os lábios do justo sabem o que é bom,
mas a boca dos ímpios só
conhece o que é perverso.

Contraste: a justiça e a maldade

11 [t]Balança enganosa é abominação para o Senhor,
mas o peso justo é o seu prazer.
2 Vindo a soberba, virá também a [u]afronta,
mas com os humildes está a sabedoria.
3 A integridade [v]dos sinceros os encaminhará,
mas a perversidade dos desleais os destruirá.
4 A riqueza [w]nada vale no dia da ira,
mas a justiça livra da morte.
5 A justiça do [x]sincero endireitará o seu caminho,
mas o ímpio pela sua [y]impiedade cairá.
6 A justiça dos virtuosos os livrará,
mas na sua perversidade
serão apanhados os iníquos.
7 Morrendo o homem ímpio,
[z]perece a sua esperança;
a expectativa da iniquidade se perde.
8 O justo é liberto da angústia,
e o ímpio a recebe em seu lugar.
9 O hipócrita com a boca
danifica o seu próximo,
mas os justos são libertos
pelo conhecimento.
10 Na prosperidade dos justos exulta a cidade;
perecendo os ímpios, [a]há júbilo.
11 Pela bênção dos retos se [b]exalta a cidade,
mas pela boca dos ímpios é destruída.
12 O que despreza o seu próximo é sem juízo,
mas o homem de entendimento cala-se.
13 O que anda mexericando descobre o segredo,
mas o fiel de espírito o [c]encobre.
14 Não havendo sábia direção, o povo cai,
mas na multidão de conselheiros
há segurança.
15 Quem fica por [d]fiador certamente sofrerá,
mas o que aborrece a fiança estará seguro.
16 A mulher aprazível obtém respeito,
mas os homens violentos
só obtêm riquezas.
17 O homem bondoso faz bem
à sua própria alma,
mas o cruel perturba a sua própria carne.
18 O ímpio recebe salário ilusório,
mas para o [e]que semeia justiça haverá
galardão seguro.
19 Como a justiça encaminha para a [f]vida,
assim o que segue o mal para
sua [g]morte o faz.

[r] Sl 37.22,29; 125.1
[s] Sl 37.30
[t] Lv 19.35,36; Dt 25.13-16; Pv 16.11; 20.10,23
[u] Pv 16.18; 18.12; 29.23
[v] Pv 13.6
[w] Pv 10.2; Ez 7.19; Sf 1.18
[x] Veja 1Rs 8.61 e Fp 3.12, notas
[y] Pv 5.22
[z] Pv 10.28
[a] Pv 28.12
[b] Pv 14.34
[c] Pv 19.11
[d] Pv 6.1,2
[e] Os 10.12; Gl 6.8,9; Tg 3.18
[f] Pv 10.16; 12.28
[g] Rm 6.23
[h] Sl 112.2; Pv 14.26
[i] Rm 2.8,9
[j] Pv 13.7; 19.17
[k] 2Co 9.6-10
[l] Comp. Am 8.5,6
[m] Veja Sl 2.12, nota
[n] 1Tm 6.17
[o] Sl 1.3; 52.8; 92.12; Jr 17.8
[p] Pv 14.19
[q] Dn 12.3; 1Co 9.19; Tg 5.20
[r] Comp. 1Pe 4.18
[s] Pv 10.25
[t] Pv 31.23; 1Co 11.7
[u] Sl 37.35-37; Pv 11.21; Mt 7.24-27
[v] Pv 18.3

20 Abominação para o Senhor são os perversos
de coração,
mas os que são perfeitos em seu caminho
são o seu deleite.
21 É certo que o homem mau não ficará sem castigo,
mas os [h]justos escaparão.
22 Como joia de ouro em focinho de porca,
assim é a mulher formosa
que se aparta da discrição.
23 O desejo dos justos acaba somente em bem,
mas a esperança dos ímpios
somente em [i]ira.
24 Um homem dá liberalmente e [j]enriquece;
outro retém mais do que é
justo e empobrece.
25 A alma [k]generosa prosperará;
o que regar também será regado.
26 [l]Ao que retém o trigo o povo o amaldiçoa,
mas bênção haverá sobre a cabeça
do que se dispõe a vendê-lo.
27 O que busca o bem encontra favor,
mas ao que procura o mal,
este lhe sobrevirá.
28 Aquele que [m]confia nas suas riquezas [n]cairá,
mas os [o]justos reverdecerão
como a folhagem.
29 O que perturba a sua casa herdará o vento,
e o tolo será [p]servo do entendido de coração.
30 O fruto do justo é árvore de vida,
e o que [q]ganha almas sábio é.
31 Se o justo é punido na terra,
[r]quanto mais o ímpio e o pecador!

Contraste: a justiça e a maldade

12 **O** que ama a disciplina ama o conhecimento,
mas o que odeia a
repreensão é estúpido.
2 O homem de bem alcança o favor do Senhor,
mas ao homem de perversos desígnios
ele condena.
3 O homem não se estabelecerá pela impiedade,
mas a raiz dos justos não será [s]removida.
4 A mulher [t]virtuosa é a coroa do seu marido,
mas a que procede vergonhosamente
é como apodrecimento nos seus ossos.
5 Os pensamentos do justo são retos,
mas o conselho do ímpio é enganoso.
6 As palavras dos ímpios são emboscadas para
derramar sangue,
mas a boca dos retos os livra.
7 Destruídos são os [u]ímpios e
já não existem mais;
mas a casa dos justos permanece firme.
8 Segundo o seu entendimento,
será louvado o homem,
mas o perverso de coração
estará em [v]desprezo.

9 Melhor é o que se estima em
pouco e tem servos
do que o que se honra a si
mesmo e tem falta de pão.
10 O [w]justo olha pela vida dos seus animais,
mas as misericórdias dos
ímpios são cruéis.
11 O que [x]lavra a sua terra se fartará de [y]pão,
mas o que segue os ociosos não tem juízo.
12 Deseja o ímpio o despojo dos maus,
mas a raiz dos justos produz
o seu próprio fruto.
13 O laço do ímpio está na
transgressão dos lábios,
mas o justo escapa da [z]angústia.
14 Cada um se farta de bem pelo
fruto da sua boca,
e o que as mãos do homem
fizerem, [a]isso ele receberá.
15 O [b]caminho do tolo é reto aos
seus próprios olhos,
mas o que dá ouvidos ao conselho é sábio.
16 A ira do louco se conhece de imediato,
mas o prudente [c]encobre a afronta.
17 O que diz a verdade manifesta a justiça,
mas a testemunha falsa engana.
18 Há alguns cujas palavras
são como pontas de espada,
mas a língua dos sábios é [d]saúde.
19 Os lábios que dizem a verdade
permanecem para sempre,
mas a língua [e]mentirosa dura
só um momento.
20 Engano há no coração dos
que maquinam o mal,
mas alegria têm os que aconselham a paz.
21 Nenhum [f]dano sobrevém ao justo,
mas os ímpios estão cheios de males.
22 [g]Os lábios mentirosos são
abomináveis ao Senhor,
mas os que praticam a verdade são
o seu deleite.
23 O homem prudente oculta o conhecimento,
mas o coração dos tolos
proclama a [h]insensatez.
24 A [i]mão diligente dominará,
mas o preguiçoso acaba em
trabalhos forçados.
25 [j]A ansiedade do coração do homem o abate,
mas uma boa [k]palavra o alegra.
26 O justo é cauteloso na amizade,
mas o caminho dos ímpios os faz errar.
27 O preguiçoso não assa a sua caça,
mas o bem precioso do homem é ser
ele diligente.
28 Na vereda da retidão há vida;
nesse caminho há imortalidade.

[w] Dt 25.4
[x] Gn 3.19
[y] Pv 28.19
[z] 2Pe 2.9
[a] Is 3.10,11
[b] Pv 3.7; comp. Lc 18.11
[c] Pv 11.13
[d] Pv 15.4
[e] Sl 52.4,5; Pv 19.9
[f] Sl 91.10; 1Pe 3.13
[g] Pv 6.17; 11.20; Ap 22.15
[h] Pv 13.16
[i] Pv 10.4
[j] Pv 15.13
[k] Is 50.4
[l] Comp. 1Sm 2.25
[m] Pv 12.14
[n] Sl 39.1; Pv 21.23
[o] Pv 10.4
[p] Pv 11.3-6
[q] Pv 11.24; 12.9
[r] Jó 18.5,6; 21.17; Pv 24.20
[s] Pv 10.12
[t] Pv 21.6
[u] Nm 15.31; Is 5.24
[v] Pv 14.27
[ww] Pv 3.4
[xx] Pv 12.23; 14.33
[yy] Pv 25.13

Contraste: a justiça e a maldade

13 **O** filho sábio ouve a instrução do pai,
mas o [l]escarnecedor não
escuta a repreensão.
2 Do fruto da [m]boca o homem come o bem,
mas o desejo dos infiéis é a violência.
3 O que guarda a sua boca preserva a sua vida,
mas o que muito fala tem [n]perturbação.
4 O [o]preguiçoso deseja e nada alcança,
mas os diligentes têm satisfeitos
os seus desejos.
5 O justo odeia a palavra de mentira,
mas o ímpio é causa de
vergonha e desgraça.
6 A [p]justiça guarda ao que é
sincero no seu caminho,
mas a impiedade transtorna o pecador.
7 [q]Uns se dizem ricos sem ter nada;
outros se dizem pobres, tendo
grandes riquezas.
8 O resgate da vida do
homem rico são as suas riquezas,
mas o pobre não recebe ameaças.
9 A luz dos justos brilha intensamente,
[r]mas a lâmpada dos ímpios se apagará.
10 Da soberba só provém [s]contenda,
mas com os que se aconselham se acha a
sabedoria.
11 A riqueza adquirida às pressas [t]diminuirá,
mas quem a ajunta pouco a pouco
terá aumento.
12 A esperança adiada faz adoecer o coração,
mas o desejo cumprido é árvore de vida.
13 O que despreza a instrução [u]perecerá,
mas o que respeita ao mandamento
será recompensado.
14 O ensino do sábio é uma fonte de vida
para desviar dos laços da [v]morte.
15 O bom entendimento [ww]alcança favor,
mas o caminho dos infiéis é áspero.
16 Todo prudente procede com conhecimento,
mas o tolo expõe a sua [xx]loucura.
17 O mau mensageiro cai em dificuldades,
mas o embaixador fiel é [yy]saúde.
18 Pobreza e vergonha virão
ao que rejeita a disciplina,
mas o que dá ouvidos à
correção é honrado.
19 O desejo cumprido deleita a alma,
mas apartar-se do mal
é abominação para os loucos.
20 Anda com os sábios e serás sábio,
mas o companheiro dos tolos
sofre aflição.
21 O mal perseguirá os pecadores,
mas os justos serão recompensados
com o bem.

22 O homem de bem deixa
uma herança aos filhos de seus filhos,
mas a [z]riqueza do pecador é
depositada para o justo.
23 Abundância de mantimento
pode haver na lavoura do pobre,
mas a injustiça a dissipa.
24 O que retém a [a]vara odeia a seu filho,
mas o que o ama,
a seu tempo o disciplina.
25 O justo come até ficar satisfeito,
mas o estômago dos ímpios passa fome.

Contraste: a justiça e a maldade

14 A mulher sábia edifica a sua casa,
mas a tola, com as próprias
mãos a derruba.
2 O que anda na retidão teme ao Senhor,
mas o que se desvia de seus
caminhos o despreza.
3 Na boca do tolo está a vara da soberba,
mas os lábios do sábio o preservarão.
4 Não havendo bois, a manjedoura fica limpa,
mas pela força do boi há abundância
de colheitas.
5 A testemunha [b]verdadeira não mente,
mas a testemunha falsa se desboca
em [c]mentiras.
6 O zombador busca sabedoria
e não a encontra,
mas para o prudente o
conhecimento é [d]fácil.
7 Afaste-se do homem insensato,
pois nele não acharás
palavras de [e]conhecimento.
8 A sabedoria do prudente
é entender o seu próprio caminho,
mas a insensatez dos tolos é enganosa.
9 [f]Os loucos zombam do pecado,
mas entre os retos há boa vontade.
10 O coração conhece a sua própria amargura,
e o estranho não participa
da sua alegria.
11 A casa dos ímpios se desfará,
mas a tenda dos justos [g]florescerá.
12 Há um caminho que ao
homem parece correto,
mas o [h]fim dele conduz à [i]morte.
13 Até no riso tem dor o coração,
e o fim da alegria é [j]tristeza.
14 Dos seus próprios caminhos
[k]se fartará o infiel de coração,
e o homem bom será
recompensado pelos [l]seus.
15 O simples dá crédito a toda palavra,
mas o prudente atenta para
os seus passos.
16 O sábio teme ao Senhor e se desvia do mal,
mas o tolo se ira e dá-se por seguro.
17 O que facilmente se irrita faz doidices,
e o homem de maus desígnios é odiado.
18 Os simples herdam a insensatez,
mas os prudentes são coroados
de conhecimento.
19 Os maus [m]se inclinarão na presença dos bons,
e os ímpios nas portas do justo.
20 O pobre é [ñ]odiado até pelos seus vizinhos,
mas os amigos dos ricos são [o]muitos.
21 O que despreza o seu vizinho peca,
mas o que se compadece dos [p]humildes é
bem-aventurado.
22 Não erram os que praticam o mal?
Mas amor e fidelidade haverá para os
que praticam o bem.
23 Em todo trabalho há proveito,
mas meras palavras só conduzem à pobreza.
24 A coroa dos sábios é a sua riqueza,
mas a insensatez dos tolos só
gera mais insensatez.
25 A testemunha verdadeira livra [q]pessoas,
mas o que fala mentiras é enganador.
26 No [r]temor do Senhor há firme confiança,
e será um refúgio seguro
para os seus filhos.
27 O temor do Senhor é uma [s]fonte de vida;
ele desvia o homem dos laços da morte.
28 Na multidão do povo está a glória do rei,
mas na falta de povo a ruína do príncipe.
29 O [t]homem paciente é grande
em entendimento,
mas o precipitado demonstra loucura.
30 O coração tranquilo é a vida do corpo,
mas a inveja é a podridão dos ossos.
31 [u]O que oprime ao pobre insulta
àquele que o criou,
mas honra-o aquele que se compadece
do necessitado.
32 Pela sua malícia será lançado fora o ímpio,
mas o justo até na sua morte
[v]tem esperança.
33 No coração do prudente repousa a sabedoria,
mas no coração dos tolos não é conhecida.
34 A justiça exalta as nações,
mas o pecado é a vergonha dos [w]povos.
35 O rei tem [x]deleite no servo prudente,
mas sobre o que procede
indignamente cairá o seu furor.

Contraste: a justiça e a maldade

15 A resposta [y]branda desvia o furor,
[zz]mas a palavra dura desperta ira.
2 A língua dos sábios adorna
o conhecimento,
mas a boca dos tolos derrama insensatez.

[z] Jó 27.16,17; Pv 28.8; Ec 2.26
[a] Pv 19.18; 22.15; 23.13; 29.15,17
[b] Ap 1.5; 3.14
[c] Pv 12.17
[d] Pv 8.9
[e] Pv 23.9
[f] Pv 10.23
[g] Pv 3.33; 12.7; 15.25
[h] Rm 6.21
[i] Pv 12.15; 16.25
[j] Ec 2.1,2
[k] Pv 1.31; 12.14
[l] Pv 13.2; 18.20
[m] Comp. 1Sm 2.36
[ñ] Pv 19.7
[o] Pv 19.4
[p] Sl 112.9; Pv 19.17
[q] Ez 3.18-21
[r] Veja Sl 19.9, nota
[s] Pv 13.14
[t] Pv 16.32; Tg 1.19
[u] Pv 17.5; Mt 25.40-45
[v] Sl 16.11; 73.24; 2Tm 4.18
[w] Pv 11.11
[x] Mt 24.45-47
[y] Pv 25.15; comp. Jz 8.1-3
[zz] Comp. 1Sm 25.10; 1Rs 12.13-16

3 Os [a]olhos do Senhor estão em todo lugar,
contemplando os maus e os bons.
4 Uma língua saudável é árvore de vida,
mas a língua enganosa esmaga o espírito.
5 O tolo despreza a disciplina de seu pai,
mas o que atende à correção
mostra prudência.
6 Na casa do justo há grande tesouro,
mas nos frutos do ímpio há perturbação.
7 Os lábios dos sábios espalham
o conhecimento,
mas o coração dos tolos não é assim.
8 O [b]sacrifício dos ímpios é
abominável ao Senhor,
mas a oração dos retos é o
seu contentamento.
9 O caminho do ímpio é abominável ao Senhor,
mas ele ama o que segue a justiça.
10 Disciplina severa há para o
que deixa a vereda;
o que odeia a correção morrerá.
11 [c]Morte e Destruição estão perante o Senhor,
quanto mais o coração dos
filhos dos homens!
12 O zombador não ama aquele
que o repreende;
ele não consultará os sábios.
13 O [d]coração alegre aformoseia o rosto,
mas pela dor do coração o
espírito se abate.
14 O coração entendido busca o conhecimento,
mas a boca dos tolos se
alimenta de insensatez.
15 Todos os dias do oprimido são maus,
mas o coração alegre tem um
banquete contínuo.
16 [e]Melhor é o pouco, com o temor do Senhor,
do que um grande tesouro,
com a inquietação.
17 [f]Melhor é um prato de
hortaliças onde há amor
do que o boi gordo e com ele o ódio.
18 O homem iracundo causa contendas,
mas o longânimo acalma a discussão.
19 O caminho do preguiçoso é cercado
de espinhos,
mas a vereda dos retos é uma estrada real.
20 O filho sábio alegra o seu pai,
mas o homem insensato despreza
a sua mãe.
21 A insensatez é [g]alegria para o que carece
de entendimento,
[h]mas o homem entendido anda retamente.
22 Onde não há conselho
[i]frustram-se os projetos,
mas com a multidão de conselheiros
eles se estabelecem.
23 O homem se alegra em dar resposta adequada,
e a [j]palavra dita a seu tempo quão boa é!
24 Para o sábio o [k]caminho da vida
conduz para cima,
a fim de [l]evitar que ele desça à [m]sepultura.
25 O Senhor destrói a casa dos [n]soberbos,
mas firma a herança da viúva.
26 Abomináveis são para o Senhor
os pensamentos do mau,
mas as palavras dos puros
lhe são agradáveis.
27 O que se dá à cobiça [o]perturba
a sua própria casa,
mas o que odeia o suborno viverá.
28 O coração do justo [p]medita
o que há de responder,
mas a boca dos ímpios
derrama coisas más.
29 O Senhor está longe dos ímpios,
mas escuta a oração dos [q]justos.
30 O parecer alegre traz alegria ao coração,
e as boas-novas dão saúde aos ossos.
31 O que dá ouvidos à repreensão construtiva,
no meio dos sábios fará a sua morada.
32 O que rejeita a disciplina
menospreza a sua alma,
mas o que dá ouvidos à correção
adquire entendimento.
33 O [r]temor do Senhor é a instrução
da sabedoria,
e a [s]humildade precede a honra.

Contraste: a justiça e a maldade

16 Ao homem pertencem os planos do coração,
mas do Senhor procede a
resposta da língua.
2 Todos os caminhos do homem
são inocentes [t]aos seus olhos,
mas o Senhor [u]pesa os motivos.
3 Confia ao Senhor as tuas obras,
e os teus planos serão estabelecidos.
4 O [v]Senhor faz todas as coisas
com um objetivo,
[w]até o ímpio para o dia do mal.
5 [x]Abominação é para o Senhor todo altivo
de coração;
certamente não ficará sem castigo.
6 Pelo amor e pela fidelidade
expia-se a iniquidade;
pelo temor do Senhor o homem
se desvia do mal.
7 Sendo os caminhos do homem agradáveis
ao Senhor,
até a seus inimigos faz que
tenham paz com ele.
8 [y]Melhor é o pouco com justiça
do que grandes rendas com injustiça.

[a] Jó 34.21; Pv 5.21; Jr 16.17; 32.19; Hb 4.13
[b] Pv 21.27; 28.9; Is 1.11; 61.8; 66.3; Jr 6.20; 7.22; Am 5.22
[c] Jó 26.6; Sl 139.8. Veja Hc 2.5, nota; comp. Lc 16.23, nota
[d] Pv 17.22
[e] Sl 37.16; Pv 16.8; 1Tm 6.6
[f] Pv 17.1
[g] Pv 10.23
[h] Ef 5.15
[i] Pv 11.14
[j] Pv 25.11; comp. Is 50.4
[k] Fp 3.20; Cl 3.1,2
[l] Pv 14.16
[m] Veja Hc 2.5, nota; comp. Lc 16.23, nota
[n] Is 2.11
[o] Is 5.8; Jr 17.11
[p] 1Pe 3.15
[q] Tg 5.16
[r] Veja Sl 19.9, nota
[s] Pv 18.12
[t] Pv 21.2
[u] Comp. 1Sm 16.7
[v] Is 43.7; Rm 11.36
[w] Jó 21.30; Rm 9.22
[x] Pv 6.17; 8.13
[y] Sl 37.16; Pv 15.16

9 O coração do homem propõe o seu caminho,
[z]mas o Senhor lhe dirige os passos.
10 Os lábios do rei falam com autoridade,
e a sua boca não deve trair a justiça.
11 O peso e a balança justos são do Senhor;
obra sua são todos os pesos da bolsa.
12 Abominação é para os reis o praticarem
a impiedade,
pois com justiça se estabelece o trono.
13 Lábios honestos são o
contentamento dos reis;
eles dão valor ao que fala coisas retas.
14 O furor do rei é mensageiro da morte,
mas o homem sábio o [a]aplacará.
15 Na luz do rosto do rei está a vida;
seu favor é como a [b]nuvem
de chuva na primavera.
16 [c]Melhor é adquirir a sabedoria do que o ouro!
É mais excelente adquirir a
prudência do que a prata!
17 A estrada dos retos é desviar-se do mal;
o que guarda o seu caminho
preserva a sua vida.
18 A soberba precede a ruína;
e a altivez do espírito, a queda.
19 Melhor é ser humilde de
espírito com os mansos
do que repartir o despojo
com os soberbos.
20 O que atenta prudentemente
para a instrução prospera;
o que [d]confia no Senhor é
bem-aventurado.
21 O sábio de coração é chamado prudente;
a doçura dos lábios promove o ensino.
22 O entendimento,
para aquele que o possui, é fonte de vida,
mas a insensatez traz castigo aos tolos.
23 O coração do sábio instrui a sua boca,
e os seus lábios promovem a instrução.
24 Favo de mel são as palavras agradáveis,
doçura para a alma e saúde para os ossos.
25 Há um caminho que parece
correto ao homem,
mas o seu fim conduz à [e]morte.
26 O apetite do trabalhador trabalha por ele;
a sua boca o [f]impulsiona.
27 O homem vil trama o mal,
e nos seus lábios se acha
algo como que um [g]fogo ardente.
28 O homem perverso causa contendas,
e o [h]difamador separa os maiores amigos.
29 O homem violento alicia o seu vizinho
e o conduz por um caminho
que não é bom.
30 O que pisca os olhos maquina perversidade;
o que morde os lábios a executa.
31 Coroa de honra são os [i]cabelos brancos;
são obtidos por uma vida justa.
32 Melhor é o homem [j]paciente do que o valente,
e o que tem domínio próprio
do que o que toma uma cidade.
33 A sorte é lançada no colo,
mas do Senhor procede toda decisão.

Contraste: a justiça e a maldade

17 **M**elhor é um pedaço de pão seco
e com ele a tranquilidade
do que a casa cheia de sacrifícios
com contenda.
2 O servo prudente dominará
sobre o filho que procede indignamente
e partilhará da herança dos irmãos.
3 O [k]crisol é para a prata, e o forno para o ouro,
mas o Senhor [l]prova os corações.
4 O ímpio atenta para os lábios iníquos;
o mentiroso inclina os ouvidos
à língua maligna.
5 [m]O que zomba do pobre insulta ao que o criou;
o [n]que se alegra da calamidade
[o]não ficará impune.
6 Coroa dos velhos são os filhos dos [p]filhos,
e a glória dos filhos são seus pais.
7 Não convém ao tolo a fala excelente,
quanto menos ao príncipe
o lábio mentiroso!
8 Pedra mágica é o suborno aos olhos
de quem o dá;
para onde quer que se volte, terá êxito.
9 O que encobre a transgressão promove o [q]amor,
mas o que renova a questão
separa os maiores amigos.
10 Mais profundamente
entra a [r]repreensão no prudente
do que cem açoites no tolo.
11 O rebelde não busca senão o mal;
um mensageiro cruel será
enviado contra ele.
12 Melhor é para o homem encontrar-se
com a [s]ursa
da qual roubaram os filhos
do que com o louco na sua insensatez.
13 Quanto [t]àquele que paga o bem com o mal,
não se apartará o mal da sua casa.
14 Como o abrir-se da represa,
assim é o princípio da contenda;
deixa a questão antes que haja rixas.
15 [u]O que justifica o ímpio e o
que condena o justo
são abomináveis ao Senhor,
tanto um como o outro.
16 De que serviria o dinheiro
na mão do tolo para comprar a sabedoria,
visto que não tem entendimento?

[z] Sl 37.23; Pv 20.24; Jr 10.23
[a] Pv 25.15
[b] Zc 10.1
[c] Pv 8.11,19
[d] Veja Sl 2.12, nota
[e] Pv 14.12
[f] Ec 6.7
[g] Tg 3.6
[h] Pv 17.9
[i] Pv 20.29
[j] Pv 14.29; 19.11
[k] Sl 26.2; Pv 27.21; Jr 17.10; Ml 3.3
[l] Provar-Tentar: v. 3; Is 7.12 (Gn 3.1; Tg 1.14)
[m] Pv 14.31
[n] Jó 31.29; 1Co 13.6; comp. Ob 12
[o] Êx 22.7; Jó 9.28; 10.14
[p] Sl 127.3; 128.3
[q] Pv 10.12; 1Co 13.5-7
[r] Pv 10.17; Mq 7.9
[s] Comp. Os 13.8
[t] Sl 109.4,5; Jr 18.20; Rm 12.17; 1Ts 5.15; 1Pe 3.9
[u] Êx 23.7; Pv 24.24; Is 5.23

17 Em todo o tempo ama o amigo,
e na angústia nasce o irmão.
18 O homem sem entendimento
compromete-se, ficando por fiador
do seu companheiro.
19 O que ama a contenda ama a transgressão;
o que faz alta a sua porta busca a ruína.
20 O perverso de coração não prospera;
o que tem [v]língua enganosa
virá a cair no mal.
21 O que gera um tolo, para sua tristeza o faz;
não há alegria para o pai do insensato.
22 O [w]coração alegre é bom remédio,
mas o espírito abatido faz secar os ossos.
23 O ímpio aceita o suborno em secreto,
para perverter as veredas da [x]justiça.
24 O inteligente mantém a sabedoria à vista,
mas os olhos do louco vagam
pelas extremidades da terra.
25 O [y]filho insensato é tristeza para seu pai
e amargura para sua mãe.
26 Não é bom punir o justo,
nem ferir os oficiais por causa da
sua integridade.
27 Aquele que [z]possui conhecimento
controla as suas palavras,
e o homem de entendimento
é de espírito sereno.
28 Até o tolo, quando se cala, é tido por sábio;
o que fecha os lábios, por entendido.

Contraste: a justiça e a maldade

18 O que vive isolado busca seu próprio desejo;
insurge-se contra a verdadeira sabedoria.
2 O tolo não tem prazer no entendimento,
mas somente em [a]revelar o seu coração.
3 Vindo o ímpio, vem também o desprezo,
e com a vergonha vem a desgraça.
4 Águas profundas são as palavras da boca
do homem,
mas ribeiro transbordante é a
fonte da sabedoria.
5 Não é bom ter respeito à pessoa do ímpio
[b]nem privar da justiça o inocente.
6 Os lábios do tolo entram em contenda,
e a sua boca clama por açoites.
7 A boca do tolo é a sua própria destruição,
e os seus lábios um laço para a sua [c]vida.
8 As palavras do [d]difamador são
como doces bocados
que penetram até o íntimo do homem.
9 O negligente na sua obra
é irmão do destruidor.
10 [e]Torre forte é o nome do Senhor;
para ela corre o justo e fica seguro.
11 Os bens do rico são a sua [f]cidade fortificada;
como uma muralha na sua imaginação.
12 Antes da [g]queda eleva-se o coração do homem,
mas a humildade precede a honra.
13 Responder antes de ouvir
é insensatez e vergonha.
14 O espírito do homem o sustenta
na enfermidade,
mas quem levantará o espírito abatido?
15 O coração do entendido adquire
o conhecimento,
e o ouvido do sábio o busca.
16 O [h]presente alarga o caminho de quem o dá
e leva-o à presença dos grandes.
17 O que primeiro apresenta o seu
caso parece justo,
até que vem outro e o examina.
18 A [i]sorte lançada faz cessar as desavenças,
e faz separação entre fortes oponentes.
19 O irmão ofendido é mais difícil de conquistar
do que uma cidade fortificada,
e as contendas são como os
ferrolhos de um castelo.
20 Do fruto da boca do homem
se farta o seu ventre;
da colheita dos seus lábios ele se [j]satisfaz.
21 A morte e a vida estão no [k]poder da língua,
e aqueles que a amam comerão do seu fruto.
22 [l]O que acha uma esposa acha uma coisa boa
e recebe favor do Senhor.
23 O pobre implora misericórdia,
mas o rico responde com [m]dureza.
24 O homem que tem muitos [n]amigos
pode vir à ruína,
mas há um amigo mais chegado
do que um irmão.

Contraste: a justiça e a maldade

19 Melhor é o pobre que anda na sua
integridade do que o perverso
de lábios e tolo.
2 Não é bom ter zelo sem conhecimento
nem se apressar e errar o caminho.
3 A insensatez do próprio homem
arruína a sua vida,
contudo o seu coração se
ira contra o Senhor.
4 [o]As riquezas conquistam muitos amigos;
quanto ao pobre, o seu próprio
amigo o deixa.
5 A falsa [p]testemunha não ficará impune;
o que profere mentiras não escapará.
6 Muitos procuram o favor do príncipe,
e todo mundo é amigo daquele que
dá presentes.
7 Todos os irmãos do pobre o aborrecem,
quanto mais o evitam os seus amigos!
Persegue-os com súplicas,
mas eles já se foram.

[v] Tg 3.8
[w] Pv 12.25; 15.13,15
[x] Êx 23.8
[y] v. 21; Pv 10.1; 15.20; 19.13
[z] Pv 10.19; comp. Tg 1.19
[a] Ec 5.3
[b] Pv 17.15
[c] Ec 10.12
[d] Como quem sussurra, provocando intriga e contenda. Pv 26.20,22
[e] 2Sm 22.3,51; Sl 18.2; 61.3,4; 91.2; 144.2
[f] Comp. Pv 11.28
[g] Pv 15.33
[h] Pv 17.8; 21.14; comp. Gn 32.20,21; 1Sm 25.27
[i] Pv 16.33
[j] Pv 14.14
[k] Mt 12.37
[l] Pv 19.14; 31.10-28
[m] Comp. Tg 2.3
[n] Pv 17.17
[o] Pv 14.20
[p] v. 9; Êx 23.1; Dt 19.16-19; Pv 6.19; 21.28

8 O que adquire sabedoria ama
a sua própria alma;
o que conserva o entendimento [q]prospera.
9 A falsa testemunha não ficará impune,
e o que profere mentiras perecerá.
10 Ao tolo não fica bem o luxo;
quanto menos ao [r]servo
dominar os príncipes.
11 A sabedoria do homem lhe dá paciência;
a sua glória está em [s]esquecer ofensas.
12 Como o bramido do filho do leão
é a indignação do rei,
mas como o orvalho sobre a
[t]erva é o seu favor.
13 Ruína é para o pai o filho insensato,
e um gotejar contínuo a
mulher [u]briguenta.
14 Casas e bens são a herança dos pais,
mas do Senhor vem a mulher [v]prudente.
15 A preguiça faz cair em profundo sono,
e o ocioso vem a padecer fome.
16 [w]O que guarda o mandamento
guarda a sua vida,
mas o que despreza os seus
caminhos morrerá.
17 O que se compadece do pobre
empresta [x]ao Senhor,
e ele lhe recompensará o benefício.
18 [y]Corrige teu filho enquanto há esperança,
mas não a ponto de matá-lo.
19 O homem de grande ira
tem de sofrer a penalidade;
se tu o livrares, virás ainda a
fazê-lo de novo.
20 Ouve o conselho e recebe a instrução,
para que sejas sábio nos teus últimos dias.
21 Muitos são os planos do coração do homem,
mas é o [z]propósito do Senhor
que permanecerá.
22 O desejo do homem é constante amor;
melhor é ser pobre do que mentiroso.
23 O [a]temor do Senhor conduz à vida;
aquele que o tem ficará satisfeito;
mal nenhum o atingirá.
24 O preguiçoso esconde a mão no [b]prato;
nem mesmo a leva de volta à boca.
25 Fere ao zombador, e o simples aprenderá
a prudência;
repreende o entendido, e ele
ganhará conhecimento.
26 O que rouba o seu pai e afugenta a sua mãe
é filho que envergonha e desonra.
27 Cessa, filho meu, de dar ouvidos à instrução
e te desviarás das palavras
do conhecimento.
28 A testemunha corrupta zomba da justiça,
e a boca dos ímpios engole a iniquidade.

[q] Pv 16.20
[r] Pv 30.21,22
[s] Ef 4.32
[t] Os 14.5
[u] Pv 21.9; 27.15
[v] Pv 18.22
[w] Lc 10.28; 11.28
[x] Pv 28.27; Ec 11.1; Mt 10.42; 25.40; 2Co 9.6-8; Hb 6.10; comp. Jó 23.12,13
[y] Pv 13.24
[z] Sl 33.10,11; Pv 16.9; Is 46.10; Hb 6.17
[a] Veja Sl 19.9, nota
[b] Pv 26.15
[c] Pv 23.29-35; Os 4.11; comp. Gn 9.21; Is 28.7
[d] Comp. Pv 25.14; Mt 6.2; Lc 18.11
[e] 1Rs 8.46; 2Cr 6.36; Jó 9.30,31; 14.4; Sl 51.5; Ec 7.20; 1Jo 1.8
[f] Dt 25.13; Pv 11.1; 16.11; Mq 6.10-12
[g] Jó 28.12-19; Pv 3.13-15; 8.11

29 Preparados estão os juízos para
os zombadores
e os açoites para as costas dos tolos.

Contraste: a justiça e a maldade

20 [c]O vinho é escarnecedor e a bebida
forte alvoroçadora;
todo aquele que por eles é
desviado não é sábio.
2 A ira do rei é como o bramido do leão;
o que provoca a sua ira
peca contra a sua própria vida.
3 Honroso é para o homem o
desviar-se de questões,
mas todo tolo se mete em rixas.
4 O preguiçoso não cultiva na estação própria;
por isso, na colheita ele busca,
mas nada encontra.
5 Como águas profundas
são os propósitos do coração do homem,
mas o homem de entendimento
os traz à tona.
6 Muitos há que [d]proclamam
ter constante amor,
mas o homem fiel quem o achará?
7 O justo anda na sua integridade;
bem-aventurados são os seus
filhos depois dele.
8 Assentando-se o rei no trono do juízo,
com os seus olhos faz
desaparecer todo mal.
9 [e]Quem pode dizer:
Purifiquei o meu coração,
estou limpo do meu pecado?
10 Duas espécies de [f]peso e duas
espécies de medida
são abominação para o Senhor,
tanto uma coisa como a outra.
11 Até a criança se dará a conhecer
pelas suas ações,
se a sua conduta é pura e reta.
12 O ouvido que ouve e o olho que vê —
o Senhor fez ambos.
13 Não ames o sono, para que não empobreças;
abre os olhos e te fartarás de pão.
14 Nada vale, não vale nada, diz o comprador;
depois que sai, gaba-se do negócio.
15 Há ouro e abundância de rubis,
mas os lábios do [g]conhecimento
são joia preciosa.
16 Tira a roupa àquele que fica
por fiador do estranho;
toma-a por penhor daquele que dá
garantia a uma mulher adúltera.
17 Suave é ao homem o pão da mentira,
mas depois a sua boca se enche
de pedrinhas de areia.

18 Os projetos se firmam pelos conselhos;
faze a guerra com prudência.
19 O difamador trai a confiança;
portanto, evita o que fala demais.
20 [h]Quem a seu pai ou a sua mãe amaldiçoa,
terá apagada a sua [i]lâmpada nas mais
densas trevas.
21 A [j]herança adquirida às pressas
no princípio não será abençoada no fim.
22 [k]Não digas: Eu me vingarei do mal;
[l]espera pelo Senhor, e ele te livrará.
23 Duas espécies de peso são
abomináveis ao Senhor,
e balanças enganosas não são boas.
24 Os passos do homem são
dirigidos pelo Senhor.
Como, pois, pode o homem entender
o seu próprio caminho?
25 Laço é para o homem o dizer
precipitadamente:
É santo, e só refletir depois de fazer o voto.
26 O rei sábio abana os ímpios;
faz girar sobre eles a roda.
27 O [m]espírito do homem é a
lâmpada do Senhor;
ela esquadrinha o mais íntimo do ser.
28 Amor e fidelidade guardam o rei;
com amor sustém ele o seu trono.
29 A glória dos jovens é a sua força,
e a beleza dos velhos são os
[n]cabelos brancos.
30 Os açoites e as feridas purificam o mal,
e as pancadas penetram até
o mais íntimo do ser.

Contraste: a justiça e a maldade

21 Como ribeiros de águas
é o coração do rei na mão do Senhor;
para onde quer o [o]inclina.
2 Todo caminho do homem é
reto aos seus olhos,
mas o Senhor [p]sonda o coração.
3 Fazer [q]justiça e julgar com retidão
é mais aceitável ao Senhor do que
oferecer-lhe sacrifício.
4 Olhar [r]altivo e coração orgulhoso
revelam a vida de pecado dos ímpios.
5 Os pensamentos do diligente tendem
à abundância,
tão certamente quanto a
pressa leva à pobreza.
6 Trabalhar para juntar tesouro
com língua falsa é vaidade,
e aqueles que a isso são impelidos
buscam a morte.
7 A violência dos ímpios virá a destruí-los,
pois eles se recusam a praticar a justiça.
8 O caminho do homem perverso é
inteiramente tortuoso,
mas a obra do puro é reta.
9 Melhor é morar num canto do eirado,
do que com a mulher [s]briguenta
numa casa ampla.
10 A alma do ímpio deseja o mal;
o seu vizinho [t]não recebe dele compaixão.
11 Quando o zombador é castigado,
o simples torna-se [u]sábio;
quando o sábio é instruído,
recebe o conhecimento.
12 Prudentemente observa o
justo a casa do ímpio,
e o conduz para a desgraça.
13 [v]O que tapa o seu ouvido ao clamor do pobre
também clamará e não será ouvido.
14 O presente dado em segredo abate a ira,
e o suborno às escondidas
aplaca a indignação.
15 A execução da justiça é alegria para o [w]justo,
mas espanto para os que praticam
a iniquidade.
16 O homem que anda desviado do caminho
do entendimento,
na congregação dos [x]mortos repousará.
17 Necessidade padecerá o que ama os prazeres;
o que ama o vinho e o azeite
nunca enriquecerá.
18 O resgate do justo é o ímpio;
o do reto, o iníquo.
19 Melhor é morar numa terra deserta
do que com a mulher briguenta e colérica.
20 Há tesouro desejável e azeite na casa do sábio,
mas o homem insensato os devora.
21 O que [y]segue a justiça e o amor acha vida,
prosperidade e honra.
22 Contra a cidade dos fortes sobe o [z]sábio
e derruba a fortaleza em que confiaram.
23 [a]O que guarda a sua boca e a sua língua
livra das angústias a sua alma.
24 Quanto ao soberbo e arrogante,
zombador é o seu nome;
procede com indignação e soberba.
25 O [b]desejo do preguiçoso o mata,
porque as suas mãos recusam-se a trabalhar.
26 Todo o dia ele deseja mais,
mas o justo [c]dá e nada retém.
27 O [d]sacrifício dos ímpios é abominação;
tanto mais quando oferecido com
intenção maligna!
28 A testemunha falsa perecerá,
mas o homem que a ouve será destruído
para sempre.
29 O homem ímpio mostra arrogância
no seu rosto,
mas o reto considera o seu caminho.

[h] Êx 21.17; Lv 20.9; Mt 15.4
[i] Jó 18.5,6; Pv 24.20
[j] Pv 28.20; comp. Hc 2.6
[k] Dt 32.35; Pv 17.13; 24.29; Rm 12.17-19; 1Ts 5.15; 1Pe 3.9
[l] Comp. 2Sm 16.12
[m] 1Co 2.11
[n] Pv 16.31
[o] Comp. Ed 6.22
[p] Pv 24.12; Lc 16.15
[q] Comp. 1Sm 15.22; Pv 15.8; Is 1.11; Os 6.6; Mq 6.7,8
[r] Pv 6.17
[s] Pv 19.13
[t] Comp. Tg 2.16
[u] Pv 19.25
[v] Mt 18.29-34; Tg 2.13
[w] Justiça (AT): v. 15,21; Ec 7.20 (Gn 6.9; Lc 2.25, nota)
[x] Sl 49.14
[y] Pv 15.9; Mt 5.6; Rm 2.7
[z] Pv 24.5
[a] Pv 12.13; 13.3; 18.21; Tg 3.2
[b] Pv 13.4
[c] Pv 22.9; Ef 4.28; comp. 2Co 9.6-15
[d] Comp. 1Sm 15.22; Pv 28.9

30 Não há sabedoria, nem entendimento
nem conselho contra o Senhor.
31 O cavalo prepara-se para o dia da batalha,
mas do [e]Senhor vem a vitória.

Contraste: a justiça e a maldade

22 **M**ais digno de ser escolhido é o [f]bom
nome do que as muitas riquezas;
ser estimado é melhor
do que a riqueza e o ouro.
2 O [g]rico e o pobre se encontraram;
a ambos [h]fez o Senhor.
3 O prudente vê o mal e se esconde,
mas os simples prosseguem
e sofrem as [i]consequências.
4 O galardão da humildade e
do [j]temor do Senhor
são riquezas, honra e vida.
5 Espinhos e laços há no caminho do perverso;
o que guarda a sua alma retira-se para
longe dele.
6 [k]Instrui o menino no caminho
em que deve andar,
e, mesmo quando envelhecer,
não se desviará dele.
7 O [l]rico domina sobre os pobres;
o que toma emprestado é servo
do que empresta.
8 O que semeia a perversidade colhe [m]males,
o castigo da sua indignação
será completo.
9 O [n]generoso será [o]abençoado,
pois dá do seu pão ao pobre.
10 Lança fora o zombador, e se vai a contenda;
[p]cessam a questão e a vergonha.
11 O que ama a pureza do coração e tem graça
no falar
terá por seu amigo o rei.
12 Os olhos do Senhor protegem o que tem
conhecimento,
mas as palavras do iníquo ele transtorna.
13 Diz o preguiçoso: Um leão está lá fora;
serei morto no meio das [q]ruas.
14 Cova profunda é a boca da adúltera;
aquele contra quem o Senhor se irar
cairá [r]nela.
15 A insensatez está ligada ao
coração do menino,
mas a [s]vara da disciplina a afastará dele.
16 O que oprime ao pobre para
aumentar o seu lucro,
ou o que dá ao rico, certamente
empobrecerá.
17 Inclina o teu ouvido e ouve as
palavras dos sábios;
aplica o teu coração ao meu
conhecimento,

[e] Sl 3.8; 37.39; Jr 3.23
[f] Ec 7.1
[g] Pv 29.13; comp. 1Co 12.21
[h] Jó 31.15; Pv 14.31
[i] Pv 27.12
[j] Veja Sl 19.9, nota
[k] Ef 6.4; 2Tm 3.15
[l] Tg 2.6
[m] Jó 4.8
[n] 2Co 9.6
[o] Pv 19.17
[p] Pv 26.20
[q] Pv 26.13
[r] Ec 7.26
[s] Pv 23.13,14
[t] Veja Sl 2.12, nota
[u] Comp. Lc 1.3,4
[v] 1Pe 3.15
[w] Êx 23.6; Jó 31.16-21; Zc 7.10
[x] Sl 140.12
[y] Pv 29.22
[z] Dt 19.14; 27.17
[a] Comp. 1Rs 11.28
[b] Pv 28.20; Mt 6.19; 1Tm 6.9,10; Hb 13.5
[c] 1Tm 6.17
[d] Dt 15.9
[ee] Pv 9.8; Mt 7.6

18 pois te será agradável guardá-los
no teu coração,
se aplicares todas as minhas palavras
aos teus lábios.
19 Para que a tua [t]confiança esteja no Senhor,
ensino-as a ti hoje.
20 Não te escrevi excelentes coisas
acerca de todo o conselho
e conhecimento,
21 para te fazer [u]saber a certeza das palavras
da verdade,
para que possas responder com [v]palavras de
verdade aos que te enviarem?
22 Não roubes ao [w]pobre, porque é pobre;
nem oprimas ao aflito em juízo;
23 pois o Senhor [x]defenderá a
sua causa em juízo
e aos que os roubam lhes tirará a vida.
24 Não faças amizade com o [y]irascível
nem andes com o homem colérico,
25 para que não aprendas
as suas veredas e caias em laço mortal.
26 Não estejas entre os que se comprometem e
ficam por fiadores de dívidas.
27 Se não tens com que pagar,
por que tirariam a tua cama
de debaixo de ti?
28 [z]Não removas os limites antigos
que fixaram teus pais.
29 Viste um homem diligente na sua obra?
Perante [a]reis será posto;
não será posto perante homens comuns.

Contraste: a justiça e a maldade

23 **Q**uando te assentares para comer com
um governador,
preste atenção ao que se pôs diante de ti
2 e põe uma faca à tua garganta,
se és homem glutão.
3 Não cobices os seus pratos saborosos,
pois é comida enganadora.
4 [b]Não te canses tentando enriquecer;
seja sábio.
5 Fixarás os olhos naquilo que não é nada?
Porque certamente as riquezas criam
para si [c]asas e voarão ao céu como a águia.
6 Não comas o pão daquele que
tem [d]olhos malignos,
nem cobices os seus pratos saborosos,
7 pois como imaginou na sua alma, assim é;
ele te diz: Come e bebe,
mas o seu coração não está contigo.
8 Vomitarias o bocado que comeste
e perderias as tuas suaves palavras.
9 [ee]Não fales ao tolo,
pois desprezará a sabedoria
das tuas palavras.

10 Não removas os limites antigos
nem entres nos campos dos órfãos,
11 pois o seu [f]defensor é forte;
ele pleiteará a causa deles contra ti.
12 Aplica à disciplina o teu coração
e os teus ouvidos às palavras
do conhecimento.
13 Não retires a [g]disciplina da criança;
porque, se a castigares com a vara,
nem por isso morrerá.
14 Tu a castigarás com a vara
e livrarás a sua alma do [h]inferno.
15 Filho meu, se o teu coração for sábio,
então se alegrará o meu coração;
16 exultará o meu íntimo, quando os teus lábios
falarem coisas retas.
17 Não tenha o teu coração inveja dos pecadores,
antes conserva-te sempre no
[i]temor do Senhor.
18 Certamente há [j]esperança para ti;
e a tua esperança não será aniquilada.
19 Ouve tu, filho meu, e sê sábio;
conduze no caminho certo o teu coração.
20 [k]Não estejas entres os beberrões de vinho
nem entre os comilões de carne,
21 pois o beberrão e o comilão cairão em pobreza;
a sonolência cobrirá de trapos o homem.
22 Ouve a teu pai, que te gerou,
e não desprezes a tua mãe,
quando vier a envelhecer.
23 Compra a verdade e não a vendas;
adquire a sabedoria, a disciplina e o
entendimento.
24 Grandemente se regozija o pai do justo;
quem gera um sábio se deleita nele.
25 Alegrem-se teu pai e tua mãe;
regozije-se a que te gerou.
26 Dá-me, filho meu, o teu coração,
e os teus olhos observem
os meus caminhos,
27 pois cova profunda é a prostituta;
[l]poço estreito é a [m]adúltera.
28 Ela, como um assaltante, põe-se a espreitar
e multiplica entre os homens os iníquos.
29 Para quem são os ais?
Para quem os pesares?
Para quem as pelejas?
Para quem as queixas?
Para quem as feridas sem causa?
Para quem os olhos vermelhos?
30 [n]Para os que se demoram bebendo vinho,
para os que andam buscando
bebida misturada.
31 Não olhes para o vinho
quando se mostra vermelho,
quando resplandece no copo
e se escoa suavemente.

[f] Redenção (tipo do parente remidor): v. 11; Is 41.14 (Gn 48.16; Is 59.20, nota)
[g] Pv 22.6,15
[h] Veja Hc 2.5, nota; comp. Lc 16.23, nota
[i] Veja Sl 19.9, nota
[j] Sl 58.11; Pv 24.14
[k] Is 5.22; Mt 24.49; Lc 21.34; Rm 13.13; Ef 5.18
[l] Pv 22.14
[m] Pv 5.20
[n] Pv 20.1; 21.17; Ef 5.18
[o] Is 56.12
[p] Sl 37.1; Pv 23.17
[q] Pv 21.22; Ec 19.16
[r] Sl 10.5; Pv 14.6
[s] Rm 1.30
[t] Hb 12.3
[u] Sl 82.4; Is 58.6,7; 1Jo 3.16
[v] Sl 62.12; Jr 32.19; Rm 2.6
[w] Jó 34.11; Ap 2.23; 22.12
[x] Sl 58.11; Pv 23.18
[y] Jó 5.19; Sl 34.19; 37.24; Mq 7.8
[z] Jó 31.29; Sl 35.15,19; Ob 12

32 No seu fim, ele morderá como a cobra
e como víbora picará.
33 Os teus olhos verão coisas estranhas,
e tu falarás perversidades.
34 Serás como o que dorme no meio do mar,
como o que dorme no topo do mastro.
35 Dirás: Espancaram-me, mas não me doeu!
Bateram-me, mas não o senti!
Quando virei a despertar
para [o]tornar a beber?

Contraste: a justiça e a maldade

24 [p]Não tenhas inveja dos homens malignos,
nem desejes estar com eles,
2 pois o seu coração medita a violência
e os seus lábios falam maliciosamente.
3 Com a sabedoria se edifica a casa
e com o entendimento ela se firma;
4 pelo conhecimento se enchem as câmaras
de tudo que é precioso e agradável.
5 O homem [q]sábio é forte,
e o homem de conhecimento
aumenta a força;
6 pois com conselhos prudentes farás a guerra;
na multidão dos conselheiros há vitória.
7 A sabedoria é demasiadamente
[r]alta para o tolo;
na porta ele não abre a sua boca.
8 Àquele que [s]cuida em fazer o mal,
mestre de maus intentos o chamarão.
9 Os propósitos do tolo são pecado;
o zombador é abominável aos homens.
10 Se te mostras [t]fraco no dia da angústia,
quão pequena é a tua força!
11 [u]Livra os que estão destinados à morte
e salva os que cambaleiam para a matança.
12 Se disseres: Não o soubemos,
acaso não perceberá aquele que
[v]pondera os corações?
Não saberá aquele que atenta
para a tua alma?
Não pagará ele ao homem
[w]conforme a sua obra?
13 Come mel, filho meu, pois é bom;
o mel do favo é doce ao teu paladar.
14 Sabe também que a sabedoria
é doce à tua alma;
se a achares, haverá para ti recompensa,
e não será frustrada a tua [x]esperança.
15 Não espies a habitação do justo,
ó ímpio, nem assoles a sua pousada,
16 [y]pois sete vezes cairá o justo e se levantará,
mas os ímpios são derrubados
pela calamidade.
17 [z]Quando o teu inimigo cair, não te alegres,
nem quando ele tropeçar se
regozije o teu coração,

18 para que o Senhor não o veja,
e isso seja mau aos seus olhos,
e dele desvie a sua ira.
19 Não te aflijas por causa dos malfeitores,
nem tenhas inveja dos ímpios,
20 pois o maligno não tem esperança futura;
a [a]lâmpada dos ímpios se apagará.
21 [b]Teme ao Senhor e ao rei, filho meu,
e não te associes com os rebeldes,
22 pois de repente se levantará a sua perdição.
Quem conhecerá a ruína
que virá sobre eles?
23 Também estes são provérbios do sábio:
[c]Mostrar parcialidade ao julgar não é bom.
24 O que disser ao ímpio:
Justo és, será amaldiçoado pelos povos
e detestado pelas nações.
25 Para os que o repreenderem,
porém, haverá [d]satisfação,
e sobre eles virá abundante bênção.
26 Como beijo nos lábios é uma
resposta honesta.
27 Termina os teus trabalhos de fora,
apronta os teus [e]campos e,
depois disso, edifica a tua casa.
28 Não sejas testemunha sem causa
contra o teu próximo
nem uses os teus lábios para [f]enganar.
29 [g]Não digas: Como ele me fez a mim,
assim lhe farei a ele;
pagarei a cada um segundo a sua obra.
30 Passei pelo campo do preguiçoso
e junto à vinha do homem
sem entendimento;
31 tudo estava cheio de espinhos,
a superfície coberta de urtigas
e o seu muro de pedra em ruínas.
32 Apliquei o coração ao que vi
e aprendi uma lição do que observei:
33 Um pouco para dormir, um
pouco para cochilar,
um pouco para cruzar os
braços em repouso;
34 [h]assim sobrevirá a tua pobreza
como um assaltante;
a tua necessidade, como um
homem armado.

III. Provérbios de Salomão selecionados pelos homens de Ezequias, 25–29

Advertências e instruções

25 [i]Também estes são provérbios de Salomão,
os quais transcreveram os homens
de [j]Ezequias, rei de Judá:
2 A [k]glória de Deus é encobrir o negócio;
a glória dos reis é tudo [l]investigar.
3 A altura dos céus, a profundeza da terra
e o coração dos reis são insondáveis.
4 [m]Tira da prata a escória,
e sairá vaso para o ourives.
5 Tira o ímpio da presença do rei,
e o seu trono se firmará na [n]justiça.
6 Não te glories na presença
do rei nem te ponhas no lugar dos grandes;
7 é melhor que te digam:
[o]Sobe para aqui do que seres
humilhado diante do príncipe a
quem já os teus olhos viram.
8 [p]Não vás apressadamente ao tribunal,
para depois, ao fim,
não saberes o que hás de fazer,
podendo-te confundir o teu próximo.
9 [q]Pleiteia a tua causa com o teu próximo mesmo
e não descubras o segredo de outro,
10 para que não te desonre o que o ouvir,
não se apartando de ti a infâmia.
11 Como maçãs de ouro em salvas de prata,
assim é a palavra [r]dita a seu tempo.
12 Como pendentes de ouro
e gargantilhas de ouro puro,
assim é a repreensão do sábio
ao ouvido atento.
13 Como o frescor da neve no tempo da colheita,
assim é o mensageiro fiel para
com os que o enviam;
recreia o espírito dos seus senhores.
14 [s]Como nuvens e ventos que não
trazem chuva,
assim é o homem que se gaba
de dádivas que não dá.
15 [t]Pela paciência se persuade o príncipe;
a língua branda quebranta os ossos.
16 Se achares mel, come o que te basta,
para que não te fartes dele e
o venhas a vomitar.
17 Retira o pé da casa do teu vizinho,
para que não se enfade de ti e te odeie.
18 Malho, espada e flecha aguda
é o homem que levanta falso testemunho
contra o seu próximo.
19 Como dente quebrado e pé deslocado
é a confiança no desleal no
tempo da angústia.
20 [u]O que entoa canções junto ao coração aflito
é como aquele que se despe
num dia de frio;
como vinagre sobre a ferida.
21 [v]Se o teu inimigo tiver fome,
dá-lhe pão para comer;
se tiver sede, dá-lhe água para beber.
22 Assim fazendo, amontoarás brasas vivas
sobre a cabeça dele,
e o [w]Senhor te recompensará.

[a] Sl 37.1,2
[b] Veja Sl 19.9, nota
[c] Lv 19.15; Dt 1.17; 16.19; Jo 7.24
[d] Pv 28.23
[e] Pv 27.23-27
[f] Ef 4.25
[g] Pv 20.22; Mt 5.39-44; Rm 12.17-19
[h] Pv 6.9-11
[i] 1Rs 4.32
[j] 2Rs 18.1
[k] Dt 29.29; Rm 11.33
[l] Comp. Et 6.1
[m] Comp. 2Tm 2.20,21
[n] Pv 16.12; 20.8
[o] Lc 14.8-10
[p] Pv 17.14; Mt 5.25
[q] Mt 18.15
[r] Pv 15.23; Is 50.4
[s] Jd 12
[t] Pv 15.1; 16.14; comp. Gn 32.4; 1Sm 25.24
[u] Comp. Dn 6.18; Rm 12.15
[v] v. 21,22; Mt 5.44; Rm 12.20
[w] Comp. 16.12

23 O vento norte traz chuva;
mas a língua fingida, o rosto irado.
24 Melhor é morar no canto do eirado
do que com a mulher [x]briguenta
numa casa ampla.
25 Como água fria para a alma cansada,
tais são as [y]boas-novas de terra remota.
26 Como fonte turva e manancial poluído,
assim é o justo que cai diante do ímpio.
27 Comer muito mel não é bom;
nem é honroso [z]procurar a própria honra.
28 [a]Como cidade derrubada,
que não tem muros,
assim é o homem que não tem
domínio próprio.

Advertências e instruções (cont.)

26 Como a neve no verão ou como
[b]a chuva na colheita,
assim não convém ao tolo a honra.
2 Como o pássaro no seu vaguear,
como a andorinha no seu voo,
[c]assim a maldição sem causa não se cumpre.
3 O açoite é para o cavalo, o freio para o jumento
e a vara para as [d]costas dos tolos.
4 [e]Não respondas ao tolo com
semelhante insensatez,
para que também não te faças
semelhante a ele.
5 [1]Responde ao tolo conforme
merece sua insensatez,
para que não seja ele sábio aos
seus próprios [f]olhos.
6 Como quem os pés corta e o dano sofre,
assim é quem manda mensagens
pela mão de um tolo.
7 Como pendem frouxas as pernas do coxo,
assim é o provérbio na boca dos tolos.
8 Como o que ata a pedra numa funda,
assim é aquele que dá honra ao tolo.
9 Como o espinho que entra na mão do bêbado,
assim é o provérbio na boca dos tolos.
10 Como o flecheiro que a todos espanta,
assim é o que contrata o tolo
e o primeiro que vê pelo caminho.
11 Como o [g]cão que torna ao seu vômito,
assim é o tolo que insiste na sua insensatez.
12 [h]Tens visto a um homem que é sábio
a seus próprios olhos?
Maior esperança há no tolo do que nele.
13 Diz o preguiçoso:
Um leão está no caminho;
um leão está nas ruas.
14 Como a porta gira nas suas dobradiças,
assim o preguiçoso na sua cama.
15 O [i]preguiçoso coloca a sua mão no prato,
mas não quer ter o trabalho de a levar à boca.
16 Mais sábio é o preguiçoso a seus próprios olhos
do que sete homens que sabem
responder bem.
17 O que, passando, se mete em questão alheia,
é como aquele que toma um
cão pelas orelhas.
18 Como o louco que lança de si faíscas,
flechas e mortandades,
19 [j]assim é o homem que engana o seu próximo
e diz: Fiz isso por brincadeira.
20 Sem lenha o fogo se apaga;
não havendo difamador, cessa a contenda.
21 [k]Como o carvão é para a brasa
e a lenha para o fogo,
assim é o homem briguento
para provocar rixas.
22 As palavras do [l]difamador são como
deliciosos bocados;
descem ao mais interior do estômago.
23 Como o vaso coberto de escória de prata,
assim são os lábios afáveis com
um coração maligno.
24 Aquele que odeia disfarça suas verdadeiras
intenções com os lábios,
mas no íntimo abriga o engano.
25 Quando te suplicar com a voz suave,
não confies nele,
pois sete abominações há no seu coração.
26 Ainda que o seu ódio se encubra com engano,
a sua malícia será revelada
na congregação.
27 [m]O que faz uma cova nela cairá;
o que revolve a pedra, esta sobre ele rolará.
28 A língua falsa odeia a quem fere,
e a boca bajuladora causa [n]ruína.

Advertências e instruções (cont.)

27 [o]Não te vanglories do dia de amanhã,
pois não sabes o que produzirá o dia.
2 Louve-te o estranho, mas não a tua boca;
o [p]estrangeiro, mas não os teus lábios.
3 Pesada é a pedra, e a areia também,
mas a provocação do insensato é
mais pesada do que ambas.
4 Cruel é o furor e impetuosa a ira,
mas [q]quem pode parar na
presença da inveja?
5 [r]Melhor é a repreensão aberta
do que o amor encoberto.

[x] Pv 19.13
[y] Pv 15.30
[z] Pv 27.2
[a] Pv 16.32
[b] Comp. 1Sm 12.17
[c] Comp. Nm 23.8
[d] Pv 19.29
[e] Comp. Mt 16.1-4; 21.24-27
[f] Rm 12.16
[g] 2Pe 2.22; comp. Êx 8.15
[h] Pv 29.20; comp. Lc 18.11,12; Ap 3.17
[i] Pv 19.24
[j] Ef 5.4
[k] Pv 15.18; 29.22
[l] Pv 18.8
[m] Sl 7.15,16; 9.15; 10.2; 57.6; Pv 28.10; Ec 10.8
[n] Pv 29.5
[o] Tg 4.13,14; comp. Lc 12.19,21
[p] Pv 25.27
[q] 1Jo 3.12
[r] Pv 28.23; comp. Gl 2.14

[1] (26.5) Os v. 4,5 são uma ilustração de Ec 3.7. A melhor maneira de resolver a aparente contradição entre esses versículos é recordar duas coisas: 1) Que nada ganhamos quando respondemos a um tolo do jeito dele. 2) Que pode haver ocasiões em que não rebater um tolo seria confirmar sua presunção. Exemplos: 1) veja 2Rs 18.36; 2) veja Ne 6.8; Jó 2.9,10.

6 Fiéis são as feridas feitas pelo que ama,
mas os beijos de [s]quem odeia
são enganosos.
7 A alma farta pisa o favo de mel,
mas à alma faminta todo amargo é doce.
8 Como a ave que vagueia longe do seu ninho,
assim é o homem que anda
vagueando longe do seu lugar.
9 O óleo e o perfume alegram o coração;
a doçura do amigo vem do seu conselho.
10 Não abandones o teu amigo nem o amigo
do teu pai;
e não entres na casa do teu irmão
no dia da tua adversidade.
Mais vale o [t]vizinho perto do
que o irmão longe.
11 [u]Sê sábio, filho meu, e alegra o meu coração,
para que tenha alguma coisa que
responder àquele que me afronta.
12 O prudente vê o mal e se esconde,
mas o simples prossegue e
sofre as [v]consequências.
13 Tira a roupa àquele que fica por fiador
do estranho;
toma-a por penhor daquele que dá
garantia a uma mulher adúltera.
14 Se alguém bendisser ao seu vizinho
em alta voz de madrugada,
por maldição isso lhe será contado.
15 O [w]gotejar contínuo no dia de grande chuva
e a mulher briguenta são semelhantes;
16 contê-la é como conter o vento,
ou segurar o óleo com a mão.
17 Como o ferro com o ferro se afia,
assim faz o homem ao seu amigo.
18 O [x]que cuida da figueira comerá do seu fruto;
o que zela pelo seu senhor será honrado.
19 Como a água reflete o rosto,
assim o coração do homem
reflete quem ele é.
20 O [y]inferno e a perdição nunca se fartam;
os olhos do homem nunca se [z]satisfazem.
21 O crisol é para a prata;
o forno, para o ouro, mas o homem é provado
pelos [a]louvores que recebe.
22 Ainda que pisasses o tolo
como grãos no [b]pilão,
não se iria dele a sua insensatez.
23 Procura conhecer o estado das tuas ovelhas
e cuida bem dos teus [c]rebanhos,
24 pois as riquezas não duram para sempre
nem a coroa de geração em geração.
25 Quando o feno for removido,
aparecerem os renovos
e se recolherem as ervas dos montes,
26 então os cordeiros te proverão vestes;
e os bodes, o preço do campo.
27 Haverá bastante leite de cabras
para o teu sustento,
para o sustento da tua casa e para
o sustento das tuas criadas.

Advertências e instruções (cont.)

28 [d]Fogem os ímpios sem que ninguém
os persiga,
mas os justos são ousados como o leão.
2 Por causa da transgressão da terra,
[e]muitos são os seus príncipes,
mas, pela virtude de homens prudentes e
entendidos, ela continuará.
3 O [f]homem pobre que oprime aos pobres
é como chuva impetuosa,
que não deixa nenhum trigo.
4 Os que abandonam a lei louvam os ímpios,
mas [g]os que guardam a lei
pelejam contra eles.
5 Os homens maus não entendem a justiça,
mas [h]os que buscam ao Senhor
entendem tudo.
6 Melhor é o pobre que anda na sua integridade
do que o de caminhos perversos,
ainda que seja rico.
7 O que guarda a lei é filho entendido,
mas o companheiro dos comilões
envergonha a seu pai.
8 O que aumenta os seus bens com juros altos,
ajunta-os para o que se compadece do pobre.
9 O que desvia os seus ouvidos de ouvir a lei,
até a [i]sua oração será abominável.
10 O que faz que os retos se desviem para
um mau caminho,
ele mesmo cairá na [j]cova que abriu;
mas os íntegros herdarão o bem.
11 O homem rico é sábio aos seus próprios olhos,
mas o pobre que é entendido
o esquadrinha.
12 Quando os justos triunfam,
há grande [k]alegria, mas, quando os ímpios
sobem, escondem-se os homens.
13 [l]O que encobre as suas transgressões
nunca prosperará,
mas o que as confessa e deixa alcançará
misericórdia.
14 Bem-aventurado o homem
que continuamente teme ao Senhor,
mas o que endurece o seu coração
virá a cair no mal.
15 Como [m]leão que ruge, ou urso que ataca,
assim é o ímpio que domina sobre
um povo pobre.
16 O príncipe que tem falta de entendimento
multiplica as [n]opressões,
mas o que odeia a avareza
prolongará os seus dias.

[s] Mt 26.49
[t] Pv 17.17; 18.24
[u] Pv 10.1; 23.15-26
[v] Pv 22.3
[w] Pv 19.13
[x] 1Co 9.7-13
[y] Veja Hc 2.5, nota; comp. Lc 16.23, nota
[z] Comp. Ec 1.8
[a] Comp. Lc 6.26
[b] Instrumento para triturar
[c] Pv 24.27
[d] Lv 26.17,36; Sl 53.5
[e] Comp. 2Cr 36.5,9,11,12
[f] Comp. Mt 18.28
[g] 1Rs 18.18,21; Mt 3.7; 14.4; comp. Ef 5.11
[h] Jo 7.17; 1Co 2.15; 1Jo 2.20,27
[i] Sl 66.18; 109.7; Pv 15.8
[j] Sl 7.15; Pv 26.27
[k] Pv 11.10; 29.2
[l] Sl 32.3-5; 1Jo 1.8-10
[m] Comp. 1Pe 5.8
[n] Ec 10.16

17 O homem carregado do [o]sangue de qualquer
pessoa,
fugirá até a cova; ninguém o detenha.
18 O que anda retamente se salvará,
mas o perverso em seus
caminhos cairá logo.
19 O que lavra a sua terra virá a fartar-se de [p]pão,
mas o que segue a ociosos se
fartará de pobreza.
20 O homem fiel será cumulado de bênçãos,
mas [q]o que se apressa a enriquecer
não ficará sem castigo.
21 Fazer acepção de pessoas não é bom,
contudo até por um [r]bocado de pão
o homem transgredirá.
22 Aquele que tem olhos invejosos
corre atrás das riquezas,
mas não sabe que a [s]pobreza o aguarda.
23 O que repreende ao homem
[t]achará depois mais favor
do que aquele que bajula com a língua.
24 O que rouba a seu pai, ou a sua mãe,
e diz: Não é errado,
companheiro é do destruidor.
25 O cobiçoso levanta contendas,
mas o que [u]confia no Senhor prosperará.
26 O que [v]confia no seu próprio
coração é insensato,
mas o que anda sabiamente será livre.
27 [w]O que dá ao pobre não terá necessidade,
mas o que dele esconde os olhos
terá muitas maldições.
28 Quando os ímpios sobem ao poder,
os homens se escondem,
mas, quando eles perecem,
os justos se multiplicam.

Advertências e instruções (cont.)

29 Quem insiste no erro,
depois de [x]repreendido
muitas vezes, será destruído [y]de repente,
sem que haja cura.
2 Quando os justos governam, o povo se [z]alegra,
mas, quando o ímpio domina, o povo geme.
3 O homem que ama a sabedoria
alegra a seu pai,
mas o companheiro de prostitutas
desperdiça os bens.
4 Pela justiça o rei estabelece a terra,
mas o amigo de subornos a transtorna.
5 O homem que [a]bajula o seu próximo
arma uma rede aos seus passos.
6 Na transgressão do homem mau há laço,
mas o justo canta e se regozija.

[o] Comp. Gn 9.6
[p] Pv 20.13
[q] Pv 13.11; 20.21; 23.4; 1Tm 6.9
[r] Comp. Ez 13.19
[s] Pv 21.5
[t] Pv 27.5,6
[u] Veja Sl 2.12, nota
[v] Pv 3.5
[w] Dt 15.7; Pv 19.17; 22.9
[x] Comp. 1Sm 2.25; 2Cr 36.16
[y] Pv 6.15
[z] Pv 28.12
[a] Pv 26.28
[b] Jó 29.16; Sl 41.1
[c] Pv 11.11
[d] Comp. Gn 4.5-8; 1Jo 3.12
[e] Pv 14.33
[f] Sl 72.4; Is 11.4
[g] Pv 22.15
[h] Sl 37.35,36; 58.10; 91.8; 92.11
[i] Comp. 1Sm 3.1; Am 8.11,12
[j] Pv 26.12
[k] Pv 15.33; 18.12; Is 66.2; Mt 23.12; Lc 14.11; 18.14; Tg 4.6-10; 1Pe 5.5,6; comp. Dn 4.30-32; At 12.23
[l] Lv 5.1
[m] Comp. Gn 12.12; 20.2; Jo 12.42,43

7 [b]Informa-se o justo da causa dos pobres,
mas o ímpio não quer saber disso.
8 Os homens zombadores [c]tumultuam a cidade,
mas os sábios desviam a ira.
9 O homem sábio que pleiteia com o tolo,
quer se perturbe, quer se ria,
não terá descanso.
10 Os homens [d]sanguinários odeiam o íntegro,
mas os retos procuram o seu bem.
11 O tolo [e]expande toda a sua ira,
mas o sábio a encobre e reprime.
12 O governador que dá atenção às palavras
mentirosas
descobrirá que todos os seus
servos são ímpios.
13 O pobre e o opressor têm isto em comum:
o Senhor ilumina os olhos de ambos.
14 O rei que julga os [f]pobres
conforme a verdade firmará o seu trono
para sempre.
15 A vara da correção dá [g]sabedoria,
mas a criança entregue a si
mesma envergonha a sua mãe.
16 Quando os ímpios se multiplicam,
multiplicam-se as transgressões,
mas os justos verão a sua [h]queda.
17 Disciplina o teu filho, e ele te dará descanso;
dará delícias à tua alma.
18 Não [i]havendo [1]profecia, o povo se corrompe;
mas bem-aventurado é o
que guarda a lei.
19 O servo não se corrigirá com meras palavras;
ainda que entenda, não obedecerá.
20 Tens visto um homem precipitado
nas suas palavras?
[j]Maior esperança há para o
tolo do que para ele.
21 Aquele que adula o seu servo
desde a meninice,
no fim o terá por filho.
22 O homem iracundo levanta contendas,
e o furioso multiplica as transgressões.
23 [k]A soberba do homem o abaterá,
mas o humilde de espírito obterá honra.
24 O que tem parte com o ladrão
é o seu próprio inimigo;
mesmo sob juramento, [l]nada denuncia.
25 O temor do homem virá a ser [m]laços,
mas o que confia no Senhor está seguro.
26 Muitos buscam o favor do príncipe,
mas é do Senhor que o homem
recebe justiça.
27 O ímpio é abominação para os justos,
e o reto é abominação para os ímpios.

[1] (29.18) A palavra heb. traduzida aqui por "profecia" indica revelação de Deus; como, p. ex., as visões que os profetas tinham. Observe, na última parte desse versículo, o paralelo com a lei de Deus.

IV. Provérbios suplementares de Agur e Lemuel, 30–31

As palavras de Agur

30 [n]Palavras de Agur, filho de Jaqué de Massá.
Este homem disse a Itiel e a Ucal:
2 Na verdade que eu sou mais bruto que todos;
não tenho o entendimento do homem.
3 Não aprendi a sabedoria
nem tenho o [o]conhecimento do santo.
4 [p]Quem subiu ao céu e desceu?
Quem encerrou os ventos nos seus punhos?
Quem amarrou as águas na sua roupa?
Quem estabeleceu todas as
extremidades da terra?
Qual é o seu [q]nome e qual é o
nome de seu filho?
Conte-me, se é que o sabes.
5 [r]Toda palavra de Deus é perfeita;
[s]escudo ele é para os que [t]nele confiam.
6 [u]Nada acrescentes às suas palavras,
para que não te repreenda e
sejas achado mentiroso.
7 Duas coisas te peço, ó Senhor;
não as negues a mim, antes que eu morra:
8 Afasta de mim a vaidade e a palavra mentirosa;
não me dês nem a pobreza nem a riqueza,
mas dá-me só o pão [v]que me é necessário,
9 para que [w]de farto eu não te negue e diga:
Quem é o Senhor?
Ou, empobrecendo, não venha a furtar
e profane o nome de Deus.
10 Não calunies o servo diante de seu senhor,
para que não te amaldiçoe
e fiques culpado.
11 Há gente que amaldiçoa o seu [x]pai
e que não bendiz a sua mãe.
12 Há gente que é pura aos seus [y]próprios olhos
e que nunca foi lavada da sua imundícia.
13 Há gente cujos olhos são [z]altivos
e cujas pálpebras são
levantadas para cima.
14 Há gente cujos dentes são espadas
e cujo queixo é como faca,
para consumirem na terra os aflitos
e os necessitados entre os homens.
15 A sanguessuga tem duas
filhas, a saber: Dá, Dá.
Há três coisas que nunca se fartam,
quatro que nunca dizem: Basta.
16 A [a]sepultura, o ventre estéril,
a terra que não se farta de água,
e o fogo, que nunca diz: Basta.
17 Corvos do vale arrancarão os olhos
que [b]zombam do pai ou desprezam
a obediência da mãe;
filhotes da águia os comerão.

[n] Comp. Pv 31.1
[o] Pv 9.10
[p] Jo 3.13
[q] Comp. Ap 19.12
[r] Sl 12.6; 19.8
[s] Sl 18.30; 84.11; 115.9-11
[t] Veja Sl 2.12, nota
[u] Dt 12.32
[v] Mt 6.11; Fp 4.19
[w] Dt 8.12-14,17; 31.20; 32.15; comp. Ne 9.25,26; Os 13.6
[x] Êx 21.17
[y] Pv 16.2; comp. Lc 18.11
[z] Pv 21.4
[a] Veja Hc 2.5, nota; comp. Lc 16.23, nota
[b] Lv 20.9; Pv 20.20; comp. Gn 9.22
[c] Pv 19.10
[d] Pv 6.6
[e] Sl 104.18
[f] Comp. Pv 6.7
[g] Jó 21.5; 40.4

18 Há três coisas que são maravilhosas demais
para mim,
há quatro que não conheço:
19 O caminho da águia no céu,
o caminho da cobra no penhasco,
o caminho do navio no meio do mar
e o caminho do homem com uma virgem.
20 Tal é o caminho da mulher adúltera:
come, limpa a boca e diz:
Não cometi maldade.
21 Por três coisas se tumultua a terra,
e a quarta não a pode suportar:
22 O escravo quando [c]reina,
o tolo quando anda farto de pão,
23 a mulher desdenhada quando se casa
e a serva quando fica herdeira
da sua senhora.
24 Há quatro coisas na terra que,
embora pequenas,
são extremamente sábias:
25 As [d]formigas, criaturas sem força,
que, todavia, no verão preparam
a sua comida;
26 os [e]coelhos, criaturas de pequeno poder, que,
contudo, fazem a sua casa nas rochas;
27 os gafanhotos, que mesmo não tendo [f]rei,
saem todos e em bandos se repartem;
28 a lagartixa, que se apanha com as mãos,
e que, contudo, anda nos palácios dos reis.
29 Há três coisas que têm passo elegante,
quatro que se movem com imponência:
30 O leão, o mais forte entre os animais,
que não torna atrás por ninguém;
31 o galo emproado, o bode
e o rei à frente do seu exército.
32 Se procedeste loucamente, exaltando-te,
ou se planejaste o mal, [g]põe
a mão na boca.
33 Como o espremer do leite produz manteiga,
e o espremer do nariz produz sangue,
assim o espremer da ira produz contendas.

As palavras de Lemuel: maldição pela intemperança

31 Palavras do rei Lemuel, rei de Massá.
A exortação que lhe deu a sua mãe:
2 Que te direi, filho meu?
Que te direi, ó filho do meu ventre?
Que te direi, ó filho dos meus votos?
3 Não dês às mulheres a tua força
nem os teus caminhos às que
destroem os reis.
4 Não é próprio dos reis, ó Lemuel,
não é próprio dos reis beber vinho
nem dos príncipes desejar bebida forte,
5 para que não bebam e se esqueçam da lei,
e privem todos os aflitos dos seus direitos.

6 Dai bebida forte aos que perecem
e vinho aos [h]de espírito amargo,
7 para que bebam e se esqueçam
da sua pobreza,
e do seu trabalho não se lembrem mais.
8 [i]Abre a tua boca a favor do mudo,
[j]pelo direito de todos os que se
achamdesamparados.
9 Abre a tua boca, [k]julga retamente;
[l]defende os direitos dos pobres
e necessitados.

A mulher virtuosa

10 Mulher [m]virtuosa, quem a achará?
O seu valor muito excede o de rubis.
11 O coração do seu marido [n]confia nela,
e a ele não faltam riquezas.
12 Ela lhe faz bem, não mal,
todos os dias da sua vida.
13 Busca lã e linho e trabalha com mãos hábeis.
14 Como os navios mercantes,
ela de longe traz o seu pão.
15 Ainda de noite se [o]levanta;
dá [p]mantimento à sua casa
e tarefa às suas servas.
16 Examina uma propriedade e a adquire;
planta uma vinha com o
fruto das suas mãos.
17 Cinge os seus lombos de força
e fortalece os seus braços.
18 Prova e vê que é boa a sua mercadoria;
a sua lâmpada não se apaga de noite.

[h] Comp. 1Sm 1.10
[i] Jó 29.15,16
[j] Comp. 1Sm 19.4; Et 4.16
[k] Lv 19.15; Dt 1.16
[l] Jó 29.12; Is 1.17; Jr 22.16
[m] Pv 12.4; 19.14
[n] Veja Sl 2.12, nota
[o] Rm 12.11
[p] Comp. Lc 12.42
[q] Ef 4.28; Hb 13.16
[r] Pv 12.4
[s] Veja Sl 19.9, nota

19 Estende as mãos ao fuso,
e as palmas das suas mãos pegam na roca.
20 [q]Abre os braços aos pobres
e estende as mãos aos necessitados.
21 Não teme por causa da neve,
pois toda a sua casa anda vestida
de lã escarlate.
22 Faz para si cobertas;
de linho fino e de púrpura é o seu vestido.
23 [r]Seu marido é respeitado
nas portas da cidade
quando se assenta com os anciãos da terra.
24 Faz roupas de linho fino e as vende,
e fornece cintas aos mercadores.
25 Força e dignidade são os seus vestidos;
ri-se do dia futuro.
26 Abre a boca com sabedoria;
a instrução fiel está na sua língua.
27 Administra bem a sua casa
e não dá lugar à preguiça.
28 Levantam-se os seus filhos e chamam-lhe
bem-aventurada;
o seu marido também a louva, dizendo:
29 Muitas mulheres procedem virtuosamente,
mas tu a todas és superior.
30 Enganosa é a beleza, e passageira
é a formosura,
mas a mulher que [s]teme ao Senhor
será louvada.
31 Que ela receba do fruto das suas mãos
e seja elogiada nas portas da
cidade por suas obras.

ECLESIASTES

- **Autor:** Salomão
- **Tema:** Reflexões do homem
- Escrito no século X a.C.

ECLESIASTES é uma tradução da palavra hebraica *qohelet*, o que dá a entender que o autor é um professor ou pregador. Em grande parte autobiográfico, Eclesiastes reflete as experiências de Salomão, "o pregador [...] rei em Jerusalém" (1.1), que corroboram o tema "vaidade de vaidades, tudo é vaidade" (v. 2). Ao falar de "vaidade", Salomão se refere *ao que é vazio, sem valor permanente, aquilo que leva à frustração*.

Eclesiastes é o livro do homem que está "debaixo do sol" e arrazoa sobre a vida. A filosofia que apresenta – que não reivindica ser uma revelação, mas cuja inspiração está registrada para nossa instrução – representa a perspectiva que o mais sábio dos homens tinha do mundo, um homem consciente de que há um Deus santo que julgará todas as coisas. As expressões-chave são "debaixo do sol", "atentei" e "disse eu no meu coração". O tom do livro é, de modo geral, de tristeza: "trabalho" aparece 27 vezes; "mal", 13 vezes; "aflição de espírito", 9 vezes; e palavras como "opressão", "tristeza", "luto" e similares recebem destaque. Diferentemente do resto do livro, o capítulo final fala do temor ao Senhor e da obediência aos seus mandamentos.

Eclesiastes pode ser dividido da seguinte maneira: I. A experiência do pregador com a vaidade das coisas terrenas, 1–4. II. Exortações à luz dessa experiência, 5–10. III. O fim do discurso, 11–12.

I. A experiência do pregador com a vaidade das coisas terrenas, 1–4

Tema: tudo é vaidade (comp. 12.8)

1 Palavras do pregador, filho de Davi,
[a]rei em Jerusalém:
2 [1]Vaidade de vaidades, diz o pregador,
vaidade de vaidades, [b]tudo é vaidade!

Tema demonstrado: (1) o incessante ciclo das coisas criadas

3 [c]Que proveito tem o homem
de todo o seu trabalho
que faz debaixo do sol?
4 Uma geração vai e outra geração vem,
mas a [2]terra permanece para sempre.
5 Nasce o sol e põe-se o sol,
e volta ao lugar de onde [d]nasceu.
6 O [e]vento vai para o sul e faz o
seu giro para o norte;
continuamente vai girando o vento
e volta fazendo os seus circuitos.
7 Todos os ribeiros vão para o mar;
contudo, o mar não se enche.
Ao lugar para onde os ribeiros correm,
para ali tornam a ir.
8 Todas as coisas são canseira,
mais do que ninguém o pode declarar.
Os [f]olhos não se fartam de ver
nem os ouvidos de ouvir.
9 O [g]que foi, isso é o que há de ser,
e o que se fez, isso se tornará a fazer;
nada há novo debaixo do sol.
10 Há alguma coisa de que se possa dizer:
Vê, isto é novo?
Já foi nos séculos passados, que
foram antes de nós.
11 [h]Não há lembrança das coisas
que precederam,
e das coisas que hão de ser
também não haverá lembrança
entre os que hão de vir depois delas.

(2) A sabedoria não satisfaz

12 Eu, o pregador, fui rei sobre Israel em Jerusalém.
13 Apliquei o meu coração a examinar, e a [i]infor-
mar-me com sabedoria de tudo o que acontece
debaixo do céu. [j]Que enfadonha ocupação deu
Deus aos filhos dos homens, para nela os afligir!
14 Atentei para todas as obras que se fazem de-
baixo do sol; tudo era vaidade e aflição de espírito.
15 O que é torto não se pode [k]endireitar;
o que falta não se pode calcular.
16 Falei eu com o meu coração: Olha, eu me en-
grandeci e sobrepujei em sabedoria [l]a todos os
que houve antes de mim em Jerusalém; o meu co-
ração alcançou muita sabedoria e conhecimento.
17 [m]Apliquei o meu coração a conhecer a sabe-
doria e a conhecer os desvarios e as loucuras,
mas vim a saber que também isso era aflição
de espírito.
18 Porque na muita sabedoria há muito enfa-
do; o que aumenta o conhecimento aumenta
a tristeza.

[a] Pv 1.1
[b] Sl 39.5,6; 62.9; 144.4; Rm 8.20
[c] Ec 2.22; 3.9
[d] Sl 19.4-6
[e] Jo 3.8
[f] Pv 27.20
[g] Ec 3.15
[h] Ec 2.16
[i] Ec 7.25; 8.16,17
[j] Gn 3.19; Ec 3.10
[k] Ec 7.13
[l] 1Rs 3.12
[m] Ec 2.3,12; 7.23,25; 1Ts 5.21

[1] (1.2) "Vaidade", em Eclesiastes e, de modo geral, nas Escrituras, refere-se ao vazio que é o resultado final da vida alheia a Deus (veja Introdução). Vaidade é o que é fútil, trivial e sem sentido. É nascer, trabalhar, sofrer, experimentar alguma alegria transitória que nada é à vista da eternidade, deixar tudo e morrer. Veja Rm 8.20-22. "Tudo é vaidade" é a tese desenvolvida no livro, declarada aqui no começo e chegando ao clímax em 12.8.

[2] (1.4) Contraste com Mt 24.35. O homem "debaixo do sol", de acordo com sua experiência, erroneamente poderia pensar que a terra vai continuar indefinidamente em sua forma presente.

A demonstração continua: (3) o prazer e as riquezas não podem satisfazer

2 [n]Disse eu no meu coração: Ora vem, eu te provarei com a [o]alegria; portanto desfruta o prazer, mas também isto era vaidade.
2 Do riso disse: Está doido, e da alegria: De que serve esta?
3 Busquei no meu coração como estimular com o vinho a minha carne, [p]regendo-me, porém, pela sabedoria, e como me apoderar da loucura, até ver o que seria [q]melhor que os filhos dos homens fizessem debaixo do céu, durante o número dos dias da sua vida.
4 Fiz para mim obras magníficas: edifiquei [r]casas, plantei vinhas;
5 fiz hortas e jardins e plantei neles árvores de toda espécie de fruto.
6 Fiz tanques de águas para com eles regar o bosque em que reverdeciam as árvores.
7 Adquiri servos e servas e tive servos nascidos em casa. Também tive grandes manadas de [s]vacas e ovelhas, mais do que todos os que houve antes de mim em Jerusalém.
8 [t]Amontoei prata e ouro, joias de reis e das províncias; provi-me de cantores e cantoras, e das delícias dos filhos dos homens, e de instrumentos de música de toda sorte.
9 [u]Engrandeci-me e [v]sobrepujei a todos os que houve antes de mim em Jerusalém. Em tudo isso perseverou comigo a minha sabedoria.
10 Tudo o que desejaram os meus olhos não lhes neguei
nem privei o meu coração de alegria alguma.
O meu coração se alegrou por
toda a minha obra,
e essa foi a minha [w]recompensa
de todo o meu trabalho.
11 Olhei para todas as obras que as minhas mãos
fizeram,
como também para o trabalho
que eu, trabalhando,
tinha feito e vi que tudo era [x]vaidade
e aflição de espírito,
e que proveito nenhum havia debaixo do sol.

(4) A sabedoria é melhor que a insensatez, mas ambas têm um fim

12 Então passei à contemplação da sabedoria,
e da [y]loucura e da insensatez.
Pois que mais fará o homem que seguir ao rei?
O mesmo que outros já [z]fizeram.
13 Então vi que a [a]sabedoria
é mais excelente do que a insensatez,
quanto a luz é mais excelente do que as trevas.

[n] Lc 12.19
[o] Pv 14.13; Ec 7.4; 8.15
[p] Ec 1.17
[q] v. 24; Ec 3.12,13; 5.18; 6.12; 8.15; 12.13
[r] 1Rs 7.1-12
[s] 1Rs 4.23
[t] 1Rs 9.28; 10.10,14,21,27
[u] Ec 1.16
[v] 2Cr 9.22
[w] Ec 3.22; 5.18; 9.9
[x] Ec 1.2,14
[y] Ec 1.17; 7.25
[z] Ec 1.9
[a] Ec 7.11,12,19; 9.18; 10.10
[b] Pv 17.24; Ec 8.1
[c] Ec 9.2,3; Sl 49.10
[d] Ec 1.11; 4.16
[e] Sl 49.10
[f] Ec 1.3; 3.9
[g] Jó 5.7; 14.1
[h] Ec 5.18; comp. 1Tm 6.7
[i] Gn 7.1; Lc 1.6
[j] Pv 2.6; Tg 1.5
[k] Jó 27.16,17; Pv 28.8

14 Os olhos do [b]sábio estão na sua cabeça,
mas o louco anda em trevas.
Então entendi que [c]o mesmo sucede a ambos.
15 Pelo que eu disse no meu coração:
Como acontece ao tolo, assim sucederá a mim.
Por que, pois, busquei mais a sabedoria?
Então disse no meu coração que
também isso era vaidade.
16 Porque não [d]haverá mais lembrança
do sábio do que do tolo;
de tudo nos dias futuros
total esquecimento haverá.
Como morre o sábio, assim morre o tolo!
17 Assim, odiei esta vida, porque a obra que se faz debaixo do sol me era penosa. Tudo é vaidade e aflição de espírito.
18 Odiei todo o meu trabalho, em que trabalhei debaixo do sol, visto que eu havia de [e]deixá-lo ao homem que viesse depois de mim.
19 Quem sabe se será ele sábio ou tolo? Contudo, ele se apossará de todo o trabalho em que trabalhei e de tudo o que realizei com sabedoria debaixo do sol. Isso também é vaidade.
20 De sorte que me apliquei a fazer que o meu coração perdesse a esperança de todo o trabalho em que trabalhei debaixo do sol.
21 Porque há homem cujo trabalho é feito com sabedoria, e conhecimento, e habilidade; contudo ele o deixará como herança a um homem que não trabalhou nele. Isso também é vaidade e grande enfado.
22 O [f]que mais tem o homem de todo o seu trabalho e da fadiga do seu coração, em que ele anda trabalhando debaixo do sol?
23 Todos os seus dias são [g]dores, e a sua ocupação é desgosto; até de noite não descansa o seu coração. Isso também é vaidade.
24 Nada há [h]melhor para o homem do que comer, beber e fazer que a sua alma se alegre com o bem do seu trabalho. Vi que isso também vem da mão de Deus,
25 pois sem ele quem pode comer ou quem pode alegrar-se?
26 Ao homem [i]que é bom diante dele, Deus dá [j]sabedoria, conhecimento e alegria, mas ao pecador dá trabalho, para que [k]ajunte e amontoe, a fim de dá-lo àquele que agrada a Deus. Isso também é vaidade e aflição de espírito.

A demonstração continua: (5) o fatigante ciclo da vida

3 Tudo tem o seu tempo determinado,
e [1]há tempo para todo propósito
debaixo do céu:

[1] (3.1) O propósito definido de Deus não deve ser confundido com fatalismo, uma teoria comprovadamente falsa em vista dos rogos de Deus aos homens para que se arrependam e obedeçam.

2 Há tempo de nascer e tempo de [l]morrer;
tempo de plantar e tempo de
arrancar o que se plantou;
3 tempo de matar e tempo de curar;
tempo de derrubar e tempo de edificar;
4 tempo de [m]chorar e tempo de rir;
tempo de prantear e tempo de dançar;
5 tempo de espalhar pedras
e tempo de ajuntar pedras;
tempo de abraçar
e tempo de [n]afastar-se de abraçar;
6 tempo de buscar tudo e tempo de perder;
tempo de guardar e tempo de deitar fora;
7 tempo de rasgar e tempo de coser;
tempo de estar [o]calado e tempo de [p]falar;
8 tempo de amar e tempo de [q]odiar;
tempo de guerra e tempo de paz.
9 Que proveito tem o trabalhador naquilo em
que trabalha?
10 Tenho visto o [r]trabalho que Deus deu aos
filhos dos homens, para com ele os afligir.
11 Tudo fez formoso em seu tempo. Também
pôs a eternidade no coração dos homens; con-
tudo, não podem [s]descobrir a obra que Deus fez
desde o princípio até o fim.
12 Sei que não há [t]coisa melhor para eles do
que se alegrarem e fazerem o bem na sua vida,
13 e também que todo homem coma e beba,
e desfrute o bem de todo o seu trabalho; isso é
[u]dom de Deus.
14 Sei que tudo o que Deus faz durará eterna-
mente; [v]nada se deve acrescentar a isso e nada
se deve tirar disso. Isso faz Deus para que haja
[w]temor diante dele.
15 O que é já foi,
e o que há de ser também já foi,
e Deus pede conta do que passou.
16 [1]Vi mais debaixo do sol:
No lugar do [x]juízo, havia impiedade;
no lugar da justiça, mais impiedade ainda.
17 Eu disse no meu coração:
Deus [y]julgará o justo e o ímpio,
pois há um tempo para todo intento
e para toda obra.
18 Disse eu no meu coração: Isso é por causa dos
filhos dos homens, para que Deus possa prová-
-los, e eles possam ver que são em si mesmos
como os animais.
19 [z]Porque o que acontece aos filhos dos ho-
mens também acontece aos animais; a mesma
coisa lhes acontece. Como morre um, assim
morre o outro. Todos têm o mesmo fôlego, e
nenhuma vantagem têm os homens sobre os
animais. Tudo é vaidade.

[l] Veja Hb 9.27, nota
[m] Rm 12.15
[n] Jl 2.16; 1Co 7.5
[o] Am 5.13
[p] Pv 25.11
[q] Pv 13.5; Lc 14.26
[r] Ec 2.23
[s] Ec 8.17
[t] Ec 2.3,24
[u] 1Co 7.7; Tg 1.17; comp. Jo 4.10; Rm 6.23; 2Co 9.15; Ef 2.8
[v] Tg 1.17
[w] Veja Sl 19.9, nota
[x] Ec 5.8
[y] Ec 11.9; Rm 2.6-8; 2Co 5.10; 2Ts 1.6,7
[z] Sl 49.12,20; 73.22; Ec 2.16
[a] Gn 3.19
[b] Ec 12.7
[c] Ec 2.24
[d] Ec 3.16; 5.8
[e] Jó 10.18
[f] Pv 15.16,17; 16.8
[g] Pv 27.20; Ec 5.10; 1Jo 2.16
[h] Sl 39.6
[i] Ec 2.18-21

20 Todos vão para o mesmo lugar; [a]todos são
pó e todos ao pó tornarão.
21 Quem sabe se o espírito dos filhos dos ho-
mens vai para [b]cima, e se o espírito dos animais
desce para a terra?
22 Pelo que vi que não há coisa [c]melhor do que
alegrar-se o homem nas suas obras, porque es-
sa é a sua recompensa. Pois quem o fará voltar
para ver o que será depois dele?

As opressões e desigualdades da vida

4 De novo voltei-me e atentei para todas as
[d]opressões que se fazem debaixo do sol:
Vi as lágrimas dos oprimidos,
e eles não têm consolador;
o poder estava do lado dos seus opressores,
mas eles não tinham
nenhum consolador.
2 Pelo que [e]julguei mais felizes
os que já morreram
do que os que ainda vivem.
3 Melhor que uns e outros
é aquele que ainda não é,
que não viu as más obras
que se fazem debaixo do sol.
4 Também vi que todo trabalho e toda des-
treza em obras trazem ao homem a inveja do
seu próximo. Isso também é vaidade e aflição
de espírito.
5 O tolo cruza os braços
e come a sua própria carne.
6 [f]Melhor é um punhado com descanso
do que ambas as mãos
cheias com trabalho e aflição de espírito.
7 Outra vez me voltei e vi
vaidade debaixo do sol.
8 Há um que é só, não tendo parente;
não tem filho nem irmão.
Contudo, de todo o seu trabalho não há fim,
nem os seus [g]olhos se fartam de riquezas.
Ele [h]pergunta:
Para quem trabalho eu, privando
a minha alma do [i]bem?
Isso também é vaidade e
enfadonha ocupação.
9 Melhor é serem dois do que um,
porque têm melhor paga do seu trabalho:
10 Se um cair, o outro levanta
o seu companheiro.
Mas ai do que estiver só,
pois, caindo, não haverá quem o levante.
11 Além disso, se dois dormirem juntos,
eles se aquentarão.
Mas como um só se aquentará?

[1] (3.16) A teoria conhecida como deísmo, que diz que Deus não se preocupa com o seu mundo, é refutada pela ênfase das Escrituras sobre a intervenção divina nos negócios humanos (Dn 4.23-27; Jo 3.16; 2Pe 3.9).

12 Se alguém quiser prevalecer contra um,
os dois lhe resistirão.
O cordão de três dobras não se
rompe tão depressa.
13 Melhor é o jovem pobre e sábio do que o rei
velho e insensato, que já não se deixa admoestar.
14 O jovem pode ter saído do cárcere para rei-
nar, ou pode ter nascido pobre no seu reino.
15 Vi que todos os que viviam e andavam de-
baixo do sol seguiam o jovem, o sucessor do rei.
16 Todo o povo que ele dominava era sem con-
ta. Mas os que lhe sucederam não se agradaram
do sucessor. Isso também é vaidade e aflição
de espírito.

II. Exortações à luz dessa experiência, 5–10

As meras práticas religiosas não podem satisfazer

5 [j]Guarda o [k]teu pé quando entrares na casa de
Deus. Inclina-te mais a ouvir do [l]que a ofe-
recer sacrifícios de tolos, pois não sabem que
procedem mal.
2 Não te [m]precipites com a tua boca
nem o teu coração se apresse a pronunciar
palavra alguma diante de Deus.
Deus está nos céus, e tu estás na terra,
pelo que sejam [n]poucas as tuas palavras.
3 Porque da muita ocupação vêm os sonhos;
a voz do tolo vem da multidão das palavras.
4 [o]Quando a Deus fizeres algum voto, não tar-
des em [p]cumpri-lo. Ele não se agrada de tolos; o
que votares, paga-o.
5 [q]Melhor é que não votes do que votes e
não pagues.
6 Não consintas que a tua [r]boca faça pecar a
tua carne nem digas diante do [s]anjo que foi er-
ro. Por que razão se iraria Deus contra a tua voz
e destruiria a obra das tuas mãos?
7 Na multidão dos sonhos há vaidade, assim
também nas muitas palavras. Portanto, [t]teme
a Deus.
8 Se vires em alguma província a opressão de
pobres e a violência em lugar do [u]juízo e da jus-
tiça, não te maravilhes de semelhante caso. Pois
quem é mais alto do que os altos para isso [v]aten-
ta, e sobre eles há ainda outros mais elevados.

A vaidade das riquezas

9 O proveito da terra é para todos; até o rei se
serve do campo.
10 O que ama o dinheiro nunca se fartará dele;
quem ama a abundância nunca
se farta da renda.
Isso também é vaidade.
11 Onde os bens se multiplicam,
também se multiplicam os
que deles comem.

[j] Com respeito, de maneira ordeira; Sl 89.7
[k] Êx 3.5; comp. Is 1.12
[l] 1Sm 15.22; Sl 50.8; Pv 15.8; 21.27; Os 6.6
[m] Pv 20.25
[n] Pv 10.19; Mt 6.7
[o] Nm 30.2; Dt 23.21-23; Sl 50.14; 76.11
[p] Sl 66.13,14
[q] Pv 20.25; comp. At 5.1-11
[r] Pv 6.2
[s] Veja Hb 1.4, nota
[t] Ec 12.13; veja Sl 19.9, nota
[u] Ec 3.16
[v] Êx 2.25; Sl 94.3-10
[w] Jó 1.21; Sl 49.17; 1Tm 6.7
[x] Pv 11.29; comp. Lc 12.16-21
[y] Ec 2.24; 3.12,13; 9.7; 11.9; 1Tm 6.17
[z] Ec 6.2
[a] Ec 3.13
[b] 1Rs 3.13; Sl 17.13,14; 73.7
[c] Lc 12.20; comp. Ec 5.13
[d] Comp. Ec 5.19
[e] 2Rs 9.35; Is 14.19,20; Jr 22.19
[f] Ec 2.14,15
[g] Pv 16.26
[h] Ec 4.8

Que mais proveito têm os seus donos
do que os ver com os seus olhos?
12 Doce é o sono do trabalhador,
quer coma pouco quer muito,
mas a fartura do rico não o deixa dormir.
13 Há um grave mal que vi debaixo do sol:
as riquezas que os seus donos guardam
para o seu próprio dano,
14 ou as mesmas riquezas que se perdem
por qualquer má aventura,
de modo que ao filho que gerou
nada lhe fica na mão.
15 [w]Como saiu do ventre da sua mãe,
assim nu voltará,
exatamente como veio.
Nada tomará do seu trabalho,
que possa levar na sua mão.
16 Também isto é um grave mal:
Justamente como veio,
assim ele vai e que proveito lhe vem
de [x]trabalhar para o vento?
17 Todos os seus dias ele come nas trevas,
com grande enfado, aflição e furor.
18 Então percebi [y]uma boa e bela coisa: alguém
comer e beber, e desfrutar cada um do bem de
todo o trabalho, com que se afadigou debaixo
do sol, todos os dias da sua vida que Deus lhe
deu; essa é a sua recompensa.
19 [z]Quanto ao homem a quem Deus deu riquezas
e bens e poder para delas comer, toma a sua parte, e
alegre-se com o seu trabalho: isso é [a]dom de Deus.
20 Não se lembrará muito dos dias da sua vi-
da, porque Deus lhe enche de alegria o coração.

A vaidade da vida

6 Há um mal que vi debaixo do sol e que pesa
muito sobre o homem:
2 Um homem a quem Deus deu riquezas, bens
e honra [b]e nada lhe falta de tudo o que a sua
alma deseja, [c]mas Deus não lhe dá poder para
disso comer; antes o estranho o come. Isso tam-
bém é vaidade e [d]grave mal.
3 Se o homem gerar cem filhos, e viver muitos
anos, e os dias dos seus anos forem muitos, e se
a sua alma não se fartar do bem, e além disso
não [e]tiver sepultura, digo que um aborto é me-
lhor do que ele.
4 Inutilmente vem o aborto, e em trevas se vai,
e de trevas se cobre o seu nome.
5 Ainda que nunca tenha visto o sol nem o co-
nhecido, mais descanso tem do que esse homem;
6 ainda que vivesse duas vezes mil anos, mas
não desfrutasse o bem.
Não vão todos para o mesmo [f]lugar?
7 [g]Todo o trabalho do homem
é para a sua boca,
contudo sua cobiça nunca se [h]satisfaz.

8 Que vantagem tem o sábio sobre o tolo?
ou o pobre que sabe andar
perante os vivos?
9 Melhor é o que os olhos [i]veem
do que ir atrás da cobiça.
Isso também é vaidade e aflição de espírito.
10 Tudo o que existe já há muito
foi chamado pelo nome,
e sabe-se o [j]que é o homem;
[k]ninguém pode contender com o que é
mais forte do que ele.
11 É certo que há muitas coisas
que aumentam a vaidade,
mas [1]que proveito há nisso para o homem?
12 Pois quem sabe o que é bom nesta vida
para o homem, durante os poucos dias da sua
vaidade, os quais gasta [l]como sombra? Quem
declarará ao homem o [m]que será depois dele
debaixo do sol?

As melhores descobertas da sabedoria humana

7 Melhor é a [n]boa fama do que o precioso unguento,
e o dia da morte do que o dia do [o]nascimento.
2 Melhor é ir à casa onde há luto
do que ir à casa onde há banquete,
pois ali se vê o fim de todos os homens,
e os vivos o aplicam ao [p]coração.
3 [q]Melhor é a tristeza do que o riso,
porque com a tristeza do rosto
se faz melhor o coração.
4 O coração dos sábios está na casa do luto,
mas o coração dos tolos na casa da alegria.
5 [r]Melhor é ouvir a repreensão do sábio
do que ouvir a canção do tolo.
6 Qual o crepitar dos espinhos
debaixo de uma panela,
tal é o riso do tolo.
Isso também é vaidade.
7 Verdadeiramente a opressão
faz endoidecer até o [s]sábio,
e o suborno corrompe o coração.
8 Melhor é o fim das coisas do
que o princípio delas,
e melhor é o [t]paciente do que o orgulhoso.
9 [u]Não te apresses no teu espírito a irar-te,
pois a ira abriga-se no seio dos tolos.
10 Não digas: Por que foram os dias passados
melhores que os de hoje?
Pois nunca com sabedoria
isso perguntarias.
11 Tão boa é a sabedoria como a herança,
e dela tiram proveito os que veem o sol.
12 A sabedoria serve de [v]sombra,
como de sombra serve o dinheiro,
mas a excelência da sabedoria
é que dá [w]vida ao seu possuidor.
13 Atenta para a obra de Deus:
Quem poderá endireitar o que ele fez torto?
14 No dia da prosperidade alegra-te do bem,
mas no dia da adversidade considera:
Deus fez a este em oposição àquele,
para que o homem nada descubra
do que há de vir depois dele.
15 Tudo isto vi nos dias da minha vaidade:
há justo que perece na sua justiça
e há ímpio que prolonga os
dias na sua [x]maldade.
16 [2]Não sejas demasiadamente justo
nem demasiadamente sábio;
por que te destruirias a ti mesmo?
17 Não sejas demasiadamente
ímpio e não sejas louco;
por que morrerias antes do tempo?
18 Bom é que retenhas isto,
e daquilo não retires a tua mão.
O homem que [y]teme a Deus
escapa de tudo isso.
19 A sabedoria fortalece o sábio,
mais do que dez governadores
que haja na [z]cidade.
20 Não há [a]homem [b]justo sobre a terra
que faça o bem e nunca peque.
21 Não apliques o teu coração
a todas as palavras que se disserem,
para que não venhas a ouvir
que o teu servo te critica.
22 Pois sabes no teu coração
que muitas vezes tu mesmo criticaste outros.
23 Tudo isso examinei com sabedoria e disse:
Sabedoria adquirirei —
mas ela ainda estava longe de mim.
24 [c]Longe está o que já se foi, e muito [d]profundo;
quem o achará?
25 Assim, determinei em meu coração saber,
examinar e buscar a sabedoria e a razão,
e conhecer que a perversidade é insensatez,
e a insensatez é loucura.
26 Achei uma coisa mais [e]amarga
do que a morte,
a mulher cujo coração são redes e laços
e cujas mãos são grilhões.

[i] Ec 11.9
[j] Ec 1.9; 3.15
[k] Jó 9.32; Is 45.9; Jr 49.19
[l] Sl 102.11; 109.23; 144.4; Tg 4.14
[m] Ec 3.22
[n] Pv 15.30; 22.1
[o] Ec 4.2
[p] Sl 90.12
[q] 2Co 7.10
[r] Sl 141.5; Pv 13.18; 15.31,32
[s] Êx 23.8; Dt 16.19
[t] Pv 14.29
[u] Pv 14.17; 16.32; Tg 1.19
[v] Ec 9.18
[w] Pv 3.18
[x] Ec 8.12-14
[y] Ec 3.14; 5.7; 8.12,13
[z] Ec 9.13-18; comp. 2Sm 20.15-22
[a] 1Rs 8.46; 2Cr 6.36; Pv 20.9; Rm 3.23; 1Jo 1.8
[b] Justiça (AT): v. 20; Is 26.7 (Gn 6.9; Lc 2.25, nota)
[c] Jó 28.12,20; 1Tm 6.16
[d] Rm 11.33
[e] Pv 5.4

[1] (6.11) Comp. 5.18-20. Em vista da trivialidade à qual sua busca de sentido para a vida o levou, o Pregador declara que há pouca satisfação para o homem além do prazer de comer e beber e do desfrutar do resultado de seu trabalho. Como contraste, observe o tom espiritual da exortação final do Pregador (12.13,14).

[2] (7.16) A sabedoria natural pareceria sugerir, como fazem os v. 16,17, que uma pessoa poderia ser moderadamente religiosa e moderadamente ímpia.

Quem for bom diante de Deus escapará dela,
mas o pecador virá a ser preso por ela.
27 Vedes aqui, isto achei, diz o pregador:
Conferindo uma coisa com a outra
para achar a causa;
28 causa que a minha alma ainda busca,
mas não a achei;
um homem entre mil achei,
mas uma [f]mulher entre todas não achei.
29 Isto tão somente achei:
Deus fez o homem [g]reto,
mas os homens buscaram
muitas [h]astúcias.

A importância de obedecer às autoridades

8 Quem é como o sábio?
Quem sabe a interpretação das coisas?
A [i]sabedoria do homem faz
brilhar o seu rosto,
e muda-se a dureza do seu rosto.
2 Eu digo: Observa o mandamento do rei, e isso
[j]em consideração para com o juramento de Deus.
3 Não te apresses a sair da [k]presença dele nem
persistas em alguma coisa má, pois ele faz tu-
do [l]o que quer.
4 Visto que a palavra do rei tem poder, [m]quem
lhe dirá: Que fazes?
5 Quem guardar o mandamento
não experimentará nenhum mal,
e o coração do sábio
discernirá o tempo e o modo.
6 Porque para todo propósito
há tempo e [n]modo,
embora o mal do homem seja
grande sobre ele.
7 [o]Visto que não sabe o que há de acontecer,
quem lhe dará a entender o
que haja de acontecer?
8 Ninguém há que tenha
domínio [p]sobre o vento,
para o reter;
assim também ninguém tem poder
sobre o dia da sua [q]morte.
Como não há altas em época de guerra,
tampouco a impiedade
libertará os que a praticam.
9 Tudo isso vi quando apliquei o coração a
toda obra que se faz debaixo do sol. Tempo há
em que um homem tem domínio sobre outro
homem, para o seu próprio dano.
10 Vi também os ímpios sepultados, os que
antes entravam no lugar santo e dele saíam; e
foram [r]esquecidos na cidade onde assim proce-
deram. Isso também é vaidade.
11 Visto que não se executa logo o juízo sobre a
má obra, o coração dos filhos dos homens está
inteiramente disposto à prática do [s]mal.

[f] Comp. 1Rs 11.1-8
[g] Gn 1.27
[h] Gn 3.6,7
[i] Pv 4.8,9; 17.24
[j] 1Cr 29.24; Ez 17.18; Rm 13.5
[k] Ec 10.4
[l] Comp. 1Rs 2.36-46
[m] Jó 34.18
[n] Ec 3.17
[o] Pv 24.22; Ec 6.12; 9.12; 10.14
[p] Jó 14.5
[q] Comp. Jo 10.18
[r] Ec 2.16; 9.5
[s] Comp. Êx 8.15
[t] Is 65.20; Rm 2.5
[u] Sl 37.11,18,19; Pv 1.32,33; Is 3.10; Mt 25.34
[v] Veja Sl 19.9, nota
[w] Ec 7.15
[x] Ec 2.24
[y] Jó 5.9; Ec 3.11; Rm 11.33
[z] Jó 9.1,10; Sl 73.16,17
[a] Dt 33.3; Jó 12.10
[b] Gn 3.17-19; veja Hb 9.27, nota
[c] Ec 7.20
[d] Ec 8.10

12 [t]Ainda que o pecador faça o mal cem vezes
e os seus dias sejam prolongados, sei com cer-
teza [u]que bem sucede aos que [v]temem a Deus,
aos que são reverentes diante dele.
13 Mas ao ímpio nada irá bem, e ele não pro-
longará os seus dias; será como a sombra, visto
que não teme a Deus.
14 Ainda há outra vaidade sobre a terra: há [w]jus-
tos aos quais acontece segundo as obras dos
ímpios e há ímpios aos quais acontece segundo as
obras dos justos. Digo que também isso é vaidade.
15 Então exaltei a alegria, porque não há nada
melhor para o homem debaixo do sol do que
comer, beber e [x]alegrar-se. Então a alegria o
acompanhará no seu trabalho nos dias da sua
vida que Deus lhe dá debaixo do sol.
16 Aplicando-me a conhecer a sabedoria e a ver
o trabalho que há sobre a terra, pois nem de dia
nem de noite vê o homem sono nos seus olhos,
17 então vi toda a obra de Deus e que o [y]ho-
mem não pode entender a obra que se faz
debaixo do sol. Por mais que trabalhe o homem
para a buscar, não a achará, e, ainda que diga o
sábio que a virá a conhecer, [z]nem por isso a po-
derá compreender.

Apesar da sabedoria, a morte é certa

9 Deveras revolvi todas essas coisas no meu
coração, para claramente entender tudo
isto: que os justos, os sábios, e as suas obras,
estão nas [a]mãos de Deus, e também que o ho-
mem não conhece nem o amor nem o ódio;
tudo passa perante a sua face.
2 Tudo sucede igualmente a todos; [b]o mesmo
sucede ao justo e ao ímpio, ao bom e ao mau,
ao puro e ao impuro. Assim ao que sacrifica co-
mo ao que não sacrifica;
assim ao bom como ao pecador,
ao que jura como ao que
teme o juramento.
3 Este é o [c]mal que há em tudo o que se faz
debaixo do sol: que a todos sucede o mesmo.
Também o coração dos filhos dos homens está
cheio de maldade; há desvarios no seu coração,
na sua vida. Depois se juntam aos mortos.
4 Ora, para aquele que está na companhia dos
vivos há esperança, pois melhor é o cão vivo do
que o leão morto.
5 Porque os vivos sabem que hão de morrer,
mas os mortos não sabem coisa nenhuma;
não têm jamais recompensa,
mas a sua memória ficou entregue
ao [d]esquecimento.
6 O seu amor, o seu ódio e a sua
inveja já pereceram;
já não têm parte em coisa alguma
do que se faz debaixo do sol.

7 Vai, [e]come com alegria o teu pão e bebe com
bom coração o teu vinho, pois já Deus se agrada
das tuas obras.
8 Em todo o tempo sejam alvas as tuas vestes,
e nunca falte óleo sobre a tua cabeça.
9 Desfruta a vida com a mulher que amas,
todos os dias de vida da tua vaidade, os quais
Deus te deu debaixo do sol, todos os dias da
tua vaidade. [f]Porque essa é a tua recompensa
nesta vida e do teu trabalho, que tu fazes de-
baixo do sol.
10 [g]Tudo o que te vier à mão para fazer, [h]faze-
-o conforme as tuas forças, [1]pois na [i]sepultura,
para onde vais, não há obra, nem projetos, nem
conhecimento, nem sabedoria alguma.
11 Vi algo mais debaixo do sol:

Não é dos ligeiros o [j]prêmio,
nem dos valentes a vitória,
tampouco dos sábios o pão,
nem ainda dos prudentes a riqueza,
nem dos entendidos o favor;
todos, no entanto, do tempo
e da [k]sorte dependem.

12 Além do mais o homem não sabe a sua hora:

Como os peixes que se pescam
com a rede cruel
e como os passarinhos que se
prendem com o laço,
assim se [l]enlaçam também os filhos
dos homens no mau tempo,
quando este cai de repente sobre eles.

13 Também vi este exemplo de sabedoria de-
baixo do sol, que me pareceu grande:
14 Havia [m]uma pequena cidade com poucos
homens; veio contra ela um grande rei que a
cercou e levantou contra ela grandes disposi-
tivos de guerra.
15 Ora, vivia nela um sábio pobre, que li-
vrou aquela cidade pela sua sabedoria.
Contudo ninguém mais se lembrou daquele
pobre homem.
16 Então disse eu: Melhor é a sabedoria do
que a [n]força. Mas a [o]sabedoria do pobre foi
desprezada e as suas palavras não foram
ouvidas.

17 As palavras dos sábios devem em silêncio
ser ouvidas,
mais do que o clamor
do que domina sobre os tolos.
18 Melhor é a sabedoria do que as armas
de guerra,
mas [p]um só pecador destrói muitos bens.

Os perigos da insensatez

10 Assim como a mosca morta
faz que o unguento do perfumista
exale mau cheiro,
da mesma forma um pouco
de insensatez
pesa mais do que a sabedoria e a honra.
2 O coração do sábio se inclina para a direita,
mas o coração do tolo para a esquerda.
3 Até quando o tolo vai pelo caminho,
falta-lhe entendimento e diz
a todos que [q]é tolo.
4 Levantando-se contra ti o espírito
do governador,
não deixes o teu [r]lugar;
a [s]calma desfaz grandes erros.
5 Ainda há um mal que vi debaixo do sol,
erro que procede do governador:
6 O tolo posto em grandes [t]alturas,
mas os ricos assentados em lugar baixo.
7 [u]Vi os servos a cavalo
e os príncipes andando a pé
como servos sobre a terra.
8 [v]Quem fizer uma cova cairá nela;
quem romper um muro
será mordido por uma cobra.
9 Quem tirar pedras será maltratado por elas;
o que rachar lenha expõe-se ao perigo.
10 Se estiver embotado o ferro,
e não se afiar o corte,
então se deve pôr mais força;
a habilidade, porém, trará sucesso.
11 Se a cobra morder [w]antes
de estar encantada,
não há proveito para o encantador.
12 Nas palavras da boca do sábio há [x]favor,
mas os lábios do tolo o devoram.
13 O princípio das palavras da
sua boca é insensatez;
o fim do seu discurso é loucura perversa;
14 o tolo multiplica palavras.
Ninguém sabe o que será;
quem lhe fará saber o que
acontecerá depois dele?
15 O trabalho do tolo o fatiga;
ele não sabe como ir à cidade.
16 [y]Ai de ti, ó terra, cujo rei é criança
e cujos príncipes banqueteiam de manhã!
17 Bem-aventurada tu, ó terra,
cujo rei é filho dos nobres
e cujos [z]príncipes comem a tempo,
para refazerem as forças, não para bebedice!

[e] Ec 8.15
[f] Ec 2.10,24; 3.13,22; 5.18
[g] Cl 3.17
[h] Rm 12.11; Cl 3.23
[i] Veja Hc 2.5, nota; comp. Lc 16.23, nota
[j] Jr 9.23; Am 2.14,15
[k] 1Sm 6.9; comp. Rm 9.16
[l] Pv 29.6; Lc 12.20,39,46; 17.26; 21.35; 1Ts 5.3
[m] Comp. 2Sm 20.15-22
[n] Ec 7.12,19
[o] Comp. Mc 6.2,3
[p] Comp. Js 7
[q] Pv 13.16; 18.2
[r] Ec 8.3
[s] Pv 25.15; comp. 1Sm 25.23-25
[t] Comp. Et 3.1
[u] Pv 19.10; comp. Hb 11.36-38
[v] Sl 7.15; Pv 26.27; comp. Et 7.9,10
[w] Sl 58.4,5; Jr 8.17
[x] Pv 10.32; Lc 4.22
[y] Is 3.4,5,12; 5.11
[z] Pv 31.4

[1] (9.10) Esta declaração em relação ao estado dos mortos não é uma revelação divina, assim como qualquer outra conclusão do Pregador (1.1). Ninguém deveria citar 9.2 como revelação divina. Estes arrazoamentos do homem à parte da revelação divina foram registrados por inspiração, do mesmo modo que o foram as palavras de Satanás (Gn 3.4; Jó 2.4,5; etc.). Mas na Escritura se afirma de maneira direta que a vida e a consciência continuam entre a morte e a ressurreição (Is 14.9-11; Mt 22.32; Mc 9.43-48; Lc 16.19-31; 2Co 5.6-8; Fp 1.21-23; Ap 6.9-11).

18 Pela preguiça se enfraquece o teto e [a]pela
frouxidão das mãos a casa tem goteiras.
19 Para rir é que dão banquetes,
e o [b]vinho alegra a vida,
mas o dinheiro é resposta para tudo.
20 [c]Nem mesmo no teu pensamento
amaldiçoes o rei,
nem no mais interior dos teus aposentos
amaldiçoes o rico,
porque as aves dos céus levariam a tua voz,
e o que tem asas daria notícias
das tuas palavras.

III. O fim do discurso, 11–12

O melhor que o homem natural pode alcançar

11 Lança o teu pão [d]sobre as águas,
[e]porque depois de muitos dias o acharás.
2 [f]Reparte com sete e ainda até com oito,
porque não sabes que mal
haverá sobre a terra.
3 Estando as nuvens cheias,
derramam a chuva sobre a terra.
Caindo a árvore para o sul ou para o norte,
no lugar em que cair ali ficará.
4 Quem observa o vento, nunca semeará;
o que olha para as nuvens,
nunca segará.
5 Assim [g]como não sabes qual
o caminho do vento
nem [h]como se formam os ossos
no ventre da que está grávida,
também não sabes as obras de Deus,
que faz todas as coisas.
6 Pela manhã semeia a tua semente
e à tarde não retires a tua mão,
pois não sabes qual prosperará:
se esta, se aquela,
ou se ambas igualmente serão boas.
7 A luz é [i]suave,
e agradável é [j]ver o sol.
8 Ainda que o homem viva muitos anos,
regozije-se em [k]todos eles.
Mas [l]deve lembrar-se dos dias das trevas,
pois serão muitos.
Tudo o que sucede é vaidade.

[a] Pv 24.30-34
[b] Sl 104.15
[c] Êx 22.28; At 23.5
[d] Is 32.20
[e] Dt 15.10; Pv 19.17; Mt 10.42; 2Co 9.8; Gl 6.9,10; Hb 6.10
[f] Sl 112.9; Lc 6.30; 1Tm 6.18,19
[g] Jo 3.8
[h] Sl 139.14,15
[i] Pv 15.30
[j] Ec 7.11
[k] Ec 9.7
[l] Ec 12.1
[m] Comp. Jo 12.35,36
[n] Ec 12.14; Rm 2.6-11
[o] 2Co 7.1; 2Tm 2.22
[p] 2Cr 34.3; Pv 22.6; Lm 3.27
[q] Comp. 2Sm 19.35
[r] Jó 17.13
[s] Jr 9.17

9 Alegra-te, jovem, na tua juventude,
e recreie-se o teu coração
nos dias da tua mocidade.
[m]Anda pelos caminhos do teu coração
e pela vista dos teus olhos,
mas sabe que por todas essas coisas
te trará Deus a [n]juízo.
10 Afasta, pois, a ira do teu
coração e [o]remove da tua carne o mal,
pois a juventude e o vigor são vaidade.

Teme a Deus; guarda os seus mandamentos

12 Lembra-te do teu Criador
nos [p]dias da tua mocidade,
antes que venham os maus dias
e cheguem os anos [q]dos quais
venhas a dizer:
Não tenho neles contentamento;
2 antes que se escureçam o sol,
a luz, a lua e as estrelas,
e tornem a vir as nuvens
depois da chuva;
3 no dia em que tremerem os [1]guardas da casa,
e se curvarem os homens fortes,
e cessarem os moedores, por
já serem poucos,
e se escurecerem os que
olham pelas janelas;
4 e as portas da rua se fecharem,
e for baixo o ruído da moedura;
no dia em que os homens
se levantarem à voz das aves
e todos os seus cânticos diminuírem;
5 quando temerem o que é alto
e houver espantos no caminho;
quando florescer a amendoeira,
o gafanhoto for um peso,
e falhar o desejo.
Então o homem se vai à sua [r]casa eterna,
e os [s]pranteadores andarão
rodeando pela praça.
6 Lembra-te dele antes que
se rompa a cadeia
de prata,
e se despedace o copo de ouro,
e se quebre o cântaro junto à fonte,
e se desfaça a roda junto ao poço,

[1] (12.3) Os v. 1-7, que descrevem o processo de envelhecimento, contêm poesia de beleza suprema e encanto universal. "Os guardas da casa" podem ser comparados às mãos; "os homens fortes", às pernas; "os moedores", aos dentes; "os que olham pelas janelas", aos olhos; "as portas da rua", aos ouvidos; "o ruído da moedura", ao sussurrar das conversas numa casa. Diversas frases vívidas vêm a seguir: levantar-se "à voz das aves" pode ser uma referência ao madrugar ou à voz fraca e aguda dos velhos; "temerem o que é alto" pode descrever a vacilante cautela dos muito idosos. Outras imagens completam a descrição: "a amendoeira", com suas flores brancas, pode ser o cabelo branco da velhice; "o gafanhoto" como um peso possivelmente descreve a fraqueza extrema; "falhar o desejo" dá ideia da diminuição da força vital, e a "casa eterna" bem pode ser a sepultura. Muitos veem na "cadeia de prata", no "copo de ouro", no "cântaro" e na "roda" metáforas para falar da espinha dorsal, do crânio e do sistema circulatório; no entanto, é melhor considerá-las simplesmente como descrições da separação da alma e do corpo.

7 [t]e o pó volte à terra, como o era,
e o [u]espírito volte a Deus, [v]que o deu.
8 Vaidade de vaidade, diz o pregador,
tudo é vaidade.
9 Quanto mais sábio foi o pregador, tanto mais
sabedoria ensinou ao povo. Estudou, inventou e
[w]compôs muitos provérbios.
10 Procurou o pregador achar palavras certas, e
o que escreveu é reto e verdadeiro.
11 As palavras dos sábios são como aguilhões,
e como pregos bem fixados são as palavras
coligidas dos mestres, as quais nos foram dadas
pelo único Pastor.
12 Demais disto, filho meu, atenta: Não há limi-
te para fazer livros, e o muito estudar é enfado
da carne.
13 De tudo o que se tem ouvido, a conclusão é:
[x]Teme a Deus e guarda os seus [1]mandamentos,
pois esse é todo o dever do homem.
14 Porque [y]Deus há de trazer a juízo toda obra,
até mesmo tudo o que está encoberto,
quer seja bom, quer seja mau.

[t] Gn 3.19; Jó 34.15; Sl 90.3
[u] Ec 3.21
[v] Nm 16.22; 27.16; Jó 34.14; Is 57.16; Zc 12.1
[w] 1Rs 4.32
[x] Dt 6.2; 10.12; veja Sl 19.9, nota
[y] Ec 11.9; Mt 12.36; At 17.30,31; Rm 2.16; 14.10-12; 1Co 4.5; 2Co 5.10

[1] (12.13) "Guarda os seus mandamentos" denota uma revelação definida, pois os mandamentos foram dados por Deus, não fabricados pelo homem. Assim, Salomão, depois de mostrar ao longo desse livro a vaidade das coisas do mundo, conclui indicando os mandamentos ao seu povo. Tal conclusão está de acordo tanto com o AT como com o NT, ao apresentar a 1) fé ("Teme a Deus") e 2) obras ("guarda os seus mandamentos"). Comp. Ef 2.8-10. Apenas a vida de fé que resulta em obras prepara o homem, quando julgado, a permanecer diante de Deus.

- **Autor:** Salomão
- **Tema:** O Amado
- Escrito no século X a.C.

CÂNTICO DOS CÂNTICOS

Em nenhum outro lugar das escrituras, a mente carnal transita num solo tão misterioso e incompreensível como o desse livro, enquanto homens e mulheres santos de todos os tempos o consideram uma fonte pura e excelente de deleites. O fato de o amor do Esposo divino – simbolizado aqui pelo amor de Salomão à jovem sulamita – seguir a analogia do relacionamento conjugal parece mau apenas àquelas mentes tão ascéticas que consideram também o desejo conjugal em si mesmo como algo indigno de reverência e profano.

O livro é a expressão do puro amor matrimonial como ordenado por Deus na Criação e é também a vindicação desse amor em contraste com o ascetismo e a luxúria – as duas profanações da santidade do casamento. Sua interpretação é tríplice: 1) como uma vívida revelação do amor de Salomão pela jovem sulamita, 2) como uma revelação figurada do amor de Deus pelo povo da aliança, Israel, a esposa do Senhor (Is 54.5,6; Jr 2.2; Ez 16.8-14,20,21,32,38; Os 2.16-18,20) e 3) como uma alegoria do amor de Cristo por sua Esposa celestial, a Igreja (2Co 11.1,2, *refs.*, Ef 5.25-32).

Cânticos dos Cânticos contém uma quantidade de poemas líricos (cânticos). Esses cânticos não contam uma história contínua; a narrativa pode ser descoberta unindo detalhes dos diversos diálogos e incidentes do livro.

Nessa obra curta, que contém, pelo menos, quinze referências geográficas, há numerosas expressões de grande delicadeza que descrevem a formosura da feminilidade e da natureza.

Os oito capítulos desse livro, que não são fáceis de esboçar, são compostos de um título e treze cânticos: Título, 1.1. Cântico I, 1.2-6. Cântico II, 1.7,8. Cântico III, 1.9-17. Cântico IV, 2.1-7. Cântico V, 2.8-17. Cântico VI, 3.1-5. Cântico VII, 3.6-11. Cântico VIII, 4.1-7. Cântico IX, 4.8–5.1. Cântico X, 5.2–6.3. Cântico XI, 6.4–7.10. Cântico XII, 7.11–8.4. Cântico XIII, 8.5-14.

Título

1 [a]Cântico dos cânticos de Salomão.

Cântico I. Uma jovem esposa, a jovem Sulamita, 1.2-6

(Fala a Sulamita)

2 Beije-me ele com os beijos da sua boca;

(Falam as filhas de Jerusalém)

pois melhor é o seu [b]amor do que o vinho.
3 Para [c]cheirar são bons os teus perfumes;
como perfume derramado é o teu [d]nome.
Não admira que as donzelas te amem!

(Fala a Sulamita)

4 [e]Leva-me tu,

(Falam as filhas de Jerusalém)

[f]correremos após ti.

(Fala a Sulamita)

O rei me [g]levou para os seus aposentos.

(Falam as filhas de Jerusalém)

Em ti nos regozijaremos e nos alegraremos;
do teu amor nos lembraremos,
mais do que do vinho.
Com razão te amam!

(Fala a Sulamita)

5 Eu sou morena, mas agradável,
ó filhas de Jerusalém,
como as tendas de Quedar,
como as cortinas de Salomão.

[a] 1Rs 4.32
[b] Ct 4.10
[c] Comp. Jo 12.3
[d] Comp. Ec 7.1
[e] Comp. Os 11.4; Jo 6.44; 12.32
[f] Comp. Fp 3.12-14
[g] Sl 45.14,15; comp. Jo 14.2; Ef 2.6
[h] Ct 8.11,12
[i] Ct 2.2,10,13; 4.1,7; 5.2; 6.4; comp. Jo 15.14,15
[j] Comp. Ez 16.11-13

6 Não olheis para o fato de eu ser morena,
porque o sol resplandeceu sobre mim.
Os filhos da minha mãe
se indignaram contra mim,
e me puseram por guarda de vinhas;
a [h]vinha que me pertence não guardei.

Cântico II. A esposa perplexa, 1.7,8

(A Sulamita continua)

7 Dize-me, ó tu, a quem ama a minha alma:
Onde apascentas o teu rebanho,
onde o recolhes pelo meio-dia?
Por que razão seria eu
como a que anda errante pelos
rebanhos
dos teus companheiros?

(Salomão, o pastor-esposo, replica)

8 Se tu não o sabes, ó mais
formosa entre as mulheres,
segue pelas pisadas das ovelhas
e apascenta as tuas cabras
junto às moradas dos pastores.

Cântico III. Admiração mútua, 1.9-17

(Fala Salomão)

9 Às éguas dos carros de faraó te comparo,
ó amiga [i]minha.
10 Formosas são as tuas [j]faces
entre os teus enfeites,
o teu pescoço com os colares.

(Falam as filhas de Jerusalém)

11 Enfeites de ouro te faremos,
cravejados de prata.

(Fala a Sulamita)

12 Enquanto o rei está assentado à sua mesa,
exala o meu nardo o seu perfume.
13 O meu amado é para mim
um ramalhete de mirra;
morará entre os meus seios.
14 Como um ramalhete de flores aromáticas
nas vinhas de En-Gedi,
é [k]para mim o meu amado.

(Salomão responde)

15 Como és formosa, ó amiga minha!
Como és [1]formosa!
Os teus olhos são como os das pombas.

(Fala a Sulamita)

16 Quão [l]formoso és, ó amado meu!
Quão amável és!
O nosso leito é viçoso.
17 As traves da nossa casa são de cedro;
as nossas varandas de cipreste.

Cântico IV. A Sulamita é confortada, 2.1-7

(Ela fala)

2 Eu sou a rosa de Sarom, o lírio dos vales.

(Fala Salomão)

2 Qual o lírio entre os espinhos,
tal é a minha amada entre as donzelas.

(Fala a Sulamita)

3 Qual a macieira entre as árvores do bosque,
tal é o meu amado entre os jovens.
Desejo muito a sua sombra
e debaixo dela me assento.
O seu [m]fruto é doce ao meu paladar.
4 Levou-me à sala do banquete,
e o seu estandarte sobre mim é o amor.
5 Sustentai-me com [n]passas,
confortai-me com maçãs,
pois desfaleço de amor.
6 A [o]sua mão esquerda esteja
debaixo da minha cabeça,
e a sua mão direita me abrace.
7 Eu vos faço [p]jurar, ó filhas de Jerusalém,
pelas gazelas e corças do campo,
que não acordeis nem
desperteis o meu amor,
até que ele o queira.

Cântico V. A Sulamita descreve uma visita feliz, 2.8-17

8 Ouço a voz do meu amado;
eis que ele vem saltando sobre os montes,
pulando sobre os outeiros.
9 O meu amado é semelhante ao gamo
ou ao filho da gazela.
Olhai, ele está detrás da [2]nossa parede,
olhando pelas janelas,
lançando os olhos pelas grades.

A Sulamita relata as palavras de Salomão

10 O meu amado fala e me diz:
Levanta-te, amada minha,
formosa minha, e vem.
11 Vê! Já passou o inverno;
as chuvas cessaram e se foram.
12 Aparecem as flores na terra;
o tempo de cantar chegou,
e a voz das rolas ouve-se em nossa terra.
13 A figueira já deu os seus figos,
e as vides em flor exalam o seu aroma.
[q]Levanta-te, amada minha,
formosa minha, e vem.
14 [3][r]Pomba minha, que andas
pelas fendas das [s]penhas,
no [t]oculto das ladeiras, mostra-me a tua face,
faze-me ouvir a tua voz,
pois a tua voz é doce e o teu rosto formoso.
15 Apanhai-me as [u]raposas, as raposinhas,
que fazem mal às vinhas,
as nossas vinhas que estão em flor.

(Fala a Sulamita)

16 O meu amado é meu, e eu [v]sou dele.
Ele apascenta o seu rebanho
entre os lírios.

[k] Ct 4.13
[l] Ct 5.10-16
[m] Ct 4.16; comp. Ap 22.1,2
[n] 2Sm 6.19
[o] Ct 8.3
[p] Ct 3.5; 5.8; 8.4
[q] v. 10
[r] Ct 5.2
[s] Comp. Jr 48.28
[t] Ct 8.13
[u] Comp. Sl 80.13; Ez 13.4; Lc 13.32
[v] Ct 6.3; 7.10

---

[1] (1.15) É confortante saber que, quando Cristo pensa ternamente em sua Esposa, a Igreja, apesar do estado imperfeito em que ela se encontra, seus pensamentos se assemelham a essas expressões de Salomão à jovem sulamita. Os variados exercícios espirituais do coração da esposa são parte da disciplina interior recomendada no NT (Ef 5.25-27).

[2] (2.9) "Nossa parede". A esposa está no lar paterno; ali é visitada pelo esposo.

[3] (2.14) A ordem que se observa é muito bela. 1) É revelado como a esposa é em sua posição em Cristo: "Pomba minha". Em si mesma, ela é cheia de defeitos; nele, ela é irrepreensível, sincera e imaculada (Fp 2.15), as mesmas características da pomba. 2) Ela é buscada (Lc 19.10); enquanto está "no oculto das ladeiras", a amada é chamada por seu amado: "Mostra-me a tua face"; e, então, ele a corteja com ternura até levá-la à sua presença: "Faze-me ouvir a tua voz" (Rm 9.24; 8.28; 1Tm 6.12; 2Pe 1.3). 3) Ele mostra à amada que ela é "doce" e de "rosto formoso". 4) Juntos removerão todo obstáculo ao seu amor: "Apanhai-me as raposas [...] que fazem mal às vinhas" (v. 15).

17 [w]Antes que refresque o dia,
e caiam as sombras,
volta, amado meu,
e faze-te [x]semelhante ao gamo
ou ao filho das gazelas
sobre os montes escabrosos.

Cântico VI. A Sulamita fala do seu sono perturbado, 3.1-5

3 De [y]noite busquei em minha cama
aquele a quem ama a minha alma;
busquei-o, mas não o achei.
2 Levantar-me-ei agora e rodearei a cidade;
pelas ruas e pelas praças,
buscarei aquele a quem ama a minha alma.
Busquei-o, mas não o achei.
3 Acharam-me os [z]guardas que
rondavam pela cidade.
Eu lhes perguntei:
Vistes aquele a quem ama a minha alma?
4 Apartando-me eu um pouco deles,
logo achei aquele a quem ama a minha alma.
Detive-o, até que o levei para a
[a]casa da minha mãe,
nos aposentos daquela que me gerou.

(Fala Salomão)

5 Eu vos faço [b]jurar, ó filhas de Jerusalém,
pelas gazelas e corças do campo,
que não acordeis nem desperteis o meu amor,
até que ele o queira.

Cântico VII. Salomão manda levar sua esposa a Jerusalém, 3.6-11

(Fala a esposa)

6 [c]Quem é esta que sobe do deserto,
como colunas de fumaça,
perfumada de mirra,
de [d]incenso e de toda sorte
de pós aromáticos do mercador?

(Um oficial do rei Salomão responde)

7 Olhai! É a liteira de Salomão;
sessenta valentes, dos valentes de Israel,
estão ao redor dela,
8 todos armados de espadas, destros na guerra,
cada um com a sua [e]espada à cinta,
por causa dos temores noturnos.
9 O rei Salomão fez para si
uma liteira de madeira do Líbano.
10 Fez-lhe as colunas de prata,
o estrado de ouro,
o assento de púrpura,
o interior revestido com amor,
pelas filhas de Jerusalém.

(As filhas de Jerusalém cantam)

11 Saí, ó filhas de Sião,
e contemplai o rei Salomão
com a coroa com que o coroou a sua mãe
no dia do seu casamento,
no dia do júbilo do seu coração.

Cântico VIII. Salomão, o esposo, expressa sua mensagem de amor, 4.1-7

4 Como és [f]formosa, amada minha!
Como és formosa!
Os teus olhos são como os das pombas,
e brilham através do teu véu.
O teu cabelo é como o [g]rebanho de cabras
que pastam no monte de Gileade.
2 Os teus [h]dentes são como o rebanho das
ovelhas tosquiadas,
que sobem do lavadouro;
todas produzem gêmeos;
nenhuma estéril há entre elas.
3 Os teus lábios são como um fio de escarlate,
a tua boca é doce.
A tua [i]fronte é qual pedaço de romã
por detrás do teu véu.
4 O teu [j]pescoço é como a torre de Davi,
edificada para [k]pendurar armas.
Mil escudos pendem dela,
todos broquéis de valorosos.
5 Os teus dois [l]seios são
como dois filhos gêmeos da gazela,
que se apascentam entre os lírios.
6 [m]Antes que refresque o dia e
caiam as sombras,
irei ao monte da mirra e ao outeiro do incenso.
7 Tu és toda formosa, amada minha;
em ti não há [n]defeito.

Cântico IX. A proposta de Salomão e a resposta da Sulamita, 4.8–5.1

(Fala o esposo)

8 Vem comigo do Líbano,
noiva minha, vem comigo do Líbano.
Olha desde o cume de Amana,
desde o cume de Senir e de [o]Hermom,
desde as moradas dos leões,
desde os montes dos leopardos.
9 Tiraste-me o coração,
minha [1][p]irmã, [q]noiva minha;
tiraste-me o coração com um dos teus olhos,
com um colar do teu pescoço.

[w] Ct 4.6
[x] v. 9; Ct 8.14
[y] Comp. Is 26.9
[z] Ct 5.7
[a] Ct 8.2
[b] Ct 2.7; 8.4
[c] Ct 8.5
[d] Comp. Mt 2.11
[e] Comp. Sl 45.3
[f] Ct 1.15
[g] Ct 6.5
[h] Ct 6.6
[i] Ct 6.7
[j] Ct 7.4
[k] Comp. Ne 3.19
[l] Ct 7.3; comp. Pv 5.19
[m] Ct 2.17
[n] Comp. Ef 5.27
[o] Dt 3.9
[p] Comp. 1Tm 5.2
[q] Comp. Is 62.5

[1] (4.9) A palavra "irmã" (v. 9,10,12; 5.1,2) é um termo de grande delicadeza e importância, indicativo de pureza completa em meio a uma paixão ardente, mas santa.

10 Que belos são os teus amores,
ó minha irmã, noiva minha!
Quão melhores são os teus
amores do que o [r]vinho;
o aroma dos teus bálsamos supera
todas as especiarias!
11 Favos de mel manam dos teus lábios,
noiva minha!
Mel e leite estão debaixo da tua língua,
e o perfume dos teus vestidos
é [s]como a fragrância do Líbano.
12 Jardim fechado és tu,
minha irmã, noiva minha,
manancial fechado, fonte selada.
13 Os teus renovos são um pomar de romãs,
com frutos excelentes,
com a hena e com o nardo;
14 o nardo, o açafrão, o cálamo e a canela,
com toda sorte de árvores de incenso;
a mirra e o [t]aloés,
com todas as principais especiarias.
15 És a fonte dos jardins,
poço das [u]águas vivas,
ribeiros que correm do Líbano.
16 Levanta-te, vento norte;
vem tu, vento sul!
Assopra no meu jardim,
para que se derramem os seus aromas.

(Fala a esposa)

Ah! se [v]viesse o meu amado
para o seu jardim,
e comesse os seus [w]frutos excelentes!

(O esposo replica)

5 Já [x]vim para o meu jardim,
minha [y]irmã, noiva minha;
colhi a minha mirra
com a minha especiaria,
comi o meu [z]favo com o meu mel,
bebi o meu vinho com o meu leite.

(A esposa conclui)

Comei, amigos, e bebei;
bebei fartamente, ó amados.

Cântico X.
A esposa fala de outro sonho perturbador, 5.2–6.3

2 Eu [1]dormia, mas o meu coração velava.
Ouvi! A voz do meu amado,
que está batendo:

(A esposa conta o que o esposo disse)

Abre-me, minha irmã, amada minha,
pomba minha, minha imaculada.
A minha cabeça está cheia de orvalho,
os meus cabelos das gotas da noite.

(A esposa continua)

3 Já despi a minha túnica;
como a tornarei a vestir?
Já lavei os meus pés;
como os tornarei a sujar?
4 O meu amado meteu a sua mão
pela fresta da porta,
e as minhas entranhas
estremeceram por amor a ele.
5 Eu me levantei para abrir a
porta ao meu amado,
e as minhas mãos destilavam mirra,
os meus dedos gotejavam mirra
sobre a maçaneta da fechadura.
6 Eu abri a porta ao meu amado,
mas já o meu amado se tinha retirado e ido;
a minha alma se derreteu quando
antes ele me falou;
[2]busquei-o e não o [a]achei.
Chamei-o, mas ele não me respondeu.
7 Acharam-me os [b]guardas que
rondavam pela cidade.
Espancaram-me e me feriram;
tiraram-me o manto os guardas
dos muros.
8 Eu vos faço jurar, ó filhas de Jerusalém,
se achardes o meu amado,
dizei-lhe que estou enferma de amor.

(Falam as filhas de Jerusalém)

9 Que é o teu amado mais do que outro amado,
[c]ó tu, a mais formosa entre
as mulheres?
Que é o teu amado mais do que outro amado,
que tanto nos conjuraste?

(Um retrato completo do esposo.
Fala a esposa)

10 O meu amado é alvo e rosado,
o [d]primeiro entre dez mil.
11 A sua cabeça é como o ouro mais apurado,
os seus cabelos são crespos,
pretos como o corvo.
12 Os seus olhos são como os das pombas
junto às correntes das águas,
lavados em leite, postos em engaste.

[r] Ct 1.2,4
[s] Os 14.6,7
[t] Comp. Jo 19.39
[u] Comp. Jo 4.10; 7.38
[v] Ct 5.1
[w] Ct 7.13
[x] Ct 4.16
[y] Ct 4.9
[z] Ct 4.11
[a] Ct 3.1
[b] Ct 3.3
[c] Ct 1.8
[d] Comp. Ct 1.5,6

[1] (5.2) A esposa se sente satisfeita por ter lavado os pés, enquanto, com a cabeça "cheia de orvalho" e os cabelos molhados pelas "gotas da noite", o esposo está trabalhando em benefício de outros. Comp. Mt 9.35,36; Mc 6.32-34; Lc 6.12; 14.21-23. O estado em que se encontra a amada não é de pecado, mas de negligência em relação ao serviço.

[2] (5.6) Agora o que ocupa o seu coração é o esposo, não o desejo de comodidade pessoal.

13 As suas faces são como um
canteiro de bálsamo,
como colinas de ervas aromáticas.
Os seus lábios são como lírios
que gotejam mirra.
14 As suas mãos são como anéis de ouro
que têm engastadas as turquesas.
O seu ventre é como alvo marfim,
coberto de safiras.
15 As suas pernas são como
colunas de mármore,
fundadas sobre bases de ouro puro.
O seu parecer é como o Líbano,
excelente como os cedros.
16 A sua boca é muitíssimo doce;
ele é totalmente desejável.
Tal é o meu amado,
tal o meu amigo,
ó filhas de Jerusalém.

(As filhas de Jerusalém dizem que elas também vão procurá-lo)

6 Para onde foi o teu amado,
[e]ó mais formosa entre as mulheres?
Que direção tomou o teu amado,
[1]e o buscaremos contigo?

(A esposa conclui)

2 O meu amado desceu ao seu jardim,
aos canteiros de bálsamo,
para se alimentar nos [f]jardins
e para colher os lírios.
3 [g]Eu sou do meu amado,
e o meu amado é meu;
ele se alimenta entre os lírios.

Cântico XI. O esposo elogia sua esposa, 6. 4–7. 10

4 Formosa és, amada minha, como Tirza,
adorável como [h]Jerusalém,
imponente como um exército
com bandeiras.
5 Desvia de mim os teus olhos;
eles me perturbam.
O teu cabelo é como o [i]rebanho das cabras
que pastam em Gileade.
6 Os teus [j]dentes são como o rebanho de
ovelhas tosquiadas
que sobem do lavadouro;
todas produzem gêmeos;
nenhuma estéril há entre elas.
7 Como um pedaço de [k]romã,
assim são as tuas faces por detrás
do teu véu.

[e] Ct 1.8; 5.9
[f] Ct 5.1
[g] Ct 2.16; 7.10
[h] Comp. Sl 48.12
[i] Ct 4.1
[j] Ct 4.2
[k] Ct 4.3
[l] Ct 1.3
[m] Ct 5.2
[n] v. 4
[o] Ct 7.12
[p] Termo hebraico que significa "dois exércitos". Gn 32.2
[q] Comp. Sl 45.13
[r] v. 9
[s] Ct 4.5
[t] Ct 4.4

8 Sessenta são as rainhas;
oitenta, as concubinas;
as [l]virgens são incontáveis,
9 mas uma é a minha pomba,
a minha [m]imaculada,
a única de sua mãe,
e a mais querida da que a deu à luz.
Vendo-a, as filhas lhe chamarão
bem-aventurada;
as rainhas e as concubinas a louvarão.

(Salomão repete o elogio perante as mulheres da corte)

10 Quem é esta que aparece como a alva do dia,
formosa como a lua,
brilhante como o sol,
[n]imponente como um
exército com bandeiras?

(Fala a esposa)

11 Desci ao jardim das nogueiras [o]para ver os
renovos do vale,
para ver se floresciam as vides,
e brotavam as romeiras.
12 Antes de eu o sentir,
pôs-me o meu desejo entre
os carros reais do povo.

(Falam as filhas de Jerusalém)

13 Volta, volta, ó sulamita;
volta para que nós te vejamos.

(A esposa pergunta)

Por que quereis olhar para
a sulamita como para a [p]dança
de Maanaim?

(As filhas de Jerusalém concordam sobre a beleza excepcional da esposa)

7 Quão formosos são os teus pés nos sapatos,
[q]ó filha do príncipe!
As voltas das tuas coxas são como joias,
trabalhadas por mãos de artista.
2 O teu umbigo é como taça redonda
em que não falta [r]bebida.
O teu ventre é como monte de trigo,
cercado de lírios.
3 Os teus dois [s]seios são
como dois filhos gêmeos da gazela.
4 O teu pescoço é como a [t]torre de marfim.
Os teus olhos são como
as piscinas de Hesbom,
junto à porta de Bate-Rabim.

[1] (6.1) Tão logo a esposa dá testemunho da beleza do esposo, nas filhas de Jerusalém é despertado o desejo de encontrá-lo.

O teu nariz é como a torre do Líbano,
que olha para Damasco.
5 A tua cabeça é como o monte Carmelo.
Os cabelos da tua cabeça são
como a púrpura;
o rei está preso pelas suas tranças.

(Fala o esposo)

6 Quão formosa e quão adorável és,
ó amor em delícias!
7 A tua estatura é semelhante à palmeira;
os teus seios, aos cachos de uvas.
8 Dizia eu: Subirei à palmeira;
pegarei em seus frutos.
Sejam os teus seios como
os cachos da vide
e o aroma da tua respiração
como o das maçãs;
9 os teus beijos como o bom
vinho para o meu amado,

(A esposa interrompe, dizendo ao seu amado que seus encantos são para o deleite dele)

que se bebe suavemente,
e faz com que falem os
lábios dos que dormem.
10 Eu sou [u]do meu amado,
e ele me tem [v]afeição.

Cântico XII. A esposa expressa o desejo de visitar o lar paterno, 7.11–8.4

11 Vem, ó meu amado,
saiamos ao campo,
passemos as noites nas aldeias.
12 Levantemo-nos de manhã para ir às vinhas,
vejamos se florescem as vides,
se abre a flor,
se já brotam as romeiras;
ali te darei o meu amor.
13 As [w]mandrágoras exalam perfume,
e às nossas portas há [x]toda
sorte de excelentes frutos,
novos e velhos,
que guardei para ti, ó amado meu.

(Sensível à diferença social que há entre ela e o esposo, ela dá a entender que já percebeu que ele a ama)

8 Ah! quem me dera que foras como meu irmão,
e que te tivesses
amamentado aos seios da
minha mãe!
Quando eu te encontrasse na rua
eu te beijaria e não me desprezariam!
2 Eu te levaria para a [y]casa da minha mãe,
e tu me ensinarias.
Eu te daria a beber vinho aromático,
o mosto das minhas romãs.
3 A [z]sua mão esquerda esteja
debaixo da minha cabeça,
e a sua mão direita me abrace.

(A esposa repete o que disse o esposo)

4 Eu vos faço [a]jurar, ó filhas de Jerusalém,
que não acordeis nem
desperteis o meu amor,
até que ele queira.

Cântico XIII. Lembrança do passado na visita a Baal-Hamom, 8.5-14

(Falam os irmãos da esposa)

5 Quem é esta que sobe do deserto
e vem encostada ao seu amado?

(Salomão fala)

Debaixo de uma macieira te despertei;
ali esteve a tua mãe com dores;
ali esteve com dores aquela que te deu à luz.
6 [b]Põe-me como selo sobre o teu coração,
como selo sobre o teu braço,
porque o amor é forte como a morte,
e duro como a [c]sepultura é o [d]ciúme.
As suas brasas são brasas de fogo,
como as labaredas do Senhor.

(A esposa fala a Salomão)

7 As muitas águas não poderiam
apagar este amor,
nem os rios afogá-lo.
Ainda que alguém desse todos os bens
da sua casa por este amor,
seria de todo desprezado.

(A esposa se lembra do que lhe disseram uma vez seus irmãos)

8 Temos uma irmã pequena,
que ainda não tem seios.
O que faremos a essa nossa irmã,
no dia em que for pedida em casamento?
9 Se ela for um muro,
edificaremos sobre ela um palácio de prata.
Se ela for uma porta,
nós a cercaremos com tábuas de cedro.

(A esposa continua)

10 Eu sou um muro,
e os meus seios como as suas torres.
Assim tornei-me aos olhos dele
como aquela que traz prazer.
11 Teve Salomão uma vinha em Baal-Hamom;
[e]entregou-a a uns guardas,
e cada um lhe trazia pelo seu fruto mil peças de [f]prata.

[u] Ct 2.16; 6.3
[v] Comp. Sl 45.11
[w] Gn 30.14
[x] Comp. Mt 13.52
[y] Ct 3.4
[z] Ct 2.6
[a] Ct 2.7; 3.5
[b] Comp. Is 49.16; Jr 22.24; Ag 2.23
[c] Hc 2.5, nota; comp. Lc 16.23, nota
[d] Pv 6.34,35
[e] Comp. Mt 21.33
[f] Comp. Is 7.23

12 Mas a [1]vinha que [g]tenho está a meu dispor;
as mil peças de prata são para ti, ó Salomão,
e duzentas para os guardas
do seu fruto.

(Os irmãos falam outra vez)

13 Ó tu, que habitas nos jardins,
meus companheiros te ouvem atentos;

(O esposo interrompe replicando vivamente)

faze-me ouvir a tua voz!

(A esposa responde com amorosa expectação)

14 Vem [h]depressa, amado meu,
e faze-te semelhante ao gamo
ou ao filho das gazelas
sobre os montes dos aromas.

[g] Comp. Ct 1.6
[h] Comp. Ap 22.17,20

[1] (8.12) A esposa solicita um pagamento mais generoso para seus irmãos, mostrando assim que já os perdoou (comp. v. 8).

OS LIVROS PROFÉTICOS

Os profetas do AT foram homens levantados por Deus em tempos de decadência e apostasia em Israel. Eram, em primeiro lugar, líderes de avivamentos religiosos e patriotas, que falavam da parte de Deus ao coração e à consciência da nação. As mensagens proféticas têm um caráter duplo: 1) o caráter local para a época do profeta e 2) o caráter de predição do propósito divino para o futuro. Com frequência, a predição brotava imediatamente da circunstância local (p. ex., Is 7.1-11 com os v. 12-14).

É necessário recordar o caráter judaico do profeta. Geralmente, seu ministério de predição de acontecimentos, assim como seu ministério local e imediato, se refere ao povo da aliança, a seu pecado e fracasso e, além disso, a seu futuro glorioso. Os gentios são mencionados como instrumentos do castigo de Israel e julgados por isso, mas também como participantes da graça que ainda será manifestada a Israel. A Igreja, como corpo, não entra na visão do profeta do AT (Ef 3.1-6). A futura bênção de Israel como nação tem como base a Aliança da Terra de Israel – futura restauração e conversão (veja Dt 30.3, *nota*) – e a Aliança Davídica do reinado do Messias, o Filho de Davi (veja 2Sm 7.16, *nota*); e isso outorga caráter messiânico à profecia de eventos futuros. A restauração final de Israel está assegurada no Reino, e a fonte de bênçãos no Reino é o Rei, que não é somente Filho de Davi, mas também Emanuel.

Contudo, assim como o Rei é também Filho de Abraão (Mt 1.1), o Redentor prometido, e como a redenção se efetiva apenas por meio do sacrifício de Cristo, assim também a profecia messiânica necessariamente apresenta Cristo em caráter duplo: 1) o Messias sofredor (p. ex., Is 53) e 2) o Messias reinante (p. ex., Is 11). Essa dualidade – sofrimento e glória, fraqueza e poder – incluía um mistério que deixava os profetas perplexos (Lc 24.26,27; 1Pe 1.10-12).

Como o NT deixa claro, a solução desse mistério se encontra nas duas vindas – a primeira vinda para redenção por meio do sofrimento; a segunda vinda para reinar em glória, quando as promessas a Israel como nação serão cumpridas (comp. Mt 1.21-23; Lc 2.28-35; 24.46-48 com Mt 2.2,6; 19.27,28; Lc 1.31-33,68-75; At 2.30-32; 15.14-16). Os profetas descrevem a vinda em duas formas que não podiam ser contemporâneas (p. ex., Zc 9.9; contraste com 14.1-9); mas a eles não foi revelado que, entre a vinda para o sofrimento e a vinda para a glória, seriam manifestados certos "mistérios do Reino" (Mt 13.11-17,34,35), nem que, após a rejeição do Messias, seria estabelecida a Igreja do NT. Para eles, isso era um "mistério, que desde os séculos esteve oculto em Deus" (Ef 3.1-12).

Falando em linhas gerais, então, a profecia sobre o futuro se ocupa do cumprimento das Alianças Abraâmica, da Terra de Israel e Davídica. Veja *notas* em Gn 12.2; Dt 30.3; 2Sm 7.16.

As potências gentias são mencionadas em conexão com Israel. No entanto, com exceção de Daniel, Obadias, Jonas e Naum, o interesse primordial da profecia não é a história mundial dos gentios. Daniel, como veremos, tem um caráter distinto.

As predições da restauração dos judeus do cativeiro na Babilônia ao final dos setenta anos devem ser distinguidas das predições sobre a restauração da nação da dispersão mundial depois de ter rejeitado Cristo em sua primeira vinda. As Alianças Abraâmica, da Terra de Israel e Davídica (Gn 12.1-3; Dt 28.1–30.9; 2Sm 7.4-17) são o molde da profecia sobre o futuro em seu sentido mais amplo – grandeza nacional, desobediência nacional, dispersão mundial, bênção mundial por meio do Messias de Israel, arrependimento, a segunda vinda de Cristo, o reajuntamento de Israel e o estabelecimento do Reino, a conversão e bênção de Israel e o julgamento dos opressores de Israel.

Os Livros Proféticos podem ser divididos em três grupos. 1. *Pré-exílicos*: Isaías, Jeremias, Oseias, Joel, Amós, Jonas, Miqueias, Naum, Habacuque e Sofonias. 2. *Exílicos*: Ezequiel, Daniel e Obadias. 3. *Pós-exílicos*: Ageu, Zacarias e Malaquias. A divisão em profetas maiores e profetas menores, com base simplesmente na extensão dos livros, não é histórica nem cronológica.

As chaves para decifrar o significado da profecia são: as duas vindas do Messias (Lc 24.26) – a vinda para sofrer (Gn 3.15; Mt 16.21; Lc 24.46; At 2.23) e a vinda para reinar (Dt 30.3; At 1.9-11) –, a doutrina do remanescente (Is 10.20-22; Rm 11.5, *nota*), a doutrina do dia do Senhor (Is 2.10-22; Ap 19.19, *nota*) e a doutrina do Reino (AT: Gn 1.26-28; Zc 12.8, *nota*; NT: Lc 1.31-33; 1Co 15.24, *nota*; Ap 20.4, *nota*). Passagens de importância-chave são Gn 3.15; Dt 28–30; Sl 2; Is 7.14; 9.6,7; 53; Dn 2; 7.

Para determinar o significado de qualquer passagem em particular, deve-se considerar todo o alcance da profecia (2Pe 1.20). Por isso, é importante conhecer profundamente os grandes temas acima indicados, o que pode ser feito nessa edição das Escrituras procurando no corpo dos escritos proféticos os assuntos mencionados no parágrafo anterior.

ORDEM CRONOLÓGICA DOS PROFETAS

I. PROFETAS PRÉ-EXÍLICOS

Joel	aprox. 850-700 a.C.
Jonas	aprox. 800 a.C.
Amós	aprox. 780-755 a.C.
Oseias	aprox. 760-710 a.C.
Miqueias	aprox. 740 a.C.
Isaías	aprox. 740-680 a.C.
Naum	aprox. 666-615 a.C.
Sofonias	aprox. 630-620 a.C.
Habacuque	aprox. 627-586 a.C.
Jeremias	aprox. 626-580 a.C.

II. PROFETAS EXÍLICOS

Daniel	aprox. 604-535 a.C.
Ezequiel	aprox. 593-570 a.C.
Obadias	aprox. 585 a.C.

III. PROFETAS PÓS-EXÍLICOS

Ageu	aprox. 520 a.C.
Zacarias	aprox. 520-518 a.C.
Malaquias	aprox. 450-400 a.C.

- **Autor:** Isaías
- **Tema:** O Messias de Israel
- Escrito nos séculos VII e VIII a.C.

ISAÍAS

ISAÍAS, cujo nome significa salvação do Senhor, foi o maior dos profetas com ministério escrito. Ele realizou seu ministério em Judá durante o reinado de quatro reis, possivelmente entre 740 e 680 a.C., um período de cerca de sessenta anos, durante o qual Samaria foi tomada e Israel foi levado cativo, aproximadamente em 722-721 a.C., e Judá foi invadido por Senaqueribe em 701 a.C. Os temas das declarações de Isaías voltam ao passado até os eternos desígnios de Deus e à criação do universo (p. ex., 42.5) e contemplam um tempo futuro quando Deus criará novos céus e nova terra (65.17; 66.22). Nenhum outro profeta escreveu sobre a glória de Deus com tão majestosa eloquência (veja cap. 40). Todas as nações da terra estão incluídas no alcance das predições de Isaías (p. ex., 2.4; 5.26; 14.6,26; 40.15,17,22; 66.18).

Embora haja em Isaías muitas profecias importantes em relação a Jerusalém (que recebe mais de trinta nomes diferentes; alguns rabinos afirmam ser até setenta), como também profecias sobre Israel, Judá e as nações da terra, o livro apresenta as grandes profecias messiânicas nas quais foram preditos: o nascimento de Cristo (7.14; 9.6), sua divindade (9.6,7), seu ministério (9.1,2; 42.1-7; 61.1,2), sua morte (52.1–53.12), seu futuro reino milenar (p. ex., cap. 2; 11; 65) etc.

De todos os profetas do AT, Isaías é o que tem maior alcance em seu testemunho. Nenhum outro profeta se dedica tanto à obra redentora de Cristo. Em nenhum outro trecho da Bíblia escrito sob a Lei, há uma explanação tão clara da graça.

O livro pode ser dividido da seguinte maneira: I. Profecias referentes a Judá, 1–12. II. Profecias referentes às nações, 13–27. III. Advertências proféticas referentes a Efraim e Judá, 28–35. IV. Parêntese histórico: As invasões de Senaqueribe e a enfermidade de Ezequias, 36–39. V. A grandeza e a transcendência eternas de Deus, 40–48. VI. O Servo sofredor do Senhor, 49–57. VII. Exortações e profecias finais, 58–66.

I. Profecias referentes a Judá, 1–12

A acusação de Deus contra Judá

1 [a]Visão de Isaías, filho de Amoz, [b]a qual ele viu
a respeito de Judá e Jerusalém, nos [c]dias de
Uzias, Jotão, Acaz e Ezequias, reis de Judá.

2 [1][d]**Ouvi**, ó céus, e dá ouvidos, ó terra,
pois falou o Senhor:
Criei [e]filhos e os engrandeci,
mas eles estão revoltados contra mim.
3 O boi conhece o seu possuidor,
e o jumento a manjedoura do seu dono,
mas Israel [f]não tem conhecimento,
o meu povo não entende.
4 **Ai** da nação pecadora,
do povo carregado de iniquidade,
da descendência de malignos,
dos [g]filhos corruptores!
Deixaram o Senhor,
blasfemaram do Santo de Israel,
voltaram para trás.
5 [h]Por que seríeis ainda castigados,
se mais vos rebelaríeis?
Toda a cabeça está enferma,
e todo o coração fraco.
6 Desde a planta do pé até a cabeça
não há nele coisa sã,
senão feridas,
contusões e chagas podres,
não espremidas, nem atadas,
nem amolecidas com óleo.
7 A [i]vossa terra está assolada;
as vossas cidades estão abrasadas pelo fogo;
os campos os estranhos
devoram na vossa presença,
os quais se acham devastados,
como numa subversão de estranhos.
8 A filha de Sião é deixada
como um abrigo na vinha,
como uma choupana no pepinal,
como uma cidade sitiada.
9 Se o Senhor dos Exércitos
não nos tivesse deixado algum
[j]remanescente,
já seríamos como [k]Sodoma,
e semelhantes a Gomorra.

Condenação da religião meramente exterior

10 **Ouvi** a palavra do Senhor,
vós governantes de [l]Sodoma;
dai ouvidos à [m]lei de nosso Deus,
vós, ó povo de Gomorra.
11 De que me serve a multidão
dos vossos sacrifícios,
diz o Senhor?
Já estou farto dos holocaustos de carneiros
e da gordura de animais cevados;
não folgo com o sangue de bezerros,
nem de cordeiros, nem de bodes.
12 Quando vindes à [n]minha presença,
quem requereu isso das vossas mãos,
que viésseis pisar os meus átrios?

[a] Veja Is 6.1
[b] Nm 12.6
[c] 2Cr 26–32
[d] Comp. Dt 32.1; Jr 6.19; Mq 1.2; 6.2
[e] Comp. Gl 4.1-4
[f] Comp. Jr 9.3,6
[g] Is 57.3,4; comp. Mt 3.7
[h] Is 9.13; Jr 2.30; 5.3
[i] Dt 28.51,52
[j] Remanescente: v. 9; Is 10.20 (Is 1.9; Rm 11.5, nota)
[k] Rm 9.29
[l] Jerusalém. Ap 11.8
[m] Lei (de Moisés): v. 10-18; Is 5.24 (Êx 19.1; Gl 3.24)
[n] Êx 23.17

[1] (1.2) Este cap., até o v. 23, registra a acusação do Senhor contra Judá. De acordo com Dt 28–29, o castigo fora enviado sobre Israel na terra em que vivia o povo (v. 5-8) e, agora, aproximava-se o momento em que seriam expulsos dali. Mas, aqui, o Senhor renova a promessa da Aliança da Terra de Israel (veja Dt 30.3, *nota*) de futura restauração e exaltação (Is 1.26,27; 2.1-4).

13 [o]Não continueis a trazer ofertas vãs!
O incenso é para mim [p]abominação,
como também são as luas novas,
os sábados, e a convocação
das congregações;
não posso suportar iniquidade
nem o ajuntamento solene.
14 A minha alma aborrece
as vossas luas novas e
solenidades,
já me são pesadas;
estou cansado de as sofrer.
15 Pelo que, quando estendeis
as vossas mãos,
escondo de vós os meus olhos;
sim, quando multiplicais as
vossas orações,
não as [q]ouço.
As vossas mãos estão cheias de sangue;
16 lavai-vos e purificai-vos.
Tirai a maldade dos vossos atos
de diante dos meus olhos.
Cessai de fazer o mal
17 e aprendei a fazer o bem.
Praticai o que é reto,
ajudai o oprimido.
Fazei justiça ao órfão,
tratai da causa das viúvas.

Súplica e advertência

18 **V**inde e conversemos, diz o Senhor:
Ainda que os vossos pecados
sejam como a escarlata,
eles se tornarão brancos como a [r]neve;
ainda que sejam vermelhos
como o carmesim,
se tornarão como a branca lã.
19 Se quiserdes e me ouvirdes,
comereis o bem desta terra.
20 Se, porém, recusardes e fordes rebeldes,
sereis devorados à espada.
Porque a boca do Senhor o disse.
21 **C**omo se fez [s]prostituta a cidade fiel!
Ela que estava cheia de justiça;
a retidão habitava nela,
mas agora habitam [t]homicidas.
22 A tua prata se tornou em escórias,
o teu vinho se misturou com água.

[o] v. 11-17
[p] Comp. Is 66.3
[q] Is 59.1-3; Mq 3.4
[r] Sl 51.7
[s] Comp. Jr 2.20
[t] Mq 3.1-3
[u] Êx 23.8; Ec 7.7
[v] Comp. Tg 1.27
[w] Israel (profecias): v. 24-26; 2.1-4; Is 9.7 (Gn 12.2; Rm 11.26)
[x] Reino (AT): v. 25,26; 2.1-4; Is 4.5 (Gn 1.26; Zc 12.8)
[y] Is 48.10; Ez 22.19-22
[z] Jr 33.7,11
[a] Comp. Zc 8.3
[b] 2Ts 1.8,9
[c] Mc 9.43
[d] Comp. Gn 49.1; veja At 2.17, nota
[e] v. 2-4; comp. Mq 4.1-3

23 Os teus líderes são rebeldes,
companheiros de ladrões;
cada um deles ama o [u]suborno
e corre atrás de presentes.
Não fazem justiça ao órfão,
e não chega perante eles a causa
das [v]viúvas.
24 Portanto, diz o Senhor,
o Senhor dos Exércitos,
o Poderoso de Israel:
Ah! Eu me livrarei dos meus adversários,
e me vingarei dos meus inimigos.
25 Voltarei contra [w]ti a minha mão;
[x]purificarei inteiramente as tuas [y]escórias
e tirarei de ti toda impureza.
26 Restituirei os teus [1]juízes, como [z]antes,
os teus conselheiros,
como antigamente.
Então te chamarão [a]cidade
de justiça, cidade fiel.
27 **S**ião será remida com a justiça;
os seus arrependidos,
com retidão.
28 Os transgressores e os pecadores,
porém, serão juntamente [b]destruídos,
e os que deixarem o Senhor
serão consumidos.
29 Vós vos envergonhareis por causa
dos [2]carvalhos sagrados
que cobiçastes e sereis confundidos
por causa dos jardins que escolhestes.
30 Sereis como o carvalho,
ao qual caem as folhas,
e como a floresta que não tem água.
31 O forte se tornará em estopa,
e a sua obra em faísca;
ambos arderão juntamente,
e não haverá quem os [c]apague.

Uma visão do reino vindouro

2 **V**isão que teve Isaías, filho de Amoz, a respeito de Judá e de Jerusalém.
2 [d]**N**os últimos dias se [3][e]firmará
o [4]monte do templo do Senhor
no cume dos montes
e se engrandecerá por
cima dos outeiros;
concorrerão a ele todas as nações.

[1] (1.26) No reino futuro, será restaurado o antigo método de administração do governo teocrático de Israel. Veja *notas* em Jz 2.18; Mt 19.28.

[2] (1.29) Isso é uma alusão à adoração de ídolos. Veja *notas* em Dt 16.21; Jz 2.13; 3.7.

[3] (2.2) Os v. 2-5 são tão similares a Mq 4.1-3,5 que já foi sugerido que um dos escritores copiou do outro. Deus deu a ambos a mesma visão. Miqueias inclui um versículo adicional (v. 4), descrevendo, assim, a visão de maneira mais completa do que Isaías. Embora os dois profetas empreguem as mesmas palavras, Isaías em 2.1 enfatiza o fato de que ele pessoalmente teve a visão.

[4] (2.2) Na simbologia das Escrituras, um monte denota um *reino*, uma *autoridade* ou um *governo* (Dn 2.35,44,45; Ap 17.9-11; veja Ap 13.1, *nota*).

3 [f]Virão muitos povos e dirão:
Vinde, subamos ao monte do Senhor,
ao templo do Deus de Jacó.
Ele nos ensinará o que
concerne aos seus caminhos,
para que andemos nas suas veredas.
De Sião sairá a lei,
de Jerusalém, a palavra do Senhor.
4 Ele exercerá o seu juízo entre as nações
e repreenderá muitos povos.
Estes converterão as suas espadas em arados
e as suas lanças em podadeiras.
Não levantará espada
nação contra nação,
nem aprenderão mais a guerra.
5 Vinde, ó descendência de Jacó,
andemos na [g]luz do Senhor.

A humildade necessária no dia do Senhor

6 **P**ois tu, Senhor, desamparaste o teu povo,
a nação de Jacó.
Encheram-se dos costumes do Oriente;
são [h]agoureiros como os filisteus
e associam-se com os
filhos dos [i]estranhos.
7 A sua terra está cheia de prata e ouro;
não têm fim os seus tesouros.
A sua terra está cheia de [j]cavalos;
não têm fim os seus [k]carros.
8 A sua terra está cheia de ídolos;
inclinaram-se perante a obra das suas mãos,
diante daquilo que
[l]fabricaram os seus dedos.
9 Pelo que o homem será abatido;
a humanidade, humilhada;
não lhes perdoes!
10 Vai, entra nas rochas, esconde-te no pó,
de diante da presença
espantosa do Senhor
e da glória da sua majestade.
11 Os olhos do homem
arrogante serão [m]abatidos,
e o orgulho dos homens será humilhado;
só o Senhor será [n]exaltado naquele dia.
12 **O** [o]dia do Senhor dos Exércitos
será contra todo soberbo e altivo,
e contra todo o que se exalta,
para que seja abatido;
13 contra todos os [p]cedros do Líbano,
altos e sublimes,
contra todos os carvalhos de Basã;
14 contra todos os montes
altos e contra todos os outeiros elevados;
15 contra toda torre alta
e contra toda muralha fortificada;
16 contra todos os [q]navios de Társis e
contra todas as naus vistosas.
17 A arrogância do homem será humilhada,
e o orgulho dos homens será abatido;
só o Senhor será exaltado naquele dia.
18 **D**esaparecerão todos
os ídolos totalmente.
19 Os homens se meterão
nas [r]cavernas das rochas e nas [s]covas da terra,
por causa da presença espantosa do Senhor
e por causa do esplendor da sua majestade,
quando ele se levantar para
[t]sacudir a terra.
20 Naquele dia os homens
[u]lançarão às toupeiras
e aos [v]morcegos os seus ídolos de prata
e os seus ídolos de ouro,
que fizeram para diante eles se prostrar;
21 eles se [w]refugiarão pelas fendas das rochas
e pelas cavernas das penhas,
por causa da presença espantosa do Senhor
e por causa do esplendor
da sua majestade,
quando ele se levantar para sacudir a terra.
22 [x]Parai de confiar no homem,
cujo fôlego está nas narinas.
Em que ele deve ser estimado?

A desintegração nacional de Jerusalém e Judá por causa do pecado

3 **V**ede, agora, o Senhor,
o Senhor dos Exércitos
[y]tirará de Jerusalém e de Judá
o sustento e o apoio:
todo o sustento de pão e todo
o sustento de água,
2 o [z]valente e o soldado,
o juiz e o profeta,
o adivinho e o ancião,
3 o capitão de cinquenta
e o respeitável, o conselheiro,
o hábil artífice e o encantador perito.
4 Eu lhes darei [a]meninos por seus líderes,
e crianças governarão sobre eles.
5 O povo será oprimido;
um será contra o outro,
e cada um contra o seu próximo.
O menino se levantará contra o ancião
e o vil contra o nobre.
6 Quando alguém for falar com seu irmão
da família de seu pai, dizendo:
Tu tens roupa,
sê nosso governante,
e toma sob a tua mão esta ruína,
7 nesse dia levantará este a voz, dizendo:
Não tenho [b]remédio.
Em minha casa não há pão
nem veste alguma.
Não me ponhais por governante do povo.

[f] Jr 50.5; Zc 8.21-23; 14.16-21
[g] Comp. 1Jo 1.5-7
[h] Comp. Mq 5.12
[i] Comp. 2Rs 16.7,8
[j] Comp. Dt 17.16
[k] Comp. Is 22.18; Mq 5.10
[l] Is 40.19,20
[m] Pv 16.5
[n] Is 5.15
[o] Dia (do Senhor): v. 10-21; Is 10.20 (Sl 2.9; Ap 19.19)
[p] Zc 11.1,2; comp. Ez 31.3-18
[q] Comp. 1Rs 10.22
[r] v. 10; comp. Lc 23.30; Ap 6.16; 9.6
[s] v. 21
[t] Comp. Ag 2.6,21; Hb 12.26
[u] Comp. Is 30.22
[v] Comp. Lv 11.19
[w] v. 10,19
[x] Sl 146.3; Jr 17.5
[y] Lv 26.26; Is 5.13
[z] 2Rs 24.14
[a] Ec 10.16
[b] Jr 14.19; Lm 2.14; Os 6.1

8 [c]Jerusalém tropeça, e Judá cai;
a sua língua e as suas obras
são contra o Senhor,
para desafiarem a sua gloriosa presença.
9 O parecer do seu rosto testifica contra eles;
publicam os seus pecados como [d]Sodoma;
não os dissimulam.
Ai da sua alma!
Fizeram mal a si mesmos.
10 Dizei aos justos [e]que bem lhes irá,
pois comerão do fruto das suas obras.
11 Ai dos ímpios! [f]Mal lhes irá!
Comerão do fruto das suas obras.
12 Os opressores do meu povo são crianças,
e mulheres estão no domínio
do seu governo.
Oh! povo meu! os que te guiam te enganam,
e destroem o caminho das tuas veredas.
13 O Senhor se levanta para pleitear;
sai para julgar os povos.
14 O Senhor vem em juízo
contra as autoridades do seu povo,
e contra os seus líderes:
Sois vós os que consumistes esta vinha;
o que foi furtado do pobre está
em vossas casas.
15 Que tendes vós que afligir o meu povo
e moer as faces do pobre?
diz o Senhor, o Senhor dos Exércitos.

Condenação das mulheres altivas de Sião

16 **D**iz o Senhor:
Visto que as filhas de Sião se exaltam
e andam de pescoço erguido,
e têm olhares impudentes e,
quando andam, parecem dançar,
fazendo retinir os ornamentos dos seus pés,
17 o Senhor rapará a cabeça das mulheres de Sião,
e o Senhor descobrirá a sua nudez.
18 Naquele dia tirará o Senhor os seus enfeites:
os anéis dos artelhos, as toucas, os colares em
forma de meia-lua,
19 os brincos, os braceletes, os véus,
20 os diademas, as cadeias dos artelhos, os cin-
tos, as caixinhas de perfume e os amuletos,
21 os sinetes e os anéis pendentes do nariz,
22 os vestidos diáfanos, os mantos, os xales,
as bolsas,

[c] Mq 3.12
[d] Gn 19.4-9
[e] Ec 8.12
[f] Sl 11.6; Ec 8.13
[g] Este versículo finaliza a ideia de 3.25,26
[h] Is 12.1-6
[i] Reino (AT): v. 2-6; Is 7.14 (Gn 1.26; Zc 12.8)
[j] Comp. Is 32.2,18,19
[k] Parábolas (AT): v. 1,7; Jr 13.1 (Jz 9.8; Zc 11.7)

23 os espelhos, as capinhas de linho, as tiaras
e os véus.
24 Em lugar de perfume haverá mau cheiro;
em lugar de cinto, uma corda;
em lugar de encrespadura
de cabelos, calvície;
em lugar de veste luxuosa, pano de saco;
em lugar de formosura, queimadura.
25 Teus homens cairão à espada;
teus valentes, na peleja.
26 As portas da cidade gemerão
e estarão de luto;
desolada, ela se assentará no chão.

Uma visão do reino vindouro
(comp. Is 11.1-16)

4 **N**aquele dia sete mulheres
[g]lançarão mão de um homem, dizendo:
Nós comeremos do nosso pão
e nos vestiremos de nossos vestidos;
tão somente queremos ser
chamadas pelo teu nome.
Livra-nos da nossa desonra.
2 **N**aquele [h]dia, o [1]Renovo do Senhor será cheio
de beleza e de glória, e o fruto da terra será exce-
lente e formoso para os que escaparem de Israel.
3 Aquele que ficar em Sião e permanecer em
Jerusalém será chamado santo — todo aquele
que estiver inscrito entre os vivos em Jerusalém.
4 Quando o Senhor lavar a imundícia das mulhe-
res de Sião e limpar o sangue de Jerusalém do
meio dela, com o espírito de justiça e com o espí-
rito de ardor,
5 criará o Senhor sobre toda a extensão do
[i]monte de Sião e sobre as suas congregações uma
nuvem de dia; uma fumaça e um resplendor de
fogo chamejante de noite; sobre toda a glória
haverá um dossel.
6 Será [j]abrigo e sombra contra o calor do dia; e
refúgio e esconderijo será contra a tempestade
e a chuva.

Israel, a vinha do Senhor

5 **C**antarei ao meu amado
o cântico do meu querido
a respeito da sua [k]vinha:
O meu amado teve uma vinha
num outeiro fértil.

[1] (4.2) Um nome de Cristo usado de quatro maneiras: 1) "o Renovo do Senhor" (v. 2), i.e., Cristo como Emanuel (Is 7.14), que será manifestado plenamente ao Israel restaurado e convertido depois do regresso de Cristo em glória divina (Mt 25.31); 2) o "Renovo" ou "rebento do tronco de Jessé" (Is 11.1; Jr 23.5; 33.15), i.e., o Messias, "que nasceu da descendência de Davi segundo a carne" (Rm 1.3), revelado em sua glória eterna como o Rei dos reis e Senhor dos senhores; 3) o Servo do Senhor, "o Renovo" (Zc 3.8), a humilhação do Messias e a obediência até a morte segundo Is 52.13-15; 53.1-12; Fp 2.5-8; e 4) "o homem cujo nome é Renovo" (Zc 6.12), ou seja, seu caráter de Filho do homem, de "último Adão", de "segundo homem" (1Co 15.45-47), que reina sobre a terra como Sacerdote-Rei segundo o domínio conferido ao primeiro Adão e também perdido por ele. Mateus é o Evangelho do Renovo de Jessé; Marcos, do Servo do Senhor; Lucas, do homem cujo nome é Renovo, e João, do Renovo do Senhor.

2 Ele a cavou e a limpou das pedras,
e a plantou de excelentes vides.
Edificou no meio dela uma torre
e construiu nela um lagar.
E esperava que desse uvas,
mas deu uvas bravas.
3 Agora, ó moradores
de Jerusalém e homens de Judá,
julgai entre mim e a minha vinha.
4 Que mais se podia fazer à minha vinha,
que eu não lhe tenha [l]feito?
E como, esperando eu que desse uvas boas,
veio a produzir uvas bravas?
5 Agora vos direi o que hei
de fazer à minha vinha:
Tirarei a sua cerca, para que sirva de pasto;
[m]derrubarei a sua parede, para que seja pisada.
6 Eu a tornarei em [n]deserto;
não será podada nem escavada;
sarças e [o]espinheiros crescerão nela.
Darei ordem às nuvens para que não
derramem chuva sobre ela.
7 A vinha do Senhor dos
Exércitos é a casa de Israel,
e os homens de Judá são
a planta das suas delícias.
Ele esperou que exercessem
justiça, mas viu opressão;
retidão, mas ouviu clamor.

Seis ais contra Israel e sua infidelidade

8 **Ai** dos que ajuntam casa a casa
e reúnem herdade a herdade,
até que não haja mais lugar,
e fiquem como únicos
moradores no meio da [p]terra!
9 A meus ouvidos disse o
Senhor dos Exércitos:
Em verdade que muitas casas ficarão desertas;
até as casas grandes e excelentes
ficarão sem moradores.
10 Dez geiras de vinha não
darão mais do que um [q]bato,
e um ômer de semente não
dará mais do que um efa.
11 **Ai** dos que se levantam cedo de manhã
para correr atrás da bebida,
que continuam até alta noite,
até que o vinho os esquente!
12 Harpas e liras, tamborins e flautas,
e vinho há nos seus banquetes,
mas não olham para a obra do Senhor,
nem consideram as obras das suas mãos.
13 Portanto, o [r]meu povo será levado cativo,
por falta de [s]entendimento;
os seus nobres terão fome,
e a sua multidão se secará de sede.
14 Por isso, a [t]sepultura aumenta o seu apetite
e abre a sua boca desmesuradamente;
para lá descerá a glória deles,
a sua multidão,
a sua pompa e os que entre eles folgam.
15 Então o homem será abatido,
e a humanidade será humilhada;
os olhos dos arrogantes se humilharão.
16 O Senhor dos Exércitos, porém,
será [u]exaltado por sua justiça;
Deus, o Santo, será santificado
por sua retidão.
17 Então os cordeiros
pastarão como em pastos seus,
e entre as ruínas dos ricos
se apascentarão os [v]carneiros.
18 **Ai** dos que puxam
a iniquidade com cordas de vaidade,
e o pecado com tirantes de carros,
19 e [w]dizem: Apresse-se Deus
e acabe a sua obra,
para que a vejamos.
Aproxime-se e venha o conselho do
Santo de Israel,
para que o conheçamos.
20 **Ai** dos que ao mal chamam bem,
e ao bem mal;
que fazem da escuridade luz,
e da luz escuridade;
que põem o amargo por doce,
e o doce por amargo.
21 **Ai** dos que são [x]sábios
a seus próprios olhos,
e prudentes diante de si mesmos!
22 **Ai** dos que são poderosos para beber [y]vinho
e valentes para misturar bebida forte,
23 que [z]justificam o ímpio por suborno
e ao [a]justo negam justiça.
24 **P**ortanto, como as chamas
de fogo consomem o restolho,
e a palha se desfaz na chama,
assim será a sua [b]raiz,
como podridão,
e a sua flor se esvaecerá como pó;
pois rejeitaram a [c]lei do
Senhor dos Exércitos,
e desprezaram a palavra do
Santo de Israel.
25 Por isso se acende a ira
do Senhor contra o seu povo,
e estende a sua mão contra ele, e o fere.
As montanhas tremem,
e os seus cadáveres são
como monturo no meio das ruas.
[d]Com tudo isso não tornou
atrás a sua ira,
mas ainda está alçada a sua mão.

[l] 2Cr 36.15
[m] Sl 89.40,41
[n] 2Cr 36.19-21
[o] Is 7.23-25
[p] Mq 2.2
[q] Veja pesos e medidas (AT): 2Cr 2.10, nota
[r] 2Rs 24.14-16
[s] Os 4.6
[t] Veja Hc 2.5, nota; comp. Lc 16.23, nota
[u] Is 2.11
[v] Is 10.16
[w] Comp. Jr 17.15; 2Pe 3.3,4
[x] Pv 3.7; Rm 1.22; 12.16
[y] Comp. Is 56.12
[z] Pv 17.15
[a] Comp. Tg 5.6
[b] Jó 18.16; comp. Os 9.16
[c] Lei (de Moisés): v. 24,25; Jr 9.13 (Êx 19.1; Gl 3.24)
[d] Comp. Is 9.12,17,21; 10.4

26 Ele [e]arvora o estandarte
ante as nações de longe,
e lhes [f]assobia desde a
extremidade da terra.
Aí vêm, [g]apressadamente.
27 Não há entre eles cansado nem quem tropece,
ninguém cochila nem dorme;
não se [h]desata o cinto dos seus lombos,
nem se rompe a correia dos sapatos.
28 As suas flechas são agudas;
todos os seus arcos, retesados;
as unhas dos seus cavalos
parecem de pederneira;
as rodas dos seus carros,
um redemoinho.
29 O seu rugido é como o do leão,
rugem como filhos de leão;
rugem e arrebatam a presa;
levam-na e não há quem a livre.
30 Bramarão contra eles naquele dia,
como o bramido do mar.
Se alguém [i]olhar para a terra,
só verá trevas e angústia,
e a luz se escurecerá pelas nuvens.

Visão de Isaías

6 **No** ano em que morreu o [j]rei Uzias, eu [k]vi o
Senhor [l]assentado sobre um alto e sublime
trono e a aba do seu manto enchia o templo.
2 Os [1]serafins estavam acima dele; cada um tinha
seis asas: com duas [m]cobriam os seus rostos, com
duas cobriam os seus pés e com duas voavam.
3 Clamavam uns aos outros, dizendo:
[n]Santo, Santo, Santo é o Senhor dos Exércitos;
toda a terra está cheia da sua [o]glória.
4 Os umbrais das portas se moveram com a voz
do que clamava, e o [p]templo se encheu de fumaça.
5 Então disse eu: Ai de mim, que vou perecendo!
porque sou um homem de lábios [q]impuros e
habito no meio de um povo de impuros lábios;
mesmo assim, os [r]meus olhos viram o rei, o
Senhor dos Exércitos!
6 **Um** dos serafins, porém, voou para mim tra-
zendo na mão uma brasa viva, que tirara do altar
com uma tenaz.
7 Com ela tocou a minha [s]boca e disse: Vê, isto
tocou os teus lábios, a tua iniquidade foi tirada e
purificado o teu pecado.
8 **Depois** disso ouvi a voz do Senhor, que dizia:
A quem enviarei, e quem há de ir por nós? Então
disse eu: Aqui estou.
[t]Envia-me.

A nova incumbência de Isaías

9 Então disse ele: Vai e [u]dize a este povo:
Ouvis, de fato, e não entendeis;
vedes, em verdade, mas não percebeis.
10 Torna insensível o coração deste povo,
endurece-lhe os ouvidos e fecha-lhe os olhos.
Para que não venha ele a ver
com os seus olhos,
e a ouvir com os seus ouvidos,
e a entender com o seu coração,
e a converter-se, para que seja sarado.
11 Então disse eu: [v]Até quando, Senhor?
E respondeu:
Até que se assolem as cidades
e fiquem sem habitantes,
e nas casas não fique morador,
e a terra seja assolada de todo,
12 e o Senhor [w]afaste dela os homens,
e no meio da terra seja grande o desamparo.
13 Se, porém, ainda a [x]décima parte dela ficar,
[y]tornará a ser destruída.
Como o carvalho e como o terebinto,
os quais, depois de se
desfolharem, ainda ficam firmes,
assim a santa semente será o seu toco.

A aliança de Rezim e Peca

7 **Nos** dias de [z]Acaz, filho de Jotão, filho de Uzias,
rei de Judá, Rezim, rei da Síria, e Peca, filho de
Remalias, rei de Israel, subiram a Jerusalém, para
[a]pelejar contra ela, mas não puderam conquistá-la.
2 Avisaram ao rei Davi: A Síria fez aliança com
[2]Efraim. Então se agitou o coração de Acaz e o
coração do seu povo, como se agitam as árvores
do bosque com o vento.
3 **Então** disse o Senhor a Isaías: Tu e teu filho
[3][b]Sear-Jasube saí ao encontro de Acaz, ao fim do
aqueduto da piscina superior, no caminho do
campo do lavandeiro,
4 e dize-lhe: Tenha cuidado, [c]aquieta-te e não
temas. Não se desanime o teu coração por causa
destes dois pedaços de tições fumegantes; por
causa do ardor da ira de Rezim e da Síria, e do
filho de Remalias.
5 A Síria trama contra ti malignamente, com
Efraim e com o filho de Remalias, dizendo:
6 Subamos contra Judá e amedrontemo-lo e
o conquistemos para nós, e façamos reinar no
meio dele o filho de Tabeel.
7 Contudo, assim diz o Senhor Deus:
Isso não subsistirá,
[d]tampouco acontecerá,

[e] Is 11.10,12
[f] Zc 10.8
[g] Comp. Dt 28.49; Jl 2.7
[h] Comp. Jó 12.18
[i] Is 8.22; Jr 4.23
[j] 2Rs 15.7
[k] Comp. 1Rs 22.19; Jo 12.41; Ap 4.2
[l] Comp. Ez 40.3, uma teofania. Veja Gn 12.7, nota
[m] Ez 1.11
[n] Ap 4.8
[o] Nm 14.21
[p] Comp. Êx 40.34; 1Rs 8.10
[q] Êx 6.12,30
[r] Inspiração: v. 5-9; Is 8.1 (Êx 4.15; 2Tm 3.16)
[s] Comp. Jr 1.9; Dn 10.16
[t] Comp. At 26.19,20
[u] v. 9,10; Mt 13.14,15; Jo 12.39-41; At 28.25-27; comp. 2Co 3.14,15
[v] Comp. Sl 79.5; 94.3; Hc 1.2
[w] Is 5.9
[x] Veja Rm 11.5, nota
[y] Veja Is 8.18, nota
[z] 2Cr 28
[a] 2Rs 16.5,9
[b] Comp. Is 8.3
[c] Êx 14.13; Is 30.15; Lm 3.26
[d] 2Rs 16.5

[1] (6.2) Os serafins, que são mencionados apenas aqui, parecem seres angélicos.
[2] (7.2) Nos Livros Proféticos, Efraim e Israel são nomes coletivos das dez tribos que, no reinado de Jeroboão, estabeleceram o Reino do Norte – posteriormente chamado Samaria, nome de sua capital (1Rs 21.1) – e foram levados para o exílio (2Rs 17.1-6).
[3] (7.3) *Um remanescente voltará.*

8 pois a cabeça da Síria é Damasco,
e a cabeça de Damasco é Rezim.
Dentro de sessenta e cinco anos
Efraim será quebrantado,
e deixará de ser povo.
9 Entretanto, a cabeça de Efraim é Samaria,
e a cabeça de Samaria é o
filho de Remalias.
Se não o crerdes,
certamente não [e]ficareis firmes.

O grande sinal: Emanuel, o Filho da virgem

10 Continuou o Senhor a falar com Acaz, dizendo:
11 Pede para ti ao Senhor, o teu Deus, um sinal;
pede-o ou embaixo nas profundezas ou em cima
nas alturas.
12 Acaz, porém, disse: Não o pedirei nem [f]ten-
tarei ao Senhor.
13 Então Isaías disse: Ouvi agora, ó descen-
dentes de Davi: Pouco vos é afadigardes os
homens, senão que ainda afadigareis também ao
meu Deus?
14 Portanto, o mesmo Senhor vos dará um
[1]sinal: A virgem [g]engravidará, e dará à luz um [h]fi-
lho, e [i]será o seu nome [2]Emanuel.
15 Manteiga e [j]mel comerá, até que saiba rejei-
tar o mal e escolher o bem.
16 Na verdade, antes que este menino saiba
rejeitar o mal e escolher o bem, a terra ante cujos
reis tremes de medo será desamparada.

Predição da iminente invasão de Judá (comp. 2Cr 28.1-20)

17 O [k]Senhor, porém, fará vir sobre ti, sobre
o teu povo e sobre a descendência de teu pai,
pelo rei da Assíria, dias tais, quais nunca vieram,
desde o dia em que [l]Efraim se separou de Judá.
18 Naquele dia, o Senhor assobiará às moscas
que há no extremo dos rios do Egito e às abelhas
que andam na terra da Assíria.
19 Elas virão e pousarão todas nos vales deser-
tos e nas [m]fendas das rochas, e em todos os
espinheiros e em todos os prados.
20 Naquele dia, rapará o Senhor com uma [n]na-
valha [3][o]alugada, que está além do [p]rio, isto é, com
o rei da Assíria, a cabeça e os cabelos das pernas,
e até a barba será totalmente tirada.

[e] Comp. 2Cr 20.20
[f] Provar-Tentar: v. 12; Jr 9.7 (Gn 3.1; Tg 1.14)
[g] Mt 1.23
[h] Cristo (primeira vinda): v. 14; Is 9.6 (Gn 3.15; At 1.11)
[i] Reino (AT): v. 14; Is 9.7 (Gn 1.26; Zc 12.8)
[j] Comp. v. 22
[k] 2Cr 28.19
[l] 1Rs 12.16
[m] Is 2.19
[n] 2Cr 28.20,21
[o] Is 10.5,15
[p] Rio Eufrates
[q] Inspiração: v. 1; Is 30.8 (Êx 4.15; 2Tm 3.16)
[r] Comp. Is 7.3
[s] Ne 3.15; Jo 9.7
[t] Comp. Is 7.1-9
[u] Is 30.28
[v] Is 7.14; Mt 1.23

21 Naquele dia, alguém criará uma vaca e
duas ovelhas
22 e, por causa da abundância do leite que elas
hão de dar, comerá manteiga. Manteiga e mel
comerá todo aquele que ficar de resto no meio
da [4]terra.
23 Naquele dia, todo lugar em que antes havia
mil vides no valor de mil siclos de prata será dei-
xado para sarças e para espinheiros.
24 Com arco e flechas se entrará nele, porque
as sarças e os espinheiros cobrirão toda a terra.
25 Quanto a todos os montes que costumavam
cavar com enxadas, para ali não irás, por causa do
temor das sarças e dos espinheiros, mas servirão
de pasto para os bois e serão pisados pelas ovelhas.

A derrota de Damasco e Samaria

8 Disse-me o Senhor: Toma um grande rolo
e [q]escreve nele com uma caneta comum:
[r]Maer-Salal-Has-Baz.
2 Tomei comigo fiéis testemunhas: Urias,
sacerdote, e Zacarias, filho de Jeberequias.
3 Então deitei-me com a profetisa; e ela engra-
vidou, e deu à luz um filho. E me disse o Senhor:
Põe-lhe o nome de [5]Maer-Salal-Has-Baz.
4 Antes que o menino saiba dizer meu pai ou
minha mãe, as riquezas de Damasco e os despo-
jos de Samaria serão levados pelo rei da Assíria.
5 Continuou o Senhor a falar comigo, dizendo:
6 Porque este povo desprezou
as águas de [s]Siloé que correm brandamente,
e com [t]Rezim
e com o filho de Remalias se alegrou,
7 portanto o Senhor fará vir
sobre eles as águas do Rio,
fortes e impetuosas,
isto é, o rei da Assíria,
com toda a sua glória.
As águas encherão os leitos dos rios,
transbordarão por todas as
suas ribanceiras,
8 e penetrarão em Judá, inundando-o,
e irão passando por ele e
[u]chegarão até o pescoço.
A extensão de suas asas encherá
a largura da tua terra,
ó [v]Emanuel.

---

[1] (7.14) Esta predição do nascimento virginal do Senhor Jesus Cristo não foi dirigida unicamente ao incrédulo Acaz, mas a todos os "descendentes de Davi" (v. 13). Portanto, não é válida a objeção de que um acontecimento tão distante como o nascimento de Cristo não poderia ser um "sinal" para Acaz. Foi uma profecia contínua dirigida à família de Davi.

[2] (7.14) *Deus conosco.*

[3] (7.20) Esta é uma referência ao fato de Acaz enviar presentes a Tiglate-Pileser, rei da Assíria, para contratá-lo a fim de que se unisse a ele e o libertasse da Síria e de Israel (2Rs 16.5-9).

[4] (7.22) Os v. 20-25 descrevem a situação que resultaria da invasão, momento em que haveria grandes áreas para o pastoreio, mas homens insuficientes para cultivar os campos.

[5] (8.3) "Apressando-se ao despojo, apressurou-se à presa".

O remanescente fiel

9 [w]**A**lvoroçai-vos, ó povos,
e sereis quebrantados;
dai ouvidos, todos os que
sois de terras longínquas.
Cingi-vos e sereis feitos em pedaços.
Sim, cingi-vos e sereis
feitos em pedaços.
10 [x]Tomai juntamente conselho,
e ele será dissipado;
dizei a palavra, mas ela não subsistirá,
[y]pois Deus é [1]conosco.
11 Assim o Senhor me falou, com sua forte mão
sobre mim, advertindo-me de que não andasse
pelo caminho deste povo, dizendo:
12 Não chameis [2]conspiração
a tudo o que este povo chama conspiração;
não temais o seu temor,
e não vos assombreis.
13 Ao Senhor dos Exércitos,
a ele santificai;
seja ele o vosso temor,
e seja ele o vosso assombro.
14 Então ele vos será santuário;
mas servirá de [z]pedra de tropeço,
e de rocha de escândalo
para os dois reinos de Israel,
de laço e rede
aos moradores de Jerusalém.
15 Muitos dentre eles tropeçarão, cairão,
e serão quebrantados;
serão enlaçados e presos.
16 Ata o testemunho,
e sela a lei entre os meus discípulos.
17 Esperarei no Senhor,
que esconde o seu rosto
da descendência de Jacó,
e a [a]ele aguardarei.
18 Aqui estou, com os filhos que me deu o
Senhor. Somos [3]sinais e maravilhas em Israel
da parte do Senhor dos Exércitos, que habita no
monte de Sião.
19 **Q**uando vos disserem: Consultai os médiuns
e os feiticeiros, que consultam os espíritos e
murmuram entre dentes, respondei: Acaso não
consultará um povo o seu Deus? Acaso a favor
dos vivos se consultarão os mortos?
20 À lei e ao Testemunho! Se eles não falarem
segundo esta palavra, nunca verão a alva.
21 Passarão pela terra duramente oprimidos e
famintos; e, quando tiverem fome, ficarão irados
e amaldiçoarão o seu rei e ao seu Deus, olhando
para cima.
22 Então olharão para a terra e verão somente
angústia e escuridão, e sombras de ansiedade, e
serão lançados em densas trevas.

O nascimento de Cristo e seu reinado glorioso

9 Aos que estavam aflitos, porém, não haverá
mais obscuridade. No passado ele humilhou
a terra de Zebulom e a terra de Naftali, mas, nos
últimos, a enobreceu junto ao caminho do mar,
além do Jordão, a Galileia das nações.
2 [4]O povo que andava em trevas
viu uma grande luz;
sobre os que habitavam na
região da sombra da morte
resplandeceu a luz.
3 Tu multiplicaste este povo,
e alegria lhe aumentaste;
todos se alegrarão perante ti,
como se alegram na colheita
e como exultam quando se
repartem os despojos.
4 Porque tu quebraste o jugo
que pesava sobre ele,
a vara que lhe feria os ombros,
e o cetro do seu opressor
como no dia da derrota dos midianitas.
5 Todo calçado daqueles
que pelejavam no tumulto
e toda veste revolvida em
sangue serão queimados,
servirão de pasto ao fogo.
6 Porque um [b]menino nos [c]nasceu,
um filho se nos deu;
o principado está sobre os seus ombros,
e o seu nome será:
Maravilhoso, Conselheiro, Deus Forte,
Pai da Eternidade, Príncipe da Paz.

[w] Gn 12.3; Is 7.1,2; 54.15
[x] Is 7.7; At 5.38
[y] Comp. Rm 8.31
[z] Cristo (Pedra): v. 14,15; Is 28.16 (Gn 49.24; 1Pe 2.8)
[a] Hb 2.13
[b] Lc 2.7; Jo 3.16; 1Jo 4.9
[c] Cristo (primeira vinda): v. 6; Is 28.16 (Gn 3.15; At 1.11)

[1] (8.10) "Emanuel". Judá é a terra de Emanuel e, portanto, não pode ser conquistada, exceto quando Emanuel o permite. Comp. o final do v. 8, onde foram usadas as mesmas palavras hebraicas traduzidas por "Emanuel". Este "filho" (7.14) é "pedra de tropeço" e "rocha de escândalo" (8.14).

[2] (8.12) Aqui, se faz referência à tentativa de atemorizar Judá com a conspiração entre Síria e Samaria (Is 7.1,2).

[3] (8.18) A aplicação primordial é em relação aos dois filhos de Isaías, Maer-Salal-Has-Baz (8.3) = "Apressando-se ao despojo, apressurou-se à presa", um sinal do juízo iminente do cativeiro de Judá; Sear-Jasube (7.3) = "Um remanescente voltará", um sinal do regresso de um remanescente de Judá ao final dos setenta anos de cativeiro (Jr 25.11,12; Dn 9.2). A referência mais ampla e essencial se aplica a nosso Senhor (Hb 2.13,14).

[4] (9.2) Isaías indica que a região onde o exército assírio produziu trevas e morte seria a primeira a regozijar-se com a luz produzida pela pregação de Cristo (Mt 4.15,16).

7 Do aumento do seu governo
e paz [d]não haverá fim.
Reinará sobre o [1e]trono de Davi
e sobre o seu [f]reino,
para o [g]estabelecer e o fortificar
em retidão e justiça,
desde agora e para sempre.
O zelo do Senhor dos Exércitos fará isso.

Continuação do juízo de Deus sobre o Reino do Norte, Israel (até 10.4)

8 **O** Senhor enviou uma palavra a [h]Jacó,
e ela caiu em Israel.
9 Todo o povo o saberá,
Efraim e os moradores de Samaria,
que em soberba
e altivez de coração dizem:
10 Os tijolos caíram,
mas com pedras lavradas
tornaremos a edificar;
cortaram-se as figueiras bravas,
mas por cedros as substituiremos.
11 O Senhor, porém, levantará contra
ele os adversários de Rezim
e instigará os seus inimigos.
12 Do leste virão os sírios,
e do oeste, os filisteus,
e devorarão Israel com a boca escancarada.
Com tudo isto não se apartou a sua ira,
mas ainda está estendida a sua mão.
13 **T**odavia, este povo não
se voltou para quem o feria
[2]nem buscou o Senhor dos Exércitos.
14 Pelo que o Senhor cortará
de Israel a cabeça e a cauda,
o ramo e o junco,
[i]num mesmo dia;
15 o ancião e o homem de
respeito são a cabeça,
o profeta que ensina a falsidade é a cauda.
16 Os [j]guias deste povo são enganadores,
e os que por eles são
dirigidos [k]são devorados.
17 Pelo que o Senhor não se
regozijará com os seus jovens,
e não se compadecerá dos
seus órfãos e das suas viúvas,
pois todos eles são
ímpios e malfeitores,
e toda boca profere doidices.
Com tudo isso não se apartou a sua ira,
mas ainda está estendida a sua mão.

[d] Dn 2.44; Lc 1.32,33
[e] Israel (profecias): v. 6,7; Is 11.1 (Gn 12.2; Rm 11.26)
[f] Reino (AT): v. 6,7; Is 11.1 (Gn 1.26; Zc 12.8)
[g] Cristo (segunda vinda): v. 6,7; Is 11.11 (Dt 30.3; At 1.11, nota)
[h] Gn 32.28
[i] Comp. Ap 18.8
[j] Mq 3.1,5,9
[k] v. 14,15
[l] Is 10.17; Ml 4.1
[m] Mq 7.2,6
[n] 2Cr 28.6,8
[o] Os 9.7; comp. Lc 19.41-44
[p] Comp. Is 30.1-5; 31.3
[q] Is 5.26
[r] Is 24.22
[s] Is 5.25; 9.12,17,21
[t] Chamado Assur em Gn 10.22 e Nm 24.22
[u] Is 9.17
[v] Jr 34.22
[w] Comp. Gn 50.20; Mq 4.12; At 2.23,24; 1Co 2.8

18 **C**ertamente a impiedade
[l]queima como fogo;
devora as sarças e os espinheiros,
se ateia no emaranhado da floresta,
e sobe ao alto em espessas nuvens de fumaça.
19 Por causa da ira do Senhor dos Exércitos
a terra será abrasada, e o povo
será pasto do fogo;
[m]ninguém poupará o seu irmão.
20 Se cortar do lado direito,
ainda terá fome,
e se comer do lado esquerdo,
ainda não se fartará.
Cada um comerá a carne de seu braço:
21 Manassés a Efraim,
e Efraim a Manassés,
e ambos, juntos, serão [n]contra Judá.
Com tudo isso não se apartou a sua ira,
mas ainda está estendida a sua mão.

10 **A**i dos que decretam leis injustas,
e dos escrivães que escrevem
perversidades,
2 para privar da justiça os pobres,
e para arrebatar o direito
dos aflitos do meu povo,
despojando as viúvas,
e roubando os órfãos!
3 Que fareis, porém, no [o]dia da visitação,
e da assolação, que há de vir de [p]longe?
A quem recorrereis para [q]obter socorro?
Onde deixareis a vossa glória,
4 sem que cada um se abata
entre os [r]presos, e caia entre os mortos?
Com tudo isso a sua ira [s]não se apartou,
ainda está estendida a sua mão.

Predição do juízo sobre a Assíria

5 **Ai** da [t]Assíria, a vara da minha ira,
porque a minha indignação
é como bordão nas suas mãos.
6 Envio-a contra uma nação
[u]hipócrita e contra o povo do meu
furor lhe [v]dou ordem,
para que lhe roube a presa
e lhe tome o despojo,
e o ponha para ser pisado
como a lama das ruas.
7 Ela, [w]porém, não pensa assim,
nem o seu coração assim o imagina;
antes no seu coração intenta destruir
e desarraigar não poucas nações.

---

[1] (9.7) "O trono de Davi" é uma expressão tão definida historicamente quanto "o trono de César", e não deve ser espiritualizada (Lc 1.32,33). Veja Reino (AT), Zc 12.8, *nota*; Aliança Davídica, 2Sm 7.16, *nota*; At 15.14-16.

[2] (9.12) Comp. as palavras finais dos v. 17,21 com Is 5.25; 10.4. O contexto deixa claro que, como não havia arrependimento por parte do Reino do Norte, Israel, a mão de juízo do Senhor continuaria implacável e resultaria no cativeiro.

8 [x]Diz ela: Não são os meus
comandantes todos eles reis?
9 Não é [y]Calno como Carquemis?
Não é Hamate como Arpade?
e Samaria como Damasco?
10 A minha mão alcançou
os reinos dos ídolos,
ainda que as suas imagens de escultura
fossem melhores do que as de Jerusalém
e do que as de Samaria.
11 Não faria igualmente a
Jerusalém e aos seus ídolos
como fiz a Samaria e aos seus ídolos?
12 [1]**H**avendo o Senhor acabado toda
a sua obra [z]no monte de Sião e em
Jerusalém, então [a]visitará o fruto do
arrogante coração do rei da Assíria e a
pompa da altivez dos seus olhos.
13 [b]Porque diz ele:
Com a força da minha mão fiz isto,
e com a minha sabedoria,
porque sou entendido.
Eu removi os limites dos povos
e roubei os seus tesouros;
como valente, abati os
que se assentavam sobre tronos.
14 Achou a minha mão
as riquezas dos povos como a um ninho;
como se ajuntam os ovos abandonados,
assim ajuntei toda a terra;
não houve quem movesse a asa,
ou abrisse a boca, ou murmurasse.
15 **G**loria-se o machado
contra o que corta com ele,
ou se gaba a serra
contra o que a usa?
Como se o bordão movesse
os que o levantam,
ou a vara levantasse a quem não é pau!
16 Pelo que o Senhor,
o Senhor dos Exércitos,
fará definhar os que entre
eles são gordos,
e debaixo da sua glória ateará um incêndio,
como incêndio de fogo.
17 A Luz de Israel virá a ser como fogo;
o seu Santo, como labareda,
que abrase e consuma os
seus espinheiros
e as suas sarças num só dia.

[x] v. 9-11; comp. 2Rs 18.19-25; 19.10-13
[y] Chamado Calné em Am 6.2
[z] 2Rs 19.31
[a] Jr 50.18; comp. 2Rs 19.35-37; Is 14.25
[b] Comp. Is 37.24; Ez 28.4; Dn 4.30
[c] Dia (do Senhor): v. 20-23; Is 13.6 (Sl 2.9; Ap 19.19)
[d] Remanescente: v. 20-22; Is 11.11 (Is 1.9; Rm 11.5, nota)
[e] 2Rs 16.7
[f] Is 9.6
[g] v. 22,23; Rm 9.27,28
[h] Is 7.4; 8.12; 12.2
[i] Êx 14.27
[j] Armagedom (batalha de): v. 24-34; Is 24.21 (Is 10.27; Ap 19.17)
[k] Sl 45.7; 89.20-22

18 Também consumirá a glória da sua floresta
e do seu campo fértil desde
a alma até o corpo;
será como quando desmaia o doente.
19 O resto das árvores da sua
floresta será tão pouco
que um menino as poderá contar.

Um remanescente retornará

20 [2]Naquele [c]dia, [d]os restantes de Israel
e os que tiverem escapado
da descendência de Jacó
nunca mais confiarão
[e]naquele que os feriu,
mas confiarão fielmente
no Senhor, o Santo de Israel.
21 Os restantes se converterão,
os restantes de Jacó,
ao [f]Deus forte.
22 [g]Ainda que o teu povo, ó Israel,
seja como a areia do mar,
só um resto dele se converterá.
Uma destruição está determinada,
transbordando de justiça.
23 Determinada já está a destruição,
e o Senhor Deus dos Exércitos
a executará no meio de toda
esta terra.
24 **P**elo que assim diz o Senhor
Deus dos Exércitos:
Não [h]temas a Assíria, povo meu,
que habitas em Sião,
quando ela te ferir com a vara
e contra ti levantar o seu bordão
à maneira dos egípcios.
25 Daqui a bem pouco
se cumprirá a minha indignação
e a minha ira, para os consumir.
26 O Senhor dos Exércitos os
flagelará com chicote,
como fez na matança de Midiã
junto à rocha de Orebe;
a sua vara se estenderá sobre o [i]mar,
e ele a levantará como no Egito.
27 Naquele [j]dia, a sua carga
será tirada do teu ombro,
e o seu jugo do teu pescoço;
o jugo será despedaçado por
causa da [k]gordura.

[1] (10.12) Aqui se ilustra um método constante do governo divino da terra. Israel é sempre o centro dos conselhos divinos em relação a este mundo (Dt 32.8). As nações têm permissão de afligir Israel como castigo pelos pecados nacionais desse povo, mas, invariável e inevitavelmente, recebem a retribuição. Comp. Gn 15.13,14; Dt 30.5-7; Is 14.1,2; Jl 3.1-8; Mq 5.7-9; Mt 25.31-40.

[2] (10.20) "Aquele dia" geralmente equivale ao "dia do Senhor" (Is 2.10-22; Ap 19.11-21). A profecia aqui passa do geral para o particular, indo dos juízos históricos cumpridos sobre a Assíria para a destruição final de todo o poder mundial gentio quando do regresso do Senhor em glória. Veja Armagedom, Ap 16.13-16; 19.17-21; Tempos dos gentios, Lc 21.24 e Ap 16.19, *notas*; Tribulação, Sl 2.5, Ap 7.14, *notas*.

Avanço e derrota da Assíria (37.7,35,36)

28 Já [l]vêm chegando a Aiate,
já vão passando por Migrom,
e em Micmás lançam a sua bagagem.
29 Já vão passando,
já se alojam em Geba,
já Ramá treme,
e Gibeá de Saul vai fugindo.
30 Clama alto com a tua voz,
ó filha de Galim! Ouve, ó Laís!
Ó tu, pobre Anatote!
31 Já Madmena se foi;
os moradores de Gebim
vão fugindo em bandos.
32 Nesse mesmo dia,
pararão em Nobe;
agitarão o punho contra o monte
da filha de Sião,
o outeiro de Jerusalém.
33 **O** Senhor Deus dos Exércitos,
porém, cortará os ramos
com grande poder.
As árvores de alto porte serão cortadas,
e as altivas serão abatidas.
34 Cortará com o ferro
a espessura da floresta;
o Líbano cairá na presença do Poderoso.

Cristo restaurará o reino davídico: caráter e extensão do reino

11 Do tronco de [m]Jessé [1][n]brotará um rebento,
e das suas raízes um renovo frutificará.
2 Repousará sobre ele o [o]Espírito do Senhor,
o [p]Espírito de sabedoria e de inteligência,
o Espírito de conselho e de fortaleza,
o Espírito de conhecimento e
de [q]temor do Senhor.
3 Ele se deleitará no temor do Senhor,
não julgará segundo a vista dos seus olhos
nem repreenderá segundo
o ouvir dos seus ouvidos,
4 mas julgará com justiça os pobres
e repreenderá com equidade
os mansos da terra.
Ferirá a terra com a vara da sua boca
e com o sopro dos seus lábios
matará o ímpio.
5 A justiça será o [r]cinto dos seus lombos,
e a verdade o cinto dos seus rins.
6 **M**orará o lobo com o cordeiro,
e o leopardo com o cabrito se deitará;
o bezerro, o filho de leão e o
animal cevado viverão juntos,
e um menino pequeno os guiará.
7 A vaca e a ursa pastarão juntas,
seus filhos juntos se deitarão,
e o leão comerá palha como o boi.
8 Brincará a criança de peito
sobre a toca da cobra,
e o já desmamado meterá a
mão na cova da víbora.
9 Não se fará mal nem dano
algum em todo o monte da minha santidade,
[s]pois a terra se encherá do
conhecimento do Senhor
como as águas cobrem o mar.

10 **N**aquele dia, as nações perguntarão pela
[t]raiz de Jessé, [u]posta por estandarte dos [v]povos,
e o lugar do seu repouso será glorioso.

Como Cristo estabelecerá seu reino

11 **N**aquele dia, o Senhor tornará a estender a
sua mão para [w]adquirir outra vez os [x]restantes
do seu povo, que restarem da Assíria, do Egito, de
Patros, da Etiópia, de Elão, de Sinear, de Hamate
e das ilhas do mar.

12 Levantará uma bandeira entre as nações,
e ajuntará os desterrados de Israel;
e os dispersos de Judá congregará
desde os quatro cantos da terra.
13 Ele desfará a inveja de Efraim,
e os adversários de Judá serão desarraigados;
Efraim não invejará Judá,
e Judá não oprimirá Efraim.
14 Antes voarão sobre os
ombros dos filisteus ao Ocidente;
juntos despojarão os filhos do Oriente.
Em Edom e Moabe porão as mãos,
e os filhos de Amom lhes obedecerão.
15 O Senhor [y]destruirá totalmente
o braço de mar do Egito
e moverá a sua mão contra
o [z]Rio com a força do seu vento.
Ele o ferirá e o dividirá em sete correntes,
e qualquer pessoa o
atravessará de sandálias.
16 Haverá [a]caminho plano
para o restante do seu povo
que for deixado da Assíria,
como sucedeu a Israel
no dia em que subiu da terra do Egito.

Ação de graças no reino

12 Naquele dia dirás:
Graças te dou, ó Senhor.
Ainda que te iraste contra mim,
a tua ira se retirou,
e tu me consolaste.

[l] v. 28-32; comp. Mq 1.10-16
[m] Israel (profecias): v. 1-13; Is 60.1 (Gn 12.2; Rm 11.26)
[n] Reino (AT): v. 1-12; 12.1-6; Is 14.1 (Gn 1.26; Zc 12.8)
[o] Espírito Santo (AT): v. 2; Is 30.1 (Gn 1.2; Zc 12.10)
[p] Ap 1.4; 4.5; 5.6; comp. 1Co 12.4-11
[q] Veja Sl 19.9, nota
[r] Justiça (vestes de): v. 5; Is 59.17 (Gn 3.21; Ap 19.8)
[s] Veja Hc 2.14, nota
[t] Rm 15.12
[u] Is 27.12,13
[v] Is 2.2
[w] Cristo (segunda vinda): v. 10-12; Jr 23.6 (Dt 30.3; At 1.11, nota)
[x] Remanescente: v. 11-13,16; Is 24.13 (Is 1.9; Rm 11.5, nota)
[y] Is 50.2; 51.10,11; Zc 10.10,11
[z] Rio Eufrates
[a] Is 19.23

[1] (11.1) Esse capítulo é uma descrição profética da glória do reino futuro, que será estabelecido quando o Filho de Davi voltar em glória (Lc 1.31,32; At 15.15,16).

2 Certamente Deus é a minha salvação;
confiarei e não temerei.
O Senhor Deus é a minha força
e o meu cântico;
ele se tornou a minha salvação.
3 Com alegria vós tirareis
[b]águas das fontes da salvação.
4 Direis naquele dia:
Dai graças ao Senhor,
invocai o seu nome;
tornai manifestos os seus
feitos entre os povos
e contai quão excelso é o seu nome.
5 Cantai ao Senhor, pois fez coisas grandiosas;
saiba-se isso em toda a terra.
6 Exulta e canta de alegria,
ó habitante de Sião,
pois grande é o Santo de
Israel no [c]meio de ti.

II. Profecias referentes às nações, 13–27

O Senhor convoca um exército ofensivo

13 **O**ráculo [1d]acerca de [2]Babilônia, o qual viu Isaías, filho de Amoz:
2 **A**lçai uma bandeira sobre
o monte escalvado,
levantai a voz para eles;
acenai-lhes com a mão
para que entrem pelas portas dos nobres.
3 Eu dei ordens aos meus consagrados;
chamei os meus valentes
para a minha ira,
os que exultam com a minha majestade.
4 Já se ouve a [e]gritaria da
multidão sobre os montes,
semelhante à de um grande povo;
a voz do rebuliço de reinos
e de nações já congregados.
O Senhor dos Exércitos passa em revista
o exército para a guerra.
5 **J**á vem de uma terra distante,
desde a extremidade do céu,
o [f]Senhor e os instrumentos
da sua indignação,
para destruir toda aquela [g]terra.

O dia do juízo do Senhor sobre a Babilônia, figura do juízo futuro de Deus às nações gentias

6 Chorai, pois o [h]Dia do Senhor está perto;
virá do Todo-poderoso como assolação.
7 Pelo que todas as mãos se debilitarão,
e o coração de todos os homens
se [i]desanimará.
8 Ficarão assombrados
e serão dominados por dores e ais;
se angustiarão,
como a parturiente.
Cada um se espantará com
o seu próximo,
os seus rostos serão rostos flamejantes.
9 Vede, o [j]dia do Senhor vem,
horrendo, com furor e ira ardente,
para pôr a terra em assolação e
destruir do meio dela os pecadores.
10 As estrelas dos céus e os astros
não darão a sua luz.
O [k]sol se escurecerá ao nascer,
e a lua não fará resplandecer a sua luz.
11 [l]Castigarei o mundo por sua maldade,
e sobre os ímpios a sua iniquidade.
Farei cessar a arrogância dos atrevidos
e abaterei a soberba dos cruéis.
12 Farei que um homem seja
mais raro do que o ouro puro,
mais escasso do que o ouro
fino de Ofir.
13 [m]Por isso, farei estremecer os céus;
a terra se moverá do seu
lugar por causa do furor
do Senhor dos Exércitos,
e do dia da sua ardente ira.
14 Cada um será como a corça que foge,
como a ovelha que
ninguém recolhe;
[n]cada um voltará para o seu povo,
e cada um fugirá para a sua terra.
15 Todo o que for achado será trespassado;
todo o que for apanhado, cairá à espada.
16 As suas [o]crianças serão
despedaçadas perante os seus olhos;
as suas casas serão saqueadas
e as suas mulheres [p]violentadas.

Os medos irão derrotar a Babilônia

17 **V**ede, eu despertarei contra eles os [q]medos,
que não farão caso da prata,
tampouco desejarão ouro.
18 Os seus arcos despedaçarão os jovens,
e eles não terão misericórdia
do fruto do ventre;
o seu olho não poupará as crianças.

[b] Jo 4.10,14; 7.37,38
[c] Sf 3.14,15
[d] v. 1-22; 14.18-23; 47.1-15; Jr 25.12; 50.1–51.64
[e] Is 17.12
[f] Is 42.13
[g] Is 24.1; 34.2
[h] Dia (do Senhor): v. 6-16; 14.1-8; Is 24.1 (Sl 2.9; Ap 19.19)
[i] Comp. Is 19.1
[j] Ml 4.1
[k] Is 24.21-23; Ez 32.7; Jl 2.31; 3.15; Mt 24.29; Mc 13.24; Lc 21.25
[l] Is 26.21
[m] Is 34.4; 51.6; Ag 2.6
[n] Jr 50.16; 51.9
[o] Sl 137.9; Na 3.10
[p] Zc 14.2
[q] Is 21.2; Jr 51.11,28; Dn 5.28,31

[1] (13.1) Termo usado com frequência nos escritos proféticos para indicar uma mensagem divina de juízo. Em algumas versões (ACF e ARC), peso.
[2] (13.1) Essa profecia referente à Babilônia (cap. 13–14) anuncia o castigo da nação e da cidade de mesmo nome nas mãos dos medos (13.17-22). A Escritura aplica aqui o nome "Babilônia" à totalidade do poder mundial gentio que começou com Nabucodonosor (Dn 2.31,32,37,38) e culminará no quarto império mundial (Dn 2.34,35,40-45). Esse quarto império estará no governo quando da volta do Senhor Jesus Cristo à terra como a Pedra Destruidora. Veja Tempos dos gentios, Lc 21.24 e Ap 16.19, *notas*.

19 [1][r]Babilônia, o [s]enfeite dos reinos,
a glória e a soberba dos caldeus,
será como Sodoma e Gomorra,
quando Deus as transtornou.
20 [t]Nunca mais será habitada
nem reedificada de
geração em geração;
o árabe não armará ali a sua tenda
nem os pastores ali farão
deitar os seus rebanhos.
21 As feras do deserto, porém,
repousarão ali,
e as suas casas se encherão de chacais;
ali habitarão as corujas,
e os bodes selvagens pularão ali.
22 As hienas gritarão umas
às outras nos seus palácios vazios,
como também os chacais
nos seus palácios luxuosos.
Bem perto está o seu [u]tempo,
e os seus dias não se prolongarão.

A alegria de Israel pela derrota da Babilônia

14 O Senhor se [v]compadecerá de Jacó;
[w]uma vez mais elegerá Israel
e os porá na sua própria [x]terra.
[y]Estrangeiros se ajuntarão com eles,
e se achegarão à casa de Jacó.
2 Os povos os receberão,
e os levarão aos seus [z]lugares,
e a descendência de Israel
os possuirá por servos e por servas,
na terra do Senhor.
Aprisionarão aqueles que os prenderam,
e [a]dominarão aqueles que os oprimiram.
3 No dia em que Deus vier a dar-te descanso
do teu trabalho, do teu tremor e da dura servidão
com que te fizeram servir,
4 então [b]proferirás este dito contra o rei de
Babilônia:
Como cessou o opressor!
Como acabou a tirania!
5 Já quebrou o Senhor a vara dos ímpios
e o cetro dos dominadores,
6 que feria os povos com furor,
com praga incessante,
e que com ira dominava as nações,
com uma perseguição irresistível.

[r] Veja Is 13.1, nota
[s] Is 47.5; Dn 4.30; comp. Ap 18.11-16,19
[t] Jr 50.3,39; 51.29,62
[u] Jr 51.33
[v] Is 49.13,15; 54.7,8
[w] Zc 1.17; 2.12
[x] Reino (AT): v. 1,2; Is 24.23 (Gn 1.26; Zc 12.8). Veja 1Co 15.24, nota
[y] Is 45.14
[z] Is 49.22
[a] Is 49.23; 54.3; 60.10; 61.5
[b] Is 13.19; comp. Hc 2.6
[c] Is 55.12
[d] Ez 32.21
[e] Veja Hc 2.5, nota; comp. Lc 16.23, nota
[f] Lc 10.18; Ap 12.7-9
[g] Satanás: v. 12-14; Ez 28.12 (Gn 3.1; Ap 20.10)
[h] Ez 28.2
[i] Ez 28.14
[j] Sl 48.2
[k] Comp. Mt 11.23
[l] Ez 28.8

7 Já descansa, está sossegada toda a terra!
Exclamam todos com júbilo.
8 Até os ciprestes se [c]alegram sobre ti,
e os cedros do Líbano dizem:
Desde que caíste ninguém sobe
contra nós para nos cortar.

Israel zomba do rei da Babilônia derrotado

9 O além desde o profundo se agitou por ti,
para te sair ao encontro
na tua vinda;
despertou por ti os mortos,
e todos os governantes da terra;
fez levantar dos seus tronos
todos os reis das nações.
10 Todos estes responderão e te [d]dirão:
Tu também estás fraco como nós,
e te tornaste semelhante a nós.
11 Já foi derrubada na [e]cova a tua soberba,
com o som dos teus alaúdes;
as larvas te servem de cama,
e os vermes te cobrem.

A queda de Satanás por causa do seu orgulho e rebeldia

12 Como caíste do céu,
ó [2][f]estrela da manhã, [g]filho da alva!
Como foste lançado por terra,
tu que debilitavas as nações!
13 Tu dizias no teu coração:
Eu subirei ao [h]céu;
acima das estrelas de Deus
exaltarei o meu trono;
no [i]monte da congregação me assentarei,
nas [j]extremidades do norte.
14 Subirei acima das mais altas nuvens;
serei semelhante ao Altíssimo.
15 Contudo, serás [k]levado à cova,
ao mais profundo do [l]abismo.
16 Os que te virem te contemplarão,
e, ponderando, dirão:
É este o homem que fazia estremecer a terra
e tremer os reinos?
17 Que punha o mundo como
um deserto e assolava as suas cidades?
Que a seus cativos não
deixava voltar soltos
para suas casas?

---

[1] (13.19) Os v. 12-16 contemplam os futuros juízos apocalípticos (Ap 6.13). Os v. 17-22 têm uma perspectiva próxima e uma distante. Eles predizem a destruição da Babilônia literal então existente. Também preveem a destruição futura tanto da Babilônia política como da Babilônia no período da besta. Veja Ap 18.2, *nota*.

[2] (14.12) Os v. 12-14 evidentemente referem-se a Satanás, que, como príncipe deste sistema mundial (Jo 12.31; 14.30; 16.11; veja Ap 13.8, *nota*), é o governante real, ainda que invisível, das sucessivas potências mundiais, Tiro, Babilônia, Média e Pérsia, Grécia, Roma etc. (comp. Ez 28.12-14). "Estrela da manhã, filho da alva" não pode ser nenhum outro senão Satanás (de origem latina, o nome Lúcifer refere-se à luz, tal como a palavra básica no hebraico). Essa importante passagem se refere ao começo do pecado no universo. O pecado começou quando Satanás anunciou o que faria. Veja Ap 20.10, *nota*. Outros exemplos em que se fala a Satanás por meio de algo ou de alguém: Gn 3.15; Mt 16.22,23.

A destruição da Babilônia

18 Todos os reis das nações, todos eles,
jazem com honra,
cada um no seu túmulo.
19 Quanto, a ti, porém,
és lançado da tua sepultura,
como um renovo abominável,
coberto de mortos
atravessados à espada,
como os que descem às pedras da cova,
como o cadáver pisado.
20 Com eles não te reunirás na sepultura,
pois destruíste a tua terra e mataste o teu povo.
A descendência dos malignos
[m]não será nomeada para sempre.
21 Preparai a matança para os filhos
por causa da maldade de seus pais,
para que não se levantem e possuam a terra,
e encham o mundo de cidades.
22 Eu me levantarei contra eles,
diz o Senhor dos Exércitos,
e [n]exterminarei de
[o]Babilônia o nome,
o restante, o filho, e o neto,
diz o Senhor.
23 Eu a reduzirei a possessão de [p]corujas
e a lagoas de águas; eu a varrerei com a
vassoura de destruição,
diz o Senhor dos Exércitos.

Julgamento da Assíria

24 **O** Senhor dos Exércitos jurou, dizendo:
Como pensei,
assim sucederá,
e como [q]determinei,
assim se efetuará.
25 Quebrantarei a [r]Assíria na minha terra;
nas minhas montanhas a pisarei.
O jugo será retirado de Israel,
e a sua carga se desviará dos seus ombros.
26 Este é o [s]conselho que foi
determinado sobre toda a terra;
esta é a mão que está
estendida sobre todas as nações.
27 Pois o Senhor dos Exércitos o determinou;
quem o invalidará?
A sua mão está estendida;
quem a fará voltar atrás?

Julgamento da Filístia

28 No ano em que morreu o rei Acaz, veio esta
[t]advertência:
29 Não te alegres, tu, toda a [u]Filístia,
por estar quebrada a vara que te feria;
da raiz da cobra sairá uma víbora,
e o seu fruto será uma
serpente venenosa e voadora.

[m] Sl 109.13
[n] Pv 10.7; Is 26.14
[o] Veja Is 13.1, nota
[p] Is 34.11; Sf 2.14
[q] Is 43.13
[r] v. 24-27; Is 10.5-27; Mq 5.5,6; Sf 2.13
[s] Is 23.9
[t] Veja Is 13.1, nota
[u] v. 29-31; Jr 47.1-4; Ez 25.15-17; Sf 2.5; Zc 9.6
[v] Dt 2.9
[w] Is 15.1–16.14; 25.10; Jr 25.21; 48.1-47; Am 2.1-3; Sf 2.8-11
[x] Veja Jz 3.7 e 1Rs 3.2, notas
[y] Jr 48.38
[z] Jr 48.34
[a] Is 16.11; Jr 48.31
[b] Chamado Ninra em Nm 32.3

30 Os primogênitos dos pobres
serão apascentados,
e os necessitados se deitarão
seguros.
Mas farei morrer de fome a tua raiz,
e serão destruídos os teus restantes.
31 Lamentai, ó porta! Grita, ó cidade!
Tu, ó Filístia, estás toda derretida!
Do norte vem uma fumaça,
e não há vacilantes nas suas fileiras.
32 O que se responderá
aos mensageiros do povo?
Que o Senhor fundou Sião,
e que nela encontram
refúgio os aflitos do seu povo.

Julgamento de Moabe

15 **A**dvertência acerca de Moabe:
Certamente numa noite
foi destruída [v]Ar de [w]Moabe,
e foi desfeita.
Certamente numa noite foi
destruída Quir de Moabe,
e foi desfeita.
2 Vai subindo Dibom ao seu templo,
aos seus [x]lugares altos,
a fim de chorar;
por Nebo e por Medeba
Moabe uivará.
Todas as cabeças ficarão calvas,
e toda barba será rapada.
3 Vestiram-se de sacos nas suas ruas;
nos seus terraços e nas suas praças
andam todos pranteando,
e [y]choram abundantemente.
4 Tanto Hesbom como Eleale
andam gritando;
até [z]Jaaz se ouve a sua voz.
Portanto os armados de Moabe clamam,
e a sua alma treme dentro deles.
5 **O** [a]meu coração clama
por causa de Moabe;
fugiram os seus nobres para Zoar,
como uma novilha de três anos.
Vão chorando pela subida de Luíte;
no caminho de Horonaim
lamentam a sua destruição.
6 As águas de [b]Ninrim secaram,
e murchou o pasto;
definhou a erva,
e não há verdura alguma.
7 Por isso, a abundância
que ajuntaram e guardaram
levam para o riacho dos salgueiros.
8 O seu pranto rodeia os limites de Moabe;
até Eglaim chega o seu clamor,
e até Beer-Elim o seu lamento.

9 As águas de Dimom estão cheias de sangue,
mas ainda acrescentarei
a Dimom: leões contra aqueles
que escaparem de Moabe,
e contra os que restarem na terra.

Moabe nega asilo aos fugitivos de Israel; seu julgamento é iminente

16 Enviai cordeiros ao governante da terra,
desde [c]Sela, no deserto,
até o monte da filha de Sião.
2 Como [d]pássaros que vagueiam,
como ninhada dispersa,
assim são as filhas de Moabe
junto aos vaus do [e]Arnom.
3 Dá conselhos e executa o juízo.
Põe a tua sombra como a noite,
em pleno meio-dia.
Esconde os desterrados
e não descubras os fugitivos.
4 Habitem entre ti os meus
desterrados, ó Moabe;
serve-lhes de refúgio
perante a face do destruidor.
O opressor terá fim,
e cessará a destruição;
o agressor desaparecerá da terra.
5 Um [f]trono se firmará em amor;
sobre ele no [g]tabernáculo de
Davi se assentará
com fidelidade um que julgue,
busque o juízo e se apresse a fazer [h]justiça.
6 **O**uvimos da soberba de Moabe,
soberbo em extremo;
da sua arrogância,
da sua soberba e do seu furor,
mas tudo isso é sem valor.
7 **P**ortanto, os moabitas chorarão por Moabe.
Lamentarão e prantearão
pelos homens de Quir-Haresete.
8 Os campos de Hesbom murcharam,
e também a vinha de Sibma.
Os senhores das nações derrubaram
os seus melhores ramos;
vão chegando a Jazer,
andam vagueando pelo deserto.
Os seus rebentos se estenderam
e passaram além do [i]mar.
9 Pelo que prantearei,
com o pranto de Jazer,
a vinha de Sibma.
Regarei a vós com as minhas lágrimas,
ó Hesbom e Eleale!

[c] 2Rs 14.7; Is 42.11
[d] Pv 27.8
[e] Nm 21.13
[f] Dn 7.14; Lc 1.33; Ap 11.15
[g] Veja At 15.13-17, notas
[h] Is 9.7; 11.4; 32.1
[i] Jr 48.32
[j] Is 24.8; Jr 48.33
[k] Is 15.5; 63.15; Jr 48.36
[l] Is 15.2. Veja Jz 3.7 e 1Rs 3.2, notas
[m] Comp. 1Rs 18.29
[n] v. 1-3; Jr 49.23-27; Am 1.3-5; Zc 9.1
[o] Nm 32.34
[p] Jr 7.33
[q] Comp. 1Sm 4.21; Os 9.11
[r] Is 10.16
[s] Jr 51.33
[t] Is 24.13
[u] Is 10.20; Os 3.5; Mq 7.7

O júbilo dos teus frutos de verão
e da tua colheita desapareceu.
10 [j]Fugiram a exultação e a
alegria do campo fértil,
e já nas vinhas não se canta
nem há júbilo algum;
já não pisam as uvas nos lagares,
pois eu fiz cessar o grito da vindima.
11 Pelo que o meu [k]íntimo vibra
como harpa por Moabe,
e o meu coração por Quir-Heres.
12 Quando Moabe se apresentar nos seus [l]altos,
apenas se [m]cansará;
quando entrar no seu
santuário para orar, nada alcançará.
13 **E**ssa é a palavra que o Senhor falou no pas-
sado acerca de Moabe.
14 Agora, porém, diz o Senhor: Dentro de três
anos, tais como os anos dos assalariados, será sem
valor a glória de Moabe, com toda a sua grande
multidão, e o seu restante será pouco e fraco.

Damasco (Síria) e seu aliado (as dez tribos) irão cair

17 Advertência [1]acerca de [n]Damasco:
Damasco será tirada,
e já não será cidade,
mas um montão de ruínas.
2 As cidades de [o]Aroer serão abandonadas,
e hão de ser para os rebanhos,
que se deitarão [p]sem haver quem os espante.
3 A fortaleza de Efraim cessará,
como também o reino de Damasco;
o restante da Síria será como
a [q]glória dos filhos de Israel,
diz o Senhor dos Exércitos.
4 **S**erá diminuída naquele
dia a glória de Jacó;
a gordura da sua carne [r]desaparecerá.
5 Será [s]como o ceifeiro que colhe o trigo,
e com o seu braço colhe as espigas;
será também como o que colhe espigas
no vale de Refaim.
6 Contudo, ainda ficarão nele algumas [t]espigas,
como no sacudir da oliveira,
duas ou três azeitonas na mais
alta ponta dos ramos,
e quatro ou cinco nos
ramos mais exteriores
de uma árvore frutífera,
diz o Senhor, o Deus de Israel.
7 **N**aquele dia, atentará o homem
para o seu Criador,
e os seus olhos [u]olharão para o Santo de Israel.

[1] (17.1) Na invasão de Senaqueribe, que se aproximava, houve um cumprimento imediato, mas os v. 12-14 apontam também para a invasão e batalha finais. Veja Armagedom, Ap 16.16 e 19.17, *notas*.

8 Não dará atenção aos altares,
obra das suas mãos,
nem olhará para o que fizeram
os seus [v]dedos, nem para os [w]bosques,
nem para os altares de incenso.
9 Naquele dia, as suas cidades fortes, as quais
abandonaram por causa dos filhos de Israel, serão
como os lugares abandonados no bosque ou no
cume das montanhas. E tudo será assolação.
10 Tu te [x]esqueceste do Deus da tua salvação,
e não te lembraste da rocha da tua fortaleza.
Portanto, ainda que faças
plantações formosas
e ponhas nelas mudas de fora,
11 e as faças crescer no dia
em que as plantares
e florescer na manhã desse dia,
contudo a colheita voará no dia da tribulação
e das dores incuráveis.
12 Ai do bramido de muitos povos
que bramam como o
bramido dos mares.
Ai do [y]rugido das nações
que rugem como o rugido
de impetuosas águas!
13 Embora [z]rujam as nações
como o rugido das muitas águas,
quando [a]ele as repreender
fugirão para longe,
serão [b]levadas como a palha
dos montes diante do vento
e como a poeira diante do tufão.
14 Ao anoitecer há pavor,
e antes que amanheça,
eles já [c]não existem.
Este é o quinhão daqueles que nos despojam,
e a sorte daqueles que nos saqueiam.

Ai da Etiópia!

18 Ai da [d]terra do roçar das asas,
que está além dos rios da [e]Etiópia,
2 [1]que envia embaixadores por mar
em navios de papiro sobre as águas,
dizendo: Ide, mensageiros velozes,
a um povo de estatura alta e pele macia,
a um povo terrível desde o seu princípio,
a uma nação forte e vitoriosa,
cuja terra os rios dividem!
3 Vós, todos os habitantes do mundo,
e vós, os moradores da terra,
quando se arvorar a
[f]bandeira nos montes,
o vereis e,
quando se tocar a trombeta,
o ouvireis.

[v] Is 2.8; 31.7
[w] Veja Dt 16.21, nota
[x] Is 51.13
[y] Is 13.4
[z] Comp. Is 33.3
[a] Is 37.29-38
[b] Sl 83.13; Os 13.3
[c] Comp. 2Rs 19.35
[d] Is 20.4,5; Ez 30.4,5,9; Sf 2.12; 3.10
[e] Heb. Cush, v. 1-7; Ez 30.4,5; Sf 2.12; terra de Cuxe, Gn 10.6, nota 14
[f] Comp. Is 5.26; 11.10-12
[g] Is 14.1-3; 66.20; Mq 4.1-8; comp. Sl 68.31
[h] Veja Is 13.1, nota
[i] v. 1-22; Jr 9.25,26; Ez 29.1–30.19; Jl 3.19
[j] Êx 12.12; Jr 43.12
[k] Comp. Js 2.11; Is 13.7
[l] Comp. Jz 7.22; 1Sm 14.16,20; 2Cr 20.23
[m] Is 8.19
[n] Is 20.4; Jr 46.26; Ez 29.19
[o] Jr 51.36; Ez 30.12

4 Assim me diz o Senhor:
Estarei quieto,
olhando desde a minha morada,
como o ardor do sol
resplandecente,
como a nuvem do orvalho
no calor da colheita.
5 Porque antes da colheita,
quando já caiu a flor
e quando as uvas amadurecem,
cortará com a foice os rebentos,
e tirará os ramos,
e os lançará fora.
6 Serão deixados juntos às
aves dos montes
e aos animais da terra;
sobre eles veranearão as aves de rapina,
e todos os animais da terra
invernarão sobre eles.
7 **N**aquele [g]tempo, será levado
um presente ao Senhor dos Exércitos
da parte de um povo alto e de pele macia,
povo terrível desde o seu princípio,
uma nação forte e vitoriosa,
cuja terra os rios dividem;
um presente será levado ao lugar do nome do
Senhor dos Exércitos, ao monte Sião.

Declínio e colapso do Egito

19 [h]Advertência acerca do Egito:
O Senhor vem cavalgando
numa nuvem ligeira e virá ao [i]Egito.
Os [j]ídolos do Egito [k]tremem
perante a sua face,
e o coração dos egípcios se
derrete dentro deles.
2 Farei que os egípcios se
[l]levantem contra os egípcios,
e cada um pelejará contra o seu irmão,
e cada um contra o seu próximo,
cidade contra cidade,
reino contra reino.
3 O espírito dos egípcios se
esvaecerá dentro deles,
e eu destruirei o seu
conselho;
consultarão os seus ídolos e os encantadores,
os médiuns e os [m]feiticeiros.
4 [n]Entregarei os egípcios
nas mãos de um senhor duro,
e um rei rigoroso os dominará,
diz o Senhor, o Senhor dos
Exércitos.
5 [o]Minguarão as águas do Nilo,
e o rio se esgotará e secará.

[1] (18.2) Há uma evidente referência a uma embaixada que chegou do Egito, resultante da aliança denunciada nos cap. 30–31 e Jr 37.7-11.

6 Os canais exalarão mau cheiro;
os rios do Egito se
esgotarão e secarão.
As canas e os juncos murcharão,
7 também a relva que está
junto ao [p]rio,
junto às suas ribanceiras,
e tudo o que foi semeado junto ao rio,
se secará, será arrancado
e deixará de existir.
8 Os pescadores gemerão,
e suspirarão;
os que estendem rede
sobre as águas desfalecerão.
9 Os que trabalham em
linho fino,
e os que tecem pano branco se
envergonharão.
10 Os seus tecelões serão
arrasados,
e todos os que trabalham
por salário ficarão com tristeza na alma.
11 **N**a verdade loucos são os
líderes de Zoã;
o conselho dos sábios
conselheiros de faraó se embruteceu.
[q]Como direis a faraó:
Sou filho de sábios,
filho de antigos reis?
12 Onde estão agora os teus
sábios?
Anunciem-te,
ou informem-te do que o
Senhor dos Exércitos
[r]determinou contra o Egito.
13 Loucos se tornaram os
líderes de Zoã,
enganados estão os
líderes de [s]Mênfis;
eles farão errar o Egito,
eles que são a pedra de
esquina das suas tribos.
14 O Senhor derramou no
meio deles um [t]espírito de tontura;
fazem errar o Egito com toda a sua obra,
como o bêbado quando se
revolve no seu vômito.
15 Não aproveita ao Egito
obra alguma
que possa fazer, nada que a cabeça
ou cauda, a palma ou o
junco possam fazer.

Futura restauração do Egito e da Assíria como súditos de Israel no reino de Cristo

16 **N**aquele tempo, os egípcios [u]serão como
mulheres; tremerão e temerão por causa da mão
erguida que o Senhor dos Exércitos levanta con-
tra eles.
17 E a terra de Judá será um terror para os
egípcios; todo aquele a quem isso se anunciar se
assombrará, por causa do propósito do Senhor
dos Exércitos, do que [v]determinou contra eles.
18 **N**aquele tempo, haverá cinco cidades na
terra do Egito que [w]falarão a língua de Canaã e
farão [x]juramento ao Senhor dos Exércitos. Uma
delas se chamará Cidade de Destruição.
19 **N**aquele tempo, o Senhor terá um [y]altar no
meio da terra do Egito, e um monumento ao
[z]Senhor na sua fronteira.
20 Servirá de sinal e de testemunho ao Senhor
dos Exércitos na terra do Egito. Quando clama-
rem ao Senhor, por causa dos opressores, ele lhes
enviará um [a]salvador e um defensor que os livrará.
21 O Senhor se dará a conhecer ao Egito, e os
egípcios [b]conhecerão o Senhor naquele dia. Eles
o adorarão com sacrifícios e [c]ofertas; farão votos
ao Senhor e os cumprirão.
22 Ferirá o Senhor os egípcios com uma praga;
ele os ferirá e os [d]curará. Eles se converterão ao
Senhor, e ele lhes ouvirá as orações, e os curará.
23 **N**aquele dia, haverá [e]estrada do Egito até a
Assíria. Os assírios virão ao Egito, e os egípcios
irão à Assíria. Os egípcios [f]adorarão com os assí-
rios ao Senhor.
24 Naquele dia, Israel será o terceiro com os
egípcios e os assírios, uma bênção no meio
da terra.
25 O Senhor dos Exércitos os abençoará,
dizendo: Bendito seja o Egito, meu povo, a Assíria,
obra de minhas mãos, e [g]Israel, a minha herança.

Iminente conquista do Egito e da Etiópia

20 **N**o ano em que [h]Tartã, enviado por
Sargom, rei da Assíria, veio a Asdode,
guerreou contra ela e a tomou,
2 falou o Senhor, nesse mesmo tempo, por
intermédio de Isaías, filho de Amoz. Disse-lhe:
Vai, tira o [i]pano de saco dos teus lombos e des-
calça as sandálias dos teus pés. E assim ele o fez,
[j]andando nu e descalço.
3 Então disse o Senhor: Assim como o meu
servo Isaías andou três anos nu e descalço, por
sinal e prodígio sobre o Egito e sobre a [k]Etiópia,
4 assim o [l]rei da Assíria levará em cativeiro os
presos do Egito, e os exilados da Etiópia, tanto
jovens como velhos, nus e descalços, e com as
nádegas [m]descobertas, para vergonha do Egito.
5 [n]Temerão e se envergonharão os que depo-
sitaram a confiança na Etiópia, e se gloriaram
no Egito.
6 Então dirão os moradores desta região
naquele dia: Vede o que aconteceu à nossa espe-
rança, aqueles a quem buscamos por [o]socorro e

- [p] Nilo
- [q] 1Rs 4.29-34; comp. At 7.22
- [r] Sl 33.11
- [s] Jr 2.16
- [t] Comp. 1Rs 22.22
- [u] Comp. Jr 51.30; Na 3.13
- [v] Is 14.24; Dn 4.35
- [w] Sf 3.9
- [x] Is 45.23
- [y] Is 56.7; 60.7
- [z] Sl 68.31
- [a] Is 43.11
- [b] Is 2.3,4; 11.9
- [c] Zc 14.16-18; comp. Ml 1.11
- [d] Dt 32.39
- [e] Is 11.16; 35.8; 40.3; 62.10
- [f] Is 27.13
- [g] Dt 14.2
- [h] Título do comandante em chefe do exército assírio. 2Rs 18.17
- [i] Comp. Zc 13.4
- [j] Comp. 1Sm 19.24; Mq 1.8,11
- [k] Heb. Cush. Gn 10.6, nota 14
- [l] Is 19.4
- [m] Comp. 2Sm 10.4; Is 3.17; Jr 13.22,26
- [n] 2Rs 18.21; Is 30.3-7; 36.6
- [o] Is 30.5,7; comp. 31.3

livramento da face do rei da Assíria! Como, pois, escaparemos nós?

Deus ordena que os medos tomem a Babilônia

21 [p]Advertência acerca do deserto do mar:
Como os tufões de vento do [q]sul,
que a tudo assolam,
ele virá do deserto,
de uma terra de terror.
2 Visão dura me foi manifesta:
O traidor trai,
e o destruidor anda destruindo.
[r]Sobe, ó Elão! Sitia, ó Média!
Já fiz cessar todo o seu gemido.
3 Pelo que os meus lombos
estão cheios de grande enfermidade,
angústias se apoderaram de
mim como as angústias da que dá à luz;
estou tão desfalecido que não posso ver.
4 O meu coração se estremece,
o horror me apavora;
o [s]crepúsculo, que desejava,
se me tornou em tremores.
5 **E**les põem a mesa,
estendem os tapetes,
comem, bebem!
Levantai-vos, líderes,
preparai o escudo!
6 Assim me diz o Senhor:
Vai, põe uma sentinela,
e ela que diga o que vir.
7 Quando vir um bando de
cavaleiros de dois a dois,
um bando de jumentos
e um bando de camelos,
ela que escute atentamente
com grande cuidado.
8 E clamou a sentinela:
Senhor, sobre a torre de vigia
estou em pé
continuamente de dia,
e de guarda me ponho noites inteiras.
9 Aí vem um bando de homens,
e cavaleiros de dois a dois.
Então ele respondeu:
Caiu, caiu [t]Babilônia!
Todas as imagens de escultura
dos seus deuses jazem [u]quebradas no chão!
10 Ah! malhada minha e trigo da minha eira!
O que ouvi do Senhor dos Exércitos,
Deus de Israel, isso vos anunciei.

Ai de Edom!

11 [v]**A**dvertência acerca de [w]Dumá:
Gritam-me de [x]Seir:
Guarda, o que resta da noite?
Guarda, o que resta da noite?

[p] Veja Is 13.1, nota
[q] Veja Gn 12.9, nota
[r] Is 13.17; 22.6
[s] Dt 28.67
[t] Jr 51.8; Ap 14.8; 18.2
[u] Comp. Jr 50.2; 51.44
[v] Veja Is 13.1, nota
[w] Gn 25.14; 1Cr 1.30; Js 15.52
[x] Gn 32.3; Jr 49.7; Ez 35.2; Ob 1
[y] Jr 25.24
[z] Aparentemente, caravanas de viajantes
[a] Gn 10.7; 1Cr 1.9,32; Jr 25.23; Ez 27.15
[b] v. 5; comp. Jr 7.32; 19.6
[c] Is 32.13
[d] Comp. Jr 14.18
[e] Comp. Jr 4.19; 9.1; Lc 19.41
[f] Lm 1.5; 2.2
[g] Is 21.2
[h] 2Rs 16.9; Is 15.1
[i] Comp. 2Cr 32.1

12 Disse o guarda:
Vem a manhã, mas também a noite.
Se quereis perguntar, perguntai;
voltai, vinde.

Ai da Arábia!

13 **A**dvertência acerca da [y]Arábia:
Ó [z]caravanas de [a]dedanitas,
que passais a noite nos bosques da Arábia,
14 saí com água ao encontro dos sedentos;
ó moradores da terra de Tema,
saí com pão ao encontro dos fugitivos.
15 Fogem diante das espadas,
diante da espada nua,
e diante do arco armado,
e diante da pressão da guerra.
16 Assim me disse o Senhor: Dentro de um ano,
tal como os anos dos assalariados, toda a glória
de Quedar desaparecerá.
17 O restante do número dos flecheiros, os
valentes dos filhos de Quedar, serão diminuídos.
Assim o disse o Senhor, Deus de Israel.

O vale da Visão: ai de Jerusalém!

22 **A**dvertência acerca do [b]vale da Visão:
Que tens agora,
para que com todos os teus
subisses aos telhados?
2 Cidade cheia de aclamações,
cidade turbulenta,
cidade que salta de [c]alegria,
os teus mortos [d]não são mortos à espada
nem morreram na guerra.
3 Todos os teus líderes juntamente fugiram;
foram capturados sem o uso do arco.
Todos os que em ti se acharam
foram presos juntamente,
enquanto fugiam do inimigo
que ainda estava longe.
4 Portanto digo: Desviai de mim a vista,
e [e]chorarei amargamente.
Não vos canseis mais em consolar-me
pela destruição da filha do meu povo.
5 Dia de alvoroço, de vexame e de confusão
é este [f]da parte do Senhor,
o Deus dos Exércitos,
no vale da Visão,
dia de derrubar muros e de
clamar às montanhas.
6 Elão [g]toma a aljava,
com carros de homens e cavaleiros,
e [h]Quir descobre os escudos.
7 Os teus mais formosos vales
se enchem de carros,
e os cavaleiros se põem em
ordem às [i]portas.

8 [j]Tiram-se[k] as defesas de Judá.
Naquele dia, olhaste para as
armas da [l]Casa do Bosque.
9 Então vistes as [m]brechas da Cidade de Davi,
porque são muitas,
e ajuntastes as [n]águas da piscina inferior.
10 Contastes os edifícios de Jerusalém,
e derrubastes casas para fortalecer os muros.
11 [o]Fizestes também um reservatório
entre os dois muros para
as águas da [p]piscina velha,
mas não olhastes para cima,
para o que o tinha feito
[q]nem considerastes o que
o formou desde a antiguidade.
12 O Senhor, o Senhor Deus dos Exércitos
vos [r]convidou naquele dia
para chorar e prantear,
para [s]rapar a cabeça e vestir pano de saco.
13 Contudo, há deleite e alegria,
matam-se vacas e degolam-se ovelhas,
come-se carne e [t]bebe-se vinho,
e diz-se: [u]Comamos e bebamos,
porque amanhã morreremos.
14 O Senhor dos Exércitos declarou isto aos
meus ouvidos: Certamente esta maldade [v]não
será expiada até que morrais, diz o Senhor Deus
dos Exércitos.

Sebna é substituído por Eliaquim

15 **A**ssim diz o Senhor Deus dos Exércitos:
Anda, vai ter com este administrador,
[1]Sebna, o mordomo, e dize-lhe:
16 O que é que fazes aqui,
e quem te deu permissão
para que cavasses aqui uma sepultura?
Cavando em lugar alto a tua sepultura,
talhando na rocha morada para ti mesmo!
17 Cuidado! O Senhor te lançará para longe,
ó homem forte,
e seguramente te [w]agarrará.
18 Ele te enrolará como uma bola
e te atirará em um país espaçoso.
Ali morrerás e ali
permanecerão os [x]carros da tua glória,
ó tu, vergonha da casa do teu senhor.
19 Eu te demitirei do teu posto
e te arrancarei da tua posição.
20 **N**aquele dia, chamarei o meu servo [y]Eliaquim,
filho de Hilquias,
21 e o revestirei da tua túnica, e o cingirei com
o teu cinto, e entregarei nas suas mãos o teu
domínio, e será como pai para os moradores de
Jerusalém e para os habitantes de Judá.
22 Porei a chave do reino de Davi sobre o
seu [z]ombro, e ele [a]abrirá, e ninguém fechará,
e fechará, e ninguém abrirá.
23 Eu o fincarei como um [b]prego num lugar
firme; como um trono de honra ele será para o
reino de seu pai.
24 Nele será pendurada toda a glória da família
de seu pai: os renovos e os descendentes,
todos os vasos menores, desde as taças até
os jarros.
25 Naquele dia, diz o Senhor dos Exércitos, o
prego fincado em lugar firme será tirado; será
arrancado, e cairá, e a carga que nele estava se
desprenderá, porque o Senhor o disse.

A queda de Tiro

23 [c]Advertência acerca de [d]Tiro:
Chorai, navios de Társis,
porque está assolada,
a ponto de não haver nela casa nenhuma,
e de ninguém mais entrar nela.
Desde a terra de Quitim
lhes foi isto revelado.
2 Calai-vos, moradores da ilha,
vós a quem enriqueceram
os mercadores de Sidom,
navegando pelo mar.
3 Por sobre grandes águas
veio a sua provisão,
o cereal de Sior, a ceifa do Nilo,
que era a renda de Tiro,
e ela se tornou a [e]feira das nações.
4 Envergonha-te, ó Sidom, e tu,
ó fortaleza do mar,
porque o mar disse:
Eu não tive dores de parto nem
dei à luz;
nem criei jovens,
nem eduquei donzelas.
5 Quando a notícia a respeito
de Tiro chegar ao Egito,
com ela se angustiarão os homens.
6 Passai a Társis;
chorai, moradores da ilha.
7 É esta a vossa cidade que
[f]andava pulando de alegria,
cuja origem é dos dias antigos,
cujos pés a levavam
para longe a peregrinar?
8 **Q**uem formou este desígnio contra Tiro,
a [g]cidade coroada,
cujos mercadores são príncipes,
e cujos negociantes são
os mais nobres da terra?

[j] 2Rs 18.15,16
[k] Comp. 2Rs 16.18
[l] 1Rs 7.2; 10.17
[m] Comp. 2Cr 32.5
[n] 2Rs 20.20; 2Cr 32.30
[o] Ne 3.16
[p] 2Cr 32.3,4
[q] Comp. Is 5.12
[r] Jl 1.13
[s] Comp. Ed 9.3
[t] Is 5.11,22; comp. Lc 17.26-29
[u] Is 56.12; 1Co 15.32
[v] Comp. 1Sm 3.14; Ez 24.13
[w] Comp. Et 7.8
[x] Is 2.7
[y] 2Rs 18.18
[z] Is 9.6
[a] Aqui a profecia se refere a Cristo. Ap 3.7
[b] v. 23-25; comp. Zc 10.4-6; Is 33.20-24; 54.1-8
[c] Veja Is 13.1, nota
[d] v. 1,18; Jr 25.22; 47.4; Ez 26.1-21; 28.20-24; Am 1.9,10; Zc 9.2-4
[e] Ez 27.3-23
[f] Is 22.2
[g] Comp. Ap 18.9-19

[1] (22.15) Sebna era um estrangeiro de considerável influência que foi substituído por Eliaquim (v. 20-25). Mais tarde, ele evidentemente tornou-se escrivão de Ezequias (36.3; 37.2).

9 O Senhor dos Exércitos
formou este [h]desígnio
para denegrir a [i]soberba de
toda glória
e tornar vil os mais
nobres da terra.
10 Passa como o Nilo pela tua terra,
ó filha de Társis,
pois o teu porto já não existe.
11 O Senhor estendeu a sua
mão sobre o mar
e fez tremer os seus reinos.
Deu uma [j]ordem acerca de Canaã,
para que se destruíssem as
suas fortalezas.
12 E disse: [k]Nunca mais
pularás de alegria,
ó oprimida donzela,
filha de Sidom;
levanta-te, passa a Quitim,
e mesmo ali não terás descanso.
13 Vede a terra dos [l]caldeus,
este povo que agora não
tem importância alguma.
Os assírios a destinaram
para as feras do deserto;
levantaram as suas torres de sítio,
derrubaram as suas fortalezas
e a transformaram em ruínas.
14 [m]Chorai, navios de Társis;
é destruída a vossa força.

15 Naquele dia, Tiro será esquecida por setenta
anos, a duração dos dias de um rei. Mas no fim
desses [n]setenta anos, acontecerá a Tiro como na
canção da prostituta:

16 Toma a harpa, rodeia a cidade,
ó prostituta entregue ao esquecimento;
toca bem, canta muitos cânticos,
para que haja memória de ti.

17 No fim de setenta anos, o Senhor visitará
Tiro, e ela tornará ao seu ganho de prostituta e
terá comércio com todos os reinos que há sobre
a face da terra.

18 Contudo, o seu comércio e o seu ganho de
prostituta será [o]consagrado ao Senhor; não se
entesourará nem se fechará. O seu comércio
será para os que habitam perante o Senhor,
para que tenham comida em abundância e
vestes finas.

O "pequeno apocalipse" de Isaías (24–27): a terra de Israel desolada depois da invasão da Babilônia ilustra a aflição na tribulação

24 Vede, o Senhor [p]esvazia a terra e a desola;
ele [q]transtorna a sua superfície
e dispersa os seus moradores.
2 O que suceder ao povo,
sucederá ao sacerdote;
ao servo, como ao seu senhor;
à serva, como à sua senhora;
ao comprador, como ao vendedor;
ao que empresta, como ao
que toma emprestado;
ao credor, como ao devedor.
3 Totalmente se esvaziará a terra,
e será completamente saqueada.
O Senhor pronunciou esta palavra.
4 A terra seca-se e se murcha,
o mundo enfraquece e se murcha,
enfraquecem os mais [r]altos do povo da terra.
5 A terra está [s]contaminada
por causa dos seus moradores;
eles [t]desobedeceram às leis,
mudaram os estatutos
e quebraram a [u]aliança eterna.
6 Por isso, a [v]maldição
consome a terra;
os que nela habitam se
tornam culpados.
Portanto, serão [w]queimados os
moradores da terra,
e poucos homens restarão.
7 [x]Seca-se o vinho, e enfraquece a vide;
suspiram todos os alegres de coração.
8 Cessou a exultação dos tamborins,
acabou o ruído dos que
pulam de satisfação,
e descansou a alegria da harpa.
9 Já não bebem vinho com canções;
a bebida forte é amarga para
os que a bebem.
10 Desolada está a cidade arruinada;
todas as casas estão fechadas.
11 Há lastimoso clamor nas
ruas por causa do vinho;
toda a alegria se escureceu,
foi-se a alegria da terra.
12 Na cidade, só resta a desolação,
e a porta está reduzida à ruína.
13 Assim será na terra, [y]entre as nações,
como quando a oliveira é sacudida,
ou como quando se deixam
os [z]restos das uvas, depois de
acabada a colheita.

Um remanescente perdoado se regozija

14 Estes levantam a voz e
cantam com alegria;
por causa da majestade do
Senhor clamam desde o mar.
15 Portanto [a]glorificai ao Senhor no Oriente;
nas [b]ilhas do mar
exaltai o [c]nome do Senhor Deus de Israel.

[h] Is 14.26
[i] Is 13.11; 24.4; Dn 4.37
[j] Zc 9.2-4
[k] Comp. Ap 18.22
[l] Is 47.1
[m] Ez 27.25-30
[n] Comp. Jr 25.11,12
[o] Comp. Zc 14.20,21
[p] Dia (do Senhor): v. 1-22; Is 26.20 (Sl 2.9; Ap 19.19)
[q] Comp. 2Rs 21.13
[r] Is 25.11
[s] Nm 35.33
[t] Is 59.12
[u] 1Cr 16.14-19; Sl 105.7-12; comp. Is 55.3
[v] Comp. Ml 4.6
[w] Is 9.19
[x] Jl 1.10-12
[y] Remanescente: v. 13; Is 37.32 (Is 1.9; Rm 11.5, nota)
[z] Is 17.6
[a] Is 25.3
[b] Is 42.4
[c] Ml 1.11

16 Dos confins da terra ouvimos cantar:
Glória ao Justo.
Mas eu disse: Definho, definho!
Ai de mim!
Os traidores tratam traiçoeiramente;
os traidores tratam traiçoeiramente.

O desespero das nações atinge o clímax nos juízos de Deus durante a tribulação

17 O [d]temor, a cova e o laço vêm sobre ti,
ó morador da terra.
18 Aquele que fugir da voz
do terror cairá na cova,
e o que subir da cova o laço o prenderá.
As janelas do alto se [e]abriram;
tremem os fundamentos da terra.
19 A terra é quebrantada,
a terra é fendida,
a terra é totalmente abalada.
20 A terra [f]vacila como um bêbado,
oscila como uma choça ao vento;
tão pesada é a culpa da sua
rebelião que ela cai,
e jamais se levantará.
21 [g]**N**aquele dia, o Senhor [h]castigará, no alto,
as potestades nos céus,
e embaixo, os [i]reis da terra.
22 Serão amontoados
como presos numa masmorra;
serão encerrados num cárcere
e castigados depois de muitos dias.
23 A [j]lua se envergonhará,
e o sol se confundirá;
pois o [k]Senhor dos Exércitos
[l]reinará no monte Sião e em Jerusalém,
e perante os seus líderes, gloriosamente.

Triunfos na Dispensação do Reino

25 **Ó** Senhor, tu és o meu Deus;
eu te exaltarei
e louvarei o teu nome,
pois em perfeita fidelidade fizeste maravilhas
e executaste os teus conselhos antigos.
2 Da cidade fizeste um montão de pedras,
e da cidade fortificada uma ruína,
e do paço dos estranhos fizeste
que não seja mais cidade;
jamais será reedificada.
3 Pelo que povos fortes te [m]glorificarão;
cidades de nações
implacáveis te temerão.
4 Foste a fortaleza do pobre
e a fortaleza do necessitado na sua angústia;
refúgio contra a tempestade
e sombra contra o calor.
Porque o sopro dos opressores
é como a tempestade contra o muro,
5 e como o calor em lugar seco.
Tu abates o bramido dos estranhos;
como se abranda o calor
pela sombra da espessa nuvem,
assim o cântico dos tiranos é humilhado.
6 **O** Senhor dos Exércitos
preparará neste monte,
para todos os povos, uma festa
com animais gordos,
uma festa com vinhos puros,
com coisas gordurosas e vinhos [n]velhos,
bem purificados.
7 Destruirá neste monte
a [o]máscara do rosto,
com que todos os povos
andam cobertos,
e o véu com que todas as
nações se escondem.
8 [p]Aniquilará a morte para sempre;
e assim [q]enxugará o Senhor Deus
as lágrimas de todos os rostos
e tirará a vergonha de todo o seu povo.
O Senhor o disse.
9 Naquele dia se dirá:
Certamente este é o nosso Deus;
nele confiamos, e ele nos salvou.
Este é o Senhor, nele [r]confiamos;
na sua salvação exultemos,
e nos alegremos.
10 A mão do Senhor descansará neste monte;
mas [s]Moabe será trilhado debaixo dele,
como se trilha a palha no monturo.
11 Estenderão as suas mãos no meio disso,
assim como as estende o
nadador para nadar.
Deus abaterá a sua [t]altivez,
apesar da perícia das mãos deles.
12 Abaterá as altas fortalezas
dos seus muros e os derrubará;
ele os fará cair por terra.

A adoração e o testemunho de Israel restaurado e convertido

26 [u]Naquele dia, se [v]entoará este cântico na
terra de Judá:
Uma forte cidade temos,
a que Deus pôs a salvação
por muros e antemuros.
2 Abri as portas, para que entre nela
a nação justa,
que observa a verdade.
3 Tu conservarás em [w]paz
aquele cuja mente está firme em ti,
porque ele [x]confia em ti.
4 [y]Confiai no Senhor perpetuamente,
pois o Senhor Deus é uma
[z]rocha eterna.

[d] Jr 48.43
[e] Comp. Gn 7.11
[f] Tribulação (a grande): v. 20; Jr 30.7 (Sl 2.5; Ap 7.14)
[g] Dia (do Senhor): v. 21-23; Is 26.20 (Sl 2.9; Ap 19.19)
[h] Armagedom (batalha de): v. 21; Is 26.21 (Is 10.27; Ap 19.17)
[i] Sl 76.12
[j] Is 13.10
[k] Is 60.19,20; Jl 3.16,17
[l] Reino (AT): v. 23; Is 32.1 (Gn 1.26; Zc 12.8)
[m] Is 24.15
[n] Veja Jr 48.11, nota
[o] Comp. 2Co 3.15,16
[p] Os 13.14; 1Co 15.54; Ap 20.14
[q] Ap 7.17; 21.4
[r] Gn 49.18; Is 8.17; 26.8; Tt 2.13
[s] Is 15.1–16.14; Jr 25.21; 48.1-47; Ez 25.8-11; Am 2.1-3; Sf 2.8-11
[t] Is 24.4; 26.5
[u] Is 12.1
[v] Comp. Ap 5.9; 14.3
[w] Is 57.19; Fp 4.6,7
[x] Veja Sl 2.12, nota
[y] Is 12.2; 50.10; 51.5
[z] Dt 32.4

5 Ele [a]abate os que habitam
em lugares sublimes,
a cidade exaltada humilha;
derruba-a até o chão,
e a faz cair por terra.
6 O pé a pisa;
os pés dos aflitos,
e os passos dos pobres.
7 O caminho do justo é todo [b]plano;
tu retamente pesas o andar do justo.
8 Até no caminho dos teus juízos,
Senhor, te [c]esperamos;
no teu nome e na tua memória
está o desejo da nossa alma.
9 Com a minha alma te desejo de noite;
com o meu espírito,
que está dentro em mim,
madrugo a buscar-te.
Quando os teus juízos
reinam na terra,
os moradores do mundo aprendem retidão.
10 Ainda que se mostre favor ao ímpio,
nem por isso aprende a justiça;
até na terra da retidão ele
pratica a iniquidade,
e não dá atenção para a
majestade do Senhor.
11 Senhor, a tua mão está exaltada,
mas nem por isso a veem.
Eles a verão, porém,
e se confundirão por causa
do zelo que tens do teu povo;
o fogo reservado para os
teus adversários os devorará.
12 Senhor, tu nos darás a paz;
tu fizeste para nós todas as nossas obras.
13 Ó Senhor nosso Deus,
outros senhores têm tido domínio
sobre nós,
mas, por ti só, nos lembramos do
teu nome.
14 Morrendo eles, não tornarão a viver;
falecendo, não ressuscitarão.
Tu os castigaste e destruíste,
e [d]apagaste toda a sua memória.
15 Ó Senhor, tu [e]aumentaste o povo;
aumentaste o povo e te fizeste glorioso.
Alargaste as fronteiras da nação.

No dia da ira de Deus alguns são escondidos e outros ressuscitados dos mortos

16 Senhor, [f]na angústia te buscaram;
vindo sobre eles a tua disciplina,
derramaram a sua oração secreta.
17 Como a mulher grávida,
quando está próxima a sua hora,
tem dores de parto e dá gritos
nas suas dores,
assim fomos nós por causa
da tua face, ó Senhor!
18 Engravidamos nós e tivemos
dores de parto,
mas isso nada foi senão vento.
Livramento não trouxemos à terra;
nem nasceram moradores do mundo.
19 Mas os [g]teus mortos [1]viverão;
os seus cadáveres ressuscitarão.
Despertai e exultai,
os que habitais no pó.
O teu orvalho, ó Deus,
é como o orvalho das ervas;
a terra lançará de si os mortos.
20 [h]Vai, povo meu, [i]entra
nos teus quartos,
e fecha as tuas portas sobre ti;
esconde-te só [j]por um momento,
até que passe a [k]ira.
21 Vede, o Senhor sairá da sua [l]habitação
para [m]castigar os moradores
da terra, por causa da sua iniquidade.
A terra descobrirá o seu sangue;
não encobrirá mais aqueles que
foram mortos.

Israel restaurado para brotar e florescer

27 **N**aquele dia, o Senhor
castigará com a sua espada,
a sua grande e forte espada,
o leviatã, a serpente veloz,
e o leviatã, a [n]serpente deslizante,
e matará o [o]dragão que
está no mar.
2 **N**aquele dia, haverá uma
[p]vinha de vinho tinto;
cantai a seu respeito.
3 Eu, o Senhor, a [q]guardo;
a cada momento a rego.
De noite e de dia eu a guardo
para que ninguém lhe faça dano.
4 Não há indignação em mim.
Quem me dera sarças e
espinheiros diante de mim na guerra!
Eu iria contra eles
e juntamente os queimaria.
5 Aquele que se coloca
sob a minha [r]proteção,
que faça paz comigo.

[a] Is 25.11
[b] Justiça (AT): v. 7; Ez 18.5 (Gn 6.9; Lc 2.25, nota)
[c] Is 25.9; 33.2
[d] Ec 9.5; Is 14.22
[e] Is 9.3
[f] Os 5.15
[g] Ressurreição: v. 19; Dn 12.2 (2Rs 4.35; 1Co 15.52, nota). Is 25.8; Os 13.14
[h] Comp. Mt 11.28-30
[i] Comp. Êx 12.22
[j] Sl 30.5; Is 54.7,8
[k] Dia (do Senhor): v. 20,21; Is 34.8 (Sl 2.9; Ap 19.19)
[l] Mq 1.3
[m] Armagedom (batalha de): v. 20,21; Is 34.2 (Is 10.27; Ap 19.17)
[n] Gn 3.1; Ap 12.9,15
[o] Comp. Is 51.9; Ez 29.3
[p] Is 5.7
[q] Is 31.5
[r] Is 12.2; 17.10; 25.4

[1] (26.19) Os v. 19-21, com o cap. 27, constituem a resposta do Senhor à queixa de Israel nos v. 11-18. "Os teus mortos [...] ressuscitarão", i.e., os corpos dos que são do Senhor haverão de ressuscitar.

6 **D**ias virão em que Jacó
lançará raízes,
e florescerá e brotará Israel,
e encherão de fruto a face do mundo.
7 [s]Feriu-o ele como feriu
aqueles que o feriram?
Matou-o ele assim
como matou os que
por ele foram mortos?
8 Com medida contendeste
com ela quando a rejeitaste;
ele a tirou com o seu vento forte,
no tempo do vento leste.
9 Por causa disso,
a iniquidade de Jacó será expiada,
e este será todo o fruto da
remoção do seu pecado:
Quando o Senhor fizer a todas
as pedras do altar como pedras de cal
reduzidas a pedaços,
os postes sagrados
e os [t]altares do incenso
não poderão ficar em pé.
10 A cidade fortificada está [u]solitária,
uma habitação rejeitada
e abandonada como um deserto;
ali pastam os bezerros,
ali se deitam e devoram os seus ramos.
11 Quando os seus ramos se
secam, são quebrados,
e as mulheres vêm e os acendem.
Este povo [v]não é povo de entendimento;
por isso, aquele que o fez
[w]não se compadecerá dele,
e aquele que o formou não
lhe mostrará nenhum favor.

12 **N**aquele dia, o Senhor debulhará o seu
trigo desde as correntes do Rio até o ribeiro
do Egito, e vós, ó filhos de Israel, sereis [x]colhi-
dos um a um.

13 Naquele dia, se tocará uma grande trombeta.
Os que andavam perdidos pela terra da Assíria e
os que foram desterrados para a terra do [y]Egito
tornarão a vir e [z]adorarão ao Senhor no monte
santo em Jerusalém.

III. Advertências proféticas referentes a Efraim e Judá, 28–35

Ai de Efraim: predição do seu cativeiro assírio

28 **A**i da coroa, a soberba dos
bêbados de [a]Efraim,
cujo glorioso adorno é como
a flor que cai,
que está sobre a cabeça do
fértil vale dos vencidos pelo vinho.
2 O Senhor mandará um
homem valente e poderoso.
[b]Como uma queda de
saraiva, uma tormenta de destruição,
e como uma tempestade
de impetuosas águas que transbordam,
ele violentamente a
derrubará por terra.
3 A coroa, a soberba dos
bêbados de Efraim,
será pisada aos pés.
4 A flor murcha do seu glorioso ornamento,
que está sobre a cabeça do fértil vale,
será como figo que amadurece
antes do verão,
o qual, vendo-o alguém,
e tendo-o ainda na mão, o engole.
5 Naquele dia, o Senhor dos Exércitos
será por coroa gloriosa
e por grinalda formosa
para o restante de seu povo.
6 Ele será espírito de justiça
para o que se assenta a julgar
e fonte de fortaleza
para os que fazem recuar a
batalha até a porta.
7 **T**ambém estes [c]erram
por causa do vinho,
e com a bebida forte se
desencaminham:
Os sacerdotes e os profetas
erram por causa de bebida forte,
e [d]são absorvidos pelo vinho;
desencaminham-se por causa
da bebida forte,
andam errados na visão,
e tropeçam no [e]juízo.
8 Todas as suas mesas estão
cheias de vômitos e de imundícia,
e não há nenhum lugar limpo.
9 A quem se ensinaria o conhecimento?
E a quem se daria a
entender a mensagem?
Ao desmamado,
e ao arrancado dos seios?
10 [f]Porque é:
Preceito sobre preceito,
regra sobre regra;
um pouco aqui, um pouco ali.
11 Pelo que por lábios estrangeiros
e por língua estranha
Deus falará a este povo,
12 ao qual disse:
Este é o [g]descanso,
dai descanso ao cansado;
e: Este é o refrigério;
mas não quiseram ouvir.

s Is 10.12,17; 30.30-33; 31.8,9; 37.36-38
t Veja Dt 16.21, nota
u Is 5.6,17; 32.14; Jr 26.18
v Dt 32.28; Is 1.3
w Is 9.17
x Is 11.11; 56.8
y Is 19.22
z Is 2.3; Zc 14.16
a Veja Is 7.2, nota
b Is 30.30; Ez 13.11
c Pv 20.1
d Is 5.11,22; 56.12
e Os 4.11
f v. 13; comp. 2Cr 36.15; Jr 25.3,4; 35.15; 44.4
g Is 30.15

13 Assim, pois, a palavra do
Senhor lhes será preceito sobre preceito,
regra sobre regra,
um pouco aqui, um pouco ali;
para que vão e caiam para trás,
e se quebrantem, e se
enlacem, e sejam presos.

O destino de Efraim, uma advertência a Judá

14 **P**ortanto, ouvi a palavra do Senhor,
homens zombadores,
que dominais este povo
que está em Jerusalém.
15 Dizeis: Fizemos aliança com a morte,
e com o inferno [h]fizemos um acordo.
Quando passar o dilúvio do açoite,
não chegará a nós,
pois pusemos a [i]mentira por nosso refúgio
e debaixo da falsidade nos
escondemos.
16 Portanto, assim diz o Senhor Deus:
Vede, assentei em Sião uma [j]pedra,
uma pedra já [k]provada,
pedra preciosa de esquina,
que está bem firme e fundada;
aquele que crer não será confundido.
17 Colocarei o juízo como a
linha de medir,
e a justiça como o prumo;
a saraiva varrerá o refúgio da mentira,
e as águas cobrirão o esconderijo.
18 A vossa aliança com a morte será anulada,
e o vosso acordo com o
inferno não subsistirá.
Quando o dilúvio do açoite passar,
sereis oprimidos por ele.
19 Todas as vezes que passar, vos arrebatará;
todas as manhãs passará,
e todos os dias e todas as noites.
Será puro terror o só
compreender tal notícia.
20 **A** cama é tão curta que
ninguém se pode estender nela,
o cobertor tão estreito que
ninguém se pode cobrir com ele.
21 O Senhor se levantará
como no monte [l]Perazim,
e mostrará a sua ira,
como no vale de [m]Gibeom,
para fazer a sua obra,
a sua estranha obra,
e para executar o seu ato,
o seu estranho ato.
22 Agora cesseis com a zombaria,
para que os vossos grilhões
não se façam mais fortes;
da parte do Senhor, o Deus dos Exércitos,
ouvi um decreto
da [n]destruição determinada sobre toda a terra.
23 Inclinai os ouvidos e ouvi a minha voz;
prestai atenção, e ouvi o meu discurso.
24 Lavra todo dia o lavrador para semear?
Ou sulca e esterroa todo dia a sua terra?
25 Quando já tem nivelado a sua superfície,
não espalha o endro,
não semeia o cominho,
não lança nela o trigo em eiras,
ou cevada no devido lugar,
ou a espelta na margem?
26 O seu Deus o ensina,
e o instrui acerca do que há de fazer.
27 Não se trilha o endro
com instrumento de trilhar,
nem sobre o cominho passa
roda de carro;
com uma vara se sacode o endro,
e o cominho com um pau.
28 O trigo deve ser moído
para se fazer pão,
mas não é trilhado
continuamente.
Embora passe sobre ele as
rodas do seu carro,
não o moem os seus cavalos.
29 Tudo isso procede do Senhor dos Exércitos,
[o]maravilhoso em conselho e
grande em sabedoria.

Advertência sobre a disciplina iminente de Jerusalém (Ariel) e Judá

29 **A**i de ti, [p]Ariel, Ariel,
a cidade em que Davi
assentou o seu acampamento!
Acrescentai ano a ano,
e sucedam-se as festas.
2 Contudo, sitiarei Ariel;
pranteará e lamentará,
será para mim como a lareira do altar.
3 Acamparei contra ti em redor;
eu te cercarei com torres
e levantarei tranqueiras contra ti.
4 Então serás abatida,
falarás de debaixo da terra;
a tua fala desde o pó sairá fraca.
A tua voz debaixo da terra será
como a de um feiticeiro;
a tua fala assobiará desde o pó.
5 A multidão dos teus
inimigos, porém, será
como o pó miúdo,
e a multidão dos tiranos
[q]como palha que o vento espalha.
De súbito, num [r]instante,

[h] Veja Hc 2.5, nota; comp. Lc 16.23, nota
[i] Is 9.15
[j] Cristo (Pedra): v. 16; Is 32.2 (Gn 49.24; 1Pe 2.8)
[k] Cristo (primeira vinda): v. 16; Is 42.3 (Gn 3.15; At 1.11)
[l] 2Sm 5.20; 1Cr 14.11
[m] Js 10.10,12; 1Cr 14.16
[n] Is 10.22
[o] Sl 92.5; Is 9.6
[p] Leão de Deus = Jerusalém
[q] Jó 21.18; Is 17.13
[r] Is 47.11

6 o Senhor dos Exércitos virá com trovões,
com [s]terremotos e grande ruído,
com tufão de vento,
tempestade e labareda de
fogo consumidor.
7 Como sonho e visão noturna
será a [t]multidão de todas as
nações que hão de
pelejar contra Ariel,
como também todos os que
pelejarem contra ela
e contra os seus muros,
e a puserem em aperto.
8 Será como o faminto que
sonha que está a comer,
mas, acordando, sente a alma vazia;
ou como o sequioso que sonha
que está a beber,
mas, acordando,
ainda desfalecido se acha,
e a sua alma com sede.
Assim será toda a multidão das nações
que pelejarem contra o monte Sião.

Os motivos de Deus para a disciplina

9 **P**asmai e maravilhai-vos,
folgai e clamai;
bêbados estão, mas não de vinho,
andam titubeando,
mas não de bebida forte.
10 O Senhor derramou sobre
vós um espírito de profundo [u]sono:
Ele fechou os vossos olhos (os profetas);
[v]ele vendou as vossas cabeças
(os videntes).
11 Pelo que toda a visão vos é como as palavras
de um livro selado que se dá ao que sabe ler,
dizendo: Por favor, lê isto; e ele dirá: Não posso;
está selado.
12 Ou dá-se o livro ao que não sabe ler, dizendo:
Por favor, lê isto; e ele dirá: Não sei ler.
13 **D**iz o Senhor:
Este povo se aproxima de mim
com a sua boca,
e [w]com os seus lábios me honra,
mas o seu coração está longe de mim.
O seu temor para comigo consiste só em
mandamentos de homens,
em coisa aprendida por rotina.
14 Portanto, continuarei
a fazer uma obra maravilhosa
no meio deste povo,
uma obra [x]maravilhosa e um assombro;
a [y]sabedoria dos seus sábios perecerá,
e o entendimento dos seus
prudentes se esconderá.

[s] Zc 14.4; Ap 16.18,19
[t] Mq 4.11,12; Zc 12.9
[u] Is 6.9,10; Rm 11.8
[v] Is 44.18; Mq 3.6
[w] Sl 78.36; Ez 33.31; Mt 15.8,9; Mc 7.6,7
[x] Hc 1.5
[y] Jr 49.7; Ob 8; 1Co 1.19
[z] Sl 10.11; 94.7; Is 47.10; Ez 8.12
[a] Is 45.9; comp. 64.8; Jr 18.1-6; Rm 9.19-21
[b] Is 35.1,2
[c] Is 35.5
[d] Is 11.4; Mt 5.5
[e] Is 14.30,32
[f] Veja Êx 14.30 e Is 59.20, notas
[g] Is 45.17
[h] Is 49.20-26
[i] Espírito Santo (AT): v. 1; Is 32.15 (Gn 1.2; Zc 12.10)
[j] Comp. Dt 29.19

15 Ai dos que profundamente
escondem do Senhor o seu propósito,
que fazem as suas obras às escuras
e pensam: Quem nos [z]vê?
E quem nos conhece?
16 A tudo vós perverteis!
Como se o oleiro fosse igual ao barro,
e a obra dissesse do seu artífice:
Ele não me fez;
e o vaso formado
dissesse do seu oleiro:
[a]Nada sabe.

A bênção depois da disciplina é uma figura da bênção do reino

17 **N**ão se converterá o Líbano,
num [b]breve momento,
em campo fértil?
E o campo fértil não será tido por bosque?
18 Naquele dia, [c]os surdos
ouvirão as palavras do livro,
e da escuridão
e das trevas as verão os olhos dos cegos.
19 Os [d]mansos terão alegria e mais alegria no Senhor,
e os [e]necessitados entre os
homens se alegrarão no Santo de Israel.
20 O tirano será reduzido a nada,
e desaparecerá o zombador,
e todos os que se dão à
iniquidade serão exterminados;
21 os que fazem por culpado
ao homem numa causa,
os que armam laços ao
que repreende na porta,
e os que com falso testemunho
negam justiça ao inocente.
22 Portanto, assim diz o Senhor, que [f]remiu
a Abraão, acerca da casa de Jacó:
Jacó já não será [g]envergonhado;
já não descorará a sua face.
23 Quando, porém, virem
no meio dele os seus [h]filhos,
a obra das minhas mãos,
santificarão o meu nome;
santificarão o Santo de Jacó,
e temerão ao Deus de Israel.
24 Os errados de espírito terão entendimento;
os murmuradores aceitarão a instrução.

Advertência a Judá para não se aliar ao Egito contra Senaquerib

30 **A**i dos filhos rebeldes, diz o Senhor,
que tomaram conselho,
mas não de mim,
que se cobriram com uma cobertura,
mas não do meu [i]Espírito,
para [j]acrescentarem pecado a pecado;

2 que descem ao Egito, sem me [k]consultar,
para se fortificarem com a força de faraó,
e para se refugiarem na sombra do Egito.
3 A proteção de faraó, porém,
será para vós motivo de vergonha,
e a sombra do Egito vos trará [l]confusão.
4 Ainda que os seus líderes estejam em [m]Zoã,
e os seus embaixadores
tenham chegado a [n]Hanes,
5 todos se envergonharão
de um povo que de nada lhes servirá,
que não traz ajuda nem proveito,
antes vergonha e zombaria.
6 [o]Advertência acerca dos animais do [p]Neguebe:
Para a terra de aflição e angústia,
de onde vem a leoa e o leão,
o basilisco e a serpente voadora,
levarão às costas de
jumentinhos os seus bens,
e sobre as corcovas de
camelos os seus tesouros,
a um povo que de nada lhes aproveitará,
7 ao Egito cuja [q]ajuda é
completamente inútil.
Pelo que a chamo de Raabe,
a que nada faz.
8 **V**ai, agora, [r]escreve isto
numa tábua perante eles,
e aponta-o num livro,
para que fique escrito para o tempo por vir,
para sempre e
perpetuamente.
9 Este é um povo [s]rebelde,
filhos mentirosos,
filhos que não querem ouvir
a lei do Senhor.
10 Dizem aos videntes: Não vejais!
e aos profetas:
Não profetizeis para nós o que é reto!
Dizei-nos coisas agradáveis,
e tende para nós
[t]enganadoras bajulações.
11 Desviai-vos do caminho,
apartai-vos da vereda
e fazei que o Santo de Israel
deixe de estar perante nós.
12 Pelo que assim diz o Santo de Israel:
Visto que [u]rejeitais esta palavra
e [v]confiais na opressão e
na perversidade,
e nisso confiais,
13 esta maldade vos será
como a brecha de um muro alto,
que, formando uma
barriga, está prestes a cair,
e cuja queda vem de súbito,
[w]num instante.

[k] Comp. Nm 27.21; Js 9.14; 1Rs 22.7; Jr 21.2; 42.2,3,20
[l] Comp. Is 20.5
[m] Is 19.11
[n] Chamada Tafnes em Jr 43.7
[o] Veja Is 13.1, nota
[p] Veja Gn 12.9, nota
[q] Comp. Jr 37.7
[r] Inspiração: v. 8; Is 59.21 (Êx 4.15; 2Tm 3.16)
[s] Is 1.2; 65.2
[t] Mq 2.11; comp. 1Rs 22.8; 2Tm 4.3,4
[u] v. 9; Lv 26.43; Nm 15.31; Pv 1.30; 13.13; Is 5.24; Ez 20.13,16,24; Am 2.4; comp. 2Sm 12.19; Rm 10.17; Hb 10.28
[v] Veja Sl 2.12, nota
[w] Is 29.5
[x] Is 28.12
[y] Comp. Mt 23.37
[z] Comp. Lv 26.8; Dt 28.25; 32.30; Js 23.10
[a] Is 33.2
[b] Sl 2.12; 34.8; Pv 16.20; Jr 17.7
[c] Is 26.8
[d] Is 25.8
[e] Is 65.24
[f] Is 2.20; 31.7
[g] Comp. Mt 6.33; 1Tm 4.8
[h] Is 2.10-21; 34.2

14 Ele se quebrará como o vaso do oleiro;
será despedaçado
a ponto de não se achar entre
os seus pedaços
um que sirva para tomar fogo da lareira,
ou tirar água da cisterna.

Exortação a Judá a confiar no Senhor

15 Assim diz o Senhor Deus, o Santo de Israel:
Em vos converterdes e
em [x]repousardes está a [y]vossa salvação,
no sossego e na confiança está a vossa força,
mas não o quisestes.
16 Antes dissestes: Não,
porém sobre cavalos fugiremos.
Portanto fugireis!
Dissestes: Sobre cavalos
ligeiros cavalgaremos.
Portanto os vossos perseguidores
serão ligeiros!
17 [z]Mil homens fugirão
ao grito de um,
e ao grito de cinco todos vós fugireis,
até que sejais deixados como
o mastro no cume do monte,
e como a bandeira sobre o outeiro.
18 **C**ontudo, o Senhor espera
para ter [a]misericórdia de vós;
ele se detém para se compadecer de vós.
Pois o Senhor é um Deus de justiça.
[b]Bem-aventurados todos os
que nele [c]esperam.
19 Ó povo de Sião, que habita em Jerusalém, tu [d]não
chorarás mais. Certamente ele se compadecerá de
ti, à voz do teu clamor, e, ouvindo-a, te [e]responderá.
20 Embora o Senhor te dê pão de angústia e
água de aperto, contudo não se esconderão mais
os teus mestres; os teus olhos verão todos eles.
21 Quer te desvies para a direita, quer te des-
vies para a esquerda, os teus ouvidos ouvirão a
palavra que será dita atrás de ti: Este é o cami-
nho; andai nele.
22 Então contaminarás as tuas esculturas reco-
bertas de prata e as tuas imagens cobertas de
ouro; tu as [f]lançarás fora como um pano imundo
e dirás a cada uma delas: Fora daqui.
23 [g]**E**ntão o Senhor te dará chuva sobre a tua
semente, com que semeares a terra, como tam-
bém pão da novidade da terra, pois esta será
fértil e cheia. Naquele dia, o teu gado pastará em
lugares espaçosos.
24 Os bois e os jumentinhos que lavram a terra
comerão forragem com sal, espalhada com pá
e forquilha.
25 Haverá em todo o monte alto e em todo o
outeiro elevado ribeiros e correntes de águas, no
dia da [h]grande matança, quando caírem as torres.

26 A luz da lua será como a luz do sol, e a do sol
sete vezes maior, como a luz de sete dias, no dia
em que o Senhor ligar a quebradura do seu povo
e curar a chaga da sua ferida.

O juízo do Senhor sobre a Assíria

27 **O** nome do Senhor vem
de longe,
ardendo na sua ira e
lançando espessa fumaça;
os seus lábios estão cheios
de indignação,
e a sua língua é como um fogo consumidor.
28 A sua [i]respiração é como
o ribeiro que transborda
e chega até o pescoço.
Ele peneira as nações com
peneira de destruição;
ele coloca nos queixos dos povos
um freio de fazer errar.
29 Um cântico haverá entre vós,
como na noite em que se
celebra uma festa santa;
alegria de coração,
como a daquele que sai ao som da flauta,
para ir ao monte do Senhor,
à [j]Rocha de Israel.
30 O Senhor fará ouvir a glória da sua voz
e mostrará o golpe do seu braço,
com indignação de ira,
e a labareda de um fogo
consumidor, e tempestade forte,
e dilúvio e pedra de saraiva.
31 A voz do Senhor desfará
em pedaços a [k]Assíria,
quando ele a ferir com a vara.
32 A cada pancada do bordão
do juízo que o Senhor der,
haverá tamborins e harpas,
e combaterá vibrando
golpes contra eles.
33 [l]Tofete está preparada há muito;
está preparada para o rei.
Ele a fez profunda e larga,
a sua pira é fogo,
e tem muita lenha;
o sopro do Senhor como
torrente de enxofre a acende.

O auxílio do Egito é inútil: o Senhor defenderá Jerusalém

31 **Ai** dos que descem ao
[m]Egito a buscar socorro,
que [n]confiam em cavalos, e em carros,
porque são muitos,

[i] Is 11.4; 2Ts 2.8
[j] Dt 32.4
[k] Is 14.25
[l] Veja Jr 7.31, nota
[m] Is 30.1,2
[n] Veja Sl 2.12, nota
[o] Dn 9.13; comp. Os 7.7
[p] Is 20.6; comp. Sl 37.38; Is 1.28
[q] Os 11.10; Am 3.8
[r] Dt 32.11; Sl 91.4
[s] Os 9.9
[t] Is 30.22
[u] 2Rs 19.35,36
[v] Is 37.36
[w] Reino (AT): v. 1,2,14-18; Is 33.17 (Gn 1.26; Zc 12.8)

e nos cavaleiros, porque são
poderosíssimos,
mas não dão atenção ao Santo de Israel,
nem [o]buscam ao Senhor.
2 Todavia este é sábio, e faz vir o mal;
ele não retira as suas palavras.
Ele se levantará contra a casa dos malfeitores
e contra a ajuda dos que
praticam a iniquidade.
3 Os egípcios, porém,
são homens, e não Deus;
os seus cavalos carne,
e não espírito.
Quando o Senhor
estender a sua mão,
cairão por terra tanto o ajudador
como o ajudado,
e todos [p]juntamente serão consumidos.
4 Assim me diz o Senhor:
[q]Como o leão,
quando ruge sobre a sua presa,
e mesmo que se convoque contra
ele uma multidão de pastores,
e ele não se espanta com os gritos deles
e não se perturba com o seu alarido,
assim o Senhor dos Exércitos
descerá para pelejar pelo monte Sião,
e sobre o seu outeiro.
5 [r]Como adejam as aves,
assim o Senhor dos
Exércitos amparará a Jerusalém;
ele a amparará e a livrará
e, passando, a salvará.
6 **C**onvertei-vos àquele contra quem os filhos
de Israel se rebelaram tão [s]profundamente.
7 Pois naquele dia cada um [t]lançará fora os
seus ídolos de prata, e os seus ídolos de ouro,
que as vossas mãos fabricaram para pecardes.
8 A Assíria [u]cairá pela espada,
não de homem,
e a espada, não de homem,
a [v]consumirá.
Fugirá perante a espada,
e os seus jovens serão derrotados.
9 A sua fortaleza cairá por
causa do terror;
os seus líderes em
pânico desertarão da bandeira,
diz o Senhor,
cujo fogo está em Sião
e cuja fornalha está em Jerusalém.

Cristo, o futuro rei de justiça

32 [w]Reinará um [1]rei com justiça,
e dominarão os príncipes segundo o juízo.

[1] (32.1) Os cap. 32–35 enfocam o dia do Senhor (Is 2.10-22; Ap 19.11-21) e a Dispensação do Reino.

2 Cada um deles será um
esconderijo contra o vento,
e um refúgio contra a tempestade,
como ribeiros de águas em lugares secos,
e como a sombra de uma
[x]grande rocha em terra sedenta.
3 Os olhos dos que veem
[y]não se fecharão,
e os ouvidos dos que
ouvem estarão atentos.
4 O coração dos imprudentes
[z]entenderá a sabedoria,
e a língua dos gagos estará
pronta para falar [a]com facilidade.
5 Ao louco nunca mais se chamará nobre,
e do avarento nunca mais
se dirá que é generoso.
6 Porque o louco fala loucamente,
e o seu coração pratica a [b]iniquidade,
para usar de hipocrisia,
e para proferir mentiras
contra o Senhor,
para deixar vazia a alma do faminto,
e fazer que o sedento
venha a ter falta de água.
7 Todas as armas do fraudulento são más;
ele maquina invenções malignas,
para destruir os mansos
com palavras [c]falsas,
mesmo quando a petição do
pobre é justa.
8 O nobre, porém, projeta coisas nobres,
e por nobres atos persevera.
9 **L**evantai-vos, mulheres
que estais em repouso,
e ouvi a minha voz;
vós, filhas que estais tão seguras,
inclinai os ouvidos às minhas palavras.
10 Dentro de um ano e alguns
dias vireis a tremer,
ó mulheres que estais tão seguras;
a vindima se acabará,
e a colheita não virá.
11 Tremei, mulheres que estais em repouso;
turbai-vos, vós que estais tão seguras!
Despi-vos e ponde-vos nuas,
e vesti com pano de saco
os vossos lombos.
12 Batei nos peitos pelos
campos desejáveis,
pela vinha frutífera
13 e pela terra do meu povo,
uma terra coberta de
espinheiros e [d]sarças;
sim, chorai por todas as casas
cheias de alegria,
na cidade que pula exultando.
14 O palácio será abandonado,
o ruído da cidade cessará;
Ofel e as torres da guarda
servirão de cavernas eternamente,
para alegria dos jumentos
monteses e para pasto dos [e]rebanhos,
15 até que se derrame sobre
nós o [f]Espírito lá do alto,
e o deserto se torne em campo fértil,
e o campo fértil seja tido por bosque.
16 A justiça habitará no deserto,
e a retidão morará no campo fértil.
17 O fruto da retidão será [g]paz;
o efeito da retidão será
repouso e [h]segurança, para sempre.
18 O meu povo habitará em
morada de paz,
e em moradas bem seguras,
e em [i]calmos lugares de descanso.
19 Ainda que a saraiva nivele o bosque,
e a cidade seja inteiramente abatida,
20 bem-aventurados sois vós
os que semeais sobre todas as águas,
que [j]deixais livres os pés do
boi e do jumento.

Libertação da angustiada Jerusalém

33 **Ai** de ti, [k]destruidor,
que não foste destruído!
Ai de ti traidor,
que não foste traído!
Quando parares de
destruir, serás [l]destruído;
quando parares de trair, serás traído.
2 Senhor, tem misericórdia de nós;
por ti temos [m]esperado.
Sê tu o nosso braço cada manhã,
como também a nossa
[n]salvação no tempo da tribulação.
3 À voz do teu trovão [o]fogem os povos;
quando te levantas,
as gentes são dispersas.
4 Então se ajuntará o vosso
despojo como se ajunta a lagarta;
como os gafanhotos
saltam, assim os homens saltarão sobre ele.
5 O Senhor é [p]exaltado,
pois habita nas alturas;
encherá Sião de retidão e de justiça.
6 Haverá estabilidade nos teus tempos,
abundância de salvação,
sabedoria e conhecimento;
o [q]temor do Senhor será o teu tesouro.
7 **O**lhai, os seus embaixadores
estão clamando de fora;
os [r]mensageiros de paz
estão chorando amargamente.

[x] Cristo (Rocha): v. 2; Dn 2.34 (Gn 49.24; 1Pe 2.8)
[y] Is 35.5
[z] Is 29.24
[a] Comp. Is 35.5,6
[b] Pv 24.7-9
[c] Jr 5.26-28
[d] Is 7.23-25
[e] Is 27.10
[f] Espírito Santo (AT): v. 15; Is 34.16 (Gn 1.2; Zc 12.10)
[g] Sl 119.165; Rm 14.17; Tg 3.18
[h] Segurança: v. 17,18; Is 43.1 (Sl 23.1; Jd 1)
[i] Os 2.18-23; Zc 3.10
[j] Is 30.23,24
[k] Is 21.2; Hc 2.8
[l] Is 10.12; 14.25; 31.8
[m] Is 26.8
[n] Is 12.2
[o] Is 17.13
[p] Sl 97.9
[q] Veja Sl 19.9, nota
[r] 2Rs 18.18,37

8 As estradas estão desoladas,
cessam os que passam pelas veredas.
Rompeu-se a aliança,
as testemunhas são [s]desprezadas
e homem nenhum é respeitado.
9 A terra [t]geme e pranteia,
o Líbano se envergonha e se murcha;
Sarom é como um [u]deserto,
Basã e Carmelo são sacudidos.
10 Agora me erguerei, diz o Senhor.
Agora serei exaltado;
agora me levantarei.
11 Concebestes palha,
produzireis pragana;
o vosso fôlego vos
devorará como fogo.
12 Os povos serão queimados
como se queima a cal;
como espinhos cortados arderão no fogo.
13 Ouvi, vós que estais longe,
o que tenho feito; vós,
que estais perto,
conhecei o meu poder.

O glorioso resultado do juízo purificador

14 **O**s pecadores de Sião se assombram;
o tremor surpreende os hipócritas.
Quem dentre nós habitará
com o [v]fogo consumidor?
Quem dentre nós habitará
com as labaredas eternas?
15 O que anda em justiça
e fala [w]com retidão,
que arremessa para longe de si
o ganho de opressões
e sacode das suas mãos todo suborno,
que tapa os seus ouvidos
para não ouvir falar de sangue
e fecha os olhos para não ver o mal;
16 este habitará nas alturas,
e as fortalezas das rochas
serão o seu alto refúgio.
O seu pão lhe será dado,
e as suas águas serão certas.
17 **O**s teus olhos verão o [1][x]rei
na sua [y]formosura,
e verão a terra que está longe.
18 O teu coração meditará
nos [z]terrores, dizendo:
Onde está aquele que serviu de escrivão?
Onde está o que recebeu o tributo?
Onde está o que contou as torres?
19 Não verás mais aquele povo cruel,
povo de fala tão obscura
que não se pode compreender,
e de língua tão estranha
que não se pode entender.
20 Olha para Sião, a cidade
das nossas festas solenes;
os teus olhos verão Jerusalém,
habitação quieta,
tenda que não será derrubada;
as suas estacas jamais serão arrancadas,
nem arrebentada
nenhuma das suas cordas.
21 Ali o Senhor nos será grandioso.
Será como um lugar de rios e correntes largas.
Barco nenhum de remo passará por eles,
nem navio grande por eles navegará.
22 Pois o Senhor é o nosso [2][a]juiz,
o Senhor é o nosso legislador,
o Senhor é o nosso rei;
é ele quem nos [b]salva.
23 As tuas cordas estão frouxas:
Não puderam firmar o seu mastro,
e vela não estenderam.
Então a presa de abundantes
despojos se repartirá,
e até os coxos participarão dela.
24 Nenhum morador de Sião dirá:
Estou enfermo;
e a [c]iniquidade do povo que
aí habitar será perdoada.

O juízo futuro sobre os inimigos de Israel e a bênção do reino (34–35). Armagedom no dia do Senhor (Ap 19.17-21)

34 **C**hegai-vos, nações, para ouvir,
e vós, povos, escutai;
ouça a terra e a sua plenitude,
o mundo e tudo o que produz.
2 O Senhor está [d]indignado
contra todas as nações;
a sua ira está sobre todos os exércitos delas.
Ele as [e]destruirá totalmente,
ele as entregará à [f]matança.
3 Os seus mortos serão lançados fora,
e dos seus corpos subirá mau cheiro;
com o seu sangue os montes se encharcarão.
4 Todo o exército dos céus se [g]dissolverá,
e os céus se enrolarão como um livro;
todo o seu exército cairá,
como cai a folha da vide e
o figo da figueira.

[s] 2Rs 18.13-17
[t] Is 24.4
[u] Veja Dt 1.1, nota
[v] Is 30.27,30; Hb 12.29
[w] Sl 24.3,4
[x] Reino (AT): v. 17-20; Is 35.1 (Gn 1.26; Zc 12.8); Is 9.6,7; 11.4,5; Jr 23.5; 33.15
[y] Sl 27.4
[z] Comp. Is 54.14
[a] At 10.42
[b] Is 25.9; 35.4
[c] Is 40.2
[d] Dia (de destruição): v. 1-8; Is 61.2 (Jó 21.30; Ap 20.11)
[e] Armagedom (batalha de): v. 1-8; Is 63.3 (Is 10.27; Ap 19.17)
[f] Is 13.5
[g] Is 13.13; Mt 24.29

[1] (33.17) Quando o Rei divino reinar, acabarão para sempre o terror e as invasões (v. 17-20; comp. 28.11).

[2] (33.22) Todas as funções do governo – judicial, legislativa e executiva – estarão centralizadas no Rei messiânico. As mais importantes orações da liturgia do ano novo judaico enfatizam essas ideias fundamentais, às quais se dedica uma seção das orações. Após cada grupo de orações, ouve-se o sonido da trombeta (*shofar*), feita com um chifre de carneiro.

5 **A** minha espada se embriagou nos céus;
sobre [h]Edom descerá,
e sobre o povo que condenei à destruição,
para exercer juízo.
6 A [i]espada do Senhor está cheia de sangue,
está cheia de gordura,
o sangue de cordeiros e de bodes,
a gordura dos rins de carneiros.
Porque o Senhor tem sacrifício em Bozra
e grande matança na terra de Edom.
7 Os bois selvagens cairão com eles,
e os bezerros com os touros.
A sua terra beberá sangue até se fartar,
e o seu pó se encharcará de gordura.
8 **P**orque será um [j]dia de [k]vingança para o Senhor,
um ano de retribuições pela causa de Sião.
9 [l]Os ribeiros de Edom se
transformarão em piche,
e o seu pó em enxofre;
a sua terra se tornará em piche ardente.
10 Nem de noite nem de dia se apagará;
para sempre a sua [m]fumaça subirá.
De geração em geração será assolada,
de século em século
ninguém passará por ela.
11 O corujão e a coruja a [n]possuirão;
o bufo e o corvo habitarão nela.
Deus estenderá sobre ela
o cordel de [1]confusão e o
prumo de ruína.
12 Chamarão ao reino os seus
nobres, mas nenhum haverá,
e todos os seus líderes
não serão coisa alguma.
13 Nos seus palácios crescerão espinhos,
urtigas e cardos nas suas fortalezas.
Ela será uma habitação de chacais,
e lar para as corujas.
14 As criaturas do deserto
se encontrarão com as hienas,
e os bodes selvagens
clamarão uns aos outros;
ali os animais noturnos pousarão,
e acharão lugar de repouso para si.
15 Ali se aninhará a coruja e porá os seus ovos;
ela tirará os seus filhotes e
os recolherá debaixo da sombra das suas asas;
também ali os falcões se ajuntarão,
cada um com o seu companheiro.
16 **B**uscai no livro do Senhor e lede:
Nenhuma destas coisas falhará,
nem uma nem outra faltará.
Pois a sua própria boca o ordenou,
e o seu [o]Espírito mesmo as ajuntará.
17 Ele mesmo lança as sortes por eles,
e a sua mão lhes reparte a
terra por medida.
Para sempre a possuirão,
e de geração em geração habitarão nela.

Bênçãos do reino para Israel em seu reajuntamento

35 O [p]deserto e os lugares secos se [q]alegrarão;
o [r]ermo exultará e
florescerá como a rosa.
2 Abundantemente florescerá,
e exultará de alegria,
e romperá em cânticos.
A glória do Líbano se lhe deu,
a excelência do Carmelo e Sarom;
eles verão a [s]glória do Senhor,
a excelência do nosso Deus.
3 [t]Fortalecei as mãos fracas,
firmai os joelhos trementes;
4 dizei aos turbados de coração:
Esforçai-vos, não temais;
o vosso Deus virá com [u]vingança;
com recompensa divina ele
virá e vos [v]salvará.
5 [w]Então os olhos dos cegos se abrirão,
e os ouvidos dos surdos
se destaparão.
6 Então os coxos saltarão como o cervo,
e a língua dos mudos cantará.
Águas arrebentarão no deserto,
e ribeiros no ermo.
7 A terra seca se transformará em lagos,
e a terra sedenta em mananciais
de águas.
Nas habitações em que viviam os chacais,
crescerá erva com canas e juncos.
8 Ali haverá uma [x]estrada;
ela se chamará o Caminho da Santidade.
O [y]imundo não passará por ela;
será para [z]aqueles que andam
pelo Caminho;
os loucos ímpios não passarão por ela.
9 Ali não haverá leão,
[a]nenhum animal feroz subirá a
ela nem se achará nela.
Mas somente os [b]remidos andarão
por ela,
10 e os remidos do Senhor voltarão
e entrarão em Sião com júbilo;
alegria eterna coroará as
suas cabeças.
Júbilo e alegria alcançarão,
e deles [c]fugirá a tristeza e o gemido.

[h] v. 1-8; veja Gn 36.1, nota
[i] Is 66.16
[j] Dia (do Senhor): v. 1-8; Is 63.1 (Sl 2.9; Ap 19.19)
[k] Veja Is 61.2, nota
[l] Dt 29.23
[m] Ap 14.11; 18.18; 19.3
[n] Is 14.23; Sf 2.14; Ap 18.2
[o] Espírito Santo (AT): v. 16; Is 40.13 (Gn 1.2; Zc 12.10)
[p] Is 32.15
[q] Reino (AT): v. 1-10; Is 40.9 (Gn 1.26; Zc 12.8)
[r] Is 41.19; 51.3
[s] Is 40.5
[t] Jó 4.3,4; Hb 12.12
[u] Is 34.8
[v] Is 33.22
[w] Is 29.18
[x] Is 19.23
[y] Is 52.1; Jl 3.17; Ap 21.27
[z] Refere-se aos redimidos. Is 51.10,11
[a] Lv 26.6; Is 11.9; Ez 34.25
[b] Veja Is 59.20, nota; comp. Êx 14.30, nota
[c] Is 30.19; 65.19

[1] (34.11) As palavras “confusão” e “prumo de ruína” são tradução do hebraico *tohu* e *vabohu*, vertidos para “sem forma e vazia” em Gn 1.2.

IV. Parêntese Histórico: As invasões de Senaqueribe e a enfermidade de Ezequias, 36 – 39

A primeira invasão (2Rs 18.9-16)

36 No décimo quarto ano do rei Ezequias, subiu [1]Senaqueribe, rei da Assíria, contra todas as cidades fortificadas de Judá e as conquistou.

A segunda invasão de Senaqueribe; sua intenção de aterrorizar Jerusalém com ameaças de Rabsaqué (2Rs 18.17-37; 2Cr 32.1-19)

2 Então [d]o rei da Assíria enviou [2]Rabsaqué, de Laquis a Jerusalém, ao rei Ezequias com um grande exército. Quando ele parou no aqueduto da piscina superior, que está junto ao caminho do campo do lavandeiro,

3 saíram a ter com ele [e]Eliaquim, filho de Hilquias, o mordomo, [f]Sebna, o escrivão, e Joá, filho de Asafe, o cronista.

4 Disse-lhes Rabsaqué: Dizei a Ezequias: Assim diz o grande rei, o rei da Assíria: Que confiança é essa em que te estribas?

5 Dizes possuir estratégia e força militar, mas proferes apenas palavras vãs. Em quem agora [g]confias, que contra mim te rebelas?

6 Confias naquele bordão de cana quebrada, a saber, no Egito, que, se alguém se apoiar nele, lhe entrará pela mão, e a furará; assim é faraó, rei do Egito, para com todos os que nele [h]confiam.

7 No entanto, se me disseres: No Senhor, nosso Deus, confiamos; não é esse aquele cujos [i]altos e cujos altares Ezequias tirou, e disse a Judá e a Jerusalém: Perante este altar vos inclinareis?

8 Ora, faze uma aposta com meu senhor, o rei da Assíria: Eu te darei dois mil cavalos, se tu puderes dar cavaleiros para eles.

9 Como poderás tu voltar o rosto para um só oficial dos mínimos servos do meu senhor, confiando que o Egito fornecerá carros e cavaleiros?

10 Acaso subi eu sem o Senhor contra esta terra, para destruí-la? O Senhor mesmo [j]me disse: Sobe contra esta terra e destrói-a.

11 Então disseram Eliaquim, Sebna e Joá a Rabsaqué: Pedimos-te que fales aos teus servos em aramaico, porque bem o entendemos. Não nos fales em judaico, aos ouvidos do povo que está sobre os muros.

12 Contudo, Rabsaqué disse: Mandou-me o meu senhor só ao teu senhor e a ti, para dizer estas palavras, e não antes aos homens que estão assentados sobre os muros, para que comam convosco as suas fezes e bebam a sua urina?

13 Então Rabsaqué se pôs em pé e clamou em alta voz em judaico: Ouvi as palavras do grande rei, do rei da Assíria.

14 Assim diz o rei: Não vos engane Ezequias. Ele não vos poderá livrar.

15 Tampouco Ezequias vos faça confiar no Senhor, dizendo: Infalivelmente nos livrará o Senhor, e esta cidade não será entregue nas mãos do rei da Assíria.

16 Não deis ouvidos a Ezequias. Assim diz o rei da Assíria: Aliai-vos comigo, e saí a mim, e coma cada um da sua vide, [k]e da sua figueira, e beba cada um da água da sua cisterna,

17 até que eu venha e vos leve para uma terra como a vossa; terra de trigo e de vinho, terra de pão e de vinhas.

18 Não vos engane Ezequias, dizendo: O Senhor nos livrará. Livraram os [l]deuses das nações cada um a sua terra das mãos do rei da Assíria?

19 Onde estão os deuses de Hamate e de Arpade? Onde estão os deuses de Sefarvaim? Livraram eles a [m]Samaria da minha mão?

20 Quais são, dentre todos os deuses destes países, os que livraram a sua terra das minhas mãos, para que o Senhor livrasse a Jerusalém das minhas mãos?

21 Eles, porém, se calaram e não lhe responderam palavra, porque o rei lhes havia ordenado: Não lhe respondereis.

Ezequias é informado das palavras de Rabsaqué

22 Então Eliaquim, filho de Hilquias, o mordomo, Sebna, o escrivão, e Joá, filho de Asafe, o cronista, vieram contar a Ezequias com as vestes [n]rasgadas as palavras de Rabsaqué.

Ezequias pede ajuda a Isaías; Deus promete livramento (2Rs 19.1-7; 2Cr 32.20)

37 [o]Quando o rei Ezequias ouviu isto, rasgou as suas vestes, cobriu-se com pano de saco e entrou na casa do Senhor.

2 Enviou Eliaquim, o mordomo, Sebna, o escrivão, e os anciãos dos sacerdotes, cobertos de pano de saco, a Isaías, filho de Amoz, o profeta,

3 os quais lhe disseram: Assim diz Ezequias: Este dia é dia de [p]angústia e repreensão e vergonha, porque chegados são os filhos ao parto, e força não há para os dar à luz.

[d] 2Rs 18.17–20.19 é um relato paralelo a Is 36.2–39.8
[e] Is 22.20
[f] Is 22.15
[g] Veja Sl 2.12, nota
[h] Sl 146.3; Is 30.2
[i] 2Rs 18.4; veja notas em Jz 3.7; 1Rs 3.2; 15.14
[j] Comp. Is 10.5,6
[k] Comp. Zc 3.10
[l] 2Rs 19.12; Is 37.12
[m] 2Rs 17.6
[n] Por suas próprias mãos. Is 37.1; 2Rs 5.7
[o] 2Rs 19 é um relato paralelo a Is 37
[p] Is 22.5; 26.16; 33.2

[1] (36.1) Esse versículo simplesmente parece apresentar as duas invasões assírias, referindo-se à primeira delas descrita em 2Rs 18.13-16 (veja 2Rs 18.7, *nota*) quando Senaqueribe, sem dúvida, acompanhou o pai, Sargão, como general e, talvez, também como regente. Nessa ocasião, Ezequias lhe pagou tributo. Começando no v. 2, Isaías descreve o que ocorreu na segunda invasão (36.2–37.38; comp. 2Rs 18.17–19.36; 2Cr 32.1-4; 36.5-23), depois que Ezequias voltou-se para Deus (36.5,21).

[2] (36.2) Aqui e no cap. 37, Rabsaqué não era um nome pessoal, mas o título de um oficial militar assírio; o mesmo se dá com Tartã, Rabe-Saris e Rabe-Mague (2Rs 18.17ss.; Jr 39.3,13).

4 Porventura o Senhor, o teu Deus, terá ouvido as palavras de Rabsaqué, a quem enviou o rei da Assíria, seu amo, para [q]afrontar o Deus vivo com as palavras que o Senhor, o teu Deus, [r]ouviu. Portanto, faze oração pelo resto que ficou.

5 Foram os servos do rei Ezequias a Isaías.

6 Disse-lhes Isaías: [s]Assim direis a vosso amo: Assim diz o Senhor: Não temas à vista das palavras que ouviste, com as quais os servos do rei da Assíria de mim blasfemaram.

7 Porei nele um espírito, e ele ouvirá certo rumor, e voltará para a sua terra, e ali o farei cair morto à espada.

A carta blasfema de Senaqueribe (2Rs 19.8-13; 2Cr 32.17-19)

8 **V**oltou Rabsaqué e achou o rei da Assíria pelejando contra Libna, porque ouvira que já se havia retirado de Laquis.

9 Ora, Senaqueribe recebeu aviso de que Tiraca, rei da Etiópia, tinha saído para lhe fazer guerra. Assim que ouviu isso, enviou mensageiros a Ezequias, dizendo:

10 Assim direis a Ezequias, rei de Judá: Não te engane o teu Deus, em quem [t]confias, dizendo: Jerusalém não será entregue nas mãos do rei da Assíria.

11 Certamente já tens ouvido o que fizeram os reis da Assíria a todas as terras, destruindo-as totalmente. E escaparias tu?

12 Livraram-nas os [u]deuses das nações que meus pais destruíram: Gozã, Harã, Rezefe, e os filhos de Éden, que estavam em Telassar?

13 Onde está o rei de Hamate, e o rei de Arpade, e o rei da cidade de Sefarvaim, de Hena e de [v]Iva?

Oração de Ezequias no Templo (2Rs 19.14-19; 2Cr 32.20)

14 **R**ecebendo Ezequias a carta das mãos dos mensageiros, e tendo-a lido, subiu ao templo do Senhor e a estendeu perante o Senhor.

15 [w]Orou Ezequias ao Senhor:

16 Ó Senhor dos Exércitos, Deus de Israel, que habitas entre os querubins, [x]só tu és o Deus de todos os reinos da terra. Tu fizeste os céus e a terra.

17 [y]Inclina, ó Senhor, o teu ouvido, e ouve; abre, ó Senhor, os teus olhos, e olha; [z]ouve todas as palavras de Senaqueribe, as quais ele mandou para afrontar o Deus vivo.

18 Verdade é, ó Senhor, que os reis da Assíria assolaram todos os [a]países, e as suas terras,

19 e lançaram no fogo os deuses deles, porque deuses [b]não eram, mas obra de mãos de homens, madeira e pedra; por isso os destruíram.

20 Agora, ó Senhor nosso Deus, [c]livra-nos da sua mão, para que todos os reinos da terra conheçam [d]que só tu és o Senhor.

A segunda resposta de Deus por meio de Isaías (2Rs 19.20-34)

21 **E**ntão Isaías, filho de Amoz, mandou dizer a Ezequias: Assim diz o Senhor, o Deus de Israel: Quanto ao que me pediste acerca de Senaqueribe, rei da Assíria,

22 esta é a palavra que o Senhor disse a respeito dele:

A virgem, a filha de Sião,
te despreza, e zomba de ti.
A filha de Jerusalém meneia
a cabeça por detrás de ti.
23 A quem afrontaste e de quem blasfemaste?
Contra quem ergueste a voz
e ergueste os olhos ao alto?
Contra o Santo de Israel.
24 Por meio dos teus servos
afrontaste o Senhor.
E disseste:
Com a multidão dos meus carros
subi eu aos cumes dos montes,
aos últimos recessos do Líbano,
e cortarei os seus altos cedros
e os seus ciprestes escolhidos,
e entrarei no seu cume mais elevado,
no bosque do seu campo fértil.
25 Eu cavei, e bebi as águas.
Com as plantas dos meus pés
sequei todos os rios do Egito.
26 Não ouviste que já [e]muito antes eu fiz isto,
e já desde os dias antigos o tinha pensado?
Agora, porém, se cumpre,
e eu quis que tu destruísses as
cidades fortificadas,
e as reduzisses a montões de ruínas.
27 Por isso, os seus moradores, [f]debilitados,
andaram atemorizados e
envergonhados.
Eram como a erva do campo,
a erva verde,
o feno dos telhados,
e o trigo queimado
antes de amadurecer.
28 Eu conheço, porém, o teu assentar,
e o teu sair, e o teu entrar,
e o teu furor contra mim.
29 **P**or causa do teu furor contra mim,
e porque a tua arrogância
subiu até os meus ouvidos,
[g]porei o meu anzol no teu nariz,
e o meu freio nos teus beiços,
e te farei [h]voltar
pelo caminho por onde vieste.

[q] Is 36.15,18,20
[r] Comp. Ez 35.12,13
[s] Comp. Is 7.3-8; 26.4; 30.15; 31.3
[t] Veja Sl 2.12, nota
[u] Is 36.18,19; comp. Is 10.9-11
[v] Chamada Ava em 2Rs 17.24
[w] Orações da Bíblia (AT): v. 14-20; Is 38.3 (Gn 15.2; Hc 3.1)
[x] Is 43.10,11
[y] Dn 9.18
[z] Sl 74.22
[a] 2Rs 15.29; 16.9; 17.24
[b] Is 40.19,20
[c] Is 33.22
[d] Sl 83.18
[e] Is 25.1; 40.21; 45.21
[f] Relacionado à falta de mão de obra
[g] Is 30.28; Ez 38.4
[h] Ez 38.4; 39.2

30 Isto te será por sinal, ó Ezequias:
Este ano se comerá o que
espontaneamente nascer,
e no segundo ano o que daí proceder,
mas no terceiro ano semeai e colhei,
plantai vinhas e comei os seus frutos.
31 O que escapou da tribo
de Judá e ficou de resto
tornará a lançar raízes para
baixo e dará fruto para cima.
32 Pois de Jerusalém sairá o [i]restante,
e do monte Sião o que escapou.
O [j]zelo do Senhor dos Exércitos fará isto.
33 **P**ortanto, assim diz o Senhor
acerca do rei da Assíria:
Não entrará nesta cidade,
nem lançará nela flecha alguma.
Tampouco virá perante ela com escudo,
ou levantará contra ela tranqueira.
34 Pelo caminho por onde vier,
por esse voltará;
ele não entrará nesta
cidade, diz o Senhor.
35 Eu [k]ampararei esta cidade para a livrar,
por amor de mim e por
[l]amor do meu servo Davi.

185.000 assírios mortos por Deus; Senaqueribe é assassinado (2Rs 19.35-37; 2Cr 32.21)

36 **E**ntão saiu o [m]anjo do Senhor e [n]feriu no
acampamento dos assírios cento e oitenta e
cinco mil. Quando se levantaram pela manhã
cedo, só havia cadáveres.
37 Assim Senaqueribe, rei da Assíria, se reti-
rou do acampamento e voltou para [o]Nínive e
lá permaneceu.
38 Certo dia, estando ele prostrado no templo
de Nisroque, seu deus, Adrameleque e Sarezer,
seus filhos, o mataram à espada, e fugiram para
a terra de [p]Ararate. E [q]Esar-Hadom, seu filho, rei-
nou em seu lugar.

A cura de Ezequias (2Rs 20.1-11; 2Cr 32.24-30)

38 **N**aqueles [1]dias, [r]Ezequias adoeceu de
uma enfermidade mortal. Veio a ele
Isaías, filho de Amoz, o profeta, e lhe disse:
Assim diz o Senhor: Põe em ordem a tua casa,
porque morrerás; não viverás.
2 Então virou Ezequias o rosto para a parede e
[s]orou ao Senhor:
3 Ah! Senhor, lembra-te, [t]peço-te, de que andei
diante de ti em verdade, com inteireza de cora-
ção, e fiz o que era reto aos [u]teus olhos. E chorou
Ezequias amargamente.
4 Então veio a palavra do Senhor a Isaías:
5 Vai e dize a Ezequias: Assim diz o Senhor,
o Deus de Davi, teu pai: Ouvi a tua oração e vi
as tuas lágrimas; acrescentarei aos teus dias
[v]quinze anos.
6 Eu te livrarei das mãos do rei da Assíria, a ti e
a esta cidade. Eu [w]defenderei esta cidade.
7 Isto te será da parte do Senhor como sinal de
que o Senhor cumprirá o que prometeu:
8 Farei [x]voltar dez graus a sombra no reló-
gio de Acaz, pelos quais já declinou com o sol.
Assim recuou o sol [2]dez graus pelos quais já
tinha andado.
9 [3]**E**scrito de Ezequias, rei de Judá, depois de
sua enfermidade e cura:
10 Eu disse: Em pleno vigor de meus [y]dias
devo entrar nas portas da [z]sepultura
e ser privado do resto de meus anos?
11 Eu disse: Já não verei o Senhor
na terra dos viventes;
jamais verei o homem
com os moradores do mundo.
12 [a]Como a tenda de pastor,
a minha morada foi
arrancada e tirada de mim.
Como um tecelão, enrolei a minha vida,
e ele me cortou do tear;
noite e dia deste cabo de mim.
13 Esperei com paciência
até de madrugada,
mas como um leão ele
quebrou todos os meus ossos;
noite e dia deste cabo de mim.
14 Como o grou, ou a andorinha,
assim eu chilreava,
e gemia como a pomba.
Os meus olhos se cansaram de olhar para o alto.
Ando oprimido; ó Senhor,
fica por meu fiador.
15 **E**u, porém, que direi?
Ele falou comigo,
e ele mesmo fez isso.
Andarei [b]humildemente todos os meus anos,
por causa da amargura da minha alma.
16 Senhor, por estas coisas vivem os homens;
e o meu espírito encontra vida nelas também.
Restauraste-me a saúde
e me deixaste viver.

[i] Remanescente: v. 32; Is 46.3 (Is 1.9; Rm 11.5, nota)
[j] 2Rs 19.31; Is 9.7
[k] Is 31.5; 38.6
[l] 1Rs 11.13
[m] Anjo (do Senhor): v. 36; Is 63.9 (Gn 16.7; Jz 2.1, nota)
[n] Milagres (AT): v. 36; 38.8; Dn 3.26 (Gn 5.24; Jn 1.17)
[o] Veja Jn 3.3, nota
[p] Veja Gn 8.4
[q] Ed 4.2
[r] 2Rs 20.1-19 é um relato paralelo a Is 38–39
[s] Comp. Is 37.15
[t] Orações da Bíblia (AT): v. 3; Jr 14.7 (Gn 15.2; Hc 3.1)
[u] 2Rs 18.3
[v] Comp. 2Rs 18.2,13
[w] Is 37.35
[x] Comp. Js 10.12-14
[y] Comp. Sl 102.24
[z] Veja Hc 2.5, nota; comp. Lc 16.23, nota
[a] Comp. 2Co 5.1; 2Pe 1.13,14
[b] Comp. 1Rs 21.27

[1] (38.1) A enfermidade de Ezequias (cap. 38–39) ocorreu antes dos acontecimentos dos cap. 36–37. Veja 2Rs 18.7, *nota*.

[2] (38.8) Os que zombam da Palavra de Deus têm sugerido que seria impossível que a Terra invertesse sua rotação e que, além disso, tal inversão destruiria o mundo. Isso foi um milagre, sem dúvida. O Criador não está limitado às leis naturais que ele mesmo instituiu.

[3] (38.9) Os v. 10-20 contêm a única narrativa existente no AT escrita por um rei de Judá depois da época de Salomão.

17 Certamente foi para minha
paz que estive em grande amargura.
Em teu amor abraçaste a minha alma,
que não caiu na cova da corrupção;
lançaste para trás das tuas [c]costas
todos os meus pecados.
18 Pois não pode [d]louvar-te a sepultura,
nem a [e]morte glorificar-te;
não esperarão em tua verdade
os que descem à cova.
19 Os vivos, os vivos,
esses te louvarão como eu
hoje faço; o pai aos filhos
fará notória a tua fidelidade.
20 O Senhor me salvará, e cantaremos com
instrumentos de cordas
todos os dias de nossa vida
no templo do Senhor.
21 [f]Isaías havia dito: Prepare-se uma pasta de
figos e ponha-se como emplastro sobre a chaga,
e ele se recuperará.
22 [g]Ezequias tinha perguntado: Qual será o
sinal de que hei de subir ao templo do Senhor?

Ezequias imprudentemente revela suas defesas; predição do cativeiro babilônico (2Rs 20.12-19; 2Cr 32.31)

39 **N**esse [h]tempo, Merodaque-Baladã, filho
de Baladã, rei de Babilônia, enviou cartas
e um presente a Ezequias, porque tinha ouvido
dizer que estivera doente, e já tinha convalescido.
2 Ezequias se alegrou com eles e lhes mostrou a
casa do seu tesouro, a prata, o ouro, as especiarias,
os melhores unguentos, toda a sua casa de armas,
e tudo o que se achava nos seus [i]tesouros. Coisa
alguma houve no seu palácio, ou em todo o seu
domínio, que Ezequias não lhes mostrasse.
3 Então o profeta Isaías veio ao rei Ezequias e
lhe perguntou: O que foi que aqueles homens
disseram? De onde vieram? Respondeu Ezequias: De uma [j]terra remota vieram a mim, de
Babilônia.
4 Perguntou o profeta: O que foi que viram em
teu palácio? Respondeu Ezequias: Viram tudo
o que há em minha casa. Coisa alguma há nos
meus tesouros que não lhes mostrasse.
5 **E**ntão disse Isaías a Ezequias: Ouve a palavra
do Senhor dos Exércitos:
6 Certamente virão dias em que tudo o que
houver em teu palácio, e tudo o que entesouraram os teus antepassados até ao dia de hoje, será
[k]levado para Babilônia. Não ficará coisa alguma,
diz o Senhor.
7 Dos teus próprios [l]filhos, que procederem de
ti, e tu gerares, tomarão, para que sejam eunucos
no palácio do rei de Babilônia.
8 Então disse Ezequias a Isaías: Boa é a palavra do Senhor que disseste. Pois pensava: Haverá
paz e segurança em meus dias.

V. A grandeza e a transcendência eternas de Deus, 40–48

Nova mensagem do profeta

40 [1]Consolai, consolai o meu povo,
[2]diz o vosso Deus.

[c] Perdão: v. 17; Is 44.22 (Lv 4.20; Mt 26.28, nota)
[d] Sl 115.17
[e] Veja Ec 9.10, nota
[f] 2Rs 20.7
[g] 2Rs 20.8
[h] 2Rs 20.1-19 é um relato paralelo a Is 38–39
[i] 2Cr 36.18
[j] Dt 28.49; Jr 5.15
[k] 2Rs 24.13; 25.13-15; Jr 20.5
[l] Dn 1.3,4

[1] (40.1) Em vista de que esta parte do livro nunca predisse o exílio, mas fala dele como se já estivesse acontecendo, ao mesmo tempo que promete livramento, foi proposta a teoria de que essa seção não foi escrita por Isaías, mas por um autor desconhecido posterior (chamado por alguns de Segundo Isaías) que escreveu pouco antes do final do exílio. Em apoio a essa posição, tem-se afirmado que o estilo literário e a perspectiva teológica são diferentes daqueles do Isaías original. No entanto, as semelhanças de estilo e vocabulário são maiores do que as diferenças; na verdade, o estilo de Isaías é singular. As alegadas variações de perspectiva teológica nunca são verdadeiras contradições, mas meras diferenças de ênfase. Tais alterações de estilo e de ênfase teológica são simplesmente o que se deveria esperar em vista da diferença dos temas tratados. Há, na verdade, apenas dois argumentos de peso para falar de autores distintos: 1) o fato de que o nome de Ciro é mencionado mais de um século antes de sua época e 2) o fato de que o exílio é tido como fato, não como algo profetizado.

O primeiro desses pontos não constitui dificuldade para quem crê em profecia de eventos futuros. Na verdade, o nome de Josias foi predito quase trezentos anos antes de sua época (1Rs 13.2).

Quanto ao segundo argumento, não é somente nestes capítulos que um profeta adota o ponto de vista de uma situação futura. Há casos semelhantes também em outras porções dos Livros Proféticos (p. ex., Is 9.2-4; Mq 4.9–5.1).

Antes de Isaías morrer, o Reino do Norte já havia passado certo tempo no exílio, e o pecado contínuo de Judá tornou inevitável seu exílio final. Isaías e seus seguidores fiéis a Deus tinham a sensação de que eles também estavam no exílio. Nessas circunstâncias, não parece estranho que o Espírito de Deus o levasse a adotar o ponto de vista do exílio e a transmitir aos seus seguidores uma mensagem de livramento, que se adequava perfeitamente para reavivar e animar a fé dos fiéis durante o exílio.

A unidade de Isaías é indubitável porque o NT atribui a Isaías citações de cada uma das principais porções do livro. Assim, em Jo 12.37-41, tanto as citações de Is 53 como as de Is 6 são atribuídas a Isaías.

Partindo da ideia equivocada de que houve diferentes autores da primeira e da última partes de Isaías, aqueles que aceitam esta posição geralmente usam os argumentos similares em relação a vocabulário e ponto de vista para dividir a última parte em duas, que eles denominam de Segundo Isaías e Terceiro Isaías. Desse modo, então, subdividem cada uma dessas partes, como também a primeira parte do livro, separando o todo em um mosaico que, supostamente, é obra de uma multiplicidade de autores que escreveram em um período de vários séculos. No entanto, não há evidência convincente para rejeitar a posição dos escritores do NT de que todo o livro é obra de Isaías, o filho de Amoz (Is 1.1).

[2] (40.1) A seção de Isaías que vai de 40.1 a 56.8 contempla Israel no exílio e promete livramento por meio de Ciro (p. ex., 41.2,25; 44.28; 45.1-4; 46.11; 48.14,15). Mesclado com a promessa de livramento, há um crescente reconhecimento de que o exílio é apenas o resultado

2 Falai benignamente a Jerusalém
e anunciem que já a sua
malícia é acabada,
que a sua iniquidade está expiada,
e que já recebeu em dobro
da mão do Senhor,
por todos os seus pecados.

A missão de João Batista (comp. Mt 3.3)

3 [m]Voz do que clama no deserto:
Preparai o caminho do Senhor;
façam no deserto um
caminho reto para o nosso Deus.
4 Todo vale será exaltado,
e todo monte e todo outeiro serão abatidos;
o que é tortuoso será endireitado,
e o que é escabroso, aplanado.
5 E a [n]glória do Senhor se manifestará,
e toda a humanidade juntamente a verá,
pois foi a boca do Senhor que o disse.

A grandeza de Deus e a insignificância do homem

6 **D**iz uma voz: Clama.
E eu disse: Que hei de clamar?
Todos os homens são como a [o]erva,
e toda a sua beleza como as flores do campo.
7 Seca-se a erva, e caem as flores,
soprando nelas o hálito do Senhor.
Na verdade o povo é erva.
8 Seca-se a erva, e caem as flores,
mas a palavra do nosso
Deus permanece eternamente.
9 **Q**uanto a ti, anunciador
de boas-novas a Sião,
sobe a um alto monte.
E tu, anunciador de
boas-novas a [p]Jerusalém,
levanta a voz fortemente,
levanta-a, não temas,
e dize às cidades de Judá:
Aqui está o vosso Deus.
10 O Senhor Deus virá com poder,
e o seu braço dominará.
O seu galardão vem com ele,
e o seu salário diante da sua face.
11 Como [q]pastor apascentará o seu rebanho:
Nos seus braços recolherá os cordeirinhos
e os levará no seu [r]regaço;
as que amamentam,
ele guiará mansamente.

12 **Q**uem mediu com a concha
das mãos as águas,
ou tomou a medida dos céus aos palmos?
Quem recolheu numa medida
o pó da terra,
ou pesou os montes e os
outeiros em balanças?
13 Quem [s]guiou o [t]Espírito do Senhor?
E que conselheiro o ensinou?
14 A quem consultou,
para que lhe desse [u]entendimento,
e lhe mostrasse o caminho certo,
e lhe ensinasse sabedoria,
e lhe fizesse notório
o caminho do conhecimento?
15 Certamente as nações são
consideradas por ele
como a gota de um balde,
e como o pó miúdo das balanças;
ele pesa as ilhas como se fossem fino pó.
16 Nem todo o Líbano basta para o fogo,
nem os seus animais
bastam para holocaustos.
17 Todas as nações são como [v]nada perante ele;
ele as considera sem valor,
e menos do que nada.
18 A quem, pois, [w]fareis semelhante a Deus?
Com que imagem o comparareis?
19 **O** artífice grava a imagem,
e o ourives a cobre de ouro,
e cadeias de prata funde para ela.
20 O pobre demais, que não
pode oferecer tanto,
escolhe madeira que não apodrece.
Ele busca um artífice sábio
para gravar uma imagem
que não se pode mover.
21 [x]Não sabeis?
Não ouvis?
Ou desde o princípio não vos
foi notificado isto mesmo?
Ou não destes atenção para os
fundamentos da terra?
22 Ele está assentado sobre
o [1]círculo da terra,
cujos moradores são para
ele como gafanhotos.
Ele [y]estende os céus como cortina
e os desenrola como [z]tenda
para neles habitar.

[m] v. 3-5; Mc 1.3; Lc 3.4-6; Jo 1.23
[n] Is 35.2
[o] v. 6-8; Tg 1.10; 1Pe 1.24,25
[p] Reino (AT): v. 9-11; Is 62.10 (Gn 1.26; Zc 12.8)
[q] Comp. Jo 10.11,14-16; Hb 13.20; 1Pe 2.25; 5.4
[r] Comp. Nm 11.12
[s] Rm 11.34; 1Co 2.16
[t] Espírito Santo (AT): v. 13; Is 42.1 (Gn 1.2; Zc 12.10)
[u] Jó 36.22,23
[v] Dn 4.35
[w] v. 25; Is 46.5; At 17.29
[x] Sl 19.1; At 14.17; Rm 1.19,20
[y] Jó 9.8; Sl 104.2; Is 42.5; 44.24; Jr 10.12
[z] Sl 19.4

inevitável do pecado de Israel (p. ex., 42.19-25; 43.22-28; etc.). Portanto, a não ser que esse problema seja resolvido de modo satisfatório, inevitavelmente outros cativeiros se seguirão. Deus promete que enviará seu Servo para tirar o pecado e trazer luz ao mundo (p. ex., 42.1-7; 49.1-6; 52.13–53.12). O amplo panorama dos sofrimentos redentores de Cristo em Is 52.13–53.12 conduz ao estilo evangelístico tão proeminente nessa parte de Isaías (p. ex., 44.22,23; 55.1-3,6,7). Isaías também prediz o regresso de Israel no final dos tempos (comp. Is 11.12; 43.1-7; 51.11,21-23; 52.1; 54.6-10; 60.15-22; 61.7-9; 65.18-25).

[1] (40.22) Muitos afirmam que este versículo faz alusão à esfericidade da Terra. Comp. Jó 9.8; Sl 104.2; Is 42.5; 44.24; Jr 10.12.

23 Ele faz voltar ao nada os príncipes,
e [a]reduz a nada os juízes da terra.
24 Mal são plantados e semeados,
mal se arraigou na terra o seu tronco,
Deus sopra sobre eles, e secam-se,
e um redemoinho os leva como palha.
25 [b]**A** quem me fareis semelhante,
para que lhe seja semelhante?
Diz o Santo.
26 Levantai ao alto os vossos olhos:
Quem criou todas estas coisas?
Aquele que faz sair o exército de estrelas,
uma por uma, e as [c]chama pelo nome.
Por causa da grandeza das suas forças
e da fortaleza do seu poder,
nenhuma faltará.
27 [d]Por que dizes, ó Jacó, e tu reclamas, ó Israel:
O meu caminho está encoberto ao Senhor,
e a minha causa passa
despercebida ao [e]meu Deus?
28 Não sabes? Não ouviste?
O Senhor é o eterno Deus,
o Criador dos fins da terra.
Ele não se cansa nem fica exausto,
e não há quem esquadrinhe
o seu [f]entendimento.
29 Dá força ao cansado
e multiplica a força ao que
não tem nenhum vigor.
30 Até os jovens se cansam e se fatigam,
eles tropeçam e caem,
31 mas os que [g]esperam no Senhor
[h]renovarão as suas forças.
Subirão com asas como águias;
correrão e não se cansarão,
caminharão e não se fatigarão.

O Deus vivo zomba dos ídolos sem vida

41 **C**alai-vos na minha
presença, ó ilhas!
E os povos renovem as forças!
[i]Cheguem-se, e então falem;
cheguemo-nos juntos a juízo.
2 Quem suscitou do Oriente o [1][j]justo,
chamando-o em retidão
ao seu serviço?
Ele lhe dá as nações,
e subjuga reis na sua presença.
Ele os transforma em pó com a sua espada,
e como palha arrebatada
pelo vento, com o seu arco.
3 Ele os persegue e passa em paz,
por uma vereda que com
os seus pés nunca tinha trilhado.
4 Quem operou e fez isso,
chamando as gerações desde o princípio?
Eu, o Senhor, o primeiro deles,
e com os [k]últimos,
sou eu [l]mesmo.
5 As ilhas veem isso e temem;
os fins da terra tremem.
Aproximam-se e vêm;
6 um ao outro ajuda,
e ao seu companheiro diz:
Esforça-te.
7 **O** [m]artífice anima o [n]ourives,
e o que alisa com o martelo,
ao que bate na bigorna,
dizendo da coisa soldada: Boa é.
Então com pregos a fixa para
que não caia.
8 **A** ti, porém, ó Israel, [2]servo meu,
tu Jacó, a quem escolhi,
descendência de Abraão, meu [o]amigo,
9 eu te tomei desde os confins da terra,
chamei-te dos seus recantos
mais distantes,
e te disse: Tu és o meu servo,
a ti escolhi, e não te rejeitei.
10 [p]Não temas, pois eu sou contigo;
não te assombres,
pois eu sou teu Deus.
Eu te fortalecerei e te ajudarei;
eu te sustentarei com a
destra da minha justiça.
11 Certamente envergonhados
e confundidos serão
todos os que se enraivecem contra ti;
os que contenderem contigo
se tornarão em nada e perecerão.
12 Ainda que busques os teus inimigos,
não os acharás.
Os que pelejam contigo
se tornarão em nada,
e coisa de nenhum valor os
que guerreiam contra ti.

[a] Sl 107.40; comp. 1Co 1.26-29
[b] v. 18; Dt 4.15
[c] Sl 147.4
[d] Is 54.7,8
[e] Jó 34.5
[f] Ec 11.5; Rm 11.33
[g] Is 30.15; 49.23
[h] Sl 103.5
[i] Is 1.18
[j] Is 45.1,13
[k] Ap 1.8,17; 22.13
[l] Is 43.10; 44.6
[m] Is 44.13
[n] Is 40.19
[o] 2Cr 20.7; Tg 2.23
[p] Is 43.1,5; 44.2

[1] (41.2) Este versículo prediz a vinda do conquistador persa Ciro, cujas vitórias e rápido aumento de poder são atribuídos à providência de Deus. Ciro veio da região nordeste. Por isso, às vezes é dito que ele veio do leste e, às vezes, que veio do norte. Aqui, é dito que ele veio "do Oriente"; no v. 25, "do norte". Em 46.11, a ênfase é colocada na obra de Deus: "Do Oriente chamo a ave de rapina". Veja tb. 41.25; 44.28; 45.1-4; 46.11 e 48.14,15.

[2] (41.8) Três servos do Senhor são mencionados em Isaías: 1) Davi (Is 37.35), 2) Israel como nação (Is 41.8-16; 43.1-10; 44.1-8,21; 45.4; 48.20) e 3) o Messias (42.1-12; todo o cap. 49, mas observe especialmente os v. 5-7, onde Cristo, o Servo, restaura o povo, que também é servo; 50.4-6; 52.13-15; 53.1-12). Israel como nação era um servo incrédulo, mas, após sua restauração e conversão, é dito dele: "os montes trilharás" (v. 15). Nenhuma acusação de infidelidade ou fracasso é feita contra Cristo, o Servo. Veja Is 42.1, *nota*.

13 Pois eu sou o Senhor, o teu Deus,
que te toma pela tua mão direita
e te diz: Não temas;
eu te ajudarei.
14 **N**ão temas, ó [q]verme de Jacó,
povozinho de Israel,
eu mesmo te ajudarei,
diz o Senhor,
o teu [r]Redentor, o Santo de Israel.
15 Eu te prepararei um trilho novo,
que tem dentes agudos.
Os montes [s]trilharás e moerás,
e os outeiros reduzirás a palha.
16 Tu os padejarás, o vento os levará,
o redemoinho os espalhará,
mas tu te alegrarás no Senhor
e te gloriarás no Santo de Israel.
17 **O**s pobres e necessitados buscam água,
mas não há;
a sua língua se seca de sede.
Contudo eu, o Senhor, os ouvirei;
eu, o Deus de Israel,
não os [t]desampararei.
18 Abrirei rios nos altos desnudos,
e fontes no meio dos vales.
Tornarei o deserto em [u]lagos,
e a terra seca em mananciais.
19 Plantarei no deserto
o cedro, a acácia, a murta e a oliveira.
Colocarei [v]juntos no ermo
o pinheiro, o olmeiro e o cipreste,
20 para que todos vejam e saibam,
considerem e entendam
que a mão do Senhor fez isso,
que o Santo de Israel o criou.
21 **A**presentai a vossa causa, diz o Senhor.
Trazei as vossas firmes
razões, diz o [w]Rei de Jacó.
22 Trazei e anunciai-nos
as coisas que hão de acontecer.
Anunciai-nos as coisas passadas,
para que as consideremos,
e saibamos o seu fim.
Ou mostrai-nos as coisas futuras,
23 anunciai-nos as coisas
que ainda hão de vir,
para que saibamos que
sois deuses.
Fazei o bem, ou fazei o mal,
para que nos assombremos,
e juntamente o vejamos.

[q] Jó 25.6
[r] Redenção (tipo do parente remidor): v. 14; Is 43.1 (Gn 48.16; Is 59.20, nota)
[s] Comp. Mq 4.13
[t] Sl 94.14; Rm 11.2
[u] Is 43.20; 49.10; 55.1
[v] Is 35.1
[w] Is 43.15
[x] Rm 3.10-20
[y] Comp. Is 14.31; Jr 1.13,14
[z] Evangelho: v. 27; Is 52.7 (Gn 12.3; Ap 14.6)
[a] Is 11.2
[b] Espírito Santo (AT): v. 1; Is 44.3 (Gn 1.2; Zc 12.10)
[c] Cristo (primeira vinda): v. 1-7; Is 49.1 (Gn 3.15; At 1.11)
[d] Mt 12.18-21
[e] Is 49.6; 60.3; Mt 4.16; Lc 2.32; At 13.47,48; Rm 9.24-30; 10.19,20; 11.11,12; 15.9-12

24 No entanto, sois menos do que [x]nada,
e a vossa obra é menos do que nada;
abominação é quem vos escolhe.
25 **S**uscito a um do [y]norte, e ele vem,
um do nascente do sol
que invocará o meu nome.
Ele pisará os magistrados como lodo,
e, como o oleiro pisa o barro,
assim ele os pisará.
26 Quem anunciou isso desde o princípio,
para que o possamos saber,
ou dantes, para que digamos: Justo é?
Não houve quem anunciasse,
não houve quem manifestasse,
não houve quem ouvisse as vossas palavras.
27 Eu fui o primeiro a dizer a Sião:
Aqui estão!
A Jerusalém dei um mensageiro
de boas-[z]novas.
28 Olhei, mas ninguém havia;
ninguém entre eles que soubesse aconselhar,
ninguém que me desse resposta.
29 Vede, todos são vaidade!
As suas obras não são coisa alguma;
as suas imagens
de fundição não passam de vento e confusão.

Cristo, o Servo do Senhor

42 **A**qui está o meu [1]Servo, a quem sustenho,
o meu eleito, de quem se
agrada a minha alma;
porei o [a]meu [b]Espírito sobre ele,
e justiça trará às nações.
2 Não clamará, não se exaltará,
nem fará ouvir a sua voz na praça.
3 A [c]cana ferida não quebrará,
e não apagará o [d]pavio que fumega.
Em verdade ele trará a justiça;
4 não mostrará fraqueza
nem será quebrantado,
até que ponha na terra a justiça.
Na sua lei as ilhas esperarão.
5 **A**ssim diz Deus, o Senhor,
que criou os céus, e os estendeu,
e formou a terra, e a tudo o que produz,
que dá a respiração ao povo que nela está
e vida aos que andam nela.
6 Eu, o Senhor, te chamei em retidão;
eu te tomarei pela mão.
Eu te guardarei, e te darei por mediador
para o povo e para [2]luz dos [e]gentios,

[1] (42.1) Há um relato duplo da vinda do Servo: Ele é apresentado 1) como fraco, desprezado, rejeitado e morto, bem como 2) poderoso, um conquistador que se vinga das nações e restaura Israel (p. ex., 40.10; 63.1-4). A primeira categoria de passagens está relacionada com a primeira vinda e se cumpriram; a última, com a segunda vinda, ainda sem cumprimento.

[2] (42.6) Os profetas ligam os gentios a Cristo de três maneiras: 1) Como a Luz, ele leva salvação aos gentios (Lc 2.32; At 13.47,48), um aspecto distintivo da Dispensação da Igreja (Rm 11.17-24; Ef 2.11,12). 2) Como a Raiz de Jessé, ele reinará sobre os gentios em seu reinado

7 para abrir os olhos dos cegos,
para tirar da prisão os presos
e do cárcere os que jazem em trevas.

Israel: sua eleição, pecado e castigo

8 Eu sou o Senhor; este é o meu nome!
A minha glória a outrem não a darei,
nem o meu louvor às imagens
de escultura.
9 Vede, as primeiras coisas se cumpriram,
e novas coisas eu vos anuncio;
antes que venham à luz,
vos faço ouvi-las.
10 **C**antai ao Senhor um cântico novo,
e o seu louvor desde as
extremidades da terra,
vós os que navegais pelo mar,
e tudo o que nele há,
vós, ilhas e seus habitantes.
11 Ergam a voz o deserto e as suas cidades;
regozijem-se as aldeias
habitadas por Quedar.
Exultem os que habitam nas [f]rochas,
e clamem do cume dos montes.
12 Deem glória ao Senhor
e anunciem o seu louvor nas ilhas.
13 O Senhor como poderoso sairá,
como homem de guerra despertará o zelo;
clamará e fará grande ruído,
e sujeitará os seus inimigos.
14 **P**or muito tempo me calei,
estive em silêncio e me contive;
mas agora darei gritos
como a que está de parto,
arfando e arquejando.
15 Os montes e outeiros tornarei em deserto,
e toda a sua erva farei secar,
e tornarei os rios em terras áridas,
e as lagoas secarei.
16 Guiarei os cegos por um caminho
que não conheceram,
farei que caminhem por veredas
desconhecidas;
tornarei as trevas em luz perante eles,
e as coisas tortas endireitarei.
Essas coisas lhes farei,
e nunca os desampararei.
17 No entanto, os que confiam
em imagens de escultura
e dizem às imagens de
fundição: Vós sois os nossos deuses,
tornarão atrás,
e se confundirão de vergonha.

[f] Is 16.1
[g] Comp. Sl 138.2
[h] Is 65.2
[i] Is 1.3; 5.13
[j] Is 29.13
[k] Is 43.5
[l] Redenção (tipo do parente remidor): v .1-14; Is 44.6 (Gn 48.16; Is 59.20, nota)
[m] Segurança: v. 1; Is 49.16 (Sl 23.1; Jd 1)
[n] Jr 30.11
[o] Sl 66.12; comp. Dn 3.25-27

18 **S**urdos, ouvi,
e vós, cegos, olhai,
para que possais ver.
19 Quem é cego, senão o meu servo,
ou surdo como o meu
mensageiro, a quem envio?
E quem é cego como o meu amigo,
e cego como o servo do Senhor?
20 Tu viste muitas coisas,
mas não as guardaste;
ainda que tenhas os ouvidos abertos,
nada ouves.
21 Foi do agrado do Senhor,
por amor da sua própria justiça,
[g]engrandecer a sua lei e
torná-la gloriosa.
22 Este, porém, é um povo
roubado e saqueado,
todos foram apanhados em cavernas,
e escondidos nas prisões.
São postos por presa,
e ninguém há que os livre;
tornou-se despojo,
e ninguém diz: Restituí.
23 Quem há entre vós que ouça isso,
ou atenda e ouça o que há
de ser depois?
24 Quem entregou Jacó por despojo,
e Israel aos roubadores?
Não foi o Senhor,
aquele contra quem pecaram,
e em cujos caminhos [h]não queriam andar,
e a cuja lei não quiseram obedecer?
25 Pelo que derramou sobre
eles a indignação da sua ira
e a violência da guerra.
Ela os envolveu em labaredas,
contudo [i]não compreenderam;
queimou-os, mas não [j]fizeram caso.

Israel será redimido e restaurado

43 **A**gora, porém, assim diz o Senhor
que te criou, ó Jacó,
e que te formou, ó Israel:
[k]Não temas, porque eu te [l]remi;
chamei-te pelo teu nome;
tu és [m]meu.
2 Quando passares pelas águas,
estarei [n]contigo
e, quando passares pelos rios,
eles não te submergirão.
[o]Quando passares pelo fogo,
não te queimarás,
nem a chama arderá em ti.

divino (Is 11.10; Rm 15.12). Veja Reino (AT), Gn 1.26-28; Zc 12.8, *nota*. 3) Os crentes gentios da presente dispensação, com os crentes judeus, constituem a "igreja, que é o seu corpo" (Ef 1.22,23). Veja Ef 3.6, *nota*.

3 Pois eu sou o Senhor, o teu Deus,
o Santo de Israel,
o teu Salvador;
dou o Egito por teu [p]resgate,
a Etiópia e Seba por ti.
4 Visto que és precioso e
honrado aos meus olhos,
e porque te [q]amo,
darei os homens por ti,
e os povos pela tua vida.
5 [r]Não temas, pois estou contigo;
trarei a tua descendência do Oriente
e te [s]ajuntarei do Ocidente.
6 Direi ao [t]norte: Dá;
e ao sul: Não retenhas;
trazei meus filhos de longe,
e minhas filhas das
extremidades da terra;
7 a todos os que são [u]chamados
pelo meu nome,
aos quais [v]criei para a minha glória,
aos quais formei e fiz.

Israel será testemunha de Deus

8 **T**razei o povo que tem olhos, mas é cego,
que tem ouvidos, mas é [w]surdo.
9 Todas as nações se congregam,
e os povos se reúnem.
Quem dentre eles pode anunciar isto,
e fazer-nos ouvir as coisas antigas?
Apresentem as suas
testemunhas, para que se justifiquem,
e para que se ouça e se diga: Verdade é.
10 [x]Vós sois as minhas testemunhas,
diz o Senhor,
e o meu servo, a quem escolhi,
para que o saibais e creiais em mim,
e entendais que eu sou o mesmo,
e que [y]antes de mim deus
nenhum se formou,
e depois de mim nenhum haverá.
11 [z]Eu, eu sou o Senhor,
e fora de mim não há Salvador.
12 Eu anunciei, e eu salvei,
e eu o fiz ouvir,
e deus estranho não houve entre vós.
Vós sois as minhas
testemunhas, diz o Senhor,
de que eu sou Deus.
13 Ainda antes que houvesse dia, eu sou.
Ninguém há que possa fazer
escapar das minhas mãos.
Operando eu, quem [a]impedirá?

Babilônia será destruída; Israel, perdoado

14 Assim diz o Senhor, teu Redentor,
o Santo de Israel:
Por amor de vós enviarei a Babilônia
e farei descer como fugitivos
todos os caldeus,
nos navios com que se vangloriavam.
15 Eu sou o Senhor, vosso Santo,
o Criador de Israel, vosso [b]Rei.
16 Assim diz o Senhor,
o que preparou no mar um [c]caminho,
e nas águas impetuosas uma vereda;
17 o que fez sair o carro e o cavalo,
o exército e a força –
eles juntamente se deitaram,
e nunca se levantarão,
estão extintos,
como um pavio se apagaram.
18 Não vos lembreis das coisas passadas,
nem considereis as antigas.
19 Vede, eu faço uma coisa nova,
que está saindo à luz;
não a percebeis?
Porei um caminho no deserto,
e rios no ermo.
20 Os animais do campo me servirão,
os chacais e as corujas,
porque porei águas no deserto,
e rios no ermo,
para dar de beber ao meu povo,
ao meu [d]escolhido,
21 o povo que formei para mim,
para que me desse [e]louvor.
22 **C**ontudo, tu não me invocaste, ó Jacó,
mas te [f]cansaste de mim, ó Israel.
23 Não me trouxeste ovelhas para
ofertas queimadas,
nem me honraste com os
teus sacrifícios.
Não te dei trabalho com ofertas
de cereais,
nem te fatiguei com incenso.
24 Não me compraste por
dinheiro cana aromática,
nem com a gordura
dos teus sacrifícios me satisfizeste,
mas me deste trabalho com os
teus pecados,
e me [g]cansaste com as tuas
iniquidades.
25 Eu, eu mesmo, sou o que [h]apago as tuas
transgressões [i]por amor de mim,
[j]e dos teus pecados não me lembro.
26 Procura lembrar-me,
entremos juntos em juízo;
apresenta as tuas razões,
para que te possas justificar.
27 Teu primeiro pai pecou;
os teus [k]intérpretes se
rebelaram contra mim.

[p] Pv 11.8; 21.18; comp. Mt 20.28; 1Tm 2.6
[q] Is 63.9
[r] Is 41.10,14; 44.2; Jr 30.10,11; 46.27,28
[s] Is 54.7
[t] Is 49.12
[u] Is 63.19; comp. Tg 2.7
[v] Sl 100.3; Is 29.23; comp. Jo 3.3-5; 2Co 5.17; Ef 2.10
[w] Is 29.18
[x] Is 44.8
[y] Is 41.4; 44.6
[z] Is 45.21; Os 13.4
[a] Is 14.27
[b] Is 41.21
[c] Is 51.10
[d] Eleição (coletiva): v. 20,21; Ez 20.5 (Dt 7.6; 1Pe 5.13)
[e] Jr 13.11; comp. 1Pe 2.9
[f] Ml 1.13
[g] Is 7.13
[h] Is 44.22; Jr 50.20; At 3.19
[i] Ez 36.22
[j] Is 1.18; Jr 31.34
[k] Ml 2.7,8

28 Pelo que profanarei os
maiorais do santuário,
[l]e entregarei Jacó à destruição,
e Israel à zombaria.

A promessa do Espírito; a loucura da idolatria

44 **A**gora, porém, ouve, ó Jacó, servo meu,
ó Israel, a quem escolhi.
2 Assim diz o Senhor
que te criou e te formou desde o ventre,
e que te ajudará:
Não temas, ó Jacó, servo meu,
[m]Jesurum, a quem escolhi.
3 Pois derramarei água sobre o sedento
e rios sobre a terra seca;
derramarei o meu [n]Espírito
sobre a tua posteridade,
e a minha bênção sobre os
teus descendentes.
4 Eles brotarão entre a erva,
como salgueiros junto às
correntes das águas.
5 Um te dirá: Eu sou do Senhor;
outro se chamará pelo
nome de Jacó;
ainda outro escreverá na sua mão:
Eu sou do Senhor,
e por sobrenome tomará o nome de Israel.
6 **A**ssim diz o Senhor,
Rei de Israel,
e seu [o]Redentor, o
Senhor dos Exércitos:
[p]Eu sou o primeiro, e eu sou o último,
e fora de mim não há Deus.
7 Quem há como eu?
Que o proclame e o
exponha na minha presença!
Quem anunciou desde os
tempos antigos as coisas vindouras?
Que nos anuncie as que ainda hão de vir.
8 Não vos assombreis, nem temais.
Não o declarei a vós há
muito tempo? E não vos anunciei?
[q]Vós sois as minhas testemunhas.
Há outro Deus além de mim?
Não, não há outra Rocha que eu conheça.
9 **T**odos os artífices de imagens
de escultura são vaidade,
e as suas coisas mais
desejáveis são de nenhum préstimo,
e suas próprias testemunhas nada veem,
nem entendem, para que
eles sejam confundidos.
10 Quem forma um deus
e funde uma imagem de escultura,
que é de [r]nenhum préstimo?

[l] Sl 79.4; Jr 24.9; Dn 9.11; Zc 8.13
[m] Heb. reto. Nome poético de Israel. Dt 32.15; 33.5,26
[n] Espírito Santo (AT): v. 3; Is 48.16 (Gn 1.2; Zc 12.10)
[o] Redenção (tipo do parente remidor): v. 6; Is 44.22 (Gn 48.16; Is 59.20, nota)
[p] Is 41.4; 48.12; Ap 1.8,17; 22.13
[q] Is 43.10,12
[r] Is 41.29; 45.20
[s] Comp. Jr 24.1
[t] Is 6.9,10; 29.10; comp. Rm 1.18-23
[u] Jr 10.14

11 Ele e todos os seus seguidores
ficarão confundidos;
os artífices são apenas homens.
Ajuntem-se todos e levantem-se.
Sejam assombrados e sejam
todos juntos envergonhados.
12 **O** ferreiro faz o machado,
trabalha nas brasas,
forma-o com martelos
e o forja com a força do seu braço.
Ele tem fome, e a sua força falta,
não bebe água e desfalece.
13 O [s]carpinteiro estende a
régua sobre a madeira
e, com lápis, esboça um deus;
dá-lhe forma com o formão e
torna a esboçá-lo com o compasso.
Faz o seu deus à semelhança
de um homem,
segundo a forma de um homem,
para habitar em uma casa.
14 Cortou para si cedros,
ou tomou um cipreste,
ou um carvalho.
Ele o deixou crescer entre as
árvores do bosque.
Plantou um pinheiro,
e a chuva o fez crescer.
15 Tal árvore serve ao homem para queimar;
com parte da sua madeira se aquece;
acende um fogo e assa o pão
e também faz um deus e se
prostra diante dele;
fabrica uma imagem de escultura
e se ajoelha diante dela.
16 Metade queima no fogo,
e sobre ela prepara a carne para comer;
faz um assado, e dele se farta.
Também se aquece e diz:
Ah! já me aqueci, já vi o fogo.
17 Então do resto faz um deus,
uma imagem de escultura;
ajoelha-se diante dela, se inclina,
lhe dirige a sua oração
e diz: Livra-me; tu és o meu deus.
18 Nada sabem nem entendem;
[t]fecharam-se os olhos,
para que não vejam,
e se fecharam os seus corações,
para que não [u]entendam.
19 Nenhum deles pensa;
ninguém tem conhecimento
nem entendimento, para dizer:
Metade queimei no fogo
e assei pão sobre as suas brasas,
assei sobre elas carne, e a comi.
Faria eu do resto uma abominação?

Eu me ajoelharia
diante do pedaço de uma árvore?
20 Alimenta-se de cinza.
O seu coração [v]enganado o desvia,
de maneira que não pode
livrar a sua alma, nem dizer:
Não será uma [w]mentira o
que está na minha mão direita?

Israel perdoado para retornar à sua terra

21 **L**embra-te destas coisas, ó Jacó,
e, tu, ó Israel, pois és meu [x]servo.
Eu te formei, meu servo és;
ó Israel, não me [y]esquecerei de ti.
22 Desfiz as tuas transgressões
como a névoa,
e os teus pecados como a nuvem.
[z]Volta-te para mim,
pois eu te [a]remi.
23 Cantai alegres, vós, ó céus,
pois o Senhor fez isso;
exultai, vós, as partes mais baixas da terra.
Vós, montes, retumbai com júbilo,
também vós, bosques, e todas
as suas árvores,
pois o Senhor remiu Jacó
e [b]glorificou-se em Israel.
24 Assim diz o Senhor,
o teu Redentor,
e que te formou desde o
ventre: Eu sou o Senhor
que faço todas as coisas,
que estendo os céus
e espalhei a terra por mim mesmo,
25 que [c]desfaço os sinais dos
profetas falsos e enlouqueço os adivinhos,
que faço tornar atrás os sábios
e [d]transformo o seu
conhecimento em loucura,
26 que confirmo a palavra do meu servo
e cumpro o conselho dos meus mensageiros,
que digo de Jerusalém:
Ela será habitada, e das cidades de Judá:
Elas serão reedificadas,
e eu levantarei as suas ruínas,
27 [e]que digo à profundeza das águas: Seca-te,
e eu secarei os teus rios,

A profecia sobre Ciro; a restauração com Esdras e Neemias

28 que digo de [1][f]Ciro: É meu pastor,
e cumprirá tudo o que me agrada;
ele dirá de Jerusalém:

[v] 2Ts 2.11; 2Tm 3.13
[w] Rm 1.25
[x] Veja Is 41.8, nota
[y] Is 49.15
[z] Perdão: v. 22; Jr 31.34 (Lv 4.20; Mt 26.28)
[a] Redenção (tipo do parente remidor): v. 22-24; Is 47.4 (Gn 48.16; Is 59.20, nota)
[b] Is 49.3; 60.21
[c] Is 47.13
[d] Is 29.14; 1Co 1.20
[e] Jr 50.38; 51.36
[f] Ed 1.1; Is 45.1,13
[g] Ed 6.7
[h] Is 44.28
[i] Jó 12.21
[j] Ref. aos portões duplos da Babilônia
[k] Is 40.4
[l] Sl 107.16
[m] Comp. Is 43.1
[n] Comp. Jz 2.10; 1Ts 4.5
[o] Dt 4.35,39; 32.39; Is 44.8; comp. Is 46.9
[p] Sl 102.15; Is 37.20; Ml 1.11
[q] Is 11.9; 52.10
[r] Am 3.6
[s] Comp. Jó 40.8,9; Pv 21.30
[t] Is 29.16; Jr 18.6; Rm 9.20

Ela será reedificada, e do [g]templo:
Será fundado.

Ciro fará a vontade de Deus

45 **A**ssim diz o Senhor ao seu ungido,
a [h]Ciro, a quem tomo pela mão direita,
para abater as nações diante de sua face
e [i]desarmar os seus reis,
para abrir diante dele as [j]portas,
e as portas não se fecharão:
2 Eu irei adiante de ti
e [k]endireitarei os caminhos tortos;
[l]quebrarei as portas de bronze
e despedaçarei os ferrolhos de ferro.
3 Eu te darei os tesouros das trevas
e as riquezas encobertas,
para que possas saber [m]que
eu sou o Senhor,
o Deus de Israel, que te
chama pelo teu nome.
4 Por amor de meu servo Jacó,
e de Israel, meu eleito,
eu te chamo pelo teu nome,
ponho-te o teu sobrenome,
ainda que não me [n]conheças.

Segurança e salvação somente no Senhor

5 [o]Eu sou o Senhor, e não há outro;
fora de mim não há Deus.
Eu te fortalecerei,
ainda que não me conheças.
6 [p]Para que se [q]saiba desde
o nascente do sol,
e desde o poente,
que fora de mim não há outro.
Eu sou o Senhor, e não há outro.
7 Eu formo a luz e [r]crio as trevas,
eu faço a paz e crio o [2]mal;
eu, o Senhor, faço todas essas coisas.
8 **D**erramai, ó céus, dessas alturas,
e as nuvens chovam retidão;
abra-se a terra e produza-se salvação,
e com ela brote a retidão;
eu, o Senhor, as criei.
9 Ai daquele que [s]contende
com o seu Criador,
e não passa de um caco
de barro entre outros cacos!
[t]Diz o barro ao que o forma:
Que fazes?
Diz a tua obra:
Ele não tem mãos?

[1] (44.28) Comp. 1Rs 13.2, onde Josias é mencionado pelo nome, embora 1Reis tenha sido escrito quase trezentos anos antes de seu nascimento.
[2] (45.7) Deus não é o autor do pecado (Hc 1.13; 2Tm 2.13; Tt 1.2; Tg 1.13; 1Jo 1.5). Um dos significados da palavra hebraica *ra* traz a ideia de *adversidade* ou *calamidade* e, evidentemente, foi assim empregada aqui. Deus fez que a tristeza e a miséria sejam os frutos inevitáveis do pecado.

10 Ai daquele que diz ao seu pai:
O que geraste?
ou à sua mãe:
O que deste à luz?
11 Assim diz o Senhor,
o Santo de Israel,
aquele que o formou:
[u]Quereis saber das coisas futuras?
Quereis saber acerca de meus [v]filhos,
e acerca da [w]obra das minhas mãos?
12 Eu fiz a terra e criei nela o homem.
As minhas mãos estenderam os céus,
e a todos os seus exércitos
dei as minhas ordens.
13 Eu despertarei a Ciro na [x]minha retidão;
Endireitarei todos os seus caminhos.
Ele reedificará a minha [y]cidade
e soltará os meus cativos
não por preço nem por [z]presentes,
diz o Senhor dos Exércitos.

A futura restauração de Israel terá influência sobre outros povos

14 Assim diz o Senhor:
Os [a]produtos do Egito e as
mercadorias da Etiópia,
e os sabeus, homens de alta estatura,
passarão para o teu lado, e serão teus;
irão atrás de ti,
virão acorrentados,
e diante de ti se prostrarão.
Farão as suas súplicas a ti, dizendo:
Deveras Deus está em ti,
e não há nenhum outro deus.
15 **V**erdadeiramente tu és
o Deus que te ocultas,
o Deus de Israel, o Salvador.
16 Todos [b]se envergonharão, e também
ficarão envergonhados;
cairão juntamente na
afronta os que fabricam imagens.
17 [c]Israel, porém, será salvo pelo Senhor,
com [d]eterna salvação;
jamais sereis envergonhados
ou [e]decepcionados em toda a eternidade.
18 Pois assim diz o Senhor que [1]criou os céus,
ele é Deus;
foi ele que formou a terra,
e a fez, ele a estabeleceu;
ele não a criou para ser vazia,
mas a formou para que fosse [f]habitada.
Diz ele:
Eu sou o Senhor,
e não há outro.

19 **N**ão falei em segredo,
nem em lugar algum
escuro da terra;
não disse à descendência de Jacó:
Buscai-me em vão.
Eu sou o Senhor, que falo a verdade,
e anuncio coisas retas.
20 Reuni-vos e vinde;
chegai-vos juntos,
os que escapastes das nações.
Nada sabem os que conduzem
em procissão as suas
imagens de escultura,
feitas de madeira,
e rogam a um deus que não pode [g]falar.
21 Anunciai e chegai-vos,
e tomai conselho todos juntos.
Quem [h]predisse isso desde
a antiguidade,
quem de há muito o anunciou?
Não fui eu, o Senhor?
E não há outro Deus
senão eu,
Deus justo e Salvador não
há além de mim.
22 [i]Olhai para mim e sereis salvos,
vós, todos os confins da terra;
pois eu sou Deus, e não há outro.
23 Por mim mesmo [j]jurei;
a minha boca proferiu,
com toda a integridade,
uma palavra que não voltará atrás:
Diante de mim se dobrará [k]todo joelho,
e por mim [l]jurará toda língua.
24 De mim se dirá: Somente
no Senhor há [m]retidão e força.
Todos os que se enraiveceram
contra ele virão a ele, envergonhados.
25 No Senhor, porém,
toda a descendência de Israel
será justificada e nele se gloriará.

O poder de Deus e a incapacidade dos ídolos

46 **B**el se encurva, Nebo se abaixa;
os seus ídolos são postos
sobre os animais,
sobre as bestas.
As cargas dos vossos fardos
são canseira para as bestas já cansadas.
2 Eles juntamente se encurvam
e se abatem;
não podem livrar-se da carga,
a sua alma entra em [n]cativeiro.

[u] Is 8.19
[v] Jr 31.9
[w] Is 60.21; 64.8
[x] Comp. Is 41.2
[y] Is 44.28
[z] Comp. Is 52.3
[a] Sl 68.31; 72.10,11; Is 14.1; 49.23; 60.9,10,14,16; Zc 8.22,23
[b] Is 44.11
[c] v. 25; Rm 11.26
[d] Is 51.6
[e] Is 29.22
[f] Sl 115.16; At 17.26
[g] Is 44.9
[h] Is 44.7
[i] Sl 22.27; 65.5; comp. Nm 21.8,9
[j] Gn 22.16; Hb 6.13
[k] Rm 14.11; Fp 2.10
[l] Is 19.18
[m] Is 54.17
[n] Jr 48.7

[1] (45.18) Veja Gn 1.1,11; 5.3; 10.25, *notas*.

3 Ouvi-me, ó casa de Jacó,
e todo o [o]restante da casa de Israel,
vós a quem [p]sustentei desde o ventre
e levei desde o nascimento.
4 Até a vossa velhice eu serei o mesmo,
e ainda até a vossa idade avançada
eu vos carregarei.
Eu vos fiz, e eu vos levarei,
e eu vos trarei, e eu vos guardarei.
5 A quem me [q]fareis semelhante?
A quem me igualareis?
A quem me comparareis,
para que sejamos
semelhantes?
6 [r]Gastam o ouro da bolsa
e pesam a prata nas balanças;
[s]assalariam o ourives, e ele faz um deus,
e diante dele se prostram,
e se inclinam.
7 Sobre os ombros o tomam,
levam-no e o põem no seu lugar.
Ali está, do seu lugar não se move.
Se recorrem a ele,
resposta nenhuma dá,
e a ninguém livra da sua tribulação.
8 **L**embrai-vos disto, considerai,
trazei-o à memória,
ó rebeldes.
9 [t]Lembrai-vos das coisas
passadas da antiguidade;
eu sou Deus, e [u]não há outro;
eu sou Deus, e não há outro
semelhante a mim.
10 [v]Eu anuncio o fim desde
o princípio,
desde a antiguidade as
coisas que ainda não
sucederam.
Eu digo: O meu [w]propósito subsistirá,
e farei toda a minha vontade.
11 Do [x]Oriente chamo a ave de rapina,
e de um país distante,
o homem [y]do meu conselho.
O que eu disse, eu o cumprirei;
formei o plano e o executarei.
12 **O**uvi-me, ó [z]duros de coração,
os que estais longe da retidão.
13 Faço chegar a minha retidão,
ela não está longe;
a minha salvação não tardará.
Estabelecerei em Sião a salvação,
e em Israel o meu esplendor.

Juízo sobre Babilônia

47 **D**esce e assenta-te no pó, ó virgem filha de
[a]Babilônia;
assenta-te no chão, sem trono,
ó filha dos caldeus.
Nunca mais serás chamada
mimosa e delicada.
2 Toma o moedor e mói a farinha;
descobre a cabeça, descalça os pés,
descobre as pernas e atravessa os rios.
3 A tua nudez será descoberta,
e será vista a tua vergonha.
Tomarei vingança
e não farei acepção de homem algum.
4 O nome do nosso [b]Redentor
é o Senhor dos Exércitos,
o Santo de Israel.
5 **A**ssenta-te silenciosa
e entra nas trevas,
ó filha dos caldeus;
nunca mais serás chamada
senhora de [c]reinos.
6 Muito [d]me enraiveci contra o meu povo,
e tornei profana a minha herança;
entreguei-os na tua mão,
e não usaste com eles de misericórdia.
Até sobre os velhos
fizeste muito pesado o teu [e]jugo.
7 Disseste: Eu serei senhora para sempre!
Até agora não levaste a sério
essas coisas,
nem te lembraste do fim delas.
8 **A**gora, pois, ouve isto,
tu que és dada aos prazeres,
que habitas segura,
que dizes no teu coração:
Eu sou, e fora de mim não há outra.
Não ficarei viúva,
nem conhecerei a perda de filhos.
9 Ambas estas coisas virão
sobre ti num [f]momento, no mesmo dia,
perda de filhos e viuvez.
Em toda a sua força virão sobre ti,
por causa da multidão das
tuas feitiçarias
e da abundância dos teus
muitos encantamentos.
10 [g]Confiaste na tua maldade e disseste:
Ninguém me pode [h]ver.
A tua sabedoria e o teu conhecimento,
isso te fez desviar,
quando disseste no teu coração:
Eu sou, e fora de mim não há outra.
11 Sobre ti virá o mal
e não saberás livrar-te dele
por encantamentos.
[i]Destruição tal cairá sobre ti
que não a poderás afastar;
virá sobre ti de [j]repente tão
tempestuosa desolação
que não a poderás conhecer.

[o] Remanescente: v. 3; Jr 15.21 (Is 1.9; Rm 11.5, nota)
[p] Is 63.9
[q] Is 40.18
[r] Jr 10.4
[s] Is 44.12
[t] Dt 32.7
[u] Is 45.5
[v] Is 45.21; 48.3
[w] Sl 33.11; Pv 19.21; 21.30; Is 14.24; 25.1; At 5.39; Hb 6.17
[x] Veja Is 41.2, nota
[y] Is 44.28; 45.13
[z] Sl 76.5
[a] v. 1-15; 13.1-22; 14.18-23; Jr 25.12; 50.1–51.64
[b] Redenção (tipo do parente remidor): v. 4; Is 48.17 (Gn 48.16; Is 59.20, nota)
[c] Is 13.19; Ap 17.18
[d] 2Sm 24.1; 2Cr 28.9; Zc 1.15
[e] Dt 28.49,50
[f] Ap 18.8,10
[g] Veja Sl 2.12, nota
[h] Is 29.15
[i] 1Ts 5.3
[j] Is 29.5

12 **C**ontinua com os teus encantamentos,
e com a multidão das tuas feitiçarias
em que te fatigaste desde a tua juventude,
a ver se podes tirar proveito,
ou se podes inspirar temor.
13 Cansaste-te na multidão
dos teus conselhos;
[k]levantem-se agora os astrólogos,
que contemplam os astros,
os que nas luas novas
predizem o que há de vir sobre ti.
14 Certamente são como [l]restolho;
o fogo os [m]queimará.
Não podem [n]livrar-se do
poder das chamas.
Não é um braseiro com que se aquece,
nem fogo para que diante
dele se assentem.
15 Assim serão para contigo
aqueles com quem trabalhaste,
os teus negociantes desde a tua juventude.
Andarão vagueando,
cada um pelo seu caminho;
ninguém te salvará.

Deus recorda Israel das promessas divinas

48 **O**uvi isto, casa de Jacó,
que vos chamais do nome de Israel,
e saístes das águas de Judá,
que jurais pelo nome do Senhor,
e invocais o Deus de Israel,
mas [o]não em verdade, nem em retidão.
2 Até da santa cidade tomam o nome
e se [p]firmam sobre o Deus de Israel;
o Senhor dos Exércitos é o seu nome.
3 As primeiras coisas desde
a antiguidade as [q]anunciei,
pronunciou-as a minha
boca, e eu as fiz ouvir;
de repente as fiz, e passaram.
4 Pois eu sabia que eras obstinado,
a tua cerviz um nervo de ferro
e a tua testa de [r]bronze.
5 Por isso, te anunciei estas
coisas há muito;
antes que acontecessem,
anunciei-as a ti,
para que não dissesses:
O meu ídolo [s]fez estas coisas,
ou a minha imagem de
escultura, ou a minha
imagem de fundição as mandou.
6 Já ouviste essas coisas;
olha para todas elas.
Não as admites?
Desde agora te faço ouvir
coisas novas e ocultas,
que nunca conheceste.
7 Agora são criadas, e não
de há muito tempo
delas não ouviste antes deste dia,
para que não digas:
Sim, eu já as sabia.
8 Delas não ouviste nem as conheceste;
tampouco há muito tempo
foi aberto o teu ouvido.
Eu bem sei quão traiçoeiro és;
foste chamado rebelde desde o [t]ventre.
9 Por [u]amor do meu nome
retardo a minha ira;
por amor do meu louvor
me contenho para contigo,
para que não te venha a exterminar.
10 Vê, eu te [v]purifiquei,
mas não como a prata;
provei-te na [w]fornalha da aflição.
11 Por [x]amor de mim,
por amor de mim faço isso.
Como seria [y]profanado o meu nome?
A minha glória não a darei a outrem.
12 Dá-me ouvidos, ó Jacó,
e tu, ó Israel, a quem chamei:
Eu sou o mesmo,
sou o [z]primeiro e também o último.
13 A minha própria mão fundou a terra,
e a minha mão direita
mediu os céus a palmos;
quando os convoco,
levantam-se juntos.
14 Ajuntai-vos todos vós e ouvi:
Qual dos ídolos anunciou essas coisas?
O aliado escolhido do Senhor
executará a sua vontade contra [a]Babilônia,
o seu braço será contra os caldeus.
15 Eu, eu o [b]disse;
sim, já o chamei.
Eu o farei vir,
e farei próspero o seu caminho.
16 Chegai-vos a mim e ouvi isto:
Não falei em segredo desde o princípio;
desde o tempo em que
aquilo se fez eu estava ali,
e [1]agora o [c]Senhor Deus me enviou,
com o seu [d]Espírito.
17 **A**ssim diz o Senhor,
o teu [e]Redentor, o Santo de Israel:
Eu sou o Senhor, o teu Deus,
que te [f]ensina o que é útil
e te [g]guia pelo caminho em
que deves andar.

[k] Comp. Is 44.5; Dn 2.2
[l] Na 1.10; Ml 4.1
[m] Jr 51.58
[n] Is 21.9; 47.1-3; Jr 51.1-62; Ap 14.8; 18.2-24
[o] Jr 5.2; comp. Jr 4.2
[p] Mq 3.11; Rm 2.17
[q] Is 44.7,8; 46.10
[r] Êx 32.1-9; Dt 32.5; Sl 78.8; Ez 2.4; 3.7; At 7.51
[s] Comp. Jr 44.15-18
[t] Dt 9.24
[u] v. 11; Sl 79.9; 106.8; Is 43.25; Ez 20.9,14,22,44
[v] Sl 66.10; Jr 9.7
[w] Dt 4.20; Jr 11.4
[x] Comp. 48.9
[y] Lv 22.2,32
[z] Is 41.4; 44.6; Ap 1.17; 22.13
[a] Is 47.1-15
[b] Comp. Is 41.2
[c] Is 61.1; Zc 2.8,9,11
[d] Espírito Santo (AT): v. 16; Is 59.19 (Gn 1.2; Zc 12.10)
[e] Redenção (tipo do parente remidor): v. 17,20; 49.7; Is 49.26 (Gn 48.16; Is 59.20, nota)
[f] Comp. 2Tm 3.16,17
[g] Is 49.10

[1] (48.16) Este é um dos mais claros indícios do AT quanto à Trindade. Quem fala aqui não é o profeta, mas o próprio Senhor. Comp. v. 12ss.

18 [h]Ah! se tivesses dado ouvidos
aos meus mandamentos!
Então [i]seria a tua paz
como o rio,
e a tua retidão,
como as ondas do mar.
19 A tua descendência seria como a areia,
e os que procedem das tuas
[j]entranhas, como os seus grãos;
o seu nome nunca seria
eliminado nem destruído de
diante de mim.
20 **S**aí de Babilônia,
[k]fugi de entre os caldeus!
Anunciai isto com voz de
júbilo e o proclamai.
Levai-o até os confins da terra;
dizei: O Senhor remiu seu servo Jacó.
21 Eles não tinham sede,
quando os levava pelos desertos;
fez-lhes correr água da rocha;
fendeu a rocha,
e as águas manaram dela.
22 Para os [l]ímpios não há paz,
diz o Senhor.

VI. O servo sofredor do Senhor, 49–57

O Santo de Deus (Messias), luz das nações gentias e de Israel

49 **O**uvi-me, ilhas,
e escutai vós, povos de longe:
O Senhor [m]me chamou desde o ventre,
desde as entranhas da minha mãe
fez menção do meu nome.
2 Fez a minha boca como uma [n]espada aguda,
na sombra da sua mão me cobriu;
pôs-me como uma flecha
limpa e me escondeu na sua aljava.
3 Ele me disse: Tu és o meu [o]servo,
Israel, em quem
manifestarei a [p]minha glória.
4 Eu, porém, disse: em vão tenho trabalhado,
inútil e em vão gastei as minhas forças.
Todavia o [q]meu direito está
perante o Senhor,
e o meu galardão, perante o meu Deus.
5 **E** agora diz o Senhor,
que me formou desde o
ventre para ser seu servo,
que lhe torne a trazer Jacó
e ajunte Israel a ele,
pois aos olhos do Senhor sou glorificado,
e o meu Deus tem sido a minha força.
6 Diz ele:
Pouco é que sejas o meu servo,
para restaurares as tribos de Jacó
e tornares a trazer os preservados de Israel.
Também te darei para luz dos [r]gentios,
para seres a minha salvação
até as extremidades da [s]terra.
7 Assim diz o Senhor,
o Redentor de Israel, o seu Santo,
à alma [t]desprezada, ao que as
nações abominam,
ao servo dos que dominam:
[u]Os reis o verão e se levantarão,
os príncipes diante de ti se inclinarão,
por amor do Senhor, que é fiel,
e do Santo de Israel,
que te escolheu.
8 **A**ssim diz o Senhor:
No tempo [v]favorável te ouvirei,
e no dia da salvação te ajudarei,
te guardarei e te darei por [w]aliança do povo,
para restaurares a terra
e lhe [x]dares em herança as
herdades assoladas,
9 para dizeres aos presos: Saí,
e aos que estão em trevas:
Aparecei!
Eles pastarão nos caminhos,
e em todos os lugares altos
terão o seu pasto.
10 Nunca terão [y]fome nem sede;
nem a calma nem o [z]sol os afligirá.
Aquele que se compadece deles
os [a]guiará,
e os levará mansamente
aos mananciais das águas.
11 Farei de todos os meus
[b]montes um caminho,
e as minhas veredas serão erguidas.
12 Vê, eles virão de [c]longe;
alguns do norte,
outros do oeste,
e ainda outros da terra de [1]Sinim.
13 Exultai, ó céus, e alegra-te,
ó terra, e vós, montes,
rompei em cânticos!
Pois o Senhor consola o seu povo,
e dos seus aflitos se compadecerá.
14 **S**ião, porém, disse:
O Senhor me desamparou,
o Senhor se esqueceu de mim.
15 [d]Pode uma mulher esquecer-se
do filho que ainda mama,
de modo que

[h] Sl 81.13
[i] Dt 28.1-14
[j] Is 7.14; 9.6
[k] Jr 50.8; Zc 2.6,7
[l] Is 57.21
[m] Cristo (primeira vinda): v. 1-6; Is 50.6 (Gn 3.15; At 1.11)
[n] Comp. Os 6.5; Ap 1.16; 2.16; 19.15
[o] Is 41.8
[p] Is 44.23; 60.21
[q] Is 50.6-9
[r] Veja Is 42.6, nota
[s] At 13.47
[t] Sl 22.6; Is 53.3
[u] Is 52.15
[v] 2Co 6.2
[w] Is 42.6
[x] Is 61.1
[y] Ap 7.16
[z] Sl 121.6
[a] Sl 23.2; Is 48.17
[b] Is 40.4
[c] Is 43.5,6
[d] Ml 3.17; comp. Mt 7.11; Rm 11.29

[1] (49.12) Alguns afirmam que a palavra “Sinim” refere-se a um povo do Extremo Oriente, talvez os chineses.

não se compadeça do filho do seu ventre?
Contudo, ainda que esta se esquecesse,
eu, todavia, não me esquecerei de ti.
16 Vê, nas palmas das minhas mãos te [e]gravei;
os teus muros estão
continuamente na minha presença.
17 Os teus filhos apressadamente vêm,
mas os teus destruidores
e os teus assoladores saem
do meio de ti.
18 Levanta os teus olhos ao redor e olha;
todos os teus filhos se ajuntam e vêm a ti.
Tão certo como eu vivo,
diz o Senhor,
de todos estes te vestirás,
como dum enfeite,
e deles te cingirás como noiva.
19 Quanto aos teus desertos
e lugares solitários e à tua terra destruída,
será agora estreita demais
para os moradores,
e os que te devoravam
estarão longe de ti.
20 Os filhos da tua orfandade
dirão aos teus ouvidos:
Muito estreito é para mim este lugar;
aparta-te de mim,
para que possa habitar nele.
21 Então dirás no teu coração:
Quem me gerou estes?
Eu estava sem filhos e solitária;
em cativeiro e rejeitada.
Quem então me criou estes?
Fui deixada sozinha,
mas estes, de onde vieram?

As nações gentias servirão a Israel

22 **A**ssim diz o Senhor:
Eu acenarei com a mão às nações,
e ante os povos arvorarei a
minha bandeira;
eles trarão os teus filhos nos braços,
e as tuas filhas serão
levadas sobre os ombros.
23 Reis serão os teus tutores,
e as suas rainhas as tuas amas.
Diante de ti se inclinarão com
o rosto em terra e lamberão
o pó dos teus pés.
Então saberás que eu sou o Senhor;
os que confiam em mim
não serão [f]decepcionados.
24 **S**erá que se tira a presa dos valentes,
ou os presos escapariam do tirano?
25 Assim, porém, diz o Senhor:
Por certo que os presos se tirarão do valente,
e a presa do tirano escapará;
eu contenderei com os que
contendem contigo,
e os teus filhos eu remirei.
26 Sustentarei os teus opressores
com a sua própria carne;
com o seu próprio sangue se embriagarão,
como com vinho.
Então toda a humanidade
[g]saberá que eu sou o Senhor,
o teu Salvador e o teu [h]Redentor,
o Poderoso de Jacó.

A humilhação do Santo de Deus

50 **A**ssim diz o Senhor:
Onde está a [i]carta de
divórcio de vossa mãe,
pela qual eu a rejeitei?
Ou quem é o meu [j]credor,
a quem eu vos tenha vendido?
Por causa das vossas
maldades fostes vendidos;
por causa das vossas transgressões,
vossa mãe foi repudiada.
2 Quando eu vim, por que
ninguém apareceu?
Quando chamei, por que
ninguém respondeu?
Encolheu-se tanto a minha
mão que já não possa
[k]remir?
Ou não há mais força em mim para livrar?
Com a minha [l]repreensão faço secar o mar,
torno os rios em deserto;
os seus peixes cheiram mal por falta de água,
e morrem de sede.
3 Eu visto os céus de escuridão,
e ponho-lhe pano de saco por sua cobertura.
4 **O** [m]Senhor Deus me deu
[n]língua instruída,
para saber a palavra que
ampara o cansado.
Ele me desperta todas as manhãs,
desperta-me o ouvido,
para que ouça como discípulo.
5 O Senhor Deus abriu os
meus ouvidos,
e eu não fui rebelde;
não [o]me afastei.
6 As minhas costas [p]dei aos
que me feriam,
as minhas faces aos que
me arrancavam os cabelos;
[q]não escondi a minha face dos
que me afrontavam e me [r]cuspiam.
7 Porque o Senhor Deus me
ajuda,
não serei confundido.

[e] Segurança: v. 16; Is 54.17 (Sl 23.1; Jd 1). Comp. Êx 13.9; Ct 8.6
[f] Rm 5.5; 9.33; 10.11
[g] Sl 9.16
[h] Redenção (tipo do parente remidor): v. 26; Is 52.3 (Gn 48.16; Is 59.20, nota)
[i] Dt 24.1; Jr 3.8; veja Os 2.2, nota
[j] Comp. 2Rs 4.1; Mt 18.25
[k] Veja Êx 14.30 e Is 59.20, notas
[l] Sl 106.9; Na 1.4
[m] Êx 4.11
[n] Comp. Jo 8.28
[o] Mt 26.39; Jo 14.31; Fp 2.8; Hb 10.5
[p] Mt 27.26; Jo 18.22
[q] Cristo (primeira vinda): v. 4-7; Is 52.15 (Gn 3.15; At 1.11)
[r] Mt 26.67; 27.30; Mc 14.65; 15.19

Por isso, fiz o meu rosto como a [s]pederneira,
e sei que não serei
envergonhado.
8 Perto está o que me [t]justifica.
Quem contenderá comigo?
Compareçamos juntos!
Quem é meu adversário?
Chegue-se para mim!
9 É o Senhor Deus quem me ajuda.
Quem há que me condene?
Todos eles como [u]vestidos se envelhecerão;
a traça os comerá.
10 **Q**uem há entre vós que
[v]tema a Deus
e ouça a voz do seu servo?
Quando andar em trevas
e não tiver luz nenhuma,
[w]confie no nome do Senhor
e firme-se sobre o seu Deus.
11 Todos vós, porém,
que acendeis fogo,
e vos armais com tições acesos,
ide, andai entre as chamas do vosso fogo
e entre os tições que acendestes.
Isso é o que recebereis da minha mão:
Em tormentos jazereis.

Exortação ao remanescente de Deus

51 **O**uvi-me vós, os que
seguis a retidão,
os que buscais ao Senhor:
[x]Olhai para a rocha de onde
fostes cortados
e para a caverna do poço de
onde fostes cavados.
2 Olhai para Abraão,
vosso pai, e para Sara,
que vos deu à luz.
Sendo ele só, eu o chamei
o abençoei e o
multipliquei.
3 O Senhor certamente
[y]consolará Sião
e consolará todos os seus
lugares assolados;
ele fará o seu deserto como o
[z]Éden e os seus ermos como
o jardim do Senhor.
Alegria e contentamento se
acharão nela,
ações de graças e som de cânticos.
4 **A**tendei-me, povo meu;
nação minha, inclinai os
ouvidos para mim:
De mim sairá a lei,
e a minha justiça se
estabelecerá como luz dos povos.
5 Perto está a minha retidão;
vem saindo a minha
salvação,
e os meus braços julgarão os povos.
As ilhas me aguardarão
e no meu braço esperarão.
6 Levantai os vossos olhos
para os céus e olhai para a terra,
porque os céus [a]desaparecerão
como a fumaça
e a [b]terra se envelhecerá como um vestido;
os seus moradores
morrerão como mosquitos.
A minha salvação, porém,
durará [c]para sempre
e a minha retidão
jamais falhará.
7 **O**uvi-me, vós que conheceis
o que é reto;
vós, povo, em cujo coração
está a minha [d]lei:
Não temais o desprezo dos homens
nem vos turbeis pelas suas [e]injúrias.
8 Pois a traça os roerá como a um vestido;
o bicho os comerá como à lã.
A minha retidão, porém,
durará para sempre;
a minha salvação de
geração em geração.
9 **D**esperta, desperta!
Veste-te de força,
ó braço do Senhor;
desperta como nos dias passados,
como nas gerações antigas.
Não foste tu que cortaste em
pedaços a Raabe
e trespassaste ao [f]dragão?
10 Não foste [g]tu que secaste o mar,
as águas do grande abismo;
que fizeste um caminho no
fundo do mar,
para que [h]passassem os remidos?
11 Os resgatados do Senhor voltarão.
Entrarão em Sião com júbilo;
perpétua alegria coroará as suas cabeças.
Alegria e contentamento os alcançarão;
tristeza e gemido fugirão deles.
12 **E**u, eu sou aquele que vos [i]consola.
Quem és tu, para que temas
o homem, que é mortal,
ou o filho do homem,
que não passa de [j]erva,
13 que te [k]esqueces do Senhor que te criou,
que estendeu os céus
e fundou a terra,
e temes continuamente
todo dia o furor do angustiador,

[s] Ez 3.8,9
[t] Rm 8.32-34
[u] Jó 13.28; Sl 102.26; Is 51.6,8; Hb 1.11
[v] Veja Sl 19.9, nota
[w] Sl 20.7; comp. 2Cr 20.20
[x] Rm 4.1,16; Hb 11.11
[y] Is 40.1; 52.9; Sl 102.13
[z] Gn 13.10; Jl 2.3
[a] Is 13.13; Mt 24.35; 2Pe 3.10
[b] Is 24.19,20; Hb 1.10-12
[c] Is 45.17
[d] Jr 31.33; Hb 10.16
[e] Mt 5.11; comp. At 5.41
[f] Is 27.1
[g] Comp. Êx 15.1-10
[h] Is 63.11-13
[i] v. 3; 2Co 1.3
[j] Is 40.6,7; Tg 1.10
[k] Is 17.10; Jr 2.32; comp. Dt 6.12; 8.11

quando se prepara para destruir?
Onde está o furor do que
te atribulava?
14 O exilado cativo depressa
será solto e não morrerá na masmorra,
e o seu pão não lhe faltará.
15 Pois eu sou o Senhor,
o teu Deus,
que agita o mar, de modo
que bramem as suas ondas.
O Senhor dos Exércitos é o seu nome.
16 Eu pus as minhas [l]palavras na tua boca
e te cobri com a sombra da
minha mão;
eu que plantei os céus no seu lugar
e fundei a terra,
e que digo a Sião: Tu és o meu povo.

Os fracassos de Sião são perdoados

17 **D**esperta, desperta!
Levanta-te, ó Jerusalém,
que bebeste da mão do Senhor
o cálice do seu furor,
que [m]bebeste da taça do
atordoamento e a esgotaste.
18 De todos os filhos que teve,
nenhum há que a guie mansamente,
e de todos os filhos que criou
nenhum que a tome pela mão.
19 Estas duas coisas te aconteceram;
quem terá compaixão de ti?
Assolação e quebrantamento,
fome e espada; quem te consolará?
20 Os teus filhos já desmaiaram
e jazem nas entradas
de todos os caminhos,
como o antílope na rede.
Cheios estão do furor do
Senhor e da repreensão do teu Deus.
21 Pelo que agora ouve isto,
ó opressa
e embriagada, mas não de vinho.
22 Assim diz o Senhor,
o Senhor teu Deus,
que [n]pleiteará a causa do seu povo:
Eu tomo da tua mão
o cálice do atordoamento,
o cálice do meu furor;
nunca mais dele beberás.
23 Eu [o]o colocarei nas mãos
dos que te entristeceram,
que dizem à tua alma:
Abaixa-te, para que passemos sobre ti.
E tu puseste as tuas costas
como chão e
como rua para os que passavam.

[l] Dt 18.18; Is 59.21; Jo 3.34
[m] Is 29.9; 63.6
[n] Jr 50.34
[o] Is 14.2; Jr 25.17,26-28; Zc 12.2
[p] Is 45.13
[q] Redenção (tipo do parente remidor): v. 3,9; Is 54.5 (Gn 48.16; Is 59.20, nota)
[r] Gn 46.6
[s] Is 65.14
[t] Na 1.15; Rm 10.15
[u] Evangelho: v. 7; Is 61.1 (Gn 12.3; Ap 14.6)
[v] 2Co 6.17

Visão de Jerusalém na Dispensação do Reino

52 **D**esperta, desperta,
reveste-te de fortaleza, ó Sião.
Veste-te dos teus vestidos formosos,
ó Jerusalém, cidade santa.
Nunca mais entrará em ti
incircunciso nem imundo.
2 Sacode o pó; levanta-te
e assenta-te, ó Jerusalém.
Solta-te das ataduras de teu pescoço,
ó cativa filha de Sião.
3 **P**ois assim diz o Senhor:
Por nada fostes vendidos,
e [p]sem dinheiro sereis [q]resgatados.
4 Pois assim diz o Senhor Deus:
O meu povo em tempos
passados desceu ao [r]Egito,
para lá habitar;
a Assíria sem razão o oprimiu.
5 E agora o que acho eu aqui?
diz o Senhor.
Pois o meu povo foi
levado por nada,
e os que dominam sobre ele [s]zombam dele,
diz o Senhor.
O meu nome é blasfemado
incessantemente o dia todo.
6 Portanto, o meu povo saberá o meu nome;
portanto naquele dia saberão
que fui eu quem o predisse.
Sim, eu mesmo.
7 **Q**uão formosos são sobre os montes
os [t]pés do que anuncia boas-[u]novas,
que proclama a paz,
que anuncia coisas boas,
que faz ouvir a salvação,
que diz a Sião:
O teu Deus reina!
8 Ouvi! Os teus sentinelas
levantam a voz;
juntamente exultam.
Com os seus próprios olhos o verão,
quando o Senhor voltar a Sião.
9 Rompei em cânticos de júbilo juntamente,
ó ruínas de Jerusalém,
pois o Senhor consolou o seu povo,
remiu a Jerusalém.
10 O Senhor descobriu o seu
santo braço perante os olhos
de todas as nações;
todos os confins da terra verão
a salvação do nosso Deus.
11 **R**etirai-vos, retirai-vos, saí de lá!
Não toqueis coisa imunda!
Saí do meio dela, [v]purificai-vos,
os que levais os utensílios do Senhor.

12 Contudo, não saireis
[w]apressadamente nem ireis em fuga;
pois o [x]Senhor irá diante de vós,
e o Deus de Israel será a vossa retaguarda.

O Servo do Senhor (Cristo) desfigurado e exaltado

13 **V**ede, o meu [1]servo
procederá com prudência;
será engrandecido,
elevado e muito sublime.
14 Exatamente como muitos
pasmaram à vista dele.
O seu parecer estava [2]tão [y]desfigurado,
mais do que o de outro qualquer,
e a sua aparência mais do
que a dos outros filhos dos homens.
15 Assim [3]causará temor em [z]muitas nações,
e os reis fecharão as suas
bocas por causa dele.
Pois aquilo que não lhes foi
anunciado [a]verão,
e aquilo que não ouviram entenderão.

O sacrifício vicário de Cristo, o Servo do Senhor (1Pe 2.24,25)

53 Quem deu crédito à nossa pregação?
A [b]quem se manifestou
o braço do Senhor?
2 Ele foi subindo como renovo perante ele,
e como raiz de uma terra seca.
Não tinha parecer nem formosura;
e, olhando nós para ele,
nenhuma beleza víamos
para que o desejássemos.
3 Era [c]desprezado e o mais
indigno entre os homens;
homem de dores e
experimentado no sofrimento.
Como um de quem os homens
escondiam o rosto,
era desprezado, e não fizemos dele caso algum.
4 **V**erdadeiramente ele tomou
sobre si as nossas enfermidades,
e as nossas [4]dores [d]levou sobre si;
contudo, nós o consideramos como aflito,
ferido de Deus e oprimido.
5 Ele, porém, foi ferido
pelas nossas transgressões
e moído pelas nossas iniquidades;
o castigo que nos traz a paz
estava sobre ele,
e pelas suas pisaduras fomos sarados.
6 Todos nós andávamos
desgarrados como ovelhas,
cada um se desviava pelo seu caminho;
e o Senhor fez cair sobre
ele a iniquidade de nós todos.
7 Ele foi oprimido e humilhado,
mas [e]não abriu a sua boca;
como cordeiro foi levado
ao matadouro,
e como a ovelha muda
perante os seus tosquiadores,
ele não abriu a sua boca.
8 Pela opressão e pelo juízo foi [f]tirado.
E quem pode falar da sua linhagem?
Pois foi cortado da terra dos viventes;
pela transgressão do meu
povo foi ele atingido.
9 Deram-lhe sepultura com os ímpios,
e com o [g]rico na sua morte,
embora nunca tivesse
cometido injustiça,
[h]nem houvesse engano na sua boca.
10 **T**odavia, ao Senhor agradou
moê-lo, fazendo-o enfermar;
quando a sua alma se puser
por expiação do pecado,
verá a sua posteridade,
prolongará os seus dias,
e a vontade do Senhor
prosperará na sua mão.

[w] Comp. Êx 12.33,39
[x] Mq 2.13
[y] Sacrifício (profético): 52.14–53.12; Dn 9.26 (Gn 3.15; Hb 10.18, nota)
[z] Cristo (primeira vinda): 52.13–53.12; Is 61.1 (Gn 3.15; At 1.11)
[a] Rm 15.21
[b] Jo 12.38; Rm 10.16
[c] Mt 27.30,31
[d] Mt 8.17; 1Pe 2.24
[e] Mt 26.62,63; Mc 15.3-5; Jo 19.9; At 8.32,33
[f] Mt 27.11-26; Lc 23.1-25
[g] Mt 27.57-60
[h] 1Pe 2.22

[1] (52.13) Embora o nascimento de Cristo tenha sido predito anteriormente (7.14; 49.1-7), aqui começa a passagem sobre Cristo como o Servo sofredor do Senhor. Sua humilhação em geral é predita no cap. 50. O cap. 53 contém uma declaração do sofrimento de Cristo (v. 1-3), depois do que esse sofrimento é apresentado como vicário (v. 4-9) e vitorioso (v. 10-12). Por causa desse sacrifício, a salvação pode ser oferecida como o faz o cap. 55.

As referências na coluna central em Is 53 indicam quão frequentemente nosso Senhor e os escritores do NT usavam citações desse capítulo. Observe que, nas passagens sobre o Servo, às vezes se fala do Servo, às vezes se fala com o Servo e, noutras, ele fala.

[2] (52.14) A descrição aqui apresenta um quadro chocante: "seu parecer estava tão desfigurado". Esse foi o resultado das brutalidades descritas em Mt 26.67,68; 27.27-30.

[3] (52.15) Comp. o cumprimento literal dessa profecia em 1Pe 1.1,2, onde as pessoas de muitas nações são descritas como tendo sido aspergidas com o sangue de Jesus Cristo. Na ACF, a expressão é aqui traduzida por "borrifará muitas nações". É comumente usada no Pentateuco para descrever a purificação dos vasos no templo, quando os sacerdotes aspergiam sangue ou água sobre eles. Comp. Hb 10.22.

[4] (53.4) Uma vez que Mateus cita esta passagem e a aplica à enfermidade física (comp. Mt 8.17 com o contexto), alguns conjecturam que tanto as enfermidades como o pecado foram incluídos na morte expiatória de Cristo. Mas Mateus está afirmando que o Senhor cumpriu a primeira parte de Is 53.4 durante seu ministério de cura sobre a terra. Mt 8.17 não faz referência à morte expiatória de Cristo pelo pecado.

11 Ele verá o trabalho da sua alma
e ficará satisfeito;
com o seu conhecimento o meu servo,
o justo, [i]justificará a muitos,
e as iniquidades deles levará sobre si.
12 Pelo que lhe darei uma
porção entre os poderosos,
e com os fortes repartirá ele o despojo,
porque [j]derramou a sua alma na morte
e foi [k]contado com os transgressores.
Pois ele levou sobre si o pecado de muitos
e pelos [l]transgressores intercedeu.

Israel, a "esposa" restaurada do Senhor (comp. Os 2.1–3.5)

54 Canta, ó [m]estéril, que não deste à luz;
exulta com alegre canto
e exclama, tu que nunca
tiveste dores [n]de parto;
porque mais são os filhos da desolada
do que os da casada, diz o Senhor.
2 [o]Amplia o lugar da tua tenda,
e as cortinas das tuas
habitações se estendam,
não o impeças;
alonga as tuas cordas
e firma bem as tuas estacas.
3 Porque transbordarás à mão
direita e à esquerda;
a tua posteridade
[p]possuirá as nações
e fará que sejam habitadas
as cidades assoladas.
4 [q]Não temas; não serás
envergonhada.
Não te envergonhes;
não serás humilhada.
Antes te esquecerás
da vergonha da tua juventude,
e não te lembrarás mais
da humilhação da tua viuvez.
5 Pois o teu Criador é o teu [r]marido,
o Senhor dos Exércitos é o seu nome,
o Santo de Israel é o teu [s]Redentor;
ele será chamado o Deus de
toda a terra.
6 O Senhor te chamará como a mulher
desamparada e triste de espírito,
como a mulher da juventude,
que fora desprezada,
diz o teu Deus.
7 Por breve momento te deixei,
mas com grande compaixão te [t]recolherei.
8 Em grande ira
escondi a minha face de ti por um momento,
mas com benignidade eterna
me compadecerei de ti,
diz o Senhor, o teu Redentor.
9 Isso será para mim como
os dias de Noé,
quando jurei que as [u]águas de Noé nunca
mais inundariam a terra.
Assim agora jurei que não me
irarei mais contra ti,
nem te [v]repreenderei.
10 Embora as montanhas
se desviem e os outeiros tremam,
contudo o meu constante amor
não se desviará de ti,
nem será removida a aliança da minha paz,
diz o Senhor,
que se compadece de ti.
11 **Ó** oprimida, arrojada
com a tormenta e desconsolada!
Eu te construirei com pedras de turquesa
e te fundarei sobre safiras.
12 Farei os teus baluartes de rubis,
as tuas portas de joias brilhantes
e todos os teus muros de pedras preciosas.
13 Todos os teus [w]filhos serão
ensinados do Senhor,
e grande será a [x]paz de teus filhos.
14 Com retidão serás confirmada:
A opressão estará longe de ti;
já não temerás.
O terror será removido;
não chegará a ti.
15 Embora se levantem
ataques contra ti,
isso não procederá de mim;
todo aquele que contender contigo,
[y]cairá diante de ti.
16 Vê, fui eu que criei o ferreiro,
que assopra as brasas no fogo,
que produz a ferramenta para a sua obra.
E fui eu que criei o assolador,
para destruir;
17 [z]ferramenta alguma preparada
contra ti [a]prosperará,
e toda língua que se
levantar contra ti em juízo
tu a condenarás.
Essa é a herança dos
servos do Senhor,
e essa é a sua justiça que vem de mim,
diz o Senhor.

[i] At 13.38,39; Rm 5.15-18
[j] Is 50.6; Rm 3.25
[k] Mt 27.38; Mc 15.28; Lc 22.37
[l] Lc 23.34
[m] Gl 4.27
[n] Veja Mq 4.11, nota
[o] Is 49.19
[p] Is 14.2; 49.22,23; 60.9
[q] Is 41.10
[r] "Esposa" (do Senhor): v. 1-7; Jr 31.32 (Is 54.5; Os 2.2); comp. Is 62.4,5
[s] Redenção (tipo do parente remidor): v. 5,8; Is 59.20 (Gn 48.16; Is 59.20, nota)
[t] Is 43.5; 56.8
[u] Gn 8.21; 9.11; comp. Jr 31.35,36
[v] Ez 39.29
[w] Jo 6.45; comp. 1Co 2.10; 1Ts 4.9; 1Jo 2.20
[x] Comp. Is 48.18
[y] Is 41.11-16
[z] Segurança: v. 17; Hc 3.19 (Sl 23.1; Jd 1)
[a] Is 29.8

O Senhor tirou as enfermidades dos homens ao curá-los delas. Ele morreu por nossos pecados, não por nossas enfermidades. A enfermidade física, em si mesma, não é pecado; é meramente um dos resultados do pecado. Assim, Is 53.5,6 profetiza que Cristo levaria nossos pecados sobre a cruz (comp. 1Pe 2.24,25). Sua morte foi substitutiva e expiatória.

Salvação por meio da graça de Deus

55 Ó vós, [b]todos os que tendes sede,
vinde às águas,
e os que não tendes dinheiro,
vinde, comprai e comei!
Vinde, [c]comprai, sem dinheiro
e sem preço, vinho e leite.
2 Por que gastais o dinheiro
naquilo que não é pão?
E o produto do vosso
trabalho naquilo que não pode satisfazer?
Ouvi-me atentamente,
comei o que é bom,
e a vossa alma se deleite com a gordura.
3 Inclinai os vossos ouvidos e vinde a mim;
ouvi, e a vossa alma viverá.
Convosco farei uma [d]aliança perpétua,
dando-vos as firmes
beneficências prometidas a [e]Davi.
4 Vede, eu [f]o dei por testemunho aos povos
como príncipe e governador dos povos.
5 Certamente chamarás
a uma [g]nação que não conheces,
e uma nação que nunca te
conheceu correrá para ti,
por amor do Senhor, o teu Deus,
e do Santo de Israel,
pois ele te glorificou.
6 [h]**B**uscai ao Senhor enquanto se pode [i]achar,
invocai-o enquanto está perto.
7 Deixe o ímpio o seu caminho,
e o homem maligno os seus [j]pensamentos.
Converta-se ao Senhor,
que se compadecerá dele,
e torne para o nosso Deus,
pois grandioso é em perdoar.
8 Pois os meus [k]pensamentos
não são os vossos pensamentos,
nem os vossos caminhos os
meus caminhos,
diz o Senhor.
9 Assim como os céus
são mais altos do que a terra,
assim são os meus caminhos
mais altos do que os vossos caminhos,
e os meus [l]pensamentos
mais altos do que os vossos pensamentos.
10 Assim como descem a chuva
e a neve dos céus,
e para lá não tornam,
mas regam a terra,
e a fazem produzir,
brotar e dar semente ao semeador
e pão ao que come,
11 assim será a palavra
que [m]sair da minha boca:
Ela não voltará para mim vazia,
mas fará o que desejo,
e [n]prosperará naquilo para que a enviei.
12 **C**om alegria saireis,
e em paz sereis guiados;
os montes e os outeiros
exclamarão de contentamento
perante a vossa face,
e todas as árvores do campo
baterão palmas.
13 Em lugar do espinheiro
crescerá o cipreste,
e em lugar da sarça crescerá a murta.
Isso será para [o]renome do Senhor,
por sinal eterno,
que nunca se apagará.

Recompensas pela obediência a Deus

56 **A**ssim diz o Senhor:
Mantende o juízo e fazei [p]justiça,
pois a minha [q]salvação está prestes a vir
e a minha retidão a manifestar-se.
2 Bem-aventurado o homem que faz isso,
e o filho do homem que lança mão disso,
que se guarda de profanar o sábado
e guarda a sua mão de
perpetrar algum mal.
3 Não diga o estrangeiro
que se houver [r]chegado ao Senhor:
De todo me apartará o
Senhor do seu povo.
Tampouco diga o eunuco:
Eu não passo de uma árvore seca.
4 Pois assim diz o Senhor:
Aos eunucos que guardam os meus sábados
e escolhem aquilo que me agrada,
e abraçam a minha aliança,
5 darei na minha casa
e dentro dos meus muros
um lugar e um nome,
melhor do que o de filhos e filhas;
um nome eterno darei a
cada um deles,
que nunca se apagará.
6 Aos [s]estrangeiros que se
chegarem ao Senhor para o servirem,
e para amarem o nome do Senhor,
sendo deste modo [t]servos seus,
todos os que guardarem
o sábado, não o profanando,
e os que abraçarem a minha aliança,
7 também os levarei ao meu
santo monte
e os alegrarei na minha [u]casa de oração.
Os seus holocaustos e os seus [v]sacrifícios
serão [w]aceitos no meu altar,
pois a minha casa será chamada
casa de oração para todos os povos.

[b] Mt 5.6; Jo 4.14; 7.37; Ap 21.6; 22.17
[c] Comp. Ap 3.18
[d] Is 61.8; Jr 32.40; veja 2Sm 7.16, nota
[e] 2Sm 7.8-15; Sl 89.28; At 13.34
[f] Comp. Jr 30.9; Os 3.5
[g] Is 52.15; Ef 2.11,12
[h] Hb 3.7-15; comp. Mt 25.11-13; Jo 7.33-36
[i] Sl 32.6; Is 49.8; comp. 2Co 6.2
[j] Is 59.7; Zc 8.17
[k] Comp. 1Sm 16.7
[l] Sl 139.17,18
[m] Is 45.23
[n] Is 46.9-11
[o] Is 63.12,14
[p] Jr 22.3
[q] Is 46.13; Mt 3.2; 4.17; Rm 13.11,12
[r] Is 14.1; 45.14
[s] Is 60.10
[t] Comp. Rt 1.16
[u] Mt 21.13; Mc 11.17; Lc 19.46
[v] Rm 12.1; Hb 13.15; 1Pe 2.5
[w] Is 60.7

8 Assim diz o Senhor Deus,
que [x]ajunta os dispersos de Israel:
Ainda ajuntarei outros aos
que já se lhe ajuntaram.
9 **V**ós, todos os animais do campo,
todas as feras dos bosques,
vinde comer.
10 Todos os atalaias de Israel são [y]cegos,
nada sabem;
todos são cães mudos,
não podem ladrar;
andam adormecidos,
estão deitados,
e amam dormir.
11 Esses cães são gulosos,
nunca se podem fartar.
São [z]pastores que nada compreendem;
todos eles se tornam para o seu caminho,
cada um para a sua
ganância, todos sem exceção.
12 Vinde, diz cada um deles, trarei vinho,
e beberemos [a]bebida forte;
o dia de [b]amanhã será [c]como este,
ou ainda muito melhor.

Repreensão aos falsos líderes

57 **P**erece o justo,
e não há quem considere isso em seu coração;
os homens compassivos são retirados,
sem que alguém considere
que o justo é levado antes que venha o mal.
2 Os que andam retamente entram em paz;
descansam nas suas camas
os que houverem andado na sua retidão.
3 Chegai-vos, porém, para aqui,
vós os filhos da adivinha,
descendência de adúlteros e prostitutas!
4 De quem zombais?
Contra quem escancarais a boca
e mostrais a língua?
Não sois filhos da transgressão,
descendência da falsidade?
5 Vós vos inflamais com desejos incontroláveis
debaixo dos carvalhos
e debaixo de toda árvore frondosa;
[d]sacrificais os vossos
filhos nos ribeiros
e nas aberturas dos penhascos.
6 Por entre as [e]pedras lisas
dos ribeiros está a tua parte;
estas, estas são a tua porção.
Sobre elas também
derramas a tua libação,
e lhes ofereces ofertas.
Poderia eu contentar-me com
[f]essas coisas?
7 Sobre um monte alto
e elevado puseste a tua cama,
e a ele sobes para oferecer sacrifícios.
8 Detrás das portas e dos
limiares das ombreiras pões
os teus memoriais.
Longe de mim te [g]descobriste,
subiste à tua cama e a alargaste;
fizeste aliança com aqueles
cuja cama tu amas,
e contemplaste a sua nudez.
9 Procuraste a Moloque com óleo
e multiplicaste os teus perfumes.
Enviaste os teus
[h]embaixadores para longe;
desceste até o [i]sepulcro.
10 Em todos os teus caminhos te cansaste,
mas não disseste: [j]Não há esperança.
Recuperaste o vigor da tua força,
por isso não desfaleceste.
11 **C**ontudo de quem tiveste
receio ou [k]temor,
para que mentisses
e não te lembrasses de mim,
nem no teu coração me pusesses?
[l]Não é porque eu me calo,
e isso há muito tempo,
e não me temes?
12 Eu exporei a tua retidão
e as tuas obras,
e elas não te aproveitarão.
13 Quando clamares, livrem-te os teus
congregados.
O vento a todos levará,
e a vaidade os arrebatará.
Mas o que [m]confia em mim possuirá a terra,
e herdará o meu santo monte.
14 **E** se dirá:
[n]Aplanai, aplanai,
preparai o caminho!
Tirai os tropeços
do caminho do meu povo.

Bênçãos aos contritos

15 Porque assim diz o Alto,
o Sublime,
que habita na eternidade,
e cujo nome é [o]Santo:
Num alto e [p]santo lugar habito,
e também com o [q]contrito e abatido de espírito,
para vivificar o espírito dos abatidos
e vivificar o coração dos contritos.
16 Não contenderei [r]para sempre,
nem continuamente me indignarei,
pois o espírito do homem
se enfraqueceria perante a minha face,
o fôlego do homem que eu criei.

[x] Sl 147.2; Is 11.12; 27.12; 54.7
[y] Comp. Jr 14.13,14
[z] Ez 34.2-10
[a] Is 28.7
[b] Is 22.13; Lc 12.19; 1Co 15.32; comp. Sl 10.6; Pv 23.35
[c] 2Pe 3.4
[d] Jr 7.31; comp. 2Rs 23.10
[e] Jr 3.9
[f] Jr 5.9
[g] Ez 16.15
[h] Ez 23.16,40
[i] Veja Hc 2.5, nota; comp. Lc 16.23, nota
[j] Comp. Jr 2.25
[k] Is 51.12,13
[l] Sl 50.21; Ec 8.11
[m] Veja Sl 2.12, nota
[n] Is 62.10
[o] Jó 6.10; Lc 1.49
[p] Sl 68.35; Zc 2.13
[q] Sl 34.18; 51.17; Is 66.2
[r] Sl 85.5; 103.9; Mq 7.18

17 Por causa da iníqua
[s]cobiça me indignei;
eu o castiguei, e [t]escondi a
minha face, indignei-me,
mas, rebelde, seguiu ele o
caminho do seu coração.
18 Eu vi os seus caminhos, mas o [u]sararei;
eu o guiarei e lhe tornarei a dar consolo,
19 criando [v]louvor nos [w]lábios dos
pranteadores de Israel.
Paz, paz, para os que estão longe
e para os que estão perto,
diz o Senhor, e eu o sararei.
20 **Os** [x]ímpios, porém, são
como o mar agitado
que não se pode aquietar,
cujas águas lançam de si lama e lodo.
21 Para os ímpios, diz o meu Deus,
[y]não há paz.

VII. Exortações e profecias finais, 58–66

O jejum certo e o jejum errado

58 **C**lama em alta voz, não te detenhas.
Levanta a tua voz como a trombeta
e [z]anuncia ao meu povo a sua transgressão
e à comunidade de Jacó os seus pecados.
2 Pois dia a dia me procuram;
têm prazer em saber os meus caminhos,
como um povo que pratica a justiça
e não deixa os mandamentos do seu Deus.
Perguntam-me pelos direitos da justiça
e têm prazer em se chegar a Deus.
3 [a]Dizem: Por que jejuamos nós,
e tu não atentas para isso?
Por que afligimos as nossas almas,
e tu não o sabes?
Contudo no dia em que jejuais,
prosseguis nas vossas empresas
e explorais todos os vossos trabalhadores.
4 [b]Para contendas e debates jejuais,
e para ferirdes com o punho iníquo.
Não jejueis como hoje,
para fazer ouvir a vossa voz no alto.
5 É este [c]o jejum que eu escolhi,
que o homem um dia
humilhe a sua alma,
incline a sua cabeça
como o junco
e estenda debaixo de si saco e cinza?
É isso o que chamas de
jejum e dia aprazível ao Senhor?
6 **Não** é este o jejum que escolhi:
Que [d]soltes as ligaduras da impiedade,
que [e]desates as cordas do jugo,
que deixes livres os [f]quebrantados
e despedaces todo jugo?

[s] Jr 6.13
[t] Is 59.2
[u] Jr 3.22
[v] Hb 13.15
[w] At 2.39; Ef 2.17
[x] Jó 15.20; Pv 4.16; Jd 13
[y] Is 48.22
[z] Mq 3.8
[a] Ml 3.13-18
[b] Comp. 1Rs 21.9,12,13
[c] Zc 7.5; comp. Et 4.3; Dn 9.3
[d] Lc 4.18,19
[e] Comp. Ne 5.1-13
[f] Jr 34.9
[g] Ez 18.7,16; Mt 25.35
[h] Jó 31.19-22; Tg 2.14-17; comp. Mt 25.34-36
[i] Gn 29.14; Ne 5.5
[j] Is 52.12; comp. Êx 14.19
[k] Comp. Pv 6.13
[l] Is 56.2; Jr 7.21-27
[m] Nm 11.23; Is 50.2

7 Não é também que [g]repartas
o teu pão com o faminto
e recolhas em casa os pobres desterrados?
E, vendo o [h]nu, o cubras,
e não te escondas do [i]teu próximo?

Bênçãos aos que fazem o bem

8 Então romperá a tua luz
como a alva,
e a tua cura apressadamente brotará,
e a tua justiça irá adiante da tua face,
e a [j]glória do Senhor será a tua retaguarda.
9 Então clamarás, e o Senhor te responderá;
gritarás, e ele dirá:
Aqui estou.
Se tirares do meio de ti o jugo,
o estender do [k]dedo e o falar iniquamente,
10 e se abrires a tua alma ao
faminto e fartares a alma aflita,
então a tua luz nascerá nas trevas
e a tua escuridão será como o meio-dia.
11 O Senhor te guiará continuamente
e fartará a tua alma em lugares secos;
fortificará os teus ossos.
Serás como um jardim regado,
e como um manancial,
cujas águas nunca faltam.
12 Os que de ti procederem
edificarão os lugares
antigamente assolados,
e levantarás os fundamentos
de geração em geração;
eles te chamarão
reparador de brechas
e restaurador de veredas com moradias.
13 **Se** desviares o teu pé de
profanar o [l]sábado,
de fazer a tua vontade no meu santo dia,
e se chamares ao sábado deleitoso,
e santo dia do Senhor,
digno de honra,
e o honrares não seguindo
os teus caminhos,
nem te ocupando nas tuas empresas,
nem falando palavras vãs,
14 então te deleitarás no Senhor,
e te farei cavalgar sobre as alturas da terra,
e te sustentarei com a herança
de teu pai Jacó.
A boca do Senhor o disse.

A trágica natureza do pecado

59 **C**ertamente a mão do Senhor
não está [m]encolhida,
para que não possa salvar,
nem surdo o seu ouvido,
para que não possa ouvir.

2 Contudo, as vossas iniquidades
fazem divisão entre vós e o vosso Deus,
e os vossos pecados encobrem
o seu rosto de vós,
para que [n]não vos ouça.
3 Pois as vossas mãos estão
contaminadas de sangue,
e os vossos dedos, de iniquidade.
Os vossos lábios falam falsamente,
a vossa língua pronuncia perversidade.
4 Ninguém há que clame pela justiça;
ninguém comparece em juízo pela verdade.
[o]Confiam na [p]vaidade e andam
falando mentiras;
concebem o mal e produzem a iniquidade.
5 Chocam ovos de basilisco
e tecem teias de aranha.
Aquele que comer dos ovos deles morrerá,
e se um dos ovos é quebrado,
sai dele uma víbora.
6 As suas teias não prestam para vestes;
não se podem cobrir com as suas obras.
As suas obras são obras de iniquidade,
obra de violência há nas suas mãos.
7 Os seus [q]pés correm para o mal;
apressam-se para derramar o [r]sangue inocente.
Os seus [s]pensamentos são
pensamentos de iniquidade;
ruína e [t]destruição há nas suas estradas.
8 Não conhecem o caminho da [u]paz;
não há juízo nos seus passos.
Fizeram para si veredas tortuosas;
todo aquele que anda por elas não tem
conhecimento da paz.
9 **P**elo que a justiça está longe de nós,
e a retidão não nos alcança.
Esperamos pela luz, e só há trevas;
pelo resplendor,
mas andamos em escuridão.
10 Apalpamos as paredes como cegos;
como os que não têm olhos,
andamos apalpando.
Tropeçamos ao meio-dia como nas trevas,
e nos lugares escuros somos como mortos.
11 Todos nós bramamos como ursos,
e continuamente gememos como pombas.
Esperamos a justiça, e ela não aparece;
a salvação, e ela está longe de nós.

[n] Is 1.15
[o] Veja Sl 2.12, nota
[p] Is 30.12; Jr 7.4,8
[q] Pv 1.16; Rm 3.15
[r] Pv 6.17
[s] Is 55.7
[t] v. 7,8; Rm 3.16,17
[u] Is 57.20,21
[v] Is 24.5; 58.1
[w] Is 5.23; 10.2; 29.21; 32.7
[x] Is 63.5; 64.7; Ez 22.30
[y] Comp. Ef 6.13-17
[z] Justiça (vestes de): v. 17; Is 61.10 (Gn 3.21; Ap 19.8)
[a] Veja Sl 19.9, nota
[b] Espírito Santo (AT): v. 19,21; Is 61.1 (Gn 1.2; Zc 12.10)
[c] Redenção (tipo do parente remidor): v. 20; Is 60.16 (Gn 48.16; Is 59.20, nota)

12 Pois as nossas [v]transgressões
se multiplicam perante ti,
e os nossos pecados testificam contra nós.
As nossas transgressões estão conosco;
conhecemos as nossas iniquidades:
13 rebelião e traição contra o Senhor,
retiramo-nos do nosso Deus,
pregamos opressão e revolta,
e proferimos mentiras que nosso
coração concebeu.
14 Pelo que a justiça se tornou atrás,
e a retidão se pôs longe;
a verdade anda tropeçando pelas ruas,
e a equidade não pode entrar.
15 A verdade ausentou-se,
e quem se desvia do mal arrisca-se
a ser [w]despojado.
O Senhor o viu, e pareceu mau aos seus olhos
que não houvesse justiça.

Deus procura um homem; Cristo é o único Redentor

16 Ele viu que não havia ninguém,
e maravilhou-se de que [x]não
houvesse intercessor;
pelo que o seu próprio braço
lhe trouxe a salvação,
e a sua própria justiça o susteve.
17 [y]Ele se revestiu de [z]retidão,
como de uma couraça,
e pôs capacete da salvação na cabeça;
tomou sobre si as vestes da vingança
e se cobriu de zelo, como de um manto.
18 Conforme as obras deles,
assim será a sua retribuição:
furor aos seus adversários,
e recompensa aos seus inimigos;
às ilhas dará ele a sua recompensa.
19 Então [a]temerão o nome do
Senhor desde o poente,
e a sua glória desde o nascente do sol.
Pois ele virá como uma corrente impetuosa,
que o sopro do [b]Senhor impele.
20 O [1c]Redentor [2]virá a Sião
e aos que se desviarem da
transgressão em Jacó,
diz o Senhor.
21 Quanto a mim, esta é a minha aliança com
eles, diz o Senhor. O meu Espírito, que está

[1] (59.20) Redenção, tipo do parente remidor. Resumo: O *goel*, ou parente remidor, é um belo tipo de Cristo:
1) A redenção por parte do parente remidor era de pessoas ou de uma herança (Lv 25.25,48; Gl 4.5; Ef 1.7,11,14).
2) O remidor tinha de ser um parente próximo (Lv 25.48,49; Rt 3.12,13, veja v. 9, *nota*; Gl 4.4; Hb 2.14,15).
3) Ao remidor tinha de ser possível remir (Rt 4.4-6; Jr 50.34; Jo 10.11,18).
4) A redenção era efetuada pelo *goel* pagando tudo o que fosse exigido justamente (Lv 25.27; Gl 3.13; 1Pe 1.18,19). Veja *notas* em Êx 6.6 e Rm 3.24.

[2] (59.20) O tempo em que "o Redentor virá a Sião" está fixado, de certa forma, em Rm 11.23-29 como algo que ocorrerá depois de se completar a Igreja. Essa também é a ordem encontrada na grande passagem dispensacionalista de At 15.14-18. Em ambas, o regresso do Senhor a Sião dá-se após o arrebatamento da Igreja.

sobre ti, e as minhas [d]palavras, que pus na tua boca, não se desviarão da tua boca, nem da boca de teus filhos, nem da boca dos seus descendentes, diz o Senhor, desde agora e para todo o sempre.

A Sião gloriosa na Dispensação do Reino

60 Levanta-te, resplandece,
pois já vem a tua luz,
e a glória do Senhor vai [e]nascendo sobre ti.
2 As trevas cobrem a terra,
e a escuridão os povos;
mas sobre ti o Senhor vem
surgindo, e a sua [f]glória se vê sobre ti.
3 As nações caminharão à tua [g]luz,
e os reis ao resplendor que te nasceu.
4 Levanta em redor os teus olhos, e vê:
Todos estes já se ajuntaram, e [h]vêm a ti;
os teus filhos virão de longe,
e as tuas filhas se criarão a teu lado.
5 **Q**uando o vires, ficarás radiante,
e o teu coração estremecerá e se alegrará;
a [i]abundância do mar se tornará a ti,
e as riquezas das nações a ti virão.
6 Multidão de camelos cobrirá a tua terra,
os camelos de Midiã e [j]Efá.
Todos virão de Sabá,
trazendo ouro e incenso,
e proclamando os louvores do Senhor.
7 Todas as ovelhas de [k]Quedar
se congregarão em ti,
os carneiros de Nebaiote te servirão;
com [l]agrado subirão ao meu altar,
e eu [m]cobrirei de esplendor
o templo da minha glória.
8 Quem são estes que vêm voando como nuvens
e como pombas aos seus ninhos?
9 Certamente as ilhas me aguardam;
vêm primeiro os navios de Társis,
[n]trazendo os teus filhos de longe,
a sua prata e o seu ouro com eles,
para a honra do Senhor, o teu Deus,
o Santo de Israel, pois ele te glorificou.
10 [o]**E**strangeiros reedificarão os teus muros,
e os seus reis te servirão.
Embora no meu furor eu te tenha ferido,
na minha benignidade terei
compaixão de ti.
11 As tuas portas estarão
abertas de contínuo,
nem de dia nem de noite se fecharão,
para que tragam a ti as
riquezas das nações e,
conduzidos com elas, os seus reis.
12 Pois a nação ou o reino
que não te servirem perecerão;
essas nações de todo serão assoladas.
13 A glória do Líbano virá a ti,
o cipreste, o olmeiro e o
buxo conjuntamente,
para adornar o [p]lugar do meu santuário;
e farei glorioso o lugar dos meus pés.
14 Também virão a ti,
inclinando-se, os filhos dos
que te [q]oprimiram;
se prostrarão aos teus pés
todos os que te desprezaram,
e te chamarão a cidade do Senhor,
a Sião do Santo de Israel.
15 **E**mbora foste abandonada e odiada,
de modo que ninguém passava por ti,
eu te farei um orgulho perpétuo,
uma alegria de geração em geração.
16 Beberás o leite das nações
e te alimentarás aos peitos dos reis.
Então, saberás que eu,
o Senhor, sou o teu Salvador,
e o teu [r]Redentor,
o Poderoso de Jacó.
17 Por bronze trarei ouro,
por ferro trarei prata.
Por madeira trarei bronze,
e por pedras ferro.
Farei pacíficos os teus oficiais,
e justos os teus governantes.
18 Nunca mais se ouvirá
de violência nas tuas fronteiras,
de desolação ou destruição nos teus termos,
mas aos teus muros chamarás Salvação,
e às tuas portas Louvor.
19 Nunca mais te servirá o [s]sol para luz do dia,
nem com o seu resplendor
a lua te iluminará,
pois o Senhor será a tua luz perpétua,
e o teu Deus a tua [t]glória.
20 Nunca mais se porá o teu [u]sol,
nem a tua lua minguará;
o Senhor será a tua luz perpétua,
e os dias do teu luto findarão.
21 Então, todo o teu [v]povo será justo
e para sempre [w]herdará a terra.
Eles serão renovos por mim [x]plantados,
[y]obra das minhas mãos,
para que eu seja glorificado.
22 O menor virá a ser mil,
e o mínimo, uma poderosa nação.
Eu sou o Senhor;
a seu tempo farei isso prontamente.

As duas vindas de Cristo em uma só visão

61 **O** [z]Espírito do Senhor
Deus está [a]sobre [b]mim,
porque o Senhor me [c]ungiu para pregar
as [dd]boas-novas aos pobres.

[d] Inspiração: v. 19,21; Jr 1.9 (Êx 4.15; 2Tm 3.16)
[e] Israel (profecias): v. 1-12; Jr 23.3 (Gn 12.2; Rm 11.26)
[f] Is 4.5; comp. Ap 21.23,24
[g] Veja Is 42.6, nota
[h] Is 49.18
[i] Rm 11.25-27
[j] Gn 25.4
[k] Gn 25.13
[l] Is 56.7
[m] Ag 2.7,9
[n] Is 49.22
[o] Is 56.6; 61.5
[p] O templo. 1Cr 28.2; comp. Sl 99.5; 132.7
[q] Is 45.14
[r] Redenção (tipo do parente remidor): v. 16; Is 63.9 (Gn 48.16; Is 59.20, nota)
[s] Ap 21.23; 22.5
[t] Zc 2.5
[u] Comp. Am 8.9
[v] Is 52.1; Ap 21.27
[w] Sl 37.11,22
[x] Is 61.3
[y] Is 29.23; 45.11; comp. Ef 2.10
[z] Espírito Santo (AT): v. 1; Is 63.10 (Gn 1.2; Zc 12.10)
[a] Lc 4.18,19
[b] Cristo (primeira vinda): v. 1,2; Dn 9.26 (Gn 3.15; At 1.11)
[c] Lc 7.22; At 10.38
[dd] Evangelho: v. 1-3; Mt 3.1 (Gn 12.3; Ap 14.6)

Enviou-me a restaurar os
contritos de coração,
a proclamar liberdade aos cativos
e abertura de prisão aos presos;
2 a apregoar o [1]ano aceitável do Senhor
e o [e]dia da vingança do nosso Deus.
A consolar todos os tristes,
3 e ordenar acerca dos tristes de Sião
que se lhes dê, em vez de uma
bela coroa, cinzas,
óleo de alegria em vez de tristeza,
veste de louvor em vez de
espírito angustiado.
Eles se chamarão árvores de justiça,
plantação do Senhor,
para que ele seja glorificado.

A primazia de Israel no reino

4 **R**eedificarão as ruínas antigas
e restaurarão os lugares há
muito devastados;
renovarão as cidades arruinadas,
devastadas de geração em geração.
5 Estrangeiros apascentarão
os vossos rebanhos;
estranhos serão os vossos lavradores
e os vossos vinhateiros.
6 E vós sereis chamados sacerdotes do Senhor,
e vos chamarão ministros de
nosso Deus.
Comereis a abundância das nações,
e na sua glória vos gloriareis.
7 Em lugar da sua vergonha,
terão dupla honra,
em lugar da humilhação,
exultarão na sua herança;
pelo que na sua terra possuirão
o dobro e terão perpétua alegria.
8 Pois eu, o Senhor, amo a justiça;
odeio o roubo e a iniquidade.
Na minha fidelidade lhes darei
a sua recompensa,
e farei uma [f]aliança eterna com eles.
9 A sua posteridade será conhecida
entre as nações,
e os seus descendentes no
meio dos povos.
Todos quantos os virem os conhecerão
como descendência bendita do Senhor.
10 **E**u me regozijo muito no Senhor;
a minha alma se alegra no meu Deus.
Pois ele me cobriu com vestes de salvação
e me envolveu com o [g]manto de retidão,
como o noivo que se adorna
com um turbante,
e como a noiva que se enfeita
com as suas joias.
11 Porque, como a terra produz os seus renovos,
e como o jardim faz brotar o
que nele se semeia,
assim o Senhor Deus fará brotar a retidão
e o louvor perante todas as nações.

Deus não se calará até a restauração de Israel

62 Por amor de Sião não me calarei,
e por amor de Jerusalém
não me aquietarei,
até que brilhe a sua retidão como a aurora,
e a sua salvação como uma tocha acesa.
2 As nações verão a tua retidão,
e todos os [h]reis a tua glória;
eles te chamarão por um [i]nome novo,
que a boca do Senhor nomeará.
3 Serás uma [j]coroa de glória na mão do Senhor,
um diadema real na mão do teu Deus.
4 [k]Nunca mais te chamarão Desamparada,
nem a tua terra se denominará
jamais Assolada.
Mas te chamarão [l]Hefzibá, e
à tua terra, Beulá;
pois o Senhor se agrada de ti,
e a tua terra será desposada.
5 Como o jovem se casa com a donzela,
assim os teus filhos se casarão contigo
e, como o noivo se alegra com a noiva,
assim se alegrará contigo o teu Deus.
6 **Ó** Jerusalém, sobre os teus
muros pus [m]guardas;
jamais se calarão,
nem de dia nem de noite.
Vós os que invocais ao Senhor,
não descanseis,
7 nem estejais em silêncio,
até que ele restabeleça Jerusalém,
e a ponha por louvor na terra.
8 Jurou o Senhor pela sua mão direita
e pelo braço da sua força:
Nunca mais darei o teu trigo
por comida aos teus inimigos,
nem os estranhos beberão
o teu vinho novo,
pelo qual [n]trabalhaste.
9 Os que, porém, ajuntarem o comerão,
e louvarão ao Senhor,
e os que o colherem beberão
nos átrios do meu santuário.

[e] Dia (de destruição): v. 2; Is 63.4 (Jó 21.30; Ap 20.11)
[f] Aliança (Nova): v. 8; Jr 31.31 (Is 61.8; Hb 8.8)
[g] Justiça (vestes de): v. 10; Is 64.6 (Gn 3.21; Ap 19.8)
[h] Sl 102.15,16; 138.4,5; 148.11,13
[i] v. 4,12; Is 65.15; comp. Ap 2.17
[j] Zc 9.16
[k] Os 1.10; 1Pe 2.10
[l] Comp. Is 54.5
[m] Ez 3.17; 33.7
[n] Comp. Lv 26.16; Dt 28.31; Is 1.7; 65.21,22

[1] (61.2) Observe que, ao ler essa passagem na sinagoga de Nazaré (Lc 4.16-21), o Senhor Jesus terminou a leitura com as palavras: "Ano aceitável do Senhor". A primeira vinda iniciou, portanto, o dia da graça, "o ano aceitável do Senhor", mas não cumpriu o dia da vingança que será executada quando o Messias retornar (2Ts 1.7-10). Comp. Is 34.8; 35.4.

10 **P**assai, passai pelas portas!
Preparai o caminho ao povo.
Aplanai, aplanai a estrada!
Limpai-a das pedras.
[o]Arvorai a bandeira aos povos.
11 O Senhor proclamou
até as extremidades da [p]terra:
Dizei à filha de Sião:
Vê, a tua [q]salvação vem!
Vê, com ele vem o seu galardão,
e a sua obra diante dele.
12 Serão chamados o povo santo,
os remidos do Senhor;
e tu serás chamada a Procurada,
a cidade não desamparada.

O dia da vingança do Messias (comp. Is 2.10-22; Ap 19.11-21)

63 [r]Quem é este que vem de Edom,
de Bozra, com vestes
tingidas de vermelho?
Quem é este, vestido de esplendor,
que marcha na grandeza da sua força?
Sou eu que falo em retidão,
poderoso para salvar.
2 Por que estão [s]vermelhas as tuas vestes,
como os trajes daqueles
que pisam no tanque de prensar uvas?
3 Eu sozinho pisei neste tanque;
dos povos ninguém houve comigo.
[t]Pisei-os na minha ira,
e os esmaguei no meu furor;
o seu sangue salpicou as minhas vestes,
e manchei toda a minha roupa.
4 Porque o [u]dia da vingança
estava no meu coração,
e o ano dos meus redimidos é chegado.
5 Olhei, e [v]não havia quem me ajudasse,
espantei-me de não haver quem me sustivesse;
pelo que o meu braço me trouxe a salvação,
e o meu furor me susteve.
6 Pisei os povos na minha ira;
embriaguei-os no meu furor
e derramei o seu sangue sobre a terra.
7 **A**s benignidades do Senhor mencionarei,
e os muitos louvores do Senhor,
consoante tudo o que o Senhor nos concedeu;
a grande bondade para com a nação de Israel,
bondade que ele lhes concedeu
segundo as suas misericórdias
e segundo a multidão das suas benignidades.

[o] Reino (AT): v. 10-12; Is 65.25 (Gn 1.26; Zc 12.8)
[p] Sl 22.27
[q] Is 46.13; comp. Zc 9.9; Mt 21.5; Jo 12.15
[r] Dia (do Senhor): v. 1-6; Is 66.15 (Sl 2.9; Ap 19.19)
[s] Comp. v. 3; o sangue de seus inimigos
[t] Armagedom (batalha de): v. 1-6; Is 66.16 (Is 10.27; Ap 19.17); veja Gn 36.1, nota
[u] Dia (de destruição): v. 1-4; Mt 25.46 (Jó 21.30; Ap 20.11)
[v] Is 59.16
[w] Comp. Jz 10.16; At 9.5
[x] Anjo (do Senhor): v. 9; Zc 1.11 (Gn 16.7; Jz 2.1, nota)
[y] Redenção (tipo do parente remidor): v. 4,9,16; Jr 31.11 (Gn 48.16; Is 59.20, nota)
[z] Nm 14.11; Sl 78.40; comp. At 7.51; 1Co 10.1-11
[a] Espírito Santo (AT): v. 10; Ez 2.2 (Gn 1.2; Zc 12.10)
[b] Sl 106.40
[c] Sl 106.44
[d] Êx 14.21,22
[e] Comp. Êx 33.14
[f] Is 6.9,10; Jo 12.40
[g] Veja Sl 19.9, nota

8 Ele disse: Certamente eles são meu povo,
filhos que não mentirão;
e assim ele foi o seu Salvador.
9 Em toda a angústia deles foi ele [w]angustiado,
e o [x]anjo da sua face os salvou.
Em seu amor e compaixão ele os [y]remiu;
ele os tomou
e os conduziu todos os dias
da antiguidade.
10 Contudo, eles foram [z]rebeldes
e entristeceram o seu [a]Espírito Santo.
Pelo que se lhes [b]tornou em inimigo,
e ele mesmo pelejou contra eles.
11 Então, o seu povo se [c]lembrou
dos dias da antiguidade,
de Moisés e do seu povo, dizendo:
Onde está aquele que os fez subir do mar
com os pastores do seu rebanho?
Onde está o que pôs no meio deles
o seu Espírito Santo,
12 que fez o seu braço glorioso andar à mão
direita de Moisés,
que [d]fendeu as águas diante deles,
para criar para si um nome eterno,
13 que os guiou pelos abismos?
Como um cavalo no deserto,
nunca tropeçaram;
14 como o animal que desce aos vales,
receberam descanso do
Espírito do Senhor.
Assim [e]guiaste o teu povo,
para criares um nome glorioso.
15 **O**lha dos céus, da tua
santa e gloriosa habitação.
Onde estão o teu zelo
e as tuas obras poderosas?
A ternura do teu coração e
as tuas misericórdias se
detêm para comigo!
16 No entanto, tu és o nosso [1]Pai,
ainda que Abraão não nos conheça
e Israel não nos reconheça;
tu, ó Senhor, és o nosso Pai,
nosso Redentor desde a antiguidade
é o teu nome.
17 Por que, ó Senhor, nos [f]fazes
desviar dos teus caminhos?
Por que endureces o nosso coração,
para que não te [g]temamos?
Volta, por amor dos teus
servos e das tribos da tua herança.

[1] (63.16) Comp. Is 1.2; 64.8. Coletivamente, Israel como nação reconhece Deus como Pai da nação (comp. Êx 4.22,23). Sem dúvida, cada israelita que cria experimentava o novo nascimento (comp. Jo 3.3,5 com Lc 13.28), mas as Escrituras do AT não mostram indícios de que haja consciência de uma relação pessoal como filhos. A explicação é dada em Gl 4.1-7. O israelita, embora filho, "em nada difere do escravo". O Espírito, como o "Espírito de seu Filho", não podia ser concedido para conferir a consciência de uma relação filial com Deus até que a redenção fosse realizada (Gl 4.4-6). Veja Adoção (Rm 8.15 e Ef 1.5, *notas*).

18 Por breve tempo o teu
santo povo possuiu a sua herança,
mas agora os nossos adversários
pisaram o teu santuário.
19 Há muito que somos o teu povo;
mas não exerceste o teu
domínio sobre eles,
não foram chamados pelo teu nome.

Oração do remanescente por livramento na volta de Cristo

64 **O**h! se fendesses os céus e descesses,
se os montes tremessem
[h]diante da tua face!
2 Como quando o fogo inflama os gravetos
e faz ferver a água,
desce para fazeres notório o teu nome
aos teus adversários,
e fazer que as nações tremam
na tua presença!
3 Pois quando fizeste coisas terríveis
que não esperávamos, desceste,
e os montes tremeram diante da tua face.
4 Desde a antiguidade ninguém ouviu,
nenhum ouvido percebeu,
e olho nenhum viu Deus além de ti,
[i]que trabalhe para aqueles
que nele esperam.
5 **S**ais em socorro daqueles
que alegremente praticam a justiça,
daqueles que se lembram
dos teus caminhos.
Mas ao continuarmos pecando
contra eles, te iraste.
Como, pois, podemos ser salvos?
6 Todos nós somos como o imundo,
e todos os nossos [j]atos
de justiça como trapo da imundícia;
todos nós caímos como a folha,
e os nossos pecados como
um vento nos arrebatam.
7 Ninguém há que invoque o teu nome,
que desperte e te detenha;
pois escondeste de nós o teu rosto,
e nos consumistes por causa das
nossas iniquidades.
8 **A**gora, porém, ó Senhor, tu és o nosso [k]Pai.
Nós somos o barro, tu és [l]o nosso oleiro;
somos todos obra das tuas mãos.
9 Não te enfureças tanto, ó Senhor,
nem perpetuamente te lembres
da iniquidade.
Olha, nós te pedimos, todos
nós somos o teu povo.
10 As tuas santas cidades se tornaram em deserto;
até Sião é um deserto,
Jerusalém está assolada.
11 A nossa santa e gloriosa casa,
em que te louvaram os nossos pais,
foi queimada a fogo,
e todas as nossas coisas mais preciosas se
tornaram em ruína.
12 Depois de tudo, te conterás ainda, ó Senhor?
Ficarás calado e nos afligirás ainda mais?

A resposta do Senhor: não haverá retorno até que haja arrependimento

65 **F**ui buscado dos que
[m]não perguntavam por mim;
fui achado daqueles que
não me buscavam.
A um povo que não invocava
o meu nome eu disse:
Aqui estou, aqui estou.
2 [n]Estendi as mãos o dia todo
a um povo [o]rebelde,
que [p]caminha por caminho que não é bom,
após os seus próprios pensamentos;
3 povo que me [q]irrita continuamente,
sacrificando em jardins
e queimando incenso sobre altares de tijolos;
4 que se assenta junto às sepulturas
e passa as noites em lugares secretos;
que come [r]carne de porco,
e cujo prato contém caldo de
coisas abomináveis;
5 que diz: Afasta-te!
Não te aproximes de mim,
pois sou [s]mais santo do que tu.
Estes são fumaça no meu nariz,
um fogo que arde o dia todo.
6 Está escrito diante de mim:
Não me calarei, mas pagarei;
sim, eu lhes darei a recompensa;
7 as vossas [t]iniquidades e juntamente
as iniquidades de vossos pais, diz o Senhor,
que queimaram sacrifícios nos [u]montes
e me [v]desafiaram nos outeiros,
eu os farei pagar por suas obras antigas.
8 **A**ssim diz o Senhor:
Como quando se acha suco num cacho de uvas,
e os homens dizem: Não o destruas,
ainda há alguma coisa boa nele,
assim farei por amor de meus servos,
para que não os destrua [w]totalmente.
9 Produzirei descendência a Jacó,
e a Judá um herdeiro,
que possua os meus montes;
os meus [x]escolhidos herdarão a terra,
e os meus servos habitarão ali.
10 [y]Sarom servirá de curral de ovelhas,
e o [z]vale de Acor de lugar
de descanso para os rebanhos,
para o meu povo, que [a]me busca.

[h] Mq 1.3,4
[i] Comp. Is 65.17; Jo 14.2; 1Co 2.9; Ap 21.1
[j] Justiça (vestes de): v. 6; Mt 6.33 (Gn 3.21; Ap 19.8)
[k] Veja Is 63.16, nota
[l] Is 29.16; 45.9; Jr 18.6; Rm 9.20,21
[m] Rm 10.20
[n] Rm 10.21
[o] Is 1.2,23
[p] Is 42.24
[q] Dt 32.21
[r] Lv 11.7; Is 66.17
[s] Comp. Lc 18.9-12
[t] Êx 20.5
[u] Ez 18.6
[v] Is 57.7; Ez 20.27,28
[w] Is 1.9; Am 9.8,9
[x] v. 15,22; comp. Mt 24.22; Rm 11.1-12
[y] Is 33.9; 35.2
[z] Js 7.24,26; Os 2.15
[a] Is 55.6

11 Quanto a vós, porém, abandonais o Senhor,
os que vos esqueceis do meu
santo monte,
os que preparais uma mesa para a Fortuna,
e que misturais vinho para o Destino,
12 eu vos destinarei à espada,
e todos vos encurvareis à matança;
pois chamei, e [b]não respondestes,
falei, e não ouvistes.
Fizestes o que era mau aos meus olhos
e escolhestes aquilo em que
eu não tinha prazer.
13 **P**elo que assim diz o Senhor Deus:
Os meus servos comerão,
mas vós padecereis fome;
os meus servos beberão,
mas vós tereis sede;
os meus servos se alegrarão,
mas vós vos envergonhareis.
14 Os meus servos cantarão
por terem o coração alegre,
mas vós gritareis com angústia
de coração,
e uivareis em quebrantamento de espírito.
15 Deixareis o vosso nome
aos meus escolhidos como uma [c]maldição;
o Senhor Deus vos matará,
e a seus servos [d]chamará por outro nome.
16 De sorte que aquele que invocar uma
bênção na terra,
o fará pelo Deus da verdade;
aquele que jurar na terra,
jurará pelo Deus da verdade.
Pois as angústias passadas
serão esquecidas,
e estarão [e]encobertas dos meus olhos.

Novos céus e nova terra

17 [1]**V**ede, eu [f]crio novos céus e nova terra.
Não haverá lembrança das
coisas passadas,
nem mais se recordarão.

Condições durante o milênio na nova terra com a remoção da maldição

18 Quanto a vós, porém, folgareis e exultareis
perpetuamente no que eu crio,
pois crio para Jerusalém alegria,
e para o seu povo regozijo.
19 Folgarei por causa de Jerusalém
e [g]exultarei no meu povo;
nunca mais se ouvirá nela
nem voz de [h]choro nem voz de clamor.

[b] 2Cr 36.15,16; Is 50.2; 66.4
[c] Jr 29.22; Zc 8.13
[d] Is 62.2; comp. At 11.26
[e] Comp. Ap 21.4
[f] Is 51.16; 66.22; 2Pe 3.13; Ap 21.1
[g] Is 62.4,5
[h] Is 35.10; 51.11; Ap 7.17; 21.4
[i] Ez 28.26; 45.4; Os 11.11; Am 9.14
[j] Is 62.8,9
[k] Comp. Sl 92.12-14
[l] Is 58.9
[m] Is 30.19; Dn 9.20-23
[n] Is 11.6-9
[o] Reino (AT): v. 18-25; Jr 23.5 (Gn 1.26; Zc 12.8)
[p] v. 1,2; At 7.49,50; 17.24
[q] Sl 34.18; 51.17; Is 57.15
[r] Is 1.10-17; 58.1-5; Mq 6.7,8

20 Não haverá mais nela
criança que viva poucos dias,
nem velho que não cumpra
os seus dias;
aquele que morrer com cem anos
será tido por jovem;
o pecador que não conseguir
alcançar cem anos
será considerado amaldiçoado.
21 [i]Edificarão casas e nelas habitarão;
plantarão vinhas e comerão o seu fruto.
22 Não edificarão para que
outros nelas habitem,
nem plantarão para que [j]outros comam.
Pois os dias do meu povo
serão como os dias da [k]árvore,
e os meus eleitos desfrutarão das obras
das suas mãos até a velhice.
23 Não trabalharão inutilmente,
nem terão filhos para a calamidade;
pois serão um povo bendito do Senhor,
eles e os seus descendentes com eles.
24 Antes que clamem, [l]responderei;
estando eles ainda falando, os [m]ouvirei.
25 O lobo e o cordeiro se apascentarão juntos,
e o leão comerá palha como o boi,
mas o pó será a comida da serpente.
Não [n]farão mal nem dano algum
em todo o meu santo [o]monte,
diz o Senhor.

O Senhor, cujo trono está no céu, repreende a hipocrisia

66 **A**ssim diz o Senhor: O [p]céu é o meu trono,
e a terra o estrado dos meus pés.
Onde está a casa que me edificareis?
Onde será o lugar do meu descanso?
2 Não fez a minha mão todas essas coisas,
e assim vieram a existir? diz o Senhor.
É para este que olharei:
[q]para o humilde e contrito de espírito,
que treme da minha palavra.
3 O que, porém, sacrifica um boi
é como o que mata um homem,
e o que [r]sacrifica um cordeiro,
como o que degola um cão;
o que oferece uma oferta de cereal
é como o que oferece sangue de porco,
e o que queima incenso,
como o que adora um ídolo.
Eles escolheram os seus próprios caminhos,
e a sua alma se satisfaz nas
suas abominações;

[1] (65.17) O v. 17 olha para além da Dispensação do Reino e chega até os novos céus e a nova terra, mas os v. 18-25 descrevem a Dispensação do Reino propriamente dita. A longevidade será restaurada, mas a morte, o "último inimigo" (1Co 15.26), será destruída somente após a rebelião de Satanás no final dos mil anos (Ap 20.7-14).

4 de modo que escolherei para eles
um duro tratamento,
e farei vir sobre eles os seus temores.
Pois quando clamei, [s]ninguém respondeu,
quando falei, não escutaram.
Fizeram o que era mau aos meus olhos
e escolheram aquilo em que
eu não tinha prazer.
5 Ouvi a palavra do Senhor,
os que tremeis da sua palavra:
Os vossos irmãos que vos [t]odeiam,
e que para longe vos lançam
por amor do meu nome, dizem:
O Senhor seja glorificado,
para que [u]vejamos a vossa alegria.
Contudo, serão envergonhados.
6 Uma voz de grande tumulto virá da cidade,
uma voz do templo, voz do Senhor,
que dá o pago aos seus inimigos.

Israel renascido em um dia

7 [1]**A**ntes que [v]estivesse de parto, deu à luz;
antes que lhe viessem as dores,
deu à luz um filho.
8 Quem jamais ouviu tal coisa?
Quem viu coisas semelhantes?
Poderia fazer nascer uma nação num só dia?
Nasceria uma nação de uma só vez?
Mas Sião mal sentiu as dores de parto,
e já deu à luz seus filhos.
9 Abriria eu a madre e não faria nascer?
diz o Senhor.
Faria nascer, e fecharia a madre?
diz o teu Deus.

Alegria em Jerusalém durante o reino

10 **R**egozijai-vos com Jerusalém,
e alegrai-vos por ela,
vós todos os que a amais;
enchei-vos de alegria por ela,
todos os que por ela pranteastes.
11 Pois mamareis e vos fartareis
dos peitos das suas consolações;
sugareis e vos deleitareis
com a abundância da sua glória.
12 Porque assim diz o Senhor:
Estenderei sobre ela a [w]paz como um rio,
e a glória das [x]nações como um
ribeiro que transborda;
então sereis amamentados,
sereis carregados ao colo
e sobre os joelhos sereis afagados.

[s] Is 65.12
[t] Is 60.15; comp. Lc 6.22
[u] 2Ts 1.10; Tt 2.13
[v] v. 7,8; veja Mq 4.11, nota
[w] Is 48.18
[x] Is 61.6
[y] Is 51.3
[z] Veja Ez 37.1, nota
[a] Is 9.5; 2Ts 1.8
[b] Dia (do Senhor): v. 15-24; Jr 25.29 (Sl 2.9; Ap 19.19)
[c] Armagedom (batalha de): v. 15,16; Jr 25.29 (Is 10.27; Ap 19.17)
[d] Is 34.6
[e] Is 65.3-8
[f] Is 59.7
[g] Jr 3.17
[h] Ml 1.11
[i] Is 49.22
[j] Is 18.7
[k] Is 61.6
[l] Is 65.17; 2Pe 3.13; Ap 21.1
[m] Zc 14.17-21
[n] Mc 9.44

13 Como alguém a quem a sua mãe consola,
assim eu vos [y]consolarei;
em Jerusalém vós sereis consolados.
14 Isso vereis, e se alegrará o vosso coração,
e os vossos [z]corpos reverdecerão
como a erva nova;
a mão do Senhor será notória
aos seus servos,
e ele se indignará contra os seus inimigos.
15 O Senhor virá em [a]fogo,
e os seus carros como um turbilhão,
para [b]tornar a sua ira em furor,
e a sua repreensão, em chamas de fogo.
16 Porque com fogo e com a sua [c]espada
entrará o Senhor em juízo
com toda a carne,
e os mortos do Senhor serão [d]multiplicados.

17 Os que se santificam e se purificam, para
entrarem nos jardins após aquele que está no
meio dos que comem carne de porco e ratos e
outras abominações, juntamente serão [e]consu-
midos, diz o Senhor.

18 **P**orque conheço as suas obras e os seus [f]pen-
samentos, venho para [g]ajuntar todas as nações e
línguas; e virão e verão a minha glória.

19 Porei entre eles um sinal, e os que deles esca-
parem enviarei às nações, a Társis, Pul e Lude,
famosos como flecheiros, a Tubal e Javã, até às
ilhas de mais longe, que não ouviram a minha
fama, nem viram a minha [h]glória. Anunciarão a
minha glória entre as nações.

20 [i]Trarão todos os vossos irmãos, dentre todas as
nações, por [j]presente ao Senhor, sobre cavalos, e em
carros, e em liteiras, e sobre mulas, e sobre came-
los, ao meu santo monte, a Jerusalém, diz o Senhor,
como os filhos de Israel trazem as suas ofertas de
cereais em vasos limpos ao templo do Senhor.

21 E também deles tomarei alguns para [k]sacer-
dotes e para levitas, diz o Senhor.

Para sempre na presença de Deus

22 Como os novos [l]céus e a nova terra, que
hei de fazer, estarão diante da minha face, diz o
Senhor, assim há de estar a vossa posteridade e
o vosso nome.

23 De uma lua nova à outra, e de um sábado
ao outro, virá [m]toda a humanidade a adorar na
minha presença, diz o Senhor.

24 **E**les sairão e verão os cadáveres dos homens
que se rebelaram contra mim; o seu [n]verme
nunca morrerá, nem o seu fogo se apagará, e
serão um horror para toda a humanidade.

---

[1] (66.7) "Quem jamais ouviu tal coisa?" (v. 8). Eis algo contrário à natureza, pois é um plano sobrenatural de Deus. O tempo das dores de parto para Israel é o "tempo de angústia para Jacó" (Jr 30.7), a tribulação. Cristo, "o filho", nasceu historicamente muito tempo antes desse tempo de dor (conforme profetizado no v. 7). Mas, quando chegar o período do parto de Israel, um remanescente arrependido de Israel, "uma nação", nascerá "num só dia" quando o Senhor retornar à terra.

- **Autor:** Jeremias
- **Tema:** Advertência e juízo
- Escrito no século VII a.C.

JEREMIAS

JEREMIAS (que significa "a quem o Senhor apontou") era um jovem sacerdote de Anatote quando começou a profetizar. Dada a natureza intensamente pessoal de seu livro, conhecemos mais de seu caráter e de sua vida do que de qualquer outro profeta com ministério escrito. Às vezes, chamado de profeta chorão, Jeremias era um patriota devoto, totalmente consagrado a Deus e a uma vida de santidade. Perseguido por seu próprio povo por tão destemidamente proclamar a desagradável verdade do iminente cativeiro (19.14–20.18; cap. 37–38), ele nunca deixou de sentir compaixão por eles.

A vocação de Jeremias deu-se no ano décimo terceiro do rei Josias. Sofonias e Habacuque foram contemporâneos da primeira parte de seu ministério; Daniel, de seu ministério posterior. Suas primeiras profecias, enunciadas durante os últimos anos de Jerusalém, foram principalmente advertências ao povo de que, a menos que se arrependessem de seus pecados, a cidade seria destruída. Depois da queda de Jerusalém, Nabucodonosor deu a Jeremias a opção de ir para a Babilônia ou de permanecer com os pobres do povo (2Rs 24.14). Ele preferiu ficar e ministrar ao remanescente. Após o assassinato de Gedalias (41.7ss.), ele aconselhou seu povo a permanecer na terra, mas eles foram para o Egito, levando consigo Jeremias e Baruque (43.6,7). Enquanto estavam lá, Jeremias continuou procurando fazer que o remanescente voltasse para o Senhor (cap. 44). Ele também predisse a volta de Israel à sua terra no final dos tempos (p. ex., 23.5-8). Jeremias provavelmente morreu no Egito.

O livro pode ser dividido da seguinte maneira: I. Profecias de juízo sobre Judá, 1–45. II. Profecias sobre as nações estrangeiras, 46–51. III. Suplemento histórico, 52.

I. Profecias de juízo sobre Judá, 1–45

Jeremias: seu chamado e comissão

1 [a]Palavras de Jeremias, filho de Hilquias, um
dos [b]sacerdotes que estavam em [c]Anatote, na
terra de Benjamim.
2 A ele veio a palavra do Senhor, nos dias de
[d]Josias, filho de Amom, rei de Judá, no décimo
terceiro ano do seu reinado;
3 e lhe veio também nos dias de [e]Jeoiaquim,
filho de Josias, rei de Judá, até o fim do décimo
primeiro ano de [f]Zedequias, filho de Josias, rei
de Judá, até que Jerusalém foi levada ao exílio
no [g]quinto mês.
4 **V**eio a mim a palavra do Senhor, dizendo:
5 Antes que eu te formasse no [h]ventre,
te conheci;
antes que saísses da madre, te [i]santifiquei;
às nações te dei por profeta.
6 Eu, porém, disse: Ah! Senhor Deus! [j]Não sei
falar; não passo de uma criança.
7 O Senhor, entretanto, me disse: Não digas:
Não passo de uma criança. Aonde quer que eu te
enviar, irás; e tudo o que te mandar, dirás.
8 Não temas [k]diante deles, [l]pois eu sou contigo
para te livrar, diz o Senhor.
9 Depois, o Senhor estendeu a sua [m]mão, tocou-
-me na boca e me disse: Agora pus as minhas
[n]palavras na tua boca.
10 Vê, ponho-te hoje sobre as nações e sobre
os reinos, para arrancares e derrubares, para destruíres e arruinares e para edificares e plantares.

[a] 2Cr 36.21
[b] Comp. 1Rs 2.26
[c] Jr 29.27
[d] 2Rs 21.24
[e] 2Rs 23.34
[f] 2Rs 24.17
[g] Veja Lv 23.2, nota
[h] Comp. Is 49.5; Gl 1.15
[i] Santificação (AT): v. 5; Dn 4.13 (Gn 2.3; Zc 8.3)
[j] Comp. Êx 4.10-12
[k] Ez 2.6
[l] Comp. Êx 3.12; Dt 31.6,8; Js 1.5
[m] Comp. Ez 40.3,4, uma teofania. Veja Gn 12.7, nota
[n] Inspiração: v. 9; Jr 30.2 (Êx 4.15; 2Tm 3.16)
[o] Veja Nm 17.8, nota
[p] Ez 11.3,7; 24.3-14
[q] Jr 25.9
[r] Jr 39.3
[s] Dt 28.20; Jr 17.13
[t] Is 65.3,4; Jr 7.9
[u] Is 37.19; Jr 2.28
[v] Is 50.7; Jr 6.27; 15.20

Sinais que confirmaram a vocação de Jeremias

11 **V**eio a mim a palavra do Senhor: O que é que
vês, Jeremias? E eu respondi: Vejo uma [o]vara de
[1]amendoeira.
12 Disse-me o Senhor: Viste bem, pois eu velo
sobre a minha palavra, para a cumprir.
13 **V**eio a mim a palavra do Senhor segunda
vez: O que é que vês? E eu respondi: Vejo uma
[2p]panela a ferver, inclinada para o norte.
14 Disse-me o Senhor: Do norte se derramará o
mal sobre todos os habitantes da terra.
15 Estou [q]convocando todas as famílias dos reinos do norte, diz o Senhor.
Os seus reis virão, e cada um porá o seu trono
à entrada das [r]portas de Jerusalém,
e contra todos os seus muros em redor
e contra todas as cidades de Judá.
16 Pronunciarei contra o meu [s]povo
os meus juízos,
por causa de toda a sua malícia;
pois me deixaram,
e queimaram [t]incenso a deuses estranhos,
e se encurvaram diante das obras
das suas [u]mãos.
17 Cinge os teus lombos! Levanta-te e dize-lhes
tudo o que eu te mandar. Não te espantes diante
deles, ou eu farei que temas na sua presença.
18 Eu te pus hoje por [v]cidade fortificada, por
coluna de ferro e por muros de bronze, contra
toda a terra; contra os reis de Judá, contra os seus
príncipes, contra os seus sacerdotes e contra o
povo da terra.

[1] (1.11) Por florescer antes das outras árvores, a amendoeira representa a realização iminente do juízo determinado por Deus (v. 10).
[2] (1.13) A panela fervendo simboliza um conflito tremendo que desceria sobre a terra vindo do norte, i.e., a invasão babilônica.

19 Pelejarão contra ti, mas não prevalecerão,
pois eu sou contigo, diz o Senhor, para te livrar.

Primeira mensagem à apóstata Judá: pedido e advertência (2.1–3.5)

2 Veio a mim a [1]palavra do Senhor:
2 Vá proclamar aos ouvidos de Jerusalém:
Assim diz o Senhor:
Lembro-me de ti, da devoção
da tua [w]mocidade,
do teu amor quando éramos noivos,
de como me [x]seguiste pelo deserto,
numa terra não semeada.
3 Israel era [y]santo para o Senhor,
as primícias da sua novidade;
todos os que o devoravam
eram tidos por culpados,
e o mal [z]vinha sobre eles, diz o Senhor.
4 Ouvi a palavra do Senhor, ó casa de Jacó,
e todas as famílias da casa de Israel.
5 Assim diz o Senhor:
[a]Que injustiça acharam vossos pais em mim,
para se afastarem de mim,
indo após ídolos vãos,
tornando-se sem valor eles mesmos?
6 Não perguntaram: Onde está o Senhor,
que [b]nos fez subir da terra do Egito,
que nos guiou através do deserto,
por uma terra árida e cheia de covas,
por uma terra de sequidão e densas trevas,
por uma terra em que ninguém transitava
e na qual não morava homem algum?
7 Eu vos introduzi numa [c]terra fértil,
para comerdes o seu fruto e o seu bem.
Mas quando nela entrastes,
[d]contaminastes a minha terra;
da minha herança fizestes uma abominação.
8 Os sacerdotes não perguntaram:
Onde está o Senhor?
Os que tratavam da lei [e]não
me conheceram;
os pastores se rebelaram contra mim.
Os profetas profetizaram por Baal
e andaram após o que é de nenhum proveito.
9 **P**ortanto, [f]pleiteio convosco, diz o Senhor.
Até com os filhos de vossos filhos pleitearei.
10 Passai às ilhas de Quitim e vede;
enviai mensageiros a Quedar, e atentai bem;
vede se jamais sucedeu [g]coisa semelhante.
11 Houve alguma nação que
trocasse os seus deuses,
posto não serem deuses?
Todavia o meu povo trocou a sua glória
pelo que é de nenhum proveito.
12 Espantai-vos disso, ó céus, e horrorizai-vos;
ficai verdadeiramente estupefatos,
diz o Senhor.
13 O meu povo fez duas maldades:
A mim me deixaram, o [h]manancial
de águas vivas,
e cavaram cisternas, cisternas rotas,
que não retêm as águas.
14 Acaso é Israel um servo,
ou um escravo nascido em casa?
Por que, pois, veio a ser presa?
15 Os leões rugiram;
contra ele levantaram a sua voz.
Fizeram da sua terra uma desolação;
as suas cidades se queimaram,
e ninguém habita nelas.
16 Até os filhos de Mênfis e de [i]Tafnes
raparam o alto da tua cabeça.
17 Não procuraste isso para ti mesmo,
deixando o Senhor, o teu Deus,
no tempo em que ele te [j]guiava
pelo caminho?
18 Agora, que te adiantará ir ao [k]Egito,
beber as águas do Nilo?
E que te adiantará ir à [l]Assíria,
beber as águas do Eufrates?
19 A tua malícia te [m]castigará;
as tuas apostasias te repreenderão.
Sabe, pois, e vê como é mau e amargo
deixares o Senhor, o teu Deus,
e não teres temor de mim,
diz o Senhor Deus dos Exércitos.
20 **H**á muito [n]quebraste o teu jugo,
e rompeste as tuas ataduras;
[o]disseste: Não te servirei!
[p]Contudo, em todo outeiro alto
e debaixo de toda árvore frondosa
tu te deitas e te prostituis.
21 Eu mesmo te plantei como [q]vide excelente,
uma semente inteiramente fiel.
Como, pois, te tornaste para
mim uma planta [r]corrupta,
como de vide brava?
22 Ainda que te laves com salitre
e amontoes sabão,
a tua iniquidade está [s]diante de mim,
diz o Senhor Deus.
23 **C**omo podes dizer:
[t]Não estou contaminada, nem
andei após Baal?
Vê o teu caminho no vale;
conhece o que fizeste.
Gamela ligeira és,
que anda torcendo os seus caminhos,

[w] Ez 16.8; comp. Ez 16.22,43,60; 23.1-21
[x] Dt 2.7
[y] Êx 19.5,6
[z] Gn 12.3; Is 41.11; Jr 30.15,16
[a] Is 5.4; Mq 6.3
[b] Is 63.9,11-13; Os 13.4
[c] Nm 13.27; 14.7,8; Dt 8.7-9
[d] Is 24.5; Jr 3.1
[e] Comp. Ml 2.1-9
[f] Ez 20.35,36; Mq 6.2
[g] Jr 18.13
[h] Sl 36.9; Jr 17.13; comp. Jo 4.14
[i] Jr 43.7-9
[j] Dt 32.10
[k] Is 30.1-3
[l] Os 5.13
[m] Jr 4.18
[n] Lv 26.13
[o] Êx 19.8; Js 24.18; Jz 10.16; 1Sm 12.10
[p] Is 57.5,7; Jr 3.6; comp. Dt 12.2
[q] Is 5.2
[r] Dt 32.32; Is 5.4; comp. 1.21
[s] Jó 14.16,17; Jr 17.1,2; comp. Os 13.12
[t] Pv 30.12

[1] (2.1) O caráter geral da primeira mensagem a Judá é tríplice: o Senhor 1) lembra a Israel os dias de bênçãos e livramento (p. ex., 2.1-7), 2) reprova-o por ter esquecido Deus (p. ex., 2.13) e 3) o acusa de escolher outros deuses que não têm poder (p. ex., 2.10-12,26-28).

24 jumenta selvagem, acostumada ao deserto
e que, no ardor do cio sorve o vento;
quem lhe pode impedir o desejo?
Todos os que a buscam não se cansam;
no mês dela a acharão.
25 Evita que o teu pé ande descalço e que a tua
garganta tenha sede.
Mas tu dizes: [u]"É inútil;
amo os deuses estranhos, e após eles irei.
26 **C**omo fica confundido
o ladrão quando o apanham,
assim se confundem os da casa de Israel;
eles, os seus reis, os seus príncipes,
os seus sacerdotes e os seus [v]profetas.
27 Dizem ao pau: Tu és meu
pai, e à [w]pedra: Tu me geraste.
Eles me viraram as costas, e não o rosto,
mas no tempo do seu [x]aperto dirão:
Levanta-te e livra-nos.
28 [y]Onde, pois, estão os teus deuses,
que fizeste para ti?
Que se levantem,
se te podem [z]livrar no tempo
da tua tribulação!
Pois os teus deuses, ó Judá,
são tão numerosos
como as tuas cidades.
29 Por que contendeis comigo?
Todos vós transgredistes contra
mim, diz o Senhor.
30 Em vão castiguei os vossos filhos;
eles [a]não aceitaram a correção.
A vossa espada [b]devorou os
vossos profetas
como um leão destruidor.
31 Ó geração, considerai a palavra do Senhor:
Tenho eu sido para Israel um deserto?
Ou uma terra da mais espessa escuridão?
Por que diz o meu povo:
Desligamo-nos de ti;
nunca mais a ti viremos?
32 É possível uma jovem
esquecer-se das suas joias,
ou a esposa, dos seus ornamentos?
Todavia o meu povo se [c]esqueceu
de mim por inumeráveis dias.
33 **C**omo ornamentas o teu
caminho, para buscares o amor!
Até às malignas ensinaste
os teus caminhos.

[u] Is 57.10; Jr 18.12
[v] Is 28.7; Jr 5.31
[w] Jr 3.9
[x] Is 26.16; Os 5.15
[y] Dt 32.37; Jz 10.14
[z] Jr 11.12
[a] Jr 5.3
[b] Ne 9.26; At 7.52; 1Ts 2.15
[c] Sl 106.21; Jr 13.25; Os 8.14
[d] Ml 2.17; 3.8
[e] v. 18; Jr 31.22; Os 5.13; 12.1
[f] Jr 17.5; comp. 37.7-10
[g] Dt 24.1-4
[h] Veja Jz 3.7 e 1Rs 3.2, notas
[i] v. 20
[j] Veja Jr 14.1, nota
[k] Jr 2.2; Os 2.15

34 Nas orlas dos teus vestidos
se achou o sangue das almas
dos inocentes e necessitados,
embora não os apanhaste no ato de roubar.
Contudo, a despeito de todas essas coisas,
35 ainda [d]dizes: Estou inocente;
certamente a sua ira se desviou de mim.
Eu, porém, entrarei em juízo contigo,
porque dizes: Não pequei.
36 Por que te [e]desvias tanto,
mudando o teu caminho?
Ficarás decepcionada com o Egito como
ficaste com a Assíria.
37 Daquele lugar sairás
com as mãos sobre a cabeça,
pois o Senhor rejeitou aqueles
em quem confias,
e [f]não prosperarás com eles.

A terra poluída

3 **S**e um homem despedir a sua mulher,
e ela se ausentar dele,
e se ajuntar a outro homem,
tornará ele [g]mais para ela?
Não se poluiria de todo aquela terra?
Tu, porém, maculaste com muitos amantes;
tornarias agora para mim? diz o Senhor.
2 Levanta os teus olhos aos [h]altos e vê.
Onde não te [i]prostituíste?
Nos caminhos te assentavas para eles,
como o árabe no deserto.
Manchaste a terra com as tuas devassidões,
e com a tua malícia.
3 Pelo que foram retiradas as [j]chuvas,
e não houve chuva tardia.
Contudo, tu tens a testa de prostituta,
e não queres ter vergonha.
4 Não acabaste de me invocar, dizendo:
Pai meu, tu és o guia [k]da minha mocidade?
5 Conservarás para sempre a tua ira?
Ou a guardarás continuamente?
Tens dito e feito coisas más,
e nelas permaneces.

Segunda mensagem: a futura glória está condicionada ao arrependimento (3.6–6.30)

6 [1]**D**isse-me o Senhor nos dias do rei Josias:
Viste o que fez a rebelde [2]Israel? Ela se foi a todo
monte alto, debaixo de toda árvore frondosa, e
ali andou prostituindo-se.

[1] (3.6) O caráter geral da segunda mensagem a Judá é: 1) de reprovação, pois o exemplo do castigo do Senhor contra o reino do norte (2Rs 17.1-18) não produziu efeito sobre Judá (p. ex., 3.6-10); 2) de advertência sobre um castigo similar que era iminente para Judá (p. ex., v. 15-17); 3) de apelo comovente para um retorno ao Senhor (p. ex., 3.12-14), e 4) de promessas de restauração final para a nação e de bênção (p. ex., 3.16-18).

[2] (3.6) Israel e Efraim são os nomes com que geralmente se designa o Reino do Norte (as dez tribos). Quando o nome Israel se refere a toda a nação, o contexto deixa isso claro.

7 Eu pensei que depois de ter feito tudo isso ela voltaria para mim, mas não voltou. E viu isso a sua infiel [l]irmã Judá.

8 Dei carta de [m]divórcio à infiel Israel e a despedi, por causa dos seus adultérios. Vi, contudo, que a sua infiel irmã Judá não temeu; ela se foi e também se prostituiu.

9 Pela fama da sua prostituição contaminou a terra, pois adulterou com a [n]pedra e com a madeira.

10 Apesar de tudo isso, não voltou para mim a sua infiel irmã Judá, [o]com sincero coração, mas falsamente, diz o Senhor.

11 **D**isse-me o Senhor: Já a rebelde Israel justificou mais a sua alma do que a infiel Judá.

12 Vai, apregoa estas palavras para o norte:
Volta, ó rebelde Israel, diz o Senhor,
e não farei cair a minha ira sobre ti,
[p]porque benigno sou, diz o Senhor,
e não conservarei para sempre a minha ira.
13 Somente [q]reconhece a tua iniquidade,
reconhece que transgrediste
contra o Senhor, o teu Deus,
e estendeste os teus favores aos estranhos,
debaixo de toda árvore frondosa
e não deste ouvidos à minha
voz, diz o Senhor.

14 **C**onvertei-vos, ó filhos rebeldes, diz o Senhor, pois eu vos [r]desposarei e vos tomarei, a um de uma cidade, e a dois de cada família, e vos levarei a [s]Sião.

15 Eu lhes darei [t]pastores segundo o meu coração, que vos [u]apascentem com conhecimento e com inteligência.

16 Naqueles dias, quando vos multiplicardes e [v]frutificardes na terra, diz o Senhor, nunca mais se exclamará: A arca da aliança do Senhor! Ela jamais lhes virá ao coração, nem dela se lembrarão; dela não sentirão falta, e não se fará outra.

17 Naquele tempo, chamarão a Jerusalém de trono do Senhor, e todas as [w]nações se ajuntarão a ela, em nome do Senhor, a Jerusalém. Nunca mais andarão segundo o propósito do seu coração maligno.

18 Naqueles dias, andará a casa de Judá com a [x]casa de Israel, e juntas virão da terra do Norte, para a terra que dei em herança a vossos pais.

19 **E**u, porém, dizia a mim mesmo:
Como te porei entre os filhos
e te darei a terra desejável,
a excelente herança dos
exércitos das nações?
E respondi: De [y]Pai me chamarás
e de mim não te desviarás.
20 De fato, como a mulher infiel a seu marido,
assim foste infiel comigo,
ó casa de Israel, diz o Senhor.
21 Nos lugares [z]altos se ouviu uma voz,
pranto e súplicas dos filhos de Israel,
porque perverteram o seu caminho
e se esqueceram do Senhor seu Deus.
22 **V**oltai, ó filhos rebeldes;
eu [a]curarei as vossas rebeliões.
Aqui estamos, vimos a ti,
pois tu és o Senhor nosso Deus.
23 Certamente, em vão se confia nos outeiros
e na multidão das [b]montanhas;
deveras, [c]no Senhor nosso Deus
está a salvação de Israel.
24 A coisa vergonhosa devorou
o trabalho de nossos [d]pais desde
a nossa mocidade;
as suas ovelhas e as suas vacas,
os seus filhos e as suas filhas.
25 Deitemo-nos em nossa vergonha,
e cubra-nos a nossa confusão.
[e]Pecamos contra o Senhor nosso Deus,
nós e nossos pais,
desde a nossa mocidade até o dia de hoje,
e não demos ouvidos à voz
do Senhor nosso Deus.

Predição de juízo com invasão

4 **S**e voltares, ó Israel, diz o Senhor,
para mim [f]voltarás.
Se tirares as tuas abominações
de diante de mim,
não [g]andarás mais vagueando,
2 e se realmente, em justiça e em retidão jurares:
Como vive o Senhor, então,
nele se bendirão as [h]nações
e nele se [i]gloriarão.
3 Assim diz o Senhor aos homens de Judá
e a Jerusalém:
[j]Lavrai para vós campo novo
e não semeeis entre espinhos.
4 [k]**C**ircuncidai-vos para o Senhor,
e tirai os prepúcios do vosso coração,
ó homens de Judá e
habitantes de Jerusalém,
para que a minha indignação
não venha a sair como fogo,
e arda de modo que não haja quem a apague,
por causa da malícia das vossas obras.
5 **A**nunciai em Judá, fazei
ouvir em Jerusalém e dizei:
[ll]Tocai a trombeta na terra!
Gritai em alta voz, dizendo:
[mm]Ajuntai-vos;
entremos nas cidades fortificadas!
6 Levantai a bandeira no caminho para Sião,
fugi para vossa segurança, não pareis!
Eu trago do [nn]norte um mal
e uma grande destruição.

[l] Ez 16.46; 23.2-4
[m] Is 50.1
[n] Is 57.6; Jr 2.27
[o] Os 7.14; comp. 2Cr 34.33
[p] Sl 103.8,9; Jr 31.20
[q] Lv 26.40; Dt 30.1,2; Pv 28.13; comp. 1Jo 1.9
[r] Jr 31.32; Os 2.19,20
[s] Jr 31.6
[t] Jr 23.4; Ez 34.23; comp. Ef 4.11
[u] Comp. At 20.28
[v] Is 49.19; Jr 23.3
[w] Jr 4.2; 16.19
[x] Is 11.13; Jr 50.4; Ez 37.16-22; Os 1.11
[y] Is 63.16
[z] Veja Jz 3.7 e 1Rs 3.2, notas
[a] Os 6.1; 14.4
[b] Sl 121.1,2
[c] Sl 3.8; Pv 21.31; Jn 2.9
[d] Jr 14.20
[e] Ed 9.7
[f] Jr 3.1,22; Jl 2.12
[g] Jr 7.3,7; 15.19; 35.15
[h] Is 65.16; Jr 3.17
[i] Jr 9.24; 1Co 1.31; 2Co 10.7
[j] Os 10.12
[k] Dt 10.16; 30.6; Cl 2.11; comp. Jr 9.26; Rm 2.28,29
[ll] Jr 6.1
[mm] Jr 8.14
[nn] Jr 1.13-15; 6.1,22

7 Já um [1]leão subiu da sua ramada;
um [o]destruidor das nações se pôs em marcha.
Ele já partiu;
saiu do seu lugar para
fazer da tua terra uma desolação,
a fim de que as tuas cidades sejam destruídas,
e ninguém nelas habite.
8 Por isso, [p]cingi-vos de pano de saco,
lamentai e uivai,
pois o ardor da ira do Senhor
não se desviou de nós.
9 Naquele dia, diz o Senhor,
o rei e os príncipes perderão a coragem,
os sacerdotes pasmarão,
e os profetas se maravilharão.
10 Então disse eu: Ah! Senhor Deus!
Verdadeiramente [2q]trouxeste grande ilusão a
este povo e a Jerusalém, dizendo: Tereis paz,
entretanto a espada penetra-lhe até a alma.
11 **N**aquele tempo, se dirá a este povo e a
Jerusalém: Um [r]vento seco das alturas do deserto
vem ao caminho da filha do meu povo, não para
espalhar nem para limpar;
12 um vento forte demais para isso vem de
mim. Agora eu pronuncio juízos contra eles.
13 Vede! Virá subindo como nuvens,
os seus [s]carros como a tormenta,
os seus [t]cavalos mais ligeiros
do que as águias.
Ai de nós! Somos assolados!
14 [u]Lava o teu coração da malícia,
ó Jerusalém, para que sejas salva.
Até quando permanecerão
no meio de ti os teus
maus pensamentos?
15 **U**ma voz anuncia desde Dã
e faz ouvir a calamidade
desde os montes de Efraim.
16 Proclamai isto às nações,
fazei-o ouvir contra Jerusalém:
Sitiadores vêm de uma terra [v]distante
e levantam a voz contra as cidades de Judá.
17 Como os guardas de um campo, eles a [w]rodeiam,
porque ela se rebelou contra mim,
diz o Senhor.
18 O teu caminho e as tuas obras
te trouxeram essas coisas.
Esta é a tua iniquidade,
que de tão amargosa te chega ao coração.

[o] Jr 25.9
[p] Is 22.12; Jr 6.26
[q] Ez 14.9; comp. 2Ts 2.11
[r] Jr 51.11; Ez 17.10; Os 13.15
[s] Is 5.28
[t] Dt 28.49; Lm 4.19; Os 8.1; Hc 1.8
[u] Is 1.16; Tg 4.8
[v] Is 39.3; Jr 5.15
[w] 2Rs 25.4
[x] Ez 7.25,26
[y] Jr 10.20
[z] Comp. Jr 2.8
[a] Contraste com o povo de Rm 16.19
[b] Is 27.11
[c] Jr 9.3
[d] Is 5.25; Ez 38.20
[e] Jr 9.10
[f] Jr 5.10,18; 30.11; 46.28
[g] Is 46.10,11; Dn 4.35
[h] Veja Zc 8.14, nota
[i] Ez 23.40
[j] Jr 30.14; Ez 23.9,10,22

19 **A**h! entranhas minhas, entranhas minhas!
Eu me contorço em dores!
O meu coração ruge,
não me posso calar.
Pois tu, ó minha alma,
ouviste o som da trombeta e
o alarido da guerra.
20 [x]Desastre após desastre se apregoa;
já toda a terra está destruída.
De repente foram destruídas as minhas [y]tendas,
e as minhas cortinas num momento.
21 Até quando verei a bandeira
e ouvirei a voz da trombeta?
22 Deveras, o meu povo está louco,
já [z]não me conhece.
São filhos néscios,
[a]e [b]não entendidos.
Sábios são para fazerem o [c]mal,
mas não sabem fazer o bem.
23 Observei a terra, e ela estava assolada e vazia;
também os céus, e não tinham a sua luz.
24 Observei os montes, e eles tremiam;
também todos os [d]outeiros estremeciam.
25 Observei, e vi que homem algum havia
e que todas as aves do céu tinham fugido.
26 Vi também que a terra fértil era um [e]deserto;
todas as suas cidades estavam derrubadas
diante do Senhor,
diante do furor da sua ira.
27 **A**ssim diz o Senhor:
Toda esta terra será assolada;
[f]de todo, porém, não a consumirei.
28 Por isso lamentará a terra,
e os céus em cima se enegrecerão,
porque assim o disse, assim o [g]propus,
e não me [h]arrependi nem voltarei atrás.
29 Ao clamor dos cavaleiros e dos flecheiros fogem
todas as cidades.
Alguns entram pelas matas;
alguns sobem pelos penhascos.
Todas as cidades ficam desamparadas,
e já ninguém nelas habita.
30 **O** que fazes, ó assolada?
Por que te vestes de escarlate
e te adornas com joias de ouro?
Por que te [i]pintas em volta dos teus olhos?
Inutilmente te fazes bela.
Os teus [j]amantes te desprezam;
procuram tirar-te a vida.

[1] (4.7) A palavra "leão" é uma alusão metafórica a Nabucodonosor, o rei da Babilônia (Dn 7.4).

[2] (4.10) Jeremias não está acusando o Senhor de tergiversação, mas está dando vazão à sua grande tristeza pela terrível situação em que se encontra. Deus o chamou para permanecer sozinho no meio de oposição constante e gradualmente o levou à posição onde queria que o profeta estivesse, uma posição que incluía grande aflição para Jeremias. Em 20.14-18, Jeremias expressa sua angústia usando uma linguagem extrema. Tais passagens nos livros proféticos não devem ser consideradas meramente a expressão de pensamentos humanos pecaminosos ou errados. A terrível tristeza de Jeremias faz eco à tristeza do próprio Deus ao ver seu povo em contínuo pecado e na incredulidade, ignorando sua bondade em favor deles, tornando necessário o castigo (comp. Jr 20.7,14-18). Veja Jó 3.3.

31 Ouço uma voz como de mulher
que está de parto,
uma angústia como da que está com dores
do primeiro filho;
a voz da filha de Sião, ofegante,
que estende as mãos, dizendo: Ai de mim!
A minha alma desfalece por
causa dos assassinos.

Motivos para o juízo

5 Dai voltas às ruas de Jerusalém,
olhai, informai-vos,
buscai pelas suas praças.
Se achardes [k]alguém que pratique a justiça e
busque a verdade,
eu perdoarei a esta cidade.
2 [l]Embora digam: Tão certo como vive o Senhor,
ainda juram falsamente.
3 Ó Senhor, não procuram os
[m]teus olhos a verdade?
Feriste-os, mas não lhes doeu;
consumiste-os, mas [n]não quiseram
receber a correção.
Endureceram a sua face mais
do que uma rocha,
e não quiseram arrepender-se.
4 Eu, porém, pensei: Deveras
estes são uns pobres;
são loucos, pois [o]não sabem
o caminho do Senhor,
o juízo do seu Deus.
5 Irei aos grandes e falarei com eles;
certamente sabem o caminho do Senhor,
o [p]direito do seu Deus.
Estes, porém, de comum acordo quebraram
o jugo e romperam as algemas.
6 Portanto, um leão do bosque os ferirá,
um lobo dos desertos os assolará,
um leopardo estará à espreita
das suas cidades,
para despedaçar a qualquer que sair delas,
pois as suas transgressões se multiplicaram,
e se multiplicaram as suas apostasias.
7 Como, vendo isso, te perdoaria?
Os teus filhos me deixaram
e [q]juraram pelos que [r]não são deuses.
Depois de eu os ter fartado, adulteraram;
em casa de meretrizes se
ajuntaram em bandos.
8 Como cavalos bem fartos,
levantam-se pela manhã,
relinchando cada um à
mulher do seu companheiro.
9 Deixaria eu de castigar essas coisas,
diz o Senhor,
ou não se [s]vingaria a minha alma
de uma nação como esta?

10 Subi aos seus muros e destruí-os,
mas não façais uma destruição [t]final.
Tirai os seus ramos,
pois estas pessoas não são do Senhor.
11 A casa de Israel e a casa de Judá
foram totalmente infiéis a mim, diz o Senhor.
12 [u]Negaram ao Senhor; [v]disseram:
[w]Ele não fará nada!
Nenhum mal nos sobrevirá;
não veremos espada nem fome.
13 Os profetas não passam de vento,
e a palavra não está com eles;
assim lhes sucederá a eles mesmos.
14 Portanto, assim diz o Senhor,
o Deus dos Exércitos:
Porque disseste tal palavra,
converterei as minhas palavras
na tua boca em fogo,
e a este povo em lenha,
e eles serão consumidos.
15 Ó casa de Israel, [x]trago sobre vós uma nação
de longe, diz o Senhor,
uma nação antiga e durável,
nação cuja língua ignoras,
cuja fala não entendes.
16 A sua aljava é como uma sepultura aberta;
todos eles são valentes.
17 [y]Comerão a tua sega e o teu pão,
que haviam de comer teus
filhos e tuas filhas;
comerão as tuas ovelhas e as tuas vacas,
devorarão a tua vide e a tua figueira.
As tuas cidades fortificadas,
em que [z]confiavas,
destruirão à espada.
18 Contudo, ainda naqueles dias,
diz o Senhor, não farei de vós
uma destruição [a]final.
19 E, quando vos perguntardes: [b]Por que nos fez
o Senhor nosso Deus todas estas coisas?, então
lhes dirás: Como vós me [c]deixastes e servistes a
deuses estranhos na vossa terra, assim servireis
a estrangeiros, em terra que não é vossa.
20 Anunciai isso na casa de Jacó
e fazei-o ouvir em Judá, dizendo:
21 Ouvi agora isto, ó povo
louco e [d]sem entendimento,
que tendes olhos e não vedes,
que tendes ouvidos e não ouvis.
22 Não [e]me temereis? diz o Senhor.
Não temereis diante de mim,
que pus a areia por limite ao mar,
por ordenança eterna, que
ele não pode passar?
Ainda que se levantem as suas
ondas, não prevalecerão;
ainda que bramem, não a poderão passar.

[k] Ez 22.30; comp. Gn 18.23-32
[l] Is 48.1; Tt 1.16
[m] 2Cr 16.9; Jr 16.17
[n] Is 9.13; Jr 7.28
[o] Jr 8.7
[p] Mq 3.1
[q] Js 23.7; Sf 1.5
[r] Dt 32.21; Gl 4.8; comp. 1Co 8.5,6
[s] Jr 9.9
[t] Jr 4.27
[u] 2Cr 36.16
[v] Is 47.8; Jr 23.17
[w] Comp. Jr 43.1-4
[x] Dt 28.49; Is 5.26; Jr 1.15; 4.16; 6.22,23
[y] Lv 26.16; Dt 28.31-33
[z] Os 8.14; veja Sl 2.12, nota
[a] Jr 30.11
[b] Dt 29.24; 1Rs 9.8,9; Jr 13.22; 16.10
[c] Jr 1.16
[d] Is 6.9; 48.8; Jr 6.10; Ez 12.2; Mt 13.14; Jo 12.40; At 28.26
[e] Jr 2.19; 44.10

23 Este povo, porém,
é de coração rebelde e obstinado;
rebelaram-se e foram-se.
24 Não dizem no seu coração:
[f]Temamos ao Senhor nosso
Deus, [g]que dá chuva,
a [h]temporã e a tardia, a seu tempo,
e nos conserva as semanas
determinadas da [i]sega.
25 As vossas iniquidades desviam essas coisas,
e os vossos pecados afastam
de vós o bem.
26 Entre o meu povo se acham ímpios
que estão à espreita, como
passarinheiros
e como os que colocam armadilhas
para apanharem homens.
27 Como uma gaiola cheia de pássaros,
são as suas casas cheias de engano;
engrandeceram-se e [j]enriqueceram,
28 tornaram-se gordos e bem alimentados.
Os seus feitos malignos não têm limites;
não julgam a causa dos órfãos,
para que prosperem,
nem defendem o direito dos necessitados.
29 Não [k]castigaria eu essas coisas? diz o Senhor.
Não se vingaria a minha alma de
uma nação como esta?
30 Coisa espantosa e [l]horrenda
se anda fazendo na terra:
31 [m]Os profetas profetizam falsamente,
os sacerdotes dominam
de mãos dadas com eles,
e o meu povo [n]assim o deseja.
O que fareis, porém, quando chegar o fim?

A queda de Jerusalém incluirá muito sofrimento

6 Fugi para segurança vossa,
filhos de Benjamim!
Fugi de Jerusalém!
Tocai a trombeta em Tecoa
e levantai o sinal sobre [o]Bete-Haquerém,
pois da banda do [p]norte surge
um grande mal
e uma grande destruição.
2 A formosa e delicada, a filha de Sião,
eu deixarei desolada.
3 A ela virão [q]pastores com os seus rebanhos;
levantarão contra ela tendas em redor,
e cada um apascentará no seu lugar.
4 [r]Preparai a guerra contra ela,
levantai-vos, e subamos ao meio-dia.
Ai de nós! que já declina o dia,
já se vão estendendo as sombras da tarde.
5 Levantai-vos, subamos de
noite e destruamos os seus palácios.
6 Assim diz o Senhor dos Exércitos:
Cortai árvores e levantai [s]tranqueiras
contra Jerusalém.
Essa é a cidade que há de ser punida;
só opressão há no meio dela.
7 Como a fonte produz as suas águas,
assim ela produz a sua malícia.
Violência e estrago se ouvem nela;
enfermidade e feridas há diante
de mim continuamente.
8 Aceita a disciplina, ó Jerusalém,
[t]para que a minha alma não se aparte de ti,
para que eu não te torne em
assolação e terra não habitada.
9 Assim diz o Senhor dos Exércitos:
Que respiguem o resto de Israel
tão completamente como uma vinha;
passe de novo tua mão sobre os ramos,
como o vindimador.
10 A quem falarei e testemunharei,
para que ouça?
Os seus ouvidos estão [u]incircuncisos
e não podem ouvir.
A palavra do Senhor é para eles
coisa [v]vergonhosa;
não gostam dela.
11 Eu, porém, estou cheio do furor do Senhor
e [w]não o posso conter.
Derrama-o sobre os meninos nas ruas
e sobre as reuniões dos jovens;
o marido com a mulher serão presos,
e o velho com o que está cheio de dias.
12 As suas casas [x]passarão a outros,
como também os seus campos
e as suas mulheres,
quando eu estender a minha mão
contra os habitantes desta terra,
diz o Senhor.
13 Desde o menor deles até o maior,
cada um se entrega à [y]avareza;
profetas e [z]sacerdotes igualmente,
cada um usa de falsidade.
14 Curam superficialmente
a ferida da filha do meu povo, dizendo:
Paz, paz, quando não há [a]paz.
15 Estão envergonhados da sua abominação?
Pelo contrário, de maneira nenhuma
se envergonham;
nem mesmo sabem que coisa
é envergonhar-se.
Portanto, cairão entre os que caem;
quando eu os punir, tropeçarão,
diz o Senhor.
16 Assim diz o Senhor:
Ponde-vos à margem no caminho, e vede;
perguntai pelas [b]veredas antigas,
e pelo bom caminho.

[f] Veja Sl 19.9, nota
[g] Sl 147.8; Jr 14.22; Mt 5.45; At 14.17
[h] Dt 11.14; Jl 2.23; Tg 5.7
[i] Gn 8.22
[j] Jr 12.1
[k] v. 9; Ml 3.5
[l] Jr 23.14; Os 6.10; 2Tm 4.3
[m] Jr 6.13; 14.14; comp. Ez 13.1-23
[n] Mq 2.11
[o] Ne 3.14
[p] Jr 4.6
[q] 2Rs 25.1-4; Jr 4.17; 12.10
[r] Jr 51.27; Jl 3.9
[s] Jr 32.24
[t] Ez 23.18; Os 9.12
[u] Êx 6.12; Jr 5.21; 7.26; At 7.51
[v] Jr 8.9
[w] Comp. Jr 20.9
[x] Dt 28.30; Jr 8.10; 38.22
[y] Is 56.11; Jr 8.10; 22.17; 23.11; Mq 3.5,11
[z] Jr 5.31
[a] Jr 8.11-15
[b] Jr 18.15

Andai por ele e achareis descanso
para as vossas almas.
Eles, porém, disseram:
Não andaremos nele.
17 Pus [c]atalaias sobre vós, dizendo:
[d]Estai atentos ao som da trombeta!
Mas dissestes: Não escutaremos.
18 Portanto, ouvi, vós, nações, e informa-te,
ó congregação,
do que se faz entre eles!
19 [e]Ouve tu, ó terra!
Eu trarei [f]mal sobre este povo,
o próprio [g]fruto dos seus pensamentos,
porque não estão atentos às
minhas palavras
e rejeitam a minha lei.
20 [h]Para que me vem o incenso de Sabá,
ou a [i]melhor cana aromática
de terras remotas?
Vossos holocaustos não me agradam,
nem os vossos sacrifícios me são suaves.
21 Portanto, assim diz o Senhor:
Armarei tropeços a este povo.
Tropeçarão neles pais e filhos juntamente;
o vizinho e o seu companheiro perecerão.
22 **A**ssim diz o Senhor:
Vem um povo da terra do [j]Norte;
uma grande nação se levanta
dos confins da terra.
23 Trazem arco e lança;
são cruéis e não usam de misericórdia.
A sua voz ruge como o mar,
e em cavalos vêm montados,
dispostos como homens de guerra contra ti,
ó filha de Sião.
24 Ouvimos a sua fama,
e se afrouxaram as nossas mãos.
Angústia nos tomou, e dores
como de parturiente.
25 Não saiais ao campo nem
andeis pelo caminho,
pois espada do inimigo e
espanto há em redor.
26 Ó filha do meu povo,
cinge-te de pano de saco e
[k]revolve-te na cinza;
pranteia como por um filho único,
pranto de amarguras,
pois de súbito virá o destruidor
sobre nós.
27 **P**or [l]torre de guarda te pus entre o meu povo,
qual fortaleza, para que soubesses
e examinasses o seu caminho.
28 Todos eles são os mais rebeldes,
andam espalhando calúnias.
São bronze e ferro,
são todos corruptores.
29 Já o fole se queimou,
e o chumbo se consumiu com o fogo;
em vão continua a fundição,
pois os maus não são arrancados.
30 Prata rejeitada lhes chamarão,
porque o Senhor os [m]rejeitou.

Mensagem na porta do templo (7–10)

7 [1]Palavra que da parte do Senhor veio a Je-
remias:
2 Põe-te à [n]porta da casa do Senhor e proclama
ali esta mensagem: Ouvi a palavra do Senhor,
todos de Judá, os que entrais por estas portas,
para adorardes ao Senhor.
3 Assim diz o Senhor dos Exércitos, o Deus de
Israel: [o]Emendai os vossos caminhos e as vossas
obras, e eu vos farei habitar neste lugar.
4 [p]Não vos fieis em palavras falsas, dizendo:
Templo do Senhor, templo do Senhor, templo
do Senhor é este.
5 Se, porém, mudardes o vosso procedimento e
as vossas obras, se deveras praticardes a justiça,
cada um com o seu companheiro,
6 se não oprimirdes o [q]estrangeiro, o órfão, e a
viúva, nem derramardes sangue inocente neste
lugar, nem andardes após outros deuses para o
vosso próprio [r]mal,
7 eu vos farei habitar neste lugar, na terra que
dei a vossos pais, de século em século.
8 Vede, porém, vós [s]confiais em palavras falsas,
que para nada são proveitosas.
9 [t]Furtareis vós, e matareis, e cometereis adul-
tério, e jurareis falsamente, e queimareis incenso
a Baal, e andareis após outros deuses que não
conhecestes,
10 e, então, vireis, e vos poreis diante de mim nesta
casa, que se chama pelo meu nome, e direis: Somos
livres, podemos fazer todas essas abominações?
11 É esta casa, que se chama pelo meu nome,
uma [u]caverna de salteadores aos vossos olhos?
Mas eu, eu mesmo, vi isso, diz o Senhor.
12 **I**de agora ao meu lugar de adoração que
estava em [v]Siló, onde, no princípio, fiz habitar
o meu nome, e vede o que lhe fiz, por causa da
maldade do meu povo Israel.
13 Enquanto fazíeis todas essas obras, diz o
Senhor, eu vos falei, começando de madru-
gada, mas não ouvistes; chamei-vos, mas não
respondestes.

[c] Is 62.6; Ez 3.17
[d] Dt 4.1; Is 58.1; Jr 25.4; comp. Lc 16.29
[e] Is 1.2
[f] Jr 19.3,15
[g] Pv 1.31
[h] Sl 40.6; 50.7-9; Is 1.11; 66.3; Jr 7.21-23; Am 5.21; Mq 6.6-8
[i] Is 43.24
[j] Jr 1.15; 4.6; 5.15; 10.22; 50.41-43
[k] Jr 25.34; Mq 1.10
[l] Jr 1.18
[m] Jr 7.29
[n] Jr 17.19
[o] Jr 4.1; 26.13
[p] Comp. v. 8; Mq 3.11
[q] Êx 22.21-24; Jr 22.3
[r] Dt 6.14,15; 8.19; 11.28; 13.6-11
[s] Veja Sl 2.12, nota
[t] Êx 20.3-17
[u] Mt 21.13; Mc 11.17; Lc 19.46
[v] Js 18.1; Jz 18.31

[1] (7.1) O caráter geral da mensagem na porta do templo é, como no caso da primeira e da segunda mensagens, de repreensão, advertência e exortação, mas esta mensagem foi dirigida em especial aos que, em Judá, ainda adoravam ao Senhor exteriormente; é uma mensagem à religiosa Judá (p. ex., 7.2,9,10; 8.10,11).

14 Portanto, farei a esta casa, que se chama pelo meu nome, na qual confiais, e a este lugar, que vos dei a vós e a vossos pais, como fiz a [w]Siló.

15 Eu vos lançarei da minha presença, como lancei a todos os vossos irmãos, a toda a geração de Efraim.

16 **Portanto**, [x]não ores por este povo, nem levantes por ele clamor ou oração, nem me importunes, porque eu não te ouvirei.

17 Não vês tu o que andam fazendo nas cidades de Judá e nas ruas de Jerusalém?

18 Os filhos apanham a lenha, os pais acendem o fogo, e as mulheres amassam a farinha, para fazerem bolos à [1]rainha dos céus, e oferecem libações a outros deuses, provocando-me à ira.

19 É, porém, a mim que eles [y]provocam à ira, diz o Senhor, e não antes a si mesmos, para a sua própria vergonha?

20 Portanto, assim diz o Senhor Deus: A minha ira e o meu furor se derramarão sobre este lugar, sobre os homens e sobre os animais, sobre as árvores do campo e sobre os frutos da terra; se acenderá e não se apagará.

21 **Assim** diz o Senhor dos Exércitos, o Deus de Israel: Ajuntai os vossos [z]holocaustos aos vossos sacrifícios e comei carne.

22 Pois eu nada disse a vossos pais, no dia em que vos tirei da terra do Egito, [2]nem lhes ordenei coisa alguma [a]acerca de holocaustos ou sacrifícios.

23 Isto lhes ordenei: Dai [b]ouvidos à minha voz, e eu serei o vosso Deus, e vós [c]sereis o meu povo. Andai em todo o caminho que eu vos mandar, para que vos vá bem.

24 Mas [d]não ouviram, nem inclinaram os seus ouvidos; pelo contrário, [e]andaram nos seus próprios conselhos, na dureza do seu coração maligno. Andaram para trás, e não para diante.

25 Desde o dia em que os vossos pais saíram da terra do Egito, até hoje, enviei-vos os meus [f]servos, os profetas, todos os dias; começando de madrugada, eu os enviei.

26 Contudo, não me destes ouvidos. Não inclinastes os vossos ouvidos, mas endurecestes a vossa cerviz e fizestes pior do que os vossos pais.

[w] 1Sm 4.10,11; Sl 78.60; Jr 26.6,9
[x] Jr 11.14; 14.11; comp. Êx 32.10; 1Jo 5.16
[y] Dt 32.16,21
[z] Is 1.11; Jr 6.20; Os 8.13; Am 5.21,22
[a] 1Sm 15.22; Sl 51.16,17; Os 6.6
[b] Êx 15.26; Dt 6.3; Jr 11.4-7
[c] Êx 19.5; Lv 26.12
[d] Sl 81.11; Jr 11.8
[e] Dt 29.19; Sl 81.12
[f] 2Cr 36.15; Jr 25.4; 29.19; Mc 12.1-10; Lc 11.47-49
[g] Jr 1.7; comp. Ez 2.7
[h] Is 15.2; Jr 48.37; Mq 1.16; comp. Jó 1.20; Jr 16.6
[i] 2Rs 21.4,7; 2Cr 33.4,7; Jr 23.11; 32.34; Ez 7.20
[j] Jr 9.22; Ez 6.5. Cumprida parcialmente em todas as destruições de Jerusalém, esta profecia aponta para Ap 19.17-21
[k] Dt 28.26; comp. Jr 12.9
[l] Jr 16.9; 25.10
[m] Lv 26.33; Is 1.7; 3.26; Jr 25.11

27 **Portanto**, Jeremias, tu [g]dirás ao povo todas estas palavras, mas não te darão ouvidos; irás chamá-los, mas não te responderão.

28 Dirás: Esta é a nação que não dá ouvidos à voz do Senhor seu Deus e não aceita a correção. A verdade foi destruída; desapareceu dos seus lábios.

29 [h]**Corta** o cabelo da tua cabeça e lança-o fora; levanta um pranto sobre os altos escalvados, pois já o Senhor rejeitou e desamparou esta geração, objeto do seu furor.

30 Os filhos de Judá fizeram o que é mau aos meus olhos, diz o Senhor. [i]Puseram as suas abominações na casa que se chama pelo meu nome, e a contaminaram.

31 Edificaram os altos de [3]Tofete, que está no vale do filho de Hinom, para queimarem no fogo a seus filhos e a suas filhas — o que nunca ordenei, nem me subiu ao coração.

32 Portanto, vêm dias, diz o Senhor, em que já não se chamará Tofete, nem vale do filho de Hinom, mas o vale da Matança; enterrarão os mortos em Tofete, por falta de lugar para os enterrar.

33 Os [j]cadáveres deste povo servirão de pasto às aves dos céus e aos animais da terra; e ninguém os [k]espantará.

34 [l]Farei cessar nas cidades de Judá e nas ruas de Jerusalém a voz de folguedo, a voz de alegria, a voz de noivo e a voz de noiva, pois a terra se tornará em [m]desolação.

Insensibilidade para com o pecado

8 **Naquele** tempo, diz o Senhor, tirarão para fora das suas sepulturas os ossos dos reis de Judá e os ossos dos seus príncipes, e os ossos dos sacerdotes, os ossos dos profetas e os ossos dos habitantes de Jerusalém.

2 Serão expostos ao sol, à lua, a todo o exército do céu, a quem tinham amado, e a quem tinham servido, e após quem tinham ido, e a quem tinham buscado e diante de quem se tinham prostrado. Não serão recolhidos nem sepultados, mas serão como esterco sobre a face da terra.

[1] (7.18) A "rainha dos céus" é uma expressão que ocorre duas vezes na Bíblia, aqui e em 44.15-30. O termo alude a uma divindade pagã vil. Os profetas declaram a ira de Deus sobre todos os que a adoram. Provavelmente esta rainha seja Astarote, uma divindade pagã mencionada em Jz 2.13; 10.6; 1Sm 31.10; 1Rs 11.5,33, e em 2Rs 23.13, onde é chamada de "abominação dos sidônios".

[2] (7.22) Veja em Êx 20.1, *nota*, as três maneiras como a Lei foi entregue. O mandamento sobre os holocaustos e sacrifícios não foi dado ao povo até que eles transgrediram o Decálogo, a lei da obediência.

[3] (7.31) Evidentemente, Tofete era o nome de certos lugares altos construídos no vale do filho de Hinom, ao sul de Jerusalém, onde se ofereciam sacrifícios humanos. Josias profanou o lugar (2Rs 23.10), e Jeremias predisse que o vale se tornaria conhecido como "o vale da Matança" (v. 32). Por causa do horror do fogo de seus ritos idolátricos, e em razão da profanação por Josias, o vale se tornou símbolo de uma grande queima em conexão com o pecado. O termo grego *Geena* (da palavra heb. para "vale de Hinom") significa *lugar de fogo* e é usado doze vezes no NT para designar o lugar do castigo eterno (veja Mt 5.22, *nota*; Tg 3.6), o lago de fogo preparado para o Diabo e os seus anjos (Mt 25.41).

3 [n]Escolherão antes a morte do que a vida todos os que restarem desta raça maligna nos lugares onde os lancei, diz o Senhor dos Exércitos.

4 **D**ize-lhes mais: Assim diz o Senhor:
Cairão os homens e não se tornarão a levantar?
E se desviarão e não voltarão?
5 Por que, pois, se desvia este povo de Jerusalém
com uma apostasia contínua?
Retém o engano, [o]não quer voltar.
6 Eu [p]ouvi atentamente,
mas não falam o que é reto,
[q]ninguém há que se
[r]arrependa da sua maldade,
dizendo: Que fiz eu?
Cada um se desvia na sua carreira,
como um cavalo que
arremete com ímpeto na batalha.
7 [s]Até a cegonha no céu
conhece os seus tempos determinados,
e a rola, a andorinha e o grou
observam o tempo da sua migração,
mas o meu povo [t]não conhece
o juízo do Senhor.
8 Como podeis dizer:
[u]Nós somos sábios,
e a lei do Senhor está conosco,
quando em vão tem trabalhado
a falsa pena dos mestres da lei?
9 Os sábios foram envergonhados,
foram espantados e presos.
Visto que rejeitaram a palavra do Senhor,
[v]que sabedoria teriam?
10 Portanto, [w]darei as suas mulheres a outros
e os seus campos a outros possuidores.
Desde o menor até o maior,
cada um deles se entrega à avareza;
desde o profeta até o sacerdote,
cada um deles usa de falsidade.
11 Curam superficialmente a ferida
da filha de meu povo,
dizendo: [x]Paz, paz, quando não há paz.
12 Envergonham-se de cometer abominação?
Pelo contrário, de maneira nenhuma
se envergonham;
nem mesmo sabem que coisa
é envergonhar-se.
Pelo que cairão entre os que caem;
e [y]tropeçarão quando eu os punir,
diz o Senhor.
13 Certamente os apanharei, diz o Senhor.
Já não há uvas na vide.
Já não há figos na figueira,
e a sua folha caiu.
Até aquilo mesmo que lhes dei se [z]irá deles.

[n] Jó 3.21,22; 7.15,16; Ap 9.6
[o] Jr 5.3; 9.3
[p] Sl 14.2; comp. Is 30.18; 2Pe 3.9
[q] Mq 7.2
[r] Veja Zc 8.14; nota
[s] Pv 6.6-8; Ct 2.12; Is 1.3; comp. Mt 16.2,3
[t] Jr 5.4; 9.3
[u] Rm 2.17
[v] Is 44.25; Jr 4.22
[w] Dt 28.30; Jr 6.12; Am 5.11; Sf 1.13
[x] Ez 13.10
[y] Jr 6.12-15
[z] Dt 28.39,40; Jr 5.17
[a] Jr 4.5
[b] Jr 14.19
[c] Jr 5.15
[d] Jr 46.11; comp. Gn 37.25; 43.11; Jr 51.8
[e] Jr 10.19
[f] Jr 5.7,8; 23.10
[g] Os 4.1,2
[h] Jr 4.22; 13.23
[i] Comp. 1Sm 2.12

14 **P**or que nos assentamos ainda? [a]Ajuntai-vos!
Entremos nas cidades fortificadas
e ali estejamos calados!
Pois já o Senhor nosso Deus nos fez calar
e nos deu a beber água de fel,
porque pecamos contra ele.
15 [b]Espera-se a paz, e não há bem algum;
o tempo da cura, mas só há terror.
16 Desde Dã se ouve o resfolegar dos seus cavalos;
toda a terra treme
à voz dos rinchos dos seus ginetes.
Vêm devorar a terra e a sua abundância,
a cidade e os que nela habitam.
17 Eu enviarei entre vós serpentes e basiliscos,
contra os quais não há encantamento,
e vos morderão, diz o Senhor.
18 **O**h! se eu pudesse consolar-me
na minha tristeza!
O meu coração [1]desfalece dentro em mim.
19 Eis o clamor da filha do meu
povo de [c]terra muito remota:
Não está o Senhor em Sião?
Não está nela o seu rei?
Por que me provocaram à ira
com as suas imagens de escultura,
com vaidades estranhas?
20 Passou a sega, findou o verão,
e nós não estamos salvos.
21 Estou quebrantado pela ferida
da filha do meu povo;
ando de luto, e o espanto se apoderou de mim.
22 Não há [d]bálsamo em Gileade?
Ou não há lá médico?
Por que não se realizou
a cura da filha do meu povo?

Jeremias se lamenta por seu povo

9 **O**xalá a minha cabeça se tornasse
em um manancial de águas,
e os meus olhos em uma fonte de lágrimas!
Então [e]choraria de dia e de noite
os mortos da filha do meu povo.
2 Oxalá tivesse no deserto
uma estalagem de caminhantes!
Então deixaria o meu povo e
me apartaria dele
porque todos são [f]adúlteros, e um bando
de infiéis.
3 Estendem a língua, como se fosse o seu arco,
para a [g]mentira;
fortalecem-se na terra, mas
não para a verdade.
Avançam de [h]pecado em pecado,
e não me [i]conhecem, diz o Senhor.

[1] (8.18) Nos cap. 8.18–9.2 e seções semelhantes (p. ex., 10.19-25; 15.15-18; 20.7-18), o profeta debate consigo mesmo e, às vezes, com Deus. Embora essas passagens interrompam momentaneamente a continuidade, revelam os sentimentos íntimos de Jeremias.

4 **G**uardai-vos cada um do seu amigo;
de irmão nenhum vos [j]fieis.
Pois todo irmão não faz mais do
que enganar,
e todo amigo anda [k]caluniando.
5 [l]Zomba cada um do seu próximo,
e não falam a verdade.
Ensinam a sua língua a proferir mentiras;
cansam-se de praticar a iniquidade.
6 A tua habitação está no meio do engano;
pelo engano recusam a conhecer-me,
diz o Senhor.
7 **P**ortanto, assim diz o Senhor dos Exércitos:
Eu os [m]fundirei e os [n]provarei,
porque, de que outra maneira procederia
com a filha do meu povo?
8 Flecha mortífera é a língua deles;
eles falam engano.
Com a sua boca fala cada um
de paz com o seu companheiro,
mas no seu interior [o]arma-lhe ciladas.
9 Não os [p]puniria eu por essas coisas?
diz o Senhor.
Ou não se vingaria a minha alma
de nação tal como esta?
10 **P**elos montes levantarei choro e pranto,
e pelas pastagens do deserto lamentação.
Já estão queimadas, ninguém passa por elas
e não se ouve mugido de gado.
As aves dos céus fugiram e os
animais se foram.
11 [q]Farei de Jerusalém montões de pedras,
morada de chacais;
e das cidades de Judá farei uma assolação,
de sorte que fiquem desabitadas.
12 Quem é o homem sábio, que entenda
isso? A quem falou a boca do Senhor, para que
o possa anunciar? Por que pereceu a terra e se
queimou como deserto, de sorte que ninguém
passa por ela?
13 Disse o Senhor: É porque deixaram a minha
[r]lei, que publiquei perante a sua face; [s]não deram
ouvidos à minha voz, nem andaram nela.
14 Antes [t]andaram após o propósito do seu
próprio coração; [u]após os baalins, que lhes ensi-
naram os seus pais.
15 Portanto, assim diz o Senhor dos Exércitos,
Deus de Israel: Darei de comer losna a este povo
e lhe darei a beber água de fel.
16 Eu os [v]espalharei entre nações, que nem eles
nem seus pais conheceram; mandarei a espada
após eles, até que venha a consumi-los.
17 **A**ssim diz o Senhor dos Exércitos:
Considerai e chamai carpideiras,
para que venham;
mandai procurar mulheres [w]hábeis,
para que venham.

18 Apressem-se e levantem o
seu lamento sobre nós,
até que os nossos olhos se desfaçam
em lágrimas,
e as nossas pálpebras destilem águas.
19 Uma voz de pranto se ouviu de Sião:
Como estamos arruinados!
Quão grande é a nossa vergonha!
Temos de deixar a nossa terra
porque as nossas moradas estão em ruínas.
20 Agora, ouvi, vós mulheres,
a palavra do Senhor, e os vossos ouvidos
recebam a palavra da sua boca.
Ensinai o pranto a vossas filhas,
e cada uma à sua companheira
a lamentação.
21 A morte subiu pelas nossas
janelas e entrou em nossos palácios;
[x]exterminou das ruas as crianças,
e os jovens das praças.
22 Dize: Assim diz o Senhor:
Até os cadáveres dos homens jazerão
como esterco sobre a face do campo
e cairão como gavela atrás do segador,
e não há quem a [y]recolha.
23 **A**ssim diz o Senhor:
Não se glorie o sábio na sua sabedoria,
nem se [z]glorie o forte na sua força,
nem se glorie o rico nas suas riquezas,
24 mas o que se gloriar glorie-se [a]nisto:
em me conhecer e saber que
eu sou o Senhor,
que faço misericórdia, juízo e justiça na terra,
[b]porque dessas coisas me
agrado, diz o Senhor.
25 Vêm dias, diz o Senhor, em que castigarei a
todo circuncidado, juntamente com o incircunciso:
26 ao Egito, a Judá, a Edom, aos filhos de Amom,
a Moabe e a todos os que cortam os cantos do seu
cabelo, que habitam no deserto. Pois todas essas
nações são incircuncisas, e toda a casa de Israel
é [c]incircuncisa de coração.

Sátira sobre a idolatria

10 **O**uvi a palavra que o Senhor vos
fala a vós,
ó casa de Israel.
2 Assim diz o Senhor:
[d]Não aprendais o caminho das nações,
nem vos espanteis com os sinais dos céus,
embora com eles se atemorizem as nações.
3 Porque os costumes dos povos são vaidade;
[e]cortam do bosque um madeiro,
e um artífice o lavra com o cinzel.
4 Com prata e com ouro o enfeitam,
com pregos e com martelos o firmam,
para que não se mova.

[j] Veja Sl 2.12, nota
[k] Jr 6.28
[l] Sl 36.3,4; Is 59.4
[m] Is 1.25; 48.10; Mq 3.3
[n] Provar-Tentar: v. 7; Jr 11.20 (Gn 3.1; Tg 1.14)
[o] Jr 5.26
[p] Jr 5.9,29
[q] Is 25.2; Jr 19.3,8; 26.9
[r] Lei (de Moisés): v. 13-16; Ez 22.26 (Êx 19.1; Gl 3.24)
[s] Jr 3.25; 7.24
[t] Jr 7.24; 11.8; comp. 3.17
[u] Comp. 1Rs 22.52,53
[v] Lv 26.33; Dt 28.64; Jr 15.2-4
[w] Am 5.16
[x] 2Cr 36.17; Jr 18.21; Ez 9.5,6
[y] Jr 8.1,2
[z] Sl 33.16-18
[a] Jr 4.2; 1Co 1.31; 2Co 10.17
[b] Mq 6.8; 7.18
[c] Lv 26.41; Jr 6.10; Ez 44.7; comp. Jr 4.4; Rm 2.28,29
[d] Dt 12.30; 18.9-14
[e] Is 44.9-20

5 Como o espantalho num pepinal,
não podem falar;
necessitam de quem os leve,
pois não podem andar.
Não tenhais receio deles;
não podem fazer o mal
nem podem fazer o [f]bem.
6 [g]Ninguém há semelhante
a ti, ó Senhor;
tu és grande, e grande é o
teu nome em força.
7 Quem não te [h]temeria, ó Rei das nações?
Isso só a ti pertence.
Entre todos os sábios das nações,
e em todo o seu reino,
ninguém há semelhante a ti.
8 Todos eles se [i]embruteceram
e se tornaram loucos;
são ensinados por ídolos vãos de madeira.
9 Trazem prata batida de Társis, e [j]ouro de Ufaz,
trabalho do artífice e das mãos do fundidor;
fazem as suas vestes de azul e de púrpura,
obra de homens hábeis são todos eles.
10 O Senhor Deus, porém, é o verdadeiro Deus;
ele mesmo é o Deus vivo, o Rei eterno.
Do seu furor treme a terra,
e as nações não podem
suportar a sua indignação.
11 Assim lhes direis: Estes [k]deuses, que não
fizeram os céus e a terra, desaparecerão
da terra e de debaixo deste céu.
12 [l]**D**eus, porém, fez a terra pelo seu poder;
[m]estabeleceu o mundo por sua sabedoria
e com a sua inteligência [n]estendeu os céus.
13 Fazendo ele soar a sua voz,
logo há ruído de águas no céu,
e [o]sobem os vapores da
extremidade da terra.
Ele faz os relâmpagos para a chuva
e faz sair o vento dos seus depósitos.
14 Todo homem se embruteceu
e não tem conhecimento;
da sua imagem de escultura
envergonha-se todo fundidor.
Suas imagens fundidas são mentira,
e não há fôlego de vida nelas.
15 Vaidade são, obra de enganos;
no tempo do seu castigo virão a perecer.
16 Não é semelhante a essas
imagens a porção de Jacó,
pois ele é o criador de todas as coisas,
e Israel é a tribo da sua herança;
Senhor dos Exércitos é o seu nome.

[f] Is 41.23
[g] Is 46.5-9
[h] Jr 5.22; Ap 15.4; veja Sl 19.9, nota
[i] Is 44.18
[j] Dn 10.5
[k] 1Co 8.5,6; veja Sl 16.4, nota
[l] v. 12-15; Gn 1.1,6,7; Jr 51.15
[m] Sl 93.1
[n] Jó 9.8; Sl 104.2; Is 40.22
[o] Sl 135.7
[p] Comp. Ez 12.3-12
[q] v. 19-25; veja Jr 8.18 e 20.7, notas
[r] Jr 31.15
[s] Is 56.11
[t] Jr 23.2
[u] Pv 20.24
[v] Sl 6.1; 38.1; Jr 30.11; 46.28; comp. Dt 8.5; Jó 5.17; Pv 3.11,12; 22.15; 23.13; Hc 1.12; Jo 15.2; Hb 12.5-11
[w] Jr 8.16
[x] Dt 27.26; Gl 3.10
[y] Dt 4.20; 1Rs 8.51; comp. Is 48.10

17 [p]**A**junta da terra a tua mercadoria,
ó habitante da fortaleza.
18 Porque assim diz o Senhor:
Desta vez lançarei os moradores da terra,
como se fora com uma funda;
eu os angustiarei, para que venham
a ser capturados.

Oração do profeta

19 [q]**A**i de mim, por causa da minha ruína!
A minha chaga é incurável!
Eu havia dito a mim mesmo:
Esta é a minha enfermidade
e tenho de suportá-la.
20 A minha tenda está destruída;
todas as minhas cordas se [r]quebraram.
Os meus filhos foram-se de
mim e já não existem;
ninguém há que estenda a minha tenda
e que levante as minhas cortinas.
21 Os [s]pastores se embruteceram
e não buscam ao Senhor;
por isso não prosperam,
e todos os seus rebanhos se acham [t]dispersos.
22 Escutai! Vem uma voz de rumor,
grande tumulto da terra do Norte,
para fazer das cidades de
Judá uma assolação,
uma morada de chacais.
23 **E**u sei, ó Senhor, que não cabe ao homem
determinar o seu [u]caminho,
nem ao que caminha o dirigir os seus passos.
24 [v]Corrige-me, ó Senhor, mas com medida,
não na tua ira,
para que não me reduzas a nada.
25 Derrama a tua indignação
sobre as nações que não te conhecem
e sobre as gerações que não
invocam o teu nome.
Porque [w]devoraram a Jacó;
devoraram-no, consumiram-no e
assolaram a sua morada.

Mensagem sobre a aliança quebrada (11–12)

11 [1]**P**alavra que veio a Jeremias, da parte do
Senhor:
2 Ouve as palavras desta aliança e fala aos
homens de Judá e aos habitantes de Jerusalém.
3 Dize-lhes: Assim diz o Senhor, o Deus de
Israel: [x]Maldito o homem que não obedecer às
palavras desta aliança,
4 que ordenei a vossos pais no dia em que
os tirei da terra do Egito, da [y]fornalha de ferro,

[1] (11.1) Esta mensagem, assim como as outras, é constituída de repreensão, exortação e advertência, mas, neste caso, está baseada na violação da Aliança Israelita (veja Dt 30.3, *nota*). Os cativeiros de Israel e Judá na Assíria e Babilônia foram o cumprimento da advertência (Dt 28.63-68).

dizendo: Dai [z]ouvidos à minha voz e fazei con-
forme tudo que vos mando; assim, vós me sereis
por povo, e eu vos serei por Deus.
5 Então cumprirei o [a]juramento que fiz a vossos
pais de dar-lhes uma terra em que manassem
leite e mel, como se vê neste dia. E eu respondi:
Amém, ó Senhor.
6 **D**isse-me o Senhor: Apregoa todas estas pala-
vras nas cidades de Judá e nas ruas de Jerusalém:
Ouvi as palavras desta aliança e [b]cumpri-as.
7 Desde o dia em que tirei do Egito a vossos
pais, até hoje, eu os tenho advertido constante-
mente: Dai ouvidos à minha voz.
8 Eles, porém, não ouviram, nem inclinaram
os ouvidos; antes andaram cada um conforme
o propósito do seu coração maligno. Pelo que
trouxe sobre eles todas as palavras desta aliança,
a qual lhes mandei que cumprissem, mas [c]não
cumpriram.
9 **D**isse-me o Senhor: Uma conspiração se
achou entre os homens de Judá, entre os habi-
tantes de Jerusalém.
10 Tornaram às maldades de seus primeiros
pais, que recusaram ouvir as minhas palavras.
Andaram após deuses estranhos, para os servir.
A casa de Israel e a casa de Judá quebraram a
minha aliança, que fiz com seus pais.
11 Portanto, assim diz o Senhor: Trarei mal
sobre eles, do qual não poderão escapar. Embora
[d]clamem a mim, eu não os ouvirei.
12 Irão as cidades de Judá e os habitantes de
Jerusalém e clamarão aos deuses a quem quei-
maram incenso, mas eles de nenhuma sorte os
livrarão no tempo do seu mal.
13 Segundo o número das tuas cidades, são os
teus deuses, ó Judá! E segundo o número das
ruas de Jerusalém, levantaste altares à vergonha,
altares para queimardes incenso a Baal.
14 Portanto, [e]não ores por esse povo, nem
levantes por eles clamor nem oração, porque
não os ouvirei no tempo em que clamarem a
mim, por causa do seu mal.
15 **Q**ue direito tem a minha amada na minha casa,
visto que muitos nela têm
cometido grande abominação?
Pode a [1]carne sacrificada
desviar de ti o castigo
quando fazes o mal?
Então saltarias de prazer?
16 Denominou-te o Senhor [f]oliveira verde,
formosa por seus deliciosos frutos.
Agora, porém, à voz de grande tumulto,
acendeu fogo ao redor dela
e os seus ramos se quebraram.

[z] Lv 26.3-12; Jr 7.23
[a] Dt 7.12,13; Sl 105.9,10
[b] Dt 17.19; Tg 1.22; comp. Rm 2.13
[c] Jr 9.13; 13.10
[d] Sl 18.41; Pv 1.28; Is 1.15; Jr 14.12; Ez 8.18; Mq 3.4; Zc 7.13
[e] Êx 32.10; Jr 7.16; 14.11; comp. 1Jo 5.16
[f] Sl 52.8; comp. Rm 11.17
[g] Comp. Is 53.7
[h] Jr 18.18; 20.10; 26.8; 38.4
[i] Provar-Tentar: v. 20; 12.3; Jr 17.10 (Gn 3.1; Tg 1.14); Sl 7.9; Ap 2.23
[j] Comp. 1Sm 16.7; 1Cr 28.9
[k] Jr 15.15
[l] Jr 1.1
[m] Is 30.10; Am 2.12; 7.13,16; Mq 2.6
[n] Jr 9.21
[o] Jr 23.12; 46.21; 48.44; 50.27; Lc 19.44
[p] Ed 9.15
[q] Jó 12.6; 21.7; Sl 37.35; 73.3; Ml 3.15
[r] Is 29.13; Ez 33.31; Mt 15.8; Mc 7.6
[s] Jr 23.10; Os 4.3

17 O Senhor dos Exércitos, que te plantou,
pronunciou contra ti o desastre, pela maldade
da casa de Israel e da casa de Judá, que para si
mesmos fizeram, pois me provocaram à ira, quei-
mando incenso a Baal.

Conspiração contra Jeremias; profecia contra os homens de Anatote

18 **P**orque o Senhor me fez saber a sua conspi-
ração, eu o soube, pois nesse dia me fez ver as
suas ações.
19 Eu era como um manso cordeiro, que levam
à [g]matança; não sabia que tramavam projetos
contra mim, dizendo:
[h]Destruamos a árvore com o seu fruto;
cortemo-lo da terra dos viventes,
para que não haja mais
memória do seu nome.
20 Ó Senhor dos Exércitos, que [i]julgas com
retidão,
que provas a [j]mente e o coração,
veja eu a tua [k]vingança sobre eles,
pois a ti descobri a minha causa.
21 Portanto, assim diz o Senhor acerca dos
homens de [l]Anatote, que procuram a tua morte, e
dizem: [m]Não profetizes no nome do Senhor, para
que não morras às nossas mãos.
22 Assim diz o Senhor dos Exércitos: Eu os
punirei. Os jovens morrerão à espada, os seus
filhos e as suas filhas [n]morrerão de fome.
23 Não ficará deles nem um resto, porque farei
vir o mal sobre os homens de Anatote, no ano
do seu [o]castigo.

A oração de Jeremias e a resposta de Deus

12 [p]Justo és, ó Senhor, ainda quando entro
contigo num pleito.
Contudo falarei contigo da tua justiça:
[q]Por que prospera o caminho dos ímpios?
Por que vivem em paz todos os que
procedem perfidamente?
2 Plantaste-os, e eles se arraigaram;
[r]crescem e dão fruto.
Têm-te nos lábios, mas longe do seu coração.
3 Tu, porém, ó Senhor, me conheces;
tu me vês e provas o meu
coração para contigo.
Impele-os como a ovelhas para o matadouro
e prepara-os para o dia da matança.
4 Até quando lamentará a [s]terra,
e se secará a erva de todo o campo?
Pela maldade dos que habitam nela,
perecem os animais e as aves.
Pois eles dizem: Ele não verá o nosso fim.

[1] (11.15) Aqui o Senhor enfatiza que o pecado impede a comunhão no templo (a casa de Deus) e que sacrifícios não evitam as consequências do pecado cometido. Comp. v. 15; Is 1.13-15; Ag 2.12.

5 Se te fatigas correndo com
homens que vão a pé,
como poderás competir com cavalos?
Se tropeças numa terra segura,
o que farás nos [t]bosques do Jordão?
6 Até os teus irmãos e a casa
de teu pai te traíram;
eles mesmos clamam após ti em altas vozes.
Não confies neles, ainda que
te digam coisas boas.
7 Desampararei a minha casa,
abandonarei a minha herança;
entregarei a amada da minha alma
nas mãos dos seus inimigos.
8 Tornou-se a minha herança
para mim como leão numa floresta.
Levanta a sua voz contra mim;
por isso eu a [u]odeio.
9 Não se tornou a minha herança para mim
como ave de rapina colorida,
que outras aves de rapina
cercam e atacam?
Ide e reuni todos os animais do campo;
trazei-os para a devorarem.
10 Muitos pastores destruíram
a minha [v]vinha e pisaram o meu campo;
tornaram em desolado deserto
o meu campo desejado.
11 Em [w]assolação o tornaram,
e a mim clama na sua desolação;
toda a terra está assolada,
porque não há quem se importe com isso.
12 Sobre todos os altos desnudos do deserto
virão destruidores,
pois a espada do Senhor devorará
de um extremo ao outro da terra;
não haverá paz para ninguém.
13 [x]Semearão trigo, mas segarão espinhos;
se cansarão, mas sem resultado.
Ficarão desapontados com as suas colheitas,
por causa do ardor da ira do Senhor.

14 Assim diz o Senhor acerca de todos os meus
maus vizinhos, que se [y]apoderam da herança
que dei ao meu povo de Israel: Eu os desarrai-
garei da sua terra, e a casa de Judá arrancarei do
meio deles.
15 Depois de os haver arrancado, porém, torna-
rei a ter [z]compaixão deles e os farei voltar cada
um à sua herança, e cada um à sua terra.
16 Se diligentemente aprenderem os caminhos
do meu povo, jurando pelo meu nome: Tão certo
como vive o Senhor, como ensinaram o meu
povo a jurar por Baal, então serão [a]edificados no
meio do meu povo.
17 Se, porém, não quiserem [b]ouvir, totalmente
arrancarei a tal nação e a farei perecer, diz o Senhor.

Sinal do cinto apodrecido

13 Assim me disse o Senhor: [c]Vai, compra um
[d]cinto de linho e põe-no sobre os teus lom-
bos, mas não o metas na água.
2 Comprei o cinto, conforme a palavra do
Senhor, e o pus sobre os meus lombos.
3 Então me veio a palavra do Senhor segunda vez:
4 Toma o cinto que compraste e trazes sobre os
teus lombos; e vai agora ao Eufrates e esconde-o
ali na fenda de uma rocha.
5 Fui e o escondi junto ao [1]Eufrates, como o
Senhor me havia ordenado.
6 Ao fim de muitos dias, disse-me o Senhor:
Vai ao Eufrates e toma o cinto que te ordenei que
escondesses ali.
7 Fui ao Eufrates, cavei e tomei o cinto do lugar
onde o havia escondido, mas o cinto tinha apo-
drecido e para nada prestava.
8 Então, veio a mim a palavra do Senhor:
9 Assim diz o Senhor: Do mesmo modo farei
[e]apodrecer o [f]orgulho de Judá e o grande orgu-
lho de Jerusalém.
10 Este povo maligno, que se [g]recusa a ouvir as
minhas palavras, que [h]caminha segundo o pro-
pósito do seu coração e anda após outros deuses
para os servir e inclinar-se diante deles, será
como este cinto, que para nada presta.
11 Pois, como o cinto está ligado aos lombos do
homem, assim eu liguei a mim toda a casa de
Israel e toda a casa de Judá, diz o Senhor, [i]para
me serem por povo, e nome, e louvor, e [j]glória.
Mas [k]não deram ouvidos.
12 Dize-lhes: Assim diz o Senhor, Deus de
Israel: Todo odre se encherá de vinho. E se te dis-
serem: Não sabemos nós muito bem que todo
odre se encherá de vinho?
13 Então dize-lhes: Assim diz o Senhor: Eu enche-
rei de [l]embriaguez a todos os habitantes desta
terra, e aos reis da estirpe de Davi, que estão assen-
tados sobre o seu trono, e aos sacerdotes, e aos
profetas, e a todos os habitantes de Jerusalém.

[t] Jr 49.19; 50.44; comp. Js 3.15; 1Cr 12.15
[u] Os 9.15
[v] Is 5.1-7
[w] Jr 10.22; 22.6
[x] Lv 26.16; Dt 28.38; Mq 6.15; Ag 1.6
[y] Comp. Zc 2.8
[z] Jr 31.20; Lm 3.32
[a] Ef 2.20,21; 1Pe 2.5
[b] Is 60.12
[c] v. 9-11
[d] Parábolas (AT): v. 1-11; Jr 18.1 (Jz 9.8; Zc 11.7)
[e] Lv 26.19
[f] Is 2.10-17; 23.9; Sf 3.11
[g] Jr 16.12
[h] Jr 9.14; 11.8; 16.12
[i] Êx 19.5
[j] Is 43.21
[k] Jr 7.24
[l] Is 51.17,21; 63.6; Jr 25.27; 51.7

[1] (13.5) Considerando a distância e a condição sob a guerra, alguns têm questionado a possibilidade de Jeremias ter realmente enterrado o seu cinto junto ao Eufrates. Contudo, houve períodos no ministério de Jeremias em que toda aquela região esteve em paz. Não é impossível que Jeremias possa ter feito uma visita à Babilônia, e, nesse caso, esse evento poderia facilmente ter acontecido naquela ocasião, como também pode ter enterrado o cinto a caminho da Babilônia e tê-lo desenterrado ao regressar. Nesse caso, ele poderia ter enterrado o cinto em qualquer período anterior ao ataque final da Babilônia. Assim, há motivos para entender que esta passagem descreve um acontecimento real – não uma mera visão ou uma história imaginária. O cinto apodrecido de Jeremias serviu como símbolo indicando a vida e o serviço insatisfatórios de Israel.

14 Eu os farei em [m]pedaços, atirando uns contra os outros, tanto os pais como os filhos, diz o Senhor. Não perdoarei nem pouparei, nem terei compaixão deles, para que não os destrua.

15 **E**scutai e inclinai os ouvidos,
não vos ensoberbeçais,
pois o Senhor falou.
16 [n]Dai glória ao Senhor vosso Deus,
antes que venha a escuridão
e antes que tropecem os vossos pés
nos montes [o]tenebrosos.
Esperais a luz, mas ele a mudará
em sombra de morte
e a transformará em escuridão.
17 Se, porém, não ouvirdes,
a minha alma [p]chorará em lugares ocultos,
por causa do vosso orgulho;
amargamente chorarão os meus olhos
e se desfarão em lágrimas,
porque o rebanho do Senhor
foi levado cativo.
18 **D**ize ao rei e à rainha:
Humilhai-vos e assentai-vos no chão,
pois já caiu da vossa cabeça
a coroa da vossa glória.
19 As cidades do [q]sul estão fechadas,
e ninguém há que as abra.
Todo o Judá foi levado cativo,
inteiramente foi levado cativo.
20 Levantai os vossos olhos
e vede os que vêm do [r]Norte.
Onde está o rebanho que te foi confiado,
o teu lindo rebanho?
21 Que dirás quando o Senhor puser sobre ti
aqueles que cultivaste como amigos?
Não te tomarão as dores,
como à mulher que está de parto?
22 Quando disseres no teu coração:
[s]Por que me sobrevieram essas coisas?
Pela multidão das tuas maldades
se levantaram as tuas vestes, e a violentaram.
23 **P**ode o etíope [t]mudar a sua pele ou o leopardo,
as suas manchas?
Tampouco podeis vós fazer o bem,
acostumados que estais a fazer o mal.
24 Eu vos [u]espalharei [v]como o restolho
que passa arrebatado pelo
vento do deserto.
25 Esta será a tua sorte,
a porção que te será medida por mim,
diz o Senhor,
porque te esqueceste de mim
e [w]confiaste em mentiras.
26 Eu levantarei as tuas vestes sobre o teu rosto,
e aparecerão as tuas vergonhas.
27 Vi as tuas abominações e os teus adultérios,
os teus [x]rinchos de desejo incontrolável
e a tua desavergonhada prostituição!
Vi as tuas abominações
sobre os outeiros
e nos campos.
Ai de ti, Jerusalém!
Até quando não te purificarás?

Mensagem sobre a seca (14–15)

14 **P**alavra do Senhor, que veio a Jeremias,
a respeito da [1]seca:
2 Judá anda chorando,
as suas cidades estão enfraquecidas;
andam de luto por causa de terra,
e sobe um clamor de Jerusalém.
3 Os seus mais nobres mandam
os seus servos buscar água;
vêm às cisternas, mas não acham água.
Voltam com os seus cântaros vazios;
envergonhados e desesperados,
cobrem a cabeça.
4 O solo se ressecou,
porque [y]não há chuva na terra;
os lavradores, envergonhados,
cobrem a cabeça.
5 Até as cervas no campo
abandonam seus filhos,
porque não há erva.
6 Os jumentos selvagens põem-se
nos lugares altos
e sorvem o ar como chacais;
os seus olhos desfalecem,
porque não há erva.
7 [z]**A**inda que as nossas maldades
testifiquem contra nós,
ó Senhor, opera tu por amor do teu nome.
Pois as nossas rebeldias se multiplicaram;
contra ti pecamos.
8 Oh! esperança de Israel,
Redentor seu no tempo da angústia!
Por que serias como um
estrangeiro na terra?
E como um viajante que permanece apenas
uma noite?
9 Por que serias como homem surpreendido,
como o guerreiro [a]que não pode livrar?
Tu, porém, [b]estás no meio de nós,
ó Senhor, e nós somos chamados
pelo teu nome;
não nos desampares!

[m] Jr 19.9-11
[n] Js 7.19; Sl 96.8; Ml 2.2
[o] Is 5.30; 8.22; Am 8.9
[p] Jr 9.1; 14.17
[q] Jr 52.27
[r] Jr 10.22; 46.20
[s] Jr 5.19; 16.10
[t] Comp. Pv 27.22
[u] Jr 9.16
[v] Sl 1.4; Os 13.3
[w] Veja Sl 2.12, nota
[x] Jr 5.8
[y] Jr 3.3; Ez 22.24
[z] Orações da Bíblia (AT): v. 7-9; Jr 32.16 (Gn 15.2; Hc 3.1)
[a] Comp. Is 59.1
[b] Êx 29.45,46; Lv 26.11,12

[1] (14.1) O significado de uma seca nesse momento adquire grande relevância. Era um dos sinais anunciados na Aliança Israelita (Dt 28.23,24) e já tinha se cumprido parcialmente no reinado de Acabe (1Rs 17.1ss.). Mesmo tendo sido após um longo intervalo que esse sinal foi seguido pelo cativeiro do Reino do Norte na Assíria, Judá deveria tê-lo recebido como uma solene advertência.

10 **A**ssim diz o Senhor acerca deste povo:
[c]Gostam de correr para todos os lados;
não detêm os seus pés.
Por isso, o Senhor não se agrada deles;
lembrará da maldade deles
e [d]punirá os seus pecados.

11 Disse-me mais o Senhor: [e]Não rogues pelo bem deste povo.

12 [f]Quando jejuarem, não ouvirei o seu clamor; quando oferecerem holocaustos e ofertas de cereais, não me agradarei deles. Antes, eu os consumirei pela espada, pela fome e pela peste.

13 **E**ntão disse eu: Ah! Senhor, Senhor, os profetas lhes dizem: Não vereis espada e não tereis [g]fome. Deveras, darei a vós [h]paz verdadeira neste lugar.

14 Disse-me o Senhor: Os profetas profetizam [i]falsamente em meu nome. [j]Não os enviei nem lhes dei ordem, nem lhes falei. Visão falsa, adivinhação, vaidade e o [k]engano do seu coração é o que vos profetizam.

15 Portanto, assim diz o Senhor acerca dos profetas que profetizam em meu nome, sem que eu os tenha mandado, dizem que nem espada nem fome haverá nesta terra. À espada e à fome serão [l]consumidos esses profetas.

16 O povo a quem eles profetizam será lançado nas ruas de Jerusalém, por causa da fome e da espada. [m]Não haverá quem enterre as suas mulheres, os seus filhos e as suas filhas. Derramarei sobre eles a sua maldade.

17 Portanto, lhes dirás esta palavra:
Os meus olhos derramem [n]lágrimas
de noite e de dia, e não cessem;
pois a virgem, a filha do meu povo,
está ferida de grande ferida,
de chaga muito dolorosa.
18 Se eu saio ao [o]campo,
vejo os mortos à espada;
se entro na cidade,
estão ali os debilitados pela fome.
Os profetas e os [p]sacerdotes
vagueiam pela terra
e nada sabem.
19 **J**á de todo rejeitaste a Judá?
Ou aborrece a tua alma a Sião?
Por que nos feriste, e não há cura para nós?
Aguardamos a paz, e não aparece o bem;
o tempo da cura, mas só há [q]pavor.
20 Ah! Senhor! conhecemos a nossa impiedade
e a maldade de nossos [r]pais;
deveras [s]pecamos contra ti.
21 Não nos rejeites, por amor do teu nome;
não tragas humilhação sobre o trono
da tua glória.
Lembra-te e não anules a tua
aliança conosco.

[c] Jr 2.23-25
[d] Jr 44.21-23
[e] Jr 7.16; 11.14; comp. Êx 32.10
[f] Pv 1.28; Is 1.15; 58.3; Ez 8.18; Mq 3.4; Zc 7.13
[g] Comp. Jr 15.2
[h] Jr 8.11; 23.17; comp. 1Ts 5.2,3
[i] Jr 20.6; 23.25
[j] Jr 27.15
[k] Jr 23.16
[l] Ez 14.10
[m] Sl 79.3; Jr 16.4; comp. 7.32–8.3
[n] Jr 13.17
[o] Jr 6.25; Ez 7.15
[p] Jr 23.11
[q] Jr 8.15
[r] Jr 3.25
[s] Sl 106.6; Dn 9.8
[t] Dt 32.21
[u] Jr 5.24; comp. 1Rs 18.41-46
[v] Comp. Ez 14.14,20
[w] Êx 32.11,12; Sl 99.6
[x] 1Sm 7.9
[y] Jr 43.11; Ez 5.2,12; comp. Zc 11.9
[z] Jr 9.16; 16.13
[a] Lv 26.16,21,25; Ez 14.21
[b] Dt 28.25; 2Rs 21.1-18; 23.26,27; 24.3,4
[cc] Is 51.19
[dd] Jr 20.16; veja Zc 8.14, nota
[ee] Jr 9.21; 18.21
[ff] Is 9.13; Jr 5.3; Am 4.10,11
[gg] Is 29.5
[hh] 1Sm 2.5
[ii] Jr 20.14

22 Haverá entre os [t]ídolos
dos gentios, algum que faça [u]chover?
Ou podem os céus dar chuvas?
Não és tu somente, ó Senhor nosso Deus?
Portanto, em ti esperaremos,
pois tu fazes todas essas coisas.

O juízo é inevitável

15 **E**ntão o Senhor me disse: [v]Ainda que [w]Moisés e [x]Samuel se pusessem diante de mim, não seria a minha alma com este povo. Lança-os de diante da minha face, e saiam.

2 Quando te perguntarem: Para onde iremos? Responderás: Assim diz o Senhor:
[y]Os destinados para a morte, para a morte;
os destinados para a espada, para a espada;
os destinados para a fome, para a fome;
e os destinados para o [z]exílio, para o exílio.

3 Eu os [a]punirei com quatro gêneros de destruidores, diz o Senhor. A espada para os matar, os cães para os dilacerar, e as aves dos céus e os animais da terra para os devorar e destruir.

4 Eu os [b]entreguei ao desterro em todos os reinos da terra, por causa de Manassés, filho de Ezequias, rei de Judá, por tudo o que fez em Jerusalém.

5 **Q**uem se [cc]compadecerá de ti, ó Jerusalém?
Ou quem se entristecerá por ti?
Ou quem se deterá para
perguntar pelo teu bem-estar?
6 Tu me deixaste, diz o Senhor,
voltaste para trás.
Por isso, estenderei a minha
mão contra ti e te destruirei;
já não posso [dd]mostrar compaixão.
7 Eu os espalharei com a pá nas portas da terra.
[ee]Desfilharei, destruirei o meu povo,
pois [ff]não deixaram os seus caminhos.
8 Multiplicarei as suas viúvas mais do que
a areia dos mares.
Ao meio-dia trarei um destruidor
sobre as mães de seus jovens;
[gg]de repente farei cair sobre
elas angústia e terror.
9 A que [hh]deu à luz sete filhos
se enfraquecerá e expirará.
Para ela, o sol se porá sendo ainda dia;
ela se confundirá e se envergonhará.
Os que dela ficarem eu os entregarei à espada,
diante dos seus inimigos,
diz o Senhor.
10 [ii]**A**i de mim, minha mãe!
Pois me deste à luz homem de rixa
e homem de contendas para toda a terra!
Nunca lhes emprestei com
usura nem eles me
emprestaram com usura;
todavia, cada um deles me amaldiçoa.

11 **D**isse o Senhor:
Certamente te fortalecerei para o bem;
no tempo da [j]calamidade
e no tempo da angústia,
farei que o inimigo te dirija súplicas.
12 Pode alguém quebrar o ferro,
o ferro do Norte, ou o bronze?
13 Os teus bens e os teus
tesouros entregarei sem preço ao saque,
por causa de todos os teus pecados,
em todos os teus limites.
14 Eu te levarei com os teus
inimigos para uma [k]terra que não conheces,
pois o fogo se acendeu em minha ira
e sobre vós arderá.

Jeremias tem comunhão com Deus

15 **T**u, ó Senhor, me conheces;
lembra-te de mim e visita-me.
[l]Vinga-me dos meus perseguidores.
Não me arrebates, por tua longanimidade.
Sabe que por amor de ti tenho sofrido afronta.
16 Achadas as tuas palavras, logo as [m]comi;
elas me foram deleite e alegria ao coração,
pois pelo teu nome me chamo,
ó Senhor, Deus dos Exércitos.
17 Jamais me assentei na roda dos que se alegram,
nunca com eles me regozijei;
por causa da tua mão me assentei solitário,
pois me encheste de indignação.
18 [n]Por que dura a minha dor continuamente,
e a minha ferida é dolorosa e incurável?
Serias tu para mim como um ilusório ribeiro,
como águas inconstantes?
19 **P**ortanto, assim diz o Senhor:
[o]Se tu te arrependeres,
eu te farei voltar, e me servirás;
se [p]apartares o precioso do vil,
serás o meu porta-voz.
Tornem-se eles para ti,
mas não voltes tu para eles.
20 Eu te porei contra este povo
como forte [q]muro de bronze;
pelejarão contra ti,
mas [r]não prevalecerão contra ti,
pois eu sou contigo para te guardar,
para te livrar deles, diz o Senhor.
21 Eu te [s]arrebatarei das mãos dos malignos,
e te [t]livrarei das mãos dos cruéis.

Sinal do profeta solteiro (16.1–17.18)

16 **E**ntão veio a mim a [1]palavra do Senhor:
2 [u]Não tomarás para ti mulher, nem terás
filhos nem filhas neste lugar.

[j] Jr 21.2; 37.3; 42.2
[k] Jr 16.13; 17.4
[l] Jr 11.20; 20.12
[m] Comp. Ez 3.1-3; Ap 10.9,10
[n] Jr 10.19; veja Jr 8.18 e 20.7, notas
[o] Comp. Zc 3.7
[p] Ez 22.26; 44.23; comp. 2Co 6.14-18
[q] Jr 1.18; 6.27; Ez 3.9
[r] Jr 20.11
[s] Remanescente: v. 11-21; Jr 23.3 (Is 1.9; Rm 11.5; nota)
[t] Comp. 1Co 7.26,27
[u] Comp. Sl 71.1-5
[v] Jr 14.16; 19.11
[w] Sl 79.2; Jr 7.33; 34.20
[x] Lv 19.28; Dt 14.1; Jr 41.5; 47.5
[y] Comp. Is 15.2; 22.12; Mq 1.16
[z] Is 24.7,8; Jr 7.34; 25.10; Ez 26.13; Os 2.11; Ap 18.23
[a] Dt 29.24; Jr 5.19; 13.22; 22.8
[b] Dt 29.25; Jr 22.9
[c] Jr 13.10
[d] Dt 4.26-28; 28.36,63-65; Jr 15.2,14
[e] Is 11.11,12; Jr 23.7,8; Ez 37.21-25
[f] Jr 3.18
[g] Jr 24.6; 30.3; 32.37

3 Pois assim diz o Senhor acerca dos filhos e
das filhas que nascerem neste lugar, acerca das
mães que os tiverem e dos pais que os gerarem
nesta terra:
4 Morrerão de doenças mortais. Não serão pran-
teados nem [v]sepultados, mas servirão de esterco
para a terra. Pela espada e pela fome serão con-
sumidos; e os seus [w]cadáveres servirão de
mantimento às aves do céu e aos animais da terra.
5 **P**ois assim diz o Senhor: Não entres na
casa do luto; não vás lamentar nem te compa-
deças deles, porque deste povo, diz o Senhor,
retirei a minha bênção, o meu amor e a minha
misericórdia.
6 Morrerão grandes e pequenos nesta terra.
Não serão sepultados nem pranteados; ninguém
por eles fará [x]incisões, nem por eles [y]rapará
a cabeça.
7 Ninguém oferecerá pão para consolar os
que estiverem de luto por causa de morte, nem
mesmo pelo pai ou pela mãe; nem lhes dará a
beber do copo de consolação.
8 Não entres na casa do banquete, para te
assentares com eles a comer e a beber.
9 Pois assim diz o Senhor dos Exércitos, o Deus
de Israel: Farei [z]cessar neste lugar perante os vos-
sos olhos, e em vossos dias, a voz de deleite e a
voz de alegria, a voz do noivo e a voz da noiva.
10 **Q**uando anunciares a este povo todas estas
palavras, e te perguntarem: [a]Por que pronuncia o
Senhor sobre nós todo este grande mal? Qual é a
nossa iniquidade? Que pecado cometemos con-
tra o Senhor nosso Deus?
11 Então lhes responderás: É [b]porque vossos
pais me deixaram, diz o Senhor, e se foram após
outros deuses, e os serviram, e se inclinaram
diante deles. A mim me deixaram, e a minha lei
não guardaram.
12 Vós, porém, fizestes pior do que vossos pais.
Vede como cada um de vós anda após o pro-
pósito do seu coração maligno, em [c]vez de dar
ouvidos a mim.
13 [d]Portanto, os lançarei fora desta terra, para
uma terra que não conhecestes, nem vós nem
vossos pais, e ali servireis a outros deuses de
dia e de noite, pois não usarei de misericórdia
para convosco.
14 **P**ortanto, vêm [e]dias, diz o Senhor, em que
nunca mais se dirá: Tão certo como vive o Senhor,
que fez subir os filhos de Israel da terra do Egito,
15 mas: Tão certo como vive o Senhor, que fez
subir os filhos de Israel da terra do [f]Norte e de
todas as terras para onde os tinha lançado. Pois
eu os farei [g]voltar à sua terra, que dei a seus pais.

[1] (16.1) O sinal do profeta solteiro é interpretado pelo contexto. Toda a vida social de Judá estava para ser interrompida. A vida social cessaria porque Judá deixaria sua terra e iria para o exílio. Mas observe as promessas dos v. 14-16 e Jr 17.7,8.

16 Agora, porém, mandarei muitos [h]pescadores, diz o Senhor, os quais os pescarão. Depois enviarei muitos caçadores, os quais os caçarão de sobre todos os montes, de sobre todos os outeiros e até nas fendas das rochas.

17 [i]Os meus olhos estão sobre todos os seus caminhos; ninguém se esconde de mim, nem a sua maldade se encobre aos meus olhos.

18 Eu lhes retribuirei em [j]dobro a sua maldade e o seu pecado, [k]porque profanaram a minha terra com os cadáveres dos seus ídolos detestáveis, e com as suas abominações encheram a minha herança.

19 Ó Senhor, fortaleza minha e força minha,
e refúgio meu no dia da angústia,
a ti virão as nações
desde os confins da terra e dirão:
Nossos pais herdaram só
deuses falsos e ídolos vãos,
em que não há proveito.
20 Fazem os homens para si
deuses que de fato não são deuses?
21 Portanto, eu lhes farei conhecer,
desta vez lhes farei conhecer
a minha força e o meu poder.
Então saberão que o [l]meu nome é Senhor.

O coração enganoso

17 O pecado de Judá está
[m]escrito com um [n]estilete de ferro,
[o]gravado com ponta de diamante
na tábua do seu coração
e nas pontas dos seus altares.
2 Até os seus filhos se lembram
dos seus altares e dos seus [p]postes-ídolos junto
às árvores frondosas,
sobre os altos outeiros.
3 Ó minha montanha no campo,
a tua riqueza e todos os teus tesouros
darei por presa,
como também os teus [q]altos
por causa do pecado, em
todos os teus termos.
4 Por ti mesmo te privarás da tua
herança que te dei.
Eu te farei servir os teus inimigos,
na terra que não conheces,
pois o fogo que acendeste na minha ira
arderá para sempre.
5 Assim diz o Senhor:
Maldito o homem que confia no [r]homem,
que faz da carne o seu braço
e cujo coração se aparta do Senhor!
6 Ele será como um arbusto nos ermos;
não verá a prosperidade, quando ela vier.
Morará nos lugares secos do deserto,
na terra salgada e inabitável.

[h] Am 4.2; Hc 1.15
[i] Jó 34.21; Pv 5.21; 15.3; Jr 32.19; Hb 4.13
[j] Is 40.2; Jr 17.18
[k] Ez 43.7-9
[l] Sl 83.18
[m] Jr 2.22
[n] Jó 19.24
[o] Pv 3.3; 2Co 3.3
[p] Veja Dt 16.21, nota
[q] Veja Jz 3.7 e 1Rs 3.2, notas
[r] Sl 146.3; Is 31.3
[s] Sl 2.12; 34.8; 125.1; 146.5; Pv 16.20; Is 30.18; Jr 39.18
[t] Jó 8.16; Sl 1.3
[u] Ec 9.3; Mt 15.19
[v] 1Sm 16.7; 1Cr 28.9; Sl 7.9; 139.23,24; Pv 17.3; Jr 11.20; 20.12; Rm 8.27; Ap 2.23
[w] Provar-Tentar: v. 10; Jr 20.12 (Gn 3.1; Tg 1.14)
[x] Jr 14.8
[y] Sl 73.27; Is 1.28
[z] Comp. Lc 10.20
[a] Is 5.19; Ez 12.22; 2Pe 3.4
[b] Jr 15.10; 18.18

7 [s]Bendito o homem que confia
no Senhor e cuja esperança é o Senhor.
8 Ele será [t]como a árvore plantada
junto às águas,
que estende as suas raízes para o ribeiro.
Não receia quando vem o calor;
suas folhas são sempre verdes.
No ano de sequidão não se perturba
nem deixa de dar fruto.
9 Enganoso é o [u]coração,
mais do que todas as coisas, e incorrigível.
Quem o conhecerá?
10 Eu, o Senhor, [v]esquadrinho
o coração e [w]provo a mente,
e isso para dar a cada um
segundo os seus caminhos
e segundo o fruto das suas ações.
11 Como a perdiz que choca ovos que não pôs,
assim é aquele que ajunta riquezas,
mas não retamente.
Na metade de seus dias elas o deixarão,
e no seu fim ele se mostrará insensato.
12 Trono de glória, exaltado desde o princípio,
é o lugar do nosso santuário.
13 Ó Senhor, [x]esperança de Israel,
[y]todos os que te deixam serão
envergonhados.
Os que se apartam de ti serão [z]escritos no pó,
porque abandonaram o Senhor,
a fonte das águas vivas.
14 Cura-me, ó Senhor, e serei curado;
salva-me, e serei salvo,
pois tu és o meu louvor.
15 Eles me perguntam:
[a]Onde está a palavra do Senhor?
Que se cumpra agora.
16 Eu não me recusei a ser o teu pastor;
tampouco desejei o dia de
aflição, tu o sabes.
O que saiu dos meus lábios está diante
da tua face.
17 Não me sejas por assombro;
tu és o meu refúgio no dia da calamidade.
18 Envergonhem-se os que me [b]perseguem,
mas não me envergonhe eu;
assombrem-se eles,
mas não me assombre eu.
Traze sobre eles o dia da calamidade;
destrói-os com dobrada destruição.

Mensagem acerca do sábado

19 Assim me disse o Senhor: Vai, põe-te na porta do povo, pela qual entram e saem os reis de Judá; põe-te também em todas as portas de Jerusalém.

20 Dize-lhes: Ouvi a palavra do Senhor, vós, reis de Judá e todo o Judá, e todos os moradores de Jerusalém, que entrais por essas portas.

21 Assim diz o Senhor: [c]Guardai-vos, por vossa
alma, não carregueis cargas no dia de sábado
nem as fazei entrar pelas portas de Jerusalém.
22 Não tireis cargas de vossas casas no dia de
sábado nem façais obra alguma; antes santificai
o dia de sábado, como eu ordenei a vossos pais.
23 [d]Contudo, eles não deram ouvidos, nem
inclinaram os seus ouvidos; endureceram a
sua cerviz, para não ouvirem, e para não rece-
berem disciplina.
24 [e]Se, porém, diligentemente me ouvirdes, diz
o Senhor, não fazendo entrar cargas pelas portas
desta cidade no dia de [f]sábado, e santificardes o
dia de sábado, não fazendo nele obra alguma,
25 então [g]entrarão pelas portas desta cidade
reis e príncipes, assentados sobre o trono de
Davi, andando em carros e montados em cava-
los, eles e seus príncipes, os homens de Judá e
os moradores de Jerusalém, e esta cidade será
para sempre habitada.
26 Virão das cidades de Judá, dos arredo-
res de Jerusalém, da terra de Benjamim, das
[h]planícies, das montanhas e do [i]Neguebe, tra-
zendo holocaustos e sacrifícios, ofertas de
cereais, incenso e sacrifícios de ação de gra-
ças à casa do Senhor.
27 Se, contudo, não me derdes ouvidos, para
santificardes o dia de sábado e para não trazer-
des carga alguma, quando entrardes pelas portas
de Jerusalém no dia de sábado, então acende-
rei fogo nas suas portas, o qual [j]consumirá os
palácios de Jerusalém e não se [k]apagará.

Sinal da casa do oleiro (18–19)

18 [l]Palavra do Senhor, que veio a Jeremias:
2 Levanta-te e desce à casa do [1]oleiro, e
lá te farei ouvir as minhas palavras.
3 Desci à casa do oleiro, e vi que ele estava
fazendo a sua obra sobre as rodas.
4 O vaso, que ele fazia de barro, porém, se [m]que-
brou na sua mão; pelo que o oleiro tornou a fazer
dele outro vaso, conforme bem lhe pareceu.
5 Então veio a mim a palavra do Senhor:
6 [n]Não posso fazer de vós como fez este oleiro,
ó casa de Israel? diz o Senhor. Como o [o]barro na
mão do oleiro, assim sois vós na minha mão, ó
casa de Israel.
7 No momento em que eu falar contra uma
nação ou contra um reino para o arrancar, der-
rubar e destruir,
8 se a tal nação, contra a qual falar, se converter
da sua maldade, também eu me [p]arrependerei
do mal que pensava [q]fazer-lhe.
9 Se em qualquer tempo eu falar de uma nação
ou reino, para edificar e para plantar,
10 se ela fizer o mal diante dos meus olhos, não
dando ouvidos à minha voz, então me arrepen-
derei do bem que tinha dito lhe [r]faria.
11 Ora, portanto, dize aos homens de Judá e aos
moradores de Jerusalém: Assim diz o Senhor:
Olhai! Estou forjando [s]mal contra vós e projeto
um plano contra vós. Pelo que vos convertei
cada um do seu mau caminho e [t]corrija a vossa
conduta e as vossas ações.
12 Eles, porém, dizem: Não [u]há esperança. Após
as nossas imaginações andaremos; cada um fará
segundo o propósito do seu coração maligno.
13 Portanto, assim diz o Senhor:

Perguntai entre os gentios:
Quem ouviu tal [v]coisa?
Coisa sobremodo horrenda
fez a virgem de Israel!
14 Acaso desaparece a neve
do Líbano das suas encostas rochosas?
Ou deixarão de correr as suas
águas frias?
15 Contudo, o meu povo se [w]esqueceu de mim,
queimando incenso aos ídolos vãos,
os quais os fizeram tropeçar
nos seus caminhos,
e nas veredas antigas,
para que andassem por [x]atalhos,
por estradas não aplanadas.
16 A sua terra será um [y]espanto
e uma [z]zombaria perpétua;
todo aquele que passar por
ela se espantará
e meneará a cabeça.
17 Como vento oriental os [a]espalharei
diante da face do inimigo;
mostrarei as costas, e não o rosto,
no dia da sua perdição.

18 Então, disseram: Vinde, maquinemos projetos
[b]contra Jeremias; [cc]pois não perecerá a lei do [dd]sa-
cerdote nem o conselho do [ee]sábio nem a palavra
do [ff]profeta. Vinde, ataquemo-lo com a língua e
não escutemos nenhuma das suas palavras.

19 Olha para mim, ó Senhor,
e ouve a voz dos meus acusadores.
20 Acaso se pagará mal por bem?
Contudo, [gg]abriram uma cova
para a minha alma.
Lembra-te de que compareci
na [hh]tua presença,
para falar por seu bem,
para desviar deles a tua indignação.

[c] Comp. Ne 13.15-19; Jo 5.10
[d] Jr 7.24-26; 11.10; 16.12; 19.15
[e] Jr 11.4; 26.3
[f] Êx 16.23-30; 20.8-10; Nm 15.32-36; Dt 5.12-14; Ne 13.15; Is 58.13
[g] Jr 22.4
[h] Veja Dt 1.7, nota
[i] Veja Gn 12.9, nota
[j] Jr 39.8
[k] Jr 7.20
[l] Parábolas (AT): v. 1-6; Jr 24.1 (Jz 9.8; Zc 11.7)
[m] Comp. Jr 13.7
[n] Is 45.9; Rm 9.20,21
[o] Is 64.8
[p] Veja Zc 8.14, nota
[q] Ez 18.21; comp. Jn 3.10
[r] Comp. 1Sm 2.30; 13.13
[s] Lv 26.14-40; Jr 31.17
[t] Jr 7.3-7
[u] Jr 2.25
[v] Jr 2.10,11
[w] Jr 2.13,32; 3.21; 13.25; 17.13
[x] Jr 6.16
[y] Jr 19.8; 25.9; 49.13; 50.13
[z] 1Rs 9.8; Lm 2.15; Mq 6.16
[a] Jr 13.24; 20.4,5
[b] Jr 11.19; 17.18; 20.11
[cc] Comp. Ml 2.7
[dd] Comp. Jr 2.8
[ee] Comp. Jr 8.8
[ff] Comp. Jr 5.13
[gg] Jr 5.26
[hh] Jr 14.17–15.1

[1] (18.2) No cap. 18, Deus explica a Jeremias que a graça soberana pode tomar um vaso estragado (Israel) e fazê-lo de novo, transformando-o em um vaso útil (v. 4). Mas, no cap. 19, o profeta declara aos anciãos que a geração deles será irreparavelmente destruída como um frágil vaso, e os fragmentos serão levados para a Babilônia. Aquela geração não seria restaurada à terra (19.10-13).

21 Portanto, entrega os seus filhos à fome;
entrega-os ao poder da espada.
Sejam as suas mulheres roubadas
dos [i]filhos e fiquem viúvas;
seus maridos sejam feridos de morte,
e os seus jovens, feridos à espada na peleja.
22 Ouça-se o clamor de suas casas,
quando trouxeres tropas sobre
eles de repente,
pois abriram uma cova para me prender
e armaram laços aos meus pés.
23 Tu, porém, ó Senhor, sabes todos os seus
conselhos contra mim, para matar-me.
[j]Não perdoes a sua iniquidade,
nem apagues o seu pecado
de diante da tua face.
Sejam transtornados diante de ti;
age contra eles no tempo da tua [k]ira.

Judá, a botija quebrada

19 Assim diz o Senhor: Vai, compra uma bo-
tija de oleiro. Leva contigo os anciãos do
povo e os anciãos dos sacerdotes.
2 Sai ao [l]vale do filho de Hinom, que está à
entrada da Porta do Oleiro. Apregoa ali as pala-
vras que eu te disser,
3 e dize: Ouvi a palavra do Senhor, ó reis de Judá
e moradores de Jerusalém. Assim diz o Senhor
dos Exércitos, o Deus de Israel: Ouvi! Trarei tão
grande desastre sobre este lugar que fará [m]retinir
os ouvidos de quem quer que dele ouvir.
4 [n]Pois me deixaram e profanaram este lugar,
queimando nele incenso a outros deuses, que
nunca conheceram, nem eles nem seus pais
nem os reis de Judá, e encheram este lugar de
sangue de inocentes.
5 Edificaram os altos de Baal, para [o]queima-
rem seus filhos no fogo em holocausto a Baal; o
que nunca lhes ordenei, nem falei nem me subiu
ao coração.
6 Por isso, vêm dias, diz o Senhor, em que este
lugar não se chamará mais [p]Tofete [q]nem o vale
do filho de Hinom, mas o vale da Matança.
7 Neste lugar, dissiparei o conselho de Judá e
de Jerusalém. Eu os farei [r]cair à espada diante
de seus inimigos, pela mão dos que buscam a
vida deles, e darei os seus [s]cadáveres por pasto
às aves dos céus e aos animais da terra.
8 Porei esta cidade por espanto e objeto de
assobios; todo aquele que passar por ela se
espantará e [t]assobiará, por causa de todas as
suas pragas.
9 Eu os farei comer a [u]carne de seus filhos e a
carne de suas filhas, e cada um comerá a carne
do seu próximo, no cerco e no aperto em que os
apertarão os seus inimigos, e os que buscam
tirar-lhes a vida.
10 Então, quebrarás a botija à vista dos homens
que foram contigo,
11 e lhes dirás: Assim diz o Senhor dos Exér-
citos: Deste modo [v]quebrarei eu a este povo, e
a esta cidade, como se quebra o vaso do oleiro,
que não pode mais refazer-se. Enterrarão os
mortos em Tofete, por falta de lugar para os
enterrar.
12 Assim farei a este lugar, diz o Senhor, e aos
seus moradores. Porei esta cidade como Tofete.
13 As [w]casas de Jerusalém, e as casas dos reis
de Judá, serão imundas como o lugar de Tofete;
todas as casas sobre cujos [x]terraços queimaram
incenso a todo o exército dos céus, e ofereceram
libações a outros deuses.
14 Vindo Jeremias, de Tofete, aonde o tinha
enviado o Senhor a profetizar, pôs-se em pé no
[y]átrio da casa do Senhor, e disse a todo o povo:
15 Assim diz o Senhor dos Exércitos, o Deus
de Israel: Ouvi! Trarei sobre esta cidade e sobre
todas as suas vilas todo o mal que pronunciei
contra ela, porque endureceram a sua cerviz,
para não ouvir as minhas palavras.

Jeremias é perseguido por Pasur
(comp. 19.14,15)

20 [z]Pasur, filho de [a]Imer, o sacerdote, que
era presidente da casa do Senhor, ouviu
Jeremias profetizar estas coisas.
2 Feriu Pasur ao profeta Jeremias, e o [1]meteu no
cepo que está na [b]Porta Superior de Benjamim, a
qual está na casa do Senhor.
3 No dia seguinte, quando Pasur o tirou do
cepo, disse-lhe Jeremias: O Senhor não chama o
teu nome Pasur, mas Magor-Missabibe.
4 Pois assim diz o Senhor: Farei de ti um ter-
ror para ti mesmo e para todos os teus amigos;
estes cairão à espada de seus inimigos, e teus
olhos o verão. [c]Entregarei todo o Judá nas mãos
do rei de Babilônia, que os levará presos a
Babilônia e os ferirá à espada.
5 Também [d]entregarei todas as riquezas desta
cidade, todo o fruto do seu trabalho e todas as
suas coisas preciosas; todos os tesouros dos
reis de Judá entregarei nas mãos de seus ini-
migos, que os saquearão, tomarão e [e]levarão a
Babilônia.
6 E tu, Pasur, e todos os moradores da tua casa
ireis para o exílio, para Babilônia. Ali morrerás,
e ali serás sepultado, tu, e todos os teus amigos,
aos quais profetizaste [f]falsamente.

[i] Jr 15.7
[j] Sl 109.14
[k] Jr 7.20
[l] Js 15.8; 2Rs 23.10; Jr 7.31; 32.35
[m] 1Sm 3.11; 2Rs 21.12
[n] Dt 28.20; Is 65.11; Jr 2.13,17,19; 15.6; 17.13
[o] Lv 18.21; 2Rs 17.17
[p] Veja Jr 7.31, nota
[q] Jr 7.32
[r] Lv 26.17; Dt 28.25
[s] Jr 7.32; 8.3; 16.4; 25.33
[t] Jr 18.16; 25.9
[u] Lv 26.29; Dt 28.53; comp. 2Rs 6.28,29; Lm 4.10
[v] Sl 2.9; Is 30.14; Jr 13.14
[w] Jr 52.13
[x] 2Rs 23.12; Jr 32.29; Sf 1.5
[y] Jr 26.2-8
[z] Ed 2.37,38
[a] 1Cr 24.14
[b] Jr 37.13
[c] Jr 21.4-10
[d] 2Rs 20.17; 24.12-16; 25.13
[e] Is 39.6
[f] Jr 14.14; 23.32

[1] (20.2) Ser colocado no cepo era uma experiência dolorosa, durante a qual a cabeça, as mãos e os pés da vítima ficavam presos em buracos recortados numa tábua.

Jeremias se queixa a Deus

7 [1][g]Iludiste-me, ó Senhor, e iludido fiquei;
mais forte foste do que eu, e prevaleceste.
Sirvo de [h]escárnio o dia todo;
cada um deles zomba de mim.
8 Sempre que falo, grito proclamando
violência e destruição.
Pelo que a palavra do Senhor me trouxe
insulto e [i]censura o dia todo.
9 Se eu, porém, disser:
[j]Não me lembrarei dele e não falarei
mais no seu nome,
sua palavra me é no coração [k]como fogo ardente,
encerrado nos meus ossos.
Estou [l]fatigado de contê-lo,
e [m]não posso mais.
10 Ouço a murmuração de muitos:
Terror de todos os lados!
Denunciai-o! Denunciemo-lo!
Todos os meus amigos aguardam que eu
tropece, dizendo:
Bem pode ser que se deixe persuadir;
então prevaleceremos contra ele
e nos vingaremos dele.
11 O Senhor, porém, está [n]comigo como um
poderoso guerreiro;
pelo que os meus [o]perseguidores
tropeçarão e não prevalecerão.
Fracassarão e ficarão totalmente confundidos;
a sua desonra jamais será esquecida.
12 Tu, ó Senhor dos Exércitos, que
[p]provas o justo
e esquadrinhas a mente e o coração,
permite que eu veja a tua [q]vingança
contra eles,
pois te descobri a minha causa.
13 Cantai ao Senhor! Louvai ao Senhor!
Ele [r]livra a alma do necessitado
da mão dos malfeitores.
14 **M**aldito o dia em que [s]nasci!
Que o dia em que minha
mãe me deu à luz não seja bendito!
15 Maldito o homem que deu as novas
a meu pai, dizendo:
Nasceu-te um filho;
alegrando-o com isso grandemente.
16 Seja esse homem como as cidades que o
Senhor destruiu, [t]sem que
se arrependesse.
Ouça clamor pela manhã,
ao meio-dia um grito de guerra.
17 Por que não me matou na madre?
Por que minha mãe não foi
minha sepultura,
ou não permaneceu grávida perpetuamente?

[g] v. 7-18; veja Jr 8.18, nota
[h] Lm 3.14
[i] Comp. 2Cr 36.16
[j] Comp. 1Rs 19.3,4; Jn 1.1-3
[k] Jó 32.18,19; Sl 39.3
[l] Jr 6.11; comp. At 4.20
[m] Comp. At 18.5
[n] Jr 1.18,19
[o] Jr 17.18
[p] Provar-Tentar: v. 12; Ml 3.10 (Gn 3.1; Tg 1.14); Jr 11.20
[q] Jr 15.15
[r] Sl 35.9,10; 109.30,31
[s] Jó 3.3-6; Jr 15.10
[t] Veja Zc 8.14, nota
[u] 2Rs 24.17
[v] 2Rs 25.18; Jr 29.25; 37.3
[w] 1Sm 9.9
[x] Jr 33.5; Is 63.10
[y] Comp. Êx 6.6
[z] Jr 32.1-5; 39.4-10
[a] 2Cr 36.17; Is 47.6
[b] Dt 30.19
[c] Jr 38.2
[d] Jr 39.18
[e] Jr 19.15
[f] Jr 20.4
[gg] 2Cr 36.19

18 Por que saí da madre para ver trabalho e tristeza
e para que se consumam na vergonha
os meus dias?

Mensagens sobre os últimos quatro reis de Judá: (1) Zedequias (21.1–22.9)

21 **P**alavra que veio a Jeremias da parte
do Senhor, quando o [u]rei Zedequias lhe
enviou Pasur, filho de Malquias, e [v]Sofonias,
filho de Maaseias, o sacerdote, dizendo:
2 [w]Pergunta agora por nós ao Senhor, por-
que Nabucodonosor, rei de Babilônia, guerreia
contra nós. Bem pode ser que o Senhor opere
conosco segundo todas as suas maravilhas e o
faça retirar-se de nós.
3 **J**eremias, porém, lhes respondeu: Assim
direis a Zedequias:
4 Assim diz o Senhor, o Deus de Israel: Virarei
contra vós as armas de guerra, que estão nas vos-
sas mãos, com que vós pelejais contra o rei de
Babilônia e contra os caldeus que vos têm cercado
fora dos muros, e os ajuntarei no meio desta cidade.
5 Eu mesmo [x]pelejarei contra vós com braço
[y]estendido e mão forte, com ira, indignação e
grande furor.
6 Ferirei os habitantes desta cidade, tanto os
homens como os animais, e de grande pestilên-
cia morrerão.
7 Depois disso, diz o Senhor, [z]entregarei
Zedequias, rei de Judá, os seus servos, o povo e
os que desta cidade restarem da pestilência, da
espada e da fome, nas mãos de Nabucodonosor,
rei de Babilônia, nas mãos dos seus inimigos
e nas mãos dos que buscam a sua vida. Ele os
ferirá a fio de espada; não os [a]poupará, não se
compadecerá nem terá misericórdia.
8 **A** este povo dirás: Assim diz o Senhor: [b]Ponho
diante de vós o caminho da vida e o caminho
da morte.
9 O que ficar nesta cidade há de morrer à
espada, ou de fome, ou de peste. Mas o que sair
e se render aos caldeus, que vos cercam, [c]viverá
e terá a sua [d]vida por despojo.
10 Pus o meu rosto contra esta cidade para [e]mal,
e não para bem, diz o Senhor. Nas mãos do rei de
Babilônia será [f]entregue, e ele a queimará a [gg]fogo.
11 **À** casa do rei de Judá dirás: Ouvi a palavra
do Senhor:
12 Ó casa de Davi, assim diz o Senhor:
Julgai com justiça a cada manhã
e livrai o oprimido das mãos do opressor,
para que não saia o meu furor como fogo
e se acenda,
sem que haja quem o apague,
por causa da maldade das vossas ações.

[1] (20.7) Veja 4.10, *nota*.

13 [h]**E**u sou contra ti, ó moradora do vale,
ó rocha da campina, diz o Senhor;
contra vós que [i]dizeis:
Quem descerá contra nós?
ou: Quem entrará nas nossas moradas?
14 Eu os punirei segundo o [j]fruto
das vossas ações,
diz o Senhor.
Acenderei um fogo no vosso bosque,
que consumirá tudo o que está ao vosso redor.

Advertência a Zedequias sobre a queda de Jerusalém

22 Assim diz o Senhor: Desce à casa do rei
de Judá e anuncia ali esta mensagem:
2 [k]Ouve a palavra do Senhor, ó rei de Judá, que
te assentas no trono de Davi; tu, os teus servos e
o teu povo, que entrais por estas portas.
3 Assim diz o Senhor: [l]Exercei o juízo e a jus-
tiça, livrai o oprimido das mãos do opressor.
Não oprimais ao estrangeiro nem ao [m]órfão nem
à viúva, e não façais violência, nem derrameis
sangue inocente neste lugar.
4 Pois, se deveras cumprirdes essa palavra,
entrarão pelas portas desta casa os reis que se
assentam no trono de Davi, [n]em carros e monta-
dos em cavalos, eles, os seus servos e o seu povo.
5 Se, porém, não derdes ouvidos a essas pala-
vras, por mim mesmo [o]jurei, diz o Senhor, que
esta casa se tornará em desolação.
6 Pois assim diz o Senhor acerca da casa do
rei de Judá:
Ainda que sejas para mim [p]Gileade,
a cabeça do Líbano,
certamente farei de ti um deserto
e cidades desabitadas.
7 Prepararei contra ti destruidores,
cada um com as suas armas.
Cortarão os teus cedros escolhidos
e os lançarão no fogo.
8 Muitas nações passarão por esta cidade, e
dirá cada um ao seu companheiro: [q]Por que pro-
cedeu o Senhor assim com esta grande cidade?
9 E a resposta será: [r]Porque deixaram a aliança
do Senhor seu Deus e se inclinaram diante de
outros deuses e os serviram.

(2) Mensagem sobre Salum (Joacaz)

10 **N**ão choreis o [s]morto, nem o lastimeis;
antes [t]chorai abundantemente
aquele que sai,
porque nunca mais tornará
nem verá a terra onde nasceu.
11 Pois assim diz o Senhor acerca de [u]Salum,
filho de Josias, rei de Judá, que reinou em lugar
de Josias, seu pai, que saiu deste lugar: [v]Jamais
tornará para ali.
12 No lugar para onde o levaram cativo mor-
rerá; nunca mais verá esta terra.

(3) Mensagem sobre Jeoiaquim

13 [w]**A**i daquele [x]que edifica a sua casa
com injustiça
e os seus aposentos, sem direito,
que se serve do serviço do seu
próximo sem paga
e não lhe dá o salário do seu trabalho.
14 Ele diz: Edificarei para mim uma casa
espaçosa e largos aposentos,
com amplas janelas,
forrada de cedro e pintada de vermelho.
15 Reinarás tu, só porque procuras
exceder no uso do cedro?
Acaso o teu pai não comeu e bebeu,
e não exercitou o juízo e a justiça?
Por isso lhe sucedeu [y]bem.
16 Julgou a causa do aflito e do necessitado;
por isso, lhe sucedeu bem.
Não é isso conhecer-me? diz o Senhor.
17 Os teus olhos e o teu coração, porém,
não atentam senão para a tua [z]ganância,
para derramar o sangue inocente
e para levar a extorsão e a
violência a efeito.
18 Portanto, assim diz o Senhor acerca de
Jeoiaquim, filho de Josias, rei de Judá:
Não [a]lamentarão por ele, dizendo:
Ai, irmão meu, ou: Ai, minha irmã!
Nem lamentarão por ele, dizendo:
Ai, senhor! ou: Ai, o seu esplendor!
19 Em [b]sepultura de jumento o sepultarão,
arrastando-o e lançando-o para bem longe,
fora das portas de Jerusalém.

(4) Mensagem sobre Jeconias (Joaquim)

20 **S**obe ao Líbano e clama,
levanta a tua voz em Basã,
clama desde Abarim,
pois estão quebrantados os teus aliados.
21 Falei contigo no tempo
da tua prosperidade,
mas disseste: Não ouvirei.
Este tem sido o teu caminho,
desde a tua [c]mocidade;
nunca deste ouvidos à minha voz.
22 O vento afugentará todos os teus [d]pastores,
e os teus aliados irão para o exílio.
Então te confundirás e te envergonharás,
por causa de toda a tua maldade.
23 Ó tu, que habitas no Líbano,
e fazes o teu ninho nos cedros!
Quão lastimada serás quando
te vierem as dores e os ais,
como da que está de parto!

[h] Ez 13.8
[i] Jr 49.4
[j] Pv 1.31; Is 3.10,11
[k] Jr 17.20
[l] Jr 21.12
[m] Jr 7.6; Zc 7.10
[n] Jr 17.25
[o] Comp. Gn 22.16; Hb 6.13-20
[p] Ct 4.1
[q] Dt 29.24,25; 1Rs 9.8,9
[r] 2Rs 22.17; 2Cr 34.25
[s] 2Rs 22.20
[t] Jr 14.17; Lm 3.48
[u] 1Cr 3.15; Jeoacaz, 2Rs 23.30
[v] 2Rs 23.34; 2Cr 36.4; Ez 19.4
[w] Jr 17.11; Ez 22.13
[x] Lv 19.13; Dt 24.14,15; Tg 5.4
[y] 2Rs 23.25; comp. Jr 7.23; 42.6
[z] Jr 6.13; 8.10; Lc 12.15-20
[a] Jr 16.4; 25.33; comp. 2Cr 35.24,25
[b] Jr 8.2; 36.30
[c] Jr 32.30; comp. 2Rs 24.8,9
[d] Jr 10.21; 23.1,2

24 Tão certo como eu vivo, diz o Senhor, que
ainda que tu, [e]Jeconias, filho de Jeoiaquim, rei de
Judá, fosse o selo do anel da minha mão direita,
eu dali te arrancaria.
25 Eu te entregarei nas mãos dos que buscam
a tua vida e nas mãos daqueles a quem temes,
a saber, nas mãos de Nabucodonosor, rei de
Babilônia, e nas mãos dos caldeus.
26 Lançarei a ti e a tua [f]mãe, que te deu à luz,
para outra terra, em que não nasceste, e ali
morrereis.
27 À terra para a qual almejam voltar, porém,
para lá jamais tornarão.
28 É este homem Jeconias
um vaso desprezado e quebrado,
um objeto de que ninguém se agrada?
Por que serão arremessados fora,
ele e a sua geração,
e lançados para uma terra
que não conhecem?
29 Ó terra, terra, terra,
ouve a palavra do Senhor!
30 Assim diz o Senhor:
Escrevei que este homem está
[1]privado dos seus filhos,
homem que não prosperará nos seus dias,
pois [g]nenhum da sua
linhagem prosperará,
para se assentar no trono de Davi,
ou reinar de novo em Judá.

O verdadeiro Rei: o Messias, o Renovo justo. Reajuntamento de Israel

23 Ai dos pastores que destroem e dis-
persam as ovelhas do meu pasto, diz o
Senhor.
2 Portanto, assim diz o Senhor, o Deus de Israel,
acerca dos [h]pastores que apascentam o meu povo:
Visto que dispersastes as minhas ovelhas, as afu-
gentastes e não cuidastes delas, trarei sobre vós a
maldade das vossas ações, diz o Senhor.
3 Eu mesmo [2]recolherei o [i]resto das minhas
[j]ovelhas, de todas as terras para onde eu as tiver
afugentado, e as farei voltar aos seus apriscos,
onde frutificarão e se multiplicarão.
4 Levantarei sobre elas [k]pastores que as apascen-
tem, e nunca mais temerão nem se assombrarão,
e nem uma delas faltará, diz o Senhor.
5 Vêm dias, diz o Senhor,
em que levantarei a Davi um [l]Renovo justo,
um [m]rei que reinará e prosperará;
ele praticará o juízo e a justiça na terra.
6 [n]Nos seus dias Judá será salvo,
e Israel habitará seguro.
Este será o seu nome, com que o nomearão:
O [o]Senhor, Nossa Justiça.
7 Portanto, vêm dias, diz o Senhor, em que
nunca mais dirão: Tão certo como vive o Senhor,
que fez subir os filhos de Israel da terra do Egito,
8 mas: Tão certo como vive o Senhor, que fez
subir a linhagem da casa de Israel da terra do
Norte, e [p]de todas as terras para onde os tinha
lançado. Então eles habitarão na sua [q]terra.

Denúncia dos falsos profetas

9 Quanto aos profetas:
O meu coração está quebrantado
dentro em mim;
todos os meus ossos estremecem.
Sou como um homem embriagado,
como um homem vencido do vinho,
por causa do Senhor e das palavras
da sua santidade.
10 A terra está cheia de adúlteros;
por causa da maldição, a terra chora,
e os pastos do deserto se secam.
O caminho dos adúlteros é a maldade,
e a sua força a injustiça.
11 Tanto o profeta como o sacerdote
estão [r]contaminados;
até na minha [s]casa achei a sua maldade,
diz o Senhor.
12 Portanto, o caminho deles será como lugares
escorregadios na escuridão;
serão empurrados e cairão nele.
Trarei sobre eles a calamidade,
no ano do seu castigo, diz o Senhor.
13 Entre os profetas de Samaria vi loucura:
Eles profetizavam da parte de
Baal e faziam errar o meu povo Israel.

[e] 1Cr 3.16
[f] 2Rs 24.8,12,15
[g] v. 24-30; Jr 36.30; veja Mt 1.11, nota; comp. At 15.13, nota
[h] Jr 22.22; Ez 34.1-10; Zc 11.15-17; comp. Ez 34.11-31; 37.24; Zc 11.4-14; Jo 10.1-16
[i] Remanescente: v. 3-8; Jr 31.7 (Is 1.9; Rm 11.5)
[j] Israel (profecias): v. 3-8; Jr 30.3 (Gn 12.2; Rm 11.26)
[k] Jr 3.15; Ez 34.23
[l] Veja Is 4.2, nota
[m] Reino (AT): v. 5-8; Jr 30.9 (Gn 1.26; Zc 12.8)
[n] Cristo (segunda vinda): v. 5,6; Ez 37.22 (Dt 30.3; At 1.11, nota)
[o] Heb. Jeová-tsidkenu. Veja Êx 34.6, nota
[p] v. 3; Is 43.5,6
[q] Gn 12.7; Jr 16.14,15; 31.8
[r] Jr 6.13; 8.10
[s] Jr 7.30; 32.34

[1] (22.30) Esta declaração não significa que ou Jeconias (1Cr 3.16) ou Joaquim (2Rs 24.6) não teria filhos, já que em 1Cr 3.17,18 alguns deles são mencionados (comp. Mt 1.12). Por um juízo divino, este rei ficaria sem filho para se assentar no trono de Davi; i.e., nenhum descendente físico teria lugar na lista dos reis de Israel. Consequentemente, se nosso Senhor Jesus, que vai ocupar o trono de Davi (Lc 1.32,33), tivesse sido gerado pelo marido de Maria, José, que era da linhagem de Jeconias (Mt 1.12,16), haveria uma contradição com esta predição divina. O direito que Cristo tinha ao trono por dinastia veio de Joaquim por meio de seu pai adotivo, José; mas a descendência física de Jesus de Davi foi cumprida por meio de Maria, cuja genealogia chega a Davi por intermédio de Natã, não de Salomão (comp. Lc 3.31 com Mt 1.17).

[2] (23.3) Essa restauração final será obtida após um período de tribulação sem precedentes (Jr 30.3-10) e em conexão com a manifestação do Renovo justo de Davi (v. 5), O Senhor, Nossa Justiça (v. 6). Essa restauração não deve ser confundida com a volta do remanescente de Judá nos tempos de Esdras, Neemias e Zorobabel ao final dos setenta anos de cativeiro (Jr 29.10). Em sua primeira vinda, Cristo, o Renovo justo de Davi (Lc 1.31-33), não estabeleceu um reino "na terra", mas foi coroado com espinhos e crucificado. Além disso, a nação de Israel não foi restaurada nem o povo judeu disse: "O Senhor, Nossa Justiça". Comp. Rm 10.3. A profecia ainda se cumprirá (At 15.14-17).

14 E entre os profetas
de Jerusalém vi uma coisa horrenda:
Cometem adultérios e andam com falsidade.
Fortalecem as mãos dos malfeitores,
para que não se convertam
da sua maldade.
Têm-se tornado para mim como [t]Sodoma,
e os moradores dela como Gomorra.

15 **P**ortanto, assim diz o Senhor dos
Exércitos acerca dos profetas:
Eu lhes darei a comer losna
e lhes farei beber águas de fel,
porque dos profetas de Jerusalém
saiu a contaminação sobre toda a terra.

16 Assim diz o Senhor dos Exércitos:
[u]Não deis ouvidos às palavras
dos profetas que entre vós profetizam;
eles vos ensinam vaidades.
[v]Falam da visão do seu próprio coração,
não da boca do Senhor.

17 Dizem continuamente aos
que me desprezam:
O Senhor disse: Paz tereis.
A qualquer que anda segundo
o propósito do seu coração,
dizem: Nenhum mal virá sobre vós.

18 [w]Quem dentre eles esteve no
conselho do Senhor,
e viu, e ouviu a sua palavra?
Quem esteve atento à sua palavra e a ouviu?

19 Saiu com indignação a
tempestade do Senhor,
e uma tempestade penosa
cairá cruelmente
sobre a cabeça dos ímpios.

20 A [x]ira do Senhor não se desviará,
até que ele execute
e cumpra os pensamentos do seu coração.
No [y]fim dos dias, entendereis
isso claramente.

21 [z]Não mandei esses profetas,
todavia eles foram correndo;
não lhes falei, todavia profetizaram.

22 Se, porém, estivessem presentes
no meu conselho,
teriam feito ouvir as minhas palavras
ao meu povo,
e o teriam feito voltar do seu mau caminho
e da maldade das suas ações.

23 **S**ou eu apenas Deus de perto, diz o Senhor,
e não também de longe?

24 Poderia alguém [a]esconder-se,
de modo que eu não o possa ver? diz o Senhor.
[b]Não encho eu os céus e a terra? diz o Senhor.

25 Ouvi o que dizem esses profetas, profetizando mentiras em meu nome, dizendo: Sonhei, sonhei.

[t] Dt 32.32; Is 1.9,10
[u] Comp. Jr 27.16; Mt 7.15; 2Co 11.13-15; 1Jo 4.1
[v] v. 21; Jr 14.14
[w] v. 22; Sl 25.14; comp. Sl 1.1,2
[x] Jr 30.24
[y] Gn 49.1; Jr 30.24; veja At 2.17, nota
[z] Jr 14.14; 27.15; 29.9
[a] Sl 139.7-12; Am 9.2-4
[b] 1Rs 8.27; Sl 139.8
[c] Jr 5.14
[d] Comp. 2Co 10.4,5; Hb 4.12
[e] Dt 18.20; Jr 14.14,15
[f] Ez 13.9
[g] Jr 20.6; 27.10; Lm 2.14; 3.37
[h] Sf 3.4
[i] Jr 7.8
[j] Comp. v. 30-32; veja Is 13.1, nota
[k] Dt 4.2; comp. Jr 6.10; 8.9; 17.15; 2Pe 3.16
[l] v. 33; Os 4.6
[m] Mq 3.5-7
[n] Jr 20.11
[o] Parábolas (AT): v. 1-10; Jr 27.1 (Jz 9.8; Zc 11.7)
[p] 2Rs 24.12; 2Cr 36.10

26 Até quando continuará isso no coração desses profetas mentirosos, que profetizam o engano do seu próprio coração?

27 Cuidam em fazer que o meu povo se esqueça do meu nome pelos seus sonhos que cada um conta ao seu companheiro, assim como seus pais se esqueceram do meu nome por causa de Baal.

28 O profeta que tem um sonho conte o sonho, mas aquele que tem a minha palavra, fale a minha palavra, com verdade. Que tem a palha em comum com o trigo? diz o Senhor.

29 Não é a minha palavra como [c]fogo, diz o Senhor, e como [d]martelo que esmiúça a penha?

30 Portanto, [e]eu sou contra esses profetas, diz o Senhor, que furtam as minhas palavras, cada um ao seu companheiro.

31 Sim, sou [f]contra esses profetas, diz o Senhor, que usam de sua língua e dizem: Ele disse.

32 Deveras, sou contra os que profetizam sonhos mentirosos, diz o Senhor. Eles os contam e fazem errar o meu povo com as suas [g]mentiras e com as suas [h]leviandades, mas eu não os enviei nem lhes dei ordem. Não trazem [i]proveito nenhum a este povo, diz o Senhor.

33 **Q**uando te perguntar este povo, ou qualquer profeta, ou sacerdote: Qual é o oráculo do Senhor? Então lhe dirás: Que oráculo? Vós sois o oráculo, e eu vos abandonarei, diz o Senhor.

34 Quanto ao profeta, ao sacerdote e ao povo que disser: Este é o [j]oráculo do Senhor, eu castigarei o tal homem e a sua casa.

35 Assim direis, cada um ao seu companheiro e cada um ao seu irmão: Que respondeu o Senhor? ou: Que falou o Senhor?

36 Nunca mais mencionareis o oráculo do Senhor, porque a cada um lhe serve de oráculo a sua própria palavra, e assim [k]torceis as palavras do Deus vivo, do Senhor dos Exércitos, o nosso Deus.

37 Assim dirás ao profeta: Que te respondeu o Senhor? Que falou o Senhor?

38 Mas porque dizeis: Oráculo do Senhor; assim o diz o Senhor: Porque dizeis esta palavra: Oráculo do Senhor, havendo-vos ordenado, dizendo: Não direis: Oráculo do Senhor.

39 Portanto, eu certamente me esquecerei de vós e vos [l]lançarei da minha presença, a vós e à cidade que dei a vós e a vossos pais.

40 Porei sobre vós perpétua [m]humilhação e eterna vergonha, que [n]não será esquecida.

O sinal dos figos: alguns dos recém-deportados, não todos, retornarão da Babilônia

24 **M**ostrou-me o Senhor [o]dois cestos de figos, postos diante do templo do Senhor, depois que Nabucodonosor, [p]rei de Babilônia,

levou em exílio, para Babilônia, a Jeconias, filho
de Jeoiaquim, rei de Judá, os príncipes de Judá, os
carpinteiros e os ferreiros de Jerusalém.
2 Um cesto tinha figos muito bons, como os
figos temporãos, mas o outro, figos tão ruins que
[q]não se podiam comer, de tão ruins que eram.
3 Perguntou-me o Senhor: Que vês, Jeremias?
Respondi: Figos. Os figos bons, muito bons, e os
ruins, muito ruins, que não se podem comer, de
ruins que são.
4 Então veio a mim a palavra do Senhor:
5 Assim diz o Senhor, o Deus de Israel: Como
a esses figos bons, assim olho com [r]favor aos de
Judá, levados em exílio, e que enviei deste lugar
para a terra dos caldeus.
6 Porei os meus olhos sobre eles, para o seu bem,
e os farei [s]voltar a esta terra. Eu os edificarei, e não
os destruirei; os plantarei, e não os arrancarei.
7 Darei a eles [t]coração para que me conheçam,
porque eu sou o Senhor. Eles serão o meu [u]povo,
e eu serei o seu Deus, pois se converterão a mim
de todo o seu coração.
8 Como se rejeitam aos figos ruins, que não
se podem comer, de ruins que são, certamente
assim diz o Senhor: Do mesmo modo entrega-
rei Zedequias, rei de Judá, os seus príncipes e
o [v]resto de Jerusalém, quer fiquem nesta terra,
quer habitem na terra do [w]Egito.
9 [x]Farei que sejam espetáculo horrendo, cala-
midade para todos os reinos da terra, vergonha
e provérbio, zombaria, e maldição em todos os
lugares para onde os lancei.
10 Enviarei entre eles a espada, a fome e a
peste, até que sejam consumidos de sobre a terra
que dei a eles e a seus pais.

Profecia dos setenta anos de cativeiro babilônico (comp. Dn 9.2)

25 Palavra que veio a Jeremias acerca de todo
o povo de Judá no [y]quarto ano de [z]Jeoia-
quim, filho de Josias, rei de Judá, que é o primeiro
ano de Nabucodonosor, rei de Babilônia,
2 a qual anunciou o profeta Jeremias a todo
o povo de Judá e a todos os habitantes de
Jerusalém:
3 Durante vinte e três anos — do décimo ter-
ceiro ano de Josias, filho de Amom, rei de Judá,
até o dia de hoje, tem vindo a mim a palavra do
Senhor, e eu a tenho anunciado a vós, madru-
gando e falando, mas vós não escutastes.
4 E embora vos tenha enviado o Senhor todos
os seus [a]servos, os profetas, madrugando e
enviando-os, vós não escutastes, nem inclinas-
tes os vossos ouvidos para ouvir.
5 Disseram: [b]Convertei-vos agora, cada um, do
seu mau caminho e da maldade das suas ações,
e habitai na terra que o Senhor deu a vós e a vos-
sos pais, de século em século.
6 Não andeis após outros deuses, para os ser-
virdes e vos inclinardes diante deles; não me
provoqueis à ira com a obra das vossas mãos,
para que não vos faça mal.
7 Vós, porém, não me destes ouvidos, diz o
Senhor, e me [c]provocastes à ira com a obra das
vossas mãos, para o vosso próprio mal.
8 Portanto, assim diz o Senhor dos Exércitos:
Visto que não escutastes as minhas palavras,
9 convocarei [d]todos os povos do norte, diz o
Senhor, como também a Nabucodonosor, rei de
Babilônia, [e]meu servo, e os trarei sobre esta terra,
sobre os seus moradores e sobre todas estas
nações em redor. Eu os destruirei totalmente e
os porei por objeto de espanto e de [f]zombaria, e
ruínas perpétuas.
10 Farei cessar entre eles a voz de folguedo e a
voz de alegria, a voz do noivo e a voz da noiva, o
som do moinho e a luz do candeeiro.
11 Toda esta terra virá a ser ermo desolado, e estas
nações servirão ao rei de Babilônia [1]setenta [g]anos.

Destruição da Babilônia e de outras nações

12 Quando, porém, se cumprirem os setenta
anos, punirei o rei de Babilônia e a sua nação, a
[h]terra dos caldeus, castigando a sua iniquidade,
diz o Senhor, e farei deles desolações perpétuas.
13 Trarei sobre aquela terra todas as coisas
que disse contra ela, tudo o que está escrito
neste livro, que profetizou Jeremias contra todas
as nações.
14 Eles mesmos serão escravos de mui-
tas nações e grandes reis; eu lhes retribuirei
segundo os seus feitos e segundo as obras das
suas mãos.
15 Assim me disse o Senhor, o Deus de Israel:
Toma da minha mão este [i]copo de vinho do furor
e faze que dele bebam todas as nações às quais
eu te enviar.
16 Quando dele [j]beberem, cambalearão e
enlouquecerão, por causa da espada que envia-
rei entre eles.

[q] Jr 29.17
[r] Comp. Zc 13.9
[s] Jr 12.15; 23.3; 29.10
[t] Dt 30.6; Jr 31.31-34; Ez 11.19; 36.26,27
[u] Jr 30.22; 31.33; 32.38
[v] Jr 39.9
[w] Jr 44.26-30
[x] Dt 28.25,37; 1Rs 9.7; 2Cr 7.20; Jr 15.4; 29.18; 34.17
[y] Jr 36.1
[z] 2Rs 24.1,2; 2Cr 36.4-6
[a] Jr 7.25; 26.5
[b] 2Rs 17.13; Jr 18.11; 35.15; comp. Jn 3.10
[c] Dt 32.21; Jr 7.19; 32.30
[d] Jr 34.1
[e] Is 44.28–45.1; Jr 27.6; 43.10
[f] Jr 19.8; 29.18
[g] Jr 29.10
[h] Veja Is 13.1, marg.
[i] Jó 21.20; Sl 75.8; Is 51.17; Ap 14.10
[j] Jr 51.7; Ez 23.34; Na 3.11

[1] (25.11) Comp. Lv 26.33-35; 2Cr 36.21; Dn 9.2. Os setenta anos podem ser calculados a partir da primeira deportação de Judá para a Babilônia (2Rs 24.10-15), 604 a.C., de acordo com o Cânon Epônimo Assírio (*Assyrian Eponym Canon*, Londres, 1875), ou 606 a.C., de acordo com Ussher (1650); ou a partir da última deportação (2Rs 25; 2Cr 36.17-20; Jr 39.8-10), 586 a.C. (Cânon Epônimo Assírio), ou 588 a.C. (Ussher). No primeiro caso, os setenta anos se estendem até o decreto de Ciro (Ed 1.1-3), 534 a.C. (Cânon Epônimo Assírio), ou 536 a.C. (Ussher). No segundo caso, os setenta anos findam em 516 a.C. (Cânon Epônimo Assírio) com o término da reconstrução do templo. O último período é a contagem mais provável à luz de Dn 9.25.

17 Tomei o copo da mão do Senhor e dei a
beber a todas as nações às quais o Senhor me
tinha enviado:
18 A Jerusalém, às cidades de Judá, aos seus
reis e aos seus príncipes, para fazer deles ruína
e objeto de [k]horror, escárnio e maldição, como
hoje se vê;
19 a faraó, rei do [l]Egito, a seus servos, a seus
príncipes e a todo o seu povo;
20 a todo o povo [m]misto, a todos os reis da terra
de Uz, a todos os reis da terra dos [n]filisteus, a
Asquelom, a Gaza, a Ecrom, ao resto de Asdode,
21 a [o]Edom, a [p]Moabe, e aos filhos de [q]Amom;
22 a todos os reis de [r]Tiro, a todos os reis de
Sidom e aos reis das ilhas além do mar;
23 a [s]Dedã, a Tema, a Buz e a todos os que habi-
tam nos últimos cantos da terra;
24 a todos os reis da Arábia e a todos os reis do
povo misto que habita no deserto;
25 a todos os reis de Zinri, a todos os reis de
[t]Elão e a todos os reis da [u]Média;
26 a todos os reis do Norte, os de perto e os de
longe, tanto um como o outro, e a todos os reinos
sobre a face da terra. E depois de todos eles, o rei
de [v]Sesaque também beberá.
27 **E**ntão lhes dirás: Assim diz o Senhor dos
Exércitos, o Deus de Israel: Bebei, embebedai-
-vos e vomitai; caí e não torneis a levantar-vos,
por causa da espada que vos enviarei.
28 Se não quiserem tomar o copo da tua mão
para beber, lhes dirás: Assim diz o Senhor dos
Exércitos: Certamente bebereis.
29 Na cidade que se chama pelo meu nome,
começo a castigar, ficareis vós totalmente impu-
nes? Não, não ficareis impunes, pois [w]chamo a
[x]espada sobre [1]todos os moradores da terra, diz
o Senhor dos Exércitos.
30 **P**ortanto, tu profetizarás todas estas pala-
vras, e lhes dirás:
O Senhor lá do alto [y]rugirá;
ele fará ouvir a sua voz desde a morada da sua
santidade e fortemente
rugirá contra a sua terra.
Ele gritará como os que pisam as uvas,
gritará contra todos os moradores da terra.
31 Chegará o estrondo até
a extremidade da terra,
pois o Senhor tem [z]contenda com as nações;
ele entrará em [a]juízo com toda a carne;
os ímpios entregará à espada.
32 Assim diz o Senhor dos Exércitos:
Olhai! A calamidade sai de nação para nação;
grande tormenta se levanta dos [b]confins da terra.

[k] Jr 29.18; 44.12
[l] Veja Jr 46.2, marg. v
[m] Ez 30.5
[n] Jr 47.1-7; Ez 25.16,17
[o] Veja Jr 49.7, marg. w
[p] Veja Is 15.1, marg. w
[q] Veja Jr 49.1, marg.
[r] Veja Is 23.1, marg. d
[s] Is 21.13
[t] Jr 49.34
[u] Jr 51.11
[v] Jr 51.41
[w] Dia (do Senhor): v. 29-38; Jr 46.10 (Sl 2.9; Ap 19.19)
[x] Armagedom (batalha de): v. 29-33; Ez 38.21 (Is 10.27; Ap 19.17)
[y] Is 42.13; Jl 3.16; Am 1.2
[z] Os 4.1; Mq 6.2
[a] Is 66.16; Jl 3.2
[b] Jr 31.8
[c] Jr 23.1,2; 50.6
[d] v. 8; Dt 4.2; Jr 43.1; Ez 3.10; Mt 28.20; Ap 22.19
[e] Jr 36.3-7
[f] Veja Zc 8.14, nota
[g] Jr 25.4; 29.19
[h] 1Sm 4.10,11; Sl 78.60; Jr 7.12-14

33 Naquele dia, os mortos pelo Senhor esta-
rão desde uma extremidade da terra até a outra.
Não serão pranteados; não serão recolhidos
nem sepultados, mas serão como esterco sobre
a face da terra.
34 Uivai, [c]pastores, e clamai;
revolvei-vos na cinza, donos do rebanho,
pois já se cumpriram os vossos
dias para serdes mortos;
eu vos quebrantarei,
e vós então caireis como jarros preciosos.
35 Não haverá refúgio para os pastores,
nem salvamento para os donos do rebanho.
36 Ouvi o grito dos pastores
e os uivos dos donos do rebanho,
pois o Senhor destruiu o pasto deles.
37 As suas malhadas pacíficas
serão desarraigadas,
por causa do furor da ira do Senhor.
38 Como o leão, deixará ele o seu covil;
a sua terra será assolada
por causa da espada do opressor
e do furor da ira do Senhor.

Mensagem no átrio do templo

26 **N**o princípio do reinado de Jeoiaquim,
filho de Josias, rei de Judá, veio esta pala-
vra do Senhor:
2 Assim diz o Senhor: Põe-te no átrio da casa
do Senhor e dize a todas as cidades de Judá,
que vêm adorar na casa do Senhor, [d]todas as
palavras que te mandei; não te esqueças de
nenhuma palavra.
3 Pode ser que [e]ouçam e se convertam cada um
do seu mau caminho, e eu me [f]arrependa do mal
que intento fazer-lhes, por causa da maldade
das suas ações.
4 Dize-lhes: Assim diz o Senhor: Se não me der-
des ouvidos para andardes na minha lei, que pus
diante de vós,
5 para que ouvísseis as palavras dos meus
[g]servos, os profetas, que eu vos envio, madru-
gando e enviando, mas não ouvistes,
6 então farei que esta casa seja como [h]Siló e
farei desta cidade uma maldição para todas as
nações da terra.
7 **O**s sacerdotes, os profetas e todo o povo ouvi-
ram a Jeremias, anunciando estas palavras na
casa do Senhor.

Sacerdotes e profetas querem matar Jeremias

8 Assim que Jeremias acabou de dizer tudo o
que o Senhor lhe havia ordenado que dissesse

[1] (25.29) O alcance dessa profecia não pode se limitar à invasão de Nabucodonosor. Se o Senhor não perdoa sua própria cidade, deveriam as nações imaginar que não haveria juízo para elas? A profecia salta para depois do final da Dispensação da Igreja. (Veja *notas* sobre o dia do Senhor, Jl 1.15; Ap 19.19; e Armagedom, Ap 19.17. Comp. Is 2.10-22.)

a todo o povo, [i]lançaram mão dele os sacer-
dotes, os profetas e todo o povo e disseram:
Certamente morrerás.
9 Por que profetizas no nome do Senhor,
dizendo que esta casa será como Siló, e esta
cidade será [j]assolada e ficará deserta? E ajun-
tou-se todo o povo contra Jeremias, na casa
do Senhor.

Os príncipes poupam Jeremias da morte

10 **O**uvindo os príncipes de Judá estas pala-
vras, [k]subiram da casa do rei à casa do Senhor e
se assentaram à entrada da Porta Nova da casa
do Senhor.
11 Então disseram os sacerdotes e os profetas
aos príncipes e a todo o povo: Este homem é [l]réu
de morte, porque profetizou contra esta cidade,
como ouvistes com os vossos ouvidos.
12 Jeremias, porém, disse a todos os príncipes
e a todo o povo: O Senhor me enviou a profeti-
zar contra esta casa e contra esta cidade todas as
palavras que ouvistes.
13 Agora, [m]corrigi os vossos caminhos e as vos-
sas ações e ouvi a voz do Senhor, o vosso Deus.
Então se arrependerá o Senhor do mal que falou
contra vós.
14 Quanto a mim, estou nas vossas mãos;
fazei de mim conforme o que for bom e reto aos
vossos olhos.
15 Sabei, porém, com certeza que, se me matar-
des, trareis sangue inocente sobre vós, sobre
esta cidade e sobre os seus habitantes. Porque,
na verdade, o Senhor me enviou a vós, para dizer
aos vossos ouvidos todas estas palavras.
16 **E**ntão disseram os príncipes e todo o [n]povo
aos sacerdotes e aos profetas: Este homem [o]não
é réu de morte, porque em nome do Senhor,
nosso Deus, nos falou.
17 Também se levantaram alguns dentre os
anciãos da terra e disseram a toda a congrega-
ção do povo:
18 [p]Miqueias, o morastita, profetizou nos dias
de Ezequias, rei de Judá, e disse a todo o povo de
Judá: Assim diz o Senhor dos Exércitos:

[q]Sião será lavrada como um campo,
e Jerusalém se tornará em
montões de pedras,
e a colina do templo,
num monte coberto de mato.

19 Mataram-no Ezequias, rei de Judá, e todo
o Judá? Antes [r]não temeu este ao Senhor e não
[s]implorou o favor do Senhor? E o Senhor não
se [t]arrependeu do mal que falara contra eles?
Estamos fazendo um grande mal contra a
nossa alma.
20 **T**ambém houve outro homem que profeti-
zava em nome do Senhor: Urias, filho de Semaías,
de Quiriate-Jearim, que profetizou contra esta
cidade e contra esta terra, conforme todas as pala-
vras de Jeremias.
21 Ouvindo o rei Jeoiaquim, todos os seus
valentes e todos os príncipes as suas palavras,
procurou o rei matá-lo. Mas Urias, ouvindo isso,
temeu e fugiu [u]para o Egito.
22 O rei Jeoiaquim, porém, enviou [v]Elnatã, filho
de Acbor, ao [w]Egito, e com ele outros homens.
23 Tiraram a Urias do Egito e o trouxeram ao rei
Jeoiaquim, que o matou à espada e lançou o seu
cadáver numa vala comum.
24 [x]Aicão, filho de Safã, porém, apoiou a
Jeremias, de sorte que ele não foi entregue nas
mãos do povo, para ser morto.

Sinal dos jugos: as nações vizinhas e a ordem de submeter-se a Nabucodonosor

27 **N**o princípio do reinado de Zedequias,
filho de Josias, rei de Judá, veio esta [y]pa-
lavra a Jeremias da parte do Senhor:
2 Assim me disse o Senhor: Faze um [z]jugo
com cordas e pedaços de madeira e põe-nos ao
teu pescoço.
3 Então manda uma mensagem [a]ao rei de
Edom, ao rei de Moabe, ao rei dos filhos de
Amom, ao rei de Tiro, ao rei de Sidom, por inter-
médio dos mensageiros que vieram a Jerusalém
ter com Zedequias, rei de Judá.
4 Dá-lhes uma mensagem para os seus senho-
res e dize: Assim diz o Senhor dos Exércitos, o
Deus de Israel: Assim direis a vossos senhores:
5 Eu fiz a terra, o homem e os animais que
estão sobre a face da terra com o meu grande
poder e com o meu braço estendido, e a dou [b]a
quem me apraz.
6 Agora, eu [c]entregarei todas estas terras nas
mãos de Nabucodonosor, rei de Babilônia, [d]meu
servo; até os [e]animais do campo lhe darei, para
que o sirvam.
7 Todas as [f]nações servirão a ele, a seu filho
e ao filho de seu filho, [g]até que também venha
o tempo da sua própria terra, quando muitas
nações e grandes reis se servirão dele.
8 **S**e alguma nação e reino não servirem o
mesmo Nabucodonosor, rei de Babilônia, e não
[h]puserem o seu pescoço debaixo do jugo dele,
punirei com a espada, com a fome e com a peste
a essa nação, diz o Senhor, até que a consuma
pelas suas mãos.
9 Não deis ouvidos aos vossos profetas, aos
vossos adivinhos, aos vossos sonhos, aos vos-
sos agoureiros e aos vossos encantadores, que
vos dizem: Não servireis o rei de Babilônia.
10 Eles vos profetizam [ii]mentiras, para vos man-
darem para longe da vossa terra; eu vos lançarei
dela, e vós perecereis.

[i] Comp. Jr 20.1,2
[j] Jr 9.11
[k] Comp. At 21.31,32
[l] Jr 38.4; comp. Mt 26.66
[m] Jr 7.3
[n] Comp. 1Sm 14.45
[o] Comp. Mt 27.11-26; At 23.29; 25.25; 26.31
[p] Mq 1.1
[q] Mq 3.12
[r] Veja Sl 19.9, nota
[s] 2Rs 20.1-19; 2Cr 32.1-31; Is 36.1–39.8
[t] Jr 18.8
[u] Comp. Ne 6.10,11
[v] Jr 36.12,25
[w] Jr 43.6,7
[x] 2Rs 22.12-14; Jr 39.14; 40.5-7
[y] Parábolas (AT): v. 1-7; Ez 17.1 (Jz 9.8; Zc 11.7)
[z] Jr 28.14
[a] Comp. Jr 25.20-26
[b] Ez 29.18-20; Dn 4.35
[c] Jr 28.14
[d] Jr 25.9; 43.10; Ez 29.18-20
[e] Dn 2.38
[f] Jr 25.14; comp. 50.9
[g] Jr 25.12; 50.27; Dn 5.26
[h] v. 11; comp. Jr 38.17-23
[ii] Jr 23.16,32; 28.15

11 A nação, porém, que meter o seu pescoço sob o jugo do rei de Babilônia e o servir, eu a deixarei na sua terra, diz o Senhor, para cultivá-la e habitar nela.

12 **A** Zedequias, rei de Judá, eu disse estas mesmas palavras: Colocai o vosso pescoço no jugo do rei de Babilônia; servi-o, a ele e ao seu povo, e vivereis.

13 Por que morrerias tu e o teu povo à espada, de fome e de peste, como o Senhor disse acerca da nação que não servir ao rei de Babilônia?

14 [j]Não deis ouvidos às palavras dos profetas, que vos dizem: Não servireis ao rei de Babilônia, pois vos profetizam mentiras.

15 Eu não [k]os enviei, diz o Senhor. Profetizam falsamente em meu nome, para que eu vos lance fora, e pereçais vós e os profetas que vos profetizam.

16 **A**os sacerdotes e a todo este povo eu disse: Assim diz o Senhor: Não deis ouvidos às palavras dos vossos profetas, que vos profetizam, dizendo: [l]Os utensílios da casa do Senhor cedo voltarão de Babilônia. Eles vos profetizam mentiras.

17 Não lhes deis ouvidos. Servi ao rei de Babilônia e vivereis. Por que se tornaria esta cidade um deserto?

18 No entanto, se são profetas e se há palavras do Senhor com eles, orem ao Senhor dos Exércitos, para que os utensílios que ficaram na casa do Senhor, na casa do rei de Judá e em Jerusalém não vão para Babilônia.

19 Pois assim diz o Senhor dos Exércitos [m]acerca das colunas, do mar, das bases e dos restantes utensílios que ficaram na cidade,

20 os quais Nabucodonosor, rei de Babilônia, não levou, quando [n]transportou de Jerusalém para Babilônia a Jeconias, filho de Jeoiaquim, rei de Judá, como também a todos os nobres de Jerusalém;

21 sim, assim diz o Senhor dos Exércitos, o Deus de Israel, acerca dos [o]utensílios que ficaram na casa do Senhor, na casa do rei de Judá e em Jerusalém:

22 Para Babilônia serão [p]levados e ali ficarão até o dia em que eu os [q]tirar, diz o Senhor. Então os farei subir e os tornarei a [r]trazer a este lugar.

A falsa profecia de Hananias e sua morte

28 **N**o mesmo ano, no princípio do reinado de Zedequias, rei de Judá, no [s]quarto ano, no [t]quinto mês, Hananias, filho de [u]Azur, o profeta de Gibeom, me disse na casa do Senhor, perante os olhos dos sacerdotes e de todo o povo:

2 Assim diz o Senhor dos Exércitos, o Deus de Israel: Eu quebrarei o [v]jugo do rei de Babilônia.

3 Depois de [w]passados dois anos completos, eu tornarei a trazer a este lugar os utensílios da casa do Senhor, que deste lugar [x]tomou Nabucodonosor, rei de Babilônia, levando-os para Babilônia.

4 Também a Jeconias, filho de [y]Jeoiaquim, rei de Judá, e a todos os do [z]exílio de Judá, que entraram em Babilônia, eu tornarei a trazer a este lugar, diz o Senhor, pois quebrarei o jugo do rei de Babilônia.

5 **E**ntão respondeu Jeremias, o profeta, a Hananias, o profeta, aos olhos dos sacerdotes e aos olhos de todo o povo que estava na casa do Senhor.

6 Disse Jeremias, o profeta: [a]Amém! Assim faça o Senhor! O Senhor confirme as tuas palavras com que profetizaste e torne a trazer os utensílios da casa do Senhor e todos os exilados da Babilônia a este lugar.

7 Ouve, porém, esta palavra, que eu digo aos teus ouvidos e aos ouvidos de todo o povo:

8 Os profetas que existiram antes de mim e antes de ti, desde a antiguidade, profetizaram guerra, mal e peste contra muitas terras e grandes reinos.

9 O [b]profeta que profetizar [c]paz, quando se cumprir a palavra desse [d]profeta, será conhecido como profeta verdadeiramente enviado pelo Senhor.

10 **E**ntão Hananias, o profeta, tomou o jugo do pescoço do profeta Jeremias e o quebrou.

11 Disse Hananias aos olhos de todo o povo: Assim diz o Senhor: Deste modo quebrarei o jugo de Nabucodonosor, rei de Babilônia, depois de passados dois anos completos, de [e]sobre o pescoço de todas as nações. E Jeremias, o profeta, foi-se embora.

12 Veio a palavra do Senhor a Jeremias, depois que Hananias, o profeta, quebrou o [f]jugo de sobre o pescoço do profeta Jeremias:

13 Vai e dize a Hananias: Assim diz o Senhor: Jugo de madeira quebraste, mas em vez dele terás jugo de ferro.

14 Assim diz o Senhor dos Exércitos, o Deus de Israel: [g]Jugo de ferro pus sobre o pescoço de todas estas nações, para servirem a Nabucodonosor, rei de Babilônia, e o servirão. Até os [h]animais do campo lhe darei.

15 Disse Jeremias, o profeta, a Hananias, o profeta: Ouve, Hananias! O Senhor não te enviou, [i]mas fizeste que este povo [jj]confiasse em [kk]mentiras.

16 Pelo que assim diz o Senhor: Eu te lançarei de sobre a face da terra. Este ano [ll]morrerás, porque pregaste [mm]rebeldia contra o Senhor.

17 Morreu Hananias, o profeta, no mesmo ano, no sétimo mês.

j Jr 23.16
k Jr 23.21; 29.9
l 2Cr 36.7,10; Jr 28.3; Dn 1.2
m 2Rs 25.13; Jr 52.17-21
n 2Rs 24.14,15; Jr 24.1
o Jr 20.5
p 2Rs 25.13; 2Cr 36.18
q 2Cr 36.21; Jr 29.10; 32.5
r Ed 1.7-11; 7.19
s Jr 51.59
t Veja Lv 23.2, nota
u Ez 11.1
v Jr 27.12
w Jr 27.16
x 2Rs 24.13; Dn 1.2
y Jr 24.1; também chamado Joaquim, em 2Rs 24.12
z Comp. Jr 20.4
a 1Rs 1.36
b Dt 18.22
c Jr 23.17; Ez 13.10,16
d Comp. 1Rs 22.28
e Jr 27.7
f Jr 27.2
g Dt 28.48
h Jr 27.6
i Jr 39.31; Ez 13.22
jj Veja Sl 2.12, nota
kk Jr 27.10; 29.9
ll Jr 20.6
mm Dt 13.5; Jr 29.32

Mensagem aos judeus do primeiro cativeiro

29 São estas as palavras da carta que Jeremias, o profeta, enviou de Jerusalém ao resto dos anciãos do exílio, como também aos sacerdotes, aos profetas e a todo o povo que Nabucodonosor havia [1][n]transportado de Jerusalém para Babilônia,

2 depois que saíram o rei [o]Jeconias, a [p]rainha, os oficiais, os príncipes de Judá e Jerusalém, os [q]artífices e os ferreiros.

3 Veio pela mão de Elasa, filho de [r]Safã, e de Gemarias, filho de Hilquias, os quais Zedequias, rei de Judá, tinha enviado a Babilônia, a Nabucodonosor, rei de Babilônia, [s]dizendo:

4 Assim diz o Senhor dos Exércitos, o Deus de Israel, a todos os que foram transportados, que eu fiz transportar de Jerusalém para Babilônia:

5 Edificai casas e habitai nelas; plantai pomares e comei o seu fruto.

6 Tomai mulheres e gerai filhos e filhas; tomai mulheres para os vossos filhos e dai as vossas filhas a maridos, para que tenham filhos e filhas. Multiplicai-vos ali, e não vos diminuais.

7 Procurai a paz e a prosperidade da cidade, para onde vos fiz transportar. [t]Orai por ela ao Senhor, porque se ela prosperar vós também prosperareis.

8 Sim, assim diz o Senhor dos Exércitos, o Deus de Israel: Não vos [u]enganem os vossos profetas que estão no meio de vós nem os vossos adivinhos; não deis ouvidos aos vossos sonhos, que sonhais.

9 Eles vos profetizam [v]falsamente em meu nome. Não os enviei, diz o Senhor.

10 **A**ssim diz o Senhor: [w]Certamente que passados setenta anos em Babilônia, atentarei para vós e cumprirei sobre vós a minha boa palavra, tornando-vos a [x]trazer a este lugar.

11 Pois eu sei os planos que tenho para vós, diz o Senhor, planos de paz, e não de mal, para vos dar uma esperança e um futuro.

12 [y]Então me invocareis e ireis, e orareis a mim, e eu vos [z]ouvirei.

13 Vós me [a]buscareis e me achareis, quando me buscardes de todo o vosso coração.

14 Serei [b]achado de vós, diz o Senhor, e farei voltar os vossos cativos. Eu vos [c]congregarei de todas as nações, e de todos os lugares para onde vos lancei, diz o Senhor, e tornarei a trazer-vos ao lugar de onde vos transportei.

15 **V**ós dizeis: O Senhor nos levantou profetas em Babilônia,

16 [d]mas assim diz o Senhor a respeito do rei que se assenta no trono de Davi e de todo o povo que habita nesta cidade, vossos irmãos, que não saíram convosco para o exílio;

17 sim, assim diz o Senhor dos Exércitos: Enviarei entre eles a espada, a fome e a peste; e os farei como a [e]figos podres, que não se podem comer, de ruins que são.

18 Eu os perseguirei com a espada, com a fome, e com a peste; os [f]farei um espetáculo horrendo para todos os reinos da terra e os porei por objeto de [g]espanto, assobio e vergonha entre todas as nações para onde os tiver lançado.

19 Pois não deram ouvidos às minhas palavras, diz o Senhor, enviando-lhes eu os meus servos, os profetas, madrugando e enviando. Mas vós não escutastes, diz o Senhor.

20 Vós, portanto, ouvi a palavra do Senhor, todos os do exílio que enviei de Jerusalém para Babilônia.

21 Assim diz o Senhor dos Exércitos, o Deus de Israel, acerca de Acabe, filho de Colaías, e de Zedequias, filho de Maaseias, que vos profetizam [h]falsamente em meu nome: Eu os entregarei nas mãos de Nabucodonosor, rei de Babilônia, e ele os ferirá diante dos vossos olhos.

22 Por causa deles, todos os transportados de Judá, que estão em Babilônia, usarão esta [i]maldição: O Senhor te faça como a Zedequias e [j]Acabe, os quais o rei de Babilônia assou no fogo.

23 Pois fizeram loucura em Israel, cometeram adultério com as mulheres de seus companheiros e anunciaram falsamente em meu nome palavras que não lhes mandei dizer. Eu o [k]sei e sou testemunha disso, diz o Senhor.

24 **A** Semaías, o neelamita, dirás:

25 Assim diz o Senhor dos Exércitos, o Deus de Israel: Enviaste no teu nome cartas a todo o povo que está em Jerusalém, como também a [l]Sofonias, filho de Maaseias, o sacerdote, e a todos os sacerdotes. Disseste a Sofonias:

26 O Senhor te pôs por sacerdote em lugar de Joiada, o sacerdote, para que sejas encarregado da casa do Senhor sobre todo homem [m]fanático e que profetiza, para o lançares na prisão e no [nn]tronco.

27 Então por que não repreendeste a Jeremias, o anatotita, que vos profetiza?

28 Ele nos mandou esta mensagem a Babilônia: O exílio muito há de durar. Edificai casas e habitai nelas; plantai pomares e comei o seu fruto.

29 **L**eu Sofonias, o sacerdote, esta carta aos ouvidos de Jeremias, o profeta.

30 Então veio a palavra do Senhor a Jeremias:

31 Manda esta mensagem a todos os exilados: Assim diz o Senhor acerca de Semaías, o neelamita: Porque Semaías vos profetizou, embora eu [oo]não o tenha enviado, e vos fez confiar em [pp]mentiras,

[n] Jr 27.20
[o] 2Rs 24.12; Jr 22.26
[p] Jr 13.18
[q] Jr 24.1
[r] 2Cr 34.8
[s] v. 4-7,28
[t] Ed 6.10; Ne 1.4-11; Dn 9.16; 1Tm 2.2
[u] Jr 14.14; 23.21; 27.14,15; Ef 5.6
[v] Jr 28.15; 37.19
[w] 2Cr 36.21-23; Ed 1.1-4; Jr 25.12; 27.22; Dn 9.2
[x] Jr 24.6; 30.3
[y] Sl 50.14,15; Dn 9.3-19
[z] Sl 145.19
[a] Lv 26.39-42; Dt 30.1-3
[b] Dt 4.7; Sl 32.6; 46.1; Is 55.6,7; Jr 24.7
[c] Jr 23.3,8; 30.3; 32.37
[d] Jr 38.2,3,17-23
[e] Jr 24
[f] Dt 28.25; 2Cr 29.8; Jr 15.4; 24.9; 34.17
[g] Jr 25.9,18
[h] Jr 14.14,15; Lm 2.14
[i] Is 65.15
[j] Comp. Dn 3.6
[k] Pv 5.21; Jr 16.17
[l] 2Rs 25.18; Jr 21.1
[m] 2Rs 9.11; Jo 10.20; At 26.24; 2Co 5.13
[nn] Jr 20.2
[oo] Jr 27.15
[pp] Ez 13.8-16,22,23

[1] (29.1) Comp. 2Rs 24.10-16. O cativeiro completo de Judá aconteceu onze anos depois (2Rs 25.1-7).

32 assim diz o Senhor: Certamente punirei
a Semaías, o neelamita, e a sua descendên-
cia. Ele não terá ninguém que habite entre
este povo e não verá o bem que hei de fazer
ao meu povo, diz o Senhor, porque pregou [q]re-
beldia contra o Senhor.

O dia do Senhor: "tempo de angústia para Jacó", a tribulação

30 [1]Palavra que do Senhor veio a Jeremias:
2 Assim diz o Senhor, Deus de Israel:
[r]Escreve num livro todas as [s]palavras que eu
te disse.
3 Vêm dias, diz o Senhor, em que mudarei a
sorte do meu povo Israel e Judá; [t]tornarei a trazê-
-los à terra que dei a seus pais, e a possuirão,
diz o Senhor.
4 São estas as palavras que disse o Senhor
acerca de Israel e de Judá:
5 Assim diz o Senhor:
Ouvimos uma voz de tremor,
de temor, mas não de paz.
6 Perguntai, pois, e vede se um homem
tem dores de parto.
Então por que vejo a cada
homem com as mãos sobre os lombos,
como a [u]que está dando à luz,
e por que se tornaram pálidos
todos os rostos?
7 Ah! porque [v]aquele dia será tão grande
que não há outro semelhante!
Será [2]tempo de angústia para Jacó,
mas ele será livrado dela.
8 Naquele dia, diz o Senhor dos Exércitos,
eu quebrarei o seu jugo de
sobre o teu pescoço
e quebrarei as tuas algemas;
nunca mais se servirão dele os estranhos.
9 Antes, ele servirá ao Senhor, seu Deus,
como também a [w]Davi,
seu [x]rei, que lhe levantarei.
10 **Portanto**, não temas, ó Jacó, meu servo,
diz o Senhor,
nem te espantes, ó Israel.
Eu certamente te livrarei das terras de longe
e a tua descendência da
[y]terra do seu exílio.
Jacó tornará, descansará e ficará em sossego;
não haverá quem o atemorize.
11 Eu sou [z]contigo, diz o Senhor, para te salvar.
Embora eu [3a]dê fim a todas
as nações entre as quais te espalhei,
[b]a ti, porém, não darei fim,
mas eu te castigarei com medida
e de todo não te terei por inocente.
12 **Assim** diz o Senhor:
O teu ferimento é [c]incurável,
a tua chaga não tem remédio.
13 Não há quem defenda a tua causa,
não existe remédio para a tua ferida,
não há cura para ti.
14 Todos os teus amantes se esqueceram de ti
e não perguntam por ti,
porque te feri com ferida de inimigo
e com castigo cruel,
por causa da grandeza da tua maldade
e da multidão dos teus pecados.
15 Por que gritas por causa do teu ferimento?
Tua dor não tem remédio.
Por causa da grandeza da tua maldade
e da multidão dos teus pecados
eu fiz estas coisas.
16 Todos, porém, que te devoram
serão [d]devorados;
todos os teus adversários
irão para o [e]exílio.
Os que te roubam serão [f]roubados;
todos os que te [g]despojam
entregarei ao saque.
17 Eu te [h]restaurarei a saúde e
curarei as tuas chagas,
diz o Senhor, porque te
chamam a rejeitada,
dizendo: É Sião, por quem
ninguém já pergunta.

Israel será salvo nos últimos dias

18 **Assim** diz o Senhor:
Acabarei com o exílio das tendas de Jacó
e terei compaixão das suas moradas;
a cidade será reedificada
sobre as suas ruínas,
e o palácio permanecerá no
seu devido lugar.
19 Deles sairá o louvor e a voz de júbilo.
Eu os [i]multiplicarei,
e não serão diminuídos;
os glorificarei, e não serão desprezados.

[q] Jr 28.16
[r] Veja Jr 36.32, nota
[s] Inspiração: v. 2; Jr 36.1 (Êx 4.15; 2Tm 3.16)
[t] Israel (profecias): v. 1-9; Jr 31.7 (Gn 12.2; Rm 11.26)
[u] Veja Mq 4.11, nota
[v] Tribulação (a grande): v. 4-7; Dn 12.1 (Sl 2.5; Ap 7.14)
[w] Is 55.3,4; Ez 34.23; 37.24; Os 3.5
[x] Reino (AT): v. 7-9; Jr 33.17 (Gn 1.26; Zc 12.8)
[y] Jr 3.18
[z] Is 43.2-5
[a] Am 9.8
[b] Jr 46.27,28
[c] 2Cr 36.16; Jr 15.18
[d] Êx 23.22; Is 41.11; Jr 10.25
[e] Is 14.2; Jl 3.8
[f] Is 33.1; Ez 39.10
[g] Jr 2.3
[h] Jr 33.6
[i] Is 49.19-21; Jr 23.3; 33.22

[1] (30.1) Uma vez que o livro trata principalmente da mensagem do juízo (1.10), estes capítulos são ainda mais significativos, pois predizem aspectos tão gloriosos como: 1) a indestrutibilidade de Israel (30.11; 31.35-37), 2) a volta do exílio (30.10; 31.23; 33.7), 3) a vinda do Rei messiânico (33.15,16), 4) a conversão de Israel (33.8,16) e 5) a consumação da Nova Aliança (31.31ss.; 32.39,40).

[2] (30.7) O período da angústia de Jacó corresponde à tribulação. Veja Ap 7.14, *nota*.

[3] (30.11) Nenhum profeta do AT é tão categórico quanto Jeremias sobre a destruição da economia política de Israel e o consequente exílio da nação, mas ele também insiste que o desastre desse momento não significa a dissolução da nação. Repetidamente, o profeta assegura à nação que Deus não destruirá Israel (comp. 4.27; 5.10,18; 30.11; 46.28). É assim que a perpetuidade de Israel como nação está assegurada.

20 Seus filhos serão como na antiguidade,
e a sua congregação será
confirmada perante o meu rosto;
punirei a todos os seus opressores.
21 O seu príncipe procederá deles;
o seu governador sairá do meio deles.
Eu o farei aproximar, e ele se
[j]chegará a mim,
pois quem é aquele que se empenhará
em se chegar a mim? diz o Senhor.
22 Vós [k]sereis o meu povo, e eu serei o seu Deus.
23 [l]**A** tempestade do Senhor, a sua indignação,
saiu, uma tempestade varredora;
cairá cruelmente sobre a
cabeça dos ímpios.
24 Não voltará atrás o furor da ira do Senhor,
até que ele a tenha executado
e até que tenha cumprido
os desígnios do seu coração.
Nos [m]últimos dias entendereis isso.

Alegria em vez de tristeza

31 **N**aquele tempo, diz o Senhor,
serei o Deus de todas as tribos de Israel,
e elas serão o meu [n]povo.
2 Assim diz o Senhor:
O povo que escapar da espada
achará graça no deserto;
Israel mesmo, quando eu o fizer descansar.
3 Há muito que o Senhor nos
apareceu, dizendo:
Com amor eterno te [o]amei;
com benignidade te atraí.
4 Ainda te edificarei, e serás edificada,
ó virgem de Israel.
Ainda serás adornada com os teus adufes
e sairás com o coro dos que dançam.
5 Ainda plantarás vinhas nos
montes de Samaria;
os plantadores plantarão e
desfrutarão dos frutos.
6 Haverá um dia em que gritarão
os vigias sobre o monte de Efraim:
Levantai-vos, e subamos
a Sião, ao Senhor nosso Deus.
7 **A**ssim diz o Senhor:
Cantai sobre Jacó com alegria;
exultai por causa da cabeça das nações.
Proclamai, cantai louvores e dizei:
Salva, ó Senhor, o teu povo,
o [p]resto de [q]Israel.
8 Eu os trarei da terra do Norte
e os congregarei das
[r]extremidades da terra.
Entre eles estarão os cegos e os aleijados,
as mulheres grávidas e as de parto;
em grande congregação voltarão para aqui.
9 Virão com [s]choro; com súplicas os levarei.
Eu os guiarei aos [t]ribeiros de águas,
por caminho reto em que não
tropeçarão,
porque sou um [u]pai para Israel,
e Efraim é o meu primogênito.
10 **O**uvi a palavra do Senhor, ó nações;
anunciai-a nas ilhas de longe:
Aquele que espalhou a Israel
o congregará e o guardará,
como o [v]pastor ao seu rebanho.
11 Pois o Senhor [w]resgatou a Jacó
e o livrou das mãos do que
era mais forte do que ele.
12 Eles virão e exultarão nos altos de Sião;
ficarão radiantes pelos bens
do Senhor,
pelo trigo, pelo vinho novo e pelo azeite,
pelos cordeiros e pelos bezerros.
A sua alma será como um jardim regado,
e nunca mais andarão tristes.
13 **E**ntão as virgens se alegrarão na dança,
e também os jovens e os velhos.
Tornarei o seu pranto em alegria;
eu os consolarei e transformarei a sua
[x]tristeza em regozijo.
14 Saciarei de gordura a alma dos sacerdotes;
o meu povo se fartará dos meus bens,
diz o Senhor.
15 **A**ssim diz o Senhor:
Ouviu-se um clamor em Ramá,
lamentação e choro amargo:
Raquel [y]chora seus filhos,
e não se deixa consolar por eles,
porque já [z]não existem.
16 Assim diz o Senhor:
Reprime a tua voz de [a]choro
e as lágrimas de teus olhos,
pois há galardão para o teu trabalho,
diz o Senhor,
pois eles voltarão da terra do inimigo.
17 Há [b]esperança para o teu futuro, diz o Senhor.
Os teus filhos voltarão para
os seus termos.
18 **B**em ouvi eu que Efraim se
queixava, dizendo:
[c]Castigaste-me, e fui castigado,
como novilho ainda não domado.
Converte-me, e serei convertido,
porque tu és o Senhor meu Deus.
19 Na verdade que, depois que me converti,
[d]arrependi-me;
depois que fui instruído, bati na
minha coxa.
Fiquei confundido e [e]envergonhado,
porque suportei a vergonha
da minha mocidade.

[j] Nm 16.5; Sl 65.4
[k] Jr 24.7; 31.1,33; 32.38; Ez 11.20; 36.28; 37.27
[l] Jr 23.19,20
[m] Veja At 2.17, nota
[n] Jr 30.22
[o] Is 43.4
[p] Remanescente: v. 7-14; Ez 6.8 (Is 1.9; Rm 11.5, nota)
[q] Israel (profecias): v. 7-14,31-40; Ez 36.22 (Gn 12.2; Rm 11.26)
[r] Jr 30.3; 32.37
[s] Jr 50.4
[t] Is 49.10
[u] Is 64.8
[v] Is 40.11; Ez 34.11,12
[w] Redenção (tipo do parente remidor): v. 11; Jr 32.7 (Gn 48.16; Is 59.20, nota)
[x] Comp. Jo 16.20
[y] Mt 2.18
[z] Jr 10.20
[a] Is 25.8; 30.19
[b] Jr 29.11
[c] Sl 94.12; comp. Hb 12.5-11
[d] Veja Zc 8.14, nota
[e] Ez 36.31

20 Não é Efraim meu filho precioso,
filho das minhas delícias?
Embora eu tantas vezes fale contra ele,
ainda me lembro dele.
Por isso se comovem por ele
as minhas entranhas;
deveras me [f]compadecerei dele, diz o Senhor.
21 Põe-te marcos, faze postes que te guiem.
Dirige a tua atenção à vereda,
ao caminho pelo qual vais.
Regressa, ó virgem de Israel,
regressa a estas tuas cidades.
22 Até quando andarás errante,
ó filha rebelde?
O Senhor criou uma [1]coisa nova na terra:
uma mulher cercará um homem.

23 **A**ssim diz o Senhor dos Exércitos, o Deus de
Israel: Ainda dirão esta palavra na terra de Judá
e nas suas cidades, quando eu acabar com o seu
exílio: O Senhor te abençoe, ó morada de justiça,
ó monte de santidade!
24 O povo habitará em Judá e em todas as suas
cidades; como também os lavradores e os que
andam com o rebanho.
25 Satisfarei a alma cansada e saciarei toda
alma entristecida.
26 **E**ntão, [g]despertei e olhei em redor. O meu
sono tinha sido [h]doce para mim.

Nova aliança com Israel

27 **V**êm dias, diz o Senhor, em que semearei a
casa de Israel e a casa de Judá com a semente de
homens e com a semente de animais.
28 [i]Como velei sobre eles, para arrancar e derru-
bar, para transtornar, destruir e afligir, assim velarei
sobre eles, para edificar e para plantar, diz o Senhor.
29 Naqueles dias nunca mais dirão: [j]Os pais
comeram uvas verdes,
e os dentes dos filhos se embotaram.
30 Cada um, porém, morrerá [k]pela sua iniqui-
dade; de todo homem que comer as uvas verdes
os dentes se embotarão.
31 [l]**V**êm dias, diz o Senhor,
em que farei uma [2m]aliança nova
com a casa de Israel e com a casa de Judá.

[f] Jr 3.12; 12.15
[g] Comp. Zc 4.1
[h] Pv 3.24
[i] Começa a segunda fase do ministério de Jeremias: a fase construtiva. Comp. Jr 1.10
[j] Ez 18.2,3
[k] Dt 24.16; 2Cr 25.4; Ez 18.4,20
[l] v. 31-34; Hb 8.8-12; 10.16,17
[m] Aliança (Nova): v. 31-34; Jr 32.40 (Is 61.8; Hb 8.8)
[n] "Esposa" (do Senhor): v. 32; Os 2.2 (Is 54.5; Os 2.2)
[o] v. 33,34; Hb 10.16,17
[p] Comp. 2Co 3.3
[q] Jr 24.7
[r] Perdão: v. 34; Mt 6.12 (Lv 4.20; Mt 26.28, nota)
[s] Sl 148.3-6
[t] Jr 33.22
[u] Jr 33.24-26; Rm 11.2-5,26,27
[v] Ne 3.1; 12.39; Zc 14.10
[w] Ez 40.3,5; Zc 2.1,2

32 Não conforme a aliança
que fiz com seus pais,
no dia em que os tomei pela mão,
para os tirar da terra do Egito,
porque eles invalidaram a minha aliança,
apesar de eu os haver [n]desposado,
diz o Senhor.
33 Esta, porém, é a aliança
que farei com a casa de Israel
depois daqueles dias, diz o Senhor.
Porei a minha [o]lei no seu interior
e a escreverei no seu [p]coração.
Eu serei o seu Deus,
e eles serão o meu povo.
34 Não ensinará alguém mais a seu próximo
nem alguém a seu irmão, dizendo:
Conhecei ao Senhor, porque todos
me [q]conhecerão,
desde o menor deles até o maior,
diz o Senhor.
Pois lhes [r]perdoarei a sua maldade
e nunca mais me lembrarei dos seus pecados.
35 **A**ssim diz o Senhor, que dá
o sol para luz do dia
e as leis fixas da lua e das estrelas
para luz da noite,
que fende o mar e faz bramir as suas ondas;
o Senhor dos Exércitos é o seu nome.
36 Somente [s]se estes decretos
desaparecerem de diante de mim,
diz o Senhor,
deixará a descendência de Israel
de ser uma nação na minha presença.
37 Assim diz o Senhor:
Somente [t]se puderem ser
medidos os céus lá em cima,
e sondados os fundamentos
da terra cá embaixo,
eu rejeitarei toda a [u]descendência de Israel,
por tudo o que fizeram, diz o Senhor.

38 **V**êm dias, diz o Senhor, em que esta cidade
será reedificada para o Senhor, [v]desde a torre de
Hananeel até a Porta da Esquina.
39 A [w]linha de medir se estenderá para diante,
até o outeiro de Garebe, e de lá virará para Goa.

---

[1] (31.22) A maioria dos mestres contemporâneos da Bíblia crê que essa passagem significa que Israel, ao contrário do que fazem as mulheres, cortejará o Senhor, seu divino esposo. Os expositores do passado, de maneira quase unânime, entendiam que este versículo predizia o nascimento virginal do Messias. Seus argumentos são: 1) A "coisa nova na terra" requer um acontecimento de características sem precedentes. 2) O verbo "criar" implica uma ação de caráter divino. 3) O termo "mulher" requer que haja um indivíduo, não tanto uma nação. 4) A palavra "homem" é apropriadamente usada em relação a Deus (Is 9.6).

[2] (31.31) A Nova Aliança de 31.31-40; 32.40ss. é uma das alianças significativas das Escrituras, e estão notavelmente detalhados: 1) o momento da aliança (v. 31,33); 2) as partes da aliança (v. 31); 3) o contraste entre as alianças Mosaica e Nova (v. 32); 4) os termos da aliança (v. 33); 5) tudo que a aliança compreende (v. 34); 6) as características básicas da aliança (v. 34): a) conhecimento de Deus e b) perdão de pecados; 7) a perpetuidade do povo da aliança (v. 35-37), e 8) a garantia da aliança (a cidade reedificada) (v. 38-40). Veja Hb 8.8, *nota*. Ainda que certas características desta aliança tenham sido cumpridas para os crentes na presente Dispensação da Igreja (p. ex., o item 6 acima), a aliança ainda deve realizar-se para Israel, de acordo com a declaração explícita do v. 31.

40 Todo o vale dos [x]cadáveres e da cinza e todos os campos até o ribeiro de Cedrom, até a esquina da [y]Porta dos Cavalos para o oriente, serão [z]consagrados ao Senhor. A cidade jamais será arrancada nem derrubada.

Jeremias prisioneiro: sinal do campo de Hananeel

32 **P**alavra que veio a Jeremias, da parte do Senhor, [a]no décimo ano de Zedequias, rei de Judá, o qual foi o décimo oitavo ano de Nabucodonosor.

2 O exército do rei de Babilônia então cercava a Jerusalém, e Jeremias, o profeta, estava preso no pátio da [b]guarda que estava na casa do rei de Judá.

3 Ora, Zedequias, rei de Judá, o tinha encerrado, dizendo: Por que [c]profetizas tu, dizendo: Assim diz o Senhor: Entregarei esta cidade nas mãos do rei de Babilônia, e ele [d]a tomará.

4 Zedequias, rei de Judá, não escapará das mãos dos caldeus, mas certamente será [e]entregue nas mãos do rei de Babilônia e com ele falará boca a boca, e os seus [f]olhos verão os dele.

5 Ele [g]levará Zedequias para Babilônia, onde permanecerá até que me lembre dele, diz o Senhor. Se pelejardes contra os caldeus, [h]não tereis êxito?

6 **D**isse Jeremias: Veio a mim a palavra do Senhor:

7 Hananeel, filho de Salum, teu tio, virá a ti e dirá: Compra o meu campo que está em Anatote, pois, como parente mais próximo, tens o [i]direito e o dever de comprá-lo.

8 Veio, pois, a mim Hananeel, filho de meu tio, segundo a palavra do Senhor, ao pátio da guarda, e me disse: Compra o meu campo que está em Anatote, na terra de Benjamim. Visto que é teu o direito de herança e tens o resgate, compra-o para ti. Então entendi que isto era a palavra do Senhor.

9 De modo que [1]comprei o campo de Hananeel, filho de meu tio, o qual está em Anatote, e pesei-lhe o dinheiro, dezessete [j]siclos de prata.

10 Assinei a escritura e a selei, chamei testemunhas e pesei-lhe o dinheiro numa balança.

11 Tomei a escritura da compra, tanto a selada conforme a lei e os estatutos, como a cópia aberta;

12 dei-a a [k]Baruque, filho de Nerias, filho de Maaseias, perante os olhos de Hananeel, filho de meu tio, e perante os olhos das [l]testemunhas, que assinara a escritura da compra, e perante os olhos de todos os judeus que se assentavam no pátio da guarda.

13 Dei ordem a [m]Baruque, perante os olhos deles, dizendo:

14 Assim diz o Senhor dos Exércitos, o Deus de Israel: Toma estas escrituras de compra, tanto a selada como a aberta, e coloque-as num vaso de barro, para que se possam conservar muitos dias.

15 Pois assim diz o Senhor dos Exércitos, o Deus de Israel: Ainda se [n]comprarão casas, campos e vinhas nesta terra.

Oração de Jeremias e a resposta do Senhor

16 **D**epois que dei a escritura da compra a Baruque, filho de Nerias, [o]orei ao Senhor, dizendo:

17 Ah! Senhor Deus! [p]Tu fizeste os céus e a terra com o teu grande poder e com o teu braço estendido. [q]Nada há que te seja demasiado difícil.

18 Tu usas de [r]benignidade para com milhares e tornas a maldade dos pais ao seio dos filhos depois deles. Tu és grande, o poderoso Deus cujo nome é o Senhor dos Exércitos,

19 grande em conselho e magnífico em obras. Os [s]teus olhos estão abertos sobre todos os caminhos dos filhos dos homens, para dar a cada um segundo os seus caminhos e segundo o fruto das suas obras.

20 Tu puseste sinais e maravilhas na terra do Egito até o dia de hoje, tanto em Israel como entre outros homens, e te fizeste um [t]nome, qual é o que tens neste dia.

21 [u]Tiraste o teu povo Israel da terra do Egito, com sinais e maravilhas, com mão forte, com braço estendido e com grande espanto;

22 e lhe deste esta terra, que juraste a seus pais que lhes havia de dar, [v]terra em que manam leite e mel.

23 Entraram nela e dela tomaram posse, mas não obedeceram à tua voz nem andaram na tua lei; tudo o que lhes mandaste que fizessem, eles não o fizeram. Pelo que ordenaste lhes sucedesse todo este mal.

24 Eis as [w]rampas! Já chegaram à cidade para tomá-la; a cidade está entregue nas mãos dos caldeus, que pelejam contra ela, pela espada, pela fome e pela peste. O que disseste se cumpriu, como o estás presenciando.

25 E, embora a cidade já esteja entregue nas mãos dos caldeus, contudo tu me disseste, ó Senhor Deus: Compra para ti o campo por dinheiro e faze que o atestem testemunhas.

[x] Comp. Jr 7.31,32
[y] 2Cr 23.15; Ne 3.28
[z] Jl 3.17
[a] 2Rs 25.1,2; Jr 39.1; veja 1Cr 11.11, nota
[b] Jr 20.2,3; 37.15; 39.13-15
[c] Jr 26.8,9
[d] Jr 21.3-7
[e] 2Rs 25.6; Jr 21.7; 34.3
[f] Jr 39.5,6
[g] Jr 39.7; Ez 12.13
[h] Jr 27.12-18
[i] Redenção (tipo do parente remidor): v. 7-15; Jr 50.34 (Gn 48.16; Is 59.20, nota)
[j] Veja sist. monetário (AT): Êx 30.13, nota
[k] Jr 36.4
[l] Is 8.2
[m] Jr 36.4
[n] Jr 31.5,12,14
[o] Orações da Bíblia (AT): v. 16-25; Ez 9.8 (Gn 15.2; Hc 3.1)
[p] 2Rs 19.15
[q] Gn 18.14; Lc 1.37
[r] Êx 20.6; 34.7; Dt 5.9,10
[s] Jó 34.21; Sl 33.13; Pv 5.21; Jr 16.17
[t] Êx 9.16; 1Cr 17.21; Is 63.12; Jr 13.11; Dn 9.15
[u] Êx 6.6; 2Sm 7.23; Sl 136.11,12
[v] Êx 3.8,17; Jr 11.5
[w] Jr 33.4

[1] (32.9) Aqui há um sinal 1) da fé de Jeremias em suas próprias predições sobre a restauração de Judá (v. 15), já que o campo nesse momento estava ocupado pelo exército babilônico, e 2) para Judá quanto à futura restauração. Observe que Jeremias estava agindo de acordo com o princípio de Hb 11.1.

26 Então veio a palavra do Senhor a Jeremias:

27 Eu sou o Senhor, o [x]Deus de toda a humanidade. Acaso haveria coisa demasiadamente [y]difícil para mim?

28 Portanto, assim diz o Senhor: Entregarei esta cidade nas mãos dos caldeus e nas mãos de Nabucodonosor, rei de Babilônia, e ele a tomará.

29 Os caldeus, que pelejam contra esta cidade, entrarão nela e lhe porão fogo; queimarão as casas sobre cujos terraços queimaram incenso a Baal e ofereceram libações a outros deuses, provocando-me à ira.

30 Os filhos de Israel e os filhos de Judá não fizeram senão mal diante dos meus olhos, desde a sua mocidade; sim, os filhos de Israel não fizeram senão provocar-me à ira com as obras das suas mãos, diz o Senhor.

31 Desde o dia em que a edificaram, e até o dia de hoje, esta cidade tem despertado a minha ira e o meu furor de [z]tal maneira que devo tirá-la da minha presença.

32 Os filhos de Israel e os filhos de Judá provocaram-me à ira por causa de toda a maldade que fizeram, [a]eles e os seus reis, os seus príncipes, os seus sacerdotes e os seus [b]profetas, como também os homens de Judá e os moradores de Jerusalém.

33 Viraram para mim as [c]costas, e não o rosto; ainda que eu os ensinasse, madrugando e ensinando-os, não deram ouvidos, para receberem o ensino.

34 Antes puseram as suas abominações na [d]casa que se chama pelo meu nome e a profanaram.

35 Edificaram os [e]altos de Baal, que estão no vale do filho de Hinom, para fazerem passar seus filhos e suas filhas pelo fogo a [f]Moloque, o que nunca lhes ordenei, nem subiu ao meu coração, que fizessem tal abominação, para fazerem pecar a Judá.

36 Por isso, assim diz o Senhor, o Deus de Israel, acerca desta cidade, da qual vós dizeis: Já está entregue nas mãos do rei de Babilônia, pela espada, pela fome e pela pestilência:

37 Certamente os [g]congregarei de todas as terras, para onde os houver lançado na minha ira, no meu furor e na minha grande indignação; tornarei a trazê-los a este lugar e farei que habitem nele seguramente.

38 [h]Eles serão o meu povo, e eu serei o seu Deus.

39 Eu lhes [i]darei um mesmo coração e um mesmo caminho, para que me temam todos os dias, para seu bem e bem de seus filhos, depois deles.

40 Farei com eles uma [j]aliança eterna: Jamais me desviarei de fazer-lhes o bem e porei o meu [k]temor no seu coração, para que nunca se apartem de mim.

41 Eu me [l]alegrarei por causa deles, fazendo-lhes bem, e os [m]plantarei firmemente nesta terra, de todo o meu coração e de toda a minha alma.

42 Assim diz o Senhor: [n]Como eu trouxe sobre este povo todo este grande mal, assim também trarei sobre ele todo o bem que lhes tenho prometido.

43 Campos comprados nesta terra, da qual vós dizeis: Está deserta, sem homens nem animais, pois está entregue nas mãos dos caldeus.

44 Comprarão campos por dinheiro; assinarão escrituras e as selarão; e chamarão testemunhas na terra de [o]Benjamim, nos lugares ao redor de Jerusalém, nas cidades de Judá e nas cidades da região montanhosa, nas cidades das [p]planícies e nas cidades do [q]Sul, porque os farei voltar do seu exílio, diz o Senhor.

Profecia do reino davídico
(veja 2Sm 7.8-16 e nota)

33 Veio a palavra do Senhor a Jeremias, pela segunda vez, [r]estando ele ainda preso no pátio da guarda:

2 Assim diz o Senhor que faz isto, o Senhor que forma isto, para o estabelecer; o Senhor é o seu nome.

3 [s]Clama a mim, e te responderei, e anunciarei coisas grandes e ocultas, que não sabes.

4 Pois assim diz o Senhor, o Deus de Israel, acerca das casas desta cidade e das casas dos reis de Judá, que foram derrubadas para serem usadas contra as [t]rampas e contra a espada,

5 na peleja contra os [u]caldeus: Serão enchidas com os cadáveres dos homens que ferirei na minha ira e no meu furor. Esconderei o meu rosto desta cidade, por causa de toda a sua maldade.

6 Farei vir sobre ela saúde e [v]cura; sararei o meu povo e lhe manifestarei abundância de paz e de verdade.

7 Removerei o exílio de Judá e o exílio de Israel, e os edificarei como no princípio.

8 Eu os [w]purificarei de toda a sua maldade com que pecaram contra mim; perdoarei todos os seus pecados de rebeldia contra mim.

9 Esta cidade me servirá de [xx]nome, de alegria, de louvor e de glória, entre todas as nações da terra, que ouvirem todo o bem que lhe faço; ficarão espantadas e perturbadas por causa de todo o bem e de toda a paz que lhe dou.

10 Assim diz o Senhor: Neste lugar, do qual dizeis que está deserto, sem homens nem animais, nas cidades de Judá e nas ruas de Jerusalém, que estão assoladas, sem homens, sem moradores e sem animais, ainda se ouvirá

11 a [yy]voz de deleite, a voz de alegria, a voz do noivo e da noiva, e a voz dos que trazem [zz]ofertas de ações de graças à casa do Senhor e dizem:

[x] Nm 16.22
[y] v. 17; Mt 19.26; comp. Nm 11.23; Is 59.1
[z] 2Rs 23.27
[a] Is 1.4-6; Dn 9.8
[b] Jr 23.14
[c] Comp. Ez 8.16
[d] Jr 7.10-12,30; 23.11
[e] Veja Jz 3.7 e 2Rs 3.2, notas
[f] Lv 18.21; 1Rs 11.33
[g] Dt 30.3; Jr 23.3; 29.14; 31.10; 50.19; Ez 37.21
[h] Jr 24.7; 30.22; 31.33
[i] Ez 11.19,20
[j] Aliança (Nova): v. 37-40; Jr 50.5 (Is 61.8; Hb 8.8)
[k] Veja Sl 19.9, nota
[l] Dt 30.9; Sf 3.17
[m] Jr 24.6; 31.28; Am 9.15
[n] Jr 31.28
[o] Jr 17.26
[p] Veja Dt 1.7, nota
[q] Veja Gn 12.9, nota
[r] Veja Jr 37.11, nota
[s] Sl 91.15; Is 55.6,7Jr 29.12
[t] Jr 32.24
[u] Jr 21.4-7; 32.5; 37.9,10
[v] Jr 30.17
[w] Ez 36.25; Zc 13.1; Hb 9.13,14
[xx] Is 55.13; 62.2-4; Jr 13.11
[yy] Comp. Jr 7.34; 16.9; 25.10
[zz] Hb 13.15

Dai graças ao Senhor dos Exércitos,
pois bom é o Senhor;
o seu amor dura para sempre.
Pois restaurarei a sorte da terra como no prin-
cípio, diz o Senhor.
12 Assim diz o Senhor dos Exércitos: [a]Ainda
neste lugar, que está deserto, sem homens e
sem animais, e em todas as suas cidades haverá
pastagens onde os pastores farão repousar os
seus rebanhos.
13 Nas cidades da região montanhosa, nas cida-
des das [b]planícies, nas cidades do [c]Sul, na terra
de Benjamim, nas aldeias em redor de Jerusalém
e nas cidades de Judá, ainda passarão os reba-
nhos pelas mãos de quem os conta, diz o Senhor.
14 **V**êm dias, diz o Senhor, em que cumpri-
rei a palavra [d]boa que falei à casa de Israel e à
casa de Judá.
15 [1]Naqueles dias e naquele tempo,
farei que brote a Davi um [e]Renovo de justiça;
ele fará juízo e justiça na terra.
16 Naqueles dias, Judá
será salvo e [f]Jerusalém
habitará seguramente.
Este é o nome que lhe chamarão:
O Senhor, Nossa Justiça.
17 **P**ois assim diz o Senhor: [g]Nunca faltará a
Davi homem que se assente sobre o [h]trono da
casa de Israel
18 nem aos [i]sacerdotes levitas faltará homem
diante de mim, para que ofereça holocausto,
queime oferta de cereais e faça sacrifício
todos os dias.
19 Veio a palavra do Senhor a Jeremias:
20 Assim diz o Senhor: Se puderdes invalidar
a minha aliança com o dia e com a noite, de tal
modo que não haja dia e noite a seu tempo,
21 também se poderá invalidar a minha [j]aliança
com Davi, meu servo, para que não tenha filho
que reine no seu trono; como também com os
levitas sacerdotes, meus ministros.
22 [k]Como não se pode contar o exército dos
céus, nem se medir a areia do mar, assim [l]multi-
plicarei a descendência de Davi, meu servo, e os
[m]levitas que ministram diante de mim.
23 **V**eio a palavra do Senhor a Jeremias:
24 Não atentaste para o que este povo diz: As
duas famílias que o Senhor elegeu, agora as
rejeitou? Assim [n]desprezam o meu povo, como
se já não fora um povo diante deles.
25 Assim diz o Senhor: [o]Se a minha aliança
com o dia e com a noite não permanecer, e eu
não mantiver as ordenanças dos céus e da terra,
26 [p]também [q]rejeitarei a descendência de Jacó
e de Davi, meu servo, de modo que não tome da
sua descendência quem domine sobre a descen-
dência de Abraão, Isaque e Jacó. Pois restaurarei
a sua sorte e terei piedade deles.

Mensagem a Zedequias sobre seu cativeiro

34 [r]Quando Nabucodonosor, rei de
Babilônia, e todo o seu exército, e todos
os [s]reinos da terra que estavam sob o seu domí-
nio e todos os povos pelejavam contra Jerusalém
e contra todas as suas cidades, veio esta palavra
da parte do Senhor a Jeremias:
2 Assim diz o Senhor, Deus de Israel: Vai e [t]dize
a Zedequias, rei de Judá: Assim diz o Senhor:
Entregarei esta cidade nas mãos do rei de
Babilônia, o qual a queimará a fogo.
3 Tu [u]não escaparás das mãos dele, mas cer-
tamente serás preso e entregue nas suas mãos.
Teus olhos verão os olhos do rei de Babilô-
nia, e ele te falará [v]boca a boca, e entrarás em
Babilônia.
4 Todavia ouve a palavra do Senhor, ó Zede-
quias, rei de Judá: Assim diz o Senhor a teu
respeito: Não morrerás à espada.
5 Em paz morrerás. Assim como [w]queimavam
perfumes a teus pais, os reis que te precederam,
assim queimarão perfumes a ti e te prantearão,
dizendo: Ah! senhor! Eu mesmo faço esta pro-
messa, diz o Senhor.
6 Então anunciou Jeremias, o profeta, a
Zedequias, rei de Judá, todas estas palavras,
em Jerusalém,
7 quando o exército do rei de Babilônia pele-
java contra Jerusalém e contra todas as [x]cidades
de Judá, que ficaram de resto, contra Laquis e
contra Azeca. Estas cidades fortificadas foram
as únicas que ficaram dentre as cidades de Judá.

Repreensão aos príncipes e ao povo: Jerusalém será uma desolação

8 **P**alavra que do Senhor veio a Jeremias,
depois que o rei Zedequias fez aliança com todo
o povo que havia em Jerusalém, para lhes apre-
goar a liberdade,
9 para que cada um [y]libertasse o seu escravo,
e cada um a sua escrava, hebreu ou hebreia,
de maneira que ninguém se servisse mais dos
judeus, seus irmãos, como escravos.
10 Obedeceram todos os príncipes e todo o
povo, que haviam entrado na aliança de liberta-
rem cada qual o seu escravo, e cada qual a sua
escrava, de maneira que não se servissem mais
deles. Obedeceram e os libertaram.
11 Depois, porém, se arrependeram e fizeram
voltar os escravos e as escravas que tinham liber-
tado, sujeitando-os como escravos e escravas.

[a] Is 65.10; Jr 31.24; 50.19
[b] Veja Dt 1.7, nota
[c] Veja Gn 12.9, nota
[d] Jr 29.10; 32.42
[e] Veja Is 4.2, nota
[f] Heb. Jeová--tsidkenu. Veja Êx 34.6, nota
[g] 2Sm 7.16; 1Rs 2.4; Sl 89.29,36; Lc 1.32,33
[h] Reino (AT): v. 14-17; Ez 11.15 (Gn 1.26; Zc 12.8)
[i] Ez 44.15
[j] 2Sm 23.5
[k] Gn 15.5; 22.17
[l] Jr 30.19; Ez 36.10,11
[m] Is 66.21
[n] Ne 4.2-4; Et 3.6-8; Sl 44.13,14; 83.4; Ez 36.2
[o] v. 20; Gn 8.22
[p] Jr 31.37
[q] Rm 11.1,2
[r] 2Rs 25.1; Jr 32.1,2; 39.1; 52.4
[s] Jr 25.9; Dn 2.37,38
[t] 2Cr 36.11,12
[u] 2Rs 25.4,5; Jr 21.7
[v] Jr 32.4; 39.5,6
[w] 2Cr 16.14; 21.19
[x] 2Rs 18.13; 19.8; 2Cr 11.5,9
[y] Lv 25.39-46

[1] (33.15) Veja *notas* sobre a Aliança Davídica (2Sm 7.16), do Reino (AT) (Gn 1.26; Zc 12.8) e do Reino (NT) (1Co 15.24).

12 Então veio a palavra do Senhor a Jeremias:

13 Assim diz o Senhor, Deus de Israel: Eu fiz [z]aliança com vossos pais, no dia em que os tirei da terra do Egito, da casa da servidão, dizendo:

14 Ao fim de [a]sete anos libertareis cada um a seu irmão hebreu, que te for vendido, e te houver servido seis anos, e despedirás livre. Vossos pais, porém, não me ouviram nem inclinaram os seus ouvidos a mim.

15 Há pouco tempo vos havíeis convertido e tínheis feito o que é reto aos meus olhos, apregoando liberdade cada um ao seu próximo; tínheis feito diante de mim uma aliança, na casa que se chama pelo meu nome.

16 Mudastes, porém, e profanastes o meu nome, fazendo voltar cada um ao seu escravo, e cada um à sua escrava, os quais já tínheis despedido [1]livres conforme a vontade deles, e os sujeitastes, para que se vos fizessem escravos e escravas.

17 Portanto, assim diz o Senhor: Vós não me obedecestes; não [b]apregoastes a liberdade, cada um ao seu irmão e cada um ao seu próximo. Pelo que agora eu vos apregoo a liberdade, diz o Senhor, para a espada, para a peste e para a fome. Farei que sejais um [c]espetáculo de terror a todos os reinos da terra.

18 Farei aos homens que violaram a minha aliança, que não cumpriram as palavras da aliança que fizeram diante de mim como fizeram com o bezerro que [d]dividiram em duas partes, e então passaram pelo meio das duas porções.

19 Os príncipes de Judá e de Jerusalém, os oficiais, os sacerdotes e todo o povo da terra que passou por meio das porções do bezerro,

20 os [e]entregarei nas mãos de seus inimigos e nas mãos dos que procuram a sua morte. Os seus cadáveres servirão de [f]mantimento [g]às aves dos céus e aos animais da terra.

21 A Zedequias, rei de Judá, e seus príncipes entregarei nas mãos de seus inimigos, nas mãos dos que procuram a sua morte e nas mãos do exército do rei de Babilônia, que já se retirou de vós.

22 Darei ordem, diz o Senhor, e os farei [h]tornar a esta cidade; eles pelejarão contra ela, a tomarão e a queimarão a fogo. E as cidades de Judá [i]porei em assolação, de sorte que ninguém nelas habite.

A obediência dos recabitas e a desobediência de Judá

35 Palavra que do Senhor veio a Jeremias, nos dias de Jeoiaquim, filho de Josias, rei de Judá:

2 Vai à casa dos [j]recabitas, fala com eles, leva-os à casa do Senhor, a uma das [k]câmaras, e dá-lhes vinho a beber.

3 Então tomei a Jaazanias, filho de Jeremias, filho de Habazinias, a seus irmãos, a todos os seus filhos e a toda a casa dos recabitas;

4 os levei à casa do Senhor, à câmara dos filhos de Hanã, filho de Jigdalias, homem de Deus, que está junto à câmara dos príncipes e sobre a câmara de Maaseias, filho de Salum, [l]guarda do vestíbulo;

5 e pus diante dos filhos da casa dos recabitas taças cheias de vinho e copos e disse-lhes: [m]Bebei vinho.

6 Eles, porém, disseram: Não beberemos vinho, porque [n]Jonadabe, filho de Recabe, nosso pai, nos deu ordem, dizendo: [o]Nunca jamais bebereis vinho, nem vós nem os vossos filhos.

7 Também não edificareis casa nem semeareis semente; não plantareis vinha nem a possuireis; mas habitareis em tendas todos os vossos dias, para que [p]vivais muitos dias sobre a face da terra, em que vós andais peregrinando.

8 [q]Obedecemos à voz de Jonadabe, filho de Recabe, nosso pai, em tudo o que nos ordenou, de maneira que não bebemos vinho em todos os nossos dias, nem nossas mulheres, filhos e filhas;

9 nem edificamos casas para nossa habitação; não temos vinha, campo ou semente.

10 Habitamos, porém, em tendas, e assim ouvimos e fizemos conforme tudo o que nos mandou Jonadabe, nosso pai.

11 Quando, porém, Nabucodonosor, rei de Babilônia, subiu a esta terra, dissemos: Vinde, [r]vamo-nos a Jerusalém, por causa do exército dos caldeus e do exército dos sírios. Assim ficamos em Jerusalém.

12 Então veio a palavra do Senhor a Jeremias:

13 Assim diz o Senhor dos Exércitos, o Deus de Israel: Vai e dize aos homens de Judá e aos moradores de Jerusalém: [s]Não aceitareis instrução, para ouvirdes as minhas palavras? diz o Senhor.

14 As palavras de Jonadabe, filho de Recabe, que ordenou a seus filhos que não bebessem vinho, foram guardadas, pois não beberam até este dia, antes ouviram o mandamento de seu pai. [t]A mim, porém, que vos tenho falado a vós, [u]madrugando e falando, não me ouvistes.

15 Também vos enviei todos os meus [v]servos, os profetas, madrugando e dizendo: Convertei-vos, cada um do seu mau caminho; corrigi as vossas ações e não sigais após outros deuses para os servir. Então [w]ficareis na terra que vos dei a vós e a vossos pais. Mas não inclinastes os vossos ouvidos para mim nem me obedecestes.

[z] Êx 24.3,7,8
[a] Êx 21.2; Dt 15.12
[b] Mt 7.2; Gl 6.7; Tg 2.13
[c] Dt 28.25,64; Jr 29.18
[d] Gn 15.10,17
[e] Jr 22.25
[f] Jr 16.4
[g] Jr 7.32,33; 19.7; 25.33
[h] Jr 37.6-10
[i] Jr 9.11; 44.2,6
[j] 2Sm 4.2; 1Cr 2.55
[k] 1Rs 6.5,6,8
[l] 2Rs 12.9; 25.18; 1Cr 9.19
[m] v. 5-10; comp. Am 2.12
[n] v. 8,14,16,19; 2Rs 10.15,23
[o] Lv 10.9; Nm 6.2-4; Jz 13.7,14; Pv 31.4; Ez 44.21; Lc 1.15
[p] Êx 20.12; Ef 6.2,3
[q] Ef 6.1; Cl 3.20
[r] Jr 4.5-7; 8.14
[s] Jr 6.10; 17.23; 32.33
[t] 2Cr 36.15
[u] Jr 7.13; 25.3
[v] Jr 26.4,5; 29.19
[w] Jr 7.7; 22.4; 25.5,6

[1] (34.16) Quando os escravos hebreus eram postos em liberdade, de acordo com a lei, podiam aceitá-la ou permanecer para sempre com os seus senhores (Êx 21.5,6).

16 Os filhos de Jonadade, filho de Recabe, guardaram o mandamento de seu [x]pai, que lhes ordenou, mas este povo não me obedeceu.

17 Portanto, assim diz o Senhor, o Deus dos Exércitos, o Deus de Israel: Ouvi! Trarei sobre Judá e sobre todos os moradores de Jerusalém todo o mal que falei contra eles. [y]Eu lhes falei, mas não ouviram, eu os chamei, mas não responderam.

18 **À** casa dos recabitas disse Jeremias: Assim diz o Senhor dos Exércitos, o Deus de Israel: Obedecestes ao mandamento de Jonadabe, vosso pai, guardastes todas as suas instruções e fizestes conforme tudo o que vos ordenou.

19 Portanto, assim diz o Senhor dos Exércitos, Deus de Israel: Nunca faltará homem a Jonadabe, filho de Recabe, que assista perante a minha face [z]todos os dias.

Jeoiaquim queima o rolo de Jeremias

36 **N**o [a]quarto ano de [b]Jeoiaquim, filho de Josias, rei de Judá, veio esta [c]palavra do Senhor a Jeremias:

2 Toma um [d]rolo e [e]escreve nele todas as palavras que te falei acerca de Israel, de Judá e de todas as nações, desde o dia em que comecei a falar-te, [f]desde os dias de Josias até hoje.

3 [g]Ouvirão talvez os da casa de Judá todo o mal que eu intento fazer-lhes, para que cada qual se [h]converta do seu mau caminho, e eu perdoe a sua maldade e o seu pecado.

4 Então Jeremias chamou a [i]Baruque, filho de Nerias, e escreveu Baruque, no rolo, enquanto Jeremias lhe ditava, todas as palavras que o Senhor lhe tinha falado.

5 Ordenou Jeremias a Baruque: Eu estou preso; [j]não posso entrar na casa do Senhor.

6 Portanto, entra tu e lê do rolo que escreveste da minha boca as palavras do Senhor aos ouvidos do povo, na casa do Senhor, no dia de [k]jejum. Também as lerás aos ouvidos de todo o Judá, que vem das suas cidades.

7 Pode ser que caia a sua súplica diante do Senhor, e se converta cada um do seu mau caminho, pois grande é a ira e o furor que o Senhor pronunciou contra este povo.

8 Fez Baruque, filho de Nerias, conforme tudo o que lhe havia ordenado Jeremias, o profeta, e leu naquele livro as palavras do Senhor na casa do Senhor.

9 No quinto ano de Jeoiaquim, filho de Josias, rei de Judá, no [l]nono mês, apregoaram jejum diante do Senhor a todo o povo em Jerusalém, como também a todo o povo que vinha das cidades de Judá a Jerusalém.

10 Leu Baruque naquele livro as palavras de Jeremias na casa do Senhor, na câmara de Gemarias, filho de Safã, o mestre da lei, no átrio superior, à entrada da Porta Nova da casa do Senhor, aos ouvidos de todo o povo.

11 **O**uvindo Micaías, filho de Gemarias, filho de Safã, todas as palavras do Senhor, naquele livro,

12 desceu à casa do rei, à câmara do mestre da lei, onde todos os oficiais estavam assentados: [m]Elisama, o escrivão, Delaías, filho de Semaías, [n]Elnatã, filho de Acbor, Gemarias, filho de Safã, Zedequias, filho de Hananias, e todos os outros oficiais.

13 Depois que Micaías lhes anunciou todas as palavras que ouvira Baruque ler do rolo aos ouvidos do povo,

14 todos os oficiais mandaram Jeudi, filho de Netanias, filho de Selemias, filho de Cusi, dizer a Baruque: Toma contigo o rolo que leste aos ouvidos do povo e vem. Assim, Baruque, filho de Nerias, tomou o rolo consigo e foi a eles.

15 Disseram-lhe: Senta-te e lê o livro aos nossos ouvidos. Leu Baruque aos ouvidos deles.

16 Ouvindo eles todas aquelas palavras, se voltaram temerosos uns para os outros e disseram a Baruque: Sem dúvida nenhuma [o]anunciaremos ao rei todas estas palavras.

17 Então perguntaram a Baruque: Declara-nos, como escreveste isto? Acaso te ditou o profeta todas estas palavras?

18 Respondeu-lhes Baruque: Com a sua boca ditava-me todas estas palavras, e eu as escrevia no livro com tinta.

19 Então disseram os príncipes a Baruque: Vai, [p]esconde-te, tu e Jeremias, e ninguém saiba onde estais.

20 **F**oram ter com o rei ao átrio, mas depositaram o rolo na câmara de Elisama, o escrivão, e anunciaram aos ouvidos do rei todas aquelas palavras.

21 Então enviou o rei a Jeudi, para que trouxesse o rolo, e Jeudi tomou-o da câmara de Elisama, o escrivão, e [q]leu-o aos ouvidos do rei e aos ouvidos de todos os oficiais que estavam em torno do rei.

22 Estava então o rei assentado na [r]casa de inverno, pelo nono mês, e diante dele estava um braseiro aceso.

23 Tendo Jeudi lido três ou quatro folhas do rolo, [s]cortou-o o rei com um canivete de escrivão e [t]lançou-o ao fogo que havia no braseiro, até que todo o rolo se consumiu no fogo que estava sobre o braseiro.

24 [u]Não temeram e não [v]rasgaram as suas vestes, nem o rei nem nenhum dos seus servos que ouviram todas aquelas palavras.

25 Posto que Elnatã, Delaías e Gemarias tivessem pedido ao rei que não queimasse o rolo, ele não lhes deu ouvidos.

26 Antes deu ordem o rei a Jerameel, filho de Hameleque, a Seraías, filho de Azriel, e a Selemias, filho de Abdeel, que [w]prendessem

[x] Hb 12.9
[y] Pv 1.24; Is 65.12; 66.4; Jr 7.13
[z] Êx 20.12; Ef 6.2,3
[a] Jr 25.1; 45.1
[b] Eliaquim, 2Rs 23.34-37
[c] Inspiração: v. 1-32; Jr 45.2 (Êx 4.15; 2Tm 3.16)
[d] Is 8.1; Ez 2.9; Zc 5.1
[e] Veja v. 32, nota
[f] Jr 25.3
[g] Jr 26.3; Ez 12.3
[h] Jr 18.8; comp. Jn 3.8
[i] Jr 32.12; 45.1
[j] Jr 32.2; 33.1
[k] Lv 16.29; 23.27-32; At 27.9
[l] Veja Lv 23.2, nota
[m] Jr 41.1
[n] Jr 26.22
[o] Comp. Am 7.10,11
[p] Comp. 1Rs 17.3; 18.4,10; Jr 26.20-24
[q] Comp. 2Rs 22.10
[r] Am 3.15
[s] Refere-se ao rolo (v. 21)
[t] Comp. Jr 20.8; Zc 7.12
[u] Sl 36.1; comp. 64.5
[v] Comp. 1Rs 21.27; 2Rs 19.1,2; 22.11; Is 36.22; 37.1
[w] Comp. 1Rs 19.1-3,10,14

a Baruque, o escrivão, e a Jeremias, o profeta. O Senhor, porém, os havia escondido.

O rolo destruído é substituído (veja Jr 30.2, nota)

27 **V**eio a Jeremias a palavra do Senhor, depois que o rei queimara o rolo com as palavras que Baruque escrevera da boca de Jeremias, dizendo:

28 Toma ainda outro rolo e escreve nele todas as palavras que estavam no primeiro rolo, que queimou Jeoiaquim, rei de Judá.

29 A Jeoiaquim, rei de Judá, dirás: Assim diz o Senhor: Tu queimaste este rolo, dizendo: [x]Por que escreveste nele anunciando: Certamente virá o rei de Babilônia e [y]destruirá esta terra e fará cessar nela homens e animais?

30 Portanto, assim diz o Senhor acerca de Jeoiaquim, rei de Judá: [z]Não terá quem se assente sobre o trono de Davi, e o seu cadáver será [a]lançado ao calor do dia e à geada da noite.

31 Castigarei a ele, sua descendência e os seus servos por causa da sua iniquidade; trarei sobre ele, sobre os moradores de Jerusalém e sobre os homens de Judá todo o mal que falei contra eles, porque não ouviram.

32 Assim, tomou Jeremias outro rolo e o deu a Baruque, filho de Nerias, o escrivão, o qual escreveu nele da boca de Jeremias todas as palavras do livro que Jeoiaquim, rei de Judá, tinha queimado no fogo. E ainda se lhes acrescentaram muitas [1]palavras semelhantes.

Entrevista de Jeremias com Zedequias

37 [b]Zedequias, filho de Josias, reinou no lugar de [c]Jeconias, filho de Jeoiaquim, a quem Nabucodonosor, rei de Babilônia, havia constituído rei na terra de Judá.

2 [d]Mas nem ele nem os seus servos nem o povo da terra deram ouvidos às palavras do Senhor que falou por intermédio de Jeremias, o profeta.

3 **O** rei Zedequias, porém, mandou Jucal, filho de Selemias, e Sofonias, filho de Maaseias, o sacerdote, ao profeta Jeremias, para lhe dizerem: [e]Roga por nós ao Senhor nosso Deus.

[x] Jr 32.3
[y] Jr 25.9-11; 26.9
[z] Veja Jr 22.30 e Mt 1.11, notas; comp. At 15.16, nota
[a] Jr 22.19
[b] 2Rs 24.17; 2Cr 36.10
[c] 1Cr 3.16
[d] 2Cr 36.12-14
[e] Jr 42.2
[f] Comp. 2Rs 24.7; Ez 17.15
[g] Is 36.6; Ez 17.17
[h] Jr 34.22; 39.2,3
[i] Comp. Jr 18.18; 20.10; Am 7.10; At 6.11; 24.5-9
[j] Jr 20.2
[k] Jr 38.26
[l] Comp. Jr 38.14-16,24-27

4 Ora, Jeremias andava livremente entre o povo, pois ainda não o tinham lançado na prisão.

5 O [f]exército de faraó saíra do Egito, e os caldeus, que sitiavam Jerusalém, quando ouviram esta notícia, retiraram-se de Jerusalém.

6 **E**ntão veio a palavra do Senhor a Jeremias, o profeta:

7 Assim diz o Senhor, o Deus de Israel: Assim direis ao rei de Judá, que vos enviou, para me consultar: [g]O exército de faraó, que saiu em vosso socorro, voltará para a sua terra no Egito.

8 Então os caldeus voltarão, [h]pelejarão contra esta cidade, a tomarão e a queimarão a fogo.

9 Assim diz o Senhor: Não vos enganeis a vós mesmos, pensando: Sem dúvida os caldeus se retirarão de nós. Eles não se retirarão.

10 Ainda que ferísseis a todo o exército dos caldeus, que peleja contra vós, e ficassem deles apenas homens mortalmente feridos na sua tenda, cada um se levantaria e queimaria a fogo esta cidade.

Jeremias é falsamente acusado e feito prisioneiro

11 [2]**D**epois que o exército dos caldeus subiu de Jerusalém, por causa do exército de faraó,

12 saiu Jeremias de Jerusalém a fim de ir à terra de Benjamim, para receber ali a sua parte no meio do povo.

13 Estando ele à Porta de Benjamim, achava-se ali um capitão da guarda, cujo nome era Jerias, filho de Selemias, filho de Hananias, o qual prendeu a Jeremias, o profeta, e disse: [i]Tu foges para os caldeus.

14 Disse Jeremias: Isso é falso, não fujo para os caldeus. Mas Jerias não lhe deu ouvidos; pelo contrário, prendeu a Jeremias e o levou aos oficiais.

15 Os oficiais se iraram muito contra Jeremias e o [j]feriram; puseram-no na prisão na [k]casa de Jônatas, o escrivão, a qual tinham transformado em cárcere.

16 **J**eremias foi colocado nas celas do calabouço, onde ficou muitos dias.

17 Então o rei Zedequias mandou soltá-lo e lhe [l]perguntou em sua casa, em segredo: Há alguma

[1] (36.32) Este versículo explica a ordem em que se encontra a profecia de Jeremias. Conforme se aproximava o exílio, Deus ordenou a Jeremias que escrevesse as mensagens que ele já lhe havia transmitido em forma oral (30.2) e que lhes acrescentasse novas promessas divinas de retorno do exílio e de outras bênçãos para um futuro mais distante (30.3,10,11). Jeoiaquim destruiu o rolo de Jeremias (36.23). Deus ordenou a Jeremias que ditasse um novo rolo. Jeremias assim o fez e reproduziu o conteúdo do rolo anterior, que, provavelmente, havia sido arranjado na ordem em que Deus o havia concedido. Mas ele acrescentou, nos lugares apropriados, certas discussões inspiradas sobre os mesmos temas (36.32). Mais tarde, Jeremias inseriu mensagens recebidas em períodos posteriores, mas, logicamente, relacionadas com as mensagens dadas previamente e as colocou nos lugares adequados no rolo que já havia escrito, como, p. ex., os cap. 21; 24; 27–29; 32–34. Outras mensagens dadas depois que o novo rolo foi escrito foram acrescentadas na ordem de sua recepção, seguidas por certas seções especiais (cap. 45–52). De modo que a organização do livro é parcialmente de acordo com o período em que as mensagens foram dadas e parcialmente de acordo com a natureza do tema.

[2] (37.11) Estão registradas cinco etapas das experiências de Jeremias na prisão: 1) Ele é preso na Porta de Benjamim e confinado no cárcere sob a falsa acusação de traição (37.11-15). 2) Ele é solto das celas, mas foi posto no átrio da guarda (37.17-21). 3) É lançado na cisterna cheia de lama de Malquias (38.6). 4) É novamente solto da cisterna e permanece no átrio da guarda até que a cidade é tomada (38.17-28). 5) Ele é levado em cadeias da cidade por Nebuzaradã, comandante da guarda, e finalmente é solto em Ramá (40.1-4).

palavra do Senhor? Respondeu Jeremias: Há. E disse ainda: Nas mãos do rei de Babilônia serás [m]entregue.

18 Disse Jeremias ao rei Zedequias: Em que tenho [n]pecado contra ti, contra os teus servos e contra este povo, para que me pusésseis na prisão?

19 Onde estão os vossos profetas, que vos profetizavam: O rei de Babilônia não virá contra vós nem contra esta terra?

20 Agora, porém, ouve, ó rei, meu senhor. Caia a minha súplica diante de ti: Não me deixes tornar à casa de Jônatas, o escrivão, para que não venha a morrer ali.

21 Então ordenou o rei Zedequias que pusessem a Jeremias no [o]átrio da guarda e, cada dia, lhe dessem um bolo de pão, vindo da rua dos padeiros, [p]até acabar-se todo o pão da cidade. Assim ficou Jeremias no átrio da guarda.

Jeremias é retirado da cisterna, dando a Zedequias oportunidade final de arrependimento

38 Ouviram Sefatias, filho de Matã, Gedalias, filho de [q]Pasur, Jucal, filho de Selemias, e Pasur, filho de Malquias, as palavras que anunciava Jeremias a todo o povo, dizendo:

2 Assim diz o Senhor: O que ficar nesta cidade morrerá à espada, de fome e de peste, mas o que for para os caldeus [r]viverá. A sua alma lhe será por [s]despojo; viverá.

3 Assim diz o Senhor: Esta cidade [t]infalivelmente será [u]entregue nas mãos do exército do rei de Babilônia, e ele a tomará.

4 Então disseram os oficiais ao rei: [1]Morra este homem, visto que assim afrouxa as mãos dos homens de guerra que restam nesta cidade e as mãos de todo o povo, dizendo-lhes tais palavras. Este homem não busca a paz para este povo, mas o seu [v]mal.

5 Respondeu o rei Zedequias: Ele está nas vossas mãos. [w]O rei não pode fazer coisa alguma contra vós.

6 [x]Então tomaram a Jeremias e o colocaram na cisterna de Malquias, filho do rei, que estava no átrio da guarda. Desceram Jeremias com cordas; na cisterna não havia água, senão lama, e Jeremias se atolou na lama.

7 [y]Ebede-Meleque, o etíope, eunuco que estava na casa do rei, ouviu que tinham colocado Jeremias na cisterna. Ora, estando o rei assentado à Porta de Benjamim,

8 saiu Ebede-Meleque da casa do rei e lhe disse:

9 Ó rei, senhor meu, estes homens agiram mal em tudo o que fizeram a Jeremias, o profeta. Lançaram-no numa cisterna, onde certamente morrerá de fome, quando [z]não houver mais pão na cidade.

10 Então o [2]rei ordenou a Ebede-Meleque, o etíope: Toma contigo daqui trinta homens e tira a Jeremias, o profeta, da cisterna, antes que morra.

11 Tomou Ebede-Meleque os homens consigo e foi à casa do rei, por debaixo da tesouraria, e tomou dali uns trapos velhos e rotos, e roupas velhas, e, por meio de cordas, desceu-os a Jeremias na cisterna.

12 Disse Ebede-Meleque, o etíope, a Jeremias: Põe estes trapos velhos e rotos, já apodrecidos, nas axilas, entre os braços e as cordas. Jeremias assim fez;

13 e puxaram-no com as cordas e o tiraram da cisterna. E ficou Jeremias no átrio da guarda.

14 Então o rei Zedequias mandou trazer o profeta Jeremias à sua presença, à terceira entrada na casa do Senhor, e lhe disse: [a]Pergunto-te uma coisa, não me encubras nada.

15 Disse Jeremias a Zedequias: Se eu te der resposta, não me matarás? [b]E ainda que eu te aconselhe, não me ouvirás.

16 Jurou, porém, o rei Zedequias a Jeremias, em segredo: Tão certo como vive o Senhor, [c]que nos deu a vida, não te matarei nem te entregarei nas mãos destes homens que procuram a tua morte.

17 Então Jeremias disse a Zedequias: Assim diz o Senhor, Deus dos Exércitos, Deus de Israel: Se [d]voluntariamente saíres aos oficiais do rei de Babilônia, viverá a tua alma, e esta cidade não será queimada a fogo; viverás tu e a tua casa.

18 Se, porém, não saíres aos oficiais do rei de Babilônia, esta cidade será entregue nas mãos dos caldeus, e eles a queimarão a fogo; tu não escaparás das mãos deles.

19 Disse o rei Zedequias a Jeremias: [e]Receio-me dos judeus que se [f]passaram para os caldeus, pois os caldeus podem entregar-me a eles, e eles se escarnecerão de mím.

20 Respondeu Jeremias: Não te entregarão. Ouve a voz do Senhor e faze o que eu te digo. Então bem te [g]irá, e viverá a tua alma.

[m] Jr 21.7; Ez 12.12,13; 17.19-21
[n] Comp. 1Sm 24.9; 26.18; Dn 6.22; Jo 10.32; At 25.8,11,25
[o] Jr 32.2; 38.13,28
[p] Jr 38.9; 52.6
[q] Jr 21.1
[r] Jr 21.8,9; 27.12,13
[s] Jr 21.9; 45.5
[t] Jr 21.10; 32.3
[u] Jr 34.2
[v] Comp. Jr 29.7
[w] v. 24-27; comp. Mt 27.24; Jo 12.43
[x] Lm 3.55; veja Jr 37.11, nota
[y] v. 7-13; Jr 39.15-18
[z] Jr 37.21
[a] Jr 21.1,2; 37.17
[b] Comp. Lc 22.67,68
[c] Is 57.16
[d] 38.2; 2Rs 24.12, 14-16
[e] Comp. Is 51.12,13
[f] Jr 39.9
[g] Jr 40.9

[1] (38.4) Aqui encontramos a razão fundamental por que as advertências proféticas do AT e do NT são inoportunas para o otimismo irracional e idealista de qualquer época. Comp. 26.11.

[2] (38.10) O rei Zedequias fez todo o possível para tornar a prisão de Jeremias mais cômoda. Parece que ele desejou realmente ajudar o profeta e dar atenção às mensagens que Jeremias lhe transmitiu da parte do Senhor. Contudo, Zedequias temia os nobres que haviam sido postos no poder por seu malvado irmão e antecessor, Jeoiaquim. Embora Zedequias desejasse ser um bom rei, sua fraqueza e seu medo não só o fizeram inútil, mas, além disso, o tornaram um mau rei. Os nobres fiéis a Deus a quem Josias, pai de Jeoiaquim, colocara no poder (comp. Jr 26) de certo modo haviam impedido os maus caminhos do rei Jeoiaquim, que até o final de seu reinado conseguiu substituir a maioria daqueles homens pelos homens maus que agora controlavam seu irmão Zedequias, seu sucessor.

21 Se, contudo, não quiseres sair, é esta a palavra que me mostrou o Senhor:

22 Todas as [h]mulheres que ficaram na casa do rei de Judá serão levadas aos oficiais do rei de Babilônia. Elas mesmas te dirão:

Os teus pacificadores te enganaram
e prevaleceram contra ti.
Agora que se atolaram os teus pés na lama,
voltaram atrás.

23 Todas as tuas mulheres e teus [i]filhos serão levados aos caldeus; e [j]tu não escaparás das mãos deles, antes pelas mãos do rei de Babilônia serás preso, e esta cidade queimará ele a fogo.

24 **E**ntão disse Zedequias a Jeremias: Ninguém saiba estas palavras, e não morrerás.

25 Se os oficiais ouvirem que falei contigo e vierem a ti e te disserem: Declara-nos o que disseste ao rei e o que o rei disse a ti; não o encubras, e não te mataremos,

26 então lhes dirás: Lancei a minha [k]súplica diante do rei, para que não me fizesse tornar à [l]casa de Jônatas, para morrer ali.

27 Vindo todos os oficiais a Jeremias, e interrogando-o, declarou-lhes conforme todas as palavras que o rei lhe havia ordenado. Assim o deixaram em paz, porque ninguém tinha ouvido a conversação com o rei.

28 E [m]ficou Jeremias no átrio da guarda até o dia em que Jerusalém foi tomada.

A queda de Jerusalém: Zedequias é levado para a Babilônia

(comp. 2Rs 25.1-7; 2Cr 36.17-21; Jr 52.4-17)

39 No [n]nono ano de Zedequias, rei de Judá, no [o]décimo mês, veio Nabucodonosor, rei de Babilônia, e todo o seu exército, contra Jerusalém, e a cercaram.

2 No [p]décimo primeiro ano de Zedequias, no quarto mês, aos nove do mês, fez-se a brecha na cidade.

3 E entraram todos os oficiais do rei de Babilônia, e [q]pararam na Porta do Meio: Nergal-Sarezer, Sangar-Nebo, Sarsequim, [r]Rabe-Saris, Nergal-Sarezer, Rabe-Mague e todos os outros oficiais do rei de Babilônia.

4 Vendo-os Zedequias, rei de Judá, e todos os homens de guerra, [s]fugiram; saíram de noite da cidade, pelo caminho do jardim do rei, pela porta que está entre os dois muros, e seguiram pelo caminho da [t]Arabá.

5 O exército dos caldeus, porém, os perseguiu e [u]alcançou a Zedequias nas campinas de Jericó. Prenderam-no e o fizeram ir a Nabucodonosor, rei de Babilônia, a [v]Ribla, na terra de Hamate, onde lhe pronunciou a sentença.

6 O rei de Babilônia mandou matar os filhos de Zedequias em Ribla, [w]à sua vista, e também matou todos os [x]nobres de Judá.

7 [y]Arrancou os olhos a Zedequias e o atou com duas cadeias de bronze, para levá-lo a [z]Babilônia.

8 **O**s [a]caldeus [b]queimaram a fogo a casa do rei e as casas do povo, e [1]derrubaram os [c]muros de Jerusalém.

9 O resto do povo, que ficara na cidade, os [d]desertores que se tinham passado para ele e o resto do povo que havia ficado, levou [e]Nebuzaradã, comandante da guarda imperial, para Babilônia.

10 Os [f]pobres de entre o povo, porém, que nada tinham, deixou Nebuzaradã, comandante da guarda, na terra de Judá; e naquela época deu-lhes vinhas e campos.

Jeremias é liberto da prisão

11 **N**abucodonosor, rei de Babilônia, porém, havia ordenado a Nebuzaradã, comandante da guarda imperial, acerca de Jeremias:

12 Toma-o e põe sobre ele os teus olhos; não lhe faças nenhum [g]mal, mas, como ele te disser, assim procederás para com ele.

13 Pelo que Nebuzaradã, comandante da guarda, Nebusazbã, [hh]Rabe-Saris, Nergal-Sarezer, Rabe-Mague e todos os oficiais do rei de Babilônia

14 mandaram [ii]retirar Jeremias do átrio da guarda e o entregaram a Gedalias, filho de [jj]Aicão, filho de Safã, para que o levasse para casa. Assim ficou ele entre o povo.

Ebede-Meleque é recompensado

15 **O**ra, tinha vindo a Jeremias a palavra do Senhor, estando ele ainda encerrado no átrio da guarda, dizendo:

16 Vai e dize a [kk]Ebede-Meleque, o etíope: Assim diz o Senhor dos Exércitos, Deus de Israel: Eu cumprirei as minhas palavras sobre esta cidade para [ll]mal, e não para bem. Naquele dia, se cumprirão perante os teus olhos.

17 A ti, porém, livrarei naquele dia, diz o Senhor; não serás entregue nas mãos dos homens a quem temes.

18 Eu te salvarei; não cairás à espada, mas a tua alma terás por [mm]despojo, [nn]porque [oo]confias em mim, diz o Senhor.

[h] Jr 8.10
[i] Jr 39.6; 41.10
[j] v. 18; Jr 39.5
[k] Jr 37.20
[l] Jr 37.15
[m] Jr 37.21; comp. 39.14
[n] Ez 24.1,2
[o] Veja Lv 23.2, nota
[p] Jr 1.3
[q] Jr 1.15
[r] Veja Is 36.2, nota
[s] Comp. Is 30.15,16
[t] Veja Dt 1.1, nota
[u] Jr 21.7; 32.4; 38.18,23
[v] 2Rs 23.33
[w] Dt 28.34
[x] Jr 34.19-21
[y] Ez 12.13
[z] Tempos dos gentios: v. 7; Dn 2.29 (Dt 28.49; Ap 16.19)
[a] 2Rs 25.9; Jr 38.18; 52.13
[b] Jr 21.10
[c] Ne 1.3
[d] Jr 38.19
[e] 2Rs 25.8
[f] Jr 40.7
[g] Jr 1.18,19; 15.20,21; comp. At 24.23
[hh] Veja Is 36.2, nota
[ii] Jr 38.6,13,28
[jj] Jr 26.24
[kk] Jr 38.7-13
[ll] Dn 9.12
[mm] Jr 21.9; 38.2; 45.5
[nn] 1Cr 5.20; Sl 37.40
[oo] Veja Sl 2.12, nota

[1] (39.8) Aqui começam "os tempos dos gentios", do qual uma das marcas é Jerusalém "pisada pelos gentios", i.e., está sob o controle político gentio. Isso foi o que aconteceu desde o tempo do rei Nabucodonosor e continua até o presente. Veja *notas* sobre Tempos dos gentios (Lc 21.24; Ap 16.19).

Jeremias permanece em Judá. Gedalias é feito governador

40 Palavra que veio a Jeremias da parte
do Senhor, [p]depois que Nebuzaradã,
comandante da guarda imperial, o deixou ir de
Ramá, estando ele atado com cadeias no meio
de todos os do exílio de Jerusalém e de Judá, que
estavam sendo levados cativos para Babilônia.
2 Quando o comandante da guarda encontrou
a Jeremias, disse-lhe: O Senhor, o teu Deus, pro-
nunciou este mal contra este lugar.
3 E agora o Senhor o trouxe; ele fez como havia
dito. Tudo isto aconteceu [q]porque pecastes con-
tra o Senhor e não obedecestes à sua voz.
4 Agora, porém, eu te solto das cadeias que
estavam sobre as tuas mãos. Se te apraz vir
comigo para Babilônia, vem, e eu velarei por ti;
mas se não te apraz vir comigo para Babilônia,
deixa de vir. Olha, toda a [r]terra está diante de
ti; para onde te parecer bem e conveniente ir,
para ali vai.
5 Antes, porém, de Jeremias se voltar para sair,
acrescentou Nebuzaradã: Volta a [s]Gedalias, filho
de Aicão, filho de Safã, [t]a quem o rei de Babilônia
pôs sobre as cidades de Judá, e habita com ele no
meio do povo, ou vai para qualquer outra parte
que te aprouver ir. Então o comandante lhe deu
[u]sustento para o caminho e um presente, e o
deixou ir.
6 Assim veio Jeremias a Gedalias, filho de
Aicão, a [v]Mispa, e habitou com ele no meio do
povo que havia ficado na terra.
7 **O**uvindo todos os [w]oficiais dos exércitos, que
estavam no campo, eles e os seus homens, que
o rei de Babilônia tinha posto sobre a terra a
Gedalias, filho de Aicão, e que lhe havia confiado
os homens, as mulheres, os meninos e os mais
[x]pobres da terra, que não foram levados cativos
para Babilônia,
8 vieram ter com Gedalias, a Mispa, a saber: [y]Is-
mael, filho de Netanias, Joanã e [z]Jônatas, filhos
de Careá, Seraías, filho de Tanumete, e os filhos
de Efai, o netofatita, e [a]Jaazanias, filho do [b]maa-
catita, eles e os seus homens.
9 Jurou Gedalias, filho de Aicão, filho de Safã,
a eles e aos seus homens: Não temais servir aos
caldeus. Ficai na terra e servi ao rei de Babilônia,
e bem vos [c]irá.
10 Eu mesmo habitarei em Mispa, para estar às
ordens dos caldeus que vierem a nós, mas vós
recolhei o vinho, as frutas de verão e o azeite;
colocai-os nas vossas vasilhas e habitai nas cida-
des que tomastes.
11 Do mesmo modo, quando todos os judeus
que estavam em Moabe, e entre os filhos de
Amom, e em Edom, e os que havia em todas
aquelas terras ouviram que o rei de Babilônia
havia deixado um resto em Judá e que havia
posto sobre eles a Gedalias, filho de Aicão, filho
de Safã,
12 [d]voltaram todos os judeus de todos os luga-
res, para onde foram lançados, e vieram à terra
de Judá, a Gedalias, a Mispa. E colheram vinho e
frutas de verão em muita abundância.
13 **J**oanã, filho de Careá, e todos os oficiais
dos exércitos, que estavam no campo, vieram a
Gedalias, a Mispa,
14 e lhe disseram: Sabes que Baalis, rei dos
filhos de Amom, enviou Ismael, filho de
Netanias, para te tirar a vida? Mas Gedalias, filho
de Aicão, não lhes deu crédito.
15 Então Joanã, filho de Careá, disse a Gedalias
em segredo, em Mispa: Permita-me ir e ferir a
Ismael, filho de Netanias, sem que ninguém o
saiba. Por que te [e]tiraria ele a vida, e todo o Judá
que se tem congregado a ti seria disperso, e pere-
ceria o [f]resto de Judá?
16 Disse, porém, Gedalias, filho de Aicão, a
Joanã, filho de Careá: Não faças tal coisa! O que
[g]dizes acerca de Ismael é falso.

Ismael mata Gedalias e traiçoeiramente mata outros, jogando seus corpos em uma cisterna

41 No [h]sétimo mês, [i]Ismael, filho de Netanias,
filho de Elisama, de sangue real, veio com
os oficiais do rei, a saber, dez homens com ele,
a Gedalias, filho de Aicão, a [j]Mispa. Enquanto
comiam ali juntos,
2 levantou-se Ismael filho de Netanias, com
os dez homens que estavam com ele, e feriram a
Gedalias, filho de [k]Aicão, filho de Safã, à espada,
matando aquele que o rei de Babilônia havia
[l]posto sobre a terra.
3 Também feriu Ismael a todos os judeus que
estavam com Gedalias em Mispa, como também
aos caldeus, homens de guerra, que ali se achavam.
4 **N**o segundo dia depois do assassinato de
Gedalias, sem ninguém o saber,
5 vieram homens de Siquém, de Siló e de
Samaria, oitenta homens, com a barba rapada,
as vestes [m]rasgadas e os corpos retalhados.
Traziam nas mãos ofertas de cereais e incenso,
para [n]levarem à casa do Senhor.
6 Saiu-lhes ao encontro Ismael, filho de Netanias,
de Mispa, e ia chorando. Quando os encontrou,
lhes disse: Vinde a Gedalias, filho de Aicão.
7 Quando eles entraram na cidade, [o]matou-os
Ismael, filho de Netanias, e os lançou numa cis-
terna, ele e os homens que estavam com ele.
8 Houve, porém, entre eles dez homens que
disseram a Ismael: Não nos mates a nós! Temos
no campo tesouros escondidos, trigo e cevada,
azeite e mel. E ele por isso os deixou em paz e
não os matou como a seus irmãos.

[p] Jr 39.11-14
[q] Dt 29.24,25; Jr 50.7; Dn 9.11
[r] Comp. Gn 20.15
[s] Jr 39.14
[t] 2Rs 25.22
[u] Comp. Jr 52.34
[v] Jz 20.1
[w] 2Rs 25.23
[x] Jr 39.10
[y] Jr 41.1-10
[z] Jr 41.11; 43.2
[a] Jr 42.1
[b] Dt 3.14; Js 12.5; comp. 2Sm 10.6
[c] Jr 27.11; 38.17-20
[d] Jr 43.5
[e] Comp. 1Sm 26.8
[f] Jr 42.2
[g] Comp. Jr 41.2
[h] Veja Lv 23.2, nota
[i] 2Rs 25.25
[j] Jr 40.6,10
[k] Jr 26.24
[l] Jr 40.5
[m] Comp. Dt 14.1
[n] Ne 10.34,35
[o] Sl 55.23; Ez 22.27; comp. 33.24-26

9 Ora, a cisterna, em que Ismael lançou todos os cadáveres dos homens que feriu por causa de Gedalias, [p]é a mesma que fez o rei Asa, como parte da sua defesa contra Baasa, rei de Israel. Foi essa mesma que Ismael, filho de Netanias, encheu de mortos.

10 Ismael levou cativo a todo o [q]resto do povo que estava em Mispa; as [r]filhas do rei e todo o povo que ficara em Mispa, que Nebuzaradã, comandante da guarda imperial, havia confiado a Gedalias, filho de Aicão. Ismael, filho de Netanias, levou-os cativos e foi-se para passar aos [s]filhos de Amom.

11 **O**uvindo [t]Joanã, filho de Careá, e todos os oficiais dos exércitos que com ele estavam, todo o mal que Ismael, filho de Netanias, havia feito,

12 tomaram todos os seus homens e foram pelejar contra Ismael, filho de Netanias. Acharam-no ao pé das [u]muitas águas que há em Gibeom.

13 Quando todo o povo que estava com Ismael viu a Joanã, filho de Careá, e a todos os oficiais dos exércitos, que com ele vinham, se alegrou.

14 Todo o povo que Ismael levara cativo de Mispa virou as costas, voltou, e foi para Joanã, filho de Careá.

15 Ismael, filho de Netanias, porém, escapou de Joanã com oito homens e se foi para os filhos de Amom.

Joanã livra o povo

16 Então Joanã, filho de Careá, e todos os oficiais dos exércitos que estavam com ele, tomaram a todo o [v]resto do povo que ele havia recobrado de Ismael, filho de Netanias, desde Mispa, depois que tinha sido ferido Gedalias, filho de Aicão, isto é, os homens valentes de guerra, as mulheres, os meninos e os oficiais da corte que havia recobrado de Gibeom.

17 E partiram, indo habitar em [w]Gerute-Quimã, que está perto de Belém, para dali entrarem no [x]Egito,

18 por causa dos caldeus. Eles os [y]temiam, por ter Ismael, filho de Netanias, ferido a Gedalias, filho de Aicão, a quem o rei de Babilônia tinha posto sobre a terra.

Jeremias adverte o remanescente: o juízo divino

42 Então chegaram todos os oficiais dos exércitos, Joanã, filho de Careá, Jezanias, filho de Hosaías, e todo o povo, desde o menor até o maior

2 e disseram a Jeremias, o profeta: Caia a nossa [z]súplica diante de ti, e [a]roga por nós ao Senhor, o teu Deus, por todo este remanescente. Pois de [b]muitos restamos uns poucos, como veem os teus olhos.

[p] 1Rs 15.22; 2Cr 16.6
[q] Jr 40.11-15
[r] Jr 43.6
[s] Jr 40.14
[t] Jr 40.8,13
[u] 2Sm 2.13
[v] Jr 40.11,12; 43.4-7
[w] 2Sm 19.37,38
[x] Jr 43.7
[y] Comp. Is 51.12,13; 57.11; Jr 42.11; Lc 12.4,5
[z] Jr 15.11
[a] Êx 8.28; 1Sm 7.8; 12.19; 1Rs 13.6; Is 37.4; Jr 37.3; At 8.24; comp. Tg 5.16
[b] Dt 4.27
[c] Ed 8.21
[d] 1Rs 22.14
[e] 1Sm 3.18; At 20.20
[f] Jz 11.10
[g] Êx 24.7; Js 24.24; comp. Jr 44.16
[h] Dt 6.3; Jr 7.23
[i] Jr 18.7,8; veja Zc 8.14, nota
[j] Comp. Jr 41.18
[k] Jr 41.17; 43.7
[l] Jr 44.12-14; comp. Dt 17.16; Lc 9.51
[m] Ez 11.8
[n] Comp. Jr 44.14,28

3 Ora para que o Senhor, o teu Deus, nos ensine o [c]caminho por onde devemos andar e aquilo que havemos de fazer.

4 Respondeu-lhes Jeremias, o profeta: Eu vos ouvi. Certamente orarei ao Senhor, o vosso Deus, conforme as vossas palavras; eu vos [d]declararei o que o Senhor responder e [e]não vos ocultarei nada.

5 Então disseram a Jeremias: Seja o Senhor [f]testemunha verdadeira e fiel contra nós, se não fizermos conforme toda a palavra com que te enviar a nós o Senhor, o teu Deus.

6 Seja ela boa, seja má, à voz do Senhor nosso Deus, a quem te enviamos, [g]obedeceremos, para que nos suceda [h]bem, obedecendo à voz do Senhor nosso Deus.

7 **D**ez dias mais tarde veio a palavra do Senhor a Jeremias.

8 Então chamou a Joanã, filho de Careá, e a todos os oficiais dos exércitos que havia com ele, e a todo o povo, desde o menor até o maior,

9 e lhes disse: Assim diz o Senhor, Deus de Israel, a quem me enviastes, para lançar a vossa súplica diante dele:

10 Se ficardes nesta terra, eu vos edificarei, e não vos derrubarei; os plantarei, e não vos arrancarei, pois estou [i]arrependido do mal que vos tenho feito.

11 Não tenhais [j]medo do rei de Babilônia, a quem agora vós temeis. Não o temais, diz o Senhor, pois eu sou convosco, para vos salvar e para vos livrar das suas mãos.

12 Eu vos concederei misericórdia, para que ele tenha misericórdia de vós e vos faça voltar à vossa terra.

13 Se, porém, disserdes: Não ficaremos nesta terra, não obedecendo à voz do Senhor, o vosso Deus,

14 e, se disserdes: Não, iremos e viveremos na terra do [k]Egito, onde não veremos guerra, nem ouviremos som de trombeta, nem teremos fome de pão,

15 então ouvi a palavra do Senhor, ó restante de Judá: Assim diz o Senhor dos Exércitos, Deus de Israel: Se vós de todo vos [l]propuserdes a entrar no Egito, e entrardes para lá morar,

16 então a [m]espada que vós temeis ali vos alcançará, e a fome que vós receais estará convosco no Egito, e ali morrereis.

17 Assim será com todos os homens que de todo se propuserem a entrar no Egito para morar; morrerão à espada, de fome e de peste. Deles [n]não haverá quem reste e escape do mal que eu farei vir sobre eles.

18 Assim diz o Senhor dos Exércitos, Deus de Israel: Como se derramou a minha ira e a minha indignação sobre os habitantes de Jerusalém,

assim se derramará a minha indignação sobre vós, quando entrardes no Egito. Sereis objeto de maldição, [o]desprezo e vergonha, e não vereis mais este lugar.

19 Disse-vos o Senhor, ó resto de Judá: [p]Não entreis no Egito. Tende por certo que vos adverti hoje

20 de que vos enganastes a vós mesmos quando me enviastes ao Senhor, o vosso Deus, dizendo: Ora por nós ao Senhor, o nosso Deus, e conforme tudo o que disser o Senhor, o nosso Deus, anuncia-o, e o faremos.

21 Eu o declarei hoje, mas ainda [q]não destes ouvidos à voz do Senhor, o vosso Deus, em coisa alguma pela qual ele me enviou a vós.

22 Agora, porém, sabei por certo que à espada, de fome e de peste [r]morrereis no mesmo lugar aonde desejais ir para morar.

Jeremias no Egito e a advertência do juízo

43 Tendo Jeremias acabado de anunciar a todo o povo todas as [s]palavras do Senhor seu Deus, aquelas palavras com as quais o Senhor seu Deus o havia enviado,

2 disseram [t]Azarias, filho de Hosaías, Joanã, filho de Careá, e todos os homens arrogantes a Jeremias: Tu dizes [u]mentiras! O Senhor nosso Deus não te enviou a dizer: Não entreis no Egito, para morar.

3 É [v]Baruque, filho de Nerias, porém, quem te instiga contra nós, para nos entregar nas mãos dos caldeus, para eles nos matarem, ou nos transportarem para [w]Babilônia.

4 [x]Não obedeceu Joanã, filho de Careá, nem nenhum de todos os oficiais dos exércitos, nem todo o povo à voz do Senhor, para ficarem na terra de Judá.

5 Antes Joanã, filho de Careá, e todos os oficiais do exército tomaram todo o [y]resto de Judá, que havia voltado dentre todas as nações, para onde haviam sido lançados, para morar na terra de Judá:

6 homens, mulheres e crianças, bem como as [z]filhas do rei e a [a]todos os que deixara Nebuzaradã, comandante da guarda imperial, com Gedalias, filho de Aicão, filho de Safã, e também a Jeremias, o profeta, e a Baruque, filho de Nerias.

7 [b]Entraram na terra do Egito, em desobediência à voz do Senhor e vieram a [c]Tafnes.

8 Então veio a [d]palavra do Senhor a Jeremias, em Tafnes:

9 Toma pedras grandes e esconde-as com barro no pavimento que está à entrada da casa de faraó em Tafnes, à vista dos judeus,

10 e dize-lhes: Assim diz o Senhor dos Exércitos, Deus de Israel: Mandarei chamar Nabucodonosor, rei de Babilônia, [e]meu servo, e porei o seu trono sobre estas pedras que escondi; ele estenderá a sua tenda real sobre elas.

11 Virá e ferirá a terra do [f]Egito; entregará à morte os destinados à morte; ao exílio, os [g]destinados ao exílio; à espada, os destinados à espada.

12 Lançará fogo às casas dos [h]deuses do Egito e as queimará; levará cativos os ídolos e se ornará da terra do Egito, como veste o pastor com a sua roupa, e sairá dali em paz.

13 Quebrará as colunas de [i]Bete-Semes, que está na terra do Egito, e as casas dos deuses do Egito queimará a fogo.

Mensagem aos judeus no Egito (comp. Jr 43.8-13)

44 Palavra que veio a Jeremias, acerca de todos os judeus, moradores da terra do Egito, em [j]Migdol, em Tafnes, em [k]Mênfis e na terra de [l]Patros:

2 Assim diz o Senhor dos Exércitos, Deus de Israel: Vistes todo o mal que fiz cair sobre Jerusalém e todas as cidades de Judá. Hoje elas são um [m]deserto, e ninguém nelas habita,

3 por causa da maldade que fizeram. Provocaram-me à ira, indo queimar incenso e [n]servir a outros deuses, que nunca conheceram, eles, vós e vossos pais.

4 Eu vos enviei todos os meus servos, os profetas, [oo]madrugando para vos dizer: Ora, não façais esta coisa abominável que aborreço.

5 Eles, porém, não escutaram nem inclinaram os seus ouvidos, para se converterem da sua maldade, para não queimarem incenso a outros deuses.

6 Portanto, derramaram-se a minha indignação e a minha ira, e acenderam-se nas cidades de Judá e nas ruas de Jerusalém; elas se tornaram em deserto e em assolação, como hoje se vê.

7 Agora, assim diz o Senhor, Deus dos Exércitos, Deus de Israel: Por que fazeis tão grande mal [pp]contra vós mesmos, eliminando de Judá o homem e a mulher, a criança e o que mama, a fim de não deixardes ali remanescente algum?

8 Por que me provocais à ira com as obras das vossas mãos, queimando incenso a outros deuses na terra do Egito, onde entrastes para morar? Vós mesmos vos desarraigareis e vos tornareis objeto de desprezo e de vergonha entre todas as nações da terra.

9 Esquecestes já as maldades dos vossos pais, as maldades dos reis de Judá, as maldades das suas mulheres, as vossas maldades e as maldades das vossas mulheres, cometidas na terra de Judá e nas ruas de Jerusalém?

10 Eles não se [qq]humilharam até o dia de hoje, não [rr]temeram, não andaram na minha lei nem

[o] Jr 18.16; 24.9; 26.6; 29.18; 44.12; comp. Zc 8.13
[p] Dt 17.16
[q] Is 30.1-7
[r] v. 17; Ez 6.11
[s] Jr 42.9-18
[t] Jezanias, Jr 42.1
[u] Comp. 2Cr 36.12,13; comp. Jr 42.5
[v] Jr 36.4; 45.1
[w] Comp. Jr 38.4
[x] 2Rs 25.26; comp. Jr 42.4
[y] Jr 40.11,12
[z] Jr 41.10
[a] Jr 39.10; 40.7
[b] Jr 42.19
[c] Uma cidade egípcia (chamada Hanes, Is 30.4), no delta do Nilo, Jr 2.16; 44.1; 46.14
[d] v. 8-13; Jr 41.1-30
[e] Jr 25.9; 27.6; comp. Ez 29.18-20
[f] Is 19.1-25; Jr 25.19
[g] Jr 15.2; comp. Zc 11.9
[h] Jr 46.25
[i] Casa do Sol; talvez Heliópolis; Om, Gn 41.50
[j] Jr 46.13,14
[k] Jr 2.16
[l] v. 15; Ez 29.14; 30.14
[m] Jr 9.11; 34.22
[n] Dt 13.6; 32.17; Jr 19.4
[oo] 2Cr 36.15; Jr 7.25; 25.4; 26.5; 29.19
[pp] Nm 16.38; Jr 7.19
[qq] Jr 6.15; 8.12; 2Cr 36.12; Dn 5.22
[rr] Jr 5.22-24; veja Sl 19.9, nota

nos meus estatutos, que pus diante de vós e diante de vossos pais.

11 **P**ortanto, assim diz o Senhor dos Exércitos, Deus de Israel: [s]Voltarei o meu rosto contra vós para mal e para desarraigar a todo o Judá.

12 Tomarei o resto de Judá, que decidiu entrar na terra do Egito, a fim de lá morar. Serão todos [t]consumidos na terra do Egito; cairão à espada, e de fome morrerão. Eles se consumirão, desde o menor até o maior, à espada e de fome morrerão. Serão objeto de maldição, [u]espanto, desprezo e vergonha.

13 Eu [v]punirei os que habitam na terra do Egito como castiguei a Jerusalém, com a espada, com a fome e com a peste.

14 De maneira que não haverá quem escape e fique da parte remanescente de Judá, que entrou na terra do Egito, a fim de lá morar, para tornar à terra de Judá, à qual era grande [w]desejo da sua alma voltar, para ali habitar; não voltarão, a não ser alguns fugitivos.

15 **E**ntão responderam a Jeremias [x]todos os homens que sabiam que as suas mulheres queimavam incenso a outros deuses e todas as mulheres que estavam em pé, grande multidão, como também todo o povo que habitava na terra do Egito, em Patros, dizendo:

16 Quanto à palavra que nos anunciaste em nome do Senhor, [y]não obedeceremos a ti!

17 Certamente cumpriremos [z]toda a palavra que saiu da nossa boca, de queimarmos incenso à [a]rainha dos céus e de lhe oferecermos libações, como nós e nossos pais, nossos reis e nossos oficiais temos feito, nas cidades de Judá e nas ruas de Jerusalém. Então tínhamos fartura de [b]pão e prosperávamos alegres, e não víamos mal algum.

18 Mas desde que cessamos de queimar incenso à rainha dos céus e de lhe oferecer libações, [c]tivemos falta de tudo e fomos consumidos pela espada e pela fome.

19 Quando queimamos incenso à rainha dos céus e lhe oferecemos libações, acaso não sabiam nossos [d]maridos que lhe fazíamos bolos que a representam e lhe oferecíamos libações?

20 **E**ntão disse Jeremias a todo o povo, aos homens e às mulheres, e a todo o povo que lhe dera essa resposta:

21 Não se lembrou o Senhor e não lhe veio à mente o incenso que queimastes nas cidades de Judá e nas ruas de Jerusalém, vós e vossos pais, vossos reis e vossos oficiais, como também o povo da terra?

22 Quando o Senhor não pôde mais sofrer a maldade das vossas ações e as abominações que cometestes, a vossa terra tornou-se em deserto, em [e]espanto e em maldição, sem habitantes, como hoje se vê.

23 Porque queimastes incenso e pecastes contra o Senhor, não obedecendo à voz do Senhor nem andando na sua lei e nos seus testemunhos, aconteceu-vos este mal, como se vê neste dia.

24 **D**isse mais Jeremias a todo o povo e a todas as mulheres: Ouvi a palavra do Senhor, vós, todo o Judá, que estais na terra do Egito.

25 Assim diz o Senhor dos Exércitos, Deus de Israel: Vós e vossas mulheres demonstrastes por vossas ações o que prometestes, quando dissestes: Certamente cumpriremos os votos que fizemos de queimar incenso à rainha dos céus e de lhe oferecer libações. Confirmai os vossos votos! Cumpri-os!

26 Ouvi, porém, a palavra do Senhor, todo o Judá, que habitais na terra do Egito: Eu [f]juro pelo meu [g]grande [h]nome, diz o Senhor, que o meu nome nunca mais será pronunciado pela boca de homem de Judá em toda a terra do Egito, dizendo: Tão certo como vive o Senhor Deus!

27 Pois eu [i]velo sobre eles para mal, e não para bem; os judeus que estão no Egito serão consumidos à espada e pela fome, até que se acabem de todo.

28 Os que [j]escaparem da espada e voltarem do Egito à terra de Judá serão poucos. Então saberá todo o resto de Judá que entrou na terra do Egito para ali morar se subsistirá a minha palavra ou a sua.

29 Isto vos servirá de sinal, diz o Senhor, que eu vos castigarei neste lugar, para que saibais que certamente [k]subsistirão as minhas palavras contra vós para mal.

30 Assim diz o Senhor: Eu entregarei [l]faraó Hofra, rei do Egito, nas mãos dos seus inimigos e nas mãos dos que procuram a sua morte, como entreguei Zedequias, rei de Judá, nas mãos de Nabucodonosor, rei de Babilônia, seu inimigo, e que procurava a sua morte.

Advertência a Baruque sobre o egoísmo

45 **P**alavra que Jeremias, o profeta, falou a [m]Baruque, filho de Nerias, no [n]quarto ano de Jeoiaquim, filho de Josias, rei de Judá, depois que Baruque [o]escrevera num livro as palavras ditadas por Jeremias:

2 [p]Assim diz o Senhor, Deus de Israel, acerca de ti, ó Baruque:

3 Disseste: Ai de mim! Acrescentou o Senhor tristeza à minha dor; estou [q]cansado do meu gemido e não acho descanso.

4 Isto lhe dirás: Assim diz o Senhor: Derrubarei o que edifiquei e arrancarei o que plantei, e isso em toda esta terra.

5 Procuras tu [r]grandezas? Não as busques. Pois eu trarei mal sobre toda a humanidade, diz o Senhor, mas a ti darei a tua [ss]alma por [tt]despojo, em todos os lugares para onde fores.

[s] Lv 17.10; 20.5,6; 26.17; Jr 21.10; Am 9.4
[t] Jr 42.15-17,22
[u] Jr 42.18
[v] Jr 43.11
[w] Jr 22.27
[x] Comp. Pv 11.21
[y] Comp. Jr 42.6
[z] v. 25; comp. Nm 30.12-14; Dt 23.23; Jz 11.36
[a] Veja Jr 7.18, nota
[b] Comp. Êx 16.3; Os 2.5-9
[c] Comp. Nm 11.5,6; Ml 3.13-15
[d] Comp. Nm 30.6,7
[e] Jr 25.11,38; comp. Dt 31.29
[f] Gn 22.16; Hb 6.13
[g] Jr 10.6
[h] Ne 9.5; Ez 20.39
[i] Comp. Jr 31.28
[j] v. 14; comp. Is 27.13
[k] Sl 33.11
[l] Jr 46.25,26; Ez 29.3; 30.21
[m] Jr 32.12,16; 43.3
[n] Jr 25.1; 36.1; 46.2
[o] Comp. Jr 36.4-32
[p] Inspiração: v. 1,2; Ez 2.2 (Êx 4.15; 2Tm 3.16)
[q] Sl 6.6; 69.3; comp. 2Co 4.16; Gl 6.9
[r] Jr 39.18
[ss] Jr 39.18
[tt] Jr 21.9; 38.2

II. Profecias sobre as nações estrangeiras, 46–51

Profecia contra o Egito

46 Palavra do Senhor, que veio a Jeremias, o
profeta, contra as [u]nações:
2 Acerca do [v]Egito: Contra o exército de
[w]faraó Neco, rei do Egito, exército que foi [x]der-
rotado em Carquemis, junto ao rio Eufrates, por
Nabucodonosor, rei de Babilônia, no [y]quarto ano
de Jeoiaquim, filho de Josias, rei de Judá.

3 Preparai o escudo, os grandes e os pequenos,
e chegai-vos para a peleja.
4 Selai os cavalos, montai, cavaleiros,
e apresentai-vos com capacetes!
Poli as lanças, vesti-vos de couraças!
5 Por que vejo os medrosos voltando as costas?
Os seus heróis estão abatidos e vão fugindo,
sem olhar para trás;
terror há ao redor, diz o Senhor.
6 Não fuja o ligeiro nem escape o herói.
Para a banda do norte,
junto à borda do rio Eufrates
[z]tropeçaram e caíram.
7 Quem é este que vem subindo como o Nilo,
e cujas águas se movem como os rios?
8 O Egito vem subindo [a]como o Nilo,
e as suas águas se movem como os rios.
Diz ele: Subirei, cobrirei a terra;
destruirei a cidade e os que nela habitam.
9 Avançai, ó cavalos, e estrondeai, ó carros,
e saiam os valentes;
os [b]etíopes e os de Pute, que
manejam o escudo,
e os [c]lídios, que manejam
e entesam o arco.
10 Este [d]dia, porém, é o dia do Senhor Deus
dos Exércitos,
dia de vingança para se vingar
dos seus adversários.
A espada devorará;
se [e]fartará e se embriagará
com o sangue deles.
Pois o Senhor Deus dos Exércitos
tem um sacrifício na terra do Norte,
junto ao rio Eufrates.
11 Sobe a Gileade e toma bálsamo,
ó virgem filha do Egito.
Mas debalde multiplicas remédios,
pois não há cura para ti.
12 As nações ouviram falar da tua [f]vergonha,
e a terra está cheia do teu clamor.
O valente tropeçou no valente,
e ambos caíram juntos.

13 **A** palavra que falou o Senhor a Jeremias, o
profeta, acerca da vinda de Nabucodonosor,
rei de Babilônia, para [g]ferir a terra do Egito:

14 Anunciai no Egito e fazei
ouvir isto em [h]Migdol;
proclamai-o também em
[i]Mênfis e em [j]Tafnes:
Apresenta-te e prepara-te,
pois a espada devora o que
está ao redor de ti.
15 Por que serão derrubados os teus valentes?
Não se podem ter em pé, pois
o Senhor os abaterá.
16 Multiplicará os que tropeçavam;
cairão uns sobre os outros.
Dirão: Levanta-te, e [k]voltemos ao nosso povo
e à terra do nosso nascimento,
por causa da espada que oprime.
17 Ali clamarão: faraó, rei do Egito
é apenas um som;
deixou passar o tempo assinalado.
18 Tão certo como eu vivo, diz o Rei,
cujo [l]nome é o Senhor dos Exércitos,
certamente como o Tabor é entre os montes,
e como o Carmelo junto ao
mar, assim ele virá.
19 Prepara-te para ires para o exílio,
ó moradora, filha do Egito,
pois Mênfis será tornada em desolação
e será incendiada,
até que ninguém mais aí more.
20 Novilha muito formosa é o Egito,
mas já lhe [m]vem do Norte uma mutuca.
21 Até os seus mercenários
no meio dela são como bezerros cevados.
Eles também virarão as costas e fugirão
juntos; não estarão firmes,
pois vem sobre eles o dia da sua ruína
e o tempo do seu [n]castigo.
22 A sua voz é como a da serpente que foge;
marcharão com um exército
e virão contra ela com machados,
como cortadores de lenha.
23 Cortarão o seu bosque, diz o Senhor,
que era impenetrável.
São mais numerosos do que os gafanhotos,
[o]são inumeráveis.
24 A filha do Egito será envergonhada,
será entregue nas mãos do povo do Norte.

25 Diz o Senhor dos Exércitos, Deus de Israel:
Eu punirei a [p]Amom de Nô, a faraó, ao Egito, aos
seus [q]deuses e aos seus reis; ao próprio faraó e
aos que [r]confiam nele.
26 Eu os entregarei nas [s]mãos dos que procuram
a sua morte, nas mãos de Nabucodonosor,
rei de Babilônia, e nas mãos dos seus oficiais.
[t]Depois será habitada como nos dias antigos,
diz o Senhor.

27 **Não** [uu]temas, ó Jacó, servo meu,
nem te espantes, ó Israel.

[u] Jr 1.10; 25.15-31
[v] v. 2-26; Jr 25.17-19; Ez 29.2–32.32; comp. Is 19.1-25
[w] 2Rs 23.33-35
[x] 2Rs 23.29; 24.7; 2Cr 35.20
[y] Jr 45.1
[z] Dn 11.19
[a] Is 8.7,8; Jr 47.2; Dn 11.22
[b] 1Cr 1.8
[c] Gn 10.13
[d] Dia (do Senhor): v. 10; Ez 30.3 (Sl 2.9; Ap 19.19)
[e] Is 34.6; Sf 1.7
[f] Jr 2.36
[g] Is 19.1; Jr 43.10,11; Ez 29.1-21
[h] Jr 44.1
[i] Ez 30.13
[j] Ez 30.18
[k] Jr 51.9
[l] Is 47.4; 48.2
[m] v. 6,10; Jr 1.14; 47.2
[n] Jr 50.27
[o] Comp. Jl 1.4
[p] Ez 30.14-16; Na 3.8
[q] Jr 43.12
[r] Is 30.1-5; 31.1-3; veja Sl 2.12, nota
[s] Jr 44.30; Ez 32.11
[t] Ez 29.11-14
[uu] Is 41.13,14; 43.5; 44.2; Jr 30.10,11

[1]Certamente te [v]livrarei mesmo de longe,
e a tua descendência da terra do seu exílio.
Jacó voltará, descansará,
sossegará e não haverá quem o atemorize.
28 Não temas, ó Jacó, servo meu,
diz o Senhor, pois estou contigo.
Ainda que eu dê cabo de todas as nações
entre as quais te lancei, de
ti [w]não darei cabo.
Eu te [2][x]castigarei, mas somente com justiça;
não te deixarei de todo impune.

Profecia contra a Filístia e a Fenícia

47 Palavra do Senhor que veio a Jeremias,
o profeta, acerca dos [y]filisteus, antes que
faraó ferisse a Gaza:
2 Assim diz o Senhor:
Do Norte se levantam as [z]águas;
se tornarão em torrente transbordante.
Alagarão a terra e a sua plenitude,
a cidade e os que nela moram.
Os homens clamarão,
e todos os moradores da
terra se lamentarão,
3 ao ruído estrepitoso das unhas
dos seus fortes cavalos,
ao barulho dos seus carros,
ao estrondo das suas rodas.
Os pais não atenderão os filhos,
por causa da fraqueza das mãos.
4 Pois chegou o dia de destruir
a todos os [a]filisteus,
de cortar de [b]Tiro e de Sidom
todo o resto que os socorra.
O Senhor destruirá os filisteus,
o [c]resto da ilha de [d]Caftor.
5 [e]Gaza rapará a cabeça;
Ascalom será silenciada.
Ó resto da planície,
até quando vos retalhareis?
6 Ah! [f]espada do Senhor!
até quando deixarás de repousar?
Volta para a tua bainha,
descansa e aquieta-te.
7 Como podes estar quieta,
se o Senhor te deu [g]ordem,
se ele te enviou contra Ascalom
e contra o litoral?

Profecia contra Moabe

48 Acerca de [h]Moabe: Assim diz o Senhor
dos Exércitos, Deus de Israel:
Ai de [i]Nebo, pois será destruída.
Envergonhada será [j]Quiriataim, e tomada;
a fortaleza será envergonhada
e espantada.
2 A glória de Moabe não é mais;
em [k]Hesbom projetaram
mal contra ela, dizendo:
Vinde, desarraiguemo-la,
para que não seja mais povo.
Também tu, ó [l]Madmém,
serás silenciada;
a espada te irá seguindo.
3 Voz de grito de [m]Horonaim,
ruína e grande destruição.
4 Moabe será destruída;
os seus filhinhos clamarão.
5 Pela subida de Luíte
eles vão subindo com choro contínuo;
na descida de Horonaim ouvem-se gritos
angustiosos de ruína.
6 Fugi, salvai a vossa vida;
sede como arbusto no deserto.
7 Por causa da tua confiança
nas tuas obras e nos teus [n]tesouros,
também tu serás tomada;
[o]Camos sairá para o exílio,
os seus sacerdotes e os seus
oficiais juntamente.
8 O [p]destruidor virá sobre cada
uma das cidades,
e nenhuma escapará.
Perecerá o vale, e será destruída a campina,
porque o Senhor o disse.
9 **D**ai asas a Moabe, pois voando sairá;
as suas cidades se tornarão em ruínas,
e ninguém morará nelas.
10 Maldito aquele que fizer a obra do Senhor
negligentemente!
Maldito aquele que
preservar a sua espada do sangue!
11 Moabe esteve descansado
desde a sua mocidade;
[q]como o vinho sobre os [3]resíduos,
não foi mudado de vasilha para vasilha,
nem foi para o exílio.
Por isso conservou o seu sabor,
e o seu cheiro não se alterou.
12 Vêm dias, porém, diz o Senhor,
em que lhe enviarei derramadores
que o derramarão;
esvaziarão as suas vasilhas
e romperão os seus odres.

[v] Is 11.11; Jr 23.3,4
[w] Jr 4.27; Am 9.8,9
[x] Jr 30.11
[y] v. 1-4; Is 14.29-31; Ez 25.15-17; Sf 2.5; Zc 9.6
[z] Is 8.7; Jr 46.7,8
[a] Is 14.29-31
[b] Is 23.1-18; Jr 25.22; Ez 26.1-21; 28.20-24; Am 1.9,10; Zc 9.2-4
[c] Ez 25.16; Am 1.8
[d] Dt 2.23
[e] Sf 2.4
[f] Dt 32.41; Ez 21.3-5
[g] Ez 14.17
[h] v. 1-47; 25.21; Is 15.1; 16.14; 25.10; Ez 28.8-11; Am 2.1-3; Sf 2.8-11
[i] Is 15.2
[j] Nm 32.37
[k] Jr 49.3
[l] Is 10.31
[m] Is 15.5
[n] Jr 9.23; 1Tm 6.17
[o] Is 46.1,2; comp. 1Rs 11.7
[p] v. 18
[q] Sf 1.12

[1] (46.27) Eis uma das muitas profecias com dois aspectos: um cumprimento imediato e outro distante.
[2] (46.28) Esta é uma das muitas respostas à pergunta: “Rejeitou Deus o seu povo?” (Rm 11.1).
[3] (48.11) Refere-se ao sedimento no fundo de uma vasilha de vinho. “Esteve descansado” significa que Moabe se havia contentado com sua situação.

13 Moabe terá vergonha de Camos,
[r]como se envergonhou a casa de Israel
de [s]Betel, sua confiança.
14 Como direis: Somos
valentes e homens fortes para a guerra?
15 **M**oabe está destruída,
e invadidas as suas cidades;
os seus jovens escolhidos
desceram à matança,
diz o Rei, cujo nome é o Senhor dos Exércitos.
16 Está prestes a vir a perdição de Moabe;
apressa-se o seu mal.
17 Lamentai-vos dele todos
os que estais ao redor dele,
e todos os que sabeis o seu nome, dizei:
Como se quebrou a vara forte,
o cajado formoso!
18 Desce da tua glória e assenta-te em seco,
ó moradora, filha de Dibom,
pois o destruidor de Moabe subiu contra ti
e desfez as tuas fortalezas.
19 Põe-te no caminho e espia,
ó moradora de [t]Aroer.
Pergunta ao que vai fugindo
e à que escapou: Que sucedeu?
20 Moabe está envergonhado,
pois foi quebrantado.
Uivai e gritai!
Anunciai em Arnom que
Moabe está destruído.
21 Também o julgamento veio sobre a terra
da campina, sobre Holom, Jaza e Mefaate,
22 sobre Dibom, Nebo e Bete-Diblataim,
23 sobre Quiriataim, Bete-Gamul e Bete-Meom,
24 sobre [u]Queriote e Bozra;
a todas as cidades da terra
de Moabe, às de longe e às de perto.
25 Está cortado o poder
de Moabe e quebrantado o seu braço,
diz o Senhor.
26 **E**mbriagai-o, pois contra o Senhor
se engrandeceu.
Moabe se revolverá no seu vômito
e será objeto de escárnio.
27 Não foi Israel objeto de [v]escárnio para ti?
Foi achado entre ladrões para que,
sempre que falas dele,
meneies a cabeça?
28 Deixai as cidades e habitai no rochedo,
ó moradores de Moabe.
Sede como a [w]pomba que se aninha
nos lados da [x]boca da caverna.
29 Ouvimos falar do [y]orgulho de Moabe,
que de fato é extremamente
orgulhoso; da sua [z]soberba,
da sua arrogância,
e da altivez do seu coração.

30 Eu conheço, diz o Senhor,
a sua indignação,
mas isso nada é;
as suas mentiras nada farão.
31 Por isso, gemerei por Moabe;
por Moabe eu grito,
pelos homens de [a]Quir-Heres [b]lamento.
32 Com choro maior do que
o de [c]Jazer te chorarei,
ó vide de Sibma;
os teus ramos passaram o mar,
chegaram ao mar de Jazer,
mas o destruidor caiu sobre os
teus frutos de verão e sobre a tua vindima.
33 Tirou-se o folguedo e a [d]alegria
do campo fértil e da terra de Moabe.
Fiz que o vinho acabasse nos
lagares; já não pisam uvas com júbilo.
Embora haja gritos,
os gritos não são de alegria.
34 [e]Ouve-se o grito de Hesbom até [f]Eleale e Jaaz,
e de Zoar até Horonaim e Eglate-Selisias,
pois as águas do Ninrim virão
a ser uma desolação.
35 Farei desaparecer de Moabe, diz o Senhor,
quem sacrifique nos altos
e queime incenso aos seus deuses.
36 **P**or isso, o meu coração
geme como flauta por Moabe;
como flauta geme o meu
coração pelos homens de Quir-Heres.
A abundância que ajuntou se perdeu.
37 Toda cabeça ficará calva,
e toda barba será rapada;
sobre todas as mãos haverá incisões,
sobre toda cintura pano de saco.
38 Sobre todos os [g]telhados
de Moabe e nas suas ruas haverá pranto,
pois [h]quebrei a Moabe,
como a um vaso que não agrada,
diz o Senhor.
39 Como está quebrantado!
Como uivam!
Como virou Moabe as
costas e se envergonhou!
Assim será Moabe
objeto de escárnio
e de espanto para todos os que estão
em seu redor.
40 Assim diz o Senhor:
Vede! Ele [i]voa como a águia
e estende as suas asas sobre Moabe.
41 São tomadas as cidades,
e ocupadas as fortalezas.
Será o coração dos valentes
de Moabe naquele dia
como o coração da mulher em dores de parto.

[r] Comp. 1Rs 12.25-29
[s] 1Rs 13.32-34
[t] Dt 2.36; Is 17.2
[u] Am 2.2
[v] Sf 2.8
[w] Ct 2.14
[x] Sl 55.6,7; Is 48.29
[y] Is 16.6; Sf 2.10
[z] Jr 49.16
[a] Is 16.7,11
[b] Comp. Sl 102.1-14
[c] Nm 21.32; Is 16.8,9
[d] Is 16.10
[e] Is 15.4-6
[f] Nm 32.3,37
[g] Is 15.3
[h] Jr 22.28
[i] Dt 28.49; Jr 49.22; Hc 1.8; comp. Dn 7.4; Os 8.1

42 Moabe será destruído,
para que não seja povo,
porque se engrandeceu contra o Senhor.
43 Temor, cova e laço vêm sobre ti,
ó morador de Moabe,
diz o Senhor.
44 O que fugir do temor cairá na cova,
e o que sair da cova ficará preso no [j]laço;
pois trarei sobre Moabe
o ano da sua [k]punição,
diz o Senhor.
45 Os que fogem param sem
forças à sombra de Hesbom,
mas fogo sai de Hesbom,
e labareda do meio de [l]Siom,
e [m]queima a fronte de Moabe
e o crânio dos turbulentos.
46 Ai de ti, Moabe!
Pereceu o povo de Camos;
os teus filhos foram
levados cativos,
e as tuas filhas para o exílio.
47 Contudo, [n]restaurarei a sorte de Moabe nos
[o]últimos dias, diz o Senhor.
Aqui termina o juízo de Moabe.

Profecia contra Amom

49 Acerca dos [p]filhos de Amom:
Assim diz o Senhor:
Não tem Israel filhos?
Não tem herdeiros?
Por que, pois, herdou
Milcom a Gade,
e o seu povo habitou nas cidades dela?
2 Vêm dias, [q]porém, diz o Senhor,
em que farei ouvir em [r]Rabá dos filhos
de Amom o alarido de guerra;
ela se tornará num montão de ruínas,
e os lugares da sua jurisdição
serão queimados a fogo.
Então Israel herdará os que o herdaram,
diz o Senhor.
3 Uiva, ó [s]Hesbom, pois Ai é destruída!
Clamai, ó filhas de Rabá,
cingi-vos de pano de saco,
lamentai e dai voltas por
entre os muros,
pois Milcom irá em cativeiro;
os seus sacerdotes e os seus
oficiais juntamente.
4 Por que te [t]glorias nos vales,
teus luxuriantes vales,
ó filha rebelde,
que confias nos teus [u]tesouros, dizendo:
Quem virá contra mim?
5 Eu trarei temor sobre ti,
diz o Senhor Deus dos Exércitos,
de todos os que estão ao teu
redor, e sereis lançados
fora, cada um para diante,
e ninguém recolherá o desgarrado.
6 Contudo, [v]depois disso
farei voltar os cativos dos filhos de Amom,
diz o Senhor.

Profecia contra Edom

7 [1][w]**A**cerca de Edom: Assim diz
o Senhor dos Exércitos:
Não há mais sabedoria em [x]Temã?
Pereceu o conselho dos entendidos?
[y]Desvaneceu-se a sua sabedoria?
8 Fugi, voltai, habitai em profundezas,
ó moradores de Dedã,
porque trarei sobre ele a ruína de Esaú,
no tempo em que eu o [z]punir.
9 Se os que colhem uvas viessem a ti,
não deixariam algumas [a]uvas?
Se ladrões de noite,
não roubariam só o que lhes bastasse?
10 Eu, porém, [b]despi a Esaú,
descobri os seus esconderijos,
e não se poderá esconder.
É destruída a sua descendência,
como também seus irmãos e seus vizinhos,
e ele já não é.
11 Deixa os teus órfãos;
eu os guardarei em vida,
e as tuas viúvas [c]confiarão em mim.
12 Assim diz o Senhor: Se os que não merecem
beber o cálice devem bebê-lo totalmente, por
que ficarias tu inteiramente impune? Não fica-
rás impune, mas certamente o beberás.
13 Por mim mesmo juro, diz o Senhor, que
[d]Bozra servirá de objeto de espanto, de vergonha,
de ruína e de maldição; e todas as suas cidades
se tornarão em perpétuas desolações.
14 Eu [e]ouvi novas da parte do Senhor,
que um embaixador é enviado às nações,
para lhes dizer:
Ajuntai-vos, vinde contra ela;
levantai-vos para a guerra.
15 Ora, eu te fiz pequeno entre as nações,
desprezado entre os homens.
16 O terror que inspiras
e o [f]orgulho do teu coração te enganaram,
tu que habitas nas fendas das rochas,
que ocupas as alturas dos outeiros.
Ainda que eleves o teu ninho
como a águia,
de lá te derrubarei, diz o Senhor.

[j] Is 24.17,18; Am 5.19
[k] Jr 46.21
[l] Sl 135.11
[m] Nm 24.17
[n] Jr 49.6
[o] Jr 49.39
[p] v. 1-6; Jr 25.21; Ez 21.28-32; 25.1-7; Am 1.13; Sf 2.8-11
[q] Am 1.13-15
[r] Ez 21.20; 25.5
[s] Jr 48.2
[t] Jr 9.23
[u] Jr 48.7
[v] v. 39; Jr 48.47
[w] v. 7-22; Jr 25.21; Ez 25.12-14; 35.1-15; Jl 3.19; Am 1.11,12; Ob 1-9,15,16
[x] Gn 36.11; Jó 2.11
[y] Jr 8.9
[z] Jr 9.9
[a] Ob 5,6
[b] Ml 1.3
[c] Veja Sl 2.12, nota
[d] Is 34.6; 63.1; Am 1.12
[e] v. 14-16
[f] Jr 48.29

[1] (49.7) Note que esta passagem (v. 7-17) é surpreendentemente similar a Obadias (p. ex., Ob 8,9).

17 **E**dom será objeto de espanto;
todo aquele que passar por ela se [g]espantará
e assobiará por causa de
todas as suas pragas.
18 [h]Como na destruição de Sodoma e Gomorra,
e dos seus vizinhos, diz o Senhor,
não habitará ninguém ali,
nem morará nela filho de homem.
19 Como leão subirá das margens do Jordão
um inimigo contra a morada do forte,
mas de repente o farei correr dali.
Quem é o escolhido que porei sobre ela?
Quem é semelhante a mim?
Quem me desafiaria?
Quem é o pastor que
subsistiria na minha presença?
20 **P**ortanto, ouvi o conselho do Senhor,
que ele decretou contra Edom,
e os seus desígnios,
que ele intentou contra os
moradores de Temã:
[i]Os mais novos do rebanho
serão arrastados;
ele destruirá completamente o
seu pasto por causa deles.
21 A terra estremecerá com
o estrondo da sua queda;
o seu grito ressoará até o mar Vermelho.
22 Vede! Uma águia subirá e voará;
estenderá as suas asas sobre Bozra.
Naquele dia, o coração dos
valentes de Edom
será como o coração da mulher
que está em dores de parto.

Profecia contra Damasco

23 [j]**A**cerca de Damasco:
Envergonharam-se [k]Hamate e [l]Arpade,
pois ouviram más notícias,
e cambaleiam.
São como o mar agitado,
que não se pode sossegar.
24 Damasco está enfraquecida,
virou as costas para fugir,
e tremor a tomou;
angústia e dores a tomaram
como da que está de parto.
25 Por que não foi abandonada
a famosa cidade,
a cidade das minhas delícias?
26 Certamente os seus [m]jovens cairão nas ruas;
todos os homens de guerra serão silenciados
naquele dia,
diz o Senhor dos Exércitos.
27 Acenderei fogo no muro de Damasco,
o qual consumirá os
palácios de [n]Ben-Hadade.

Profecia contra Quedar (árabes) e Hazor

28 **A**cerca de [o]Quedar e dos reinos de Hazor,
que Nabucodonosor, rei de Babilônia, feriu:
Assim diz o Senhor:
Levantai-vos, subi contra Quedar
e destruí os filhos do Oriente.
29 Tomarão as suas tendas, os seus rebanhos,
as suas cortinas e todos os seus bens,
e os seus camelos levarão para si,
e lhes gritarão: Há terror de todos os lados!
30 Fugi, desviai-vos para muito longe,
habitai nas profundezas,
ó moradores de Hazor,
diz o Senhor. Nabucodonosor,
rei de Babilônia,
conspirou e fez planos contra vós.
31 Levantai-vos, subi contra
uma nação que está sossegada,
que [p]habita confiadamente,
diz o Senhor, que não tem portas,
nem ferrolhos, que habita a [q]sós.
32 Os seus camelos serão para presa,
e a multidão dos seus rebanhos para despojo.
[r]Espalharei a todo vento
aqueles que cortam os
cantos do seu cabelo,
e de todos os lados lhes trarei a ruína,
diz o Senhor.
33 Hazor se tornará em
morada de [s]chacais,
em desolação para sempre.
Ninguém habitará ali,
nem morará nela filho de homem.

Profecia contra Elão

34 **A** palavra do Senhor, que veio a Jeremias, o
profeta, acerca de [t]Elão, no [u]princípio do reinado
de Zedequias, rei de Judá:
35 Assim diz o Senhor dos Exércitos:
Vê, eu quebrarei o arco de Elão,
a fonte do seu poder.
36 Trarei sobre Elão os quatro ventos
dos quatro ângulos do céu,
e os espalharei na direção de
todos estes ventos;
não haverá nação
aonde não cheguem os seus fugitivos.
37 Farei que Elão tema diante de seus inimigos
e diante dos que procuram a sua morte;
farei vir sobre eles o mal,
o furor da minha ira, diz o Senhor.
Enviarei após eles a espada,
até que os tenha consumido.
38 Porei o meu trono em Elão
e destruirei dali o rei e os oficiais, diz o Senhor.
39 Contudo, nos últimos dias
[v]restaurarei a sorte de Elão, diz o Senhor.

[g] v. 17-22; veja Gn 36.1, nota
[h] Gn 19.24,25; Dt 29.23; Jr 50.40; Am 4.11
[i] Jr 50.45
[j] v. 23-27; Is 17.1-3; Am 1.3,5; Zc 9.1
[k] Jr 39.5; Zc 9.2
[l] Is 37.13
[m] Jr 50.30; 51.4
[n] Am 1.4
[o] Is 21.16,17; Ez 27.21
[p] Ez 38.11
[q] Nm 23.9; comp. Dt 33.28; Mq 7.14
[r] v. 36; Ez 5.10
[s] Jr 9.11; 10.22; Ml 1.3
[t] Gn 10.22; Jr 25.25; Ez 32.24
[u] 2Rs 24.17,18
[v] Jr 49.6; veja At 2.17, nota

Profecia contra Babilônia

50 **P**alavra que o Senhor proferiu acerca de [w]Babilônia, acerca da terra dos caldeus, por intermédio de Jeremias, o profeta:

2 Anunciai e fazei ouvir entre as nações,
arvorai estandarte e proclamai;
nada encubrais, mas dizei:
[x]Tomada é Babilônia,
confundido está [y]Bel,
caído está Merodaque,
confundidos estão os seus ídolos,
e caídos estão os seus deuses.
3 Subiu contra ela uma nação do Norte,
que fará da sua terra uma solidão.
[z]Não haverá quem nela habite;
tanto os homens como os
animais fugiram
e se foram.
4 Naqueles dias, e naquele tempo, diz o Senhor,
os filhos de Israel virão junto com
os filhos de Judá;
andando e chorando virão,
e buscarão ao Senhor seu Deus.
5 Acerca do caminho de Sião perguntarão,
e para ali dirigirão os seus rostos.
Virão e se ajuntarão ao Senhor
numa [a]aliança eterna
que nunca será esquecida.
6 [b]Ovelhas perdidas foram o meu povo;
os seus pastores as fizeram errar
e para as montanhas as deixaram [c]desviar.
Andaram por montanhas e colinas,
se esqueceram do lugar do
seu repouso.
7 Todos os que as acharam as devoraram;
os seus adversários disseram:
Culpa [d]nenhuma temos,
pois pecaram contra o Senhor,
a morada da justiça,
o Senhor, a esperança de seus pais.
8 Fugi do meio de Babilônia;
[e]saí da terra dos caldeus
e sede como os bodes que
conduzem o rebanho.
9 Pois [f]eu suscitarei e farei
subir contra Babilônia uma congregação de
grandes nações da terra do Norte.
[g]Tomarão as suas posições contra ela,
e do Norte será tomada.
As suas flechas serão como de hábil guerreiro
que não [h]volta de mãos vazias.
10 **A** Caldeia servirá de presa;
todos os que a saquearem ficarão fartos,
diz o Senhor.

[w] cap. 50.1–51.64; Jr 25.12; Is 13.1-22; 14.18-22; 47.1-15
[x] Is 21.9; comp. Ap 14.8; 18.2
[y] Is 46.1
[z] v. 39,40; Is 13.17-20
[a] Aliança (Nova): v. 4,5; Mt 26.28 (Is 61.8; Hb 8.8)
[b] v. 17; Is 53.6; comp. Ez 34.11-31; 1Pe 2.25
[c] Jr 23.1; Ez 34.2
[d] Jr 40.2,3; Zc 11.5
[e] Is 48.20; Jr 51.6,45
[f] v. 3,41; Jr 51.27
[g] v. 14,29
[h] Comp. 2Sm 1.22
[i] Comp. Sl 35.19
[j] Jr 51.43
[k] Jr 49.17
[l] Jr 51.58
[m] Jr 51.6,11
[n] Is 13.14; Jr 51.9
[o] v. 6; 2Rs 24.10,14; Jr 2.15
[p] 2Rs 15.29; 17.6; 18.9-13
[q] Ez 31.3,11,12
[r] Jr 32.37; 33.12; Ez 11.17
[s] Nm 23.21; Jr 31.34
[t] Is 1.9
[u] Ez 23.23

11 Porque vos alegrais, saltais de [i]prazer,
ó saqueadores da minha herança,
e vos inchais como bezerros gordos,
e relinchais como cavalos vigorosos,
12 muito envergonhada será a vossa mãe;
humilhada será a que vos deu à luz.
Ela será a última das nações, um [j]deserto,
uma terra seca e uma solidão.
13 Por causa do furor do Senhor
não será habitada,
antes se tornará em total desolação.
Qualquer que passar pela
Babilônia se [k]espantará
e zombará dela por causa de
todas as suas pragas.
14 Tomai as vossas posições em
redor de Babilônia,
todos os que manejais arcos.
Atirai-lhe, não poupeis as flechas,
pois ela pecou contra o Senhor.
15 Gritai contra ela, rodeando-a!
Ela já se submeteu;
caíram os seus fundamentos,
estão [l]derrubados os seus muros.
Visto que esta é a [m]vingança do Senhor,
vingai-vos dela;
conforme o que ela fez, fazei-lhe a ela.
16 Arrancai de Babilônia o que semeia
e o que leva a foice no tempo da sega.
Por causa da espada do opressor,
se virará cada um para o seu povo
e fugirá cada um para a [n]sua terra.
17 Cordeiro [o]desgarrado é Israel,
o qual os leões afugentaram.
O primeiro a devorá-lo foi o rei da [p]Assíria;
o último a quebrar-lhe os ossos foi
Nabucodonosor, rei de Babilônia.
18 Portanto, assim diz o Senhor dos Exércitos,
Deus de Israel:
Eu punirei o rei de Babilônia e a sua terra,
assim como castiguei o rei da [q]Assíria.
19 Mas farei [r]tornar Israel à sua morada,
e pastará no Carmelo e em Basã;
se fartará a sua alma
no monte de Efraim e em Gileade.
20 Naqueles dias, e naquele tempo, diz o Senhor,
se buscará a [s]maldade de Israel,
mas não será achada,
e os pecados de Judá,
mas não se acharão,
pois perdoarei aos que eu deixar de [t]resto.
21 **S**obe contra a terra de
[1]Merataim, sobe contra ela
e contra os moradores de [2u]Pecode.

[1] (50.21) *Dupla rebelião.*
[2] (50.21) *Castigo.*

Assola e inteiramente
destrói tudo após eles, diz o Senhor,
e faze conforme tudo o que te mandei.
22 Estrondo de batalha há na terra,
e de grande destruição!
23 Como foi cortado e quebrado
o [v]martelo de toda a terra!
Como se tornou Babilônia
em objeto de espanto entre as nações!
24 Laços te armei, e foste [w]presa, ó Babilônia,
e tu não o soubeste;
foste achada e apanhada
porque [x]contra o Senhor te opuseste.
25 O Senhor abriu o seu arsenal
e tirou dele as armas da sua indignação,
pois o Senhor, o Senhor dos Exércitos,
tem obra a realizar na terra dos caldeus.
26 Vinde contra ela dos confins da terra.
Abri os seus celeiros;
fazei dela montões.
Destruí-a de todo, e nada lhe
fique de resto.
27 Matai à espada a todos os seus novilhos,
desçam ao degoladouro!
Ai deles! Pois veio o seu dia,
o tempo do seu castigo.
28 Ouvi a voz dos que fugiram
e escaparam da terra de Babilônia
para anunciarem em Sião
a vingança do Senhor nosso Deus,
a vingança do seu templo.
29 **C**onvocai contra Babilônia os flecheiros,
todos os que manejam o arco.
Acampai-vos contra ela em redor,
que ninguém escape.
Pagai-lhe conforme a sua obra;
conforme tudo o que fez, fazei-lhe.
Pois ela [y]desafiou o Senhor,
o Santo de Israel.
30 Portanto, cairão os seus
jovens nas suas ruas;
todos os seus homens
de guerra serão silenciados
naquele dia, diz o Senhor.
31 Vê, eu sou contra ti, ó arrogante,
diz o Senhor Deus dos Exércitos,
pois chegou o teu dia,
o tempo em que te hei de [z]punir.
32 Então tropeçará a [a]arrogante
e cairá; ninguém haverá que a levante;
porei fogo às suas cidades,
o qual consumirá todos os seus arredores.
33 **A**ssim diz o Senhor dos Exércitos:
Os filhos de Israel e os filhos de Judá
são oprimidos juntamente.
Todos os que os levaram cativos os retêm,
recusam-se a soltá-los.

[v] Jr 51.20-24
[w] Dn 5.30,31
[x] Is 45.9
[y] Is 47.10; comp. Dn 4.37
[z] Jr 6.15
[a] Is 26.5; Ml 4.1
[b] Redenção (tipo do parente remidor): v. 34; Lm 3.58 (Gn 48.16; Is 59.20, nota)
[c] Is 51.22
[d] Jr 51.57
[e] Jr 25.20,24
[f] Jr 51.30
[g] Pv 11.4; Jr 49.4
[h] Jr 51.37
[i] Gn 19.24,25; Is 13.19; Jr 49.18
[j] Is 13.20
[k] Is 13.17,18
[l] Jr 51.31
[m] Jr 6.24
[n] Jó 41.10; Jr 49.19
[o] Jr 51.29

34 O seu [b]Redentor, porém, é forte,
o Senhor dos Exércitos é o seu nome.
Ele certamente pleiteará a [c]causa deles,
para dar descanso à terra
e inquietar os moradores de Babilônia.
35 A espada virá sobre os caldeus, diz o Senhor,
e sobre os moradores de Babilônia,
sobre os seus oficiais e sobre
os seus [d]sábios.
36 A espada virá sobre os seus falsos profetas,
e ficarão insensatos.
A espada virá sobre os seus valentes,
e desmaiarão.
37 A espada virá sobre os seus cavalos,
sobre os seus carros e sobre
[e]todo o povo misto que está no meio dela,
e eles serão como [f]mulheres.
A espada virá sobre os seus
[g]tesouros, e serão saqueados.
38 Cairá a seca sobre as suas águas, e secarão.
Pois é uma terra de ídolos,
ídolos que enlouquecerão de terror.
39 De sorte que habitarão
nela [h]feras do deserto e hienas,
também habitarão nela as corujas.
Nunca mais será povoada,
nem será habitada de geração em geração.
40 [i]Como quando Deus transtornou
a Sodoma e a Gomorra,
e aos seus vizinhos, diz o Senhor,
assim ninguém [j]habitará ali,
nem morará nela filho de homem.
41 **U**m povo vem vindo do norte;
uma grande nação e reis poderosos se
levantam dos confins da terra.
42 Estão armados de arco e lança;
são [k]cruéis e não conhecem a compaixão.
A sua voz brama como o mar,
e montam em cavalos;
vêm dispostos como homens para a batalha,
contra ti, ó filha de Babilônia.
43 O rei de Babilônia [l]ouviu a fama deles,
e desfaleceram as suas mãos.
A angústia se apoderou dele, dores,
como da que está [m]de parto.
44 Como leão, subirá das margens do Jordão
um inimigo contra a morada forte,
mas num momento o farei correr dali.
Ao escolhido porei sobre ela.
Quem é semelhante a mim?
Quem me pediria contas?
E quem é o pastor que
[n]subsistiria na minha presença?
45 Portanto, ouvi o conselho
que o Senhor decretou contra Babilônia
e os [o]desígnios que formou
contra a terra dos caldeus:

[p]Os mais novos do rebanho serão arrastados;
ele destruirá
completamente o seu pasto por causa deles.
46 Ao estrondo da tomada
de Babilônia estremecerá a terra;
o grito ressoará entre as nações.

Juízo do Senhor contra Babilônia pelos pecados cometidos contra Israel

51 **A**ssim diz o Senhor:
Levantarei um vento
destruidor contra [q]Babilônia
e contra os que habitam em Lebe-Camai.
2 Enviarei estrangeiros contra Babilônia,
que a peneirarão e esvaziarão a sua terra;
virão [r]contra ela em redor no
dia da calamidade.
3 O flecheiro não arme o seu arco
nem o coloque sobre a sua couraça.
Não poupeis a seus jovens;
destruí a todo o seu exército.
4 Cairão mortos na terra dos caldeus
e mortalmente feridos pelas ruas.
5 Pois Israel e Judá [s]não foram abandonados
por seu Deus, o Senhor dos Exércitos,
ainda que a sua terra esteja cheia de culpa
perante o Santo de Israel.
6 [t]Fugi do meio de Babilônia!
Livre cada um a sua vida!
Não sejais destruídos na sua maldade.
É o tempo da vingança do Senhor;
ele lhe dará a sua paga.
7 **B**abilônia era uma [u]taça de ouro
nas mãos do Senhor;
ela embriagou toda a terra.
Do seu vinho beberam as [v]nações;
por isso agora [w]enlouqueceram.
8 [x]Num momento cairá Babilônia
e ficará arruinada.
[y]Gemei sobre ela!
Tomai bálsamo para a sua
dor; talvez ela sare.
9 Teríamos curado Babilônia,
mas ela não pode ser curada;
deixai-a, e cada um vá para a sua terra,
pois o seu juízo chegou até o céu e se
elevou até as mais altas nuvens.
10 O Senhor [z]trouxe a nossa justiça à luz;
vinde e contemos em Sião
a obra do Senhor nosso Deus.
11 **A**guçai as flechas, preparai os escudos!
O [a]Senhor despertou o espírito dos
reis da Média,
porque o seu [b]intento contra Babilônia
é para a destruir.
Esta é a [c]vingança do Senhor,
a vingança do seu templo.

12 [d]Hasteai a bandeira sobre os
muros de Babilônia!
Reforçai a guarda, colocai sentinelas,
preparai as ciladas!
O Senhor [e]executará o seu propósito,
o seu decreto contra os moradores
de Babilônia.
13 Ó tu, que habitas sobre muitas águas,
rica de tesouros,
chegou o teu fim, a medida da tua avareza.
14 Jurou o Senhor dos Exércitos por si mesmo:
Certamente te encherei
de homens, como de um enxame de gafanhotos,
e eles gritarão em triunfo sobre ti.
15 [f]**E**le fez a terra com o seu poder;
ele fundou o mundo com a sua sabedoria
e [g]estendeu os céus com o seu entendimento.
16 Fazendo ele ouvir a sua voz,
grande estrondo de águas há nos céus,
e sobem os vapores desde
os confins da terra.
Envia os relâmpagos com a
chuva e tira o vento dos seus tesouros.
17 Embruteceu-se todo homem
e não tem conhecimento;
todo [h]ourives é envergonhado pelas suas
imagens de escultura.
Suas imagens de fundição são mentira,
e não há vida em nenhuma delas.
18 Vaidade são, obra de enganos;
no tempo em que eu as [i]castigar perecerão.
19 Não é semelhante a estes a porção de Jacó,
pois ele é o Criador de todas as coisas,
e Israel é a tribo da sua herança;
o Senhor dos Exércitos é o seu nome.
20 **T**u és o meu [j]martelo
e as minhas armas de guerra;
contigo despedaço nações,
contigo destruo os reis;
21 contigo despedaço o cavalo e o seu cavaleiro,
contigo despedaço o carro e o que vai nele;
22 contigo despedaço o homem e a mulher,
contigo despedaço o velho e o moço;
contigo despedaço o jovem e a virgem,
23 contigo despedaço o pastor e o seu rebanho;
contigo despedaço o [k]lavrador
e a sua junta de bois,
contigo despedaço os
governantes e os oficiais.
24 Pagarei a Babilônia e a todos os moradores
da Caldeia toda a sua maldade, que fizeram em
Sião, à vossa vista, diz o Senhor.
25 Estou contra ti, [l]ó monte destruidor, diz o Senhor,
tu que destróis toda a terra.
Estenderei a minha mão contra ti,
e te revolverei das rochas;
e farei de ti um monte incendiado.

[p] Jr 49.19,20
[q] Is 47.1; Jr 50.1
[r] Jr 50.14
[s] Jr. 33.24-26; 46.28
[t] Jr 50.8; comp. Ap 18.4
[u] Comp. Ap 17.4
[v] Comp. Ap 18.3
[w] Jr 25.15,16
[x] Is 21.9; Jr 50.2; comp. Ap 14.8; 18.2
[y] Comp. Ap 18.9
[z] Sl 37.6
[a] Is 13.17
[b] Jr 50.45
[c] Jr 50.28
[d] v. 27; Na 2.1; 3.14
[e] v. 1-4
[f] v. 15-19; Jr 10.12-16
[g] Jó 9.8; Sl 104.2; Is 40.22
[h] Jr 10.14
[i] Jr 48.44
[j] Comp. Is 10.5,15; Jr 50.23
[k] Am 5.16
[l] Zc 4.7; veja Is 13.1, nota

26 Não tomarão de ti pedra para esquina,
nem pedra para fundamentos,
pois te tornarás em perpétua [m]desolação,
diz o Senhor.
27 **H**asteai a bandeira na terra!
Tocai trombeta entre as nações!
Preparai as [n]nações contra ela,
convocai contra ela os reinos de Arará,
Mini, e Asquenaz.
Ordenai contra ela um comandante;
fazei subir cavalos,
como um enxame de gafanhotos.
28 Preparai contra ela as nações,
os reis da Média, os seus governantes,
todos os seus oficiais
e toda a terra do seu domínio.
29 A terra se estremece e se contorce,
pois cada um dos [o]desígnios
do Senhor está firme contra Babilônia,
para fazer da terra de
Babilônia uma desolação,
de modo que [p]ninguém nela habite.
30 Os valentes de Babilônia cessaram de pelejar;
permanecem nas fortalezas.
Desfaleceu a sua força;
tornaram-se como mulheres.
Incendiadas estão as suas moradas;
quebrados estão os seus ferrolhos.
31 Um emissário corre ao encontro
de outro emissário, e um mensageiro,
ao encontro de outro mensageiro,
para anunciar ao rei de Babilônia
que toda a sua cidade foi tomada,
32 os vaus estão ocupados,
a vegetação dos pântanos queimadas a fogo,
e os homens de guerra assombrados.
33 **A**ssim diz o Senhor dos Exércitos,
o Deus de Israel:
A filha de Babilônia é a [q]eira
no tempo da debulha;
ainda um pouco,
e o tempo da colheita lhe virá.
34 Nabucodonosor, rei de Babilônia, devorou-nos,
pisou-nos, fez de nós um [r]vaso vazio.
Como serpente nos tragou,
encheu o seu ventre das nossas iguarias finas
e então nos lançou fora.
35 A violência que se fez a nós e à nossa
descendência venha sobre Babilônia,
diga a moradora de Sião.
Caia o nosso sangue sobre os moradores
da Caldeia, diga Jerusalém.
36 Portanto, assim diz o Senhor:
Eu [s]pleitearei a tua causa
e te vingarei da vingança
que se tomou contra ti; secarei o seu mar
e farei que se esgote o seu manancial.

[m] Jr 50.26,40
[n] Jr 50.9
[o] Jr 50.45
[p] Is 13.20
[q] Is 21.10; Dn 2.35
[r] Is 24.1
[s] Sl 140.12; Jr 50.34
[t] Is 13.22; Jr 50.39; comp. Ap 18.2
[u] Jr 49.33
[v] Jr 44.22
[w] Jr 25.26
[x] Is 13.19; Jr 49.25; Dn 4.30
[y] Comp. Is 8.7,8
[z] Jr 59.39,40
[a] Is 13.20
[b] Jr 50.2
[c] v. 6; Jr 50.8; comp. Ap 18.4
[d] Comp. Gn 19.12-16; At 2.40
[e] Comp. Mt 24.6,7
[f] Is 21.9; Jr 50.2
[g] Is 44.23; 48.20; 49.13; comp. Ap 18.20
[h] Dt 4.29-31; Ez 6.9

37 Babilônia se tornará em montões,
[t]morada de [u]chacais,
objeto de [v]espanto e assobio,
sem um só habitante.
38 Juntos rugirão como filhos dos leões,
rosnarão como filhotes de leões.
39 Estando eles excitados,
lhes darei a sua bebida e os embriagarei,
para que andem saltando;
mas dormirão um perpétuo
sono e não acordarão, diz o Senhor.
40 Eu os farei descer como
cordeiros ao matadouro,
como carneiros e bodes.
41 **C**omo será tomada [w]Sesaque,
e [x]apanhada de surpresa a
glória de toda a terra!
Como se tornará Babilônia
um objeto de espanto entre as nações!
42 O [y]mar subirá sobre Babilônia;
com a multidão das suas ondas a cobrirá.
43 As suas [z]cidades se tornarão em desolação,
terra seca e deserta,
terra em que [a]ninguém habita,
nem por ela passa filho de homem.
44 Punirei a [b]Bel em Babilônia
e tirarei da sua boca o que ele tragou.
Nunca mais virão a ele as nações.
E o muro de Babilônia cairá.
45 [c]**S**aí do meio dela, ó povo meu,
e [d]salve cada um a sua vida,
por causa do ardor da ira do Senhor.
46 Não se desfaleça o vosso coração,
nem temais pelo [e]rumor que se ouvir na terra;
virá num ano um rumor,
e depois noutro ano, outro rumor;
rumores de violência na terra,
e dominador contra dominador.
47 Pois certamente vêm os dias
em que punirei as [f]imagens de escultura
de Babilônia;
toda a sua terra será envergonhada,
e todos os seus mortos
ficarão caídos no meio dela.
48 Então os [g]céus e a terra,
com tudo o que neles há,
jubilarão sobre Babilônia,
pois do norte lhe virão os destruidores,
diz o Senhor.
49 Como Babilônia fez cair
os trespassados de Israel,
assim em Babilônia cairão
os trespassados de toda a terra.
50 **V**ós, que escapastes da espada,
ide-vos, não pareis!
De longe [h]lembrai-vos do Senhor,
e suba Jerusalém ao vosso coração.

51 Direis: Envergonhados estamos,
pois ouvimos insultos;
a vergonha cobriu o nosso rosto,
porque [i]vieram estrangeiros
sobre os santuários da casa do Senhor.
52 Vêm dias, porém, diz o Senhor,
em que punirei as suas
imagens de escultura,
e gemerá o ferido em toda
a sua terra.
53 [j]Ainda que Babilônia subisse aos céus,
e ainda que fortificasse a
sua fortaleza altiva, de mim viriam
destruidores sobre ela, diz o Senhor.
54 **O** som de um clamor vem de Babilônia,
som de grande destruição,
da terra dos caldeus.
55 O Senhor destruirá Babilônia;
fará perecer nela a sua grande voz.
As ondas do inimigo bramarão
como muitas águas;
se ouvirá o ruído da sua voz.
56 O destruidor virá sobre Babilônia;
os seus valentes serão presos,
e os seus arcos serão quebrados.
Pois o Senhor, Deus das
recompensas,
certamente lhe [k]retribuirá.
57 Embriagarei os seus oficiais,
os seus [l]sábios, os seus governadores,
os seus magistrados e os seus valentes;
dormirão um sono
perpétuo e não acordarão,
diz o [m]Rei, cujo nome é o
Senhor dos Exércitos.
58 Assim diz o Senhor dos Exércitos:
Os largos muros de Babilônia
serão totalmente [n]derrubados,
e as suas altas portas serão
abrasadas pelo fogo;
trabalham os povos em vão,
e o [o]trabalho das nações é
combustível para o fogo.

59 **P**alavra que Jeremias, o profeta, mandou a Seraías, filho de [p]Nerias, filho de Maaseias, quando ia com Zedequias, rei de Judá a Babilônia, no quarto ano do seu reinado. Seraías era o camareiro-mor.

60 [q]Escreveu Jeremias num livro todo o mal que havia de vir sobre Babilônia, todas estas palavras que estavam escritas acerca de Babilônia.

61 Disse Jeremias a Seraías: Quando chegares a Babilônia, vê que leias todas estas palavras.

62 Então dize: Ó Senhor, tu falaste a respeito deste lugar, que o havias de destruir, até não ficar nele morador algum, desde o homem até o animal, mas que se tornaria em [r]perpétuas desolações.

63 Quando acabares de ler este livro, [s]ata-o a uma pedra e lança-o no meio do Eufrates.

64 Então dize: Assim será afundada Babilônia, e não se levantará, por causa do mal que eu hei de trazer sobre ela. E o seu povo cairá. [t]Aqui terminam as palavras de Jeremias.

III. Suplemento histórico, 52

Apêndice: segundo relato da queda de Judá (comp. 2Rs 25.1-26; Jr 39.1-10)

52 [u]Era Zedequias da idade de vinte e um anos quando começou a reinar, e onze anos reinou em Jerusalém. O nome de sua mãe era Hamutal, filha de Jeremias, de [v]Libna.

2 Fez ele o que era mau aos olhos do Senhor, conforme tudo o que fizera Jeoiaquim.

3 Foi por causa da ira do Senhor que tudo isto aconteceu contra Jerusalém e Judá, e no final ele os lançou fora da sua presença. Ora, Zedequias [w]rebelou-se contra o rei de Babilônia.

4 Assim, no [x]nono ano do seu reinado, no [y]décimo mês, no décimo dia do mês, Nabucodonosor, rei de Babilônia, veio contra Jerusalém, ele e todo o seu exército. Acamparam-se contra ela e levantaram tranqueiras ao seu redor.

5 A cidade esteve cercada até o décimo primeiro ano do rei Zedequias.

6 No quarto mês, aos nove do mês, a fome prevalecia de tal maneira na cidade que o povo da terra não tinha pão.

7 Então foi aberta uma brecha na cidade, e todos os homens de guerra fugiram. Saíram de noite, pelo caminho da porta que está entre os dois muros perto do jardim do rei, embora os caldeus estivessem contra a cidade ao redor. Fugiram pelo caminho da [z]Arabá,

8 mas o exército dos caldeus perseguiu o rei Zedequias e o [a]alcançou nas campinas de Jericó. Todo o seu exército se espalhou, abandonando-o.

9 Prenderam o rei e o fizeram subir ao rei de Babilônia, a Ribla, na terra de Hamate, onde lhe pronunciou a sentença.

10 O rei de Babilônia degolou os filhos de Zedequias à sua vista, e também degolou a todos os oficiais de Judá em Ribla.

11 [b]Arrancou os olhos a Zedequias, atou-o com cadeias de bronze e o levou para Babilônia, onde o conservou na prisão até o dia da sua morte.

12 [c]**N**o quinto mês, no décimo dia do mês, no décimo nono ano do rei Nabucodonosor, rei de Babilônia, veio Nebuzaradã, comandante da guarda imperial, que assistia na presença do rei de Babilônia, a Jerusalém.

13 [d]Queimou a casa do Senhor, a casa do rei e todas as casas de Jerusalém. Incendiou todas as casas importantes.

[i] Sl 74.3-8; Jr 52.13; Lm 1.10
[j] Jr 49.16; Am 9.2; Ob 4
[k] v. 24; Sl 94.1; Jr 50.29
[l] Jr 50.35
[m] Jr 46.18; 48.15
[n] Jr 50.15
[o] Hc 2.13
[p] Jr 32.12
[q] Jr 36.2
[r] Is 13.20; 14.22,23; Jr 50.3
[s] Comp. Ap 18.21
[t] Comp. Jó 31.40; Sl 72.20
[u] 2Rs 24.18; 2Cr 36.11
[v] Js 10.29
[w] 2Cr 36.13
[x] Comp. Ez 24.1,2
[y] Veja Lv 23.2, nota
[z] Veja Dt 1.1, nota
[a] Jr 21.7; 32.4; 37.17; comp. 38.17
[b] Ez 12.13
[c] v. 12-21; 2Rs 25.8-21
[d] 2Cr 36.19; Is 64.11

14 O exército dos caldeus, que estava com o comandante da guarda imperial, derrubou todos os muros que rodeavam Jerusalém.

15 Os mais pobres do povo, a parte do povo que tinha ficado na cidade, os desertores que se haviam passado para o rei de Babilônia e o resto da multidão, Nebuzaradã, comandante da guarda, levou presos.

16 Dos mais pobres da terra, porém, Nebuzaradã, comandante da guarda, deixou ficar alguns, para vinhateiros e [e]lavradores.

17 **Q**uebraram [f]os caldeus as colunas de bronze que estavam na casa do Senhor, as bases e o mar de bronze que estavam na casa do Senhor, e levaram todo o bronze para Babilônia.

18 Também tomaram as caldeiras, as pás, os garfos, as bacias, os recipientes de incenso e todos os utensílios de bronze, com que se ministrava.

19 O comandante da guarda imperial tomou os copos, os incensários, as bacias, as caldeiras, os castiçais, os recipientes de incenso e as taças, tudo o que fosse de ouro puro ou de prata.

20 O bronze das duas colunas, do mar e dos doze bois de bronze, que estavam debaixo das bases, que fizera o rei Salomão para a casa do Senhor, era [g]incalculável.

21 Quanto às [h]colunas, a altura de cada uma era de dezoito [i]côvados, e doze côvados era a sua circunferência; era a sua espessura de quatro dedos, e era oca.

22 Havia sobre ela um capitel de bronze; a altura de um capitel era de cinco côvados, com uma rede e romãs sobre o capitel ao redor, tudo de bronze. Semelhante a esta era a outra coluna, com as romãs.

23 Havia noventa e seis romãs aos lados; as romãs [j]todas, sobre a rede e ao redor, eram cem.

24 Levou o comandante da guarda a [k]Seraías, o principal sacerdote, e a [l]Sofonias, o segundo sacerdote, e os três guardas da porta.

[e] Jr 31.24
[f] v. 17-20; Jr 27.19-22; comp. 1Rs 7.15-20
[g] 1Rs 7.47
[h] 1Rs 7.15; 2Rs 25.17; 2Cr 3.15
[i] Veja pesos e medidas (AT): 2Cr 2.10, nota
[j] 1Rs 7.20
[k] 2Rs 25.18
[l] Jr 21.1; 29.25
[m] 2Rs 24.12,14-16; comp. Ed 2.1-65; Ne 7.6-67; Dn 1.1-7
[n] v. 31-34; 2Rs 25.27-30
[o] Veja Lv 23.2, nota
[p] Comp. Gn 40.13-20
[q] Comp. 2Sm 9.13

25 Da cidade, levou o oficial que tinha a seu cargo a gente de guerra e a sete homens dos que viam a face do rei, que se acharam na cidade, como também ao escrivão-mor do exército, que registrava o povo da terra, e mais sessenta homens do povo da terra, que se achavam na cidade.

26 Tomando-os Nebuzaradã, comandante da guarda, trouxe-os ao rei de Babilônia, a Ribla.

27 O rei de Babilônia os feriu e os matou em Ribla, na terra de Hamate. Assim Judá foi levado da sua terra para o exílio.

28 [m]Este é o número do povo que Nabucodonosor levou cativo:
no sétimo ano, três mil e vinte e três judeus;
29 no décimo oitavo ano de
Nabucodonosor levou ele cativas de
Jerusalém oitocentas e trinta
e duas pessoas;
30 no vigésimo terceiro ano de Nabucodonosor,
Nebuzaradã,
comandante da guarda imperial,
levou cativos dentre os judeus,
setecentas e quarenta e cinco pessoas.
Todas as pessoas são quatro
mil e seiscentas.

31 [n]**N**o trigésimo sétimo ano do exílio de Joaquim, rei de Judá, no ano em que Evil-Merodaque começou a reinar em Babilônia, no dia vinte e cinco do [o]décimo segundo mês, [p]libertou do cárcere a Joaquim, rei de Judá.

32 Falou-lhe benignamente e pôs o seu trono acima do trono dos reis que estavam com ele em Babilônia.

33 Mudou-lhe as vestes do cárcere, e ele passou a [q]comer pão na presença do rei todos os dias da sua vida.

34 O rei de Babilônia garantiu a sua subsistência de contínuo, dia após dia, todos os dias da sua vida, até o dia da sua morte.

LAMENTAÇÕES

- **Autor:** Jeremias
- **Tema:** Lamentação por Jerusalém
- Escrito no 6º século a.C.

LAMENTAÇÕES, que é composto de cinco elegias lamentando a destruição de Jerusalém, é, sem dúvida, obra de Jeremias. Sua forma literária é, em grande parte, alfabética, em certo grau como em Sl 119. Assim, nos cap. 1 e 2, cada um dos 22 versículos começa com uma nova letra do alfabeto hebraico. No cap. 3, há 66 versículos, dispostos em 22 grupos de três versículos, cada um dos quais sucessivamente começa com uma nova letra. O quinto capítulo, embora não seja alfabético, contém 22 versículos numa métrica plangente em que, no hebraico, a segunda metade de cada versículo é mais curta que a primeira – algo que não se pode reproduzir com facilidade na tradução para um idioma moderno. Portanto, no hebraico original, essa métrica transmite um sombrio efeito de *diminuendo*.

A importância de Lamentações está em que a profunda compaixão de Jeremias por Jerusalém revela o amor e a tristeza do Senhor pelo povo que ele está castigando, uma aflição semelhante à expressa pelo Senhor Jesus Cristo em seu lamento sobre Jerusalém (Mt 23.37-39).

O livro pode ser dividido de acordo com seus capítulos, cada um dos quais contendo uma lamentação diferente.

A desolação de Jerusalém

1 Como jaz [a]solitária a cidade
outrora tão populosa!
[b]Tornou-se como viúva
a que foi grande entre as nações!
A [c]princesa entre as províncias
tornou-se escrava!
2 Amargamente chora de noite,
e as suas lágrimas lhe correm pelas faces.
Não há ninguém que a console
entre todos os seus amantes.
Todos os seus amigos a traíram
e se tornaram seus inimigos.
3 Depois de sofrer aflição e dura servidão,
[d]Judá foi para o exílio.
Habita entre as nações;
não acha [e]descanso.
Todos os seus perseguidores
a alcançaram nas suas angústias.
4 Os caminhos de Sião pranteiam,
pois não há quem venha à reunião solene.
Todas as suas portas estão [f]desoladas;
os seus sacerdotes gemem,
as suas virgens estão tristes,
e ela mesma tem amargura.
5 Os seus adversários a [g]dominaram;
os seus inimigos prosperam.
O Senhor a entristeceu,
[h]por causa da multidão dos seus pecados.
Os seus filhos foram para o exílio,
cativos na frente do adversário.
6 Da filha de Sião foi-se todo o esplendor.
Os seus príncipes são como cervos que não
acham [i]pasto,
e sem força fogem na frente do perseguidor.
7 Nos dias da sua aflição
e das suas rebeliões,
[j]lembra-se Jerusalém de
todas as suas mais
queridas coisas,
que teve nos tempos antigos.

[a] Is 3.26
[b] Is 47.7-9
[c] Ed 4.20
[d] Jr 52.27
[e] Dt 28.65; comp Mt 11.28-30
[f] Is 27.10
[g] Dt 28.44
[h] Jr 30.14,15; 52.28; Dn 9.7,16
[i] Comp. Jo 10.9
[j] Sl 137.1
[k] 1Rs 8.46
[l] Dt 32.29; Is 47.7; Jr 5.31
[m] Jr 51.51
[n] Dt 23.3
[o] Dn 9.12
[p] Ez 12.13; 17.20

Quando o seu povo caiu nas
mãos do adversário,
ela não teve quem a socorresse.
Os seus adversários a viram
e zombaram da sua destruição.
8 [k]Jerusalém gravemente pecou,
por isso se fez imunda.
Todos os que a honravam
agora a desprezam,
pois viram a sua nudez;
ela própria geme e volta para trás.
9 A sua impureza pegou-se às suas saias;
ela não pensou no seu [l]futuro.
Foi espantosa a sua queda;
não houve quem a consolasse.
Vê, ó Senhor, a minha aflição,
pois o inimigo triunfou.
10 Estendeu o adversário a sua mão
a todas as coisas mais preciosas dela;
ela viu [m]entrar no seu santuário
as nações que [n]proibiste
entrar na tua congregação.
11 Todo o seu povo anda gemendo,
buscando o pão;
dão as suas coisas mais preciosas
a troco de mantimento para
restaurar as forças.
Vê, ó Senhor, e contempla,
pois sou desprezado.
12 Não vos comove isto a todos vós
que passais pelo caminho?
Olhai ao redor, e vede [o]se há dor igual
à minha dor,
que veio sobre mim,
com que me entristeceu o Senhor
no dia do furor da sua ira.
13 Do alto enviou fogo a meus ossos,
o qual se assenhoreou deles.
[p]Estendeu uma rede aos meus pés,
fez-me voltar para trás,
tornou-me desolada e enferma o dia todo.

14 Ele fez um [q]jugo com os meus pecados;
estão entretecidos,
subiram sobre o meu pescoço,
e ele abateu a minha força.
Entregou-me o Senhor nas mãos daqueles
aos quais não posso resistir.
15 O Senhor rejeitou todos
os meus valentes que estavam comigo;
convocou contra mim um ajuntamento,
para quebrantar os meus jovens.
O Senhor pisou como num [1]lagar
a virgem filha de Judá.
16 Por estas coisas choro,
e os meus olhos se desfazem em águas.
Afastou-se de mim o [r]consolador
que devia restaurar o meu espírito.
Os meus filhos estão desolados,
porque o inimigo prevaleceu.
17 Sião estende as suas mãos,
mas não há quem [s]a console.
O Senhor decretou acerca de Jacó
que [t]fossem inimigos
os que estão em redor dele;
Jerusalém é para eles como coisa imunda.
18 [u]Justo é o Senhor,
contudo me rebelei contra os
seus mandamentos.
Ouvi, todos os povos; vede a minha dor.
As minhas virgens e os meus jovens
foram levados para o exílio.
19 Chamei os meus aliados,
mas eles me enganaram.
Os meus sacerdotes e os meus anciãos
pereceram na cidade,
enquanto buscavam para si mantimento,
para restaurar as suas forças.
20 Olha, ó Senhor, quanto estou angustiada!
Turbadas estão as minhas entranhas,
o meu coração está transtornado
dentro em mim,
pois gravemente me rebelei.
Fora me desfilha a [v]espada;
dentro de mim há somente a morte.
21 Ouviram o meu gemido,
mas não há quem me console.
Todos os meus inimigos
souberam do meu mal;
[w]alegram-se com o que fizeste.
Em trazendo tu, porém, o [x]dia que anunciaste,
eles se tornarão semelhantes a mim.
22 Venha toda a sua iniquidade à tua presença;
[y]faze-lhes como fizeste a mim
por causa de todos os meus pecados.
Os meus gemidos são muitos,
e o meu coração está desfalecido.

[q] Dt 28.48
[r] Ec 4.1
[s] Jr 4.31
[t] 2Rs 24.2-4
[u] Sl 119.75; Dn 9.14
[v] Dt 32.25; Ez 7.15
[w] Sl 35.15; Jr 48.27; 50.11; Ob 12
[x] Is 13; Jr 46
[y] Sl 137.7,8; Jr 30.16
[z] Lm 3.44
[a] Comp. Mt 11.23
[b] Ez 43.7
[c] v. 17,21; Lm 3.43
[d] Sl 74.11
[e] Is 63.10
[f] 2Rs 25.9; Jr 52.13
[g] Sl 80.12; 89.40; Is 5.5; Jr 7.14
[h] Jr 52.13
[i] Is 43.28
[j] Ez 24.21
[k] Sl 74.3-8
[l] Jr 52.14
[m] 2Rs 21.13; Is 34.11
[n] Dt 28.36; 2Rs 24.15; 25.7; Lm 1.3; 4.20
[o] Mq 3.6

O dia da ira do Senhor

2 Como [z]cobriu o Senhor de nuvens,
na sua ira, a filha de Sião!
[a]Derrubou do céu à terra a glória de Israel,
e não se lembrou do [b]estrado de seus pés
no dia da sua ira.
2 Devorou o Senhor todas as moradas
de Jacó e [c]não se apiedou;
derrubou no seu furor
as fortalezas da filha de Judá.
Abateu até a terra o seu reino
e os seus líderes.
3 Cortou no furor da sua ira
toda a força de Israel.
Retirou a sua [d]destra de diante do inimigo.
Ardeu em Jacó como labareda de fogo
que a tudo consome em redor.
4 [e]Entesou o seu arco como inimigo,
firmou a sua destra como adversário
e matou todo o que era formoso à vista;
derramou a sua indignação
como fogo na tenda da filha de Sião.
5 Tornou-se o Senhor como inimigo;
devorou Israel,
devorou a todos os seus palácios
e [f]destruiu as suas fortalezas.
Multiplicou na filha de Judá
a lamentação e a tristeza.
6 [g]Arrancou a sua morada com violência,
como se fosse um jardim;
destruiu a sua [h]congregação.
O Senhor em Sião pôs em
esquecimento as festas e o sábado;
na indignação da sua ira
rejeitou com [i]desprezo o rei e o sacerdote.
7 Rejeitou o Senhor o seu altar
e [j]abandonou o seu santuário.
Entregou nas mãos do inimigo
os muros dos seus palácios;
deram [k]gritos na casa do Senhor,
como em dia de festa.
8 Decidiu o Senhor destruir
o [l]muro da filha de Sião.
[m]Estendeu a trena
e não retirou a sua mão destruidora.
Fez gemer o antemuro e o muro;
juntos se enfraqueceram.
9 As suas portas afundaram-se na terra;
ele destruiu e quebrou as suas trancas.
O seu [n]rei e os seus líderes
estão entre as nações onde já não há lei,
e os seus profetas já não [o]recebem
visão alguma do Senhor.
10 Os anciãos da filha de Sião
estão sentados na terra, silenciosos;

[1] (1.15) O lagar é, por vezes, utilizado como símbolo de julgamento divino (Is 63.3; Ap 14.19,20; 19.15).

lançam pó sobre as suas cabeças,
cingidos de pano de saco.
As virgens de Jerusalém
abaixaram a cabeça até a terra.
11 **C**onsomem-se os [p]meus olhos com lágrimas,
turbadas estão as minhas entranhas;
o meu fígado se derrama pela
terra por causa da destruição
da filha do meu povo,
pois desfalecem os meninos
e as crianças de peito pelas ruas da cidade.
12 Dizem a suas mães:
Onde há trigo e vinho?
Enquanto isso, desfalecem como o ferido
pelas ruas da cidade,
derramando-se a sua alma nos braços
de suas mães.
13 Que [q]posso dizer-te?
A quem te compararei,
ó filha de Jerusalém?
A quem te assemelharei,
para te consolar,
ó virgem filha de Sião?
Grande como o mar é a tua ferida.
Quem te poderá curar?
14 Os teus [r]profetas viram para ti
falsidade e [s]insensatez;
não [t]manifestaram o teu pecado,
para afastarem o teu exílio.
Os oráculos que te deram eram falsos e vãos.
15 [u]Todos os que passam pelo
caminho batem palmas,
assobiam e meneiam a cabeça
sobre a filha de Jerusalém, dizendo:
É esta a cidade que era chamada
a [v]perfeição da formosura,
a alegria de toda a terra?
16 Todos os teus inimigos
abrem a boca contra ti;
assobiam, rangem os dentes e dizem:
Nós a devoramos.
Certamente este é o [w]dia que esperávamos;
achamo-lo, vimo-lo.
17 O Senhor fez o que [x]intentou;
cumpriu a sua [1]palavra,
que decretou desde os dias
da antiguidade.
Derrubou e não se apiedou;
fez que o inimigo se alegrasse
por tua causa,
exaltou o poder dos teus adversários.
18 **O** coração do povo clama ao Senhor:
Ó muralha da filha de Sião,
[y]corram as tuas lágrimas como um ribeiro,
de dia e de noite;
não te dês descanso, nem parem de chorar
as meninas de teus olhos.
19 Levanta-te, clama de noite
no princípio das vigílias;
[z]derrama o teu coração
como águas diante da face do Senhor.
Levanta a ele as tuas mãos
em favor de teus filhos
que desfalecem de fome à
entrada de todas as ruas.
20 **V**ê, ó Senhor, e considera:
A quem fizeste assim?
[a]Deverão as mulheres comer
seus próprios filhos,
as crianças que trazem nos braços?
Ou o sacerdote e o profeta deverão ser
assassinados no santuário do Senhor?
21 Jazem em terra pelas ruas o moço e o velho;
as minhas virgens e os meus
jovens caíram à [b]espada.
Tu os mataste no dia da tua ira;
tu os degolaste e não te apiedaste deles.
22 Convocaste de toda parte
terrores contra mim,
como convocas um dia de festa.
No dia da ira do Senhor,
não houve quem escapasse
ou sobrevivesse;
aqueles que eu trouxe nas mãos e sustentei,
o meu inimigo os [c]destruiu.

Jeremias descreve sua aflição

3 Eu sou o homem que viu a [d]aflição
pela vara do seu furor.
2 Ele me levou e me fez andar
nas trevas, e não na luz.
3 Deveras ele volveu a sua
mão contra mim o dia todo.
4 [e]Fez envelhecer a minha carne e a minha pele,
e quebrou os meus ossos.
5 Levantou trincheiras contra mim
e me cercou de amargura e trabalho.
6 Fez-me [f]habitar em lugares tenebrosos,
como os que estavam mortos há muito.
7 [g]Cercou-me com um muro, e não posso sair;
agravou os meus grilhões.
8 [h]Ainda quando clamo e grito,
ele exclui a minha oração.
9 Fechou os meus caminhos
com pedras lavradas,
fez tortuosas as minhas veredas.
10 Como o urso de emboscada,
como o leão em esconderijos,
11 ele desviou os meus caminhos,
fez-me em pedaços e me deixou desolado.

[p] Sl 6.7; Lm 3.48
[q] Lm 1.12; Dn 9.12
[r] Jr 23.33-36
[s] Jr 23.25-29; 29.8,9; 37.19
[t] Comp. Is 58.1
[u] 1Rs 9.8; Jr 18.16; Na 3.19
[v] Sl 48.2; 50.2; Ez 16.14
[w] Lm 1.21; Ob 12-15
[x] Sl 89.42; Ez 5.11; comp. Dt 32.4; Sl 33.11
[y] Jr 14.17; Lm 1.16
[z] Sl 62.8
[a] Lv 26.29; Dt 28.53; Jr 19.9; Lm 4.10; Ez 5.10
[b] Jr 18.21
[c] Jr 16.2-4; 44.7
[d] Comp. Jr 15.15-18
[e] Jó 16.8
[f] Sl 88.5,6; 143.3
[g] Jó 3.23; 19.8; Os 2.6
[h] Jó 30.20; Sl 22.2

[1] (2.17) Por vezes, Deus deve agir com juízo soberano a fim de cumprir sua palavra. Comp. Lv 26.16; Dt 28.15.

12 [i]Entesou o seu arco e me
pôs como alvo à flecha.
13 Fez entrar no meu coração
as flechas da sua aljava.
14 Fui [j]feito um objeto de
vergonha para todo o meu povo,
e a sua canção o dia todo.
15 [k]Fartou-me de amarguras
e saciou-me de fel.
16 Quebrou com pedrinhas
de areia os meus dentes;
cobriu-me de cinza.
17 Fui privado de paz;
esqueci-me do que seja a prosperidade.
18 Então eu disse: Pereceu a minha força,
como também a minha esperança
no Senhor.
19 **L**embra-te da minha aflição e do meu pranto,
do pesar e da amargura.
20 Minha alma certamente se lembra e se abate
dentro em mim.
21 Entretanto, disto me recordo,
e, portanto, [l]tenho esperança:

Jeremias lembra a fidelidade de Deus

22 [1][m]**A**s misericórdias do Senhor
são a causa de não sermos consumidos,
pois [n]as suas misericórdias não têm fim.
23 [o]Novas são a cada manhã;
grande é a tua fidelidade.
24 A minha [p]porção é o Senhor,
diz a minha alma;
portanto [q]esperarei nele.
25 Bom é o Senhor para os que nele [r]esperam,
para a alma que o busca.
26 Bom é ter esperança
e [s]aguardar em silêncio a salvação do Senhor.
27 Bom é para o homem
suportar o jugo na sua mocidade.
28 Assente-se solitário e fique em silêncio,
porque Deus o pôs sobre ele.
29 Esconda o rosto no pó;
talvez ainda haja esperança.
30 Dê a sua face ao que o [t]fere;
farte-se de afronta.
31 [u]Pois o Senhor não rejeitará para sempre.
32 Embora entristeça a alguém,
usará de compaixão
segundo a grandeza das
suas misericórdias.
33 [v]Pois não aflige nem entristece
de bom grado aos filhos dos homens.
34 Pisar debaixo dos pés
a todos os presos da terra,

[i] Jó 7.20; 16.12; Sl 38.2
[j] Jr 20.7
[k] Jr 9.15
[l] Sl 130.7
[m] Ml 3.6
[n] Sl 78.38; Jr 3.12; 30.11
[o] Is 33.2
[p] Sl 16.5; 73.26; 119.57; Jr 10.16
[q] Jr 17.17; Mq 7.7
[r] Sl 130.6; Is 30.18
[s] Êx 14.13; Is 7.4; Rm 4.16-18; comp. 1Pe 1.13
[t] Comp. Mt 27.30; Mc 15.19; Lc 22.63; Jo 18.22
[u] Sl 77.7; 94.14; Is 54.7-10
[v] Is 28.21; Ez 33.11; Hb 12.10
[w] Hc 1.13
[x] Tg 3.10,11
[y] 1Co 4.13
[z] Lm 2.16
[a] Jr 14.17; Lm 2.11
[b] Is 63.15
[c] Sl 130.1; Jn 2.2
[d] Jr 38.6-13
[e] Tg 4.8
[f] Is 41.10,14; Dn 10.12

35 perverter o direito do homem
perante a face do Altíssimo,
36 privar o homem de justiça,
não o veria o Senhor?
37 Quem é aquele que diz, e assim acontece,
quando [w]o Senhor não o mande?
38 [x]Não é da boca do Altíssimo
que saem o mal e o bem?
39 De que se queixa o homem vivente?
Queixe-se cada um dos seus pecados.

Uma convocação ao autoexame e à confissão

40 **E**xaminemos os nossos caminhos,
experimentemo-los,
e voltemos para o Senhor.
41 Levantemos o nosso coração
e as nossas mãos para Deus
nos céus, dizendo:
42 Nós pecamos e fomos rebeldes,
e tu não nos perdoaste.
43 Cobriste-nos de ira e nos perseguiste;
mataste, não perdoaste.
44 Cobriste-te de nuvens,
de modo que a nossa oração não passa.
45 [y]Como cisco e refugo
nos puseste no meio dos povos.
46 Todos os nossos inimigos
[z]abriram a boca contra nós.
47 Temor e cova vieram sobre
nós, ruína e destruição.
48 Torrentes de [a]águas correm dos meus olhos,
por causa da destruição da
filha do meu povo.
49 Os meus olhos choram sem parar,
sem descanso,
50 [b]até que o Senhor atente e veja desde os céus.
51 O que eu vejo entristece a minha alma,
por causa de todas as filhas da minha cidade.

Experiência de Jeremias na prisão

52 **C**omo ave me caçaram
os que são meus inimigos sem motivo.
53 Tentaram acabar com
a minha vida na cova
e lançaram pedras sobre mim;
54 as águas correram sobre a minha cabeça,
e eu disse: Estou perdido.
55 [c]Invoquei o teu nome, ó Senhor,
desde a mais [d]profunda cova.
56 Ouviste a minha voz:
Não escondas o teu ouvido ao meu gemido,
ao meu clamor.
57 [e]Tu te aproximaste no dia em que te invoquei
e disseste: [f]Não temas.

---

[1] (3.22) Esta bela passagem (v. 22-27) expressa uma nota de esperança em meio à tristeza e ao desalento do livro. Nem a dor pode cegar o profeta para a constante fidelidade do Senhor (comp. tb. v. 31-33,40,41,55-58).

58 Pleiteaste, Senhor, os pleitos da minha alma,
[g]remiste a minha vida.
59 Viste, ó Senhor, a injustiça que me fizeram.
Julga a minha causa!
60 Viste a profundeza da sua vingança,
todos os seus pensamentos contra mim.
61 Ouviste as suas afrontas, Senhor,
todos os seus pensamentos contra mim;
62 os lábios e os [h]pensamentos
dos que se levantam
contra mim o dia todo.
63 Contempla-os! Sentados ou de pé,
eu sou a sua canção.
64 Tu lhes [i]darás a recompensa, ó Senhor,
conforme a obra das suas mãos.
65 Põe um véu sobre o seu coração,
seja a tua maldição sobre eles.
66 Persegue-os na tua ira,
e destrói-os debaixo dos céus do Senhor.

Os horrores do cerco de Jerusalém

4 Como se [j]escureceu o ouro,
como se mudou o ouro fino e bom!
As pedras do santuário estão espalhadas
pelas esquinas de todas as ruas!
2 Os preciosos filhos de Sião,
comparáveis a puro ouro, como são agora
reputados por [k]objetos de barro,
obra das mãos do oleiro!
3 Até os chacais abaixam o peito
e dão de mamar aos seus filhos,
mas a filha do meu povo tornou-se cruel
como os avestruzes no deserto.
4 A língua do que mama fica
pegada pela sede ao céu da boca;
os meninos pedem pão,
mas ninguém lhes dá.
5 Os que comiam iguarias
delicadas desfalecem nas ruas.
Os que se criaram entre escarlata
abraçam os monturos.
6 Maior é a maldade da filha
do meu povo do que o [l]pecado de Sodoma,
[m]que foi subvertida num momento,
sem que mão alguma lhe ajudasse.
7 Os seus príncipes eram
mais alvos do que a neve,
eram mais brancos do que o leite,
eram mais ruivos de corpo do que o coral,
e a sua aparência como a safira.
8 Agora, porém, escureceu-se
o seu parecer mais do que a fuligem;
não são reconhecidos nas ruas.
A sua pele se lhes pegou aos ossos;
secou-se, tornou-se como um pau.

[g] Redenção (tipo do parente remidor): v. 58; Os 13.4 (Gn 48.16; Is 59.20, nota)
[h] v. 14
[i] Sl 28.4; Jr 11.20; 2Tm 4.14
[j] Comp. Ez 7.19-22
[k] Is 30.14; Jr 19.11; 2Co 4.7
[l] Ez 16.48
[m] Gn 19.24,25
[n] Lv 26.39
[o] Jr 16.4
[p] Dt 28.56,57
[q] Dt 28.53-55; 2Rs 6.29; Jr 19.9; Lm 2.20
[r] Jr 7.20
[s] Dt 32.22; Jr 21.14
[t] Jr 21.13
[u] Jr 5.31; 6.13; 14.14; 23.11,21; 32.32; Ez 22.26,28; Sf 3.4
[v] Comp. Lv 13.45,46
[w] Ez 7.2,3,6; Am 8.2

9 Os mortos à espada são mais ditosos
do que os mortos pela fome;
estes se [n]esgotam como trespassados,
por falta dos frutos dos [o]campos.
10 As mãos das [p]mulheres piedosas
cozinharam seus próprios [q]filhos,
que lhe serviram de alimento
na destruição da filha do meu povo.
11 Deu o Senhor vazão ao seu furor;
[r]derramou o ardor da sua ira
e [s]acendeu fogo em Sião,
que consumiu os seus fundamentos.
12 Não creram os reis da terra,
nem todos os moradores do mundo,
que o adversário e o inimigo
[t]pudesse entrar
pelas portas de Jerusalém.
13 [u]Isso, porém, aconteceu
por causa dos pecados dos profetas
e das [1]maldades dos seus sacerdotes,
que derramaram o sangue dos justos
no meio dela.
14 Agora vagueiam como cegos pelas ruas.
Estão tão contaminados
de sangue que ninguém ousa tocar
nas suas roupas.
15 Desviai-vos! [v]Imundo! gritavam-lhes.
Desviai-vos! Desviai-vos!
Não nos toqueis!
Quando fogem e vagueiam,
dizem entre as nações:
Nunca mais morem aqui.
16 A ira do Senhor os dividiu;
ele nunca mais tornará a olhar para eles.
Não honraram a face dos sacerdotes,
nem se compadeceram dos velhos.
17 **O**s nossos olhos desfaleceram,
esperando em vão por socorro;
das nossas torres olhamos para uma nação
que não podia salvar.
18 Espreitaram os nossos passos,
de maneira que
não podíamos andar pelas nossas ruas.
Estava chegando o [w]nosso fim,
estavam cumpridos os nossos dias,
pois era chegado o nosso fim.
19 Os nossos perseguidores foram mais ligeiros
do que as aves dos céus;
sobre os montes nos perseguiram,
no deserto nos armaram ciladas.
20 O fôlego da nossa vida, o ungido do Senhor,
foi preso nas armadilhas
deles. Dele dizíamos:
Debaixo da sua sombra
viveremos entre as nações.

[1] (4.13) Os v. 13,14 são um exemplo dramático das consequências de longo alcance de uma liderança espiritual corrupta.

21 [x]**R**egozija-te e alegra-te, ó filha de [y]Edom,
que habitas na terra de [z]Uz.
O cálice, porém, chegará também para ti;
tu embebedarás, e te descobrirás.
22 O [a]castigo da tua maldade
está consumado, ó filha de Sião;
ele nunca mais te levará para o exílio.
Ele [b]punirá a tua maldade,
ó filha de Edom;
exporá os teus pecados.

Uma oração plangente diante do Senhor

5 Lembra-te, ó Senhor, do que nos sucedeu;
considera e olha para a nossa humilhação.
2 A [c]nossa herança passou a estranhos,
e as nossas casas a estrangeiros.
3 Órfãos somos sem pai,
nossas mães são como [d]viúvas.
4 A nossa água por dinheiro a bebemos,
por preço vem a nossa lenha.
5 [e]Os nossos perseguidores
estão sobre os nossos pescoços;
estamos cansados e não temos descanso.
6 Submetemo-nos aos egípcios e à [f]Assíria,
para nos fartarem de pão.
7 Nossos pais pecaram e já não existem,
e nós levamos as suas maldades.
8 Servos dominam sobre nós,
e ninguém há que nos arranque das suas mãos.
9 Com perigo de nossa vida
obtemos o nosso pão,
por causa da espada do deserto.

[x] Comp. Ec 11.9
[y] Sl 83.3-6; Jr 25.21,27; 49.7-22
[z] Veja Jó 1.1, nota
[a] Is 40.2
[b] Sl 137.7
[c] Sl 79.1
[d] Jr 15.8; 18.21
[e] Dt 28.48; Jr 28.14
[f] Jr 2.18; Os 5.13
[g] Lm 3.4
[h] Is 13.16; Zc 14.2
[i] Jz 16.21
[j] Jr 7.34
[k] Am 8.10
[l] Is 27.10
[m] Sl 9.7; 10.16; 29.10; 90.2; 102.12; 145.13; Hc 1.12
[n] Sl 80.3,7,19; Jr 31.18

10 Nossa pele está [g]abrasada como um forno,
por causa do ardor da fome.
11 [h]Forçaram as mulheres em Sião;
e as virgens, nas cidades de Judá.
12 Com as suas mãos enforcaram os líderes;
os velhos não receberam honra.
13 Os jovens são obrigados
a [i]trabalhar no moinho;
os meninos tropeçam
debaixo das cargas de lenha.
14 Os velhos já não se assentam na porta,
os jovens já não [j]cantam.
15 Cessou a alegria de nosso coração,
converteu-se em [k]lamentação
a nossa dança.
16 Caiu a coroa da nossa cabeça.
Ai de nós, pois pecamos.
17 Por isto desmaiou o nosso coração;
por isto se escureceram os nossos olhos.
18 Pelo monte de Sião, que está [l]assolado,
andam as raposas.
19 [m]**T**u, ó Senhor, reinas eternamente,
e o teu trono subsiste de
geração em geração.
20 Por que sempre te esqueces de nós?
Por que nos desamparas por tanto tempo?
21 [n]Restaura-nos, ó Senhor, a ti,
para que retornemos;
renova os nossos dias como dantes,
22 a menos que nos tenhas
rejeitado totalmente
e estejas sobremaneira irado contra nós.

EZEQUIEL

- **Autor**: Ezequiel
- **Tema**: Julgamento e glória
- Escrito no século VI a.C.

EZEQUIEL, um sacerdote cujo nome significa *Deus fortalecerá*, foi um dos exilados judeus levados para a Babilônia entre a primeira e a última deportação de Judá (2Rs 24.11-16). Seu livro o mostra como um homem de rigorosa integridade e propósito firme, totalmente dedicado à prática de sua religião sacerdotal. Assim como Daniel e o apóstolo João, Ezequiel profetizou fora da terra de Judá, e sua profecia, como a deles, emprega símbolos e visões. Diferentemente dos profetas pré-exílicos, cujo ministério principal foi em relação a Judá ou em relação às dez tribos, ou para ambos, Ezequiel foi a voz do Senhor para "toda a nação de Israel". Em notável contraste com Jeremias, todo o conteúdo da profecia de Ezequiel está ordenado cronologicamente tal como Deus o foi revelando.

Em termos gerais, o propósito do ministério de Ezequiel foi manter presentes diante da geração nascida no exílio os pecados nacionais de Israel (p. ex., Ez 14.23); o propósito também foi manter a fé dos exilados por meio de profecias de restauração nacional, de execução de justiça sobre os opressores e de glória nacional sob o reino davídico.

Note-se que a glória do Senhor abandonou a cidade exatamente antes da destruição de Jerusalém (11.23); essa glória retornará a Jerusalém no período milenar (43.2).

O livro pode ser dividido da seguinte maneira: I. A vocação de Ezequiel, 1–3. II. Advertências do juízo sobre Jerusalém, 4–24. III. Juízos sobre as nações gentias, 25–32. IV. A responsabilidade de Ezequiel como atalaia, 33. V. Predições dos eventos do final desta dispensação, quando Israel estará novamente em sua própria terra, 34–39. VI. O templo do milênio e a adoração, 40.1–47.12. VII. A divisão da terra durante o milênio, 47.13–48.35.

I. A vocação de Ezequiel, 1–3

Circunstâncias da primeira visão de Ezequiel: a glória do Senhor

1 **No** trigésimo ano, no [a]quarto mês, no quinto dia do mês, estando eu no meio dos cativos [b]junto ao rio [c]Quebar, [d]abriram-se os céus, e eu vi visões de Deus.

2 No [e]quinto dia do mês, no quinto ano do exílio do rei Joaquim,

3 veio expressamente a palavra do Senhor a Ezequiel, filho de Buzi, o [1]sacerdote, na terra dos caldeus, junto ao rio Quebar, e ali esteve sobre ele a [f]mão do Senhor.

4 Olhei e vi um vento tempestuoso que vinha do norte, e uma grande nuvem, com um fogo que emitia labaredas de contínuo, e um [2]resplendor ao redor dela. O centro do fogo tinha a aparência do brilho de metal,

5 e do meio do fogo saía a semelhança de quatro [3]seres viventes. Esta era a sua aparência: tinham a semelhança de homem;

6 cada um tinha quatro rostos, como também cada um deles quatro asas.

7 As suas pernas eram direitas, e as plantas dos seus pés como a planta do pé de um bezerro, que luziam como o brilho de bronze polido.

8 Tinham mãos de homem debaixo das suas asas, aos quatro lados; assim todos os quatro tinham seus rostos e suas asas,

9 e as suas asas uniam-se uma à outra. Não se viravam quando andavam; cada qual andava para [g]adiante de si.

[a] Veja Lv 23.2, nota
[b] v. 3; Ez 3.15,23; 10.15
[c] Um rio entre o rio Eufrates e o Tigre
[d] Mt 3.16; At 7.56; Ap 4.1
[e] 2Cr 36.5-8
[f] 1Rs 18.46; 2Rs 3.15; Ez 3.14,22; 8.1; 33.22; 37.1; 40.1
[g] Ez 10.20-22

[1] (1.3) Como Ezequiel era sacerdote, é possível encontrar indícios sacerdotais em toda a sua profecia. Suas visões da glória divina (cap. 1 e 10) recordam a *Shekiná* no sistema mosaico. As distintas fases do afastamento da glória (cap. 8–11) são descritas por alguém que estava familiarizado com a ordem sacerdotal. Os cap. 40–48 estão formulados de maneira que se tornam compreensíveis apenas no âmbito dos ofícios levíticos. Há até mesmo detalhes do sacerdócio, tais como a proibição da contaminação do sacerdote (4.13ss.) e da profanação do sábado (20.12ss.; 22.8).

[2] (1.4) No exílio, sem poder ver a glória do templo de Deus na terra, rodeado pela pompa da idolatria, Ezequiel teve uma visão da majestade e da maravilha da glória de Deus. Essa visão mostrou que o seu Deus era mais majestoso do que qualquer coisa que se pudesse encontrar no paganismo. A visão também deixou gravada em sua mente a grandeza do Deus de Israel, o Deus invisível. A visão mostrou que os acontecimentos do mundo não são dirigidos por leis impessoais da natureza, mas por um Espírito vivo (v. 20,21). Acima da confusão dos planos do homem, a voz de Deus fala com autoridade (v. 24). As quatro faces na visão (v. 10) prefiguram os quatro aspectos em que Deus se revelaria quando tomasse a forma humana como o Messias. À direita está o leão, símbolo de dignidade real (Mateus). À esquerda está o boi, símbolo do Servo (Marcos). O rosto de um homem representa a perfeita humanidade do Messias (Lucas). A águia, elevando-se ao alto, simboliza a divindade do Messias (João). Comp. tb. Ap 4.7.

[3] (1.5) Em 10.20, esses seres são identificados como querubins. Os querubins simbolizam a santa presença de Deus, que é inacessível. São os seres celestiais que guardam e vindicam a justiça de Deus (comp. Gn 3.24; Êx 26.1,31; 36.8,35), a misericórdia de Deus (comp. Êx 25.22; 37.9) e o governo de Deus (comp. 1Sm 4.4; Sl 80.1; 99.1; Ez 1.22,26). No Santo dos Santos, a glória de Deus habitava entre os querubins (Sl 80.1; comp. Êx 25.10-22). Alguns creem que os seres viventes de Apocalipse 4 são querubins (apesar das semelhanças com os querubins, observe a diferença quanto ao número de asas: Ez 1.6; 10.21; Ap 4.8; comp. Is 6.2). Essa diferença pode indicar que, quando se faz necessária uma revelação simbólica, esses seres podem apresentar-se de diferentes formas.

10 A [h]semelhança dos seus [i]rostos era como o rosto de homem, e à mão direita os [j]quatro tinham rosto de leão, e à esquerda tinham rosto de boi; também os quatro tinham rosto de águia.

11 Assim eram os seus rostos. As [k]suas asas se estendiam para cima; cada qual tinha duas asas unidas uma à outra, e duas cobriam os corpos deles.

12 Cada qual [l]andava para diante de si. [m]Para onde o espírito havia de ir, iam; não se viravam quando andavam.

13 Quanto à semelhança dos seres viventes, o seu parecer era como brasas de fogo ardentes, como uma aparência de tochas. Fogo corria por entre os seres viventes; resplandecia, e dele saíam relâmpagos.

14 Os seres viventes corriam, saindo e voltando à [n]semelhança de um raio.

15 **A**o olhar para os seres viventes, vi que havia uma roda na terra junto a eles, uma para cada um dos seus quatro rostos.

16 O aspecto das rodas e sua estrutura tinham o brilho do [o]berilo. Tinham as quatro a mesma aparência; era o seu aspecto e a sua estrutura, como se estivera uma roda no meio de outra roda.

17 Andando elas, iam em qualquer das quatro direções, sem se virar quando andavam.

18 Estas rodas eram altas e formidáveis; as quatro tinham os seus aros [p]cheios de olhos ao redor.

19 Andando os seres viventes, andavam as rodas ao lado deles; elevando-se os seres viventes da terra, elevavam-se também as rodas.

20 Para onde o espírito queria ir, iam; as rodas se elevavam em frente deles, porque o espírito da criatura vivente estava nas rodas.

21 Andando eles, andavam elas, e, [q]parando eles, paravam elas e, elevando-se eles da terra, elevavam-se também as rodas em frente deles, porque o espírito dos seres viventes estava nas rodas.

22 Sobre a cabeça dos seres viventes havia uma semelhança de firmamento, [r]brilhante como o cristal, estendido por [s]cima, sobre a sua cabeça.

23 Debaixo do firmamento estavam as suas asas direitas, uma em direção à outra; cada um tinha duas asas que lhe cobriam o corpo de um lado, e cada um tinha outras duas, que os cobriam do outro lado.

24 Ouvi o ruído das suas [t]asas enquanto andavam, como o [u]ruído de muitas águas, [v]como a voz do Onipotente; era o estrondo como de um exército. Parando eles, abaixavam as suas asas.

25 Ouviu-se uma voz por cima do firmamento, que estava por cima das suas cabeças; parando eles, abaixavam as suas asas.

26 **P**or cima do firmamento, que estava por cima das suas cabeças, havia uma semelhança de trono, como a [w]aparência de uma safira; sobre a semelhança do trono havia como que a semelhança de um [x]homem no alto, sobre [y]ele.

27 Vi como o brilho de um metal, como o aspecto do fogo pelo interior dele, desde a semelhança dos seus lombos, e daí para cima; desde a semelhança dos seus lombos, e daí para baixo, vi como a semelhança de fogo, e havia um resplendor ao redor dele.

28 [z]Como o aspecto do arco que aparece na nuvem no dia de chuva, assim era o aspecto do resplendor em redor. Este era o aspecto da semelhança da [a]glória do Senhor; vendo isso, [b]caí com o rosto em terra e ouvi a voz de quem falava.

A vocação de Ezequiel

2 Ele me disse: [1]Filho do homem, [c]põe-te em pé, e falarei contigo.

2 Então [d]entrou em mim o [e]Espírito, quando [f]falava comigo e me pôs em pé, e ouvi o que me falava.

3 Ele me disse: Filho do homem, eu te envio aos filhos de Israel, às nações rebeldes que se [g]rebelaram contra mim; eles e seus pais se revoltaram contra mim, até este mesmo dia.

4 Os filhos são rebeldes e [hh]obstinados de coração; eu te envio a eles, e lhes dirás: Assim diz o Senhor Deus.

5 E eles, quer ouçam quer deixem de [ii]ouvir, pois são nação [jj]rebelde, hão de saber que esteve no meio deles um profeta.

6 E tu, ó filho do homem, [kk]não os temas nem temas as suas palavras. Não temas ainda que sarças e espinhos te cerquem, e tu habites com escorpiões, não temas as suas palavras, nem te assustes com os seus rostos, porque são nação rebelde.

7 E tu, porém, lhes dirás as minhas palavras, quer ouçam quer deixem de ouvir, pois são rebeldes.

8 **Q**uanto a [ll]ti, porém, ó filho do homem, ouve o que eu te digo, não sejas rebelde como a nação rebelde; abre a tua boca e [mm]come o que eu te dou.

9 Então olhei, e vi uma mão que se estendia para mim. Nela estava um rolo.

10 Estendeu-o diante de mim, e ele estava escrito por dentro e por fora; nele se achavam escritas lamentações, suspiros e ais.

[h] Comp. Ap 4.7
[i] Ez 10.14
[j] Comp. Nm 2.3,10,18,25
[k] Comp. Is 6.2
[l] Ez 10.11
[m] v. 20
[n] Zc 4.10
[o] Dn 10.6
[p] Ez 10.12; Ap 4.6,8
[q] Comp. Nm 9.15-23
[r] Ap 4.6
[s] Ez 10.1
[t] Ez 3.13
[u] Ez 43.2; Ap 1.15
[v] Jó 37.4,5; Sl 29.3,4; 68.33
[w] Êx 24.10
[x] Evidentemente uma cristofania. Comp. Is 6.1; Jo 12.41
[y] Ez 8.2
[z] Ap 4.3; 10.1
[a] Ez 3.12,23
[b] Ez 3.23; Dn 8.17; At 9.4; Ap 1.17
[c] Dn 10.11
[d] Ez 3.24
[e] Espírito Santo (AT): 2.2; 3.12,14; Ez 3.24 (Gn 1.2; Zc 12.10)
[f] Inspiração: v. 2; Am 3.7 (Êx 4.15; 2Tm 3.16)
[g] Ez 5.6; 20.8,13,18
[hh] Is 48.4; Jr 5.3; 6.15
[ii] Is 6.9,10; Ez 3.11; comp. Mt 10.12-15
[jj] Ez 3.26
[kk] Is 51.12; Jr 1.8; Ez 3.9
[ll] Comp. Nm 20.10-13
[mm] Ez 3.1-3

[1] (2.1) A expressão “filho do homem” é um modo semítico comum de indicar um homem em particular (Sl 4.2; 57.4; 58.1; 144.3; Jr 49.18,33; 50.40; 51.43). Deus usa esse vocativo cerca de noventa vezes para dirigir-se a Ezequiel. Em Daniel 7.13, o termo é usado para indicar que um homem de verdade virá nas nuvens dos céus para receber um reino mundial. A partir deste uso em Daniel, o termo passou a ser usado para referir-se ao glorioso Messias, e, nesse sentido, Jesus o utilizou quase oitenta vezes nos Evangelhos e chamou a si mesmo “o Filho do homem”.

Ezequiel, o atalaia de Deus

3 **E** ele me disse: Filho do homem, come o que achares, come este rolo; então vai e fala à nação de Israel.

2 Abri a boca, e ele me deu a comer o rolo.

3 Então me disse: Filho do homem, dá de comer ao teu ventre e enche o teu estômago deste rolo que eu te dou. Eu o [1]comi, e era na minha boca doce como o mel.

4 **E**le então me disse: Filho do homem, vai à nação de Israel e dize-lhe as minhas palavras.

5 Tu não és enviado a um povo de fala estranha e de língua difícil, mas à nação de Israel;

6 não irá a muitos povos de fala estranha, e de língua difícil, cujas palavras não possas entender. Certamente se eu aos tais te enviara, eles te [n]dariam ouvidos.

7 A nação de Israel, porém, não te quererá dar ouvidos porque [o]não me querem dar ouvidos, pois toda a nação de Israel é obstinada e rebelde.

8 Fiz, porém, duro o teu rosto contra o rosto deles, e forte a tua testa contra a testa deles.

9 Fiz [p]como diamante a tua testa, mais forte do que a pederneira; não os temas nem te assombres com os seus semblantes, embora sejam nação rebelde.

10 Disse-me mais: Filho do homem, ponha no teu coração todas as minhas palavras que te hei de dizer; ouve-as com os teus ouvidos.

11 Agora vai ter com os do exílio, aos filhos do teu povo, fala com eles, dize-lhes: Assim diz o Senhor Deus, quer ouçam quer deixem de [q]ouvir.

12 **E**ntão o Espírito me levantou, e ouvi por detrás de mim uma voz de grande estrondo, que dizia: Bendita seja a [r]glória do Senhor, desde o seu lugar.

13 Ouvi o [s]barulho das asas dos seres viventes, que tocavam umas nas outras, e o barulho das rodas em frente deles, e o sonido de um grande estrondo.

14 Então o Espírito me levantou e me levou; eu me fui, [t]amargurado, na indignação do meu espírito, mas a [u]mão do Senhor era forte sobre mim.

15 Vim aos do exílio que moravam em Tel-Abibe, junto ao rio Quebar. E por [v]sete dias assentei-me ali, no meio deles, atônito.

16 **Ao** [w]fim de sete dias, veio a mim a palavra do Senhor:

17 Filho do homem, eu te dei por [x]sentinela sobre a nação de Israel; tu da minha boca ouvirás a palavra, e os [y]avisarás da minha parte.

18 Quando eu disser ao ímpio: Certamente morrerás; não o avisando tu, não falando para avisar o ímpio acerca do seu caminho ímpio, para salvar a sua vida, aquele ímpio [z]morrerá na sua maldade, mas o seu sangue da tua mão o requererei.

19 Se, [a]porém, avisares o ímpio, e ele não se converter da sua impiedade e do seu caminho ímpio, ele morrerá na sua maldade, mas tu salvaste a tua alma.

20 Semelhantemente, quando o justo se desviar da sua justiça e fizer [b]maldade, e eu puser diante dele um tropeço, ele morrerá. Visto que não o avisaste, no seu pecado morrerá, e as suas justiças que tiver praticado não serão lembradas, mas o seu sangue da tua mão o requererei.

21 Avisando, porém, tu o justo, para que ele não peque, e ele não pecar, certamente viverá, porque foi avisado, e tu salvaste a tua [c]alma.

22 **A** mão do Senhor estava sobre mim ali, e ele me disse: [2]Levanta-te e sai ao [d]vale, e ali falarei contigo.

23 Levantei-me e saí ao vale. E a glória do Senhor estava ali, como a glória que vi junto ao rio Quebar, e caí sobre o meu rosto.

24 Então entrou em mim o [e]Espírito e me pôs em pé. Ele falou comigo, dizendo: Entra, encerra-te dentro da tua casa.

25 Ó filho do homem, eles te amarrarão com [f]cordas, de modo que não possas sair do meio deles.

26 Eu farei que a tua língua se pegue ao teu paladar, para que fiques [g]mudo e [h]não lhes possa repreender, embora sejam nação [i]rebelde.

27 Quando, [j]porém, eu falar contigo, abrirei a tua boca, e lhes dirás: Assim diz o Senhor: Quem ouvir ouça, e quem deixar de ouvir, deixe; pois são nação rebelde.

II. Advertências do juízo sobre Jerusalém, 4–24

Sinais do juízo vindouro de Jerusalém:
(1) O tijolo

4 **A**gora, ó filho do homem, [3]toma um tijolo, põe-no diante de ti e desenha nele a cidade de Jerusalém.

[n] Jn 3.5-10
[o] Jo 15.20,23
[p] Is 50.7; Jr 1.18; 15.20; Mq 3.8
[q] Ez 2.5
[r] Ez 1.28; 8.4
[s] Ez 1.24; 10.5
[t] Comp. Jr 20.9
[u] 2Rs 3.15; Ez 1.3; 8.1; 37.1
[v] Jó 2.13
[w] Jr 42.7
[x] Is 52.8; 62.6; Jr 6.17; Ez 33.7-9; comp. Is 56.10
[y] Lv 19.17; Pv 14.25; Is 58.1
[z] Ez 33.6; Jo 8.21,24
[a] v. 21; Is 49.4,5; At 18.6; 20.26
[b] Ez 18.24
[c] Comp. Tg 5.19,20
[d] Ez 8.4
[e] Espírito Santo (AT): v. 24; Ez 8.3 (Gn 1.2; Zc 12.10)
[f] Ez 4.8
[g] Comp. Ez 24.27; 29.21
[h] Os 4.17; Am 8.11
[i] Ez 2.5
[j] Êx 4.11,12; Ez 33.22

[1] (3.3) Comp. Ez 2.10; Ap 10.9. Qualquer que seja sua mensagem, a Palavra de Deus é doce como mel para a pessoa que tem fé, porque é a Palavra de Deus.

[2] (3.22) Evidentemente esta ordem de levantar-se e ir para o vale onde o Senhor lhe falou, junto ao rio Quebar, foi dada a Ezequiel depois que ele levou a cabo a comissão dos v. 17-21 e depois que o povo se voltou contra ele. Então, o Senhor fez que Ezequiel ficasse mudo (v. 26), de maneira que fosse obrigado a comunicar-se por meio de atos simbólicos. Ele só podia falar quando Deus queria comunicar por intermédio dele uma mensagem especial (v. 27). Essa condição continuou até que se cumpriu a profecia do juízo sobre Jerusalém (24.25-27; 33.21,22).

[3] (4.1) Os atos simbólicos durante a impossibilidade do profeta em falar eram testemunhos da maldade passada e do castigo da casa de Israel (toda a nação) e proféticos quanto a um cerco futuro. Portanto, têm lugar entre o cerco de 2Rs 24.10-16, quando Ezequiel foi levado para a Babilônia, e o cerco de 2Rs 25.1-11, onze anos mais tarde.

2 [k]Põe contra ela um cerco e edifica contra ela uma [l]fortificação, levanta contra ela uma tranqueira e põe contra ela acampamentos e põe-lhe aríetes em redor.

3 Pega também uma panela de ferro; e põe-na por muro de ferro entre ti e a cidade e dirige para ela o teu rosto. Assim será cercada, e a [m]cercarás. Isso servirá de [n]sinal à nação de Israel.

4 Deita-te também sobre o teu lado esquerdo e põe a maldade da nação de Israel sobre ele. Conforme o número dos dias que te deitares sobre ele, levarás as suas maldades.

5 Eu te designei o mesmo número de [1]dias que os anos da sua maldade. De sorte que durante trezentos e noventa dias levarás a maldade da nação de Israel.

6 Quando tiveres cumprido esses dias, tornarás a deitar sobre o teu lado direito e levarás a maldade da nação de Judá quarenta dias; um dia te dei para cada ano.

7 Dirigirás o teu rosto para o cerco de Jerusalém, com o teu braço descoberto, e profetizarás contra ela.

8 Eu porei sobre ti [o]cordas para que não te voltes de um lado para outro, até que cumpras os dias do teu cerco.

(2) Pão imundo

9 **P**egue trigo, cevada, favas, lentilhas, milho, aveia e coloca-os numa vasilha e faze deles pão; conforme o número dos dias que te deitares sobre o teu lado, trezentos e noventa dias, comerás dele.

10 A tua comida, que hás de comer, será por peso, vinte siclos cada dia; de tempo em tempo a comerás.

11 Também beberás a água por medida, a sexta parte de um [p]him; de tempo em tempo a beberás.

12 O que comeres será como bolos de cevada; asse-os sobre o esterco humano, diante dos olhos deles.

13 Disse o Senhor: Assim [q]comerão os filhos de Israel o seu pão imundo, entre as nações, para onde serão lançados.

14 Então disse eu: [r]Ah! Senhor, Senhor! A minha alma nunca foi contaminada. Jamais [s]comi coisa morta ou despedaçada, desde a minha juventude até agora. Jamais carne [t]abominável entrou na minha boca.

15 Disse-me: Vê, eu te darei esterco de vacas, em lugar de esterco humano; sobre ele prepararás o teu pão.

16 Então me disse: Filho do homem, eu torno instável o [u]sustento de pão em Jerusalém. Comerão o pão por peso e, com ansiedade, beberão a água por medida e com [v]espanto,

17 até que lhes falte o pão e a água. Eles se espantarão uns com os outros e se [w]definharão nas suas maldades.

(3) A navalha e os cabelos

5 **T**u, ó filho do homem, pega uma faca afiada; como navalha de barbeiro a usarás, [x]raspando com ela a tua cabeça e tua barba. Então tomarás uma balança e repartirás os cabelos.

2 A terça parte queimarás no fogo, no meio da [y]cidade, quando se cumprirem os dias do cerco. Então tomarás outra terça parte e a ferirás com uma espada ao redor dela. A outra terça parte espalharás ao vento. Pois desembainharei a espada atrás [z]deles.

3 [a]Apanharás, porém, deles um pequeno número e os atarás nas abas da tua veste.

4 Destes ainda tomarás alguns e os lançarás no fogo, para queimá-los; dali sairá um fogo contra toda a nação de Israel.

5 **A**ssim diz o Senhor Deus: Esta é Jerusalém, que coloquei no meio das nações e terras que estão ao redor dela.

6 Ela, porém, se rebelou contra os meus juízos mais do que as nações, e contra os meus estatutos mais do que as terras que estão ao redor dela. Ela rejeitou os meus juízos e não andou nos meus preceitos.

7 Portanto, assim diz o Senhor Deus: Porque multiplicastes as vossas maldades mais do que as nações que estão ao redor de vós, nos meus estatutos não andastes, não guardastes os meus juízos e tampouco procedestes segundo os juízos das nações que estão ao redor de vós;

8 portanto, assim diz o Senhor Deus: Eu estou contra ti; executarei juízos no meio de ti aos olhos das nações.

9 [b]Farei em ti o que nunca fiz nem jamais tornarei a fazer, por causa de todas as tuas abominações.

10 Portanto, os pais comerão a seus filhos no meio de ti, e os filhos comerão a seus pais; executarei em ti juízos e [c]espalharei todo o remanescente aos ventos.

11 Portanto, tão certo como eu vivo, diz o Senhor Deus, porque [d]profanaste o meu santuário com todas as tuas coisas detestáveis e com todas as tuas abominações, eu te diminuirei; [e]não te perdoarei, nem terei piedade de ti.

12 Uma terça parte de ti morrerá da peste e se consumirá de fome no meio de ti; outra terça parte cairá à espada em redor de ti; e a outra terça parte [f]espalharei aos ventos, e desembainharei a espada atrás [g]dela.

13 **A**ssim se cumprirá a minha ira, [h]diminuirá o meu furor contra eles, e me consolarei;

[k] Jr 6.6
[l] 2Rs 25.1
[m] Jr 39.1,2
[n] Ez 12.6,11; 24.24,27; comp. Is 20.2-4; Jr 13.1-11
[o] Ez 3.25
[p] Veja pesos e medidas (AT): 2Cr 2.10, nota
[q] Os 9.3; comp. Dn 1.8
[r] At 10.14
[s] Lv 17.15; 22.8; Ez 44.31
[t] Dt 14.3; Is 65.4; 66.17
[u] Lv 26.26; Sl 105.16; Is 3.1; Ez 5.16; 14.13
[v] Lm 5.4
[w] Lm 4.9; Ez 24.23
[x] Comp. Lv 21.5; Ez 44.20
[y] Comp. Ez 4.1,2
[z] Lv 26.25; Lm 1.20
[a] Jr 40.6; 52.16
[b] Lm 4.6; Dn 9.12; comp. Mt 24.21
[c] v. 12; Lv 26.33; Dt 28.64; Ez 12.14; Zc 2.6
[d] Jr 7.9-11; Ez 8.5,6,16
[e] Ez 7.4,9; 8.18; 9.10
[f] v. 2,10; Jr 9.16; Ez 6.8
[g] Jr 43.10,11; 44.27
[h] Is 1.24

[1] (4.5) Todos os dias Ezequiel cumpriu esse simbolismo por algumas horas.

saberão que sou eu, o Senhor, que [i]falei no meu zelo, quando cumprir neles o meu furor.

14 Farei de ti [j]ruína e objeto de desprezo entre as nações que estão ao teu redor, à vista de todos os que passarem.

15 Tu serás um objeto de [k]vergonha e zombaria, uma [l]advertência e um objeto de [m]horror às nações que estão ao teu redor, quando eu executar em ti juízos com ira, com furor e com furiosos castigos. Eu, o Senhor, falei.

16 Quando eu enviar as malignas flechas da fome contra eles, flechas para a destruição, as quais eu mandarei para vos destruir, então aumentarei a fome sobre vós e vos tirarei o sustento de pão.

17 Enviarei sobre vós fome e [n]feras que te desfilharão; a peste e o sangue passarão por ti, e trarei a espada sobre ti. Eu, o Senhor, falei.

Os idólatras castigados; um remanescente perdoado

6 Veio a mim a palavra do Senhor:

2 Filho do homem, volta o teu rosto para os [o]montes de Israel; profetiza contra eles,

3 dizendo: Montes de Israel, ouvi a palavra do Senhor Deus: Assim diz o Senhor Deus aos montes, aos outeiros, aos ribeiros e aos vales: Eu trarei a espada sobre vós e [p]destruirei os vossos altos.

4 Serão desolados os vossos altares e quebrados os vossos altares de incenso; e lançarei os vossos mortos diante dos vossos ídolos.

5 Porei os cadáveres dos filhos de Israel diante dos seus ídolos; espalharei os vossos [q]ossos ao redor dos vossos altares.

6 Em todos os vossos lugares habitáveis as cidades serão destruídas, e os altos, assolados, para que os vossos altares sejam destruídos e assolados, e os vossos ídolos se quebrem e cessem, e os vossos altares de incenso sejam cortados, e desfeitas as vossas obras.

7 Os mortos cairão no meio de vós, para que saibais que eu sou o Senhor.

8 **D**eixarei, porém, um [r]resto, pois alguns escaparão da espada, quando fordes [s]espalhados pelas terras e nações.

9 Então se [t]lembrarão de mim os que de vós escaparem entre as nações para onde foram levados em exílio; quanto me quebrantei por causa do seu coração corrompido, que se desviou de mim, e por causa dos seus olhos, que se andaram corrompendo após os seus ídolos. [u]Terão nojo de si mesmos por causa das maldades que fizeram em todas as suas abominações.

10 E saberão que eu, o Senhor, não disse em vão que lhes faria esse mal.

Morte dos idólatras em seus altares

11 **A**ssim diz o Senhor Deus: [v]Bate com a mão, e bate com o pé, e dize: Ah! por causa de todas as terríveis abominações da nação de Israel! pois [w]cairão à espada, de fome e de peste.

12 O que estiver longe morrerá de peste, e o que estiver perto cairá à espada, e o que ficar de resto e cercado morrerá de fome. Assim [x]cumprirei o meu furor contra eles.

13 Então sabereis que eu sou o Senhor, quando estiverem os seus mortos estendidos no meio dos seus ídolos, ao redor dos seus altares, em todo o [y]outeiro alto, em todos os [z]cumes dos montes, debaixo de toda árvore frondosa, [a]debaixo de todo carvalho espesso, lugares onde ofereciam suave perfume a todos os seus ídolos.

14 Estenderei a minha mão sobre eles e farei que a terra se torne desolada e deserta em todas as suas habitações, desde o deserto de Dibla; então saberão que eu sou o Senhor.

A iminente invasão da Babilônia

7 Veio a mim a palavra do Senhor:

2 Filho do homem, assim diz o Senhor Deus acerca da terra de Israel: O [b]fim! O fim vem sobre os quatro cantos da terra.

3 Agora vem o fim sobre ti, e enviarei sobre ti a minha ira. Eu te julgarei [c]conforme os teus caminhos e trarei sobre ti todas as tuas abominações.

4 Não te [d]pouparei nem terei piedade de ti, mas porei sobre ti os teus caminhos, e as tuas abominações estarão no meio de ti. Então [e]sabereis que eu sou o Senhor.

5 **A**ssim diz o Senhor Deus: O mal! Mal sobre [f]mal, eis que vem.

6 Vem o fim, o fim vem, despertou-se contra ti; eis que vem.

7 Vem a tua ruína, ó habitante da terra. Vem o [g]tempo; chegado é o dia da turbação, e não da alegria, sobre os montes.

8 Depressa derramarei o meu furor sobre ti, e cumprirei a minha ira contra ti, e te julgarei conforme os teus caminhos, e porei sobre ti todas as tuas abominações.

9 Não te pouparei nem terei piedade; conforme os teus caminhos, assim te punirei, e as tuas abominações estarão no meio de ti. Então sabereis que eu, o Senhor, castigo.

10 **E**is o dia! Eis que vem! Veio a tua ruína, já floresceu a vara, reverdeceu a soberba!

11 A violência se levantou em vara de impiedade; nada restará deles, ninguém da sua multidão, nada dos seus bens. Não haverá lamentação por eles.

12 Vem o [h]tempo, é [ii]chegado o dia. O que compra não se [jj]alegre, e o que vende não se [kk]entristeça, pois a ira ardente está sobre toda a multidão deles.

---

[i] Ez 36.6; 38.19
[j] Lv 26.31,32; Ne 2.17
[k] Dt 28.37; 1Rs 9.7; Sl 79.4; Jr 24.9; Lm 2.15
[l] Is 26.9; comp. 1Co 10.11
[m] Jr 25.11
[n] Dt 32.24; Ez 14.15
[o] Ez 36.1
[p] Lv 26.30; veja Jz 3.7 e 1Rs 3.2, notas
[q] Comp. 2Rs 23.14,16,20; Jr 8.1,2
[r] Remanescente: v. 8,11-14; Ez 9.4 (Is 1.9; Rm 11.5)
[s] Ez 5.12
[t] Dt 4.29; Jr 51.50
[u] Ez 20.43
[v] Ez 21.14
[w] Ez 5.12
[x] Ez 5.13
[y] v. 4,5; Jr 3.6
[z] Os 4.13
[a] Is 57.5
[b] v. 3,6; Am 8.2; comp. Mt 24.6,13,14
[c] Rm 2.6
[d] v. 9; Ez 5.11; 8.18; 9.10
[e] v. 27; Ez 6.7; 12.20
[f] 2Rs 21.12,13
[g] v. 12; Sf 1.14,15
[h] v. 7
[ii] Comp. 1Co 7.29-31; Tg 5.8,9
[jj] Pv 20.14
[kk] Is 24.2

13 O que vende não tornará a possuir o que
vendeu, ainda que esteja entre os viventes, pois
a visão não tornará para trás sobre toda a sua
multidão. Por causa da sua iniquidade, ninguém
conservará a sua vida.
14 Já tocaram a trombeta e tudo prepararam, mas
não há quem vá à peleja, pois sobre toda a sua
multidão está a minha ardente ira.
15 Fora está a [l]espada, dentro estão a peste e a fome;
o que estiver no campo morrerá à espada, e o que
estiver na cidade a fome e a peste o consumirão.
16 Se [m]escaparem alguns sobreviventes, esta-
rão pelos montes, como pombas dos vales, todos
gemendo, cada um por causa da sua maldade.
17 [n]Todas as mãos se enfraquecerão, e todos os
joelhos destilarão águas.
18 Eles se [o]cobrirão de pano de saco, e o temor
os cobrirá; sobre todos os rostos haverá vergonha,
e sobre todas as cabeças, calvície.
19 A sua prata lançarão pelas ruas, e o seu ouro
será como imundícia. A [p]sua prata e o seu ou-
ro não os poderá livrar no dia do furor do Senhor.
Eles não poderão saciar a sua fome e encher o
seu estômago, porque serviram de tropeço da
sua maldade.

O templo profanado pelos babilônios

20 Tinham orgulho das suas joias preciosas, e
as usaram para fazer seus ídolos detestáveis e su-
as imagens de abominações. Por isso, eu as farei
para eles como coisas imundas.
21 Eu a entregarei nas mãos dos estranhos por
presa, e aos ímpios da terra por [q]despojo, e a
[r]profanarão.
22 Desviarei deles o meu rosto, e profanarão o
meu lugar oculto; entrarão nele saqueadores e
o profanarão.
23 **F**aze uma [s]cadeia, porque a terra está cheia de
crimes de sangue e a cidade está cheia de violência.
24 Farei vir os [t]piores de entre as nações, e pos-
suirão as suas casas; farei cessar a arrogância dos
valentes, e os seus lugares santos serão [u]profanados.
25 Vem a destruição; eles buscarão a paz, mas
não haverá nenhuma.

[l] Jr 14.18; Lm 1.20; Ez 5.12
[m] Ez 6.8; 14.22
[n] Is 13.7; Jr 6.24; Ez 21.7
[o] Is 3.24; 15.2,3; Jr 48.37; Am 8.10
[p] Pv 11.4; Jr 15.13; Sf 1.18
[q] 2Rs 24.13; Jr 20.5
[r] Sl 74.2-8
[s] Comp. Jr 27.2
[t] Ez 21.31; 28.7
[u] Ez 24.21
[v] Sl 74.9; Lm 2.9; Ez 20.1,3
[w] 2Cr 36.5-8
[x] Veja Lv 23.2, nota
[y] Comp. Ez 1.1,2
[z] Ez 14.1; 20.1; 33.31
[a] Ez 1.27
[b] Espírito Santo (AT): v. 3; Ez 11.24 (Gn 1.2; Zc 12.10)
[c] At 8.39; comp. 2Co 12.2-4
[d] Jr 7.30; 32.34; Ez 5.11
[e] Dt 32.16,21
[f] Ez 3.12; 9.3
[g] Ez 1.28; 3.22,23
[h] 2Rs 23.4,5

26 Miséria sobre miséria virá, e se levantará rumor
sobre rumor. [v]Buscarão do profeta uma visão; do
sacerdote perecerá a lei e dos anciãos o conselho.
27 O rei se lamentará, o príncipe se vestirá de
desespero, e as mãos do povo da terra tremerão.
Conforme o seu caminho lhes farei, e com os se-
us próprios juízos os julgarei. Então [1]saberão que
eu sou o Senhor.

Outra visão da glória

8 **N**o sexto [w]ano, no [x]sexto mês, no quinto dia
do mês, [y]estando eu assentado na minha ca-
sa, e os [z]anciãos de Judá assentados diante de
mim, ali a mão do Senhor Deus caiu sobre mim.
2 Olhei e vi uma semelhança como aparência
de fogo; desde os seus lombos, e para baixo, era
fogo e dos seus lombos para cima como aspecto
de resplendor, como o [a]brilho de metal.
3 Estendeu a forma de uma mão e me tomou
pelos [2]cabelos da cabeça; o [b]Espírito me [c]levan-
tou entre a terra e o céu e me trouxe a Jerusalém
em [3]visões de Deus, até a entrada da porta do
pátio de dentro, que olha para o norte, [d]onde
estava colocada a imagem [e]que provoca ciúme.
4 E a [f]glória do Deus de Israel estava ali, con-
forme a semelhança que eu tinha visto no [g]vale.

O templo profanado

5 **E**ntão ele me disse: Filho do homem, levan-
ta agora os teus olhos para o caminho do norte.
Levantei os meus olhos para o caminho do nor-
te e vi que do lado do norte, à porta do altar,
estava esta imagem de ciúmes, à entrada.
6 E ele me disse: Filho do homem, vês tu o que
eles estão fazendo? As grandes [h]abominações
que a nação de Israel faz aqui, a fim de afastar-
-me do meu santuário? Pois verás ainda maio-
res abominações.
7 **E**ntão ele me levou à porta do átrio; olhei e
vi um buraco na parede.
8 Ele me disse: Filho do homem, cava agora na-
quela parede. Cavei na parede e vi uma porta.
9 Então me disse: Entra e vê as terríveis abo-
minações que eles fazem aqui.

[1] (7.27) A justiça divina é uma das evidências do Deus vivo. Assim como o Senhor anunciou por meio de Ezequiel que a retribuição aos líderes ímpios de Israel os convencerá de que ele é o Senhor ("saberão que eu sou o Senhor"), assim, no juízo final dos ímpios, a justiça final de Deus não deixará dúvidas quanto ao fato de que ele é real.

[2] (8.3) Já se tinha passado um ano ou talvez mais desde que Ezequiel teve de raspar o cabelo e a barba, de modo que já passara tempo mais que suficiente para voltar a crescer. Comp. Ez 1.1; 5.1.

[3] (8.3) As quatro visões do cap. 8 enfatizam a profanação a Deus no próprio templo que havia sido separado para sua adoração. A idolatria era desenfreada (v. 5,10,11); as mulheres participavam do culto imoral a Tamuz, e os adoradores do Sol descaradamente voltavam as costas ao templo (v. 16). Embora Ezequiel estivesse, na realidade, junto ao rio Quebar (1.1,3; 3.23; 10.15,20,22; 43.3), em visão foi transportado de novo a Jerusalém. Essas profanações que estavam acontecendo na região do templo foram mostradas ao profeta para que ele pudesse justificar à nova geração – que havia nascido e estava crescendo na Assíria e na Babilônia – a justiça de Deus no castigo presente. Os cativeiros foram necessários por causa de pecados como esses, passados e presentes. Esse tom continua pelo livro até 33.21. Intercaladas com as várias visões, há promessas de restauração e bênção como resultado do arrependimento de Israel. Veja Israel (Gn 12.2,3; Rm 11.26); tb. Reino (AT) (Gn 1.26-28; Zc 12.6-8).

10 Entrei e vi toda [i]forma de [j]répteis, de animais abomináveis e de todos os ídolos da nação de Israel, pintados na parede em redor.

11 [k]Setenta homens dos anciãos da nação de Israel, com Jaazanias, filho de Safã, que se achava no meio deles, estavam em pé diante das pinturas. Cada um tinha na mão o seu incensário, e subia uma espessa nuvem de incenso.

12 Então me disse: Viste, filho do homem, o que os anciãos da nação de Israel fazem nas trevas, cada um nas suas câmaras pintadas de imagens? E eles dizem: O Senhor [l]não nos vê; o Senhor abandonou a terra.

13 De novo, ele me disse: Tornarás a ver ainda maiores abominações do que as que estes fazem.

14 Então ele me levou à entrada da porta da casa do Senhor, que está do lado do norte, e vi ali mulheres assentadas chorando por [m]Tamuz.

15 Ele me disse: Viste, filho do homem? Verás ainda abominações maiores do que estas.

16 Ele me levou ao átrio interior da casa do Senhor, e vi à entrada do templo do Senhor, [n]entre o pórtico e o altar, cerca de [o]vinte e cinco homens. De costas para o templo do Senhor e com os rostos para o Oriente, eles se prostravam diante do [p]sol, virados para o Oriente.

17 Então me disse: Viste, filho do homem? É coisa de pouca importância para a casa de Judá o fazerem as abominações que fazem aqui? Devem ainda encher a terra de violência e continuamente provocar-me à ira? Ei-los a [q]chegar o ramo ao seu nariz.

18 Pelo que também eu os tratarei com furor; não olharei com piedade para eles nem os [r]pouparei. Ainda que me [s]gritem aos ouvidos com grande voz, eu não os ouvirei.

A visão da matança em Jerusalém

9 Então ouvi que gritava com grande voz: Trazei os intendentes da cidade, cada um com as suas armas destruidoras na mão.

2 E vi seis homens que vinham da direção da porta alta, que olha para o norte, cada um com as suas armas destruidoras na mão, e entre eles um homem vestido [t]de linho, com um tinteiro de escrivão à cintura; entraram e se puseram junto ao altar de bronze.

3 A [u]glória do Deus de Israel se [1]levantou do querubim sobre o qual estava e foi até a entrada da casa. Então clamou o Senhor ao homem vestido de linho, que tinha o tinteiro de escrivão à cintura,

4 e lhe disse: Passa pelo meio da cidade, pelo meio de Jerusalém, e marca com um sinal as [v]testas dos [w]homens que suspiram e gemem por causa de todas as abominações que se cometem no meio dela.

5 Enquanto eu escutava, ele disse: Passai pela cidade após ele e [x]feri, não tenha dó, nem piedade.

6 [y]Matai velhos, jovens, virgens, meninos e mulheres, até exterminá-los, mas a todo homem que tiver o sinal não vos chegueis. [z]Começai pelo meu santuário. E começaram pelos homens mais [a]velhos que estavam diante da casa.

7 Então ele lhes disse: Contaminai o templo, e enchei os átrios de mortos. Ide! E foram e puseram-se a ferir a cidade.

8 Havendo-os eles ferido, e ficando eu de resto, caí sobre a minha face e clamei, [b]dizendo: Ah! Senhor Deus! Destruirás todo o restante de Israel, derramando a tua indignação sobre Jerusalém?

9 Ele me respondeu: A maldade da nação de Israel e de Judá é grandíssima, e a [c]terra se encheu de sangue, e a cidade se encheu de perversidade. Eles dizem: O Senhor deixou a terra; o Senhor [d]não vê.

10 Também quanto a mim, [e]não olharei para eles com piedade nem me compadecerei, mas sobre a cabeça deles farei recair o seu caminho.

11 Então o homem que estava vestido de linho, em cuja cintura estava o tinteiro, tornou com a resposta, dizendo: Fiz como me mandaste.

Visão da glória de Deus deixando o templo de Jerusalém

10 Olhei e vi, no [f]firmamento que estava por cima da cabeça dos querubins, aparecer sobre eles uma como pedra de safira, semelhante em forma a um trono.

2 Disse o Senhor ao homem [g]vestido de linho: Vai por entre as rodas, até debaixo do querubim, e enche as [h]tuas mãos de [ii]brasas acesas dentre os querubins e [jj]espalha-as sobre a cidade. Ele entrou à minha vista.

3 Os querubins estavam ao lado direito do templo, quando entrou o homem, e uma [kk]nuvem encheu o átrio interior.

4 Então se levantou a glória do Senhor de sobre o querubim e foi para a entrada do templo. Encheu-se o [ll]templo de uma nuvem, e o átrio se encheu do resplendor da [mm]glória do Senhor.

5 O [nn]ruído das asas dos querubins se ouvia no átrio exterior, como a [oo]voz do Deus todo-poderoso, quando fala.

[i] Êx 20.4; Dt 4.16-18
[j] Rm 1.23
[k] Nm 11.16,25
[l] Is 29.15; Ez 9.9
[m] O mesmo que o Adônis grego
[n] Jl 2.17
[o] Ez 11.1
[p] Dt 4.19; 2Rs 23.5,11; Jr 8.6
[q] Um gesto insultante
[r] Ez 5.11
[s] Pv 1.28; Is 1.15; Jr 11.11; 14.12; Mq 3.4; Zc 7.13
[t] Ez 10.2
[u] Ez 3.23; 8.4; 10.4,18; 11.22,23
[v] Ap 7.3; 9.4; 20.4; comp. Êx 12.7,23; Ap 13.16,17
[w] Remanescente: v. 4; Ez 11.16 (Is 1.9; Rm 11.5, nota)
[x] Ez 7.9
[y] 2Cr 36.17
[z] 1Pe 4.17
[a] Ez 8.11,12
[b] Orações da Bíblia (AT): v. 8; Dn 9.4 (Gn 15.2; Hc 3.1)
[c] Ez 8.17; comp. 2Rs 21.16
[d] Ez 8.12
[e] Ez 5.11; 8.18; 11.21
[f] Ez 1.22,23,25,26
[g] Ez 9.2,3; Dn 10.5
[h] Êx 9.8-10
[ii] Comp. Is 6.6
[jj] Comp. Ap 8.5
[kk] 1Rs 8.10,11
[ll] Ez 43.5
[mm] Ez 11.22,23
[nn] Ez 1.24; 3.13
[oo] Sl 29.3-5,7-9

[1] (9.3) É digno de nota que o sacerdote Ezequiel recebeu a visão da glória de Deus que se afastava 1) do querubim até a entrada do templo (v. 3; 10.4), 2) da entrada do templo (10.18), 3) do templo e da cidade para o monte das Oliveiras, ao oriente de Jerusalém (11.23) e 4) retornando ao templo do milênio para permanecer ali (43.2-5).

6 Dando ele ordem ao homem vestido de linho: Toma fogo dentre as rodas, dentre os querubins, ele entrou e se pôs junto às rodas.

7 Então um querubim estendeu a sua mão de entre os querubins para o fogo que estava entre eles; tomou dele e o pôs nas mãos do que estava vestido de linho, o qual o tomou e saiu.

8 Apareceu nos querubins uma semelhança de mão de homem debaixo das suas [p]asas.

9 Então olhei e vi [q]quatro rodas junto aos querubins, uma roda junto a um querubim, e outra roda junto a outro querubim; o aspecto das rodas era como o brilho do berilo.

10 Quanto ao seu aspecto, as quatro tinham uma mesma semelhança, como se estivera uma roda dentro de outra roda.

11 [r]Andando eles, andavam elas pelos seus quatro lados; não se viravam quando andavam, mas para o lugar para onde olhava a cabeça, para esse andavam. Não se viravam quando andavam.

12 Todo o seu corpo, e as suas costas, e as suas mãos, e as suas asas, e as rodas, as rodas que os quatro tinham, estavam [s]cheias de olhos em redor.

13 Quanto às rodas, ouvi que foram chamadas giradoras.

14 Cada um dos seres viventes tinha [t]quatro [u]rostos; o rosto do primeiro era rosto de querubim, o rosto do segundo era rosto de homem, o do terceiro era rosto de leão e do quarto, rosto de águia.

15 Os querubins se elevaram ao alto. São [v]estes os mesmos seres viventes que vi junto ao rio Quebar.

16 Andando os querubins, andavam as rodas juntamente com eles; levantando os querubins as suas asas, para se elevarem de sobre a terra, também as rodas não se separavam deles.

17 Parando eles, paravam elas; elevando-se eles, elevavam-se elas, porque o [w]espírito de vida estava [x]nelas.

18 Então [y]saiu a glória do Senhor da entrada do templo, e parou sobre os querubins.

19 Os querubins alçaram as suas asas e se elevaram da terra à minha vista quando saíram acompanhados pelas rodas; pararam à entrada da porta [z]oriental do templo do Senhor, e a glória do Deus de Israel estava no alto, sobre eles.

20 São [a]estes os seres viventes que vi debaixo do Deus de Israel, junto ao rio Quebar, e percebi que eram querubins.

21 Cada um tinha quatro rostos e cada um quatro asas, e a semelhança de mãos de homem debaixo das suas asas.

22 A semelhança dos seus rostos era a dos rostos que eu tinha visto junto ao rio Quebar; tinham o mesmo aspecto, eram os mesmos seres. Cada um andava em linha reta para [b]frente.

p Ez 1.8
q Ez 1.15
r Ez 1.17
s Ap 4.6,8
t Ez 1.6,10,11; Ap 4.7
u v. 21,22
v Veja Ez 1.5, nota
w Ez 1.21
x Ez 1.21
y v. 4
z Ez 11.1
a v. 15; Ez 1.22
b Ez 1.9,12
c Espírito Santo (AT): v. 1,5; Ez 11.24 (Gn 1.2; Zc 12.10)
d Ez 10.19
e Ez 8.16
f Comp. Jr 28.1
g Mq 2.1
h Jr 16.17; 17.10; comp. 1Cr 28.9
i Ez 22.2,3
j v. 3; comp. Ez 24.3-11; Mq 3.3
k Comp. 2Rs 25.18-21
l Jr 42.16
m Dt 28.36
n Jr 39.6; 52.10
o Ez 20.24
pp Reino (AT): v. 14-20; Ez 16.13 (Gn 1.26; Zc 12.8)
qq Remanescente: v. 16-21; Jl 2.32 (Is 1.9; Rm 11.5, nota)

Os líderes iníquos serão julgados

11 Então o [c]Espírito me levantou e me levou à porta [d]oriental do templo do Senhor, que olha para o Oriente. [e]Vinte e cinco homens estavam à entrada da porta, e no meio deles vi a Jaazanias, filho de [f]Azur, e a Pelatias, filho de Benaia, chefes do povo.

2 Disse-me o Senhor: Filho do homem, estes são os homens que [g]maquinam a iniquidade e dão ímpio conselho nesta cidade.

3 Eles dizem: Não está próximo o tempo de construir casas; esta cidade é a panela, e nós a carne.

4 Portanto, profetiza contra eles; profetiza, ó filho do homem.

5 Então o Espírito do Senhor caiu sobre mim e disse-me: Fala: Assim diz o Senhor: Assim tendes dito, ó nação de Israel, mas [h]conheço as coisas que vos entram na mente.

6 [i]Multiplicastes os vossos mortos nesta cidade, enchestes as suas ruas de mortos.

7 Portanto, assim diz o Senhor Deus: Vossos mortos, que deitastes no meio dela, são a carne, e ela é a [j]panela; a vós, porém, vos [k]tirarei do meio dela.

8 [l]Temestes a espada, a espada trarei sobre vós, diz o Senhor Deus.

9 E vos farei sair do meio dela e vos entregarei na mão de [m]estrangeiros; executarei os meus juízos entre vós.

10 [n]Caireis à espada, e nos confins de Israel vos julgarei. Então sabereis que eu sou o Senhor.

11 Esta cidade não vos servirá de panela, nem vós servireis de carne no meio dela; nos confins de Israel vos julgarei.

12 E sabereis que eu sou o Senhor, pois nos meus estatutos não andastes, nem executastes os meus [o]juízos; antes fizestes conforme os juízos das nações que estão em redor de vós.

13 Ora, profetizando eu, morreu Pelatias, filho de Benaia. Então caí sobre o meu rosto e clamei com grande voz: Ah! Senhor Deus! Darás tu fim ao resto de Israel?

Promessa de restauração do remanescente de Israel

14 Então veio a mim a palavra do Senhor:

15 Filho do homem, teus irmãos, os teus próprios irmãos, os homens de teu parentesco e [pp]toda a nação de Israel, todos eles são aqueles a quem os habitantes de Jerusalém disseram: Apartai-vos para longe do Senhor; esta terra se nos deu em possessão.

16 Portanto, dize: Assim diz o Senhor Deus: Ainda que os tenha lançado para longe entre as nações, e ainda que os tenha [qq]espalhado

pelas terras, todavia lhes servirei de [1][r]santuário, por um pouco de tempo, nas terras para onde foram.

17 Portanto, dize: Assim diz o Senhor Deus: Eu vos ajuntarei do meio dos povos, vos [s]recolherei das terras para onde fostes lançados e vos darei a terra de Israel.

18 Virão ali e tirarão dela todas as suas [t]coisas detestáveis e todas as suas abominações.

19 Então eu lhes [u]darei um mesmo coração e um espírito novo [v]porei dentro deles; tirarei da sua carne o coração de pedra e lhes darei um coração de carne,

20 para que andem nos meus estatutos, guardem os meus juízos e os executem; eles serão o meu [w]povo, e eu serei o seu Deus.

21 Quanto, porém, àqueles cujo coração andar após os seus ídolos detestáveis e as suas abominações, eu farei recair nas suas cabeças o seu caminho, diz o Senhor Deus.

Visão da glória deixando o monte das Oliveiras (comp. Ez 43.1-4)

22 **E**ntão os querubins elevaram as suas asas, e as rodas os acompanhavam; a glória do Deus de Israel estava no alto, sobre eles.

23 A [x]glória do Senhor se [y]alçou desde o meio da [2][z]cidade e se pôs sobre o monte que está ao oriente da cidade.

24 Depois o [z]Espírito me levantou e me levou em visão, dada pelo Espírito de Deus, à Caldeia, para os do exílio. Então se foi de mim a visão que eu tinha visto,

25 e falei aos do exílio todas as coisas que o Senhor me tinha mostrado.

Sinal dos preparativos de Ezequiel para a saída; o príncipe cativo

12 **V**eio a mim a palavra do Senhor:

2 Filho do homem, tu habitas no meio da nação rebelde, que tem olhos para ver e [a]não vê, tem ouvidos para ouvir e não ouve, pois é nação rebelde.

3 Tu, pois, ó filho do homem, prepara a bagagem de [b]exílio, e de dia sai, à vista deles, para o exílio; do teu lugar mudarás para outro lugar à vista deles. Bem [c]pode ser que reparem nisso, ainda que eles sejam nação rebelde.

4 À vista deles tirarás para fora, de dia, os teus pertences, como para mudança; então tu sairás de tarde à vista deles, como quem vai para o exílio.

5 Faze para ti, à vista deles, um buraco na parede e sai por ali.

6 À vista deles aos ombros levarás os teus pertences, e às escuras os tirarás, e cobrirás o teu rosto, para que não vejas a terra, pois te dei por [d]sinal à nação de Israel.

7 **F**iz assim, como se me deu ordem: os meus pertences tirei para fora de dia, como para o exílio. Então à tarde com as mãos abri para mim um buraco na parede; às escuras eu saí, e aos ombros transportei a bagagem à vista deles.

8 **V**eio a mim a palavra do Senhor, pela manhã:

9 Filho do homem, não te perguntou a nação de Israel, aquela nação rebelde: [e]Que fazes tu?

10 Dize-lhes: Assim diz o Senhor Deus: Este [f]oráculo refere-se ao príncipe em Jerusalém e a toda a nação de Israel, que está no meio dela.

11 Dize: Eu sou o vosso sinal: Assim como eu fiz, assim se lhes fará a eles; irão cativos para o exílio.

12 O [g]príncipe que está no meio deles levará aos ombros e às escuras os pertences e sairá; ele fará um buraco na parede e sairá por ele. O seu rosto cobrirá, para que com os seus olhos não veja a terra.

13 Também estenderei a minha rede sobre ele, e [h]será apanhado no meu laço; eu o levarei para Babilônia, para a terra dos caldeus, mas ele [i]não a verá, ainda que ali venha a morrer.

14 Todos os que estiverem ao redor dele para seu socorro e todas as suas tropas [j]espalharei aos ventos; desembainharei a espada atrás deles.

15 Assim [k]saberão que eu sou o Senhor, quando eu os dispersar entre as nações e os espalhar pelas terras.

16 Deles, porém, pouparei alguns poucos da espada, da fome e da peste para que contem todas as suas abominações entre as nações para onde forem. Então saberão que eu sou o Senhor.

O cativeiro total se aproxima (comp. 2Rs 25.1-10)

17 **V**eio a mim a palavra do Senhor:

18 Filho do homem, o teu pão comerás com tremor, e a tua água beberás com estremecimento e com [l]receio,

19 e dirás ao povo da terra: Assim diz o Senhor Deus acerca dos habitantes de Jerusalém, na terra

[r] Is 8.14
[s] Is 11.11-16; Jr 24.6; Ez 28.25; 34.13; 36.24
[t] Ez 37.23
[u] Jr 32.39; Ez 36.26
[v] Jr 31.33; comp. Sl 51.10; Ez 18.31
[w] Jr 24.7; Ez 14.11; 36.28; 37.27
[x] Ez 8.4; 9.3; 10.4,18; 43.4
[y] Comp. 1Rs 8.5-11; Ed 3.12; Ez 43.2-5
[z] Espírito Santo (AT): v. 24; Ez 36.27 (Gn 1.2; Zc 12.10)
[a] Jr 5.21; Mt 13.13,14; comp. Jo 9.39-41
[b] Jr 10.17,18
[c] Comp. Jr 36.3; Lc 20.13; 2Tm 2.25
[d] v. 11; Ez 4.3; 24.24; veja Is 8.18, nota
[e] Ez 24.19; comp. 17.12; 20.49
[f] Veja Is 13.1, nota
[g] Jr 39.4; 52.7
[h] Jr 32.4,5; 39.5; 52.8,9
[i] Jr 52.11
[j] 2Rs 25.4,5; Ez 5.10
[k] v. 16,20; Sl 9.16; Ez 6.7,14; 11.10
[l] Ez 4.16

[1] (11.16) Mesmo com juízo severo, como no caso da dispersão de Israel, Deus proporciona para seu povo um lugar de refúgio. Esse refúgio, chamado aqui de "santuário", é o próprio Senhor (comp. Sl 90.1; 91.9; Is 4.6). Da mesma maneira, para todos os que pertencem a Deus – tanto gentios como judeus –, em meio a um merecido julgamento, no Senhor continua existindo um santuário de refúgio e paz.

[2] (11.23) O afastamento da glória divina (símbolo visível da presença de Deus) do templo marca o fim do reino teocrático na história do AT. No monte da transfiguração, a glória de Deus manifestou-se aos discípulos de nosso Senhor (Mt 17.1-5; comp. tb. Jo 1.14; 2Co 4.6; Tg 2.1; 2Pe 1.16-18). A glória visível retornará quando o reino for restaurado em Israel (Ez 43.1-7; Ap 21.22-24).

de Israel: O seu pão comerão com receio, e a sua
água beberão com susto, pois a sua terra será
roubada de sua abundância, por causa da vio-
lência de todos os que nela habitam.
20 **As** cidades habitadas serão devastadas, e
a terra se tornará em desolação. Então sabereis
que eu sou o Senhor.
21 **Veio** ainda a mim a palavra do Senhor:
22 Filho do homem, que provérbio é este que
vós tendes na terra de Israel: Passam-se os [m]dias,
e perece toda a visão?
23 Portanto, dize-lhes: Assim diz o Senhor Deus:
Farei cessar este provérbio, e não se servirão
mais dele em Israel. Dize-lhes: Estão próxi-
mos os [n]dias em que toda visão será cumprida.
24 Pois não haverá mais visão [o]falsa, nem adi-
vinhação lisonjeira, no meio da nação de Israel.
25 Eu, porém, o Senhor, falarei, e a palavra que
eu falar se cumprirá sem demora. [1]Pois em vos-
sos dias, ó nação rebelde, falarei uma [p]palavra
e a [q]cumprirei, diz o Senhor Deus.
26 **Veio** a mim a palavra do Senhor:
27 Filho do homem, os da nação de Israel di-
zem: A visão que este vê é [r]para muitos dias, e
ele profetiza de tempos que estão longe.
28 Portanto dize-lhes: Assim diz o Senhor
Deus: Não sofrerá mais demora nenhuma das
minhas palavras; a palavra que falei se [s]cumpri-
rá, diz o Senhor Deus.

Os profetas mentirosos são condenados

13 **Veio** a mim a palavra do Senhor:
2 Filho do homem, profetiza [t]contra os
profetas de Israel que agora estão profetizando.
Dize aos que só profetizam o que vê o seu [u]co-
ração: Ouvi a palavra do Senhor:
3 Assim diz o Senhor Deus: Ai dos profetas lou-
cos, que seguem o seu próprio espírito e coisas
que não viram!
4 Os teus profetas, ó Israel, são como raposas
nos desertos.
5 [v]Não subistes às brechas, nem fizestes muros
para a nação de Israel, para que ela permaneça
firme na peleja no dia do Senhor.
6 Viram [w]vaidade e adivinhação mentirosa os
que dizem: O Senhor diz, quando o Senhor [x]não
os enviou; contudo esperam o cumprimento
da palavra.
7 Não tivestes visão falsa e não falastes adivi-
nhação mentirosa quando dissestes: O Senhor
diz, quando eu tal não falei?
8 **Portanto**, assim diz o Senhor Deus: Como fa-
lais falsidade e tendes visão mentirosa, eu sou
contra vós, diz o Senhor Deus.
9 A minha mão será [y]contra os profetas que têm
visões falsas e que [z]adivinham mentira; na con-
gregação do meu povo não estarão, [a]nem serão
inscritos nos registros da nação de Israel, nem
entrarão na terra de Israel. Então sabereis que
eu sou o Senhor Deus.
10 Visto que andam enganando o meu povo,
dizendo: [b]Paz, não havendo [c]paz, e, quando se edi-
fica a parede, [d]rebocam-na de argamassa [e]fraca,
11 portanto dize aos que a rebocam de arga-
massa fraca que ela cairá. Haverá uma [f]chuva
torrencial, e grandes pedras de saraiva cairão,
e um vento tempestuoso a fenderá.
12 Caindo a parede, não vos perguntarão: Onde
está o reboco de que a rebocastes?
13 Por isso, assim diz o Senhor Deus: Um vento
tempestuoso a fenderá no meu furor, e uma chuva
torrencial haverá na minha ira, e grandes pedras
de saraiva na minha indignação, para a consumir.
14 Derrubarei a parede que rebocastes de arga-
massa fraca e a derrubarei por terra; o seu funda-
mento se descobrirá. Quando ela cair, perecereis
no meio dela, e [g]sabereis que eu sou o Senhor.
15 Assim cumprirei o meu furor contra a parede
e contra os que a rebocam de argamassa fraca, e
vos direi: A parede já não existe, nem aqueles
que a rebocaram,
16 aqueles profetas de Israel que profetizaram
de Jerusalém e [h]tiveram visão de paz para ela,
não havendo paz, diz o Senhor Deus.
17 **Quanto** a ti, ó filho do homem, volta o teu
rosto contra as filhas do teu povo, que profeti-
zam de seu coração, profetiza contra elas,
18 e dize: Assim diz o Senhor Deus: Ai das que
costuram pulseiras mágicas para todos os braços
e que fazem véus de diferentes comprimentos
para suas cabeças, a fim de caçarem as almas!
[i]Caçareis as almas do meu povo mas preserva-
reis as vossas próprias?
19 E vós me profanastes entre o meu povo em
troca de punhados de cevada e [j]pedaços de pão,
para matardes as almas que não haviam de mor-
rer e para guardardes vivas as almas que não
haviam de viver, mentindo assim ao meu povo
que escuta mentiras.
20 **Por** isso, assim diz o Senhor Deus: Aí vou
eu contra as vossas pulseiras mágicas, com que
vós ali caçais as almas como aves, e as arranca-
rei de vossos braços; soltarei as almas que vós
caçais como aves.
21 Rasgarei os vossos véus e livrarei o meu po-
vo das vossas mãos; nunca mais estará ao vosso
alcance para ser caçado. Então sabereis que eu
sou o Senhor.

[m] v. 27; Jr 5.12; 17.15; Ez 11.3; comp. 2Pe 3.4
[n] Jl 2.1; Sf 1.14
[o] Jr 14.13-16; Ez 13.6; comp. Zc 13.2-4
[p] v. 28; Is 55.11; Dn 9.12; Lc 21.33
[q] Nm 23.19; Is 14.24
[r] v. 22; Dn 10.14
[s] v. 25; Jr 4.7; comp. Mt 24.48-50
[t] Is 28.7; Jr 23.1-40; Lm 2.14; Ez 22.25-28
[u] Jr 14.14
[v] Ez 22.30; comp. Sl 106.23,30
[w] Jr 29.8,9
[x] Jr 27.8-15
[y] Jr 23.30
[z] Jr 20.3-6
[a] Ed 2.59,62; comp. Ne 7.5
[b] Jr 14.13; comp. Jr 28.9
[c] Comp. Jr 37.19
[d] Ez 22.28
[e] Jr 5.31
[f] Ez 38.22
[g] v. 9,21,23; Ez 14.8
[h] Jr 6.14
[i] Comp. 2Pe 2.14
[j] 1Sm 2.15-17; Pv 28.21; Mq 3.5; Rm 16.18; 1Pe 5.2

[1] (12.25) É preciso recordar que, embora o profeta estivesse na Babilônia, ele profetizava como se estivesse em sua terra. Isso aconteceu durante o intervalo de onze anos entre a primeira e a última deportação. Veja Ez 8.3, *nota*.

22 Visto que entristecestes o coração do justo com [k]falsidade, não o havendo eu entristecido, e [l]fortalecestes as mãos do ímpio, para que não se desviasse do seu mau caminho e vivesse,

23 não tereis [m]visões falsas nem mais fareis adivinhações. Eu livrarei o meu povo das vossas mãos. E então sabereis que eu sou o Senhor.

A condenação dos anciãos idólatras de Israel

14 [n]Vieram a mim alguns homens dos anciãos de Israel e se assentaram diante de mim.

2 Então veio a mim a palavra do Senhor:

3 Filho do homem, estes homens levantaram os seus ídolos no coração, e o [o]tropeço da sua maldade puseram diante da sua face. Devo eu de alguma maneira ser [p]interrogado por eles?

4 Ora, dize-lhes: Assim diz o Senhor Deus: Qualquer homem da nação de Israel que levantar os seus ídolos no seu coração, puser o tropeço da sua maldade diante da sua face e vier ao profeta, eu, o Senhor, vindo ele, lhe responderei conforme a multidão dos seus ídolos.

5 Farei isso para que possa apanhar a nação de Israel no seu próprio coração, porque todos se apartaram de mim para seguirem os seus ídolos.

6 **P**or isso, dize à nação de Israel: Assim diz o Senhor Deus: Convertei-vos! Deixai os vossos ídolos e [q]desviai os vossos rostos de todas as vossas abominações.

7 Quando qualquer homem da nação de Israel, ou dos estrangeiros que peregrinam em Israel, se separar de mim e levantar os seus ídolos no seu coração, puser o tropeço da sua maldade diante do seu rosto e vier ao profeta, para [r]me consultar por meio dele, a esse, eu, o Senhor, responderei por mim mesmo.

8 [s]Porei o meu rosto contra o tal homem e o [t]farei um espanto, um sinal e um provérbio. Eu o arrancarei do meio do meu povo. Então [u]sabereis que eu sou o Senhor.

9 E, se o profeta for enganado e falar alguma coisa, eu, o Senhor, [v]persuadirei esse profeta, estenderei a minha mão contra ele e o destruirei do meio do meu povo Israel.

10 Levarão a sua culpa: o profeta será tão culpado quanto aquele que o consulta.

11 [w]Então a nação de Israel não se desviará mais de mim nem se contaminará mais com todas as suas transgressões. Eles serão o meu povo, e eu [x]serei o seu Deus, diz o Senhor Deus.

[k] Jr 28.15
[l] Jr 23.14
[m] v. 6; Ez 12.24; Mq 3.5,6
[n] Ez 8.1; 20.1; comp. 33.31
[o] Ez 7.19
[p] Ez 20.31; comp. 2Rs 3.13
[q] Is 55.6,7; Ez 18.30-32
[r] Comp. Jr 37.17-21
[s] Lv 17.10; 20.3,5,6; Jr 44.11; Ez 15.7
[t] Nm 26.10; Dt 28.37; Ez 5.15
[u] Ez 13.14
[v] 1Rs 22.23; Jó 12.16; Is 66.4; Jr 4.10; 2Ts 2.11; comp. Sl 81.11,12; Is 63.17
[w] Sl 119.67,71; Jr 31.18,19; Hb 12.11
[x] Ez 11.20; 34.30
[y] v. 16,18,20; comp. Gn 19.15-25
[z] Ez 5.17
[a] Ez 15.8; 33.28,29
[b] Ez 25.13; Sf 1.3
[c] 2Sm 24.15; Ez 38.22
[d] Jr 15.2,3
[e] Ez 12.16
[f] Ez 6.8
[g] Comp. Ez 16.54
[h] Jr 22.8,9
[i] Comp. Sl 80.8-16; Is 5.1-7; Jr 2.21; Ez 19.10-14; Os 10.1; Jo 15.6

Jerusalém não será de modo algum poupada

12 **V**eio a mim a palavra do Senhor:

13 Filho do homem, quando uma terra pecar contra mim, sendo infiel, então estenderei a minha mão contra ela e tornarei instável o sustento do pão, e enviarei contra ela fome, e arrancarei dela homens e animais;

14 ainda que estivessem no meio dela estes três homens: Noé, [1]Daniel e Jó, eles pela sua justiça [y]livrariam apenas a sua vida, diz o Senhor Deus.

15 Se eu enviar pela terra [z]animais selvagens, e eles a assolarem, e ela ficar desolada de sorte que ninguém possa passar por ela por causa dos animais,

16 ainda que esses três homens estivessem no meio dela, tão certo como eu vivo, diz o Senhor Deus, nem a filhos nem a filhas livrariam. Só eles ficariam livres; a terra, porém, seria [a]assolada.

17 Ou, se eu trouxer a espada contra tal terra e disser: Espada, passa pela terra; e eu [b]arrancar dela homens e animais,

18 ainda que esses três homens estivessem nela, tão certo como eu vivo, diz o Senhor Deus, nem filhos nem filhas livrariam. Só eles ficariam livres.

19 Ou se eu enviar a [c]peste sobre a tal terra e derramar o meu furor sobre ela com sangue, para arrancar dela homens e animais,

20 ainda que Noé, Daniel e Jó estivessem no meio dela, tão certo como eu vivo, diz o Senhor Deus, nem filho nem filha eles livrariam. Eles só livrariam a sua própria vida pela sua justiça.

21 Pois assim diz o Senhor Deus: Quanto pior será se eu enviar os meus [d]quatro maus juízos: a espada, a fome, os animais selvagens e a peste contra Jerusalém, para exterminar dela homens e animais?

22 [e]Alguns, porém, restarão nela, os quais serão [f]levados para fora, assim filhos como filhas. Eles virão a vós, e, quando virdes o seu caminho e os seus feitos, ficareis consolados do mal que eu trouxe sobre Jerusalém e de tudo o que trouxe sobre ela.

23 Sereis [g]consolados quando virdes o seu caminho e os seus feitos, pois sabereis que não fiz [h]sem razão tudo o que fiz nela, diz o Senhor Deus.

A parábola da videira (comp. Is 5.1-24)

15 Veio a mim a palavra do Senhor:

2 Filho do homem, em que é o pau da [2][i]videira melhor que qualquer outra árvore do bosque?

3 Toma-se dele madeira para fazer alguma obra? Ou toma-se dele alguma estaca, para se lhe pendurar algum traste?

[1] (14.14) Muitos veem aqui um importante testemunho contemporâneo da historicidade e do caráter de Daniel, que ainda vivia quando Ezequiel escreveu isso. Comp. v. 16,18,20; tb. Jr 15.1. É um tributo ao caráter de Daniel, que aqui se vincula a Noé e Jó, apesar de ser ainda jovem.

[2] (15.2) A videira, conforme descrita por Ezequiel, simboliza o homem não regenerado em geral e, em particular, o pecador Israel. Assim como a madeira da videira é rugosa, retorcida e imprestável, útil apenas como combustível, do mesmo modo Israel, recalcitrante em seu pecado, só serve para o juízo.

4 E depois que é lançado no fogo, para ser
consumido, ambas as suas extremidades con-
some o [j]fogo, e o meio dele fica também quei-
mado; serviria, pois, para alguma obra?
5 Se quando estava inteiro não servia para
obra alguma, quanto menos estando consu-
mido ou carbonizado pelo fogo, se faria dele
qualquer obra?
6 Portanto, assim diz o Senhor Deus: Como a
[k]videira entre as árvores do bosque, que entre-
guei ao fogo para que seja consumida, assim
entregarei os habitantes de Jerusalém.
7 [l]Porei a minha face contra eles. Embora pos-
sam sair do fogo, o fogo ainda os consumirá. E,
quando eu tiver posto a minha face contra eles,
sabereis que eu sou o Senhor.
8 Tornarei a terra em desolação, porque foram
infiéis, diz o Senhor Deus.

A graça do Senhor para a infiel Jerusalém

16 Veio a mim a palavra do Senhor:
2 Filho do homem, faze conhecer a Je-
rusalém as suas [m]abominações
3 e dize: Assim diz o Senhor Deus a Jerusalém:
A tua origem e o teu nascimento procedem da
terra dos cananeus; teu pai era [n]amorreu e a tua
mãe [o]heteia.
4 Quanto ao teu nascimento, no [p]dia em que
nasceste não te foi cortado o umbigo, nem foste
lavada com água, para tua purificação; tampouco
foste esfregada com sal nem envolta em faixas.
5 Não se compadeceu de ti olho algum, para
te fazer alguma dessas coisas; antes foste lan-
çada em pleno campo, pelo nojo de ti, no dia
em que tu nasceste.
6 **P**assando eu por ti, vi-te banhada no teu
sangue e te disse: Ainda que estejas no teu san-
gue, vive; sim, disse-te: Ainda que estejas no
teu sangue, vive.
7 Eu te fiz multiplicar como o renovo do cam-
po, e cresceste e te engrandeceste, e alcanças-
te grande formosura. Formaram-se os teus
seios e cresceu o teu cabelo; contudo estavas
nua e descoberta.
8 Passando eu por ti, olhei e vi que o teu tempo
era tempo de [q]amores; estendi sobre ti as abas
do meu manto e cobri a tua nudez. Dei-te [r]jura-
mento e entrei em [s]aliança contigo, diz o Senhor
Deus, e tu [t]ficaste sendo minha.
9 Então te lavei com água, te enxuguei do teu
sangue e te ungi com óleo.
10 Eu te vesti de roupas bordadas e te calcei
com peles de animais marinhos, e te cingi de
linho fino e te cobri de seda.
11 Eu te adornei com enfeites, pus braceletes
em tuas mãos e um colar no teu pescoço,
12 e te pus uma joia [u]na testa, pendentes nas
orelhas e uma linda coroa na cabeça.
13 Assim foste adornada com ouro e prata;
o teu vestido foi de linho fino, e de seda e de
bordados. Nutriste-te de flor de farinha, de mel
e óleo; foste formosa em extremo e próspera,
até chegares a ser [v]rainha.
14 Correu a tua fama entre as nações, por cau-
sa da tua [w]formosura, pois era perfeita, por
causa da minha glória que eu tinha posto so-
bre ti, diz o Senhor Deus.

Ela se torna uma prostituta

15 [x]**C**onfiaste na [y]tua formosura, porém, e te
corrompeste por causa da tua fama; derramas-
te as tuas [1z]prostituições a todo o que passava,
para seres dele.
16 Tomaste dos teus vestidos e fizeste lugares
[a]altos adornados de diversas cores, e te pros-
tituíste sobre eles. Tais coisas não deviam ter
acontecido nem hão de novamente acontecer.
17 Tomaste as tuas joias de enfeite, que eu
te dei do meu ouro e da minha prata, e fizeste
imagens de homens e te prostituíste com elas.
18 E tomaste os teus vestidos bordados e as
cobriste; o meu óleo e o meu perfume puses-
te diante delas.
19 O meu pão que te dei, a flor de farinha, o
óleo e o mel, com que eu te sustentava, tam-
bém puseste diante delas em aroma suave. Foi
isso o que aconteceu, diz o Senhor Deus.
20 Além disso, tomaste teus filhos e tuas fi-
lhas, que por mim geraras, e os [b]sacrificaste a
elas, para serem consumidos. Acaso é pequena
a tua prostituição?
21 Mataste meus filhos e os entregaste a elas
para os fazerem passar pelo [c]fogo.
22 Em todas as tuas abominações, nas tuas
prostituições, não te lembraste dos dias da tua
[d]juventude, quando estavas nua e descoberta,
e banhada no teu sangue.
23 **A**i, ai de ti! diz o Senhor Deus. Além de to-
da a tua maldade,
24 edificaste uma câmara abobadada, e [e]fizes-
te lugares altos por todas as ruas.

[j] Comp. Is 27.11
[k] Comp. Ez 17.3-10
[l] Lv 17.10; Ez 14.8
[m] v. 15-34; Ez 8.9-17
[n] Gn 15.16; Dt 7.1; Js 24.15
[o] Veja 2Rs 7.6, nota
[p] Comp. Os 2.3
[q] Comp. Jr 2.2
[r] Gn 22.16-18
[s] Êx 24.6-8
[t] Êx 19.5
[u] Comp. Gn 24.47; Is 3.21
[v] Reino (AT): v. 13,14; Ez 20.33 (Gn 1.26; Zc 12.8)
[w] Sl 50.2; comp. Lm 2.15
[x] Veja Sl 2.12, nota
[y] Comp. Dt 32.15; Jr 7.4; Mq 3.11
[z] Is 1.21; 57.8; Jr 2.20; 3.2,6,20; Ez 23.11-20; Os 1.2
[a] v. 16,24,25,31,39; veja Jz 3.7 e 1Rs 3.2, notas
[b] Sl 106.37,38; Is 57.5; Jr 7.31
[c] 2Rs 17.17; Jr 19.5; Ez 20.31; 23.37
[d] v. 43,60; Jr 2.2; Os 11.1
[e] Sl 78.58; Is 57.7; Jr 2.20; 3.2

Enquanto no cap. 15 (e tb. em Is 5) a videira representa apenas o juízo, em João 15 Cristo a usa para representar a união de vida entre ele e o crente. Aqui, a inutilidade intrínseca da madeira está totalmente subordinada à função única e positiva da videira: gerar fruto. Assim, nosso Senhor toma a imagem da madeira da videira – em Ezequiel, figura da humanidade arruinada pelo pecado – e a transforma na parábola dele mesmo como a Videira e do cristão como os seus ramos, que dão fruto para ele.

[1] (16.15) Uma expressão que indica, no reino espiritual, a adoração aos deuses das nações.

25 A cada canto do caminho edificaste o teu
lugar alto e fizeste abominável a tua formosu-
ra; alargaste os teus pés a todo o que passava e
multiplicaste as tuas prostituições.
26 Também te prostituíste com os filhos do
[f]Egito, teus vizinhos, grandemente carnais, e
multiplicaste a tua prostituição, [g]provocando-
-me à ira.
27 Pelo que estendi a minha mão contra ti e di-
minuí o teu território; entreguei-te à vontade das
que te odeiam, às filhas dos [h]filisteus, as quais
se [i]envergonhavam do teu caminho depravado.
28 Também te prostituíste com os [j]filhos da
Assíria, porque eras insaciável; prostituindo-te
com eles, nem ainda assim te fartaste,
29 antes multiplicaste as tuas prostituições até
no país dos comerciantes, a [k]Caldeia, e ainda
com isso não te fartaste.
30 **Q**uão fraco é o teu coração, diz o Senhor
Deus, fazendo tu todas essas coisas, obra de
[l]meretriz descarada!
31 Edificando a tua câmara abobadada no can-
to de cada caminho, e fazendo o teu lugar alto
em cada rua, não foste sequer como a meretriz,
pois desprezaste a [m]paga.
32 Foste como a mulher adúltera que, em lugar
de seu marido, recebe os estranhos.
33 A todas as meretrizes se dá paga, mas tu dás
[n]presentes a todos os teus amantes, subornando-
-os para que venham a ti de todas as partes,
pelas tuas prostituições.
34 Assim que contigo sucede o contrário de ou-
tras mulheres nas tuas prostituições, pois após
ti não andam para prostituição; porque tu dás
o pagamento e nada recebe.

Profecia do juízo

35 **P**ortanto, ó meretriz, ouve a palavra do Senhor.
36 Assim diz o Senhor Deus: Visto que se derra-
mou o teu dinheiro e se descobriu a tua nudez nas
tuas prostituições com os teus amantes, como
também com todos os ídolos das tuas abomina-
ções, e no sangue de teus filhos que lhes deste,
37 eu ajuntarei todos os teus [o]amantes, com
os quais te misturaste, como também todos os
que amaste, com todos os que aborreceste, eu
os ajuntarei contra ti em redor e descobrirei a
tua nudez diante deles, para que vejam toda
a tua nudez.
38 Eu te julgarei [p]como são julgadas as adúl-
teras e as que derramam sangue; te entregarei
ao sangue de furor e de ciúme.
39 Eu te entregarei nas suas mãos, e eles der-
rubarão a tua câmara abobadada e os teus altos
lugares; te despirão dos teus vestidos, e toma-
rão as tuas joias de enfeite e te deixarão nua
e descoberta.

[f] Ez 20.7,8
[g] Dt 31.20
[h] Is 9.12; Ez 25.15
[i] Comp. Rm 2.24
[j] 2Rs 16.7-10; 2Cr 28.20,21; Jr 2.18,36; Ez 23.12
[k] Ez 23.14-17
[l] Comp. Jr 3.3
[m] Is 52.3
[n] Is 57.8,9; comp. Os 8.9,10
[o] Lm 1.2,19; Ez 23.22; Os 2.10
[p] Lv 20.10; Dt 22.22
[q] Ez 23.45-47
[r] Dt 13.16; 2Rs 25.9; Jr 39.8; 52.13
[s] Ez 5.13; 21.17
[t] Ez 9.10; 11.21; 22.31
[u] Ez 23.2-4
[v] Comp. Zc 11.8
[w] Veja 2Rs 7.6, nota
[x] Comp. Jr 3.8-11
[y] 2Rs 21.9; Ez 5.6; comp. Mt 12.41,42
[z] Is 3.9; Lm 4.6; Mt 10.15; 11.24; Ap 11.8
[a] Comp. Sl 138.6
[b] Comp. Is 22.13
[c] Comp. Am 6.4-6
[d] Jr 5.28; comp. Ez 18.7,8
[e] Comp. Gn 13.13; 18.20; 19.5
[ff] Ez 23.11
[gg] v. 52; Jr 3.8-11
[hh] Comp. Rm 2.1
[ii] v. 60,61; comp. Is 1.9

40 Então farão subir contra ti um [q]ajuntamen-
to, te apedrejarão com pedras e te trespassarão
com as suas espadas.
41 [r]Destruirão as tuas casas a fogo e executarão
juízos contra ti, aos olhos de muitas mulheres.
Darei fim às tuas prostituições, e paga não da-
rás mais aos teus amantes.
42 Assim o meu furor [s]diminuirá, e os meus
ciúmes se desviarão de ti; também me aquieta-
rei e nunca mais me indignarei.
43 Visto que não te lembraste dos dias da tua
juventude e me provocaste à ira com tudo isso,
eu certamente [t]farei recair o teu caminho sobre a
tua cabeça, diz o Senhor Deus. Não acrescentaste
esta infidelidade a todas as tuas abominações?
44 **T**odo o que usa de provérbios usará contra
ti este provérbio, dizendo: Qual a mãe, tal é a sua
filha.
45 És tu a filha de tua mãe, que tinha nojo de seu
marido e de seus filhos; tu és a [u]irmã de tuas ir-
mãs, que [v]tinham nojo de seus maridos e de seus
filhos. Vossa mãe foi [w]heteia, e vosso pai, amorreu.
46 Tua irmã mais velha é [x]Samaria, ela e su-
as filhas, que habitam à tua esquerda; tua irmã
mais nova que habita à tua mão direita, é Sodo-
ma e suas filhas.
47 Todavia não andaste nos seus caminhos
nem fizeste conforme as suas abominações,
mas, como se isso fosse muito pouco, ainda
te corrompeste [y]mais do que elas, em todos os
teus caminhos.
48 Tão certo como eu vivo, diz o Senhor Deus,
não fez [z]Sodoma, tua irmã, ela e suas filhas, co-
mo fizeste tu e tuas filhas.
49 Ora, foi esta a maldade de Sodoma, tua ir-
mã: [a]soberba, [b]fartura de pão e abundância de
[c]ociosidade teve ela e suas filhas; mas nunca
amparou o pobre e o [d]necessitado.
50 Elas se ensoberbeceram e [e]fizeram abo-
minação diante de mim; pelo que, ao ver isso,
tirei-as do seu lugar.
51 Samaria não cometeu [ff]metade de teus peca-
dos. Multiplicaste as tuas abominações mais do
que elas, e [gg]justificaste a tuas irmãs, com todas
as abominações que fizeste.
52 Sofre a tua vergonha, tu que [hh]julgaste a tuas
irmãs, pelos teus pecados, que cometeste mais
abomináveis do que os delas; mais justas são
do que tu. Envergonha-te logo também e sofre
a tua vergonha, pois justificaste a tuas irmãs.
53 [ii]**T**odavia, farei voltar os cativos delas; os
cativos de Sodoma e suas filhas, os cativos de
Samaria e suas filhas, e os cativos do teu exí-
lio entre elas,
54 para que sofras a tua vergonha e sejas en-
vergonhada por tudo o que fizeste, dando-lhes
tu consolação.

55 Quando tuas irmãs, Sodoma e suas filhas e Samaria e suas filhas tornarem ao seu primeiro estado, também tu e tuas filhas tornareis ao vosso primeiro estado.

56 Nem mesmo Sodoma, tua irmã, foi mencionada pela tua boca, no dia das tuas soberbas,

57 antes que se descobrisse a tua maldade, como no tempo do [j]desprezo das filhas da Síria e de todos os que estão ao redor dela, as filhas dos filisteus, que te desprezam em redor.

58 A tua perversidade e as tuas abominações tu levarás, diz o Senhor.

59 **A**ssim diz o Senhor Deus: Eu te farei como fizeste, tu que desprezaste o juramento, quebrantando a aliança.

Mas Deus cumprirá suas alianças

60 Contudo, eu me [1][k]lembrarei da [2]aliança que contigo fiz nos dias da tua juventude, e estabelecerei contigo uma aliança [l]eterna.

61 Então te lembrarás dos teus caminhos e te [m]envergonharás quando receberes tuas irmãs mais velhas do que tu, com as mais novas do que tu. Eu as darei a ti por filhas, mas não pela tua aliança.

62 [n]Estabelecerei a minha aliança contigo, e saberás que eu sou o Senhor.

63 Então quando eu te perdoar tudo o que fizeste, tu te [o]lembrarás e te envergonharás e [p]nunca mais abrirás a boca, por causa da tua vergonha, diz o Senhor Deus.

Parábola das duas águias

17 Veio a mim a [q]palavra do Senhor:

2 Filho do homem, propõe uma alegoria e usa de uma [r]parábola para com a nação de Israel,

3 e dize: Assim diz o Senhor Deus: Uma grande águia, de grandes asas, de farta plumagem, cheia de penas de várias cores, veio ao Líbano e levou o mais alto ramo de um cedro.

4 Arrancou a ponta mais alta dos seus ramos e a trouxe a uma terra de comércio, pondo-a na cidade de comerciantes.

5 Tomou da semente da terra e a lançou num campo fértil. Plantou-a como um salgueiro junto a muitas águas;

6 ela brotou e tornou-se uma videira muito larga, de pouca altura, virando-se para a águia os seus ramos, mas as suas raízes ficaram debaixo dela. Tornou-se uma videira produzindo ramos e brotos.

7 **H**ouve ainda outra grande águia, de grandes asas, e cheia de penas. Esta videira lançou para ela as suas raízes e estendeu para ela os seus ramos, desde o lugar em que estava plantada, para que a regasse.

8 Em boa terra, à beira de muitas águas, estava ela plantada, para produzir ramos e dar fruto, para que fosse videira excelente.

9 Dize: Assim diz o Senhor Deus: Ela prosperará? Não lhe [s]arrancará a águia as suas raízes e não cortará o seu fruto, para que se sequem todas as folhas de seus brotos? Não será necessário nem braço forte, nem muita gente, para arrancá-la pelas raízes.

10 Estando, porém, plantada, prosperará? Tocando-lhe o vento [t]oriental, de todo não se secará? Desde o lugar em que estava plantada se secará.

A rebelião de Zedequias contra Nabucodonosor; resultados (2Rs 24.17-20; 25.1-10)

11 **E**ntão veio a mim a palavra do Senhor:

12 Dize agora à nação [u]rebelde: Não sabeis o que significam essas coisas? Dize: Veio o [v]rei de Babilônia a Jerusalém e tomou o seu rei e os seus príncipes, e os levou consigo para Babilônia.

13 Então tomou um [w]membro da família real e fez aliança com ele, sob juramento. E removeu os poderosos da terra,

14 para que o reino ficasse humilhado, e não tivesse condições de se levantar, embora, guardando a sua aliança, pudesse subsistir.

15 Ele, porém, se [x]rebelou contra o rei da Babilônia, enviando os seus mensageiros ao Egito, para que lhe mandassem cavalos e muita gente. Prosperará ou escapará aquele que faz tais coisas? Ou quebrará a aliança e escapará?

16 Tão certo como eu vivo, diz o Senhor Deus, no [3]lugar em que habita o rei que o fez reinar, cujo juramento desprezou e cuja aliança quebrou, sim, com ele no meio de Babilônia certamente [y]morrerá.

17 Faraó, [z]nem com grande exército, nem com uma companhia numerosa, lhe prestará ajuda em guerra, [a]levantando tranqueiras e edificando baluartes, para destruir muitas vidas.

18 Ele desprezou o juramento, quebrantando a aliança. Porque desprezou o [b]juramento e fez todas essas coisas, não escapará.

19 Portanto, assim diz o Senhor Deus: Tão certo como eu vivo, farei recair sobre a sua cabeça o meu juramento que quebrou.

[j] 2Rs 16.5; 2Cr 28.18
[k] Lv 26.42-45; Sl 106.45
[l] Is 55.3; Jr 32.40; 50.5; Ez 37.26
[m] Jr 50.4,5; Ez 6.9; 20.43
[n] Os 2.19,20
[o] Ez 36.31,32
[p] Sl 39.9; Rm 3.19
[q] Parábolas (AT): v. 1-14; Ez 19.1 (Jz 9.8; Zc 11.7)
[r] Ez 20.49; 24.3
[s] Comp. 2Rs 25.7
[t] Ez 19.12; Os 13.15
[u] Ez 2.3-5
[v] v. 3; 2Rs 24.11-16
[w] Jr 37.1
[x] 2Rs 24.20; 2Cr 36.13; Jr 52.3
[y] Jr 52.11; Ez 12.13
[z] Jr 37.7; Ez 29.6
[a] Jr 52.4; Ez 4.2
[b] Comp. 1Cr 29.24; Lm 5.6

[1] (16.60) Para o povo de Deus, sempre deve ser motivo de alento ter a segurança, de acordo com sua Palavra, de que ele permanece fiel quando somos infiéis (2Tm 2.13). Se não fosse possível ter certeza disso, não poderia haver esperança de salvação.

[2] (16.60) A primeira vez que a palavra "aliança" é usada, refere-se à Aliança da Terra de Israel (veja Dt 30.3, *nota*); a segunda vez, à Nova Aliança (veja Hb 8.8, *nota*).

[3] (17.16) Nabucodonosor, que nomeou Zedequias rei, reinava na Babilônia.

20 Estenderei sobre ele a minha rede, e ele
será apanhado no meu laço. Eu o levarei para
Babilônia e ali entrarei em juízo com ele pela
rebeldia com que se rebelou contra mim.
21 Todos os seus fugitivos, com todas as suas
tropas, cairão à espada; os que restarem serão
[c]espalhados em todas as direções. Então sabe-
reis que eu, o Senhor, o disse.
22 **A**ssim diz o Senhor Deus: Também eu
tomarei o [d]topo do cedro e o plantarei; do prin-
cipal dos seus renovos cortarei [e]o mais tenro
e o [f]plantarei sobre um monte alto e sublime.
23 No [g]monte alto de Israel o [h]plantarei; ele
produzirá ramos e dará fruto e se fará um ce-
dro excelente. Habitarão [i]debaixo dele aves
de toda espécie; encontrarão abrigo à sombra
dos seus ramos.
24 Assim saberão todas as árvores do cam-
po que eu, o Senhor, abati a árvore alta, elevei
a árvore baixa, sequei a árvore verde, e fiz [j]re-
verdecer a árvore seca. Eu, o Senhor, o disse,
e o farei.

A justiça de Deus defendida: juízo individual pelo pecado individual

18 Veio a mim a palavra do Senhor:
2 Que queres dizer vós quando citam
este provérbio acerca da terra de Israel:

Os pais comeram uvas verdes,
e os dentes dos filhos é que
se [k]embotaram?

3 Tão certo como eu vivo, diz o Senhor Deus,
nunca mais direis este provérbio em Israel.
4 Pois todos são [l]meus; tanto o pai, como o fi-
lho são meus. A [m]alma que pecar, essa morrerá.
5 **S**endo o homem [n]justo
e fazendo juízo e justiça,
6 não comendo sobre os [o]montes,
nem levantando os seus olhos
para os ídolos da nação de Israel,
nem contaminando a mulher
do seu próximo,
nem se chegando à [p]mulher
na sua separação;
7 não oprimindo ninguém,
tornando ao devedor o seu [q]penhor,
não roubando,
dando o seu pão ao [r]faminto
e cobrindo o nu com [s]vestes;
8 não dando o seu dinheiro à usura,
não recebendo [t]demais,
desviando a sua mão da injustiça
e fazendo verdadeiro juízo
entre homem e homem;
9 andando nos meus estatutos
e guardando os meus juízos,
para proceder segundo a verdade,
o tal justo certamente [u]viverá,
diz o Senhor Deus.
10 Se ele gerar um filho ladrão, [v]derramador
de sangue, que fizer a seu irmão
qualquer uma destas coisas,
11 e não cumprir todos aqueles deveres,
mas antes comer sobre os montes
e contaminar a mulher de seu próximo,
12 oprimir o aflito e necessitado,
praticar roubos,
não devolver o penhor,
levantar os olhos para os ídolos,
cometer abominação,
13 emprestar com usura e receber
mais do que emprestou, viverá?
Não viverá! Porque fez todas essas abomina-
ções, certamente será morto, e o seu [w]sangue
será sobre ele.
14 **S**e ele, porém, gerar um filho que veja todos
os pecados que seu pai fez e, vendo-os, não co-
meter coisas [x]semelhantes,
15 não comer carne sacrificada sobre os montes,
não levantar os olhos para
os ídolos da casa de Israel,
não contaminar a mulher de seu próximo,
16 não oprimir ninguém,
não retiver o penhor, não roubar,
der o seu pão ao faminto,
cobrir o nu com vestes,
17 desviar do aflito a sua mão,
não receber usura nem mais
do que emprestou,
observar os meus juízos e andar nos
meus estatutos —
o tal não morrerá pela maldade de seu pai;
certamente viverá.
18 Seu pai, porque praticou extorsão, roubou os
bens do próximo e fez o que não era bom no meio
de seu povo, morrerá pela sua própria maldade.
19 **C**ontudo perguntais: Por que não levará o fi-
lho a [y]maldade do pai? Porque o filho fez juízo
e justiça, guardou todos os meus estatutos e os
praticou; por isso, certamente viverá.
20 [z]Aquele que pecar, esse morrerá. O [a]filho não
levará a maldade do pai, nem o pai levará a mal-
dade do filho. A [b]justiça do justo ficará sobre ele,
e a [cc]impiedade do ímpio cairá sobre ele.
21 **S**e, porém, o ímpio se [dd]converter de todos
os seus pecados que cometeu, e guardar todos os
meus estatutos e fizer juízo e justiça, certamente
viverá; não morrerá.
22 De todas as suas transgressões que come-
teu não haverá lembrança contra ele. Pela sua
justiça que praticou [ee]viverá.
23 Tenho eu alguma [ff]satisfação na morte do
ímpio? diz o Senhor Deus. Não desejo antes que
se converta dos seus caminhos e [gg]viva?

[c] Ez 12.15; 22.15
[d] Is 4.2; 11.1; Jr 23.5,6; 33.15; Zc 3.8; 6.12
[e] Is 53.2
[f] Sl 2.6
[g] Is 2.2,3; Ez 20.40; Mq 4.1
[h] Comp. Is 62.1-7
[i] Comp. Ez 31.6; Dn 4.12
[j] Ez 37.3; Am 9.11; Rm 11.23,24
[k] Jr 31.39; Lm 5.7
[l] Nm 16.22
[m] v. 20; Rm 6.23
[n] Justiça (AT): v. 5-9; Hc 2.4 (Gn 6.9; Lc 2.25, nota)
[o] v. 11,15; Ez 22.9
[p] Lv 18.19; 20.18
[q] Êx 22.26; Dt 24.12,13
[r] Dt 15.11
[s] Is 58.7
[t] Êx 22.25; Lv 25.36,37; Dt 23.19
[u] Ez 20.11; Am 5.4
[v] Gn 9.6; Êx 21.12; Nm 35.31
[w] Lv 20.9,11-13,16,27
[x] Pv 23.24
[y] Êx 20.5; Dt 5.9; 2Rs 23.26; 24.3,4
[z] 18.4
[a] Dt 24.16; 2Rs 14.6; 2Cr 25.4; Jr 31.29,30
[b] Is 3.10,11
[cc] Rm 2.9
[dd] v. 27; Ez 33.12,19
[ee] Sl 18.20-24
[ff] Lm 3.33; Ez 18.32; 33.11; 1Tm 2.4; 2Pe 3.9
[gg] Comp. 2Co 2.5-11

24 Desviando-se, porém, o justo da sua justiça
e cometendo a [h]iniquidade, fazendo conforme
todas as abominações que faz o ímpio, viverá?
[1]De [i]todas as suas justiças que tiver feito não
se fará memória. Na sua transgressão com que
transgrediu, e no seu pecado com que pecou,
neles [j]morrerá.
25 **D**izeis, porém: O [k]caminho do Senhor não
é justo. Ouvi agora, ó nação de Israel: Não é o
meu caminho justo? Não são os vossos cami-
nhos injustos?
26 Se o justo se desviar da sua justiça e cometer
iniquidade, morrerá por ela; na sua iniquidade
que cometeu morrerá.
27 Convertendo-se, porém, o ímpio da im-
piedade que cometeu, e praticando o juízo e a
justiça, conservará este a sua vida.
28 Pois se considerar todas as suas transgres-
sões que cometeu e se desviar delas, certamente
viverá, não morrerá.
29 Contudo, diz a nação de Israel: O caminho
do Senhor não é justo. Não são os meus cami-
nhos justos, ó nação de Israel? E não são os
vossos caminhos injustos?
30 **P**ortanto, eu vos julgarei, a cada um con-
forme os seus caminhos, ó nação de Israel, diz
o Senhor Deus. Vinde e [l]convertei-vos de todas
as vossas transgressões, e a iniquidade não vos
servirá de tropeço.
31 [m]Lançai de vós todas as vossas transgressões
com que transgredistes; criai em vós um coração
[n]novo e um espírito novo. Por que razão morre-
ríeis, ó nação de Israel?
32 [o]Pois não tenho prazer na morte de ninguém,
diz o Senhor Deus. Arrependei-vos e [p]vivei.

Lamentação pelos príncipes de Israel

19 **T**u levanta uma [q]lamentação pelos prín-
cipes de Israel
2 e dize: Quem foi tua mãe?
Uma [r]leoa entre leões,
que, deitada entre os leõezinhos,
criou os seus filhotes.
3 Ela criou um dos seus filhotinhos,
que veio a ser [s]leãozinho,
e aprendeu a apanhar a presa
e devorou homens.
4 As nações ouviram falar dele,
ele foi apanhado na cova delas,
e levado com ganchos à terra do [t]Egito.

[h] Ez 33.18
[i] Comp. Gl 3.3,4
[j] Comp. Pv 21.16; Jr 18.1-10
[k] v. 29; Ez 33.17,20
[l] Mt 3.2; Ap 2.5; veja Zc 8.14 e At 17.30, notas
[m] Is 1.16; 55.7; Ef 4.22,23
[n] Sl 51.10; Jr 32.39; Ez 11.19; 36.26
[o] v. 23; Lm 3.33; Ez 33.11; 2Pe 3.9
[p] Pv 4.2
[q] Parábolas (AT): v. 1-14; Ez 23.1 (Jz 9.8; Zc 11.7)
[r] Símbolo de Judá, Gn 49.9; 1Rs 10.18-20
[s] Joacaz (Salum), v. 3,4; 2Rs 23.31,32; 2Cr 36.1,2; Jr 22.10-12
[t] 2Rs 23.33,34
[u] Joaquim (Jeconias), v. 5-9; 2Rs 24.8-16; Jr 22.24-30
[v] 2Rs 24.2
[w] Símbolo de Judá, Is 5.1-7; Jr 2.21; Ez 15.1-15
[x] Jr 31.27,28
[y] Zedequias, v. 10-14; 2Rs 24.17-20
[z] Comp. Sl 110.2
[a] Comp. Ez 1.1; 8.1; 24.1
[b] Veja Lv 23.2, nota
[c] Ez 8.1; 14.1

5 Vendo que havia esperado,
mas que a sua esperança era perdida,
ela tomou [u]outro dos seus filhotes
e fez dele um leãozinho.
6 Este, andando continuamente
no meio dos leões, veio a ser um leãozinho.
Ele aprendeu a apanhar a presa
e devorou homens.
7 Devastou os seus palácios
e destruiu as suas cidades.
Assolou-se a terra e a sua plenitude,
ao ouvir o seu rugido.
8 Então se [v]ajuntaram contra ele
as gentes das províncias em redor.
Estenderam sobre ele a rede,
e foi apanhado na cova que elas fizeram.
9 Colocaram-no na prisão com
ganchos e o levaram ao rei de Babilônia.
Fizeram-no entrar nos lugares fortes,
para que não se ouvisse
mais a sua voz nos montes de Israel.
10 **T**ua mãe era como uma [w]videira na tua vinha,
plantada junto às águas;
ela frutificou e encheu-se de ramos,
por causa das muitas águas.
11 Tinha varas fortes
para cetros de dominadores.
Ela cresceu e elevou-se a sua
estatura entre os espessos ramos,
e foi vista na sua altura
com a multidão dos seus ramos.
12 Contudo, foi [x]arrancada com furor,
foi abatida até a terra.
O vento oriental secou o seu fruto;
quebraram-se e secaram-se
as suas fortes varas, e o fogo as consumiu.
13 Agora ela está plantada no deserto,
numa terra seca e sedenta.
14 De uma vara dos seus ramos saiu [y]fogo
que consumiu o seu fruto,
de maneira que já não há nela
nenhuma [z]vara forte que sirva
de cetro para dominar.
Esta é a lamentação, e como lamentação servirá.

Vindicação da atitude de Deus para Israel

20 **N**o [a]sétimo ano, no [b]quinto mês, aos dez
do mês, vieram alguns dos anciãos de
Israel para consultar o Senhor, e [c]assentaram-se
diante de mim.

[1] (18.24) Alguns consideram que essa passagem e outras semelhantes em Ezequiel (p. ex., 3.17-21; 33.10-20) ensinam que o cristão pode perder sua posição de justo aos olhos de Deus. Mas, em defesa da segurança do crente, deve-se notar que essas passagens de Ezequiel não ensinam, necessariamente, a perdição eterna de uma pessoa salva. A palavra "justo" pode referir-se à religião cerimonial (comp. Mt 5.20), não à "justiça que vem de Deus pela fé" (comp. Fp 3.7-9). Além disso, a ameaça de castigo só pode se referir à morte física, não à morte eterna. De qualquer maneira, esses textos em Ezequiel devem ser considerados à luz de declarações neotestamentárias, tais como Jo 10.28; Rm 5.8,9; 8.38,39; Fp 1.6 etc., que tão claramente ensinam a segurança do crente.

2 Então veio a mim a palavra do Senhor:

3 Filho do homem, fala aos anciãos de Israel e dize-lhes: Assim diz o Senhor Deus: Vós vindes consultar-me? Tão certo como eu vivo, diz o Senhor Deus, vós [d]não me consultareis.

4 Acaso tu os julgarias, ó filho do homem? Por acaso os julgarias? Faze-lhes saber as abominações de seus pais

5 e dize-lhes: Assim diz o Senhor Deus: No dia em que [e]escolhi Israel, levantei a minha mão para a descendência da família de Jacó e me revelei a eles na terra do Egito; levantei a minha mão para eles, dizendo: Eu sou o Senhor, o vosso Deus.

6 Naquele dia, levantei a minha mão para eles, jurando [f]tirá-los da terra do Egito para uma terra que tinha previsto para eles, na qual [g]manam leite e mel, e é a glória de todas as terras.

7 Então lhes disse: Cada um lance de si as abominações dos seus olhos, e não vos [h]contamineis com os ídolos do Egito. Eu sou o Senhor, o vosso Deus.

8 **N**o entanto, rebelaram-se contra mim e não me quiseram ouvir; ninguém lançava de si as abominações dos seus olhos, nem [i]deixava os ídolos do Egito. Então eu disse que derramaria sobre eles o meu furor, para cumprir a minha ira contra eles no meio da terra do Egito.

9 O que fiz, porém, foi [j]por amor do meu nome, para que não fosse profanado diante dos olhos das nações, no meio das quais eles estavam, à vista de quem eu me [k]dei a conhecer a eles, para tirá-los da terra do Egito.

10 Tirei-os da terra do Egito e os levei ao deserto.

11 [l]Dei-lhes os meus estatutos e lhes mostrei os meus juízos, os quais, cumprindo-os o homem, [m]viverá por eles.

12 Também lhes dei os meus [n]sábados, para que servissem de sinal entre mim e eles; para que soubessem que eu sou o Senhor que os santifica.

13 Contudo, os israelitas se rebelaram contra mim no deserto, não andando nos meus estatutos e rejeitando os meus juízos, os quais, cumprindo-os o homem, viverá por eles; profanaram grandemente os meus sábados. Então eu disse que derramaria sobre eles o meu furor no deserto, para os consumir.

14 O que fiz, porém, foi [1]por amor do meu nome, para que não fosse profanado diante dos olhos das nações perante as quais os fiz sair.

15 [o]Demais, eu levantei a minha mão para eles no deserto, para não os deixar entrar na terra que lhes tinha dado, na qual manam leite e mel, e é a glória de todas as terras,

16 porque rejeitaram os meus juízos e profanaram os meus sábados. [p]Pois o seu coração andava após os seus ídolos.

17 Não obstante, olhei para eles com piedade e lhes perdoei, para não os destruir nem os consumir no deserto.

18 Entretanto, disse eu a seus filhos no deserto: Não andeis nos estatutos de vossos pais, nem guardeis os seus juízos, nem vos contamineis com os seus ídolos.

19 Eu sou o Senhor, o vosso Deus; andai nos meus estatutos, guardai os meus juízos e executai-os.

20 [q]Santificai os meus sábados, e eles servirão de sinal entre mim e vós, para que saibais que eu sou o Senhor, o vosso Deus.

21 **O**s [r]filhos, porém, se rebelaram contra mim e não andaram nos meus estatutos nem guardaram os meus juízos, os quais, cumprindo-os o homem, viverá por eles; antes profanaram os meus sábados. Por isso, eu disse que derramaria sobre eles o meu furor, para cumprir contra eles a minha ira no deserto.

22 Contive, porém, a minha mão, e o fiz por amor do meu nome, para que não fosse profanado aos olhos das nações à vista das quais os fiz sair.

23 Também levantei a minha mão para eles no deserto, jurando [s]espalhá-los entre as nações, e derramá-los pelas terras,

24 porque não executaram os meus juízos, rejeitaram os meus estatutos, profanaram os meus sábados, e os seus olhos seguiram após os ídolos de seus pais.

25 Pelo que também lhes [t]dei estatutos que não eram bons e juízos pelos quais não haviam de viver;

26 deixei-os contaminar-se em seus próprios dons, nos quais faziam passar pelo fogo tudo [u]o que abre a madre, para os assolar, a fim de que soubessem que eu sou o Senhor.

27 **P**ortanto, fala à nação de Israel, ó filho do homem, e dize-lhe: Assim diz o Senhor Deus: Ainda nisto me [v]blasfemaram vossos pais e transgrediram contra mim.

28 Havendo-os eu feito entrar na terra que, de mão levantada, jurei dar-lhes, então olharam para todo outeiro alto e para toda árvore frondosa; sacrificaram ali a provocação das suas ofertas, puseram ali os seus cheiros suaves e ali derramaram as suas libações.

[d] Ez 7.26; 14.3
[e] Eleição (coletiva): v. 5; Os 11.1 (Dt 7.6; 1Pe 5.13)
[f] Êx 3.8,17; Dt 8.7-9; Jr 32.22
[g] v. 15; Êx 3.8,17; 13.5; 33.3; Jr 11.5; 32.22
[h] Lv 17.7; 18.3; Dt 29.16-18; Js 24.14
[i] Comp. Êx 32.1-9
[j] v. 14,22; comp. Êx 32.9-14; Nm 12.11-24; Dt 9.1-29; Ez 36.16-38
[k] Js 2.10; 9.9,10
[l] Êx 20.1; Dt 4.8; Ne 9.13,14; Sl 147.19,20
[m] Lv 18.5
[n] Êx 20.8; 31.13; 35.2; Dt 5.12
[o] Nm 14.28-30; Sl 95.11; 106.26
[p] Nm 15.39; Sl 78.37; Am 5.25,26; At 7.42,43
[q] v. 12; Is 58.13,14; Jr 17.22
[r] Nm 25.1,2; Dt 9.23,24; 31.27
[s] Lv 26.33; Dt 28.64; Sl 106.27; Jr 15.4
[t] v. 39; Sl 81.12; Rm 1.24; 2Ts 2.11
[u] Comp. Êx 13.1-16
[v] Is 65.7; Rm 2.24

[1] (20.14) "Por amor do meu nome" expressa um dos motivos de Deus em seu procedimento para com a humanidade. Embora, para a maioria dos homens signifique muito pouco, o nome do Senhor é infinitamente precioso para ele. Veja 36.20, onde o Senhor diz do Israel infiel: "Profanaram o meu santo nome", e o versículo seguinte, onde ele diz de si mesmo: "Por amor do meu santo nome". Como o requer sua santidade, Deus está preocupado em vindicar a honra de seu nome.

29 Eu lhes disse: Que alto é este aonde vós ides?
(O seu nome tem sido [1][w]Bamá, até o dia de hoje.)
30 Portanto, dize à nação de Israel: Assim diz o
Senhor Deus: Acaso vós vos contaminais a vós
mesmos, à maneira de vossos [x]pais? E vos pros-
tituís com as suas [y]abominações?
31 Ao oferecerdes os vossos dons e fazerdes
passar os vossos filhos pelo fogo, até hoje es-
tais contaminados com todos os vossos ídolos.
E vós me consultaríeis, ó nação de Israel? Tão
certo como eu vivo, diz o Senhor Deus, vós [z]não
me consultareis.
32 **O** que veio ao vosso espírito de maneira al-
guma sucederá, quando dizeis: Seremos como
as nações, como as outras gerações da terra, ser-
vindo ao madeiro e à pedra.

Deus estabelecerá Israel em sua terra

33 **T**ão certo como eu vivo, diz o Senhor Deus,
com mão forte, com braço estendido e com in-
dignação derramada, [a]hei de [b]reinar sobre vós.
34 Eu vos tirarei dentre os povos e vos congre-
garei das terras nas quais andais espalhados,
com mão forte, com braço estendido e com in-
dignação derramada.
35 Eu vos levarei ao deserto dos povos e ali,
face a face, vos julgarei.
36 [c]Como julguei vossos pais, no deserto da
terra do Egito, assim entrarei em juízo convos-
co, diz o Senhor Deus.
37 Eu vos farei [d]passar debaixo da [2]vara e vos
farei entrar no vínculo da [e]aliança.
38 [f]Separarei dentre vós os rebeldes e os que
transgrediram contra mim. Da terra das suas pe-
regrinações os tirarei, mas à terra de Israel não
voltarão. Então sabereis que eu sou o Senhor.
39 **Q**uanto a vós, ó nação de Israel, assim diz
o Senhor Deus: [g]Ide, sirva cada um os seus ído-
los, pois que a mim não quereis ouvir; mas não
profaneis mais o meu santo nome com as vos-
sas dádivas e com os vossos ídolos.
40 Pois no meu santo monte, no monte alto de
Israel, diz o Senhor Deus, ali me servirá [h]toda a
nação de Israel; toda ela naquela terra. Ali vos
[i]aceitarei e ali exigirei as vossas ofertas alçadas,
e as primícias das vossas dádivas, com todas as
vossas coisas santas.
41 Com cheiro suave me deleitarei em vós,
quando eu vos tirar dentre os povos e vos congre-
gar das terras em que andais espalhados, e serei
santificado em vós diante dos olhos das nações.

[w] v. 28,29; veja Jz 3.7 e 1Rs 3.2, notas
[x] Jz 2.19
[y] Jr 7.26; 16.12
[z] Ez 20.3
[a] Juízos (os sete): v. 33-44; Dn 7.22 (2Sm 7.14; Ap 20.12)
[b] Reino (AT): v. 33-44; Ez 34.13 (Gn 1.26; Zc 12.8)
[c] Nm 14.21-23,28,29
[d] Lv 27.32; Jr 33.13
[e] Sl 89.30-34; Ez 16.60,62
[f] Am 9.9,10; Zc 13.8,9; Ml 3.3; 4.1-3
[g] Jz 10.14; Sl 81.12; Am 4.4
[h] Ez 37.22,24
[i] Is 60.7; Ez 43.27; Zc 8.20-22; Ml 3.4; comp. Rm 12.1
[j] Ez 11.17; 34.13; 36.24
[k] Lv 26.39; Ez 6.9; 36.31; comp. Os 5.15
[l] Ez 21.4
[m] Ez 12.9; 17.2; comp. Mt 13.10-13
[n] Comp. Am 7.16
[o] Ez 5.8
[p] Jó 9.22; comp. Ez 14.14
[q] Ez 20.47
[r] Is 22.4; Jr 4.19; Lc 19.41
[s] Ez 7.17

42 Então sabereis que eu sou o Senhor, [j]quando
eu vos fizer voltar à terra que, com mão levanta-
da, jurei dar a vossos pais.
43 Ali vos lembrareis de vossos caminhos e de
todos os vossos atos com que vos contaminas-
tes, e [k]tereis nojo de vós mesmos, por todas as
maldades que tendes cometido.
44 Sabereis que eu sou o Senhor, quando eu
proceder para convosco por amor do meu nome,
não conforme os vossos maus caminhos, nem
conforme os vossos atos corruptos, ó nação de
Israel, diz o Senhor Deus.
45 **V**eio a mim a palavra do Senhor:
46 Filho do homem, volta o teu rosto para o ca-
minho do Sul, derrama as tuas palavras contra o
Sul, profetiza contra o bosque do campo do Sul
47 e dize ao bosque do Sul: Ouve a palavra do
Senhor: Assim diz o Senhor Deus: Eu acenderei
em ti um fogo que em ti consumirá toda árvore
verde e toda árvore seca. Não se apagará a chama
flamejante, antes com ela se queimarão todos
os rostos, [l]desde o sul até o norte.
48 Todos verão que eu, o Senhor, o acendi; não
se apagará.
49 Então disse eu: Ah! Senhor Deus! Eles dizem
de mim: Não é ele um contador de [m]parábolas?

Sinal do profeta que suspira: parábola da espada do Senhor

21 **V**eio a mim a palavra do Senhor:
2 Filho do homem, volta o teu rosto con-
tra Jerusalém, [n]derrama as tuas palavras contra
os santuários e profetiza contra a terra de Israel.
3 Dize à terra de Israel: Assim diz o Senhor:
Eu sou [o]contra ti; tirarei a minha espada da ba-
inha e exterminarei do meio de ti o [p]justo e o
ímpio.
4 Porque hei de exterminar do meio de ti o
justo e o ímpio, a minha espada sairá da bainha
contra [q]todos, desde o sul até o norte.
5 Então saberão todos que eu, o Senhor, tirei
a minha espada da bainha; nunca mais volta-
rá a ela.
6 Quanto a ti, porém, ó filho do homem, [r]sus-
pira; suspira à vista deles, com quebrantamento
dos teus lombos e com amargura.
7 E, quando eles te perguntarem: Por que sus-
piras tu?, responderás: Por causa das novas que
vêm; todo coração desmaiará, todas as mãos se
[s]enfraquecerão, todo espírito se angustiará, e to-
dos os joelhos se desfarão em águas. Elas vêm,
e se realizarão, diz o Senhor Deus.

[1] (20.29) *Lugar alto.*
[2] (20.37) Essa passagem é uma profecia do juízo futuro sobre Israel, que será reunido novamente dentre todas as nações (Gn 12.3; veja *notas* em Is 1.26 e Rm 11.26). Esse juízo determina quem em Israel entrará na bênção do Reino naquele dia (Sl 50.1-7; Ez 20.33-44; Ml 3.2-5; 4.1,2). Outros juízos: veja *notas* em Mt 25.32; Jo 12.31; 1Co 11.31; 2Co 5.10; Jd 6; Ap 20.12.

8 **V**eio a mim a palavra do Senhor:
9 Filho do homem, profetiza e dize: Assim diz
o Senhor:
A [t]espada, a espada está afiada e polida.
10 Para matar está afiada,
para reluzir está polida.
Nós nos alegraremos pois?
A espada do meu filho despreza
todo madeiro.
11 Foi dada a polir para ser manejada;
esta espada está afiada, e polida,
para ser posta na mão do matador.
12 Grita e geme, ó filho do homem,
pois ela será contra o meu povo,
contra todos os [u]príncipes de Israel.
Estes com o meu povo estão
entregues à espada;
bate, pois, na tua coxa.
13 Pois haverá uma prova. E que será se não
mais existir o próprio cetro desprezador? diz o
Senhor Deus.
14 Tu, ó filho do homem,
profetiza e [v]bate com as
mãos uma na outra.
Que a espada golpeie duas vezes,
ou até três vezes.
É uma espada da matança,
da grande matança, a que os rodeia.
15 Para que desmaie o coração e se
multipliquem os tropeços
contra todas as suas portas
pus a ponta da espada,
que foi feita como relâmpago
e está afiada para matar!
16 Ó espada, vira-te para a direita,
vira-te para a esquerda,
para onde quer que o teu rosto se voltar.
17 Também eu baterei com as
[w]minhas mãos uma na outra
e farei descansar a minha [x]indignação.
Eu, o Senhor, falei.

Condenação inevitável de Jerusalém

18 **V**eio a mim a palavra do Senhor:
19 Quanto a ti, pois, ó filho do homem, propõe
dois caminhos, por onde venha a espada do rei
de Babilônia. Ambos procederão de uma mes-
ma terra. Faze um marco indicador e põe-no no
princípio do caminho para a cidade.
20 Um caminho proporás, por onde virá a es-
pada contra [y]Rabá dos filhos de Amom, e a outra
contra Judá, em Jerusalém, a [z]fortificada.
21 Pois o rei de Babilônia parará na encruzi-
lhada, no princípio dos dois caminhos, para
fazer adivinhações: Ele lançará a sorte com
flechas, consultará os ídolos do lar, examina-
rá o [a]fígado.
22 À sua direita cairá a adivinhação sobre Jeru-
salém, para ordenar os aríetes, para abrir a boca
à matança, para levantar a voz com júbilo, pa-
ra pôr os aríetes contra as portas, para levantar
tranqueiras, para edificar baluartes.
23 Isso será aos olhos deles como adivinhação
vã, pois foram ajuramentados com [b]juramentos
entre eles, mas ele se lembrará da maldade, pa-
ra que sejam apanhados.
24 **P**ortanto, assim diz o Senhor Deus: Visto
que me fazeis lembrar da vossa maldade, desco-
brindo-se as vossas transgressões, aparecendo
os vossos pecados em todos os vossos atos; vis-
to que viestes em memória, sereis apanhados
com a mão.

Não haverá rei davídico até que o Messias reine (Ap 19.11–20.6)

25 Quanto a ti, ó [c]profano e ímpio príncipe
de Israel, cujo dia é chegado no tempo da pu-
nição final,
26 assim diz o Senhor Deus: Tira o diadema e
remove a coroa. Esta não será a mesma: exalta
ao humilde e humilha ao soberbo.
27 [d]Ruína! Ruína! Eu a reduzirei a ruínas, e [e]ela
não será mais, até que venha aquele a quem per-
tence de [1]direito, e a ele [f]a darei.
28 **Q**uanto a ti, ó filho do homem, profetiza e
dize: Assim diz o Senhor Deus [g]acerca dos filhos
de Amom e do seu desprezo:
A espada, a espada está desembainhada,
polida para a matança,
para consumir, para reluzir
como relâmpago!
29 Apesar de visões [h]vãs e de
adivinhações falsas
que têm a teu respeito,
será posta no pescoço dos ímpios,
[i]cujo dia é chegado no tempo
da punição final.
30 Torne a tua espada à sua bainha.
No lugar em que foste criado,
na [j]terra do teu nascimento, te [k]julgarei.
31 Derramarei sobre ti a minha indignação,
assoprarei contra ti o fogo do meu furor,
eu te entregarei nas mãos
dos homens brutais,
inventores de [l]destruição.
32 Ao fogo servirás de pasto, o teu sangue es-
tará no meio da terra, não serás mais lembrado;
pois eu, o Senhor, o disse.

[t] v. 15,28; Dt 32.41; Ez 5.1
[u] Comp. Ez 22.6
[v] Ez 6.11
[w] v. 15; Ez 22.13
[x] Ez 16.42; 24.13
[y] Jr 49.2; Ez 25.5; Am 1.14
[z] Sl 48.12,13
[a] Comp. Pv 16.33; 21.1
[b] Ez 17.16,18
[c] 2Cr 36.13; Jr 52.2; Ez 12.10; 17.19
[d] Comp. Ag 2.7,22
[e] v. 13; Gn 49.10; Lc 1.32,33; Jo 1.49
[f] Sl 2.6; 72.6,7; Jr 23.5,6
[g] v. 28,32; Jr 25.21; 49.1-6; Ez 25.1-7; Am 1.13; Sf 2.8-11
[h] Ez 13.6-9; 22.28
[i] v. 25; Jó 18.20; Sl 37.13; Is 10.3; Ez 7.2,3,7
[j] Ez 16.3
[k] Gn 15.14
[l] Jr 6.22,23; 51.20,21; Hc 1.6-10

[1] (21.27) O Senhor Jesus é o único "a quem pertence de direito". Quando ele terminar com os assuntos e os governos dos homens, assumirá seu próprio trono e regerá o mundo a partir de Jerusalém (Gn 49.10; Is 2.1-4).

A enumeração dos pecados de Israel

22 Veio a mim a palavra do Senhor:
2 Quanto a ti, ó filho do homem, julgarás,
julgarás a cidade sanguinária? Faze-lhe conhecer,
pois, todas as suas abominações
3 e dize: Assim diz o Senhor Deus: Ai da cida-
de que derrama [m]sangue no meio de si, para que
venha o seu tempo, e que faz ídolos contra si mes-
ma, para se contaminar!
4 Pelo teu sangue que [n]derramaste te fizeste
culpada, e pelos teus ídolos que fabricaste te con-
taminaste e fizeste aproximar-se o teu dia, e é
chegado o fim dos teus anos. [o]Por isso, eu te fiz
motivo de vergonha entre as nações e de zom-
baria entre todas as terras.
5 As que estão perto e as que estão longe zom-
barão de ti, ó cidade infame inquieta.
6 Com efeito, os [p]príncipes de Israel, cada um
conforme o seu poder, tiveram domínio sobre ti,
para derramar sangue.
7 No meio de ti [q]desprezaram o pai e a mãe; no
meio de ti oprimiram o estrangeiro e foram in-
justos para com o [r]órfão e a viúva.
8 As minhas coisas santas desprezaste, e os meus
sábados profanaste.
9 Homens [s]caluniadores se acham em ti, para derra-
marem sangue; em ti sobre os montes comem carne
sacrificada, e perversidade cometem no meio de ti.
10 No meio de ti descobrem a vergonha do pai
e abusam da que está [t]impura, na sua separação.
11 No meio de ti um comete abominação com a
mulher do seu [u]próximo, outro contamina abo-
minavelmente a sua [v]nora e outro humilha a sua
irmã, [w]filha de seu pai.
12 No meio de ti aceitam-se [x]subornos para se der-
ramar sangue; recebes usura e lucros ilícitos além
de usar de avareza com o teu próximo, oprimindo-
-o. E de mim te [y]esqueceste, diz o Senhor Deus.
13 Eu certamente baterei as mãos contra o lu-
cro desonesto que ganhaste e contra o sangue
que derramaste no meio de ti.
14 Estará firme o teu coração? Estarão fortes as
tuas mãos, nos dias em que eu tratarei contigo?
Eu, o Senhor, o disse, e o farei.
15 Eu te espalharei entre as nações pelas terras,
e porei termo à tua imundícia.
16 E tu serás profanada em ti mesma, aos olhos
das nações, e então saberás que eu sou o Senhor.

Parábola da escória no meio do forno

17 Veio a mim a palavra do Senhor:
18 Filho do homem, a nação de Israel se tor-
nou para mim em [z]escória; todos eles são bronze,
estanho, ferro e chumbo no meio do [a]forno. Em
escória de prata se tornaram.
19 Portanto assim diz o Senhor Deus: Visto que
todos vós vos tornastes em escória, eu vos ajun-
tarei no meio de Jerusalém.
20 Como se ajuntam a prata, o bronze, o ferro,
o chumbo e o estanho, no meio do forno, para
assoprar o fogo sobre eles, a fim de se [b]fundi-
rem, assim vos ajuntarei na minha ira e no meu
furor, e ali vos deixarei e fundirei.
21 Eu vos congregarei e [c]assoprarei sobre vós
o fogo do meu furor; sereis fundidos no meio
de Jerusalém.
22 Como se funde a prata no meio do forno, as-
sim sereis fundidos no meio dela, e sabereis que
eu, o Senhor, [d]derramei o meu furor sobre vós.

Pecados dos líderes e do povo

23 Veio a mim a palavra do Senhor:
24 Filho do homem, dize-lhe: [e]Tu és uma terra
que não está purificada e que não tem chuva no
dia da indignação.
25 [f]Conjuração dos seus profetas há no meio
dela, como um leão que ruge, arrebatando a sua
presa; eles devoram as almas, tomam [g]tesouros
e coisas preciosas, e multiplicam as suas viúvas
no meio dela.
26 Os seus [h]sacerdotes transgridem a minha [i]lei
e [j]profanam as minhas coisas santas; [k]não fazem
diferença entre o santo e o profano, ensinam que
não há diferença entre o impuro e o puro; de meus
sábados escondem os seus olhos, e assim sou
profanado no meio deles.
27 Os seus [l]príncipes no meio dela são como lobos
que arrebatam a presa para derramarem o sangue
e destruírem vidas, para lucrar desonestamente.
28 Os seus profetas têm feito para eles reboco
com argamassa [mm]fraca, tendo visões falsas e
predizendo-lhes [nn]mentira, dizendo: Assim diz
o Senhor Deus; sem que o Senhor tivesse falado.
29 O povo da terra oprime gravemente e anda
roubando; fazem violência ao aflito e ao neces-
sitado, e ao estrangeiro [oo]oprimem sem razão.
30 [1]Busquei entre eles um homem que levan-
tasse o muro e se [pp]pusesse na brecha perante
mim por esta terra, para que eu não a destruís-
se, mas a [qq]ninguém achei.
31 Por isso, derramarei sobre eles a minha indig-
nação e os consumirei com o fogo do meu furor,
fazendo que o seu caminho recaia sobre a sua
cabeça, diz o Senhor Deus.

Parábola de Oolá (Israel) e Oolibá (Judá)

23 Veio a mim a [rr]palavra do Senhor:
2 Filho do homem, houve duas mulheres,
[ss]filhas de uma mesma mãe.

[m] Ez 24.6,7
[n] Comp. 2Rs 21.16
[o] Dt 28.37; 1Rs 9.7; Ez 5.14; Dn 9.16
[p] Is 1.23; Mq 3.1-3; Sf 3.3
[q] Lv 20.9; Dt 27.16
[r] Êx 22.22; Jr 5.28
[s] Jr 9.4
[t] Lv 18.19; 20.18; Ez 18.6
[u] Jr 5.8; Ez 18.11
[v] Lv 18.15
[w] Lv 18.9
[x] Êx 23.8; Dt 16.19; 27.25
[y] Dt 32.18; Jr 3.21; Ez 23.35
[z] Sl 119.119; Is 1.22; Jr 6.28
[a] Pv 17.3; Is 48.10
[b] Is 1.25; Jr 9.7
[c] v. 20-22
[d] v. 31; Ez 20.8,33
[e] Jr 2.30; Ez 24.13
[f] Jr 11.9; Os 6.9
[g] Mq 3.11; Sf 3.3,4
[h] Jr 32.32; Lm 4.13
[i] Lei (de Moisés): v. 26; Dn 9.11 (Êx 19.1; Gl 3.24)
[j] Lv 22.2; 1Sm 2.29
[k] Lv 10.10
[l] v. 6; Is 1.23; Mq 3.1-3,9-11; Sf 3.3
[mm] Jr 5.31
[nn] Jr 23.25-32; Ez 21.29
[oo] Êx 23.9
[pp] Sl 106.23
[qq] Is 59.16; Jr 5.1
[rr] Parábolas (AT): v. 1-17; Ez 24.3 (Jz 9.8; Zc 11.7)
[ss] Ez 16.44-46

[1] (22.30) Nesse momento, Jeremias estava em Jerusalém, orando por um povo que não se arrependia (Jr 11.14; comp. Sl 66.18).

3 Estas se [1]prostituíram no Egito, prostituíram-se na sua juventude. Ali foram apertados os seus peitos e apalpados os seios da sua virgindade.

4 Os seus nomes eram: [2]Oolá, a mais velha, e [3]Oolibá, sua [t]irmã; [u]foram minhas, e tiveram filhos e filhas. Quanto aos seus nomes, Samaria é [v]Oolá, e Jerusalém é [w]Oolibá.

5 **P**rostituiu-se Oolá, sendo minha; enamorou-se dos seus amantes, dos assírios, seus vizinhos,

6 que se vestiam de azul, governadores e sátrapas, todos jovens de cobiçar, cavaleiros montados a cavalo.

7 Assim cometeu ela as suas devassidões com eles, que eram todos a flor dos filhos da Assíria, e com todos aqueles de quem se enamorava; com todos os seus ídolos se contaminou.

8 A sua prostituição, que trouxe do Egito, não abandonou; porque com ela muitos se deitaram na sua juventude, apalparam os seios da sua virgindade e derramaram sobre ela a sua prostituição.

9 Portanto, a entreguei na mão dos seus amantes, na mão dos filhos da Assíria, de quem se enamorara.

10 Estes [x]descobriram a sua vergonha, levaram seus filhos e suas filhas, mas a ela mataram à espada. Ela se tornou um provérbio entre as mulheres, e sobre ela executaram juízos.

11 **V**endo isso sua irmã Oolibá, corrompeu o seu [y]amor mais do que ela, e as suas devassidões foram maiores do que as de sua irmã.

12 Enamorou-se dos filhos da [z]Assíria, dos governadores e dos sátrapas, seus vizinhos, vestidos com primor; cavaleiros que andam montados em cavalos, todos jovens de cobiçar.

13 Vi que se tinha contaminado; o caminho de ambas era o mesmo.

14 Aumentou a sua prostituição, pois viu homens pintados na parede, imagens dos [a]caldeus, pintadas de vermelho;

15 de lombos cingidos, tendo largos turbantes sobre as cabeças, todos com parecer de oficiais, semelhantes aos filhos de Babilônia, na Caldeia, terra do seu nascimento.

16 Ela se enamorou deles, [b]ao lançar sobre eles os olhos, e lhes mandou [c]mensageiros à Caldeia.

17 Então vieram a ela os filhos de Babilônia para o leito dos amores, e a contaminaram com a sua prostituição, e ela se contaminou com eles. Então afastou-se deles a alma dela.

18 Assim pôs a descoberto as suas devassidões e descobriu a sua vergonha; então a minha [d]alma se [e]apartou dela, como já se tinha apartado a minha alma da sua irmã.

19 Todavia ela multiplicou as suas prostituições, lembrando-se dos dias da sua mocidade, em que se prostituíra na terra do [f]Egito.

20 Apaixonou-se dos seus amantes, cujos membros são como os de jumentos, e cuja ejaculação é como a de cavalos.

21 Assim trouxeste à memória a luxúria da tua juventude, quando os [g]do Egito apalpavam os teus seios, os peitos da tua juventude.

A invasão babilônica

22 **P**or isso, ó Oolibá, assim diz o Senhor Deus: [h]Eu suscitarei contra ti os teus amantes, dos quais se tinha apartado a tua alma, e os trarei contra ti de todos os lados;

23 os filhos de Babilônia e todos os caldeus de [i]Pecode, de Soa, de Coa, e todos os filhos da Assíria com eles, jovens de cobiçar, governadores e sátrapas todos eles, oficiais e homens de renome, todos eles montados a cavalo.

24 Virão contra ti com armas, carros e carroças, e com ajuntamento de povos; e se colocarão contra ti em redor com grandes e pequenos escudos e capacetes. Eu te entregarei a eles para juízo, e eles te julgarão segundo os seus direitos.

25 Porei contra ti o meu [j]zelo e usarão de indignação contigo; o nariz e as orelhas te tirarão, e o que te ficar de resto cairá à espada. Teus filhos e tuas filhas eles te tomarão, e o que ficar será consumido pelo fogo.

26 Também te [k]despirão os teus vestidos e tomarão as tuas joias de adorno.

27 Assim farei cessar em ti a tua luxúria e a tua prostituição, iniciadas na terra do Egito. Não levantarás os teus olhos para eles e não te lembrarás mais do Egito.

28 Pois assim diz o Senhor Deus: Eu te entregarei na [l]mão dos que odeias, na mão daqueles de quem, enojada, [m]te apartaste.

29 Eles te [n]tratarão com ódio e levarão todo o teu trabalho; te deixarão nua, e despida se descobrirá a vergonha da tua prostituição, a tua luxúria e as tuas devassidões.

30 Essas coisas farão a ti, porque te prostituíste após os gentios e te contaminaste com os seus ídolos.

[t] Jr 3.6,7
[u] Ez 16.8,20; veja Os 2.2, nota
[v] Veja 2Cr 10.16 e Os 1.10, notas
[w] Veja 2Rs 17.23, nota
[x] Ez 16.37
[y] Ez 16.51,52
[z] Ez 16.28; comp. 2Rs 16.8,17,18; 2Cr 28.19-25
[a] Jr 50.2; Ez 8.10; 16.29
[b] Comp. v. 23; Is 57.8
[c] Is 57.9
[d] Jr 6.8
[e] Sl 78.59; 106.40; Jr 12.8
[f] v. 3; Lv 18.3
[g] Ez 16.26
[h] v. 28; Ez 16.37-41
[i] Jr 50.21
[j] Êx 34.14; Ez 36.5,6; Sf 1.18; comp. Tg 4.4,5
[k] Is 3.18-23; Ez 16.39
[l] Jr 21.7-10; Ez 16.37-41
[m] v. 17
[n] Dt 28.48

[1] (23.3) Esta sombria parábola de Oolá e Oolibá revela quão repugnante é a infidelidade a Deus e proporciona correção para qualquer consideração leviana quanto à apostasia. A imagem, repulsiva como é, mostra quão horroroso é o adultério espiritual com o qual o povo do Senhor – que é um com ele como a esposa com o esposo – repudia sua união com ele e se entrega a servir ao mundo, à carne e ao Diabo. Comp. Tg 4.4.

[2] (23.4) *Seu* (dela) *tabernáculo.*

[3] (23.4) *Meu tabernáculo* (está) *nela.*

31 No caminho de tua irmã andaste; por isso,
entregarei o seu [o]copo na tua mão.
32 Assim diz o Senhor Deus:
Beberás o copo de tua irmã, fundo e largo;
[p]servirás de riso e zombaria,
pois o copo leva muito.
33 De embriaguez e de dor te encherás;
o copo de tua irmã Samaria é copo
de espanto e de desolação.
34 E tu o [q]beberás, o esgotarás;
depois o despedaçarás,
e os teus próprios peitos arrancarás.
Eu o anunciei, diz o Senhor Deus.
35 Portanto, assim diz o Senhor Deus: [1]Visto
que te [r]esqueceste de mim e me lançaste para
trás das tuas costas, também sofrerás as conse-
quências da tua luxúria e das tuas devassidões.

Juízo de Oolá e Oolibá

36 **D**isse-me mais o Senhor: Filho do homem,
julgarias a Oolá e a Oolibá? [s]Mostra-lhes, pois,
as suas abominações.
37 Elas adulteraram, e [t]sangue se acha nas suas
mãos; com os seus ídolos adulteraram, e até os
seus [u]filhos, que de mim geraram, fizeram pas-
sar pelo fogo, para os consumirem.
38 Ainda isto me fizeram: [v]contaminaram o
meu santuário no mesmo dia e profanaram os
meus sábados.
39 Havendo sacrificado seus filhos aos seus
ídolos, vieram ao meu santuário no mesmo
dia e o profanaram. [w]Assim fizeram no meio
da minha casa.
40 Além disso, mandaram vir uns homens de
longe, aos quais fora enviado um [x]mensageiro,
e vieram. Por amor deles te lavaste, [y]pintaste os
teus olhos e te ornaste de enfeites.
41 E te assentaste sobre um leito de honra,
diante do qual estava uma mesa preparada, so-
bre a qual [z]puseste o meu incenso e o meu óleo.
42 Ouvia-se ali a voz de uma multidão satisfei-
ta; e com homens de classe baixa foram trazidos
beberrões do deserto, os quais puseram brace-
letes nas mãos delas e coroas de esplendor nas
suas cabeças.
43 Então disse à envelhecida em adultérios: Ago-
ra deveras se contaminarão com ela e ela com eles.
44 E se deitaram com ela, como quem deita com
uma prostituta; assim entraram a Oolá e a Oolibá,
mulheres infames.
45 De maneira que homens [a]justos as julgarão
como se julgam as adúlteras, e como se julgam
as que derramam sangue; pois adúlteras são, e
sangue há nas suas mãos.

[o] v. 31-34; Jr 7.14,15; 25.15-18
[p] Ez 22.4,5
[q] Sl 75.8; Is 51.17
[r] Jr 2.32; 3.21; 13.25; Ez 22.12
[s] Comp. Lm 2.14
[t] Ez 22.3
[u] Ez 16.20,21,36,45; 20.26,31
[v] Ez 5.11
[w] 2Rs 21.2-7
[x] Is 57.9
[y] 2Rs 9.30; Jr 4.30
[z] Pv 7.17; Ez 16.18,19; Os 2.8
[a] Ez 16.38
[b] Lv 20.10; comp. Jo 8.1-11
[c] 2Cr 36.17,19; Ez 24.21
[d] Dt 13.11; Ez 22.15; comp. 2Pe 2.6
[e] 2Rs 24.11-16
[f] Comp. Ez 1.1; 20.1; 26.1
[g] Veja Lv 23.2, nota
[h] 2Rs 25.1
[i] Parábolas (AT): v. 3-6; Ez 31.3 (Jz 9.8; Zc 11.7)
[j] v. 9; Ez 22.2-4
[k] Jl 3.3; Ob 11; Na 3.10
[l] Lv 17.13; Dt 12.16,24
[m] Na 3.1; Hc 2.12
[n] Ez 22.15-22

46 **A**ssim diz o Senhor Deus: Farei subir con-
tra elas uma grande multidão e as entregarei ao
tumulto e ao saque.
47 A multidão as [b]apedrejará e as matará à es-
pada; a seus filhos e suas filhas [c]trucidará, e as
suas casas queimará a fogo.
48 Assim farei cessar da terra a perversão, pa-
ra que sejam [d]advertidas todas as mulheres, e
não imitem o vosso comportamento pervertido.
49 O castigo da vossa perversão carregareis so-
bre vós; levareis os pecados dos vossos ídolos.
Então sabereis que eu sou o Senhor Deus.

A parábola da panela fervente

24 **V**eio a mim a palavra do Senhor, no [e]no-
no [f]ano, no [g]décimo mês, aos dez do mês:
2 Filho do homem, escreve o nome deste [h]dia,
deste mesmo dia, porque o rei de Babilônia se
aproxima de Jerusalém neste dia.
3 Propõe uma [i]parábola à nação rebelde e dize-
-lhe: Assim diz o Senhor Deus:
Põe a panela para esquentar,
põe-na, e derrama-lhe água,
4 ponha dentro dela os pedaços de carne,
os melhores pedaços da coxa e da espádua.
Enche-a de ossos escolhidos;
5 toma o que há de melhor no rebanho.
Empilha lenha debaixo da panela;
faze-a ferver bem,
e cozinhem-se dentro dela os seus ossos.
6 Portanto, assim diz o Senhor Deus:
[j]Ai da cidade sanguinária,
da panela enferrujada,
cuja ferrugem não saiu dela!
Tira dela a carne pedaço a pedaço,
não caia [k]sorte sobre ela.
7 Pois o seu sangue está no meio dela,
sobre uma penha descalvada ela o pôs;
não o [l]derramou sobre a terra,
para o cobrir com pó.
8 Para fazer subir a indignação,
para tomar vingança,
eu pus o seu sangue numa rocha nua,
para que não seja coberto.
9 Portanto, assim diz o Senhor Deus:
[m]Ai da cidade sanguinária!
Eu também farei uma grande fogueira.
10 Amontoa a lenha e acende o fogo.
Ferve bem a carne, engrossando o caldo;
que os ossos sejam queimados.
11 Então porás a panela vazia sobre as brasas,
para que ela aqueça, brilhe o seu cobre,
[n]fundam-se as suas impurezas
e se consuma a sua ferrugem.

[1] (23.35) Embora Deus seja fiel em se lembrar de sua aliança com seu povo (veja Ez 16.60, *nota*), quando o povo se esquece de Deus, deve esperar castigo divino (Hb 12.6).

12 Foram vãos todos os esforços; não saiu dela
a sua muita ferrugem, nem mesmo pelo fogo.
13 Na tua [o]imundícia está a luxúria, pois eu quis
purificar-te e tu [p]não te purificaste; nunca mais
serás purificada da tua imundícia, [q]enquanto eu
não tenha satisfeito sobre ti a minha indignação.
14 [r]Eu, o Senhor, o disse. [s]Será assim, e o farei.
Não tornarei atrás, não pouparei nem me [t]arre-
penderei; conforme os teus caminhos e os teus
feitos te julgarão, diz o Senhor Deus.

Morte da esposa de Ezequiel: um sinal

15 **V**eio a mim a palavra do Senhor:
16 Filho do homem, eu tirarei de ti o deleite
dos teus olhos de um golpe, mas não [u]lamenta-
rás, nem chorarás, nem te correrão as lágrimas.
17 Geme em silêncio; não tomes luto pelos mor-
tos. Ata na cabeça o teu turbante, [v]põe as tuas
sandálias nos pés, não cubras os teus bigodes e
não comas o pão dos homens.
18 **F**alei ao povo pela manhã, e à tarde morreu
a minha mulher. Na manhã seguinte, fiz como
se me deu ordem.
19 Então o povo me disse: Não nos [w]farás saber
o que significam essas coisas que [x]estás fazendo?
20 Eu lhes disse: Veio a mim a palavra do Senhor:
21 Dize à nação de Israel: Assim diz o Senhor
Deus: Eu [y]profanarei o meu santuário, a glória
da vossa fortaleza, o deleite dos vossos olhos
e o anelo das vossas almas. Os vossos [z]filhos e
as vossas filhas, que deixastes, cairão à espada.
22 E fareis o que eu fiz. Não cobrireis os bigo-
des e não comereis o pão dos homens.
23 Tereis na cabeça os vossos turbantes, e as
vossas sandálias nos pés; não lamentareis nem
chorareis, mas [a]definhareis nas vossas iniquida-
des e gemereis uns com os outros.
24 Assim vos servirá [b]Ezequiel de sinal; con-
forme tudo o que ele fez, fareis. Quando isso
suceder, então sabereis que eu sou o Senhor Deus.
25 **E** quanto a ti, filho do homem, não sucede-
rá que, no dia que eu lhes tirar a sua fortaleza,
a alegria do seu ornamento, o deleite dos seus
olhos, e o desejo dos seus corações, e seus fi-
lhos e a suas filhas,
26 nesse dia virá ter contigo algum que [c]esca-
par, para te dar a notícia?
27 Nesse dia, se [d]abrirá a tua boca para com
aquele que escapar; falarás, e por mais tempo
não ficarás [e]mudo. Assim virás a ser para eles
um sinal, e saberão que eu sou o Senhor.

[o] Ez 22.36-48
[p] Jr 6.28-30; Ez 22.24
[q] Ez 5.13; 8.18; 16.42
[r] 1Sm 15.29
[s] Nm 23.19; Is 55.11
[t] Veja Zc 8.14, nota
[u] Jr 16.5
[v] Comp. 2Sm 15.30
[w] Ez 12.9; 37.18
[x] v. 16,17
[y] Lm 2.7; Ez 7.24
[z] Jr 16.3,4
[a] Lv 26.39; Ez 33.10
[b] v. 27; Ez 4.3; 12.6,11; comp. Is 20.3
[c] Ez 33.21
[d] Ez 33.22
[e] Comp. Ez 3.26
[f] Veja Jr 25.21, marg. q
[g] Pv 17.5; comp. Jr 33.24; Ez 26.2; Ez 36.2
[h] Comp. Jr 49.2; Ez 21.20
[i] Lm 2.15
[j] Comp. Is 36.18-20
[k] Veja Is 15.1, marg. w
[l] Jr 48.1
[m] Jr 48.23
[n] 2Cr 28.17; Sl 137.7; Ob 10-14
[oo] Veja Jr 49.7, marg. w

III. Juízos sobre as nações gentias, 25–32

Profecia contra Amom

25 Veio a mim a palavra do Senhor:
2 Filho do homem, volta o teu rosto con-
tra os [1][f]filhos de Amom e profetiza contra eles.
3 Dize aos filhos de Amom: Ouvi a palavra do
Senhor Deus: Assim diz o Senhor Deus: [g]Visto
que tu disseste: Ah! contra o meu santuário,
quando foi profanado, e contra a terra de Is-
rael, quando foi assolada, e contra a casa de
Judá, quando foi para o exílio,
4 eu te entregarei em possessão aos filhos [h]do
Oriente. Eles estabelecerão os seus paços em ti
e porão em ti as suas moradas; eles comerão os
teus frutos e beberão o teu leite.
5 Farei de Rabá uma estrebaria de camelos e
dos filhos de Amom um curral de ovelhas. En-
tão sabereis que eu sou o Senhor.
6 Pois assim diz o Senhor Deus: [i]Visto que
bateste com as mãos e pateaste com os pés,
alegrando-te de coração em toda a tua malícia
contra a terra de Israel,
7 eu estenderei a minha mão contra ti e te darei
por despojo às [j]nações e te arrancarei dentre os
povos e te destruirei dentre as terras. Acabarei
de todo contigo, e saberás que eu sou o Senhor.

Profecia contra Moabe

8 [2]**A**ssim diz o Senhor Deus: Visto que dizem
[k]Moabe e Seir: Eis que a nação de Judá é como
todas as nações,
9 portanto eu abrirei o [l]flanco de Moabe des-
de as cidades, desde as suas cidades fora das
fronteiras, a glória da terra, Bete-Jesimote, Baal-
-Meom e [m]Quiriataim;
10 e aos filhos do Oriente, com os filhos de
Amom, eu o entregarei em possessão, para que
não haja memória dos filhos de Amom entre
as nações;
11 e executarei juízos em Moabe. Então sabe-
rão que eu sou o Senhor.

Profecia contra Edom

12 **A**ssim diz o Senhor Deus: [n]Visto que [oo]Edom
se vingou da nação de Judá e se fez culpadíssi-
mo, quando se vingou deles,
13 assim diz o Senhor Deus: Estenderei a mi-
nha mão contra Edom e arrancarei dele homens
e animais. Eu os tornarei em deserto; desde Te-
mã até Dedã cairão à espada.

[1] (25.2) Durante o cerco de Jerusalém, Ezequiel voltou sua atenção para as profecias sobre nações estrangeiras (25.1–32.32).

[2] (25.8) As profecias sobre potências gentias (veja v. 2, *nota*) sem dúvida têm tido cumprimento parcial, do que são testemunhas a história e a condição atual daquelas cidades e países. No entanto, a menção do dia do Senhor (30.3) torna evidente que o cumprimento no sentido final ainda é futuro. Veja Dia do Senhor (Is 2.10-22; Jl 1.15; Ap 19.19, *notas*); tb. Armagedom (Ap 16.13-16; 19.17, *nota*). Esses países uma vez mais serão o campo de batalha das nações.

14 Exercerei a minha vingança contra Edom
por intermédio do meu povo de Israel, e farão
em Edom segundo a minha ira e segundo o
meu furor; conhecerão a minha vingança, diz
o Senhor Deus.

Profecia contra Filístia

15 **Assim** diz o Senhor Deus: [1]Visto que os [p]fi-
listeus se vingaram e executaram vingança com
maldade no coração, para destruírem com per-
pétua inimizade,
16 assim diz o Senhor Deus: Eu estenderei a
minha mão contra os filisteus, e arrancarei os
quereteus, e destruirei o resto da costa do mar.
17 Executarei neles grandes vinganças, com
castigos de furor. Então [q]saberão que eu sou o
Senhor, quando eu tiver exercido a minha vin-
gança sobre eles.

Juízo sobre Tiro

26 No [r]décimo primeiro [s]ano, ao primeiro
do mês, veio a mim a palavra do Senhor:
2 Filho do homem, [t]visto que Tiro disse no to-
cante a Jerusalém: [u]Ah! está quebrada a porta
dos povos, está aberta para mim; agora que ela
está assolada eu me encherei,
3 assim diz o Senhor Deus: Eu estou contra ti, ó
Tiro, e farei subir contra ti muitas nações, como
se o mar fizesse subir as suas ondas.
4 Elas destruirão os muros de Tiro e derruba-
rão as suas torres; eu varrerei o seu pó e dela
farei uma rocha nua.
5 No meio do mar virá a ser um lugar para esten-
der redes de pesca, pois eu o anunciei, diz o Senhor
Deus. Ela servirá de despojo para as nações,
6 e suas filhas, que estão no campo, serão mor-
tas à espada. Então saberão que eu sou o Senhor.
7 **Pois** assim diz o Senhor Deus: Eu trarei contra
Tiro a [v]Nabucodonosor, rei de Babilônia, desde o
norte, o [w]rei dos reis, com cavalos e carros, com
cavaleiros e um grande exército.
8 As tuas filhas que estão no campo ele as ma-
tará à espada; fará um baluarte contra ti, fundará
uma tranqueira e levantará escudos.
9 Ele dirigirá os golpes dos seus aríetes contra
os teus muros e derrubará as tuas torres com as
suas armas.

[p] Veja Jr 47.1, marg.
[q] Comp. v. 5,7,11,14
[r] Comp. Ez 24.1; 29.1,17
[s] v. 5,7,11,14
[t] Is 23; Jr 25.22; 47.4; Am 1.9; Zc 9.2
[u] Comp. Ez 25.3; 36.2
[v] Jr 27.3-6; Ez 29.18; veja Jr 21.2, marg.
[w] Ed 7.12; Dn 2.37
[x] Hc 1.8
[y] Ez 27.27,32
[z] Is 14.11; 24.8; Jr 7.34; 16.9; 25.10
[a] Is 23.8
[b] Ez 32.10
[c] Ez 27.35
[d] Ez 27.2-36
[e] Js 19.29
[f] Comp. Is 23.5
[g] Ez 32.18,24; comp. Is 14.9,10

10 Pela multidão de seus cavalos te cobrirá de
pó; os teus muros tremerão com o estrondo dos
cavaleiros, das carroças e dos carros, quando ele
entrar pelas tuas portas, como pelas entradas de
uma cidade em que se fez brecha.
11 Com as unhas dos seus [x]cavalos pisará to-
das as tuas ruas; ao teu povo matará à espada,
e as colunas da tua fortaleza cairão por terra.
12 Roubarão as tuas riquezas, saquearão as
tuas mercadorias, derrubarão os teus muros e
arrasarão as tuas casas preciosas; as tuas pe-
dras, as tuas madeiras e o teu pó lançarão no
[y]meio das águas.
13 Farei cessar o [z]ruído das tuas cantigas, e o
som das tuas harpas não se ouvirá mais.
14 [2]Farei de ti uma rocha nua, e virás a ser um
lugar para estender redes de pesca. Nunca mais
serás edificada, pois eu, o Senhor, o falei, diz o
Senhor Deus.
15 **Assim** diz o Senhor Deus a Tiro: Não tre-
merão as ilhas com o estrondo da tua queda,
quando gemerem os feridos, quando se fizer
uma espantosa matança no meio de ti?
16 Todos os [a]príncipes do mar descerão dos
seus tronos, tirarão de si os seus mantos e des-
pirão as suas vestes bordadas. De tremores se
vestirão, sobre a terra se assentarão, [b]estremece-
rão a cada momento, e por tua causa [c]pasmarão.
17 Levantarão uma [d]lamentação sobre ti e
te dirão:

Como pereceste, ó bem povoada e afamada
cidade, que foste [e]forte no mar!
Tu e os teus moradores,
que atemorizastes
a todos os que habitam ao teu redor!

18 Agora estremecerão as ilhas no dia da
tua queda;
as ilhas, que estão no mar,
se turbarão com a tua [f]saída.
19 Assim diz o Senhor Deus: Quando eu te fi-
zer uma cidade assolada, como as cidades que
não se habitam, quando fizer subir sobre ti um
abismo, e as muitas águas te cobrirem,
20 então te farei descer com os que [g]descem
à cova, ao povo antigo, e te deitarei nas mais
baixas partes da terra, em lugares desertos de
há muito, com os que descem à cova, para que

---

[1] (25.15) A animosidade constante dos filisteus com Israel, lembrada principalmente pelo desafio de Golias a Davi, requeria o juízo de Deus sobre eles.

[2] (26.14) O destino profetizado para Tiro é singular e foi notavelmente cumprido. Na época de Ezequiel, Tiro estava situada na costa da Fenícia às margens do mar Mediterrâneo. Como Ezequiel predisse, Nabucodonosor conquistou a cidade e a destruiu. No entanto, ele não tinha motivos para cumprir o v. 12, lançando as ruínas no mar. Alguns dos habitantes de Tiro fugiram para uma ilha e ali edificaram uma nova cidade. Trezentos anos depois, Alexandre, o Grande, desejando conquistar essa cidade insular, construiu uma estrada elevada até ela, para o que jogou ao mar as ruínas da antiga Tiro (chamada *Paleotyrus* pelos gregos), cumprindo assim Ez 26.12. A antiga cidade de Tiro nunca foi reconstruída, mas permaneceu lisa como uma rocha descalvada. Foram escavadas as ruínas da antiga Sidom (28.20-24) e, agora, há uma florescente cidade onde esteve a antiga, mas os restos da antiga Tiro estão no mar.

não sejas habitada; estabelecerei a glória na ter-
ra dos viventes.
21 Farei de ti um grande [h]espanto, e não se-
rás mais. Quando te [i]buscarem, nunca [j]mais
serás achada para sempre, diz o Senhor Deus.

Lamentação sobre Tiro (comp. Ap 18.1-24)

27 Veio a mim a palavra do Senhor:
2 Filho do homem, levanta uma [k]lamen-
tação sobre Tiro.
3 Dize a Tiro, [l]que habita nas entradas do mar,
e negocia com os povos em muitas ilhas: Assim
diz o Senhor Deus:

Ó Tiro, tu dizes: Eu sou perfeita
em [m]formosura.
4 No coração dos mares estão os teus termos;
os que te edificaram aperfeiçoaram
a tua formosura.
5 Fabricaram todos os teus conveses
de ciprestes de Senir;
trouxeram cedros do Líbano
para fazerem mastros para ti.
6 Fizeram os teus remos de [n]carvalhos de Basã;
os teus bancos fizeram-nos de marfim
engastado em pinho das ilhas dos quiteus.
7 Linho fino bordado do Egito era a tua cortina,
para te servir de vela;
azul e púrpura das ilhas de Elisá
era a tua cobertura.
8 Os moradores de Sidom e de Arvade
foram os teus remeiros;
os teus [o]sábios, ó Tiro, que
se achavam em ti,
esses foram os teus pilotos.
9 Os anciãos de [p]Gebal
e os seus peritos foram em
ti os teus calafates;
todos os navios do mar e os
marinheiros se acharam em ti,
para tratarem dos teus negócios.
10 **O**s persas, os lídios e os de Pute eram
no teu exército os teus soldados;
escudos e capacetes penduravam em ti,
trazendo-te esplendor.
11 Os filhos de Arvade e o teu exército
estavam sobre os teus muros em redor;
os gamaditas nas tuas torres.
Penduravam os seus escudos
nos teus muros em redor;
aperfeiçoavam a tua formosura.

12 [q]**T**ársis negociava contigo, por causa da
abundância de toda sorte de riquezas; troca-
vam por tuas mercadorias prata, ferro, estanho
e chumbo.
13 Javã, Tubal e Meseque eram teus mercado-
res; com almas de [r]homens e vasos de bronze
fizeram negócios contigo.

[h] Ez 27.36
[i] Sl 37.10,36; Ez 28.19
[j] Comp. Jr 51.64
[k] v. 2-36; comp. Ez 28.11-19
[l] Ez 26.17
[m] Comp. Is 13.19; Ez 28.12
[n] Is 2.12,13
[o] 1Rs 9.27
[p] Sl 83.7
[q] Gn 10.4; 2Cr 20.36; Ez 38.13
[r] Jl 3.4-6; comp. Ap 18.13
[s] Gn 10.3; Ez 38.6
[t] Gn 10.7; Is 21.13
[u] 1Rs 5.9,11; Ed 3.7; At 12.20
[v] Jr 49.28
[w] Gn 11.31; 2Rs 19.12
[x] Gn 25.3
[y] Sl 48.7; Jr 18.17; At 27.14
[z] Comp. Ap 18.17-19

14 Os da casa de [s]Togarma em troca da tua mer-
cadoria traziam cavalos, ginetes e mulos.
15 Os filhos de [t]Dedã eram os teus mercado-
res, muitas terras do mar eram o mercado da
tua mão; dentes de marfim e madeira de ébano
tornavam a dar-te em presente.
16 A Síria negociava contigo por causa da
multidão das tuas manufaturas; pelas tuas mer-
cadorias trocavam esmeralda, púrpura, obras
bordadas, linho fino, coral e pedras preciosas.
17 Judá e a terra de Israel eram os teus merca-
dores; trocavam o [u]trigo de Minite e confeitos,
mel, azeite e bálsamo pelas tuas mercadorias.
18 Damasco negociava contigo, por causa da
multidão das tuas manufaturas, por causa da mul-
tidão de toda sorte de riquezas, dando em troca
vinho de Helbom e lã branca.
19 Também Dã e Javã, de Uzal, pelas tuas mer-
cadorias trocavam ferro trabalhado, cássia e cála-
mo aromático.
20 Dedã negociava contigo mantos de selas pa-
ra cavalos.
21 A Arábia e todos os príncipes de [v]Quedar eram
os mercadores ao teu serviço; com cordeiros, car-
neiros e bodes, nestas coisas negociavam contigo.
22 Os mercadores de Sebá e Raamá eram os
teus mercadores; davam em troca pelas tuas mer-
cadorias os mais finos aromas, pedras preciosas
e ouro.
23 [w]Harã, Cane e Éden, mercadores de [x]Seba,
Assíria e Quilmade negociavam contigo.
24 Estes eram os teus mercadores em roupas
escolhidas, em pano de azul e bordados, tape-
tes de várias cores e cordas trançadas e fortes.

25 Os navios de Társis
eram as tuas caravanas para
a tua mercadoria.
E te enriqueceste e ficaste muito famosa
no meio dos mares.
26 Os teus remadores te conduzem
sobre grandes águas,
mas o vento [y]oriental te quebrantará
no meio dos mares.
27 As tuas riquezas, as tuas mercadorias,
os teus bens, os teus marinheiros,
os teus pilotos, os calafates,
os que faziam os teus negócios
e todos os teus soldados, que estão em ti,
com toda a tua congregação,
que está no meio de ti,
cairão no meio dos mares
no dia da tua queda.
28 Ao estrondo da gritaria dos teus pilotos
tremerão as praias.
29 Todos os que pegam no remo,
os [z]marinheiros e todos os pilotos do mar
descerão de seus navios e pararão em terra.

30 Farão ouvir a sua voz sobre ti
e gritarão amargamente;
lançarão pó sobre as [a]cabeças
e na cinza se revolverão.
31 [b]Raparão a cabeça por tua causa
e se cingirão de pano de saco;
chorarão sobre ti com amargura de alma,
com amarga lamentação.
32 Levantarão uma [c]lamentação
sobre ti no seu pranto e lamentarão sobre ti,
dizendo: [d]Quem foi como Tiro,
como a que está [e]reduzida
ao silêncio no meio do mar?
33 Quando as tuas mercadorias
eram exportadas pelos mares,
fartaste a muitos povos;
com a multidão da tua riqueza
e do teu negócio,
enriqueceste os reis da terra.
34 No tempo em que foste
quebrantada nos mares,
nas profundezas das águas,
caíram os teus negócios
e toda a tua multidão no meio de ti.
35 Todos os moradores das terras
dos mares estão cheios de [f]espanto a teu respeito;
os seus reis tremem grandemente,
e estão de rostos [g]perturbados.
36 Os mercadores dentre os
povos assobiam contra ti;
tu te tornaste em grande espanto,
[h]e não mais existirás.

Repreensão ao orgulhoso governante de Tiro

28 Veio a mim a palavra do Senhor:
2 Filho do homem, dize ao príncipe de
Tiro: Assim diz o Senhor Deus:
[i]No [j]orgulho do teu coração,
tu dizes: Eu sou [k]Deus,
sobre a cadeira de Deus me assento
no meio dos [l]mares;
contudo, tu és homem, e não deus, embora
consideres o teu coração
como se fora o coração de Deus.
3 És mais sábio do que [m]Daniel?
Não há segredo algum que se possa
esconder de ti?
4 Pela tua sabedoria e pelo teu entendimento
alcançaste o teu [n]poder
e adquiriste ouro e prata nos teus tesouros.
5 Pela extensão da tua sabedoria no teu [o]comércio
aumentaste o teu [p]poder;
por causa do teu poder eleva-
se o teu coração.
6 Portanto, assim diz o Senhor Deus:
Visto que consideras o teu coração,
como se fora o coração de Deus,
7 eu trarei sobre ti [q]estrangeiros,
os mais [r]formidáveis dentre as nações,
os quais desembainharão as
suas espadas contra a
formosura da tua sabedoria
e mancharão o teu resplendor.
8 À [s]cova te farão descer,
e morrerás da morte dos feridos
no meio dos mares.
9 Dirás então diante daquele que te matar:
Eu sou deus?
Tu serás homem, e não Deus,
na mão do que te trespassa.
10 Da morte dos incircuncisos morrerás,
por mãos dos estrangeiros.
Eu falei, diz o Senhor Deus.

Satanás, o verdadeiro rei de Tiro, que instigou o governante humano (comp. Is 14.12-17)

11 Veio a mim a palavra do Senhor:
12 Filho do homem, levanta uma [t]lamentação
sobre o rei de Tiro e dize-lhe: Assim diz o Se-
nhor Deus:
[1]Tu és o [u]selo da perfeição,
cheio de sabedoria e [v]perfeito em formosura.
13 Estavas no Éden, jardim de Deus;
cobrias-te de toda pedra preciosa:
o sárdio, o topázio, o diamante,
o berilo, o ônix, o jaspe,
a safira, o carbúnculo e a esmeralda.
Os teus engastes e ornamentos
eram feitos de ouro;
no dia em que foste criado
foram eles preparados.
14 Eu te estabeleci como [w]querubim
da guarda ungido;
estavas no [x]monte santo de Deus,
andavas entre as pedras afogueadas.
15 Perfeito eras nos teus caminhos,
desde o dia em que foste criado,
até que se achou [y]iniquidade em ti.
16 Na multiplicação do teu comércio
se encheu o teu interior de violência,
e pecaste; pelo que te lançarei profanado
fora do monte de Deus e te farei perecer,
ó querubim protetor,
entre pedras afogueadas.

[a] Comp. Ap 18.19
[b] Ez 29.18
[c] Ez 26.17
[d] Comp. Ap 18.18
[e] Ez 26.4,5
[f] Ez 26.16
[g] Ez 26.21
[h] Sl 37.10,36; Ez 28.19
[i] Comp. Mt 24.16; veja v. 12, nota
[j] Jr 49.16; Ez 31.10
[k] Is 14.13,14
[l] Ez 27.27
[m] Ez 14.14; Dn 1.20
[n] Zc 9.1-3
[o] Ez 27.12-25
[p] Comp. Sl 52.7; Os 13.6
[q] Ez 26.7
[r] Ez 7.24; 21.31; 30.11
[s] Is 14.15
[t] Ez 27.2
[u] Ez 27.3
[v] Satanás: v. 12-15; Zc 3.1 (Gn 3.1; Ap 20.10)
[w] v. 16; Êx 25.20
[x] Is 14.13
[y] Is 14.12

[1] (28.12) Aqui nos v. 11-17, como tb. em Is 14.12-17, as palavras vão além do rei de Tiro e chegam a Satanás, o inspirador e governante invisível da pompa e soberba, como no caso de Tiro. Gn 3.14,15 e Mt 16.23 são outros exemplos desta maneira indireta de referir-se a Satanás. Aqui, se descreve Satanás antes da queda; sua queda se encontra em Is 14. Veja Ap 20.10, *nota*. Além disso, a visão não é de Satanás em si, mas de Satanás expressando-se por meio de um rei terreno que se arroga honras divinas, de modo que o rei de Tiro é uma figura da besta (Dn 7.8; Ap 19.20).

17 Elevou-se o teu coração
por causa da tua formosura,
corrompeste a tua sabedoria
por causa do teu resplendor.
Por terra te lancei,
diante dos reis te pus, para
que te contemplem.
18 Pela multidão das tuas iniquidades,
pela injustiça do teu comércio
profanaste os teus santuários.
Eu, pois, fiz sair do meio de ti um fogo
que te consumiu,
e te tornei em cinza sobre a terra,
aos olhos de todos os que
te contemplam.
19 Todos os que te conheciam entre os povos
[z]espantaram-se ao ver-te;
chegaste a um fim horrível e
[1a]não mais existirás.

Profecia contra Sidom

20 **V**eio a mim a palavra do Senhor:
21 Filho do homem, volta o teu rosto contra Sidom,
profetiza contra ela,
22 e dize: Assim diz o Senhor Deus:
Estou contra ti, ó [b]Sidom,
e serei [c]glorificado no meio de ti.
Saberão que eu sou o Senhor,
quando nela executar
juízos e nela me santificar.
23 [d]Enviarei contra ela a peste
e o sangue nas suas ruas,
e os trespassados cairão no meio dela,
estando a espada em roda contra ela.
Então saberão que eu sou o Senhor.

24 A nação de Israel nunca mais terá espinho [e]que a espete, nem erva daninha que lhe cause dor, entre os que se acham ao redor deles e que os [f]desprezam. Então saberão que eu sou o Senhor Deus.

O futuro reajuntamento de Israel

25 Assim diz o Senhor Deus: Quando eu [g]congregar a nação de Israel dentre os povos entre os quais estão espalhados, eu me santificarei entre eles, perante os olhos das nações. Então habitarão na sua terra que dei a meu servo, a Jacó.
26 [h]Habitarão nela seguros e edificarão casas, e plantarão [i]vinhas; habitarão seguros, quando eu executar juízos contra todos os que estão ao seu redor e que os desprezam. Então saberão que eu sou o Senhor seu Deus.

[z] Ez 26.21
[a] Ez 27.36
[b] v. 20-24; Is 23.1-18; Jr 25.22; 47.4; Ez 26.1-21; Am 1.9,10; Zc 9.2-4
[c] Êx 14.4,17; Ez 39.13
[d] Jr 47.4
[e] Nm 33.55; Js 23.13
[f] v. 26; Ez 16.57; 25.6,7
[g] Is 11.12; Ez 11.17; 20.41; 34.13; 37.21
[h] Jr 23.6; Ez 36.28
[i] Jr 31.5; Am 9.14
[j] Ez 26.5,7,11,14
[k] Comp. Ez 26.1; 29.17
[l] Veja Lv 23.2, nota
[m] 29.1–30.19; Is 19.1-22; Jl 3.19
[n] v. 10; Jr 44.30; Ez 28.22
[o] Is 51.9; Ez 32.2
[p] Is 37.29; Ez 38.4
[q] Ez 32.4-6
[r] Jr 8.2; 16.4; 25.33
[s] 2Rs 18.21; Is 36.6; Ez 17.15
[t] Jr 37.5-8
[u] Ez 30.7,8
[v] Êx 14.2; Jr 44.1
[w] Ez 30.23
[x] Jr 46.26

Profecia contra o Egito

29 **No** [j]décimo [k]ano, no [l]décimo mês, no dia doze do mês, veio a mim a palavra do Senhor:
2 Filho do homem, volta o teu rosto contra faraó, rei do Egito, e profetiza contra ele e contra todo o [m]Egito.
3 Dize-lhe: Assim diz o Senhor Deus:
[n]Estou contra ti, ó faraó, rei do Egito,
grande [o]dragão, que pousas no meio
dos teus rios
e dizes: O meu rio é meu, e eu o fiz para mim.
4 Contudo, eu porei [p]anzóis em teus queixos
e prenderei o peixe dos teus
rios às tuas escamas;
todos os peixes dos teus rios
se pegarão às tuas escamas.
5 Eu te deixarei no deserto,
a ti e a todos os peixes dos teus rios.
Cairás sobre a face do [q]campo
e [r]não serás recolhido nem ajuntado.
Aos animais da terra e às aves do céu
te darei por mantimento.

6 Então saberão todos os moradores do Egito que eu sou o Senhor. Tu tens sido um [s]bordão de cana para a nação de Israel.
7 Tomando-te eles pela mão, tu te [t]quebraste, e lhes rasgaste todo o ombro e, encostando-se eles a ti, tu te quebraste, fazendo estremecer todos os seus lombos.
8 Portanto, assim diz o Senhor Deus: Eu trarei sobre ti a espada e exterminarei de ti homem e animal.
9 A terra do Egito se tornará em [u]desolação e deserto. Então saberão que eu sou o Senhor. Porque disseste: O rio é meu, e eu o fiz,
10 portanto eu estou contra ti e contra os teus rios, e tornarei a terra do Egito em desertas e desoladas solidões, [v]desde Migdol até Sevene, até os confins da Etiópia.
11 Não passará por ela pé de homem, nem pata de animal passará por ela, nem será habitada por quarenta anos.
12 Tornarei a terra do Egito em desolação no meio das terras desoladas; as suas cidades no meio das cidades desertas se tornarão em desolação por quarenta anos. [w]Espalharei os egípcios entre as nações e os derramarei pelas terras.
13 **N**o entanto, assim diz o Senhor Deus: Ao cabo de quarenta anos [x]ajuntarei os egípcios dentre os povos entre os quais foram espalhados.
14 Removerei o exílio dos egípcios e os farei voltar à terra de Patros, à terra da sua origem. Ali serão um reino humilde.

[1] (28.19) Os v. 1-19 contêm referências ao príncipe e rei de Tiro (v. 2,12), a Satanás (v. 12, veja *nota 1*) e, evidentemente, à cidade de Tiro (v. 7,8,18,19). Outras passagens deixam claro que nem o destino dos homens não salvos nem o de Satanás incluem cessação de existência (Mt 18.8; 25.41,46; Mc 3.29; 2Ts 1.9; Hb 6.2; Jd 6,13; Ap 14.11; 20.10). Aqui, se alude à existência na terra.

15 Mais humilde se fará do que os outros rei-
nos, e nunca mais se exaltará sobre as nações.
Eu os enfraquecerei, para que não dominem so-
bre as nações.
16 O Egito não será mais a [y]confiança da nação
de Israel, mas será uma lembrança da sua ini-
quidade quando se voltava a ele à procura de
socorro. Então saberão que eu sou o Senhor Deus.
17 **No** [z]vigésimo sétimo [1]ano, no [a]primeiro mês,
no primeiro dia do mês, veio a mim a palavra
do Senhor:
18 Filho do homem, [b]Nabucodonosor, rei de
Babilônia, fez que o seu exército prestasse um
grande serviço contra Tiro; toda cabeça se tornou
[c]calva, e todo ombro se pelou. Contudo não houve
recompensa da parte de Tiro para ele, nem para o
seu exército, pelo serviço que prestou contra ela.
19 Portanto, assim diz o Senhor Deus: Eu darei
a [d]Nabucodonosor, rei de Babilônia, a terra do
Egito, e ele levará a sua riqueza. Tomará o seu
despojo e roubará a sua presa, e isso será a re-
compensa do seu exército.
20 Como recompensa do seu trabalho, com que
serviu contra ela, lhe dei a terra do Egito, visto
que trabalharam por mim, diz o Senhor Deus.
21 Naquele dia, farei brotar um [e]chifre na na-
ção de Israel e abrirei a tua boca no meio deles.
Então saberão que eu sou o Senhor.

Lamentação sobre a queda do Egito

30 Veio a mim a palavra do Senhor:
2 Filho do homem, profetiza e dize: As-
sim diz o Senhor Deus:

Gemei: Ah! aquele dia!
3 Pois está perto o [f]dia, sim,
está perto o [g]dia do Senhor;
dia de nuvens,
o tempo da destruição dos gentios.
4 Uma espada virá ao Egito,
e haverá grande dor na [h]Etiópia.
Quando caírem os trespassados no Egito,
a sua riqueza será levada
e seus fundamentos se quebrarão.

5 Etiópia e Pute, Lude e todo o povo da Arábia,
Cube e os filhos da terra da [i]aliança, com eles
cairão à espada.
6 **Assim** diz o Senhor:

Também cairão os que sustêm o Egito,
e falhará o seu soberbo poder.
Desde Migdol até Sevene cairão à espada,
diz o Senhor Deus.
7 Serão [j]desolados no meio das terras desoladas,
e as suas cidades estarão no meio
das cidades desertas.
8 Então saberão que eu sou o Senhor,
quando eu puser fogo ao Egito
e forem destruídos todos
os que lhe davam auxílio.

9 Naquele dia, sairão [k]mensageiros de diante
de mim em navios, para amedrontarem a Etiópia
[l]descuidada. Haverá neles grandes dores, como
no dia do Egito, pois eis que já vem.
10 **Assim** diz o Senhor Deus:

Eu farei cessar a multidão do Egito,
por intermédio de Nabucodonosor,
rei de Babilônia.
11 Ele e o seu povo com ele, os mais
[m]formidáveis das nações,
serão levados para destruírem a terra.
Desembainharão as suas
espadas contra o Egito
e encherão a terra de mortos.
12 Eu secarei os [n]rios, venderei a terra,
entregando-a na mão dos maus;
assolarei a terra e a sua
plenitude por meio de estrangeiros.
Eu, o Senhor, o disse.

13 **Assim** diz o Senhor Deus:

Também [o]destruirei os ídolos
e farei cessar as imagens em Mênfis.
Já [p]não haverá um príncipe na terra do Egito,
e porei o temor por toda a terra.
14 Assolarei [q]Patros, porei fogo a Zoã
e executarei juízos em Tebas.
15 Derramarei o meu furor sobre Pelúsio,
fortaleza do Egito,
e exterminarei a multidão de Tebas.
16 Atearei fogo no Egito;
Pelúsio terá grande dor,
Tebas será destruída
e Mênfis terá angústia constante.
17 Os jovens de Áven
e de Pi-Besete cairão à espada,
e essas cidades irão para o exílio.
18 Em Tafnes se escurecerá o dia,
quando eu quebrar ali os jugos do Egito;
nela terá fim o seu soberbo poder;
uma nuvem a cobrirá,
e suas filhas irão para o exílio.
19 Assim [r]executarei juízos no Egito,
e saberão que eu sou o Senhor.

Deus promete à Babilônia vitória sobre o Egito

20 **No** [s]ano décimo primeiro, no [t]primeiro mês,
aos sete do mês, veio a mim a [u]palavra do Senhor:
21 Filho do homem, eu quebrei o braço de fa-
raó, rei do Egito, e ele não foi enfaixado para
que sare, não lhe aplicaram remédios, nem lhe

[y] Is 20.5; 30.1-3; 36.4-6; Lm 4.17
[z] Comp. Ez 29.1; 30.20
[a] Veja Lv 23.2, nota
[b] Jr 27.6; Ez 26.7,8; veja Jr 21.2, marg.
[c] Ez 27.31
[d] Jr 43.10-13; Ez 30.10
[e] Sl 132.17; veja Dt 33.17, nota
[f] Ez 7.7,12; Jl 2.1; Sf 1.7
[g] Dia (do Senhor): v. 3; Jl 1.15 (Sl 2.9; Ap 19.19)
[h] Terra de Cuxe, Gn 10.6, nota. Is 18.1-7; Sf 2.12
[i] Jr 25.20,24
[j] Ez 29.12
[k] Comp. Is 18.1,2
[l] Comp. Is 47.8-11; Ez 38.10-12
[m] Ez 28.7; 31.12
[n] Is 19.5,6; comp. Ez 29.3,9
[o] Is 19.1; Jr 43.12; 46.25; Zc 13.2
[p] Zc 10.11
[q] Jr 44.1; Ez 29.14
[r] Sl 9.16; Ez 5.8; 25.11
[s] Sl 10.15
[t] Veja Lv 23.2, nota
[u] v. 21-26; comp. Ez 32.1-16

[1] (29.17) Embora Ezequiel não tenha recebido esta mensagem particular durante o cerco de Jerusalém, mas dezessete anos depois, ele a inseriu aqui em conexão com suas mensagens prévias sobre o Egito.

puseram tala, para tornar-se forte, a fim de pegar na espada.

22 Portanto, assim diz o Senhor Deus: Eu estou [v]contra faraó, rei do Egito. Quebrarei os seus [w]braços, o forte como o que já está quebrado, e farei cair da sua mão a espada.

23 [x]Espalharei os egípcios entre as nações e os dispersarei pelas terras.

24 Fortalecerei os braços do rei de Babilônia e porei a minha espada na sua mão, mas quebrarei os braços de faraó e diante dele gemerá como quem está mortalmente ferido.

25 Eu levantarei os braços do rei de Babilônia, mas os braços de faraó cairão. Então [y]saberão que eu sou o Senhor, quando puser a minha espada na mão do rei de Babilônia, e ele a estender sobre a terra do Egito.

26 Espalharei os egípcios entre as nações e os dispersarei pelas terras. Então saberão que eu sou o Senhor.

Parábola do cedro do Líbano: repreensão ao orgulho de faraó

31 No [z]décimo primeiro ano, no [a]terceiro mês, ao primeiro do mês, veio a mim a palavra do Senhor:

2 Filho do homem, dize a faraó, rei do Egito, e à sua multidão:
A quem és semelhante na tua grandeza?
3 [b]A [c]Assíria era um [d]cedro no Líbano,
de ramos formosos,
de frondosa ramagem e de alta estatura,
cuja copa estava entre os [e]ramos espessos.
4 As [f]águas o nutriram,
as fontes das profundezas
o fizeram crescer;
as suas correntes fluíam em torno
da sua plantação,
e alcançava todas as árvores do campo.
5 Por isso, se elevou a sua estatura
sobre todas as árvores do campo,
se multiplicaram os seus ramos
e se alongaram as suas varas,
por causa das muitas águas que enviava.
6 Todas as [g]aves do céu
se aninhavam nos seus ramos;
todos os animais do campo
geravam debaixo dos seus galhos;
todos os grandes povos se assentavam
à sua sombra.
7 Assim era ele formoso na sua grandeza,
na extensão dos seus ramos,
porque a sua raiz estava junto
às muitas águas.
8 Os cedros no [h]jardim de Deus
não lhe eram rivais;
os ciprestes não igualavam os seus ramos,
e os plátanos não eram como
os seus renovos;
nenhuma árvore no jardim de Deus
se assemelhava a ele na sua formosura.
9 Formoso o fiz com a multidão dos seus ramos;
todas as árvores do Éden,
que estavam no jardim de Deus,
tiveram inveja dele.

10 **P**ortanto, assim diz o Senhor Deus: Como se elevou na sua estatura e se levantou a sua copa no meio dos [i]espessos ramos, e o seu coração se [j]exaltou na sua altura,

11 eu o entreguei na mão da mais [k]poderosa das nações, que lhe deu o tratamento merecido. Pela sua impiedade o rejeitei,

12 e a mais [l]terrível das nações estrangeiras o derrubou e o deixou. Caíram os seus ramos sobre os montes e por todos os vales; os seus renovos foram [m]quebrados por todas as correntes da terra. Todos os povos da terra se retiraram da sua sombra e o deixaram.

13 Todas as aves do céu habitaram [n]sobre a sua ruína, e todos os animais do campo se acolheram sob os seus ramos.

14 Por isso, nenhuma árvore junto às águas se exaltará na sua estatura, nem levantará a sua copa no meio dos ramos espessos. Nenhuma das árvores bem regadas confiará em si mesma, por causa da sua altura; todas estão entregues à morte, até a [o]terra mais baixa, entre os filhos dos homens, com os que descem à cova.

15 **A**ssim diz o Senhor Deus: No dia em que ele [p]desceu à [q]sepultura, fiz eu que houvesse luto; cobri o abismo, por sua causa, e retive as suas correntes; detiveram-se as grandes águas. Fiz que o Líbano o pranteasse, e todas as árvores do campo por causa dele desfaleceram.

16 Ao som da sua queda fiz tremer as nações, quando o fiz [r]passar para o [s]além com os que descem à cova; todas as árvores do Éden, a fina flor e o melhor do Líbano, todas as árvores bem regadas, se [t]consolavam nas partes inferiores da terra.

17 Também estes com ele passarão para o além, a juntar-se aos que foram mortos à espada; sim, aos que foram seu braço e que estavam assentados à sombra no meio das nações.

18 **A** quem és semelhante em glória e em grandeza entre as árvores do Éden? Todavia descerás com as árvores do Éden às partes inferiores da terra; no meio dos incircuncisos [u]jazerás com os que foram mortos à espada. Este é faraó e toda a sua multidão, diz o Senhor Deus.

Mais lamentações sobre faraó, rei do Egito

32 No [w]ano [ww]décimo primeiro, no [xx]décimo segundo mês, no primeiro dia do mês, veio a mim a palavra do Senhor:

[v] Jr 46.25
[w] Comp. Sl 37.17
[x] v. 26; Ez 29.12
[y] Sl 9.16
[z] Ez 30.20; 32.1
[a] Comp. Jr 52.5,6
[b] Parábolas (AT): v. 3-14; Ez 37.1 (Jz 9.8; Zc 11.7)
[c] v. 3-18; comp. livro de Naum
[d] Comp. Dn 4.10; Am 2.9
[e] v. 6
[f] Ez 29.3-9
[g] Ez 17.23; Dn 4.12
[h] Gn 2.8; 13.10; Ez 28.13
[i] v. 6
[j] Comp. 2Cr 32.25; Is 10.12; Ez 28.17; Dn 5.20
[k] Ez 30.10
[l] Ez 30.11; 32.12
[m] Ez 30.24,25
[n] Is 18.6; Ez 32.4
[o] Ez 32.18
[p] Ez 32.22,23
[q] Veja Hc 2.5, nota
[r] Is 14.15
[s] Veja Lc 16.23, nota
[t] Ez 32.31; comp. Is 14.9-11; comp. Lc 16.19-31
[u] Ez 28.10; 32.19,21,24
[w] v. 17; Ez 1.2; 29.1,17; 30.2
[ww] Ez 31.1; 33.21
[xx] Veja Lv 23.2, nota

2 Filho do homem, levanta uma lamentação
sobre faraó, rei do Egito, e dize-lhe:
Eras semelhante a um filho de leão
entre as nações,
e tu foste como um [y]dragão nos mares;
[z]ferias os teus rios e turbavas
as águas com os teus pés, e
sujavas os teus rios.
3 Assim diz o Senhor Deus:
Estenderei sobre ti a minha rede
com ajuntamento de muitos povos,
e te farão subir na minha rede.
4 Então te [a]deixarei em terra;
sobre a face do campo te lançarei,
e farei morar sobre ti todas as [b]aves do céu,
e se fartarão de ti todos os animais da terra.
5 Porei as tuas carnes sobre os [c]montes
e encherei os vales com os teus restos.
6 Regarei a terra com o sangue que corre de ti,
até os montes,
e as ravinas se encherão da tua carne.
7 Apagando-te eu, [d]cobrirei os céus
e enegrecerei as suas estrelas;
encobrirei o sol com uma nuvem,
e a lua não deixará resplandecer a sua luz.
8 Todas as brilhantes luzes do céu
enegrecerei sobre ti e trarei trevas sobre a tua
terra, diz o Senhor Deus.
9 Afligirei o coração de muitos povos,
quando eu levar a tua
destruição entre as nações,
às terras que não conheceste.
10 Farei que muitos povos
fiquem [e]espantados ao ver-te
e os seus reis tremam grandemente,
quando eu brandir a minha
espada ante os seus rostos.
Estremecerão a cada momento,
cada um pela sua vida,
no dia da tua queda.
11 **P**ois [f]assim diz o Senhor Deus:
A espada do rei da Babilônia virá sobre ti.
12 Farei cair a tua multidão
com as espadas dos valentes;
[g]terríveis dentre as nações são todos eles.
Destroçarão a soberba do Egito,
e toda a sua multidão será destruída.
13 Exterminarei todos os seus animais
sobre as muitas águas;
não as turbará mais pé de homem,
nem as turbarão unhas de animais.
14 Então farei assentar as suas águas
e correr os seus rios como o azeite,
diz o Senhor Deus.
15 Quando eu tornar a terra do
Egito em desolação,
e a terra for desolada em sua plenitude,
e quando ferir todos os que nela habitam,
então saberão que eu sou o Senhor.
16 Esta é a [h]lamentação que se fará. As filhas
das nações lamentarão pelo Egito e por toda a
sua multidão, diz o Senhor Deus.
17 **N**o [i]décimo primeiro ano, aos quinze do pri-
meiro mês, [j]veio a mim a palavra do Senhor:
18 Filho do homem, [k]pranteia sobre a multidão
do Egito e faze-a descer, a ela e às filhas das na-
ções magníficas, às [l]partes inferiores da terra,
com os que descem à cova.
19 [m]A quem superas tu em beleza? Desce e
deita-te com os incircuncisos.
20 No meio daqueles que foram mortos à es-
pada eles cairão. A espada está desembainhada;
[n]arrastai-a e a toda a sua multidão.
21 Os [o]mais poderosos dos valentes, com os que
o socorrem, lhe gritarão do [p]além: Desceram, e lá
estão, entre os incircuncisos, mortos à espada.
22 **A**li está a [q]Assíria com todo o seu ajunta-
mento; em redor dela estão os seus sepulcros,
todos eles foram mortos, e caíram à espada.
23 Os seus [r]sepulcros foram postos no mais
interior da cova, e o seu ajuntamento está em
redor do seu sepulcro; todos foram mortos e caí-
ram à espada, os que tinham causado espanto
na terra dos viventes.
24 **A**li está [s]Elão com toda a sua multidão em
redor do seu sepulcro. Todos eles foram mortos e
caíram à espada. Eles desceram incircuncisos às
partes inferiores da terra; causaram terror na ter-
ra dos viventes, e levaram a sua vergonha com os
que desceram à cova.
25 No meio dos mortos lhe puseram uma [t]cama
entre toda a sua multidão; e ao redor dele estão os
seus sepulcros. Todos eles são incircuncisos, mor-
tos à espada, porque causaram terror na terra dos
viventes, e levaram a sua vergonha com os que des-
ceram à cova, no meio dos mortos foram postos.
26 **A**li estão [u]Meseque e Tubal com toda a sua
multidão; e ao redor deles estão os seus se-
pulcros. Todos eles são incircuncisos, e foram
mortos à espada porque causaram terror na ter-
ra dos viventes.
27 Não jazem com os [v]valentes que caíram dos
incircuncisos, os quais desceram ao sepulcro
com as suas armas de guerra e puseram as suas
espadas debaixo das suas cabeças? O castigo da
sua iniquidade está sobre os seus ossos, porque
eram o terror dos poderosos na terra dos viventes.
28 Também tu serás quebrado no meio dos in-
circuncisos e jazerás com os que foram mortos
à espada.
29 **A**li está [w]Edom, os seus reis e todos os seus
príncipes, que no seu poder foram postos com
os que foram mortos à espada; estes jazem com os
incircuncisos e com os que desceram à cova.

[y] Ez 29.3
[z] Jr 46.7,8
[a] Ez 29.5
[b] Is 18.6; Ez 31.13
[c] Ez 31.12
[d] Is 13.10; Jl 2.31; 3.15; Am 8.9; Mt 24.29; Ap 6.12,13
[e] Comp. Ez 28.19
[f] Jr 46.26; Ez 30.4
[g] Ez 30.11; 31.12
[h] v. 2; Ez 2.10; 19.1,14; 26.17; 27.2,32; 28.12
[i] v. 1
[j] 32.1; 33.21
[k] Comp. Mq 1.8
[l] Ez 31.14
[m] Ez 31.2,18
[n] Sl 28.3
[o] v. 27; Is 1.31; 14.9,10
[p] Veja Hc 2.5, nota; comp. Lc 16.23, nota
[q] Ez 31.3,16
[r] Is 14.15
[s] Jr 49.34
[t] Sl 139.8
[u] Gn 10.2; Ez 27.13; 38.2
[v] Is 14.18,19
[w] Is 9.25,26; 34.5,6; Ez 25.12-14

30 **A**li estão os príncipes do [x]Norte, todos eles, e todos os sidônios, que desceram com os mortos, envergonhados com o terror causado pelo seu poder; jazem incircuncisos com os que foram mortos à espada e levam a sua vergonha com os que desceram à cova.

31 **F**araó os verá e se [y]consolará com toda a sua multidão; sim, o próprio faraó e todo o seu exército, mortos à espada, diz o Senhor Deus.

32 Embora eu o tenha feito espalhar o terror na terra dos viventes, ele jazerá no meio dos incircuncisos, com os mortos à espada, sim, faraó e toda a sua multidão, diz o Senhor Deus.

IV. A responsabilidade de Ezequiel como atalaia, 33

Seu dever solene de advertir o povo

33 **V**eio a mim a palavra do Senhor:
2 Filho do homem, fala aos filhos do teu povo, dizendo: Quando eu fizer vir a espada sobre a terra e o povo da terra tomar um homem dos seus termos e o constituir por seu [z]atalaia,

3 e ele vir que a espada vem sobre a terra e tocar a trombeta para avisar o povo,

4 então se alguém ouvir o som da trombeta, mas [a]não der atenção à advertência, e vier a espada, e o tomar, o seu sangue será sobre a sua própria [b]cabeça.

5 Ele ouviu o som da trombeta e não deu atenção, o seu sangue será sobre ele. Mas o que se dá por avisado salvará a sua vida.

6 Se, porém, o atalaia vir que vem a espada e não tocar a trombeta para avisar o povo, e se a espada vier e levar uma vida entre eles, este tal foi levado na sua iniquidade, mas o seu sangue requererei da mão do atalaia.

7 **A** ti, ó filho do homem, te constituí por [c]atalaia sobre a nação de Israel; tu, pois, ouvirás a palavra da minha boca e lhe darás aviso da minha parte.

8 Se eu disser ao ímpio: Ó ímpio, certamente morrerás, e tu não falares, para desviar o ímpio do seu caminho, morrerá esse ímpio na sua iniquidade, mas o seu sangue eu o requererei da tua mão.

9 Se, contudo, advertires o ímpio do seu caminho, para que ele se converta, e ele não se converter, morrerá na sua iniquidade, mas tu terás livrado a tua alma.

10 **Q**uanto a ti, ó filho do homem, dize à nação de Israel: Assim falais vós: Visto que as nossas transgressões e os nossos pecados estão sobre nós, e nós [d]desfalecemos neles, como [e]viveremos então?

11 Dize-lhes: Tão certo como [f]eu vivo, diz o Senhor Deus, não tenho prazer na morte do ímpio, mas em que o ímpio se [g]converta do seu caminho e viva. Convertei-vos, convertei-vos dos vossos maus caminhos; [h]por que morrereis, ó nação de Israel?

12 E tu, ó filho do homem, dize aos filhos do teu povo: A [i]justiça do justo não o fará escapar no dia da sua transgressão, e a impiedade do ímpio não fará que ele caia, no dia em que se converter da sua impiedade. O justo, se pecar, não poderá viver pela justiça.

13 Quando eu disser ao justo que certamente viverá, [j]e ele, confiando na sua justiça, praticar iniquidade, não virão em memória todas as suas justiças, mas na sua iniquidade, que [k]pratica, ele morrerá.

14 Quando eu também disser ao ímpio: Certamente morrerás; se ele se converter do seu pecado e fizer juízo e justiça,

15 [l]restituindo esse ímpio o penhor, [m]pagando o furtado, andando nos estatutos da vida não praticando iniquidade, certamente viverá, não morrerá.

16 [n]De todos os seus pecados que cometeu não se fará memória contra ele; juízo e justiça fez, certamente viverá.

17 **T**odavia, os filhos do teu povo dizem: Não é reto o caminho do Senhor. Mas o próprio caminho deles é que não é reto.

18 Desviando-se o justo da sua justiça e praticando iniquidade, [o]morrerá nela.

19 E, convertendo-se o ímpio da sua impiedade, fazendo juízo e justiça, [p]viverá por isso mesmo.

20 Todavia, vós dizeis: Não é reto o [q]caminho do Senhor. Mas eu julgarei a cada um de vós conforme os seus caminhos, ó nação de Israel.

Notícias da tomada de Jerusalém; Ezequiel volta a falar

21 **N**o décimo segundo [r]ano do nosso exílio, no [s]décimo mês, aos cinco do mês, veio a mim um que tinha [t]escapado de Jerusalém, dizendo: A cidade caiu.

22 Ora, a mão do Senhor estivera sobre mim pela tarde, antes que viesse o que tinha escapado, e ele [u]abrira a minha boca antes que esse homem viesse ter comigo pela manhã. Assim abriu-se a minha boca, e não fiquei mais em silêncio.

Ouvintes, mas não praticantes da Palavra

23 **E**ntão veio a mim a palavra do Senhor:

24 Filho do homem, os moradores destes lugares desertos da terra de Israel dizem: [v]Abraão era um só, contudo possuiu esta terra. Mas nós somos muitos; certamente esta terra nos foi dada em [w]possessão.

25 Dize-lhes, portanto: Assim diz o Senhor Deus: Com [xx]sangue comeis, e levantais os vossos

[x] Jr 25.26; Ez 38.6,15; 39.2
[y] Ez 31.16; comp. Is 14.9-11; comp. Lc 16.19-31
[z] v. 7; comp. 2Sm 18.24,25; 2Rs 9.17; Os 9.8
[a] Jr 6.17; Zc 1.4
[b] At 18.6
[c] Is 62.6; Ez 3.17-21
[d] Ez 24.23
[e] Comp. Ez 37.11
[f] 2Sm 14.14; Lm 3.33; Ez 18.23,32; Os 11.8; 2Pe 3.9
[g] Ez 18.21,30; Os 14.1,4; At 3.19
[h] Ez 18.31
[i] Ez 3.20; 18.24-26,27
[j] Comp. Rm 10.1-13
[k] Ez 3.20; 18.1-4,24
[l] Ez 18.7
[m] Êx 22.1-4; Lv 6.2,4,5; Nm 5.6,7; Lc 19.8
[n] Is 1.18
[o] Comp. Gl 3.3,4
[p] Comp. Jr 18.1-10
[q] v. 17; Ez 18.25,29
[r] 2Rs 25.4
[s] Comp. Jr 39.1,2; veja Lv 23.2, nota
[t] Ez 24.26
[u] Ez 3.26,27; 24.27
[v] Is 51.2; Mt 3.9; Jo 8.39; At 7.5
[w] Ez 11.15
[xx] Lv 17.10-14

olhos para os vossos ídolos, e derramais sangue; haveis de possuir a [y]terra?

26 Vós que confiais na vossa espada, cometeis abominação, e cada um contamina a [z]mulher do seu próximo; haveis de possuir a terra?

27 Assim lhes dirás: Assim diz o Senhor Deus: Tão certo como eu vivo, os que estiverem em lugares desertos cairão à espada, e os que estiverem em campo aberto eu os entregarei às feras, para que os devorem, e os que estiverem em fortalezas e em cavernas morrerão de peste.

28 Tornarei a terra em [a]desolação e espanto; cessará o seu soberbo poder. Os montes de Israel ficarão tão desolados que ninguém passará por eles.

29 Então saberão que eu sou o Senhor, quando eu tornar a terra em desolação e espanto, por causa de todas as abominações que cometeram.

30 **Q**uanto a ti, ó filho do homem, os filhos do teu povo falam de ti junto às paredes e nas portas das casas; fala um com o outro, cada um a seu irmão: Vinde ouvir qual é a palavra que procede do Senhor.

31 Eles vêm a ti, como o povo costuma vir, e se [b]assentam diante de ti como meu povo, e [c]ouvem as tuas palavras, mas não as põem em prática, pois expressam devoção com a sua [d]boca, mas o seu coração vai após o lucro.

32 Deveras, tu és para eles como quem canta canções de amor, que tem voz suave e tange bem, pois ouvem as tuas palavras, [e]mas não as põem em prática.

33 Quando, porém, vier isto — e aí vem —, então [f]saberão que houve no meio deles um profeta.

V. Predições dos eventos do final desta dispensação, quando Israel estará novamente em sua própria terra, 34–39

Profecia contra os pastores infiéis de Israel

34 **V**eio a mim a palavra do Senhor:

2 Filho do homem, profetiza contra os pastores de Israel; profetiza e dize aos pastores: Assim diz o Senhor Deus: [g]Ai dos pastores de Israel que se apascentam a si mesmos! Não apascentarão os pastores as ovelhas?

3 [h]Comeis a gordura, vestis-vos de lã e [i]degolais o cevado, mas não apascentais as ovelhas.

4 A [j]fraca não fortalecestes, a doente não curastes, a quebrada não ligastes, a desgarrada não [k]tornastes a trazer e a perdida não buscastes, mas dominais sobre elas com rigor e [l]dureza.

5 Assim se [m]espalharam, por não haver pastor, e [n]ficaram para pasto de todos os animais do campo, porque se espalharam.

6 As minhas ovelhas [o]andam desgarradas por todos os montes e alto outeiro; sim, as minhas ovelhas andam espalhadas por toda a face da terra, sem haver quem as procure nem quem as busque.

7 **P**ortanto, ó pastores, ouvi a palavra do Senhor:

8 Tão certo como eu vivo, diz o Senhor Deus, visto que as minhas ovelhas foram entregues à rapina e vieram a servir de pasto a todos os animais do campo, por falta de pastor, e os meus pastores não procuram as minhas ovelhas, pois se apascentam a si mesmos, e não apascentam as minhas ovelhas,

9 portanto, ó pastores, ouvi a palavra do Senhor:

10 Assim diz o Senhor Deus: Eu estou [p]contra os pastores; eu [q]requererei as minhas ovelhas das suas mãos, e eles deixarão de apascentar as ovelhas, e não se apascentarão mais a si mesmos; [r]livrarei as minhas ovelhas da sua boca, e não lhes servirão mais de pasto.

Israel será restaurado: estabelecimento do reino davídico

11 **P**ois assim diz o Senhor Deus: Eu, eu mesmo, procurarei as minhas ovelhas e delas cuidarei.

12 Como o [1][s]pastor busca o seu rebanho, no dia em que está no meio das suas ovelhas dispersas, assim buscarei as minhas ovelhas. Eu as levarei de todos os lugares para onde foram espalhadas no dia de nuvens e escuridão.

13 Eu as [t]tirarei dos povos e as farei vir dos diversos países; eu as trarei à sua [u]terra e as apascentarei nos montes de Israel, junto às correntes, e em todos os lugares habitados da terra.

14 Em bons pastos as [v]apascentarei, e nos altos montes de Israel será a sua pastagem; ali se deitarão numa boa pastagem, e pastarão em pastos gordos nos montes de Israel.

15 Eu apascentarei as minhas ovelhas e as farei repousar, diz o Senhor Deus.

16 A perdida [w]buscarei, a desgarrada tornarei a trazer, a quebrada ligarei e a enferma fortalecerei, mas a gorda e a forte destruirei. Eu as apascentarei com juízo.

17 **Q**uanto a vós, ó ovelhas minhas, assim diz o Senhor Deus: Eu julgarei entre ovelhas e ovelhas, entre carneiros e bodes.

18 Não vos basta pastar o bom pasto? Haveis de pisar o resto de vossos pastos? Não vos basta

[y] Dt 29.28
[z] Ez 22.11
[a] Jr 44.2,6,22; Ez 36.34,35
[b] Ez 8.1; 14.1; 20.1
[c] Is 58.2; Ez 14.1; 20.1
[d] Sl 78.36,37; Is 29.13; Jr 12.2; 1Jo 3.18
[e] Mt 7.21-28; Tg 1.22-25
[f] 1Sm 3.20; Ez 2.5
[g] v. 2-10; Jr 23.1; Ez 22.25; Zc 11.17
[h] Is 56.11
[i] Ez 33.25,26; Mq 3.1-3; Zc 11.5
[j] v. 8; comp. v. 16; Zc 11.15-17
[k] Lc 15.4
[l] Comp. 1Pe 5.2-4
[m] Jr 10.21
[n] v. 8; Is 56.9; Jr 12.9
[o] Jr 50.6; 1Pe 2.25
[p] Ez 13.8
[q] Ez 3.18; Hb 13.17
[r] Ez 13.23
[s] Jr 31.10
[t] Is 65.9,10; Jr 23.3; Ez 11.17; 20.41; 28.25; 36.24; 37.21,22
[u] Reino (AT): v. 11-15,22-25; Ez 37.21 (Gn 1.26; Zc 12.8)
[v] Jr 3.15
[w] v. 4; Is 40.11; Mq 4.6; Mt 18.11; Mc 2.17; Lc 5.32

[1] (34.12) Em sua importância messiânica, esta passagem (v. 11-31) é como uma janela que permite a entrada da luz da aurora na sala do juízo. Os v. 12,14-16,22 contemplam o Senhor segundo o salmo 23 e o Bom Pastor de João 10; mas a referência primária é com respeito a Israel – "chuvas de bênção serão" (v. 26), "estarão seguras na sua terra" (v. 27), "não servirão mais de presa aos gentios" (v. 28). Os v. 23-30 falam de uma restauração ainda futura, uma vez que o remanescente que retornou à terra depois do cativeiro esteve continuamente sob jugo gentio, até que foi expulso da terra no ano 70 d.C.

beber as águas limpas? Haveis de sujar o resto com os vossos pés?

19 Quanto às minhas ovelhas, elas pastam o que foi [x]pisado com os vossos pés e bebem o que foi sujado com os vossos pés.

20 **Por** isso, o Senhor Deus assim lhes diz: Eu, eu mesmo, julgarei entre ovelhas gordas e ovelhas magras.

21 Visto que com o lado e com o ombro dais empurrões, e com os vossos chifres escorneais todas as [y]fracas, até que as espalhais para fora,

22 eu livrarei as minhas ovelhas, para que não sirvam mais de presa, e julgarei entre ovelhas e ovelhas.

23 Levantarei sobre elas um só [z]pastor, o meu servo Davi, e ele as apascentará; ele as apascentará e lhes servirá de pastor.

24 [a]Eu, o Senhor, lhes serei por Deus, e o meu servo [b]Davi será líder no meio delas. Eu, o Senhor, o disse.

25 **Farei** com elas uma [c]aliança de paz e acabarei com os [d]animais da terra para que habitem no deserto seguramente e durmam nos bosques.

26 Farei delas e dos lugares ao redor do meu monte uma [e]bênção. Farei descer a chuva a seu tempo; chuvas de bênção serão.

27 As árvores do campo darão o seu fruto, e a terra dará a sua novidade; estarão seguras na sua terra. Saberão que eu sou o Senhor, quando eu [f]quebrar as varas do seu jugo e as livrar das mãos dos que se serviam delas.

28 Não servirão mais de presa aos gentios, e os animais da terra nunca mais as comerão; [g]habitarão seguramente, e ninguém haverá que as espante.

29 Eu lhes darei uma plantação de renome, e [h]nunca mais serão consumidas pela fome na terra, nem mais levarão sobre si a [i]vergonha dos gentios.

30 Saberão, porém, que eu, o Senhor seu Deus, estou com elas, e que elas são o [j]meu povo, a nação de Israel, diz o Senhor Deus.

31 Vós, ó ovelhas minhas, ovelhas do meu pasto, homens sois, mas eu sou o vosso Deus, diz o Senhor Deus.

Profecia contra o monte Seir (Edom)

35 Veio a mim a palavra do Senhor:

2 Filho do homem, dirige o teu rosto contra o [k]monte Seir, e profetiza contra ele.

3 Dize-lhe: Assim diz o Senhor Deus: Eu estou contra ti, ó monte Seir, e estenderei a minha mão contra ti e te porei em desolação e espanto.

4 As tuas cidades porei em solidão, e tu te tornarás em desolação. Então saberás que eu sou o Senhor.

5 [l]Porque guardaste inimizade para sempre e abandonaste os filhos de Israel à violência da espada no tempo da extrema iniquidade,

6 por isso, tão certo como eu vivo, diz o Senhor Deus, eu te prepararei para [m]sangue, e o sangue te perseguirá. Visto que não aborreceste o sangue, o sangue te perseguirá.

7 Farei do monte Seir uma extrema desolação e exterminarei dele o que por ele passa, e o que por ele volta.

8 Encherei os seus montes dos seus mortos; nos teus outeiros, nos teus vales e em todas as tuas correntes cairão os mortos à espada.

9 Em [n]desolações perpétuas te porei, e as tuas cidades nunca mais serão habitadas. Então sabereis que eu sou o Senhor.

10 **Visto** que dizes: Os [o]dois povos e as duas terras serão meus, e os [p]possuiremos, ainda que o Senhor se achasse [q]ali,

11 por isso, tão certo como eu vivo, diz o Senhor Deus, procederei conforme a tua ira, e conforme a tua inveja, de que usaste, no teu ódio contra eles, e serei conhecido deles, quando te julgar.

12 Então saberás que eu, o Senhor, [r]ouvi todas as tuas [s]blasfêmias, que proferiste contra os montes de Israel, dizendo: Já estão desolados, a nós nos são entregues por pasto.

13 Vós vos engrandecestes contra mim com a vossa boca e multiplicastes as vossas [t]palavras contra mim, e eu o ouvi.

14 Assim diz o Senhor Deus: [u]Enquanto se alegra toda a terra, porei a ti em desolação.

15 Como te [v]alegraste com a herança da nação de Israel, porque foi desolada, [w]assim farei contigo. Desolado serás, ó monte Seir, e todo o Edom, sim, todo ele. Então saberão que eu sou o Senhor.

A restauração de Israel em sua terra

36 [1]Filho do homem, profetiza aos montes de Israel e dize: Montes de Israel, ouvi a palavra do Senhor.

2 Assim diz o Senhor Deus: Disse o inimigo contra vós: [xx]Ah! ah! até as eternas [yy]alturas serão nossa herança.

3 Portanto, profetiza e dize: Assim diz o Senhor Deus: Visto que vos assolaram e devoraram em redor, para que tornásseis herança do resto das nações, e [zz]andais arrastados por conversas [aa]maliciosas e pela calúnia do povo,

[x] Jr 12.10
[y] Comp. Lc 13.14-16
[z] Is 11.1-5,10; 40.11; Jr 23.4,5; Os 1.11; Jo 10.11; Hb 13.20; 1Pe 2.25; 5.4
[a] v. 30; Êx 29.45; Ez 37.27
[b] Ez 37.24-26
[c] Ez 37.26; veja Hb 8.8, notas
[d] Lv 26.6; Is 11.6-9; 35.9; Os 2.18
[e] Gn 12.2; Is 19.24; Zc 8.13
[f] Lv 26.13; Jr 2.20
[g] v. 25; Jr 30.10; 46.27
[h] Ez 36.29
[i] Ez 36.6,15
[j] Ez 14.11; 36.28
[k] v. 1-15; Jr 25.21; 49.7-22; Ez 25.12-14; Jl 3.19; Am 1.11,12; Ob 1-9,15,16
[l] Sl 137.7
[m] Is 63.1-6
[n] v. 4
[o] Comp. Ez 37.22
[p] Sl 83.4-12
[q] Ez 48.35
[r] Sf 2.8
[s] Is 52.5
[t] Ez 36.3
[u] Is 65.13,14
[v] 35.12; 36.4-7; Ob 12,15
[w] Lm 4.21
[xx] Jr 33.24; Ez 25.3; 26.2
[yy] Veja Jz 3.7 e 1Rs 3.2, notas
[zz] Dt 28.37; 1Rs 9.7; Lm 2.15; Dn 9.16
[aa] 35.13

---

[1] (36.1) A ordem nesta profecia e nas seguintes é: 1) restauração da terra (36.1-15); 2) restauração do povo (36.16–37.28); 3) juízo sobre os inimigos de Israel (38.1–39.24); 4) construção do templo do milênio e restauração do culto para que o Senhor possa habitar no meio do seu povo (40.1–47.12).

4 portanto, ouvi, ó montes de Israel, a palavra
do Senhor Deus: Assim diz o Senhor Deus aos
montes e aos outeiros, às ravinas e aos vales,
aos lugares desolados e solitários, e às cidades
desamparadas, que se tornaram rapina e objeto
de [b]zombaria para o resto das nações que estão
ao redor delas.
5 Assim diz o Senhor Deus: Certamente no fo-
go do meu zelo falei contra o resto das nações
e contra todo o [c]Edom, que se [d]apropriaram
da minha terra, com alegria de todo o coração,
e com menosprezo da alma, para a lançarem
fora à rapina.
6 Portanto, profetiza sobre a terra de Israel e di-
ze aos montes e aos outeiros, às correntes e aos
vales: Assim diz o Senhor Deus: Falei no meu
zelo e no meu furor porque [e]levastes sobre vós
o vexame dos gentios.
7 Portanto, assim diz o Senhor Deus: Eu le-
vantei a minha mão, para que os gentios, que
estão ao redor de vós, [f]levem o seu vexame so-
bre si mesmos.
8 **Quanto** a vós, porém, ó montes de Israel, vós
produzireis os vossos ramos e dareis o vosso
fruto para o meu povo de Israel, pois já está
prestes a vir.
9 Eu estou convosco e me voltarei para vós, e
sereis lavrados e semeados.
10 [g]Multiplicarei homens entre vós, a toda a
nação de Israel, a toda ela. As cidades serão habi-
tadas e os lugares devastados serão reedificados.
11 Multiplicarei homens e animais entre vós,
e eles se multiplicarão e frutificarão. Farei que
sejais habitados como dantes, e farei vosso es-
tado [h]melhor que nos vossos princípios. Então
sabereis que eu sou o Senhor.
12 Farei andar sobre vós os homens, o meu po-
vo de Israel. Eles vos [i]possuirão, e sereis a sua
herança, e nunca mais os [j]desfilhareis.
13 Assim diz o Senhor Deus: Visto que vos di-
zem: Tu és uma terra que devora os homens, e
és uma terra que desfilha os seus povos,
14 por isso, tu não devorarás mais os ho-
mens, nem desfilharás mais os teus povos, diz
o Senhor Deus.
15 Farei que nunca mais se ouça em ti a afronta
dos gentios, e [k]não levarás mais sobre ti a zom-
baria das gentes, nem mais desfilharás a tua
nação, diz o Senhor Deus.
16 **Veio** a mim a palavra do Senhor:
17 Filho do homem, quando a nação de Is-
rael habitava na sua terra, então a [l]contami-
naram com os seus caminhos e com as suas
ações. Como a imundícia de uma mulher em
sua separação, tal era o seu caminho perante
o meu rosto.
18 Derramei, pois, o meu furor sobre eles, por
causa do sangue que derramaram sobre a ter-
ra e dos seus ídolos, com que a contaminaram.
19 [m]Espalhei-os entre as nações, e foram espa-
lhados pelas terras; conforme os seus caminhos
e conforme os seus feitos, eu os julguei.
20 E, chegando às nações para onde foram, [n]pro-
fanaram o meu santo nome, pois se dizia deles:
São [1]estes o povo do Senhor, e saíram da sua terra.
21 Eu, porém, os poupei por amor do meu san-
to nome, que a nação de Israel profanou entre
as nações para onde foi.
22 **Dize**, portanto, à nação de Israel: Assim diz
o Senhor Deus: Não é por amor de vós que eu
faço isso, [o]ó nação de Israel, mas pelo [p]meu san-
to nome, que profanastes entre as nações para
onde fostes.
23 Eu santificarei o meu grande nome, que foi
profanado entre as nações, o qual profanastes
no meio delas. Então as nações saberão que eu
sou o Senhor, diz o Senhor Deus, [q]quando eu for
santificado aos seus olhos.
24 Pois eu vos [r]tirarei dentre as nações, vos
congregarei de todos os países e vos trarei pa-
ra a vossa terra.
25 Então [s]espargirei água pura sobre vós, e fica-
reis purificados; de todas as vossas imundícias e
de todos os vossos ídolos vos purificarei.

Ezequiel anuncia a nova aliança

26 Eu vos darei um coração [t]novo e porei em
vós um espírito novo; tirarei de vós o coração de
pedra e vos darei um coração de carne.
27 Porei em vós o meu [u]Espírito, e farei que
andeis nos meus estatutos e guardeis os meus
juízos, e os observeis.
28 [v]Habitareis na terra que eu dei a vossos pais;
vós me [w]sereis por povo, e eu vos serei por Deus.
29 Eu vos livrarei de todas as vossas [x]imundí-
cias. Chamarei o trigo e o multiplicarei, e não
trarei fome sobre vós.
30 Multiplicarei o fruto das árvores e a novi-
dade do campo, para que nunca mais sofrais a
vergonha da fome entre as nações.
31 Então vos [y]lembrareis dos vossos maus cami-
nhos e dos vossos feitos, que não foram bons, e
[z]tereis nojo de vós mesmos por causa das vossas
maldades e das vossas abominações.
32 [a]Não é por amor de vós que eu faço isso, diz
o Senhor Deus, que fique bem claro. Envergo-
nhai-vos e confundi-vos pelos vossos caminhos,
ó nação de Israel.

[b] Sl 79.4; Jr 48.27
[c] Ez 25.12-14; 35.1,2
[d] 35.10
[e] v. 15; Sl 74.10; 123.3,4; Ez 34.29
[f] Jr 25.9,15,29
[g] Is 49.19-21; Jr 33.12,22
[h] Is 51.3; comp. Jó 42.12; Ap 21.1-4,23-27; 22.1-5
[i] Ob 17
[j] Comp. Lm 1.20
[k] Ez 34.29
[l] Lv 18.25,27,28; Jr 2.7
[m] Dt 28.64
[n] Is 52.5; Rm 2.24
[o] Israel (profecias): v. 22-38; Ez 37.21 (Gn 12.2; Rm 11.26)
[p] Ez 20.44
[q] Ez 20.41; 28.22; 38.23; 39.7,25
[r] Ez 34.13
[s] Is 52.15; Hb 10.22
[t] Jr 32.39; Ez 11.19
[u] Espírito Santo (AT): v. 26,27; 37.1,14; Ez 39.29 (Gn 1.2; Zc 12.10)
[v] Ez 28.25; 37.25
[w] Jr 30.22; Ez 11.20; 37.27
[x] Zc 13.1
[y] Ez 16.63
[z] Ez 6.9; 20.43
[a] v. 22; Dt 9.5

[1] (36.20) Esta é uma expressão de desprezo. O mundo só sente desprezo por aqueles que professam ser parte do povo de Deus, mas cuja vida não está de acordo com o que professam.

33 Assim diz o Senhor Deus: No dia em que eu vos purificar de todas as vossas maldades, então farei que sejam habitadas as cidades e edificados os lugares devastados.

34 A terra assolada se lavrará, em vez de estar desolada aos olhos de todos os que passam.

35 Dirão: Esta terra desolada ficou como o [b]jardim do Éden; as cidades solitárias, desoladas e destruídas, estão fortificadas e habitadas.

36 Então saberão as nações, que ficarem de resto em redor de vós, que eu, o Senhor, reedifiquei as cidades destruídas e plantei o que estava devastado. Eu, o Senhor, o disse, e o farei.

37 Assim diz o Senhor Deus: Uma vez mais ouvirei o [c]pedido da nação de Israel e farei isto por eles: Eu lhes multiplicarei os homens como rebanho.

38 Como o rebanho dos santos, como o rebanho de Jerusalém nas suas festas fixas, assim as cidades desertas se encherão de rebanhos de homens. Então saberão que eu sou o Senhor.

A visão do vale de ossos secos: restauração de Israel

37 Veio sobre mim a mão do Senhor, e ele me levou no [d]Espírito do Senhor e me [e]pôs no meio de um vale que estava cheio de [1]ossos.

2 Ele me fez andar ao redor deles, e eu vi que eram muito numerosos sobre a face do vale, e estavam sequíssimos.

3 Ele me perguntou: Filho do homem, poderão viver estes ossos? Eu disse: Senhor Deus, tu o sabes.

4 Então ele me disse: Profetiza sobre estes ossos e dize-lhes: Ossos secos, ouvi a palavra do Senhor.

5 Assim diz o Senhor Deus a estes ossos: Farei entrar em vós o espírito, e vivereis.

6 Porei nervos sobre vós, farei crescer carne sobre vós, e sobre vós estenderei pele; porei em vós o espírito, e vivereis. Então sabereis que eu sou o Senhor.

7 Portanto, profetizei como me foi ordenado. Enquanto eu profetizava, houve um ruído, um barulho, e os ossos se ajuntaram, cada osso ao seu osso.

8 Olhei, e vieram nervos sobre eles, e cresceu a carne, e estendeu-se a pele sobre eles, mas não havia neles espírito.

9 Então ele me disse: Profetiza ao espírito; profetiza, ó filho do homem, e dize ao espírito: Assim diz o Senhor Deus: Vem dos quatro ventos, ó espírito, e assopra sobre estes mortos, para que [f]vivam.

10 Profetizei como ele me ordenara, então o espírito entrou neles e viveram, e se puseram em pé, um exército grande [g]em extremo.

Explicação da visão

11 Então ele me disse: Filho do homem, estes ossos são toda a [h]nação de Israel. Eles dizem: Os nossos ossos se secaram e [i]pereceu a nossa esperança; nós estamos cortados.

12 Portanto, profetiza e dize-lhes: Assim diz o Senhor Deus: Eu [j]abrirei as vossas [k]sepulturas e vos farei sair delas, ó povo meu, e vos trarei à terra de Israel.

13 Então sabereis que eu sou o Senhor, quando eu abrir as vossas sepulturas e vos fizer sair delas, ó povo meu.

14 Porei em vós o meu [l]Espírito e vivereis, e vos porei na vossa terra. Então sabereis que eu, o Senhor, disse isto, e o fiz, diz o Senhor.

O sinal dos dois pedaços de madeira

15 Veio a mim a [m]palavra do Senhor:

16 Quanto a ti, ó filho do homem, toma um pedaço de madeira, e escreve nele: Por Judá e pelos filhos de Israel, seus companheiros. Então toma outro pedaço de madeira, e escreve nele: Por José, vara de Efraim, e por toda a nação de Israel, seus companheiros.

17 Ajunta-os um ao outro, para que se [n]unam e se tornem um só na tua mão.

18 Quando os filhos do teu povo te perguntarem: Não nos declararás o que significam essas coisas?

19 Então tu lhes dirás: Assim diz o Senhor Deus: Eu tomarei a vara de José, que esteve na mão de Efraim, e as das tribos de Israel, suas companheiras, e as ajuntarei à vara de Judá; dessa forma, farei delas uma só vara, e elas se farão uma só na minha mão.

20 Os pedaços de madeira em que houveres escrito estarão na tua mão perante os olhos deles.

21 Dize-lhes: Assim diz o Senhor Deus: Eu tomarei os [o]filhos de Israel de entre as nações, para onde eles foram, e os [p]congregarei de todas as partes, e os [q]levarei à sua terra.

22 Deles farei uma nação na terra, nos montes de Israel. Um só [r]rei será rei de todos eles, e nunca mais serão duas nações, nunca mais para o futuro se dividirão em dois reinos.

[b] Is 51.3; Ez 28.13; Jl 2.3
[c] Ez 14.3; 20.3,31
[d] Espírito Santo (AT): v. 26,27; 37.1,14; Ez 39.29 (Gn 1.2; Zc 12.10)
[e] Parábolas (AT): v. 1-14,15-28; Zc 6.9 (Jz 9.8; Zc 11.7)
[f] v. 5; Sl 104.30
[g] Jr 33.22
[h] Ez 36.10
[i] Comp. Ez 33.10
[j] Comp. Dt 32.39
[k] Is 26.19; 66.14; Dn 12.2; Os 13.14
[l] Espírito Santo (AT): veja 37.1, marg. d
[m] Parábolas (AT): veja 37.1, marg. e
[n] Jr 50.4; Os 1.11
[o] Israel (profecias): v. 21-28; Ez 39.25 (Gn 12.2; Rm 11.26)
[p] Jr 32.37; Ez 36.24
[q] Reino (AT): v. 21-28; Dn 2.35 (Gn 1.26; Zc 12.8)
[r] Cristo (segunda vinda): v. 21,22; Dn 7.14 (Dt 30.3; At 1.11, nota)

[1] (37.1) Depois de anunciar a restauração da nação (36.24-38) por meio de uma visão e um símbolo, o Senhor apresenta a forma como a levará a cabo. A chave está no versículo 11. Os ossos representam toda a casa de Israel que estará viva no momento da restauração. As sepulturas (v. 12) são as nações em que habitam. A ordem é: 1) tirar o povo de lá (v. 12), 2) levá-lo à terra de Israel (v. 12), 3) conversão (v. 13) e 4) enchimento com o Espírito Santo (v. 14). A simbologia continua. As duas varas são Judá e as dez tribos; unidas, formam uma nação (v. 19-28).

23 Nunca mais se contaminarão com os se-
us ídolos, nem com as suas abominações, nem
com as suas transgressões, pois eu os livrarei de
todas as suas apostasias e os [s]purificarei. Então
eles serão o meu povo, e eu serei o seu Deus.
24 **O** meu servo [t]Davi reinará sobre eles, e todos
eles terão um pastor. Andarão nos meus juízos e
guardarão os meus estatutos, e os observarão.
25 Habitarão na terra que dei a meu servo Ja-
có, na qual habitaram vossos pais. Habitarão
nela, eles e seus filhos, e os filhos de seus fi-
lhos, [u]para sempre, e Davi, [v]meu servo, será seu
líder eternamente.
26 Farei com eles uma [w]aliança de paz; será
uma aliança eterna. Eu os estabelecerei e os
multiplicarei; e porei o meu santuário no meio
deles para sempre.
27 O meu tabernáculo estará com eles; eu serei
o seu Deus, e eles serão o meu povo.
28 Então as nações saberão que eu sou o
Senhor que santifico a Israel, quando estiver
o meu santuário no meio deles para sempre.

Profecia contra Gogue: futura invasão de Israel pelos povos do norte

38 Veio a mim a palavra do Senhor:
2 Filho do homem, volta o teu rosto
contra [1][x]Gogue, terra de [y]Magogue, príncipe e che-
fe de [z]Meseque e de Tubal; profetiza contra ele
3 e dize: Assim diz o Senhor Deus: Eu sou con-
tra ti, ó [a]Gogue, príncipe e [b]chefe de Meseque e
de Tubal.
4 Eu te [c]farei voltar e porei anzóis nos teus
queixos e te [d]levarei, com todo o teu exército,
cavalos e cavaleiros, todos eles vestidos de ar-
madura completa, uma grande multidão, com
escudos grandes e pequenos, manejando to-
dos a espada.
5 Persas, etíopes, e os de Pute com eles, todos
com escudo e capacete,
6 também [e]Gômer e todas as suas tropas, e
[f]Bete-Togarma, do extremo norte, e todas as su-
as tropas, muitos povos contigo.
7 **P**repara-te, sim, dispõe-te, tu e todas as tuas
multidões que se reuniram a ti, e serve-lhes tu
de guarda.
8 [g]Depois de muitos dias serás visitado. No fim
dos anos virás à terra que se recuperou da es-
pada, ao povo que se congregou dentre muitos
povos sobre os montes de Israel, que sempre
estavam desolados. Aquela terra foi tirada dentre
os povos, e todos eles habitarão [h]seguramente.
9 Então subirás, tu e todas as tuas tropas, e
muitos povos contigo, virás como uma tem-
pestade; e serão como uma nuvem para cobrir
a terra.
10 **A**ssim diz o Senhor Deus: Naquele dia
ideias virão ao teu coração, e conceberás um
mau desígnio.
11 Dirás: Subirei contra a terra das aldeias [i]não
muradas, virei contra os que estão em repouso,
que habitam seguros; todos eles habitam sem
muro, e não têm ferrolho nem portas.
12 Tomarei o despojo, arrebatarei a presa e tor-
narei a minha mão contra as terras desertas que
agora se habitam e contra o povo, que se ajuntou
dentre as nações, que tem gado e possessões, e
habita no meio da terra.
13 [j]Sabá e [k]Dedã e os mercadores de [l]Társis e to-
das as suas aldeias te dirão: Vens tu para tomar
o despojo? Ajuntaste o teu bando para arreba-
tar a presa, levar a prata e o ouro, tomar o gado
e as possessões, para saquear grandes despojos?
14 **P**ortanto, profetiza, ó filho do homem, e di-
ze a Gogue: Assim diz o Senhor Deus: Naquele
[m]dia, quando o meu povo Israel habitar seguro,
não o saberás tu?
15 Virás do teu lugar, do extremo norte, tu e
muitos povos contigo, montados todos a cavalo,
grande multidão e exército numeroso.
16 Subirás contra o meu povo Israel, como uma
nuvem que cobre a terra. No [n]fim dos dias hei de
trazer-te contra a minha terra, para que as nações
me [o]conheçam a mim, quando eu me houver
[p]santificado em ti aos seus olhos, ó [q]Gogue.
17 **A**ssim diz o Senhor Deus: Não [r]és tu aquele
de quem eu disse nos dias antigos, por inter-
médio de meus servos, os profetas de Israel, os
quais naqueles dias profetizaram, durante anos,
que te traria contra eles?
18 Naquele dia, porém, no dia em que vier [ss]Go-
gue contra a terra de Israel, diz o Senhor Deus,
a minha indignação será despertada.
19 No meu zelo e no fogo do meu furor eu di-
go que naquele dia haverá um grande tremor
na terra de Israel.
20 Tremerão diante da minha face os peixes
do mar, as aves do céu, os animais do campo,
todos os répteis que se arrastam sobre a ter-
ra e todos os homens que estão sobre a face

[s] Ez 36.25-29
[t] Is 40.11; Jr 23.5; 30.9; Ez 34.23,24; Os 3.5; Lc 1.32
[u] Is 60.21; Jl 3.20; Am 9.15
[v] Sl 89.3,4
[w] Is 55.3; Jr 32.40; Ez 34.24,25; veja Hb 8.8, notas
[x] 38.1–39.24; Ap 20.8
[y] Gn 10.2
[z] Ez 32.26
[a] Veja v. 2, nota
[b] Comp. 39.1
[c] 2Rs 19.28
[d] Is 43.17
[e] Gn 10.2,3
[f] Ez 27.14
[g] Is 24.22
[h] Ez 34.25; 39.26
[i] Jr 49.31; Zc 2.4
[j] Ez 27.22
[k] Ez 27.20
[l] Ez 27.12
[m] Dia (do Senhor): 38.14–39.29; Jl 1.15 (Sl 2.9; Ap 19.19)
[n] v. 8; comp. Dn 2.28; 10.14; veja At 2.17, nota
[o] Ez 35.11
[p] Ez 28.22
[q] Veja 38.2, nota
[r] Comp. 1Pe 1.10,11
[ss] Jl 3.16; Ag 2.6,7; Ap 16.18

[1] (38.2) É uma alusão aos poderes do norte da Europa. Alguns identificam esse local com a Rússia, dada a similaridade com a palavra hebraica *rosh*, em alguns lugares transliterada "Rôs", e aqui traduzida por "chefe". Toda a passagem deve ser lida em conexão com Zc 12.1-4; 14.1-9; Mt 24.14-30; Ap 14.14-20; 19.17-21. Gogue é provavelmente o príncipe; Magogue, sua terra. Durante muito tempo, a Rússia e os poderes do norte têm sido perseguidores do Israel disperso, e o fato de a destruição ser produzida em conexão com a tentativa de exterminar o remanescente de Israel em Jerusalém é congruente tanto com a justiça divina como com as alianças de Deus. Toda a profecia pertence ainda ao futuro dia do Senhor (veja *notas* em Jl 1.15; Ap 19.19).

da terra. Os [t]montes cairão e os precipícios se
desfarão; todos os muros desabarão por terra.
21 Chamarei contra ele a [u]espada, sobre todos
os meus montes, diz o Senhor Deus. A espada
de [v]cada um se voltará contra seu irmão.
22 Também executarei juízo contra ele por
meio da peste e do sangue; chuva [w]inundante,
grandes pedras de saraiva, fogo e enxofre farei
cair sobre ele, sobre as suas tropas e sobre os
muitos povos que estiverem com ele.
23 Assim eu me engrandecerei e me santifica-
rei, e me darei a [x]conhecer aos olhos de muitas
nações. Então saberão que eu sou o Senhor.

Profecia contra Gogue (continuação): destruição dos invasores

39 E tu, pois, ó filho do homem, profetiza
contra Gogue e dize: Assim diz o Senhor
Deus: Eu sou contra ti, ó Gogue, príncipe e [y]che-
fe de Meseque e de Tubal.
2 Eu te [z]farei retornar e te porei seis anzóis;
te farei subir do extremo [a]norte e te trarei aos
montes de Israel.
3 Tirarei o teu arco da tua mão esquerda e farei
cair as tuas flechas da tua mão direita.
4 Nos [b]montes de Israel cairás, tu e todas as
tuas tropas, e os povos que estão contigo. Às aves
de rapina, e às aves de toda espécie, e aos ani-
mais do campo, te darei por [c]pasto.
5 Em campo aberto cairás, pois eu falei, diz o
Senhor Deus.
6 Enviarei um [d]fogo sobre Magogue e sobre os
que habitam seguros nas ilhas, e saberão que
eu sou o Senhor.
7 Farei conhecido o meu santo nome no meio
do meu povo Israel. Nunca mais deixarei [e]pro-
fanar o meu santo nome, e as nações [f]saberão
que eu sou o Senhor, o Santo em Israel.
8 Eis que vem, e [g]se cumprirá, diz o Senhor
Deus. Este é o dia de que tenho falado.
9 Então os habitantes das cidades de Israel
sairão e totalmente queimarão as armas, os
escudos, os escudos pequenos e grandes, os ar-
cos, as flechas, os bastões de mão e as lanças.
Farão fogo com tudo isso por sete anos.
10 Não trarão lenha do campo, nem a cortarão
dos bosques, mas com as armas acenderão fogo.
E roubarão aos que os roubaram, e [h]despojarão
aos que os despojaram, diz o Senhor Deus.
11 Naquele dia, darei a Gogue um lugar de se-
pultura em Israel, o vale dos que passam ao
Oriente, na direção do Mar, o qual fará parar os
que por ele passarem, porque Gogue e toda a sua
multidão serão enterrados ali. E lhe chamarão
o vale de Hamom-Gogue.
12 A nação de Israel os enterrará por sete me-
ses, para [i]purificar a terra.
13 Sim, todo o povo da terra os enterrará, e será
para eles [j]memorável o dia em que eu for glori-
ficado, diz o Senhor Deus.
14 Serão separados homens que incessan-
temente passarão pela terra para sepultar os
que tiverem ficado nela, para a purificar. Du-
rará sete meses este trabalho.
15 Ao percorrerem a terra, vendo alguém um
osso de homem, levantará um sinal próximo de-
le, até que os enterradores o enterrem no vale
de Hamom-Gogue.
16 Também o nome da cidade será [1]Hamona.
Assim purificarão a terra.
17 Filho do homem, assim diz o Senhor Deus:
Dize às aves de toda espécie e a todos os ani-
mais do campo: Ajuntai-vos e vinde, vinde de
toda parte para o meu [k]sacrifício, que eu sacri-
fiquei por vós, sacrifício grande nos montes de
Israel, e comei carne, e bebei sangue.
18 Comereis a carne dos poderosos e bebereis
o sangue dos príncipes da terra; dos carneiros,
dos cordeiros, dos bodes, dos bezerros, todos
[l]engordados em Basã.
19 Comereis a gordura até vos fartardes e bebe-
reis o sangue até vos embebedardes, a gordura
e o sangue do meu sacrifício que sacrifiquei
por vós.
20 Eu vos fartarei à minha mesa, de cavalos,
de cavaleiros, de valentes e de todos os ho-
mens de guerra, diz o Senhor Deus.
21 [m]Porei a minha glória entre as nações, e
todas as nações verão o meu juízo, que eu ti-
ver executado, e a minha mão, que sobre elas
tiver descarregado.
22 Daquele dia em diante saberão os da nação
de Israel que eu sou o Senhor seu Deus.
23 E as nações [n]saberão que os da nação de
Israel, por causa da sua iniquidade, foram le-
vados para o exílio, porque se rebelaram contra
mim. Eu [o]escondi deles a minha face e os en-
treguei nas mãos de seus adversários, e todos
caíram à espada.
24 Conforme a sua imundícia e as suas
transgressões agi com eles, e escondi deles
a minha face.

Israel restaurado e convertido

25 Portanto, assim diz o Senhor Deus: [p]Agora
tornarei a trazer os cativos de Jacó e terei com-
paixão de [q]toda a nação de Israel; e terei zelo
pelo meu santo nome.
26 Levarão sobre si a sua vergonha e toda a
sua rebeldia, com que se rebelaram contra mim,

[t] Jr 4.24; Na 1.5,6
[u] Armagedom (batalha de): v. 1-23; 39.1-24; Jl 3.9 (Is 10.27; Ap 19.17)
[v] 1Sm 14.20
[w] Ez 13.11
[x] v. 16; Sl 9.16; Ez 37.28; 39.7
[y] Veja 38.2, nota
[z] Ez 38.8
[a] Ez 38.6,15
[b] Ez 38.4
[c] Ez 33.27
[d] Ez 38.22
[e] Ez 36.23
[f] Ez 38.16
[g] Ap 16.17; 21.6
[h] Is 14.2
[i] Comp. Dt 21.23
[j] Jr 33.9; Sf 3.19,20
[k] Sf 1.7
[l] Dt 32.14
[m] Ez 38.23
[n] Ez 36.18-20,23
[o] Is 59.2
[p] Israel (profecias): v. 25-29; Os 3.5 (Gn 12.2; Rm 11.26)
[q] Ez 20.40; Os 1.11

[1] (39.16) *Multidão*.

quando habitavam seguros na sua terra, sem haver quem os espantasse.

27 [r]Quando eu os tornar a trazer de entre os povos e os ajuntar das terras de seus inimigos, eu me santificarei neles aos olhos de muitas nações.

28 Então [s]saberão que eu sou o Senhor seu Deus, vendo que eu os fiz ir para o exílio entre as nações e os tornei a ajuntar a fim de voltarem à sua terra, e nenhum deles deixei para trás.

29 Já [t]não esconderei deles a minha face, pois eu derramarei o meu [u]Espírito sobre a nação de Israel, diz o Senhor Deus.

VI. O templo do milênio e a adoração, 40.1–47.12

A visão do homem com a vara de medir

40 No vigésimo quinto [v]ano do nosso exílio, no princípio do ano, no décimo dia do mês, catorze anos depois que a cidade foi [w]conquistada, nesse mesmo dia veio sobre mim a mão do Senhor e me levou para lá.

2 Em visões de Deus me [x]levou à terra de Israel e me pôs sobre um monte muito alto, e sobre ele, para a banda do sul, havia uns como edifícios que pareciam uma cidade.

3 Ele me levou para lá, e vi que um [y]homem cuja aparência era como a do bronze estava em pé na porta, tendo na mão uma corda de linho e uma [z]vara de medir.

4 Disse-me o homem: Filho do homem, [a]vê com os teus olhos e ouve com os teus ouvidos, e põe no teu coração tudo o que eu te fizer ver, pois para isso foste aqui trazido. [b]Anuncia à nação de Israel tudo o que vires.

Visão do templo do milênio

5 [1]Havia um muro fora da vara em redor, e na mão do homem uma vara de medir, de seis [c]côvados, cada côvado com um palmo a mais. Ele mediu a largura do edifício, uma vara, e a altura, uma vara.

6 Então veio à porta que dava para o [d]Oriente. Subiu pelos seus degraus e mediu o limiar da porta; uma vara de largo, e o outro umbral, uma vara de largo.

[r] Ez 28.25,26
[s] v. 22; Ez 34.30
[t] Is 54.8,9
[u] Espírito Santo (AT): v. 29; Ez 43.5 (Gn 1.2; Zc 12.10)
[v] Ez 1.2; 8.1; 29.17; 32.1,17
[w] 2Rs 25.1-4; Jr 39.2,3; 52.4-7
[x] Ez 3.14; 37.1
[y] Teofanias: v. 3,4; Dn 8.15 (Gn 12.7, nota; Dn 10.5); Ez 43.6
[z] Veja pesos e medidas (AT): 2Cr 2.10, nota
[a] Ez 44.5
[b] Ez 43.10
[c] Veja pesos e medidas (AT): 2Cr 2.10, nota
[d] Ez 43.1
[e] Talvez uma guarita
[f] 1Rs 6.4
[g] 1Rs 6.29,32,35
[h] Ez 42.1; comp. Ap 11.2
[i] 1Rs 6.5; 2Cr 31.11
[j] Comp. Ez 45.5

7 Cada [e]sala tinha uma vara de comprido e uma vara de largura; entre as salas havia cinco côvados. E o umbral da porta, ao pé do vestíbulo da porta, tinha uma vara, por dentro.

8 Também mediu o vestíbulo da porta por dentro, uma vara.

9 Então mediu o outro alpendre da porta, que tinha oito côvados, e os seus umbrais, dois côvados, e o vestíbulo da porta, por dentro.

10 As salas da porta para o lado do Oriente eram três deste lado, e três do outro, uma mesma medida era a das três; também os umbrais deste lado e do outro tinham a mesma medida.

11 Mediu mais a largura da entrada da porta, que era de dez côvados; o comprimento da porta, treze côvados.

12 O espaço em frente das salas era de um côvado, e de um côvado o espaço do outro lado. Cada sala tinha seis côvados dum lado, e seis do outro.

13 Então mediu a porta desde o telhado de uma sala até o telhado da outra, vinte e cinco côvados de largura, porta contra porta.

14 Mediu também o vestíbulo, vinte côvados; em torno do vestíbulo da porta estava o átrio.

15 A distância da entrada da porta até o extremo do pórtico da porta interior media cinquenta côvados.

16 Havia também nas salas [f]janelas, e nos seus umbrais, dentro da porta ao redor, e do mesmo modo no pórtico. As janelas estavam à roda pela parte de dentro; e nos umbrais havia [g]palmeiras.

17 Então ele me levou ao átrio [h]exterior. Havia nele [i]salas, e um pavimento feito no átrio em redor; [j]trinta salas havia naquele pavimento.

18 O pavimento ao lado das portas era a par do comprimento das portas; o pavimento era inferior.

19 Então mediu a largura desde a dianteira da porta inferior até a dianteira do átrio interior, por fora, cem côvados, do lado do oriente e do norte.

20 Quanto à porta que dava para o norte, no átrio exterior, ele mediu o seu comprimento e a sua largura.

21 As suas salas, três de um lado, e três do outro, e os seus umbrais e os seus pórticos eram da medida da primeira porta: de cinquenta côvados

---

[1] (40.5) Os últimos nove capítulos de Ezequiel apresentam numerosos problemas para os expositores. Cinco explicações já foram oferecidas: 1) Alguns creem que esses capítulos descrevem o templo de Salomão antes de sua destruição em 586 a.C. Isso não é possível por não haver concordância nos detalhes com os relatos nos livros de Reis e Crônicas. 2) Alguns consideram que é uma descrição do templo restaurado, obra que foi concluída no século VI a.C. Essa posição também é insustentável, porque as descrições não correspondem. 3) Outros defendem que os cap. descrevem somente um templo ideal. Essa posição não explica por que a descrição é apresentada nem por que há tantos detalhes. 4) Outro ponto de vista explica que é uma figura da Igreja e suas bênçãos nesta era. Esse ponto de vista não explica o simbolismo, tampouco por que grandes áreas da doutrina cristã são omitidas. 5) A interpretação preferível é que Ezequiel dá uma descrição do templo do milênio. A julgar pelo amplo contexto da profecia (o período subsequente ao reajuntamento e conversão de Israel) e o testemunho de outras passagens da Escritura (Is 66; Ez 6; 14), essa interpretação está de acordo com o programa profético de Deus para o milênio. O que está em consideração aqui não é a Igreja, pois se trata de uma profecia da consumação da história terrena de Israel.

era o seu comprimento, e a largura de vinte e cinco côvados.

22 As suas janelas, os seus pórticos e as suas palmeiras eram da medida da porta que dava para o Oriente; subia-se para ela por sete degraus, e o seu pórtico estava diante dela.

23 Estava a porta do átrio interior em frente da porta do norte e do oriente; mediu de porta a porta cem côvados.

24 **E**ntão ele me levou ao sul, e vi que havia ali uma porta que dava para o sul, e mediu os seus umbrais e os seus pórticos conforme essas medidas.

25 Havia também janelas em redor dos seus pórticos, como as outras janelas: cinquenta côvados o comprimento, e a largura vinte e cinco côvados.

26 De sete degraus eram as suas subidas, e os seus pórticos estavam diante deles; tinha palmeiras, uma de um lado e outra do outro, nos seus umbrais.

27 Também havia uma porta no átrio interior que olha para o sul; e mediu de porta a porta, para o sul, cem côvados.

28 Então me levou ao átrio interior pela porta do sul; mediu a porta do sul, conforme essas medidas.

29 As suas salas, e os seus umbrais, e os seus pórticos eram conforme essas medidas; tinham também janelas ao redor dos seus pórticos: o comprimento era de cinquenta côvados, e a largura de [k]vinte e cinco [l]côvados.

30 Havia pórticos em redor; o comprimento era de vinte e cinco côvados, e a largura de cinco côvados.

31 Os seus pórticos estavam na direção do átrio exterior, e havia palmeiras nos seus umbrais; de oito degraus eram as suas subidas.

32 **D**epois me levou ao átrio interior, para o Oriente; a porta tinha a mesma medida que as anteriores.

33 Também as suas salas, e os seus umbrais e os seus pórticos tinham as mesmas medidas. Havia também janelas em redor dos seus pórticos; o comprimento de cinquenta côvados, e a largura de vinte e cinco côvados.

34 Os seus pórticos estavam no átrio exterior; também havia palmeiras nos seus umbrais de um e de outro lado, e eram as suas subidas de oito degraus.

35 Então me levou à porta do norte, e a mediu. Ela possuía as mesmas medidas das outras,

36 como também as suas salas, os seus umbrais, e os seus pórticos; também tinha janelas em redor. O comprimento era de cinquenta côvados, e a largura de vinte e cinco côvados.

37 Os seus umbrais estavam no átrio exterior; também havia palmeiras nos seus umbrais de um e de outro lado, e eram as suas subidas de oito degraus.

38 **A** sua sala e a sua porta estavam junto aos umbrais das portas onde [m]lavavam o holocausto.

39 No pórtico da porta havia duas mesas de um lado, e duas mesas do outro, para nelas se degolar o holocausto e a [n]oferta pelo [o]pecado e pela culpa.

40 Também do lado de fora da subida para a entrada da porta do norte havia duas mesas; do outro lado, que estava no pórtico da porta, havia duas mesas.

41 Quatro mesas de um, e quatro mesas do outro lado; aos lados da porta oito mesas, sobre as quais imolavam.

42 As quatro mesas para o holocausto eram de pedras [p]lavradas; o comprimento era de um côvado e meio, a largura de um côvado e meio e a altura de um côvado. Sobre elas se punham os instrumentos com que imolavam o holocausto e os sacrifícios.

43 Os ganchos eram de um palmo de comprido, e estavam fixos por dentro ao redor, e sobre as mesas estava a carne da oferta.

Salas dos cantores e sacerdotes

44 **F**ora da porta interior estavam as salas dos [q]cantores, no átrio interior, que estava do lado da porta do norte e olhava para o sul; uma estava ao lado da porta do oriente, a qual olhava para o norte.

45 Ele me disse: Esta sala que olha para o sul é para os sacerdotes que têm a [r]guarda do templo.

46 A sala voltada para o norte, porém, é para os sacerdotes que têm a [s]guarda do altar; estes são os filhos de [t]Zadoque, que se chegam ao Senhor, dentre os filhos de Levi, para o servir.

47 Então ele mediu o átrio; o comprimento de cem côvados, um quadrado, e o altar estava diante do templo.

48 Então me levou ao [u]pórtico do templo e mediu cada pilar do pórtico, cinco côvados de um lado, e cinco côvados do outro; a largura da porta, três côvados de um lado, e três côvados do outro.

49 O comprimento do pórtico era de vinte côvados, e a largura de onze côvados, e era por degraus, que se subia; havia [v]colunas junto aos umbrais, uma de um lado e outra do outro.

O lugar santo e o Santo dos Santos, as salas laterais, os edifícios posteriores e o interior

41 **E**ntão me [w]levou ao templo e mediu os umbrais, seis côvados de largura de um lado, e seis côvados de largura do outro, que era a largura do tabernáculo.

2 A largura da entrada, cinco côvados de um lado e cinco côvados do outro; também mediu o seu comprimento, de quarenta côvados, e a largura, de vinte côvados.

3 Então ele entrou no átrio interior, e mediu o pilar da entrada, dois côvados, e a entrada, seis côvados, e a largura da entrada, sete côvados.

[k] v. 21,25,33,36
[l] Veja pesos e medidas (AT): 2Cr 2.10, nota
[m] 2Cr 4.6
[n] Lv 4.2,3
[o] Lv 5.6; 6.6; 7.1
[p] Comp. Êx 20.25
[q] 1Cr 6.31,32; 16.41-43; 25.1-7
[r] Lv 8.35; Nm 3.27,28,32,38; 18.5; 1Cr 9.23; 2Cr 13.11; Sl 134.1
[s] Lv 6.12,13
[t] 1Rs 2.35; Ez 43.19; 44.15,16
[u] 1Rs 6.3; 2Cr 3.4
[v] 1Rs 7.15-21; 2Cr 3.17; comp. Ap 3.12
[w] Ez 40.2,3

4 Também mediu o seu comprimento, vinte côvados, e a largura, vinte côvados, diante do templo, e me disse: [x]Este é o [y]Santo dos Santos.

5 Então mediu a parede do templo, seis [z]côvados, e a largura das salas laterais, quatro côvados, por todo o redor do templo.

6 As [a]salas laterais, sala sobre sala, eram trinta, em três níveis, trinta em cada nível, e entravam na parede que se encostava no templo em redor, de modo que não se [b]apoiassem na parede do templo.

7 As salas laterais [c]aumentavam de largura de andar em andar, ao passo que se aprofundava o encaixe da parede a cada andar, ao redor do templo; havia ao lado do templo uma escadaria pela qual se subia ao terceiro andar pelo segundo.

8 Olhei para a altura do templo em redor; eram os fundamentos das salas laterais da medida de uma cana inteira, seis côvados grandes.

9 A grossura da parede das salas laterais de fora era de cinco côvados; o que foi deixado vazio era o lugar das salas laterais, que estavam junto ao templo.

10 Entre as salas havia a largura de vinte côvados por todo o redor do templo.

11 As entradas das salas laterais estavam voltadas para o lugar vazio; uma entrada para o norte, e outra entrada para o sul. A largura do lugar vazio era de cinco côvados em redor.

12 **E**ra também o edifício que estava diante do [d]lugar separado, à esquina ocidental, da largura de setenta côvados; a parede do edifício era de cinco côvados de largura em redor, e o seu comprimento era de noventa côvados.

13 Assim mediu o templo, do comprimento de [e]cem côvados, como também o lugar separado, e o edifício, e as suas paredes, cem côvados de comprimento.

14 A largura da frente do templo, e do lugar separado para o Oriente, de uma e de outra parte, cem côvados.

15 **T**ambém mediu o comprimento do edifício, diante do lugar separado, que estava por detrás, e as suas [f]galerias de uma e de outra parte, cem côvados. A nave do templo, a sala interior, e o pórtico do átrio eram apainelados.

16 Os três tinham janelas [g]gradeadas. As galerias em redor dos três, em frente do umbral, eram cobertas de [h]madeira em redor, e isto desde o chão até as janelas que estavam cobertas.

17 No espaço em cima da porta, e até a sala interior, por dentro e por fora, e em [1]todas as paredes em redor, por dentro e por fora,

18 havia [i]querubins e [j]palmeiras de entalhe, de maneira que cada palmeira estava entre querubim e querubim, e cada querubim tinha dois rostos,

19 a saber: um rosto de [k]homem olhava para a palmeira de um lado e um rosto de leão para a palmeira do outro. Assim foi feito por todo o templo em redor.

20 Desde o chão até acima da entrada estavam feitos os querubins e as palmeiras, como também pela parede do templo.

21 Os [l]batentes do templo eram quadrados, e, no tocante à frente do santuário, a feição de uma era como a feição da outra.

22 O [m]altar de madeira era de três côvados de altura, e o seu comprimento de dois côvados, e tinha os seus dois cantos; o seu fundamento e as suas paredes eram de madeira. Disse-me o homem: Esta é a [n]mesa que está perante a face do Senhor.

23 [o]O templo e o Santíssimo tinham duas portas.

24 Havia duas [p]folhas para as portas, duas folhas dobráveis, duas para uma porta, e duas para a outra.

25 E havia nelas, nas portas do templo, querubins e palmeiras, como os que estavam nas paredes, e havia um grande toldo de madeira diante do pórtico por fora.

26 Havia janelas estreitas e palmeiras, em ambos os lados do pórtico, como também nas salas laterais do templo e no toldo de madeira.

As salas dos sacerdotes e as medidas finais do templo

42 Depois disso [q]fez-me sair para o átrio [r]exterior, para o lado do [s]norte, e me levou às [t]salas que estavam em frente do [u]espaço vazio, e que estavam em frente do edifício, do lado do norte.

2 Do comprimento de cem [v]côvados era a entrada do norte, e a largura era de cinquenta côvados.

3 Em frente dos vinte côvados, que tinha o átrio interior, e em frente do [w]pavimento que tinha o átrio exterior, havia [xx]galeria contra galeria em três andares.

4 Diante das salas havia um passeio de dez côvados de largura, do lado de dentro, e um caminho de um côvado; as suas entradas eram para o lado do norte.

5 As salas de cima eram mais estreitas, pois as galerias tomavam aqui mais espaço do que nas de baixo e nas do meio do edifício.

6 As salas do terceiro andar não tinham colunas como as colunas dos átrios; por isso, desde o chão se iam estreitando mais do que as de baixo e as do meio.

x 1Rs 6.20; 2Cr 3.8
y Êx 26.33,34; Hb 9.3-8
z Veja pesos e medidas (AT): 2Cr 2.10, nota
a 1Rs 6.5
b 1Rs 6.6,10
c Comp. 1Rs 6.8
d v. 12-15; o átrio do templo
e Ez 40.47
f Ez 42.3,5
g 1Rs 6.4; Ez 40.16,25
h 1Rs 6.15
i 1Rs 6.29; 2Cr 3.7
j 2Cr 3.5; Ez 40.16
k Ez 1.10; 10.14
l 1Rs 6.33
m Êx 30.1; 1Rs 6.20
n Êx 25.23-30; Lv 24.6
o 1Rs 6.31-35
p 1Rs 6.34
q Ez 41.4
r Ez 40.17
s Ez 40.20
t Ez 41.12,15
u v. 10,13; o átrio do templo
v Veja pesos e medidas (AT): 2Cr 2.10, nota
w Ez 40.17
xx Ez 41.15

[1] (41.17) Cada detalhe, por pequeno que pareça, é importante na obra do Senhor.

7 O muro que estava por fora, em frente das salas, no caminho do átrio exterior, diante das salas, tinha cinquenta côvados de comprimento.

8 Ao passo que o comprimento das salas que estavam no átrio exterior era de cinquenta côvados, as que ficavam em frente do templo eram de [y]cem côvados.

9 Da parte de baixo destas salas estava a entrada do lado do oriente, quando se entra nelas pelo átrio exterior.

10 Na largura do muro do átrio para o caminho do oriente, diante do lugar separado, e diante do edifício, também havia salas.

11 O caminho de diante delas era da mesma forma das salas do norte. Conforme o seu comprimento, assim era a sua largura; todas as suas saídas eram também conforme as suas formas, e conforme as suas entradas.

12 Conforme as entradas das salas, que davam para o sul, havia também uma entrada no começo de cada caminho, diante do muro direito, para o Oriente, quando se entra por elas.

13 Então me disse: As salas do norte e as salas do sul, que estão diante do lugar separado, são salas santas, em que os sacerdotes, que se [z]chegam ao Senhor, [a]comerão as coisas mais santas. Ali porão as coisas mais santas, e as [b]ofertas de cereais, as ofertas pelo pecado e as ofertas pela culpa; pois o lugar é santo.

14 Quando os sacerdotes entrarem, não sairão do santuário para o átrio exterior, mas [c]porão ali as [d]vestiduras com que ministraram, pois elas são santas. Eles se vestirão de outras vestiduras, e assim se aproximarão do lugar pertencente ao povo.

15 Acabando ele de medir o templo interior, fez-me sair pela porta cuja face dá para o [e]Oriente, e mediu em redor.

16 Mediu o lado oriental com a vara de medir, quinhentos côvados com a vara de medir ao redor.

17 Mediu o lado do norte, quinhentos côvados com a vara de medir ao redor.

18 O lado do sul também mediu, quinhentos côvados com a vara de medir.

19 Deu uma volta para o lado do ocidente, e mediu quinhentos côvados com a vara de medir.

20 Mediu pelos quatro lados. Havia um [f]muro em redor, de [g]quinhentos côvados de comprimento, e quinhentos de largura, para fazer separação entre o santo e o [h]profano.

A visão da glória de Deus enchendo o templo (comp. Ez 11.22-24)

43 Então me levou à porta que olha para o [i]Oriente.

2 Eu vi a [j]glória do Deus de Israel que vinha do Oriente. A [k]sua voz era como a voz de muitas águas, e a terra resplandeceu por causa da sua [l]glória.

3 O aspecto da visão que tive era como o da visão que eu tivera quando veio destruir a cidade, e como a que tive junto ao rio Quebar; caí com o rosto em terra.

4 A [m]glória do Senhor entrou no templo pela porta que olha para o Oriente.

5 Então o [n]Espírito me levantou e me levou ao átrio interior, e a glória do Senhor [o]encheu o templo.

O lugar do trono no reino futuro

6 Enquanto o [p]homem estava em pé ao meu lado, ouvi uma voz que me foi dirigida de dentro do templo.

7 Disse-me: Filho do homem, este é o [q]lugar do meu trono, e o lugar das plantas dos meus pés. Aqui [r]habitarei no meio dos filhos de Israel para sempre. Os da nação de Israel não contaminarão mais o meu nome santo, nem eles nem os seus reis, com as suas prostituições e com os cadáveres dos seus reis, nos seus [s]altos,

8 pondo a sua soleira ao pé da minha soleira, e os seus batentes junto aos meus batentes, e havendo uma parede entre mim e eles. [t]Contaminaram o meu santo nome com as suas abominações que faziam; por isso, eu os consumi na minha ira.

9 Agora lancem eles para longe de mim a sua prostituição e os cadáveres dos seus reis, e habitarei no meio deles para sempre.

10 Quanto a ti, ó filho do homem, mostra à nação de Israel este templo, para que se envergonhe das suas maldades. Sirva-lhes ela de modelo,

11 e, envergonhando-se eles de tudo o que fizeram, faze-lhes saber a forma deste templo, e a sua figura, e as suas saídas, e as suas entradas, e todas as suas formas, e todos os seus [u]estatutos, todos os seus dispositivos e todas as suas leis; escreve isto diante de seus olhos, para que guardem todas as suas instituições e todos os seus estatutos, e os [v]cumpram.

12 Esta é a lei do templo: Sobre o cume do [w]monte todo o seu contorno em redor será santíssimo. Esta é a lei do templo.

Medidas do altar do sacrifício

13 São estas as medidas do [x]altar, em côvados, sendo [1]o côvado com quatro [yy]dedos a mais; a parte inferior será de um côvado de altura, e um côvado de largura, e a sua borda, em todo o seu contorno, de um palmo. Esta é a base do altar.

[y] Ez 41.13,14
[z] Ez 43.19
[a] Lv 6.16,26
[b] Lv 2.3,10; 6.14,17,25,29; 7.1; 10.13,14; Nm 18.9,10
[c] Ez 44.19
[d] Comp. Êx 29.5-9; Lv 8.7,13
[e] Ez 40.6
[f] Ez 40.5
[g] Ez 45.2
[h] Ez 44.23
[i] Ex 42.15
[j] Ez 9.3; 10.18,19
[k] Ez 1.24; Ap 1.15; 14.2; 19.6
[l] Ez 10.4; Ap 18.1
[m] Ez 11.23
[n] Espírito Santo (AT): v. 5; Jl 2.28 (Gn 1.2; Zc 12.10)
[o] Êx 40.34; 1Rs 8.10,11; Ez 44.4
[p] Ez 1.26
[q] Sl 99.1; Is 60.13
[r] Ez 37.26-28
[s] Ez 6.5,13
[t] Ez 44.7
[u] Ez 44.5
[v] Ez 11.20
[w] Ez 40.2
[x] Êx 27.1-8
[yy] Veja pesos e medidas (AT): 2Cr 2.10, nota

[1] (43.13) O côvado comum media aprox. 46 cm, e o côvado e um palmo, 53,5 cm. Veja 2Cr 2.10, *nota*.

14 Da [z]base, desde o chão até a saliência de bai-
xo, dois côvados, e de largura um côvado; desde
a pequena saliência até a saliência grande, qua-
tro côvados, e a largura um côvado.
15 O altar será de quatro côvados de altura, e
por cima do altar se projetavam quatro [a]chifres.
16 O altar terá doze côvados de comprimento,
e doze de largura, [b]quadrado nos quatro lados.
17 A saliência, catorze côvados de comprimen-
to, e doze de largura, nos seus quatro lados; o
contorno, ao redor dela, de meio côvado, e a base
dela de um côvado, ao redor. Os seus [c]degraus
olhavam para o Oriente.
18 **E**ntão ele me disse: Filho do homem, as-
sim diz o Senhor Deus: São estes os estatutos
do altar, no dia em que o farão, para oferece-
rem sobre ele [d]holocausto, e para [e]espargirem
sobre ele sangue.

As ofertas

19 [1]Aos [f]sacerdotes levitas, que são da descen-
dência de [g]Zadoque, que se [h]chegam a mim, diz
o Senhor Deus, para me servirem, darás um [i]no-
vilho para oferta pelo pecado.
20 Tomarás do seu sangue e o porás sobre os
seus quatro ângulos, sobre os quatro cantos da
saliência e sobre o contorno ao redor, assim fa-
rás a purificação e a expiação.
21 Então pegarás o novilho da oferta pelo pe-
cado, o qual será [j]queimado no lugar do templo
designado para isso, [k]fora do santuário.
22 No segundo dia, oferecerás um bode, sem
defeito, para oferta pelo pecado; purificarão o
altar, como o purificaram com o novilho.
23 Acabando tu de o purificar, oferecerás um
novilho, sem defeito, e um carneiro do reba-
nho, sem defeito.
24 Tu os oferecerás perante a face do Senhor;
os sacerdotes colocarão [l]sal sobre eles e os ofe-
recerão em holocausto ao Senhor.
25 Durante [m]sete dias prepararás cada dia um
bode como oferta pelo pecado; também prepa-
rarão um novilho e um carneiro do rebanho,
sem defeito.
26 Por sete dias expiarão o altar e o purificarão,
e assim o consagrarão.
27 Chegado o fim desse período, do [n]oitavo
dia em diante, os sacerdotes oferecerão sobre
o altar os vossos holocaustos e as vossas ofer-
tas pacíficas. Então eu me deleitarei em vós,
diz o Senhor Deus.

[z] Ez 45.19
[a] Êx 27.2
[b] Êx 27.1
[c] Comp. Êx 20.26
[d] Êx 40.29
[e] Lv 1.5
[f] Ez 44.15
[g] Ez 40.46
[h] Comp. Nm 16.5-40
[i] Êx 29.10-12; Lv 8.14,15; Ez 45.18,19
[j] Êx 29.14
[k] Hb 13.11; comp. Lv 4.12, nota
[l] Lv 2.13
[m] Êx 29.35-37; Lv 8.33
[n] Lv 9.1-4
[o] Ez 43.2-4
[p] Ez 37.25; 45.7
[q] Ez 46.2,8
[r] Comp. Gn 31.54; 1Co 10.18
[s] Ez 3.23; 43.5
[t] Ez 40.4
[u] Ez 43.11
[v] Ez 45.9; 1Pe 4.3
[w] Nm 18.4; Zc 14.21; comp. At 21.28
[x] Jr 9.26
[y] 2Rs 23.8; comp. 2Cr 29.4,5

A porta para o príncipe comer pão diante do Senhor

44 **E**ntão me fez voltar para o caminho da
porta do santuário exterior, que olha pa-
ra o Oriente, a qual estava fechada.
2 Disse-me o Senhor: Esta porta estará fechada,
não se abrirá; ninguém entrará por ela. Porque
o Senhor Deus de Israel [o]entrou por ela, esta-
rá fechada.
3 Quanto ao [2p]príncipe, ele ali se [q]assentará
como príncipe, para [r]comer o pão diante do
Senhor; pelo caminho do pórtico da porta en-
trará, e por esse mesmo caminho sairá.

A glória enche o templo

4 Depois levou-me pelo caminho da porta do
norte, diante do templo. Olhei e vi a [s]glória
do Senhor encher o templo do Senhor, e caí com
o rosto em terra.
5 Disse-me o Senhor: Filho do homem, [t]consi-
dera no teu coração, vê com os teus olhos e ouve
com os teus ouvidos tudo o que eu te disser de to-
dos os [u]estatutos do templo do Senhor e de todas
as suas leis. Considera no teu coração a entrada
do templo, com todas as saídas do santuário.
6 Dize aos rebeldes, à nação de Israel: Assim
diz o Senhor Deus: Já [v]bastam todas as vossas
abominações, ó nação de Israel!
7 Além das vossas outras abominações, fizestes
entrar [w]estrangeiros, [x]incircuncisos de coração
e incircuncisos de carne, para estarem no meu
santuário, para o profanarem, quando ofereceis
o meu pão, a gordura, e o sangue, e quebrastes
a minha aliança.
8 Não guardastes a ordenança das minhas
coisas sagradas; antes constituístes em vosso
lugar qualquer um para executar a ordenança
no meu santuário.

Os sacerdotes do futuro templo

9 **A**ssim diz o Senhor Deus: Nenhum estran-
geiro, incircunciso de coração ou incircunciso
de carne, entrará no meu santuário, dentre os
estrangeiros que se acharem no meio dos fi-
lhos de Israel.
10 Contudo os [y]levitas que se apartaram para
longe de mim, quando Israel se desviou de mim,
para ir atrás dos seus ídolos, levarão sobre si a
sua iniquidade.
11 Entretanto, serão ministros do meu santuá-
rio, nos cargos das portas do templo, e servirão

[1] (43.19) Sem dúvida, essas ofertas serão um memorial, remetendo ao sacrifício consumado na cruz do Calvário, assim como as ofertas feitas sob a antiga aliança eram uma antecipação do futuro sacrifício na cruz. Em nenhum dos dois casos, o sacrifício de animais tem poder para tirar pecados (Hb 10.4; Rm 3.25).

[2] (44.3) Alguns acreditam que esse príncipe se refere ao Messias, porém outros dizem que isso é impossível, como demonstram suas ações nos cap. 44–46.

ao templo. Eles degolarão o holocausto e o sacrifício para o povo, e estarão perante ele, para o servir.

12 No entanto, porque lhes ministraram diante dos seus ídolos e serviram de tropeço de maldade à nação de Israel, por isso, eu [z]levantei a minha mão sobre eles, diz o Senhor Deus, e levarão sobre si a sua iniquidade.

13 [a]Não se chegarão a mim, para me servirem no sacerdócio, nem se chegarão a nenhuma de todas as minhas coisas sagradas, que são santíssimas, mas levarão sobre si a sua vergonha e as suas abominações que cometeram.

14 Contudo, eu os constituirei [b]guardas da ordenança do templo, em todo o seu serviço e em tudo o que nele se fizer.

15 Contudo, os sacerdotes levitas, os [c]filhos de Zadoque, que guardaram a ordenança do meu santuário, quando os filhos de Israel se extraviaram de mim, se chegarão a mim, para me servirem, e [d]estarão diante de mim, para me oferecerem a gordura e o sangue, diz o Senhor Deus.

16 Eles [e]entrarão no meu santuário e se chegarão à minha mesa, para me servirem, e guardarão a minha ordenança.

17 Quando entrarem pelas portas do átrio interior, [f]estarão vestidos de vestes de linho; não se porá lã sobre eles, quando servirem nas portas do átrio interior, dentro do templo.

18 Coifas de linho estarão sobre as suas cabeças e calções de linho, sobre as suas coxas. Não se cingirão de coisa alguma que os faça transpirar.

19 Saindo eles ao povo, no átrio exterior, despirão as suas vestes com que ministraram, e as [g]porão nas santas salas, e vestirão outras vestes, para que com as suas vestes [h]não santifiquem o povo.

20 A sua cabeça não [i]raparão, nem deixarão [j]crescer o seu cabelo; antes, como convém, apararão as cabeças.

21 Nenhum sacerdote [k]beberá vinho, quando entrar no átrio interior.

22 Não se casarão nem com [l]viúva nem com repudiada, mas tomarão virgens da linhagem da ascendência de Israel, ou com viúva de sacerdote.

23 A meu povo [m]ensinarão a distinguir entre o santo e o profano, e o farão [n]discernir entre o impuro e o puro.

24 Quando houver [o]disputa, eles assistirão a ela para a julgarem; pelos meus juízos a julgarão. As minhas leis e os meus estatutos em todas as minhas festas fixas guardarão, e os meus sábados santificarão.

25 Não se aproximarão de nenhuma pessoa morta, pois se contaminariam; somente por pai, ou por mãe, ou por filho, ou por filha, ou por irmão ou por irmã que não tiver marido, se poderão contaminar.

26 Depois de ser ele purificado, esperará [p]sete dias.

27 No dia em que ele entrar no lugar santo, no átrio interior, para ministrar no lugar santo, oferecerá a sua [q]oferta pelo pecado, diz o Senhor Deus.

28 Eles não terão uma herança; [r]eu serei a sua herança. Não lhes dareis, portanto, [s]possessão em Israel; eu sou a sua possessão.

29 A oferta de cereais, a oferta pelo pecado e a oferta pela culpa eles comerão; toda a coisa [1][t]consagrada em Israel será deles.

30 O [u]melhor de todos os primeiros frutos de tudo e toda a oferta de todas as vossas ofertas serão dos sacerdotes. As primeiras das vossas massas dareis ao sacerdote, para que faça repousar uma bênção sobre a vossa casa.

31 Os sacerdotes não [v]comerão nenhuma coisa que tenha sido encontrada morta ou tenha sido despedaçada, seja de aves, seja de animais.

A partilha da terra: a porção para o Senhor

45 Quando [w]repartirdes a terra por sortes em herança, fareis uma oferta ao Senhor, uma [x]porção santa da terra. O comprimento será de vinte e cinco mil côvados, e a largura de dez mil; esta parte será santa em toda a sua extensão ao redor.

2 Deste terreno o santuário ocupará [y]quinhentos côvados de comprimento, e quinhentos de largura, em quadrado, e terá em redor um espaço vazio de [zz]cinquenta côvados.

3 Desta área santa medirás um comprimento de [2]vinte e cinco mil côvados, e uma largura de [3]dez mil; ali estará o [aa]santuário e o Santíssimo Lugar.

4 Este será o lugar santo da terra; ele será para os sacerdotes, ministros do santuário, que dele se aproximam para servir ao Senhor. Esse será o lugar para casas, e para o lugar santo para o santuário.

5 Terão os levitas, ministros do templo, por sua propriedade, vinte e cinco mil côvados de [bb]comprimento.

6 Para a propriedade da cidade, de largura dareis [cc]cinco mil côvados, e de comprimento vinte e cinco mil, em frente da porção santa, o que será para toda a nação de Israel.

[z] Is 9.16
[a] 2Rs 23.9
[b] Nm 18.4; 1Cr 23.28,32
[c] 1Sm 2.35; 2Sm 15.27; Ez 43.19; 48.11
[d] Dt 10.8
[e] Nm 18.7,8
[f] Êx 28.39-43; 39.27-29
[g] Ez 42.14
[h] Lv 6.27; comp. Ez 46.20; Mt 23.17-19
[i] Lv 21.5
[j] Nm 6.5
[k] Lv 10.9
[l] Lv 21.7,13,14
[m] Lv 10.10,11; Ez 22.26; Ml 2.7
[n] Lv 20.25
[o] Dt 17.8; 2Cr 19.8-10
[p] Nm 19.13-19
[q] Lv 5.3,6
[r] Nm 18.20; Dt 10.9; 18.1,2; Js 13.14,33
[s] Ez 45.4
[t] Lv 27.28
[u] Comp. Êx 13.2; Nm 3.13
[v] Lv 22.8; Dt 14.21
[w] Nm 26.52-56
[x] Ez 48.8,9
[y] Ez 42.20
[zz] Veja pesos e medidas (AT): 2Cr 2.10, nota
[aa] Ez 48.10
[bb] 1Cr 9.26-33; Ne 10.38,39
[cc] Ez 48.15

[1] (44.29) O termo heb. faz alusão à oferta irrevogável de coisas e pessoas ao Senhor.
[2] (45.3) Aprox. 12 km.
[3] (45.3) Aprox. 5 km.

A porção do príncipe

7 O [d]príncipe terá a sua parte deste e do outro lado da santa porção, e da propriedade da cidade, diante da santa porção, e diante da propriedade da cidade, ao lado ocidental e oriental; o comprimento corresponderá a uma das porções, desde o termo ocidental até o termo oriental.

8 Esta terra será a sua propriedade em Israel, e os meus príncipes nunca mais oprimirão o meu povo, antes [e]deixarão a terra à nação de Israel, conforme as suas tribos.

9 **A**ssim diz o Senhor Deus: Já [f]basta, ó príncipes de Israel! Afastai a violência e a desolação; praticai juízo e justiça. Deixai de desapropriar o meu povo, diz o Senhor Deus.

10 Balanças [g]justas, efa justo e [h]bato justo tereis.

11 O efa e o bato serão da mesma medida, de maneira que o bato contenha a décima parte do ômer; conforme o ômer será a sua medida.

12 O [i]siclo será de vinte geras. Vinte siclos mais vinte e cinco siclos mais quinze siclos serão uma mina.

13 Esta será a oferta que haveis de fazer: a sexta parte de um efa de cada ômer de trigo; também dareis a sexta parte de um efa de cada ômer de cevada.

14 Quanto ao estatuto do azeite, de cada bato de azeite oferecereis a décima parte do bato tirado de um coro, que é um ômer de dez batos, pois dez batos fazem um ômer.

15 De cada rebanho de duzentas cabeças, um cordeiro tirado da mais regada terra de Israel, para oferta de cereais, para holocausto e para oferta pacífica; para que façam expiação por eles, diz o Senhor Deus.

16 Todo o povo da terra [j]contribuirá para esta oferta ao príncipe de Israel.

17 Estarão a cargo do [k]príncipe os holocaustos, as ofertas de cereais e as libações, nas festas, nas luas novas, nos sábados, em todas as festas fixas da nação de Israel. Ele fará a oferta pelo pecado, a oferta de cereais, o holocausto e as ofertas pacíficas, para fazer expiação pela nação de Israel.

18 **A**ssim diz o Senhor Deus: No [l]primeiro mês, no primeiro dia do mês, tomarás um novilho sem defeito, e purificarás o santuário.

19 O sacerdote tomará do sangue da oferta pelo pecado e porá dele nos batentes do templo, nos quatro cantos da saliência do altar e nos batentes da porta do átrio interior.

20 Assim também farás no sétimo dia do mês, por causa dos que [m]pecam por ignorância e pelos insensatos; assim expiareis o templo.

21 [n]**N**o primeiro mês, no dia catorze do mês, tereis a Páscoa, uma festa de sete dias; pão sem fermento se comerá.

22 O príncipe, no mesmo dia, por si e por todo o povo da terra, preparará um [o]novilho como oferta pelo pecado.

23 Nos sete dias da festa preparará um holocausto ao Senhor, de sete novilhos e sete carneiros sem defeito, cada dia durante os sete dias, e um bode cada dia como oferta pelo pecado.

24 Também preparará uma oferta de cereais, um efa para cada novilho, e um efa para cada carneiro, e um him de azeite para cada efa.

25 No sétimo mês, no dia [p]quinze do mês, na festa, fará o mesmo por sete dias, para a oferta pelo pecado, para o holocausto, para a oferta de cereais e o azeite.

O príncipe é o primeiro a adorar; então dirige o povo na adoração

46 **A**ssim diz o Senhor Deus: A porta do átrio interior, que olha para o Oriente, estará fechada durante os seis dias, que são de [q]trabalho, mas no dia de sábado ela se abrirá; também no dia da lua nova se abrirá.

2 O príncipe [r]entrará pelo caminho do pórtico da porta, por fora, e permanecerá junto do batente da porta. Os sacerdotes oferecerão o holocausto e as ofertas pacíficas dele. Ele se prostrará no limiar da porta, e sairá; mas a porta não se fechará até a tarde.

3 O [s]povo da terra se prostrará à entrada da mesma porta, nos sábados e nas luas novas, diante do Senhor.

4 O holocausto, que o príncipe [t]oferecer ao Senhor, será, no dia de [u]sábado, seis cordeiros sem defeito e um carneiro sem defeito.

5 A oferta de cereais será um efa pelo carneiro; pelo cordeiro, a oferta de cereais será o que puder dar, e de azeite um [v]him para cada efa.

6 Entretanto, no dia da lua nova será um novilho, sem defeito, e seis cordeiros e um carneiro; todos serão sem defeito.

7 Preparará por oferta de cereais um efa pelo novilho e um efa pelo carneiro, mas pelos cordeiros, conforme o que alcançar a sua mão; um him de azeite para cada efa.

8 Quando entrar o príncipe, entrará pelo caminho do pórtico da porta e sairá pelo mesmo caminho.

9 **Q**uando, porém, vier o povo da terra [w]perante a face do Senhor nas festas fixas, aquele que entrar pela [x]porta do norte, para adorar, sairá pela porta do sul; aquele que entrar pela porta do sul, sairá pela porta do norte. Não tornará pela porta por onde entrou, mas sairá pela que está em frente dele.

10 O príncipe entrará [y]no meio deles, quando eles entrarem, e, saindo eles, sairão juntos.

[d] Ez 44.3; 48.21
[e] Ez 48.1-7,23-29; comp. Js 11.23
[f] Ez 44.6
[g] Lv 19.36; Pv 16.11
[h] Veja pesos e medidas (AT): 2Cr 2.10, nota
[i] Veja sist. monetário (AT): Êx 30.13, nota; comp. 2Cr 2.10, nota
[j] Comp. Êx 30.14,15
[k] Ez 46.4-12
[l] Veja Lv 23.2, nota
[m] Lv 4.27
[n] Êx 12.11-24; Lv 23.5-8; Nm 9.2,3; 28.16,17; Dt 16.1
[o] Lv 4.14
[p] Lv 23.33-43; Nm 29.12-38
[q] Êx 20.9
[r] Ez 44.3
[s] Comp. Lc 1.10
[t] Ez 45.17
[u] Nm 28.9,10
[v] Veja pesos e medidas (AT): 2Cr 2.10, nota
[w] Êx 34.23; Dt 16.16,17; Sl 84.7
[x] Ez 48.31,33
[y] Comp. 2Sm 6.14,15; 1Cr 29.20

11 Nas solenidades e nas festas fixas será a oferta de cereais um efa pelo novilho, e um efa pelo carneiro, mas pelos cordeiros o que puder dar, e de azeite um him para cada efa.

12 Quando o príncipe preparar uma oferta voluntária, holocausto, ou ofertas pacíficas, como uma oferta voluntária ao Senhor, então lhe abrirão a porta que dá para o Oriente e oferecerá o seu holocausto e as suas ofertas pacíficas, como houver feito no dia de sábado, e sairá, e se fechará a porta depois de ele sair.

13 **P**repararás um cordeiro de um ano, sem defeito, em holocausto ao Senhor, cada dia; todas as [z]manhãs o prepararás.

14 Com ele prepararás uma oferta de cereais todas as manhãs, a sexta parte de um efa, e, de azeite, a terça parte de um him, para misturar com a flor de farinha, por oferta de cereais ao Senhor, em estatuto perpétuo e contínuo.

15 Assim prepararão o cordeiro e a oferta de cereais, e o azeite, todas as manhãs, em holocausto [a]contínuo.

16 **A**ssim diz o Senhor Deus: Quando o príncipe der um presente a alguns de seus filhos, será propriedade deles por [b]herança.

17 Contudo, dando ele um presente da sua herança a algum dos seus servos, será deste até o [c]ano da liberdade; então tornará para o príncipe, porque herança dele é. Sua herança pertence a seus filhos.

18 O [d]príncipe não tomará nada da herança do povo, não os [e]afastará da sua propriedade. Da sua própria propriedade deixará herança a seus filhos, para que o meu povo não seja [f]separado cada um da sua propriedade.

Lugar para cozer as ofertas

19 **D**epois disso me trouxe pela [g]entrada que estava ao lado da porta, às [h]salas santas dos sacerdotes, que davam para o norte, e me mostrou um lugar em ambos os lados, para a banda do ocidente.

20 Ele me disse: Este é o lugar onde os sacerdotes [i]cozinharão a oferta pela culpa e a oferta pelo pecado, e onde [j]cozinharão a oferta de cereais, para que não a tragam ao átrio exterior, e assim [k]santifiquem o povo.

21 **E**ntão me levou para fora, para o átrio exterior, e me fez passar pelos quatro cantos do átrio, e vi que em cada canto do átrio havia outro átrio.

22 Nos quatro cantos do átrio havia átrios fechados, menores, de quarenta côvados de comprimento e trinta de largura; estes quatro cantos tinham a mesma medida.

23 Ao redor do interior dos quatro átrios havia uma série de projeções de pedra, com lugares para cozinhar, construídos por baixo ao redor delas.

24 Ele me disse: Estas são as cozinhas, onde os ministros do templo cozinharão o sacrifício do povo.

O rio do santuário
(comp. Zc 14.8,9; Ap 22.1,2)

47 **D**epois, me fez voltar à entrada do templo, e eu vi umas [l]águas por debaixo do limiar do templo, para o Oriente, pois a frente do templo dava para o Oriente, e as águas vinham debaixo, do lado direito do templo, ao sul do altar.

2 Ele me levou pela porta do norte e me fez dar uma volta por fora, até a porta exterior, que dá para o [m]Oriente, e corriam as águas ao lado direito.

3 **S**aiu aquele [n]homem para o Oriente, tendo na mão um cordel de medir; mediu mil [o]côvados e me fez passar pelas águas, águas que me davam pelos tornozelos.

4 Mediu mais mil e me fez passar pelas águas, águas que me davam pelos joelhos; mediu mais mil e me fez passar por águas que me davam pelos lombos.

5 Mediu mais mil, mas agora era um rio, que eu não podia atravessar, porque as águas eram profundas, águas que se deviam passar a nado, rio pelo qual não se podia passar.

6 Ele me perguntou: Viste, filho do homem? Então me levou e me tornou a trazer à margem do rio.

7 Ao chegar lá, vi que na margem do rio havia grande abundância de [p]árvores, de um e de outro lado.

8 Ele me disse: Estas águas saem para a região oriental, e descem à [q]Arabá, onde entram no mar Morto, cujas águas se tornam saudáveis.

9 Enxames de criaturas viventes viverão onde quer que o rio passar. Haverá grande número de peixes, porque estas águas lá chegam e tornam saudável a água salgada; de modo que onde quer que o rio passar tudo viverá.

10 Os pescadores estarão junto dele; desde En-Gedi até En-Eglaim haverá lugar para estender as redes. O seu peixe, segundo a sua espécie, será como o peixe do mar [r]Grande, em multidão excessiva.

11 Contudo, os seus charcos e os seus pântanos não se tornarão saudáveis; serão deixados para sal.

12 Junto ao rio, à sua margem, de um e de outro lado, nascerá toda sorte de árvore, que dá fruto para se comer. Não cairá a sua folha, nem perecerá o seu fruto. Nos seus meses produzirá novos frutos, porque as suas águas saem do santuário. O seu fruto servirá de alimento e a sua [s]folha de [t]remédio.

[z] Comp. Nm 28.3-5
[a] Êx 29.42; Nm 28.6
[b] Comp. 2Cr 21.3
[c] Lv 25.10
[d] Ez 45.8; comp. Is 11.3,4
[e] Comp. 1Rs 21.19; Mq 2.1,2
[f] Comp. Ez 34.3-6
[g] Ez 42.9
[h] Ez 42.13
[i] 2Cr 35.13
[j] Lv 2.4,5,7
[k] Ez 44.19
[l] v. 1-12; Sl 46.4; Jl 3.18; Zc 13.1; 14.8; Ap 22.1
[m] Ez 44.1,2
[n] Ez 40.3
[o] Veja pesos e medidas (AT): 2Cr 2.10, nota
[p] v. 12; Is 60.13; Ap 22.2
[q] Veja Dt 1.1, nota
[r] Nm 34.6; Js 23.4; Ez 48.28
[s] Sl 1.3; Jr 17.8; comp. Jó 8.16
[t] Ap 22.2

VII. A divisão da terra durante o milênio, 47.13–48.35

Fronteiras da terra (comp. Gn 15.18-21)

13 **A**ssim diz o Senhor Deus: Este será o [u]limite conforme o qual tomareis a terra em herança, segundo as doze tribos de Israel. [v]José terá duas partes.

14 Vós a herdareis, tanto um como o outro. Porque sobre ela [w]levantei a minha mão, para dá-la a vossos pais, esta mesma terra vos cairá a vós outros em herança.

15 **E**ste será o limite da terra: da banda do norte, desde o mar Grande, [x]caminho de Hetlom até a entrada de Zedade,

16 [y]Hamate, [z]Berota, Sibraim, que está entre a fronteira de Damasco e a de Hamate; Hazer-Haticom, que está junto ao limite de Haurã.

17 A fronteira será desde o mar até [a]Hazar-Enom, o termo de Damasco, e na direção do norte está o limite de Hamate. Essa será a fronteira do norte.

18 A fronteira oriental, entre Haurã, e Damasco, e Gileade, e a terra de Israel, será o Jordão; desde o limite do norte até o mar do oriente medireis. Essa será a fronteira oriental.

19 A fronteira do sul será desde Tamar até as [b]águas de [c]Meribá-Cades, junto ao ribeiro do Egito, até o mar Grande. Essa será a fronteira do sul.

20 A fronteira ocidental será o mar Grande, desde o limite do sul até a entrada de Hamate. Essa será a fronteira ocidental.

21 [d]**R**epartireis esta terra entre vós, segundo as tribos de Israel.

22 [e]Repartireis como herança entre vós e os [f]estrangeiros que peregrinam no meio de vós, que geraram filhos no meio de vós. Eles vos [g]serão como naturais entre os filhos de Israel; convosco entrarão em herança, no meio das tribos de Israel.

23 Na tribo em que peregrinar o estrangeiro, ali lhe dareis a sua herança, diz o Senhor Deus.

Divisão da terra entre sete tribos (comp. Js 13.1–19.51)

48 São esses os nomes das tribos: desde o [1]extremo [h]norte, ao longo do caminho de Hetlom, até a entrada de Hamate, até Hazar-Enom, junto ao limite norte de Damasco, próxima de Hamate e desde o lado oriental até o ocidente, [i]Dã terá uma porção.

2 Junto ao limite de Dã, desde o lado oriental até o ocidental, [j]Aser, uma porção.

3 Junto ao limite de Aser, desde o lado oriental até o ocidental, [k]Naftali, uma porção.

4 Junto ao limite de Naftali, desde o lado oriental até o ocidental, [l]Manassés, uma porção.

5 Junto ao limite de Manassés, desde o lado oriental até o ocidental, [m]Efraim, uma porção.

6 Junto ao limite de Efraim, desde o lado oriental até o ocidental, [n]Rúben, uma porção.

7 Junto ao limite de Rúben, desde o lado oriental até o ocidental, [o]Judá, uma porção.

Porção da terra para o santuário

8 Junto ao limite de Judá, desde o lado oriental até o ocidental, será a [2][p]oferta que haveis de fazer, de vinte e cinco mil côvados de largura, e de comprimento como uma das porções, desde o lado oriental até o ocidental. O [q]santuário estará no meio dela.

9 A oferta que haveis de fazer ao Senhor será do comprimento de vinte e cinco mil varas, e da largura de dez mil.

Porção da terra para os sacerdotes e levitas

10 A oferta santa será dos sacerdotes; para o norte vinte e cinco mil côvados de comprimento, e para o ocidente dez mil de largura, e para o oriente dez mil de largura, e para o sul vinte e cinco mil de comprimento. O santuário do Senhor estará no meio dela.

11 Será para [r]os sacerdotes santificados dentre os filhos de Zadoque, que guardaram a minha ordenança, que não se desviaram quando os filhos de Israel se extraviaram, [s]como se extraviaram os outros levitas.

12 Será uma oferta especial dentro da santa oferta da terra, coisa [t]santíssima, junto ao território dos levitas.

13 **O**s [uu]levitas terão, consoante o termo dos sacerdotes, vinte e cinco mil côvados de comprimento, e de largura dez mil; todo o comprimento será vinte e cinco mil, e a largura dez mil.

14 [vv]Não venderão nada disto, nem trocarão, nem transferirão a outrem o [ww]melhor da terra, porque é santo ao Senhor.

15 **N**o entanto, os cinco mil que ficaram da largura diante dos vinte e cinco mil [xx]serão para o uso da cidade, para habitação e para [yy]arrabaldes; a cidade estará no meio.

16 Serão estas as suas medidas: o lado do norte de quatro mil e quinhentos côvados, o lado do sul de quatro mil e quinhentos, o lado do oriente de quatro mil e quinhentos e o lado do ocidente de quatro mil e quinhentos.

[u] Nm 34.1-29
[v] Comp. Gn 48.5; 1Cr 5.1
[w] Gn 12.7; 13.15; 15.7; 17.8; 26.3; 28.13; Ez 20.5,6,28,42
[x] Ez 48.1
[y] Nm 34.8
[z] 2Sm 8.8
[a] Nm 34.9
[b] Nm 20.13; Dt 32.51; Sl 81.7
[c] Ez 48.28
[d] Ez 45.1
[e] Nm 26.55,56
[f] Is 14.1; 56.6,7; comp. Ef 3.6; Ap 7.9,10
[g] Comp. Rm 10.12; Gl 3.28; Cl 3.11
[h] Ez 47.15
[i] Js 19.40-48
[j] Js 19.24-31
[k] Js 19.32-39
[l] Js 13.29-31; 17.1-11,17,18
[m] Js 16.5-10; 17.8-10,14-18
[n] Js 13.15-23
[o] Js 15.1-63
[p] Ez 45.1-6
[q] v. 10,21; Ez 45.3,4; comp. Is 12.6
[r] Ez 40.46; 44.15
[s] Ez 44.10
[t] Ez 45.4
[uu] Ez 45.5
[vv] Comp. Lv 25.32-34; 27.10,28,33
[ww] Ez 44.30
[xx] Ez 42.20
[yy] Ez 45.2

[1] (48.1) A porção da terra para cada uma das doze tribos são tiras paralelas a leste do mar Mediterrâneo, começando com Dã, no norte, e terminando com Gade, no sul.

[2] (48.8) A palavra "oferta" (heb. *terûwâh*) indica uma entrega feita unicamente ao Senhor.

17 Os arredores da cidade serão para o nor-
te de duzentos e cinquenta côvados, e para o
sul de duzentos e cinquenta, e para o oriente de
duzentos e cinquenta, e para o ocidente de du-
zentos e cinquenta.
18 Quanto ao que ficou do resto do comprimen-
to, paralelo à santa oferta, será dez mil para o
oriente, e dez mil para o ocidente; corresponderá
à santa oferta, e o seu produto será para susten-
to daqueles que servem a cidade.
19 Os que servem a cidade a cultivarão dentre
todas as tribos de Israel.
20 A oferta inteira será de vinte e cinco mil cô-
vados com mais vinte e cinco mil; em quadrado
oferecereis a santa oferta, com a propriedade
da cidade.

Porção do príncipe

21 [z]**O** que restar será para o príncipe; deste e do
outro lado da santa oferta, e da propriedade da
cidade, diante dos vinte e cinco mil côvados
da oferta, na direção da fronteira oriental e oci-
dental, diante dos vinte e cinco mil, na direção da
fronteira ocidental, correspondente às porções,
será a parte do príncipe. A oferta santa e o [a]san-
tuário do templo estarão no meio.
22 Desde a propriedade dos levitas, e desde a
propriedade da cidade, no meio do que pertencer
ao príncipe, entre o limite de Judá e o de [b]Benja-
mim, será isso para o príncipe.

Porção da terra para as outras cinco tribos

23 **Quanto** ao resto das tribos, desde o lado
oriental até o ocidental, Benjamim, uma porção.
24 Junto ao limite de Benjamim, desde o lado
oriental até o ocidental, [c]Simeão, uma porção.
25 Junto ao limite de Simeão, desde o lado
oriental até o ocidental, [d]Issacar, uma porção.
26 Junto ao limite de Issacar, desde o lado
oriental até o ocidental, [e]Zebulom, uma porção.
27 Junto ao limite de Zebulom, desde o lado
oriental até o ocidental, [f]Gade, uma porção.
28 Junto ao limite de Gade, ao sul, do lado do sul, a
fronteira será desde Tamar até as [g]águas de Meribá-
-Cades, até o Ribeiro do Egito, e até o mar [h]Grande.
29 Esta é a terra que [i]sorteareis em herança às
tribos de Israel, e são estas as suas porções, diz
o Senhor Deus.

A cidade e suas portas

30 **São** estas as saídas da cidade: da banda do nor-
te quatro mil e quinhentos côvados por medida,
31 e as [j]portas da cidade serão conforme os no-
mes das tribos de Israel. As três portas para o
norte serão: a de Rúben uma, a de Judá outra, e
a de Levi outra.
32 Ao oriente quatro mil e quinhentos côvados,
e três portas, a saber: a porta de José uma, a de
Benjamim outra, a de Dã outra.
33 Do lado do sul quatro mil e quinhentos cô-
vados, e três portas: a porta de Simeão uma, a
de Issacar outra, e a de Zebulom outra.
34 Do lado do ocidente quatro mil e quinhen-
tos côvados, e as suas três portas: a porta de
Gade uma, a de Aser outra, e a de Naftali outra.
35 A distância será dezoito mil côvados em re-
dor. E o nome da cidade desde aquele dia será:
[1][k]O Senhor está ali.

[z] Ez 45.7
[a] v. 8,10
[b] Js 18.21-28
[c] Js 19.1-9
[d] Js 19.17-23
[e] Js 19.10-16
[f] Js 13.24-28
[g] Ez 47.19
[h] Ez 47.10
[i] Ez 47.14,21,22
[j] v. 31-34; Ap 21.10-14
[k] Veja Êx 34.6, nota; Jl 3.21; Zc 2.10; Ap 21.3; 22.3

[1] (48.35) Ezequiel começa e termina com Deus. Entre a grande visão de Deus no cap. 1 e estas palavras finais: "O Senhor está ali" (*Jeová-Samá*) encontra-se o profuso relato do fracasso e do pecado do homem, julgado por Deus. Mas o juízo de Deus é para a glória divina, e o livro termina com aquilo que faz do céu o que ele é: a presença do Senhor.

- **Autor:** Daniel
- **Tema:** Ascensão e queda dos reinos
- Escrito no século VI a.C.

DANIEL

O autor deste livro, Daniel, cujo nome significa *Deus é meu juiz*, era um jovem quando foi levado à Babilônia durante a primeira deportação de Judá nos tempos de Nabucodonosor. Ele logo se distinguiu em sabedoria naquela terra famosa por seus sábios e, finalmente, tornou-se o principal dos três oficiais mais importantes do Império Medo-Persa (5.29, veja nota; 6.1-3).

Daniel, como Ezequiel, encontrava-se entre os cativos na Babilônia. Pertencia à linhagem ou descendência dos príncipes de Israel (1.3). Por causa de sua posição e aparência, foi treinado para servir no palácio (1.4). No ambiente corrompido de uma corte oriental, ele viveu uma vida de grande proveito e piedade singular. Teve uma vida longa, que se estendeu desde o governo de Nabucodonosor até Ciro. Foi contemporâneo de Jeremias, Ezequiel, Josué, o sumo sacerdote da restauração, Esdras e Zorobabel.

O livro de Daniel é introdução indispensável às profecias do NT. Os temas tratados por essas profecias, como a apostasia da Igreja, a manifestação do homem do pecado, a grande tribulação, a volta do Senhor, a ressurreição e o julgamento, são também, com exceção do primeiro, temas do livro de Daniel.

Daniel é distintivamente o profeta dos "tempos dos gentios" (Lc 21.24, refs.). Suas visões percorrem todo o curso do governo mundial dos gentios até o seu catastrófico fim e o estabelecimento do reino messiânico.

Há muitas alusões a esse livro e citações dele no NT (comp. especialmente as referências de nosso Senhor a Daniel em Mt 24.15; Mc 13.14), e ele é a chave para o Apocalipse.

O livro pode ser dividido da seguinte maneira: I. Daniel: sua juventude na corte babilônica, 1. II. A visão da imagem de Nabucodonosor, 2. III. O livramento dos três jovens hebreus na fornalha ardente, 3. IV. A visão e a humilhação de Nabucodonosor, 4. V. As experiências de Daniel sob os reinados de Belsazar e Dario, 5–6. VI. A visão de Daniel e os quatro animais, 7. VII. A profecia da derrota dos persas pelos gregos e a profanação do templo, 8. VIII. A oração de Daniel e a profecia das setenta semanas, 9. IX. A visão final de Daniel, 10–12.

I. Daniel: sua juventude na corte babilônica, 1

Daniel no palácio de Nabucodonosor

1 No [1]terceiro [a]ano do reinado de [b]Jeoiaquim, rei
de Judá, veio Nabucodonosor, rei de Babilônia,
a Jerusalém e a sitiou.
2 O Senhor entregou nas suas mãos a Jeoiaquim, rei de Judá, e uma [c]parte dos utensílios do templo de Deus, e ele os levou para a terra de Sinear, para o templo do seu deus, e pôs os utensílios na casa do tesouro do seu deus.
3 Então disse o rei a Aspenaz, chefe dos seus eunucos, que trouxesse alguns dos filhos de Israel, da linhagem [d]real e dos nobres,
4 jovens em quem não houvesse defeito algum, formosos de aparência e instruídos em toda a sabedoria, sábios em ciência, versados no conhecimento e que tivessem habilidade para viver no palácio do rei a fim de que fossem ensinados nas letras e na língua dos caldeus.
5 O rei lhes determinou a ração de cada dia, da porção do manjar do rei e do vinho que ele bebia. Os jovens deveriam ser criados assim por três anos, para que no fim deles pudessem estar a serviço do rei.
6 Entre eles se achavam, dos filhos de Judá, Daniel, Hananias, Misael e Azarias.
7 O chefe dos eunucos lhes deu outros nomes, a saber: a Daniel deu o nome de [e]Beltessazar; a Hananias, o de Sadraque; a Misael, o de Mesaque; e a Azarias, o de Abede-Nego.

O propósito de Daniel

8 Daniel, porém, propôs no coração não se [f]contaminar com a porção do manjar do rei, nem com o [g]vinho que ele bebia; portanto pediu ao chefe dos eunucos que lhe concedesse não se contaminar.
9 Ora, [h]Deus deu a Daniel graça e misericórdia diante do chefe dos eunucos,
10 mas o chefe dos eunucos disse a Daniel: Tenho medo do meu senhor, o rei, que determinou a vossa comida e a vossa bebida. Por que veria ele os vossos rostos mais tristes do que os dos jovens que são vossos iguais? Assim poríeis em perigo a minha cabeça para com o rei.
11 Então disse Daniel ao guarda a quem o chefe dos eunucos havia constituído sobre Daniel, Hananias, Misael e Azarias:
12 Experimenta, peço-te, os teus servos dez dias, fazendo que se nos deem legumes a comer e água a beber.
13 Então se veja diante de ti o nosso parecer e o parecer dos jovens que comem a porção do

[a] Jr 1.15
[b] 2Rs 24.1,2; 2Cr 36.5-7; Jr 25.1; 52.12-30. Daniel foi deportado uns oito anos antes que Ezequiel
[c] Jr 27.19,20; Dn 5.1-3
[d] 2Rs 20.18; Is 39.7
[e] Dn 2.26; 4.8,9,18,19; 5.12. Significado idêntico ao de Belsazar
[f] Comp. Lv 11.1-47
[g] Comp. 1Co 10.21; veja Nm 6.2, nota
[h] Gn 39.21; Sl 106.46; Pv 16.7; At 7.10; 27.3

---

[1] (1.1) Este foi o terceiro ano de Jeoiaquim segundo a contagem babilônica (o quarto de acordo com a contagem hebraica, Jr 25.1). Os babilônios chamavam o primeiro ano de "o ano da ascensão". Daniel fez parte da primeira das três deportações (veja Jr 25.11, *nota*). Isso ocorreu em aprox. 605 a.C.

manjar do rei, e, conforme vires, procedas para com os teus servos.

14 Ele concordou com isso e os experimentou dez dias.

15 Ao fim dos dez dias, apareceram os seus semblantes [i]melhores; eles estavam mais robustos do que todos os jovens que comiam a porção do manjar do rei.

16 Desta sorte, o guarda tirou a porção do manjar deles e o vinho que deviam beber, e lhes dava legumes.

17 **O**ra, a estes quatro jovens Deus [j]deu o [k]conhecimento e a inteligência em toda cultura e sabedoria. E Daniel tornou-se [l]entendido em todas as visões e em todos os sonhos.

18 Ao fim dos dias, depois dos quais o rei tinha dito que os trouxessem, o chefe dos eunucos os apresentou diante de Nabucodonosor.

19 O rei falou com eles, e entre todos eles não foram achados outros tais como Daniel, Hananias, Misael e Azarias; por isso, permaneceram [m]diante do rei.

20 Em toda matéria de sabedoria e de inteligência, sobre que o rei lhes fez perguntas, achou-os dez vezes mais sábios do que todos os magos e encantadores que havia em todo o seu reino.

21 E Daniel [n]permaneceu ali até o primeiro ano do rei Ciro.

II. A visão da imagem de Nabucodonosor, 2

O sonho esquecido

2 No segundo [o]ano do reinado de Nabucodonosor, teve este uns sonhos; seu espírito se perturbou, e ele perdeu o seu sono.

2 Então o rei [p]mandou chamar os magos, os encantadores, os [q]feiticeiros e os astrólogos, para que declarassem ao rei qual tinha sido o seu sonho. Quando vieram e se apresentaram diante do rei,

3 este lhes disse: Tive um sonho que perturba o meu espírito e quero saber o que significa.

4 Então os astrólogos disseram ao rei em [1]siríaco: Ó rei, vive eternamente! Dize o sonho a teus servos, e daremos a interpretação.

5 Respondeu o rei aos astrólogos: É esta a minha decisão: Se não me fizerdes saber o sonho e a sua interpretação, sereis despedaçados, e as vossas casas serão feitas um monturo.

6 Se, porém, vós me declarardes o sonho e a sua interpretação, recebereis de mim dádivas, recompensas e grande honra; portanto declarai-me o sonho e a sua interpretação.

[i] Comp. Êx 23.25
[j] v. 20; 1Rs 3.12,28; 2Cr 1.10-12; Lc 21.15; Tg 1.5-7
[k] Comp. At 7.22
[l] 2Cr 26.5; comp. Ez 28.3,4
[m] Gn 41.46; Pv 22.29
[n] Daniel viu o regresso do remanescente de Judá ao final dos setenta anos, Jr 25.11,12; 29.10. Sua vida se estendeu até depois do primeiro ano de Ciro, Dn 10.1
[o] Veja Dn 1.1, nota
[p] Gn 41.8; Is 47.12,13
[q] Supostamente os homens mais sábios dos tempos antigos; comp. v. 13, sábios
[r] Dn 5.11; comp. 1Co 8.5,6
[s] Dn 1.19,20
[t] v. 24
[u] Comp. Et 4.15-17; Is 37.4; Jr 33.3; Mt 18.19; At 12.5
[v] Dn 9.9
[w] Pv 3.32; Am 3.7
[x] v. 23; 1Cr 29.11,12; Jó 12.13; Sl 147.5; Jr 32.19; Mt 6.13; Rm 11.33; comp. Dn 1.17

7 Responderam segunda vez e disseram: Diga o rei o sonho a seus servos, e daremos a sua interpretação.

8 Então o rei respondeu: Percebo muito bem que vós quereis ganhar tempo, porque vedes que a minha palavra é irrevogável.

9 Se não me fazeis saber o sonho, uma só sentença será a vossa. Vós preparastes palavras mentirosas e perversas para as proferirdes na minha presença, esperando que se mude a situação. Portanto, dizei-me o sonho, para que eu entenda que me podeis dar a sua interpretação.

10 Responderam os astrólogos na presença do rei: Não há ninguém sobre a terra que possa declarar a palavra ao rei, pois nenhum rei há, senhor ou dominador, que requeira coisa semelhante de algum mago, encantador ou astrólogo.

11 Porquanto a coisa que o rei requer é difícil, e ninguém há que a possa declarar diante do rei, senão os [r]deuses, cuja morada não é com os homens.

12 **E**ntão o rei muito se irou e enfureceu, e ordenou que matassem todos os sábios de Babilônia.

13 Saiu o decreto, segundo o qual deviam ser mortos os sábios, e buscaram [s]Daniel e os seus companheiros para que fossem mortos.

Daniel pede tempo; ora pedindo sabedoria

14 Então Daniel falou avisada e prudentemente a Arioque, [t]capitão da guarda do rei, que tinha saído para matar os sábios de Babilônia.

15 Ele perguntou a Arioque, o oficial do rei: Por que se apressa tanto o mandado da parte do rei? Então Arioque explicou o caso a Daniel.

16 Ao que Daniel se apresentou ao rei e pediu que lhe desse tempo, para que pudesse dar a interpretação.

17 **E**ntão Daniel foi para sua casa e fez saber o caso a Hananias, Misael e Azarias, seus companheiros,

18 para que [u]pedissem [v]misericórdia ao Deus do céu, sobre este mistério, a fim de que Daniel e seus companheiros não perecessem, com o resto dos sábios de Babilônia.

O mistério revelado a Daniel

19 Então foi revelado o [w]mistério a Daniel numa visão de noite, pelo que Daniel louvou o Deus do céu.

20 Disse Daniel:

Seja bendito o nome de Deus
para todo o sempre,
[x]porque dele é a sabedoria e a força;

[1] (2.4) De 2.4 a 7.28, o livro está escrito em aramaico, o idioma falado na corte de Nabucodonosor e, mais tarde, usado como língua oficial de toda a região ocidental do Império Persa.

21 é ele quem [y]muda os [z]tempos e as horas,
[a]remove reis e estabelece reis;
ele dá sabedoria aos sábios
e conhecimento aos entendidos.
22 Ele [b]revela o profundo e o escondido;
conhece o que está em [c]trevas,
e com ele mora a [d]luz.
23 Ó Deus de meus pais,
eu te louvo e celebro
porque me deste sabedoria e força;
agora me fizeste saber o que te [e]pedimos,
porque nos fizeste saber
este assunto do rei.
24 **P**or isso, Daniel foi ter com [f]Arioque, ao
qual o rei tinha constituído para matar os sábios
de Babilônia; entrou e lhe disse: Não mates os
sábios de Babilônia; [g]leva-me à presença do rei,
e lhe darei a interpretação.
25 Então Arioque depressa introduziu Daniel
na presença do rei e lhe disse: Achei um dentre
os filhos dos cativos de Judá, o qual fará saber ao
rei a interpretação.
26 Respondeu o rei a Daniel, cujo nome era
Beltessazar: Podes tu fazer-me saber o sonho
que tive e a sua interpretação?
27 Respondeu Daniel na presença do rei: O
mistério que o rei requer, nem sábios, nem
encantadores, nem magos, nem adivinhos o
podem descobrir ao rei,
28 mas há um [h]Deus nos céus, o qual revela
mistérios; ele fez saber ao rei Nabucodonosor o
que há de ser no [i]fim dos dias. O teu sonho e as
visões da tua cabeça na tua cama são estas:
29 Estando tu, ó rei, na tua cama, foram os teus
pensamentos ao que há de acontecer no futuro.
Aquele que revela mistérios te fez saber o [j]que
vai acontecer.
30 Quanto a mim, me foi revelado este mistério,
não porque eu tenha mais sabedoria do que
todos os viventes, mas para que a interpretação
se fizesse saber ao rei, e para que entendesses os
pensamentos do teu coração.

O sonho: a grande estátua

31 **T**u, ó rei, estavas olhando e viste uma grande
[1]estátua. Esta estátua, que era grande e cujo
esplendor era excelente, estava em pé diante de
ti, e a sua aparência era terrível.
32 A cabeça da estátua era de ouro fino, o seu
peito e os seus braços de prata, o seu ventre e as
suas coxas de bronze,
33 as suas pernas de ferro, os seus pés em parte
de ferro e em parte de barro.
34 Estavas vendo isso, quando uma [k]pedra se
soltou, sem auxílio de mãos, a qual feriu a estátua
nos pés de ferro e de barro e os esmigalhou.
35 [l]Então foi juntamente esmigalhado o ferro,
o barro, o bronze, a prata e o ouro, os quais se
fizeram como a [m]palha das eiras no verão, e o
vento os levou, e não se achou lugar algum para
eles. Mas a pedra que feriu a estátua se [n]fez um
grande [2]monte e encheu toda a terra.

A interpretação: Primeiro império mundial. A Babilônia sob o governo de Nabucodonosor (comp. 7.4)

36 **E**ste é o sonho; também a interpretação dele
diremos na presença do rei.
37 Tu, ó rei, és rei de reis, a quem o Deus do céu
deu o reino, o poder, a força e a majestade,

[y] Comp. Dn 7.25
[z] Sl 31.15
[a] Jó 12.18; Sl 75.6,7; Dn 4.35
[b] v. 28,47; Jó 15.8; Sl 25.14; Pv 3.32; comp. Dn 4.9; Mt 6.6
[c] Sl 139.12; Is 45.7; Jr 23.24
[d] 1Tm 6.16
[e] Sl 21.2
[f] v. 14
[g] Comp. At 27.24
[h] Gn 40.8; 41.16
[i] Veja Gn 49.1 e At 2.17, notas
[j] Tempos dos gentios: v. 27-45; Dn 4.17 (Dt 28.49; Ap 16.19)
[k] Cristo (Pedra): v. 34,35,44-46; Zc 4.7 (Gn 49.24; 1Pe 2.8)
[l] Dn 7.23-27; Ap 16.14; veja Ap 19.17, nota
[m] Sl 1.4; Mt 3.12
[n] Reino (AT): v. 34-45; Dn 7.14 (Gn 1.26; Zc 12.8)

[1] (2.31) A visão descreve profeticamente a sequência dos impérios mundiais e sua destruição por Cristo, que chamou esse período de "os tempos dos gentios" (Lc 21.24; veja Ap 16.19, *nota*). Os quatro metais de que a imagem é feita são símbolos de quatro impérios (v. 38-40), que não necessariamente têm a posse da terra habitada, mas contam com a autorização divina para isso (v. 38). Os impérios foram com Babilônia, Média e Pérsia, Grécia (com Alexandre, o Grande) e Roma. O último império é visto dividido, primeiro em dois (as pernas), cumprido no Império Romano Oriental e no Império Romano Ocidental, e, então, dividido em dez (os dedos dos pés) (veja Dn 7.26, *nota*). Como um todo, a imagem representa a grandeza e o esplendor exteriores do poder mundial gentio.

A Pedra Destruidora (2.34,35) faz em pedaços o sistema mundial gentio (em sua forma final) com um golpe repentino e irremediável, não pelos processos graduais de conversão e assimilação; e nesse momento, não antes, a Pedra se torna um grande monte que enche "toda a terra" (comp. Dn 7.26,27). Tal destruição do sistema monárquico gentio não ocorreu na primeira vinda de Cristo. Pelo contrário, ele foi sentenciado à morte por um funcionário do quarto império, que, naquela ocasião, estava no auge de seu poder. Depois da morte de Cristo, a parte ocidental do Império Romano caiu em 476 d.C., e a parte oriental em 1453, mas nenhum outro império mundial substituiu Roma porque apenas quatro impérios precederão a volta e o reinado de Cristo. A interposição da Dispensação da Igreja entre a primeira e a segunda vindas de Cristo, tal como revelado no NT, não faz parte desta visão. A ferida mortal sofrida pelo quarto império não será curada com a restauração do império até que a Dispensação da Igreja se tenha completado com o arrebatamento da Igreja (Ap 13.3). Assim, o poder mundial gentio ainda continua, e o golpe esmagador ainda está em suspenso. O detalhe do final dos tempos encontra-se em Dn 7 e Ap 13–19. É importante observar que 1) o poder mundial gentio acabará com um juízo catastrófico repentino (veja Armagedom, Ap 16.13-16; 19.17, *nota*) e 2) será imediatamente seguido pelo reino dos céus. O Deus dos céus não estabelecerá seu reino antes da destruição do sistema mundial gentio. É digno de nota que o senhorio mundial gentio começa e termina com uma grande imagem (Dn 2.31; Ap 13.14,15).

Essa Pedra não deve ser identificada com a Igreja, como alguns sustentam, pois nunca é dito que a tarefa da Igreja é destruir as nações da terra.

[2] (2.35) Um grande monte é um dos símbolos bíblicos de um reino. Veja Is 2.2, *nota*.

38 em [1]cujas mãos ele entregou os filhos dos homens, onde quer que habitem, os animais do campo e as aves do céu, e fez que dominasses sobre todos eles; tu és a cabeça de ouro.

Segundo império mundial: Média e Pérsia (comp. 7.5; 8.20). Terceiro império: Grécia (comp. 7.6; 8.21)

39 Depois de ti se levantará outro reino, inferior ao teu, e um terceiro reino, de bronze, o qual terá domínio sobre toda a terra.

Quarto império mundial: Roma (comp. 7.7; 9.26)

40 O [o]quarto reino será forte como o ferro; pois, como o ferro esmigalha e quebra tudo, como o ferro quebra todas as coisas, ele esmigalhará e quebrará.

41 Quanto ao que viste dos pés e dos dedos, em parte de barro de oleiro, e em parte de ferro, isso será um reino dividido; [2]contudo haverá nele alguma coisa da firmeza do ferro, pois que viste o ferro misturado com barro de oleiro.

42 Como os dedos dos pés eram em parte de ferro e em parte de barro, assim por uma parte [p]o reino será forte, e por outra será frágil.

43 Quanto ao que viste do ferro misturado com barro de oleiro, serão misturados pelo casamento, mas não se ligarão um ao outro, assim como o ferro não se mistura com o barro.

O reino de Cristo será estabelecido na terra (veja Mt 3.2, nota)

44 [3]Nos dias destes reis, porém, o Deus do céu levantará um reino que não será jamais destruído. Este [q]reino não passará a outro povo, mas [r]esmigalhará e consumirá todos estes reinos, e será estabelecido para sempre.

45 Como viste que do monte foi cortada uma [s]pedra, sem auxílio de mãos, e ela esmigalhou o ferro, o bronze, o barro, a prata e o ouro, o grande Deus fez saber ao rei o que há de ser depois disso. Certo é o sonho, e fiel a sua interpretação.

Daniel é engrandecido

46 [t]Então o rei Nabucodonosor se inclinou e se prostou com o rosto em terra perante Daniel, e ordenou que lhe fizessem oferta de cereais e perfumes suaves.

47 Respondeu o rei a Daniel: Certamente o [u]vosso Deus é Deus dos [v]deuses, e o Senhor dos reis, e o [w]revelador de mistérios, pois pudeste revelar este mistério.

48 [x]Então o rei [y]engrandeceu Daniel, lhe deu muitas e grandes dádivas e o pôs por governador de toda a província de Babilônia, como também por principal governador de todos os sábios de Babilônia.

49 A pedido de [4]Daniel, o rei nomeou [z]Sadraque, Mesaque e Abede-Nego superintendentes sobre os negócios da província de Babilônia, mas Daniel permaneceu na corte real.

III. O livramento dos três jovens hebreus na fornalha ardente, 3

O orgulho de Nabucodonosor: a estátua de ouro

3 O rei Nabucodonosor fez uma [a]estátua de ouro, cuja altura era de sessenta [b]côvados, e a largura de seis côvados; levantou-a no campo de Dura, na província de Babilônia.

2 Então o rei Nabucodonosor mandou ajuntar os sátrapas, os prefeitos, os governadores, os juízes, os tesoureiros, os magistrados, os conselheiros e todos os oficiais das províncias, para que viessem à consagração da estátua que o rei Nabucodonosor tinha levantado.

3 De modo que se ajuntaram os sátrapas, os prefeitos, os governadores, os juízes, os tesoureiros, os magistrados, os conselheiros e todos os oficiais das províncias, para a consagração da estátua que o rei Nabucodonosor tinha levantado, e estavam em pé diante da imagem que Nabucodonosor tinha levantado.

4 Então o arauto apregoava em alta voz: Ordena-se a vós, ó povos, nações e gente de todas as línguas:

[o] Dn 7.7,23
[p] Dn 7.24
[q] Is 9.6,7; Dn 7.14,27; Lc 1.32,33
[r] Sl 2.9; Is 60.12
[s] v. 34
[t] Comp. v. 27-30; At 10.25
[u] Dn 3.28,29; 4.34-37
[v] Dt 10.17; comp. 1Co 8.5,6
[w] v. 22,28
[x] Pv 14.35; 21.1
[y] Dn 5.11; comp. Gn 41.39-43
[z] Dn 1.7
[a] Comp. Ap 13.14,15
[b] Veja pesos e medidas (AT): 2Cr 2.10, nota

[1] (2.38) Isso indica domínio universal. Jamais se cumpriu completamente, mas houve a autoridade divina para isso. Veja v. 31, *nota*.

[2] (2.41) Da cabeça de ouro (v. 38) ao ferro do quarto reino (Roma), o que o metal vai perdendo em excelência ganha em força e resistência (v. 40). Então, essas qualidades do quarto reino, poderio e resistência, se deterioram: 1) Deterioração por divisão: o reino se divide em dois, as pernas (os impérios ocidental e oriental), e, quando a Pedra fere a imagem, as pernas, por sua vez, se dividem em reinos, o número dos quais será dez (dedos dos pés, v. 42; comp. 7.23,24). 2) Deterioração por mistura: o ferro misturado com o barro de oleiro (cozido).

[3] (2.44) Esta passagem determina, em relação a outros eventos profetizados, o tempo em que será estabelecido o reino milenar. Será "nos dias destes reis", i.e., nos dias dos dez reis (comp. 7.24-27) simbolizados pelos dedos dos pés da imagem. Os dez reis não existiam no momento da vinda do Messias, nem foi possível a federação até a dissolução do Império Romano e o surgimento do atual sistema nacionalista mundial. Veja Reino (AT) (Gn 1.26; Zc 12.8, *nota*); Reino (NT) (Lc 1.31-33; Ap 20.4); tb. *notas* em Mt 3.2; 6.33; 1Co 5.24. Nos v. 44,45, se repete o método pelo qual será estabelecido o reino milenar apresentado nos v. 34,35, i.e., a Pedra Destruidora esmagará a imagem que representa os poderes mundiais hostis a Deus. (Veja v. 31, *nota*; comp. Sl 2.5 com 2.6; Zc 14.1-8 com 14.9.)

[4] (2.49) Contraste em Gn 19.1, Ló, o homem que faz concessões, com Daniel, o homem de propósitos firmes. Assentar-se à porta do rei significava estar em posição de autoridade.

5 Quando ouvirdes o som da trombeta, do pífaro, da harpa, da [c]cítara, do [d]saltério, da gaita de foles e de toda sorte de música, vos prostrareis e [e]adorareis a imagem de ouro que o rei Nabucodonosor levantou.

6 Qualquer que não se prostrar e não a [1]adorar será na mesma hora lançado na fornalha de fogo ardente.

7 Portanto, no mesmo instante em que todos os povos ouviram o som da trombeta, do pífaro, da harpa, da cítara, do saltério e de toda sorte de música, prostraram-se todos os povos, nações e línguas e adoraram a estátua de ouro que o rei Nabucodonosor tinha levantado.

Os três companheiros de Daniel se recusam a adorar a imagem

8 **O**ra, no mesmo instante, chegaram-se alguns [f]homens astrólogos e [g]acusaram os judeus.

9 Disseram ao rei Nabucodonosor: Ó rei, vive eternamente!

10 Tu, ó rei, fizeste um decreto, pelo qual todo homem que ouvisse o som da trombeta, do pífaro, da harpa, da cítara, do saltério, da gaita de foles e de toda sorte de música se prostraria e adoraria a estátua de ouro,

11 e qualquer que não se prostrasse e adorasse seria lançado na fornalha de fogo ardente.

12 Há uns homens judeus, [h]que tu constituíste sobre os negócios da província de Babilônia: Sadraque, Mesaque e Abede-Nego; estes homens, ó rei, [i]não fizeram caso de ti. A teus deuses não servem, nem adoram a estátua de ouro que levantaste.

13 **E**ntão Nabucodonosor, com [j]ira e furor, mandou chamar Sadraque, Mesaque e Abede-Nego. De sorte que estes homens foram levados à presença do rei.

14 Disse-lhes Nabucodonosor: É de propósito, ó Sadraque, Mesaque e Abede-Nego, que vós não servis a meus [k]deuses nem adorais a estátua de ouro que levantei?

15 Agora, quando ouvirdes o som da trombeta, do pífaro, da cítara, da harpa, do saltério, da gaita de foles e de toda sorte de música, estejais prontos para vos prostrardes e adorardes a estátua que fiz; pois isso será melhor para vós. Mas, se não a adorardes, sereis lançados, na mesma hora, na fornalha de fogo ardente. E [l]quem é o Deus que vos poderá livrar das minhas mãos?

16 Responderam Sadraque, Mesaque e Abede-Nego ao rei Nabucodonosor: Não necessitamos de te responder sobre este negócio.

17 Se formos lançados na fornalha de fogo ardente, o nosso [m]Deus, a quem nós servimos, pode [n]livrar-nos dela, [2]e ele nos livrará da tua mão, ó rei.

18 [o]Se não, fica sabendo, ó rei, que não serviremos a teus deuses nem [p]adoraremos a estátua de ouro que levantaste.

Os companheiros de Daniel são protegidos na tribulação

19 **E**ntão Nabucodonosor se encheu de furor, e se mudou o aspecto do seu rosto contra Sadraque, Mesaque e Abede-Nego. Ordenou que a fornalha se aquecesse sete vezes mais que de costume

20 e ordenou aos homens mais fortes, que estavam no seu exército, que amarrassem Sadraque, Mesaque e Abede-Nego, para os lançarem na fornalha de fogo ardente.

21 Então esses homens foram amarrados com os seus mantos, suas túnicas, seus turbantes e suas vestes e foram lançados na fornalha de fogo ardente.

22 Porque a palavra do rei era urgente e a fornalha estava sobremaneira quente, a chama do fogo matou os homens que levaram Sadraque, Mesaque e Abede-Nego.

23 Estes três homens, Sadraque, Mesaque e Abede-Nego, caíram amarrados dentro da fornalha de fogo ardente.

24 **E**ntão o rei Nabucodonosor [q]espantou-se e levantou-se depressa e disse aos seus conselheiros: Não lançamos nós três homens atados dentro do fogo? Responderam ao rei: É verdade, ó rei.

25 Disse ele: Eu, porém, vejo quatro homens soltos, que andam [r]passeando dentro do fogo, sem [s]nenhum dano, e o [t]aspecto do quarto é semelhante ao [u]filho dos deuses.

Nabucodonosor reconhece que o livramento veio de Deus

26 Então se [v]chegou Nabucodonosor à porta da fornalha de fogo ardente e disse: Sadraque, Mesaque e Abede-Nego, servos do Deus [w]Altíssimo, saí e vinde! Então Sadraque, Mesaque e Abede-Nego [x]saíram do meio do fogo.

[c] Instrumento de cordas, v. 7,10,15
[d] Instrumento de sopro, como uma gaita, v. 10,15
[e] v. 7,10,15; comp. Dn 9.27; Mt 24.15; 2Ts 2.4
[f] v. 8-12; comp. v. 29
[g] Ed 4.6,12; Et 3.8,9
[h] Dn 2.49
[i] Dn 1.8; 6.12,13
[j] Dn 2.12
[k] Comp. Jr 50.2
[l] Êx 5.2; comp. Is 36.18-20
[m] Jr 1.8; 15.20,21; 42.11; Dn 6.19-22; comp. Sl 27.1; Is 26.3; 51.12,13; Jr 30.7-9
[n] 1Sm 17.37; Jr 1.8; 15.20,21; 42.11; Dn 6.16,19-22
[o] Jó 13.15; comp. At 4.19
[p] Êx 20.3-5; Lv 19.4
[q] Dn 4.19
[r] Comp. Sl 91.3-9
[s] Is 43.2
[t] Comp. Fp 2.6-8
[u] Comp. 1Co 8.5,6
[v] Milagres (AT): v. 19-27; Dn 6.22 (Gn 5.24; Jn 1.17)
[w] Dn 4.2,3,17,34,35
[x] Comp. Dt 4.20; 1Rs 8.51; Jr 11.4

[1] (3.6) Eis um caso de religião oficial imposta, que inclui a adoração de uma imagem feita pelo homem. Esse fenômeno, que se dá no começo dos tempos dos gentios e continua, de tempos em tempos, ao longo da história (p. ex., o culto ao imperador romano, os santuários do xintoísmo japonês e a veneração soviética a Lenin), reaparecerão no final desta dispensação, quando, não apenas o dragão, mas também a besta e a imagem da besta serão adorados por coerção (Ap 13.4-15; 14.9-11; 19.20; 20.4; comp. 2Ts 2.4). Ao final desta era, haverá uma crescente ênfase à adoração, mas satanicamente orientada.

[2] (3.17) Estes três judeus eram fiéis a Deus, embora estivessem longe de sua terra. São uma adequada ilustração do remanescente judeu nos últimos dias (Is 1.9; Rm 11.5), que será fiel na fornalha da grande tribulação (Sl 2.5; Ap 7.14).

27 Ajuntaram-se os sátrapas, os prefeitos, os governadores e os conselheiros do rei, contemplando estes homens, e viram que o [y]fogo não tinha tido poder algum sobre os seus corpos; nem um só cabelo da sua cabeça se tinha queimado, nem os seus mantos se mudaram, nem havia cheiro de fogo neles.

28 **E**ntão Nabucodonosor disse: Bendito seja o Deus de Sadraque, Mesaque e Abede-Nego, que enviou o seu [z]anjo e livrou os seus servos, que confiaram nele, pois não quiseram cumprir a palavra do rei, preferindo entregar os seus corpos a servirem e adorarem a qualquer outro deus, senão ao seu Deus.

Decreto de Nabucodonosor e a promoção dos três jovens hebreus

29 Por mim, pois, é feito um [a]decreto, pelo qual todo povo, nação e língua que disser blasfêmia contra o [b]Deus de Sadraque, Mesaque e Abede-Nego seja despedaçado e as suas casas sejam feitas um monturo, pois não há outro Deus que possa livrar como este.

30 Então o rei fez prosperar Sadraque, Mesaque e Abede-Nego, na província de Babilônia.

IV. A visão e a humilhação de Nabucodonosor, 4

A proclamação do rei a todas as nações

4 O rei Nabucodonosor, [c]a todos os povos, nações e homens que moram em toda a terra: Paz vos seja multiplicada.

2 Pareceu-me bem fazer conhecidos os sinais e maravilhas que Deus, o Altíssimo, fez para comigo.

3 Quão grandes são os seus sinais,
e quão poderosas as suas maravilhas!
O seu reino é um reino [d]sempiterno,
e o seu domínio de
geração em geração.

Nabucodonosor e a visão da grande árvore

4 **E**u, Nabucodonosor, estava sossegado em minha casa e próspero no meu palácio.

5 Tive um sonho que me espantou. Estando eu na minha cama, os pensamentos e as visões da minha cabeça me perturbaram.

6 Por isso, fiz um decreto, pelo qual fossem levados à minha presença todos os sábios de Babilônia, para que me fizessem saber a interpretação do sonho.

7 Então entraram os magos, os encantadores, os astrólogos e os feiticeiros, e eu contei o sonho diante deles, mas não me fizeram saber a sua interpretação.

8 Por fim, entrou na minha presença Daniel, cujo nome é Beltessazar, segundo o nome do meu deus, e no qual há o espírito dos [e]deuses santos; eu lhe contei o sonho, dizendo:

9 Beltessazar, chefe dos magos, eu sei que há em ti o espírito dos deuses santos e que nenhum mistério te é difícil; dize-me as visões do sonho que tive e a sua interpretação.

10 Eram assim as visões da minha cabeça, na minha cama: Eu estava olhando e vi uma [f]árvore no meio da terra, cuja altura era grande.

11 Crescia a árvore e se fazia forte, de maneira que a sua altura chegava até o céu, e era visível até os confins da terra.

12 A sua folhagem era formosa, e o seu fruto abundante, e havia nela sustento para todos; debaixo dela os [g]animais do campo achavam sombra, as aves do céu faziam morada nos seus ramos, e todos os seres viventes se alimentavam dela.

13 Estava vendo isso nas visões da minha cabeça, na minha cama, e eis que um [h]vigia, um [i]santo, descia do céu,

14 clamando fortemente e dizendo: [j]Derrubai a árvore, cortai-lhe os ramos, sacudi as suas folhas, espalhai o seu fruto; afugentem-se os animais de debaixo dela e as aves dos seus ramos.

15 O tronco com as suas raízes, porém, deixai na terra, atado com cadeias de ferro e de bronze, na erva do campo; seja molhado do orvalho do céu, e a sua porção seja com os animais na erva da terra.

16 Seja mudado o seu coração, para que não seja mais coração de homem, e seja-lhe dado coração de animal, e passem sobre ele [k]sete tempos.

17 Esta sentença é por decreto dos vigias, e esta ordem por mandado dos santos, a fim de [l]que conheçam os viventes [m]que o Altíssimo tem [1]domínio sobre o [n]reino dos homens, e o dá a quem quer, e até ao mais [o]baixo dos homens [p]constitui sobre eles.

18 Isso eu, rei Nabucodonosor, vi em sonho; tu, agora, Beltessazar, dize a interpretação. Todos os sábios do meu reino não puderam fazer-me saber a interpretação. Mas tu podes, pois há em ti o espírito dos [q]deuses santos.

Daniel interpreta o sonho

19 **E**ntão Daniel, cujo nome era Beltessazar, esteve atônito por algum tempo, e os seus pensamentos o [r]perturbavam. Pelo que disse o rei a

[y] Hb 11.34
[z] Sl 34.7,8; Is 37.36; Dn 6.22; At 5.19; 12.7; veja Hb 1.4, nota
[a] Dn 6.26
[b] Dn 2.46,47; 4.34-37; comp. Dt 4.35,39; Is 44.8; 45.5; 46.9; 1Co 8.5,6
[c] Dn 2.37,38; 3.29
[d] 2Sm 7.16; Sl 89.35-37; Dn 7.13,14; Lc 1.31-33
[e] Dn 5.11,14; comp. 1Co 8.5,6
[f] v. 22, símbolo de um grande rei; Ez 31.1-14
[g] Jr 27.6
[h] v. 17-23
[i] Santificação (AT): v. 13; Jl 1.14 (Gn 2.3; Zc 8.3)
[j] Comp. Mt 3.10; 7.19; Lc 13.6-9
[k] O número de algo completo
[l] Sl 9.16; 83.18
[m] v. 25,32; Dn 2.21; 5.21
[n] Tempos dos gentios: v. 17,25,32; Dn 7.2 (Dt 28.49; Ap 16.19)
[o] Jr 27.5-7; Ez 29.18-20; Dn 2.37; 5.18
[p] 1Sm 2.8; Dn 11.21
[q] v. 8,9; Dn 5.11,14; comp. 1Co 8.5,6
[r] Dn 7.15,28; 8.27

[1] (4.17) Esse governo divino refere-se ao reino universal de Deus que: 1) inclui todas as coisas, 2) sempre existiu sem interrupção, 3) nunca falha em seus propósitos e 4) geralmente é administrado providencialmente (veja v. 25,32,34,35; comp. Sl 103.19; 148.8). Esse reino deve ser distinguido do reino de Cristo (onde ele é o Rei-Mediador), embora o último proceda do outro (comp. Dn 7.9-14) e finalmente se fundirá com ele (1Co 15.24).

Beltessazar: Não te espante o sonho, nem a sua interpretação. Respondeu Beltessazar: Senhor meu, o [s]sonho seja contra os que te têm ódio, e a sua interpretação para os teus inimigos.

20 A árvore que viste, que cresceu e se fez forte, cuja altura chegava ao céu, e que foi vista por toda a terra,

21 cujas folhas eram formosas, e cujo fruto, abundante, e em que havia mantimento para todos, debaixo da qual moravam os animais do campo, e em cujos ramos habitavam as aves do céu,

22 és [t]tu, ó rei, que cresceste e te fizeste forte. A tua grandeza cresceu e chegou ao céu, e o teu domínio até a extremidade da terra.

23 Quanto ao que viu o rei, um vigia, um santo, que descia do céu e que dizia: Cortai a árvore e destruí-a, mas o tronco com as suas raízes deixai na terra, atado com cadeias de ferro e de bronze, na erva do campo; seja molhado do orvalho do céu, e a sua porção seja com os animais do campo, até que passem sobre ele sete tempos,

24 esta é a interpretação, ó rei, e este é o decreto do Altíssimo, que virá sobre o rei, meu Senhor:

25 Serás tirado de entre os homens, e a tua morada será com os animais do campo, e te farão comer erva como os bois, e serás molhado do orvalho do céu. Passarão sete tempos por cima de ti, [1]até que conheças que o Altíssimo tem domínio sobre o reino dos homens, e o dá a quem [u]quer.

26 Quanto ao que foi dito, que deixassem o tronco com as raízes da árvore, o teu reino voltará para ti, depois que tiveres conhecido que o céu reina.

27 Portanto, ó rei, aceita o meu conselho e [v]desfaze os teus pecados, pela justiça, e as tuas iniquidades, usando de misericórdia para com os pobres; talvez se [w]prolongue a tua tranquilidade.

O cumprimento do sonho; a restauração do rei

28 **T**odas estas coisas sobrevieram ao rei Nabucodonosor.

29 Ao cabo de [x]doze meses, passeando o rei sobre o palácio real de Babilônia,

30 disse: Não é esta a [y]grande Babilônia que [z]eu edifiquei para a casa real, com a força do meu poder e para glória da minha majestade?

31 [a]Ainda estava a palavra na boca do rei, quando desceu uma voz do céu: A ti se diz, ó [b]rei Nabucodonosor: Passou de ti o reino.

32 Serás tirado dentre os homens, e a tua morada será com os animais do campo; e te farão comer erva como os bois. Passarão sete tempos sobre ti, até que conheças que o Altíssimo tem domínio sobre o reino dos homens, e o dá a quem quer.

33 Na mesma hora, cumpriu-se a palavra sobre Nabucodonosor, e ele foi tirado dentre os homens, e comia erva como os bois, e o seu corpo foi molhado do orvalho do céu, até que lhe cresceu o cabelo como as penas da águia e as suas unhas como as das aves.

34 **A**o fim daqueles dias, porém, eu, Nabucodonosor, levantei os olhos ao céu, e tornou-me a vir o meu entendimento, e eu [2]bendisse o Altíssimo, e louvei, e glorifiquei ao que vive para sempre,

cujo domínio é um domínio [c]sempiterno,
e cujo reino é de geração em geração.
35 Todos os moradores
da terra são reputados em [d]nada;
[e]segundo a sua vontade
ele opera no exército do céu
e nos moradores da terra.
Não há quem lhe possa [f]deter a mão
ou lhe [g]dizer: Que fazes?

36 No mesmo tempo voltou-me a vir o meu entendimento e, para a dignidade do meu reino, tornou-me a vir a minha majestade e o meu resplendor; buscaram-me os meus conselheiros e os meus grandes, e fui [h]restabelecido no meu reino, e a minha glória foi aumentada.

37 Agora, pois, eu, Nabucodonosor, [i]louvo, exalto e glorifico ao Rei do céu, porque todas as suas obras são [j]verdade, e os seus caminhos justos, e pode [k]humilhar aos que andam na soberba.

V. As experiências de Daniel sob os reinados de Belsazar e Dario, 5–6

Belsazar profana os utensílios do templo

5 **O** rei Belsazar deu um grande banquete a mil dos seus grandes e bebeu vinho na presença dos mil.

2 Havendo Belsazar provado o vinho, mandou trazer os utensílios de ouro e de prata, que Nabucodonosor, seu [3]pai, tinha tirado do templo que estava em Jerusalém, para que bebessem

[s] Comp. 2Sm 18.32
[t] Dn 2.37,38
[u] Comp. Pv 21.1
[v] Pv 28.13; Is 55.7; Ez 18.21,22; Rm 2.9-11
[w] 1Rs 21.29; comp. Jn 3.4-10
[x] Comp. 2Pe 3.9
[y] Is 13.19
[z] Comp. v. 37; Ez 29.3
[a] Comp. Dn 5.5; At 12.20-23; 1Ts 5.3
[b] v. 31-37; comp. Lc 12.16-20
[c] Sl 10.16; Dn 2.44; 7.14; Mq 4.7; Lc 1.33
[d] Is 40.17
[e] Sl 135.6
[f] Is 43.13
[g] Is 45.9; Jr 18.6; Rm 9.20; 1Co 2.16
[h] 2Cr 20.20; Pv 22.4
[i] Dn 2.46,47; 3.28,29
[j] Sl 33.4
[k] Êx 18.11; Dn 5.20

[1] (4.25) Essa disciplina foi eficaz. Comp. v. 30 com o v. 37.

[2] (4.34) Há certa progressão na maneira como Nabucodonosor vem a conhecer o Deus verdadeiro: 1) "Deus é Deus dos deuses [um entre os deuses nacionais ou tribais, mas maior do que eles], e o Senhor dos reis, e o revelador de mistérios" (2.47). 2) Ele continua sendo uma Divindade hebreia, mas é Senhor dos anjos e um Deus que responde quando há fé (3.28). 3) Aqui (v. 34,35), o rei chega a um verdadeiro entendimento de Deus. Comp. Dario, 6.25-27.

[3] (5.2) Aqui (e nos v. 11,13), a palavra "pai" foi usada, como é empregada frequentemente nas Escrituras, ou seja, para indicar um antepassado; p. ex., Davi é chamado de pai de Jesus (Lc 1.31,32). Provavelmente Nabucodonosor fosse o avô materno de Belsazar.

neles o rei, os seus grandes, as suas mulheres
e concubinas.
3 Então trouxeram os [l]objetos de ouro, que
foram tirados do templo de Deus, que estava em
Jerusalém, e beberam neles o rei, os seus gran-
des, as suas mulheres e concubinas.
4 Beberam o vinho e deram louvores aos deu-
ses de ouro, de prata, de bronze, de ferro, de
madeira e de pedra.

A escritura na parede

5 [m]**N**a mesma hora, apareceram uns dedos de
mão de homem e escreviam, em frente do casti-
çal, no reboco da parede do palácio real; o rei via
a parte da mão que estava escrevendo.
6 Então se mudou o semblante do rei, e os seus
pensamentos o [n]perturbaram; as juntas dos seus
[o]lombos se relaxaram, e os seus joelhos bateram
um no outro.
7 Ordenou o rei em alta voz que lhe trouxessem
os encantadores, os [p]astrólogos e os feiticeiros, e
disse o rei aos sábios de Babilônia: Qualquer que
ler esta escritura e me declarar a sua interpre-
tação será vestido de púrpura, trará uma cadeia
de ouro ao pescoço e será, no reino, o terceiro
dominador.
8 Então entraram todos os sábios do rei, mas
não puderam ler a escritura nem fazer saber ao
rei a sua interpretação.
9 Com isso, o rei Belsazar perturbou-se muito,
e mudou-se nele o seu [q]semblante. Os seus gran-
des estavam sobressaltados.

Daniel interpreta a escritura

10 **A** rainha, por causa das palavras do rei e
dos seus grandes, entrou na casa do banquete
e disse: Ó rei, vive para sempre! Não te tur-
bem os teus pensamentos nem se mude o teu
semblante.
11 Há no teu reino um homem que tem o espí-
rito dos [r]deuses santos. Nos dias de teu pai,
achou-se nele luz, inteligência e sabedoria
como a sabedoria dos deuses. Teu [s]pai, o rei
Nabucodonosor, sim, teu pai, ó rei, o constituiu
chefe dos magos, dos feiticeiros, dos astrólogos
e dos adivinhadores.
12 Porquanto se achou neste Daniel, a quem o
rei pôs o nome de Beltessazar, um espírito exce-
lente, conhecimento, inteligência, interpretação
de sonhos, explicação de enigmas e solução de
dúvidas. Chame-se agora Daniel, e ele dará a
interpretação.
13 **E**ntão Daniel foi levado à presença do rei.
Disse o rei a Daniel: És tu aquele Daniel, dos cati-
vos de Judá, que o rei, meu [t]pai, trouxe de Judá?
14 Ouvi dizer a teu respeito que o espírito dos
[u]deuses está em ti e que a luz, o entendimento e
a excelente sabedoria se acham em ti.
15 Acabam de ser trazidos à minha presença os
sábios e os feiticeiros, para lerem esta escritura
e me fazerem saber a sua interpretação, mas não
puderam dar a interpretação destas palavras.
16 Eu, porém, tenho ouvido dizer de ti que
podes dar interpretações e solucionar proble-
mas difíceis. Agora, se puderes ler esta escritura
e fazer-me saber a sua interpretação, serás ves-
tido de púrpura, terás cadeia de ouro ao pescoço
e no reino serás o [1]terceiro dominador.
17 Então respondeu Daniel na presença do rei:
As tuas [v]dádivas fiquem contigo, e dá os teus pre-
sentes a outro. Todavia lerei ao rei a escritura e
lhe farei saber a interpretação.
18 Ó rei, o Altíssimo Deus [w]deu a [2]Nabucodonosor,
teu pai, o reino, a grandeza, a glória e a majestade.
19 Por causa da grandeza que lhe deu, povos,
nações e línguas tremiam e temiam diante dele.
A quem queria matar, [x]matava; a quem queria
deixar com vida, deixava com vida; a quem que-
ria engrandecer, engrandecia; e a quem queria
abater, abatia.
20 Quando, porém, o seu coração se exaltou,
e o seu espírito se [y]endureceu em soberba, foi
derrubado do seu trono real, e passou dele a
sua glória.

[l] 2Cr 36.10
[m] Comp. Dn 4.31; Lc 12.19,20; 1Ts 5.2,3
[n] Comp. Is 21.1-4
[o] A força de suas pernas cedeu. Comp. Na 2.10
[p] Is 47.13
[q] v. 6
[r] v. 14; Dn 4.8,9,18; comp. 1Co 8.5,6
[s] Veja v. 2, nota
[t] Veja v. 2, nota
[u] v. 11; Dn 4.8,9,18; comp. 1Co 8.5,6
[v] Comp. Gn 14.22,23; 2Rs 5.16
[w] Jr 27.5-7; Dn 2.37,38; 4.17
[x] Dn 2.12,13; 3.6
[y] Dn 4.30; comp. 4.37

[1] (5.16) Belsazar foi corregente com seu pai (veja v. 18, *nota*), de modo que Daniel era o próximo em autoridade.

[2] (5.18) A ordem bíblica dos monarcas no tempo de Daniel foi a seguinte:

1) Nabucodonosor, com quem começaram o cativeiro de Judá e "os tempos dos gentios" (veja Lc 21.24; Ap 16.19, *notas*) e quem estabeleceu o primeiro dos quatro impérios mundiais (2.37,38; 7.4).

2) Belsazar, o Bel-Sar-usur das inscrições arqueológicas, o filho mais velho de Nabonido e corregente com o pai.

3) Dario, o medo (5.31; 6.1-27; 9.1). A história secular aguarda mais descobertas em relação a este Dario. Supõe-se que ele tenha sido *Gobryas* (Gubaru), um oficial medo a quem Ciro nomeou governador da Babilônia depois da conquista (veja Ed 4.3, *nota*). Esse Dario era "filho de Assuero, da nação dos medos, o qual foi constituído rei sobre o reino dos caldeus" (9.1). "Assuero", mais um título do que um nome, o equivalente ao moderno *majestade*, é um título persa, não medo (Ed 4.3-6 e 4.3, *nota*; Et 1.1; Dn 9.1). Que Dario, o medo, tenha sido "filho" (ou neto) de um Assuero é nada mais do que uma prova de que ele era, provavelmente por meio de sua mãe, um descendente real não apenas da Média, mas também da Pérsia.

4) Ciro, cuja ascensão ao poder fez que o império mundial medo-persa surgisse em plenitude (2.39; 7.5). Em 8.1-4, o poder medo aparece como o menor dos dois chifres do carneiro; o poder persa de Ciro, como o chifre maior que apareceu em último lugar. Durante o governo de Ciro, cujo nome foi mencionado mais de um século antes do seu nascimento (Is 44.28–45.4), começou o retorno do remanescente judaico à terra (Ed 1.1-4). Veja Dn 11.2, *notas*.

21 Foi [z]tirado dentre os filhos dos homens, e o
seu coração foi feito semelhante ao dos animais;
a sua morada foi com os jumentos selvagens, e
fizeram-no comer erva como os bois; e pelo
orvalho do céu foi molhado o seu corpo, até que
conheceu que Deus, o Altíssimo, tem [a]domínio
sobre os reinos dos homens, e a quem quer constitui sobre eles.
22 Tu, porém, seu filho Belsazar, não humilhaste
o teu coração, ainda que soubeste de tudo isso.
23 Em vez disso, levantaste-te contra o Senhor
do céu, pois foram [b]trazidos os [c]utensílios da
casa dele perante ti, e tu, os teus grandes, as tuas
mulheres e as tuas concubinas, bebestes vinho
neles. Além disso, deste louvores aos deuses de
prata, de ouro, de bronze, de ferro, de madeira
e de pedra, que não veem, não ouvem, nem
sabem. Mas a [d]Deus, em cuja mão está a tua vida,
e todos os teus [e]caminhos, a ele não glorificaste.
24 Então dele foi enviada aquela parte da mão,
e escreveu-se esta escritura.
25 Esta é a escritura que se escreveu: [1]MENE,
MENE, TEQUEL, e PARSIM.
26 Esta é a interpretação daquilo:

MENE: Contou Deus o teu
reino e deu cabo dele.

27 TEQUEL: Pesado foste na
balança e foste achado em falta.

28 PERES: Dividido foi o teu
reino e [f]dado aos medos e aos persas.

29 Então mandou Belsazar que vestissem a Daniel de púrpura e que lhe pusessem uma cadeia
de ouro ao pescoço e proclamassem a respeito dele que havia de ser o [2]terceiro dominador
do reino.
30 Naquela mesma noite, foi [g]morto Belsazar,
rei dos caldeus,
31 e Dario, o medo, [3]ocupou o [h]reino, com a
idade de sessenta e dois anos.

Daniel nos tempos de Dario

6 Pareceu bem a Dario constituir [i]sobre o
reino a cento e vinte sátrapas, que estivessem sobre todo o reino,
2 e sobre eles três presidentes, dos quais
Daniel era um, aos quais estes sátrapas dessem
conta, para que o rei não sofresse dano.
3 Então o mesmo Daniel [j]se distinguiu destes
presidentes e sátrapas, porque nele havia um
espírito excelente, e o rei pensava [k]constituí-lo
sobre todo o reino.

Presidentes e sátrapas conspiram contra Daniel

4 Os presidentes e os sátrapas procuravam
achar [l]ocasião contra Daniel a respeito do reino,
mas não podiam achar ocasião ou culpa alguma,
porque ele era fiel, e não se achava nele nenhum
vício nem culpa.
5 Então estes homens disseram: Nunca acharemos ocasião alguma contra este Daniel, se não a
[m]procurarmos contra ele na lei do seu Deus.
6 Estes presidentes e sátrapas foram juntos ao
rei e disseram-lhe: Ó rei Dario, vive para sempre!
7 Todos os presidentes do reino, os prefeitos
e sátrapas, conselheiros e governadores, [n]concordaram em que o rei devia baixar um decreto
e fazer firme o interdito, que qualquer que, por
espaço de trinta dias, fizer uma petição a qualquer [o]deus, ou a qualquer homem, e não a ti, ó
rei, seja [p]lançado na cova dos leões.
8 Agora, ó rei, estabelece o decreto e assina
a escritura, para que não seja mudada, [q]conforme a lei dos medos e dos persas, que não se
pode revogar.
9 Por esta causa, o rei Dario assinou a escritura
e o decreto.

Persistência de Daniel na oração

10 Ora, quando Daniel [r]soube que a escritura
estava assinada, entrou em sua casa, no seu
quarto em cima, onde estavam abertas as janelas
para o [s]lado de Jerusalém, e, [t]três vezes ao dia, se
punha de joelhos, [u]orava e dava graças, diante do
seu Deus, como também antes costumava fazer.
11 Aqueles homens foram juntos e encontraram
Daniel orando e suplicando diante do seu Deus.
12 Se apresentaram ao rei e disseram: No
tocante ao mandamento real, não assinaste o
decreto, pelo qual todo homem que fizesse uma
petição a qualquer deus, ou a qualquer homem,
por espaço de trinta dias, e não a ti, ó rei, seria
lançado na cova dos leões? Respondeu o rei: Esta
palavra é certa, conforme a lei dos medos e dos
persas, que não se pode revogar.
13 E responderam diante do rei: Daniel, que é
dos [v]transportados de Judá, não tem [w]feito caso
de ti, ó rei, nem do decreto que assinaste, antes
três vezes por dia faz a sua oração.

[z] Dn 4.30-33
[a] Êx 9.14-16; Ez 17.24; Dn 2.21; 4.25,32,34,35
[b] Comp. Nm 14.41; Jó 9.4; Is 37.23; Jr 50.29
[c] v. 2-4; Êx 40.9; Nm 18.3; Is 52.11; Hb 9.21
[d] At 17.24-26; Rm 1.21; 3.23
[e] Pv 20.24; Jr 10.23
[f] v. 31; Dn 9.1; comp. Is 13.17; 21.2; Jr 5.11-28
[g] Comp. Jr 51.1-5
[h] Dn 2.39
[i] Comp. Et 1.1
[j] Dn 1.17; 2.48; 5.11
[k] Comp. Gn 42.6; Et 10.3
[l] Comp. Dn 3.8; Mt 27.18
[m] Comp. At 24.13-21; 1Pe 4.12-16
[n] Sl 59.3; 62.4; 64.2-6
[o] Comp. 1Co 8.5,6
[p] Comp. Ap 13.15
[q] v. 12,15; Et 1.19
[r] Comp. At 20.22-24
[s] 1Rs 8.29,30,46-48; Sl 5.7; Jn 2.4
[t] Comp. Sl 55.17
[u] Fp 4.6; 1Ts 5.17,18
[v] Dn 5.13
[w] Dn 3.12; comp. Et 3.8; At 5.29

[1] (5.25) Cada uma das três palavras aramaicas tem duplo sentido. "MENE" (de *mena*, *numerar*) é repetida para que haja ênfase. Deus tinha numerado os dias do reino babilônico. "TEQUEL" (de *tekal*, *pesar*) indica que o reino fora avaliado por Deus no aspecto moral e achado em falta. "PERES" (de *peres*, *dividir*; *persas* vem de *paras*) é uma predição de que o reino seria dividido e dado aos persas. "PARSIM" é o plural de PERES.

[2] (5.29) Daniel foi feito o terceiro homem do reino (veja v. 7,16) porque Nabonido, o último rei da Babilônia, elevou o seu filho Belsazar à corregência do reino na Babilônia, enquanto ele mesmo residia em Tema, na Arábia.

[3] (5.31) Dario foi provavelmente feito rei durante o governo de Ciro, o "rei dos reis" persa (comp. 9.1).

14 Ouvindo então o rei o negócio, ficou muito
[x]penalizado, e a favor de Daniel propôs no
coração livrá-lo, e até o pôr do sol [y]trabalhou
por salvá-lo.
15 Então aqueles homens foram juntos ao
rei e lhe disseram: Sabe, ó rei, que é uma lei
dos medos e dos persas que nenhum edito ou
decreto, que o rei estabeleça, se pode mudar.

Daniel na cova dos leões

16 O rei ordenou que trouxessem Daniel e
o lançassem na cova dos leões. Disse o rei a
Daniel: O teu Deus, a quem tu continuamente
serves, ele te [z]livrará.
17 Foi trazida uma pedra e posta sobre a boca
da cova, e o rei a selou com o seu anel e com o
anel dos seus grandes, para que não se mudasse
a situação de Daniel.
18 O rei, então, se dirigiu ao seu palácio, passou a
noite em jejum e não deixou trazer à sua presença
instrumentos de música. E fugiu dele o sono.
19 **P**ela manhã, à primeira luz da aurora, levantou-
-se o [a]rei e foi com pressa à cova dos leões.
20 Chegando-se à cova, chamou por Daniel
com voz de angústia: Daniel, servo do Deus vivo,
será que o teu Deus, a quem tu continuamente
serves, tenha [b]podido livrar-te dos leões?
21 Daniel respondeu ao rei: Ó rei, vive para
sempre!
22 O meu Deus [c]enviou o seu [d]anjo e [e]fechou a
boca dos leões, para que não me fizessem dano,
porque foi achada em mim inocência diante dele.
Também contra ti, ó rei, não cometi delito algum.
23 O rei, então, muito se alegrou e mandou
tirar Daniel da cova. Quando Daniel foi tirado da
cova, nenhum dano se achou nele, porque crera
no seu Deus.
24 Ordenou o rei, e foram [f]trazidos aqueles
homens que tinham acusado Daniel, e foram
lançados na cova dos leões, eles, seus filhos e
suas mulheres. E ainda não tinham chegado ao
fundo da cova, e já os leões se apoderaram deles
e lhes esmigalharam todos os ossos.

O decreto de Dario

25 **E**ntão o rei Dario escreveu [g]a todos os povos,
nações e gente de diferentes línguas, que moram
em toda a terra: A paz vos seja multiplicada.

[x] Comp. Mc 6.26
[y] Comp. Sl 49.7
[z] Sl 34.7,19; 37.39,40; 50.15; Mt 27.43; Cl 1.13; 1Ts 1.10; 2Pe 2.9
[a] Dn 3.24
[b] Gn 18.14; Jr 32.17; Lc 1.37; comp. Jo 11.38-44
[c] Milagres (AT): v. 16-23; Jn 1.17 (Gn 5.24; Jn 1.17); At 12.11
[d] Dn 3.28; veja Hb 1.4, nota
[e] Comp. Hb 11.33
[f] Comp. Et 7.1-10; 9.5-16; Dn 3.22
[g] Dn 4.1
[h] Comp. Dn 2.47; 3.28,29; 4.3,34,35
[i] Dn 2.28
[j] Comp. Ap 1.19
[k] Tempos dos gentios: v. 2-27; Jl 3.12 (Dt 28.49; Ap 16.19)
[l] Comp. v. 17
[m] Comp. Jr 4.7 com Jr 25.9
[n] Comp. Ez 17.3 com Ez 17.12
[o] Dn 4.16,34
[p] Comp. Dn 8.22

26 Da minha parte é feito um decreto, pelo qual
em todo o domínio do meu reino os homens tre-
mam e temam perante o Deus de Daniel,
[h]porque ele é o Deus vivo
e permanece para sempre,
o seu reino não se pode destruir,
e o seu domínio jamais terá fim.
27 Ele livra e salva;
opera sinais e maravilhas no céu e na terra.
Ele livrou Daniel do poder dos leões.
28 **F**oi assim que Daniel prosperou no reinado
de Dario e no reinado de Ciro, o persa.

VI. A visão de Daniel e os quatro animais, 7

O sonho (comp. 2.31-43)

7 **N**o [i]primeiro ano de Belsazar, rei de Babilônia,
teve Daniel, na sua cama, um sonho e visões
vieram à sua cabeça. Então [j]escreveu logo o
sonho e relatou a suma das coisas.
2 Disse Daniel: Na minha visão da noite eu
olhei e vi que os quatro ventos do céu agitavam
o [1][k]mar Grande.
3 [l]Quatro [2]animais grandes, diferentes uns dos
outros, subiam do mar.

Primeiro império mundial: Babilônia (comp. 2.37,38)

4 O primeiro era como [m]leão e tinha asas de
[n]águia. Eu olhei até que lhe foram arrancadas
as asas, e foi levantado da terra e posto em pé
como um homem; e foi-lhe dado um coração de
[o]homem.

Segundo império mundial: Média e Pérsia (comp. 2.39; 8.20)

5 Continuei olhando, e vi o segundo ani-
mal, semelhante a um urso, o qual se levantou
de um lado, tendo na boca [3]três costelas entre
os dentes, e foi-lhe dito: Levanta-te, [4]devora
muita carne.

Terceiro império mundial: Grécia (comp. 2.39; 8.21,22; 10.20; 11.2-4)

6 Depois disso, continuei olhando, e vi outro
animal, semelhante a um [5]leopardo, e tinha [p]qua-
tro asas de ave nas costas. Este animal tinha
quatro cabeças, e foi-lhe dado domínio.

---

[1] (7.2) "Mar", na simbologia das Escrituras, representa as massas humanas não organizadas (Is 60.5; Mt 13.47; Lc 21.25; Ap 13.1).

[2] (7.3) A visão de Nabucodonosor sobre os distintos impérios (cap. 2) compreende a mesma ordem de cumprimento que a visão dos animais que Daniel teve, mas com a seguinte diferença: Nabucodonosor viu o importante poder exterior e o esplendor dos "tempos dos gentios" (Lc 21.24; comp. Ap 16.19, *nota*), enquanto Daniel viu o verdadeiro caráter do governo mundial gentio como voraz e belicoso, estabelecido e mantido pela força. É notável que as insígnias heráldicas das nações gentias são todas de animais ou aves de rapina.

[3] (7.5) Esta é uma possível referência ao domínio tríplice do segundo império, Média, Pérsia e Babilônia.

[4] (7.5) A Lídia, a Babilônia, o Egito etc.

[5] (7.6) Uma alusão à rapidez das conquistas de Alexandre.

Quarto império mundial: Roma (comp. v. 23,24; 2.40-43; 9.26)

7 Depois disso, continuei olhando nas visões da noite, e vi o quarto animal, terrível, espantoso e muito forte, o qual tinha dentes grandes de ferro; ele devorava e fazia em pedaços, e pisava com os pés o que sobrava. Era diferente de todos os animais que apareceram antes dele e tinha dez [q]chifres.

Roma: forma final do quarto império mundial; os dez reis e o chifre pequeno (v. 24-27; veja v. 14, nota)

8 **E**stando eu observando os chifres, vi que entre eles subiu outro [1]chifre [r]pequeno; e três dos primeiros chifres foram arrancados diante dele. Neste chifre havia olhos, como os olhos de homem, e uma boca que falava com arrogância.

A vinda do Filho do homem (v. 9-14; comp. Mt 24.27-30; 25.31-34; Ap 19.11-21)

9 **E**u continuei olhando,
até que foram postos uns tronos,
e um [2]Ancião de Dias se assentou.
A sua veste era [s]branca como a neve,
e o cabelo da sua cabeça
como [t]lã puríssima.
O seu trono era de chamas de fogo,
com rodas de [u]fogo ardente.
10 Um rio de fogo manava e saía de diante dele.
Milhares de milhares o serviam,
e [v]milhões de milhões
estavam diante dele.
Assentou-se o tribunal,
e abriram-se os livros.

[q] Veja Dt 33.17, nota
[r] A besta: v. 8,11,20-26; Dn 8.25 (Dn 7.8; Ap 19.20)
[s] Comp. Mc 9.3
[t] Comp. Ap 1.14
[u] Comp. Ez 10.2,6
[v] Ap 5.11
[w] Ap 19.20; 20.10
[x] Comp. Ap 5.6-10
[y] Mt 26.64
[z] Reino (AT): v. 9,13,14; Os 3.4 (Gn 1.26; Zc 12.8); Is 16.5
[a] Cristo (segunda vinda): v. 13,14; Os 3.5 (Dt 30.3; At 1.11, nota)
[b] Veja v. 18, nota

11 Então estive olhando, por causa da voz das grandes palavras que provinha do chifre. Estive olhando até que o animal foi morto, e o seu corpo desfeito e entregue para ser queimado pelo [w]fogo.

12 Quanto aos outros animais, foi-lhes tirado o domínio, mas foi-lhes dada prolongação de vida até certo espaço de tempo.

A cena no céu antes da vinda do Filho do homem (comp. Ap 5.1-14)

13 Eu estava [x]olhando nas minhas visões da noite, e vi que vinha nas [y]nuvens do céu um como o filho do homem. Ele se dirigiu ao Ancião de Dias [3]e o fizeram chegar até ele.

14 [4]Foi-lhe dado o domínio, a honra e o [z]reino; todos os povos, nações e línguas o adoraram. O seu domínio é um [a]domínio eterno, que não passará, e o seu reino o único que não será destruído.

Interpretação da visão dos animais

15 **Q**uanto a mim, Daniel, o meu espírito foi abatido dentro do corpo, e as visões da minha cabeça me espantaram.

16 Cheguei-me a um dos que estavam perto e pedi-lhe a verdade acerca de tudo isto. E ele me disse, e fez-me saber a interpretação das coisas.

17 Estes grandes animais, que são quatro, são quatro reis, que se levantarão da terra.

18 Os [5]santos do Altíssimo, porém, receberão o reino e possuirão o reino para todo o sempre, e de eternidade em eternidade.

19 Então tive desejo de [b]conhecer a verdade a respeito do quarto animal, que era diferente

---

[1] (7.8) Uma visão sobre o fim do domínio mundial gentio. O antigo Império Romano (o reino de ferro de 2.33-35,40-44; 7.7) terá dez chifres (i.e., reis, Ap 17.12), correspondentes aos dez dedos dos pés da imagem. Enquanto Daniel considera esta visão dos dez reis, “entre eles subiu outro chifre [rei] pequeno”, que subjuga de maneira tão plena três dos dez reis que a identidade individual de seus reinos é destruída. Ficam sete dos dez reis, e o “chifre pequeno” que é o “príncipe, que há de vir” de 9.26, a “abominação” de 12.11 e Mt 24.15, e a “besta do mar” de Ap 13.1-10. Ele será a cabeça do quarto império mundial restaurado (Besta, veja Ap 19.20, *nota*). Alguns expositores também o identificam com o rei que “fará conforme a sua vontade” de 11.36-45 e com o “homem do pecado” de 2Ts 2.3-8.

[2] (7.9) Esse título – que aqui e no v. 13 se refere a Deus Pai – tb. se aplica a Cristo (p. ex. v. 22; Ap 1.8,13-18). Comp. Sl 45.6; 93.2; Mq 5.2; Hc 1.12.

[3] (7.13) Essa cena é idêntica à de Ap 5.6-10. Ali, o cântico que fala de “reino e sacerdotes” (veja Dn 7.18, *nota*) termina com as palavras “e eles reinarão sobre a terra”. Apocalipse 6 dá início ao “turbar” mencionado em Sl 2.5, algo introdutório ao estabelecimento do rei em Sião (Sl 2.6; Ap 20.4). A visão (7.9-14) inverte a ordem dos eventos em relação a seu cumprimento. O v. 13 descreve a cena no céu (comp. Ap 5.6-10) que, quanto ao cumprimento, precede os eventos que Daniel vê na visão dos v. 9-12. A ordem do cumprimento será: 1) a investidura do Filho do homem com a autoridade do Reino (Dn 7.13,14; Ap 5.6-10); 2) o “turbar” de Sl 2.5, descrito em detalhes em Mt 24.21,22; Ap 6–18; 3) o regresso em glória do Filho do homem para desferir o golpe mortal de 2.45 (Dn 7.9-11; Ap 19.11-21) e 4) o juízo de Deus sobre indivíduos dentre as nações e o estabelecimento do Reino (Dn 7.10,26,27; Mt 25.31-46; Ap 20.1-6).

[4] (7.14) Os v. 13,14 são idênticos a Ap 5.1-7 e precedem o cumprimento de Dn 2.34,35. Os v. 13,14 e Ap 5.1-7 descrevem a investidura do Filho do homem e Filho de Davi com a autoridade do Reino, enquanto Dn 2.34,35 descreve o golpe mortal (veja Armagedom, Ap 16.13-16; 19.17, *nota*) que destrói o poder mundial gentio e, assim, deixa o caminho livre para o verdadeiro estabelecimento do reino dos céus. Os v. 34,35 e Ap 19.19-21 descrevem o mesmo fato.

[5] (7.18) Veja “santos” nos v. 22,25,27. Parece evidente que os santos da Igreja, i.e., os crentes da Dispensação da Igreja, também tomarão parte desse governo, pois a Igreja, que participa da primeira ressurreição, reinará “com ele [Cristo] mil anos” (Ap 20.6). Comp. Rm 8.17; 2Tm 2.10-12; 1Pe 2.9; Ap 1.6; 3.21; 5.10.

de todos os outros, muito terrível, cujos dentes eram de ferro, e as unhas, de bronze — o animal que devorava, fazia em pedaços e pisava aos pés o que sobrava.

20 Também tive desejo de conhecer a verdade a respeito dos dez chifres que tinha na cabeça e do outro que subia, diante do qual caíram três, isto é, [c]daquele chifre que tinha olhos, uma boca que falava com arrogância e parecia ser mais robusto do que os seus companheiros.

21 Eu olhava, e vi que este chifre fazia guerra contra os [d]santos, e os vencia,

22 até que veio o Ancião de Dias, e foi dado o [e]juízo aos [f]santos do Altíssimo, e chegou o tempo em que os santos possuíram o reino.

O líder satânico blasfemo

23 **D**isse-me ele: O quarto animal será o quarto reino na terra, o qual será diferente de todos os reinos e devorará toda a terra, a pisará aos pés e a fará em pedaços.

24 Quanto aos [g]dez chifres, daquele mesmo reino se levantarão dez reis. Depois deles se levantará [h]outro, o qual será diferente dos primeiros, e abaterá a três reis.

25 [i]Proferirá palavras contra o Altíssimo, destruirá os santos do Altíssimo e tentará mudar os tempos e as leis. Eles serão entregues nas suas mãos por um [1]tempo, e tempos, e metade de um tempo.

26 O tribunal, porém, se assentará em [j]juízo [2]e lhe [k]tirará o seu domínio, para o destruir e para o desfazer até o fim.

27 O reino e o domínio, e a majestade dos reinos debaixo de todo o céu serão dados ao povo dos santos do Altíssimo. O seu reino será um reino [l]eterno, e todos os governantes o servirão e lhe obedecerão.

28 Aqui findou o assunto. Quanto a mim, Daniel, os meus pensamentos muito me espantaram, e mudou-se em mim o meu semblante, mas guardei essas coisas no meu coração.

[c] Veja Dt 33.17, nota
[d] Ap 13.7
[e] Juízos (os sete): v. 21-27; Jl 3.1 (2Sm 7.14; Ap 20.12)
[f] Comp. 1Co 6.2,3
[g] Ap 13.1
[h] v. 8
[i] Ap 13.1-6
[j] v. 10; Dn 2.35; comp. Ap 16.14; 19.17-19,21
[k] Ap 19.20
[l] v. 13,14; 2Sm 7.16; Sl 89.35-37; Dn 4.3; Lc 1.31-33
[m] Dn 7.1
[n] v. 20
[o] Dn 7.5
[p] v. 21
[q] Dn 11.3; veja Dt 33.17, nota

VII. A profecia da derrota dos persas pelos gregos e a profanação do templo, 8

A visão do carneiro e do bode

8 [3]**N**o [m]terceiro ano do reinado do rei Belsazar, apareceu-me uma [4]visão, a mim, Daniel, depois daquela que me apareceu no princípio.

2 Na visão que tive, vi que eu estava na cidadela de Susã, na província de Elão; na visão eu estava junto ao rio Ulai.

3 Levantei os olhos e vi um [n]carneiro que estava diante do rio, o qual tinha dois chifres, e os dois chifres eram altos. [o]Um dos chifres era mais alto do que o outro, e o mais alto subiu por último.

4 Vi que o carneiro dava marradas para o ocidente, para o norte e para o sul. Nenhum animal podia estar diante dele, nem havia quem pudesse livrar-se das suas mãos. Ele fazia conforme a sua vontade, e se engrandecia.

5 **E**stando eu considerando isso, vi que um [p]bode vinha do ocidente sobre toda a terra, mas sem tocar no chão, e aquele bode tinha um [q]chifre notável entre os olhos.

6 Dirigiu-se ao carneiro de dois chifres, que eu tinha visto diante do rio, e correu contra ele no furor da sua força.

---

[1] (7.25) Os termos do AT e os do NT referentes a determinados períodos nos eventos futuros requerem cuidadosa consideração, a fim de evitar especulações que possam beirar o fantástico. A primeira vez em que aparece uma referência a um período de três anos e meio no futuro profético é a expressão "um tempo, e tempos, e metade de um tempo" deste versículo. Também é usada em Dn 12.7 e Ap 12.14. Esse período equivale à metade do período final de sete anos (9.27) e é igualmente o período declarado na expressão "quarenta e dois meses" (Ap 11.2; 13.5) ou "mil duzentos e sessenta dias" (Ap 12.6).

O período de três anos e meio parece ser uma referência à segunda metade da septuagésima semana de Daniel, período também conhecido como a grande tribulação.

[2] (7.26) O fim do poder mundial gentio. 1) Na visão do animal do cap. 7, o quarto animal (v. 7) foi declarado ser "o quarto reino" (v. 23), i.e., o Império Romano, o reino "de ferro" do cap. 2. Os "dez chifres" sobre o quarto animal (Império Romano), no v. 7, são explicados como dez reis que se levantarão (v. 24), correspondendo aos dez dedos dos pés da visão da imagem do cap. 2. Os dez reinos, que incluem as nações anteriormente governadas por Roma, constituirão a forma pela qual o quarto império, o Império Romano, existirá quando Cristo, a pedra "cortada [...] sem auxílio de mãos" (2.44,45; 7.9), fará em pedaços toda a estrutura do domínio mundial gentio. Mas 2) Daniel vê outro chifre pequeno, que se levantará e subjugará três dos dez reis (v. 24-26). A característica que o distingue é o ódio contra Deus e os crentes. Ele não deve ser confundido com o "chifre pequeno" do cap. 8, uma profecia que se cumpriu em Antíoco Epifânio (veja 8.9, *nota*). Em Ap 13, são dados detalhes adicionais sobre o "chifre pequeno" de Dn 7 (veja Ap 13.1, *nota*).

[3] (8.1) As predições dos cap. 8 e 11 são notavelmente precisas. Elas falam sobre o reinado, caráter e antecedentes de Antíoco Epifânio. Antíoco foi o rei helenístico da família selêucida que governou a partir da Síria. Perseguiu cruelmente os judeus em torno de 167 a.C., quatrocentos anos depois do período de Nabucodonosor. Porfírio, um filósofo anticristão do século III d.C., usou a precisão destas profecias como prova de que o livro de Daniel não poderia ter sido escrito antes desse período. Essa opinião foi aceita por muitos críticos modernos, mas nenhum crente nas profecias de eventos futuros deve deixar de aceitar a data tradicional.

[4] (8.1) Este cap. dá detalhes sobre o segundo e o terceiro reinos mundiais: o reino de prata e o de bronze do cap. 2, e o reino do urso e o do leopardo do cap. 7, i.e., o Império Medo-Persa e o Grego-Macedônio da história antiga. Na ocasião desta visão (8.1), o primeiro império mundial estava perto do fim. Belsazar foi o último governante dessa monarquia na cidade de Babilônia. Veja *notas* em 5.2,18,29.

7 Vi-o chegar perto do carneiro, e, irritado contra ele, o feriu e lhe quebrou os dois chifres, pois não havia força no carneiro para lhe resistir; em seguida, o bode o lançou por terra e o pisou com os pés, e não houve quem pudesse livrar o carneiro do seu poder.

8 O bode se engrandeceu sobremaneira; estando, porém, na sua maior força, aquele grande chifre foi quebrado, e subiram no seu lugar [r]quatro outros chifres também notáveis, para os quatro ventos do céu.

O chifre muito pequeno

9 **D**e um deles saiu um [1]chifre muito pequeno, o qual cresceu muito para o sul, para o oriente e para a terra formosa.

10 Engrandeceu-se até o exército do céu; e a alguns do exército e das estrelas deitou por terra e os pisou.

11 Sim, ele se [s]engrandeceu até o príncipe do exército, dele tirou o sacrifício contínuo, e o lugar do seu santuário lançou por terra.

12 O exército lhe foi entregue, com o sacrifício contínuo, por causa das transgressões. [t]Lançou a verdade por terra e [u]prosperou em tudo o que fez.

13 Depois ouvi um [v]santo que falava, e disse outro santo àquele que falava: Até quando durará a visão do sacrifício contínuo e da [2]transgressão assoladora, para que seja entregue o santuário, e o exército, a fim de serem pisados?

14 Ele me disse: [3]Até duas mil e trezentas tardes e manhãs, e o santuário será purificado.

A interpretação da visão

15 **E**nquanto eu, Daniel, contemplava a visão e procurava entendê-la, diante de mim se apresentou um ser semelhante a um [w]homem.

16 E ouvi uma voz de homem entre as margens do Ulai, a qual gritou: [x]Gabriel, dá a entender a este a visão.

17 Ele veio para perto de onde eu estava; e vindo ele, fiquei assombrado e caí com o rosto em terra. Mas ele me disse: Entende, filho do homem, porque esta visão se realizará no [4]fim do tempo.

18 **E**stando ele falando comigo, caí com o rosto em terra, [y]adormecido. Ele, porém, me tocou, me pôs em pé

19 e [z]disse: Eu te farei saber o que há de acontecer no último tempo da ira, porque ela se exercerá no determinado tempo do fim.

A identidade do carneiro

20 Aquele [5]carneiro que viste com dois [a]chifres são os reis da Média e da Pérsia.

O bode e seus sucessores

21 O bode peludo, porém, é o rei da Grécia, e o chifre grande que tinha entre os olhos é o [b]primeiro rei.

22 O ter sido quebrado, levantando-se [6]quatro em seu lugar, significa que quatro reinos se levantarão da mesma nação, mas não com a força dele.

O rei de semblante feroz

23 No fim do seu reinado, porém, quando os transgressores encherem a medida do seu pecado, se levantará um [7]rei, feroz de semblante e entendido em enigmas.

24 Grande será a [c]sua força, mas não de si mesmo. Ele destruirá terrivelmente, prosperará e fará o que lhe aprouver; destruirá os poderosos e o povo santo.

[r] v. 22; Dn 7.6; 11.4
[s] Comp. Is 14.13
[t] o chifre muito pequeno, v. 9
[u] Dn 11.36
[v] Dn 4.13,17
[w] Teofanias: v. 15; Dn 10.5 (Gn 12.7, nota; Dn 10.5)
[x] Dn 9.21; Lc 1.19,26
[y] Dn 10.9
[z] v. 20
[a] Veja Dt 33.17, nota
[b] Alexandre, o Grande
[c] Comp. 2Ts 2.9

[1] (8.9) O "chifre muito pequeno" deste versículo (comp. v. 23) cumpriu-se (171-164 a.C.) em Antíoco Epifânio da história, que saiu da Síria (um dos quatro notáveis reinos dos v. 8,22) e perseguiu os judeus e profanou o templo de Jerusalém. Não deve ser confundido com o "chifre pequeno" de 7.8, que ainda deve aparecer no período da tribulação (veja v. 9-13,23). O "chifre pequeno" de 7.8 surgirá dos dez chifres em que será dividido o quarto império (romano). Por outro lado, o "chifre muito pequeno" do cap. 8 surge de um dos quatro chifres (v. 9,22) em que se dividiu o terceiro império (o grego) depois da morte de Alexandre (v. 21,22), no período final dos quatro reinos dos generais de Alexandre (v. 23). Ambos os pequenos chifres se caracterizam pela violência em seu ódio contra os judeus e contra Deus e na profanação do templo de Jerusalém (comp. 7.25 e 8.10-12).

[2] (8.13) Em Daniel, fala-se sete vezes da assolação (ou desolação): 1) do santuário (8.13), que se cumpriu com Antíoco Epifânio (171-164 a.C.); 2) do santuário (9.17), com referência à situação no tempo de Daniel, quando os judeus estavam no exílio; 3) da terra, de forma geral (9.18), também referindo-se ao tempo de Daniel; 4) do santuário (9.26), cumprida no ano 70 d.C. com a destruição da cidade e do templo depois da morte do Messias (Lc 21.20), e 5), 6) e 7) do santuário, pela besta (9.27; 11.31; 12.11). Comp. Mt 24.15; Mc 13.14; 2Ts 2.3,8-12; Ap 13.14,15.

[3] (8.14) Essa predição se cumpriu durante a feroz perseguição ordenada por Antíoco Epifânio e na purificação do santuário em Jerusalém.

[4] (8.17) Aqui parece haver dois "fins": 1) historicamente, o fim do terceiro império (grego) de Alexandre, do qual uma de suas divisões deu lugar ao chifre muito pequeno (Síria) do v. 9 (Antíoco Epifânio), e 2) profeticamente, o fim dos "tempos dos gentios" (veja Lc 21.24; Ap 16.19, *notas*) – o definitivo "fim do tempo" segundo Dn (veja Dn 12.4, *nota*).

[5] (8.20) Comp. v. 3,4. O chifre maior, que apareceu por último, era a Pérsia. O outro era a Média, que, no começo, era dominante. Comp. 6.12.

[6] (8.22) Os quatro reinos em que se dividiu o império de Alexandre (século IV a.C.): Macedônia, Síria, Egito e Ásia Menor. Veja Dn 11.4, *nota*.

[7] (8.23) Há três pontos de vista quanto a essa sinistra figura: 1) Alguns creem que é o "rei do Norte" mencionado em 11.40. 2) Outros o consideram como um tipo da besta do final dos tempos (7.23-27). 3) Alguns veem nesse rei uma profecia direta à besta final.

25 Pelo seu [d]entendimento também fará prosperar o engano, no seu coração se engrandecerá e destruirá muitos que vivem em segurança; ele se [e]levantará contra o Príncipe dos príncipes, mas sem esforço de mãos humanas será quebrado.

26 A visão da tarde e da manhã, que foi dita, é verdadeira; tu, porém, [f]cerra a visão, porque só daqui a muitos dias se cumprirá.

27 Eu, Daniel, estive enfraquecido e enfermo alguns dias. Então me levantei e tratei do negócio do rei. Espantava-me com a visão, e não havia quem a entendesse.

VIII. A oração de Daniel e a profecia das setenta semanas, 9

A visão das setenta semanas (v. 1-27)

9 No [g]primeiro ano de Dario, filho de Assuero, da nação dos medos, o qual foi constituído rei sobre o reino dos caldeus,

2 no primeiro ano do seu reinado, eu, Daniel, entendi pelos livros que o número de anos, de que falou o Senhor ao profeta Jeremias, que haviam de transcorrer sobre as desolações de Jerusalém, era de [1]setenta anos.

Confissão e oração de Daniel

3 [h]Dirigi o meu rosto ao Senhor Deus, para o buscar com [2]oração e rogos, com jejum, pano de saco e cinza.

4 [i]**O**rei ao Senhor, o meu Deus, confessei e disse: Ó Senhor! Deus grande e tremendo, que guardas a aliança e a misericórdia para com os que te amam e guardam os teus mandamentos,

5 pecamos e cometemos iniquidade, procedemos impiamente e fomos rebeldes; apartamo-nos dos teus mandamentos e dos teus juízos,

6 e não demos ouvidos aos teus servos, os profetas, que em teu nome falaram aos nossos reis, nossos príncipes e nossos pais, como também a todo o povo da terra.

7 A ti, ó Senhor, pertence a justiça, mas a nós a confusão de rosto, como se vê neste dia; aos homens de Judá, aos moradores de Jerusalém e a todo o Israel, aos de perto e aos de longe, em todas as terras por onde os tens lançado, por causa das suas transgressões que cometeram contra ti.

8 Ó Senhor, a nós pertence a confusão de rosto, aos nossos reis, aos nossos príncipes e a nossos pais, porque pecamos contra ti.

9 Ao Senhor, o nosso Deus, pertencem a misericórdia e o perdão; pois nos rebelamos contra ele

10 e não obedecemos à voz do Senhor, nosso Deus, para andarmos nas suas leis, que nos deu por intermédio de seus servos, os profetas.

11 Sim, todo o Israel transgrediu a tua [j]Lei, desviando-se, para não obedecer à tua voz. Por isso, a maldição, o juramento que está escrito na Lei de Moisés, servo de Deus, se derramou sobre nós, porque [k]pecamos contra ele.

12 Ele [l]confirmou a sua palavra, que falou contra nós, e contra os nossos juízes que nos julgavam, trazendo sobre nós um grande mal. [m]Nunca debaixo de todo o céu aconteceu como em Jerusalém.

13 Como está escrito na [n]Lei de Moisés, todo aquele mal nos sobreveio; contudo, não buscamos o favor do Senhor nosso Deus, convertendo-nos das nossas iniquidades e aplicando-nos à tua verdade.

14 Por isso, o Senhor [o]vigiou sobre o mal, e o trouxe sobre nós, porque justo é o Senhor, o nosso Deus, em todas as obras que faz; contudo, não obedecemos à sua voz.

15 Na verdade, ó Senhor, nosso Deus, que tiraste o teu povo da terra do Egito com mão poderosa e ganhaste para ti [p]nome, como se vê neste dia, pecamos e procedemos impiamente.

16 Ó Senhor, segundo todas as tuas justiças, apartem-se a tua ira e o teu furor da tua cidade de [q]Jerusalém, do teu santo monte, porque por causa dos nossos pecados, e por causa das iniquidades de nossos pais, tornou-se Jerusalém e o teu povo um objeto de zombaria para todos os que estão em redor de nós.

17 Agora, ó Deus nosso, ouve a oração do teu servo e as suas súplicas, e sobre o teu santuário desolado faze resplandecer o teu rosto, por amor do Senhor.

18 Inclina, ó Deus meu, os teus ouvidos, e ouve; abre os teus olhos, e olha para a nossa desolação e para a cidade que é chamada pelo teu nome, porque não lançamos as nossas súplicas perante a tua face confiados em nossas justiças, mas em tuas muitas misericórdias.

19 Ó Senhor, ouve! Ó Senhor, perdoa! Ó Senhor, atende-nos e opera sem tardar! Por amor de ti mesmo, ó Deus meu, porque a tua cidade e o teu povo se chamam pelo teu nome.

As setenta semanas de anos

20 **E**stando eu ainda falando e [r]orando, e confessando o meu pecado e o pecado do meu povo Israel, e lançando a minha súplica perante a

[d] A besta: v. 24,25; Dn 9.26 (Dn 7.8; Ap 19.20)
[e] Ap 19.19,20
[f] Dn 12.4,9
[g] Dn 5.31; 6.28; 11.1
[h] Dn 10.15
[i] Orações da Bíblia (AT): v. 3-21; Jn 2.1 (Gn 15.2; Hc 3.1)
[j] Lei (de Moisés). v. 8-13; Ml 4.4 (Êx 19.1; Gl 3.24)
[k] Ne 1.6; Sl 106.6; comp. Is 6.5
[l] Jr 44.2-6; Lm 2.17
[m] Lm 1.12; 2.13
[n] Lv 26.14-45; Dt 28.15-68
[o] Jr 31.28; 44.27
[p] Jr 32.20
[q] v. 20; Sl 122.6; Jr 29.7; comp. Zc 8.1-8
[r] Comp. Sl 145.18,19; Is 65.24

[1] (9.2) Os "livros" eram os escritos de Jeremias (Jr 25.11, veja *nota*; 29.10).

[2] (9.3) Nos v. 4-19 está registrada a oração de Daniel, que surgiu do estudo das Escrituras proféticas (v. 2; comp. Jr 25) e foi um cumprimento da porção profética da oração de Salomão (1Rs 8.33-36). Aqui há adoração (v. 4), confissão (v. 5-15) e petição (v. 16-19). O objetivo do estudo profético é conduzir a uma vida espiritual mais profunda.

face do Senhor, meu Deus, pelo monte santo do
meu Deus,
21 estando eu, digo, ainda falando na oração,
o homem Gabriel, que eu tinha visto na minha
visão ao princípio, veio voando rapidamente e
tocou-me à hora do sacrifício da tarde.
22 Ele me instruiu e me disse: Daniel, agora
vim para fazer-te entender o sentido.
23 No princípio das tuas súplicas, saiu a ordem,
e eu vim, para declará-la a ti, porque és muito
amado. Portanto, considera a mensagem e
entende a visão:
24 **S**etenta [1]semanas estão determinadas sobre
o [s]teu povo e sobre a tua santa cidade, para fazer
[t]cessar a transgressão e dar fim aos pecados, pa-
ra expiar a iniquidade e trazer a justiça eterna,
para selar a visão e a profecia e para ungir o [u]San-
to dos Santos.
25 Sabe e entende: desde a saída da ordem
para restaurar e para edificar Jerusalém, até o
Ungido, o Príncipe, sete semanas, e sessenta e
duas semanas. As praças e os muros se reedifi-
carão, mas em tempos angustiosos.
26 Depois das sessenta e duas semanas será
[v]cortado o [w]Ungido e não será mais, e o povo do
[x]príncipe, que há de vir, destruirá a cidade e o
santuário. O seu fim será como uma inundação:
Até o [y]fim haverá guerra, e estão determinadas
desolações.
27 Ele confirmará uma aliança com muitos por
uma semana, mas na metade da semana fará
cessar o sacrifício e a oferta de cereais. E sobre
a asa das abominações virá o assolador, até a
destruição determinada, a qual será derramada
sobre o assolador.

[s] povo de Daniel
[t] Heb. *kãphar*, expiar. Veja Êx 29.33, nota
[u] O Lugar Santíssimo
[v] Sacrifício (profético): v. 26; Zc 12.10 (Gn 3.15; Hb 10.18, nota)
[w] Cristo (primeira vinda): v. 24-26; Os 1.1 (Gn 3.15; At 1.11)
[x] A besta: v. 26,27; Dn 11.36 (Dn 7.8; Ap 19.20)
[y] Comp. Mt 24.6-14
[z] Dn 1.7

IX. A visão final de Daniel, 10–12

A visão da glória de Deus

10 **N**o terceiro ano de Ciro, rei da Pérsia, foi
revelada uma palavra a Daniel, [z]cujo nome
se chama Beltessazar. A palavra era verdadeira e
tratava de uma guerra prolongada. Ele entendeu a
palavra e teve entendimento da visão.
2 Naqueles dias, eu, Daniel, estive triste por
três semanas completas.

[1] (9.24) A profecia de Daniel acerca das setenta semanas (v. 24-27) fornece o marco cronológico da predição messiânica de Daniel até o estabelecimento do reino milenar sobre a terra e também uma chave para sua interpretação. Seus principais aspectos são os seguintes:

1) Toda a profecia tem relação, primeiramente, com o "povo" de Daniel e a sua "santa cidade", i.e., Israel e Jerusalém.

2) Dois príncipes são mencionados; o primeiro chama-se "o Ungido, o Príncipe" (v. 25); o segundo é descrito como o "príncipe, que há de vir" (v. 26), uma referência ao "chifre pequeno" de 7.8, cujo "povo" destruiria a reconstruída Jerusalém depois da morte do Messias, o Príncipe (v. 26).

3) As "setenta semanas" da profecia são semanas de anos, uma importante medida de tempo sabática no calendário judeu. A desobediência ao mandamento do ano sabático trouxe o juízo do cativeiro babilônico e determinou sua duração de setenta anos. Comp. Lv 25.1-22; 26.33-35; 2Cr 36.19-21; Dn 9.2. Comp. tb. Gn 29.26-28 quanto ao uso de "semana" para indicar sete anos.

4) Os 490 anos proféticos são anos de 360 dias. Isso é demonstrado pelas referências bíblicas à septuagésima semana de sete anos, que está dividida em metades (v. 27), a última designada indistintamente de "tempo, e tempos, e metade de um tempo" (Dn 7.25; comp. Ap 12.14), "quarenta e dois meses" (Ap 11.2; 13.5) ou "mil duzentos e sessenta dias" (Ap 11.3; 12.6). Nesse sentido, é preciso lembrar que, no grande alcance da profecia, o tempo profético é sempre tão exato como que para fazer uma séria advertência e tão impreciso para não satisfazer a mera curiosidade (comp. Mt 24.36; At 1.7).

5) O começo das setenta semanas está fixado como "a saída da ordem para restaurar e para edificar Jerusalém" e seu muro (v. 25). O único decreto nas Escrituras autorizando a reconstrução da cidade e seu muro está registrado em Ne 2.1: datado do "mês de nisã, no vigésimo ano do rei Artaxerxes" (i.e., 445 a.C.), conta com suficientes confirmações históricas. Partindo dessa data, as primeiras 69 semanas chegam até o "Ungido, o Príncipe".

6) Posteriormente, depois das 62 semanas que se seguem às primeiras sete semanas (i.e., após 69 semanas), terão lugar dois eventos importantes: 1) o Messias será morto e não terá nenhum dos seus direitos reais. 2) A cidade reedificada e o santuário serão novamente destruídos, desta vez pelo "povo" de outro "príncipe, que há de vir". De modo geral, há consenso em que esses dois eventos se cumpriram na morte de Cristo (em 29 d.C.) e na destruição de Jerusalém pelos romanos no ano 70 d.C. Ambos os eventos se situam antes da septuagésima semana do v. 27. Portanto, entre a sexagésima nona e a septuagésima semanas deve se inserir um período de pelo menos 41 anos entre a morte de Cristo e a destruição de Jerusalém.

7) Os eventos finais da última semana (v. 27) são os seguintes: 1) Há uma "aliança" de sete anos que o "príncipe, que há de vir" (o "chifre pequeno" de 7.8) realiza com os judeus. 2) No meio da semana, há uma violenta interrupção no ritual do culto judeu pelo príncipe, que introduz "abominações" que tornam o santuário "assolado". 3) Ao mesmo tempo, ele inicia uma perseguição aos judeus. 4) O fim da septuagésima semana traz juízo sobre o assolador e também produz "justiça eterna" (v. 24 – i.e., as bênçãos do reino messiânico).

A prova de que essa semana final ainda não se cumpriu está no fato de Cristo definitivamente relacionar esses importantes eventos com sua segunda vinda (Mt 24.6,15). Consequentemente, entre a sexagésima nona e a septuagésima semanas tem de ser colocado todo o período da Igreja, estabelecida no NT, mas não revelada no AT. Segundo a interpretação dos pais da Igreja, a última das setenta semanas se encontra no final desta era. Quando a septuagésima semana era mencionada durante os dois primeiros séculos e meio da era cristã, quase sempre era atribuída ao fim dos tempos. Segundo Ireneu, o anticristo aparece no final desta era na última semana; na verdade, ele afirma que o período da tirania do anticristo durará somente a metade da semana, três anos e seis meses. Da mesma maneira, Hipólito declara que Daniel "indica a manifestação dos sete anos que terá lugar nos últimos tempos".

3 Manjar desejável não comi, nem carne nem vinho entraram na minha boca, nem me ungi com unguento, até que se cumpriram as três semanas.

4 No vigésimo quarto dia do [a]primeiro mês, eu estava às margens do grande rio [b]Tigre;

5 levantei os olhos e vi um [c]homem vestido de [d]linho e os seus [e]lombos cingidos com ouro fino de Ufaz.

6 O seu corpo era como berilo, o seu rosto parecia um [f]relâmpago, os seus olhos eram como [g]tochas de fogo, os seus braços e os seus pés como o brilho de [h]bronze polido e a voz das suas palavras como a voz de uma multidão.

7 Só eu, Daniel, tive aquela visão; os homens que estavam comigo [i]nada viram, mas caiu sobre eles um grande temor e fugiram para se esconder.

8 Fiquei, pois, eu só e tive esta grande visão, e não [j]restou força em mim; desfigurou-se a feição do meu rosto, e não retive força alguma.

9 Contudo, ouvi a voz das suas palavras e, ouvindo a voz das suas palavras, eu caí com o rosto em terra, profundamente adormecido.

Conflito: anjos santos e anjos ímpios

10 [1]Certa mão me tocou e fez que me levantasse, tremendo, sobre os meus joelhos e sobre as palmas das minhas mãos.

11 Ele disse: Daniel, homem muito amado, atende às palavras que te vou dizer e levanta-te sobre os teus pés, porque te fui enviado. Ao falar ele comigo esta palavra, pus-me em pé, tremendo.

12 Então me disse: Não temas, Daniel, porque desde o primeiro dia em que aplicaste o teu coração a compreender e a humilhar-te perante o teu Deus, são ouvidas as tuas palavras, e eu vim por causa das tuas palavras.

13 O [2]príncipe do reino da Pérsia, porém, me resistiu por vinte e um dias. Então [k]Miguel, um dos primeiros príncipes, veio para ajudar-me, e eu fiquei ali com os reis da Pérsia.

14 Agora vim, para fazer-te entender o que há de acontecer ao teu povo nos [l]derradeiros dias, porque a visão é ainda para muitos dias.

15 Falando ele comigo estas palavras, abaixei o rosto para a terra e emudeci.

16 Então uma como semelhança dos filhos dos homens me tocou os lábios, abri a boca e disse àquele que estava diante de mim: Senhor meu, por causa da visão sobrevieram-me dores e não me restou força alguma.

17 Como pode o servo deste meu senhor falar com aquele meu senhor? Já não resta força em mim, e não ficou em mim fôlego.

18 Então um semelhante a um homem me tocou outra vez e me fortaleceu.

19 Disse ele: Não temas, homem muito amado, paz seja contigo; sê forte e tem bom ânimo. Falando ele comigo, fiquei fortalecido e disse: Fala, meu senhor, porque me fortaleceste.

20 E ele disse: Sabes por que eu vim a ti? Eu tornarei a pelejar contra o príncipe dos persas e, saindo eu, virá o príncipe da Grécia.

21 Eu, porém, te declararei o que está escrito na escritura da verdade; ninguém há que se esforce comigo contra aqueles, a não ser Miguel, vosso príncipe.

De Dario ao homem do pecado
(11.1–12.13)

11 No [m]primeiro ano de [n]Dario, o medo, levantei-me para o animar e fortalecer.

2 Agora eu te declararei a verdade: [3]Ainda [4]três reis se levantarão na Pérsia, e o quarto será cumulado de grandes riquezas mais do que todos. E, tendo-se fortalecido por meio das suas riquezas, agitará todos contra o reino da Grécia.

3 Depois, se levantará um [5][o]rei valente, que reinará com grande domínio, e [p]fará o que lhe aprouver.

4 Estando, porém, ele em pé, o seu reino será quebrado e [6]repartido para os [q]quatro ventos

[a] Veja Lv 23.2, nota
[b] Rio Hidequel (em algumas versões)
[c] Teofanias: v. 4-9,16,17 (Gn 12.7, nota; Dn 10.5); veja v. 10, nota
[d] Ez 9.2; 10.2
[e] Comp. Ap 1.13
[f] Comp. Ap 1.16
[g] Comp. Ap 1.14
[h] Comp. Ap 1.15
[i] Comp. At 22.9
[j] Comp. Êx 3.2-10; Is 6.1-10; Ap 1.12-19
[k] v. 21; Dn 12.1; Jz 9; Ap 12.7
[l] Veja At 2.17, nota
[m] Dn 8.1
[n] Dn 5.31; 9.1
[o] Comp. Dn 8.21-26
[p] v. 16,36
[q] Zc 2.6; comp. Ap 7.1

[1] (10.10) Os v. 10-15 provavelmente apresentam um anjo. Os v. 4-9,16,17 são teofanias.

[2] (10.13) Comp. v. 20. A indicação é clara: assim como os santos anjos são enviados para o bem dos herdeiros da salvação, os demônios se ocupam do sistema mundial de Satanás (Jo 7.7; Ap 13.8).

[3] (11.2) O espírito da profecia, aqui, volta-se ao que dizia respeito a Daniel e seus senhores reais de forma mais imediata: o futuro próximo do Império Persa, no qual ele era um personagem tão importante. Ainda haveria quatro reis na Média e Pérsia. Então, viria Alexandre, o "rei valente" da Grécia (v. 3). Esta passagem, então, prediz a divisão do império de Alexandre, o Grande, em quatro partes (v. 4), como predito em 8.22. Os v. 5-20 concentram a atenção no turbulento curso dos acontecimentos na Síria e no Egito, as duas partes do desintegrado império alexandrino mais diretamente ligadas com os acontecimentos em Israel. Os v. 21-35 descrevem Antíoco Epifânio, o "chifre muito pequeno" do cap. 8. A profanação que ele faz do santuário novamente é mencionada. Veja 8.9, *nota*. A partir do v. 36, fala-se do rei que "fará conforme a sua vontade" e de suas atividades no final dos tempos. Veja Dn 11.36, *nota*.

[4] (11.2) Os três reis da Pérsia provavelmente são Ciro II (550-530 a.C.), mencionado em Ed 1.1 e 2Cr 36.22,23; Cambises (529-522 a.C.), de quem não há referência no AT, e Dario I Histaspes (521-486 a.C.) (Ed 5–6). O quarto rei é Xerxes I (486-465 a.C.) (Ed 4.6) ou Artaxerxes I (465-424 a.C.) (Ed 7.11-26). Veja Ed 4.3, *nota*.

[5] (11.3) O "rei valente" é Alexandre, o Grande, que morreu em aprox..323 a.C. Também se faz alusão a ele em 7.6; 8.5-8,21,22.

[6] (11.4) Depois da morte de Alexandre, o império foi dividido entre quatro dos seus generais: Cassandro, que reinou na Macedônia; Lisímaco, que governou a Trácia e a Ásia Menor; Ptolomeu I, no Egito, cujos sucessores, os Ptolomeus, governaram de 323 a 30 a.C.; e Seleuco, que governou a Síria e o restante do Oriente Médio, cujos sucessores, os selêucidas, governaram até 65 a.C., aprox.

do céu. Não passará à sua posteridade, nem terá o mesmo poder com que reinou, porque o seu reino será arrancado e passará a outros.

5 O [1]rei do Sul se fortalecerá, como também um de seus príncipes; este se fortalecerá mais do que ele, e reinará, e [r]grande será o seu domínio.

6 Ao cabo de alguns anos, porém, eles se aliarão; a filha do [2]rei do Sul virá ao rei do Norte para fazer um tratado. Ela, contudo, não conservará a força de seu braço, nem ele persistirá, nem o seu braço, porque ela será entregue à morte com seu pai, os que a tiverem trazido, e o que a fortalecia naqueles tempos.

7 Do [3]renovo das suas raízes, porém, um se levantará em seu lugar; virá com o exército e entrará nas fortalezas do rei do Norte, agirá contra elas e prevalecerá.

8 Também os seus deuses com a multidão das suas imagens de fundição, com os seus objetos preciosos de prata e ouro, levará cativos para o Egito. Por alguns anos ele persistirá contra o rei do Norte.

9 Então o rei do reino do Norte invadirá o reino do rei do Sul, mas voltará para a sua terra.

10 Os [4]seus filhos intervirão e reunirão um grande exército, que virá apressadamente, arrasará tudo como uma inundação irresistível, e levará a guerra até a sua fortaleza.

11 Então o rei do Sul se [s]irritará, sairá e pelejará contra ele, contra o rei do Norte, que porá em campo um grande exército, mas o seu [t]exército será entregue nas mãos daquele.

12 Quando o seu exército for levado, o rei do Sul se encherá de orgulho e derrubará miríades, mas não prevalecerá.

13 Porque o rei do Norte voltará e porá em campo um exército maior do que o primeiro, e, ao cabo de tempos, isto é, de anos, virá à pressa com grande exército e abundantes provisões.

14 Naqueles tempos, muitos se levantarão contra o [5]rei do Sul. Os violentos dentre o teu povo se levantarão, em cumprimento da visão, mas eles [u]cairão.

15 O [6]rei do Norte virá, [v]levantará baluartes e tomará uma cidade fortificada. As forças do Sul não poderão subsistir, nem o seu povo escolhido, pois não haverá força que possa subsistir.

16 O que há de vir contra ele fará segundo a sua vontade; ninguém poderá resistir diante dele. Estará na terra gloriosa e terá o poder de destruí-la.

17 [w]Firmará o propósito de vir com a força de todo o seu reino e fará uma aliança com o rei do Sul. E lhe dará uma jovem em casamento a fim de destruir o reino, mas seus planos não vingarão, nem serão para sua vantagem.

18 Depois virará o seu rosto para as [x]ilhas e tomará muitas, mas um governante fará cessar a sua arrogância contra ele e ainda fará recair sobre ele essa [y]arrogância.

19 Virará então o seu rosto para as fortalezas da sua própria terra, mas [z]tropeçará, cairá e [a]não será achado.

20 Em seu lugar se levantará quem fará passar um cobrador de impostos pela glória do reino, mas em poucos dias será destruído, e isso sem ira e sem batalha.

Antíoco Epifânio, o rei sírio que ferirá Israel

21 Depois, se [b]levantará em seu lugar um [7]homem vil, ao qual não tinham dado a dignidade real. Ele virá caladamente e tomará o reino com engano.

22 As forças [c]inundantes serão varridas de diante dele e serão destruídas, como também o príncipe da aliança.

23 Depois de fazer aliança com ele, usará de [d]engano, subirá e se tornará forte com pouca gente.

24 Virá [e]caladamente aos lugares mais [f]férteis da província e fará o que nunca fizeram seus pais, nem os pais de seus pais. Repartirá entre eles a presa e os despojos, e a riqueza, e tramará os seus projetos contra as fortalezas, mas por certo tempo.

25 [8]Suscitará a sua força e o seu coração contra o rei do Sul com um grande exército. O rei do Sul se envolverá na guerra com um grande e poderoso exército, mas não subsistirá, porque maquinarão projetos contra ele.

[r] v. 8,9
[s] Pv 16.14; comp. Dn 8.7
[t] Sl 33.16; comp. Ec 9.11
[u] Jó 9.13
[v] Ez 4.2; 17.17
[w] 2Rs 12.17; Ez 4.3,7
[x] Is 66.19; Jr 2.10; 31.10; Sf 2.11
[y] Comp. Os 12.14
[z] Sl 27.2; Jr 46.6
[a] Sl 37.36; Ez 26.21
[b] v. 24,32
[c] Dn 9.26
[d] Comp. Gn 3.1
[e] v. 21
[f] Comp. Ne 9.25; Ez 34.14

[1] (11.5) O "rei do Sul", aqui, é Ptolomeu I Sóter (323-285 a.C.), e o "mais forte" é Seleuco I Nicátor (312-281 a.C.), o mais poderoso governante no anteriormente unido império de Alexandre. A profecia de Daniel, aqui, não leva em consideração o segundo rei selêucida, Antíoco I Sóter (281-261 a.C.), embora fale de uma união matrimonial dessas duas linhagens reais.

[2] (11.6) Esse "rei do Sul" é Ptolomeu II Filadelfo (285-246 a.C.), cuja filha era Berenice.

[3] (11.7) Os v. 7-9 fazem alusão a Ptolomeu III Evergetes (246-222 a.C.). No v. 11, o "rei do sul" é Ptolomeu IV Filopátor (222-203 a.C.).

[4] (11.10) Os dois reis da Síria são Seleuco III Ceraunus (às vezes, chamado de Sóter; 226-223 a.C.) e Antíoco III, o Grande (223-187 a.C.), cujas atividades continuam até o v. 19.

[5] (11.14) Esse "rei do Sul" é Ptolomeu V Epifânio (203-181 a.C.), cujas atividades continuam até o v. 24.

[6] (11.15) O "rei do Norte" é Seleuco IV Filopátor (187-175 a.C.).

[7] (11.21) Esse rei do Norte (v. 21-35) não é outro senão Antíoco IV Epifânio (175-164 a.C.), o grande perseguidor dos judeus e tipo do anticristo.

[8] (11.25) Os v. 25-28 registram a primeira campanha de Antíoco Epifânio contra o Egito.

26 Os que comerem os seus manjares o destruirão; o seu exército será arrasado, cairão muitos trespassados.

27 Também estes dois reis terão o coração atento para fazerem o mal, e a uma mesma mesa [g]falarão a mentira, mas sem êxito, porque o [h]fim há de ser no tempo determinado.

28 Então voltará para a sua terra com grande riqueza, e o seu coração será contra a santa aliança. Ele fará o que lhe aprouver e tornará para a sua terra.

29 **N**o tempo determinado, tornará a vir contra o Sul, mas não será na última vez como foi na primeira.

30 Porque virão contra ele navios de Quitim, que lhe causarão tristeza. Voltará, e se indignará contra a santa aliança, e fará como deseja. Ainda voltará e atenderá os que tiverem desamparado a santa aliança.

31 Dele sairão uns braços, que [1][i]profanarão o santuário, isto é, a fortaleza, e tirarão o sacrifício contínuo, estabelecendo a abominação desoladora.

32 Aos violadores da aliança, ele, com bajulações, perverterá, mas o povo que conhece ao seu Deus se [j]tornará forte e fará proezas.

33 Os entendidos entre o povo ensinarão a muitos, mas cairão pela espada e pelo fogo, pelo exílio e pelo roubo, por muitos dias.

34 Caindo eles, porém, serão ajudados com pequeno socorro, e muitos se ajuntarão a eles com adulação.

35 Alguns dos entendidos cairão para serem provados, e purificados, e embranquecidos, até o fim do tempo, porque isso será para o tempo determinado.

Profecia relativa ao rei que fará conforme a sua vontade

36 **E**ste [2]rei fará conforme a sua vontade, e se [k]levantará, e se engrandecerá sobre todo deus; [l]falará coisas espantosas contra o Deus dos [m]deuses e será próspero, até que a ira se complete, porque aquilo que está determinado será feito.

37 Não terá respeito aos [n]deuses de seus pais, nem terá respeito pelo desejado das mulheres, nem a qualquer deus, porque sobre tudo se [o]engrandecerá.

38 Ao deus das fortalezas, porém, honrará em seu lugar; e a um deus a quem seus pais não conheceram honrará com ouro, com prata, com pedras preciosas e com coisas agradáveis.

39 Agirá contra os castelos fortes com o auxílio de um deus estranho, e aos que o reconhecerem multiplicará a honra, e os fará reinar sobre muitos, e repartirá a terra por preço.

40 **N**o [p]fim do tempo, o rei do Sul lutará com ele, e o rei do Norte o atacará com carros, com cavaleiros e com muitos navios. Entrará nas terras, e as inundará, e passará.

41 Entrará também na terra gloriosa, e muitos países serão derrubados, mas da sua mão escaparão estes: Edom e Moabe, e as primícias dos filhos de Amom.

42 Estenderá a sua mão às terras, e a terra do [q]Egito não escapará.

43 Ele se apoderará dos tesouros de ouro e de prata, e de todas as coisas desejáveis do Egito; os líbios e os etíopes o seguirão.

44 Os rumores do Oriente e do Norte, porém, o espantarão, e sairá com grande furor, para destruir e aniquilar muitos.

45 Armará as tendas do seu [r]palácio entre os mares e o monte santo e glorioso. Então virá ao seu fim, e não haverá quem o socorra.

A grande tribulação

12 Nesse tempo, se levantará Miguel, o grande príncipe que protege os filhos do teu povo, e haverá um tempo de angústia, [s]qual nunca houve, desde que houve nação até aquele tempo. Mas, nesse tempo, o teu povo, todo aquele que se achar escrito no livro, será liberto.

[g] Comp. Jr 9.3-5
[h] Dn 8.19; Hc 2.3
[i] Dn 8.11-13
[j] Alusão, primeiramente, aos macabeus, aprox. 168 a.C., e, posteriormente, ao povo de Deus
[k] A besta: v. 36-45; Dn 12.11 (Dn 7.8; Ap 19.20)
[l] Comp. Ap 13.5,6
[m] Comp. 1Co 8.5,6
[n] Comp. 1Co 8.5,6
[o] Is 14.13; 2Ts 2.4
[p] Dn 12.4,9
[q] Jl 3.19
[r] Veja Dn 11.2, nota
[s] Tribulação (a grande): v. 1; Mt 24.21 (Sl 2.5; Ap 7.14)

[1] (11.31) Nos v. 31-35, registra-se a desolação do templo de Jerusalém por parte de Antíoco Epifânio.

[2] (11.36) Após delinear (v. 3-20) as duas partes do império de Alexandre (Síria e Egito) relacionadas com Israel e os judeus até a época de Antíoco Epifânio e depois descrever sua trajetória (v. 21-35), a profecia passa por cima da Dispensação da Igreja e dos séculos até o "tempo determinado [tempo do fim]" (v. 35). Aqui, a profecia não se ocupa com a história como tal, mas apenas no que ela afeta Israel e a Terra Santa. Em comparação com muitos personagens históricos que a Bíblia não menciona, Antíoco Epifânio foi insignificante, mas constituiu um flagelo para o povo de Deus e profanou o santo altar divino, oferecendo uma porca em sacrifício. Sua atitude e a maneira horrenda com que tratou Israel fizeram que fosse objeto de desprezo profético e de juízo.

A identidade do "rei [que] fará conforme a sua vontade" tem sido interpretada de várias maneiras. Alguns expositores consideram-no como o "chifre pequeno" do cap. 7 e a cabeça do Império Romano redivivo. Ele desprezará os deuses pagãos ("deuses de seus pais", v. 37) e a esperança messiânica e dará honra ao deus da guerra ("deus das fortalezas", v. 38). Ele é identificado como um governador supremo, que "se engrandecerá sobre todo deus".

Outro ponto de vista considera-o como um apóstata na Terra Santa em aliança com a besta (7.8ss.), que é um gentio incrédulo (Ap 17.9ss.). O "rei [que] fará conforme a sua vontade" despreza o Deus de Israel ("o Deus dos deuses", v. 36), não se importa em absoluto com a esperança do Messias a quem Israel aguarda com expectação ("o amor das mulheres", v. 37, ACF) e honra a besta (Ap 13.11-18).

A condenação do "rei [que] fará conforme a sua vontade" ocorrerá na segunda vinda de Cristo (v. 45).

As ressurreições

2 [1]Muitos dos que dormem no pó da terra [t]ressuscitarão, uns para a vida eterna, e outros para a vergonha e o desprezo eterno.

3 Os que forem [u]sábios resplandecerão [v]como o fulgor do firmamento; os que a muitos [w]ensinam a justiça refulgirão como as estrelas sempre e eternamente.

Última mensagem de Deus a Daniel

4 Tu, porém, Daniel, fecha estas palavras e sela este livro, até o [2]fim do tempo. Muitos [x]correrão de uma parte para outra, e o conhecimento se multiplicará.

5 Então eu, Daniel, olhei, e vi [y]dois outros anjos, um deste lado, à beira do rio, e o outro do outro lado, à beira do rio.

6 Um deles disse ao homem vestido de [z]linho que estava sobre as águas do rio: Quanto tempo haverá até o fim destas maravilhas?

7 Ouvi o homem vestido de linho, que estava sobre as águas do rio, quando [a]levantou a mão direita e a mão esquerda ao céu e jurou por aquele que vive eternamente que depois de um tempo, de tempos e metade de um tempo. Quando tiverem acabado de destruir o poder do povo santo, todas estas coisas serão cumpridas.

8 Eu ouvi, mas não entendi. Por isso perguntei: Senhor meu, qual será o fim destas coisas?

9 Ele respondeu: Vai, Daniel, porque estas palavras estão fechadas e seladas até o tempo do fim.

10 Muitos serão purificados, embranquecidos e provados, mas os ímpios procederão impiamente. Nenhum dos ímpios entenderá, mas os sábios entenderão.

11 Desde o tempo em que o sacrifício contínuo for tirado, e posta a [b]abominação [c]desoladora, haverá mil duzentos e noventa dias.

12 Bem-aventurado o que espera e chega até [3]mil trezentos e trinta e cinco dias.

13 Tu, porém, vai-te até que chegue o fim. Tu repousarás e no fim dos dias te levantarás para receber a tua herança.

[t] Ressurreição: v. 2,13; Os 13.14 (2Rs 4.35; 1Co 15.52, nota)
[u] Pv 3.35; Dn 11.33
[v] Recompensas: v. 2,3; Mt 5.12 (Dn 12.3; 1Co 3.14, nota)
[w] Pv 11.30; Tg 5.19,20
[x] Am 8.12
[y] Dn 10.5,6,16
[z] Ez 9.2
[a] Comp. Ap 10.5,6
[b] Veja Dn 9.24, nota
[c] A besta: v. 11; Mt 24.15 (Dn 7.8; Ap 19.20)

[1] (12.2) Essa ressurreição tem relação com o povo de Daniel (v. 1), i.e., os judeus (comp. 9.15,16,20,24; 10.14), e é seletiva; não todos, mas, dentre "muitos", "uns" ressuscitarão para a vida eterna (v. 2), restrito àqueles que estão escritos no "livro" (v. 1). Essa ressurreição acontecerá depois da tribulação e se refere aos crentes do AT e da tribulação – não se refere à Igreja, que será arrebatada antes da tribulação.

[2] (12.4) Em Daniel, a expressão "fim do tempo" ou seu equivalente aparece em 8.17-19; 9.26; 11.35,40,45; 12.4,6,9. Resumo: 1) O tempo do fim em Daniel começa com o "príncipe, que há de vir" (i.e., o "chifre pequeno", o "homem do pecado", a "besta"), a violação que faz da aliança com os judeus para a restauração do templo e do sacrifício (9.27), sua apresentação como deus (9.27; 11.36-38; Mt 24.15; 2Ts 2.4; Ap 13.4-6), e termina com sua destruição, quando aparecerá o Senhor em glória (2Ts 2.8; Ap 19.19,20). 2) A duração do "fim do tempo" é de três anos e meio, coincidindo com a segunda metade da septuagésima semana de Daniel (7.25; 12.7; Ap 13.5). 3) Esse "fim do tempo" é o "tempo de angústia para Jacó" (Jr 30.7), "tempo de angústia, qual nunca houve, desde que houve nação até aquele tempo" (Dn 12.1), "grande aflição, como nunca houve desde o princípio do mundo até agora, nem haverá jamais" (Mt 24.21). O NT, especialmente em Apocalipse, acrescenta muitos detalhes.

[3] (12.12) Há três períodos de "dias" que são contados desde a "abominação" (i.e., do ato blasfemo pelo qual a besta tenta ocupar o lugar de Deus, v. 11; Mt 24.15; 2Ts 2.4): 1) Mil duzentos e sessenta dias até a destruição da besta (7.25; 12.7; Ap 13.5; 19.19-20). Essa é também a duração da grande tribulação (comp. 12.4, *nota*). 2) Começando com o mesmo evento, há um período de 1.290 dias, um acréscimo de trinta dias (12.11). 3) Novamente são acrescentados dias, 45, e com eles a promessa do v. 12. Não se relata diretamente o que ocorrerá no intervalo de 75 dias entre o fim da tribulação e a bênção plena do v. 12. Sugere-se que a explicação pode ser encontrada nas descrições proféticas dos eventos seguintes à batalha de Armagedom (Ap 16.13-16; veja 19.17, *nota*). A besta é destruída, e o domínio mundial gentio termina com o golpe da Pedra Destruidora ao final dos 1.260 dias, mas a cena é, por assim dizer, prejudicada pelos resíduos da imagem que o "vento" tem de levar antes que venha a plena bênção (2.35).

OSEIAS

- **Autor:** Oseias
- **Tema:** O amor redentor
- **Escrito** no século VIII a.C.

OSEIAS, cujo nome significa *o Senhor salva*, exerceu seu ministério no período de governo de quatro reis de Judá: Uzias, Jotão, Acaz e Ezequias, e de Jeroboão II, rei de Israel. Oseias foi contemporâneo de Amós em Israel e de Isaías e Miqueias em Judá.

O tema dos primeiros capítulos da profecia de Oseias é a infidelidade de Israel, apresentada como um relacionamento matrimonial, uma figura que era familiar e descrevia o relacionamento de Deus com seu povo escolhido (Êx 34.15,16; Lv 17.7; 20.5,6; Dt 32.16,21; Is 54.5). O abandono do Senhor por parte de Israel ficou claro a Oseias pelas ações adúlteras de sua própria esposa, de modo que suas experiências pessoais se converteram numa alegoria da experiência de Deus com Israel. Israel não foi apenas infiel, mas o seu pecado assumiu tal caráter, tendo em vista o elevado relacionamento que havia desfrutado com o Senhor.

As verdades mais importantes do livro são: 1) Deus sofre quando seu povo lhe é infiel, 2) Deus não pode tolerar o pecado e 3) Deus nunca deixará de amar os seus e, consequentemente, quer que os que o abandonaram voltem para ele.

O livro pode ser dividido da seguinte maneira: I. A trágica experiência do profeta, 1–3. II. Acusação contra Israel, 4–8. III. A retribuição a Israel, 9–10. IV. O incessante amor de Deus por Israel, 11.1–13.8. V. A restauração final de Israel, 13.9–14.9.

I. A trágica experiência do profeta, 1–3

Introdução

1 Palavra do Senhor, que veio a Oseias, filho de Beeri, nos dias de [a]Uzias, [b]Jotão, [c]Acaz e [d]Ezequias, reis de Judá, e nos dias de [e]Jeroboão, filho de Joás, rei de Israel.

O casamento: o nascimento de Jezreel

2 **Q**uando o Senhor começou a falar por intermédio de Oseias, ele lhe disse: Vai, [1]toma uma mulher de prostituições, e terás filhos de prostituição, porque a [f]terra se prostituiu, desviando-se do Senhor.

3 Foi-se, pois, e tomou a Gômer, filha de Diblaim, e ela engravidou e lhe deu um filho.

4 Então, o Senhor lhe disse: Põe-lhe o nome de Jezreel, porque daqui a pouco visitarei o sangue de [g]Jezreel sobre a casa de Jeú e [h]farei cessar o reino da casa de Israel.

5 Naquele dia, quebrarei o arco de Israel no vale de Jezreel.

Nascimento de Lo-Ruama

6 **T**ornou ela a engravidar e deu à luz uma filha. Então, o Senhor disse a Oseias: Põe-lhe o nome de [2i]Lo-Ruama, porque eu não tornarei mais a compadecer-me da casa de Israel, mas tudo lhe tirarei.

7 Da casa de Judá, porém, me [j]compadecerei, e os salvarei pelo Senhor seu Deus, pois não os salvarei pelo arco, nem pela espada, nem pela guerra, nem pelos cavalos, nem pelos cavaleiros.

8 **D**epois de haver desmamado a Lo-Ruama, engravidou e deu à luz um filho.

9 Então, disse o Senhor: Põe-lhe o nome de [3]Lo-Ami, porque vós não sois meu povo, nem eu serei vosso Deus.

Restauração futura de Israel (até 2.1)

10 **T**odavia, o número dos filhos de [4]Israel será como a [k]areia do mar, que não se pode medir nem se contar. No lugar em que se lhes dizia: Vós não sois meu [l]povo, se lhes dirá: Vós sois filhos do Deus vivo.

11 [m]Os filhos de Judá e os filhos de Israel juntos se congregarão, constituirão sobre si uma única cabeça e subirão da terra, porque grande será o dia de Jezreel.

2 Dizei a vossos irmãos:
[5n]Meu povo, e a vossas irmãs:
[6o]Minhas amadas.

[a] 2Cr 26; Is 1.1; Am 1.1
[b] 2Cr 27; Mq 1.1
[c] 2Cr 28
[d] 2Cr 29.1–32.33
[e] 2Rs 14.23-29
[f] Dt 31.16; Jz 2.17; Sl 73.27; Jr 2.13; Ez 16.1-59; 23.1-49
[g] Espalhado 2Rs 10.1-14
[h] 2Rs 17.6,23; 18.11
[i] Is 27.11
[j] 2Rs 19.34,35
[k] Gn 22.17
[l] Rm 9.26
[m] Is 11.11-13; Jr 3.18; 50.4; Ez 34.23; 37.15-28
[n] Comp. Os 1.9
[o] Comp. Os 1.6

[1] (1.2) Deus ordenou a Oseias que se casasse com uma esposa imoral, advertindo-o de que ela seria infiel, e usou a triste experiência do profeta como base para a descrição do relacionamento de Deus com Israel durante um período de infidelidade.

O casamento de Oseias não deixa de ser um fato histórico, apesar de seus filhos terem recebido nomes simbólicos como uma mensagem a Israel (v. 4,6,9). Comp. Is 8.18.

[2] (1.6) *Sem compaixão.*

[3] (1.9) *Não meu povo.*

[4] (1.10) Em Oseias, "Israel" geralmente se refere às dez tribos que formaram o Reino do Norte, distinguindo-se, assim, de "Judá", as tribos de Judá e Benjamim, que formaram o Reino do Sul e permaneceram fiéis à família de Davi. Comp. 1Rs 12.1-20. A promessa de 1.10–2.1 ainda aguarda cumprimento. Veja Israel (Gn 12.2,3; Rm 11.26, *nota*).

[5] (2.1) Em algumas versões, "Ami".

[6] (2.1) ARC: "Ruama".

O castigo de Israel
(2Rs 17.1-18)

2 **C**ontendei com vossa mãe, contendei,
porque [1]ela [p]não é minha [q]mulher,
e eu não sou seu marido.
Desvie ela as suas
prostituições da sua face
e os seus adultérios de
entre os seus peitos,
3 para que eu não a deixe
[r]despida e a ponha como
no dia em que [s]nasceu,
e a faça como um deserto
e a ponha como uma terra seca,
e a mate à sede
4 e não me compadeça de seus filhos,
porque são filhos de prostituições.
5 Porque sua mãe se prostituiu
e os concebeu em desgraça.
Ela disse: [t]Irei atrás de meus amantes,
que me dão o meu pão e a minha água,
a minha lã e o meu linho,
o meu óleo e as minhas bebidas.
6 Portanto, [u]cercarei o caminho
dela com espinhos;
levantarei um muro contra
ela, para que não ache as suas veredas.
7 Ela irá atrás de seus amantes,
mas não os alcançará;
os buscará, mas não os achará.
Então dirá:
Irei e voltarei ao meu [v]primeiro marido,
porque [w]melhor me ia então do que agora.
8 Ela não reconhece que eu lhe [x]dei o grão,
o vinho e o óleo,
e lhe multipliquei a prata e o ouro,
que eles usaram para Baal.
9 Portanto, tirarei o meu trigo a seu tempo
e o meu vinho no seu tempo determinado.
Arrebatarei a minha lã e o meu linho
com que cobria a sua nudez.
10 Agora [y]descobrirei a sua vergonha
diante dos olhos dos seus amantes,
e ninguém a livrará da minha mão.
11 Farei [z]cessar toda a sua alegria,
as suas festas, as suas luas novas,
os seus sábados e todas as suas solenidades.
12 Devastarei a sua vide e a sua figueira,
de que ela diz: Esta é a paga
que me deram os meus amantes.
Eu farei delas um bosque,
e os animais do campo as devorarão.
13 Trarei castigo sobre ela
pelos dias em que queimou
incenso a [a]Baal,
e se adornou com os seus anéis e joias,
e andou atrás de seus amantes,
mas de mim se esqueceu, diz o Senhor.

Restauração de Israel,
a esposa adúltera

14 **P**ortanto, eu a atrairei,
a levarei para o deserto e lhe
falarei ao coração.
15 Ali eu lhe darei as suas
vinhas e o vale de [b]Acor
por porta de esperança.
Ali ela cantará como nos dias
da sua mocidade,
como no dia em que subiu da terra do Egito.
16 Naquele dia, diz o Senhor, me chamarás:
[c]Meu marido;
não me chamarás mais: Meu mestre.
17 Da sua boca tirarei os nomes dos baalins,
e os seus nomes não
virão mais em memória.
18 Naquele dia, farei por eles
aliança com os [d]animais do campo,
com as aves do céu e com os répteis da terra.
Da terra tirarei o arco,
a espada e a guerra,
e os farei deitar em [e]segurança.
19 Eu te [2]desposarei comigo para sempre;
eu te desposarei comigo
em justiça, em juízo,
em benignidade e em misericórdias.
20 Eu te desposarei comigo em fidelidade,
e conhecerás ao Senhor.
21 **N**aquele dia, eu responderei, diz o Senhor,
responderei aos céus,
e estes responderão à terra;
22 e a terra responderá ao trigo,
ao vinho e ao óleo,
e estes responderão a Jezreel.

[p] Is 50.1
[q] "Esposa" ou "mulher" (do Senhor): v. 1-23 (Is 54.5; Os 2.2)
[r] Jr 13.22,26; Ez 16.37-39
[s] Ez 16.4-7,22
[t] Ez 23.5
[u] Lm 3.7,9
[v] Is 54.5-8
[w] Comp. Ez 16.8-14
[x] Ez 16.19
[y] Ez 16.37
[z] Jr 7.34; 16.9
[a] Divindade pagã; tb. ocorre em algumas versões o plural "baalins"
[b] Angústia. Js 7.26; Is 65.10
[c] v. 7
[d] Is 11.6-9
[e] Is 32.18

[1] (2.2) "Mulher" ou esposa do Senhor. Resumo: O casamento é uma das muitas figuras usadas nas Escrituras para enfatizar o relacionamento de Deus com os homens. Essa ilustração foi usada tanto no AT como no NT para descrever amor, intimidade, privilégio e responsabilidade. No AT, como aqui nos v. 16-23, Israel é descrito como a esposa do Senhor, embora, agora, repudiada por causa da desobediência. Não obstante, por fim, Israel será restaurado. Esse relacionamento não deve ser confundido com o de Cristo e a Igreja (Jo 3.29). No mistério da divina Trindade, ambos os relacionamentos são uma realidade. O NT fala da Igreja como uma virgem desposada com um Esposo (2Co 11.1,2), o que nunca poderia ser dito de uma esposa adúltera restaurada pela graça. Portanto, Israel será a esposa do Senhor restaurada e perdoada; a Igreja é a virgem esposa do Cordeiro (Jo 3.29; Ap 19.6-8). Israel será a esposa terrena do Senhor (2.23); a Igreja, a noiva celestial do Cordeiro (Ap 19.7).

[2] (2.19) A graça de Deus é lindamente apresentada no verbo "desposar".

23 Eu a [1][f]semearei para mim
na terra e mostrarei amor à Não Amada.
Direi a Não Meu Povo:
Tu és meu [g]povo,
e ele dirá: Tu és o meu Deus.

O futuro reino davídico, quando Israel temerá ao Senhor

3 **D**isse-me o Senhor: Vai outra vez, ama uma
mulher, amada de seu amigo, e adúltera,
como o Senhor ama os filhos de Israel, embora
eles olhem para outros deuses, e amem os [h]bo-
los de passas.
2 Assim eu a comprei por quinze peças de prata
e um [i]ômer e meio de cevada
3 e lhe disse: Tu ficarás comigo muitos dias;
não te prostituirás nem serás de outro homem, e
assim eu quero ser também para ti.
4 Porque os filhos de Israel ficarão por muitos
dias [j]sem rei, [k]sem príncipe, sem sacrifício, sem
[2]coluna, sem estola sacerdotal ou ídolos.
5 [3]Depois [l]tornarão os filhos de Israel e busca-
rão ao Senhor, seu Deus, e a Davi, seu [m]rei. Virão
tremendo ao Senhor e à sua bondade, nos últi-
mos dias.

II. Acusação contra Israel, 4–8

Acusação do Senhor contra a nação pecadora

4 **O**uvi a palavra do Senhor, vós, filhos de Israel,
porque o Senhor tem uma [n]contenda
com os habitantes da terra:
Não há verdade, nem amor,
nem conhecimento de Deus na terra.
2 Só prevalecem o perjurar, o mentir,
o matar, o furtar e o adulterar;
quebram todos os laços, há homicídios
sobre homicídios.
3 [o]Por isso a terra se lamenta,
e todo o que nela mora desfalece
com os animais do campo
e com as aves do céu;
até os peixes do mar perecem.
4 **T**odavia, ninguém contenda,
nem qualquer repreenda,
porque o teu povo é como os que
[p]contendem com o sacerdote.
5 Por isso, tropeçarás de dia,
e o profeta contigo
tropeçará de noite.
Assim eu destruirei a tua mãe;

A ignorância deliberada de Israel

6 o [q]meu povo é destruído
porque [4]lhe falta o conhecimento.
Porque tu rejeitaste o conhecimento,
também eu te rejeitarei como
meu sacerdócio;
[r]visto que te esqueceste da lei do teu Deus,
também eu me esquecerei de teus filhos.
7 Quanto mais eles se multiplicaram,
tanto mais contra mim pecaram;
[s]eu mudarei a sua honra em vergonha.
8 Alimentam-se do pecado do meu povo
e da maldade dele têm desejo ardente.
9 [t]Por isso, como é o povo,
assim será o sacerdote.
Eu o castigarei pelos seus caminhos
e lhe darei a recompensa das suas obras.
10 [u]Comerão, mas não se fartarão;
se entregarão à luxúria,
mas não se multiplicarão,
porque deixaram de olhar para o Senhor.
11 **A** sensualidade,
o vinho e o mosto tiram o entendimento.

A idolatria arraigada de Israel

12 O meu povo consulta a sua madeira,
e a sua vara lhe [v]responde,
porque o espírito de luxúria os engana,
e eles, prostituindo-se,
apartam-se do seu Deus.
13 [w]Sacrificam sobre os cumes dos montes
e queimam incenso sobre os outeiros;
debaixo do carvalho,
do álamo e do olmeiro,
porque é boa a sua sombra.
[x]Por isso as vossas filhas se prostituem,
as vossas noras adulteram.

[f] Am 9.15
[g] Zc 13.9; comp. Rm 9.25,26; Ef 2.11,22; 1Pe 2.10
[h] Heb. *ashisha*. Bolos de uvas-passas que se usavam nas festas de sacrifícios dos cananeus
[i] Veja pesos e medidas (AT): 2Cr 2.10, nota
[j] Reino (AT): v. 4,5; Jl 3.12 (Gn 1.26; Zc 12.8)
[k] Os 10.3; comp. Jo 19.15
[l] Israel (profecias): v. 4,5; Jl 3.1 (Gn 12.2; Rm 11.26)
[m] Cristo (segunda vinda): v. 4,5; Mq 4.7 (Dt 30.3; At 1.11, nota)
[n] Os 12.2; Mq 6.1; comp. Jr 25.31
[o] Jr 4.28; 12.4; Am 5.16; 8.8; Sf 1.3
[p] Dt 17.12
[q] Is 5.13
[r] Ez 22.26
[s] 1Sm 2.30; Ml 2.9
[t] Jr 5.30,31; 2Tm 4.3,4
[u] Lv 26.26; Ag 1.6
[v] Fala como um oráculo
[w] Is 1.29; 57.5,7; Ez 6.13; 20.28
[x] Am 7.17; Rm 1.28-32

[1] (2.23) Esse versículo faz um jogo com o significado literal dos nomes dos filhos. Veja Os 1.2, *nota*; comp. Os 2.1.

[2] (3.4) Essa predição foi notavelmente cumprida na condição particular de Israel desde o tempo de Cristo. Apesar de estar disperso, sem gozar de unidade política sob um rei ou um príncipe e sem poder oferecer sacrifícios desde a destruição do templo pelos romanos em 70 d.C., o povo tem conservado sua identidade e evitado o culto idólatra de estátuas (pilares de pedra em honra a deuses pagãos), estolas (vestes sacerdotais sagradas) ou terafins (deuses ou ídolos domésticos).

[3] (3.5) O cap. 3 é uma das passagens clássicas do AT que descreve o passado, o presente e o futuro de Israel. Seu passado idólatra está ilustrado pela infidelidade de Gômer a Oseias (v. 1,2), apesar da qual Oseias recebe ordens de amá-la e de comprá-la de volta "como o Senhor ama os filhos de Israel"; um amor que o levou a pagar o preço do sangue na cruz para redimir Israel. Isso foi o fundamento da restauração. A condição atual de Israel está ilustrada e claramente profetizada no v. 4. Seu futuro está declarado no v. 5 e mostra seu arrependimento para com Deus, que, na sua fidelidade, irá restaurá-lo.

[4] (4.6) Essa é uma das passagens mais conhecidas e mais frequentemente citadas de Oseias.

14 **Eu** não castigarei vossas filhas,
que se prostituem,
nem vossas noras, quando adulteram,
porque [y]os homens
com as prostitutas se desviam
e com as meretrizes sacrificam;
o povo que não tem entendimento
será transtornado.
15 **Ainda** que tu, ó Israel, queiras prostituir-te,
contudo não se faça culpado Judá.
Não venhais a Gilgal e não
subais a [z]Bete-Áven,
nem jureis, dizendo:
Vive o Senhor.
16 Porque como novilha
rebelde se [a]rebelou Israel.
Agora o Senhor os apascentará
como a um cordeiro
num lugar espaçoso.
17 [b]Efraim está entregue aos [c]ídolos; [d]deixai-o.
18 Tendo acabado de beber,
eles se entregam à prostituição;
os seus príncipes certamente amam
a vergonha.
19 O vento os envolveu nas suas asas;
e eles se envergonharão
por causa dos seus sacrifícios.

O Senhor desvia seu rosto de Israel

5 **Ouvi** isto, ó sacerdotes,
e escutai, ó casa de Israel;
escutai, ó casa do rei,
porque a vós pertence este juízo,
visto que fostes um laço para Mispa
e rede estendida sobre o Tabor.
2 Os rebeldes se aprofundaram na carnificina.
Eu castigarei a todos eles.
3 Eu conheço a Efraim, e Israel
não me está oculto;
porque agora te tens prostituído, ó Efraim,
e se contaminou Israel.
4 As suas ações não lhes
permitem voltar para o seu Deus.
O espírito da prostituição está
no meio deles,
e não conhecem ao Senhor.
5 **A** [e]soberba de Israel testifica contra eles;
Israel e Efraim tropeçarão
pela sua iniquidade,
e Judá tropeçará com eles.
6 Eles irão com os seus rebanhos
e com as suas manadas à
[f]procura do Senhor,
mas não o acharão;
ele se retirou deles.
7 Foram infiéis ao Senhor;
geraram filhos bastardos.
Agora os festivais da lua
nova os consumirá
e também aos seus campos.
8 [g]**Tocai** a trombeta em Gibeá
e a corneta em Ramá.
Gritai altamente em Bete-Áven;
após ti, ó Benjamim.
9 Efraim será para assolação no dia do castigo.
Entre as tribos de Israel
torno conhecido o que é certo.
10 Os príncipes de Judá são
como os que [h]mudam os marcos.
Derramarei o meu furor
sobre eles como água.
11 Efraim está [i]oprimido,
quebrantado em juízo,
porque quis seguir os ídolos.
12 Portanto, para Efraim
sou como a traça,
e para a casa de Judá,
como a [j]podridão.
13 Quando Efraim viu a sua enfermidade,
e Judá a sua chaga,
[k]subiu Efraim à Assíria
e buscou ao grande rei
que o socorresse.
Mas ele não poderá curar-vos,
nem sarar a vossa chaga.
14 Porque para Efraim serei como um [l]leão,
e como um grande leão
para a casa de Judá.
Eu os despedaçarei, e irei embora;
os arrebatarei,
e não haverá quem os livre.
15 **Irei** e voltarei para o meu lugar,
[1]até que se reconheçam culpados
e busquem a minha face.
Estando eles angustiados,
de madrugada me [m]buscarão.

Um remanescente nos últimos dias

6 [n]Vinde, [o]tornemos para o Senhor.
Ele nos despedaçou, mas nos [p]sarará;
fez a ferida, mas a ligará.
2 Depois de dois dias, nos dará a vida;
no terceiro dia, nos ressuscitará,
e viveremos diante dele.
3 Conheçamos e prossigamos
em conhecer ao Senhor.
Como a alva será a sua saída;
ele a nós virá como a chuva,
como a primeira chuva
que rega a terra.

[y] v. 6
[z] Js 7.2; Os 10.8
[a] Jr 3.6; 7.24; 8.5; Zc 7.11
[b] Oseias usa este nome 37 vezes para referir-se a Israel, o Reino do Norte. Veja 6.4, marg.
[c] Comp. Os 14.8
[d] Mt 15.14
[e] Os 7.10
[f] Pv 1.28; Is 1.15; Jr 11.11; Ez 8.18; Mq 3.4; Jo 7.34
[g] Os 8.1; Jl 2.1
[h] Dt 19.14; 27.17
[i] Dt 28.33
[j] Pv 12.4
[k] Os 7.11; 10.6
[l] Os 13.7,8
[m] Buscar-me-ão com empenho
[n] Is 1.18
[o] Veja Rm 11.5, nota
[p] Os 14.4

[1] (5.15) Com Mt 23.37-39, essa passagem apresenta um esboço do curso da futura restauração de Israel para Deus.

O Senhor lamenta o pecado de Efraim (Israel)

4 Que te farei, ó [q]Efraim? Que te farei, ó Judá?
O vosso amor é como a nuvem da manhã
e como o orvalho da madrugada,
que cedo passa.
5 Por isso, os despedacei com meus profetas,
com as palavras da minha boca os matei;
os meus juízos saíram como o
relâmpago sobre vós.
6 Pois eu quero [r]misericórdia, [s]não o sacrifício;
e o conhecimento de Deus,
mais do que holocaustos.
7 **E**les, porém, transgrediram
a aliança, como Adão;
foram infiéis a mim.
8 [t]Gileade é a cidade dos que
praticam a iniquidade,
calcada de sangue.
9 Como hordas de salteadores
que espreitam a alguém,
assim é a companhia dos [u]sacerdotes;
[v]matam no caminho
para Siquém, praticando [w]abominações.
10 Vi uma coisa horrenda na casa de Israel.
Ali está a prostituição de Efraim,
e Israel está contaminado.
11 Também para ti, ó Judá,
está determinada uma [x]ceifa,
para quando eu trouxer de volta
o meu povo do cativeiro.

A iniquidade de Efraim

7 **Q**uando eu queria restaurar a sorte do meu povo,
quando eu queria sarar a Israel,
descobriam-se os pecados de Efraim
e os crimes de [y]Samaria.
Praticam a falsidade;
o ladrão entra,
a horda dos salteadores rouba por fora,
2 mas não consideram no seu
coração que eu me [z]lembro
de toda a sua maldade.
Agora os cercam as suas obras;
diante da minha face estão.
3 Com a sua malícia alegram ao [a]rei,
e com as suas mentiras aos [b]príncipes.
4 Todos eles são adúlteros,
semelhantes são ao forno aceso pelo padeiro,
cujo fogo não precisa atear,
desde o amassar a massa
até que seja levedada.
5 No dia do nosso rei,
os príncipes se tornam
doentes, instigados pelo [c]vinho,
e ele dá mãos aos [d]escarnecedores.

[q] Frutífero. Os 11.8
[r] Mt 9.13; 12.7
[s] Is 1.12,13; Mq 6.6-8
[t] Os 12.11
[u] Os 5.1
[v] Jr 7.9,10
[w] Ez 22.9
[x] Comp. Jr 51.33; Jl 3.13
[y] Ez 23.4-8
[z] Os 5.3
[a] Os 1.1
[b] Mq 7.3
[c] Is 28.1
[d] Is 28.14
[e] Is 64.7
[f] Comp. Jr 10.25
[g] Sl 106.35
[h] Is 42.25
[i] Os 5.5
[j] Os 11.11
[k] Is 30.3
[l] Os 5.13; 8.9
[m] Ez 12.13
[n] Êx 18.18
[o] Jó 35.9,10; Sl 78.36; Jr 3.10; Zc 7.5
[p] Am 2.8
[qq] Dt 28.68; Os 8.13; 9.3
[rr] Os 5.15

6 O coração deles é como um forno,
enquanto estão de espreita.
A sua ira dorme toda a noite;
pela manhã, arde como chamas de fogo.
7 Eles estão todos quentes como um forno;
consomem os seus juízes.
Todos os seus reis caem,
[e]ninguém entre eles
há que [f]me invoque.
8 **E**fraim com os povos se [g]mistura;
Efraim é um bolo que não foi virado.
9 Estrangeiros lhe comem a força,
e ele [h]não o sabe.
Seus cabelos ficam brancos,
mas ele não o percebe.
10 A [i]soberba de Israel testifica contra ele,
todavia não voltam
para o Senhor seu Deus,
nem o buscam em tudo isso.
11 [j]Efraim é como uma pomba enganada,
sem entendimento;
invocam o [k]Egito,
vão para a [l]Assíria.
12 Quando forem, sobre eles
[m]estenderei a minha rede;
como aves do céu os farei descer.
Eu os castigarei, conforme o que
eles têm ouvido na sua congregação.
13 Ai deles,
porque fugiram de mim!
Destruição sobre eles,
porque se rebelaram contra mim!
Eu os [n]remi,
mas disseram mentiras contra mim.
14 [o]Não clamaram a mim com seu coração,
mas gemem nas suas camas.
Para o trigo e para o [p]vinho se ajuntam,
mas contra mim se rebelam.
15 Eu os ensinei e lhes fortaleci os braços,
mas pensam mal contra mim.
16 Eles voltam, mas não para o Altíssimo.
São como um arco enganador.
Os seus príncipes caem à espada,
por causa da violência da sua língua.
Este será o seu escárnio na terra do [qq]Egito.

Colhendo tormentas

8 **P**õe a trombeta na tua boca.
Ele vem como a águia
contra a casa do Senhor,
porque transgrediram a
minha aliança,
e se rebelaram contra a minha lei.
2 A mim clamam:
Deus meu, nós, [rr]Israel, te conhecemos.
3 Israel rejeitou o bem;
o inimigo o perseguirá.

4 [s]Eles fizeram reis, mas não
por mim; constituíram príncipes,
mas eu não o soube.
Da sua prata e do seu ouro
fizeram ídolos para si,
para serem destruídos.
5 O teu bezerro, ó Samaria, é rejeitado;
a minha ira se acende contra eles.
Até quando serão eles incapazes
de alcançar a pureza?
6 Porque isso procede de Israel;
um [t]artífice o fez, e não é Deus.
Mas em pedaços será desfeito
o bezerro de Samaria.
7 **E**les [u]semeiam ventos
e colhem tormentas.
Não haverá seara;
a erva não dará farinha.
Se a der,
a tragarão os [v]estrangeiros.
8 Israel foi devorado;
agora está entre as nações
como um vaso em que
ninguém tem prazer.
9 Porque subiram à [w]Assíria,
como um jumento selvagem,
andando sozinho.
Efraim se vendeu por amores.
10 Todavia, ainda que eles se
tenham vendido entre as nações,
agora eu os congregarei.
Já começaram a ser
diminuídos sob a carga
do poderoso rei.
11 Ainda que Efraim tenha
multiplicado altares,
estes se tornaram
altares para pecar.
12 Escrevi para eles as [x]muitas
coisas da minha lei,
mas isso é para eles
como coisa estranha.
13 Quanto aos sacrifícios das
minhas ofertas,
eles sacrificam carne
e a comem,
mas o Senhor [y]não os aceita.
[z]Agora se lembrará da injustiça deles
e punirá os seus pecados:
Eles voltarão para o Egito.
14 [a]Israel se esqueceu do seu
Criador e edificou palácios;
Judá multiplicou
[b]cidades fortificadas.
Eu, porém, enviarei um fogo
contra as suas cidades,
e ele consumirá os seus palácios.

III. A retribuição a Israel, 9–10

Efraim é castigado e rejeitado

9 [c]Não te alegres, ó Israel,
até saltar, como os outros povos.
Porque te foste do teu Deus
como uma meretriz;
amaste a paga de meretriz
sobre todas as eiras de trigo.
2 A eira e o tanque de espremer uvas
não os manterão; o vinho
novo lhes faltará.
3 Na [d]terra do Senhor não permanecerão;
[e]Efraim tornará ao Egito
e na Assíria [f]comerão comida imunda.
4 Não derramarão vinho perante o Senhor,
nem as suas [g]ofertas
serão para ele suaves.
Tais sacrifícios para eles serão
como pão de pranteadores;
todos os que dele comerem
serão imundos.
Pois o seu pão será para o seu apetite;
não entrará na casa do Senhor.
5 Que fareis vós no dia da solenidade
e no dia da festa do Senhor?
6 Ainda que escapem da destruição,
o Egito os recolherá,
Mênfis os sepultará.
O desejável da sua prata
as [h]urtigas o possuirão por herança;
espinhos haverá nas suas moradas.
7 Chegaram os dias do castigo,
chegaram os dias da retribuição.
Israel o [i]saberá.
O profeta é um [j]insensato,
o homem inspirado é um louco,
por causa da abundância
da tua iniquidade e do teu grande ódio.
8 O profeta, junto ao meu Deus,
é a [k]sentinela de Efraim,
mas o profeta é como um laço
de caçador de aves em todos
os seus caminhos,
um inimigo na casa do seu Deus.
9 Muito profundamente se corromperam,
como nos dias de [l]Gibeá.
Ele se lembrará das suas injustiças
e punirá os pecados deles.
10 **A**chei a Israel como uvas no [m]deserto,
vi a vossos pais como a fruta [n]temporã
da figueira no seu princípio,
mas eles foram para [o]Baal-Peor
e se tornaram abomináveis
como aquilo que amaram.
11 Quanto a Efraim,
a sua glória como ave voará;

[s] 1Rs 12.20; 2Rs 15.23,25
[t] Is 40.19
[u] Comp. Os 10.13
[v] Os 7.9
[w] Os 7.11; 12.1
[x] Dt 4.6-8; Sl 119.18; 147.19,20
[y] Jr 6.20; Os 6.6; 9.4
[z] Os 9.9; Am 8.7
[a] Dt 32.18
[b] Nm 32.17; 2Rs 18.13
[c] Is 22.12,13
[d] Lv 25.23; Jr 2.7; 16.18
[e] Os 11.5
[f] Ez 4.13; comp. Dn 1.8
[g] Os 8.13; Am 5.22
[h] Is 5.6; 32.13; 34.13; Os 10.8
[i] Is 10.3; comp. Lc 19.44
[j] Lm 2.14; Ez 13.3-10
[k] Jr 6.17; 31.6; Ez 3.17; 33.7
[l] Jz 19.1-30
[m] Jr 2.2
[n] Is 28.4; Mq 7.1
[o] Nm 25.3; Sl 106.28

não haverá nascimento,
nem gravidez, nem concepção.
12 Ainda que venham a criar seus filhos,
eu os privarei deles,
para que não fique nenhum homem.
Ai deles, quando deles me apartar!
13 Efraim, assim como vi a [p]Tiro,
está plantado num lugar deleitoso.
Mas Efraim levará seus filhos
ao matador.
14 Dá-lhes, ó Senhor!
Mas o que lhes darás?
Dá-lhes uma madre que
aborte e seios secos.
15 Toda a sua malícia se acha em [q]Gilgal,
pois ali os aborreci.
Por causa da maldade das suas obras
os lançarei fora de minha casa.
Não os amarei mais;
todos os seus príncipes são [r]rebeldes.
16 Efraim foi [s]ferido,
secou-se a sua raiz, não dão fruto.
Sim, ainda que gerem,
eu matarei os frutos
desejáveis do seu ventre.
17 O meu Deus os [t]rejeitará,
porque não o ouvem;
[u]peregrinos andarão entre as nações.

"Lavrai o campo de lavoura"

10 Israel é uma vide frondosa;
dá [v]fruto para si mesmo.
Conforme a abundância do seu fruto,
assim multiplicou os altares;
conforme a bondade da terra,
assim fizeram belas colunas.
2 O seu coração está dividido,
por isso serão culpados.
O Senhor cortará os seus altares
e destruirá as suas colunas.
3 Certamente agora dirão:
[w]"Não temos rei porque não
tememos ao Senhor.
Mas mesmo o rei,
o que faria por nós?
4 Falam palavras vãs, jurando falsamente,
fazendo aliança;
portanto florescerá o juízo
como erva venenosa num campo arado.
5 **O**s moradores de Samaria
serão atemorizados
por causa do [x]bezerro de Bete-Áven.
O seu povo se lamentará por causa dele,
como também os seus
sacerdotes idólatras tremerão
por causa da sua [y]glória,
que se apartou dela.
6 Também à Assíria será levado
como um presente
ao [z]grande rei.
Efraim ficará confuso,
e Israel se envergonhará
por causa do seu próprio conselho.
7 O rei de Samaria será desfeito
como a espuma sobre
a face da água.
8 Os [a]altos de iniquidade
serão destruídos;
são o [b]pecado de Israel.
Espinhos e ervas daninhas crescerão
sobre os seus altares.
Então, dirão aos montes: [c]Cobri-nos!
E aos outeiros: Caí sobre nós!
9 **D**esde os dias de [d]Gibeá pecaste,
ó Israel,
e ali permaneceste.
A [e]peleja em Gibeá contra os
filhos da perversidade
não te alcançará?
10 Eu castigarei o povo
na medida do meu desejo;
se congregarão contra eles os povos,
quando os atar às suas
transgressões.
11 Efraim é uma [f]bezerra domada,
que gostava de trilhar;
coloquei o jugo
sobre a formosura do seu pescoço.
Porei arreios sobre Efraim,
Judá lavrará,
Jacó lhe desfará os torrões.
12 Semeai para vós em justiça,
ceifai o fruto do constante amor,
e [g]lavrai o campo de lavoura,
porque é tempo de buscar ao Senhor,
até que [h]venha e chova
a justiça sobre vós.
13 Lavrastes a impiedade,
segastes a perversidade
e comestes o fruto da mentira,
porque [i]confiastes no vosso caminho,
na multidão dos vossos valentes.
14 Portanto, entre o teu povo
se levantará um grande tumulto,
e todas as tuas fortalezas
serão destruídas,
como [j]Salmã destruiu a Bete-Arbel
no dia da guerra.
A mãe ali foi despedaçada
com os filhos.
15 Assim vos fará Betel,
por causa da vossa grande malícia.
O rei de Israel de madrugada
será totalmente destruído.

[p] Ez 27.3,4
[q] Os 4.15; 12.11
[r] Os 5.2
[s] Os 5.11
[t] 2Rs 17.20; Zc 10.6
[u] Lv 26.33
[v] Comp. Os 14.8
[w] Os 13.11
[x] 1Rs 12.28,29; Os 8.5,6; 13.2
[y] Os 9.11
[z] Os 5.13
[a] Os 4.15; veja Jz 3.7 e 1Rs 3.2, notas
[b] 1Rs 13.34
[c] Lc 23.30; Ap 6.16
[d] Os 9.9
[e] Jz 20
[f] Jr 50.11
[g] Jr 4.3
[h] Os 6.3
[i] Veja Sl 2.12, nota
[j] Salmaneser, 2Rs 17.3; 2Rs 18.9

IV. O incessante amor de Deus por Israel, 11.1–13.8

O relacionamento do Senhor com seu povo no passado

11 Quando Israel era menino, eu o amei,
e do Egito [k]chamei a [l]meu [1][m]filho.
2 Quanto mais, porém, eu os chamava,
tanto mais se iam da minha [n]face.
Sacrificavam a baalins e
queimavam incenso às
imagens de escultura.
3 Todavia, eu ensinei a andar a Efraim,
tomando-os pelos seus [o]braços;
mas não conheceram que eu os curava.
4 Atraí-os com cordas humanas,
com cordas de amor;
[p]fui para eles como os que tiram
o jugo do pescoço,
e lhes dei mantimento.
5 Não voltará para a terra do Egito,
mas a Assíria será seu rei,
porque recusam [q]converter-se.
6 Cairá a espada sobre as suas cidades,
consumirá os seus ferrolhos
e os devorará, por causa
dos seus conselhos.
7 O meu povo é inclinado
a desviar-se de mim.
Ainda que clamem ao Altíssimo,
nenhum deles o exalta.
8 Como te deixaria, ó Efraim?
Como te entregaria, ó Israel?
Como te trataria como [r]Admá?
Como te faria como Zeboim?
Está comovido em mim o meu coração,
todas as minhas [s]compaixões
unânimes se acendem.
9 Não executarei o furor da minha ira,
nem voltarei para destruir a Efraim.
Porque eu sou Deus, e não homem,
o Santo no meio de ti.
Eu não entrarei na cidade.
10 Andarão após o Senhor;
ele bramará como leão.
Bramando ele,
os filhos, tremendo,
virão do Ocidente.
11 Tremendo virão,
como um passarinho, os do Egito,
e como uma pomba os da terra da [t]Assíria.
Eu os farei [u]habitar em suas casas,
diz o Senhor.

12 Efraim me cercou com mentira,
e a casa de Israel com engano.
E Judá ainda é rebelde contra Deus,
contra o Santo fiel.

Nova repreensão contra o pecado de Efraim

12 Efraim se [v]alimenta de vento;
segue o vento leste o dia todo
e multiplica a mentira e a violência.
Faz aliança com a [w]Assíria
e manda azeite ao Egito.
2 O Senhor também com Judá tem [x]contenda;
castigará Jacó segundo os seus caminhos
e o recompensará segundo as suas obras.
3 No ventre, pegou do [y]calcanhar de seu irmão,
e pela sua força como príncipe
se houve com Deus.
4 Como príncipe [z]lutou com o
[a]anjo e prevaleceu;
chorou e lhe suplicou.
Em [b]Betel o achou e falou com ele ali;
5 sim, com o Senhor, o Deus dos Exércitos,
o Senhor é o seu [c]nome.
6 [d]Converte-te a teu Deus;
guarda o amor e a justiça,
e em teu Deus espera sempre.
7 O mercador tem balança
enganosa em sua mão;
ele ama a opressão.
8 Diz Efraim: Eu me enriqueci;
adquiri grandes bens.
Em todo o meu trabalho
não acharão em mim
iniquidade alguma,
nada que seja pecado.
9 Eu, porém, sou o Senhor teu Deus,
que te tirou da terra do Egito;
eu ainda te farei habitar em [e]tendas,
como nos dias da festa solene.
10 Falei aos [f]profetas,
dei-lhes muitas visões e,
por seu intermédio,
propus parábolas.
11 Não é [g]Gileade iniquidade?
Pura vaidade são eles.
Em [h]Gilgal sacrificam bois?
Os seus altares serão como
montões de pedras nos
sulcos dos campos.
12 Jacó [i]fugiu para a terra da Síria;
[j]Israel serviu por uma mulher,
e por uma mulher
guardou o gado.

[k] Eleição (coletiva): v. 1; Mt 24.22 (Dt 7.6; 1Pe 5.13)
[l] Êx 4.22; Mt 2.15
[m] Cristo (primeira vinda): v. 1; Mq 5.2 (Gn 3.15; At 1.11)
[n] 2Rs 17.13-15
[o] Dt 32.10,11
[p] Lv 26.13
[q] Os 7.16
[r] Gn 14.8; 19.24,25; Dt 29.23
[s] Veja Zc 8.14, nota
[t] Is 11.11
[u] Ez 34.27,28
[v] Jó 15.2,3; Os 8.7
[w] Os 8.9
[x] Os 4.1; Mq 6.2
[y] Gn 25.26
[z] Gn 32.24-28
[a] Veja Hb 1.4, nota
[b] Gn 28.12-19; 35.9-15
[c] Êx 3.15
[d] Os 14.1; Mq 6.8
[e] Comp. Zc 14.16-19; Ap 7.15-17
[f] 2Rs 17.13
[g] Os 6.8
[h] Os 9.15
[i] Gn 28.5; Dt 26.5
[j] Gn 29.20,28

[1] (11.1) Essa é uma referência ao êxodo de Israel do Egito e tb. ao fato de que o relacionamento de Deus com Israel sempre esteve baseado no amor que ele demonstraria ao chamar seu Filho, o Senhor Jesus Cristo, a que regressasse da relativa segurança do Egito, a fim de que sofresse e morresse para realizar sua grande obra redentora. Comp. Mt 2.15.

13 O Senhor, porém,
[k]por meio de um profeta,
fez subir a Israel do Egito,
e por um profeta foi ele guardado.
14 Efraim muito amargamente
o [l]provocou à ira;
o seu Senhor deixará sobre ele o seu sangue
e fará cair sobre ele a sua vergonha.

A contínua maldade de Efraim

13 [m]Quando Efraim falava, tremia-se;
era exaltado em Israel.
Mas ele se fez culpado no
tocante a Baal e morreu.
2 Agora multiplicam pecados,
e da sua prata fazem
imagens de fundição,
ídolos segundo o seu entendimento,
todos obra de artífices.
Diz-se deles: Oferecem sacrifício humano
e [n]beijam os [o]bezerros.
3 Por isso, serão como a nuvem de manhã,
como orvalho que cedo passa,
como palha que se lança
da eira e como a fumaça
que sai pela janela.
4 Todavia, eu sou o Senhor
teu Deus que te tirou da
terra do Egito;
portanto não reconhecerás
outro Deus além de mim,
porque não há [p]Salvador senão eu.
5 Eu te conheci no deserto,
em terra muito seca.
6 Quando eu os alimentei, eles se fartaram;
estando fartos, ensoberbeceu-se
o seu coração,
por isso se esqueceram de mim.
7 Portanto, serei para eles como leão,
como leopardo espreitarei
junto ao caminho.
8 [q]Como ursa roubada dos seus filhos,
eu os atacarei
e lhes romperei as teias do coração.
Eu os devorarei como leão;
um animal do campo os
despedaçará.

V. A restauração final de Israel, 13.9–14.9

9 Para tua perda, ó Israel,
te rebelaste contra mim,
contra o teu ajudador.
10 Onde está agora o teu rei,
para que te guarde em todas
as tuas cidades?
Onde estão os teus juízes,
dos quais disseste:
Dá-me rei e príncipes?
11 [1]Dei-te um rei na minha
ira e [2]tirei-o no meu furor.
12 A iniquidade de Efraim está atada,
o seu pecado está armazenado.
13 Dores de parto lhe sobrevirão,
mas ele é um filho insensato,
porque é tempo e não está no lugar
em que deve vir à luz.
14 Eu os remirei da violência
do [r]inferno e os [s]resgatarei da morte.
Onde estão, ó [t]morte,
as tuas pragas?
Onde está, ó [u]inferno,
a tua destruição?
A [3]compaixão está escondida
de meus olhos.
15 Ainda que ele dê fruto entre os irmãos,
virá o vento leste, vento do Senhor,
subindo do deserto;
se secará a sua nascente,
e se estancará sua fonte.
O seu tesouro será saqueado
de todos os vasos desejáveis.
16 Samaria virá a ser deserta,
porque se [v]rebelou contra o seu Deus.
Cairão à espada,
seus filhos serão despedaçados
e as suas mulheres grávidas
serão [w]abertas pelo meio.

Futura bênção de Israel, quando a ira de Deus for afastada

14 [x]Volta, ó Israel, para o Senhor, o teu Deus.
Pelos teus pecados tens caído.
2 Tomai convosco palavras
e voltai para o Senhor.
Dizei-lhe: Perdoa toda a iniquidade
e aceita-nos graciosamente,
para que ofereçamos como novilhos
os [y]sacrifícios dos nossos lábios.
3 [z]Não nos salvará a Assíria,
não iremos montados em cavalos
e à obra das nossas mãos
não diremos mais:
Tu és o nosso Deus;
porque por ti o órfão
alcançará misericórdia.

[k] Êx 12.50,51; 13.3; Sl 77.20; Is 63.11,12; Mq 6.4
[l] Ez 18.10-13; comp. 1Rs 12.25–13.5; 15.30; 2Rs 17.11-23
[m] Comp. Js 4.14; Jó 29.21-25
[n] Uma atitude de adoração. Comp. 1Rs 19.18; Sl 2.12
[o] Os 10.5
[p] Is 45.21,22; 1Tm 2.5
[q] 2Sm 17.8; Pv 17.12
[r] Ressurreição: v. 14; Mt 9.25 (2Rs 4.35; 1Co 15.52, nota)
[s] Redenção (tipo do parente remidor): v. 14 (Gn 48.16; Is 59.20, nota)
[t] 1Co 15.55
[u] Veja Hc 2.5, nota
[v] 2Rs 18.12
[w] 2Rs 15.16
[x] Os 12.6; Jl 2.13
[y] Sl 69.30,31; Hb 13.15
[z] Os 7.11; 10.13; 12.1

[1] (13.11) Isso, sem dúvida, refere-se a Saul (1Sm 15.22,23) ou a Jeroboão I (1Rs 14.14-16; 15.30).
[2] (13.11) Parece uma alusão ao último rei do Reino do Norte, Oseias (2Rs 18.9,10).
[3] (13.14) Deus não mudará sua promessa.

4 **E**u sararei a sua [a]apostasia,
eu voluntariamente os [b]amarei,
porque a minha ira se apartou [1]deles.
5 Eu serei para Israel como [c]orvalho;
ele florescerá como o lírio
e espalhará as suas raízes
como o cedro do Líbano.
6 Se estenderão os seus ramos,
e a sua [d]glória será como a da oliveira,
o seu odor como um cedro do Líbano.
7 Voltarão a habitar na sua sombra.
Serão vivificados como o trigo
e florescerão como a vide;
a sua memória será como
o vinho do Líbano.
8 **Ó** Efraim, que mais tenho eu com
os ídolos?
Eu te ouvirei e cuidarei de ti.
Eu sou como o pinheiro verde;
[e]de mim vem o teu fruto.
9 **Q**uem é sábio, para que entenda
estas coisas,
e prudente, para que as saiba?
Os caminhos do Senhor são retos;
os justos andam neles,
mas os transgressores neles tropeçam.

[a] Jr 14.7
[b] Ef 1.6
[c] Jó 29.19; Pv 19.12
[d] Sl 52.8; 128.3
[e] Jo 15.4; comp. Os 10.1; Tg 1.17

[1] (14.4) Oseias conclui seu livro com palavras reconfortantes de perdão. Quando Israel responder ao amoroso convite do Senhor para retornar a ele (v. 1-3), se seguirão a cura – pela graça – de sua apostasia, a dádiva do amor de Deus, o afastamento da ira de Deus, a futura bênção de restauração e o repúdio final que Israel fará à idolatria (v. 4-8).

JOEL

- **Autor:** Joel
- **Tema:** O dia do Senhor
- Escrito no século IX ou VIII a.C.

O livro de Joel, cujo nome significa *o Senhor é Deus*, é difícil de datar, pois nele nenhum rei israelita ou nação estrangeira foi mencionado. Joel, profeta em Judá, provavelmente exerceu seu ministério durante o reinado de Joás (2Cr 22–24). É possível que tenha conhecido, em sua juventude, o profeta Elias, e certamente foi contemporâneo de Eliseu. As pragas de insetos, que eram sinal do castigo divino, deram ocasião para a revelação do futuro "dia do Senhor" (Is 2.12) em seus dois aspectos, o de julgamento dos gentios e o de bênção sobre Israel.

Joel pode ser dividido em três partes: I. A praga de insetos, 1.1-20. II. O dia do Senhor, 2.1–3.8. III. Retrospecto do dia do Senhor e cumprimento da bênção do Reino, 3.9-21.

I. A praga de insetos, 1.1-20

Introdução

1 Palavra do Senhor, que foi dirigida a [a]Joel, filho de Petuel.
2 Ouvi isto, vós, anciãos;
e escutai, todos os moradores da terra:
Aconteceu isto em vossos dias,
ou também nos dias de vossos pais?
3 Fazei sobre isto uma [b]narração a vossos filhos,
e vossos filhos a seus netos,
e os filhos destes à outra geração.

Desolação produzida pelos gafanhotos

4 O que ficou do [1c]gafanhoto cortador,
comeu-o o [d]gafanhoto migrador;
o que ficou do gafanhoto migrador,
comeu-o o gafanhoto devorador;
o que ficou do gafanhoto devorador,
comeu-o o gafanhoto destruidor.
5 Despertai, [e]bêbados, e chorai!
Gemei, todos os que bebeis vinho;
gemei por causa do vinho novo,
porque foi tirado da vossa boca.
6 Uma [f]nação poderosa
e inumerável veio sobre a minha terra;
os seus dentes são dentes de leão,
e têm presas de leoa.
7 Fez da minha vide uma assolação,
arruinou a minha figueira.
Arrancou-lhe a casca e a lançou por terra;
os seus galhos se embranqueceram.

[a] At 2.16
[b] Êx 10.2; Sl 78.4; Is 38.19
[c] Am 4.9
[d] Is 33.4
[e] Is 5.11; 28.1; Os 7.5
[f] Jl 2.2,11
[g] Jl 2.17
[h] Os 4.3
[i] Is 24.7
[j] Am 5.16
[k] Is 16.10; 24.11
[l] Santificação (AT): v. 13,14; Zc 8.3 (Gn 2.3; Zc 8.3)
[m] Jl 2.15,16

8 Lamenta como a virgem
que está vestida de pano de saco,
pelo marido da sua mocidade.
9 Foi cortada a oferta de cereais,
e a libação do templo do Senhor.
Os sacerdotes, servos do Senhor,
estão [g]entristecidos.
10 O campo está assolado, e a terra [h]triste;
o trigo está destruído, o vinho novo se secou,
o azeite [i]falta.
11 Desesperai-vos, [j]lavradores,
uivai, vinhateiros,
sobre o trigo e a cevada,
porque a colheita do campo pereceu.
12 A vide se secou, a figueira se murchou;
a romeira, a palmeira, a macieira
e todas as árvores do campo se secaram.
A [k]alegria se secou entre os
filhos dos homens.
13 Cingi-vos de pano de saco
e lamentai-vos, sacerdotes;
gemei, ministros do altar.
Entrai e passai, vestidos de pano de saco,
durante a noite, ministros do meu Deus;
pois a oferta de cereais e a libação
cortadas foram do templo do vosso Deus.

Desolação produzida pela fome e seca

14 [l]Santificai um [m]jejum,
convocai uma assembleia solene,
congregai os anciãos
e todos os moradores desta terra

[1] (1.4) De acordo com o método que o Espírito geralmente emprega na profecia, certa circunstância local tem significado espiritual e dá ocasião a uma profecia de longo alcance (p. ex., Is 7.1-14, onde a invasão síria e a incredulidade de Acaz dão ocasião à grande profecia do v. 14). Aqui, em Joel, uma praga de gafanhotos tem significado simbólico (1.13,14) e descreve a futura invasão (2.1-11), a menos que haja arrependimento (2.12-17). Este iminente "dia do Senhor" para juízo se converte num anúncio do clímax que se alcançará no dia do Senhor, ainda não cumprido (Is 2.12, *refs.*).

O quadro prefigura o tempo do fim da era de Israel, dos tempos dos gentios (Lc 21.24; Ap 16.19), da batalha de Armagedom (Ap 16.14; 19.11-21), do reajuntamento de Israel (veja Rm 11.26, *nota*) e da bênção do Reino.

A ordem dos acontecimentos durante os últimos dias de Israel talvez seja a seguinte: 1) a invasão de Israel por potências mundiais gentias vindas do norte (Jl 2.1-10; Armagedom, Ap 16.14, *refs.*); 2) o exército do Senhor e a destruição dos invasores (Ap 19.11-21); 3) o arrependimento de Judá em sua terra (2.12-17; Dt 30.3, *nota*); 4) a resposta do Senhor (2.18-27); 5) o derramamento do Espírito sobre Israel "naqueles dias" (2.28,29); 6) a volta do Senhor em glória e o estabelecimento do Reino (2.30-32; At 15.15-17) por meio do reajuntamento da nação e o julgamento das nações (3.1-16); 7) a permanente bênção do Reino (3.17-21; Zc 14.1-21; veja Mt 25.32, *nota*).

para o templo do Senhor, o vosso Deus,
e clamai ao Senhor.
15 Ai do dia!
[n]Pois o [1]dia do Senhor está perto;
ele virá [o]como assolação
da parte do Todo-poderoso.
16 Não está o mantimento
[p]cortado de diante de nossos olhos?
A alegria e o regozijo do templo
do nosso Deus?
17 A semente mirrou debaixo
dos torrões de terra.
Os celeiros estão assolados,
os armazéns derrubados,
porque se secaram os cereais.
18 Como geme o [q]gado!
As manadas de vacas estão confusas,
porque não têm pasto;
até os rebanhos de ovelhas estão sofrendo.
19 **A** ti, ó Senhor, clamo,
porque o fogo consumiu os
pastos do deserto,
e a chama abrasou todas as
árvores do campo.
20 Também todos os animais
do campo clamam a ti;
os rios se secaram
e o fogo consumiu os pastos do deserto.

II. O dia do Senhor, 2.1–3.8

Assíria, o vitorioso exército invasor do norte

2 **T**ocai a trombeta em Sião,
e dai o alarme no meu monte santo.
Tremam todos os moradores da terra,
porque o [r]dia do Senhor vem, já está perto:
2 Dia de trevas e de escuridão;
dia de nuvens e de trevas espessas.
Como a alva espalhada sobre os montes,
vem um povo [s]grande e poderoso,
[t]qual desde o tempo
antigo nunca houve,
nem depois dele haverá pelos anos adiante,
de geração em geração.

[n] Veja Mt 4.17, nota
[o] Is 13.6; Ez 7.2-12
[p] Is 3.1-7; Am 4.6-9
[q] Jr 12.4; 14.5,6
[r] Dia (do Senhor): v. 15; 2.1-11; Jl 2.31 (Sl 2.9; Ap 19.19)
[s] Jl 1.6
[t] Dn 12.1
[u] Gn 2.8; 13.10; Is 51.3
[v] Comp. Ap 9.7-9
[w] Pv 30.27
[x] Is 13.10; Jl 3.15
[y] Jr 25.30; Jl 3.16; Am 1.2
[z] Jr 30.7; Am 5.18; Sf 1.15
[a] Dt 4.29; Jr 4.1; Ez 33.11; Os 12.6; 14.1

3 Diante dele um fogo consome,
atrás dele uma chama abrasa.
Diante dele a terra é [u]como o jardim do Éden,
atrás dele, um desolado deserto;
sim, nada lhe escapará.
4 **A** sua aparência é como a de [v]cavalos;
correm como cavaleiros.
5 Como o estrondo de carros
sobre os cumes dos montes
vão eles saltando,
como o ruído da chama
de fogo que consome o restolho,
como um povo poderoso,
posto em ordem de combate.
6 Diante dele temem os povos;
todos os rostos empalidecem.
7 Como valentes correm,
como homens de guerra sobem os muros.
Vai cada um nos seus caminhos,
e não se desvia da sua [w]fileira.
8 Não empurram uns aos outros;
cada um marcha sempre em frente.
Arremetem contra
lanças e não se detêm.
9 Assaltam a cidade,
correm pelos muros,
sobem às casas,
entram pelas janelas como o ladrão.
10 Diante deles treme a terra,
abalam-se os céus,
[x]enegrecem-se o sol e a lua,
e retiram as estrelas o seu resplendor.
11 O Senhor [y]troveja diante do seu [2]exército;
muito grande é o seu exército
e poderosos são os que
executam a sua palavra.
O [z]dia do Senhor é grande e muito terrível,
quem o poderá suportar?

Somente o arrependimento pode desviar a invasão

12 **A**inda assim, agora mesmo diz o Senhor:
[a]Voltai para mim de todo o vosso coração,
com jejuns, com choro e com pranto.

---

[1] (1.15) A expressão "dia do Senhor" é o período em que o Senhor intervirá abertamente nos assuntos dos homens, quando o dia do homem terá terminado. Será inaugurado com o arrebatamento da Igreja (1Co 15.50-58; 1Ts 4.13-18). Como os profetas viam os acontecimentos históricos da perspectiva de Deus, eles viam a unidade que havia no plano de Deus para o mundo. Assim, eles podiam discernir que as visitações de Deus no seu tempo eram símbolos diretos de um cumprimento futuro. Nesse sentido, Joel usa essa expressão frequentemente.

O "dia do Senhor" nos tempos proféticos incluirá o período da tribulação que há de vir (Ap 16–19) e o reinado de Cristo no trono de Davi (Ap 20). Terminará com o julgamento diante do grande trono branco (Ap 20.11-15) e os novos céus e a nova terra no "dia de Deus" (2Pe 3.10-13). Veja Ap 19.19, *nota*.

[2] (2.11) Nos v. 1-10, o avanço da praga de gafanhotos se transforma em ilustração de um exército invasor. (A cabeça do gafanhoto parece uma miniatura da cabeça do cavalo.) O v. 11 declara que, a menos que abram o coração em arrependimento completo (v. 12-17), o Senhor trará esse exército contra seu povo para discipliná-lo por causa dos seus pecados. Só o arrependimento pode impedir a invasão da Assíria, "o exército do Norte" (v. 20).

13 Rasgai o vosso coração, não as vossas vestes.
Voltai para o Senhor, o vosso Deus,
porque ele é misericordioso, compassivo,
tardio em irar-se,
grande em [b]amor e se [c]arrepende do mal.
14 Quem sabe [d]se não se voltará
e se arrependerá,
e deixará após si uma bênção,
em oferta de cereais e libação para o Senhor,
o vosso Deus?
15 Tocai a trombeta em Sião,
santificai um jejum,
proclamai um dia de assembleia solene.
16 Congregai o povo,
santificai a congregação, ajuntai os anciãos,
congregai os filhinhos e os que mamam.
Saia o noivo do seu aposento
e a noiva do seu leito nupcial.
17 Chorem os sacerdotes, ministros do Senhor,
entre o alpendre e o altar,
e digam: Poupa o teu povo, ó Senhor.
Não entregues a tua herança à vergonha,
para que as nações zombem dele.
Por que diriam entre os povos:
Onde está o seu Deus?

Promessa de livramento se Israel se arrepender

18 **E**ntão, o Senhor teve zelo da sua terra
e se compadeceu do seu povo.
19 O Senhor responderá ao seu povo:
Eu vos envio o trigo, o vinho novo e o azeite;
deles sereis fartos, e não vos entregarei
mais à zombaria entre as nações.
20 Farei o exército do Norte
partir para longe de vós,
e os lançarei em uma terra seca e deserta;
a sua frente para o mar oriental,
e a sua retaguarda para o mar ocidental.
E subirá a sua podridão,
e o seu mau cheiro se espalhará,
porque fez grandes coisas.
21 Não temas, ó terra;
regozija-te e alegra-te,
porque o Senhor fez grandes coisas.
22 Não temais, animais do campo,
porque os pastos do deserto reverdecem.
As árvores dão o seu fruto;
a vide e a figueira dão a sua força.
23 Alegrai-vos, ó filhos de Sião,
e regozijai-vos no Senhor, o vosso Deus,
porque ele vos deu em justa medida a [e]chuva.
Ele faz descer a chuva,
a de outono e a da primavera,
como outrora.
24 As eiras se encherão de trigo, e os tonéis
transbordarão de vinho novo e de azeite.
25 Eu vos recompensarei anos de colheita
consumidos pelo gafanhoto migrador,
pelo destruidor e pelo cortador,
o meu grande exército que enviei contra vós.
26 Comereis abundantemente
até ficardes satisfeitos,
e louvareis o nome do Senhor, o vosso Deus,
que procedeu para convosco
maravilhosamente;
o meu povo não será mais [f]envergonhado.
27 Sabereis que eu estou no meio de Israel,
e que eu sou o Senhor, o vosso Deus,
e que [g]não há outro;
o meu povo não será
envergonhado para sempre.
28 [h]**E**, depois disso, derramarei o meu [1][i]Espírito
sobre todos os [2]povos.
Os vossos filhos e as
vossas filhas profetizarão,
os vossos velhos terão sonhos,
os vossos jovens terão visões.
29 Até sobre os servos e sobre
as servas naqueles dias
derramarei o meu Espírito.

Sinais que precedem o dia do Senhor (comp. Is 13.9,10; 24.21-23; Ez 32.7-10; Mt 24.29,30)

30 Mostrarei maravilhas no céu e na terra,
sangue e fogo e colunas de fumaça.
31 O sol se converterá em trevas,
e a lua em sangue,
antes que venha o grande
e terrível [j]dia do Senhor.
32 E todo aquele que invocar
o nome do Senhor será salvo;
porque no monte de Sião
e em Jerusalém haverá [k]livramento,
assim como o Senhor disse,
entre os restantes que o Senhor chamar.

A restauração de Israel (comp. Is 11.10-12; Jr 23.5-8; Ez 37.21-28; At 15.15-17)

3 **N**aqueles dias [l]e [m]naquele tempo,
quando eu restaurar a
sorte de Judá e de Jerusalém,

[b] Êx 34.6
[c] Veja Zc 8.14, nota
[d] 2Sm 12.22; Jr 26.3; Jn 3.9
[e] Dt 11.14; Jr 5.24; Os 6.3; Tg 5.7
[f] Is 45.17
[g] Is 45.6
[h] v. 28-32; At 2.17-21
[i] Espírito Santo (AT): v. 28,29; Mq 2.7 (Gn 1.2; Zc 12.10)
[j] Dia (do Senhor): v. 28-32; 3.9-21; Am 5.18 (Sl 2.9; Ap 19.19)
[k] Remanescente: v. 32; Am 5.15 (Is 1.9; Rm 11.5, nota)
[l] Juízos (os sete): v. 1-14; Mt 7.23 (2Sm 7.14; Ap 20.12)
[m] Israel (profecias): v. 1-8,15-20; Zc 10.6 (Gn 12.2; Rm 11.26)

[1] (2.28) Comp. At 2.17. Pedro não declarou que a profecia de Joel se cumpria no dia de Pentecoste. Os detalhes de Jl 2.30-32 (comp. At 2.19,20) não se completaram naquela ocasião. Pedro citou a predição de Joel como ilustração do que estava acontecendo naquele dia e como garantia de que Deus haveria de cumprir totalmente tudo o que Joel profetizara. Aqui, é mencionado o tempo do cumprimento ("depois", comp. Os 3.5), i.e., nos últimos dias, quando Israel voltar ao Senhor. Veja tb. Gn 49.1, *nota*.

[2] (2.28) O cumprimento do desejo de Moisés (Nm 11.29). Comp. Is 32.15; 44.3,4; Ez 36.27,28; 37.14; 39.29; Zc 12.10.

Juízo das nações gentias
(Zc 12.2,3; 14.9; veja Mt 25.32, nota)

2 congregarei todas as nações
e as farei descer ao [n]vale de [o]Josafá.
Ali com elas entrarei em juízo,
por causa do meu povo e da minha herança,
Israel, a quem espalharam entre as nações,
repartindo a minha terra.
3 Lançaram sortes sobre o meu povo
e deram um menino em troca
de uma meretriz;
venderam uma menina por vinho,
para beberem.
4 Ora, que tendes vós comigo, Tiro e Sidom, e
todos os termos da Filístia? Acaso quereis vin-
gar-vos de mim? Se assim vos quereis vingar,
bem depressa farei cair a vossa vingança sobre
a vossa cabeça.
5 Levastes a minha prata e o meu ouro, e as
minhas coisas desejáveis e formosas colocastes
nos vossos templos.
6 Vendestes os filhos de Judá e os filhos de
Jerusalém aos filhos dos gregos, para os levar
para longe da terra onde nasceram.
7 Vede, eu os tirarei do lugar para onde os
vendestes, e farei cair a vingança deles sobre
a vossa cabeça.
8 Venderei os vossos filhos e as vossas filhas
aos filhos de Judá, e estes os venderão aos
sabeus, uma nação remota, porque o Senhor
o disse.

III. Retrospecto do dia do Senhor e cumprimento da bênção do Reino, 3.9-21

9 [1]Proclamai isto entre as nações:
[p]Santificai uma guerra!
Suscitai os valentes!
Cheguem-se, subam todos os
homens de [q]guerra.
10 Forjai espadas das relhas dos vossos arados
e lanças das vossas foices.
Diga o fraco: Eu sou forte.
11 Ajuntai-vos e vinde,
todos os povos em redor,
e congregai-vos ali.
Ó Senhor, faze descer os teus valentes.

[n] v. 12
[o] O Senhor julga
[p] Jr 6.4; comp. 1Sm 7.8,9
[q] Armagedom (batalha de): v. 9-14; Ob 15 (Is 10.27; Ap 19.17)
[r] Reino (AT): v. 16-21; Am 9.11 (Gn 1.26; Zc 12.8)
[s] Tempos dos gentios: v. 2,11-14; Lc 21.24 (Dt 28.49; Ap 16.19)
[t] Ob 16; Zc 8.3
[u] Sl 46.4; Ez 47.1; Zc 14.8; Ap 22.1

12 Despertem-se as nações
e subam ao vale de Josafá,
porque ali me [r]assentarei
para [s]julgar todas as nações em redor.
13 Lançai a foice,
porque já está madura a colheita.
Vinde, descei,
porque o tanque de prensar uvas está cheio,
os vasos deles transbordam;
porque a sua malícia é grande.
14 **M**ultidões, multidões no vale da decisão!
Porque o dia do Senhor está perto,
no vale da decisão.
15 O sol e a lua se enegrecerão,
e as estrelas retirarão o seu resplendor.
16 O Senhor rugirá de Sião,
e fará ouvir a sua voz de Jerusalém;
os céus e a terra tremerão.
Mas o Senhor será o refúgio do seu povo
e a fortaleza dos filhos de Israel.

Bênçãos para o povo de Deus

17 Então sabereis que eu sou o
Senhor, o vosso Deus,
que habito em Sião, o meu [t]santo monte.
Jerusalém será santa;
estranhos nunca mais passarão por ela.

Restauração final. Bênção final do reino
(veja Zc 12.8, nota)

18 **N**aquele dia, os montes
destilarão vinho novo,
os outeiros manarão leite
e todos os rios de Judá estarão
cheios de águas.
Sairá uma [u]fonte da casa do Senhor
e regará o vale de Sitim.
19 O Egito se tornará uma desolação,
Edom se fará um deserto assolado,
por causa da violência que
fizeram aos filhos de Judá,
em cuja terra derramaram sangue inocente.
20 Judá, porém, será habitada para sempre,
e Jerusalém de geração em geração.
21 Perdoarei a sua culpa de sangue
que eu não tinha perdoado.
O Senhor habita em Sião.

[1] (3.9) Os v. 9-15 referem-se ao Armagedom; os v. 15-21 e 2.30-32 são paralelos.

AMÓS

- **Autor:** Amós
- **Tema:** Juízo pelo pecado
- Escrito no século VIII a.C.

AMÓS, cujo nome está relacionado com um verbo que significa *levar um fardo*, sentia um peso pelo pecado do Reino do Norte no século VIII a.C. Enquanto Oseias estava abatido ao perceber a infidelidade de Israel ao amor de Deus, Amós estava enfurecido pela injúria de Israel à justiça e à integridade de Deus. Sua profecia é a contraparte e o corolário da mensagem pronunciada por Oseias. As palavras mais descritivas da mensagem de Amós são: "Corra, porém, a justiça como as águas e a retidão como ribeiro perene" (5.24,25). A justiça social é inseparável da verdadeira piedade.

O livro pode ser dividido da seguinte maneira: I. O pronunciamento do juízo, 1–2. II. O inevitável juízo divino em razão do pecado, 3–4. III. Deus roga a Israel que volte para ele, 5.1-15. IV. Eventos relacionados com o dia do Senhor, 5.16–9.10. V. A restauração final de Israel, 9.11-15.

I. O pronunciamento do juízo, 1–2

Introdução

1 **P**alavras de Amós, que estava entre os [a]pas-
tores de Tecoa, sobre o que ele viu a respeito
de Israel, nos dias de [b]Uzias, rei de Judá, e nos
dias de [c]Jeroboão, filho de Joás, rei de Israel, dois
anos antes do [d]terremoto.

2 Disse ele: O Senhor brama de Sião
e de Jerusalém dá a sua voz;
as pastagens dos pastores lamentam,
seca-se o cume do Carmelo.

Juízo sobre cidades e nações vizinhas

3 [1]Assim diz o Senhor:
Por três transgressões de [e]Damasco,
e por [2]quatro,
não retirarei o castigo,
porque [f]trilharam a Gileade
com trilhos de ferro.
4 Porei [g]fogo à casa de Hazael,
e ele consumirá os palácios
de [h]Ben-Hadade.
5 [i]Quebrarei o [3]ferrolho de Damasco,
exterminarei o morador do vale de Áven,
e o que tem o cetro de Bete-Éden.
O povo da Síria será levado
em cativeiro a Quir, diz o Senhor.
6 Assim diz o Senhor:
Por três transgressões de [j]Gaza,
e por quatro,
não retirarei o castigo,
porque levaram em cativeiro
todo o povo para o entregar a Edom.
7 Porei fogo ao muro de Gaza,
e ele consumirá os seus palácios.
8 Exterminarei o morador de Asdode
e o que tem o cetro de Ascalom.
Tornarei a minha mão contra Ecrom,
e o resto dos filisteus perecerá,
diz o Senhor Deus.
9 Assim diz o Senhor:
Por três transgressões de [k]Edom,
e por quatro, não retirarei o castigo,
porque entregaram todos os
cativos a Edom
e não se lembraram da
aliança de irmãos.
10 Porei fogo ao muro de Tiro,
e ele consumirá os seus palácios.
11 Assim diz o Senhor:
Por três transgressões de [l]Edom,
e por quatro, não retirarei o castigo,
porque perseguiu a seu [m]irmão à espada
e baniu toda a misericórdia.
A sua ira despedaça eternamente
e retém a sua indignação para sempre.
12 Porei fogo a Temã,
e ele consumirá os palácios de Bozra.
13 Assim diz o Senhor:
Por três transgressões dos filhos de [n]Amom,
e por quatro,
não retirarei o castigo,
porque fenderam o ventre das
grávidas de Gileade,
para dilatarem as suas próprias fronteiras.
14 Porei fogo aos muros de Rabá,
e ele consumirá os seus palácios,
com alarido no dia da batalha,
com turbilhão no dia da tormenta.
15 O seu rei irá para o [o]exílio,
ele e também os seus
príncipes, diz o Senhor.

[a] Am 7.14
[b] 2Rs 15.1-7; 2Cr 26.1-23; Is 1.1; Os 1.1; veja 2Rs 14.21, marg.
[c] 2Rs 14.23-29
[d] Is 42.13; Jr 25.30; Jl 3.16; Zc 14.5
[e] v. 3-5; veja Is 17.1, marg.
[f] 2Rs 10.32,33
[g] Jr 49.27
[h] 1Rs 20.1; 2Rs 6.24
[i] 2Rs 14.28; Is 8.4; Jr 51.30
[j] Jr 47.1,5; Sf 2.4
[k] Em algumas versões, Tiro. v. 9,10; veja Is 23.1, marg. d
[l] v. 11,12; veja Jr 49.7, marg. w
[m] Ob 10
[n] Veja Jr 49.1, marg.
[o] Jr 49.3

[1] (1.3) Observe o método da profecia de Amós. Começando com a denúncia dos inimigos de Israel (comp. v. 3,6,9,11,13; 2.1), ele faz que uma multidão hostil o escute. Aproximando-se mais, ele fala do pecado de Judá (2.4). Finalmente, tendo ganhado a atenção dos seus ouvintes, aponta o pecado de Israel propriamente dito (3.1). Isaías usou método similar (Is 28).

[2] (1.3) "Por três transgressões [...] e por quatro" é uma expressão que indica o grau de total iniquidade e o juízo inevitável.

[3] (1.5) As portas das cidades antigas eram fechadas por pesados ferrolhos. Foi uma porta assim que Sansão levou da entrada de Gaza (Jz 16.3).

Juízo sobre cidades e nações vizinhas (continuação)

2 Assim diz o Senhor:
[p]Por três transgressões de Moabe,
e por quatro, não retirarei o castigo,
porque queimou os ossos do rei de Edom
até os reduzir a cal.
2 Porei fogo a Moabe,
e ele consumirá os palácios de Queriote.
Moabe morrerá com grande estrondo,
com alarido, com som de trombeta.
3 Eliminarei o juiz do meio dele,
e a todos os seus príncipes
com ele matarei, diz o Senhor.

Juízo sobre o povo de Deus: Judá e Israel

4 **A**ssim diz o Senhor:
Por três transgressões de [q]Judá,
e por quatro, não retirarei o castigo,
porque rejeitaram a lei do Senhor
e [r]não guardaram os seus estatutos,
antes se deixaram [s]enganar por suas
próprias mentiras,
após as quais andaram seus pais.
5 Porei fogo a Judá,
e ele consumirá os [t]palácios de Jerusalém.
6 **A**ssim diz o Senhor:
Por três transgressões de [u]Israel,
e por quatro, não retirarei o castigo,
porque vendem o justo por dinheiro
e o [v]necessitado por um par de sandálias.
7 Pisam a cabeça dos pobres no pó da terra,
pervertem o caminho dos mansos.
Um homem e seu pai
possuem uma [w]mesma moça
e assim [x]profanam o meu santo nome.
8 Deitam-se junto a qualquer
altar sobre roupas empenhadas
e no templo de seus deuses
bebem o vinho dos que foram multados.
9 Eu destruí o [y]amorreu diante deles,
não obstante sua [z]altura ser
como a dos cedros
e sua força como a dos carvalhos.
Eu destruí o seu fruto por
cima e as suas raízes por baixo.
10 Também vos fiz subir da terra do Egito,
e quarenta anos vos guiei no deserto,
para que possuísseis a terra do amorreu.
11 Dentre vossos filhos levantei [a]profetas
e dentre os vossos jovens, [b]nazireus.
Não é isso assim, filhos de Israel?
diz o Senhor.
12 Vós, porém, aos nazireus destes
vinho a beber
e aos profetas ordenastes:
[c]Não profetizeis.
13 **E**is que eu vos apertarei no vosso lugar
como se aperta um carro
cheio de feixes.
14 Assim que de nada valerá a fuga ao ágil;
nem o forte confirmará a sua força
nem o valente salvará a sua vida.
15 Não ficará em pé o arqueiro;
o ligeiro de pés não se livrará,
tampouco o cavaleiro livrará a sua alma.
16 Até mesmo o mais corajoso dos guerreiros
fugirá nu naquele [d]dia, diz o Senhor.

II. O inevitável juízo divino em razão do pecado, 3–4

As doze tribos são culpadas

3 **O**uvi esta palavra que o Senhor fala contra
vós, filhos de Israel, contra [1]toda a geração
que fiz subir da terra do Egito, dizendo:
2 De todas as famílias da terra a vós
somente [e]conheci;
[2]portanto eu vos punirei
por todas as vossas iniquidades.
3 [3][f]Andarão dois juntos
se não estiverem de acordo?
4 Rugirá o leão no bosque
sem que tenha presa?
Levantará ele no covil a sua voz
se nada tiver apanhado?
5 Cairá a ave no laço em terra
se não houver laço para ela?
Se levantará o laço da terra
sem que tenha apanhado alguma coisa?
6 Tocará a trombeta na cidade
sem que o povo trema?
Sucederá algum [g]mal à cidade
sem que o Senhor o tenha feito?
7 Certamente o Senhor Deus
não fará coisa alguma
sem ter [h]revelado o seu segredo
aos seus servos, os [i]profetas.

[p] Is 15.1-16.14; 25.10; Jr 25.21; 48.1-47; Ez 25.8-11; Sf 2.8-11
[q] 2Rs 17.19; Os 12.2; Am 3.2
[r] Lv 26.14,15,43
[s] Is 9.15,16; Hc 2.18
[t] Pelo exército de Nabucodonosor
[u] Jz 2.17-20; 2Rs 17.7-18; 18.12; Ez 22.1-13,23-29
[v] Am 4.1; 5.11; 8.6; Mq 2.2; 3.3
[w] Lv 18.6-8; comp. Gn 35.22; 2Sm 16.22; 1Co 5.1
[x] Lv 20.3; Ez 36.20-22
[y] Gn 15.16; Js 10.12
[z] Ez 31.3
[a] Nm 12.6; comp. Dt 18.15-19
[b] Nm 6.1-8
[c] Is 30.10
[d] Dia (do Senhor): v. 14-16; Am 5.18 (Sl 2.9; Ap 19.19)
[e] Por um vínculo de aliança. Dt 4.32-37
[f] Lv 26.23,24
[g] Calamidade, não mal moral. Comp. Is 45.7; Jr 4.6; Tg 1.13,17
[h] Comp. Gn 18.17
[i] Inspiração: v. 7,8; Mq 3.8 (Êx 4.15; 2Tm 3.16)

[1] (3.1) A linguagem usada aqui e a expressão "descendência de Jacó" (v. 13) evidentemente fazem que a profecia seja aplicável mais do que a Israel (o Reino do Norte formado pelas dez tribos). Apesar disso, o juízo foi executado primeiramente sobre este reino (2Rs 17.18-23).

[2] (3.2) A controvérsia do Senhor com as cidades gentias que odiavam Israel é breve: "Porei fogo" (2.2). Mas Israel havia sido levado a um lugar de privilégio e também de responsabilidade, e a acusação do Senhor é detalhada e severa. Comp. Mt 11.23; Lc 12.47,48; 1Pe 4.17; 2Pe 2.4; Jd 6.

[3] (3.3) Observe as sete perguntas sobre causa-efeito dos v. 3-6, que concluem com o desafio: "Sucederá algum mal na cidade sem que o Senhor o tenha feito?"

8 Rugiu o leão, quem não temerá?
Falou o Senhor Deus,
[j]quem não profetizará?
9 **F**azei ouvir isto nos palácios de Asdode
e nos palácios da terra do Egito e dizei:
Ajuntai-vos sobre os montes de Samaria
e vede os grandes tumultos
no meio dela,
e os oprimidos dentro dela.
10 Porque [k]não sabem fazer
o que é reto, diz o Senhor,
entesourando nos seus palácios
a violência e a destruição.
11 Portanto, assim diz o Senhor Deus:
Um inimigo surgirá.
Ele cercará a tua terra,
derrubará a tua fortaleza
e saqueará os teus palácios.
12 Assim diz o Senhor:
Como o pastor livra da boca
do leão as duas pernas,
ou um pedacinho da orelha,
assim serão livrados os
filhos de Israel, que habitam em Samaria,
com um canto do leito
e um pedaço da cama.
13 **O**uvi e protestai contra a descendência de
Jacó, diz o Senhor Deus, o Deus dos Exércitos:
14 No dia em que eu punir as transgressões de
Israel,
também punirei os altares de [l]Betel;
as pontas do altar serão cortadas
e cairão por terra.
15 Derrubarei a casa de inverno
e a casa de verão;
as casas adornadas de marfim
serão destruídas,
e as grandes casas terão fim, diz o Senhor.

O Senhor menospreza os sacrifícios de Betel

4 **O**uvi esta palavra, vós, [m]vacas de Basã,
que estais no monte de Samaria,
que oprimis os [n]pobres,
que esmagais os necessitados,
que dizeis a vossos maridos:
Tragam bebidas e [o]bebamos.
2 Jurou o Senhor Deus pela sua [p]santidade
que dias estão para vir sobre vós
em que vos levarão com anzóis,
e a vossos descendentes com
anzóis de pesca.
3 Saireis pelas brechas, uma após outra,
e sereis lançadas para
Harmom, diz o Senhor.
4 Ide a [1q]Betel e transgredi;
ide a Gilgal e multiplicai as transgressões.
Cada manhã trazei os vossos [r]sacrifícios
e, de três em três dias, os vossos dízimos.
5 Oferecei sacrifício de [s]louvores
do que é [t]levedado
e apregoai ofertas voluntárias, [u]publicai-as;
porque disso gostais, ó filhos de Israel,
diz o Senhor Deus.

Castigo ignorado

6 **T**ambém vos dei limpeza
de dentes em todas as vossas cidades
e [v]falta de pão em todos os
vossos lugares,
[w]contudo não voltastes para mim,
diz o Senhor.
7 Além disso, retive de vós a chuva,
faltando ainda três meses para a colheita.
Fiz chover sobre uma cidade,
e sobre outra cidade não fiz chover;
sobre um campo choveu, mas o outro,
sobre o qual não choveu, se secou.
8 Andaram errantes duas ou três cidades,
indo a outra cidade
para beberem água,
mas não se saciaram,
contudo não voltastes para mim,
diz o Senhor.
9 Feri-vos com crestamento e [x]ferrugem.
A multidão das vossas
hortas, das vossas vinhas,
das vossas figueiras e das
vossas oliveiras
foi devorada pelo gafanhoto,
contudo não voltastes para mim,
diz o Senhor.
10 Enviei a peste contra vós,
à maneira do [y]Egito.
Os vossos jovens matei à espada
e os vossos [z]cavalos deixei levar presos;
o fedor dos vossos arraiais
fiz subir às vossas narinas,
contudo não voltastes para mim,
diz o Senhor.
11 [a]Destruí alguns dentre vós,
como Deus subverteu a Sodoma e Gomorra,
e vós fostes como um tição
arrebatado da fogueira,
contudo não voltastes para mim,
diz o Senhor.
12 **P**ortanto, assim te farei, ó Israel!
E porque isto te farei, [b]prepara-te, ó Israel,
para te encontrares com o teu Deus.

[j] Jr 20.9; Mq 3.8; At 4.20; 5.20,29; 1Co 9.16
[k] Jr 4.22
[l] Am 4.4
[m] Sl 22.12; Ez 39.18
[n] Am 2.6
[o] Pv 23.20
[p] Sl 89.35
[q] Am 3.14
[r] Am 5.21,22
[s] Veja Lv 7.13, nota
[t] Fermento: v. 5; Mt 13.33 (Gn 19.3; Mt 13.33, nota)
[u] Comp. Cl 2.18
[v] Dt 11.17; Ag 1.6
[w] v. 8,9; 2Cr 28.22; Jr 5.3; Ag 2.17; comp. Hb 12.9
[x] Jl 1.4
[y] Dt 28.60
[z] Comp. 2Rs 13.7
[a] Gn 19.24,25; Is 13.19; Jr 49.18; Lm 4.6
[b] 4.2; comp. Jr 5.22; Mt 24.44

[1] (4.4) Comp. 1Rs 12.25-33. Depois do estabelecimento do culto ao Senhor em Jerusalém, qualquer altar em Betel era, necessariamente, cismático e idólatra (Dt 12.4-14). Comp. Jo 4.21-24; tb. Mt 18.20; Hb 13.10-14.

13 É ele o que forma os montes e cria o vento;
ele [c]declara ao homem qual
é o seu pensamento.
Ele faz da manhã trevas e pisa
os altos da terra;
o Senhor, o Deus dos Exércitos,
é o seu nome.

III. Deus roga a Israel que volte para ele, 5.1-15

5 Ouvi esta palavra, que levanto como uma
lamentação sobre vós, ó nação de Israel.
2 A virgem de Israel caiu,
nunca mais tornará a levantar-se;
desamparada está na sua terra,
não há [d]quem a levante.
3 Assim diz o Senhor Deus:
A cidade da qual saem mil conservará cem,
e aquela da qual saem cem
conservará dez à nação de Israel.
4 **A**ssim diz o Senhor à nação de Israel:
[e]Buscai-me e vivei.
5 Não busqueis a [f]Betel,
não venhais a Gilgal nem passeis a Berseba,
porque Gilgal certamente será levado cativo
e Betel será desfeita em nada.
6 [g]Buscai ao Senhor e vivei,
para que não irrompa na descendência
de José como um fogo,
e a consuma, e não haja em
Betel quem o apague.
7 Vós que converteis a justiça
em alosna e deitais por terra a retidão.
8 Procurai o que faz o Sete-estrelo e o [h]Órion,
e torna a sombra da noite em manhã,
e escurece o dia como a noite;
o que chama as águas do mar
e as derrama sobre a terra;
o Senhor é o seu nome.
9 O que faz vir súbita destruição sobre o forte,
de sorte que vem a ruína sobre a fortaleza.
10 [i]**A**borreceis na porta ao que vos repreende
e abominais o que fala sinceramente.
11 [j]Portanto, visto que pisais
o pobre e dele exigis tributo de trigo,
[k]edificareis casas de pedras lavradas,
mas nelas não habitareis;
vinhas desejáveis plantareis,
mas não bebereis do seu vinho.
12 Porque sei que [l]são muitas as
vossas transgressões
e enormes os vossos pecados.
Afligis o justo, tomais suborno
e rejeitais os necessitados na porta.
13 Portanto, o que for prudente guardará
silêncio naquele tempo,
porque o tempo será mau.
14 **B**uscai o bem, não o mal, para que vivais.
Então o Senhor, o Deus dos Exércitos,
estará convosco, como dizeis.
15 Aborrecei o mal e amai o bem;
estabelecei a justiça na porta.
Talvez o Senhor, o Deus dos
Exércitos, tenha piedade
do [m]restante de José.

IV. Eventos relacionados com o dia do Senhor, 5.16–9.10

O dia do Senhor

16 **P**ortanto, assim diz o Senhor
Deus dos Exércitos,
o Senhor:
Em todas as ruas haverá pranto,
e em todos os bairros dirão: Ai! Ai!
E ao lavrador chamarão para o choro,
e para o pranto, os que souberem prantear.
17 Em todas as vinhas haverá pranto,
porque passarei pelo meio de ti,
diz o Senhor.
18 **A**i daqueles que desejam o dia do Senhor!
Para que quereis vós este [n]dia do Senhor?
Trevas será, e não luz.
19 Como se um homem fugisse de diante do leão
e encontrasse um urso;
ou como se, entrando numa casa,
a sua mão encostasse à parede
e fosse mordido por uma cobra.
20 Não será o dia do Senhor trevas, e não luz?
Não será completa escuridão,
sem nenhuma claridade?

Culto sem integridade, uma abominação ao Senhor

21 **A**borreço e desprezo as vossas festas;
as vossas [o]assembleias solenes
não me dão nenhum prazer.
22 Ainda que me ofereçais holocaustos,
com as ofertas de cereais,
não me agradarei deles nem atentarei para
as ofertas pacíficas de vossos
animais cevados.
23 Afasta de mim o som dos teus cânticos,
porque não ouvirei as melodias
dos teus instrumentos.
24 Corra, porém, a justiça como as águas
e a retidão como ribeiro perene.
25 Oferecestes-me vós [p]sacrifícios e oblações
no deserto por quarenta anos,
ó nação de Israel?
26 Levantastes a tenda de vosso rei,
o altar dos vossos ídolos,
a estrela do vosso deus,
que fizestes para vós mesmos.

[c] Sl 139.2; Dn 2.28,30
[d] Comp. Am 9.11
[e] v. 6; Dt 4.29; 2Cr 15.2; Jr 29.13
[f] Am 3.14; 4.4
[g] Is 55.3,6,7
[h] Jó 9.9; 38.31
[i] Is 66.5; comp. Jr 17.16-18
[j] Am 2.6
[k] Dt 28.30,38,39; Mq 6.15; Sf 1.13; Ag 1.6
[l] Os 5.3
[m] Remanescente: v. 15; Mq 2.12 (Is 1.9; Rm 11.5, nota)
[n] Dia (do Senhor): v. 18-20; Ob 15 (Sl 2.9; Ap 19.19)
[o] Is 1.11-15; 66.3; Jr 6.20; Os 9.4; Mq 6.6-8
[p] v. 25-27; Dt 32.17-19; Ne 9.18-21; At 7.42,43

27 Portanto, vos levarei cativos
para além de Damasco,
diz o Senhor, cujo [q]nome é o Deus dos Exércitos.

Ai daqueles que estão à vontade quando não há justiça

6 [r]Ai dos que [s]repousam em Sião
e dos que estão [t]seguros no
monte de Samaria;
homens notáveis da principal das nações,
aos quais vem o povo de Israel!
2 Passai a [u]Calné e vede;
dali ide à grande [v]Hamate
e, depois, descei a Gate dos filisteus.
Serão eles melhores do que estes reinos?
Ou será a sua terra maior do que a vossa?
3 Vós, que [w]adiais o dia mau
e fazeis que se aproxime
um reino de violência;
4 que dormis em camas
de [1]marfim e vos estendeis sobre os vossos leitos,
comendo os cordeiros do rebanho
e os bezerros cevados;
5 que cantais ao som da lira
e inventais para vós instrumentos [x]musicais,
[y]como Davi;
6 que [z]bebeis vinho em taças
e vos ungis com o mais excelente óleo,
mas não vos afligis por
causa da ruína de José!
7 Por isso, agora ireis para
o [a]exílio entre os primeiros que forem cativos
e cessarão os festins dos banqueteadores.
8 [b]**J**urou o Senhor Deus por si mesmo.
O Senhor Deus dos Exércitos diz:
Abomino a [c]soberba de Jacó
e aborreço os seus palácios;
entregarei a cidade e tudo o que nela há.
9 Ficando de resto [d]dez homens numa casa,
morrerão.
10 Se o parente de alguém, o qual os há de quei-
mar, o tomar para levar-lhe os ossos para fora da
casa e disser ao que estiver no mais interior
da casa: Está ainda alguém contigo? e este res-
ponder: Ninguém; então dirá este: Cala-te, porque
não podemos fazer menção do nome do Senhor.
11 Pois o Senhor ordenou,
a casa [e]grande será despedaçada,
e a casa pequena reduzida a fragmentos.
12 **P**oderão correr cavalos na rocha?
Poderão lavrá-la com bois?
Vós, porém, haveis tornado a [f]justiça em fel
e o fruto da retidão em [g]alosna;
13 vós que vos alegrais com Lo-Debar e dizeis:
Não apoderamos nós de Carnaim
por nossa própria força?
14 Pois eu levantarei sobre vós,
ó nação de Israel, um povo, diz o Senhor
Deus dos Exércitos, que vos oprimirá,
desde a entrada de Hamate
até o ribeiro da [h]Arabá.

Advertência por meio de visões (comp. 8.1–9.10)

7 **O** Senhor Deus assim me fez ver: Ele forma-
va gafanhotos no princípio do rebento da
erva serôdia, e eis que era a erva serôdia depois
das ceifas do rei.
2 Tendo eles comido completamente a erva da
terra, eu disse: Senhor Deus, perdoa! Como se
levantará agora Jacó? Ele é tão pequeno!
3 Então o Senhor se [i]arrependeu disso. Não
acontecerá, disse o Senhor.
4 **A**ssim me mostrou o Senhor Deus: O Senhor
Deus ordenava que por meio do fogo se deci-
disse o pleito; o fogo consumiu o grande abismo
e também queria consumir a terra.
5 Então eu disse: Senhor Deus, cessa, peço-te!
Como se levantará Jacó? Ele é tão pequeno!
6 Então o Senhor se arrependeu disso. Nem
isso acontecerá, disse o Senhor Deus.
7 **M**ostrou-me também assim: O Senhor estava
sobre um muro levantado conforme o prumo, e
tinha um prumo na sua mão.
8 E o Senhor me perguntou: Que vês tu, Amós?
Eu respondi: Um [2]prumo. Então disse o Senhor:
Eis que eu porei o prumo no meio do meu povo
Israel; nunca mais passarei por ele.
9 Os [j]altos de Isaque serão assolados,
e destruídos os santuários de Israel;
eu me levantarei com a espada
[k]contra a dinastia de Jeroboão.

Amazias envia acusações contra Amós

10 **E**ntão Amazias, o [l]sacerdote de [m]Betel, man-
dou dizer a Jeroboão, rei de Israel: Amós tem
[n]conspirado contra ti, no centro de Israel. A terra
não poderá suportar todas as suas palavras.
11 Pois assim diz Amós:
Jeroboão morrerá à espada,
e Israel certamente será levado
para fora da sua terra para o [o]exílio.
12 Então Amazias disse a Amós: [p]Vai-te, ó vi-
dente, foge para a terra de Judá e ali come o
pão, e ali profetiza.

[q] Am 4.13
[r] Lc 6.24
[s] Sl 123.4; Is 32.9-11; Sf 1.12
[t] Is 31.1; Jr 49.4
[u] Também chamado Calno, Is 10.9; comp. Gn 10.10, Calné
[v] 2Rs 18.34
[w] Is 56.12; Am 9.10; Mt 24.37-39; comp. 2Pe 3.3-7
[x] Am 5.23; 8.10; comp. 1Cr 15.16
[y] 1Cr 23.5
[z] Am 4.1
[a] Am 5.27
[b] Jr 51.14; Hb 6.13-17
[c] Sl 47.4; Ez 24.21; Am 8.7
[d] Comp. Am 5.3
[e] Comp. 2Rs 25.9
[f] Is 59.13,14
[g] Am 5.7
[h] Veja Dt 1.1, nota
[i] Veja Zc 8.14, nota
[j] Veja 1Rs 3.2, notas
[k] v. 11; 2Rs 15.8-10
[l] 1Rs 12.31,32; 13.33
[m] 1Rs 13.32; Am 4.4
[n] Comp. Jr 26.8-11; 38.4
[o] Am 5.27; 6.7
[p] Comp. Mt 8.34

[1] (6.4) O luxo e a extravagância em que o Reino do Norte viveu foram plenamente comprovados pelas descobertas arqueológicas de figuras e painéis de marfim nas casas da antiga Samaria.
[2] (7.8) O prumo é um símbolo do juízo de acordo com a justiça. Comp. Is 28.17; 34.11; Lm 2.8.

13 Em Betel, porém, daqui por diante [q]não profetizarás mais, porque é o santuário do rei e o templo do reino.

A resposta de Amós

14 **R**espondeu Amós a Amazias: Eu não era profeta, nem filho de profeta, mas [r]criador de gado, e cultivador de figos silvestres.
15 O Senhor, porém, me tirou de após o gado e me disse: Vai, [s]profetiza ao meu povo Israel.
16 Ora, pois, ouve a palavra do Senhor: Tu dizes:
Não profetizarás contra Israel
nem falarás contra a descendência de Isaque.
17 Portanto, assim diz o Senhor:
Tua mulher se prostituirá na cidade,
teus filhos e tuas filhas cairão à espada,
a tua terra será repartida a cordel,
tu morrerás na terra [t]imunda
e Israel certamente será levado cativo
para fora da sua terra.

O cesto com frutos do verão: o cativeiro iminente de Israel

8 **O** Senhor Deus assim me fez ver: um [u]cesto de frutos do [v]verão.
2 E perguntou: O que vês, Amós? Eu respondi: Um cesto de frutos do verão. Então o Senhor me disse: Chegou o fim sobre o meu povo Israel; daqui por diante [w]nunca mais passarei por ele.
3 Os cânticos do templo, porém, serão uivos naquele dia, diz o Senhor Deus. Os cadáveres se multiplicarão; em todos os lugares serão lançados fora. Silêncio!
4 **O**uvi isto, vós que pisais o necessitado
e destruís os pobres da terra,
5 dizendo:
Quando passará a lua nova
para vendermos o grão?
E quando findará o sábado
para abrirmos os celeiros de trigo,
[x]diminuindo o efa,
aumentando o siclo e procedendo
enganosamente com balanças [y]desonestas
6 e comprando os [z]pobres por dinheiro
e os necessitados por um par de sandálias,
e vendendo o refugo do trigo?
7 Jurou o Senhor pela glória de Jacó:
Eu não me esquecerei de todas as
suas obras para sempre!
8 Por causa disso não se comoverá a terra
e não chorará todo aquele
que habita nela?
Certamente se levantará toda como o [a]Nilo,
será agitada e abaixará como o rio do Egito.

[q] Comp. Jr 11.21; Am 2.12; 5.10; At 4.18
[r] Am 1.1
[s] Am 3.8
[t] 2Rs 17.6; Ez 4.13; Os 9.3
[u] Comp. Jr 24.1-3
[v] Prontos a perecer
[w] Am 7.8
[x] Veja pesos e medidas (AT): 2Cr 2.10, nota
[y] Lv 19.35,36; Dt 25.13-15
[z] Am 2.6
[a] O rio Nilo
[b] Lm 5.15; Ez 7.18
[c] Mq 3.6,7; comp. 1Sm 3.1; 28.6; 2Cr 15.3
[d] Ez 7.26; 20.3
[e] Os 8.5
[f] At 9.2; 18.25; 19.9,23; 24.14
[g] Sl 139.8; Jr 23.24
[h] Veja Hc 2.5, nota
[i] Jó 20.6; Jr 51.53; Ob 4; Mt 11.23
[j] Jr 23.24
[k] Jr 21.10; 39.16; 44.11

9 Naquele dia, diz o Senhor,
farei que o sol se ponha ao meio-dia
e cobrirei a terra de trevas em pleno dia.
10 Tornarei as vossas festas em [b]luto
e todos os vossos cânticos
em lamentações;
aparecerá o pano de saco sobre
todos os lombos
e calva sobre toda cabeça.
Farei que isso seja como luto de filho único,
cujo fim será como dia de amarguras.
11 **V**êm dias, diz o Senhor Deus,
em que enviarei fome sobre a terra;
não fome de pão, nem sede de água,
[c]mas de ouvir as palavras do Senhor.
12 Andarão errantes de mar a mar,
do norte até o oriente,
correrão por toda parte,
buscando a palavra do Senhor,
e [d]não a acharão.
13 Naquele dia, as jovens formosas
e os rapazes desmaiarão de sede.
14 Os que juram pela [e]vergonha de Samaria,
ou dizem:
Tão certo como vive o teu deus, ó Dã,
e: Tão certo como vive o deus de [f]Berseba;
esses mesmos cairão e não
se levantarão mais.

Profecia final da dispersão (comp. v. 9 e Dt 28.63-68)

9 **V**i o Senhor [1]em pé junto ao altar, e ele me disse:
Fere os capitéis
para que estremeçam os umbrais.
Faze tudo em pedaços sobre a cabeça
de todos eles;
eu matarei à espada até o último deles.
Nenhum deles conseguirá fugir,
nenhum conseguirá escapar.
2 [g]Ainda que cavem até as
[h]profundezas da sepultura,
a minha mão os tirará dali.
[i]Ainda que subam ao céu, dali os farei descer.
3 Ainda que se [j]escondam no cume do Carmelo,
eu os buscarei, e dali os tirarei.
Ainda que se ocultem aos meus olhos
no fundo do mar,
ali darei ordem à serpente, e ela os morderá.
4 Ainda que vão para o exílio
diante de seus inimigos,
ali darei ordem à espada para que os mate.
Eu porei os meus olhos sobre eles para o [k]mal,
não para o bem.

---

[1] (9.1) A posição do Senhor (*Adonai*) é significativa. O altar geralmente fala de misericórdia em razão do juízo que se executa sobre um sacrifício substitutivo (comp. Jo 12.31-33), mas, quando o altar e o sacrifício são desprezados, o altar se torna um lugar apenas de juízo.

5 **P**orque o Senhor, o Senhor dos Exércitos,
é o que toca a terra,
e ela se derrete, e todos os que
habitam nela choram;
ela toda se levanta como o Nilo,
e então se submerge como o [l]rio do Egito.
6 Ele é o que edifica as suas câmaras no céu
e funda a sua abóbada sobre a terra;
é o que chama as águas do mar
e as derrama sobre a terra;
o Senhor é o seu [m]nome.
7 Não sois vós para mim, ó filhos de Israel,
como os filhos dos [n]etíopes?
diz o Senhor.
Não fiz eu subir a Israel da terra do Egito,
de Caftor aos filisteus e de Quir, aos siros?
8 Os olhos do Senhor Deus
estão contra este reino pecador.
Eu o destruirei de sobre a face da terra,
mas [o]não destruirei
de todo a descendência de Jacó,
diz o Senhor.
9 Porque darei ordens e [p]sacudirei
a nação de Israel
entre todas as nações,
como se sacode trigo no crivo,
[q]sem que caia na terra um só grão.
10 Todos os pecadores do meu povo
morrerão à espada,
todos os que dizem:
O mal [r]não nos alcançará
nem nos encontrará.

[l] O rio Nilo
[m] Am 4.13; 5.27
[n] Comp. Is 20.4
[o] Jr 30.11
[p] Veja Sl 72.1, nota
[q] Is 65.8-16
[r] Is 28.15; Jr 5.12
[s] v. 11,12; At 15.16,17
[t] Reino (AT): v. 11-15; Mq 4.1 (Gn 1.26; Zc 12.8)
[u] Is 11.14
[v] Haverá produtividade contínua; Lv 26.3-5
[w] Is 60.4
[x] Is 60.21; Jr 32.41; Ez 34.28; 37.25; Jl 3.20

V. A restauração final de Israel, 9.11-15

A segunda vinda do Senhor e o restabelecimento do reino davídico

11 **N**aquele [s]dia, tornarei a levantar
a tenda de [t]Davi,
que está [1]caída, e repararei os
seus lugares quebrados;
restaurarei as suas ruínas
e a edificarei como nos dias da antiguidade,
12 para que possuam o restante de [u]Edom
e todas as nações que são
chamadas pelo meu nome,
diz o Senhor, que faz estas coisas.

A restauração de Israel no Reino

13 Vêm dias, diz o Senhor,
em que o que lavra
[v]alcançará ao que colhe,
e o que pisa as uvas ao que lança a semente.
Os montes destilarão vinho novo,
e todos os outeiros se derreterão.
14 [w]Trarei de volta do exílio
o meu povo Israel;
reedificarão as cidades
assoladas e nelas habitarão.
Plantarão vinhas e beberão o seu vinho;
farão pomares, e lhes comerão o fruto.
15 [x]Eu os plantarei na sua própria terra,
[2]e não serão mais arrancados
da terra que lhes dei,
diz o Senhor o teu Deus.

[1] (9.11) A monarquia davídica havia se degradado. Comp. Is 11.1. Com base neste versículo, os rabinos talmúdicos chamam o Messias de *Bar Nafli* (o filho dos caídos).

[2] (9.15) A única profecia de Amós sobre a bênção futura (9.11-15) detalha: 1) a restauração da dinastia davídica (v. 11), 2) a conversão das nações (v. 12), 3) a fertilidade da terra (v. 13), 4) o regresso de Israel do cativeiro (v. 14), 5) a reedificação das cidades assoladas (v. 14) e 6) o estabelecimento permanente de Israel na Terra Santa (v. 15).

- **Autor:** Obadias
- **Tema:** Condenação de Edom
- Escrito no século IX a.C.

OBADIAS

OBADIAS é totalmente desconhecido, a não ser pelo significado de seu nome (*servo* ou *adorador do Senhor*). A evidência interna do livro parece fixar a data do ministério de Obadias durante o reinado de Atalia (2Rs 8.16-26). Se isso for verdade, e se o ministério de Joel se deu durante o reinado de Joás, então Obadias, cronologicamente, foi o primeiro dos livros de profecia escritos, e o primeiro a usar a terminologia "o dia do Senhor" (comp. Jl 1.4, nota).

O livro, que na forma literária é uma apaixonada diatribe com sentença de morte, tem um tema único: juízo sobre Edom, a nação que descendia de Esaú. No tempo de Obadias, a capital de Edom era Sela (mais tarde chamada Petra). Suas ruínas singulares, recortadas em penhascos sólidos de uma rocha de cor rosada e, durante muito tempo, escondidas nas regiões áridas ao sul do mar Morto, foram descobertas em 1812 d.C. e são testemunhas silenciosas do cumprimento da profecia.

O livro pode ser dividido da seguinte maneira: I. O pronunciamento da condenação de Edom, v. 1-9. II. A causa da condenação, v. 10-14. III. Edom no dia do Senhor, v. 15-21.

I. O pronunciamento da condenação de Edom, v. 1-9

Introdução

O engano da soberba

Visão de Obadias. Assim diz o Senhor Deus a
[a]respeito de [1]Edom:
Ouvimos a mensagem do Senhor:
Foi enviado às nações um
mensageiro, dizendo:
Levantai-vos! Levantemo-nos
contra Edom para a guerra.
2 Eis que te farei pequeno entre as nações;
tu serás totalmente desprezado.
3 A [b]soberba do teu coração te enganou,
ó tu que habitas nas [2]fendas das rochas,
na tua alta morada,
que dizes no teu coração:
Quem me derrubará em terra?
4 Embora te eleves como águia
e ponhas o teu ninho entre as estrelas,
dali te [c]derrubarei, diz o Senhor.
5 Se viessem a ti ladrões, ou
assaltantes de noite
(como estás destruído!),
não furtariam somente o que lhes bastasse?
Se a ti viessem os [d]que colhem uvas,
não deixariam alguns cachos?
6 Como foram rebuscados os bens de Esaú!
Como foram esquadrinhados os seus
tesouros escondidos!
7 Todos os teus aliados
te levaram para fora dos teus limites;
os que desfrutam da tua paz te enganaram
e prevaleceram contra ti;
os que comem o teu pão,
debaixo de ti porão uma armadilha;
não há em Edom entendimento.
8 Naquele dia, diz o Senhor,
[e]não farei perecer os sábios de [f]Edom
e o entendimento da montanha de Esaú?
9 Os teus valentes, ó [g]Temã, estarão
atemorizados,
para que da montanha de Esaú
seja cada um exterminado pela [3]matança.

II. A causa da condenação, v. 10-14

10 Por causa da [h]violência
feita a teu irmão Jacó,
a confusão te cobrirá,
e serás [i]exterminado para sempre.
11 No dia em que [j]estavas presente,
no dia em que estranhos lhe
levaram [k]os bens,
e os estrangeiros lhe entraram pelas portas
e lançaram sortes sobre Jerusalém,
tu mesmo eras como um deles.
12 Tu, porém, não devias olhar com prazer
para o dia da desgraça de teu irmão,
no dia do seu desterro;
não devias [l]alegrar-te sobre os filhos de Judá
no dia da sua ruína;
nem falar arrogantemente no dia da angústia.

[a] v. 1-9,15,16; veja Jr 49.7, marg. w
[b] Jr 49.16; comp. Ez 28.2
[c] Ml 1.4; comp. Is 14.12-15
[d] Jr 49.9
[e] Veja Jr 49.7, nota
[f] Veja Gn 36.1, nota
[g] Gn 36.11; 1Cr 1.45; Jó 2.11; Jr 49.20; Jr 49.7
[h] Ez 25.12,13
[i] Jl 3.19
[j] Sl 83.5-8
[k] Provavelmente, a deportação por Nabucodonosor
[l] Ez 35.15; 36.5

---

[1] (v. 1) A inimizade entre Jacó e Esaú (Gn 36), o fundador de Edom, continuou ao longo dos séculos (Êx 15.15; Nm 20.14ss.; Sl 83.6; Is 63.1-5; Jl 3.19; etc.). O pecado de Edom foi a soberba (v. 3), o que o conduziu à violação do vínculo entre irmãos (v. 10-14).

[2] (v. 3) É uma alusão a Petra, a grande cidade das rochas chamada Sela nos tempos de Obadias. Veja Introdução.

[3] (v. 9) A destruição aqui descrita (comp. Jr 49.7-22; Ez 25.12-14) foi provavelmente por parte dos árabes. Como resultado, Edom ficou quase desabitada durante o período persa. A presença de árabes na região vizinha é demonstrada pela agressão de Gesém, o árabe, inimigo de Neemias (Ne 6.1,2). Mais tarde, os árabes se mesclaram com o restante dos edomitas e se tornaram uma potência relativamente forte na história da região de Petra (antiga capital de Edom) ao combinar forças para formar o reino dos nabateus e controlar o território. Estenderam seu controle à região sul da terra de Israel, que estava em grande parte nas mãos dos edomitas. Os gregos e os romanos chamavam os edomitas de idumeus, já que é outra forma do mesmo nome. O rei Herodes era edomita.

13 Não devias entrar pela porta do meu povo
no dia da sua calamidade;
nem devias olhar com prazer para
o seu mal
no dia da sua calamidade;
nem estender as tuas mãos contra
o seu exército
no dia da sua calamidade.
14 Não devias parar nas encruzilhadas,
para exterminares os que escapassem;
nem entregar os que lhe restassem
no dia da angústia.

III. Edom no dia do Senhor,
v. 15-21

15 **O** [m]dia do Senhor está perto
[n]sobre todas as nações.
Como tu fizeste, assim se fará contigo;
a tua maldade cairá sobre a tua cabeça.
16 Como vós bebestes no meu santo monte,
assim beberão de contínuo todas
as nações;
beberão sem cessar, até o fim,
e serão como se nunca tivessem existido.

Livramento futuro para Jacó; juízo sobre Esaú

17 No monte de Sião, porém, haverá [o]livramento;
ele será [1]santo,
e os da casa de Jacó possuirão as suas heranças.
18 A casa de Jacó será fogo,
e a casa de José chama;
a casa de [2]Esaú palha,
e aqueles se acenderão contra eles
e os consumirão.
Não haverá sobrevivente da [p]casa de Esaú.
O Senhor o disse.
19 Os do [q]Neguebe [r]possuirão o monte de Esaú,
e os [s]das [t]planícies, os filisteus.
Possuirão também os campos
de Efraim e Samaria,
e Benjamim possuirá a Gileade.
20 Os cativos do exército dos filhos de Israel,
que estão em Canaã, possuirão até Sarepta;
os cativos de Jerusalém,
que estão em Sefarade,
possuirão as cidades do Neguebe.
21 Subirão [3]salvadores ao monte de Sião,
para julgarem as montanhas de Esaú.
E o [u]reino será [4]do [v]Senhor.

[m] Dia (do Senhor): v. 15-21; Sf 1.7 (Sl 2.9; Ap 19.19)
[n] Armagedom (batalha de): v. 15-18; Sf 3.8 (Is 10.27; Ap 19.17)
[o] Jl 2.32
[p] v. 9,10,16; comp. Is 63.1-6
[q] Veja Gn 12.9, nota
[r] Is 11.14; Am 9.12
[s] Sf 2.7
[t] Veja Dt 1.7, nota
[u] Veja Zc 12.8 e 1Co 15.24, notas
[v] Sl 22.28; Dn 2.44; 7.14; Zc 14.9; Ap 11.15

[1] (v. 17) "Será santo". Aqui, Obadias destaca o elemento essencial do reino messiânico. Uma vez que o reino do Senhor deve ser um reino santo, o homem – que, em si mesmo, não é santo – nunca poderá estabelecê-lo. Somente o Santo de Israel pode estabelecer um reino santo.

[2] (v. 18) Edom será restaurado (comp. Is 11.14) nos últimos dias.

[3] (v. 21) Deus usará os salvadores ou libertadores em Jerusalém (assim como em Jz 3.9,15), para estabelecer seu reino terreno, e eles servirão ao Senhor Jesus Cristo, o Rei dos reis, e serão responsáveis diante dele (Ap 19.16; comp. tb. Ap 20.4).

[4] (v. 21) Este versículo final é claramente messiânico. Apesar da brevidade do livro, Obadias conclui, como muitos outros profetas, com a promessa do futuro livramento de Israel no Reino.

- **Autor:** Jonas
- **Tema:** A misericórdia de Deus
- Escrito no século IX a.C.

JONAS

JONAS foi um profeta de Israel que viveu no tempo de Jeroboão II (2Rs 14.25). Seu nome significa *pomba*, e ele ocupa um lugar singular como o primeiro missionário para terras estrangeiras. O caráter histórico da preservação de Jonas no grande peixe, assim como sua pregação aos habitantes de Nínive, foi atestado por Cristo, que compara a experiência do profeta a seu próprio sepultamento e ressurreição (Mt 12.38-42).

Uma obra-prima de narrativa condensada, esse livro tem recebido ênfase exagerada quanto ao milagre do grande peixe (veja 1.17, nota). Contudo, nem a anulação nem a racionalização resolvem as dificuldades do milagre, que permanece como um objeto de fé, não de explicação. O livro de Jonas está cheio do sobrenatural; além do grande peixe, temos a aboboreira, um bicho, o vento oriental e, o maior de todos os milagres, o arrependimento de toda a cidade de Nínive.

O caráter de Jonas e o modo como Deus o tratou prefiguram a história posterior da nação de Israel: afastados de sua terra, um problema para os gentios, mas um testemunho para eles; levados cativos, mas preservados milagrosamente; na grande angústia futura, clamam ao Senhor como Salvador, encontram libertação e se tornam missionários aos gentios (Zc 8.7-23). Mas o mais importante é que Jonas é um tipo de Cristo como o Enviado, ressuscitado dos mortos e levando a salvação aos gentios.

O livro pode ser dividido da seguinte maneira: I. Desobediência e fuga de Jonas, 1.1-11. II. Jonas e o grande peixe, 1.12–2.10. III. O maior avivamento da história, 3. IV. A imensidão da misericórdia de Deus, 4.

I. Desobediência e fuga de Jonas, 1.1-11

Introdução

1 Veio a palavra do Senhor a [1][a]Jonas, filho de
Amitai, dizendo:

Jonas foge do Senhor

2 Levanta-te, vai à [b]grande cidade de [c]Nínive
e clama contra ela, porque a sua malícia subiu
até mim.
3 Jonas, porém, levantou-se a fim de fugir de
diante da face do Senhor para Társis. Desceu a
[d]Jope, onde achou um navio que ia para [e]Társis.
Pagou sua passagem e embarcou nele, a fim de
ir com eles para Társis, para [f]longe da presença
do Senhor.
4 **O** Senhor, contudo, [g]mandou ao mar um
grande [h]vento, e fez-se no mar uma grande tem-
pestade, de modo que o navio estava a ponto de
se despedaçar.
5 Então temeram os [i]marinheiros, e clamava
cada um ao seu deus, e lançaram ao mar a carga
do navio, para o aliviarem do seu peso. Jonas,
porém, descera ao porão, onde se deitou e dor-
mia um profundo sono.
6 O mestre do navio chegou-se a ele e lhe disse:
Como podes dormir? Levanta-te e invoca o teu
deus! Talvez assim ele se lembre de nós para que
não pereçamos.
7 **E**ntão disseram cada um ao seu compa-
nheiro: Vinde, e lancemos [j]sortes, para que
saibamos por que nos sobreveio este mal. E lan-
çaram sortes, e a sorte caiu sobre Jonas.
8 Então lhe disseram: Declara-nos tu, agora,
por que nos sobreveio este mal. Que ocupação
é a tua? Donde vens? Qual é a tua terra? De que
povo és?
9 Respondeu-lhes ele: Eu sou hebreu e [k]temo
ao Senhor, o Deus do céu [l]que fez o mar e a terra.
10 Então os homens se encheram de grande
temor e lhe disseram: O que é isto que fizeste?
Pois sabiam os homens que fugia da presença
do Senhor, porque lhes tinha contado.
11 **D**isseram-lhe: Que te faremos nós, para que
o mar se acalme? Porque o mar se agitava cada
vez mais.

II. Jonas e o grande peixe, 1.12–2.10

Jonas tragado pelo grande peixe

12 Ele lhes disse: [m]Levantai-me e lançai-me ao
mar, e o mar se aquietará. Eu sei que por minha
causa vos sobreveio esta grande tempestade.
13 Entretanto os homens remavam, esforçan-
do-se por alcançar a terra. Mas [n]não podiam,
porque o mar se ia embravecendo cada vez mais
contra eles.
14 Então clamaram ao Senhor: Ó Senhor, nós
te rogamos, não nos deixes perecer por causa
da vida deste homem e não ponhas sobre nós
[o]sangue inocente, porque tu, Senhor, fizeste
como te [p]aprouve.
15 Então levantaram a Jonas e o lançaram ao
mar; e [q]cessou o mar da sua fúria.
16 Temeram, pois, estes homens ao Senhor
com grande temor; e ofereceram sacrifícios ao
Senhor e fizeram votos.

[a] 2Rs 14.25; Mt 12.39-41; 16.4; Lc 11.29,30,32
[b] Gn 10.11,12; Jn 4.11; veja Jn 3.3, nota
[c] Is 37.37; veja Na 1.1, nota
[d] O lugar da visão de Pedro, At 10.5
[e] Is 23.1
[f] Gn 4.16; Jó 1.12; 2.7; comp. Sl 139.7-10
[g] Comp. Sl 148.8
[h] Sl 107.25-28
[i] Provavelmente, os famosos fenícios
[j] Pv 16.33
[k] Veja Sl 19.9, nota
[l] Ne 9.6; Sl 146.6; At 17.24
[m] Comp. 2Sm 24.17
[n] Pv 21.30
[o] Comp. Gn 9.5,6
[p] Dn 4.35
[q] Sl 107.29

[1] (1.1) O lar do profeta ficava em Gate-Hefer de Zebulom (2Rs 14.25), ao norte de Nazaré, na Galileia. Comp. a afirmação errônea dos fariseus citada em Jo 7.52.

17 **O** Senhor [1][r]preparou um [s]grande peixe, para
que tragasse a Jonas, e Jonas esteve [t]três dias e
três noites nas entranhas do peixe.

A oração de Jonas; a resposta do Senhor

2 [2][u]Orou Jonas ao Senhor, seu Deus, das entra-
nhas do peixe.
2 Disse ele:
Na minha angústia [v]clamei ao Senhor,
e ele me respondeu.
Das [w]profundezas da sepultura gritei,
e tu ouviste a minha voz.
3 Tu me lançaste no profundo,
no coração dos mares,
e a corrente me cercou;
todas as tuas [x]ondas e as tuas vagas
passaram por cima de mim.
4 Eu [y]disse: Banido estou de
diante dos teus olhos;
todavia tornarei a olhar para
o teu santo templo.
5 As [z]águas me cercaram até a alma,
o abismo me rodeou;
as algas se enrolaram na minha cabeça.
6 Eu desci até os fundamentos dos montes;
as trancas da terra prenderam-se para sempre.
Mas tu fizeste subir a minha vida da cova,
ó Senhor, meu Deus.
7 Quando desfalecia em mim a minha alma,
eu me lembrei de ti, ó Senhor,
e subiu a ti a minha oração,
no teu santo templo.
8 Os que se apegam aos ídolos vãos
afastam de si a sua própria misericórdia.
9 Eu, porém, com um cântico de ações de graças,
te oferecerei sacrifício.
O que [a]votei pagarei.
Do [b]Senhor vem a [c]salvação.

[r] Jn 4.6-8
[s] Milagres (AT): 1.17–2.10 (Gn 5.24; Jn 1.17)
[t] Mt 12.40
[u] Orações da Bíblia (AT): v. 1-9; Hc 3.1 (Gn 15.2; Hc 3.1)
[v] Sl 18.4-6; 120.1; 130.1; 142.1; Lm 3.55,56
[w] Sl 86.13; 88.1-7; veja Hc 2.5, nota
[x] Sl 42.7
[y] Sl 31.22
[z] Sl 69.1; Lm 3.54
[a] Ec 5.4,5
[b] Jr 3.23
[c] O tema da Bíblia
[d] Veja Na 1.1, nota
[e] Mt 12.41
[f] Fé: v. 5; Hc 2.4 (Gn 3.20; Hb 11.39, nota)
[g] Dn 3.29
[h] Dn 4.27; Jl 2.14; Am 5.15
[i] Veja Zc 8.14, nota
[j] Jr 18.8

10 E o Senhor falou ao peixe, e ele
vomitou a Jonas na terra.

III. O maior avivamento da história, 3

Nínive se arrepende, e Deus tem misericórdia

3 Veio a palavra do Senhor segunda vez a Jo-
nas, dizendo:
2 Levanta-te, vai à grande cidade de [d]Nínive e
proclama contra ela a mensagem que eu te dou.
3 Levantou-se Jonas e foi a Nínive, segundo a
palavra do Senhor. Ora, Nínive era uma grande
cidade, de três dias [3]de jornada.
4 No primeiro dia, Jonas começou a percorrer a
cidade, e clamava: Daqui a [4]quarenta dias Nínive
será destruída.
5 **Os** [e]ninivitas [f]creram em Deus. Proclamaram
um jejum e vestiram-se de pano de saco, desde
o maior até o menor.
6 Quando a notícia chegou ao rei de Nínive,
levantou-se ele do seu trono, tirou de si as suas
vestes reais, cobriu-se de pano de saco e assen-
tou-se sobre cinzas.
7 Então ele fez uma proclamação, que se divul-
gou em Nínive: Por [g]mandado do rei e dos seus
nobres: Não provem coisa alguma nem homens,
nem animais, nem bois, nem ovelhas; não
comam, nem bebam água.
8 Os homens e os animais estarão cobertos de
pano de saco, clamarão fortemente a Deus e se
converterão, cada um do seu mau caminho e da
violência que há nas suas mãos.
9 Quem sabe [h]se Deus se voltará, se [i]arrepen-
derá e se apartará do furor da sua ira, de sorte
que não pereçamos?
10 **Quando** Deus viu as obras deles e como se
converteram do seu mau caminho, se arrepen-
deu do mal que tinha dito lhes faria, e [5][j]não o fez.

[1] (1.17) Nenhum outro milagre nas Escrituras tem provocado tanta incredulidade. Tem sido alegado que uma baleia não poderia engolir um homem, mas foram descobertas espécies de baleias que facilmente poderiam fazê-lo. O verdadeiro milagre não foi Jonas ter sido engolido, mas sim que Jonas estivesse vivo quando foi vomitado pelo grande peixe em terra seca. Afinal, um milagre é o que se poderia esperar do amor divino, que intervém para o bem num universo física e moralmente desordenado (Rm 8.19-23).

[2] (2.1) O fato de Jonas ter orado implica que estava vivo e consciente. A oração está cheia de passagens de Salmos, indicando que Jonas havia guardado a Palavra de Deus no coração. Comp. Rm 15.4.

[3] (3.3) Nínive era uma das maiores cidades da Antiguidade. Sua área metropolitana era tão grande que se levava três dias para cruzá-la. Essa declaração em Jonas, que a descreve como "de três dias de jornada", foi muito questionada antes do surgimento da arqueologia moderna. Escavações na Mesopotâmia confirmaram plenamente as declarações em Jonas, Naum e outras passagens do AT quanto à grandeza de Nínive. Mas, em 612 a.C., Nínive foi destruída tão completamente por seus inimigos que até mesmo a sua localização foi esquecida (veja 3.4, *nota*), até as descobertas arqueológicas de suas ruínas (Na 3.3, *nota*).

[4] (3.4) A mensagem de Jonas, como frequentemente ocorre nos livros proféticos, estava condicionada à reação moral de Nínive: caso se arrependesse, seria perdoada; caso se negasse a fazê-lo, seria destruída.

Como Deus sabia que Nínive, por fim, rejeitaria sua palavra e retornaria a uma perversidade ainda maior do que antes, a predição de destruição foi dada em forma absoluta, ainda que viesse a se cumprir um século mais tarde. Nunca houve uma cidade destruída de maneira mais terrível do que Nínive. Todo o livro de Naum foi dedicado a predizer essa terrível destruição total. Os quarenta dias estavam condicionados à reação moral de Nínive, e o tempo foi prolongado em face do grande avivamento temporário descrito no cap. 3. Comp. em 1Rs 21.29 adiamento similar de uma catástrofe profetizada.

[5] (3.10) Esse é o maior avivamento registrado na história; nenhum milagre físico nesse livro se compara com a maravilha e os alcances desse milagre espiritual.

IV. A imensidão da misericórdia de Deus, 4

O descontentamento de Jonas

4 **M**as [1]desgostou-se Jonas extremamente e ficou [k]irado.

2 E orou ao Senhor: Ó Senhor! não foi isso o que eu disse estando ainda na minha terra? Por isso é que me apressei a fugir para Társis. Eu sabia que és Deus [l]clemente e misericordioso, tardio em irar-se e grande em amor, e que te arrependes do mal.

3 Agora, ó Senhor, tira a minha vida, porque melhor me é morrer do que viver.

Jonas é repreendido pelo Senhor

4 O Senhor respondeu: É razoável [m]essa tua ira?

5 Jonas saiu da cidade e [n]assentou-se ao oriente dela. Aí fez uma barraca e assentou-se debaixo dela, à sombra, até ver o que aconteceria à cidade.

6 **E**ntão o Senhor Deus fez nascer uma aboboreira, que subiu por cima de Jonas, para que fizesse sombra sobre a sua cabeça, a fim de o livrar do seu enfado, e Jonas se alegrou em extremo por causa da aboboreira.

7 Deus, porém, enviou um bicho, no dia seguinte, ao subir da alva, o qual feriu a aboboreira, e ela se secou.

8 Aparecendo o sol, Deus mandou um vento calmoso oriental, e o sol feriu a cabeça de Jonas, de sorte que ele desfalecia. Pelo que com toda a sua alma desejou morrer e disse: Melhor me é morrer do que viver.

9 Então disse Deus a Jonas: É acaso razoável essa tua ira por causa da aboboreira? Disse ele: É justo que eu me enfade a ponto de desejar a morte.

10 Disse o Senhor: Tiveste compaixão da [2]aboboreira que não te custou trabalho, a qual não fizeste crescer. Numa noite ela nasceu, e numa noite pereceu.

11 Em [o]Nínive há mais de cento e vinte mil pessoas, que não sabem discernir entre a mão direita e a esquerda, e também muito gado. Não hei de eu ter compaixão dessa [p]grande cidade?

[k] Comp. Lc 15.28
[l] Êx 34.6; Sl 86.5; Jl 2.13
[m] Comp. Mt 20.15
[n] Comp. 1Rs 19.9-13
[o] Veja Na 1.1, nota
[p] Veja Jn 3.3, nota

---

[1] (4.1) A velha natureza resiste à demonstração da graça de Deus a qualquer uma de suas criaturas. Como exemplo, temos a própria confissão de Jonas em 4.2.

[2] (4.10) Nestes últimos versículos, se encontra a grande lição missionária do livro: a alma dos homens não vale tanto quanto uma aboboreira? Assim como Jonas, o povo de Deus no presente frequentemente se preocupa mais com os benefícios materiais tão abundantemente concedidos por Deus do que com o destino de um mundo perdido.

MIQUEIAS

- **Autor:** Miqueias
- **Tema:** O Juízo e o Reino
- Escrito no século VIII a.C.

MIQUEIAS, cujo nome significa *Quem é como o Senhor?*, profetizou no século VIII a.C. como contemporâneo de Isaías (comp. 1.1 com Is 1.1). Ele veio da pequena cidade de Moresete-Gate (1.14), cerca de 32 km a sudoeste de Jerusalém. Há muitas semelhanças entre passagens de Isaías e Miqueias (comp. Mq 4.1-5 com Is 2.2-4). Jeremias menciona Miqueias pelo nome (Jr 26.18) e o relaciona com o reinado de Ezequias, e em Mt 10.35,36 nosso Senhor citou Mq 7.6. Os temas da profecia são Samaria, Jerusalém, toda Judá, Israel e as nações. A Assíria é a potência estrangeira proeminente. As mensagens são dirigidas particularmente contra as capitais, Samaria e Jerusalém, como centros de influência na nação. Deus roga a Israel e a Judá que se voltem para ele, deixando os pecados; declara que a Assíria é a vara de sua ira e conclui com promessas de glória futura com o Messias e seu justo reinado.

O livro pode ser dividido da seguinte maneira: I. Condenação e cativeiro, 1–2. II. Repreensão; restauração no reino, 3–5. III. Convite a pleitear a causa; garantia de misericórdia, 6–7.

I. Condenação e cativeiro, 1–2

Introdução

1 **A** palavra do Senhor que veio a [a]Miqueias, morastita, nos dias de [b]Jotão, Acaz e Ezequias, reis de Judá, a qual ele viu sobre Samaria e Jerusalém.

Juízo sobre Israel

2 **O**uvi, todos os povos,
presta atenção, ó terra,
e tudo o que nela há,
e seja o Senhor Deus testemunha
contra vós,
o Senhor, desde o seu santo templo.
3 Porque eis que o Senhor [1]sai do seu lugar,
desce e anda sobre as [c]alturas da terra.
4 Os montes debaixo dele se derretem,
os vales se fendem,
como a cera diante do fogo,
como as águas que se
precipitam num abismo.
5 Tudo por causa da transgressão
de Jacó e dos pecados da casa de Israel.
Qual é a transgressão de Jacó?
Não é Samaria?
Qual é o [d]altar idólatra de Judá?
Não é Jerusalém?

A Assíria destruirá Samaria e chegará até a porta de Jerusalém

6 Por isso, [2]farei de Samaria
um montão de pedras do campo,
uma terra de plantar vinhas;
farei rolar as suas pedras para o vale
e descobrirei os seus fundamentos.

[a] Jr 26.18
[b] 2Rs 15.5,7,32-38; 2Cr 27.1-9; Is 1.1; Os 1.1
[c] Dt 32.13; 33.29; Am 4.13
[d] 1Rs 15.14; veja Jz 3.7 e 2Rs 3.2, notas; comp. Am 4.4, nota
[e] Os 2.5,12
[f] Dt 23.18
[g] Jó 30.29
[h] 2Sm 1.20
[i] Casa do pó
[j] Is 59.9-11
[k] Am 3.6
[l] Is 36.2
[m] Ez 23.11

7 Todas as suas imagens de [e]escultura
serão despedaçadas;
todos os seus salários
serão queimados pelo fogo;
destruirei todos os seus ídolos.
Visto que do [3f]preço de sua
prostituição os ajuntou,
em salário de prostitutas se tornarão.
8 **P**or isso, lamentarei e uivarei;
andarei despojado e nu.
Uivarei como os [g]chacais
e gemerei como as corujas.
9 Porque a sua chaga é incurável;
chegou até Judá.
Estendeu-se até a porta do meu povo,
até Jerusalém.
10 Não o anuncieis em [h]Gate;
não choreis muito.
Revolvei-vos no pó, em [i]Bete-Afra.
11 Passa, ó moradora de Safir,
com nudez vergonhosa.
A moradora de Zaanã não sairá.
Bete-Ezel está de luto;
a sua proteção vos é tirada.
12 A moradora de Marote se contorce em dores,
esperando pelo [j]bem,
porque desceu do Senhor o [k]mal
até a porta de Jerusalém.
13 Ata o cavalo ligeiro ao carro,
ó moradora de [l]Laquis.
Foste o princípio do
pecado para a filha de Sião,
pois em ti se [m]acharam as transgressões
de Israel.
14 Por isso, darás presentes
de despedida a Moresete-Gate.

[1] (1.3) Essas palavras predizem a destruição do reino do norte por Salmaneser, como também a invasão de Senaqueribe e a de Nabucodonosor.

[2] (1.6) Nos v. 6-16, é descrita a invasão assíria. Comp. 2Rs 17.1-18. Essa é a circunstância local que dá base à profecia de uma invasão maior nos últimos dias (4.11-13), quando o Senhor livrará seu povo na batalha de Armagedom (Ap 16.13-16; veja Ap 19.17, *nota*).

[3] (1.7) Esse "preço" provavelmente eram vasos caros que haviam sido usados nos templos pagãos no culto a deuses falsos.

As casas de [n]Aczibe serão um engano
para os reis de Israel.
15 Trarei contra ti um vencedor,
ó moradora de Maressa.
Aquele que é a glória de Israel virá a [o]Adulão.
16 Faze-te calva e tosquia-te,
por causa dos filhos das tuas delícias;
aumenta a tua calva como a águia,
porque de ti foram levados para o [p]exílio.

Motivos do juízo

2 **Ai** daqueles que nas suas camas
tramam a iniquidade e maquinam o mal!
À luz da [q]alva o praticam
[1]porque está no [r]poder da sua mão.
2 [s]Cobiçam campos e se [t]apossam deles;
cobiçam casas e as tomam.
Assim fazem violência a um homem e à sua [u]casa,
a uma pessoa e à sua herança.
3 Portanto, assim diz o Senhor:
Projeto um [v]mal contra esta geração,
do qual não tirareis os vossos pescoços.
Não andareis tão altivos,
porque o tempo será mau.
4 Naquele dia, surgirá um
provérbio contra vós,
e se levantará pranto lastimoso,
dizendo: Nós estamos
inteiramente desolados;
a porção do meu povo,
Deus a troca.
Como me despoja!
Reparte os nossos
campos aos rebeldes.
5 Portanto, não terás na congregação do Senhor
quem lance a corda de medir por sorteio.
6 [2]**N**ão profetizeis, dizem os seus profetas.
Não profetizeis tais coisas;
a desgraça não nos alcançará.
7 Acaso se dirá, ó casa de Jacó:
Está irado o [w]Espírito do Senhor?
São estas as suas [x]obras?
Não fazem bem as minhas
palavras ao que anda retamente?
8 Há pouco, porém, se levantou
o meu povo como inimigo.
De sobre a veste tirais a capa
daqueles que passam seguros,
como homens que voltam da guerra.
9 Lançais fora as mulheres do meu povo,
das suas casas agradáveis.
Dos seus meninos tirais a minha glória
para sempre.

[n] Js 15.44
[o] 2Cr 11.7
[p] Am 7.11,17; Mq 4.10
[q] Os 7.6,7
[r] Comp. Pv 3.27
[s] Is 5.8
[t] Comp. Acabe e Nabote, 1Rs 21.1-16
[u] Êx 20.5; Jr 8.3
[v] Am 5.13
[w] Espírito Santo (AT): v. 7; 3.8; Ag 2.5 (Gn 1.2; Zc 12.10)
[x] Comp. Is 28.21; Ez 33.11; Mq 7.18
[y] Is 30.10; Jr 5.30,31; 2Tm 4.3,4
[z] Remanescente: v. 12,13; Mq 4.1 (Is 1.9; Rm 11.5, nota)
[a] Lugar conhecido por seus pastos abundantes. Comp. 2Rs 3.4
[b] Jr 33.22
[c] Ez 22.27
[d] Jr 5.5
[e] Ez 11.7; comp. Ez 24.3-14
[f] Jr 11.11
[g] Jr 6.13; Ez 13.19

10 Levantai-vos e andai!
Porque não é aqui o vosso descanso,
por causa da imundícia que
traz destruição,
sim, destruição enorme.
11 Se alguém, seguindo o espírito de falsidade,
mentir, dizendo:
Eu te profetizarei acerca do vinho
e da bebida forte;
será esse tal o [y]profeta deste povo.

Promessa de livramento

12 **C**ertamente te ajuntarei todo, ó Jacó;
certamente congregarei o
[z]restante de Israel.
Eu os porei todos juntos,
como ovelhas no [a]aprisco,
como rebanho no meio de seu curral;
farão estrondo por causa da
[b]multidão dos homens.
13 Subirá diante deles aquele
que abre o caminho;
eles romperão e entrarão pela porta,
e sairão por ela.
O seu rei irá adiante deles,
e o Senhor os guiará.

II. Repreensão; restauração no reino, 3–5

Repreensão aos líderes infiéis

3 **E**ntão eu disse:
Ouvi, vós, [c]chefes de Jacó,
e vós, governantes da nação de Israel:
Não é a vós que pertence saber a [d]justiça?
2 A vós que aborreceis o bem e amais o mal,
que arrancais a pele de cima deles,
e a sua carne de cima dos seus ossos;
3 que comeis a carne do meu povo,
lhes arrancais a pele,
lhes esmiuçais os ossos
e os repartis como para a panela
e como carne do meio do [e]caldeirão.
4 Então clamarão ao Senhor,
mas ele [f]não os ouvirá,
antes esconderá deles a sua
face naquele tempo,
por causa do mal que fizeram.
5 **A**ssim diz o Senhor contra
os [g]profetas que fazem errar o meu povo
e que proclamam paz,
quando têm o que mastigar,
mas contra aquele que nada
lhes coloca na boca, preparam guerra.

---

[1] (2.1) Seu princípio era que o poder tudo lhes permitia. Observe o ponto de vista do Senhor (v. 3-5).

[2] (2.6) A razão principal para o surgimento de falsos profetas foi o caráter nada popular da mensagem dos profetas verdadeiros, que chamavam a nação a voltar para Deus.

6 Portanto, se vos fará noite, sem profecias,
e haverá trevas, sem adivinhações.
O sol se porá sobre estes profetas,
e o dia sobre [h]eles se enegrecerá.
7 Os videntes se envergonharão,
e os adivinhadores se confundirão.
Todos eles cobrirão os seus lábios,
porque não haverá resposta de Deus.
8 Quanto a mim, porém,
eu estou cheio de [i]poder,
do Espírito do Senhor,
e cheio de justiça e de força,
para anunciar a Jacó a sua [j]transgressão
e a Israel, o seu pecado.

A destruição de Jerusalém

9 **O**uvi agora isto, vós, chefes
da descendência de Jacó, e vós,
governantes da nação de Israel,
que abominais a justiça
e perverteis tudo o que é direito,
10 edificando Sião com [k]sangue e Jerusalém,
com perversidade.
11 Os seus chefes dão as sentenças por [l]suborno,
os seus sacerdotes
ensinam por interesse,
e os seus profetas [1]adivinham por dinheiro.
Ainda se apoiam ao Senhor, dizendo:
Não está o Senhor no meio de nós?
Nenhum mal nos sobrevirá.
12 [m]Portanto, por causa de vós,
[n]Sião será lavrada como um campo,
Jerusalém se tornará em
montões de pedras,
e o monte deste templo numa
colina coberta de mato.

Visão da idade de ouro da terra

4 **N**os [2]últimos dias, [o]porém,
o [3]monte do templo do Senhor
será estabelecido no [p]cume dos montes,
e se elevará sobre os outeiros;
e concorrerão a ele [q]os povos.
2 Virão muitas nações e dirão:
Vinde, subamos ao monte do Senhor
e ao templo do Deus de Jacó,
para que nos ensine os seus caminhos,
e andemos nas suas veredas.
De Sião sairá a lei,
e a palavra do Senhor, de Jerusalém.
3 Ele julgará entre muitos
povos e arbitrará entre nações
poderosas e longínquas.
Eles converterão as suas
espadas em relhas de arado,
e as suas lanças, em foices.
Uma nação não levantará a
espada contra outra nação
nem aprenderão mais a guerra.
4 Cada um, porém, se assentará
debaixo da sua videira e
debaixo da sua figueira,
e não haverá quem os espante,
porque a boca do Senhor dos
Exércitos o disse.
5 Todos os povos andam cada um em nome
do seu deus,
mas nós andaremos em nome do Senhor,
o nosso Deus, eternamente
e para sempre.

O reajuntamento de Israel

6 **N**aquele dia, diz o Senhor,
congregarei a que coxeava
e recolherei a que tinha sido [r]expulsa
e a que eu afligi.
7 Da que coxeava farei a parte restante
e da que tinha sido arrojada
para longe, uma nação poderosa.
O [s]Senhor [t]reinará sobre eles
no monte de Sião,
desde agora e para sempre.
8 A ti, ó torre do rebanho,
monte da filha de Sião, a ti virá;
sim, a ti virá o primeiro domínio,
o reino da filha de Jerusalém.

Parêntese do cativeiro babilônico

9 **E** agora, por que ergues tão grande pranto?
Não há em ti rei?
Pereceu o teu conselheiro?
Apoderou-se de ti a dor,
como a da que está de parto?
10 Sofre dores, ó filha de Sião,
como a que está de parto,
porque agora sairás da cidade
e morarás no campo.
Virás até [u]Babilônia; ali serás [v]livrada.
Ali te [w]remirá o [x]Senhor das
mãos de teus inimigos.

[h] Is 29.10; Jr 23.33-40; Ez 13.23
[i] Inspiração: v. 8; Hc 2.2 (Êx 4.15; 2Tm 3.16)
[j] Is 58.1
[k] Hc 2.12
[l] Mq 7.3; comp. Is 1.23; Jr 6.13
[m] Cumprido no ano 70 d.C. Comp. Lc 21.20-24
[n] Jr 26.18
[o] v. 1-4; Is 2.2-4; veja At 2.17, nota
[p] Reino (AT): v. 1-5; Mq 5.2 (Gn 1.26; Zc 12.8)
[q] Remanescente: v. 1-7; Mq 5.3 (Is 1.9; Rm 11.5, nota)
[r] Ez 34.16
[s] Cristo (segunda vinda): v. 6,7; Ag 2.6 (Dt 30.3; At 1.11, nota)
[t] Is 24.23
[u] Am 5.27
[v] Por meio de Ciro. Comp. Is 44.28; 45.1-4
[w] Sl 18.7
[x] Is 45.13

[1] (3.11) O AT nunca faz referência positiva à leitura da sorte e à adivinhação. Comp. Balaão (Nm 23–24).

[2] (4.1) Mq 4.1-3 e Is 2.2-4 são praticamente idênticos. O Espírito de Deus deu a ambos os profetas a mesma revelação em vista da importância singular que terá Jerusalém. É impossível demonstrar que um dos profetas esteja citando as palavras do outro.

[3] (4.1) Nos v. 1-4, há algumas predições gerais referentes ao Reino. Nas Escrituras, o monte às vezes é símbolo de uma grande potência terrena (Dn 2.35); os outeiros, de potências menores. A profecia afirma: 1) o estabelecimento final do Reino, com Jerusalém como capital (v. 2), 2) a universalidade do reino futuro (v. 2), 3) seu caráter pacífico (v. 3) e 4) seu resultado: prosperidade (v. 4). Comp. Is 2.1-5; 11.1-12.

Profecia do Armagedom

11 **A**gora se congregaram [1]muitas
nações contra ti.
Dizem: Seja ela profanada,
e os nossos olhos vejam seus
desejos sobre Sião.
12 [y]Não sabem, porém,
os pensamentos do Senhor;
não entendem o plano do que
as ajunta como feixes na eira.
13 [z]Levanta-te e [a]debulha, ó filha de Sião,
porque eu [b]farei de ferro o teu chifre
e de bronze as tuas unhas;
despedaçarás muitos povos.
Os seus ganhos mal adquiridos
serão consagrados ao Senhor,
e os seus bens ao Senhor de toda a terra.

Nascimento e rejeição do Rei (comp. Mt 2.1-6; 27.24-37)

5 **A**gora ajunta-te em tropas,
ó cidade de tropas,
pois há um cerco contra nós.
Ferirão com a vara no queixo ao [c]juiz de Israel.
2 **T**u, porém, Belém [d]Efrata,
posto que pequena entre milhares de Judá,
de [2e]ti me [f]sairá aquele que há
de [g]reinar em Israel,
e cujas saídas são desde os tempos antigos,
desde os dias da [3]eternidade.

Intervalo entre a rejeição e a volta do Rei

3 Portanto os entregará até o tempo em que
a que está de parto tiver dado à luz;
então o [h]restante de seus irmãos
voltará com os filhos de Israel.
4 Ele permanecerá e apascentará o povo
na força do Senhor,
na excelência do nome do Senhor,
o seu Deus.
E eles viverão seguros, porque agora será ele
[i]grande até os fins da terra.

[y] Comp. Is 10.7
[z] Zc 12.1-8; 14.14
[a] Is 41.15
[b] Veja Dt 33.17, nota
[c] O rei Zedequias na invasão babilônica
[d] Gn 35.19
[e] Cristo (primeira vinda): v. 2; Zc 9.9 (Gn 3.15; At 1.11)
[f] Mt 2.5-12; Lc 2.4,11; Jo 7.42
[g] Reino (AT): v. 2,4; Sf 3.15 (Gn 1.26; Zc 12.8)
[h] Remanescente: v. 3-9; Mq 7.18 (Is 1.9; Rm 11.5, nota)
[i] Sl 72.8; Is 52.13; Zc 9.10
[j] v. 5,6; Is 10.5-27; 14.24-27; Sf 2.13
[k] Gn 10.8-12
[l] Is 14.25
[m] Gn 27.28
[n] Nm 24.9
[o] Zc 9.10
[p] Dt 17.16
[q] Is 2.7; 22.18
[r] Veja Dt 16.21, nota

5 **E** ele será a nossa paz.
Quando a [j]Assíria invadir a nossa terra
e quando passar sobre os nossos palácios,
levantaremos contra ela sete pastores
e oito líderes dentre os homens.
6 Estes consumirão a terra da Assíria à espada
e a [k]terra de Ninrode nas suas entradas.
Assim ele nos [l]livrará da Assíria,
quando esta invadir a nossa terra
e pisar as nossas fronteiras.
7 **O** restante de Jacó estará no meio
de muitos povos,
como [m]orvalho do Senhor,
como chuvisco sobre a erva,
que não espera pelo homem
nem aguarda filhos de homens.
8 O restante de Jacó estará entre as nações,
no meio de muitos povos,
como um [n]leão entre os animais do bosque,
como um leãozinho entre os
rebanhos de ovelhas,
o qual quando passar as
pisará e despedaçará,
sem que haja quem as livre.
9 **A** tua mão se exaltará sobre os teus adversários,
e todos os teus inimigos
serão exterminados.
10 Naquele dia, diz o Senhor,
eu [o]exterminarei no meio de ti os teus [p]cavalos
e destruirei os teus [q]carros.
11 Destruirei as cidades da tua terra
e derrubarei todas as tuas fortalezas.
12 Tirarei as feitiçarias das tuas mãos,
e não terás adivinhadores.
13 Arrancarei do meio de ti as tuas imagens
de escultura e as tuas colunas,
e tu não te inclinarás mais diante da obra
das tuas mãos.
14 Arrancarei os teus [r]bosques do meio de ti
e destruirei as tuas cidades.
15 Com ira e com furor tomarei vingança
sobre as nações que não obedeceram.

---

[1] (4.11) Após descrever o reino futuro (v. 1-8) e contemplar brevemente o cativeiro babilônico (v. 9,10), Miqueias fixa os olhos nos últimos dias para referir-se à grande batalha (veja Armagedom, Ap 16.13-16; 19.17, *nota*), que precede imediatamente o estabelecimento do reino messiânico. Veja Reino (AT) (Gn 1.26-28; Zc 12.8, *nota*); tb. Reino (NT) (Lc 1.31-33; 1Co 15.24, *nota*).

[2] (5.2) Aqui, a cena se transfere da grande batalha (ainda futura) para o nascimento do Rei Messias e sua rejeição (Mt 27.24,25,37). A isso segue a declaração de que ele "os entregará até o tempo em que a que está de parto tiver dado à luz" (v. 3). O trabalho de parto de Israel é duplo: 1) o do "filho homem" (Cristo) (Ap 12.1,2,5) e 2) quando, nos últimos dias, dará à luz um remanescente fiel dentre a nação que ainda é incrédula e infiel (v. 3; 4.10; Jr 30.6-11). Ambos os aspectos estão combinados em Is 66. Em Is 66.7, está o "filho homem" (Cristo) de Ap 12.1,2,5; em Is 66.8-24, o remanescente, estabelecido na bênção do Reino. O significado de Mq 5.3 é que, a partir da rejeição de Cristo em sua primeira vinda, o Senhor se afastará da nação de Israel até que apareça o remanescente de 144.000 que crê (Ap 7.4-8); será, então, que ele "permanecerá e apascentará o povo na força do Senhor" (v. 4); ele será a defesa do seu povo como em 4.3,11-13; e, depois, o remanescente irá como missionário a todo o mundo (5.7,8; Zc 8.23; Ap 7.9). Deus não abandonou seu povo (Rm 11.1). Os judeus foram e são salvos individualmente, como os gentios, pela fé no Messias.

[3] (5.2) No tempo, o Senhor vem de Belém, mas ele está atuando desde a eternidade. Ele esteve presente e atuou na Criação, na preservação do povo de Deus, na execução dos propósitos divinos, nas teofanias e na atividade redentora. Dessa maneira, a eterna preexistência do Messias é apresentada de forma enfática.

III. Convite a pleitear a causa; garantia de misericórdia, 6–7

A controvérsia passada e presente do Senhor com Israel (v. 1-5,10-16)

6 **O**uvi agora o que diz o Senhor:
Levanta-te, contende com os montes,
e ouçam os outeiros a tua voz.
2 Ouvi, montes, a contenda do Senhor, e vós,
duráveis fundamentos da terra,
porque o Senhor tem uma
[s]contenda com o seu povo
e com Israel entrará em juízo.
3 **Ó** povo meu, o que é que tenho [t]feito?
E em que te [u]enfadei?
Responde-me.
4 Certamente te fiz subir da terra do Egito
e da casa da servidão te [v]remi.
Enviei adiante de ti Moisés, Arão e Miriã.
5 Povo meu, lembra-te da consulta de [w]Balaque,
rei de Moabe,
e do que lhe respondeu Balaão, filho de Beor,
desde Sitim até Gilgal,
para que conheças as justiças do Senhor.

O que o Senhor pede do homem

6 **C**om que me apresentarei ao Senhor
e me inclinarei ante o Deus excelso?
Virei perante ele com holocaustos,
com bezerros de um ano?
7 Ele se [x]agradará de milhares de carneiros,
ou de miríades de ribeiros de azeite?
Darei o meu [1]primogênito pela
minha transgressão?
O fruto do meu ventre pelo
pecado da minha alma?
8 Ele te [y]declarou, ó homem, o que é bom.
E o que é que o Senhor [2]pede de ti,
senão que [z]pratiques a justiça,
ames a misericórdia
e andes humildemente com o teu Deus?
9 **A** voz do Senhor clama à cidade;
temer-lhe o nome é sabedoria.
Escutai a vara e quem a ordenou.
10 Ainda há na casa do ímpio
tesouros de impiedade e medida falsa,
que é detestável?
11 Poderei eu inocentar balanças falsas,
com um saco de [a]pesos enganosos?
12 Os seus ricos estão cheios de [b]violência,
os seus habitantes falam mentiras,
e a sua língua é enganosa na sua boca.
13 Assim eu também te enfraquecerei,
ferindo-te e assolando-te
por causa dos teus pecados.
14 Tu comerás, mas não te fartarás;
o teu ventre ainda estará vazio.
Removerás os teus bens, mas não os livrarás,
e aquilo que guardares,
eu o entregarei à espada.
15 Tu [c]semearás, mas não colherás;
pisarás a azeitona,
mas não te ungirás com azeite,
pisarás as uvas,
mas não beberás o vinho.
16 Porque se observam os estatutos de [d]Onri
e toda a obra da família de [e]Acabe,
e vós andais nos conselhos deles.
Portanto farei de ti uma desolação
e dos seus habitantes um assobio.
Assim trareis sobre vós a
zombaria do meu povo.

O profeta mostra por que Deus deve julgar seu povo

7 **A**i de mim!
Estou feito como quando são colhidas
as frutas do verão,
como os rabiscos da vindima;
não há cacho de uvas para comer,
nenhum figo temporão que eu tanto desejo.
2 [f]Pereceu da terra o homem piedoso,
e não há entre os homens um que seja reto.
Todos armam ciladas para sangue;
cada um caça o seu irmão com uma rede.
3 As suas mãos fazem diligentemente o mal,
o governante exige condenação,
o juiz aceita [g]suborno, o grande fala da
corrupção da sua alma,
e assim todos eles são perturbadores.
4 O melhor deles é como um espinho,
o mais reto é pior do que
uma cerca de espinhos.
Veio o dia dos teus vigias,
veio o dia da tua visitação.
Agora é o tempo da sua confusão.
5 [h]Não [i]creiais no amigo;
não confieis no companheiro.
Daquela que repousa no teu seio
[j]guarda as portas da tua boca.
6 Pois o filho despreza o pai,
a filha se levanta contra sua mãe,
a nora contra sua sogra;
os inimigos do homem são
os da sua própria [k]família.

[s] Is 1.18; Os 12.2
[t] Is 5.4; Jr 2.5
[u] Is 43.22,23; Ml 1.13
[v] Veja Êx 14.30 e Is 52.20, notas
[w] Nm 23.7-10,18-24; 24.3-9,15-24
[x] Sl 40.6-8; 51.16,17; Is 1.12,13; 66.3; Jr 6.20; Os 9.4; Am 5.21,22
[y] Dt 10.12; 1Sm 15.22; Os 6.6; 12.6
[z] Gn 18.19; Is 1.17
[a] Lv 19.36; Os 12.7
[b] Mq 2.2
[c] Dt 28.38-40; Am 5.11; Sf 1.13; Ag 1.6
[d] 1Rs 16.25,26
[e] 1Rs 16.30; 21.25,26; 2Rs 21.3
[f] Is 57.1
[g] Mq 3.11
[h] Jr 9.4
[i] Veja Sl 2.12, nota
[j] Dt 28.56
[k] Mt 10.36

[1] (6.7) A Lei reclamava para o Senhor o primogênito dos homens e dos animais (Êx 13.2,12). O primogênito dos animais era sacrificado. No entanto, o sacrifício de crianças era proibido sob pena de morte (Lv 18.21; 20.2-5; Dt 12.31; 18.10). Elas eram remidas (Êx 13.13). Esta passagem não ensina que em Israel era comum o sacrifício humano; simplesmente revela a futilidade dessa prática.

[2] (6.8) A piedade no AT era essencialmente relacionada com o ético e o moral, não com aspectos exteriores.

Submissão ao Senhor; atribuição de louvor

7 [1]**E**u, porém, confiarei no Senhor,
[l]esperarei no Deus da minha salvação;
o meu Deus me ouvirá.
8 **Ó** inimiga minha, não te
alegres a meu respeito!
Ainda que eu tenha caído, me [m]levantarei.
Se morar nas trevas,
o Senhor será a minha luz.
9 Sofrerei a ira do Senhor,
porque [n]pequei contra ele,
até que julgue a minha [o]causa
e execute o meu direito.
Ele me trará à luz,
e eu verei a [p]sua justiça.
10 A minha inimiga verá isso,
e a confusão a cobrirá,
a ela que me dizia:
Onde está o teu Deus?
Os meus olhos verão a sua queda;
agora ela será pisada como a lama das ruas.
11 O dia da reedificação de teus [q]muros virá.
Naquele dia, será dilatado
grandemente o teu termo.
12 Naquele dia, [r]virão a ti,
desde a Assíria até as [s]cidades do Egito,
e do [t]Egito até o [u]Rio,
e de mar a mar,
e de montanha a montanha.
13 A terra, porém, será
entregue à desolação,
por causa dos seus moradores,
por causa do fruto das suas obras.

[l] Sl 130.5; Is 25.9; Lm 3.24,25
[m] Pv 24.16; 2Co 4.9
[n] Lm 3.39,40
[o] Jr 50.34
[p] Rm 10.1-4; 11.23-27
[q] Am 9.11
[r] Is 19.23-25
[s] ACF: "cidades fortificadas"
[t] ACF: "cidades fortificadas"
[u] O Eufrates
[v] Êx 34.10
[w] Sl 78.12
[x] Sl 72.9; Is 49.23
[y] Jr 33.9
[z] Êx 34.7,9; Is 43.25
[a] Remanescente: v. 18; Zc 2.7 (Is 1.9; Rm 11.5)
[b] Sl 103.8,9
[c] Ez 33.11
[d] Comp. Is 38.17; 43.25; 44.22; Jr 31.34; Hb 8.12; 10.17
[e] Lc 1.72,73

14 **A**pascenta o teu povo com a tua vara,
o rebanho da tua herança,
que mora a sós no bosque,
no meio da terra fértil.
Apascentem-se em Basã e Gileade,
como nos dias da antiguidade.
15 Eu lhe mostrarei [v]maravilhas,
[w]como nos dias da tua saída
da terra do Egito.
16 As nações o verão e se envergonharão,
por causa de todo o seu poder.
Porão a mão sobre a boca,
e os seus ouvidos ficarão surdos.
17 [x]Lamberão o pó como serpentes,
como répteis da terra.
Tremendo, sairão dos seus esconderijos;
com [y]pavor virão ao Senhor,
o nosso Deus,
e terão medo de ti.
18 **Q**uem, ó Deus, é semelhante a [2]ti,
que [3][z]perdoas a iniquidade,
e te esqueces da transgressão
do [a]restante da tua herança?
O Senhor não retém a sua ira para [b]sempre,
porque tem prazer na [c]misericórdia.
19 Tornará a apiedar-se de nós;
pisará com pés as nossas iniquidades
e [d]lançará todos os nossos
pecados nas profundezas do mar.
20 [e]Mostrarás a Jacó a fidelidade,
e a Abraão a misericórdia,
as quais jurastes a nossos pais
desde os dias antigos.

---

[1] (7.7) Os v. 7-20 são, antes de mais nada, a confissão e intercessão do profeta, que se identifica com Israel. Comp. Dn 9.3-19. A intercessão era parte da função do profeta (Gn 20.7; Jr 27.18). Mas a oração de Miqueias também expressa as mais profundas preocupações, angústias e emoções do coração do remanescente nos últimos dias. A profecia é isto: uma mescla do próximo com o distante. Comp. Sl 22.1; Mt 27.46.
[2] (7.18) Aqui há um jogo de palavras com o nome do profeta, que significa *Quem é como o Senhor?*
[3] (7.18) Os v. 18-20 são lidos na sinagoga no Dia da Expiação. Os judeus ortodoxos, todos os anos, vão a um rio ou corrente de água e, de forma simbólica, esvaziam seus bolsos dos pecados, jogando-os na água (veja v. 19).

NAUM

- **Autor:** Naum
- **Tema:** A condenação de Nínive
- Escrito no século VIII a.C.

NAUM significa *consolo (de Deus)* e tem relação com o nome Neemias. Naum profetizou durante o século VIII a.C. Seu livro é a continuação do livro de Jonas. O arrependimento no tempo de Jonas adiou o juízo de Deus por aprox. um século. O cumprimento da profecia de Naum pode ser localizado cronologicamente entre a destruição de Nô-Amom, também chamada Tebas (3.8) por Assurbanípal em 666 a.C. e a tomada de Nínive pelos babilônios e seus aliados em 612 a.C. O estilo de Naum é poesia lírica da mais alta qualidade, que alguns consideram como a mais apaixonada entre os livros proféticos. Há de se reconhecer que suas mensagens são vívidas e enérgicas.

O livro pode ser dividido da seguinte maneira: I. O caráter de Deus, 1.1-8. II. Deus castiga os seus inimigos, 1.9-15. III. A destruição de Nínive detalhada, 2. IV. A causa da destruição, 3.

I. O caráter de Deus, 1.1-8

Introdução

1 [a]Oráculo acerca de [1b]Nínive. Livro da visão de Naum, o elcosita.

A santidade do Senhor; o juízo sobre Nínive

2 [2]**O** Senhor é um Deus zeloso e vingador,
o Senhor é vingador e cheio de furor.
O Senhor toma vingança contra
os seus adversários
e guarda a ira contra os seus inimigos.
3 O [c]Senhor é tardio em irar-se,
mas grande em força,
e ao culpado não tem por inocente.
O [d]Senhor tem o seu caminho
na tormenta e na tempestade,
e as nuvens são o pó dos seus pés.
4 Ele repreende o mar e o faz secar;
esgota todos os rios.
Desfalecem [3]Basã e Carmelo,
e a flor do Líbano se murcha.
5 Os montes tremem perante ele,
e os outeiros se derretem.
A terra se levanta na sua presença,
o mundo e todos os que nele habitam.
6 [e]Quem parará diante do seu furor?
Quem subsistirá diante do ardor da sua ira?
A sua cólera se derrama como fogo,
e as rochas são por ele derrubadas.
7 O Senhor é [f]bom,
uma fortaleza no dia da angústia.
Ele conhece os [g]que nele confiam,
8 mas com uma inundação transbordante
acabará duma vez com o lugar de Nínive;
para dentro das trevas perseguirá
os seus inimigos.

II. Deus castiga os seus inimigos, 1.9-15

9 O que projetais vós contra o Senhor?
Ele mesmo vos consumirá de todo;
não se levantará por duas vezes a angústia.
10 Pois ainda que eles se entrelacem
com os espinhos
e se saturem de vinho como bêbados,
serão inteiramente consumidos como palha seca.
11 De ti saiu um que maquina o mal contra o Senhor,
um que [4]aconselha maldade.
12 Assim diz o Senhor:
Por mais [5]seguros que estejam,
e por mais numerosos que sejam,
ainda assim serão [h]exterminados e passarão.
Eu te afligi, mas [i]não te afligirei mais.

[a] Veja Is 13.1, nota
[b] Gn 10.11; 2Rs 19.36; Jn 1.2; 4.11; Na 2.8; 3.7; Sf 2.13; Mt 12.41; Lc 11.32; veja Jn 3.3,4, notas
[c] Êx 34.6,7; Ne 9.17; Sl 103.8; Jn 4.2; 2Pe 3.9
[d] Comp. Sl 18.7-15; 97.2; 104.3; Hc 3.5.11,12
[e] Ml 3.2
[f] Sl 25.8; 37.39,40; 100.5; Jr 33.11; Lm 3.25
[g] Sl 1.6; 2Tm 2.19; veja Sl 2.12, nota
[h] Is 10.16-19
[i] Comp. Is 54.7,8

[1] (1.1) Nínive, a capital do antigo Império Assírio, era notória por sua crueldade e violência (Jn 3.8). Isso tem sido confirmado pelos antigos registros encontrados ali. Com a pregação de Jonas, no século IX a.C., a cidade e o rei voltaram-se para Deus (Jn 3.3-10). Mas no tempo de Naum, aprox. um século depois, a cidade se havia afastado de Deus por completo. Portanto, ainda que a mensagem de Naum tenha sido proclamada uma geração antes da destruição da cidade, não é um chamado ao arrependimento, mas uma direta advertência de juízo (1.9; 3.10). Essa é a maneira de Deus agir; quando uma pessoa ou nação rejeita a revelação de Deus, ele promete destruição.

[2] (1.2) A grande lição moral e prática de Naum é que Deus, em razão do seu caráter, não apenas é "tardio em irar-se" (v. 3) e uma fortaleza para "os que nele confiam" (v. 7), mas também "ao culpado não tem por inocente" (v. 3). Ele pode ser "justo e justificador daquele que tem fé em Jesus" (Rm 3.26), mas somente porque sua santa lei divina foi vindicada na cruz.

[3] (1.4) Basã, Carmelo e Líbano estavam entre as regiões mais férteis da antiga Canaã.

[4] (1.11) De maneira geral, há consenso de que o invasor é Senaqueribe, rei da Assíria, que ameaçou Judá no décimo quarto ano do reinado de Ezequias. Comp. 2Rs 18.13–19.37; Is 36–37.

[5] (1.12) No contexto, a expressão "Por mais seguros que estejam, e por mais numerosos que sejam" corresponde à transcrição para o hebraico de uma fórmula legal assíria muito antiga. Escavações nas ruínas da antiga Nínive, enterrada desde 612 a.C., trouxeram à luz milhares de antigas tabuinhas assírias, dezenas das quais contêm essa fórmula legal assíria. Segundo investigações, ela indica responsabilidade conjunta e individual para cumprir uma obrigação. Ao falar aos assírios, Naum cita palavras do Senhor como se usasse essa fórmula assíria, para reafirmar que, ainda que todos na nação se voltem como um só contra ele para lhe resistir, ele os vencerá. Embora tais palavras possam ter sido incompreensíveis para os copistas hebreus posteriores, o fato de terem sido conservadas é uma evidência notável do cuidado dos escribas ao copiar exatamente o que encontravam nos manuscritos, e é testemunho da preservação providencial do texto bíblico por parte de Deus.

13 **Agora**, porém, quebrarei
o seu jugo de cima de ti
e romperei os teus laços.
14 Contra ti, porém, o Senhor deu ordens,
que não haja mais linhagem do teu nome.
Da casa dos teus deuses destruirei
as imagens de escultura e de fundição.
Ali farei o teu [1][j]sepulcro, porque és [k]vil.

As boas-novas

15 Eis sobre os montes os [l]pés
do que traz [2]boas-novas,
do que anuncia a paz!
Celebra as tuas festas, ó Judá,
e cumpre os teus votos.
O ímpio não tornará mais a passar por ti;
ele será [m]inteiramente destruído.

III. A destruição de Nínive detalhada, 2

2 [3]**O** destruidor sobe contra ti, ó Nínive.
Guarda a fortaleza, observa o caminho,
fortalece os lombos,
reúne todas as tuas forças!
2 O Senhor restaurará o esplendor de Jacó,
como o esplendor de Israel,
ainda que os saqueadores o tenham despojado
e destruído os seus sarmentos.
3 Os escudos dos seus valentes
estão [4]vermelhos;
os guerreiros vestem escarlate.
O aço dos carros cintila no dia
da sua preparação;
vibram as lanças.
4 Os carros [n]andam furiosamente pelas ruas,
cruzam velozes as praças
em todas as direções.
O seu parecer é o de tochas,
e correm como [5]relâmpagos.
5 **Ele** convoca os seus nobres,
mas tropeçam no seu caminho.
Apressam-se para chegar ao muro da cidade;
o escudo protetor é preparado.
6 As portas do rio se abrem,
e o palácio se derrete.
7 Está decretado que a cidade
será despida e levada cativa.
As suas servas gemem como pombas
e batem em seus peitos.

[j] Ez 32.22,23
[k] Na 3.6
[l] Is 40.9; 52.7; Rm 10.15
[m] Is 29.7,8
[n] Na 3.2
[o] Comp. Jr 46.5; 47.3
[p] Ez 7.19; Sf 1.18
[q] Jó 4.10,11; Ez 19.2-7
[r] Is 10.6; Jr 51.34
[s] Ez 29.3; 38.3; 39.1; Na 3.5
[t] 2Rs 18.17-25; 19.9-13,23
[u] Ez 22.2,3; 24.6-9; Hc 2.12
[v] Is 47.9-12; Ap 18.2,3

8 Nínive é como um tanque,
e as suas águas agora fogem.
Parai, parai, clama-se,
mas ninguém [o]olha para trás.
9 Saqueai a prata, saqueai o [p]ouro,
porque não se acabam os tesouros,
há abastança de todo objeto desejável.
10 Ela está vazia, esgotada e devastada!
Derrete-se o coração, tremem os joelhos,
em todos os lombos há dor,
todos os rostos empalidecem.
11 **Onde** está agora o covil dos [q]leões
e os lugares onde alimentavam
os leõezinhos,
onde passeava o leão e a leoa,
e o filhote do leão, sem haver ninguém
que os espantasse?
12 O leão arrebatava o que bastava
para os seus filhotes,
estrangulava a presa para as suas leoas
e [r]enchia de presas as suas cavernas,
e os seus covis, de rapina.
13 [s]Eu estou contra ti, diz o Senhor dos Exércitos.
Queimarei na fumaça os teus carros,
e a espada devorará os teus leõezinhos.
Arrancarei da terra a tua presa,
e não se ouvirá mais a voz dos
teus [t]mensageiros.

IV. A causa da destruição, 3

Nínive deve colher o que semeou

3 **Ai** da cidade [u]ensanguentada!
Ela está toda cheia de mentiras e de rapina;
da presa não há fim!
2 O estalo de açoite, o estrondo das rodas,
o galopar dos cavalos e os carros que saltam!
3 A cavalaria que ataca,
espadas flamejantes e lanças cintilantes!
Multidão de mortos,
abundância de cadáveres;
[6]não têm fim os defuntos,
tropeçam nos seus corpos;
4 tudo isso por causa da multidão dos pecados
da bela e encantadora meretriz,
da [v]mestra de feitiçarias,
que vende povos por seus deleites
e famílias por suas feitiçarias.

---

[1] (1.14) Refere-se à completa destruição de Nínive nas mãos dos medos e babilônios em 612 a.C.
[2] (1.15) As palavras de Is 52.7 falam da libertação dos cativos na Babilônia; aqui, da libertação do poder da Assíria em 612 a.C. Em Rm 10.15, Paulo aplica essas palavras ao evangelho de Cristo, que anuncia libertação eterna do pecado.
[3] (2.1) As forças medo-babilônicas comandadas por Ciáxares (625-585 a.C.) e Nabopolassar (em 605 a.C.).
[4] (2.3) Os invasores gostavam do vermelho de maneira especial.
[5] (2.4) Os carros de guerra dos assírios se moviam a uma velocidade sem precedentes.
[6] (3.3) Em inscrições cuneiformes que escavações em Nínive revelaram, há amplo testemunho da incrível crueldade dos assírios nas batalhas.

5 Eu estou [w]contra ti,
diz o Senhor dos Exércitos.
Levantarei as tuas vestes até
a altura do teu rosto.
Às nações mostrarei a tua nudez;
e aos reinos, a tua vergonha.
6 Lançarei sobre ti coisas abomináveis,
te [x]envergonharei e te porei
como espetáculo.
7 Todos os que te virem, fugirão de ti e dirão:
[y]Nínive está destruída,
quem terá compaixão dela?
De onde buscarei consoladores para ti?
8 **É**s tu melhor do que [1][z]Nô-Amom,
que está situada entre os rios,
cercada de águas,
tendo por baluarte o mar e ainda
o mar por muralha?
9 [a]Etiópia e Egito eram a sua força,
e esta não tinha fim;
[b]Pute e [c]Líbia foram o seu socorro.
10 Todavia ela foi levada ao [d]exílio.
Também os seus filhos foram despedaçados
nas entradas de todas as ruas,
e sobre os seus nobres lançaram [e]sortes,
e todos os seus grandes
foram presos com grilhões.
11 Tu também serás embriagada
e te esconderás;
também buscarás refúgio
contra o inimigo.
12 Todas as tuas fortalezas
são como [f]figueiras com figos temporãos;
sendo eles sacudidos, caem na boca
do que os há de comer.
13 As tuas tropas no meio
de ti são como [g]mulheres!
As portas da tua terra estão de todo
abertas aos teus inimigos;
o fogo consome os teus ferrolhos.
14 **T**ira água para o tempo do cerco,
fortifica as tuas fortalezas!
Entra no lodo e pisa o barro,
pega na forma para os tijolos.
15 O fogo ali te consumirá;
a espada te exterminará e,
como gafanhotos, te consumirá.
Multiplica-te como o [h]gafanhoto assolador,
multiplica-te como o gafanhoto migrador.
16 Multiplicaste os teus [i]negociantes
mais do que as estrelas do céu,
mas, como gafanhotos devoradores,
invadem a terra e saem voando.
17 Os teus príncipes são como os gafanhotos,
e os teus chefes como enxames
de gafanhotos,
que se acampam nos muros nos dias de frio;
em subindo o sol voam,
e não se sabe o lugar onde estão.
18 **O**s teus pastores dormem,
ó rei da Assíria;
os teus nobres deitam-se para descansar.
O teu povo está espalhado pelos montes,
sem que haja quem possa ajuntá-los.
19 **N**ão há cura para a tua ferida;
a tua chaga é fatal.
[j]Todos os que ouvem a notícia a teu respeito
batem palmas sobre ti,
pois quem não sentiu a [2]tua
crueldade sem fim?

[w] Na 2.13
[x] Na 1.14
[y] Jn 3.3; 4.11; veja Na 1.1, nota
[z] Jr 46.25; Ez 30.15,16
[a] Heb. *Cush*; terra de Cuxe, Gn 10.6, nota
[b] Gn 10.6; Ez 27.10
[c] 2Cr 12.3; 16.8; Jr 46.9; Ez 30.5; 38.5; Dn 11.43
[d] Comp. Is 19.4; 20.4
[e] Jl 3.3; Ob 11
[f] Ap 6.12,13
[g] Is 19.16; Jr 51.30
[h] Jl 1.4
[i] Ap 18.3,11-19
[j] Jó 27.23; Lm 2.15; Sf 2.15; comp. Is 14.8

[1] (3.8) Nô-Amom, também chamada Tebas, era a grande capital do Egito Superior, a Dióspolis dos gregos. Foi a sede de governo de muitos faraós. Sua destruição foi predita em Jr 46.25 e Ez 30.14-16. A queda da muitíssimo fortificada Nô-Amom pelas mãos de Assurbanípal em 661 a.C. (v. 8-10) é usada aqui como solene advertência à orgulhosa Nínive de que ela também cairia, apesar de suas excelentes defesas (v. 14-19). A profecia de Naum contra Nínive se cumpriu aprox. em 612 a.C., quando ela caiu pelas mãos de Nabucodonosor, que conduziu o ataque em nome de seu pai, Nabopolassar da Babilônia.

[2] (3.19) Naum ensina que Deus destruirá a todos que aceitam o mal como algo natural e proporciona correção para a falsa confiança e a falsa doutrina do povo. Aqueles que criticam Naum por ser severo e insensível deveriam perguntar-se se alguma vez já se sentiram moralmente indignados pelas injustiças atrozes e pelas crueldades de sua própria época.

- **Autor:** Habacuque
- **Tema:** Da dúvida à fé
- Escrito no século VII a.C.

HABACUQUE

HABACUQUE, cujo nome significa *abraço*, profetizou a Judá quanto à iminente invasão dos caldeus (1.6). As condições de 1.2-4 são corroboradas pelo testemunho de 2Rs 21–22; a característica da nação era a decadência moral e espiritual.

Habacuque foi um homem de natureza profundamente terna e caráter espiritual. Manifestou um grande amor por seu povo e atuou como atalaia. As perguntas e dúvidas de Habacuque surgiram de seu zelo pela santidade e pela justiça de Deus. O profeta se sentiu perplexo porque Deus permitia o mal em Judá e, ainda mais, porque Deus usou a Babilônia como vara de correção para seu povo. A resposta a suas perguntas encontra-se em 2.4, o versículo-chave do livro, citado em Rm 1.17, Gl 3.11, Hb 10.38. Esse versículo apresenta a causa da vida e da morte: o pecado deve terminar em destruição; a fé, invariavelmente, conduz à vida espiritual. A teofania do cap. 3, reminiscência da teofania no Monte Sinai, é uma das mais grandiosas na Bíblia. (Comp. Ez 40.3,4; veja Gn 12.7, nota.) A referência aos "instrumentos de corda" (3.19) sugere que o profeta era levita e músico.

O livro pode ser dividido da seguinte maneira: I. A perplexidade do profeta, 1.1–2.1. II. A resposta de Deus, 2.2-20. III. A fé triunfante de Habacuque, 3.

I. A perplexidade do profeta, 1.1–2.1

Introdução

1 O [1]oráculo que viu o profeta Habacuque.

A questão: Por que o pecado não é julgado?

2 **A**té quando, Senhor, clamarei eu,
e tu não me escutarás?
ou gritarei a ti: [a]Violência!
E [b]não salvarás?
3 Por que me fazes ver a
[2]iniquidade e a opressão?
Destruição e violência estão diante de mim;
há também contendas, e o
litígio se suscita.
4 Por isso a lei se afrouxa,
e a justiça nunca se manifesta.
O ímpio cerca o justo; a justiça é pervertida.

A resposta do Senhor

5 **V**ede entre as nações, olhai,
maravilhai-vos, e admirai-vos,
porque realizo, em vossos dias, uma obra,
que vós não crereis,
quando vos for contada.
6 [c]Suscito os [3]caldeus,
[d]nação feroz e impetuosa,
que marcha sobre a largura da terra,
para se apoderar de moradas
que não são suas.
7 Ela é terrível e pavorosa;
dela [e]mesma sai o seu [4]juízo
e a sua dignidade.
8 Os seus cavalos são mais
[f]ligeiros do que os leopardos
e mais ferozes do que os lobos à tarde.
Os seus cavaleiros espalham-se
por toda parte;
os seus cavaleiros vêm de longe.
Voam como [g]águia que se apressa a devorar;
9 todos eles vêm com violência.
Os seus rostos buscam o Oriente,
e eles congregam os cativos como a areia.
10 Escarnecem dos reis,
e dos príncipes fazem zombarias.
Eles se riem de todas as fortalezas,
porque, amontoando terra, as tomam.
11 Então passam como passa o vento e seguem;
mas eles são culpados,
esses cujo próprio poder é o seu deus.

A perplexidade de Habacuque: Como Deus poderia usar a perversa Babilônia?

12 **N**ão és tu [h]desde a eternidade,
ó Senhor meu Deus, meu Santo?
Nós não morreremos.
Ó Senhor, para juízo o puseste,
e tu, [i]ó Rocha, o fundaste para [j]castigar.
13 Tu és tão puro de olhos,
que não podes ver o mal

[a] Mq 2.1,2; 3.1-3
[b] Jó 21.5-16; comp. Sl 73.1-16
[c] Dt 28.49,50; 2Rs 24.2; 2Cr 36.17; Mq 4.10
[d] Ez 7.24; 21.31
[e] Comp. Jr 39.5-9
[f] Jr 4.13
[g] Jó 9.26; 39.29,30; Lm 4.19; Os 8.1; Mt 24.28; Lc 17.37
[h] Sl 90.2; 93.2
[i] Dt 32.4
[j] Is 10.5-7; Jr 25.9

[1] (1.1) Ou "peso", conforme algumas versões (veja Is 13.1, *nota 1*), não é nem a pergunta de Habacuque nos v. 2-4 nem a de 1.12–2.1, mas a resposta do Senhor a essas duas perguntas.

[2] (1.3) Como no caso de Asafe (Sl 73) e de Jó, Habacuque estava perplexo pela aflição dos fiéis a Deus e a prosperidade dos ímpios. A chave para a solução está em 2.4.

[3] (1.6) Os caldeus eram habitantes semitas da Babilônia, descendentes de Quésede, filho de Naor, irmão de Abraão (Gn 22.22). Os caldeus obtiveram o controle político da Babilônia em 626 a.C., e seu nome se tornou sinônimo de babilônios. Habacuque os considera como a vara da ira de Deus sobre o reino de Judá, assim como Isaías (5.26-30) via os assírios como instrumentos do castigo de Deus sobre o reino de Israel (Is 10.5).

[4] (1.7) Os babilônios não reconheciam ninguém como superiores e faziam apenas sua vontade.

e a opressão não podes contemplar.
Por que, pois, toleras os que procedem
traiçoeiramente?
Por que te calas quando o ímpio
devora aquele que é mais justo do que ele?
14 Fizeste os homens como os peixes do mar,
como os répteis, que não
têm quem os governe.
15 O inimigo a todos levanta com o anzol,
apanha-os com o arrastão
e os ajunta na sua rede varredora;
por isso ele se alegra e se regozija.
16 Portanto sacrifica à sua rede
e queima incenso à sua varredoura,
porque com elas se enriqueceu
a sua porção e é copiosa a sua comida.
17 Deve ele continuar a esvaziar a sua rede
e a destruir sem piedade os povos?
2 Sobre a minha torre de vigia estarei,
e sobre a fortaleza me
apresentarei e vigiarei,
para ver o que fala comigo,
e o que eu responderei a esta queixa.

II. A resposta de Deus, 2.2-20

O justo viverá pela fé

2 Então o Senhor me respondeu:
[k]Escreve a visão, e torna-a bem
legível sobre tábuas,
para que aquele que passar
correndo a possa ler.
3 Porque a visão é ainda para o
[1]tempo determinado,
e até o fim falará e [l]não mentirá.
Se tardar, [m]espera-o, porque certamente virá,
não tardará.
4 Eis que a sua alma se incha, não é [n]reta nele,
mas o [2]justo pela sua [o]fé viverá.
5 Tanto mais que, por ser dado
ao vinho, é desleal;
um homem soberbo, que não se contém,
que [p]alarga como o [3]sepulcro o seu desejo,
e, como a morte, que não se farta,
ajunta a si todas as nações
e congrega a si todos os povos.
6 Não [q]levantarão todos estes contra
ele um provérbio e um dito zombador? Dirão:
Ai daquele que multiplica o que não é seu!
(até quando?) e daquele que se carrega
a si mesmo de penhores!
7 Não se levantarão de repente
os teus credores?
Não despertarão os que te farão tremer?
Então lhes servirás tu de despojo.
8 [r]Visto que despojaste a muitas nações,
os demais povos te despojarão a ti
por causa do sangue dos homens
e da violência contra a terra,
contra a cidade e contra todos
os que nela habitam.
9 Ai daquele que ajunta em sua casa
bens mal adquiridos,
para [s]pôr o seu ninho no alto,
a fim de se livrar das garras do mal!
10 Vergonha maquinaste para a tua casa;
destruindo tu a muitos
povos, pecaste contra a tua alma.
11 Porque a pedra clamará da parede,
e a trave lhe responderá do madeiramento.

[k] Inspiração: v. 2-4; Zc 7.7 (Êx 4.15; 2Tm 3.16)
[l] Ez 12.24,25
[m] Sl 27.13,14; Tg 5.7,8; 2Pe 3.9
[n] Justiça (AT): v. 4; Ml 3.18 (Gn 6.9; Lc 2.25, nota)
[o] Fé: v. 4; Mt 8.10 (Gn 3.20; Hb 11.39, nota)
[p] Is 5.14
[q] Mq 2.4
[r] Is 33.1; Jr 27.7; Ez 39.10
[s] Jr 49.16; Ob 4

[1] (2.3) O profeta vigilante recebe a resposta da visão (v. 2-20). Três elementos devem ser distinguidos: 1) O julgamento moral do Senhor sobre os males que Israel praticava (v. 5-13,15-19). 2) O propósito futuro de Deus: "A terra se encherá do conhecimento da glória do Senhor, como as águas cobrem o mar" (v. 14). Essa revelação aguarda o regresso do Senhor em glória, o que é demonstrado a) pela passagem paralela em Is 11.9-12 e b) pela citação do v. 3 em Hb 10.37,38, onde o objeto da visão (no v. 3, "espera-o" se refere à visão, algo que se depreende claramente do original hebraico) se converte em uma pessoa ("aquele que há de vir") e faz alusão à volta do Senhor. Então, depois de se cumprir a visão, "o conhecimento da glória do Senhor" encherá a terra. Mas, 3) enquanto isso, "o justo viverá da fé". Essas grandiosas palavras do evangelho são aplicadas, em Rm 1.17, a judeus e gentios; em Gl 3.11-14, aos gentios, e, em Hb 10.38, especificamente aos hebreus. Essa abertura para a vida somente por fé torna possível não só a salvação dos gentios, mas também a existência de um remanescente fiel em Israel, enquanto a nação como tal permanece cega e incrédula (veja Rm 11.1,5, *notas*), sem sacerdócio nem templo e, consequentemente, impossibilitada de guardar as ordenanças da Lei. Assim é o Senhor! Em razão do governo disciplinar de Deus, sua nação, Israel, é expulsa da Terra Prometida e recebe a sentença judicial de ficar cega espiritualmente para não reconhecer a revelação de Deus (2Co 3.12-15). Não obstante, na misericórdia da aliança, cada judeu pode recorrer à simples fé de Abraão (Gn 15.6; Rm 4.1-5) e ser salvo. Sem dúvida, isso não coloca de lado a Aliança da Terra de Israel nem a Davídica (veja Dt 30.3 e 2Sm 7.16, *notas*), "pois a terra se encherá" etc. (v. 14), e o Senhor novamente estará em seu templo (v. 20). Comp. Rm 11.25-27.

[2] (2.4) Esse é o tema central da Bíblia. A causa da vida e da morte é apresentada. A fé em Deus conduz à vida (Gn 15.6; Jo 3.16; Rm 6.23); o orgulho conduz à morte, porque não aceita por fé a graça de Deus (Rm 1.17; Gl 3.11; Hb 10.38).

[3] (2.5) No AT, *Seol* é o lugar dos mortos. 1) Portanto, refere-se à sepultura, onde cessam todas as atividades físicas humanas, o destino de todo ser humano (p. ex., Gn 42.38; Jó 14.13; Sl 88.3). 2) Ao homem "debaixo do sol", o homem natural, que necessariamente julga pelas aparências, o *Seol* nada mais é que a sepultura, o fim e a cessação total, não só das atividades da vida, mas também da própria vida (Ec 9.5,10). Mas 3) as Escrituras revelam o *Seol* como um lugar de fogo e dor (Dt 32.22; 2Sm 22.6; Sl 18.5; 116.3), onde são lançados os ímpios (Sl 9.17) e onde permanecem plenamente conscientes (Is 14.9-17; Ez 32.21). O *Seol* do AT e o *Hades* do NT são a mesma coisa. Veja Sl 16.10; At 2.27; 13.35, *refs*. Veja Lc 16.23; 1Pe 3.19; Ap 20.5, *notas*.

12 **Ai** daquele que edifica a cidade com sangue
e a fundamenta com iniquidade!
13 [t]Não foi o Senhor dos Exércitos
que determinou
que os povos trabalhem para o fogo
e as nações se fatiguem em vão?
14 [1]Pois a terra se encherá do conhecimento
da glória do Senhor,
como as águas cobrem o mar.
15 **Ai** daquele que dá de beber
ao seu companheiro,
que lhe chega o seu odre e o embebeda,
para ver a sua nudez.
16 Serás farto de vergonha em lugar de honra.
Bebe tu também e sê como
um incircunciso.
O cálice da mão direita do Senhor
se voltará sobre ti,
e vergonha cairá sobre a tua glória.
17 A violência cometida contra
o Líbano te cobrirá,
e a destruição das feras
te assombrará,
por causa do sangue dos
homens e da violência
contra a terra, contra a cidade
e contra todos os seus moradores.
18 **Q**ue aproveita a imagem de escultura,
visto que a esculpiu o seu artífice?
Ou a imagem de fundição,
que ensina a mentira?
Pois o artífice confia na sua
própria obra, quando faz ídolos mudos.
19 **Ai** daquele que diz ao pau: Acorda!
Ou à pedra muda: Desperta!
Pode isso ensinar?
Está coberto de ouro e de prata;
no seu interior não há espírito algum.
20 O Senhor, [u]porém, está no seu santo templo;
cale-se diante dele toda a terra.

III. A fé triunfante de Habacuque, 3

3 [2][v]Oração do profeta Habacuque, conforme
[w]sigionote.
2 Ouvi, Senhor, a tua palavra e temi.
Aviva, ó Senhor, a tua obra no meio dos anos,
e, no meio dos anos, faze-a conhecida;
na ira lembra-te da misericórdia.
3 [3][x]Deus vem de Temã,
e do monte de Parã vem o Santo.
[[y]Selá] A sua glória cobre os céus,
e a terra se enche do seu louvor.
4 O seu resplendor é como a luz;
[z]raios brilhantes saem da sua mão,
e ali está o esconderijo da sua força.
5 Adiante dele vai a praga,
e a peste segue os seus pés.
6 Para e faz tremer a terra;
olha e sacode as nações.
Os montes perpétuos são esmiuçados,
os outeiros eternos se encurvam.
Os caminhos de Deus são eternos.
7 Vejo as tendas de [a]Cusã em aflição;
as cortinas da terra de Midiã tremem.
8 Acaso é contra os rios,
Senhor, que estás irado?
É contra os ribeiros a tua ira
ou contra o mar o teu furor,
já que andas montado nos teus cavalos,
nos teus carros de vitória?
9 Descoberto está o teu arco,
a tua aljava está cheia de flechas.
[Selá] Tu fendes a terra com rios;
10 os montes te veem e tremem.
A inundação das águas passa;
o abismo dá a sua voz e levanta
as mãos ao alto.
11 O [b]sol e a lua param nas suas moradas,
ao brilho das tuas flechas,
ao resplendor do relâmpago da tua lança.
12 Com indignação marchas pela terra,
com ira trilhas as nações.
13 Tu sais para salvamento do teu povo,
para salvar o teu ungido.
Tu feres o chefe da terra da impiedade,
despindo-o da cabeça aos pés. [Selá]
14 Traspassas a cabeça dos seus guerreiros
com as suas próprias lanças,
quando avançam como uma tempestade
para nos atacar;
eles vêm orgulhosos, como se estivessem
para devorar o pobre às ocultas.

[t] Comp. Mq 4.2-4
[u] Sf 1.7; Zc 2.13
[v] Orações da Bíblia (AT): v. 1-19 (Gn 15.2; Hc 3.1)
[w] Provavelmente instrumentos musicais
[x] Comp. Ez 40.3,4, uma teofania. Veja Gn 12.7, nota
[y] Veja Sl 3.2, nota
[z] Veja Dt 33.17, nota
[a] Etiópia; terra de Cuxe, Gn 10.6, nota
[b] Js 10.12,13

[1] (2.14) Comp. Is 11.9, que estabelece o tempo em que "a terra se encherá do conhecimento da glória do Senhor". Isso ocorrerá quando o Renovo justo de Davi houver estabelecido o Reino. Veja Aliança Davídica, 2Sm 7-16, *nota*; Reino (AT), Gn 1.26-28; Zc 12.8, *nota*; Reino (NT), Lc 1.31-33; 1Co 15.24, *nota*.

[2] (3.1) Orações da Bíblia (AT). Resumo: Tanto no AT como no NT, a oração é parte integral da adoração. No AT, as petições e súplicas do povo de Deus baseavam-se no caráter de Deus e nas alianças divinas. Os santos do AT, geralmente ao oficiar na função sacerdotal de representar o povo diante do Senhor, ao rogar ao Todo-Poderoso que cumprisse as promessas que, em sua graça, lhes havia feito por serem o povo da aliança, apelam com frequência ao nome de Deus e à imutabilidade de sua palavra (Gn 15.2,3; 18.23-32; Ez 32.11-14; 2Sm 7.18-29; 1Rs 8.22-53; 18.36,37; Dn 9.3-19). Orações da Bíblia (NT): veja Lc 11.2, *nota*.

[3] (3.3) Essa teofania lembra os eventos do Êxodo e do Sinai, que formam o cenário da futura libertação divina de seu povo (v. 13) e do juízo divino sobre seus inimigos (v. 12).

15 Tu com os teus cavalos [c]marchas pelo mar,
agitando as grandes águas.
16 Ouvindo-o eu, o meu ventre se comove,
à sua voz tremem os meus lábios;
entra a podridão nos meus ossos,
e minhas pernas estremecem.
Contudo esperarei pacientemente
o dia da angústia que virá contra o povo
que nos invade.
17 Ainda que a figueira não floresça,
nem haja fruto na vide,
ainda que o produto da oliveira falhe
e os campos não produzam mantimento,
ainda que as ovelhas sejam exterminadas
e nos currais não haja gado,
18 todavia eu me [1d]alegrarei no Senhor,
exultarei no Deus da minha salvação.
19 O Senhor é a minha [e]força;
torna os meus pés como os das [f]corças
e me faz andar sobre os lugares [g]altos.
(Ao [2]diretor de música. Para
meus instrumentos de corda.)

[c] v. 8; Sl 77.19
[d] Is 41.16; 61.10
[e] Segurança: v. 17-19; Jo 3.16 (Sl 23.1; Jd 1)
[f] 2Sm 22.34; Sl 18.33
[g] Dt 32.13; 33.29

[1] (3.18) Os v. 17,18 declaram que o amor de Habacuque a Deus, assim como o de qualquer crente fiel, não se baseia no que ele espera de Deus. Habacuque declara que, mesmo se Deus lhe enviasse sofrimento e perdas, ele se regozijaria no Deus de sua salvação. Essa é uma das mais intensas manifestações de fé nas Escrituras.

[2] (3.19) Notação musical para o regente de música para a liturgia do templo.

- **Autor:** Sofonias
- **Tema:** O dia do Senhor
- Escrito no século VII a.C.

SOFONIAS

SOFONIAS, que significa *o Senhor esconde* ou *protege*, era tetraneto do rei Ezequias (1.1). A evidência interna do livro mostra que ele profetizou durante o reinado do rei Josias, provavelmente antes do grande avivamento de 624 a.C. (2Rs 23). Movido pela decadência moral do seu tempo, ele previu a queda de Jerusalém, que, em sua visão inspirada, tornou-se símbolo do dia do Senhor. Além disso, contemplou antecipadamente o juízo dos gentios e a restauração de Israel no reino messiânico.

Um tema dominante em Sofonias é o dia do Senhor, um evento futuro que ele descreve vividamente. Sofonias usa a expressão "dia do Senhor" mais do que qualquer outro profeta, mas ele roga a Judá que busque ao Senhor a fim de que sejam "escondidos no dia da ira do Senhor" (2.3).

O livro pode ser dividido da seguinte maneira: I. A futura invasão de Nabucodonosor, uma figura do dia do Senhor, 1.1–2.3. II. Predições dos juízos sobre as nações vizinhas, 2.4-15. III. A condição moral de Israel; o cativeiro virá, 3.1-7. IV. O futuro julgamento dos gentios, seguido pelas bênçãos do Reino com o Messias, 3.8-20.

I. A futura invasão de Nabucodonosor, uma figura do dia do Senhor, 1.1–2.3

Introdução

1 **A** palavra do Senhor que veio a Sofonias, filho de Cusi, filho de Gedalias, filho de Amarias, filho de Ezequias, nos dias de [a]Josias, filho de Amom, rei de Judá.

O iminente julgamento de Judá

2 Consumirei por completo
tudo sobre a face da terra, diz o Senhor.
3 Consumirei os homens e os animais;
consumirei as aves do céu
e os peixes do mar.
Os ímpios terão apenas [b]montões de ruínas
quando eu exterminar os homens
de sobre a face da terra,
diz o Senhor.
4 Estenderei a minha mão contra Judá
e contra todos os habitantes
de Jerusalém;
exterminarei deste lugar o resto
de Baal e os nomes dos
[c]sacerdotes de ídolos,
juntamente com os sacerdotes;
5 os que [d]sobre os telhados
se curvam ao exército do céu,
os que se inclinam ao Senhor
e juram por ele e também por [1]Milcom;
6 os que deixam de seguir ao Senhor,
e os que não buscam ao Senhor,
nem perguntam por ele.
7 Cala-te diante do Senhor Deus,
[2]porque o [e]dia do Senhor está perto,
porque o Senhor preparou o [f]sacrifício
e santificou os seus convidados.
8 No dia do sacrifício do Senhor,
hei de castigar os príncipes,
os filhos do rei e todos os que se vestem
de trajes estranhos.
9 Castigarei também naquele
dia todos os que [3]saltam sobre o umbral,
que enchem de violência e engano
a casa dos seus senhores.
10 Naquele dia, diz o Senhor,
se fará ouvir uma voz de clamor desde
a [g]Porta do Peixe,
um uivo desde a Cidade Baixa
e grande lamento desde os outeiros.
11 Uivai vós, moradores de [4]Mactés,
porque todo o povo de Canaã
está arruinado,
todos os que pesam a prata
são destruídos.
12 **N**aquele tempo, esquadrinharei
Jerusalém com lanternas e
castigarei os que estão
[h]tranquilos e satisfeitos, que são
como a borra do vinho,

[a] 2Rs 22.1–23.30; 2Cr 34.1–35.27; Jr 1.2; 22.11
[b] Comp. Ez 7.19
[c] 2Rs 23.5
[d] 2Rs 23.12; Jr 19.13
[e] Dia (do Senhor): v. 7-18; Zc 12.2 (Sl 2.9; Ap 19.19)
[f] Dt 28.26; Jr 46.10; Ez 39.17-19
[g] Agora, a Porta de Damasco
[h] Am 6.1

[1] (1.5) Milcom (veja tb. 1Rs 11.5) equivale a Moloque (p. ex., Lv 18.21), ídolo dos amonitas.

[2] (1.7) Na profecia de eventos futuros, como, p. ex., a descrição que Sofonias faz do dia do Senhor, os aspectos imediatos e futuros geralmente estão mesclados. A distância, uma grande cordilheira parece uma única barreira no horizonte, apesar de, na verdade, ela ser formada por muitas colinas e picos intermediários, separados das alturas máximas por extensos vales. Da mesma forma, Sofonias, vendo na iminente queda de Jerusalém o aspecto imediato do dia do Senhor, podia dizer que estava "perto" (v. 7) e "se apressa muito" (v. 14); enquanto, no futuro distante da profecia ainda não cumprida, o grande dia do Senhor aguarda a volta de Cristo em glória. Será, então, que todo o julgamento da terra se cumprirá e será seguido pela restauração e a bênção de Israel e das nações no Reino. Veja dia do Senhor (Is 2.10-22; veja Jl 1.15 e Ap 19.19, *nota*); Israel (Gn 12.2,3; Rm 11.26).

[3] (1.9) "Saltam sobre o umbral" aparentemente alude à adoção de costumes religiosos pagãos. Veja 1Sm 5.5.

[4] (1.11) "Mactés" (*pilão*) era uma depressão geográfica em Jerusalém onde estavam situados os mercados.

que dizem no seu coração:
O Senhor não faz bem nem faz mal.
13 O seus bens serão saqueados;
as suas casas, assoladas.
Edificarão casas, mas não habitarão nelas,
plantarão vinhas,
mas [i]não lhes beberão o vinho.
14 [1]O grande dia do Senhor está perto;
sim, está perto e se apressa muito.
Ouvi! Amargo será o clamor
no dia do Senhor,
o clamor do homem poderoso.
15 [j]Aquele dia é um dia de indignação,
dia de angústia, dia de alvoroço e desolação,
dia de trevas e escuridão,
dia de nuvens e densas trevas.
16 Dia de trombeta e de alarido contra as
cidades fortificadas
e contra as torres altas.
17 Angustiarei os homens,
e eles andarão como [k]cegos,
[l]porque pecaram contra o Senhor.
O seu sangue se derramará como pó,
e a sua carne será tirada como esterco.
18 [m]Nem a sua prata nem o seu ouro
os poderá livrar no dia do furor do Senhor.
No fogo de seu zelo toda esta
terra será consumida,
porque certamente fará de todos
os moradores da terra
uma destruição total e repentina.

Sofonias e o chamado ao arrependimento

2 [n]Congrega-te, [o]congrega-te,
ó nação que não tens pudor;
2 antes que saia o decreto
e o dia passe como a palha,
antes que venha sobre vós a ira do Senhor,
antes que venha sobre vós o
dia da ira do Senhor.
3 Buscai ao Senhor, vós todos
os mansos da terra,
que cumpris o seu juízo.
Buscai a justiça, buscai a mansidão;
[p]porventura sereis escondidos
no dia da ira do Senhor.

II. Predições dos juízos sobre as nações vizinhas, 2.4-15

4 [q]Gaza será desamparada,
Ascalom assolada.
Asdode ao meio-dia será
esvaziada, Ecrom desarraigada.
5 Ai dos que habitam no litoral,
o povo dos quereteus!
A palavra do Senhor será contra vós,
ó Canaã, terra dos [r]filisteus,
e eu vos farei destruir,
até que não haja um morador sequer.
6 O litoral será de pastagens,
com abrigos para os pastores
e currais para os rebanhos.
7 O litoral será para o [s]resto da casa de Judá,
para que nela apascentem.
À tarde se assentarão nas casas de Ascalom,
porque o Senhor seu Deus
atentará para eles
e [t]restaurará a sua sorte.
8 Eu ouvi o escárnio de [u]Moabe
e as injuriosas palavras dos filhos de [v]Amom,
com que escarneceram do meu povo
e se engrandeceram contra a sua terra.
9 Portanto, tão certo como eu vivo,
diz o Senhor dos Exércitos,
o Deus de Israel,
Moabe será como Sodoma e
os filhos de Amom
serão como [w]Gomorra, campo de urtigas,
poços de sal, assolação perpétua.
O restante do meu povo os saqueará,
e os sobreviventes da minha
nação os possuirão.
10 Isso lhes sobrevirá em recompensa
da sua soberba,
porque escarneceram e se
engrandeceram contra
o povo do Senhor dos Exércitos.
11 O Senhor será terrível contra eles
quando aniquilar todos os deuses da terra.
As nações de todos os litorais,
cada uma na sua própria terra, o adorarão.
12 Também vós, ó [x]etíopes,
sereis mortos com a minha espada.
13 Estenderá também a sua mão contra o Norte
e destruirá a [y]Assíria,
fazendo de [z]Nínive uma desolação
e terra seca como o deserto.
14 No meio dela repousarão os rebanhos,
animais de toda espécie.
O pelicano e o ouriço
se alojarão nos seus capitéis.
A voz do seu canto
retinirá nas janelas,
a desolação estará nos limiares,
o madeiramento de cedro será exposto.
15 Esta é a cidade alegre e [a]descuidada,
que dizia no seu coração:
Eu sou, e não há outra além de mim.
Como se tornou em desolação,
em pousada de animais!

[i] Dt 28.39
[j] Is 22.5
[k] Dt 28.29
[l] Comp. Jr 3.25; 44.23
[m] Ez 7.19
[n] Jl 1.14
[o] Comp. Jr 3.3
[p] Jl 2.14
[q] Jr 47.1,5; Zc 9.5
[r] Ez 25.15-17
[s] Remanescente: v. 1-3,7-9; Sf 3.13 (Is 1.9; Rm 11.5, nota)
[t] Sf 3.19,20
[u] v. 8-11; Am 2.1-3
[v] v. 8-11; Am 1.13
[w] Dt 29.23
[x] Is 18.1-7; Ez 30.4,5
[y] Is 10.5-27; 14.24-27; Mq 5.5,6
[z] Veja Na 1.1, nota
[a] Is 47.8

[1] (1.14) Os v. 14-16 são a base do antigo hino em latim *Dies Irae* ("O Dia da Ira").

Qualquer que passar por ela
assobiará com desprezo
e agitará a mão.

III. A condição moral de Israel; o cativeiro virá, 3.1-7

3 Ai da rebelde e manchada,
da cidade opressora!
2 Não ouve a voz, não aceita o castigo.
Não [b]confia no Senhor
nem se aproxima do seu Deus.
3 Os seus [c]príncipes são leões
que rugem no meio dela,
os seus juízes são lobos da tarde,
que não deixam nada para o dia seguinte.
4 Os seus [d]profetas são arrogantes;
são homens traiçoeiros.
Os seus [e]sacerdotes profanam o
santuário e fazem violência à lei.
5 O Senhor é justo no meio dela;
ele não comete iniquidade.
Todas as manhãs traz a sua justiça à luz
e a cada novo dia ele não falha,
mas o injusto não conhece a vergonha.
6 Exterminei as nações;
as suas fortalezas estão assoladas.
Fiz desertas as suas praças,
a ponto de não ficar quem passe por elas.
As suas cidades foram destruídas,
até não ficar ninguém,
até não haver quem as habite.
7 Eu dizia:
Certamente me [f]temerás
e aceitarás a correção,
e assim a sua morada não seria destruída,
conforme o que havia determinado.
Mas eles se levantaram de madrugada
e corromperam todas as suas obras.

IV. O futuro julgamento dos gentios, seguido pelas bênçãos do reino com o Messias, 3.8-20

8 Portanto [g]esperai-me, diz o Senhor,
no dia em que eu me levantar
para o despojo.
Porque o meu intento é [h]ajuntar as [i]nações
e congregar os reinos,
[j]para sobre eles derramar a minha indignação
e todo o ardor da minha ira.
Toda esta terra será consumida
pelo fogo do meu zelo.

A purificação de Israel

9 [1]Então darei [2][k]lábios puros aos povos,
para que todos invoquem
o nome do Senhor,
para que o sirvam de comum acordo.
10 Dalém dos rios da Etiópia
os meus zelosos adoradores,
o meu povo disperso, me trarão sacrifício.
11 Naquele dia não te envergonharás
de nenhuma das tuas obras,
com que te rebelaste contra mim,
porque então tirarei do meio de ti
os que [l]exultam na sua soberba.
Nunca mais te ensoberbecerás
no meu santo monte.
12 **D**eixarei, porém, no meio
de ti um povo humilde e pobre,
que confia no nome do Senhor.
13 O [m]remanescente de Israel
não cometerá iniquidade;
não proferirá mentira nem na sua boca
se achará língua enganosa.
Serão [n]apascentados, se deitarão,
e não haverá quem os espante.

Restauração e bênção de Israel; o Rei no reino

14 Canta alegremente, ó filha de Sião;
rejubila, ó Israel!
Regozija-te e exulta de todo o coração,
ó filha de Jerusalém!
15 O Senhor afastou o teu castigo,
lançou fora o teu inimigo.
O Senhor, o [o]rei de Israel, está no [3]meio de ti;
tu já não verás mal algum.
16 Naquele dia, se [p]dirá a Jerusalém:
Não temas, ó Sião, não se afrouxem
as tuas mãos.
17 O Senhor teu Deus está no meio de ti,
poderoso para te salvar.
Ele se deleitará em ti com [q]alegria,
te [r]renovará no seu [4]amor;
ele se regozijará em ti com júbilo.

[b] Veja Sl 2.12, nota
[c] Ez 22.27
[d] Ez 22.25; Mq 3.5,11
[e] Ez 22.26; Ml 2.7,8
[f] Veja Sl 19.9, nota
[g] Mq 7.7; Hc 2.3
[h] Is 66.18; Jl 3.2; Mq 4.12; Mt 25.32
[i] Comp. Zc 12.9; 14.3
[j] Armagedom (batalha de): v. 8,15; Zc 10.3 (Is 10.27; Ap 19.17)
[k] Is 19.18
[l] Is 2.12; 5.15
[m] Remanescente: v. 13-20; Ag 1.14 (Is 1.9; Rm 11.5, nota)
[n] Ez 34.13-15
[o] Reino (AT): v. 13-20; Zc 6.13 (Gn 1.26; Zc 12.8)
[p] Is 35.3,4
[q] Dt 30.9; Is 62.5; 65.19; Jr 32.41
[r] Um amor demasiado grande para as palavras

[1] (3.9) Em Sofonias, a conversão dos “povos” está fora da costumeira ordem profética, na qual a bênção de Israel e o estabelecimento do Reino precedem a conversão dos gentios. Veja Zc 12.1,8 e *notas*. Mas a passagem dá claro testemunho de quando ocorrerá a conversão das nações. Sucederá depois do castigo das nações. Comp. Is 11.9 com o contexto; Sl 2.5-8; Dn 2.34,35; At 15.15-17; Ap 19.19–20.6.

[2] (3.9) O profeta não está profetizando um idioma universal, como que para reverter as consequências de Babel, mas fala da conversão das nações, uma transformação espiritual que se pode discernir facilmente em sua linguagem purificada.

[3] (3.15) Fica claro pelo contexto que essa passagem e todas as outras similares nos profetas (veja Reino [AT], Gn 1.26-28; Zc 12.8, *nota*) não podem se referir a nada do que ocorreu na primeira vinda de Cristo. Ocorreu exatamente o contrário. Veja, p. ex., Is 11.1, *nota*.

[4] (3.17) Para os que são do Senhor, sua palavra final não é de ira, como no caso das nações incrédulas, mas de amor, como está expresso nesse belo versículo. Seu povo havia sido castigado e perdoado, e o Senhor conclui seu argumento com amor e regozijo.

18 Os que em tristeza suspiram
pelas festas solenes,
eu os removerei de ti;
esses que são de ti e sobre os quais
há o peso da humilhação.
19 Naquele tempo, procederei
contra todos os que te afligem;
salvarei os aleijados
e recolherei os que foram espalhados.
Eu lhes darei louvor e honra
em toda a terra em que foram
envergonhados.
20 **N**aquele tempo, vos [s]trarei;
naquele tempo, vos recolherei.
Certamente vos darei [1]honra e louvor
entre todos os povos da terra,
quando, diante dos vossos olhos,
eu restaurar a vossa sorte, diz o Senhor.

s Is 11.12; 27.12; 56.8; Ez 28.25; 34.13; 37.21; Am 9.14

[1] (3.20) Esse é o cumprimento do destino de Israel, como afirma Dt 26.19.

- **Autor:** Ageu
- **Tema:** A reconstrução do templo
- Escrito no século VI a.C.

AGEU

AGEU, cujo nome significa *festivo*, foi um dos primeiros profetas pós-exílicos. O seu ministério consistiu em repreender os exilados que haviam regressado, em vista da demora em reconstruir o templo e, ao mesmo tempo, animá-los a começar a trabalhar. Ageu foi contemporâneo de Zacarias (Ed 5.1,2).

As cinco mensagens que formam o livro de Ageu estão entre os fatos datados com mais precisão de todas as profecias; em cada caso, é especificado o ano, o mês e o dia (1.1,15; 2.1,10,20). Expressões como "veio a palavra do Senhor", "assim diz o Senhor dos Exércitos" e "diz o Senhor" aparecem 25 vezes nos dois capítulos da profecia.

O livro pode ser dividido da seguinte maneira, de acordo com as suas cinco mensagens: I. A primeira mensagem de repreensão, 1.1-11. II. A primeira mensagem de encorajamento, 1.12-15. III. A segunda mensagem de encorajamento: a glória futura do templo, 2.1-9. IV. A segunda mensagem de repreensão, 2.10-19. V. A terceira mensagem de encorajamento: a vitória final sobre o poder mundial gentio, 2.20-23.

I. A primeira mensagem de repreensão, 1.1-11

Introdução

1 **No** [a]segundo ano do rei [1]Dario, no [b]sexto mês, no primeiro [c]dia do mês, veio a palavra do Senhor, por intermédio do profeta [2][d]Ageu, a [3][e]Zorobabel, filho de Sealtiel, governador de Judá, e a [f]Josué, filho de Jeozadaque, o sumo sacerdote, dizendo:

2 Assim diz o Senhor dos Exércitos: Este povo diz: Não veio ainda o [4]tempo, o tempo em que a casa do Senhor deve ser edificada.

A condição dos exilados: a disciplina de Deus pela desobediência

3 Veio, pois, a palavra do Senhor, por intermédio do profeta Ageu, dizendo:

4 É para vós tempo de habitardes nas vossas casas bem acabadas, enquanto esta casa fica [g]deserta?

5 Ora, assim diz o Senhor dos Exércitos: Aplicai o vosso coração aos vossos caminhos.

6 [h]Semeais muito e recolheis pouco. Comeis, mas não vos saciais. Vesti-vos, mas ninguém se aquece. O que recebe salário, recebe-o para pô-lo num saco furado.

7 **A**ssim diz o Senhor dos Exércitos: Aplicai o vosso coração aos vossos caminhos.

8 Subi ao [i]monte, trazei madeira e edificai a casa, para que dela me agrade e seja glorificado, diz o Senhor.

9 Esperastes o muito, e eis que veio a ser pouco. Esse pouco, quando o trouxestes para casa, eu o [j]dissipei com um sopro. Por quê? diz o Senhor dos Exércitos. Por causa da minha casa, que está deserta, enquanto cada um de vós se ocupa com a sua própria casa.

10 Por isso retêm os [k]céus o seu orvalho, e a terra, os seus frutos.

11 Fiz vir a [l]seca sobre a terra e sobre os montes, sobre o trigo e sobre o vinho novo, sobre o azeite e sobre o que a terra produz, como também sobre os homens, sobre os animais e sobre todo o [5]trabalho das vossas mãos.

II. A primeira mensagem de encorajamento, 1.12-15

A obra recomeçada

12 **E**ntão ouviu Zorobabel, filho de Sealtiel, e Josué, filho de Jeozadaque, sumo sacerdote, e todo o resto do povo a voz do Senhor, o seu Deus, e as palavras do profeta Ageu como o Senhor, o seu Deus, o tinha enviado, e [m]temeu o povo diante do Senhor.

13 Então Ageu, o mensageiro do Senhor, falou ao povo, [n]conforme a mensagem do Senhor: Eu sou convosco, diz o Senhor.

14 De modo que o Senhor [o]suscitou o espírito de Zorobabel, filho de Sealtiel, governador de Judá, e o espírito de Josué, filho de Jeozadaque, sumo sacerdote, e o espírito do [p]resto de todo o povo. Eles vieram e [q]trabalharam na casa do Senhor dos Exércitos, o seu Deus,

15 ao vigésimo quarto [r]dia do sexto mês, no segundo ano do rei Dario.

[a] Ed 4.24; Ag 2.10; Zc 1.1,7
[b] Veja Lv 23.2, nota
[c] Comp. Ag 1.15; 2.1
[d] Ed 5.1; 6.14
[e] 1Cr 3.19; Ed 2.2; Ne 7.7; Zc 4.6; Mt 1.12,13
[f] Jesua. Ed 3.2; Ne 12.1
[g] Em ruínas. Comp. 2Sm 7.2
[h] Dt 28.38-40
[i] Ed 3.7
[j] Indica desagrado de Deus
[k] Dt 28.23,24
[l] Comp. Ml 3.9-11
[m] Veja Sl 19.9, nota
[n] 2.4; Is 43.5
[o] 2Cr 36.22; Ed 1.1
[p] Remanescente: v. 14; Zc 8.6 (Is 1.9; Rm 11.5, nota)
[q] Ed 5.2
[r] Comp. v. 1; 2.1

[1] (1.1) O fato de uma profecia hebraica estar datada de acordo com o reinado de um monarca gentio, nesse caso Dario I Histaspes, revela que haviam começado os tempos dos gentios (Lc 21.24). Para exemplos similares, comp. Dn 2.1; 7.1; etc.

[2] (1.1) A profecia de Ageu deve ser comparada à de Zacarias, seu contemporâneo, e também com o registro histórico no livro de Esdras, a saber: Ag 1.1-11 com Ed 4.24–5.1; Ag 1.12-15 com Ed 5.2 e Zc 1.1-6; Ag 2.10-23 com Zc 1.7–6.15. Comp. Ed 5.3-17; 6.1-13 com Zc 7–8.

[3] (1.1) Zorobabel e Josué não eram apenas líderes religiosos, mas também homens proeminentes na vida do povo.

[4] (1.2) Contraste isso com a preocupação de Davi em 2Sm 7.2.

[5] (1.11) O princípio de Mt 6.33 é válido em cada geração.

III. A segunda mensagem de encorajamento: a glória futura do templo, 2.1-9

Os templos

2 **No** [s]sétimo mês, ao [1]vigésimo primeiro do mês, veio a palavra do Senhor por intermédio do profeta Ageu:

2 Fala agora a Zorobabel, filho de Sealtiel, governador de Judá, e a Josué, filho de Jeozadaque, sumo sacerdote, e ao resto do povo. Dize-lhes:

3 [t]Quem há entre vós, dos sobreviventes, que viu esta [2]casa na sua primeira glória? E como a vedes agora? Não é esta como nada em vossos olhos, comparada com aquela?

4 Ora, esforça-te, [u]Josué, filho de Jeozadaque, sumo sacerdote, e esforçai-vos, todo o povo da terra, diz o Senhor, e trabalhai. Porque eu sou convosco, diz o Senhor dos Exércitos.

5 É esta a [v]aliança que fiz convosco, quando saístes do Egito. E o meu [w]Espírito habita no meio de vós. Não temais.

6 **Assim** diz o Senhor dos Exércitos: [x]Ainda uma vez, dentro em pouco, [y]abalarei os céus, a terra, o mar e a terra seca.

7 **Abalarei** todas as nações, e o desejado de todas as nações virá, e encherei esta casa de [z]glória, diz o Senhor dos Exércitos.

8 Minha é a prata, e meu é o ouro, diz o Senhor dos Exércitos.

9 A glória desta última [3]casa será maior do que a da primeira, diz o Senhor dos Exércitos, e, neste lugar, darei a [4]paz, diz o Senhor dos Exércitos.

IV. A segunda mensagem de repreensão, 2.10-19

A mensagem divina de purificação e bênção

10 **Ao** [a]vigésimo quarto dia do nono mês, no segundo ano de Dario, veio a palavra do Senhor por intermédio do profeta Ageu:

11 Assim diz o Senhor dos Exércitos: Pergunta agora aos sacerdotes, acerca da lei:

12 Se alguém leva carne santa na borda do seu vestido, e com ele toca no pão, ou no guisado, ou no vinho, ou no azeite, ou em qualquer outro mantimento, ficará ele santificado? Os sacerdotes responderam: Não.

13 Então disse Ageu: Se alguém, que se tinha tornado [5b]impuro pelo contato com um corpo morto, tocar nalguma dessas coisas, ficarão elas imundas? Os sacerdotes responderam: Ficarão imundas.

14 Então disse Ageu: Assim é este povo, e assim é esta nação diante do meu rosto, diz o Senhor. Tudo o que fazem e tudo o que ali oferecem é imundo.

15 Agora considerai o que acontece desde aquele dia. Antes de pordes pedra sobre pedra no templo do Senhor,

16 antes daquele tempo, alguém vinha a um monte de vinte medidas, e havia somente dez; vinha ao lagar para tirar cinquenta, havia somente [c]vinte.

17 Feri-vos com [d]queimadura, e com ferrugem, e com saraiva, em toda a obra das vossas mãos, [e]contudo não houve entre vós quem voltasse para mim, diz o Senhor.

18 Deste dia em diante, [f]desde o vigésimo quarto dia do nono mês, desde o dia em que se [g]fundou o templo do Senhor, considerai estas coisas.

19 Há ainda semente no celeiro? Até agora a videira, a figueira, a romeira e a oliveira não têm dado os seus frutos. Mas desde este dia vos [h]abençoarei.

V. A terceira mensagem de encorajamento: a vitória final sobre o poder mundial gentio, 2.20-23

20 **Veio** a palavra do Senhor pela segunda vez a Ageu, aos vinte e quatro do mês:

21 Dize a [i]Zorobabel, governador de Judá: Abalarei os céus e a terra.

22 [j]Derrubarei o trono dos reinos e destruirei a força dos reinos das nações. Destruirei o carro e os que nele se assentam; os cavalos e os que andam montados neles cairão, cada um pela espada do seu irmão.

23 Naquele dia, diz o Senhor dos Exércitos, eu te tomarei, ó [6]Zorobabel, filho de Sealtiel, servo meu, diz o Senhor, e te farei como um [7k]anel de selar, porque te [l]escolhi, diz o Senhor dos Exércitos.

[s] Comp. v. 10; veja Lv 23.2, nota
[t] Ed 3.12,13
[u] Jesua. Não é o mesmo homem de Ed 2.2
[v] Êx 29.45; 33.12-14
[w] Espírito Santo (AT): v. 5; Zc 4.6 (Gn 1.2; Zc 12.10)
[x] Hb 12.26
[y] Cristo (segunda vinda): v. 6,7; Zc 2.10 (Dt 30.3; At 1.11, nota); comp. Ez 21.27; Dn 2.44; Jl 3.16
[z] 1Rs 8.11; Is 60.7; Zc 2.5
[a] v. 20
[b] Lv 22.4-6; Nm 19.22
[c] Comp. Lv 26.26; Ag 1.6-11
[d] Dt 28.22; Am 4.9
[e] Am 4.6-11
[f] v. 15-19; comp. Zc 8.9-12
[g] Ed 5.16
[h] Ml 3.10
[i] Ag 1.1-14; comp. Ed 5.2; Zc 4.6-10
[j] Dn 2.34,35,44,45; Ap 19.11-21
[k] Ct 8.6; Jr 22.24
[l] Is 42.1; 43.10

---

[1] (2.1) Esse era o sétimo dia da Festa dos Tabernáculos (Lc 23.39-44; comp. Jo 7.37ss.).

[2] (2.3) O profeta convoca os anciãos que se lembravam do templo de Salomão para que fossem testemunhas diante da nova geração de quão grandemente aquela estrutura excedia a atual em magnificência. Após isso, então, ele apresenta uma profecia (v. 7-9) que só pode se referir ao futuro templo do Reino descrito por Ezequiel. É indiscutível que o templo restaurado e todas as construções posteriores, incluindo a obra de Herodes, foram muito inferiores ao templo de Salomão em suntuosidade e esplendor. O presente período está descrito em Os 3.4,5. O v. 6 foi citado em Hb 12.26,27. O v. 7, "abalarei todas as nações", refere-se à grande tribulação, seguida pela vinda de Cristo em glória, como em Mt 24.29,30.

[3] (2.9) Em certo sentido, todos os templos (i.e., o de Salomão, o de Esdras, o de Herodes, o que será usado pelos judeus incrédulos que farão uma aliança com a besta [Dn 9.27; Mt 24.15; 2Ts 2.3,4] e o futuro templo do Reino visto por Ezequiel [Ez 40–47]) são considerados como "casa do Senhor", já que todos *professam* sê-lo. Por esse motivo, Cristo purificou o templo quando esteve na terra, que havia sido erigido por um usurpador idumeu para agradar aos judeus (Mt 21.12,13).

[4] (2.9) Haverá paz porque ali estará o Príncipe da Paz (Is 9.6,7; comp. Mq 5.5).

[5] (2.13) O princípio é elucidado por Lv 6.18; 22.4-6 e Nm 19.11. A Lei mosaica defendia que a pureza moral não podia ser transmitida, mas impureza moral, sim. A longa história de desobediência da nação fez que suas obras fossem inúteis diante de Deus.

[6] (2.23) A linhagem messiânica veio por meio de Zorobabel, descendente de Davi (Mt 1.12; Lc 3.27).

[7] (2.23) O anel de selar é símbolo de autoridade real.

- **Autor:** Zacarias
- **Tema:** Os adventos do Messias
- Escrito no século VI a.C.

ZACARIAS

ZACARIAS significa *o Senhor se lembra*. Ele profetizou depois que seu povo regressou do exílio babilônico. Como contemporâneo de Ageu (comp. 1.1 com Ag 1.1), começou seu ministério no segundo ano de Dario I Histaspes, em 520 a.C. Suas mensagens cobrem eventos que começam com a reedificação do templo e concluem com o milênio.

Expositores judeus e cristãos têm se queixado das dificuldades do livro, que se devem principalmente às visões dos cap. 1–6. Mas nenhum profeta do AT inclui mais profecias que Zacarias no que se refere a Cristo, a Israel e às nações em tão pouco espaço. Ele prediz a segunda vinda de Cristo, seu reinado, seu sacerdócio, sua dignidade real, sua humanidade, sua divindade, a construção do templo por parte de Cristo, sua vinda em humilhação, a paz permanente que trará, sua rejeição e a traição por trinta moedas de prata, seu regresso a Israel como o Crucificado e a espada do Senhor ferindo a Cristo, o pastor.

As predições de Zacarias de outros eventos proféticos do fim dos tempos são igualmente claras e significativas. No último capítulo, o profeta revela o último cerco de Jerusalém, a vitória inicial dos inimigos de Israel, a partição do monte das Oliveiras, a defesa de Jerusalém pelo Senhor ao aparecer visivelmente no monte das Oliveiras, o juízo das nações confederadas, as mudanças topográficas na terra de Israel, a Festa dos Tabernáculos no milênio e a santidade final de Jerusalém e de seu povo.

O livro pode ser dividido da seguinte maneira: I. Chamado ao arrependimento, 1.1-6. II. Uma série de oito visões para conforto de Jerusalém, 1.7–6.15. III. A delegação da Babilônia e o jejum, 7–8. IV. Profecias sobre o Messias rejeitado; seu retorno e o reinado de Cristo em Jerusalém, 9–14.

I. Chamado ao arrependimento, 1.1-6

Introdução

1 No [a]oitavo mês do segundo ano de [b]Dario, veio a palavra do Senhor ao profeta [c]Zacarias, filho de Baraquias, filho de [d]Ido:

Uma advertência solene e chamado ao arrependimento

2 O Senhor se irou em extremo contra vossos pais.

3 Portanto dize-lhes: Assim diz o Senhor dos Exércitos: [e]Voltai para mim, diz o Senhor dos Exércitos, e eu voltarei para vós, diz o Senhor dos Exércitos.

4 Não sejais como vossos pais, aos quais clamavam os [f]primeiros profetas: Assim diz o Senhor dos Exércitos: Convertei-vos dos vossos maus caminhos e das vossas más obras. Mas [g]não me ouviram nem me deram atenção, diz o Senhor.

5 Os vossos pais, onde estão eles? E os profetas, vivem eles para sempre?

6 As minhas palavras e os meus estatutos, porém, que eu mandei pelos profetas, meus servos, não alcançaram os vossos pais? E eles se arrependeram e disseram: O Senhor dos Exércitos fez conosco o que os nossos caminhos e as nossas obras mereciam.

[a] Veja Lv 23.2, nota
[b] v. 7; Ed 4.24; 6.15; Ag 1.1; Zc 7.1
[c] Ed 5.1; 6.14
[d] Ne 12.4,16
[e] Ml 3.7
[f] Profetas pré-exílicos. 2Cr 24.19; Zc 7.7
[g] 2Cr 36.15,16
[h] Um lugar de sombra
[i] Zc 4.4,5,13; 6.4
[j] Veja Hb 1.4, nota
[k] Anjo (do Senhor): v. 9,11-14,19; 2.3; Zc 3.1 (Gn 16.7; Jz 2.1, nota); veja Hb 1.4, nota
[l] Sl 74.10; Jr 12.4; comp. Ap 6.10
[m] 2Cr 36.21; Jr 25.11,12; 29.10; Dn 9.2

II. Uma série de oito visões para conforto de Jerusalém, 1.7–6.15

(1) O cavaleiro no cavalo vermelho

7 Aos vinte e quatro dias do décimo primeiro mês, que é o mês de sebate, no segundo ano de Dario, veio a palavra do Senhor ao profeta Zacarias, filho de Baraquias, filho de Ido:

8 [1]Olhei, de noite, e vi um homem montado num [2]cavalo vermelho. Ele estava parado entre as murteiras que se achavam no [h]vale. Atrás dele estavam cavalos vermelhos, marrons e brancos.

9 Então perguntei: Senhor [i]meu, quem são estes? Respondeu-me o [j]anjo que falava comigo: Eu te mostrarei quem estes são.

10 Então o homem que estava entre as murteiras explicou: Estes são os que o Senhor enviou para percorrer a terra.

11 Eles responderam ao [k]anjo do Senhor, que estava entre as murteiras: Nós já percorremos a terra, e ela está tranquila e descansada.

O Senhor indignado com as nações

12 Então disse o anjo do Senhor: Ó Senhor dos Exércitos, [l]até quando não terás compaixão de Jerusalém e das cidades de Judá, contra as quais estiveste irado estes [m]setenta anos?

13 Respondeu o Senhor ao anjo que falava comigo, palavras boas, palavras consoladoras.

[1] (1.8) A primeira visão de Zacarias (v. 8-17) mostra Judá em dispersão, Jerusalém em posse de inimigos e as nações gentias "em descanso" em meio a tudo isso. Essa condição continua, e a resposta do Senhor à intercessão do anjo se estende até o fim dos tempos da dominação gentia, quando "o Senhor ainda consolará a Sião" etc. (v. 16,17; Is 40.1-5). Veja Reino (AT), Gn 1.26-28; Zc 12.8, *nota*.

[2] (1.8) Comp. Ap 6.4. Todo o período do poder mundial gentio se caracteriza por um cavalo vermelho, i.e., pela espada. Comp. tb. Dn 9.26; Mt 24.6,7.

14 Então o anjo que falava comigo me disse:
Clama, dizendo: Assim diz o Senhor dos Exérci-
tos: Com grande [n]zelo estou zelando por Jerusa-
lém e por Sião,
15 mas estou muito irado contra as nações que
se sentem seguras. Eu estava um pouco indig-
nado, e elas agravaram o mal.
16 Portanto, assim diz o Senhor: [o]Voltarei
para Jerusalém com misericórdia, e a minha
[p]casa nela será [q]edificada. E a [r]corda de medir
será estendida sobre Jerusalém, diz o Senhor
dos Exércitos.
17 Clama outra vez, dizendo: Assim diz o
Senhor dos Exércitos: As minhas cidades ainda
se transbordarão de bens, e o Senhor ainda [s]con-
solará Sião e ainda [t]escolherá Jerusalém.

(2) Os quatro chifres e os quatro ferreiros

18 [1]Então olhei para o alto e vi quatro [u]chifres.
19 Perguntei ao anjo que falava comigo: Que é
isso? Ele me respondeu: Estes são os chifres que
dispersaram Judá, Israel e Jerusalém.
20 Então o Senhor me mostrou quatro [2]ferreiros.
21 Então perguntei: O que vêm estes fazer?
Ele respondeu: Estes são os [v]poderes que dis-
persaram Judá, de maneira que ninguém pode
levantar a cabeça; estes ferreiros vieram para
os amedrontar, para derrubar os [w]chifres das
nações que levantaram o seu poder contra a
terra de Judá, para a espalhar.

(3) O homem com uma corda de medir em sua mão

2 Tornei a olhar para o alto e [3]vi um homem
em cuja mão estava uma [x]corda de medir.
2 Eu perguntei: Para onde vais tu? Ele me res-
pondeu: Medir Jerusalém, para ver qual é a sua
largura e qual o seu comprimento.
3 Então o anjo que falava comigo saiu, e outro
anjo foi-lhe ao encontro

[n] Jl 2.18; Zc 8.2; comp. 2Co 11.2
[o] Zc 2.10,11
[p] Ed 6.14,15; Ag 1.4; Zc 4.9
[q] 2Cr 36.23; Ed 1.2,3; Is 44.28
[r] Zc 2.1-12
[s] Is 40.1,2; 51.3
[t] Is 14.1; Zc 2.12
[u] Lm 2.17
[v] Veja v. 18, nota; Dt 33.17, nota
[w] v. 19; Sl 75.10
[x] Jr 31.39
[y] Is 48.20; Jr 51.6
[z] Dt 32.10; Sl 17.8
[a] Cristo (segunda vinda): v. 10-12; Zc 6.13 (Dt 30.3; At 1.11, nota)
[b] A mesma palavra para *Shekinah* (glória de Deus)
[c] Dt 32.9; Sl 33.12; Jr 10.16
[d] Hc 2.20; Sf 1.7
[e] Anjo (do Senhor): v. 1,3,5,6; 4.1; Zc 5.5 (Gn 16.7; Jz 2.1, nota)
[f] Satanás: v. 1,2; Mt 4.1,5,8,10,11 (Gn 3.1; Ap 20.10)

Jerusalém na Dispensação do Reino

4 e lhe disse: Corre, dize a este jovem: Jerusa-
lém será habitada como as aldeias sem muros,
por causa da multidão de homens e animais
que nela haverá.
5 Pois eu, diz o Senhor, serei para ela um mu-
ro de fogo em redor, e eu mesmo serei, no meio
dela, a sua glória.
6 Ah, ah! Fugi agora da terra do norte, diz o
Senhor, porque vos espalhei como os quatro
ventos do céu, diz o Senhor.
7 Ah! Sião! Livra-te tu, que habitas com a filha
de [y]Babilônia.
8 Porque assim diz o Senhor dos Exércitos:
Depois que me glorificou, enviou-me às nações
que vos despojaram, porque aquele que tocar
em vós toca na [z]menina do seu olho.
9 Certamente levantarei a minha mão contra
eles, e eles virão a ser a presa daqueles que
os serviram. Então sabereis vós que o Senhor
dos Exércitos me enviou.
10 Exulta e alegra-te ó filha de Sião, porque
eu [a]venho e [b]habitarei no meio de ti, diz o
Senhor.
11 Naquele dia, muitas nações se ajuntarão ao
Senhor e serão o meu povo. Estabelecerei em ti
a minha habitação e saberás que o Senhor dos
Exércitos me enviou a ti.
12 Então o Senhor [c]possuirá Judá como sua por-
ção na [4]terra santa e ainda escolherá Jerusalém.
13 [d]Cale-se, toda a carne, diante do Senhor,
porque ele se levantou da sua santa morada.

(4) O sumo sacerdote Josué; o servo do Senhor, o Renovo

3 Então ele me mostrou o sumo sacerdote
[5]Josué, que estava diante do [e]anjo do Senhor,
e [f]Satanás estava à sua mão direita, para se
opor a ele.
2 O Senhor disse a Satanás: O Senhor te re-
preende, ó Satanás! O Senhor, que escolheu

---

[1] (1.18) Às vezes, o chifre é usado como símbolo de um rei gentio (Dn 7.24; Ap 17.12). A visão é dos quatro impérios mundiais (Dn 2.36-44; 7.3-7) que "dispersaram Judá, Israel e Jerusalém" (v. 19). Veja Dt 33.17, *nota*.

[2] (1.20) Os quatro ferreiros talvez falem dos quatro juízos de Ez 14.21 ("a espada, a fome, os animais selvagens e a peste"), os quatro cavaleiros e os quatro cavalos de Ap 6.1-8. Veja v. 18, *nota*.

[3] (2.1) Ez 40.3,5 usa a corda de medir como símbolo da preparação para a reconstrução da cidade e do templo na era do Reino. Como mostra o contexto (v. 4-13), aqui tem esse significado. O tema da visão é a restauração da nação e da cidade. Essa profecia ainda não se cumpriu. A ordem é: 1) o Senhor em glória em Jerusalém (v. 5; comp. Mt 24.29,30); 2) a restauração de Israel (v. 6); 3) o juízo do Senhor sobre as nações (v. 8,9; comp. Mt 25.31,32); 4) a plena bênção da terra (v. 10-13). Veja Reino (AT), Gn 1.26-28; Zc 12.8, *nota*; Israel, Gn 12.2,3; Rm 11.26, *nota*.

[4] (2.12) Essa é a única passagem da Bíblia em que o termo "na terra santa" é usado (Êx 3.5 e At 7.33 também falam de "terra santa").

[5] (3.1) O propósito desta visão foi apresentar a restauração de Israel no ofício sacerdotal. Comp. Êx 19.5,6. Ela revela: 1) a mudança da justiça própria e do farisaísmo para a justiça de Deus (veja Rm 3.21, *nota*), da qual a experiência de Paulo em Fp 3.1-9 é ilustração, como também é símbolo da conversão de Israel; e, 2) tipologicamente, mostra a preparação de Israel para receber o Renovo do Senhor (veja Is 4.2, *nota*). Os judeus ignoraram a justiça de Deus para estabelecer a sua própria, e isso os cegou para a presença do Renovo no meio deles na primeira vinda (Rm 10.1-4; 11.7,8). Comp. Zc 6.12-15, que fala da manifestação em glória do Renovo (v. 13) como Sacerdote-Rei, oportunidade em que Israel o receberá como seu Messias. Veja Hb 5.6, *nota*.

Jerusalém, te repreende! [1]Não é este um tição ti-
rado do fogo?
3 Ora, Josué, [g]vestido de trajes sujos, estava
diante do anjo.
4 Então falando este, ordenou aos que esta-
vam diante dele: Tirai-lhe estes trajes sujos.
E a Josué disse: Vê, tenho feito que passe de
ti a tua iniquidade e te [h]vestirei de trajes finos.
5 Então eu disse: Ponham-lhe um turbante
limpo sobre a cabeça. Puseram-lhe, pois, sobre
a cabeça um turbante limpo e vestiram-no, en-
quanto o anjo do Senhor estava ali.
6 O anjo do Senhor exortou Josué, dizendo:
7 Assim diz o Senhor dos Exércitos: Se anda-
res nos meus caminhos e [i]observares as minhas
ordenanças, tu julgarás a minha casa e também
guardarás os meus átrios, e te darei lugar entre
os que estão aqui.
8 Ouve Josué, sumo sacerdote, tu e os teus
companheiros que se assentam diante de ti,
os quais são homens que simbolizam coisas
vindouras: Eu farei vir o meu servo, o [j]Renovo.
9 Vede aqui a [k]pedra que pus diante de Jo-
sué! Sobre esta pedra única estão [l]sete olhos.
Eu esculpirei a sua escultura, diz o Senhor dos
Exércitos, e tirarei a iniquidade desta terra num
só dia.
10 [2]Naquele dia, diz o Senhor dos Exércitos, ca-
da um de vós convidará o seu companheiro para
debaixo da videira e para debaixo da figueira.

(5) O castiçal de ouro e as duas oliveiras

4 Tornou o anjo [m]que falava comigo e me
despertou, como a um homem que é des-
pertado do seu sono,
2 e me perguntou: O que vês? [3]Respondi: Vejo
um castiçal todo de ouro e um vaso de azeite em
cima, com [n]sete lâmpadas, e há sete canudos que
se unem às lâmpadas que estão em cima dele.
3 Junto a ele há [o]duas oliveiras, uma à direita
do vaso de azeite e outra à sua esquerda.
4 Então perguntei ao anjo que falava comigo:
Senhor meu, o que é isso?
5 Respondeu-me o anjo que falava comigo: Não
sabes tu o que isso é? Eu disse: Não, Senhor meu.
6 Então ele me disse: Esta é a palavra do
Senhor a [p]Zorobabel: Não por [q]força nem por
violência, mas pelo meu [r]Espírito, diz o Senhor
dos Exércitos.
7 Quem és tu, ó grande [s]monte? Diante de
Zorobabel serás uma campina. Então ele trará
a [t]pedra angular em meio a aclamações: Graça,
graça a ela.

Zorobabel terminará de reconstruir o templo

8 Veio de novo a mim a palavra do Senhor:
9 As mãos de Zorobabel [u]lançaram o fun-
damento desta casa, também as suas mãos a
[v]acabarão, para que saibais que o Senhor dos
Exércitos me enviou a vós.
10 Quem despreza o dia das coisas [w]pequenas?
Esses se alegrarão, vendo o prumo na mão de
Zorobabel. São estes os sete [x]olhos do Senhor,
que [y]percorrem toda a terra.
11 Então perguntei ao anjo: O que são estas
duas oliveiras à direita e à esquerda do castiçal?
12 Novamente lhe perguntei: O que são aque-
les dois raminhos de oliveira, que estão junto aos
dois tubos de ouro e vertem de si azeite dourado?
13 Respondeu-me ele: Não sabes o que é isso?
Eu disse: Não, meu Senhor.
14 Então ele disse: Estes são os [z]dois ungidos
para servir diante do Senhor de toda a terra.

(6) O pergaminho voante

5 Outra vez para o alto olhei e vi [4]um pergami-
nho voando.
2 Perguntou-me ele: O que vês? Eu respondi:
Vejo um pergaminho voando, que tem vinte [a]cô-
vados de comprimento e dez de largura.
3 Então me disse: Esta é a maldição que sairá
pela face de toda a [b]terra; pois qualquer que

[g] Is 64.6; comp. Fp 3.1-9
[h] Gn 3.21
[i] Lv 8.35; Ez 44.16
[j] Veja Is 4.2, nota
[k] Veja 1Pe 2.8, nota
[l] Zc 4.10; comp. Ap 5.6
[m] Zc 1.9
[n] Êx 25.37; Ap 4.5
[o] Ap 11.3,4
[p] Ag 1.1
[q] Is 30.1; Os 1.7; Ag 2.4,5
[r] Espírito Santo (AT): v. 6; Zc 12.10 (Gn 1.2; Zc 12.10)
[s] Jr 51.25
[t] Cristo (Pedra): v. 7; Mt 7.24,25 (Gn 49.24; 1Pe 2.8)
[u] Ed 3.8-11; 5.16
[v] Ed 6.14,15; comp. Zc 6.12,13
[w] Comp. Ne 4.2-4; Ag 2.3
[x] Zc 3.9
[y] 2Cr 16.9
[z] Comp. Ap 11.3-12
[a] Veja pesos e medidas (AT): 2Cr 2.10, nota
[b] Terra de Israel. Veja Gn 12.7, nota

[1] (3.2) "Um tição tirado do fogo", i.e., recolhido para propósito futuro de Deus.

[2] (3.10) O v. 10 indica que o tempo do cumprimento será no reino futuro. Ele fala de uma segurança que Israel nunca conheceu desde o cativeiro nem conhecerá até que venha o Reino. Comp. Is 11.1-9.

[3] (4.2) Nessa visão, o castiçal representa o testemunho de Deus diante do mundo, a maneira como ele se dá a conhecer. No tempo de Zacarias, isso ocorria por meio de Israel. Na Dispensação da Igreja, o testemunho é dado por meio da Igreja (comp. Ap 1.12,13,20; 2.1,5; etc.). Ainda que, no arrebatamento, a Igreja seja tirada do mundo (1Ts 4.13-17; etc.), Deus continuará tendo testemunhas no mundo. As duas oliveiras representam as duas fases do governo de Deus, a sacerdotal e a real. Dessas duas oliveiras era transportado o azeite para o castiçal. O azeite é sempre símbolo do Espírito Santo. Veja At 2.4, *nota*.

As duas oliveiras representam Josué e Zorobabel, cujo testemunho naqueles dias era o protótipo das duas testemunhas de Ap 11.3-12. Na verdade, nenhum ser humano pode ser a verdadeira fonte de poder que ativa o testemunho de Deus. É somente quando Josué, Zorobabel ou qualquer outro ser humano representa Cristo, o verdadeiro Sacerdote-Rei, que se cumpre esta visão. Em seu significado pleno, as duas oliveiras falam de Cristo, o Sacerdote-Rei do Senhor (comp. Sl 110.4).

[4] (5.1) No simbolismo das Escrituras, um pergaminho fala da palavra escrita, seja de Deus, seja do homem (Ed 6.2; Jr 36.2,4,6 etc.; Ez 3.1-3 etc.). A sexta visão de Zacarias é da repreensão que a Palavra de Deus faz em relação ao pecado. Os dois pecados mencionados violam as duas tábuas da Lei. Furtar é desprezar o direito do próximo; jurar falsamente é desprezar a exigência que Deus faz de reverência. Como sempre, a Lei só pode resultar em maldição (v. 3; Gl 3.10-14).

furtar ou jurar falsamente será expulso, conforme a maldição.

4 Eu a trarei, diz o Senhor dos Exércitos, e a farei entrar na casa do [c]ladrão e do que [d]jurar falsamente pelo meu nome. Ela permanecerá na sua casa e [e]destruirá a sua madeira como as suas pedras.

(7) O efa e as mulheres

5 **S**aiu o [f]anjo que falava comigo e me disse: Levanta os teus olhos e vê o que está surgindo.

6 Eu perguntei: [1]O que é isto? Ele me respondeu: Isto é um efa que sai. Então acrescentou: Esta é a iniquidade do povo desta terra.

7 Eis que foi levantada a tampa de chumbo, e uma mulher estava sentada dentro da vasilha.

8 Prosseguiu o anjo: Esta é a impiedade. E a lançou dentro da vasilha e fechou com a tampa de chumbo.

9 Olhei para o alto e vi que duas mulheres saíram, agitando o ar com as suas asas, pois tinham asas como as da [g]cegonha, e levantaram a vasilha entre a terra e o céu.

10 Então perguntei ao [h]anjo que falava comigo: Para onde levam estas a vasilha?

11 Ele me respondeu: Para lhe edificarem uma casa na terra de [i]Sinear, e, estando esta acabada, ela será posto ali em seu próprio lugar.

(8) Os quatro carros

6 **O**utra vez olhei para o alto e vi [2]quatro carros que saíam dentre dois montes, e estes montes eram de bronze.

2 No primeiro carro, havia cavalos vermelhos; no segundo carro, cavalos pretos;

3 no terceiro carro, cavalos brancos, e no quarto carro, cavalos marrons — todos eles fortes.

4 Perguntei ao anjo que falava comigo: O que é isso, meu Senhor?

5 Respondeu-me o anjo: Estes são os quatro ventos do céu, saindo de onde estavam perante o Senhor de toda a terra.

6 O carro em que estão os cavalos pretos sai para a terra do [j]norte, o dos brancos sai atrás deles, o dos marrons para a terra do sul.

7 Os cavalos fortes saíram e procuravam percorrer a terra. E ele disse: Ide, percorrei a terra. E eles assim fizeram.

8 Então ele me chamou, dizendo: Vê! Aqueles que saíram para a terra do norte fizeram repousar o meu Espírito na terra do norte.

Coroação simbólica de Josué

9 **V**eio a mim a [k]palavra do Senhor:

10 Recebe prata e ouro dos que foram levados cativos, a saber, de Heldai, de Tobias e de Jedaías, que chegaram da Babilônia; e vem tu no mesmo dia, e entra na casa de Josias, filho de Sofonias.

11 Pega a prata e o [l]ouro e faze [3]coroas, e põe-nas na cabeça de [m]Josué, filho de Jeozadaque, sumo sacerdote,

12 e dize-lhe: Assim diz o Senhor dos Exércitos: Aqui está o homem cujo nome é [n]Renovo, e ele sairá do seu lugar e edificará o templo do Senhor.

13 **E**le mesmo edificará o templo do Senhor e levará a [o]glória; ele se assentará, e dominará no seu [p]trono. E ele será [q]sacerdote no seu [r]trono. E haverá harmonia entre os dois.

14 As coroas serão dadas a Helém, a Tobias, a Jedaías, e a Hem, filho de Sofonias, como um memorial no templo do Senhor.

15 Aqueles que estão longe virão e ajudarão a edificar o templo do Senhor, e vós sabereis que

[c] Êx 20.15; Lv 19.11
[d] Êx 20.7; Lv 19.12; Is 48.1; Jr 5.2
[e] Comp. Pv 3.33
[f] Anjo (do Senhor): v. 5,10; Zc 12.8 (Gn 16.17; Jz 2.1, nota)
[g] Lv 11.13,19
[h] Zc 5.5
[i] Babilônia, Dn 1.2
[j] v. 8; comp. Jr 1.14, Ez 1.4
[k] Parábolas (AT): v. 9-15; Zc 11.7 (Jz 9.8; Zc 11.7)
[l] Comp. Ed 7.14-16; 8.26-30
[m] Ag 1.1; Zc 3.1-5
[n] Veja Is 4.2, nota
[o] Is 11.10; 22.24
[p] Reino (AT): v. 11-13; Zc 12.8 (Gn 1.26; Zc 12.8)
[q] Sl 110.4
[r] Cristo (segunda vinda): v. 11-13; Zc 12.10 (Dt 30.3; At 1.11, nota)

---

[1] (5.6) Na visão do efa (uma medida de capacidade para secos, que aqui é visto como um recipiente com tampa, "de chumbo", v. 8), há uma combinação de elementos da época de Zacarias e do futuro distante. O efa foi empregado para indicar de que maneira a medida dos pecados de Israel havia se acumulado naquele tempo. Para a figura de "medida", comp. 2Sm 8.2; Jr 51.13; Mt 7.2; 23.32. Diante de tal iniquidade, Deus, antes de tudo, tem de refrear sua ira a fim de que aos justos seja permitido viver na terra; isto está simbolizado pela tampa de chumbo. Em segundo lugar, o mal deve ser erradicado por completo da terra e levado de volta a Babilônia, o trono da idolatria e da provocação a Deus. Isso é indicado pelo traslado do efa para a Babilônia, sua sede. Comp. Ap 18.

[2] (6.1) A interpretação da oitava visão deve ser dirigida pela declaração autorizada do v. 5. A palavra hebraica *ruach* pode significar *vento*, *alento*, *espírito* ou *Espírito*. Os quatro carros com seus cavalos não simbolizam os quatro impérios mundiais de Daniel, mas os "quatro ventos [*ruach*] do céu, saindo de onde estavam perante o Senhor de toda a terra". Estes ventos são anjos, ou espíritos (Lc 1.19; Hb 1.14). Eles também têm um ministério na terra, de caráter similar ao dos ventos de Zc 6.1-8, i.e., de juízo. O símbolo (carros e cavalos) está em perfeita harmonia com isso. No simbolismo das Escrituras, sempre representam o poder de Deus manifestado em juízo contra o mundo (Jr 46.9,10; Jl 2.3-11; Na 3.1-7). A visão, então, fala dos juízos do Senhor sobre as nações gentias do norte e do sul no dia do Senhor (Is 2.10-22; Ap 19.11-21).

[3] (6.11) Após os juízos da terra, simbolizados pelos carros de guerra (6.1-8), vem a manifestação de Cristo na glória de seu Reino (v. 9-15). Esta é a ordem profética invariável: em primeiro lugar, os juízos do dia do Senhor (Is 2.10-22; Ap 19.11-21) e, então, o Reino (comp. Sl 2.5 com 2.6; Is 3.24-26 com 4.2-6; 10.33,34 com 11.1-10; Ap 19.19-21 com 20.4-6). Isso é simbolicamente apresentado pela coroação de Josué, que não foi uma visão, mas um fato real (comp. Ez 37.16-22). O cumprimento no Renovo vai transcender infinitamente o símbolo. Ele receberá a honra real (v. 13; Mt 16.27; 24.30; 25.31) como o Sacerdote-Rei em seu próprio trono (v. 12,13; Hb 7.1-3). Cristo é agora um Sacerdote, mas ainda está no Santo dos Santos por trás do véu (Hb 9.11-14,24; comp. Lv 16.15) e está assentado no trono do Pai (Ap 3.21). Ele ainda não saiu para tomar posse de seu próprio trono (Hb 9.28). Essas coroas para a coroação simbólica de Josué foram feitas para manter viva a maior esperança de Israel; as coroas deviam ser colocadas no templo como memorial.

o Senhor dos Exércitos me enviou a vós. Isto
acontecerá, se diligentemente ouvirdes a voz do
Senhor, o vosso Deus.

III. A delegação da Babilônia e o jejum, 7–8

A pergunta

7 No [s]quarto ano do rei Dario, veio a palavra
do Senhor a Zacarias, no quarto dia do nono
mês, que é [t]quisleu.
2 Quando de Betel foram [1]enviados Sarezer,
Regem-Meleque e os seus homens, para supli-
carem o favor do Senhor,
3 disseram aos sacerdotes, que estavam no
templo do Senhor dos Exércitos, e aos profetas:
Chorarei eu no quinto mês, com jejum, como
tenho feito por tantos anos?

A resposta do Senhor: seus jejuns são meras cerimônias

4 Então veio a mim a palavra do Senhor dos
Exércitos:
5 Dize a todo o povo desta terra e aos sacerdo-
tes: Quando [u]jejuastes e pranteastes, no quinto
e sétimo meses, durante estes setenta anos,
jejuastes de fato para [v]mim?
6 [w]Ou quando comestes e bebestes, não foi
para vós mesmos que o fizestes?
7 Não ouvistes vós as [x]palavras que o Senhor
pregou por intermédio dos profetas que nos [y]pre-
cederam, quando Jerusalém estava habitada e
em paz com as suas cidades ao redor dela, e o
[z]Neguebe e a [a]campina eram habitados?

Por que as orações não eram respondidas

8 Veio de novo a palavra do Senhor a Zacarias:
9 Assim diz o Senhor dos Exércitos: Executai a
justiça verdadeira; mostrai bondade e misericór-
dia cada um a seu irmão.
10 Não oprimais a viúva e o órfão, nem o estran-
geiro e o pobre. Não [b]trameis o mal uns contra os
outros no seu coração.
11 Eles, porém, não quiseram dar atenção; vira-
ram-me as costas rebeldemente e taparam os
ouvidos, para que [c]não ouvissem.
12 Sim, fizeram o seu coração duro como dia-
mante, para que não ouvissem a Lei nem as
palavras que o Senhor dos Exércitos enviara pelo
seu Espírito mediante os profetas que nos [d]pre-
cederam. Por isso, veio a grande [e]ira do Senhor
dos Exércitos.
13 Quando eu clamei, eles [f]não ouviram; assim
também quando eles clamaram, eu não os ouvi,
diz o Senhor dos Exércitos.
14 [g]Espalhei-os com um turbilhão por entre
todas as nações que eles não conheceram.
A terra foi assolada atrás deles, de sorte que nin-
guém passava por ela, nem para ela se voltava;
porque fizeram da terra desejada uma desolação.

O Senhor restaurará Israel no Reino

8 Outra vez veio a mim a palavra do Senhor
dos Exércitos:
2 Assim diz o Senhor dos Exércitos: [h]Zelo por
Sião com grande zelo; com grande indignação
zelo por ela.
3 Assim diz o Senhor: [i]Voltarei para Sião e [j]ha-
bitarei no meio de Jerusalém. Então Jerusalém
será chamada a cidade da verdade, e o monte
do Senhor dos Exércitos será chamado o
monte [2k]santo.
4 Assim diz o Senhor dos Exércitos: Ainda nas
praças de Jerusalém habitarão [l]velhos e velhas,
levando cada um na mão a sua bengala, por
causa da sua muita idade.
5 As praças da cidade se [m]encherão de meninos
e meninas, que nelas brincarão.
6 Assim diz o Senhor dos Exércitos: Se isso for
maravilhoso aos olhos do [n]restante deste povo

[s] Comp. Ed 6.15; Zc 1.1
[t] Veja Lv 23.2, nota
[u] Zc 8.19
[v] Is 1.11,12; 58.1-9
[w] Dt 12.7; 14.26; 1Cr 29.29; comp. 1Co 10.31; 11.20-22
[x] Inspiração: v. 7; Mt 2.5 (Êx 4.15; 2Tm 3.16)
[y] Zc 1.4
[z] Veja Gn 12.9, nota
[a] Veja Dt 1.1, nota
[b] Ez 18.5; 45.9; Mq 6.6-8; Zc 8.16
[c] Jr 17.23
[d] Ne 9.30
[e] Dn 9.11,12
[f] Pv 1.24-28; Is 1.15; Jr 11.11
[g] Lv 26.33; Dt 4.27; 28.64; Ne 1.8
[h] Jl 2.18; Zc 1.14; comp. 2Co 11.2
[i] Zc 1.16
[j] Zc 2.10,11
[k] Santificação (AT): v. 3 (Gn 2.3; Zc 8.3). Is 11.9; Jr 31.23
[l] Comp. Is 65.20
[m] Jr 30.19,20
[n] Remanescente: v. 6-8,11,12; Zc 11.7 (Is 1.9; Rm 11.5, nota)

[1] (7.2) A missão desses judeus tinha relação com o dia de jejum instituído pelos próprios judeus durante o cativeiro em memória à destruição de Jerusalém; a instituição desse jejum foi um ato de sua própria vontade e sem mandamento expresso da Palavra de Deus. No início, houve, sem dúvida, sincera contrição na observância do dia, mas, com o tempo, se tornou mero cerimonial. Os judeus enviados da Babilônia queriam abolir esse dia de jejum, mas buscavam autorização dos sacerdotes. Como muito do pseudocristianismo moderno, tudo era extrabíblico, formal e fútil. O Senhor aproveitou a oportunidade para enviar uma mensagem divina à comitiva que esperava uma resposta. Essa mensagem tem cinco partes: 1) O jejum deles era mera forma religiosa; em vez disso, eles deveriam ter obedecido aos primeiros profetas (v. 4-7; comp. Is 1.12; Mt 15.1-10). 2) Foi-lhes dito por que não haviam recebido resposta às suas orações de setenta anos (v. 8-14; comp. Sl 66.18; Is 1.14-17). 3) O imutável propósito do Senhor e a bênção de Israel no Reino são mencionados (8.1-8; comp. ordem similar em Is 1.24-31 com 2.1-4). 4) Os mensageiros do cativeiro são exortados a ouvir os profetas daqueles dias, i.e., Ageu e Zacarias, e a agir com justiça; então, todos os seus jejuns e celebrações se converterão em satisfação e alegria (8.9-19). 5) Recebem a garantia de que Jerusalém ainda será o centro religioso da terra (8.20-23; comp. Is 2.1-3; Zc 14.16-21).

[2] (8.3) Santificação, Santidade (AT). Resumo: No AT, diferentes conjugações e flexões de "consagrar", "dedicar", "santificar", "fazer santo", "consagração", "dedicação", "santificação" e "santidade" derivam da mesma raiz hebraica que significa *separar*. Tanto pessoas como coisas podem ser santas ou separadas. Apenas quando usadas com respeito ao próprio Deus (p. ex. Lv 11.45) ou aos santos anjos (p. ex., Dn 4.13), há necessariamente implícita uma qualidade moral interior. Sem dúvida, um sacerdote ou outra pessoa separada para o serviço de Deus, cuja completa vontade e desejo estavam de acordo com essa separação, experimentaria progressivo afastamento interior do mal. Veja Mt 4.5 e Ap 22.11, *notas*.

[1]naqueles dias, será também maravilhoso aos meus olhos? diz o Senhor dos Exércitos.

7 Assim diz o Senhor dos Exércitos: Eu salvarei o meu povo, tirando-o da terra do Oriente e da terra do Ocidente.

8 Eu os [o]trarei, e eles habitarão no meio de Jerusalém; [p]serão o meu povo, e eu serei o seu Deus em verdade e em justiça.

Exortação para ouvir os profetas

9 **A**ssim diz o Senhor dos Exércitos: Esforcem-se as mãos de todos vós, que nestes dias ouvistes estas palavras da boca dos [2][q]profetas, que estiveram no dia em que foi lançado o alicerce do templo do Senhor dos Exércitos, para que o templo fosse edificado.

10 Antes destes dias não havia salário para homens nem para animais. Não havia paz para o que entrava nem para o que saía, por causa do inimigo, porque eu incitei todos os homens, cada um contra o seu próximo.

11 **A**gora, [r]porém, não serei para com o restante deste povo como nos primeiros dias, diz o Senhor dos Exércitos.

12 A semente prosperará, a vide dará o seu fruto, a terra dará a sua novidade e os céus darão o seu orvalho. Farei que o resto deste povo herde tudo isso.

13 Ó casa de Judá, ó casa de Israel, assim como fostes uma maldição entre as nações, assim vos salvarei e sereis uma [s]bênção. Não temais, sejam fortes as vossas mãos.

14 Assim diz o Senhor dos Exércitos: Assim como pensei fazer-vos mal, quando vossos pais me provocaram à ira, diz o Senhor dos Exércitos, e [3]não me arrependi,

15 assim pensei de novo em fazer bem a Jerusalém e à casa de Judá nestes dias. Não temais.

16 São estas coisas que deveis [t]fazer: [u]Falai a verdade cada um com o seu próximo e executai juízo de verdade e de paz nas vossas portas;

17 nenhum de vós pense mal no seu coração contra o seu próximo, nem ame o juramento falso. Eu aborreço todas essas coisas, diz o Senhor.

[o] Sf 3.20
[p] Jr 30.22; 31.33; Zc 13.9
[q] Ed 5.1,2; 6.14; Ag 2.4; Zc 4.9
[r] Ag 2.15-19
[s] Gn 12.2; Is 19.24,25; Ez 34.26; Sf 3.20; comp. Rt 4.11,12
[t] Zc 7.9,10
[u] Ef 4.25
[v] Veja Lv 23.2, nota
[w] Comp. Zc 7.3,5
[x] Is 2.2,3
[y] Is 66.23; Zc 14.16-21
[z] Is 45.14
[a] Veja Is 13.1, nota
[b] Is 17.1
[c] v. 2-4; Is 23.1-18; Jr 25.22; 47.4; Ez 26.1-21; 28.20-24; Am 1.9,10

18 **D**e novo me veio a palavra do Senhor dos Exércitos:

19 Assim diz o Senhor dos Exércitos: O jejum do [v]quarto mês, e o jejum do quinto, e o jejum do sétimo, e o jejum do décimo mês serão para a casa de Judá satisfação, e alegria, e [w]festas alegres. Portanto, amai a verdade e a paz.

Jerusalém será o centro religioso da terra

20 Assim diz o Senhor dos Exércitos: Ainda virão povos e habitantes de muitas cidades;

21 e os habitantes de uma cidade irão à outra, dizendo: Vamos depressa suplicar o favor do Senhor e [x]buscar o Senhor dos Exércitos. Eu também irei.

22 Assim virão [y]muitos povos e poderosas nações buscar em Jerusalém o Senhor dos Exércitos e suplicar a bênção do Senhor.

23 Assim diz o Senhor dos Exércitos: [4]Naquele dia, pegarão dez homens, de todas as línguas das nações, [z]pegarão, sim, na barra das vestes de um judeu, dizendo: Iremos convosco, porque temos ouvido que Deus está convosco.

IV. Profecias sobre o Messias rejeitado; seu retorno e o Reino de Cristo em Jerusalém, 9–14

A destruição das cidades vizinhas de Israel

9 [a]A palavra do Senhor está contra
a terra de Hadraque
e repousará sobre [b]Damasco;
pois o olhar do homem e de
todas as tribos de Israel
se volta para o Senhor.
2 E também Hamate, que faz fronteira com ela,
e [c]Tiro e Sidom, ainda que
sejam muito sábias.
3 Tiro edificou para si fortalezas,
amontoou prata como o pó
e ouro fino como a lama das ruas.
4 O Senhor, porém, despojará
e destruirá o seu poder no mar,
e ela será consumida pelo fogo.

[1] (8.6) Nos v. 6,11,12, o "restante deste povo" se refere ao remanescente de Judá que voltou da Babilônia, entre os quais Zacarias profetizou. Veja Rm 11.5, *nota*.

[2] (8.9) Ageu e Zacarias, que estavam em Jerusalém quando começou a reconstrução do templo (Ed 5.1,2).

[3] (8.14) Arrependimento (AT). Resumo: Usado tanto com respeito a Deus como com respeito ao homem, o hebraico *nacham* (ser tranquilizado, aliviado ou consolado) é traduzido por *lamentar-se por algo, mudar de opinião, estar compungido, arrepender-se*. Apesar do significado literal de *nacham*, é evidente, após um estudo de todas as passagens, que os escritores bíblicos usam a palavra no sentido de *metanóia* no NT, que significa *mudança de mente*, *de pensamento*, *de maneira de pensar e de agir*. Veja Mt 3.2; At 17.30, *nota*. Assim como no NT, tal mudança de mente geralmente vem acompanhada de contrição e autojulgamento. De acordo com o costume no AT, quando aplicada a Deus, a palavra é usada para descrever um conhecimento derivado da experiência com Deus na história. Deus parece mudar sua maneira de pensar. Observar que, em determinada situação, Deus não fazia o que disse que faria indicava a Israel que Deus, agindo de modo similar ao ser humano, muda de pensamento e, em certas situações, "se arrepende".

[4] (8.23) Nos dias em que Jerusalém houver sido convertida no centro da adoração na terra durante o milênio. O v. 23 explica que os judeus (comp. Remanescente, Is 1.9; veja Rm 11.5, *nota*) serão, então, os missionários.

5 Ascalom o verá e temerá,
também Gaza, e terá grande dor;
igualmente [d]Ecrom,
porque a sua esperança será iludida;
o rei de Gaza perecerá,
e Ascalom não será habitada.
6 Estrangeiros habitarão em [e]Asdode;
exterminarei a soberba dos [f]filisteus.
7 Da sua boca tirarei o seu sangue
e dentre os seus dentes as suas abominações.
Ele também ficará como um restante
para o nosso Deus
e será como chefe em Judá,
e Ecrom como um jebuseu.
8 Eu [g]defenderei a minha casa contra os invasores,
[1]para que ninguém passe nem volte;
não passará mais sobre eles o opressor,
pois agora vejo isso com os meus olhos.

Profecia da entrada triunfal do Messias no primeiro advento

9 Alegra-te muito, ó filha de Sião!
Exulta, ó filha de Jerusalém!
Vê! [2]O teu [h]rei virá a ti,
[i]justo e Salvador, humilde,
montado em jumento,
num jumentinho, filho de jumenta.

Futuro livramento de Judá e Efraim (Israel)

10 Destruirei os carros [3]de Efraim
e os cavalos de Jerusalém,
e o arco de [j]guerra será destruído.
Ele anunciará paz às nações.
O seu [k]domínio se estenderá de mar a mar,
e desde o Rio até as extremidades da terra.
11 Ainda quanto a ti,
por causa do sangue da tua aliança,
tirei os teus [l]presos da cova
em que não havia água.
12 Voltai à [m]fortaleza, ó prisioneiros da [n]esperança;
também hoje vos anuncio
que vos recompensarei em [o]dobro.
13 Para mim curvarei Judá como um arco
e o encherei de Efraim.
Levantarei os teus filhos, ó Sião,
contra os teus filhos, ó Grécia,
e te porei como a espada de um guerreiro.
14 O Senhor será visto sobre eles,
e as suas [p]flechas sairão como o relâmpago.
O Senhor Deus fará soar a trombeta;
marchará nos redemoinhos do sul;
15 o Senhor dos Exércitos os [q]protegerá.
Eles destruirão e vencerão com fundas.
Beberão e farão barulho como
excitados pelo vinho;
estarão cheios como bacias usadas
para espargir os cantos do altar.
16 O Senhor, o seu Deus,
naquele dia os [r]salvará,
como ao rebanho do seu povo.
Como as [s]pedras de uma coroa,
eles serão exaltados na sua terra.
17 Quão grande é a sua bondade!
E quão grande é a sua [t]formosura!
O cereal fará florescer os jovens,
e o vinho novo, as donzelas.

Futuro fortalecimento de Judá e Efraim

10 **P**edi ao Senhor [4u]chuva no
tempo da chuva serôdia;
é o Senhor que faz as nuvens de chuva.
Ele dá chuvas copiosas aos homens,
e a cada um, erva no campo.
2 Os ídolos falam vaidade,
os adivinhos veem [v]mentira e
contam sonhos falsos;
em vão consolam.
Por isso, vagueiam como [w]ovelhas,
estão aflitos, [x]pois não há pastor.
3 Contra os [y]pastores se acende a minha ira,
e castigarei os líderes.
Mas o Senhor dos Exércitos
visitará o seu rebanho,
a casa de Judá,
e os fará como o seu majestoso
cavalo na [z]peleja.
4 De Judá [5]sairá a pedra de esquina,
dele a estaca da tenda,

[d] Sf 2.4,5
[e] Am 1.8
[f] Ez 25.15-17
[g] Zc 2.5
[h] Mt 21.1-10; Mc 11.1-10; Lc 19.29-40; Jo 12.12-15
[i] Cristo (primeira vinda): v. 9; Zc 11.13 (Gn 3.15; At 1.11)
[j] Sl 46.9; Is 2.4; Os 2.18; Mq 4.3
[k] Sl 72.8
[l] Comp. Is 24.17-23, onde os v. 21,23 estabelecem que o tempo é o Dia do Senhor. Veja Ap 19.19, nota
[m] Jr 16.19. Veja contexto do v. 14
[n] Jr 17.13; comp. Hb 6.18,19
[o] Is 61.7
[p] Hc 3.11
[q] Zc 12.8
[r] Jr 31.10,11
[s] Is 62.3; Ml 3.17
[t] Sl 45.1-16
[u] Jl 2.23
[v] Jr 27.9; Ez 13
[w] Jr 50.6,17
[x] Ez 34.5-8
[y] Jr 25.34-36; Ez 34.2; Zc 11.17
[z] Armagedom (batalha de): v. 3; Zc 12.2 (Is 10.27; Ap 19.17)

[1] (9.8) Isso se refere ao avanço e retorno de Alexandre (v. 13) depois da batalha de Issus. Ele subjugou as cidades mencionadas nos v. 1-6 e depois retornou à Grécia sem ter causado dano a Jerusalém. Mas o significado mais amplo converge para os ainda futuros últimos dias (veja At 2.17, *nota*), como mostra a última parte do v. 8, pois muitos opressores passaram por Jerusalém desde os dias de Alexandre.

[2] (9.9) Os eventos que se seguem a essa manifestação de Cristo como Rei estão registrados nos Evangelhos. A verdadeira fé da multidão que gritou "Hosana" se revela em Mt 21.11. Jesus não foi enganado por essa aparente recepção como Rei, mas chorou sobre Jerusalém e anunciou sua iminente destruição, cumprida em 70 d.C. Comp. Lc 19.38-44. A mesma multidão pouco depois gritou: "Crucifica-o".

[3] (9.10) Depois que o Rei é apresentado no v. 9, os versículos seguintes contemplam os tempos do fim e o Reino.

[4] (10.1) Comp. Os 6.3; Jl 2.23-32; Zc 12.10. Há tanto um significado físico como um espiritual: a chuva, como no passado, voltará a Israel, mas também haverá um poderoso derramamento do Espírito sobre o Israel restaurado.

[5] (10.4) O tempo é futuro: de Judá "sairá a pedra de esquina [Êx 17.6; veja 1Pe 2.8, *nota*], dele a estaca da tenda [Is 22.23,24], dele o arco de guerra" etc. Toda a cena corresponde a eventos em torno do livramento de Israel no tempo da invasão pelo norte (Ez 38–39) e

dele o arco de guerra,
dele sairão todos os chefes.
5 Serão como valentes que na
batalha pisam os seus inimigos
na lama das ruas.
Porque o Senhor está com eles,
confundirão os que andam
montados em cavalos.
6 Fortalecerei a casa de Judá
e salvarei a casa de José.
Tornarei a plantá-los,
porque me [a]apiedei deles.
[b]Serão como se os não
tivera rejeitado,
pois eu sou o Senhor,
o seu Deus, e os [c]ouvirei.
7 Os de Efraim serão
como um valente,
e o seu coração se alegrará
como pelo vinho.
Os seus filhos o verão e se alegrarão;
o seu coração se regozijará no Senhor.
8 Eu lhes [d]assobiarei e os ajuntarei.
Certamente os [e]remirei;
serão [f]numerosos como antes.

Dispersão e o reajuntamento de Israel

9 Embora eu os [g]espalhe entre os povos,
eles se [h]lembrarão de mim
em lugares remotos.
Viverão com seus filhos e voltarão.
10 Eu os farei voltar da terra
do Egito e os congregarei da Assíria.
Eu os trarei à terra de Gileade
e ao Líbano,
e não se achará lugar suficiente
para eles.
11 Passarão pelo mar de angústia;
as ondas do mar serão feridas,
e todas as profundezas do [i]Nilo
se secarão.
Então será derrubada a soberba da [j]Assíria,
e o cetro do Egito se retirará.

[a] Zc 1.16
[b] Israel (profecias): v. 6-12; Mt 24.31 (Gn 12.2; Rm 11.26)
[c] Zc 13.9
[d] Is 5.26
[e] Veja Êx 6.6 e Is 59.20, notas
[f] Zc 2.4
[g] Os 2.23
[h] Dt 30.1
[i] O rio Nilo
[j] Sf 2.13
[k] Ez 31.3
[l] Jr 25.34
[m] Jr 50.7
[n] Os 12.8
[o] Ez 34.2,3
[p] Remanescente: v. 7,11; Ml 3.16 (Is 1.9; Rm 11.5, nota)
[q] Parábolas (AT): v. 7-14 (Jz 9.8; Zc 11.7)
[r] Jr 15.2
[s] Sl 89.39

12 Eu os fortalecerei no Senhor,
e eles andarão no seu nome, diz o Senhor.

O Messias, o verdadeiro Pastor, rejeitado em sua primeira vinda

11 Abre, ó Líbano, as tuas portas
para que o fogo consuma
os teus cedros.
2 Geme, ó cipreste, porque o [k]cedro caiu,
porque as mais excelentes
árvores são destruídas!
Gemei, ó carvalhos de Basã,
porque o bosque forte foi derrubado!
3 Ouvi o uivo dos [l]pastores;
a sua glória é destruída!
Ouvi o bramido dos leões;
foi destruída a soberba do Jordão!
4 **Assim** diz o Senhor, o meu Deus: Apascenta
as ovelhas destinadas à matança,
5 cujos compradores as matam e [m]não se têm
por culpados. Aqueles que as vendem, dizem:
Louvado seja o Senhor, porque me [n]enrique-
ci! [o]Os seus próprios pastores não têm piedade
delas.
6 Certamente não terei mais piedade dos mo-
radores desta terra, diz o Senhor, mas entregarei
cada um na mão do seu próximo e na mão do
seu rei. Eles ferirão a terra e eu não os livrarei
das mãos deles.
7 **Eu** apascentei as ovelhas destinadas à ma-
tança, as [p]pobres ovelhas do rebanho. Então
tomei para mim [1]duas [q]varas: [2]a uma chamei
Graça e à outra chamei União, e apascentei
as ovelhas.
8 Destruí os três pastores num mês, porque
se angustiou deles a minha alma, e também a
sua alma teve fastio de mim.
9 Então eu disse: Não vos apascentarei mais.
O que está morrendo, morra; e o que está [r]pe-
recendo, pereça. Os que restarem comam cada
um a carne do seu próximo.
10 Tomei a minha vara Graça e a quebrei, para
anular a minha aliança, que tinha estabelecido
com todos estes [s]povos.

da libertação final que será efetuada de maneira completa com o regresso do Senhor (Ap 19.11-21); mas, previamente, ele fortalece os israelitas que estavam em circunstâncias difíceis (Mq 4.13; Zc 9.13-15; 10.5-7; 12.2-6; 14.14). De acordo com a Escritura, não se pode afirmar nem negar que possa ter havido um cumprimento dessa profecia nas vitórias dos macabeus; no entanto, é inquestionável o cumprimento final e definitivo quando Cristo vier outra vez.

[1] (11.7) A cena corresponde à primeira vinda. "Graça" e "União" significam, em primeiro lugar, a proteção de Deus sobre Israel por meio dos limites que impõe às nações e, depois, os laços fraternais dentro da própria nação. Ao quebrar-se a primeira vara, Judá foi abandonado à destruição predita nos v. 1-6, cumprida em 70 d.C. A quebra da segunda vara significou a destruição dos vínculos internos da nação. Isso resultou em lutas internas e divisões que contribuíram grandemente para a queda do Estado judeu em 70 d.C. A ordem deste capítulo é a seguinte: 1) a ira contra a terra (v. 1-6), cumprida na destruição de Jerusalém depois da rejeição do Messias (Lc 19.41-44); 2) a causa dessa ira: a traição e rejeição do Messias (v. 7-14); 3) o surgimento do "pastor inútil", a besta (Dn 7.8; Ap 19.20) e sua destruição (v. 15-17).

[2] (11.7) Parábolas (AT). Resumo: Parábola é uma comparação usada para ensinar ou reforçar uma verdade. As parábolas do AT são classificadas em três categorias: 1) a parábola-história, da qual Jz 9.7-15 é um exemplo; 2) os discursos parabólicos (p. ex., Is 5.1-7); 3) as ações parabólicas (p. ex., Ez 37.16-22).

11 Foi anulada naquele dia, e assim os [1]pobres
do rebanho que me observavam conheceram
que isso era palavra do Senhor.
12 Eu lhes disse: Se parece bem aos vossos
olhos, dai-me o que me é devido; se não, deixai-
-o. [t]Pesaram, pois, o meu salário, trinta moedas
de prata.
13 E o Senhor me disse: Lança isso ao oleiro,
esse belo preço em que fui avaliado por eles.
Tomei as [u]trinta moedas de prata e as lancei ao
oleiro no templo do Senhor.
14 Então quebrei a minha segunda vara União,
para romper a irmandade entre Judá e Israel.

O pastor insensato deve ser vencido

15 [2]**E**ntão o Senhor me disse: Toma ainda para
ti o equipamento de um pastor [v]insensato.
16 Porque levantarei na terra um pastor que
não visitará as que estão perecendo, não bus-
cará a desgarrada, não sarará a doente, nem
apascentará a sã, mas comerá a carne da gorda
e lhe [w]despedaçará as unhas.
17 [x]Ai do pastor inútil, que abandona o rebanho!

Caia a espada sobre o seu braço
  e sobre o seu olho direito!
Que o braço completamente se lhe seque,
  e o olho direito de todo se escureça.

Jerusalém será atacada, mas Judá libertado

12 [3]**É** esta a palavra do Senhor acerca de
Israel; palavra do Senhor que estende
o céu, funda a terra e forma o espírito do ho-
mem dentro dele:
2 [y]Porei Jerusalém como um copo de atordoa-
mento para todos os povos em redor, e também
para Judá, durante o [z]cerco contra Jerusalém.
3 Naquele dia, farei de Jerusalém uma pedra
pesada para todos os povos. Todos os que a er-
guerem certamente serão feridos. E se ajuntarão
contra ela todas as nações da terra.
4 Naquele dia, diz o Senhor, ferirei de pânico
todos os cavalos e de loucura ferirei os cava-
leiros. Sobre a casa de Judá abrirei os meus
olhos e ferirei de cegueira todos os cavalos
dos povos.
5 Então os chefes de Judá dirão no seu co-
ração: A minha força são os habitantes de
Jerusalém; o Senhor dos Exércitos é o seu Deus.
6 **N**aquele dia, porei os chefes de Judá co-
mo uma brasa ardente debaixo da lenha e como
uma tocha incandescente entre gavetos. À di-
reita e à esquerda consumirão todos os povos
em redor, mas Jerusalém será habitada outra
vez; ela permanecerá no mesmo lugar e fica-
rá intacta.
7 O Senhor salvará primeiro as tendas de Judá,
para que a glória da casa de Davi e a glória dos
habitantes de Jerusalém não sejam exaltadas
acima de Judá.
8 Naquele dia, o Senhor amparará os habi-
tantes de Jerusalém, de sorte que o que dentre
eles tropeçar naquele dia será como Davi, e a
[a]família de [4]Davi será como Deus, como o [b]anjo
do Senhor diante deles.

[t] Mt 26.15; 27.9,10
[u] Cristo (primeira vinda): v. 11-13; Zc 13.7 (Gn 3.15; At 1.11); comp. Êx 21.32
[v] Is 56.11
[w] Ez 34.1-10; Mq 3.1-3
[x] Jr 23.1; Ez 34.2; Jo 10.12,13
[y] Dia (do Senhor): 12.1–13.9; Zc 14.1 (Sl 2.9; Ap 19.19)
[z] Armagedom (batalha de): v. 1-9; Zc 14.3 (Is 10.27; Ap 19.17)
[a] Reino (AT): v. 6-8 (Gn 1.26; Zc 12.8); veja Gn 1.26, nota
[b] Anjo (do Senhor): v. 8 (Gn 16.7; Jz 2.1, nota); veja Hb 1.4, nota

[1] (11.11) "Os pobres do rebanho", i.e., "um remanescente, segundo a eleição da graça" (Rm 11.5), são aqueles judeus que não esperaram a manifestação de Cristo em glória, mas creram nele em sua primeira vinda e posteriormente. Deles se diz que "observavam" o Senhor e reconheceram sua palavra.

[2] (11.15) Aqui, há uma alusão à besta que há de vir; nenhum outro personagem da profecia se ajusta à descrição. Aquele que veio em nome do Pai foi rejeitado. A alternativa é alguém que venha em seu próprio nome (Jo 5.43; Ap 13.4-8).

[3] (12.1) Os cap. 12–14 formam uma só profecia, cujo tema geral é a volta do Senhor e o estabelecimento do Reino. A ordem é a seguinte: 1) o cerco de Jerusalém que precede a batalha de Armagedom (v. 1-3), 2) a batalha propriamente dita (v. 4-9), 3) o derramamento do Espírito e a revelação pessoal do Messias, Jesus Cristo, à casa de Davi e ao remanescente em Jerusalém, não simplesmente como o Libertador glorioso, mas também como aquele a quem Israel traspassou e rejeitou (v. 10), 4) o pranto e o lamento que se seguem a essa revelação (v. 11-14) e 5) a fonte que purifica (Zc 13.1) será, então, aberta para a limpeza eficaz de Israel.

[4] (12.8) Reino (AT). Resumo (veja tb. Reino [NT], Lc 1.33; 1Co 15.24, *nota*):

I. Senhorio sobre a terra antes do chamamento de Abraão.

1) O primeiro homem e a primeira mulher (Gn 1.26-28) receberam senhorio sobre a criação. Esse senhorio se perdeu com a Queda, e Satanás tornou-se "o príncipe deste mundo" (Mt 4.8-10; Jo 14.30).

2) Depois do Dilúvio, foi estabelecido o princípio do governo humano sob a Aliança Noeica (Gn 9.6; veja Gn 9.16, *nota*). Biblicamente, essa ainda é a carta constitucional de todo governo e o caráter que se espera desse governo.

II. O reino teocrático em Israel. (Veja tb. 1Sm 8.7, *nota*.) O chamado de Abraão incluía, entre muitas outras coisas, o estabelecimento de um povo especial pelo qual se cumpririam os grandes propósitos de Deus para a raça humana (veja Israel, Gn 12.1-3; Rm 11.26, *nota*). Entre esses propósitos, está o estabelecimento de um reino mundial. A história do governo divino em Israel administrado por mediadores é a seguinte:

1) Seu estabelecimento com Moisés (Êx 19.3-7; comp. Êx 3.1-10; 24.12).

2) Sua administração com os líderes-juízes (Js 1.1-5; Jz 2.16-18).

3) Sua administração com os reis (1Sm 10.1,24; 16.1-3; 1Rs 9.1-5).

4) Seu fim temporário no cativeiro (Ez 21.25-27; comp. Jr 27.6-8; Dn 2.36-38).

III. A futura restauração do reino teocrático.

1) A Aliança Davídica (2Sm 7.8-16 [veja v. 16, *nota*]; Sl 89.3,4,20,21,28-37).

9 Naquele dia, procurarei destruir todas as na-
ções que vierem contra Jerusalém.

O derramamento do Espírito: Aquele que foi trespassado se revelará ao remanescente arrependido e libertado

10 **S**obre a família de Davi e sobre os habitantes
de Jerusalém [c]derramarei o [1d]Espírito de graça e
de súplicas. Olharão para [e]mim, a [f]quem [g]tres-
passaram, e prantearão como quem pranteia por
seu filho único, e chorarão amargamente por ele,
como se chora pelo primogênito.
11 Naquele dia, será grande o [h]pranto em Jeru-
salém, como o pranto de Hadade-Rimom no vale
de Megido.
12 [i]A terra panteará, cada família à parte;
a família de Davi à parte, e suas mulheres à
parte; a família de Natã à parte, e suas mulheres
à parte;
13 a família da casa de Levi à parte, e suas
mulheres à parte; a família de Simei à parte, e
suas mulheres à parte.
14 As demais famílias, cada família à parte, e
suas mulheres à parte.

[c] Jl 2.28,29
[d] Espírito Santo (AT): v. 10 (Gn 1.2; Zc 12.10)
[e] Cristo (segunda vinda): v. 9,10; Zc 14.4 (Dt 30.3; At 1.11, nota)
[f] Jo 19.37; Ap 1.7
[g] Sacrifício (profético): v. 10; Mt 26.28 (Gn 3.15; Hb 10.18, nota)
[h] Mt 24.30; Ap 1.7
[i] Mt 24.30
[j] Zc 12.2
[k] Sl 36.9; 1Jo 1.9; comp. Sl 51.2,7; 65.3; Is 1.16-18; Ml 3.2,3
[l] Ez 36.25
[m] Os 2.17
[n] Jr 23.14,15
[o] Dt 18.20
[p] Dt 13.6-11

Purificação do remanescente

13 **N**aquele [j]dia, haverá uma [k]fonte aberta
para os descendentes de Davi e para os
habitantes de Jerusalém, contra o pecado e
a [l]impureza.

Os falsos profetas serão envergonhados

2 Naquele dia, diz o Senhor dos Exércitos, [m]ti-
rarei da terra os nomes dos ídolos, e deles não
haverá mais memória. Também farei sair da
terra os [n]profetas e o espírito da impureza.
3 E se alguém ainda profetizar, seu pai e sua
mãe, que o geraram, lhe dirão: [o]Não viverás,
porque mentirosamente falaste em nome do
Senhor. E seu pai e sua [p]mãe, que o geraram, o
trespassarão quando profetizar.
4 Naquele dia, os profetas se sentirão envergo-
nhados, cada um da sua visão, quando profeti-
zarem. Não mais se vestirão de manto de pelos,
para mentirem.
5 Dirão, porém: Não sou profeta; sou lavra-
dor da terra; tenho sido escravo desde a minha
juventude.
6 [2]Se alguém lhe perguntar: Que feridas
são essas nas tuas mãos? responderá ele:

---

2) A exposição da Aliança Davídica por parte dos profetas (Is 1.25,26 [veja v. 26, *nota*] e Zc 12.6-8). Eles descrevem o reino da seguinte maneira:

a) Será davídico e estabelecido com um herdeiro de Davi que nascerá de uma virgem, portanto totalmente humano, mas também totalmente divino, "Emanuel", "Deus Forte, Pai da Eternidade, Príncipe da Paz" (Is 7.13,14; 9.6,7; 11.1; Jr 23.5; Ez 34.23; 37.24; Os 3.4,5).

b) Será um reino celestial quanto à sua origem, normas e autoridade (Dn 2.34,35,44,45), mas estabelecido na terra, com Jerusalém como capital (Is 2.2-4; 4.3,5; 24.23; 33.20; 62.1-7; Jr 23.5; 31.38-40; Jl 3.1,16,17).

c) O Reino será estabelecido primeiramente sobre o Israel reunido, restaurado e convertido e, então, se tornará universal (Sl 2.6-8; 22.1-31; 24.1-10; Is 1.2,3; 11.1,10-13; 60.12; Jr 23.5-8; 30.7-11; Ez 20.33-40; 37.21-25; Zc 9.10; 14.16-19).

d) As características morais do Reino serão justiça e paz. Os mansos herdarão a terra, não os altivos; a longevidade aumentará muitíssimo; o conhecimento do Senhor será universal; a ferocidade dos animais desaparecerá; haverá equidade absoluta; a manifestação aberta de pecado terá juízo instantâneo. Nessa época, a grande maioria dos habitantes da terra será salva (Sl 2.9; Is 11.4,6-9; 26.9; 65.20; Zc 14.16-21). O NT (Ap 20.1-5) acrescenta um detalhe de suma importância: Satanás será tirado de cena. É impossível conceber as dimensões da perfeição espiritual, intelectual e física a que a humanidade chegará na vindoura era de justiça e paz (Sl 72.1-10; Is 11.4-9).

e) O Reino será estabelecido pelo poder, não pela persuasão, e virá após o juízo divino sobre as potências mundiais gentias (Sl 2.4-9; Is 9.7; Dn 2.35,44,45; 7.26,27; Zc 14.1-19). Veja Zc 6.11, *nota*.

f) A restauração de Israel e o estabelecimento do Reino estão ligados à vinda do Senhor, que é ainda futura (Dt 30.3-5; Sl 2.1-9; Zc 14.4).

g) O castigo reservado para a desobediência na casa de Davi (2Sm 7.14; Sl 89.30-33) ocorreu nos cativeiros e na dispersão mundial. Desde então, embora um remanescente retornasse sob a direção do príncipe Zorobabel, em termos gerais Jerusalém tem estado sob a autoridade política dos gentios. Contudo, a Aliança Davídica não foi revogada (Sl 89.33-37), mas ainda deve ser cumprida (At 15.14-17).

[1] (12.10) O Espírito Santo (AT). Resumo: 1) A personalidade e a divindade do Espírito Santo são manifestadas em seus atributos e em suas obras. 2) Foi revelado que ele teve parte na obra da Criação e, portanto, é onipotente (Gn 1.2; Jó 26.13; 33.4; Sl 104.30), onipresente (Sl 139.7), luta com os homens (Gn 6.3), dá entendimento (Jó 32.8), dota de habilidades (Êx 28.3; 31.3), dá força física (Jz 14.6,19), faculdades executivas e sabedoria (Jz 3.10; 6.34; 11.29; 13.25), capacita os homens a receber e anunciar revelações divinas (Nm 11.25; 2Sm 23.2) e, em termos gerais, dá poder aos servos de Deus (Sl 51.12; Jl 2.28; Mq 3.8; Zc 4.6). 3) Ele é chamado santo (Sl 51.11), bom (Sl 143.10), espírito de justiça e de ardor (Is 4.4), o Espírito do Senhor, de sabedoria, de inteligência, de conselho, de fortaleza, de conhecimento, de temor do Senhor (Is 11.2) e de graça e de súplicas (Zc 12.10). 4) No AT, o Espírito Santo age com livre soberania, movendo-se à vontade sobre homens e até sobre um animal mudo; não há condições estabelecidas (como no NT) que devam ser cumpridas a fim de que alguém possa receber o Espírito. O fato de que em cada crente habita o Espírito Santo é uma bênção do NT resultante da morte e ressurreição de Cristo (Jo 7.39; 16.7; At 2.33; Gl 3.1-6). 5) O AT contém predições de um futuro derramamento do Espírito sobre Israel (Ez 37.14; 39.29) e sobre "todos os povos" (Jl 2.28,29). Portanto, a expectativa de Israel era dupla: da vinda do Messias-Emanuel e desse derramamento do Espírito descrito pelos profetas. Veja Espírito Santo, At 2.4, *nota*.

[2] (13.6) A melhor maneira de entender este versículo é considerá-lo como uma resposta evasiva de um falso profeta nos últimos dias. Ele continua e conclui o tema iniciado no v. 2. Não há interpretação válida para entendê-lo como referência ao Senhor Jesus Cristo.

São as feridas com que fui ferido na casa dos meus amigos.

Profecia do verdadeiro profeta, o Messias
(comp. Mt 26.31; Mc 14.27)

7 Ó espada, ergue-te contra o meu Pastor
e contra o homem que é o
meu companheiro,
diz o Senhor dos Exércitos.
[q]Fere o [r]pastor, e as [s]ovelhas se dispersarão,
mas voltarei a minha mão para os pequenos.

Israel será purificado e liberto

8 [1]Em toda a terra, diz o Senhor,
as [t]duas partes dela serão
extirpadas e expirarão,
mas a terceira parte restará nela.
9 Farei passar esta terceira parte pelo fogo,
e a purificarei, como se [u]purifica a prata,
e a [v]provarei, como se prova o ouro.
Ela [w]invocará o meu nome, e eu a ouvirei;
[x]direi: É meu povo, e ela dirá:
O Senhor é meu Deus.

A volta triunfante do Senhor à
terra trazendo libertação

14 Vem o [y]dia do Senhor, no qual os teus bens serão repartidos no meio de ti.

2 Eu [z]ajuntarei todas as nações para a peleja contra Jerusalém; a cidade será tomada, as casas serão saqueadas e as mulheres, forçadas. Metade da cidade irá para o exílio, mas o restante do povo não será expulso da cidade.

3 Então o Senhor sairá e [a]pelejará contra estas nações, como pelejou no dia da batalha.

O retorno visível em glória:
alterações físicas na Terra de Israel

4 Naquele dia, [b]estarão os seus pés sobre o monte das [c]Oliveiras, que está a leste de Jerusalém para o oriente; [2]o monte das Oliveiras será dividido ao meio, para o oriente e para o ocidente, formando um vale muito grande; metade do monte se apartará para o norte, e a outra metade para o sul.

5 Fugireis pelo vale dos meus montes, porque o vale dos montes chegará até Azel; fugireis assim como fugistes do [d]terremoto nos dias de Uzias, rei de Judá. Então virá o [e]Senhor, o meu Deus, e todos os santos com ele.

6 Naquele dia, não haverá luz nem frio, nem geada.

7 Será um dia singular conhecido do Senhor; não será nem dia nem noite. Quando a tarde chegar, haverá luz.

O rio do santuário
(comp. Ez 47.1-12; Ap 22.1,2)

8 Naquele dia, também correrão de Jerusalém águas vivas, metade delas para o mar oriental, e a outra metade até o mar ocidental; no verão e no inverno sucederá isso.

O estabelecimento do Reino
na terra

9 O Senhor será [f]rei sobre toda a [3]terra. Naquele dia, um será o Senhor, e um será o seu nome.

10 Toda a terra em redor se [g]tornará em planície, desde Geba até Rimom, ao sul de Jerusalém; ela será exaltada e habitada no seu lugar, desde a porta de Benjamim até o lugar da primeira porta, até a porta da Esquina, e desde a [h]torre de Hananeel até os lagares do rei.

11 Habitarão nela, e já não haverá maldição; Jerusalém habitará [i]segura.

12 Esta é a praga com que o Senhor ferirá todos os povos que guerrearam contra Jerusalém: a sua carne será consumida, estando eles de pé, e lhes apodrecerão a língua na sua boca.

13 Naquele dia, também haverá da parte do Senhor uma grande confusão entre eles. Cada um agarrará a mão do seu próximo, cada um levantará a sua mão contra o seu próximo.

14 Também Judá pelejará em Jerusalém, e se ajuntarão as riquezas de todas as nações circunvizinhas, ouro e prata, e vestes em grande abundância.

15 Como esta praga, assim será a praga dos cavalos, dos mulos, dos camelos, dos jumentos e de todos os animais daquelas nações.

[q] Cristo (primeira vinda): v. 7; Ml 3.1 (Gn 3.15; At 1.11)
[r] Mt 26.31,67; Mc 14.27,65; 15.19
[s] Comp. Jo 10.1-14
[t] Ez 5.2-4,12
[u] Is 48.10; Ez 20.38; Ml 3.3
[v] Veja Tg 1.14, nota
[w] Sf 3.9
[x] Os 2.23
[y] Dia (do Senhor): v. 1-21; Ml 4.1 (Sl 2.9; Ap 19.19)
[z] Zc 12.2,3
[a] Armagedom (batalha de): v. 1-5; Mt 24.28 (Is 10.27; Ap 19.17)
[b] Cristo (segunda vinda): v. 3,4; Mt 10.23 (Dt 30.3; At 1.11, nota)
[c] At 1.9-12
[d] Am 1.1
[e] Mt 24.30,31; 25.31; Jd 14; comp. Dt 33.2
[f] Jr 23.5,6; Ap 11.15
[g] Veja Dt 1.1, nota
[h] Jr 31.38
[i] Ez 34.25-28; Os 2.18

Não há mudança clara do sujeito (gramatical) entre os v. 5 e 6, como a que existe entre os v. 6 e 7. Cristo nunca diria que não foi um profeta (comp. Dt 18.15-18); ele não foi lavrador nem foi escravo desde a juventude. O v. 7 fala de Cristo, como Mt 26.31 e Mc 14.27 o atestam.

[1] (13.8) Este cap. retorna ao tema de 12.10. Os v. 8,9 referem-se aos sofrimentos do remanescente (Is 1.5; Rm 11.9) antes da grande batalha. O cap. 14 é uma recapitulação de todo o assunto. A ordem é a seguinte: 1) a reunião das nações (v. 2; veja Armagedom, Ap 16.13-16; 19.17, *nota*); 2) o livramento (v. 3); 3) o regresso de Cristo ao monte das Oliveiras e as mudanças físicas do cenário (v. 4-8); 4) o estabelecimento do Reino e a plena bênção terrena (v. 9-21).

[2] (14.4) O v. 5 implica que o monte das Oliveiras se partirá, aparentemente como resultado de um terremoto, e isso é confirmado em Is 29.6; Ap 16.18,19. Ambas as passagens, como aqui nos v. 1-3, associam o terremoto com a invasão gentia sob a liderança da besta (Dn 7.8; Ap 19.20). Nem um só dos eventos relacionados nesse capítulo aconteceu na primeira vinda de Cristo, por mais intimamente associado que ele estivesse então com o monte das Oliveiras.

[3] (14.9) Esta será a resposta à oração de Mt 6.10. Comp. Dn 2.44,45; 7.27. Veja Reino (NT), Lc 1.31-33; 1Co 15.24, *nota*.

A adoração e a natureza santa do Reino

16 Então todos os que restarem de todas as nações que vieram contra Jerusalém [j]subirão anualmente para [k]adorar o [l]Rei, o Senhor dos Exércitos, e celebrar a [m]festa dos tabernáculos.

17 Se alguma das famílias da terra não subir a Jerusalém, para adorar o Rei, o Senhor dos Exércitos, [n]não virá sobre ela a chuva.

18 Se a família dos [o]egípcios não subir para participar, cairá sobre eles a praga com que o Senhor ferirá as nações que não subirem para celebrar a festa dos tabernáculos.

19 Este será o castigo dos egípcios e o castigo de todas as nações que não subirem para celebrar a festa dos tabernáculos.

20 **N**aquele dia, será gravado nas [p]campainhas dos cavalos: [q]Santo ao Senhor; as [r]panelas do templo do Senhor serão como as bacias diante do altar.

21 Todas as panelas em Jerusalém e Judá serão consagradas ao Senhor dos Exércitos, e todos os que sacrificarem virão, lançarão mão delas e nelas [s]cozinharão a carne do sacrifício. Naquele dia, não haverá mais [t]mercador no templo do Senhor dos Exércitos.

[j] Is 2.2,3; 60.6-9; 66.18-21; Mq 4.1,2
[k] Is 27.13
[l] Reino (AT): v. 16-21 (Gn 1.26; Zc 12.8, nota)
[m] Lv 23.34-43
[n] Is 60.12
[o] Is 19.21
[p] Ez 43.12
[q] Êx 28.36; 39.30; Is 23.18; Jr 2.3
[r] Ez 46.20
[s] A carne dos sacrifícios será cozida nessas panelas
[t] Is 35.8; Ez 44.9; Jl 3.17; Ap 21.27; 22.15

- **Autor:** Malaquias
- **Tema:** Repreensão ao formalismo
- Escrito no século IV a.C.

MALAQUIAS

MALAQUIAS significa *meu mensageiro*, provavelmente uma forma abreviada de *o mensageiro do Senhor*. Nada se sabe sobre Malaquias, com exceção do significado de seu nome. Esta mensagem final do AT contém a profecia sobre o ministério de João, o Batista, cujo cumprimento constitui o começo do NT. Malaquias primeiro desenvolve seu tema principal, que é a corrupção dos sacerdotes e os pecados do povo contra a família e a mesquinhez em relação a Deus. Depois continua com perguntas daqueles a quem se dirigiu e as declarações que provam as afirmações iniciais, um método dialético de discussão que, mais tarde, se tornou bastante popular no judaísmo.

O livro pode ser dividido da seguinte maneira: I. Israel finge não estar consciente do amor de Deus, 1.1-5. II. Os sacerdotes negam desprezar o nome do Senhor, 1.6–2.9. III. Os pecados de Israel uns contra os outros e contra a família, 2.10-17. IV. A vinda do precursor, João, o Batista, 3.1-6. V. Os dois grupos de Israel contrastados: aqueles que retêm os dízimos e o remanescente fiel, 3.7-18. VI. O dia do Senhor e a volta de Cristo, 4.1-6.

I. Israel finge não estar consciente do amor de Deus, 1.1-5

Introdução

1 Um oráculo: A palavra do Senhor a Israel, por intermédio de Malaquias.

O amor do Senhor por Israel, seu povo escolhido

2 Eu vos [a]amei, diz o Senhor, mas vós dizeis: [b]Em que nos amaste? Não foi Esaú irmão de Jacó? diz o Senhor. Todavia amei a [c]Jacó

3 e [1]aborreci a Esaú. [d]Fiz dos seus montes uma desolação e dei a sua herança aos chacais do deserto.

4 Ainda que [e]Edom diga: Empobrecidos somos, porém tornaremos a edificar os lugares desertos, assim diz o Senhor dos Exércitos: Eles edificarão, e eu [f]destruirei. Edom será chamada Terra da Impiedade e povo contra quem o Senhor está irado para sempre.

5 Os vossos olhos o verão, e direis: O Senhor é [g]engrandecido ainda além dos termos de Israel.

II. Os sacerdotes negam desprezar o nome do Senhor, 1.6–2.9

Pecados dos sacerdotes da restauração

6 **O** filho [h]honrará o pai, e o servo, ao seu senhor. [2]Se eu sou [i]pai, onde está a minha honra? E se eu sou senhor, onde está o respeito para comigo? diz o Senhor dos Exércitos a vós, ó sacerdotes, que desprezais o meu nome. Mas vós perguntais: Em que desprezamos nós o teu nome?

7 Ofereceis sobre o meu altar [3]pão imundo e dizeis: Em que te havemos profanado? Nisto que dizeis: A mesa do Senhor é [4]desprezível.

8 [j]Quando trazeis animal cego para o sacrificardes, isso não é mau? E quando ofereceis o coxo ou o doente, isso não é mau? Ora, apresenta-o ao teu governador! Terá ele agrado em ti e te será favorável? diz o Senhor dos Exércitos.

9 Agora, suplicai o favor de Deus, para que se compadeça de nós. Com tal oferta da vossa mão, aceitará ele a vossa pessoa? diz o Senhor dos Exércitos.

10 [k]Oxalá houvesse entre vós alguém que fechasse as portas para que não acendesse debalde o fogo do meu altar. Eu não tenho prazer em vós, diz o Senhor dos Exércitos, nem aceitarei da vossa mão a oferta.

11 [5]Desde o nascente do sol até o poente o meu nome será grande entre as nações. Em todo o lugar se oferecerão ao meu nome incenso e uma oblação pura, porque o meu [6]nome será grande entre as nações, diz o Senhor dos Exércitos.

12 **V**ós, porém, o profanais, quando dizeis: A mesa do Senhor é impura, e o seu produto, isto é, a sua comida, é desprezível.

[a] Dt 4.37; 7.7,8
[b] Ml 2.17; 3.7
[c] Rm 9.13
[d] Ez 35.9,15
[e] Os descendentes de Esaú. Gn 25.30
[f] Jr 49.16-18
[g] Mq 5.4
[h] Êx 20.12; Mt 15.4-8; Ef 6.2,3
[i] Is 63.16; 64.8; Jr 31.9
[j] Dt 15.19-23
[k] Comp. Is 1.11-15

[1] (1.3) A declaração de que Deus amou a Jacó, mas aborreceu a Esaú, deve ser considerada uma declaração relativa, não absoluta. Houve bênçãos especiais prometidas a Esaú e seus descendentes (Gn 27.38-40). No entanto, o discernimento espiritual de Jacó foi muito maior, e foi por meio de Jacó que viria o descendente prometido. A comparação das coisas boas feitas a Jacó com as feitas a Esaú é como a diferença entre amar e odiar. Comp. Lc 14.26, a declaração de que se um homem não deixar pai e mãe não pode ser discípulo de Cristo. A Escritura ordena amar pai e mãe. Nenhum cristão pode odiá-los. O que a passagem significa é que seu amor por Cristo deveria ser tão grande que, em comparação, o amor aos pais pareceria quase ódio.

[2] (1.6) Veja Is 63.16, *nota*. O relacionamento aqui é nacional, não pessoal (Jr 3.18,19); aparentemente, aqui, os judeus estavam chamando o Senhor de "Pai", mas não lhe estavam rendendo obediência filial. Comp. Jo 8.37-39; Rm 9.1-8.

[3] (1.7) Os mesmos pecados que causaram indignação a Neemias (Ne 5.1-13; 7.63-65; 9.4ss.; 13.23-27) são condenados por Malaquias: 1) a profanação do sacerdócio, 2) os casamentos com mulheres estrangeiras depois de se divorciarem de esposas judias e 3) negligência com os dízimos e ofertas.

[4] (1.7) O desprezo era demonstrado pela oferta de sacrifícios proibidos (v. 7,8; comp. Dt 15.21).

[5] (1.11) Isso teria ocorrido se Israel fosse fiel ao Senhor (Is 45.5,6). Assim será um dia, apesar dos fracassos passados de Israel.

[6] (1.11) Essa é uma predição sobre o milênio (comp. Ez 40–48).

13 E dizeis também: Que [l]canseira! E o lançastes ao desprezo, diz o Senhor dos Exércitos. Vós ofereceis o roubado, o coxo e o doente; assim trazeis a oferta. Aceitaria eu isso da vossa mão? diz o Senhor.

14 Maldito seja o enganador que, tendo animal no seu rebanho, promete e oferece ao Senhor uma coisa [m]vil. Pois eu sou grande rei, diz o Senhor dos Exércitos, o meu nome é [n]temível entre as nações.

Os sacerdotes serão disciplinados por Deus

2 Agora, ó [o]sacerdotes, este mandamento é para vós.

2 Se não o ouvirdes, e não propuserdes no vosso coração dar honra ao meu nome, diz o Senhor dos Exércitos, enviarei a maldição contra vós e [p]amaldiçoarei as vossas bênçãos. Sim, [q]já as tenho amaldiçoado, porque vós não propondes isso no coração.

3 Eu vos reprovarei a descendência e espalharei esterco sobre os vossos rostos, o [r]esterco dos vossos sacrifícios, e juntamente com este sereis levados para fora.

4 Então, sabereis que eu vos enviei este mandamento, para que a minha aliança seja com Levi, diz o Senhor dos Exércitos.

5 Minha [s]aliança com ele foi de vida e de paz, e eu lhe dei ambas para que me temesse; ele me temeu e assombrou-se por causa do meu nome.

6 A [t]lei da verdade esteve na sua boca, e a iniquidade não se achou nos seus lábios. Andou comigo em paz e em retidão e apartou a muitos da iniquidade.

7 Pois os lábios do sacerdote devem guardar o conhecimento, e da sua boca devem os homens [u]procurar a instrução, porque ele é o mensageiro do Senhor dos Exércitos.

8 [v]Vós, porém, vos desviastes do caminho, a muitos fizestes tropeçar na lei; corrompestes a aliança de Levi, diz o Senhor dos Exércitos.

9 Por isso também eu vos fiz desprezíveis e indignos diante de todo o povo, visto que não guardastes os meus caminhos, mas fizestes [w]acepção de pessoas na lei.

III. Os pecados de Israel uns contra os outros e contra a família, 2.10-17

Pecados contra os irmãos

10 **N**ão temos nós todos o mesmo Pai? Não nos criou o mesmo Deus? Por que seremos desleais uns para com os [x]outros, profanando a aliança de nossos pais?

Pecados contra Deus na família

11 Judá tem sido desleal. Abominação se cometeu em Israel e em Jerusalém: Judá [y]profanou a santidade do Senhor, a qual ele ama, e se casou com a filha de deus estranho.

12 O Senhor extirpará das tendas de Jacó o homem que fizer isto, o que vela, e o que responde, e o que oferece dons ao Senhor dos Exércitos.

13 **A**inda fazeis isto: cobris o altar do Senhor de lágrimas, de choros e de gemidos, de sorte que ele já não olha para a oferta, nem a aceita com prazer da vossa mão.

14 Perguntais: Por quê? Porque o Senhor foi testemunha entre ti e a mulher da tua mocidade, com a qual tu foste [z]desleal sendo ela a tua companheira e a mulher da tua aliança.

15 Não fez ele somente [a]um? Em carne e espírito são dele. E por que somente um? Ele buscava uma descendência [b]piedosa. Portanto cuidai de vós mesmos, e ninguém seja desleal para com a mulher da sua mocidade.

16 Eu detesto o [c]divórcio, diz o Senhor [d]Deus de Israel, e aquele que cobre de violência as suas vestes, diz o Senhor dos Exércitos. Portando cuidai de vós mesmos e não sejais desleais.

Pecados de profissão religiosa hipócrita

17 **E**nfadais ao Senhor com as vossas palavras e ainda perguntais: [e]Em que o enfadamos? Nisto que dizeis: [f]Qualquer que faz o mal passa por bom aos olhos do Senhor, e é desses que ele se agrada; ou: Onde está o Deus de [g]justiça?

IV. A vinda do precursor, João, o Batista, 3.1-6

Parêntese

3 Vede, eu envio o meu [h]mensageiro que preparará o caminho diante de mim. De [i]repente virá ao seu templo o [1]Senhor, a quem buscais, o [j]mensageiro da aliança, a quem desejais; ele [k]vem, diz o Senhor dos Exércitos.

2 Quem, no entanto, [ll]suportará o dia da sua vinda? E [mm]quem subsistirá, quando ele aparecer? Porque ele é como o [nn]fogo do ourives e como o sabão dos lavandeiros.

[l] Is 43.22
[m] Lv 22.18-20
[n] Sf 2.11
[o] Ml 1.6
[p] As bênçãos distintivas de Israel se converteriam em maldições. Comp. Dt 28.3-14 com v. 15-35
[q] Ml 3.9
[r] Êx 29.14
[s] Ref. aos levitas piedosos. Nm 25.10-13; Dt 33.8,9
[t] Dt 33.10
[u] Nm 27.21; Dt 17.8-11
[v] Levitas ímpios. Dt 15.21
[w] Dt 1.17; Mq 3.11; 1Tm 5.21
[x] Comp. Jr 9.4,5
[y] Ed 9.1,2
[z] Ml 3.5
[a] Gn 2.24
[b] Comp. Ed 9.2
[c] Mt 19.6-8
[d] Divindade (nomes da): v. 16; Ml 3.18 (Gn 1.1; Ml 3.18)
[e] Ml 1.2,6
[f] Is 5.20
[g] Jr 17.15
[h] Mt 11.10; Mc 1.2; Lc 7.27
[i] Resposta de Deus à última pergunta em 2.17
[j] Veja Jz 2.1, nota
[k] Cristo (primeira vinda): v. 1; Mt 1.18 (Gn 3.15; At 1.11)
[ll] Jr 10.10; Jl 2.11; Na 1.6; Ml 4.1
[mm] Ap 6.17
[nn] Is 4.4; Mt 3.10-12

[1] (3.1) A primeira parte do v. 1 refere-se a João, o Batista (Mt 11.10; Mc 1.2; Lc 7.27), mas as palavras que se seguem, "o Senhor, a quem buscais" etc., não são citadas no NT. Obviamente, a razão é que sempre, menos na primeira vinda de Cristo, a descrição nos v. 2-5, de o Senhor repentinamente vindo ao seu templo (Hc 2.20), é uma figura de juízo, não de graça. Malaquias, assim como outros profetas do AT, viu as duas vindas do Messias mescladas em um só horizonte, mas não viu o intervalo que as separava, descrito em Mt 13, que foi resultante da rejeição do Rei (Mt 13.16,17). Em sua visão, menos ainda estava a Dispensação da Igreja (Ef 3.3-6; Cl 1.25-27). "Meu mensageiro" (v. 1) é João, o Batista; "o mensageiro da aliança" é Cristo em suas duas vindas, mas com referência especial aos eventos que tomarão lugar depois da sua segunda vinda.

3 Ele se assentará como [1]fundidor [o]e purificador de prata; purificará os filhos de Levi e os refinará como ouro e como prata. Então eles trarão ao Senhor [p]ofertas em retidão.

4 Então as ofertas de Judá e de Jerusalém serão aceitáveis ao Senhor, como nos dias antigos e como nos primeiros anos.

5 Eu me chegarei a vós para juízo e serei uma testemunha veloz contra os feiticeiros e contra os adúlteros; contra os que juram [q]falsamente e contra os que [r]defraudam o trabalhador e pervertem o direito da [s]viúva, do órfão e do [t]estrangeiro, e não me temem, diz o Senhor dos Exércitos.

6 **E**u, o Senhor, [u]não mudo. Por isso, vós, ó filhos de Jacó, não sois consumidos.

V. Os dois grupos de Israel contrastados: aqueles que retêm os dízimos e o remanescente fiel, 3.7-18

O povo tem roubado a Deus

7 Desde os dias de vossos pais vos desviastes dos meus estatutos e não os guardastes. [v]Tornai-vos para mim, e eu tornarei para vós, diz o Senhor dos Exércitos. Mas vós dizeis: Em que havemos de tornar?

8 Roubará o homem a Deus? Todavia vós me roubais e dizeis: Em que te roubamos? [w]Nos dízimos e nas ofertas alçadas.

9 Com maldição sois amaldiçoados, porque me roubais, vós, a nação toda.

10 [x]Trazei todos os dízimos à casa do tesouro, para que haja mantimento na minha casa, e depois [y]fazei prova de mim, diz o Senhor dos Exércitos, se eu não vos abrir as janelas do céu e não derramar sobre vós uma bênção tal, que dela vos advenha a maior abastança.

11 Por vossa causa, repreenderei o devorador, para que não vos consuma o fruto da terra; a vossa vide no campo não será estéril, diz o Senhor dos Exércitos.

12 Então, todas as nações vos chamarão bem-aventurados, porque vós sereis uma terra deleitosa, diz o Senhor dos Exércitos.

13 **A**s vossas palavras foram agressivas para mim, diz o Senhor. Mas vós dizeis: Que temos falado contra ti?

14 Vós dizeis: Inútil é servir a Deus. O que nos aproveitou termos cuidado em guardar os seus preceitos, e em andar de luto diante do Senhor dos Exércitos?

15 Agora, porém, nós consideramos bem-aventurados os soberbos. Os que cometem impiedade certamente prosperam, e até os que tentam ao Senhor escapam.

O remanescente fiel; o memorial do Senhor

16 Então aqueles [z]que temiam ao Senhor falaram uns aos outros, e o Senhor atentou e ouviu. Um memorial foi escrito diante dele, para os que temiam ao Senhor e para os que se lembravam do seu nome.

17 Eles serão meus, diz o Senhor dos Exércitos, minha possessão particular naquele dia que prepararei. Eu os pouparei, como um homem poupa a seu filho, que o serve.

18 Então vereis outra vez a diferença entre o [a]justo e o ímpio, entre o que serve a [2b]Deus e o que não o serve.

- o Is 1.25; Zc 13.9
- p 1Pe 2.5
- q Lv 19.12; Zc 5.4; Tg 5.12
- r Lv 19.13; Tg 5.4
- s Êx 22.22
- t Dt 24.17
- u Nm 23.19; Rm 11.29; Tg 1.17
- v Zc 1.3
- w Ne 13.10-12
- x Pv 3.9,10
- y Provar-Tentar: v. 10,15; Mt 4.1 (Gn 3.1; Tg 1.14)
- z Remanescente: v. 16-18; Rm 9.27 (Is 1.9; Rm 11.5, nota)
- a Justiça (AT): v. 18; Mt 1.19 (Gn 6.9; Lc 2.25, nota)
- b Divindade (nomes da): v. 18 (Gn 1.1; Ml 3.18)

[1] (3.3) Malaquias revela Deus em seus vários relacionamentos com Israel: Pai, Senhor, Deus e Juiz.

[2] (3.18) Divindade (AT) – sua revelação. Resumo: No AT, Deus se revela 1) Por meio dos nomes a seguir:

CLASSE	FORMA EM PORTUGUÊS	EQUIVALENTE HEBRAICO
Primário	Deus	*El*, *Elá* ou *Eloim*, Gn 1.1, *nota*
	Senhor	*YHWH* (*Jeová*), Gn 2.4; Êx 34.6, *nota*
	Senhor	*Adon* ou *Adonai*, Gn 15.2, *nota*
Composto com *El* = Deus	Deus Todo-Poderoso	*El Shadai*, Gn 17.1, *nota*
	Deus Altíssimo	*El Elyon*, Gn 14.18, *nota*
	Deus Eterno	*El Olam*, Gn 21.33, *nota*
	Deus Forte	*El Gibor*, Is 9.6,7
Composto com *YHWH* (*Jeová*) = Senhor	Senhor Deus	*YHWH* (*Jeová*) *Eloim*, Gn 2.4; Êx 34.6, *nota*
	Senhor Deus	*Adonai YHWH* (*Jeová*), Gn 15.2, *nota*
	Senhor dos Exércitos	*YHWH* (*Jeová*) *Sabaó*, 1Sm 1.3, *nota*

Essa revelação de Deus de acordo com seus nomes é feita, invariavelmente, em ligação com alguma necessidade particular de seu povo. Não pode haver necessidade humana a que esses nomes não atendam, mostrando que a verdadeira fonte de recursos do homem está em Deus. Até o fracasso humano e o pecado nada fazem, a não ser motivar revelações novas e mais completas da plenitude divina.

VI. O dia do Senhor e a volta de Cristo, 4.1-6

4 Certamente aquele dia [c]vem; arderá como
fornalha. Todos os soberbos e todos os que
cometem impiedade serão como palha, e o dia que
está para vir os [d]abrasará, diz o Senhor dos Exércitos,
de sorte que não lhes deixará nem [1]raiz nem ramo.
2 Para vós, porém, que [e]temeis o meu nome,
nascerá o sol da justiça, trazendo salvação
debaixo das suas asas. E saireis, e saltareis como
bezerros libertos da estrebaria.
3 Pisareis os ímpios, porque se farão
cinza debaixo das plantas de vossos pés
naquele dia que prepararei, diz o Senhor dos
Exércitos.
4 Lembrai-vos da [f]lei de Moisés, meu servo, a
qual lhe mandei em Horebe para todo o Israel,
os estatutos e os juízos.

Elias virá novamente antes do dia do Senhor (comp. Ap 11.3-6)

5 Vede, eu vos enviarei o profeta [g]Elias, antes
que venha o grande e terrível dia do Senhor.
6 Ele [h]converterá o coração dos pais aos filhos
e o coração dos filhos aos pais, para que eu não
venha e fira a terra com [2]maldição.

[c] Dia (do Senhor): 3.17–4.6; Mt 24.29 (Sl 2.9; Ap 19.19)
[d] Is 9.18,19; comp. 2Pe 3.10
[e] Veja Sl 19.9, nota
[f] Lei (de Moisés): v. 4; Mt 4.4 (Êx 19.1; Gl 3.24)
[g] Mt 11.10-14; 17.11-13
[h] Lc 1.17

---

2) As Escrituras do AT revelam a existência de um Ser supremo, o Criador do universo e do homem, a Fonte de toda vida e inteligência, um Ser que deve ser adorado e servido por homens e anjos. Esse Ser supremo é uno, mas, de um modo não revelado plenamente no AT, é uma unidade na pluralidade. Isso é demonstrado pelo uso do pronome plural na relação entre as pessoas da Divindade, como evidenciado em Gn 1.26; 3.22; Sl 110.1; Is 6.8. Que na Divindade se inclui a relação entre o Pai e o Filho está afirmado de maneira direta em Sl 2.7 (com Hb 1.5); do mesmo modo, o Espírito é expressamente reconhecido na sua personalidade e a ele são atribuídos todos os atributos divinos (p. ex., Gn 1.2; Nm 11.25; 24.2; Jz 3.10; 6.34; 11.29; 13.25; 14.6,19; 15.14; 2Sm 23.2; Jó 26.13; 33.4; Sl 106.33; 139.7; Is 40.7; 59.19; 63.10. Veja Zc 12.10, *nota*).

3) A encarnação é prefigurada nas teofanias ou aparições de Deus em forma humana (p. ex., Gn 18.1,13,17-22; 32.24-30) e é predita de forma específica nas promessas relacionadas com a redenção (p. ex., Gn 3.15) e com a Aliança Davídica (p. ex., Is 7.13,14; 9.6,7; Jr 23.5,6). A revelação da Divindade no NT ilumina de tal forma a revelação do AT que esta passa a ser, de Gênesis a Malaquias, a prefiguração da futura encarnação de Deus em Jesus, o Cristo. Tanto nas promessas como nas alianças, tipos e profecias, o AT aponta para Cristo Jesus, o Messias.

4) A revelação de Deus ao homem é uma revelação de autoridade e de redenção. Ele exige justiça da parte do homem, mas salva os injustos por meio do sacrifício; e em seu relacionamento redentor com o homem se manifestam as Pessoas e atributos divinos. O AT revela a justiça de Deus tão plenamente como sua misericórdia, mas nunca em oposição a ela. O Dilúvio, por exemplo, foi uma misericórdia inefável para as gerações que ainda não haviam nascido. De Gênesis a Malaquias, ele se revela como o Deus que busca, que não tem prazer na morte do ímpio e mostra ao pecador todo motivo possível para persuadi-lo à fé e à obediência.

5) De acordo com a experiência dos homens de fé do AT, Deus, para eles, inspira reverência, mas nunca temor servil; eles esgotam os recursos da linguagem para expressar seu amor e adoração em vista da terna misericórdia divina. O amor e a adoração de seus santos é a resposta triunfante àqueles que afirmam que a revelação de Deus no AT é a de um Deus cruel e repelente. Ela está em harmonia, não em contraste, com a revelação neotestamentária de Deus em Cristo.

6) As passagens que atribuem a Deus membros físicos e emoções humanas (p. ex., Êx 33.11,20-23; Dt 29.20; 2Cr 16.9; Jr 15.6) são metafóricas e significam que, no ser infinito de Deus, existe o que espiritualmente corresponde a essas coisas: olhos, mãos, pés etc.; e o ciúme e a ira atribuídos a ele são emoções do perfeito amor diante da devastação do pecado.

7) Na revelação do AT, há um sentido no qual, totalmente à parte do pecado ou da enfermidade, Deus é como sua criatura, o homem (Gn 1.27); e a suprema e perfeita revelação de Deus, para a qual o AT aponta, é a revelação em e por meio de um Homem perfeito, o Senhor Jesus Cristo, o Filho de Deus.

[1] (4.1) Esse versículo não proporciona fundamento para o erro da teoria do aniquilamento. Ele descreve a morte física, não o estado da alma depois da morte. Os não salvos estão em uma consciente aflição eterna (Ap 14.10,11; 20.11-15), enquanto os salvos estão em consciente e gloriosa felicidade eterna (Ap 21.1-7).

[2] (4.6) Gênesis revela a entrada da maldição na família humana (cap. 3); a última palavra do AT mostra que a maldição persiste (Ml 4.6); Mateus começa (1.1) com Aquele que veio remover a maldição (Gl 3.13; Ap 21.3-5; 22.3).

DE MALAQUIAS A MATEUS

Ao final do cânon do AT, temos Israel dividido. A maior parte da nação estava espalhada pelo Império Persa, não tanto como cativos, mas como colonos. Um remanescente – principalmente da tribo de Judá – havia regressado à terra com Zorobabel, um príncipe da família davídica, e com sobreviventes dos sacerdotes e levitas, como resultado dos decretos indulgentes de Ciro e seus sucessores (Dn 5.18; 9.24, *notas*), e, a partir de então, foi restaurado o culto no templo. É nesse remanescente que se centraliza o interesse do estudante das Escrituras, e esse interesse tem relação tanto com a história política como com a história religiosa desse remanescente.

I. No aspecto político, o destino dos judeus em Israel está ligado às potências mundiais gentias como preditas por Daniel (Dn 2; 7).

1. O governo persa prosseguiu por cerca de cem anos após a conclusão do cânon do AT e parece ter sido benigno e tolerante, permitindo ao sumo sacerdote que tivesse certa medida de poder civil, além de exercer suas funções religiosas, porém sob o mando dos governadores da Síria. Nesse período, o culto rival em Samaria, que teve início durante a monarquia israelita, desenvolveu-se e estabeleceu seu próprio templo no monte Gerizim.

2. Em 334 a.C., a Síria caiu sob o poder do terceiro império mundial, o Império Greco-Macedônico de Alexandre. Esse conquistador tratou os judeus com bondade, mas, quando seu império se dividiu, a Judeia ficou entre a bigorna e o martelo da Síria e do Egito; primeiro, sob o poder da Síria e, posteriormente, sob o domínio do Egito, que era governado pelos reis ptolomeus. Durante esse período (323-198 a.C.), grande quantidade de judeus estabeleceu-se no Egito e foi iniciada a tradução Septuaginta (LXX) do AT (aprox. 285 a.C.).

Em 198 a.C., Antíoco III, o Grande, conquistou a Judeia e a anexou à Síria. Nessa ocasião, a região foi dividida em cinco províncias que são familiares aos leitores dos Evangelhos: Galileia, Samaria, Judeia (estas três geralmente recebem o nome coletivo de Judeia), Traconites e Pereia. Inicialmente, os judeus tiveram permissão de reger sua vida de acordo com suas próprias leis sob o governo de um sumo sacerdote e um conselho. Em 171 a.C., Antíoco IV Epifânio (o "chifre muito pequeno" de Dn 8.9), depois de repetidas interferências em relação ao templo e ao sacerdócio, saqueou Jerusalém, matando muitos dos seus habitantes, e profanou o templo. Em 168 a.C., Antíoco ofereceu uma porca sobre o grande altar e erigiu um altar a Júpiter. Essa é a "transgressão assoladora" de Dn 8.13. O culto no templo foi proibido, e o povo foi condenado a comer carne de porco.

Os excessos de Antíoco provocaram a revolta dos macabeus, uma das páginas mais heroicas da história. Matatias, o primeiro dos macabeus, um sacerdote de grande santidade e caráter enérgico, começou a revolta com um grupo de judeus piedosos e determinados e prometeu libertar sua nação e restaurar o antigo culto. Ele foi sucedido por seu filho Judas, conhecido na história como Macabeu, da palavra hebraica que significa *martelo*. Ele foi ajudado por quatro irmãos, dos quais Simão é o mais conhecido.

Em 165 a.C., Judas voltou a ter a posse de Jerusalém, purificou e fez nova dedicação do templo, um fato celebrado na festa judaica da Dedicação. Judas, que foi morto na batalha, foi sucedido por seu irmão Jônatas, em quem a autoridade civil se uniu à sacerdotal (143 a.C.). Sob Jônatas, seu irmão Simão e seu sobrinho João Hircano I, foi estabelecida a linhagem dos asmoneus por meio de um tratado com Roma. No livro apócrifo de 1 Macabeus, há o relato da história de Antíoco Epifânio e dos macabeus.

3. Após alguns anos, houve uma guerra civil na Judeia que acabou em 63 a.C. com a conquista romana da Judeia e de Jerusalém por Pompeu. Este deixou Hircano II, o último dos asmoneus, como soberano nominal, enquanto Antípater, um idumeu, desempenhava o verdadeiro poder. Em 47 a.C., Júlio César nomeou Antípater procurador da Judeia. Antípater designou seu filho, Herodes, governador da Galileia. Depois do assassinato de César, desencadeou-se a desordem na Judeia, e Herodes fugiu para Roma. Ali, foi nomeado rei dos judeus em 40 a.C. Ao regressar, conciliou-se com o povo, casando-se com Mariamne (38 a.C.), neta de Hircano II, e designou o irmão dela, Aristóbulo III Macabeu, como sumo sacerdote. Quando Cristo nasceu, Herodes era o rei.

II. A história religiosa dos judeus durante o longo período desde Malaquias (400 a.C., aprox.) até Cristo segue o curso da turbulenta história política quanto ao cerimonial externo, a função do sumo sacerdote e o culto no templo. Mas de maior importância do que todos esses fatos foram os esforços e os meios pelos quais a fé de Israel foi alimentada e mantida viva.

1. A experiência do cativeiro parece ter acabado com a tendência dos judeus à idolatria. O problema enfrentado durante o cativeiro, quando se viram privados do templo e dos sacerdotes, foi manter os elevados ideais morais e espirituais que os antigos profetas lhes haviam dado. Depois, durante o período intertestamentário, o problema continuou. Apesar do reavivamento do templo e do sacerdócio, a luta foi preservar a fé profética dos judeus em meio à perseguição externa e sórdidas divisões internas.

2. O instrumento externo para esse fim foi a sinagoga, uma instituição que não fazia parte da ordem bíblica para a vida nacional e que não se desenvolveu como entidade separada até depois da época de Malaquias. Sua origem é obscura, mas suas raízes podem remontar ao cativeiro, quando os judeus, sem o templo e os rituais, reuniam-se aos sábados para orar. Tais reuniões, que davam oportunidade à leitura das Escrituras, seguramente requeriam certa ordem de procedimento, como também certa autoridade para evitar a desordem. Não importando qual tenha sido sua origem exata, a sinagoga, sem dúvida, nasceu como resultado das necessidades da situação em que se encontravam os judeus durante os séculos finais da era pré-cristã. Seu propósito principal foi manter a familiaridade com os escritos inspirados, já que a vida espiritual do verdadeiro Israel (Rm 9.6) se nutria deles.

3. Além disso, durante esse período foi criado um conjunto de tradições, comentários e interpretações conhecidos como *Mishná*, *Gemara* (ambos formavam o *Talmude*), *Midrash* e *Cabala*, material que foi colocado tão acima da Lei que, da obediência à Lei propriamente dita, passou-se para a obediência às interpretações segundo a tradição.

4. Durante esse mesmo período surgiram duas grandes seitas conhecidas nas narrativas dos Evangelhos como a dos fariseus e a dos saduceus (veja Mt 3.7, *notas*). Os herodianos eram mais um partido político do que uma seita.

Dentre os judeus, regidos por Roma por meio de um usurpador idumeu, divididos por amargas controvérsias religiosas, mas mantendo um elaborado ritual religioso, nasceu Jesus, o Filho de Deus, o Cristo e o Salvador do mundo.

NOVO TESTAMENTO

OS QUATRO EVANGELHOS

Os quatro Evangelhos registram o eterno ser, a ascendência humana, o nascimento, a vida, o ministério, a morte, a ressurreição e a ascensão de Jesus, o Cristo, o Filho de Deus e Filho do homem. Juntos, eles apresentam não uma biografia, mas uma Pessoa.

O fato de os quatro Evangelhos apresentarem uma Pessoa mais que uma biografia completa indica o espírito no qual devem ser abordados. O mais importante é ver e conhecer, através dessas narrativas, aquele a quem revelam. Menos importante é empenhar-se em reconstruir, com base nesses registros inspirados, um relato completo da vida de Jesus (Jo 21.25). Por alguma razão, o plano de Deus não foi que se escrevesse uma biografia completa de seu Filho. Os anos que precederam o ministério de Jesus permaneceram em silêncio, interrompido apenas uma vez em uns poucos versículos no Evangelho de Lucas (Lc 2.40-52). É sábio respeitar a reticência divina.

Contudo, os quatro Evangelhos, embora propositadamente incompletos como história, são completos como revelação. Podemos não conhecer tudo o que Jesus fez, mas podemos conhecê-lo. Em quatro narrativas, cada uma suplementando as outras em alguns aspectos, temos o próprio Jesus Cristo.

É nesse aspecto essencial que essas narrativas diferem da biografia ou retrato: "As palavras que eu vos disse são espírito e vida" (Jo 6.63). Quem crê e estuda essas palavras encontra nelas o Cristo vivo.

Na introdução de cada Evangelho, se encontra um resumo do que caracteriza cada evangelista em sua apresentação do Cristo vivo, mas pode ser proveitoso apresentar algumas sugestões gerais para o estudo e a interpretação do leitor.

I. O AT é a introdução inspirada ao NT, e todo aquele que se proponha a estudar os quatro Evangelhos tendo em mente as profecias acerca de Cristo no AT – sua Pessoa, obra e reino – será grandemente auxiliado na compreensão deles. Nos Evangelhos, encontramos citações, alusões e tipos do AT. O primeiro versículo do NT conduz o leitor de volta ao AT; e o Cristo ressuscitado conduz seus discípulos de volta às Escrituras hebraicas para explicar seus sofrimentos e sua glória (Lc 24.27,44). Um de seus últimos atos foi abrir o entendimento deles para que pudessem compreender o AT em relação a ele próprio (Lc 24.45).

Portanto, ao iniciar o estudo dos Evangelhos, a mente deve estar livre, dentro do possível, de pressuposições tais como a de que a Igreja corresponde ao verdadeiro Israel e que as promessas do AT e a visão do Reino relacionam-se exclusivamente com a Igreja. Interpretações não são fidedignas pelo simples fato de serem familiares. Portanto, não se deve presumir que "o trono de Davi" (Lc 1.32) é sinônimo do trono do Pai (Ap 3.21), ou que "o povo de Jacó" (Lc 1.33) é a Igreja composta por judeus e gentios.

II. A missão de Jesus foi inicialmente para os judeus (Mt 10.5,6; 15.23-25; Jo 1.11). Ele foi "nascido sob a Lei" (Gl 4.4), e foi "ministro da circuncisão, por causa da verdade de Deus, a fim de confirmar as promessas feitas aos pais" (Rm 15.8) e cumpriu a Lei para que a graça pudesse superabundar.

Portanto, até chegar à cruz, deve-se esperar uma forte coloração legal judaica (Mt 5.17-19; comp. Mt 10.5,6; 15.22-28; 23.2; Mc 1.44; etc.). O Sermão da Montanha está intimamente relacionado com a Lei no sentido espiritual mais elevado, pois, como condição para as bênçãos (Mt 5.3-9), exige o caráter perfeito que somente a graça, por meio do poder divino, pode produzir (Gl 5.22,23).

III. As doutrinas da graça estão desenvolvidas nas Epístolas, não nos Evangelhos; mas estão neles implícitas, porque repousam na morte e ressurreição de Cristo e sobre as verdades que ele ensinou, verdades das quais as Epístolas são o desdobramento. O Cristo dos Evangelhos é a perfeita manifestação da graça.

IV. Os Evangelhos não desenvolvem a doutrina da Igreja. A palavra "igreja" aparece apenas em Mateus. Depois de sua rejeição como rei e salvador pelos judeus, nosso Senhor anunciou um mistério que estava até aquele momento "oculto em Deus" (Ef 3.3-10); ele disse: "Edificarei a minha igreja" (Mt 16.18). Seria, portanto, ainda no futuro; mas seu ministério pessoal reuniu crentes que foram, no dia de Pentecoste, feitos pelo batismo no Espírito Santo os primeiros membros da "igreja, que é o seu corpo" (Ef 1.23; comp. 1Co 12.12,13).

Os Evangelhos apresentam um grupo de discípulos judeus, associados na terra com o Messias em humilhação. As Epístolas apresentam a Igreja, o corpo de Cristo, composta pelos que são regenerados e estão associados com ele "nas regiões celestiais", coerdeiros com ele, que reinarão com ele no reino futuro; e, enquanto na terra, também estrangeiros e peregrinos, mas suas testemunhas e instrumentos da sua vontade entre os homens (At 1.8; 1Co 12.12,13; 2Co 5.14-21; Ef 1.3-14,20-23; 2.4-6; 1Pe 2.11).

V. Os Evangelhos apresentam Cristo em seus três ofícios, de Profeta, de Sacerdote e de Rei.

Na qualidade de Profeta, seu ministério se parece com o ministério dos profetas do AT. Mas é a natureza e a dignidade de sua Pessoa que o torna único como Profeta. Antigamente Deus falou pelos profetas; agora ele fala pelo Filho (Hb 1.1,2). O profeta do AT era a voz de Deus; o Filho é o próprio Deus (comp. Dt 18.18,19).

O profeta, em qualquer dispensação, é mensageiro de Deus ao seu povo; primeiramente, para estabelecer a verdade e, em segundo lugar, quando seu povo está em declínio ou apostasia, para chamá-lo de volta à verdade. A mensagem do profeta, portanto, é geralmente de repreensão e apelo. Às vezes, entretanto, quando sua mensagem de repreensão e apelo não é atendida, ele se torna um anunciador das coisas futuras. Nisto, também, Cristo é como os outros profetas; a maior parte do seu ministério de predições ocorreu depois de sua rejeição como Rei.

A esfera e o caráter do ofício real de Cristo estão definidos na Aliança Davídica (2Sm 7.16, *nota*), conforme interpretados pelos profetas e confirmados pelo NT. Embora o NT não revogue nem altere de maneira nenhuma a Aliança Davídica ou sua interpretação, ele acrescenta detalhes que não se encontram na aliança original. O Sermão da Montanha é um desenvolvimento da ideia da justiça como característica predominante do Reino (Is 11.2-5; Jr 23.5,6; 33.14-16). Poderíamos dizer que o profeta do AT viu no horizonte o sofrimento e a glória do Messias (1Pe 1.10,11). O NT mostra que o seu sofrimento e a sua glória estão separados pela atual Dispensação da Igreja e aponta para a volta do Senhor como o período em que a Aliança Davídica das bênçãos por meio do poder será cumprida (Lc 1.30-33; At 2.29-36; 15.14-17), exatamente como a Aliança

Abraâmica de bênção por meio do sofrimento foi cumprida em sua primeira vinda (At 3.24,25; Gl 3.6-14).

Cristo nunca é chamado de Rei da Igreja. "O Rei" é realmente um dos seus títulos divinos, e a Igreja junta-se a Israel ao exaltar o "Rei eterno, imortal, invisível, único Deus" (Sl 10.16; 1Tm 1.17). A Igreja vai reinar sujeita a ele. O Espírito Santo está agora chamando não os súditos, mas os coerdeiros e corregentes do Reino (Rm 8.15-18; 1Co 6.2,3; 2Tm 2.11,12; Ap 1.6; 3.21; 5.10).

O ofício sacerdotal de Cristo é complemento do seu ofício profético. O profeta representa Deus para o povo; o sacerdote representa o povo para Deus. Porque o povo é pecador, ele, o sacerdote, deve oferecer sacrifício; porque o povo é necessitado, ele tem de ser um intercessor compassivo (Hb 5.1,2; 8.1-3). Assim, Cristo, na cruz, assumiu seu ofício de sumo sacerdote, oferecendo-se sem mácula a Deus (Hb 9.14), e agora ele faz intercessão constante pelo seu povo (Hb 7.25). João 17 é o padrão dessa intercessão.

VI. Ao estudar os Evangelhos, a interpretação primária deve distinguir-se da aplicação moral. Muitas passagens dos Evangelhos aplicadas, numa interpretação estrita, aos judeus ou à dispensação final do Reino são ainda uma revelação tal da mente de Deus e tão baseadas nos princípios eternos que têm aplicação moral para o povo de Deus, qualquer que seja a dispensação em que se encontre. É sempre verdade que "os puros de coração" são felizes porque "verão a Deus" e que os "ais" são a porção dos formalistas religiosos, quer estejam sob a graça quer sob a Lei.

VII. Ênfase especial repousa sobre aquilo que os quatro Evangelhos dão testemunho.

1. De maneira idêntica é revelada uma Pessoa única. O autor é distinto, os incidentes em que vemos Jesus às vezes diferem, mas sempre se trata do mesmo Cristo.
2. Todos os evangelistas registram o ministério de João Batista.
3. Todos registram a alimentação dos cinco mil.
4. Todos registram Cristo apresentando-se como Rei de acordo com Zc 9.9.
5. Todos registram a traição de Judas e a negação de Pedro.
6. Todos registram o julgamento e a crucificação de Cristo.
7. Todos registram a ressurreição corporal de Cristo.
8. Todos registram os eventos ocorridos durante os quarenta dias do ministério de Cristo após a ressurreição – um ministério caracterizado por uma nova nota de universalidade e poder.
9. Todos contemplam a segunda vinda de Cristo.

E esse registro é apresentado para testificar que o plano supremo que o trouxe a este mundo foi sua morte e ressurreição; que tudo que veio antes foram preparativos e que disso fluem todas as bênçãos que Deus já concedeu e concederá ao homem.

VIII. Considerando que os três primeiros Evangelhos contêm tanto material em comum que podem ser arranjados numa sinopse, são chamados de Evangelhos Sinópticos. Os leitores cuidadosos do NT irão observar as semelhanças e também as diferenças peculiares desses Evangelhos. Que eles apresentam diferenças não nos surpreende, em vista do fato de que cada um desses três Evangelhos foi escrito com um propósito particular – Mateus, para apresentar Jesus como Rei, Marcos para apresentá-lo como Servo, e Lucas para apresentá-lo como o Filho do homem.

Mateus talvez seja o primeiro Evangelho escrito. Acredita-se que a narrativa de Marcos reflete, em seus temas principais, a perspectiva que Pedro tem de nosso Senhor. Do prólogo que Lucas faz em seu Evangelho (Lc 1.1-4), fica claro que havia muitas narrativas da vida e obra de Cristo.

O Evangelho de João constitui uma categoria própria. Escrito provavelmente após os Evangelhos Sinópticos, não esboça a vida de nosso Senhor, mas, de acordo com o alvo explícito do autor, apresenta Jesus como o Filho de Deus (Jo 20.30,31), seleciona seu material incluindo muitos fatos que não aparecem nos três primeiros Evangelhos.

Alguns eruditos têm feito esforço para traçar formas ou padrões para encaixar as tradições primitivas de repetição oral sobre Cristo. Essas formas fornecem supostamente o material para os Evangelhos e, hipoteticamente, considera-se como forjadas pelas necessidades da igreja primitiva, que, segundo eles, impossibilitaram uma base histórica completa para todos os acontecimentos registrados nos Evangelhos. Em seu esforço para explicar as diferenças nos Evangelhos, esse ponto de vista crítico levanta dúvida quanto à autenticidade histórica de todo o registro. Contudo, deixa de reconhecer as evidências que apoiam a historicidade dos Evangelhos. Também é preciso observar que a seletividade do material não significa necessariamente distorção do fato, como também o uso da tradição digna de confiança não é incompatível com a inspiração dos registros dos Evangelhos.

O que importa e deve ser mantido em mente é o fato estabelecido de que esses Evangelhos são documentos históricos inspirados de autenticidade genuína e de completa integridade. Além disso, o crente em Cristo conhece em sua própria vida a realidade do Senhor vivo, que está tão fielmente, ainda que de maneiras distintas, apresentado nos Evangelhos Sinópticos e no Evangelho de João.

- **Autor:** Mateus
- **Tema:** Cristo, o Rei
- Escrito em 50 d.C., aprox.

MATEUS

MATEUS, também chamado Levi, foi o escritor do primeiro Evangelho. Seu nome geralmente aparece no sétimo ou oitavo lugar nas listas dos apóstolos no NT (Mt 10.3; Mc 3.18; Lc 6.15). Mateus era um publicano, um judeu que cobrava impostos para o governo romano. Os publicanos, em razão de seu ofício, eram desprezados por muitos dos judeus.

Escrito originariamente para os judeus, o Evangelho de Mateus apresenta Cristo como o Filho de Davi e o Filho de Abraão. Uma vez que retrata Jesus como Rei, sua genealogia é traçada a partir do rei Davi e enfatiza Belém, o lugar do seu nascimento, o lugar de origem de Davi. Nesse Evangelho, Cristo é chamado de "Filho de Davi" sete vezes (1.1; 9.27; 12.23; 15.22; 20.30; 21.9; 22.42). Só em Mateus, Cristo fala do "trono da sua glória" (19.28; 25.31). Além disso, somente nesse Evangelho, Jerusalém é chamada de "cidade santa" (4.5) e de "a cidade do grande Rei" (5.35). Por ser o Evangelho do Rei, Mateus também é o Evangelho do Reino; a palavra "Reino" aparece mais de cinquenta vezes, e a expressão "o Reino dos céus", que não se encontra em nenhum outro lugar do NT, aparece aqui cerca de 30 vezes.

Mateus, mais do que os outros evangelistas, identifica eventos e declarações na vida do nosso Senhor com profecias do AT (p. ex., 1.22; 2.15,17,23; 4.14; 12.17; 13.14; 21.4; 26.54,56; 27.9,35).

Mateus pode ser dividido da seguinte maneira: I. Apresentação do Rei: sua genealogia, seu nascimento e primeiros anos, 1–4. II. Os princípios do governo do Rei: o Sermão do Monte, 5–7. III. A autoridade do Rei manifestada e rejeitada, 8–12. IV. Os mistérios do Reino: o período entre as duas vindas do Rei, 13. V. O ministério do Rei é rejeitado, 14–23. VI. A profecia da volta do Rei: o sermão do monte das Oliveiras, 24–25. VII. A morte e a ressurreição do Rei, 26–28.

I. Apresentação do Rei: Sua genealogia, seu nascimento e primeiros anos, 1 – 4

A genealogia de Jesus por meio de Salomão (v. 7) e por meio de José, seu pai de criação (v. 16) (comp. Lc 3.23-38)

1 Livro da [1a]genealogia de Jesus Cristo, filho
de [b]Davi, filho de [c]Abraão.
2 Abraão gerou [d]Isaque, Isaque gerou [e]Jacó,
Jacó gerou [f]Judá e seus irmãos,
3 Judá gerou [g]Perez e Zerá, de Tamar; Perez
gerou Esrom, Esrom gerou Arão,
4 Arão gerou Aminadabe, Aminadabe gerou
Naassom, Naassom gerou Salmom,
5 Salmom gerou [h]Boaz, de Raabe; Boaz gerou,
de Rute, Obede; Obede gerou Jessé,
6 Jessé gerou, de Rute, o rei Davi, o rei Davi
gerou Salomão da que foi mulher de [i]Urias,
7 Salomão gerou [j]Roboão, Roboão gerou [k]Abias,
Abias gerou Asa,
8 Asa gerou [l]Josafá, Josafá gerou Jorão, Jorão
gerou [2m]Uzias,
9 Uzias gerou Jotão, Jotão gerou [n]Acaz, Acaz
gerou Ezequias,
10 Ezequias gerou Manassés, Manassés gerou Amom, Amom gerou [o]Josias,
11 Josias gerou [3]Jeconias e seus irmãos no
tempo do exílio na Babilônia.
12 **D**epois do exílio na [p]Babilônia, Jeconias
gerou [q]Salatiel, Salatiel gerou [r]Zorobabel,
13 Zorobabel gerou Abiúde, Abiúde gerou
Eliaquim, Eliaquim gerou Azor,
14 Azor gerou Sadoque, Sadoque gerou
Aquim, Aquim gerou Eliúde,
15 Eliúde gerou Eleazar, Eleazar gerou Matã,
Matã gerou Jacó,

[a] v. 1-17
[b] 1Sm 16.1-14; 2Sm 7.12-29; Sl 132.11
[c] Gn 12.1-4; 13.15-18; 15.1-6; 17.1-8; 22.15-18
[d] Gn 21.1-8; 26.1-5
[e] Gn 25.19-28; 28.1-4,10-15
[f] Gn 29.35
[g] Gn 38.24-30; Rt 4.18-22
[h] Rt 2.1; 4.1-13
[i] 2Sm 11.3
[j] 1Rs 11.43
[k] 2Cr 11.20
[l] 1Cr 3.10
[m] 2Rs 15.13
[n] 2Rs 15.38
[o] 1Rs 13.2
[p] 2Rs 24.11-16; 2Cr 36.20,21; Jr 29.1-4
[q] 1Cr 3.17
[r] Ed 2.2; 3.8; veja 1Cr 3.19, nota

[1] (1.1) Há duas genealogias de nosso Senhor: esta e a de Lc 3.23-38 (veja *nota* do v. 23). A genealogia de Mateus começa com Abraão, fundador da nação hebreia, e termina com José, marido de Maria. A genealogia de Lucas começa com José e leva retrospectivamente a linhagem messiânica até Adão. Mateus insere informações históricas; Lucas, não. A genealogia em Mateus é dividida em três partes.

Zorobabel é o último indivíduo dessas genealogias que se encontra nos registros do AT (Mt 1.13; Lc 3.27). Há algumas omissões, como, p. ex., entre Jorão e Uzias (Mt 1.8), como vemos em 2Rs 8.24 e 1Cr 3.11. Contrariamente aos costumes da época, mulheres foram mencionadas na genealogia de Mateus (comp. 1Cr 1–8).

[2] (1.8) Uzias (chamado Azarias em 2Rs 14.21) não era filho de Jorão, mas seu tetraneto. Comp. 2Rs 8.25; 13.1–15.38; 2Cr 22–25. "Gerou", por vezes, pode indicar que um homem não é o pai de outro, mas seu antepassado mais remoto.

[3] (1.11) Este rei de Judá também é citado em Jr 22.24-30, onde se pronuncia uma maldição sobre ele. Ali se prediz que ninguém da sua linhagem prosperaria para se assentar sobre o trono de Davi. Se nosso Senhor fosse filho natural de José, que descendia de Jeconias, jamais poderia reinar em poder e justiça por causa da maldição. Mas Cristo veio pela linhagem de Maria, não de José. Como filho adotivo de José, a maldição sobre a linhagem de Jeconias não o afetou.

16 Jacó gerou José, marido de [s]Maria, [1]da qual nasceu Jesus, que se chama o [2]Cristo.

17 **A**ssim a soma das gerações de Abraão até Davi foi [3]catorze; de Davi até o exílio na Babilônia, catorze; do exílio na Babilônia até Cristo, catorze.

Concepção e nascimento de Jesus
(Lc 1.26-38; 2.1-7; Jo 1.1,2,14)

18 **O**ra, [t]o nascimento de Jesus Cristo foi assim: Estando Maria, sua mãe, prometida em casamento a José, antes de se unirem, achou-se grávida pelo [u]Espírito Santo.

19 José, seu marido, sendo [v]justo e não querendo difamá-la, resolveu deixá-la [w]secretamente.

20 Projetando ele isso, em sonho lhe apareceu um [x]anjo do Senhor, dizendo: José, filho de Davi, não temas receber Maria como tua mulher, porque o que nela foi gerado é do Espírito Santo.

21 Ela dará à luz um [y]filho e tu lhe porás o nome de [4z]Jesus, porque ele [a]salvará o seu povo dos [b]pecados deles.

22 Tudo isso aconteceu para que se cumprisse o que foi dito da [c]parte do Senhor, pelo profeta:

23 A virgem engravidará e dará à luz um filho, e o chamarão pelo nome de [5]Emanuel, que quer dizer: Deus conosco.

24 José, despertando do sonho, fez como o anjo do Senhor lhe ordenara e recebeu a sua mulher.

25 Ele, porém não teve relações com ela até que ela deu à luz um filho. E José lhe pôs o nome de Jesus.

Visita dos magos

2 [d]**T**endo Jesus [e]nascido em Belém da Judeia, no tempo do rei [6]Herodes, vieram uns [7]magos do Oriente a Jerusalém

[s] Mt 13.55; Mc 6.3; Lc 8.19; veja Lc 1.27, nota
[t] Cristo (primeira vinda): v. 18-25; Mt 2.4 (Gn 3.15; At 1.11)
[u] Espírito Santo (NT): v. 18,20; Mt 3.11 (Mt 1.18; At 2.4, nota)
[v] Justiça (AT): v. 19; Mt 5.20 (Gn 6.9; Lc 2.25, nota)
[w] Comp. Dt 24.1
[x] Veja Jz 2.1 e Hb 1.4, notas
[y] Is 7.14; 9.6,7
[z] Forma gr. do heb. *Jehoshua*. Signif. Jeová é salvação
[a] Jo 1.29; veja Rm 1.16, nota
[b] Veja Rm 3.23, nota
[c] Is 7.14
[d] Aprox. 5 a.C.
[e] Comp. Mq 5.2

[1] (1.16) A expressão distintiva aqui é importante. Já não é mais "gerou", mas "marido de Maria, da qual nasceu Jesus". No caso de Jesus, não houve geração natural, pois ele não foi gerado pela carne.

[2] (1.16) "Cristo" (*Christos* significa *ungido*), forma grega do hebraico *Messias*, é o nome oficial de nosso Senhor, assim como "Jesus" é seu nome humano (Lc 1.31; 2.21). O nome ou título "Cristo" liga-o a todas as predições do AT (veja Zc 12.8, *nota*) sobre um Profeta (Dt 18.15-19), Sacerdote (Sl 110.4) e Rei (2Sm 7.12,13) que viria. Assim como estes eram ungidos com azeite (1Rs 19.16; comp. Êx 29.7; 1Sm 16.13, respectivamente), Jesus foi ungido com o Espírito Santo (Mt 3.16; Mc 1.10,11; Lc 3.21,22; Jo 1.32,33) e, dessa maneira, manifestou-se oficialmente como o Cristo.

[3] (1.17) Como ocorre nas genealogias do AT (Gn 5; 1Cr 1–9), certas gerações são omitidas aqui a fim de fazer um arranjo uniforme. Comp. 1Cr 3.11,12; Ed 7.1-5. A lista pode ter sido posta nesta forma a fim de ser memorizada. A memorização é facilitada porque cada um dos três grupos de nomes conclui com uma importante era da história de Israel, i.e., o reinado de Davi, o cativeiro babilônico e a vinda do Messias prometido.

[4] (1.21) *Iesous*, transliteração grega do hebraico *Jehoshua*, que significa *Jehovah é salvação*, ou seja, é *o Salvador*.

[5] (1.23) Por que não foi dado a Jesus o nome Emanuel? De acordo com o uso hebraico, o nome não é um título, mas uma caracterização, como em Is 1.26 e 9.6. O nome "Emanuel" mostra que ele realmente era "Deus conosco". Assim, logo no começo de Mateus fica destacada a divindade de Cristo.

[6] (2.1) No ano 708 após a fundação de Roma (46 a.C. de acordo com a contagem cristã), Júlio César estabeleceu o calendário juliano, começando o ano com 1º de janeiro. Mas foi só no século VI d.C. que Dionísio, o Pequeno, um monge cita que vivia em Roma, que estava confirmando o ciclo da Páscoa, deu origem ao sistema de contagem do tempo a partir do nascimento de Cristo. Gradualmente, este uso se espalhou, e o Sínodo de Whitby o adotou na Inglaterra em 664, até que obteve aceitação universal. Em 1582, o papa Gregório XIII reformou o calendário juliano. Contudo, um conhecimento mais exato demonstra que nos cálculos anteriores sobre o tempo do nascimento de Cristo havia erros de vários anos. O consenso atual é que o nascimento de Cristo deve ser situado entre 6 a.C. e 4 a.C., aprox.

O Herodes mencionado aqui (v. 1,3,7,12,13,16,19,22) e em Lc 1.5 é conhecido na história como Herodes, o Grande. Sua família era nominalmente judia, mas, na verdade, era idumeia (edomitas, veja Gn 36.1, *nota*). Os romanos haviam designado seu avô, Antipas (morreu em 78 a.C.), governador da Idumeia, e Júlio César fez seu pai, Antípater, procurador da Judeia (47-43 a.C.). O triúnviro romano Marco Antônio designou Herodes, o Grande, tetrarca da Galileia em 37 a.C. Ele aumentou notavelmente o esplendor de Jerusalém, reconstruindo o templo, que era o centro do culto judeu no tempo de nosso Senhor.

A matança dos meninos de Belém ordenada por Herodes (v. 16) condizia com seu caráter cruel. Herodes morreu em março de 4 a.C. e foi sucedido por seu filho Arquelau (Mt 2.22). Outros membros da família herodiana: veja Mc 6.14, *nota*.

[7] (2.1) "Magos" vem do grego *magoi*, palavra persa que designa homens versados no estudo das estrelas. Não há evidência de que estes magos tenham sido apenas três ou de que fossem reis. Interessados pela estrela que sinalizava o nascimento de Cristo, viajaram para a Judeia a fim de procurar o Rei dos judeus que havia nascido. Eles chegaram vários meses depois do nascimento. Quando Herodes os enviou a Belém, a estrela reapareceu e os levou ao menino Cristo.

2 e perguntavam: Onde está o recém-nascido [f]rei dos judeus? Vimos a sua estrela no Oriente e viemos adorá-lo.

3 Quando o rei Herodes ouviu isso, ficou perturbado, e com ele toda a Jerusalém.

4 E, convocando todos os principais sacerdotes e os [1]mestres da lei, perguntou-lhes onde deveria nascer [g]o Cristo.

5 Eles lhe responderam: Em Belém da Judeia, pois foi isso que o profeta [h]escreveu:

6 E tu, [i]Belém, terra de Judá,
de modo nenhum és o menor
entre os governantes de Judá;
pois de ti sairá um guia
que [2]apascentará o meu povo, Israel.

7 Então Herodes chamou secretamente os magos e informou-se acerca do tempo em que a [j]estrela aparecera.

8 E, enviando-os a Belém, disse-lhes: Ide e perguntai diligentemente pelo menino. Quando o encontrardes, avisai-me, para que eu também vá e o adore.

9 Tendo eles ouvido o rei, partiram. E a estrela, que tinham visto no Oriente, ia adiante deles até que, chegando, parou sobre o lugar onde estava o menino.

10 Vendo eles a estrela, ficaram muito alegres.

11 Entrando na casa, viram o menino com Maria, sua mãe, e, prostrando-se, o adoraram. Então, abrindo os seus tesouros, lhe deram seus [k]presentes: ouro, incenso e mirra.

12 E, tendo sido por divina revelação avisados em sonhos para que não voltassem a Herodes, regressaram por outro caminho à sua terra.

Fuga para o Egito

13 **D**epois que os magos partiram, o [l]anjo do Senhor apareceu a José em sonho e disse: Levanta-te, toma o menino e sua mãe e foge para o Egito. Fica lá até que eu te avise, pois [m]Herodes procurará o menino para o matar.

14 José levantou-se de noite, tomou o menino e sua mãe e partiu para o Egito.

15 Ali permaneceu até a morte de Herodes, para que se cumprisse o que o Senhor havia [n]dito pelo profeta: Do [3]Egito chamei o meu Filho.

Herodes mata crianças inocentes

16 **E**ntão Herodes, percebendo que havia sido enganado pelos [o]magos, ficou furioso e mandou matar todos os meninos de dois anos para baixo, habitantes de Belém e de seus arredores, segundo o tempo indicado pelos magos.

17 Então se cumpriu o que foi dito pelo profeta Jeremias:

18 Ouviu-se uma voz em Ramá,
choro e grande lamentação.
Raquel chorando por seus filhos,
recusando-se a ser consolada,
porque já não existem.

Retorno do Egito; estabelecimento em Nazaré (comp. Lc 2.39,40; veja também Lc 2.41-52)

19 Depois que Herodes [p]morreu, o [q]anjo do Senhor apareceu em sonho a José, no Egito, e [r]disse-lhe:

20 Levanta-te, toma o menino e sua mãe e vai para a terra de Israel, [s]pois já morreram os que [t]procuravam tirar a vida do menino.

21 Então ele se levantou, tomou o menino e sua mãe e foi para a terra de Israel.

22 Quando, porém, ouviu que [u]Arquelau reinava na Judeia em lugar de seu pai, Herodes, temeu ir para lá. Avisado em [v]sonhos, retirou-se para as regiões da Galileia

23 e foi morar numa cidade chamada Nazaré, para que se cumprisse o que fora dito pelos profetas: [4]Ele será chamado Nazareno.

[f] Reino (NT): v. 2,5,6; Mt 3.2 (Mt 2.2; 1Co 15.24, nota)
[g] Cristo (primeira vinda): v. 1-6; Mt 4.16 (Gn 3.15; At 1.11)
[h] Inspiração: v. 5,6; Mt 2.15 (Êx 4.15; 2Tm 3.16)
[i] Mq 5.1; Jo 7.42
[j] Nm 24.17
[k] Comp. Sl 72.10,11; Is 60.6
[l] Veja Jz 2.1 e Hb 1.4, notas
[m] Veja Mc 6.14, nota
[n] Inspiração: 2.15, 17, 18, 23; 3.3; Mt 4.4 (Êx 4.15; 2Tm 3.16). Comp. Is 11.1; 40.3; Jr 31.15; Os 11.1
[o] Veja Mt 2.1, nota 7
[p] Aprox. 3 a.C. Veja Mc 6.14, nota
[q] Veja Hb 1.4, nota
[r] Lc 2.14
[s] Comp. Êx 4.19
[t] Mt 2.16
[u] Filho de Herodes, o Grande. Veja Mt 2.1, nota
[v] Mt 2.13,19

---

[1] (2.4) Os mestres da Lei exerciam o ofício de fazer cópias das Escrituras, classificar e ensinar os preceitos da lei oral (veja Fariseus, Mt 3.7, *nota*) e manter registro cuidadoso de cada letra dos escritos do AT. Esse ofício se fazia necessário em uma religião de leis e preceitos, e nós o encontramos no AT (2Sm 8.17; 20.25; 1Rs 4.3; Jr 8.8; 36.10,12,26). A esta tarefa legítima, os escribas agregaram um registro das decisões rabínicas sobre questões de ritual (*Halakhá*), o novo código resultante daquelas decisões (*Mishná*), as lendas sagradas hebraicas (*Gemara*, que, com a *Mishná*, forma o *Talmude*), comentários sobre o AT (*Midrash*), discussões sobre eles (*Hagadá*) e, finalmente, as interpretações místicas que nas Escrituras encontravam outros significados além dos gramaticais, lexicográficos e óbvios (*Cabala*), não muito distintos do método alegórico de Orígenes. No tempo de nosso Senhor, os fariseus consideravam que era ortodoxo aceitar esse conjunto de escritos que havia se sobreposto às Escrituras e as havia obscurecido.

[2] (2.6) Veja Is 40.11; Ez 34.23

[3] (2.15) As palavras citadas se encontram em Os 11.1, e a passagem exemplifica o princípio de que as declarações proféticas têm um significado latente e mais profundo do que parece à primeira vista. Israel como nação era um filho (Êx 4.22), mas Cristo foi o Filho ainda maior. Comp. Is 41.8 com Is 42.1-4 e 52.13,14, onde se contempla tanto a nação-serva como o Filho-Servo (tb. Rm 9.4,5).

[4] (2.23) "Ele será chamado Nazareno" provavelmente se refere a Is 11.1, onde se fala do Messias como um "rebento [*netzer*] do tronco de Jessé".

O ministério de João Batista
(Mc 1.1-8; Lc 3.1-20; Jo 1.6-8,15-37)

3 **N**aqueles dias, apareceu João Batista [w]pre-
gando no deserto da Judeia
2 e [x]dizendo: [y]Arrependei-vos, pois está [z]pró-
ximo o [1][a]Reino dos céus.
3 Este é aquele de quem o profeta Isaías fa-
lou, ao dizer:

Voz do que clama no deserto,
preparai o caminho do Senhor,
[b]endireitai as suas veredas.

4 As roupas de João eram feitas de pelos de ca-
melo, e ele trazia um [c]cinto de couro na cintura.
Seu alimento eram gafanhotos e mel silvestre.
5 Então iam ter com ele os habitantes de Je-
rusalém, de toda a Judeia e de toda a região
circunvizinha ao Jordão.
6 Confessavam os seus [d]pecados e eram ba-
tizados por ele no rio Jordão.
7 Vendo ele, porém, que muitos [2]fariseus
e [3]saduceus vinham ao batismo, disse-lhes:
[e]Raça de víboras! Quem vos ensinou a fugir
da ira futura?
8 Produzi fruto que mostre arrependimento.
9 E não penseis que basta dizer: Temos por
pai a Abraão. Eu vos digo que destas pedras
Deus pode fazer surgir filhos a Abraão.
10 O machado já está posto à raiz das árvo-
res, e toda árvore que não produz bom fruto
será [f]cortada e lançada ao fogo.
11 **E**u vos batizo com água, para arrependi-
mento. Mas depois de mim vem aquele que
é mais poderoso do que eu, cujas sandálias
não sou digno de levar. Ele vos batizará com
o [g]Espírito Santo e com [h]fogo.
12 Na mão ele tem a pá e limpará a sua eira,
recolherá o trigo no seu celeiro e queimará a
palha com fogo que nunca se apagará.

Batismo de Jesus
(Mc 1.9-11; Lc 3.21,22; comp. Jo 1.31-34)

13 [i]**E**ntão veio Jesus da Galileia ao Jordão pa-
ra ser batizado por João.
14 João, porém, tentava impedi-lo, dizendo:
Eu preciso ser batizado por ti, e vens tu a mim?
15 Jesus, porém, lhe respondeu: [4]Deixa por
agora, pois assim nos convém cumprir toda a
[j]justiça. Então concordou João.

[w] Evangelho: v. 1,2; Mt 4.17 (Gn 12.3; Ap 14.6)
[x] Veja At 17.30, nota
[y] Arrependimento: v. 2, 8,11; Mt 4.17 (Mt 3.2; At 17.30, nota)
[z] Veja Mt 4.17, nota
[a] Reino (NT): v. 2; Mt 4.17 (Mt 2.2; 1Co 15.24, nota)
[b] Ez 1.7
[c] Comp. 2Rs 1.8
[d] Veja Rm 3.23, nota
[e] Mt 12.34; Lc 3.7
[f] Mt 7.19
[g] Espírito Santo (NT): v. 11,16; 4.1; Mt 10.20 (Mt 1.18; At 2.4, nota)
[h] At 2.3
[i] Mc 1.9; Lc 3.21
[j] Veja 1Jo 3.7, nota

[1] (3.2) A expressão "Reino dos céus", característica de Mateus, refere-se ao governo dos céus, i.e., ao governo de Deus dos céus sobre a terra (comp. Dn 2.44; 4.25,32). O O Reino dos céus é, em muitos aspectos, semelhante ao Reino de Deus e, frequentemente, é usado como sinônimo deste, embora enfatize certas características do governo divino. Quando contrastado com o reino universal de Deus, o Reino dos céus inclui apenas os homens na terra e exclui os anjos e outras criaturas. O Reino dos céus é a esfera terrena de profissão da fé cristã, como se vê pela inclusão daqueles que foram designados como trigo e joio, estes lançados fora do Reino (Mt 13.41), e é comparado a uma rede que tem tanto peixes bons como maus que serão separados (Mt 13.47).

Em Mateus, o Reino dos céus é revelado em três aspectos: 1) Como um reino que está próximo (veja 4.17, *nota* 5), ele se apresenta na Pessoa do Rei, cujo precursor é João, o Batista (Mt 3.1). 2) Como um reino na era presente, ele é apresentado em sete "mistérios" (Mt 13) que revelam o caráter do governo celestial sobre a terra entre a primeira e a segunda vindas de Cristo. 3) Como algo que tem lugar depois da segunda vinda de Cristo, o Reino dos céus se realizará no futuro reino milenar como predito por Daniel (Dn 2.34-36,44,45) e de acordo com a aliança com Davi (2Sm 7.12-16; veja Zc 12.8, *nota*). A forma milenar do Reino dos céus é totalmente futura e se estabelecerá depois da vinda de Cristo em glória (Mt 24.29–25.46; At 15.14-17; veja Mt 6.33, *nota*).

[2] (3.7) "Fariseu" vem de uma palavra hebraica que significa *separado*. Depois que cessou o ministério dos profetas pós-exílicos, surgiram homens consagrados chamados *hasidim* (*santos* ou *leais*), que desejavam manter viva a reverência pela Lei entre os descendentes dos judeus que haviam retornado do cativeiro babilônico. Esse movimento degenerou no farisaísmo da época de nosso Senhor – um apego rigoroso à letra, que sufocava a Lei com interpretações que se tornaram tradição, a qual o Senhor, supostamente, havia comunicado a Moisés por meio de explicações orais às quais era dada autoridade idêntica à da própria Lei (comp. Mt 15.2,3; Mc 7.8-13; Gl 1.14).

Os fariseus eram uma seita rigorosa. Um membro da seita era um *chaber* (i.e., *unido*, *ligado* [Jz 20.11]) e era obrigado a permanecer fiel aos princípios do farisaísmo. Eles tinham grande apreço pela moral, eram zelosos e dispostos a se sacrificar, mas se consideravam justos (Lc 18.9), livres de pecado (Lc 7.39). Eles foram os perseguidores mais ferrenhos de Jesus Cristo e objeto de suas severas acusações (p. ex., Mt 23.1-36; Lc 11.42-44).

[3] (3.7) Os saduceus eram uma seita judaica que negava a existência dos anjos e de outros seres espirituais, e de todos os milagres, especialmente a ressurreição do corpo. Eles eram os racionalistas religiosos da época (Mc 12.18-23; At 23.8) e estavam fortemente amparados pelo Sinédrio e pelo sacerdócio (At 4.1,2; 5.17). Os saduceus não são identificados com nenhuma doutrina de afirmação, mas simplesmente negavam o sobrenatural.

[4] (3.15) Não se explica por que o Senhor, que não necessitava arrepender-se, insistiu em submeter-se a um ritual que equivalia à confissão (v. 6) e arrependimento (v. 11). Pode-se sugerir que: 1) Jesus agora começava seu ofício de mediador como Profeta, Sacerdote e Rei e, como sumo sacerdote araônico, assumia seu ofício publicamente com uma cerimônia especial (Êx 29.4-7); assim, o batismo de nosso Senhor significou que ele estava começando seu ministério; 2) o batismo de nosso Senhor foi o meio de se apresentar ao seu povo como o

16 Assim que [1]Jesus foi batizado, saiu logo da água. Nesse instante, o céu se [l]abriu, e João viu o Espírito de Deus descendo como pomba e pousando sobre Jesus.

17 E uma voz dos céus disse: [m]Este é meu Filho amado, em quem me agrado.

Tentação de Jesus
(Mc 1.12,13; Lc 4.1-13; comp. Gn 3.6; 1Jo 2.16)

4 Então Jesus [2]foi levado pelo Espírito ao deserto, para ser [n]tentado pelo [o]Diabo.

2 Depois de jejuar [p]quarenta dias e quarenta noites, sentiu fome.

3 O Tentador chegou-se a ele e disse: Se tu és o Filho de Deus, manda que estas pedras se transformem em pães.

4 Respondeu Jesus: [q]Está [r]escrito: [s]Não só de pão viverá o homem, mas de toda a palavra que sai da boca de Deus.

5 Então o Diabo o levou à cidade [3][t]santa e o colocou sobre a parte mais alta do templo.

6 E lhe disse: Se tu és o Filho de Deus, lança-te daqui para baixo. Pois está escrito:

[u]Aos seus [v]anjos dará ordens a teu respeito,
e eles te segurarão nas mãos,
para que não tropeces em pedra alguma.

7 Respondeu-lhe Jesus: Também está escrito: Não tentarás o [w]Senhor, o teu Deus.

8 Levou-o novamente o Diabo a um monte muito alto e [x]mostrou-lhe todos os reinos do [4]mundo e o seu esplendor.

9 E lhe disse: Tudo isto te darei se, prostrado, me adorares.

10 Então Jesus lhe disse: Retira-te, Satanás! Pois está escrito: Ao Senhor, o teu Deus, adorarás e só a ele [y]servirás.

11 Então o Diabo o [z]deixou, e vieram os [a]anjos e o serviram.

Jesus começa seu ministério público em Cafarnaum
(Mc 1.14; Lc 4.14,15)

12 Quando Jesus soube que João estava preso, voltou para a Galileia.

13 Deixando Nazaré, foi morar em Cafarnaum, cidade que ficava à beira do mar, na região de Zebulom e Naftali;

14 para que se cumprisse o que foi dito pelo profeta Isaías:

15 Terra de Zebulom, terra de Naftali,
caminho do mar, além do Jordão,
Galileia dos gentios —
16 o povo que estava em trevas
viu grande [b]luz,
e aos que estavam na região
da sombra da morte, raiou-lhes a [c]luz.

Messias (Jo 1.30-34); 3) assumindo o seu lugar com os pecadores, ele estava ilustrando a doutrina da identificação (comp. Is 53.12; 2Co 5.21); 4) de forma profética, ele estava olhando para sua morte e ressurreição; somente sua morte e ressurreição poderiam "cumprir toda a justiça". Veja Mt 20.22, onde Cristo fala de sua morte, chamando-a de seu batismo.

[1] (3.16) Pela primeira vez, a Trindade, prefigurada de muitas maneiras no AT, se manifesta claramente. O Espírito desceu sobre o Filho e, nesse momento, a voz do Pai foi ouvida do céu.

[2] (4.1) A tentação de Cristo, o "último Adão" (1Co 15.45), é mais bem entendida quando contrastada com a do "primeiro homem, Adão". Adão foi tentado em sua posição de senhor da criação, um senhorio cujo exercício tinha um limite: o conhecimento do bem e do mal (Gn 1.26; 2.16,17). Por meio da mulher, ele foi tentado a acrescentar tal conhecimento ao seu domínio. Ao cair, ele perdeu tudo. Mas Cristo tomou o lugar de um humilde servo que agiu sempre obedecendo ao Pai (Fp 2.5-8; comp. Jo 5.19; 8.28,54; veja Is 41.8, *nota*), a fim de poder redimir uma raça caída e uma criação sob a maldição divina (Gn 3.17-19; comp. Rm 8.19-23). O objetivo de Satanás na tríplice tentação foi induzir Cristo a agir por si mesmo, independentemente de seu Pai. As duas primeiras tentações foram um desafio do deus deste mundo a que Cristo demonstrasse que realmente era o Filho de Deus (v. 3,6). Na terceira, o príncipe usurpador deste mundo mostrou-se disposto a abrir mão daquilo que ele havia usurpado e que, por direito, pertencia a Cristo como Filho do homem e Filho de Davi, sob a condição de que Cristo aceitasse esse cetro segundo os princípios de Satanás sobre este mundo (comp. Jo 18.36; veja Ap 13.8, *nota*). Cristo venceu Satanás com um instrumento que está à disposição do mais humilde de seus seguidores: o uso inteligente da Palavra de Deus (v. 4,7,10). Na sua segunda tentação, Satanás também usou as Escrituras, mas citou uma promessa que está à disposição apenas de quem anda pelo caminho da obediência. Esse episódio, da tríplice tentação, enfatiza a importância vital de manejar "bem a palavra da verdade" (2Tm 2.15).

[3] (4.5) No NT, uma só palavra grega, *hagios*, em suas várias formas, é traduzida por "santo", "santidade", "santificar", "santificado" e "santificação". A exemplo do hebraico *qadash*, significa *separar*.

[4] (4.8) A palavra grega *kosmos* significa *ordem*, *organização*, e, para os gregos, significava *beleza*, pois a ordem e a boa organização como sistemas são a base do conceito grego de beleza. Às vezes, *kosmos* significa *terra*. Quando a palavra é empregada no NT para falar da humanidade, do mundo dos homens, denota uma humanidade organizada – humanidade em famílias, tribos, nações. A palavra usada para designar a humanidade desorganizada e caótica – meras massas humanas – é *thalassa*, o "mar" dos homens (p. ex., Ap 13.1). "Mundo" (*kosmos*) no sentido ético negativo: veja Ap 13.8, *nota*.

[l] Comp. Ez. 1.1; At 7.56; Ap 4.1
[m] Mt 17.5; Mc 9.7; Lc 9.35; comp. Is 42.1; Ef 1.3-6
[n] Provar-Tentar: v. 1,3,7; Mt 6.13 (Gn 3.1; Tg 1.14)
[o] Satanás: v. 1, 5, 8,10, 11; Mt 12.26 (Gn 3.1; Ap 20.10)
[p] Comp. Êx 34.28; 1Rs 19.8
[q] Dt 8.3
[r] Inspiração: v. 4,6,7, 10,14-16; Mt 5.21 (Êx 4.15; 2Tm 3.16)
[s] Lei (de Moisés): v. 4,7,10; Mt 5.17 (Êx 19.1; Gl 3.24)
[t] Santificação (NT): v. 5; Mt 7.6 (Mt 4.5; Ap 22.11)
[u] Sl 91.11,12
[v] Veja Hb 1.4, nota
[w] Dt 6.16
[x] 1Jo 2.15-17; comp. Ap 21.10
[y] Dt 6.13; 10.20
[z] Tg 4.7
[a] Veja Hb 1.4, nota
[b] Cristo (primeira vinda): v. 13-16; Mt 12.18 (Gn 3.15; At 1.11)
[c] Is 42.6,7

17 [1]Desde então começou Jesus a [d]pregar:
[e]Arrependei-vos, pois [2]está [f]próximo o [g]Rei-
no dos céus.

Primeiros discípulos de Jesus
(Mc 1.16-20; comp. Lc 5.1-11; Jo 1.35-42)

18 **A**ndando Jesus junto ao mar da Galileia,
viu [3]dois irmãos, Simão, chamado Pedro, e An-
dré; eles estavam lançando as redes ao mar,
pois eram pescadores.
19 Disse-lhes Jesus: Vinde após mim, e eu
vos farei pescadores de homens.
20 Imediatamente eles [h]deixaram as redes
e o seguiram.
21 Indo um pouco mais longe, viu outros dois
irmãos, [4]Tiago, filho de Zebedeu, e João, seu
irmão. Estavam num barco em companhia de
Zebedeu, consertando as redes, quando Jesus
os chamou,
22 e eles, deixando imediatamente o barco
e seu pai, o seguiram.

O começo do ministério na Galileia

23 **P**ercorria Jesus toda a Galileia, ensinan-
do nas suas sinagogas, pregando o [i]evangelho
do [j]Reino e curando todos os tipos de doen-
ças e enfermidades entre o povo.
24 Sua fama espalhou-se por toda a Síria, e
[k]traziam-lhe todos os enfermos, acometidos
de várias doenças e tormentos: [l]endemoni-
nhados, [m]epiléticos, paralíticos, e ele os curava.
25 Seguiam-no [n]grandes multidões da Gali-
leia, de Decápolis, de Jerusalém, da Judeia e
do outro lado do Jordão.

II. Os princípios do governo do Rei: O Sermão do Monte, 5–7

O Sermão do Monte (Lc 6.20-49): As bem-aventuranças

5 **V**endo Jesus as multidões, [o]subiu ao mon-
te e assentou-se. Aproximaram-se dele os
seus discípulos,
2 e ele começou a [p]ensiná-los, [5]dizendo:
3 [q]Bem-aventurados os pobres de espírito,
pois deles é o [6]Reino dos céus.
4 Bem-aventurados os que choram,
pois serão consolados.
5 Bem-aventurados os [r]humildes,
pois herdarão a terra.

[d] Evangelho: v. 17; Mt 4.23 (Gn 12.3; Ap 14.6)
[e] Arrependimento: v. 17; Mt 9.13 (Mt 3.2; At 17.30, nota)
[f] Veja Mt 3.2, nota
[g] Reino (NT): v. 17; Mt 4.23 (Mt 2.2; 1Co 15.24, nota)
[h] Mt 19.27
[i] Evangelho: v. 23; Mt 9.3 (Gn 12.3; Ap 14.6)
[j] Reino (NT): 4.23; 5.2-12; Mt 5.19 (Mt 2.2; 1Co 15.24, nota)
[k] Mc 1.32,33; Lc 4.40; veja Mc 3.15, nota
[l] Veja Mt 7.22, nota
[m] Comp. Lc 8.26-39
[n] Mt 5.1; 8.1,18; Mc 3.7,8
[o] Mt 14.23; 15.29; 17.1
[p] Mt 7.29; Mc 10.1; 12.35; Jo 8.2
[q] Pv 16.19; Is 66.2
[r] Sl 22.26; 25.9; 37.11; 147.6; 149.4; Is 29.19

---

[1] (4.17) Mateus usa a expressão "desde então" para indicar duas fases nitidamente contrastantes do ministério de ensino de nosso Senhor. A primeira começou aqui com a proclamação que ele faz do reino que estava próximo. A segunda está em 16.21, quando, depois de Israel rejeitar o Rei e seu reino, Cristo começa a declarar abertamente a necessidade de sua morte e ressurreição.

[2] (4.17) A expressão bíblica "está próximo" (veja tb. Mc 1.15) não é uma afirmação categórica de que uma pessoa ou coisa que chegou aparecerá imediatamente, mas apenas de que essa pessoa ou coisa é iminente. Quando Cristo apareceu ao povo judeu, o próximo evento que deveria ocorrer na ordem da revelação, de acordo com a forma como o povo a entendia, era o estabelecimento do reino davídico. Mas Deus havia estabelecido que, antes disso, ocorreria a rejeição e a crucificação do Rei (Sl 22; Is 53). O longo período da forma secreta do Reino (Mt 13.11) – a pregação da cruz por todo o mundo e o chamado da Igreja para sair do mundo – ainda se achava oculto nos conselhos secretos de Deus (Mt 13.11,17; Ef 3.3-12).

[3] (4.18) Pedro e André já eram discípulos (Jo 1.35-42). Este foi um chamado para o serviço.

[4] (4.21) No NT, há quatro pessoas com este nome: 1) Tiago, filho de Zebedeu, apóstolo (Mt 10.2) e irmão do apóstolo João, de quem nunca foi mencionado separadamente e quem, com Pedro, pertencia ao círculo mais íntimo de nosso Senhor (Mt 17.1; Mc 5.37; 9.2; 14.33). Sofreu o martírio durante o reinado de Herodes (At 12.2). 2) Tiago, filho de Alfeu, um dos 12 apóstolos (Mt 10.3). Ele é chamado Tiago, "o menor" (Mc 15.40). 3) Tiago, o irmão do Senhor (Mt 13.55; Mc 6.3; Gl 1.19). Os filhos mais novos de Maria não creram em Jesus durante a vida dele na terra (Jo 7.5), mas se juntaram aos seus discípulos depois da ressurreição (At 1.14). Tiago se tornou líder da igreja em Jerusalém (At 12.17; 15.13; 21.18; Gl 1.19; 2.9,12) e escreveu a epístola com seu nome. 4) Tiago, pai do apóstolo Judas (Lc 6.16; At 1.13); em algumas versões, "irmão de Tiago".

[5] (5.2) O caráter benigno e a atitude descritos por nosso Senhor nos v. 3-12 não podem ser obtidos por esforço próprio, mas são criados no cristão por obra do Espírito Santo que nele habita. Comp. 1Co 3.16; Gl 5.22,23.

[6] (5.3) Após anunciar que o Reino dos céus havia chegado, no Sermão do Monte (Mt 5–7), o Rei declara a seus discípulos (5.1) os princípios desse reino.

1. Neste sermão, nosso Senhor reafirma a Lei mosaica do reino teocrático do AT como o código regulador do reino terrenal que viria (5.17) e declara que a atitude dos homens para com esta lei determinará seu lugar no Reino (5.19).

2. Cristo, aqui, também declara que veio para cumprir a Lei (5.17), algo que ele faz em parte no Sermão do Monte: a) mostrando que a lei divina tem relação tanto com ações manifestas como com pensamentos e motivações (5.27,28; 6.1-6) e b) revogando certas concessões que haviam sido feitas anteriormente em razão da dureza do coração dos homens (5.31,32; comp. 19.8).

3. No Sermão do Monte, Cristo apresenta o padrão perfeito de justiça exigido pela Lei (5.48), demonstrando, assim, que todos os homens são pecadores e, por si mesmos, não alcançam o padrão divino; consequentemente, a salvação pelas obras da Lei é impossível.

6 Bem-aventurados os que têm [s]fome
e sede de [t]justiça,
pois serão fartos.
7 Bem-aventurados os misericordiosos,
pois alcançarão misericórdia.
8 Bem-aventurados os [u]puros de coração,
pois verão a Deus.
9 Bem-aventurados os pacificadores,
pois serão chamados filhos de Deus.
10 Bem-aventurados os que sofrem
perseguição por [v]causa da justiça,
pois deles é o [w]Reino dos céus.
11 Bem-aventurados [1]sois vós, quando vos
injuriarem e perseguirem e, mentindo, disse-
rem todo o mal contra vós por minha causa.
12 Regozijai-vos e [x]alegrai-vos, porque grande
é a vossa [y]recompensa nos céus, pois assim
[z]perseguiram aos [a]profetas que viveram an-
tes de vós.

As similitudes (Mc 4.21-23; Lc 8.16-18)

13 Vós sois o [b]sal da terra. Mas, se o sal perder
o sabor, com que se há de salgar? Para nada
mais serve senão para ser lançado fora e [c]pi-
sado pelos homens.
14 Vós sois a [d]luz do [e]mundo. Não se pode es-
conder uma cidade construída sobre um monte.
15 Nem se acende uma lâmpada e se coloca
debaixo de uma vasilha, mas no [f]candelabro;
assim ilumina a todos os que estão na casa.
16 Assim brilhe a vossa luz diante dos ho-
mens, para que vejam as vossas boas obras
e glorifiquem a vosso Pai que está nos céus.

Jesus veio cumprir a Lei

17 Não penseis que vim destruir a [2g]Lei ou
os Profetas; não vim para destruí-los, mas
para cumpri-los.
18 Em verdade vos digo que, até que o céu e a
terra passem, [h]nem uma [i]letra ou um só [j]traço
se omitirá da Lei, sem que tudo seja cumprido.
19 Qualquer que desobedecer a um destes
mandamentos, por menor que seja, e assim
ensinar aos homens, será chamado o menor
no [k]Reino dos céus; aquele, porém, que os
cumprir e ensinar será chamado grande no
Reino dos céus.
20 Pois vos digo que, se a vossa justiça não
[l]for superior à [m]dos [n]mestres da lei e [o]fari-
seus, de modo nenhum entrareis no Reino
dos céus.

Primeiro, a reconciliação; depois, o sacrifício

21 Ouvistes que foi dito aos antigos: [p]Não ma-
tarás, e quem matar estará sujeito a julgamento.
22 Eu, porém, vos digo que qualquer que,
sem motivo, se irar contra seu irmão estará
sujeito a julgamento, e qualquer que disser
a seu irmão: [q]Tolo, será levado ao tribunal.
Mas quem disser: Louco! estará sujeito ao fo-
go do [3]inferno.
23 Portanto, se trouxeres a tua oferta ao altar
e aí te lembrares de que teu irmão tem [r]algu-
ma coisa contra ti,
24 deixa diante do altar a tua oferta, vai pri-
meiro reconciliar-te com teu irmão; depois
vem e apresenta a tua oferta.

[s] Lc 1.53; comp. Is 55.1; Lc 15.17
[t] Veja Rm 10.10, nota
[u] Sl 24.4
[v] Veja 1Jo 3.7, nota
[w] Veja Mt 3.2, nota
[x] 1Pe 4.14
[y] Recompensas: v. 12; Mt 6.1 (Dn 12.3; 1Co 3.14, nota)
[z] At 7.52
[a] Comp. Hb 11.32-40
[b] Parábolas (NT): v. 13-16; Mt 7.24 (Mt 5.13; Lc 21.29)
[c] Comp. Sl 119.118
[d] Jo 8.12
[e] Gr. *kosmos*. Veja Mt 4.8, nota
[f] Comp. Fp 2.15

[g] Lei (de Moisés): v. 17-19,21; Mt 5.27 (Êx 19.1; Gl 3.24)
[h] Inspiração: v. 18,21; Mt 5.27 (Êx 4.15; 2Tm 3.16)
[i] Em algumas versões, "jota" [gr. *iota;* a menor letra do alfabeto hebraico, *yod*]
[j] Sinal diminuto sobre letra heb.
[k] Reino (NT): v. 19,20; Mt 5.35 (Mt 2.2; 1Co 15.24, nota)
[l] Comp. Lc 18.11,12; Rm 3.20; 9.31; 10.3; Fp 3.5-7
[m] Justiça (AT): v. 20; Mt 13.17 (Gn 6.9; Lc 2.25, nota)
[n] Veja Mt 2.4, nota
[o] Veja Mt 3.7, nota
[p] Não cometerás assassinato. Veja Êx 20.13, nota
[q] Vazio intelectualmente. Em algumas versões, "Raca"
[r] Rm 14.19

4. Embora a Lei, tal como expressa no Sermão do Monte, não possa salvar os pecadores (Rm 3.20), e mesmo que os remidos da era presente não estejam sob ela (Rm 6.14), tanto a Lei mosaica como o Sermão do Monte são parte das Sagradas Escrituras. Ambos foram inspirados por Deus e, portanto, são úteis "para ensinar, para repreender, para corrigir, para instruir em justiça" (2Tm 3.16) os redimidos de todos os tempos.

[1] (5.11) A mudança da terceira pessoa ("os", "os que", v. 3-10) para a segunda ("vós"; por vezes o pronome está implícito, v. 11-16) é muito importante. A maior parte do Sermão do Monte foi dirigida especialmente aos discípulos como súditos do Reino dos céus.

[2] (5.17) A relação de Cristo com a Lei de Moisés pode ser resumida da seguinte maneira: 1) Cristo estava sob a Lei (Gl 4.4). 2) Ele viveu em perfeita obediência à Lei (Mt 17.5; Jo 8.46; 1Pe 2.21-23). 3) Ele foi ministro da Lei para os judeus, purificou-a dos sofismas rabínicos, exigiu seu cumprimento por parte daqueles que professavam prestar-lhe obediência (p. ex., Lc 10.25-37), mas confirmou as promessas feitas aos pais sob a Aliança Mosaica (Rm 15.8; veja Êx 19.5, *nota*). 4) Ele cumpriu os tipos da Lei com sua vida santa e morte sacrificial (Hb 9.11-28). 5) De forma vicária, ele carregou sobre si a maldição da Lei a fim de que a Aliança Abraâmica (veja Gn 12.2, *nota*) pudesse beneficiar todos os que creem (Gl 3.13,14). 6) Com sua obra redentora, elevou da posição de servos sob a Lei para a posição de filhos todos os que creem (Gl 4.1-7). 7) Por seu sangue, ele foi o mediador da Nova Aliança (veja Hb 8.8, *nota*) – a segurança e a graça em que estão todos os crentes (Rm 5.2) –, estabelecendo assim a "lei de Cristo" (Gl 6.2, *refs.*) com seus preceitos de uma vida de justiça, algo possível pela presença do Espírito nos filhos de Deus.

[3] (5.22) "Fogo do inferno" é a tradução do termo grego *geenna,* que equivale a *Ge-Hinnom* (heb.), o lugar no vale de Hinom, onde, antigamente, ofereciam-se sacrifícios humanos (2Cr 33.6; Jr 7.31) e onde a constante queima de lixo ilustrava, para o povo judeu, o juízo sem fim sobre os ímpios. A palavra aparece em Mt 5.22,29,30; 10.28; 18.9; 23.15,33; Mc 9.43,45,47; Lc 12.5; Tg 3.6. Em todos os exemplos, com exceção do último, Jesus pronuncia essa palavra numa solene advertência acerca das consequências do pecado. Ele o descreve como o lugar onde "o seu verme não morre, e o fogo nunca se apaga" (Mc 9.48). É chamado de "lago de fogo" em Ap 19.20; 20.10,14,15. Veja Morte, a segunda (Jo 8.24; Ap 21.8); também Lc 16.23, *nota*.

25 Entra em acordo depressa com o teu [s]ad-
versário, enquanto estás com ele a caminho do
tribunal, para que o adversário não te entregue
ao juiz, e o juiz ao guarda, e te levem à prisão.
26 Em verdade te digo que de maneira ne-
nhuma sairás dali enquanto não pagares o
último [1][t]centavo.

Concupiscência, adultério e divórcio
(comp. Mt 19.3-11; Mc 10.2-12; 1Co 7.1-16)

27 [u]**O**uvistes que foi [v]dito aos antigos: [w]"Não
cometerás adultério.
28 Eu, porém, vos digo: Qualquer que [x]olhar
para uma mulher com intenção impura, no
coração, já cometeu adultério com ela.

---

[1] (5.26) Sistema monetário (NT). Em algumas versões, "ceitil". Nos tempos do NT, havia em circulação não apenas moedas romanas, mas também gregas, sírias e egípcias que, em alguns casos, tinham imitações locais de valor variado. Há grande divergência quanto ao valor dessas moedas em números de hoje, e a variação depende do que constituía a base desse valor: ouro, prata ou valor aquisitivo. Além disso, o valor monetário dos metais preciosos varia diariamente. Para efeito de comparação, e por sua estabilidade, usamos o dólar americano como referencial.

A moeda mais comum era 1) o denário romano, uma moeda de prata que valia cerca de 16 centavos de dólar e representava o salário de um dia de um trabalhador comum; nesta versão, *denarion* é traduzido por "denário" (Mt 18.28; 20.2,9,10,13; 22.19; Mc 6.37; 14.5; Lc 7.41; 10.35; Jo 6.7; 12.5; Ap 6.6). 2) O equivalente grego era a dracma, mencionada em Mt 17.24 (Lc 15.8, "moedas"). Algumas dracmas localmente cunhadas tinham valor menor. 3) As "moedas de prata" (Mt 26.15; 27.3,5,6,9) provavelmente eram tetradracmas, i.e., uma moeda equivalente a quatro dracmas, correspondendo ao siclo do AT (comp. Jr 32.9). 4) Mas as "moedas de prata" de At 19.19 provavelmente eram dracmas gregas. 5) O estáter, que valia cerca de 64 centavos de dólar, era uma moeda de prata equivalente a quatro dracmas gregas ou um siclo, mencionado em Mt 17.27. Era a quantia exata para pagamento do imposto de duas pessoas, no caso, Cristo e Pedro. Os estáteres de ouro, não mencionados na Bíblia, pesavam a metade de um estáter de prata. O áureo romano, uma moeda de ouro, não é mencionado no NT, exceto indiretamente como "ouro" em Mt 10.9. Muitas moedas eram cunhadas em cobre ou bronze. 6) Uma moeda chamada de "cobre" (gr. *chalkos*) em Mt 10.9, e de "dinheiro" em Mc 6.8 e 12.41, era provavelmente uma pequena moeda grega ou romana de pouco valor (cerca de meio centavo de dólar), aprox. 1/32 de denário. 7) Um "quadrante" (gr. *kodrantes*, traduzido por "centavo" em Mt 5.26 e "quadrante" em Mc 12.42) não valia praticamente nada (cerca de um quarto de centavo de dólar) e tinha aprox. a metade do valor do cobre (veja 6 acima). 9) Quatro quadrantes formavam um asse (gr. *assarion*, traduzido por "pequena moeda" em Mt 10.29, e por "duas moedinhas" em Lc 12.6), aprox. 1/16 de denário. 10) O lepto (gr. *lepton*), a moeda de menor valor, era a metade de um quadrante e valia aprox. 1/128 de denário. (Em Mc 12.42, lê-se "duas pequenas moedas [gr. *lepta*]", "correspondentes a um quadrante [gr. *kodrantes*, quadrante]"; traduzido em Lc 21.2 por "duas pequenas moedas"; em Lc 12.59 por "centavo".)

Somas de dinheiro eram indicadas em "minas" (gr. *mna*), que correspondiam a 100 denários, e em "talentos", que equivaliam a 6.000 denários. Sistema monetário (AT): veja Êx 30.13, *nota*.

Nome	**Nome grego**	**Valor**	**Comentários**
denário	denarion	um dia de salário de um diarista	moeda romana; Mt 18.28; 20.2,9,10,13; 22.19; Mc 6.37; 14.5; Lc 7.41; 10.35; Jo 6.7; 12.5; Ap 6.6
dracma	drachme	um denário	equivalente grego do denário (Lc 15.8, "moedas")
didracma	didrachmon	dois dias de salário de um diarista	moeda local na Palestina; usada para o imposto do templo; Mt 17.24
moeda de prata	argurion	quatro dracmas ou salário de quatro dias	moeda israelita para o templo; siclo do AT; moedas de prata entregues a Judas; Mt 26.15; 27.3,5,6,9
moeda de prata	*argurion*	um denário	Em At 19.19, "cinquenta mil *moedas* de prata" é, literalmente, "cinquenta mil de prata"; provavelmente dracmas.
estáter	*stater*	quatro dracmas gregas	imposto do templo para duas pessoas; Mt 17.27
ouro	*chrusos*		áureo romano; moeda de ouro; Mt 10.9
cobre; dinheiro	*chalkos*	1/32 de denário	moeda grega ou romana de cobre ou bronze; Mt 10.9; Mc 6.8; 12.41
quadrante; ceitil	*kodrantes*	1/64 de denário	moeda romana de cobre; Mt 5.26, "centavos"; Mc 12.42
asse	*assarion*	quatro quadrantes; 1/16 de denário	moeda romana de cobre; Mt 10.29, "pequena moeda"; Lc 12.6, "duas moedinhas"
lepto	*lepton*	½ quadrante; 1/128 de denário	Moeda de cobre ou bronze; a moeda de menor valor; Mc 12.42 e Lc 21.2, "duas pequenas moedas"; Lc 12.59, "centavo"
mina	*mna*	100 denários	unidade monetária grega; Lc 19.13
talento	*talanton*	de prata: 6.000 denários de ouro: 180.000 denários	Unidades monetárias gregas; Mt 18.24; 25.15-28

[s] Lc 12.58, 59; comp. Pv 25.8,9; Tg 3.13-18
[t] Veja sist. monetário (NT): v. 26, nota

[u] Êx 20.14
[v] Inspiração: v. 27, 31, 33; Mt 5.38 (Êx 4.15; 2Tm 3.16)
[w] Lei (de Moisés): v. 27,31, 33; Mt5.8(Êx19.1; Gl 3.24)
[x] 2Sm 11.2-5; Mt 15.19; Tg 1.14,15; comp. Jó 31.1; Pv 6.25

29 Se o teu olho direito te faz pecar, arranca-o e atira-o para longe de ti. É melhor perder um dos teus membros do que ter todo o teu corpo lançado no [y]inferno.

30 E, se a tua mão direita te faz pecar, corta-a e atira-a para longe de ti. É melhor perder um dos teus membros do que ter todo o teu corpo lançado no inferno.

31 Também foi dito: Aquele que deixar sua mulher, dê-lhe [z]carta de divórcio.

32 Eu, porém, vos digo que qualquer que se divorciar de sua mulher, a não ser por causa de imoralidade sexual, [a]faz que ela cometa adultério, e aquele que casar com a divorciada comete adultério.

Proibição de perjúrio e vingança

33 Ouvistes também que foi dito aos antigos: [b]Não jurarás em falso, mas [c]cumprirás teus juramentos ao [d]Senhor.

34 Eu, porém, vos digo: De maneira nenhuma [e]jureis: nem pelo céu, por ser o trono de Deus;

35 nem pela terra, por ser o estrado de seus pés; nem por Jerusalém, por ser a cidade [f]do grande [g]Rei.

36 Não jures pela tua cabeça, pois não podes tornar um cabelo branco ou preto.

37 Seja, porém, o vosso sim, sim, e o vosso não, não; o que passar disso vem do Maligno.

38 Ouvistes que foi [h]dito: [i]Olho por [j]olho, e dente por dente.

39 Eu, porém, vos digo: Não resistais ao homem mau. Se alguém te bater na face direita, oferece-lhe também a outra.

40 E, se alguém quiser levar-te ao tribunal e tirar-te a túnica, deixa-lhe também a capa.

41 Se alguém te forçar a caminhar uma milha, vai com ele duas.

42 [k]Dá a quem te pedir, e não te desvies daquele que quiser lhe pedir algo emprestado.

Prescrição do amor aos inimigos
(Lc 6.27-36)

43 [l]Ouvistes que foi dito: Amarás o teu próximo e odiarás o teu inimigo.

44 Eu, porém, vos digo: [m]Amai vossos inimigos e [n]orai pelos que vos perseguem,

45 para que sejais filhos do vosso Pai que está nos céus. Ele [o]faz que o seu sol brilhe sobre maus e bons e faz chover sobre justos e injustos.

46 Se amardes os que vos amam, que recompensa tereis? Não fazem os [p]cobradores de impostos também o mesmo?

47 E, se cumprimentardes somente os vossos irmãos, que fazeis de mais? Não fazem os gentios também assim?

48 Sede vós, pois, perfeitos, como [1]perfeito é o vosso Pai que está nos céus.

Repreensão quanto à ostentação religiosa

6 Guardai-vos de praticar vossas [2]boas obras diante dos homens, para serdes vistos por eles. Se o fizerdes, não tereis [q]recompensa junto de vosso Pai que está nos céus.

2 Portanto, quando deres esmola, não faças tocar trombeta diante de ti, como os hipócritas nas sinagogas e nas ruas, para serem glorificados pelos homens. Em verdade vos digo que já receberam sua recompensa.

3 Quando, porém, tu [r]deres esmola, não saiba a tua mão esquerda o que faz a tua mão direita,

4 para que a tua esmola seja dada secretamente. Então teu Pai, que vê em secreto, te [s]recompensará.

5 E, quando orares, não sejas como os hipócritas, pois gostam de orar em pé nas sinagogas e nas esquinas das ruas para serem vistos pelos homens. Em verdade vos digo que já receberam a sua recompensa.

6 Quando, porém, orares, entra no teu quarto, e, fechando a tua porta, ora a teu Pai que está em secreto. E teu Pai, que vê secretamente, te recompensará.

7 E, orando, não useis de [t]vãs repetições, como os gentios, que pensam que por muito falar serão ouvidos.

8 Não faça como eles, pois vosso Pai [u]sabe do que necessitais, antes de o pedirdes.

Instruções para oração
(comp. Lc 11.1-4; veja nota)

9 Portanto, vós [3][v]orareis [w]assim:
[x]Pai nosso que estás nos céus,
santificado seja o teu [yy]nome,
10 [zz]venha o teu [aa]Reino,
seja feita a tua vontade,
assim na terra como no céu.

[y] Gr. *geenna*. Veja Mt 5.22, nota
[z] Dt 24.1; comp. Gn 2.23,24; Jr 3.1
[a] Lc 16.18; comp. 1Co 7.12
[b] Lv 19.12
[c] Nm 30.2
[d] Dt 23.23
[e] Is 5.12; comp. Mt 26.63; 2Co 2.17; 1Ts 2.5
[f] Mt 5.3,19; 6.10
[g] Reino (NT): v. 35; Mt 6.10 (Mt 2.2; 1Co 15.24, nota)
[h] Inspiração: v. 38,43; Mt 8.17 (Êx 4.15; 2Tm 3.16)
[i] Êx 21.24; Lv 24.20; Dt 19.21
[j] Lei (de Moisés): v. 38,43; Mt 7.12 (Êx 19.1; Gl 3.24)
[k] Dt 15.7-11; Lc 6.30-34; 1Tm 6.18
[l] Lv 19.18; Dt 23.3-6
[m] Rm 12.20
[n] Comp. Lc 23.34; At 7.60
[o] Sl 65.9-13; Lc 12.16,17; At 14.17

[p] Eram judeus que trabalhavam para o governo romano. Também chamados "publicanos" em algumas versões
[q] Recompensas: v. 1,4,6; Mt 6.18 (Dn 12.3; 1Co 3.14, nota)
[r] Comp. Mt 8.4; Rm 12.8
[s] Lc 14.12-14; Fp 4.19; 2Tm 1.16-18
[t] Comp. 1Rs 18.26,29; Mt 26.39-44; Lc 18.1-8
[u] Rm 8.26,27
[v] Orações da Bíblia (NT): v. 9-13; Mt 8.2 (Mt 6.9; Lc 11.2, nota)
[w] Lc 11.1-4; Jo 16.24; Ef 6.18; Jd 20
[x] Mt 5.9,16
[yy] Ml 1.11
[zz] Veja Mt 3.2, nota
[aa] Reino (NT): v. 10; Mt 7.21 (Mt 2.2; 1Co 15.24, nota)

[1] (5.48) A palavra implica desenvolvimento total, crescimento na maturidade da piedade. Veja Fp 3.12, *nota*; comp. tb. 1Jo 1.8,10.

[2] (6.1) A expressão se refere aos aspectos religiosos exteriores. A motivação para praticar essas ações não deve ser o fato de que outros as veem.

[3] (6.9) Os v. 9-13 contêm o que é comumente conhecido como o Pai-nosso. O propósito era que ela fosse uma oração-modelo para os discípulos: "vós orareis assim". Veja Lc 11.2, *nota*.

11 O pão nosso [b]de cada dia nos dá hoje.
12 [c]Perdoa-nos as nossas [d]dívidas,
assim [1]como nós perdoamos aos
nossos devedores.
13 Não nos deixes cair em [e]tentação,
mas [f]livra-nos [g]do mal.
Porque [2]teu é o Reino, o poder
e a glória, para sempre.
Amém.
14 Pois se perdoardes aos homens as suas ofensas, também vosso Pai celestial vos [h]perdoará a vós.
15 Se, porém, não perdoardes aos homens as suas ofensas, também vosso Pai celestial não perdoará as vossas ofensas.
16 **Quando** [i]jejuardes, não vos mostreis entristecidos como os hipócritas, pois mudam o rosto para parecer aos homens que jejuam. Em verdade vos digo que já receberam a sua recompensa.
17 Quando, porém, jejuares, unge a cabeça e lava o rosto,
18 para não pareceres aos homens que jejuas, mas a teu Pai, que está em secreto; e teu Pai, que vê em secreto, te [j]recompensará.

Os tesouros no céu

19 **Não** ajunteis [k]tesouros na terra, onde a traça e a ferrugem destroem e onde os ladrões arrombam e roubam.
20 Ajuntai, porém, tesouros no [l]céu, onde nem a traça nem a ferrugem destroem e onde os ladrões não arrombam nem roubam.
21 Pois onde estiver o vosso tesouro, aí estará também o vosso coração.
22 **A** lâmpada do corpo são os olhos. Se os teus olhos forem bons, todo o teu corpo terá luz.
23 Se, porém, os teus olhos forem maus, todo o teu corpo estará em trevas. Portanto, se a luz que em ti há são trevas, quão grandes são essas trevas!
24 **Ninguém** pode servir a [m]dois senhores. Ou há de odiar a um e amar o outro, ou se dedicará a um e desprezará o outro. Não podeis servir a Deus e às [3]riquezas.

Os cuidados e inquietações

25 **Por** isso, vos digo: [n]Não andeis ansiosos pela vossa vida, quanto ao que haveis de comer ou beber; nem pelo vosso corpo, quanto ao que haveis de vestir. Não é a vida mais do que o alimento, e o corpo mais do que as roupas?
26 Olhai para as aves do céu; não plantam nem colhem, e não ajuntam em celeiros; contudo, o vosso Pai celestial as alimenta. Não tendes vós muito mais valor do que elas?
27 Qual de vós poderá, com as suas preocupações, acrescentar uma [o]única hora ao curso da sua vida?
28 Quanto às roupas, por que andais ansiosos? Olhai como crescem os lírios do campo. Eles não trabalham nem fiam.
29 Eu, porém, vos digo que nem mesmo [p]Salomão, em toda a sua glória, vestiu-se como qualquer deles.
30 Se Deus assim veste a erva do campo, que hoje existe e amanhã é lançada no fogo, não vestirá muito mais a vós, homens de pequena fé?
31 Portanto, não andeis ansiosos, dizendo: Que comeremos? Que beberemos? ou: Com que nos vestiremos?
32 Pois os gentios procuram todas essas coisas. De certo vosso Pai celestial bem [q]sabe que necessitais de todas elas.
33 Buscai, pois, em primeiro lugar o seu [4]Reino e a sua [r]justiça, e todas essas coisas vos serão acrescentadas.

[b] Comp. Pv 30.8,9
[c] Perdão: v. 12; Mt 6.14 (Lv 4.20; Mt 26.28, nota)
[d] Pecado: veja Rm 3.23, nota
[e] Provar-Tentar: v. 13; Mt 16.1 (Gn 3.1; Tg 1.14)
[f] Jo 17.15; 2Tm 4.18; 2Pe 2.9
[g] Lc 11.4
[h] Perdão: v. 14,15; Mt 9.2 (Lv 4.20; Mt 26.28, nota)
[i] Lc 18.12; comp. Is 58.3-7
[j] Recompensas: v. 18; Mt 10.41 (Dn 12.3; 1Co 3.14, nota)
[k] Pv 23.4; 1Tm 6.6-11; Tg 5.2
[l] Mt 19.21; comp. Cl 3.1; 1Tm 6.19
[m] Lc 16.13; comp. 1Rs 18.21; 2Rs 17.41; Gl 1.10; Tg 4.4; 1Jo 2.15; Ap 3.15,16
[n] v. 31; Lc 12.22-31; Fm 18,19; 4.6,7; Hb 13.5,6
[o] Veja pesos e medidas (NT): At 27.28, nota
[p] Comp. 1Rs 10
[q] v. 8; Fp 4.19; comp. Êx 3.7,8; Dt 2.7; Sl 103.14
[r] Justiça (vestes de): v. 33; Rm 2.7 (Gn 3.21; Ap 19.18)

[1] (6.12) O problema que surge pela natureza condicional deste pedido de perdão pode ser explicado da seguinte maneira: Na doutrina da salvação, há duas áreas de perdão divino. A primeira é o perdão em Cristo, que chega ao pecador no momento da justificação e está relacionado com a culpa dos seus pecados num sentido total (Ef 1.7). Para este perdão, há uma condição: recebê-lo pela fé em Cristo uma vez e para sempre (Rm 4.5-8). A segunda área do perdão abrange o relacionamento do Pai com aqueles que se tornaram seus filhos e tem relação, especificamente, com o tema da comunhão com ele cada vez que ela é interrompida pelo pecado. Para obter esse perdão, devemos confessar o pecado e abandoná-lo (1Jo 1.9; comp. Sl 66.18 e Pv 28.13). O perdão mencionado no v. 12 tem relação com esta segunda área, uma vez que aparece em uma oração dada aos discípulos de Cristo (5.2), que podiam chamar Deus de Pai (6.9,26). A razão essencial para perdoar nossos devedores está baseada na graça de Deus e aparece mais tarde no desenvolvimento da revelação (Ef 4.32; Cl 3.13).

[2] (6.13) Os parâmetros dessa doxologia são encontrados na oração de Davi registrada em 1Cr 29.11: "Tua é, Senhor, a grandeza, o poder, a honra, a vitória e a majestade".

[3] (6.24) Riquezas, em algumas versões Mamom (gr. *mamona*).

[4] (6.33) Ainda que a expressão "Reino de Deus" (Mt 12.28) seja usada muitas vezes como sinônimo de "Reino dos céus", em alguns contextos deve ser distinguida (veja Mt 3.2, *nota*): 1) O "Reino de Deus" é, certas vezes, visto como o reino eterno e universal, i.e., o governo do Deus soberano sobre todas as criaturas e coisas (Sl 103.19; Dn 4.3). Neste sentido, o Reino de Deus inclui o Reino dos céus. 2) A expressão "o Reino de Deus" também é usada para designar a esfera da salvação na qual se entra apenas pelo novo nascimento (Jo 3.5-7),

34 Portanto, [s]não andeis ansiosos pelo dia de
amanhã, pois o amanhã se preocupará consigo
mesmo. Basta a cada dia o seu próprio [1]mal.

Proibição de julgar a outros
(Lc 6.37-42)

7 [t]Não julgueis, para que não sejais julgados.
2 Pois com o juízo com que julgardes
sereis julgados, e com a medida com que ti-
verdes [u]medido vos medirão a vós.
3 Por que [v]reparas no cisco que está no olho
do teu irmão, mas não percebes a trave que
está no teu?
4 Ou como dirás a teu irmão: Deixa-me tirar
o cisco do teu olho, estando uma trave no teu?
5 Hipócrita, tira primeiro a trave do teu olho
e então verás claramente para tirar o cisco do
olho do teu irmão.
6 **Não** deis aos [w]cães as coisas [x]santas, nem
lanceis aos porcos as vossas pérolas, para
que não as [y]pisem com os pés e, voltando-
-se, vos estraçalhem.

A perseverança na oração
(veja Lc 11.2, nota)

7 **Pedi** e vos será [z]dado; buscai e encontra-
reis; batei e a porta vos será aberta.
8 Pois aquele que pede recebe; o que busca
encontra; e ao que bate se abre.
9 Qual dentre vós é o homem que, se o filho
lhe pedir pão, lhe dará uma pedra?
10 Ou, pedindo-lhe peixe, lhe dará uma cobra?
11 Ora, se vós, sendo maus, sabeis dar [a]boas
coisas aos vossos filhos, quanto mais vosso
Pai, que está nos céus, dará boas coisas aos
que lhe pedirem?

A regra de ouro
(Lc 6.31; comp. Ef 4.32)

12 Portanto, tudo o que vós quereis que os
homens vos façam, fazei-o vós também a eles,
pois esta é a [b]Lei e os [c]Profetas.

Dois caminhos contrastados
(comp. Sl 1)

13 **Entrai** pela porta [d]estreita. Pois larga é a
porta e espaçoso o caminho que leva à perdi-
ção, e muitos são os que entram por ela.
14 Como é estreita a porta, e apertado o ca-
minho que leva para a [e]vida! Poucos são os
que a encontram.

Os falsos profetas
(Lc 6.43-45)

15 **Cuidado** com os [f]falsos profetas, que vêm
até vós disfarçados em ovelhas, mas por den-
tro são lobos devoradores.
16 Pelos seus frutos os conhecereis. Co-
lhem-se uvas dos espinheiros ou [g]figos das
ervas daninhas?
17 Do mesmo modo, toda árvore boa produz
bons frutos, e toda árvore má produz frutos maus.
18 Não pode a árvore boa produzir maus fru-
tos, nem a árvore má produzir frutos bons.
19 Toda árvore que não dá bom fruto é [h]cor-
tada e lançada no fogo.
20 Portanto, pelos seus frutos os conhecereis.

Profissão de fé falsa
(Lc 6.46)

21 Nem todo o que me [i]diz: Senhor, Senhor!
entrará no [j]Reino dos céus, mas aquele que
[k]faz a vontade de meu Pai, que está nos céus.
22 Muitos me dirão naquele dia: Senhor,
Senhor, não profetizamos nós em teu nome? E
em teu nome não expulsamos [2]demônios?
E em teu nome não fizemos muitos milagres?
23 Então lhes direi claramente: Nunca vos
conheci. [l]Afastai-vos de mim, vós que [m]pra-
ticais o [n]mal!

Parábola dos dois construtores e dos
dois fundamentos (Lc 6.47-49)

24 **Portanto,** todo aquele que ouve estas mi-
nhas palavras e as pratica será semelhante ao

[s] Tg 4.13,14
[t] Rm 14.4, 10,13; 1Co 4.3-5; 5.12
[u] Mc 4.24, 25; 2Co 9.6
[v] Ou farpa. Rm 2.1; comp. 1Co 10.12; Gl 6.1
[w] Comp. Mt 15.26
[x] Santificação (NT): v. 6; Mt 23.17 (Mt 4.5; Ap 22.11)
[y] Comp. Hb 10.29
[z] Mt 21.22; Mc 11.24; Lc 11.9-13; 18.1-8; Jo15.7; Tg 1.5; 1Jo 3.22
[a] Sl 84.11; Is 63.7; Rm 8.32; Tg 1.17; 1Jo 3.1
[b] Lei (de Moisés): v. 12; Mt 8.4 (Êx 19.1; Gl 3.24)
[c] Veja Lc 2.25, nota

[d] Mc 10.23-27; Lc 13.24; Jo 10.7,9
[e] Vida (eterna): v. 14; Mt 18.8 (Mt 7.14; Ap 22.19)
[f] Jr 23.16; Ez 22.28; Mc 13.22; Lc 6.26; 2Pe 2.1; 1Jo 4.1; comp. Dt 13.1-5; Ap 13.11-17; 19.20
[g] Tg 3.12
[h] Mt 3.10; Lc 13.6-9; Jo 15.2,6; comp. Mt 25.41-46
[i] Lc 13.25; comp. Is 29.13; 2Tm 3.5; Tt 1.16
[j] Reino (NT): v. 21-23; Mt 8.11 (Mt 2.2; 1Co 15.24, nota); veja Mt 3.2, nota
[k] Rm 2.13; Tg 1.22-25
[l] Juízos (os sete): v. 23; Mt 13.40 (2Sm 7.14; Ap 20.12)
[m] Veja Rm 3.23, nota
[n] Parábolas (NT): v. 24-27; Mt 9.16 (Mt 5.13; Lc 21.29)

em contraste com o Reino dos céus como esfera de profissão da fé cristã, profissão esta que pode ser tanto real como falsa (veja Mt 13.3, *nota*; 25.1,11,12). 3) Como o Reino dos céus está na esfera terrena do reino universal de Deus, ambos têm muito em comum e, em alguns contextos, as expressões são intercambiáveis.

Assim como o Reino dos céus, o Reino de Deus se realiza no governo de Deus na era presente e também será cumprido no futuro reino do milênio. Além disso, continuará eternamente (comp. Dn 4.3).

[1] (6.34) A palavra grega aqui denota dificuldade, adversidade, percalço.

[2] (7.22) Demônios (pl.) é a tradução do grego *daimonia*. "Diabo" (gr. *diabolos*), i.e., Satanás, sempre aparece no singular, pois há somente um.

No NT, há abundante testemunho quanto à realidade e à personalidade dos demônios. Quanto à sua origem, não há uma clara revelação, mas não devem ser confundidos com os anjos mencionados em 2Pe 2.4 e Jd 6. Resumo: 1) Os demônios são espíritos (Mt 12.43-45), emissários de Satanás (Mt 12.26,27) e tão numerosos que fazem que o poder de Satanás esteja praticamente em todo lugar (Mc 5.9). 2) Eles são capazes de entrar em homens e animais e controlá-los (Mc 5.2-5,11-13) e, com empenho, procuram um corpo (Mt 12.43,44; Mc 5.10-12). 3) O NT faz diferença entre a influência dos demônios e a possessão demoníaca. Exemplos da última são encontrados em Mt 4.24; 8.16,28,33; 9.32; 12.22; Mc 1.32; 5.15,16,18; Lc 8.36; At 8.7; 16.16. 4) Os demônios são imundos,

homem prudente, que construiu a sua casa
sobre a [o]rocha.
25 Desceu a chuva, transbordaram os rios,
sopraram os ventos e bateram contra aque-
la casa; contudo, ela não caiu, porque estava
edificada sobre a rocha.
26 Aquele que ouve estas minhas palavras,
mas não as pratica será comparado ao ho-
mem insensato, que construiu a sua casa
sobre a areia.
27 Desceu a chuva, transbordaram os rios,
sopraram os ventos e bateram contra aque-
la casa, e ela caiu, e foi grande a sua queda.

Efeito do sermão sobre os ouvintes

28 Terminando Jesus de proferir essas pala-
vras, as multidões ficaram maravilhadas com
seu [p]ensino,
29 porque ele as ensinava como quem tem
autoridade, não como os mestres da lei.

III. A autoridade do Rei manifestada e rejeitada, 8–12

Jesus cura um leproso
(Mc 1.40-45; Lc 5.12-14)

8 Quando ele desceu do monte, seguiu-o
uma grande multidão.
2 [1]Veio um [q]leproso e o [r]adorou, [s]dizendo:
[2]Senhor, se quiseres, podes purificar-me.
3 Jesus estendeu a mão, tocou nele e disse:
Quero, seja purificado! E imediatamente ele
ficou [t]limpo da lepra.
4 Disse-lhe então Jesus: Olha, não conte isso
a ninguém, mas vai, mostra-te ao sacerdote e
apresenta a [u]oferta que [v]Moisés [w]ordenou, pa-
ra lhes servir de testemunho.

Jesus cura o servo de um centurião
(Lc 7.1-10)

5 Assim que Jesus entrou em Cafarnaum, apro-
ximou-se dele um [3x]centurião, implorando:
6 Senhor, o meu criado está em casa paralí-
tico e em terrível sofrimento.
7 Disse-lhe Jesus: Eu irei curá-lo.
8 O centurião, porém, respondeu: Senhor,
não sou digno de receber-te sob o meu teto.
Dize somente uma palavra e o meu criado
será curado.
9 Pois eu também sou homem sob [y]autori-
dade, tenho soldados às minhas ordens. Digo
a este: Vai, e ele vai; e a outro: Vem, e ele vem.
Digo ao meu criado: Faze isto, e ele o faz.
10 Ao ouvir isso, [z]admirou-se Jesus e dis-
se aos que o seguiam: Em verdade vos digo
que nem mesmo em Israel encontrei tanta [a]fé.
11 Eu, porém, vos digo que muitos virão
do Oriente e do Ocidente e se assentarão à
mesa com Abraão, Isaque e Jacó, no [b]Reino
dos céus.
12 Os filhos do Reino, porém, serão lança-
dos fora, nas trevas, onde haverá pranto e
ranger de [c]dentes.
13 Então disse Jesus ao centurião: Vai! E seja
feito [d]conforme a tua fé. Naquela mesma hora
o seu criado foi curado.

[o] Cristo (Rocha): v. 24,25; Mt 16.18 (Gn 49.24; 1Pe 2.8)
[p] Em algumas versões, "doutrina". Mt 13.54; Mc 1.22; Lc 4.32
[q] Lv 13.1-46; comp. Nm 12.10-15; 2Rs 5.1-14, 20-27; 15.5; 2Cr 26.16-19; veja Êx 4.6; Lv 13.2, notas
[r] Mt 2.11; 9.18; 15.25; Jo 9.38
[s] Orações da Bíblia (NT): v. 2; Mt 8.25 (Mt 6.9; Lc 11.2, nota)
[t] Milagres (NT): v. 2,3,5-17; Mt 8.26 (Mt 8.3; At 28.8)
[u] Lv 14.4-32; Dt 24.8; Mc 1.44; Lc 5.14. Comp. Mt 5.17 com Rm 3.21
[v] Lei (de Moisés): v. 4; Mt 11.13 (Êx 19.1; Gl 3.24)
[w] Lv 14.4-32; Dt 24.8. Comp. Rm 3.21 com Mt 5.17
[x] Mt 27.54; At 10.1; veja At 27.1, nota
[y] Comp. Mc 1.27; Lc 9.1
[z] Comp. Mt 15.21-28
[a] Fé: v. 10,13; Mt 9.2 (Gn 3.20; Hb 11.39, nota)
[b] Reino (NT): v. 11,12; Mt 9.35 (Mt 2.2; 1Co 15.24, nota)
[c] Lc 13.28
[d] Comp. Mt 9.22,29; Lc 7.50; 8.48,50

tétricos, violentos e malignos (Mt 8.28; 9.33; 10.1; 12.43; Mc 1.23; 5.3-5; 9.17,20; Lc 6.18; 9.39). 5) Eles sabem que Jesus Cristo é o Deus Altíssimo e reconhecem sua autoridade suprema (Mt 8.31,32; Mc 1.23,24; At 19.15; Tg 2.19). 6) Eles sabem que seu destino eterno será de tormento (Mt 8.29; Lc 8.31). 7) Infligem males físicos (Mt 12.22; 17.15-18; Lc 13.16). Contudo, a enfermidade mental deve ser distinguida do transtorno mental resultante do controle demoníaco. 8) A influência demoníaca pode manifestar-se em ascetismo religioso (1Tm 4.1-3) e degenerar em impureza. 9) O sinal da influência demoníaca na religião é o afastamento da fé, i.e., do conjunto das verdades reveladas nas Escrituras (1Tm 4.1). 10) Os demônios mantêm um conflito com os cristãos que desejam ser espirituais (Ef 6.12; 1Tm 4.1-3). Os recursos do cristão são a oração e o domínio sobre o corpo (Mt 17.21), "toda a armadura de Deus" (Ef 6.13-18). 11) Todos os incrédulos estão expostos à possessão demoníaca (Ef 2.2). 12) Quando havia possessão demoníaca, era praticado o exorcismo em nome de Jesus Cristo (At 16.18). 13) Uma das características horríveis dos juízos apocalípticos com os quais esta dispensação terminará é a atuação de demônios do abismo (Ap 9.11).

[1] (8.2) Nos cap. 5–7 o Rei anuncia os princípios do Reino; nos cap. 8–9 ele demonstra seu poder para eliminar da terra as consequências do pecado e controlar os elementos da natureza.

[2] (8.2) Gr. *kurios*. Esta é a primeira vez que essa palavra aparece aplicada a Jesus, com sua evidente aprovação. Em si mesma, a palavra significa *amo* e é usada com respeito às relações entre seres humanos (p. ex., Mt 6.24; 15.27; Mc 13.35; Ef 6.9). Mas, como regra geral, no NT essa palavra é utilizada como um título divino (mais de 650 vezes) e é traduzida por "Senhor" ou "Mestre". As acepções divina e humana aparecem juntas em Ef 6.9 e Cl 4.1. *Kurios* é o equivalente grego do hebraico *Adonai* (veja Gn 15.2, *nota*) e também é usado no NT para traduzir o hebraico *Jehovah* (p. ex., Mt 1.20,22; 2.15; 3.3; 4.7,10; 11.25; 21.9; Mc 12.29,30; Lc 1.68; 2.9). Estes dois títulos que o AT usa para a Divindade foram traduzidos por *kurios* em uma única sentença (Mt 22.44). Nosso Senhor usou-a com respeito a seu Pai (Mt 4.7,10 etc.). Mas o uso mais frequente de *kurios* é como título divino de Jesus. Em Mt 3.3; 12.8; 21.9 (Sl 118.26); 22.43-45 (Sl 110); Lc 1.43; Jo 14.8-10; 20.28; At 9.5 (Sl 2), é evidente que o objetivo é identificar Jesus Cristo com a Divindade do AT. Veja Jo 20.28, *nota*.

[3] (8.5) No exército romano, um centurião era um capitão sobre cem homens.

A cura da sogra de Pedro
(Mc 1.29-34; Lc 4.38-41)

14 **Ao** entrar na casa de Pedro, Jesus viu a sogra dele, que estava de cama e com febre.

15 E [e]tocou-lhe na mão, a [f]febre a deixou, ela se levantou e o [g]servia.

16 **Ao** cair da tarde, trouxeram-lhe muitos [h]endemoninhados, e ele com a sua palavra expulsou deles os espíritos e curou todos os enfermos.

17 Isso aconteceu para que se cumprisse o que fora [i]dito pelo profeta Isaías: Ele [j]tomou sobre si as nossas enfermidades e levou as nossas doenças.

O discipulado posto à prova
(Lc 9.57-62)

18 **Quando** Jesus viu ao seu redor uma grande multidão, ordenou que passassem para o outro lado do lago.

19 Então um mestre da lei aproximou-se dele e disse: Mestre, aonde quer que [k]fores, eu te seguirei.

20 [l]Respondeu-lhe Jesus: As raposas têm tocas, e as aves do céu têm ninhos, mas o [1]Filho do homem não tem onde descansar a cabeça.

21 E outro de seus discípulos lhe disse: Senhor, deixe-me ir primeiro sepultar meu [m]pai.

22 Jesus, porém, lhe disse: Segue-me e deixa para os [n]mortos o sepultar os seus próprios mortos.

Jesus acalma o vento e as ondas
(Mc 4.36-41; Lc 8.22-25)

23 **Ao** entrar no barco, seus discípulos o seguiram.

24 De repente, levantou-se no mar uma grande tempestade, de forma que as ondas inundavam o barco; Jesus, porém, dormia.

25 Os seus discípulos aproximaram-se e o acordaram, [o]dizendo: Senhor, salva-nos! Vamos morrer.

26 Ele lhes disse: [p]Por que temeis, homens de [q]pequena fé? Então, levantou-se, repreendeu os ventos e o mar, e fez-se grande [r]calmaria.

27 Aqueles homens se admiraram, dizendo: Quem é este homem, a quem até os ventos e o mar obedecem?

A cura de dois endemoninhados em Gadara
(Mc 5.1-21; Lc 8.26-40)

28 **Quando** chegaram ao outro lado, à terra dos [s]gadarenos, saíram-lhe ao encontro dois [t]endemoninhados, vindos dos sepulcros. Eram tão violentos que ninguém podia passar por aquele caminho.

29 De repente gritaram: [u]Que temos nós contigo, Jesus, Filho de Deus? Vieste aqui [v]atormentar-nos antes do [w]tempo?

30 Ora, andava pastando, não distante deles, uma manada de porcos.

31 Os demônios rogavam, dizendo: Se nos expulsas, permite-nos que entremos naquela [x]manada de porcos.

32 Ele lhes disse: Ide. E, saindo eles, entraram nos porcos, os quais se lançaram ao mar por um despenhadeiro e morreram afogados.

33 Os que cuidavam dos porcos fugiram e, chegando à cidade, divulgaram tudo o que acontecera aos endemoninhados.

34 Então toda a cidade saiu ao encontro de Jesus e, vendo-o, rogaram que [y]saísse da terra deles.

Cura de um paralítico
(Mc 2.3-12; Lc 5.18-26)

9 Entrando Jesus num barco, [z]passou para o outro lado e foi para [a]sua cidade.

2 Alguns homens lhe trouxeram um paralítico deitado num leito. Vendo Jesus tão grande [b]fé, disse ao paralítico: Filho, tem bom ânimo; os teus pecados estão [c]perdoados.

3 Alguns [d]mestres da lei, porém, diziam entre si: Ele [ee]blasfema.

4 Jesus, porém, conhecendo os pensamentos deles, disse: Por que pensais mal em vosso coração?

[e] Comp. v. 3
[f] Comp. Jo 4.52
[g] Comp. Lc 8.2,3
[h] Veja Mc 3.15, nota; Mt 7.22, nota
[i] Inspiração: v. 17; Mt 10.14 (Êx 4.15; 2Tm 3.16); Is 53.4; comp. Mt 1.22,23
[j] Comp. 2Co 5.21; 1Pe 2.24
[k] Comp. Mt 26.24
[l] Comp. Lc 2.7; 1Co 4.11
[m] Comp. 1Rs 19.20
[n] Morte (espiritual): v. 22; Lc 9.60 (Gn 2.17; Ef 2.5, nota)
[o] Orações da Bíblia (NT): v. 25; Mt 9.18 (Mt 6.9; Lc 11.2, nota)
[p] Comp. Is 44.8
[q] Comp. Mt 17.20; Mc 16.17,18
[r] Milagres (NT): 8.24-32; 9.2-7; Mt 9.22 (Mt 8.3; At 28.8); comp. Sl 107.23-35
[s] "Gerasenos" em Mc 5.1; Lc 8.26
[t] Veja Mt 7.22, nota
[u] Mc 1.24; comp. 1Rs 17.18; At 24.25; 2Co 6.14
[v] Comp. Mt 25.41 com Ap 19.20
[w] Comp. 2Pe 2.4
[x] Comp. Mt 7.6; Lc 15.15,16
[y] v. 29; comp. Am 7.12; Lc 4.29; At 16.39
[z] Mc 5.21
[a] Mt 4.13; 11.23
[b] Fé: v. 2; Mt 9.22 (Gn 3.20; Hb 11.39, nota)
[c] Perdão: v. 2,5,6; Mt 12.31 (Lv 4.20; Mt 26.28, nota)
[d] Veja Mt 2.4, nota
[ee] Comp. Mc 3.28-30

[1] (8.20) O nome "Filho do homem" tem base na grande passagem messiânica de Dn 7.13. Comp. Mt 16.28; 19.28; 25.31; 26.64; Mc 14.62; Lc 22.29. Nosso Senhor usa esta expressão aproximadamente 80 vezes para referir-se a si mesmo. É seu nome como o Homem que tem papel de representante, no sentido de 1Co 15.45-47, assim como Filho de Davi é claramente seu nome judeu, e Filho de Deus, seu nome divino. Nosso Senhor usa este termo constantemente para indicar que sua missão (p. ex., Mt 11.19; Lc 19.10), sua morte e ressurreição (p. ex., Mt 12.40; 20.18; 26.2) e sua segunda vinda (p. ex., Mt 24.37-44; Lc 12.40) transcendem, em alcance, todas as limitações meramente judias. Quando Natanael confessa o Senhor como "Rei de Israel", a resposta que recebe é: "Coisas maiores do que esta verás [...] vereis o céu aberto e os anjos de Deus subindo e descendo sobre o Filho do homem" (Jo 1.50,51). Quando os judeus rejeitam os mensageiros de Jesus, o pensamento de Cristo se transporta para o momento em que o Filho do homem virá outra vez à raça humana (comp. Mt 10.5,6 com v. 23). Além disso, o juízo universal é confiado a ele como Filho do homem (Jo 5.22-27). O nome também indica que nele se cumpriu a predição do AT de bênçãos por meio de um homem que viria (veja Gn 1.26, *nota 14*; 3.15; 12.3; Sl 8.4; 80.17; Is 7.14; 9.6,7; 32.2).

5 O que é mais fácil [f]dizer? Os teus [g]pecados estão perdoados, ou: Levanta e anda?

6 Ora, para que [h]saibais que o [i]Filho do homem tem na terra [j]autoridade para perdoar pecados — disse então ao paralítico: Levanta-te, toma o teu leito e vai para tua casa.

7 Ele se levantou e foi para casa.

8 A multidão, vendo isso, [k]temeu e glorificou a Deus, que dera tal autoridade aos homens.

Vocação de Mateus
(Mc 2.14; Lc 5.27-29)

9 Passando adiante, Jesus viu assentado na coletoria um homem chamado Mateus e lhe disse: [l]Segue-me. Mateus levantou-se e o seguiu.

Jesus responde aos fariseus
(Mc 2.15-20; Lc 5.29-35)

10 Enquanto Jesus estava jantando na casa de Mateus, chegaram muitos cobradores de impostos e pecadores e sentaram-se à mesa com Jesus e seus discípulos.

11 Os [m]fariseus, vendo isso, [n]perguntaram aos seus discípulos: Por que come o vosso mestre com os cobradores de impostos e pecadores?

12 Jesus, porém, ouvindo isso, disse: Os [o]sãos não necessitam de médico, mas sim os doentes.

13 Ide, porém, e aprendei o que isso significa: [p]Misericórdia quero, não sacrifícios. Pois eu não vim chamar os [q]justos, mas os [r]pecadores ao [s]arrependimento.

14 Então vieram os discípulos de João, dizendo: Por que jejuamos nós e os [t]fariseus [u]muitas vezes, mas os teus discípulos não jejuam?

15 Respondeu-lhes Jesus: Podem estar tristes os convidados para o casamento, enquanto o noivo está com eles? Dias, porém, virão em que o noivo lhes será tirado, e nesses dias jejuarão.

Parábola do remendo e dos odres
(Mc 2.21,22; Lc 5.36-39)

16 Ninguém põe remendo de [v]pano novo em roupa velha, pois o remendo rompe a roupa, e faz-se maior o rasgo.

17 Nem se põe vinho novo em odres velhos. Do contrário, rompem-se os odres, derrama-se o vinho e os odres se estragam. Mas põe-se vinho novo em odres novos, e ambos se [w]conservam.

A filha de Jairo; a mulher hemorrágica
(Mc 5.21-43; Lc 8.40-56)

18 Dizia ele estas coisas, quando chegou um chefe da sinagoga e o adorou, [x]dizendo: Minha filha faleceu agora mesmo. Vem, impõe a tua mão sobre ela, e ela viverá.

19 Jesus levantou-se e o seguiu, juntamente com os seus [y]discípulos.

20 Certa mulher, que havia doze anos sofria com uma [z]hemorragia, chegou por trás dele e [a]tocou a ponta do seu [b]manto.

21 Ela dizia a si mesma: Se eu tão somente tocar o seu manto, ficarei [c]curada.

22 Jesus, virando-se, a viu e disse: Tem bom ânimo, filha, a tua [d]fé te [e]salvou. E desde aquele momento a mulher ficou curada.

23 Quando Jesus chegou à casa daquele chefe e viu os tocadores e o povo agitado,

24 disse: Retirai-vos. A menina não está morta, mas dorme. E riam-se dele.

25 Depois que o povo se afastou, entrou Jesus e [ff]tomou a menina pela mão, e ela se [gg]levantou.

26 E espalhou-se essa [hh]notícia por toda aquela região.

A cura de dois cegos e um endemoninhado

27 Partindo Jesus dali, seguiram-no [ii]dois cegos, clamando: Tem compaixão de nós, [jj]Filho de Davi!

28 Quando ele entrou em casa, os cegos se aproximaram, e Jesus lhes perguntou: Credes vós que eu possa fazer isso? Responderam-lhe eles: Sim, Senhor.

29 Então ele tocou os olhos deles e disse: Seja-vos feito conforme a vossa fé.

30 E os seus olhos se abriram. Jesus, porém, os advertiu severamente, dizendo: Cuidado para que ninguém saiba disso.

31 Quando, porém, ele saiu, espalharam a sua fama por toda aquela região.

32 Enquanto eles saíam, trouxeram-lhe um homem mudo e [kk]endemoninhado.

33 E, expulso o demônio, o mudo começou a falar. As multidões se admiravam, dizendo: Nunca se viu coisa igual em Israel!

34 Os fariseus, porém, diziam: Ele expulsa os demônios pelo príncipe dos demônios.

35 E percorria Jesus todas as cidades e aldeias, ensinando nas sinagogas, pregando o [ll]evangelho do [mm]Reino e curando todas as enfermidades e doenças entre o [nn]povo.

A compaixão de Jesus pelas multidões
(Mc 6.5,6)

36 Vendo ele as multidões, tinha grande compaixão delas, porque andavam cansadas e abatidas, como ovelhas sem pastor.

37 Então disse aos seus discípulos: A colheita é realmente grande, mas os trabalhadores são poucos.

38 Rogai, pois, ao Senhor da colheita que [oo]envie trabalhadores para a sua colheita.

---

[f] Comp. Mc 1.27; Lc 7.41-50
[g] Veja Rm 3.23, nota
[h] Comp. 1Jo 5.20
[i] Veja Mt 8.20, nota
[j] Jo 3.35; 5.27; comp. At 4.7-12
[k] Mt 8.27; Jo 7.15; comp. At 5.11
[l] Comp. Mt 4.18-22
[m] Comp. Lc 7.36-39; veja Mt 3.7, nota
[n] Mt 11.19; Lc 5.30; 15.2; 19.7
[o] Lc 18.9-14; Jo 9.39-41
[p] Os 6.6; Mt 12.7
[q] Veja Rm 10.10, nota
[r] Veja Rm 3.23, nota
[s] Arrependimento: v. 13; Mt 11.20 (Mt 3.2; At 17.30)
[t] Veja Mt 3.7, nota
[u] Mt 11.18
[v] Parábolas (NT): v. 16,17; Mt 13.3 (Mt 5.13; Lc 21.29)
[w] Comp. Jo 1.17
[x] Orações da Bíblia (NT): v. 18,21, 27; Mt 11.25 (Mt 6.9; Lc 11.2, nota)

[y] Mt 10.2-4
[z] Lv 15.19-33; comp. Lv 18.19; 20.18
[a] Mt 5.27; Lc 8.43,44; comp. Mt 8.3
[b] Mt 14.36; Mc 6.56
[c] Veja Lc 7.44, nota
[d] Fé: v. 22,29; Mt 15.28 (Gn 3.20; Hb 11.39, nota)
[e] Milagres (NT): v. 18-25, 27-30,32-35; Mt 11.5 (Mt 8.3; At 28.8)
[ff] Mt 8.3,15; Mc 1.31; comp. Ef 2.4-7
[gg] Ressurreição: v. 23-25; Mt 10.8 (2Rs 4.35; 1Co 15.52, nota)
[hh] Mt 4.24
[ii] Mt 20.29-34
[jj] Mt 15.22; Lc 18.38,39
[kk] Veja Mt 7.22, nota
[ll] Evangelho: v. 35; Mt 10.7 (Gn 12.3; Ap 14.6)
[mm] Reino (NT): v. 35; Mt 10.7 (Mt 2.2; 1Co 15.24)
[nn] Mt 4.23; veja Mc 3.15, nota
[oo] Mt 28.19,20; Ef 4.11,12; comp. At 13.2–21.8

Jesus envia os doze apóstolos
(Mc 6.7-13; Lc 9.1-6)

10 Chamando seus doze discípulos, deu-
-lhes [p]autoridade sobre os espíritos
imundos, para os expulsarem e para curarem
todo tipo de doenças e enfermidades.
2 Ora, são estes os nomes dos doze [1]após-
tolos: O primeiro, Simão, chamado Pedro, e
André, seu irmão; [q]Tiago, filho de Zebedeu,
e João, seu irmão;
3 Filipe e Bartolomeu; Tomé e Mateus, o
cobrador de impostos; Tiago, filho de Alfeu,
e Tadeu;
4 Simão, o Zelote, e Judas Iscariotes, que o traiu.
5 Jesus enviou estes doze e lhes ordenou:
Não ireis pelo caminho dos [2]gentios, nem en-
treis em cidade de samaritanos.
6 Ide antes às ovelhas [r]perdidas da casa
de Israel.
7 E, indo, [s]pregai, dizendo: O [t]Reino dos céus
está [u]próximo.
8 Curai os enfermos, purificai os leprosos,
[v]ressuscitai os mortos, [w]expulsai os demô-
nios. De graça recebestes; de graça dai.
9 Não leveis [x]ouro, nem prata, nem cobre,
em vossos cintos;
10 não leveis bolsa de viagem, nem túnica
extra, nem sandálias, nem bordão; pois digno
é o [y]trabalhador do seu alimento.
11 E em qualquer cidade ou aldeia em que en-
trardes, procurai saber quem nelas seja digno
e hospedai-vos aí até que vos retireis.
12 Ao entrardes numa casa, saudai-a.
13 Se a casa for digna, desça sobre ela a vossa
paz; se não for digna, volte para vós a vos-
sa paz.
14 Se ninguém vos receber nem ouvir as vos-
sas [z]palavras, saindo daquela casa ou cidade,
[a]sacudi o pó dos vossos pés.
15 Em verdade vos digo que no [b]dia do juízo
haverá menos [c]rigor para Sodoma e Gomorra
do que para aquela cidade.

O evangelho do Reino será proclamado antes da volta de Cristo

16 Eu [3]vos envio como [d]ovelhas entre os
lobos. Portanto sede prudentes como as [e]ser-
pentes e simples como as [f]pombas.

[p] Lc 10.17
[q] Veja Mt 4.21, nota
[r] Gr. *apollumi*. Jr 50.6; veja Jo 3.16, nota 4
[s] Evangelho: v. 7; Mt 11.5 (Gn 12.3; Ap 14.6)
[t] Reino (NT): v. 7; Mt 11.11 (Mt 2.2; 1Co 15.24, nota)
[u] Veja Mt 4.17, nota
[v] Ressurreição: v. 8; Mt 17.3 (2Rs 4.35; 1Co 15.52, nota)
[w] Veja Mt 7.22, nota
[x] Veja sist. monetário (NT): Mt 5.26, nota
[y] Lc 10.7; 1Co 9.4-14
[z] Inspiração: v. 14; Mt 11.10 (Êx 4.15; 2Tm 3.16)
[a] Lc 10.10,11
[b] Dia (do juízo): v. 15; Mt 11.22 (Mt 10.15; Ap 20.11)
[c] Mt 11.22
[d] Lc 10.3; comp. Mt 7.15
[e] Comp. 2Co 12.16; Ef 5.15; Cl 4.5
[f] Comp. Fp 2.14-16

---

[1] (10.2) A palavra "apóstolo" (gr. *apostolos*) significa *um mensageiro, alguém enviado com ordens*. É aplicada a nosso Senhor (Hb 3.1). Em todas as demais passagens é usada a respeito dos Doze, chamados para esse ofício por nosso Senhor durante seu ministério terreno; a respeito de Paulo, chamado para o apostolado pelo Senhor ressurreto e já nos céus; a respeito de Barnabé (At 14.14), que recebeu de maneira especial a designação de apóstolo por parte do Espírito Santo (At 13.2); e também a respeito de Matias, escolhido por sorteio para assumir o lugar de Judas Iscariotes (At 1.15-26). Embora Matias nunca seja chamado de apóstolo, afirma-se que ele "foi contado com os onze apóstolos".

Os "sinais de um apóstolo" eram: 1) Ter sido escolhido diretamente pelo próprio Senhor, ou, como no caso de Barnabé, pelo Espírito Santo (Mt 10.1,2; Mc 3.13,14; Lc 6.13; At 9.6,15; 13.2; 22.10,14,15; Rm 1.1). 2) Ser dotado de dons e sinais, poderes miraculosos que eram as credenciais divinas de sua função (Mt 10.1; At 5.15,16; 16.16-18; 28.8,9). 3) Ser arauto do Reino, anunciando a Israel (Mt 10.5,6) que o Reino estava próximo (veja Mt 4.17, *nota* 5) e manifestar os poderes do Reino (Mt 10.7,8). 4) Pedro (Mt 16.19, veja *nota*), o restante do apostolado (Mt 18.18; Jo 20.21-23) e, depois, todos os cristãos receberam de Jesus "as chaves do Reino". Isso lhes permite pregar o evangelho com tal poder que os homens encontram o perdão de pecados. 5) O futuro relacionamento dos apóstolos com o Reino será em sua função de juízes sobre as doze tribos (Mt 19.28). 6) Como consequência da rejeição do Reino e da revelação do mistério oculto em Deus – a Igreja (Mt 16.18; Ef 3.1-12) –, o ofício apostólico foi investido de um novo dom, o batismo com o Espírito Santo (At 2.1-4); de um novo poder, i.e., comunicar o Espírito aos judeus que criam em Cristo; de um novo relacionamento, de pedras fundamentais do novo templo (Ef 2.20-22); e de uma nova função, pregar, tanto a judeus como a gentios, as boas-novas da salvação do Senhor crucificado e ressurreto. 7) Está implícito que um apóstolo era alguém que havia sido testemunha ocular da ressurreição de Cristo (At 1.22; 1Co 9.1), i.e., tinha de ter visto o Senhor ressuscitado. O NT não registra que Barnabé, chamado apóstolo em At 14.14, tenha visto Cristo depois da ressurreição, mas, se tal exigência estava implícita no apostolado, ele deve ter sido testemunha ocular.

[2] (10.5) As instruções para esta missão não são as mesmas da Grande Comissão dada antes da ascensão de nosso Senhor. 1) Aqui, a missão é apenas para Israel e evita gentios e samaritanos, enquanto na Grande Comissão Jesus envia os discípulos a "todos os povos" (Mt 28.16-20; veja tb. Mc 16.15-18; Lc 24.46-48; At 1.8). 2) Aqui, os Doze, como arautos do Rei de Israel, devem depender da hospitalidade de cada aldeia aonde forem (v. 9-14), ao passo que, no fim do seu ministério, Cristo ordenou àqueles que pregassem o evangelho em sua ausência que não agissem assim (Lc 22.35,36). Veja tb. a prática que está implícita em 3Jo 7.

[3] (10.16) O alcance dos v. 16-23 vai além do ministério pessoal dos Doze. Eles abrangem não somente a esfera de serviço, num sentido geral, nesta era, mas as palavras do v. 23 parecem indicar que se referem de maneira particular à pregação do remanescente (Is 1.9; veja Rm 11.5, *nota*) na tribulação (Sl 2.5; veja Ap 7.14, *nota*) e imediatamente antes do regresso de Cristo em glória (veja Dt 30.3, *nota*; At 1.11, *nota*). O remanescente, então, não terá percorrido todas as cidades de Israel antes que o Senhor volte.

17 Cuidado com os homens; eles vos entregarão aos tribunais e vos açoitarão nas suas sinagogas.

18 Sereis até conduzidos à presença de governadores e reis por minha causa, para lhes servir de testemunho, a eles e aos gentios.

19 Quando, porém, vos entregarem, [g]não fiqueis preocupados com o que haveis de falar. Naquela mesma hora vos [h]será dado o que haveis de dizer,

20 pois não sois vós que falareis, mas o [i]Espírito de vosso Pai é quem fala por meio de vós.

21 Um irmão entregará à morte outro irmão, e o pai ao filho; e os filhos se rebelarão contra os pais e os matarão.

22 E odiados de todos sereis por causa do meu nome, mas aquele que [j]perseverar até o fim será [1]salvo.

23 Quando vos perseguirem nesta cidade, fugi para outra. Em verdade vos digo que não [k]acabareis de percorrer as cidades de Israel até que [l]venha o [m]Filho do homem.

O preço e as compensações do discipulado

24 **O** discípulo não é superior ao mestre, nem o servo superior ao seu senhor.

25 Basta ao discípulo ser como seu mestre, e ao servo como seu senhor. Se [n]chamaram [o]Belzebu ao pai de família, quanto mais aos seus familiares?

26 Portanto, não os temais. [p]Nada há escondido que não venha a ser revelado, nem oculto que não se torne conhecido.

27 O que vos digo no escuro [q]dizei-o na luz; e o que escutais ao ouvido pregai-o sobre os telhados.

28 Não temais os que matam o corpo e não podem matar a alma. [r]Temei antes [2]aquele que pode destruir no [s]inferno tanto a alma como o corpo.

29 Não se vendem dois [t]passarinhos por uma pequena [u]moeda? E nenhum deles cairá em terra sem a permissão de vosso Pai.

30 E até mesmo os [v]cabelos da vossa cabeça estão todos contados.

31 Não temais, pois; mais valeis vós do que muitos pardais.

32 Todo aquele, porém, que me [w]confessar diante dos homens, eu o confessarei diante de meu Pai, que está nos céus.

33 Mas todo aquele que me negar diante dos homens, eu o [x]negarei também diante do meu Pai que está nos céus.

34 **Não** penseis que vim trazer paz à terra. Não vim trazer [3]paz, mas espada.

35 Pois eu vim trazer [y]divisão
entre o homem e seu pai,
entre a filha e sua mãe,
entre a nora e sua sogra.

36 Os inimigos do homem serão os seus próprios familiares.

37 Quem ama o pai ou a mãe mais do que a mim não é digno de mim; quem ama o filho ou a filha mais do que a mim não é digno de mim.

38 E quem não toma a sua cruz e não me segue não é [z]digno de mim.

39 Quem achar a sua vida a perderá, e quem perder a sua vida por minha causa a achará.

40 [a]**Quem** vos recebe a mim me recebe, e quem me recebe, recebe aquele que me enviou.

41 Quem recebe um profeta porque é profeta receberá [b]recompensa de profeta, e quem recebe um [c]justo porque é justo receberá recompensa de justo.

42 E quem [d]der de beber ainda que seja um copo com água fria a um destes pequeninos, por ser meu discípulo, em verdade vos digo que de modo algum perderá a sua recompensa.

Jesus testemunha sobre João Batista
(Lc 7.18-35)

11 Quando Jesus acabou de instruir seus doze discípulos, partiu dali para [e]ensinar e pregar nas cidades da Galileia.

2 [4][f]João, ao ouvir na prisão falar dos feitos de Cristo, enviou dois dos seus discípulos

[g] Comp. Mt 6.25, 31,34
[h] Mc 13.11; Lc 12.11,12; 21.14,15
[i] Espírito Santo (NT): v. 20; Mt 12.18 (Mt 1.18; At 2.4, nota); comp. 2Sm 23.2; At 4.5-12; 6.10
[j] Mt 24.13; Mc 13.13; comp. Gl 6.9; Ap 2.10
[k] Mt 24.14; Mc 13.10
[l] Cristo (segunda vinda): v. 23; Mt 16.27 (Dt 30.3; At 1.11, nota)
[m] Veja Mt 8.20, nota
[n] Jo 8.48,52
[o] Título de uma divindade pagã. Refere-se a Satanás. Mt 9.34; 12.24; Mc 3.22; Lc 11.15
[p] Mc 4.22; Lc 8.17; 12.2,3; 1Co 4.5
[q] At 5.20; comp. Cl 1.6,23
[r] Is 8.13; Lc 12.5; comp. 2Co 5.11
[s] Gr. *geenna*. Veja Mt 5.22, nota
[t] Lc 12.6,7
[u] Veja sist. monetário (NT): Mt 5.26, nota
[v] Lc 21.18; At 27.34
[w] Sl 119.46; Lc 12.8; comp. Ap 3.8
[x] Mc 8.38; Lc 9.26; 12.9; 2Tm 2.12
[y] Mq 7.6; Lc 12.53; comp. Jo 9.18-23
[z] Lc 14.26; comp. Dt 33.9; 2Co 5.16
[a] Lc 9.48; Jo 12.44; comp. Mt 25.40,45; Gl 4.14
[b] Recompensas: v. 41,42; Mt 16.27 (Dn 12.3; 1Co 3.14, nota)
[c] Veja Rm 10.10 e 1Jo 3.7, notas
[d] Mc 9.41; comp. 1Rs 18.4; Mt 18.5,6; Lc 21.1-4
[e] Lc 23.5
[f] Mt 4.12; 14.3; Mc 6.17

[1] (10.22) A palavra "salvo" aqui não é usada com o sentido de salvação da alma, mas de libertação da perseguição.

[2] (10.28) Não é uma referência a Satanás, como muitos creem, mas a Deus, o único que "pode destruir no inferno tanto a alma como o corpo".

[3] (10.34) Comp. Jo 14.27. Podem ser mencionadas quatro referências à paz: 1) "Paz com Deus" (Rm 5.1); esta paz é a obra de Cristo na qual o indivíduo entra pela fé (Ef 2.14-17; Rm 5.1). 2) "Paz da parte de Deus" (Rm 1.7; 1Co 1.3 etc), que se encontra na saudação de todas as epístolas que Paulo escreveu e enfatiza a fonte da verdadeira paz. 3) "Paz de Deus" (Fp 4.7), paz interior, a condição da alma do cristão que, após entrar numa relação de paz com Deus, entregou-lhe todas as suas ansiedades pela oração e súplica com ações de graças (Lc 7.50; Fp 4.6,7); esta expressão enfatiza a qualidade ou a natureza da paz que é outorgada. 4) Paz na terra (Sl 72.7; 85.10; Is 9.6,7; 11.1-12), paz universal nesta terra durante o milênio.

[4] (11.2) João está na prisão, o Rei é rejeitado e a fé de João vacila. Portanto, o Senhor anima e exorta seu servo (v. 4-6). Comp. Jo 15.20.

3 a perguntar-lhe: És tu aquele que havia de
[g]vir ou devemos esperar outro?
4 Respondeu-lhes Jesus: Ide e anunciai a
João as coisas que ouvis e vedes:
5 Os [h]cegos [i]veem, os coxos andam, os lepro-
sos são limpos, os surdos ouvem, os mortos
são ressuscitados e aos pobres é [j]anunciado
o [k]evangelho.
6 E bem-aventurado é aquele que não [l]se es-
candalizar por minha causa.
7 **P**artindo eles, começou Jesus a dizer à mul-
tidão, a respeito de João: Que fostes ver no
deserto? Um caniço agitado pelo vento?
8 Sim, que fostes ver? Um homem vestido de
roupas finas? Os que usam roupas finas estão
nos palácios dos reis.
9 Mas então que fostes ver? Um profeta? Sim,
vos digo eu, e muito mais do que profeta.
10 João é aquele de quem está [m]escrito:
À tua frente envio o meu anjo,
que preparará diante de ti o teu caminho.
11 Em verdade vos digo que, entre os que nas-
ceram de mulher, não apareceu alguém maior
do que João Batista; contudo, o [n]menor no Rei-
no dos céus é [1]maior do que ele.
12 Desde os dias de João Batista até agora, o
[o]Reino dos céus é [2]tomado à força, e pela [p]for-
ça apoderam-se dele.
13 Pois todos os Profetas e a [q]Lei profetiza-
ram até João.
14 E, se quiserdes aceitar, [r]ele é o [s]Elias que
havia de vir.
15 Quem tem ouvidos para ouvir ouça!
16 **A** que posso comparar esta geração? É se-
melhante a crianças que se assentam nas
praças e gritam aos seus companheiros:
17 Tocamo-vos flauta,
e não dançastes;
cantamo-vos lamentações,
e não chorastes.
18 Pois veio João, não comendo nem beben-
do, e dizem: Tem [t]demônio.
19 Veio o [u]Filho do homem, [v]comendo e be-
bendo, e dizem: Eis um homem comilão e
beberrão, amigo de cobradores de impostos
e [w]pecadores. Mas a sabedoria é comprovada
pelas [x]ações que a acompanham.

Ai das cidades impenitentes!

20 [3]Então começou ele a denunciar as [y]cida-
des onde se realizou a maior parte dos seus
milagres por não se terem [z]arrependido.
21 Ai de ti, Corazim! Ai de ti, Betsaida! Se em
Tiro e em Sidom se tivessem feito os milagres
que em vós se fizeram, há muito que se teriam
arrependido, vestindo pano de saco e cinza.
22 Por isso eu vos digo que no [a]dia do juí-
zo haverá menos rigor para Tiro e Sidom do
que para vós.
23 E tu, Cafarnaum, serás levada até os céus?
Serás derrubada até o [b]inferno. Se em [c]Sodo-
ma tivessem sido feito os milagres que em ti
se operaram, ela teria permanecido até hoje.
24 Eu, porém, vos digo que no dia do juízo ha-
verá menos rigor para Sodoma do que para ti.

A nova mensagem: discipulado pessoal

25 **P**or esse tempo, [d]disse Jesus: Graças te
dou, ó Pai, Senhor do céu e da terra, que [e]es-
condeste estas coisas aos sábios e entendidos
e as revelaste aos pequeninos.
26 Sim, ó Pai, pois assim foi da tua vontade.
27 Todas as coisas me foram entregues por
meu Pai. Ninguém conhece o Filho, senão o
Pai, e ninguém conhece o Pai, [f]senão o Filho e
aquele a quem o Filho o quiser revelar.
28 [4]**V**inde a [gg]mim todos os que estais can-
sados e sobrecarregados, e eu vos aliviarei.
29 Tomai sobre vós o meu jugo e apren-
dei de mim, porque [hh]sou manso e humilde

[1] (11.11) Maior no aspecto funcional, não no moral. João, o Batista, era tão grande em força de caráter quanto qualquer homem "entre os que nasceram de mulher", mas seu ministério era anunciar o Reino que estava próximo. O Reino não chegou naquele momento, mas foi rejeitado; João foi martirizado e, posteriormente, o Rei foi crucificado. Quando o Reino for estabelecido em glória (veja Reino [NT], Lc 1.31-33; 1Co 15.24, *nota*), o menor será maior do que João na plenitude do poder e da glória do Senhor. Aqui, não se está falando do céu, mas do reino do Messias neste mundo. Veja Mt 3.2, *nota*; 6.33, *nota*.

[2] (11.12) Tem-se discutido muito se "tomado à força" aqui é um ato externo, contra o Reino nas pessoas de João, o Batista, e de Jesus, ou se, considerando a oposição dos escribas e fariseus, apenas os de grande determinação se esforçariam por entrar nele. As duas coisas são verdadeiras. O Rei e seu arauto sofreram violência, e este é o significado básico, mas também havia alguns que, de forma resoluta, estavam se tornando discípulos. Comp. Lc 16.16.

[3] (11.20) O Reino dos céus, anunciado como próximo por João, o Batista, pelo próprio Rei e pelos Doze, reino confirmado por obras poderosas, foi rejeitado. Depois que os lugares escolhidos para provar a nação – Corazim, Betsaida etc. – rejeitaram tanto a João quanto a Jesus, o Rei rejeitado pronuncia palavras de juízo. A rejeição oficial ocorreu mais tarde (Mt 27.21-25).

[4] (11.28) A nova mensagem de Jesus. O Rei rejeitado se afasta da nação que o rejeitou e, agora, oferece descanso e serviço a todos os que estão conscientes da necessidade de ajuda divina. É um ponto decisivo no ministério de Jesus.

[g] Gn 49.10; Dt 18.15,18
[h] Milagres (NT): v. 5; Mt 12.13 (Mt 8.3; At 28.8); Lc 4.18,19
[i] Mt 9.27-30; Jo 9.1-7; comp. Is 29.18,19; 35.4-6
[j] Is 61.1
[k] Evangelho: v. 5; Mt 24.14 (Gn 12.3; Ap 14.6)
[l] Comp. Mt 13.57; 24.10; 26.31; comp. Rm 9.33; 1Co 1.23
[m] Inspiração: v. 10,13, 14; Mt 12.3 (Êx 4.15; 2Tm 3.16); Is 40.3; Ml 3.1
[n] Comp. Ef 3.4-10; Hb 11.40; 1Pe 1.10-12
[o] Reino (NT): v. 11,12; Mt 13.11 (Mt 2.2; 1Co 15.24, nota)
[p] Lc 16.16; comp. Lc 5.19,20
[q] Lei (de Moisés): v. 13; Mt 12.5 (Êx 19.1; Gl 3.24)
[r] Veja Mt 17.10, nota
[s] Mt 17.12; Lc 1.17; comp. Ml 4.5

[t] Veja Mt 7.22, nota
[u] Veja Mt 8.20, nota
[v] Mt 9.10; Lc 5.29-32; 7.36; Jo 2.1-11
[w] Veja Rm 3.23, nota
[x] Lc 7.35
[y] Lc 10.13-15; veja Mc 8.23, nota
[z] Arrependimento: v. 20,21; Mt 12.41 (Mt 3.2; At 17.30, nota)
[a] Dia (do juízo): v. 20-24; Mt 12.36 (Mt 10.15; Ap 20.11)
[b] Veja Lc 16.23, nota
[c] Gn 13.13; 18.20; 19.24; Lc 17.28
[d] Orações da Bíblia (NT): v. 25,26; Mt 14.30 (Mt 6.9; Lc 11.2, nota)
[e] Lc 10.21; comp. Sl 8.2; 1Co 1.19-31
[f] Comp. Jo 1.18; 14.9,10
[gg] Jo 6.35-37; comp. Jo 1.38,39
[hh] Zc 9.9; Fp 2.5-8; comp. Jo 13.3-15; 1Jo 2.6

de coração, e encontrareis descanso para as vossas almas.

30 Pois o meu jugo é suave e o meu fardo é leve.

Jesus é Senhor do sábado
(Mc 2.23-28; Lc 6.1-5)

12 **N**aquele tempo passou Jesus pelos campos de cereal, em dia de [i][1]sábado. Seus discípulos estavam com fome e começaram a [j]colher espigas e a comer.

2 Quando os fariseus viram isso, disseram-lhe: Olha, os teus discípulos fazem o que [2]não é permitido fazer no sábado.

3 Ele, porém, lhes disse: [k]Não [l]lestes [3]o que fez Davi quando teve fome, ele e os que com ele estavam?

4 Como entrou na casa de Deus e comeu os [m]pães da proposição, que não lhe era permitido comer, nem aos que com ele estavam, mas só aos sacerdotes?

5 Ou não lestes na [n]lei que, no sábado, os sacerdotes no templo violam o dia e ficam sem culpa?

6 Eu vos digo que está aqui quem é [o]maior do que o templo.

7 Se, porém, vós soubésseis o que significa: [p]Misericórdia quero, não sacrifícios, não condenaríeis os inocentes.

8 Pois o [q]Filho do homem é Senhor do sábado.

Jesus cura no sábado
(Mc 3.1-5; Lc 6.6-11)

9 **A**o partir dali, entrou na sinagoga deles,

10 e estava ali um homem que tinha uma das mãos atrofiadas. Eles, para o acusarem, o interrogaram: É permitido curar no sábado?

11 Ele lhes respondeu: Qual de vós será o homem que, tendo uma ovelha, e, no sábado, ela cair numa cova, não vai pegá-la e tirá-la de lá?

12 Quanto mais vale um homem do que uma ovelha! Logo, é permitido fazer [r]bem nos sábados.

13 Então disse àquele homem: Estende a tua mão. Ele a estendeu, e [s]ficou sã como a outra.

Muitos outros são curados
(Mc 3.6-12)

14 Os fariseus saíram e conspiraram contra ele, para o [t]matarem.

15 **J**esus, sabendo disso, retirou-se dali. Acompanhou-o uma grande multidão, e ele curou todos os doentes,

16 [u]recomendando-lhes rigorosamente que não dissessem quem ele era.

17 Para que se cumprisse o que fora dito pelo profeta Isaías:

18 Aqui está o meu [v]servo, que escolhi,
o meu [w]amado, em quem tenho prazer.
Porei sobre ele o meu [x]Espírito,
e ele anunciará justiça aos [4]gentios.

[i] Sábado (dia de repouso): v. 1-13; Mt 24.20 (Gn 2.3; Mt 12.1, nota)
[j] Dt 23.25
[k] Êx 31.15; 35.2; comp. Nm 15.32-36; Lc 13.14
[l] Inspiração: v. 3-5,17-21; Mt 12.39 (Êx 4.15; 2Tm 3.16)
[m] Comp. Êx 29.32,33; Lv 8.31; veja Êx 25.30, nota
[n] Lei (de Moisés): v. 5; Mt 15.3 (Êx 19.1; Gl 3.24)
[o] 2Cr 6.18; Is 66.1,2
[p] 1Sm 15.22; Os 6.6; Mq 6.6-8; Mt 9.13
[q] v. 32,40; veja Mt 8.20, nota
[r] Comp. Lc 14.1-6
[s] Milagres (NT): v. 10-13,22; Mt 14.20 (Mt 8.3; At 28.8)
[t] Sl 2.2; Mt 27.1; Mc 3.6; Lc 6.11; Jo 5.18
[u] Mt 8.4; 9.30; 17.9
[v] v. 18-21; Is 42.1-4
[w] Cristo (primeira vinda): v. 18-24; Mt 18.11 (Gn 3.15; At 1.11)
[x] Espírito Santo (NT): v. 18; Mt 12.31 (Mt 1.18; At 2.4, nota)

[1] (12.1) "Sábado", do heb. *shabbat* (gr. *sabbaton*), significa *cessação do trabalho*, *repouso*. 1) O sábado aparece nas Escrituras como o dia em que Deus descansou ao terminar a obra da criação (Gn 2.2,3). Durante o longo período do Éden ao Sinai, ele não é mencionado. Então, é feita a revelação do sábado a Israel (Êx 16.23; Ne 9.13,14), este se torna parte da Lei (Êx 20.8-11) e é revestido do caráter de "sinal" entre Jeová e Israel, um memorial perpétuo a Israel de sua separação para Deus (Êx 31.13-17). A observância do sábado incluía descanso completo (Êx 35.2,3) e, por ordem expressa do Senhor, um homem foi condenado à morte, pois apanhava lenha no dia do descanso (Nm 15.32-36). À parte do holocausto contínuo (Nm 28.9) e de sua ligação com as festas anuais (Êx 12.16; Lv 23.3,8; Nm 28.25), o sétimo dia nunca foi um dia de sacrifício, culto ou qualquer atividade religiosa. Era simplesmente um dia de descanso absoluto para o homem e para os animais, uma provisão benéfica para as necessidades do homem. Usando as palavras de Cristo, "o sábado foi feito por causa do homem, e não o homem por causa do sábado" (Mc 2.27). 2) Nosso Senhor viu que a maneira com que o dia era observado estava cheia de evasivas e restrições rabínicas (Mt 12.2), algo alheio à Lei, a ponto de as autoridades religiosas daquele tempo o acusarem de não guardar o sábado. Durante o período da tribulação (Mt 24.20,21) e na Dispensação do Reino (Is 66.23), o sábado será novamente observado. 3) Na Dispensação da Igreja, o descanso do cristão no primeiro dia perpetua o princípio de que uma sétima parte do tempo é sagrada, mas em todos os outros aspectos está em contraste com o sábado. Um é o sétimo dia; o outro, o primeiro. O sábado comemora o descanso depois da Criação; o primeiro dia, a ressurreição de Cristo. No sétimo dia, Deus descansou; no primeiro dia, Cristo esteve incessantemente ativo. O sábado comemora uma criação consumada; o primeiro dia, uma redenção consumada. O sábado era um dia de obrigação legal; o primeiro dia, de culto e serviço. Ele é mencionado em Atos apenas em ligação com os judeus e, no resto do NT, apenas duas vezes (Cl 2.16; Hb 4.4). Nestas passagens, se explica que o sábado, o sétimo dia, não é um dia observado pelos cristãos, mas um tipo do repouso presente no qual o crente entra quando "descansou de suas obras" (Hb 4.10) ao confiar em Cristo.

[2] (12.2) Era permitido recolher espigas (Dt 23.24,25), mas não no sábado.

[3] (12.3) A ação de Jesus (v. 1-8) é de suma importância. "O que fez Davi" refere-se a quando Saul rejeitou Davi e o perseguia (1Sm 21.6). Aqui Jesus não é tanto o Salvador rejeitado, mas o Rei rejeitado.

[4] (12.18) O Rei de Israel que foi rejeitado se voltará para os gentios (contraste com Mt 10.5,6). Para o cumprimento disso, era preciso aguardar a rejeição oficial, a crucificação e a ressurreição de Cristo (Lc 24.46-48; At 9.15; 13.46; 28.25-28; Rm 11.11).

19 Não discutirá, nem clamará,
nem se ouvirá pelas ruas a sua voz.
20 Não esmagará o caniço quebrado
e não apagará o pavio que fumega,
até que faça triunfar a justiça.
21 E no seu nome os gentios terão esperança.

22 **T**rouxeram-lhe então um [y]endemoninhado cego e mudo, e ele o curou, de tal forma que o cego e mudo podia falar e ver.

23 E toda a multidão se maravilhava e dizia: Não é este o [z]Filho de Davi?

Os fariseus blasfemam contra o Espírito Santo (Mc 3.22-30; Lc 11.14-23)

24 Os [a]fariseus, porém, ouvindo isto, diziam: Este não expulsa os demônios [b]senão pelo poder de Belzebu, príncipe dos demônios.

25 Jesus, conhecendo os seus pensamentos, disse-lhes: Todo reino dividido contra si mesmo será arruinado e toda cidade ou casa dividida contra si mesma não permanecerá em pé.

26 Se [c]Satanás expulsa a Satanás, está dividido contra si mesmo. Como, pois, permanecerá em pé o seu reino?

27 Se, porém, eu expulso os [d]demônios pelo poder de Belzebu, por quem os expulsam então os vossos [e]filhos? Portanto eles mesmos serão os vossos juízes.

28 Mas, se eu [f]expulso os demônios pelo Espírito de Deus, certamente é chegado a vós o Reino de Deus.

29 Ou, como pode alguém entrar na casa do homem forte e roubar os seus bens, se primeiro não o amarrar, saqueando então a sua casa?

30 Quem não é por mim é contra mim, e quem comigo não ajunta espalha.

O pecado imperdoável: atribuir a Satanás as obras do Espírito Santo (Mc 3.28-30)

31 Portanto eu vos digo: Todo [g]pecado e blasfêmia se [h]perdoará aos homens, mas a [1]blasfêmia contra o [i]Espírito não será perdoada.

32 Se alguém disser alguma palavra contra o [j]Filho do homem, isso lhe será perdoado, mas se alguém falar contra o Espírito Santo, isso não lhe será perdoado, nem neste [k]mundo nem no futuro.

As palavras do homem determinam seu destino

33 **O**u fazei a [l]árvore boa e o seu fruto bom, ou fazei a árvore má e o seu fruto mau, pois pelo fruto se conhece a árvore.

34 [m]Raça de víboras, [n]como podeis vós dizer boas coisas, sendo maus? Pois do que está cheio o coração, disso fala a boca.

35 O homem bom tira boas coisas do seu bom tesouro, e o homem mau do mau tesouro tira coisas más.

36 Eu, porém, vos digo que de toda palavra inútil que os homens falarem darão conta no [o]dia do juízo.

37 Pois pelas tuas palavras serás inocentado e pelas tuas palavras serás condenado.

O sinal do profeta Jonas (Lc 11.29-32; comp. Jn 1.17)

38 **E**ntão [p]alguns mestres da lei e fariseus lhe disseram: Mestre, gostaríamos de ver da tua parte algum [q]sinal.

39 Mas ele lhes respondeu: Uma geração má e adúltera pede um sinal, mas não se lhe dará [r]outro sinal senão o do profeta Jonas.

40 Pois como Jonas esteve três dias e três noites no ventre do [s]grande peixe, assim estará o [t]Filho do homem três dias e três noites no seio da terra.

41 Os [u]ninivitas ressurgirão no juízo com esta geração e a condenarão, pois se [v]arrependeram com a pregação de [2]Jonas. E aqui está quem é maior do que Jonas.

O sinal da rainha de Sabá (comp. 2Cr 9.1-12)

42 A [w]rainha do Sul se levantará no dia do juízo com esta geração e a condenará, pois veio dos confins da terra para ouvir a sabedoria de Salomão. E aqui está quem é maior do que Salomão.

[y] Veja Mt 7.22, nota; 2Ts 2.9
[z] Mt 9.27; 21.9
[a] Veja Mt 3.7, nota
[b] v. 24-28; Mt 9.34
[c] Satanás: v. 26,27; Mt 13.19 (Gn 3.1; Ap 20.10)
[d] Veja Mt 7.22, nota
[e] Comp. Lc 9.49,50; 10.17; At 19.13-16
[f] 1Jo 3.8
[g] Veja Rm 3.23, nota
[h] Perdão: v. 31,32; Mt 18.21 (Lv 4.20; Mt 26.28, nota)
[i] Espírito Santo (NT): v. 28,31, 32; Mt 22.43 (Mt 1.18; At 2.4, nota)
[j] Veja Mt 8.20, nota
[k] Gr. *aiõn*. Veja Mc 10.30, nota
[l] Mt 7.17,18; Lc 6.43,44
[m] Mt 3.7; 23.33
[n] Comp. Lc 6.45; Rm 8.7,8; Tg 3.10
[o] Dia (do juízo): v. 36,41, 42; Mt 6.11 (Mt 10.15; Ap 20.11)
[p] Veja Mt 2.4 e 3.7, notas
[q] v. 38-40; Mt 16.1-4; Mc 8.11,12; comp. Mt 16.4; Lc 11.29-32; 1Co 1.22
[r] Inspiração: v. 39-42; Mt 13.14 (Êx 4.15; 2Tm 3.16)
[s] Veja Jn 1.17, nota; comp. Jó 7.12; Ez 32.2
[t] Mt 27.63
[u] Jo 3.5-9; veja Na 1.1, nota
[v] Arrependimento: v. 41; Mt 21.29 (Mt 3.2; At 17.30, nota)
[w] 1Rs 10.1-13

[1] (12.31) A "blasfêmia contra o Espírito" consistia em atribuir a Satanás a obra do Espírito Santo (comp. v. 24). Esse pecado era imperdoável em vista das circunstâncias insólitas em que eles rejeitaram Cristo. Este sério pecado dos fariseus foi o clímax de sua contínua negação da evidente verdade de que os milagres de Jesus eram símbolo do poder de Deus (p. ex., 9.33,34), pois a mensagem de Jesus era autenticada pelo céu. O contrassenso dos fariseus em serem deliberadamente apóstatas, ao atribuir ao Diabo as poderosas obras de Cristo por meio do Espírito Santo, é resumido por nosso Senhor em Mt 23.13-36 e Lc 11.52. Todo aquele que temer estar talvez rejeitando Cristo obviamente não cometeu o "pecado imperdoável" e ainda pode vir a Cristo.

[2] (12.41) A historicidade de Jonas é confirmada pelo fato de que, nesta passagem-chave, em que nosso Senhor usa a experiência de Jonas para predizer seu próprio sepultamento, as outras quatro referências – i.e., aos ninivitas, à rainha do Sul (v. 42; 1Rs 10.1-13), a Salomão (v. 42) e ao próprio Cristo ("maior do que Salomão") – são claramente históricas. É improvável que o Senhor incluísse uma figura mitológica, como alguns chamam Jonas, no mesmo contexto com essas quatro referências históricas.

A inutilidade da autorreforma
(Lc 11.24-26)

43 **Q**uando o [x]espírito imundo sai do homem, anda por lugares estéreis buscando repouso, mas não o encontra.

44 Então [y]diz: Voltarei para minha casa de onde saí. E, voltando, acha-a desocupada, varrida e em ordem.

45 Então vai e leva consigo outros sete espíritos piores do que ele e, entrando, habitam ali. E são os últimos atos desse homem [z]piores do que os primeiros. [1]Assim acontecerá também a esta [a]geração má.

A mãe e os irmãos de Jesus
(Mc 3.31-35; Lc 8.19-21)

46 [2]**F**alava ele ainda à multidão, quando sua mãe e seus irmãos estavam do lado de fora, querendo falar com ele.

47 Disse-lhe alguém: [b]Tua mãe e teus [c]irmãos estão lá fora e querem falar contigo.

48 Ele, porém, respondeu ao que lhe dera o aviso: Quem é minha mãe e quem são meus [d]irmãos?

49 E, estendendo a mão para os discípulos, disse: Aqui estão minha mãe e meus irmãos.

50 Pois todo [e]aquele que fizer a vontade de meu Pai que está nos céus, esse é meu irmão, irmã e mãe.

IV. Os mistérios do Reino: O período entre as duas vindas do Rei, 13

(1) Parábola do semeador (Mc 4.1-25; Lc 8.4-15)

13 **N**aquele mesmo dia Jesus saiu de casa e assentou-se à beira-mar.

2 Ajuntaram-se grandes multidões ao seu redor; por isso, entrou num barco e se assentou, enquanto toda a multidão estava em pé na praia.

3 E [3]falou-lhes de muitas coisas por meio de [f]parábolas, dizendo: Certo [4g]semeador saiu a semear.

4 E, quando semeava, parte da semente caiu à beira do caminho, e vieram as aves e a comeram.

5 Outra parte caiu em terreno pedregoso, onde não havia terra bastante, e logo nasceu, porque a terra não era funda.

6 Mas, saindo o sol, queimou-se e secou-se, porque não tinha raiz.

7 Outra parte caiu entre espinhos, e os espinhos cresceram e a sufocaram.

8 Outra caiu em boa terra e deu fruto: uma semente produzindo a cem, outra a sessenta e ainda outra a trinta por um.

9 Quem tem [h]ouvidos para ouvir ouça!

(Explicação particular aos discípulos)

10 **A**proximando-se dele os discípulos, disseram-lhe: Por que lhes falas por meio de parábolas?

11 Respondeu-lhes Jesus: Porque a vós é dado conhecer os [5i]mistérios do [j]Reino dos céus, mas a eles não lhes é dado.

12 Ao que [k]tem, se lhe dará, e terá em abundância. Ao que não tem, até aquilo que tem lhe será tirado.

13 Por isso lhes falo por parábolas:
[l]Porque eles, vendo, não veem;
ouvindo, não ouvem nem compreendem.

14 Neles se cumpre a [m]profecia de Isaías:
Certamente ouvireis, mas
não [n]compreendereis.
Certamente vereis, mas não percebereis.

[x] Comp. Mc 7.25,26; veja Mt 7.22, nota
[y] O espírito imundo
[z] 2Pe 2.20; comp. Hb 6.4-6
[a] Veja Mt 24.34, nota
[b] Mt 13.55,56; Jo 2.12; At 1.14
[c] Comp. Dt 33.9; Lc 2.49
[d] Jo 20.17; Rm 8.29
[e] Comp. Jo 15.14

[f] Parábolas (NT): v. 3-52; Mt 18.12 (Mt 5.13; Lc 21.29); Mc 4.2; Lc 8.4
[g] v. 3-9
[h] Mt 11.15; comp. Ap 2.7
[i] Mc 4.10,11; comp. Mq 4.12; 1Co 2.10
[j] Reino (NT): v. 3-52; Mt 16.19 (Mt 2.2; 1Co 15.24, nota)
[k] Mt 25.29
[l] Jo 8.43; comp. Jo 7.16,17; 9.39-41
[m] Inspiração: v. 14,15; Mt 13.35 (Êx 4.15; 2Tm 3.16)
[n] Jo 6.36; comp. Dt 29.3,4

[1] (12.45) Novamente o Rei rejeitado anuncia juízo (comp. 11.20-24). Israel, no centro do avivamento farisaico do rigor religioso externo, era como um homem do qual havia "saído" um demônio por sua própria vontade. Ele podia voltar e achar a casa vazia etc. A aplicação é para quem que, por si mesmo, quer mudar sua vida para, assim, alcançar o padrão divino.

[2] (12.46) Rejeitado por Israel, seus "compatriotas, segundo a carne" (comp. Rm 9.3), nosso Senhor anuncia a formação de uma nova família da fé que vai além dos direitos raciais que Israel conhecia até aquele momento e vai receber "todo aquele que" for seu discípulo (v. 50). Comp. Jo 6.28,29.

[3] (13.3) As sete parábolas do cap. 13, chamadas por nosso Senhor de "mistérios do Reino dos céus" (v. 11), tomadas em conjunto descrevem o resultado da presença do evangelho no mundo na presente dispensação, ou seja, o período da semeadura que começou com o ministério pessoal de nosso Senhor e terminará com a "ceifa" (v. 40-43). O resultado é joio e trigo misturados, peixes bons e maus, na esfera da profissão de fé cristã. Isto é o que vemos na cristandade.

[4] (13.3) Esta ilustração marca um novo começo. Trabalhar na vinha de Deus (Israel, Is 5.1-7) é uma coisa; sair semeando a semente da Palavra em um campo, que é o mundo, é outra (comp. Mt 10.5). Uma quarta parte da semente lança raízes permanentes, e o resultado é o "trigo" (v. 25; 1Pe 1.23) ou "os filhos do Reino" (v. 38). Esta parábola (v. 3-9) deve ser considerada em sua totalidade, pois é fundamental nos mistérios do Reino dos céus. Nosso Senhor mesmo a interpreta (v. 18-23).

[5] (13.11) Nas Escrituras, um "mistério" é uma verdade previamente escondida e agora revelada por Deus. Este capítulo mostra pela primeira vez, de forma clara, que haverá um intervalo entre a primeira e a segunda vindas de Cristo (v. 17,35; comp. 1Pe 1.10-12). Os maiores mistérios são: 1) os mistérios do Reino dos céus (Mt 13.3-50), 2) o mistério da cegueira de Israel durante esta era (Rm 11.25 e contexto), 3) o mistério do arrebatamento dos santos que estarão vivos ao final desta era (1Co 15.51,52; 1Ts 4.13-17), 4) o mistério da Igreja do NT como corpo composto

15 Pois o coração deste povo [o]está endurecido,
e ouviram de má vontade
com seus ouvidos,
e [p]fecharam seus olhos,
para que não vejam com os olhos,
nem ouçam com os ouvidos,
ou compreendam com o coração,
e [q]se convertam e eu os [r]cure.

16 Bem-aventurados, porém, os vossos olhos, porque veem, e os vossos ouvidos, porque [s]ouvem.

17 Pois em verdade vos digo que muitos [1]profetas e [t]justos [u]desejaram ver o que vós vedes e não o viram, e ouvir o que vós ouvis e não o ouviram.

18 [v]Escutai vós, pois, a parábola do semeador.

19 Ouvindo alguém a palavra do Reino e não entendendo, vem o [w]Maligno e arranca o que lhe foi semeado no coração. Este é o que foi semeado à beira do caminho.

20 O que foi semeado em terreno pedregoso é o que ouve a palavra e a recebe imediatamente, com alegria.

21 Mas não tem raiz em si mesmo, antes é de pouca duração. Chegada a [x]angústia e a perseguição por causa da palavra, logo a abandona.

22 O que foi semeado entre espinhos é o que ouve a palavra, mas as preocupações deste [y]mundo e a sedução das riquezas sufocam a palavra, e ela fica [z]infrutífera.

23 Entretanto, o que foi semeado em boa terra é o que ouve a palavra e a compreende. Ele dá [a]fruto e produz a cem, a sessenta e a trinta por um.

(2) Parábola do joio e trigo
(comp. v. 36-43)

24 [2]**P**ropôs-lhes outra parábola, dizendo: O [b]Reino dos céus é semelhante ao homem que semeia [c]boa semente no seu campo.

25 Enquanto, porém, os homens dormiam, veio o seu inimigo, semeou o joio no meio do trigo e se foi.

26 Quando o trigo cresceu e frutificou, apareceu também o [d]joio.

27 Então, indo ter com ele os servos do dono do campo, lhe disseram: Senhor, não semeaste tu no teu campo boa semente? Como então está cheio de joio?

28 Respondeu-lhes ele: Um inimigo fez isso. Perguntaram-lhe os servos: Queres que vamos arrancá-lo?

29 Ele, porém, lhes disse: Não, para que ao colher o joio não arranqueis também o [e]trigo com ele.

30 Deixai crescer [f]ambos juntos até a colheita. Por ocasião da colheita, direi aos ceifeiros: [3]Colhei primeiro o joio, amarrai-o em feixes para o queimar; então colhei o trigo e guardai-o no meu celeiro.

[o] Comp. Hb 5.11
[p] Lc 19.42
[q] At 28.27; Jo 12.40
[r] At 28.26,27
[s] Pv 20.12; Lc 10.23,24; comp. Mt 16.17
[t] Justiça (AT): v. 17; Mt 21.32 (Gn 6.9; Lc 2.25, nota)
[u] Comp. Jo 8.56
[v] v. 18-23
[w] Satanás: v. 19; Mt 13.38 (Gn 3.1; Ap 20.10)
[x] At 14.22; comp. Hb 6.4-6 com 10.34
[y] Gr. *aiōn*. Veja Mc 10.30, nota
[z] Comp. Pv 11.28; 1Tm 6.9,17

[a] Jo 15.5; Fp 1.11; Cl 1.6
[b] Veja Mt 3.2, nota
[c] Comp. 2Tm 3.15-17; 1Pe 1.23; 1Jo 3.9
[d] Comp. At 20.29,30; Jd 8-13,16-19
[e] Comp. Mt 3.12
[f] Comp. Fp 3.18,19; 2Ts 3.6; 2Tm 2.19

por judeus e gentios (Ef 3.1-12; Rm 16.25; Ef 6.19; Cl 4.3), 5) o mistério da Igreja como esposa de Cristo (Ef 5.23-32); 6) o mistério do Cristo que vive em nós (Gl 2.20; Cl 1.26,27), 7) o "mistério de Deus, a saber, Cristo", i.e., Cristo como a plenitude da Divindade, em quem subsiste toda a sabedoria divina para o homem (Cl 2.2,9; veja tb. 1Co 2.7), 8) o mistério dos processos pelos quais a imagem de Deus é restaurada no homem (1Tm 3.16), 9) o mistério da iniquidade (2Ts 2.7; comp. Mt 13.33), 10) o mistério das sete estrelas (Ap 1.20) e 11) o mistério de Babilônia (Ap 17.5,7).

[1] (13.17) Os profetas do AT contemplaram numa só visão a rejeição e a crucificação do Rei (veja Hb 10.18, *nota*) e também sua glória como Filho de Davi (veja Zc 12.8, *nota*). Mas não lhes foi revelado "qual o tempo ou qual a circunstância que o Espírito de Cristo, que estava neles, indicava, quando predisse os sofrimentos de Cristo e as glórias que os seguiriam" – apenas que a visão não era para eles mesmos (1Pe 1.10-12). Nestas parábolas, Cristo oferece essa revelação. Haverá um período de tempo entre os seus sofrimentos e a sua glória. Os "mistérios do Reino dos céus" aqui descritos abrangem esse intervalo.

[2] (13.24) Esta parábola (v. 24-30) também foi interpretada por nosso Senhor (v. 36-43). Aqui a "boa semente" não é a "palavra", como na primeira parábola (v. 19,23), mas aquilo que a Palavra produziu (1Pe 1.23), i.e., os filhos do Reino. Estes são providencialmente "semeados" (v. 37), i.e., espalhados aqui e ali no "campo" do "mundo" (v. 38). O "mundo" aqui é tanto geográfico como humano – o mundo da terra e o mundo dos homens. O trigo de Deus imediatamente se torna o cenário da atividade satânica. Onde houver filhos do Reino reunidos, ali, "no meio do trigo" (v. 25,38,39), Satanás semeia "filhos do Maligno" que professam ser filhos do Reino. Externamente, estes se parecem tanto com os verdadeiros filhos do Reino que apenas os anjos podem fazer a separação correta (v. 40-43). Tão grande é o poder que Satanás tem para enganar que o joio frequentemente crê ser parte dos filhos do Reino (7.21-23). Muitas outras parábolas e exortações têm em vista esta condição de mistura (p. ex., 22.11-14; 25.1-13,14-30; Lc 18.10-14; Hb 6.4-9). Certamente, isso é o que caracteriza Mateus do cap. 13 até o fim. A parábola do trigo e do joio não é uma descrição do mundo, mas daqueles que professam ser o Reino. Nem todos os incrédulos são chamados de filhos do Maligno, mas somente aqueles que são obstinados em rejeitar a luz (comp. v. 38; Jo 8.38-44).

[3] (13.30) Isto se cumprirá ao final desta era (v. 40), quando Cristo regressar para reinar. Os ímpios serão destruídos. A Igreja, arrebatada antes da tribulação, será reunida no reino milenar com os crentes que estiverem vivos após terem sobrevivido ao período da tribulação (v. 43; 24.13; 25.31,34) e com os justos ressuscitados de todas as eras anteriores.

(3) Parábola do grão de mostarda (Mc 4.30-32)

31 [1]**O**utra parábola lhes contou, dizendo: O Reino dos céus é semelhante ao grão de [g]mostarda que um homem tomou e plantou no seu campo.

32 Embora seja a menor de todas as sementes, ela, quando cresce, é maior do que as hortaliças e se transforma em [h]árvore, de modo que vêm as aves do céu fazer seus ninhos nos seus ramos.

(4) Parábola do fermento (Lc 13.20,21)

33 [2]**O**utra parábola lhes disse: O [i]Reino dos céus é semelhante ao [j]fermento que uma mulher toma e mistura em três [k]medidas de farinha, até que [l]tudo esteja fermentado.

34 Tudo isto disse Jesus por parábolas à multidão e nada lhes falava sem parábolas,

35 para que se [m]cumprisse o que fora dito pelo profeta:

Abrirei em parábolas a minha boca;
anunciarei coisas ocultas desde a criação do [n]mundo.

(O segundo mistério explicado, v. 24-30)

36 **E**ntão, tendo despedido a multidão, foi Jesus para casa. E chegaram ao pé dele os seus discípulos, dizendo: [o]Explica-nos a parábola do joio do campo.

37 E ele respondeu: O que semeia a boa semente é o [p]Filho do homem.

38 O campo é o mundo, e a boa semente são os filhos do Reino. O joio são os filhos do [q]Maligno,

39 e o inimigo que o semeou é o Diabo. A colheita é o [r]fim do [s]mundo, e os ceifeiros são os [t]anjos.

40 [u]Assim como o joio é colhido e queimado no fogo, assim será na consumação deste mundo.

41 Mandará o Filho do homem os seus anjos, e eles colherão do seu Reino tudo o que causa pecado e todos os que praticam o mal.

42 E serão lançados na fornalha de fogo, onde haverá pranto e ranger de dentes.

43 [3]Então os [v]justos [w]brilharão como o sol, no Reino de seu Pai. Quem tem ouvidos para ouvir, ouça.

[g] Lc 13.18,19
[h] Ez 17.22-24; 31.3-9; comp. Dn 4.20-22
[i] Veja Mt 3.2, nota
[j] Fermento: v. 33; Mt 16.6 (Gn 19.3; Mt 13.33, nota)
[k] Veja pesos e medidas (NT): At 27.28, nota
[l] 1Co 5.6; Gl 5.9
[m] Inspiração: v. 35; Mt 15.7 (Êx 4.15; 2Tm 3.16); Sl 78.2
[n] Gr. *kosmos*. Veja Mt 4.8, nota

[o] Mc 4.33,34
[p] Veja Mt 8.20, nota
[q] Satanás: v. 38,39; Mt 16.23 (Gn 3.1; Ap 20.10)
[r] Veja Mt 24.3, nota
[s] Gr. *aiōn*. Veja Mc 10.30, nota
[t] Veja Hb 1.4, nota
[u] Juízos (os sete): v. 40-43; Mt 13.49 (2Sm 7.14; Ap 20.12)
[v] Veja Rm 10.10, nota
[w] Comp. Dn 12.3

---

[1] (13.31) A parábola do grão de mostarda dá a entender um crescimento rápido do mistério do Reino, mas sem grande evidência inicial (veja 13.3, *nota 1*), começando de forma tímida (At 1.15; 2.41; 1Co 1.26) até ocupar um importante lugar na terra.

[2] (13.33) Era comum guardar um pouco de massa fermentada de uma fornada anterior, a fim de usá-la para levedar nova massa. No entanto, sob a Lei mosaica, o fermento era proibido para o pão da Festa dos Pães sem Fermento e para a Páscoa (Êx 12.8,15-20; Lv 23.6-8), e havia proibição similar de fermento para as ofertas apresentadas sobre o altar (Êx 23.18; 34.25; Lv 2.11; 6.17). As únicas exceções eram o uso do fermento nas ofertas movidas apresentadas como primícias (Lv 23.17) e alguns dos bolos oferecidos com as ofertas pacíficas por ação de graças (Lv 7.13, *nota*).

O fermento, que produz a fermentação, nas Escrituras, é sempre tipo da presença da impureza ou do mal (Êx 12.15,19; 13.7; Lv 2.11; Dt 16.4; Mt 16.6,12; Mc 8.15; Lc 12.1; 1Co 5.6-9; Gl 5.9). Os dois pães para a oferta movida, que representavam Israel e os gentios formando a Igreja, continham fermento como reconhecimento da imperfeição que há nos crentes (veja Lv 23.17, *nota*). Da mesma maneira, o uso do fermento na farinha parece representar o mal dentro do Reino dos céus. O ensinamento de que o fermento nesta parábola representa a influência benéfica do evangelho saturando o mundo não encontra apoio no texto bíblico. Nunca, nas Escrituras, o fermento representa o bem; a ideia de um mundo convertido ao final desta era é contraditória, pois no Reino há joio no meio do trigo e peixes ruins entre os bons. Ainda que a verdade bíblica tenha uma influência moral benéfica sobre o mundo, a mistura do fermento não é o método da salvação divina nem do crescimento do Reino. O joio jamais se converte em trigo. Portanto, a parábola é uma advertência de que a doutrina verdadeira, representada pela farinha, pode ser corrompida pela doutrina falsa (comp. 1Tm 4.1-3; 2Tm 2.17,18; 4.3,4; 2Pe 2.1-3).

Resumo: 1) O fermento, como substância simbólica ou tipológica, sempre aparece no AT num sentido negativo (Gn 19.3, *col. central*). 2) O uso da palavra no NT explica seu significado simbólico. É a "maldade" ou "malícia" contrastando com a "sinceridade" e a "verdade" (1Co 5.6-8). É a doutrina má (Mt 16.12) em sua forma tríplice de farisaísmo, saduceísmo e herodianismo (Mt 16.6; Mc 8.15). O fermento dos fariseus era a religião exterior (Mt 23.14-16,23-28), o dos saduceus era o ceticismo em relação ao sobrenatural e às Escrituras (Mt 22.23,29) e o dos herodianos era o mundanismo – era o partido de Herodes entre os judeus (Mt 22.16-21; Mc 3.6). 3) O uso da palavra em Mt 13.33 é congruente com seu significado em outras passagens das Escrituras, como indicado nos parágrafos acima.

[3] (13.43) O Reino não se torna o Reino do Pai até que Cristo entregue "o Reino a Deus, o Pai" (1Co 15.24-28), depois de ter "posto a todos os inimigos debaixo dos seus pés", inclusive o último inimigo, a morte. Há triunfo sobre a morte (1Co 15.54,55) na primeira ressurreição, mas a morte, "o último inimigo", não será destruída antes do fim do milênio (Ap 20.14).

(5) Parábola do tesouro escondido

44 **O** Reino dos céus é semelhante a um [x]te-
souro [1]escondido num campo. Achando-o um
homem, escondeu-o de novo; então em sua
alegria foi, [y]vendeu tudo o que tinha e com-
prou aquele campo.

(6) Parábola da pérola de grande valor

45 **Assim** também, o Reino dos céus é se-
melhante a um comerciante que procura
boas [2]pérolas.
46 E, tendo encontrado uma pérola de
grande valor, foi, vendeu tudo o que tinha
e a comprou.

(7) Parábola da rede

47 **Igualmente**, o [z]Reino dos céus é seme-
lhante a uma [3]rede lançada ao mar, a qual
apanha toda [a]espécie de peixes.
48 Estando ela cheia, puxam-na para a praia
e, assentando-se[b], escolhem os bons para os
cestos; os ruins, porém, jogam fora.
49 Assim será na [c]consumação do [d]século.
Virão os [e]anjos e [f]separarão os maus den-
tre os [g]justos
50 e os lançarão na fornalha de fogo, onde
haverá pranto e ranger de dentes.
51 **Perguntou-lhes** Jesus: Entendestes to-
das estas parábolas? Responderam-lhe:
Sim, Senhor.

(8) O pai de família

52 Disse-lhes ele: Por isso, todo [h]mestre da
lei instruído a respeito do Reino dos céus é
semelhante a um pai de família que tira do
seu depósito coisas novas e velhas.

Última visita a Nazaré
(Mc 6.1-6; comp. Lc 4.16-32)

53 **Quando** Jesus acabou de dizer essas pa-
rábolas, saiu dali.
54 E, chegando à sua terra, ensinava na si-
nagoga deles, de modo que se [i]admiravam
e diziam: De onde veio a este a sabedoria e
estes poderes miraculosos?
55 Não é este o filho do [j]carpinteiro? E não
se chama sua mãe Maria, e seus irmãos
[k]Tiago, José, Simão e Judas?
56 Não estão entre nós todas as suas ir-
mãs? De onde, pois, lhe veio tudo isto?

[x] Comp. Êx 19.5
[y] Comp. Is 53.4-10
[z] Veja Mt 3.2, nota
[a] Mt 22.9
[b] Comp. Mt 24.31; 25.31-46
[c] Veja Mt 24.3, nota
[d] Gr. *aiōn*. Veja Mc 10.30, nota
[e] Veja Hb 1.4, nota
[f] Juízos (os sete): v. 49; Mt 16.27 (2Sm 7.14; Ap 20.12)
[g] Veja Rm 10.10, nota
[h] Veja Mc 12.34, nota
[i] Jo 7.15
[j] Jo 6.42; comp. Jo 7.41,48,52
[k] Veja Mt 4.21, nota

[1] (13.44) A interpretação da parábola do tesouro, que considera aquele que compra o campo como o pecador que busca a Cristo, não tem base na própria parábola. É dito que o campo é o mundo (v. 38). O pecador que busca salvação não compra o mundo, mas o abandona a fim de ganhar Cristo. Além disso, o pecador nada tem para vender, nem Cristo está à venda ou escondido em um campo, nem, tendo encontrado Cristo, o pecador volta a escondê-lo (comp. Mc 7.24; At 4.20). Em cada ponto, a interpretação é falha.

O campo é o mundo (v. 38) que nosso Senhor comprou pelo preço inestimável de seu próprio sangue, a fim de que pudesse possuir o tesouro (1Pe 1.18). Assim como Israel era o tesouro de Deus nos tempos do AT (Êx 19.5; Sl 135.4), “assim, pois, também agora neste tempo ficou um remanescente [de Israel], segundo a eleição da graça” (Rm 11.5). Aqueles que compõem o remanescente já não são considerados judeus (Gl 3.28), mas membros de “um só corpo” com os gentios salvos (Ef 2.14-18; 4.4) e, portanto, herança de Cristo (Ef 1.18) e sua alegria (Hb 12.2).

[2] (13.45) A verdadeira Igreja é a pérola de grande valor. Sua formação ocupa grande parte do período dos mistérios do Reino, e ela mesma é chamada de mistério (Rm 16.25,26; Ef 3.3-12; 5.32; Cl 1.24-27). Uma pérola é uma figura da Igreja: 1) Uma pérola se forma por um processo de adição, não de forma mecânica, mas viva, assim como Cristo faz a Igreja crescer (At 2.41,47; 5.14; 11.24; Ef 2.21; Cl 2.19). 2) Cristo, tendo-se entregado a si mesmo pela pérola, agora a está preparando para apresentá-la a si mesmo (Ef 5.25-27). O Reino não é a Igreja; esta, a pérola, é composta pelos verdadeiros filhos do Reino durante o cumprimento desses mistérios, batizados pelo Espírito em um corpo (1Co 12.12,13).

[3] (13.47) A parábola da rede apresenta, como o faz a do trigo e do joio, o mistério do Reino como a esfera da profissão da fé cristã, mas com a seguinte diferença: ali, Satanás era o agente ativo; aqui, a mistura é mais o resultado da tendência que um movimento tem de atrair a si o que não lhe pertence. O Reino dos céus é como uma rede que, lançada ao mar da humanidade, recolhe de tudo, o bom e o mau. Isso permanece junto na rede (v. 49) – não simplesmente no mar – até o fim desta era. Não é nem sequer uma rede convertida, muito menos um mar convertido. A exegese sadia da mensagem bíblica tem sido violentada pela ideia de que o mundo será convertido nesta dispensação. Contrariamente a essa opinião está a própria interpretação que o Senhor faz das parábolas do semeador, do trigo e do joio, e da rede.

Esta é, portanto, a forma misteriosa do Reino (veja Mt 3.2, *nota*; 6.33, *nota*). É a esfera da profissão de fé cristã nesta era. É um conjunto de verdadeiro e falso, trigo e joio, bom e mau. Tem sido profanado pelo formalismo, pela dúvida e pelo mundanismo. No entanto, dentro do Reino, Cristo vê os verdadeiros filhos do verdadeiro Reino que, ao final desta era, “brilharão como o sol”. No grande campo, o mundo, ele vê seu tesouro, a quem redimiu para si por meio da cruz. Assim, neste aspecto do Reino, ele vê a Igreja (seu corpo e sua esposa) formada de israelitas e gentios crentes, e, “pela alegria que lhe estava proposta” (Hb 12.2), vende tudo o que tem (2Co 8.9) e compra o campo, o tesouro e a pérola.

57 E [l]escandalizavam-se nele. Jesus, porém, lhes disse: Não há [m]profeta sem [n]honra a não ser na sua [o]terra e na sua casa.

58 E não fez ali muitos milagres, [p]por causa da incredulidade deles.

V. O ministério do Rei é rejeitado, 14–23

Morte de João o Batista (Mc 6.14-29; Lc 9.7-9)

14 Por aquele tempo ouviu [q]Herodes, o tetrarca, a fama de Jesus

2 e disse a seus servos: Este é João Batista; ressuscitou dos mortos e por isso nele operam estes poderes miraculosos.

3 Herodes havia mandado prender João. E o fizera acorrentar e lançar na [r]prisão por causa de [s]Herodias, mulher de seu irmão [t]Filipe,

4 pois João lhe dissera: Não te é permitido possuí-la.

5 Queria matá-lo, mas temia o povo, porque o tinham como profeta.

6 Festejando-se, porém, o dia natalício de Herodes, dançou a [u]filha de Herodias diante de todos e agradou tanto a Herodes

7 que este prometeu, com juramentos, dar-lhe tudo o que pedisse.

8 Então ela, influenciada por sua mãe, disse: Dá-me aqui num prato [v]a cabeça de João Batista.

9 O rei [w]afligiu-se, mas, por causa do juramento e dos que estavam à mesa com ele, ordenou que a dessem a ela.

10 E mandou degolar João na prisão.

11 A cabeça foi trazida num prato e dada à jovem, e ela a levou para sua mãe.

12 Então chegaram os seus discípulos, levaram o corpo e o sepultaram. Depois foram contar a Jesus.

13 Jesus, ouvindo isto, [x]saiu dali num barco, para um lugar deserto, à parte. Sabendo disso, saiu das cidades o povo e o seguia a pé.

14 Ao sair, Jesus viu uma grande multidão e, cheio de grande [y]compaixão para com ela, curou os seus enfermos.

A primeira multiplicação dos pães; cinco mil são alimentados (Mc 6.30-44; Lc 9.10-17; Jo 6.1-14)

15 Chegada a tarde, os seus discípulos aproximaram-se dele e disseram: O lugar é deserto, e a hora é já avançada. Manda embora a multidão, para que vá pelas aldeias e compre comida para si.

16 Jesus, porém, lhes disse: Não é preciso que se retirem. [z]Dai-lhes vós de comer.

17 Então eles lhe disseram: Só temos aqui cinco pães e dois peixes.

18 Disse-lhes ele: Trazei-os.

19 Tendo [a]ordenado que a multidão se assentasse sobre a grama, partiu os cinco pães e os dois peixes e, erguendo os olhos ao céu, os [b]abençoou. Depois, partiu os pães, deu-os aos discípulos, e os discípulos à multidão.

20 Todos [c]comeram e ficaram satisfeitos; e recolheram dos pedaços que [d]sobraram doze cestos cheios.

21 E os que comeram foram cerca de cinco mil homens, além de mulheres e crianças.

Jesus caminha sobre as águas (Mc 6.45-52; Jo 6.15-21)

22 Logo em seguida ordenou Jesus que os seus discípulos entrassem no barco e fossem adiante para o outro lado, enquanto ele [e]despedia a multidão.

23 Despedida a multidão, ele subiu ao [f]monte para orar em particular. Ao cair da tarde, estava ali sozinho.

24 Entretanto, o barco já estava no meio do mar, atingido pelas ondas, porque o vento era contrário.

25 Na [g]quarta vigília da noite, dirigiu-se Jesus a eles, andando por sobre o mar.

26 Os discípulos, vendo-o caminhar sobre o mar, assustaram-se, dizendo: [h]É um fantasma. E gritaram de medo.

27 Jesus, porém, imediatamente lhes disse: [i]Coragem, sou eu, não tenhais medo.

28 Respondeu-lhe Pedro: Senhor, se és tu, manda-me ir ter contigo sobre as águas.

29 E ele disse: Vem! E Pedro, descendo do barco, andou sobre as águas para ir ter com Jesus.

30 Mas, observando o [j]vento forte, teve medo e, começando a afundar, clamou: [k]Senhor, salva-me!

31 Imediatamente, Jesus estendeu a mão, tomou-o e lhe disse: Homem de [ll]pequena fé, por que [mm]duvidaste?

32 Quando entraram no barco, o vento cessou.

33 Então os que estavam no barco o adoraram, dizendo: És verdadeiramente o [nn]Filho de Deus.

Jesus realiza curas em Genesaré (Mc 6.53-56)

34 Ao passar para o outro lado, chegaram a Genesaré.

35 Quando os homens daquele lugar o reconheceram, espalharam a notícia por toda a região e lhe trouxeram todos os que estavam doentes.

36 E lhe rogavam que ao menos eles pudessem [oo]tocar a borda da sua roupa. E todos os que a tocavam ficavam [pp]sãos.

---

[l] Mt 11.6
[m] Veja Lc 24.19, nota
[n] Comp. Jo 1.11; 5.43
[o] Comp. Jo 4.45
[p] Jo 5.44, 46,47
[q] Herodes Antipas, filho de Herodes, o Grande. Veja Mc 6.14, nota
[r] Mt 4.12
[s] Veja Mc 6.14, nota
[t] Herodes Filipe. Veja Mc 6.14, nota
[u] Salomé. Veja Mc 6.14, nota
[v] At 7.52
[w] Comp. Jz 11.30-40; Dn 6.13-17
[x] Mt 12.15
[y] Mt 9.36; Mc 6.34
[z] v. 16-21; comp. Mt 15.32-39
[a] Comp. Jo 2.5
[b] Jo 6.23; comp. Jo 11.41,42; 1Co 11.24
[c] Milagres (NT): v. 19-21, 24-33,35,36; Mt 15.28 (Mt 8.3; At 28.8)
[d] Comp. 2Rs 4.1-7, 42-44; Mt 15.27
[e] Comp. Mc 5.31
[f] Lc 9.28; Jo 6.15
[g] 3-6 da manhã. Veja Jo 19.14, nota
[h] Comp. At 12.15
[i] At 23.11; 27.22,25, 36; comp. Sl 46.1-5; Is 41.10; 43.1,2
[j] Comp. Lc 8.22-25
[k] Orações da Bíblia (NT): v. 30; Mt 15.22 (Mt 6.9; Lc 11.2, nota)
[ll] Mt 6.30; 8.26; comp. Tg 1.6,7
[mm] Comp. Mt 21.21
[nn] Sl 2.7; Mt 16.16; 27.54; Lc 4.41; Jo 1.49; 6.69; At 8.37; Rm 1.4
[oo] Mc 5.24-34
[pp] Mt 9.21,22; 12.13; 15.28,31

Os mandamentos de Deus versus *a tradição do homem (Mc 7.1-13)*

15 Então vieram de Jerusalém a Jesus alguns fariseus e mestres da lei e perguntaram:
2 Por que quebram os teus discípulos a [q]tradição dos anciãos? Eles não lavam as mãos quando comem pão.
3 Ele, porém, lhes respondeu: Por que quebrais vós também o [r]mandamento de Deus, por causa da vossa tradição?
4 Pois Deus [s]ordenou: Honra a teu pai e a tua mãe, e quem amaldiçoar seu pai ou sua mãe [t]certamente morrerá.
5 Vós, porém, dizeis: Quem disser a seu pai ou a sua mãe: É [u]oferta ao Senhor o que poderias aproveitar de mim,
6 esse [v]não precisa honrar nem a seu pai nem a sua mãe. Assim anulastes, pela vossa tradição, o mandamento de Deus.
7 Hipócritas! Bem [w]profetizou Isaías a vosso respeito:
8 Este povo honra-me com os seus [x]lábios,
mas o seu coração está longe de mim.
9 Em vão, porém, me adoram,
ensinando doutrinas que são
normas dos [y]homens.

O coração do homem (Mc 7.14-23)

10 E, convocando a multidão, lhes disse: Ouvi e entendei:
11 O que contamina o homem [z]não é o que entra pela boca; mas o que sai da boca, isto sim é o que o torna impuro.
12 Então, aproximando-se dele os seus discípulos, lhe disseram: Sabes que os [a]fariseus, ouvindo essas palavras, se ofenderam?
13 Ele, porém, respondeu: Toda planta que meu Pai celestial não plantou será arrancada.
14 Deixai-os: são guias [b]cegos. Se um cego guiar outro cego, ambos cairão no buraco.
15 Então Pedro lhe disse: Explica-nos essa parábola.
16 Jesus, porém, disse: Nem mesmo vós entendestes?
17 Ainda não compreendeis que tudo o que entra pela boca desce para o ventre e é lançado fora?
18 O que sai da boca, porém, procede do [c]coração, e é isso o que contamina o homem.
19 Pois do coração procedem [d]maus pensamentos, homicídio, adultério, prostituição, roubo, falso testemunho, blasfêmia.
20 São [e]essas coisas que tornam o homem impuro, mas comer sem lavar as mãos não contamina o homem.

Jesus e a mulher cananeia (sirofenícia) (Mc 7.24-30)

21 Partindo Jesus dali, foi para a região de Tiro e de Sidom.
22 Certa mulher cananeia, daquela [f]região, clamou: Senhor, [g]Filho de Davi, tem misericórdia de mim! Minha filha está horrivelmente [h]endemoninhada.
23 Jesus não lhe respondeu palavra. Então seus discípulos aproximaram-se dele e lhe rogaram: Mande-a embora, pois vem gritando atrás de nós.
24 Respondeu ele: Eu não fui enviado senão às ovelhas [i]perdidas [j]de Israel.
25 A mulher chegou, ajoelhou-se e disse: Senhor, [k]ajuda-me.
26 Ele respondeu: Não é bom pegar o pão dos filhos e lançá-lo aos [l]cachorrinhos.
27 Disse ela: Sim, Senhor, mas até os [m]cachorrinhos comem das migalhas que caem da mesa dos seus donos.
28 Então respondeu Jesus: Ó mulher, [n]grande é a tua [o]fé! Seja feito para contigo [p]como tu desejas. E desde aquela hora a sua filha foi [qq]curada.

Muitas outras curas (comp. Mc 7.31-37)

29 Jesus partiu dali e foi para junto do mar da Galileia. Então subiu a um monte e assentou-se.
30 Vieram ter com ele grandes multidões, trazendo coxos, cegos, mudos, aleijados e muitos outros, e os puseram aos [rr]pés de Jesus; e ele os curou.
31 A multidão se maravilhou ao ver os mudos falando, os aleijados curados, os coxos andando e os cegos vendo. E [ss]glorificavam ao Deus de Israel.

A segunda multiplicação dos pães; quatro mil são alimentados (Mc 8.1-9)

32 Jesus chamou os discípulos e lhes disse: Tenho [tt]compaixão da multidão; já está comigo há três dias e não tem o que comer. Não quero mandá-la embora com fome, para que não desfaleça no caminho.
33 Os seus discípulos lhe disseram: Onde encontraríamos num deserto tantos pães, para alimentar [uu]tanta gente?
34 Perguntou-lhes Jesus: Quantos pães tendes? Responderam: Sete, e alguns peixinhos.
35 Então mandou que a multidão se assentasse no chão,
36 tomou os sete pães e os peixes e, dando graças, partiu-os e deu-os aos discípulos, e estes à multidão.
37 [vv]Todos comeram e se fartaram. E levantaram do que sobrou sete cestos cheios de pedaços.

---

[q] Comp. Mt 23.16-18; Lc 11.38
[r] Lei (de Moisés): v. 3,4,6; Mt 19.7 (Êx 19.1; Gl 3.24); Êx 20.12; 21.17
[s] Êx 20.1
[t] Lv 20.9; Dt 27.16; Pv 30.17; comp. 1Tm 5.4-8
[u] Mt 5.23,24
[v] Comp. Pv 28.24
[w] Inspiração: v. 7-9; Mt 16.4 (Êx 4.15; 2Tm 3.16); Is 29.13
[x] Sl 78.36; Ez 33.31
[y] Cl 2.22; Tt 1.14
[z] Comp. Rm 14.14-23; Cl 2.20-23; 1Tm 4.4,5; Tt 1.15
[a] Veja Mt 3.7, nota
[b] 23.16,24; Lc 6.39; Rm 2.19
[c] Mt 12.34; veja Mc 7.21, nota
[d] Pv 6.14; Rm 1.29-32; Gl 5.19-21
[e] Comp. Cl 3.5,8

[f] Orações da Bíblia (NT): v. 22,25, 27; Mt 26.39 (Mt 6.9; Lc 11.2, nota)
[g] Mt 1.1; 22.41,42; comp. Sl 132.11
[h] Veja Mt 7.22, nota
[i] Gr. *apollumi*. Veja Jo 3.16, nota 4
[j] Mt 10.6; Rm 15.8
[k] Comp. Sl 145.18
[l] Mt 7.6
[m] Mc 7.28
[n] Lc 7.9; comp. Mc 6.6
[o] Fé: v. 28; Mt 17.20 (Gn 3.20; Hb 11.39, nota)
[p] Comp. Mt 9.27-29; 21.21,22; Lc 4.25-27
[qq] Milagres (NT): v. 21-28; Mt 15.37 (Mt 8.3; At 28.8)
[rr] Mc 7.25; Lc 7.38; 8.41; 10.39
[ss] Lc 5.25,26; 19.37,38; comp. Mt 11.20-24
[tt] Mt 9.36; 14.14; 20.34; comp. Sl 86.15; 111.4; 145.8
[uu] Comp. Mt 14.15-21
[vv] Milagres (NT): 15.32-39; 16.9,10; Mt 17.18 (Mt 8.3; At 28.8)

38 Ora, os que comeram foram quatro mil homens, além de mulheres e crianças.

39 Tendo despedido a multidão, entrou no barco e dirigiu-se ao território de Magadã.

Os fariseus são repreendidos (Mc 8.10-14)

16 Aproximando-se os [w]fariseus e os [x]saduceus para o [y]tentar, pediram-lhe que lhes mostrasse um sinal do céu.

2 Jesus, porém, lhes respondeu: Chegada a tarde, dizeis: Haverá bom tempo, pois o céu está avermelhado.

3 E de manhã: Hoje haverá tempestade, pois o céu está de um vermelho escuro. Hipócritas, sabeis interpretar os sinais do céu e não conheceis os sinais dos [z]tempos?

4 Uma [a]geração má e adúltera pede um sinal, e nenhum sinal lhe será dado, senão [b]o do profeta Jonas. E, deixando-os, saiu.

5 **P**assando seus discípulos para o outro lado, esqueceram-se de levar pão.

Explicação sobre o símbolo do fermento (Mc 8.15-21)

6 Disse-lhes Jesus: Tomem cuidado com o [c]fermento dos fariseus e saduceus.

7 Eles discutiam entre si, dizendo: É porque não trouxemos pão.

8 Jesus, percebendo isso, disse: Homens de pequena fé, por que discutis entre vós sobre não terdes trazido pão?

9 Não compreendeis ainda, nem vos [d]lembrais dos cinco pães para cinco mil homens e de quantos cestos recolhestes?

10 [e]Nem dos sete pães para quatro mil e de quantos cestos recolhestes?

11 Como não compreendestes que não vos falei a respeito de pão, mas que tomásseis cuidado com o fermento dos fariseus e saduceus?

12 Então compreenderam que não dissera que tomassem cuidado com o fermento do pão, mas com os [f]ensinamentos dos fariseus.

A confissão de Pedro (Mc 8.27-30; Lc 9.18-21; comp. Jo 6.68,69)

13 **C**hegando Jesus à região de Cesareia de Filipe, perguntou aos seus discípulos: [g]Quem dizem os [h]homens ser o [i]Filho do homem?

14 Responderam-lhe: Uns dizem: [j]João Batista; outros: Elias; e outros: Jeremias, ou um dos profetas.

15 Perguntou-lhes ele: E [l]vós, quem dizeis que eu sou?

16 Simão Pedro respondeu: Tu és o [m]Cristo, o Filho do Deus vivo.

Primeira menção à Igreja

17 Respondeu-lhe Jesus: Bem-aventurado és tu, Simão filho de Jonas, pois não foi [n]carne e sangue quem te revelou, mas meu [o]Pai que está nos céus.

18 E também eu te digo que tu és [1]Pedro, e sobre esta [p]pedra edificarei a minha [2][q]igreja, e as portas do [r]inferno não prevalecerão contra ela.

19 Eu te darei as [3][s]chaves do [t]Reino dos céus; tudo o que ligares na terra será ligado nos céus e tudo o que desligares na terra será desligado nos céus.

20 Então [4]ordenou aos seus discípulos que a ninguém dissessem que ele era o [u]Cristo.

---

[w] Veja Mt 3.7, nota 2
[x] Veja Mt 3.7, nota 3
[y] Provar-Tentar: v. 1; Mt 19.3 (Gn 3.1; Tg 1.14)
[z] Comp. Jr 8.7
[a] Pv 30.12; comp. Mt 21.23-27
[b] Inspiração: v. 4; Mt 19.4 (Êx 4.15; 2Tm 3.16)
[c] Fermento: v. 6,11,12; Mc 8.15 (Gn 19.3; Mt 13.33, nota); Lc 12.1; comp. 1Co 5.6-8; Gl 5.9
[d] Mt 14.15-21; Mc 6.30-44; Lc 9.10-17; Jo 6.1-14
[e] Mt 15.32-38; Mc 8.1-9

[f] Comp. Gl 1.6-9; Cl 2.4,8,18
[g] Comp. Mt 21.10
[h] Comp. Jo 5.41
[i] v. 27,28; veja Mt 8.20, nota
[j] Mt 14.2
[l] Mt 21.11
[m] Jo 6.67
[n] Mt 14.33; Jo 6.69; At 8.37; 9.20; comp. Mt 26.69-75
[o] Comp. Jo 6.63-65
[p] Mt 11.27; 1Co 2.10; Gl 1.16; comp. Jo 1.12,13; 1Jo 4.15; 5.1,5
[q] Cristo (Rocha): v. 18; Mt 21.42 (Gn 49.24; 1Pe 2.8)
[r] Igreja (verdadeira): v. 18; At 2.47 (Mt 16.18; Hb 12.23)
[s] Veja Lc 16.23, nota
[t] Mc 13.34
[u] Reino (NT): v. 19,27, 28; Mt 17.2 (Mt 2.2; 1Co 15.24, nota)

---

[1] (16.18) No grego, há um jogo de palavras nesta declaração: "Tu és Pedro [gr. *petros*, uma pedra], e sobre esta pedra [gr. *petra*, uma grande rocha] edificarei a minha igreja". A Igreja é edificada sobre o próprio Cristo. Veja o que o apóstolo Pedro escreve (1Pe 2.4-8); comp. a declaração de Paulo (1Co 3.11).

[2] (16.18) A palavra "igreja" (gr. *ekklesia*, de um verbo que significa *chamar para fora*) é usada para referir-se a qualquer assembleia e, em si mesma, não implica mais que uma reunião de pessoas chamadas; p. ex., a reunião do povo em Éfeso (At 19.41), e Israel, chamado do Egito e reunido no deserto (At 7.38). Israel era uma "congregação", mas não no mesmo sentido da Igreja do NT — o ponto principal de semelhança está em que ambos foram "chamados para fora" pelo mesmo Deus. Veja *notas* em At 7.38 e Hb 12.23.

[3] (16.19) Estas não são as chaves da Igreja, mas do Reino dos céus no sentido do cap. 13, i.e., da esfera da profissão de fé cristã. A chave é símbolo de poder ou autoridade (comp. Is 22.22; Ap 3.7). A história apostólica explica e limita este encargo, pois foi Pedro quem abriu a porta da oportunidade cristã a Israel no dia de Pentecoste (At 2.38-42) e aos gentios na casa de Cornélio (At 10.34-48). Pedro não alegou nenhuma outra autoridade (At 15.7-11). O concílio, aparentemente, foi presidido por Tiago, não por Pedro (At 15.19; comp. Gl 2.11-14). Este nada atribuiu a si a não ser o dom de apóstolo (1Pe 1.1) e a função de presbítero (1Pe 5.1).

O poder de ligar e desligar (Mt 18.18) foi partilhado com os apóstolos e com os outros crentes (Jo 20.22,23, veja *nota*; comp. Lc 24.33). Em Atos 10.43, vemos um exemplo do uso desta autoridade por parte de Pedro no que se refere ao perdão de pecados (Jo 20.23). Veja também como Paulo a usa em Atos 13.38,39. Somente o Senhor Jesus Cristo tem as chaves da morte e do lugar em que estão os espíritos que partiram deste mundo (Ap 1.18).

[4] (16.20) Os discípulos estiveram proclamando Jesus como o Cristo, i.e., o Rei de um reino prometido aos judeus por meio de uma aliança, um reino que estava próximo. Por outro lado, a Igreja deve ser edificada sobre o testemunho do Cristo crucificado, ressuscitado dos mortos, que ascendeu ao céu e foi feito cabeça "sobre todas

Jesus prediz sua morte e ressurreição (Mc 8.31-33; Lc 9.22)

21 **D**esde então começou Jesus a mostrar aos discípulos que era necessário ir a Jerusalém, [v]sofrer muito nas mãos dos líderes religiosos, dos principais sacerdotes e dos [w]mestres da lei, ser morto e ressuscitar no terceiro dia.

22 Pedro chamou-o à parte e começou a repreendê-lo, dizendo: Senhor, tem compaixão de ti. Isso nunca te acontecerá.

23 Ele, porém, voltando-se, disse a Pedro: Para trás de mim, [x]Satanás! Tu me serves de pedra de tropeço; não compreendes as coisas que são de Deus, e sim as que são dos homens.

O preço do discipulado (Mc 8.34-38; Lc 9.23-26)

24 **E**ntão disse Jesus aos seus discípulos: Se alguém quiser vir após mim, negue-se a si mesmo, [y]tome a sua cruz e [z]siga-me.

25 Pois aquele que quiser salvar a sua vida a perderá, mas quem perder a sua vida por amor de mim a achará.

26 O que [a]adiantará ao homem ganhar o [b]mundo inteiro, se perder a sua alma? Ou que dará o homem em troca da sua alma?

27 Pois o Filho do homem [c]virá na glória de seu Pai, com os seus anjos, e então [d]recompensará a cada um [e]de acordo com suas obras.

28 Em verdade vos digo, alguns dos que aqui estão não passarão pela morte até que vejam vir o Filho do homem no seu Reino.

A transfiguração: uma antecipação do reino futuro (Mc 9.2-13; Lc 9.28-36)

17 **S**eis dias depois, tomou Jesus consigo a Pedro, a [f]Tiago, a João, irmão deste, e os levou, em particular, a um alto monte.

2 Ali Jesus foi [1g]transfigurado diante deles. O seu rosto brilhou como o sol, e as suas roupas se tornaram brancas como a luz.

3 Então lhes [h]apareceram Moisés e Elias, falando com ele.

4 Pedro disse a Jesus: Senhor, bom é estarmos aqui. Se queres, façamos aqui três abrigos — um para ti, um para Moisés e um para Elias.

5 Estando ele ainda a falar, uma nuvem luminosa os cobriu, e da nuvem saiu uma [i]voz que dizia: Este é meu [j]Filho amado, em quem me agrado. A ele ouvi!

6 Os discípulos, ouvindo isso, caíram com o rosto no chão, tomados de grande medo.

7 Aproximou-se Jesus, tocou neles e disse: Levantai-vos e não tenhais medo.

8 Erguendo eles os olhos, a ninguém viram senão a Jesus.

9 **E**nquanto desciam do monte, Jesus lhes ordenou: A ninguém conteis a visão, até que o Filho do homem seja ressuscitado dos mortos.

10 Os discípulos o interrogaram: [2]Por que dizem, pois, os mestres da lei que é necessário que Elias venha primeiro?

11 Jesus lhes respondeu: Certamente [l]Elias virá primeiro e restaurará todas as coisas.

12 Mas digo-vos que Elias já veio, e não o conheceram, mas fizeram-lhe tudo o que quiseram. Assim farão eles também sofrer o Filho do homem.

13 Então entenderam os discípulos que lhes falara a respeito de João Batista.

A impotência dos discípulos; o poder de Cristo (Mc 9.14-29; Lc 9.37-43)

14 **Q**uando chegaram à multidão, um homem aproximou-se de Jesus e [m]ajoelhou-se, dizendo:

15 Senhor, tem misericórdia de meu filho, que é epiléptico e [n]sofre muito. Ele muitas vezes cai no fogo e na água.

16 Eu o trouxe aos teus discípulos, mas não puderam curá-lo.

[v] Mt 17.12; 20.17-19
[w] Veja Mt 2.4, nota
[x] Satanás: v. 23; Mt 25.41 (Gn 3.1; Ap 20.10)
[y] At 14.22; 2Co 4.10,11; 2Tm 3.12
[z] 1Pe 2.21
[a] Lc 12.20,21; comp. Tg 5.1-6
[b] Gr. *kosmos*. Veja Mt 4.8, nota
[c] Cristo (segunda vinda): v. 27,28; Mt 19.28 (Dt 30.3; At 1.11, nota)
[d] Recompensas: v. 27; Mt 24.47 (Dn 12.3; 1Co 3.14, nota)
[e] Juízos (os sete): v. 27; Mt 22.13 (2Sm 7.14; Ap 20.12)
[f] Veja Mt 4.21, nota
[g] Reino (NT): v. 1-5; Mt 18.1 (Mt 2.2; 1Co 15.24, nota); comp. Ap 1.13-16
[h] Ressurreição: v. 3,9; Mt 22.23 (2Rs 4.35; 1Co 15.52, nota)
[i] Jo 12.28-30
[j] Mt 3.17; 2Pe 1.17
[l] Ml 4.5; Mt 11.14; Lc 1.17
[m] Mc 1.40
[n] Comp. Mt 15.22

as coisas" e da Igreja (Ef 1.20-23). O testemunho anterior havia chegado ao fim; o novo testemunho ainda não estava pronto porque o sangue da nova aliança ainda não havia sido derramado, mas nosso Senhor começou a falar de sua morte e ressurreição (v. 21). Este é um momento de suma importância.

[1] (17.2) A cena da transfiguração contém, em menor proporção, todos os elementos do futuro reino em sua manifestação (2Pe 1.15-21): 1) o Senhor Jesus, não em humilhação, mas em glória (v. 2); 2) Moisés, glorificado, representante dos redimidos que passaram por meio da morte para o Reino (Mt 13.43; comp. Lc 9.30,31); 3) Elias, glorificado, representante dos redimidos que entraram no Reino ao serem arrebatados (1Co 15.50-53; 1Ts 4.13-17); 4) Pedro, Tiago e João, não glorificados, representantes, naquele momento, de Israel na carne no reino futuro (Ez 37.21-27); 5) a multidão ao pé do monte (v. 14), representando aqueles que entrarão no Reino depois de ele ser estabelecido sobre Israel (Is 11.10-12 etc.).

[2] (17.10) Comp. Ml 3.1; 4.5,6; Mt 11.14; Mc 9.11-13; Lc 1.17. Todas as passagens devem ser consideradas juntas. 1) Cristo confirma a profecia de Ml 4.5,6, específica e ainda por cumprir-se: "Elias virá primeiro e restaurará todas as coisas". Aqui e em Malaquias, há duas profecias que devem ser distinguidas: a que se cumpriu em João Batista e a que ainda deve ser cumprida em Elias. 2) Mas João Batista já tinha vindo, e com um ministério tão identificado em espírito e poder com o ministério futuro de Elias (Lc 1.17) que, em sentido tipológico, podia-se dizer: "Elias já veio". Comp. Mt 10.40 e Fm 12,17, onde temos o mesmo processo de identificação, embora preservando a distinção pessoal (comp. Jo 1.21).

17 Respondeu-lhe Jesus: Ó geração [o]incrédu-
la e perversa! Até quando estarei convosco?
Até quando vos [p]suportarei? Trazei-me aqui
o menino.
18 Jesus [q]repreendeu o [r]demônio, e este saiu
do menino, e desde aquela hora o menino
[s]ficou curado.
19 **E**ntão os discípulos aproximaram-se de
Jesus em particular e perguntaram: [t]Por que
não conseguimos nós expulsá-lo?
20 Jesus lhes respondeu: Por causa da vossa
[u]pequena fé. Em verdade vos digo que, se ti-
verdes [v]fé como um grão de mostarda, direis
a este monte: Vá daqui para lá, e ele irá. Nada
vos será impossível.
21 Este tipo de demônio, porém, não se ex-
pulsa senão por meio de oração e [w]jejum.

Jesus novamente prediz sua morte e sua ressurreição (Mc 9.30-32; Lc 9.43-45)

22 **O**ra, achando-se eles na Galileia, disse-
-lhes Jesus: O [x]Filho do homem será [y]entregue
nas mãos dos homens.
23 Eles o matarão, e no terceiro dia ressusci-
tará. E eles se [z]entristeceram muito.

O milagre do dinheiro do imposto na boca de um peixe (comp. Mc 12.13-17)

24 **Q**uando eles chegaram a Cafarnaum,
aproximaram-se de Pedro os que cobravam o
imposto das duas [a]dracmas e perguntaram:
Não paga o vosso mestre o imposto do templo?
25 Respondeu ele: Sim. E, entrando em casa,
Jesus antecipou-se, dizendo: Que te parece, Si-
mão? De quem cobram os reis da terra os impostos
e o tributo? Dos seus filhos, ou dos [b]estranhos?
26 Respondeu-lhe Pedro: Dos estranhos.
Disse-lhe Jesus: Então os filhos estão isentos.
27 Mas, para que não os escandalizemos,
vai ao mar, joga o anzol, tira o primeiro peixe
que subir e, abrindo-lhe a boca, [c]encontrarás
um [1]estáter. Pegue-o e pague o imposto por
mim e por ti.

Para entrar no reino dos céus é necessário ser como uma criança (Mc 9.33-42; Lc 9.46-50)

18 **N**aquela mesma hora os discípulos se
aproximaram de Jesus e perguntaram:
Quem é o [d]maior no [e]Reino dos céus?
2 Jesus chamou uma [f]criança, colocou-a no
meio deles
3 e disse: Em verdade vos digo que, se não
vos converterdes e não vos tornardes como
crianças, de modo algum entrareis no Rei-
no dos céus.

[o] Comp. Jo 20.27
[p] Dt 32.5; Fp 2.15
[q] Lc 4.41
[r] Veja Mt 7.22, nota
[s] Milagres (NT): v. 14-18; Mt 17.27 (Mt 8.3; At 28.8)
[t] v. 16
[u] Mt 16.8; 21.21; Lc 17.6
[v] Fé: v. 19-21; Mt 21.32 (Gn 3.20; Hb 11.39, nota)
[w] Comp. At 13.2,3; 1Co 7.5
[x] Veja Mt 8.20, nota
[y] Mt 20.17-19; Mc 9.31; 10.33; Lc 18.31-33; At 2.23
[z] Mt 26.22; Jo 16.6
[a] Veja sist. monetário (NT): Mt 5.26, nota; comp. Êx 30.13
[b] Is 60.10-17; comp. Is 49.22,23
[c] Milagres (NT): v. 24-27; Mt 19.2 (Mt 8.3; At 28.8)
[d] Lc 22.24-27; comp. Mt 20.20-28
[e] Reino (NT): v. 1-4; Mt 18.23 (Mt 2.2; 1Co 15.24, nota)
[f] Mt 19.14; Mc 10.15; Lc 18.14-17; comp. Sl 131.2; 1Co 14.20

4 Portanto, aquele que se tornar humilde
como esta criança, esse é o maior no Reino
dos céus.
5 E todo aquele que receber, em meu nome,
uma criança como esta, recebe a mim.
6 **A**quele, porém, que fizer tropeçar um des-
tes pequeninos que creem em mim, melhor
seria que pendurasse ao pescoço uma grande
pedra de moinho e se lançasse na profunde-
za do mar.

A preocupação do Pai com os seus: parábola da ovelha perdida (Mc 9.43-50; Lc 15.3-7)

7 **A**i do [g]mundo, por causa dos escândalos! É
necessário que venham escândalos, mas ai do
homem por quem o escândalo vier!
8 Portanto, [h]se a tua mão ou o teu pé te fa-
zem pecar, corta-o e lança-o para longe de ti.
Melhor é que entres na [i]vida coxo, ou aleijado,
do que, tendo duas mãos ou dois pés, seres
lançado no fogo eterno.
9 E, se o teu olho te faz tropeçar, arranca-o e
lança-o para longe de ti. Melhor é que entres
na vida com um só olho do que, tendo dois
olhos, sejas lançado no fogo do [j]inferno.
10 **V**ede, não desprezeis a qualquer destes
pequeninos. Pois eu vos digo que os seus [k]an-
jos nos céus sempre veem a face de meu Pai
que está nos céus.
11 O Filho do homem [l]veio [m]salvar o que es-
tava [n]perdido.
12 Que vos parece? [oo]Se um homem tiver cem
ovelhas e uma delas se perder, não deixará ele
as noventa e nove nos montes e irá em busca
da que se perdeu?
13 E, se a acha, em verdade vos digo que
maior prazer tem por aquela do que pelas
noventa e nove que não se perderam.
14 Assim também não é [pp]vontade de vosso
Pai que está nos céus que um destes peque-
ninos se perca.

Disciplina e perdão na igreja; concordância na oração (Lc 17.3,4)

15 **S**e, porém, teu [qq]irmão [rr]pecar contra ti, vai
e repreende-o entre ti e ele só. Se te ouvir, ga-
nhaste a teu irmão.
16 Se, porém, ele não te ouvir, leva contigo um
ou dois, para que pela boca de [ss]duas ou três
testemunhas toda palavra seja confirmada.
17 E, se não as ouvir, dize-o à [tt]igreja; se tam-
bém não ouvir a igreja, trate-o como [uu]gentio
ou cobrador de impostos.
18 Em verdade vos digo que tudo o que
[vv]ligardes na terra será ligado no céu, e tudo

[g] Gr. *kosmos*. Veja Mt 4.8, nota
[h] Mt 5.29,30
[i] Vida (eterna): v. 8,9; Mt 19.16 (Mt 7.14; Ap 22.19)
[j] Gr. *geenna*. Veja Mt 5.22, nota
[k] Veja Hb 1.4, nota
[l] Cristo (primeira vinda): v. 11; Mt 21.5 (Gn 3.15; At 1.11)
[m] Veja Rm 1.16, nota
[n] Gr. *apollumi*. Veja Jo 3.16, nota 4
[oo] Parábolas (NT): v. 12-14; Mt 18.23 (Mt 5.13; Lc 21.29)
[pp] 1Tm 2.4
[qq] Lv 19.17; Gl 6.1,2; Ef 4.30-32; Tg 5.19,20
[rr] Veja Rm 3.23, nota
[ss] Dt 19.15; Jo 8.17; 2Co 13.1; 1Tm 5.19; comp. Mt 18.19
[tt] Comp. 1Co 5.3-5; 6.1-5.
[uu] Comp. 1Co 5.9-13
[vv] Jo 20.22,23; veja Mt 16.19, nota

[1] (17.27) Moeda correspondente a quatro dracmas. Veja Mt 5.26, *nota*.

o que desligardes na terra será desligado no céu.

19 Também vos digo que, se dois de vós concordarem na terra a respeito de qualquer coisa que [w]pedirem, essa lhe será dada por meu Pai que está nos céus.

20 Pois onde estiverem dois ou três [x]reunidos em meu nome, ali estou eu no meio deles.

21 **E**ntão Pedro, aproximando-se, lhe perguntou: Senhor, até [y]quantas vezes [z]pecará meu irmão contra mim, e eu lhe [a]perdoarei? Até sete?

22 Jesus lhe respondeu: Não te digo que até sete vezes, mas até [b]setenta vezes sete.

23 **P**or isso, o [c]Reino dos céus pode ser [d]comparado a certo rei que quis [e]acertar contas com os seus servos.

24 E, começando a fazê-lo, trouxeram-lhe um que lhe devia dez mil [f]talentos.

25 [g]Não tendo ele com que pagar, o seu senhor mandou que ele, sua mulher e seus filhos fossem vendidos, com tudo o que tinha, para que a dívida fosse paga.

26 Então aquele servo, prostrando-se, implorava, dizendo: Senhor, sê generoso comigo e tudo te pagarei.

27 Então o senhor daquele servo, movido por íntima compaixão, mandou-o embora e perdoou-lhe a dívida.

28 Saindo, porém, aquele servo, encontrou um dos seus conservos que lhe devia cem [h]denários. Agarrando-o, sufocava-o, dizendo: Paga-me o que me deves.

29 Então o seu companheiro, prostrando-se a seus pés, rogava-lhe: Sê generoso comigo e tudo te pagarei.

30 Ele, porém, [j]não quis. Antes, foi lançá-lo na prisão, até que pagasse a dívida.

31 Vendo os seus conservos o que acontecia, entristeceram-se muito e foram contar ao seu senhor tudo o que acontecera.

32 Então o seu senhor chamou-o e lhe disse: Servo mal, perdoei-te [i]toda aquela dívida, porque me suplicaste.

33 Não devias tu igualmente compadecer-te do teu companheiro, como também eu me compadeci de ti?

34 Irado, o seu senhor o entregou aos [1]carrascos, até que lhe pagasse tudo o que devia.

35 Assim vos fará também meu Pai celeste, se de coração não perdoardes, cada um, a seu irmão, as suas ofensas.

Jesus ensina sobre o divórcio (comp. 5.31,32; Mc 10.1-12; Lc 16.18; Rm 7.1-3; 1Co 7.10-16)

19 **T**endo concluído essas palavras, Jesus [k]saiu da Galileia e foi para o território da Judeia, além do Jordão.

2 Seguiram-no grandes multidões, e ele [l]as curou ali.

3 **E**ntão se aproximaram os fariseus, para [m]testá-lo, e perguntaram: É permitido ao homem divorciar-se de sua mulher por qualquer motivo?

4 Respondeu-lhes ele: [2]Não [n]leste [o]que no princípio o Criador os fez homem e mulher,

5 e disse: Portanto deixará o homem pai e mãe, se unirá a sua mulher [p]e serão os dois uma só carne?

6 Assim já não são mais dois, mas uma só carne. Portanto, o que Deus uniu não o separe o homem.

7 Perguntaram-lhe: Então por que [q]mandou Moisés dar-lhe carta de divórcio e mandá-la embora?

8 Respondeu-lhes ele: [3]Moisés, por causa da [r]dureza do vosso coração, vos permitiu mandar embora vossas [s]mulheres. Mas no princípio não foi assim.

9 Eu vos digo, porém, que qualquer que se divorciar de sua mulher, não sendo por causa de imoralidade sexual e casar com outra, comete adultério, e o que casar com a divorciada também comete adultério.

10 Disseram-lhe os discípulos: Se essa é a condição entre o homem e a mulher, não convém casar.

11 Ele, porém, lhes disse: [t]Nem todos podem aceitar esta palavra, mas só aqueles a quem é concedido.

12 Pois há eunucos que nasceram assim; outros foram feitos eunucos pelos homens. E há eunucos [u]que se fizeram eunucos por [v]causa do [ww]Reino dos céus. Quem puder aceitar isso, aceite-o.

Jesus abençoa as crianças (Mc 10.13-16; Lc 18.15-17)

13 **T**rouxeram-lhe então algumas crianças para que lhes impusesse as mãos e orasse por elas. Mas os discípulos os [xx]repreendiam.

14 Jesus, porém, disse: Deixai as crianças e não as impeçais de vir a mim, pois das [yy]tais é o Reino dos céus.

15 E, tendo-lhes imposto as mãos, partiu dali.

[w] 1Jo 3.22; 5.14; comp. 1Pe 3.7
[x] At 20.7; 1Co 14.26
[y] Comp. v. 15
[z] Perdão: v. 21,22, 27,32, 35; Mt 26.28 (Lv 4.20; Mt 26.28, nota)
[a] Veja Rm 3.23, nota
[b] Mt 6.14; Mc 11.25; Cl 3.13; comp. Sl 78.40
[c] Reino (NT): v. 23-34; Mt 19.12 (Mt 2.2; 1Co 15.24, nota)
[d] Parábolas (NT): v. 23-35; Mt 20.1 (Mt 5.13; Lc 21.29)
[e] Mt 25.19
[f] Veja sist. monetário (NT): Mt 5.26, nota
[g] Comp. Rm 3.19,20; 5.8
[h] Veja sist. monetário (NT): Mt 5.26, nota
[i] Comp. Ef 4.31,32; Cl 3.12,13
[j] Lc 7.41-43

[k] Jo 10.40
[l] Milagres (NT): v. 2; Mt 20.34 (Mt 8.3; At 28.8)
[m] Provar-Tentar: v. 3; Mt 22.18 (Gn 3.1; Tg 1.14)
[n] Inspiração: v. 4-6; Mt 21.4 (Êx 4.15; 2Tm 3.16). Jesus confirma a narrativa da Criação relatada em Gênesis
[o] Comp. Jo 1.3; Ef 3.9
[p] Gn 2.24; 1Co 6.16; comp. Ef 5.21-33
[q] Lei (de Moisés): v. 7,8; Mt 19.18 (Êx 19.1; Gl 3.24)
[r] Hb 3.15; comp. Rm 8.3; Hb 7.18,19
[s] Ml 2.16
[t] v. 11,12; comp. Jo 16.12; 1Co 7.2-6,9
[u] 1Co 7.7,8,17; comp. 1Tm 4.1-3
[v] Comp. 1Co 7.32-35
[ww] Reino (NT): v. 12,14, 23,24; Mt 19.28 (Mt 2.2; 1Co 15.24, nota)
[xx] Mt 20.31
[yy] Mt 18.3,4; comp. 1Pe 2.2

[1] (18.34) Esta é a justiça segundo a Lei. Comp. a graça de Deus oferecida aos pecadores (Rm 3.21-26; 6.23; veja tb. Jo 1.17, *nota*).

[2] (19.4) Comp. Gn 1.27; 2.23,24. Observe nos v. 4-6 a confirmação que Jesus faz da narrativa de Gênesis sobre a Criação.

[3] (19.8) Comp. Dt 24.1-4. Nosso Senhor confirma aqui que Moisés foi o autor de Deuteronômio.

O jovem rico (Mc 10.17-27; Lc 18.18-27; comp. Lc 10.25-29)

16 **O**ra, aproximou-se dele um homem e [1]lhe perguntou: Mestre, que [z]bem farei para ter a [a]vida eterna?

17 Respondeu-lhe Jesus: Por que me perguntas a respeito do que é bom? [b]Bom só há um. Se queres, porém, entrar na vida, [c]obedeça aos mandamentos.

18 Perguntou-lhe ele: [d]Quais? E Jesus respondeu: Não matarás, não adulterarás, não furtarás, não dirás falso testemunho,

19 honra teu pai e tua mãe, e amarás o teu [e]próximo como a ti mesmo.

20 Disse-lhe o jovem: A tudo isso tenho [f]obedecido. Que me falta ainda?

21 Disse-lhe Jesus: Se queres ser [g]perfeito, vai, vende tudo o que tens e dá-o aos pobres, e terás um tesouro no céu. Então vem e segue-me.

22 O jovem, ao ouvir essa palavra, saiu triste, porque possuía muitas propriedades.

23 **D**isse então Jesus aos seus discípulos: Em verdade vos digo que é difícil [h]entrar um [i]rico no Reino dos céus.

24 Outra vez vos digo que é mais fácil passar um camelo pelo fundo de uma [j]agulha do [k]que entrar um rico no Reino de Deus.

25 Os seus discípulos, ouvindo isso, admiraram-se muito e disseram: Quem poderá, então, [l]salvar-se?

26 Jesus, olhando para eles, lhes disse: Para os homens isso é impossível, mas para Deus tudo é possível.

A recompensa dos apóstolos agora e no futuro reino (Mc 10.28-31; Lc 18.28-30)

27 Então Pedro lhe perguntou: Nós deixamos tudo e te seguimos! O que então haverá para nós?

28 Respondeu-lhe Jesus: Em verdade vos digo: vós, os que me seguistes, por ocasião da [2]regeneração, [m]quando o Filho do homem se assentar no [n]trono da sua glória, também vos assentareis sobre doze tronos, para [3]julgar as doze tribos de Israel.

29 E todo aquele que tiver deixado casas, ou irmãos, ou irmãs, ou pai, ou mãe, ou mulher, ou filhos, ou terras, por causa do meu nome, receberá cem vezes mais e herdará a [o]vida eterna.

30 [p]Muitos dos primeiros serão últimos, e muitos dos últimos serão os primeiros.

Parábola dos trabalhadores na vinha

20 **O** Reino dos céus é [4q]semelhante a um proprietário que saiu de madrugada para contratar trabalhadores para a sua vinha.

2 E, tendo ajustado com os trabalhadores a um [r]denário por dia, mandou-os para a sua vinha.

3 Perto das [s]nove horas da manhã ele saiu e viu na praça outros que estavam desocupados.

4 Disse-lhes: Ide vós também para a vinha, e vos darei o que for justo. E eles foram.

5 Saindo outra vez, perto do [t]meio-dia e das [u]três horas da tarde, fez o mesmo.

6 Perto das [v]cinco horas da tarde ele saiu e encontrou outros que estavam desocupados e perguntou-lhes: Por que estivestes aqui desocupados o dia todo?

7 Responderam-lhes: Porque ninguém nos contratou. Disse-lhes: Ide vós também para a vinha, e recebereis o que for justo.

8 Chegada a [w]tarde, disse o dono da vinha ao seu administrador: Chama os trabalhadores e paga-lhes o salário, começando pelos últimos contratados indo até os primeiros.

---

[1] (19.16) O jovem rico cometeu quatro erros, a cada um dos quais o Senhor se referiu com sabedoria infalível: 1) Seu erro sobre a pessoa de Cristo, ao crer que ele fosse apenas um bom mestre, foi respondido pelo dilema inevitável: ou Cristo é Deus ou ele não é um homem bom (v. 17). 2) Seu erro quanto ao caminho para a vida eterna, ao supor que podia alcançá-la pelas obras, foi rebatido com a confrontação que Cristo lhe fez sobre as elevadas exigências da lei divina (v. 17). 3) O erro com respeito a si mesmo, ao crer que havia guardado a Lei (v. 20), foi respondido quando Cristo o provou quanto às obras da justiça (v. 21) e lhe mostrou como havia falhado (v. 22). 4) Seu erro mais trágico foi não fazer caso das palavras finais de Cristo: "Vem e segue-me" (v. 21), pois nelas é oferecida esperança misericordiosa ao pecador. Na explicação que o Senhor deu aos discípulos, depois do incidente, ele deixou claro que a salvação nunca é obtida por meios humanos, mas "para Deus tudo é possível" (v. 24-26) – mesmo a salvação daqueles que amam as riquezas. A salvação sempre foi pela graça de Deus para o pecador, por meio da fé no sacrifício expiatório de Cristo. Veja Jo 1.17, *nota*.

[2] (19.28) A palavra "regeneração" (gr. *palingenesia*, significa *novo nascimento*, *renovação*, *recriação*) aparece apenas mais uma vez no NT, em Tt 3.5. Ali, fala do novo nascimento do cristão; aqui, da recriação da ordem social e da renovação da terra (Is 11.6-9; Rm 8.19-23) quando vier o Reino. Veja Restauração (At 3.21, *nota*); Reino, AT (Zc 12.8, *nota*); Reino, NT (1Co 15.24, *nota*).

[3] (19.28) A predição de nosso Senhor revela como a promessa de Is 1.26 será cumprida quando o Reino for estabelecido. A administração do Reino sobre Israel se dará por meio dos apóstolos, de acordo com o antigo sistema teocrático dos juízes (Jz 2.18).

[4] (20.1) A queixa destes trabalhadores (v. 11,12) revela seu caráter. Eles foram tratados com justiça; protestaram porque os outros foram tratados com generosidade.

---

[z] Comp. Rm 7.18
[a] Vida (eterna): v. 16,17; Mt 19.29 (Mt 7.14; Ap 22.19)
[b] Sl 25.8; 34.8; Na 1.7; Rm 2.4
[c] Lv 18.5; Dt 4.40; 6.17; 7.11; 11.22; 28.9; Gl 3.10; comp. Rm 3.19; 10.1-5
[d] Lei (de Moisés): v. 18-20; Mt 22.24 (Êx 19.1; Gl 3.24)
[e] Lv 19.18; Mt 5.43; 22.39; Lc 10.29-37; Rm 13.9; Gl 5.14; Tg 2.8
[f] Fp 3.6,7; comp. v. 7-9
[g] Veja Mt 5.48, nota
[h] Comp. Jo 3.5
[i] Mt 13.22; 1Tm 6.9,10; Tg 5.1-3; comp. Tg 2.5
[j] Mc 10.25; Lc 18.25
[k] Comp. Mt 13.3-9, veja Rm 1.16, nota
[l] Gn 18.14; Nm 11.23; Is 59.1; Jr 32.17
[m] Cristo (segunda vinda): v. 28; Mt 23.39 (Dt 30.3; At 1.11, nota)
[n] Reino (NT): 19.27,28; 20.1-16; Mt 20.21 (Mt 2.2; 1Co 15.24, nota); Mt 25.31; Lc 1.31-33; Ap 3.21
[o] Vida (eterna): v. 29; Mt 25.46 (Mt 7.14; Ap 22.19)
[p] Mt 20.16; Lc 13.30; comp. Mt 21.31
[q] Parábolas (NT): v. 1-16; Mt 21.28 (Mt 5.13; Lc 21.29); Mt 21.33; comp. Is 5.7; Mt 28.19; Jo 15.1-5
[r] Veja sist. monetário (NT): Mt 5.26, nota
[s] Veja Jo 19.14, nota
[t] Veja Jo 19.14, nota
[u] Veja Jo 19.14, nota
[v] Veja Jo 19.14, nota
[w] 2Co 5.10

9 Vindo os contratados por volta das cinco da tarde, [x]receberam um denário cada um.

10 Vieram, então, os primeiros e pensaram que receberiam mais. Mas também eles [y]receberam um denário cada um.

11 Ao receberem, [z]queixaram-se contra o proprietário.

12 Disseram: Estes últimos contratados trabalharam só uma hora, e tu os [a]igualaste conosco, que suportamos o cansaço e o calor do dia.

13 Ele, porém, disse a um deles: Amigo, não te faço injustiça. Não combinaste comigo um denário?

14 Toma o que é teu e retira-te daqui. Eu quero dar a este último tanto quanto a ti.

15 Não tenho o direito de fazer [b]o que quiser com o que é meu? Ou é mau o teu olho porque eu sou bom?

16 Assim, os últimos [c]serão primeiros, e os primeiros, últimos; pois muitos são chamados, mas poucos escolhidos.

Jesus prediz mais uma vez sua morte e ressurreição (Mc 10.32-34; Lc 18.31-34; comp. Mt 12.38-42; 16.21-28; 17.22,23)

17 **Q**uando estavam para subir a Jerusalém, ele chamou em particular os doze discípulos e, enquanto caminhavam, lhes disse:

18 Vamos para Jerusalém, e o [d]Filho do homem será entregue aos principais sacerdotes e aos mestres da lei. Eles o condenarão à morte.

19 E o entregarão aos [e]gentios para que [f]zombem dele, o [g]açoitem e [h]seja crucificado. No terceiro dia, ele [i]ressuscitará.

A resposta de Jesus ao pedido da mãe de Tiago e João (Mc 10.35-45)

20 **E**ntão se aproximou dele a mãe dos filhos de Zebedeu, com seus filhos, e, prostrando-se, fez-lhe um pedido.

21 Perguntou ele: Que queres? Disse ela: Concede que estes meus dois filhos se [j]assentem, um à tua direita e outro à tua esquerda, no teu [k]Reino.

22 Jesus, porém, respondeu: Não sabeis o que pedis. Podeis vós beber o [l]cálice que estou para beber, [e ser batizados com o batismo [m]com que estou para ser batizado]? Responderam-lhe: Podemos.

23 Disse-lhes Jesus: Na verdade bebereis o meu cálice, mas o assentar-se à minha direita ou à minha esquerda não me pertence concedê-lo. Esses lugares pertencem àqueles a quem meu Pai os preparou.

24 Quando os dez ouviram isto, [n]se indignaram contra os dois irmãos.

25 Então Jesus chamou-os a si e disse: Bem sabeis que os governadores dos gentios os dominam e que os grandes exercem autoridade sobre eles.

26 [o]Não será assim entre vós. Pelo contrário, todo aquele que entre vós quiser tornar-se grande seja vosso [p]servo,

27 e quem quiser ser o primeiro seja vosso escravo —

28 tal como o [q]Filho do homem não veio para ser servido, mas para servir e dar a sua vida em [r]resgate por muitos.

A cura de dois cegos de Jericó (Mc 10.46-52; comp. Lc 18.35-43; veja nota 2)

29 **Q**uando eles saíram de Jericó, seguiu-o uma grande multidão.

30 [1]Dois cegos estavam assentados à beira do caminho e, quando ouviram que Jesus passava, clamaram: Senhor, [s]Filho de Davi, tem misericórdia de nós!

31 A multidão os [t]repreendia para que se calassem, mas eles clamavam cada vez mais alto: Senhor, Filho de Davi, tem misericórdia de nós!

32 Jesus parou, chamou-os e lhes perguntou: Que quereis que vos faça?

33 Responderam-lhe: Senhor, que os nossos olhos se abram!

34 Movido de [u]compaixão, Jesus tocou-lhes os olhos. [v]Imediatamente começaram a ver e o seguiram.

Apresentação pública do Rei (Mc 11.1-10; Lc 19.29-38; Jo 12.12-19; comp. Zc 9.9)

21 [w]**Q**uando se aproximaram de Jerusalém e chegaram a Betfagé, ao monte das Oliveiras, enviou Jesus dois discípulos, dizendo-lhes:

2 Ide à aldeia aí em frente, e logo encontrareis uma jumenta presa, e com ela um jumentinho. Desamarrai-a e trazei-os a mim.

[x] Comp. 1Co 9.24,25; 2Tm 4.7,8; veja 1Co 3.14, nota
[y] Comp. Lc 10.42
[z] Comp. Rm 14.10-13
[a] Comp. Lc 17.7-10; 1Co 9.16,17
[b] Rm 9.20,21; comp. Ef 1.3-11; 2.4-8
[c] Mt 19.30; comp. Mt 22.14
[d] Mt 26.47-57
[e] Mt 27.2
[f] Mt 26.67,68
[g] Mt 27.26
[h] Mt 27.35; At 3.13-15
[i] Mt 28.5,6; Mc 16.6,9; Lc 24.5-8
[j] v. 23; comp. Mt 19.28; Ap 3.21,22
[k] Reino (NT): 20.21,23; 21.1-9; Mt 22.2 (Mt 2.2; 1Co 15.24, nota)
[l] Mt 26.39,42; Lc 22.41,42; Jo 18.11; comp. Is 53.2-5; Mt 27.46; 2Co 5.21; Gl 3.13; 1Pe 2.24; 3.18
[m] At 12.2; Ap 1.9
[n] Comp. Mt 18.1; Lc 22.23-27
[o] Mt 23.11; 1Pe 5.3
[p] Mt 23.11; Mc 9.35; 10.43; Jo 13.1-16; 1Co 9.19-22
[q] Fp 2.7; veja Mt 8.20, nota
[r] Is 53.6,10,11; 2Co 5.21; 1Tm 2.5,6; Tt 2.14; 1Pe 1.18,19; veja notas de Êx 14.30; Is 59.20 e Rm 3.24
[s] 2Sm 7.14-17; Sl 89.3-5, 19-37; Is 11.10-12; Ez 37.21-25; Mt 1.1; Lc 1.31,32; At 15.14-17
[t] Mt 19.13
[u] Mt 9.36; 14.14; 15.32; 18.27
[v] Milagres (NT): v. 30-34; Mt 21.19 (Mt 8.3; At 28.8)
[w] v. 1-9; comp. Zc 14.4-9. As duas vindas em assombroso contraste

[1] (20.30) Há quem alegue existir uma discrepância dupla (os cegos e o momento da cura) entre o relato deste milagre em Mt 20.29-34 e em Mc 10.46-52 e Lc 18.35-43. Havia dois cegos; Bartimeu, o mais ativo, é mencionado pelo nome em Marcos. Do outro, nada se sabe. Lucas declara que a cura ocorreu antes de Cristo entrar em Jericó; Mateus e Marcos, que ocorreu quando ele deixava a cidade. É possível a seguinte explicação: 1) a cura pode ter ocorrido depois que nosso Senhor saiu da velha Jericó e se aproximava da nova Jericó, que Herodes, o Grande, tinha construído a pequena distância da velha, ou 2) os dois cegos podem ter pedido ao Senhor que os curasse quando ele se aproximava da cidade, e a cura aconteceu quando ele saía de lá. As narrativas se complementam, não há nenhuma contradição entre elas.

3 Se alguém vos disser alguma coisa, dizei-
-lhe que o Senhor [x]necessita deles, e imedia-
tamente os enviará.
4 Ora, tudo isto aconteceu para que se [1]cum-
prisse o que foi [y]dito pelo profeta:
5 Dizei à filha de Sião:

Olha, eis que [z]vem o teu Rei,
manso, e montado em jumento,
num jumentinho,
filho de animal de carga.

6 Os discípulos foram e fizeram como Jesus
lhes ordenara.
7 Trouxeram a jumenta e o jumentinho, e
sobre eles puseram os seus mantos e Jesus
assentou-se sobre eles.
8 E grande multidão estendeu os seus [a]man-
tos pelo caminho, e outros cortavam ramos de
árvores e os espalhavam pelo caminho.
9 As multidões que iam adiante e as que se-
guiam clamavam:

Hosana ao Filho de Davi!
[b]Bendito o que vem em nome do Senhor!
Hosana nas alturas!

10 E, quando ele entrou em Jerusalém, toda a ci-
dade ficou agitada, e perguntavam: Quem é este?
11 E as multidões responderam: Este é Jesus,
o [c]profeta de Nazaré da Galileia.

Jesus expulsa os mercadores do templo
(Mc 11.15-18; Lc 19.45-47; comp. Jo 2.13-16)

12 **E**ntrou Jesus no templo, expulsou a todos
os que aí vendiam e compravam e derrubou
as mesas dos cambistas e as cadeiras dos que
vendiam pombas.
13 E disse-lhes: Está escrito: [d]A minha casa
será chamada casa de oração, mas vós a ten-
des convertido em covil de ladrões.
14 **A**proximaram-se dele no templo [e]cegos e
coxos, e ele os curou.
15 Quando, porém, os principais sacerdotes
e os mestres da lei viram as maravilhas que
fazia e as crianças clamando no templo: Ho-
sana ao [f]Filho de Davi, ficaram indignados.
16 E perguntaram-lhe: Ouves o que estes di-
zem? Respondeu-lhes Jesus: Sim. Nunca lestes:

[g]Da boca de crianças e pequeninos
tiraste perfeito louvor?

[x] Comp. Sl 50.10
[y] Inspiração: v. 4,5; Mt 21.9 (Êx 4.15; 2Tm 3.16)
[z] Cristo (primeira vinda): v. 4,5; Mt 21.37 (Gn 3.15; At 1.11)
[a] Comp. 2Rs 9.13
[b] Inspiração: v. 9,13,16; Mt 21.42 (Êx 4.15; 2Tm 3.16); Sl 118.26
[c] Dt 18.15,18; Mt 2.23; 16.14; Lc 4.16-29; Jo 6.14; 7.40; 9.17; At 3.22,23; veja Lc 24.19, nota
[d] Is 56.7; Jr 7.11
[e] Comp. Lc 14.21; At 3.1-10
[f] Mt 1.1; Jo 7.42; comp. Jr 23.5,6
[g] Sl 8.2; comp. 1Co 1.26-29

17 E, deixando-os, [h]saiu da cidade para
[2]Betânia, onde passou a noite.

A figueira estéril (Mc 11.12-14,20-26)

18 **D**e manhã, ao voltar para a cidade, [i]teve fome.
19 Avistou uma [j]figueira à beira do caminho,
dirigiu-se a ela, mas nada encontrou senão fo-
lhas. E disse-lhe: Nunca mais nasça fruto de ti.
E a figueira [k]secou imediatamente.
20 Quando os discípulos viram isso, per-
guntaram, espantados: Como secou imedia-
tamente a figueira?
21 Jesus respondeu: Em verdade vos digo
que, se tiverdes [l]fé e não duvidardes, não só
fareis o que foi feito à figueira, mas até se a este
monte disserdes: Levanta-te e lança-te no mar,
assim será feito.
22 E [m]tudo o que pedirdes em oração, cren-
do, o recebereis.

A autoridade de Jesus é desafiada
(Mc 11.27-33; Lc 20.1-8)

23 **J**esus entrou no templo e, enquanto ensina-
va, aproximaram-se dele os principais sacerdo-
tes e os líderes religiosos do povo e perguntaram:
Com que autoridade fazes estas coisas? E quem
te deu tal autoridade?
24 Respondeu-lhes Jesus: Eu também vos fa-
rei uma pergunta. Se me responderdes, eu vos
direi com que autoridade faço estas coisas.
25 De onde era o [n]batismo de [o]João? Do céu
ou dos homens? E [p]discutiam entre si, dizen-
do: Se dissermos: Do céu, ele nos dirá: Então
por que não crestes nele?
26 Se, porém, dissermos: Dos homens, [q]te-
memos o povo, pois todos consideram João
como [r]profeta.
27 Então responderam a Jesus: Não sabemos.
Então ele lhes disse: [s]Nem eu vos digo com
que autoridade faço estas coisas.

Parábola dos dois filhos

28 **O** que vos parece? [t]Um homem tinha dois
filhos. Dirigindo-se ao primeiro, disse: Filho,
vai trabalhar hoje na vinha.
29 Respondeu ele: Não irei. Mais tarde, po-
rém, [3u]arrependeu-se e foi.

[h] Mc 11.11
[i] Mc 11.12-14; comp. Jo 4.6
[j] Lc 13.6-9
[k] Milagres (NT): v. 18-22; Mc 1.26 (Mt 8.3; At 28.8)
[l] Mt 17.20; Lc 17.6; 1Co 13.2; Tg 1.6
[m] Mt 7.7-11; Mc 11.24; Lc 11.9; Jo 15.7; 1Jo 3.22; 5.14,15
[n] Jo 1.29-34; veja At 8.12, nota
[o] Jo 1.15-28
[p] Comp. Lc 5.21
[q] v. 46; Mt 14.5; Lc 20.6; comp. Pv 29.25; Mc 6.25
[r] Mt 14.5
[s] Parábolas (NT): v. 28-32; Mt 21.33 (Mt 5.13; Lc 21.29)
[t] v. 33; Mt 20.1; comp. Is 5.7; Mt 28.19; Jo 15.1-5
[u] Arrependimento: v. 29; Mc 1.4 (Mt 3.2; At 17.30, nota)

[1] (21.4) Esta é a ocasião final em que o Rei se oferece oficialmente como tal, de acordo com a profecia de Zc 9.9. Aclamado por uma multidão irrefletida – cuja verdadeira crença está expressa no v. 11 –, mas rejeitado pelos representantes oficiais da nação, Jesus logo ouviria a mesma multidão gritar: "Crucifica-o" (27.22,23; comp. Mc 15.13,14; Lc 23.21).

[2] (21.17) Betânia, distante pouco mais de 3 quilômetros a leste de Jerusalém e lar de Lázaro, era um lugar onde Cristo demorou-se muitas vezes (Lc 10.38-42; comp. Mc 11.1-11; Lc 19.29-35; Jo 12.1-8). Não houve nenhum outro lugar com o qual o Cristo humano esteve relacionado de maneira tão afetiva. Aqui também se manifestou seu poder divino na ressurreição de Lázaro (Jo 11.41-44).

[3] (21.29) Comp. Lc 15.11-24 (especialmente v. 17-21) onde há outro notável exemplo de arrependimento.

30 Então o pai se dirigiu ao segundo filho e
disse a mesma coisa. Respondeu ele: Eu vou,
senhor, mas não foi.
31 Qual dos dois fez a vontade do pai? Res-
ponderam-lhe: O primeiro. Disse-lhes Jesus:
Em verdade vos digo que os cobradores de
impostos e as prostitutas entram antes de vós
no [v]Reino de Deus.
32 Pois João veio a vós a fim de vos mostrar o
caminho da [w]justiça, e não crestes nele, mas os
cobradores de impostos e as prostitutas [x]cre-
ram. Vós, porém, mesmo vendo isto, não vos
arrependestes para crerdes nele.

Parábola do homem que plantou uma vinha (Mc 12.1-12; Lc 20.9-19; comp. Is 5.1-7)

33 **Ouvi** outra [y]parábola: Havia um proprie-
tário que plantou uma vinha. Colocou ao seu
redor um muro, construiu nela um lagar e uma
torre, arrendou-a a uns lavradores e ausen-
tou-se do país.
34 Chegado o tempo da colheita, enviou os
seus servos aos [z]lavradores, para receber
os seus frutos.
35 Os lavradores, agarrando os servos, fe-
riram a um, mataram a outro, e apedrejaram
a outro.
36 Então enviou outros servos, em maior
número do que os primeiros, e eles lhes fize-
ram o mesmo.
37 Por último [a]enviou-lhes seu [b]filho, dizen-
do: Respeitarão a meu filho.
38 Os lavradores, porém, vendo o filho, disse-
ram entre si: Este é o [c]herdeiro. Vinde, vamos
[d]matá-lo e nos apoderar da sua herança.
39 Assim, agarraram-no, arrastaram-no para
fora da vinha e o mataram.
40 Portanto, quando vier o dono da vinha,
que fará àqueles lavradores?
41 Responderam-lhe: Destruirá de maneira
horrível esses perversos e arrendará a vinha
a outros lavradores, que no devido tempo lhe
entreguem os frutos.
42 **Disse-lhes** Jesus: Nunca [e]lestes nas Es-
crituras:

A pedra que os construtores rejeitaram,
essa se tornou a [g]pedra angular;
o Senhor fez isto, e é maravilhoso aos
nossos olhos?

43 Portanto, eu [h]vos digo que o [1]Reino de
Deus vos será tirado e será entregue a um po-
vo que produza os seus frutos.
44 Aquele que cair sobre esta [2]pedra se des-
pedaçará, mas aquele sobre quem ela cair será
reduzido a pó.
45 **Os** principais sacerdotes e os [i]fariseus, ou-
vindo estas parábolas, entenderam que ele
falava a seu respeito.
46 Procuraram prendê-lo, mas [j]tiveram me-
do da multidão, porque o povo o considerava
como profeta.

Parábola das bodas (Lc 14.16-24)

22 Jesus tornou a falar-lhes em parábo-
las e disse:
2 O [k]Reino dos céus é semelhante a um rei
que comemorou o casamento de seu filho.
3 Enviou os seus servos para chamar os
convidados para o casamento, mas estes não
quiseram vir.
4 Depois enviou outros servos, recomen-
dando: Dizei aos convidados que já preparei
o meu jantar: Meus bois e novilhos já foram
mortos, e tudo está pronto. Vinde ao [l]banquete.
5 Eles, porém, não dando atenção, foram, um
para o seu campo, outro para o seu negócio.
6 O restante, agarrando os servos, os maltra-
taram e os mataram.
7 O rei ficou com muita raiva. Enviou o seu
exército e destruiu aqueles assassinos e in-
cendiou a sua cidade.
8 Então disse a seus servos: O banquete, na
verdade, está preparado, mas os convidados
não eram dignos.
9 [m]Ide às esquinas e convidai para o banque-
te todos os que encontrardes.
10 E, saindo os servos pelos [n]caminhos, ajun-
taram todos quantos encontraram, tanto maus
como bons, e a sala do banquete se encheu
de convidados.

[v] Veja Mt 6.33, nota
[w] Justiça (AT): v. 32; Mt 27.19 (Gn 6.9; Lc 2.25, nota)
[x] Fé: v. 32; Mc 2.5 (Gn 3.20; Hb 11.39, nota)
[y] Parábolas (NT): 21.33-43; 22.1-14; Mt 24.32 (Mt 5.13; Lc 21.29)
[z] Jo 15.1; Tg 5.7,8
[a] Cristo (primeira vinda): v. 37; Mt 26.31 (Gn 3.15; At 1.11)
[b] Jo 3.16
[c] Hb 1.2; comp. Rm 8.16,17
[d] Sl 2.2; Jo 11.53; At 4.26-28
[e] Inspiração: v. 42; Mt 22.31 (Êx 4.15; 2Tm 3.16); Sl 118.22,23
[f] Cristo (Pedra): v. 42,44; Mc 12.10 (Gn 49.24; 1Pe 2.8)
[g] v. 5; Is 29.16; Mc 12.10; At 4.11; Ef 2.20; 1Pe 2.6,7
[h] A nação de Israel (v. 33-41). Comp. Is 5.1-7
[i] Veja Mt 3.7, nota
[j] v. 26; Mt 14.5; Mc 11.18,32
[k] Reino (NT): v. 2-14; Mt 23.13 (Mt 2.2; 1Co 15.24, nota)
[l] Lc 14.16,17
[m] O chamado mundial. Mt 28.16-20; Ap 22.17
[n] Mt 13.47,48; At 28.28; comp. Rm 10.18; 15.19; Cl 1.5,6,23

[1] (21.43) Em contraste com a expressão habitual "Reino dos céus", nosso Senhor aqui usa a expressão "Reino de Deus" para referir-se a uma esfera de sincera fé em Deus. É dito que o Reino de Deus "vos será tirado", i.e., tirado dos escribas e fariseus, representados na parábola pelos lavradores maus, e dado a um povo que produza frutos de salvação. Esta passagem ensina que os escribas e fariseus incrédulos não serão salvos, porquanto rejeitaram o Filho. Outros que manifestassem os frutos da salvação haveriam de tomar o lugar deles. Nem na presente dispensação nem no futuro milênio, o Reino de Deus será propriedade absoluta de Israel ou dos gentios.

[2] (21.44) Cristo é revelado como a Pedra de maneira tríplice: 1) Para Israel, Cristo – que veio não como o Messias glorioso, mas como um servo – é uma pedra de tropeço e rocha de escândalo (Is 8.14,15; Rm 9.32,33; 1Co 1.23; 1Pe 2.8). 2) Para a Igreja, Cristo é o Fundamento e a principal Pedra angular (1Co 3.11; Ef 2.20-22; 1Pe 2.4,5). 3) Para as potências mundiais gentias (veja Tempos dos gentios, Lc 21.24, *nota*; Ap 16.19, *nota*), Cristo será a Pedra destruidora (Dn 2.34). Israel tropeçou por causa de Cristo; a Igreja está edificada sobre Cristo; o domínio mundial gentio será esmagado por Cristo. Veja Armagedom, Ap 16.13-16; 19.17, *nota*.

11 Quando, porém, o rei entrou para ver os convidados, notou ali um homem que não estava vestido com roupas de núpcias.

12 Perguntou-lhe: [o]Amigo, como entraste aqui sem [p]roupas nupciais? Ele [q]ficou calado.

13 Disse então o rei aos servos: Amarrai-o, os pés e as mãos, e lançai-o para fora, nas [r]trevas, onde haverá choro e ranger de dentes.

14 Pois [s]muitos são chamados, mas poucos escolhidos.

Resposta de Jesus aos herodianos *(Mc 12.13-17; Lc 20.20-26)*

15 [1]**E**ntão, retirando-se os fariseus, conversaram entre si como o surpreenderiam em alguma palavra.

16 Enviaram-lhe os seus discípulos, com os [2][t]herodianos, dizendo: Mestre, bem sabemos que és verdadeiro e que ensinas o caminho de Deus, segundo a verdade. E não dás preferência a ninguém, porque não consideras a aparência dos homens.

17 Dize-nos, pois, que te parece? É certo pagar [u]tributo a César ou não?

18 Jesus, porém, conhecendo a sua má intenção, disse: Por que me [v]põem à prova, hipócritas?

19 Mostrai-me a moeda do imposto. Eles lhe apresentaram um [w]denário.

20 E ele lhes perguntou: De quem é esta imagem e inscrição?

21 Responderam-lhe: De César. Então ele lhes disse: Dai a César o que é [x]de César e a Deus o que é [y]de Deus.

22 Ao ouvirem isso, eles se maravilharam. E, deixando-o, se retiraram.

Resposta de Jesus aos saduceus *(Mc 12.18-27; Lc 20.27-38)*

23 **N**aquele mesmo dia vieram a ele os saduceus, que dizem não haver [z]ressurreição, e o interrogaram:

24 Mestre, Moisés [a]disse: Se um homem morrer, sem deixar filhos, seu irmão casará com a mulher dele e dará descendência a seu irmão.

25 Ora, houve entre nós sete irmãos. O primeiro casou e morreu e, não tendo filhos, deixou sua mulher a seu irmão.

26 A mesma coisa aconteceu com o segundo e o terceiro, até o sétimo.

27 Por fim, morreu também a mulher.

28 Portanto, na ressurreição, [b]de qual dos sete será ela mulher, visto que todos foram casados com ela?

29 Respondeu-lhes Jesus: [3]Errais, não conhecendo as Escrituras, nem o poder de Deus.

30 Na ressurreição nem casam nem são dados em casamento; serão [c]como os anjos de Deus no céu.

31 E quanto à ressurreição dos mortos, não [d]lestes o que Deus vos declarou:

32 [e]Eu sou o Deus de Abraão, o Deus de Isaque e o Deus de Jacó? Ora, Deus não é Deus de mortos, mas de vivos.

33 Ouvindo isto, as multidões ficaram maravilhadas com o seu ensino.

Resposta de Jesus aos fariseus *(Mc 12.28-34; comp. 10.25-28)*

34 **Q**uando os [f]fariseus ouviram que ele fizera emudecer os [g]saduceus, reuniram-se no mesmo lugar.

35 Um deles, [4]doutor da lei, interrogou-o para o [h]testar:

36 Mestre, qual é o [i]grande mandamento na [j]lei?

37 Respondeu-lhe Jesus: [k]Amarás o Senhor teu Deus de todo o teu coração, de toda a tua alma e de todo o teu entendimento.

38 Este é o primeiro e grande mandamento.

39 O segundo, semelhante a este, é: Amarás o teu [l]próximo como a ti mesmo.

40 Destes dois mandamentos dependem [m]toda a Lei e os Profetas.

[o] Comp. Mt 26.50
[p] Comp. Rm 10.1-13 com Fp 3.7-9
[q] Rm 3.19
[r] Juízos (os sete): v. 13; Mt 23.33 (2Sm 7.14; Ap20.12)
[s] Mt 20.16; comp. Is 65.2
[t] Mc 3.6; veja v. 15, nota
[u] Comp. Mt 17.24-27
[v] Provar-Tentar: v. 18; Mt 22.35 (Gn 3.1; Tg 1.14)
[w] Veja sist. monetário (NT): Mt 5.26, nota
[x] Rm 13.1-7; 1Pe 2.13-17
[y] 1Co 3.23; 6.19,20; 12.27
[z] Ressurreição: v. 23-31; Mt 26.32 (2Rs 4.35; 1Co 15.52, nota)

[a] Lei (de Moisés): v. 24; Mt 22.36 (Êx 19.1; Gl 3.24); Dt 25.5
[b] Comp. 1Tm 1.4; 4.7; 6.4; 2Tm 2.23-26
[c] 1Jo 3.2; veja Hb 1.4, nota
[d] Inspiração: v. 31,32; Mt 24.15 (Êx 4.15; 2Tm 3.16)
[e] Gn 17.7; 26.24; 28.21; Êx 3.6; At 7.26
[f] Veja Mt 3.7, nota 2
[g] Veja Mt 3.7, nota 3
[h] Provar-Tentar: v. 35; Mt 26.41 (Gn 3.1; Tg 1.14)
[i] Comp. Mt 5.17-48
[j] Lei (de Moisés): v. 36-40; Mt 23.23 (Êx 19.1; Gl 3.24)
[k] Dt 6.5; 10.12; comp. Rm 3.19; Gl 3.10
[l] Lv 19.18; Mt 19.19; Rm 13.9; Gl 5.14; comp. Lc 10.29-37
[m] Mt 7.12; Rm 13.10; 1Tm 1.5

[1] (22.15) Os v. 15-46 registram os encontros que nosso Senhor teve com os representantes de Israel – os herodianos, os saduceus e os fariseus (veja 3.7, *notas*). Embora ele respondesse às perguntas deles e os deixasse sem palavra (v. 46), eles não se arrependeram e não se dirigiram a ele com fé. A única mensagem que ficou para estes três grupos foram os ais do cap. 23.

[2] (22.16) Não uma seita, mas um partido político que apoiava a dinastia de Herodes.

[3] (22.29) "Errais" (do verbo gr. *planaō*) tem em si a ideia de ser enganado. Assim, a resposta de Jesus à pergunta dos saduceus menciona as três incapacidades do racionalista: 1) o enganar-se a si mesmo por sua autossuficiência (Rm 1.21,22), 2) a ignorância do conteúdo espiritual das Escrituras (At 13.27) e 3) a incredulidade na intervenção do poder divino (2Pe 3.4-9).

[4] (22.35) A palavra gr. *nomikos* foi traduzida por "doutor da lei" aqui e em Tt 3.13. Em Lc 7.30; 10.25; 11.45,46,52; 14.3, "mestre/mestres da lei". Todas essas referências, com exceção de Tt 3.13, dizem respeito a homens versados na lei judaica, também conhecidos como "escribas" (comp. Ed 7.6,10). Tt 3.13, provavelmente refere-se a alguém versado na lei romana.

Jesus interroga os fariseus a respeito do Messias (Mc 12.35-37; Lc 20.41-44)

41 **Reunidos** os fariseus, [1]interrogou-os Jesus:

42 Que pensais vós do Cristo? De quem é filho? Responderam-lhe: [n]De Davi.

43 Disse-lhes Jesus: Como, então, Davi, pelo [o]Espírito, lhe chama Senhor, dizendo:

44 [p]Disse o Senhor ao meu Senhor:
Assenta-te à minha direita até
que eu ponha os teus inimigos
debaixo de teus pés.

45 Se Davi, pois, lhe chama Senhor, como é ele seu filho?

46 E ninguém lhe podia responder palavra. A partir daquele dia, ninguém mais se atreveu a questioná-lo.

As características do fariseu (Mc 12.38-40; Lc 20.45-47)

23 Então [2]falou Jesus às multidões e aos discípulos:

2 Os mestres da lei e fariseus estão assentados na [3]cadeira de Moisés.

3 Portanto obedecei a tudo o que vos disserem. Mas não façais o que eles fazem, pois não fazem o que dizem.

4 [q]Atam fardos pesados e difíceis de suportar e os põem nos ombros dos homens; eles, porém, nem com o dedo querem movê-los.

5 Tudo o que fazem é para [r]serem vistos pelos homens: Alargam os seus [4]filactérios e alongam as franjas das suas vestes;

6 amam os lugares de honra nas ceias, as primeiras cadeiras nas sinagogas,

7 as saudações nas praças e o serem chamados de rabi pelos homens.

8 Vós, porém, não sereis chamados rabi, pois um só é o vosso Mestre, e vós todos sois irmãos.

9 E a ninguém na terra chameis vosso pai, pois um só é o vosso Pai, [s]aquele que está nos céus.

10 Nem sereis chamados mestres, pois um só é o vosso Mestre, o Cristo.

11 O maior entre vós será vosso servo.

12 Pois quem a si mesmo se exaltar será humilhado, e quem a si mesmo se humilhar será exaltado.

Jesus pronuncia sete ais contra os escribas e fariseus (Mc 12.38-40; Lc 20.47)

13 **Ai** de vós, mestres da lei e fariseus, hipócritas! Fechais o [t]Reino dos céus aos homens. Vós mesmos não entrais, nem deixais entrar os que querem.

14 [u]**Ai** de vós, mestres da lei e fariseus, hipócritas! Devorais as casas das viúvas, sob desculpa de prolongadas orações. Por isso sofrereis mais rigorosamente.

15 **Ai** de vós, mestres da lei e fariseus, hipócritas! Percorreis o mar e a terra para converter alguém e, depois de o terdes feito, o tornais filho do [v]inferno duas vezes mais do que vós.

16 **Ai** de vós, condutores [w]cegos! que dizeis: Aquele que jurar pelo templo, isso nada é; mas o que jurar pelo ouro do templo, esse [x]é devedor.

17 [y]Insensatos e cegos! Qual é mais importante: o ouro ou o templo que [z]santifica o ouro?

18 Também dizeis: Aquele que jurar pelo altar, isso nada é; mas aquele que jurar pela oferta que está sobre o altar, esse é devedor.

19 Insensatos e cegos! Qual é mais importante: a oferta ou o altar que santifica a oferta?

20 Portanto, o que jurar pelo altar jura por ele e por tudo o que sobre ele está.

21 E o que jurar pelo templo, jura por ele e por aquele que nele habita.

22 E o que jurar pelo céu, jura pelo trono de Deus e por aquele que está assentado no trono.

23 **Ai** de vós, mestres da lei e fariseus, hipócritas! [a]Dais o dízimo da [5]hortelã, do endro e do cominho, mas [b]negligenciais o mais importante da [c]lei, a justiça, a misericórdia e a fé. Devíeis, porém, fazer estas coisas, sem omitir aquelas.

[n] Mt 1.1; 21.9
[o] Espírito Santo (NT): v. 43; Mt 28.19 (Mt 1.18; At 2.4, nota)
[p] Sl 110.1
[q] Comp. Mt 11.29,30; Lc 11.46; At 15.10; Rm 2.17-24; Gl 5.1; 6.13; Cl 2.16
[r] Mt 6.1,2, 5,16
[s] Mt 5.16,48; 6.1,9,14, 26,32; 7.11

[t] Reino (NT): v. 13; Mt 23.39 (Mt 2.2; 1Co 15.24, nota)
[u] Juízos (os sete): v. 33,35; Mt 24.51 (2Sm 7.14; Ap 20.12)
[v] Gr. *geenna*. Veja Mt 5.22, nota
[w] Mt 15.14; comp. Is 56.10,11; Ml 2.8
[x] Mt 5.33-37
[y] Comp. Ef 5.15
[z] Santificação (NT): v. 17,19; Mt 24.15 (Mt 4.5; Ap 22.11)
[a] Lc 11.42; 18.12
[b] 1Sm 15.22; Is 1.11-17; Os 6.6; Mq 6.8
[c] Lei (de Moisés): v. 23; Mc 1.44 (Êx 19.1; Gl 3.24)

[1] (22.41) A pergunta de Jesus não era pessoal, mas doutrinária: "De quem [o Cristo] é filho?". Comp. Jo 19.7; At 2.25-36; Rm 1.3,4.

[2] (23.1) Os v. 13-33 apresentam os ais que Cristo pronunciou contra os escribas e os fariseus, e enfatizam particularmente o orgulho e a arrogância desses intérpretes da Lei. Cristo nunca havia usado uma linguagem tão severa.

[3] (23.2) A "cadeira de Moisés" refere-se à posição de um mestre da Lei de Moisés. Comp. Ed 7.6,25,26. O que deve receber honra é a Lei, não seus mestres hipócritas.

[4] (23.5) Um filactério era uma pequena caixa onde se guardavam versículos das Escrituras. Ele era amarrado no braço e na testa. Comp. Dt 6.8, que descreve o uso adequado e espiritual dos mandamentos de Deus.

[5] (23.23) Sob a prescrição de Dt 14.22,23, os rabinos da época de Jesus incluíam essas especiarias como parte do dízimo dos cereais. A hortelã é, provavelmente, a *Mentha longifolia*, hoje a variedade mais comum da menta silvestre na Terra Santa. O endro (gr. *anethon*; provavelmente o *Anethum graveolens*) parece-se com a salsa, e suas sementes ovais e aromáticas são similares às do funcho e da erva-doce. O cominho (heb. *kammōn*, gr. *kuminon*; *Cuminum cyminum*) é uma erva da família das umbelíferas, como o endro e a erva-doce, mas não é comum nas terras bíblicas em nossos dias.

24 Condutores cegos! Que coais um mosquito e engolis um camelo.

25 Ai de vós, mestres da lei e fariseus, hipócritas! Limpais o exterior do copo e do prato, mas o interior está cheio de roubo e imoralidade.

26 Fariseu cego! Limpa primeiro o interior do copo e do prato, para que também o exterior fique limpo.

27 Ai de vós, mestres da lei e fariseus, hipócritas! Sois semelhantes aos [d]sepulcros caiados, que por fora realmente parecem formosos, mas por dentro estão cheios de ossos de mortos e de toda imundícia.

28 Assim também vós exteriormente pareceis justos aos homens, mas interiormente estais cheios de hipocrisia e de [e]iniquidade.

29 Ai de vós, mestres da lei e fariseus, hipócritas! [f]Construís os sepulcros dos profetas, adornais os monumentos dos justos

30 e dizeis: Se estivéssemos vivos no tempo de nossos pais, não teríamos sido cúmplices no derramar sangue dos profetas.

31 Assim, vós mesmos confirmais que sois [g]filhos dos que mataram os profetas.

32 Enchei vós, pois, a medida de vossos [h]pais.

33 Serpentes, [i]raça de víboras! Como escapareis [j]da condenação do inferno?

34 Portanto, eu vos [k]envio profetas, sábios e mestres da lei. A uns [l]matareis e crucificareis; a outros [m]açoitareis nas vossas sinagogas e os perseguireis de cidade em cidade.

35 Assim recairá sobre vós [n]todo o sangue justo derramado sobre a terra, desde o sangue do justo [1]Abel até o sangue de Zacarias, filho de [2]Baraquias, a quem matastes entre o santuário e o altar.

36 Em verdade vos digo que todas estas coisas [3]hão de vir sobre esta geração.

Lamento de Jesus sobre Jerusalém
(Lc 13.34,35; comp. Sl 118.26; Jr 22.5)

37 [o]Jerusalém, Jerusalém, que matas os profetas e [p]apedrejas os que te são enviados! Quantas vezes quis eu [q]ajuntar os teus filhos, como a galinha ajunta os seus pintinhos debaixo das [r]asas, e tu não quiseste!

38 Agora a vossa casa vos ficará deserta.

39 Pois eu vos digo que desde agora não me vereis mais, [4][s]até que digais: [t]Bendito aquele que vem em nome do Senhor.

VI. A profecia da volta do Rei: o Sermão do Monte das Oliveiras, 24–25

Sermão do Monte das Oliveiras: o templo será destruído (Mc 13.1,2; Lc 21.5,6)

24 Jesus [5]ia se retirando do templo quando se aproximaram dele os seus discípulos para lhe mostrarem a estrutura do templo.

2 Ele, porém, lhes perguntou: Não vedes tudo isto? Em verdade vos digo que [u]não ficará aqui pedra sobre pedra, que não seja derrubada.

As duas perguntas dos discípulos: "quando" e "quê" (Mc 13.3,4; Lc 21.7)

3 Estando ele assentado no monte das Oliveiras, aproximaram-se dele os discípulos, em particular, e lhe pediram: [6]Dize-nos [v]quando

[d] Lc 11.44; At 23.3; comp. Fp 3.4-6
[e] Veja Rm 3.23, nota
[f] Lc 11.47,48
[g] At 7.51,52
[h] 1Ts 2.15,16
[i] Mt 3.7; 12.34; 23.15; Lc 3.7
[j] Juízos (os sete): v. 33,35; Mt 24.51 (2Sm 7.14; Ap 20.12)
[k] Demonstra o tratamento dos judeus aos profetas, v. 31-33
[l] Lc 11.49; Jo 16.2; At 7.54-60
[m] At 5.40; 2Co 11.24,25
[n] Ap 18.24

[o] Lc 19.41, 42; comp. Is 22.4
[p] v. 31,34; Ne 9.26; 2Cr 24.20,21; 36.15,16; Mt 21.35,36
[q] Mt 11.28-30
[r] Comp. Sl 17.8; 91.4
[s] Reino (NT): v. 39; Mt 24.14 (Mt 2.2; 1Co 15.24, nota)
[t] Cristo (segunda vinda): 23.39; 24.3; Mt 24.27 (Dt 30.3; At 1.11, nota)
[u] Comp. 1Rs 9.7-9; Sl 79.1; Is 64.11; Jr 26.18; Mq 3.12; Lc 19.44
[v] v. 27,37,39; Lc 17. 20- 37; 1Ts 5.2,3

[1] (23.35) Nosso Senhor confirma aqui o que está registrado em Gn 4.8-10. Comp. Hb 12.24.

[2] (23.35) Este, provavelmente, era o pai do mártir conhecido como Zacarias, que é chamado em 2Crônicas de filho de Jeoiada, seu famoso avô, que morreu com a avançada idade de 130 anos, antes de Zacarias começar seu ministério. Comp. 2Cr 24.15,20-22; 36.16; Lc 11.51.

[3] (23.36) Comp. Ap 18.21-24. Assim ocorre na história. O juízo recai sobre uma geração por causa dos pecados cometidos durante séculos. A predição do v. 36 cumpriu-se na destruição de Jerusalém em 70 d.C.

[4] (23.39) Observe os "até" da bênção de Israel: 1) Israel deve dizer: "Bendito aquele que vem" (v. 39; comp. Rm 10.3,4). 2) O poder mundial gentio deve cumprir seu tempo (Lc 21.24; comp. Dn 2.34,35). 3) O número de eleitos dentre os gentios e judeus deve ser acrescentado à Igreja (At 15.13-18). Então, "de Sião virá o Libertador" etc. (Rm 11.25-27).

[5] (24.1) O Senhor Jesus se retira do lugar, abandonando-o ao juízo. Veja Mc 8.21-23 (*nota* no v. 23) à luz de Mt 11.21,22. Comp. Ap 18.4.

[6] (24.3) O cap. 24, com Lc 21.20-24, responde à dupla pergunta. A ordem é a seguinte: "Quando acontecerão estas coisas?" – i.e., a destruição do templo e da cidade. A resposta está em Lc 21.20,24. O restante de Mt 24.3 na verdade constitui uma só pergunta: "E que sinal haverá da tua vinda e do fim dos tempos?". A resposta está nos v. 4-33. Os v. 4-14 têm uma dupla interpretação: Mostram: 1) as características da época – guerras, conflitos internacionais, fomes, pestes, perseguições e falsos Cristos (comp. Dn 9.26). Esta não é a descrição de um mundo convertido. Mas 2) a mesma resposta se aplica de maneira específica ao final da era, i.e., à septuagésima semana de Daniel (veja Dn 9.24, *nota*). Tudo o que tem caracterizado esta era se intensifica notavelmente no final. O v. 14 é uma referência específica à proclamação das boas-novas de que o Reino está novamente próximo (Ap 14.6,7; veja Rm 11.5, *nota*). O v. 15 dá o sinal da abominação (veja Dn 9.24, *nota*) – o homem do pecado, a besta (2Ts 2.3-8; comp. Dn 9.27; 12.11; Ap 13.4-7).

Este é o início da grande tribulação (Sl 2.5; veja Ap 7.14, *nota*), que prossegue seu horrível curso de três anos e meio e culmina na batalha de Ap 19.19-21 (veja Ap 19.19, *nota*), momento em que Cristo se torna a

acontecerão estas coisas, e que sinal haverá da tua vinda e do fim dos [w]tempos.

A septuagésima semana de anos de Daniel (Dn 9.27): o fim dos tempos (Mc 13.5-13; comp. Lc 21.8-11)

4 Respondeu-lhes Jesus: Acautelai-vos, que ninguém vos engane.

5 Pois [x]muitos virão em meu nome, dizendo: Eu sou o Cristo, e enganarão a muitos.

6 Ouvireis de [y]guerras e rumores de guerras, mas cuidado para não vos alarmardes. Tais coisas devem acontecer, mas ainda não é o fim.

7 Levantar-se-á [z]nação contra nação, reino contra reino, e haverá [a]fomes, pestes e [b]terremotos em vários lugares.

8 Todas essas coisas, porém, são o princípio das dores.

9 Então vos hão de [c]entregar para serdes atormentados e vos matarão. Sereis odiados de todas as nações por causa do meu nome.

10 Nesse tempo, [d]muitos se escandalizarão, trair-se-ão mutuamente e se odiarão uns aos outros.

11 Surgirão muitos [e]falsos profetas, e enganarão a muitos.

12 E, por se multiplicar a [f]iniquidade, o amor de quase todos [g]esfriará.

13 Mas aquele que perseverar até o fim será [1]salvo.

14 E este [h]evangelho do [i]Reino será pregado em todo o [j]mundo, em testemunho a todas as nações. Então virá o fim.

A metade da septuagésima semana de Daniel: a abominação da desolação (Mc 13.14-18; comp. Lc 21.20-23)

15 **Portanto quando virdes que a [k]abominação da desolação, de que [l]falou o profeta Daniel, está no lugar [m]santo (quem lê, entenda),**

16 [2]então, os que estiverem na Judeia fujam para os montes.

17 Quem estiver sobre o telhado não desça a tirar alguma coisa de sua casa.

18 Quem estiver no campo não volte atrás a buscar as suas roupas.

19 Mas ai das que estiverem grávidas e das que amamentarem naqueles dias!

20 Orai para que a vossa fuga não aconteça no inverno nem no [n]sábado.

A grande tribulação (a segunda metade da semana) (Mc 13.19-23; comp. Sl 2.5; Lc 21.23,24; veja Ap 7.14, nota)

21 Pois haverá então [o]grande aflição, como nunca houve desde o princípio do [p]mundo até agora, nem haverá jamais.

22 Se aqueles dias não fossem abreviados, nenhuma carne se salvaria, mas por causa dos [q]escolhidos serão abreviados aqueles dias.

23 Então, se alguém vos disser: Olhai, o Cristo está aqui, ou ali, não acrediteis.

24 Pois aparecerão falsos cristos e falsos profetas, e farão tão grandes sinais e prodígios que, se possível fora, enganariam até os escolhidos.

25 Prestai atenção, eu vos aviso antecipadamente.

26 Portanto, se vos disserem: Olhai, ele está no deserto! não saiais; ou: Olhai, ele está no interior da casa!, não acrediteis.

27 Pois assim como o [r]relâmpago sai do oriente e se mostra até o ocidente, assim será também a [s]vinda do [t]Filho do homem.

28 [3]Onde estiver o [u]cadáver, aí se ajuntarão os abutres.

A volta do Rei à terra no fim da tribulação (Mc 13.24-27; Lc 21.25-28)

29 **Logo depois da aflição [v]daqueles dias,**
o sol escurecerá,
a lua não dará a sua luz,

[w] Gr. *aiōn*. Veja Mc 10.30, nota
[x] v. 24; Jo 5.43; 1Jo 2.18
[y] Ap 6.2-4
[z] Ag 2.22
[a] Ap 6.5,6
[b] Comp. Ap 6.12
[c] Mt 10.17,18; Lc 21.12; Jo 15.20,21; Ap 2.10
[d] Comp. Dn 12.10
[e] At 20.20; 2Pe 2.1; Ap 13.11; 19.20
[f] Veja Rm 3.23, nota
[g] 2Ts 2.3; 2Tm 3.1-3; comp. Ap 3.15,16
[h] Evangelho: v. 14; Mt 26. 13 (Gn 12.3; Ap 14.6)
[i] Reino (NT): v. 14,30, 31; Mt 25.1-46 (Mt 2.2; 1Co 15.24, nota)
[j] Gr. *oikoumene*. Veja Lc 2.1, nota
[k] Inspiração: v. 15; Mt 24.37 (Êx 4.15; 2Tm 3.16)
[l] Santificação (NT): v. 15; Mt 25.31 (Mt 4.5; Ap 22.11)
[m] A besta: v. 15; Mc 13.14 (Dn 7.8; Ap 19.20)
[n] Sábado (dia de repouso): v. 20; Mt 28.1 (Gn 2.3; Mt 12.1, nota)
[o] Tribulação (a grande): v. 21,22, 29; Mc 13.19 (Sl 2.5, Ap 7.14)
[p] Gr. *kosmos*. Veja Mt 4.8, nota
[q] Eleição (coletiva): v. 22,24, 31; Mt 24.31 (Dt 7.6; 1Pe 5.13)
[r] Lc 17.24
[s] Cristo (segunda vinda): v. 27; Mt 24.30 (Dt 30.3; At 1.11, nota)
[t] Veja Mt 8.20, nota
[u] Armagedom (batalha de): v. 27,28; Lc 17.37 (Is 10.27; Ap 19.17)
[v] Dia (do Senhor): v. 29-31; Mt 24.36 (Sl 2.9; Is 2.12; Ap 19.19)

Pedra destruidora de Dn 2.34. Os detalhes deste período (v. 15-28) são: 1) a abominação no lugar santo (v. 15), fazendo que cesse o sacrifício; 2) a advertência (v. 16-20) aos judeus crentes que, naquela ocasião, estarão na Judeia; 3) a grande tribulação, com a repetida advertência sobre os falsos Cristos (v. 21-26); 4) a súbita destruição do poder mundial gentio (v. 27,28); 5) o glorioso aparecimento do Senhor, visível a todas as nações, e o reagrupamento de Israel (v. 29-31); 6) o sinal da figueira (v. 32,33); 7) advertências aplicáveis à presente era, para a qual esses acontecimentos são sempre iminentes (v. 34-51); comp. Fp 4.5. Um estudo cuidadoso de Dn 2; 7; 9 e Ap 13 tornará clara a interpretação. Veja tb. Remanescente (Is 1.9; Rm 11.5, *nota*).

[1] (24.13) Isto não é uma referência à salvação da alma do crente que suporta perseguição, mas uma alusão a como será livrado com o regresso do Senhor.

[2] (24.16) Comp. Lc 21.20-24. A passagem em Lucas refere-se expressamente à destruição de Jerusalém, que se cumpriu com Tito em 70 d.C.; a passagem de Mateus faz alusão a uma futura crise em Jerusalém depois que a "abominação" se manifestar. Veja Besta (Dn 7.8; Ap 19.20, *nota*) e Armagedom (Ap 16.13-16; 19.17, *nota*). Como as circunstâncias em ambos os casos serão semelhantes, as advertências também o são. No primeiro caso, Jerusalém foi destruída; no último, será libertada por intervenção divina.

[3] (24.28) O significado deste versículo, que, em certo sentido, é enigmático, fica claro pelo diálogo final entre Deus e Jó (Jó 39.27-30). A aplicação espiritual aqui é que, onde existe corrupção moral, haverá juízo divino.

as estrelas cairão do céu
e os corpos celestes serão abalados.

30 **Então** aparecerá no céu o sinal do Filho do homem, e todos os povos da terra se [w]lamentarão e verão o Filho do homem [x]vindo sobre as nuvens do céu, com poder e grande [y]glória.

31 E ele enviará os seus [z]anjos com som muito forte de trombeta, os quais [a]ajuntarão os seus [b]escolhidos desde os quatro ventos, de uma à outra extremidade dos céus.

Parábola da figueira
(Mc 13.28-31; Lc 21.29-33)

32 **Aprendei** agora esta [c]parábola da figueira: Quando já os seus ramos se renovam e brotam folhas, sabeis que está próximo o verão.

33 Igualmente vós, quando virdes todas estas coisas, sabei que ele [d]está próximo, às portas.

34 Em verdade vos digo que não passará [e]esta [1]geração sem que todas estas coisas aconteçam.

35 [f]O céu e a terra passarão, mas as minhas palavras jamais passarão.

Exortação à vigilância
(Mc 13.32-37; Lc 21.34-36)

36 Quanto ao [g]dia e hora ninguém [h]sabe, nem os anjos do céu, nem o Filho, mas somente o Pai.

37 Como foi nos [i]dias de Noé, assim será também a vinda do [j]Filho do homem.

38 Pois assim como nos dias anteriores ao Dilúvio, comiam, bebiam, casavam e davam-se em casamento, até o dia em que Noé entrou na arca,

39 e não o perceberam, até que veio o Dilúvio e levou todos — assim será também a vinda do Filho do homem.

40 Estando dois no campo, será levado um e deixado o outro.

41 Estando duas moendo no moinho, será levada uma e deixada a outra.

[w] Comp. Zc 12.10-14
[x] Cristo (segunda vinda): v. 30,36-50; Mt 25.10 (Dt 30.3; At 1.11, nota)
[y] Reino (NT): 24.30,31; 25.1-46; Mt 26.29 (Mt 2.2; 1Co 15.24, nota)
[z] Veja Hb 1.4, nota
[a] Israel (profecias): v. 31; Mc 13.27 (Gn 12.2; Rm 11.26)
[b] Eleição (coletiva): v. 31; Mc 13.20 (Dt 7.6; 1Pe 5.13)
[c] Parábolas (NT): 24.32,33; 25.1-30 (Mc 5.13; Lc 21.29)
[d] Comp. 1Ts 5.1-5
[e] Mt 23.36
[f] 1Pe 1.23-25; 2Pe 3.10
[g] Dia (do Senhor): v. 36; Mt 25.31 (Sl 2.9; Is 2.12; Ap 19.19)
[h] v. 42,44; At 1.7; comp. Zc 14.7
[i] Inspiração: v. 37,38; Mt 26.24 (Êx 4.15; 2Tm 3.16); Gn 6.5-8; 1Pe 3.20
[j] Veja Mt 8.20, nota

42 Portanto [k]vigiai, porque [l]não sabeis a que hora há de vir o vosso Senhor.

43 Entendei, pois, isto: Se o pai de família soubesse a que hora viria o ladrão, vigiaria e não deixaria que sua casa fosse arrombada.

Parábola dos dois servos

44 Por isso, estai vós também [m]atentos, porque o Filho do homem virá na hora em que não esperais.

45 **Quem** é, pois, o servo [2]fiel e prudente a quem o senhor encarregou da sua casa, para dar o [n]sustento a seu tempo?

46 Bem-aventurado aquele servo a quem o senhor, quando vier, achar servindo assim.

47 Em verdade vos digo que lhe [o]confiará todos os seus bens.

48 Se, porém, aquele servo for mau e disser consigo: O meu senhor [p]tarde virá,

49 e começar a espancar os seus conservos, e a comer e a beber com os beberrões,

50 virá o senhor daquele servo num dia em que não espera e à hora em que ele [q]não sabe,

51 o [r]castigará e lhe dará lugar com os hipócritas. Ali haverá choro e ranger de dentes.

Parábola das dez virgens

25 [3]Então o Reino dos céus será semelhante a dez virgens que, pegando as suas lâmpadas, saíram ao encontro do [s]noivo.

2 Cinco eram insensatas; cinco, prudentes.

3 As insensatas, ao pegarem as suas lâmpadas, não levaram azeite consigo.

4 As prudentes, porém, levaram azeite em suas vasilhas, com as suas lâmpadas.

5 Demorou o noivo a chegar, todas elas ficaram com sono e dormiram.

6 À meia-noite, porém, ouviu-se um grito: Aí vem o noivo; saí ao seu encontro.

7 Então todas aquelas virgens se levantaram e [t]prepararam as suas lâmpadas.

8 E as insensatas disseram às prudentes: Dai-nos do vosso azeite; as nossas lâmpadas se apagam.

[k] Mt 25.13; 1Ts 5.6
[l] v. 50
[m] Lc 12.35-40
[n] Comp. 1Pe 5.2-4
[o] Recompensas: v. 47; Mt 25.21 (Dn 12.3; 1Co 3.14, nota)
[p] 2Pe 3.4-9; comp. Hb 10.37; Ap 22.7,12,20
[q] Mc 13.32
[r] Juízos (os sete): v. 51; Mt 25.28 (2Sm 7.14; Ap 20.12); Mt 7.21-23; 25.3-12; 2Pe 2.20-22
[s] Veja Mt 3.2, nota
[t] Comp. Lc 12.35

[1] (24.34) Embora a palavra "geração" (gr. *genea*) seja geralmente usada nas Escrituras em relação às pessoas que vivem em determinada época, aqui não pode significar os que estavam vivos no tempo de Cristo, já que nada do que é mencionado ("estas coisas") – i.e., a pregação mundial do Reino, a tribulação, a volta do Senhor em glória visível e o reagrupamento dos eleitos – aconteceu naquele tempo. A expressão "esta geração", aqui, 1) pode significar que a futura geração que há de suportar a tribulação e ver os sinais também verá a consumação, o regresso do Senhor, ou 2) pode ter sido usada no sentido de *raça* ou *família*, significando que a nação ou família de Israel será preservada até "que todas estas coisas aconteçam", uma promessa cumprida maravilhosamente até o dia de hoje.

[2] (24.45) Comp. Lc 12.42-48; 1Co 4.2. O Senhor elogia mais a fidelidade do que a habilidade.

[3] (25.1) Esta parte do discurso do monte das Oliveiras vai além das perguntas que os discípulos fizeram sobre os "sinais" (24.3) e apresenta três aspectos da volta do Senhor: 1) como prova de profissão de fé (v. 1-13), 2) como prova de serviço (v. 14-30) e 3) como prova dos gentios em particular (v. 31-46).

9 As prudentes, porém, responderam: Não
seja o caso que nos falte a nós e a vós. Ide
antes aos que o vendem e comprai-o.
10 E, tendo elas ido comprá-lo, [u]chegou o
noivo. As virgens que estavam preparadas
entraram com ele para o [v]banquete de casa-
mento. E fechou-se a porta.
11 Mais tarde, chegaram também as outras
virgens, dizendo: Senhor, senhor, [w]abre-nos
a porta!
12 Ele, porém, respondeu: Em verdade vos
digo que [x]não vos conheço.
13 Portanto [y]vigiai, porque [z]não sabeis o
dia nem a hora em que o [a]Filho do homem
há de vir.

Parábola dos talentos

14 **Pois** [b]será como um homem que, ausen-
tando-se do país, chamou os seus servos e
entregou-lhes os seus bens.
15 A um deu cinco [c]talentos, a outro dois e
a outro um, a cada um conforme a sua capa-
cidade. Então partiu.
16 O que recebera cinco talentos [d]negociou
com eles e ganhou outros cinco talentos.
17 Do mesmo modo, o que recebera dois
ganhou também outros dois.
18 O que, porém, recebera um foi, cavou na
terra e [e]escondeu o dinheiro do seu senhor.
19 Muito tempo depois, veio o senhor da-
queles servos e [f]ajustou contas com eles.
20 Então o que recebera cinco talentos, se
aproximou e entregou-lhe outros cinco ta-
lentos, dizendo: Senhor, confiaste-me cinco
talentos. Olha, aqui estão outros cinco talen-
tos que ganhei com eles.
21 O seu senhor lhe disse: [1]muito bem, ser-
vo bom e fiel. Sobre o pouco foste [g]fiel, sobre
o muito [h]te colocarei. Entra e participa da
[i]alegria do teu senhor.
22 Chegando também o que tinha recebido
dois talentos, disse: Senhor, entregaste-
-me dois talentos; olha, com eles ganhei
outros dois.
23 Disse-lhe o seu senhor: Muito bem, bom
e fiel servo. Sobre o pouco foste fiel, sobre o
muito te colocarei. Entra e participa da ale-
gria do teu senhor.
24 Chegando, porém, o que recebera um
talento, disse: Senhor, eu sabia que és um ho-
mem [j]duro, que colhes onde não plantastes
e ajuntas onde não espalhaste
25 e, com medo, escondi na terra o teu ta-
lento. Aqui tens o que é teu.
26 Respondeu-lhe, porém, o seu senhor:
Servo [k]mau e negligente, sabias que co-
lho onde não plantei e ajunto onde não
espalhei?
27 Devias então ter confiado o meu di-
nheiro aos banqueiros, e, quando eu viesse,
receberia com os juros o que é meu.
28 [l]Tirai-lhe o talento e dai-o ao que tem dez.
29 Pois a qualquer que [m]tiver será dado, e
terá em abundância. Ao que não tiver, até o
que tem lhe será tirado.
30 Lançai para fora o servo inútil, nas tre-
vas. [n]Ali haverá choro e [o]ranger de dentes.

O julgamento das nações, quando Cristo voltar à terra

31 **Quando** o Filho do homem vier em sua
glória, e todos [p]os [q]anjos com ele, [r]então se
assentará no trono da sua glória.
32 [2]Todas as nações se reunirão diante dele,
e ele separará uns dos outros, como o pastor
separa dos bodes as ovelhas.

[1] (25.21) O servo com dois talentos (v. 23) recebe o mesmo elogio do servo com cinco talentos, já que ambos foram igualmente fiéis.

[2] (25.32) Este julgamento dos gentios em particular deve ser distinguido dos outros juízos nas Escrituras, como, p. ex., o julgamento da Igreja (2Co 5.10,11), o julgamento de Israel (Ez 20.33-38) e o julgamento dos ímpios depois do milênio (Ap 20.11-15). Este julgamento ocorrerá quando "o Filho do homem vier em sua glória", i.e., na segunda vinda de Cristo depois da tribulação. Este juízo será para "todas as nações", i.e., todos os gentios (gr. *ethne*) vivos naquela ocasião na terra. Três categorias de indivíduos são mencionadas: 1) as ovelhas, os gentios salvos; 2) os bodes, os gentios não salvos; e 3) os irmãos, o povo de Israel. A cena acontece na terra; não há livros que são abertos; o que ocorre é com os vivos, não com os que foram arrebatados ou ressuscitados dos mortos. O critério para este julgamento será o tratamento que os gentios dispensarem individualmente àqueles a quem Cristo chama de "meus pequeninos irmãos", no período da grande tribulação, quando Israel será terrivelmente perseguido (comp. Gn 12.3). As boas obras mencionadas são a prova, mas não a base da fé e da salvação. O fato de que os justos e os injustos ainda estão misturados e devem ser separados depois do estabelecimento do trono de Cristo na terra é evidência de que não pode haver um arrebatamento dos santos quando Cristo voltar à terra depois da tribulação. Em tal caso, a separação aqui descrita já teria ocorrido antes do estabelecimento do trono. As ovelhas são os gentios salvos na terra durante o período entre o arrebatamento e a segunda vinda de Cristo à terra. Outros seis julgamentos importantes: Jo 12.31, *nota*; 1Co 11.31, *nota*; 2Co 5.10, *nota*; Ez 20.37, *nota*; Jd 6, *nota*; Ap 20.12, *nota*.

[u] Cristo (segunda vinda): v. 10-13,31; Mt 26.64 (Dt 30.3; At 1.11, nota)
[v] Veja Mt 22.1-14
[w] Lc 13.25-30
[x] Mt 7.21-23
[y] Mc 13.35; 1Ts 5.6
[z] Mt 24.36,42
[a] Veja Mt 8.20, nota
[b] Veja Mt 3.2, nota
[c] Veja sist. monetário (NT): Mt 5.26, nota
[d] Comp. Ef 5.16; 1Tm 4.12; 2Pe 1.5-8
[e] Comp. Pv 26.15; 1Pe 4.10; 2Pe 1.9-12
[f] Comp. Rm 14.10-12; 1Co 3.9-17; 2Co 5.10
[g] Lc 16.10; 1Co 4.2; 2Tm 4.7,8

[h] Recompensas: v. 21-23, 28,29; Mt 25.34 (Dn 12.3; 1Co 3.14, nota)
[i] Sl 16.11; Jo 15.10,11; comp. Sf 3.17; Hb 12.1,2
[j] Jd 15; comp. Mt 20.11,12
[k] Mt 18.32; Lc 19.22; comp. Mt 24.48-50
[l] Juízos (os sete): v. 28-30; Mt 25.41 (2Sm 7.14; Ap 20.12)
[m] Mt 13.12; Mc 4.25; Lc 8.18; 19.26; Jo 15.2
[n] Mt 7.23; 8.12; 24.51
[o] Sl 112.10
[p] Santificação (NT): v. 31; Mt 27.53 (Mt 4.5; Ap 22.11)
[q] Veja Hb 1.4, nota
[r] Dia (do Senhor): v. 31-46; Mt 26.29 (Sl 2.9; Is 2.12; Ap 19.19)

33 Ele colocará as [s]ovelhas à sua direita e os bodes à sua esquerda.

34 Então dirá o Rei aos que estiverem à sua direita: Vinde, benditos de meu Pai, possuí por [t]herança o [u]Reino que vos está preparado desde a criação do [v]mundo.

35 Pois tive [w]fome, e me destes de comer; tive sede e me destes de beber; era estrangeiro e me acolhestes;

36 estava nu, e me vestistes; estive enfermo e cuidastes de mim; preso e me visitastes.

37 Então perguntarão os [x]justos: Senhor, quando te vimos com fome e te demos de comer? Ou com sede e te demos de beber?

38 E quando te vimos estrangeiro e te acolhemos? Ou nu e te vestimos?

39 E quando te vimos enfermo, ou preso e fomos visitar-te?

40 Responderá o Rei: Em verdade vos digo que, quando o fizestes a um destes meus pequeninos irmãos, a mim o [y]fizestes.

41 Então dirá também aos que estiverem à sua esquerda: [z]Apartai-vos de mim, malditos, para o fogo eterno, preparado para o [a]Diabo e seus [b]anjos.

42 Pois tive [c]fome e não me destes de comer; tive sede e não me destes de beber;

43 fui estrangeiro e não me acolhestes; estive nu e não me vestistes; enfermo e preso e não me visitastes.

44 Então eles também lhe responderão: Senhor, quando te vimos com fome, ou com sede, ou estrangeiro, ou nu, ou enfermo, ou preso, e não te [d]servimos?

45 Então lhes responderá: Em verdade vos digo que, [e]todas as vezes que o deixastes de fazer a um destes pequeninos, foi a mim que o deixastes de fazer.

46 E irão estes para o [f]castigo eterno, mas os justos para a [g]vida eterna.

VII. A morte e a ressurreição do Rei, 26–28

As autoridades judaicas tramam a morte de Jesus (Mc 14.1,2; Lc 22.1,2)

26 Quando Jesus terminou de dizer todas estas coisas, disse aos discípulos:

2 Sabeis que daqui a dois dias é a [h]Páscoa; e o [i]Filho do homem será entregue para ser crucificado.

3 Então os principais sacerdotes, os [j]mestres da lei e os líderes religiosos do povo reuniram-se na sala do sumo sacerdote, chamado Caifás,

4 e [k]decidiram prender Jesus à traição e matá-lo.

5 Diziam, porém: Não durante a festa, para não haver tumulto entre o [l]povo.

Jesus é ungido por Maria de Betânia (Mc 14.3-9; Jo 12.1-8)

6 Estando Jesus em Betânia, na casa de Simão, o [m]leproso,

7 aproximou-se dele uma [n]mulher com um vaso de alabastro cheio de precioso perfume, que lhe derramou sobre a [1]cabeça, quando ele estava assentado à mesa.

8 Ao verem isso, os discípulos se indignaram, dizendo: Para que esse desperdício?

9 Este perfume podia ser vendido por muito dinheiro e dar-se aos pobres.

10 Jesus, porém, conhecendo isto, disse-lhes: Por que perturbais esta mulher? Ela praticou uma boa ação para comigo.

11 Sempre tereis [o]convosco os pobres, mas a [p]mim não tereis sempre.

12 Ora, derramando ela este perfume sobre o meu corpo, ela o fez preparando-me para o meu [q]sepultamento.

13 Em verdade vos digo que, onde quer que este [r]evangelho for anunciado em todo o [ss]mundo, também será contado o que ela fez, para memória sua.

Judas concorda em trair Jesus (Mc 14.10,11; Lc 22.3-6)

14 Então um dos Doze, chamado Judas Iscariotes, foi ter com os principais sacerdotes,

15 e disse: Que me dareis para que eu o [tt]entregue a vós? E [uu]pagaram-lhe trinta moedas de prata.

16 Desde então Judas buscava oportunidade para o entregar.

Preparativos para a Páscoa (Mc 14.12-16; Lc 22.7-13)

17 No primeiro dia da festa dos pães sem fermento, os discípulos se aproximaram de Jesus e lhe perguntaram: Onde queres que façamos os preparativos para comeres a Páscoa?

18 Respondeu-lhes ele: Ide à cidade ter com certo homem, e dizei-lhe: O Mestre diz: [vv]O meu tempo está próximo. Em tua casa celebrarei a Páscoa com os meus discípulos.

[s] Sl 79.13; 100.3; Jo 10.11, 27,28; comp. Zc 10.3
[t] Recompensas: v. 34-40; Mc 9.41 (Dn 12.3; 1Co 3.14, nota)
[u] Veja Mt 3.2, nota
[v] Gr. *kosmos*. Veja Mt 4.8, nota
[w] Mt 4.2; 21.18
[x] Veja Rm 10.10, nota
[y] Mt 10.40-42; Mc 9.41; comp. Hb 6.10
[z] Juízos (os sete): v. 41-46; Lc 14.14 (2Sm 7.14; Ap 20.12)
[a] Satanás: v. 41; Mc 1.13 (Gn 3.1; Ap 20.10)
[b] Veja Hb 1.4, nota
[c] v. 35,44
[d] Comp. Lc 8.3
[e] Pv 14.31; comp. Zc 2.8; At 9.2,4,5
[f] Dia (de destruição): v. 46; Lc 21.22 (Jó 21.30; Ap 20.11)
[g] Vida (eterna): v. 46; Mc 10.17 (Mt 7.14; Ap 22.19)
[h] Veja Êx 12.11, nota
[i] Veja Mt 8.20, nota
[j] Veja Mt 2.4, nota
[k] Jo 11.47; At 4.25-28
[l] Mt 21.26
[m] Mt 8.2; comp. Lc 15.2
[n] Maria de Betânia. Mc 16.9
[o] Dt 15.11
[p] Lc 5.34,35; Jo 14.19; 16.28
[q] Jo 19.38-42; comp. Mc 16.1
[r] Evangelho: v. 13; Mt 26.55 (Gn 12.3; Ap 14.6)
[ss] Gr. *kosmos*. Veja Mt 4.8, nota
[tt] v. 47-50; comp. Jo 11.57
[uu] Mt 27.3; Zc 11.12,13; veja sist. monetário (NT): Mt 5.26, nota
[vv] v. 2; Lc 9.51; Jo 12.23; 13.1; 17.1; comp. Jo 7.30; 8.20

[1] (26.7) Comp. Jo 12.3. A unção dos pés (Lc 7.38) e da cabeça (Lc 7.46) era a que, normalmente, demonstrava hospitalidade e honra. Mas Maria de Betânia, a única dos seguidores de nosso Senhor que compreendeu os três anúncios de sua morte e ressurreição, revestiu a unção com o significado mais profundo de preparar o corpo do Senhor para o sepultamento.

19 Os discípulos fizeram como Jesus lhes ordenara, e prepararam a Páscoa.

A última Páscoa
(Mc 14.17-21; Lc 22.14-20,24-30; comp. Jo 13.1-12)

20 **C**hegada a tarde, [1]assentou-se à mesa com os Doze.

21 Enquanto comiam, disse-lhes: Em verdade vos digo que um de vós me [w]trairá.

22 E eles, entristecendo-se muito, começaram um por um a perguntar-lhe: Por acaso sou eu, Senhor?

23 Respondeu-lhes: O que [x]come comigo no mesmo prato, esse me trairá.

24 Em verdade o Filho do homem vai, como acerca dele está [y]escrito. Mas [z]ai daquele por quem o Filho do homem é traído! [a]Melhor seria se não tivesse nascido.

25 Então, perguntou-lhe Judas, o que o traía: Por acaso sou eu, Mestre? Respondeu Jesus: Tu o disseste.

Instituição da Ceia do Senhor
(Mc 14.22-25; Lc 22.17-20; comp. 1Co 11.23-34; Jo 13.12-30)

26 **E**nquanto comiam, Jesus tomou o [b]pão e, abençoando-o, partiu-o e o deu aos discípulos, dizendo: Tomai e comei; isto é o meu [c]corpo.

27 Então ele tomou o cálice e, tendo dado graças, deu-o aos discípulos, dizendo: Bebei dele todos.

28 Isto é o meu [d]sangue, o [e]sangue da [f]nova aliança, que é derramado por muitos, para [2][g]perdão de [h]pecados.

29 E digo-vos que, desta hora em diante, não beberei deste fruto da vide, até àquele [i]dia em que o beba de novo convosco no [j]Reino de meu Pai.

(Leia João 14)

Jesus prediz a negação de Pedro
(Mc 14.26-31; Lc 22.31-34; Jo 13.31-38)

30 Cantaram um hino e saíram para o monte das Oliveiras.

31 **E**ntão Jesus lhes disse: Todos vós esta noite me abandonareis, pois está [k]escrito:

Ferirei o [l]pastor,
e as ovelhas do rebanho
se dispersarão.

32 Depois de [m]ressuscitar, porém, irei adiante de vós para a Galileia.

33 Pedro lhe disse: Ainda que todos te abandonem, eu nunca te abandonarei.

34 Disse-lhe Jesus: Em verdade te digo que, nesta mesma noite, antes que o [n]galo cante, três vezes me negarás.

(Leia João 15–17)

35 Disse-lhe Pedro: Ainda que me seja necessário morrer contigo, nunca te negarei. E todos os discípulos disseram o mesmo.

Agonia de Jesus no Getsêmani
(Mc 14.32-42; Lc 22.39-46; Jo 18.1)

36 **E**ntão Jesus foi com eles a um lugar chamado Getsêmani e disse a seus discípulos: Assentai-vos aqui, enquanto vou ali orar.

37 Levando consigo Pedro e os dois filhos de Zebedeu, começou a entristecer-se e a [o]angustiar-se muito.

38 Então lhes disse: A minha alma está cheia de tristeza mortal. Ficai aqui para vigiar comigo.

[w] Jo 6.70,71; 13.21
[x] Sl 41.9; 55.12-14; Jo 13.18,26
[y] Inspiração: v. 24; Mt 26.31 (Êx 4.15; 2Tm 3.16); comp. Is 53
[z] Mt 27.3-5; Lc 17.1; At 1.16-20
[a] Jo 17.12; At 1.25
[b] 1Co 10.16
[c] 1Pe 2.24
[d] Sacrifício (profético): v. 28; Mt 27.35 (Gn 3.15; Hb 10.18)
[e] Êx 24.8
[f] Aliança (Nova): v. 28; Mc 14.24 (Is 61.8; Hb 8.8)
[g] Perdão: v. 28; Mc 2.5 (Lv 4.20; Mt 26.28, nota)
[h] Veja Rm 3.23, nota

[i] Dia (do Senhor): v. 29; Mc 13.24 (Sl 2.9; Is 2.12; Ap 19.19)
[j] Reino (NT): v. 29; Mt 26.64 (Mt 2.2; 1Co 15.24, nota)
[k] Inspiração: v. 31; Mt 26.54 (Êx 4.15; 2Tm 3.16); Zc 13.7; comp. Jo 16.32
[l] Cristo (primeira vinda): v.31; Mt 27.9 (Gn 3.15; At 1.11)
[m] Ressurreição: v. 32; Mt 27.52 (2Rs 4.35; 1Co 15.52, nota)
[n] v. 74; Jo 18.27; comp. Mc 13.35
[o] Is 53.3; Lm 1.12; Jo 12.27

[1] (26.20) A ordem dos acontecimentos nesta noite solene parece ter sido a seguinte: 1) Jesus participa da Páscoa com os apóstolos e os repreende por sua contenda (Mt 26.20; Mc 14.17; Lc 22.14-16,24-30); 2) lava os pés dos apóstolos (Jo 13.1-20); 3) identifica Judas como o traidor (Mt 26.21-25; Mc 14.18-21; Lc 22.21-23; Jo 13.21-29); 4) Judas se afasta, e os outros prometem ser fiéis (Jo 13.30-38; comp. Mt 26.31-35; Mc 14.27-31; Lc 22.31-38); 5) Jesus institui a ceia do Senhor (Mt 26.26-29; Mc 14.22-25; Lc 22.17-20); 6) fala aos Onze no cenáculo (Jo 14); 7) e novamente no caminho para o Getsêmani (Jo 15–16); 8) intercede ao Pai pelos seus (Jo 17); e 9) agoniza no jardim, é traído e preso (Mt 26.30,36-50; Mc 14.26,32-52; Lc 22.39-53; Jo 18.1-12).

[2] (26.28) Em algumas versões, "remissão". Resumo: A palavra grega (cuja tradução aqui é "perdão"; tb. At 10.43; comp. Hb 9.22) significa *despedir*, *mandar embora*; *remitir*. E, em toda as Escrituras, este é um dos significados fundamentais do perdão: separar o pecado do pecador. É preciso que se faça distinção entre o perdão divino e o humano: 1) O perdão humano é a remissão de um castigo merecido, enquanto o perdão divino – tanto tipologicamente como em seu cumprimento no AT e no NT – sempre se segue à execução da pena. "Assim o sacerdote fará por ele expiação do pecado que cometeu, e ele será perdoado" (Lv 4.35). "Isto é o meu sangue, o sangue da nova aliança, que é derramado por muitos, para perdão [para despedir os] de pecados" (Mt 26.28). "Sem derramamento de sangue não há remissão" (Hb 9.22). Veja Sacrifício (Gn 4.4 e Hb 10.18, *notas*). O pecado do crente justificado interrompe sua comunhão; o pecado é perdoado após a confissão, mas sempre sobre a base do sacrifício propiciatório de Cristo (1Jo 1.6-9; 2.2). 2) O perdão humano se baseia no perdão divino e é um dos seus resultados. Em muitas passagens, isto não é declarado, mas está implícito; o princípio, porém, encontra-se afirmado em Mt 18.32,33; Ef 4.32.

A primeira oração
(Mc 14.35,36; Lc 22.41,42)

39 Indo um pouco adiante, prostrou-se sobre o rosto, [p]orando e dizendo: Meu Pai, se possível, passe de mim este [1][q]cálice! Todavia, não seja como eu quero, [r]mas como tu queres.

Os discípulos dormem
(Mc 14.37,38; Lc 22.45,46)

40 Quando voltou, achou seus discípulos dormindo. E perguntou a Pedro: Nem uma hora pudestes vigiar comigo?

41 Vigiai e orai, para que não entreis em [s]tentação. Na verdade o [t]espírito está pronto, mas a carne é fraca.

A segunda oração
(Mc 14.39; Lc 22.44)

42 Indo pela segunda vez, orou, dizendo: Meu Pai, se este cálice não pode passar de mim sem que eu o beba, faça-se a tua vontade.

43 Quando voltou, achou-os outra vez dormindo, porque os seus olhos estavam pesados.

A terceira oração
(Mc 14.41,42; Lc 22.45,46)

44 Deixou-os novamente e foi [u]orar pela terceira vez, dizendo as mesmas palavras.

45 Então voltou para os discípulos e lhes disse: Ainda dormis e descansais? Olhai, é chegada a hora, e o Filho do homem será [v]entregue nas mãos de [w]pecadores.

46 Levantai-vos, partamos! Vede, o traidor se aproxima!

A traição e a prisão de Jesus
(Mc 14.43-50; Lc 22.47-53; Jo 18.3-11)

47 **E**nquanto ainda falava, [x]chegou Judas, um dos Doze, e com ele grande multidão com espadas e varas, enviada pelos principais sacerdotes e pelos líderes religiosos do povo.

48 O seu traidor dera-lhes um sinal, dizendo: O que eu [y]beijar é esse; prendei-o.

49 E logo, aproximando-se de Jesus, lhe disse: Eu te saúdo, Mestre! E o [z]beijou.

50 Jesus, porém, lhe disse: [2][a]Amigo, para que vieste? Então, aproximando-se eles, agarraram Jesus e o prenderam.

51 Um dos que estavam com Jesus, estendendo a mão, puxou da espada e feriu o servo do sumo sacerdote, cortando-lhe uma orelha.

52 Então Jesus lhe disse: Guarda a tua [b]espada, pois todos os que usarem a espada à espada morrerão.

53 Ou pensas tu que eu não poderia agora orar a meu Pai, e ele me mandaria imediatamente mais de [c]doze [3]legiões de [d]anjos?

54 Como, pois, se [e]cumpririam as [f]Escrituras que dizem que assim deve acontecer?

55 Então disse Jesus à multidão: Saístes com espadas e varas para prender-me, como a um assaltante? Todos os dias eu me assentava convosco, [g]ensinando no templo, e não me prendestes.

56 Tudo isto, porém, aconteceu para que se cumprissem as Escrituras dos profetas. Então todos os discípulos o [h]abandonaram e fugiram.

Jesus diante de Caifás e do Sinédrio
(Mc 14.53-65; Lc 22.54,63-71; comp. Jo 18.12-14,19-24)

57 **O**s que prenderam Jesus [4]conduziram-no à casa do sumo sacerdote [i]Caifás, onde os mestres da lei e os líderes religiosos estavam reunidos.

[p] Orações da Bíblia (NT): v. 39,42; Mt 26.44 (Mt 6.9; Lc 11.2, nota)
[q] v. 42,44; Hb 5.7-9; comp. Gn 22.6-8
[r] Sl 40.8; Jo 5.30; 6.38; Fp 2.8; comp. 2Sm 15.26
[s] Provar-Tentar: v. 41; Mc 1.13 (Gn 3.1; Tg 1.14)
[t] Sl 103.14-16; Rm 7.15; 8.23; Gl 5.17; comp. Rm 7.18-25; 8.13
[u] Orações da Bíblia (NT): v. 44; Mt 27.46 (Mt 6.9; Lc 11.2, nota); comp. 2Co 12.8
[v] Mt 17.22,23; 20.18,19
[w] Veja Rm 3.23, nota
[x] At 1.16
[y] Comp. v. 50; Sl 55.13
[z] Pv 27.6; comp. 2Sm 15.5; 20.9,10; Rm 16.16
[a] Sl 41.9; comp. Sl 55.12-14
[b] Gn 9.6; Ap 13.10
[c] Comp. 2Rs 6.17; Dn 7.10; Lc 2.13,14
[d] Veja Hb 1.4, nota
[e] v. 24; Is 50.6; 53.2-11; Lc 24.25-27, 44-46; Jo 19.28; At 17.3; 13.29; 26.23; comp. Dn 9.24-26
[f] Inspiração: v. 54,56; Mt 27.9 (Êx 4.15; 2Tm 3.16)
[g] Evangelho: v. 55; Mt 28.19 (Gn 12.3; Ap 14.6)
[h] Comp. 2Tm 4.10,16
[i] Lc 22.54

---

[1] (26.39) O "cálice" deve ser interpretado pelo uso que nosso Senhor mesmo fez desse símbolo para falar de sua morte sacrificial (20.22; Jo 18.11). De acordo com Jo 10.17,18, ele não pode haver temido uma morte contra sua vontade. O valor do relato da agonia no Getsêmani está na evidência que apresenta de que ele conhecia plenamente o que significaria a agonia da cruz, quando sua alma seria oferecida como oferta pelo pecado (Is 53.10) – o Pai esconderia dele o rosto. Sabendo qual seria o preço, ele o pagou voluntariamente.

[2] (26.50) Aqui temos uma das cenas mais comoventes da Bíblia. O Senhor se dirige a Judas como amigo, mesmo que este estivesse para traí-lo.

[3] (26.53) Naquele tempo, uma legião romana era constituída de 3.000 a 6.000 homens.

[4] (26.57) A ordem dos acontecimentos após a prisão do Senhor Jesus parece ter sido a seguinte: 1) O julgamento de Jesus em três etapas nas mãos dos judeus: a) a audiência preliminar diante de Anás (Jo 18.12-14,19-24), b) o julgamento informal diante de Caifás e do Sinédrio, provavelmente antes do amanhecer (Mt 26.57-68; Mc 14.53-65; Lc 22.54,63-65; Jo 18.24), e c) o julgamento formal por parte do Sinédrio (Mt 27.1; Mc 15.1; Lc 22.66-71). 2) As negações de Pedro (Mt 26.58,69-75; Mc 14.54,66-72; Lc 22.54-62; Jo 18.15-18,25-27) e o suicídio de Judas (Mt 27.3-10; At 1.18,19) estão relacionados com (1). 3) O julgamento de Jesus em três etapas nas mãos dos gentios: a) Jesus foi interrogado por Pilatos pela primeira vez (Mt 27.2,11-14; Mc 15.1-5; Lc 23.1-5; Jo 18.28-38), b) Jesus é enviado a Herodes por Pilatos (Lc 23.6-12) e c) Jesus é enviado novamente a Pilatos por Herodes, e Barrabás é liberto por Pilatos (Mt 27.15-26; Mc 15.6-15; Lc 23.13-25; Jo 18.39,40). Depois, 4) Jesus foi coroado com espinhos e brutalmente espancado pelos

58 [j]Pedro, porém, o seguiu de longe até o pátio do sumo sacerdote e, entrando, [k]assentou-se entre os guardas, para ver o fim.

59 Ora, os principais sacerdotes e todo o Sinédrio buscavam [l]falso testemunho contra Jesus, para condená-lo à morte.

60 E não o acharam, apesar de se terem apresentado muitas testemunhas falsas. Finalmente, chegaram duas, afirmando:

61 Este disse: Eu posso [m]derrubar o templo de Deus e reconstruí-lo em três dias.

62 Então levantou-se o sumo sacerdote e perguntou a Jesus: Nada respondes a essas acusações?

63 Jesus, porém, guardou [n]silêncio. E o sumo sacerdote lhe disse: [o]Exijo pelo Deus vivo que nos digas se tu és o Cristo, o Filho de Deus.

64 Respondeu-lhe Jesus: Tu o disseste. Eu, porém, vos digo que em breve vereis o [p]Filho do homem [q]assentado à direita do Todo-poderoso, [r]vindo sobre as nuvens do céu.

65 Então o sumo sacerdote [s]rasgou as suas vestes e disse: Blasfemou! Para que precisamos ainda de testemunhas? Vós bem ouvistes a sua [t]blasfêmia.

66 Que vos parece? E eles responderam: É réu de morte.

67 Então uns [u]cuspiram-lhe no rosto e lhe davam murros, e outros o [v]esbofeteavam,

68 dizendo: Profetiza-nos, ó Cristo, quem foi que te bateu?

As três negações de Pedro
(Mc 14.66-72; Lc 22.55-62; Jo 18.15-18,25-27)

69 **P**edro estava sentado fora, no pátio, e aproximou-se dele uma criada e lhe disse: Tu também estavas com Jesus, o galileu.

70 Pedro, porém, negou diante de todos, dizendo: Não sei o que dizes.

71 E, saindo para o pórtico, [1]outra criada o viu e disse aos que ali estavam: Este também estava com Jesus de Nazaré.

72 Ele negou outra vez, com juramento: Não conheço este homem.

73 Logo depois, aproximando-se os que ali estavam, disseram a Pedro: Verdadeiramente também tu és um deles, pois o teu modo de [w]falar te denuncia.

74 Então começou ele a [x]praguejar e a jurar, dizendo: Não conheço esse homem. E imediatamente o galo [y]cantou.

75 Então Pedro se lembrou das palavras que Jesus lhe dissera: Antes que o galo cante, três vezes me negarás. E, saindo dali, chorou amargamente.

Jesus é entregue a Pilatos
(Mc 15.1; Lc 23.1; Jo 18.28)

27 **D**e manhã, todos os principais sacerdotes e os líderes religiosos do povo decidiram matar Jesus.

2 Amarrando-o, levaram-no e o entregaram ao governador Pilatos.

O remorso inútil de Judas
(comp. At 1.16-19)

3 **E**ntão Judas, o que o traiu, vendo que Jesus fora condenado, trouxe, arrependido, as trinta [z]moedas de prata aos principais sacerdotes e líderes religiosos,

4 dizendo: Pequei, pois [a]traí sangue [b]inocente. Eles, porém, responderam: Que nos importa? Isso é contigo.

5 Então ele jogou no templo as moedas de prata, retirou-se e foi-se [c]enforcar.

6 E os príncipes dos sacerdotes, pegando as moedas de prata, disseram: Não é permitido colocá-las no cofre das ofertas, pois é preço de sangue.

7 Depois de se reunirem, compraram com elas o campo do Oleiro, para sepultura dos estrangeiros.

8 Por isso, aquele campo [d]até o dia de hoje tem sido chamado Campo de Sangue.

9 Então se cumpriu o que [e]fora dito pelo profeta [2]Jeremias: Tomaram as trinta moedas

[j] Jo 18.15, 16
[k] Comp. Sl 1.1
[l] Êx 20.16; Sl 35.11
[m] Mt 27.40; Jo 2.19-22
[n] Is 53.7; Mt 27.12,14; At 8.32
[o] Lc 22.67-71
[p] Veja Mt 8.20, nota
[q] Reino (NT): v. 64; Mt 27.37 (Mt 2.2; 1Co 15.24, nota)
[r] Cristo (segunda vinda): v. 64; Mc 8.38 (Dt 30.3; At 1.11, nota)
[s] Nm 14.6; comp. Lv 10.6; 21.10
[t] Jo 10.30-36
[u] Is 50.6; 52.14; Mt 27.30; Lc 22.63-65
[v] Mq 5.1; Jo 19.3; comp. 1Pe 2.20-23

[w] Comp. At 2.7-11
[x] Comp. Mt 16.16,17
[y] v. 34
[z] Mt 26.15; comp. Zc 11.12,13; veja sist. monetário (NT): Mt 5.26, nota
[a] Comp. Êx 10.16; Nm 22.34; Js 7.20; 1Sm 15.24; veja Rm 3.23, nota
[b] Comp. 1Sm 19.5
[c] At 1.18; comp. 1Sm 31.4; 2Sm 17.23
[d] At 1.19
[e] Inspiração: v. 9,10; Mt 27.35 (Êx 4.15; 2Tm 3.16)

soldados romanos (Mt 27.27-30; Mc 15.16-19; Jo 19.1-3). 5) Quando Cristo foi levado para ser crucificado, Simão foi obrigado a carregar a cruz (Mt 27.31,32; Mc 15.20,21; Lc 23.26). 6) A caminho do Gólgota, Jesus advertiu as mulheres que choravam quanto ao julgamento que ainda sobreviria a Jerusalém (Lc 23.27-31). A ordem dos acontecimentos na crucificação: veja Mt 27.33, *nota*.

[1] (26.71) Comp. v. 69; Mc 14.69; Lc 22.58; Jo 18.25. Quanto às supostas discrepâncias nestes relatos: havia-se reunido uma multidão agitada, e Pedro foi interrogado em dois lugares: com os guardas (v. 58), quando foi feita a primeira acusação (v. 69), e no vestíbulo (v. 71), onde seguramente um grande número de pessoas havia se ajuntado. Aqui, foram feitas a segunda e a terceira perguntas, por parte de outra criada e da multidão respectivamente (v. 71,73; Jo 18.25).

[2] (27.9) Pode haver uma alusão a Jr 18.1-4 e 19.1-3, mas claramente a referência é a Zc 11.12,13. Uma tradição talmúdica declara que os escritos proféticos foram postos no cânon na seguinte ordem: Jeremias, Ezequiel, Isaías etc. Muitos manuscritos hebraicos seguem esta ordem. Por essa razão, Mateus teria citado a passagem do rolo dos profetas dando o nome do primeiro livro.

de prata, preço em que foi [f]avaliado pelos fi-
lhos de Israel,
10 e as deram pelo campo do Oleiro, con-
forme me [g]ordenou o Senhor.

Jesus é interrogado por Pilatos
(Mc 15.2-5; Lc 23.2,3; Jo 18.29-38)

11 **Jesus** foi posto perante o governador, e
este o interrogou, dizendo: És tu o Rei dos
judeus? Respondeu-lhe Jesus: [h]Tu o dizes.
12 Acusado pelos principais sacerdotes e
pelos líderes religiosos, [i]nada respondeu.
13 Perguntou-lhe então Pilatos: Não ouves
quantas acusações te fazem?
14 Jesus nem uma palavra lhe respondeu,
de modo que o governador estava muito im-
pressionado.

Jesus ou Barrabás?
(Mc 15.6-15; Lc 23.13-25; comp. Jo 18.38–19.15)

15 **Ora**, por ocasião da festa, costumava o go-
vernador soltar um preso, escolhido pelo povo.
16 Tinham então um preso bem conhecido,
chamado Barrabás.
17 Portanto, estando eles [1]reunidos, pergun-
tou-lhes Pilatos: Qual quereis que vos solte?
Barrabás ou Jesus, chamado Cristo?
18 Pois sabia que por [j]inveja o haviam en-
tregado.
19 [k]Estando Pilatos no tribunal, sua mulher
mandou dizer-lhe: Não entres na questão
desse [l]inocente, pois num sonho muito so-
fri por causa dele.
20 Os principais sacerdotes e os líderes reli-
giosos persuadiram a multidão a que pedisse
Barrabás e fizesse morrer Jesus.
21 De novo perguntou-lhes o governador:
[m]Qual dos dois quereis vós que eu solte? Res-
ponderam eles: [n]Barrabás.
22 Disse-lhes Pilatos: Que farei então com
Jesus, chamado Cristo? Disseram-lhe to-
dos: Crucifica-o!

[f] Cristo (primeira vinda): v. 9,10, 34,35, 50; Mt 28.6 (Gn 3.15; At 1.11)
[g] Zc 11.12,13
[h] v. 37; 1Tm 6.13
[i] v. 14; At 8.32; comp. Is 53.7
[j] Mt 21.38; Jo 15.22-25; comp. Gn 37.11; Dn 3.8-12; 6.1-4
[k] Comp. Ap 20.11-15
[l] Justiça (AT): v. 19,24; Mc 6.20 (Gn 6.9; Lc 2.25, nota)
[m] Comp. Dt 30.15-20; Js 24.15; 1Rs 18.21
[n] At 3.14; comp. Jo 5.43; 2Ts 2.3-8

23 Pilatos, porém, lhes perguntou: [o]Que mal
fez [p]ele? E eles mais clamavam: Crucifica-o!
24 Então Pilatos, quando viu que [q]nada con-
seguia, antes o tumulto crescia, pegou água,
[r]lavou as mãos diante da multidão e disse:
Estou inocente do sangue deste homem.
A responsabilidade é vossa.
25 Respondeu todo o povo: O seu [s]sangue
caia sobre nós e sobre nossos filhos.
26 Então lhe soltou Barrabás. E tendo
mandado [t]açoitar Jesus, o entregou para
ser crucificado.

O Rei é coroado com espinhos e levado ao lugar da crucificação
(Mc 15.16-23; Lc 23.26-32; Jo 19.16,17)

27 **Em** seguida, os soldados do governa-
dor, conduzindo Jesus para a residência do
governador, reuniram em torno dele toda
a tropa.
28 E, [u]despindo-o, cobriram-no com um
[v]manto vermelho,
29 e, fazendo uma coroa de [w]espinhos,
puseram-na em sua cabeça. Na mão di-
reita puseram uma vara e, ajoelhando-se
diante dele, zombavam, dizendo: Salve, rei
dos judeus!
30 E, [x]cuspindo nele, tiraram-lhe a vara, e
batiam-lhe com ela na cabeça.
31 **Depois** de terem zombado dele, tiraram-
-lhe o manto, vestiram-lhe as suas roupas e
o levaram para ser crucificado.

Jesus é crucificado
(Mc 15.22-32; Lc 23.33-43; Jo 19.17-24)

32 **Quando** saíam, encontraram um homem
cireneu, chamado Simão, a quem forçaram a
[y]levar a cruz de Jesus.
33 **E**, [2]chegando ao lugar chamado [z]Gólgota,
que significa Lugar da Caveira,
34 deram-lhe a beber [a]vinho misturado com
fel; mas ele, provando-o, não o quis beber.

[o] At 3.13
[p] Comp. Jr 26.16; At 23.29; 25.25
[q] Comp. 1Sm 15.24; Jr 38.5; Dn 6.15
[r] Comp. Dt 21.6,7; Jó 9.30,31; Pv 30.20
[s] Dt 19.10; comp. Gn 4.10; Js 2.19; 2Sm 1.16; Mt 23.35; At 5.28
[t] Is 53.5; Jo 19.1
[u] Jo 19.2
[v] Lc 23.11; comp. Sl 69.19
[w] Comp. Gn 3.18; Gl 3.13
[x] Is 50.6; Mt 26.67
[y] Comp. 2Co 4.10
[z] Veja Mc 15.22, nota
[a] v. 48; Sl 69.21

---

[1] (27.17) Dois sistemas legais condenaram Cristo: o judeu e o romano, os dois em que se baseiam a jurisprudência moderna. A prisão e os procedimentos legais com Anás, Caifás e o Sinédrio foram sob a lei judaica; aqueles com Pilatos e Herodes, sob a lei romana. O julgamento judaico foi ilegal em vários aspectos: 1) O juiz não foi imparcial e não protegeu o acusado. Não há evidência de que o quórum de 23 juízes tivesse sido alcançado; os juízes participaram da prisão; foram hostis (Mt 26.62,63). 2) A prisão foi ilegal porque foi executada sem uma acusação formal. 3) Nos julgamentos criminais, todas as sessões deviam começar e desenvolver-se apenas durante o dia. As sessões noturnas eram ilegais. 4) O veredicto de culpa não podia ser dado no mesmo dia da conclusão do julgamento. Devia ser anunciado no dia seguinte. 5) A procura de testemunho hostil era ilegal (Mt 26.59; Mc 14.56; Jo 11.53). 6) Nenhum acusado podia ser condenado por suas próprias evidências, mas, ainda assim, eles procuraram respostas e confissões de Cristo para poder condená-lo (Mt 26.63-66; Jo 18.19). 7) Nenhuma evidência legal e válida foi apresentada contra ele.

Depois que Pilatos declarou que Cristo era inocente (Mt 27.24), seus atos posteriores foram contrários à letra e ao espírito da lei romana.

[2] (27.33) A ordem dos acontecimentos na crucificação: 1) A chegada ao Gólgota (v. 33; Mc 15.22; Lc 23.33; Jo 19.17). 2) Jesus não aceita a bebida que o deixaria entorpecido (v. 34; Mc 15.23). 3) Jesus é crucificado

35 [b]Depois de o [c]crucificarem, repartiram entre si as roupas dele, lançando sortes, para que se cumprisse o que foi [d]dito pelo profeta: Repartem entre si as [e]minhas roupas, e sobre a minha túnica deitam sortes.

36 Assentados ali, o guardavam.

37 Por cima da sua cabeça colocaram por escrito a sua acusação: [1]ESTE É JESUS, O [f]REI DOS JUDEUS.

38 E foram crucificados com ele dois ladrões, um à direita e outro à esquerda.

39 Os que passavam blasfemavam dele, balançando a cabeça

40 e dizendo: Tu, que destróis o templo, e em três dias o constróis, salva-te a ti mesmo! Se és Filho de Deus, desce da cruz.

41 Da mesma maneira também os principais sacerdotes, com os mestres da lei, líderes religiosos e fariseus, zombando, diziam:

42 [g]Salvou a outros, mas si mesmo não pode salvar-se. É rei de Israel! Desça agora da cruz, e creremos nele.

43 [h]Confiou em Deus. Livre-o agora, se de fato o ama, pois disse: Sou Filho de Deus.

44 E o mesmo fazia os ladrões que com ele haviam sido crucificados.

A morte de Jesus cumpre a Lei
(Mc 15.33-41; Lc 23.44-49; Jo 19.30-37; Hb 9.3-8; 10.19,20)

Termina a Dispensação da Lei
(veja At 2.4, nota)

45 **D**esde o [i]meio-dia até as [j]três horas da tarde houve trevas sobre toda a terra.

46 Por volta das três horas da tarde [k]exclamou Jesus em alta voz: [l]Eli, Eli, lemá sabactâni, que quer dizer: [2]Deus meu, Deus meu, por que me desamparaste?

47 Alguns dos que ali estavam, ouvindo isso, diziam: Ele chama por Elias.

48 E logo um deles, correndo, tomou uma esponja, encharcou-a em vinagre e, pondo-a na ponta de uma vara, dava-lhe de beber.

49 Os outros, porém, diziam: Deixa, vejamos se Elias vem livrá-lo.

50 E Jesus, clamando outra vez com alta voz, [m]entregou [3]o [n]espírito.

51 [o]Nesse instante, o [4]véu do templo se rasgou em duas partes, de alto a baixo. Tremeu a terra, e partiram-se as rochas.

52 Abriram-se os [5]sepulcros, e muitos corpos de santos, que dormiam, [p]ressuscitaram.

[b] Mc 15.24; Lc 23.34; Jo 19.23,24
[c] Sacrifício (de Cristo): v. 33-35,38; Mc 14.24 (Gn 3.15; Hb 10.18, nota)
[d] Inspiração: v. 35,46; Mt 28.20 (Êx 4.15; 2Tm 3.16)
[e] Sl 22.18
[f] Reino (NT): v. 37,42; Mc 1.14 (Mt 2.2; 1Co 15.24, nota)
[g] Mt 18.11; Jo 3.14,15; comp. Sl 22.7,8; veja Rm 1.16, nota
[h] Veja Sl 2.12, nota
[i] Veja Jo 19.14, nota
[j] Veja Jo 19.14, nota
[k] Orações da Bíblia (NT): v. 46; Mc 5.23 (Mt 6.9; Lc 11.2, nota)
[l] Veja Mc 15.35, nota
[m] Jo 10.18; 1Co 15.3
[n] At 5.5,10
[o] Comp. Êx 26.31-33; 35.12; 40.3
[p] Ressurreição: v. 52,53; Mt 28.6 (2Rs 4.35; 1Co 15.52, nota)

entre dois ladrões (v. 35-38; Mc 15.24-28; Lc 23.33-38; Jo 19.18). 4) O primeiro clamor da cruz: "Pai, perdoa-lhes, pois não sabem o que fazem" (Lc 23.34). 5) Os soldados repartem as vestes de Jesus (v. 35; Mc 15.24; Lc 23.34; Jo 19.23). 6) Os judeus zombam de Jesus (v. 39-43; Mc 15.20-32; Lc 23.35). 7) Os ladrões o insultam e zombam dele, mas um se arrepende e crê (v. 44; Mc 15.32; Lc 23.39-43). 8) O segundo clamor da cruz: "Hoje estarás comigo no paraíso" (Lc 23.43). 9) O terceiro clamor: "Mulher, eis o teu filho", etc. (Jo 19.26,27). 10) As trevas (v. 45; Mc 15.33; Lc 23.44). 11) O quarto clamor: "Deus meu" etc. (v. 46,47; Mc 15.34-36). 12) O quinto clamor: "Tenho sede" (Jo 19.28). 13) O sexto clamor: "Está consumado" (Jo 19.30). 14) O sétimo clamor: "Pai, nas tuas mãos entrego o meu espírito" (Lc 23.46). 15) Nosso Senhor entrega o espírito (v. 50; Mc 15.37; Lc 23.46; Jo 19.30).

[1] (27.37) Comp. Mc 15.26; Lc 23.38; Jo 19.19. Estes relatos se complementam, mas não se contradizem. Nenhum dos evangelistas cita a inscrição completa. Todos mencionam: "o Rei dos Judeus". Mateus e Lucas acrescentam as palavras: "Este é"; Mateus cita o nome "Jesus"; enquanto João traz uma palavra a mais: "de Nazaré". As narrativas combinadas revelam toda a inscrição: "Este é [Mateus; Lucas] Jesus [Mateus; João] de Nazaré [João], o Rei dos Judeus" [todos].

[2] (27.46) Sl 22.1 profetiza este terrível clamor; Sl 22.3 é a resposta à pergunta.

[3] (27.50) As palavras gregas usadas aqui e em Jo 19.30 são únicas no NT. A morte de Cristo foi diferente da de qualquer outro homem. Ninguém podia tirar-lhe a vida, exceto se ele estivesse disposto a permitir (Jo 10.18). Cristo escolheu morrer para que nós pudéssemos viver.

[4] (27.51) O véu que foi rasgado separava o santuário do Santo dos Santos, no qual apenas o sumo sacerdote podia entrar no Dia da Expiação (veja Êx 26.31, *nota*; Lv 16.1-30). O rasgar desse véu, que era um tipo do corpo humano de Cristo (Hb 10.20), significou que um "novo e vivo caminho" foi aberto para todos os crentes entrarem na presença do próprio Deus, sem nenhum outro sacrifício ou sacerdócio além do de Cristo (comp. Hb 9.1-8; 10.19-22).

[5] (27.52) Ainda que as sepulturas se houvessem aberto quando Cristo morreu (v. 50,51), os corpos não saíram dos sepulcros até "depois da ressurreição de Jesus" (v. 53). Cristo é "o primogênito dentre os mortos" (Cl 1.18; Ap 1.5) e "as primícias dos que dormem" (1Co 15.20). Não é dito que esses corpos voltaram para o túmulo. O "molho" movido (Lv 23.10-12) tipifica a ressurreição de Cristo, mas, pelo símbolo utilizado, parecia haver pluralidade implícita. Um só "grão de trigo" caiu na terra na crucificação e no sepultamento de Cristo (Jo 12.24); na ressurreição surgiu um "molho". Infere-se que esses santos foram para o céu com o Cristo ressuscitado.

53 E, saindo dos sepulcros, depois da res-
surreição de Jesus, entraram na cidade [q]santa
e apareceram a muitos.
54 O centurião e os que com ele guarda-
vam a Jesus, vendo o terremoto e as coisas
que haviam acontecido, ficaram atemoriza-
dos e disseram: [r]Verdadeiramente este era
Filho de Deus.
55 **E**stavam ali, observando de longe, mui-
tas mulheres que tinham seguido Jesus
desde a Galileia, para o servir.
56 Entre elas estavam Maria Madalena,
Maria mãe de [s]Tiago e de José, e a mulher de
Zebedeu.

O corpo de Jesus é posto em um sepulcro (Mc 15.42-47; Lc 23.50-56; Jo 19.38-42)

57 **C**hegada a tarde, veio um homem rico
de Arimateia, chamado José, que também
era discípulo de Jesus.
58 Este foi falar com Pilatos e lhe pediu o
corpo de Jesus. Então Pilatos mandou que
lhe fosse entregue.
59 E José, pegando o corpo, envolveu-o
num pano limpo de linho
60 e o colocou no [t]seu sepulcro novo, que
havia aberto na rocha. Rolou uma gran-
de pedra para a entrada do sepulcro, e
foi embora.
61 Estavam ali, assentadas na frente do
sepulcro, Maria Madalena e a outra Maria.

O sepulcro é selado e guardado

62 **N**o dia seguinte, que é o dia depois da
preparação, os principais sacerdotes e os
fariseus foram falar com Pilatos,
63 dizendo: Senhor, lembramo-nos de que
aquele [u]enganador, enquanto vivia, disse:
[v]Depois de três dias ressuscitarei.
64 Portanto manda que o sepulcro seja
guardado com segurança até o terceiro dia,
para não se dar o caso de que os seus dis-
cípulos vão de noite, o furtem e digam ao
povo: Ressuscitou dentre os mortos. Assim
o último erro será pior do que o primeiro.
65 Disse-lhes Pilatos: Tendes aí uma es-
colta. Ide, guardai-o como acharem melhor.
66 Indo eles, montaram guarda ao se-
pulcro, lacrando a pedra, e deixaram ali
a escolta.

[q] Santificação (NT): v. 53; Mc 6.20 (Mt 4.5; Ap 22.11)
[r] Mt 14.33; comp. Mt 16.16; Jo 1.49; 6.69; At 8.37
[s] Filho de Alfeu. Veja Mt 4.21, nota
[t] Is 53.9
[u] Comp. 2Co 6.8
[v] Mt 12.40; 16.21; 17.23; 20.19; 26.61; Mc 8.31; 10.34; Lc 9.22; 18.33; 24.6,7; Jo 2.19

A ressurreição de Jesus e os acontecimentos desse dia (comp. Mc 16.1-14; Lc 24.1-49; Jo 20.1-23)

28 [1]**D**epois do [w]sábado, ao [2]nascer o
primeiro dia da semana, Maria Ma-
dalena e a outra Maria foram ver o sepulcro.
2 Houve um grande terremoto, pois [x]um
anjo do Senhor desceu do céu, chegou, re-
moveu a pedra e assentou-se sobre ela.
3 [y]A sua aparência era como um relâmpa-
go, e a sua roupa branca como a neve.
4 Os guardas tremeram de medo dele e fi-
caram como [z]mortos.
5 O [a]anjo, porém, dirigindo-se às mulhe-
res, disse: [b]Não tenhais medo, pois eu sei
que procurais Jesus, que foi crucificado.
6 Ele não está aqui; já [c]ressuscitou, como
havia dito. Vinde ver o lugar onde ele jazia.
7 Agora ide imediatamente e dizei aos
discípulos que ele ressuscitou dentre os
mortos e que vai adiante de vós para a [d]Ga-
lileia. Ali o vereis. Ora, eu vos tenho dito.
8 Saindo elas apressadamente do sepul-
cro, com temor e grande alegria, correram
a anunciá-lo aos seus discípulos.
9 De repente [3]Jesus lhes sai ao encontro,
dizendo: [e]Salve! E elas, aproximando-se,
abraçaram os seus pés e o adoraram.
10 Então Jesus lhes disse: Não temais! Ide
dizer a meus [f]irmãos que se dirijam para a
Galileia, e lá me verão.

[w] Sábado (dia de repouso): v. 1; Mc 2.23 (Gn 2.3; Mt 12.1, nota)
[x] Veja Jz 2.1 e Hb 1.4, notas
[y] Comp. Dn 10.6; Ap 10.1
[z] Ap 1.17
[a] v. 2
[b] Comp. Rm 8.15; 2Tm 1.7
[c] Ressurreição: v. 1-7; Mc 5.42 (2Rs 4.35; 1Co 15.52, nota)
[d] Mt 26.32
[e] Veja Jo 20.16, nota
[f] Sl 22.22; Jo 20.17; Hb 2.11,12

[1] (28.1) Com a ressurreição, os sábados terminam, e o primeiro dia se torna dia de adoração cristã em memória da ressurreição de Cristo. Veja Mt 12.1, *nota*. Comp. Jo 20.19; At 20.7; 1Co 16.2; Ap 1.10.

[2] (28.1) Combinando as quatro narrativas, a ordem dos acontecimentos na manhã da ressurreição parece ser a seguinte: De manhã cedo, as mulheres foram ao sepulcro de Jesus para ungir seu corpo, embora não soubessem como entrariam no sepulcro (Mc 16.2,3). Eram três mulheres: Maria Madalena, Maria (a mãe de Tiago, Mc 16.1; Lc 24.10) e Salomé, seguidas por outras mulheres que haviam acompanhado Jesus desde a Galileia (Lc 23.55–24.1). As três mulheres descobriram que a pedra havia sido removida por um anjo (Mt 28.2). Maria Madalena vai apressadamente ao encontro de Pedro e João para contar-lhes o que havia ocorrido. Eles correm para o sepulcro (Jo 20.2-4). Enquanto isso, Maria, mãe de Tiago, Salomé e as outras mulheres chegaram ao sepulcro, entraram e viram o anjo que lhes assegurou que Jesus havia ressuscitado. Com temor e alegria, elas saíram correndo para informar aos discípulos (Mt 28.8). Pedro e João chegaram ao sepulcro, entraram, observaram e saíram (Jo 20.4-10). Maria Madalena voltou ao sepulcro, ficou ali chorando e Jesus se revelou a ela (Jo 20.11-18). Enquanto as outras mulheres estavam a caminho para contar aos discípulos, Jesus lhes apareceu (Mt 28.9,10). Outras aparições de nosso Senhor após sua ressurreição: veja Jo 20.16, *nota*.

[3] (28.9) Para a ordem das aparições de nosso Senhor após a ressurreição, veja Jo 20.16, *nota*.

Os soldados são subornados

11 Quando alguns da [g]guarda iam chegando à cidade, anunciaram aos principais sacerdotes todas as coisas que haviam acontecido.
12 Reunindo-se eles com os líderes religiosos, decidiram [h]dar muito dinheiro aos soldados, recomendando:
13 Dizei que vieram de noite os seus discípulos e, enquanto dormíeis, o furtaram.
14 Caso isto chegue aos ouvidos do governador, nós o [i]convenceremos, e vos colocaremos em segurança.
15 Eles, recebendo o dinheiro, fizeram como estavam instruídos. E espalhou-se esta história entre os judeus, até o dia de hoje.

Jesus na Galileia: A grande comissão (comp. Mc 16.15-18; Lc 24.46-48; Jo 17.18; 20.21; At 1.8; 1Co 15.6)

16 Os onze discípulos partiram para a Galileia, para o monte que Jesus lhes tinha indicado.
17 Quando o viram, o adoraram; mas alguns [j]duvidaram.
18 Chegando-se Jesus, falou-lhes, dizendo: É-me dado [k]todo o poder no céu e na terra.
19 Portanto, ide e [l]fazei discípulos de todos os povos, [m]batizando-os em [1]nome do Pai e do Filho e do [n]Espírito Santo,
20 ensinando-os a obedecer a [o]todas as coisas que eu vos tenho mandado. E certamente estou [p]convosco todos os dias, até a consumação do [q]século.

[g] Mt 27.65
[h] Comp. Mt 26.14-16
[i] Comp. At 12.19
[j] Jo 20.24-29
[k] Dn 7.13,14; Jo 3.35; 5.22; 17.2; 1Co 15.27; Ef 1.22; Hb 1.2
[l] Evangelho: v. 19,20; Mc 1.1 (Gn 12.3; Ap 14.6)
[m] Veja At 8.12, nota
[n] Espírito Santo (NT): v. 19; Mc 1.8 (Mt 1.18; At 2.4, nota)
[o] Inspiração: v. 19,20; Mc 1.2 (Êx 4.15; 2Tm 3.16)
[p] Mt 18.20; At 4.31; 18.10; 23.11
[q] Gr. *aiōn*. Veja Mc 10.30, nota

[1] (28.19) No desenvolvimento da revelação, o único Deus verdadeiro aparece claramente no NT como três Pessoas divinas, chamadas aqui "o Pai", e "o Filho" e "o Espírito Santo". Comp. tb. Mt 3.16,17; 1Co 12.4-6; 2Co 13.14; Ef 2.18; 4.4-6; 5.18-20; 1Pe 1.2; Jd 20,21.

1. Cada uma destas Pessoas divinas possui suas características próprias e se distingue claramente das outras Pessoas (comp. Jo 14.16,17,26; 15.26; 16.7-15). No entanto, as três Pessoas são iguais em essência, poder e glória; cada uma é chamada de Deus (Jo 6.27; Hb 1.8; At 5.3,4), cada uma possui todos os atributos divinos (Tg 1.17; Hb 13.8; 9.14), cada uma realiza as obras divinas (Jo 5.21; Rm 8.11) e cada uma recebe honra divina (Jo 5.23; 2Co 13.14).

2. Com respeito à ordem das atividades de cada uma, o Pai é o primeiro, o Filho é o segundo e o Espírito Santo é o terceiro; a fórmula geral é a seguinte: *da parte de* Deus Pai (1Co 8.6), *por meio de* Deus Filho (Jo 3.17), *por* Deus Espírito Santo (Ef 3.5) e *para* Deus Pai (Ef 2.18). Mesmo assim, nenhuma das Pessoas divinas age independentemente das outras; sempre há concordância e cooperação, como disse nosso Senhor: "Meu Pai trabalha até agora, e eu trabalho também" (Jo 5.17); "o Filho por si mesmo não pode fazer coisa alguma; ele só pode fazer o que vê o Pai fazendo" (Jo 5.19); "Eu e o Pai somos um" (Jo 10.30).

3. Na revelação de Deus no NT como um Ser em três pessoas, a ideia nunca se afasta do monoteísmo estrito do AT (comp. Dt 6.4,5 com Mc 12.29,30 e Rm 3.30). As três Pessoas divinas são *um só* Deus, não três deuses. Foi preciso que o AT enfatizasse primeiro a unidade divina a fim de evitar tendências politeístas. Mas mesmo no AT, lido à luz do NT, há uma pluralidade de Pessoas em um só Deus verdadeiro (comp. Gn 1.26; Is 6.8; 48.12 com 48.16).

4. A Trindade de Deus é decididamente um grande mistério, algo que vai muitíssimo além de uma explicação completa. Mas podemos nos resguardar de erro, se nos apegarmos firmemente à seguinte revelação divina: 1) com respeito à sua *essência*, Deus é *um;* 2) com respeito à sua *personalidade*, Deus é *três;* 3) No entanto, nunca devemos dividir a essência nem confundir as Pessoas. Apesar de ser um mistério, a doutrina da divina Trindade sempre comprovou ser rica em valores espirituais e práticos.

5. A importância dada à divina Trindade na revelação do NT é evidente pelo fato de essa doutrina estar firmemente arraigada em duas fórmulas repetidas constantemente em forma oral na Igreja: 1) a fórmula do batismo (Mt 28.19) e 2) a fórmula da bênção (2Co 13.13).

Nomes da Divindade: veja *notas* em Gn 1.1; 14.18; 15.2; 17.1; 21.33; Êx 34.6; 1Sm 1.3; Ml 3.18. Tb. veja *notas* sobre Senhor, Mt 8.2; Verbo (*Logos*), Jo 1.1; Senhor (divindade de Cristo), Jo 20.28; Espírito Santo, At 2.4.

MARCOS

- **Autor:** Marcos
- **Tema:** Cristo, o Servo
- Escrito em 68 d.C., aprox.

MARCOS, o autor do segundo Evangelho, nasceu em Jerusalém. Sua mãe chamava-se Maria (At 12.12); os escritos não nos oferecem informação sobre seu pai. João Marcos não é mencionado nos Evangelhos, mas aparece em Atos, em cujo relato nos é informado que, junto com seu tio Barnabé, acompanhou Paulo na primeira viagem missionária e chegou até Perge, de onde voltou por motivos não especificados (At 13.13). Rejeitado por Paulo, ele foi com Barnabé para Chipre (At 15.38-40). No entanto, durante os últimos anos de Paulo, Marcos esteve ao seu lado (Cl 4.10; Fm 24) e foi chamado pelo apóstolo um pouco antes de este ser executado (2Tm 4.11). Pedro chamava Marcos de "meu filho" (1Pe 5.13). Desde os primórdios da igreja, considera-se que o Evangelho de Marcos reflete a perspectiva que Pedro tinha de Cristo.

Embora seja o mais resumido dos Evangelhos, a narrativa de Marcos é, frequentemente, mais viva e detalhada do que os relatos paralelos em Mateus e Lucas – veja-se, por exemplo, a história do endemoninhado geraseno (Mc 5.1-20). Escrito principalmente para o mundo romano, esse Evangelho apresenta Cristo como o Servo do Senhor que foi enviado para realizar uma obra específica para Deus. Portanto, é um livro de atos mais do que de palavras, não contém longos discursos e apenas umas poucas parábolas. A palavra grega euthus, que frequentemente é traduzida por "e logo" e "imediatamente", ocorre mais de quarenta vezes no texto grego de Marcos, como em Marcos 1.10,12,18,20, e outros. Como o Servo do Senhor, Cristo cumpre profecias messiânicas como as de Isaías 42.1-21; 49.1-7; 50.4-11; 52.13–53.12; Zacarias 3.8. Por ser ele apresentado como servo, não há necessidade de genealogia. Há uma quantidade fora do comum de passagens que mostram os sentimentos de nosso Senhor (veja Mc 3.5; 7.34; 10.21). Embora Cristo seja apresentado em Marcos em seu caráter de servo, a destacada ênfase em seus milagres ressalta seu poder como o Filho de Deus.

O Evangelho pode ser dividido da seguinte maneira: I. Apresentação do Servo em seu ministério público, 1.1-13. II. A obra do Servo, 1.14–13.37. III. O Servo e sua obediência até a morte, 14–15. IV. A ressurreição e a ascensão do Servo vitorioso, 16.

I. Apresentação do Servo em seu ministério público, 1.1—13

O ministério de João Batista
(Mt 3.1-12; Lc 3.1-20; Jo 1.6-8,15-37)

1 [a]Princípio do [b]evangelho de Jesus Cristo,
Filho de Deus.
2 **Como** está [c]escrito no [d]profeta Isaías:
[e]Eu envio o meu anjo diante da tua face,
o qual preparará o teu caminho.
3 Voz do que clama no deserto: Preparai o
caminho do Senhor, endireitai as suas veredas.
4 Apareceu João, batizando no deserto e pre-
gando o [f]batismo de [g]arrependimento, para
remissão dos [h]pecados.
5 Toda a região da Judeia e os de Jerusalém
iam ter com ele e, confessando os seus peca-
dos, eram batizados por ele no rio Jordão.
6 João andava vestido de pelos de camelo,
trazia um cinto de couro e comia gafanhotos
e mel silvestre.
7 **E** pregava, dizendo: Após mim [i]vem aquele
que é mais poderoso do que eu, do qual não
sou digno de, abaixando-me, desamarrar a
correia das suas sandálias.
8 Eu, em verdade, vos batizei com água, mas
ele vos batizará com o [j]Espírito Santo.

Batismo de Jesus
(Mt 3.13-17; Lc 3.21,22)

9 **N**aqueles dias, [k]veio Jesus de Nazaré, na
Galileia, e foi batizado por João no Jordão.
10 Logo que saiu da água viu os [l]céus aber-
tos e o Espírito que, como pomba, [m]descia
sobre ele.
11 Então ouviu-se esta voz dos céus: Tu és o
meu Filho [n]amado em quem me comprazo.

Tentação de Jesus
(Mt 4.1-11; Lc 4.1-13)

12 **I**mediatamente o Espírito o impeliu para
o deserto,
13 onde esteve por quarenta dias, e foi [o]ten-
tado por [p]Satanás. Vivia entre as feras, e os
anjos o serviam.

II. A obra do Servo, 1.14–13.37

Primeira viagem pela Galileia
(Mt 4.12-17; Lc 4.14)

14 **D**epois que João foi preso, veio Jesus para
a Galileia, pregando o evangelho do [q]Reino
de Deus
15 e dizendo: O tempo está cumprido, e o
Reino de Deus [r]está próximo. Arrependei-vos
e crede no evangelho.

Primeiros discípulos de Jesus
(Mt 4.18-22; Lc 5.1-11; comp. Jo 1.35-49)

16 **A**ndando Jesus junto ao mar da Galileia,
viu Simão, e André, seu irmão, que lançavam a
rede ao mar, pois eram pescadores.
17 Jesus lhes disse: Vinde após mim, e eu vos
farei [s]pescadores de homens.

---

[a] Mt 1.1; 3.13; Lc 3.21
[b] Evangelho: v. 1,14,15; Mc 2.2 (Gn 12.3; Ap 14.6)
[c] Inspiração: veja v. 44, marg. ww
[d] Comp. v. 3; Is 40.3
[e] Ml 3.1
[f] Veja At 8.12, nota
[g] Arrependimento: v. 4; Mc 2.17 (Mt 3.2; At 17.30, nota)
[h] Veja Rm 3.23, nota
[i] At 13.25
[j] Espírito Santo (NT): v. 8,10,12; Mc 3.29 (Mt 1.18; At 2.4, nota)
[k] Mt 3.13; Lc 3.21
[l] Ez 1.1
[m] At 10.38
[n] Mt 17.5
[o] Provar--Tentar: v. 12,13; Mc 8.11 (Gn 3.1; Tg 1.14)
[p] Satanás: v. 13; Mc 3.23 (Gn 3.1; Ap 20.10)
[q] Reino (NT): v. 14,15; Mc 4.11 (Mt 2.2; 1Co 15.24, nota)
[r] Veja Mt 4.17, nota
[s] Mt 13.47, 48; comp. Jr 16.16

18 Então eles, [t]deixando as redes, o seguiram.

19 Passando dali um pouco mais adiante, viu Tiago, filho de Zebedeu, e João, seu irmão, que estavam no barco consertando as redes,

20 e logo os chamou. Eles, [u]deixando o seu pai, Zebedeu, no barco com os empregados, foram após Jesus.

Jesus expulsa demônios em Cafarnaum (Lc 4.31-37)

21 Entraram em Cafarnaum, e, logo no sábado, indo ele à [v]sinagoga, começou a ensinar.

22 [w]Maravilharam-se da sua doutrina, porque os ensinava como tendo autoridade, não como os [x]mestres da lei.

23 Estava na sinagoga um homem possesso de espírito [y]imundo, o qual exclamou:

24 Ah! [z]que temos contigo, Jesus de Nazaré? Vieste destruir-nos? Bem [a]sei quem és: o [b]Santo de Deus.

25 Repreendeu-o Jesus, dizendo: Cala-te e sai dele.

26 Então o espírito imundo sacudiu-o violentamente e, clamando em alta voz, [c]saiu dele.

27 Todos se admiraram, a ponto de perguntarem entre si: Que é isto? Que nova doutrina é esta? Ele dá ordem até aos espíritos imundos, e eles lhe obedecem!

28 Logo correu a sua [d]fama por toda a província da Galileia.

Cura da sogra de Pedro (Mt 8.14,15; Lc 4.38,39)

29 **S**aindo da sinagoga, foram à casa de Simão e de André com Tiago e João.

30 A sogra de Simão estava de cama e com febre, e logo lhe falaram dela.

31 Então, aproximando-se, tomou-a pela mão e a levantou. A febre a deixou, e ela os servia.

Mais curas e pregações (Mt 8.16,17; Lc 4.40-44)

32 **S**endo já tarde, tendo-se posto o sol, trouxeram-lhe [e]todos os que se achavam enfermos e [f]endemoninhados.

33 Toda a cidade se ajuntou à porta,

34 [g]e Jesus curou muitos doentes de diversas enfermidades; também [h]expulsou muitos demônios, porém [i]não permitia que eles falassem, porque o conheciam.

35 **L**evantando-se de manhã muito cedo, quando ainda estava escuro, saiu de casa, foi para um lugar deserto e ali [j]orava.

36 Procuravam-no Simão e os que com ele estavam.

37 Achando-o, lhe disseram: [k]Todos te [l]buscam.

38 Jesus, porém, lhes disse: Vamos às aldeias vizinhas, para que eu ali também pregue. Foi [m]para isso que eu vim.

39 Pelo que foi por toda a Galileia, [n]pregando nas sinagogas deles e [o]expulsando os demônios.

Cura de um leproso (Mt 8.2-4; Lc 5.12-14)

40 **A**proximou-se dele um [p]leproso que, rogando-lhe de joelhos, dizia: Se quiseres, bem [q]podes purificar-me.

41 Jesus, com grande [r]compaixão, estendeu a mão, tocou nele e lhe disse: Quero, sê limpo.

42 Tendo ele dito isso, [s]a lepra [tt]desapareceu, e o homem ficou limpo.

43 Advertindo-o severamente, logo o despediu e lhe

44 disse: Olha, não digas nada a ninguém, mas vai, mostra-te ao sacerdote e oferece pela tua purificação [uu]o que [vv]Moisés [ww]determinou, para lhes servir de testemunho.

45 Tendo, porém, ele saído, começou a apregoar muitas coisas e a divulgar o que acontecera. De sorte que Jesus já não podia entrar publicamente em qualquer cidade, mas se conservava fora, em lugares desertos. E de todas as partes vinham pessoas a ele.

Cura de um paralítico (Mt 9.1-8; Lc 5.18-26)

2 **A**lguns dias depois, Jesus entrou outra vez em Cafarnaum, e o povo soube que ele estava em casa.

2 Logo se ajuntou tanta gente que nem ainda nos lugares junto à porta cabiam, e ele lhes [xx]anunciava a palavra.

3 Vieram a ele conduzindo um [yy]paralítico, trazido por quatro homens, e,

4 não podendo aproximar-se dele, por causa da multidão, descobriram o telhado onde estava e, fazendo um buraco, baixaram o leito em que estava o doente.

5 Jesus, vendo a [zz]fé deles, disse ao paralítico: Filho, [aa]perdoados estão os teus [bb]pecados.

6 Estavam ali assentados alguns dos [cc]mestres da lei, que raciocinavam em seu íntimo:

7 Por que profere este blasfêmias? Quem pode [dd]perdoar pecados, senão Deus?

8 Jesus, conhecendo logo em seu espírito que assim pensavam entre si, lhes disse: Por que pensais sobre essas coisas em vossos corações?

9 Qual é mais fácil, dizer ao paralítico: Estão perdoados os teus pecados, ou dizer-lhe: Levanta-te, toma o teu leito e anda?

10 Ora, para que saibais que o [ee]Filho do homem tem na terra poder para perdoar pecados (disse ao paralítico):

11 A ti te digo: Levanta-te, toma o teu leito e vai para tua casa.

12 Ele se levantou e, tomando logo o leito, saiu na presença de todos, de sorte que todos

---

[t] Comp. Mc 10.28-30
[u] Comp. Mt 10.37
[v] Mt 4.23; Lc 4.16; 13.10
[w] v. 27; Mt 7.28,29; 13.54
[x] Veja Mt 2.4, nota
[y] Mt 12.43; Mc 5.2; 7.25; Lc 4.33
[z] Mt 8.28,29; Mc 5.7,8; Lc 8.28
[a] v. 34; Mc 3.11; Lc 4.41; Tg 2.19
[b] Sl 16.10
[c] Milagres (NT): v. 23-26,30-34,39; Mc 1.42 (Mt 8.3; At 28.8)
[d] Mt 4.24; 9.31
[e] Mt 11.4,5; Lc 9.11
[f] Veja Mt 7.22, nota
[g] Veja Mc 3.15, nota
[h] Mt 9.33; Lc 13.32
[i] Mc 3.12
[j] Mt 26.39,44; Mc 6.46; Lc 5.16; 6.12; 9.28,29; Hb 5.7
[k] Mt 4.25; Jo 3.26; 12.19
[l] Hb 11.6; comp. Jo 7.34,36
[m] Is 61.1,2; Mc 10.45; Jo 17.8
[n] Mt 4.23; comp. 2Tm 4.2
[o] v. 26; Mc 5.8,13; 7.29,30
[p] Lv 13.24, 25,44-46; comp. 2Rs 5.1-14; 15.5; veja Êx 4.6 e Lv 13.2, notas
[q] Comp. Jr 32.17
[r] Lc 7.13; comp. Hb 4.15
[s] v. 31; Mt 15.28; Mc 5.29
[tt] Milagre (NT): 1.40-42; 2.3-12; Mc 3.5 (Mt 8.3; At 28.8)
[uu] Lv 14.1-32; veja Lc 14.3, nota
[vv] Lei (de Moisés): v. 44; Mc 7.10 (Êx 19.1; Gl 3.24)
[ww] Inspiração: v. 44; Mc 7.8 (Êx 4.15; 2Tm 3.16)
[xx] Evangelho: v. 2; Mc 8.35 (Gn 12.3; Ap 14.6)
[yy] Mt 4.24; 8.6; At 8.7; 9.33
[zz] Fé: v. 3-5; Mc 5.34 (Gn 3.20; Hb 11.39, nota)
[aa] Perdão: v. 5-10; Mc 3.28 (Lv 4.20; Mt 26.28, nota)
[bb] Veja Rm 3.23, nota
[cc] Veja Mt 2.4, nota
[dd] Dn 9.9; comp. Jo 1.1,14 com Jo 8.11
[ee] Veja Mt 8.20, nota

se admiraram e [f]glorificaram a Deus, dizendo: Nunca vimos tal coisa.

Vocação de Levi (Mateus)
(Mt 9.9-15; Lc 5.27-35)

13 **J**esus tornou a sair para o mar, e toda a multidão ia ter com ele, e ele os ensinava.

14 E, passando, viu Levi, filho de Alfeu, assentado na coletoria, e disse-lhe: [g]Segue-me. Ele, levantando-se, o [h]seguiu.

15 **E**nquanto Jesus estava jantando na casa de Levi, muitos [i]cobradores de impostos e pecadores estavam assentados à mesa com Jesus e seus discípulos, pois eram muitos os que o tinham seguido.

16 Quando os mestres da lei que eram fariseus viram-no comer com os cobradores de impostos e pecadores, disseram aos seus discípulos: Por que come [e bebe] ele com os cobradores de impostos e pecadores?

17 Tendo Jesus ouvido isso, disse-lhes: Os sãos não necessitam de médico, mas, sim, os doentes. Eu não vim chamar os [j]justos, mas, sim, os pecadores.

Consulta dos discípulos de João sobre o jejum

18 **O**ra, os discípulos de João e os fariseus estavam jejuando. Foram e lhe perguntaram: Por que jejuam os discípulos de João e os dos [k]fariseus e não jejuam os teus discípulos?

19 Respondeu-lhes Jesus: Podem os convidados para o casamento jejuar enquanto está com eles o [l]noivo? Enquanto têm consigo o noivo, não podem jejuar.

20 O tempo, porém, virá, em que lhes será [m]tirado o noivo; e naquele dia jejuarão.

Parábola do remendo e dos odres
(comp. Mt 9.16,17; Lc 5.36-39)

21 Ninguém costura [n]remendo de pano novo em vestido velho. Se o fizer, o remendo novo rompe o velho, e o rasgo fica maior.

22 Ninguém põe vinho novo em odres velhos. Se o fizer, o vinho novo rompe os odres, e [o]estragam-se tanto o vinho como os odres. O vinho novo deve ser posto em odres novos.

Jesus é Senhor do sábado
(Mt 12.1-8; Lc 6.1-5)

23 **C**erto [p]sábado, passando ele pelas searas, os seus discípulos, caminhando, começaram a [q]colher espigas.

24 Os [r]fariseus lhe disseram: Vês? Por que fazem no sábado o que [s]não é lícito?

25 Ele, porém, lhes disse: Nunca lestes o [t]que fez Davi quando estava em necessidade e teve fome, ele e os que com ele estavam?

26 Como entrou na casa de Deus, no tempo de Abiatar, sumo sacerdote, e [u]comeu os [v]pães da proposição, dos quais não era lícito comer senão aos sacerdotes, dando também aos que com ele estavam?

27 Então lhes disse: O [w]sábado foi feito por causa do homem, e não o homem por causa do sábado.

28 Portanto, o [x]Filho do homem até do sábado é senhor.

Jesus cura no sábado (Mt 12.9-14; Lc 6.6-11)

3 **O**utra vez entrou na sinagoga, e estava ali um homem que tinha uma das mãos ressequida.

2 Estavam [y]observando-o para ver se [z]curava no sábado, para o acusarem.

3 Disse Jesus ao homem que tinha a mão ressequida: Levanta-te e vem para o meio.

4 Então lhes perguntou: É lícito no sábado fazer o bem ou fazer o mal? Salvar a vida ou matar? Mas eles se calaram.

5 Irado, olhou para os que estavam ao seu redor e, profundamente triste pela [a]dureza do coração deles, disse ao homem: Estende a tua mão. Ele a estendeu, e a mão foi-lhe [b]restaurada completamente.

Muitos são curados (Mt 12.15,16; Lc 6.17-19)

6 Tendo saído os [c]fariseus, conspiravam com os [d]herodianos contra Jesus, procurando ver como o matariam.

7 **R**etirou-se Jesus com os seus discípulos para o mar, e seguia-o uma grande multidão da Galileia, da Judeia,

8 de Jerusalém, da Idumeia, dalém do Jordão, de perto de Tiro e de Sidom. Uma grande multidão que, ouvindo quão [e]grandes coisas Jesus fazia, vinha ter com ele.

9 Então disse aos seus discípulos que lhe tivessem sempre pronto um barquinho junto dele, por causa da multidão, para que não o comprimisse.

10 Pois tinha curado a [ff]muitos, de tal maneira que todos quantos sofriam de algum mal se arrojavam a ele, para o [gg]tocar.

11 Os espíritos imundos, vendo-o, prostravam-se diante dele e [hh]clamavam: Tu és o [ii]Filho de Deus.

12 Ele, porém, os [jj]advertia muito, para que não manifestassem quem ele era.

Escolha dos doze apóstolos
(Mt 10.1-4; Lc 6.12-16)

13 **J**esus subiu a um monte e [kk]chamou os que ele quis, os quais vieram a ele.

14 Nomeou doze para que estivessem com ele, os enviasse a pregar

[f] Mt 15.31; Fp 2.11
[g] Mt 4.19; 8.22; 19.21; Jo 1.43; 12.26; 21.22
[h] Lc 18.28; comp. Lc 22.54
[i] Veja Mt 5.46, marg.
[j] Veja Rm 10.10, nota
[k] Veja Mt 3.7, nota
[l] Jo 3.29; comp. Mt 22.2-14; Ef 5.25-32; Ap 19.7
[m] At 1.9
[n] Parábolas (NT): v. 21,22; Mc 3.23 (Mt 5.13; Lc 21.29)
[o] Gr. apollumi. Veja Jo 3.16, nota 4
[p] Sábado (dia de repouso): 2.23-28; 3.2-4; Mc 6.2 (Gn 2.3; Mt 12.1, nota)
[q] Dt 23.25
[r] Veja Mt 3.7, nota
[s] Êx 20.10; 31.15; comp. Nm 15.32-36
[t] 1Sm 21.1-6
[u] Comp. Êx 29.32,33
[v] Lv 24.5-9; veja Êx 25.30, nota
[w] Gn 2.3; Êx 23.12; Dt 5.14; Ne 9.14; Ez 20.12; comp. Is 58.13,14
[x] Veja Mt 8.20, nota
[y] Sl 37.32; Lc 14.1; 20.20
[z] Lc 13.14
[a] Zc 7.12
[b] Milagres (NT): v. 1-5,10; Mc 4.39 (Mt 8.3; At 28.8)
[c] Mc 12.13; veja Mt 3.7, nota
[d] Veja Mt 22.16, nota
[e] Mc 5.19
[ff] Lc 7.21
[gg] Mt 9.21; Mc 6.56
[hh] Mc 1.24; Lc 4.41
[ii] Mt 8.29; 14.33; Mc 1.1; 5.7; Lc 8.28; comp. Tg 2.19
[jj] Mc 1.34
[kk] Mc 6.7

15 [1]e tivessem o [l]poder de expulsar [m]demônios.

16 São estes os Doze que designou: Simão, a quem deu o nome de [n]Pedro;

17 [o]Tiago, filho de Zebedeu, e João, irmão de Tiago, aos quais deu o nome de Boanerges, que significa filhos do trovão;

18 André, Filipe, Bartolomeu, [p]Mateus, Tomé, [q]Tiago, filho de Alfeu, [r]Tadeu, Simão, o Zelote,

19 e Judas Iscariotes, que o traiu.

20 **E**ntão Jesus entrou numa casa. Reuniu outra vez a multidão, de modo que nem conseguiam comer.

21 Quando os seus ouviram [s]isso, saíram para o prender, pois diziam: Está [t]fora de si.

O pecado contra o Espírito Santo (Mt 12.31,32; Lc 11.14-22)

22 Os [u]mestres da lei, que tinham descido de Jerusalém, diziam: Está possesso de Belzebu, e pelo [v]príncipe dos [w]demônios expulsa os demônios.

23 Assim Jesus, chamando-os a si, disse-lhes por [x]parábolas: Como pode [y]Satanás expulsar a Satanás?

24 Se um reino se dividir contra si mesmo, tal reino não pode subsistir.

25 Se uma casa se dividir contra si mesma, tal casa [z]não pode subsistir.

26 Se Satanás se levantar contra si mesmo e for dividido, não pode subsistir; chegou o seu fim.

27 Ninguém pode [a]roubar os bens do valente, entrando em sua casa, se primeiro não o amarrar. Só então saqueará a sua casa.

28 Na verdade vos digo que todos os [b]pecados e toda sorte de blasfêmias serão [c]perdoados aos filhos dos homens.

29 Mas qualquer que blasfemar contra o [d]Espírito Santo nunca obterá perdão, mas [e]é culpado de eterno pecado.

30 Jesus disse isso porque alguns [f]afirmavam: Está possesso de espírito imundo.

A mãe e os irmãos de Jesus (Mt 12.46-50; Lc 8.19-21)

31 **C**hegaram então seus irmãos e sua mãe e, estando de fora, mandaram-no chamar.

32 A multidão estava assentada ao redor dele, e lhe disseram: Tua mãe e teus irmãos te procuram e estão lá fora.

33 Ele lhes perguntou: Quem é minha mãe, e quem são meus irmãos?

34 Então, olhando em redor para os que estavam assentados junto dele, disse: Aqui estão minha mãe e meus irmãos.

35 Portanto, qualquer que fizer a [g]vontade de Deus, [2]esse é meu irmão, irmã e mãe.

Parábola do semeador (Mt 13.1-17; Lc 8.4-10)

4 **O**utra vez Jesus começou a ensinar junto ao mar e ajuntou-se grande multidão, de sorte que entrou e assentou-se num barco, afastando-se da praia. E toda a multidão estava em terra à beira-mar, na praia.

2 Ensinava-lhes muitas coisas por parábolas e lhes dizia na sua doutrina:

3 Escutai! Saiu o semeador a semear.

4 Semeando ele, parte da semente caiu à [h]beira do caminho, e vieram as aves do céu e a comeram.

5 Outra caiu sobre [i]pedregais, onde não havia muita terra. Logo nasceu, porque não tinha terra profunda.

6 Saindo, porém, o sol, queimou-se e secou-se, porque [j]não tinha raiz.

7 Outra parte caiu entre [k]espinhos e, crescendo os espinhos, a sufocaram, e não deu fruto.

8 Outra caiu em [ll]boa terra e deu fruto, germinou, cresceu produzindo a trinta, a sessenta e a cem, por um.

9 Então Jesus lhes disse: Quem tem ouvidos para ouvir, ouça.

10 **Q**uando Jesus se achou só, os que estavam junto dele com os Doze o interrogaram acerca da parábola.

11 Ele lhes disse: A vós é dado [mm]saber os mistérios do [nn]Reino de Deus, mas aos que estão de fora todas estas coisas se dizem por parábolas,

12 para que vendo, vejam e não percebam;
e ouvindo, ouçam e não entendam;
para que não se [oo]convertam,
e lhes sejam perdoados os pecados.

Explicação da parábola (Mt 13.18-23; Lc 8.11-15)

13 Então Jesus lhes disse: Não percebeis esta parábola? Como, pois, entendereis todas as parábolas?

14 O semeador [pp]semeia a palavra.

15 Os que estão [qq]junto ao caminho são aqueles em quem a palavra é semeada. Tendo-a eles ouvido, vem logo [rr]Satanás e tira a palavra que foi semeada no seu coração.

16 Da mesma forma, os que recebem a semente em [ss]solo rochoso são aqueles que, ouvindo a palavra, logo com prazer a recebem.

17 Não tendo, porém, [tt]raiz em si mesmos, são de pouca duração. Sobrevindo a tribulação ou a perseguição por causa da palavra, imediatamente se escandalizam.

[l] Lc 9.1
[m] Veja Mt 7.22, nota
[n] Mt 16.18; comp. Jo 1.42
[o] Levi, Mc 2.14
[p] Veja Mt 4.21, nota
[q] Judas, Jo 14.22
[r] v. 34; Mt 13.55; Mc 6.3; Jo 2.12; veja Jo 15.15, nota
[s] At 26.24; 2Co 5.13
[t] Veja Mt 2.4, nota
[u] Jo 12.31; 14.30; 16.11; Ef 2.2
[v] Veja Mt 7.22, nota
[w] Parábolas (NT): 3.23-27; 4.2-20; Mc 4.21 (Mt 5.13; Lc 21.29)
[x] Satanás: v. 22,23, 26; Mc 4.15 (Gn 3.1; Ap 20.10)
[y] Comp. Jz 7.22
[z] Mt 12.29
[a] Veja Rm 3.23, nota
[b] Perdão: 3.28; 4.12; Mc 11.25 (Lv 4.20; Mt 26.28, nota)
[c] Espírito Santo (NT): v. 29; Mc 12.36 (Mt 1.18; At 2.4, nota)
[d] Lc 12.10; At 7.51; comp. Hb 6.4-6; 10.26-29
[e] v. 22; Mt 9.34; Jo 7.20; 8.48,52; 10.20; comp. Is 5.20; 1Co 12.3
[f] Ef 6.6; Hb 10.36; 1Pe 4.2; 1Jo 2.17

[g] v. 15
[h] v. 16
[i] v. 17
[j] v. 18,19
[k] v. 20
[ll] Mt 11.25; 1Co 2.10-16; 2Co 4.6; comp. Mt 16.7; 1Co 1.18-31; veja Mt 13.11, nota
[mm] Reino (NT): v. 2-34; Mc 9.1 (Mt 2.2; 1Co 15.24, nota)
[nn] Mt 13.14, 15; At 3.19
[oo] v. 3; Lc 8.1; comp. Ef 3.8
[pp] v. 4
[qq] Satanás: v. 15; Mc 8.33 (Gn 3.1; Ap 20.10)
[rr] v. 5
[ss] v. 6
[tt] v. 7

[1] (3.15) Observe que há uma distinção entre enfermidade comum e possessão demoníaca.
[2] (3.35) Fazer a vontade de Deus é começar uma relação eterna com Cristo (1Jo 2.17).

18 Os outros são os que recebem a semente
entre [u]espinhos, os quais ouvem a palavra,
19 mas os [v]cuidados deste [w]mundo, os [x]enganos
das riquezas e as demais ambições, entrando,
sufocam a palavra, ficando ela infrutífera.
20 Os que recebem a semente em [y]boa terra são
os que ouvem a palavra, a recebem e [z]dão fruto,
um a trinta, outro a sessenta, outro a cem, por um.

Parábola da candeia
(comp. Mt 5.15,16; Lc 8.16-18; Lc 11.33-36)

21 **E**le lhes disse: [a]Vem a candeia para ser
posta debaixo do [b]alqueire, ou da cama? Não
vem antes para ser colocada no velador?
22 Pois nada há encoberto que não haja de
ser [c]revelado, e nada se faz para ficar oculto,
mas para ser descoberto.
23 Se alguém tem ouvidos para ouvir, ouça.
24 Então lhes disse: Atendei ao que ides
ouvir. Com a medida com que [d]medirdes vos
medirão a vós, e vos será ainda acrescentada.
25 Ao que [e]tem, mais lhe será dado; ao que
não tem, até o que tem lhe será tirado.

Parábola da semente

26 **D**isse ainda: O [f]Reino de Deus é semelhante
a um homem que lançou a [g]semente à terra,
27 dormiu e se levantou de noite ou de dia, e a
semente brotou e [h]cresceu, não sabendo ele como.
28 A terra por si mesma [i]frutifica, primeiro
a erva, depois a espiga e, por último, o grão
cheio na espiga.
29 Quando o fruto está maduro, logo se lhe
passa a foice, porque é chegada a [j]ceifa.

Parábola do grão de mostarda
(Mt 13.31,32, nota; Lc 13.18,19)

30 **D**e novo ele disse: A que assemelhare-
mos o Reino de Deus? Ou com que parábola
o representaremos?
31 É como um grão de mostarda que, quando
se semeia, é a menor de todas as sementes
sobre a terra.
32 Tendo, porém, sido semeado, cresce e
[k]faz-se a maior de todas as hortaliças e deita
grandes ramos, de tal maneira que as [l]aves do
céu podem aninhar-se à sua sombra.
33 **C**om muitas [m]parábolas semelhantes
lhes dirigia a palavra, segundo o que [n]po-
diam compreender.
34 Sem parábolas não lhes falava. Mas tudo
[o]explicava em particular aos discípulos.

Jesus acalma o vento e as ondas
(Mt 8.23-27; Lc 8.22-25)

35 **N**aquele dia, sendo já tarde, disse-lhes
Jesus: Passemos para a outra margem.
36 Deixando a multidão, eles o levaram
consigo, assim como estava, no barco. Havia
também com ele outros barquinhos.
37 Ora, levantou-se [p]grande vendaval, e as
ondas se arremessavam contra o barco, de
modo que já estava a encher-se.
38 Jesus estava na popa, dormindo sobre uma
almofada. Os discípulos o despertaram, dizendo:
[q]Mestre, não [r]te importa que pereçamos?
39 Ele, despertando, [s]repreendeu o vento
e disse ao mar: [t]Cala-te. Aquieta-te. Então o
vento se [uu]aquietou e houve grande bonança.
40 Ele disse aos discípulos: Por que sois tão
tímidos? [vv]Ainda não tendes fé?
41 Eles sentiram grande temor e pergunta-
vam uns aos outros: [ww]Quem é este, que até o
vento e o mar lhe obedecem?

Jesus expulsa demônios em Gadara
(Mt 8.28-34; Lc 8.26-39)

5 Chegaram ao outro lado do mar, à provín-
cia dos gerasenos.
2 Descendo ele do barco, saiu-lhe ao encon-
tro, dos sepulcros, um homem possesso de
espírito [xx]imundo,
3 o qual morava nos sepulcros, e mesmo com
cadeias não o podiam prender.
4 Pois tendo sido muitas vezes preso com gri-
lhões e cadeias, as cadeias foram por ele feitas
em pedaços, e os grilhões em migalhas, e nin-
guém podia dominá-lo.
5 Andava sempre, de dia e de noite, cla-
mando pelos montes e pelos sepulcros,
ferindo-se com pedras.
6 Quando ele viu Jesus de longe, correu e
adorou-o,
7 clamando em alta voz: Que tenho eu con-
tigo, Jesus, Filho do Deus Altíssimo? [yy]Rogo-te
por Deus que não me atormentes.
8 Pois Jesus lhe dissera: [zz]Sai deste homem,
espírito imundo.
9 Então Jesus lhe perguntou: Qual é o teu
nome? Respondeu ele: [aa]Legião é o meu nome,
pois somos muitos.
10 E rogou-lhe muito que não os enviasse
para fora daquela região.
11 Ora, andava ali pastando pelo monte uma
grande manada de [bb]porcos.
12 Os [cc]espíritos imundos rogaram a Jesus:
Manda-nos para aqueles porcos, para que
entremos neles.
13 Jesus o [dd]permitiu. Saindo aqueles espíri-
tos imundos, entraram nos porcos, e a manada
(que era cerca de dois mil) precipitou-se por
um despenhadeiro no mar, onde se afogaram.
14 Os que apascentavam os porcos [ee]fugiram
e anunciaram esses acontecimentos na cidade

[u] Lc 21.34; comp. Lc 14.16-24
[v] Gr. aiōn. Veja Mc 10.30, nota
[w] Pv 23.5; Ec 5.13; Lc 18.24; 1Tm 6.9, 10,17; comp. At 5.1-10
[x] v. 8; comp. 2Ts 2.13
[y] Jo 15.5; Rm 7.4
[z] Parábolas (NT): v. 21-23,26-32; Mc 12.1(Mt 5.13; Lc 21.29)
[a] Recipiente para medir; aprox. 8,8 litros
[b] Ec 12.14; Mt 10.26,27; Lc 12.3; 1Co 4.5; comp. Ap 20.12
[c] Mt 7.2; Lc 6.38; 2Co 9.6
[d] Mt 13.12; 25.29
[e] v. 11; veja Mt 6.33, nota
[f] v. 14; Mt 13.24-30,36-43; Lc 8.1; comp. 1Pe 1.23,25; 1Jo 3.9; 5.18
[g] 2Co 3.18; 2Pe 3.18; comp. Jó 17.9; Sl 1.3; 92.13,14
[h] Jo 12.24; comp. 1Co 3.6,7
[i] Mt 13.30, 39; comp. Is 51.11; 57.1,2; Ap 14.14-16
[j] Comp. Ez 17.22-24; 31.3-9; Dn 4.20-22
[k] v. 4,15
[l] Mt 13.34,35
[m] Comp. Jo 16.12; 1Co 3.1,2
[n] v. 11; Lc 24.27,45
[o] Comp. Jó 38.1; Jn 1.4

[p] Mt 23.8-10
[q] Sl 44.23; comp. Sl 69.1,2; 1Pe 5.7
[r] Mc 9.25; Lc 4.39
[s] Sl 65.7; 89.9; 93.4; 104.6,7; comp. Sl 107.27-30
[t] Milagres (NT): 4.37-41; 5.2-13; Mc 6.5(Mt 8.3; At 28.8)
[uu] Mt 14.31, 32; comp. Mc 16.14; Lc 24.25
[vv] Comp. Mt 14.33; Mc 1.27; 7.37
[ww] Mc 1.23; 7.25; Ap 16.13,14
[xx] Mt 26.63; Mc 1.24; At 19.13; comp. Lc 4.41
[yy] Mc 1.25; 9.25; At 16.18; comp. 1Jo 3.8
[zz] v. 13; comp. Mc 16.9
[aa] Lv 11.7,8; Dt 14.8; Lc 15.15,16
[bb] Veja Mt 7.22, nota
[cc] Lc 4.36; comp. Jó 12.16; Cl 2.10; Hb 2.8; 1Pe 3.22
[dd] Comp. Jo 10.12,13
[ee] Mt 4.24; 8.16; Mc 1.32

e pelos campos. Muitos saíram para ver o que havia acontecido.

15 Indo ter com Jesus, viram o [f]endemoninhado, o que tivera a legião, [g]assentado, [h]vestido, em perfeito juízo; e temeram.

16 Os que tinham visto aquilo contaram-lhes o que acontecera ao endemoninhado, e acerca dos porcos.

17 E começaram a suplicar a Jesus que [i]saísse da terra deles.

18 Ao entrar Jesus no barco, rogava-lhe o que fora endemoninhado que o deixasse estar com ele.

19 Jesus, porém, não permitiu, mas lhe disse: Vai para tua casa, para os teus, e anuncia-lhes quão grandes coisas o Senhor te fez e como teve misericórdia de ti.

20 Então ele foi e começou a [j]anunciar em Decápolis quão grandes coisas Jesus lhe fizera. E todos se [k]maravilhavam.

A filha de Jairo; a mulher com fluxo de sangue
(Mt 9.18-26; Lc 8.40-56)

21 **T**endo Jesus passado de barco para o outro lado, ajuntou-se a ele uma grande multidão, enquanto ele estava junto ao mar.

22 Então chegou um dos [l]principais da sinagoga, por nome Jairo, o qual, vendo-o, prostrou-se aos seus pés

23 e [m]rogava-lhe muito: Minha filha está à morte. Rogo-te que venhas e lhe [n]imponhas as mãos para que sare e viva.

24 Pelo que Jesus foi com ele. **G**rande multidão o seguia, comprimindo-o.

25 Certa mulher, que havia [o]doze anos tinha uma [p]hemorragia,

26 e que havia padecido muito à mão de vários médicos, gastando tudo o que tinha, sem, contudo, melhorar, pelo contrário só piorava,

27 ouvindo falar de Jesus, veio por trás dele, entre a multidão, e [q]tocou na sua veste.

28 Dizia ela: Se tão somente tocar nas suas vestes, sararei.

29 Imediatamente se lhe estancou a hemorragia, e sentiu no seu corpo estar [r]curada.

30 Jesus, conhecendo que de si mesmo saíra [s]poder, voltou-se para a multidão e perguntou: Quem tocou nas minhas vestes?

31 Responderam-lhe os discípulos: Vês que a multidão te aperta e dizes: Quem me tocou?

32 Ele, porém, olhava em redor, para ver quem tinha feito aquilo.

33 Então a mulher, que sabia o que lhe tinha acontecido, [t]temendo e tremendo, aproximou-se, prostrou-se diante dele e declarou-lhe toda a verdade.

34 Ele lhe disse: Filha, a tua [u]fé te salvou. [v]Vai em paz e sê curada deste teu mal.

[f] Lc 10.39; comp. Mt 11.28-30
[g] Is 61.10; comp. Ap 3.5; 4.4
[h] At 16.39; comp. Lc 4.29
[i] Êx 15.2; Sl 66.16
[j] Mt 9.8,33; Jo 5.20; 7.21; At 3.12; 4.13
[k] At 13.15
[l] Orações da Bíblia (NT): v. 23,28; Mc 7.26 (Mt 6.9; Lc 11.2, nota)
[m] Mt 8.15; Mc 6.5; 7.32; 8.23,25; 16.18; Lc 4.40; At 9.17; 28.8
[n] Comp. v. 42
[o] Lv 15.19,25
[p] Mt 14.35, 36; Mc 3.10; 6.56
[q] Milagres (NT): v. 22-43; Mc 6.5 (Mt 8.3; At 28.8)
[r] Lc 6.19
[s] Sl 89.7
[t] Fé: v. 28,34; Mc 7.29 (Gn 3.20; Hb 11.39, nota)
[u] 1Sm 1.17; 20.42; 2Rs 5.19; Lc 7.50
[v] v. 34; Mc 9.23; Jo 11.40; comp. Rm 4.17-20

35 **E**stando ele ainda falando, chegaram alguns da casa do principal da sinagoga, a quem disseram: A tua filha está morta. Por que incomodas o Mestre?

36 Jesus, porém, tendo ouvido estas palavras, disse ao principal da sinagoga: Não temas; [w]crê somente.

37 E não permitiu que ninguém o seguisse, a não ser Pedro, Tiago e João, irmão de Tiago.

38 Tendo chegado à casa do principal da sinagoga, viu o alvoroço e os que [x]choravam muito e [y]pranteavam.

39 Ao entrar, lhes disse: Por que vos alvoroçais e chorais? A menina[z] não está morta, mas [a]dorme.

40 Mas riam-se dele. Tendo ele, porém, feito sair a todos, tomou consigo o pai e a mãe da menina, os que vieram com ele e entrou onde ela estava.

41 Tomando-a pela mão, disse: Talita cumi, que quer dizer: Menina, eu te ordeno, levanta-te.

42 Imediatamente a menina, que tinha doze anos, [b]levantou-se e começou a andar. Então [c]assombraram-se todos com grande espanto.

43 Jesus, porém, mandou-lhes expressamente que não contassem nada a [d]ninguém e ordenou que dessem de comer à menina.

Jesus visita Nazaré
(Mt 13.54-58; veja Lc 4.16, nota)

6 Partindo dali, Jesus foi para a sua terra, e os seus discípulos o seguiram.

2 Chegando o [e]sábado, começou a ensinar na sinagoga, e muitos, ouvindo-o, [ff]admiravam-se, dizendo: De onde lhe vêm estas coisas? Que sabedoria é esta que lhe foi dada? Como se fazem tais maravilhas por suas mãos?

3 Não é este o carpinteiro, filho de Maria, irmão de Tiago, José, Judas e Simão? Não estão aqui conosco as suas irmãs? E [gg]escandalizavam-se por causa dele.

4 Jesus, porém, lhes disse: Um [hh]profeta não tem honra na sua terra, entre os seus parentes e na sua casa.

5 Ele não pôde fazer ali obras maravilhosas, somente [ii]curou alguns poucos enfermos, impondo-lhes as mãos.

6 E ele se admirou da [jj]incredulidade deles. Então percorria Jesus as aldeias circunvizinhas, ensinando.

Jesus envia os doze apóstolos
(Mt 10.1-42; Lc 9.1-6)

7 **C**hamou a si os Doze, e passou a [ll]enviá-los de [mm]dois em dois, dando-lhes poder sobre os espíritos imundos.

8 Ordenou-lhes que nada levassem para o caminho, exceto apenas um bordão. Não deviam levar [nn]bolsa nem pão nem [oo]dinheiro.

[w] Mc 16.10; At 9.39
[x] Comp. Mt 13.42,50; Ap 18.15,19
[y] Jo 11.4
[z] Morte (física): v. 39; Lc 16.22 (Gn 2.17; Hb 9.27, nota)
[a] Ressurreição: v. 42; Mc 16.6 (2Rs 4.35; 1Co 15.52, nota); Jo 5.21
[b] Mc 1.27; 7.37
[c] Mt 12.16-19
[d] Sábado (dia de repouso): v. 2; Mc 16.1 (Gn 2.3; Mt 12.1, nota)
[e] Mt 7.28; Lc 4.32; At 4.13
[ff] Comp. Rm 9.32; 1Pe 2.7,8
[gg] Lc 4.24; Jo 4.44
[hh] Milagres (NT): v. 5; Mc 6.13 (Mt 8.3; At 28.8)
[ii] Mt 17.17, 20; Hb 3.18,19; 4.2
[jj] Mt 4.23; 9.35; Lc 4.31,44; 13.22; At 10.38; Ef 2.17; comp. Is 61.1-3
[ll] Mt 28.19, 20; Mc 3.14
[mm] Ec 4.9,10; comp. Êx 4.14-16; Dt 17.6; Mt 18.16; Ap 11.3
[nn] Lc 10.4; 22.35; comp. 1Co 9.14
[oo] Veja Mc 12.41, marg.

9 Deviam [p]calçar sandálias, mas não deviam levar túnica extra.

10 E disse-lhes: Na casa em que entrardes, permanecei nela até partirdes dessa cidade.

11 Se nalgum lugar não vos receberem nem vos ouvirem, saindo dali, sacudi o pó dos vossos pés, em testemunho contra eles. Em verdade vos digo que haverá mais tolerância no [q]dia de juízo para Sodoma e Gomorra do que para os daquela cidade.

12 Então, saindo eles, pregavam ao povo que se [r]arrependesse.

13 [s]Expulsavam muitos [t]demônios e [u]ungiam muitos enfermos com óleo e os [v]curavam.

Morte de João Batista (Mt 14.1-14; Lc 9.7-9)

14 **O**uviu isso o rei [1]Herodes, pois o nome de Jesus se tornara notório, e disse: João Batista ressurgiu dos mortos; por isso estas maravilhas [w]operam nele.

15 Outros [x]diziam: É Elias. Diziam outros: É um [y]profeta, ou como um dos profetas.

16 Herodes, porém, ouvindo isso, disse: Este é João, a quem mandei degolar, que ressurgiu.

17 Pois o próprio Herodes mandara prender João e encerrá-lo no cárcere, por causa de [z]Herodias, com quem se havia casado, embora ela fosse mulher do seu irmão Filipe.

18 Pois João [a]dizia a Herodes: Não te é [b]lícito possuir a mulher de teu irmão.

19 De modo que Herodias o odiava e queria matá-lo. Mas não podia,

20 porque Herodes temia João e o protegia, sabendo que era homem [c]justo e [d]santo; por isso, fazia muitas coisas, atendendo-o, e de boa vontade o ouvia.

21 Finalmente, chegando uma ocasião favorável em que Herodes, no seu aniversário dava um banquete aos seus grandes, aos oficiais militares e aos principais da Galileia,

22 entrou a [e]filha de Herodias e, dançando, agradou a Herodes e aos seus convidados. Então disse o rei à jovem: Pede-me o que quiseres, e eu te darei.

23 E jurou-lhe: Tudo o que me pedires te darei, até a metade do meu reino.

24 Saindo ela, perguntou a sua mãe: Que pedirei? Esta respondeu: A cabeça de João Batista.

25 Entrando apressadamente, pediu ao rei: Quero que imediatamente me dês num prato a cabeça de João Batista.

26 O rei se entristeceu muito, mas, por causa do juramento e dos que estavam com ele à mesa, não lhe quis negar.

27 Enviando logo o executor, mandou que lhe trouxessem a cabeça de João. Ele foi e o decapitou na prisão e, trazendo

28 a cabeça num prato, entregou-a à jovem, e esta, por sua vez, à sua mãe.

29 Os discípulos de João, tendo ouvido isso, foram, [f]tomaram o seu corpo e o colocaram no sepulcro.

Os apóstolos voltam a Jesus após sua primeira viagem missionária (Lc 9.10)

30 **O**s apóstolos ajuntaram-se a Jesus e [g]contaram-lhe tudo o que tinham feito e ensinado.

31 Ele lhes disse: Vinde vós, aqui à parte, a um lugar deserto, e repousai um pouco. Porque havia muitos que iam e vinham, e não tinham tempo para comer.

A primeira multiplicação dos pães; cinco mil são alimentados (Mt 14.13-21; Lc 9.10-17; Jo 6.5-13)

32 Então foram sós num barco para um lugar solitário.

33 A multidão viu-os partir, e muitos o [h]reconheceram e correram para lá, a pé, de todas as cidades, e chegaram antes deles.

34 Jesus desceu do barco e viu uma grande multidão, e teve [i]compaixão dela, porque eram como [j]ovelhas que não têm pastor. Então passou a [k]ensinar-lhes muitas coisas.

---

[1] (6.14) A família herodiana é importante na história do NT. Além do pai, Herodes, o Grande, e de seu filho e sucessor, Arquelau (veja Mt 2.1, *nota 6*), são mencionados três outros filhos no NT: 1) Herodes Antipas (mencionado aqui, v. 14ss.; Mt 14.1; Lc 3.1), tetrarca da Galileia e Pereia (4 a.C. até ser proscrito, 39 d.C.). 2) Herodes Filipe (*Boëthos*), mencionado aqui como Filipe (v. 17; Mt 14.3; Lc 3.19). 3) Outro Herodes Filipe (Lc 3.1), tetrarca do território a leste do Jordão (4 a.C.-33 d.C.).

Também são mencionados dois filhos de Aristóbulo, outro filho de Herodes, o Grande, que não aparece no NT: Herodias (v. 17ss.; Mt 14.3) e Herodes Agripa I (At 12.1,6,18-24).

Herodias havia se casado com seu tio Herodes Filipe, mas o deixou para viver com outro tio, Herodes Antipas, a quem João Batista repreendeu (v. 14-29; Mt 14.1-14). A filha de Herodias não é mencionada pelo nome no NT, mas apenas como "a filha de Herodias" (v. 22ss.; Mt 14.6-11), mas segundo outras fontes sabemos que seu nome era Salomé, cujo primeiro marido foi o seu tio-avô (o Filipe de Lc 3.1).

Três filhos de Herodes Agripa I são outros integrantes da família herodiana mencionados no NT: 1) Herodes Agripa II (At 25.13ss.; 26.1,2,27-32); 2) Drusila (At 24.24) e 3) Berenice (At 25.13; 26.30).

Notamos, assim, que depois de Herodes, o Grande, no NT são mencionados dois ou mais nomes das três gerações sucessivas.

---

[p] Comp. Ef 6.15
[q] Dia (do juízo): v. 11; Lc 10.12 (Mt 10.15; Ap 20.11)
[r] Arrependimento: v. 12; Lc 3.3 (Mt 3.2; At 17.30, nota)
[s] Veja Mc 3.15, nota
[t] Veja Mt 7.22, nota
[u] Tg 5.14
[v] Milagres (NT): v. 13; Mc 6.42 (Mt 8.3; At 28.8)
[w] Lc 19.37
[x] Mt 16.14; Mc 8.28; Lc 9.19; comp. Jo 1.21
[y] Mt 21.11; veja Lc 24.19, nota
[z] Veja v. 14, nota
[a] Comp. 2Tm 4.2
[b] Lv 18.16, 20,21; comp. 1Co 6.9,10; Hb 13.4
[c] Justiça (AT): v. 20; Lc 1.6 (Gn 6.9; Lc 2.25, nota)
[d] Santificação (NT): v. 20; Mc 8.38 (Mt 4.5; Ap 22.11)
[e] Salomé. Veja Mc 6.14, nota
[f] 1Rs 13.29,30; Mt 27.58-61; At 8.2
[g] Lc 10.17
[h] v. 54; Cl 1.6
[i] Mt 9.36; Hb 5.2; comp. Hb 2.17; 4.15
[j] Nm 27.17; 1Rs 22.17; Zc 10.2; comp. Ez 34
[k] Is 48.17; 61.1-3

35 Ao declinar a tarde, os seus discípulos se aproximaram dele e disseram: O lugar é deserto, e o dia já está muito adiantado.

36 Despede-os para que vão aos campos e aldeias circunvizinhas e comprem para si o que comer.

37 Ele, porém, lhes respondeu: Dai-lhes vós de comer. Disseram-lhe: [l]Iremos nós e compraremos duzentos [m]denários de pão para lhes dar de comer?

38 Ele lhes disse: [n]Quantos pães tendes? Ide ver. E, sabendo-o eles, responderam: [o]Cinco pães e dois peixes.

39 [p]Ordenou-lhes que fizessem assentar a todos, em grupos, sobre a relva verde.

40 Assentaram-se em [q]grupos de cem e de cinquenta.

41 Tomando ele os cinco pães e os dois peixes, [r]levantou os olhos ao céu e os [s]abençoou e, partindo os pães, deu-os aos discípulos para que os distribuíssem. Ele também repartiu os dois peixes entre todos.

42 Todos comeram e se [t]fartaram,

43 e os discípulos recolheram [u]doze cestos cheios de pedaços de pão e de peixe.

44 Os que comeram dos pães eram quase [v]cinco mil homens.

Jesus caminha sobre as águas (Mt 14.22-32; Jo 6.15-21)

45 **I**mediatamente obrigou os seus discípulos a subir para o barco e passar adiante, para o outro lado, a Betsaida, enquanto ele despedia a multidão.

46 Tendo-os despedido, [w]subiu ao monte para orar.

47 Vindo a tarde, estava o barco no meio do mar, e ele sozinho em terra.

48 E, vendo-os fatigados a remar, porque o vento lhes era [x]contrário, por volta da [y]quarta vigília da noite [z]aproximou-se deles, [a]andando por sobre o mar. E queria passar à frente deles,

49 mas, quando o viram andar por [b]sobre o mar, pensaram que era um [c]fantasma. Deram grandes gritos,

50 porque todos o viam e estavam aterrorizados. Mas ele logo lhes disse: [d]Tende bom ânimo! Sou eu. Não [e]temais.

51 Então subiu para o barco para estar com eles, e o vento se [f]aquietou. Eles ficaram [g]atônitos,

52 pois [h]não tinham compreendido o milagre dos pães, antes o coração deles estava [i]endurecido.

Jesus realiza curas em Genesaré (Mt 14.34-36)

53 **E**stando no outro lado, [j]seguiram para a terra de Genesaré, e ali aportaram.

54 Saindo eles do barco, logo o povo [k]reconheceu Jesus.

55 E, correndo toda a terra em redor, começaram a [ll]trazer os enfermos em leitos ao lugar onde ouviam que ele estava.

56 Onde quer que ele entrava, em cidades, aldeias ou campos, colocavam os enfermos nas praças. Rogavam-lhe que ao menos os deixasse [mm]tocar na [nn]borda da sua veste, e todos os que nela [oo]tocavam eram curados.

Os mandamentos de Deus versus *a tradição do homem (Mt 15.1-9)*

7 **A**juntaram-se a Jesus os [pp]fariseus e alguns mestres da lei que tinham vindo de Jerusalém.

2 E, vendo que alguns dos seus discípulos comiam pão com as mãos [qq]impuras, isto é, sem lavar, os [rr]repreendiam.

3 Os fariseus e todos os judeus, conservando a [ss]tradição dos antigos, não comem sem lavar as mãos muitas vezes.

4 Quando voltam da praça, se não se lavarem não comem. E muitas outras tradições há que receberam para observar, como lavar os copos, os jarros, os vasos de metal e as camas.

5 Depois perguntaram-lhe os fariseus e os mestres da lei: Por que não andam os teus discípulos conforme a [1]tradição dos antigos, mas comem com as mãos sem lavar?

6 Respondeu-lhes Jesus: Bem profetizou Isaías a respeito de vós, [tt]hipócritas, como está [uu]escrito:

Este povo honra-me com os lábios,
mas o seu [2]coração está longe de mim.

7 Em vão, porém, me adoram,
ensinando doutrinas que
[vv]são preceitos de homens.

8 Deixando o [ww]mandamento de Deus, guardais a tradição dos homens, como o lavar dos jarros e dos copos e muitas outras coisas semelhantes a estas.

9 E disse-lhes: Jeitosamente [xx]rejeitais o mandamento de Deus para guardardes a vossa própria tradição.

10 Pois Moisés disse: Honra teu pai e tua mãe, e quem amaldiçoar seu pai ou sua mãe seja punido de [yy]morte.

11 Vós, porém, dizeis: Se alguém disser a seu pai ou a sua mãe: Aquilo que poderias

[1] (7.5) A tradição dos anciãos era a chamada "lei oral", supostamente recebida de Moisés. Na realidade, era uma interpretação com base na tradição. Comp. v. 7, *marg.* vv.

[2] (7.6) "O homem olha para o que está diante dos olhos, mas o Senhor olha para o coração" (1Sm 16.7).

[l] Comp. Nm 11.13,22; Mt 15.33; Mc 8.4
[m] Veja sist. monetário (NT): Mt 5.26, nota
[n] Comp. 2Rs 4.2-6
[o] Comp. Mt 15.34; Mc 8.5
[p] Mt 15.35; Mc 8.6
[q] Comp. 1Co 14.33,40
[r] Jo 11.41,42
[s] Mt 15.36; 26.26; Mc 8.7; Lc 24.30; comp. Dt 8.3,10; 1Sm 9.13; 1Tm 4.4,5
[t] Milagres (NT): v. 37-44,47-51; Mc 6.56 (Mt 8.3; At 28.8)
[u] Comp. 2Cr 31.10; Ml 3.10; Mc 8.8
[v] Comp. Mt 15.38; Mc 8.9
[w] Mc 1.35; Lc 5.16
[x] Comp. Is 54.11
[y] 3-6 da manhã. Veja Jo 19.14, nota
[z] Comp. Sl 46.1
[a] Comp. Jó 9.8
[b] Comp. Jo 1.3; Cl 1.16; Hb 1.2
[c] Mt 14.26; Lc 24.37; comp. Jó 4.15,16
[d] Mt 9.2; Jo 16.33
[e] Is 41.10; comp. Sl 46.1-5; Is 43.1,2
[f] Sl 107.29; comp. Mc 4.35-41
[g] Mc 1.27; 2.12; 5.42; 7.37
[h] Mt 16.9-11; comp. Mc 8.17,18; Jo 6.26
[i] Is 63.17; Mc 3.5; 16.14; comp. Jr 17.9; Hb 3.8,13

[j] Comp. Sl 107.30
[k] v. 33
[ll] Comp. Mc 2.3-5
[mm] Mt 9.20; Mc 5.27
[nn] Nm 15.38,39
[oo] Milagres (NT): v. 55,56; Mt 7.30 (Mt 8.3; At 28.8)
[pp] Veja Mt 3.7, nota
[qq] Mt 15.20
[rr] Comp. Mt 9.11,14
[ss] Gl 1.14; 1Pe 1.18
[tt] Mt 23.13-15,23,25,27,29; comp. 2Tm 3.5
[uu] Inspiração: v. 6,10; Mc 9.12 (Êx 4.15; 2Tm 3.16); Is 29.13
[vv] v. 5; Cl 2.8; comp. Cl 2.16,18-23; veja Mt 3.7, nota
[ww] Lei (de Moisés): v. 8-10; Mc 10.3 (Êx 19.1; Gl 3.24)
[xx] Pv 1.25; Jr 7.23,24; Is 24.5
[yy] Êx 20.12; 21.17; Lv 20.9; Dt 21.18-21; Pv 20.20

aproveitar de mim é Corbã, isto é, [1]oferta ao Senhor,

12 está ele desobrigado, por vós, de qualquer dever para [z]com seu pai ou sua mãe.

13 Invalidais, assim, a palavra de Deus pela vossa própria tradição, que vós mesmos transmitistes. E fazeis muitas coisas semelhantes a essas.

O coração do homem (Mt 15.10-20)

14 **C**hamando outra vez a multidão, disse-lhes: Ouvi-me vós todos e [a]compreendei.

15 Nada há fora do homem que, [b]entrando nele, o possa contaminar. Mas é o que [c]sai dele que o [d]contamina.

16 Se alguém tem ouvidos para [e]ouvir, ouça.

17 Depois, quando deixou a multidão e entrou em casa, os seus discípulos o interrogaram acerca desta parábola.

18 Ele lhes disse: Também vós [f]não entendeis? Não compreendeis que tudo o que de fora entra no homem não o pode contaminar,

19 pois não lhe entra no coração, mas no [g]ventre, e é lançado fora? Ao dizer isso, Jesus considerou puros todos os alimentos.

20 E dizia: O [h]que sai do homem é o que o contamina.

21 Pois do interior do [2][i]coração dos homens [j]saem os maus pensamentos, os [k]adultérios, as [l]prostituições, os [m]homicídios,

22 os [n]furtos, a avareza, as maldades, o [o]engano, os [p]desejos incontroláveis, a inveja, a [q]blasfêmia, a [r]soberba e a loucura.

23 Todos esses males procedem de dentro e contaminam o homem.

Jesus e a mulher siro-fenícia (Mt 15.21-28)

24 **L**evantando-se, partiu dali para as terras de Tiro e de Sidom. Tendo entrado numa casa, não queria que ninguém o soubesse, mas não pôde [s]ocultar-se.

25 Certa mulher, cuja filha estava possessa de espírito imundo, tendo ouvido falar a respeito dele, foi e [t]lançou-se aos seus pés.

26 Esta mulher era grega, de origem siro-fenícia, e [u]rogava-lhe que expulsasse de sua filha o [v]demônio.

27 Disse-lhe Jesus: Deixa primeiro saciar os filhos, pois não convém tomar o pão dos filhos e lançá-lo aos cachorrinhos.

28 Ela, porém, lhe respondeu: Sim, Senhor, mas também os [w]cachorrinhos comem, debaixo da mesa, as migalhas dos filhos.

29 Então ele lhe disse: [x]Por causa dessa palavra, vai; o demônio [y]já saiu da tua filha.

30 Voltando ela para casa, achou a filha deitada na cama, e o demônio a tinha deixado.

Jesus de volta ao mar da Galileia. Cura de um surdo-mudo (Mt 15.29-31)

31 Então Jesus, tornando a sair das terras de Tiro e de Sidom, foi até o mar da Galileia, através do território de Decápolis.

32 Trouxeram-lhe um surdo e gago e rogaram-lhe que impusesse a mão sobre ele.

33 Jesus, tirando-o da multidão, à [zz]parte, pôs-lhe os dedos nos ouvidos e tocou-lhe na língua com [aa]saliva.

34 Depois, [bb]levantando os olhos ao céu, [cc]suspirou e disse: Efatá, que quer dizer: [dd]Abre-te.

35 Abriram-se os ouvidos, e o impedimento da língua logo se desfez, e falava perfeitamente.

36 Jesus lhes ordenou que a ninguém o dissessem. Contudo, quanto mais proibia, tanto mais o divulgavam.

37 [ee]Admiravam-se sobremaneira, dizendo: Tudo faz [ff]bem. Faz ouvir os surdos e falar os mudos.

A segunda multiplicação dos pães; quatro mil são alimentados (Mt 15.32-39)

8 **N**aqueles dias, reuniu-se outra grande multidão. E, [gg]não tendo eles o que comer, Jesus chamou os seus discípulos e lhes disse:

2 Tenho [hh]compaixão da multidão; estão comigo há três dias e não têm o que comer.

3 Se os despedir em jejum para suas casas, desfalecerão no caminho, porque alguns vieram de longe.

4 Os discípulos lhe responderam: [ii]De onde poderá alguém satisfazê-los de pão neste deserto?

5 Perguntou-lhes Jesus: Quantos [jj]pães tendes? Responderam eles: Sete.

6 Ordenou ao povo que se [kk]assentasse no chão. Tomando os sete pães e, tendo dado graças, partiu-os e deu-os aos seus discípulos, para que eles os distribuíssem, repartindo entre o povo.

7 Tinham também [ll]alguns peixinhos; tendo dado graças, ordenou que também estes fossem distribuídos.

[z] Comp. 1Tm 5.8
[a] Mt 16.9,11,12
[b] Comp. 1Co 8.8
[c] Comp. Rm 14.17; veja Mc 7.21, nota
[d] Is 59.3; Hb 12.15
[e] v. 14; Mt 11.15; Pv 20.12; Mt 13.16
[f] Is 28.9-11; 1Co 3.2; Hb 5.11
[g] 1Co 6.13
[h] Sl 39.1; Mt 12.34-37; Tg 3.6
[i] Gn 6.5; 8.21; Pv 6.18; Jr 17.9; comp. Mt 12.34
[j] Gl 5.19-21
[k] 2Pe 2.14
[l] 1Ts 4.3; comp. 1Co 10.8
[m] Comp. 1Pe 4.15
[n] Lc 12.15
[o] Rm 1.28,29
[p] 1Pe 4.3
[q] Ap 2.9
[r] 1Jo 2.16
[s] Mc 2.1,2
[t] Mc 5.22; Jo 11.32; Ap 1.17
[u] Orações da Bíblia (NT): v. 26; Mc 9.24 (Mt 6.9; Lc 11.2, nota)
[v] Veja Mt 7.22, nota

[w] Mt 15.27
[x] Fé: v. 29; Mc 9.24 (Gn 3.20; Hb 11.39, nota)
[y] Milagres (NT): v. 25-30,32-37; Mc 8.8 (Mt 8.3; At 28.8)
[zz] Mc 5.40; comp. 1Rs 17.19; 2Rs 4.33; At 9.40
[aa] Mc 8.23; Jo 9.6
[bb] Mt 14.19; Mc 6.41; Jo 11.41
[cc] Mc 8.12; Jo 11.33,38
[dd] Comp. Sl 33.9
[ee] Mc 6.51; 10.26
[ff] Mt 12.22
[gg] Mt 14.15; Mc 6.36; Lc 9.12
[hh] Mt 9.36; 14.14; Mc 1.41; 6.34
[ii] Comp. Nm 11.21,22; Sl 78.19,20; Mt 14.17; Mc 6.37; Lc 9.13; Jo 6.5,7
[jj] Mc 6.38; Jo 6.9
[kk] Comp. 1Co 14.33,40
[ll] Comp. 1Rs 17.8-16; 2Rs 4.1-7; 2Cr 14.11; Sl 37.16

[1] (7.11) O significado da última parte do v. 11 e do v. 12 é: "isto é: 'Eu dediquei a Deus o que poderia aliviar tuas necessidades'. Então, vós, fariseus e escribas, não mais permitis que ele use isso para seu pai ou sua mãe".

[2] (7.21) Aqui, nos v. 21-23, o Senhor Jesus apresenta numa ordem lógica as três formas em que o pecado aparece: 1) na natureza humana: "do interior do coração dos homens"; 2) na mente humana: "maus pensamentos"; 3) nas ações humanas: "os adultérios, as prostituições, os homicídios, os furtos" etc.

8 Comeram e [m]se [n]saciaram. Dos pedaços [o]restantes os discípulos recolheram sete cestos.

9 Eram cerca de quatro mil homens. Então, tendo-os despedido,

Explicação sobre o símbolo do fermento (Mt 16.1-12)

10 entrou logo no barco com os seus discípulos, e foram para a região de Dalmanuta.

11 **Os** [p]fariseus saíram e começaram a [q]discutir com ele, pedindo-lhe, para o [r]tentarem, um [s]sinal do céu.

12 Ele [t]suspirou profundamente em seu espírito e disse: Por que pede esta geração um sinal? Em verdade vos digo que a esta geração [u]não se dará sinal algum.

13 Então ele os deixou, tornou a entrar no barco e foi para o outro lado.

14 **Os** discípulos se esqueceram de levar pão e, no barco, não tinham consigo senão um só.

15 Preveniu-os Jesus, dizendo: [v]Olhai, guardai-vos do [w]fermento dos fariseus e do fermento de [x]Herodes.

16 Eles discutiam entre si, dizendo: É porque não temos pão.

17 Jesus, conhecendo o seu argumento, lhes perguntou: Por que discutis sobre o não terdes pão? Ainda [y]não considerastes nem compreendestes? Tendes o coração endurecido?

18 Tendo olhos, não vedes, e ouvidos, não ouvis? Não vos [z]lembrais?

19 Quando parti os cinco pães entre os cinco mil, quantos cestos cheios de pedaços recolhestes? Responderam-lhe: [a]Doze.

20 E quando parti os sete pães para os quatro mil, quantos cestos cheios de pedaços recolhestes? Responderam: [b]Sete.

21 Ele lhes disse: Não [c]entendeis ainda?

A cura do cego de Betsaida

22 **Chegaram** a Betsaida e lhe trouxeram um [d]cego, rogando-lhe que [e]tocasse nele.

23 Ele tomou o cego pela mão, [1]levou-o para fora da aldeia e, [f]cuspindo-lhe nos olhos e impondo-lhe as mãos, perguntou: Vês alguma coisa?

24 O cego, levantando os olhos, respondeu: [g]Vejo as pessoas como árvores que andam.

25 [h]Tornou Jesus a pôr-lhe as mãos nos olhos e ele, olhando firmemente, ficou [i]restabelecido e já via ao longe e [j]distintamente a todos.

26 Mandou-o Jesus para casa, dizendo: [k]Não entres na aldeia.

A confissão de Pedro (Mt 16.13-16; Lc 9.18-21)

27 **Jesus** e seus discípulos partiram para as aldeias de Cesareia de Filipe. No caminho perguntou-lhes: Quem dizem os homens que eu sou?

28 Responderam eles: [l]João Batista; outros, [mm]Elias; e ainda outros, um dos profetas.

29 Então lhes perguntou: Mas vós quem dizeis que eu sou? Respondendo Pedro, lhe disse: [nn]Tu és o Cristo.

30 Advertiu-os Jesus de que a ninguém dissessem tal coisa a respeito dele.

31 **Então** começou a ensinar-lhes que importava que [oo]o Filho do homem [pp]sofresse muitas coisas, fosse [qq]rejeitado pelos líderes religiosos, pelos chefes dos sacerdotes e pelos [rr]mestres da lei, fosse [ss]morto e que depois de três dias ressurgisse.

32 Ele dizia abertamente estas palavras. E Pedro, chamando-o à parte, começou a repreendê-lo.

33 Jesus, porém, voltou-se e, olhando para os discípulos, [tt]repreendeu Pedro, dizendo: Para trás de mim, [uu]Satanás! [vv]Não pensas nas coisas de Deus, [ww]mas, sim, nas dos homens.

O preço do discipulado (Mt 16.24-27; Lc 9.23-26)

34 **Então**, chamando a si a multidão e juntamente os seus discípulos, lhes disse: Se [xx]alguém quiser vir após mim, negue-se a si mesmo, tome a sua cruz e siga-me.

35 [yy]Pois quem quiser salvar a sua vida, a perderá, mas quem perder a sua vida por minha causa e do [zz]evangelho, esse a salvará.

36 Que aproveitaria ao homem ganhar o [aa]mundo todo e perder a sua alma?

37 Ou que daria o homem em troca da sua alma?

38 Qualquer que, nesta geração adúltera e pecadora, se [bb]envergonhar de mim e das minhas palavras, também o Filho do homem se [cc]envergonhará dele, quando [dd]vier na glória de seu Pai com os [ee]santos [ff]anjos.

A transfiguração (Mt 17.1-8; Lc 9.28-36)

9 Dizia-lhes ainda: Em verdade vos digo que, dos que aqui estão, alguns há que não provarão a morte sem que [gg]vejam ter chegado o [hh]Reino de Deus com poder.

[m] Milagres (NT): v. 1-9; Mc 8.25 (Mt 8.3; At 28.8)
[n] Comp. Dt 8.10
[o] Comp. 2Rs 4.42-44
[p] Veja Mt 3.7, nota
[q] Mt 22.23,24
[r] Mt 12.38; Lc 11.16; Jo 2.18; 6.30; 1Co 1.22
[s] Provar-Tentar: v. 11; Mc 10.2 (Gn 3.1; Tg 1.14)
[t] Mc 7.34
[u] Mt 12.39
[v] Lc 12.1; comp. Êx 12.20; Lv 2.11
[w] Fermento: v. 15; Lc 12.1 (Gn 19.3; Mt 13.33, nota)
[x] Herodes Antipas. Veja Mc 6.14, nota
[y] Mc 6.52; 16.14; comp. Dt 29.4; Is 44.18
[z] Comp. Lc 24.8
[a] Mt 14.20
[b] Mt 15.37
[c] v. 17; comp. Jo 14.9; Hb 5.12
[d] Mt 9.27; Jo 9.1
[e] Lc 18.15
[f] Mc 7.33
[g] Comp. Jz 9.36
[h] Comp. Fp 1.6
[i] Milagres (NT): v. 22-25; Mc 9.27 (Mt 8.3; At 28.8)
[j] Comp. 1Pe 2.9

[k] Mc 7.36
[l] Mt 14.2
[mm] Lc 9.8
[nn] Jo 1.41; 4.42; 6.69; 11.27; At 2.36; 8.37; 9.20; comp. 1Co 12.3; 1Jo 5.1,5
[oo] Veja Mt 8.20, nota
[pp] Is 53.3-11; Mt 16.21; 20.19; Lc 18.31-33; 1Pe 1.11
[qq] Mc 10.33
[rr] Veja Mt 2.4, nota
[ss] Mc 9.31; 10.34
[tt] Mc 16.14; Ap 3.19; comp. Jo 21.15-19
[uu] Satanás: v. 33; Lv 4.8 (Gn 3.1; Ap 20.10)
[vv] Comp. Mt 16.17
[ww] Comp. Rm 8.7; 1Co 2.14
[xx] Lc 14.27
[yy] Mt 10.39
[zz] Evangelho: v. 35; Mc 10.29 (Gn 12.3; Ap 14.6)
[aa] Gr. kosmos. Veja Mt 4.8, nota
[bb] 2Tm 1.8,9
[cc] Comp. Mt 10.32,33
[dd] Cristo (segunda vinda): v. 38; Mc 13.26 (Dt 20.3; At 1.11, nota)
[ee] Santificação (NT): v. 38; Lc 1.35 (Mt 4.5; Ap 22.11)
[ff] Veja Hb 1.4, nota
[gg] Veja Mt 17.2, nota
[hh] Reino (NT): v. 1-4; Mc 10.37 (Mt 2.2; 1Co 15.24, nota)

[1] (8.23) A atitude de nosso Senhor aqui é significativa. Depois de haver entregue Betsaida ao juízo (Mt 11.21-24), ele não efetuou curas nessa aldeia nem permitiu que ali fosse dado mais testemunho (v. 26). A prova a que Betsaida havia sido submetida como comunidade terminara, mas ele ainda continuaria mostrando sua misericórdia aos indivíduos. Comp. Ap 3.20. Cristo está fora, à porta da igreja em Laodiceia, mas, "se alguém ouvir a minha voz", etc.

2 **S**eis dias depois Jesus tomou consigo Pedro, Tiago e João e os levou sós, em particular, a um alto monte. Aí ele foi [i]transfigurado diante deles.

3 As suas vestes tornaram-se resplandecentes, em extremo [j]brancas como a neve, como nenhum lavandeiro na terra as poderia alvejar.

4 E [k]apareceu-lhes Elias com Moisés, e [l]falavam com Jesus.

5 Pedro disse a Jesus: Mestre, bom é que estejamos aqui. Façamos três cabanas, uma para ti, outra para Moisés e outra para Elias.

6 Ele não sabia o que dizer, por estarem assombrados.

7 Então desceu uma [m]nuvem e os envolveu, e dela saiu uma voz que dizia: Este é o [n]meu Filho amado. A ele [o]ouvi.

8 De súbito, olhando ao redor, a ninguém mais viram com [p]eles, senão a Jesus.

9 **A**o descerem eles do monte, ordenou-lhes Jesus que a ninguém contassem o que tinham visto, até que o [q]Filho do homem ressurgisse dentre os mortos.

10 Eles guardaram o caso entre si, perguntando uns aos outros o [r]que seria o ressurgir dentre os mortos.

11 E interrogaram-no: Por que dizem os [s]mestres da lei que é necessário que [t]Elias venha primeiro?

12 Respondeu Jesus: Em verdade, Elias virá primeiro e restaurará todas as coisas. Por que, pois, está [u]escrito que o Filho do homem deve sofrer muito e ser [v]rejeitado?

13 Digo-vos, porém, que Elias já veio, e fizeram com ele tudo o que quiseram, como a seu respeito está escrito.

A impotência dos discípulos; o poder de Cristo
(Mt 17.14-21; Lc 9.37-43)

14 **Q**uando se aproximaram dos outros discípulos, viram grande multidão e alguns mestres da lei que discutiam com eles.

15 Assim que a multidão viu Jesus, ficou surpresa e correu para o saudar.

16 Ele perguntou aos mestres da lei: O que discutis com eles?

17 Um homem, dentre a multidão, respondeu: Mestre, trouxe-te o meu filho, possesso de um espírito mudo.

18 Este, onde quer que o apanha, lança-o por terra e ele espuma, range os dentes e vai se secando. Roguei aos teus discípulos que o expulsassem, mas eles [w]não puderam.

19 Jesus respondeu: Ó geração [x]incrédula! Até quando estarei convosco? Até quando vos suportarei? Trazei-o a mim.

20 Eles o trouxeram. Quando o [y]espírito viu Jesus, logo agitou o menino com violência. Caindo ele por terra, rolava espumando pela boca.

21 Perguntou Jesus ao pai do menino: Quanto tempo há que lhe sucede isso? Respondeu ele: Desde a infância.

22 Muitas vezes o tem lançado no fogo e na água, para o matar. Mas se tu podes fazer alguma coisa, tem compaixão de nós e ajuda-nos.

23 Disse-lhe Jesus: [z]Se tu podes! Tudo é possível ao que crê.

24 Imediatamente o pai do menino [a]exclamou: Eu [b]creio; [c]ajuda-me a vencer a minha falta de fé.

25 Vendo Jesus que a multidão começava a se ajuntar, [d]repreendeu o espírito imundo, dizendo-lhe: Espírito mudo e surdo, eu te ordeno: Sai deste jovem e nunca mais entres nele.

26 O espírito, clamando e agitando-o com violência, saiu, deixando-o como morto, a ponto de muitos dizerem: Morreu.

27 Jesus, porém, tomando-o pela mão, o levantou, e ele ficou em [e]pé.

28 **Q**uando entrou em casa, os seus discípulos lhe perguntaram em particular: Por que não pudemos expulsá-lo?

29 Respondeu-lhes: Esta casta só pode sair por meio de [f]oração [e [g]jejum].

Jesus prediz sua morte e sua ressurreição
(Mt 17.22,23; Lc 9.43-45)

30 **P**artiram dali e passaram pela Galileia. Jesus não queria que alguém o soubesse,

31 porque ensinava os seus discípulos. Ele lhes dizia: O [h]Filho do homem será [ii]entregue nas mãos dos homens. Eles o [jj]matarão, mas três dias depois ele ressurgirá.

32 Eles, porém, [ll]não compreendiam essa palavra e receavam interrogá-lo.

Humildade, o segredo da grandeza
(Mt 18.1-6; Lc 9.46-48)

33 **C**hegaram a Cafarnaum. Estando ele em casa, perguntou-lhes: Que estáveis discutindo pelo caminho?

34 Eles, porém, se calaram porque pelo caminho tinham [mm]discutido entre si qual era o [nn]maior.

35 Ele, assentando-se, chamou os Doze e lhes disse: Se alguém quiser ser o [oo]primeiro, será o último e [pp]servo de todos.

36 Lançando mão de uma [qq]criança, colocou-a no meio deles. Tomando-a nos braços, disse-lhes:

37 Qualquer que, em meu nome, receber uma criança como esta recebe a mim; e qualquer que me [rr]receber não recebe a mim, mas ao que me enviou.

- [i] Comp. Hb 2.9
- [j] Dn 7.9; Mt 28.3
- [k] Ressurreição: v. 4,5 Mt 16.6 (2Rs 4.35; 1Co 15.52, nota)
- [l] Comp. Rm 3.21
- [m] Êx 40.34; 1Rs 8.10; At 1.9; Ap 1.7
- [n] Sl 2.7; Is 42.1; Mc 1.11; 2Pe 1.17
- [o] At 3.22; comp. Hb 2.3
- [p] Comp. Jo 3.30; 6.68
- [q] Veja Mt 8.20, nota
- [r] Jo 2.19-22; comp. Lc 24.25-27
- [s] Veja Mc 12.34, nota
- [t] Veja Mt 17.10, nota
- [u] Inspiração: v. 12; Mc 10.5 (Êx 4.15; 2Tm 3.16); Is 53.2-11
- [v] Lc 23.11; At 4.11
- [w] Comp. v. 28,29
- [x] Jo 4.48
- [y] Mc 1.26

- [z] Jo 11.40
- [a] Orações da Bíblia (NT): v. 24; Mc 10.47 (Mt 6.9; Lc 11.2, nota)
- [b] Fé: v. 23,24; Mc 10.52 (Gn 3.20; Hb 11.39, nota)
- [c] Lc 17.5
- [d] Mc 1.25
- [e] Milagres (NT): v. 17-27; Mc 10.52 (Mt 8.3; At 28.8)
- [f] Tg 5.16
- [g] Veja Mt 8.20, nota
- [h] Lc 24.20
- [ii] Mt 16.21; Lc 18.33; At 2.23
- [jj] Mt 20.19; 1Co 15.4
- [ll] Lc 2.50; 18.34
- [mm] Pv 13.10
- [nn] Lc 22.24
- [oo] Comp. 1Co 15.9 com Mt 23.2-8
- [pp] Mt 20.26,27; 23.11; Mc 10.43,44; Lc 22.26,27
- [qq] Mc 10.13-16
- [rr] Mc 10.40; comp. Mt 25.40

Advertência contra o sectarismo (Lc 9.49,50)

38 **D**isse-lhe João: Mestre, vimos um homem
que em teu nome expulsava [s]demônios, e nós
lhe proibimos, porque não nos segue.
39 Jesus, porém, disse: Não lhe proibais.
Ninguém há que faça milagre em meu nome e
[t]logo a seguir possa falar mal de mim,
40 [u]pois quem não é contra nós é por nós.
41 Em verdade vos digo que aquele que vos
der a beber um [v]copo d'água em meu nome,
por serdes discípulos de Cristo, de modo
algum perderá o seu [w]galardão.

Jesus adverte solenemente sobre o inferno

42 **E** quem escandalizar a um destes peque-
ninos que creem em mim melhor lhe fora que
se lhe pendurasse ao pescoço uma grande
pedra de moinho e fosse lançado ao mar.
43 Se a tua [x]mão te escandalizar, corta-a.
Melhor é entrares na vida aleijado do que,
tendo as duas mãos, ires para o [y]inferno, para
o fogo que nunca se apaga
44 [[z]onde o seu verme não morre, e o fogo
nunca se apaga].
45 E se o teu pé te escandalizar, corta-o.
Melhor é entrares na vida aleijado do que,
tendo dois pés, seres lançado no inferno
46 [onde o seu verme não morre, e o fogo
nunca se apaga].
47 E se o teu olho te escandalizar, [a]lança-o
fora. Melhor é entrares no Reino de Deus com
um só olho do que, tendo dois olhos, seres lan-
çado no fogo do inferno,
48 onde o seu [b]verme não morre,
e o [c]fogo nunca se apaga.
49 **C**ada um será salgado com [d]fogo.
50 Bom é o [e]sal, mas, se [f]tornar-se insípido,
como lhe restaurar o sabor? Tende [g]sal em vós
mesmos e vivam em [h]paz uns com os outros.

Jesus ensina sobre o divórcio (Mt 5.31,32; 19.1-9; Lc 16.18; comp. Rm 7.1-3; 1Co 7.10-16)

10 **L**evantando-se Jesus, foi dali para o
território da Judeia, além do Jordão. De
novo as multidões se reuniram, e ele tornou a
ensiná-las, conforme era o seu costume.
2 **A**proximando-se alguns [i]fariseus,
perguntaram-lhe, [j]tentando-o: É lícito ao
marido repudiar sua mulher?
3 Ele respondeu: Que vos [k]ordenou Moisés?
4 Eles disseram: Moisés permitiu escrever
carta de [l]divórcio e repudiar.
5 Jesus respondeu: Por causa da dureza
do vosso coração, ele vos deixou [m]escrito
esse mandamento.
6 Desde o princípio da criação, porém, [n]Deus
os fez macho e fêmea.
7 Por isso [o]deixará o homem seu pai e sua
mãe [e se unirá a sua mulher],
8 e serão os dois uma só carne.
9 Portanto, o que Deus ajuntou não o separe
o homem.
10 **E**m casa tornaram os discípulos a
interrogá-lo acerca deste assunto.
11 Ele respondeu: Quem repudiar a sua
mulher e casar com outra [p]adultera con-
tra aquela.
12 E, se a mulher repudiar o seu marido e
casar com outro, adultera.

Jesus abençoa as crianças (Mt 19.13-15; Lc 18.15-17)

13 **T**raziam-lhe crianças para que tocasse
nelas, mas os discípulos os repreendiam.
14 Jesus, porém, vendo isso, [1]indignou-se e
disse-lhes: Deixai vir a mim as criancinhas e
não as impeçais, pois delas é o [q]Reino de Deus.
15 Em verdade vos digo que [r]quem não rece-
ber o Reino de Deus como criança, de maneira
[ss]nenhuma entrará nele.
16 E, tomando-as nos braços, impôs-lhes as
mãos e as [2]abençoou.

O jovem rico (Mt 19.16-30; Lc 18.18-30; comp. Lc 10.25)

17 **J**esus ia saindo, quando correu para ele
um homem que, ajoelhando-se, perguntou-
-lhe: Bom Mestre, que [tt]farei para herdar a
[uu]vida eterna?
18 Respondeu-lhe Jesus: [3]Por que me chamas
bom? Ninguém é bom senão um, que é [w]Deus.
19 Sabes os mandamentos: [ww]Não adulte-
rarás, não [xx]matarás, não furtarás, não dirás
[yy]falsos testemunhos, não enganarás a nin-
guém, honra a teu pai e a tua mãe.
20 Ele respondeu: Mestre, tudo isso tenho
[zz]guardado desde a minha juventude.
21 Jesus, olhando para ele, o amou e disse:
Falta-te uma coisa: Vai, [aa]vende tudo o que
tens, dá-o aos pobres, e terás um [bb]tesouro no
céu. Então [cc]vem e segue-me.
22 Ele, porém, contrariado com essa palavra,
[dd]retirou-se triste, porque possuía muitas
propriedades.

[s] Veja Mt 7.22, nota
[t] Comp. At 19.13-16
[u] Comp. Mt 12.30
[v] Mt 10.42; comp. Mt 25.35,40; Hb 6.10
[w] Recompensas: v. 41; Lc 6.23 (Dn 12.3; 1Co 3.14, nota)
[x] Mt 5.29,30; 18.8,9; comp. Gl 2.20; Cl 3.5-10
[y] Gr. geenna. Veja Mt 5.22, nota
[z] Comp. Rm 8.13
[a] Is 66.24; comp. Lc 16.24-26
[b] Jr 7.20; Ap 21.8
[c] Mt 3.11
[d] Lv 2.13
[e] Mt 5.13
[f] Cl 4.6
[g] Rm 14.19
[h] Veja Mt 3.7, nota
[i] Provar--Tentar: v. 2; Mc 12.15 (Gn 3.1; Tg 1.14)
[j] Lei (de Moisés): v. 3-8,19,20; Mc 12.19 (Êx 19.1; Gl 3.24)
[l] Dt 24.1-4

[m] Inspiração: v. 4-9; Mc 11.17 (Êx 4.15; 2Tm 3.16)
[n] Gn 1.27; 2.21-25; 5.1,2
[o] Ef 5.31
[p] Êx 20.14
[q] Veja Mt 6.33, nota
[r] Mt 18.3,4
[ss] Lc 13.28
[tt] v. 19,21; Jo 6.28; At 2.37; comp. Rm 9.31,32; 10.2,3; Gl 2.16; 3.10-12
[uu] Vida (eterna): v. 17; Mc 10.30 (Mt 7.14; Ap 22.19)
[w] 1Sm 2.2
[ww] Êx 20.12-17; Tg 2.11
[xx] Veja Êx 20.13, nota
[yy] Comp. Rm 13.7-10
[zz] Fp 3.6
[aa] Lc 12.33; comp. At 2.45; 4.34
[bb] Mt 6.20; comp. Lc 16.11
[cc] Mc 8.34
[dd] Comp. 2Tm 4.10

[1] (10.14) "Indignou-se" é uma expressão inusitada em relação a Jesus.
[2] (10.16) De acordo com os costumes hebreus, esta ação cabia ao pai. Comp. Gn 27.38.
[3] (10.18) A paráfrase desta pergunta poderia ser: "Se crês que sou apenas um mestre humano, por que me chamas bom?".

Todas as coisas são possíveis para Deus

23 **E**ntão Jesus, olhando ao redor, disse aos seus discípulos: [e]Quão dificilmente entrarão no Reino de Deus os que têm [f]riquezas!

24 Os discípulos se [1]admiraram dessas palavras. Mas Jesus, tornando a falar, disse-lhes: Filhos, quão difícil é para os que [g]confiam nas riquezas entrar no Reino de Deus!

25 É mais fácil passar um camelo pelo fundo de uma agulha do que entrar um [h]rico no Reino de Deus.

26 Eles se admiraram [i]ainda mais, dizendo entre si: Então quem poderá [j]salvar-se?

27 Jesus, porém, olhando para eles, disse: Para os homens é impossível, mas não para Deus; para Deus todas as coisas são [k]possíveis.

A fidelidade ao Senhor é recompensada

28 Então Pedro começou a dizer-lhe: Nós tudo [l]deixamos e te seguimos.

29 Respondeu Jesus: Em verdade vos digo que ninguém há, que tenha deixado casa, ou irmãos, ou irmãs, ou pai, ou mãe, ou mulher, ou filhos, ou campos, por amor de mim e do [m]evangelho,

30 que não [n]receba cem vezes tanto, já no presente, em casas, irmãos, irmãs, mães, filhos e campos, com [o]perseguições, e no mundo por [2][p]vir a [q]vida eterna.

31 Muitos [r]primeiros, porém, serão derradeiros, e os derradeiros, os primeiros.

Jesus prediz novamente sua morte e sua ressurreição
(Mt 20.17-19; Lc 18.31-33)

32 **E**stavam a caminho, subindo para Jerusalém, e Jesus ia adiante deles. E eles se maravilhavam, e seguiam-no atemorizados. Tornando a tomar consigo os Doze, começou a [s]dizer-lhes as coisas que lhe deviam sobrevir, dizendo:

33 Estamos subindo a Jerusalém, e o [t]Filho do homem será entregue aos principais sacerdotes e aos [u]mestres da lei. Eles o condenarão à morte e o entregarão aos gentios,

34 que escarnecerão dele, o açoitarão, cuspirão nele e o matarão. Ao terceiro dia ele ressurgirá.

A resposta de Jesus ao pedido de Tiago e João
(Mt 20.20-28)

35 **E**ntão se aproximaram dele Tiago e João, filhos de Zebedeu, dizendo: Mestre, queremos que nos concedas o que te vamos [v]pedir.

36 Ele lhes perguntou: Que quereis que vos faça?

37 Eles responderam: Concede-nos que na tua [w]glória nos assentemos um à tua direita e o outro à tua esquerda.

38 Jesus lhes disse: Não sabeis o que pedis. Podeis vós beber o [x]cálice que eu bebo, ou ser batizados com o [y]batismo com que eu sou batizado?

39 Responderam: Podemos. Jesus, porém, disse-lhes: [3]Em verdade vós [z]bebereis o cálice que eu beber e sereis batizados com o batismo com que eu sou batizado,

40 mas o assentar-se à minha direita, ou à minha esquerda, não me compete concedê-lo. É para aqueles a [a]quem está reservado.

41 Quando os dez ouviram isso, começaram a indignar-se contra Tiago e João.

42 Mas Jesus, chamando-os a si, disse-lhes: Sabeis que os que são considerados governadores dos gentios, deles se assenhoreiam, e os seus grandes exercem autoridade sobre eles.

43 Entre vós não será assim. Antes, qualquer que entre vós quiser ser grande será o que vos [b]sirva,

44 e quem entre vós quiser ser o primeiro será servo de todos.

45 Pois o [c]Filho do homem não veio para ser servido, mas para [d]servir e dar a sua [ee]vida em [ff]resgate por muitos.

O cego Bartimeu é curado
(Mt 20.29-34; comp. Lc 18.35-43)

46 **D**epois foram para Jericó. Saindo ele de Jericó com os seus discípulos e grande multidão, Bartimeu, o [gg]cego, filho de Timeu, estava assentado à beira do caminho, mendigando.

47 Ouvindo que era Jesus de Nazaré, começou a [hh]clamar: Jesus, [ii]Filho de Davi, [jj]tem misericórdia de mim!

48 Muitos o repreendiam, para que se calasse, mas ele cada vez gritava mais: Filho de Davi, tem misericórdia de mim!

49 Jesus parou e [kk]disse: Chamai-o. Chamaram o cego, dizendo-lhe: Tem bom ânimo! Levanta-te! Ele te chama.

[e] Comp. Jó 31.24, 25,28; 1Co 1.26; 1Tm 6.9,10
[f] Mc 4.19
[g] Sl 52.7; Pv 11.28; 1Tm 6.17
[h] Mt 13.22; veja Mt 19.24, marg. k
[i] Mc 5.51; 7.37
[j] Comp. Hb 7.25; veja Rm 1.16, nota
[k] Jó 42.2; Jr 32.17; Lc 1.37; comp. Gn 18.14; Nm 11.23
[l] Lc 5.11; comp. Fp 3.7-9
[m] Evangelho: v. 29; Mc 13.10 (Gn 12.3; Ap 14.6)
[n] Lc 18.29,30; comp. 2Cr 25.9
[o] 1Ts 3.3; 2Tm 3.12; 1Pe 4.12,13
[p] Gr. aiõn. Veja Mc 10.30, nota
[q] Vida (eterna): v. 30; Lc 10.25 (Mt 7.14; Ap 22.19)
[r] Mt 20.16; Lc 13.30
[s] Mc 8.31; 9.12,31
[t] Veja Mt 8.20, nota
[u] Veja Mt 2.4, nota

[v] Tg 4.3; comp. Jr 45.5
[w] Reino (NT): v. 37; Mc 11.10 (Mt 2.2; 1Co 15.24, nota)
[x] Mt 26.39,42; Mc 14.36; Lc 22.41,42; Jo 18.11; comp. 1Pe 3.18
[y] Lc 12.50
[z] Mt 10.17, 18,21, 22; 24.9; Jo 16.33; At 12.2
[a] Mt 25.34; Jo 17.2,6,24; Rm 8.30; Hb 11.16
[b] Mt 23.11; comp. 1Co 9.19-23
[c] Veja Mt 8.20, nota
[d] Lc 22.27; comp. Fp 2.7,8
[ee] Alma, fôlego de vida. Gr. psuche. Is 53.10-12
[ff] 2Co 5.21; 1Tm 2.5,6; Tt 2.14; veja Rm 3.24, nota
[gg] Veja Mt 20.30, nota
[hh] Orações da Bíblia (NT): v. 47, 48,51; Mc 14.35 (Mt 6.9; Lc 11.2, nota)
[ii] Jr 23.5; Mt 22.42; Rm 1.3,4; Ap 22.16
[jj] Mt 15.22; Lc 17.13
[kk] Comp. Sl 86.15; Hb 4.15

[1] (10.24) Os discípulos ficaram admirados. Para os judeus, a prosperidade transitória era uma mostra do favor divino. Veja, p. ex., Dt 28.1-12.

[2] (10.30) O substantivo grego *aion*, aqui traduzido por "mundo" (veja tb. Lc 16.8 e Rm 12.2) e por "século" em Mt 28.20, tem várias conotações: *um período específico* (p. ex., o tempo de Moisés, da Igreja), e, em certos contextos, significa *eternidade* (p. ex., Lc 1.33) ou *para sempre* (p. ex., Mt 6.13; Lc 1.55; Jo 6.51). No entanto, "mundo" é, geralmente, a tradução do grego *kosmos* (veja Mt 4.8 e Ap 13.8, *notas*) e *oikoumene* (veja Lc 2.1, *nota*).

[3] (10.39) Tiago e João sofreriam o martírio e o exílio respectivamente (At 12.2; Ap 1.9).

50 Lançando de si a capa, levantou-se de um salto e foi falar com Jesus.

51 Perguntou-lhe Jesus: Que queres que te faça? O cego lhe respondeu: Rabi, eu quero [l]ver.

52 Disse-lhe Jesus: Vai, a tua [m]fé te salvou. Imediatamente ele tornou a [n]ver e seguia a Jesus pelo caminho.

A entrada triunfal de Jesus em Jerusalém (Mt 21.1-9; Lc 19.28-38; Jo 12.12-18; comp. Zc 9.9)

11 Quando se aproximaram de Jerusalém, de [o]Betfagé e [p]Betânia, junto do [q]monte das Oliveiras, enviou Jesus dois dos seus discípulos,

2 dizendo-lhes: Ide à aldeia que está diante de vós e, logo ao entrar, encontrareis preso um jumentinho, no qual ainda ninguém montou. Soltai-o e trazei-o.

3 Se alguém vos perguntar: Por que fazeis isso? dizei-lhe: O [r]Senhor precisa dele e logo o devolverá.

4 Então foram e encontraram o jumentinho preso, junto ao portão, do lado de fora da rua, e o soltaram.

5 Alguns dos que ali estavam lhes perguntaram: Que fazeis, soltando o jumentinho?

6 Eles lhes responderam como Jesus lhes tinha mandado, e os deixaram ir.

7 Levaram o jumentinho, lançaram sobre ele as suas vestes, e nele Jesus [s]montou.

8 Muitos estendiam as suas vestes pelo caminho, e outros cortavam [t]ramos das árvores e os espalhavam pelo caminho.

9 Aqueles que iam adiante e os que seguiam atrás clamavam:

Hosana!
Bendito o que [u]vem em nome do Senhor!

10 Bendito o [v]Reino que vem,
o Reino de nosso pai Davi!
Hosana nas maiores alturas!

11 Jesus entrou em Jerusalém e foi ao [w]templo. Tendo visto tudo ao redor, como já era tarde, saiu para Betânia com os Doze.

A figueira estéril (Mt 21.18-21)

12 **No** dia seguinte, quando saíram de Betânia, Jesus teve [x]fome.

13 Vendo de longe uma [y]figueira que tinha [1]folhas, foi ver se nela acharia alguma coisa. Aproximando-se dela, não achou senão folhas, porque não era tempo de figos.

14 Então ele disse à figueira: Nunca jamais coma alguém fruto de ti. E os discípulos ouviram isso.

Jesus expulsa os mercadores do templo (Mt 21.12-17; Lc 19.45-48; comp. Jo 2.13-16)

15 **Ao** chegarem a Jerusalém, Jesus entrou no templo e começou a expulsar os que ali vendiam e compravam. Derrubou as mesas dos cambistas e as cadeiras dos que vendiam [z]pombas.

16 Não consentia que alguém carregasse qualquer mercadoria pelo templo.

17 E os ensinava, dizendo: Não está [a]escrito:

A [b]minha casa será chamada
casa de oração para todas as nações?

Mas vós a transformastes em um [c]covil de ladrões.

18 Os [d]mestres da lei e os principais sacerdotes, tendo ouvido isso, [e]buscavam ocasião para matá-lo, pois o [f]temiam, porque toda a multidão estava [g]admirada da sua doutrina.

19 Caindo a tarde, saíram da cidade.

A oração com fé (comp. 1Jo 5.14,15)

20 **Passando** eles pela manhã, viram que a [h]figueira tinha secado desde as raízes.

21 Pedro lembrou-se e disse a Jesus: Mestre, olha, a figueira que amaldiçoaste secou.

22 Ao que Jesus respondeu: [i]Tende fé em Deus.

23 Em verdade vos digo que se alguém disser a este monte: Ergue-te e lança-te ao mar, e não duvidar em seu coração, mas [j]crer que se fará o que diz, lhe será feito.

24 Por isso vos digo que tudo o que pedirdes em oração, [k]crendo que o recebestes, será [ll]vosso.

25 E, quando estiverdes orando, se tendes alguma coisa contra alguém, [mm]perdoai, para que vosso Pai, que está nos céus, vos [nn]perdoe as vossas ofensas.

26 [Se, [oo]porém, vós não perdoardes, também vosso Pai, que está nos céus, não vos perdoará as vossas ofensas.]

A autoridade de Jesus é desafiada (Mt 21.23-27; Lc 20.1-8)

27 **Outra** vez chegaram a Jerusalém e, andando ele pelo templo, os principais sacerdotes, os mestres da lei e os líderes religiosos se aproximaram

28 e lhe perguntaram: Com que [pp]autoridade fazes estas coisas? E quem te deu tal autoridade para fazer isto?

29 Jesus lhes respondeu: Também vos perguntarei uma coisa. Respondei-me, e então vos direi com que [qq]autoridade faço estas coisas.

30 O [rr]batismo de João era do céu ou dos homens? Respondei-me.

[1] (11.13) As figueiras que haviam permanecido com folhas no inverno geralmente também tinham figos. Ainda era muito cedo na estação para que houvesse novas folhas ou novos frutos.

[l] Comp. Mt 7.7,8 com Is 35.5
[m] Fé: v. 52; Lc 5.20 (Gn 3.20; Hb 11.39, nota)
[n] Milagres (NT): 10.46-52; 11.12-14,20,21; Lc 4.35 (Mt 8.3; At 28.8)
[o] Casa dos figos verdes
[p] Veja Mt 21.17, nota
[q] Mc 13.3; Lc 22.39; At 1.12; comp. Zc 14.4
[r] Comp. Sl 50.10
[s] Comp. 1Rs 1.33
[t] Comp. Lv 23.40
[u] Cristo (primeira vinda): v. 9,10; Mc 12.6 (Gn 3.15; At 1.11)
[v] Reino (NT): v. 10; Lc 1.33 (Mt 2.2; 1Co 15.24, nota)
[w] v. 15-17; comp. Ml 3.1
[x] Mt 4.2
[y] Comp. Lc 13.6-9
[z] Lv 14.22; comp. Lc 2.24
[a] Inspiração: v. 17; Mc 12.10 (Êx 4.15; 2Tm 3.16)
[b] Is 56.7
[c] Jr 7.11
[d] Veja Mt 2.4, nota
[e] Sl 2.2
[f] Comp. v. 32; Mt 21.46
[g] Mt 7.28; Mc 1.22; 6.2
[h] v. 13,14
[i] Fé provinda de Deus. Comp. 1Co 12.9; Ef 2.8
[j] Mt 17.20; comp. 1Co 13.2
[k] Tg 1.5,6
[ll] Mt 7.7-11; Jo 14.13,14; 15.7; 16.24; 1Jo 5.14,15
[mm] Mt 6.14; 18.23-35; Ef 4.32; Cl 3.13; veja Mt 6.12, nota
[nn] Perdão: v. 25,26; Lc 5.20 (Lv 4.20; Mt 26.28, nota)
[oo] Mt 18.35; comp. Mt 6.12
[pp] Jo 5.27
[qq] Comp. v. 33
[rr] Mc 1.4,5,8; Lc 7.29,30; comp. Jo 1.25-34

31 Eles discutiam entre si, dizendo: Se dissermos: Do céu, ele perguntará: Então por que não crestes nele?

32 Se, porém, dissermos: Dos homens, tememos o povo, pois todos [s]sustentavam que João verdadeiramente era profeta.

33 Então responderam a Jesus: [t]Não sabemos. Jesus lhes disse: Eu tampouco vos direi com que autoridade faço estas coisas.

Parábola do homem que plantou uma vinha (Mt 21.33-46; Lc 20.9-19; comp. Is 5.1-7)

12 Então ele começou a falar-lhes por [u]parábolas: [1][v]Um homem plantou uma vinha, cercou-a com um muro, construiu um lagar, edificou uma torre, arrendou-a a uns lavradores e saiu de viagem.

2 Chegado o tempo da colheita, enviou um servo aos lavradores para receber deles do fruto da vinha.

3 Eles, porém, apoderando-se dele, o espancaram e o mandaram embora de mãos vazias.

4 Tornou a enviar-lhes outro servo; eles o feriram na cabeça e o insultaram.

5 Ainda enviou-lhes outro, e a este mataram. Ele enviou [w]muitos outros; alguns dos quais [x]feriram e a outros [y]mataram.

6 Restava-lhe ainda um, o seu filho amado. [z]Enviou também este por último, dizendo: Terão respeito por meu filho.

7 Os lavradores, porém, disseram entre si: Este é o herdeiro. Vamos, matemo-lo, e a herança será nossa.

8 E, agarrando-o, [a]mataram-no e o lançaram fora da vinha.

9 Que fará, pois, o senhor da vinha? Virá, destruirá os lavradores e dará a vinha para outros.

10 Ainda não lestes esta [b]Escritura:

A [c]pedra que os edificadores rejeitaram
foi posta por pedra angular;

11 isso foi feito pelo Senhor,
e é coisa maravilhosa aos nossos olhos?

12 Então procuravam prendê-lo porque entendiam que contra eles proferira esta parábola. Mas [d]temiam a multidão; de modo que, deixando-o, se foram.

Resposta de Jesus aos herodianos (Mt 22.15-22; Lc 20.19-26)

13 **M**ais tarde, enviaram-lhe alguns dos [e]fariseus e dos [f]herodianos, para que o [g]apanhassem nalguma palavra.

14 Chegando, disseram-lhe: Mestre, sabemos que és homem íntegro e que não te deixas influenciar por ninguém, porque [h]não olhas a aparência dos homens, antes com verdade ensinas o [i]caminho de Deus. É lícito pagar o tributo a César [j]ou não? Devemos pagar ou não devemos pagar?

15 Jesus, porém, conhecendo a [k]hipocrisia deles, disse-lhes: Por que me [l]tentais? Trazei-me uma moeda para que a veja.

16 Eles trouxeram a moeda. Perguntou-lhes: De quem é esta imagem e inscrição? Responderam: De César.

17 Então Jesus lhes disse: [m]Dai a César o que é de César; a [n]Deus, o que é de Deus. E maravilharam-se por causa dele.

Resposta de Jesus aos saduceus (Mt 22.23-33; Lc 20.27-38)

18 **E**ntão os [o]saduceus, que dizem não haver ressurreição, aproximaram-se dele e lhe perguntaram:

19 Mestre, [p]Moisés nos escreveu que, [q]se morresse o irmão de alguém e deixasse mulher sem filhos, seu irmão tomasse a mulher dele e suscitasse descendência a seu irmão.

20 Ora, havia sete irmãos. O primeiro casou e morreu sem deixar descendência.

21 O segundo casou com a viúva e morreu, também sem deixar filho. O terceiro da mesma forma.

22 Desposaram-na os sete, sem, contudo, deixarem descendência. Finalmente, depois de todos, morreu a mulher.

23 Na ressurreição, de qual deles será a mulher, visto que os sete a desposaram?

24 Respondeu-lhes Jesus: Errais vós em razão de não conhecerdes as Escrituras nem o poder de Deus!

25 Quando ressurgirem dentre os mortos, nem casarão nem se darão em casamento; serão como os [r]anjos nos céus.

[s] Mt 14.5
[t] Comp. Jr 8.7; Rm 1.18; 2Co 4.3,4
[u] Mt 13.10-15
[v] Parábolas (NT): v. 1-11; Mc 13.28 (Mt 5.13; Lc 21.29)
[w] Comp. Jr 7.25
[x] 2Cr 36.16; comp. Mt 23.34
[y] Comp. At 7.52
[z] Cristo (primeira vinda): v. 6-8; Mc 14.27 (Gn 3.15; At 1.11)
[a] At 2.23
[b] Inspiração: v. 10, 11,26; Mc 12.36 (Êx 4.15; 2Tm 3.16)
[c] Cristo (pedra): v. 10; Lc 20.17 (Gn 49.24; 1Pe 2.8); Sl 118.22,23
[d] Mc 11.32

[e] Veja Mt 3.7, nota
[f] Veja Mt 22.16, nota
[g] Lc 11.54
[h] Comp. At 10.34,35
[i] At 18.26; comp. Jo 10.1; 2Pe 2.15,21
[j] Comp. Lc 23.2
[k] Mt 23.28; Lc 12.1
[l] Provar-Tentar: v. 13-15; Lc 4.2 (Gn 3.1; Tg 1.14)
[m] Comp. Mt 17.25-27; Rm 13.7
[n] Ec 5.4,5
[o] At 23.8; veja Mt 3.7, nota
[p] Lei (de Moisés): v. 19, 26,28-31; Lc 1.6 (Êx 19.1; Gl 3.24)
[q] Dt 25.5; comp. Rt 1.11-13
[r] Veja Hb 1.4, nota

[1] (12.1) Esta parábola (v. 1-9), dirigida às autoridades religiosas de Israel, "os principais sacerdotes, os mestres da lei e os líderes religiosos" (11.27), ilustra o procedimento de Deus para com a nação e a rejeição desta ao amor que Deus oferecia e a responsabilidade que eles tinham para com Deus. O "homem" (v. 1) é o próprio Deus; a vinha é Israel (v. 1; comp. Is 5.1-7); os servos (v. 2-5) são os profetas do AT e João, o Batista; o "seu filho amado" que eles mataram (v. 6-8) é o próprio Jesus (comp. Hb 1.1-3); a destruição dos lavradores (v. 9) é uma predição da queda de Jerusalém em 70 d.C. (comp. Lc 21.20-24). No v. 12, é mostrado que os principais sacerdotes, os mestres da Lei e os líderes religiosos reconheceram que Cristo estava falando deles. As palavras do Senhor revelaram e expuseram os pensamentos e as intenções do coração deles (comp. Hb 4.12).

26 Ora, quanto à [s]ressurreição dos mortos,
não [1]lestes no livro de Moisés, no trecho refe-
rente à sarça, como Deus lhe [t]falou: Eu sou
o Deus de Abraão, o Deus de Isaque e o
Deus de Jacó?
27 Ora, ele não é [u]Deus de mortos, e sim de
vivos. Errais muito.

Resposta de Jesus aos fariseus (Mt 22.34-40; comp. Lc 10.25-37)

28 **A**proximou-se dele um dos [v]mestres da lei
que os tinha ouvido discutir e, sabendo que
lhes havia respondido bem, perguntou-lhe:
Qual é o [2]principal de todos os mandamentos?
29 Respondeu-lhe Jesus: O principal de todos
os mandamentos é: [w]Ouve, ó Israel, o Senhor, o
nosso Deus, é o [x]único Senhor!
30 [y]Amarás o Senhor, teu Deus, de todo o
teu coração, de toda a tua alma, de todo o teu
entendimento e de todas as tuas forças.
31 O segundo é: [z]Amarás o teu próximo como
a ti mesmo. Não há outro mandamento maior
do que [a]estes.
32 Respondeu o [b]mestre da lei: Muito bem,
Mestre, e com [c]verdade disseste que há um só
Deus e que não há outro além dele.
33 Amá-lo de todo o coração, de todo o enten-
dimento, de toda a alma e de todas as forças, e
amar ao próximo como a si mesmo, [d]excede a
todos os holocaustos e sacrifícios.
34 Vendo Jesus que ele havia respondido
[e]sabiamente, disse-lhe: [3]Não estás longe do
[f]Reino de Deus. E já ninguém mais ousava
perguntar-lhe nada.

Jesus interroga os fariseus a respeito do Messias (Mt 22.41-46; Lc 20.41-44)

35 **E**nquanto ensinava no templo, Jesus per-
guntou: Como dizem os mestres da lei que o
Cristo é [g]filho de Davi?
36 O próprio [4]Davi, [h]falando pelo [i]Espírito
Santo, declarou:

Disse o Senhor ao meu Senhor:
Assenta-te à minha direita
até que eu ponha os teus inimigos
debaixo dos teus pés.

37 O próprio Davi chama-lhe Senhor. Como,
pois, pode ser seu [j]filho? A grande multidão o
ouvia com prazer.

[s] Jo 5.25, 28,29; At 26.8; Rm 4.17; Ap 20.12,13
[t] Êx 3.1-10,12
[u] Comp. Rm 14.9
[v] Veja Mc 12.34, nota
[w] Veja Dt 6.4, nota
[x] v. 32; Is 44.8; 45.22; 46.9; 1Co 8.6
[y] Dt 10.12; 30.6; veja Dt 6.5, nota
[z] Lv 19.18; Mt 19.19; Gl 5.14; comp. Rm 13.10
[a] Rm 13.9
[b] Veja Mt 2.4, nota
[c] Jo 1.14,17; 14.6
[d] Comp. Sl 51.16,17; Mq 6.7,8
[e] Comp. 1Tm 1.5
[f] Veja Mt 6.33, nota
[g] Comp. Rm 1.3,4
[h] Inspiração: v. 36; Mc 13.14 (Êx 4.15; 2Tm 3.16)
[i] Espírito Santo (NT): v. 36; Mc 13.11 (Mt 1.18; At 2.4, nota)
[j] At 2.29-31

38 **A**o ensinar, Jesus dizia: Cuidado com os
mestres da lei, que gostam de andar com ves-
tidos compridos, das saudações nas praças,
39 das [k]primeiras cadeiras nas sinagogas e
dos primeiros assentos nos banquetes.
40 Devoram as casas das viúvas e, para o [l]jus-
tificar, fazem longas orações. Estes receberão
juízo muito mais severo.

A viúva pobre (Lc 21.1-4)

41 **E**stando Jesus assentado diante do [m]gazo-
filácio, observava a maneira com que o povo
lançava ali o dinheiro. Muitos ricos deposita-
vam grandes quantias.
42 Vindo, porém, uma viúva pobre, lançou
duas pequenas moedas correspondentes a
um quadrante.
43 Chamando os discípulos, Jesus lhes disse:
Em verdade vos digo que esta viúva pobre
depositou no gazofilácio mais do que todos
os ofertantes.
44 Todos deram do que lhes sobrava, mas esta,
da sua [n]pobreza, deu tudo o que tinha, todo o
seu sustento.

O Sermão do Monte das Oliveiras (Mt 24–25): as duas perguntas dos discípulos (Mt 24.3; Lc 21.7)

13 Saindo Jesus do templo, disse-lhe um
dos seus discípulos: Mestre, olha! Que
pedras, que edifícios!
2 Respondeu-lhe Jesus: Vês estes grandes
[o]edifícios? Não [p]ficará pedra sobre pedra, que
não seja derrubada.
3 Assentando-se ele no monte das Oliveiras,
em frente do templo, [q]Pedro, [r]Tiago, [ss]João e
[tt]André lhe perguntaram em particular:
4 Dize-nos quando acontecerão essas coisas
e que sinal haverá quando todas elas estive-
rem para cumprir-se.

A septuagésima semana de anos de Daniel (Dn 9.27): o fim dos tempos (Mt 24.4-14; comp. Lc 21.8-11)

5 Disse-lhes Jesus: Cuidai para que ninguém
vos [uu]engane.
6 Muitos [vv]virão em meu nome, dizendo: Sou
eu, e enganarão a muitos.
7 Quando ouvirdes de guerras e de rumo-
res de guerras, não vos perturbeis. Tais coisas
devem acontecer, mas ainda não é o [ww]fim.

[k] Lc 14.7
[l] Comp. 1Ts 2.5
[m] Comp. 2Rs 12.9,10
[n] 2Co 8.2; comp. 2Co 8.5,12
[o] Comp. Jo 2.20
[p] Lc 19.44; comp. 1Rs 9.7; Mq 3.12
[q] Mt 16.18; Mc 1.16
[r] Mc 1.19; veja Mt 4.21, nota
[ss] Mc 1.19
[tt] Jo 1.40
[uu] Jr 29.8; Ef 5.6; Cl 2.8; 2Ts 2.3; comp. 1Jo 4.1; Ap 20.8
[vv] v. 22; comp. Jo 5.43
[ww] Comp. Jr 4.27; 5.10,18

---

[1] (12.26) Aqui nosso Senhor afirma a historicidade e a inspiração de Êx 3.

[2] (12.28) Primeiro em importância. Os escribas dividiam a Lei em 613 preceitos.

[3] (12.34) Quanto ao conhecimento, o escriba não estava longe do Reino de Deus. Ele conhecia a Lei, que, de maneira absoluta, condena até os melhores homens – a verdadeira função da Lei. Comp. Rm 3.19; 10.3-5; Gl 3.10,22-24.

[4] (12.36) O Senhor Jesus Cristo aqui afirma tanto que Davi foi o autor do salmo 110 como também que esse salmo foi inspirado.

8 Nação se levantando contra nação, e [x]reino contra reino. Haverá [y]terremotos em diversos lugares e [z]fomes. Estas coisas são o princípio de [a]dores.

9 **D**eveis estar de sobreaviso. Sereis [b]entregues aos tribunais e açoitados nas sinagogas. Sereis levados à presença de governadores e reis, por minha causa, para lhes servir de testemunho.

10 Primeiro, porém, o [c]evangelho deve ser pregado a todas as nações.

11 Quando vos conduzirem para vos entregarem, não vos preocupeis com o que haveis de dizer. O que vos for dado naquela hora, isso falai, pois não sois vós os que falais, mas o [d]Espírito Santo.

12 Um irmão entregará à morte a outro irmão, e o pai ao filho. Filhos se levantarão contra os pais e os matarão.

13 Sereis [e]odiados de todos por causa do meu nome, mas aquele que perseverar até o [f]fim será [g]salvo.

A metade da semana: a abominação da assolação (Mt 24.15-20)

14 **Q**uando virdes a [h]abominação que causa a assolação, [i]situada no lugar onde [j]não deve estar (quem lê, entenda), [k]então os que estiverem na Judeia fujam para os montes.

15 O que estiver no telhado não desça para casa nem entre para tirar coisa alguma da sua casa.

16 O que estiver no campo não volte atrás para buscar a sua capa.

17 Ai das que estiverem grávidas e das que estiverem amamentando naqueles dias!

18 Orai para que isso não suceda no inverno,

A grande tribulação (a segunda metade da semana) (Mt 24.21-28; comp. Sl 2.5; veja Ap 7.14, nota)

19 porque naqueles dias haverá uma [l]aflição tal qual nunca houve desde o princípio do mundo que Deus criou, até agora, e nunca jamais haverá.

20 Se o Senhor não abreviasse aqueles dias, ninguém se salvaria. Mas por causa dos [m]eleitos que ele escolheu, abreviou aqueles dias.

21 Então, se alguém vos disser: Olhai, aqui está o Cristo! ou: Olhai, ali está ele! não acrediteis,

22 pois se levantarão falsos cristos e falsos profetas, que farão sinais e [n]prodígios, para enganar, se possível, os próprios eleitos.

23 Estai, pois, de sobreaviso; eu vos [o]disse tudo de antemão.

A volta do Rei à terra no fim da tribulação (Mt 24.29-31; Lc 21.25-28)

24 **M**as, naqueles [p]dias, depois daquela aflição,
o sol escurecerá,
a lua não dará a sua luz,
25 as estrelas cairão do céu
e os corpos celestes serão [q]abalados.

26 Então verão o [r]Filho do homem vir nas nuvens, com grande poder e glória.

27 Ele enviará os seus [s]anjos e [t]ajuntará os seus escolhidos dos quatro ventos, da extremidade da terra até a extremidade do céu.

Parábola da figueira (Mt 24.32,33; Lc 21.29-33)

28 **A**gora aprendei a [u]parábola da figueira: Quando já os seus ramos se renovam e brotam as folhas, sabeis que está próximo o verão.

29 Assim também vós, quando virdes suceder estas coisas, sabei que ele está perto, às portas.

30 Na verdade vos digo que não passará esta [v]geração sem que todas estas coisas aconteçam.

31 Passará o [w]céu e a terra, mas as minhas palavras não passarão.

Exortação à vigilância (Mt 24.36-51)

32 **A** respeito, porém, daquele dia e hora [xx]ninguém sabe, nem os anjos que estão no céu, nem o Filho, senão o [yy]Pai.

33 Estai de sobreaviso! [zz]Vigiai [e orai]! Não sabeis quando será o tempo.

34 É como se um homem que, partindo para longe, deixasse a sua casa, desse [aa]autoridade aos seus servos, a cada um a sua obra, e mandasse ao porteiro que vigiasse.

35 Portanto, [bb]vigiai [cc]porque não sabeis quando virá o senhor da casa, se à tarde, se à meia-noite, se ao cantar do galo, se pela manhã.

36 Se ele vier inesperadamente, não vos encontre [dd]dormindo.

37 O que vos digo, digo a [ee]todos: Vigiai!

III. O Servo e sua obediência até a morte, 14–15

As autoridades judaicas tramam a morte de Jesus (Mc 26.2-5; Lc 22.1,2)

14 **D**ali a dois dias era a [ff]Páscoa e a festa dos [gg]pães sem fermento, e os principais sacerdotes e os [hh]mestres da lei [ii]procuravam como o prenderiam, à traição, e o matariam.

2 Mas diziam: Não durante a festa, para que o [jj]povo não se amotine.

Jesus é ungido por Maria de Betânia (Mt 26.6-13; Jo 12.1-8)

3 **E**stando ele em Betânia, [kk]reclinado à mesa, na casa de Simão, o leproso, veio uma mulher trazendo um vaso de alabastro com perfume de nardo puro, de muito preço. Quebrou o vaso e derramou o bálsamo sobre a [ll]cabeça de Jesus.

4 Alguns dos presentes, indignados, diziam uns aos outros: Para que se fez este desperdício de bálsamo?

[x] Ag 2.22
[y] Comp. Ap 6.12
[z] Comp. Ap 6.5,6
[a] Dores de parto
[b] Mt 10.17; At 12.4
[c] Evangelho: v. 10; Mc 16.15 (Gn 12.3; Ap 14.6)
[d] Espírito Santo (NT): v. 11; Lc 1.15 (Mt 1.18; At 2.4, nota)
[e] Mt 10.22
[f] No fim da tribulação. Veja Mt 24.13, nota
[g] Comp. Ap 20.4
[h] A besta: v. 14; Jo 5.43 (Dn 7.8; Ap 19.20)
[i] Inspiração: v. 14; Mc 14.21 (Êx 4.15; 2Tm 3.16)
[j] Dn 11.36; 12.11; 2Ts 2.4
[k] Comp. Lc 21.20-24 e veja notas
[l] Tribulação (a grande): v. 14-23; Lc 21.20 (Sl 2.5; Ap 7.14)
[m] Eleição (coletiva): v. 20, 22,27; Lc 18.7 (Dt 7.6; 1Pe 5.13)
[n] Dt 13.1-3; Ap 13.13,14
[o] Jo 16.1-4
[p] Dia (do Senhor): v. 24-37; Lc 17.30 (Sl 2.9; Is 2.12; Ap 19.19)

[q] Is 13.10; 34.4; Hb 12.26
[r] Cristo (segunda vinda): v. 26,32, 33,35, 36; Mc 14.62 (Dt 30.3; At 1.11, nota); veja Mt 8.20, nota
[s] Veja Hb 1.4, nota
[t] Israel (profecias): v. 27; Lc 1.33 (Gn 12.2; Rm 11.26)
[u] Parábolas (NT): v. 28,29; Lc 5.36 (Mt 5.13; Lc 21.29)
[v] Veja Mt 24.34, nota
[w] 2Pe 3.7,10,12
[xx] Mt 25.13
[yy] At 1.7
[zz] 1Ts 5.6; 1Pe 4.7
[aa] Mt 16.19
[bb] Mc 14.38; 1Co 16.13; 2Tm 4.5
[cc] Comp. Lc 12.39,40; 21.34; Rm 13.11; 2Pe 3.10
[dd] Comp. Mt 25.1-13
[ee] Comp. At 2.39; Rm 10.12; 1Co 9.19-23
[ff] v. 12-21; Êx 12
[gg] v. 12; Lc 22.1
[hh] Veja Mt 2.4, nota
[ii] Comp. At 4.25-28
[jj] Comp. Mt 21.26
[kk] Lc 7.37
[ll] Veja Mt 26.7, nota

5 Este perfume podia ser vendido por mais de [m]trezentos denários, e o dinheiro ser dado aos pobres. E [n]murmuravam contra ela.

6 Jesus, porém, disse: Deixai-a, por que a aborreceis? Ela praticou boa obra para comigo.

7 Sempre [o]tendes os pobres convosco e, quando quiserdes, podeis fazer-lhes bem, [p]mas a mim nem sempre me tendes.

8 Ela fez o que pôde. Antecipou-se a [q]ungir o meu corpo para a sepultura.

9 Em verdade vos digo que em [r]todo o mundo onde este [s]evangelho for [t]pregado, o que ela fez também será contado para sua memória.

Judas concorda em trair Jesus
(Mt 26.14-16; Lc 22.3-6)

10 Então [u]Judas Iscariotes, um dos Doze, foi ter com os principais sacerdotes, para lhes entregar Jesus.

11 Eles, ouvindo-o, alegraram-se e [v]lhe prometeram dinheiro. De modo que ele procurava uma oportunidade para o entregar.

Preparativos para a Páscoa
(Mt 26.17-19; Lc 22.7-13)

12 No [w]primeiro dia da festa dos pães sem fermento, quando sacrificavam a [x]Páscoa, perguntaram-lhe os discípulos: Aonde queres que vamos fazer os preparativos para comeres a Páscoa?

13 De modo que ele enviou dois dos discípulos, dizendo-lhes: Ide à cidade, e um homem carregando um cântaro d'água vos sairá ao encontro. Segui-o.

14 Onde quer que entrar, dizei ao dono da casa: O Mestre pergunta: Onde está o aposento em que hei de comer a Páscoa com os meus discípulos?

15 Ele vos mostrará um espaçoso cenáculo, mobiliado e pronto. Preparai-a ali.

16 Saindo os discípulos, foram à cidade e acharam tudo como lhes tinha dito, e prepararam a Páscoa.

A última Páscoa
(Mt 26.20-24; Lc 22.14,21-23; Jo 13.18,19)

17 [1]Chegada a tarde, Jesus foi com os Doze.

18 Quando estavam reclinados à mesa, a comer, disse Jesus: Em verdade vos digo que [y]um de vós, que come comigo, há de trair-me.

19 Eles começaram a [z]entristecer-se e a dizer-lhe, um após outro: Por acaso sou eu?

20 Respondeu-lhes: É um dos Doze, o que põe comigo a mão no prato.

21 Na verdade o Filho do homem vai, [a]como dele está [b]escrito, mas [c]ai daquele por intermédio de quem o [d]Filho do homem é traído! [e]Melhor lhe fora não haver nascido.

Instituição da ceia do Senhor
(Mt 26.26-29; Lc 22.17-20;
comp. 1Co 11.23-26; Jo 13.12-30)

22 Enquanto comiam, Jesus tomou um [f]pão e, abençoando-o, partiu-o e lhes deu, dizendo: Tomai, comei, isto é o meu [g]corpo.

23 Então tomou o cálice e, dando graças, deu-o aos discípulos, e todos [h]beberam dele.

24 Disse-lhes: Isto é o meu sangue, o [i]sangue da [[j]nova] [k]aliança, que é derramado por muitos.

25 Em verdade vos digo que não beberei mais do fruto da videira, até aquele dia em que beber o vinho novo no [l]Reino de Deus.

Jesus prediz a negação de Pedro
(Mt 26.30-35; Lc 22.31-34; Jo 13.36-38)

26 Tendo [mm]cantado um hino, saíram para o monte das Oliveiras.

27 Disse-lhes Jesus: [nn]Todos vós esta noite me [oo]abandonareis, pois está [pp]escrito:

[qq]Ferirei o [rr]pastor,
e as ovelhas se dispersarão.

28 Depois que eu tiver ressurgido, porém, [ss]irei adiante de vós para a Galileia.

29 Declarou Pedro: Ainda que todos te abandonem, eu nunca te abandonarei!

30 Respondeu-lhe Jesus: Em verdade te digo que hoje, esta noite, antes que o galo cante duas vezes, três vezes me negarás.

31 Pedro, porém, insistia com mais veemência: Ainda que me seja necessário morrer contigo, de modo nenhum te negarei. [tt]Da mesma maneira disseram todos.

Agonia de Jesus no Getsêmani
(Mt 26.36-46; Lc 22.39-46; Jo 18.1)

32 Foram a um lugar chamado Getsêmani, e Jesus disse aos discípulos: Assentai-vos aqui enquanto eu oro.

33 Ele [uu]levou consigo Pedro, Tiago e João, e começou a ter pavor e a angustiar-se.

34 E lhes disse: A minha alma está profundamente [vv]triste até a morte. Ficai aqui e vigiai.

A primeira oração (Mt 26.39; Lc 22.41,42)

35 Tendo ido um pouco mais adiante, prostrou-se em terra e [ww]orava para que, se fosse possível, fosse afastada dele aquela hora.

36 Dizia: [xx]Aba, Pai, todas as coisas te são possíveis. Afasta de mim este [yy]cálice. [zz]Não seja, porém, o que eu quero, [aa]e sim o que tu queres.

[m] Veja sist. monetário (NT): Mt 5.26, nota
[n] Mt 20.11; Jo 6.61
[o] Dt 15.11
[p] Jo 7.33; 8.21; 14.2,12; 16.10, 17,28
[q] Comp. Jo 19.40
[r] Gr. kosmos. Veja Mt 4.8, nota
[s] Evangelho: v. 9; Mc 16.15 (Gn 12.3; Ap 14.6)
[t] Mt 28.19,20; Mc 16.15; Lc 24.47
[u] Sl 41.9; 55.12-14; Mt 10.2-4
[v] Comp. Êx 21.32; 1Tm 6.10
[w] Êx 12.8
[x] Veja Êx 12.11, nota
[y] Jo 6.70,71
[z] Comp. Mt 9.15
[a] Comp. At 2.23
[b] Inspiração: v. 21; Mc 14.27 (Êx 4.15; 2Tm 3.16)
[c] At 1.16-20; comp. Mt 18.7
[d] Veja Mt 8.20, nota
[e] Comp. Mt 18.6
[f] 1Co 10.16
[g] 1Pe 2.24
[h] Comp. 1Co 10.4,21
[i] Sacrifício (profético): v. 24; Mc 15.25 (Gn 3.15; Hb 10.18, nota); comp. Lv 17.11; Hb 9.14-22
[j] Aliança (Nova): v. 24; Lc 22.20 (Is 61.8; Hb 8.8)
[k] Êx 24.8
[l] Veja Mt 6.33, nota
[mm] Comp. Sl 47.6,7; Ef 5.19
[nn] Jo 16.32
[oo] Comp. Mt 11.6
[pp] Inspiração: v. 27; Mc 15.28 (Êx 4.15; 2Tm 3.16)
[qq] Is 53.5,10; Zc 13.7
[rr] Cristo (primeira vinda): v. 27; Mc 16.6 (Gn 3.15; At 1.11)
[ss] Mc 16.7
[tt] Comp. v. 50
[uu] Mc 5.37; 9.2; 13.3
[vv] Is 53.3,4; Jo 12.27
[ww] Orações da Bíblia (NT): v. 35,36, 39,41; Mc 15.34 (Mt 6.9; Lc 11.2, nota)
[xx] Aram. Pai. Comp. Rm 8.15; Gl 4.6
[yy] Veja Mt 26.39, nota
[zz] Jo 4.34
[aa] Comp. Sl 40.7,8

[1] (14.17) Ordem dos acontecimentos na noite da última ceia: veja Mt 26.20, *nota*.

37 Então voltou aos seus discípulos e encontrou-os dormindo. E disse a Pedro: Simão, tu dormes? Não pudeste vigiar nem uma hora?

38 [b]Vigiai e orai, para que não entreis em tentação. O espírito, na verdade, está pronto, mas a [c]carne é fraca.

A segunda oração (Mt 26.42; Lc 22.44)

39 Foi outra vez e orou, dizendo as mesmas palavras.

40 Voltando, achou-os outra vez dormindo, porque os seus olhos estavam pesados. Não sabiam o que lhe responder.

A terceira oração (Mt 26.44)

41 Voltando pela terceira vez, disse-lhes: Dormis e descansais ainda? Basta! É chegada a [d]hora. O Filho do homem vai ser entregue nas mãos dos [e]pecadores.

42 Levantai-vos, vamos! Aí vem o meu traidor!

A traição e a prisão de Jesus (Mt 26.47-56; Lc 22.47-53; Jo 18.3-11)

43 **F**alava ele ainda, quando veio [f]Judas, um dos Doze. Com ele estava uma [g]grande multidão com espadas e cassetetes, enviada pelos principais sacerdotes, [h]mestres da lei e líderes religiosos.

44 Ora, o traidor tinha-lhes dado uma senha, dizendo: Aquele a quem eu [i]beijar é esse; prendei-o e levai-o em segurança.

45 Logo que chegou, aproximou-se dele e disse-lhe: Rabi. E o beijou.

46 Os homens agarraram Jesus e o prenderam.

47 Em seguida, um dos que estavam por perto, puxando da espada, feriu o servo do sumo sacerdote, cortando-lhe a orelha.

48 Disse-lhes Jesus: Saístes com espadas e cassetetes para prender-me, como a um salteador?

49 Todos os dias eu estava convosco [j]ensinando no templo, e não me prendestes. Contudo, é para que as Escrituras se [k]cumpram.

50 Então, [l]deixando-o, todos fugiram.

51 **C**erto jovem o seguia, envolto unicamente num lençol. Tentaram prendê-lo,

52 mas ele, largando o lençol, fugiu nu.

Jesus é levado ao sumo sacerdote e ao Sinédrio (Mt 26.57-68; Jo 18.12-14,19-24)

53 [1]**L**evaram Jesus ao [m]sumo sacerdote; então [n]ajuntaram-se todos os [o]principais sacerdotes, os líderes religiosos e os [p]mestres da lei.

54 [q]Pedro seguiu-o de longe até dentro do pátio do sumo sacerdote e, assentando-se com os guardas, aquecia-se perto do fogo.

55 Os principais sacerdotes e todo o Sinédrio [r]buscavam algum testemunho contra Jesus para o matar, mas [s]não achavam.

56 Muitos testificavam [t]falsamente contra ele, mas os testemunhos não eram coerentes.

57 Então levantaram-se alguns e deram este falso testemunho contra ele:

58 Nós o ouvimos dizer: Eu [u]destruirei este templo, edificado por mãos humanas, e em três dias edificarei outro [v]não feito por mãos humanas.

59 Nem assim o seu testemunho era coerente.

60 Levantando-se o sumo sacerdote, perguntou a Jesus: [w]Nada respondes? Que testificam estes contra ti?

61 Ele, porém, se [x]calou; nada respondeu. O sumo sacerdote lhe tornou a perguntar: [y]És tu o Cristo, o Filho do Deus Bendito?

62 Disse-lhe Jesus: Eu sou. E vereis o [z]Filho do homem [a]assentado à direita do Todo-poderoso, [bb]vindo sobre as nuvens do céu.

63 O sumo sacerdote [cc]rasgou as suas vestes e disse: Por que necessitamos de mais testemunhas?

64 Vós ouvistes a [dd]blasfêmia. Que vos parece? Todos o consideraram réu de [ee]morte.

65 Então alguns começaram a [ff]cuspir nele, a cobrir-lhe o rosto, a dar-lhe murros e a dizer-lhe: Profetiza! E os guardas o levaram, e davam-lhe [gg]bofetadas.

As três negações de Pedro (Mt 26.69-75; Lc 22.55-62; Jo 18.16-18,25-27)

66 [hh]**E**stando Pedro embaixo, no átrio, chegou uma das criadas do sumo sacerdote

67 e, vendo a [ii]Pedro, que se aquentava, olhou para ele e disse: Tu também estavas com Jesus, o Nazareno.

68 Ele, porém, o negou, dizendo: Não o conheço, nem sei o que dizes. E saiu para o alpendre. [E o galo [jj]cantou.]

69 A criada, vendo-o de novo, começou a dizer aos guardas: Este é um dos tais.

70 Ele, porém, o negou outra vez. Pouco depois os que ali estavam disseram outra vez a Pedro: Verdadeiramente tu és um deles, pois és galileu.

71 Ele começou a [kk]praguejar e a jurar: Não conheço esse homem de quem falais!

72 Imediatamente o galo cantou pela segunda vez. Então Pedro lembrou-se da palavra que Jesus lhe tinha dito: Antes que o galo cante duas vezes, três vezes me negarás. E, caindo em si, chorou.

[b] Lc 21.36
[c] Rm 7.18,21-24; veja Jd 23, nota
[d] Jo 17.1
[e] Veja Rm 3.23, nota
[f] v. 10
[g] Sl 3.1
[h] Veja Mt 2.4, nota
[i] Pv 27.6; comp. 2Sm 20.9,10
[j] Mt 21.23; comp. Mt 4.23; 9.35; Lc 13.10; 23.5
[k] Comp. Is 53.7,8; Dn 9.26
[l] Comp. v. 31; 2Tm 4.10,16
[m] Jo 11.49,51
[n] v. 55; Mc 15.1
[o] Mt 16.21; 27.12; Lc 9.22; 23.23; Jo 7.32; 18.3; 19.6
[p] Veja Mt 2.4, nota
[q] Jo 18.15
[r] Comp. Sl 27.12; 35.11
[s] Comp. Dn 6.4; 1Pe 3.16
[t] Êx 20.16; Sl 35.11; Pv 6.16-19; 19.5
[u] Comp. Mc 15.29
[v] 2Co 5.1
[w] Mc 15.3-5
[x] Is 53.7; Jo 19.9; At 8.32; 1Pe 2.23; comp. Sl 38.13,14; 39.9
[y] Lc 22.67
[z] Veja Mt 8.20, nota
[a] Sl 110.1; Mt 25.31; Lc 1.32; comp. Ap 4.2
[bb] Cristo (segunda vinda): v. 62; Lc 9.26 (Dt 30.3; At 1.11, nota); comp. Dn 7.13
[cc] Comp. Nm 14.6; At 14.13,14
[dd] Jo 10.33,36; comp. Ap 13.6
[ee] Jo 19.7
[ff] Is 50.6
[gg] Veja Is 52.14, nota
[hh] Comp. Jo 13.36-38
[ii] Mc 10.47; Jo 1.45; At 10.38
[jj] Comp. v. 30; Jo 13.38
[kk] Comp. v. 29,31; 1Co 10.12

[1] (14.53) Ordem dos acontecimentos após a prisão do Senhor Jesus: veja Mt 26.57, *nota*.

O Sinédrio entrega Jesus a Pilatos (Mt 27.1,2,11-15; Lc 23.1-7,13-18; Jo 18.28-40; 19.1-16)

15 **B**em cedo de manhã os principais sacerdotes, com os líderes religiosos, [l]mestres da lei e todo o Sinédrio entraram em [m]conselho. Amarraram Jesus, levaram-no e o [n]entregaram a Pilatos.

2 Pilatos lhe perguntou: És tu o [o]rei dos judeus? Respondeu Jesus: Tu o dizes.

3 Os principais sacerdotes acusavam-no de muitas coisas.

4 Então Pilatos o interrogou outra vez: [p]Nada respondes? Vê quantas acusações te fazem.

5 Jesus, porém, [q]nada respondeu, de modo que Pilatos se maravilhava.

Jesus ou Barrabás? (Mt 27.16-26; Lc 23.16-25; Jo 18.38–19.15)

6 **O**ra, era costume no dia da festa soltar um preso qualquer que o povo pedisse.

7 Havia um, chamado Barrabás, preso com rebeldes, o qual tinha cometido um homicídio na revolta.

8 A multidão veio e começou a pedir que lhes fizesse como de costume.

9 Perguntou-lhes Pilatos: [r]Quereis que vos solte o rei dos judeus?

10 Ele sabia que por [s]inveja os principais sacerdotes o haviam entregado.

11 Os principais sacerdotes, porém, incitaram a multidão no sentido de que Pilatos [t]soltasse Barrabás.

12 Pilatos perguntou-lhes: Que farei, pois, com este a quem chamais [u]rei dos judeus?

13 Gritaram eles: Crucifica-o!

14 Pilatos, porém, lhes perguntou: Por quê? [v]Que crime cometeu ele? Mas eles gritavam cada vez mais: Crucifica-o!

15 Querendo satisfazer a [w]multidão, Pilatos soltou-lhes Barrabás. Tendo mandado açoitar Jesus, entregou-o para ser [x]crucificado.

Jesus é coroado com espinhos (Mt 27.27-31; Lc 23.26-32)

16 **O**s soldados o levaram para dentro do palácio, isto é, o pretório, e reuniram todo o destacamento.

17 Vestiram-no de púrpura e, tecendo uma coroa de [y]espinhos, puseram-na na sua cabeça.

18 E começaram a saudá-lo, dizendo: Salve, rei dos judeus!

19 [z]Feriram-lhe a cabeça com uma vara, cuspiram nele e, pondo-se de joelhos, o adoraram.

20 Depois de [a]zombarem dele, despiram-lhe a púrpura e o vestiram com as suas próprias vestes. Então o levaram para fora, a fim de o crucificarem.

21 **O**brigaram a certo Simão Cireneu, pai de Alexandre e de [b]Rufo, o qual por ali passava, vindo do campo, a que carregasse a cruz.

22 [c]Levaram Jesus ao lugar chamado [1]Gólgota, que quer dizer: Lugar da Caveira.

23 Então lhe [2][d]ofereceram vinho misturado com mirra, mas ele não o tomou.

A crucificação de Jesus (Mt 27.33-56; Lc 23.33-49; Jo 19.17-37)

24 **E** [3][e]o crucificaram. [f]Repartindo entre si as vestes dele, lançaram sorte, para ver o que cada um levaria.

25 Era a hora [g]terceira quando o [h]crucificaram.

26 Por cima dele [i]estava escrita a sua acusação: O REI DOS JUDEUS.

27 Crucificaram [j]com ele dois ladrões, um à sua direita e outro à sua esquerda.

28 [E cumpriu-se a escritura que [k]diz: Com malfeitores foi contado.]

29 Os que passavam, [ll]blasfemavam dele, [mm]meneando a cabeça e dizendo: Ah! Tu que [nn]destróis o templo e, em três dias, o edificas,

30 desce da cruz e salva-te a ti mesmo.

31 Da mesma maneira, os principais sacerdotes com os [oo]mestres da lei, [pp]zombando, diziam uns aos outros: Salvou os [qq]outros, mas não pode salvar-se a [rr]si mesmo!

32 Desça agora da cruz este Cristo, o rei de Israel, para que [ss]vejamos e acreditemos. Os que com ele foram crucificados também o insultavam.

33 **A**o [tt]meio-dia, houve trevas sobre toda a terra, até as [uu]3 horas da tarde.

34 E às 3 horas da tarde [vv]exclamou Jesus com alta voz: [ww]Eloí, Eloí, lamá sabactâni? Que quer dizer: Deus meu, Deus meu, por que me desamparaste?

35 Alguns dos que ali estavam, ouvindo isso, diziam: Vede, chama por [4]Elias.

36 Um deles correu a embeber uma esponja em vinagre e, pondo-a na ponta de uma vara,

---

[l] Veja Mt 2.4, nota
[m] Sl 2.2; At 2.23; 4.27,28
[n] Lc 18.32; At 3.13
[o] Mt 2.2; Jo 19.19
[p] Mt 26.62,63; Mc 14.60,61
[q] Is 53.7; Jo 19.9; At 8.32
[r] Veja Mt 27.17, nota
[s] Pv 27.4; comp. Jo 12.19
[t] At 3.14; comp. Jo 1.11
[u] Sl 2.6; Is 9.7; Jr 23.5; 33.15; Mq 5.2
[v] Is 53.9; Jo 8.46; 1Pe 2.21-23; comp. At 3.13
[w] Comp. Mc 6.26
[x] Is 53.8
[y] Comp. Gn 3.18

[z] Is 50.6; 53.5; Mc 14.65; comp. Sl 69.7,19; Is 52.14
[a] Sl 35.16; Mc 10.34; Lc 22.63; 23.11
[b] Comp. Rm 16.13
[c] Hb 13.12; comp. Gl 2.20; Hb 13.13
[d] v. 36
[e] Mt 27.35; Lc 23.34; Jo 19.23,24
[f] Sl 22.18
[g] 9 da manhã. Veja Jo 19.14, nota
[h] Sacrifício (de Cristo): v. 22-26; Lc 22.20 (Gn 3.15; Hb 10.18, nota)
[i] Veja Mt 27.37, nota
[j] Is 53.9,12; Lc 22.37
[k] Inspiração: v. 28; Lc 1.3 (Êx 4.15; 2Tm 3.16)
[ll] Sl 22.6,7; 69.7
[mm] Sl 109.25; comp. Lm 2.15
[nn] Mc 14.58; Jo 2.19-21
[oo] Veja Mt 2.4, nota
[pp] Lc 18.32
[qq] Lc 7.14,15; Jo 11.43,44
[rr] Comp. Jo 3.14,15 com Hb 9.22
[ss] Comp. Mt 16.4; Lc 16.31; Jo 20.29
[tt] Em algumas versões, hora sexta. Veja Jo 19.14, nota
[uu] Em algumas versões, hora nona.
[vv] Orações da Bíblia (NT): v. 34; Lc 2.28 (Mt 6.9; Lc 11.2, nota)
[ww] Sl 22.1; veja Mt 27.46, nota

---

[1] (15.22) "Gólgota" é a palavra hebraica que significa "Caveira" (tb. Mt 27.33; Jo 19.17) que foi traduzida para os leitores gregos. Em Lucas 23.33, "Caveira" é a tradução da palavra grega *kranion*. Esse local é também conhecido como monte Calvário.

[2] (15.23) A mistura de vinho e mirra era uma bebida entorpecente que, às vezes, era dada aos que estavam sofrendo terríveis dores, como as da crucificação.

[3] (15.24) Ordem dos acontecimentos da crucificação: veja Mt 27.33, *nota*.

[4] (15.35) Nosso Senhor estava falando em aramaico (v. 34). A pronúncia da primeira palavra de seu clamor na cruz, "Eloí" (ou "Eli", Mt 27.46), é muito similar à pronúncia hebraica de "Elias" ou de seu equivalente grego.

[x]deu-lhe de beber, dizendo: Deixai, vejamos se Elias vem tirá-lo.

37 Dando um grande brado, Jesus [y]expirou.

38 O [z]véu do templo rasgou-se em duas partes, de [1]alto a baixo.

39 E, quando o centurião, que estava em frente dele, ouviu o seu brado e viu como expirara, disse: Verdadeiramente este homem era o [a]Filho de Deus!

40 **A**lgumas mulheres estavam olhando de longe. Entre elas estavam [b]Maria Madalena, Maria, mãe de [c]Tiago, o menor, e de José, e Salomé.

41 Na Galileia, essas mulheres tinham-no seguido e servido. Estavam ali também muitas outras mulheres que tinham subido com ele para Jerusalém.

O corpo de Jesus posto em um sepulcro (Mt 27.57-61; Lc 23.50-56; Jo 19.38-42)

42 [d]**E**ra o dia da preparação, isto é, a véspera do sábado. Ao cair da tarde,

43 José de Arimateia, ilustre membro do Sinédrio, que também [e]esperava o [f]Reino de Deus, foi ousadamente a Pilatos e pediu o corpo de Jesus.

44 Pilatos se maravilhou de que já estivesse morto. Chamando o centurião, perguntou-lhe se havia muito que tinha morrido.

45 Tendo-se certificado pelo centurião que assim sucedera, deu o corpo a José.

46 Então José comprou um lençol fino, tirou o corpo da cruz, envolveu-o nele e o [g]depositou em um sepulcro lavrado numa rocha. A seguir, rolou uma pedra para a entrada do sepulcro.

47 Maria Madalena e Maria, mãe de José, viram onde o puseram.

IV. A ressurreição e a ascensão do Servo vitorioso, 16

A ressurreição de Jesus e os acontecimentos desse dia (comp. Mt 28.1-15; Lc 24.1-49; Jo 20.1-23)

16 [2]**P**assado o [h]sábado, Maria Madalena, Maria, mãe de Tiago, e Salomé compraram aromas para irem [i]ungir o corpo de Jesus.

2 Muito cedo, [j]no primeiro dia da semana, logo depois do nascer do sol, foram ao sepulcro.

3 Diziam umas às outras: [k]Quem removerá a pedra da entrada do sepulcro?

4 Olhando, porém, viram que a pedra, que era muito grande, já estava removida.

5 Entrando no sepulcro, viram um jovem assentado à direita, vestido com um manto branco, e ficaram espantadas.

6 Ele lhes disse: Não vos assusteis. Buscais a Jesus, o Nazareno, que foi crucificado. [l]Já [m]ressurgiu! Não está aqui. Vede o lugar onde o puseram.

7 Ide, porém, dizei a seus discípulos e a Pedro: Ele vai adiante de vós para a Galileia. Lá o vereis, [n]como ele vos disse.

8 Tremendo e assombradas, as mulheres saíram e fugiram do sepulcro. Nada disseram a ninguém, porque temiam.

Jesus aparece a Maria Madalena

9 **T**endo Jesus ressurgido de manhã cedo no primeiro dia da semana, [o]apareceu primeiro a Maria Madalena, da qual tinha expulsado sete [p]demônios.

10 Partindo ela, anunciou-o àqueles que tinham estado com ele, os quais estavam tristes e choravam.

11 Quando ouviram que Jesus vivia e que tinha sido visto por ela, [q]não acreditaram.

12 **D**epois, Jesus manifestou-se de outra forma a dois deles, enquanto iam para o campo.

13 Estes voltaram e o anunciaram aos outros; tampouco acreditaram neles.

14 **M**ais tarde Jesus apareceu aos [3]Onze, estando eles à mesa, e lançou-lhes em rosto a incredulidade e dureza de coração, porque não acreditaram nos que o tinham visto já ressuscitado.

Jesus comissiona os Onze (Lc 24.46-48; comp. Mt 28.16-20; Jo 17.18; 20.21; At 1.8)

15 E disse-lhes: Ide por [r]todo o [s]mundo e pregai o [t]evangelho a toda criatura.

16 Quem [u]crer e for [v]batizado será [w]salvo, mas quem não crer será condenado.

[x] Sl 69.21
[y] Veja Mt 27.50, nota
[z] Veja Mt 27.51, nota
[a] Mt 14.33; Mc 3.11; Lc 1.35; Jo 1.34; 3.18; 10.36; 20.31; At 8.37; 9.20
[b] Comp. Lc 8.2,3; veja Lc 1.27, nota
[c] Filho de Alfeu. Veja Mt 4.21, nota
[d] Comp. Êx 34.25; Dt 21.22,23
[e] Comp. Lc 2.38
[f] Veja Mt 6.33, nota
[g] Is 53.9
[h] Sábado (dia de repouso): v. 1; Lc 4.16 (Gn 2.3; Mt 12.1, nota)
[i] Mc 14.8
[j] Veja Mt 28.1, nota
[k] Comp. Êx 14.13-16
[l] Cristo (primeira vinda): v. 6,7; Lc 1.31 (Gn 3.15; At 1.11)
[m] Ressurreição: v. 6,9,11, 12,14; Lc 7.15 (2Rs 4.35; 1Co 15.52, nota)
[n] Mc 14.28
[o] Veja Jo 20.16, nota
[p] Veja Mt 7.22, nota
[q] v. 13,14
[r] Cl 1.6
[s] Gr. kosmos. Veja Mt 4.8, nota
[t] Evangelho: v.15,20; Lc 2.10 (Gn 12.3; Ap 14.16)
[u] Jo 3.16; At 16.30,31; Rm 10.8-10
[v] Veja At 8.12, nota
[w] Veja Rm 1.16, nota

[1] (15.38) Deus rasgou o véu "de alto a baixo". Depois que Cristo realizou a expiação do pecado e com ele glorificou a Deus, o caminho para o santuário e para a própria presença de Deus estava aberto para o crente. Comp. Hb 9.8,24; 10.19-22.

[2] (16.1) Ordem dos acontecimentos no dia da ressurreição de Cristo e suas outras aparições após a ressurreição: veja Mt 28.1, *nota*; Jo 20.16, *nota*.

[3] (16.14) "Aos Onze" é usado aqui como um termo coletivo, mas não implica que, necessariamente, os Onze estivessem presentes. Veja Lc 24.33; comp. 1Co 15.5; veja tb. Mt 28.16, onde "onze discípulos" fala de um número definido de pessoas.

17 E estes [x]sinais hão de seguir os que crerem:
Em meu nome [y]expulsarão demônios; [z]falarão
novas línguas;
18 pegarão em [a]serpentes; quando beberem
alguma coisa mortífera, ela não lhes fará mal
algum; imporão as mãos sobre enfermos e
os curarão.

[x] At 5.12
[y] At 8.7
[z] At 2.4
[a] At 28.3-6

A ascensão de Jesus (Lc 24.49-53; At 1.6-11)

19 **D**epois de o Senhor lhes ter falado, foi [b]re-
cebido no céu e [c]assentou-se à direita de Deus.
20 Então os discípulos partiram e pregaram
por toda parte, cooperando com eles o Senhor
e confirmando a sua palavra por meio dos
[d]sinais que a acompanhavam.

[b] At 1.9; Ap 4.2
[c] 1Pe 3.22
[d] Hb 2.4

LUCAS

- **Autor:** Lucas
- **Tema:** Cristo, o Homem
- Escrito em 60 d.C., aprox.

LUCAS, que escreveu o terceiro Evangelho e o livro de Atos, era "o médico amado" (Cl 4.14). Foi companheiro e cooperador de Paulo (Fm 24). Compare com introdução a Atos.

Este livro, o Evangelho mais extenso, foi escrito principalmente para os gregos. Lucas destaca a perfeita humanidade de Cristo, a quem apresenta como o Filho do homem, a Pessoa divino-humana, cuja genealogia o evangelista registra até Adão. A narração que Lucas faz do nascimento e da infância do Senhor é do ponto de vista da virgem mãe. Ele é o único que fala da infância de Cristo e revela mais sobre a vida de oração do Senhor que os outros Evangelhos sinópticos. As parábolas incluídas nesse Evangelho mostram a preocupação de Cristo pela humanidade perdida. No relato de certos milagres, fica evidente a observação especializada de um médico.

Lucas é, muito destacadamente, o Evangelho da compaixão, uma vez que enfatiza a compaixão do Senhor pelos abatidos, enfermos, maltratados e afligidos pela morte de entes queridos. Também mostra o ministério que as mulheres tiveram em relação a Cristo. Além de sua apresentação do Filho do homem, o livro destaca o alcance mundial da salvação. Somente em Lucas estão registradas as parábolas da ovelha perdida, da moeda perdida e do filho perdido (15.3-32), bem como a missão dos setenta (10.1-24).

O Evangelho de Lucas pode ser dividido da seguinte maneira: I. Introdução, 1.1-4. II. Nascimento, batismo, genealogia e tentação de Cristo, 1.5–4.13. III. O ministério público do Filho do homem, até a entrada triunfal, 4.14–19.27. IV. A rejeição de Cristo; sua morte, 19.28–23.56. V. A ressurreição de Cristo, a comissão dada aos discípulos e a ascensão, 24.1-53.

I. Introdução, 1.1-4

1 Tendo muitos elaborado uma narração dos [a]fatos que entre nós se cumpriram,

2 conforme nos [b]transmitiram os que desde o [c]início [d]foram deles testemunhas oculares e [e]ministros da palavra,

3 achei também conveniente [f]contá-los a ti, ó excelentíssimo [g]Teófilo, por sua ordem, tendo já me informado detalhadamente de tudo [1]desde o começo,

4 para que tenhas plena certeza das [h]coisas em que foste ensinado.

II. Nascimento, batismo, genealogia e tentação de Cristo, 1.5–4.13

Predição dos nascimentos de João Batista, e de Jesus Cristo

5 **E**xistiu no tempo de [i]Herodes, rei da [j]Judeia, um sacerdote chamado Zacarias, da [k]ordem de [l]Abias; sua [m]mulher era das filhas de Arão, e o seu nome era Isabel.

6 Eram ambos [n]justos perante Deus, obedecendo de modo irrepreensível a todos os [o]mandamentos e preceitos do Senhor.

7 Eles, porém, não tinham filhos, [p]porque Isabel era estéril, sendo ambos avançados em idade.

8 **E**xercendo ele o sacerdócio diante de Deus, na ordem do seu turno,

9 coube-lhe por sorteio, conforme o costume sacerdotal, entrar no templo do Senhor para [q]oferecer o incenso.

10 Chegada a hora de oferecer o incenso, toda a multidão do povo estava fora, orando.

11 Então um [r]anjo do Senhor lhe apareceu, em pé, à direita do altar do incenso.

12 Vendo-o, Zacarias [s]perturbou-se, e o temor apoderou-se dele.

13 O [t]anjo, porém, lhe disse: Zacarias, não temas. A tua [u]oração foi ouvida. [v]Isabel, tua mulher, [w]dará à luz um filho, e tu lhe porás o nome de [x]João.

14 Terás satisfação e alegria, e muitos se [y]alegrarão no seu nascimento,

---

[1] (1.3) Neste prefácio formal, Lucas tem o extremo cuidado de descrever o método de pesquisa e compilação do material para seu Evangelho. Ele destaca: 1) que os fatos foram corroborados por testemunhas oculares (v. 2; comp. tb. 1Jo 1.1); 2) um modo escrupuloso de lidar com a verdade (v. 2, "nos transmitiram"; v. 3, "informado detalhadamente de tudo"); 3) um estudo completo (v. 3, "informado [...] de tudo desde o começo"; comp. At 1.1, "tudo o que Jesus começou não só a fazer, mas também a ensinar"); 4) correspondência entre o material escrito e os propósitos e as atividades divinas (v. 4, "plena certeza"); 5) uma apresentação ordenada (v. 1, "narração dos fatos"). Esse cuidado humano não minimiza o labor do Espírito ao dirigir o escritor (quanto à origem e certeza da profecia, veja 2Pe 1.19-21).

"Desde o início" provém do gr. *anōthen* e também pode ser traduzido por "de cima" (Jo 3.31; 19.11), "do alto" (Tg 1.17; 3.15,17). O uso que Lucas faz de *anōthen* pode indicar o duplo significado "desde o início" e "de cima". Ele está afirmando que seu conhecimento dessas coisas, obtido daqueles que haviam sido testemunhas oculares desde o início (v. 2), foi confirmado por revelação. Da mesma maneira, Paulo, sem dúvida, recebera dos Onze o relato da instituição da ceia do Senhor; mas ele também a obteve por revelação (1Co 11.23), e o que Paulo escreveu, assim como o conhecimento *anōthen* de Lucas, tornou-se algo de primeira mão, não simplesmente uma tradição.

---

[a] Jo 20.31
[b] At 1.2
[c] Mc 1.1; Jo 15.27; At 1.21,22
[d] At 1.3; 10.39; Hb 2.3; 1Pe 5.1; 2Pe 1.16; 1Jo 1.1
[e] Comp. Ef 3.7,8
[f] Inspiração: v. 1-4; Lc 1.70 (Êx 4.15; 2Tm 3.16)
[g] At 1.1
[h] v. 1
[i] Herodes, o Grande. Veja Mt 2.1, nota
[j] v. 39
[k] 1Cr 24.1,10
[l] Ne 12.4
[m] Lv 21.13, 14; comp. 2Co 6.14-18
[n] Justiça (AT): v. 5,6; Lc 2.25 (Gn 6.9; Lc 2.25, nota)
[o] Lei (de Moisés): v. 6; Lc 2.23 (Êx 19.1; Gl 3.24)
[p] Comp. Gn 18.11-14
[q] Êx 30.7,8
[r] Veja Hb 1.4, nota
[s] v. 29; Lc 2.9
[t] Veja Hb 1.4, nota
[u] Comp. Gn 25.21
[v] v. 24
[w] v. 57
[x] v. 60,63
[y] v. 58

15 pois será [z]grande diante do Senhor. Não [a]beberá vinho nem bebida forte e será cheio do [b]Espírito Santo, já desde antes de nascer.

16 E [c]converterá muitos dos filhos de Israel ao Senhor, o seu Deus.

17 [d]Irá adiante dele no espírito e poder de Elias, para fazer voltar o coração dos pais aos filhos, e os rebeldes à sabedoria dos justos, para deixar ao Senhor um povo preparado.

18 Perguntou Zacarias ao anjo: Como saberei isto? [e]Eu sou velho, e minha mulher é avançada em idade.

19 Respondeu-lhe o anjo: Eu sou [f]Gabriel, que fico diante de Deus, e fui enviado para falar-te e dar-te estas alegres [g]notícias.

20 E agora ficarás [h]mudo e não poderás falar até o dia em que estas coisas aconteçam, porque não creste nas minhas palavras que a seu tempo se cumprirão.

21 O povo estava esperando Zacarias, preocupado com sua demora no templo.

22 Quando ele saiu, não lhes podia falar. Então entenderam que tivera uma visão no templo. Falava-lhes por [i]sinais, pois estava mudo.

23 Terminados os dias de seu serviço, voltou para [j]sua casa.

24 **D**epois daqueles dias [k]Isabel, sua mulher, [l]engravidou e por cinco meses não saiu de casa, dizendo:

25 Assim me fez o Senhor, nos dias em que decidiu [m]retirar a minha humilhação perante os homens.

A anunciação do nascimento de Jesus

26 **N**o [n]sexto mês, foi o anjo Gabriel enviado por Deus a uma cidade da Galileia, chamada Nazaré,

27 a uma [o]virgem prometida em casamento a um homem, cujo nome era José, descendente de Davi. O nome da virgem era [1]Maria.

28 Aproximando-se dela o anjo, disse: Salve, [p]agraciada! O Senhor é contigo. Bendita és tu entre as mulheres.

29 Ela, porém, [q]se perturbou muito com essas palavras e pensava que saudação seria essa.

[z] Lc 7.24-28
[a] Comp. Lv 10.9; Nm 6.2-4
[b] Espírito Santo (NT): v. 15,17; Lc 1.35 (Mt 1.18; At 2.4, nota)
[c] v. 76-79; comp. Dn 12.3
[d] Veja Mt 17.10, nota
[e] Comp. Gn 17.17
[f] Homem de Deus. Dn 8.16; 9.21
[g] Lc 2.10
[h] v. 22; comp. Ez 3.24-27
[i] Comp. v. 20,62
[j] Comp. 1Cr 9.22-25
[k] v. 36; comp. Gn 21.2
[l] v. 5,13
[m] Gn 30.23; comp. Is 4.1
[n] Veja Lv 23.2, nota
[o] Mt 1.18
[p] v. 30; comp. Dn 9.23; 10.19
[q] v. 12

30 Disse-lhe então o anjo: Maria, não temas, achaste [r]graça diante de Deus.

31 [s]Engravidarás e darás à luz um [t]filho, e lhe porás o [u]nome de Jesus.

32 Ele será grande e será chamado Filho do [v]Altíssimo. O Senhor Deus lhe [w]dará o [x]trono de Davi, seu [y]pai.

33 Ele [zz]reinará [aa]eternamente sobre o povo de Jacó, e o seu [bb]reinado não terá fim.

A milagrosa concepção de Jesus

34 Disse Maria ao anjo: Como se fará isso, [cc]visto que não tenho relação com homem algum?

35 Respondeu-lhe o anjo: Descerá sobre ti o [dd]Espírito Santo, e o poder do Altíssimo te cobrirá com a sua sombra. Por isso, aquele [ee]santo que de ti nascerá será chamado [ff]Filho de Deus.

36 Até Isabel, tua prima, engravidou em sua velhice, sendo este o sexto mês para aquela que era considerada estéril.

37 [gg]Pois para Deus nada é impossível.

38 Disse, então, Maria: Eu sou a serva do Senhor. [hh]Cumpra-se em mim conforme a tua palavra. E o anjo a deixou.

Maria visita a Isabel

39 **N**aqueles dias, levantou-se Maria, foi apressada às montanhas, a uma cidade de Judá,

40 entrou na casa de Zacarias e saudou Isabel.

41 Ao ouvir Isabel a saudação de Maria, o bebê saltou no seu ventre, e Isabel foi [ii]cheia do Espírito Santo.

42 Exclamou ela em alta voz: [jj]Bendita és tu entre as mulheres, e bendito o fruto do teu ventre.

43 De onde recebo tanta graça que me [kk]venha visitar a mãe do meu Senhor?

44 Ao ouvir a voz da tua saudação, o bebê agitou-se de alegria no meu ventre.

45 [ll]Bem-aventurada a que [mm]creu que se cumprirão as coisas que o Senhor lhe dissera.

O "Magnificat" de Maria (comp. 1Sm 2.1-10)

46 **D**isse Maria:
A minha alma engrandece ao Senhor,

[r] v. 28, Lc 2.52
[s] Is 7.14; Mt 1.21; Gl 4.4
[t] Cristo (primeira vinda): v. 31-35; Lc 2.7 (Gn 3.15; At 1.11)
[u] Lc 2.21; Fp 2.9-11
[v] v. 35,76
[w] 2Sm 7.12; Is 9.6,7; Jr 23.5
[x] 2Sm 7.14-17
[y] Mt 1.1
[zz] Israel (profecias): v. 32,33; Lc 1.68 (Gn 12.2; Rm 11.26)
[aa] Dn 2.44; 7.14,27; Mq 4.7; Hb 1.8; 2Pe 1.1
[bb] Reino (NT): v. 32,33; Lc 8.10 (Mt 2.2; 1Co 15.24, nota)
[cc] Comp. Mt 1.18-20
[dd] Espírito Santo (NT): v. 35,41; Lc 1.67 (Mt 1.18; At 2.4, nota)
[ee] Santificação (NT): v. 35; Lc 1.70 (Mt 4.5; Ap 22.11)
[ff] Sl 2.7; Mt 14.33; Jo 1.34; 20.31; At 8.37; Rm 1.1-4; Hb 1.2,8
[gg] Mt 19.26; comp. Gn 18.14
[hh] Comp. Rm 6.13
[ii] At 6.3
[jj] v. 28
[kk] Comp. Mt 3.14
[ll] Jo 20.29
[mm] Comp. Hb 11.11

[1] (1.27) No NT, há seis diferentes Marias: 1) Maria, mãe de Jesus, sempre claramente identificada pelo contexto. 2) Maria, mãe do apóstolo Tiago (chamado "o menor", Mc 15.40) e esposa de Clopas (Jo 19.25), que pode ser identificado com Alfeu (Mt 10.3; Mc 3.18; Lc 6.15). Essa Maria foi testemunha da crucificação (Mt 27.56; Mc 15.40; Jo 19.25), visitou o sepulcro (Mc 15.47; 16.1; Lc 24.10) e, pode-se presumir, foi uma das mulheres que viram o Senhor ressuscitado no dia da ressurreição (Mt 28.7-9; Lc 24.9,22-24). Geralmente ela é mencionada em ligação com um de seus filhos ou com ambos. Alguns têm conjeturado que essa Maria era prima de Maria, mãe de Jesus, embora ela seja citada como irmã (Jo 19.25). 3) Maria de Betânia, irmã de Marta e de Lázaro, mencionada pelo nome somente em Lc 10.39,42; Jo 11.1,2,19,20,28,31,32,45; 12.3, mas, por inferência, em Mt 26.7; Mc 14.3-9. 4) Maria Madalena, uma mulher de Magdala, "da qual [Jesus] tinha expulsado sete demônios" (Mc 16.9). Ela nunca é mencionada sem a identificação "Madalena" e não deve ser confundida com a mulher pecadora que ungiu os pés do Salvador numa cidade da Galileia (Lc 7.36-50). 5) Maria, mãe de João Marcos e irmã de Barnabé (At 12.12). 6) Maria, uma cristã de Roma a quem Paulo enviou saudações (Rm 16.6).

47 e o meu espírito se [n]alegra em [o]Deus,
o meu [p]Salvador,
48 pois [q]olhou para a humildade da sua serva.
Desde agora todas as gerações
me chamarão bem-aventurada,
49 pois [r]grandes coisas me fez o Poderoso.
[s]Santo é o seu nome.
50 A sua [t]misericórdia estende-se de
geração em geração sobre
os que o [u]temem.
51 Com o seu [v]braço agiu poderosamente;
dispersou os que no coração
cultivavam pensamentos [w]soberbos.
52 [x]Tirou dos tronos os poderosos,
e exaltou os humildes.
53 [y]Encheu de bens os famintos,
e despediu vazios os ricos.
54 Ajudou Israel, seu [z]servo,
lembrando-se da sua misericórdia
55 para com [a]Abraão [b]e [c]sua [d]descendência,
para sempre.
56 Maria ficou com ela quase três meses e
depois voltou para casa.

Nascimento de João Batista. Cântico de Zacarias

57 **C**ompletou-se para Isabel o tempo de dar
à luz, e ela teve um filho.
58 Os seus vizinhos e parentes ouviram que
Deus teve para com ela grande misericórdia e
[e]alegraram-se com ela.
59 Ao [f]oitavo dia, foram circuncidar o menino
e queriam dar-lhe o nome de seu pai, Zacarias.
60 Respondeu sua mãe: Não! Ele será cha-
mado [g]João.
61 Disseram-lhe: Ninguém há na tua paren-
tela que tenha este nome.
62 Perguntaram, por sinais, ao pai do menino
que nome queria que lhe dessem.
63 Pedindo ele uma tabuinha, escreveu: O seu
nome é João. E todos se admiraram.
64 Imediatamente sua boca se [h]abriu, sua
língua se soltou e falava, louvando a Deus.
65 Caiu temor sobre todos os seus vizinhos,
e em toda a região montanhosa da Judeia fo-
ram divulgadas estas coisas.
66 Todos os que as [i]ouviram perguntavam-
-se: Quem será, pois, este menino? E a mão
do Senhor estava com ele.

O "Benedictus" de Zacarias

67 **Z**acarias, seu pai, [j]cheio do [k]Espírito Santo,
profetizou:
68 [l]Bendito seja o Senhor, o Deus de Israel,
porque [m]visitou e [n]libertou o seu [o]povo,
69 e nos levantou uma poderosa [pp]salvação
na descendência de Davi, seu servo,
70 [qq]Como [rr]falou pela boca dos seus [ss]san-
tos profetas,
[tt]desde o [uu]início do mundo,
71 para nos livrar dos nossos inimigos
e da mão de todos os que nos odeiam;
72 para manifestar misericórdia a nossos pais,
e lembrar-se da sua santa [vv]aliança
73 e do [ww]juramento que fez
a Abraão, nosso pai,
74 de permitir-nos que,
libertados da mão de nossos inimigos,
o servíssemos sem temor,
75 em santidade e [xx]justiça
perante ele todos os dias da nossa vida.
76 E tu, ó menino, serás chamado [yy]profeta
do Altíssimo,
pois [zz]irás adiante da face do Senhor
e prepararás os seus caminhos,
77 para dar ao seu povo
[aa]conhecimento da [bb]salvação,
pelo perdão dos seus [cc]pecados,
78 por causa da profunda
misericórdia do nosso Deus,
pela qual o [dd]sol nascente das alturas
nos visitará,
79 para [ee]iluminar os que vivem nas trevas
e na sombra da morte
e [ff]guiar nossos pés pelo caminho da paz.
80 **E** o [gg]menino crescia e se fortalecia em es-
pírito; e viveu nos desertos até o dia em que
havia de aparecer a Israel.

Nascimento de Jesus Cristo
(Mt 1.18-25; 2.1; comp. Jo 1.14)

2 Naqueles dias, saiu um decreto da parte
de César Augusto, ordenando o recensea-
mento de todo o [1]mundo [hh]habitado.
2 Este primeiro recenseamento foi feito
quando Quirino era governador da Síria.
3 Todos iam alistar-se, cada um em sua pró-
pria cidade.
4 Assim, subiu José da Galileia, da cidade de
Nazaré, para a Judeia, à cidade de Davi, chama-
da [ii]Belém, porque pertencia à [jj]descendência
de Davi,
5 a fim de se alistar com Maria, sua mulher,
que estava grávida.
6 Estando eles ali, cumpriram-se os dias em
que ela havia de dar à luz,
7 [kk]e ela [ll]deu à luz seu filho primogênito, envol-
veu-o em panos e o deitou numa manjedoura,
porque não havia lugar para eles na hospedaria.

[n] Hc 3.18
[o] 1Tm 1.1; Tt 3.4
[p] Veja Rm 1.16, nota
[q] Comp. 1Sm 1.11; Sl 138.6
[r] Sl 71.19; 126.2,3
[s] Sl 111.9; Ap 4.8
[t] Êx 34.6,7; Sl 103.17
[u] Veja Sl 19.9, nota
[v] Sl 98.1
[w] 1Pe 5.5
[x] 1Sm 2.7,8
[y] Mt 5.6
[z] Is 41.8
[a] Gl 3.16
[b] Rm 11.28
[c] Veja Hb 8.8, nota
[d] Gn 17.19
[e] v. 14; Rm 12.15
[f] Gn 17.12; Lv 12.3; Fp 3.5
[g] v. 13,63
[h] v. 20
[i] Lc 2.19
[j] v. 41
[k] Espírito Santo (NT): v. 67; Lc 2.25 (Mt 1.18; At 2.4, nota)
[l] 1Rs 1.48; Sl 106.48
[m] Comp. Lc 2.27-32
[n] Veja Êx 6.6 e Rm 3.24, notas
[o] Israel (história): v. 68-79; Lc 13.35 (Gn 12.2; Rm 11.26)

[pp] Veja Rm 1.16, nota
[qq] Rm 1.2
[rr] Inspiração: v. 70-79; Lc 3.4 (Êx 4.15; 2Tm 3.16)
[ss] Santificação (NT): v. 70,72,75; Lc 2.23 (Mt 4.5; Ap 22.11)
[tt] At 3.21
[uu] Gr. *aiōn*. Veja Mc 10.30, nota
[vv] Veja Gn 12.2, nota
[ww] Gn 22.16-18
[xx] Ef 4.24; veja Rm 10.10, nota
[yy] Mt 11.9
[zz] v. 17; Lc 7.27
[aa] Mc 1.4
[bb] Veja Rm 1.16, nota
[cc] Veja Rm 3.23, nota
[dd] Comp. Ml 4.2; 2Pe 1.19
[ee] Is 9.2; At 26.18
[ff] Jo 10.4
[gg] Comp. Lc 2.40
[hh] 5.37
[ii] Mq 5.2
[jj] Veja Mt 1.1, nota
[kk] Aprox. 5 a.C.
[ll] Cristo (primeira vinda): v. 1-7; Lc 2.26 (Gn 3.15; At 1.11)

[1] (2.1) Quando "mundo" (gr. *oikoumene*, que significa *a terra habitada*) no NT tem conotação política, refere-se ao Império Romano ou ao mundo romano.

Os anjos anunciam o nascimento de Jesus

8 **H**avia naquela mesma região pastores que viviam nos campos e guardavam o seu rebanho durante a noite.

9 Apareceu-lhes um anjo do Senhor, e a glória do Senhor os cercou de resplendor, e ficaram atemorizados.

10 O [m]anjo lhes disse: [n]Não temais. Eu vos trago [o]notícias de grande alegria, que o será para [p]todo o povo.

11 Na cidade de Davi vos nasceu hoje o Salvador, que é Cristo, o Senhor.

12 Isto vos servirá de sinal: Achareis o menino envolto em panos e deitado numa manjedoura.

13 **N**o mesmo instante apareceu com o anjo uma multidão dos exércitos celestiais, louvando a Deus e dizendo:

14 Glória a Deus nas maiores alturas,
[q]paz na terra entre os homens
a quem ele quer bem.

Os pastores visitam o menino Jesus

15 Ausentando-se deles os [r]anjos para o céu, disseram os pastores uns aos outros: Vamos até Belém e vejamos isso que aconteceu e que o Senhor nos revelou.

16 Foram apressadamente e acharam Maria e José, e o menino deitado na manjedoura.

17 Depois de o verem, divulgaram a palavra que acerca do menino lhes fora dita.

18 Todos os que a ouviram maravilharam-se do que os pastores lhes diziam.

19 Maria, porém, guardava todas estas coisas, refletindo sobre elas no coração.

20 Voltaram os pastores, glorificando e [s]louvando a Deus por tudo o que tinham ouvido e visto, como lhes fora anunciado.

Jesus é apresentado no templo em Jerusalém (comp. Êx 13.12,15)

21 **C**umpridos os [t]oito dias para circuncidar o menino, foi-lhe dado o nome de [u]Jesus, que pelo anjo lhe fora posto [v]antes de nascer.

22 **Q**uando se completaram os [w]dias da purificação, segundo a Lei de Moisés, levaram-no a Jerusalém para o apresentar ao Senhor,

23 [x]conforme o que está escrito na [y]Lei do Senhor: [z]Todo primogênito será [a]consagrado ao Senhor,

24 e para dar a oferta [b]segundo o disposto na Lei do Senhor: Um par de rolinhas ou dois pombinhos.

A adoração e profecia de Simeão

25 **H**avia em Jerusalém um homem cujo nome era Simeão; esse homem, [1][c]justo e temente a Deus, esperava a consolação de Israel, e o [d]Espírito Santo estava sobre ele.

26 Fora-lhe revelado pelo Espírito Santo que ele não morreria antes de ver o [e]Cristo do Senhor.

27 Movido pelo Espírito foi ao templo. Quando os pais trouxeram o menino Jesus para com ele fazerem conforme o que a Lei ordenava,

28 Simeão então o tomou nos braços e louvou a Deus, [f]dizendo:

29 Agora, Senhor, [g]despede em paz o teu servo,
[h]segundo a tua palavra,

30 pois os meus olhos já
viram a tua [i]salvação,

31 a qual preparaste perante
a face de todos os povos,

32 [j]luz para iluminar os gentios,
e para glória do teu povo, Israel.

33 O pai e a mãe do menino admiraram-se das coisas que dele se diziam.

34 E Simeão os abençoou e disse a Maria, mãe do menino: Esta criança é posta para queda e [k]elevação de muitos em Israel, para ser alvo de [l]contradição e para que se revelem os pensamentos de muitos corações.

35 E uma espada [mm]atravessará também a tua própria alma.

Testemunho de Ana a respeito de Cristo

36 **E**stava ali a [nn]profetisa Ana, filha de Fanuel, da tribo de [oo]Aser. Esta era avançada em idade e tinha vivido com o marido sete anos, desde que se casara.

37 Era [pp]viúva, de quase oitenta e quatro anos, e não se afastava do templo, servindo a Deus com jejuns e [qq]orações, de noite e de dia.

38 Chegando na mesma hora, dava graças a Deus e falava a respeito do menino a todos os que [rr]esperavam a [ss]redenção de Jerusalém.

Retorno a Nazaré: os anos de silêncio (depois dos acontecimentos de Mt 2)

39 **A**ssim que cumpriram todas as exigências da Lei do Senhor, voltaram para a Galileia, para a sua cidade de Nazaré.

40 [tt]O menino crescia e se fortalecia, enchendo-se de [uu]sabedoria; e a [vv]graça de Deus estava sobre ele.

[m] Veja Hb 1.4, nota; comp. Jz 2.1, nota
[n] Lc 1.13,30
[o] Evangelho: v. 10,11; Lc 4.18 (Gn 12.3; Ap 14.6)
[p] Gn 12.3; Is 49.6
[q] Veja Mt 10.34, nota
[r] Veja Hb 1.4, nota
[s] Lc 19.37
[t] Gn 17.12; Lv 12.3; comp. Lc 1.59
[u] Mt 1.21
[v] Lc 1.31; comp. Lc 1.13
[w] Lv 12.2-6
[x] Êx 14.19; 22.29; Lv 27.26; Dt 18.4; Ne 10.36; comp. Tg 1.18
[y] Lei (de Moisés): v. 23, 24,39; Lc 4.4 (Êx 19.1; Gl 3.24)
[z] Êx 13.2,12; Nm 3.13; 8.17
[a] Santificação (NT): v. 23; Lc 9.26 (Mt 4.5; Ap 22.11)
[b] Lv 12.8

[c] Justiça (AT): v. 25,37; Lc 23.47 (Gn 6.9; Lc 2.25, nota)
[d] Espírito Santo (NT): v. 25-27; Lc 3.16 (Mt 1.18; At 2.4, nota)
[e] Cristo (primeira vinda): v. 26-32; Lc 9.56 (Gn 3.15; At 1.11)
[f] Orações da Bíblia (NT): v. 28-32; Lc 5.12 (Mt 6.9; Lc 11.2, nota)
[g] v. 26; comp. Gn 46.30
[h] v. 26
[i] Gn 49.18; veja Rm 1.16, nota
[j] Is 49.6; 60.1-3; Mt 4.13-16; At 13.47; comp. At 28.28; Rm 9.22-24
[k] Mt 21.44; 1Co 23,24; 1Pe 2.7
[l] At 28.22; 1Pe 2.12; 4.14
[mm] Jo 19.25
[nn] Comp. Êx 15.20; At 21.9
[oo] Js 19.24
[pp] Comp. 1Tm 5.9-13
[qq] 1Tm 5.5
[rr] v. 25; Lm 3.25,26; comp. Lc 24.21
[ss] Comp. Is 52.9; veja Rm 3.24, nota
[tt] Comp. Lc 1.80
[uu] 1Co 1.24,30
[vv] Veja Jo 1.17, nota

[1] (2.25) Justiça (AT). Resumo: As palavras "reto" e "justo" foram usadas para traduzir o heb. *yashar*, "reto", e *tsaddiq*, "justo". Nesses termos, há somente uma ideia inerente: o homem justo ou reto é assim chamado porque é reto diante de Deus, e é reto diante de Deus porque anda de forma irrepreensível em "todos os mandamentos e preceitos do Senhor" (Lc 1.6; comp. Rm 10.5; Fp 3.6). O homem justo do AT não estava livre do pecado (Ec 7.20), mas, em razão de seus pecados, confiava no Messias que viria e oferecia com fé o sacrifício exigido (p. ex., Lv 4.27-35). Comp. Justiça (NT), Rm 10.10, *nota*, e o contraste de Paulo, Fp 3.4-9.

Visita de Jesus à "casa do Pai" em Jerusalém

41 Ora, todos os anos iam seus pais a [w]Jerusalém, para a festa da [x]Páscoa.

42 Tendo ele doze anos, subiram a Jerusalém, conforme o [y]costume do dia da festa.

43 Ao retornarem, [z]terminados aqueles dias, ficou o menino Jesus em Jerusalém, sem que seus pais percebessem.

44 Pensando, porém, que estivesse em sua companhia, caminharam durante um dia. Então começaram a procurá-lo entre os parentes e conhecidos.

45 Como não o [a]encontraram, voltaram a Jerusalém para procurá-lo.

46 Depois de três dias, acharam-no no templo, assentado no meio dos [b]mestres, ouvindo-os e fazendo-lhes perguntas.

47 Todos os que o ouviam [c]admiravam-se da sua inteligência e respostas.

48 Quando o viram, [d]maravilharam-se, e sua mãe lhe disse: Filho, por que fizeste isto conosco? Teu pai e eu preocupados te procurávamos.

49 Respondeu-lhes ele: Por que é que me procuráveis? Não sabeis que [e]eu devia estar na casa de [f]meu Pai?

50 Eles, porém, [g]não compreenderam as palavras que lhes dizia.

Jesus cresce em sabedoria, estatura e graça

51 Então desceu com eles para Nazaré e era-lhes obediente. Sua mãe, porém, [h]guardava todas essas coisas no coração.

52 E [i]crescia Jesus em [j]sabedoria, em estatura [k]e em graça diante de Deus e dos homens.

Ministério de João Batista
(Mt 3.1-11; Mc 1.1-8; Jo 1.6-8,15-37)

3 **N**o décimo quinto ano do reinado de Tibério César, sendo [l]Pôncio Pilatos governador da Judeia, [m]Herodes, [1]tetrarca da Galileia, seu irmão, [n]Filipe, tetrarca da região da Itureia e Traconites, e Lisânias, tetrarca de Abilene,

2 quando Anás e [o]Caifás eram sumos sacerdotes, veio no deserto a palavra de Deus a [p]João, filho de Zacarias.

3 Percorreu ele toda a terra ao redor do Jordão, pregando o batismo de [q]arrependimento para perdão de [r]pecados,

4 conforme o que está [s]escrito no livro das palavras do profeta [t]Isaías:

Voz do que clama no deserto:
Preparai o caminho do Senhor,
endireitai as suas veredas.

5 Todo vale se encherá,
e se abaixará todo monte e outeiro.
O que é tortuoso se endireitará,
e os caminhos acidentados
se aplanarão.

6 E toda a humanidade verá a [u]salvação de Deus.

7 Dizia João à multidão que saía para ser batizada por ele: [v]Raça de víboras, quem vos ensinou a fugir da ira que está para vir?

8 Produzi frutos [ww]dignos de arrependimento e não comeceis a dizer entre vós mesmos: [xx]Temos Abraão por pai. Pois eu vos digo que até destas pedras Deus pode fazer surgir filhos a Abraão.

9 O machado já está posto à raiz das árvores, e [yy]toda árvore que não dá bom fruto é cortada e lançada no fogo.

10 Então a multidão perguntava: [zz]Que faremos, pois?

11 Respondeu-lhes: Quem tiver duas túnicas [aa]reparta com quem não tem, e quem tiver alimento faça [bb]da mesma maneira.

12 Chegaram também uns cobradores de impostos para serem batizados e lhe perguntaram: Mestre, [cc]que devemos fazer?

13 Respondeu-lhes: Não cobreis mais do que o que está estipulado.

14 Então uns soldados lhe perguntaram: E nós, [dd]que faremos? Ele lhes disse: A ninguém trateis mal, não [ee]deis denúncia falsa e contentai-vos com o vosso [ff]salário.

15 Estando o povo na expectativa, e pensando todos, em seus corações, se porventura João seria o Cristo,

16 respondeu João a todos: Eu na verdade [gg]vos batizo com água. Vem, porém, aquele que é mais poderoso do que eu, de quem não sou digno de desamarrar a correia das sandálias. Ele vos [hh]batizará com o [ii]Espírito Santo e com fogo.

17 Ele tem a pá na sua mão para limpar a sua eira e ajuntar o trigo no seu celeiro, mas [jj]queimará a palha com fogo que nunca se apaga.

18 E assim, exortando-os, muitas outras coisas anunciava ao povo.

19 Sendo, porém, o tetrarca [kk]Herodes repreendido por ele por causa de [ll]Herodias, mulher de seu irmão [mm]Filipe, e por todas as maldades que Herodes tinha feito,

20 acrescentou a todas as outras ainda esta, a de lançar João na prisão.

Batismo de Jesus
(Mt 3.13-17; Mc 1.9-11; comp. Jo 1.31-34)

21 Quando todo o povo se batizava, Jesus também foi [nn]batizado. E, enquanto ele [oo]orava, o céu se [pp]abriu,

[w] Jo 4.20
[x] Lc 22.15; veja Êx 12.11, nota
[y] Êx 23.14,15
[z] Êx 12.15
[a] Comp. Jo 7.33-36
[b] Lc 5.17
[c] Mt 7.28; Mc 1.22; Lc 4.22
[d] Jo 7.15,46
[e] Jo 9.4
[f] Jo 4.34; 5.17,36; comp. Sl 40.8
[g] Lc 9.45; 18.34; comp. Mc 8.18
[h] v. 19; comp. Dn 7.28
[i] v. 40; comp. 1Sm 2.21
[j] Is 11.2,3; Cl 2.2,3
[k] 1Sm 2.26; Pv 3.1-4; comp. At 2.47; Rm 14.18
[l] Mt 27.2
[m] Herodes Antipas. Mt 14.1; veja Mc 6.14, nota
[n] Herodes Filipe. Mt 14.3; veja Mc 6.14, nota
[o] Jo 11.49; 18.13; At 4.6
[p] Lc 1.13
[q] Arrependimento: v. 3,8; Lc 5.32 (Mt 3.2; At 17.30, nota)
[r] Veja Rm 3.23, nota
[s] Inspiração: v. 4-6; Lc 4.4 (Êx 4.15; 2Tm 3.16)
[t] Is 40.3-5; Mc 1.3

[u] Is 52.10; Rm 10.8-18; veja Rm 1.16, nota
[v] Mt 12.34
[ww] 2Co 7.9-11; comp. Mt 7.20
[xx] Comp. Rm 9.6,8; Gl 3.29; 6.15
[yy] Lc 13.5-9
[zz] At 2.37,38; 16.30,31
[aa] Comp. Tg 2.14-20
[bb] Is 58.7; comp. 1Tm 6.17,18
[cc] Comp. v. 10,14
[dd] Comp. v. 10,12
[ee] Êx 20.16; 23.1
[ff] Comp. Mt 20.1-14
[gg] Veja At 8.12, nota
[hh] Jo 7.39; At 2.1-4
[ii] Espírito Santo (NT): v. 16,22; Lc 4.1 (Mt 1.18; At 2.4, nota)
[jj] Mt 13.24-30
[kk] Herodes Antipas, v. 1; Mt 14.1; veja Mc 6.14, nota
[ll] Veja Mc 6.14, nota
[mm] Herodes Filipe, filho de Herodes, o Grande. Veja Mc 6.14, nota
[nn] Mt 3.13; Mc 1.9
[oo] Comp. Lc 9.29
[pp] Ez 1.1; comp. At 7.56; Ap 4.1; 11.19; 15.5; 19.11

[1] (3.1) Um tetrarca, que governava a quarta parte de uma província, era por vezes chamado rei.

22 e o Espírito Santo desceu sobre ele em for-
ma física, como uma pomba. E ouviu-se uma
voz do céu: Tu és o meu Filho amado, em ti
me [q]agrado.

Genealogia de Maria, mãe de Jesus, na linhagem de Davi por meio de Natã (v. 31; comp. Mt 1.1-16)

23 Jesus tinha quase [r]trinta anos quando co-
meçou seu ministério. Era, como se pensava,
[1][s]filho de José, filho de Eli,
24 filho de Matã, filho de Levi, filho de Mel-
qui, filho de Janai, filho de José,
25 filho de Matatias, filho de Amós, filho de
Naum, filho de Esli, filho de Nagaí,
26 filho de Maate, filho de Matatias, filho de
Semei, filho de José, filho de Jodá,
27 filho de Joanã, filho de Resá, filho de [t]Zoro-
babel, filho de Salatiel, filho de Neri,
28 filho de Melqui, filho de Adi, filho de Cosã,
filho de Elmadã, filho de Er,
29 filho de Josué, filho de Eliézer, filho de Jo-
rim, filho de Matã, filho de Levi,
30 filho de Simeão, filho de Judá, filho de Jo-
sé, filho de Jonã, filho de Eliaquim,
31 filho de Meleá, filho de Mená, filho de Ma-
tatá, filho de Natã, filho de Davi,
32 filho de Jessé, filho de Obede, filho de Boaz,
filho de Salmom, filho de Naassom,
33 filho de Aminadabe, filho de Admim, fi-
lho de Arni, filho de Esrom, filho de Farés, filho
de Judá,
34 filho de Jacó, filho de Isaque, filho de
Abraão, filho de Terá, filho de Naor,
35 filho de Serugue, filho de Ragaú, filho de
Faleque, filho de Éber, filho de Salá,
36 filho de Cainã, filho de [u]Arfaxade, filho de
Sem, filho de Noé, filho de Lameque,
37 filho de Matusalém, filho de Enoque, fi-
lho de Jarede, filho de Maleleel, filho de Cainã,
38 filho de Enos, filho de Sete, filho de Adão,
filho de Deus.

Tentação de Jesus (Mt 4.1-11; Mc 1.12,13; comp. Gn 3.6; 1Jo 2.16)

4 Jesus, [v]cheio do [w]Espírito Santo, voltou do Jor-
dão e foi [x]levado pelo Espírito ao deserto, onde
2 [y]por [z]quarenta dias foi [a]tentado pelo Diabo.
Naqueles dias, não comeu coisa alguma e, ao
fim deles, [b]teve fome.
3 Disse-lhe o Diabo: Se tu és o [c]Filho de Deus,
dize a esta pedra que se transforme em pão.
4 Jesus lhe respondeu: Está [d]escrito: [e]Nem só
de [f]pão viverá o homem, mas de toda a pala-
vra de Deus.
5 O Diabo levou-o a um alto monte e mostrou-
-lhe num instante todos os reinos do [g]mundo.
6 Disse-lhe o Diabo: Eu te darei toda a [h]autori-
dade e a glória destes reinos, pois a mim foram
[i]entregues e posso [j]dá-los a quem eu quiser.
7 Se me adorares, [k]tudo será teu.
8 Jesus [l]lhe respondeu: Está escrito: [m]Adorarás
ao Senhor, o teu Deus, e só a ele prestarás culto.
9 O Diabo levou-o a Jerusalém, [n]colocou-o na
parte mais alta do templo e lhe disse: Se tu és o
Filho de Deus, [o]joga-te daqui abaixo.
10 Pois está [2]escrito:

Darás ordem [p]aos seus [qq]anjos
a teu respeito, para que te guardem;
11 e que te segurem nas mãos,
para que não tropeces em alguma pedra.

[q] Mt 17.5; 2Pe 1.17
[r] Comp. Nm 4.3,35, 39,47
[s] Lc 4.22; Jo 6.42
[t] Ed 2.2; 3.8; veja 1Cr 3.19, nota
[u] Gn 10.22, 24; 11.10-13; 1Cr 1.17,18
[v] Is 11.2; 61.1
[w] Espírito Santo (NT): v. 1,14; Lc 11.13 (Mt 1.18; At 2.4, nota)
[x] Ez 3.12; Lc 2.27; comp. 1Rs 18.12; At 8.39
[y] Comp. Gn 3.15
[z] Comp. Êx 34.28; 1Rs 19.8; At 1.3
[a] Provar-Tentar: v. 1-13; Lc 8.13 (Gn 3.1; Tg 1.14)
[b] Mc 11.12
[c] Mc 3.11; Jo 20.31
[d] Inspiração: v. 4, 8,10,12; Lc 4.17 (Êx 4.15; 2Tm 3.16); comp. Ef 6.17
[e] Lei (de Moisés): v. 4,8,12; Lc 5.14 (Êx 19.1; Gl 3.24)
[f] Dt 8.3; comp. Jo 6.22-58
[g] Gr. *oikoumene*. Veja Lc 2.1, nota
[h] Comp. Ap 13.2
[i] Comp. Jo 12.31; 14.30; 2Co 4.4
[j] Ap 13.7
[k] Comp. Gn 3.1-7
[l] Satanás: v. 2-13; Lc 8.12 (Gn 3.1; Ap 20.10)
[m] Dt 6.13; 10.20
[n] Comp. Jo 12.3
[o] Comp. 1Pe 5.8
[p] Sl 91.11,12
[qq] Veja Hb 1.4, nota

[1] (3.23) Há semelhanças e diferenças entre as genealogias de nosso Senhor registradas em Mt 1.1-17 e Lc 3.23-28. Embora a genealogia de Lucas retroceda a Adão, e a de Mateus, somente até Abraão, ambas concordam de forma absoluta nas gerações entre Abraão e Davi. A grande diferença começa com o filho de Davi, já que Lucas relaciona a filiação de nosso Senhor com Davi por meio de Natã, enquanto Mateus o faz por meio da linhagem real de Salomão. É verdade que os nomes Salatiel, Zorobabel e Matã aparecem posteriormente em ambas, mas, no restante, as listas são diferentes. Numa delas, é dito que Jacó foi pai de José, enquanto na outra seu pai foi Eli.

Eruditos consagrados a Deus têm mantido dois pontos de vista. Alguns creem que ambas as genealogias são de José, mas que a de Mateus apresenta os descendentes legais de Davi, a fim de estabelecer o direito de nosso Senhor ao trono davídico, enquanto Lucas dá a linhagem à qual José realmente pertencia. Assim, a segunda lista é considerada a linhagem colateral e é apropriada para os deveres reais quando a linhagem real está incapacitada de assumir o trono ou está extinta.

Há uma solução mais simples e, provavelmente, a correta: uma vez que todo homem tem duas genealogias – uma por meio do pai e outra, da mãe –, Mateus apresenta a genealogia de José (o pai legal ou adotivo do Senhor, não seu pai verdadeiro), enquanto Lucas apresenta a genealogia de Maria. Essa posição recebe apoio linguístico e confirmação histórica, sendo defendida por muitos estudiosos da Bíblia. Além disso, podemos recorrer a Nm 27.1-11 e 36.1-12 para apresentar precedentes no texto bíblico dessa substituição do nome de José em Lc 3.23. Ao mesmo tempo, evita-se o juízo mencionado em Jr 22.28-30 (veja Mt 1.11, *nota*).

[2] (4.10) Depois de não conseguir fazer que o Senhor Jesus se afastasse das Escrituras, Satanás tenta-o por meio das Escrituras. No entanto, a citação feita por Satanás está errada, pois omite a frase "em todos os teus caminhos" (Sl 91.11). Os caminhos do Senhor eram os que haviam sido traçados para ele na perfeita dependência da vontade do Pai. Comp. Hb 10.7,9.

12 Respondeu-lhe Jesus: Dito está: Não [r]tentarás o Senhor, o teu Deus.

13 Tendo o Diabo acabado toda a [s]tentação, [t]o deixou até o momento oportuno.

III. O ministério público do Filho do homem, até a entrada triunfal, 4.14–19.27

A primeira viagem pela Galileia (Mt 4.12-17; Mc 1.14,15)

14 Então, pelo poder do Espírito, voltou Jesus para a Galileia, e a sua [u]fama correu por toda aquela região.

15 Ele [v]ensinava nas suas sinagogas, e por todos era [w]elogiado.

Jesus na sinagoga de Nazaré; sua rejeição (comp. Mt 13.53-58; Mc 6.1-6)

16 **C**hegou a [1]Nazaré, onde fora criado, entrou, num [x]dia de sábado, na sinagoga, como era seu [y]costume, e levantou-se para ler.

17 Foi-lhe dado o livro do profeta Isaías. Ao abrir o [z]livro, achou o lugar onde estava [a]escrito:

18 [b]O Espírito do Senhor está sobre mim,
porque ele me ungiu
para anunciar [c]boas-novas aos pobres.
Enviou-me para proclamar
liberdade aos cativos,
dar vista aos cegos,
para [d]libertar os oprimidos,

19 e anunciar o [2]ano aceitável do Senhor.

20 Fechando o livro, devolveu-o ao assistente e [e]assentou-se. Os olhos de todos na sinagoga estavam direcionados para ele.

21 Então começou a dizer-lhes: Hoje se [f]cumpriu esta Escritura que acabastes de ouvir.

22 Todos falavam bem dele, se maravilhavam das palavras de [g]graça que saíam da sua boca e diziam: [h]Não é este o filho de José?

23 Ele lhes disse: Sem dúvida me direis este provérbio: Médico, [i]cura-te a ti mesmo! Faze também aqui na tua terra tudo o que ouvimos ter sido [j]feito em [k]Cafarnaum.

24 Continuou ele: Em verdade vos digo que nenhum [l]profeta é bem recebido na sua própria terra.

25 Em verdade vos digo que muitas viúvas existiam em Israel nos dias de Elias, [m]quando o céu se fechou por três anos e seis meses, de modo que em toda a terra houve grande fome.

26 A nenhuma delas, porém, foi enviado Elias, [n]senão a uma viúva de Sarepta de [o]Sidom.

27 E muitos leprosos havia em Israel no tempo do profeta Eliseu, e nenhum deles foi purificado, [p]senão Naamã, o sírio.

28 Todos na sinagoga, ao ouvirem essas coisas, se [q]encheram de ira.

29 [rr]E levantando-se, expulsaram-no da cidade e o levaram até o cume do monte em que a cidade deles estava construída, para de lá o jogarem.

30 Ele, porém, [ss]passando pelo meio deles, retirou-se.

Jesus expulsa demônios em Cafarnaum (Mc 1.21-28)

31 **E** desceu a Cafarnaum, cidade da Galileia, e os [tt]ensinava no sábado.

32 [uu]Admiravam-se de seu ensino, [vv]porque falava com autoridade.

33 Estava na sinagoga um homem possesso de [ww]demônio, um espírito imundo, o qual exclamou em alta voz:

34 Ah! Que temos nós contigo, Jesus de Nazaré? Vieste para destruir-nos? Eu sei quem és: o [xx]Santo de Deus.

35 Jesus o repreendeu: Cala-te e sai dele. E o demônio jogou-o no chão, no meio do povo, e saiu dele sem lhe fazer mal.

36 Veio espanto sobre todos, e diziam entre si: Que palavra é esta? Até aos espíritos imundos manda [yy]com autoridade e poder, e eles saem?

37 E a sua [zz]fama se espalhava por toda a redondeza.

Cura da sogra de Pedro e de diversos enfermos (Mt 8.14-17; Mc 1.29-34)

38 **S**aindo Jesus da sinagoga, entrou na casa de Simão. A sogra de Simão estava doente, com muita febre; e [aa]pediram a Jesus que fizesse alguma coisa em favor dela.

39 Inclinando-se para ela, [bb]repreendeu a febre, e esta a [cc]deixou. Imediatamente ela se levantou e [dd]os servia.

40 [3]**A**o pôr do sol, o povo trouxe a Jesus [ee]todos os que tinham vários tipos de enfermidades;

[r] Dt 6.16; comp. 1Co 10.9
[s] Hb 4.14-16
[t] Tg 4.7
[u] Mt 4.24
[v] v. 44; Mt 4.23
[w] Is 52.13; comp. Lc 19.35-40
[x] Sábado (dia de repouso): v. 16; Lc 6.1 (Gn 2.3; Mt 12.1, nota)
[y] Mc 1.21; Jo 18.20
[z] Rolo
[a] Inspiração: v.17-19; Lc 6.3 (Êx 4.15; 2Tm 3.16)
[b] Is 61.1,2
[c] Evangelho: v. 18; Lc 7.22 (Gn 12.3; Ap 14.6)
[d] Dn 9.24; Jo 8.32; comp. Ap 22.1-5
[e] A ensinar. Mt 5.1; Lc 5.3; Jo 8.2
[f] Mt 1.22,23; At 13.29
[g] Sl 45.2; Jo 1.14,17
[h] Jo 6.42
[i] Comp. Mt 27.40; Lc 5.31
[j] Mt 11.23,24
[k] Mt 4.13
[l] Jo 4.44
[m] 1Rs 17.1-7; comp. Tg 5.17,18
[n] 1Rs 17.8-16
[o] Comp. Mt 15.21-28
[p] 2Rs 5.1-15
[q] Lc 6.11
[rr] Lc 17.25; Jo 8.37; 10.31; comp. At 5.33
[ss] Jo 8.59; 10.39
[tt] v. 15
[uu] Mt 7.28,29
[vv] v. 36; Jo 6.63; 8.26, 28,38, 47; 12.49,50; comp. Tt 2.15
[ww] Veja Mt 7.22, nota
[xx] Sl 16.10; Is 49.7; Lc 1.35
[yy] v. 32
[zz] v. 14,15; comp. Mq 5.4; Mc 1.45
[aa] v. 12; Mc 5.23
[bb] Lc 8.24
[cc] Milagres (NT): 4.38-41; 5.4-9,12-14; Lc 5.25 (Mt 8.3; At 28.8)
[dd] Comp. Lc 8.2,3
[ee] Comp. v. 40 com v. 41; veja Mc 3.15, nota

[1] (4.16) O Senhor Jesus visitou Nazaré duas vezes depois de começar seu ministério público. Veja Mt 13.54-58; Mc 6.1-6.

[2] (4.19) Uma comparação com a passagem citada, Is 61.1,2, dá um exemplo da maravilhosa exatidão com que o Senhor usa as Escrituras. Jesus interrompe a citação após “o ano aceitável do Senhor”, que se relaciona com a primeira vinda e com o modo em que, pela graça, ofereceu a si mesmo (Gn 3.15; At 1.11, *nota*); por outro lado, “o dia da vingança do nosso Deus” (Is 61.2) pertence à segunda vinda e ao juízo (Dt 30.3; At 1.11, *nota*).

[3] (4.40,41) Observe que há uma distinção entre enfermidade comum e possessão demoníaca.

e, impondo as mãos sobre cada um deles, ele os curava.

41 Também de muitos saíam [f]demônios, [g]gritando: [h]Tu és o Cristo, o Filho de Deus. E ele, [i]repreendendo-os, não os deixava falar, porque [j]sabiam que ele era o Cristo.

42 **A**o amanhecer, saiu e foi para um lugar [k]deserto. A multidão o procurava e, vindo a ele, insistia para que não a deixasse.

43 Ele, porém, lhes disse: Também é necessário que eu [l]anuncie a outras cidades o evangelho do [m]Reino de Deus, porque para isso fui enviado.

44 E [n]pregava nas sinagogas da Galileia.

Jesus chama os primeiros discípulos (Mt 4.18-22; Mc 1.16-20; comp. Jo 1.35-51; 21.1-8)

5 Apertando-o a multidão para [o]ouvir a palavra de Deus, estava ele junto ao lago de Genesaré.

2 E viu dois barcos à beira do lago; mas os pescadores, havendo desembarcado, lavavam as redes.

3 Entrou em um dos barcos, que era o de Simão, e pediu-lhe que o afastasse um pouco da praia e, [p]assentando-se, ensinava do barco a multidão.

4 Quando acabou de falar, disse a Simão: Vai para o alto-mar e [q]lançai as vossas [r]redes.

5 Respondeu-lhe Simão: Mestre, havendo [s]trabalhado toda a noite, [t]nada apanhamos, mas [u]sobre tua palavra lançarei as redes.

6 Fazendo assim, colheram uma quantidade de peixes tão grande que suas redes se romperam.

7 Fizeram sinal aos companheiros que estavam no [v]outro barco, para que fossem ajudá-los. Foram, e encheram ambos os barcos, de maneira tal que quase afundaram.

8 Vendo isso Simão Pedro, [w]prostrou-se aos pés de Jesus, dizendo: Senhor, [x]afasta-te de mim; sou homem pecador.

9 Pois o [y]espanto se apoderara dele e de todos os que com ele estavam, por causa da pesca que haviam feito,

10 e de igual modo, também de Tiago e João, filhos de Zebedeu, que eram companheiros de Simão. Disse Jesus a Simão: [z]Não temas; de agora em diante serás [a]pescador de homens.

11 E, levando os barcos para a terra, [b]deixaram tudo e o seguiram.

Cura de um leproso (Mt 8.2-4; Mc 1.40-45)

12 **E**stando Jesus numa das cidades, veio à sua presença um homem [c]leproso. Vendo a Jesus, prostrou-se, rosto em terra, e [d]rogou-lhe: Senhor, se [1]quiseres, [e]podes purificar-me.

13 Ele, estendendo a mão, tocou nele e disse: Quero, sê limpo! E [ff]imediatamente a lepra desapareceu dele.

14 Ordenou-lhe Jesus: Não conte isso a ninguém, mas vai e [gg]mostra-te ao sacerdote e oferece pela tua purificação [hh]o que Moisés [ii]determinou, para que lhes sirva de testemunho.

15 Todavia, a sua [jj]fama se espalhava ainda mais, e ajuntava-se muita gente para ouvi-lo e para ser por ele curada de suas enfermidades.

16 Ele, porém, [kk]se retirava para lugares desertos e [ll]orava.

Cura de um paralítico (Mt 9.2-8; Mc 2.1-12)

17 **C**erto dia ele estava ensinando, e achavam-se ali assentados [mm]fariseus e mestres da Lei, vindos de todas as aldeias da Galileia, da Judeia e de Jerusalém. E o poder do Senhor estava com ele para curar.

18 Alguns homens, transportando num leito um paralítico, procuravam fazê-lo entrar na casa e colocá-lo diante de Jesus.

19 Não achando por onde fazê-lo, por causa da multidão, subiram no telhado e, por entre as telhas, o baixaram no leito, até o meio, [nn]diante de Jesus.

20 Vendo-lhes a [oo]fé, disse Jesus ao paralítico: Homem, os teus [pp]pecados estão [qq]perdoados.

21 Os [rr]mestres da lei e os fariseus começaram a pensar: Quem é este que diz [ss]blasfêmias? Quem pode perdoar pecados, senão [tt]Deus?

22 Jesus, porém, [uu]conhecendo os seus pensamentos, respondeu-lhes: Por que pensais essas coisas em vossos corações?

23 Qual é mais fácil dizer: Os teus pecados estão perdoados, ou: Levanta-te e anda?

24 Ora, para que saibais que o [vv]Filho do homem tem sobre a terra [ww]poder de perdoar pecados — disse ao paralítico: Eu [xx]te digo, levanta-te, toma o teu leito e vai para a tua casa.

25 [yy]Levantando-se ele imediatamente na presença deles, tomou o leito em que estava deitado e foi para casa, [zz]glorificando a Deus.

26 Todos ficaram maravilhados e [aa]glorificaram a Deus. Cheios de temor, diziam: Hoje vimos coisas extraordinárias.

---

[1] (5.12) O leproso honrou Cristo, reconhecendo o poder que ele tinha para curar, e lhe rogou que curasse sua lepra: "se quiseres". Da mesma maneira, o cristão deve reconhecer o poder que Cristo tem de curar, mas sua oração sempre deve ser "se quiseres" (1Jo 5.14). Até o Senhor Jesus orou: "Pai, se queres [...] não se faça a minha vontade, mas a tua" (Lc 22.42). Paulo orou três vezes pedindo que seu "espinho na carne" fosse removido, mas, quando Deus determinou não fazê-lo, Paulo percebeu que Deus tinha um propósito bom e sábio ao fazê-lo continuar suportando o espinho (2Co 12.7-9; Rm 8.28).

[f] Veja Mt 7.22, nota
[g] At 8.7
[h] Mc 8.29; comp. Mc 14.61
[i] v. 34,35
[j] Mc 3.11; comp. At 19.15
[k] Lc 9.10
[l] Mc 1.14; Jo 9.4
[m] Veja Mt 6.33, nota
[n] Mt 4.23; 9.35
[o] At 13.44; comp. Rm 10.17
[p] Jo 8.2
[q] v. 5,19; comp. Mc 2.4
[r] v. 9
[s] Comp. Mc 6.48
[t] Jo 21.3
[u] Sl 33.9; comp. Mt 8.8
[v] v. 2,3
[w] Comp. Ap 5.8,14
[x] Comp. Mt 8.34
[y] Mc 5.42; 10.24,26
[z] Comp. Mt 8.26
[a] Comp. Ez 47.9,10
[b] Mt 19.27; Mc 8.34,35; 10.28-31; Lc 9.59-62; Jo 12.26; comp. Fp 3.7,8

[c] Lv 13–14
[d] Orações da Bíblia (NT): v. 12; Lc 8.24 (Mt 6.9; Lc 11.2, nota)
[e] Comp. Gn 18.14; Jr 32.17,27; Mt 8.8
[ff] Mt 20.34; Lc 8.44; Jo 5.9
[gg] Lc 17.14
[hh] Lc 13.1-3; 14.2-32
[ii] Lei (de Moisés): v. 14,17; Lc 10.26 (Êx 19.1; Gl 3.24)
[jj] Mc 1.45
[kk] Lc 9.10
[ll] Mt 14.23; Mc 1.35; Lc 6.12; 9.18; 11.1
[mm] Veja Mt 3.7, nota
[nn] Mt 15.30
[oo] Fé: v. 18-20; Lc 7.9 (Gn 3.20; Hb 11.39, nota)
[pp] Veja Rm 3.23, nota
[qq] Perdão: v. 20,24; Lc 6.37 (Lv 4.20; Mt 26.28, nota)
[rr] Veja Mt 2.4, nota
[ss] Mt 26.65; Jo 10.33
[tt] Sl 130.4; Is 43.25
[uu] Lc 9.47; Jo 2.25
[vv] Veja Mt 8.20, nota
[ww] Mt 28.18
[xx] Mc 2.11; 5.41; Lc 7.14
[yy] Milagres (NT): v. 18-25; Lc 6.8 (Mt 8.3; At 28.8)
[zz] Lc 17.15, 18; At 3.8
[aa] Lc 7.16

Vocação de Levi (Mateus): Jesus é interrogado pelos escribas e fariseus (Mt 9.9-15; Mc 2.13-20)

27 **D**epois disso, Jesus saiu e viu um cobrador de impostos, chamado [b]Levi, assentado na coletoria, e disse-lhe: [c]Segue-me.

28 Ele, deixando tudo, levantou-se e o [d]seguiu.

29 **F**ez-lhe Levi um grande banquete em sua casa; havia ali uma multidão de cobradores de impostos e outros que estavam com eles à mesa.

30 Os fariseus e seus mestres da lei murmuravam contra os discípulos de Jesus, dizendo: [e]Por que comeis e bebeis com cobradores de impostos e pecadores?

31 Respondeu-lhes Jesus: Não necessitam de médico os sãos, mas, sim, os [f]enfermos.

32 Eu não vim chamar os [g]justos, mas, sim, os pecadores ao [h]arrependimento.

33 **D**isseram-lhe eles: Os discípulos de João [i]jejuam com frequência e oram, como também os dos fariseus, mas os teus comem e bebem.

34 Respondeu Jesus: Podeis fazer jejuar os convidados para o casamento enquanto o [j]noivo está com eles?

35 Dias virão, porém, em que o noivo se ausentará, e então, naqueles dias, jejuarão.

Parábola do remendo e dos odres (comp. Mt 9.16,17; Mc 2.21,22)

36 Disse-lhes esta [k]parábola: Ninguém tira um pedaço de uma roupa nova e o costura numa roupa velha. Se fizer isso, romperá a nova e o remendo não se ajustará com a velha.

37 E ninguém põe vinho novo em recipientes de couro velhos. Se fizer isso, o vinho novo romperá os recipientes, será derramado, e os recipientes se estragarão.

38 O vinho novo, porém, deve ser colocado em recipientes de couro novos, e ambos juntamente se conservam.

39 E ninguém, tendo bebido o vinho velho, prefere o novo, pois diz: O velho é melhor.

Jesus é Senhor do sábado (Mt 12.1-8; Mc 2.23-28)

6 Num [l]sábado, Jesus passou pelas searas, e os seus discípulos iam arrancando [m]espigas e, debulhando-as com as mãos, as comiam.

2 Alguns dos [n]fariseus lhes disseram: Por que fazeis o que não é permitido fazer nos [o]sábados?

3 Respondeu-lhes Jesus: Nunca [p]lestes [q]o que fez Davi quando teve fome, ele e os que com ele estavam?

4 Como entrou na casa de Deus, tomou e comeu os [r]pães da proposição, que somente aos sacerdotes era permitido comer, e os deu também aos que estavam com ele?

5 Então Jesus lhes disse: O [s]Filho do homem é senhor até do sábado.

Jesus cura no sábado (Mt 12.9-14; Mc 3.1-6)

6 **E**m outro [t]sábado, entrou na sinagoga e estava ensinando. Havia ali um homem cuja mão direita estava atrofiada.

7 Os mestres da lei e os fariseus observavam Jesus para ver se curaria o homem no sábado, a fim de [u]acharem de que o [v]acusar.

8 Ele, porém, lhes [w]conhecia os pensamentos e disse ao homem que tinha a mão atrofiada: [x]Levanta-te e fica em pé aqui no meio. E, levantando-se ele, ficou em pé.

9 Então Jesus lhes disse: Que vos parece? [y]É permitido no sábado fazer o bem ou fazer o [z]mal? Salvar a vida ou destruí-la?

10 Olhando para todos em redor, disse ao homem: Estende a tua mão. Ele assim o fez, e a mão lhe foi restaurada ficando perfeita como a outra.

11 Ficaram cheios de [a]ódio, e uns com os outros discutiam sobre o que fariam a Jesus.

Escolha dos doze apóstolos (comp. Mt 10.2-4; Mc 3.13-19)

12 **N**aqueles dias, Jesus subiu ao monte para orar e passou a noite em [bb]oração a Deus.

13 Ao amanhecer, chamou os discípulos e [cc]escolheu [dd]doze dentre eles, a quem também deu o nome de apóstolos:

14 Simão, a quem chamou Pedro; André, seu irmão; Tiago e João; Filipe e Bartolomeu;

15 Mateus e Tomé; Tiago, filho de Alfeu, e Simão, chamado Zelote;

16 Judas, filho de [ee]Tiago, e [ff]Judas Iscariotes, que foi o traidor.

O Sermão da Montanha (comp. Mt 5–7, Sermão do Monte)

17 **D**escendo com eles, parou num lugar plano, onde se encontrava grande número de discípulos seus e grande multidão de toda a Judeia, de Jerusalém e do litoral de Tiro e de Sidom,

18 os quais tinham vindo para o ouvir e serem curados das suas enfermidades. Os que eram atormentados por espíritos imundos eram curados.

19 E toda a multidão [gg]procurava [hh]tocar nele, porque saía dele poder, e curava a todos.

As bem-aventuranças (Mt 5.3-12)

20 **O**lhando para os discípulos, disse:
Bem-aventurados vós, os pobres,
pois vosso é o [ii]Reino de Deus.
21 [jj]**B**em-aventurados vós, que
agora tendes fome,
pois ser eis [kk]fartos.
[ll]**B**em-aventurados vós, que agora chorais,
pois haveis de [mm]rir.

[b] Ou Mateus, Mt 9.9
[c] Mc 8.34; Lc 9.59; Jo 12.26; 21.19,22
[d] Mt 4.22; 19.27; Mc 10.28
[e] Mt 11.19; Lc 15.2
[f] Comp. Lc 15.1-32; 19.1-10
[g] Veja Rm 10.10, nota
[h] Arrependimento: v. 32; Lc 10.13 (Mt 3.2; At 17.30, nota)
[i] Lc 7.33
[j] Jo 3.29; comp. Ef 5.25-32; Ap 19.7-9
[k] Parábolas (NT): v. 36-39; Lc 6.39 (Mt 5.13; Lc 21.29)
[l] Sábado (dia de repouso): v. 1-5; Lc 6.6 (Gn 2.3; Mt 12.1, nota)
[m] Dt 23.25
[n] Veja Mt 3.7, nota
[o] Êx 20.10
[p] Inspiração: v. 3,4; Lc 7.27 (Êx 4.15; 2Tm 3.16)
[q] 1Sm 21.6
[r] Veja Êx 25.30, nota
[s] Veja Mt 8.20, nota

[t] Sábado (dia de repouso): v. 6,7,9; Lc 13.10 (Gn 2.3; Mt 12.1, nota)
[u] Lc 13.14; 14.1-6
[v] Lc 20.20
[w] Mt 9.4; Jo 2.24,25; comp. 1Sm 16.7
[x] Milagres (NT): v. 6-10; Lc 7.10 (Mt 8.3; At 28.8)
[y] Jo 7.23
[z] Comp. Tg 4.17
[a] Lc 4.28
[bb] Mt 14.23; Mc 1.35; Lc 5.16; 9.18; 11.1
[cc] Jo 6.70
[dd] v. 14-16; Mt 10.1; comp. At 1.13
[ee] Veja Mt 4.21, nota
[ff] Lc 22.3-6
[gg] Mt 14.36
[hh] Mt 5.27,28; Lc 8.44-47
[ii] Veja Mt 6.33, nota
[jj] Is 55.1
[kk] Ap 7.16
[ll] Is 61.3; Ap 7.17
[mm] Sl 126.5

22 **Bem**-aventurados sereis
[n]quando os homens vos odiarem,
quando vos expulsarem, vos injuriarem
e rejeitarem o vosso nome
como sendo mau,
por causa do Filho do homem.
23 [o]Alegrai-vos nesse dia e exultai, porque
grande é a vossa [p]recompensa no céu. Pois as-
sim fizeram os seus [q]pais aos profetas.
24 [r]**Ai** de vós, os ricos,
pois [s]já tendes a vossa consolação.
25 [t]**Ai** de vós, os que estais fartos,
pois tereis fome.
[u]**Ai** de vós, os que agora rides,
pois vos lamentareis e [v]chorareis.
26 [w]**Ai** de vós, quando todos os homens
de vós disserem bem,
pois assim faziam seus pais
aos falsos profetas.
27 **Eu**, [x]porém, digo a vós, que me ouvis:
[y]Amai vossos inimigos, fazei bem aos que
vos odeiam,
28 [z]bendizei os que vos maldizem, [a]orai pe-
los que vos caluniam.
29 Ao que te ferir numa face, oferece-lhe tam-
bém a outra. [b]Ao que tirar a tua capa, deixe que
leve também a túnica.
30 [c]Dá a qualquer que te pedir, e ao que pegar
o que é teu não o peças de volta.
31 Como vós quereis que os homens vos fa-
çam, da mesma maneira fazei-lhes vós também.
32 **Se** amardes os que vos amam, que recom-
pensa tereis? Até os [d]pecadores amam os que
os amam.
33 Se fizerdes o bem aos que vos fazem o bem,
que recompensa tereis? Até os pecadores fa-
zem o mesmo.
34 Se emprestardes àqueles de quem esperais
tornar a receber, que recompensa tereis? Até os
pecadores emprestam aos pecadores, para tor-
narem a receber outro tanto.
35 Ao contrário, [e]amai os vossos inimigos, [f]fa-
zei o bem, [g]emprestai, sem nada esperardes.
Então será grande a vossa [h]recompensa, e se-
reis filhos do Altíssimo, porque ele é benigno
até para com os ingratos e maus.
36 [i]Sede misericordiosos, assim como o vos-
so Pai é misericordioso.
37 [j]**Não** julgueis, e não sereis julgados. Não
condeneis, e não sereis condenados. [k]Perdoai,
e [l]vos perdoarão.
38 [m]Dai, e vos será dado. Boa medida, recalca-
da, sacudida e transbordante generosamente
vos darão. Pois com a mesma medida com que
medirdes vos medirão também.
39 Disse-lhes uma [nn]parábola: Pode um [oo]cego
guiar outro cego? Não cairão ambos no buraco?
40 O [pp]discípulo não é superior a seu mestre,
mas todo aquele que for bem instruído será
como o seu mestre.
41 Por que olhas para o cisco que está no olho
do teu irmão e não reparas na trave que está
no teu próprio olho?
42 Ou como podes dizer a teu irmão: Irmão,
deixa-me tirar o cisco que está no teu olho, não
vendo tu mesmo a trave que está no teu olho?
Hipócrita, [qq]primeiro tira a trave do teu olho, e
então verás bem para tirar o cisco que está no
olho do teu irmão.
43 [rr]**Não** há boa árvore que dê mau fruto, nem
má árvore que dê fruto bom.
44 Cada árvore é conhecida pelo seu próprio
fruto. Não se colhem figos dos espinheiros,
nem uvas das ervas daninhas.
45 [ss]O homem bom do bom tesouro do seu
coração tira o bem, e o homem mau, do mau
tesouro do seu coração tira o mal. Pois do que
está cheio o coração, fala a [tt]boca.

Parábola dos dois construtores e dos dois fundamentos (Mt 7.24-27)

46 **Por** que me chamais, [uu]Senhor, Senhor, e
não fazeis o que eu mando?
47 A qualquer que vem a mim, ouve as mi-
nhas palavras e as [vv]pratica, eu mostrarei a
quem é semelhante.
48 É semelhante ao homem que construiu
uma casa, [ww]cavou bem fundo e lançou os ali-
cerces sobre a [xx]rocha. Vindo a [yy]enchente, bateu
com força contra aquela casa e [zz]não a pôde
abalar, porque estava construída sobre a rocha.
49 O que, porém, ouve e não pratica é se-
melhante ao homem que construiu uma casa
sobre a terra, sem alicerces. Quando a corrente
bateu com força contra aquela casa, ela logo
caiu, e foi completa a sua [aa]destruição.

Jesus cura o servo de um centurião (Mt 8.5-13)

7 **Ao** concluir todas essas palavras perante o
povo, Jesus entrou em Cafarnaum.
2 O servo de certo centurião, a quem este mui-
to estimava, estava doente, à beira da morte.
3 Quando o centurião ouviu falar a respeito
de Jesus, enviou-lhe uns líderes religiosos
dos judeus, pedindo-lhe que viesse curar
seu servo.
4 Chegando eles a Jesus, rogaram-lhe muito,
dizendo: É [bb]justo que lhe faças isso,
5 porque ama a nossa nação, e ele mesmo
construiu nossa sinagoga.
6 Então Jesus foi com eles. Ao chegar perto
da casa, enviou-lhe o centurião uns amigos
para lhe dizer: Senhor, não te incomodes, pois
não sou digno de que entres em minha casa.

[n] Jo 16.2
[o] At 5.41; Tg 1.2
[p] Recompensas: v. 23; Lc 6.35 (Dn 12.3; 1Co 3.14, nota)
[q] At 7.51
[r] Lc 12.21; Tg 5.1-6
[s] Mt 6.2; Lc 16.25
[t] Is 65.13
[u] Pv 14.13
[v] Tg 4.9
[w] Comp. 1Jo 4.5
[x] v. 27-36; comp. Mt 5.39-48
[y] Rm 12.20
[z] Rm 12.14
[a] Comp. Lc 23.34; At 7.60
[b] Comp. 1Co 6.7; 1Pe 2.19,20
[c] Dt 15.7,8; Pv 3.27; Mt 5.42; comp. 1Jo 3.17
[d] Veja Rm 3.23, nota
[e] Rm 13.10
[f] Hb 13.16
[g] Lv 25.35-37
[h] Recompensas: v. 35; Lc 19.17 (Dn 12.3; 1Co 3.14, nota)
[i] Ef 4.32; comp. 1Pe 3.9
[j] v. 37-46; Rm 14.4; 1Co 4.5
[k] Mt 18.21-35
[l] Perdão: v. 37; Lc 7.47 (Lv 4.20; Mt 26.28, nota)
[m] Pv 28.27; veja 2Co 8.1, nota
[nn] Parábolas (NT): v. 39,47-49; Lc 7.41 (Mt 5.13; Lc 21.29)
[oo] Mt 15.14; 23.16; Rm 2.19
[pp] Mt 10.24; Jo 15.20
[qq] Comp. Gl 6.4
[rr] Mt 12.33; Tg 3.12
[ss] Mt 12.34,35
[tt] Pv 15.2, 28; 16.23; 18.21; comp. Mt 12.36,37; Tg 3.10
[uu] Mt 25.11,12; Lc 13.25; comp. 1Co 12.3
[vv] Jo 14.21; Tg 1.22-25
[ww] Comp. Mt 13.5
[xx] Comp. 1Co 3.11
[yy] Comp. Sl 32.6
[zz] Comp. 1Jo 2.17
[aa] Comp. Pv 1.29-31
[bb] Comp. v. 6,7

7 Por isso, não me achei digno de ir ter contigo. Dize, porém, [c]uma palavra, e o meu servo será curado.

8 Pois também eu sou homem de [d]autoridade e tenho soldados sob meu comando e digo a este: Vai, e ele vai; e a outro: Vem, e ele vem. Ao meu servo digo: Faze isto, e ele o faz.

9 Ouvindo isto, Jesus [e]se maravilhou dele e, voltando-se, disse à multidão que o seguia: Digo-vos que nem em [f]Israel achei tanta [g]fé.

10 Quando voltaram para casa os que foram enviados, acharam [h]curado o servo.

A ressurreição do filho de uma viúva

11 **L**ogo depois, Jesus foi a uma cidade chamada Naim, e com ele iam muitos dos seus discípulos e uma grande multidão.

12 Quando chegou perto da porta da cidade, eis que saía o enterro do filho único de uma viúva. E com ela ia uma grande multidão da cidade.

13 Ao vê-la, o Senhor sentiu grande [i]compaixão por ela e lhe disse: [j]Não chores.

14 Chegando-se, colocou a mão no caixão e, parando os que o levavam, disse: Jovem, a ti te digo: [k]Levanta-te.

15 O rapaz [l]assentou-se e começou a falar, e Jesus [m]o entregou à sua mãe.

16 Todos ficaram cheios de [n]temor e [o]glorificavam a Deus, dizendo: Um grande [p]profeta se levantou entre nós, e Deus [q]visitou o seu povo.

17 Correu dele esta fama por toda a Judeia e por toda a região ao redor.

18 **O**s discípulos de João [r]contaram-lhe todas estas coisas.

Jesus testemunha sobre João Batista

19 João, chamando dois discípulos, enviou-os a Jesus, dizendo: És tu aquele que havia de [s]vir, ou havemos de esperar outro?

20 Quando aqueles homens chegaram a Jesus, disseram: João Batista enviou-nos a perguntar-te: És tu aquele que havia de vir, ou havemos de esperar outro?

21 Na mesma hora Jesus curou a muitos de enfermidades, males e espíritos malignos, e deu vista a muitos cegos.

22 Então lhes respondeu: Ide, e [t]contai a João [u]o que tendes visto e ouvido: [v]os cegos [w]veem, os coxos [x]andam, os leprosos são [y]purificados, os surdos [z]ouvem, os mortos [a]são ressuscitados e aos pobres é [b]anunciado o [cc]evangelho.

23 Bem-aventurado é aquele que em mim não se [dd]escandalizar.

24 **T**endo-se [1]retirado os mensageiros de João, Jesus começou a dizer à multidão acerca de João: Que saístes a ver no deserto? Um caniço agitado pelo vento?

25 Que saístes a ver? Um homem trajado de [ee]roupas finas? Não, os que andam com preciosas roupas e [ff]vivem no luxo estão nos palácios reais.

26 Mas que saístes a ver? Um profeta? Sim, vos digo, e muito mais do que profeta.

27 Este é aquele de quem está [gg]escrito:

[hh]Envio o meu anjo à tua frente,
o qual preparará diante de
ti o teu caminho.

28 Eu vos digo que, entre os nascidos de mulher, não há [ii]maior profeta do que João Batista; mas o menor no Reino de Deus é maior do que ele.

29 Todo o povo que o ouviu, e até os cobradores de impostos, reconheceram a justiça de Deus, tendo sido [jj]batizados com o batismo de João.

30 Os [kk]fariseus e os [ll]mestres da Lei, porém, rejeitaram o [mm]conselho de Deus quanto a si mesmos, não tendo sido batizados por ele.

31 **A** quem, pois, compararei os homens desta geração, e a quem são semelhantes?

32 São como crianças que, assentadas nas praças, gritam umas às outras:

Tocamo-vos flauta,
e não dançastes;
cantamos lamentações,
e não chorastes.

33 Pois veio [nn]João Batista, que [oo]não comia pão nem bebia vinho, e dizeis: Tem [pp]demônio.

34 Veio o [qq]Filho do homem, que [rr]come e bebe, e dizeis: Eis um comilão e bebedor de vinho, amigo dos cobradores de impostos e dos [ss]pecadores.

35 A [tt]sabedoria, porém, é comprovada por todos os seus filhos.

Jesus é ungido na casa do fariseu

36 **C**onvidou-lhe um dos fariseus que comesse com ele. Entrando na casa do fariseu, Jesus tomou lugar à mesa.

37 Certa mulher da cidade, uma pecadora, sabendo que ele estava à mesa na casa do fariseu, levou um vaso de [uu]alabastro com perfume,

38 e, estando atrás de Jesus, aos seus [vv]pés, chorando, [ww]molhava-os com suas lágrimas. Então os enxugava com os próprios [xx]cabelos, beijava-os e os ungia com o perfume.

39 Quando o fariseu que o tinha convidado viu isso, disse consigo mesmo: Se este

[1] (7.24) Depois de desaprovar de forma gentil a dúvida de João, o Batista, o Senhor dá testemunho dele diante dos outros. O Senhor Jesus sabe quando desaprovar e também onde e quando elogiar.

[c] Sl 33.9; 107.20; comp. Lc 4.36; Jo 11.43
[d] Mc 13.34
[e] Comp. Mt 15.28
[f] Comp. Rm 3.1,2
[g] Fé: v. 9; Lc 7.50 (Gn 3.20; Hb 11.39, nota)
[h] Milagres (NT): v. 2-10, 12-15,22; Lc 8.2 (Mt 8.3; At 28.8)
[i] Lm 3.32; Jo 11.35; Hb 4.15
[j] Lc 8.52
[k] Mc 5.41; comp. Ef 5.14
[l] Mt 11.5; Lc 8.55; Jo 11.44. Ressurreição: v. 15,22; Lc 8.55 (2Rs 4.35; 1Co 15.52, nota)
[m] 1Rs 17.23; 2Rs 4.36
[n] Lc 1.65
[o] Lc 5.26
[p] v. 39; veja Lc 24.19, nota
[q] Lc 1.68; comp. Êx 4.31
[r] Mt 11.2-5
[s] Mq 5.2; Zc 9.9; Ml 3.1-3
[t] Comp. Mt 28.7; Mc 5.19
[u] Comp. At 26.16
[v] Is 35.5
[w] Jo 9.7
[x] Mt 15.31
[y] Lc 17.12-14
[z] Mc 7.37
[a] v. 14,15
[b] Is 61.1-3
[cc] Evangelho: v. 22; Lc 8.1 (Gn 12.3; Ap 14.6)
[dd] Comp. 1Pe 2.8
[ee] Comp. Mt 3.4
[ff] Comp. 1Rs 3.13; 4.21-27
[gg] Inspiração: v. 27; Lc 18.31 (Êx 4.15; 2Tm 3.16)
[hh] Is 40.3; Ml 3.1; comp. Lc 1.16, 17,76; Jo 1.23
[ii] Lc 1.15
[jj] Veja At 8.12, nota
[kk] Veja Mt 3.7, nota
[ll] Veja Mt 22.35, nota
[mm] Comp. At 20.27
[nn] Mt 3.1
[oo] Mt 3.4; Lc 1.15
[pp] Veja Mt 7.22, nota
[qq] Veja Mt 8.20, nota
[rr] v. 36; Lc 15.2
[ss] Veja Rm 3.23, nota
[tt] Mt 11.19; comp. 1Co 1.21-24
[uu] Comp. Mt 26.7
[vv] Comp. Is 52.7
[ww] Comp. Zc 12.10
[xx] Comp. 1Co 11.15

fosse [y]profeta, saberia quem e qual é a mulher que tocou nele, pois é pecadora.

Parábola dos dois devedores

40 Disse Jesus ao fariseu: Simão, uma coisa tenho a dizer-te. Respondeu ele: Dize-a, Mestre.

41 [z]Certo credor tinha dois devedores. Um lhe devia quinhentos [a]denários, e o outro cinquenta.

42 Não tendo eles com que pagar, [b]perdoou-lhes a ambos. Ora, qual deles o amará mais?

43 Respondeu-lhe Simão: Tenho para mim que é aquele a quem mais perdoou. Disse-lhe Jesus: Julgaste bem.

44 Então voltando-se para a mulher, disse a [1]Simão: Vês tu esta mulher? Entrei em tua casa, e não me deste [c]água para os pés; esta, porém, molhou com lágrimas os meus pés e os enxugou com os seus cabelos.

45 Não me deste um [d]beijo, mas ela, desde que entrou, não parou de me beijar os pés.

46 Não me ungiste a [e]cabeça com óleo, mas esta me ungiu os [f]pés com perfume.

47 Por isso, te digo que os seus muitos pecados lhe são perdoados, pois muito amou. Mas aquele a quem pouco é perdoado, pouco ama.

48 Então Jesus disse à mulher: Os [g]teus pecados te são [h]perdoados.

49 Os que estavam à mesa começaram a dizer entre si: [i]Quem é este que até perdoa pecados?

50 Jesus disse à mulher: A tua [j]fé te salvou; vai-te em paz.

Mulheres que serviram a Jesus em suas viagens missionárias

8 Depois disto andava Jesus de cidade em cidade e de aldeia em aldeia, pregando e anunciando o [k]evangelho do [l]Reino de Deus. Os Doze iam com ele

2 [m]e também algumas [n]mulheres que foram [o]curadas de espíritos malignos e de enfermidades: Maria, chamada [p]Madalena, da qual saíram sete demônios;

3 Joana, mulher de Cuza, procurador de [q]Herodes; Susana, e muitas outras, as quais o serviam com os seus bens.

Parábola do semeador (Mt 13.1-23; Mc 4.1-20)

4 **A**juntando-se grande multidão, e vindo ter com ele gente de todas as cidades, falou por [r]parábolas:

5 Um semeador saiu a semear a sua semente. Quando semeava, uma parte caiu à beira do caminho, foi pisada e as aves do céu a comeram.

6 Outra caiu sobre a pedra e, nascida, secou, porque não tinha umidade.

7 Outra caiu entre espinhos e, crescendo com ela os espinhos, a sufocaram.

8 Outra caiu em boa terra e, nascida, produziu fruto, a cem por um. Tendo dito ele estas coisas, clamou: [s]Quem tem ouvidos para ouvir, ouça.

9 **O**s seus discípulos perguntaram o que ele queria dizer com essa parábola.

10 Ele lhes disse: A vós é dado conhecer os [t]mistérios do [u]Reino de Deus, mas aos outros fala-se por parábolas, para [v]que,

vendo, não vejam

e, ouvindo, não entendam.

11 Esta é a parábola: A [w]semente é a [x]palavra de Deus.

12 Os que estão à beira do caminho são os que ouvem; depois vem o [yy]Diabo e [zz]tira-lhes do [aa]coração a palavra, para que não se [bb]salvem, ao crer.

13 Os que estão sobre pedra são os que, ouvindo a palavra, a recebem com alegria, mas, como [cc]não têm raiz, apenas creem por algum tempo e na hora da [dd]provação se desviam.

14 A que caiu entre [ee]espinhos são os que ouviram e, com o passar dos dias, são sufocados com preocupações, [ff]riquezas e prazeres da vida, e seus frutos não chegam a amadurecer.

15 A que caiu em [gg]boa terra são os que, [hh]ouvindo a palavra, a retêm num coração honesto e bom e dão fruto com [ii]perseverança.

Parábola da candeia (Mt 5.15,16; Mc 4.21-23; Lc 11.33-36)

16 **N**inguém, acendendo uma candeia, a cobre com algum vaso ou a põe debaixo da cama. Antes, coloca-a no [jj]lugar apropriado, para que os que entram vejam a [kk]luz.

17 Pois [ll]não há coisa oculta que não seja [mm]revelada, nem escondida que não venha a ser conhecida e trazida à luz.

18 Portanto, vede como ouvis. A [nn]qualquer que tiver, lhe será dado; e a qualquer que não tiver, até o que [oo]parece ter lhe será tirado.

[y] v. 16; veja Lc 24.19, nota
[z] Parábolas (NT): v. 41-43; Lc 8.4 (Mt 5.13; Lc 21.29)
[a] Veja sist. monetário (NT): Mt 5.26, nota
[b] Comp. Sl 32.1-5; 51.1-3; 103.3; Is 1.18; 43.25; 44.22
[c] Gn 18.4; comp. 1Tm 5.10
[d] Rm 16.16; comp. Mt 26.48,49
[e] Ec 9.8; comp. Sl 23.5
[f] Comp. Jo 13.3-15
[g] Mt 9.2
[h] Perdão: v. 47,48; Lc 11.4 (Lv 4.20; Mt 26.28, nota)
[i] Lc 5.21
[j] Fé: v. 50; Lc 8.48 (Gn 3.20; Hb 11.39, nota)
[k] Evangelho: v. 1; Lc 9.6 (Gn 12.3; Ap 14.6)
[l] Veja Mt 6.33, nota
[m] Veja Mc 3.15, nota
[n] Mc 15.41
[o] Milagres (NT): v. 2; Lc 8.24 (Mt 8.3; At 28.8)
[p] Mc 16.9
[q] Herodes Antipas. Veja Mc 6.14, nota
[r] Parábolas (NT): v. 4-18; Lc 10.30 (Mt 5.13; Lc 21.29)

[s] Mt 11.15; Mc 7.16; Lc 14.35
[t] Veja Mt 13.11, nota
[u] Reino (NT): v. 10; Lc 9.26 (Mt 2.2; 1Co 15.24, nota)
[v] Comp. Dt 29.3,4; Is 6.9,10; At 28.26,27
[w] 1Pe 1.23
[x] Lc 5.1; 11.28
[yy] Satanás: v. 12; Lc 10.18 (Gn 3.1; Ap 20.10)
[zz] Comp. 1Co 2.11
[aa] Comp. v. 15
[bb] Veja Rm 1.16, nota
[cc] v. 6
[dd] Provar-Tentar: v. 13. Lc 10.25 (Gn 3.1; Tg 1.14); 2Tm 4.10
[ee] v. 7
[ff] Mt 19.23; 1Tm 6.9,10
[gg] v. 8
[hh] Comp. Tg 1.22
[ii] Rm 2.7; Hb 10.36; Tg 5.7,8
[jj] Ap 1.20
[kk] Mt 5.14
[ll] Mt 10.26; Lc 12.2; 1Co 4.5
[mm] Ec 12.14; 2Co 5.10
[nn] Mt 25.29
[oo] Mt 13.12

[1] (7.44) Veja Tg 2.14-26. Quando Jesus justificou a mulher aos olhos de Simão, ele indicou as obras dela, já que somente por meio dessas obras Simão poderia ver a prova da fé da mulher; mas, quando Jesus a despediu para que fosse em paz, destacou sua fé (v. 50), não suas obras. Veja Tt 2.14; 3.4-8. O crente nunca deve basear sua segurança em suas obras (comp. Mt 7.22,23); a segurança tem como fundamento a obra consumada de Cristo. Veja Segurança (Is 32.17; Jd 1, *nota*).

A mãe e os irmãos de Jesus
(Mt 12.46-50; Mc 3.31-35)

19 **F**oram ter com ele sua [p]mãe e seus irmãos e não podiam aproximar-se dele por causa da multidão.

20 Foi-lhe dito: Tua mãe e teus irmãos estão lá fora e querem ver-te.

21 Respondeu ele: Minha mãe e meus irmãos são aqueles que ouvem a palavra de Deus e a [q]praticam.

Jesus acalma o vento e as ondas
(Mt 8.23-27; Mc 4.35-41)

22 **C**erto dia, entrou num barco com seus discípulos e disse-lhes: Passemos para o outro lado do lago. E partiram.

23 Enquanto navegavam, Jesus adormeceu. Sobreveio uma tempestade de vento no lago, e o barco se enchia de água e eles corriam perigo.

24 Chegando-se a ele, despertaram-no, [r]dizendo: Mestre, Mestre, vamos morrer! Ele se levantou, repreendeu o vento e a fúria da água; tudo se [s]acalmou, e fez-se bonança.

25 Então lhes perguntou: [t]Onde está a vossa fé? Eles, temendo, maravilharam-se, dizendo uns aos outros: [u]Quem é este, que até os ventos e a água lhe obedecem?

A cura de dois endemoninhados em Gadara
(Mt 8.28-34; Mc 5.1-20)

26 **N**avegaram para a região dos gerasenos, que está de frente da Galileia.

27 Quando Jesus pisou em terra, saiu-lhe ao encontro, vindo da cidade, um homem que desde muito tempo estava possesso de [v]demônios e não andava vestido, nem habitava em qualquer casa, mas nos [w]sepulcros.

28 Vendo Jesus, prostrou-se diante dele, exclamando e dizendo em alta [x]voz: [y]Que tenho eu contigo, Jesus, [z]Filho do Deus [a]Altíssimo? Peço-te que não me atormentes.

29 Pois Jesus tinha ordenado ao espírito imundo que saísse do homem. Já havia muito tempo que se apossava dele e, embora o mantivesse preso com correntes e cadeias, [b]quebrava as prisões e era levado pelo demônio para o deserto.

30 Perguntou-lhe Jesus: Qual é o teu nome? Respondeu ele: Legião, porque tinham entrado nele muitos demônios.

31 Suplicavam-lhe que não os mandasse para o [c]abismo.

32 Andava ali pastando no monte uma grande manada de [d]porcos. Suplicaram-lhe os demônios que lhes deixasse entrar neles. Jesus o [e]permitiu.

33 Tendo saído do homem, os [f]demônios entraram nos porcos, e a manada atirou-se no precipício em direção ao lago e se afogou.

34 Aqueles que guardavam os porcos, vendo o que havia acontecido, fugiram e foram contar essas coisas na cidade e nos campos.

35 **E** saíram para ver o que tinha acontecido e se aproximaram de Jesus. Acharam então o homem, de quem haviam saído os demônios, [g]vestido, e em [h]perfeito juízo, [i]assentado aos [j]pés de Jesus; e temeram.

36 Os que tinham visto tudo isso contaram-lhes como fora liberto o endemoninhado.

37 Então toda a multidão dos arredores dos gerasenos [1k]pediu-lhe que se [l]retirasse deles, porque estavam possuídos de grande [m]temor. Entrando ele no barco, voltou.

38 O homem de quem haviam saído os demônios [n]suplicou-lhe que o deixasse estar com ele, mas Jesus o despediu, dizendo:

39 Volta para casa e [o] conta quão grandes coisas Deus fez por ti. E ele foi [pp]anunciando por toda a cidade quão grandes coisas Jesus lhe tinha feito.

40 **Q**uando Jesus voltou, a multidão o recebeu, pois todos o estavam [qq]esperando.

A filha de Jairo; a mulher hemorrágica
(Mt 9.18-26; Mc 5.21-43)

41 Um homem chamado Jairo, [rr]chefe da sinagoga, chegou e prostrou-se aos pés de Jesus, rogando-lhe que entrasse em sua casa,

42 porque tinha uma filha [ss]única de quase doze anos que estava à [tt]beira da morte. E, indo ele, apertava-o a multidão.

43 **C**erta mulher, que tinha uma [uu]hemorragia havia doze anos e gastara com os médicos tudo o que tinha, mas ninguém pudera curá-la,

44 chegando por trás dele, [vv]tocou na borda da sua roupa, e logo parou a hemorragia.

45 Disse Jesus: Quem tocou em mim? E, negando todos, disse Pedro e os que estavam com ele: Mestre, a multidão te aperta e te comprime, e dizes: Quem tocou em mim?

46 Disse Jesus: Alguém tocou em mim; senti que de [ww] mim saiu poder.

47 Então, vendo a mulher que não podia esconder-se, aproximou-se tremendo e, prostrando-se diante dele, [xx]declarou-lhe diante

[p] Mt 13.55,56; At 1.14
[q] v. 15
[r] Orações da Bíblia (NT): v. 24; Lc 9.38 (Mt 6.9; Lc 11.2, nota)
[s] Milagres (NT): v. 24; Lc 8.33 (Mt 8.3; At 28.8)
[t] Lc 9.41; comp. Mt 8.10
[u] Lc 4.36; 5.26; comp. Sl 107.23-32
[v] Veja Mt 7.22, nota
[w] Comp. Pv 21.16
[x] Mc 1.26; 9.26; comp. At 16.16,17
[y] Mc 1.23,24; comp. Tg 2.19
[z] Lc 4.41; comp. Fp 2.10,11
[a] Comp. Gn 14.19
[b] Comp. Rm 8.7
[c] Comp. Ap 20.1-3
[d] Lv 11.7; Dt 14.8; comp 2Pe 2.22
[e] Comp. Jó 12.16
[f] Milagres (NT): v. 27-35, 43-48; Lc 8.55 (Mt 8.3; At 28.8)
[g] Mt 11.28
[h] Mt 28.9; Mc 7.25; Lc 10.39; 17.16; Jo 11.32
[i] Comp. Fp 3.9
[j] 2Tm 1.7
[k] Mc 1.24; Lc 4.34
[l] Jó 21.14; At 16.39; comp. Lc 4.29,30
[m] Lc 5.26
[n] Lc 18.43
[o] Comp. Lc 5.14,15
[pp] Comp. Mt 11.20; Jo 4.48
[qq] Comp. Lc 12.35-40
[rr] Comp. Jo 7.48
[ss] Comp. Lc 9.38
[tt] Lc 7.2
[uu] Lv 15.19-22
[vv] Mc 6.56; Lc 5.13; comp. At 5.15; 19.12; Rm 4.4,5
[ww] Comp. Lc 5.17
[xx] Comp. Rm 10.10

[1] (8.37) Não estando conscientes de sua própria necessidade, os gadarenos pediram ao Senhor que saísse dali, já que seu poder os assustava e condenava. Ao mesmo tempo, o homem que fora curado suplicou ao Senhor que lhe permitisse segui-lo.

de todo o povo por que havia tocado nele e como logo fora curada.

48 Então ele lhe disse: Tem bom ânimo, filha, a [y]tua [z]fé te curou. [a]Vai-te em paz.

49 **Q**uando ele ainda falava, chegou alguém da casa de um dos dirigentes da sinagoga e disse: A tua filha está morta, não incomodes o Mestre.

50 Jesus, porém, ouvindo isso, respondeu-lhe: Não temas; [b]crê somente, e ela será curada.

51 Chegando à casa, a ninguém deixou entrar, [c]exceto Pedro, Tiago, João, bem como o pai e a mãe da menina.

52 Todos choravam e se lamentavam. Ele disse: [d]Não choreis. Ela não está morta, mas [e]dorme.

53 E riam-se dele, pois sabiam que ela estava morta.

54 Ele, porém, pegando-a pela mão, disse: [f]Levanta-te, menina.

55 O seu espírito [g]voltou, e ela logo se [h]levantou, e Jesus mandou que lhe dessem de comer.

56 Seus pais ficaram maravilhados, mas ele lhes [i]mandou que a ninguém dissessem o que havia acontecido.

Jesus envia os doze apóstolos (Mt 10.1-15; comp. Mc 6.7-13)

9 Jesus [j]convocou os [k]Doze discípulos e [l]deu-lhes poder e autoridade sobre todos os [m]demônios e para que curassem as doenças.

2 Então os enviou a pregar o [n]Reino de Deus e a curar os doentes.

3 Disse-lhes: [o]Nada leveis convosco para o caminho, nem bordões, nem sacolas de viagem, nem pão, nem dinheiro, nem leveis duas túnicas.

4 Na [p]casa em que entrardes, ali permanecei, até sairdes daquela cidade.

5 Quanto à cidade que não vos receber, [q]saindo dali, sacudi o pó dos vossos pés como testemunho contra eles.

6 Saindo eles, percorreram todas as aldeias, anunciando o [r]evangelho e fazendo curas por toda parte.

7 **O** tetrarca [s]Herodes ouviu tudo o que se passava. E estava perplexo, porque diziam alguns que [t]João ressuscitara dentre os mortos,

8 outros que [u]Elias tinha aparecido, e ainda outros que um profeta antigo havia ressuscitado.

9 Disse Herodes: A João mandei decapitar. Quem é, pois, este de quem ouço dizer tais coisas? E queria [v]vê-lo.

10 [w]**A**o retornarem, os apóstolos contaram-lhe tudo o que tinham feito. Tomando-os consigo, retirou-se para um lugar [x]deserto, a uma cidade chamada Betsaida,

11 mas, sabendo-o as multidões, seguiram-no. Ele os recebeu, e falava-lhes do Reino de Deus; também curava os que [1]necessitavam de cura.

A primeira multiplicação dos pães; cinco mil são alimentados (Mt 14.15-21; Mc 6.32-44; Jo 6.5-13)

12 O dia começava a escurecer. Aproximando-se dele os Doze, disseram: Manda embora a multidão, para que, indo aos lugares e aldeias em redor, se hospedem e achem o que comer, porque estamos em lugar deserto.

13 Ele lhes disse: Dai-lhes vós de comer. Responderam eles: Temos apenas cinco pães e dois peixes, exceto se nós próprios formos comprar comida para todo este povo.

14 Estavam ali cerca de cinco mil homens. Disse então aos seus discípulos: Fazei-os assentar em grupos de cinquenta.

15 Assim o fizeram, acomodando a todos.

16 Tomando os cinco pães e os dois peixes, olhando para o céu, ele [yy]os abençoou, partiu e deu aos discípulos para que os distribuíssem à multidão.

17 Todos comeram e se fartaram, e recolheram, do que [zz]sobrou, doze cestos de pedaços.

A confissão de Pedro (Mt 16.13-20; Mc 8.27-30)

18 **E**stando ele orando, em particular, estavam com ele os discípulos, a quem perguntou: Quem diz a multidão que eu sou?

19 Responderam eles: [aa]João Batista; outros, [bb]Elias; e outros, que um dos antigos profetas ressuscitou.

20 Perguntou-lhes: E vós, quem dizeis que eu sou? Respondeu [cc]Pedro: O Cristo de Deus.

21 E, advertindo-os, mandou que a ninguém contassem isso,

Jesus prediz sua morte e ressurreição (Mt 16.21-27; Mc 8.31-33)

22 dizendo: É [dd]necessário que o [ee]Filho do homem sofra muitas coisas, e seja rejeitado pelos líderes religiosos, pelos principais sacerdotes e [ff]mestres da lei, seja morto e ressuscite no terceiro dia.

O preço do discipulado (Mt 16.24-27; Mc 8.34-38)

23 **E**ntão disse a todos: [gg]Se alguém quer vir após mim, negue-se a si mesmo, tome diariamente a sua cruz e siga-me.

[y] Lc 7.50
[z] Fé: v. 48; Lc 17.5 (Gn 3.20; Hb 11.39, nota)
[a] Jo 8.11
[b] Mc 11.22-24
[c] Mt 17.1; 26.37; Mc 13.3
[d] Lc 7.13
[e] Jo 11.11
[f] Lc 7.14; comp. Jo 5.25,28
[g] Milagres (NT): 8.41,42, 49-55; 9.1,12-17; Lc 9.42 (Mt 8.3; At 28.8)
[h] Ressurreição: v. 55; Lc 9.31 (2Rs 4.35; 1Co 15.52, nota)
[i] Mt 9.30
[j] Veja Mc 3.15, nota
[k] v. 10,12; Mt 10.2
[l] Mc 16.17,18; Jo 14.12
[m] Veja Mt 7.22, nota
[n] Veja Mt 6.33, nota
[o] Lc 10.4; 22.35
[p] Comp. Fp 4.11
[q] Lc 10.10,11
[r] Evangelho: v. 6; Lc 20.1 (Gn 12.3; Ap 14.6)
[s] Herodes Antipas. Veja Mc 6.14, nota
[t] Comp. Mc 6.14-29
[u] Comp. 2Rs 2.1-11
[v] Comp. Lc 23.6-12

[w] Mc 6.30
[x] Mt 14.13
[yy] Lc 22.19; 24.30
[zz] Comp. 2Rs 4.42-44
[aa] v. 7
[bb] v. 8
[cc] Jo 6.68,69
[dd] Lc 18.31-33
[ee] Veja Mt 8.20, nota
[ff] Veja Mt 2.4, nota
[gg] Mt 10.38; Mc 8.34-38; Lc 14.27; comp. Fp 3.7-11

[1](9.11) Comp. Lc 4.40; Rm 5.20. Cada vez que se reconhece uma necessidade, o Senhor está disposto a satisfazê-la. Considerando que a necessidade de cura física é profundamente sentida, às vezes nossa tendência é colocá-la em primeiro lugar. Entretanto, a necessidade espiritual é maior e, muitas vezes, é maior ainda quando menos consciência dela há; p. ex., Ap 3.17.

24 Pois [h]qualquer que quiser salvar a sua vida a perderá, mas qualquer que, por minha causa, perder a sua vida a salvará.

25 Que adianta ao homem [i]ganhar o [j]mundo todo, perdendo-se ou prejudicando-se a si mesmo?

26 Qualquer que de mim e das minhas palavras se [k]envergonhar, dele se [l]envergonhará o Filho do homem, quando [m]vier na sua [n]glória e na do Pai e dos [o]santos [p]anjos.

A transfiguração (Mt 17.1-8; Mc 9.2-8)

27 Em verdade vos digo que, dos que aqui estão, alguns há que não provarão a morte até que [q]vejam o Reino de Deus.

28 [r]**C**erca de oito dias depois dessas palavras, tomou consigo Pedro, João e Tiago e subiu ao monte para orar.

29 Estando ele orando, transformou-se a aparência do seu rosto, e suas roupas ficaram brancas e [s]resplandecentes.

30 Estavam falando com ele [t]dois homens, [u]Moisés e [v]Elias,

31 os quais [w]apareceram em [x]glória, e falavam da sua [y]morte, a qual havia de cumprir-se em Jerusalém.

32 Pedro e os que se achavam com ele estavam com muito [z]sono, mas, quando despertaram, viram a sua glória e aqueles dois homens que estavam com ele.

33 Quando estes se afastavam dele, disse Pedro a Jesus: Mestre, bom é que nós estejamos aqui. Façamos [a]três tendas: uma para ti, uma para Moisés e uma para Elias. Ele não sabia o que estava dizendo.

34 Enquanto ele dizia isto, veio uma [b]nuvem e os cobriu com a sua sombra e, entrando eles na nuvem, temeram.

35 Saiu da nuvem uma voz, que dizia: [c]Este é o meu amado Filho; a ele ouvi.

36 Tendo ouvido aquela voz, Jesus se achou só. Seus discípulos se calaram, e por aqueles dias não contaram a ninguém nada do que tinham visto.

A impotência dos discípulos: o poder de Cristo (Mt 17.14-21; Mc 9.14-29)

37 **N**o dia seguinte, quando desceram do monte, saiu-lhes ao encontro grande multidão.

38 Um homem dentre a multidão [d]clamou: Mestre, peço-te que vejas meu filho, pois é o único que eu tenho.

39 Um espírito o toma, e de repente grita, e ele tem convulsões até espumar. Só o larga depois de o ter machucado.

40 Pedi a teus discípulos que o expulsassem, mas não puderam.

41 Respondeu Jesus: Ó geração [e]incrédula e perversa! Até quando estarei convosco e vos suportarei? Traze-me o teu filho.

42 Quando o menino vinha chegando, o [f]demônio o derrubou e convulsionou. Jesus, porém, repreendeu o espírito imundo, [g]curou o menino e o entregou a seu pai.

43 **E** todos ficaram admirados com a [hh]grandeza de Deus. E, maravilhando-se todos de todas as coisas que Jesus fazia, disse aos seus discípulos:

Jesus novamente prediz sua morte e sua ressurreição (Mt 17.22,23; Mc 9.30-32)

44 [ii]Abri bem os vossos ouvidos a estas palavras: O [jj]Filho do homem será [kk]entregue nas mãos dos homens.

45 [ll]Eles, porém, não entendiam isso, que lhes era omitido para que não o compreendessem, e temiam interrogá-lo a esse respeito.

Humildade, o segredo da grandeza (Mt 18.1-6; Mc 9.33-37)

46 **L**evantou-se entre eles uma [mm]discussão sobre qual deles seria o maior.

47 Jesus, porém, [nn]conhecendo o pensamento de seus corações, pegou uma [oo]criança, colocou-a junto de si

48 e lhes disse: [pp]Qualquer que receber esta criança em meu nome, recebe a mim; e [qq]qualquer que me recebe, [rr]recebe o que me enviou. Pois aquele que entre vós todos [ss]for o menor, esse será o maior.

Advertência contra o sectarismo (Mc 9.38,40)

49 **J**oão disse: Mestre, vimos um homem que em teu nome expulsava [tt]demônios, e nós o proibimos de fazer isso porque não anda [uu]conosco.

50 Jesus lhe disse: [vv]Não o proibais, pois quem não é contra vós é [ww]por vós.

Jesus passa novamente por Samaria

51 **C**ompletando-se os dias para sua ascensão, Jesus manifestou o [xx]firme propósito de ir para Jerusalém.

52 Mandou mensageiros à sua frente, os quais entraram numa aldeia de samaritanos, para lhe prepararem pousada;

53 mas não o receberam, porque viram que ele ia para Jerusalém.

54 Os discípulos [yy]Tiago e João, vendo isso, perguntaram: Senhor, queres que mandemos que desça fogo do céu e os destrua, assim como fez [zz]Elias?

55 Mas Jesus voltou-se, repreendeu-os e disse: Vós não sabeis de que [aa]espírito sois,

[h] Jo 12.25
[i] Lc 16.19-31; At 1.18,25
[j] Gr. *kosmos*. Veja Mt 4.8, nota
[k] Rm 1.16
[l] Mt 10.32, 33; comp. 2Tm 1.8
[m] Cristo (segunda vinda): v. 26; Lc 13.35 (Dt 30.3; At 1.11, nota); Mt 25.31
[n] Reino (NT): v. 26, 27-36; Lc 10.22 (Mt 2.2; 1Co 15.24, nota)
[o] Santificação (NT): v. 26; Jo 10.36 (Mt 4.5; Ap 22.11)
[p] Veja Hb 1.4, nota
[q] Mt 16.28; comp. 2Pe 1.16-18
[r] Veja Mt 17.2, nota
[s] Comp. Êx 34.29-35; 2Co 4.6
[t] Comp. Rm 3.21
[u] Hb 11.23-29
[v] 2Rs 2.1-11
[w] Ressurreição: v. 30,31; Lc 14.14 (2Rs 4.35; 1Co 15.52, nota)
[x] Comp. Fp 3.21; Cl 3.4; 1Jo 3.2
[y] Comp. 1Pe 1.10-12
[z] Mt 26.40,43
[a] Comp. v. 19,20; Jo 14.8-11
[b] Êx 13.21; At 1.9
[c] Mt 3.17
[d] Orações da Bíblia (NT): v. 38-40; Lc 10.21 (Mt 6.9; Lc 11.2, nota)
[e] Comp. Jo 14.12
[f] Veja Mt 7.22, nota
[g] Milagres (NT): v. 38-42; Lc 11.14 (Mt 8.3; At 28.8)
[hh] 2Pe 1.16
[ii] Comp. v. 31,45; Mt 17.22
[jj] Veja Mt 8.20, nota
[kk] v. 22; Mc 10.33
[ll] Lc 2.50
[mm] Lc 22.24-27
[nn] Mt 9.4; Jo 2.24,25
[oo] Lc 18.17
[pp] Mt 18.5
[qq] Mt 10.40; Jo 12.44
[rr] Jo 13.20
[ss] 1Co 15.9; Ef 3.8
[tt] Veja Mt 7.22, nota
[uu] Comp. 1Co 3.5-8
[vv] Comp. Nm 11.26-30
[ww] Comp. Lc 11.23; Fp 1.15-18
[xx] Is 50.7; comp. Mt 26.53,54; Hb 12.2
[yy] Mc 3.17
[zz] v. 30; 2Rs 1.10,12
[aa] Rm 8.15; 2Tm 1.7

56 pois o Filho do homem não [b]veio para destruir as almas dos homens, mas para [c]salvá-las. E foram para outra aldeia.

O discipulado posto à prova (Mt 8.18-22)

57 Indo eles pelo caminho, alguém lhe disse: Senhor, te seguirei para onde quer que fores.

58 Respondeu-lhe Jesus: As raposas têm tocas, e as aves do céu ninhos, mas o Filho do homem [d]não tem onde descansar a cabeça.

59 Disse a outro: Segue-me. Mas ele respondeu: Senhor, deixa que primeiro eu vá [e]enterrar meu pai.

60 Respondeu Jesus: Deixa para os [f]mortos o enterrar os seus [g]mortos; tu, porém, vai e anuncia o [h]Reino de Deus.

61 Disse também outro: Senhor, eu te seguirei, mas deixa-me primeiro despedir-me dos que estão em minha casa.

62 Jesus lhe disse: Ninguém que lança mão do arado e olha para [i]trás é [j]apto para o Reino de Deus.

Envio dos setenta (contr. com Mt 10)

10 Depois disso designou o Senhor ainda outros setenta e mandou-os à sua frente, de dois em dois, a todas as cidades e lugares aonde ele iria.

2 Disse-lhes: Grande é a [k]colheita, mas os obreiros são poucos. Rogai, pois, ao Senhor da colheita que envie [l]obreiros para a sua seara.

3 Ide. Eu vos envio como cordeiros ao meio de lobos.

4 [m]Não leveis bolsa, nem [n]sacola de viagem, nem sandálias; e [o]a ninguém saudeis pelo caminho.

5 Quando entrardes numa casa, dizei primeiro: [p]Paz seja nesta casa.

6 Se ali houver algum filho da paz, repousará sobre ele a vossa paz; se não, voltará para vós.

7 Ficai na mesma casa, comendo e bebendo do que eles tiverem, [q]pois digno é o trabalhador do seu salário. Não andeis de casa em casa.

8 Quando entrardes numa cidade, e vos receberem, comei do que vos oferecerem.

9 Curai os enfermos que nela houver e dizei-lhes: É chegado a vós o [r]Reino de Deus.

10 Quando, porém, entrardes numa cidade e não vos receberem, saindo por suas ruas, dizei:

11 Até o pó que da vossa cidade se nos pegou [s]sacudimos sobre vós. Sabei, contudo, que já o Reino de Deus é chegado a vós.

12 Digo-vos que mais [t]tolerância haverá naquele [u]dia para Sodoma do que para aquela cidade.

Ai das cidades impenitentes! (Mt 11.20-24)

13 [v]Ai de ti, Corazim! Ai de ti, Betsaida! Pois se em Tiro e Sidom se tivessem realizado as maravilhas que em vós foram feitas, há muito, vestidas em saco e cinza, elas se teriam [w]arrependido.

14 Portanto, para Tiro e Sidom haverá menos rigor no juízo do que para vós.

15 E tu, Cafarnaum, serás [x]levantada até ao céu? Até ao [y]inferno descerás!

16 Quem vos [z]ouve, a mim me ouve; quem vos [aa]rejeita, a mim me rejeita; mas quem me rejeita, rejeita aquele que me enviou.

17 Voltaram os setenta com alegria, dizendo: Senhor, pelo teu nome, até os [bb]demônios se submetem a nós.

18 Disse-lhes Jesus: Eu vi [cc]Satanás como raio [dd]cair do céu.

19 Eu vos dei autoridade para [ee]pisar serpentes e escorpiões e toda a força do inimigo, e nada vos fará dano algum.

20 Mas não vos alegreis porque os espíritos se vos submetem; alegrai-vos antes por estarem os vossos nomes [ff]escritos nos céus.

21 Naquela mesma hora alegrou-se Jesus no Espírito Santo e [gg]disse: Graças te dou, ó Pai, Senhor do céu e da terra, que escondeste estas coisas aos sábios e inteligentes e as revelaste às criancinhas. Assim é, ó Pai, porque assim o quis.

22 Tudo me foi [hh]entregue por meu Pai. Ninguém sabe quem é o Filho senão o Pai, [ii]nem quem é o Pai senão o Filho e aquele a quem o Filho o quiser revelar.

23 Voltando-se para os discípulos, disse-lhes em particular: [jj]Bem-aventurados os olhos que veem o que vós vedes.

24 Digo-vos, pois, que muitos [kk]profetas e reis desejaram ver o que vedes, e não o viram, e ouvir o que ouvis, e não o ouviram.

Resposta de Jesus aos fariseus (comp. 22.34-40; Mc 12.28-34)

25 Levantou-se certo mestre da Lei e, [ll]querendo provar Jesus, perguntou-lhe: Mestre, que farei para herdar a [mm]vida eterna?

26 Jesus lhe respondeu: O que está escrito na [nn]lei? Como lês?

27 Respondeu-lhe o homem: [oo]Amarás ao Senhor, o teu Deus, de todo o teu coração, de toda a tua alma, de todas as tuas forças e de todo o teu entendimento, e ao teu próximo como a ti mesmo.

28 Então Jesus lhe disse: Respondeste bem. Faze isto e viverás.

29 Ele, porém, querendo [pp]justificar-se a si mesmo, [qq]disse a Jesus: E quem é o meu próximo?

[b] Cristo (primeira vinda): v. 56; Lc 19.38 (Gn 3.15; At 1.11)
[c] Lc 19.10; Jo 3.17; 12.47; veja Rm 1.16, nota
[d] Lc 2.7; 8.23; comp. 1Co 4.11
[e] Comp. Lc 18.28-30
[f] Morte (espiritual): v. 60; Lc 15.24 (Gn 2.17; Ef 2.5, nota)
[g] Veja Hb 9.27, nota
[h] Veja Mt 6.33, nota
[i] Comp. Gn 19.17,26; Fp 3.13,14
[j] 2Tm 4.10
[k] Mt 9.37; Jo 4.35
[l] 1Co 3.9
[m] Lc 9.3
[n] Comp. Lc 22.35
[o] Comp. Gn 24.33,56; 2Rs 4.29
[p] 1Sm 25.6; comp. Is 57.21
[q] 1Tm 5.18
[r] Veja Mt 6.33, nota
[s] Lc 9.5; At 13.51
[t] Lm 4.6; comp. Lc 12.47; Hb 2.3; 10.26
[u] Dia (do juízo): v. 12-15; Lc 11.31 (Mt 10.15; Ap 20.11)

[v] Veja Mt 11.20 e Mc 8.23, notas
[w] Arrependimento: v. 13; Lc 11.32 (Mt 3.2; At 17.30, nota)
[x] Comp. Is 14.13,15
[y] Veja Lc 16.23, nota
[z] Comp. Mt 16.19; 18.18
[aa] 1Ts 4.8, comp. Jo 5.23; 13.20
[bb] Veja Mt 7.22, nota
[cc] Satanás: v. 18; Lc 11.18 (Gn 3.1; Ap 20.10)
[dd] Jo 12.31; comp. Is 14.12-19; Jo 16.11; Ap 12.8,9
[ee] Mc 16.18; comp. At 28.5
[ff] Is 4.3; Dn 12.1; comp. Êx 32.32; Sl 69.28; Ap 13.8
[gg] Orações da Bíblia (NT): v. 21; Lc 11.2 (Mt 6.9; Lc 11.2, nota)
[hh] Reino (NT): v. 22; Lc 11.2 (Mt 2.2; 1Co 15.24, nota); Jo 3.35; Hb 2.8
[ii] Jo 1.18
[jj] Mt 13.16
[kk] 1Pe 1.10,11; comp. Jo 8.56
[ll] Provar-Tentar: v. 25; Lc 11.4 (Gn 3.1; Tg 1.14)
[mm] Vida (eterna): v. 25-28; Lc 12.15 (Mt 7.14; Ap 22.19)
[nn] Lei (de Moisés): v. 26,27; Lc 16.16 (Êx 19.1; Gl 3.24)
[oo] Lv 19.18; Dt 6.5; Mt 19.19
[pp] Lc 16.15; comp. Gl 3.11
[qq] Parábolas (NT): v.30-37; Lc 11.5 (Mt 5.13; Lc 21.29)

Parábola do bom samaritano

30 Respondeu-lhe Jesus: Descia um homem de Jerusalém para Jericó e caiu nas mãos dos assaltantes, os quais o roubaram e, espancando-o, se retiraram, deixando-o meio morto.

31 Casualmente descia pelo mesmo caminho certo sacerdote que, vendo-o, passou distante.

32 De igual modo, também um levita chegou àquele lugar e, vendo-o, passou distante.

33 Um [r]samaritano, porém, que ia de viagem, chegou perto dele, viu-o e moveu-se de [s]compaixão.

34 Aproximando-se, enfaixou-lhe as feridas, colocando-lhes azeite e vinho. Então, colocando-o sobre a sua cavalgadura, levou-o para uma hospedaria e cuidou dele.

35 Partindo no outro dia, tirou dois [t]denários, deu-os ao hospedeiro, e disse-lhe: Cuida dele, e tudo o que de mais gastares com ele eu te pagarei quando voltar.

36 Qual destes três te parece que foi o próximo daquele que caiu nas mãos dos assaltantes?

37 Ele disse: O que usou de misericórdia para com ele. Disse Jesus: [u]Vai, e faze da mesma maneira.

O contraste entre Marta e Maria

38 Indo eles no caminho, entrou numa aldeia. E certa mulher, por nome [v]Marta, o recebeu em sua casa.

39 Tinha esta uma irmã chamada [w]Maria, a qual, assentando-se aos pés de Jesus, ouvia a sua [x]palavra.

40 Marta, porém, andava ocupada com muitos serviços e aproximando-se disse: Senhor, [y]não te importas de que minha irmã me deixe servir só? Dize-lhe que me ajude.

41 Respondeu-lhe Jesus: Marta, Marta, estás ansiosa e [z]preocupada com muitas coisas,

42 mas [a]uma só é necessária. Maria escolheu a boa parte, a qual não lhe será tirada.

Instruções para oração (comp. Mt 6.9-15)

11 Um dia Jesus estava orando em certo lugar. Quando acabou, disse-lhe um dos seus discípulos: Senhor, ensina-nos a orar, como também João ensinou aos seus discípulos.

2 Ele lhes disse: Quando orardes, [1b]dizei:
Pai,
santificado seja o teu nome,
venha o teu [c]reino.
3 Dá-nos cada dia o nosso pão cotidiano.
4 [d]Perdoa-nos os nossos [e]pecados,
pois também nós
[f]perdoamos a qualquer que nos deve.
E [g]não nos deixes cair em [h]tentação,
mas livra-nos do [i]mal.

Parábola do amigo insistente

5 Então ele lhes disse: [j]Qual de vós terá um amigo e se este for procurá-lo à meia-noite e lhe disser: Amigo empresta-me três pães,

6 porque um meu amigo chegou de viagem à minha casa, e não tenho o que lhe servir.

7 Se ele, respondendo de dentro, disser: Não me incomodes, a porta já está fechada, e os meus filhos estão comigo na cama. Não posso levantar-me para lhe dar os pães.

8 Digo-vos que, ainda que não se levante a dar-lhe os pães, por ser seu amigo, se levantará,

[r] Jo 4.9
[s] Lc 15.20
[t] Veja sist. monetário (NT): Mt 5.26, nota
[u] Pv 14.21; Mt 9.13; 12.7; comp. Mq 6.8
[v] Jo 11.1; 12.2
[w] Jo 11.1,19, 20,28-32
[x] Lc 4.32; Jo 4.41; comp. Jo 5.38

[y] Comp. 1Pe 5.7
[z] Mc 4.19; Lc 21.34; comp. Mt 6.25-34
[a] Sl 27.4; comp. Lc 18.22
[b] Orações da Bíblia (NT): v. 2-4; Lc 15.18 (Mt 6.9; Lc 11.2, nota)
[c] Reino (NT): v. 2; Lc 12.32 (Mt 2.2; 1Co 15.24, nota)
[d] Perdão: v. 4; Lc 17.3 (Lv 4.20; Mt 26.28, nota)
[e] Veja Rm 3.23, nota
[f] Ef 4.32; veja Mt 6.12, nota
[g] Comp. Lc 22.46; 1Co 10.13; Tg 1.13-15
[h] Provar-Tentar: v. 4; Lc 11.16 (Gn 3.1; Tg 1.14)
[i] Mt 6.13
[j] Parábolas (NT): v. 5-8; Lc 11.11 (Mt 5.13; Lc 21.29)

[1] (11.2) Esta oração tão estimada que nosso Senhor ensinou a seus discípulos, conhecida como "Pai-nosso", evidentemente foi dada em duas ocasiões distintas, em circunstâncias diferentes e com algumas variações; primeiro, no Sermão da Montanha, quando Cristo advertia seus discípulos contra a formalidade ostentosa na oração (comp. Mt 5.1 com 6.5-13; e veja *notas*), e, na segunda ocasião, em "certo lugar" não especificado, como resposta ao pedido de um dos discípulos: "Senhor, ensina-nos a orar" (Lc 11.1-4). É óbvio que a Oração do Pai-nosso não foi ensinada para que a usássemos como mera forma, mas os dois relatos nos ensinam muitas lições preciosas quanto à natureza da oração.

1) Essa oração tem como fundamento o relacionamento de Deus como o Pai de todos os que verdadeiramente creem em seu Filho (Jo 1.13), pois só estes podem de fato dizer: "Pai nosso" (Mt 6.9). 2) Deve começar com uma atitude de adoração: "Santificado seja o teu nome" – um reconhecimento da absoluta santidade de tudo o que Deus é e de tudo o que faz. 3) Quanto à petição, a oração sempre deve colocar em primeiro lugar o Reino e a sua vinda do céu. 4) A verdadeira oração aceita de antemão a vontade de Deus, quer seja conhecida ou revelada, quer não. 5) A oração sempre deve considerar a vontade divina e o Reino como objetivos que certamente se realizarão na terra. 6) Enquanto isso, os filhos de Deus podem dedicar-se a orar pelas necessidades físicas presentes. 7) A oração pode ser impedida, quando a comunhão dos filhos com o Pai é interrompida por causa do pecado (Mt 6.12,15). 8) Os filhos de Deus devem receber orientação divina para orar, não meramente ensinamento sobre *como* orar (Lc 11.1). Esta oração, tal como dada em sua forma original, não detalha a doutrina completa da oração para a Igreja, embora, certamente, a contenha em sua forma incipiente. Não há menção específica do elemento de ação de graças (comp. Fp 4.6,7), apesar de que isso, com certeza, encontra-se implícito em "santificado seja o teu nome", pois quem pode santificar a Deus, i.e., considerá-lo santo e oferecer-lhe adoração, sem que haja gratidão? Posteriormente, no desenvolvimento da revelação divina, nosso Senhor deu o mandamento específico de que os crentes devem orar em seu nome (Jo 16.23,24).

todavia, por causa da sua [k]importunação, e lhe dará tudo o de que ele precisar.

9 Por isso, vos digo: [l]Pedi, e vos será dado; [m]buscai, e achareis; batei, e se abrirá a vós.

10 Pois qualquer que pede recebe; quem busca acha; e a quem bate, a porta se abrirá.

Parábola da paternidade

11 Qual o pai dentre vós que, [n]se o filho lhe pedir pão, lhe dará uma pedra? Ou se lhe pedir peixe, lhe dará uma serpente?

12 Ou, se lhe pedir um ovo, lhe dará um escorpião?

13 Se vós, pois, sendo maus, sabeis dar [o]boas coisas aos vossos filhos, quanto mais [1]dará o Pai celestial o [p]Espírito Santo àqueles que pedirem?

Cura de um endemoninhado

14 Jesus estava expulsando um [q]demônio que era mudo. Saindo o [r]demônio, o mudo falou, e maravilhou-se a multidão.

Os fariseus blasfemam contra o Espírito Santo (Mt 12.24-30; Mc 3.22-30)

15 Mas alguns dentre eles diziam: Ele expulsa os demônios pelo poder de [s]Belzebu, o príncipe dos demônios.

16 Outros, [t]tentando-o, pediam-lhe um sinal do céu.

17 Mas, [u]conhecendo ele os seus pensamentos, disse-lhes: Todo reino dividido contra si mesmo ficará arruinado, e a casa dividida contra si mesma cairá.

18 Se [v]Satanás está dividido contra si mesmo, como resistirá o seu reino? Isto porque dizeis que eu expulso os demônios por Belzebu.

19 Se eu [w]expulso os demônios pelo poder de Belzebu, por quem os expulsam vossos filhos? Eles, pois, serão os vossos juízes.

20 Se eu, porém, expulso os demônios pelo [x]dedo de Deus, certamente a vós é chegado o Reino de Deus.

21 Quando um homem forte, bem armado, guarda a sua casa, em segurança está tudo o que tem.

22 Se vier, porém, outro mais [y]forte do que ele, vence-o, [z]tira-lhe toda a sua armadura em que confiava e reparte os seus bens.

23 Quem não é por mim é [a]contra mim, e quem comigo não ajunta espalha.

[k] Comp. Lc 18.1-8
[l] Sl 50.14,15; Jr 33.3; Mc 11.24; Jo 15.7; Tg 1.5,6; 1Jo 3.22; 5.14,15
[m] Is 55.6
[n] Parábolas (NT): v. 11-13; Lc 11.33 (Mt 5.13; Lc 21.29); Mt 7.9,10
[o] Tg 1.17
[p] Espírito Santo (NT): v. 13; Lc 12.10 (Mt 1.18; At 2.4, nota)
[q] Veja Mt 7.22, nota
[r] Milagres (NT): v. 14; Lc 13.13 (Mt 8.3; At 28.8)
[s] Mt 9.34
[t] Provar-Tentar: v. 16; Lc 20.23 (Gn 3.1; Tg 1.14)
[u] Mt 9.4
[v] Satanás: v. 18; Lc 13.16 (Gn 3.1; Ap 20.10)
[w] Comp. Mc 9.38
[x] Êx 8.19; comp. Jo 3.2; At 2.22
[y] Comp. Hb 2.14,15; Ap 20.2,3
[z] Comp. 1Jo 4.4
[a] Comp. Lc 9.50

A inutilidade da autorreforma (Mt 12.43-45)

24 Quando o espírito [b]imundo sai do homem, anda por lugares secos, em busca de descanso, mas não o acha. Então diz: Voltarei para minha casa donde saí.

25 Quando chega, acha-a [c]varrida e adornada.

26 Então vai e leva consigo outros sete espíritos piores do que ele e, entrando, habitam ali. E o último estado desse homem é [d]pior do que o primeiro.

27 Dizendo ele estas coisas, uma mulher dentre a multidão levantou a voz e lhe disse: [e]Bem-aventurado o ventre que te trouxe e os peitos em que te amamentaste.

28 Mas ele disse: Antes [f]bem-aventurados são os que ouvem a palavra de Deus e a praticam.

O sinal de Jonas (Mt 12.38-41)

29 Ajuntando-se as multidões, começou Jesus a dizer: Esta geração é perversa. Ela pede um [g]sinal, mas não lhe será dado outro sinal, senão [h]o do profeta Jonas.

30 Pois [i]assim como Jonas foi sinal para os ninivitas, assim também o [j]Filho do homem o será para esta geração.

31 A [kk]rainha do Sul se levantará no [ll]juízo com os homens desta geração e os condenará; pois dos confins da terra veio ouvir a sabedoria de Salomão, e aqui [mm]está quem é maior do que Salomão.

32 Os homens de Nínive se levantarão no juízo com esta geração, e a condenarão; pois se [nn]converteram com a pregação de Jonas, e aqui está quem é maior do que Jonas.

Parábola da candeia (Mt 5.14-16; Mc 4.21,22; comp. Lc 8.16)

33 [oo]Ninguém, acendendo uma candeia, a põe em lugar escondido, nem debaixo de [pp]uma vasilha, mas no lugar próprio, para que os que entram vejam a luz.

34 A [qq]candeia do corpo é o olho. Sendo o teu olho bom, todo o teu corpo será iluminado. Se, porém, for mau, também o teu corpo será cheio de trevas.

35 Cuida para que a luz que em ti há não sejam trevas.

36 Portanto, se todo o teu corpo for [rr]iluminado, não tendo nenhuma parte em trevas, todo será iluminado, como quando a candeia brilha com o seu resplendor.

[b] Mc 1.27; 3.11; 5.13; At 5.16; 8.7
[c] Comp. 1Co 3.16; Ef 3.16,17; 5.18
[d] Comp. Jo 5.14; Hb 6.4-8; 10.26-29
[e] Lc 1.28,48
[f] Sl 1.1,2; 112.1; 119.1,2; Is 48.17,18; Tg 1.25; comp. Mt 7.21; Lc 8.21
[g] 1Co 1.22
[h] Mt 12.39
[i] v. 32; Jo 1.17; 3.3-10
[j] Veja Mt 8.20, nota
[kk] 1Rs 10.1-9; 2Cr 9.1-8
[ll] Dia (do juízo): v. 31,32; Jo 5.22 (Mt 10.15; Ap 20.11)
[mm] Is 9.6; Rm 9.5; comp. Fp 2.9-11
[nn] Arrependimento: v. 32; Lc 13.3 (Mt 3.2; At 17.30, nota)
[oo] Parábolas (NT): v. 33-36; Lc 12.16 (Mt 5.13; Lc 21.29)
[pp] Recipiente para medir (em algumas versões, "alqueire"); aprox. 8,8 litros
[qq] Mt 6.22,23; At 26.16-18
[rr] Comp. Sl 119.18

[1] (11.13) Para os judeus, esta promessa era, sem dúvida, nova e assombrosa, já que indica que, antes do cumprimento de Jl 2.28,29, todos poderão receber o Espírito Santo. Contudo, é preciso lembrar que, de acordo com a promessa em Lc 24.49; Jo 7.38,39; 14.16,17; At 1.4,5, e com o fato histórico declarado em Rm 8.9,15; 1Co 6.19; 2Co 1.22; Gl 4.6; 1Jo 2.20,27, o cristão que volta a pedir o Espírito Santo, de acordo com Lc 11.13, esquece do Pentecoste e ignora a verdade de que agora todos os crentes têm em si o Espírito. Veja At 2.4, *nota*.

37 **E**stando ele ainda falando, convidou-lhe um [s]fariseu para jantar com ele; e, entrando, tomou lugar à mesa.

38 O fariseu, porém, admirou-se, vendo que não se [t]lavara antes do jantar.

Jesus pronuncia sete ais contra os escribas e fariseus (comp. Mt 23.13-35)

39 O Senhor, porém, lhe disse: Vós, os fariseus, limpais o exterior do copo e do prato, mas o vosso [u]interior está cheio de ganância e maldade.

40 Loucos! [v]O que fez o exterior não fez também o interior?

41 Antes [w]dai esmola do que tiverdes, e tudo vos será limpo.

42 Ai, porém, de vós, fariseus, que dizimais a hortelã, a arruda e todas as hortaliças, e [x]desprezais o juízo e o [y]amor de Deus. Devíeis fazer estas coisas, sem deixar de fazer as outras.

43 Ai de vós, fariseus, que [z]amais os primeiros assentos nas sinagogas e as saudações nas praças.

44 Ai de vós, mestres da lei e fariseus hipócritas, [a]que sois como as [b]sepulturas invisíveis, e os homens que sobre elas andam não o sabem.

45 **D**isse-lhe um dos [c]mestres da lei: Mestre, quando dizes isso também nos ofendes a nós.

46 Ele, porém, respondeu: Ai de vós também, mestres da lei, que [d]sobrecarregais os homens com cargas difíceis de transportar, e vós mesmos nem moveis um dos [e]vossos dedos para tocar nessas cargas.

47 Ai de vós! Porque construís os sepulcros dos profetas que vossos pais [f]mataram.

48 Testificais que concordais nas obras de vossos pais; eles os mataram, e vós construís os seus sepulcros.

49 Por isso, diz a [g]sabedoria de Deus: Profetas e apóstolos lhes mandarei, e eles matarão a uns e perseguirão a outros.

50 Portanto desta geração será [h]requerido o sangue de todos os profetas, que foi derramado desde a fundação do [i]mundo,

51 [j]desde o sangue de Abel até o sangue de Zacarias, que foi morto entre o altar e o templo. Sim, eu vos digo que será cobrado desta geração.

52 Ai de vós, mestres da lei, porque tomastes a [k]chave do conhecimento. Vós mesmos não entrastes e [l]impedistes os que entravam.

53 **D**izendo-lhes ele isto, começaram os [m]mestres da lei e os fariseus a pressioná-lo com insistência e a fazê-lo falar acerca de muitas coisas,

54 armando-lhe ciladas, a fim de [n]tirarem da sua boca alguma coisa para o acusar.

Advertência de Jesus sobre a falsa doutrina (símbolo do fermento) dos fariseus (comp. Mt 16.6-12; Mc 8.14-21)

12 **A**juntando-se, entretanto, uma multidão de milhares de pessoas, de modo que se atropelavam uns aos outros, Jesus começou a dizer aos seus discípulos: Tende cuidado com o [o]fermento dos [p]fariseus, que é a [q]hipocrisia.

2 [r]Nada há escondido que não haja de ser [ss]descoberto, nem oculto, que não haja de ser conhecido.

3 Tudo o que em trevas dissestes à luz será ouvido, e o que falastes ao ouvido no [tt]interior da casa sobre os telhados será anunciado.

4 Digo-vos, [uu]amigos meus: Não temais os que matam o corpo e depois não têm mais que fazer.

5 Eu, porém, vos mostrarei a quem deveis temer: Temei aquele que depois de matar tem poder para lançar no [vv]inferno. Sim, digo-vos, a esse [ww]temei.

6 Não se vendem cinco pardais por duas [xx]moedinhas? Contudo, [yy]nenhum deles está esquecido diante de Deus.

7 Até os cabelos da vossa cabeça estão todos contados. Não temais! Mais valeis vós do que muitos pardais.

8 Digo-vos que [zz]todo aquele que me confessar [aa]diante dos homens, também o [bb]Filho do homem o confessará diante dos [cc]anjos de Deus.

9 Quem, porém, me [dd]negar diante dos homens será negado diante dos anjos de Deus.

10 E a todo aquele que disser uma palavra contra o Filho do homem, isso lhe será [ee]perdoado, mas o que blasfemar contra o [ff]Espírito Santo não será perdoado.

11 Quando vos conduzirem às sinagogas, aos governadores e autoridades, [gg]não estejais preocupados de como ou do que haveis de responder, nem do que haveis de dizer,

12 pois na mesma hora o Espírito Santo vos [hh]ensinará o que deveis dizer.

13 **D**isse-lhe um homem da multidão: Mestre, dize a meu irmão que divida comigo a herança.

14 Jesus, porém, lhe disse: Homem, quem me pôs a mim por [ii]juiz ou árbitro entre vós?

15 Então lhes disse: Cuidai-vos e guardai-vos da ganância; a [jj]vida de um homem não consiste na quantidade de bens que ele possui.

Parábola do rico insensato

16 E propôs-lhes esta [kk]parábola: O campo de um homem rico produziu com abundância.

17 Então ele pensava consigo mesmo, dizendo: Que farei? Não tenho onde guardar os meus frutos.

[s] Veja Mt 3.7, nota
[t] Mc 7.2,3
[u] Gn 6.5; comp. Tg 4.8
[v] Gn 1.26,27
[w] Lc 12.33
[x] Mq 6.7,8; comp. 1Sm 15.22
[y] Jo 5.42
[z] Mt 23.6; Mc 12.38
[a] Comp. At 23.3
[b] Sl 5.9; comp. Nm 19.16
[c] Veja Mt 22.35, nota
[d] Mt 23.4
[e] Comp. Rm 2.17-24
[f] At 7.52
[g] Pv 1.20
[h] Comp. Jr 51.56; Ap 18.24
[i] Gr. *kosmos*. Veja Mt 4.8, nota
[j] 2Cr 36.16; veja Mt 23.35, notas
[k] Comp. Mt 16.19
[l] Comp. Ml 2.7; Mc 7.13
[m] Veja Mt 2.4, nota
[n] Mc 12.13

[o] Fermento: v. 1; Lc 13.21 (Gn 19.3; Mt 13.33, nota)
[p] Veja Mt 3.7, nota
[q] Mt 16.12; Lc 11.39
[r] v. 2-9; comp. Mt 10.26-33
[ss] 1Co 4.5
[tt] Comp. Mt 6.6
[uu] Jo 15.15
[vv] Gr. *geenna*. Veja Mt 5.22, nota
[ww] Sl 119.120
[xx] Veja sist. monetário (NT): Mt 5.26, nota
[yy] Mt 6.26
[zz] 1Sm 2.30; Mt 10.32; Rm 10.9
[aa] Sl 119.46
[bb] Veja Mt 8.20, nota
[cc] Veja Hb 1.4, nota
[dd] Mt 10.33; Mc 8.38; 2Tm 2.12
[ee] Mc 12.31,32
[ff] Espírito Santo (NT): v. 10,12; Lc 24.49 (Mt 1.18; At 2.4, nota)
[gg] Mt 10.19; comp. Lc 21.12-15
[hh] Jo 14.26; comp. Êx 4.12
[ii] Comp. Jo 18.36
[jj] Vida (eterna): v. 15; Lc 18.18 (Mt 7.14; Ap 22.19)
[kk] Parábolas (NT): v. 16-21; Lc 12.35 (Mt 5.13; Lc 21.29)

18 E disse: [l]Farei isto: Derrubarei os meus celeiros, construirei outros maiores e aí guardarei todo o meu produto e todos os meus bens.

19 Então direi à minha alma: [m]Alma, tens guardados muitos bens para muitos anos. Descansa, [n]come, bebe e alegre-se.

20 Deus, porém, lhe disse: [o]Louco, [p]esta noite te pedirão a tua alma. Então o que tens preparado [q]para quem ficará?

21 Assim é aquele que para si ajunta tesouros e não é [r]rico para com Deus.

22 [s]Disse Jesus a seus discípulos: Portanto vos digo: [t]Não estejais preocupados pela vossa vida, sobre o que comereis, nem pelo corpo, sobre o que vestireis.

23 Mais é a vida do que o sustento, e o [u]corpo mais do que as roupas.

24 Olhai os corvos, que não plantam nem colhem, não têm despensa nem celeiro; contudo, Deus os [v]alimenta. Quanto mais valeis vós do que as aves!

25 Qual de vós, por ansioso que esteja, pode acrescentar um [w]instante ao curso da sua vida?

26 Visto que nada podeis fazer quanto às coisas mínimas, por que estais ansiosos pelas outras?

27 Olhai como crescem os lírios. Não trabalham nem fiam. Contudo, digo-vos que nem ainda [x]Salomão, em toda a sua glória, se vestiu como um deles.

28 Se Deus assim veste a erva que hoje está no campo e amanhã é lançada no forno, quanto mais a vós, homens de [y]pequena fé.

29 Não pergunteis que haveis de comer, ou que haveis de beber, e não andeis inquietos.

30 Pois os gentios de todo o [z]mundo buscam todas essas coisas, e vosso Pai [a]sabe que necessitais delas.

31 Buscai antes o [b]Reino de Deus, e todas estas coisas vos serão acrescentadas.

32 Não temas, ó pequeno rebanho, pois a vosso Pai agradou [c]dar-vos o [d]Reino.

33 [e]Vendei o que tendes e dai [f]esmolas. Fazei para vós bolsas que não se envelheçam, [g]tesouro nos céus que nunca acabe, onde o ladrão não chega e a traça não destrói.

34 [h]Pois onde estiver o vosso tesouro aí estará também o vosso coração.

Parábola e exortação à vigilância quanto à segunda vinda de Cristo (Mt 24.37–25.30)

35 [i]Estejam [j]prontos para servir e acesas as vossas [k]candeias.

36 Sede vós semelhantes aos homens que esperam o seu senhor, ao voltar ele da festa de casamento, para que, quando vier, e bater, logo possam abrir-lhe a porta.

37 [ll]Bem-aventurados aqueles servos, os quais, quando o senhor [mm]vier, achar [nn]vigiando! Em verdade vos digo que se vestirá, os fará assentar à mesa e, chegando-se, os servirá.

38 E, se vier [oo]de noite, e se vier [pp]de madrugada e os achar assim, bem-aventurados são os tais servos.

39 Entendei, porém, isto: Se o pai de família soubesse a que hora havia de vir o [qq]ladrão, vigiaria e não deixaria invadir a sua casa.

40 Portanto, estai vós também preparados, porque virá o [rr]Filho do homem à hora que não esperais.

Parábola dos servos postos à prova

41 Perguntou-lhe Pedro: Senhor, dizes esta parábola a nós, ou a todos?

42 Respondeu-lhe o Senhor: Qual é, pois, o administrador [ss]fiel e prudente, a quem o senhor [tt]pôs sobre os seus servos, para lhes dar no devido tempo o alimento?

43 Bem-aventurado aquele servo a quem o senhor, quando vier, achar fazendo assim.

44 Em verdade vos digo que sobre todos os seus bens o porá.

45 Mas se aquele servo disser em seu coração: O meu senhor [uu]demora em vir, e começar a espancar os criados e as criadas, a comer, a beber e a embriagar-se,

46 virá o senhor daquele servo no [vv]dia em que não o espera, numa hora em que ele não sabe, o separará e lhe dará a sua parte com os infiéis.

47 [ww]O servo que [xx]soube a vontade do seu senhor e não se preparou, nem fez conforme a sua vontade, será castigado com muitos açoites.

48 [yy]O que, porém, não a soube e fez coisas dignas de açoites, com poucos açoites será castigado. A quem muito for dado muito lhe será pedido, e ao que muito se lhe confiou muito mais lhe será pedido.

Cristo divide os homens quanto às questões espirituais

49 Vim lançar [zz]fogo na terra, e que mais quero se já está aceso?

50 Importa, porém, que eu seja [aa]batizado com certo batismo, e como me angustio até que venha a [bb]cumprir-se!

51 [cc]Pensais vós que vim trazer paz à terra? Não, vos digo; antes, [dd]divisão.

52 Daqui em diante estarão cinco divididos numa casa: três contra dois, e dois contra três.

53 O pai estará dividido contra o filho, e o filho contra [ee]o pai, a mãe contra a filha, e a filha contra a mãe, a sogra contra a nora, e a nora contra a sogra.

---

[l] Comp. Hc 2.9; Tg 4.13-15
[m] Comp. Pv 27.1
[n] Ec 2.24; 3.13; 5.18; 8.15; comp. 1Co 15.32
[o] Mt 16.26; Jr 17.11
[p] Sl 52.5; comp. Dn 5.30; At 12.23
[q] Sl 39.6
[r] Tg 5.1-5; comp. Sl 52.7
[s] v. 22-31; comp. Mt 6.25-34
[t] Fp 4.6
[u] Comp. Sl 139.14
[v] Jó 38.41; Sl 147.9
[w] Veja pesos e medidas (NT): At 27.28, nota
[x] 1Rs 10.4-7
[y] Mt 6.30; 8.26; 14.31; 16.8
[z] Gr. *kosmos*. Veja Mt 4.8, nota
[a] Mt 6.31,32; comp. 2Cr 16.9
[b] Veja Mt 6.33, nota
[c] Dn 7.18,27; Lc 22.29
[d] Reino (NT): v. 32; Lc 13.18 (Mt 2.2; 1Co 15.24, nota); veja Mt 3.2, nota
[e] Mt 19.21; comp. At 2.44,45; 4.34,35
[f] Lc 11.41
[g] Mt 6.20
[h] Cl 3.1-3
[i] Parábolas (NT): v. 35-39, 42-48; Lc 13.6 (Mt 5.13; Lc 21.29)
[j] Ef 6.14; 1Pe 1.13
[k] Mt 5.16

[ll] Mt 24.46; comp. 2Tm 4.7,8; 1Pe 5.1-4; 2Pe 1.10,11
[mm] Comp. Ap 22.20
[nn] Comp. Mt 25.1-13
[oo] Em algumas versões, "na segunda vigília" (das 9 à meia-noite). Veja Jo 19.14, nota
[pp] Em algumas versões, "na terceira vigília" (da meia-noite às 3 da manhã)
[qq] 1Ts 5.2; Ap 16.15
[rr] Veja Mt 8.20, nota
[ss] Mt 24.45,46; comp. Lc 19.15-19
[tt] Mt 25.21; Ap 3.21
[uu] 2Pe 3.3,4
[vv] 1Ts 5.3
[ww] Comp. Nm 15.30; Dt 25.2; Lc 10.12
[xx] Tg 4.17; comp. Jo 9.41
[yy] Lv 5.17; comp. 1Tm 1.12,13
[zz] v. 51
[aa] Mt 20.18, 22,23
[bb] Jo 12.27; 19.30
[cc] Mt 10.34
[dd] Jo 9.16; At 14.4
[ee] Mt 10.36; comp. Mq 7.6

54 Disse também à multidão: [f]Quando vedes
a nuvem que vem do ocidente, logo dizeis: Lá
vem chuva, e assim acontece.
55 Quando vedes soprar o [g]vento sul, dizeis:
Haverá calma, e assim ocorre.
56 Hipócritas, sabeis interpretar a face da terra
e do céu. Como não sabeis então compreender
[h]este tempo?
57 Por que não julgais também por vós mes-
mos o que é justo?
58 [i]Quando fores com o teu adversário ao
tribunal, procura livrar-te dele no caminho,
para que não te conduza ao juiz, e o juiz te
entregue ao carcereiro e o carcereiro te tran-
que na prisão.
59 Digo-te que não sairás dali enquanto não
pagares até o [j]último centavo.

Os homens não devem julgar, mas arrepender-se

13 **N**aquele mesmo tempo, estavam presen-
tes alguns que lhe falavam dos [k]galileus,
cujo sangue Pilatos misturara com os sacrifícios
que aqueles realizavam.
2 Respondeu-lhes Jesus: Pensais vós que
esses galileus foram mais [l]pecadores do que to-
dos os galileus, por terem sofrido tais coisas?
3 Não, vos digo! Antes, se não vos [m]arrepen-
derdes, todos de igual modo perecereis.
4 Ou aqueles dezoito, sobre os quais caiu a
torre de Siloé e os matou, pensais que foram
mais culpados do que todos os outros habitan-
tes de Jerusalém?
5 Não, vos digo! Antes, [n]se não vos arrepender-
des, todos de igual modo perecereis.

Parábola da figueira estéril: o julgamento adiado (contr. Mt 21.18-21; Mc 11.12-14,20-26)

6 **E**ntão Jesus proferiu esta [o]parábola: Certo
homem tinha uma figueira plantada na sua vi-
nha e, indo procurar nela fruto, não o achou.
7 Pelo que disse ao que cuidava da vinha: Há
[p]três anos venho procurar fruto nesta figueira
e não o acho. [q]Corta-a! Por que ocupa ainda a
terra inutilmente?
8 Ele, porém, respondeu: Senhor, deixa-a este
ano, até que eu a escave e a adube.
9 Se der fruto, ficará! Se não, depois a man-
darás [r]cortar.

Cura de uma enferma, no sábado

10 **E** ensinava no [s]sábado, numa das [t]sinagogas.
11 Estava ali uma mulher que tinha um es-
pírito de enfermidade havia já dezoito anos.
Ela andava curvada e não podia de modo al-
gum endireitar-se.
12 Vendo-a Jesus, chamou-a a si e lhe disse:
Mulher, tu estás livre da tua [u]enfermidade.
13 Então ele pôs as mãos sobre ela, e logo ela
se [v]endireitou e glorificava a Deus.
14 Tomando a palavra o dirigente da sinagoga,
indignado porque Jesus [w]curava no sábado, dis-
se à multidão: Seis dias [x]há em que é permitido
trabalhar. Nestes vinde para serdes curados, e
não no sábado.
15 Respondeu-lhe, porém, o Senhor: [y]Hipócri-
ta! No sábado [z]não desamarra cada um de vós o
seu boi, ou jumento, e não o leva a beber água?
16 E não convinha soltar desta prisão, no dia
de sábado, esta [a]filha de Abraão, a qual há de-
zoito anos [b]Satanás tinha presa?
17 Dizendo ele isso, todos os seus oponentes
ficaram [c]envergonhados, e todo o povo se alegra-
va por todas as coisas gloriosas que Jesus [d]fazia.

Parábolas do grão de mostarda e do fermento (veja Mt 13.31-33, notas; Mc 4.30-32)

18 **E**ntão Jesus perguntou: A que é semelhante
o [e]Reino de Deus, e a que o compararei?
19 É semelhante ao [ff]grão de mostarda que
um homem plantou na sua horta. Cresceu e
fez-se árvore, e em seus ramos se aninharam
as aves do céu.
20 **P**erguntou mais: [gg]A que compararei o [hh]Rei-
no de Deus?
21 É semelhante ao [ii]fermento que uma mu-
lher misturou em três [jj]medidas de farinha, até
que tudo fermentou.

Ensinamentos a caminho de Jerusalém

22 **P**ercorria Jesus as cidades e as aldeias, en-
sinando e caminhando para Jerusalém.
23 Perguntou-lhe um homem: Senhor, são
[kk]poucos os que se [ll]salvam? Ele lhes respondeu:
24 Esforçai-vos por entrar pela porta [mm]estrei-
ta, porque eu vos digo que muitos procurarão
entrar e não poderão.
25 Quando o pai de família se levantar e [nn]fe-
char a [oo]porta, e do lado de fora começardes a
bater, dizendo: [pp]Senhor, Senhor, abre-nos, ele
vos responderá: Não sei de onde sois.
26 Então [1]direis: Comemos e bebemos na tua
presença, e tu ensinaste nas nossas ruas.
27 Ele, porém, vos responderá: Digo-vos que
[qq]não sei de onde sois. Afastai-vos de mim, vós
todos os que [rr]praticais o mal.
28 [ss]Haverá choro e ranger de dentes, quando
virdes Abraão, Isaque, Jacó e todos os profetas,
no [tt]Reino de Deus, e vós lançados fora.
29 [uu]Virão do Oriente e do Ocidente, do Norte e do
Sul, e tomarão lugares à mesa no Reino de Deus.

[1] (13.26) O ativismo cristão não equivale à salvação; p. ex., Judas Iscariotes.

[f] Mt 16.2,3
[g] Jó 37.17
[h] Lc 19.41-44; comp. 1Co 1.19-27
[i] Pv 25.8; Mt 5.25; comp. Is 55.6; Hb 3.7-15
[j] A moeda de menor valor. Em algumas versões, "ceitil". Veja sist. monetário (NT): Mt 5.26, nota; comp. Mt 18.34
[k] Comp. At 5.37
[l] Veja Rm 3.23, nota
[m] Arrependimento: v. 3,5; Lc 15.7 (Mt 3.2; At 17.30, nota)
[n] Comp. Ez 18.30
[o] Parábolas (NT): v. 6-9,18,19; Lc 13.20 (Mt 5.13; Lc 21.29)
[p] Comp. Lv 19.23
[q] Comp. Êx 32.10; Rm 2.2-16
[r] Jo 15.2
[s] Sábado (dia de repouso): v. 10,14-16; Lc 14.1 (Gn 2.3; Mt 12.1, nota)
[t] Comp. At 18.4

[u] Lc 7.21; 8.2; comp. Rm 8.26; Hb 4.15
[v] Milagres (NT): v. 11-13; Lc 14.4 (Mt 8.3; At 28.8)
[w] Lc 6.6-11; 14.1-6; Jo 5.16
[x] Êx 20.9; 23.12
[y] Mt 7.5; 23.13
[z] Comp. Lc 14.3-5
[a] Comp. Lc 19.9; Rm 4.9-12
[b] Satanás: v. 16; Lc 22.3 (Gn 3.1; Ap 20.10)
[c] Comp. Is 45.24; 1Pe 3.16
[d] Mc 5.19,20
[e] Reino (NT): v. 18,19; Lc 13.20 (Mt 2.2; 1Co 15.24, nota); veja Mt 6.33, nota
[ff] Comp. Mt 17.20
[gg] Parábolas (NT): 13.20,21; 14.7-11; Lc 14.16 (Mt 5.13; Lc 21.29)
[hh] Reino (NT): v. 20,21; Lc 19.38 (Mt 2.2; 1Co 15.24, nota)
[ii] Fermento: v. 21; 1Co 5.6 (Gn 19.3; Mt 13.33, nota)
[jj] Veja pesos e medidas (NT): At 27.28, nota
[kk] Mt 7.14; 20.16
[ll] Veja Rm 1.16, nota
[mm] Mt 7.13; comp. Lc 9.23; 14.33
[nn] Mt 25.10; Ap 22.11
[oo] Comp. Ap 3.20
[pp] Mt 7.23; comp. Lc 6.46
[qq] Mt 25.12; comp. Mt 25.41-46
[rr] Tt 1.16
[ss] Mt 8.12
[tt] Veja Mt 3.2 e 6.33, notas
[uu] Comp. Is 49.6-12; Ap 5.9

30 [v]Há últimos que virão a ser primeiros, e primeiros que serão últimos.

31 **N**aquele mesmo dia chegaram uns [w]fariseus, dizendo-lhe: Sai e retira-te daqui. [x]Herodes quer matar-te.

32 Respondeu-lhes Jesus: Ide dizer àquela raposa: Eu expulso [y]demônios e curo doenças, hoje e amanhã, e no terceiro dia [z]terminarei.

33 Importa, porém, caminhar hoje, amanhã e no dia seguinte, para que não aconteça que morra um profeta fora de Jerusalém.

Lamento de Jesus sobre Jerusalém (Mt 23.37-39; Lc 19.41-44; comp. Sl 118.26; Jr 22.5)

34 Jerusalém, Jerusalém, que [a]matas os profetas e apedrejas os que te são enviados! [b]Quantas vezes quis eu [c]ajuntar os teus filhos, como a galinha ajunta os seus pintinhos debaixo das asas, e vós [d]não o quisestes!

35 Olhai, a vossa casa ficará [e]deserta. Em verdade vos digo que não me vereis mais até que [f]venhais a dizer: [g]Bendito aquele que [h]vem em nome do Senhor.

A misericórdia é apropriada a qualquer dia (comp. Mt 12.9-13)

14 **N**um [i]sábado, quando Jesus entrou na casa de um dos principais dos fariseus para comer pão, eles o estavam observando.

2 Estava ali diante dele certo homem hidrópico.

3 Jesus perguntou aos [j]mestres da lei e aos fariseus: É permitido [k]curar no sábado?

4 Eles, porém, se calaram. E tomando-o, o [l]curou e o mandou embora.

5 Então lhes perguntou: Qual de vós, se o filho ou o boi cair num poço, em dia de sábado, não o tirará logo?

6 Nada lhe podiam responder sobre isto.

Parábola do hóspede ambicioso

7 **R**eparando como escolhiam os primeiros assentos, propôs-lhes esta parábola:

8 Quando por alguém fores convidado para um casamento, não te assentes no primeiro lugar, pois poderá haver um convidado mais importante do que tu.

9 Então o que convidou a ti e a ele poderá dizer: Dá o lugar a este. Assim, com vergonha, terás de tomar o último lugar.

10 Mas, quando fores convidado, vai e assenta-te no [m]último lugar, para que, quando vier o que te convidou, te diga: Amigo, venha [n]para um lugar mais importante. Então terás honra diante dos que estiverem contigo à mesa.

11 Pois [o]qualquer que a si mesmo se exaltar será humilhado, [p]e aquele que a si mesmo se humilhar será exaltado.

12 Então Jesus disse ao que o tinha convidado: Quando deres um jantar, ou uma ceia, não convides os teus amigos, nem os teus parentes, nem vizinhos ricos, para que não aconteça que também eles te tornem a convidar e sejas retribuído.

13 Quando, porém, deres um banquete, convida os [q]pobres, os aleijados, os mancos e os cegos

14 e serás [r]bem-aventurado. Embora eles não tenham com que te retribuir, [s]recompensado serás na [t]ressurreição dos justos.

Parábola da grande ceia (comp. Mt 22.1-14)

15 **O**uvindo isto um dos que estavam com ele à mesa, disse-lhe: [u]Bem-aventurado o que comer pão no [v]Reino de Deus.

16 Jesus respondeu: [ww]Certo homem deu uma grande ceia e convidou muitas pessoas.

17 Na hora da ceia mandou o seu servo dizer aos convidados: Vinde, pois tudo já está pronto.

18 Todos, porém, à uma começaram a [xx]dar desculpas. Disse-lhe o primeiro: [yy]Comprei um campo e preciso ir vê-lo. Peço-te que me desculpes.

19 Outro disse: Comprei cinco juntas de bois e vou experimentá-los. Peço-te que me desculpes.

20 Outro disse: Casei-me e por isso não posso ir.

21 Voltando aquele servo, contou essas coisas ao seu senhor. Então o dono da casa, indignado, disse ao seu servo: [zz]Sai depressa pelas ruas e [aa]bairros da cidade e traze aqui os [bb]pobres, os aleijados, os cegos e os mancos.

22 Disse o servo: Senhor, está feito como mandaste, mas ainda há [cc]lugar.

23 Então disse o senhor ao servo: Sai pelos caminhos e valados e [dd]força-os a entrar, para que a minha casa se encha.

24 Eu vos digo que [ee]nenhum daqueles homens que foram convidados [ff]provará o meu banquete.

O discipulado posto à prova (comp. Mt 10.37-39)

25 **C**erta vez ia com ele grande multidão. Voltando-se, disse-lhes:

26 [gg]Se alguém vier a mim, e não [1]deixar pai, e mãe, e mulher, e filhos, e irmãos, e irmãs, e até mesmo a sua [hh]própria vida, não pode ser meu discípulo.

[v] Mt 19.30
[w] Veja Mt 3.7, nota
[x] Herodes Antipas, filho de Herodes, o Grande. Veja Mc 6.14, nota
[y] Veja Mt 7.22, nota
[z] Jo 17.4,5; 19.30; At 10.12,13
[a] 2Cr 24.20, 21; 36.15,16
[b] Comp. Ne 9.26,27
[c] Comp. Dt 32.11,12; Sl 91.4
[d] Comp. Pv 1.24,25
[e] Israel (história): v. 34,35; Lc 19.43 (Gn 12.2; Rm 11.26); comp. Dn 9.27; Lc 21.24
[f] Veja Mt 23.39, nota
[g] Mt 21.9
[h] Cristo (segunda vinda): v. 35; Lc 17.30 (Dt 30.3; At 1.11, nota); Is 62.11; Mc 11.10
[i] Sábado (dia de repouso): v. 1,3,5; Lc 23.54 (Gn 2.3; Mt 12.1 nota)
[j] Veja Mt 22.35, nota
[k] Lc 4.18
[l] Milagres (NT): v. 2-4; Lc 17.14 (Mt 8.3; At 28.8)
[m] Comp. Pv 15.33; 18.12
[n] Comp. Pv 25.6,7
[o] Mt 23.12; Lc 18.14; comp. Sl 18.27; Pv 29.23
[p] Comp. Jó 22.29; Is 57.15; Tg 4.6,10; 1Pe 5.5
[q] Comp. Ne 8.10,12
[r] Mt 25.34-40
[s] Juízos (os sete): v. 14; Jo 5.22 (2Sm 7.14; Ap 20.12)
[t] Ressurreição: v. 14; Lc 20.35 (2Rs 4.35; 1Co 15.52, nota); Jo 5.29; At 24.15
[u] Ap 19.9
[v] Veja Mt 6.33, nota
[ww] Parábolas (NT): v. 16-24,28-33; Lc 14.34 (Mt 5.13; Lc 21.29)
[xx] Comp. Is 30.15; Mt 23.37; Jo 5.40
[yy] Comp. Mt 6.24
[zz] Comp. Mt 28.18,19; At 13.46
[aa] Comp. Pv 1.20-23
[bb] Comp. 1Sm 2.8; Tg 2.5
[cc] Comp. 2Pe 3.9
[dd] Comp. 2Co 5.20
[ee] Comp. Pv 1.24-31; Mt 21.43; Hb 12.25
[ff] Comp. Hb 3.15-19
[gg] Comp. Dt 13.6-11
[hh] Ap 12.11

[1] (14.26) Enquanto a AEC traduz o termo por "deixar", há outras versões que o traduzem por "aborrecer" ou "odiar". Termos que definem emoções ou afetos são frequentemente comparativos. O afeto natural, quando comparado com a devoção do cristão a Cristo, é como se fosse ódio. Veja Mt 12.47-50, onde Cristo ilustra esse princípio em sua própria Pessoa. Contudo, no Senhor os afetos naturais são santificados e elevados ao nível do amor divino (comp. Jo 19.26,27; Ef 5.25-28).

27 [i]Qualquer que não tomar a sua cruz e não vier após mim não pode ser meu discípulo.

Três parábolas sobre o preço do discipulado (v. 28-35): (1) A torre

28 Se algum de vós está querendo construir uma torre, não se assenta primeiro a fazer as contas dos gastos, para ver se tem com que a acabar?

29 Para que não aconteça que, depois de haver colocado os alicerces, e não a podendo acabar, todos os que a virem comecem a zombar dele,

30 dizendo: Este homem começou a construir e não pôde [j]acabar.

(2) O rei que pensa em guerra

31 Ou qual é o rei que, indo para combater outro rei, não se assenta primeiro para [k]calcular se com dez mil pode enfrentar ao que vem contra ele com vinte mil?

32 Se não puder enfrentá-lo, estando o outro ainda longe, manda [l]embaixadores e propõe-lhe [m]acordo de paz.

33 Da mesma forma, qualquer de vós que não [n]renuncia a [o]tudo o que tem não pode ser meu discípulo.

(3) O sal insípido (comp. Mt 5.13; Mc 9.50)

34 [p]Bom é o sal, mas, se tornar-se insípido, como recuperar-lhe o sabor?

35 Nem presta para a terra, nem para o adubo; é jogado fora. Quem tem ouvidos para ouvir, ouça.

Três parábolas sobre a alegria pelo arrependimento (v. 1-32)

15 Chegavam-se a ele todos os cobradores de impostos e [q]pecadores para o ouvir.

2 Os [r]fariseus e os [s]mestres da lei, porém, murmuravam: Este recebe pecadores e [t]come com eles.

(1) A ovelha perdida (comp. Mt 18.12-14)

3 Então Jesus lhes propôs esta parábola:

4 Que homem dentre vós, tendo cem ovelhas e [u]perdendo uma delas, não deixa no deserto as noventa e nove e não vai atrás da [v]perdida até [w]achá-la?

5 E, quando a encontra, coloca-a sobre os ombros, cheio de alegria,

6 e vai para casa. Então chama os amigos e vizinhos e lhes diz: [x]Alegrai-vos comigo; achei a minha ovelha [y]perdida.

7 Digo-vos que do mesmo jeito haverá alegria no céu por um pecador que se arrepende, mais do que por noventa e nove [z]justos que não [a]precisam de [b]arrependimento.

(2) A moeda perdida

8 Ou qual a mulher que, tendo dez [c]moedas, se perder uma, não acende a candeia, varre a casa e a busca com persistência até achá-la?

9 E, quando a encontra, chama as amigas e vizinhas, dizendo: Alegrai-vos comigo; achei a moeda perdida.

10 Assim vos digo que há [d]alegria diante dos [e]anjos de Deus por um pecador que se arrepende.

(3) O filho pródigo

11 Jesus continuou: Certo homem tinha dois filhos.

12 O mais moço deles disse ao pai: Pai, dá-me a parte da [f]herança que me pertence. E o pai repartiu os bens entre os dois.

13 Poucos dias depois, o filho mais novo, ajuntando tudo, partiu para uma terra distante e ali desperdiçou os seus bens, vivendo [g]irresponsavelmente.

14 Depois de ter gasto tudo, houve naquela terra uma grande fome, e começou a passar necessidades.

15 Então ele foi e se chegou a um dos cidadãos daquela terra, o qual o mandou para os seus campos a cuidar de [h]porcos.

16 Ele desejava encher o estômago com as vagens de alfarrobeiras que os porcos comiam, mas ninguém lhe dava nada.

17 Então, caindo em si, disse: Quantos trabalhadores de meu pai têm abundância de pão, e eu aqui passando fome!

18 Eu me levantarei, irei ter com meu pai e [ii]lhe direi: Pai, [jj]pequei contra o céu e contra ti.

19 Já não sou digno de ser chamado teu filho; trata-me como um dos teus trabalhadores.

20 Então, levantando-se, foi para seu pai. Quando ainda estava [kk]longe, viu-o seu pai e se moveu de íntima [ll]compaixão e, correndo, o abraçou e o beijou.

21 O filho lhe disse: Pai, pequei contra o céu e perante ti, já não sou digno de ser chamado teu filho.

22 O pai, porém, disse aos seus servos: [mm]Trazei depressa a [nn]melhor roupa, vesti-o com ela e ponde-lhe um anel na mão e sandálias nos pés.

23 Trazei o bezerro gordo e matai-o. Comamos e alegremo-nos.

24 Pois este meu filho estava [oo]morto e [pp]reviveu; tinha-se perdido e foi achado. E começaram a [qq]festejar.

25 O filho mais velho estava no campo. Quando voltou, e chegou perto de casa, ouviu a música e as danças.

26 Chamando um dos criados, perguntou-lhe o que era aquilo.

---

[i] Lc 9.23; comp. 2Tm 3.12
[j] Comp. Hb 6.11
[k] Comp. Pv 20.18
[l] Comp. Lc 12.58
[m] Comp. Jó 22.21
[n] Mt 19.27; comp. 2Tm 4.10
[o] Comp. Fp 3.7,8
[p] Parábolas (NT): 14.34,35; 15.3-32; Lc 16.1 (Mt 5.13; Lc 21.29); Mc 9.49; Cl 4.6
[q] Veja Rm 3.23, nota
[r] Veja Mt 3.7, nota
[s] Veja Mt 2.4, nota
[t] Mt 9.10-15; comp. Gl 2.11-14
[u] 1Pe 2.25
[v] Gr. *apollumi*, v. 24; veja Jo 3.16, nota 4
[w] Comp. Ez 34.11-16; Jo 10.11-14
[x] Rm 12.15
[y] Lc 19.10
[z] Veja 1Jo 3.7, nota
[a] Mc 2.17
[b] Arrependimento: v. 7,10, 18,21; Lc 16.30 (Mt 3.2; At 17.30, nota)
[c] Veja sist. monetário (NT): Mt 5.26, nota
[d] Comp. At 11.18
[e] Veja Hb 1.4, nota
[f] Mc 12.44
[g] Comp. Pv 23.21; 29.3
[h] Comp. Lv 11.7,8
[ii] Orações da Bíblia (NT): v. 18, 19,21; Lc 16.24 (Mt 6.9; Lc 11.2, nota)
[jj] Êx 9.27; 10.16; Nm 22.34; Js 7.20; 1Sm 15.24, 30; 26.21; 2Sm 12.13; 24.10,17; Sl 51.4; Mt 27.4; comp. Lv 26.40-42; 1Rs 8.46-53; Lc 18.13; 1Jo 1.9; 2.1,2
[kk] Comp. At 2.39; Ef 2.13,17
[ll] Jr 3.12; Mt 9.36
[mm] Comp. Zc 3.3-5
[nn] Comp. Is 61.10; Gl 3.27; Fp 3.8,9; Ap 19.8; veja Rm 10.10, nota
[oo] Morte (espiritual): v. 24; Lc 15.32 (Gn 2.17; Ef 2.5, nota)
[pp] Comp. Rm 6.13; Ef 2.1-6
[qq] v. 32; comp. Is 35.10

27 Ele lhe disse: Veio teu irmão, e teu pai matou o bezerro gordo, porque o recebeu são e salvo.

28 Mas ele se indignou e não queria entrar. Então, saindo o pai, insistiu com ele.

29 Ele, porém, respondeu a seu pai: Olha, sirvo-te há tantos anos, sem nunca desobedecer às tuas ordens, [r]e nunca me deste um cabrito para alegrar-me com os meus amigos.

30 Vindo, porém, este teu filho, que desperdiçou os teus bens com prostitutas, tu mandaste matar para ele o bezerro gordo.

31 Respondeu-lhe o pai: Filho, tu sempre estás comigo, e todas as minhas coisas são tuas.

32 Era, porém, justo alegrarmo-nos e festejarmos, porque este teu irmão estava [s]morto e reviveu, estava perdido e [t]foi achado.

Parábola do mordomo infiel: o uso adequado do dinheiro

16 Disse Jesus aos discípulos: [u]Havia um homem rico cujo [v]administrador foi acusado de desperdiçar os seus bens.

2 Então, chamando-o, lhe disse: Que é isto que ouço de ti? Presta [w]contas da tua administração, porque já não poderás ser meu administrador.

3 O administrador disse consigo: Agora, que farei? O meu senhor me tira o emprego. Cavar, não posso, e de mendigar, tenho vergonha.

4 Eu sei o que hei de fazer, para que, quando for demitido da administração, me recebam em suas casas.

5 Chamando a si cada um dos devedores do seu senhor, disse ao primeiro: Quanto deves ao meu senhor?

6 Ele respondeu: Cem [x]potes de azeite. Disse-lhe: Toma a tua conta e, assentando-te depressa, escreve cinquenta.

7 Disse depois a outro: E tu quanto deves? Ele respondeu: Cem coros de trigo. Disse-lhe: Toma a tua conta e escreve oitenta.

8 Louvou aquele senhor o injusto administrador por haver procedido astutamente. Pois os filhos deste [y]mundo são mais astutos na sua geração do que os filhos da [z]luz.

9 Eu vos digo: [a]Ganhai amigos com as [b]riquezas da injustiça, para que, quando estas vos faltarem, vos recebam eles nas moradas eternas.

10 Quem é fiel no mínimo também é fiel no muito, e quem é injusto no mínimo também é injusto no muito.

11 Se nas riquezas injustas não fostes fiéis, quem vos confiará as [c]verdadeiras?

12 E se no [d]que é dos outros não fostes fiéis, quem vos dará o que é [e]vosso?

13 [f]Ninguém pode servir a dois senhores. Ou há de aborrecer a um e amar ao outro, ou se há de chegar a um e desprezar o outro. [g]Não podeis servir a Deus e às [1]riquezas.

Jesus repreende a avareza

14 Os [h]fariseus, que [i]amavam o dinheiro, ouviam todas estas coisas e zombavam dele.

15 Jesus, porém, lhes disse: Vós sois os que vos [j]justificais a vós mesmos [k]diante dos homens, mas Deus [l]conhece os vossos corações. O que entre os homens é elevado, perante Deus é [m]desprezível.

16 A [n]Lei e os Profetas duraram até [o]João. Desde então é anunciado o [p]Reino de Deus, e todo homem usa força para entrar nele.

17 É mais fácil [q]passar o céu e a terra do que [rr]cair um [ss]til sequer da Lei.

Jesus ensina sobre o divórcio (Mt 5.31,32; 19.1-9; Mc 10.1-12; comp. Rm 7.1-3; 1Co 7.10-16)

18 Qualquer que deixa sua mulher e casa com outra [tt]adultera, e aquele que casa com a repudiada pelo marido adultera também.

O rico e Lázaro

19 Ora, [2]havia certo homem rico que se vestia de púrpura e de linho finíssimo e vivia todos os dias no luxo.

20 Havia também certo mendigo, chamado Lázaro, que estava coberto de feridas à porta daquele,

21 e desejava alimentar-se com as migalhas que caíam da mesa do rico. Os próprios cães vinham lamber-lhe as feridas.

22 Morreu o mendigo e foi levado pelos [uu]anjos para junto de [vv]Abraão. Morreu também o rico e foi sepultado.

23 No [3][ww]inferno, estando em [xx]tormentos, ergueu os olhos e viu ao longe a Abraão e Lázaro junto dele.

---

[1] (16.13) Em algumas versões, Mamom (gr. *mamona*), palavra comum para aludir às riquezas.

[2] (16.19) Não se afirma que os v. 19-31 sejam uma parábola. Os ricos e os mendigos eram comuns. Não há razão para dizer que Jesus não tenha pensado em um caso particular. Em nenhuma parábola, um indivíduo é chamado pelo nome, como sucede aqui (v. 20).

[3] (16.23) Gr. *hades*. A palavra grega *hades*, com o seu equivalente hebraico *sheol*, é usada de duas maneiras: 1) Para indicar a condição dos não salvos entre a morte e o juízo diante do grande trono branco (Ap 20.11-15). Lc 16.23,24 mostra que, no inferno (*hades*), os perdidos estão conscientes, possuem pleno uso de suas faculdades, memória etc. e estão em tormento, na "chama". Isto continuará até o juízo final dos perdidos (2Pe 2.9), quando todos os não salvos e o próprio inferno (*hades*) serão lançados no lago de fogo (Ap 20.13-15).

---

[r] Comp. Mt 20.11-15
[s] Morte (espiritual): v. 32; Jo 5.24 (Gn 2.17; Ef 2.5, nota)
[t] Comp. Lc 15.3-7
[u] Parábolas (NT): v. 1-9; Lc 17.7 (Mt 5.13; Lc 21.29)
[v] Comp. Lc 12.42-47
[w] Rm 14.12; 2Co 5.10; 1Pe 4.5; comp. Ec 11.9,10
[x] Veja pesos e medidas (NT): At 27.28, nota
[y] Gr. *aiōn*. Veja Mc 10.30, nota
[z] Jo 12.36; Ef 5.8; 1Ts 5.5
[a] Comp. 1Tm 6.17-19
[b] Comp. Mc 10.24; Tg 5.1-3
[c] Comp. 2Co 6.10; Ef 1.18; 1Tm 6.17; Ap 3.18
[d] Comp. Lc 19.13
[e] 1Pe 1.3,4
[f] Comp. Js 24.15
[g] Mt 6.24; Gl 1.10; comp. 1Jo 2.15; Tg 4.4
[h] Veja Mt 3.7, nota
[i] Mt 23.14; comp. Tt 1.11
[j] Lc 10.29; comp. Rm 4.2; Gl 3.11
[k] Mt 6.2,5,16; comp. Mt 23.28
[l] 1Sm 16.7; 1Cr 28.9; 2Cr 6.30; Sl 7.9; Pv 15.11; Jr 17.10
[m] Sl 10.3; Pv 6.16-19; 16.5; comp. Tt 1.16
[n] Lei (de Moisés): v. 16,17; Lc 16.29 (Êx 19.1; Gl 3.24)
[o] Mt 3.1-12
[p] Veja Mt 6.33, nota
[q] Mt 5.18
[rr] Is 40.8; 1Pe 1.24,25
[ss] Sinal diminuto sobre letra heb.
[tt] Comp. Mt 5.27,28
[uu] Veja Hb 1.4, nota
[vv] Mt 8.11; comp. Tg 2.5
[ww] Veja Lc 16.23, nota; comp. Hc 2.5, nota
[xx] Comp. Ap 14.11

24 Então [y]clamou: Pai Abraão, tem misericórdia de mim e manda a Lázaro que molhe na água a ponta do seu dedo e me refresque a língua, porque estou [z]atormentado nesta chama.

25 Abraão, porém, respondeu: Filho, lembra-te de que [a]recebeste os teus bens em tua vida, ao passo que Lázaro somente males, mas agora ele é consolado e tu atormentado.

26 Além disso, tem um grande abismo entre nós e vós, de modo que os que quisessem passar daqui para vós não poderiam, nem os de lá passar para cá.

27 Respondeu ele: Peço-te, ó pai, que o mandes à casa de meu pai,

28 pois tenho cinco irmãos. Que ele lhes dê testemunho, a fim de que não venham também para este lugar de tormento.

29 Disse-lhe Abraão: Têm [b]Moisés e os profetas; [c]ouçam-nos.

30 Disse o rico: Não, pai Abraão, mas se algum dos mortos fosse ter com eles, [d]se arrependeriam.

31 Respondeu Abraão: [e]Se não ouvem a Moisés e aos profetas, tampouco [f]acreditarão, ainda que algum dos mortos volte à vida.

Instruções sobre as ofensas, o perdão e a fé (comp. Mt 18.1-7,18-35)

17 Disse Jesus aos discípulos: É impossível que não [g]venham escândalos, mas [h]ai daquele por quem vierem!

2 Melhor fora que lhe pusessem ao pescoço uma pedra de moinho e fosse lançado ao mar do que fazer tropeçar um destes pequeninos.

3 **O**lhai por vós mesmos. Se teu irmão [i]pecar contra ti, [j]repreende-o e, se ele se [k]arrepender, [l]perdoa-lhe.

4 Se [m]pecar contra ti sete vezes no dia, e sete vezes no dia vier ter contigo, e disser: Arrependo-me; [n]perdoa-lhe.

5 [o]**D**isseram então os apóstolos ao Senhor: Aumenta-nos a [p]fé.

6 Respondeu o Senhor: [q]Se tivésseis fé como um grão de mostarda, diríeis a esta amoreira: Arranca-te daqui e planta-te no mar, e ela vos obedeceria.

Nosso dever é servir

7 [r]**Q**ual de vós terá um servo a trabalhar na lavoura ou a apascentar o gado, a quem, voltando ele do campo, diga: Chega-te e assenta-te à mesa?

8 E não lhe diga antes: Prepara-me o jantar, apronte-se e serve-me, até que tenha comido e bebido, e depois comerás e beberás tu?

9 Dá graças ao tal servo, porque fez o que lhe foi mandado? Creio que não.

10 Assim também vós, quando fizerdes tudo o que vos for mandado, dizei: [s]Somos servos inúteis; fizemos somente o que devíamos fazer.

Cura dos dez leprosos

11 **I**ndo ele a [t]Jerusalém, passou pelo meio de Samaria e da Galileia.

12 Entrando em certa aldeia, saíram-lhe ao encontro dez [u]leprosos, os quais pararam de longe

13 e clamaram: Jesus, Mestre, tem misericórdia de nós.

14 Jesus, vendo-os, disse-lhes: Ide e mostrai-vos aos [v]sacerdotes. Indo eles, ficaram [w]limpos.

15 Um deles, vendo que estava curado, voltou [x]glorificando a Deus em alta voz

16 e caiu aos pés de Jesus, com o rosto em terra, dando-lhe graças; e este era [y]samaritano.

17 Jesus perguntou: Não foram dez os que foram limpos? Onde estão os nove?

18 Não houve quem voltasse para dar glória a Deus, senão este estrangeiro?

19 Então lhe disse: Levanta-te e vai; a [zz]tua fé te salvou.

O Reino em seu aspecto atual (veja Lc 17.21, nota; comp. Lc 19.11-27)

20 **I**nterrogado pelos fariseus sobre quando havia de vir o [aa]Reino de Deus, respondeu-lhes: O Reino de Deus não vem de [bb]forma visível.

21 Nem dirão: Ei-lo aqui! ou: Ei-lo ali! Porque o Reino de Deus está [1cc]dentro de vós.

---

2) Para indicar, em linhas gerais, a condição de todos os espíritos humanos (que partiram deste mundo) no período entre a morte e a ressurreição. Eventualmente temos este uso no AT, mas ele é raro no NT (comp. Gn 37.35; 42.38; 44.29,31). Não há por que pensar que haja possibilidade de mudar de um estado para o outro depois da morte. O v. 23 mostra que, quando o homem não salvo que estava no inferno (*hades*) viu Abraão e Lázaro, eles estavam "ao longe", e o v. 26 declara que entre os dois lugares há um grande abismo, de modo que ninguém pode passar de um lado para o outro.

Alguns intérpretes creem que Ef 4.8-10 indica que na ressurreição de Cristo ocorreu uma mudança no lugar onde estão os crentes que morreram. É verdade que, agora, todos os salvos vão imediatamente para a presença de Cristo (2Co 5.8; Fp 1.23). Jesus disse ao ladrão arrependido: "Hoje estarás comigo no paraíso" (Lc 23.43). Paulo "foi arrebatado até o terceiro céu [...] ao paraíso" (2Co 12.1-4). O paraíso é um lugar de grande alegria, mas essa alegria não será completa até que o espírito volte a unir-se ao corpo glorificado na ressurreição dos justos (1Co 15.51-54; 1Ts 4.16,17). Veja tb. Hc 2.5, *nota*.

[1](17.21) A palavra grega *entos* significa *no meio de*. Não se poderia dizer, com respeito a um fariseu autossuficiente e apoiado em sua justiça própria, que rejeitava Cristo, que o Reino de Deus, em seu conteúdo espiritual,

---

[y] Orações da Bíblia (NT): v. 24, 27,30; Lc 17.5 (Mt 6.9; Lc 11.2, nota)
[z] Mc 9.42-48; comp. Hb 10.31
[a] Jó 21.13; Lc 6.24; Tg 5.5
[b] Lei (de Moisés): v. 29,31; Lc 18.20 (Êx 19.1; Gl 3.24)
[c] Is 8.20; Jo 5.39; At 15.21; 2Tm 3.15; comp. At 3.22,23
[d] Arrependimento: v. 30,31; Lc 17.3 (Mt 3.2; At 17.30, nota)
[e] Jo 5.46
[f] Comp. Rm 10.1-21; 11.7-10
[g] 1Co 11.19
[h] Mt 18.6,7; 26.24; Mc 9.42; Jd 11; comp. 2Ts 1.6
[i] Mt 18.15; veja Rm 3.23, nota
[j] Gl 6.1; comp. Pv 17.10
[k] Arrependimento: v. 3,4; Lc 24.47 (Mt 3.2; At 17.30, nota)
[l] Perdão: v. 3,4; Lc 23.34 (Lv 4.20; Mt 26.28, nota)
[m] Veja Rm 3.23, nota
[n] Comp. Cl 3.12-14
[o] Orações da Bíblia (NT): v. 5,13, 15,16; Lc 18.11 (Mt 6.9; Lc 11.2, nota)
[p] Fé: v. 5,6,19; Lc 18.42 (Gn 3.20; Hb 11.39, nota)
[q] Mt 17.20; Mc 9.23

[r] Parábolas (NT): v. 7-10; Lc 18.1 (Mt 5.13; Lc 21.29)
[s] Comp. Is 64.6; Mt 25.37-40; 1Co 9.16,17; Fm 11
[t] Lc 9.51
[u] Nm 5.2; comp. 2Rs 7.3-10
[v] Lv 13.1-59; Mt 8.4; Lc 5.14
[w] Milagres (NT): v. 14,19; Lc 18.43 (Mt 8.3; At 28.8)
[x] Lc 5.25; 18.43
[yy] 2Rs 17.24; Lc 9.52,53; Jo 4.9
[zz] Mt 9.22
[aa] Veja Mt 6.33, nota
[bb] Sinais visíveis. Jo 18.36; veja v. 21, nota
[cc] Mt 12.28; Rm 14.17

Jesus prediz sua segunda vinda (veja Dt 30.3, nota e At 1.9-11, nota)

22 Então disse aos discípulos: [d]Dias virão em que desejareis ver um dos dias do [e]Filho do homem, mas não o vereis.

23 E vos dirão: [f]Ei-lo aqui! ou: Ei-lo ali! Não [g]vades, nem os sigais.

24 Porque como o relâmpago ilumina desde uma até a outra ponta do céu, assim será também o Filho do homem no seu dia.

25 Primeiro, porém, é necessário que ele sofra muito e seja [h]rejeitado por esta geração.

26 [i]Como [j]aconteceu nos [k]dias de [l]Noé, assim será também nos dias do [m]Filho do homem.

27 Comiam, bebiam, casavam e davam-se em casamento, até o [n]dia em que Noé entrou na arca, e veio o Dilúvio e os [o]destruiu a todos.

28 A mesma coisa aconteceu nos dias de Ló. Comiam, bebiam, compravam, vendiam, plantavam e construíam.

29 [p]No dia, porém, em que Ló saiu de Sodoma, choveu do céu fogo e enxofre, e os destruiu a todos.

30 Assim será no [q]dia em que o Filho do homem [r]se revelar.

31 Naquele dia, quem estiver no telhado, tendo os seus bens em casa, não desça para pegá-los. Da mesma forma, o que estiver no campo não volte para trás.

32 Lembrai-vos da [s]mulher de Ló.

33 [t]Qualquer que procurar salvar a sua vida, a perderá, e qualquer que a perder, a salvará.

34 Digo-vos que naquela noite estarão dois numa cama; um será levado, e o outro será deixado.

35 [u]Duas estarão juntas, moendo; uma será levada, e a outra será deixada.

36 Dois estarão no campo; um será levado, e o outro será deixado.

37 Então lhe perguntaram: Onde, Senhor? Ele lhes respondeu: [v]Onde estiver o cadáver, aí se ajuntarão os abutres.

Duas parábolas sobre a oração (v. 1-14)
(1) A persistência recompensada

18 Jesus contou-lhes uma [w]parábola sobre o dever de orar [x]sempre, sem jamais desanimar.

2 Havia numa cidade certo juiz que não temia a Deus nem respeitava o homem.

3 Havia também naquela mesma cidade certa viúva, que ia ter com ele, dizendo: Faze-me justiça contra o meu adversário.

4 Por algum tempo não quis atendê-la. Depois, porém, disse consigo: Ainda que eu não tema a Deus, nem respeite os homens,

5 todavia, como esta viúva me aborrece, hei de fazer-lhe justiça, para que enfim não volte e me perturbe muito.

6 Disse o Senhor: Ouvi o que diz o injusto juiz.

7 Não fará Deus justiça aos seus [y]escolhidos, que clamam a ele de dia e de noite, ainda que os [z]faça esperar?

8 Digo-vos que depressa lhes fará justiça. Quando, porém, vier o Filho do homem, achará [1a]fé na terra?

(2) O fariseu e o publicano: atitude correta e incorreta

9 Jesus disse esta parábola a alguns que [b]confiavam em si mesmos, crendo que eram [c]justos, e desprezavam os outros:

10 Dois homens subiram ao templo para orar; um era fariseu e o outro, cobrador de impostos.

11 O [dd]fariseu, em pé, [ee]orava consigo desta maneira: Ó Deus, graças te dou porque não sou como os demais homens, ladrões, injustos e adúlteros, nem ainda como este cobrador de impostos.

12 Jejuo duas vezes na semana e dou os dízimos de tudo o que possuo.

13 O cobrador de impostos, porém, estando em pé, de longe, nem ainda queria levantar os olhos ao céu, mas batia no peito, dizendo: Ó Deus, [2]tem misericórdia de mim, [ff]pecador!

[d] Mt 9.15
[e] Veja Mt 8.20, nota
[f] Mt 24.23; comp. Lc 21.8
[g] Comp. 1Jo 4.1
[h] Lc 9.22
[i] Mt 24.37-39
[j] Gn 6.5-7
[k] Gn 6.8-13
[l] 1Pe 3.20
[m] Veja Mt 8.20, nota
[n] Gn 7.1-16
[o] Gn 7.19-23; comp. 1Ts 5.3
[p] Gn 19.29; 2Pe 2.6,7
[q] Dia (do Senhor): v. 30-37; Lc 21.27 (Sl 2.9; Is 2.12; Ap 19.19)
[r] Cristo (segunda vinda): 17.30,31; 18.8; Lc 21.27 (Dt 30.3; At 1.11, nota)
[s] Gn 19.26
[t] Mt 16.25
[u] Mt 24.40,41
[v] Armagedom (batalha de): v. 37; Ap 16.14 (Is 10.27; Ap 19.17)

[w] Parábolas (NT): v. 1-14; Lc 19.11 (Mt 5.13; Lc 21.29)
[x] Rm 12.12; 1Ts 5.17
[y] Eleição (coletiva): v. 7; Jo 6.37 (Dt 7.6; 1Pe 5.13)
[z] Comp. 2Pe 3.9
[a] 2Ts 2.3 (Lc 18.8; 2Tm 3.1, nota)
[b] Pv 30.12
[c] Veja Rm 10.3, nota
[dd] Veja Mt 3.7, nota
[ee] Orações da Bíblia (NT): v. 11-13; Lc 18.38 (Mt 6.9; Lc 11.2, nota); comp. Is 1.15; Ap 3.17
[ff] Veja Rm 3.23, nota

estivesse dentro dele. A resposta completa de nosso Senhor, que foi enigmática para os fariseus (comp. Mt 13.10-13), tem um significado dispensacional. O Reino em sua forma exterior, segundo a aliança feita com Davi (2Sm 7.16, *nota*) e a descrição dos profetas (Zc 12.8, *nota*), fora rejeitado pelos judeus, de modo que, durante a era presente, eles não seriam avisados de sua vinda, tampouco o veriam visível e materialmente, mas ele estaria no coração dos homens (veja Lc 19.11,12; At 1.6-8, *nota*; Rm 14.17). Enquanto isso, o Reino esteve realmente no meio dos fariseus na pessoa do Rei e de seus discípulos. Finalmente, o Reino dos céus virá à terra em forma visível na segunda vinda de nosso Senhor. Veja v. 24.

[1] (18.8) Essa não é uma referência à fé pessoal, mas à fé em todo o conjunto da verdade revelada. (Comp. Rm 1.5; 1Co 16.13; 2Co 13.5; Cl 1.23; 2.7; Tt 1.13; Jd 3. Veja v. 8, *marg.*, Apostasia: 2Tm 3.1, *nota*.)

[2] (18.13) Gr. *hilaskomai*, usado no NT em ligação com o propiciatório (Êx 25.17,18,21; Hb 9.5). "Tem misericórdia de mim" também é traduzido por "sê propício a mim". O cobrador de impostos (em algumas versões, publicano), um judeu instruído, estava pensando não apenas em Deus lhe ser propício, mas também no propiciatório aspergido com sangue (Lv 16.5, *nota*; veja tb. Propiciação, Rm 3.25, *nota*). Sua oração podia ser parafraseada como segue: "Sê para comigo como és quando olhas para o sangue da propiciação". A Bíblia jamais fala sobre perdão divino sem sacrifício (veja Mt 26.28, *nota*).

14 Digo-vos que este foi [g]justificado para sua casa, e não aquele. Pois qualquer que a si mesmo se exaltar será humilhado, e qualquer que a si mesmo [h]se humilhar será exaltado.

Jesus abençoa as crianças (Mt 19.13-15; Mc 10.13-16)

15 **T**raziam-lhe também as crianças, para que ele tocasse nelas. Os discípulos, vendo isto, [i]repreendiam-nos.

16 Jesus, porém, chamando-as para si, disse: Deixai vir a mim os pequeninos, e não os impeçais, pois dos [j]tais é o [k]Reino de Deus.

17 Em verdade vos digo que qualquer que não receber o Reino de Deus como uma criança não entrará nele.

O jovem rico (Mt 19.16-30; Mc 10.17-31; comp. Lc 10.25-37)

18 **P**erguntou-lhe certo homem de posição: Bom Mestre, que hei de fazer para herdar a [l]vida eterna?

19 Respondeu-lhe Jesus: Por que me chamas bom? Ninguém há bom, [m]senão um, que é Deus.

20 [n]Sabes os [o]mandamentos: Não adulterarás, não [p]matarás, não furtarás, não dirás falso testemunho, honra a teu pai e a tua mãe.

21 Disse ele: A todas [q]essas coisas tenho obedecido desde a minha juventude.

22 Quando Jesus ouviu isso, disse-lhe: Ainda te [r]falta uma coisa. Vende tudo o que tens, reparte-o com os pobres e terás um [s]tesouro no céu. Depois vem e segue-me.

23 [t]Ouvindo ele isto, encheu-se de [u]tristeza, porque era muito rico.

24 **V**endo Jesus que ele ficara muito triste, disse: [v]Quão dificilmente entrarão no Reino de Deus os que têm riquezas!

25 Com certeza, é mais fácil passar um camelo pelo fundo de uma agulha do que entrar um rico no [w]Reino de Deus.

26 Os que ouviram isso disseram: Logo, quem pode [x]salvar-se?

27 Ele, porém, respondeu: As coisas que são impossíveis aos homens são [y]possíveis a Deus.

Recompensa pelo sacrifício

28 Disse Pedro: Nós [z]deixamos tudo e te seguimos.

29 Disse-lhes ele: Em verdade vos digo que ninguém há que tenha deixado casa, ou pais, ou irmãos, ou mulher, ou filhos, pelo Reino de Deus,

30 e não receba [a]muito mais neste [b]mundo e no mundo vindouro a vida eterna.

[g] Justificação: v. 14; At 13.39 (Lc 18.14; Rm 3.28, nota)
[h] Mt 23.12; comp. Tg 4.6; 1Pe 5.5,6
[i] v. 39
[j] Mt 18.3
[k] Veja Mt 6.33, nota
[l] Vida (eterna): v. 18,30; Jo 1.4 (Mt 7.14; Ap 22.19)
[m] Sl 86.5; 119.68
[n] Mc 10.19
[o] Lei (de Moisés): v. 20; Lc 20.28 (Êx 19.1; Gl 3.24); Êx 20.3-17; Dt 5.7-21
[p] Não cometerás assassinato. Veja Êx 20.13, nota
[q] Fp 3.6
[r] Comp. Tg 2.10
[s] Mt 6.19,20; 1Tm 6.19
[t] Comp. Ez 33.31
[u] Comp. Mt 6.24
[v] Mc 10.24; 1Tm 6.9,10; comp. Pv 11.28; veja Mt 19.24, marg.
[w] Veja Mt 6.33, nota
[x] Veja Rm 1.16, nota
[y] Jó 42.2; Jr 32.17
[z] Mt 19.27; comp. Fp 3.7-9
[a] Comp. Jó 42.10-17
[b] Gr. *aiōn*. Veja Mc 10.30, nota

Jesus prediz novamente sua morte e sua ressurreição (Mt 20.17-19; Mc 10.32-34)

31 **T**omando consigo os Doze, disse-lhes: [c]Subamos a Jerusalém, e se cumprirá no [d]Filho do homem tudo o que os profetas [e]escreveram.

32 Ele há de ser [f]entregue aos gentios. Eles zombarão dele, o insultarão e cuspirão nele,

33 baterão nele e depois o matarão. Ao terceiro dia ressuscitará.

34 Eles nada disso entendiam, e esta palavra lhes era [gg]omitida, não percebendo o que se lhes dizia.

O cego Bartimeu é curado (Mc 10.46-52; comp. Mt 20.29-34)

35 **C**hegando ele perto de Jericó, estava um [hh]cego assentado à beira do caminho, mendigando.

36 Ouvindo passar a multidão, perguntou que era aquilo.

37 Disseram-lhe que Jesus de Nazaré passava.

38 Então ele [ii]clamou: Jesus, [jj]Filho de Davi, tem misericórdia de mim.

39 Os que iam na frente [kk]repreendiam-no para que se calasse, mas ele clamava ainda mais: Filho de Davi, tem misericórdia de mim.

40 Jesus parou e mandou que lhe trouxessem o cego. Chegando ele, Jesus lhe perguntou:

41 Que queres que te faça? Respondeu ele: Senhor, quero ver.

42 Disse-lhe Jesus: Vê. A tua [ll]fé te salvou.

43 Imediatamente o homem voltou a [mm]ver e seguia-o, [nn]glorificando a Deus. E todo o povo, vendo isso, dava louvores a Deus.

A conversão de Zaqueu

19 Tendo Jesus entrado em [oo]Jericó, ia atravessando a cidade.

2 Havia ali um homem chamado Zaqueu, que era chefe dos cobradores de impostos e era rico.

3 Este procurava [pp]ver quem era Jesus, mas não podia, por causa da multidão, porque era de pequena estatura.

4 Então, correndo adiante, subiu em uma figueira para vê-lo, já que havia de passar por ali.

5 Quando Jesus chegou àquele lugar, olhou para cima e disse-lhe: Zaqueu, desce depressa. Hoje me convém [qq]ficar em tua casa.

6 Apressando-se, desceu e o recebeu com alegria.

7 Todos os que viram isto murmuravam, dizendo que entrara para ser hóspede de um homem [rr]pecador.

8 Zaqueu, porém, levantou-se e disse ao Senhor: Senhor, olha, eu dou aos [ss]pobres metade dos meus bens; e se em alguma coisa [tt]extorqui alguém, devolvo [1]quatro vezes mais.

[c] Lc 9.51
[d] Veja Mt 8.20, nota
[e] Inspiração: v. 31-33; Lc 19.46 (Êx 4.15; 2Tm 3.16); Sl 22; Is 53
[f] Mt 17.22; Lc 23.1; At 3.13
[gg] Mc 9.32; Lc 9.45
[hh] Veja Mt 20.30, nota
[ii] Orações da Bíblia (NT): v. 38,41; Lc 22.32 (Mt 6.9; Lc 11.2, nota)
[jj] Mt 9.27
[kk] v. 15
[ll] Fé: v. 42; Lc 23.42 (Gn 3.20; Hb 11.39, nota)
[mm] Milagres (NT): v. 43; Lc 22.51 (Mt 8.3; At 28.8)
[nn] Lc 5.26; At 4.21
[oo] Js 6.26; 1Rs 16.34
[pp] Jo 12.21
[qq] Comp. Jo 14.23
[rr] Lc 5.30; 15.2; veja Rm 3.23, nota
[ss] Sl 41.1
[tt] Comp. Lv 6.1-5; Nm 5.6,7; Pv 6.30,31

[1] (19.8) Isto seguia rigorosamente os padrões judeus de retidão (Êx 22.1).

9 Disse-lhe Jesus: Hoje veio a [u]salvação a esta casa, porque também este é filho de [v]Abraão.

10 Pois o [w]Filho do homem veio buscar e [x]salvar o que se havia perdido.

Parábola das dez minas: a longa viagem
(veja Lc 17.21, nota e At 1.6-8, nota)

11 **O**uvindo eles estas coisas, Jesus contou uma [y]parábola, porque estava perto de Jerusalém, e [z]pensavam que o [a]Reino de Deus havia de manifestar-se imediatamente.

12 Disse ele: Certo homem nobre partiu para uma terra [b]distante para tomar para si um reino e depois voltar.

13 Chamando [c]dez servos seus, deu-lhes dez [1][d]minas e disse-lhes: Negociai até que eu volte.

14 Os habitantes daquela terra, porém, o odiavam e mandaram após ele representantes, dizendo: [e]Não queremos que este [f]reine sobre nós.

15 Voltando ele, depois de ter tomado o reino, disse que chamassem aqueles servos, a quem tinha dado o dinheiro, para saber o que cada um tinha ganhado, negociando.

16 Veio o primeiro e disse: Senhor, a tua mina rendeu dez minas.

17 Respondeu-lhe: [g]Bem está, servo bom. Porque no mínimo foste [h]fiel, sobre dez cidades [i]governarás.

18 Veio o segundo e disse: Senhor, a tua mina rendeu cinco minas.

19 A este disse também: Governa tu sobre cinco cidades.

20 Veio outro, dizendo: Senhor, aqui está a tua mina, que guardei num pano.

21 Tive [j]medo de ti, que és homem rigoroso, que tiras o que não depositaste e colhes o que não plantaste.

22 Ele, porém, lhe respondeu: Mau servo, pela tua [k]boca te julgarei! Sabias que sou homem rigoroso, que tiro o que não depositei e [l]colho o que não plantei.

23 Por que, pois, não puseste o meu dinheiro no banco, para que eu, vindo, o recebesse com os juros?

24 Então disse aos que o assistiam: Tirai-lhe a mina e dai-a ao que tem dez.

25 Eles responderam: Senhor, ele já tem dez minas.

26 Eu vos digo que [m]a qualquer que tiver lhe será dado, mas ao que não tiver, até o que tem lhe será tirado.

27 Quanto àqueles meus [n]inimigos que não quiseram que eu reinasse sobre eles, trazei-os aqui e [o]matai-os diante de mim.

[u] Veja Rm 1.16, nota
[v] Gl 3.7
[w] Veja Mt 8.20, nota
[x] Mt 9.13; Mc 2.17; 10.45; Lc 5.32; Rm 5.8
[y] Parábolas (NT): v. 11-27; Lc 20.9 (Mt 5.13; Lc 21.29)
[z] Comp. Lc 17.20,21
[a] Veja Mt 6.33, nota
[b] Mt 25.14; Mc 13.34
[c] Comp. Lc 12.37,38; 17.10
[d] Veja sist. monetário (NT): Mt 5.26, nota
[e] Comp. Sl 2.2,3; Mt 21.38; Jo 1.11
[f] Comp. 1Co 15.25; Ap 11.15
[g] Mt 25.21,23
[h] Lc 16.10; comp. 1Co 4.2
[i] Recompensas: v. 17-19, 24-26; 1Co 3.8 (Dn 12.3; 1Co 3.14, nota); comp. Ap 2.26-28
[j] Comp. Rm 8.15; 2Tm 1.6,7; Tg 2.19
[k] 2Sm 1.16; Jó 15.6; Mt 12.37; comp. Rm 3.19; Tt 3.11
[l] Mt 25.26
[m] Mt 13.12; Mc 4.25; Lc 8.18
[n] Comp. 1Co 15.25; Hb 10.13
[o] Comp. Sl 2.9; Is 63.1-6; Ap 19.11-21

IV. A rejeição de Cristo; sua morte, 19.28–23.56

A entrada triunfal de Jesus em Jerusalém
(Mt 21.1-9; Mc 11.1-10; Jo 12.12-19; comp. Zc 9.9)

28 **T**endo dito isto, ia caminhando [p]adiante, subindo para Jerusalém.

29 Chegando perto de Betfagé e de [q]Betânia, [r]ao [s]monte chamado das Oliveiras, mandou dois dos seus discípulos,

30 dizendo-lhes: Ide à aldeia que está adiante e, ao entrardes, achareis preso um jumentinho em que nenhum homem [t]ainda montou. Soltai-o e trazei-o.

31 Se alguém vos perguntar: Por que o soltais? assim lhe direis: [uu]O Senhor precisa dele.

32 Indo os que haviam sido mandados, acharam [vv]como lhes dissera.

33 Quando soltaram o jumentinho, seus donos lhes perguntaram: Por que soltais o jumentinho?

34 Responderam eles: O Senhor precisa dele.

35 Trouxeram-no a Jesus e, lançando sobre o jumentinho as suas roupas, ajudaram Jesus a montar.

36 Indo ele, estendiam no caminho as suas roupas.

37 Quando já chegava perto da descida do monte das Oliveiras, toda a multidão dos discípulos, [ww]alegrando-se, começou a dar louvores a Deus em alta voz, por todas as maravilhas que tinham visto,

38 dizendo:

[xx]Bendito o [yy]Rei que [zz]vem em
[aa]nome do Senhor!
[bb]Paz no céu e glória nas alturas!

39 Disseram-lhe alguns dos [cc]fariseus dentre a multidão: Mestre, [dd]repreende os teus discípulos.

40 Respondeu-lhes Jesus: Digo-vos que se estes se calarem, as próprias [ee]pedras clamarão.

Lamento de Jesus sobre Jerusalém
(comp. Mt 23.37-39; Lc 13.34,35)

41 **Q**uando ia chegando, vendo a cidade, [ff]chorou sobre ela,

42 [2]dizendo: Ah! [gg]Se tu conhecesses, ao menos neste [hh]teu dia, [ii]o que à tua [jj]paz pertence! Mas agora isso está oculto aos teus olhos.

43 [kk]Dias virão sobre ti em que os teus inimigos te cercarão de trincheiras, te cercarão e te apertarão de todos os lados.

44 [ll]Eles te derrubarão, a ti e a teus filhos que dentro de ti estiverem. Não deixarão em ti pedra sobre pedra, porque não reconheceste a [mm]oportunidade que Deus te deu.

[p] Mc 10.32; Lc 9.51
[q] Mt 26.6; Jo 12.1
[r] v. 37; comp. Zc 14.4
[s] Jo 8.1; At 1.12
[t] Comp. Lc 23.53
[uu] Comp. Sl 50.10
[vv] Lc 22.13
[ww] Lc 13.17; 18.43
[xx] Sl 118.26; Lc 13.35; comp. 1Tm 1.17
[yy] Reino (NT): v. 38; Lc 22.29 (Mt 2.2; 1Co 15.24, nota)
[zz] Cristo (primeira vinda): v. 38; Lc 20.13 (Gn 3.15; At 1.11)
[aa] Comp. Jo 5.43
[bb] Comp. Lc 2.14; Rm 5.1; Ef 2.14
[cc] Veja Mt 3.7, nota
[dd] Comp. Fp 2.15
[ee] Comp. Hc 2.11
[ff] Is 53.3; Jo 11.35; comp. Rm 12.15
[gg] Comp. Dt 5.29; 32.29; Is 48.18
[hh] Sl 95.7,8; Hb 3.13
[ii] Lc 1.77-79; At 10.36; comp. Dn 9.24
[jj] Rm 5.1
[kk] Israel (profecias): v. 41-44; Lc 21.20 (Gn 12.2; Rm 11.26)
[ll] 1Rs 9.7; Mt 24.2; Mc 13.2; Lc 21.6
[mm] Lc 1.68; Jo 12.35

[1] (19.13) Moeda que correspondia a cem dracmas.
[2] (19.42) Como Homem perfeito, ele chorou; como Filho de Deus, ele fez advertências (comp. Is 10.1-4).

Jesus expulsa os mercadores do templo
(Mt 21.12,13; Mc 11.15-18; comp. Jo 2.13-16)

45 **D**epois, entrando no templo, começou a expulsar a todos os que nele vendiam e compravam,

46 dizendo-lhes: [n]Está escrito: A minha [o]casa será casa de oração; mas vós a transformastes em esconderijo de ladrões.

47 **T**odos os dias [p]ensinava no templo. Os principais sacerdotes, os [q]mestres da lei e os líderes religiosos do povo, porém, procuravam [r]matá-lo.

48 Contudo, não achavam meio de o fazer, porque todo o povo o [s]ouvia com muita atenção.

A autoridade de Jesus é desafiada
(Mt 21.23-27; Mc 11.27-33)

20 **N**um daqueles dias, estando ele ensinando o povo no templo e anunciando o [t]evangelho, sobrevieram os principais sacerdotes e os mestres da lei com os líderes religiosos

2 e perguntaram: Dize-nos, [u]com que autoridade fazes estas coisas? Quem é que te deu esta autoridade?

3 Respondeu-lhes Jesus: Também eu vos farei uma pergunta. Dizei-me:

4 O [v]batismo de João era do céu ou dos homens?

5 Eles discutiam entre si, dizendo: [w]Se dissermos: Do céu, ele nos dirá: Então por que não o crestes?

6 Se dissermos: Dos homens, todo o povo nos apedrejará, porque tem certeza que João era [x]profeta.

7 Por fim responderam [y]que não sabiam.

8 Replicou-lhes Jesus: Tampouco vos direi com que autoridade faço isto.

Parábola do homem que plantou uma vinha
(Mt 21.33-46; Mc 12.1-19; comp. Is 5.1-7)

9 Jesus passou a contar ao povo esta [z]parábola: Certo homem plantou uma [a]vinha, deixou-a sob cuidados de lavradores e ficou fora do país por muito tempo.

10 No tempo da colheita [b]mandou um servo aos lavradores, para que lhe dessem dos frutos da vinha. Os lavradores, porém, espancando-o, mandaram-no embora de mãos vazias.

11 Tornou ainda a mandar outro servo, mas eles, espancando também a este e afrontando-o, mandaram-no embora de mãos vazias.

12 Tornou ainda a mandar o terceiro, mas eles feriram também a este e o expulsaram.

13 Disse o senhor da vinha: Que farei? [c]Mandarei o meu filho amado; talvez o respeitem.

14 Vendo-o, porém, os lavradores discutiram entre si, dizendo: Este é o [d]herdeiro; vinde, [e]matemo-lo, para que a herança seja [f]nossa.

15 Lançando-o fora da vinha, o [g]mataram. Que lhes fará, pois, o senhor da vinha?

16 Irá, [h]destruirá esses lavradores e dará a [i]outros a vinha. Ouvindo eles isto, disseram: Não seja assim!

17 Mas ele, olhando para eles, disse: Então o que é isto que está [j]escrito:

[k]A [l]pedra que os construtores rejeitaram
foi feita cabeça da esquina?

18 Qualquer que cair sobre essa pedra ficará em [m]pedaços, e [nn]aquele sobre quem ela cair será feito em pó.

Resposta de Jesus aos herodianos
(Mt 22.15-22; Mc 12.13-17)

19 **O**s principais sacerdotes e os [oo]mestres da lei procuravam prendê-lo naquela mesma hora, porque entenderam que contra eles dissera esta parábola. Mas temeram o povo.

20 E, aguardando oportunidade, mandaram espias que se fingissem de justos, para o apanharem em alguma palavra e o entregarem às autoridades e ao poder do governador.

21 Perguntaram-lhe: Mestre, nós sabemos que falas e ensinas bem e retamente e que não consideras a aparência da pessoa, mas ensinas com verdade o caminho de Deus.

22 É-nos correto pagar tributo a César ou não?

23 Entendendo ele a sua astúcia, disse-lhes: Por que me [pp]tentais?

24 Mostrai-me uma moeda. De quem é a imagem e a inscrição? Responderam-lhe: De César.

25 Disse-lhes Jesus: Dai, [qq]pois, a César o que é de César e a Deus o que é de Deus.

26 Não puderam apanhá-lo em palavra alguma diante do povo. E, [rr]maravilhados da sua resposta, calaram-se.

Resposta de Jesus aos saduceus
(Mt 22.23-33; Mc 12.18-27)

27 **C**hegando-se alguns dos [ss]saduceus, que dizem não haver ressurreição, perguntaram-lhe:

28 Mestre, [tt]Moisés nos deixou escrito que se o irmão de alguém falecer, tendo mulher, e não deixar filhos, o [uu]irmão dele tome a viúva e suscite posteridade a seu irmão.

29 Ora, houve sete irmãos. O primeiro casou-se com a mulher e morreu sem filhos.

30 O segundo e o terceiro também a desposaram,

31 e igualmente os sete. Todos eles morreram e não deixaram filhos.

32 Por último, depois de todos, morreu também a mulher.

33 Portanto, na ressurreição, de qual deles será a mulher, visto que os sete a desposaram?

34 Respondeu-lhes Jesus: Os filhos deste [vv]mundo casam-se e dão-se em casamento.

---

[n] Inspiração: v. 46; Lc 20.17 (Êx 4.15; 2Tm 3.16)
[o] Is 56.7; Jr 7.11
[p] Lc 21.37; 22.53
[q] Veja Mt 2.4, nota
[r] Lc 20.19; Jo 7.19
[s] Lc 21.38
[t] Evangelho: v. 1; Lc 24.47 (Gn 12.3; Ap 14.6)
[u] Comp. At 4.7,10
[v] Jo 1.26,31
[w] Comp. Jo 5.33-36
[x] Mt 14.5; Mc 6.20; Lc 7.24-29
[y] Jó 24.13; comp. Rm 1.18,21; 2Co 4.3; 2Ts 2.10
[z] Parábolas (NT): v. 9-18; Lc 21.29 (Mt 5.13; Lc 21.29)
[a] Sl 80.8; comp. Is 5.1-7
[b] 2Rs 17.13,14; 2Cr 36.15,16; At 7.52; 1Ts 2.15; comp. Hb 11.32-39
[c] Cristo (primeira vinda): v. 13-15; Jo 1.14 (Gn 3.15; At 1.11); Jo 3.16; Rm 8.3; Gl 4.4; Hb 1.1,2
[d] Hb 1.1-3
[e] Mt 27.21-23
[f] Jo 11.47,48

[g] Lc 23.33; At 2.22,23; 3.15
[h] Comp. Pv 1.24-31
[i] Jo 1.11-13; Rm 11.11
[j] Inspiração: v. 17; Lc 20.37 (Êx 4.15; 2Tm 3.16); veja Mt 21.44, nota
[k] Sl 118.22; 1Pe 2.7,8
[l] Cristo (Pedra): v. 17,18; Jo 7.37 (Gn 49.24; 1Pe 2.8)
[m] Is 8.14,15
[nn] Dn 2.34,35, 44,45
[oo] Veja Mt 2.4, nota
[pp] Provar-Tentar: v. 21-23; Lc 22.28 (Gn 3.1; Tg 1.14)
[qq] Mt 17.24-27; Rm 13.7; 1Pe 2.13-17
[rr] Comp. Cl 4.6
[ss] Mt 16.1,6,12; At 4.1,2; 23.6-8; veja Mt 3.7, nota
[tt] Lei (de Moisés): v. 28; Lc 24.44 (Êx 19.1; Gl 3.24); Dt 25.5,6
[uu] Comp. Gn 38.8-10
[vv] Gr. *aiōn*. Veja Mc 10.30, nota

35 Os que, porém, forem [w]considerados dignos de alcançar o mundo vindouro e a [x]ressurreição dentre os mortos não se casarão, nem serão dados em casamento

36 e não podem mais [y]morrer; pois são como os [z]anjos e filhos de Deus, [a]sendo filhos da ressurreição.

37 E que os mortos hão de ressuscitar, [b]mostrou-o [c]Moisés no trecho referente à sarça, quando chama ao Senhor o Deus de Abraão, o Deus de Isaque e o Deus de Jacó.

38 Ora, Deus não é Deus de mortos, mas de [d]vivos, pois para ele todos vivem.

Jesus interroga e denuncia os escribas (comp. Mt 22.41–23.36; Mc 12.35-40)

39 Respondendo alguns dos [e]mestres da lei, disseram: Mestre, disseste bem.

40 E não ousavam perguntar-lhe mais coisa alguma.

41 Então Jesus lhes perguntou: Como dizem que o Cristo é filho de [f]Davi?

42 O próprio Davi declara no livro dos Salmos:
Disse [g]o Senhor ao meu Senhor:
Assenta-te à minha direita,

43 até que eu ponha os teus inimigos
por estrado de teus pés.

44 Se Davi lhe chama Senhor, [h]como pode ser ele seu filho?

45 Ouvindo-o todo o povo, disse Jesus aos seus discípulos:

46 [i]Cuidado com os mestres da lei, que querem andar com roupas compridas, amam as [j]saudações nas praças e as principais cadeiras nas sinagogas e os [k]primeiros lugares nos banquetes.

47 [l]Devoram as casas das viúvas, fazendo, por [m]pretexto, longas orações. Estes receberão [n]maior condenação.

A oferta da viúva: duas moedinhas (Mc 12.41-44)

21 Olhando ele, viu os ricos lançarem as suas ofertas no gazofilácio.

2 Viu também uma [o]viúva pobre lançar ali duas pequenas moedas

3 e disse: Em verdade vos digo que esta viúva pobre deu mais do que todos.

4 Todos estes deram como oferta daquilo que lhes sobrava; mas esta, da sua pobreza, deu [p]tudo o que tinha.

O Sermão do Monte das Oliveiras (v. 5-38) (Mt 24–25; Mc 13)

5 Falavam alguns a respeito do [q]templo, que estava ornado de formosas pedras e dádivas,

[w] Fp 3.11; comp. Lc 21.36; 2Ts 1.5; Ap 3.4
[x] Ressurreição: v. 27-38; Lc 24.6 (2Rs 4.35; 1Co 15.52, nota)
[y] Morte (física): v. 36; Rm 5.12 (Gn 2.17; Hb 9.27, nota); comp. 1Co 15.42, 49,52
[z] Veja Hb 1.4, nota
[a] Rm 8.23; 1Jo 3.2
[b] Inspiração: v. 37, 42,43; Lc 21.22 (Êx 4.15; 2Tm 3.16)
[c] Êx 3.1-6; At 7.30-32
[d] Rm 14.8,9; Hb 11.16
[e] Veja Mt 2.4, nota
[f] Mt 1.1; Lc 18.38; comp. Is 9.6,7
[g] v. 41-44; Sl 110.1; At 2.34,35
[h] At 13.22,23; Rm 1.3; 9.4,5
[i] Lc 12.1
[j] Lc 11.43
[k] Lc 14.7
[l] Mt 23.14
[m] Mt 6.5,6
[n] Comp. Lc 10.12-14
[o] 2Co 6.10
[p] 2Co 8.12
[q] Comp. Jo 2.19-21

6 então disse Jesus: Quanto a estas coisas que vedes, dias virão em que [r]não se deixará pedra sobre pedra que não seja derrubada.

As duas perguntas dos discípulos: Quando e o quê? (Mt 24.3; Mc 13.4)

7 Perguntaram-lhe: Mestre, quando serão estas coisas? E que sinal haverá quando isto estiver para acontecer?

A septuagésima semana de anos de Daniel (Dn 9.27): o fim dos tempos (Mt 24.4-14; Mc 13.5-13)

8 Respondeu [s]ele: Cuidado para que não vos [t]enganem. Virão muitos em meu nome, dizendo: Sou eu, e o tempo está próximo. Não os sigais.

9 Quando ouvirdes falar de [u]guerras e revoluções, não vos assusteis. É necessário que isto aconteça primeiro, mas o fim não será logo.

10 Então lhes disse: Nação se levantará contra nação, e reino contra reino.

11 Haverá grandes [v]terremotos, fomes e epidemias em vários lugares, coisas espantosas e grandes sinais do céu.

O sofrimento dos apóstolos e crentes antes da septuagésima semana

12 Antes de todas estas coisas, porém, vos [ww]prenderão e vos perseguirão, entregando-vos às sinagogas e às prisões, e conduzindo-vos à presença de reis e governadores, por causa do meu nome.

13 Isso vos acontecerá para [xx]testemunho.

14 Decidi, porém, em vossos corações não vos preocupardes com o que deveis responder,

15 porque eu vos darei palavras e sabedoria a que não poderão resistir nem contradizer todos os que se vos opuserem.

16 Até pelos pais, irmãos, parentes e amigos sereis entregues, e matarão alguns de vós.

17 De todos sereis odiados por causa do meu nome.

18 Contudo, não se perderá um único cabelo da vossa cabeça.

19 Na vossa perseverança ganhareis as vossas almas.

A destruição de Jerusalém é predita

20 [1]Quando virdes Jerusalém [yy]cercada de exércitos, sabereis que é chegada a sua [zz]desolação.

21 Então os que estiverem na Judeia fujam para os montes, os que estiverem no meio da cidade saiam, e os que estiverem nos campos não entrem nela.

[r] Is 64.10,11; Lm 2.6-9; Mq 3.12; Lc 19.41-44
[s] Veja Mt 24.3, nota
[t] Ef 5.6; 2Ts 2.3; 1Jo 4.1; comp. 2Co 11.13-15; 2Tm 3.13; Ap 12.9
[u] Ap 6.4
[v] Ap 6.12
[ww] Jo 16.2; Ap 2.10
[xx] Fp 1.12-14
[yy] Israel (profecias): v. 20; Jo 1.31 (Gn 12.2; Rm 11.26)
[zz] Tribulação (a grande): v. 20-26; Ap 3.10 (Sl 2.5; Ap 7.14)

---

[1] (21.20) No sermão do monte das Oliveiras, os dois cercos de Jerusalém estão sendo considerados: o que se cumpriu no ano 70 d.C. e o que ainda deve se cumprir ao final da tribulação. Aqui há uma referência ao cerco de Jerusalém por parte de Tito, em 70 d.C., quando a cidade foi tomada e os v. 20-24 se cumpriram literalmente.

22 Pois [a]dias de vingança são estes, para que se cumpram [b]todas as coisas que estão [c]escritas.

23 Ai das grávidas e das que amamentarem naqueles dias! Haverá grande sofrimento na terra e ira sobre este povo.

24 Cairão a fio de espada, e para todas as nações serão levados cativos. Jerusalém será [1]pisada pelos gentios, até que os [d]tempos deles se completem.

A volta do Rei à terra no fim da tribulação (Mt 24.27-31; Mc 13.24-27)

25 **Haverá** [e]sinais no sol, na lua e nas estrelas. Na terra as nações ficarão angustiadas e [f]perplexas pelo bramido do mar e das ondas.

26 Homens desmaiarão de terror, na expectativa das coisas que acontecerão ao mundo, pois os corpos celestes serão abalados.

27 Então verão [2g]vir o [h]Filho do homem [i]numa nuvem, com poder e grande glória.

28 Quando estas coisas começarem a acontecer, olhai para cima e levantai as vossas cabeças, porque a vossa [j]redenção está próxima.

Parábola da figueira (Mt 24.32-35; Mc 13.28-31)

29 **Jesus** lhes disse esta [3k]parábola: Olhai para a figueira e para todas as árvores.

30 Quando vedes que as suas folhas começam a brotar, sabeis por vós mesmos que o verão está próximo.

31 Assim também, quando virdes estas coisas acontecerem, sabei que o [l]Reino de Deus está [m]perto.

32 Em verdade vos digo que não passará esta [n]geração sem que tudo isto aconteça.

33 [o]Passará o céu e a terra, mas as minhas [p]palavras não passarão.

Exortação à vigilância (Mt 24.36-51; Mc 13.32-37)

34 **Cuidai** de vós mesmos, para que não aconteça que os vossos corações se sobrecarreguem de glutonaria, de [q]embriaguez e das [r]preocupações da vida, e aquele [s]dia vos pegue de surpresa, como uma armadilha.

35 [t]Pois [u]cairá sobre todos os que habitam na face de toda a terra.

36 [v]Vigiai em todo o tempo e [w]orai para que sejais considerados [x]dignos de escapar de todas estas coisas que acontecerão e de estar em pé diante do Filho do homem.

37 **De** dia Jesus ensinava no templo, e à noite ele saía e ia passar a noite no monte chamado das Oliveiras.

38 E todo o povo ia cedo ao templo para ouvi-lo.

Judas concorda em trair Jesus (Mt 26.14-16; Mc 14.1,2,10,11)

22 Estava perto a festa dos pães sem fermento, chamada [y]Páscoa,

2 e os principais sacerdotes e os [z]mestres da lei andavam procurando um jeito para matar a Jesus secretamente, pois temiam o povo.

3 **Então** [aa]Satanás entrou em Judas, que tinha por sobrenome Iscariotes, que era um dos [bb]Doze.

4 E Judas foi aos principais sacerdotes e aos oficiais da guarda do templo para combinar a maneira como lhes entregaria Jesus.

5 Eles se alegraram e [cc]concordaram em lhe dar dinheiro.

6 Judas aceitou e começou a buscar oportunidade para lhes [dd]entregar Jesus, sem a multidão saber.

[a] Dia (de destruição): v. 22; Lc 21.35 (Jó 21.30; Ap 20.11)
[b] Is 65.12-15
[c] Inspiração: v. 22; Lc 22.22 (Êx 4.15; 2Tm 3.16)
[d] Tempos dos gentios: v. 24; Ap 11.2 (Dt 28.49; Ap 16.19)
[e] Is 13.9,10,13; 2Pe 3.10-12
[f] Comp. 2Cr 15.5,6
[g] Cristo (segunda vinda): v. 27; Jo 14.3 (Dt 30.3; At 1.11, nota); 2Ts 1.7-10
[h] Veja Mt 8.20, nota
[i] Dia (do Senhor): v. 27; Lc 21.34 (Sl 2.9; Is 2.12; Ap 19.19)
[j] Veja Rm 3.24, nota
[k] Parábolas (NT): v. 29-33 (Mt 5.13; Lc 21.29)
[l] Veja Mt 6.33, nota
[m] Veja Mt 4.17, nota
[n] Veja Mt 24.34, nota
[o] Is 51.6; Hb 1.10,11; 2Pe 3.7,10,12
[p] Is 40.8; Lc 16.17; 1Pe 1.24,25
[q] Rm 13.13
[r] Lc 8.14
[s] Dia (do Senhor): v. 34,35; At 2.20 (Sl 2.9; Is 2.12; Ap 19.19)
[t] 1Ts 5.2,3; 2Pe 3.10; Ap 16.15
[u] Dia (de destruição): v. 35; 2Ts 1.8 (Jó 21.30; Ap 20.11)
[v] Mt 25.13
[w] Lc 18.1; Ef 6.18; Cl 4.2; 1Ts 5.17
[x] Lc 20.35
[y] Veja Êx 12.11, nota
[z] Veja Mt 2.4, nota
[aa] Satanás: v. 3-6; Lc 22.31 (Gn 3.1; Ap 20.10)
[bb] Mt 10.2-4
[cc] Zc 11.12; comp. 1Tm 6.10
[dd] v. 3-6, 21-23,47,48; Sl 41.9

Esses horrores ilustram as condições na Palestina no tempo do fim, mas nem o v. 20 nem o v. 24 estão incluídos nos relatos do sermão do monte das Oliveiras segundo Mateus e Marcos. Em Mt 24.15-28 e Mc 13.14-26, há referências ao cerco final, quando a cidade será tomada pelos inimigos, mas liberta com o regresso do Senhor à terra (Ap 19.11-21; Zc 14.2-4). Em Lucas, o sinal é Jerusalém sitiada por exércitos (21.20); em Mt 24.15 e Mc 13.14, o sinal é a abominação da desolação no lugar santo (2Tm 2.4; Ap 13.12-15).

[1] (21.24) Os tempos dos gentios começaram com o cativeiro de Judá nos tempos de Nabucodonosor (2Cr 36.1-21). Desde aquele tempo, Jerusalém tem sido, como Cristo disse, "pisada pelos gentios". Veja tb. *marg d*.

[2] (21.27) Esta é claramente a volta de Cristo à terra, não seu regresso para arrebatar a Igreja. Os sinais no sol, na lua e nas estrelas e a comoção dos céus não são sinais que acompanharão o arrebatamento, mas acontecerão depois que a Igreja tiver partido (comp. 2Pe 3.10-13; Ap 6.12-17).

[3] (21.29) Parábolas (NT). Resumo: No NT, assim como no AT, uma parábola é um símile usado para ensinar ou reforçar uma verdade (veja Zc 11.7, *nota*). Ninguém nas Escrituras utiliza o método parabólico de ensino tanto quanto Cristo. Ele o emprega com liberalidade para ilustrar importantes verdades espirituais, com histórias de coisas familiares que ocorrem na esfera do cotidiano. Quando seus discípulos lhe perguntaram por que ensinava por parábolas, nosso Senhor admitiu que havia dois propósitos: a) para que seus seguidores conhecessem os mistérios do Reino e b) para que aqueles com coração endurecido não pudessem ouvir nem entender essa mesma doutrina (Mt 13.10-17). Há três tipos de parábolas no NT: 1) gerais, como, p. ex., Mc 9.50; Lc 10.30-37; 18.9-14; Rm 7.1-6; 2) pertencentes à Dispensação da Igreja, como, p. ex., Mt 13.3-9,18-23; 3) relacionadas ao reino messiânico, como, p. ex., Mt 24.45-51; Lc 14.16-24.

Preparativos para a Páscoa
(Mt 26.17-19; Mc 14.12-16)

7 **C**hegou o dia dos pães sem fermento em que era necessário sacrificar o cordeiro pascal.

8 Jesus enviou Pedro e João, dizendo: Ide, preparai-nos a refeição da Páscoa, para que a comamos.

9 Eles lhe perguntaram: Onde queres que a preparemos?

10 Ele lhes respondeu: Quando entrardes na cidade, encontrareis um homem levando um pote de água. Segui-o até a casa em que ele entrar.

11 Dizei ao dono da casa: O Mestre manda perguntar-te: [e]Onde está o aposento em que comerei a Páscoa com os meus discípulos?

12 Então ele vos mostrará uma grande sala mobiliada. Fazei aí os preparativos.

13 Eles foram e [f]acharam tudo como Jesus lhes havia dito. Então prepararam a Páscoa.

A última Páscoa (Mt 26.20; Mc 14.17; Jo 13.1-17)

14 [1]**C**hegada a hora, pôs-se Jesus à mesa, e com ele os apóstolos.

15 E disse-lhes: Desejei muito [g]comer convosco [h]esta Páscoa, antes do meu sofrimento.

16 Pois vos digo que não mais a comerei [i]até que ela se cumpra no Reino de Deus.

17 Então Jesus pegou o [j]cálice, deu graças e disse: Tomai-o e reparti-o entre vós.

18 Pois vos digo que não mais beberei do fruto da vide, até que venha o [k]Reino de Deus.

Instituição da ceia do Senhor (Mt 26.26-29; Mc 14.22-25; comp. Jo 13.12-30; 1Co 11.23-26)

19 **E** pegou o pão, deu graças, partiu-o e deu-lhes, dizendo: Isto é o meu [l]corpo, que por vós é dado; [m]fazei isto em memória de mim.

20 Semelhantemente pegou o cálice, depois da ceia, dizendo: Este é o cálice da [n]Nova Aliança no meu [o]sangue [p]derramado por vós.

Jesus prediz a traição
(Mt 26.21-25; Mc 14.18-21; Jo 13.18-30)

21 A mão do que me [q]trai, porém, está comigo à mesa.

22 Na verdade, o [r]Filho do homem vai [s]segundo o que [t]está determinado, mas ai daquele por intermédio de quem é traído!

23 Então começaram a perguntar entre si qual deles seria o que havia de fazer isto.

Outra discussão sobre quem seria o maior
(Mt 20.20-28; Mc 9.33-37; 10.35-45; Jo 13.1-17)

24 **H**ouve também entre eles uma forte discussão sobre qual deles parecia ser o [u]maior.

25 Disse-lhes Jesus: Os reis dos gentios dominam sobre eles, e os que exercem autoridade sobre eles são chamados benfeitores.

26 [v]Mas vós não sereis assim. Pelo contrário, o maior entre vós seja como o menor; e quem governa seja como quem serve.

27 Pois qual é maior, quem está à mesa ou quem serve? Não é quem está à mesa? Eu, porém, entre vós sou como aquele que [w]serve.

A recompensa dos apóstolos no futuro reino
(Mt 19.27-30; Mc 10.28-31; comp. Ap 3.21)

28 Vós sois os que tendes permanecido comigo nas minhas [x]tentações.

29 Assim como meu Pai me confiou um [y]Reino, eu o confio a vós,

30 para que comais e bebais à minha mesa no meu Reino e vos [z]assenteis sobre tronos para [a]julgar as doze [b]tribos de Israel.

Jesus prediz a negação de Pedro
(Mt 26.30-35; Mc 14.26-31; Jo 13.36-38)

31 **S**imão, Simão, [c]Satanás vos [d]pediu para vos peneirar como [2]trigo.

32 Mas eu [ee]roguei por ti, para que a tua fé não desfaleça. E tu, quando te converteres, [ff]fortalece teus irmãos.

33 Respondeu-lhe Pedro: Senhor, estou pronto a ir contigo para a prisão e para a morte.

34 Tornou Jesus: Digo-te, Pedro, que não cantará hoje o galo antes que três vezes [gg]negues que me conheces.

Advertência aos discípulos: o conflito futuro
(comp. Jo 14–16; contr. Mt 10.9-13)

35 **E**ntão Jesus lhes perguntou: [hh]Quando vos mandei sem bolsa, sacolas de viagem, ou sandálias, faltou-vos alguma coisa? Responderam eles: Nada.

36 Disse-lhes: Pois agora aquele que tiver bolsa, tome-a, como também a sacola de viagem; e o que não tem espada, venda a sua capa e compre uma.

37 Digo-vos que é necessário que se cumpra em mim o que está escrito: Com os [ii]malfeitores foi [jj]contado. Sim, o que está escrito de mim [3]será cumprido.

[e] Comp. Lc 2.7
[f] Lc 19.32
[g] Comp. Hb 9.11,12,26 com Hb 10.1-9
[h] Comp. 1Co 5.7
[i] v. 30; comp. Ap 19.9
[j] v. 20
[k] Veja Mt 6.33, nota
[l] 1Pe 2.24
[m] 1Co 11.23-26
[n] Aliança (Nova): v. 20; 1Co 11.25 (Is 61.8; Hb 8.8)
[o] 1Co 10.16
[p] Sacrifício (de Cristo): v. 19,20; Lc 23.33 (Gn 3.15; Hb 10.18, nota)
[q] Jo 13.21, 26,27
[r] Veja Mt 8.20, nota
[s] Jo 17.12; At 2.23
[t] Inspiração: v. 22,37; Lc 23.30 (Êx 4.15; 2Tm 3.16); Sl 41.9; 55.12-14

[u] v. 26; Lc 9.46-48
[v] 1Pe 5.3
[w] Lc 12.37; Fp 2.7; comp. 1Co 9.19
[x] Provar-Tentar: v. 28,31, 32,40; Lc 22.46 (Gn 3.1; Tg 1.14); comp. Hb 4.15
[y] Reino (NT): v. 29,30; Lc 23.42 (Mt 2.2; 1Co 15.24, nota); veja Mt 3.2, nota
[z] Mt 19.28; Ap 3.21
[a] Comp. 1Co 6.2
[b] Comp. Ap 7.4-8; 21.12
[c] Satanás: v. 31; Jo 8.44 (Gn 3.1; Ap 20.10)
[d] 1Pe 5.8
[ee] Orações da Bíblia (NT): v. 32,42; Lc 23.34 (Mt 6.9; Lc 11.2, nota)
[ff] Jo 21.15-17; 2Pe 1.10-15
[gg] Comp. Ap 3.8
[hh] Lc 9.3; 10.4; comp. 1Rs 17.2-6
[ii] Veja Rm 3.23, nota
[jj] Is 53.12; Mc 15.28. Imputação divina: veja Tg 2.23, nota

[1] (22.14) Ordem dos acontecimentos na noite da última ceia: veja Mt 26.20, *nota*.

[2] (22.31) Pedro era, por assim dizer, o trigo; sua autoconfiança, a palha. Comp. Jo 5.24; 10.28; Rm 6.1,2; 1Jo 1.8; 2.1.

[3] (22.37) Neste momento, Cristo enfaticamente aplica a si mesmo um trecho de Is 53. Portanto, negar que o cap. 53 de Isaías prediz o sofrimento de Cristo é contradizer a interpretação que o próprio Cristo faz dessa profecia. Outra autenticação do significado central de Is 53: veja At 8.32-35.

38 Disseram-lhe eles: Senhor, aqui estão duas espadas. Respondeu-lhes: Basta.

Agonia de Jesus no Getsêmani (Mt 26.36-46; Mc 14.32-42; comp. Hb 5.7,8)

39 **J**esus saiu e, como de costume, foi para o [k]monte das Oliveiras, e os seus discípulos o seguiram.

40 Quando chegou ao lugar, disse-lhes: Orai, para que não entreis [l]em tentação.

41 Afastou-se um pouco deles e, colocando-se de joelhos, orava,

42 dizendo: Pai, se queres, passa de mim este [m]cálice, todavia [n]não se faça a minha vontade, mas a tua.

43 Então lhe apareceu [o]um [p]anjo do céu, que o confortava.

44 Em agonia, orava mais intensamente. O seu suor tornou-se em grandes gotas de sangue, que caíam no chão.

45 Levantando-se da oração, foi ter com os discípulos e os achou dormindo, [1]dominados pela tristeza,

46 e disse-lhes: Por que estais [q]dormindo? Levantai-vos e [r]orai, para que não entreis em [s]tentação.

Jesus é traído por Judas (Mt 26.47-54; Mc 14.43-47; Jo 18.2-11)

47 **E**stando ele ainda a falar, surgiu uma [t]multidão, e um dos Doze, chamado [u]Judas, que vinha à frente dela, chegou-se a Jesus para o beijar.

48 Jesus, porém, lhe disse: Judas, com um [v]beijo trais o [w]Filho do homem?

49 Vendo os que estavam com ele o que ia acontecer, disseram-lhe: Senhor, lutaremos à espada?

50 Um deles feriu o servo do sumo sacerdote e cortou-lhe a orelha direita.

51 Mas Jesus disse: Deixai-os, basta! E tocando-lhe na orelha, o [x]curou.

52 Disse Jesus aos principais sacerdotes, oficiais da guarda do templo e líderes religiosos que tinham ido contra ele: Saístes, como a um [y]assaltante, com espadas e varas?

53 Eu estava todos os dias convosco no [z]templo, e não estendestes as mãos contra mim. Esta, porém, é a vossa [a]hora e do poder das trevas.

A prisão de Jesus; as três negações de Pedro (Mt 26.55-58,69-75; Mc 14.48-54, 66-72; Jo 18.15-18,25-27)

54 [2]**E**ntão, prendendo-o, o [b]levaram à casa do sumo sacerdote. Pedro seguia-o de [c]longe.

55 Quando acenderam fogo no meio do pátio e juntos se assentaram, Pedro assentou-se [d]entre eles.

56 Uma criada, vendo-o assentado ao fogo, fixou os olhos nele e disse: Este homem estava com ele.

57 Ele, porém, [e]negou, dizendo: Mulher, não o conheço.

58 Um pouco depois, vendo-o outro, disse: Tu és também deles. Pedro, porém, disse: Homem, não sou.

59 Passada quase uma hora, outro afirmava: Também este verdadeiramente estava com ele, pois é [f]galileu.

60 Pedro respondeu: Homem, não sei o que dizes. E logo, estando ele ainda a falar, o galo cantou.

61 Virando-se o Senhor, [g]olhou para Pedro, e Pedro [h]lembrou-se da palavra que o Senhor lhe havia dito: Hoje, [i]antes que o galo cante, três vezes me negarás.

62 Então Pedro saiu dali e [j]chorou amargamente.

Jesus é escarnecido e espancado (Mt 26.67,68; Mc 14.65; Jo 18.22,23)

63 [kk]**O**s homens que detinham a Jesus zombavam dele e [ll]batiam nele.

64 Cobrindo-lhe os olhos, [mm]batiam-lhe no rosto e lhe perguntavam: Profetiza, quem é que te feriu?

65 Outras muitas coisas diziam contra ele, blasfemando.

Jesus diante do Sinédrio (Mt 26.59-68; 27.1; Mc 14.55-65; 15.1; Jo 18.19-24)

66 Logo que amanheceu, [nn]ajuntaram-se os líderes religiosos do povo, os principais sacerdotes e os [oo]mestres da lei, e o levaram ao Sinédrio.

67 Perguntaram-lhe: [pp]És tu o Cristo? Dize-nos. Ele replicou: Se eu disser que sim, [qq]não o crereis.

68 E se vos perguntar, não me respondereis.

69 [rr]De agora em diante, porém, o Filho do homem se [ss]assentará à direita do Deus todo-poderoso.

70 Disseram todos: Logo és tu o Filho de Deus? Ele lhes respondeu: Vós dizeis que eu [tt]sou.

71 Então disseram: De que mais [uu]testemunho necessitamos? Nós mesmos o [vv]ouvimos da sua própria boca.

[k] Lc 21.37
[l] Lc 11.4
[m] Veja Mt 26.39, nota
[n] Jo 4.34; 5.30; 6.38; 8.29
[o] Mt 4.11
[p] Veja Hb 1.4, nota
[q] Lc 9.32
[r] 1Cr 16.11; Lc 18.1; Ef 6.18; 1Ts 5.17
[s] Provar-Tentar: v. 46; Jo 8.6 (Gn 3.1; Tg 1.14)
[t] Comp. Sl 3.6; 27.3
[u] At 1.16,17
[v] Pv 27.6; comp. Sl 2.12
[w] Veja Mt 8.20, nota
[x] Milagres (NT): v. 50,51; Jo 2.9 (Mt 8.3; At 28.8)
[y] Lc 23.32
[z] Lc 19.47,48
[a] Jo 12.27; comp. At 2.23
[b] Is 53.7,8; At 8.32; comp. Lc 4.1
[c] Comp. Mc 14.50; Jo 21.19
[d] Comp. Gn 12.11-16; 19.1-16; Sl 1.1; 2Co 6.17,18; Tg 4.4
[e] v. 58,60
[f] At 1.11; 2.7
[g] Comp. Sl 32.8; Is 66.2
[h] v. 34; comp. Ez 16.63; Ap 2.5
[i] Jo 13.38
[j] Comp. 2Co 7.10,11
[kk] Sl 69.1,4,7-9
[ll] Is 50.6
[mm] Zc 13.7
[nn] Sl 2.2; At 4.26
[oo] Veja Mt 2.4, nota
[pp] v. 70; Jo 10.24
[qq] Lc 20.5-7
[rr] Comp. At 7.55,56 com Ap 1.7
[ss] Sl 110.1; Hb 1.3; comp. Dn 7.13,14
[tt] Jo 10.30
[uu] Comp. Mc 14.55-59
[vv] Jo 19.7

[1] (22.45) Pedro dormia enquanto seu Mestre orava (v. 45) e resistia enquanto seu Mestre se submetia ao Pai (v. 49-51; comp. Jo 18.10). Pedro seguiu tudo de longe (v. 54), sentou-se entre os inimigos do seu Senhor (v. 55) e o negou; negou também a fé e os irmãos (v. 57,58,60).

[2] (22.54) Ordem dos acontecimentos após a prisão de Cristo: veja Mt 26.57, *nota*.

Jesus diante de Pilatos
(Mt 27.2,11-14; Mc 15.1-5; Jo 18.28-38)

23 Em seguida toda a [w]assembleia se levantou, e levaram Jesus a [x]Pilatos.

2 E começaram a [y]acusá-lo, dizendo: Encontramos este homem [z]pervertendo a nossa nação, [a]proibindo pagar tributo a César e dizendo ser o Cristo, o [b]Rei.

3 Então lhe perguntou Pilatos: És tu o Rei dos Judeus? Respondeu Jesus: [c]Tu o dizes.

4 Disse Pilatos aos principais sacerdotes e à multidão: [d]Não acho culpa alguma neste homem.

5 Mas eles insistiam cada vez mais, dizendo: [e]Alvoroça o povo em toda a Judeia, com o seu ensino. Começou na Galileia e agora chegou aqui.

Jesus é enviado a Herodes

6 [f]Ouvindo isso, Pilatos perguntou se o homem era galileu.

7 Ao saber que era do território de [g]Herodes, enviou-o a [h]Herodes, que naqueles dias também estava em Jerusalém.

8 Herodes, quando viu a Jesus, alegrou-se muito, porque havia muito [i]desejava vê-lo, por ter [j]ouvido dele muitas coisas. E esperava que o veria fazer algum sinal.

9 E interrogava-o com muitas palavras, mas ele [k]nada lhe respondia.

10 Estavam presentes os principais sacerdotes e os [l]mestres da lei, acusando-o com grande veemência.

11 Então Herodes, com os seus soldados, tratou-o com [m]desprezo e, zombando dele, vestiu-o de uma roupa nobre e tornou a enviá-lo a Pilatos.

12 No mesmo dia, Pilatos e Herodes entre si se [n]fizeram amigos; antes disso andavam em inimizade um com o outro.

Jesus outra vez diante de Pilatos, que procura soltá-lo (Mt 27.15-26; Mc 15.6-15; Jo 18.39–19.16)

13 [o]Convocando Pilatos os principais sacerdotes, os magistrados e o povo, disse-lhes:

14 Vós me trouxestes este homem como [p]perversor do povo. Examinando-o na vossa presença, [q]nenhuma culpa, das de que o [r]acusais, acho nele.

15 Nem mesmo Herodes, pois o mandou de volta para nós; como vedes, este homem nada [s]fez que mereça a pena de morte.

16 Portanto, eu o [t]castigarei e o soltarei.

17 [E era-lhe necessário soltar-lhes um preso por ocasião da festa.]

18 Toda a multidão começou a gritar: [u]Fora daqui com este! [v]Solta-nos Barrabás!

19 Barrabás fora lançado na prisão por causa de uma rebelião feita na cidade e de um homicídio.

20 Querendo soltar a Jesus, Pilatos falou outra vez com a multidão.

21 Mas eles clamavam mais ainda: [ww]Crucifica-o! Crucifica-o!

22 Pela terceira vez Pilatos lhes disse: Mas que crime cometeu este homem? [xx]Não acho nele nada que mereça a pena de morte. Portanto, eu o [yy]castigarei e o soltarei.

23 Eles, porém, insistiam com grandes gritos, pedindo que fosse crucificado, e os seus gritos prevaleceram.

24 Então Pilatos [zz]decidiu fazer o que eles pediam.

25 [aa]Soltou-lhes aquele que fora lançado na prisão por causa de rebelião e homicídio, que era o que pediam, e entregou Jesus à vontade deles.

A caminho do local da crucificação
(Mt 27.31,32; Mc 15.20,21; Jo 19.16,17)

26 Quando o iam levando, pegaram certo cireneu, chamado Simão, que vinha do campo, e puseram-lhe a cruz às costas, para que a levasse após Jesus.

27 Seguia-o grande multidão e também [bb]mulheres que choravam e o [cc]lamentavam.

28 Jesus, porém, voltando-se para elas, disse: Filhas de Jerusalém, não [dd]choreis por mim; chorai antes por vós mesmas e por vossos filhos.

29 Pois virão dias em que dirão: Bem-aventuradas as estéreis, os ventres que não geraram e os peitos que não amamentaram!

30 Então [ee]dirão aos montes: [ff]Caí sobre nós e às colinas: Cobri-nos.

31 Pois se ao [1]madeiro verde fazem isto, que se fará ao seco?

32 Levaram também outros dois homens, que eram [gg]criminosos, para serem mortos com ele.

Jesus é crucificado
(Mt 27.33-43; Mc 15.22-32; Jo 19.17-22)

33 [2][hh]Quando chegaram ao lugar chamado [ii]Caveira, ali [jj]crucificaram Jesus e com ele os dois criminosos, um à direita e outro à esquerda.

[w] Lc 22.47
[x] Lc 3.1; 13.1; comp. Jo 19.1-16
[y] v. 14; Lc 5.29; 6.7
[z] v. 14
[a] Comp. Mt 17.27; Lc 20.19-26
[b] Jo 19.12; comp. At 17.7
[c] 1Tm 6.13
[d] v. 14; Mt 27.19; comp. 2Co 5.21; 1Pe 2.22
[e] Comp. Lc 14.25-27; Jo 6.15
[f] Jo 7.41
[g] Herodes Antipas. Veja Mc 6.14, nota
[h] Lc 3.1
[i] Lc 9.9
[j] Mt 14.1; Mc 6.14
[k] Is 53.7; Jo 19.9
[l] Veja Mt 2.4, nota
[m] v. 36; Is 53.3
[n] At 4.26,27; comp. Sl 2.1-6
[o] Veja At 23.1, nota
[p] v. 2
[q] v. 4; comp. Dn 6.4
[r] v. 2
[s] Comp. Jr 26.16; At 23.29; 28.18

[t] Comp. At 5.40,41
[u] Comp. Mt 8.34; Mc 6.3; Lc 4.28,29; Jo 1.11; 5.43; 12.48
[v] At 3.13-15
[ww] Comp. Sl 69.20; Jo 7.7; 15.18,25
[xx] v. 4,14
[yy] v. 16
[zz] Comp. Dt 1.17
[aa] Is 53.8; comp. Pv 15.17
[bb] Comp. Lc 8.2,3
[cc] Comp. At 8.2
[dd] Comp. Lc 19.41
[ee] Inspiração: v. 30; Lc 24.25 (Êx 4.15; 2Tm 3.16)
[ff] Os 10.8; Ap 6.16,17; 9.6
[gg] v. 33,39; Is 53.12
[hh] Mt 27.33; Mc 15.22; Jo 19.17
[ii] Veja Mc 15.22, nota
[jj] Sacrifício (de Cristo): v. 33,46; Jo 1.29 (Gn 3.15; Hb 10.18, nota)

[1] (23.31) Este dito é provavelmente um provérbio em forma de argumento *a fortiori* (depois de um exame). Se os romanos condenaram à morte alguém que declararam inocente, como tratariam no futuro os considerados culpados?

[2] (23.33) Ordem dos acontecimentos na crucificação de Cristo: veja Mt 27.33, *nota*.

34 Jesus [k]disse: Pai, [l]perdoa-lhes, pois não sabem o que fazem. Repartindo as roupas dele, sortearam-nas.

35 O [1]povo estava olhando, e as autoridades zombavam dele, dizendo: Aos outros salvou, salve-se a si mesmo, se é o Cristo, o Escolhido de Deus.

36 Igualmente os soldados o ridicularizavam e, chegando-se a ele, ofereciam-lhe [m]vinagre,

37 dizendo: Se tu és o Rei dos Judeus, [n]salva-te a ti mesmo.

38 Também por cima dele estava uma inscrição, em letras gregas, romanas e hebraicas: ESTE É O REI DOS JUDEUS.

O ladrão arrependido (Mt 27.44; Mc 15.32)

39 [2]**Um** dos criminosos crucificados o insultava, dizendo: Se tu és o Cristo, salva-te a ti mesmo e a nós.

40 Mas o outro o repreendeu, dizendo: Tu nem ainda temes a Deus, estando na mesma condenação?

41 Nós, na verdade, com justiça, pois recebemos o que os nossos atos mereciam. Mas este [o]nenhum mal fez.

42 Então disse: Senhor, [p]lembra-te de mim quando entrares no teu [q]Reino.

43 Respondeu-lhe Jesus: [3]Em verdade te digo que hoje estarás comigo no [r]paraíso.

Trevas desde quase meio-dia até as três horas da tarde; Jesus entrega o seu espírito (Mt 27.45-56; Mc 15.33-41; Jo 19.28-30)

44 **Já** era quase meio-dia, e houve trevas em toda a terra [s]até as três horas da tarde,

45 pois o sol se escureceu. E o [t]véu do templo rasgou-se pelo meio.

46 Jesus clamou com grande voz: Pai, [u]nas tuas mãos entrego o meu espírito. Havendo dito isto, [v]expirou.

47 O centurião, vendo o que tinha acontecido, deu glória a Deus, e disse: Na verdade este homem era [w]justo.

48 Todas as multidões reunidas para presenciar isso, vendo o que havia acontecido, voltaram [x]lamentando-se.

49 Entretanto todos os seus conhecidos e as [y]mulheres que o haviam seguido desde a Galileia estavam de [z]longe observando essas coisas.

Jesus é sepultado (Mt 27.57-61; Mc 15.42-47; Jo 19.38-42)

50 **Ora**, havia um homem chamado José, membro do Sinédrio, homem bom e [a]justo,

51 que [b]não tinha concordado com a decisão e os atos dos outros. Ele era da cidade de Arimateia, na Judeia, e [c]esperava o [d]Reino de Deus.

52 Chegando ele a Pilatos, pediu-lhe o corpo de Jesus.

53 Então tirou o corpo do madeiro, envolveu-o num lençol e [e]colocou-o num sepulcro cavado numa rocha, [f]onde ninguém ainda havia sido sepultado.

54 Era o Dia da [g]Preparação, e ia começar o [h]sábado.

55 As mulheres que tinham vindo com ele da Galileia seguiram a José e viram o sepulcro, e como o corpo fora colocado ali.

56 Então voltaram e [i]prepararam especiarias e perfumes. E no sábado descansaram, [j]conforme o mandamento.

V. A ressurreição de Cristo, a comissão dada aos discípulos e a ascensão, 24.1-53.

A ressurreição e os acontecimentos daquele dia (Mt 28.1-15; Mc 16.1-11; Jo 20.1-18)

24 [4]**No** [kk]primeiro dia da semana bem cedo, elas foram ao sepulcro, [ll]levando as especiarias que tinham preparado.

2 Acharam a [mm]pedra removida do sepulcro,

3 mas, quando entraram, não [nn]encontraram o corpo do Senhor Jesus.

4 Estando elas perplexas a esse respeito, de repente pararam junto delas [oo]dois homens, com vestes brilhantes.

---

[1] (23.35) Jesus crucificado é a pedra de toque que revela o que o mundo é: "O povo estava olhando" com indiferença; os governantes, que queriam a religião sem um Cristo divino crucificado pelos pecados deles, zombavam (Mt 27.41); os malfeitores o injuriavam (v. 39); o pecador consciente de si mesmo orava (v. 42); os cobiçosos estavam assentados junto à cruz envolvidos em seu sórdido jogo de azar (Mt 27.35,36). A cruz é o julgamento deste mundo (Jo 12.31).

[2] (23.39) Quando os dois malfeitores foram colocados ao lado do Senhor, um não era melhor do que o outro. Marcos diz: "Os que com ele foram crucificados também o insultavam" (15.32). Somente a graça de Deus na cruz de Cristo pode transformar instantaneamente um pecador agressivo em alguém que confessa e mostra fé redentora. O ladrão arrependido começou a ver 1) a justiça de seu próprio castigo (v. 41); 2) que Cristo não tinha pecado (v. 41); 3) a divindade de Cristo (v. 42); 4) um Cristo vivo além da sepultura (v. 42) e 5) um reino além da cruz, do qual Jesus seria o Rei (v. 42).

[3] (23.43) Um malfeitor foi salvo, de modo que ninguém precisa se desesperar; mas foi apenas um, para que ninguém faça suposições.

[4] (24.1) Ordem dos acontecimentos na manhã da ressurreição: veja Mt 28.1, *nota*.

---

[k] Orações da Bíblia (NT): v. 34, 42,46; Jo 4.15 (Mt 6.9; Lc 11.2, nota)
[l] Perdão: v. 34; At 2.38 (Lv 4.20; Mt 26.28, nota); Is 53.12; Mt 5.44
[m] Sl 69.21
[n] v. 35
[o] 2Co 5.21; Hb 7.26; 1Pe 2.21-24
[p] Fé: v. 42,43; Jo 1.12 (Gn 3.20; Hb 11.39, nota)
[q] Reino (NT): v. 37, 38,42; Jo 1.49 (Mt 2.2; 1Co 15.24, nota); veja Mt 3.2, nota
[r] Ap 2.7; comp. 2Co 12.2,4; veja Lc 16.23, nota
[s] Em algumas versões, "até à hora nona". Veja Jo 19.14, nota
[t] Hb 9.3; 10.19,20
[u] Sl 31.5; 1Pe 2.23
[v] Veja Mt 27.50, nota
[w] Justiça (AT): v. 47; Lc 23.50 (Gn 6.9; Lc 2.25, nota)
[x] Comp. Zc 12.10; Ap 1.7
[y] Comp. Lc 8.1-3; 24.22
[z] Sl 38.11
[a] Justiça (AT): v. 50; At 10.22 (Gn 6.9; Lc 2.25, nota); veja Rm 10.10, nota
[b] Comp. Gn 37.21,22; 42.21,22; Pv 1.10; 1Tm 5.22
[c] Comp. Lc 2.25,38
[d] Veja Mt 6.33, nota
[e] Is 53.9
[f] Comp. Lc 19.30
[g] Mt 27.62
[h] Sábado (dia de repouso): v. 54,56; Jo 5.9 (Gn 2.3; Mt 12.1, nota)
[i] Mc 16.1
[j] Êx 20.10; veja Mt 12.1, nota
[kk] Veja At 20.7, nota
[ll] Lc 23.56; comp. Mt 26.12; Mc 14.8; Jo 12.7
[mm] Comp. Jo 11.38-41
[nn] v. 23
[oo] Comp. At 1.10

5 Elas ficaram tão atemorizadas que se curvaram com o rosto em terra, mas os homens lhes disseram: Por que buscais entre os [p]mortos quem está vivo?

6 Ele não está aqui, mas [q]ressuscitou. [r]Lembrai-vos do que vos disse, estando ainda na Galileia:

7 É necessário que o [s]Filho do homem seja [t]entregue nas mãos de homens [u]pecadores, seja crucificado e ao terceiro dia ressuscite.

8 Então se [v]lembraram das suas palavras.

9 Quando voltaram do sepulcro, contaram todas estas coisas aos Onze e aos outros.

10 Eram Maria Madalena, [w]Joana, [x]Maria, mãe de [y]Tiago, e as outras que com elas estavam, as que contaram estas coisas aos apóstolos.

11 Tais palavras lhes [z]pareciam loucura, e não acreditaram.

12 [a]Pedro, porém, levantando-se, correu ao sepulcro. E, abaixando-se, viu só os lençóis de linho e retirou-se para casa, maravilhado do que havia acontecido.

Jesus se revela a dois discípulos a caminho de Emaús (Mc 16.12,13)

13 [1]**N**esse mesmo dia iam dois deles para uma aldeia chamada Emaús, que era distante de Jerusalém sessenta [b]estádios.

14 Iam [c]falando entre si de tudo o que havia acontecido.

15 Indo eles falando entre si e fazendo perguntas um ao outro, o próprio [d]Jesus se aproximou e ia com eles.

16 Os olhos deles, porém, estavam como que fechados, e eles não o [e]reconheceram.

17 Então Jesus perguntou: [f]Que palavras são essas que, caminhando, trocais entre vós? Eles pararam entristecidos.

18 Um deles, cujo nome era Cleopas, perguntou-lhe: És tu o único peregrino em Jerusalém que não sabe das coisas que aconteceram lá nestes dias?

19 Perguntou ele: Quais? Responderam eles: As que dizem respeito a Jesus de Nazaré, que foi [2][g]profeta, poderoso em obras e palavras diante de Deus e de todo o povo,

20 e como os principais sacerdotes e as nossas autoridades o [h]entregaram para ser condenado à morte e o crucificaram.

21 Ora, nós esperávamos que fosse ele quem [i]redimisse a Israel. Mas agora, além de tudo isso, é já hoje o terceiro dia desde que essas coisas aconteceram.

22 É verdade que algumas [j]mulheres do nosso meio nos surpreenderam. Foram de madrugada ao sepulcro

23 mas não acharam o corpo dele. Voltaram, dizendo que tinham tido uma visão de [k]anjos que dizem estar ele vivo.

24 [l]Alguns dos que estavam conosco foram ao sepulcro e acharam ser assim como as mulheres haviam dito, mas a ele não viram.

25 Então Jesus lhes disse: Ó tolos e tardios de coração para crer em tudo o que os profetas [m]disseram!

26 [n]Não era necessário que o Cristo padecesse estas coisas e entrasse na sua [o]glória?

27 E [pp]começando por [qq]Moisés, e por todos os [rr]profetas, explicou-lhes o que dele [3][ss]se achava em todas as [tt]Escrituras.

28 **Q**uando se aproximaram da aldeia para onde iam, fez ele como quem ia para mais longe.

29 Eles, porém, [uu]insistiram, dizendo: [vv]Fica conosco, pois é tarde, e o dia já declina. Então Jesus entrou para ficar com eles.

30 Estando com eles à mesa, [ww]tomou o pão, abençoou-o, partiu-o e lhes deu.

31 Os [xx]olhos deles se abriram e o reconheceram, mas ele desapareceu de diante deles.

32 Disseram um para o outro: Não ardia em nós o nosso coração quando, pelo caminho, nos falava e quando nos abria as Escrituras?

Outras aparições do Senhor no dia da ressurreição (Mc 16.14; Jo 20.19-25. Veja também Jo 20.26–21.25)

33 Na mesma hora, levantando-se, voltaram para Jerusalém e encontraram reunidos os [yy]Onze e os que estavam com eles,

34 os quais diziam: Ressuscitou verdadeiramente o Senhor e já [zz]apareceu a Simão.

35 Então os dois contaram o que lhes acontecera no caminho e como tinham reconhecido o Senhor quando ele partiu o pão.

- [p] Veja Hb 9.27, nota
- [q] Ressurreição: v. 1-7; Lc 24.46 (2Rs 4.35; 1Co 15.52, nota)
- [r] Comp. v. 8
- [s] Veja Mt 8.20, nota
- [t] Lc 9.44; 18.31-33; comp. At 2.22-24
- [u] Veja Rm 3.23, nota
- [v] Lc 9.22,44; Jo 2.19-22
- [w] Lc 8.3
- [x] Veja Lc 1.27, nota
- [y] Veja Mt 4.21, nota
- [z] Comp. v. 25
- [a] v. 34
- [b] Veja pesos e medidas (NT): At 27.28, nota
- [c] Comp. Dt 6.7; Ml 3.16
- [d] Veja Jo 20.16, nota
- [e] Jo 20.14; 21.4
- [f] Comp. v. 14
- [g] Mt 21.11; Lc 9.19; Jo 3.2; 6.14
- [h] Lc 23.1; At 13.27,28

- [i] Comp. At 1.6; veja Rm 3.24, nota
- [j] v. 10; Lc 23.55
- [k] Veja Hb 1.4, nota
- [l] v. 12
- [m] Inspiração: v. 25,27; Lc 24.44 (Êx 4.15; 2Tm 3.16)
- [n] At 17.2,3; Hb 2.9,10
- [o] 1Pe 1.10-12
- [pp] Gn 3.15; 22.18; 26.4; 49.10; Nm 21.9; Dt 18.15
- [qq] Lei (de Moisés): v. 27; Lc 24.44 (Êx 19.1; Gl 3.24)
- [rr] Is 7.14; 40.10; 53.2-12; Jr 23.5; 33.14; Ez 34.23; 37.25; Dn 9.24-26; Ml 3.1; 4.2; Jo 1.45
- [ss] Sl 132.11; Jo 5.39; Rm 1.1-6
- [tt] Comp. At 8.31-35; 17.2,3
- [uu] Gn 19.2,3
- [vv] Jo 14.23
- [ww] Mc 8.6; Lc 9.16; comp. 1Co 11.23-32
- [xx] Comp. Sl 119.18; Jo 9.1-41; 1Jo 3.2
- [yy] Veja Mc 16.14, nota
- [zz] 1Co 15.5

[1] (24.13) Aparições de nosso Senhor após a ressurreição: veja Jo 20.16, *nota*.

[2] (24.19) Cristo possuía perfeitamente as credenciais de um verdadeiro profeta (veja Dt 13.4; 1Co 12.10, *notas*). Não só podia realizar milagres pelo poder que tinha, mas também sua mensagem estava em completa harmonia com a Palavra de Deus, uma vez que ele mesmo era a Palavra viva. Ele apresentou a verdade divina e predisse o programa profético de Deus. Cristo foi Profeta, Sacerdote (Zc 6.9-13) e Rei (Mt 2.2; Ap 19.11-16).

[3] (24.27) Cleopas e seu companheiro na estrada de Emaús tiveram o grandioso privilégio de ouvir a Palavra encarnada, o Cristo, o Senhor ressuscitado, explicando-lhes a Palavra escrita, as Sagradas Escrituras. Ao fazê-lo, o Senhor Jesus lhes deu uma importante chave para entender as Escrituras: que ele mesmo é o tema das Escrituras e que nele todo o Livro encontra unidade.

36 Falavam ainda estas coisas quando Jesus se apresentou no meio deles e disse: Paz seja convosco.

37 Eles, espantados e atemorizados, pensavam que viam um [a]espírito.

38 Ele, porém, lhes disse: Por que estais perturbados, e por que sobem tais pensamentos aos vossos corações?

39 Vede as minhas mãos e os meus pés. Sou eu mesmo! [b]Tocai em mim e vede; um [c]espírito não tem carne nem ossos, como vedes que eu tenho.

40 Dizendo isto, mostrou-lhes as mãos e os pés.

41 E, não acreditando eles ainda por causa da alegria e estando admirados, perguntou-lhes Jesus: Tendes aqui alguma coisa que comer?

42 Eles lhe serviram um pedaço de peixe assado [e um favo de mel],

43 e ele [d]comeu diante deles.

O evangelho deve ser pregado a todos (Mt 28.18-20; Mc 16.15-18; Jo 17.18; 20.21; At 1.8)

44 Jesus lhes disse: São estas as palavras que vos falei estando ainda convosco, que era necessário que se cumprisse tudo o que de mim [e]estava escrito na [f]Lei de Moisés, nos Profetas e nos [g]Salmos.

45 Então lhes abriu o entendimento para compreenderem as Escrituras

46 e disse: Eis o que está escrito: O Cristo morrerá e, ao terceiro dia, [h]ressuscitará dos mortos

47 e em seu nome se [i]pregará o [j]arrependimento e a remissão dos pecados, em todas as nações, começando por Jerusalém.

48 Vós sois testemunhas destas coisas.

A ascensão (Mc 16.19,20; At 1.9-11)

49 Envio sobre vós a [k]promessa de meu Pai; mas ficai na cidade, até que do alto sejais revestidos de poder.

50 Então Jesus os levou para Betânia e, levantando as mãos, os abençoou.

51 [1]Abençoando-os ele, deixou-os e foi [l]elevado ao céu.

52 Então eles o adoraram e voltaram com grande júbilo para Jerusalém.

53 E estavam sempre no templo, louvando e bendizendo a Deus.

[a] Mc 6.49
[b] Jo 20.27; 1Jo 1.1
[c] 1Co 15.50
[d] At 10.39-41
[e] Inspiração: v. 44-47; Jo 1.45 (Êx 4.15; 2Tm 3.16)
[f] Lei (de Moisés): v. 44; Jo 1.17 (Êx 19.1; Gl 3.24)
[g] Veja Sl 118.29, nota
[h] Ressurreição: v. 46; Jo 2.22 (2Rs 4.35; 1Co 15.52, nota)
[i] Evangelho: v. 47; Jo 3.16 (Gn 12.3; Ap 14.6)
[j] Arrependimento: v. 47; At 2.38 (Mt 3.2; At 17.30, nota)
[k] Espírito Santo (NT): v. 49; Jo 1.32 (Mt 1.18; At 2.4, nota)
[l] At 1.9-11; veja 2Co 12.2, notas

[1] (24.51) A atitude de nosso Senhor aqui caracteriza a relação que ele tem com seu povo na Dispensação da Igreja. É uma atitude de plena graça; o Senhor que ascende ao céu está abençoando um povo crente, e suas bênçãos são espirituais.

- **Autor:** João
- **Tema:** Cristo em sua divindade
- Escrito entre 85 e 90 d.C., aprox.

JOÃO

JOÃO, autor deste Evangelho, era filho de Zebedeu e um dos Doze. Com Tiago, seu irmão, e com Pedro, pertenceu ao grupo mais íntimo de discípulos, um grupo que esteve próximo de Cristo em ocasiões tais como a transfiguração e a agonia no Getsêmani. Foi a João que, na cruz, nosso Senhor encomendou o cuidado de sua mãe. João aparece com Pedro na primeira parte de Atos, e Paulo o menciona como uma das três "colunas" da Igreja (Gl 2.9). Também escreveu as epístolas que levam seu nome e o livro de Apocalipse.

O propósito de João no quarto Evangelho foi, como ele mesmo declara, "para que creiais que Jesus é o Cristo, o filho de Deus, e para que, crendo, tenhais vida em seu nome" (20.31). Portanto, ele apresenta Cristo como o Filho de Deus (1.34,49 etc.), a quem Deus enviou (3.2; 6.46 etc.) e que sempre transmitiu a mensagem que Deus lhe deu (3.34; 7.16,17 etc.). De acordo com o propósito de seu Evangelho, as palavras "crer" e "vida" e os títulos "Filho" e "Filho de Deus" são usados muito mais vezes do que nos Evangelhos sinópticos. Outras palavras características de João são: "verdadeiro", "verdade", "amor", "testemunho" e "mundo" (gr. kosmos). Somente em João encontramos as grandes declarações "Eu sou" de Cristo (6.35; 8.12; 10.7,11; 11.25; 14.6), que são precedidas pela solene afirmação: "Em verdade, em verdade vos digo" (1.51; 5.19,24,25; 10.7 etc.). Além disso, apenas ele fala da grande controvérsia entre Cristo e seus inimigos (cap. 7–12).

O Evangelho de João pode ser dividido da seguinte maneira: I. Prólogo: O Verbo eterno encarnado no Filho de Deus, 1.1-14. II. O testemunho de João, o Batista, sobre o Filho de Deus, 1.15-34. III. O Filho de Deus manifesta seu poder no ministério público, 1.35–12.50. IV. O ministério privado do Filho de Deus, 13–17. V. O sacrifício do Filho de Deus, 18–19. VI. A manifestação do Filho de Deus na ressurreição, 20. VII. Epílogo: O Filho de Deus ressuscitado, Senhor da vida e do serviço, 21.

I. Prólogo: O Verbo eterno encarnado no Filho de Deus, 1.1-14

A divindade de Jesus Cristo (comp. Jo 10.30; Hb 1.5-13)

1 No [a]princípio era o [1]Verbo, e o [b]Verbo estava [c]com Deus, e o Verbo era [d]Deus.
2 Ele estava no princípio com Deus.

A obra do Filho de Deus antes da encarnação (comp. Cl 1.16,17; Hb 1.2)

3 [e]Todas as coisas foram feitas por meio dele; e sem ele nada do que foi feito se fez.
4 Nele estava a [f]vida, e a vida era a [g]luz dos homens.
5 A luz resplandece nas [h]trevas, e as trevas não prevaleceram sobre ela.

Testemunho de João Batista (veja também v. 15-34)

6 [i]**H**ouve um [j]homem enviado de Deus cujo nome era João.
7 Este veio como [k]testemunha para testificar a respeito da luz, a fim de que todos [l]cressem por meio dele.
8 Ele não era a [m]luz, mas veio para testificar da luz.

Jesus Cristo, a verdadeira luz: rejeitada e recebida (Jo 3.17-21; 8.12; 9.5; 12.46)

9 A luz verdadeira que ilumina a todos os homens estava vindo ao [n]mundo.
10 Estava no mundo, o mundo foi feito por meio dele, mas o mundo [o]não o conheceu.
11 Veio para o que era seu, mas os seus não o receberam.
12 No entanto, a todos os que o receberam, àqueles que [p]creem no seu nome, deu-lhes o [q]poder de serem feitos [r]filhos de Deus;
13 filhos nascidos não do sangue, nem da vontade da carne, nem da vontade do homem, mas de Deus.

A encarnação do Verbo (Jo 14.9; comp. Mt 1.18-23; Lc 1.30-35; 2.11; 1 Tm 3.16)

14 O [s]Verbo se [t]fez [u]carne e habitou entre nós. [v]Vimos a sua glória, a glória como do unigênito do Pai, cheio de [w]graça e de [x]verdade.

[a] 1Jo 1.1
[b] Ap 19.13
[c] Jo 17.5
[d] 1Jo 5.20
[e] Ef 3.9; Cl 1.16,17; comp. Gn 1.1–2.23
[f] Vida (eterna): v. 4; Jo 3.15 (Mt 7.14; Ap 22.19); Jo 4.14; 17.3; 1Jo 5.12
[g] Comp. Sl 36.9
[h] Comp. Jo 3.19
[i] Comp. Jo 1.15-36
[j] Ml 3.1; Mt 3.1-17; Mc 1.1-11; Lc 3.1-22
[k] Jo 3.25-36; 5.33-35
[l] Jo 3.16
[m] Is 9.2; 49.6
[n] Gr. *kosmos*. Veja Mt 4.8, nota
[o] At 13.27; comp. 1Co 2.8
[p] Fé: v. 12; Jo 1.49 (Gn 3.20; Hb 11.39, nota)
[q] Autoridade
[r] Comp. 1Jo 5.1,2
[s] v. 1; Ap 19.13
[t] 1Tm 3.16
[u] Cristo (primeira vinda): v. 14; Jo 3.13 (Gn 3.15; At 1.11)
[v] 2Pe 1.16-18
[w] Graça: v. 14,16, 17; At 4.33 (Jo 1.14; 1.17; nota)
[x] Jo 14.6; 18.37; comp. Ef 4.21

[1] (1.1) Gr. *Logos* (aram. *Memra*, uma designação de Deus nos targuns, i.e., as traduções aramaicas do AT). A palavra grega significa: 1) *um pensamento* ou *conceito* e 2) *a expressão* ou *declaração desse pensamento*. Portanto, como designação de Cristo, *Logos* é particularmente apropriado porque 1) nele estão encarnados todos os tesouros da divina sabedoria, a onisciência de Deus (1Co 1.24; Ef 3.10,11; Cl 2.2,3), e 2) ele é, desde a eternidade, mas especialmente em sua encarnação, a expressão da Pessoa e do pensamento da Divindade (Jo 1.3-5,9,14-18; 14.9-11; Cl 2.9). A divindade é expressa na essência, na Pessoa e na obra de Cristo.

II. O testemunho de João, o Batista, sobre o Filho de Deus, 1.15-34

O testemunho de João (Mt 3.1-17; Mc 1.1-11; Lc 3.1-22)

15 **J**oão [y]testifica a respeito dele e afirma: Este
é aquele de quem eu disse: O que vem depois
de mim tem a primazia porque foi primeiro do
que eu.
16 Da sua plenitude todos nós recebemos
graça sobre graça.
17 Pois a [z]Lei foi dada por intermédio de
Moisés; a [1]graça e a verdade vieram por meio
de Jesus Cristo.
18 Ninguém nunca [2]viu a Deus, mas o Deus
unigênito, que está ao lado do Pai, é quem
o [a]revelou.
19 **E**ste foi o testemunho de João, quando os
judeus mandaram de Jerusalém sacerdotes e
levitas para lhe perguntarem: Quem és tu?
20 Ele confessou e não negou; confessou:
Eu não sou o Cristo.
21 Perguntaram-lhe: Então quem és? [b]És
tu Elias? Ele disse: Não sou. És tu o [c]profeta?
Respondeu: Não.
22 Finalmente, lhe disseram: Quem és?
Dá-nos uma resposta para que levemos àque-
les que nos enviaram. Que dizes de ti mesmo?
23 João respondeu com as palavras do pro-
feta Isaías: Eu sou a voz do que clama no
deserto: [d]Endireitai o caminho do Senhor.
24 **O**ra, alguns dos fariseus que tinham sido
enviados
25 perguntaram-lhe: Então por que [e]batizas
se não és o Cristo, nem Elias, nem o profeta?
26 João respondeu: Eu batizo com água,
mas no meio de vós está alguém que
[f]não conheceis.
27 Este é aquele que [g]vem após mim, do
qual eu não sou digno de [h]desatar as correias
das sandálias.
28 Estas coisas aconteceram em Betânia,
do outro lado do Jordão, onde João estava
batizando.
29 **N**o dia seguinte, João viu Jesus aproxi-
mando-se e disse: Eis o [i]Cordeiro de Deus que
[j]tira o [k]pecado do [l]mundo!
30 Este é aquele do qual eu disse: Após mim
vem um homem que é superior, porque era
primeiro do que eu.
31 Eu mesmo não o conhecia, mas, para que
ele [m]fosse manifestado a Israel, vim, por isso,
[n]batizando com água.
32 **E**ntão João testificou, dizendo: Eu vi o
[o]Espírito descer do céu como pomba e [p]per-
manecer sobre ele.
33 Eu não o conhecia, mas, o que me man-
dou batizar com água me disse: Aquele sobre
quem vires descer e permanecer o Espírito,
esse é o que batiza com o Espírito Santo.
34 Eu vi e testifico que este é o [q]Filho de Deus.

III. O Filho de Deus manifesta seu poder no ministério público, 1.35–12.50

Os primeiros convertidos a Jesus

35 **N**o dia seguinte, João estava outra vez ali,
na companhia de [r]dois dos seus discípulos.
36 Quando ele viu Jesus passar, disse: Eis o
[s]Cordeiro de Deus.

[y] Ml 3.1
[z] Lei (de Moisés): v. 17; Jo 1.45 (Êx 19.1; Gl 3.24)
[a] Comp. Jo 14.9
[b] Veja Mt 17.10, nota
[c] Dt 18.15; Jo 6.14; 7.40
[d] Is 40.3
[e] Veja At 8.12, nota

[f] Jo 4.10; 8.19; 9.30; At 13.27
[g] Jo 3.31; Cl 1.17,18; comp. Hb 1.4; 3.3
[h] At 13.25
[i] Sacrifício (de Cristo): v. 29; Jo 1.36 (Gn 3.15; Hb 10.18, nota); Is 53.7; Mt 1.21; 1Co 5.7; 1Pe 1.18,19
[j] Ou leva. Gl 1.4; Ef 5.2; Tt 2.14; Hb 9.26; 1Pe 2.24; 1Jo 3.5; Ap 1.5
[k] Veja Rm 3.23, nota
[l] Gr. *kosmos*. Veja Mt 4.8, nota
[m] Israel (profecias): v. 31; At 2.30 (Gn 12.2; Rm 11.26); comp. Lc 2.26,38
[n] Veja At 8.12, nota
[o] Espírito Santo (NT): v. 32,33; Jo 3.5 (Mt 1.18; At 2.4, nota)
[p] Is 11.2; 42.1; 61.1; At 10.38
[q] Jo 11.27
[r] Veja Jo 1.40; comp. Mt 4.18, nota
[s] Sacrifício (de Cristo): v. 36; Jo 3.14 (Gn 3.15; Hb 10.18, nota)

---

[1] (1.17) Graça. Resumo: 1) Graça é "a bondade de Deus, nosso Salvador, e o seu amor para com os homens, não por obras de justiça que houvéssemos feito [...] [fomos] justificados por sua graça" (Tt 3.4,5,7). Portanto, como um princípio, a graça está em contraste com a Lei (Rm 11.6), sob a qual Deus exige justiça dos homens, enquanto, sob a graça, ele confere justiça aos homens (Rm 3.21-24; 8.3,4; Gl 2.16; Fp 3.9). A Lei está relacionada com Moisés e com as obras; a graça, com Cristo e com a fé (Jo 1.17; Rm 10.4-10). Sob a Lei, há bênçãos quando há obediência (Dt 28.1-6); sob a graça, a bênção é um presente (Rm 4.3-5; Ef 2.8).

2) Em sua plenitude, a graça começou com o ministério de Cristo, incluindo sua morte e ressurreição, pois ele veio para morrer pelos pecadores (Jo 1.17; Mt 11.28-30; 16.21; 20.28; Rm 3.24-26; 4.24,25). Sob a antiga dispensação, ficou demonstrado que a Lei não foi capaz de assegurar justiça e vida a uma raça pecadora (Gl 3.21,22). Antes da cruz, a salvação do homem era por fé (Gn 15.6; Rm 4.3), e o fundamento era o sacrifício expiatório de Cristo, que Deus contemplava por antecipação (Rm 3.25; veja Gn 1.28, título, *nota*, par. 3); agora, está claramente revelado que a salvação e a justificação são recebidas pela fé no Salvador crucificado e ressurreto (Jo 1.12,13; 5.24; 1Jo 5.11-13), com a consequente santidade de vida e boas obras como fruto da salvação (Jo 15.16; Rm 8.2-4; Ef 2.8-10; Tt 2.11-14).

3) Havia graça antes de Cristo vir, como está demonstrado pela provisão de sacrifício para os pecadores (Êx 20.24-26; Lv 5.17,18; 17.11). A diferença entre a era anterior e a presente não é uma questão de *ausência* de graça nem de *um pouco* de graça, mas é de que, hoje, a graça reina (Rm 5.21), no sentido de que o único Ser que tem o direito de julgar os pecadores (Jo 5.22) agora está assentado no trono da graça (Hb 4.14-16), não imputando ao mundo as transgressões que este comete (2Co 5.19).

[2] (1.18) Comp. Gn 32.30; Êx 24.10; 33.18; Jz 6.22; 13.22; Ap 22.4. Nenhum homem viu Deus em seu Ser ou essência espiritual. Mas os homens viram Deus em suas aparições no AT (veja Gn 12.7, *nota 3*) e especialmente em Jesus Cristo encarnado (Jo 14.8,9; 1Jo 1.1,2).

37 Os dois discípulos ouviram-no dizer isso e [t]seguiram Jesus.
38 Jesus, voltando-se e vendo que eles o seguiam, perguntou: Que [u]buscais? Eles disseram: Rabi (que quer dizer Mestre), onde moras?
39 Respondeu-lhes: [1]Vinde e vede. Eles foram e viram onde [v]morava e [w]ficaram com ele aquele dia. Era quase a hora [x]décima.
40 Era [y]André, irmão de Simão Pedro, um dos dois que tinham ouvido o que João dissera e o havia seguido.
41 A primeira coisa que André fez foi achar seu irmão Simão e dizer-lhe: Achamos o [z]Messias (que quer dizer Cristo).
42 E levou-o a Jesus. Olhando Jesus para ele, disse: Tu és Simão, filho de Jonas. Tu serás chamado [2][a]Cefas (que quer dizer [3]Pedro).
43 **N**o dia seguinte, Jesus resolveu ir para a Galileia. [b]Encontrando [c]Filipe, disse-lhe: Segue-me.
44 Filipe era de Betsaida, cidade de André e de Pedro.
45 Filipe encontrou Natanael e disse-lhe: Achamos aquele de quem Moisés [d]escreveu na [e]Lei, e a quem se referiram os profetas: Jesus de Nazaré, [f]filho de José.
46 Perguntou Natanael: Pode vir alguma coisa boa de [g]Nazaré? Respondeu Filipe: Vem e vê.
47 Quando Jesus viu Natanael se aproximar, disse a seu respeito: Aqui está um verdadeiro israelita, em quem não há nada [h]falso.
48 Perguntou-lhe Natanael: De onde me conheces? Respondeu Jesus: Antes que Filipe te chamasse, te vi quando estavas debaixo da figueira.
49 Então Natanael declarou: Rabi, [i]tu és o Filho de Deus, tu és o [j]Rei de Israel!
50 Disse Jesus: Porque te disse que te vi debaixo da figueira, crês? Coisas maiores do que esta verás.
51 Então acrescentou: [k]Na verdade, na verdade vos digo que vereis o céu aberto e os [l]anjos de Deus subindo e descendo sobre o [m]Filho do homem.

O primeiro milagre: em Caná

2 No terceiro dia, houve um [n]casamento em Caná da Galileia. A [o]mãe de Jesus estava ali;
2 Jesus e seus discípulos também haviam sido convidados para o casamento.
3 Tendo acabado o vinho, a mãe de Jesus lhe disse: Não têm mais vinho.
4 Respondeu-lhe Jesus: [4][p]Mulher, que tenho eu contigo? Ainda não chegou a minha hora.
5 A sua mãe disse aos serventes: Fazei tudo o que ele vos disser.
6 Estavam ali seis talhas de pedra que os judeus usavam para as [q]purificações, e cada uma levava duas ou três [r]metretas.
7 Disse-lhes Jesus: Enchei de água essas talhas. E encheram-nas até a borda.
8 Então lhes disse: Tirai agora, e levai ao mestre-sala. Eles assim fizeram.
9 Logo que o mestre-sala provou a água [s]transformada em vinho, não sabendo de onde viera, se bem que sabiam os serventes que tinham tirado a água, chamou o noivo
10 e disse: Todos põem primeiro o vinho bom e, quando já beberam fartamente, então o inferior; mas tu guardaste até agora o bom vinho.
11 Este, o [tt]primeiro dos seus sinais miraculosos, Jesus realizou em Caná da Galileia. Assim revelou a sua [uu]glória, e seus discípulos [vv]creram nele.
12 **D**epois disso, desceu para [ww]Cafarnaum, com sua [xx]mãe, seus [yy]irmãos e seus discípulos. E ficaram ali não muitos dias.

A primeira Páscoa
(comp. Jo 6.4; 11.55)

A primeira purificação do templo
(comp. purificação posterior, Mt 21.12,13; Mc 11.15-17; Lc 19.45,46)

13 **E**stando próxima a [zz]Páscoa dos judeus, Jesus subiu para Jerusalém.
14 [aa]Achou no [bb]templo os que vendiam [cc]bois, ovelhas e pombas, e os cambistas assentados.
15 Tendo feito um chicote de cordas, [dd]lançou todos para [ee]fora do templo, bem como os bois e as ovelhas; espalhou o dinheiro dos cambistas, derrubou as mesas
16 e disse aos que vendiam pombas: Tirai daqui estas coisas! Como ousais transformar a casa de meu Pai em mercado!
17 Seus discípulos lembraram-se de que [ff]está escrito: O [gg]zelo da tua casa me consumirá.

[1] (1.39) Este chamado foi para o discipulado, em contraste com o chamado para um serviço especial, como encontramos em Mt 4.18-22.
[2] (1.42) Da palavra *pedra* em aramaico.
[3] (1.42) Da palavra *pedra* em grego.
[4] (2.4) A observação foi feita para Maria, sua mãe, manter-se em seu lugar, deixando que ele se revelasse publicamente na hora apropriada.

[t] Mt 4.20,22; comp. Jo 10.27; 12.26
[u] Comp. Mc 1.37; Lc 4.42; 19.3; Jo 6.24; 12.21
[v] Comp. Lc 9.58
[w] Comp. Ap 3.20
[x] 4 da tarde. Veja Jo 19.14, nota
[y] Mt 4.18; Mc 1.29; 13.3; Jo 6.8; 12.22
[z] O Ungido. Dn 9.25; Jo 4.25
[a] Veja Mt 16.18, nota 1
[b] Comp. Mt 18.12; Lc 19.10; Jo 5.14; 9.35
[c] Mt 10.3; Jo 6.5; 12.21,22; 14.8,9
[d] Inspiração: v. 45; Jo 2.17 (Êx 4.15; 2Tm 3.16); Dt 18.15
[e] Lei (de Moisés): v. 45; Jo 7.19 (Êx 19.1; Gl 3.24); Lc 24.27
[f] Lc 3.23
[g] Comp. Lc 4.16-30; Jo 7.41,52
[h] Sl 32.2; comp. Rm 2.28,29
[i] Fé: v. 49,50; Jo 2.11 (Gn 3.20; Hb 11.39, nota)
[j] Reino (NT): v. 49-51; Jo 12.13 (Mt 2.2; 1Co 15.24, nota)
[k] Veja Jo 5.19; marg.
[l] Veja Hb 1.4, nota
[m] Veja Mt 8.20, nota
[n] Hb 13.4
[o] Jo 19.25
[p] Comp. Jo 19.26; 20.13
[q] Mt 15.2; Mc 7.3; Lc 11.39
[r] Veja pesos e medidas (NT): At 27.28, nota
[s] Milagres (NT): 2.1-11,23; 3.2; Jo 4.46 (Mt 8.3; At 28.8)
[tt] Jo 4.54
[uu] Jo 1.14
[vv] Fé: v. 11,23; Jo 4.39 (Gn 3.20; Hb 11.39, nota)
[ww] Mt 4.13; Jo 4.46
[xx] Veja Lc 1.27, nota
[yy] Mt 12.46; 13.55
[zz] Comp. Jo 6.4; 11.55; 18.28; veja Êx 12.11, nota
[aa] Comp. 2Cr 36.14; Jr 7.30; Ez 44.7,8; Sf 3.4
[bb] Ml 3.1
[cc] Comp. Lv 17.3,4
[dd] Comp. Jr 10.10; Na 1.6
[ee] Comp. Lv 19.30; Ec 5.1
[ff] Inspiração: v. 17; Jo 3.14 (Êx 4.15; 2Tm 3.16)
[gg] Sl 69.9

18 Então os judeus perguntaram: Que [h]sinal miraculoso nos mostras para provar que tens autoridade para fazer isso?

19 Respondeu-lhes Jesus: [i]Destruirei este templo e em três dias o levantarei de novo.

20 Disseram os judeus: Em quarenta e seis anos foi edificado este templo, e tu o levantarás em três dias?

21 Ele, porém, falava do [j]templo do seu corpo.

22 Quando Jesus [k]ressuscitou dos mortos, os seus discípulos [l]lembraram-se do que ele dissera. Então creram na Escritura e nas palavras que Jesus tinha dito.

23 Estando ele em Jerusalém, durante a festa da [m]Páscoa, muitos viram os sinais miraculosos que fazia e creram no seu nome.

24 Jesus, porém, não confiava neles, pois a todos conhecia.

25 Ele não necessitava de que alguém lhe testificasse a respeito do homem, pois ele [n]sabia o que havia no homem.

Jesus e Nicodemos: o novo nascimento

3 **Havia** entre os [o]fariseus um homem chamado [p]Nicodemos, um dos principais dos judeus.

2 Este foi de noite se encontrar com Jesus e disse: Mestre, sabemos que ensinas da parte de Deus. Pois ninguém poderia [q]fazer estes sinais miraculosos que tu fazes se [r]Deus não fosse com ele.

3 Jesus respondeu: Em verdade, em verdade te digo que [s]quem não [1]nascer [t]de novo não pode ver o [u]Reino de Deus.

4 Perguntou-lhe Nicodemos: Como pode um homem nascer, sendo velho? Poderá voltar ao ventre da sua mãe e tornar a nascer?

5 Jesus respondeu: Em verdade, em verdade te digo que aquele que não [v]nascer da [w]água e do [x]Espírito não pode entrar no [y]Reino de Deus.

6 O que é nascido da carne é [z]carne, mas o que é nascido do [2]Espírito é espírito.

7 Não te maravilhes de eu te dizer: Necessário vos é nascer de novo.

8 O vento sopra onde quer, e ouves a sua voz, mas não sabes de onde vem, nem para onde vai. Assim é todo aquele que é nascido do Espírito.

9 Nicodemos perguntou: Como pode ser isso?

10 Jesus respondeu: Tu és mestre em Israel e não compreendes essas coisas?

11 Em verdade, em verdade te digo que nós dizemos o que [a]sabemos e testificamos do que vimos; contudo, não aceitais o nosso testemunho.

12 Se vos falei de coisas [b]terrestres, e não crestes, como crereis, se vos falar das [c]celestiais?

13 Ninguém [d]subiu ao céu, senão o que [e]desceu do céu — o [f]Filho do homem [que está no céu].

14 Assim [g]como Moisés [hh]levantou a serpente no deserto, da mesma forma importa que o Filho do homem seja levantado,

15 para que todo aquele que nele [ii]crê tenha a [jj]vida eterna.

16 [kk]**Porque Deus** [ll]amou o [mm]mundo de tal maneira que deu o seu [nn]Filho unigênito, para que todo aquele que nele [3]crê não [4]pereça, mas [oo]tenha a vida eterna.

---

[1] (3.3) Regeneração: 1) A necessidade do novo nascimento surge da incapacidade que o homem natural tem de "ver" o Reino de Deus ou "entrar" nele. Não importando os dons que possua, sua moral ou quão refinado seja, o homem natural é absolutamente cego à verdade espiritual e não pode entrar no Reino, pois não pode obedecer, nem entender, nem agradar a Deus (v. 3,5,6; comp. Sl 51.5; Jr 17.9; Mc 7.21-23; 1Co 2.14; Rm 8.7,8; Ef 2.3. Veja Mt 6.33, *nota*). 2) O novo nascimento não é uma reforma da velha natureza (Rm 6.6, *nota*), mas um ato criador do Espírito Santo (Jo 3.5; comp. 1.12,13; 2Co 5.17; Ef 2.10; 4.24). 3) A condição para o novo nascimento é fé no Cristo crucificado (Jo 3.14,15; comp. 1.12,13; Gl 3.24). 4) Por meio do novo nascimento, o crente se torna membro da família de Deus (Gl 3.26; 1Pe 1.23) e participante da natureza divina, a vida do próprio Cristo (Gl 2.20; Ef 2.10; 4.24; Cl 1.27; 2Pe 1.4; 1Jo 5.10-12). 5) Em vista de Ez 36.24-26, Nicodemos deveria saber sobre o novo nascimento. Observe a correspondência entre "água pura", "espírito novo" e "coração novo" da passagem de Ezequiel e "água", "Espírito" e novo nascimento ("nascer de novo") de Jo 3.3-8.

[2] (3.6,8) A mesma palavra grega significa tanto *vento* como *espírito*.

[3] (3.16) No NT, crer é mais do que mero assentimento intelectual em relação a um fato. A palavra fé (gr. *pistis*, substantivo; *pisteuõ*, verbo) significa *adesão a*, *compromisso com*, *fé em*, *segurança em*, *confiança em* uma pessoa ou um objeto, e isto inclui não apenas o consentimento da mente, mas, mais do que isso, um ato do coração e da vontade da pessoa. "Todo aquele que nele crê" equivale a "todo aquele que confia ou se entrega a ele [Cristo]". Crer, então, é sinônimo de ter fé, que, no NT, é crer e receber o que Deus revelou. Veja Fé, Hb 11.39, *nota*.

[4] (3.16) Gr. *apollumi*, traduzido por *destruir* (Mt 22.7; Lc 6.9), *matar* (Mt 2.13; Mc 3.6; 9.22; 11.18; Mt 27.20), *pereçamos* (Mc 4.38), *perdidas* (Mt 10.6; 15.24), *perdido* (Mt 18.11; Lc 15.32; 19.10). Quando o NT usa o verbo *apollumi* num sentido teológico, não num sentido estritamente narrativo, nunca significa a mera cessação da existência consciente ou do estado consciente, mas indica o estado de sofrimento consciente que continuará eternamente, que é o resultado inevitável do pecado. Comp. Lc 19.10; Jo 10.28; 17.12; Rm 2.12; 1Co 1.18; 2Co 2.15; 4.3; 2Ts 2.10. Veja 1Co 5.5, *nota*.

---

[h] Jo 6.30; comp. Mt 12.38
[i] Mt 26.61; 27.40
[j] Comp. 1Co 6.19
[k] Ressurreição: v. 22; Jo 5.21 (2Rs 4.35; 1Co 15.52, nota)
[l] Jo 12.16; comp. Jo 14.26
[m] Jo 5.36; At 2.22
[n] Mt 9.4; Jo 16.30; Ap 2.23
[o] Veja Mt 3.7, nota
[p] Jo 7.50,51; 19.39
[q] Jo 2.23
[r] At 10.38
[s] Jo 1.13; Gl 6.15; Ef 2.10; Tt 3.5; Tg 1.18; 1Pe 1.23; veja Ef 4.24, nota
[t] De cima, v. 5,7
[u] Veja Mt 6.33, nota
[v] Veja v. 3, nota
[w] Comp. Ez 36.25-27; Jo 4.14; Ef 5.26; Tt 3.5,6
[x] Espírito Santo (NT): v. 5,6,8; Jo 3.34 (Mt 1.18; At 2.4, nota)
[y] Veja Mt 6.33, nota
[z] 1Co 15.50; veja Jd 23, nota
[a] v. 32; Jo 8.14
[b] Comp. Fp 3.19
[c] Comp. 1Co 2.14
[d] Comp. Pv 30.4
[e] Cristo (primeira vinda): v. 13; Jo 3.31 (Gn 3.15; At 1.11)
[f] Veja Mt 8.20, nota
[g] Inspiração: v. 14; Jo 4.37 (Êx 4.15; 2Tm 3.16); Nm 21.9
[hh] Sacrifício (de Cristo): v. 14,16; Jo 6.33 (Gn 3.15; Hb 10.18, nota)
[ii] Jo 6.47
[jj] Vida (eterna): v. 15,16; Jo 3.36 (Mt 7.14; Ap 22.19)
[kk] Evangelho: v. 16,17; At 5.42 (Gn 12.3; Ap 14.6)
[ll] Rm 5.8; 1Jo 4.9
[mm] Gr. *kosmos*. Veja Mt 4.8, nota
[nn] Is 9.6
[oo] Segurança: v. 16; Jo 5.24 (Sl 23.1; Jd 1)

17 Porque Deus enviou o seu Filho ao mundo
não para que [p]condenasse o mundo, mas para
que o mundo fosse [q]salvo por ele.
18 [r]Quem nele crê não é [s]condenado, mas
quem não crê já está condenado, porque não
crê no nome do unigênito Filho de Deus.
19 A [t]condenação é esta: A luz veio ao mundo,
e os homens amaram mais as trevas do que a
luz porque as obras deles eram más.
20 Todo aquele que pratica o mal odeia a luz
e não vem para a luz, para que as suas obras
não sejam [u]reprovadas.
21 Quem, no entanto, vive de acordo com
a verdade vem para a [v]luz, a fim de que se
veja claramente que as suas obras são [w]feitas
em Deus.

O último testemunho de João Batista

22 **D**epois disso foi Jesus com os seus discí-
pulos para a terra da Judeia, onde permaneceu
algum tempo com eles e [x]batizava.
23 Ora, João também estava batizando em
Enom, perto de Salim, porque havia ali muitas
águas, e para lá [y]ia o povo, para ser batizado.
24 João ainda não tinha sido [z]lançado
na prisão.
25 Suscitou-se uma contenda entre alguns
discípulos de João e um judeu, acerca
da purificação.
26 Foram a João e disseram: Mestre, aquele
homem que estava contigo no outro lado do
Jordão, do qual deste [a]testemunho, está [b]bati-
zando, e todos [c]vão ter com ele.
27 João respondeu: [d]O homem só pode rece-
ber o que lhe for dado do céu.
28 Vós mesmos sois testemunhas de que vos
[e]disse: Eu não sou o Cristo, mas sou [f]enviado
adiante dele.
29 A [g]noiva pertence ao noivo. O amigo do
noivo, que lhe assiste, espera e ouve e alegra-
-se muito com a voz do noivo. Essa alegria é
minha e agora está completa.
30 [h]É necessário que ele cresça e que eu
diminua.

A declaração do apóstolo João

31 **A**quele que [i]vem de [j]cima é sobre todos;
aquele que vem da terra pertence à terra e fala
como alguém da terra. Aquele que vem do céu
é [k]sobre todos.
32 Ele [l]testifica do que viu e ouviu, mas nin-
guém aceita o seu testemunho.
33 Aquele que aceitou o seu testemunho con-
firmou que Deus é verdadeiro.
34 [m]Aquele que Deus enviou fala as palavras de
Deus, pois Deus lhe dá o [n]Espírito sem medida.
35 O Pai [o]ama o Filho e todas as coisas con-
fiou às suas mãos.
36 Todo aquele que [pp]crê no Filho tem a
[1][qq]vida eterna, mas todo aquele que rejeita o
Filho não verá a vida, pois sobre ele perma-
nece a [rr]ira de Deus.

Jesus parte para a Galileia

4 **Quando** os [ss]fariseus ouviram que Jesus
fazia e batizava mais discípulos do
que João,
2 se bem que Jesus [tt]não batizava, e sim os
seus discípulos,
3 ele deixou a Judeia e voltou outra vez para
a Galileia.
4 E era-lhe necessário passar por Samaria.

Jesus e a mulher samaritana

5 Chegou a uma cidade samaritana chamada
Sicar, perto das terras que [uu]Jacó [vv]dera a seu
filho José.
6 Estava ali a [ww]fonte de Jacó, e Jesus, [2][xx]can-
sado da viagem, assentou-se junto à fonte. Era
quase [yy]meio-dia.
7 **V**indo uma mulher samaritana tirar água,
Jesus lhe disse: Dá-me de beber.
8 (Seus discípulos tinham ido à cidade com-
prar comida.)
9 Disse-lhe a mulher samaritana: Como,
sendo tu judeu, me pedes de beber a mim, que
sou mulher samaritana? (Pois os judeus [zz]não
se dão bem com os [aa]samaritanos.)
10 Respondeu-lhe Jesus: Se conheceras
o [bb]dom de Deus e quem é o que te pede:
Dá-me de beber, tu lhe pedirias, e ele te daria
[cc]água viva.
11 Disse-lhe a mulher: Senhor, tu não tens
com que tirá-la, e o poço é fundo. Onde tens
a água viva?
12 És tu [dd]maior do que o nosso pai Jacó, que
nos deu o poço, do qual ele próprio bebeu,
bem como seus filhos e o seu gado?
13 Respondeu Jesus: Todo aquele que beber
desta água tornará a ter sede,
14 mas aquele que beber da água que eu lhe
der nunca mais terá sede. Deveras, a água que
eu lhe der [ee]se fará nele uma [ff]fonte de [gg]água
[hh]que jorre para a vida eterna.

[p] Jo 5.45; 8.15; 12.47
[q] Lc 9.56; veja Rm 1.16, nota
[r] Jo 6.40,47; Rm 8.1
[s] Jo 5.24; Mc 16.16
[t] Jo 1.4,5, 7-9; 8.12
[u] Ef 5.13
[v] Veja 1Jo 1.7, nota
[w] Jo 15.4,5; 1Co 15.10
[x] Comp. Jo 4.2; veja At 8.12, nota
[y] Mt 3.5,6
[z] Mt 4.12; comp. Mt 14.3
[a] Jo 1.7
[b] Veja At 8.12, nota
[c] Mc 2.2; 3.10; 5.24; Lc 8.19
[d] Rm 12.5-8; 1Co 3.5,6; 4.7; Hb 5.4; 1Pe 4.10,11
[e] Jo 1.19-27
[f] Ml 3.1
[g] Esposa (de Cristo): v. 29; Rm 7.4 (Jo 3.29; Ap 19.7, nota)
[h] Is 9.7
[i] Jo 8.23
[j] Cristo (primeira vinda): v. 31,34; Jo 4.26 (Gn 3.15; At 1.11)
[k] Jo 13.13; Cl 1.17,18
[l] Jo 15.15

[m] Jo 7.16
[n] Espírito Santo (NT): 3.34; 4.14; Jo 7.39 (Mt 1.18; At 2.4, nota)
[o] Jo 5.20
[pp] Jo 6.47
[qq] Vida (eterna): 3.36; 4.14; Jo 4.36 (Mt 7.14; Ap 22.19)
[rr] Rm 1.18; Ef 5.6; 1Ts 1.10
[ss] Veja Mt 3.7, nota
[tt] Comp. 1Co 1.17
[uu] Gn 33.19
[vv] Gn 48.22; Js 24.32
[ww] Comp. Gn 29.2
[xx] Comp. Hb 4.15
[yy] Em algumas versões, “era quase à hora sexta”. Veja Jo 19.14, nota. Comp. Gn 24.11
[zz] At 10.28
[aa] v. 39,40; 2Rs 17.24; comp. Mt 10.5,6; Lc 9.52; 10.33; 17.16; Jo 8.48
[bb] Rm 5.15
[cc] Jo 7.38
[dd] Comp. Jo 8.53; Hb 1.1–2.8
[ee] Jo 6.35; 7.37
[ff] O Espírito Santo que habita no crente. Comp. Jo 7.37-39
[gg] Comp. Êx 17.6
[hh] Jo 7.37,38

[1] (3.36) A vida eterna não é apenas uma esperança futura, mas uma possessão presente de todo aquele que crê em Cristo.

[2] (4.6) Observe que, em sua humanidade, Jesus experimentou as mesmas limitações físicas que todos os homens conhecem. Comp. Hb 4.15,16.

15 Disse-lhe a mulher: Senhor, dá-me dessa água para que eu não mais tenha sede, nem precise vir aqui tirá-la.

16 [i]Disse-lhe Jesus: Vai, chama o teu marido e volte aqui.

17 Respondeu ela: Não tenho marido. Disse-lhe Jesus: Tens razão em dizer que não tens marido,

18 pois já tiveste cinco maridos, e o que agora tens não é teu marido. Isso disseste com verdade.

19 **D**isse-lhe a mulher: Senhor, vejo que és [j]profeta.

20 Nossos pais adoraram neste [k]monte, mas vós, os judeus, dizeis que é em [l]Jerusalém o lugar onde se deve adorar.

21 Disse-lhe Jesus: Mulher, crê-me, a hora vem em que nem neste monte nem em Jerusalém adorareis o Pai.

22 Vós, os samaritanos, adorais o que não conheceis; nós adoramos o que conhecemos, pois a [m]salvação vem dos judeus.

23 No entanto, vem a hora, e já chegou, em que os verdadeiros adoradores [n]adorarão o Pai em espírito e em verdade, pois o Pai procura a tais que assim o adorem.

24 [o]Deus é [p]Espírito, e importa que os que o adoram o adorem em espírito e em verdade.

25 Disse-lhe a mulher: Eu sei que o Messias (chamado Cristo) [q]vem. Quando ele vier, nos explicará tudo.

26 Disse-lhe Jesus: [r]Eu o sou, eu que falo contigo.

27 Naquele momento, chegaram os seus discípulos e [s]maravilharam-se de encontrá-lo falando com uma mulher. Mas nenhum deles perguntou: Que queres? ou: Por que falas com ela?

28 Então, deixando o seu cântaro, a mulher foi à cidade e disse ao povo:

29 [t]Vinde, vede um homem que me disse tudo o que tenho feito. Poderia ser este o Cristo?

30 Saíram da cidade e foram ter com ele.

31 **E**nquanto isso, os discípulos lhe rogavam: Mestre, come.

32 Ele, porém, lhes disse: Uma comida tenho para comer, que vós não conheceis.

33 Então os discípulos diziam uns aos outros: Será que alguém lhe trouxe comida?

34 Jesus lhes disse: A minha comida é fazer a [u]vontade daquele que me enviou e [v]realizar a sua obra.

35 Não dizeis: Ainda há quatro meses para a [w]colheita? Eu vos digo: Erguei os vossos olhos e vede os campos! Já estão brancos para a [x]colheita.

36 O que colhe recebe desde já o seu [y]salário, desde já ceifa o [z]fruto para a [a]vida eterna, e assim se regozijam tanto [b]o semeador como o que colhe.

37 Pois é [c]verdadeiro o ditado: [d]Um é o semeador, e outro é o que colhe.

38 Eu vos enviei a colher onde não plantastes. [e]Outros trabalharam, e vós usufruístes do seu trabalho.

Jesus e os samaritanos

39 **M**uitos dos [f]samaritanos daquela cidade [g]creram nele, por causa do testemunho da mulher: Disse-me tudo o que tenho feito.

40 Aproximando-se dele os samaritanos, rogaram-lhe que permanecesse com eles, e ficou ali dois dias.

41 E por causa das suas [h]palavras, muitos mais creram nele.

42 Diziam à mulher: Já não é pelo teu dito que nós cremos; agora nós mesmos o ouvimos falar e sabemos que este é verdadeiramente o [ii]Salvador do [jj]mundo.

43 **D**ois dias depois, partiu dali para a Galileia.

44 Ora, Jesus mesmo havia testificado que um [kk]profeta não tem honra na sua própria terra.

45 Quando chegou à Galileia, os galileus o receberam. Tinham [ll]visto todas as coisas que ele fizera em Jerusalém, por ocasião da festa, à qual também tinham comparecido.

Jesus cura o filho de um oficial

46 **U**ma vez mais Jesus foi a Caná da Galileia, onde [mm]transformara a água em vinho. [nn]E havia ali um oficial do rei, cujo filho estava doente em Cafarnaum.

47 Ouvindo este homem que Jesus tinha chegado à Galileia, foi procurá-lo. Ao encontrá-lo, rogou-lhe que descesse e curasse o seu filho, que estava à morte.

48 Jesus lhe disse: Se não virdes [oo]sinais miraculosos e prodígios, de modo nenhum crereis.

49 [pp]Disse o oficial: Senhor, desce, antes que meu filho morra.

50 Respondeu Jesus: [qq]Vai, o teu filho vive. O homem creu na palavra de Jesus e partiu.

51 Enquanto ele estava a caminho, saíram-lhe ao encontro os seus servos e anunciaram que [rr]seu filho vivia.

52 Perguntando ele a que hora seu filho se achara melhor, disseram: Ontem, à [ss]uma hora da tarde, a febre o [tt]deixou.

53 Então o pai entendeu ser essa exatamente a hora em que Jesus lhe disse: [uu]Teu filho vive. De modo que [vv]creu ele e toda a sua casa.

54 Foi esse o [ww]segundo sinal miraculoso que Jesus fez, depois de vir da Judeia para a Galileia.

[i] Orações da Bíblia (NT): v. 15; Jo 4.49 (Mt 6.9; Lc 11.2, nota)
[j] Veja Lc 24.19, nota
[k] Gn 12.6-8; 33.18; Jz 9.7
[l] Dt 12.5; 1Rs 9.3; Sl 122.1-9; veja Am 4.4, nota
[m] Veja Rm 1.16, nota
[n] Mt 18.20; Hb 13.10-14
[o] Veja Jo 1.18, nota
[p] Comp. 2Co 3.17,18
[q] Dt 18.15
[r] Cristo (primeira vinda): v. 26; Jo 5.43 (Gn 3.15; At 1.11); Jo 9.37
[s] Comp. v. 9; At 10.28; 11.3; Gl 2.12
[t] Comp. Sl 66.16
[u] Sl 40.7,8; Hb 10.9
[v] Jo 17.4; 19.30; comp. At 20.24; 2Tm 4.7
[w] Gn 8.22
[x] Mt 9.37
[y] Comp. Sl 126.6
[z] Rm 6.22
[a] Vida (eterna): v. 36; Jo 5.24 (Mt 7.14; Ap 22.19)

[b] 1Ts 2.19
[c] Inspiração: v. 37; Jo 5.46 (Êx 4.15; 2Tm 3.16); Mq 6.15
[d] 1Co 3.5-9
[e] Jr 44.4; 1Pe 1.12
[f] Comp. Lc 9.52,53
[g] Fé: v. 39,41, 42,50; Jo 4.53 (Gn 3.20; Hb 11.39, nota)
[h] Lc 4.32; Jo 6.63; comp. Mc 13.31; Jo 7.46; 12.48
[ii] Veja Rm 1.16, nota
[jj] Gr. *kosmos*. Veja Mt 4.8, nota
[kk] Mt 13.57; Mc 6.4; Lc 4.24
[ll] Jo 2.13,23; comp. Lc 19.37
[mm] Milagres (NT): v. 46; Jo 4.52 (Mt 8.3; At 28.8)
[nn] Comp. Mt 8.5-13; Lc 7.1-10
[oo] Jo 6.30
[pp] Orações da Bíblia (NT): v. 49; Jo 11.41 (Mt 6.9; Lc 11.2, nota)
[qq] Comp. Mc 7.29,30
[rr] v. 53; comp. Sl 111.7; Ez 12.25
[ss] Veja Jo 19.14, nota
[tt] Milagres (NT): 4.46-54; 5.2-9; Jo 6.14 (Mt 8.3; At 28.8)
[uu] v. 51
[vv] Fé: v. 53; Jo 5.46 (Gn 3.20; Hb 11.39, nota)
[ww] Comp. Jo 2.11

Outra festa dos judeus: a cura de um enfermo no tanque de Betesda

5 Algum tempo mais tarde, Jesus [x]subiu a Jerusalém para assistir a uma [y]festa dos judeus.

2 Ora, existe em Jerusalém, próximo à [z]porta das ovelhas, um tanque chamado em hebraico Betesda, o qual tem cinco pavilhões.

3 Nestes, costumava ficar uma grande multidão de enfermos, cegos, coxos e paralíticos. Eles esperavam o movimento das águas.

4 De tempo em tempo, um [a]anjo descia e agitava a água. O primeiro que entrasse no tanque, depois do movimento da água, sarava de qualquer doença que tivesse.

5 Estava ali um homem, [b]inválido havia trinta e oito anos.

6 Jesus, vendo-o deitado e sabendo que estava nesse estado havia muito tempo, disse-lhe: [c]Queres ser curado?

7 Respondeu-lhe o [d]enfermo: Senhor, [e]não tenho ninguém que me ponha no tanque quando a água é agitada. Enquanto estou tentando entrar, desce outro antes de mim.

8 Então lhe disse Jesus: [f]Levanta-te! Pega a tua esteira e anda.

9 Imediatamente o homem foi curado, pegou a sua esteira e pôs-se a andar. Aquele dia era [g]sábado.

10 Então os judeus disseram ao homem que tinha sido curado: É sábado, e a Lei [h]não permite que carregues a tua esteira.

11 Ele respondeu: O homem que me curou me disse: Pega a tua esteira e anda.

12 Então lhe perguntaram: Quem é o homem que mandou que [i]tomasses a tua esteira e andasses?

13 O homem que fora [j]curado não sabia quem era, pois Jesus se tinha [k]retirado por entre a multidão que havia naquele lugar.

14 Mais tarde, Jesus o encontrou no templo e disse: Olha, agora já estás curado. Não [l]peques mais, para que não te suceda coisa pior.

15 O homem partiu e anunciou aos judeus que Jesus era quem o tinha curado.

16 Assim, porque Jesus fazia essas coisas no sábado, os judeus o [m]perseguiram.

[x] Jo 2.13
[y] Lv 23.2; Dt 16.16
[z] Ne 3.1; 12.39
[a] Veja Hb 1.4, nota
[b] Comp. Mt 8.17; Lc 5.15; 13.11; 2Co 12.10; Gl 4.13; 1Tm 5.23; Hb 4.15
[c] Comp. v. 40
[d] Comp. Lc 13.11; At 3.2
[e] Comp. Sl 142.4
[f] Comp. Mt 9.6
[g] Sábado (dia de repouso): v. 9,10,16, 18; Jo 7.22 (Gn 2.3; Mt 12.1, nota)
[h] Jr 17.21,22; veja Mt 12.1, nota
[i] v. 8
[j] Lc 13.14; 22.51
[k] Lc 4.30
[l] Veja Rm 3.23, nota
[m] Lc 4.29; Jo 8.37; 10.39

Jesus declara-se igual ao Pai

17 Jesus lhes disse: Meu Pai trabalha até agora, e eu [n]trabalho também.

18 Por este motivo os judeus ainda mais procuravam [o]matá-lo; não só quebrava o sábado, mas também dizia que [p]Deus era [1]seu próprio Pai, [q]fazendo-se igual a Deus.

19 Jesus respondeu-lhes: [r]Em verdade, em verdade vos digo que o Filho por si mesmo [2]não pode fazer coisa alguma; ele só pode [s]fazer o que vê o Pai fazendo, porque tudo o que o Pai faz, o Filho o faz igualmente.

20 Porque o Pai [t]ama o Filho e lhe [u]mostra tudo o que faz. E lhe mostrará maiores obras do que estas, para que vos maravilheis.

21 Pois, assim como o Pai [v]ressuscita e [w]vivifica os mortos, assim também o Filho vivifica aqueles a quem quer.

22 O Pai a ninguém julga, mas confiou ao Filho [xx]todo o [yy]julgamento,

23 para que todos honrem o Filho, como honram o Pai. Quem não honra o Filho não honra o Pai que o enviou.

24 [zz]Em verdade, em verdade vos digo que quem ouve a minha palavra e [aa]crê naquele que me enviou tem a [bb]vida eterna e [cc]não entrará em condenação, mas passou da [dd]morte para a vida.

As duas ressurreições

25 Em verdade, em verdade vos digo que vem a [3]hora, e já chegou, em que os mortos ouvirão a voz do Filho de Deus, e os que a ouvirem viverão.

26 Assim [ee]como o Pai tem a vida em si mesmo, assim também concedeu ao Filho ter a [ff]vida em si mesmo.

27 E deu-lhe autoridade para julgar, porque é o Filho do homem.

28 Não vos maravilheis disto, pois vem a [gg]hora em que todos os que estão nos sepulcros [hh]ouvirão a sua voz e sairão:

29 Os que fizeram o bem [ii]sairão para a ressurreição da vida, e os que praticaram o mal, para a ressurreição da [jj]condenação.

Testemunhos que confirmam quem é Jesus

30 Eu não posso fazer nada de mim mesmo; como ouço, assim julgo, e o meu juízo é justo,

[n] Jo 9.4; 17.4
[o] Jo 7.1,19; comp. Lc 6.11; Jo 7.7; 15.18,25
[p] v. 17; comp. Jo 10.36; 19.7
[q] Jo 10.30,33; Fp 2.6
[r] Jo 1.51; 5.24,25; 6.26,32, 47,53; 8.34,51,58; 10.1,7; 12.24; 13.16, 20,21; 14.12,16, 20,23
[s] Mt 3.17
[t] Mt 11.27
[u] Ressurreição: v. 21, 25,29; Jo 6.40 (2Rs 4.35; 1Co 15.52, nota)
[v] Jo 11.25; comp. Ef 2.1,5; Cl 2.13
[w] Juízos (os sete): v. 22,24, 29; Jo 19.16 (2Sm 7.14; Ap 20.12)
[xx] Dia (do juízo): v. 22,27, 29,30; Jo 12.48 (Mt 10.15; Ap 20.11); Dn 7.9,10; At 17.31
[yy] Veja Jo 5.19, marg.
[zz] Jo 6.47
[aa] Vida (eterna): v. 24,25, 29,30,40; Jo 6.27 (Mt 7.14; Ap 22.19)
[bb] Segurança: v. 24,29; Jo 6.39 (Sl 23.1; Jd 1)
[cc] Morte (espiritual): v. 24,25; Jo 8.51 (Gn 2.17; Ef 2.5, nota)
[dd] v. 28
[ee] Sl 36.9
[ff] Jo 1.4; 14.6; 1Co 15.45
[gg] Veja v. 25, nota
[hh] 1Ts 4.15-17
[ii] Dt 12.2
[jj] Ap 20.11-15

[1] (5.18) Gr. *patera idion*. Está claro que os judeus entenderam que Jesus estava declarando ser igual a Deus. Comp. 10.33.

[2] (5.19) Equivocadamente alguns têm dito que Jesus estava negando ser igual ao Pai. Pelo contrário, todo o contexto demonstra exatamente o contrário (v. 18, *nota*, 23,26). Nosso Senhor está simplesmente dizendo que ele e o Pai trabalham juntos (comp. v. 17).

[3] (5.25) Considerando que esta "hora" de regeneração espiritual tem durado mais de vinte séculos, também é possível que a "hora" futura de ressurreição física (v. 28,29) se estenda por mais de mil anos – os justos seriam ressuscitados no começo; os ímpios, no final. Veja Ap 20.

pois não busco a minha vontade, mas a vontade do Pai que me enviou.

31 Se eu [1]testifico a respeito de mim mesmo, o meu testemunho não é verdadeiro.

32 Há [k]outro que testifica a meu respeito, e eu sei que o testemunho que ele dá de mim é verdadeiro.

1) Testemunho de João Batista

33 Vós mandastes mensageiros a João, e ele deu testemunho da verdade.

34 Eu não recebo testemunho de homem; mas digo isso para que sejais [l]salvos.

35 João era a lâmpada que ardia e iluminava, e vós escolhestes alegrar-vos por algum tempo com a sua luz.

2) Testemunho das obras de Jesus

36 Eu tenho maior testemunho do que o de João. Pois as próprias obras que o Pai me deu para [m]realizar, [n]essas que eu faço, testificam de que o Pai me enviou.

3) Testemunho do Pai
(comp. Mt 3.17)

37 E o Pai que me enviou, ele mesmo testificou de mim. Vós nunca ouvistes a sua voz, tampouco [o]vistes a sua forma,

38 e a sua palavra não permanece em vós, pois não credes naquele que ele enviou.

4) Testemunho das Escrituras
(comp. Lc 24.27,44)

39 [p]Examinais as Escrituras, porque pensais ter nelas a vida eterna. E são essas Escrituras que testificam de mim,

40 contudo não quereis vir a mim para terdes vida.

41 Eu não aceito glória dos homens,

42 mas vos conheço. Sei que não tendes o amor de Deus em vosso coração.

43 Eu [q]vim em nome de meu Pai, e não me aceitais; mas se [r]outro vier em seu próprio nome, a esse aceitareis.

44 Como podeis crer, recebendo glória uns dos outros, mas não vos esforçando por obter a glória que vem do único Deus?

45 Não penseis que eu vos acusarei perante o Pai. Quem vos acusa é Moisés, em quem [s]esperais.

[k] v. 37
[l] Veja Rm 1.16, nota
[m] Jo 17.4
[n] Jo 9.16; 10.38
[o] Veja Jo 1.18, nota
[p] Comp. Dt 17.19; At 17.11
[q] Cristo (primeira vinda): v. 43; Jo 6.33 (Gn 3.15; At 1.11)
[r] A besta: v. 43; 2Ts 2.3 (Dn 7.8; Ap 19.20)
[s] Comp. Sl 118.9; veja Sl 2.12, nota

46 Se [t]crêsseis em Moisés, creríeis também em mim, pois ele [u]escreveu a meu respeito.

47 Se, porém, [v]não credes nos seus escritos, como crereis nas minhas palavras?

Outra Páscoa: cinco mil são alimentados
(Mt 14.15-21; Mc 6.32-44; Lc 9.12-17)

6 [2]Depois destas coisas, Jesus atravessou o mar da [w]Galileia, que é o de [x]Tiberíades, e

2 grande multidão o seguia, porque tinham visto os sinais miraculosos que ele operava na cura dos [y]enfermos.

3 Então Jesus subiu a um monte e assentou-se ali com os seus discípulos.

4 A [z]Páscoa, festa dos judeus, estava próxima.

5 Jesus, erguendo os olhos e vendo uma grande multidão que se aproximava, disse a [a]Filipe: Onde compraremos pão para toda esta gente comer?

6 Ele perguntava isso somente para o [b]testar, pois já sabia o que ia fazer.

7 Respondeu-lhe Filipe: [c]Duzentos [d]denários de pão não bastariam para que cada um deles recebesse um pedaço.

8 Outro dos seus discípulos, [e]André, irmão de Simão Pedro, disse:

9 Está aqui um rapaz que tem cinco pães de cevada pequenos e dois peixinhos, mas o que é isso para [f]tantas pessoas?

10 Disse Jesus: Mandai o povo assentar-se. Havia muita grama naquele lugar, e assentaram-se os homens, em número de quase cinco mil.

11 Então Jesus tomou os pães, [g]deu graças e repartiu-os com os que estavam assentados. E fez o mesmo com os peixes.

12 Quando estavam saciados, ele disse aos discípulos: Recolhei os pedaços que sobraram, [h]para que nada se perca.

13 Recolheram-nos e encheram doze cestos de pedaços dos cinco pães de cevada, que sobraram aos que haviam comido.

14 Vendo os homens o [i]milagre que Jesus fizera, disseram: Este é verdadeiramente o [j]profeta que devia vir ao [kk]mundo.

Jesus caminha sobre as águas
(Mt 14.22-32; Mc 6.45-52)

15 Jesus, sabendo que viriam a fim de proclamá-lo [ll]rei, tornou a retirar-se, sozinho, para o monte.

[t] Fé: v. 46; Jo 6.69 (Gn 3.20; Hb 11.39, nota)
[u] Inspiração: v. 46,47; Jo 6.31 (Êx 4.15; 2Tm 3.16)
[v] Lc 16.31
[w] Quinerete, Nm 34.11; Js 12.3
[x] Jo 12.1
[y] Mt 4.23; 8.16; 9.35; 14.36; 15.30; 19.2
[z] Comp. Jo 2.13; 11.55; 18.28; veja Êx 12.11, nota
[a] Jo 1.43
[b] Provar-Tentar: v. 6; Jo 8.6 (Gn 3.1; Tg 1.14)
[c] Comp. Nm 11.21,22
[d] Veja sist. monetário (NT): Mt 5.26, nota
[e] Jo 1.40
[f] Comp. 2Rs 4.42-44
[g] v. 23; comp. 1Sm 9.13; Mt 26.26; 1Tm 4.4,5
[h] Comp. Gn 41.35,36; Pv 21.20
[i] Milagres (NT): v. 5-14,16-21; Jo 9.7 (Mt 8.3; At 28.8)
[j] Gn 49.10; Dt 18.15,18; Jo 1.21; 7.40; At 3.22; 7.37; comp. Mt 21.11
[kk] Gr. *kosmos*. Veja Mt 4.8, nota
[ll] Jo 18.36

[1] (5.31) Comp. Jo 8.14. Esta declaração transmite a ideia de que os ouvintes rejeitarão o seu testemunho (declaração de divindade) como não sendo válido. Defendendo seus direitos messiânicos contra essa acusação, nosso Senhor insiste na regra bíblica de evidência que exige duas ou três testemunhas (Nm 35.30; Dt 17.6; Jo 8.17,18). As testemunhas adicionais são citadas nos v. 32-47.

[2] (6.1) Muitos eventos no ministério de nosso Senhor ocorreram entre os cap. 5.47 e 6.1, i.e., o período entre Mt 4.12 e 14.12.

16 [m]**C**hegada a tarde, os seus discípulos desceram para o mar.

17 Entraram num barco e começaram a atravessar o mar, rumo a Cafarnaum. Já estava escuro, e Jesus ainda não viera encontrá-los.

18 O mar agitava-se, por causa de um [n]forte vento que soprava.

19 Tendo remado cerca de vinte e cinco ou trinta [o]estádios, viram Jesus aproximar-se do barco, andando sobre o [p]mar, e ficaram [q]aterrorizados.

20 Ele, porém, lhes disse: [r]Sou eu; não temais.

21 Então eles de bom grado o receberam, e imediatamente o barco chegou à praia para onde iam.

Jesus, o pão da vida

22 **N**o dia seguinte, a multidão que ficara do outro lado do mar percebeu que aí havia um único barco e que Jesus não embarcara nele com os discípulos, mas que estes haviam partido sós.

23 Então outros barcos chegaram de Tiberíades, perto do [s]lugar em que comeram o pão, tendo o Senhor dado graças.

24 Percebendo a multidão que Jesus não estava ali, nem os seus discípulos, tomaram os barcos e foram para Cafarnaum, à [t]procura de Jesus.

25 Encontrando-o no outro lado do mar, perguntaram-lhe: Mestre, quando chegaste aqui?

26 Respondeu Jesus: [u]Em verdade, em verdade vos digo que me buscais não pelos sinais miraculosos que vistes, mas porque [v]comestes do pão e vos fartastes.

27 [w]Trabalhai não pela comida que perece, mas pela comida que [x]permanece para a [y]vida eterna, a qual o [z]Filho do homem vos [a]dará, porque Deus, o Pai, o marcou com o seu [b]selo.

28 Perguntaram eles: Que faremos para executar as obras de Deus?

29 Respondeu Jesus: A obra de Deus é esta: [c]crede naquele que ele enviou.

Jesus, enviado do céu

30 Então lhe perguntaram: Que [d]sinal miraculoso, pois, fazes tu, para que vejamos e creiamos em ti? Que farás?

31 Nossos pais comeram o [e]maná no deserto, como está [f]escrito: Deu-lhes a comer pão do céu.

32 Disse-lhes Jesus: Em verdade, em verdade vos digo: Não foi Moisés quem vos deu o pão do céu, mas é [g]meu Pai quem dá o verdadeiro pão do céu.

33 Pois o pão de Deus [h]é aquele que [i]desce do céu e [j]dá vida ao [k]mundo.

34 Disseram-lhe: Senhor, dá-nos sempre desse pão.

35 Então Jesus lhes declarou: [l]Eu sou o pão da vida. Aquele que vem a mim não terá [mm]fome, e quem [nn]crê em mim jamais terá [oo]sede.

36 Como, porém, eu vos disse, vós me [pp]vistes e, contudo, [qq]não credes.

37 Todo aquele que o Pai [rr]me dá virá a mim, e [ss]o que vem a mim de maneira nenhuma o lançarei fora.

38 Pois eu desci do céu não para fazer a minha vontade, [tt]mas a vontade daquele que me enviou.

39 E esta é a vontade daquele que me enviou, que eu não perca [uu]nenhum de todos os que ele me deu, mas o ressuscite no [vv]último dia.

40 Pois a vontade do meu Pai é que todo aquele que vê o Filho e nele crê tenha a vida eterna, e eu o [ww]ressuscitarei no último dia.

41 **M**urmuravam dele os judeus, porque dissera: Eu sou o pão que desceu do céu.

42 Diziam: [xx]Não é este Jesus, o filho de José, cujo pai e mãe nós conhecemos? Então como diz ele: Desci do céu?

43 Respondeu Jesus: Não murmureis entre vós.

44 Ninguém pode [yy]vir a mim, se o Pai que me enviou não o [zz]trouxer, e eu o ressuscitarei no último dia.

45 Está escrito nos profetas: Serão todos ensinados por Deus. Todo aquele que ouve o Pai e aprende dele vem a mim.

46 Ninguém viu ao Pai, a não ser aquele que é de Deus; só este viu ao Pai.

47 Em verdade, em verdade vos digo: Quem crê, tem a vida eterna.

48 Eu [aa]sou o pão da vida.

49 Os vossos pais comeram o maná no deserto e [bb]morreram.

50 Aqui, porém, está o pão que desce do céu, do qual se o homem comer não morre.

51 Eu sou o pão vivo que desceu do céu. Se alguém comer deste pão, viverá para sempre. Este pão é a minha carne, que eu darei pela vida do mundo.

52 **E**ntão os judeus começaram a discutir entre si: Como nos pode dar este homem a sua carne a comer?

53 Jesus lhes disse: Em verdade, em verdade vos digo que, se não comerdes a carne do Filho do homem e não beberdes o seu sangue, não tereis vida em vós mesmos.

54 [cc]Quem come a minha carne e bebe o meu sangue tem a vida eterna, e eu o ressuscitarei no último dia.

55 Pois a minha carne é verdadeiramente comida e o meu sangue é verdadeiramente bebida.

---

[m] Mt 14.23; Mc 6.47
[n] Comp. 1Rs 19.11; Jó 1.19; Jn 1.4; Mc 4.37; At 27.14
[o] Veja pesos e medidas (NT): At 27.28, nota
[p] Comp. Jó 9.8; Is 43.16
[q] Mt 17.6
[r] Is 43.1,2
[s] v. 11
[t] Mc 1.37; Lc 4.42; comp. Lc 19.3; Jo 12.21
[u] Veja Jo 5.19, marg. r
[v] v. 11,12
[w] Mt 6.19; comp. Ec 2.11; 4.8; Is 55.2
[x] Vida (eterna): v. 27,33, 35,40,47, 51,54; Jo 6.57 (Mt 7.14; Ap 22.19)
[y] v. 54-58; comp. Cl 3.1,2
[z] Veja Mt 8.20, nota
[a] Ef 2.8,9
[b] Sl 2.7; Is 42.1; At 2.22; 2Pe 1.17; comp. Jo 3.33
[c] 1Jo 3.23
[d] Mt 12.38
[e] Êx 16.4-35; Nm 11.6-9; 21.5; Dt 8.3
[f] Inspiração: v. 31,45; Jo 7.42 (Êx 4.15; 2Tm 3.16); Is 54.13
[g] Jo 3.13,16
[h] v. 48,58
[i] Cristo (primeira vinda): v. 33,38, 41,42, 50,51; Jo 6.58 *(Gn 3.15;* At 1.11)
[j] Sacrifício (de Cristo): v. 33,38, 51; Jo 10.11 (Gn 3.15; Hb 10.18, nota)
[k] Gr. *kosmos*. Veja Mt 4.8, nota

[l] Veja Jo 8.58, marg. u
[mm] Ap 7.16
[nn] v. 29
[oo] Is 55.1,2; Jo 4.14; comp. Mt 5.6
[pp] Jo 15.24
[qq] Jo 10.26
[rr] Eleição (individual): v. 37,65; Jo 13.18 (Dt 7.6; 1Pe 5.13)
[ss] Is 1.18; 55.7; Mt 11.28; Lc 23.42,43; 1Tm 1.15; Hb 4.15,16; 7.25; Ap 22.17
[tt] Sl 40.7,8; Mt 26.39; Jo 4.34; 5.30
[uu] Segurança: v. 39,51; Jo 10.28 (Sl 23.1; Jd 1)
[vv] Veja At 2.17, nota
[ww] Ressurreição: v. 40; Jo 11.23 (2Rs 4.35; 1Co 15.52, nota)
[xx] Mt 13.55
[yy] v. 37
[zz] Ef 2.8,9; Fp 1.29; 2.12,13
[aa] v. 33,35; Gl 2.20; Cl 3.3,4
[bb] Comp. 1Co 10.1-5
[cc] v. 40

56 [d]Quem come a minha carne e bebe o meu sangue permanece em mim e eu nele.

57 Assim como o Pai, que vive, me enviou, e eu vivo pelo Pai, assim também quem de mim se alimenta [e]viverá por mim.

58 Este é o [f]pão que [g]desceu do céu. [h]Vossos pais comeram o [i]maná e morreram, mas quem comer este pão viverá para sempre.

59 Ele disse essas coisas na sinagoga, ensinando em Cafarnaum.

O discipulado testado pela doutrina
(comp. Mt 8.18-22; 10.36)

60 **M**uitos de seus discípulos, ouvindo isso, disseram: Duro é esse discurso, [j]quem o pode ouvir?

61 Compreendendo que seus discípulos se queixavam a respeito do que ouviram, Jesus lhes disse: Isso vos [k]escandaliza?

62 Que aconteceria então se vísseis o [l]Filho do homem [m]subir para onde primeiro estava?

63 O [n]Espírito é que [o]vivifica, a [p]carne para nada serve. As [q]palavras que eu vos disse são espírito e vida.

64 Alguns de vós, porém, [r]não creem. Pois Jesus sabia desde o princípio quais eram os que não criam e quem o [s]trairia.

65 Prosseguiu: É por isso que eu vos disse que ninguém pode vir a mim, se pelo Pai não lhe for [t]concedido.

Pedro confessa sua fé
(comp. Mt 16.13-20; Mc 8.27-30; Lc 9.18-21)

66 **A** partir de então, muitos dos discípulos voltaram [u]atrás e já não andavam com ele.

67 Então perguntou Jesus aos Doze: Não quereis vós também retirar-vos?

68 Respondeu-lhe Simão Pedro: Senhor, para quem iremos nós? Tu tens as palavras da vida eterna.

69 Nós [v]cremos e conhecemos que tu és o Cristo, o Santo de Deus.

70 Respondeu Jesus: Não vos escolhi eu aos Doze? Contudo, um de vós é um [w]diabo.

71 Referia-se ele a [x]Judas, filho de Simão Iscariotes, o qual, embora fosse um dos Doze, mais tarde o [y]trairia.

Os irmãos de Jesus, incrédulos, o pressionam para ir a Jerusalém

7 **D**epois disso, andava Jesus pela Galileia e já não queria percorrer a Judeia, porque os judeus procuravam [z]matá-lo.

2 Ao se aproximar, porém, a festa dos judeus, chamada de festa dos [a]tabernáculos,

3 os irmãos de Jesus lhe disseram: Sai daqui e vai para a Judeia, para que os teus discípulos vejam os milagres que fazes.

4 Ninguém que procure ser conhecido em público faz coisa alguma em oculto. Já que fazes essas coisas, manifesta-te ao [b]mundo.

5 Pois até os seus [c]irmãos [dd]não criam nele.

6 Disse-lhes Jesus: O meu [ee]tempo ainda não chegou; para vós, porém, qualquer tempo é tempo.

7 O [ff]mundo não vos pode [gg]odiar, mas me odeia, porque dele testifico que as suas obras são más.

8 Subi vós à festa. Por enquanto, não subirei a esta festa, porque o meu tempo ainda não chegou.

9 Tendo dito isso, Jesus ficou na Galileia.

Jesus na festa dos tabernáculos

10 **D**epois que seus irmãos subiram à festa, porém, ele foi também, não publicamente, mas em [hh]oculto.

11 Ora, os judeus o procuravam na festa e perguntavam: Onde está ele?

12 [ii]Havia grande murmuração entre as multidões a respeito dele. Uns diziam: Ele é bom. Outros respondiam: Não, ele engana o povo.

13 Ninguém, porém, falava dele abertamente, por [jj]medo dos judeus.

14 **Q**uando a festa estava na metade, subiu Jesus ao templo e começou a [kk]ensinar.

15 Os judeus estavam [ll]admirados e perguntavam: Como é que ele sabe tanto, sem ter [mm]estudado?

16 Respondeu Jesus: O meu ensino não é meu. Ele vem [nn]daquele que me enviou.

17 Se alguém quiser fazer a vontade de Deus, descobrirá se o meu [oo]ensino [pp]vem de Deus ou se falo de mim mesmo.

18 Quem fala de si mesmo [qq]busca a sua própria glória, mas o que busca a glória daquele que o enviou, esse é verdadeiro, e [rr]não há nele injustiça.

19 Não vos deu Moisés a [ss]Lei? Contudo, nenhum de vós a pratica. Por que procurais matar-me?

20 A multidão respondeu: Estás possuído por [tt]demônio. Quem procura matar-te?

21 Disse Jesus: Fiz um milagre, e todos vos admirais.

22 Porque Moisés vos deu a [uu]circuncisão (embora na realidade ela não venha de Moisés, mas dos patriarcas), no [vv]sábado circuncidais um homem.

23 Ora, se o homem pode receber a circuncisão no sábado, para que não se viole a Lei de Moisés, por que vos indignais contra mim por eu ter [ww]curado o homem todo no sábado?

24 Não julgueis segundo a aparência, mas julgai segundo a [xx]reta justiça.

[d] Comp. v. 47,48 com v. 53,54
[e] Vida (eterna): v. 57,58, 63,68; Jo 8.12 (Mt 7.14; Ap 22.19)
[f] v. 32-35, 48-51
[g] Cristo (primeira vinda): v. 58; Jo 7.29 (Gn 3.15; At 1.11)
[h] v. 31; Êx 16.14-35
[i] Veja 6.31, marg. e
[j] Comp. Mc 9.32
[k] Faz tropeçar. Jo 6.43
[l] Veja Mt 8.20, nota
[m] At 1.9; comp. Jo 20.17
[n] Gn 2.7
[o] 1Co 15.45
[p] Jo 3.6
[q] v. 68; Jo 14.24
[r] Jo 10.25,26
[s] v. 70
[t] Veja 6.37, marg. rr
[u] Lc 9.62; comp. 1Jo 2.19
[v] Fé: v. 69; Jo 7.31 (Gn 3.20; Hb 11.39, nota)
[w] Gr. *diabolos*, adversário, geralmente ref. a Satanás. Veja Ap 20.10, nota
[x] Jo 12.4; 12.2,26
[y] Mt 26.14-16
[z] Mt 21.38; 26.4; Jo 5.18; 7.19,25; 8.37,40
[a] Lv 23.34; *Dt 16.13-15*; Ne 8.14,18

[b] Gr. *kosmos*. Veja Mt 4.8, nota
[c] Mt 12.46; 13.55; comp. At 1.14
[dd] Sl 69.8
[ee] Comp. Mt 26.18,45; Jo 12.23; 13.1; 17.1
[ff] Gr. *kosmos*. Veja Ap 13.8, nota
[gg] Comp. Jo 15.18,19
[hh] Comp. Jo 11.56
[ii] Comp. Jo 9.16
[jj] Jo 9.22
[kk] Mt 4.23; 5.2; 7.29; Mc 6.34; Lc 4.15; 5.3; Jo 8.2
[ll] Mt 13.54; 15.31; 22.22,23
[mm] Alusão a que Jesus não havia frequentado as escolas rabínicas
[nn] Dt 18.15, 18,19
[oo] Em algumas versões, "doutrina"
[pp] Comp. Jo 8.28,47; 12.49; 14.10,24; 17.8
[qq] Jo 8.50; comp. Fp 2.3-8
[rr] Jo 8.46; 2Co 5.21; Hb 4.15; 7.26; 1Pe 1.19; 2.22
[ss] Lei (de Moisés): v. 19,22, 23; Jo 7.49 (Êx 19.1; Gl 3.24)
[tt] Veja Mt 7.22, nota
[uu] Gn 17.9-14
[vv] Sábado (dia de repouso): v. 22,23; Jo 9.14 (Gn 2.3; Mt 12.1, nota)
[ww] Comp. Jo 5.1-16
[xx] Veja 1Jo 3.7, nota

25 Então alguns de Jerusalém diziam: Não é este o que procuram [y]matar?

26 Aí está ele falando abertamente, e nada lhe dizem. [z]Reconhecem verdadeiramente as autoridades que ele é o Cristo?

27 Nós, [a]porém, sabemos de onde ele é, ao passo que, quando o Cristo vier, ninguém saberá de onde ele é.

28 Então Jesus, ainda ensinando no templo, exclamava: Sim, vós me conheceis e sabeis de onde sou. Eu não vim de mim mesmo, mas aquele que me enviou é verdadeiro. Vós não o conheceis,

29 mas eu o conheço, porque [b]dele sou e ele me enviou.

30 Então procuravam prendê-lo, mas ninguém pôs as mãos nele, porque a sua [c]hora ainda não tinha chegado.

31 Contudo, muitos de entre a multidão [d]creram nele. Diziam: Quando o Cristo vier, fará mais sinais miraculosos do que este homem tem feito?

32 **Os** [e]fariseus ouviram a multidão murmurar essas coisas a respeito dele. Então os principais sacerdotes e os fariseus enviaram guardas para prendê-lo.

33 Disse Jesus: [f]Ainda por um pouco de tempo estou convosco, e depois [g]vou para aquele que me enviou.

34 Vós me buscareis, mas não me achareis; e onde eu estou, vós [h]não podeis vir.

35 Disseram os judeus uns aos outros: Para onde pretende este homem ir que não poderemos achá-lo? Irá para os [i]dispersos entre os [j]gregos, a fim de ensiná-los?

36 Que significa esta palavra que disse: Vós me buscareis, mas não me achareis, e: Onde eu estou, vós não podeis vir?

A grande profecia acerca do Espírito Santo (At 2.2-4; comp. Jo 4.14)

37 **No** [k]último dia, o grande dia da festa, Jesus pôs-se de pé e clamou: Se alguém tem sede, venha a mim e beba.

38 Quem crê em mim, como diz a Escritura, do seu interior [l]fluirão rios de [m]água viva.

39 Isso ele dizia do Espírito que haviam de receber os que nele cressem. O [n]Espírito Santo ainda não fora dado, porque Jesus ainda não havia sido [o]glorificado.

Opiniões divididas sobre Jesus

40 **Ao** ouvir as suas palavras, alguns de entre a multidão disseram: Verdadeiramente este [p]é o Profeta.

41 Outros diziam: Ele é [q]o Cristo. Ainda outros diziam: Pode o Cristo vir da Galileia?

42 Não [r]diz a Escritura que o Cristo virá da família de Davi e de Belém, a cidade de onde era Davi?

43 Assim, o povo se dividiu por causa de Jesus.

44 Alguns queriam prendê-lo, mas ninguém pôs as mãos nele.

45 **Finalmente**, os guardas voltaram à presença dos principais sacerdotes e fariseus, os quais perguntaram: Por que não o trouxestes?

46 Responderam os guardas: [s]Jamais alguém falou como este homem.

47 Replicaram os fariseus: Também fostes enganados?

48 [t]Creu nele alguém das autoridades ou dos [u]fariseus?

49 Esta plebe, porém, que nada sabe a respeito da [v]lei, é maldita.

50 Nicodemos, um deles, que antes [w]tinha falado com Jesus, perguntou-lhes:

51 Condena a nossa lei alguém sem primeiro [x]ouvi-lo para descobrir o que faz?

52 Responderam eles: És tu também da Galileia? Investiga e verás que [yy]da Galileia não surge profeta.

53 Então cada um foi para sua casa.

Os escribas e fariseus acusam uma mulher apanhada em adultério

8 Jesus, porém, foi para o monte das Oliveiras.

2 De manhã cedo, apareceu de novo no templo, e todo o povo se reuniu em volta dele, e ele se assentou para os [zz]ensinar.

3 Os [aa]mestres da lei e os fariseus trouxeram a Jesus uma mulher apanhada em adultério. Puseram-na de pé no meio do grupo

4 e disseram a Jesus: Mestre, esta mulher foi apanhada em [bb]adultério.

5 Na Lei nos ordenou Moisés que tais mulheres sejam [cc]apedrejadas. Ora, o que dizes?

6 Eles usavam essa pergunta [dd]como uma armadilha, para terem de que [ee]acusá-lo. Mas Jesus se inclinou e começou a escrever na terra com o dedo.

7 Como insistissem na pergunta, ele se endireitou e disse: Aquele que dentre vós está sem [ff]pecado [gg]seja o primeiro a lhe atirar uma pedra.

8 Inclinando-se novamente, escrevia na terra.

9 Quando ouviram isso, foram-se retirando um a um, a começar pelos mais velhos, até que ficaram [hh]só Jesus e a mulher no lugar onde estava.

10 Jesus endireitou-se e disse: Mulher, onde estão eles? Ninguém [ii]te condenou?

11 Respondeu ela: Ninguém, Senhor. Disse Jesus: Nem eu também te [jj]condeno. Agora vai e abandona tua vida de pecado.

[y] Mt 21.38; 26.4; Lc 22.2; Jo 5.18; 8.37,40
[z] v. 48; comp. Jo 12.42
[a] Mt 13.55
[b] Cristo (primeira vinda): v. 29, 31,42; Jo 8.42 (Gn 3.15; At 1.11)
[c] Jo 8.20
[d] Fé: v. 31,40, 41; Jo 8.30 (Gn 3.20; Hb 11.39, nota)
[e] Veja Mt 3.7, nota
[f] Jo 13.33
[g] Mc 16.19; Lc 24.51; At 1.9; Hb 9.24; 1Pe 3.22
[h] Mt 5.20; 1Co 6.9; 15.50; Ap 21.27
[i] Tg 1.1
[j] Veja Ef 3.6, nota
[k] Lv 23.36
[l] Cristo (Rocha): v. 37-39; At 4.11 (Gn 49.24; 1Pe 2.8)
[m] Is 12.3; 43.20; 44.3; 55.1; Jo 6.35; Ap 21.6; 22.17
[n] Espírito Santo (NT): v. 38,39; Jo 14.16 (Mt 1.18; At 2.4, nota); Jo 16.7
[o] Jo 13.31; 17.5; comp. At 3.13
[p] Dt 18.15,18; Jo 6.14; veja Lc 24.19, nota
[q] Jo 4.42; 6.69

[r] Inspiração: v. 42; Jo 8.17 (Êx 4.15; 2Tm 3.16); 2Sm 7.12; Sl 132.11; Jr 23.5; Mq 5.2; Lc 2.4
[s] Mt 13.54,56; Lc 4.22
[t] v. 26; comp. Lc 8.41; Jo 12.42; 1Co 1.26-29
[u] Veja Mt 3.7, nota
[v] Lei (de Moisés): 7.49,51; 8.5,17; Jo 9.16 (Êx 19.1; Gl 3.24)
[w] Jo 3.1,2
[x] Dt 1.16; 19.15
[yy] v. 41; comp. Jo 1.46
[zz] v. 28; Jo 18.20
[aa] Veja Mt 2.4, nota
[bb] Êx 20.14; Mt 5.27; 19.9; Rm 7.3; comp. Mt 5.28-32; 1Co 6.9; 2Pe 2.14
[cc] Lv 20.10; Dt 22.22-24; comp. Nm 5.11-31
[dd] Provar--Tentar: v. 6; At 5.9 (Gn 3.1; Tg 1.14)
[ee] Mt 22.15; comp. Jo 18.31
[ff] Veja Rm 3.23, nota
[gg] Dt 17.7; comp. Mt 7.1-5; Rm 2.1,22
[hh] Comp. Mt 22.22
[ii] Comp. Lc 12.14
[jj] Comp. Mt 11.19; Lc 7.39; 19.7; Rm 5.8; 1Tm 1.15; veja Rm 1.16, nota

O conflito central entre Jesus e os fariseus: a procedência de Cristo.

Jesus é a luz do mundo (comp. Jo 1.9)

12 Jesus continuou a dizer à multidão: [k]Eu sou a luz do [l]mundo. Quem me [m]segue não andará em trevas, mas terá a luz da [n]vida.

13 Desafiaram-no os fariseus: Tu testificas de ti mesmo; o teu testemunho não é válido.

14 Respondeu Jesus: Ainda que eu testifique de mim mesmo, o meu testemunho é válido, pois sei de onde vim e para onde vou. Mas vós não sabeis de onde venho nem para onde vou.

15 Julgais vós segundo os [o]padrões humanos; eu a ninguém julgo.

16 Se, porém, na verdade julgo, as minhas decisões são certas, porque não estou sozinho. Estou com o Pai que me enviou.

17 Na vossa Lei está [p]escrito que o testemunho de dois homens é válido.

18 Eu sou um que testifica de mim mesmo; a minha outra testemunha é o [q]Pai que me enviou.

19 Então lhe perguntaram: Onde está teu Pai? Respondeu Jesus: Não me conheceis nem a meu Pai. [r]Se vós me conhecêsseis, também conheceríeis meu Pai.

20 Ele disse essas palavras ensinando na área do templo no lugar do gazofilácio. Contudo, ninguém o prendeu, porque a sua [s]hora ainda não tinha chegado.

21 Uma vez mais disse Jesus: Vou retirar-me, e vós me buscareis e [t]morrereis no vosso pecado. Para onde eu vou vós [u]não podeis ir.

22 Disseram os judeus: Por acaso irá ele [v]matar-se a si mesmo? É por isso que diz: Para onde eu vou, vós não podeis ir?

23 Ele, porém, continuou: Vós sois de baixo; [w]eu sou de cima. Vós sois deste mundo; eu não sou deste [x]mundo.

24 Eu vos disse que [y]morreríeis nos vossos [z]pecados; se não crerdes que eu sou, morrereis nos vossos pecados.

25 Perguntaram-lhe: Quem és tu? Respondeu Jesus: O que já [a]vos disse desde o princípio.

26 Muito tenho que dizer e julgar de vós. Mas aquele que me enviou é verdadeiro, e o que dele ouvi digo ao mundo.

27 Eles não entenderam que ele lhes falava do Pai.

28 Por isso, Jesus disse: Quando [b]levantardes o [c]Filho do homem, então sabereis que eu sou quem digo ser e que nada faço de mim mesmo, mas [d]falo como o Pai me ensinou.

29 Aquele que me enviou está comigo; ele não me deixou só, pois sempre faço o que lhe agrada.

30 Tendo ele dito essas coisas, muitos [e]creram nele.

31 **D**isse Jesus aos judeus que criam nele: Se [f]permanecerdes no meu [g]ensino, verdadeiramente sereis meus discípulos.

32 Então conhecereis a [h]verdade e a verdade vos libertará.

33 Responderam eles: Somos [i]descendentes de Abraão e jamais fomos escravos de ninguém. Como é que dizes que seremos livres?

34 Disse Jesus: [j]Em verdade, em verdade vos digo que todo aquele que comete pecado é [kk]escravo do pecado.

35 Ora, o escravo [ll]não permanece sempre em casa, mas o Filho aí [mm]permanece para sempre.

36 Se o Filho vos libertar, verdadeiramente sereis [nn]livres.

37 Sei que sois [1]descendentes de Abraão. Contudo, procurais [oo]matar-me, porque a minha palavra não penetra em vós.

38 [pp]Eu falo do que vi na presença do Pai, e vós fazeis o que ouvistes de vosso pai.

39 **R**esponderam eles: Nosso pai é Abraão. Disse-lhes Jesus: Se fôsseis filhos de Abraão, praticaríeis as obras de Abraão.

40 Todavia, procurais matar-me, homem que vos disse a verdade [qq]que de Deus ouviu. Abraão não fez isso.

41 Vós fazeis as obras de vosso pai. Protestaram eles: Nós não somos [rr]filhos ilegítimos. [ss]Temos um pai que é Deus.

42 Disse-lhes Jesus: Se Deus fosse o vosso pai, vós me amaríeis, pois eu [tt]vim de Deus e aqui estou. Não vim por mim mesmo, mas foi [uu]ele que me enviou.

43 Por que não entendeis a minha linguagem? Porque não podeis ouvir a minha palavra.

44 Vós pertenceis ao vosso [2]pai, o [vv]Diabo, e quereis [ww]executar o [xx]desejo dele. Ele foi homicida desde o princípio e não se firmou na verdade, pois não há verdade nele. Quando ele profere [yy]mentira, fala do que lhe é próprio, pois é mentiroso e pai da mentira.

45 Contudo, porque vos digo a verdade, não credes em mim.

46 Pode algum de vós [zz]acusar-me de pecado? Se vos digo a verdade, por que não credes em mim?

47 Quem pertence a Deus [aa]ouve as palavras de Deus. O motivo por que não ouvis é que não pertenceis a Deus.

[k] Is 9.2; Ml 4.2; Jo 9.5; 2Tm 1.10; veja Jo 8.58, marg. u
[l] Gr. *kosmos*. Veja Mt 4.8, nota
[m] 1Ts 5.5
[n] Vida (eterna): v. 12; Jo 10.10 (Mt 7.14; Ap 22.19)
[o] Carne (natureza pecaminosa): v. 15; Rm 7.5 (Jo 8.15; Jd 23)
[p] Inspiração: v. 17; Jo 8.40 (Êx 4.15; 2Tm 3.16); Dt 17.6; 19.15
[q] Jo 5.37
[r] Comp. Jo 14.7
[s] Jo 2.4; 7.30
[t] Morte (segunda): v. 21; Jo 8.24 (Jo 8.21; Ap 20.14, nota)
[u] Jo 7.34
[v] Comp. v. 37,40
[w] Veja Jo 8.58, marg. u
[x] Gr. *kosmos*. Veja Mt 4.8 e Ap 13.8, notas
[y] Morte (segunda): v. 24; Jo 11.26 (Jo 8.21; Ap 20.14, nota)
[z] Veja Rm 3.23, nota
[a] Jo 4.26
[b] Jo 3.14; 12.32,34
[c] Veja Mt 8.20, nota
[d] Dt 18.15, 18,19; Jo 12.49

[e] Fé: v. 30,31; Jo 9.7 (Gn 3.20; Hb 11.39, nota)
[f] v. 51; Jo 14.15,23; comp. Jo 17.6; 1Jo 2.3; Ap 3.8
[g] Comp. v. 37
[h] Jo 1.14,17; 14.6
[i] v. 37; Lc 3.8; comp. Jo 8.39,40
[j] Veja Jo 5.19, marg.
[kk] Pv 5.22; 2Pe 2.19; comp. Mt 12.34; Rm 6.14-23
[ll] Comp. Gn 21.10; Gl 4.30
[mm] Comp. Rm 8.15-17
[nn] Rm 8.2; 2Co 3.17; Gl 5.1
[oo] v. 40; comp. v. 22
[pp] Jo 14.10,24
[qq] Inspiração: v. 40; Jo 10.34 (Êx 4.15; 2Tm 3.16)
[rr] Comp. Mt 1.18-25
[ss] Comp. Tt 1.16
[tt] Cristo (primeira vinda): v. 42; Jo 9.39 (Gn 3.15; At 1.11)
[uu] Gl 4.4
[vv] Satanás: v. 44; Jo 12.31 (Gn 3.1; Ap 20.10); Ez 28.12-17
[ww] 1Jo 3.8-10
[xx] 1Jo 2.16,17
[yy] Gn 3.4,5
[zz] 1Jo 3.5
[aa] Lc 8.15

[1] (8.37) Todos os judeus são descendentes naturais de Abraão, mas não necessariamente sua posteridade espiritual. Comp. Rm 9.6-8; Gl 3.6-14.

[2] (8.44) Esta paternidade satânica não pode ser limitada aos fariseus, algo que está claro em 1Jo 3.8-10.

48 Responderam os judeus: Não temos razão em dizer que és [b]samaritano e que [c]estás possesso de [d]demônio?

49 Disse Jesus: Eu não estou possesso de demônio, mas honro meu Pai, e [e]vós me desonrais.

50 Eu [f]não busco a minha própria glória; há quem a busca, e ele é o juiz.

51 Em verdade, em verdade vos digo que, [g]se alguém guardar a minha palavra, jamais verá a [h]morte.

52 Disseram os judeus: Agora sabemos que estás [i]possesso de [j]demônio. [k]Morreu Abraão e também os profetas, e tu dizes que, se alguém guardar a tua palavra, jamais provará a morte.

53 És tu [l]maior do que o nosso pai Abraão? Ele morreu e também os profetas. [m]Quem pensas que és?

54 Jesus respondeu: [n]Se eu me glorifico a [o]mim mesmo, a minha glória nada significa. Quem me glorifica é meu Pai, o qual vós dizeis que é vosso Deus.

55 Certamente [p]vós não o conheceis, mas eu o conheço. Se eu dissesse que não o conheço, seria mentiroso como vós, mas eu o conheço e [q]guardo a sua palavra.

56 Vosso pai Abraão exultou por ver o meu dia; [r]viu-o e alegrou-se.

57 Disseram-lhe os judeus: Ainda não tens cinquenta anos e viste Abraão?

58 Respondeu Jesus: [s]Em verdade, em verdade vos digo que [t]antes de Abraão nascer, [u]Eu Sou!

59 Então [v]pegaram em pedras para atirar nele, mas Jesus escondeu-se e [w]retirou-se do templo.

Jesus cura um cego de nascença

9 **Q**uando Jesus ia passando, viu um homem cego de nascença.

2 Os discípulos de Jesus perguntaram: Mestre, quem [x]pecou, este ou seus pais, para que nascesse cego?

3 Jesus respondeu: Nem ele nem seus pais pecaram, mas isto aconteceu [y]para que se manifestem nele as obras de Deus.

4 Devemos [z]fazer as obras daquele que me enviou enquanto [a]é dia. A noite vem, quando ninguém pode trabalhar.

5 Enquanto estou no [bb]mundo, sou a [cc]luz do mundo.

6 Tendo dito isso, cuspiu na terra, fez [dd]lodo com a saliva, aplicou-o aos olhos do cego

7 e disse: Vai, lava-te no tanque de Siloé (que significa o Enviado). O cego [ee]foi, [ff]lavou-se e voltou [gg]vendo.

8 Então os vizinhos e os que dantes o tinham visto a mendigar perguntavam: Não é este o que estava assentado pedindo esmolas?

9 Alguns diziam que era ele. Outros diziam: Parece-se com ele. Mas ele mesmo insistia: Sou eu.

10 Perguntaram-lhe: [1]Como, pois, se abriram os teus olhos?

11 Respondeu ele: O homem chamado Jesus fez lodo, untou-me os olhos e disse: Vai, lava-te no tanque de Siloé. Então eu fui, lavei-me e pude ver.

12 Perguntaram-lhe: Onde está ele? Respondeu ele: Não sei.

13 **L**evaram aos [hh]fariseus o que dantes era cego.

14 Ora, era [ii]sábado o dia em que Jesus fez o lodo e abriu os olhos do homem.

15 Portanto, os fariseus também lhe perguntaram como vira. O homem respondeu: Ele aplicou lodo aos meus olhos, lavei-me e vejo.

16 Alguns dos fariseus diziam: Este homem [jj]não é de Deus, pois [kk]não guarda o sábado. Mas outros perguntavam: Como pode um homem pecador fazer tais sinais miraculosos? De modo que havia [ll]dissensão entre eles.

17 Finalmente, tornaram a perguntar ao cego: Que dizes tu a respeito de quem te abriu os olhos? O homem respondeu: É [mm]profeta.

18 **O**s judeus não acreditaram que ele tivesse sido cego e agora via, enquanto não chamaram os pais do homem.

19 Perguntaram-lhes: É este o vosso filho? É este que vós dizeis ter nascido cego? Como é que ele agora vê?

20 Os [nn]pais responderam: Sabemos que este é nosso filho e que nasceu cego.

21 Não sabemos, porém, como agora ele pode ver ou quem lhe abriu os olhos. Tem idade. Interrogai-o. Ele falará por si mesmo.

22 Os seus pais disseram isso porque [oo]temiam os judeus, pois já os judeus tinham resolvido que quem confessasse que Jesus era o Cristo seria [2pp]expulso da sinagoga.

23 Foi por isso que os pais disseram: Tem idade. Interrogai-o.

[b] Veja Jo 4.9, marg. aa
[c] v. 52; Jo 7.20; 10.20
[d] Veja Mt 7.22, nota
[e] Jo 5.41; comp. Jo 12.28
[f] Jo 7.18; Fp 2.6-8
[g] Jo 5.24; 11.26
[h] Morte (espiritual): v. 51; Rm 6.16 (Gn 2.17; Ef 2.5, nota)
[i] v. 48; Jo 7.20; 10.20
[j] Veja Mt 7.22, nota
[k] Comp. Zc 1.5; Hb 11.13
[l] Comp. Jo 4.12; Hb 3.3
[m] Jo 10.33; 19.7
[n] v. 50; Jo 5.31,32
[o] At 3.13; comp. Jo 16.14; 17.1
[p] v. 19; Jo 7.28,29
[q] v. 29; Jo 15.10
[r] Hb 11.13
[s] Veja Jo 5.19, marg.
[t] Mq 5.2; Jo 17.5; Hb 7.3; Ap 22.13
[u] Jo 6.35, 41,48,51; 8.12; 9.5; 10.7,9, 11,14; 11.25; 14.6; 15.1,5; Ap 1.8,17; comp. Êx 3.14; Is 43.11-15
[v] Jo 10.31; 11.8
[w] Lc 4.30; Jo 10.39
[x] Veja Rm 3.23, nota
[y] Jo 11.4
[z] Jo 4.34; 5.19,36; 17.4
[a] Jo 11.9, 10; 12.35
[bb] Gr. *kosmos*. Veja Mt 4.8, nota
[cc] Jo 1.5,9; 3.19; 8.12; 12.35,46

[dd] v. 11, 14,15; comp. Mc 7.33; 8.23
[ee] Fé: v. 7; Jo 9.38 (Gn 3.20; Hb 11.39, nota)
[ff] Comp. 2Rs 5.1-14
[gg] Milagres (NT): v. 1-11; Jo 11.44 (Mt 8.3; At 28.8)
[hh] Veja Mt 3.7, nota
[ii] Sábado (dia de repouso): v. 14,16; Jo 19.31 (Gn 2.3; Mt 12.1, nota)
[jj] Comp. v. 33; Jo 3.2
[kk] Lei (de Moisés): v. 16; Jo 18.31 (Êx 19.1; Gl 3.24)
[ll] Jo 7.12,43; 10.19
[mm] Jo 4.19; 6.14; veja Lc 24.19, nota
[nn] Comp. Mt 10.35
[oo] Jo 7.13; 12.42; 19.38
[pp] v. 34; Jo 16.2

[1] (9.10) Observe a progressão da maneira como o homem curado compreendeu a Pessoa de Cristo: 1) "O homem chamado Jesus" (v. 11); 2) "É profeta" (v. 17); 3) "O homem [...] temente a Deus e [que] faz a sua vontade" (v. 31); 4) "o adorou" (v. 38).

[2] (9.22) Para um judeu, ser expulso da sinagoga significa ser isolado dos demais.

24 **Chamaram** pela segunda vez o homem
que tinha sido cego e disseram-lhe: Dá glória
a Deus. [q]Sabemos que esse homem é pecador.
25 Respondeu ele: Se é pecador, não sei. Uma
coisa sei: Eu era cego e agora vejo.
26 Então lhe perguntaram: Que te fez ele?
Como te abriu os olhos?
27 Respondeu ele: Já vos disse, e não ouvis-
tes. Para que quereis ouvir de novo? Quereis
fazer-vos também seus discípulos?
28 Então o insultaram e disseram: Discípulo
dele sejas tu! Nós somos discípulos de Moisés.
29 Sabemos que Deus [r]falou a [s]Moisés, mas
este nem mesmo sabemos de [t]onde é.
30 O homem respondeu: Ora, isto é espan-
toso! Vós não sabeis de onde ele é, contudo ele
me abriu os olhos.
31 Nós sabemos que Deus [u]não ouve [v]pecado-
res. Ele ouve o homem que é temente a Deus e
faz a sua vontade.
32 Jamais se ouviu dizer que alguém tenha
aberto os olhos a um cego de nascença.
33 Se este não fosse de Deus, [w]nada poderia fazer.
34 Disseram eles: Tu és [x]nascido todo em peca-
dos; como ousa nos ensinar? E o [y]expulsaram.

Jesus reafirma sua divindade

35 Jesus ouviu que o tinham expulsado e,
quando o encontrou, [z]perguntou: [a]Crês tu no
[b]Filho do homem?
36 Perguntou o homem: [c]Quem é ele, Senhor,
para que eu nele creia?
37 Jesus disse: Tu já o viste, e é [d]aquele que
fala contigo.
38 Disse o homem: [e]Creio, Senhor. E o [f]adorou.
39 Disse Jesus: Eu [g]vim a este [h]mundo para
[i]juízo, a fim de que os que não veem vejam, e
os que veem se tornem [j]cegos.
40 Alguns fariseus que estavam com ele,
ouvindo isso, perguntaram: Acaso [k]também
nós somos cegos?
41 Disse Jesus: [l]Se fôsseis cegos, não teríeis
pecado; mas, como agora dizeis: Nós vemos,
[m]permanece o vosso pecado.

Jesus, o bom pastor
(comp. Sl 23; Hb 13.20; 1Pe 5.4)

10 [n]**Em** verdade, em verdade vos digo que
aquele que não entra pela porta no

q v. 16
r Êx 19.19, 20; 33.11; 34.29; Nm 12.6-8
s Jo 5.45-47; comp. At 13.27
t Jo 7.27,28; 8.14
u Jó 27.8,9; Sl 18.41; 66.18; Pv 15.29; 28.9; Mq 3.4; Zc 7.13; comp. Sl 34.15; Tg 5.16
v Veja Rm 3.23, nota
w Jo 5.19; 14.10,11
x Sl 51.5
y v. 22
z Jo 5.14; comp. Mt 18.12; Lc 19.10
a Jo 1.7; 16.31
b Mt 2.15; 3.17; 14.33; 16.16; 17.5; Lc 1.35; Jo 1.34; 3.18; 10.36; 11.27; At 9.20; 1Jo 4.15; 5.13
c Comp. Rm 10.14
d Jo 4.26
e Fé: v. 36-38; Jo 10.42 (Gn 3.20; Hb 11.39, nota)
f Mt 8.2; comp. Jo 20.16, 17,26-28
g Cristo (primeira vinda): v. 39; Jo 10.10 (Gn 3.15; At 1.11)
h Gr. *kosmos*. Veja Mt 4.8, nota
i Comp. Jo 3.16,17
j Comp. Ez 12.2
k Comp. Mt 13.13; Rm 2.19
l Comp. Jo 15.22-24
m Comp. Mt 23.27-33
n Veja Jo 5.19, marg. r

aprisco das ovelhas, mas sobe por outra parte,
é ladrão e assaltante.
2 Aquele, porém, que entra pela porta é o
pastor das ovelhas.
3 A este o porteiro abre a porta, as ovelhas
[o]ouvem a sua voz; ele chama pelo [p]nome às
suas ovelhas e as leva para [qq]fora.
4 Quando tira para fora todas as ovelhas
que lhe pertencem, vai adiante delas, e elas o
seguem, porque conhecem a sua voz.
5 Jamais seguirão o [rr]estranho, antes fugi-
rão dele, porque não reconhecem a voz dos
estranhos.
6 Jesus lhes propôs esta [ss]parábola, mas eles
não entenderam o que ele queria dizer.
7 **Portanto**, tornou Jesus a dizer: Em verdade
vos digo que [1][tt]eu sou a porta das ovelhas.
8 Todos os que vieram antes de mim são
ladrões e assaltantes, mas as ovelhas não
os ouviram.
9 [uu]Eu sou a porta. Todo aquele que entrar
por mim, será [vv]salvo. Entrará, sairá e achará
pastagens.
10 O ladrão só vem para roubar, matar e des-
truir; eu [ww]vim para que tenham [xx]vida e a
tenham em [yy]abundância.
11 Eu sou o bom [zz]pastor. O bom pastor [aa]dá a
sua vida pelas ovelhas.
12 O mercenário, a quem não pertencem as
ovelhas, não é o pastor. De modo que quando
vê vir o lobo, [bb]deixa as ovelhas e foge. Então
o lobo ataca o rebanho e dispersa as ovelhas.
13 O mercenário foge porque é mercenário e
não tem cuidado com as ovelhas.
14 Eu sou o bom pastor; eu [cc]conheço as minhas
ovelhas, e as minhas ovelhas me [dd]conhecem.
15 Assim como o Pai me conhece, também
eu conheço o Pai e dou a minha vida [ee]pelas
ovelhas.
16 Ainda tenho [2]outras ovelhas que não são
deste aprisco. A mim me convém agregá-las
também. Elas também ouvirão a minha voz, e
haverá um só [ff]rebanho e só um pastor.
17 Por isso, o Pai me [gg]ama, porque dou a
minha vida para tornar a tomá-la.
18 Ninguém a tira de mim, mas eu espon-
taneamente a dou. Eu tenho autoridade para
dá-la e para [hh]tornar a tomá-la. Este [ii]mandato
recebi de meu Pai.

o v. 27
p Jo 20.16; comp. Ap 2.17
qq Comp. Jo 9.34-38
rr v. 12,13; 2Co 11.13-15; comp. Is 56.10-12; Jr 50.6
ss Linguagem figurada. Jo 16.25,29; 2Pe 2.22
tt Veja Jo 8.58, marg. u
uu Veja Jo 8.58, marg. u
vv Veja Rm 1.16, nota
ww Cristo (primeira vinda): v. 10; Jo 11.27 (Gn 3.15; At 1.11)
xx Vida (eterna): v. 10,28; Jo 11.25 (Mt 7.14; Ap 22.19)
yy Comp. Jo 7.37-39
zz v. 2; Gn 49.24; Is 40.11; Ez 34.23; Hb 13.20; 1Pe 2.25; 5.4
aa Sacrifício (de Cristo): v. 11,15, 17,18; Jo 12.24 (Gn 3.15; Hb 10.18, nota)
bb Comp. Zc 11.15-17
cc Na 1.7; Jo 6.64; 2Tm 2.19
dd v. 4; 2Tm 1.12
ee 1Jo 3.16
ff Jo 11.52; 17.21; Ef 2.13-16; 3.1-6; Cl 3.10,11
gg Jo 5.20
hh Jo 2.19
ii Jo 14.31; 17.4; comp. Hb 10.5-9

[1] (10.7) A obra de nosso Senhor como pastor tem três aspectos: 1) Como o "bom pastor", ele dá a vida pelas ovelhas (v. 11) e, portanto, é "a porta" pela qual, "aquele que entrar [...] será salvo" (v. 9). Isso corresponde ao salmo 22. 2) Ele é o "grande Pastor" a quem Deus "tornou a trazer dentre os mortos" (Hb 13.20) para cuidar das ovelhas e aperfeiçoá-las. Isso corresponde ao salmo 23. 3) Ele é o "sumo Pastor" que virá em glória para dar as coroas da recompensa aos pastores fiéis (1Pe 5.4). Isso corresponde a salmo 24.

[2] (10.16) As "outras ovelhas" não fazem parte do aprisco judeu, mas são gentios. Comp. Is 56.8; Jo 17.20; At 15.7-9; Ef 2.11-19.

19 **Por** causa dessas palavras, os judeus se [j]dividiram novamente.

20 Muitos diziam: [1]Está possuído por um [k]demônio e está fora de si. Por que o ouvis?

21 Outros, porém, diziam: Essas palavras não são de endemoninhado. Pode um demônio abrir os olhos dos cegos?

Jesus confirma sua divindade (Jo 5.26,27; 14.9; 20.28,29)

22 **Houve** então a festa da dedicação em Jerusalém. Era inverno,

23 e Jesus andava passeando no templo, no pórtico de Salomão.

24 Rodearam-no os judeus e perguntaram: Até quando nos manterás em suspenso? Se tu és o Cristo, dize-o abertamente.

25 Jesus respondeu: Eu já vos disse, mas não credes. Os milagres que eu faço em nome de meu Pai [l]falam por mim,

26 mas vós não credes [m]porque não sois das minhas ovelhas.

27 As minhas ovelhas ouvem a minha voz; eu as conheço, e elas me seguem.

28 Eu lhes [n]dou a vida eterna, e elas jamais [o]perecerão; ninguém poderá arrancá-las da minha mão.

29 Meu Pai, que as deu a mim, é maior do que todos; ninguém pode arrancá-las da mão dele.

30 Eu e o Pai somos [p]um.

31 **De** novo os judeus [q]pegaram em pedras para apedrejá-lo,

32 mas Jesus lhes disse: Tenho-vos mostrado muitos grandes milagres procedentes de meu Pai. Por qual deles me apedrejais?

33 Responderam os judeus: Não te apedrejamos por nenhum milagre, mas pela [r]blasfêmia, porque tu, mero homem, te fazes Deus a ti mesmo.

34 Respondeu-lhes Jesus: Não está [s]escrito na vossa Lei: Eu disse: Sois [t]deuses?

35 Se ele chamou deuses àqueles a quem a palavra de Deus foi dirigida (e a Escritura [u]não pode ser anulada),

36 que dizer daquele a quem o Pai [v]santificou e [w]enviou ao [x]mundo? Então por que me acusais de blasfêmia, porque eu disse: Sou Filho de Deus?

37 Se não faço as obras de meu Pai, não acrediteis em mim.

38 Se, porém, as faço, e não credes em mim, crede nas [y]obras, para que possais saber e compreender [z]que o Pai está em mim, e eu nele.

[j] Jo 9.16
[k] Veja Mt 7.22, nota
[l] v. 38; Mt 11.4; Jo 2.11; 20.30; comp. Jo 3.2
[m] Jo 8.47
[n] Rm 6.23; comp. Mt 11.28; 16.19; Lc 10.19; Jo 4.14; 6.51; 14.27
[o] Segurança: v. 28,29; Jo 11.26 (Sl 23.1; Jd 1); Rm 8.35-39; 1Pe 1.5
[p] Jo 17.21-24; comp. Jo 15.23
[q] Jo 8.59
[r] Mt 9.3
[s] Inspiração: v. 34,35; Jo 12.14 (Êx 4.15; 2Tm 3.16)
[t] Sl 82.6
[u] Mt 5.17,18
[v] Santificação (NT): v. 36; Jo 17.17 (Mt 4.5; Ap 22.11); Lc 1.35
[w] Jo 5.23, 24,36,37; 6.44,57; 7.16,18; 8.16,18
[x] Gr. *kosmos*. Veja Mt 4.8, nota
[y] Jo 5.36
[z] Jo 14.10

39 De novo procuravam prendê-lo, mas ele lhes escapou das mãos.

Jesus se retira de Jerusalém

40 **Então** novamente Jesus retirou-se para o outro lado do Jordão, para o lugar onde João tinha anteriormente [a]batizado, e ali ficou.

41 Muitos iam procurá-lo, dizendo: Embora João não tenha feito nenhum sinal miraculoso, tudo o que ele [b]disse a respeito deste homem era verdade.

42 E muitos ali [c]creram nele.

Jesus ressuscita Lázaro

11 Estava enfermo certo Lázaro, de Betânia, aldeia de [d]Maria e de sua irmã [e]Marta.

2 Esta Maria, cujo irmão agora estava doente, era a mesma que ungiu o Senhor com bálsamo e lhe enxugou os pés com os cabelos.

3 Mandaram as irmãs de Lázaro dizer a Jesus: Senhor, aquele a quem amas está enfermo.

4 Quando Jesus ouviu isso, disse: Esta enfermidade [f]não acabará em morte, mas é [g]para a glória de Deus, para que o Filho de Deus seja por ela glorificado.

5 Jesus amava Marta, a irmã dela e Lázaro.

6 Quando, porém, ouviu que Lázaro adoecera, ficou ainda dois dias no lugar onde estava.

7 Depois disse aos seus discípulos: Voltemos para a Judeia.

8 Disseram os discípulos: Mestre, recentemente os judeus procuravam [h]apedrejar-te, e voltas para lá?

9 Jesus respondeu: Não há doze horas no dia? Se alguém andar de dia, não tropeça, pois vê a [i]luz deste [jj]mundo.

10 É quando anda de [kk]noite que tropeça, pois não tem luz.

11 Disse isso e continuou: Nosso amigo Lázaro [ll]dorme, mas vou [mm]despertá-lo.

12 Responderam os discípulos: Senhor, se dorme, melhorará.

13 Jesus estava falando da sua morte, mas os discípulos pensavam que ele se referia ao repouso do sono.

14 Então Jesus disse [nn]claramente: Lázaro está morto,

15 e me alegro, por vossa causa, de que lá não estivesse, para que possais crer. Mas vamos até ele.

16 Então [oo]Tomé, chamado Dídimo, disse aos outros discípulos: Vamos nós também para morrer com ele.

[a] Mt 3.6; veja At 8.12, nota
[b] Jo 1.29, 36; 3.28-36; 5.33
[c] Fé: 10.42; 11.22,27; Jo 11.45 (Gn 3.20; Hb 11.39, nota)
[d] Veja Lc 1.27, nota
[e] Lc 10.40; Jo 12.2
[f] v. 11; comp. Mt 9.24
[g] Comp. Jo 14.13; 17.1
[h] Jo 8.59; 10.31
[i] Is 9.2; Jo 1.4,7-9; 3.19-21; 5.35; 8.12; 9.5; 12.35, 36,46
[jj] Gr. *kosmos*. Veja Mt 4.8, nota
[kk] Comp. Jo 3.19
[ll] Mt 9.24; comp. At 7.60; 1Co 15.51
[mm] Comp. 1Ts 4.13-17
[nn] Comp. Jo 10.24
[oo] Jo 14.5; 20.24-29

[1] (10.20) Esta acusação foi, sem dúvida, consequência da declaração que Cristo fez de ser "o bom pastor" (v. 11,14), a quem os judeus cultos identificariam como o Deus da aliança do salmo 23. Comp. Jo 10.33.

17 **Q**uando Jesus chegou, já fazia quatro dias que Lázaro havia sido enterrado.

18 Betânia distava cerca de quinze [p]estádios de Jerusalém

19 e muitos [q]judeus tinham vindo visitar Marta e Maria, para consolá-las acerca de seu irmão.

20 Ouvindo Marta que Jesus vinha, saiu-lhe ao encontro. Maria, porém, ficou [r]em casa.

21 Disse Marta a Jesus: Senhor, se tu estivesses aqui, meu irmão não teria morrido.

22 Ainda agora, porém, sei que tudo o que [s]pedires a Deus, ele te concederá.

23 Disse Jesus: Teu irmão [t]ressuscitará.

24 Respondeu Marta: Eu sei que ressuscitará na ressurreição, no último [u]dia.

25 Disse Jesus: [v]Eu [w]sou a ressurreição e a [x]vida. Quem [y]crê em mim, ainda que esteja [z]morto, viverá;

26 e todo aquele que vive e crê em mim [a]nunca [b]morrerá. Crês nisso?

27 Disse ela: Sim, Senhor, creio que [c]tu és o Cristo, o Filho de Deus, que havia de [d]vir ao mundo.

28 Depois que ela disse isso, voltou e chamou Maria, sua irmã, em particular, dizendo: O Mestre está aqui e te chama.

29 Quando Maria ouviu isso, levantou-se depressa e foi encontrar-se com Jesus.

30 Ora, Jesus ainda não tinha entrado na aldeia, mas estava no lugar onde Marta o encontrara.

31 Quando os judeus que estavam com Maria em casa e a consolavam perceberam quão rapidamente ela se levantara e saíra, seguiram-na, supondo que ia ao túmulo para chorar ali.

32 Quando Maria chegou ao lugar onde Jesus estava e o viu, [e]caiu-lhe aos pés, dizendo: Senhor, se tu estivesses aqui, meu irmão não teria morrido.

33 Jesus, vendo-a chorar, e também chorando os judeus que com ela vinham, comoveu-se profundamente em espírito e perturbou-se.

34 Perguntou ele: Onde o pusestes? Responderam: Senhor, vem e vê.

35 Jesus [f]chorou.

36 Então disseram os judeus: Vede como o [g]amava!

37 Alguns, porém, disseram: Não podia ele, que abriu os olhos ao [h]cego, fazer também que este não morresse?

38 Jesus, [i]comovendo-se profundamente outra vez, dirigiu-se ao sepulcro. Era uma [j]gruta, com uma pedra posta sobre ela.

39 Disse Jesus: Tirai a [k]pedra. Disse Marta, irmã do morto: Senhor, já [l]cheira mal, pois é o quarto dia.

[p] Veja pesos e medidas (NT): At 27.28, nota
[q] v. 31,33,45
[r] Comp. Is 26.3
[s] Comp. v. 41; Jo 17.9
[t] Ressurreição: v. 23-25; Jo 11.44 (2Rs 4.35; 1Co 15.52, nota)
[u] Veja At 2.17, nota
[v] Veja Jo 8.58, marg. u
[w] Jo 5.21; 6.39,40; Ap 1.18
[x] Vida (eterna): v. 25,26; Jo 12.25 (Mt 7.14; Ap 22.19)
[y] Jo 3.16
[z] 1Co 15.22; Hb 9.27
[a] Segurança: v. 26; Jo 14.19 (Sl 23.1; Jd 1)
[b] Morte (segunda): v. 26; Rm 8.13 (Jo 8.21; Ap 20.14, nota)
[c] Mt 16.16; Jo 6.69
[d] Cristo (primeira vinda): v. 27; Jo 12.13 (Gn 3.15; At 1.11)
[e] Mc 5.22; 7.25; Ap 1.17
[f] Lc 19.41; comp. Hb 4.15
[g] v. 3
[h] Jo 9.1-11
[i] v. 33
[j] Comp. Gn 23.19
[k] Mt 27.60,66
[l] Comp. At 13.36,37

40 Então Jesus lhe disse: Não te disse que se creres verás a [m]glória de Deus?

41 Tiraram, então, a pedra. E Jesus, levantando os olhos para o céu, [n]disse: Pai, graças te dou porque me ouviste.

42 Eu sei que sempre me [o]ouves, mas eu disse isso por causa da multidão que me [pp]rodeia, para que creiam que tu me enviaste.

43 Tendo dito isso, Jesus [qq]clamou em [rr]alta voz: Lázaro, vem para fora!

44 [ss]O morto [tt]saiu, tendo as mãos e os pés [uu]enfaixados, e o rosto envolto num lenço. Disse Jesus: [vv]Desatai-o e deixai-o ir.

Muitos se convertem; os fariseus conspiram para matar Jesus (comp. Jo 12.10,11)

45 **M**uitos dos judeus que tinham ido visitar Maria e tinham visto o que Jesus fizera [ww]creram nele.

46 Alguns, porém, foram aos fariseus e [xx]contaram o que Jesus tinha feito.

47 **E**ntão os principais sacerdotes e os [yy]fariseus convocaram uma [zz]reunião do Sinédrio e disseram: [aa]Que faremos? Este homem realiza muitos sinais miraculosos.

48 Se o deixarmos prosseguir assim, [bb]todos crerão nele, e virão os romanos e tomarão o nosso lugar e a própria nação.

49 Então um deles, chamado [cc]Caifás, que era sumo sacerdote naquele ano, disse: Vós nada sabeis!

50 Não percebeis que convém que [dd]um só homem morra pelo povo e que não pereça toda a nação.

51 Ele não disse isso de si mesmo, mas, como sumo sacerdote naquele ano, profetizou que Jesus morreria.

52 E [ee]não somente pela nação, mas também para [ff]reunir em um só corpo os filhos de Deus que andavam dispersos.

53 Desde aquele dia, resolveram [gg]matá-lo.

54 Portanto, Jesus [hh]já não andava publicamente entre os judeus. Mas retirou-se para uma região perto do deserto, uma aldeia chamada Efraim, onde permaneceu com os discípulos.

55 **Q**uando se aproximava a [ii]Páscoa dos judeus, muitos daquela região subiram a Jerusalém para se [jj]purificar antes da Páscoa.

56 Continuavam [kk]procurando Jesus e, estando no templo, diziam uns aos outros: Que vos parece? Não virá ele à festa?

57 Ora, os principais sacerdotes e os fariseus tinham dado ordem para que, se alguém descobrisse onde ele estava, o denunciasse, para o [ll]prenderem.

[m] v. 4; Jo 17.4
[n] Orações da Bíblia (NT): v. 41,42; Jo 12.27 (Mt 6.9; Lc 11.2, nota)
[o] v. 22; comp. 1Rs 18.36,37
[pp] Comp. Jo 12.29,30
[qq] Comp. Mt 8.8; Jo 5.25
[rr] Comp. 1Ts 4.16
[ss] Milagres (NT): 11.38-44; Jo 20.19 (Mt 8.3; At 28.8)
[tt] Ressurreição: 11.44; 12.1; Jo 12.9 (2Rs 4.35; 1Co 15.52, nota); Mt 11.5; Lc 7.14,15; 8.54,55
[uu] Jo 19.40; 20.5-7
[vv] Comp. Rm 8.2; Gl 5.1
[ww] Fé: v. 45; Jo 12.42 (Gn 3.20; Hb 11.39, nota)
[xx] Jo 5.15
[yy] Veja Mt 3.7, nota
[zz] v. 47-53; Sl 2.2; Mt 26.3
[aa] Comp. At 4.16
[bb] Comp. Jo 6.15
[cc] Mt 26.3
[dd] Jo 18.14; comp. Jo 18.39
[ee] Comp. Is 49.6; 2Co 5.14; 1Jo 2.2
[ff] Sl 22.27; Jo 10.16; Ef 2.14-17; comp. Rm 16.26
[gg] Mt 12.14; 26.4; 27.1; Lc 6.11; 19.47; 22.2; Jo 5.16
[hh] Jo 7.1
[ii] Comp. Jo 2.13; 6.4; 18.28; veja Êx 12.11, nota
[jj] Nm 9.10,13; 31.19,20; Lc 2.22; comp. Jo 18.28; At 21.26
[kk] Jo 7.11
[ll] Mt 26.14-16; comp. Jo 18.2-9

Jesus é ungido por Maria de Betânia
(Mt 26.6-13; Mc 14.3-9)

12 **S**eis dias antes da Páscoa, Jesus chegou a [m]Betânia, onde vivia Lázaro, a quem ele ressuscitara dentre os mortos.

2 Ofereceram-lhe ali um jantar. [n]Marta servia, e Lázaro estava entre os que se reclinavam à mesa com ele.

3 [o]Então [1]Maria tomou uma [p]libra de um [q]nardo puro, um perfume muito caro, ungiu os pés de Jesus e os enxugou com os seus cabelos. E toda a casa se encheu com a fragrância do perfume.

4 Contudo, um dos discípulos, [r]Judas Iscariotes, que mais tarde o trairia, objetou:

5 Por que não se vendeu este perfume por trezentos [s]denários e não se deu aos pobres?

6 Ele disse isso não pelo cuidado que tivesse com os pobres, mas porque era [t]ladrão; tendo a bolsa de dinheiro, tirava o que nela se lançava.

7 Respondeu Jesus: Deixai-a. Ela guardou este perfume para o dia do meu enterro.

8 Pois vós sempre tereis os [u]pobres convosco, mas a [v]mim nem sempre tereis.

9 **U**ma grande multidão, sabendo que ele estava ali, veio, não só por causa de Jesus, mas também para ver Lázaro, a quem ele [w]ressuscitara dos mortos.

10 Os principais sacerdotes decidiram, então, matar também a Lázaro,

11 pois por causa dele [x]muitos dos judeus iam ter com Jesus e [y]criam nele.

Jesus entra na cidade de Jerusalém
(Mt 21.1-9; Mc 11.1-10; Lc 19.29-38; comp. Zc 9.9; Ap 19.11-16)

12 **N**o dia seguinte, a grande multidão que [z]viera à festa ouviu que Jesus estava a caminho de Jerusalém.

13 Tomaram [a]ramos de palmeiras e saíram ao seu encontro, gritando:

[b]Hosana!
Bendito é aquele que [c]vem
em nome do Senhor!
Bendito é o [d]rei de Israel!

14 Jesus encontrou um jumentinho e montou nele, como está [e]escrito:

15 [f]Não temas, ó filha de Sião;
vê, o teu Rei vem,
montado num filho de jumenta.

16 A princípio, seus discípulos [g]não entenderam tudo isso. Só depois que Jesus foi glorificado é que se lembraram de que essas coisas estavam escritas a respeito dele e que lhe foram feitas.

17 Ora, a multidão que estivera com ele quando chamara a Lázaro do túmulo e o levantara dos mortos continuou a [h]espalhar a notícia.

18 Por isso, a multidão lhe saiu ao encontro, porque tinham ouvido que ele fizera este sinal miraculoso.

19 Os [i]fariseus então disseram entre si: Vede, nada conseguimos. Todo o [j]mundo [k]vai após ele.

Alguns gregos solicitam falar com Jesus, mas não conseguem

20 **O**ra, havia alguns [l]gregos entre os que tinham subido para adorar no dia da festa.

21 Dirigiram-se a [mm]Filipe, que era de Betsaida da Galileia, e lhe rogaram: Senhor, gostaríamos de ver Jesus.

22 Filipe foi dizê-lo a André, e André e Filipe o disseram a Jesus.

Jesus prediz sua crucificação

23 Jesus respondeu: É chegada a [2][nn]hora em que o [oo]Filho do homem será glorificado.

24 [pp]Em verdade, em verdade vos digo que, [3]se o grão de trigo, caindo na terra, não morrer, fica só. Mas, se [qq]morrer, produz muito fruto.

[m] Jo 11.1
[n] Lc 10.40,41; comp. Mt 11.29,30
[o] Jo 11.2; comp. Lc 7.37,38
[p] Veja pesos e medidas (NT): At 27.28, nota
[q] Ct 1.12
[r] Jo 13.26
[s] Veja sist. monetário (NT): Mt 5.26, nota
[t] Comp. Jo 6.70,71
[u] Comp. Dt 15.11
[v] v. 35; Mc 14.7; Jo 17.11
[w] Ressurreição: v. 9,17; Jo 20.9 (2Rs 4.35; 1Co 15.52, nota)
[x] Jo 7.31; 11.45
[y] Fé: v. 11; Jo 12.42 (Gn 3.20; Hb 11.39, nota)
[z] Veja Mt 21.4, nota
[a] Comp. Lv 23.40
[b] Sl 118.25,26
[c] Cristo (primeira vinda): v. 13; Jo 12.47 (Gn 3.15; At 1.11)
[d] Reino (NT): v. 13; Jo 18.33 (Mt 2.2; 1Co 15.24, nota)
[e] Inspiração: v. 14,15; Jo 12.38 (Êx 4.15; 2Tm 3.16); Zc 9.9
[f] Is 40.9
[g] Comp. Jo 2.22
[h] v. 11
[i] Veja Mt 3.7, nota
[j] Gr. *kosmos*. Veja Mt 4.8, nota
[k] Comp. Jo 11.47,48
[l] Mc 7.26; veja At 14.1, marg. o
[mm] Jo 1.43,44; 14.8-11
[nn] Mt 26.18,45; Jo 13.1; 17.1
[oo] Veja Mt 8.20, nota
[pp] Veja Jo 5.19, marg. r
[qq] Sacrifício (de Cristo): v. 24,32, 33; Jo 19.18 (Gn 3.15; Hb 10.18, nota)

[1] (12.3) Enquanto Marta servia ao Senhor e Lázaro tinha comunhão com ele (v. 2), Maria lhe oferecia a adoração de um coração agradecido. Antes de Maria, outros haviam-se colocado aos pés do Senhor para que suas necessidades fossem atendidas, mas ela o fez para lhe dar o que ele merecia. Embora dois outros evangelistas, Mateus e Marcos, também registrem esse ato de Maria, só João menciona seu nome.

[2] (12.23) A hora da decisão humana agora pertencia ao passado, no que se referia ao estabelecimento do Reino (Lc 19.41-44). O Rei havia sido rejeitado por sua própria nação e, consequentemente, as bênçãos temporais preditas para esse reino tanto para judeus como para gentios (Is 60.1-4; 62.1-4) tiveram de ser adiadas até a volta do Rei em glória (At 15.16,17). Mas havia chegado uma hora ainda maior, a hora da glorificação do Rei por meio de sua morte e ressurreição (Jo 12.23,24,28); esta hora, estabelecida pelo determinado conselho e presciência de Deus, proporcionará vida eterna a todo aquele que crê, quer judeu, quer gentio (8.24,32).

[3] (12.24) Ler os cap. 12–17 em sequência é avançar progressivamente pelos tipos de Cristo no tabernáculo do AT, indo do altar de bronze até o Santo dos Santos. O cap. 12, no qual Cristo fala de sua morte, corresponde ao altar de bronze do holocausto, uma figura da cruz. O passo seguinte entre o altar e o Santo dos Santos é a pia, o lavatório (Êx 30.17-21), que corresponde ao cap. 13, em que Cristo lava os pés dos discípulos. Nos cap. 14–16, o Sumo Sacerdote e seus crentes-sacerdotes (1Pe 2.5), agora purificados, entram no Lugar Santo e desfrutam da comunhão bendita. No cap. 17, o Sumo Sacerdote entra sozinho no Santo dos Santos a fim de interceder

25 [r]Quem ama a sua vida, a perderá, mas quem odeia a sua vida neste [s]mundo a guardará para a [t]vida eterna.

26 Aquele que me serve deve [u]seguir-me, e [v]onde eu estiver, ali estará também o meu servo. E, se alguém me servir, meu Pai o [w]honrará.

27 Agora o meu coração está angustiado, e que [x]direi? [y]Pai, salva-me desta hora? [z]Mas foi precisamente para esta hora que eu vim.

28 Pai, glorifica o teu nome! Então veio uma [a]voz do céu: Já o glorifiquei e outra vez o glorificarei.

29 A multidão que estava ali e ouviu a voz dizia que era um trovão. Outros diziam: Um [b]anjo lhe falou.

30 Disse Jesus: Não veio esta voz por causa de mim, mas por causa de vós.

31 Agora é o tempo do [1]juízo deste mundo; agora será expulso o [c]príncipe deste mundo.

32 Eu, porém, quando for [d]levantado da terra, atrairei todos a mim.

33 Ele dizia isso para mostrar o tipo de morte pelo qual morreria.

34 A multidão respondeu: Nós temos ouvido da Lei que o [e]Cristo permanecerá para sempre. Como dizes tu que convém que o Filho do homem seja levantado? Quem é esse Filho do homem?

35 Então Jesus lhes disse: A luz ainda está convosco [f]por um pouco. Andai enquanto tendes luz, para que as trevas não vos apanhem. [g]Quem anda nas trevas não sabe para onde vai.

36 Enquanto tendes a luz, crede na luz, para que sejais [h]filhos da luz. Terminando de dizer estas coisas, Jesus se retirou e ocultou-se deles.

37 **A**pesar de ter realizado todos esses [i]sinais miraculosos na presença deles, ainda não criam nele.

38 Para que se cumprisse a [j]palavra do profeta Isaías:

Senhor, quem creu na nossa pregação?
E a quem foi revelado o braço do Senhor?

39 Por isso, não podiam crer, porque como Isaías diz em outra passagem:

40 [k]Cegou-lhes os olhos
e endureceu-lhes o coração,
[l]a fim de que não vejam com os olhos
nem compreendam com o coração
e [m]se convertam e eu os cure.

41 Isaías disse isso [n]porque viu a glória de Jesus e falou a seu respeito.

42 Contudo, muitos dentre as autoridades [o]creram nele. Mas por causa dos fariseus não confessavam a sua fé, pois tinham medo de ser expulsos da sinagoga;

43 [p]pois amavam mais a glória dos homens do que a glória de Deus.

44 **E**ntão Jesus clamou: Quem crê em mim, crê [q]não somente em mim, mas também naquele que [rr]me enviou.

45 Quem me vê, [ss]vê aquele que me enviou.

46 Eu vim ao [tt]mundo como [uu]luz, para que todo aquele que crê em mim não permaneça nas trevas.

47 Se alguém ouvir as minhas palavras, mas não as guardar, eu não o julgo. Pois eu [vv]vim não para julgar o mundo, mas para [ww]salvá-lo.

48 Quem me rejeita e não recebe as minhas palavras já tem quem o julgue: a própria palavra que tenho proferido, essa há de julgá-lo no último [xx]dia.

49 Pois eu não falei de mim mesmo, mas o Pai, que me enviou, me prescreveu o que dizer e de que falar.

50 Eu sei que o seu mandamento é a [yy]vida eterna. Portanto, o que eu [zz]digo, digo-o como o Pai me disse.

IV. O ministério privado do Filho de Deus, 13–17

Cenário de Jo 13.14: o cenáculo (comp. Mc 14.13-16)

13 [2]Antes da festa da Páscoa, sabendo Jesus que a sua [aa]hora de passar deste [bb]mundo para o Pai já tinha chegado, como havia amado os seus, que estavam no mundo, [cc]amou-os até o fim.

A última Páscoa: Jesus lava os pés dos discípulos (Mt 26.20; Mc 14.17; Lc 22.14)

2 Durante a ceia, tendo já o [dd]Diabo posto no coração de Judas Iscariotes, filho de Simão, que o traísse,

3 Jesus, sabendo que o Pai tinha [ee]depositado nas suas mãos todas as coisas e que havia [ff]saído de Deus e [gg]ia para Deus,

[r] Mc 8.35
[s] Gr. *kosmos*. Veja Ap 13.8, nota
[t] Vida (eterna): v. 25; Jo 12.50 (Mt 7.14; Ap 22.19)
[u] Mt 16.24
[v] Jo 14.3; 17.24
[w] Comp. Jo 14.21,23; 2Tm 4.7,8
[x] Comp. Hb 5.7,8
[y] Orações da Bíblia (NT): v. 27,28; Jo 17.1 (Mt 6.9; Lc 11.2, nota)
[z] Jo 18.37
[a] Mt 3.17; 17.5
[b] Veja Hb 1.4, nota
[c] Satanás: v. 31; Jo 13.2 (Gn 3.1; Ap 20.10); Jo 14.30
[d] Jo 3.14; 8.28
[e] Sl 102.26, 27; Is 9.6,7
[f] Jo 7.33
[g] Jo 11.10; 1Jo 2.9-11
[h] Lc 16.8
[i] Jo 11.47
[j] Inspiração: v. 38-41,48; Jo 13.18 (Êx 4.15; 2Tm 3.16); Is 6.10; 53.1
[k] Comp. Rm 11.25
[l] Mt 13.14
[m] Mt 13.15; At 28.27

[n] Is 6.1
[o] Fé: v. 42; Jo 14.1 (Gn 3.20; Hb 11.39, nota)
[p] Comp. Jo 5.44; At 12.1-3; 24.27; 25.9
[q] Jo 3.16,18,36; 11.25,26
[rr] Jo 5.24
[ss] Jo 14.9
[tt] Gr. *kosmos*. Veja Mt 4.8, nota
[uu] v. 35,36; Jo 1.4,5; 8.12
[vv] Cristo (primeira vinda): v. 46,47; Jo 16.28 (Gn 3.15; At 1.11)
[ww] Veja Rm 3.24, nota
[xx] Dia (do juízo): v. 48; At 17.31 (Mt 10.15; Ap 20.11); veja At 2.17, nota
[yy] Vida (eterna): v. 50; Jo 14.6 (Mt 7.14; Ap 22.19)
[zz] Jo 8.28
[aa] Jo 12.23; 17.1
[bb] Gr. *kosmos*. Veja Mt 4.8, nota
[cc] v. 34; Jo 15.9; comp. Rm 8.35-39
[dd] Satanás: v. 2; Jo 13.27 (Gn 3.1; Ap 20.10)
[ee] Jo 5.20-23; 17.2
[ff] Jo 8.42; 16.28
[gg] Jo 17.11; 20.17

pelo povo que comprou com seu sangue (Hb 7.24-28). Essa intercessão não é para salvação, mas para guardar e abençoar aqueles pelos quais ele ora. Sua morte é que os salvou (a qual, em 17.4, é considerada algo já realizado).

[1] (12.31) Este juízo se refere a Jesus Cristo levando os pecados do crente, pecados que foram julgados na Pessoa de Jesus Cristo, que foi "levantado" (v. 32) na cruz. O resultado foi a morte de Cristo e a justificação do crente, que nunca mais será posto em perigo (5.24; Rm 5.9; 8.1; 2Co 5.21; Gl 3.13; Hb 9.26-28; 10.10,14-17; 1Pe 2.24; 3.18). Outros juízos: veja 1Co 11.31, *nota*; 2Co 5.10, *nota*; Mt 25.32, *nota*; Ez 20.37, *nota*; Jd 6, *nota*; Ap 20.12, *nota*.

[2] (13.1) Quanto à ordem de todos os acontecimentos da noite da Última Ceia, veja Mt 26.20, *nota*.

4 levantou-se da ceia, [h]tirou a vestimenta de
cima, pegou uma toalha e a colocou em volta
da cintura.
5 Depois colocou [i]água numa bacia e [j]co-
meçou a [k]lavar os pés dos discípulos,
enxugando-os com a toalha que estava em
sua cintura.
6 Aproximou-se de Simão Pedro, que lhe
disse: Senhor, [l]tu vais lavar os meus pés?
7 Respondeu Jesus: O que eu faço [m]não o
sabes agora, mas o compreenderás depois.
8 Disse Pedro: Nunca me lavarás os pés.
Respondeu Jesus: Se eu não te lavar, [n]não tens
parte comigo.
9 Respondeu Simão Pedro: Senhor, não ape-
nas os pés, mas também as mãos e a cabeça.
10 Disse Jesus: Aquele que já [1]se banhou não
necessita lavar senão os pés; no mais está [o]todo
limpo. Ora, vós estais limpos, mas não todos.
11 Pois ele [p]sabia quem o havia de trair. Foi
por isso que disse: Nem todos estais limpos.
12 **T**endo terminado de [q]lavar os pés dos
discípulos, Jesus retomou as suas vestes,
voltou para a mesa e perguntou: Entendeis
o que eu fiz?
13 Vós me chamais de [r]Mestre e Senhor e
dizeis bem, pois eu o sou.
14 Ora, se eu, Senhor e Mestre, [s]vos lavei
os pés, vós deveis também lavar os pés uns
dos outros.
15 Eu vos dei o [t]exemplo, para que [u]façais
o que eu fiz.
16 Em verdade, em verdade vos digo que o
[v]servo não é maior do que o seu senhor, nem
o enviado maior do que aquele que o enviou.
17 Agora que [w]sabeis estas coisas, bem-aven-
turados sois se as fizerdes.
18 Não falo de todos vós; eu conheço os que
[x]escolhi. Mas isto é para que se [y]cumpra a [z]Es-
critura: O que come o pão comigo levantou
contra mim o seu calcanhar.
19 Digo-vos isso agora, [a]antes que aconteça,
para que quando acontecer acrediteis que
eu sou.

[h] Comp. Lc 22.27; Fp 2.7,8
[i] Comp. Ef 5.26
[j] Comp. Mt 20.25-28; Mc 9.35
[k] v. 12; comp. Gn 18.4; 19.2; 24.32; 43.24; 1Sm 25.41; 2Sm 11.8; Lc 7.44
[l] Comp. Mt 3.14
[m] Jo 12.16; 16.12
[n] Comp. Gn 35.2,3; Ef 4.30
[o] 1Co 1.30; 6.11; comp. 1Jo 3.9
[p] Jo 6.64; 18.4
[q] v. 5,14
[r] Mt 23.8,10; Ef 6.9
[s] Comp. Rm 12.10; Gl 6.1,2; 1Pe 5.5
[t] 1Pe 2.21-24; comp. Fp 2.5; 1Jo 2.6
[u] Comp. Mt 7.12
[v] Jo 15.20
[w] Tg 1.25
[x] Eleição (individual): v. 18; Jo 15.16 (Dt 7.6; 1Pe 5.13)
[y] Inspiração: v. 18; Jo 14.10 (Êx 4.15; 2Tm 3.16); Sl 41.9
[z] Jo 17.12
[a] Jo 14.29

20 [b]Em verdade, em verdade vos digo: Todo
aquele que [c]receber o que eu enviar a mim me
recebe; e aquele que me receber recebe aquele
que me enviou.

Jesus prediz que será traído (Mt 26.21-25; Mc 14.18-21; Lc 22.21-23)

21 **T**endo Jesus dito isso, perturbou-se em
espírito e afirmou: [d]Em verdade, em verdade
vos digo que um de vós me [e]trairá.
22 Os discípulos olharam uns para os outros,
sem saber de quem ele falava.
23 Um de seus discípulos, [f]aquele a quem
Jesus amava, estava reclinado próximo a Jesus.
24 Simão Pedro fez sinal a este, dizendo:
Pergunta de quem o Mestre está falando.
25 Reclinando-se aquele discípulo sobre o
peito de Jesus, perguntou: Senhor, quem é?
26 Jesus respondeu: É aquele a quem eu der
o pedaço de pão molhado. Então, molhando o
pedaço de pão, deu-o a [g]Judas Iscariotes, filho
de Simão.
27 Assim que Judas tomou o pão, [hh]entrou
nele [ii]Satanás. Disse-lhe Jesus: O que estás
prestes a fazer, faze-o depressa.
28 Todavia nenhum dos que estavam reclina-
dos à mesa compreendeu com que propósito
lhe dissera isso.
29 Como era Judas que guardava a [jj]bolsa,
pensaram alguns que Jesus lhe tivesse dito:
Compra o que nos é necessário para a festa,
ou que desse alguma coisa aos pobres.
30 Assim que Judas tomou o pedaço de pão,
saiu. E era [kk]noite.
31 **Q**uando ele saiu, Jesus disse: Agora é
glorificado o [ll]Filho do homem, e Deus é glo-
rificado nele.
32 Se Deus é [mm]glorificado nele, Deus glo-
rificará o Filho em si mesmo e o glorificará
imediatamente.
33 Filhinhos, ainda por [nn]um pouco estou
convosco. Vós me buscareis, e o que [oo]eu disse
aos judeus, eu o digo a vós também agora: Para
onde eu vou vós não podeis ir.

[b] Veja Jo 5.19, marg. r
[c] Mt 10.40; comp. 2Co 5.20
[d] Veja Jo 5.19, marg. r
[e] Sl 41.9; Jo 6.64
[f] Jo 19.26; 20.2; 21.7,20,24
[g] Mt 10.4; Jo 6.70,71; 12.4; At 1.16
[hh] Lc 22.3
[ii] Satanás: v. 27; Jo 14.30 (Gn 3.1; Ap 20.10)
[jj] Jo 12.6
[kk] Comp. Jo 18.3
[ll] Veja Mt 8.20, nota
[mm] Jo 14.13; 17.4; 1Pe 4.11
[nn] Jo 12.35; 14.19; 16.16-19; comp. Hb 10.37
[oo] Jo 7.34; 8.21

[1] (13.10) As palavras "se banhou" e "lavar" neste versículo são traduções de duas palavras gregas distintas: "se banhou" vem do gr. *louō* e indica o lavar completo do corpo; a segunda palavra é o gr. *niptō*, termo que o NT geralmente usa para referir-se ao lavar as mãos ou os pés (p. ex., Mt 15.2; Jo 9.15; 1Tm 5.10).

A imagem subjacente é de alguém, no Oriente, que retorna dos banhos públicos para casa. Os pés dessas pessoas geralmente estavam sujos e precisavam ser limpos, mas não seu corpo. Da mesma maneira, o crente, diante da Lei, foi lavado de seus pecados "uma vez" (Hb 10.1-12), mas, durante toda a sua vida terrena, necessita levar seus pecados diários ao Pai e confessá-los, a fim de poder desfrutar de comunhão ininterrupta com o Pai e com o Filho (1Jo 1.1-10). O sangue de Cristo sempre é a resposta a tudo o que a Lei poderia dizer sobre a culpa do crente, mas este necessita ser purificado constantemente da contaminação do pecado. Veja Ef 5.25-27; 1Jo 5.6. Tipologicamente, a ordem pela qual uma pessoa devia aproximar-se da presença de Deus era, primeiro, o altar de bronze para o sacrifício e, depois, a pia para lavar-se (Êx 40.6,7). Veja tb. a ordem em Êx 30.17-21. Cristo não tem comunhão com um santo em quem haja contaminação, mas ele pode e irá limpar esse santo.

34 Novo mandamento vos dou: [p]Amai-vos [q]uns aos outros. Como eu vos amei, assim também deveis amar uns aos outros.

35 Nisso conhecerão todos que sois meus discípulos, se vos amardes uns aos outros.

Jesus prediz a negação de Pedro (Mt 26.30-35; Mc 14.26-31; Lc 22.31-34)

36 **P**erguntou-lhe Simão Pedro: Senhor, para onde vais? Respondeu Jesus: Para onde eu [r]vou, não podes seguir-me agora; mais tarde, [s]porém, me seguirás.

37 Pedro perguntou: Senhor, por que não posso seguir-te agora? Por ti [t]darei a minha vida.

38 Jesus respondeu: Tu darás a tua vida por mim? Em verdade, em verdade te digo que de modo algum [u]cantará o galo antes que me negues três vezes.

Jesus conforta seus apóstolos: anuncia-lhes sua vinda

14 [v]Não se turbe o vosso coração. [w]Crede em Deus, crede também em mim.

2 Na casa de meu Pai há muitas moradas. Se não fosse assim, eu o teria dito. Vou [x]preparar-vos lugar.

3 E, se eu for e vos preparar lugar, [y]virei outra vez e vos [1]levarei para mim mesmo, para que onde eu estou estejais vós também.

4 Vós conheceis o caminho para onde eu vou.

5 Disse-lhe [z]Tomé: Senhor, nós não sabemos para onde vais, como podemos conhecer o caminho?

6 Respondeu-lhe Jesus: [a]Eu sou o [b]caminho, a [c]verdade e a [d]vida. [e]Ninguém vem ao Pai, [f]senão por mim.

Jesus e o Pai são um

7 [g]Se vós me conhecêsseis, também conheceríeis a meu Pai. De agora em diante o conheceis e o vistes.

8 Disse-lhe Filipe: Senhor, mostra-nos o Pai, e isso nos basta.

9 Respondeu-lhe Jesus: Há tanto tempo estou convosco e não me conheces, Filipe? [h]Quem me vê, vê o Pai. Como dizes tu: Mostra-nos o Pai?

10 Não crês [i]tu que eu estou no Pai e que o Pai está em mim? As [j]palavras que eu vos digo não as digo por mim mesmo. Antes, é o Pai que está em mim quem [k]faz as obras.

11 Crede-me quando digo que estou no Pai e o Pai está em mim; pelo menos crede por causa das mesmas [l]obras.

12 [m]Em verdade, em verdade vos digo que aquele que crê em mim também fará as obras que eu faço. E as fará maiores do que estas, porque eu vou para o Pai.

Novo privilégio na oração

13 E farei tudo o que [n]pedirdes em meu nome, para que o Pai seja [o]glorificado no Filho.

14 Se me pedirdes alguma coisa em meu nome, eu o farei.

Jesus promete o Espírito Santo

15 Se me [pp]amais, guardareis os meus mandamentos.

16 **E**u rogarei ao Pai, e ele vos [qq]dará outro [2][rr]Consolador, para que [ss]esteja convosco para sempre,

17 o Espírito da [tt]verdade, que o [uu]mundo [vv]não pode receber, porque não o vê nem o conhece. Mas vós o conheceis, pois habita convosco e estará [ww]em vós.

18 Não vos deixarei órfãos; virei para vós.

19 Ainda um pouco e o mundo não me verá mais, mas vós me vereis. [xx]Porque eu vivo, [yy]vós também vivereis.

20 Naquele dia, conhecereis que estou em meu Pai, e vós em [3]mim, e eu em vós.

21 Aquele que tem os meus mandamentos e os [4]guarda, esse é o que me ama. E quem me

---

[1] (14.3) Como parte deste discurso, que tem sido consolo e ânimo para a Igreja ao longo dos séculos, o Senhor faz uma promessa de que regressará de forma pessoal para seu povo, uma doutrina que o apóstolo Paulo explica em 1Ts 4.13-18. Este aspecto da volta de Cristo deve ser distinguido da sua volta à terra para estabelecer seu Reino (Ap 19.11-16).

[2] (14.16) Gr. *parakletos*, que significa *alguém chamado para o lado de outro para ajudar*, portanto, um *consolador*, um *defensor*; em 1Jo 2.1 é chamado "Advogado para com o Pai". Cristo é o paráclito do cristão para com o Pai quando o cristão peca; o Espírito Santo é o paráclito que habita no cristão para ajudá-lo em sua ignorância e fraqueza e para interceder por ele (Rm 8.26,27). Veja Espírito Santo, At 2.4, *nota*. Além disso, Cristo também intercede e atua como advogado de defesa (Rm 8.34; Hb 7.25).

[3] (14.20) O novo relacionamento descrito nas palavras "vós em mim, e eu em vós" apresenta o mistério neotestamentário do corpo de Cristo. A posição que a Igreja (composta por membros de seu corpo, comp. Ef 3.1-7) tem em Cristo e a verdade de Cristo habitando no crente (comp. Cl 1.24-27) são aspectos centrais na doutrina paulina da Igreja, e, aqui, Cristo os revela aos discípulos pela primeira vez. Usando a figura da videira e dos ramos (Jo 15.1-11), Cristo explica a união viva dos membros de seu corpo.

[4] (14.21) Observe que o Senhor faz uma relação entre amá-lo e obedecer-lhe. Amar a Cristo significa guardar seus mandamentos (v. 23,24). Mas não podemos guardar seus mandamentos, a menos que esquadrinhemos as Escrituras para descobrir quais são.

[p] Lei (de Cristo): v. 34,35; Jo 14.15 (Jo 13.34; 2Jo 5); Jo 15.12,13; 1Jo 3.16
[q] 1Jo 3.14; comp. 1Co 13.1; 1Jo 4.20
[r] Jo 14.2; 16.5
[s] Jo 21.18; 2Pe 1.14
[t] Mc 14.29; Lc 22.23
[u] Jo 18.25-27
[v] v. 27; comp. Is 43.1,2
[w] Fé: v. 1; Jo 17.20 (Gn 3.20; Hb 11.39, nota)
[x] Mt 25.34; Hb 11.16
[y] Cristo (segunda vinda): v. 3; Jo 14.28 (Dt 30.3; At 1.11, nota)
[z] Mt 10.3; Jo 11.16; 20.24-29; 21.2
[a] Veja Jo 8.58, marg. u
[b] Hb 10.19,20; comp. Mt 7.14; Lc 1.79
[c] Jo 1.14,17; 18.37
[d] Vida (eterna): v. 6; Jo 17.2 (Mt 7.14; Ap 22.19)
[e] 1Tm 2.5; comp. Hb 8.6; 9.15,24; 12.24; 1Jo 2.1
[f] Jo 10.7-9; At 4.12
[g] Comp. v. 10; Jo 10.30; 17.11,22

[h] Jo 12.45
[i] v. 20; Jo 1.18; 10.38; 17.21,23; comp. 2Co 4.4; Cl 1.15
[j] Inspiração: v. 10,24; Jo 15.25 (Êx 4.15; 2Tm 3.16); Dt 18.18; Jo 12.49; 17.8
[k] Comp. Jo 7.16; 8.28; 12.49
[l] Jo 5.36
[m] Veja Jo 5.19, nota
[n] v. 14; Jo 15.16; 16.23,24
[o] Jo 13.31
[pp] Lei (de Cristo): v. 15,21, 23; Jo 15.17 (Jo 13.34; 2Jo 5)
[qq] Veja Lc 11.13, nota
[rr] Veja 1Jo 2.1, nota
[ss] Espírito Santo (NT): v. 16-18,26; Jo 15.26 (Mt 1.18; At 2.4, nota)
[tt] Jo 16.13; 1Jo 4.6
[uu] Gr. *kosmos*. Veja Ap 13.8, nota
[vv] 1Co 2.14
[ww] Jo 7.38,39; 1Co 6.19; 2Co 6.16; 1Jo 3.24
[xx] Rm 5.10; 2Co 4.10
[yy] Segurança: v. 19,20; Jo 17.11 (Sl 23.1; Jd 1)

ama será amado por meu Pai, e eu também o amarei e me manifestarei a ele.

22 Disse-lhe Judas, não o Iscariotes: Senhor, por que pretendes manifestar-te a nós, e não ao mundo?

23 Respondeu-lhe Jesus: Se alguém me amar, guardará a minha palavra. Meu Pai o amará, e viremos para ele e nele faremos morada.

24 Quem não me ama não guarda as minhas palavras. Esta palavra que ouvis não é minha, mas do Pai que me enviou.

25 Tenho-vos dito isso, estando convosco.

26 O Consolador, o [z]Espírito Santo, que o Pai [a]enviará em meu nome, porém, vos [b]ensinará todas as coisas e vos fará [c]lembrar de tudo o que vos tenho dito.

A paz de Jesus

27 [d]Deixo-vos a paz, a [e]minha paz vos dou. Não vo-la dou como o mundo a dá. Não se [f]turbe o vosso coração nem se atemorize.

28 Ouvistes que eu vos disse: Vou e [g]voltarei para vós. Se me amásseis, vos alegraríeis porque eu [h]vou para o Pai, pois o Pai é maior do que eu.

29 Eu vos disse agora, antes que aconteça, para que, quando acontecer, vós [i]acrediteis.

30 Já não falarei muito convosco, pois se aproxima o [j]príncipe deste [k]mundo. Ele [l]nada tem em mim,

31 mas é para que o [m]mundo saiba que eu amo o Pai e que faço como o Pai me [n]ordenou. Levantai-vos, vamo-nos daqui.

A videira e os ramos

15 [o]Eu sou a [p]videira [1]verdadeira, e meu Pai é o agricultor.

2 Todo ramo em mim que [q]não dá fruto ele o corta, e todo ramo que produz fruto ele o [2]poda, para que produza [r]mais fruto ainda.

3 Quanto a vós, já estais [s]limpos por causa da palavra que vos tenho falado.

4 [t]Permanecei em mim, e eu permanecerei em vós. O ramo de si mesmo não pode produzir fruto, se não [3]estiver na videira. Tampouco vós podeis produzir fruto, se não permanecerdes em mim.

5 Eu sou a videira, vós sois os ramos. Se alguém permanece em mim, e eu nele, esse dá muito [u]fruto; sem mim [v]nada podeis fazer.

6 Se alguém não permanecer em mim, será lançado fora, como o ramo, e secará; tais ramos são apanhados, lançados no fogo e se queimam.

7 Se permanecerdes em mim, e as minhas palavras [w]permanecerem em vós, pedireis o que quiserdes e [x]vos será feito.

8 Nisto é [y]glorificado meu Pai, em que deis [4]muito fruto, e assim vos tornareis meus discípulos.

9 Como o Pai me [zz]amou, também eu vos amei. Permanecei no meu amor.

10 Se guardardes os meus mandamentos, permanecereis no meu amor, assim como eu tenho guardado os mandamentos de meu Pai e permaneço no seu amor.

11 Tenho-vos dito isto para que a minha alegria esteja em vós, e a vossa alegria seja completa.

12 O meu [aa]mandamento é [bb]este: Amai-vos uns aos outros como eu vos amei.

13 Ninguém tem maior amor do que este, de [cc]dar alguém a própria vida pelos seus amigos.

14 E vós sois meus amigos, se fizerdes o que eu vos [dd]mando.

Uma singular relação com os seus

15 [5]Já não vos chamo de servos, porque o servo não sabe o que faz o seu senhor. Antes, tenho-vos chamado amigos, pois tudo o que ouvi de meu Pai vos tenho [ee]dado a conhecer.

16 Não fostes vós que me escolhestes, mas fui eu que vos [ff]escolhi e vos designei para que vades e deis fruto e o vosso fruto permaneça; a fim de que tudo o que [gg]em meu nome pedirdes ao Pai ele vos conceda.

17 Isto vos ordeno: [hh]Amai-vos uns aos outros.

[z] Veja Lc 11.13, nota
[a] Jo 15.26
[b] 1Co 2.13; comp. 1Jo 2.27
[c] Jo 2.22; 12.16
[d] Veja Mt 10.34, nota
[e] Jo 16.33
[f] v. 1
[g] Cristo (segunda vinda): v. 28; Jo 16.16 (Dt 30.3; At 1.11, nota)
[h] Jo 7.33; 16.5; 17.11
[i] Jo 13.19
[j] Satanás: v. 30; Jo 17.15 (Gn 3.1; Ap 20.10); Jo 12.31; 16.11; 2Co 4.4; Ef 2.2
[k] Gr. *kosmos*. Veja Ap 13.8, nota
[l] Jo 8.46; 2Co 5.21; Hb 4.15; 1Pe 1.19; 2.22
[m] Gr. *kosmos*. Veja Mt 4.8, nota
[n] Jo 10.18; Fp 2.8
[o] Veja Jo 8.58, marg. u
[p] Comp. Jo 1.4; 11.25; 1Jo 5.12
[q] Comp. Mt 25.30
[r] Mt 13.12; comp. Rm 5.3,4; Hb 12.5-11
[s] Jo 13.10
[t] v. 5-7; Jo 17.23; Ef 3.17; veja 2Pe 3.18, nota
[u] Gl 5.22,23; comp. Cl 3.12-17
[v] 2Co 3.5; comp. Lc 5.4-11; Jo 6.44; 21.3-6; Fp 4.13
[w] 1Jo 2.14
[x] Jo 14.13
[y] Sl 22.23; Jo 13.31; 17.4; 1Pe 4.11
[zz] Jo 5.20; 17.26
[aa] Rm 12.9
[bb] Jo 13.34
[cc] 1Jo 3.16; comp. Jo 10.11, 15,17,18; 13.37,38; 1Jo 3.16
[dd] v. 10; Mt 28.20; Jo 14.15,21; At 10.42; 1Jo 3.23,24
[ee] Comp. Gn 18.17 com 2Cr 20.7
[ff] Eleição (individual): v. 16,19; At 1.2 (Dt 7.6; 1Pe 5.13)
[gg] Jo 16.23,24
[hh] Lei (de Cristo): v. 17; Jo 17.26 (Jo 13.34; 2Jo 5)

[1] (15.1) Cristo é a "videira verdadeira", "verdadeira" em contraste com Israel. Veja Is 5.1-7.

[2] (15.2) Aqui, são mostradas três condições de uma vida frutífera: 1) limpeza, v. 2,3; comp. Jo 13.10, *nota*; 2) permanecer nele, v. 4, *nota;* 3) obediência, v. 10,12. (Veja Lei de Cristo, Gl 6.2; 2Jo 5, *nota.*)

[3] (15.4) Permanecer em Cristo é, por um lado, não haver pecado conhecido que não tenha sido julgado nem confessado, não haver interesses dos quais ele não participe, não haver vida da qual ele não possa participar. Por outro lado, quem nele permanece deixa sobre ele todos os fardos e dele recebe sabedoria, vida e forças. Permanecer nele não é estar continuamente consciente dessas coisas e dele, mas permitir que nada na vida nos separe dele. Veja Comunhão, 1Jo 1.3-7; Comunhão da Ceia do Senhor, 1Co 10.16.

[4] (15.8) Há quatro maneiras ou graus na produção de fruto: 1) nenhum fruto ("não dá fruto", v. 2); 2) "produz fruto" (v. 2); 3) "mais fruto" (v. 2); 4) "muito fruto" (v. 5,8). Quando damos "muito fruto", o Pai é glorificado em nós. O fruto pode ser pessoas que se convertem (Rm 1.13), um caráter cristão – o fruto do Espírito (Gl 5.22,23) –, a conduta – os frutos de justiça (Rm 6.21,22; Fp 1.11). Os aspectos morais, a misericórdia e a bondade do cristianismo – o fruto do Espírito – frequentemente são imitados, mas, sem o poder de Cristo, o mundo nunca pode reproduzi-los.

[5] (15.15) Observe como se desenvolve a intimidade entre o Senhor e seus discípulos, conforme encontramos no Evangelho de João: 1) servos (13.13,16), 2) amigos (15.15), 3) irmãos (20.17).

A atitude do mundo para com os crentes em Cristo

18 **Se** o mundo vos odeia, sabei que antes de vós me [i]odiou a mim.

19 Se fôsseis [j]do mundo, o mundo amaria o que era seu. Mas como não sois do mundo, antes dele vos escolhi, é por isso que o mundo vos [k]odeia.

20 Lembrai-vos da palavra que [l]vos disse: Não é o servo maior do que o seu senhor. Se eles me perseguiram, também vos perseguirão. Se guardaram a minha palavra, também guardarão a vossa.

21 Tudo isso, porém, vos farão por causa do meu nome, pois não conhecem aquele que me enviou.

22 Se eu não tivesse vindo e lhes falado, não teriam [m]pecado. Agora, porém, não têm [n]desculpa do seu pecado.

23 [o]Aquele que me odeia, odeia também o meu Pai.

24 Se eu não tivesse feito entre eles o que nenhum outro fez, não teriam pecado. Mas agora [p]viram e odiaram a mim e a meu Pai.

25 É, porém, para que se cumpra a palavra que [q]está escrita na sua Lei: Odiaram-me [r]sem motivo.

26 Quando vier o [s]Consolador, que eu da parte do Pai vos enviarei, o [t]Espírito da verdade, que procede do Pai, ele testificará de mim.

27 E vós também testificareis, pois estais comigo desde o [u]princípio.

Advertência de Jesus sobre a perseguição (comp. Mt 24.9,10; Lc 21.16-19)

16 Tenho-vos dito essas coisas para que não vos escandalizeis.

2 Eles vos [v]expulsarão das sinagogas; de fato, vem a hora em que qualquer que vos matar pensará estar [w]oferecendo culto a Deus.

3 Isso vos farão porque [x]não conheceram o Pai nem a mim.

4 Tenho-vos dito isso a fim de que, quando chegar a hora, vos lembreis de que já vos tinha prevenido. Eu não vos disse isso desde o princípio porque estava convosco.

5 Agora [y]vou para aquele que me enviou, e nenhum de vós me pergunta: Para onde vais?

6 Antes, porque vos disse isto, o vosso coração se encheu de [z]tristeza.

A tríplice obra do Espírito Santo no mundo

7 Todavia, digo-vos a verdade: Convém que eu vá, porque, se eu não for, o Consolador não virá para vós; mas, se [a]eu for, eu o [b]enviarei.

8 Quando ele vier, convencerá o [c]mundo do pecado, [d]da [e]justiça e do juízo.

9 Do pecado, [f]porque não creem em mim;

10 da justiça, [g]porque vou para o Pai, e não me vereis mais;

11 do juízo, [h]porque já o príncipe deste [ii]mundo está julgado.

Depois de sua ascensão, Cristo continuou revelando a verdade por meio do Espírito

12 Ainda [1]tenho muito que vos dizer, mas vós não o podeis suportar agora.

13 Quando, porém, vier o Espírito da verdade, ele vos [jj]guiará em toda a verdade. Não falará de [kk]si mesmo, mas dirá tudo o que tiver ouvido e vos anunciará o que [ll]há de vir.

14 [mm]Ele me glorificará porque há de receber do que é meu e há de anunciar a vós.

15 [nn]Tudo o que o Pai tem é meu. Por isso vos disse que há de receber do que é meu e há de anunciar a vós.

Jesus fala de sua morte, ressurreição e segunda vinda

16 [oo]Um pouco, e não me vereis mais; e um pouco ainda e me [pp]vereis.

[i] v. 25
[j] Separação: v. 19; Jo 17.6 (Gn 12.1; 2Co 6.17)
[k] Jo 17.14; comp. Jo 7.7
[l] Jo 13.16
[m] Veja Rm 3.23, nota
[n] Comp. 1Ts 2.5; 1Pe 2.16
[o] v. 24; comp. v. 18
[p] Jo 14.9
[q] Inspiração: 15.25,27; 16.13; Jo 17.8 (Êx 4.15; 2Tm 3.16)
[r] Sl 35.19; 69.4
[s] Veja Jo 14.16 e 1Jo 2.1, notas
[t] Espírito Santo (NT): 15.26,27; 16.7-11,13,14; Jo 20.22 (Mt 1.18; At 2.4, nota)
[u] Mc 3.14; Lc 1.2
[v] Jo 9.22; comp. Jo 9.34
[w] Comp. At 7.57-60; 8.1; Fp 3.4-6
[x] Jo 8.19; At 13.27; comp. Jo 14.9
[y] v. 16,17; Jo 7.33; 13.33; 14.28; 17.11
[z] Mt 17.23; Jo 16.20,22
[a] Mc 16.19; Lc 24.51; At 1.9-11
[b] At 1.8; 2.1-4; veja Lc 11.13, nota
[c] Gr. *kosmos*. Veja Mc 4.8, nota
[d] Comp. At 24.25
[e] Veja Rm 3.21, nota
[f] Comp. 1Jo 5.10
[g] Comp. Jo 14.12
[h] Comp. Jo 12.31; Rm 16.20
[ii] Gr. *kosmos*. Veja Ap 13.8, nota
[jj] Jo 14.26
[kk] Comp. item seguinte
[ll] Comp. 1Co 2.9-12; Ef 3.5
[mm] Jo 15.26
[nn] Comp. Jo 10.30; 14.10; 17.22
[oo] v. 16-19; Jo 7.33; 12.35; 13.33; 14.19
[pp] Cristo (segunda vinda): v. 16-19; Jo 21.22 (Dt 30.3; At 1.11, nota)

---

[1] (16.12) Observe como Cristo pré-autentica as Escrituras do NT: 1) Ele declarou expressamente que estava deixando muitas coisas sem revelar (v. 12). 2) Ele prometeu que esta revelação seria completada depois que o Espírito viesse (v. 13). 3) Ele esboçou de forma antecipada e exata os elementos da revelação do NT: a) históricos – "vos fará lembrar de tudo o que vos tenho dito" (14.26), b) doutrinários – a interpretação dos fatos históricos, "vos ensinará todas as coisas" (14.26; 16.14), e c) profético – "vos anunciará o que há de vir" (16.13). 4) Ele escolheu certas pessoas para receberem a revelação e dela darem testemunho (Mt 28.19; Jo 15.27; 16.13; At 1.8; 9.15-17). 5) Ele deu às palavras deles, quando falaram em seu nome e no Espírito, exatamente a mesma autoridade de suas próprias palavras (Mt 10.14,15; Lc 10.16; Jo 13.20; 15.20; 17.20; quanto à consciência que Paulo tinha desta autoridade, veja p. ex. 1Co 14.37). 6) Cristo esperava que essa nova revelação fosse registrada por escrito, o que fica evidente em passagens como Jo 17.20 e At 1.8, pois, somente dessa forma, o testemunho exato dos escritores escolhidos poderia chegar a todas as nações depois que eles tivessem morrido. 7) Parte dessa nova revelação foi registrada por homens que não fizeram parte do grupo apostólico original (p. ex., Marcos e Lucas), o que é explicado pelo fato de haver "profetas" na igreja primitiva que, assim como Paulo, foram escolhidos por Cristo após sua ascensão (Ef 4.11), que não apenas receberam nova revelação (Ef 3.4,5), mas também a deixaram registrada nas "Escrituras" (Rm 16.25,26). Veja 2Tm 3.16, *nota*.

17 Alguns dos discípulos disseram uns aos outros: Que vem a ser isto que nos diz? Um pouco, e não me vereis e um pouco ainda, e me vereis? E: [q]Vou para o Pai?

18 Diziam eles: Que quer dizer esse "um pouco"? Não sabemos o que diz.

19 Jesus [r]percebeu que queriam interrogá-lo e lhes perguntou: Indagais entre vós acerca disso que disse: Um pouco, e não me vereis; e ainda um pouco, e me vereis?

20 [s]Em verdade, em verdade vos digo que vós chorareis e vos [t]lamentareis enquanto o [u]mundo se [v]alegra. Vós ficareis tristes, mas a vossa tristeza se converterá em [w]alegria.

21 A mulher quando está para [x]dar à luz sente tristeza, porque é chegada a sua hora; mas, depois de nascida a criança, já não se lembra da aflição, pelo prazer de ter vindo um homem ao mundo.

22 Assim também vós agora, na verdade, tendes tristeza, mas outra vez vos verei, e o vosso coração se [y]alegrará, e a vossa alegria ninguém poderá tirar.

23 Naquele dia, nada me perguntareis. Em verdade, em verdade vos digo que tudo o que [z]pedirdes [a]a meu Pai, em meu nome, ele vos dará.

24 Até agora nada pedistes em meu nome. Pedi e recebereis, para que a vossa [b]alegria seja [c]completa.

25 Disse-vos estas coisas por figuras; vem a hora em que não vos falarei mais por [d]figuras, mas [e]abertamente vos falarei acerca do Pai.

26 Naquele dia, pedireis em meu nome. Não vos digo que eu rogarei por vós ao Pai.

27 Não, o próprio Pai vos [f]ama, visto que vós me amastes e crestes que vim de Deus.

28 [g]Vim do Pai e entrei no mundo; agora deixo o mundo e volto para o Pai.

29 Disseram os seus discípulos: Agora falas abertamente e não usas nenhuma [h]figura.

30 Agora percebemos que [i]sabes tudo, e não é preciso que alguém te interrogue. Por isso, cremos que vieste de Deus.

31 Respondeu Jesus: Credes agora?

32 Mas vem a hora, e já chegou, em que sereis [j]dispersos cada um para sua casa. Vós me deixareis só. Mas não estou só, pois o Pai está comigo.

33 Disse-vos essas coisas para que em mim tenhais [k]paz. No [l]mundo tereis aflições. Mas tende bom ânimo! Eu [m]venci o mundo.

A oração intercessora de Jesus como Sumo Sacerdote

17 Tendo dito estas coisas, Jesus levantou os olhos ao céu e [1][n]disse: Pai, é chegada a hora. [2]Glorifica o teu Filho, para que também o teu Filho te glorifique.

2 Pois lhe deste autoridade sobre toda a carne, para que [3]dê a [o]vida eterna a todos os que lhe [4]deste.

3 Ora, a vida eterna é esta: que [p]conheçam a ti, o único Deus verdadeiro, e a Jesus Cristo, a quem enviaste.

4 Eu te glorifiquei na terra, [qq]concluindo a obra que me deste para fazer.

5 E agora, Pai, glorifica-me em tua presença com a glória que [rr]tinha contigo antes que o [ss]mundo existisse.

6 Manifestei o teu nome aos homens que me deste [tt]do mundo. Eram teus e os [uu]deste a mim, e eles guardaram a tua palavra.

7 Agora sabem que tudo o que me deste provém de ti.

8 Pois lhes dei as [vv]palavras que tu me deste, e eles as receberam. Verdadeiramente conheceram que [ww]saí de ti e creram que [xx]me enviaste.

9 Eu rogo por eles. Não rogo pelo [yy]mundo, mas por aqueles que me deste, pois são teus.

10 Tudo o que tenho é teu, e tudo o que tens é meu. E neles sou glorificado.

[q] Veja Jo 16.5, marg.
[r] Comp. Mt 12.25; 22.18; Mc 2.8; Lc 6.8; 11.17; Jo 2.25
[s] Veja Jo 5.19, marg. r
[t] Mc 16.10; Lc 24.17
[u] Gr. *kosmos*. Veja Mt 4.8, nota
[v] Comp. Ap 11.10
[w] Lc 24.32,41; comp. Jr 31.13
[x] Gn 3.16; Is 13.8; 42.14; 1Ts 5.3
[y] 1Pe 1.8
[z] Mt 7.7,8; Jo 14.13; 15.7,16; comp. Ef 6.18; Tg 1.5,6; 4.2,3; 1Jo 3.22; 5.14
[a] v. 26; comp. Lc 24.47; Jo 20.31; At 3.6; 16.18; Ef 5.20
[b] Jo 17.13; comp. Rm 14.17
[c] Jo 15.11
[d] Em algumas versões "parábolas". Veja tb. v. 29; Jo 10.6
[e] Jo 7.13
[f] Jo 14.21,23
[g] Cristo (primeira vinda): v. 27,28, 30; Jo 17.8 (Gn 3.15; At 1.11)
[h] Comp. v. 25

[i] Jo 21.17; comp. 1Cr 28.9; 2Cr 6.30; Jo 2.24,25; 6.64; At 1.24; Rm 8.27
[j] Zc 13.7; Mt 26.31; At 8.1
[k] Veja Mt 10.34, nota
[l] Gr. *kosmos*. Veja Ap 13.8, nota
[m] Comp. 1Co 15.24
[n] Orações da Bíblia (NT): v. 1-26; At 1.24 (Mt 6.9; Lc 11.2, nota)
[o] Vida (eterna): v. 2,3; Jo 20.31 (Mt 7.14; Ap 22.19)
[p] Jr 9.23,24
[qq] Dn 9.24; Jo 4.34; 19.30
[rr] Pv 8.22-30; Jo 1.1,2
[ss] Gr. *kosmos*. Veja Mt 4.8, nota
[tt] Separação: v. 6,14,16; Rm 12.2 (Gn 12.1; 2Co 6.17)
[uu] Ez 18.4; Rm 14.8
[vv] Inspiração: v. 8,12, 14,17; Jo 19.24 (Êx 4.15; 2Tm 3.16)
[ww] Cristo (primeira vinda): v. 8,18, 21,23; At 1.9 (Gn 3.15; At 1.11)
[xx] Dt 18.15,18
[yy] Gr. *kosmos*. Veja Ap 13.8, nota

[1] (17.1) Este capítulo constitui a oração do Senhor ao Pai. Comp. a oração que ele ensinou aos discípulos, conhecida como a Oração do Pai-Nosso (Mt 6.9-13; Lc 11.2-4 e *notas*). Aqui, no cap. 17, o leitor pode observar mais profundamente o coração do Filho de Deus. Os pedidos são pessoais e intercessores; é a oração de Cristo como Sumo Sacerdote. Veja também *nota 2* e Jo 17.2, *notas*.

[2] (17.1) Observe os sete pedidos nesta oração: 1) que Jesus seja glorificado como o Filho que glorificou o Pai (v. 1; comp. Fp 2.9-11); 2) pela restauração da glória eterna (v. 5); 3) que os crentes sejam guardados a) do mundo (v. 11) e b) do mal (v. 15); 4) pela santificação dos crentes (v. 17); 5) pela unidade espiritual dos crentes (v. 21-23); 6) para que o mundo creia (v. 21); 7) para que os crentes estejam com ele no céu a fim de contemplar a glória do Senhor e dela participar (v. 24). Nos v. 1-5, o Senhor ora por si mesmo, nos v. 6-19 ora por seus discípulos e nos v. 20-26 ora por todos os cristãos de todos os tempos.

[3] (17.2) O que Cristo deu àqueles que lhe foram dados pelo Pai: vida eterna (v. 2), o nome do Pai (v. 6,26; comp. 20.17), as palavras do Pai (v. 8,14), sua própria alegria (v. 13) e sua própria glória (v. 22).

[4] (17.2) Sete vezes Jesus disse que os cristãos lhe foram dados pelo Pai (v. 2,6 [duas vezes], 9,11,12,24). Jesus Cristo é o presente de amor que Deus deu ao mundo (3.16), e os crentes são o presente de amor que o Pai deu a Jesus Cristo. Cristo encomenda o cristão às mãos do Pai para que ele o guarde, de maneira que a segurança do cristão se fundamenta na fidelidade do Pai a seu Filho Jesus Cristo.

11 Já não permanecerei no mundo por muito tempo, mas eles estão no mundo, e eu [z]vou para junto de ti. Pai santo, [a]guarda-os em teu nome, o nome que me deste, para que sejam um, assim como nós.

12 Estando eu com eles no mundo, guardei-os no nome que me deste. [b]Nenhum deles se [c]perdeu, senão o filho da perdição, para que se [d]cumprisse a Escritura.

13 Agora vou para junto de ti, e isto digo enquanto estou no mundo, para que tenham em si a medida completa da minha alegria.

14 Dei-lhes a tua palavra, e o mundo os [e]odiou, pois não são do mundo, assim como eu não sou do mundo.

15 Não peço que os tires do mundo, [f]mas que os guardes [g]do mal.

16 Eles não são do mundo, como eu do mundo não sou.

17 [h]Santifica-os na verdade; a [i]tua palavra é a verdade.

18 Assim como tu me enviaste ao mundo, também eu os [j]enviei ao mundo.

19 Por eles me santifico a mim mesmo, para que eles também sejam [k]santificados na verdade.

20 Eu não rogo somente por estes, mas também por aqueles que pela sua palavra hão de [l]crer em mim.

21 Para que todos sejam um, [m]como tu, ó Pai, o és em mim, e eu em ti. Que eles também sejam um em nós, para que o mundo creia que tu me enviaste.

22 Eu lhes dei a [n]glória que tu me deste, para que sejam um, como nós somos um:

23 Eu neles, e tu em mim, para que sejam [o]perfeitos em unidade, para que o mundo conheça que tu me enviaste e que os amaste como também amaste a mim.

24 Pai, quero que onde eu estiver, estejam também [p]comigo aqueles que me deste, para que vejam a minha glória, a glória que me deste, porque me amaste antes da criação do mundo.

25 Pai justo, o mundo não te conheceu, mas eu te conheci, e estes conheceram que tu me enviaste.

26 Eu lhes dei a conhecer o teu [q]nome e continuarei a fazê-lo, para que o [r]amor com que me amaste esteja [s]neles, e eu neles esteja.

V. O sacrifício do Filho de Deus, 18–19

Jesus no Getsêmani
(Mt 26.36-46; Mc 14.32-42; Lc 22.39-46)

18 Tendo Jesus terminado de orar, partiu com os discípulos, e atravessaram o vale do [t]Cedrom. Havia ali um jardim, onde Jesus entrou com seus discípulos.

Jesus é traído e preso
(Mt 26.47-56; Mc 14.43-50; Lc 22.47-54)

2 Ora, Judas, que o traiu, também conhecia aquele lugar, porque Jesus muitas vezes se [u]reunira ali com os discípulos.

3 Então Judas, tendo recebido a escolta e alguns guardas dos principais sacerdotes e dos [v]fariseus, chegou ao jardim com lanternas, tochas e armas.

4 [w]Sabendo Jesus todas as coisas que sobre ele haviam de vir, [x]adiantou-se e perguntou-lhes: A quem buscais?

5 Responderam-lhe: [y]A Jesus de Nazaré. Disse-lhes Jesus: Sou eu. E Judas, que o [zz]traía, [aa]estava com eles.

6 Quando Jesus lhes disse: Sou eu, recuaram e [bb]caíram por terra.

7 Tornou a perguntar-lhes: A quem buscais? E disseram: A Jesus de Nazaré.

8 Respondeu Jesus: Já vos disse que sou eu. Se é a mim que buscais, deixai ir estes.

Pedro fere Malco

9 Isso aconteceu para que se cumprisse a palavra que ele tinha [cc]dito: Não perdi nenhum dos que me deste.

10 Então Simão Pedro, que tinha uma [dd]espada, puxou-a e feriu o servo do sumo sacerdote, [ee]cortando-lhe a orelha direita. O nome do servo era Malco.

11 Jesus, porém, disse a Pedro: Coloca a tua espada na bainha! [ff]Não beberei o [gg]cálice que o Pai me deu?

Jesus diante do sumo sacerdote
(até v. 27; Mt 26.57-68; Mc 14.53-65; Lc 22.63-71)

12 **E**ntão a escolta, o comandante e os guardas dos judeus prenderam a Jesus e o amarraram.

13 [1]Levaram-no primeiro a [hh]Anás, por ser sogro de [ii]Caifás, o sumo sacerdote naquele ano.

14 Caifás era quem tinha aconselhado aos judeus [jj]que convinha que um homem morresse pelo povo.

(Interlúdio: as três negações de Pedro;
veja também v. 25-27; Mt 26.69-75;
Mc 14.66-72; Lc 22.54-62)

15 Simão Pedro e [kk]outro discípulo [ll]seguiam Jesus. Sendo este discípulo conhecido do sumo sacerdote, entrou com Jesus no pátio do sumo sacerdote.

---

[1] (18.13) Ordem dos acontecimentos após a prisão de Cristo: veja Mt 26.57, *nota*.

z Mc 16.19; Lc 24.51; At 1.9; Hb 4.14; 9.24; 1Pe 3.22
a Segurança: v. 11,15, 24; At 2.21 (Sl 23.1; Jd 1)
b Jo 6.39
c Veja Jo 3.16, nota
d Sl 41.9
e Mt 24.9; Lc 6.22; 21.17; Jo 15.19
f 2Ts 3.3; 2Tm 4.18; 2Pe 2.9; 1Jo 5.18
g Satanás: v. 15; At 5.3 (Gn 3.1; Ap 20.10)
h Santificação (NT): v. 17,19; At 3.21 (Mt 4.5; Ap 22.11)
ii Sl 119.9; Jo 15.3; Ef 5.26
jj Jo 20.21
kk v. 17; comp. Hb 2.11
ll Fé: v. 20; Jo 20.8 (Gn 3.20; Hb 11.39, nota); At 1.8
m Rm 12.5; Ef 4.4,6; Gl 3.28; comp. At 4.32
n 2Co 3.18
o Veja Mt 5.48 e Fp 3.12, notas
p Jo 14.3; 1Ts 4.17
q Êx 34.5-7
r Lei (de Cristo): v. 26; Rm 5.5 (Jo 13.34; 2Jo 5)
s Ef 3.17-19; comp. 1Jo 4.16

t Comp. 2Sm 15.23
u Comp. Lc 21.37
v Veja Mt 3.7, nota
w Jo 13.1,3; 19.28
x Comp. Lc 9.51; Hb 12.2
y Mt 21.11; Mc 1.24; 14.67; 16.6; Lc 18.37; 24.19; Jo 1.45; 19.19; At 2.22; 3.6; 4.10; 6.14; 10.38; 22.8; 26.9
zz Sl 41.9
aa Comp. Êx 23.2; Sl 1.1; Pv 24.1; 2Co 6.14
bb Comp. Sl 27.2
cc Jo 6.39; 17.12; comp. 1Co 10.13
dd Comp. Lc 22.38, 49,50
ee v. 26
ff Comp. Mt 20.22; 26.39; Mc 14.36; Lc 22.42
gg Comp. 1Sm 3.18; At 21.14
hh Lc 3.2; At 4.6
ii Mt 26.3; Jo 11.49
jj Jo 11.49,50
kk Mc 14.54
ll Jo 20.2-5

16 Pedro, porém, ficou de fora, junto à porta. O outro discípulo, que era conhecido do sumo sacerdote, voltou, falou com a porteira e levou Pedro para dentro.

17 A porteira perguntou a Pedro: Não és tu um dos discípulos deste homem? Respondeu ele: [m]Não sou.

18 Fazia frio, e os servos e os guardas estavam em pé ao redor de uma [n]fogueira que tinham feito para se aquecer. Pedro também estava com eles, aquecendo-se.

19 **E**ntão o sumo sacerdote interrogou Jesus acerca dos seus discípulos e da sua [o]doutrina.

20 Respondeu-lhe Jesus: Eu falei [p]abertamente ao [q]mundo. Eu sempre ensinei [r]nas sinagogas e [s]no templo, onde todos os judeus se reúnem. Nada disse em oculto.

21 Para que me interrogas? Pergunta [t]aos que me ouviram. Certamente que eles sabem o que eu disse.

22 Quando Jesus disse isso, um dos guardas que ali estavam deu-lhe uma [u]bofetada, dizendo: É assim que respondes ao sumo sacerdote?

23 Respondeu Jesus: Se falei mal, dá testemunho do mal. Mas se falei [v]bem, por que me feres?

24 Então [w]Anás mandou-o, ainda amarrado, ao sumo sacerdote [x]Caifás.

25 **S**imão Pedro continuava de pé, aquecendo-se. Então lhe perguntaram: Não és um dos seus discípulos? Ele negou, dizendo: [y]Não sou.

26 Um dos servos do sumo sacerdote, parente daquele a quem Pedro cortara a orelha, perguntou: Não te vi eu no jardim com ele?

27 De novo Pedro negou, e naquele momento um [1][z]galo começou a cantar.

Jesus diante de Pilatos
(Mt 17.2,11-14; Mc 15.1-5; Lc 23.1-7,13-15)

28 **E**ntão os judeus levaram Jesus da casa de Caifás para o pretório. Era bem cedo, e para não se contaminarem, mas poderem comer a [a]Páscoa, não entraram na [b]residência oficial do governador romano.

29 [c]Então Pilatos saiu para falar com eles e lhes perguntou: Que acusação trazeis contra este homem?

30 Responderam-lhe: Se este não fosse malfeitor, não o entregaríamos a ti.

31 Disse-lhes Pilatos: Levai-o vós e julgai-o segundo a vossa [d]lei. Responderam os judeus: Não nos é permitido executar a ninguém.

32 Isso aconteceu para que se cumprisse a palavra que Jesus tinha [e]dito, [f]significando de que morte haveria de morrer.

33 **T**ornou Pilatos a entrar na residência oficial do governo romano, chamou a Jesus e lhe perguntou: És tu o [g]rei dos judeus?

34 Respondeu Jesus: Dizes isso de ti mesmo ou outros te disseram isso de mim?

35 Replicou Pilatos: Sou eu judeu? A tua nação e os principais sacerdotes te entregaram a mim. Que fizeste?

36 [h]Respondeu Jesus: O meu [i]Reino não é [j]deste [k]mundo. Se fosse, os meus súditos [l]combateriam para que eu não fosse entregue aos judeus. Mas agora o meu Reino [2]não é [mm]daqui.

37 Perguntou Pilatos: Então, tu és rei? Respondeu Jesus: [3]Tu dizes que eu sou rei. Eu para isso nasci e para isso vim ao [nn]mundo, [oo]a fim de dar [pp]testemunho da [qq]verdade. Todo aquele que é da verdade [rr]ouve a minha voz.

38 Perguntou Pilatos: Que é a verdade? Tendo dito isso, voltou a falar com os judeus e lhes disse: Não acho nele crime [ss]algum.

Jesus é condenado; a libertação de Barrabás
(Mt 27.15-21; Mc 15.6-11; Lc 23.18,19)

39 É vosso costume, porém, que eu vos solte alguém por ocasião da Páscoa. Quereis que vos solte o rei dos judeus?

40 Todos começaram a gritar: Este [tt]não, mas Barrabás! Ora, Barrabás era um assaltante.

Jesus é coroado com espinhos
(Mt 27.27-30; Mc 15.16-18)

19 Então Pilatos pegou a Jesus e mandou [uu]açoitá-lo.

2 Os soldados teceram uma coroa de espinhos, puseram-na em sua cabeça, e vestiram-no com um manto de púrpura.

3 Aproximando-se dele, diziam: Salve, rei dos judeus! E [vv]davam-lhe bofetadas.

---

[m] v. 25,27; Mt 26.34; comp. Mt 10.33; At 3.14; 2Tm 2.12
[n] Comp. Jo 21.9
[o] Ensinamento. Mc 4.2; Jo 7.16,17; 2Jo 9
[p] Jo 8.26; comp. Jo 10.24; 16.25,29
[q] Gr. *kosmos*. Veja Mt 4.8, nota
[r] Jo 6.59
[s] Mc 14.49; Jo 7.14,28
[t] Mc 12.37
[u] Is 50.6; comp. 1Rs 22.24; Jó 16.10; Jr 20.2; Mq 5.1; At 23.2
[v] Comp. 1Pe 2.19,23
[w] v. 13; Lc 3.2; At 4.6
[x] v. 13,14; Jo 11.49
[y] Veja v. 17, marg. m
[z] Mt 26.34; Jo 13.38
[a] Comp. Jo 2.13; 6.4; 11.55; veja Êx 12.11, nota
[b] Comp. Mt 23.23; Mc 7.4; At 10.28; Gl 4.9,10; 5.1; Cl 2.20-23; Hb 9.10
[c] Mt 27.11-14; Mc 15.2-5
[d] Lei (de Moisés): v. 31; Jo 19.7 (Êx 19.1; Gl 3.24); Lv 24.16; comp. At 18.15
[e] Mt 20.17-19
[f] Jo 3.14; 12.32,33
[g] Reino (NT): 18.33,34, 36,37,39; 19.3; Jo 19.14 (Mt 2.2; 1Co 15.24, nota); Lc 23.2,3
[h] 1Tm 6.13
[i] Comp. Sl 45.6; Is 9.6,7; Dn 2.44; Zc 9.9; Rm 14.17; Cl 1.13
[j] Gr. *ek toutou*, de este
[k] Gr. *kosmos*. Veja Ap 13.8, nota
[l] Comp. Mt 26.53
[mm] Comp. Jo 6.15
[nn] Gr. *kosmos*. Veja Mt 4.8, nota
[oo] Mt 5.17; 20.28; Lc 4.43; 12.49; 19.10; Jo 3.17; 9.39; 10.10; 12.47
[pp] Is 55.4; Ap 1.5
[qq] Jo 14.6
[rr] Jo 8.47; 10.27
[ss] Is 53.9; Jo 19.4,6; 1Pe 2.22-24
[tt] At 3.14
[uu] Mt 27.26; Mc 15.15
[vv] Is 50.6; comp. 1Rs 22.24; At 23.2

---

[1] (18.27) As palavras “um galo começou a cantar” têm a ver com a hora matinal conhecida como “o cantar do galo”. Comp. Mc 13.35; 14.30,72.

[2] (18.36) Este versículo tem sido erroneamente interpretado como se Cristo estivesse negando que seu Reino seria estabelecido na terra. Ao lado da incompatibilidade desta perspectiva com todo o testemunho da Escritura (comp. Lc 1.33; Ap 11.15), ela está em conflito com o restante do versículo. Os reinos terrenos se iniciam, seguem seu curso e terminam por meio de força ou de poder humanos, mas o reino de Cristo se iniciaria e se manteria com a aparição de Cristo em forma pessoal e com sua onipotência.

[3] (18.37) Na expressão idiomática grega, esta resposta é clara e afirmativa. Observe o que se segue no texto: “Eu para isso nasci” etc.

O esforço final de Pilatos para libertar Jesus (Mt 27.22-26; Mc 15.12-15; Lc 23.20-25)

4 De novo, Pilatos saiu e lhes disse: Vede! Eu o trago para vós para que saibais que não acho [w]nele crime algum.

5 Quando Jesus saiu, trazendo a coroa de espinhos e o manto de púrpura, Pilatos lhes disse: [x]Eis o homem!

6 Vendo-o os principais sacerdotes e os seus guardas, gritaram: Crucifica-o! Crucifica-o! Mas Pilatos respondeu: Tomai-o vós e crucificai-o. Eu não acho nele crime algum.

7 Responderam os judeus: Nós temos uma lei, e segundo essa [y]lei ele deve morrer, porque se fez filho de Deus.

8 Tendo Pilatos ouvido esta declaração, mais [z]atemorizado ficou.

9 Entrando de novo na residência oficial, disse a Jesus: De onde vens? Mas Jesus [a]não deu resposta.

10 Disse Pilatos: Não me respondes? Não sabes que tenho [b]autoridade para te soltar e para te crucificar?

11 Respondeu Jesus: [c]Nenhuma autoridade terias contra mim, se de [d]cima não te fosse dada. Aquele, [e]porém, que me entregou a ti maior [f]pecado tem.

12 **D**esde então Pilatos procurava soltar Jesus, mas os judeus continuavam a gritar: Se soltares a este, não és amigo de César. Qualquer que se faz rei se opõe a [g]César.

13 [h]Ouvindo Pilatos essas palavras, levou Jesus para fora e sentou-se no tribunal, no lugar chamado Pavimento, em hebraico Gábata.

14 Era o dia da preparação da Páscoa, e quase [1][i]meio-dia. Disse Pilatos aos judeus: Eis o vosso [j]rei.

15 Eles, porém, gritaram: Fora! Fora! Crucifica-o! Perguntou-lhes Pilatos: Hei de crucificar o vosso rei? Responderam os principais sacerdotes: Não temos [k]rei, senão César.

Jesus é crucificado (Mt 27.31-50; Mc 15.19-37; Lc 23.26-46)

16 [2]Finalmente Pilatos o entregou para ser [l]crucificado.

[w] Is 53.9; Jo 18.38; 1Pe 2.22-24
[x] Comp. Jo 1.29
[y] Lei (de Moisés): v. 7; At 3.22 (Êx 19.1; Gl 3.24); Lv 24.16
[z] Comp. Mt 27.19
[a] Is 53.7; Lc 23.9
[b] Jo 10.18
[c] Comp. Lc 22.53; Jo 7.30; At 4.27,28
[d] Jo 3.27; Rm 13.1
[e] Mc 14.44; Jo 18.3
[f] Veja Rm 3.23, nota
[g] Comp. Lc 23.2; At 17.7
[h] Dt 1.17; 1Sm 15.24; Pv 29.25; Is 51.12; At 4.19
[i] Em algumas versões, "hora sexta"
[j] Reino (NT): v. 14,15, 19-22; At 1.6 (Mt 2.2; 1Co 15.24, nota)
[k] Comp. Os 3.4
[l] Juízos (os sete): v. 16-18; At 10.42 (2Sm 7.14; Ap 20.12)

17 Então os soldados levaram Jesus. Ele próprio, levando a sua cruz, [m]saiu para o lugar chamado Caveira, que em hebraico se chama [n]Gólgota,

18 onde o [o]crucificaram, e com ele [p]outros dois, um de cada lado, e Jesus no meio.

19 Pilatos mandou escrever um título e o fez pregar na cruz. Nele estava escrito: JESUS DE NAZARÉ, O REI DOS JUDEUS.

20 Muitos dos judeus leram este título, pois o lugar onde Jesus fora crucificado era próximo da cidade, e estava escrito em [q]hebraico, latim e [r]grego.

21 Disseram os principais sacerdotes dos judeus a Pilatos: Não escrevas o rei dos judeus, mas que ele disse: Sou o rei dos judeus.

22 Respondeu Pilatos: O que escrevi, escrevi.

23 **T**endo os soldados crucificado Jesus, tomaram as suas vestes e dividiram-nas em quatro partes, uma para cada soldado. Tomaram também a túnica, que era sem costura, toda tecida, numa só peça, de alto a baixo.

24 Disseram uns aos outros: Não a rasguemos, mas lancemos sortes sobre ela para ver de quem será. Isso aconteceu para que se cumprisse a [s]Escritura[t]: Dividiram entre si as minhas vestes, e sobre a minha túnica lançaram sortes. Foi o que fizeram os soldados.

25 **J**unto à cruz de Jesus [u]estava a sua [v]mãe, a irmã dela, e [ww]Maria, mulher de Clopas, e Maria Madalena.

26 Vendo Jesus ali a sua mãe, e que o [xx]discípulo [yy]a quem ele amava estava presente, disse à sua mãe: [zz]Mulher, eis o teu filho.

27 Depois, disse ao discípulo: Eis a tua mãe. Dessa hora em diante o discípulo a recebeu em sua casa.

28 **M**ais tarde, sabendo Jesus que tudo estava [aa]consumado e, [bb]para que a [cc]Escritura se cumprisse, disse: Tenho sede!

29 Estava ali um vaso cheio de [dd]vinagre. Embeberam de vinagre uma esponja, colocaram-na numa vara de hissopo e chegaram-na à sua boca.

30 Quando Jesus recebeu o vinagre, disse: [3]Está consumado! E inclinando a cabeça, [ee]entregou o espírito.

[m] Nm 15.36; Hb 13.12; veja Nm 19.2, nota
[n] Veja Mc 15.22, nota
[o] Sacrifício (de Cristo): v. 18; Jo 19.34 (Gn 3.15; Hb 10.18, nota)
[p] Is 53.12
[q] Comp. 2Rs 18.26; At 21.40; 22.2; 26.14
[r] Comp. At 21.37
[s] Inspiração: v. 24; Jo 19.28 (Êx 4.15; 2Tm 3.16)
[t] Sl 22.18
[u] Mt 27.55,56; Mc 15.40,41; Lc 23.49
[v] Comp. Lc 2.35
[ww] Veja Lc 1.27, nota
[xx] Comp. Jo 18.15
[yy] Jo 13.23; 20.2; 21.7, 20,24
[zz] Jo 2.4
[aa] Comp. v.30
[bb] v. 24,36,37
[cc] Inspiração: v. 28,29, 36,37; Jo 20.9 (Êx 4.15; 2Tm 3.16)
[dd] Sl 69.21
[ee] Veja Mt 27.50, nota

---

[1] (19.14) Em algumas versões bíblicas, João usa o horário romano "à hora sexta", em que as horas começavam a ser contadas às 12 horas da noite e às 12 horas do dia, como também se faz hoje. Contudo, os Sinópticos usam a contagem de tempo hebraica, que começa com o nascer do sol (i.e., às 6 horas da manhã; 7 horas da manhã seriam a primeira hora etc.). Isso fica claro no extremo cuidado dos Evangelhos ao especificar as horas em relação à crucificação. Nosso Senhor foi crucificado às 9 horas da manhã ("a hora terceira", Mc 15.25); as trevas sobre a terra ocorreram do meio-dia até as 3 horas da tarde (da "hora sexta" até "a hora nona", Mt 27.45,46; Mc 15.33,34; Lc 23.44). Assim, aqui, a "hora sexta" não poderia ser de acordo com o horário hebraico (o meio-dia), mas, sim, com o romano, às 6 horas da manhã, "chegando a manhã" (Mt 27.1,2).

[2] (19.16) Ordem dos acontecimentos da crucificação: veja Mt 27.33, *nota*.

[3] (19.30) "Está consumado" foi o grito de vitória. Veja Jo 4.34; 17.4; Rm 10.4; Gl 3.13; Hb 10.5-10.

Acontecimentos após a morte de Jesus (Mt 27.51-56; Mc 15.38-41; Lc 23.45,47-49)

31 **Como** era o dia da [f]preparação, os judeus, para que os corpos não ficassem na cruz durante o sábado, porque esse [g]sábado era um [h]grande dia, rogaram a Pilatos que se lhes [i]quebrassem as pernas e fossem tirados da cruz.

32 Foram os soldados e quebraram as pernas do primeiro e do outro que [j]com ele fora crucificado.

33 Chegando-se, porém, a Jesus, e vendo-o [k]já morto, não lhe quebraram as pernas.

34 Contudo, um dos soldados [l]trespassou-lhe o lado com uma lança, e imediatamente saiu [m]sangue e água.

35 Aquele que o viu testificou, e o seu testemunho é [n]verdadeiro. Ele sabe que é verdade o que diz, para que também vós o [o]creiais.

36 Estas coisas aconteceram para que se cumprisse a Escritura: [p]Nenhum dos seus ossos será quebrado.

37 E como diz outra Escritura: [q]Olharão para aquele a quem trespassaram.

Jesus é sepultado (Mt 27.57-66; Mc 15.42-47; Lc 23.50-56)

38 **Depois** disso, José de Arimateia, que era discípulo de Jesus, mas em oculto, por [r]temer os judeus, pediu a Pilatos que lhe permitisse tirar o corpo de Jesus. Com a permissão de Pilatos, ele foi, tirou o corpo da cruz e o levou.

39 Foi também [s]Nicodemos, aquele que anteriormente se dirigira de noite a Jesus, levando quase cem [t]libras de uma mistura de [u]mirra e aloés.

40 Tomaram o corpo de Jesus e o envolveram em [v]lençóis de linho com as especiarias, como os judeus costumam fazer, na preparação para o sepultamento.

41 No lugar em que Jesus foi [w]crucificado, havia um jardim, e no jardim um sepulcro novo, no qual ainda [x]ninguém havia sido posto.

42 Porque o sepulcro ficava perto, e por causa da preparação dos judeus, [y]puseram ali o corpo de Jesus.

VI. A manifestação do Filho de Deus na ressurreição, 20

A ressurreição e os acontecimentos daquele dia (comp. Mt 28.1-15; Mc 16.1-14; Lc 24.1-32)

20 **Na** madrugada [1]do [z]primeiro dia da semana, sendo ainda escuro, Maria Madalena [a]foi ao sepulcro e viu que a [b]pedra fora removida da entrada.

2 Correu ela ao encontro de Simão Pedro e do [c]outro discípulo, a [d]quem Jesus amava, e lhes disse: [e]Tiraram do sepulcro o Senhor, e não sabemos onde o colocaram.

3 Então Pedro saiu com o outro discípulo, e foram ao sepulcro.

4 Os dois correram juntos, mas o outro discípulo correu mais depressa do que Pedro e chegou primeiro ao sepulcro.

5 Abaixando-se, viu no chão os lençóis de linho, mas não entrou.

6 Chegou Simão Pedro, que o seguia, [ff]entrou no sepulcro e viu no chão os [gg]lençóis

7 e o [hh]lenço, que cobrira a cabeça de Jesus. O lenço não estava com os lençóis, mas enrolado num lugar à parte.

8 Finalmente entrou também o [ii]outro discípulo, que chegara primeiro ao sepulcro, e viu e [jj]creu.

9 Ainda não haviam compreendido que, conforme a [kk]Escritura, era necessário que ele [ll]ressuscitasse dos mortos.

10 Então os discípulos [mm]voltaram para casa.

Jesus aparece a Maria Madalena

11 **Maria**, porém, ficou chorando junto à entrada do sepulcro. Enquanto chorava, abaixou-se para olhar para dentro do sepulcro

12 e viu dois [nn]anjos vestidos de branco, assentados onde estivera o corpo de Jesus, um à cabeceira e outro aos pés.

13 Os anjos lhe perguntaram: Mulher, por que choras? Ela respondeu: Levaram o meu Senhor, e não sei onde o puseram.

14 Tendo dito isso, voltou-se e viu a Jesus ali em pé, mas [oo]não percebeu que era Jesus.

15 Perguntou-lhe Jesus: Mulher, por que choras? A [pp]quem procuras? Pensando tratar-se do jardineiro, ela respondeu: Senhor, se tu o levaste, dize-me onde o puseste, e eu o irei buscar.

16 Disse-lhe Jesus: [2][qq]Maria! Ela, voltando-se, disse em hebraico: Rabôni! (que quer dizer Mestre).

17 Disse-lhe Jesus: Não me detenhas, pois ainda não [rr]voltei ao Pai. Mas vai ter com meus [ss]irmãos e dize-lhes: Eu volto para [tt]meu Pai e vosso Pai, meu Deus e vosso Deus.

18 [uu]Maria Madalena foi e anunciou aos discípulos: Vi o Senhor! E contou o que ele lhe dissera.

[f] Mt 27.62; Mc 15.42; Lc 23.54
[g] Sábado (dia de repouso): v. 31; At 13.14 (Gn 2.3; Mt 12.1, nota)
[h] Êx 12.16; Lv 23.6,7
[i] Dt 21.23; comp. Js 8.29; 10.26
[j] Comp. Gl 2.20; 6.14; Cl 2.20
[k] Comp. Jo 10.18
[l] Comp. Jo 20.20, 25,27
[m] Sacrifício (de Cristo): v. 34; At 13.23 (Gn 3.15; Hb 10.18, nota); Mt 26.28; Rm 5.9; 1Pe 1.18,19; 1Jo 1.7; 5.6,8; Ap 1.5; 7.14
[n] Jo 21.24; comp. 3Jo 12
[o] Jo 20.31
[p] Sl 34.20; comp. Êx 12.46; Nm 9.12
[q] Zc 12.10; Ap 1.7
[r] Jo 7.13; comp. Jo 12.42
[s] Jo 3.1,2; 7.50
[t] Veja pesos e medidas (NT): At 27.28, nota
[u] Mt 2.11; comp. Sl 45.8
[v] Jo 20.7; comp. Jo 11.44
[w] v. 17,18
[x] Comp. Mc 11.2
[y] Is 53.9
[z] At 20.7; 1Co 16.2; veja Mt 28.1, nota 2

[a] Veja Mt 28.1, nota 2
[b] Mt 27.60,66
[c] Jo 21.23,24
[d] Jo 13.23; 19.26; 21.7,20,24
[e] v. 13,15
[ff] Comp. Jo 21.7
[gg] Jo 19.40
[hh] Jo 11.44
[ii] v. 2,3,4; Jo 21.23, 24
[jj] Fé: v. 8; Jo 20.29 (Gn 3.20; Hb 11.39, nota)
[kk] Inspiração: v. 9; Jo 20.31 (Êx 4.15; 2Tm 3.16); Sl 16.10
[ll] Ressurreição: v. 9,14; Jo 21.14 (2Rs 4.35; 1Co 15.52, nota)
[mm] Comp. Jo 21.3
[nn] Veja Hb 1.4, nota
[oo] Comp. Lc 24.16; Jo 21.4
[pp] Comp. Jo 18.4
[qq] Jo 10.3
[rr] Lc 24.5; At 1.9; Hb 4.14
[ss] Hb 2.11
[tt] Jo 17.11
[uu] Veja Lc 1.27, nota

[1] (20.1) Ordem dos acontecimentos no dia da ressurreição: veja Mt 28.1, *nota 2*.

[2] (20.16) Durante os quarenta dias entre sua ressurreição e sua ascensão, estão registradas dez ocasiões em que o Senhor Jesus apareceu a seus seguidores, as primeiras cinco no dia da ressurreição. A ordem das

Jesus aparece aos discípulos; Tomé está ausente (Mc 16.14; Lc 24.33-49)

19 Chegada a tarde daquele dia, o primeiro da semana, e estando fechadas as portas do lugar onde estavam os discípulos, com [v]medo dos judeus, [w]chegou Jesus, pôs-se no meio deles e lhes disse: [x]Paz seja convosco!

20 Tendo dito isso, [y]mostrou-lhes as mãos e o lado. [z]Os discípulos se alegraram ao verem o Senhor.

21 Disse-lhes Jesus de novo: [a]Paz seja convosco! Assim como o Pai me enviou, eu vos [b]envio.

22 Dizendo isso, [c]soprou sobre eles e [1]disse: Recebei o [d]Espírito Santo.

23 [e]Se perdoardes os [f]pecados de alguém, estarão perdoados; se não os perdoardes, não estarão perdoados.

A incredulidade de Tomé

24 Ora, Tomé, chamado [g]Dídimo, um dos Doze, não estava com eles quando apareceu Jesus.

25 Disseram-lhe então os outros discípulos: Vimos o Senhor. Mas ele respondeu: Se eu não [h]vir o sinal dos cravos em suas mãos, não puser ali o dedo e não puser a mão no seu lado, de maneira nenhuma o crerei.

26 Oito dias mais tarde, estavam de novo os discípulos dentro de casa, e Tomé com eles. Embora as portas estivessem trancadas, Jesus chegou, [i]apresentou-se no meio deles e disse: Paz seja convosco!

27 Então disse a Tomé: Põe aqui o teu dedo; vê as minhas mãos. Estenda a tua mão e coloque-a no meu lado. Não sejas [j]incrédulo, mas crente.

28 Disse-lhe Tomé: [2][k]Senhor meu e Deus meu!

---

aparições parece ter sido esta: 1) a Maria Madalena (Mc 16.9-11; Jo 20.11-18); 2) às mulheres que voltavam da sepultura com a mensagem do anjo (Mt 28.8-10); 3) a Pedro, provavelmente à tarde (Lc 24.34; 1Co 15.5); 4) aos discípulos de Emaús ao anoitecer (Mc 16.12; Lc 24.13-32); 5) aos discípulos, com Tomé ausente (Mc 16.14; Lc 24.36-43; Jo 20.9-25); 6) aos discípulos, com Tomé presente, no domingo seguinte (Jo 20.26-31; 1Co 15.5); 7) aos sete junto ao mar da Galileia (Jo 21); 8) aos apóstolos e a mais de 500 irmãos (Mt 28.16-20; Mc 16.15-18; 1Co 15.6); 9) a Tiago, meio-irmão do Senhor (1Co 15.7); 10) a última aparição registrada do Senhor e sua ascensão do monte das Oliveiras (Mc 16.19,20; Lc 24.44-53; At 1.3-12).

Também está registrado que, depois de sua ascensão, Cristo apareceu uma ou mais vezes a três homens: 1) a Estêvão, quando este foi apedrejado (At 7.55-60), 2) a Paulo: a) em sua conversão (At 9.3-8,17; 22.6-11,14,15; 26.12-19; 1Co 9.1; 15.8), b) em Corinto (At 18.9,10), c) no templo em Jerusalém (At 22.17-21), d) posteriormente em Jerusalém (At 23.11) e e) em outra visão (2Co 12.1-4); e 3) ao apóstolo João em Patmos (Ap 1.10-19 e outras visões em Apocalipse).

[1] (20.22) Os v. 22,23 não se referem apenas aos discípulos originais porque, de acordo com Lc 24.33, havia outros com eles nesta ocasião. A ação singular do Senhor ressuscitado, que soprou sobre os presentes e lhes deu o Espírito, provavelmente visava a um despertamento espiritual deles como preparação para quando seriam plenamente dotados com o Espírito Santo, com poder, no Pentecoste (At 2.1-4).

A comissão do v. 23 não foi exclusivamente para os apóstolos e para os que estavam com eles; aplica-se, portanto, também à Igreja como um todo, não a uma classe especial de pessoas dentro da Igreja. Comp. Mt 16.19, *nota*.

[2] (20.28) A divindade de Jesus Cristo está declarada na Escritura:

1) O AT dá a entender e prediz de forma explícita sua divindade. a) As teofanias são indicativas da aparição de Deus em forma humana e de seu ministério aos homens (Gn 16.7-14; 18.2-23, especialmente v. 17; comp. 32.28 com Os 12.3-5; Êx 3.2-14). b) Ele declara expressamente que o Messias é o Filho de Deus (Sl 2.2-9) e Deus (comp. Sl 45.6,7 com Hb 1.8,9; Sl 110.1 com Mt 22.44; At 2.34 com Hb 1.13; Sl 110.4 com Hb 5.6; 6.20; 7.17-21; Zc 6.13). c) Seu nascimento virginal foi anunciado como a maneira pela qual Deus seria Emanuel, Deus conosco (comp. Is 7.13,14 com Mt 1.22,23). d) O Messias recebe expressamente nomes divinos (Is 9.6,7). e) Numa profecia sobre sua morte, é dito que ele é um "homem" "companheiro" de Jeová (comp. Zc 13.7 com Mt 26.31). f) Declara que ele é eterno (comp. Mq 5.2 com Mt 2.6; Jo 7.42).

2) Cristo mesmo afirmou sua divindade. a) Ele aplicou a si mesmo o "Eu Sou" característico de Jeová (Jo 4.26; 6.20; 8.24,28,58; 18.5,6). Em 8.56-59, os judeus interpretaram isso corretamente como uma declaração do Senhor sobre sua plena divindade (comp. Jo 10.33). b) Ele afirmou ser o *Adonai* do AT (Mt 22.42-45. Veja Gn 15.2, *nota*). c) Ele afirmou sua identidade com o Pai (Mt 28.19; Mc 14.62; Jo 10.30. Os judeus assim o entenderam, como pode-se ver em Jo 10.31-33; 14.8,9; 17.5). d) Ele exerceu a principal prerrogativa de Deus: o perdão de pecados (Mc 2.5-7; Lc 7.48-50). e) Ele afirmou sua onipresença (Mt 18.20; Jo 3.13), onisciência (Jo 11.11-14, quando Jesus se encontrava a 80 quilômetros de distância; Mc 11.6-8), onipotência (Mt 28.18; Lc 7.14; Jo 5.21-23; 6.19), domínio sobre a natureza e poder criador (Lc 9.16,17; Jo 2.9; 10.28). f) Ele recebeu e aceitou a adoração humana (Mt 14.33; 28.9; Jo 20.28,29).

3) Os escritores do NT atribuem títulos divinos a Cristo (Jo 1.1; 20.28; At 20.28; Rm 1.4; 9.5; 2Ts 1.12; 1Tm 3.16; Tt 2.13; Hb 1.8; 1Jo 5.20).

4) Os escritores do NT atribuem a Cristo perfeição e atributos divinos (Mt 11.28; 18.20; 28.20; Jo 1.2; 2.23-25; 3.13; 5.17; 21.17; Hb 1.3,11,12 com Hb 13.8; Ap 1.8,17,18; 11.17; 22.13).

5) Os escritores do NT atribuem a Cristo ações divinas (Jo 1.3,10; Cl 1.16,17; Hb 1.3).

6) Os escritores do NT ensinam que Cristo deve receber suprema adoração (At 7.59,60; 1Co 1.2; 2Co 13.14; Fp 2.9-11; Hb 1.6; Ap 1.5,6; 5.12,13).

7) A santidade e a ressurreição de Cristo confirmam sua divindade (Jo 8.46; Rm 1.4).

---

[v] Jo 9.22; 19.38; comp. At 12.12-17
[w] Milagres (NT): v. 19; Jo 20.26 (Mt 8.3; At 28.8)
[x] v. 21; Jo 14.27; Ef 2.17; veja Mt 10.34, nota
[y] At 1.3; comp. 1Jo 1.1
[z] Comp. Jo 16.20-22
[a] v. 19; veja Mt 10.34, nota
[b] Mt 28.18-20; Jo 17.18
[c] Comp. Gn 2.7; Ez 37.9
[d] Espírito Santo (NT): v. 22; At 1.2 (Mt 1.18; At 2.4, nota); comp. Jo 14.25,26; veja Lc 11.13, nota
[e] Comp. Mt 16.19; 18.18
[f] Veja Rm 3.23, nota
[g] Jo 11.16
[h] Comp. Zc 12.10; Jo 4.48
[i] Milagres (NT): v. 26; Jo 21.6 (Mt 8.3; At 28.8)
[j] Mc 16.14
[k] Comp. Jo 1.49; 9.35-38; Fp 2.10,11

29 Então Jesus lhe disse: Porque me viste, [l]creste. [m]Bem-aventurados os que não viram e creram.

O propósito do Evangelho de João

30 Jesus operou na presença de seus discípulos [n]muitos outros sinais miraculosos que não estão escritos neste livro.

31 Estes, porém, foram [o]escritos para que [p]creiais que Jesus [q]é o Cristo, o filho de Deus, e para que, crendo, tenhais [r]vida em seu nome.

VII. Epílogo: O Filho de Deus ressuscitado, Senhor da vida e do serviço, 21

Jesus aparece a sete discípulos junto ao mar de Tiberíades

21 Depois disso, Jesus se manifestou novamente aos discípulos junto ao [s]mar de Tiberíades. Manifestou-se assim:

2 Estavam juntos Simão Pedro, [t]Tomé, chamado Dídimo, [u]Natanael, de [v]Caná da Galileia, os [w]filhos de Zebedeu, e outros dois discípulos.

Cristo e nosso serviço: 1) Segundo a própria vontade – liderança humana

3 Disse-lhes Simão Pedro: Vou pescar. Disseram-lhe eles: Nós também vamos contigo. Saíram e entraram no barco, mas naquela noite nada apanharam.

4 Logo pela manhã, Jesus se apresentou na praia, mas os discípulos [x]não reconheceram que era Jesus.

2) Falta de resultado no serviço segundo a própria vontade

5 Então Jesus lhes disse: Filhos, tendes alguma coisa de comer? Responderam-lhe: Não.

3) Fruto no serviço sob a direção de Cristo

6 Disse-lhes ele: [y]Lançai a rede à direita do barco e achareis. Lançaram-na, então, e [z]já não podiam tirar a rede, por causa da quantidade de peixes.

7 Aquele discípulo [a]a quem Jesus amava disse a Pedro: É o [b]Senhor! Assim que Simão Pedro ouviu que era o Senhor, [c]vestiu a capa, pois se havia despido, e lançou-se ao mar.

8 Os outros discípulos seguiram no barco, puxando a rede cheia de peixes, pois não estavam distantes da terra, senão quase duzentos [d]côvados.

9 Quando saltaram em terra, viram [e]brasas acesas, [f]tendo por cima [g]peixe e pão.

10 Disse-lhes Jesus: Trazei alguns dos peixes que apanhastes.

11 Simão Pedro entrou no barco e puxou a rede para a terra, cheia de cento e cinquenta e três grandes peixes, e mesmo sendo tantos a rede [h]não se rompeu.

4) A provisão de Cristo para seus servos (comp. Lc 22.35; Fp 4.19)

12 Disse-lhes Jesus: [i]Vinde, [j]comei. Nenhum dos discípulos ousava perguntar-lhe: Quem és tu? Sabiam que era o Senhor.

13 Veio Jesus, [k]tomou o pão e lhes deu, e semelhantemente o peixe.

14 Era a [ll]terceira vez que Jesus se manifestava aos discípulos, depois de ter [mm]ressuscitado dos mortos.

5) O amor, única motivação certa para o serviço (1Co 13; 2Co 5.14; Ap 2.4,5)

15 Depois de terem [nn]comido, Jesus perguntou a Simão Pedro: Simão, filho de João, [1]amas-me mais do que estes? Ele respondeu: Sim, Senhor, tu sabes que te amo. Disse-lhe: [oo]Apascenta os [2]meus cordeiros.

16 Tornou a perguntar-lhe: Simão, filho de João, amas-me? Ele respondeu: Sim, Senhor, tu sabes que te amo. Disse-lhe Jesus: [pp]Apascenta as minhas [qq]ovelhas.

17 Perguntou-lhe pela [rr]terceira vez: Simão, filho de João, [3]amas-me? Simão entristeceu-se por Jesus lhe ter perguntado pela terceira vez:

---

[l] Fé: v. 29; At 2.44 (Gn 3.20; Hb 11.39, nota); Rm 10.6-9
[m] Comp. Rm 4.18-20; 2Co 5.7; 1Pe 1.8,9
[n] Jo 21.25
[o] Inspiração: v. 31; Jo 21.24 (Êx 4.15; 2Tm 3.16)
[p] Jo 19.35; 1Jo 5.13
[q] Lc 2.11; 1Jo 5.1; comp. Mt 16.16; Lc 4.41; Jo 1.41; 7.41; 11.27; At 17.3
[r] Vida (eterna): v. 31; At 2.28 (Mt 7.14; Ap 22.19)
[s] Jo 6.1
[t] Jo 20.24
[u] Jo 1.45-51
[v] Jo 2.1
[w] Mt 4.21
[x] Jo 20.14
[y] Comp. Lc 5.3-7
[z] Milagres (NT): v. 3-6; At 3.7 (Mt 8.3; At 28.8)

[a] v. 20,24; Jo 13.23; 20.2
[b] Comp. Lc 24.30,31
[c] Comp. Jo 21.18
[d] Veja pesos e medidas (NT): At 27.28, nota
[e] Comp. Jo 18.18
[f] Comp. Mt 14.15-21; 15.32-39
[g] Comp. Mt 17.24-27
[h] Comp. Lc 5.6
[i] Comp. Gn 7.1; Is 1.18; 55.1; Mt 11.28; Ap 22.17
[j] At 10.41
[k] Comp. Lc 24.29-32
[ll] Comp. Jo 20.19,26
[mm] Ressurreição: v. 14; At 1.3 (2Rs 4.35; 1Co 15.52, nota)
[nn] At 10.41
[oo] v. 16,17; At 20.28; 1Tm 4.16; 1Pe 5.2
[pp] Alimenta; 1Pe 5.2
[qq] Sl 79.13; Mt 10.16; 15.24; 25.33; 26.31; comp. Jo 10.1-16
[rr] Comp. Jo 13.38; 18.15-27

---

[1] (21.15) Nos v. 15-17, são utilizados dois verbos gregos diferentes para a palavra "amar": *agapaõ*, "amar profundamente", usado em 14.21 em relação ao amor divino e ao amor exigido pela Lei (Lc 10.27), e *phileõ*, "ter afeto por", um amor em menor grau que *agapaõ*, como, p. ex., o amor entre amigos. Nos dois primeiros casos em que o Senhor pergunta a Pedro: "Amas-me?", ele usa *agapaõ*; no entanto, Pedro, lembrando que negara o Senhor três vezes e consciente agora de sua própria fraqueza, não se anima a responder com uma palavra tão forte como *agapaõ*. Em lugar disso, em sua resposta ele emprega *phileõ*: "Sim, Senhor, tu sabes que te amo". Quando o Senhor pergunta pela terceira vez se o ama, ele usa a palavra *phileõ*, de um amor menos intenso. E outra vez o discípulo humilhado responde: "Senhor, tu sabes tudo, tu sabes que eu te amo [*phileõ*]".

[2] (21.15) A tríplice repetição que Cristo faz do pronome possessivo ("meus cordeiros [...] minhas ovelhas [...] minhas ovelhas", v. 15,16,17) recorda a todos os cristãos que têm responsabilidade pelos outros, que as pessoas que se encontram sob seu encargo pertencem, antes de tudo, a Cristo. Pastores, missionários, professores e pais são simplesmente colaboradores a quem foi encomendado o cuidado das ovelhas de Cristo. Comp. Hb 13.20; 1Pe 5.3.

[3] (21.17) Com sua autoconfiança abalada por haver negado seu Senhor pouco tempo atrás, Pedro se sente indigno de expressar seu amor a Cristo com a intensidade da palavra *agapaõ* e, portanto, usa a palavra mais

Amas-me? E respondeu: Senhor, tu sabes tudo,
tu sabes que eu te amo. Disse Jesus: Apascenta
as minhas ovelhas.

6) O Mestre revela a Pedro que Ele determina quando e como morrem seus servos

18 [s]Em verdade, em verdade te digo que,
quando eras mais moço, te vestia a ti mesmo e
andavas por onde [t]querias; mas, quando fores
velho, estenderás as mãos e outro te vestirás e
te levará para onde [u]não queres.
19 Jesus disse isso [v]significando [w]com que
tipo de morte havia ele de glorificar a Deus.
Então lhe disse: [x]Segue-me!

7) Nem todos os servos de Cristo morrerão (comp. 1Co 15.51,52; 1Ts 4.14-18)

20 Pedro, voltando-se, viu que o seguia o
discípulo [y]a quem Jesus amava, [z]que na ceia se
reclinara sobre o seu peito e dissera: Senhor,
quem é que te há de trair?
21 Vendo-o Pedro, perguntou a Jesus: Senhor,
e deste que será?
22 Respondeu-lhe Jesus: Se eu quero que ele
[a]permaneça até que eu [b]venha, que te importa?
Segue-me tu.
23 Então divulgou-se entre os irmãos este
dito, que aquele discípulo não haveria de
morrer. Jesus, porém, não disse que ele não
morreria; mas: Se eu quero que ele permaneça
até que eu venha, que te importa?
24 **E**ste é o [c]discípulo que [d]testifica destas
coisas e as [e]escreveu. Sabemos que o seu tes-
temunho é verdadeiro.
25 Jesus fez [f]muitas outras coisas. Se cada
uma delas fosse escrita, estou certo de que
nem ainda o [g]mundo todo poderia conter os
livros que seriam escritos.

[s] Veja Jo 5.19, marg. r
[t] v. 3
[u] At 12.3,4
[v] Comp. Jo 12.33; 18.32
[w] 2Pe 1.13,14
[x] Mt 4.19; 16.24; comp. Lc 14.28-33
[y] v. 7,24; Jo 13.23; 20.2
[z] Jo 13.25

[a] Jo 14.3; 1Ts 1.10; 5.23
[b] Cristo (segunda vinda): v. 22,23; At 1.11 (Dt 30.3; At 1.11, nota)
[c] Veja v. 20, marg. y
[d] Jo 19.35
[e] Inspiração: v. 24; At 1.16 (Êx 4.15; 2Tm 3.16)
[f] Jo 20.30
[g] Gr. *kosmos*. Veja Mt 4.8, nota

suave, *phileō*. Veja 21.15, *nota 1*. Jesus, agora, se mostra condescendente com a autoavaliação de Pedro e, na verdade, está lhe dizendo: "Ainda que você não confie em suas próprias emoções para usar a palavra *agapaō*, ainda assim deve apascentar minhas ovelhas". Nosso dever para com Cristo não deve depender da intensidade de nossos sentimentos, mas de nossa percepção do que ele fez por nós.

- **Autor:** Lucas
- **Tema:** A obra missionária no primeiro século
- Escrito em 60 d.C., aprox.

ATOS

O LIVRO DE ATOS, escrito por Lucas, autor do terceiro Evangelho, é uma continuação dessa narrativa. Lucas foi quem escreveu mais material do NT. "Médico amado" e companheiro de Paulo (veja At 16.10, nota), foi também o primeiro historiador do início da Igreja.

Esse livro é frequentemente chamado de "Atos do Espírito Santo". O Espírito Santo é mencionado mais de 50 vezes nesse livro, particularmente em relação ao batismo com o Espírito Santo, a ser cheio do Espírito Santo e a ser guiado pelo Espírito Santo. Atos começa com o segundo relato que Lucas faz da ascensão do Senhor e termina com a estada de Paulo em Roma como prisioneiro, cobrindo assim um período de mais de trinta anos.

Esse livro tem grande importância porque é o único registro inspirado do começo da Igreja e de sua obra inicial. Ele esclarece algumas referências históricas encontradas nas epístolas paulinas. Seu lugar no cânon do NT identifica-o como a ponte entre os Evangelhos e as epístolas. É o principal livro-texto para o estudo dos princípios missionários, da defesa da fé, da Pessoa e obra do Espírito Santo e dos métodos e temas da pregação cristã.

Atos pode ser dividido da seguinte maneira: I. A Igreja à espera, 1. II. Do Pentecoste à conversão de Saulo, 2–8. III. Da conversão de Saulo à primeira viagem missionária, 9–12. IV. Primeira viagem missionária, 13–14. V. O Concílio em Jerusalém, 15.1-35. VI. Segunda viagem missionária, 15.36–18.22. VII. Terceira viagem missionária, 18.23–21.14. VIII. De Jerusalém a Roma, 21.15–28.31.

I. A Igreja à espera, 1

Introdução
Os quarenta dias de ministério de Jesus

1 Fiz o [a]primeiro relato, ó [b]Teófilo, acerca de
tudo o que Jesus começou não só a fazer,
mas também a ensinar,

2 até o dia em que foi elevado ao céu, depois
de ter dado mandamentos, pelo [c]Espírito
Santo, aos apóstolos que [d]escolhera.

3 Aos quais também, depois de ter morrido,
se [e]apresentou [f]vivo, com muitas e incontestáveis
provas, sendo visto por eles pelo período
de [1]quarenta dias, e falando a respeito do
[g]Reino de Deus.

4 E, certa ocasião, estando comendo com
eles, ordenou-lhes: Não vos ausenteis de
Jerusalém, mas esperai a promessa do Pai, a
qual de mim [h]ouvistes.

5 Pois João [i]batizou com água, mas vós sereis
[j]batizados com o Espírito Santo, dentro de
poucos dias.

6 Aqueles que se haviam reunido perguntaram-lhe:
Senhor, restaurarás tu neste tempo o
[2k]reino a Israel?

7 Ele lhes disse: Não vos importa [l]saber os
tempos ou as épocas que o Pai determinou
pelo seu próprio poder.

A comissão para evangelizar o mundo (comp. Mt 28.18-20; Mc 16.15-18; Lc 24.47,48; Jo 20.21,22)

8 No entanto, recebereis poder, [m]ao descer
sobre vós o Espírito Santo, e sereis minhas
[3]testemunhas, tanto em Jerusalém como em
toda a Judeia e [n]Samaria, e até os [o]confins
da terra.

9 Depois que lhes disse isto, vendo-o eles,
[p]foi [q]elevado às alturas e uma [r]nuvem o recebeu,
encobrindo-o a seus olhos.

A promessa da volta de Jesus à terra

10 E, estando eles com os olhos fixos no [s]céu
enquanto ele subia, de repente junto deles se
puseram dois homens vestidos de branco,

11 os quais lhes disseram: Varões galileus,
por que estais olhando para o céu? Esse Jesus,
que dentre vós foi elevado ao céu, há de [4t]vir,
assim como para o céu o vistes ir.

[a] O Evangelho de Lucas. Inspiração: v. 1; At 1.16 (Êx 4.15; 2Tm 3.16)
[b] Lc 1.3
[c] Espírito Santo (NT): v. 2,5,8; At 1.16 (Mt 1.18; At 2.4, nota)
[d] Eleição (individual): v. 2; At 6.5 (Dt 7.6; 1Pe 5.13)
[e] Lc 24.36-51
[f] Ressurreição: v. 2,3; At 1.22 (2Rs 4.35; 1Co 15.52, nota)
[g] Veja Mt 6.33, nota
[h] Jo 14.16, 17,26
[i] Veja At 8.12, nota
[j] Mt 3.11; veja At 2.4, nota, par. 5
[k] Reino (NT): v. 6,7; At 2.30 (Mt 2.2; 1Co 15.24, nota); veja Mt 3.2, nota
[l] Mt 24.36
[m] Veja At 19.2, nota
[n] At 8.5
[o] Cl 1.23; Ap 14.6
[p] Cristo (primeira vinda): v. 9-11; At 2.22 (Gn 3.15; At 1.11, nota)
[q] Mc 16.19; Hb 4.14; 9.24; 1Pe 3.22. Veja Lc 24.51 e 2Co 12.2, notas
[r] Comp. Mt 24.30; 1Ts 4.17; 11.12
[s] Comp. 2Co 12.2
[t] Cristo (segunda vinda): v. 11; At 3.20 (Dt 30.3; At 1.11, nota)

[1] (1.3) Esta é a única referência bíblica à duração do ministério de Cristo na terra após sua ressurreição.

[2] (1.6) Durante quarenta dias, o Senhor ressurreto esteve instruindo os apóstolos, "falando a respeito do Reino de Deus" (v. 3), ensinando-lhes as Escrituras (Lc 24.27,32,44,45). Um ponto havia ficado sem tratar, o momento em que ele restauraria o reino a Israel; por isso, surge a pergunta dos apóstolos. Observe que o Senhor não os repreendeu por perguntarem sobre a restauração do reino. A pergunta deles era válida. Mas a resposta do Senhor estava de acordo com seu reiterado ensinamento: o tempo é um segredo de Deus (Mt 24.36,42,44; 25.13; comp. 1Ts 5.1).

[3] (1.8) Este mandamento, especificando as áreas geográficas que deveriam ser evangelizadas, foi obedecido na exata ordem aqui indicada. A obra da evangelização em Jerusalém começou em 2.1; na Judeia e Samaria, em 8.5; e até os confins da terra, em 8.26.

[4] (1.11) As duas vindas. Resumo:

1) A visão que o AT apresenta quanto ao Messias tem dois aspectos: rejeição e sofrimento (p. ex., Is 53), glória e poder terrenos (p. ex., Is 11; Jr 23; Ez 37). Frequentemente estes dois aspectos aparecem juntos numa única

À espera do Espírito (comp. v. 5)

12 **E**ntão voltaram para Jerusalém, vindo do monte chamado das Oliveiras, que fica perto de Jerusalém, à distância da [u]caminhada de um sábado.

13 Tendo chegado, subiram ao [v]aposento onde estavam hospedados. Estavam presentes: [w]Pedro e Tiago, João e André, Filipe e Tomé, Bartolomeu e Mateus; [x]Tiago, filho de Alfeu, Simão, o Zelote, e Judas, filho de Tiago.

14 Todos esses [y]perseveravam juntos em oração e súplicas, com as mulheres, com Maria, mãe de Jesus, e com seus [z]irmãos.

Matias é escolhido para tomar o lugar de Judas

15 **N**aqueles dias, levantando-se [a]Pedro no meio dos discípulos (ora, a multidão reunida era de quase cento e vinte pessoas), disse:

16 Irmãos, era necessário que se cumprisse a [b]Escritura que o Espírito Santo [c]disse pela boca de Davi acerca de [d]Judas, que foi o guia daqueles que prenderam Jesus;

17 ele foi contado conosco e participou deste ministério.

18 Ora, este [e]adquiriu um campo como recompensa do pecado; e, jogando-se de cabeça, partiu-se ao meio, e todas as suas entranhas se derramaram.

19 E todos os que habitam em Jerusalém ficaram sabendo do acontecido, de maneira que na sua própria língua esse campo se chama Acéldama, isto é, Campo de Sangue.

20 Pois no Livro dos Salmos está escrito:

[f]Fique deserta a sua habitação,
e não haja quem nela habite, e:
[g]tome outro a sua [h]liderança.

21 Portanto, é necessário que dos homens que conviveram conosco todo o tempo em que o Senhor Jesus viveu entre nós,

22 começando desde o [i]batismo de João até o dia em que dentre nós foi [j]elevado ao céu, que um deles esteja conosco e sirva de testemunha da sua [k]ressurreição.

23 Indicaram dois: José, chamado Barsabás, que tinha por sobrenome o Justo, e Matias.

24 Então [l]oraram, dizendo: Tu, Senhor, conhecedor dos [m]corações de todos, mostra qual destes dois escolhestes,

25 para que tome parte neste ministério e apostolado, de que Judas se [n]desviou para ir ao seu próprio lugar.

26 Lançando-lhes sortes, caiu a sorte sobre Matias. E por unanimidade foi [o]contado com os onze apóstolos.

II. Do Pentecostes à conversão de Saulo, 2–8

A Sexta Dispensação: A Igreja
O Pentecostes: O Espírito é enviado do céu (Jo 7.37-39; comp. 1Co 12.12,13)

2 [p]Aproximando-se o [1][q]dia de Pentecoste, estavam todos reunidos no mesmo lugar.

[u] Veja pesos e medidas (NT): At 27.28, nota
[v] Comp. Mc 14.15; Jo 20.19
[w] Mt 10.2
[x] Veja Mt 4.21, nota
[y] Comp. Ef 6.18
[z] Comp. Jo 7.5
[a] Comp. At 2.14-40
[b] Espírito Santo (NT): v. 16; At 2.4 (Mt 1.18; At 2.4, nota)
[c] Inspiração: v. 16,20; At 2.16 (Êx 4.15; 2Tm 3.16)
[d] Sl 41.9
[e] Mt 27.3-10; comp. Zc 11.12,13; 2Pe 2.15
[f] Sl 69.25
[g] Sl 109.8
[h] Gr. episkope, posição como ancião ou bispo. Veja Tt 1.5, nota
[i] Veja At 8.12, nota
[j] v. 9-11
[k] Ressurreição: v. 22; At 2.24 (2Rs 4.35; 1Co 15.52, nota)
[l] Orações da Bíblia (NT): v. 24,25; At 4.24 (Mt 6.9; Lc 11.2, nota)
[m] 1Sm 16.7
[n] Veja Rm 3.23, nota
[o] v. 17
[p] Lc 24.49
[q] At 20.16; veja Lv 23.16, nota

passagem (p. ex., Sl 22). Os próprios profetas ficaram perplexos com esta aparente contradição (1Pe 1.10,11), que foi resolvida por um cumprimento parcial. No devido tempo, o Messias, nascido de uma virgem de acordo com a profecia de Is 7.14, apareceu entre os homens e começou seu ministério anunciando que o reino profetizado estava próximo (Mt 4.17, *nota*). Depois, veio a rejeição do Rei e do reino. 2) O Rei rejeitado, então, anunciou sua iminente crucificação, ressurreição, partida e retorno (Mt 12.38-40; 16.1-4,21,27; 24; 25; Lc 12.35-46; 17.20-36; 18.31-34; 19.12-27). 3) Ele profetizou sobre o curso dos acontecimentos entre sua partida e seu retorno (Mt 13.1-50; 16.18; 24.4-26). 4) Este retorno prometido de Cristo é um tema de destaque em Atos, nas epístolas e em Apocalipse.

Em conjunto, os ensinamentos do NT sobre o regresso de Jesus Cristo podem ser resumidos da seguinte maneira:

1) A volta de Cristo será pessoal e corpórea, em duas etapas: quando se encontrará *nos ares*, antes da tribulação, com os crentes de todas as gerações – isto é geralmente chamado de arrebatamento (1Ts 4.14-17; Fp 3.20,21); então, ele regressará *à terra* depois da tribulação (At 1.11; Mt 23.39; 24.30; 25.31; Ap 19.11-16).

2) Esta vinda, em suas duas etapas, tem um relacionamento triplo: com a Igreja, com Israel e com as nações.

a) Para a Igreja, a descida do Senhor nos ares para ressuscitar os crentes que tiverem morrido e para transformar os cristãos vivos é uma constante expectativa e uma esperança (1Co 15.51,52; Fp 3.20; 1Ts 1.10; 4.13-17; 1Tm 6.14; Tt 2.13; Ap 22.20).

b) Para Israel, o regresso do Senhor à terra tem como fim cumprir as profecias pendentes quanto ao reajuntamento nacional de Israel, sua conversão e o estabelecimento em paz e poder sob a Aliança Davídica (2Sm 7.16, *nota*; comp. At 15.14-18 com Zc 14.1-9). Veja Reino (AT): 2Sm 7.8-17; Zc 12.8, *nota*; (NT): Lc 1.31-33; 1Co 15.24, *nota*.

c) Para as nações gentias, o regresso de Cristo tem por fim destruir o atual sistema político mundial (Dn 2.34,35; Ap 19.11, *nota*) e executar o juízo mencionado em Mt 25.31-46, seguido pela conversão mundial de gentios, que participarão das bênçãos do Reino (Is 2.2-4; 11.10; 60.3; Zc 8.3,20-23; 14.16-21).

[1] (2.1) *A Sexta Dispensação: a Igreja*. Em Mt 12.47–13.52, nosso Senhor Jesus Cristo anunciou uma nova dispensação. Ele claramente profetizou a Igreja em Mt 16.18 (comp. Mt 18.15-19). Ela foi comprada com seu sangue derramado no Calvário (Rm 3.24,25; 1Co 6.20; 1Pe 1.18,19) e constituída como Igreja durante o Pentecoste depois da ressurreição e ascensão de Jesus. Nesse momento, de acordo com sua promessa (At 1.5), os crentes foram, individualmente, batizados pela primeira vez com o Espírito Santo em um organismo espiritual

2 De repente veio do céu um som, como de um [r]vento muito forte, e encheu toda a casa onde estavam assentados.

3 E viram línguas repartidas, como que de fogo, as quais pousaram sobre cada um deles.

4 Todos foram cheios do [1s]Espírito Santo, e começaram a falar em [t]outras línguas, conforme o Espírito Santo lhes concedia que falassem.

5 Em Jerusalém estavam [u]habitando judeus, homens [v]religiosos, de [w]todas as nações que estão debaixo do céu.

---

unificado, comparado a um corpo do qual Cristo é a Cabeça (1Co 12.12,13; Cl 2.19). Por causa da ênfase dada ao Espírito Santo, esta era também tem sido chamada de "dispensação do Espírito".

O critério pelo qual as pessoas são postas à prova nesta dispensação é o evangelho de nosso Senhor Jesus Cristo, a mensagem das boas-novas sobre sua morte e ressurreição (Jo 19.30; At 4.12; 1Co 15.3-5; 2Co 5.21 etc.). A revelação contínua e cumulativa das dispensações anteriores combina com esta revelação mais plena para enfatizar a total pecaminosidade do homem, seu estado de perdição e a suficiência da obra de Cristo, completada na história a fim de salvar, pela graça mediante a fé, todos os que se achegam a Deus por meio dele (Jo 14.6; At 10.43; 13.38,39; Rm 3.21-26; Ef 2.8,9; 1Tm 4.10; Hb 10.12-14; 11.6). Enquanto os indivíduos salvos, que compõem a verdadeira Igreja de Cristo, cumprem a ordem do seu Senhor de pregar o evangelho até os confins da terra (Mc 16.15; Lc 24.46-48; At 1.8), Deus está, durante esta era, formando dentre judeus e gentios "um povo para o seu nome" (At 15.14). Este povo é chamado "Igreja", uma entidade separada que, daqui por diante, é distinta tanto de judeus como de gentios (1Co 10.32; Gl 3.27,28; Ef 2.11-18; 3.5,6).

O Senhor Jesus advertiu que, durante todo o período em que a Igreja estivesse sendo formada pelo Espírito Santo, muitos rejeitariam seu evangelho e muitos outros simulariam crer no Senhor, tornando-se fonte de corrupção e obstáculo espiritual para o propósito divino nesta era; tudo isso ocorreria na Igreja militante (ou professa). O resultado será apostasia, especialmente nos últimos dias (Mt 13.24-30,36-40,47-49; 2Ts 2.5-8; 1Tm 4.1,2; 2Tm 3.1; 4.3,4; 2Pe 2.1,2; 1Jo 2.18-20).

A Era da Igreja findará com uma série de eventos já profetizados, dos quais os principais são: 1) A Igreja será trasladada da terra para encontrar-se com seu Senhor nos ares em um momento conhecido por Deus, mas não revelado aos homens, e sempre considerado como uma esperança iminente e feliz que anima os crentes ao serviço em amor e à santidade de vida. Esse evento geralmente recebe o nome de "arrebatamento" (veja 1Ts 4.17, *nota*). 2) Os juízos da septuagésima semana de Daniel, chamados de "tribulação" (veja Ap 7.14, *nota*), que cairão sobre a humanidade em geral, mas incluirão a parte não salva da Igreja militante, que estará em apostasia e será deixada na terra quando a verdadeira Igreja for levada para o céu. Esta forma final da Igreja apóstata está descrita em Ap 17 com o nome de "a prostituta", que primeiro irá montar (Ap 17.7) sobre o poder político ("a besta"), mas somente para ser derrotada e absorvida por esse poder (comp. Ap 18.2, *nota*). 3) O regresso do Senhor Jesus do céu à terra em poder e glória, trazendo com ele a sua Igreja, a fim de estabelecer seu reino milenar de justiça e paz (veja Ap 19.11,17, *notas*). *Notas* sobre outras dispensações, veja: Inocência (Gn 1.28); Consciência (Responsabilidade Moral) (Gn 3.7); Governo Humano (Gn 8.15); Promessa (Gn 12.1); Lei (Êx 19.1); Reino (Ap 20.4).

[1](2.4) O Espírito Santo (NT). Resumo: 1) O Espírito Santo é revelado como uma Pessoa divina. Isso é declarado de forma categórica (p. ex., Jo 14.16,17,26; 15.26; 16.7-15; comp. Mt 28.19), mas também está sempre implícito.

2) A revelação sobre o Espírito Santo é progressiva: a) No AT (veja Zc 12.10, *nota*), ele desce sobre quem quer, aparentemente sem referência às condições em que se encontram as pessoas. b) Durante a sua vida na terra, Cristo ensinou a seus discípulos (Lc 11.13) que eles poderiam receber o Espírito se o pedissem ao Pai em oração. c) No final de seu ministério, Cristo prometeu que ele mesmo oraria ao Pai e que, em resposta à sua oração, o Consolador viria para morar neles (Jo 14.16,17). d) Na noite seguinte à sua ressurreição, ele apareceu aos discípulos no cenáculo e soprou sobre eles, dizendo. "Recebei o Espírito Santo" (Jo 20.22), mas os instruiu que esperassem antes de começar o ministério deles, até serem revestidos do Espírito (Lc 24.49; At 1.8). e) No Pentecoste, o Espírito veio sobre todos aqueles crentes (At 2.1-4). f) Depois do Pentecostes, o Espírito era concedido aos que criam, em alguns casos pela imposição de mãos (At 8.17; 9.17). g) A experiência de ver a salvação de Cornélio, que era gentio (At 10), deixou claro para Pedro que, na Era da Igreja, tanto judeus como gentios seriam salvos da mesma maneira. Esta salvação de que agora participavam judeus e gentios dava-se pelo caminho da fé em Jesus Cristo como Salvador. Ao ser salva, a pessoa recebe o Espírito Santo (At 10.44; 11.15-18). Este é um fato permanente em toda a Era da Igreja. Cada crente é nascido do Espírito (Jo 3.3-6; 1Jo 5.1); o Espírito vive nos crentes, e sua presença faz do corpo deles um templo de Deus (1Co 6.19; comp. Rm 8.9-15; Gl 4.6; 1Jo 2.27); os crentes são batizados com o Espírito (1Co 12.12,13; 1Jo 2.20-27). Além disso, o Espírito sela o crente para Deus (Ef 1.13; 4.30).

3) O NT distingue entre ter o Espírito, algo que ocorre com todos os crentes, e ser cheio do Espírito, privilégio e dever do cristão (comp. At 2.4 com 4.29-31; Ef 1.13,14 com 5.18). Há um só batismo com o Espírito, mas muitos enchimentos com o Espírito.

4) O Espírito Santo está relacionado com Cristo em sua concepção (Mt 1.18-20; Lc 1.35), em seu batismo (Mt 3.16; Mc 1.10; Lc 3.22, Jo 1.32,33), em sua vida e serviço (Lc 4.1,14), na ressurreição (Rm 8.11) e, principalmente, é sua testemunha durante esta era (Jo 15.26; 16.8-11,13,14).

---

r Comp. Jo 3.8

s Espírito Santo (NT): v. 2-4; At 2.17 (Mt 1.18; At 2.4, nota)

t Comp. Sl 68.18

u v. 14

v At 8.2; comp. Lc 2.25

w v. 9-11

6 Ouvindo aquela voz, ajuntou-se uma [x]multidão, e estava [y]confusa, porque cada um os ouvia falar na sua própria língua.

7 E todos [z]pasmavam e se maravilhavam, perguntando uns aos outros: Não são [a]galileus todos esses homens que estão falando?

8 Então, como é que os ouvimos, cada um, na nossa própria língua nativa?

9 Partos, medos e elamitas e os que habitam na Mesopotâmia, Judeia e [b]Capadócia, Ponto e Ásia,

10 Frígia e [c]Panfília, Egito e regiões da Líbia perto de [d]Cirene, forasteiros romanos, tanto judeus como [e]convertidos ao judaísmo,

11 cretenses e árabes — todos os temos ouvido em nossas próprias línguas falar das grandezas de Deus.

12 Todos se maravilhavam e estavam perplexos, perguntando uns aos outros: Que quer dizer isto?

13 Outros, porém, zombando, diziam: Estão embriagados.

O sermão de Pedro
Tema: Jesus é Senhor e Cristo (v. 36)

14 **P**edro, porém, pondo-se em pé com os Onze, levantou a voz, e [1]disse-lhes: Homens judeus, e todos os que [f]habitais em Jerusalém, seja-vos isto compreendido; escutai as minhas palavras.

Explicação: Este é o Espírito (comp. Jl 2.28-32)

15 Estes homens não estão embriagados, como vós pensais, sendo a [g]terceira hora do dia.

16 Isto, porém, é o que foi [h]dito [i]pelo profeta Joel:

17 Nos [2]últimos dias, diz Deus,
do meu [j]Espírito derramarei
sobre toda a carne.

---

[x] At 4.32
[y] v. 2
[z] v. 12
[a] Lc 13.1; Jo 4.45; comp. Mc 14.70; Lc 23.6
[b] 1Pe 1.1
[c] Comp. At 13.13
[d] Comp. At 11.20
[e] Comp. Êx 12.48

[f] v. 5
[g] 9 da manhã. Veja Jo 19.14, nota
[h] Inspiração: v. 16-21; At 2.25 (Êx 4.15; 2Tm 3.16)
[i] v. 17-21; Jl 2.28-32
[j] Espírito Santo (NT): v. 17,18; At 2.33 (Mt 1.18; At 2.4, nota)

5) O Espírito forma a Igreja (Mt 16.18; Hb 12.23, *nota*) batizando todos os crentes no Corpo de Cristo (1Co 12.12,13; comp. a saudação de alcance universal de 1Co 1.1,2), concede dons para o serviço a cada membro desse corpo (1Co 12.7-11,27-30), guia os membros em seu serviço (At 16.6,7) e ele mesmo é o poder para esse serviço (At 1.8; 2.4; 1Co 2.4).

6) O Espírito habita nos crentes, fazendo que eles, coletivamente, sejam um templo (1Co 3.16,17).

7) O NT indica um tríplice relacionamento pessoal do Espírito com o crente: "com", "em" e "sobre" (Jo 14.16,17; 1Co 6.19; At 1.8). "Com" indica a maneira como Deus se aproxima da alma, convencendo-a do pecado (Jo 16.9), apresentando Cristo como o objeto da fé (Jo 16.14), infundindo fé (Ef 2.8) e regenerando (Mc 1.8; Jo 1.33). "Em" descreve a presença permanente do Espírito no corpo do cristão (1Co 6.19) para dar-lhe vitória sobre a carne (Rm 8.2-4; Gl 5.16,17), criar um caráter cristão (Gl 5.22,23), ajudá-lo nas fraquezas (Rm 8.26), inspirar a oração (Ef 6.18), dar acesso a Deus (Ef 2.18), tornar real para o cristão sua posição de filho (Gl 4.6), aplicar as Escrituras para purificação e santificação (Ef 5.26; 2Ts 2.13; 1Pe 1.2), consolar e interceder (At 9.31; Rm 8.26) e revelar Cristo (Jo 16.14). "Sobre" é usado quanto à relação do Espírito Santo com o Senhor Jesus Cristo (Mt 3.16; Mc 1.10; Lc 4.18; Jo 1.32,33), com a virgem Maria na encarnação e nascimento de nosso Senhor (Lc 1.35), com certos discípulos (Lc 2.25 [Simeão]; At 10.44,45; 11.15 [a casa de Cornélio]; At 19.6 [os discípulos em Éfeso]) e com os crentes de modo geral (Lc 24.49; At 1.8; 2.17; 1Pe 4.14). Com base em Lc 4.18, alguns entendem que a preposição "sobre" diz respeito à unção para um serviço especial a Deus, mas também tem a ver com a vinda inicial do Espírito Santo para o cristão (a relação "com") e sua permanência nele ("em").

8) Os pecados contra o Espírito que os incrédulos cometem são: blasfemar contra ele (Mt 12.31), resistir-lhe (At 7.51) e fazer agravo dele (Hb 10.29). Os pecados do cristão contra o Espírito são: entristecê-lo ao permitir o mal na vida ou no coração (Ef 4.30,31) e extingui-lo pela desobediência (1Ts 5.19). A atitude correta para com o Espírito é render-se ao seu domínio na vida e no serviço e ter uma disposição constante para que ele retire tudo o que possa entristecê-lo ou impedir seu poder (Ef 4.31).

9) Os símbolos do Espírito são: a) óleo (Hb 1.9), b) água (Jo 7.38,39), c) vento (Jo 3.8; At 2.2), d) fogo (At 2.3), e) uma pomba (Mt 3.16), f) selo (Ef 1.13; 4.30) e g) "o penhor [a garantia] da nossa herança" (Ef 1.14).

[1] (2.14) O v. 36 declara o tema do sermão de Pedro no Pentecoste: Jesus era o Messias. Nenhuma mensagem poderia ser tão mal recebida pelos judeus que haviam rejeitado suas declarações messiânicas e o haviam crucificado. Portanto, Pedro não anunciou seu tema até que tivesse desfeito toda possível objeção dos judeus. O ponto difícil para os judeus era a aparente falta de cumprimento da clara e repetida promessa profética de um Israel reunido e estabelecido em sua própria terra sob o governo do Rei prometido (p. ex., Is 11.10-12; Jr 23.5-8; Ez 37.21-28). Pedro não ensinou que a aliança e as promessas seriam cumpridas na Igreja num sentido "espiritual"; mas mostrou, com o salmo 16, que o próprio Davi entendeu que o Cristo morto e ressuscitado cumpriria a aliança e se assentaria no trono de Davi (v. 25-32). Tiago lidou com essa dificuldade exatamente da mesma maneira (At 15.13-17). Veja Reino (AT), Gn 1.26-28; Zc 12.8, *nota;* (NT), Lc 1.31-33; 1Co 15.24, *nota*.

[2] (2.17) É preciso fazer uma distinção entre "os últimos dias", quando a profecia se relaciona com Israel (Is 2.2; Mq 4.1; veja tb. Nm 24.14; Dt 31.29; Jr 23.20; 30.24; 49.39; Ez 38.16; Dn 2.28; 10.14; Os 3.5), e os "últimos dias", quando a profecia se relaciona com a Igreja (2Tm 3.1-8; Hb 1.1,2; Tg 5.3; 2Pe 3.1-9; veja tb. 1Tm 4.1; 1Pe 1.5,20; 1Jo 2.18; Jd 18). Apesar de At 2.17 ser parte deste contexto e, portanto, relacionar-se com a Igreja,

Os vossos filhos e as vossas
filhas profetizarão,
os vossos jovens terão visões,
e os vossos velhos sonharão.
18 E também do meu Espírito derramarei
sobre os meus servos e as minhas servas
naqueles dias, e profetizarão.
19 Farei maravilhas, em cima no céu,
e sinais embaixo, na terra,
sangue, fogo e vapor de fumaça.
20 [k]O sol se transformará em trevas,
e a lua em sangue
antes de chegar o grande e
glorioso [l]dia do Senhor.
21 E [m]todo aquele que invocar
o nome do Senhor, [n]será [o]salvo.

Exposição: Jesus ressuscitou e foi exaltado como Senhor e Cristo (Predito por Davi, v. 25-31; comp. Sl 16.8-11)

22 Homens israelitas, escutai estas palavras:
[p]Jesus de Nazaré foi homem aprovado por
Deus entre vós [q]com maravilhas, prodígios e
sinais, que Deus, por ele fez entre vós, como
vós mesmos bem sabeis.
23 Este homem vos foi entregue pelo [r]determi-
nado propósito e [s]conhecimento antecipado de
Deus; tomando-o vós, o crucificastes e matastes
pelas mãos de ímpios.
24 Deus, porém, o [t]ressuscitou, soltos os
laços da morte, porque não era possível que
fosse detido por eles.
25 A respeito dele, [u]disse Davi:
Sempre via diante de mim o Senhor.
Porque está à minha direita,
não serei abalado.
26 Por isso se alegrou o meu
coração, e a minha língua exultou;
ainda a minha carne há de
viver em esperança,
27 porque não deixarás a minha
alma [v]na morte,
nem permitirás que o teu
Santo [w]passe por decomposição.
28 Fizeste-me conhecidos os
caminhos da [x]vida;
com a tua face me encherás de alegria.

29 Irmãos, deixe-me dizer claramente que o
patriarca Davi [y]morreu e foi sepultado, e entre
nós está até hoje a sua sepultura.
30 Ele, porém, era profeta e sabia que Deus
lhe havia prometido com [z]juramento que da
sua descendência [a]levantaria o Cristo para o
assentar sobre o seu [b]trono.
31 Prevendo isso, disse da ressurreição de
Cristo que a sua alma não foi abandonada no
túmulo, nem a sua carne sofreu decomposição.
32 Deus ressuscitou a este Jesus, do que
todos nós somos [c]testemunhas.
33 De modo que, [d]exaltado pela destra de
Deus, e tendo recebido do Pai a [e]promessa do
[f]Espírito Santo, derramou isto [g]que vós agora
vedes e ouvis.
34 Pois Davi não subiu aos céus, mas ele pró-
prio disse:
Disse [h]o Senhor ao meu Senhor:
Assenta-te à minha direita,
35 até que ponha os teus inimigos
por estrado de teus pés.
36 Portanto, saiba com certeza todo o Israel
que a este Jesus, a quem vós [i]crucificastes,
Deus o fez Senhor e Cristo.

Exortação: Arrependam-se e sejam batizados

37 **O**uvindo eles isto, afligiram-se em seu
coração e perguntaram a Pedro e aos demais
apóstolos: Que faremos, irmãos?
38 Disse-lhes Pedro: [j]Arrependei-vos, e cada
um de vós seja [kk]batizado em nome de Jesus
Cristo, para [ll]perdão dos [mm]pecados. E recebe-
reis o dom do Espírito Santo.
39 A promessa diz respeito a vós, a vossos
filhos, a todos os que estão longe e a tantos
quantos Deus nosso Senhor chamar.
40 Com muitas outras palavras dava testemu-
nho, e os advertia, dizendo: Salvai-vos desta
[nn]geração corrompida.

Extensão: Três mil são salvos e batizados; a primeira igreja

41 Os que de bom grado receberam a sua
palavra foram batizados, e naquele dia
acrescentaram-se quase três mil almas.

[k] Is 13.10; Ez 32.7; Mt 24.29; Mc 13.24,25; Lc 21.25; Ap 6.12
[l] Dia (do Senhor): v. 19,20; 1Co 5.5 (Sl 2.9; Is 2.12; Ap 19.19)
[m] Rm 10.13
[n] Segurança: v. 21; Rm 8.38 (Sl 23.1; Jd 1)
[o] Veja Rm 1.16, nota
[p] Cristo (primeira vinda): v. 22-32; At 3.13 (Gn 3.15; At 1.11, nota)
[q] Jo 5.36
[r] At 4.28
[s] Presciência: v. 23; Rm 8.29 (At 2.23; 1Pe 1.20)
[t] Ressurreição: v. 24,27, 30-32; At 3.15 (2Rs 4.35; 1Co 15.52, nota)
[u] Inspiração: v. 25-28,30, 31, 34,35; At 3.18 (Êx 4.15; 2Tm 3.16)
[v] Veja Lc 16.23, nota At 2.25; At 13.35; 1Pe 3.19 Hc 2.5; Ap 20.7
[w] At 13.30-37
[x] Vida (eterna): v. 28; At 3.15 (Mt 7.14; Ap 22.19)
[y] Comp. 1Rs 2.10
[z] 2Sm 7.12; Sl 132.11
[a] Israel (profecias): v. 29-32,39; At 13.17 (Gn 12.2; Rm 11.26)
[b] Reino (NT): v. 30; At 15.16 (Mt 2.2; 1Co 15.24, nota)
[c] At 3.15
[d] At 5.31
[e] Lc 24.49
[f] Espírito Santo (NT): v. 33,38, 39; At 4.8 (Mt 1.18; At 2.4, nota)
[g] At 2.1-11
[h] Sl 110.1; Mt 22.44
[i] v. 23
[j] Arrependimento: v. 38; At 3.19 (Mt 3.2; At 17.30, nota)
[kk] Veja At 8.12, nota
[ll] Perdão: v. 38; At 5.31 (Lv 4.20; Mt 26.28, nota)
[mm] Veja Rm 3.23, nota
[nn] Veja Mt 24.34, nota

é preciso recordar que também faz referência a Israel e, portanto, indica um dia futuro (veja Jl 2.28, *nota*). Quando "últimos dias" é usado com relação à Igreja, a forma plural (dias) deve ser distinguida da singular (dia). O "último dia" (Jo 6.39,40,44,54; 11.24) no singular refere-se à ressurreição. (Em Jo 12.48, a expressão foi utilizada com respeito ao tempo em que os incrédulos serão julgados.) Os "últimos dias" em relação à Igreja começaram com a vinda de Cristo (Hb 1.2), mas a expressão faz referência específica ao tempo de decadência e apostasia ao final da era (2Tm 3.1). Os "últimos dias" em relação a Israel são os dias que, embora tenham começado com angústia, resultarão na exaltação e bênção de Israel (comp. Jr 30.4-10), i. e., a Era do Reino (Is 2.2-4; Mq 4.1-7). Esses são os "últimos dias", não com referência a esta dispensação, mas com respeito a toda a história de Israel. Comp. Gn 49.1, *nota*.

42 E perseveravam na [o]doutrina dos apóstolos, na [1]comunhão, no partir do pão e nas orações.

43 Em cada alma havia [p]temor, e [q]muitas maravilhas e sinais eram feitos pelos apóstolos.

44 Todos os que [r]criam estavam juntos e tinham tudo em [s]comum.

45 Vendiam suas propriedades e bens e repartiam com todos, conforme a necessidade de cada um.

46 Perseverando unânimes todos os dias no templo e partindo o pão em casa, comiam juntos com alegria e sinceridade de coração,

47 louvando a Deus e caindo na graça de todo o povo. E todos os dias acrescentava o Senhor à [t]igreja aqueles que iam sendo [u]salvos.

O primeiro milagre apostólico: a cura de um coxo

3 Pedro e João subiam juntos ao templo à hora da oração, a [v]nona.

2 Ora, era trazido um homem que desde o ventre da mãe era coxo, o qual todos os dias colocavam na porta do templo, chamada Formosa, para pedir esmola aos que entravam.

3 Vendo Pedro e João, que iam entrando no templo, pediu que lhe dessem uma esmola.

4 Pedro, com João, pondo fixamente os olhos nele, disse: Olha para nós.

5 E olhou para eles, esperando receber alguma coisa.

6 Disse Pedro: Não tenho prata nem ouro, mas o que tenho te dou. [w]Em nome de Jesus Cristo, o nazareno, levanta-te e anda.

7 Tomando-o pela mão direita, o levantou, e logo os seus pés e tornozelos se [x]firmaram.

8 Saltando ele, pôs-se em pé e começou a andar. Então entrou com eles no templo, andando, saltando, e louvando a Deus.

9 Quando [y]todo o povo o viu andar e louvar a Deus,

10 reconheceram-no como o mesmo homem que se assentava a pedir esmola à porta Formosa do templo, e ficaram perplexos e admirados pelo que lhe acontecera.

O segundo sermão de Pedro
Tema: As alianças serão cumpridas

11 E, apegando-se o coxo a Pedro e João, todo o povo correu maravilhado para junto deles, ao [z]Pórtico de Salomão.

12 Quando Pedro viu isso, disse ao povo: Homens israelitas, por que vos maravilhais disto? Ou por que olhais tanto para nós, como se por nosso próprio poder ou santidade tivéssemos feito andar este homem?

13 O Deus de Abraão, de Isaque e de Jacó, o Deus de nossos pais, glorificou a seu filho [a]Jesus, a quem vós entregastes, e perante a face de Pilatos negastes, tendo ele determinado que fosse solto.

14 No entanto, vós negastes o Santo e o Justo, e [b]pedistes que se vos desse um assassino.

15 Matastes o Autor da [c]vida, ao qual Deus [d]ressuscitou dos mortos, do que nós somos [e]testemunhas.

16 Pela [f]fé no nome de Jesus, este homem a quem vedes e conheceis foi curado. Foi a fé que vem pelo nome de Jesus que deu a este, na presença de todos vós, esta perfeita saúde.

17 Ora, irmãos, eu sei que o fizestes por [g]ignorância, como também as vossas autoridades.

18 Deus, porém, cumpriu o que já antes pela boca de todos os seus profetas havia [h]anunciado, que o Cristo haveria de sofrer.

19 [i]Arrependei-vos, pois, e convertei-vos, para que sejam apagados os vossos [j]pecados, e venham assim os tempos de descanso pela presença do Senhor.

20 E [2][k]envie ele a Jesus Cristo, que já antes vos foi pregado.

21 Convém que no céu ele permaneça até os tempos da [3]restauração de tudo, dos quais Deus falou pela boca de todos os seus [l]santos profetas, desde o [m]princípio.

22 Pois [n]Moisés disse: O Senhor, o vosso Deus, levantará dentre vossos irmãos um [oo]profeta semelhante a mim; a ele ouvireis em tudo o que vos disser.

[o] Ensinamento
[p] Veja Sl 19.9, nota
[q] At 2.22; 4.30; 5.12; 6.8; 14.3; 15.12
[r] Fé: v. 44; At 3.16 (Gn 3.20; Hb 11.39, nota)
[s] Veja At 4.32, nota
[t] Igreja (verdadeira): v. 41-47; At 4.32 (Mt 16.18; Hb 12.23)
[u] Veja Rm 1.16, nota
[v] 3 da tarde. Veja Jo 19.14, nota
[w] At 4.10
[x] Milagres (NT): v. 1-8; At 5.12 (Mt 8.3; At 28.8)
[y] At 4.16,21

[z] Jo 10.23; At 5.12
[a] Cristo (primeira vinda): v. 12-15; At 3.26 (Gn 3.15; At 1.11, nota)
[b] Jo 18.40
[c] Vida (eterna): v. 15; At 5.20 (Mt 7.14; Ap 22.19)
[d] Ressurreição: v. 15; At 4.2 (2Rs 4.35; 1Co 15.52, nota)
[e] At 5.32
[f] Fé: v. 16; At 4.4 (Gn 3.20; Hb 11.39, nota)
[g] At 17.30; comp. Lv 4.2; 1Tm 1.13
[h] Inspiração: v. 18,21, 22; At 3.24 (Êx 4.15; 2Tm 3.16)
[i] Arrependimento: v. 19; At 5.31 (Mt 3.2; At 17.30, nota)
[j] Veja Rm 3.23, nota
[k] Cristo (segunda vinda): v. 20,21; Rm 11.26 (Dt 30.3; At 1.11, nota)
[l] Santificação (NT): v. 21; At 4.27 (Mt 4.5; Ap 22.11)
[m] Gr. aiōn. Veja Mc 10.30, nota
[n] Lei (de Moisés): v. 22; At 6.11 (Êx 19.1; Gl 3.24); Dt 18.15, 18,19; At 7.37
[oo] Veja Lc 24.19, nota

[1] (2.42) Nos primeiros dias da Igreja, os crentes participavam da comunhão, da oração, da pregação, da doutrina, da iluminação divina, do batismo, da ceia do Senhor, dos milagres e da alegria. Veja tb. 4.32, *nota*.

[2] (3.20) O apelo ao arrependimento e a promessa de "tempos de descanso" referem-se à profecia do AT de que, antes da segunda vinda do Messias, o remanescente piedoso da nação de Israel haverá de se arrepender e de voltar-se para Deus como preparação para a bênção milenar que se seguirá à segunda vinda (comp. Dt 30.1-3; Zc 12.10-14). A nação como um todo rejeitou o apelo de Pedro e, embora indivíduos tenham crido em Cristo e salvos, não houve cumprimento das exigências do arrependimento nacional.

[3] (3.21) A palavra "restauração" é uma tradução do grego *apokatastasis*, que significa *restauração a um estado anterior* (comp. At 1.6). O significado é limitado pelas palavras "dos quais [tempos da restauração] Deus falou pela boca de todos os seus santos profetas". Os profetas falam da restauração de Israel à sua terra (veja Israel, Gn 12.2,3; Rm 11.26; tb. Aliança Israelita, Dt 30.3, *nota*) e da restauração da teocracia com o Filho de Davi (veja Aliança Davídica, 2Sm 7.16, *nota*; Reino [AT], Gn 1.26-28; Zc 12.8, *nota*). Nem nos profetas nem em qualquer outro lugar há uma predição da conversão e restauração dos ímpios que morreram. Comp. Ap 20.11-15.

23 Todo aquele que não escutar esse profeta será exterminado dentre o povo.

24 [p]Todos os profetas, desde Samuel, e todos quantos depois falaram também anunciaram estes dias.

25 Vós sois os filhos dos profetas e da [q]aliança que Deus fez com vossos pais, [r]dizendo a Abraão: Na tua descendência serão abençoados todos os povos da terra.

26 Ressuscitando Deus a seu Filho Jesus, [s]primeiro o [t]enviou a vós, para que nisso vos abençoasse, ao desviar-se, cada um, das suas [u]maldades.

Primeira perseguição

4 Estando eles falando ao povo, sobrevieram os sacerdotes, o capitão do templo e os [v]saduceus.

2 Perturbaram-se muito de que ensinassem o povo e anunciassem em Jesus a [w]ressurreição dentre os mortos.

3 Agarraram-nos e os trancaram na prisão até o dia seguinte, porque era já tarde.

4 Muitos, porém, dos que ouviram a palavra, [x]creram, e chegou o número desses a quase cinco mil.

Pedro se dirige ao Sinédrio

5 **N**o dia seguinte reuniram-se em Jerusalém suas autoridades, os líderes religiosos, os [y]mestres da lei,

6 [z]Anás, o sumo sacerdote, Caifás, João, Alexandre e todos os que eram da linhagem do sumo sacerdote.

7 Colocando Pedro e João no meio, perguntaram: Com [a]que poder ou em nome de quem fizestes isto?

8 Então [b]Pedro, cheio do [c]Espírito Santo, lhes disse: Autoridades do povo, e vós, líderes religiosos de Israel.

9 Visto que hoje somos interrogados acerca do benefício feito a um homem enfermo, e do modo pelo qual foi curado,

10 [1]seja conhecido de vós todos, e de todo o povo de Israel, que em [d]nome de Jesus Cristo, o nazareno, aquele a [e]quem vós crucificastes, mas a quem Deus ressuscitou dentre os mortos, em nome desse é que este está curado diante de vós.

11 [f]Ele é
a [g]pedra que foi rejeitada por
vós, os construtores,
a qual foi posta por cabeça de esquina.

12 Em nenhum outro há [h]salvação, pois também debaixo do céu [i]nenhum outro nome há, dado entre os homens, pelo qual devamos ser salvos.

O Sinédrio proíbe pregações em nome de Jesus

13 Então eles, vendo a ousadia de Pedro e João, e informados de que eram homens [j]comuns e sem instrução, se maravilharam e admitiam que eles haviam estado [k]com Jesus.

14 Vendo, porém, com eles o homem que fora curado, nada tinham que dizer contra eles.

15 Todavia, mandando-os embora do Sinédrio, discutiam entre si:

16 [l]Que havemos de fazer a esses homens? A todos os que habitam em Jerusalém é sabido que por eles foi feito um sinal claro, e não o podemos [2]negar.

17 Para que isto, porém, não se espalhe mais entre o povo, convençamo-los para que não falem mais nesse nome a homem algum.

18 Chamando-os, ordenaram-lhes que de [m]modo algum falassem nem ensinassem no nome de Jesus.

19 [n]Responderam, porém, Pedro e João: Julgai vós se é justo, diante de Deus, obedecer antes a vós do que a Deus?

20 [o]Pois não podemos deixar de falar do que [pp]temos visto e ouvido.

21 Eles, porém, ainda os ameaçaram mais e, não achando motivo para os castigar, deixaram-nos ir [qq]por causa do povo. Porque todos [rr]glorificavam a Deus pelo que [ss]acontecera,

22 pois o homem em quem se operara aquele milagre de saúde tinha mais de quarenta anos.

Os cristãos são novamente cheios com o Espírito (comp. At 2.1-4)

23 **S**oltos, eles foram para os [tt]seus e contaram tudo o que lhes disseram os principais sacerdotes e os líderes religiosos do povo.

24 Ouvindo eles isto, juntos [uu]levantaram a voz a Deus em oração: Senhor, tu és o [vv]que fizeste o céu, a terra, o mar e tudo o que neles há.

25 Tu [ww]disseste pela boca de Davi, teu servo:
Por que se enfurecem as gentes,
e os povos pensam coisas vãs?
26 Levantam-se os reis da terra,
e os príncipes se [3]ajuntam de uma só vez
contra o [xx]Senhor
e contra o seu [yy]Ungido.

[p] Lc 24.25
[q] Veja Gn 12.2, nota
[r] Inspiração: v. 25; At 4.25 (Êx 4.15; 2Tm 3.16)
[s] Rm 1.16; comp. Rm 2.9,10
[t] Cristo (primeira vinda): 3.26; 4.10,11; At 4.26 (Gn 3.15; At 1.11, nota)
[u] Veja Rm 3.23, nota
[v] Mt 22.23; veja Mt 3.7, nota 3
[w] Ressurreição: v. 2,10; At 4.33 (2Rs 4.35; 1Co 15.52, nota)
[x] Fé: v. 4; At 4.32 (Gn 3.20; Hb 11.39, nota)
[y] Veja Mt 2.4, nota
[z] Lc 3.2; Jo 11.49; 18.13
[a] Mt 21.23
[b] Comp. Lc 12.11,12
[c] Espírito Santo (NT): v. 8; At 4.31 (Mt 1.18; At 2.4, nota)
[d] At 3.6,16
[e] At 2.24
[f] Sl 118.22; Mt 21.42
[g] Cristo (Pedra): v. 11; Rm 9.32 (Gn 49.24; 1Pe 2.8)

[h] Veja Rm 1.16, nota
[i] Jo 14.6; 1Tm 2.5
[j] Comp. Mt 11.25; 1Co 1.27
[k] Comp. Jo 7.15-17
[l] Comp. Jo 11.47
[m] At 5.28; comp. Am 2.12; 7.13
[n] At 5.29; comp. 1Co 9.16
[o] Comp. Jó 32.19; Jr 20.9; Am 3.8
[pp] 1Jo 1.1,3
[qq] Comp. At 5.26
[rr] Mt 15.31; comp. 1Cr 29.11
[ss] At 3.7,8
[tt] At 2.44-46
[uu] Orações da Bíblia (NT): v. 24-30; At 7.59 (Mt 6.9; Lc 11.2, nota)
[vv] Êx 20.11
[ww] Inspiração: v. 25; At 7.2 (Êx 4.15; 2Tm 3.16); veja Sl 2.6, nota
[xx] Cristo (primeira vinda): v. 26,27; At 7.52 (Gn 3.15; At 1.11, nota)
[yy] Ungido. Sl 2.2

[1] (4.10) Não há documentos históricos que indiquem que nesse momento ou posteriormente o Sinédrio tenha tentado negar a ressurreição de Cristo.

[2] (4.16) O Sinédrio não podia negar o milagre, mas não queria admiti-lo.

[3] (4.26) A palavra grega traduzida por "ajuntam de uma só vez" é usada para falar do recolher após o joeirar (Mt 25.24,26) e frequentemente para falar dos grupos poderosos reunidos e determinados a condenar Jesus à morte – i.e., os fariseus (Jo 11.47), os principais sacerdotes (Mt 26.3,57) e os soldados (Mt 27.27).

27 Verdadeiramente contra o teu [z]santo [a]Filho Jesus, que tu ungiste, se ajuntaram não só [b]Herodes, mas Pôncio Pilatos, com os gentios e os povos de Israel,

28 para fazerem tudo o que a tua mão e o teu propósito tinham anteriormente [c]determinado que se havia de fazer.

29 Agora, ó Senhor, olha para as suas ameaças e permite aos teus servos que [d]falem com toda a coragem a tua palavra,

30 enquanto estendes a tua mão para curar, e para que se façam sinais e maravilhas pelo nome do teu santo [e]filho Jesus.

31 Tendo eles orado, moveu-se o lugar em que estavam reunidos. E todos foram cheios do [f]Espírito Santo, e anunciavam corajosamente a palavra de Deus.

Os crentes de Jerusalém repartiam suas posses (comp. At 2.42-47)

32 **E**ra um o [g]coração e a alma da [h]multidão dos que [i]criam, e ninguém dizia que coisa alguma do que possuía era sua própria, mas todas as coisas eram [1]compartilhadas.

33 Os apóstolos davam, com grande poder, [j]testemunho da [k]ressurreição do Senhor Jesus, e em todos eles havia abundante [l]graça.

34 Não havia entre eles necessitado algum. Pois todos os que possuíam terras ou casas, vendendo-as, traziam o preço do que fora vendido e o depositavam aos pés dos apóstolos.

35 E distribuía-se a cada um conforme a sua necessidade.

36 Então José, chamado pelos apóstolos de Barnabé (que significa filho da [m]Consolação), levita, natural de Chipre,

37 possuindo uma propriedade, vendeu-a, trouxe o dinheiro e o depositou aos pés dos apóstolos.

Ananias e Safira mentem ao Espírito Santo

5 **O**ra, certo homem chamado Ananias, com Safira, sua mulher, vendeu uma propriedade.

2 E [n]reteve parte do valor, sabendo-o sua mulher, mas levou o [o]resto, e o depositou aos pés dos apóstolos.

3 **D**isse então Pedro: Ananias, [p]por que encheu [q]Satanás o teu coração, para que [2]mentisses ao Espírito Santo, retendo parte do valor da propriedade?

4 Guardando-a não ficava para ti? E, vendida, não estava em teu poder? Por que planejaste isso em teu coração? Não mentiste aos homens, [r]mas a Deus.

5 Ananias, ouvindo estas palavras, caiu e morreu. E um grande temor caiu sobre todos os que isso ouviram.

6 Levantando-se os jovens, cobriram o morto, e, [s]levando-o para fora, o sepultaram.

7 Passado um período de quase três horas, entrou também sua mulher, não sabendo o que havia acontecido.

8 Perguntou-lhe Pedro: Dize-me, vendestes por tanto aquela propriedade? Respondeu ela: Sim, por tanto.

9 Então Pedro lhe disse: Por que é que entrastes em acordo para [t]tentar o [u]Espírito do Senhor? Estão aí à porta os pés dos que sepultaram o teu marido e também te levarão.

10 Imediatamente ela caiu aos seus pés e morreu. Entrando os jovens, acharam-na morta e a sepultaram junto de seu marido.

11 Houve grande temor em toda a [v]igreja e em todos os que ouviram essas coisas.

12 Muitos [w]sinais e [x]maravilhas eram feitos entre o povo pelas mãos dos apóstolos. E estavam todos reunidos no [y]Pórtico de Salomão.

13 Ninguém mais ousava juntar-se a eles, embora o povo os admirasse muito.

14 A multidão dos que [zz]criam no Senhor, tanto de homens como de mulheres, crescia cada vez mais.

15 De modo que levavam os enfermos para as ruas, e os colocavam em leitos e em macas, para que ao menos a [aa]sombra de Pedro, quando este passasse, cobrisse alguns deles.

16 Também das cidades circunvizinhas concorria muita gente a Jerusalém, [bb]levando enfermos e atormentados de espíritos imundos, e todos eram curados.

Segunda perseguição

17 **L**evantando-se o sumo sacerdote e todos os que estavam com ele, da seita dos [cc]saduceus, encheram-se de [dd]inveja.

18 [ee]Mandaram [ff]prender os apóstolos e os lançaram na [gg]prisão pública.

[z] Santificação (NT): v. 27,30; At 6.13 (Mt 4.5; Ap 22.11)
[a] Comp. At 3.13
[b] Lc 23.11,12; veja Mt 14.1, marg. q
[c] At 2.23
[d] Comp. At 19.8; Ef 6.19
[e] v. 27
[f] Espírito Santo (NT): 4.31; 5.3; At 5.9 (Mt 1.18; At 2.4, nota)
[g] Comp. Jo 17.21
[h] Igreja (verdadeira): v. 32,34; At 5.14 (Mt 16.18; Hb 12.23)
[i] Fé: v. 32; At 5.14 (Gn 3.20; Hb 11.39, nota)
[j] At 1.22
[k] Ressurreição: v. 33; At 5.30 (2Rs 4.35; 1Co 15.52, nota)
[l] Graça: v. 33; At 11.23 (Jo 1.14; 1.17, nota)
[m] At 9.27; 11.22-30
[n] Comp. Js 7.11,12; Ml 3.8,9; 1Tm 6.10
[o] Comp. At 4.34-37
[p] Comp. 1Cr 21.1; Mt 13.19; Jo 13.2,27; Ef 6.11,16; 1Pe 5.8
[q] Satanás: v. 3; At 10.38 (Gn 3.1; Ap 20.10)
[r] Comp. Nm 16.11; 1Sm 8.7; Lc 10.16; 1Ts 4.8
[s] Comp. Lv 10.4
[t] Provar--Tentar: v. 9; At 15.10 (Gn 3.1; Tg 1.14)
[u] Espírito Santo (NT): v. 9; At 5.32 (Mt 1.18; At 2.4, nota)
[v] Igreja (verdadeira): v. 11,14; At 6.1 (Mt 16.18; Hb 12.23)
[w] At 2.43; 4.30; 6.8; 14.3; 15.12
[x] Milagres (NT): v. 12, 15,16, 18-25; At 8.7 (Mt 8.3; At 28.8)
[y] At 3.11
[zz] Fé: v. 14; At 6.5 (Gn 3.20; Hb 11.39, nota)
[aa] Comp. At 19.12
[bb] Mc 3.15, nota
[cc] Veja Mt 3.7, nota 3
[dd] Comp. Mt 27.18; At 13.45
[ee] Comp. Lc 21.12
[ff] Comp. At 6.6
[gg] At 4.3; 16.37

Também é empregada em referência ao ajuntamento dos reis da terra feito pelos demônios no final da tribulação (Ap 16.14,16; comp. Sl 2.2).

[1] (4.32) A experiência dos cristãos da igreja em Jerusalém quanto a compartilhar suas propriedades não deve ser considerada uma norma para todas as igrejas ou comunidades cristãs. Este compartilhar voluntário das posses em tempo de perseguição é uma bela evidência da unidade dos crentes. Contudo, deve-se observar que essa partilha em comunidade era: 1) voluntária (v. 32; comp. 5.4), 2) num tempo de perseguição (v. 29) e 3) evidentemente se restringia à igreja em Jerusalém.

[2] (5.3) O pecado de Ananias e Safira consistiu em mentir, não em reter o que lhes pertencia. Observe especialmente o v. 4.

19 De noite, [h]porém, um [i]anjo do Senhor abriu as portas da prisão, [j]levou-os para fora e disse:

20 Ide e apresentai-vos no templo, e [k]contai ao povo a mensagem completa desta [l]nova Vida.

21 Ouvindo eles isso, entraram de manhã cedo no templo e ensinavam. Chegando, porém, o sumo sacerdote e os que estavam com ele, convocaram o [m]Sinédrio e todos os líderes religiosos dos filhos de Israel, e enviaram guardas à prisão, para que de lá os trouxessem.

22 Tendo, porém, ido à prisão, os guardas não os acharam. Voltando, anunciaram:

23 Achamos realmente a prisão trancada, com toda a segurança, e os guardas, que estavam fora, diante das portas; mas, quando abrimos, [n]ninguém encontramos dentro.

24 Então o capitão da guarda do templo e os principais sacerdotes, ouvindo essas palavras, ficaram perplexos acerca deles e do que teria acontecido.

25 Então chegou alguém e disse: Vede! Os homens que colocastes na prisão estão no templo e ensinam o povo.

26 Ouvindo isto, foi o capitão com os guardas, e os trouxe, não com violência, porque [o]temiam ser apedrejados pelo povo.

27 E, tendo-os trazido, apresentaram-nos ao Sinédrio. E o sumo sacerdote os interrogou:

28 Não vos [p]demos ordens expressas que não ensinásseis nesse nome? Contudo, enchestes Jerusalém dessa vossa [q]doutrina e quereis nos culpar pelo [r]sangue desse homem.

A resposta dos apóstolos

29 Responderam Pedro e os apóstolos: Mais [s]importa obedecer a Deus do que aos homens!

30 O Deus de nossos pais [t]ressuscitou Jesus, a quem vós matastes, suspendendo-o no madeiro.

31 Deus, com a sua destra, o [u]elevou a [v]Príncipe e [w]Salvador, para dar a Israel o [x]arrependimento e [y]perdão dos [z]pecados.

32 Nós somos [a]testemunhas dessas palavras, nós e também o [b]Espírito Santo, que Deus deu àqueles que lhe obedecem.

O conselho de Gamaliel: "tende cuidado"

33 **O**uvindo eles isto, [1c]enfureceram-se e queriam matá-los.

34 Levantando-se, porém, no Sinédrio certo [d]fariseu, chamado [e]Gamaliel, mestre da [f]lei, respeitado por todo o povo, mandou que por um momento levassem para fora os apóstolos.

35 Então lhes disse: Israelitas, tende cuidado a respeito do que haveis de fazer a esses homens.

36 Algum tempo atrás levantou-se Teudas, dizendo ser alguém, e a este se ajuntou cerca de quatrocentos homens. Ele foi morto, e todos os que lhe deram ouvidos foram dispersos e reduzidos a [g]nada.

37 Depois dele, levantou-se Judas, o galileu, nos dias do [hh]recenseamento, e levou muitos atrás de si. Mas também este morreu, e todos os que lhe deram ouvidos foram dispersos.

38 Por isso, vos digo: Deixai em paz esses homens, libertai-os, pois, se este propósito ou esta obra é de homens, fracassará,

39 mas, se é de Deus, não podereis contra ela, para que não aconteça serdes também achados lutando contra Deus.

Os apóstolos são açoitados e proibidos de falar

40 **E** concordaram com ele. Tendo chamado os apóstolos, [ii]açoitaram-nos e mandaram que não falassem no [jj]nome de Jesus; então os deixaram ir.

41 Os apóstolos retiraram-se da presença do Sinédrio [kk]alegrando-se, porque tinham sido julgados dignos de sofrer afronta pelo nome de Jesus.

42 E todos os dias, no templo e nas casas, não paravam de ensinar e [ll]anunciar a Jesus, o Cristo.

Dissensões internas vencidas pelo amor

6 **N**aqueles dias, crescendo o [mm]número dos discípulos, houve reclamação dos [nn]gregos contra os hebreus, porque as suas viúvas eram esquecidas na distribuição diária de alimento.

2 Então os Doze, convocando os discípulos, disseram: Não é certo que nós deixemos a palavra de Deus e sirvamos às mesas.

3 Escolhei, irmãos, dentre vós, sete homens de boa [oo]reputação, cheios do Espírito Santo e de sabedoria, aos quais constituamos sobre essa [pp]tarefa.

4 Nós, porém, continuaremos na oração e no ministério da palavra.

5 Esse parecer agradou a toda a multidão. [2qq]Escolheram Estêvão, homem cheio de [rr]fé e do Espírito Santo; também [ss]Filipe, Prócoro,

[1] (5.33) Comp. At 2.37. Quando o evangelho é pregado no poder do Espírito Santo, quase sempre convence ou produz ira.

[2] (6.5) É interessante observar que estes homens eram todos judeus helenistas (veja 6.1, *marg. n*), como indicado pelos nomes gregos.

[h] Comp. Lc 21.13
[i] Veja Jz 12.7-11
[j] Comp. At 12.7-11
[k] Comp. Tt 2.15
[l] Vida (eterna): v. 20; At 11.18 (Mt 7.14; Ap 22.19)
[m] Veja At 23.1, nota
[n] Comp. 2Sm 22.2; Jr 1.8; Dn 6.27; 2Co 1.10
[o] Comp. Mt 21.26; Mc 11.32; 12.12; Lc 20.19; 22.2; At 4.21
[p] At 4.17,18
[q] Ensinamento. At 2.42; 13.12
[r] Comp. Mt 27.25
[s] Comp. At 4.19,20
[t] Ressurreição: v. 30; At 9.41 (2Rs 4.35; 1Co 15.52, nota)
[u] Mc 16.19; At 2.33; Fp 2.9-11
[v] At 3.15; Ap 1.5
[w] Veja Rm 1.16, nota
[x] Arrependimento: v. 31; At 8.22 (Mt 3.2; At 17.30, nota)
[y] Perdão: v. 31; At 8.22 (Lv 4.20; Mt 26.28, nota)
[z] Veja Rm 3.23, nota
[a] Lc 24.48; At 1.22; 10.39; 13.31; 1Pe 5.1
[b] Espírito Santo (NT): 5.32; 6.3,5; At 6.10 (Mt 1.18; At 2.4, nota)
[c] At 7.54
[d] Veja Mt 3.7, nota 2
[e] At 22.3
[f] Lei (de Moisés): v. 34; At 6.13 (Êx 19.1; Gl 3.24)

[g] Comp. Is 8.10
[hh] Comp. Lc 2.1
[ii] Mt 10.17; At 16.22,23; 21.32; 2Co 11.25
[jj] Comp. Tg 2.7
[kk] Mt 5.10-12; 1Pe 4.13
[ll] Evangelho: 5.42; 6.2,4; At 8.4 (Gn 12.3; Ap 14.6)
[mm] Igreja (verdadeira): v. 1-7; At 8.1 (Mt 16.18; Hb 12.23)
[nn] Helenistas, judeus gregos
[oo] 1Tm 3.7
[pp] Fp 1.1; 1Tm 3.8-13
[qq] Eleição (individual): v. 3-6; At 9.15 (Dt 7.6; 1Pe 5.13)
[rr] Fé: v. 5,8; At 8.12 (Gn 3.20; Hb 11.39, nota)
[ss] At 8.5; 21.8

Nicanor, Timão, Parmenas e Nicolau, um convertido ao judaísmo, vindo de Antioquia.

6 Apresentaram esses homens aos apóstolos. Estes, orando, lhes impuseram as [1]mãos.

7 **D**e modo que se espalhava a palavra de Deus, e em Jerusalém se multiplicava rapidamente o número dos discípulos, e grande parte dos sacerdotes obedecia à fé.

8 **O**ra, Estêvão, cheio de fé e de poder, fazia [t]maravilhas e grandes sinais entre o povo.

Terceira perseguição: Estêvão é levado à presença do Sinédrio

9 Levantaram-se alguns que eram da chamada sinagoga dos Libertos, dos cireneus e dos alexandrinos, dos que eram da Cilícia e da Ásia, e discutiam com Estêvão.

10 [u]Não podiam, porém, resistir à sabedoria e ao [v]espírito com que ele falava.

11 [w]Então subornaram uns homens para que dissessem: Nós o ouvimos proferir blasfêmias contra Moisés e contra Deus.

12 E agitaram o povo, os líderes religiosos e os [x]mestres da lei e, investindo contra ele, o prenderam e o levaram ao Sinédrio.

13 Apresentaram [y]falsas testemunhas, que diziam: Este homem não para de dizer blasfêmias contra este [z]santo lugar e a [a]Lei.

14 Pois o ouvimos dizer que esse [b]Jesus de Nazaré há de destruir este lugar e [c]mudar os costumes que Moisés nos deu.

15 Então todos os que estavam assentados no Sinédrio, fixando os olhos nele, [d]viram o seu rosto como o rosto de um [e]anjo.

Estêvão fala ao Sinédrio sobre a incredulidade de Israel

7 **P**erguntou o sumo sacerdote: É isto verdade?

2 Respondeu ele: [f]Irmãos e pais, [g]ouvi! O [h]Deus da glória apareceu a nosso pai Abraão, estando na Mesopotâmia, antes de habitar em [i]Harã,

3 e lhe disse: [j]Sai da tua terra e da tua parentela e vai para a terra que eu te mostrarei.

4 [k]Então saiu da terra dos caldeus e habitou em Harã. E dali, depois que seu pai [l]faleceu, Deus o trouxe para esta terra em que habitais agora.

5 Ele não lhe deu nela herança, nem ainda de um palmo. [m]Prometeu-lhe, porém, que lhe daria a posse dela, e depois dele à sua descendência, embora naquele tempo ele não [n]tivesse filho.

6 Deus lhe falou assim: A tua descendência será [o]peregrina em terra alheia, e a sujeitarão à [p]escravidão e a maltratarão por quatrocentos anos.

7 Eu, porém, [q]julgarei a nação que os tiver escravizado, disse Deus. Depois disto, [r]sairão e me servirão neste lugar.

8 E deu-lhe a [s]aliança da circuncisão. E Abraão [tt]gerou Isaque, e o circuncidou ao oitavo dia. Isaque gerou [uu]Jacó, e [vv]Jacó, os doze patriarcas.

9 Os patriarcas, movidos de [ww]inveja, [xx]venderam José para o Egito. Mas [yy]Deus era com ele,

10 e o livrou de todas as suas tribulações, e lhe deu [zz]graça e sabedoria perante faraó, rei do Egito; de modo que o [aa]constituiu governador do Egito e de todo o seu palácio.

11 [bb]Sobreveio então a todo o país do Egito e de Canaã fome e grande sofrimento, e nossos pais não achavam alimento.

12 [cc]Tendo, porém, ouvido Jacó que no Egito havia trigo, enviou nossos pais pela primeira vez.

13 Na [dd]segunda vez, José fez-se reconhecer por seus irmãos e manifestou a sua linhagem a faraó.

14 José mandou chamar seu pai, Jacó, e toda a sua [2]parentela, que era de setenta e cinco pessoas.

15 Jacó [ee]desceu ao Egito, onde [ff]morreram ele e nossos pais.

16 Seus corpos foram [gg]levados para Siquém e colocados na sepultura que Abraão comprara por certo dinheiro aos filhos de [3]Hamor, pai de Siquém.

[t] At 2.43; 5.12; 8.15; 14.3
[u] Comp. Lc 21.15
[v] Espírito Santo (NT): v. 10; At 8.15 (Mt 1.18; At 2.4, nota)
[w] Comp. Mt 26.59,60; Lc 23.2; At 24.5-9
[x] Veja Mt 2.4, nota
[y] Comp. Êx 20.16
[z] Santificação (NT): v. 13; At 7.33 (Mt 4.5; Ap 22.11)
[a] Lei (de Moisés): v. 13,14; At 7.37 (Êx 19.1; Gl 3.24)
[b] At 10.38
[c] Comp. At 25.8
[d] Comp. Êx 34.29,30; 2Co 3.7,18
[e] Veja Hb 1.4, nota
[f] Comp. At 22.1
[g] Inspiração: v. 2-53; At 8.28 (Êx 4.15; 2Tm 3.16)
[h] Sl 29.3
[i] Gn 11.31,32
[j] Veja Gn 12.2, nota
[k] Hb 11.8-10
[l] Gn 11.32
[m] Gn 12.7; 15.7; 17.8
[n] Comp. Gn 18.10-14
[o] Gn 15.13, 14; 47.11,12
[p] Êx 1.8-14; 12.40,41
[q] Êx 14.13-31
[r] Js 3.1-17
[s] Gn 17.9-14
[tt] Gn 21.1-5
[uu] Gn 25.21-26
[vv] Gn 29.28–30.24; 35.16-18
[ww] Gn 37.11; comp. Mt 27.18; At 5.17
[xx] Gn 37.28
[yy] Gn 39.2
[zz] Comp. Dn 1.9
[aa] Gn 41.38-44
[bb] Gn 41.54-56
[cc] Gn 42.1
[dd] Gn 45.4-16
[ee] Gn 46.5-7
[ff] Gn 49.33
[gg] Gn 50.13

[1] (6.6) A imposição de mãos às vezes acompanhava a oração (Mt 19.13,15) e também era usada como um sinal de cura (Mc 5.23; 6.5 etc.), como símbolo de que se concedia o Espírito Santo (At 8.17,19; 9.17; 19.6) e como sinal da ordenação para um serviço (At 6.6; 13.3; 1Tm 4.14 etc.).

[2] (7.14) Comp. Gn 46.26, *nota*. Isto não é uma contradição. “Todas as pessoas da casa de Jacó” (Gn 46.27) eram setenta, mas “toda a sua parentela” incluía as esposas dos filhos de Jacó.

[3] (7.16) Frequentemente alguns afirmam que existe uma contradição entre os v. 15,16 e Gn 23.17; 33.19. A solução não é 1) sugerir que houve um erro de copista ao mencionar Abraão em At 7.16 (foi encontrado apenas um manuscrito que omite o nome); 2) nem dizer que existe uma condensação dos relatos em Gn 23 e 33 (compreensível em vista da situação de Estêvão e da necessidade de ser breve); 3) A solução reside em comparar Escritura com Escritura. Abraão realmente comprou dois sepulcros (Gn 23.17; At 7.15,16). O primeiro, perto de Hebrom, ele o comprou de Efrom, o heteu, na presença dos filhos de Hete. O segundo, perto de Siquém, ele o comprou dos “filhos de Hamor. Mais tarde, Jacó deve ter renegociado o segundo pela parte do campo que ele comprara dos filhos de Hamor (veja Gn 33.18,19). Uma vez que Abraão, Isaque e Jacó foram sepultados em Hebrom

17 Aproximando-se, porém, o [h]tempo da promessa que Deus tinha [i]feito a Abraão, o povo [j]cresceu e se multiplicou no Egito.

18 Então se [k]levantou outro rei que não conhecia José.

19 Aquele, usando de maldade contra o nosso povo, [l]maltratou os nossos antepassados, a ponto de forçá-los a abandonar as suas crianças, para que não se multiplicassem.

20 Nesse tempo, [m]nasceu Moisés. Ele era [n]muito formoso, e foi criado três meses na casa de seu pai.

21 Ao ser [o]abandonado, tomou-o a filha de [p]faraó, e o criou como seu filho.

22 Moisés foi educado em toda a ciência dos egípcios e se tornou [q]poderoso em palavras e em obras.

23 [r]Quando completou a idade de quarenta anos, Moisés decidiu ir visitar seus irmãos, os filhos de Israel.

24 Vendo um deles sendo maltratado, defendeu-o e vingou o ofendido, matando o egípcio.

25 Ele pensava que seus irmãos entenderiam que Deus lhes havia de libertar pela sua mão, mas eles não entenderam.

26 No dia seguinte, apareceu-lhes quando brigavam dois filhos de Israel e quis levá-los à paz, dizendo: Homens, sois irmãos; por que vos feris um ao outro?

27 O que ofendia o seu próximo o empurrou, dizendo: [1][s]Quem te nomeou líder e juiz sobre nós?

28 Queres tu matar-me, como ontem mataste o egípcio?

29 A esta palavra [t]fugiu Moisés, e esteve como estrangeiro na terra de Midiã, onde [u]teve dois filhos.

30 [v]Completados quarenta anos, apareceu-lhe o [w]anjo do Senhor, no deserto do monte Sinai, numa chama de fogo de uma sarça ardente.

31 Então Moisés, quando viu isto, se maravilhou da visão. E, aproximando-se para observar, ouviu a voz do Senhor,

32 dizendo: Eu sou o Deus de teus pais, o Deus de Abraão, o Deus de Isaque e o Deus de Jacó. E Moisés, tremendo, não ousava olhar.

33 Disse-lhe o Senhor: [x]Tira as sandálias dos teus pés; o lugar em que estás é terra [y]santa.

34 [z]Tenho visto atentamente a aflição do meu povo que está no Egito, e ouvi os seus gemidos, e desci para livrá-los. Agora, vem, e te [a]enviarei ao Egito.

35 A esse Moisés, ao qual haviam negado, dizendo: [b]Quem te nomeou líder e juiz? A esse enviou Deus como líder e libertador, pela mão do anjo que lhe aparecera na sarça ardente.

36 Foi ele que os [c]tirou de lá, [d]fazendo maravilhas e sinais na terra do Egito, no mar Vermelho e no deserto, por [e]quarenta anos.

37 Esse é aquele Moisés que [f]disse aos filhos de Israel: O Senhor, o vosso Deus, vos levantará dentre vossos irmãos um [g]profeta como eu; a ele ouvireis.

38 Ele é o que esteve entre a [2]congregação no deserto, com o anjo que lhe falava no monte Sinai, e com nossos pais; o qual recebeu as [hh]palavras de vida para nos dar.

39 Ao qual nossos pais não [ii]quiseram obedecer, antes o rejeitaram, e em seu coração voltaram ao Egito.

40 [jj]Disseram a Arão: Faze-nos deuses que vão adiante de nós. Quanto a esse Moisés, que nos tirou da terra do Egito, não sabemos o que lhe aconteceu.

41 Naqueles dias [kk]fizeram o bezerro, e ofereceram sacrifícios ao ídolo, e se [ll]alegraram nas obras das suas mãos.

42 Deus, porém, se afastou e os entregou ao culto dos corpos celestes, como está escrito no livro dos profetas:

Oferecestes-me vós ofertas e sacrifícios
no deserto por quarenta anos,
ó [mm]nação de Israel?

43 Antes tomastes o santuário de Moloque
e a estrela do vosso deus Renfã,
imagens que vós fizestes para as adorar.
[nn]Eu vos levarei, pois, para
além de Babilônia.

44 Estava entre nossos pais no deserto o tabernáculo da aliança, como ordenara aquele que disse a Moisés que o fizesse [oo]segundo o modelo que tinha visto.

45 O qual nossos pais, recebendo-o, também o [pp]levaram com Josué quando entraram na posse das nações que Deus expulsou da presença de nossos pais, até os [qq]dias de Davi,

46 que achou graça diante de Deus e [rr]pediu que pudesse providenciar habitação para o Deus de Jacó.

[h] v. 6,7; Êx 2.23-25
[i] Veja Gn 12.2, nota
[j] Êx 1.7-9; Sl 105.24
[k] Êx 1.8
[l] Êx 1.7-22
[m] Êx 2.1,2
[n] Hb 11.23
[o] Êx 2.3,4
[p] Êx 2.5-10
[q] Comp. Lc 24.19
[r] v. 23-29; Êx 2.11-15
[s] Êx 2.14; comp. Lc 12.14
[t] Hb 11.27
[u] Êx 2.21,22; 4.20
[v] v. 30-35; Êx 3.1-10
[w] Veja Jz 2.1, nota
[x] Comp. Js 5.15
[y] Santificação (NT): v. 33; At 20.32 (Mt 4.5; Ap 22.11)
[z] Êx 2.24,25

[a] Sl 105.26
[b] Êx 2.14
[c] Êx 12.41; Dt 6.21,23
[d] Dt 6.22; Sl 78.12,13; comp. At 2.43; 5.12; 6.8; 8.13; 14.3
[e] Nm 14.33
[f] Lei (de Moisés): v. 37; At 7.53 (Êx 19.1; Gl 3.24)
[g] Dt 18.15, 18,19
[hh] Rm 3.2; Hb 5.12; 1Pe 4.11
[ii] Sl 95.8-11
[jj] Êx 32.1
[kk] Êx 32.2-4
[ll] Êx 32.6,18,19
[mm] Am 5.25-27
[nn] 2Cr 36.11-21; Jr 25.9-12
[oo] Êx 25.1–27.19; Hb 8.5
[pp] Js 3.1–4.11
[qq] 2Sm 6.2-15
[rr] 2Sm 7.1-13; 1Rs 8.17; 1Cr 22.7; Sl 132.4,5

(Gn 49.31; 50.13), a referência de Estêvão a "nossos pais" sepultados em Siquém deve restringir-se a José e a outros membros da família (Js 24.32; At 7.15,16).

[1] (7.27) Mas Moisés se tornou governador e juiz deles. Comp. Lc 19.14.

[2] (7.38) O significado original de *ekklesia* é o de *uma reunião de cidadãos num lugar público com o propósito de deliberar*. A Septuaginta usa a palavra para referir-se à congregação de Israel. Aqui é empregada em seu sentido mais amplo de uma convocação, uma reunião para a qual os membros deixam suas ocupações habituais. No NT, na maioria dos casos, o termo indica o conjunto dos crentes, a igreja local ou universal.

47 Foi, porém, Salomão quem lhe [s]construiu casa.

48 O Altíssimo, porém, [t]não habita em templos feitos por mãos humanas, como diz o profeta:

49 O [u]céu é o meu trono,
e a terra o estrado dos meus pés.
Que casa me construireis?
diz o Senhor.
Ou qual é o lugar do meu descanso?

50 [v]Não fez a minha mão
todas essas coisas?

51 **H**omens [w]obstinados, e [x]incircuncisos de coração e ouvido! Vós sempre resistis ao [y]Espírito Santo, assim vós sois como vossos pais!

52 A qual dos profetas não [z]perseguiram vossos pais? Até mataram os que anteriormente anunciaram a [a]vinda do Justo, do qual vós agora fostes traidores e assassinos.

53 Vós, que recebestes a [b]Lei por ordenação de [c]anjos, e não a obedecestes.

Estêvão, o primeiro mártir
Primeira menção de Saulo de Tarso (v. 58), depois chamado Paulo (13.9)

54 [1]**O**uvindo eles isto, [d]iravam-se em seus corações e rangiam os dentes contra ele.

55 Ele, porém, cheio do Espírito Santo, fixando os olhos no céu, viu a [e]glória de Deus, e Jesus, que estava à direita de Deus,

56 e disse: Olhai! Eu vejo os céus abertos, e o [f]Filho do homem, que está em pé à direita de Deus.

57 Eles, porém, gritaram com grande voz, taparam os ouvidos e se levantaram todos juntos contra ele.

58 E, expulsando-o da cidade, o apedrejaram. As testemunhas depuseram as suas roupas aos pés de um jovem chamado [g]Saulo.

59 E apedrejaram Estêvão, que em oração [h]dizia: Senhor Jesus, [i]recebe o meu espírito.

60 E, pondo-se de joelhos, clamou com grande voz: Senhor, [j]não lhes culpe por este [k]pecado. Tendo dito isso, [l]adormeceu.

Quarta perseguição: Saulo, o perseguidor (comp. Gl 1.13,14)

8 **T**ambém Saulo consentia na morte dele. **D**esencadeou-se naquele dia uma grande perseguição contra a [m]igreja que estava em Jerusalém, e todos foram [n]espalhados pelas terras da Judeia e de Samaria, exceto os apóstolos.

2 E uns homens piedosos foram enterrar Estêvão, e fizeram sobre ele grande pranto.

3 Saulo perseguia a [o]igreja, entrando pelas casas e, arrastando homens e mulheres, os trancava na prisão.

Os primeiros missionários (comp. At 11.19-21)

4 **O**s que, porém, andavam espalhados [p]iam por toda parte [2][q]pregando a palavra.

O ministério de Filipe em Samaria (o caso de Simão, o mágico)

5 [r]Descendo [ss]Filipe à cidade de Samaria, pregava-lhes Cristo.

6 As multidões reunidas prestavam atenção ao que Filipe dizia, porque ouviam e viam os [tt]sinais que ele fazia.

7 Os espíritos [uu]imundos saíam de muitos que os tinham, gritando, e muitos paralíticos e coxos eram curados.

8 Havia grande alegria naquela cidade.

9 **E**stava ali certo homem chamado Simão, que anteriormente praticara naquela cidade a [vv]feitiçaria, iludindo o povo de Samaria. Dizia ser um homem importante,

10 e todos o atendiam, desde o menor até o maior, dizendo: Este é o grande poder de Deus.

11 Eles o atendiam porque já desde muito tempo os havia enganado com a sua mágica.

12 Quando, [ww]porém, Filipe lhes pregava acerca do [xx]Reino de Deus e do nome de Jesus Cristo, creram nele e foram [3]batizados tanto homens como mulheres.

13 Creu até o próprio Simão, e, sendo batizado, seguiu Filipe. E, vendo os sinais e as grandes maravilhas que se faziam, estava maravilhado.

---

[1] (7.54) Falsas testemunhas foram levadas para testemunhar contra Estêvão diante do concílio (6.9-14). Estêvão deu um testemunho verdadeiro contra eles, citando o testemunho das Escrituras, que eles reconheciam como inspiradas. Ele falou da nação, que vivia rejeitando a Deus e seus servos, até que finalmente a verdade raiou diante deles e despertou uma furiosa inimizade no coração deles.

[2] (8.4) Aqui começou o testemunho sobre Cristo a todas as nações (v. 1; comp. Lc 24.47; At 1.8, *nota*).

[3] (8.12) A prática de batizar com água começa no NT, durante o ministério de João, o Batista, cujo batismo é mencionado como "batismo de arrependimento, para remissão dos pecados" (Mc 1.4; Lc 3.3 etc.). O próprio Cristo foi batizado por João (Mt 3.13-17 etc.). O batismo de Cristo certamente não foi pelas razões mencionadas, mas como símbolo de sua identificação com a humanidade.

Antes de sua ascensão, o Senhor Jesus ordenou a seus discípulos que pregassem o evangelho a todo o mundo, batizando em nome do Pai, do Filho e do Espírito Santo todos aqueles que cressem nessa mensagem salvadora (Mt 28.19; Mc 16.15,16). Esta ordem foi fielmente obedecida pela igreja primitiva a partir do Pentecoste (At 2.38,41; 8.12,13,36-38; 9.18; 10.48; 16.14,15,32,33; 18.8; 19.5; 22.13-16).

---

[s] 1Rs 5.1–6.38; 8.20,21
[t] 2Cr 2.6; At 17.24
[u] Is 66.1,2; comp. 1Rs 8.27
[v] Sl 102.25
[w] Êx 32.9
[x] Comp. Dt 10.16; 30.6; Jr 4.4; Rm 2.29; Cl 2.11
[y] Espírito Santo (NT): v. 51,55; At 8.15 (Mt 1.18; At 2.4, nota)
[z] 2Cr 36.16; Jr 2.30; Mt 23.35
[a] Cristo (primeira vinda): v. 52; At 10.36 (Gn 3.15; At 1.11, nota)
[b] Lei (de Moisés): v. 53; At 10.14 (Êx 19.1; Gl 3.24)
[c] Veja Hb 1.4, nota
[d] At 5.33
[e] Êx 24.17
[f] Veja Mt 8.20, nota
[g] At 22.20
[h] Orações da Bíblia (NT): v. 59,60; At 9.6 (Mt 6.9; Lc 11.2, nota)
[i] Comp. Lc 23.46; 1Pe 4.19
[j] Comp. Lc 23.34
[k] Veja Rm 3.23, nota
[l] Comp. 1Co 15.51; 1Ts 4.13-17

[m] Igreja (verdadeira): v. 1; At 12.1 (Mt 16.18; Hb 12.23)
[n] At 11.19; veja At 1.8, nota
[o] Igrejas (locais): v. 3; At 9.31 (At 8.3; Fp 1.1, nota)
[p] Mt 10.23
[q] Evangelho: v. 4,5,12, 14; At 8.25 (Gn 12.3; Ap 14.6)
[r] Veja At 1.8, nota
[ss] At 6.5
[tt] Milagres (NT): v. 6,7,13; At 8.39 (Mt 8.3; At 28.8)
[uu] Veja Mt 7.22, nota
[vv] Dt 18.10,11; comp. 2Rs 17.17; At 13.6; Ap 18.23; 21.8
[ww] Fé: v. 12,13, 14; At 8.37 (Gn 3.20; Hb 11.39, nota)
[xx] Veja Mt 6.33, nota

14 Quando os [y]apóstolos que estavam em Jerusalém ouviram que Samaria recebera a palavra de Deus, enviaram para lá [z]Pedro e João.

15 Quando chegaram, oraram para que recebessem o [a]Espírito Santo,

16 porque sobre nenhum deles tinha ainda [b]descido, mas somente eram [c]batizados em [d]nome do Senhor Jesus.

17 Então lhes [e]impuseram as mãos, e receberam o Espírito Santo.

18 Simão, vendo que pela imposição das mãos dos apóstolos era dado o Espírito Santo, ofereceu-lhes [f]dinheiro,

19 dizendo: Dai-me também esse poder, para que aquele sobre quem eu puser as mãos receba o Espírito Santo.

20 Pedro, porém, lhe disse: O teu dinheiro [g]seja contigo para perdição, porque pensaste que o [h]dom de Deus se compra com dinheiro.

21 É certo que tu não tens parte nem direito neste ministério, porque o teu [i]coração não é reto diante de Deus.

22 [j]Arrepende-te desse teu pecado, e ora a Deus. Talvez te seja [k]perdoado o pensamento do teu coração.

23 Pois vejo que estás em fel de [l]amargura e preso [m]pelo pecado.

24 Respondeu, porém, Simão: [n]Orai vós por mim ao Senhor, para que nada do que dissestes me aconteça.

25 Tendo eles [o]testemunhado e falado a palavra do Senhor, voltaram para Jerusalém, e, [p]em muitas aldeias dos samaritanos, anunciaram o [q]evangelho.

Filipe e o tesoureiro etíope

26 [r]O [s]anjo do Senhor disse a [t]Filipe: Levanta-te e [u]vai para o sul, pelo caminho que desce de Jerusalém para Gaza, que está deserta.

27 Ele se levantou e partiu. No caminho, viu um [v]etíope, eunuco e importante funcionário de Candace, rainha dos etíopes; ele era superintendente de todos os seus tesouros, e tinha [w]ido a Jerusalém para adorar a Deus.

28 Enquanto voltava para sua casa, assentado no seu carro, lia o [x]profeta Isaías.

29 Disse o [y]Espírito a Filipe: Aproxima-te e suba neste carro.

30 Correndo Filipe, ouviu que lia o profeta Isaías e perguntou: [z]Entendes tu o que lês?

31 Ele respondeu: [aa]Como poderei [bb]entender, se alguém não me ensinar? E pediu a Filipe que subisse no carro e com ele se assentasse.

32 O lugar da Escritura que lia era este:

[cc]Foi levado como ovelha
para o matadouro e,
como está mudo o cordeiro
diante do tosquiador,
[dd]assim não abriu a sua boca.

33 Na sua humilhação negaram-lhe [ee]justiça.
Quem contará a sua geração?
Pois a sua vida é [ff]tirada da terra.

34 Respondendo o eunuco a Filipe, disse: Peço-te que me digas a quem o profeta se refere? A si mesmo ou a [gg]algum outro?

35 Então Filipe, abrindo a sua boca e [hh]começando nesta escritura, anunciou-lhe Jesus.

36 Indo eles caminhando, chegaram a um lugar onde havia água, e o eunuco perguntou: Vê, aqui há água. O que impede que eu seja [ii]batizado?

37 Respondeu Filipe: Tu podes, [jj]se crês de todo o coração. Disse ele: [kk]Creio que Jesus Cristo é o Filho de Deus.

38 Mandou parar o carro, e desceram ambos à água, tanto Filipe como o eunuco, e o batizou.

39 Quando saíram da água, o Espírito do Senhor [ll]arrebatou Filipe, e não o viu mais o eunuco, mas, [mm]cheio de alegria, continuou o seu caminho.

40 Filipe apareceu em Azoto e, ao passar, anunciava o evangelho em todas as cidades, até que chegou a [nn]Cesareia.

III. Da conversão de Saulo à primeira viagem missionária, 9–12

A conversão de Saulo (At 22.1-16; 26.9-18)

9 [oo]Saulo, mantendo ainda ameaças de mortes contra os discípulos do Senhor, dirigiu-se ao sumo sacerdote

2 e pediu-lhe [pp]cartas para as sinagogas de Damasco, a fim de que, se encontrasse alguns daquela seita, quer homens quer mulheres, os levasse presos a Jerusalém.

3 Aproximando-se ele de Damasco, na sua viagem, de repente o cercou um resplendor de [qq]luz do céu.

4 E, caindo por terra, ouviu uma voz que lhe dizia: Saulo, Saulo, por que [1]me persegues?

5 Ele disse: Quem és, Senhor? Respondeu o Senhor: Eu sou [rr]Jesus, a quem tu [ss]persegues.

A partir da era apostólica, o batismo tem sido praticado por todos os principais grupos da Igreja cristã e, nos círculos protestantes, é reconhecido como uma das duas ordenanças – a outra é a ceia do Senhor.

Tanto João, o Batista, como nosso Senhor profetizaram um batismo com o Espírito Santo (Mt 3.11; Jo 1.33; At 1.5; 11.16). Veja 1Co 12.12,13; At 2.4, *nota* sobre Espírito Santo, parágrafo 5).

[1] (9.4) O Senhor se identifica com seu povo: perseguir a Igreja é perseguir o Senhor ressurreto.

---

[y] At 5.12,29,40
[z] Comp. At 3.1-11
[a] Espírito Santo (NT): v. 15-19; At 8.29 (Mt 1.18; At 2.4, nota)
[b] Comp. At 2.38
[c] Veja v. 12, nota
[d] Mt 28.19
[e] At 19.6; comp. Dt 34.9
[f] Veja sist. monetário (NT): Mt 5.26, nota
[g] Comp. 2Rs 5.16
[h] At 2.38
[i] Jr 17.9; comp. Mt 15.8,19
[j] Arrependimento: v. 22; At 11.18 (Mt 3.2; At 17.30, nota)
[k] Perdão: v. 22; At 13.38 (Lv 4.20; Mt 26.28, nota)
[l] Comp. Jr 4.18; Ef 4.31
[m] Veja Rm 3.23, nota
[n] Comp. Êx 8.8; Nm 21.7; Jr 42.2
[o] Comp. Sl 66.16; 107.2; Is 63.7
[p] Veja At 8.5, marg. s
[q] Evangelho: v. 25,35; At 9.20 (Gn 12.3; Ap 14.6)
[r] Veja Jz 2.1, nota
[s] Veja Hb 1.4, nota
[t] At 6.5
[u] Mt 28.19
[v] Sl 68.31
[w] 1Rs 8.41,42; comp. Jo 12.20
[x] Inspiração: v. 28,30, 32,33; At 10.43 (Êx 4.15; 2Tm 3.16)
[y] Espírito Santo (NT): v. 29,39; At 9.17 (Mt 1.18; At 2.4, nota)
[z] Comp. Lc 24.45

[aa] Comp. Rm 10.14,15
[bb] Comp. Jo 16.13
[cc] Is 53.7,8
[dd] Mt 26.62,63; 27.12,14; Jo 19.9
[ee] Lc 23.1-25
[ff] Lc 23.33-46
[gg] Comp. At 2.30,31; 1Pe 1.10,11; Ap 19.10
[hh] Comp. Lc 24.27-45; At 10.43; 17.2,3
[ii] At 16.33; veja At 8.12, nota
[jj] Rm 10.9,10
[kk] Fé: v. 37; At 9.42 (Gn 3.20; Hb 11.39, nota)
[ll] Milagres (NT): v. 39,40; At 9.18 (Mt 8.3; At 28.8); comp. 1Rs 18.12; 2Co 12.2
[mm] Comp. At 16.34
[nn] At 21.8
[oo] 31-33 d.C. At 7.57; 8.1,3; 26.10,11
[pp] At 22.5
[qq] At 22.6; 26.13
[rr] Comp. At 2.36
[ss] At 26.14

6 [t]Agora levanta-te, entra na cidade. Lá te será dito o que te convém fazer.

7 Os homens que iam com ele pararam espantados, ouvindo a [1]voz, [u]mas não vendo ninguém.

8 Saulo levantou-se da terra e, abrindo os olhos, não via [v]coisa alguma. Guiando-o pela mão, conduziram-no para Damasco.

9 Esteve três dias sem ver, e não comeu nem bebeu.

10 **H**avia em Damasco um discípulo chamado Ananias. Disse-lhe o Senhor, em uma visão: Ananias! Ele respondeu: Aqui estou, Senhor.

11 Disse-lhe o Senhor: Levanta-te, e vai à rua chamada Direita, e pergunta em casa de Judas por um homem de Tarso chamado Saulo, pois ele está orando.

12 Numa visão ele viu que entrava um homem chamado Ananias, e impunha sobre ele a mão, para que tornasse a ver.

13 Respondeu Ananias: Senhor, tenho [w]ouvido muita coisa a respeito desse homem, quantos males tem feito aos teus santos em Jerusalém.

14 E aqui tem autorização dos chefes dos sacerdotes para prender a todos os que invocam o teu nome.

15 Disse-lhe, porém, o Senhor: Vai! Este é para mim um vaso [x]escolhido, para levar o meu nome perante os [y]gentios, os [z]reis e os [a]filhos de Israel.

16 E eu lhe mostrarei quanto deve [b]sofrer pelo meu [c]nome.

Saulo cheio do Espírito

17 Então Ananias foi, entrou na casa e, [d]impondo-lhe as mãos, disse: [e]Irmão Saulo, o Senhor Jesus, que te apareceu no caminho por onde vinhas, me [f]enviou, para que voltes a ver e sejas [g]cheio do [h]Espírito Santo.

Saulo é batizado

18 Imediatamente lhe caíram dos olhos umas escamas, e [i]voltou a ver. Levantando-se, foi batizado.

19 Depois de ter comido, sentiu-se recuperado. Esteve Saulo alguns dias com os discípulos em Damasco.

Saulo prega em Damasco

20 **E** logo, nas sinagogas, [j]pregava [2]que Jesus era o Filho de Deus.

21 E todos os que o ouviam estavam espantados, e diziam: Não é este o que em Jerusalém perseguia os que invocavam este nome, e para isso veio aqui, para os levar [k]presos aos chefes dos sacerdotes?

22 [3]Saulo, porém, se esforçava muito mais, e confundia os judeus que habitavam em Damasco, provando que Jesus era o Cristo.

Saulo foge para Jerusalém

23 **T**endo passado muitos dias, os judeus [l]decidiram entre si matá-lo.

24 Os seus planos, porém, chegaram ao [m]conhecimento de Saulo, e como eles guardavam as portas, tanto de dia como de noite, para poder tirar-lhe a vida,

25 os discípulos o levaram de noite e o desceram dentro de um cesto [n]pelo muro.

26 **Q**uando Saulo [4]chegou a Jerusalém, procurava juntar-se aos discípulos, mas todos o [o]temiam, não acreditando que fosse discípulo.

27 Então [p]Barnabé, tomando-o consigo, o levou aos apóstolos e contou-lhes como no caminho ele vira o Senhor, e que este lhe falara, e como em Damasco [q]pregara [r]corajosamente em nome de Jesus.

28 Andava com eles em Jerusalém, entrando e saindo

29 e pregando corajosamente em nome do Senhor. Falava e discutia também com os [s]gregos, mas eles queriam matá-lo.

Saulo retorna a Tarso

30 Sabendo-o, porém, os irmãos, acompanharam-no até Cesareia, e o enviaram a Tarso.

[t] Orações da Bíblia (NT): v. 6; At 22.10 (Mt 6.9; Lc 11.2, nota)
[u] Comp. Dt 4.12; Dn 10.7
[v] At 22.11
[w] Comp. v. 1,2; Gl 1.23
[x] Eleição (individual): v. 15,16; At 10.41 (Dt 7.6; 1Pe 5.13)
[y] Rm 1.5; 11.13; Gl 2.7; Ef 3.7,8; 2Tm 4.17; veja Ef 3.6, nota
[z] Comp. At 26.1,2; 27.24
[a] At 21.40; Rm 1.16; 9.1-5; veja Rm 11.26, nota
[b] At 20.23; 2Co 11.23-28; 12.7-10; Gl 6.17; Fp 1.29,30
[c] 2Co 4.11; comp. Ap 2.3
[d] Comp. v. 12
[e] Comp. 2Co 2.13; Fm 1; Ap 1.9
[f] Comp. Jo 9.1-15
[g] Comp. Ef 5.19
[h] Espírito Santo (NT): v. 17; 9.31 (Mt 1.18; At 2.4, nota)
[i] Milagres (NT): v. 17,18; At 9.34 (Mt 8.3; At 28.8)

[j] Evangelho: v. 20; At 9.27 (Gn 12.3; Ap 14.6)
[k] v. 2
[l] Comp. At 23.12-15
[m] Comp. At 23.16
[n] Comp. Js 2.15; 1Sm 19.12; 2Co 11.32,33
[o] Comp. At 9.1,2,13,14
[p] At 4.36; 11.22-26
[q] Evangelho: v. 27; At 10.36 (Gn 12.3; Ap 14.6)
[r] v. 20,22
[s] Helenistas, judeus gregos

[1] (9.7) Comp. 22.9; 26.14. Há quem afirme haver aqui uma contradição. As três declarações devem ser tomadas em conjunto. Os homens ouviram a "voz" como um som (gr. *phōne*), mas não ouviram a voz pronunciando as palavras "Saulo, Saulo" etc.

[2] (9.20) Comp. 2.36. Enquanto Pedro, embora defendendo a divindade de Jesus ("Este Jesus, a quem vós crucificastes, Deus o fez Senhor e Cristo"), destaca seu caráter messiânico, Paulo, que acabava de ter a visão da glória, enfatiza a divindade de Jesus. A acusação de Pedro foi que os judeus haviam crucificado o Filho de Davi (At 2.25-30); a de Paulo, que haviam crucificado o Senhor da glória (1Co 2.8). A mensagem, aqui, não era que o Cristo fosse Deus, uma verdade claramente ensinada por Isaías (Is 7.14; 9.6,7), mas que Jesus, o nazareno crucificado, era o Cristo e, portanto, o Filho de Deus.

[3] (9.22) Provavelmente os v. 22-25 se referem à obra de Paulo em Damasco após seu regresso da Arábia (Gl 1.17). Os "muitos dias" (v. 23) podem corresponder aos "três anos" de Gl 1.18, tempo transcorrido entre o regresso de Paulo a Damasco e sua visita a Pedro.

[4] (9.26) Em Atos, estão registradas quatro visitas de Paulo a Jerusalém depois de sua conversão. 1) 9.23-30. Esta parece ser a visita de Gl 1.18,19. Os apóstolos de At 9.27 eram Pedro e Tiago, irmão do Senhor. 2) 11.30. Paulo pode ter estado em Jerusalém durante os eventos de 12.1-24. Veja v. 25. 3) 15.1-30; Gl 2.2-10. 4) 21.17–23.35.

31 **Assim** as [t]igrejas em toda a Judeia, Galileia e Samaria tinham paz. Eram fortalecidas e, [u]edificadas pelo [v]Espírito Santo, se [w]multiplicavam, andando no [x]temor do [y]Senhor.

Continua o ministério de Pedro: a cura de Eneias

32 **Passando** Pedro por [z]toda parte, veio também aos santos que habitavam em Lida.

33 Encontrou ali certo homem paralítico, chamado Eneias, que havia oito anos [a]estava numa cama.

34 Disse-lhe Pedro: Eneias, [b]Jesus Cristo te cura. Levanta-te e arruma a tua cama. Imediatamente ele se [c]levantou.

35 Viram-no todos os que habitavam em Lida e Sarona, os quais se [d]converteram ao Senhor.

Pedro ressuscita Dorcas

36 **Havia** em Jope uma discípula chamada Tabita, que traduzido quer dizer [e]Dorcas. Ela [f]praticava boas obras e dava esmolas.

37 Naqueles dias, ela adoeceu e morreu. Tendo-a lavado, depositaram-na num quarto na parte superior da casa.

38 Como Lida ficava perto de Jope, ouvindo os discípulos que Pedro estava ali, mandaram-lhe dois homens, pedindo-lhe que não se demorasse em vir até eles.

39 Levantando-se Pedro, foi com eles. Quando chegou, levaram-no ao quarto onde estava o corpo. Todas as [g]viúvas o rodearam, chorando e mostrando as túnicas e vestidos que Dorcas fizera quando estava com elas.

40 Pedro [h]mandou que todas saíssem do quarto; então ajoelhou-se e orou. Voltando-se para o corpo, disse: Tabita, levanta-te. Ela abriu os olhos e, vendo Pedro, assentou-se.

41 Dando-lhe a mão, Pedro a levantou e, chamando os santos e as viúvas, apresentou-a [i]viva.

42 Foi isso conhecido por toda a Jope, e muitos [j]creram no Senhor.

43 Ficou Pedro muitos dias em Jope, com certo Simão curtidor de couro.

O evangelho vai aos gentios; Cornélio manda buscar Pedro

10 **Havia** em [k]Cesareia um homem chamado Cornélio, [l]centurião da corte conhecida como italiana.

2 Ele era [m]piedoso e temente a Deus com toda a sua família; dava muitas esmolas ao povo e continuamente orava a Deus.

3 Esse homem, quase às [n]3 horas da tarde, viu claramente, numa [o]visão, um [p]anjo de Deus, que se aproximava dele e dizia: Cornélio!

4 Cornélio, muito [q]atemorizado olhou para ele e perguntou: Que é, Senhor? Respondeu-lhe o anjo: As [r]tuas orações e as tuas esmolas têm subido para [s]memória diante de Deus.

5 [tt]Agora envia homens a Jope e manda chamar Simão, que tem por sobrenome Pedro.

6 Este está com um Simão curtidor de couro, que tem a sua casa à beira-mar. Ele te dirá o que deves fazer.

7 Logo que se retirou o [uu]anjo que lhe falava, Cornélio chamou dois dos seus criados e um piedoso soldado dos que estavam sob suas ordens.

8 [vv]Havendo-lhes contado tudo, enviou-os a Jope.

A visão de Pedro: um grande lençol

9 [ww]**No** dia seguinte, enquanto estavam a caminho, já perto da cidade, subiu Pedro ao terraço para [xx]orar; era quase [yy]meio-dia.

10 Tendo fome, quis comer e, enquanto preparavam a comida, sobreveio-lhe um arrebatamento de [zz]sentidos.

11 Ele [aa]viu o céu [bb]aberto e um objeto que descia, como um grande [1]lençol preso pelas quatro pontas, e vindo em direção à terra.

12 No lençol havia todos os tipos de animais quadrúpedes e répteis da terra, e aves do céu.

13 Disse-lhe uma voz: Levanta-te, Pedro, mata e come.

14 Pedro, porém, disse: De modo nenhum, Senhor! Nunca comi coisa alguma impura e [cc]imunda.

---

[1] (10.11) Embora essa visão seja indiscutivelmente simbólica, a experiência de Pedro aqui registrada foi uma clara revelação de que Deus havia mudado de maneira radical a forma com que tratava a humanidade (v. 28). Pedro objetou à ordem de Deus (v. 14), mas o Espírito de Deus insistiu em que o apóstolo deveria adaptar sua forma de pensar e de agir (v. 13,15,16,19,20,28,34,35,45,47; 11.12,17,18). Os animais e as aves representavam tanto os gentios (o "imundo" de acordo com a Lei) como os judeus (limpos ou puros no aspecto cerimonial). Apareceram juntos no lençol que desceu do céu (comp. Jo 17.18), houve uma declaração de que Deus os havia purificado (v. 15,34,35) e, então, foram recolhidos de volta para o céu (v. 16). A revelação da Igreja não foi dada unicamente a Paulo. Ele mesmo disse que ela foi revelada "pelo Espírito aos seus [de Cristo] santos apóstolos e profetas" (do NT, as duas palavras no plural; Ef 3.5). Essa revelação a Pedro, transmitida aos gentios em Cesareia (At 10.24-29) e aos judeus em Jerusalém (At 11.1-11), ensina claramente que, nesta era, Deus está chamando tanto gentios como judeus (Ef 2.11-22). Essa foi a avaliação do próprio Pedro sobre o que Deus fez por meio dele em Cesareia (At 15.7-11,14; veja Jo 14.20, *nota*).

---

[t] Igrejas (locais): v. 31; At 11.22 (At 8.3; Fp 1.1, nota)
[u] Ef 4.16,29
[v] Espírito Santo (NT): v. 31; At 10.19 (Mt 1.18; At 2.4, nota)
[w] v. 42; At 16.5
[x] Sl 34.9; comp. Hb 12.28; veja Sl 19.9, nota
[y] Jo 14.16; comp. Fp 2.1,2
[z] Comp. At 8.4
[a] Comp. Mt 9.2-8
[b] At 3.6,16; 4.10
[c] Milagres (NT): v. 33-35,36-42; At 12.7 (Mt 8.3; At 28.8)
[d] At 11.21; 15.19; comp. 26.18,20
[e] Signif. gazela
[f] Comp. 1Tm 2.10; 5.10
[g] Comp. At 6.1
[h] Comp. 2Rs 4.33; Mt 9.25; Mc 5.40
[i] Ressurreição: v. 40,41; At 10.40 (2Rs 4.35; 1Co 15.52, nota); At 20.12
[j] Fé: v. 42; At 10.45 (Gn 3.20; Hb 11.39, nota); Jo 11.45; 12.11

[k] At 8.40; 23.23
[l] Comp. Lc 7.2-10; veja At 27.1, nota
[m] At 2.5
[n] Em outras versões, "hora nona". Veja Jo 19.14, nota. Comp. Mt 27.46; At 3.1; 10.30
[o] v. 10-17; comp. At 9.10-12
[p] Veja Jz 2.1 e Hb 1.4, notas
[q] Comp. Lc 24.37
[r] v. 2
[s] Comp. Mt 26.13; Hb 6.9,10
[tt] At 11.13,14
[uu] Hb 1.4, nota
[vv] Comp. At 15.12,14; 21.19
[ww] v. 9-48; comp. At 11.5-18
[xx] Comp. Dn 6.10,11
[yy] Em algumas versões, "hora sexta". Veja Jo 19.14, nota
[zz] Comp. At 22.17
[aa] v. 11-16
[bb] Ez 1.1; Mt 3.16; At 7.56; Ap 4.1
[cc] Lei (de Moisés): v. 14; At 13.15 (Êx 19.1; Gl 3.24); Lv 11.1-47; comp. Is 66.17; Ez 4.14; Dn 1.8

15 Pela segunda vez lhe disse a voz: Não faças tu impuro ao [d]que Deus purificou.

16 Isto aconteceu [e]três vezes. Então o objeto foi recolhido ao céu.

17 **E**stando Pedro refletindo sobre o que seria aquela visão que tivera, os homens enviados por Cornélio pararam na porta, perguntando pela casa de Simão.

18 Chamando, perguntaram se [f]Simão, que tinha por sobrenome Pedro, estava hospedado ali.

19 Pensando Pedro naquela visão, disse-lhe o [g]Espírito: Simão, três homens te procuram.

20 Levanta-te, [h]desce, e vai com eles, não [i]duvidando, pois eu os enviei.

21 Descendo Pedro para junto dos homens, disse: Sou eu a quem procurais. [j]Qual é o motivo pelo qual estais aqui?

22 Eles responderam: [k]Cornélio, o centurião, homem [l]justo e temente a Deus, que tem [m]bom testemunho de toda a nação dos judeus, foi avisado por um santo [n]anjo para que te chamasse à sua casa e ouvisse as tuas palavras.

Pedro vai a Cesareia

23 **E**ntão chamou-os para dentro e os recebeu. No dia seguinte Pedro foi com eles, e foram com ele [o]alguns irmãos de Jope.

24 No dia seguinte chegaram a Cesareia. Cornélio os estava esperando, tendo já convidado os seus parentes e amigos mais íntimos.

25 Entrando Pedro, saiu Cornélio para recebê-lo e, [p]ajoelhando-se a seus pés, o adorou.

26 Pedro, porém, o levantou, dizendo: Levanta-te, que eu também sou [q]homem.

27 Falando com ele, entrou e encontrou [r]muitos que ali se haviam ajuntado.

28 Disse-lhes: Vós bem sabeis que não é [s]permitido a um judeu ajuntar-se ou aproximar-se de estrangeiros. [t]Deus, porém, mostrou-me que a nenhum homem devo considerar comum ou imundo.

29 Pelo que, sendo chamado, vim sem contrariar. Pergunto: [u]Por que razão mandastes chamar-me?

30 Respondeu Cornélio: Há quatro dias estava eu em [v]jejum até esta hora, orando em minha casa às [w]3 horas da tarde.

31 De repente diante de mim se apresentou um homem com vestes resplandecentes e disse: Cornélio, a tua oração foi ouvida, e as tuas esmolas estão em memória diante de Deus.

32 Envia homens a Jope, e manda chamar Simão, que tem por sobrenome Pedro. Ele está na casa de Simão, o curtidor de couro, à beira-mar.

33 Imediatamente, mandei chamar-te, e bem fizeste em vir. Agora estamos todos presentes diante de Deus, para ouvir tudo o que te foi ordenado pelo Senhor.

O sermão de Pedro aos gentios na casa de Cornélio.
Tema: Salvação pela fé (comp. At 2.14-41)

34 **A**brindo Pedro a boca, disse: Na verdade reconheço que Deus não faz [x]acepção de pessoas,

35 mas que lhe é [y]agradável aquele que, em qualquer nação, o teme e faz o que é [z]justo.

36 Conheceis a palavra que ele enviou aos filhos de Israel, [a]anunciando a [b]paz por Jesus Cristo (este é o Senhor de todos).

37 Essa palavra, vós bem sabeis, foi pregada por toda a Judeia, começando pela Galileia, depois do batismo que João pregou;

38 como [c]Deus ungiu Jesus de Nazaré com o [dd]Espírito Santo e com poder, o qual [ee]andou fazendo o bem e curando a todos os oprimidos do [ff]Diabo, porque [gg]Deus era com ele.

39 Nós somos [hh]testemunhas de todas as coisas realizadas por ele, tanto na terra da Judeia como em Jerusalém. A esse [ii]mataram, pendurando-o num madeiro.

40 Deus o [jj]ressuscitou ao terceiro dia, e fez que se manifestasse,

41 [kk]não a todo o povo, mas às testemunhas que Deus antes [ll]ordenara; a nós, que [mm]comemos e bebemos com ele, depois que ressuscitou dos mortos.

42 Ele nos mandou pregar ao povo, e testificar que ele é o que por Deus foi constituído [nn]juiz dos vivos e dos mortos.

43 Dele [oo]dão testemunho todos os profetas, de que todos os que nele [pp]creem receberão o [qq]perdão dos [rr]pecados pelo seu nome.

O Espírito é concedido também aos crentes gentios

44 [1]**D**izendo Pedro ainda essas palavras, [ss]desceu o Espírito Santo sobre todos os que o ouviam.

[d] Comp. v. 28; Mt 15.11; Rm 14.14, 17,20; 1Tm 4.4; Tt 1.15
[e] Comp. Mt 26.34,75
[f] v. 5
[g] Espírito Santo (NT): v. 19; At 10.38 (Mt 1.18; At 2.4, nota)
[h] Comp. At 16.9,10
[i] Comp. Rm 4.20
[j] v. 29; comp. Lc 18.41
[k] v. 1,2; veja At 27.1, nota
[l] Justiça (AT): v. 22; Rm 1.17 (Gn 6.9; Lc 2.25, nota)
[m] Comp. At 22.12; 1Tm 3.7
[n] Veja Jz 2.1, nota
[o] v. 45; At 11.12
[p] Comp. At 16.29
[q] Comp. At 14.11-18; Ap 19.10; 22.8,9
[r] v. 24
[s] Comp. Jo 4.9; 18.28; At 11.3; Gl 2.12-14
[t] v. 15; comp. At 15.8,9
[u] v. 21
[v] Comp. Êx 34.28; 1Sm 7.6; 1Rs 19.8; Ed 10.6; Dn 10.3; Lc 4.1,2; At 9.9; 13.2,3; 14.23; 27.33
[w] Em algumas versões, "hora nona". Veja Jo 19.14, nota

[x] Dt 10.17; Rm 2.11; comp. Rm 3.29,30; 10.12,13
[y] Sl 15.1,2
[z] Veja Rm 10.10, nota
[a] Evangelho: 10.36,37, 42,43; 11.1; At 11.19 (Gn 12.3; Ap 14.6)
[b] Cristo (primeira vinda): v. 34-43; At 13.23 (Gn 3.15; At 1.11, nota)
[c] Is 61.1-3
[dd] Espírito Santo (NT): v. 38,44, 45,47; At 11.12 (Mt 1.18; At 2.4, nota)
[ee] Mt 4.23
[ff] Satanás: v. 38; At 13.10 (Gn 3.1; Ap 20.10)
[gg] Jo 3.2; 8.29
[hh] At 1.8
[ii] At 2.23
[jj] Ressurreição: v. 40,41; At 13.30 (2Rs 4.35; 1Co 15.52, nota)
[kk] Comp. Jo 14.22
[ll] Eleição (coletiva): v. 41; At 13.17 (Dt 7.6; 1Pe 5.13)
[mm] Lc 24.30,41-43
[nn] Juízos (os sete): v. 42; At 17.31 (2Sm 7.14; Ap 20.12)
[oo] Inspiração: v. 43; At 13.15 (Êx 4.15; 2Tm 3.16)
[pp] Jo 3.16,18
[qq] At 13.38,39
[rr] Veja Rm 3.23, nota
[ss] Comp. At 11.15

[1] (10.44) Até este momento, o evangelho havia sido pregado principalmente a judeus, embora talvez houvesse alguns judeus prosélitos nas conversões no Pentecoste e, anteriormente, Filipe houvesse pregado em Samaria (At 8). Pela experiência de Pedro com Cornélio, ficou claro que a norma para esta dispensação, tanto para judeus como para gentios, é que o Espírito Santo será dado sem demora, sem mediação humana e sem outra condição que não seja a fé simples em Jesus Cristo.

45 Os judeus [t]seguidores de Jesus, que tinham vindo com Pedro, maravilharam-se de que o dom do Espírito Santo se [u]derramasse também sobre os [v]gentios.

46 Pois os ouviam falar em línguas e engrandecer a Deus. Então perguntou Pedro:

47 Pode alguém recusar a água, para que não sejam batizados esses, que também receberam como nós o Espírito Santo?

48 E mandou que fossem [w]batizados em nome do Senhor. Então lhe pediram que ficasse com eles por alguns dias.

Pedro defende o seu ministério junto aos gentios

11 **O**uviram os apóstolos e os irmãos que estavam na Judeia que também os gentios tinham recebido a palavra de Deus.

2 Subindo Pedro a Jerusalém, discutiam com ele os que eram judeus seguidores de Jesus,

3 dizendo: Entraste na casa de homens incircuncisos e comeste com eles.

4 Pedro, porém, começou a contar-lhes ordenadamente, dizendo:

5 Estava [x]eu orando na cidade de Jope, quando tive, num arrebatamento dos sentidos, uma visão. [y]Vi um objeto, como um grande lençol que descia do céu, que vinha até perto de mim.

6 Fixando nele os olhos, vi animais da terra, quadrúpedes, selvagens, répteis e aves do céu.

7 Ouvi também uma voz que me dizia: Levanta-te, Pedro. Mata e come.

8 Eu, porém, respondi: De maneira nenhuma, Senhor! Nunca em minha boca entrou coisa alguma impura ou imunda.

9 A voz, porém, respondeu-me do céu pela segunda vez: Não chames tu impuro ao que Deus purificou.

10 Aconteceu isso três vezes, e então tudo voltou a recolher-se no céu.

11 [z]Na mesma hora pararam junto da casa em que estávamos três homens que me foram enviados de Cesareia.

12 Disse-me o [a]Espírito que fosse com eles, e nada duvidasse. Também estes [b]seis irmãos foram comigo, e entramos na casa daquele homem.

13 E ele nos contou como vira em pé um [c]anjo em sua casa, o qual dissera: Envia homens a Jope, e manda chamar Simão, que tem por sobrenome Pedro,

14 que te dirá palavras pelas quais serás [d]salvo, tu e toda a tua casa.

15 Quando comecei a falar, desceu sobre eles o Espírito Santo, [e]como também sobre nós no princípio.

[t] Comp. At 15.5
[u] Comp. At 2.1-4
[v] Veja Ef 3.6, nota
[w] Veja At 8.12, nota
[x] v. 5-18; comp. At 10.9-48
[y] v. 5-10; comp. At 10.11-16
[z] v. 11-18; comp. At 10.17-48
[a] Espírito Santo (NT): v. 12,15-17,24,28; At 13.2 (Mt 1.18; At 2.4, nota)
[b] Comp. Mt 18.16
[c] Veja Jz 2.1, nota
[d] Veja Rm 1.16, nota
[e] At 2.1-4; 15.7-9
[f] Mc 1.8
[g] Veja At 8.12, nota
[h] Veja At 2.4, nota, par. 5

16 Lembrei-me então de que o Senhor [f]dissera: João certamente [g]batizou com água, mas vós sereis [h]batizados com o Espírito Santo.

17 Portanto, se Deus lhes deu o mesmo dom que a nós, quando [i]cremos no Senhor Jesus Cristo, [j]quem era eu, para que pudesse resistir a Deus?

18 Ouvindo eles essas coisas, acalmaram-se e glorificaram a Deus, dizendo: Na verdade até aos [k]gentios Deus concedeu o [l]arrependimento para a [m]vida.

A igreja em Antioquia e o novo nome: cristãos

19 **O**ra, os que foram dispersos pela [n]perseguição desencadeada pela morte de Estêvão caminharam até a Fenícia, Chipre e Antioquia, não [o]pregando a ninguém a palavra, senão somente aos judeus.

20 Havia, porém, entre eles alguns de Chipre e de Cirene, os quais, entrando em Antioquia, falaram aos [p]gregos, anunciando o Senhor Jesus.

21 A mão do Senhor era com eles, e grande número de pessoas creu e se [q]converteu ao Senhor.

22 E chegou a notícia dessas coisas aos ouvidos da [r]igreja em Jerusalém, e enviaram [s]Barnabé a Antioquia.

23 Quando ele chegou e viu a [tt]graça de Deus, se alegrou e exortou todos a que permanecessem no Senhor com todo o seu coração.

24 Era homem de bem, cheio do Espírito Santo e de fé. E muita gente se uniu ao Senhor.

25 Partiu então Barnabé para [uu]Tarso, à procura de Saulo,

26 e, tendo-o achado, levou-o para Antioquia. Por um ano inteiro se reuniram naquela igreja e ensinaram muita gente. Em Antioquia, os discípulos pela primeira vez foram chamados [vv]cristãos.

A igreja em Antioquia envia oferta aos crentes de Jerusalém

27 **N**aqueles dias, desceram [ww]profetas de Jerusalém para Antioquia.

28 Levantando-se um deles, chamado [xx]Ágabo, anunciou, pelo Espírito, que haveria uma grande fome em todo o [yy]mundo, a qual aconteceu no reinado de [zz]Cláudio.

29 Os discípulos determinaram mandar, cada um conforme o que pudesse, socorro aos irmãos que moravam na Judeia.

30 Assim o fizeram, enviando-o aos [aa]presbíteros [bb]por mão de Barnabé e de Saulo.

Quinta perseguição: Pedro é preso

12 **P**or aquele mesmo tempo o rei [cc]Herodes prendeu alguns da [dd]igreja, para os maltratar.

[i] Fé: v. 17,18, 21,24; At 13.12 (Gn 3.20; Hb 11.39, nota)
[j] Comp. Jó 9.12-14; Dn 4.35; Rm 11.33-36
[k] Veja Ef 3.6, nota
[l] Arrependimento: v. 18; At 13.24 (Mt 3.2; At 17.30, nota); 2Co 7.10
[m] Vida (eterna): v. 18; At 13.46 (Mt 7.14; Ap 22.19)
[n] Comp. At 8.1
[o] Evangelho: v. 19,20; At 12.24 (Gn 12.3; Ap 14.6)
[p] Judeus gregos. Comp. At 6.1
[q] At 9.35; 14.1
[r] Igrejas (locais): v. 22,26; At 13.1 (At 8.3; Fp 1.1, nota)
[s] At 4.36
[tt] Graça: v. 23; At 13.43 (Jo 1.14; 1.17, nota)
[uu] At 9.11
[vv] Comp. At 26.28; 1Pe 4.16
[ww] At 13.1; comp. At 15.32
[xx] At 21.10
[yy] Gr. oikoumene. Veja Lc 2.1, nota
[zz] At 18.2
[aa] Presbíteros: v. 30; At 14.23 (At 11.30; Tt 1.5, nota)
[bb] At 12.25
[cc] Herodes Agripa I. Veja Mc 6.14, nota
[dd] Igreja (verdadeira): v. 1; At 12.5 (Mt 16.18; Hb 12.23)

2 [e]Mandou matar à espada [f]Tiago, irmão
de [1]João.
3 Vendo que isso agradava aos judeus,
continuou, mandando prender também
a Pedro. Isso aconteceu nos dias dos pães
sem fermento.
4 Havendo-o [g]prendido, trancou-o na pri-
são, entregando-o a quatro grupos de quatro
soldados, para que o guardassem, querendo
apresentá-lo ao povo depois da Páscoa.

Pedro é milagrosamente liberto da prisão

5 Pedro estava na prisão, mas a [h]igreja [i]fazia
contínua [j]oração por ele a Deus.
6 **N**a noite anterior ao dia em que [k]Herodes
estava para apresentá-lo, estava Pedro dor-
mindo entre dois soldados, preso por duas
algemas, e as sentinelas na porta guardavam
a prisão.
7 De repente apareceu um [l]anjo do Senhor, e
brilhou uma luz na prisão. Tocando em Pedro
no lado, despertou-o, dizendo: Levanta-te
depressa. E caíram-lhe das mãos as [m]algemas.
8 Disse-lhe o anjo: Vista-se e calça as tuas
sandálias. E ele o fez. Disse-lhe mais: Coloca
nas costas a tua capa e segue-me.
9 **P**edro, saindo, o seguia. E não sabia que era
real o que o anjo estava fazendo, mas pensava
estar tendo uma visão.
10 Quando passaram a primeira e a segunda
guarda, chegaram na porta de ferro, que dá
para a cidade, a qual se lhes [n]abriu sozinha.
Tendo saído, percorreram uma rua, e logo o
anjo se afastou dele.
11 Pedro, voltando a si, disse: Agora sei verda-
deiramente que o Senhor [o]enviou o seu anjo e
me [p]livrou da mão de Herodes e de tudo o que
esperava o povo judeu.
12 Depois de perceber isso, [q]foi até a casa de
[r]Maria, mãe de [s]João, que tinha por sobrenome
Marcos, [t]onde muitos se encontravam reuni-
dos e oravam.
13 Batendo Pedro na porta do pátio, uma
criada chamada Rode saiu para atender.
14 Conhecendo a voz de Pedro, de alegria
não abriu a porta, mas, correndo para dentro,
anunciou que Pedro estava à porta.
15 Disseram-lhe: Estás fora de ti. Mas ela afir-
mava que era verdade. Então disseram: É o
seu anjo.
16 Pedro, porém, continuava a bater e,
quando abriram, viram-no e se espantaram.
17 Sinalizando-lhes ele com a mão para que
se calassem, [u]contou-lhes como o Senhor o
tirara da prisão e disse: Contai isso a Tiago e
aos irmãos. Então partiu para outro lugar.
18 **D**e manhã, houve grande alvoroço entre os
soldados sobre o que teria acontecido a Pedro.
19 Quando Herodes o procurou e não o achou,
interrogou os guardas e [v]mandou que fossem
executados. Partindo da Judeia para Cesareia,
ficou ali durante um tempo.

Herodes blasfema e morre

20 **E**le estava irritado com os de [w]Tiro e de
Sidom; esses, vindo de comum acordo até ele,
e obtendo a amizade de Blasto, camareiro do
rei, pediam paz, porque o seu país dependia
do país do rei.
21 No dia marcado, vestindo Herodes as vestes
reais, estava assentado no trono e lhes falava.
22 E o povo exclamava: É voz de Deus, e não
de homem.
23 No mesmo instante o anjo do Senhor
[x]feriu-o, porque [y]não deu glória a Deus, e,
comido por vermes, [z]morreu.
24 **A** [a]palavra de Deus, porém, crescia e
se espalhava.
25 [b]**B**arnabé e Saulo, havendo [c]termi-
nado aquela missão, voltaram de Jerusalém,
levando consigo [d]João, que tem por sobre-
nome Marcos.

IV. Primeira viagem missionária, 13–14

Separados pelo Espírito Santo

13 Na [ee]igreja de Antioquia havia alguns pro-
fetas e mestres, a saber: Barnabé e Simeão,
chamado Níger, Lúcio de Cirene, Manaém, [ff]que
fora criado com [gg]Herodes, o tetrarca, e Saulo.
2 Servindo eles ao Senhor e jejuando, disse
o [hh]Espírito Santo: Separai-me Barnabé e Saulo
para a obra a que os tenho chamado.
3 Então, depois de jejuarem e orarem, [ii]impu-
seram sobre eles as mãos e os enviaram.
4 **A**ssim esses, enviados pelo Espírito Santo, des-
ceram a Selêucia, e dali navegaram para Chipre.
5 Chegando a Salamina, [jj]pregaram a palavra
de Deus nas sinagogas dos judeus, e tinham
também João como auxiliar.

Oposição de Satanás

6 Havendo atravessado a ilha toda até Pafos,
encontraram certo judeu [2]mágico, falso pro-
feta, chamado Bar-Jesus,
7 o qual estava com o procônsul Sérgio Paulo,
homem prudente. Esse, chamando Barnabé e
Saulo, queria muito ouvir a palavra de Deus.

[1] (12.2) Esta é a última referência ao apóstolo João em Atos.
[2] (13.6) Do gr. *magos*, exatamente o mesmo substantivo (*magoi*) encontrado em Mt 2.1 (*nota 7*).

[e] Comp. 2Cr 24.20-22; Mc 6.21-29; Lc 11.49-51; At 7.54-60; Hb 11.37; Ap 6.9
[f] Veja Mt 4.21, nota
[g] Jo 21.18
[h] Igreja (verdadeira): v. 5,24; At 20.28 (Mt 16.18; Hb 12.23)
[i] Comp. Rm 1.9; 1Ts 1.2,3; 2.13; 5.17; 2Tm 1.3
[j] Comp. Ef 6.18; Tg 5.16
[kk] Herodes Agripa I. Veja Mc 6.14, nota
[l] Comp. At 5.19,20; veja Jz 2.1, nota
[m] Milagres (NT): v. 7-11; At 13.11 (Mt 8.3; At 28.8); comp. At 5.19
[n] Comp. At 16.26
[o] Sl 34.7; comp. Dn 3.28; 6.22
[p] Comp. Jó 5.19; 2Pe 2.9
[q] Comp. At 4.23
[r] Veja Lc 1.27, nota
[s] At 13.5,13; 15.37; 2Tm 4.11; Fm 24; 1Pe 5.13
[t] v. 5; comp. Is 65.24
[u] Comp. Sl 66.16

[v] Comp. At 16.27
[w] Mt 11.21
[x] Comp. 1Sm 25.38; 2Sm 6.7; 2Rs 6.18; 15.5; 19.35; 1Cr 21.7; 2Cr 26.20
[y] Comp. Êx 5.2; 2Cr 26.16; 32.25; Is 10.13; 14.13; 47.10; Ez 28.2; 31.10; Dn 4.30; 5.23; Ob 3
[z] Comp. At 5.5,10
[a] Evangelho: v. 24; At 13.5 (Gn 12.3; Ap 14.6); Is 55.11
[b] At 11.30
[c] At 11.30
[d] At 12.12; 15.37
[ee] Igrejas (locais): v. 1-3; At 14.23 (At 8.3; Fp 1.1, nota)
[ff] O irmão de criação de
[gg] Herodes Agripa I. Veja Mc 6.14, nota
[hh] Espírito Santo (NT): v. 2,4,9; At 13.52 (Mt 1.18; At 2.4, nota)
[ii] Veja At 6.6, nota
[jj] Evangelho: v. 5,7,12; At 13.32 (Gn 12.3; Ap 14.6)

8 Resistia-lhes, porém, Elimas, o encantador (assim se interpreta o seu nome) procurando desviar da fé o procônsul.

9 Todavia Saulo, que também se chama Paulo, cheio do Espírito Santo, olhando para ele, disse:

10 Ó filho do [k]Diabo, cheio de todo o engano e de toda a malícia, inimigo de toda a [l]justiça, não vais parar de perturbar os retos caminhos do Senhor?

11 Agora a mão do Senhor está contra ti, e ficarás cego, sem ver a luz do sol por algum tempo. No mesmo instante [m]caiu sobre ele uma névoa e escuridão, e, tateando, buscava quem o guiasse pela mão.

12 Então o procônsul, vendo o que havia acontecido, [n]creu, maravilhado da [o]doutrina do Senhor.

13 **P**artindo de Pafos, Paulo e os que estavam com ele chegaram a Perge, da Panfília. Mas João, [p]separando-se deles, voltou para Jerusalém.

Paulo prega a justificação pela fé em Antioquia da Pisídia

14 Eles, saindo de Perge, chegaram a Antioquia da Pisídia. Entrando na sinagoga, num [q]dia de sábado, assentaram-se.

15 Depois da [r]leitura da [s]Lei e dos Profetas, mandaram-lhes dizer os principais da sinagoga: Irmãos, se tendes alguma palavra de consolação para o povo, falai.

16 **P**aulo levantou-se e, pedindo silêncio com a mão, disse: Homens de Israel e os que [t]temeis a Deus, ouvi!

17 O [u]Deus do povo de Israel [v]escolheu nossos pais e fez o povo prosperar, sendo eles estrangeiros na terra do Egito. Com braço poderoso os [w]tirou dela

18 e suportou os seus costumes no deserto por um período de quase [x]quarenta anos.

19 E, destruindo [y]sete nações na terra de Canaã, deu-lhes por herança a [z]terra deles.

20 Depois disso, por quase quatrocentos e cinquenta anos lhes deu [a]juízes, até o profeta Samuel.

21 Depois pediram um rei, e Deus lhes deu [b]Saul, filho de Cis, da tribo de Benjamim, por quarenta anos.

22 Quando esse foi rejeitado, levantou-lhes como rei [c]Davi, do qual deu testemunho, [d]dizendo: [e]Achei Davi, filho de Jessé, homem segundo o meu coração, que fará toda a minha vontade.

23 Da descendência desse, conforme a [f]promessa, [g]levantou Deus Jesus para [h]Salvador de Israel.

24 Antes da vinda de Jesus, João pregou a todo o povo de Israel o batismo de [i]arrependimento.

25 João, porém, quando completava a carreira, disse: Quem pensais vós que eu sou? Eu não sou o Cristo, mas após mim [j]vem aquele a quem não sou digno de desatar as sandálias dos pés.

26 **I**rmãos, filhos da geração de Abraão e [kk]os que dentre vós temeis a Deus, a vós é enviada a palavra desta [ll]salvação.

27 Por não terem conhecido Jesus, os que habitavam em Jerusalém e suas autoridades condenaram-no, cumprindo assim as vozes dos profetas que se leem todos os [mm]sábados.

28 [nn]Embora não encontrando nenhuma causa de morte, pediram a Pilatos que ele fosse morto.

29 Havendo eles cumprido todas as coisas que dele estavam escritas, tirando-o do madeiro, puseram-no na sepultura.

30 Deus, porém, o [oo]ressuscitou dentre os mortos.

31 E ele, por muitos dias, foi [pp]visto pelos que subiram com ele da Galileia para Jerusalém, os quais agora são suas testemunhas diante do povo.

32 E nós vos anunciamos que a [qq]promessa feita aos nossos pais Deus cumpriu a nós, seus filhos, ressuscitando Jesus.

33 Como também está escrito no salmo segundo:

[rr]Tu és meu filho,
hoje te gerei.

34 O fato de que Deus o ressuscitaria dos mortos, para que nunca entrasse em decomposição, é desta forma [ss]declarado:

As santas e fiéis bênçãos de Davi vos darei.

35 Pelo que também em outro salmo diz:

Não permitirás que o teu [tt]santo
sofra a decomposição.

36 Pois tendo Davi no seu tempo servido conforme a vontade de Deus, dormiu e foi posto junto de seus pais, e sofreu decomposição.

37 Aquele, porém, a quem Deus ressuscitou nenhuma decomposição sofreu.

38 Seja-vos sabido, irmãos, que por este se vos anuncia o [uu]perdão de [vv]pecados.

39 E de [ww]tudo o que, pela [xx]Lei de Moisés, não pudestes ser [yy]justificados, por ele é justificado todo aquele que crê.

40 Cuidado para que não venha sobre vós o que os profetas disseram:

41 Vede, ó zombadores,
admirai-vos e desaparecei,
pois [zz]opero uma obra em vossos dias,
obra tal que não crereis,
se alguém a contar.

---

[k] Satanás: v. 10; At 26.18 (Gn 3.1; Ap 20.10)
[l] Veja Rm 10.10, nota
[m] Milagres (NT): v. 8-12; At 14.10 (Mt 8.3; At 28.8); comp. Gn 19.11; 2Rs 6.18
[n] Fé: v. 12; At 13.48 (Gn 3.20; Hb 11.39, nota)
[o] Ensinamento
[p] At 15.38
[q] Sábado (dia de repouso): v. 14; At 13.27 (Gn 2.3; Mt 12.1; nota)
[r] Inspiração: v. 15; At 13.22 (Êx 4.15; 2Tm 3.16)
[s] Lei (de Moisés): v. 15; At 13.39 (Êx 19.1; Gl 3.24)
[t] Veja Sl 19.9, nota
[u] Israel (história): v. 17-23; At 13.23 (Gn 12.2; Rm 11.26)
[v] Eleição (coletiva): v. 17; At 13.48 (Dt 7.6; 1Pe 5.13)
[w] Êx 14.8
[x] Nm 14.34
[y] Dt 7.1
[z] Js 14.2
[a] Jz 3.9,15,31; 4.5; 6.36; 9.6; 10.1,3; 11.11; 12.8,11,13; 15.20; 1Sm 4.18; 7.15
[b] 1Sm 10.20-24
[c] 1Sm 16.12,13; veja Zc 12.8, nota
[d] Inspiração: v. 22-42,47; At 15.15 (Êx 4.15; 2Tm 3.16)
[e] 1Sm 13.14
[f] Israel (profecias): v. 22,23, 32,33; At 15.16 (Gn 12.2; Rm 11.26); Is 11.1
[g] Cristo (primeira vinda): v. 23-25; At 17.31 (Gn 3.15; At 1.11, nota)
[h] Sacrifício (de Cristo): v. 23,28, 29; At 17.3 (Gn 3.15; Hb 10.18, nota)
[i] Arrependimento: v. 24; At 17.30 (Mt 3.2; At 17.30, nota); Mt 3.11
[j] Jo 1.27
[kk] Is 55.1
[ll] Veja Rm 1.16, nota
[mm] Sábado (dia de repouso): v. 27,42, 44; At 15.21 (Gn 2.3; Mt 12.1, nota)
[nn] 2Co 5.21; Hb 4.15; 1Pe 2.22
[oo] Ressurreição: v. 30-37; At 17.3 (2Rs 4.35; 1Co 15.52, nota)
[pp] At 1.3,11; 1Co 15.5-8
[qq] Evangelho: v. 32-39, 44,46-48; At 13.49 (Gn 12.3; Ap 14.6)
[rr] Sl 2.7
[ss] Is 55.3
[tt] At 2.27 Sl 16.10; 1Pe 3.19 Hc 2.5 Ap 20.5
[uu] Perdão: v. 38; At 26.18 (Lv 4.20; Mt 26.28, nota)
[vv] Veja Rm 3.23, nota
[ww] Jo 3.16
[xx] Lei (de Moisés): v. 39; At 15.1 (Êx 19.1; Gl 3.24)
[yy] Justificação: v. 39; Rm 2.13 (Lc 18.14; Rm 3.28, nota)
[zz] Hc 1.5

42 Quando Paulo e Barnabé iam saindo da sinagoga, o povo pediu para que no sábado seguinte lhes dissessem as mesmas coisas.
43 E, ao saírem da sinagoga, muitos dos judeus e dos convertidos ao judaísmo seguiram Paulo e Barnabé, os quais, falando-lhes, os encorajava a que permanecessem na [a]graça de Deus.

Os judeus se opõem a Paulo (comp. v. 6,50), que se volta para os gentios
Comp. At 18.6; 28.25

44 No sábado seguinte reuniu-se quase toda a cidade para ouvir a palavra de Deus.
45 Então os judeus, vendo a multidão, encheram-se de inveja, e, blasfemando, contradiziam o que Paulo falava.
46 Paulo e Barnabé, porém, ousadamente, disseram: Era necessário que a vós se pregasse [b]primeiro a palavra de Deus. Visto, porém, que a rejeitais, e não vos julgais dignos da [c]vida eterna, voltamo-nos para os gentios.
47 Pois assim nos ordenou o Senhor:

Eu [d]te fiz luz para os gentios,
a fim de que sejas
para salvação até os confins da terra.

48 Os gentios, ouvindo isso, alegraram-se e glorificavam a palavra do Senhor; e [e]creram todos os que haviam sido [f]destinados para a [g]vida eterna.
49 E a palavra do Senhor se [h]espalhava por toda aquela região.
50 Os judeus, porém, incitavam algumas mulheres piedosas, de alta posição, e os principais da cidade e [i]perseguiram Paulo e Barnabé, e os expulsaram da sua região.
51 [1][j]Sacudindo, porém, contra eles o pó dos seus pés, partiram para Icônio.
52 Os discípulos estavam cheios de [k]alegria e [l]do [m]Espírito Santo.

A obra em Icônio; muitos creem

14 Em Icônio entraram juntos na sinagoga dos judeus, e falaram de tal modo que creu grande [n]multidão, tanto de judeus como de [o]gregos.
2 Os judeus, porém, [p]incrédulos incitaram e irritaram os ânimos dos [q]gentios contra os irmãos.
3 Assim passaram muito tempo, falando corajosamente acerca do Senhor, o qual confirmava a palavra da sua [r]graça, permitindo que pelas mãos de Paulo e Barnabé se fizessem sinais e [s]maravilhas.
4 [t]Dividiu-se o povo da cidade. Uns eram pelos judeus, e outros pelos apóstolos.
5 Havendo um motim tanto dos judeus como dos gentios, com os seus principais, para os [u]maltratarem e apedrejarem,

A obra em Derbe e Listra; um coxo é curado

6 Sabendo-o eles, [v]fugiram para Listra e Derbe, cidades da Licaônia, e arredores,
7 e ali pregavam o evangelho.
8 Encontrava-se assentado em Listra [w]certo homem aleijado dos pés, coxo desde o nascimento, o qual nunca tinha andado.
9 Esse ouvia falar Paulo, que, olhando para ele e vendo que tinha fé para ser curado,
10 disse em alta voz: Levanta-te direito sobre teus pés. E ele [x]saltou e andava.
11 Vendo as multidões o que Paulo fizera, levantaram a sua voz, dizendo na língua licaônica: Fizeram-se os [y]deuses semelhantes aos homens, e desceram até nós.
12 Chamavam [z]Júpiter a Barnabé, e [aa]Mercúrio a Paulo, porque este era o que falava.
13 O sacerdote de Júpiter, cujo templo estava em frente da cidade, trazendo à porta touros e grinaldas, queria com a multidão oferecer-lhes [bb]sacrifício.
14 Ouvindo isso, os apóstolos Barnabé e Paulo rasgaram as suas roupas e correram para o meio da multidão, clamando:
15 Senhores, por que fazeis essas coisas? [cc]Nós também somos homens como vós, sujeitos às mesmas paixões, e vos anunciamos que vos convertais dessas [dd]vaidades ao Deus vivo, que fez o céu, a terra, o mar e tudo o que neles há,
16 o qual nos tempos passados [ee]deixou andar todas as nações em seus próprios caminhos.
17 Contudo, não deixou de dar [ff]testemunho de si mesmo. Ele mostrou misericórdia, dando-vos [gg]chuvas do céu e colheita em sua própria estação, enchendo de [hh]mantimento e de alegria os vossos corações.
18 Dizendo isso, com dificuldade impediram que as multidões lhes oferecessem sacrifícios.

Paulo é apedrejado em Listra

19 Chegaram, porém, uns judeus de Antioquia e de Icônio, os quais, tendo convencido a multidão, apedrejaram Paulo e o arrastaram para fora da cidade, pensando que estava [ii]morto.
20 Os discípulos, porém, se ajuntaram em volta de Paulo, e ele se levantou e entrou na cidade. No dia seguinte, partiu com Barnabé para Derbe.

[1] (13.51) Isto foi feito de acordo com as instruções do Senhor (Lc 9.5; 10.11).

[a] Graça: v. 43; At 14.3 (Jo 1.14; 1.17, nota)
[b] Mt 10.6; At 3.26; Rm 1.16
[c] Vida (eterna): v. 46; At 13.48 (Mt 7.14; Ap 22.19)
[d] Is 49.6
[e] Fé: 13.48; 14.1,9; At 14.23 (Gn 3.20; Hb 11.39, nota)
[f] Eleição (individual): v. 48; At 14.23 (Dt 7.6; 1Pe 5.13); veja 1Pe 1.20 e Ef 1.5, notas
[g] Vida (eterna): v. 48; Rm 2.7 (Mt 7.14; Ap 22.19)
[h] Evangelho: 13.49; 14.3,7,21; At 14.25 (Gn 12.3; Ap 14.6)
[i] At 7.52; 2Tm 3.11
[j] Mt 10.14
[k] Comp. Mt 5.12; At 5.41; 1Pe 1.6-9
[l] At 2.4; 4.8,31; 13.9
[m] Espírito Santo (NT): v. 52; At 15.8 (Mt 1.18; At 2.4, nota)
[n] Comp. At 13.44,45
[o] At 17.4; 18.4; 19.10; 20.21; 21.28; Rm 1.14,16; 1Co 1.22
[p] Comp. At 13.45; 2Ts 3.2
[q] Veja Ef 3.6, nota
[r] Graça: v. 3; At 14.26 (Jo 1.14; 1.17, nota)
[s] At 5.12; Hb 2.4; comp. Mc 16.20; Rm 15.19; 1Co 2.4
[t] Lc 12.51; comp. Jo 9.16; At 17.4,5; 19.9; 28.24
[u] 2Tm 3.11
[v] Mt 10.23
[w] Comp. At 3.2
[x] Milagres (NT): v. 8-10; At 16.18 (Mt 8.3; At 28.8)
[y] Comp. At 12.22; 28.6
[z] Do latim. Gr. Zeus
[aa] Do latim. Gr. Hermes
[bb] Comp. Dn 2.46
[cc] Comp. At 10.26; Tg 5.17; Ap 22.9
[dd] Comp. Is 44.9,10; 1Co 8.4
[ee] Comp. At 17.30
[ff] At 17.24-26; Rm 1.19,20
[gg] Sl 147.8; Jr 5.24
[hh] Sl 145.16
[ii] 2Co 12.1-4

Presbíteros são eleitos nas igrejas

21 Tendo pregado o evangelho naquela cidade, e feito muitos discípulos, voltaram para Listra, Icônio e Antioquia,

22 renovando os ânimos dos discípulos, [j]incentivando-os a permanecerem firmes na fé, dizendo que por muitas [k]tribulações nos é necessário entrar no [l]Reino de Deus.

23 E, havendo-lhes por comum [m]consentimento eleito [n]presbíteros em cada [o]igreja com oração e jejuns, [p]encomendaram-nos ao Senhor, em quem haviam [q]crido.

24 Passando depois pela Pisídia, chegaram à Panfília.

25 Tendo [r]pregado a palavra em Perge, desceram a Atália.

Regresso à Antioquia; relatório à igreja

26 E dali navegaram para Antioquia, onde tinham sido [s]confiados à [t]graça de Deus para a obra que acabavam de cumprir.

27 Quando chegaram e reuniram a igreja, relataram quão grandes coisas Deus fizera por eles e como abrira a porta da fé aos [u]gentios.

28 E permaneceram ali por muito tempo com os discípulos.

V. O Concílio de Jerusalém, 15.1-35

A questão da circuncisão é resolvida; os judaizantes procedentes da Judeia

15 Então [v]alguns que tinham descido da Judeia [w]ensinavam os irmãos: [x]Se não vos circuncidardes, conforme o [y]costume de Moisés, não podeis ser [z]salvos.

Paulo e Barnabé vão a Jerusalém

2 Tendo tido Paulo e Barnabé grande discussão e briga com eles, resolveu-se que Paulo, Barnabé e alguns deles [a]subissem a Jerusalém, aos apóstolos e aos presbíteros, por causa dessa questão.

3 Eles, sendo enviados pela igreja, passaram pela Fenícia e por Samaria, contando a [b]conversão dos gentios. Essa notícia dava grande alegria a todos os irmãos.

4 [c]Quando chegaram a Jerusalém, foram recebidos pela igreja, pelos apóstolos e pelos presbíteros, e lhes contaram quão grandes coisas Deus tinha feito com eles.

A refutação de Pedro: por que colocar os crentes gentios debaixo do jugo da Lei?

5 Alguns, porém, da seita dos [d]fariseus, que tinham crido, levantaram-se, dizendo que era necessário circuncidá-los e ordenava-lhes que guardassem a Lei de Moisés.

6 **R**euniram-se os apóstolos e os presbíteros para considerar esse assunto.

7 E, havendo grande discussão, levantou-se Pedro, e lhes disse: Irmãos, bem sabeis que já há muito tempo Deus me elegeu dentre vós, para que os gentios ouvissem da [e]minha boca a palavra do evangelho e cressem.

8 Deus, que [f]conhece os corações, aceitou-os, dando-lhes o [g]Espírito Santo, assim como também a nós.

9 E não fez diferença alguma entre eles e nós, [h]purificando os seus corações pela fé.

10 Agora, pois, por que [i]tentais a Deus, pondo sobre o pescoço dos discípulos um [jj]jugo que nem nossos pais nem nós pudemos suportar?

11 Cremos, porém, que somos salvos pela graça do Senhor Jesus Cristo, como [kk]eles também.

Testemunho de Paulo e Barnabé

12 **E**ntão toda a multidão se calou, e escutava a Barnabé e a Paulo, que contavam quão grandes sinais e maravilhas Deus havia feito por meio deles entre os gentios.

Tiago anuncia a decisão do Concílio: 1) a vocação dos gentios está de acordo com as promessas feitas a Israel

13 Depois que eles se calaram, tomou [ll]Tiago a palavra e disse: [1]Irmãos, ouvi-me.

[j] Comp. At 11.23
[k] 2Tm 3.12
[l] Veja Mt 6.33, nota
[m] Eleição (individual): 14.23; 15.7; At 22.14 (Dt 7.6; 1Pe 5.13)
[n] Presbíteros: 14.23; 15.2,4,6; At 15.22 (At 11.30; Tt 1.5, nota)
[o] Igrejas (locais): 14.23,27; 15.3,4; At 15.22 (At 8.3; Fp 1.1, nota)
[p] Comp. At 20.32
[q] Fé: 14.23,27; 15.5,9; At 16.1 (Gn 3.20; Hb 11.39, nota)
[r] Evangelho: 14.25; 15.7; At 15.35 (Gn 12.3; Ap 14.6)
[s] Comp. At 13.1-3
[t] Graça: 14.26; 15.11; At 15.40 (Jo 1.14; 1.17, nota)
[u] Veja Ef 3.6, nota
[v] Comp. Gl 2.12
[w] Comp. Gl 3.1-5; 5.2-4
[x] Comp. Cl 2.11-14
[y] Lei (de Moisés): v. 1,5; At 15.21 (Êx 19.1; Gl 3.24); Gn 17.10,11; Lv 12.3
[z] Veja Rm 1.16, nota
[a] Comp. Gl 2.1

[b] Veja Ef 3.6, nota
[c] At 13.2,3
[d] Veja Mt 3.7, nota
[e] Veja Mt 16.19, nota
[f] At 1.24; comp. 1Cr 28.9; Hb 4.12
[g] Espírito Santo (NT): v. 8; At 15.28 (Mt 1.18; At 2.4, nota); At 10.44,45
[h] Comp. Jo 15.3; 1Co 6.11
[i] Provar--Tentar: v. 10; At 20.19 (Gn 3.1; Tg 1.14)
[jj] Comp. Mt 11.28-30
[kk] Comp. Gl 2.14-16
[ll] At 12.17; veja Mt 4.21, nota

[1] (15.13) Esta importante passagem mostra o programa de Deus para esta dispensação. É necessário observar o propósito de Tiago na decisão que tomou. Ele não está argumentando que os gentios podem ser salvos. Esse ensinamento é claro em muitas passagens do AT e foi reconhecido pelos apóstolos na conferência descrita em At 11 (note especialmente o v. 18). O problema aqui é a circuncisão. Deviam os gentios se tornar judeus antes de se tornar cristãos? Tiago declara que Am 9.12 mostra que, quando Cristo retornar, não haverá apenas crentes judeus (aqui chamados "o restante dos homens"), mas também "gentios" crentes, "sobre os quais o meu nome é invocado" (v. 17). Desse modo, a passagem, tal como Tiago a explica, mostra os seguintes elementos no plano divino: 1) O chamado dentre os gentios de um povo para o seu nome, a obra distintiva na presente dispensação, a Era da Igreja. A Igreja é a *ekklesia* – a "assembleia chamada para fora de" ou "convocada". O evangelho nunca converteu a todos em nenhum lugar, mas sempre chamou alguns. Nesta passagem, não há menção do reajuntamento do remanescente de Israel nesta era (comp. Rm 11.5), pois esse não era o assunto em discussão no Concílio de Jerusalém. 2) "Depois disto [i.e., o chamado] voltarei" (v. 16). Tiago está citando palavras de Am 9.11,12. Os versículos seguintes em Amós descrevem o reajuntamento final de Israel, que os outros profetas invariavelmente ligam ao cumprimento da Aliança Davídica (p. ex., Is 11.1,10-12; Jr 23.5-8). 3) "reconstruirei o tabernáculo de Davi". Cristo voltou ao céu

14 [m]Simão contou como primeiramente Deus visitou os gentios, para tomar dentre eles um povo para o seu nome.

15 E com isto concordam as palavras dos profetas, como está [n]escrito:

16 [o]Depois disto [1]voltarei,
reconstruirei o tabernáculo de [p]Davi,
que está caído.
Levantá-lo-ei das suas ruínas e voltarei
a construí-lo,
17 para que o restante dos
homens busque ao Senhor,
sim, todos os gentios,
sobre os quais o meu nome é invocado,
diz o Senhor, que faz todas estas coisas,
18 que são conhecidas desde toda a [q]eternidade.

2) Os gentios não estão sob a Lei

19 [2]Pelo que julgo que não se deve perturbar aqueles, dentre os [r]gentios, que se convertem a Deus,

20 mas [s]escrever-lhes que rejeitem as contaminações dos ídolos, a prostituição, os animais estrangulados e o sangue.

21 Pois Moisés, desde os tempos antigos, tem em cada cidade quem o [t]pregue, e cada [u]sábado é lido nas sinagogas.

22 **E**ntão decidiram os apóstolos e os [v]presbíteros, com toda a [w]igreja, eleger homens dentre eles e enviá-los com Paulo e Barnabé a Antioquia. Os que escolheram foram: Judas, chamado Barsabás, e Silas, homens influentes entre os irmãos.

23 Por intermédio deles escreveram o seguinte: Os apóstolos e os presbíteros, irmãos, aos irmãos entre os gentios que estão em Antioquia, Síria e Cilícia, saúde.

24 Ouvindo que alguns que saíram dentre nós, aos quais não autorizamos, vos [x]perturbaram com palavras e confundiram as vossas almas,

25 pareceu-nos bem, tendo chegado a um acordo, escolher alguns homens e enviá-los com os nossos amados Barnabé e Paulo.

26 [y]Homens que já arriscaram as suas vidas pelo nome de nosso Senhor Jesus Cristo.

27 Enviamos, portanto, Judas e Silas, os quais oralmente vos anunciarão também o mesmo.

3) Os crentes gentios não devem ser causa de tropeço para os judeus

28 Pareceu bem ao [z]Espírito Santo, e a nós, não vos impor mais jugo algum, senão estas coisas necessárias:

29 [a]Que rejeiteis as coisas [b]sacrificadas aos ídolos, o sangue, a carne de animais estrangulados e a [c]prostituição. Fazeis bem se vos [d]guardardes dessas coisas. Que tudo lhes vá bem.

Judas e Silas vão a Antioquia

30 **T**endo-se eles então despedido, partiram para Antioquia, e, reunindo a assembleia, entregaram a [e]carta.

31 E, quando a leram, alegraram-se pela consolação.

32 Depois Judas e Silas, que também eram [3][f]profetas, encorajaram e fortaleceram os irmãos com muitas palavras.

33 Depois de passar ali algum tempo, os irmãos mandaram-nos de volta em paz para os que os tinham enviado,

34 mas pareceu bem a Silas ficar ali.

35 Paulo e Barnabé, porém, ficaram em [g]Antioquia, ensinando e [h]pregando, com muitos outros, a palavra do Senhor.

VI. Segunda viagem missionária, 15.36–18.22

Partida de Paulo e Silas; Barnabé e Marcos vão a Chipre

36 **A**lguns dias depois disse [i]Paulo a Barnabé: Voltemos a visitar nossos irmãos por todas

[m] Simão Pedro
[n] Inspiração: v. 15-17; At 17.2 (Êx 4.15; 2Tm 3.16); comp. Is 54.1-5; Os 3.5
[o] Israel (profecias): v. 16,17; At 26.6 (Gn 12.2; Rm 11.26)
[p] Reino (NT): v. 14-17; At 17.7 (Mt 2.2; 1Co 15.24, nota)
[q] Gr. aiōn. Veja Mc 10.30, nota
[r] Veja Ef 3.6, nota
[s] At 21.25; comp. Lv 17.14,15
[t] Lei (de Moisés): v. 20,21; At 18.13 (Êx 19.1; Gl 3.24)
[u] Sábado (dia de repouso): v. 21; At 16.13 (Gn 2.3; Mt 12.1, nota)
[v] Presbíteros: v. 22,23; At 16.4 (At 11.30; Tt 1.5, nota)
[w] Igrejas (locais): v. 22; At 15.41 (At 8.3; Fp 1.1, nota)
[x] Gl 1.7
[y] At 13.50; 14.19; 1Co 15.30; 2Co 11.23-26
[z] Espírito Santo (NT): 15.28; 16.6,7; At 19.2 (Mt 1.18; At 2.4, nota)
[a] Veja v. 20, marg. s
[b] Comp. 1Co 8.1-13
[c] 1Co 5.1; 6.18; 7.2; Cl 3.5; 1Ts 4.3
[d] Comp. Dt 4.9; 23.9; Pv 4.23; 1Tm 5.22; Tg 1.27; 1Jo 5.21; Jd 21
[e] v. 23
[f] At 11.27; 1Co 12.28,29; Ef 4.11; Ap 18.20
[g] Comp. At 11.26
[h] Evangelho: v. 35,36; At 16.10 (Gn 12.3; Ap 14.6)
[i] Comp. At 13.2

com direito ao trono de Davi, assegurando que a Davi jamais faltaria um homem para sentar-se em seu trono e contemplando o restabelecimento do governo davídico sobre Israel (2Sm 7.8-17; Lc 1.31-33). 4) "para que o restante dos homens [os israelitas] busque ao Senhor" (comp. Zc 12.7,8; 13.1,2). 5) "todos os gentios" etc. (comp. Mq 4.2; Zc 8.21,22). Esta também é a ordem que vemos em Rm 11.24-27.

[1] (15.16) Citação de Am 9.11,12 (veja Am 9.11, *nota*). Amós 9.11 começa com as palavras "naquele dia", e Tiago apresentou essa citação para mostrar a que dia Amós se referia, i.e., o tempo depois do presente testemunho mundial (At 1.8), quando Cristo retornará. Tiago mostrou que, nesse tempo, haverá tanto crentes gentios como crentes judeus; em consequência, sua conclusão foi que não se exigia dos gentios que se tornassem judeus prosélitos por meio da circuncisão.

[2] (15.19) O alcance da decisão vai muito além da simples questão da circuncisão. Estava em discussão todo o tema do relacionamento dos crentes gentios com a Lei (v. 5), e na decisão declara-se que eles estavam isentos da Lei (v. 19,24). A palavra final também poderia ser expressa nos termos de Rm 6.14. "Não estais debaixo da Lei, mas debaixo da graça". Os gentios crentes deviam mostrar a graça abstendo-se de práticas que eram ofensivas aos judeus piedosos (v. 20,21,28,29; comp. Rm 14.12-17; 1Co 8.1-13).

[3] (15.32) O dom neotestamentário da profecia está definido em 1Co 14.3.

as cidades em que já pregamos a palavra do
Senhor, para ver como estão.
37 [j]Barnabé queria que levassem também
João, chamado Marcos.
38 A Paulo, porém, não parecia certo que
levassem aquele que desde a Panfília se tinha
[k]separado deles e não os acompanhara naquela
obra.
39 E tal desentendimento houve entre eles
que se separaram um do outro. [1]Barnabé,
levando consigo Marcos, navegou para [l]Chipre.
40 Paulo, porém, tendo escolhido [m]Silas, partiu,
[n]encomendado pelos irmãos à [o]graça do Senhor.
41 E passou pela Síria e Cilícia, fortalecendo
as [p]igrejas.

Timóteo é circuncidado e junta-se ao grupo missionário

16 Chegou a [q]Derbe e Listra. Estava ali certo
discípulo por nome Timóteo, filho de
uma [r]judia [s]crente, mas de pai grego.
2 Os irmãos que estavam em Listra e em
Icônio davam [t]bom testemunho dele.
3 Paulo quis que esse fosse com ele e,
tomando-o, o [u]circuncidou, por causa dos
judeus que estavam naqueles lugares, porque
todos sabiam que seu pai era grego.
4 Quando iam passando pelas cidades,
entregavam-lhes, para serem observadas, as
[v]decisões que haviam sido tomadas pelos
apóstolos e pelos [w]presbíteros em Jerusalém.
5 De modo que as igrejas eram [x]fortalecidas
na fé, e [y]cada dia cresciam em número.

O Espírito os guia para Trôade; a visão da Macedônia; Lucas junta-se ao grupo

6 Passando pela Frígia e pela província da
[z]Galácia, foram impedidos pelo Espírito Santo
de pregar a palavra na Ásia.
7 Quando chegaram à Mísia, tentavam ir para a
Bitínia, mas o Espírito de Jesus não lhes permitiu.
8 Tendo passado pela Mísia, desceram a Trôade.
9 Paulo teve de noite uma [a]visão em que
apareceu um homem da Macedônia, que lhe
[b]pedia: Passa à Macedônia e ajuda-nos.
10 Logo depois dessa [c]visão, [2]procuramos partir
[d]para a Macedônia, concluindo que o Senhor nos
chamava para lhes anunciarmos o [e]evangelho.

Paulo entra na Europa; vai a Filipos

11 Navegando de Trôade, fomos direta-
mente para a Samotrácia e, no dia seguinte,
para Neápolis.
12 Dali para [f]Filipos, a cidade mais importante
dessa região da Macedônia e [g]colônia romana.
Permanecemos alguns dias nessa cidade.
13 No [h]dia de sábado saímos da cidade para
a margem do rio, [i]onde julgávamos haver um
lugar para oração, e, assentando-nos, falamos
às mulheres que ali se reuniram.

A primeira conversão na Europa: Lídia

14 Certa mulher, chamada Lídia, vendedora
de púrpura, da cidade de [jj]Tiatira, e que ser-
via a Deus, nos ouvia, e o Senhor lhe [kk]abriu
o [ll]coração para que estivesse [mm]atenta ao que
Paulo dizia.
15 Depois que foi [nn]batizada, ela e a sua [oo]casa,
convidou-nos, dizendo: Se haveis julgado que
eu seja [pp]fiel ao Senhor, entrai em minha casa
e [qq]ficai ali. E nos [rr]convenceu disso.

Expulsão de um demônio. Paulo e Silas são açoitados

16 Indo nós ao local de oração, saiu-nos ao
encontro uma jovem que tinha um [ss]espírito
de adivinhação, a qual, adivinhando, dava
[tt]grande lucro aos seus senhores.
17 Ela, seguindo a Paulo e a nós, [uu]clamava,
dizendo: Estes homens, que nos anunciam
o caminho da [vv]salvação, são servos do
Deus Altíssimo.
18 E isso fez ela por muitos dias. Paulo,
porém incomodado, voltou-se e disse ao espí-
rito: Em nome de Jesus Cristo, ordeno-te que
[ww]saias dela. E na mesma hora [xx]saiu.
19 [yy]Vendo os senhores da jovem que a espe-
rança do seu lucro estava perdida, prenderam
Paulo e Silas e os [zz]levaram à praça, na pre-
sença das autoridades.
20 Apresentando-os às autoridades, disseram:
Estes homens, sendo judeus, [aa]perturbaram a
nossa cidade.
21 E nos pregam costumes [bb]que não nos é
permitido receber nem praticar, visto que
somos [cc]romanos.
22 A multidão levantou-se unida contra eles,
e as autoridades, rasgando-lhes as roupas,
mandaram açoitá-los com varas.
23 Havendo-lhes dado muitos [dd]açoites,
lançaram-nos na prisão, ordenando ao [ee]carce-
reiro que os guardasse com segurança.
24 Ele, tendo recebido tal ordem, lançou-
-os no cárcere interior e lhes prendeu os pés
no [ff]tronco.

[1] (15.39) Esta é a última vez em que Barnabé é mencionado em Atos.
[2] (16.10) A mudança do pronome "eles" (por vezes implícito [v. 6-8]) para "nós" (também implícito) indica que Lucas, o narrador, uniu-se ao grupo de Paulo em Trôade.

[j] João Marcos, At 12.12,25; comp. At 13.5; Cl 4.10; 2Tm 4.11; Fm 24
[k] At 13.13
[l] At 4.36; 13.4
[m] v. 22
[n] Comp. At 14.26
[o] Graça: v. 40; At 18.27 (Jo 1.14; 1.17, nota)
[p] Igrejas (locais): 15.41; 16.5; At 18.22 (At 8.3; Fp 1.1, nota)
[q] At 14.6
[r] Eunice, 2Tm 1.5; comp. 1Co 7.14; Ef 6.4; 2Tm 3.15
[s] Fé: v. 1; At 16.14 (Gn 3.20; Hb 11.39, nota)
[t] Comp. 1Sm 18.30; Pv 22.1; Ec 7.1; At 6.3; 10.22; 22.12; 2Co 8.18; 1Tm 3.7; 3Jo 12
[u] Comp. 1Co 9.19,20; Gl 2.3; 5.6; 6.15
[v] At 15.19-21
[w] Presbíteros: v. 4; At 20.17 (At 11.30; Tt 1.5, nota)
[x] At 15.41
[y] At 2.47
[z] At 18.23; Gl 1.1,2
[a] Comp. At 9.10
[b] Aqui o evangelho foi para a Europa
[c] v. 9
[d] 2Co 2.13
[e] Evangelho: v. 10,13, 14,31; At 16.32 (Gn 12.3; Ap 14.6)

[f] Fp 1.1
[g] Em algumas versões, apenas "uma colônia".
[h] Sábado (dia de repouso): v. 13; At 17.2 (Gn 2.3; Mt 12.1, nota)
[i] At 13.14
[jj] Ap 1.11; 2.18,24
[kk] Fé: v. 14; At 16.34 (Gn 3.20; Hb 11.39, nota)
[ll] Comp. 2Co 4.6
[mm] Comp. At 8.6
[nn] Veja At 8.12, nota
[oo] Comp. Jo 4.53; At 11.14
[pp] Comp. Fp 4.3; 2Jo 4-11
[qq] Comp. Mt 10.11; 1Pe 4.9
[rr] Comp. Lc 24.29; Hb 13.2
[ss] Como o espírito das pitonisas; um demônio. Veja Mt 7.22, nota
[tt] Comp. At 19.24
[uu] Comp. Mc 1.34
[vv] Veja Rm 1.16, nota
[ww] Comp. Mc 5.8
[xx] Milagres: v. 16-18; At 19.11 (Mt 8.3; At 28.8)
[yy] Comp. Mc 5.16,17; At 19.25,26
[zz] At 14.19; 17.6
[aa] At 17.6; comp. 1Rs 18.17
[bb] Comp. Et 3.8
[cc] Comp. v. 37,38
[dd] 1Ts 2.2; 2Co 6.5; comp. At 11.24; 1Pe 2.24
[ee] Comp. At 8.3
[ff] Comp. Jr 20.2,3

A conversão do carcereiro de Filipos

25 Perto da meia-noite Paulo e Silas [g]oravam e [h]cantavam hinos a Deus, e os outros presos os escutavam.

26 De repente houve um [i]terremoto tão grande que os alicerces da prisão foram abalados, abriram-se todas as [j]portas e foram soltas as correntes de todos.

27 **A**cordando o carcereiro e vendo abertas as portas da prisão, tirou a espada e quis [k]matar-se, pensando que os presos tinham fugido.

28 Paulo, porém, gritou: Não te faças nenhum mal. Todos aqui estamos.

29 O carcereiro pediu luz, saltou para dentro e, todo trêmulo, prostrou-se diante de Paulo e Silas.

Fé: condição única para a salvação

30 Então tirou-os para fora, dizendo: Senhores, [l]que é necessário que eu faça para me salvar?

31 Responderam eles: [m]Crê no Senhor Jesus Cristo, e serás salvo, tu e a tua casa.

32 Então lhe pregaram a [n]palavra do Senhor, e a todos os que estavam em sua [o]casa.

33 Tomando-os o carcereiro consigo naquela mesma hora da noite, lavou-lhes as [p]feridas; então logo foi [q]batizado, ele e todos os seus.

34 O carcereiro levou-os à sua casa, pôs-lhes a mesa e, na sua [r]crença em Deus, [s]alegrou-se com toda a sua casa.

Paulo é solto pelas autoridades

35 **S**endo já dia, as autoridades mandaram soldados, dizendo: Soltai aqueles homens.

36 O carcereiro anunciou a Paulo essas palavras, dizendo: As autoridades mandaram que vos soltasse. Agora saí e ide em paz.

37 Paulo, porém, respondeu: Açoitaram-nos publicamente sem sermos condenados, e sendo nós cidadãos [t]romanos nos lançaram na prisão, e agora encobertamente nos lançam fora? Não será assim! Venham eles mesmos e tirem-nos daqui.

38 Os soldados foram dizer às autoridades essas palavras, e eles temeram, ouvindo que eram romanos.

39 Vindo, pediram-lhes desculpas e, libertando-os, [u]pediram que saíssem da cidade.

40 Tendo eles saído da prisão, entraram na casa de Lídia e, vendo os irmãos, os [v]confortaram, e partiram.

[g] Comp. 1Ts 3.10; Tg 5.16
[h] Comp. Cl 3.16
[i] Comp. 1Rs 19.11; Mt 27.51; 28.2; Ap 6.12; 11.19
[j] Comp. At 5.19; 12.10
[k] Comp. At 12.19
[l] Comp. Jo 6.28,29; At 2.37
[m] Jo 3.16; At 13.38,39; Rm 10.9-11
[n] Evangelho: 16.32; 17.11; At 17.13 (Gn 12.3; Ap 14.6)
[o] Veja v. 15, marg. o
[p] Veja v. 23, marg. d
[q] Veja At 8.12, nota
[r] Fé: 16.34; 17.4,12; At 17.34 (Gn 3.20; Hb 11.39, nota)
[s] Comp. At 2.46; Rm 15.13
[t] Comp. At 22.25-29; 25.11,12
[u] Comp. Lc 8.37
[v] Comp. v. 9,15, 39; At 14.22

Paulo visita Tessalônica: fundação de uma igreja

17 **T**endo passado por Anfípolis e Apolônia, chegaram a [w]Tessalônica, onde havia uma sinagoga dos judeus.

2 Paulo, [x]como tinha por costume, foi ter com eles, e por três [y]sábados [z]discutiu com eles sobre as [a]Escrituras,

3 explicando e comprovando [1]que era necessário que o Cristo [b]morresse e [c]ressuscitasse dos mortos. E este [d]Jesus que vos anuncio, dizia ele, é o Cristo.

4 [e]Alguns deles creram e ajuntaram-se com Paulo e Silas, e também grande multidão de gregos piedosos, e não poucas mulheres [f]de alta posição.

Tumulto dos judeus em Tessalônica

5 Os judeus, porém, cheios de [gg]inveja, tomaram consigo alguns homens perversos dentre os desocupados e, ajuntando o povo, tumultuaram a cidade e, invadindo a casa de [hh]Jasom, os procuravam para entregá-los ao povo.

6 Não os achando, porém, [ii]trouxeram Jasom e alguns irmãos à presença das [2]autoridades da cidade, gritando: Estes que têm revolucionado o mundo chegaram também aqui,

7 os quais Jasom recebeu em casa. Todos estes agem contra os decretos de César, dizendo que há outro [jj]rei, Jesus.

8 Revoltaram a multidão e as autoridades da cidade, que ouviram essas coisas.

9 Tendo, porém, recebido fiança de Jasom e dos demais, os soltaram.

Paulo e Silas em Bereia

10 **A**ssim que escureceu, os irmãos enviaram Paulo e Silas para Bereia. Tendo eles chegado lá, foram à sinagoga dos judeus.

11 Ora, estes foram mais nobres do que os de Tessalônica, pois de bom grado [kk]receberam a palavra, [ll]examinando cada dia nas Escrituras se essas coisas eram assim.

12 De modo que [3]creram muitos deles, e também mulheres [mm]gregas de alta posição, e muitos homens.

13 No entanto, logo que os [nn]judeus de Tessalônica souberam que a palavra de Deus também era [oo]pregada por Paulo em Bereia, [pp]foram lá alvoroçar e [qq]agitar as multidões.

---

[1] (17.3) O argumento de Paulo era duplo: 1) de acordo com as Escrituras, o Cristo (Messias) devia morrer e ressuscitar, e 2) Jesus de Nazaré era esse Messias.

[2] (17.6) A palavra grega é *politarches*. Isso tem gerado ataques à historicidade de Atos, ao afirmarem alguns que as autoridades de Tessalônica não recebiam o nome de "politarcas". Contudo, uma inscrição no Arco de Galério sobre a Via Egnácia corrobora o uso desse título em Tessalônica.

[3] (17.12) Esta é uma ilustração de Jo 5.46. Porque criam no AT, muitos de Bereia também creram no evangelho de Cristo.

[w] 1Ts 1.1; 2Ts 1.1
[x] v. 10; At 9.20; 13.5,14; 14.1; 18.4; 19.8; comp. Lc 4.16
[y] Sábado (dia de repouso): v. 2; At 18.4 (Gn 2.3; Mt 12.1, nota)
[z] 1Ts 2.1-16
[a] Inspiração: v. 2,11; At 23.5 (Êx 4.15; 2Tm 3.16)
[b] Sacrifício (de Cristo): v. 3; At 20.28 (Gn 3.15; Hb 10.18, nota); comp. Lc 24.26,46
[c] Ressurreição: v. 3; At 17.18 (2Rs 4.35; 1Co 15.52, nota)
[d] At 18.5,28; comp. Jo 6.69; 11.27; veja At 9.20, nota
[e] Comp. At 14.4; veja At 14.1, marg. O
[f] Comp. At 13.50; Fp 4.3
[gg] At 13.45; comp. Mt 27.18
[hh] Rm 16.21
[ii] At 14.19; 16.19
[jj] Reino: v. 7; Rm 15.12 (Mt 2.2; 1Co 15.24, nota); comp. Lc 23.2; Jo 19.12
[kk] Comp. At 16.14
[ll] Jo 5.39; comp. Lc 16.29; At 26.22,23
[mm] v. 4
[nn] v. 5
[oo] Evangelho: v. 13,18-20; At 18.11 (Gn 12.3; Ap 14.6)
[pp] v. 5; comp. Lc 11.52; 1Ts 2.15
[qq] Comp. v. 8

14 No mesmo instante, os irmãos [r]fizeram Paulo partir em direção ao mar, mas Silas e Timóteo ficaram ali.

15 E os que acompanhavam Paulo levaram-no até Atenas e, tendo [s]recebido ordem para que Silas e [t]Timóteo fossem ter com ele o mais depressa possível, partiram.

Paulo em Atenas

16 **E**nquanto Paulo os esperava em Atenas, [u]ficou indignado ao ver a cidade tão entregue à idolatria.

17 De modo que discutia na sinagoga com os judeus e os gregos piedosos, e todos os dias na praça com os que ali chegavam.

18 Alguns dos filósofos [1]epicureus e estoicos discutiam com ele. Uns diziam: Que quer dizer esse tagarela? E outros: Parece que é pregador de [2]deuses estranhos. Diziam isso porque Paulo lhes anunciava [v]Jesus e a [w]ressurreição.

19 E, tomando-o, o levaram ao [x]Areópago, dizendo: Poderemos nós saber que novo ensino é esse de que falas?

20 Coisas estranhas nos trazes aos ouvidos, e queremos saber o que vem a ser isto.

21 Ora, todos os atenienses e estrangeiros que lá moravam de nenhuma outra coisa se ocupavam, senão de dizer e ouvir a última novidade.

O sermão de Paulo no Areópago
Tema: Deus julgará o mundo por meio do Senhor Jesus ressuscitado

22 Estando Paulo no meio do [y]Areópago, disse: Homens atenienses, em tudo vejo que sois muito religiosos.

23 Pois, passando eu e vendo os [z]vossos santuários, achei também um altar em que estava escrito: [a]AO DEUS DESCONHECIDO. Ora, esse que vós adorais sem conhecer é o que eu vos anuncio.

24 O Deus que fez o [b]mundo e tudo o que nele há, sendo ele Senhor do céu e da terra, [c]não habita em templos feitos por mãos de homens.

25 [d]Tampouco é servido por mãos de homens, como que necessitando de alguma coisa, porque ele mesmo é quem [e]dá a todos a vida, a respiração e todas as coisas.

26 De um só fez todas as nações dos homens, para habitarem sobre toda a face da terra, determinando-lhes os tempos já dantes ordenados e os [f]limites da sua habitação.

27 Deus fez isso para que o buscassem, e talvez, procurando, o pudessem achar, ainda que [g]não esteja longe de cada um de nós.

28 [h]Pois nele vivemos, nos movemos e existimos. Como também alguns dos vossos poetas disseram: [3]Somos também sua geração.

29 Portanto, sendo nós [4]geração de Deus, não havemos de pensar que a divindade seja semelhante ao [i]ouro, ou à prata, ou à pedra esculpida pela arte e imaginação do homem.

30 Deus, porém, não levando em conta os [j]tempos da ignorância, manda agora que todos os homens em todos os lugares se [5k]arrependam.

31 Pois determinou um [l]dia em que com justiça há de [m]julgar o [n]mundo, por meio do [o]homem que escolheu. Ele disso deu certeza a todos, [p]ressuscitando-o dentre os mortos.

[r] Comp. Mt 10.23
[s] At 18.5
[t] Comp. 1Ts 3.1,2
[u] Comp. Êx 32.19,20; Sl 119.158
[v] 1Co 15.12
[w] Ressurreição: v. 18; At 17.31 (2Rs 4.35; 1Co 15.52, nota); comp. At 17.32
[x] A mais alta corte de Atenas; reunia-se na colina de Ares (Marte), a oeste da Acrópolis; v. 22
[y] v. 19

[z] v. 30
[a] Comp. Rm 1.19-21; 1Co 1.21
[b] Gr. kosmos. Veja Mt 4.8, nota
[c] At 7.48-50
[d] Comp. Sl 50.8-15
[e] Gn 2.7; Is 42.5; Dn 5.23
[f] Dt 32.8; Jó 12.23; Dn 4.35
[g] Sl 139.7-10; Jr 23.23,24
[h] Comp. Rm 14.8
[i] Sl 115.4-7; Is 40.18,19; comp. Dn 3.1
[j] Comp. At 14.16; Rm 3.25
[k] Arrependimento: v. 30; At 19.4 (Mt 3.2; At 17.30, nota)
[l] Dia (do juízo): v. 31; Rm 2.5 (Mt 10.15; Ap 20.11)
[m] Juízos (os sete): v. 31; At 24.25 (2Sm 7.14; Ap 20.12); Sl 9.8; 96.13; 98.9
[n] Gr. oikoumene. Veja Lc 2.1, nota
[o] Cristo (primeira vinda): 17.31; 18.5; At 19.4 (Gn 3.15; At 1.11, nota); Jo 5.22; At 10.42
[p] Ressurreição: v. 31,32; At 20.12 (2Rs 4.35; 1Co 15.52, nota); Rm 1.4; Ap 1.18

[1] (17.18) Os epicureus eram discípulos de Epicuro (341-270 a.C.), que abandonou a busca da pura verdade por meio da razão por considerar isso impossível (comp. Jo 18.38), e, em lugar disso, passou a procurar o verdadeiro prazer por meio da experiência. Os estoicos eram discípulos de Zenão de Cítio (336-264 a.C.). Esta filosofia se fundamentava na autossuficiência humana e inculcava uma severa autorrepressão e solidariedade da raça. O sermão de Paulo (v. 22-32) contém uma notável refutação dos pontos de vista específicos de ambas as escolas, ideias estas extremamente difundidas no mundo apostólico. Como resultado do sermão, "juntaram-se alguns homens a ele e creram" (v. 34).

[2] (17.18) O termo aqui traduzido por "deuses" é comumente usado nos escritos gregos para referir-se a deuses pagãos. Em nenhum outro lugar do NT foi usado novamente com este sentido, mas ocorre cinquenta vezes em referência a espíritos malignos, e, nesses casos, a tradução é "demônios".

[3] (17.28) Este versículo contém primeiramente uma citação do poeta Epimênides (c. 600 a.C.), com a frase "nele vivemos, nos movemos e existimos"; depois, cita uma frase do poema *Fenômenos*, do poeta Arato (c. 315-240 a.C.), podendo ser também do poeta Cleanto, o Estoico (331-233 a.C.), que se expressa de maneira semelhante: "somos também sua geração".

[4] (17.29) "Geração" é do gr. *genos*, que significa *raça*. É uma referência à obra da criação em que Deus fez o homem (i.e., a humanidade, a raça de Adão) à sua semelhança (Gn 1.26,27), refutando com isso a ideia de que "a divindade seja semelhante ao ouro" etc. A palavra "Pai" não é utilizada, tampouco essa passagem afirma qualquer coisa quanto à paternidade ou à filiação, que são relacionamentos baseados na fé e no novo nascimento. Comp. Jo 1.12,13; Gl 3.26; 4.1-7; 1Jo 5.1.

[5] (17.30) "... se arrependam" é a tradução do verbo grego *metanoeō*, que significa *ter outra mente*, *mudar de mente*, e é usado no NT para indicar uma mudança de mente com respeito ao pecado, a Deus e a si mesmo. No caso dos cristãos que caíram em pecado, esta mudança de mente pode ser precedida de tristeza (2Co 7.8-11); mas a tristeza pelo pecado, embora possa causar arrependimento, não é arrependimento.

32 **Q**uando ouviram falar em ressurreição de mortos, uns [q]zombavam e outros diziam: Sobre isso te ouviremos [r]outra vez.

33 E assim Paulo saiu do meio deles.

34 Todavia, juntaram-se alguns homens a ele e [s]creram, entre os quais estava Dionísio, o areopagita, e uma mulher por nome Dâmaris, e com eles outros.

Fundação da igreja em Corinto

18 **D**epois disso Paulo partiu de Atenas e chegou a [1]Corinto.

2 E, encontrando um judeu por nome [t]Áquila, natural do Ponto, que havia pouco tinha vindo da Itália, com Priscila, sua mulher (pois Cláudio tinha mandado que todos os judeus saíssem de Roma), foi vê-los.

3 Por serem eles da mesma profissão, [u]fabricantes de tendas, Paulo ficou morando e trabalhando com eles.

4 Todos os [v]sábados ele debatia na sinagoga e convencia judeus e [w]gregos.

5 **Q**uando Silas e Timóteo desceram da Macedônia, Paulo [x]dedicou-se exclusivamente à pregação, testemunhando aos judeus que Jesus era o Cristo.

6 [y]Opondo-se eles e blasfemando, Paulo sacudiu as roupas e disse-lhes: O vosso sangue seja sobre a vossa cabeça! Eu estou limpo; de agora em diante, vou para os [z]gentios.

7 E, saindo dali, entrou na casa de um homem temente a Deus, chamado Tito Justo, cuja casa ficava ao lado da sinagoga.

8 [a]Crispo, principal da sinagoga, creu no Senhor, com toda a sua casa; e muitos dos coríntios, ouvindo-o, creram e foram batizados.

9 Disse o Senhor em visão a Paulo: Não temas, mas fala, e não te cales.

10 Pois eu sou contigo, e ninguém te ferirá ou te fará mal, porque tenho muita gente nesta cidade.

11 Paulo permaneceu ali um ano e seis meses, [b]ensinando entre eles a palavra de Deus.

A indiferença de Gálio

12 **S**endo Gálio procônsul da Acaia, levantaram-se os judeus de comum acordo contra Paulo e o levaram ao tribunal,

13 dizendo: Este persuade os homens a servir a Deus contra a [c]lei.

14 Quando Paulo estava para abrir a boca, disse Gálio aos judeus: Se houvesse, ó judeus, alguma transgressão ou crime grave, com razão vos ouviria.

15 Tendo em vista que a [d]questão é de palavras, de nomes e da vossa lei, disso cuidai vós mesmos. Eu não quero ser juiz dessas coisas.

16 E expulsou-os do tribunal.

17 Então todos se voltaram contra [e]Sóstenes, chefe da sinagoga, e o espancaram diante do tribunal. Mas Gálio não se importava com nenhuma dessas coisas.

Paulo faz um voto judaico
Comp. Rm 6.14; 2Co 3.7-14; Gl 3.23-28

18 **P**aulo, tendo permanecido ali ainda muitos dias, despediu-se dos irmãos e navegou para a Síria, e com ele [f]Priscila e Áquila, tendo [g]rapado a cabeça em Cencreia, porque tinha feito voto.

19 Chegaram a Éfeso, onde Paulo os deixou. Mas ele, entrando na sinagoga, [h]debatia com os judeus.

20 Pedindo-lhe eles que ficasse por mais algum tempo, ele não aceitou.

21 Antes se despediu deles, dizendo: Se [i]Deus quiser, outra vez voltarei a vós. E navegou de Éfeso.

22 Chegando a [j]Cesareia, subiu a Jerusalém, saudou a [k]igreja e desceu a Antioquia.

VII. Terceira viagem missionária, 18.23–21.14

23 Tendo permanecido ali algum tempo, partiu, passando por toda a província da [l]Galácia e da Frígia, [m]fortalecendo todos os discípulos.

(Apolo em Éfeso e Corinto)

24 **C**hegou a Éfeso um judeu chamado [n]Apolo, natural de Alexandria, homem culto e poderoso nas [2]Escrituras.

25 Era [o]instruído no caminho do Senhor e, sendo [p]fervoroso de espírito, falava e ensinava com autoridade as coisas a respeito de Jesus, conhecendo, porém, somente o [qq]batismo de João.

26 Ele começou a falar ousadamente na sinagoga. Quando o ouviram Priscila e Áquila, levaram-no consigo e lhe explicaram com mais precisão o caminho de Deus.

[q] Comp. 1Co 1.18; 15.12
[r] Comp. At 24.25
[s] Fé: 17.34; 18.8; At 18.27 (Gn 3.20; Hb 11.39, nota)
[t] Rm 16.3; 1Co 16.19; 2Tm 4.19
[u] Comp. At 20.34; 1Co 4.12, 1Ts 2.9; 2Ts 3.8
[v] Sábado (dia de repouso): v. 4; Cl 2.16 (Gn 2.3; Mt 12.1, nota)
[w] Veja At 14.1, marg. o
[x] Comp. 2Co 5.14
[y] Comp. At 13.46; 28.25-29
[z] At 13.46-48; 28.28; veja Ef 3.6, nota
[a] 1Co 1.14
[b] Evangelho: v. 11; At 19.10 (Gn 12.3; Ap 14.6)
[c] Lei (de Moisés): v. 13,15; At 21.20 (Êx 19.1; Gl 3.24)
[d] At 23.29
[e] 1Co 1.1
[f] Veja At 18.2, marg. t
[g] At 21.24; comp. Nm 6.18
[h] Comp. At 17.2,3,17; 18.4; 19.8
[i] Comp. 1Co 4.19; Hb 6.3; Tg 4.15
[j] At 8.40
[k] Igrejas (locais): v. 22; At 20.17 (At 8.3; Fp 1.1, nota)
[l] Comp. At 16.6
[m] Comp. 1Ts 3.2,13
[n] At 19.1; 1Co 1.12; 3.4; 16.12; Tt 3.13
[o] Havia recebido ensinamento oral. Comp. Gl 1.11,12
[p] Comp. Rm 12.11
[qq] Mt 3.1-11; Mc 1.7,8; Lc 3.16,17; Jo 1.26

O filho em Mt 21.28,29 ilustra o que é o verdadeiro arrependimento. Não é uma ação separada da fé, mas a fé salvadora inclui e implica essa mudança de mente chamada arrependimento (veja Hb 11.39, *nota*. Comp. Zc 8.14, *nota*).

[1] (18.1) Cidade na Grécia conhecida pela idolatria e pela perversa conduta dos seus cidadãos.

[2] (18.24) Até esse momento, as Escrituras do NT ainda não haviam sido redigidas, de modo que esta é uma referência ao AT.

27 Querendo ele ir para a Acaia, incentivaram-no os irmãos e escreveram aos discípulos que o recebessem. Tendo chegado, ajudou muito os que pela [r]graça [s]criam.

28 Pois com grande intensidade contestava publicamente os judeus, provando pelas Escrituras [1]que Jesus era o Cristo.

Paulo em Éfeso: os discípulos de João, o Batista, tornam-se cristãos

19 Enquanto Apolo estava em Corinto, Paulo, tendo passado pela [t]estrada do interior, chegou a Éfeso. Ali encontrou alguns discípulos

2 e perguntou-lhes: Recebestes vós o [u]Espírito Santo quando crestes? Responderam eles: Não, nem sequer ouvimos que exista Espírito Santo.

3 Tornou-lhes ele: [v]Em que fostes batizados então? Responderam: No batismo de João.

4 Paulo disse: Certamente João batizou com o batismo de [w]arrependimento, dizendo ao povo que cresse no que após ele haveria de [x]vir, isto é, em Jesus.

5 Quando ouviram isto, foram [y]batizados em [z]nome do Senhor Jesus.

6 Impondo-lhes Paulo as mãos, veio sobre eles o Espírito Santo, e falavam em [a]línguas, e profetizavam.

7 E eram ao todo uns doze homens.

Paulo ensina em Éfeso por quase três anos (20.31)

8 **P**aulo [b]entrou na sinagoga e falou [c]ousadamente por três meses, debatendo e convencendo a respeito do [d]Reino de Deus.

9 Alguns deles, porém, [e]resistiram e se recusaram a crer, falando mal do [f]Caminho perante a multidão. Então Paulo afastou-se deles. [g]Levou consigo os discípulos e passou a ensinar todos os dias na escola de Tirano.

10 Durou isso dois anos, de modo que todos os que habitavam na [h]Ásia [i]ouviram a palavra do Senhor Jesus, tanto judeus como gregos.

Milagres realizados em Éfeso

11 E Deus, pelas mãos de Paulo, fez [j]milagres extraordinários.

12 De sorte que até lenços e aventais eram levados do seu [k]corpo aos [l]doentes, e as enfermidades os deixavam e os espíritos [m]malignos saíam.

13 Alguns dos exorcistas judeus, ambulantes, tentavam invocar o nome do Senhor Jesus sobre os que estavam possessos de espíritos malignos, dizendo: Em nome de Jesus, a quem Paulo [n]prega, eu lhes ordeno que saiam.

14 Os que faziam isso eram sete filhos de Ceva, judeu, um dos principais sacerdotes.

15 Respondeu, porém, o espírito maligno: Conheço [o]Jesus e bem sei quem é Paulo, mas vós quem sois?

16 Saltando sobre eles o homem que tinha o espírito maligno, [2]dominou dois deles e prevaleceu, de modo que fugiram nus e feridos daquela casa.

17 Quando isso se tornou conhecido de todos os que habitavam em Éfeso, tanto judeus como gregos, caiu [p]temor sobre todos eles, e o nome do Senhor Jesus era engrandecido.

18 E muitos dos que tinham [q]crido vinham, [r r]confessando e revelando as suas práticas más.

19 Também muitos dos que tinham praticado [ss]feitiçarias trouxeram os seus livros e os queimaram na presença de todos. Feita a conta do seu preço, o valor chegou a cinquenta mil [tt]moedas de prata.

20 Assim, a palavra do Senhor crescia [uu]poderosamente e prevalecia.

21 **D**epois dessas coisas, Paulo decidiu no [vv]espírito ir a Jerusalém, passando pela [ww]Macedônia e pela Acaia, dizendo: Depois de ter estado ali, é necessário que também eu visite [xx]Roma.

22 E, enviando à Macedônia dois daqueles que o auxiliavam, [yy]Timóteo e [zz]Erasto, ficou ele por algum tempo na Ásia.

Tumulto em Éfeso

23 **P**or esse tempo houve uma grande confusão [aa]acerca do Caminho.

24 Certo ourives, por nome Demétrio, que fazia de prata miniaturas do templo de Diana, dava muito lucro aos artífices.

25 Ele os ajuntou, bem como os oficiais de obras semelhantes, e disse: Senhores, vós bem sabeis que [bb]desta indústria vem a nossa prosperidade.

26 E bem vedes e ouvis que não só em Éfeso, mas até quase em toda a Ásia, este Paulo tem

---

[1] (18.28) O ministério de Apolo, aparentemente, limitava-se ao fato de Jesus ser o Messias havia muito esperado (At 19.3). Apolo parece nada saber ainda sobre as doutrinas da justificação pelo sangue de Cristo e da santificação por meio do Espírito Santo.

[2] (19.16) Os filhos de Ceva tentavam imitar um poder que lhes era estranho, mas, como não conheciam Jesus, isso gerou confusão. Este surpreendente testemunho do espírito maligno confirmou o testemunho de Paulo e fez que todos tivessem temor.

---

[r] Graça: v. 27; At 20.24 (Jo 1.14; 1.17, nota)
[s] Fé: v. 27; At 19.18 (Gn 3.20; Hb 11.39, nota)
[t] At 18.23
[u] Espírito Santo (NT): v. 2,6; At 20.23 (Mt 1.18; At 2.4, nota)
[v] Comp. Rm 6.3; 1Co 12.13; Gl 3.27
[w] Arrependimento: v. 4; At 20.21 (Mt 3.2; At 17.30, nota)
[x] Cristo (primeira vinda): v. 4; At 26.23 (Gn 3.15; At 1.11, nota)
[y] Veja At 8.12, nota
[z] Mt 28.19; At 8.16
[a] Comp. Mc 16.17; At 2.4; 10.46; 1Co 12.10; 14.1-40
[b] Comp. At 13.5; 14.1; 18.26
[c] Comp. At 18.26
[d] Veja Mt 6.33, nota
[e] Comp. Rm 9.18; Hb 3.13,15; 4.7
[f] At 9.2
[g] Comp. At 14.4; 2Co 6.17; 2Ts 3.6
[h] Comp. At 16.6
[i] Evangelho: v. 10,20; At 20.24 (Gn 12.3; Ap 14.6)
[j] Milagres (NT): v. 11,12; At 20.12 (Mt 8.3; At 28.8)
[k] Comp. Mc 6.56
[l] Veja Mc 3.15, nota
[m] Veja Mt 7.22, nota
[n] 1Co 1.23; 2.2
[o] Comp. Mc 1.23,24; At 16.16-18; Tg 2.19
[p] Comp. Lc 1.65; 7.16; At 5.5,11
[q] Fé: v. 18; At 21.20 (Gn 3.20; Hb 11.39, nota)
[rr] Comp. Mt 3.6; 1Co 14.24,25
[ss] Comp. Dt 18.10-14
[tt] Veja sist. monetário (NT): Mt 5.26, nota
[uu] Comp. At 6.7; 12.24
[vv] Comp. At 20.22, nota
[ww] At 20.1
[xx] Rm 1.13; 15.22-29; comp. At 28.16
[yy] 1Tm 1.2
[zz] Rm 16.23; 2Tm 4.20
[aa] Jo 14.6
[bb] Comp. At 16.16-19

convencido e afastado uma grande multidão, dizendo que [c]não são deuses os que se fazem com as mãos.

27 Não somente há perigo de que a nossa profissão caia em descrédito, mas também de que o próprio templo da grande deusa Diana seja reduzido a nada, vindo a ser destruída a majestade daquela que toda a Ásia e o [d]mundo adoram.

28 **O**uvindo isso, encheram-se de ira e gritaram: Grande é a [1]Diana dos efésios!

29 Logo toda a cidade se encheu de confusão. O povo arrastou [e]Gaio e [f]Aristarco, macedônios, companheiros de Paulo e, às pressas, correram para o teatro.

30 Paulo queria apresentar-se ao povo, mas os discípulos não lhe permitiram.

31 Também algumas das autoridades da Ásia, amigos de Paulo, mandaram pedir-lhe que não se apresentasse no teatro.

32 [g]Uns clamavam de uma maneira, outros de outra, porque o ajuntamento era [h]confuso. A maioria não sabia por que se tinha reunido.

33 Então tiraram [i]Alexandre dentre a multidão, empurrando-o os judeus para a frente. Alexandre, [j]sinalizando com a mão, queria apresentar uma defesa ao povo.

34 Quando, porém, perceberam que era judeu, todos a uma só voz gritaram por quase duas horas: Grande é a Diana dos efésios!

35 Então o escrivão da cidade, tendo acalmado a multidão, disse: Efésios, quem é que não sabe que a cidade dos efésios é a guardadora do templo da grande deusa Diana e da imagem que caiu de Júpiter?

36 Ora, não podendo isto ser negado, convém que vos aquieteis e nada façais precipitadamente.

37 Estes homens que aqui trouxestes não roubam os objetos sagrados do templo de Diana nem são blasfemadores da vossa deusa.

38 Se [k]Demétrio, porém, e os artífices que estão com ele têm alguma coisa contra alguém, há tribunais e há procônsules: que ali se acusem uns aos outros.

39 Se alguma outra coisa apresentais, se averiguará em legítima assembleia.

40 Na verdade até corremos perigo de que, [l]por hoje, sejamos acusados de desordem pública, não havendo [m]causa alguma com que possamos justificar este ajuntamento.

41 Tendo dito isso, despediu a assembleia.

Paulo prega na Macedônia e na Grécia

20 **D**epois que acabou o alvoroço, Paulo chamou a si os discípulos e, tendo-os [n]encorajado, despediu-se e partiu para a [o]Macedônia.

2 Ele andou por aquelas regiões, encorajando os discípulos com muitas palavras, e finalmente chegou à [p]Grécia.

3 Depois de passar ali três meses, tendo os judeus [q]armado uma cilada contra ele quando ia navegar para a Síria, decidiu voltar pela Macedônia.

4 Acompanharam-no, até a Ásia, Sópatro de Bereia, filho de Pirro; e dos de Tessalônica, [r]Aristarco e Segundo; [s]Gaio de Derbe e [t]Timóteo; e dos da Ásia, [u]Tíquico e [v]Trófimo.

5 Esses, indo na frente, esperaram-nos em [w]Trôade.

Paulo permanece sete dias em Trôade; a igreja se reúne no primeiro dia da semana

6 E nós, [x]depois dos [y]dias dos pães sem fermento, navegamos de Filipos, e em cinco dias fomos encontrá-los em Trôade, onde permanecemos sete dias.

7 **N**o [2]primeiro dia da semana, reunindo-se os discípulos para [z]partir o pão, Paulo, que haveria de sair no dia seguinte, falava com eles e prolongou o seu discurso até a meia-noite.

8 Havia muitas luzes no [a]cenáculo onde estávamos reunidos.

[c] Comp. 1Cr 16.26; Is 2.8; Jr 2.11; 11.12; 16.20; Dn 5.4; At 17.29; 1Co 8.5; 12.2; Gl 4.8; Ap 13.14,15
[d] Gr. oikoumene. Veja Lc 2.1, nota
[e] At 20.4; Rm 16.23; 1Co 1.14; 3Jo 1
[f] At 20.4; 27.2; Cl 4.10; Fm 24
[g] Comp. At 21.34
[h] v. 29
[i] 1Tm 1.20; 2Tm 4.14
[j] Comp. At 12.17

[k] v. 24-27
[l] 19.29-41; comp. At 21.31,32
[m] Comp. At 23.27-29
[n] Comp. v. 37
[o] 1Co 16.5; 1Tm 1.3
[p] At 17.15; 18.1
[q] Comp. At 9.23,24; 23.12; 25.3; 2Co 11.26
[r] Veja At 19.29, marg. f
[s] Veja At 19.29, marg. e
[t] Veja At 19.22, marg. y
[u] Ef 6.21; Cl 4.7,8; 2Tm 4.12; Tt 3.12
[v] At 21.29; 2Tm 4.20
[w] 2Co 2.12; 2Tm 4.13
[x] Veja Êx 12.11, nota
[y] O pronome pessoal plural indica que, aqui, Lucas se uniu aos apóstolos
[z] Comp. Mt 26.26-28; At 2.42; 1Co 11.23-33
[a] Comp. At 1.13

[1] (19.28) Gr. *Artemis*, antiga e mitológica deusa da lua, da natureza e de todas as formas de vida e fertilidade. "Diana" é seu nome romano. Diana dos efésios era uma imagem particular de Ártemis, que supostamente havia caído do céu (v. 35). Comp. Dt 16.21, *nota*; Jz 2.13, *nota*.

[2] (20.7) Embora Paulo estivesse em Trôade havia sete dias (v. 6), aparentemente nem ele nem a igreja local se reuniram para o partir do pão antes do primeiro dia da semana (v. 7).

O fato de Paulo e os outros, por vezes, assistirem aos cultos sabáticos nas sinagogas judaicas (17.1-3) não prova que a Igreja apostólica guardasse o sétimo dia como dia especial de adoração. Isso apenas mostra que os primeiros missionários levavam a mensagem do evangelho a todo lugar e aproveitavam principalmente ocasiões em que pessoas se encontravam reunidas (5.19,20; 13.5; 16.13,25-33; 17.17,19,22; 18.7; 19.9; 25.6,23). Esse testemunho acontecia diariamente (2.47; 17.17; 19.9) e de todas as formas possíveis (1Co 9.19-22).

As igrejas primitivas receberam a advertência específica de não se submeter ao jugo de qualquer observância legalista do sábado (Cl 2.16, comp. Gl 4.9-11). Por outro lado, no exercício da liberdade cristã (Rm 14.5,6), essas mesmas igrejas voluntariamente escolheram o primeiro dia da semana como o momento apropriado para comunhão e adoração (At 20.7; 1Co 16.2), o dia em que o Senhor ressuscitou e apareceu diversas vezes aos seus discípulos (Jo 20.19-24,25-29). Era um novo dia para um novo povo que era uma nova criação (2Co 5.17); era

9 Estando certo jovem, por nome Êutico, assentado numa janela, caiu do terceiro andar, tomado de um sono profundo que lhe sobreveio durante o extenso discurso de Paulo. Quando o levantaram, perceberam que ele estava morto.

10 Paulo, porém, descendo, [b]inclinou-se sobre ele e, abraçando-o, disse: Não vos perturbeis, que a sua alma nele está.

11 Então subiu, partiu o pão e comeu. Depois de lhes falar até o amanhecer, partiu.

12 [c]Levaram [d]vivo o jovem e ficaram muito consolados.

De Trôade a Mileto

13 **N**ós, porém, tomamos a frente e, embarcando, navegamos até Assôs, onde deveríamos receber Paulo, porque assim o ordenara, indo ele por terra.

14 Logo que nos alcançou em Assôs, recebemo-lo a bordo e fomos a Mitilene.

15 Navegando dali, chegamos no dia seguinte em frente de Quios, no outro aportamos a Samos e, tendo-nos demorado em Trogílio, chegamos no dia seguinte a Mileto.

16 Paulo já tinha decidido passar longe de Éfeso, para não gastar tempo na Ásia. Apressava-se para estar, se lhe fosse possível, em Jerusalém no dia de [e]Pentecoste.

Paulo se despede dos presbíteros de Éfeso

17 **D**e Mileto mandou chamar os [f]presbíteros da [g]igreja de Éfeso.

18 Logo que chegaram, disse-lhes: Vós bem sabeis, desde o primeiro dia em que entrei na Ásia, como em todo esse tempo me comportei no meio de vós,

19 servindo ao Senhor com toda a humildade, com muitas lágrimas e [h]provações que pelas ciladas dos judeus me sobrevieram.

20 Sabeis que nada proveitoso deixei de vos anunciar e ensinar publicamente e nas casas.

21 [i]Tenho declarado tanto aos judeus como aos gregos que devem se [j]converter a Deus, arrepender-se e ter fé em nosso Senhor Jesus Cristo.

22 E agora, levado pelo [1]Espírito, vou para Jerusalém, não sabendo o que lá me há de acontecer.

23 Somente sei o que o [k]Espírito Santo de cidade em cidade me revela, dizendo que me [l]esperam prisões e tribulações.

24 Em nada, porém, considero a minha vida preciosa, contanto que cumpra com alegria a minha carreira e o ministério que recebi do Senhor Jesus, para dar testemunho do [m]evangelho da [n]graça de Deus.

25 Agora, na verdade, sei que nenhum de vós, entre os quais passei pregando o [o]Reino de Deus, jamais voltará a ver o meu rosto.

26 Portanto, hoje vos declaro que estou [p]inocente do sangue de todos.

27 [q]Pois nunca deixei de vos anunciar toda a vontade de Deus.

28 [r]Cuidai por vós e por todo o [s]rebanho sobre o qual o Espírito Santo vos constituiu bispos, para apascentardes a [t]igreja de Deus, a qual ele [u]comprou com o seu próprio sangue.

29 Sei que depois da minha partida [v]entrarão no meio de vós [2][w]lobos cruéis que não pouparão o rebanho.

30 E que [x]dentre vós mesmos se levantarão homens que torcerão a verdade, para atrair os discípulos após si.

31 [y]Portanto, vigiai, lembrando-vos de que durante três anos não cessei noite e dia de advertir com [z]lágrimas cada um de vós.

32 Agora, irmãos, [a]entrego-vos a Deus e à [bb]palavra da sua graça, àquele que é poderoso para vos [cc]edificar e dar [dd]herança entre todos os que são [ee]santificados.

33 De ninguém cobicei prata, nem ouro, nem roupas.

34 Vós mesmos sabeis que estas [ff]mãos proveram o que me era necessário, e aos que estão comigo.

35 Tenho-vos mostrado em tudo que, trabalhando assim, é necessário socorrer os enfermos, recordando as palavras do próprio Senhor Jesus: [gg]Mais bem-aventurada coisa é dar do que receber.

---

um dia de comemoração e alegria (Mt 28.9, *marg.*), de serviço (Mt 28.10) e de descanso espiritual (Hb 4.9,10). Contraste com Sábado, Mt 12.1, *nota*.

A observância do primeiro dia da semana é corroborada pelos pais da igreja: na *Epístola de Barnabé* (c. 100 d.C.) e nos escritos de Inácio (107 d.C.), Justino Mártir (150 d.C.) e Ireneu (155-202 d.C.). O edito de Laodiceia (século IV d.C.) não mudou o dia de culto do sétimo para o primeiro dia da semana, mas pôs um selo de aprovação oficial sobre a observância que, já há tempo, estava estabelecida nas primeiras igrejas.

[1] (20.22) Veja tb. 21.4. O motivo de Paulo ir a Jerusalém parece ter sido seu grande afeto pelos judeus (Rm 9.1-5) e sua esperança de que as ofertas das igrejas gentias, enviadas por ele aos crentes pobres em Jerusalém (Rm 15.25-28), levariam os crentes judeus, que estavam presos à Lei, a abrir o coração para o "evangelho da graça de Deus" (At 20.24).

[2] (20.29) Duas fontes de apostasia: 1) falsos mestres de fora da Igreja (2Co 11.13-15; 2Pe 2.1-3) e 2) líderes ambiciosos dentro da Igreja (1Jo 2.18,19; 3Jo 9,10).

[b] Comp. 1Rs 17.21,22; 2Rs 4.34,35
[c] Milagres (NT): v. 9-12; At 22.13 (Mt 8.3; At 28.8)
[d] Ressurreição: v. 12; At 24.15 (2Rs 4.35; 1Co 15.52, nota)
[e] At 2.1; 1Co 16.8
[f] Presbíteros: v. 17; At 21.18 (At 11.30; Tt 1.5, nota)
[g] Igrejas (locais): v. 17; Rm 16.1 (At 8.3; Fp 1.1, nota)
[h] Provar-Tentar: v. 19; 1Co 7.5 (Gn 3.1; Tg 1.14)
[i] At 19.10; comp. At 14.1; 17.4; 18.4
[j] Arrependimento: v. 21; At 26.20 (Mt 3.2; At 17.30, nota)

[k] Espírito Santo (NT): v. 23,28; At 21.4 (Mt 1.18; At 2.4, nota)
[l] At 21.4,11,33
[m] Evangelho: v. 24; At 20.32 (Gn 12.3; Ap 14.6)
[n] Graça: v. 24; Rm 1.5 (Jo 1.14; 1.17, nota)
[o] Veja Mt 6.33, nota
[p] Comp. Ez 3.18
[q] Comp. 2Co 4.2
[r] Comp. Cl 4.17; 1Tm 4.16
[s] Comp. Is 40.11; Lc 12.32
[t] Igreja (verdadeira): v. 28; Rm 12.5 (Mt 16.18; Hb 12.23)
[u] Sacrifício (de Cristo): v. 28; At 26.23 (Gn 3.15; Hb 10.18, nota)
[v] Comp. Mt 13.25
[w] Comp. Mt 7.15; 10.16; Jo 10.12
[x] 1Tm 1.20; 2Tm 1.15; comp. 1Jo 2.19
[y] Comp. At 19.10
[z] 20.19
[a] Comp. At 14.23
[bb] Evangelho: v. 32; At 26.23 (Gn 12.3; Ap 14.6)
[cc] Comp. 1Co 3.9-15; Ef 2.19-22
[dd] 1Pe 1.3-5
[ee] Santificação (NT): v. 32; At 21.28 (Mt 4.5; Ap 22.11)
[ff] Veja At 18.3, marg. u
[gg] Comp. Lc 14.12

36 Tendo dito isso, [h]pôs-se de joelhos e orou com todos eles.

37 [i]Levantou-se um grande pranto entre todos, e, abraçando Paulo, o beijavam.

38 O que lhes entristecia muito era a palavra que dissera, que não veriam mais o seu rosto. Então o acompanharam até o navio.

Paulo e seu grupo navegam de Mileto a Tiro

21 Separando-nos deles, navegamos e fomos diretamente a Cós, e no dia seguinte a Rodes, e dali a Pátara.

2 Achamos um navio que ia para a Fenícia, embarcamos e partimos.

3 Depois de avistarmos Chipre, deixando-a à esquerda, navegamos para a Síria. Chegamos a Tiro, onde o navio havia de ser descarregado.

Sete dias em Tiro; o Espírito Santo proíbe Paulo de ir a Jerusalém

4 Encontrando os discípulos, ficamos ali sete dias. E eles pelo [j]Espírito diziam a Paulo que [k]não subisse a Jerusalém.

5 Havendo passado ali aqueles dias, saímos e seguimos nosso caminho. Acompanharam-nos todos os discípulos, com suas mulheres e filhos, até fora da cidade, e na praia [l]ajoelhamo-nos e oramos.

6 E, despedindo-nos uns dos outros, embarcamos, e eles voltaram para suas casas.

Em Ptolemaida e Cesareia; onde Paulo é novamente advertido pelo Espírito Santo

7 **C**ontinuamos nossa viagem de Tiro e chegamos a Ptolemaida, onde saudamos os irmãos e passamos com eles um dia.

8 No dia seguinte, partindo dali, chegamos a [m]Cesareia. Entrando na casa de [n]Filipe, o evangelista, que era um dos [o]sete, ficamos com ele.

9 Tinha esse quatro filhas solteiras que profetizavam.

10 Demorando-nos ali por muitos dias, chegou da Judeia um profeta, de nome [p]Ágabo,

11 que, vindo ter conosco, tomou o cinto de Paulo e, amarrando os seus próprios pés e mãos, disse: Isto diz o Espírito Santo: Assim [q]amarrarão os judeus em Jerusalém o homem a quem pertence este cinto e o entregarão nas mãos dos gentios.

12 Ouvindo nós isso, pedimos-lhe, tanto nós como os que eram daquele lugar, que não subisse a Jerusalém.

13 Paulo, porém, respondeu: Que fazeis vós, [r]chorando e magoando-me o coração? Eu estou [s]pronto não só a ser amarrado, mas ainda a [t]morrer em Jerusalém pelo [u]nome do Senhor Jesus.

[h] Comp. 1Rs 8.54; 2Cr 6.13; Ed 9.5; Sl 95.6; Is 45.23; Dn 6.10; Lc 22.41; At 7.60; 9.40; 21.5; Ef 3.14
[i] At 21.13
[j] Espírito Santo: v. 4,11; At 28.25 (Mt 1.18; At 2.4, nota)
[k] At 21.12; comp. At 20.22,23; 22.17-21
[l] Veja At 20.36, marg. H
[m] At 8.40
[n] At 8.5
[o] At 6.5
[p] At 11.28
[q] At 21.33; 22.25; comp. 20.23
[r] At 20.37
[s] Comp. Rm 1.15; 2Tm 4.6
[t] Comp. At 20.24; 2Co 12.15; Fp 3.8; 2Tm 2.10
[u] Comp. At 3.6,16; 4.10,12, 17,18,30; 5.28,40,41; 8.12,16; 9.14,15, 21,27,29; 10.43,48; 15.14, 17,26; 16.18; 19.5,13,17; 22.16; 26.9

14 Como não podíamos convencê-lo, dissemos: Faça-se a [v]vontade do Senhor.

VIII. De Jerusalém a Roma, 21.15–28.31

15 **D**epois daqueles dias, havendo feito os nossos preparativos, subimos a Jerusalém.

16 Foram também conosco alguns discípulos de [w]Cesareia, levando consigo certo Mnasom, cíprio, discípulo antigo, com quem nos havíamos de hospedar.

Em Jerusalém, Paulo faz um voto judaico que envolve sacrifício de sangue e entra no templo
Comp. Hb 10.2,4,9-12

17 **L**ogo que chegamos a Jerusalém, os irmãos nos receberam com alegria.

18 No dia seguinte, Paulo foi conosco à casa de [x]Tiago, e todos os [y]presbíteros compareceram.

19 Paulo saudou-os e [z]contou com detalhes o que por seu [a]ministério Deus fizera entre os [b]gentios.

20 Ouvindo eles isso, glorificaram a Deus e lhe disseram: Olhai, irmão, quantos [c]milhares de judeus há que [d]creem, e todos [e]são zelosos da [f]lei

21 A respeito de ti foram informados de que ensinas todos os judeus que estão entre os gentios a se afastarem de Moisés, dizendo que não devem [g]circuncidar seus filhos, nem andar segundo os costumes da lei.

22 Que faremos? Certamente ouvirão que és chegado.

23 Faze, pois, o que te diremos: Temos quatro homens que [hh]fizeram voto.

24 Toma contigo esses e [ii]santifica-te com eles, e pague as despesas deles, para que rapem a cabeça. Assim, todos ficarão sabendo que nada há daquilo de que foram informados a respeito de ti, mas que também tu mesmo andas em obediência à lei.

25 Todavia, quanto aos gentios que têm crido, já [jj]escrevemos, dando o parecer que se afastem do que é sacrificado aos ídolos, do [kk]sangue, dos animais estrangulados e da [ll]prostituição.

26 No dia seguinte, [mm]Paulo, tomando consigo aqueles homens, purificou-se com eles. Então entrou no [nn]templo, anunciando serem [oo]já cumpridos os dias da purificação, e ficou ali até se oferecer a favor de cada um deles a oferta.

Paulo é preso no templo

27 **Q**uando os sete dias estavam quase a terminar, os judeus da Ásia, vendo-o no templo, [pp]agitaram todo o povo e o agarraram,

28 gritando: Homens israelitas, ajudai! Este é o homem que por todas as partes ensina a

[v] Comp. Mt 6.10; 26.42
[w] v. 8
[x] Veja Mt 4.21, nota
[y] Presbíteros: v. 18 (At 11.30; Tt 1.5, nota). Veja tb. Fp 1.1, "bispos"
[z] Comp. At 15.4
[a] At 20.24; 1Tm 2.7; comp. Rm 1.1
[b] Veja Ef 3.6, nota
[c] Comp. At 2.41; 4.4
[d] Fé: v. 20,25; At 22.19 (Gn 3.20; Hb 11.39, nota)
[e] Comp. Rm 10.2-4; Gl 1.14
[f] Lei (de Moisés): v. 20,21, 24,26,28; At 22.3 (Êx 19.1; Gl 3.24)
[g] Comp. Gn 17.9-14
[hh] Prova de acordo com Nm 6.1-7; comp. At 18.18; Cl 2.14-17
[ii] v. 26
[jj] Veja At 15.19, nota
[kk] Gn 9.4; comp. Lv 17.14,15
[ll] Comp. 1Ts 4.3-5
[mm] Comp. At 21.4 (comp. Gl 2.2-6) com Rm 10.1-12; comp. Rm 3.9,10, 19,20,28; 4.3-5; 5.1,2; 6.14; 7.1-4,6; 8.3,4; Gl 2.15, 16,18,19; 3.10, 24,25; 4.9-11,21-31; Fp 3.7-9; Hb 9.14, 15,28; 10.17,18; 13.11-14
[nn] At 24.18
[oo] Comp. Tg 4.8; 1Pe 1.22
[pp] Comp. At 6.12; 13.50; 14.2; 17.13

todos a ser contra o povo, contra a lei e contra este lugar. Além disso, ele fez entrar também no templo os gregos e profanou este [q]santo lugar.

29 Antes tinham visto com ele na cidade o efésio [r]Trófimo, o qual pensavam que Paulo fizera entrar no templo.

30 [s]Agitou-se toda a cidade, e houve grande ajuntamento do povo. Agarrando Paulo, [t]arrastaram-no para fora do templo, e logo as portas se fecharam.

Paulo é resgatado e aprisionado por soldados romanos

31 [u]Procurando eles matá-lo, chegou ao comandante da corte o aviso de que toda Jerusalém estava em [v]confusão.

32 Ele imediatamente tomou consigo soldados e [w]oficiais, e correu para o meio do povo. Quando viram chegar o comandante e os soldados, pararam de espancar Paulo.

33 [x]Então, aproximando-se o [y]comandante, prendeu-o, mandou que fosse [z]acorrentado com duas cadeias e perguntou quem era e o que tinha feito.

34 Na multidão, uns gritavam de uma maneira, e outros de outra. Como o comandante nada podia saber ao certo, por causa da confusão, ordenou que Paulo fosse conduzido à [a]fortaleza.

35 Chegando ele às escadas, os soldados tiveram de carregá-lo por causa da violência da multidão.

36 Pois a multidão o seguia, gritando: [b]Mata-o!

37 **Q**uando ia ser conduzido para dentro da fortaleza, Paulo perguntou ao [1]comandante: Permite-me dizer-te algo? Respondeu ele: Sabes o grego?

38 Não és tu [c]o egípcio que há poucos dias iniciou uma revolta e levou ao deserto quatro mil assassinos?

39 Paulo respondeu: [d]Eu sou judeu, natural de Tarso, cidade importante da Cilícia. Peço-te, porém, que me permitas falar ao povo.

40 Tendo recebido a permissão do comandante, Paulo pôs-se em pé nas escadas e fez sinal com a mão ao povo. Tendo feito grande silêncio, disse-lhes em [e]hebraico:

A defesa de Paulo diante da multidão; ele conta a sua conversão

Comp. At 9.1-18; 26.9-18

22 Irmãos e pais, ouvi agora a [f]minha [g]defesa.

2 Quando ouviram que lhes falava em [h]hebraico, maior silêncio fizeram. Então Paulo disse:

3 [i]Eu sou judeu, nascido em Tarso da Cilícia, e nesta cidade criado aos pés de [j]Gamaliel, instruído conforme a verdade da [k]lei de nossos pais, [l]zeloso de Deus, [m]como todos vós hoje sois.

4 [n]Persegui este Caminho até a morte, algemando e colocando em prisões tanto homens como mulheres,

5 como também o sumo sacerdote me é testemunha, e assim todo o conselho dos [o]presbíteros. Recebendo desses cartas para os irmãos, fui a Damasco, com o propósito de [p]trazer algemados a Jerusalém aqueles que ali estivessem, a fim de que fossem castigados.

6 **O**ra, aproximando-me de Damasco, quase ao meio-dia, de repente me cercou uma grande luz do céu.

7 Caí por terra e [qq]ouvi uma voz que me dizia: Saulo, Saulo, por que [rr]me persegues?

8 Eu perguntei: Quem és, Senhor? Respondeu-me: Eu sou Jesus de Nazaré, a quem tu persegues.

9 Os que estavam comigo viram, em verdade, a luz e se atemorizaram muito, [ss]mas não ouviram a [tt]voz daquele que falava comigo.

10 Então [uu]perguntei: Senhor, que farei? E o Senhor respondeu: Levanta-te e entra em Damasco, e ali se te dirá tudo o que te é ordenado [vv]fazer.

11 Como eu não via, por causa do brilho daquela luz, fui guiado pelas mãos dos que estavam comigo e cheguei a Damasco.

12 Certo Ananias, homem piedoso conforme a lei, que tinha [ww]bom testemunho de todos os judeus que ali moravam,

13 veio ao meu encontro e apresentou-se, dizendo: Saulo, irmão, [xx]recupera a vista. Naquela mesma hora o vi.

14 Disse ele: O Deus de nossos pais de antemão [yy]te [zz]escolheu para [aa]conheceres a sua vontade, e ver o [bb]Justo, e ouvir a voz da sua boca.

15 Hás de ser sua [cc]testemunha para com todos os homens do que tens visto e ouvido.

16 E agora por que te deténs? Levanta-te, [dd]batiza-te e [ee]lava os teus [ff]pecados, invocando o seu nome.

O Senhor advertiu Paulo de deixar Jerusalém e ir aos gentios

17 [2]**V**oltando eu para Jerusalém, quando orava no templo, achei-me em [gg]êxtase

---

[1] (21.37) Um comandante romano (gr. *chiliarchos*). Em uma legião de 6.000 homens havia seis comandantes.
[2] (22.17) Isso ocorreu, provavelmente, durante a primeira visita de Paulo a Jerusalém depois de sua conversão (At 9.26ss.).

q Santificação (NT): v. 28; At 26.18 (Mt 4.5; Ap 22.11)
r Veja At 20.4, marg. v
s Comp. Mt 21.10
t Comp. At 14.19; 16.19
u 2Co 11.23
v Comp. v. 38; At 17.5; 19.40
w Veja At 27.1, nota
x At 21.8-15
y At 24.7
z Veja At 21.11, marg. qq
a v. 37; At 22.24; 23.10, 16,32
b At 22.22; comp. Lc 23.18
c At 5.36
d 2Co 11.22; Fp 3.4-6; comp. At 16.38; 22.25,28
e At 22.2
f v. 1-23. Discursos de defesa de Paulo: veja At 28.17, nota
g Comp. Lc 12.11; 1Pe 3.15

h At 21.40
i v. 3-16
j At 5.34
k Lei (de Moisés): v. 3,12; At 23.3 (Êx 19.1; Gl 3.24)
l Gl 1.14
m Comp. Rm 10.2
n At 8.3; 1Tm 1.13
o At 23.14; 24.1; 25.15
p At 9.2
qq Comp. Jo 3.29; 10.4,27; 18.37; Ap 3.20
rr Comp. Is 63.9; Zc 2.8; Mt 25.45; 1Co 12.26
ss Comp. Dn 10.7
tt Veja At 9.7, nota
uu Orações da Bíblia (NT): v. 10; At 22.19 (Mt 6.9; Lc 11.2, nota)
vv Comp. At 2.37,38
ww Comp. 1Tm 3.7-10
xx Milagres (NT): v. 6-13; At 28.5 (Mt 8.3; At 28.8)
yy Gl 1.15
zz Eleição (individual): v. 14; Rm 8.33 (Dt 7.6; 1Pe 5.13)
aa Ef 1.9; comp. Cl 1.9; Hb 13.20,21
bb At 3.14; 7.52
cc Comp. At 23.11
dd Veja At 8.12, nota
ee At 2.38; comp. 1Co 5.7; 2Co 7.1; 2Tm 2.21; Tg 4.8; 1Jo 3.2,3
ff Veja Rm 3.23, nota
gg v. 17-21; comp. At 10.10

18 e vi aquele que me dizia: Apressa-te e sai logo de Jerusalém, porque não receberão o teu testemunho a meu respeito.

19 Eu [h]respondi: Senhor, eles bem sabem que eu lançava na prisão e açoitava nas sinagogas os que [i]criam em ti.

20 E, quando o sangue de Estêvão, tua [j]testemunha, [k]se derramava, eu também estava presente, aprovando sua morte, e até guardei as roupas dos que o matavam.

21 Então o Senhor me disse: Vai, [l]eu te enviarei para longe, aos [m]gentios.

A defesa de Paulo é interrompida; ele declara seus direitos de cidadão romano

22 **O**uviram-no até esta palavra. Então levantaram a voz, dizendo: [n]Tira da terra tal homem! Não merece viver!

23 Gritando eles, tirando de si as capas e lançando pó para o ar,

24 o [o]comandante mandou que o levassem para a fortaleza, dizendo que o [p]interrogassem e açoitassem, para saber por que assim gritavam contra ele.

25 Quando o haviam [q]amarrado, [r]disse Paulo ao oficial que ali estava: É permitido a vós açoitar um cidadão [s]romano, sem ser condenado?

26 Ouvindo isso, o [t]oficial foi e avisou o comandante, dizendo: O que vais fazer? Este homem é cidadão romano.

27 Vindo o comandante, perguntou-lhe: Dize-me, és tu cidadão romano? E ele respondeu: Sim, sou.

28 Então disse o comandante: Eu por grande soma de dinheiro alcancei o direito de cidadão. Paulo respondeu: Eu, porém, o sou [1]de nascimento.

29 Imediatamente se afastaram dele os que o haviam de interrogar. E até o comandante teve temor, quando soube que havia prendido um cidadão romano.

Paulo é apresentado ao Sinédrio

30 **N**o dia seguinte, querendo o comandante saber ao certo por que ele era acusado pelos judeus, soltou-o das prisões e mandou que se reunissem os principais sacerdotes e todo o [u]Sinédrio. Então trouxe Paulo e o apresentou diante deles.

23 **P**aulo fixou os olhos no [2]Sinédrio e [v]disse: Irmãos, até o dia de hoje tenho andado diante de Deus com [w]toda a boa consciência.

2 O sumo sacerdote, [x]Ananias, porém, mandou aos que estavam junto dele que o [y]ferissem na boca.

3 Então Paulo lhe [z]disse: Deus te ferirá, parede [a]branqueada! Tu estás aqui assentado para julgar-me conforme a lei, e contra a [b]lei me mandas ferir?

4 Os que estavam ali disseram: Ousas insultar o sumo sacerdote de Deus?

5 Respondeu Paulo: Não sabia, irmãos, que ele era o sumo sacerdote; pois está [c]escrito: Não dirás mal do príncipe do teu povo.

Paulo apela aos fariseus

6 Então Paulo, sabendo que uma parte era de [d]saduceus e outra de [e]fariseus, gritou no Sinédrio: Irmãos, eu sou fariseu, filho de fariseu. Por causa da esperança da [f]ressurreição dos mortos estou sendo julgado.

7 Havendo ele dito isso, houve confusão entre os fariseus e os saduceus, e a multidão se dividiu.

8 Os saduceus dizem que não há ressurreição, nem [g]anjo, nem espírito, mas os fariseus reconhecem uma e outra coisa.

9 Começou um grande clamor e, levantando-se alguns [hh]mestres da lei da parte dos fariseus, discutiam, dizendo: Nenhum mal achamos neste homem. E, se algum espírito ou anjo lhe falou, não resistamos a Deus.

10 A discussão ficou tão violenta que o comandante, temendo que Paulo fosse despedaçado, mandou que os soldados descessem e o tirassem do meio deles, e o levassem para a fortaleza.

A graça do Senhor para com Paulo

11 **N**a noite seguinte, o [ii]Senhor [jj]apresentou-se a ele e disse: Paulo, [kk]tem bom ânimo! Como de mim testificaste em [ll]Jerusalém, assim importa que [mm]testifiques também em [nn]Roma.

Conspiração sob juramento para matar Paulo

12 **Q**uando já era dia, [oo]os judeus fizeram uma conspiração e juraram que não comeriam nem beberiam enquanto não [pp]matassem Paulo.

13 Eram mais de quarenta os que armaram essa conspiração.

14 Esses foram falar com os principais sacerdotes e [qq]presbíteros, e disseram: Juramos sob

[h] Orações da Bíblia (NT): v. 19,20; Ef 1.16 (Mt 6.9; Lc 11.2, nota); comp. At 8.3
[i] Fé: v. 19; At 24.14 (Gn 3.20; Hb 11.39, nota)
[j] Comp. Ap 2.13; 17.6
[k] At 7.54–8.1
[l] At 9.15; 13.2,47; Rm 11.13; Gl 2.7,8; Ef 3.7,8
[m] Veja Ef 3.6, nota
[n] At 21.36; comp. 1Ts 2.16
[o] Veja At 21.37, nota
[p] v. 29
[q] Comp. At 21.11
[r] v. 25-30; veja At 28.17, nota
[s] At 16.37; 23.27; 25.16
[t] Veja At 27.1, nota
[u] Comp. At 4.15; 5.27,34,41; 6.12,15; 23.15; 24.20
[v] v. 1-10. Discursos de defesa de Paulo: veja At 28.17, nota

[w] At 24.16; 2Co 1.12; 2Tm 1.3; Hb 13.18; comp. 1Pe 3.15,16; 1Jo 3.21
[x] Comp. At 24.1; 25.2
[y] Comp. 1Rs 22.24; Is 50.6; Mt 27.30; Jo 18.22
[z] Comp. Jo 18.23
[a] Comp. Mt 23.27
[b] Lei (de Moisés): v. 3,5; At 23.29 (Êx 19.1; Gl 3.24)
[c] Inspiração: v. 5; At 24.14 (Êx 4.15; 2Tm 3.16); Êx 22.28; comp. Lv 19.15
[d] Veja Mt 3.7, nota 3
[e] Veja Mt 3.7, nota 2
[f] At 24.15,21; 26.6-8; 28.20
[g] Veja Jz 2.1 e Hb 1.4, notas
[hh] Veja Mt 2.4, nota
[ii] Comp. Sl 46.1-7; Mt 28.20
[jj] Comp. At 18.9-11; 27.23,24
[kk] Comp. Mt 9.2; 14.27; Jo 16.33; At 27.22, 25,36
[ll] At 21.18,19; 22.1-21
[mm] Comp. Jo 1.7,8; 15.27
[nn] At 28.23
[oo] Comp. Jo 16.2,3
[pp] At 9.23,24; 25.3; 26.21; 27.42
[qq] At 4.5,23; 6.12; 22.5; 24.1; 25.15

[1] (22.28) Paulo era romano de nascimento em razão de seu pai ter cidadania romana.

[2] (23.1) Pela quinta vez, o Sinédrio foi obrigado a ouvir o testemunho e a dar sua opinião quanto às alegações de Cristo e de seus discípulos quanto à sua Pessoa. As outras ocasiões foram os julgamentos 1) de Jesus (Lc 22.66-71), 2) de Pedro e João (At 4.5-22), 3) dos Doze (At 5.21-40) e 4) de Estêvão (At 6.12–7.60).

pena de maldição a não provarmos nada até que matemos Paulo.

15 Agora, pois, vós e o [r]Sinédrio, pedi ao [s]comandante que o traga amanhã, como que querendo saber mais alguma coisa de sua causa. Antes que chegue, estaremos [t]prontos para matá-lo.

16 **O** sobrinho de Paulo, porém, tendo sabido da cilada, foi, entrou na fortaleza e avisou Paulo.

17 Paulo chamou a si um dos [u]oficiais e disse: Leva este jovem ao comandante; ele tem alguma coisa que lhe comunicar.

18 Tomando-o ele, levou-o ao comandante e disse: O [v]preso Paulo, chamando-me a si, pediu-me que te trouxesse este jovem, que tem alguma coisa para dizer-te.

19 O comandante tomou-o pela mão e, em particular, perguntou-lhe: Que tens que me contar?

20 Disse ele: Os judeus combinaram pedir-te que amanhã leves Paulo ao Sinédrio, como que tendo de tirar dele mais detalhes sobre o caso.

21 Mas tu não te deixes levar, porque mais de quarenta homens entre eles lhe [w]armaram ciladas, os quais [x]juraram, sob pena de maldição, não comerem nem beberem até que o tenham morto. Agora estão prontos, esperando a tua promessa.

22 Então o comandante despediu o jovem, ordenando-lhe que a ninguém dissesse que lhe havia contado aquilo.

Paulo é levado a Cesareia durante a noite

23 Chamando dois oficiais, disse-lhes: Aprontai para esta [y]noite, às [z]três horas, duzentos soldados de infantaria, setenta cavaleiros e duzentos lanceiros para irem até [a]Cesareia.

24 E mandou que providenciassem montaria para que Paulo montasse, para o levarem com segurança ao governador Félix.

25 E escreveu-lhe uma [b]carta, que dizia:

26 **C**láudio Lísias, a Félix, excelentíssimo governador, saúde.

27 Este homem foi [c]preso pelos judeus e, estando já a ponto de ser morto por eles, cheguei eu com a tropa e o livrei, ao saber que era [d]romano.

28 Querendo saber por que o acusavam, levei-o ao Sinédrio deles.

29 Achei que o acusavam de algumas [e]questões da sua [f]lei, mas que [g]nenhum crime havia nele digno de morte ou de prisão.

30 Sendo-me informado que os judeus haviam de armar ciladas a esse homem, logo o enviei a ti, ordenando também aos acusadores que perante ti digam o que tiverem contra ele. Passa bem.

31 **T**omando os soldados a Paulo, como lhes fora mandado, levaram-no de noite a [h]Antipátride.

32 No dia seguinte, deixando os de cavalaria irem com ele, voltaram à fortaleza.

33 Quando a cavalaria chegou a [i]Cesareia, entregou a [j]carta ao governador e lhe apresentou Paulo.

34 O governador, tendo lido a carta, perguntou de que província ele era. Sabendo que era da [k]Cilícia, disse:

35 Eu te ouvirei quando aqui vierem os teus [l]acusadores. E mandou que o prendessem no palácio de Herodes.

Paulo perante Félix, o governador

24 **C**inco dias depois, o sumo sacerdote [m]Ananias desceu com os presbíteros e certo Tértulo, advogado, os quais compareceram perante o governador contra Paulo.

A acusação

2 Sendo Paulo chamado, Tértulo começou a [n]acusá-lo, dizendo:

3 Visto que em seu governo temos tanta paz, e por tua prudência se fazem a este povo muitas e louváveis obras, sempre e em todo lugar, ó excelentíssimo Félix, com todo o agradecimento o queremos reconhecer.

4 Todavia, para que não te tome muito tempo, peço-te que nos ouças por pouco tempo.

5 Temos achado que este homem é uma peste, que promove confusões entre todos os judeus, por todo o [o]mundo. Ele é o principal defensor da seita dos [p]nazarenos,

6 e até tentou [q]profanar o templo; por isso, o prendemos e, conforme a nossa [rr]lei, o quisemos [ss]julgar.

7 Intervindo, porém, o [tt]comandante Lísias [uu]tirou-o de nossas mãos com grande violência,

8 [vv]mandando seus acusadores que viessem a ti; e, dele tu mesmo, interrogando-o, poderás entender tudo aquilo de que o acusamos.

9 Os judeus também o acusavam, dizendo serem estas coisas assim.

A defesa de Paulo diante de Félix

10 **P**aulo, porém, fazendo-lhe o governador sinal que falasse, [ww]respondeu: Sei que já vai para muitos anos que desta nação és juiz; de modo que com melhor ânimo respondo por [xx]mim.

11 Podes facilmente verificar que não há mais de doze dias que subi a Jerusalém para [yy]adorar,

[r] Veja At 22.30, marg. u
[s] Veja At 21.37, nota
[t] Comp. Sl 37.32,33
[u] Veja At 27.1, nota
[v] Comp. Ef 3.1
[w] v. 30; comp. Lc 11.53,54
[x] v. 12-14
[y] Comp. At 9.25; 17.10
[z] 9 da noite. Veja Jo 19.14, nota
[a] At 8.40
[b] v. 26-30
[c] At 21.30,33
[d] Veja At 22.25, marg. s
[e] Comp. At 18.14,15; 25.19
[f] Lei (de Moisés): v. 29; At 24.6 (Êx 19.1; Gl 3.24)
[g] At 25.25; 26.31; comp. 25.11; 28.18

[h] Situada a aprox. 65 km de Jerusalém. Herodes, o Grande, lhe pôs o nome de seu pai
[i] At 8.40
[j] At 23.26-30
[k] At 21.39
[l] At 24.1; comp. 24.19; 25.16
[m] At 23.2; 25.2
[n] Comp. Mt 27.12
[o] Gr. oikoumene. Veja Lc 2.1, nota
[p] Veja Mt 2.23, nota
[q] At 21.28
[rr] Lei (de Moisés): v. 6,14; At 25.8 (Êx 19.1; Gl 3.24)
[ss] Comp. Jo 18.31
[tt] Veja At 21.37, nota
[uu] At 23.10
[vv] At 23.30
[ww] v. 10-23. Discursos de defesa de Paulo: veja At 28.17, nota
[xx] Comp. 1Pe 3.15
[yy] At 21.15

12 e não me acharam no templo discutindo com alguém nem agitando o povo, quer nas sinagogas, quer na cidade.

13 Tampouco podem provar as coisas de que agora me acusam.

14 Confesso-te, porém, isto: que, conforme o Caminho a que chamam seita, assim sirvo ao Deus de nossos [z]pais, [a]crendo tudo o que está [b]escrito na lei e nos [c]profetas.

15 Tendo [d]esperança em Deus, como estes mesmos também esperam, de que [e]há de haver [f]ressurreição tanto dos justos como dos injustos.

16 Por isso, sempre procuro ter uma [g]consciência limpa, tanto para com Deus como para com os homens.

17 Ora, muitos anos depois, vim trazer à minha nação [h]esmolas e ofertas.

18 Estando eu ocupado nessas coisas, [i]me acharam já [j]purificado no templo, não em ajuntamentos, nem com alvoroço, certos judeus da Ásia,

19 que convinha que comparecessem perante ti e me acusassem, se alguma coisa contra mim tivessem.

20 Ou digam estes mesmos, se acharam em mim algum crime, quando compareci perante o [k]Sinédrio,

21 a não ser estas palavras, que, estando entre eles, falei em alta voz: Hoje sou julgado por vós [l]acerca da ressurreição dos mortos.

22 **E**ntão Félix, que era bem informado acerca do [m]Caminho, adiou a questão, dizendo: Quando o comandante [n]Lísias tiver descido, tomarei inteiro conhecimento da vossa causa.

23 E ordenou ao [o]oficial que o mantivesse na prisão, tratando-o com brandura, e [p]que a ninguém dos seus proibisse servi-lo ou vir ter com ele.

Félix adia o caso

24 Alguns dias depois, vindo Félix com [q]Drusila, sua mulher, que era judia, mandou chamar Paulo e ouviu-o acerca da [r]fé em Cristo.

25 E, [s]discorrendo ele sobre a [t]justiça, o [u]domínio próprio e o [v]juízo vindouro, Félix, apavorado, disse: Por enquanto basta; saia. Quando eu achar conveniente, de novo te chamarei.

26 Esperava ao mesmo tempo que Paulo lhe desse dinheiro, para que o soltasse, pelo que também muitas vezes o mandava chamar e falava com ele.

Dois anos em Cesareia

27 Passados dois anos, Félix teve por sucessor a Pórcio Festo, mas, querendo Félix [w]agradar os judeus, deixou Paulo [x]preso.

[z] Comp. 2Tm 1.3
[a] Fé: v. 14; At 27.25 (Gn 3.20; Hb 11.39, nota)
[b] Inspiração: v. 14; At 26.22 (Êx 4.15; 2Tm 3.16)
[c] At 3.18,21; 13.40; 26.22,23
[d] At 23.6; 26.6,7; 28.20
[e] Dn 12.2; Jo 5.28,29
[f] Ressurreição: v. 15,21; At 25.19 (2Rs 4.35; 1Co 15.52, nota)
[g] Veja At 23.1, marg. w
[h] At 11.29,30; comp. 2Co 8.1–9.15
[i] At 21.27
[j] At 21.26
[k] Veja At 22.30, marg. u
[l] At 23.6
[m] At 9.2; 18.26; 19.9,23; 22.4; comp. Jo 14.5,6
[n] At 23.26
[o] Veja At 27.1, nota
[p] Comp. At 28.30
[q] Veja Mc 6.14, nota
[r] Jo 3.15; 5.24; 11.25; 12.46; 20.31; Rm 10.9
[s] Comp. At 17.2; 18.4,19
[t] Veja Rm 10.10, nota
[u] Gl 5.23
[v] Juízos (os sete): v. 25; Rm 1.32 (2Sm 7.14; Ap 20.12)
[w] Comp. Mc 15.15; At 12.3; 25.9
[x] At 25.14

Paulo perante Festo, o novo governador

25 Três dias depois de entrar na província, Festo subiu de [y]Cesareia a Jerusalém,

2 onde os principais sacerdotes e os [zz]dirigentes dos judeus compareceram perante ele, com acusações contra Paulo. Rogaram-lhe,

3 pedindo como favor contra Paulo que o fizesse vir a Jerusalém, [aa]armando ciladas para o [bb]matarem no caminho.

4 Festo, porém, respondeu que Paulo estava detido em Cesareia e que ele brevemente partiria para lá.

5 Portanto, disse, desçam comigo alguns dos vossos dirigentes e, [cc]se neste homem houver algum crime, acusem-no.

6 Não se demorando entre eles mais de dez dias, desceu a Cesareia e, no dia seguinte, assentou-se no [dd]tribunal e mandou que trouxessem Paulo.

7 Chegando ele, cercaram-no os judeus que haviam descido de Jerusalém, trazendo contra Paulo muitas e graves [ee]acusações, que não podiam provar.

8 Paulo, porém, em sua [ff]defesa, disse: [gg]Eu [hh]não pequei em coisa alguma contra a [ii]lei dos judeus, nem contra o templo, nem [jj]contra [kk]César.

9 Todavia Festo, querendo agradar os judeus, respondeu a Paulo: Queres tu subir a Jerusalém e ser lá perante mim julgado por estas coisas?

Paulo apela a César

10 Paulo respondeu: Estou perante o tribunal de César, onde [ll]devo ser julgado. Não fiz mal algum aos judeus, como tu muito bem sabes.

11 Se fiz algum mal ou cometi alguma coisa digna de morte, não recuso morrer. Se nada, porém, há das coisas de que me acusam, ninguém pode entregar-me a eles. [mm]Apelo para César.

12 Então Festo, tendo falado com o [nn]conselho, respondeu: Apelaste para César. Para César irás.

Festo relata o caso ao rei Agripa

13 **P**assados alguns dias, o rei [oo]Agripa e [pp]Berenice vieram a Cesareia, a saudar Festo.

14 Como ali ficaram muitos dias, Festo contou ao rei o caso de Paulo, dizendo: Certo homem foi deixado por Félix aqui [qq]preso,

15 a respeito do qual os principais sacerdotes e os [rr]líderes religiosos dos judeus, estando eu em Jerusalém, compareceram perante mim, pedindo sentença contra ele.

16 Respondi-lhes não ser costume dos romanos entregar um homem à morte sem que o

[y] At 8.40
[zz] At 24.1
[aa] Comp. At 23.14-16,21
[bb] Veja At 23.12, marg. p
[cc] Comp. 1Sm 24.11; Sl 7.3-6
[dd] Comp. Jo 19.13
[ee] At 24.5; comp. Mt 5.11,12; 1Pe 4.12-16
[ff] v. 8-12. Discursos de defesa de Paulo: veja At 28.17, nota
[gg] Comp. Jr 37.18; Dn 6.22; Jo 10.32
[hh] Lei (de Moisés): v. 8; At 28.23 (Êx 19.1; Gl 3.24)
[ii] At 24.12
[jj] Comp. Rm 13.1-5
[kk] O imperador Nero, 54-68 d.C.
[ll] Veja At 22.25, marg. S
[mm] At 26.32; 28.19; comp. 23.11; 27.24
[nn] Comp. Mt 12.14
[oo] Herodes Agripa II. Veja Mc 6.14, nota
[pp] Veja Mc 6.14, nota
[qq] At 24.27
[rr] Veja At 23.14, marg. q

[s]acusado tenha presentes os seus acusadores e possa defender-se da acusação.

17 De modo que, chegando eles aqui juntos, no dia seguinte, sem me demorar, assentei-me no tribunal e mandei que trouxessem o homem.

18 Levantando-se seus acusadores, não apresentaram nenhuma acusação das coisas perversas de que eu suspeitava.

19 Tinham, porém, contra ele algumas [t]questões acerca de sua superstição e de um tal Jesus, defunto, que Paulo afirmava [u]viver.

20 Estando eu perplexo quanto ao modo de [v]investigar esta causa, perguntei se queria ir a Jerusalém e lá ser julgado por essas coisas.

21 [w]Apelando, porém, Paulo para que fosse reservado ao julgamento do [x]imperador, mandei que o prendessem até que o enviasse a César.

22 Então Agripa disse a Festo: Bem quisera [y]ouvir também esse homem. Respondeu-lhe ele: Amanhã o ouvirás.

Agripa prepara-se para ouvir Paulo

23 **No** dia seguinte, vindo Agripa e Berenice, com muito aparato, entraram no [z]auditório com os chefes militares e os principais da cidade. Então, por ordem de Festo, foi trazido [a]Paulo.

24 Disse Festo: Rei Agripa e todos os que estais presentes conosco, aqui vedes um homem de que toda a multidão dos judeus me tem falado, tanto em Jerusalém como aqui, dizendo que não [b]convém que viva mais.

25 Achando, porém eu que [c]nenhuma coisa digna de morte fizera, e apelando ele mesmo para o imperador, resolvi enviá-lo.

26 Não tenho, porém, coisa alguma definitiva que escrever a meu senhor; por isso, perante vós o trouxe, principalmente perante [d]ti, ó rei Agripa, para que, depois de interrogado, tenha alguma coisa que escrever.

27 Pois não me parece razoável enviar um preso sem especificar contra ele as acusações.

Defesa de Paulo perante Agripa

Comp. At 9.1-18; 22.1-16

26 Então [e]Agripa disse a Paulo: Tens permissão para te defenderes. Paulo, estendendo a mão em sua [f]defesa, respondeu:

2 Tenho-me por [g]contente, ó rei Agripa, de que perante ti [h]me haja hoje de defender de todas as coisas de que sou [i]acusado pelos judeus,

3 principalmente sabendo que tens conhecimento de todos os [j]costumes e questões que há entre os judeus. Portanto, peço-te que me ouças com paciência.

4 A minha vida, desde a mocidade, o que tem sido sempre entre o meu povo e em Jerusalém, todos os judeus a sabem.

5 Eles me conhecem desde o princípio e, se o quiserem, podem testificar que, conforme a mais severa seita da nossa religião, vivi [k]fariseu.

6 E agora, pela [l]esperança da [m]promessa que por Deus foi feita a nossos pais, estou aqui e sou [n]julgado.

7 Essa é a promessa que nossas [o]doze tribos esperam, servindo a Deus continuamente, noite e dia. Por causa dessa esperança, ó rei Agripa, eu sou acusado pelos judeus.

8 Por que é que se julga coisa incrível entre vós que Deus ressuscite os [p]mortos?

9 Eu também estava convencido de que [q]contra o nome de [r]Jesus de Nazaré devia fazer todo o possível.

10 E foi isso o que fiz [ss]em Jerusalém. Tendo recebido [tt]autoridade dos principais sacerdotes, lancei muitos dos [uu]santos nas prisões, e, quando os [vv]matavam, eu dava o [ww]meu voto contra eles.

11 Castigando-os muitas vezes por todas as sinagogas, obriguei-os a blasfemar. E, enfurecido demasiadamente contra eles, até nas cidades estranhas os persegui.

12 Numa dessas viagens, indo eu a Damasco, com autoridade e comissão dos principais sacerdotes,

13 ao meio-dia, ó rei, vi no caminho uma luz do céu, a qual excedia o brilho do sol, cuja claridade envolveu a mim e aos que iam comigo.

14 Caindo nós todos por terra, [xx]ouvi uma voz que me falava, em língua [yy]hebraica: Saulo, Saulo, por que me persegues? Dura coisa é resistires aos [zz]aguilhões.

15 Disse eu: Quem és, Senhor? Respondeu ele: Eu sou Jesus, a quem tu persegues.

16 Agora [aa]levanta-te e põe-te em pé. Eu [bb]te apareci por isto, para te [cc]fazer [dd]ministro e testemunha tanto das coisas que tens visto como daquelas pelas quais te aparecerei ainda.

17 Eu te livrarei deste povo, e dos [ee]gentios, a quem agora te envio,

18 para lhes abrir os olhos, e das trevas os converter à luz, e do poder de [ff]Satanás a Deus, para que recebam [gg]perdão dos [hh]pecados e [ii]herança entre aqueles que são [jj]santificados pela fé em mim.

19 **Pelo** que, ó rei Agripa, não fui desobediente à visão celestial.

20 Antes [kk]anunciei, primeiramente aos que estão em Damasco e em Jerusalém, e por toda a terra da Judeia, e aos gentios, que se arrependessem e se convertessem a Deus, fazendo obras dignas de [ll]arrependimento.

---

s Veja At 23.35, marg. l
t At 23.29; comp. 18.14,15
u Ressurreição: v. 19; At 26.6 (2Rs 4.35; 1Co 15.52, nota)
v Veja At 25.19, marg. t
w At 25.11,12
x Veja At 25.8, marg. k
y Comp. Lc 23.8
z Veja At 21.37, nota
a At 9.15
b At 21.36
c At 23.29; 26.31
d Comp. At 26.2,3
e Veja At 25.13, marg. o
f v. 1-32. Discursos de defesa de Paulo: veja At 28.17, nota
g 1Pe 3.14; 4.14; comp. Fp 4.11
h 1Pe 3.15,16
i At 21.28; 24.5,6
j Comp. At 6.14

k Veja Mt 3.7, nota 2
l Ressurreição: v. 6,7,8; At 26.23 (2Rs 4.35; 1Co 15.52, nota)
m At 13.32,33; comp. Gn 3.15; 22.18; 49.10
n At 23.6
o Comp. Êx 1.1-5; 28.21; Tg 1.1
p Comp. v. 23
q 1Co 15.9; 1Tm 1.12,13
r At 2.22; 10.38
ss At 8.1-3; Gl 1.13
tt At 9.14
uu Veja Rm 1.7, nota
vv Comp. Ap 6.9; 20.4
ww Comp. At 7.58
xx Veja At 9.7, nota
yy Comp. Jo 5.2; 19.20; At 21.40; 22.2
zz At 9.5
aa Comp. Ez 2.1; Dn 10.11
bb Comp. Is 14.27
cc Comp. At 22.14,15
dd Ef 3.6-8
ee Veja Ef 3.6, nota
ff Satanás: v. 18; Rm 16.20 (Gn 3.1; Ap 20.10)
gg Perdão: v. 18; Rm 4.7 (Lv 4.20; Mt 26.28, nota)
hh Veja Rm 3.23, nota
ii At 20.32; Ef 1.11; Cl 1.12; 1Pe 1.3-5
jj Santificação (NT): v. 18; Rm 1.2 (Mt 4.5; Ap 22.11)
kk Veja At 1.8, nota
ll Arrependimento: v. 20; Rm 2.4 (Mt 3.2; At 17.30, nota)

21 Por causa disto, os judeus me agarraram no templo e procuraram [m]matar-me.

22 Alcançando, porém, socorro de Deus, até o dia de hoje permaneço, dando testemunho tanto a pequenos como a grandes, não dizendo nada mais do que o que os profetas e Moisés [n]disseram que deveria acontecer;

23 isto é, [1]que o [o]Cristo devia [p]sofrer e, sendo o primeiro da [q]ressurreição dos mortos, devia anunciar a [r]luz a este povo e aos gentios.

Apelo pessoal a Agripa

24 **A** esta altura, Festo interrompeu a defesa de Paulo, gritando: Estás [s]louco, Paulo! As muitas letras te fazem delirar.

25 Paulo, porém, respondeu: Não deliro, ó excelentíssimo Festo, antes digo palavras de verdade e de perfeito juízo.

26 O rei, diante de quem falo com ousadia, [t]sabe essas coisas. Creio que nada disso lhe é estranho, porque isso não passou em um lugar qualquer.

27 Crês tu nos profetas, ó rei Agripa? Bem sei que [u]crês.

28 Disse Agripa a Paulo: [2]Pensas que em tão pouco tempo podes convencer-me a fazer-me cristão?

29 Respondeu Paulo: Peço a Deus que, por pouco ou por muito, não somente tu, mas também todos os que hoje me estão ouvindo se tornassem tais qual eu sou, exceto estas algemas.

30 **D**izendo ele isso, levantou-se o rei, o governador e Berenice, e os que com eles estavam assentados.

31 Retiraram-se dali e falavam uns com os outros, dizendo: Este homem [v]nada fez digno de morte ou de prisão.

32 Então Agripa disse a Festo: Este homem bem podia [w]ser solto, se não tivesse [x]apelado para César.

Paulo é enviado a Roma

27 Quando se determinou que [y]navegássemos para a Itália, entregaram Paulo e alguns outros presos a um [3]oficial por nome Júlio, da coorte augusta.

2 E, embarcando em um navio de Adramítio, que estava prestes a navegar em demanda dos portos da costa da Ásia, fizemo-nos ao mar, estando conosco [z]Aristarco, macedônio, de Tessalônica.

3 No dia seguinte, chegamos a Sidom, e Júlio, [a]tratando Paulo humanamente, permitiu-lhe ir ver os amigos, para que cuidassem dele.

4 Partindo dali, fomos navegando abaixo de Chipre, porque os ventos eram contrários.

5 Tendo atravessado o mar, ao longo da Cilícia e Panfília, chegamos a Mirra, na Lícia.

6 Achando ali o [b]oficial um navio de [c]Alexandria, que navegava para a [d]Itália, fez-nos embarcar nele.

7 Como por muitos dias navegamos vagarosamente, havendo chegado apenas em Cnido, não nos permitindo o vento ir mais adiante, navegamos abaixo de [e]Creta, à altura de Salmone.

8 E, costeando-a com dificuldade, chegamos a um lugar chamado Bons Portos, perto do qual estava a cidade de Laseia.

9 **T**endo decorrido muito tempo e sendo já [f]perigosa a navegação, porque o [4]jejum já havia passado, Paulo advertia-os,

10 dizendo: Senhores, [g]vejo que a viagem será desastrosa e causará muito dano, não só para o navio e a carga, mas também para as nossas vidas.

11 O oficial, porém, cria mais no piloto e no dono do navio do que no que Paulo dizia.

12 Como aquele porto não era próprio para invernar, os mais deles foram de parecer que se partisse dali para ver se podiam chegar a Fênice, um porto de Creta que dá para o nordeste e para o sudoeste, e ali invernar.

13 **S**oprando o vento sul brandamente e pensando terem já o que desejavam, levantaram âncora e foram mais de perto costeando a ilha de Creta.

A tempestade

14 Não muito depois, porém, desencadeou-se do lado da ilha um pé de vento, [h]chamado vento Nordeste.

[m] Veja At 23.12, marg. p
[n] Inspiração: v. 22,23; At 28.23 (Êx 4.15; 2Tm 3.16)
[o] Cristo (primeira vinda): v. 23; Rm 1.3 (Gn 3.15; At 1.11, nota)
[p] Sacrifício (de Cristo): v. 23; Rm 3.25 (Gn 3.15; Hb 10.18, nota)
[q] Ressurreição: v. 23; At 28.20 (2Rs 4.35; 1Co 15.52, nota)
[r] Evangelho: v. 23; At 28.31 (Gn 12.3; Ap 14.6)
[s] Comp. Jo 10.20
[t] At 26.3
[u] Comp. Tg 2.19
[v] At 25.25
[w] At 28.18
[x] At 25.11; comp. 23.11
[y] Comp. At 20.6; 21.1; 28.16; veja At 16.10, nota
[z] Veja At 19.29, marg. f
[a] Comp. Pv 16.7
[b] Veja v. 1, nota
[c] At 28.11
[d] v. 1
[e] Tt 1.5
[f] Comp. 2Co 11.25
[g] Comp. Am 3.7
[h] Comp. Sl 107.25

[1] (26.23) Aqui está, em essência, o evangelho que Paulo pregava e que os crentes devem sempre proclamar: "Que Cristo morreu por nossos pecados, segundo as Escrituras, foi sepultado e ressurgiu ao terceiro dia, segundo as Escrituras" (1Co 15.3,4). Naturalmente, o apóstolo aprofundou essas verdades, mas aqui está o cerne do evangelho.

[2] (26.28) A resposta de Agripa à pergunta de Paulo no v. 27 provavelmente não significa que ele estava a ponto de se tornar cristão, mas que percebeu que Paulo estava tentando usar a fé que o rei tinha nos profetas (v. 22,23,27) para levá-lo a concordar com o que havia falado sobre Cristo. Assim, os v. 28,29 poderiam ser parafraseados desta maneira: "'Com estas poucas palavras você está tentando me transformar num cristão?' Respondeu Paulo: 'Que Deus permitisse que, com poucas palavras ou com muitas, não apenas tu...'" etc.

[3] (27.1) Um centurião romano, que comandava cem soldados.

[4] (27.9) Este jejum, ou festa, era o dia judaico da expiação, comemorado no dia dez do sétimo mês (Lv 23.27; tb. Lv 23.2, *nota 2*).

15 Sendo o navio arrastado e não podendo
navegar contra o vento, cedemos à sua força e
ficamos à deriva.
16 Passando abaixo de uma pequena ilha
chamada Clauda, com muito esforço pudemos
segurar o bote salva-vidas.
17 Recolheram-no e usaram dos recursos dis-
poníveis para reforçar o navio com cordas;
temendo que fossem lançados nos bancos de
areia de Sirte, baixaram as velas e deixaram a
embarcação à deriva.
18 Como fomos violentamente agitados pela
tempestade, no dia seguinte começaram a
esvaziar o navio.
19 Ao terceiro dia, com as próprias mãos, [i]lan-
çaram ao mar a armação do navio.
20 Não aparecendo, havia já muitos dias,
nem sol nem estrelas e caindo sobre nós uma
grande tempestade, perdemos toda a espe-
rança de nos salvarmos.

A liderança de Paulo

21 **H**avendo eles estado muito tempo sem
comer, Paulo, pondo-se em pé no meio deles,
disse: Senhores, devíeis, na verdade, ter-me
[j]ouvido e não ter partido de Creta, para evitar
este dano e esta perda.
22 Agora, pois, [k]recomendo-lhes [l]que tenhais
bom ânimo, porque não se perderá a vida de
nenhum de vós, mas somente o navio.
23 Esta mesma noite o [m]anjo de Deus, de
quem eu sou e a quem sirvo, [n]esteve comigo,
24 dizendo: Paulo, [o]não temas. Importa que
sejas apresentado a César, e Deus te deu [p]todos
os que navegam contigo.
25 Portanto, senhores, tende bom ânimo,
pois [q]creio em Deus que há de acontecer assim
como me foi dito.
26 Contudo é necessário que caiamos
numa [r]ilha.
27 **C**hegada a décima quarta noite, sendo
nós ainda jogados de um lado a outro lado
no mar Adriático, por volta da meia-noite
suspeitaram os marinheiros que estavam
próximos de terra.
28 Lançando a sonda, mediram vinte [s]braças.
Passando um pouco mais adiante, tornando a
lançar a sonda, mediram quinze [1]braças.
29 Ora, temendo bater em rochedos, lan-
çaram da popa quatro âncoras e esperavam
ansiosos que amanhecesse.
30 Procurando, porém, os marinheiros fugir
do navio e tendo já jogado o barco salva-vidas
ao mar, sob o pretexto de irem lançar âncoras
pela proa,
31 disse Paulo ao oficial e aos soldados:
[t]Se estes não ficarem no navio, não podereis
salvar-vos.
32 Então os soldados cortaram os cabos do
[u]barco salva-vidas e o deixaram cair.

[i] Comp. Jn 1.5
[j] v. 9,10
[k] Comp. 1Sm 30.6; Sl 112.7; 2Co 1.4; 4.8,9
[l] Veja At 23.11, marg. k

[m] Veja Jz 2.1, nota
[n] Comp. At 23.11, 2Tm 4.17
[o] Comp. Is 41.10, 13,14; 43.1
[p] v. 43,44; comp. Gn 18.23-33
[q] Fé: v. 25; At 28.24 (Gn 3.20; Hb 11.39, nota); Nm 23.19; Lc 1.45; Tt 1.2
[r] At 28.1
[s] Veja v. 28, nota
[t] v. 22-25; comp. Ez 36.36; Lc 4.9-12
[u] v. 16,30

[1] (27.28) Pesos e Medidas (NT). Os pesos e medidas no NT baseiam-se no uso hebreu, grego e romano; p. ex., "vara" (gr. *kalamos*) é uma unidade empregada pelos israelitas nos tempos do AT (Ez 40.5, heb. *Qãneh*), "estádios" (gr. *stadion*) é uma unidade grega, enquanto a "libra" do NT (gr. *litra*, do latim *libra*) é uma medida romana de menor peso que a libra moderna. O padrão de medidas do NT pode ser determinado com razoável exatidão, como se vê a seguir:

1) Medidas de comprimento. A unidade de medida linear na época do NT era o côvado, aprox. 50 cm de comprimento. Tabela:
4 côvados = 1 braça (gr. *orguia*), aprox. 2 m
6 côvados longos (Ez 40.5) = 1 vara, aprox. 3 m
400 côvados = 1 estádio, aprox. 200 m
5 estádios = jornada de um sábado, aprox. 1.000 m.

A jornada de um sábado é mencionada apenas uma vez na Bíblia (At 1.12). Evidentemente era a distância entre Jerusalém e o monte das Oliveiras. Mas a pergunta é: de que lugar em Jerusalém até que lugar do monte das Oliveiras? De acordo com os limites estabelecidos pelos antigos rabinos, a jornada de um sábado eram 2.000 côvados, ou seja, cerca de mil metros. Esta medida pode ter sido estabelecida pela distância que devia ser mantida entre os filhos de Israel e a arca da aliança na passagem do Jordão (Js 3.4); os rabinos devem ter presumido que havia a mesma distância entre as tendas do povo e o tabernáculo – distância que os israelitas teriam de percorrer a fim de oferecer culto.

2) Medidas de capacidade para secos
Gr. *modios* (Mt 5.15; Mc 4.21; Lc 11.33) = aprox. 8,8 l
Gr. *choinix* (Ap 6.6) = aprox. 1 l
Gr. *koros* (Lc 16.7) = aprox. 350 l

3) Medidas de capacidade para líquidos
Gr. *metretes* (Jo 2.6) = aprox. 39 l
Gr. *batos* (Lc 16.6) = aprox. 31 l

4) Pesos
Gr. *litra* (Jo 12.3) = 1 libra bíblica = aprox. 330 g
Gr. *talenton* = aprox. 45 kg

Pesos e Medidas (AT): veja 2Cr 2.10, *nota*.

33 Enquanto amanhecia, Paulo recomendava a todos a que comessem alguma coisa, dizendo: É já hoje o décimo quarto dia que esperais, e permaneceis sem comer, não havendo provado nada.

34 Portanto, recomendo-vos que comais alguma coisa. Disso [v]depende a vossa segurança. [w]Nem um cabelo cairá da cabeça de qualquer de vós.

35 E, havendo dito isso, tomou o pão, deu [x]graças a Deus na presença de todos e, [y]partindo-o, começou a comer.

36 Então todos reanimaram-se e se puseram também a comer.

37 Éramos ao todo no navio duzentas e setenta e seis pessoas.

38 Saciados com a comida, começaram a [z]aliviar o navio, lançando o trigo ao mar.

O navio rompe, mas todos são salvos

39 **S**endo já dia, [a]não conheceram a terra, mas enxergaram uma enseada com uma praia e consultaram se poderiam [b]encalhar nela o navio.

40 Levantando as âncoras, deixaram-nas no mar, largando também as amarras do leme. Então, içando a vela da proa, foram para a praia.

41 Dando, porém, num [c]banco de areia, encalharam ali o navio. Fixa a proa, o navio ficou imóvel, mas a popa abria-se com a força das ondas.

42 Então a ideia dos soldados [d]foi que matassem os presos para que nenhum fugisse, escapando a nado.

43 O oficial, porém, querendo [e]salvar Paulo, impediu-lhes dessa tentativa. Mandou que os que pudessem nadar fossem os primeiros a se lançar ao mar e alcançar terra.

44 Os demais deviam salvar-se, uns em tábuas e outros em destroços do navio. [f]Assim [g]todos chegaram a terra [h]salvos.

Chegada a Malta; o milagre da mordida da víbora

Comp. Mc 16.18

28 **E**stando salvos na praia, [i]souberam então que a ilha se chamava Malta.

2 Os nativos usaram conosco de muita bondade. Acenderam uma fogueira e nos [j]recolheram a todos por causa da chuva que caía e por causa do frio.

3 Havendo Paulo ajuntado um feixe de gravetos, colocou-os no fogo. Neste momento, uma víbora, fugindo do calor, prendeu-se à sua mão.

4 Quando os nativos viram a serpente pendurada na mão dele, diziam uns aos outros: Certamente este homem é assassino; pois, embora salvo do mar, a [k]Justiça não o deixa viver.

5 Sacudindo, porém, ele a cobra no fogo, [l]não sofreu mal nenhum.

6 Eles esperavam que Paulo viesse a inchar ou a cair morto de repente, mas, tendo esperado muito tempo e vendo que nenhum incômodo lhe aconteceu, [m]mudaram de opinião e diziam que era um [n]deus.

7 **P**róximo daquele lugar havia umas terras que pertenciam a Públio, o principal da ilha, o qual nos recebeu e hospedou [o]bondosamente por três dias.

A cura do pai de Públio

8 O pai dele estava de cama, doente, com febre e disenteria. Paulo foi vê-lo e, tendo [p]orado, [q]impôs-lhe as mãos e o [1]curou.

9 Feito isso, vieram também ter com ele os demais enfermos da ilha, e foram curados.

10 Esses nos prestaram muitas honras e, quando embarcamos, providenciaram-nos todas as coisas de que [r]necessitávamos.

Paulo chega a Roma

11 **T**rês meses depois, partimos num navio de [s]Alexandria que invernara na ilha, o qual tinha por emblema [t]Castor e Pólux.

12 Chegando a Siracusa, ficamos ali três dias.

13 Dali, indo costeando, viemos a Régio. Soprando, no dia seguinte, vento sul, chegamos em dois dias a Putéoli,

14 onde achamos alguns [u]irmãos que nos pediram para ficar com eles por sete dias. E assim nos dirigimos a Roma.

15 Os irmãos de lá, tendo recebido notícias nossas, saíram ao nosso encontro até a Praça de Ápio e às Três Vendas. Quando Paulo os viu, deu graças a Deus e [w]encorajou-se.

16 [ww]**L**ogo que chegamos a [xx]Roma, o [yy]oficial entregou os presos ao general do exército, mas a Paulo foi permitido morar à parte, com o [zz]soldado que o guardava.

Paulo testemunha aos judeus em Roma

17 **T**rês dias depois, Paulo convocou os principais dos [2]judeus. Quando eles se reuniram,

[v] Comp. Mt 15.32
[w] Comp. Mt 10.30; Lc 21.18
[x] 1Tm 4.4
[y] Comp. Mt 14.19; Lc 24.30; At 2.42; 20.11
[z] Comp. v. 18,19
[a] Comp. At 28.1
[b] Levar o barco para a costa
[c] Em algumas versões, "num lugar de dois mares", indicando que havia correntes contrárias
[d] Comp. v. 12
[e] Comp. Pv 16.7
[f] v. 22; comp. 2Co 1.8,10
[g] v. 24
[h] Comp. Gn 19.15,16; 1Sm 17.37; Dn 3.27; 6.22; Jo 2.10; At 5.18,19; 12.7; 16.26
[i] v. 39
[j] Comp. Hb 13.2

[k] Comp. v. 6
[l] Milagres (NT): v. 3-6,8,9; Ap 11.11 (Mt 8.3; At 28.8); Mc 16.18; Lc 10.19
[m] v. 4
[n] At 12.22; 14.11; comp. At 10.25; Ap 22.8,9
[o] Comp. At 27.3; 1Pe 3.8
[p] Comp. Tg 5.14,15
[q] At 19.11; comp. Mc 16.18; 1Co 12.9,28
[r] Fp 4.19
[s] At 27.6
[t] Filhos gêmeos de Zeus (mit. grega)
[u] Rm 1.8; comp. Mt 23.8; Lc 8.21; Jo 21.23; Rm 8.29; Hb 2.11; Ap 12.10; 19.10
[w] Comp. Js 1.6,7,9; Sl 27.14
[ww] Veja v. 30, nota
[xx] Comp. At 19.21; 23.11
[yy] Veja At 27.1, nota
[zz] At 24.23; 27.3

[1] (28.8) Os milagres nos tempos do NT autenticavam o testemunho dos mensageiros de Deus.

[2] (28.17) A defesa de Paulo diante dos judeus em Roma conclui uma série de importantes provas de sua inocência, provas que talvez tenham sido apresentadas como parte de sua defesa quando, posteriormente, compareceu diante de César. Paulo apresentou sua defesa diante 1) da multidão em Jerusalém (22.1-23),

Paulo lhes [a]disse: Irmãos, não havendo eu feito [b]nada contra o povo, ou contra os ritos paternos, vim, contudo, preso desde Jerusalém, [c]entregue nas mãos dos romanos.

18 Eles me examinaram e [d]queriam soltar-me, por não haver em mim crime algum de morte.

19 Opondo-se, porém, os judeus, foi-me forçoso [e]apelar para César, não tendo, contudo, de que acusar a minha nação.

20 Por essa causa vos chamei, para vos ver e falar. É por causa da [f]esperança de Israel que estou preso com estas [g]algemas.

21 Então eles lhe disseram: Nós não recebemos da Judeia cartas a teu respeito, nem veio aqui irmão algum que nos contasse ou [h]falasse mal de ti.

22 No entanto, bem quiséramos ouvir de ti o que pensas, pois, quanto a esta [i]seita, sabemos que em toda parte se fala contra ela.

23 Havendo-lhe eles marcado um dia, muitos foram ter com ele onde estava morando, aos quais [j]explicava com bom testemunho o [k]Reino de Deus e procurava convencê-los a respeito de Jesus, tanto pela [l]Lei de Moisés [m]como pelos Profetas, desde a manhã até a noite.

24 Alguns eram [n]convencidos pelo que ele dizia, mas outros não criam.

Paulo volta-se para os gentios
Comp. At 13.44; 18.6

25 Discordaram entre si e começaram a sair, havendo Paulo dito esta palavra: Bem falou o [o]Espírito Santo a nossos pais pelo profeta [p]Isaías:

26 Vai a este povo e dize:
Ouvindo, ouvireis,
e de maneira nenhuma entendereis;
vendo, vereis,
e de maneira nenhuma percebereis.

27 Pois o coração deste povo está endurecido;
com os ouvidos ouviram de má vontade,
e fecharam os olhos,
para que jamais vejam com os olhos,
nem ouçam com os ouvidos,
nem entendam com o coração,
e se [q]convertam e eu os cure.

28 Portanto, quero que saibais que esta [r]salvação de Deus é enviada aos [s]gentios, e eles ouvirão.

29 Havendo ele dito isso, partiram os judeus, tendo entre si grande discussão.

Dois anos em sua casa em Roma

30 **P**aulo ficou dois anos inteiros na sua [1]casa alugada e recebia todos os que o visitavam.

31 [t]Pregava o Reino de Deus e ensinava com toda a liberdade as coisas pertencentes ao Senhor Jesus Cristo, sem impedimento algum.

[a] Discursos de defesa de Paulo: veja v. 17, nota
[b] At 23.29; 26.31
[c] At 21.33
[d] At 26.32
[e] At 25.11
[f] Ressurreição: v. 20; Rm 1.4 (2Rs 4.35; 1Co 15.52, nota)
[g] Ef 3.1; 6.20; 2Tm 1.8
[h] Comp. Lc 2.34; 1Pe 2.12; 4.14
[i] Comp. At 24.5,14-16
[j] Comp. Gn 49.10; Nm 24.17; Ml 3.1; 4.2
[k] Veja Mt 6.33, nota
[l] Lei (de Moisés): v. 23; Rm 2.12 (Êx 19.1; Gl 3.24)
[m] Inspiração: v. 23,25-27; Rm 1.2 (Êx 4.15; 2Tm 3.16)
[n] Fé: v. 24; Rm 1.8 (Gn 3.20; Hb 11.39, nota)
[o] Espírito Santo (NT): v. 25; Rm 5.5 (Mt 1.18; At 2.4, nota)
[p] Is 6.9,10; Mt 13.14,15; Jo 12.40,41
[q] At 3.19; Is 6.9,10
[r] Veja Rm 1.16, nota
[s] Veja Ef 3.6, nota
[t] Evangelho: v. 31; Rm 1.1 (Gn 12.3; Ap 14.6)

2) do comandante (22.24-30), 3) do Sinédrio (23.1-10), 4) de Félix (24.10-23), 5) de Festo (25.8-12), 6) do rei Agripa II (26.1-32) e 7) dos judeus em Roma (28.17-28).

[1] (28.30) Tem-se debatido muito se Paulo esteve preso uma ou duas vezes entre 60 e 68 d.C. De Clemente a Eusébio, a tradição se inclina por dois períodos de prisão com um ano de liberdade entre eles. Tem sido destacado que Trófimo não pode ter sido deixado enfermo em Mileto (2Tm 4.20) durante a última viagem de Paulo a Jerusalém, pois, naquela ocasião, Trófimo não foi deixado ali (At 20.4; 21.29), nem pode ter sido em sua viagem a Roma para apresentar-se a César, pois, nessa ocasião, ele não passou por Mileto. Para que este incidente tenha sido possível, deve ter ocorrido uma libertação do primeiro aprisionamento e um intervalo de ministério e viagens.

AS EPÍSTOLAS DE PAULO

As epístolas de Paulo têm um caráter distinto. O AT contém profecias sobre a cruz, a ressurreição e a volta de Cristo. Nele, Israel ocupa um papel predominante ao longo da história e também na profecia sobre o futuro reino messiânico. Mas "oculto em Deus" (Ef 3.9) havia um período não revelado especificamente no AT: o intervalo após a crucificação e a ressurreição de Cristo e antes de seu regresso em glória. Além disso, no AT também não havia sido revelado de forma específica o propósito de Deus de chamar do mundo a Igreja, que é o corpo de Cristo. Em Mateus 16.17-19 o Senhor anunciou esse propósito, mas não explicou como, quando e nem de que elementos se construiria a Igreja. Em outras passagens dos Evangelhos, ele instituiu os dois sacramentos ou ordenanças da Igreja – o batismo (Mt 28.18-20) e a ceia do Senhor (Mt 26.26-29; Mc 14.22-25; Lc 22.19,20); no discurso na noite antes de sua crucificação (Jo 14–17), Cristo explicou o relacionamento que ele tinha com a Igreja, seu corpo. Mas é nas epístolas que, de maneira mais plena, são apresentados a ordem, a posição, os privilégios e os deveres da Igreja.

O propósito das epístolas de Paulo, portanto, é desenvolver a doutrina da Igreja. Em suas cartas a seis das igrejas (em Roma, em Corinto, em Éfeso, em Filipos, em Colossos e em Tessalônica) e às igrejas da Galácia encontramos a revelação da Igreja, o corpo de Cristo, o "mistério, que desde os séculos esteve oculto em Deus" (Ef 3.9). Além disso, nessas epístolas a Igreja recebe instruções quanto a seu lugar único e singular nos conselhos e propósitos de Deus.

Embora Cristo tenha ensinado que a Igreja é um organismo, foi por meio de Paulo que foi dada a revelação detalhada do corpo de Cristo em sua vocação, promessa e destino celestiais. Por intermédio de Paulo, foi revelada a organização e a administração das igrejas locais (1Timóteo e Tito). O fato de que Cristo há de voltar para buscar sua Igreja, mencionado inicialmente em Jo 14.3, foi revelado mais plenamente por meio de Paulo em 1Co 15.51-58 e 1Ts 4.13-18, onde ele ensina que "nem todos dormiremos", que "os que morreram em Cristo ressurgirão primeiro" e que os crentes vivos serão "transformados" e "arrebatados [...] para o encontro do Senhor nos ares".

A doutrina da graça de acordo com os ensinamentos de Cristo também é revelada com mais detalhes por intermédio de Paulo. De maneira mais completa que os demais escritores do NT, Paulo esmiúça a natureza e o propósito da Lei, a base e os meios da justificação, da santificação e da glorificação do crente, a interpretação da morte e da ressurreição de Cristo e a posição, conduta, esperança e o serviço do crente. Paulo, que se converteu pelo ministério pessoal do Senhor ressurreto, é, de maneira distintiva, testemunha do Cristo glorificado, a Cabeça da Igreja, que é seu corpo.

Em linhas gerais, a ordem cronológica das epístolas paulinas é considerada a seguinte: 1 e 2Tessalonicenses, Gálatas, 1Coríntios, Romanos, 2Coríntios, Efésios, Colossenses, Filemom, Filipenses, 1Timóteo, Tito e 2 Timóteo. Não há comprovação de que Paulo seja o autor da epístola aos Hebreus.

Há dois períodos significativos na vida de Paulo que se passam em relativo silêncio: sua permanência na Arábia (Gl 1.17), de onde regressou com o evangelho, como vemos em Gálatas e Romanos, e os dois anos em que esteve preso (At 24.27) entre sua prisão no templo de Jerusalém e sua viagem a Roma sob custódia.

Era inevitável que um homem com o intelecto e o treinamento de Paulo, um judeu devoto que havia sido inimigo tão ferrenho do cristianismo, buscasse entender os princípios subjacentes ao evangelho. Imediatamente após sua conversão, ele pregou Jesus como o Messias; mas a relação do evangelho com a Lei e, em menor grau, com as grandes promessas judaicas, necessitava de uma clara explicação. Na Arábia, essa explicação foi dada a Paulo "pela revelação de Jesus Cristo" (Gl 1.11,12). Como resultado, ele ensinou a salvação pela graça por meio da fé, totalmente à parte das obras da Lei.

Além disso, o evangelho proclama do por Paulo conduz o crente a relacionamentos grandiosos: com o Pai, com o Filho, com o Espírito Santo e com os propósitos futuros de Deus. Produz não somente salvação do pecado e de suas consequências, mas também um lugar de bênção nos céus. Também a Igreja necessita de explicação inspirada em seu aspecto e função mais profundos. Esses são os temas principais das epístolas escritas de Roma por Paulo e comumente chamadas de "epístolas da prisão" (Efésios; Colossenses; Filemom; Filipenses). É possível que essas revelações máximas tenham sido recebidas graças à meditação disciplinada do apóstolo e da busca em oração durante os anos de silêncio em Cesareia.

ROMANOS

- **Autor:** Paulo
- **Tema:** O evangelho de Deus
- Escrito entre 57 e 58 d.C., aprox.

A EPÍSTOLA AOS ROMANOS foi escrita em Corinto durante a terceira visita do apóstolo Paulo a essa cidade (2Co 13.1; comp. At 20.2). Ela faz jus à primazia que recebe entre as epístolas, pois, no NT, é a exposição mais completa das verdades centrais do cristianismo. A epístola surgiu por causa da intenção de Paulo de visitar os cristãos romanos e de seu desejo de comunicar-lhes as grandes doutrinas da graça que lhe haviam sido reveladas.

O tema da epístola é "o evangelho de Deus" (1.1). Esta é a mais ampla designação possível do conjunto de verdades sobre a redenção. Diz respeito a todo o mundo porque "não há acepção de pessoas" (2.11) para com aquele que é o Deus "dos judeus" e "também dos gentios" (3.29). Por conseguinte, toda a humanidade está debaixo do juízo (3.19,23). A justificação é suficiente para a necessidade do homem e recebida somente pela fé (3.28). Romanos expõe a divina provisão da graça de Deus, pela qual ele pode declarar justos os pecadores mediante a obra propiciatória de seu Filho justo. Apresenta também a natureza da nova vida que todas as pessoas justificadas podem desfrutar pelo poder do Espírito Santo que nelas habita. A seguir, essa epístola revela a sabedoria soberana de Deus e sua graça ao levar a cabo seu propósito, apesar da infidelidade de Israel. Culmina impondo a todos os cristãos, como beneficiários da "compaixão de Deus" (12.1), a obrigação de viver uma vida de serviço consagrado. A expressão-chave do livro é "a justiça de Deus" (1.17; 3.21,22).

A epístola pode ser dividida da seguinte maneira: Introdução e tema, 1.1-17. I. Todo o mundo culpado diante de Deus, 1.18–3.20. II. Justificação pela fé em Cristo, 3.21–5.21. III. Santificação mediante a união com Cristo em sua morte e ressurreição, 6–8. IV. O problema da incredulidade dos judeus, 9–11. V. Vida e serviço cristãos para a glória de Deus, 12.1–15.13. Conclusão: A expressão do amor cristão, 15.14–16.27.

Introdução e tema: A justiça de Deus, 1.1-17

1 Paulo, servo de Cristo Jesus, chamado para ser [a]apóstolo, separado para o [b]evangelho de Deus,

2 o qual antes havia [c]prometido pelos seus profetas nas [d]Santas Escrituras,

3 acerca de seu Filho, que [e]nasceu da descendência de Davi segundo a carne,

4 e foi declarado [f]Filho de Deus com poder, segundo o Espírito de santidade, pela [g]ressurreição dos mortos: Jesus Cristo, o nosso Senhor.

5 Pelo qual recebemos a [h]graça e o apostolado, por amor do seu nome, para a obediência da [i]fé entre todos os gentios,

6 entre os quais sois também vós chamados para ser de Jesus Cristo.

7 A todos os que estais em Roma, amados de Deus, chamados para ser [1]santos: Graça e paz da parte de Deus nosso pai e do Senhor Jesus Cristo.

8 **P**rimeiramente dou graças ao meu Deus, por meio de Jesus Cristo, no tocante a todos vós, porque em todo o [j]mundo é anunciada a vossa fé.

9 Deus, a quem sirvo em meu espírito, no evangelho de seu Filho, é minha testemunha de como incessantemente faço menção de vós,

10 pedindo sempre em minhas orações que nalgum tempo, pela vontade de Deus, se me ofereça boa ocasião de ir ter convosco.

11 Desejo ver-vos, para vos compartilhar algum dom espiritual, a fim de que sejais fortalecidos;

12 isto é, para que convosco eu seja consolado pela fé mútua, assim vossa como minha.

13 Não quero, porém, irmãos, que ignoreis que muitas vezes me propus ir ter convosco (mas até agora tenho sido impedido), para colher entre vós algum fruto, como também entre os demais [k]gentios.

14 Eu sou devedor tanto a [l]gregos como a bárbaros, tanto a [m]sábios como a ignorantes.

15 De sorte que, quanto está em mim, estou pronto para vos anunciar o evangelho, também a vós que estais em Roma.

16 **N**ão me envergonho do [n]evangelho, pois é o [o]poder de Deus para a [2]salvação de todo aquele que [p]crê; [q]primeiro do judeu, depois do grego.

[1] (1.7) No NT, a palavra "santo" sempre se refere a uma pessoa santificada, alguém separado para Deus de maneira inviolável para sua posse e serviço. (Comp. as palavras gregas afins *hagios* e *hagiazō*, traduzidas por "santo" e "santificar" respectivamente.) Este aspecto da santificação do cristão é posicional e se baseia no sangue expiatório de Cristo (Hb 13.12; comp. 10.10-14). Neste sentido, todos os crentes são santos, não importando qual seja seu progresso em experiência e crescimento. É por isso que, de acordo com Rm 1.7, os crentes não são chamados para *se tornarem* santos. Os crentes já são santos, e o são pelo chamado divino, assim como Paulo era um apóstolo por chamado divino (1.1).

[2] (1.16) Em gr. e heb. "salvação" traz implícita a ideia de libertação, segurança, preservação, cura e perfeição. "Salvação" é a grande palavra inclusiva do evangelho, palavra que reúne em si todos os atos e processos redentores, tais como: justificação, redenção, graça, propiciação, imputação, perdão, santificação e glorificação.

[a] 1Co 1.1; 15.9
[b] Evangelho: v. 1-4,9; Rm 1.15 (Gn 12.3; Ap 14.6)
[c] Inspiração: v. 2; Rm 1.17 (Êx 4.15; 2Tm 3.16)
[d] Santificação: (NT): v. 1,4; Rm 6.19 (Mt 4.5; Ap 22.11)
[e] Cristo (primeira vinda): v. 3-5; Rm 8.3 (Gn 3.15; At 1.11, nota); veja Lc 3.23, nota
[f] At 9.20; Hb 1.2
[g] Resurreição: v. 4; Rm 4.24 (2Rs 4.35; 1Co 15.52, nota)
[h] Graça: v. 5,7; Rm 3.24 (Jo 1.14; 1.17, nota); Rm 15.15,16
[i] Fé: v. 5,8,12; Rm 1.16 (Gn 3.20; Hb 11.39, nota); comp. Rm 10.1-11; 16.26
[j] Gr. *kosmos*. Veja Mt 4.8, nota
[k] Veja Ef 3.6, nota
[l] Veja At 14.1, marg. o
[m] Comp. Is 19.11,12; At 7.22
[n] Evangelho: v. 15,16; Rm 2.16 (Gn 12.3; Ap 14.6)
[o] 1Co 1.18,24
[p] Fé: v. 16,17; Rm 3.22 (Gn 3.20; Hb 11.39, nota)
[q] At 3.26

17 Pois nele se descobre [r]a justiça de Deus
de fé em fé, como está [s]escrito: O [t]justo viverá
pela fé.

I. Todo o mundo culpado diante de Deus, 1.18–3.20

(1) Revelação da ira de Deus

18 **D**o céu se manifesta a [1]ira de Deus sobre
toda a impiedade e [u]injustiça dos homens que
detêm a [v]verdade pela [w]injustiça,

(2) O universo, uma revelação do poder e da Divindade

19 visto que o que de Deus se pode conhe-
cer neles se manifesta, porque Deus lhes
[x]manifestou.
20 Pois, desde a [y]criação do [z]mundo, os atri-
butos invisíveis de Deus, o seu eterno [a]poder
e sua [b]divindade se entendem e claramente se
veem pelas coisas que foram criadas, de modo
que esses homens são [c]indesculpáveis.

(3) Etapas da incredulidade do mundo gentio

21 Pois, tendo conhecido a Deus, não o glo-
rificaram como Deus nem lhe deram graças;
antes, seus raciocínios se tornaram fúteis e
seu coração [d]insensato se obscureceu.
22 Dizendo-se sábios, tornaram-se loucos
23 e [e]mudaram a glória do Deus [f]incorruptível
em semelhança da imagem de homem corruptí-
vel, bem como de aves, quadrúpedes e [g]répteis.

(4) Resultado da incredulidade do mundo gentio

24 **P**elo que [h]Deus os entregou às concupis-
cências de seu coração, à imundícia, para
desonrarem seus corpos entre si.
25 Mudaram a verdade de Deus em mentira,
honraram e serviram a criatura em lugar do
Criador, que é bendito eternamente. Amém.
26 **P**elo que Deus os abandonou às paixões
vergonhosas. Até as suas mulheres mudaram
suas relações sexuais por outras, contrárias à
natureza.
27 Semelhantemente, também os homens
deixaram as relações sexuais naturais com
as mulheres, inflamaram-se em sua sensua-
lidade uns para com os outros, homem com
homem, cometendo atos indecentes e rece-
bendo em si mesmos a penalidade merecida
pelo seu erro.
28 **E**, como eles não se importaram de ter
conhecimento de Deus, ele os entregou a um
sentimento pervertido, para fazerem coisas
que não [i]deviam.
29 Estão cheios de toda iniquidade, pros-
tituição, malícia, avareza, maldade, inveja,
homicídio, contenda, engano e malignidade.
30 São murmuradores, caluniadores, abor-
recedores de Deus, injuriadores, soberbos,
presunçosos, inventores de males, desobe-
dientes aos pais e às mães;
31 são néscios, infiéis nos contratos, sem
afeição natural, irreconciliáveis e sem
misericórdia.
32 Embora tenham conhecimento da [j]justiça
de Deus (que são dignos de morte os que tais
coisas praticam), não somente as fazem, mas
também aprovam os que as praticam.

(5) Os moralizadores gentios pagãos não são melhores que outros pagãos

2 Portanto, és [k]indesculpável quando julgas,
quem quer que sejas, pois te condenas a ti
mesmo [l]naquilo em que [2]julgas, porque tu, que
julgas, fazes o mesmo.

[r] Comp. v. 18
[s] Inspiração: v. 17; Rm 2.24 (Êx 4.15; 2Tm 3.16); Hc 2.4; Gl 3.11; Hb 10.38
[t] Justiça (AT): v. 17; Rm 2.26 (Gn 6.9; Lc 2.25, nota)
[u] Rm 6.13; 2Ts 2.10; 2Pe 2.13; 1Jo 5.17
[v] v. 25
[w] Sujeitam, suprimem
[x] Comp. Sl 19.1-6; At 14.15-17; 17.22-29; veja Rm 3.2, nota
[y] Veja Gn 1.1, nota 3
[z] Gr. *kosmos*. Veja Mt 4.8, nota
[a] Comp. Is 40.26,28
[b] Cl 2.9
[c] Comp. Rm 2.14,15
[d] Comp. Ef 4.17-19
[e] Comp. Jr 2.11
[f] 1Tm 1.17; 6.15,16
[g] Comp. Ez 8.10
[h] v. 26,28; Sl 81.12; comp. At 7.42; 2Ts 2.11,12

[i] Ef 5.4
[j] Juízos (os sete): 1.32; 2.2,3,5-12,16; Rm 5.16 (2Sm 7.14; Ap 20.12)
[k] Rm 1.20
[l] Mt 7.1-5

A salvação tem três estágios: 1) O cristão *foi* salvo da culpa e do castigo do pecado (Lc 7.50; 1Co 1.18; 2Co 2.15; Ef 2.5,8; 2Tm 1.9) e está seguro. 2) O cristão *está sendo* salvo do hábito e do domínio do pecado (Rm 6.14; 8.2; 2Co 3.18; Gl 2.19,20; Fp 1.19; 2.12,13; 2Ts 2.13). 3) Na volta do Senhor, o cristão *será* salvo de todas as fraquezas do corpo, que são resultado do pecado e maldição de Deus sobre o mundo pecador (Rm 8.18-23; 1Co 15.42-44), e será conformado a Cristo (Rm 13.11; Hb 10.36; 1Pe 1.5; 1Jo 3.2). A salvação é pela graça por meio da fé, é uma dádiva e independe totalmente das obras (Rm 3.27,28; 4.1-8; 6.23; Ef 2.8). A ordem divina é: primeiro salvação, depois obras (Ef 2.9,10; Tt 3.5-8).

[1] (1.18) Ao avançar em seu argumento, a epístola enfatiza certos aspectos da natureza e atividade divinas: 1) a ira de Deus contra todas as formas de pecado humano e a certeza do juízo (1.18–3.20); 2) a justiça de Deus, como atributo e provisão divinos ao salvar os pecadores (3.21–8.39); 3) a soberania e a sabedoria de Deus ao tratar com o problema da incredulidade de Israel (9.1–11.36); e 4) a vontade de Deus para os cristãos nos diferentes relacionamentos que eles têm (12.1–14.23). Além disso, a epístola fala de forma geral da bondade de Deus ilustrada em sua tolerância e paciência (2.4), em seu amor (5.5,8; 8.39) e em sua misericórdia (11.30-32). Acima de tudo, desde a sua saudação inicial (1.7) até a bênção final (16.24), Romanos revela Deus como o Deus de toda a graça que oferece salvação a um mundo que merece apenas juízo, o Deus que salva todo aquele que crê em seu Filho, Jesus Cristo. Em 5.20, declara-se o alcance infinito de sua graça: "Onde o pecado abundou, superabundou a graça".

[2] (2.1) O julgamento aqui é moral, i.e., a habilidade de discernir entre o bem e o mal. Paulo não condenava os moralistas do v. 1 porque julgavam no aspecto moral; ele os condenava por seu pecado: eles faziam as mesmas coisas que julgavam erradas em outros homens.

2 Bem sabemos que o [1]juízo de Deus é segundo a verdade sobre os que tais coisas fazem.

3 Tu, ó homem, que julgas os que fazem tais coisas, pensas que, fazendo-as tu, escaparás do juízo de Deus?

4 Ou desprezas tu as [m]riquezas da sua bondade, [n]tolerância e [o]paciência, ignorando que a bondade de Deus te [p]leva ao [q]arrependimento?

5 Segundo a tua teimosia e coração impenitente, acumulas ira para ti no [r]dia da ira e da manifestação do juízo de Deus.

6 Deus [s]recompensará a cada um segundo as suas obras:

7 Dará a [t]vida eterna aos que, com perseverança em [2]fazer o [u]bem, procuram glória, honra e [v]incorrupção.

8 Mas indignação e ira aos que são [w]contenciosos, desobedientes à verdade e obedientes à iniquidade.

9 Tribulação e angústia sobre toda a alma do homem que obra o mal, em primeiro lugar do judeu, depois do grego;

10 mas glória, honra e paz a qualquer que pratica o bem: em primeiro lugar do judeu, depois do grego.

11 Pois para com Deus [x]não há acepção de pessoas.

12 **T**odos os que sem Lei [y]pecaram, sem Lei também perecerão; e todos os que sob a [z]Lei pecaram, pela Lei serão julgados.

13 Pois os que ouvem a Lei não são justos diante de Deus, mas os que praticam a Lei hão de ser [a]justificados.

14 Quando os [b]gentios, que não têm Lei, fazem naturalmente as coisas que são da Lei, não tendo eles Lei, para si mesmos são Lei.

15 Eles mostram que as [c]exigências da Lei estão gravadas em seu coração, testificando juntamente a sua [d]consciência e os seus pensamentos, quer acusando-os, quer defendendo-os.

(6) O judeu, por conhecer a Lei, é condenado por ela

16 Isso sucederá no dia em que Deus há de julgar os [e]segredos dos homens, [f]por meio de Jesus Cristo, segundo o meu [g]evangelho.

17 **O**ra, tu que tens por sobrenome judeu, e te [h]apoias na Lei, e te glorias em Deus;

18 e conheces a sua vontade e aprovas as coisas excelentes, sendo instruído na [i]Lei;

19 e confias que és guia dos [j]cegos, luz dos que estão em trevas,

20 instrutor dos insensatos, mestre de crianças, que tens a forma da ciência e da verdade na Lei;

21 tu, pois, que ensinas a outro, não te ensinas a ti mesmo? Tu, que pregas que não se deve furtar, furtas?

22 Tu, que dizes que não se deve adulterar, adulteras? Tu, que abominas os ídolos, [k]roubas os templos?

23 Tu, que te glorias na Lei, desonras a Deus pela [l]transgressão da Lei?

24 [mm]Como está [nn]escrito, o nome de Deus é [oo]blasfemado entre os [pp]gentios por causa de vós.

25 **A** circuncisão é, na verdade, proveitosa, se tu guardares a Lei, mas, se tu és transgressor da Lei, a tua [qq]circuncisão se torna em incircuncisão.

26 Se, [rr]pois, os incircuncisos obedecerem aos [ss]preceitos da Lei, não será a incircuncisão considerada como circuncisão?

27 E, se os não circuncidados fisicamente obedecem à Lei, não julgará a ti, que, tendo a lei escrita e a circuncisão, és transgressor da Lei?

28 [tt]Não é judeu o que o é exteriormente, nem é circuncisão a que o é exteriormente na carne.

29 [uu]Antes, o judeu é o que o é no interior, e circuncisão a que é do [vv]coração, [ww]no [3]espírito, não na letra; e cujo louvor não provém dos homens, mas de Deus.

(7) A vantagem do judeu resulta em maior condenação

3 Qual é, pois, a [xx]vantagem do judeu? Ou qual a utilidade da circuncisão?

2 Muita, em todo sentido! [yy]Primeiramente, as [4]palavras de Deus lhe foram confiadas.

3 Pois quê? Se alguns foram incrédulos, a sua [zz]incredulidade [aa]aniquilará a [bb]fidelidade de Deus?

[m] Rm 9.23; Ef 1.7; 2.4,7
[n] Êx 34.6
[o] Rm 3.25
[p] 2Pe 3.9,15
[q] Arrependimento: v. 4; Rm 11.29 (Mt 3.2; At 17.30, nota)
[r] Dia (do juízo): v. 5,16; Hb 9.27 (Mt 10.15; Ap 20.11)
[s] Pv 24.12; Jr 17.10; Ap 20.12,13
[t] Vida (eterna): v. 7; Rm 5.21 (Mt 7.14; Ap 22.19)
[u] Justiça (vestes de): v. 7,10; Rm 13.14 (Gn 3.21; Ap 19.8)
[v] 1Co 15.53,54
[w] Comp. 2Co 12.20; Gl 5.19,20; Fp 2.3; Tg 3.14,16
[x] Dt 10.17; At 10.34
[y] Veja Rm 3.23, nota
[z] Lei (de Moisés): v. 12-15,17; Rm 2.18 (Êx 19.1; Gl 3.24)
[a] Justificação: v. 13; Rm 3.4 (Lc 18.14; Rm 3.28, nota)
[b] Veja Ef 3.6, nota
[c] 1Co 5.1
[d] At 24.25
[e] Comp. Lc 8.17
[f] At 10.42
[g] Evangelho: v. 16; Rm 10.8 (Gn 12.3; Ap 14.6)

[h] v. 23; comp. Jo 5.45; 9.28,29
[i] Lei (de Moisés): 2.18, 22,23, 25-27; 3.2, 19-21,27, 28,31; 4.13-16; Rm 5.13 (Êx 19.1; Gl 3.24)
[j] Comp. Mt 15.14
[k] Comp. At 19.37
[l] Veja Rm 3.23, nota
[mm] Is 52.5
[nn] Inspiração: 2.24; 3.4,10-18; Rm 4.3 (Êx 4.15; 2Tm 3.16)
[oo] Ez 16.27; comp. At 13.45
[pp] Veja Ef 3.6, nota
[qq] Gn 17.10-14; comp. Js 5.3; At 16.3; 1Co 7.18; Gl 2.3; 5.2; 6.12
[rr] Comp. Ef 2.11
[ss] Justiça (AT): v. 26; Rm 4.3 (Gn 6.9; Lc 2.25, nota)
[tt] Gl 6.15; veja Rm 9.6, nota
[uu] Comp. Fp 3.3; Cl 2.11
[vv] Dt 30.6; comp. Jr 4.4; 9.24-26; 1Co 7.19
[ww] Veja 2Co 3.6, nota
[xx] Comp. Rm 9.3-5
[yy] Dt 4.5-8; Sl 147.19
[zz] Comp. 2Tm 2.13; Hb 4.2
[aa] Comp. Hb 3.12; 4.11
[bb] Comp. Rm 11.29

[1] (2.2) Os v. 1-16 apresentam os princípios básicos do juízo divino: será de acordo com 1) a verdade (v. 2), i.e., um padrão objetivo de conduta; 2) as obras (v. 6); 3) a luz recebida (v. 11-15); e 4) o Evangelho, pelo qual são julgados os pensamentos e motivos secretos dos homens (v. 16).

[2] (2.7) Nos v. 7 e 13, os casos são hipotéticos. Paulo não está ensinando a possibilidade de salvação por obras, mas mostrando por que todos os homens sem exceção estão perdidos. Como declara mais adiante, nenhum homem perseverou em fazer o bem nem é cumpridor da Lei (comp. 3.19,20). O meio de justificação dos pecadores, totalmente pela fé em Cristo, é detalhado em 3.21–8.39.

[3] (2.29) O verdadeiro judaísmo não era meramente uma questão de observância exterior ou da guarda minuciosa das ordenanças, mas da atitude do coração em relação a Deus. Como Paulo diz no v. 29, não a letra, mas o espírito da Lei. O judaísmo que baseia tudo em observâncias insignificantes e exteriores (comp. Rm 2.28,29) não é o verdadeiro judaísmo, mas uma perversão, e foi condenado pelo Senhor Jesus Cristo (Mt 15.6).

[4] (3.2) Ao demonstrar a culpa do mundo, Paulo apresenta o testemunho de três formas de revelação divina, i.e., a vontade de Deus revelada na Lei e nos Profetas: 1) contra os pagãos, o testemunho da criação

4 De maneira nenhuma. Sempre seja Deus
verdadeiro; e todo homem, mentiroso, como
está escrito:

[c]Para que sejas [d]justificado
quando falares e venças
quando julgares.

5 **Se**, porém, a nossa injustiça faz surgir a [e]jus-
tiça de Deus, que diremos? Será Deus injusto,
trazendo ira sobre nós? ([f]Falo como homem.)
6 De maneira nenhuma! Doutro modo, como
julgará Deus o [g]mundo?
7 Se, contudo, por causa da minha mentira
sobressai a verdade de Deus para sua glória,
por que sou eu ainda julgado como pecador?

(8) O veredito final: todo o mundo é culpado perante Deus

8 E por que não dizemos (como alguns, blas-
femando, afirmam que dizemos): Façamos
males, para que venham bens? A condenação
desses é justa.
9 **Pois** quê? Somos nós melhores do que
eles? De maneira nenhuma, pois [h]já demons-
tramos que, tanto judeus como gregos, [i]todos
estão debaixo do pecado.
10 [j]Como está escrito:

Não há um [k]justo, nem um sequer;
11 não há ninguém que entenda,
não há ninguém que busque a Deus.
12 Todos se extraviaram,
e juntamente se fizeram inúteis.
Não há quem faça o bem, não há um sequer.
13 A [l]sua garganta é um sepulcro aberto;
com a sua língua tratam enganosamente.
Veneno de víbora está debaixo
de seus lábios.

14 A sua boca está cheia de maldição e
amargura.
15 Os seus pés são ligeiros para derramar
sangue;
16 nos seus caminhos há destruição e miséria,
17 e não conhecem o caminho da paz.
18 Não há temor de Deus diante de seus olhos.
19 **Ora**, nós sabemos que tudo o que a [m]Lei
diz, aos que estão debaixo dela o diz, para que
toda boca esteja [n]fechada e todo o mundo seja
condenável diante de Deus.
20 Por isso [o]ninguém será [p]justificado diante
dele pelas obras da Lei; antes, pela Lei vem o
conhecimento do [q]pecado.

II. Justificação pela fé em Cristo, 3.21–5.21

(1) Definição de justificação

21 **Agora**, porém, se manifestou, sem a Lei, a
[1]justiça de Deus, tendo o testemunho da Lei e
dos Profetas.
22 Isto é, a [r]justiça de Deus pela fé em Jesus
Cristo para todos [e sobre todos] os que [s]creem.
Não há distinção,
23 pois todos [2]pecaram e destituídos estão
da glória de Deus,
24 sendo justificados [t]gratuitamente pela sua
[u]graça, pela [3]redenção que há em Cristo Jesus.

[c] Sl 51.4
[d] Justificação: v. 4,20,24; Rm 3.26 (Lc 18.14; Rm 3.28, nota)
[e] Veja Rm 3.21, nota
[f] Comp. Rm 6.19; Gl 3.15
[g] Gr. *kosmos*. Veja Mt 4.8, nota
[h] Comp. Rm 1.18–2.24
[i] Comp. Gn 6.5; Is 1.6; 64.6; Jr 16.12; 2Pe 2.12
[j] v. 10-12; Sl 14.1-3; Ec 7.20
[k] Veja Rm 10.10, nota
[l] v. 13-18; Sl 5.9; 10.7; 36.1; 140.3; Is 59.7,8
[m] Veja Rm 2.18, marg. i
[n] Comp. Ez 16.63
[o] Sl 143.2; Gl 2.16
[p] Veja Rm 3.4, marg. d
[q] Veja v. 23, nota
[r] Veja v. 21, nota
[s] Fé: v. 22,25; Rm 3.26 (Gn 3.20; Hb 11.39, nota)
[t] Rm 6.23; Ef 2.8,9
[u] Graça: v. 24; Rm 4.4 (Jo 1.14; 1.17, nota)

(1.19,20); 2) contra os moralistas, o testemunho da consciência (2.15); 3) contra os judeus, o testemunho das Escrituras.

[1] (3.21) A "justiça" (ou justificação) "de Deus" é tudo o que ele exige e aprova, e, em última instância, nós a encontramos no próprio Cristo, que satisfez em nosso lugar todas as exigências da Lei. Mediante a imputação, Cristo "para nós foi feito [...] justiça" (1Co 1.30; comp. Lv 25.47-52; Rm 3.26; 4.6; 10.4; 2Co 5.21; Fp 3.9; Tg 2.23).

[2] (3.23) Pecado. Resumo: Os significados literais das palavras gregas e hebraicas traduzidas por "pecado", "pecador" etc. revelam a verdadeira natureza do pecado em suas múltiplas manifestações. O pecado é: 1) transgressão, infração da lei, do limite divino entre o bem e o mal (Sl 51.1; Rm 2.23); 2) iniquidade, um ato inerentemente mau, quer expressamente proibido, quer não (Rm 1.21-23); 3) erro, um desvio do que é correto (Rm 1.18; 1Jo 3.4); 4) errar o alvo, não satisfazer o padrão divino (Rm 3.23); 5) delitos/infração, a invasão da vontade própria na esfera da autoridade divina (Ef 2.1); 6) desordem ou anarquia espiritual (1Tm 1.9); e 7) incredulidade, um insulto à veracidade divina (Jo 16.9). O pecado 1) começou com Satanás (Is 14.12-14), 2) entrou no mundo por meio de Adão (Rm 5.12), 3) foi e é universal, com a única exceção de Cristo (Rm 3.23; 1Pe 2.22), 4) acarreta o castigo de morte espiritual e física (Gn 2.17; 3.19; Ez 18.4,20; Rm 6.23), e 5) não tem solução a não ser unicamente na morte de Cristo como sacrifício (At 4.12; Hb 9.26), da qual nos apropriamos pela fé (At 13.38,39). O pecado pode ser resumido de maneira tríplice: 1) como ação, é a violação ou desobediência à vontade revelada de Deus; 2) como estado, é a ausência de justiça; e 3) por sua natureza, é inimizade contra Deus.

[3] (3.24) "Redenção" é o ato de *libertar pagando um preço*. A obra de Cristo, que cumpre os tipos e as profecias do AT sobre a redenção, é apresentada em três palavras gregas importantes: 1) *Agorazō, comprar no mercado* (de *ágora, mercado*). O homem é visto como "vendido como escravo ao pecado" (Rm 7.14) e sob sentença de morte (Ez 18.4; Jo 3.18,19; Rm 6.23), mas sujeito à redenção pela compra que o Redentor fez com o preço de seu sangue (1Co 6.20; 7.23; 2Pe 2.1; Ap 5.9; 14.3,4). 2) *Exagorazō, comprar tirando do mercado*, i.e., comprar e retirar a fim de não ficar novamente exposto à venda (Gl 3.13; 4.5; Ef 5.16; Cl 4.5), que fala do caráter conclusivo da obra de redenção. 3) *Lutroō, soltar* ou *pôr em liberdade* (Lc 24.21; Tt 2.14; 1Pe 1.18), da qual o substantivo é *lutrōsis* (Lc 2.38; Hb 9.12). Entre as outras frases e substantivos relacionados com *lutroō*, estão *epoiesen lutrōsin* (Lc 1.68), e "redenção", "remissão" ou "livramento" (forma intensiva, *apolutrōsis*), usados

25 Deus o [v]propôs para [1]propiciação pela fé no seu sangue, para demonstrar a sua justiça pela remissão [w]dos [x]pecados dantes cometidos sob a [y]tolerância de Deus;

26 para demonstração da sua [z]justiça neste tempo presente, para que ele seja justo e [a]justificador daquele que tem [b]fé em Jesus.

27 **Onde**, pois, está a vanglória? É excluída. Por qual princípio? No da obediência à Lei? Não, mas pelo princípio da fé.

28 Concluímos, pois, que o homem é [2]justificado pela fé, sem as obras da Lei.

(2) A justificação como remédio universal

29 Deus é Deus somente dos judeus? Não o é também dos [c]gentios? Sim, também dos gentios, certamente.

30 Se Deus é um só, que justifica pela fé a [d]circuncisão, e por meio da fé a [e]incircuncisão,

(3) A justificação pela fé honra a Lei

31 anulamos, pois, a Lei pela fé? De maneira nenhuma! Antes, confirmamos a [3]Lei.

(4) A justificação pela fé ilustrada em Abraão e Davi no AT (comp. v. 18-25)

4 **Que** diremos, pois, ter alcançado [f]Abraão, nosso [g]pai segundo a carne?

2 Se, de fato, Abraão foi justificado pelas [h]obras, tem de que se gloriar, mas não diante de Deus.

3 O que [i]diz a Escritura? Abraão creu em Deus, e isso lhe foi [4][j]creditado como [k]justiça.

4 Ora, a quem faz qualquer [l]obra, seu salário não é considerado um [m]favor, mas uma dívida.

5 No entanto, aquele que [n]não trabalha, mas crê em Deus que justifica o ímpio, a sua fé lhe é creditada como justiça.

6 Assim também Davi [o]declara bem-aventurado o homem a quem Deus credita a [p]justiça sem as obras, dizendo:

7 Bem-aventurados aqueles
cujas maldades são [q]perdoadas
e cujos pecados são [r]cobertos.
8 Bem-aventurado o homem
a quem o Senhor não credita o pecado.

(5) A justificação é pela fé, sem ordenanças

9 **Vem** essa bem-aventurança sobre a circuncisão somente ou também sobre a incircuncisão? Dizemos que a fé foi creditada a Abraão para justiça.

10 Como lhe foi imputada? Estando na circuncisão ou na incircuncisão? Não na circuncisão, mas na incircuncisão.

11 E ele recebeu o sinal da circuncisão, selo da justiça da fé quando estava na incircuncisão,

---

comumente para indicar a libertação de um escravo (Lc 21.28; Rm 3.24; 8.23; 1Co 1.30; Ef 1.7,14; 4.30; Cl 1.14; Hb 9.15; 11.35). A redenção é mediante sacrifício e poder (Êx 14.30, *nota*); Cristo pagou o preço, o Espírito Santo torna o livramento real na experiência (Rm 8.2). Veja Êx 14.30, *nota*; Is 59.20, *nota* 1; Rm 1.16, *nota*.

[1] (3.25) "Propiciação" é a tradução do gr. *hilasterion*, que significa *aquilo que faz expiação* ou *propiciação*, ou melhor, *a oferta que obtém propiciação*. A palavra também é usada no NT referindo-se ao lugar da propiciação, "o propiciatório" (Hb 9.5), i.e., a tampa da arca. O propiciatório era aspergido com o sangue expiatório no Dia da Expiação (Lv 16.14) como sinal de que a sentença justa da Lei havia sido executada, fazendo que um lugar de juízo se convertesse em lugar de misericórdia (Hb 9.11-15; comp. "trono da graça", Hb 4.14-16; lugar de comunhão, Êx 25.21,22). Outra palavra grega, *hilasmos*, é usada referindo-se a Cristo como nossa "propiciação" (1Jo 2.2; 4.10) e à "expiação" no AT. A ideia nos sacrifícios do AT e no cumprimento no NT é que Cristo satisfez completamente as justas exigências de um Deus santo quanto ao juízo pelo pecado mediante a morte de Jesus na cruz. Porque Deus vê a cruz como um fato no futuro, ele é declarado justo ao perdoar os pecados no período do AT e também ao justificar os pecadores sob a nova aliança (Rm 3.25,26; comp. Êx 29.33, *nota*). Propiciar não é aplacar um Deus vingativo, mas satisfazer a justiça de um Deus santo e, assim, tornar possível que ele mostre misericórdia de maneira justa.

[2] (3.28) Justificação. Resumo: As palavras "justificado" e "justiça" são traduções de palavras gregas similares (o verbo *dikaioō*, *declarar justo*, *justificar*; o substantivo *dikaiosune*, *justiça*; o adjetivo, *dikaios*, *justo*). O pecador que crê é justificado, i.e., é tratado como justo em razão de que Cristo, "que não conheceu pecado", levou nossos pecados na cruz e foi feito "pecado por nós, para que nele fôssemos feitos justiça de Deus" (2Co 5.21). A justificação é um ato jurídico divino no qual o pecador é declarado justo, mas não significa *tornar* justa uma pessoa. A justificação 1) tem sua origem na graça (Rm 3.24; Tt 3.4,5); 2) é realizada por meio da obra redentora e propiciatória de Cristo, que cumpriu a Lei (Rm 3.24,25; 5.9); 3) é pela fé, não por obras (Rm 3.28-30; 4.5; 5.1; Gl 2.16; 3.8,24); e 4) pode ser definida como *um ato judicial de Deus pelo qual ele justamente declara e trata como justo o que crê em Jesus Cristo*. O próprio Juiz declara (Rm 3.31) que não existe mais nenhuma acusação contra o crente justificado (Rm 8.1,31-34).

[3] (3.31) Ao confessar sua culpa e a justa condenação, o pecador honra a Lei e a ratifica em sua devida aplicação. Agindo em favor do pecador, Cristo confirma a Lei ao obedecer a seus preceitos (Mt 5.17,18; Gl 4.4,5) e sofrendo seu castigo, a morte.

[4] (4.3) A palavra grega *logizomai* ocorre onze vezes neste capítulo; contudo, há três palavras que a traduzem: "creditar", "imputar", "levar em conta" (v. 3,4,5,6,8,9,10,11,22,23,24). A palavra grega significa *pôr na conta de alguém*.

---

[v] Sacrifício (de Cristo): v. 25; Rm 4.25 (Gn 3.15; Hb 10.18, nota)
[w] Rm 2.4
[x] Veja Rm 3.23, nota
[y] Desde Adão. Comp. Hb 9.15
[z] Veja Rm 3.21, nota
[a] Justificação: 3.26,28,30; 4.2,5; Rm 4.25 (Lc 18.14; Rm 3.28, nota)
[b] Fé: 3.26-31; 4.3,5,9-11; Rm 4.12 (Gn 3.20; Hb 11.39, nota)
[c] Veja Ef 3.6, nota
[d] Comp. Rm 2.25-29
[e] Comp. Gn 15.6 com Gn 17.9-14
[f] Gn 11.27–25.9
[g] v. 11,12; Lc 3.8; Jo 8.53; Tg 2.21

[h] Veja Rm 2.7 e Tg 2.26, notas
[i] Inspiração: v. 3,6,7; Rm 4.17 (Êx 4.15; 2Tm 3.16)
[j] Imputação: v. 3-6,8-11; Rm 4.22 (Gn 15.6; Tg 2.23); veja v. 3, nota
[k] Justiça (AT): v. 3,9; Rm 4.22 (Gn 6.9; Lc 2.25, nota)
[l] Veja Rm 2.7, nota
[m] Graça: v. 4; Rm 4.16 (Jo 1.14; 1.17, nota)
[n] Gl 2.16; Ef 2.8,9
[o] Sl 32.1,2
[p] Veja Rm 10.10, nota
[q] Perdão: v. 7; 2Co 2.10 (Lv 4.20; Mt 26.28, nota)
[r] Veja Êx 29.33 e Lv 16.6, notas

para que fosse pai de todos os que creem, estando eles também na incircuncisão, a fim de que a justiça lhes seja imputada.

12 E ele é também o pai da circuncisão, daqueles que não somente são da circuncisão, mas que também andam nas pisadas daquela [s]fé que teve nosso pai [t]Abraão, antes de ser circuncidado.

(6) A justificação é pela fé, sem a Lei

13 A [u]promessa de que havia de ser herdeiro do [v]mundo não foi feita pela [w]Lei a Abraão, ou à sua posteridade, mas pela [x]justiça da fé.

14 Pois, se os que são da Lei são herdeiros, logo a fé é vã e a promessa é aniquilada,

15 porque a Lei opera a ira. E onde não há Lei não há [y]transgressão.

16 **P**ortanto é pela fé, para que seja segundo a [z]graça, a fim de que a promessa seja firme a toda a descendência, não somente à que é da Lei, mas também à que é da fé que teve Abraão (o qual é pai de todos nós,

17 como está [a]escrito: Por pai de muitas nações te constituí), perante aquele no qual creu, a saber, Deus, que [b]vivifica os mortos e chama à existência as coisas que não são como se já fossem.

18 O qual, em esperança, creu contra a [c]esperança que seria feito pai de muitas nações, conforme o que lhe fora dito: [d]Assim será a tua descendência.

19 Sem enfraquecer na fé, não atentou para o seu próprio corpo sem vitalidade, pois era já de quase cem anos, tampouco [e]para a falta de vigor do ventre de Sara.

20 Ele não duvidou da promessa de Deus, deixando-se levar pela incredulidade, mas foi fortificado na fé, dando glória a Deus,

21 estando certíssimo de que o que ele tinha prometido também era poderoso para cumprir.

22 Pelo que isso lhe foi [f]creditado para [g]justiça.

23 Ora, não só por causa dele está isso escrito que lhe fosse levado em conta,

24 mas também por nossa causa, a quem há de ser imputado, a nós os que cremos naquele que dentre os mortos [h]ressuscitou a Jesus nosso Senhor.

25 Ele foi [i]entregue por nossos pecados e ressurgiu [1]para a nossa justificação.

(7) Os resultados da justificação

5 **S**endo, pois, [j]justificados pela fé, temos [k]paz com Deus, por meio de nosso Senhor Jesus Cristo,

2 [l]mediante quem [m]obtivemos acesso pela fé a esta graça, na qual estamos firmes, e nos gloriamos na esperança da glória de Deus.

3 Não somente isso, mas também nos gloriamos nas [n]tribulações, sabendo que a tribulação produz perseverança;

4 e a perseverança, experiência; e a experiência, esperança.

5 Ora, a esperança não traz confusão, porque o [o]amor de Deus está derramado em nosso coração pelo [p]Espírito Santo que nos foi dado.

6 **P**orque Cristo, estando nós ainda fracos, morreu a seu tempo pelos ímpios.

7 Dificilmente morrerá alguém por um justo, embora alguém possa se animar a morrer pelo bom.

8 Mas Deus prova o [q]seu amor para conosco pelo fato de que Cristo morreu por nós, sendo nós ainda pecadores.

9 Muito mais agora, que fomos justificados pelo seu sangue, seremos por ele [r]salvos da ira.

10 Pois, se nós, quando éramos inimigos, fomos [ss]reconciliados com Deus pela morte de seu Filho, muito mais, estando já reconciliados, seremos salvos [tt]pela sua vida.

11 Não somente isso, mas também nos gloriamos em Deus por nosso Senhor Jesus Cristo, por intermédio de quem agora alcançamos a reconciliação.

(8) A justificação comparada e contrastada com a condenação

12 [2]**P**elo que, como por um homem entrou o [uu]pecado no [ww]mundo, e pelo pecado a morte, assim também a morte passou a todos os homens, porque todos [3]pecaram.

[s] Fé: 4.12,13,16-24; 5.1,2; Rm 6.8 (Gn 3.20; Hb 11.39, nota)
[t] Rm 4.18-22
[u] Veja Gn 12.2, nota
[v] Gr. *kosmos*. Veja Mt 4.8, nota
[w] Veja Rm 2.18, marg. i
[x] Veja Rm 10.10, nota
[y] Veja Rm 3.23, nota
[z] Graça: 4.16; 5.2; Rm 5.15 (Jo 1.14; 1.17, nota)
[a] Inspiração: v. 17-23; Rm 8.36 (Êx 4.15; 2Tm 3.16)
[b] Jo 5.21; 6.63; 1Co 15.22, 36,45; 2Co 3.6; 1Tm 6.13; 1Pe 3.18
[c] Comp. Rm 8.24,25
[d] Gn 15.5
[e] Hb 11.11
[f] Imputação: v. 22-24; Gl 3.6 (Gn 15.6; Tg 2.23); veja Rm 4.3, nota
[g] Justiça (AT): 4.22; 5.7; Rm 8.4 (Gn 6.9; Lc 2.25, nota)
[h] Resurreição: v. 24,25; Rm 6.4 (2Rs 4.35; 1Co 15.52, nota)
[i] Sacrifício (de Cristo): 4.25; 5.6-11; Rm 8.3 (Gn 3.15; Hb 10.18, nota)
[j] Justificação: 4.25; 5.1,9; Rm 5.16 (Lc 18.14; Rm 3.28, nota)
[k] Is 53.5; At 10.36
[l] Por meio do; v. 1
[m] Temos acesso; Ef 2.18; 3.12
[n] Jo 16.33
[o] Lei (de Cristo): v. 5,8; Rm 12.9 (Jo 13.34; 2Jo 5)
[p] Espírito Santo (NT): v. 5; Rm 8.2 (Mt 1.18; At 2.4, nota)
[q] Jo 3.16,17
[r] Veja Rm 1.16, nota
[ss] Reconciliação: v. 10,11; Rm 11.15 (Rm 5.10; Cl 1.20)
[tt] Jo 14.19; Cl 3.3,4
[uu] Veja Rm 3.23, nota
[ww] Gr. *kosmos*. Veja Mt 4.8, nota

[1] (4.25) Neste versículo, pode ser útil traduzir "por causa de" em ambos os casos. Foi por causa de nossas ofensas que Cristo morreu (2Co 5.21; 1Pe 2.24). Ele foi ressuscitado e exaltado à destra de Deus pelo fato de termos sido "justificados pelo seu sangue" (Rm 5.9). Sua ressurreição é a prova de que nossos pecados já se foram.

[2] (5.12) O "pelo que" faz referência a 3.19-23 e pode ser considerado uma continuação da exposição da universalidade do pecado, interrompida pela passagem sobre a justificação e seus resultados (3.24–5.11).

[3] (5.12) O primeiro pecado resultou na ruína moral da raça. Provar isso é simples: 1) A morte é universal (v. 12,14); todos morrem: crianças pequenas, gente com alta moral e pessoas religiosas, assim como os depravados. Para que haja efeito universal, tem de haver uma causa universal; essa causa é a condição de pecado universal (v. 12). 2) Mas esta condição universal tem de ter tido uma causa, e a teve. A consequência do pecado de Adão foi que "muitos foram feitos pecadores" (v. 19): "por uma só ofensa veio o juízo sobre todos os homens,

13 Pois antes da [w]Lei estava o pecado no mundo. Mas, não havendo lei, o pecado não é creditado.

14 No entanto, a [x]morte reinou desde [1]Adão até Moisés, mesmo sobre aqueles que não pecaram à semelhança da transgressão de Adão, que é a figura daquele que havia de vir.

15 Não é, porém, o dom gratuito como a ofensa. Pois, se pela ofensa de um só morreram, muito mais a [y]graça de Deus, isto é, o dom pela graça de um só homem, Jesus Cristo, abundou para muitos.

16 O dom não é como a ofensa de um só que pecou: O [z]juízo veio de uma só ofensa, na verdade, para condenação, mas o dom gratuito veio de muitas ofensas, para a [a]justificação.

17 Pois, se pela ofensa de [b]um só, a morte reinou por esse, muito mais os que recebem a abundância da graça e o dom da [c]justiça reinarão em vida por um só, Jesus Cristo.

18 Pois, assim como por uma só ofensa veio o juízo sobre todos os homens, para condenação, assim também por um só ato de justiça veio a graça sobre todos os homens, para justificação e vida.

19 Pois, como pela desobediência de um só homem muitos foram feitos pecadores, assim pela [d]obediência de um muitos serão feitos justos.

20 [e]Veio, porém, a Lei para que a ofensa abundasse. Mas onde o pecado abundou, [f]superabundou a graça,

21 para que, assim como o [2]pecado reinou pela morte, também a graça reinasse pela justiça para a [g]vida eterna, mediante Jesus Cristo, o nosso Senhor.

III. Santificação mediante a união com Cristo em sua morte e ressurreição, 6–8

Livramento do poder do pecado que habita em nós

(1) Mediante a união com Cristo em sua morte e ressurreição

6 Que diremos, pois? Permaneceremos no [h]pecado, para que a [i]graça aumente?

2 De modo nenhum. Nós, que estamos [j]mortos para o pecado, como viveremos ainda nele?

3 [3]Ou não sabeis que todos quantos fomos [k]batizados em Cristo Jesus fomos batizados na sua morte?

4 De sorte que fomos sepultados com ele pelo batismo na morte, para que, como Cristo [l]ressurgiu dentre os mortos, pela glória do Pai, assim andemos nós também em novidade de vida.

5 Se fomos [m]"plantados com ele na semelhança da sua morte, também o seremos na da sua ressurreição.

6 Pois sabemos isto, que o nosso [4]velho homem foi com ele crucificado, para que o corpo do [n]pecado seja [o]desfeito, a fim de não servirmos mais ao pecado;

7 porque aquele que está morto está justificado do pecado.

8 Ora, se já morremos com Cristo, [p]cremos que também com ele [q]viveremos.

[w] Lei (de Moisés): v. 13,20; Rm 6.14 (Êx 19.1; Gl 3.24)
[x] Morte (física): v. 12,14-17,21; Rm 6.9 (Gn 2.17; Hb 9.27, nota)
[y] Graça: v. 15,17, 20,21; Rm 6.1 (Jo 1.14; 1.17, nota)
[z] Juízos (os sete): v. 16,18; Rm 8.1 (2Sm 7.14; Ap 20.12)
[a] Justificação: v. 16,18; Rm 8.30 (Lc 18.14; Rm 3.28, nota)
[b] 1Co 15.21,45
[c] Veja Rm 3.21 e 10.10, notas
[d] Fp 2.8
[e] Comp. Gl 3.19-25
[f] 1Tm 1.14; comp. Lc 7.47

[g] Vida (eterna): v. 21; Rm 6.22 (Mt 7.14; Ap 22.19)
[h] Veja Rm 3.23 e 5.21, notas
[i] Veja 2Pe 3.18, nota. Graça: v. 1; Rm 6.14 (Jo 1.14; 1.17, nota)
[j] v. 7,11; Gl 5.24; Cl 3.3; 1Pe 2.24
[k] Cl 2.12
[l] Ressurreição: v. 4,5,9; Rm 7.4 (2Rs 4.35; 1Co 15.52, nota)
[m] v. 8
[n] Veja Rm 3.23 e 5.21, notas
[o] Feito inoperante, sem domínio; v. 14; 1Jo 4.4
[p] Fé: v. 8; Rm 9.30 (Gn 3.20; Hb 11.39, nota)
[q] 2Tm 2.11

para condenação" (v. 18). 3) Aqui não há referência aos pecados pessoais. De Adão a Moisés, reinou a morte (v. 14), embora, como não havia a Lei, tampouco havia imputação de culpa pessoal (v. 13). Por conseguinte, de Gn 4.7 a Êx 29.14 nem uma só vez é mencionada a oferta pelo pecado. Portanto, desde Adão até Moisés, como a morte física não foi consequência das ações pecaminosas dos que morreram (v. 13), depreende-se que essa morte devia-se a um estado ou condição de pecado universal, e afirma-se que esse estado é a herança que recebemos de Adão. 4) A Escritura descreve o estado moral do homem após a Queda (Gn 6.5; 1Rs 8.46; Sl 14.1-3; 39.5; Jr 17.9; Mt 18.11; Mc 7.20-23; Jo 3.6; Rm 1.21; 2.1-29; 3.9-19; 7.24; 8.7; 1Co 2.14; 2Co 3.14; 4.4; Gl 5.19-21; Ef 2.1-3,11,12; 4.18-22; Cl 1.21; Hb 3.13; Tg 4.4). Veja 1Co 15.22, *nota*.

[1] (5.14) Na seção 5.12-21, faz-se um contraste entre Adão, pecado e morte (v. 12-14), por um lado, e Cristo, justiça e vida (v. 21), por outro. Nos v. 12-14, não há um termo que contraste com a palavra "graça" no v. 21. A graça é o que faz a diferença entre a condenação em Adão e a justificação em Cristo.

[2] (5.21) O "pecado" nos cap. 6–7 é a natureza do homem, que se distingue dos "pecados", que, por sua vez, são as manifestações dessa natureza. Comp. os v. 8 e 10 de 1Jo 1, onde também aparece essa distinção.

[3] (6.3) No cap. 6, há quatro palavras-chave que indicam a responsabilidade pessoal do crente em relação à obra santificadora de Deus: 1) *saber* ou *conhecer* a realidade de nossa união e identificação com Cristo em sua morte e ressurreição (v. 3,6,9); 2) *considerar* que esses fatos são verdade no que se referem a nós (v. 11); 3) *apresentar-nos* (ou *oferecermo-nos*) uma vez para sempre como vivos dentre os mortos para sermos propriedade de Deus e para que ele nos use (v. 13,16,19); e 4) *obedecer*, ao dar-nos conta de que a santificação só pode ocorrer quando somos obedientes à vontade de Deus revelada em sua Palavra (v. 16,17).

[4] (6.6) A expressão "velho homem" também aparece em outras passagens (Ef 4.22; Cl 3.9) e significa tudo aquilo que o homem era em Adão, tanto moral como judicialmente, i.e., o homem com a natureza humana velha e corrupta, a tendência inata para o mal em todos os homens. Em Rm 6.6, é o homem natural em si; em Ef 4.22 e Cl 3.9, sua maneira de viver. Do ponto de vista de Deus, no aspecto posicional, no reconhecimento de Deus, o "velho homem" foi crucificado, e o crente é exortado a tornar isso realidade, despojando-se do velho homem e revestindo-se do novo (Cl 3.8-14). Veja Ef 4.24, *nota*.

9 Pois sabemos que, havendo Cristo ressurgido dentre os mortos, já não morre; a [r]morte não mais tem domínio sobre ele.

10 Pois quanto a ter morrido, de uma vez [s]morreu para o pecado; mas, quanto a viver, vive para Deus.

(2) Considerar-nos mortos para a velha vida e render a Deus a nova vida

11 Assim também vós vos [1]considerai como mortos para o pecado, mas vivos para Deus em Cristo Jesus, nosso Senhor.

12 Não reine, portanto, o pecado em vosso corpo mortal, para lhe obedecerdes aos seus [t]desejos.

13 Tampouco apresenteis os vossos membros ao pecado por instrumentos de [u]iniquidade, mas [v]apresentai-vos a Deus como vivos dentre os mortos e os vossos membros a Deus como instrumentos de [w]justiça.

(3) Pelo livramento da servidão à Lei mediante a morte com Cristo e pelo poder do Espírito (isto é, como em 8.2)

14 Pois o pecado não terá domínio sobre vós, porque não estais debaixo da [x]Lei, mas debaixo da [y]graça.

15 [2]**Que** diremos, pois? Havemos de pecar por não estarmos debaixo da Lei, mas debaixo da graça? De modo nenhum.

16 Não sabeis vós que sois servos daquele a quem vos oferecerdes para lhe [z]obedecer: ou do pecado para a [a]morte, ou da obediência para a justiça?

17 Graças, porém, a Deus que, tendo vós sido escravos do pecado, obedecestes de coração à forma de doutrina a que fostes entregues.

18 Fostes libertos do pecado e vos tornastes escravos da justiça.

19 Falo como homem, por causa da fraqueza da vossa carne. Pois, assim como [b]oferecestes os vossos membros à escravidão da impureza e da iniquidade, para a iniquidade, assim apresentai agora os vossos membros para [c]servirem à justiça, para a [d]santificação.

20 Quando éreis servos do pecado, estáveis livres da justiça.

21 E que fruto tínheis então das coisas de que agora vos envergonhais? Pois o fim delas é a morte.

22 Agora, porém, libertos do pecado e feitos servos de Deus, tendes o vosso fruto para a santificação, e por fim a [e]vida eterna.

23 Pois o salário do pecado é a morte, mas o dom gratuito de Deus é a vida eterna, em Cristo Jesus, nosso Senhor.

(4) O crente unido a Cristo, o novo "marido"

7 **Não** sabeis vós, irmãos (pois que falo aos que conhecem a Lei), que a Lei tem domínio sobre o homem por todo o tempo que vive?

2 Por exemplo, a mulher que está [f]sujeita ao marido, enquanto ele [g]viver, está ligada a ele pela [h]Lei, mas, morto o marido, está livre da lei do casamento.

3 De sorte que, vivendo o marido, será chamada [i]adúltera se unir-se a outro homem. Mas, se o marido morrer, está livre da lei, e assim não será adúltera, se vier a casar com outro marido.

4 Assim, meus irmãos, também vós estais mortos para a Lei pelo [j]corpo de Cristo, para que [k]sejais de outro, daquele que [l]ressurgiu dentre os mortos, a fim de darmos fruto para Deus.

5 Quando estávamos na [m]carne, as paixões dos pecados, realçadas pela Lei, operavam em nossos membros a fim de darem [n]fruto para a morte.

6 Agora, porém, estamos livres da Lei, pois morremos para aquilo que antes nos prendia, a fim de servirmos em novidade de espírito, não na velhice da [o]letra.

(5) O crente não é santificado pela Lei

7 **Que** diremos, pois? É a Lei pecado? De modo nenhum! Mas eu não conheci o [p]pecado senão por intermédio da Lei. Pois eu não conheceria a [q]cobiça se a Lei não dissesse: [r]Não cobiçarás.

8 O pecado, porém, tomando ocasião pelo mandamento, operou em mim todo tipo de desejo cobiçoso. Pois sem a Lei estava morto o pecado.

[r] Morte (física): v. 9; Rm 8.38 (Gn 2.17; Hb 9.27, nota)
[s] Hb 10.10-12,14
[t] Veja Rm 7.7, marg. r
[u] Veja Rm 1.18, marg. u
[v] Comp. Rm 12.1
[w] Veja Rm 3.21 e 10.10, notas
[x] Lei (de Moisés): 6.14,15; 7.1; Rm 7.2 (Êx 19.1; Gl 3.24)
[y] Veja 2Pe 3.18, nota. Graça: v. 14,15; Rm 11.5 (Jo 1.14; 1.17, nota)
[z] Pv 5.22
[a] Morte (espiritual): v. 16,21, 23; Rm 7.10 (Gn 2.17; Ef 2.5, nota)
[b] Ser escravos da impureza; veja tb. v. 13,16-18,20
[c] Ser escravos da justiça; v. 13,16-18,20,22
[d] Santificação (NT): v. 19,22; Rm 7.12 (Mt 4.5; Ap 22.11)

[e] Vida (eterna): v. 22,23; Rm 8.6 (Mt 7.14; Ap 22.19)
[f] Comp. Gn 2.24; Mt 5.32; Mc 10.9
[g] 1Co 7.39
[h] Lei (de Moisés): v. 2-9,12-14; Rm 7.16 (Êx 19.1; Gl 3.24)
[i] Comp. Lv 20.10; Mt 19.9; 1Co 6.9; 2Pe 2.14
[j] Igreja (verdadeira): v. 4; Rm 11.25 (Mt 16.18; Hb 12.23)
[k] Esposa (de Cristo): v. 4; 2Co 11.2 (Jo 3.29; Ap 19.7, nota)
[l] Resureição: v. 4; Rm 8.11 (2Rs 4.35; 1Co 15.52, nota)
[m] Carne (natureza pecaminosa): v. 5,14; Rm 7.18 (Jo 8.15; Jd 23)
[n] Comp. Gl 5.19-21
[o] Veja 2Co 3.6, nota
[p] Veja Rm 3.23 e 5.21, notas
[q] Comp. Mt 5.27-30
[r] Êx 20.17

[1] (6.11) "vós vos considerai" não significa *imaginar*, mas *contar com*, *descansar em*.

[2] (6.15) A velha relação com a Lei e o pecado e a nova relação com Cristo e a vida são ilustradas pelo efeito que tem a morte sobre o escravo da Lei (v. 16-23) e sobre o casamento (7.1-6). 1) A antiga escravidão era nominalmente em relação à Lei, mas, como a Lei não tinha poder para libertar, o verdadeiro senhor continuava a ser o pecado que habita no homem. O fim era a morte. A Lei não podia dar vida, e o pecado (aqui personificado pelo velho homem) resulta em morte. Mas interveio a morte em outra forma, i.e., a crucificação com Cristo (6.6) para libertar o servo de sua dupla escravidão ao pecado (6.6,7) e à Lei (7.4,6). 2) Este resultado de morte é também ilustrado pela viuvez. A morte dissolve a relação matrimonial (7.1-3). Assim como a morte natural liberta a mulher da lei do marido, a crucificação com Cristo liberta o crente da Lei (o velho marido) e o torna elegível para pertencer a outro, i.e., para ser do Cristo ressuscitado (7.4). Comp. Gl 3.24, *nota*.

9 Outrora eu vivia sem Lei, mas, [1]vindo o mandamento, reviveu o pecado, e eu [s]morri.

10 E o mandamento que era para [t]vida, achei eu que me era para [u]morte.

11 Pois o pecado, tomando ocasião pelo mandamento, me enganou e por meio do mandamento me matou.

12 Portanto, a Lei é santa, e o mandamento [v]santo, justo e bom.

13 Logo tornou-se o bom em morte para mim? De modo nenhum! Mas o pecado, para que se mostrasse pecado, operou em mim a morte pelo bem, a fim de que pelo mandamento o pecado se fizesse excessivamente maligno.

14 Bem sabemos que a Lei é espiritual; mas eu sou [2]carnal, vendido como escravo ao pecado.

(6) A luta entre as duas naturezas

15 O que [3]faço não o entendo. Pois o que quero isso não faço, mas o que não quero, isso faço.

16 E, se faço o que não quero, consinto com a [w]Lei, que é boa.

17 De maneira que agora já não sou eu que faço isso, mas o [x]pecado que habita em mim.

18 Eu sei que em mim, isto é, na minha [y]carne, não habita bem algum. Com efeito o querer está em mim, mas não consigo realizar o bem.

19 Pois não faço o bem que quero, mas o mal que não quero, esse faço.

20 Ora, se eu faço o que não quero, já não o faço eu, mas o pecado que habita em mim.

21 Acho então esta [4]lei em mim, que, quando quero fazer o bem, o mal está comigo.

22 Pois segundo o homem interior, tenho prazer na Lei de Deus,

23 mas vejo nos meus membros outra lei que [z]batalha contra a lei do meu entendimento e me prende debaixo da lei do pecado que está nos meus membros.

24 [a]Miserável homem que eu sou! [b]Quem me livrará [c]do corpo desta morte?

25 Dou graças a Deus por Jesus Cristo, o nosso Senhor. De sorte que, com o entendimento, sirvo à Lei de Deus, mas, com a carne, à lei do pecado.

[s] Comp. Tg 1.14,15
[t] Lv 18.5
[u] Morte (espiritual): v. 10; Rm 8.2 (Gn 2.17; Ef 2.5, nota)
[v] Santificação (NT): v. 12; Rm 11.16 (Mt 4.5; Ap 22.11)
[w] Lei (de Moisés): 7.16,22,25; 8.3,4,7; Rm 9.4 (Êx 19.1; Gl 3.24)

[x] Veja Rm 3.23 e 5.21, notas
[y] Carne (natureza pecaminosa): 7.18,25; 8.3,5,7,9; Rm 8.12 (Jo 8.15; Jd 23)
[z] Gl 5.17
[a] Comp. Dt 28.67; Pv 13.15
[b] Comp. Rm 8.2
[c] Rm 8.11; 1Co 15.51,52; 1Ts 4.14-17

[1] (7.9) Os v. 7-25 são autobiográficos. A experiência religiosa de Paulo ocorreu em três fases notavelmente distintas: 1) Sob a Lei, ele foi um judeu piedoso. Por suas próprias declarações explícitas em outras partes da Escritura, fica claro que a passagem não se refere a esse período. Naquele tempo, ele se considerava "irrepreensível" quanto à Lei (Fp 3.6) e havia vivido "com toda a boa consciência" (At 23.1). 2) Com sua conversão, veio nova luz sobre a Lei propriamente dita. Agora, ele a percebia como algo "espiritual" (v. 14). Ele, agora, percebia que não havia guardado a Lei, e que ela o condenava. Supostamente ele "vivia [...], mas, vindo o mandamento", ele morreu (v. 9). Não somos informados sobre quando o apóstolo passou pela experiência de Rm 7.7-25. Talvez tenha sido durante os dias de sua cegueira física em Damasco (At 9.9), talvez na Arábia (Gl 1.17). É a experiência de um homem redimido que continua agindo como se estivesse sob a Lei, mas sem estar totalmente consciente do poder libertador do Espírito Santo (comp. Rm 8.2). 3) Com as grandes revelações que, mais tarde, se encontram expressas em Gálatas e Romanos, a experiência do apóstolo entrou em sua terceira fase. Agora, ele sabia que estava morto "para a Lei pelo corpo de Cristo" (7.4) e, no poder do Espírito, havia sido livrado "da lei do pecado e da morte" (8.2); enquanto isso, os justos requisitos da Lei se cumpriam *nele* (não *por* ele) quando andava no Espírito (8.4).

[2] (7.14) Essa é a descrição que Paulo faz da natureza adâmica e do crente que vive sob seu poder. Em outros lugares (1Co 3.1,3; 2Co 10.4), Paulo diz que essa conduta é "carnal". "Natural" é a palavra característica do apóstolo para designar o homem que não foi renovado (1Co 2.14; 15.46; veja tb. 15.44, "corpo animal"), assim como "espiritual" designa o homem renovado que vive no Espírito (1Co 3.1; Gl 6.1).

[3] (7.15) Nesta passagem (v. 15-25) de grande profundidade espiritual e psicológica, o apóstolo personifica a luta das duas naturezas dentro do crente – a velha natureza, i.e., a adâmica, e a natureza divina recebida pelo novo nascimento (1Pe 1.23; 2Pe 1.4; comp. Gl 2.20; Cl 1.27). O uso frequente do pronome pessoal de primeira pessoa aqui e na seção anterior (v. 7-14), com respeito ao crente e à Lei, mostra que o esforço próprio não pode levar à santidade pela observância da Lei nem pode ganhar a luta contra o pecado que mora em nós. Mas o cap. 6, que apresenta o caminho de vitória sobre o pecado mediante a identificação com Cristo em sua morte e ressurreição, e o cap. 8, que mostra a obra do Espírito Santo em favor do crente, usam formas verbais de primeira pessoa do singular apenas eventualmente (6.19; 8.18,38). Nos v. 15-25, Saulo de Tarso e o apóstolo Paulo estão em guerra, e Paulo está derrotado; mas, no cap. 8, vemos Paulo vitorioso mediante o Espírito que o liberta, uma vitória prevista diante de um clamor de desalento: "Quem me livrará do corpo desta morte?" (7.24). Esse clamor admite a total incapacidade do homem de libertar-se da escravidão do pecado.

[4] (7.21) Em Romanos, há seis "leis" que devem ser diferenciadas: 1) a Lei de Moisés, que condena (3.19); 2) a lei como princípio (3.21); 3) a lei da fé, que exclui a justiça própria (3.27); 4) a lei do pecado nos membros, vitoriosa sobre a lei do entendimento (7.21,23,25); 5) a lei do entendimento, que aprova a Lei de Moisés, mas não pode pô-la em prática em razão da lei do pecado nos membros (7.16,23); e 6) a lei do Espírito, que tem poder para libertar o crente da lei do pecado que está em seus membros e libertar sua consciência da condenação da Lei mosaica. Além disso, o Espírito opera no cristão que se rende a Deus a mesma justiça requerida pela Lei de Moisés (8.2,4).

(7) O Espírito liberta da velha natureza e produz justiça

8 **P**ortanto, agora nenhuma [d]condenação há para os que estão [e]em Cristo Jesus, que não andam segundo a carne, mas segundo o Espírito,
2 porque a lei do [1f]espírito de vida, em Cristo Jesus, livrou-me da lei do pecado e da [g]morte.
3 Pois o que era [h]impossível à Lei, visto que estava enferma pela carne, Deus o fez, [i]enviando o seu Filho em semelhança do homem pecador, como oferta pelo [j]pecado. Dessa forma, condenou o pecado na carne,
4 para que as [k]justas exigências da Lei se cumprissem em nós, que [l]não andamos segundo a carne, mas segundo o Espírito.

(8) Conflito do Espírito com a velha natureza (comp. Gl 5.16-18)

5 Os que vivem segundo a carne inclinam-se para as coisas da carne; mas os que vivem segundo o Espírito, para as coisas do Espírito.
6 A inclinação da carne é morte, mas a inclinação do Espírito é [m]vida e paz.
7 A inclinação da carne é inimizade contra Deus, pois não é sujeita à Lei de Deus, nem em verdade o pode ser.
8 Portanto, os que estão na carne não podem agradar a Deus.
9 Vós, porém, não estais na carne, mas no Espírito, se é que o Espírito de Deus habita em vós. Mas, se alguém não tem o Espírito de Cristo, esse tal não é dele.
10 Se Cristo, porém, está em vós, o corpo, na verdade, está morto por causa do pecado, mas o espírito vive por causa da justiça.
11 Se o Espírito daquele que dentre os mortos ressuscitou Jesus habita em vós, aquele que dentre os mortos [n]ressuscitou Cristo Jesus vivificará também os vossos corpos mortais, pelo seu [o]Espírito que em vós habita.
12 **D**e maneira que, irmãos, somos devedores, não à [p]carne para viver segundo a carne.
13 Pois, se viverdes segundo a carne, [q]morrereis; mas, se pelo Espírito [r]mortificardes as obras do corpo, vivereis,

(9) O crente é feito filho e herdeiro (comp. Gl 4.4)

14 porque todos os que são guiados pelo Espírito de Deus são filhos de Deus.
15 Pois não recebestes o espírito de escravidão para outra vez estardes em temor, mas recebestes o espírito de [s]adoção, pelo qual [t]clamamos: Aba, Pai!
16 O mesmo Espírito testifica com o nosso espírito que somos [2]filhos de Deus.
17 Se nós somos filhos, logo somos também [u]herdeiros, herdeiros de Deus e co-herdeiros de Cristo, se é certo que com ele [v]padecemos, para que também com ele sejamos [w]glorificados.

(10) O glorioso livramento futuro (comp. Gn 3.18,19)

18 **E**stou certo de que as aflições deste tempo presente [x]não se podem comparar com a glória que em nós há de ser revelada.
19 A ardente expectativa da [y]criação aguarda a [z]revelação dos filhos de Deus.
20 Pois a criação ficou sujeita à vaidade, não por sua vontade, mas por causa daquele que a sujeitou,
21 na esperança de que também a própria criação será liberta do [a]cativeiro da corrupção, para a [b]liberdade da glória dos filhos de Deus.
22 Sabemos que toda a [3]criação geme como se estivesse com dores de parto até agora.
23 Não só ela, mas nós mesmos, que temos os primeiros frutos do Espírito, também gememos interiormente, aguardando a [c]adoção, a saber, a [d]redenção do nosso corpo.
24 Pois nessa esperança somos [ee]salvos. Mas a esperança que se vê não é esperança. Quem espera por algo que já tem?
25 Se, porém, esperamos o que não vemos, com perseverança o aguardamos.

(11) O Espírito, um intercessor em nós (comp. Hb 7.25)

26 **D**a mesma maneira, o Espírito nos ajuda em nossas fraquezas. Não sabemos o [ff]que havemos de pedir como convém, mas o

[d] Juízos (os sete): v. 1,3; Rm 14.10 (2Sm 7.14; Ap 20.12)
[e] Comp. 1Co 1.30
[f] Espírito Santo (NT): v. 2,4,5,9-11; Rm 8.11 (Mt 1.18; At 2.4, nota)
[g] Morte (espiritual): v. 2,6; Rm 8.13 (Gn 2.17; Ef 2.5, nota)
[h] Comp. At 15.10; Gl 3.21; Hb 7.18
[i] Cristo (primeira vinda): v. 3; Rm 9.5 (Gn 3.15; At 1.11, nota)
[j] Sacrifício (de Cristo): v. 3; Rm 8.32 (Gn 3.15; Hb 10.18, nota)
[k] Justiça (AT): v. 4; Rm 9.30 (Gn 6.9; Lc 2.25, nota)
[l] Rm 6.4; 2Co 5.7; Gl 5.16; Ef 4.1; 5.2,15; 1Jo 1.7; 2.6
[m] Vida (eterna): v. 6,10; 2Co 2.16 (Mt 7.14; Ap 22.19); 1Jo 5.12
[n] Resurreição: v. 11; Rm 8.34 (2Rs 4.35; 1Co 15.52, nota)
[o] Espírito Santo (NT): v. 11,13-16,23, 26,27; Rm 9.1 (Mt 1.18; At 2.4, nota)
[p] Perdão: v. 12,13; Rm 13.14 (Jo 8.15; Jd 23)
[q] Morte (espiritual): v. 13; 2Co 2.7 (Gn 2.17; Ef 2.5, nota). Morte (segunda): v. 13; Ap 2.11 (Jo 8.21; Ap 20.14, nota)
[r] Cl 3.5-10
[s] Adoção: v. 15,23; Gl 4.5 (Rm 8.15; Ef 1.5)
[t] Gl 4.6
[u] Comp. Gl 3.29; T 3.7; Hb 1.14; 6.17
[v] Comp. At 5.41; 9.16; Hb 11.25; Tg 5.10; 1Pe 2.20; 5.10
[w] Comp. Mt 13.43; Fp 3.21; Cl 3.4; Ap 22.5
[x] 2Co 4.17
[y] v. 20-23; comp. Gn 3.17-19
[z] Comp. Mt 13.40-43; 1Jo 3.2
[a] Comp. Rm 7.23; 2Tm 2.26; 2Pe 2.19
[b] 2Co 3.17; Gl 5.1,13
[c] Posição como filhos. Comp. 4.14
[dd] Ef 1.14; 4.30; Fp 3.20,21; veja Rm 3.24, nota
[ee] Veja Rm 1.16, nota
[ff] Como orar. Ef 6.18

[1] (8.2) Até este ponto em Romanos, o Espírito Santo foi mencionado duas vezes (1.4; 5.5); somente neste capítulo é mencionado dezenove vezes. (Note que em 2.29 e 8.10 fala-se do espírito do homem, ainda que em 2.29 mais provavelmente seja referência ao Espírito Santo.) A redenção é efetuada por meio do sangue e mediante poder (veja Êx 14.30, *nota*). Rm 3.21–5.11 fala do preço redentor; o cap. 8, do poder redentor.

[2] (8.16) Neste capítulo, Paulo usa duas palavras gregas distintas para referir-se a filhos: *teknon*, que significa *alguém que nasceu*, *uma criança*, *um bebê* (v. 16,17,21), e *huios*, que significa *filho* (v. 14). Comp. Gl 4.1,7, onde são contrastadas a infância e a condição de filho; veja tb. Adoção (Ef 1.5, *nota*; Rm 8.15,23).

[3] (8.22) Adão arruinou a velha criação, da qual era senhor e cabeça. Cristo é Senhor e Cabeça de toda a nova criação (Ef 1.22,23) e a conduzirá à unidade moral com Deus (seremos santos como Deus é santo) e à vida eterna. Até mesmo a criação animal e material, sob maldição por causa do homem (Gn 3.17), será liberta por Cristo (v. 19-22; comp. Is 11.6-9).

mesmo Espírito intercede por nós com gemidos [1]inexprimíveis.

27 E aquele que examina os corações sabe qual é a intenção do Espírito, porque segundo a vontade de Deus é que intercede pelos santos.

(12) O propósito eterno e infalível de Deus pelo evangelho

28 **S**abemos que [2]todas as coisas cooperam para o bem daqueles que amam a Deus, daqueles que são chamados segundo o seu propósito.

29 Pois os que [g]dantes conheceu também os [h]predestinou para serem conformes à [i]imagem de seu Filho, a fim de que ele seja o primogênito entre muitos irmãos.

30 E aos que predestinou, a estes também [j]chamou; aos que chamou, a estes também [k]justificou; aos que justificou, a estes também glorificou.

31 **Q**ue diremos, pois, acerca [3]dessas coisas? Se Deus é por nós, quem será contra nós?

32 Aquele que nem mesmo a seu próprio Filho poupou, antes o [l]entregou por todos nós, como não nos dará também com ele todas as coisas?

33 Quem fará qualquer acusação contra os [m]escolhidos de Deus? É Deus quem os justifica.

34 Quem os condenará? Pois é Cristo quem morreu, ou, antes, quem [n]ressurgiu dentre os mortos, o qual está à direita de Deus e também [o]intercede por nós.

(13) A segurança do crente

35 Quem nos separará do amor de Cristo? A tribulação, ou a angústia, ou a perseguição, ou a fome, ou a nudez, ou o perigo, ou a espada?

36 Como está [p]escrito:

[q]Por amor de ti somos
entregues à morte o dia todo;
fomos considerados como
ovelhas para o matadouro.

37 Em todas essas coisas, porém, somos mais do que [r]vencedores por aquele que nos amou.

38 Pois estou [s]certo de que, nem a morte, nem a vida, nem os [t]anjos, nem os principados, nem as potestades, nem o presente, nem o porvir,

39 nem a altura, nem a profundidade, nem alguma outra criatura nos poderá separar do amor de Deus, que está em Cristo Jesus, nosso Senhor.

IV. O problema da incredulidade dos judeus, 9–11

A sabedoria soberana de Deus e sua graça levando a cabo seu propósito, apesar da infidelidade de Israel (9.11)

(1) A solicitude de Paulo por Israel

9 Em Cristo digo a verdade, não minto (dando-me testemunho a minha consciência no [u]Espírito Santo):

2 que tenho grande tristeza e contínua dor no meu coração.

---

[g] Presciência: v. 29; Rm 11.2 (At 2.23; 1Pe 1.20)
[h] Predestinação: v. 29,30; 1Co 2.7 (Rm 8.29; Ef 1.11); veja 1Pe 1.20, nota
[i] Comp. 1Co 15.48,49
[j] Ef 4.4
[k] Justificação: v. 30,33; 1Co 4.4 (Lc 18.14; Rm 3.28, nota)
[l] Sacrifício (de Cristo): v. 32,34; Rm 14.9 (Gn 3.15; Hb 10.18, nota)
[m] Eleição (coletiva): v. 33; Rm 9.11 (Dt 7.6; 1Pe 5.13)
[n] Resureição: v. 34; Rm 10.9 (2Rs 4.35; 1Co 15.52, nota)
[o] Hb 7.25; 9.24

[p] Inspiração: 8.36; 9.4,6; Rm 9.9 (Êx 4.15; 2Tm 3.16)
[q] Sl 44.22
[r] 2Co 2.14; 1Jo 5.4
[s] Segurança: v. 38,39; Rm 10.9 (Sl 23.1; Jd 1)
[t] Veja Hb 1.4, nota
[u] Espírito Santo (NT): v. 1; Rm 14.17 (Mt 1.18; At 2.4, nota)

---

[1] (8.26) Quando os cristãos se encontram tão angustiados que lhes é extremamente difícil orar, o Espírito Santo está intercedendo por eles com uma intensidade divina ("gemidos inexprimíveis") que expressa perfeitamente diante de Deus as necessidades deles.

[2] (8.28) Na última oração deste versículo, observe que o propósito de Deus, não sua presciência, é o primeiro na ordem da sequência de verbos nos v. 28-30.

[3] (8.31) Se a Epístola aos Romanos fosse comparada a uma grande catedral da verdade cristã, o cap. 8 seria o mais alto campanário dessa revelação divina. A grandiosidade do tema está demonstrada na magnitude das referências a Deus, no alcance da revelação que inclui passado, presente e futuro – da criação à eternidade –, nas boas-novas da mensagem sobre a resposta de Deus à tirania do pecado, na bela e animadora homilia sobre o sofrimento e na nota vitoriosa e final sobre a segurança do crente.

Deus Pai é visto como Juiz (v. 30,33), Benfeitor (v. 32), Soberano da história (v. 28-30), Senhor que examina os corações (v. 27), chama os homens (v. 28), justifica e glorifica os crentes (v. 30); acima de tudo, é apresentado como o Deus de amor (v. 39) que "nem mesmo a seu próprio Filho poupou, antes o entregou por todos nós" (v. 32).

Deus Filho é revelado como "o primogênito entre muitos irmãos" (v. 29), o Libertador (v. 1-4), o que habita em seu povo (v. 10), o Senhor com quem seremos glorificados (v. 17), o Salvador de nossa alma (v. 34).

Deus Espírito Santo é apresentado gloriosamente como a fonte de poder (v. 4), vida e paz (v. 6), como aquele que dá vida (v. 11) e habita no crente (v. 9,11). Guia (v. 14), dá testemunho ao nosso espírito (v. 16) e intercede (v. 26). É o Espírito de nossa adoção (v. 15) e os primeiros frutos de nossa redenção (v. 23).

O capítulo fala também dos homens. O homem sem o Espírito não pode agradar a Deus (v. 6-8). O cristão é fraco (v. 26), mas pode viver pelo Espírito (v. 13) como herdeiro de Deus (v. 17); além disso, tanto seu corpo como seu espírito são parte do plano divino de redenção (v. 23), e, o que é mais grandioso, ele será conformado à imagem do Filho de Deus (v. 29).

Os versículos introdutórios do capítulo resumem os cap. 5–8. Os versículos finais são uma rocha sobre a qual a segurança do cristão pode permanecer eternamente. Mas essa segurança é obtida por meios morais, pois o grande objetivo de Deus, que será concretizado, é que seus filhos sejam "conformes à imagem de seu Filho".

3 Pois eu mesmo desejaria ser [v]separado de Cristo, por amor de meus irmãos, que são meus compatriotas, segundo a carne.

(2) Os privilégios de Israel

4 São [w]israelitas. Pertencem-lhes a adoção de filhos, a glória, as [x]alianças, a [y]Lei, o culto e as promessas.
5 Deles são os patriarcas e deles [z]descende Cristo segundo a carne, o qual é sobre todos, Deus bendito eternamente. Amém.

(3) A posteridade natural não equivale à espiritual

6 **N**ão que a palavra de Deus tenha falhado. [1]Pois nem todos os que são de Israel são israelitas.
7 Não é por serem descendência de Abraão que são todos seus [a]filhos. Pelo contrário: [b]Em Isaque será chamada a tua descendência.

(Ilustração da diferença)

8 Isto é, não são os filhos da carne que são filhos de Deus, mas os filhos da [c]promessa são contados como descendência de Abraão.
9 Pois a [d]palavra da promessa é esta: [e]Por este tempo virei, e Sara terá um filho.
10 Não somente esta, mas também [f]Rebeca, quando concebeu de um só, Isaque, nosso pai.
11 Contudo, não tendo eles ainda nascido, nem tendo feito bem ou mal (para que o propósito de Deus, segundo a [g]eleição, ficasse firme, não por causa das obras, mas por aquele que chama),
12 foi dito a ela: [h]O maior servirá o menor.
13 Como está escrito: Amei [i]Jacó e rejeitei Esaú.

(4) A misericórdia de Deus está sob sua vontade soberana

14 **Q**ue diremos, pois? Há [j]injustiça da parte de Deus? De maneira nenhuma!
15 Pois ele diz a Moisés:
Terei compaixão de quem eu [k]quiser
e [l]terei misericórdia de quem
eu tiver [m]misericórdia.
16 Assim, pois, não depende do desejo ou do esforço humano, [n]mas de [o]Deus, que se compadece.
17 Porque diz a Escritura a faraó: [p]Para isto mesmo te levantei, para em ti mostrar o meu poder e para que o meu nome seja anunciado em toda a terra.
18 Logo, ele tem misericórdia de quem ele quer e [q]endurece a quem ele quer.
19 **A**lguém dirá então: Por que se queixa ele ainda? Pois quem resiste à sua vontade?
20 Mas, ó homem, quem és tu, que a Deus questionas? [r]Dirá a coisa formada ao que a formou: Por que me fizeste assim?
21 Ou não tem o Oleiro poder sobre o barro, para da mesma massa [s]fazer um vaso para honra e outro para desonra?
22 E que direis se Deus, querendo mostrar a sua ira e dar a conhecer o seu poder, suportou com muita paciência os vasos da ira, preparados para a perdição,
23 a fim de que também desse a conhecer as [t]riquezas da sua glória nos vasos de misericórdia, que para a glória já dantes [u]preparou,
24 os quais somos nós, a quem [vv]chamou, [ww]não só [xx]dentre os judeus, mas também dentre os gentios?

(5) Os profetas anunciaram a cegueira de Israel e a misericórdia aos gentios

25 Como diz em Oseias:
[yy]Chamarei meu povo ao que
não era meu povo;
e amada à que não era amada.
26 No lugar em que lhes foi dito:
[zz]Vós não sois meu povo,
aí serão chamados [aa]filhos do Deus vivo.
27 Isaías clamava acerca de Israel:
[bb]Ainda que o número dos filhos de
Israel seja como a areia do mar,
o [cc]remanescente é que será [dd]salvo.
28 Pois o [ee]Senhor executará
a sua palavra sobre a terra,
completando-a e [ff]abreviando-a.
29 Como antes disse Isaías:
Se o [gg]Senhor dos Exércitos não
nos deixara descendência,
teríamos sido feitos como Sodoma e
seríamos semelhantes a Gomorra.
30 **Q**ue diremos, pois? Que os [hh]gentios, que não buscavam a [ii]justiça, a alcançaram? Sim, mas a [jj]justiça que vem da [kk]fé.
31 Israel, porém, que buscava a lei da [ll]justiça, não chegou a alcançá-la.
32 Por quê? Não a buscavam pela fé, mas como que pelas [mm]obras. Tropeçaram na [nn]pedra de tropeço,

---

[1] (9.6) Aqui, a distinção que se faz é entre Israel segundo a carne – a mera posteridade natural de Abraão – e os israelitas que, pela fé, também são filhos espirituais de Abraão. Os gentios que creem também são semente espiritual de Abraão; aqui, porém, o apóstolo não os está contemplando, mas somente os dois tipos de israelitas: o Israel natural e o Israel espiritual (Rm 4.1-3; Gl 3.6,7. Comp. Jo 8.37-39). Veja Rm 11.1, *nota*.

O NT não faz distinção entre os termos judeu, israelita e hebreu. Paulo usa os três com respeito a si mesmo (At 21.39; Rm 11.1; Fp 3.5).

---

[v] Comp. Êx 32.32
[w] Israel (profecias): v. 1-8; Rm 10.1 (Gn 12.2; Rm 11.26)
[x] Veja Hb 8.8, nota
[y] Lei (de Moisés): v. 4; Rm 9.32 (Êx 19.1; Gl 3.24)
[z] Cristo (primeira vinda): v. 5; Gl 4.4 (Gn 3.15; At 1.11, nota)
[a] Veja Rm 8.16, nota
[b] Gn 21.12
[c] Comp. Gl 4.22-31
[d] Inspiração: v. 9,12, 13,15, 17,25-29; Rm 9.33 (Êx 4.15; 2Tm 3.16)
[e] Gn 18.10; Hb 11.11
[f] Gn 25.21
[g] Eleição (individual): v. 11; Rm 11.5 (Dt 7.6; 1Pe 5.13)
[h] Gn 25.23
[i] Ml 1.2,3; comp. Hb 11.20
[j] Veja Rm 1.18, marg. u
[k] Êx 33.19
[l] Comp. Sl 103.11
[m] Comp. Sl 78.38; Lm 3.32
[n] Comp. Dn 9.18; Ef 2.4-6; T 3.5
[o] Comp. Jo 1.13; 1Co 3.7
[p] Êx 9.16
[q] Êx 4.21
[r] Comp. Is 29.16; 45.9; Jr 18.6; Dn 4.35
[s] Comp. 2Tm 2.20,21
[t] Graça: v. 23; Rm 11.5 (Jo 1.14; 1.17, nota)
[u] Comp. Ef 1.3-12
[vv] Rm 8.28
[ww] v. 24-30; Is 42.6,7
[xx] Comp. At 15.14
[yy] Os 2.23
[zz] Os 1.10
[aa] Gr. *huios*. Mt 5.9; Lc 20.36. Veja Ef 1.5, nota
[bb] Is 10.22,23
[cc] Remanescente: v. 27,29; Rm 11.5 (Is 1.9; Rm 11.5, nota)
[dd] Veja Rm 1.16, nota
[ee] Is 10.23
[ff] Veja Rm 10.10, nota
[gg] Is 1.9; veja 1Sm 1.3, nota
[hh] Veja Ef 3.6, nota
[ii] Justiça (AT): v. 30; Rm 10.5 (Gn 6.9; Lc 2.25, nota)
[jj] Veja Rm 10.10, nota
[kk] Fé: 9.30-33; 10.6,9-11,14, 16,17; Rm 11.20 (Gn 3.20; Hb 11.39, nota)
[ll] Veja Rm 3.21, nota
[mm] Lei (de Moisés): 9.32; 10.4,5; Rm 13.8 (Êx 19.1; Gl 3.24)
[nn] Cristo (Pedra): v. 32,33; 1Co 1.23 (Gn 49.24; 1Pe 2.8)

33 como está [o]escrito:
[p]Vede, eu ponho em Sião uma pedra de tropeço
e uma rocha de escândalo,
todo aquele que nela crer [q]não será confundido.

(6) O aparente fracasso das promessas feitas a Israel é explicado por sua incredulidade

10 Irmãos, o desejo do meu coração e a oração
a Deus por [r]Israel é para que se [s]salvem.
2 Pois lhes dou testemunho de que têm [t]zelo
de Deus, mas não com entendimento.
3 Visto que não conheceram a justiça de
Deus e procuraram estabelecer a [1]sua própria
justiça, não se sujeitaram à que vem de Deus.
4 O fim da Lei é Cristo para justiça de todo
aquele que crê.
5 **M**oisés descreve a [u]justiça que é pela Lei,
dizendo: [v]O homem que fizer estas coisas
viverá por elas.
6 A justiça, porém, que vem da fé diz assim:
[w]Não perguntes em teu coração: Quem subirá
ao céu? (isto é, para trazer do alto a Cristo).
7 Ou: Quem descerá ao abismo? (isto é, para
levantar Cristo dentre os mortos).
8 Mas o que ela diz? A palavra está junto de
ti; está na tua boca e no teu coração, isto é, a
[x]palavra da fé que pregamos.
9 [y]Se com a tua boca confessares que [z]Jesus
é o Senhor e em teu coração creres que Deus
o [a]ressuscitou dentre os mortos, [b]serás salvo.
10 Pois com o coração se crê para a [2]justiça e
com a boca se faz confissão para a salvação.
11 Como diz a Escritura: [c]Todo aquele que
nele crer não será envergonhado.
12 Pois não há [d]diferença entre judeu e grego;
um mesmo é o Senhor de todos, rico para com
todos os que o invocam,
13 porque todo aquele que invocar o nome do
[e]Senhor será salvo.

(7) O alcance mundial do evangelho; Deus deseja que todos sejam salvos

14 Como, pois, invocarão aquele em quem
não creram? E como crerão naquele de
quem não ouviram? E como ouvirão, se não
há quem pregue?
15 E como pregarão, se não forem enviados?
Como está escrito: [f]Quão formosos são os pés
dos que anunciam a paz, dos que anunciam
coisas boas!
16 **N**em todos, porém, obedeceram ao evan-
gelho, pois Isaías diz: [g]Senhor, quem creu na
nossa pregação?
17 De sorte que a fé vem pelo ouvir e o ouvir
pela palavra de Deus.
18 Digo, porém: Não ouviram? Sim, por certo,
pois [h]por toda a terra saiu a voz deles,
e as suas palavras até aos
confins do [i]mundo.
19 Digo, porém: Israel não o soube? Primeiro
diz Moisés:
[j]Eu vos porei em ciúmes com
aqueles que não são povo,
com gente insensata vos
provocarei à ira.
20 E Isaías ousadamente diz:
[k]Fui achado pelos que não me buscavam,
revelei-me [l]aos que
não perguntavam por mim.
21 Contra Israel, porém, diz:
[m]Todo o dia estendi as minhas mãos
a um povo rebelde e [n]contradizente.

(8) Os israelitas espirituais podem achar salvação em Cristo pela graça, como Paulo

11 **D**igo, pois: [3][oo]Rejeitou Deus o seu [pp]povo?
[qq]De modo nenhum! Também eu sou is-
raelita, da descendência de Abraão, da tribo
de Benjamim.
2 Deus não rejeitou o seu povo que [rr]antes
conheceu. Ou não sabeis o que a Escritura [ss]diz
de Elias, como clamou a Deus contra Israel:
3 [tt]Senhor, mataram os teus profetas, derru-
baram os teus altares; só eu sobrei, e buscam
tirar-me a vida?
4 Qual foi, porém, a resposta divina? Reservei
para [uu]mim sete mil homens que não dobra-
ram os joelhos diante de Baal.

[o] Inspiração: 9.33; 10.5-8,11, 15,16, 18-21; Rm 11.2 (Êx 4.15; 2Tm 3.16)
[p] Sl 118.22; Is 8.14; 28.16; Mt 21.42; 1Pe 2.6
[q] Rm 5.5
[r] Israel (profecias): v. 1-4; Rm 11.1 (Gn 12.2; Rm 11.26)
[s] Veja Rm 1.16, nota
[t] Comp. At 22.3
[u] Justiça (AT): v. 5; Gl 3.21 (Gn 6.9; Lc 2.25, nota)
[v] Lv 18.5; Gl 3.12
[w] v. 6-8; Dt 30.12-14
[x] Evangelho: v. 8,15-18; Rm 11.28 (Gn 12.3; Ap 14.6)
[y] Mt 10.32; Lc 12.8; comp. At 8.37
[z] Comp. 1Co 12.3
[a] Resureição: v. 9; Rm 14.9 (2Rs 4.35; 1Co 15.52, nota); Rm 4.24
[b] Segurança: v. 9,13; 1Co 3.22 (Sl 23.1; Jd 1)
[c] Comp. Is 49.23
[d] Rm 3.22; Gl 3.28
[e] Jl 2.32; At 2.21
[f] Is 52.7; Na 1.15
[g] Is 53.1
[h] Sl 19.4
[i] Gr. *oikoumene*. Veja Lc 2.1, nota
[j] Dt 32.21; comp. Rm 11.11
[k] Is 65.1
[l] Comp. Is 42.6,7
[m] Is 65.2
[n] Comp. At 13.45
[oo] Sl 94.14; Jr 46.28
[pp] Israel (profecias): v. 1,8-10; Rm 11.23 (Gn 12.2; Rm 11.26)
[qq] 1Sm 12.22; Jr 31.37
[rr] Presciência: v. 2; 1Pe 1.20 (At 2.23; 1Pe 1.20)
[ss] Inspiração: v. 2-4,8-10; Rm 11.26 (Êx 4.15; 2Tm 3.16)
[tt] 1Rs 19.10,14
[uu] 1Rs 19.18

[1] (10.3) Aqui, a palavra "justiça" alude à justiça legal ou à justiça própria, o esforço inútil do homem para conseguir, sob a Lei, uma conduta e um caráter moral aprovados por Deus. Veja Ap 19.8, *nota*.

[2] (10.10) Aqui, "justiça" alude à justiça de Deus imputada judicialmente a todos os que creem no Senhor Jesus Cristo, i.e., os cristãos são os justos. Veja 3.21, *nota*.

[3] (11.1) O tema deste capítulo é que Israel não foi desprezado para sempre. 1) A salvação de Paulo demonstra que ainda há um remanescente de Israel (v. 1). 2) A doutrina do remanescente demonstra isso (v. 2-6). 3) A atual incredulidade nacional foi prevista (v. 7-10). 4) A incredulidade de Israel é a oportunidade dos gentios (v. 11-25). 5) Israel está judicialmente separado da boa oliveira, Cristo (v. 17-22). 6) Será enxertado novamente (v. 23,24). 7) O Libertador prometido sairá de Sião, e a nação será salva (v. 25-29). A Escritura não ensina que o cristão torna-se herdeiro das promessas que são inerentemente dos judeus. O cristão é a semente celestial de Abraão (Gn 15.5,6; Gl 3.29) e participa das bênçãos espirituais da Aliança Abraâmica (Gn 12.2, *nota*); mas Israel como nação sempre teve seu próprio lugar e ainda deverá ser exaltado ao máximo como o povo terreno de Deus. Veja Israel (Gn 12.2,3; Rm 11.26, *nota*); Reino (AT) (Gn 1.26-28; Zc 12.8, *nota*).

5 Assim, pois, também agora neste tempo ficou um [1][v]remanescente, [w]segundo a eleição da [x]graça.

6 Se, porém, é pela graça, já não é pelas obras; de outra maneira, a graça já não é graça.

(9) Israel como nação é temporariamente rejeitado por sua incredulidade

7 Que diremos, pois? O que [y]Israel buscava não o alcançou, mas os eleitos o alcançaram, e os outros foram [z]endurecidos.

8 Como está escrito:

[a]Deus lhes deu espírito de entorpecimento,
olhos para não ver e ouvidos
para não ouvir,
até o dia de hoje.

9 E diz Davi:

[b]Torne-se a mesa deles em
laço e armadilha,
em tropeço e retribuição.

10 Escureçam-se os olhos
deles para que não possam ver,
e encurvem-se continuamente
as suas costas.

11 **D**igo, pois: Tropeçaram, para que caíssem? De modo nenhum, mas pela sua queda veio a [c]salvação aos [d]gentios, para provocar [e]ciúme neles.

12 Ora, se a sua queda é a [f]riqueza do mundo e a sua diminuição a riqueza dos gentios, [g]quanto mais a sua plenitude!

(10) Advertência aos gentios: A cegueira de Israel é apenas "parcial" (v. 25)

13 **C**onvosco falo, gentios. E, enquanto for [h]apóstolo dos gentios, glorificarei o meu ministério,

14 para ver se de alguma maneira posso provocar ao ciúme os do meu povo e salvar alguns deles.

15 Pois, se a sua rejeição é a reconciliação do [i]mundo, qual será a sua admissão, [j]senão a vida dentre os mortos?

16 E, se os primeiros frutos são [k]santos, também a massa o é; se a raiz é santa, também os ramos o são.

17 Se alguns dos ramos foram quebrados, e tu, sendo oliveira brava, foste enxertado no lugar deles, e feito participante da raiz e da seiva da [2]oliveira,

18 não te glories contra os ramos. Se contra eles te gloriares, considera isto: Não és tu que sustentas a raiz, mas a raiz a ti.

19 Dirás, pois: Os ramos foram quebrados para que eu fosse enxertado.

20 Está bem. Pela sua [l]incredulidade foram quebrados, e tu estás em pé pela [m]fé. Não te orgulhes, mas teme.

21 [n]Pois, se Deus não poupou os ramos naturais, teme que não te poupe a ti também.

22 Considera, pois, a bondade e a severidade de Deus: para com os que caíram, severidade; mas, para contigo, a bondade de Deus, se permaneceres na sua bondade. De outro modo, também tu serás cortado.

23 Também [o]eles, se [p]não permanecerem na incredulidade, serão enxertados, pois poderoso é Deus para os [q]tornar a enxertar.

24 Se tu foste cortado de uma oliveira brava por natureza e, contra a natureza, enxertado numa oliveira cultivada, quanto mais esses, que são naturais, serão enxertados na sua própria oliveira!

25 **N**ão quero, irmãos, que ignoreis este [r]segredo (para que não se tornem presunçosos), que o endurecimento veio em parte a Israel, até que a [3]plenitude dos gentios tenha chegado.

[v] Remanescente: v. 1-7; Rm 11.23 (Is 1.9; Rm 11.5, nota); Is 1.9
[w] Eleição (coletiva): v. 5,7; Rm 11.28 (Dt 7.6; 1Pe 5.13)
[x] Veja 2Pe 3.18, nota. Graça: v. 5,6; Rm 12.3 (Jo 1.14; 1.17, nota)
[y] Rm 9.31; comp. 10.13
[z] 2Co 3.14
[a] Dt 29.3,4; Is 29.10; Mt 13.14; Jo 12.40; At 28.26,27
[b] Sl 69.22
[c] Veja Rm 1.16, nota
[d] Is 42.6,7; At 28.28; veja Ef 3.6, nota
[e] Dt 32.21; Rm 10.19
[f] Gr. *kosmos*. Veja Mt 4.8, nota
[g] Comp. Sl 72.8-11; Is 49.6; 60.3
[h] At 9.15; 22.21; Gl 1.16; 2.7-9; Ef 3.8

[i] Gr. *kosmos*. Veja Mt 4.8, nota
[j] Is 26.16-19; comp. Ez 37.1-14; Os 6.1-3
[k] Santificação (NT): v. 16; Rm 12.1 (Mt 4.5; Ap 22.11)
[l] Hb 3.19; comp. Rm 9.32
[m] Fé: v. 20; Rm 12.3 (Gn 3.20; Hb 11.39, nota)
[n] Comp. Hb 4.1-13
[o] Remanescente: v. 23-27; Ap 6.11 (Is 1.9; Rm 11.5, nota)
[p] 2Co 3.16
[q] Israel (profecias): v. 23-27; 1Co 10.1 (Gn 12.2; Rm 11.26)
[r] Igreja (verdadeira): v. 25; Rm 12.5 (Mt 16.18; Hb 12.23); veja Mt 13.11, nota

[1] (11.5) Remanescente. Resumo: Na história de Israel, sempre se pode observar um remanescente, um Israel espiritual dentro do Israel como nação. No tempo de Elias, sete mil não haviam dobrado os joelhos diante de Baal (1Rs 19.18). No tempo de Isaías, Israel havia sido reduzido a "algum remanescente" (Is 1.9), por amor de quem Deus se conteve de destruir a nação. Durante os cativeiros, o remanescente aparece em judeus como Ester, Mardoqueu, Ezequiel, Daniel, Sadraque, Mesaque e Abede-Nego. No fim dos setenta anos de cativeiro babilônico, os que regressaram com Esdras e Neemias foram o remanescente. Quando nosso Senhor veio, João, o Batista, Simeão, Ana e "todos os que esperavam a redenção de Jerusalém" (Lc 2.38) eram o remanescente. Durante a Dispensação da Igreja, o remanescente é composto dos judeus crentes (Rm 11.4,5). Mas um aspecto importante do remanescente é profético. Durante a grande tribulação, um remanescente de Israel, os israelitas selados de Ap 7.3-8, se voltará para Jesus e crerá nele como Messias. Muitos estudantes da Escritura inferem que a grande multidão de gentios de Ap 7.9 será salva pelo testemunho dos 144.000 dos v. 3-8. Alguns deles sofrerão o martírio (Ap 6.9-11), e outros não o sofrerão e entrarão no reino milenar (Zc 12.6–13.9). Muitos salmos expressam profeticamente as alegrias e as tristezas do remanescente na tribulação.

[2] (11.17) A oliveira representa as bênçãos prometidas à descendência de Abraão. Embora os gentios não herdem, por terem crido em Cristo, as promessas específicas para Israel, recebem a bênção prometida a "todas as famílias da terra" (Gn 12.3; comp. Gl 3.6-9).

[3] (11.25) A "plenitude dos gentios" é o cumprimento do propósito de Deus nesta dispensação, i.e., o chamado dentre os gentios de um povo para o nome de Cristo, a "igreja, que é o seu corpo" (Ef 1.22,23). Comp. At 15.14; 1Co 12.12,13; Ef 4.11-13. É preciso fazer diferença entre a plenitude dos gentios e "os tempos dos gentios" (Lc 21.24).

(11) O Israel arrependido será salvo pelo Libertador (comp. Is 66.8)

26 E assim todo o Israel será [s]salvo, como está [t]escrito:

De Sião [u]virá o [1]Libertador,
e desviará de [1]Jacó as impiedades.

27 Esta será a minha [w]aliança com eles,
quando eu tirar os seus [x]pecados.

28 Assim que, quanto ao [y]evangelho, são inimigos por causa de vós; mas quanto à [z]eleição, amados por causa dos patriarcas,

29 pois os dons e a vocação de Deus são irrevogáveis.

30 Assim como vós também outrora fostes desobedientes a Deus, mas agora alcançastes misericórdia pela desobediência deles,

31 assim também estes agora foram desobedientes, para igualmente alcançarem misericórdia pela misericórdia a vós demonstrada.

32 Pois Deus colocou a [a]todos debaixo da desobediência, a fim de para com todos usar de misericórdia.

(12) A sabedoria ímpar de Deus

33 **Ó** profundidade das riquezas,
tanto da sabedoria como da
ciência de Deus!
Quão insondáveis são os seus juízos,
quão inescrutáveis os seus caminhos!

34 Quem compreendeu a [b]mente do Senhor?
Ou quem foi o seu conselheiro?

35 Ou quem lhe deu primeiro a ele,
para que lhe seja recompensado?

36 Porque dele, por ele e para
ele são [c]todas as coisas.
Glória, pois, a ele eternamente. Amém.

V. Vida e serviço cristãos para a glória de Deus, 12.1–15.13

(1) Dedicação

12 **Portanto**, rogo-vos, irmãos, pela [d]compaixão de Deus, que [e]apresenteis os vossos corpos como [f]sacrifício vivo, [g]santo e agradável a Deus, que é o vosso culto racional.

2 E [h]não vos conformeis com este mundo, mas [i]transformai-vos pela renovação do vosso entendimento, para que experimenteis [j]qual seja a boa, agradável e perfeita vontade de Deus.

(2) Serviço mediante os dons do Espírito

3 **Pois**, pela [k]graça que me é dada, digo a cada um dentre vós que não saiba mais do que convém saber, mas que saiba com moderação, conforme a [l]medida da fé que Deus [m]repartiu a cada um.

4 Assim como em um só corpo temos muitos membros, mas nem todos os membros têm a mesma função,

5 assim nós, que somos muitos, somos um só [n]corpo em Cristo, mas individualmente somos membros [o]uns dos outros.

6 Temos diferentes dons, segundo a graça que nos é [p]dada. Se é profecia, seja ela segundo a medida da fé.

7 Se é ministério, seja em ministrar; se é ensinar haja dedicação ao ensino;

8 ou o que exorta, use esse dom em exortar; o que reparte, faça-o com liberalidade; o que exerce liderança, com cuidado; o que exerce misericórdia, com alegria.

(3) O cristão e os que estão na família de Deus

9 **O** [q]amor seja não fingido. Aborrecei o mal e apegai-vos ao bem.

10 Amai-vos cordialmente uns aos outros com amor fraternal, preferindo-vos em honra uns aos outros.

11 Não sejais vagarosos no cuidado, mas sede fervorosos no espírito, servindo ao Senhor.

12 Alegrai-vos na esperança, sede pacientes na tribulação, [r]perseverai na oração.

13 [ss]Partilhai com os santos nas suas necessidades, segui a hospitalidade.

14 [tt]Abençoai aos que vos perseguem; abençoai, e não amaldiçoeis.

15 Alegrai-vos com os que se alegram; chorai com os que choram.

16 Sede unânimes entre vós. Não ambicioneis as coisas altivas, mas acomodai-vos às humildes. Não sejais sábios em vós mesmos.

(4) O cristão e os que estão fora da família de Deus

17 A ninguém torneis [uu]mal por mal. Procurai as coisas honestas perante todos os homens.

[s] Veja Rm 1.16, nota
[t] Inspiração: v. 26; Rm 12.19 (Êx 4.15; 2Tm 3.16)
[u] Cristo (segunda vinda): v. 26; 1Co 1.7 (Dt 30.3; At 1.11, nota)
[v] Redentor. Is 59.20,21
[w] Aliança (Nova): v. 27; 1Co 11.25 (Is 61.8; Hb 8.8)
[x] Veja Rm 3.23, nota
[y] Evangelho: v. 28; Rm 15.16 (Gn 12.3; Ap 14.6)
[z] Eleição (coletiva): v. 28; Rm 16.13 (Dt 7.6; 1Pe 5.13)
[a] Gl 3.22
[b] 1Co 2.16; comp. Is 40.13
[c] Cl 1.16; Hb 2.10
[d] Rm 3.21–8.39
[e] Comp. Rm 6.12,13
[f] v. 1,2; Fp 4.18; veja Hb 10.18, nota
[g] Santificação (NT): v. 1,2; Rm 15.16 (Mt 4.5; Ap 22.11)
[h] Separação: v. 2; 1Co 10.20 (Gn 12.1; 2Co 6.17)
[i] Ef 4.23
[j] Comp. Ef 5.1-21
[k] Veja 2Pe 3.18, nota. Graça: v. 3,6; Rm 15.15 (Jo 1.14; 1.17, nota)
[l] Fé: v. 3,6; Rm 13.11 (Gn 3.20; Hb 11.39, nota)
[m] v. 3-8; comp. 1Co 12.4-11; Ef 4.7-16
[n] Igreja (verdadeira): v. 5; Rm 16.23 (Mt 16.18; Hb 12.23)
[o] 1Co 10.17; Gl 3.28
[p] Jo 3.27
[q] Lei (de Cristo): v. 9,10; Rm 13.8 (Jo 13.34; 2Jo 5)
[r] 1Ts 5.17
[ss] Hb 13.16; 1Pe 4.9
[tt] v. 20; Lc 6.28; comp. Mt 5.44
[uu] 1Pe 3.9

[1] (11.26) Israel. Resumo: Israel, que recebeu esse nome por causa do neto de Abraão, foi escolhido para uma missão composta de quatro elementos: 1) dar testemunho da unidade de Deus em meio à idolatria universal (comp. Dt 6.4 com Is 43.10-12); 2) ilustrar às nações a bênção de servir ao Deus verdadeiro (Dt 33.26-29; 1Cr 17.20,21; Sl 144.15); 3) receber, preservar e transmitir as Escrituras (Dt 4.5-8; Rm 3.1,2); e 4) ser o canal humano para a encarnação do Messias (Gn 3.15; 12.3; 22.18; 28.10-14; 49.10; 2Sm 7.12-16; Is 7.14; 9.6; Mt 1.1; Rm 1.3). De acordo com os profetas, Israel, novamente reunido dentre todas as nações, restaurado à sua terra e convertido, ainda deverá ter sua maior exaltação e glória neste mundo. Veja Reino (AT) (Gn 1.26-28; Zc 12.8, *nota*); (NT) (Mt 2.2; 1Co 15.24, *nota*); Aliança Davídica (2Sm 7.16, *nota*).

18 Se for possível, quanto depender de vós, tende paz com todos os homens.

19 Não vos vingueis a vós mesmos, amados, mas dai lugar à ira, pois está [v]escrito: Minha é a [w]vingança; eu retribuirei, diz o Senhor.

20 Portanto,

[x]se o teu inimigo tiver fome,
dá-lhe de comer;
se tiver sede, dá-lhe de beber.
Fazendo isso, amontoarás
brasas de fogo sobre a sua cabeça.

21 Não te deixes vencer pelo mal, mas [y]vence o mal com o bem.

(5) O cristão e o governo

13 Toda pessoa [z]esteja sujeita às autoridades superiores, pois não há autoridade que não venha de Deus. As autoridades que há foram [a]ordenadas por Deus.

2 Por isso, quem resiste à autoridade [b]resiste à ordenação de Deus, e os que resistem trarão sobre si mesmos a condenação.

3 Pois os governantes não devem ser temidos pelos que praticam coisas boas, mas pelos que praticam coisas más. Queres não temer a autoridade? [c]Faze o bem e terás louvor dela.

4 Pois ela é [1]ministro de Deus para teu bem. Mas, se fizeres o mal, teme, pois não traz a espada sem motivo. Ela é ministro de Deus, agente da ira para castigar o que pratica o mal.

5 Portanto, é necessário que lhe estejais sujeitos, não somente por causa do castigo, mas também por causa da [d]consciência.

6 Por essa razão também pagais [e]tributos, pois as autoridades são ministros de Deus, sempre dedicadas a esse serviço.

7 Portanto, dai a [f]cada um o que deveis: a quem tributo, tributo; a quem imposto, imposto; a quem temor, temor; a quem honra, honra.

(6) A lei do amor para com o próximo (comp. Lc 10.29-37)

8 **A** ninguém [g]devais coisa alguma, a não ser o amor com que vos [h]ameis uns aos outros, pois quem ama ao próximo [i]cumpriu a [j]Lei.

9 Com efeito: [k]Não adulterarás, não [l]matarás, não furtarás, não darás falso testemunho, não cobiçarás, e, se há algum outro mandamento, tudo nesta palavra se resume: Amarás o teu próximo como a ti mesmo.

10 O amor [m]não faz mal ao próximo. De sorte que o cumprimento da Lei é o amor.

11 **E** fazei isto, conhecendo o tempo. Já é hora de despertarmos do sono, porque a [n]nossa [o]salvação está agora [p]mais perto de nós do que quando [q]aceitamos a fé.

12 A noite é passada, e o dia é chegado. [r]Rejeitemos, pois, as obras das trevas e vistamo-nos das [s]armas da luz.

13 Andemos honestamente, como de dia; não em glutonarias e bebedeiras, não em orgias e dissoluções, não em contendas e [t]inveja.

14 Antes, [u]revesti-vos do Senhor Jesus Cristo e não tenhais preocupação em como satisfazer os desejos da [w]carne.

(7) O cristão e as coisas discutíveis (comp. 1Co 8.1–10.33)

(a) O princípio da responsabilidade pessoal

14 **O**ra, quanto ao que é fraco na fé, recebei-o, mas não para condená-lo em questões discutíveis.

2 Um crê que de tudo se pode comer, e outro, que é fraco, come legumes.

3 O que come não despreze o que não come, e o que não come não [2]julgue o que come, pois Deus o recebeu por seu.

4 Quem és tu, que [ww]julgas o servo alheio? Para seu próprio Senhor ele está em pé ou cai. E estará firme, pois poderoso é Deus para o firmar.

---

[1] (13.4) Nos v. 1-4, o apóstolo destaca que um governo ordenado faz parte da provisão de Deus, mesmo em um mundo ímpio. Nenhum governante exerce algum tipo de controle, se isto não lhe for permitido por Deus (Dn 4.17). Em circunstâncias normais, o cristão deve obedecer à lei de sua terra. Isso não significa que deva obedecer a regulamentos imorais ou anticristãos. Em tais casos, seu dever é obedecer a Deus, não aos homens (At 5.29; comp. Dn 3.16-18; 6.10ss. Veja tb. Gn 8.15; 9.16, *notas*).

[2] (14.3) Nesta passagem (14.1–15.3), Paulo apresenta princípios de orientação sobre práticas em que os cristãos têm divergências. Ainda que ele use como exemplos a carne sacrificada aos ídolos e a observância de dias cerimoniais, os princípios aqui são aplicáveis aos crentes de todos os tempos. As convicções sobre o que constitui uma conduta cristã às vezes reflete antecedentes eclesiásticos e sociais, mas os princípios descritos nesta passagem são permanentes. Podem ser enunciados da seguinte maneira: Os cristãos 1) não devem julgar os atos de outros cristãos com respeito a coisas que admitem interpretações diversas (v. 3); 2) são individualmente responsáveis diante de Deus por suas ações (v. 12); 3) não devem fazer nada que seja pedra de tropeço para seus irmãos (v. 13); 4) têm liberdade cristã quanto ao que fazem (v. 14,20); 5) devem fazer aquilo que edifique seus irmãos (v. 19); 6) devem abster-se voluntariamente de certas práticas por amor aos irmãos mais fracos (v. 21); 7) devem fazer apenas o que pode ser feito sem que condenem a si mesmos (v. 22); e 8) devem seguir o exemplo de Cristo, que não viveu para agradar a si mesmo (15.1-3).

---

v Inspiração: v. 19; Rm 14.11 (Êx 4.15; 2Tm 3.16)
w Dt 32.35
x Pv 25.21,22; comp. Mt 5.44
y 12.1,2
z 13.5; T 3.1; 1Pe 2.13
a Comp. Dn 4.17; comp. Jo 19.11
b Comp. At 23.2-5; 2Pe 2.10,11
c Comp. 1Pe 2.14; 3.13; 4.15
d At 24.16; comp. Rm 9.1; 2Co 1.12; 1Tm 1.5,19; 1Pe 3.16
e Comp. Mt 17.24-27
f Comp. Mc 12.17; 1Pe 2.17,18

g Comp. Lv 19.13
h Lei (de Cristo): 13.8–15.2; 1Co 4.21 (Jo 13.34; 2Jo 5)
i Gl 5.13,14
j Lei (de Moisés): v. 8-10; 1Co 7.19 (Êx 19.1; Gl 3.24)
k Êx 20.13-17
l Não cometerás assassinato. Veja Êx 20.13, nota
m Comp. 1Co 13.1-13
n Veja Rm 1.16, nota
o Comp. 1Co 7.29; Tg 5.8
p Resultado pleno da salvação em glória. 1Jo 3.2
q Fé: v. 11; Rm 14.22 (Gn 3.20; Hb 11.39, nota)
r Ef 5.11
s Ef 6.11
t Ciúmes. 1Co 3.3
u Justiça (vestes de): v. 14; Cl 3.12 (Gn 3.21; Ap 19.8)
w Carne (natureza pecaminosa): v. 14; 1Co 3.1 (Jo 8.15; Jd 23)
ww Tg 4.11,12

5 Um faz diferença entre dia e dia, mas outro julga iguais todos os dias. Cada um esteja inteiramente seguro em sua própria mente.

6 Aquele que faz caso do dia, para o Senhor o faz. E quem come, para o Senhor come, pois dá graças a Deus; e o que não come, para o Senhor não come, e dá graças a Deus.

7 Pois nenhum de nós [x]vive para si, e nenhum morre para si.

8 Se [y]vivemos, para o Senhor vivemos; se [z]morremos, para o Senhor morremos. De sorte que, quer vivamos quer morramos, somos do Senhor.

9 Pois para isto Cristo [a]morreu e [b]tornou a viver, para ser [c]Senhor tanto dos mortos como dos vivos.

10 Mas tu, por que [d]julgas teu irmão? Pois todos havemos de [e]comparecer perante o [f]tribunal de Cristo.

11 Está [g]escrito:

Pela minha [h]vida, diz o Senhor,
todo joelho se dobrará
Diante de mim,
toda língua confessará a Deus.

12 De modo que cada um de nós dará conta de si mesmo a Deus.

(b) O princípio do bem ao próximo

13 **P**ortanto, não nos julguemos mais uns aos outros. Antes seja o vosso propósito não pôr tropeço ou causar escândalo ao irmão.

14 Eu sei, e estou certo no Senhor Jesus, que [i]nenhuma coisa é de si mesma imunda. Mas, se [j]alguém a tem por imunda, então para esse é imunda.

15 Se por causa da comida se [k]entristece teu irmão, já não andas conforme o amor. Não faças perecer por causa da tua comida aquele por quem Cristo [l]morreu.

16 Não seja blasfemado o vosso bem.

17 Pois o [m]Reino de Deus não é comida nem bebida, mas [n]justiça, [o]paz e alegria no [p]Espírito Santo,

18 porque quem nisto serve a Cristo, [q]agradável é a Deus e aprovado pelos homens.

19 Sigamos, pois, as coisas que servem para a paz e para a [r]edificação de uns para com os outros.

20 Não destruas por causa da comida a obra de Deus. É verdade que tudo é limpo, mas é errado o homem comer qualquer alimento que leve seu irmão a cair.

21 Bom é não comer carne, nem beber vinho, ou fazer outras coisas em que teu irmão tropece, ou se escandalize, ou se enfraqueça.

(c) O princípio da glória de Deus

22 Tens tu [s]fé? Tem-na em ti mesmo diante de Deus. Bem-aventurado aquele que não se [t]condena naquilo que aprova.

23 Aquele, porém, que tem dúvidas, se come está condenado, porque não come por fé; e tudo o que não provém da fé é [u]pecado.

15 **M**as nós, que somos fortes, devemos suportar as fraquezas dos fracos, e não agradar a nós mesmos.

2 Portanto, cada um de nós agrade ao seu próximo no que é bom para edificação.

3 Pois também Cristo não [v]agradou a si mesmo, mas, como está escrito: Sobre mim caíram os [w]insultos dos que te insultavam.

(8) Crentes judeus e gentios são salvos da mesma maneira

4 Pois tudo o que outrora foi escrito, [x]para o nosso ensino foi escrito, para que pela paciência e consolação das Escrituras tenhamos esperança.

5 Ora, o Deus de paciência e consolação vos conceda o [y]mesmo sentimento uns para com os outros, segundo Cristo Jesus,

6 para que concordes e a uma voz [z]glorifiqueis ao Deus e Pai de nosso Senhor Jesus Cristo.

7 **P**ortanto, [aa]recebei-vos uns aos outros, como também Cristo nos recebeu para a glória de Deus.

8 Digo, pois, que Cristo foi feito ministro da circuncisão, por causa da verdade de Deus, a fim de confirmar as [bb]promessas feitas aos pais,

9 e para que os gentios glorifiquem a Deus pela sua misericórdia, como está escrito:

[cc]Portanto, eu te louvarei entre os [dd]gentios;
cantarei louvores ao teu nome.

10 E outra vez diz:

[ee]Alegrai-vos, gentios, com o seu povo.

11 E ainda:

[ff]Louvai ao Senhor, todos os gentios;
celebrai-o, todos os povos.

12 E outra vez diz Isaías:

Uma raiz em Jessé [gg]haverá,
e naquele que se levantar
para [hh]reger os gentios,
eles colocarão nele a sua esperança.

13 Ora, o Deus de esperança vos encha de toda a [ii]alegria e paz na vossa crença, para que abundeis na esperança pelo poder do Espírito Santo.

Conclusão: A expressão do amor cristão, 15.14–16.27

Paulo fala de sua próxima viagem a Jerusalém, Roma e Espanha

14 **E**u próprio, meus [jj]irmãos, certo estou, a respeito de vós, que vós mesmos estais cheios de bondade, cheios de todo o conhecimento, podendo admoestar-vos uns aos outros.

[x] Comp. 1Co 6.19,20
[y] 2Co 5.14,15
[z] Morte (física): v. 8; 1Co 3.22 (Gn 2.17; Hb 9.27, nota)
[a] Sacrifício (de Cristo): v. 9; Rm 14.15 (Gn 3.15; Hb 10.18, nota)
[b] Ressurreição: v. 9; 1Co 6.14 (2Rs 4.35; 1Co 15.52, nota)
[c] At 10.36
[d] Comp. Mt 7.1,2
[e] 2Co 5.10
[f] Juízos (os sete): v. 10; 1Co 3.13 (2Sm 7.14; Ap 20.12)
[g] Inspiração: 14.11; 15.3,4,9-12; Rm 15.15 (Êx 4.15; 2Tm 3.16)
[h] Is 45.23; Fp 2.10,11
[i] Comp. At 10.15
[j] Comp. 1Co 10.24-33
[k] Comp. 1Co 8.9-13
[l] Sacrifício (de Cristo): v. 15; 1Co 1.23 (Gn 3.15; Hb 10.18, nota)
[m] Veja Mt 6.33, nota
[n] Veja Rm 10.10, nota
[o] Rm 8.6
[p] Espírito Santo (NT): 14.17; 15.13; Rm 15.16 (Mt 1.18; At 2.4, nota)
[q] 2Co 5.9
[r] 1Ts 5.11
[s] Fé: 14.22,23; 15.13; Rm 16.26 (Gn 3.20; Hb 11.39, nota)
[t] 1Jo 3.21

[u] Veja Rm 3.23, nota
[v] Fp 2.5-8
[w] Sl 69.9
[xx] Rm 4.23,24; 1Co 10.11; 2Tm 3.16,17
[yy] 1Co 1.10; Fp 1.27
[zz] Comp. 1Co 10.31; 1Pe 4.11
[aa] Rm 14.1
[bb] Rm 9.4
[cc] Sl 18.49
[dd] Veja Ef 3.6, nota
[ee] Dt 32.43
[ff] Sl 117.1
[gg] Is 11.1,10
[hh] Reino (NT): v. 12; 1Co 15.24 (Mt 2.2; 1Co 15.24, nota)
[ii] Rm 12.12; 14.17
[jj] Mt 23.8; Lc 8.21; Jo 21.23; Rm 8.29; Hb 2.11,17; Ap 12.10; 19.10

15 Mas, irmãos, em parte vos [k]escrevi mais ousadamente, como para vos trazer outra vez isto à memória, pela [l]graça que por Deus me foi dada,

16 a fim de ser [m]ministro de Cristo Jesus entre os gentios, no sagrado dever de anunciar o [n]evangelho de Deus, para que seja agradável a [o]oferta dos [p]gentios, [q]santificada pelo [r]Espírito Santo.

17 De sorte que tenho motivo de gloriar-me em Cristo Jesus, nas coisas que pertencem a Deus.

18 Não ousaria dizer coisa alguma que Cristo por mim não tenha feito, para [s]obediência dos gentios, por palavra e por obras,

19 [t]pelo poder dos sinais e prodígios, no poder do Espírito Santo. [u]De modo que desde Jerusalém e arredores, até o Ilírico, tenho [v]pregado o evangelho de Cristo.

20 Desta maneira esforcei-me por anunciar o evangelho, não onde Cristo já fora nomeado, para não edificar sobre fundamento alheio.

21 Antes, como está escrito:

[w]Aqueles a quem não foi
anunciado, o verão,
e os que não ouviram o entenderão.

22 **P**elo que também muitas vezes tenho sido [x]impedido de ir ter convosco.

23 Agora, porém, que não tenho mais demora nestas regiões e tendo já há muitos anos [y]grande desejo de ir visitar-vos,

24 quando partir para a Espanha irei ter convosco, pois espero que de passagem vos verei e que para lá seja encaminhado por vós, depois de ter [z]desfrutado um pouco a vossa companhia.

25 Agora, porém, [a]vou a Jerusalém a serviço dos [b]santos.

26 Pois pareceu bem à Macedônia e à Acaia fazer uma [c]coleta para os pobres dentre os santos que estão em Jerusalém.

27 Isso lhes pareceu bem, como devedores que são para com eles. Pois se os gentios foram participantes dos seus bens espirituais, devem também ministrar-lhes os temporais.

28 Assim que, concluída essa tarefa e havendo-lhes consignado este fruto, de lá, passando por vós, irei à Espanha.

29 E bem sei que, indo ter convosco, chegarei com a [d]plenitude da bênção de Cristo.

30 **R**ogo-vos irmãos, por nosso Senhor Jesus Cristo e pelo amor do Espírito, que [e]combatais comigo nas vossas orações por mim a Deus.

31 Orem para que seja livre dos rebeldes que estão na Judeia e que este meu ministério em Jerusalém seja bem aceito pelos santos,

32 a fim de que, pela vontade de Deus, chegue a vós com [f]alegria e possa alegrar-me convosco.

33 E o [g]Deus da paz seja com todos vós. Amém.

[k] Inspiração: v. 15,21; Rm 16.26 (Êx 4.15; 2Tm 3.16)
[l] Veja 2Pe 3.18, nota. Graça: v. 15; Rm 16.20 (Jo 1.14; 1.17, nota); Rm 1.5
[m] Veja Rm 11.13, marg. h
[n] Evangelho: v. 16, 19,20; Rm 16.25 (Gn 12.3; Ap 14.6)
[o] Is 26.20
[p] Veja Ef 3.6, nota
[q] Santificação (NT): v. 16; 1Co 1.2 (Mt 4.5; Ap 22.11)
[r] Espírito Santo (NT): v. 16, 19,30; 1Co 2.4 (Mt 1.18; At 2.4, nota)
[s] Rm 1.5
[t] Comp. Hb 2.2-4
[u] Veja At 8.4, nota
[v] Comp. At 20.27
[w] Is 52.15
[x] Rm 1.13
[y] At 19.21; 23.11; Rm 1.10,11
[z] Rm 1.12
[a] At 24.17
[b] Comp. Rm 1.7; 8.27; 12.13; 16.2
[c] 2Co 8.1–9.15
[d] Comp. Rm 1.11; Ef 3.8,19
[e] 2Co 1.11

Saudações pessoais e expressões de amor

16 [h]Recomendo-vos a nossa irmã Febe, que serve à [i]igreja que está em Cencreia,

2 para que a recebais no Senhor, [j]como convém aos santos, e a ajudeis em qualquer coisa que de vós necessitar, pois ela tem hospedado a muitos, como também a mim mesmo.

3 **S**audai [kk]Priscila e Áquila, meus cooperadores em Cristo Jesus.

4 Eles pela minha vida expuseram sua cabeça. E isso não lhes agradeço eu só, mas também todas as igrejas dos gentios.

5 Saudai também a igreja que está em sua casa. Saudai a Epêneto, meu amado, que é o primeiro convertido da Ásia em Cristo.

6 Saudai Maria, que trabalhou [ll]muito por nós.

7 Saudai Andrônico e Júnia, meus [mm]parentes e companheiros de prisão, os quais são bem conceituados entre os [nn]apóstolos e estavam [oo]em Cristo antes de mim.

8 Saudai Amplíato, meu amado no Senhor.

9 Saudai Urbano, nosso cooperador em Cristo, e Estáquis, meu amado.

10 Saudai Apeles, aprovado em Cristo. Saudai os da família de Aristóbulo.

11 Saudai Herodião, meu parente. Saudai os da família de Narciso, que estão no Senhor.

12 Saudai Trifena e Trifosa, as quais trabalham no Senhor. Saudai a amada Pérside, que muito trabalhou no Senhor.

13 Saudai Rufo, [pp]eleito no Senhor, e sua mãe e minha.

14 Saudai Asíncrito, Flegonte, Hermes, Pátrobas, Hermas e os irmãos que estão com eles.

15 Saudai Filólogo e Júlia, Nereu e sua irmã, e Olimpas, e todos os [qq]santos que com eles estão.

16 Saudai-vos uns aos outros com ósculo santo. As [rr]igrejas de Cristo vos saúdam.

17 **R**ogo-vos, irmãos, que noteis os que promovem dissensões e escândalos contra a [ss]doutrina que aprendestes. Afastai-vos deles.

18 Pois os tais não servem a Cristo, o nosso Senhor, mas ao seu [tt]ventre. Com suaves palavras e bajulações enganam o coração dos ingênuos.

19 A vossa obediência é conhecida de todos, por isso alegro-me em vós; mas quero que sejais sábios para o bem, e simples para o mal.

20 E o Deus da paz em breve esmagará [uu]Satanás debaixo dos vossos pés. A [vv]graça de nosso Senhor Jesus seja convosco. Amém.

21 **S**aúda-vos Timóteo, meu cooperador, e Lúcio, Jasom e Sosípatro, meus parentes.

[f] Comp. Fm 20; 3Jo 4
[g] Rm 16.20; 1Co 14.33; 2Co 13.11; Fp 4.9; 1Ts 5.23; 2Ts 3.16; Hb 13.20
[h] Comp. 2Co 3.1-3; Fp 2.29,30
[i] Igrejas (locais): v. 1,5; Rm 16.16 (At 8.3; Fp 1.1, nota)
[j] Fp 1.27
[kk] At 18.2,18,26; 1Co 16.19; 2Tm 4.19
[ll] Comp. v. 12; Fp 4.3
[mm] v. 11-21
[nn] At 1.13,26
[oo] Comp. Gl 1.22
[pp] Eleição (individual): v. 13; Gl 1.15 (Dt 7.6; 1Pe 5.13)
[qq] Veja Rm 15.25, marg. b
[rr] Igrejas (locais): v. 16; 1Co 1.2 (At 8.3; Fp 1.1, nota)
[ss] Ensinamento. Rm 6.17
[tt] Comp. Ez 13.17-19
[uu] Satanás: v. 20; 1Co 5.5 (Gn 3.1; Ap 20.10)
[vv] Graça: v. 20,24; 1Co 1.3 (Jo 1.14; 1.17, nota)

22 Eu, Tércio, que escrevi esta carta, saúdo-
-vos no Senhor.
23 Saúda-vos Gaio, meu hospedeiro, e toda a
[w]igreja. Saúda-vos Erasto, tesoureiro da cidade,
e o irmão Quarto.
24 A graça de nosso Senhor Jesus Cristo seja
com todos vós. Amém.
25 **O**ra, àquele que é poderoso para vos
confirmar segundo o meu [x]evangelho e a
pregação de Jesus Cristo, conforme a revela-
ção do [y]mistério que desde tempos eternos
esteve oculto,
26 mas que se manifestou agora, e foi dado
a conhecer pelas [z]Escrituras dos profetas,
segundo o mandamento do Deus eterno, a
todas as nações [a]para obediência da [b]fé,
27 ao único Deus sábio, seja dada glória por
Jesus Cristo para todo o sempre. Amém.

[w] Igreja (verdadeira): v. 23,25; 1Co 3.9 (Mt 16.18; Hb 12.23); Ef 3.1-12; veja Mt 13.11, nota

[x] Evangelho: v. 25; 1Co 1.17 (Gn 12.3; Ap 14.6)

[y] Refere-se à igreja. Ef 3.1-9

[z] Inspiração: v. 25,26; 1Co1.19(Êx4.15; 2Tm 3.16)

[a] Rm 1.5

[b] Fé: v. 26; 1Co 1.21 (Gn 3.20; Hb 11.39, nota)

1CORÍNTIOS

- **Autor:** Paulo
- **Tema:** A conduta cristã
- Escrito em 56 d.C., aprox.

A PRIMEIRA EPÍSTOLA AOS CORÍNTIOS foi escrita pelo apóstolo Paulo ao final dos três anos em que morou em Éfeso (At 20.31; 1Co 16.5-8). O relacionamento de Paulo com a igreja em Corinto é descrito em At 18.1-18.

O motivo dessa epístola foi uma carta que Paulo recebeu dos coríntios com perguntas sobre assuntos como o casamento e a comida oferecida aos ídolos (7.1; 8.1-13), mas o apóstolo também estava extremamente preocupado por causa das informações recebidas de Corinto sobre divisões que se intensificavam, contendas que se ampliavam e outros problemas (1.10-12), além de um caso de incesto que não havia sido julgado pela igreja (5.1,2).

O principal objetivo da carta é a correção do erro causado não tanto pela heresia, mas pela carnalidade dos crentes coríntios. Embora Paulo defenda seu apostolado, porque isso envolve a autoridade da doutrina que lhe foi revelada, a carta não é um grande tratado, mas uma expressão de sua dor, solicitude e santa indignação por causa da condição não espiritual e imoral da igreja em Corinto (5.1,2).

Os temas tratados são variados, mas podem ser relacionados ao tema geral, a conduta cristã. Mesmo a assombrosa revelação da verdade sobre a ressurreição tem relação com esse tema (15.58). E, apesar do tom pesado motivado pelas dificuldades na igreja, é justamente nessa epístola que Paulo apresenta seu maravilhoso hino ao amor cristão (cap. 13), assim como também a mais completa explicação na Palavra de Deus sobre o tema da ressurreição do corpo (cap. 15).

A epístola pode ser dividida da seguinte maneira: Introdução, 1.1-9. I. Divisões na igreja em Corinto, 1.10–4.21. II. Repreensão à imoralidade; a disciplina é ordenada, 5.1–6.8. III. A santidade do corpo; o casamento cristão, 6.9–7.40. IV. Coisas oferecidas aos ídolos; limites da liberdade cristã, 8.1–11.1. V. A ordem cristã e a ceia do Senhor, 11.2-34. VI. Os dons espirituais e seu uso em amor, 12.1–14.40. VII. A ressurreição do corpo, 15. Conclusão: instruções e saudações pessoais, 16.

Introdução, 1.1-9

A posição do crente na graça (comp. Rm 5.1,2; Ef 1.3-14)

1 **P**aulo, [a]chamado apóstolo de Jesus Cristo
pela vontade de Deus, e o irmão [b]Sóstenes,
2 à [c]igreja de Deus que está em Corinto, aos
[1d]santificados em Cristo Jesus, [e]chamados para
ser [f]santos, com todos os que em todo lugar
invocam o nome de nosso Senhor Jesus Cristo,
Senhor deles e nosso:
3 [g]Graça e paz seja convosco da parte de
Deus, nosso Pai, e do Senhor Jesus Cristo.
4 **S**empre dou graças ao meu Deus por
vós pela graça de Deus que vos foi dada em
Jesus Cristo.
5 Pois em tudo fostes enriquecidos nele, [h]em
toda a palavra e em todo o conhecimento,
6 assim como o testemunho de Cristo foi
confirmado entre vós;
7 de modo que nenhum dom vos falta,
aguardando a [2i]revelação de nosso Senhor
Jesus Cristo,
8 o qual vos confirmará também até o fim,
para serdes [j]irrepreensíveis no [3k]dia de nosso
Senhor Jesus Cristo.

[a] Veja Rm 11.13, marg. hh
[b] At 18.17
[c] Igrejas (locais): v. 2; 1Co 4.17 (At 8.3; Fp 1.1, nota)
[d] Santificação (NT): v. 2; 1Co 1.30 (Mt 4.5; Ap 22.11)
[e] Ef 4.1; 1Ts 2.12
[f] Veja Rm 15. 25, marg. b
[g] Graça: v. 3,4-7; 1Co 3.10 (Jo 1.14; 1.17, nota); v. 4-7; veja 2Pe 3.18, nota
[h] Comp. 1Co 12.8; 2Co 8.7
[i] Cristo (segunda vinda): v. 7; 1Co 4.5 (Dt 30.3; At 1.11, nota)
[j] Cl 1.22; 1Ts 3.13; 5.23
[k] Dia (de Cristo): v. 8; 1Co 3.13 (1Co 1.8, nota; 2Tm 4.8)

---

[1] (1.2) Os v. 2-9, em contraste com 10-13, ilustram uma distinção constantemente encontrada nas epístolas entre a posição do crente em Cristo Jesus, na família de Deus, e sua vida ou condição real. A posição do cristão na graça é resultado da obra de Cristo, e o crente entra nessa graça de maneira plena, quando recebe Cristo pela fé (Jo 1.12,13; Rm 8.1,15-17; 1Co 1.2,30; 12.12,13; Gl 3.26; Ef 1.3-14; 2.4-9; 1Pe 2.9; Ap 1.6; 5.9,10). O crente mais fraco, mais ignorante e mais falível tem exatamente o mesmo relacionamento na graça que o santo mais ilustre. Toda a obra de Deus a seu favor, a aplicação da Palavra à sua vida e consciência (Jo 17.17; Ef 5.26), a disciplina divina (1Co 11.32; Hb 12.10), o ministério do Espírito (Ef 4.11,12), as dificuldades e provas da vida diária (1Pe 4.12,13) e a transformação final quando Cristo vier (1Jo 3.2) têm por objetivo fazer que o caráter do cristão se conforme à sua posição exaltada em Cristo. O cristão cresce *na* graça, não *para a* graça.

[2] (1.7) Há três palavras empregadas de maneira especial em associação com a volta do Senhor: 1) *Parousia*, também usada por Paulo para referir-se à vinda de Estéfanas (1Co 16.17), de Tito (2Co 7.6,7) e de sua própria visita a Filipos (Fp 1.26). A palavra significa *presença pessoal* e é usada com respeito ao regresso do Senhor num contexto de bênção para os cristãos (1Co 15.23; 1Ts 4.14-17) e a destruição do homem do pecado (2Ts 2.8). 2) *Apokalupsis*, palavra utilizada aqui e que significa *revelação, desvendamento*. Este termo enfatiza o caráter visível da volta do Senhor. É usado em respeito ao Senhor (2Ts 1.7; 1Pe 1.7,13; 4.13), com respeito aos filhos de Deus em ligação com a volta do Senhor (Rm 8.19) e com relação ao homem do pecado (2Ts 2.3,6,8). Sempre inclui a ideia de perceptibilidade. 3) *Epiphaneia*, traduzido por "esplendor" (2Ts 2.8). Significa *uma aparição* e é usada em relação às duas vindas (primeira vinda, 2Tm 1.10; segunda vinda, 2Ts 2.8; 1Tm 6.14; 2Tm 4.1,8; Tt 2.13).

[3] (1.8) A expressão "dia de nosso Senhor Jesus Cristo", que se identifica com sua vinda ("a revelação de nosso Senhor Jesus Cristo", v. 7), é o período de bênção para a Igreja a partir do arrebatamento. Este dia

9 [l]Fiel é Deus, pelo qual fostes [m]chamados para a [n]comunhão de seu Filho Jesus Cristo, o nosso Senhor.

I. Divisões na igreja em Corinto, 1.10–4.21

(1) A sabedoria humana divide o corpo

10 **R**ogo-vos, porém, [o]irmãos, pelo nome de nosso Senhor Jesus Cristo, que digais todos a mesma coisa e que não haja entre vós [p]divisões, para que sejais unidos no mesmo sentido e no mesmo parecer.

11 A respeito de vós, irmãos meus, me foi comunicado pelos da família de Cloé que há contendas entre vós.

12 Quero dizer com isso que cada um de vós diz: Eu sou de Paulo, e eu de [q]Apolo, e eu de [r]Cefas, e eu de Cristo.

13 Está Cristo dividido? Foi Paulo crucificado por vós? Fostes vós [s]batizados em nome de Paulo?

14 Dou graças a Deus porque a [t]nenhum de vós batizei, senão a [u]Crispo e a [v]Gaio,

15 para que ninguém diga que fostes batizados em meu nome.

16 Batizei também a família de [w]Estéfanas; além destes, não sei se batizei algum outro.

17 Pois Cristo enviou-me não para batizar, mas para [x]evangelizar; não com sabedoria de palavras, para que a cruz de Cristo não se faça vã.

(2) A sabedoria humana em contraste com a sabedoria de Deus (isto é, a cruz)

18 **P**ois a palavra da cruz é [y]loucura para os que [z]perecem, mas para nós, que somos [a]salvos, é o poder de Deus.

19 Pois está [b]escrito:

[c]Destruirei a sabedoria dos sábios;
aniquilarei a inteligência dos inteligentes.

20 [d]Onde está o sábio? Onde está o mestre da lei? Onde está o questionador deste [e]século? Não tornou Deus louca a sabedoria deste [g]mundo?

21 Visto que, na [h]sabedoria de Deus, o mundo não [i]conheceu a Deus por sua própria sabedoria, aprouve a Deus salvar os [j]crentes pela loucura da pregação.

22 Os judeus pedem [k]sinal, e os gregos buscam sabedoria,

23 mas nós pregamos a Cristo [ll]crucificado, [mm]escândalo para os judeus e loucura para os gregos.

24 Para os que são chamados, porém, tanto [nn]judeus como gregos, pregamos a Cristo, poder de Deus e sabedoria de Deus.

25 Pois a loucura de Deus é mais sábia do que os homens, e a fraqueza de Deus é mais forte do que os homens.

(3) Os crentes coríntios não estavam entre os sábios

26 **O**ra, irmãos, considerai o que éreis quando fostes chamados. Poucos eram sábios segundo os padrões humanos; poucos eram poderosos; poucos eram os nobres de nascimento.

27 Deus, porém, [oo]escolheu as coisas loucas deste [pp]mundo para confundir as sábias; Deus escolheu as coisas fracas deste mundo para confundir as fortes.

28 Deus escolheu as coisas vis deste mundo, as desprezíveis e as que não são, para aniquilar as que são;

29 para que ninguém se glorie perante ele.

30 **Q**uanto a vós, porém, sois dele, em Jesus Cristo, o qual para nós foi feito por Deus sabedoria, e [qq]justiça, e [rr]santificação, e [ss]redenção,

31 para que, como está [tt]escrito: [uu]Aquele que se gloria, glorie-se no Senhor.

(4) A revelação cristã não deve nada à sabedoria humana (a) Paulo não dependia dessa sabedoria

2 Eu, [vv]irmãos, quando fui ter convosco, anunciando-vos o [ww]testemunho de Deus, não fui com sublimidade de palavras ou de sabedoria.

2 Pois nada me propus saber entre vós, senão a Jesus Cristo, e este crucificado.

3 E eu estive convosco em fraqueza, em temor e em grande tremor.

4 A minha palavra e a minha pregação não consistiram em palavras persuasivas de sabedoria humana, mas em demonstração do [xx]Espírito e de poder,

5 para que a vossa [yy]fé não se apoiasse na sabedoria dos homens, mas no [zz]poder de Deus.

6 **T**oavia, falamos sabedoria entre os perfeitos, mas não a sabedoria deste [aa]mundo ou dos [bb]poderosos deste mundo, que se aniquilam.

7 Não, falamos a sabedoria de Deus oculta em [cc]mistério, a qual Deus [dd]ordenou antes dos séculos para nossa glória.

8 Nenhum dos poderosos deste mundo a conheceu, pois, se a tivessem conhecido, jamais teriam [ee]crucificado o Senhor da glória.

futuro é chamado "o dia do Senhor Jesus" (1Co 5.5; 2Co 1.14), "o dia de Cristo Jesus" (Fp 1.6) e "o dia de Cristo" (Fp 1.10; 2.16). "O dia de Cristo" em cada uma das quatro referências no NT é um dia descrito em relação à recompensa e bênção da Igreja no arrebatamento; está em contraste com a expressão "o dia do Senhor" (comp. Is 2.12, *marg*; Jl 1.15, *nota*; Ap 19.19, *nota*), que se relaciona com o juízo para os judeus e gentios incrédulos e com a bênção dos santos no milênio (Zc 3.8-20).

[l] 1Co 10.13
[m] Veja 1Co 1.2, marg. e
[n] 1Jo 1.3
[o] Veja Rm 15.14, marg. j
[p] Dissensões. 1Co 3.4,5; 4.6
[q] Veja At 18.24, marg. n
[r] Simão Pedro. Jo 1.42
[s] Veja At 8.12, nota
[t] Jo 4.2
[u] At 18.8
[v] Veja At 19.29, marg. e
[w] 1Co 16.15,17
[x] Evangelho: v. 17,18, 21,23; 1Co 2.1 (Gn 12.3; Ap 14.6)
[y] 1Co 2.14
[z] Veja Jo 3.16, nota
[a] Veja Rm 1.16, nota
[b] Inspiração: v. 19; 1Co 1.31 (Êx 4.15; 2Tm 3.16)
[c] Is 29.14
[d] Is 19.12; 33.18
[e] Gr. aiōn. Veja Mc 10.30, nota
[f] 1Co 3.19
[g] Gr. kosmos. Veja Ap 13.8, nota
[h] Dn 2.20; Rm 11.33
[i] Comp. Rm 1.21
[j] Fé: v. 21; 1Co 2.5 (Gn 3.20; Hb 11.39, nota)
[k] Jo 2.18
[ll] Sacrifício (de Cristo): v. 23; 1Co 5.7 (Gn 3.15; Hb 10.18, nota)
[mm] Cristo (Pedra): v. 23; 1Co 10.4 (Gn 49.24; 1Pe 2.8)

[nn] Comp. Rm 1.16; 2.10
[oo] Sl 8.2; Mt 11.25
[pp] Gr. kosmos. Veja Mt 4.8, nota
[qq] 2Co 5.21; veja Rm 3.21, nota
[rr] Santificação (NT): v. 30; 1Co 3.17 (Mt 4.5; Ap 22.11)
[ss] Veja Rm 3.24, nota
[tt] Inspiração: 1.31; 2.7-10,13; 1Co 3.19 (Êx 4.15; 2Tm 3.16)
[uu] Jr 9.24; 2Co 10.17
[vv] Veja Rm 15.14, marg. j
[ww] Evangelho: v. 1-13; 1Co 4.15 (Gn 12.3; Ap 14.6)
[xx] Espírito Santo (NT): v. 4,10-14; 1Co 3.16 (Mt 1.18; At 2.4, nota)
[yy] Fé: v. 5; 1Co 3.5 (Gn 3.20; Hb 11.39, nota)
[zz] Rm 1.16; 1Ts 1.5
[aa] Gr. aiōn. Veja Mc 10.30, nota
[bb] Governantes. Ef 2.2; 1Tm 2.1,2
[cc] Veja Mt 13.11, nota
[dd] Predestinação: v. 7; Ef 1.5 (Rm 8.29; Ef 1.11); veja 1Pe 1.20, nota
[ee] Mt 27.33-50

(b) As verdades espirituais não são produto da sabedoria humana, mas são reveladas por Deus

9 Como, porém, está escrito:
As coisas que o [f]olho não viu,
o ouvido não ouviu
e não subiram à mente humana
são as que Deus preparou
para os que o amam.
10 Deus, porém, as [g]revelou a nós pelo seu
Espírito. O Espírito penetra todas as coisas, até
mesmo as profundezas de Deus.
11 Pois qual dos homens sabe as coisas do
homem, senão o [h]espírito do homem, que nele
está? Assim também ninguém sabe as coisas
de Deus, senão o Espírito de Deus.
12 Nós, contudo, não recebemos o espírito do
[i]mundo, mas o Espírito que provém de Deus,
para que pudéssemos conhecer o que nos é
dado gratuitamente por Deus.

(c) As coisas reveladas são ensinadas com palavras dadas pelo Espírito

13 Disto também falamos, não com [1]pala-
vras de sabedoria humana, mas com as que o
Espírito Santo ensina, comparando as coisas
espirituais com as espirituais.

(d) As coisas reveladas se discernem espiritualmente

14 Ora, o homem [2]natural não compreende as
coisas do Espírito de Deus, pois lhe parecem
loucura, e não pode entendê-las, porque elas
se discernem espiritualmente.
15 O que é espiritual, porém, discerne
bem todas as coisas, e ele por ninguém
é discernido.

[f] Is 64.4
[g] Jo 14.26; 16.13; Ef 3.5; comp. Jo 15.15; Ef 1.9,10; Cl 1.26
[h] Jó 32.8; Ec 12.7; 1Co 6.20; Tg 2.26
[i] Gr. kosmos. 1Co 7.31,33; veja Ap 13.8, nota

16 Pois quem conheceu a [j]mente do Senhor,
para que o possa instruir?
Mas nós temos a mente de Cristo.

(5) Andar segundo a carne evita o crescimento espiritual

3 Eu, irmãos, não vos pude falar como a
espirituais, mas como a [k]carnais, como
a meninos em Cristo.
2 Com [l]leite vos criei, não com alimento
sólido, pois ainda não estáveis prontos para
isso. Com efeito, ainda agora não estais
prontos.
3 Ainda sois carnais. Pois havendo entre vós
inveja e contendas, não estais sendo carnais e
agis conforme os mundanos?
4 Pois dizendo um: Eu sou de Paulo, e outro:
Eu de [m]Apolo, não sois carnais?

(6) Deus é o único que importa no serviço cristão

5 Afinal de contas, quem é Paulo e quem é
Apolo, senão [n]ministros pelos quais [o]crestes,
e isto conforme o que o Senhor deu a cada um?
6 Eu plantei, Apolo regou, mas Deus deu
o crescimento.
7 Pelo que, [p]nem o que planta nem o que
rega são coisa alguma, mas Deus, que dá
o crescimento.
8 Ora, o que planta e o que rega são [3]um, e
cada um receberá o seu [q]galardão segundo o
seu trabalho.

(7) O serviço cristão e sua recompensa

9 Pois nós somos [r]cooperadores de Deus; vós
sois [s]lavoura de Deus e [t]edifício de Deus.
10 Segundo a [u]graça de Deus que me foi dada,
[v]pus eu, como sábio construtor, o fundamento,

[j] Rm 11.34; comp. Is 40.13
[k] Carne (natureza pecaminosa): v. 1-4; 2Co 1.17 (Jo 8.15; Jd 23); veja Rm 7.14, nota
[l] Comp. 1Pe 2.2
[m] Veja At 18.24, marg. n
[n] 2Co 3.6
[o] Fé: v. 5; 1Co 12.9 (Gn 3.20; Hb 11.39, nota)
[p] Comp. Jo 15.5
[q] Recompensas: v. 8,14; 1Co 9.25 (Dn 12.3; 1Co 3.14, nota)
[r] 2Co 6.1; comp. Mc 16.20
[s] Comp. 1Co 3.6-8
[t] Igreja (verdadeira): v. 9,16,17; 1Co 6.15 (Mt 16.18; Hb 12.23); Zc 6.12,13
[u] Veja 2Pe 3.18, nota. Graça: v. 10; 1Co 15.10 (Jo 1.14; 1.17, nota)
[v] Comp. Rm 15.20

[1] (2.13) "Palavras [...] que o Espírito Santo ensina". 1) Quando os autores da Bíblia mencionam esse assunto, afirmam que as palavras de seus escritos são recebidas por ensinamento divino. Isso, necessariamente, se refere aos documentos originais (tecnicamente chamados *autógrafos*), não às traduções ou versões; mas Deus tem preservado a sua Palavra, apesar das muitas tentativas de corrompê-la ou até destruí-la. 2) Em 1Co 2.9-14, temos o processo pelo qual a verdade passa da mente de Deus para a mente do seu povo. a) O homem natural não pode descobrir as coisas invisíveis de Deus (v. 9). b) Ele revela essas coisas invisíveis a homens escolhidos (v. 10-12). c) Essas coisas reveladas são comunicadas por palavras "que o Espírito Santo ensina" (v. 13), o que não implica um ditado mecânico nem a anulação da personalidade do escritor, mas apenas que o Espírito guia infalivelmente na escolha de palavras do vocabulário que o escritor usa (v. 13). d) Somente os crentes espirituais podem discernir, quanto ao pleno conteúdo espiritual, essas palavras ensinadas pelo Espírito, nas quais a revelação é expressa (1Co 2.15,16). Veja tb. 2Tm 3.16, *nota*.

[2] (2.14) Paulo divide os homens em três categorias: 1) *psuchikos*, que significa *próprio dos sentidos*, *sensual* (Tg 3.15; Jd 19), *natural*, i.e., o homem adâmico, não renovado pelo novo nascimento (Jo 3.3,5); 2) *pneumatikos*, que significa *espiritual*, i.e., o homem renovado, cheio do Espírito e que anda no Espírito em plena comunhão com Deus (Ef 5.18-20); 3) *sarkikos*, que significa *carnal*, i.e., o homem renovado que anda "segundo a carne" (Rm 8.4) e continua sendo um menino em Cristo (1Co 3.1-4). O homem natural pode ser educado, doce, aprazível, eloquente e fascinante, mas o conteúdo espiritual das Escrituras permanece absolutamente oculto para ele; e o cristão carnal consegue compreender apenas as verdades mais simples, o "leite" (1Co 3.2).

[3] (3.8) Paulo refuta a ideia de que ele, Cefas (Pedro) e Apolo estão em desacordo e são meros teólogos e fundadores de seitas rivais; eles são "um". Veja v. 22; 1Co 16.12.

e outro edifica sobre ele. Mas veja cada um como edifica sobre ele.

(a) O único fundamento: Jesus Cristo

11 Pois ninguém pode pôr outro [w]fundamento, além do que já está posto, o qual é Jesus Cristo.

(b) Dois tipos de ministério e seu resultado

12 E, se alguém sobre este fundamento levantar um [x]edifício de ouro, prata, pedras preciosas, madeira, feno, palha,

13 a obra de cada um se manifestará, porque o [y]dia a demonstrará. Pelo fogo será revelada, e o fogo [z]provará qual seja a obra de cada um.

14 Se a obra que alguém edificou sobre ele permanecer, esse receberá [1]galardão.

15 Se a obra de alguém se queimar, sofrerá perda; o tal será [a]salvo, todavia como pelo fogo.

16 Não sabeis vós que sois [2]santuário de Deus e que o [b]Espírito de Deus habita em vós?

17 Se alguém destruir o santuário de Deus, Deus o destruirá; pois o santuário de Deus, que sois vós, é [c]sagrado.

18 **N**inguém se engane a si mesmo. Se alguém dentre vós se tem por sábio neste [d]mundo, faça-se louco para se tornar sábio.

19 [e]Pois a sabedoria deste mundo é loucura diante de Deus. Como está [f]escrito: [g]Ele apanha os sábios na sua própria astúcia.

20 E outra vez: [h]O Senhor conhece os [i]pensamentos dos sábios, os quais são vãos.

21 Portanto, ninguém se glorie nos homens! Tudo é vosso,

22 seja Paulo, seja [j]Apolo, seja [k]Cefas, seja o [l]mundo, seja a vida, seja a [m]morte, seja o presente, seja o futuro, tudo é [n]vosso,

23 e [o]vós de Cristo, e Cristo de Deus.

(c) O julgamento dos servos de Cristo não é dado aos homens

4 Assim, pois, que os homens nos considerem como [p]ministros de Cristo e despenseiros dos [q]mistérios de Deus.

2 Ora, além disso, requer-se dos despenseiros que cada um se ache [r]fiel.

3 Todavia, a mim pouco se me dá de ser julgado por vós, ou por algum tribunal humano; nem eu tampouco a mim mesmo me julgo.

4 Em nada me sinto culpado, mas nem por isso me considero [s]justificado. Quem me julga é o Senhor.

5 Portanto, nada julgueis antes do tempo, até que o Senhor [t]venha, o qual também [u]trará à luz as coisas ocultas das trevas [v]e [ww]manifestará os desígnios dos corações. Então cada um receberá de Deus o louvor.

6 **O**ra, [xx]irmãos, apliquei essas coisas figuradamente a mim e a Apolo, por amor de vós, para que em nós aprendais a não ir além do que está escrito, não vos ensoberbecendo a favor de um contra outro.

7 Pois quem te faz diferente? E [yy]que tens tu que não tenhas recebido? E, se o recebeste, por que te glorias, como se não o houveras recebido?

8 [zz]Já estais fartos! Já estais ricos! Sem nós reinais! Quem dera reinásseis [aa]para que também nós reinemos convosco!

(8) O exemplo apostólico de humildade e paciência

9 Pois tenho para mim que Deus a nós, apóstolos, nos pôs por últimos, como condenados à morte. Somos feitos [bb]espetáculo ao mundo, [cc]aos anjos e aos homens.

10 Nós somos [dd]loucos por amor de Cristo, e vós sábios em Cristo! Nós fracos, mas vós sois fortes! Vós sois ilustres, e nós desprezíveis.

11 Até esta presente hora sofremos fome, sede e nudez; recebemos bofetadas e não temos [ee]residência certa.

12 Afadigamo-nos, [ff]trabalhando com nossas próprias mãos. Quando somos [gg]injuriados, [hh]bendizemos; quando somos perseguidos, sofremos;

13 quando somos difamados, consolamos. Até o presente temos chegado a ser como o lixo deste mundo e como a [ii]escória de todos.

14 [jj]**N**ão escrevo estas coisas para vos envergonhar, mas admoesto-vos como a meus [kk]filhos amados.

15 Ainda que tivésseis dez mil tutores em Cristo, não teríeis, contudo, muitos pais, pois eu pelo [ll]evangelho vos gerei em Jesus Cristo.

16 Admoesto-vos, portanto, a que sejais meus [mm]imitadores.

---

[1] (3.14) Nas Escrituras do NT, Deus oferece aos perdidos a salvação, e aos salvos, as recompensas pelo serviço fiel. Salvação e recompensas podem ser facilmente distinguidas quando se tem em mente que a salvação é sempre chamada de "dom", "dádiva", i.e., um presente (p. ex., Jo 4.10; Rm 6.23; Ef 2.8,9), ao passo que as recompensas são obtidas pelas obras realizadas (Mt 10.42; Lc 19.17; 1Co 9.24,25; 2Tm 4.7,8; Ap 2.10; 22.12). Outra diferença é que a salvação é algo que se possui hoje (Lc 7.50; Jo 3.36; 5.24; 6.47), ao passo que as recompensas pertencem ao futuro e serão entregues no arrebatamento (2Tm 4.8; Ap 22.12).

[2] (3.16) O santuário aqui é a Igreja, o corpo de Cristo, distinto do santuário em 6.19, que é o corpo físico dos cristãos individualmente.

---

[w] Ef 2.20
[x] Veja Ap 19.8, nota
[y] Dia (de Cristo): v. 13; 2Co 1.14 (1Co 1.8, nota; 2Tm 4.8)
[z] Juízos (os sete): v. 13-15; 1Co 4.5 (2Sm 7.14; Ap 20.12); 2Co 5.10
[a] Veja Rm 1.16, nota
[b] Espírito Santo (NT): v. 16; 1Co 6.11 (Mt 1.18; At 2.4, nota)
[c] Santificação (NT): v. 17; 1Co 6.11 (Mt 4.5; Ap 22.11)
[d] Gr. aiõn. Veja Mc 10.30, nota
[e] Comp. 1Co 1.20-25
[f] Inspiração: v. 19,20; 1Co 4.14 (Êx 4.15; 2Tm 3.16)
[g] Jó 5.13
[h] Sl 94.11
[i] Is 55.8; Sl 94.11
[j] Veja At 18.24, marg. n
[k] Simão Pedro. Jo 1.42
[l] Gr. kosmos. Veja Ap 13.8, nota
[m] Morte (física): v. 22; 1Co 15.21 (Gn 2.17; Hb 9.27, nota)
[n] Segurança: v. 22,23; Ef 1.14 (Sl 23.1; Jd 1)
[o] Rm 14.8
[p] Rm 13.6; 2Co 3.6
[q] Veja Mt 13.11, nota

[r] Digno de confiança. 1Tm 3.2,7; 2Tm 2.2
[s] Justificação: v. 4; 1Co 6.11 (Lc 18.14; Rm 3.28, nota)
[t] Cristo (segunda vinda): v. 5; 1Co 15.23 (Dt 30.3; At 1.11, nota)
[u] Mt 10.26
[v] 1Co 3.13
[ww] Juízos (os sete): v. 5; 1Co 5.13 (2Sm 7.14; Ap 20.12)
[xx] Veja Rm 15.14, marg. j
[yy] Jo 3.27; comp. 1Co 12.4-11; Tg 1.17
[zz] Comp. v. 9-12
[aa] Comp. Ap 3.21; 5.10
[bb] Hb 10.33
[cc] Veja Hb 1.4, nota
[dd] Comp. At 26.24,25
[ee] Comp. Mt 8.20
[ff] At 8.3; 20.34
[gg] Comp. Mt 5.44
[hh] Comp. At 7.60
[ii] Comp. At 22.22
[jj] Inspiração: v. 14; 1Co 5.9 (Êx 4.15; 2Tm 3.16)
[kk] Gr. teknon, crianças nascidas na família. Gl 4.19
[ll] Evangelho: v. 15,17; 1Co 9.12 (Gn 12.3; Ap 14.6)
[mm] 1Co 11.1; Fp 3.17

17 Por causa disso vos enviei [n]Timóteo, que é meu filho amado e fiel no Senhor, o qual vos lembrará os meus caminhos em Cristo, como por toda parte ensino em cada [o]igreja.

(9) Autoridade apostólica

18 Alguns, porém, andam arrogantemente, como se eu não houvesse de ir ter convosco.

19 Em breve, porém, irei visitar-vos, se o Senhor quiser, e então conhecerei não as palavras dos que andam inchados, mas o poder.

20 Pois o [p]Reino de Deus não consiste em palavras, mas em [q]poder.

21 Que quereis? Irei ter convosco com vara ou com [r]amor e espírito de mansidão?

II. Repreensão à imoralidade; a disciplina é ordenada, 5.1–6.8

5 Geralmente se ouve que há entre vós [s]imoralidade, e imoralidade tal como nem mesmo entre os gentios se vê; isto é, há quem abuse da [t]mulher de seu pai.

O resultado das divisões na igreja é a indiferença ao pecado

2 Estais [u]orgulhosos, quando deveríeis estar ao menos [v]entristecidos, para que fosse tirado do vosso meio quem cometeu tal ação.

3 Eu na verdade, ainda que ausente no corpo, mas presente no espírito, já determinei, como se estivesse presente, que o que tal ato praticou,

4 em [w]nome de nosso Senhor Jesus Cristo, juntos vós e o meu espírito, pelo [x]poder de nosso Senhor Jesus Cristo,

5 seja entregue a [y]Satanás para [1]destruição da carne, para [z]que o espírito seja [a]salvo no [b]dia do Senhor Jesus.

6 Não é bom o vosso orgulho. Não sabeis que um pouco de [c]fermento leveda toda a massa?

7 Lançai fora o fermento velho, para que sejais uma nova massa, assim como sois sem fermento. Pois Cristo, nossa [d]Páscoa, foi [e]sacrificado por nós.

8 Pelo que celebremos a [f]festa, não com o fermento velho, nem com o fermento da maldade e da malícia, mas com os pães sem fermento da sinceridade e da verdade.

No mundo, não do mundo

9 Já por carta vos [g]escrevi que [h]não vos associásseis com os que se prostituem.

[n] 1Tm 1.2
[o] Igrejas (locais): v. 17; 1Co 6.4 (At 8.3; Fp 1.1, nota)
[p] Veja Mt 6.33, nota
[q] 1Co 2.4
[r] Lei (de Cristo): v. 21; 1Co 8.9 (Jo 13.34; 2Jo 5)
[s] Veja 1Co 6.13, marg. y
[t] Lv 18.6-8
[u] 4.18
[v] Comp. 2Co 7.7-10
[w] Mt 18.20
[x] 2Co 12.9
[y] Satanás: v. 5; 1Co 7.5 (Gn 3.1; Ap 20.10)
[z] Comp. Pv 23.14
[a] Veja Rm 1.16, nota
[b] Dia (do Senhor): v. 5; 1Ts 5.2 (Sl 2.9; Is 2.12; Ap 19.19); comp. 1Co 1.8, nota
[c] Fermento: v. 6-8; Gl 5.9 (Gn 19.3; Mt 13.33, nota)
[d] Veja Êx 12.11, nota
[e] Sacrifício (de Cristo): v. 7; 1Co 6.20 (Gn 3.15; Hb 10.18, nota)
[f] Comp. Êx 12.14-20
[g] Inspiração: v. 9,11; 1Co 7.10 (Êx 4.15; 2Tm 3.16)
[h] Comp. Mt 18.17; 2Ts 3.6,14

10 Com isso não quero dizer propriamente com os impuros deste [i]mundo, ou com os avarentos, ou com os roubadores, ou com os idólatras. Nesse caso vos seria necessário sair do mundo.

11 Agora, porém, vos escrevo que não vos associeis com aquele que, dizendo-se irmão, for devasso, ou avarento, ou idólatra, ou maldizente, ou beberrão, ou roubador. Com o tal nem ainda comais.

12 Que me importa de julgar os que estão de [j]fora? Não julgais vós os que estão dentro?

13 Deus, porém, [k]julga os que estão de fora. [l]Tirai do meio de vós esse iníquo.

Proibição de litígios entre cristãos perante os tribunais dos incrédulos

6 Ousa algum de vós, tendo algum negócio contra outro, ir a juízo perante os injustos, e não perante os [m]santos?

2 Não sabeis vós que os santos hão de julgar o mundo? Ora, se o mundo deve ser julgado por vós, sois indignos de julgar as coisas mínimas?

3 Não sabeis vós que havemos de julgar os [nn]anjos? Quanto mais as coisas pertencentes a esta vida?

4 Então, se tiverdes negócios em juízo pertencentes a esta vida, constituís como juízes deles os que são de menos estima na [oo]igreja?

5 Para vos envergonhar o digo: Não há entre vós alguém que seja suficientemente sábio, nem mesmo um, que possa julgar entre seus [pp]irmãos?

6 O irmão, porém, vai a juízo contra outro irmão, e isso perante infiéis.

7 Na verdade já é realmente uma falta entre vós terdes demandas uns contra os outros. Por que não sofreis antes a injustiça? Por que não sofreis antes o dano?

8 Vós mesmos, porém, causais a injustiça e o dano, e isso aos próprios irmãos.

III. A santidade do corpo; o casamento cristão, 6.9–7.40

O corpo é santo: (1) Porque está lavado e justificado

9 Não sabeis que os [qq]injustos não hão de herdar o [rr]Reino de Deus? Não vos enganeis: nem impuros, nem idólatras, nem adúlteros, nem efeminados, nem [ss]sodomitas,

[i] Gr. kosmos. Veja Mt 4.8, nota
[j] Mc 4.11
[k] Juízos (os sete): 5.13; 6.2,3; 1Co 11.31 (2Sm 7.14; Ap 20.12)
[l] Comp. Dt 17.7; 19.19; 22.21,24; 24.7
[m] Dn 7.22; Mt 19.28; veja Rm 15.25, marg. b
[nn] Veja Hb 1.4, nota
[oo] Igrejas (locais): v. 4; 1Co 7.17 (At 8.3; Fp 1.1, nota)
[pp] Veja Rm 15.14, marg. j
[qq] Veja Rm 1.18, marg. u
[rr] Veja Mt 6.33, nota
[ss] Comp. Rm 1.26,27

[1] (5.5) "Destruição" deriva do gr. *olethros*, também usado em 1Ts 5.3; 2Ts 1.9; 1Tm 6.9; Hb 11.28; 1Co 10.10. A tradução dessa palavra e, aproximadamente, de outras vinte é "destruir", "destruição", "perecer", "perdição" e outras afins. O termo mais frequentemente usado é *apollumi* (em várias combinações). Nessas palavras distintas, não existe o conceito de aniquilação, mas de algo que está arruinado e, portanto, não serve para cumprir seu propósito original; p. ex., Mt 9.17. Veja Jo 3.16, *nota 4*.

10 nem ladrões, nem avarentos, nem bêbados, nem maldizentes, nem roubadores herdarão o Reino de Deus.

11 E tais fostes alguns de vós. Mas fostes [t]lavados, mas fostes [u]santificados, mas fostes [v]justificados em [w]nome do Senhor Jesus e pelo [x]Espírito do nosso Deus.

12 **T**odas as coisas me são lícitas, mas nem todas convêm. Todas as coisas me são lícitas, mas eu não me deixarei dominar por nenhuma delas.

(2) Porque é do Senhor

13 Os alimentos são para o estômago; e o estômago para os alimentos. Deus, porém, destruirá [1]ambos. Mas o corpo não é para a [y]prostituição, senão para o Senhor, e o Senhor para o corpo.

14 Ora, Deus, que [z]ressuscitou o Senhor, também nos ressuscitará pelo seu poder.

15 Não sabeis vós que os vossos corpos são membros de Cristo? [2]Tomarei, pois, os membros de Cristo e os farei [a]membros de meretriz? Não, por certo.

16 Ou não sabeis que o que se une à meretriz faz-se um corpo com ela? Pois serão, como se diz, [b]dois numa só carne.

17 O que, porém, se une [c]ao Senhor é um espírito com ele.

18 Fugi da prostituição. Todo pecado que o homem comete é fora do corpo, mas o que se prostitui [d]peca contra o seu próprio corpo.

(3) Porque é santuário de Deus

19 Ou não sabeis que o nosso corpo é [e]santuário do [f]Espírito Santo, que habita em vós, proveniente de Deus? Não sois de [g]vós mesmos;

20 fostes [h]comprados por bom preço. Glorificai, pois, a Deus no vosso corpo [e no vosso espírito, os quais pertencem a Deus].

(4) Porque Deus estabeleceu o casamento

7 **O**ra, quanto às coisas que me escrevestes, bom seria que o homem não tocasse em mulher.

2 Por causa da prostituição, porém, cada um tenha a sua própria mulher, e cada uma tenha o seu próprio marido.

3 O marido pague à mulher o que lhe é [i]devido, e da mesma forma a mulher ao marido.

4 A mulher não tem poder sobre o seu próprio corpo, mas tem-no o marido. Do mesmo modo o marido não tem poder sobre o seu próprio corpo, mas tem-no a mulher.

5 Não vos priveis um ao outro, senão por consentimento mútuo por algum tempo, para vos aplicardes à oração. Depois ajuntai-vos outra vez, para que [j]Satanás [k]não vos tente [l]por causa da incontinência.

6 Digo isso, porém, como que por permissão, e não por mandamento.

7 Contudo, gostaria que todos os homens fossem como eu mesmo. Mas cada um tem de Deus o seu próprio [m]dom; um de uma maneira, e outro de outra.

8 **D**igo, porém, aos solteiros e às viúvas que lhes é bom se permanecerem como eu.

9 Se, porém, não podem conter-se, [n]casem-se, pois é melhor casar do que ficar ardendo de desejo.

O casamento entre cristãos

10 **T**odavia, aos casados, mando não eu, [o]mas o [p]Senhor, que a mulher não se aparte do marido.

11 Se, porém, se apartar, que fique sem casar, ou que se reconcilie com o marido. E que o marido não deixe a mulher.

12 Aos outros, contudo, [3]digo eu, não o Senhor: Se algum irmão tem mulher incrédula, e ela consente em habitar com ele, não a deixe.

13 E se alguma mulher tem marido incrédulo, e ele consente em habitar com ela, não o deixe.

14 Pois o marido incrédulo é [q]santificado pela mulher, e a mulher incrédula é santificada pelo marido crente. Doutra sorte os vossos filhos seriam [r]impuros, mas agora são [s]santos.

15 Se, contudo, o descrente se apartar, aparte-se. Nesse caso o irmão ou a irmã não estão sujeitos à servidão; Deus os chamou para a [tt]paz.

16 Como sabes, ó mulher, se [uu]salvarás teu marido? Ou, como sabes, ó marido, se salvarás tua mulher?

[t] Comp. Ef 5.26; Tt 3.5; veja Jo 3.3, nota
[u] Santificação (NT): v. 11; 1Co 7.14 (Mt 4.5; Ap 22.11)
[v] Justificação: v. 11; Gl 2.16 (Lc 18.14; Rm 3.28, nota)
[w] Veja At 21.13, marg. u
[x] Espírito Santo (NT): v. 11; 1Co 6.19 (Mt 1.18; At 2.4, nota)
[y] 1Co 5.1; Gl 5.19; Ef 5.3; Cl 3.5; 1Ts 4.3; comp. 2Co 12.21; Jd 7
[z] Ressurreição: v. 14; 1Co 15.4 (2Rs 4.35; 1Co 15.52, nota)
[a] Igreja (verdadeira): v. 15,17; 1Co 10.17 (Mt 16.18; Hb 12.23)
[b] Gn 2.24; Mt 19.5
[c] Comp. Rm 7.4; 2Co 11.2; Ef 5.30
[d] Veja Rm 3.23, nota
[e] Comp. Jo 2.21
[f] Espírito Santo (NT): v. 19; 1Co 7.40 (Mt 1.18; At 2.4, nota)
[g] Comp. Rm 14.7-9
[h] Sacrifício (de Cristo): v. 20; 1Co 7.23 (Gn 3.15; Hb 10.18, nota)

[i] Comp. Ec 9.9; 1Pe 3.7
[j] Satanás: v. 5; 2Co 2.11 (Gn 3.1; Ap 20.10)
[k] Provar-Tentar: v. 5; 1Co 10.9 (Gn 3.1; Tg 1.14)
[l] Pela falta de domínio próprio
[m] Comp. Mt 19.11
[n] Comp. Jo 2.1,2; 1Tm 5.14; Hb 13.4
[o] Inspiração: v. 10,12; 1Co 7.29 (Êx 4.15; 2Tm 3.16)
[p] Mc 10.6-10
[q] Santificação (NT): v. 14; 1Co 7.34 (Mt 4.5; Ap 22.11)
[r] Comp. Ml 2.14,15
[s] Santificação (NT): v. 14,34; 1Co 9.13 (Mt 4.5; Ap 22.11)
[tt] Comp. Rm 12.18; 2Co 13.11
[uu] Veja Rm 1.16, nota

[1] (6.13) Observe que tanto a gula como a impureza são pecados contra Deus.

[2] (6.15) Tanto a autoridade do sétimo mandamento como o apelo do apóstolo à santidade do cristão como membro do corpo de Cristo proíbem de modo inequívoco qualquer tipo de imoralidade.

[3] (7.12) Nos v. 1-12, o contraste não se dá entre o ensinamento inspirado e o não inspirado, como alguns supõem. Nos v. 10,11, Paulo repete a essência de algo que o Senhor havia ensinado (Mt 19.3-9), mas no v. 12 o apóstolo está tratando com uma situação que o Senhor não havia contemplado em seu ensinamento. Em vez de negar a inspiração do que escreve no v. 12, o apóstolo, na verdade, atribui às suas palavras a mesma autoridade das palavras do próprio Cristo. Também nos v. 25,40. Comp. 1Co 14.37.

Permanecer no estado em que foi chamado

17 **Assim** cada um ande como Deus lhe designou, cada um de acordo com o chamado de Deus. É o que [v]ordeno em [w]todas as [x]igrejas.

18 Foi alguém chamado, estando circuncidado? Fique circuncidado. Foi alguém chamado, estando incircuncidado? [y]Não se circuncide.

19 A [z]circuncisão nada é, e a incircuncisão nada é, mas sim a [a]observância dos [b]mandamentos de Deus.

20 Cada um permaneça na situação em que estava quando foi chamado.

21 Foste chamado sendo escravo? Não te preocupes com isso; se ainda podes ser livre, aproveita a ocasião.

22 Pois o que é chamado pelo Senhor, sendo escravo, é liberto do Senhor; da mesma maneira, também o que é chamado, sendo [c]livre, escravo é de Cristo.

23 Fostes [d]comprados [e]por bom [f]preço. Não vos façais escravos dos homens.

24 [g]Irmãos, cada um permaneça diante de [h]Deus no estado em que foi chamado.

Conselho apostólico para os solteiros

25 **Ora**, quanto às virgens, não tenho mandamento do Senhor; dou, porém, o meu parecer, como quem tem alcançado [i]misericórdia do Senhor para ser [j]fiel.

26 Acho que é bom, por causa da presente crise, o homem permanecer assim como está.

27 Estás ligado à mulher? Não busques separar-te. Estás livre de mulher? Não busques casamento.

28 Se, porém, te casares, não [k]pecas; e se a virgem se casar, não peca. Todavia, os tais padecerão tribulação na carne, e eu quisera poupar-vos.

29 Isto, porém, vos [l]digo, irmãos, que o [m]tempo se abrevia. O que resta é que os que são casados sejam como se não o fossem;

30 os que choram, como se não chorassem; os que se alegram, como se não se alegrassem; os que compram, como se nada possuíssem;

31 os que usam deste [n]mundo, como se dele não abusassem. [o]Pois a aparência deste mundo passa.

32 **E** bem quisera eu que estivésseis livres de cuidado. O solteiro [p]cuida das coisas do Senhor, em como há de agradar ao Senhor,

33 mas o casado cuida das coisas do mundo, em como há de agradar à sua mulher,

34 e está dividido. A solteira cuida das coisas do Senhor para ser santa, tanto no corpo como no espírito. Mas a casada cuida das coisas do [q]mundo, em como há de agradar ao marido.

35 Digo isso para proveito vosso, não para vos restringir, mas para o que é decente e para vos dedicardes ao Senhor sem [r]distração alguma.

36 **Se**, no entanto, alguém pensa que trata indignamente a sua filha, e se tiver passado a flor da idade, e se for necessário, que faça o que quiser. Não peca. Casem-se.

37 Todavia, o que está firme em seu coração, não tendo necessidade, mas tendo domínio sobre a sua própria vontade, se resolveu no seu coração guardar virgem sua filha, faz bem.

38 De sorte que o que a dá em casamento faz bem, mas o que não a dá em casamento faz melhor.

39 **A** mulher casada está ligada pela Lei enquanto o seu marido vive. Mas se falecer o marido, fica livre para casar com quem quiser, [s]contanto que seja no Senhor.

40 Será, porém, mais bem-aventurada se ficar assim, segundo o meu parecer, e também eu penso que tenho o [t]Espírito de Deus.

IV. Coisas oferecidas aos ídolos; limites da liberdade cristã, 8.1–11.1

8 Ora, no [u]tocante às coisas sacrificadas aos [w]ídolos, sabemos que todos temos conhecimento. O conhecimento incha, mas o amor edifica.

2 Se alguém pensa saber alguma coisa, ainda não sabe como convém saber.

3 Se, porém, alguém ama a Deus, esse é conhecido dele.

4 Quanto ao comer das coisas sacrificadas aos ídolos, sabemos que o ídolo nada é no [ww]mundo e que não há outro Deus, senão um só.

5 Pois ainda que haja alguns que se chamem [xx]deuses, quer no céu, quer na terra, como há muitos deuses e muitos senhores,

6 todavia, para [yy]nós há um só Deus, o Pai, de quem é tudo e para quem nós vivemos; e um só Senhor, Jesus Cristo, pelo [zz]qual são todas as coisas, e [aa]nós também por ele.

7 Nem em todos, porém, há esse conhecimento. Alguns há que, acostumados até agora com o ídolo, comem coisas sacrificadas ao ídolo, e a sua consciência, sendo fraca, fica contaminada.

8 Ora, a comida não nos faz agradáveis a Deus; se comemos, nada temos de mais, e se não comemos, nada nos falta.

9 Vede, contudo, que essa [bb]liberdade não seja de alguma maneira motivo de [cc]tropeço para os fracos.

10 Pois se alguém te vir, a ti que tens conhecimento, à mesa em templo de ídolos, não será

[v] Comp. At 16.4; Hb 13.17
[w] 2Co 11.28
[x] Igrejas (locais): v. 17; 1Co 10.32 (At 8.3; Fp 1.1, nota)
[y] Comp. At 15.1,2, 24-29; Gl 5.1-6
[z] Veja Rm 2.25, marg. q
[a] Comp. 1Sm 15.22; Jr 7.22,23; Mt 5.19; Jo 15.14; 1Jo 2.3
[b] Lei (de Moisés): v. 19; 1Co 9.8 (Êx 19.1; Gl 3.24)
[c] Jo 8.36; Rm 6.18,22
[d] Veja Rm 3.24, nota
[e] 1Co 6.20; 1Pe 1.18,19; Ap 5.9
[f] Sacrifício (de Cristo): v. 23; 1Co 8.11 (Gn 3.15; Hb 10.18, nota)
[g] Veja Rm 15.14, marg. j
[h] Ef 6.5-8; Cl 3.22-24
[i] 2Co 4.1
[j] 1Tm 1.12
[k] Veja Rm 3.23, nota
[l] Inspiração: v. 29, 35,40; 1Co 9.9 (Êx 4.15; 2Tm 3.16)
[m] 1Pe 4.7; comp. 2Pe 3.8
[n] Gr. kosmos. Veja Ap 13.8, nota
[o] Comp. Sl 39.6; Tg 4.14
[p] Comp. 1Tm 5.5
[q] Gr. kosmos. Veja Mt 4.8, nota
[r] Comp. Lc 10.39-42
[s] Comp. 2Co 6.14
[t] Espírito Santo (NT): v. 40; 1Co 12.3 (Mt 1.18; At 2.4, nota)
[u] Comp. Rm 14.1–15.3
[w] Comp. At 15.20
[ww] Gr. kosmos. Veja Mt 4.8, nota
[xx] Veja Sl 16.4, nota
[yy] Ml 2.10; Ef 4.6
[zz] Jo 1.3; Cl 1.17; Hb 1.2
[aa] Rm 5.11; Ap 4.11; 5.9,10
[bb] Lei (de Cristo): v. 9-13; 1Co 9.21 (Jo 13.34; 2Jo 5)
[cc] Rm 14.13; comp. 1Jo 2.10

a consciência do que é fraco induzida a comer das coisas sacrificadas aos ídolos?

11 E assim, pelo teu conhecimento perecerá o irmão fraco, por quem Cristo [d]morreu.

12 Ora, [e]pecando assim contra os [f]irmãos e ferindo a sua fraca consciência, pecais contra Cristo.

13 Pelo que, se a comida escandalizar a meu irmão, nunca mais comerei carne, para que meu [g]irmão não se escandalize.

Paulo defende seu apostolado (comp. Gl 1.11–2.21)

9 Não sou eu [h]apóstolo? Não sou livre? Não [1][i]vi eu a Jesus Cristo Senhor nosso? Não sois vós a minha obra no Senhor?

2 Se eu não sou apóstolo para os outros, ao menos o sou para vós! Pois vós sois o selo do meu apostolado no Senhor.

3 Esta é a minha defesa para com os que me condenam:

4 Não temos nós o direito de comer e beber?

5 Não temos nós o direito de levar conosco uma esposa crente, como também os demais apóstolos, os irmãos do Senhor e [j]Cefas?

6 Ou só eu e [k]Barnabé não temos o [l]direito de deixar de trabalhar?

Os que pregam o evangelho devem viver do evangelho

7 Quem jamais vai à guerra à sua própria custa? [m]Quem planta a vinha e não come do seu fruto? Ou quem apascenta o gado e não toma do leite do rebanho?

8 **D**igo eu isso como homem? Ou não diz a [n]Lei também o mesmo?

9 Pois na Lei de Moisés está [o]escrito: [p]Não amordaçarás a boca do boi que debulha. É de bois que Deus tem cuidado?

10 Ou não o diz certamente por nós? Certo que é [q]por nós que está escrito, porque o que lavra deve lavrar com esperança, e o que debulha deve debulhar com esperança de participar do fruto.

11 Se nós vos semeamos as coisas espirituais, será muito que de vós recolhamos as [r]materiais?

12 Se outros participam desse direito sobre vós, por que não, mais justamente, nós? [s]Mas nós não usamos desse direito. Pelo contrário, suportamos tudo, para não pormos impedimento algum ao [t]evangelho de Cristo.

13 **N**ão sabeis vós que os que administram o que é [u]sagrado comem do que é do [v]templo? E que os que de contínuo servem ao altar participam do altar?

14 Assim ordenou também o [w]Senhor aos que anunciam o [x]evangelho que vivam do evangelho.

15 Eu, porém, de [y]nenhum desses direitos usei. E não [z]escrevi isto para que assim se faça comigo. Melhor me fora morrer do que alguém fazer vã esta minha glória.

16 Contudo, quando anuncio o evangelho, não tenho de que me gloriar, pois me é imposta essa [a]obrigação. Ai de mim se não anunciar o evangelho!

17 Se o faço de boa vontade, terei recompensa; mas se de má vontade, apenas [b]desempenho um cargo que me foi confiado.

18 Logo, que recompensa tenho? É que, evangelizando, proponha de graça o evangelho, para não usar do direito que ele me confere.

Método e recompensa do verdadeiro ministério

19 **E**mbora eu seja livre para com todos, fiz-me servo de todos, para ganhar ainda mais.

20 Fiz-me como judeu para os judeus, para ganhar os judeus. Para os que estão debaixo da [c]Lei, como se estivesse debaixo da Lei, para ganhar os que estão debaixo da Lei.

21 Para os que estão sem lei, como se estivesse [2]sem lei (não estando sem lei para com Deus, mas debaixo da [dd]lei de Cristo), para ganhar os que estão sem Lei.

22 Fiz-me fraco para com os fracos, para [ee]ganhar os fracos. Fiz-me tudo para com todos, para por todos os meios chegar a [ff]salvar alguns.

23 Faço tudo isso por causa do evangelho, para ser também participante dele.

24 Não sabeis vós que os que correm no estádio, todos na verdade correm, mas um só leva o prêmio? [gg]Correi de tal maneira que o alcanceis.

25 Todo aquele [hh]que luta, em tudo se domina. Eles para alcançar uma coroa que perece, nós, porém, para ganhar [ii]uma coroa que durará para [jj]sempre.

26 Portanto corro, não como indeciso; combato, não como batendo no ar.

27 Antes subjugo o meu corpo e o reduzo à servidão, para que, pregando aos outros,

---

[1] (9.1) Paulo viu o Senhor em sua conversão na estrada para Damasco (At 9.3-6; 22.6-10; 26.12-18).

[2] (9.21) A tradução poderia ser: "Não estando sem lei para com Deus, mas debaixo da lei de Cristo". Veja Lei (de Cristo), Gl 6.2; 2Jo 5. É outra maneira de dizer que eles não estão "debaixo da Lei, mas debaixo [do governo] da graça" (Rm 6.14). Em vista do v. 20, onde Paulo afirmou de forma explícita o contrário, é evidente que ele considerava não estar "debaixo da Lei".

---

[d] Sacrifício (de Cristo): v. 11; 1Co 10.16 (Gn 3.15; Hb 10.18, nota)
[e] Veja Rm 3.23, nota
[f] Veja Rm 15.14, marg. j
[g] Comp. Mt 18.6; Rm 14.21; 1Co 9.22
[h] Veja Rm 11.13, marg. hh
[i] 1Co 15.8
[j] Simão Pedro. Jo 1.42
[k] At 4.36
[l] Comp. Gl 6.6; 2Ts 3.8,9
[m] Comp. Dt 20.6; Pv 27.18
[n] Lei (de Moisés): v. 8,9; 1Co 9.20 (Êx 19.1; Gl 3.24)
[o] Inspiração: v. 9,10; 1Co 9.15 (Êx 4.15; 2Tm 3.16)
[p] Dt 25.4; 1Tm 5.18
[q] Comp. Rm 4.23,24; 2Tm 3.16
[r] Refere-se a coisas temporárias, passageiras. Rm 15.27
[s] Comp. 2Co 11.7,9
[t] Evangelho: v. 12; 1Co 9.14 (Gn 12.3; Ap 14.6)
[u] Santificação (NT): v. 13; 2Co 7.1 (Mt 4.5; Ap 22.11)
[v] Nm 18.8-31
[w] Lc 10.7,8
[x] Evangelho: v. 14,16-18,23; 1Co 15.1 (Gn 12.3; Ap 14.6)
[y] Comp. At 20.34; 1Co 4.12
[z] Inspiração: 9.15; 10.7; 1Co 10.11 (Êx 4.15; 2Tm 3.16)
[a] Comp. Jr 20.9; Rm 1.14,15
[b] Mordomia, administração. Cl 1.25; Tt 1.7
[c] Lei (de Moisés): v. 20,21; 1Co 14.21 (Êx 19.1; Gl 3.24)
[dd] Lei (de Cristo): v. 21; 1Co 13.1 (Jo 13.34; 2Jo 5)
[ee] Comp. Rm 15.1; 1Ts 5.14
[ff] Veja Rm 1.16, nota
[gg] Comp. Fp 3.14; 1Tm 6.12; Hb 12.1,2
[hh] Refere-se a competição esportiva
[ii] Comp. 2Tm 4.8; Tg 1.12; 1Pe 5.4; Ap 2.10; 3.11
[jj] Recompensas: v. 24,25; 2Co 5.10 (Dn 12.3; 1Co 3.14, nota)

eu mesmo não venha de alguma maneira ficar [1]reprovado.

Israel no deserto

10 Irmãos, não quero que ignoreis que nossos [k]pais estiveram todos debaixo da [l]nuvem, e todos passaram pelo [m]mar.

2 Todos foram [n]batizados em Moisés, na nuvem e no mar.

3 Todos eles comeram da mesma [o]comida espiritual

4 e beberam da mesma bebida espiritual; pois [p]bebiam da [q]pedra espiritual que os seguia, e a pedra era Cristo.

5 Deus, porém, não se agradou da maior parte deles, razão por que seus corpos foram [r]espalhados pelo deserto.

6 Ora, essas coisas [s]aconteceram como exemplos, para que não cobicemos as coisas más, como eles cobiçaram.

7 Não vos façais idólatras, como alguns deles; como está escrito: O povo [t]assentou-se a comer e a beber e levantou-se para farrear.

8 Não nos [u]prostituamos, como [v]alguns deles fizeram e [2]caíram num só dia vinte e três mil.

9 Não [w]tentemos o [x]Senhor, como alguns deles também [y]tentaram e foram mortos pelas [z]serpentes.

10 E não murmureis, como também alguns deles [a]murmuraram e pereceram pelo anjo destruidor.

O exemplo das experiências no deserto

11 Todas essas coisas lhes [b]aconteceram como exemplos e foram [c]escritas para aviso nosso, para quem já são chegados os fins dos [d]séculos.

12 Aquele, pois, que pensa estar em pé cuida para que não caia.

13 Não veio sobre vós [e]tentação, senão humana. E fiel é Deus, que não vos deixará tentar acima do que podeis resistir, antes com a tentação dará também o escape, para que a possais suportar.

14 **Portanto**, meus amados, fugi da idolatria.

15 Falo como a entendidos; julgai vós mesmos o que digo.

A separação é essencial na Mesa do Senhor

16 [f]Não é o cálice de bênção, que abençoamos, a comunhão do [g]sangue de Cristo? E não é o pão que partimos a comunhão do corpo de Cristo?

17 Porque nós, sendo muitos, somos um só pão e um só [h]corpo, pois todos participamos do mesmo [i]pão.

18 Vede Israel segundo a carne: os que comem os sacrifícios não são [j]participantes do altar?

19 Que digo, porém? Que o [kk]ídolo é alguma coisa? Ou que o sacrificado ao ídolo é alguma coisa?

20 Antes digo que as coisas que os gentios [ll]sacrificam é aos [mm]demônios que sacrificam, não a Deus; e [nn]não quero que sejais [oo]participantes com os demônios.

21 Não podeis beber o cálice do Senhor e o cálice dos demônios; não podeis ser participantes da [pp]mesa do Senhor e da mesa dos demônios.

22 Ou provocaremos o ciúme [qq]do Senhor? Somos nós mais fortes do que ele?

A lei do amor em relação ao comer e beber (comp. Rm 14.1-23)

23 **Todas** as coisas são lícitas, mas nem todas [rr]convêm; todas as coisas são lícitas, mas nem todas [ss]edificam.

24 Ninguém busque o proveito próprio, antes cada um o que é de [tt]outrem.

25 Comei de tudo o que se vende no mercado sem perguntar nada, por causa da consciência,

26 pois a terra é do [uu]Senhor, e toda a sua plenitude.

27 Se algum dos incrédulos vos convidar, e quiserdes ir, comei de tudo o que se puser diante de vós, sem nada perguntar, por causa da consciência.

28 Se, contudo, alguém vos disser: Isto foi sacrificado aos ídolos, [vv]não comais, por causa daquele que vos advertiu e por causa da consciência, pois a terra é do Senhor, e toda a sua plenitude.

29 Consciência, digo, não a tua, mas a do outro. Pois por que há de a minha liberdade ser julgada pela consciência de outrem?

30 Se eu com gratidão participo, por que sou censurado por causa daquilo por que dou graças?

31 Portanto, quer comais, quer bebais, ou façais outra coisa qualquer, fazei tudo para a glória de Deus.

[k] Israel (história): v. 1-10; 2Co 3.7 (Gn 12.2; Rm 11.26, nota)
[l] Êx 13.21,22
[m] Êx 14.21,22
[n] Comp. Rm 6.3
[o] Êx 16.4-36
[p] Êx 17.5-7
[q] Cristo (Rocha): v. 4; Ef 2.20 (Gn 49.24; 1Pe 2.8), comp. Jo 4.13,14; 7.37-39
[r] Comp. Nm 14.26-45
[s] Figuras, tipos; v. 11
[t] Êx 32.6
[u] Veja 1Co 6.13, marg. y
[v] Nm 25.1-9
[w] Provar-Tentar: v. 9; 1Co 10.13 (Gn 3.1; Tg 1.14)
[x] Êx 17.2,7
[y] Nm 21.5
[z] Nm 21.6-9
[a] Nm 14.2-29; comp. 26.63-65
[b] v. 6; comp. Hb 8.5
[c] Inspiração: v. 11,15; 1Co 14.21 (Êx 4.15; 2Tm 3.16)
[d] Gr. aiōn. Veja Mc 10.30, nota
[e] Provar-Tentar: v. 13; 2Co 11.3 (Gn 3.1; Tg 1.14)
[f] Mt 26.26-28
[g] Sacrifício (de Cristo): v. 16; 1Co 11.24 (Gn 3.15; Hb 10.18, nota)
[h] Igreja (verdadeira): v. 17; 1Co 12.13 (Mt 16.18; Hb 12.23)
[i] Comp. 1Co 11.23-26; 12.12,13
[j] Lv 7.6
[kk] 1Co 8.4
[ll] Dt 32.17
[mm] Veja Mt 7.22, nota
[nn] Separação: v. 20,21; 2Co 6.17 (Gn 12.1; 2Co 6.17)
[oo] Comp. 2Co 6.14–7.1
[pp] 1Co 11.23-29
[qq] Comp. Dt 32.21
[rr] 1Co 6.12
[ss] Comp. Rm 14.19
[tt] Fp 2.4
[uu] Sl 24.1
[vv] Comp. 1Co 8.10

[1] (9.27) "Reprovado" é a tradução do gr. *adokimos*. A tradução de *dokimos*, sem a partícula negativa *a*, é "aprovado" em Rm 14.18; 16.10; 2Co 10.18; 2Tm 2.15; Tg 1.12. O prefixo simplesmente dá à palavra o sentido negativo, i.e., *não aprovado* ou *desaprovado*. O apóstolo está falando de serviço, não da salvação. Ele não está expressando temor de perder a salvação, mas sim sua coroa. Veja Recompensas (Dn 12.3; 1Co 3.14, *nota*).

[2] (10.8) A explicação para a aparente discrepância entre esta cifra e a que aparece em Nm 25.9 é simples, comparando-se Escritura com Escritura. A última tem relação com o número de mortes na praga. Veja 1Cr 11.11, *nota*.

32 Não vos torneis causa de tropeço nem para judeus, nem para gentios, nem para [w]a [x]igreja de Deus.

33 Como também eu em tudo agrado a todos, não buscando o meu próprio proveito, mas o de [y]muitos, para que assim se possam [z]salvar.

11 Sede meus [a]imitadores, como também eu sou de Cristo.

V. A ordem cristã e a ceia do Senhor, 11.2-34

2 **Eu** vos louvo, [b]irmãos, pois em tudo vos lembrais de mim e [c]retendes os preceitos como os entreguei.

3 Quero, porém, que saibais que Cristo é o [d]cabeça de todo homem, e o homem o [e]cabeça da [1]mulher, e Deus o cabeça de Cristo.

4 Todo homem que ora ou profetiza, tendo a cabeça coberta, desonra a sua própria cabeça.

5 Toda mulher, porém, que ora ou [f]profetiza com a cabeça descoberta, desonra a sua própria cabeça, é como se a tivesse rapada.

6 Se a mulher não se cobre com véu, tosquie-se também; e se para a mulher é vergonhoso tosquiar-se, ou rapar-se, que ponha o véu.

7 O homem não deve cobrir a cabeça, pois é a [g]imagem e glória de Deus, mas a mulher é a glória do homem.

8 Pois o homem não proveio da mulher, mas a mulher [h]do homem.

9 O homem não foi criado [i]por causa da mulher, mas a mulher por causa do homem.

10 Portanto, a mulher deve ter sobre a cabeça um sinal de [j]autoridade, por causa dos [k]anjos.

11 Todavia, nem o homem é independente da mulher, nem a mulher independente do homem, no Senhor.

12 Pois como a mulher proveio do homem, assim também o homem nasce da mulher, [l]mas tudo vem de Deus.

13 Julgai entre vós mesmos: é próprio que a mulher ore a Deus com a cabeça descoberta?

14 Ou não vos ensina a mesma natureza que é desonroso para o homem ter cabelo comprido?

15 Mas ter a mulher cabelo comprido lhe é honroso, pois o cabelo lhe foi dado em lugar de véu.

16 Se, contudo, alguém quiser ser polêmico, nós não temos tal costume, nem as [m]igrejas de Deus.

[w] Igrejas (locais): v. 32; 1Co 11.16 (At 8.3; Fp 1.1, nota)
[x] Igreja (visível): v. 32; 1Co 12.28 (1Co 10.32; 1Tm 3.15)
[y] Comp. Rm 15.2; 1Co 9.22
[z] Veja Rm 1.16, nota
[a] 1Co 4.16
[b] Veja Rm 15.14, marg. j
[c] Comp. 2Ts 2.15
[d] Ef 4.15
[e] Gn 3.16; Ef 5.23
[f] Comp. At 21.9
[g] Gn 1.27; 5.1
[h] Gn 2.21,22; comp. 1Tm 2.13
[i] Gn 2.18
[j] Veja v. 3, nota
[k] A presença dos anjos. 1Co 4.9; Hb 13.2
[l] Comp. Pv 16.4; Rm 11.36; 1Co 8.6
[m] Igrejas (locais): v. 16-34; 1Co 14.4. (At 8.3; Fp 1.1, nota)

Repreensão contra a desordem na ceia do Senhor

17 **Nisto** que vou dizer-vos [n]não vos louvo, pois vos reunis não para melhor, senão para pior.

18 Antes de tudo [o]ouço que, quando vos reunis na igreja, há entre vós divisões, e em parte o creio.

19 E até importa que haja entre vós diferenças, para que os que têm a aprovação de Deus se [p]manifestem no vosso meio.

20 Quando vos reunis no mesmo lugar, não é para comer a ceia do Senhor,

21 pois, quando comeis, cada um se apressa a tomar a sua própria ceia. Assim um tem [q]fome e outro se embriaga.

22 Não tendes casas onde comer e beber? Ou menosprezais a igreja de Deus e envergonhais os que nada têm? Que vos direi? Eu vos louvarei? É claro que [r]não.

Ordem e significado da ceia do Senhor

23 **Pois** eu recebi do Senhor o que também vos ensinei: [2]que o Senhor Jesus, na noite em que foi traído, tomou o pão

24 e, tendo dado graças, o partiu e [s]disse: Isto é o meu corpo que é [t]entregue [u]por vós; fazei isto em [v]memória de mim.

25 Semelhantemente, depois de cear, tomou o cálice, dizendo: Este cálice é a [ww]Nova Aliança no meu sangue; fazei isto, todas as vezes que o beberdes, em memória de mim.

26 Pois todas as vezes que comerdes este pão e beberdes este cálice, anunciais a morte do Senhor, até que ele venha.

27 Portanto, qualquer que comer o pão ou beber o cálice do Senhor [xx]indignamente será culpado do corpo e do sangue do Senhor.

28 Examine-se o homem a si mesmo antes de comer deste pão e beber deste cálice.

29 Pois o que come e bebe indignamente, come e bebe para sua própria [yy]condenação, não discernindo o corpo do Senhor.

30 Por causa disso, há entre vós muitos fracos e doentes e muitos que [zz]dormem.

31 Se, porém, nós [3][aa]julgássemos a nós mesmos, não seríamos [bb]julgados.

32 Quando, porém, somos julgados, somos [cc]disciplinados pelo Senhor, para não sermos condenados com o [dd]mundo.

[n] v. 22
[o] 1Co 1.11,12
[p] Comp. 1Jo 2.19
[q] Comp. Jd 12
[r] v. 17
[s] Mt 26.26-28
[t] Mt 26.26; Mc 14.22; Lc 22.19
[u] Sacrifício (de Cristo): v. 24-26; 1Co 15.3 (Gn 3.15; Hb 10.18, nota)
[v] Comp. Êx 12.14
[ww] Aliança (Nova): v. 25; 2Co 3.6 (Is 61.8; Hb 8.8)
[xx] Comp. v. 17-22,28,29
[yy] Comp. v. 32
[zz] Comp. 1Jo 5.16,17
[aa] Comp. 2Co 13.5
[bb] Juízos (os sete): v. 31; 2Co 5.10 (2Sm 7.14; Ap 20.12)
[cc] Hb 12.5-10
[dd] Gr. kosmos. Veja Mt 4.8, nota

---

[1] (11.3) Comp. Gn 3.16. O véu da mulher ou a cobertura para a cabeça é símbolo de sua subordinação (v. 10). De acordo com o v. 5, a cobertura parece ter sido definitivamente relacionada com as mulheres que oravam nas reuniões da igreja (v. 17,18).

[2] (11.23) A ceia do Senhor é uma das duas ordenanças da Igreja para esta dispensação; a outra ordenança é o batismo (veja At 8.12, *nota*).

[3] (11.31) O autojulgamento não é tanto a condenação moral que o cristão faz dos seus hábitos ou da sua conduta, mas de sua condescendência em permitir tal conduta. O autojulgamento ou autoexame evita o castigo.

33 **P**ortanto, meus irmãos, quando vos [e]reunis para comer, esperai uns pelos outros.

34 Se, contudo, algum tiver fome, [f]coma em casa, para que não vos ajunteis para condenação. Quanto às demais coisas, eu vos instruirei quando estiver convosco.

VI. Dons espirituais e seu uso em amor, 12.1–14.40

12 **O**ra, a respeito dos dons [1]espirituais, não quero, [g]irmãos, que sejais ignorantes.

2 Vós bem sabeis que quando éreis gentios, deixáveis levar-vos aos [h]ídolos [i]mudos, conforme éreis guiados.

3 Portanto vos quero fazer compreender que ninguém que fala [j]pelo [k]Espírito de Deus diz: Jesus é [l]anátema! E ninguém pode dizer: Jesus é o Senhor! senão pelo Espírito Santo.

A diversidade de dons e a diversidade de ministérios (comp. Ef 4.7-16)

4 **H**á diversidade de [2][m]dons, mas o Espírito é o mesmo.

5 E há diversidade de ministérios, mas o Senhor é o mesmo.

6 E há diversidade de operações, mas é o mesmo Deus que opera tudo em todos.

7 A manifestação do Espírito é dada a cada um para o que for útil.

8 A um pelo Espírito é dada a palavra da sabedoria; a outro, pelo mesmo Espírito, a palavra da ciência;

9 a outro, pelo mesmo Espírito, [n]fé; a outro, pelo mesmo Espírito, [o]dons de curar;

10 a outro, a operação de [p]milagres; a outro, [3]profecia; a outro, [q]discernimento de espíritos; a outro, variedade de [r]línguas, e a outro, interpretação de línguas.

11 No entanto, um só e o mesmo Espírito realiza todas estas coisas, distribuindo particularmente a cada um como quer.

Cada crente é um membro do corpo de Cristo e tem um ministério definido

12 **A**ssim como o corpo é uma unidade, mas tem muitos membros, e todos os membros, sendo muitos, formam um só corpo, assim é Cristo também.

13 Pois todos nós fomos batizados em um só Espírito, formando um só [s]corpo, [t]quer [u]judeus, quer [v]gregos, quer servos, quer livres; e a todos nós foi dado beber de um só Espírito.

14 [w]Ora, o corpo não é um só membro, mas muitos.

15 Se o pé disser: Porque não sou mão, não sou do corpo, não será por isso do corpo?

16 E se a orelha disser: Porque não sou olho não sou do corpo, não será por isso do corpo?

17 Se todo o corpo fosse olho, onde estaria o ouvido? Se fosse todo ouvido, onde estaria o olfato?

18 Deus, porém, [x]colocou os membros no corpo, cada um deles como quis.

19 E, se todos fossem um só membro, onde estaria o corpo?

20 Pois há muitos membros, mas um só corpo.

21 O olho não pode dizer à mão: Não tenho necessidade de ti! Nem ainda a cabeça aos pés: Não tenho necessidade de vós!

22 Antes, os membros do corpo que parecem ser mais fracos são necessários,

23 e os que nos parecem menos honrosos no corpo, a esses honramos muito mais. E aos que em nós são menos decorosos damos muito mais honra,

24 porque os que em nós são mais nobres não têm necessidade disso. Mas Deus assim

[e] v. 18,20; 1Co 14.26
[f] Comp. v. 21,22
[g] Veja Rm 15.14, marg. j
[h] Comp. At 15.20
[i] Comp. Sl 115.4-8; Is 44.9-20
[j] Comp. 1Jo 4.2
[k] Espírito Santo (NT): v. 3,4-11,13; 2Co 1.22 (Mt 1.18; At 2.4, nota)
[l] Comp. 1Co 16.22
[m] v. 4-11; Rm 12.3-8; comp. 1Co 12.28-31
[n] Fé: v. 9; 1Co 13.2 (Gn 3.20; Hb 11.39, nota)
[o] Mt 10.1; Mc 3.15; 16.18; comp. Mc 6.13; Tg 5.14,15
[p] Comp. Jo 14.12; At 3.1-11; 14.8-10; 20.6-12
[q] 1Jo 4.1
[r] At 2.4-11
[s] Igreja (verdadeira): v. 13; 1Co 12.27 (Mt 16.18; Hb 12.23)
[t] Comp. Gl 3.28
[u] Rm 3.29; comp. Rm 1.16; 2.9,10; 12.2; Cl 3.11
[v] Veja Ef 3.6, nota
[w] v. 14-26
[x] Comp. v. 28; Rm 12.3-8; Ef 4.11

Se não há autoexame, o Senhor julga, e o resultado é castigo, mas nunca condenação (v. 32; 2Sm 7.14,15; 12.13,14; 1Co 5.5; 1Tm 1.20; Hb 12.7). Outros julgamentos: veja *notas* em Ez 20.37; Mt 25.32; Jo 12.31; 2Co 5.10; Jd 6; Ap 20.12.

[1] (12.1) A palavra grega está no plural, *pneumatika*, e refere-se às coisas que pertencem ao Espírito Santo. É a chave dos cap. 12–14. O cap. 12 diz respeito ao Espírito em relação ao corpo de Cristo. Esta relação é dupla: 1) O batismo com o Espírito dá forma ao corpo unindo os crentes a Cristo, a Cabeça ressuscitada e glorificada, e unindo-os também uns aos outros (v. 12,13). O símbolo do corpo assim formado é o corpo humano natural (v. 12), e todas as analogias são usadas de forma ampla (v. 14-26). 2) A cada cristão é dado um dom, uma capacidade para um serviço específico. Ninguém carece desse dom (v. 7,11,27), mas, ao distribuir os dons, o Espírito age com total soberania (v. 11). Não há lugar para escolhas próprias; o serviço cristão é simplesmente o ministério do dom ou dos dons que a pessoa recebeu (comp. Rm 12.4-8). Os dons são diversos (v. 6,8-10,28-30), mas todos igualmente honrosos, pois o mesmo Espírito os concede, o mesmo Senhor os administra e o mesmo Deus os ativa e lhes infunde energia.

[2] (12.4) Comp. Ef 4.8,11,12. O Espírito Santo concede dons aos homens para o serviço, e Cristo é quem concede às igrejas os homens com dons.

[3] (12.10) O profeta do NT não é primeiramente alguém que prediz o futuro; antes, alguém que apresenta a mensagem, alguém cujo dom o capacita a falar a outros “para edificação, exortação e consolação” (14.3).

formou o corpo, dando muito mais honra ao que tinha falta dela,

25 para que não haja [y]divisão no corpo, antes tenham os membros igual cuidado uns dos outros.

26 De maneira que, se um membro padece, [z]todos os membros padecem com ele; se um membro é honrado, todos os membros se regozijam com ele.

27 **O**ra, vós sois o [a]corpo de Cristo e, individualmente, [b]membros desse corpo.

28 [c]A uns pôs Deus na [d]igreja, primeiro [e]apóstolos, em segundo lugar [f]profetas, em terceiro lugar [g]mestres, depois operadores de [h]milagres, depois dons de [i]curar, [j]socorros, governos, variedades de [k]línguas.

29 São todos apóstolos? São todos profetas? São todos mestres? São todos operadores de milagres?

30 Têm todos dons de curar? Falam todos em outras línguas? Interpretam-nas todos?

31 **P**ortanto, procurai com zelo os melhores dons. E agora eu vos mostrarei o caminho [1]mais excelente.

Os dons do ministério devem ser exercidos em amor

13 **A**inda que eu falasse as línguas dos homens e dos [l]anjos, se não tivesse [m]amor, seria como o metal que soa, ou como o sino que tine.

2 Ainda que eu tivesse o dom de profecia e conhecesse todos os mistérios e todo o conhecimento, e ainda que eu tivesse toda a [n]fé, de maneira tal que transportasse os [o]montes, se não tivesse amor, nada seria.

3 E ainda que [p]distribuísse toda a minha fortuna para o sustento dos pobres e que entregasse o meu corpo para ser queimado, se não tivesse amor, nada disso me aproveitaria.

4 **O** amor é paciente, é [q]benigno. O amor [r]não inveja, [s]não se vangloria, não se [t]ensoberbece.

5 Não se porta [u]inconvenientemente, [v]não busca os seus próprios interesses, não se [w]irrita, não suspeita [x]mal.

6 O amor não se alegra com a [yy]injustiça, mas se regozija com a verdade.

7 Tudo sofre, tudo crê, tudo [zz]espera, tudo suporta.

8 O amor [aa]nunca falha. Mas as profecias cessarão, as línguas desaparecerão, o conhecimento passará.

9 Pois em parte conhecemos e [bb]em parte profetizamos,

10 [cc]mas, quando vier o que é perfeito, então o que é em parte será aniquilado.

11 Quando eu era menino, falava como menino, pensava como menino, raciocinava como menino. Mas logo que cheguei a ser homem, acabei com as coisas de menino.

12 Agora vemos em espelho, de maneira obscura; então veremos face a face. Agora conheço em parte; então conhecerei como também sou [dd]conhecido.

13 Agora permanecem estes três: a fé, a esperança e o amor, mas o maior deles é o amor.

Os dons de língua e de profecia

14 **S**egui o amor e procurai com zelo os dons espirituais, mas [2]principalmente o de [ee]profetizar.

2 Pois o que fala em [ff]língua não fala aos homens, senão a Deus. Com efeito, ninguém o [gg]entende, e em espírito fala mistérios.

3 O que [hh]profetiza, porém, fala aos homens para [ii]edificação, [jj]exortação e [kk]consolação.

4 O que fala em língua edifica-se a si mesmo, mas o que profetiza edifica a [ll]igreja.

5 Eu gostaria que todos vós falásseis em línguas, [mm]mas muito mais que profetizásseis. O que profetiza é maior do que o que fala em línguas, a não ser que também interprete para que a igreja receba edificação.

6 **A**gora, [nn]irmãos, se eu for ter convosco falando em línguas, que vos aproveitaria, se não vos falasse ou por meio da [oo]revelação, ou do conhecimento, ou da profecia, ou da [pp]doutrina?

7 Da mesma forma, se as coisas inanimadas, que fazem som, seja flauta, seja cítara, não

[1] (12.31) O cap. 13 continua com as coisas *pneumatika*, que começaram no cap. 12 (veja 12.1, *nota*). Os dons são bons, mas apenas se ministrados em amor (13.1,2). A benevolência é boa, mas não sem amor (13.3). Vemos aqui a descrição do amor (13.4-7). O amor é melhor do que nosso atual conhecimento, que é incompleto (13.8-12), e ainda maior que a fé e a esperança (13.13).

[2] (14.1) O tema continua sendo as coisas *pneumatika* (veja 12.1, *nota*). O cap. 12 fala dos dons e do corpo, a Igreja; o cap. 13 descreve o amor, o único que dá valor ao ministério dos dons; o cap. 14 regulamenta o ministério dos dons na assembleia dos primeiros cristãos nos tempos apostólicos. 1) O dom importante é o da profecia (v. 1). O profeta do NT não era simplesmente um pregador, mas um mestre inspirado, e, até que o NT houvesse sido escrito, foi por meio dele que foram dadas novas revelações próprias da nova dispensação (14.29,30). 2) O dom de línguas e o dom de sinais devem desaparecer; enquanto isso, deviam ser usados de forma restrita e somente com a presença de um intérprete (v. 1-19,27,28). 3) Na igreja primitiva, havia liberdade para o ministério de todos os dons, mas especialmente para a profecia (v. 23-26,31,39). 4) Afirma-se que esses preceitos são "mandamentos do Senhor" (v. 36,37).

[y] Comp. 1Co 1.11,12
[z] Js 7.1-26
[a] Igreja (verdadeira): v. 27,28; 2Co 11.2 (Mt 16.18; Hb 12.23); Cl 1.18,24; 2.19
[b] Ef 5.30
[c] Comp. 12.8-11
[d] Igreja (visível): v. 28-30; 1Co 15.9 (1Co 10.32; 1Tm 3.15)
[e] Ef 2.20
[f] Ef 4.11
[g] At 13.1
[h] Gl 3.5
[i] Mc 16.18
[j] Comp. At 16.9
[k] Comp. At 2.1-11
[l] Veja Hb 1.4, nota
[m] Lei (de Cristo): 13.1–14.1; 1Co 16.14 (Jo 13.34; 2Jo 5)
[n] Fé: v. 2,13; 1Co 14.22 (Gn 3.20; Hb 11.39, nota)
[o] Comp. Mt 17.20,21
[p] Comp. Mt 6.1,2
[q] Ef 4.32
[r] Gl 5.26
[s] Comp. Rm 1.30; 2Tm 3.2
[t] Comp. 1Co 4.6,18,19
[u] Comp. Fp 4.8
[v] Comp. Fp 2.4
[w] Comp. Ef 4.2
[x] Comp. Rm 12.9

[yy] Veja Rm 3.23, nota
[zz] Comp. Hb 6.19
[aa] Comp. Ef 3.17-19
[bb] Comp. 1Co 8.2
[cc] Comp. 1Jo 3.2
[dd] Comp. Na 1.7; Jo 10.14; 1Co 8.3; 2Tm 2.19
[ee] Comp. 1Ts 5.20
[ff] v. 13,19
[gg] At 22.9
[hh] Veja v. 1, nota
[ii] v. 26; Rm 14.19; 15.2; 2Co 10.8; 12.19; Ef 4.12,29
[jj] 1Tm 4.13; 2Tm 4.2; Tt 1.9; 2.15; Hb 3.13; 10.25
[kk] v. 31; comp. Fp 2.1
[ll] Igrejas (locais): v. 4,5, 12,23, 26,28, 33-35; 1Co 16.1 (At 8.3; Fp 1.1, nota)
[mm] Comp. Nm 11.25-29
[nn] Veja Rm 15.14, marg. j
[oo] Comp. 2Co 12.1; Ef 1.17; 3.3
[pp] Ensinamento. Comp. 2Tm 3.16

formarem sons distintos, como se conhecerá o que se toca na flauta ou na cítara?

8 Se a trombeta der sonido incerto, quem se preparará para a batalha?

9 Assim também vós. Se com a língua não pronunciardes palavras bem compreensíveis, como se entenderá o que se diz? Estareis como que falando ao ar.

10 Há, por exemplo, tantas espécies de vozes no [q]mundo, mas nenhuma delas sem significação.

11 Se eu, porém, ignorar o sentido da voz, serei [r]estrangeiro para aquele a quem falo, e o que fala será estrangeiro para mim.

12 Assim também vós, como desejais dons espirituais, procurai abundar neles para a edificação da igreja.

13 **P**elo que, o que fala em língua, ore para que a possa [s]interpretar.

14 Pois se eu orar em língua, o meu espírito ora, de verdade, mas o meu entendimento fica sem fruto.

15 Que farei, pois? Orarei com o espírito, mas também orarei com o entendimento; [t]cantarei com o espírito, mas também cantarei com o entendimento.

16 De outra maneira, se tu bendisseres com o espírito, como dirá o não instruído [u]Amém sobre a tua ação de graças, visto que não sabe o que dizes?

17 Em verdade tu dás bem as graças, mas o outro não é edificado.

18 Dou graças ao meu Deus, porque falo em outras línguas mais do que todos vós.

19 Todavia, eu antes quero falar na igreja cinco palavras com o meu entendimento, para que possa também instruir os outros, do que dez mil palavras em língua.

20 **I**rmãos, não sejais [v]meninos no entendimento, mas sede [w]meninos na malícia e adultos no entendimento.

21 Está [x]escrito na [y]Lei:

[z]Por gente doutras línguas,
e por outros lábios,
falarei a este povo,
mas ainda assim não me ouvirão,
diz o Senhor.

22 De sorte que as línguas são um [a]sinal não para os [b]crentes, mas para os incrédulos; a profecia, porém, não é sinal para os incrédulos, mas para os crentes.

[q] Gr. kosmos. Veja Mt 4.8, nota
[r] At 28.4; Rm 1.14; Cl 3.11; comp. At 28.2
[s] 1Co 12.10
[t] Comp. Ef 5.19; Cl 3.16
[u] 1Cr 16.36; Ne 8.6; Ap 5.14; 7.12; comp. Dt 27.15-26
[v] Comp. Jr 4.22; Ef 4.14; Hb 5.12
[w] Comp. 1Co 3.1
[x] Lei (de Moisés): v. 21; 1Co 15.56 (Êx 19.1; Gl 3.24)
[y] Inspiração: 14.21,3 34, 37; 15.3,4; 1Co 15.45 (Êx 4.15; 2Tm 3.16)
[z] Is 28.11,12; comp. Dt 28.49
[a] Mc 16.17
[b] Fé: 14.22; 15.2; 1Co 15.11 (Gn 3.20; Hb 11.39, nota)

O correto exercício dos dons espirituais na igreja local

23 Portanto, se toda a igreja se congregar em um lugar e todos falarem em línguas, e entrarem os que não têm instrução ou incrédulos, não [c]dirão que estais loucos?

24 Se, porém, todos profetizarem, e alguém sem instrução ou incrédulo entrar, por todos é convencido, por todos é julgado.

25 Os segredos do seu coração ficarão manifestos, e assim, lançando-se sobre o seu rosto, adorará a [d]Deus, declarando que Deus está verdadeiramente entre vós.

26 **Q**ue diremos, pois, irmãos? Quando vos reunis, cada um de vós tem [e]salmo, tem doutrina, tem revelação, tem língua, tem [f]interpretação. Faça-se tudo para edificação.

27 Se alguém [1]falar em língua, faça-se isso [g]por dois, ou quando muito três, e por sua vez haja intérprete.

28 Se, contudo, não houver intérprete, esteja calado na [h]igreja e fale consigo mesmo e com Deus.

29 E falem dois ou três profetas, e os outros julguem.

30 Se, porém, a outro, que estiver assentado, for revelada alguma coisa, cale-se o primeiro.

31 Pois todos podereis profetizar, uns depois dos outros, para que todos aprendam e sejam consolados.

32 Os espíritos dos profetas estão sujeitos aos próprios profetas.

33 Pois Deus não é Deus de [i]confusão, senão de paz. Como em todas as igrejas dos [j]santos,

34 as mulheres estejam caladas nas igrejas. Não lhes é permitido falar; mas estejam [k]submissas, como também [l]ordena a Lei.

35 Se, porém, querem aprender alguma coisa, interroguem em casa a seu próprio marido; pois é vergonhoso que as mulheres falem na igreja.

36 Saiu dentre vós a palavra de Deus? Ou veio [m]ela somente para vós?

37 Se alguém cuida ser profeta, ou espiritual, reconheça que as coisas que vos escrevo são mandamentos do Senhor.

[c] Comp. At 2.12,13
[d] Comp. Is 45.14
[e] Comp. Ef 5.19; Cl 3.16
[f] Comp. v. 13
[g] Comp. v. 40
[h] Veja 14.4, marg. ll
[i] Comp. Tg 3.16
[j] Veja Rm 15.25, marg. b
[k] Comp. Gn 3.16; 1Co 11.3; Ef 5.22; 1Tm 2.11-13; 1Pe 3.1-5
[l] Veja 14.21, marg. y
[m] Comp. Is 2.3; Lc 24.47; Rm 15.19

---

[1] (14.27) A prática do dom de línguas não devia ser proibida na igreja primitiva (v. 39), mas devia se limitar a certas regras estritas resumidas nos v. 27-40: 1) Numa reunião, não deve haver mais de dois ou três que falem dessa maneira (v. 27). 2) Essas pessoas têm de falar uma de cada vez (v. 27). 3) Se ninguém consegue interpretar o que é dito, o que fala deve permanecer em silêncio (v. 27,28). 4) Os que falam devem estar no controle de suas faculdades, porque Deus não é autor de confusão (v. 32,33). 5) Às mulheres não é permitido falar nas reuniões da igreja (v. 34-36). 6) Essas regras devem ser consideradas “mandamentos do Senhor”, e sua observância é sinal de verdadeira espiritualidade (v. 37). Uma preocupação desmedida com o dom de línguas é indicativo de que o crente é uma criança espiritual (v. 19,20).

38 Se, porém, alguém ignora isso, ele mesmo será ignorado.

39 Portanto, [n]irmãos, procurai, com zelo, profetizar e não proibais o falar em línguas.

40 Faça-se, porém, tudo com decência e ordem.

VII. A ressurreição do corpo, 15

(1) O fato da ressurreição de Cristo

15 **Ora**, irmãos, desejo lembrar-vos o [1][o]evangelho que já vos tenho anunciado, o qual recebestes e no qual permaneceis,

2 pelo qual também sois [p]salvos se o retendes tal como o anunciei. Se não é que [q]crestes em vão.

3 **Antes** de tudo, vos entreguei o que também recebi: que Cristo [r]morreu por nossos [s]pecados, segundo as [t]Escrituras,

4 foi sepultado e [u]ressurgiu ao terceiro dia, segundo as [v]Escrituras.

5 Em seguida foi visto por [w]Cefas e [x]depois pelos Doze.

6 Depois foi visto, uma vez, por mais de quinhentos irmãos, dos quais vive ainda a maior parte, mas alguns já morreram.

7 Depois foi visto por Tiago, depois por todos os apóstolos;

8 e por último de todos [y]apareceu também a mim, como a um [2]que nasceu fora do tempo.

9 Pois eu sou o menor dos apóstolos, que mesmo não sou digno de ser chamado [z]apóstolo, porque persegui a [a]igreja de Deus.

10 Pela [b]graça de Deus, porém, sou o que sou, e a sua [c]graça para comigo não foi vã. Antes trabalhei muito mais do que todos eles; todavia não eu, mas a graça de Deus, que está comigo.

11 Então, seja eu, sejam eles, assim pregamos e assim [d]crestes.

(2) A importância da ressurreição de Cristo

12 **Ora**, se pregamos que Cristo foi [e]ressuscitado dentre os mortos, [f]como dizem alguns de vós que não há ressurreição de mortos?

13 E, se não há ressurreição de mortos, também Cristo não ressurgiu.

14 E, se Cristo não ressurgiu, logo é vã a nossa pregação, e também é vã a vossa fé.

15 Somos considerados como falsas testemunhas de Deus, pois testificamos contra Deus, que ressuscitou a Cristo, ao qual, porém, não ressuscitou, se, na verdade, os mortos não são ressuscitados.

16 Pois se os mortos não são ressuscitados, também Cristo não foi ressuscitado.

17 E, se Cristo não foi ressuscitado, é vã a vossa fé, e ainda permaneceis nos vossos [g]pecados.

18 E também os que [h]dormiram em Cristo estão perdidos.

19 Se esperamos em Cristo só nesta vida, somos os mais infelizes de todos os homens.

(3) A ordem das ressurreições

20 **Se** de fato, porém, Cristo ressurgiu dentre os mortos e foi feito as [i]primícias dos que dormem.

21 Pois assim como a [j]morte [k]veio por um homem, também a ressurreição dos mortos veio por um homem.

22 Pois assim como todos morrem em [3]Adão, assim [l]também todos [m]serão vivificados em Cristo.

23 Cada um, porém, por sua ordem: Cristo, o primeiro, depois os que são de Cristo, na sua [nn]vinda.

24 [oo]Então virá o fim, quando tiver entregado o [4][pp]Reino a Deus, o Pai, e quando houver destruído todo domínio, toda autoridade e todo poder.

---

[1] (15.1) Nos v. 1-8, o apóstolo esboça o evangelho da graça de Deus. 1) Tem relação com uma Pessoa: o Cristo das Escrituras e da história. 2) Tem relação com sua morte "por nossos pecados, segundo as Escrituras". 3) Tem relação com sua ressurreição, igualmente "segundo as Escrituras". Sua sepultura é considerada evidência de sua morte, e o fato de ele ter sido visto com vida é usado como prova de sua ressurreição. Este é o evangelho que Paulo pregou, que a igreja primitiva aceitou, evangelho pelo qual os homens são salvos (v. 1,2).

[2] (15.8) "que nasceu fora do tempo" (gr. *to ektromati*), i.e., prematuramente. Paulo se considerava um israelita, cuja hora de nascer de novo não havia chegado para a nação como um todo (comp. Mt 23.39), de modo que sua conversão pela manifestação do Senhor em glória (At 9.3-6) foi uma ilustração ou exemplo anterior à futura conversão nacional de Israel. Veja Ez 20.35-38; Os 2.14-17; Zc 12.10–13.6; Rm 11.25-27; 1Tm 1.16.

[3] (15.22) Por força do contraste, Adão é um tipo de Cristo (v. 45-47; comp. Rm 5.14-19). 1) "O primeiro homem, Adão, foi feito alma vivente" (veja Gn 2.7), i.e., recebeu a vida de outrem, de Deus; e "o último Adão, espírito vivificante". Longe de receber vida de outrem, ele mesmo era a fonte da vida e deu essa vida a outros (Jo 1.4; 5.21; 10.10; 12.24; 1Jo 5.12). 2) Quanto à sua origem, "o primeiro homem, sendo da terra, é terreno; o segundo homem é do céu" (1Co 15.47). 3) Cada um deles é a cabeça de uma criação, e estas também estão em contraste: "todos morrem em Adão [...] todos serão vivificados em Cristo"; a criação adâmica é "carne", ao passo que a nova criação é "espírito" (Jo 3.6).

[4] (15.24) Reino (NT). Resumo: Veja Reino (AT) (Gn 1.26-28; Zc 12.8, *nota*). No NT, a verdade do Reino desenvolve-se na seguinte ordem: 1) A promessa do reino a Davi e a seus descendentes e a descrição nos

---

[n] Veja Rm 15.14, marg. j
[o] Evangelho: v. 1-4; 2Co 1.19 (Gn 12.3; Ap 14.6)
[p] Veja Rm 1.16, nota
[q] Veja 15.11, marg.
[r] Sacrifício (de Cristo): v. 3; 2Co 5.14 (Gn 3.15; Hb 10.18, nota)
[s] Veja Rm 3.23, nota
[t] Sl 22; Is 53
[u] Ressurreição: v. 4; 1Co 15.12 (2Rs 4.35; 1Co 15.52, nota)
[v] Gn 1.9-13; 2Rs 20.8; Sl 16.9-11; Jó 1.17; 2.10; Os 6.2; comp. Mt 12.39,40; Lc 24.46,47; At 13.32-37,44
[w] Simão Pedro. Lc 24.34
[x] Veja Mc 16.14, nota
[y] At 9.4
[z] Veja Rm 11.13, marg.
[a] Igreja (visível): v. 9; Gl 1.13 (1Co 10.32; 1Tm 3.15)
[b] Graça: v. 10; 1Co 15.10 (Jo 1.14; 1.17, nota)
[c] Veja 2Pe 3.18, nota. Graça: v. 10; 1Co 16.23 (Jo 1.14; 1.17, nota)
[d] Fé: v. 11, 14,17; 2Co 1.24 (Gn 3.20; Hb 11.39, nota)

[e] Ressurreição: v. 12-17,20-23; 1Co 15.35 (2Rs 4.35; 1Co 15.52, nota)
[f] Comp. At 26.8
[g] Comp. Jo 8.21,24; veja Rm 3.23, nota
[h] Jó 14.12; Sl 13.3; comp. Jo 11.12
[i] Comp. Tg 1.18
[j] Morte (física): v. 21, 22,26; 1Co 15.54 (Gn 2.17; Hb 9.27, nota)
[k] Gn 3.19; Ez 18.4; Rm 5.12; 6.23; Hb 9.27
[l] Comp. Rm 5.17
[m] Jo 5.28,29
[nn] Cristo (segunda vinda): v. 23; Fp 3.20 (Dt 30.3; At 1.11, nota)
[oo] v. 28
[pp] Reino (NT): v. 24; Ef 5.5 (Mt 2.2; 1Co 15.24, nota)

25 Pois convém que ele reine [q]até que haja posto a todos os inimigos debaixo dos seus pés.

26 Ora, o último inimigo que há de ser [r]destruído é a morte.

27 Pois [s]todas as coisas sujeitou debaixo de seus pés. Mas, quando diz que todas as coisas lhe estão sujeitas, claro está que se excetua aquele que lhe sujeitou todas as coisas.

28 E, quando todas as coisas lhe estiverem sujeitas, [t]então também o mesmo Filho se sujeitará àquele que todas as coisas lhe sujeitou, para que [u]Deus seja [v]tudo em todos.

(4) O valor moral da ressurreição

29 **D**e outra maneira, que farão os que se batizam pelos [1]mortos? Se absolutamente os mortos não ressurgem? Por que se batizam eles então pelos mortos?

30 Por que estamos nós também a toda hora em [w]perigo?

31 Eu vos declaro que cada dia [x]morro [y]gloriando-me em vós, irmãos, por Cristo Jesus, nosso Senhor.

32 Se, como homem, lutei em [z]Éfeso com feras, que me aproveita isso, se os mortos não são ressuscitados? [a]Comamos e bebamos, pois amanhã morreremos.

33 [b]Não vos enganeis. As más [c]companhias corrompem os bons costumes.

34 [d]Voltai à sobriedade e [e]não pequeis; pois alguns ainda não têm [f]conhecimento de Deus — digo-o para vergonha vossa.

(5) O corpo da ressurreição

35 **A**lguém, contudo, dirá: [g]Como [h]ressurgirão os mortos? E com que corpo virão?

36 Insensato! O que tu semeias não é vivificado, se primeiro não [i]morrer.

37 E, quando semeias, não semeias o corpo que há de nascer, mas o simples grão, como de trigo, ou de qualquer outra semente.

38 Deus, porém, dá-lhe o corpo como quer, e a cada semente o seu próprio corpo.

39 Nem toda carne é a mesma: uma é a carne dos homens, e outra a dos animais, outra a das aves e outra a dos peixes.

40 E há corpos celestes e corpos terrestres, mas uma é a glória dos celestes e outra a dos terrestres.

41 Uma é a glória do sol, e outra a glória da lua, e outra a glória das estrelas; uma estrela difere em glória de outra estrela.

42 Assim também é a ressurreição dos mortos. Semeia-se o corpo em corrupção, é ressuscitado em incorrupção.

43 Semeia-se em desonra, é ressuscitado em glória. Semeia-se em fraqueza, é [j]ressuscitado em poder.

44 Semeia-se corpo animal, é ressuscitado corpo [k]espiritual. Se há corpo animal, há também corpo espiritual.

45 Assim também está [l]escrito: [m]O primeiro homem, Adão, [n]foi feito alma vivente; o último Adão, espírito [o]vivificante.

46 Não veio primeiro o espiritual, mas o natural; e depois o espiritual.

47 O primeiro homem, sendo da terra, é terreno; o segundo homem é do céu.

[q] Sl 110.1; Mt 22.44
[r] Comp. 2Tm 1.10; Ap 21.4
[s] Sl 8.6
[t] v. 24
[u] Comp. Sl 21.23; 47.9; 57.11; 99.5; 108.5; 118.28; Is 12.4; 25.1
[v] Comp. 1Co 11.3
[w] Comp. 2Co 11.26
[x] Comp. Fp 3.3
[y] Comp. Rm 8.36; 2Co 4.10-12
[z] Comp. 2Co 1.8
[a] Is 22.13
[b] Comp. Gl 6.7
[c] Comp. Sl 1.1; Pv 4.14; 13.20; 1Co 5.11; Ef 4.29
[d] Comp. Rm 13.11; Ef 5.14
[e] Veja Rm 3.23, nota
[f] Mt 22.29
[g] Comp. Ez 37.3
[h] Ressurreição: v. 35-54; 2Co 1.9 (2Rs 4.35; 1Co 15.52, nota)
[i] Jo 12.24
[j] Comp. Fp 3.21
[k] Comp. Jo 3.6; Fp 3.21
[l] Inspiração: v. 45; 1Co 15.54 (Êx 4.15; 2Tm 3.16)
[m] Rm 5.14
[n] Gn 2.7
[o] Comp. Jo 5.21; Rm 8.11

profetas (2Sm 7.8-17 e *notas*; Zc 12.8) aparece no NT sem nenhuma mudança (Lc 1.31-33). O Rei nasceu em Belém (Mt 2.1; comp. Mq 5.2), nasceu de uma virgem (Mt 1.18-25; comp. Is 7.14). 2) O Reino que João, o Batista, o Rei e os Doze anunciaram como tendo "chegado" ou estando próximo (Mt 4.17, *notas*) foi rejeitado pelos judeus – primeiro moralmente (Mt 11.20, *nota*) e, depois, de forma oficial (Mt 21.42,43); o Rei foi coroado com espinhos e crucificado. 3) Antecipando-se à rejeição oficial e à crucificação, o Rei revelou os "mistérios do Reino dos céus" (Mt 13.11, *nota*) que se cumpririam no intervalo entre sua rejeição e seu retorno em glória (Mt 13.1-50). 4) Depois, ele anunciou seu propósito de edificar sua Igreja (Mt 16.18, *marg.*, e *notas*; comp. Ef 3.9-11), outro "mistério" que está sendo cumprido na presente dispensação com "os mistérios do Reino dos céus". Os "mistérios do Reino dos céus" e o "mistério" da Igreja (Ef 3.9-11) ocupam, de modo geral, o mesmo período, i.e., a era presente. 5) Os mistérios do Reino serão concluídos com a "colheita" (Mt 13.39-43,49,50) quando o Rei voltar em glória; antes disso, a Igreja terá sido arrebatada para se encontrar com ele nos ares (1Ts 4.13-17). 6) Em sua volta, o Rei restaurará em sua Pessoa a monarquia davídica, reunirá o Israel disperso, estabelecerá seu poder sobre toda a terra e reinará por mil anos (Mt 24.27-30; At 15.14-18; Ap 20.1-10). 7) O Reino dos céus (Mt 3.2, *nota*), assim estabelecido sob o governo do Filho divino de Davi, tem por objetivo a restauração da autoridade divina na terra. Esta é como uma província em rebelião dentro do grande Reino de Deus (Mt 6.33, *nota*). A Era do Reino, de mil anos de duração, constitui a sétima dispensação (Ap 20.4, *nota*). Quando Cristo derrotar a morte, o último inimigo (v. 24-26), ele entregará o Reino "a Deus, o Pai" para que "Deus [i.e., o Deus triúno – Pai, Filho e Espírito Santo] seja tudo em todos" (v. 28). O trono eterno é "de Deus e do Cordeiro" (Ap 22.1).

[1] (15.29) Aqui, Paulo não está falando de batizar crentes vivos em lugar de outros crentes ou incrédulos mortos. Não se está atribuindo eficácia salvífica ao batismo. O argumento é o seguinte: Que valor há em alguém se render a Cristo, ser batizado e se unir ao exército de Deus – a Igreja – para preencher os lugares que ficaram vagos com a morte de outros crentes se, depois de tudo, não há ressurreição para os crentes? Por que arriscar a vida e perder os benefícios desta existência, se não há vida após a morte?

48 Qual o terreno, tais são também os terrenos; e qual o celestial, tais também os celestiais.

49 E, assim como trouxemos a [p]imagem do terreno, assim traremos também a [q]imagem do celestial.

50 **E** agora digo isto, irmãos, que a carne e o sangue não podem herdar o [r]Reino de Deus, nem a corrupção herda a incorrupção.

(6) O mistério da ressurreição (comp. 1Ts 4.14-17)

51 Eis que vos digo um [s]mistério: Na verdade, nem todos [t]dormiremos, mas todos seremos transformados,

52 num momento, num abrir e fechar de olhos, ao soar a última trombeta. Pois a trombeta soará, e os mortos ressurgirão [1]incorruptíveis, e nós seremos [u]transformados.

53 Pois convém que aquilo que é corruptível se revista da [v]incorruptibilidade, e aquilo que é mortal se revista da [w]imortalidade.

(7) O valor prático da ressurreição

54 E, quando o que é corruptível se revestir da incorruptibilidade, e o que é mortal se revestir da imortalidade, então se cumprirá a [x]palavra que está [y]escrita: Tragada foi a [z]morte na vitória.

55 Onde está, ó morte, o teu aguilhão?
Onde está, [a]ó morte, a tua vitória?

[p] Gn 5.3
[q] Rm 8.29
[r] Veja Mt 6.33, nota
[s] Veja Mt 13.11, nota
[t] Veja 15.18, marg. h
[u] Comp. 1Jo 3.2
[v] Comp. 2Tm 1.10
[w] Comp. 2Co 5.4
[x] Is 25.8
[y] Inspiração: v. 54; 2Co 2.3 (Êx 4.15; 2Tm 3.16)
[z] Morte (física): v. 54-56; 2Co 5.1 (Gn 2.17; Hb 9.27, nota)
[a] Comp. Os 13.14

56 Ora, o aguilhão da morte é o [b]pecado, e a [c]força do pecado é a [d]Lei.

57 Graças, porém, a Deus que nos dá a [e]vitória por nosso Senhor Jesus Cristo.

58 [f]Portanto, meus amados irmãos, sede firmes e constantes, sempre abundantes na obra do Senhor, sabendo que, no Senhor, o vosso trabalho não é vão.

Conclusão: instruções e saudações pessoais, 16

16 Ora, quanto à [g]coleta para os santos, fazei vós também o mesmo que ordenei às [h]igrejas da Galácia.

2 No [2]primeiro dia da semana, cada um de vós ponha à parte o que puder ajuntar, conforme a sua prosperidade, para que não se façam as [j]coletas quando eu chegar.

3 E, quando tiver chegado, enviarei os que por cartas aprovardes, para levar a vossa dádiva a Jerusalém.

4 Se valer a pena que eu também vá, irão comigo.

5 [k]Irei, porém, ter convosco depois de ter passado pela [l]Macedônia (pois tenho de passar pela Macedônia).

6 Bem pode ser que fique convosco e passe também o inverno, para que me encaminheis para onde quer que eu for.

7 Não vos quero agora ver de passagem, mas espero ficar convosco algum tempo, [m]se o Senhor o permitir.

8 Ficarei, porém, em Éfeso até o [n]Pentecoste,

[b] Veja Rm 3.23, nota
[c] Comp. Rm 5.20; 7.13
[d] Lei (de Moisés): v. 56; 2Co 3.15 (Êx 19.1; Gl 3.24)
[e] 2Co 2.14; comp. 1Jo 5.4
[f] Comp. 2Pe 3.14
[g] Comp. 2Co 8.1–9.5
[h] Igrejas (locais): v. 1; 1Co 16.19 (At 8.3; Fp 1.1, nota)
[i] Comp. At 20.7
[j] Veja 2Co 8.1, nota
[k] 2Co 1.15
[l] At 19.21,22
[m] Tg 4.15
[n] Lv 23.15-22

---

[1] (15.52) Ressurreição. Resumo: 1) Os patriarcas criam na ressurreição dos mortos (comp. Gn 22.5 com Hb 11.19; Jó 19.25-27), e ela foi revelada pelos profetas (Is 26.19; Dn 12.2,13; Os 13.14). Além disso, no AT estão registrados milagres de mortos que foram ressuscitados (2Rs 4.32-35; 13.21). 2) O Senhor Jesus deu vida aos mortos (Mt 9.25; Lc 7.12-15; Jo 11.43,44) e predisse sua própria ressurreição (Jo 10.18; Lc 24.1-8). 3) A ressurreição de Cristo foi seguida pela ressurreição de "muitos corpos de santos" (Mt 27.52,53), e os apóstolos, por sua vez, ressuscitaram mortos (At 9.36-41; 20.9,10). 4) Há duas ressurreições ainda futuras que incluirão "todos os que estão nos sepulcros" (Jo 5.28). Essas duas ressurreições são chamadas a "primeira ressurreição", a "ressurreição da vida" (Jo 5.28,29; 1Co 15.22,23; 1Ts 4.14-17; Ap 20.4-6), e a segunda ressurreição, que é "da condenação", i.e., do juízo (Jo 5.28,29; Ap 20.5,6,11-13). Ambas são separadas por um período de mil anos (Ap 20.5). A "primeira ressurreição", a ressurreição para a vida, ocorrerá na segunda vinda de Cristo (1Co 15.23), quando os crentes da Dispensação da Igreja se encontrarem com ele nos ares (1Ts 4.16,17) e os mártires do período da tribulação forem ressuscitados no final desta, quando Cristo retorna à terra para inaugurar o milênio. Também os crentes do AT terão parte na primeira ressurreição. Alguns defendem que eles serão ressuscitados com a Igreja (1Ts 4.16,17; 1Co 15.51-53) antes da tribulação; outros creem que está mais em harmonia com as Escrituras do AT incluí-los com aqueles que ressuscitam depois da tribulação (Ap 20.4-6), uma vez que tanto Isaías como Daniel mencionam a ressurreição dos santos do AT como se ocorresse durante um tempo de grande aflição (Is 26.16-21; Dn 12.1-3). 5) O corpo mortal terá relação com o corpo de ressurreição, assim como o grão semeado tem relação com a colheita (1Co 15.37,38); o corpo ressuscitado será incorruptível, glorioso, poderoso e espiritual (1Co 15.42-44,49). 6) Ao mesmo tempo, o corpo dos crentes vivos será transformado instantaneamente (1Co 15.50-53; Fp 3.20,21). Essa transformação dos vivos e a ressurreição dos mortos em Cristo é chamada "redenção do nosso corpo" (Rm 8.23; comp. Ef 1.13,14). 7) Depois dos mil anos, ocorrerá a ressurreição para o juízo (Jo 5.29). A Escritura não descreve o corpo ressuscitado dos ímpios mortos. Eles serão julgados de acordo com suas obras e serão lançados no lago de fogo (Ap 20.7-15).

[2] (16.2) Aqui, são mencionados os elementos essenciais da oferta cristã: 1) quando ofertar, 2) a regularidade da oferta, 3) os participantes na oferta, 4) a base da oferta e 5) a maneira de ofertar. Para outros detalhes, veja 2Co 8–9 com 2Co 8.1, *nota*.

9 porque uma porta grande e promissora se me abriu, e há muitos [o]adversários.

10 **E**, se [p]Timóteo for, vede que esteja sem temor convosco, pois [q]trabalha na obra do Senhor, como eu também.

11 Portanto ninguém o [r]despreze. Enviai-o em paz, para que venha ter comigo. Eu o espero com os irmãos.

12 Acerca do irmão [s]Apolo, roguei-lhe muito que fosse com os irmãos ter convosco. Na verdade, não teve vontade de ir agora, mas irá quando se lhe ofereça boa oportunidade.

13 [t]**V**igiai; [u]estai firmes na fé; portai-vos varonilmente; fortalecei-vos.

14 Fazei todas as vossas obras com [v]amor.

15 **A**gora vós irmãos bem sabeis que a família de [w]Estéfanas é o primeiro fruto da Acaia e que se tem dedicado ao ministério dos santos. Rogo-vos

16 que também vos [x]sujeiteis a estes e a todo aquele que auxilia e trabalha na obra.

17 Alegro-me, porém, com a [y]vinda de Estéfanas, de Fortunato e de Acaico, porque eles [z]supriram o que da vossa parte me faltava.

18 Pois alegraram o meu espírito assim como o vosso. Reconhecei aos tais.

19 **As** [a]igrejas da Ásia vos saúdam. Saúdam-vos afetuosamente no Senhor Áquila e [b]Priscila, com a igreja que está em sua [c]casa.

20 Todos os irmãos vos saúdam. Saudai-vos uns aos outros com [d]ósculo santo.

21 **E**sta saudação é do meu próprio punho, Paulo.

22 Se alguém não ama ao Senhor Jesus Cristo, seja [e]amaldiçoado! Vem, Senhor!

23 A [f]graça do Senhor Jesus Cristo seja convosco.

24 O meu amor seja com todos vós em Cristo Jesus. Amém.

[o] Comp. Fp 3.18
[p] 2Tm 1.2
[q] Comp. Fp 2.19-22
[r] 1Tm 4.12; comp. 1Ts 4.8
[s] Veja At 18.24, nota
[t] Comp. 1Pe 5.8
[u] Comp. 2Ts 2.15
[v] Lei (de Cristo): v. 14; 2Co 2.4 (Jo 13.34; 2Jo 5)
[w] 1Co 1.16
[x] Ef 5.21

[y] Gr. parousia, presença pessoal
[z] Comp. Fp 2.30
[a] Igrejas (locais): v. 19; 2Co 1.1 (At 8.3; Fp 1.1, nota)
[b] Veja Rm 16.3, marg. k
[c] Comp. Cl 4.15
[d] Comp. Rm 16.16; 2Co 13.12; 1Ts 5.26; 1Pe 5.14
[e] Maldito, entregue à condenação. Gl 5.12
[f] Graça: v. 23; 2Co 1.2 (Jo 1.14; 1.17, nota)

- **Autor:** Paulo
- **Tema:** A autoridade de Paulo
- Escrito em 57 d.C., aprox.

2CORÍNTIOS

A SEGUNDA EPÍSTOLA AOS CORÍNTIOS foi escrita um ano depois da primeira a essa mesma igreja. A aflição espiritual de Paulo era grande, pois, além dos problemas de que precisou tratar em sua primeira carta, na igreja, agora havia se estendido uma onda de desconfianças em relação ao próprio Paulo. Alguns diziam que ele não era sincero; outros até questionavam se tinha autoridade apostólica. Consequentemente, Paulo aqui defende sua autoridade, colocando diante da desconfiada igreja as evidências de sua sinceridade no serviço a Deus. Assim, essa epístola é fortemente pessoal e autobiográfica.

Aqui, então, há uma quantidade incomum de palavras que expressam sofrimento na mente, no coração e no corpo: "aflições", "angústia", "apedrejado", "atribulado", "jejuns", "açoites", "fraco", "fraqueza", "fome", "choro", "perseguido", "tribulações", "tristeza", "tumultos". Ao mesmo tempo, as palavras "consolação" e "consolado" são usadas aqui mais do que em outros escritos paulinos; além disso, palavras como "alegria", "regozijo" e "triunfo" também são proeminentes. Nenhum cristão poderia igualar os sofrimentos e as realizações registradas nos cap. 10–12.

A epístola pode ser dividida da seguinte maneira: Introdução, 1.1-11. I. Princípios de ação de Paulo em seu ministério, 1.12–7.16. II. A oferta para os pobres em Jerusalém, 8.1–9.15. III. Paulo defende sua autoridade como apóstolo, 10.1–13.10. Conclusão, 13.11-14.

Introdução, 1.1-11

1 Paulo, [a]apóstolo de Jesus Cristo, pela von-
tade de Deus, e o irmão [b]Timóteo, à [c]igreja
de Deus, que está em Corinto, com todos os
[d]santos que estão em toda a Acaia:
2 [e]Graça a vós e paz da parte de Deus nosso
Pai e do Senhor Jesus Cristo.
3 **Bendito** seja o Deus e Pai de nosso Senhor
Jesus Cristo, o Pai das misericórdias e o Deus
de toda a consolação,
4 que nos [f]consola em toda a nossa tribula-
ção, para que também possamos consolar os
que estiverem em alguma tribulação, com a
consolação com que nós mesmos somos con-
solados por Deus.
5 Pois como as [g]aflições de Cristo transbor-
dam para conosco, assim também a nossa
consolação transborda por meio de Cristo.
6 Se somos atribulados, [1]é para vossa conso-
lação e [h]salvação; se somos consolados, para
vossa consolação é, a qual se opera suportan-
do com paciência as mesmas aflições que nós
também padecemos.
7 A nossa esperança acerca de vós é firme,
sabendo que, [i]como sois participantes das afli-
ções, assim o sereis também da consolação.
8 Não queremos, [j]irmãos, que ignoreis a
[k]tribulação que nos sobreveio na Ásia. Fo-
mos sobremaneira agravados mais do que
podíamos suportar, de tal modo que até da vi-
da desesperamos.
9 De fato, já em nós mesmos tínhamos a [l]sen-
tença de morte, para que não [m]confiássemos em
nós, mas em Deus, que [n]ressuscita os mortos,
10 o qual nos livrou e em quem [o]esperamos
que ainda nos livrará de tão grande [p]morte,
11 ajudando-nos também vós com orações
por nós, para que por muitas pessoas sejam
dadas graças a nosso respeito, pelo dom que
nos foi concedido por meio de muitos.

I. Princípios de ação de Paulo em seu ministério, 1.12–7.16

12 **Ora**, a nossa glória é esta: O [q]testemunho
da nossa consciência, de que com simpli-
cidade e [r]sinceridade de Deus, não com
[s]sabedoria humana, mas na graça de Deus,
temos vivido no [t]mundo e especialmente pa-
ra convosco.
13 Pois nenhuma outra coisa vos escrevemos,
senão as que já sabeis ou reconheceis. E espe-
ro que até o fim as reconhecereis.
14 Como também já em parte reconheces-
tes em nós, que somos a vossa glória, como
igualmente vós sereis a nossa no [u]dia do
Senhor Jesus.

Paulo explica sua demora

15 **Com** essa confiança quis primeiro ir ter
convosco, para que tivésseis duplo benefício.
16 Pensava ir visitar-vos em minha [v]viagem
à Macedônia e, ao retornar de lá, ir outra vez
ter convosco e ser guiado por vós à Judeia.
17 Ora, planejando isso, usei de leviandade?
Ou será que o que planejo, o faço de forma
[w]mundana, e há em mim o sim e o não?
18 Antes, como Deus é [x]fiel, a nossa palavra
para convosco não é sim e não.
19 Pois o [y]Filho de Deus, Jesus Cristo, que en-
tre vós foi [z]pregado por nós, isto é, por mim,
[aa]Silvano e [bb]Timóteo, não foi sim e não, mas
nele houve sim.

---

[1] (1.6) O que Paulo e Timóteo sofreram por amor ao Senhor Jesus e o ânimo e a consolação que receberam tinham como propósito encorajar outros crentes a sofrer por Cristo.

[a] Veja Rm 11.13, marg. hh
[b] 1Co 16.10
[c] Igrejas (locais): v. 1; 2Co 8.1 (At 8.3; Fp 1.1, nota)
[d] Veja Rm 15.25, marg. b
[e] Veja 2Pe 3.18, nota. Graça: v. 2,12; 2Co 4.15 (Jo 1.14; 1.17, nota)
[f] Is 51.12; 66.13
[g] 2Co 4.10; Fp 3.10; Cl 1.24
[h] Veja Rm 1.16, nota
[i] Rm 8.17
[j] Veja Rm 15.14, marg. j
[k] At 19.23-41
[l] Comp. Mt 27.24-26
[m] Comp. Jr 17.5
[n] Ressurreição: v. 9; 2Co 4.14 (2Rs 4.35; 1Co 15.52, nota)
[o] Jr 17.7; 1Tm 4.10
[p] Comp. 1Sm 7.12; Jó 5.19-22; Sl 34.19,22; 2Pe 2.9
[q] Comp. At 24.16
[r] 2Co 2.17
[s] Comp. 1Co 1.17
[t] Gr. *kosmos*. Veja Mt 4.8, nota
[u] Dia (de Cristo): v. 14; Fp 1.6 (1Co 1.8, nota; 2Tm 4.8)
[v] 1Co 16.3-6
[w] Carne (natureza pecaminosa): v. 17; 2Co 5.16 (Jo 8.15; Jd 23)
[x] 1Jo 5.20
[y] Mc 1.1; Lc 1.35; Jo 1.34; 20.31; 1Jo 5.5,20
[z] Evangelho: 1.19; 2.12; 2Co 4.2 (Gn 12.3; Ap 14.6)
[aa] 1Ts 1.1; 2Ts 1.1; 1Pe 5.12
[bb] 2Co 1.1

20 Pois quantas [c]promessas há de Deus, tantas têm em Cristo o sim, e por ele o [d]amém, para a glória de Deus por nosso intermédio.

21 Aquele, porém, que nos [e]ungiu e confirma convosco em Cristo é Deus,

22 o qual também nos [f]selou e deu o penhor do [g]Espírito em nosso coração.

23 **I**nvoco, porém, a Deus por testemunha sobre a minha alma de que é para vos poupar que [h]não fui até agora a Corinto.

24 Não que tenhamos domínio sobre a vossa [i]fé, mas somos cooperadores da vossa alegria, porque é pela fé que estais firmados.

O arrependimento não deve ser para lamento, mas para alegria

2 **R**esolvi, por isso, não lhes fazer outra visita que vos causasse [j]tristeza.

2 Pois se eu vos [k]entristeço, quem é que me alegrará, senão aquele que por mim foi entristecido?

3 E escrevi-vos isto mesmo, para que, quando lá for, não tenha tristeza da parte dos que deveriam alegrar-me. Tenho confiança em vós todos, que a minha alegria é a de todos vós.

4 Pois em muita tribulação e angústia de coração vos [l]escrevi, com muitas lágrimas, não para que vos entristecêsseis, mas para que conhecêsseis o [m]amor que abundantemente vos tenho.

5 **S**e alguém me entristeceu, não entristeceu só a mim, mas (para que não seja por demais severo) a todos vós.

6 Basta-lhe ao tal esta repreensão [n]feita pela maioria.

7 De maneira que, pelo contrário, deveis antes perdoar-lhe e consolá-lo, para que o tal não seja de modo algum consumido por demasiada tristeza.

8 Pelo que vos rogo que confirmeis para com ele o vosso amor.

9 E para isso vos escrevi também, para por esta prova saber se sois obedientes em tudo.

10 E a quem [o]perdoardes alguma coisa também eu perdoo. E o que eu perdoei, se é que tenho perdoado, por amor de vós o fiz na presença de Cristo, para que não sejamos vencidos por [p]Satanás.

11 Pois não ignoramos os seus [q]ardis.

12 **O**ra, quando cheguei a Trôade para pregar o evangelho de Cristo, e uma [r]porta se me abriu no Senhor,

13 não tive descanso no meu espírito, porque não achei ali meu irmão [s]Tito. De sorte que, despedindo-me deles, parti para a Macedônia.

O ministério da nova aliança: (1) é triunfante

14 **G**raças, porém, a Deus, que sempre nos faz triunfar em Cristo e por meio de nós manifesta em todo lugar o cheiro do seu conhecimento.

15 Pois para Deus somos o bom perfume de Cristo, tanto nos que se [t]salvam como nos que [u]se perdem.

16 Para estes certamente cheiro de morte para morte, mas para aqueles cheiro de vida para [v]vida. Mas para estas coisas quem é [w]idôneo?

17 Nós não somos, como muitos, [x]falsificadores da palavra de Deus, antes falamos de Cristo com [y]sinceridade, como de Deus na presença de Deus.

O ministério: (2) é autorizado

3 **C**omeçamos outra vez a louvar-nos a nós mesmos? Ou necessitamos, como alguns, de cartas de recomendação para vós, ou de recomendação de vós?

2 [z]Vós sois a nossa carta, escrita em nosso coração, conhecida e lida por todos os homens.

3 Já é manifesto que vós sois a carta de Cristo, ministrada por nós e escrita não com tinta, mas com o [a]Espírito do Deus vivo, [b]não em [cc]tábuas de pedra, mas nas [dd]tábuas de carne do coração.

4 E é por intermédio de Cristo que temos tal confiança em [ee]Deus.

5 Não que sejamos capazes, por nós mesmos, de pensar alguma coisa, como se partisse de nós mesmos, mas a nossa capacidade vem de Deus.

O ministério: (3) é espiritual e glorioso, não legalista

6 Ele nos fez também capazes de ser ministros de uma [ff]nova aliança, não da [1]letra, mas do Espírito; pois a letra mata, mas o Espírito [gg]vivifica.

7 **E**, se o ministério da [hh]morte, gravado com letras [ii]em pedras, veio em glória, de maneira que os [jj]filhos de Israel não podiam fitar os olhos na face de Moisés, por causa da glória do seu rosto, ainda que desvanecente,

8 como não será de maior glória o [kk]ministério do Espírito?

[c] Rm 15.8,9
[d] Veja 1Co 14.16, marg. u
[e] 1Jo 2.20
[f] Ef 1.13,14
[g] Espírito Santo (NT): v. 22; 2Co 3.3 (Mt 1.18; At 2.4, nota)
[h] Comp. 1Co 4.21
[i] Fé: v. 24; 2Co 4.13 (Gn 3.20; Hb 11.39, nota)
[j] Comp. 2Co 12.20,21; 13.10
[k] 2Co 7.8
[l] Inspiração: v. 3,4,9; 2Co 4.13 (Êx 4.15; 2Tm 3.16)
[m] Lei (de Cristo): v. 4,8; 2Co 5.14 (Jo 13.34; 2Jo 5)
[n] 1Co 5.4,5
[o] Perdão: v. 10; Ef 1.7 (Lv 4.20; Mt 26.28, nota)
[p] Satanás: v. 11; 2Co 4.4 (Gn 3.1; Ap 20.10)
[q] Comp. 2Co 11.3; Ef 6.11; 2Ts 2.9
[r] Comp. 1Co 16.9
[s] 2Co 7.6,13; 8.6; Tt 1.4
[t] Veja Rm 1.16, nota 2
[u] Veja Jo 3.16, nota 4
[v] Vida (eterna): v. 16; 2Co 3.6 (Mt 7.14; Ap 22.19)
[w] Comp. 2Co 3.5
[x] 2Co 4.2; 11.3
[y] 2Co 1.12
[z] 1Co 9.2
[a] Espírito Santo (NT): v. 3,6, 8,17,18; 2Co 5.5 (Mt 1.18; At 2.4, nota)
[b] Êx 24.12
[cc] Tábuas da Lei, os Dez Mandamentos. Êx 24.12; 34.1, 4,27,28
[dd] Comp. Jr 31.33; Ez 11.19
[ee] Comp. 1Co 15.10
[ff] Aliança (Nova): v. 6; Hb 8.8 (Is 61.8; Hb 8.8)
[gg] Vida (eterna): v. 6; 2Co 4.10 (Mt 7.14; Ap 22.19)
[hh] Morte (espiritual): v. 7; Ef 2.5 (Gn 2.17; Ef 2.5, nota)
[ii] Lei (de Moisés): v. 7,14,15; Gl 2.16 (Êx 19.1; Gl 3.24)
[jj] Israel (história): v. 7,13-15; (profecias): v. 16; Ap 7.4 (Gn 12.2; Rm 11.26, nota)
[kk] Comp. Gl 3.3-5

[1] (3.6) Comp. Rm 2.29; 7.6. "A letra" é uma expressão característica de Paulo para referir-se à Lei, enquanto "Espírito" em outras passagens é o termo que ele utiliza em referência às relações e ao poder que há na nova vida em Cristo Jesus. Aqui no cap. 3 é apresentada uma série de contrastes entre a Lei e o Espírito, entre a velha aliança e a nova. O contraste não se dá entre dois métodos de interpretação, um literal e outro espiritual, mas entre dois métodos usados por Deus para tratar com o homem: um mediante a Lei e o outro mediante o Espírito Santo.

9 Se o ministério da condenação foi glorio-
so, muito mais excederá em glória o ministério
da [l]justiça.
10 Pois o que foi glorioso não o é em compa-
ração com a glória [m]insuperável.
11 E se o que [1]desvanecia teve sua glória, mui-
to mais glória tem o que permanece.
12 **P**ortanto, tendo tal esperança, usamos de
muita ousadia no falar.
13 E não somos como [n]Moisés, que punha um
véu sobre a sua face para que os filhos de Israel não
contemplassem o fim daquilo que desvanecia.
14 De fato, seus sentidos foram [o]endurecidos,
pois até hoje, à leitura da antiga aliança, perma-
nece o mesmo véu. Não foi removido, porque
somente em Cristo é ele abolido.
15 E até hoje, quando é lido Moisés, o [p]véu es-
tá posto sobre o coração deles.
16 Quando, porém, um deles se converte ao
Senhor, então o véu é-lhe retirado.
17 Ora, o Senhor é o Espírito, e onde está o
Espírito do Senhor aí há [q]liberdade.
18 E todos nós, com o rosto descoberto, refle-
tindo a glória do Senhor, somos [2r]transformados
de glória em glória na mesma imagem, como
pelo Espírito do Senhor.

O ministério: (4) é sincero, não enganoso

4 **P**elo que, tendo este ministério, segundo a mi-
sericórdia que nos foi feita, [s]não desfalecemos.

(Porque a verdade ensinada tem o respaldo do testemunho)

2 Pelo contrário, rejeitamos as coisas secre-
tas por vergonha; não agimos com engano,
não falsificamos a [t]palavra de Deus. Antes, re-
comendamo-nos à consciência de todos os
homens, na presença de Deus, pela manifes-
tação da verdade.

(Porque não pregamos a nós mesmos, mas a Cristo Jesus como Senhor)

3 Se, porém, o nosso evangelho ainda está [u]en-
coberto, para os que se [v]perdem está encoberto,
4 nos quais [w]o [x]deus deste [y]século cegou o en-
tendimento dos incrédulos, para que não lhes
resplandeça a luz do [z]evangelho da glória de
Cristo, que é a imagem de Deus.
5 Pois não nos pregamos a nós mesmos, mas
a Cristo Jesus, o Senhor, e nós mesmos somos
vossos servos por amor de Jesus.
6 Pois Deus, que [a]disse: Das trevas resplande-
cerá a luz, é quem [b]brilhou em nossos corações,
para iluminação do conhecimento da glória de
Deus, na face de Jesus Cristo.

(Porque o poder é só de Deus; comp. 1Co 2.1-5)

7 **T**emos, porém, este tesouro em vasos de bar-
ro, para que a excelência do poder seja de Deus,
e não de [c]nós.

O ministério: (5) sofrimentos

8 Em tudo somos atribulados, mas não an-
gustiados; perplexos, mas não desanimados;
9 perseguidos, mas não [d]desamparados; aba-
tidos, mas não [e]destruídos;
10 levando sempre por toda parte o [f]morrer
do Senhor Jesus no nosso corpo, para que a
[g]vida de Jesus se manifeste também em nos-
sos corpos;
11 e assim nós, que vivemos, estamos sempre
entregues à morte por amor de Jesus, para que
a vida de Jesus se manifeste também em nos-
so corpo mortal.
12 De maneira que em nós opera a morte, mas
em vós, a vida.
13 E temos, portanto, o mesmo espírito de fé,
como está [h]escrito: [i]Cri, por isso falei. Também
nós cremos, por isso também falamos.
14 Sabendo que aquele que [j]ressuscitou ao
Senhor Jesus nos ressuscitará também por
Jesus e nos apresentará convosco.
15 Tudo isso é por amor de vós, para que a
[k]graça, multiplicada por meio de muitos, tor-
ne abundantes as ações de graças para a glória
de Deus.
16 **P**or isso, [ll]não desfalecemos. Ainda que o
nosso homem exterior se corrompa, o [mm]inte-
rior, contudo, se [nn]renova de dia em dia.
17 Pois a nossa [oo]leve e momentânea tribu-
lação produz para nós eterno peso de glória,
acima de toda comparação.

[l] Veja Rm 3.21, nota
[m] Glória que sobrepuja
[n] Êx 34.33
[o] Rm 11.7,8
[p] Comp. Is 6.9,10
[q] Gl 5.1,13; comp. Is 61.1
[r] Rm 8.29,30
[s] 4.16
[t] Evangelho: v. 2,3; 2Co 4.4 (Gn 12.3; Ap 14.6)
[u] Comp. 2Co 3.14
[v] Veja Jo 3.16, nota 4
[w] Satanás: v. 4; 2Co 11.3 (Gn 3.1; Ap 20.10)
[x] Jo 12.31
[y] Gr. *aiõn*. Veja Mc 10.30, nota
[z] Evangelho: v. 4,5; 2Co 8.18 (Gn 12.3; Ap 14.6)
[a] Gn 1.3
[b] Comp. 2Pe 1.19
[c] Comp. 2Co 3.5
[d] Hb 13.5; comp. Mt 28.20
[e] Comp. Mq 7.8
[f] Comp. 1Co 15.31
[g] Vida (eterna): 4.10-12; 5.4; Gl 2.20 (Mt 7.14; Ap 22.19)
[h] Inspiração: v. 13; 2Co 6.2 (Êx 4.15; 2Tm 3.16)
[i] Veja Sl 116.10. Fé: 4.13; 5.7; 2Co 6.15 (Gn 3.20; Hb 11.39, nota)
[j] Ressurreição: v. 14; 2Co 5.15 (2Rs 4.35; 1Co 15.52, nota)
[k] Veja 2Pe 3.18, nota. Graça: v. 15; 2Co 6.1 (Jo 1.14; 1.17, nota)
[ll] 4.1; Gl 6.9; comp. Ap 2.3
[mm] Comp. Jó 32.8
[nn] Cl 3.10; comp. Is 40.31
[oo] Comp. Rm 8.18

[1] (3.11) A lei moral de Deus procede da justiça de Deus e jamais pode ser abolida. A Lei mosaica, como expressão dessa lei moral, se desvanece no sentido de que foi substituída por outra lei, i.e., o padrão da graça revelado no NT. O crente agora está sob a lei de Cristo (1Co 9.21 e *nota*; comp. Rm 8.2-4). Embora o cristão não esteja sob a Lei de Moisés como regra de vida, parte dessa lei foi novamente enunciada no NT, i.e., foram incluídos nove dos Dez Mandamentos. A Lei mosaica continua sendo uma revelação da justiça de Deus e permanece como parte da Escritura que é "proveitosa para ensinar, para repreender, para corrigir, para instruir em justiça; a fim de que o homem de Deus seja perfeito e perfeitamente preparado para toda boa obra" (2Tm 3.16,17; comp. Rm 15.4).

[2] (3.18) "Transformados". O mesmo verbo grego (*metamorphoō*) foi traduzido por "transfigurado" em Mt 17.2; Mc 9.2.

18 Portanto, nós não fixamos o olhar nas coisas que se veem, mas nas que [p]não se veem. Pois as que se veem são temporais, e as que não se veem são eternas.

O ministério: (6) sua busca (v. 9)

5 **S**abemos que, se a nossa casa terrestre deste tabernáculo se [q]desfizer, temos da parte de Deus um edifício, uma casa [r]não feita por mãos humanas, mas eterna, nos céus.
2 E, por isso, também gememos, desejando ser revestidos da nossa habitação, que é do céu,
3 porque, estando vestidos, não seremos achados nus.
4 Pois também nós, os que estamos neste tabernáculo, gememos angustiados, não porque queremos ser despidos, mas revestidos, para que o mortal seja absorvido pela vida.
5 Ora, quem para isso mesmo nos preparou foi Deus, o qual nos deu o penhor do [s]Espírito.
6 **P**elo que estamos sempre de bom ânimo, sabendo que, enquanto estamos presentes no corpo, estamos ausentes do Senhor.
7 (Andamos por fé, e não por vista.)
8 Temos, porém, confiança, preferindo deixar este corpo e habitar com o Senhor.
9 Pelo que muito desejamos ser-lhe agradáveis, quer presentes, quer ausentes.
10 [1]Pois todos devemos comparecer perante o [t]tribunal de Cristo, para que cada um receba segundo o que tiver feito por meio do corpo, ou [u]bem ou mal.

O ministério: (7) suas motivações comoventes

11 **Assim** que, conhecendo o [v]temor do Senhor, tentamos persuadir os homens. O que somos é manifesto a Deus, e espero que nas vossas consciências seja também manifesto.
12 Não nos recomendamos outra vez a vós, mas damo-vos oportunidade de vos gloriardes por nossa causa, para que tenhais que responder aos que se gloriam na aparência, e não no coração.
13 Se enlouquecemos, é para Deus; se conservamos o juízo, é para vós.
14 Pois o [w]amor de Cristo nos constrange, julgando nós isto: um [x]morreu por todos, [2]logo todos morreram.
15 E ele morreu por todos, para que os que vivem não vivam mais para si, mas para aquele que por eles morreu e [y]ressurgiu.
16 Assim que daqui por diante a ninguém conhecemos segundo a [z]carne. Ainda que tenhamos conhecido a Cristo [a]segundo a carne, contudo agora já não o conhecemos deste modo.
17 Portanto, se alguém está em Cristo, nova criatura é; as coisas velhas já passaram, tudo se fez [b]novo.
18 **E** tudo isso provém de Deus que nos [c]reconciliou consigo mesmo por Jesus Cristo e nos deu o ministério da reconciliação,
19 isto é, Deus estava em Cristo reconciliando consigo o [d]mundo, não [e]imputando aos homens os seus [f]pecados, e nos confiou a mensagem da reconciliação.
20 De sorte que somos [g]embaixadores da parte de Cristo, como se Deus por nós rogasse. Rogamos-vos, da parte de Cristo, que vos reconcilieis com Deus.
21 Aquele que não conheceu pecado, ele o fez pecado por nós, para que nele fôssemos feitos [h]justiça de Deus.

O ministério: (8) é sobrenatural

6 **E** nós, cooperando com ele, também vos exortamos a que não recebais a [i]graça de Deus em vão.
2 (Pois ele [j]diz:

[k]Ouvi-te em tempo aceitável e
socorri-te no dia da [l]salvação.
Digo-te, agora é o tempo
aceitável, agora é o dia da salvação.)

3 Não damos nenhum motivo de escândalo em coisa alguma, para que o nosso ministério não seja censurado.
4 **A**ntes, como [m]ministros de Deus, recomendamo-nos em tudo: na muita paciência, nas aflições, nas necessidades, nas angústias,
5 nos açoites, nas prisões, nos tumultos, nos trabalhos, nas vigílias, nos jejuns,
6 na pureza, no saber, na longanimidade, na benignidade, no [n]Espírito Santo, no amor não fingido,
7 na palavra da verdade, no poder de Deus; pelas armas da [o]justiça à direita e à esquerda,
8 por honra e por desonra, por má fama e por boa fama; como enganadores, porém verdadeiros;

[p] Hb 11.1; comp. 2Co 5.7
[q] Morte (física): v. 1,8; 2Co 7.10 (Gn 2.17; Hb 9.27, nota)
[r] Mc 14.58
[s] Espírito Santo (NT): v. 5; 2Co 6.6 (Mt 1.18; At 2.4, nota)
[t] Juízos (os sete): v. 10; 2Co 13.5 (2Sm 7.14; Ap 20.12)
[u] Recompensas: v. 10; Ef 6.8 (Dn 12.3; 1Co 3.14, nota)
[v] Comp. Mt 10.28
[w] Lei (de Cristo): 5.14; 6.6; 2Co 8.8 (Jo 13.34; 2Jo 5)
[x] Sacrifício (de Cristo): v. 14,15, 18,19,21; 2Co 13.4 (Gn 3.15; Hb 10.18, nota)

[y] Ressurreição: v. 15; 2Co 13.4 (2Rs 4.35; 1Co 15.52, nota)
[z] Carne (natureza pecaminosa): v. 16; 2Co 7.1 (Jo 8.15; Jd 23)
[a] Jo 3.6
[b] Rm 6.3-10; Cl 3.3
[c] Reconciliação: v. 18-20; Ef 2.16 (Rm 5.10; Cl 1.20)
[d] Gr. *kosmos*. Veja Mt 4.8, nota
[e] Veja Fm 18, nota
[f] Veja Rm 3.23, nota
[g] Ef 6.20
[h] 1Co 1.30; veja Rm 3.21, nota
[i] Veja 2Pe 3.18, nota. Graça: 6.1; 2Co 8.1 (Jo 1.14; 1.17, nota)
[j] Inspiração: v. 2; 2Co 6.16 (Êx 4.15; 2Tm 3.16)
[k] Veja Is 49.8
[l] Veja Rm 1.16, nota
[m] 1Co 4.1
[n] Espírito Santo (NT): v. 6; 2Co 13.14 (Mt 1.18; At 2.4, nota)
[o] Veja 1Jo 3.7, nota

[1] (5.10) Aqui, Paulo está falando do julgamento das obras do crente, não de seus pecados. Os pecados foram expiados, e Deus nunca mais se recordará deles (Hb 10.17); mas cada obra deve ser julgada (Mt 12.36; Rm 14.10; Gl 6.7; Ef 6.8; Cl 3.24,25). O resultado é a recompensa ou a perda da recompensa, mas "o tal [o cristão] será salvo" (1Co 3.11-15). Esse julgamento ocorrerá quando Cristo regressar para buscar sua Igreja (1Co 4.5; 2Tm 4.8; Ap 22.12). Outros julgamentos: veja *notas* em Ez 20.37; Mt 25.32; Jo 12.31; 1Co 11.31; Jd 6; Ap 20.12).

[2] (5.14) Aos olhos de Deus, todos os crentes morreram com Cristo (Rm 6.6). Portanto, devemos considerar isso um fato e viver de acordo com essa verdade (veja Rm 6.11, *nota*).

9 como desconhecidos, porém bem conhecidos; como [p]morrendo, porém vivemos; como castigados, porém não mortos;
10 como entristecidos, porém sempre alegres; pobres, mas [q]enriquecendo a muitos; nada tendo, mas possuindo tudo.

Apelo à separação e purificação

11 **Ó** coríntios, a nossa boca está aberta para vós, o nosso coração está aberto.
12 Não estamos retirando o nosso afeto de vós, mas vós estais retirando o vosso afeto de nós.
13 Ora, em recompensa disto (falo como a filhos), abri também o vosso coração.
14 **Não** vos prendais a um jugo [r]desigual com os infiéis. Pois que sociedade tem a [s]justiça com a [t]injustiça? E que comunhão tem a luz com as trevas?
15 E que harmonia há entre Cristo e Belial? Ou que parte tem o [u]fiel com o infiel?
16 E que acordo tem o [v]templo de Deus com os ídolos? Pois vós sois [w]santuário do Deus vivente, como Deus [x]disse: Neles [y]habitarei e entre eles andarei; e eu [z]serei o seu Deus, e eles serão o meu povo.
17 Pelo que [a]saí do meio deles,
[1b]apartai-vos,
diz o Senhor.
Não toqueis nada imundo,
e eu vos receberei.
18 Eu [c]serei para vós Pai,
e vós sereis para mim [d]filhos e filhas,
diz o Senhor Todo-poderoso.

7 **Ora**, amados, visto que temos tais promessas, purifiquemo-nos de toda a impureza tanto da [e]carne como do espírito, [f]aperfeiçoando a nossa [g]santificação no temor de Deus.

O coração de Paulo

2 **Recebei-nos** em vosso coração. A ninguém prejudicamos, a ninguém corrompemos, a ninguém exploramos.
3 Não digo isso para vossa condenação; já antes tinha dito que estais em nosso coração para juntos morrermos e vivermos.
4 Grande é a ousadia da minha fala para convosco, e grande o meu orgulho a respeito de vós; estou cheio de consolação, transbordo de alegria em todas as nossas tribulações.
5 **Pois** mesmo quando chegamos à Macedônia, o nosso corpo não teve descanso algum, mas em tudo fomos atribulados: por fora combates; por dentro, temores.
6 Deus, porém, que [h]consola os abatidos, consolou-nos com a vinda de [i]Tito,
7 e não somente com a vinda dele, mas também pela consolação com que foi consolado de vós, contando-nos as vossas saudades, o vosso choro, o vosso zelo por mim, de maneira que muito me regozijei.
8 Ainda que vos tenha [j]entristecido com a minha carta, não me [k]arrependo, embora já me tivesse arrependido por ver que aquela carta vos entristeceu, ainda que por pouco tempo.
9 Agora, porém, me alegro, não porque fostes entristecidos, mas porque fostes entristecidos para o [l]arrependimento. Pois fostes entristecidos segundo Deus, de maneira que por nós não fostes prejudicados em coisa alguma.
10 A [m]tristeza segundo Deus opera arrependimento para a [n]salvação, o [o]qual não traz pesar, mas a tristeza do [pp]mundo opera a [qq]morte.
11 Quanto cuidado não produziu isto mesmo em vós, que segundo Deus fostes entristecidos! Que [rr]defesa, que indignação, que temor, que saudades, que zelo, que vingança! Em tudo provastes estar [ss]inocentes nesse assunto.
12 Portanto, ainda que vos tenha escrito, não foi por causa do que cometeu o erro, nem por causa do que sofreu o agravo, mas para que o vosso grande cuidado por nós fosse manifesto diante de Deus.
13 Por isso, fomos consolados pela vossa consolação, e muito mais nos alegramos pela alegria de Tito, porque o seu espírito recebeu alívio por todos vós.

[p] 2Co 4.11
[q] 2Co 8.9
[r] Ef 5.6,7; comp. Dt 7.2,3; 1Jo 1.6
[s] Veja Rm 10.10, nota
[t] Veja Rm 1.18, marg. u
[u] Fé: v. 15; 2Co 8.7 (Gn 3.20; Hb 11.39, nota)
[v] Gr. *naos*, o santuário do templo. Comp. Lc 23.45; 1Co 3.16, 17; 6.19
[w] 1Co 3.16,17; 6.19
[x] Inspiração: 6.16,18; 7.1,12; 2Co 8.15 (Êx 4.15; 2Tm 3.16)
[y] Ez 37.26,27
[z] Lv 26.12; Jr 31.33; Zc 8.8
[a] Nm 33.51-56; Is 52.11
[b] Separação: v. 14-17; 1Tm 6.11 (Gn 12.1; 2Co 6.17)
[c] Jr 31.9
[d] Jo 1.12; Rm 8.14; Gl 4.5-7; Fp 2.15; 1Jo 3.1
[e] Carne (natureza pecaminosa): v. 1; 2Co 10.2 (Jo 8.15; Jd 23)
[f] Veja Mt 5.48, nota
[g] Santificação: v. 1; Ef 1.4 (Mt 4.5; Ap 22.11)

[h] Is 49.13; 2Co 1.3
[i] 2Co 2.13
[j] 2Co 2.2
[k] Não mudo minha maneira de pensar; não lamento; v. 9,10. Comp. Hb 12.11
[l] Arrependimento: v. 9-11; 2Co 12.21 (Mt 3.2; At 17.30, nota)
[m] Sl 32.10
[n] Veja Rm 1.16, nota
[o] Mt 27.3-5; Hb 12.16,17
[pp] Gr. *kosmos*. Veja Ap 13.8
[qq] Morte (física): v. 10; Fp 1.21 (Gn 2.17; Hb 9.27, nota)
[rr] Ef 5.11
[ss] 2Co 2.5-11

[1] (6.17) Separação. Resumo: 1) Nas Escrituras, a separação é dupla: a) separação *de* tudo que é contrário à mente de Deus e b) separação *para* o próprio Deus. O princípio básico é que em um universo moral é impossível que Deus abençoe e use plenamente filhos seus que tenham transigido ou estão em cumplicidade com o mal. 2) A separação do mal implica a) separação do mundo – do que é eticamente mau do presente sistema mundial – quanto a desejos, motivos e ações (veja Ap 13.8, *nota*) e b) separação dos falsos mestres, descritos como "vasos [...] para desonra" (2Tm 2.20,21; 2Jo 9-11). 3) A separação não é do contato com o mal no mundo ou na igreja, mas da cumplicidade com ele e da conformidade a ele (v. 14-18; comp. Jo 17.15; Gl 6.1). 4) A recompensa da separação é a plena manifestação da paternidade divina (v. 17,18), comunhão e adoração desimpedidas (veja Hb 13.13-15) e serviço fiel (2Tm 2.21), já que a conformidade ao mundo inclui a perda dessas coisas, mas não a perda da salvação. Aqui, como em tudo o mais, Cristo é o modelo. Ele foi "santo, inocente, imaculado, separado dos pecadores" (Hb 7.26) e, não obstante, teve um contato tão estreito com eles que os fariseus, exemplos de uma concepção mecânica e ascética da separação (Mt 3.7, *nota 2*), julgaram-no acusando-o de não distinguir pecadores (Lc 7.39). Comp. 1Co 9.19-23; 10.27.

14 Se nalguma coisa me gloriei de vós para com
ele, não fiquei envergonhado. Pelo contrário, co-
mo em tudo vos falamos com verdade, também a
nossa glória para com Tito se achou verdadeira.
15 E o seu [t]afeto para convosco é mais abun-
dante, lembrando-se da [u]obediência de todos
vós, e de como o recebestes com temor e tremor.
16 Regozijo-me de em tudo poder [v]confiar
em vós.

II. A oferta para os pobres em Jerusalém, 8.1–9.15

(1) Exemplo da Macedônia

8 **E** agora, [w]irmãos, vos [1]fazemos conhecer a
[x]graça de Deus dada às [y]igrejas da Macedônia.
2 Em muita prova de tribulação houve [z]abun-
dância do seu gozo, e a sua profunda pobreza
transbordou em riquezas da sua generosidade.
3 Pois segundo as suas posses (o que eu mes-
mo testifico), e ainda acima delas, deram vo-
luntariamente.
4 Pedindo-nos com muitos rogos o privilé-
gio de participarem deste serviço, que se fazia
para com os [a]santos.
5 E não somente fizeram como nós esperáva-
mos, mas a si mesmos se [b]deram primeiro ao
Senhor e depois a nós, pela [c]vontade de Deus.
6 De maneira que exortamos [d]Tito que, co-
mo começou, assim também acabe esta graça
entre vós.

(2) Exemplo de Cristo

7 Portanto, assim como em tudo tendes
abundância: em [e]fé, em [f]palavra, em conhe-
cimento, em todo o zelo e no vosso amor
para conosco, assim também [g]sobressaí nes-
ta graça.
8 [h]**Não** digo isto como quem manda, mas pa-
ra provar, pelo zelo dos outros, a sinceridade
do vosso [i]amor.
9 Pois já conheceis a graça de nosso Senhor
Jesus Cristo, que, sendo [j]rico, por amor de vós
se fez [k]pobre, para que pela sua pobreza vos tor-
násseis ricos.
10 E aqui dou o meu parecer sobre o que vos
convém: No ano passado, fostes os primeiros
não só a dar, mas também a [l]querer dar.
11 Agora, porém, completai a obra, para que,
assim como houve a prontidão de [m]vonta-
de, haja também o cumprimento, segundo
o que tendes.
12 Pois se há prontidão de vontade, será acei-
ta segundo o que qualquer tem, e não segundo
o que [n]não tem.
13 Não digo isso para que os outros tenham
alívio, e vós aperto,
14 mas para igualdade. Neste tempo presen-
te, a vossa abundância supra a falta dos outros,
para que também a sua abundância supra a
vossa falta, e haja [o]igualdade,
15 como está [p]escrito: [q]O que muito colheu
não teve demais, e nada faltou ao que pou-
co colheu.

(3) Representantes confiáveis

16 **Dou** graças a Deus, que pôs a mesma so-
licitude por vós no coração de Tito.
17 Pois ele aceitou a nossa exortação. E mais
ainda, sendo muito zeloso, partiu voluntaria-
mente para vós.
18 E com ele enviamos o [r]irmão cujo lou-
vor no [s]evangelho está espalhado por todas
as igrejas.
19 E não só isso, mas foi também escolhido
pelas igrejas para ser nosso companheiro de
viagem, no desempenho desta graça que por
nós é ministrada para glória do Senhor e para
provar a nossa boa vontade.
20 Queremos evitar que alguém nos censure
por esta abundância, que por nós é ministrada.
21 Pois [tt]zelamos pelo que é honesto, não
só diante do Senhor, mas também diante
dos homens.
22 Com eles enviamos outro nosso irmão,
o qual muitas vezes, e em muitas coisas, já
experimentamos ser zeloso, e agora muito
mais zeloso ainda pela muita confiança que
em vós tem.
23 Quanto a [uu]Tito, é meu companheiro e
cooperador para convosco; quanto a nossos
irmãos, são [vv]embaixadores das [ww]igrejas e gló-
ria de Cristo.
24 Portanto, mostrai para com eles, perante
as igrejas, a prova do vosso [xx]amor e da nossa
[yy]glória a vosso respeito.

[t] Comp. Jo 13.35; 15.12; 1Ts 3.12; 1Pe 1.22
[u] 2Co 2.9
[v] 2Co 2.3; 8.22; comp. 2Ts 3.4
[w] Veja Rm 15.14, marg. j
[x] Veja 2Pe 3.18, nota. Graça: v. 1,6,7, 9,19; 2Co 9.8 (Jo 1.14; 1.17, nota)
[y] Igrejas (locais): v. 1,18, 19; 2Co 8.23 (At 8.3; Fp 1.1, nota)
[z] Comp. Êx 35.4,5, 20-29; 36.3-7
[a] Veja Rm 15.25, marg. b
[b] Rm 12.1,2
[c] Ef 6.6
[d] 2Co 12.18
[e] Fé: v. 7; 2Co 10.15 (Gn 3.20; Hb 11.39, nota)
[f] 1Co 1.5
[g] 2Co 9.8
[h] Comp. 1Co 7.6
[i] Lei (de Cristo): v. 8; 2Co 8.24 (Jo 13.34; 2Jo 5)
[j] Rm 9.23; Ef 1.7; Ap 3.18
[k] Comp. Lc 9.58; Fp 2.6,7
[l] 2Co 9.2

[m] Veja v. 1, nota
[n] Comp. Pv 3.27; Mt 12.41-44
[o] Comp. At 4.32-37
[p] Inspiração: v. 15; 2Co 9.9 (Êx 4.15; 2Tm 3.16)
[q] Êx 16.18
[r] 2Co 12.18; comp. Mt 12.50; At 9.17; 21.20
[s] Evangelho: v. 18; 2Co 9.13 (Gn 12.3; Ap 14.6)
[tt] Comp. Pv 3.4; 1Pe 2.12
[uu] v. 16; 2Co 7.13,14
[vv] Comp. Fp 2.25
[ww] Igrejas (locais): v. 23,24; 2Co 11.8 (At 8.3; Fp 1.1, nota)
[xx] Lei (de Cristo): v. 24; 2Co 10.5 (Jo 13.34; 2Jo 5)
[yy] 2Co 7.4,14

[1] (8.1) Em 2Co 8–9, o apóstolo resume a doutrina cristã da oferta, que pode ser esboçada do seguinte modo: 1) É uma "graça", i.e., uma disposição criada pelo Espírito (8.7). 2) Em contraste com a Lei, que impunha a oferta como uma exigência divina, a oferta cristã é voluntária e é prova de sinceridade e amor (8.8-12; 9.1,2,5,7). 3) O privilégio é universal, para pobres e ricos de acordo com a capacidade de cada um (8.1-3,12-15). Comp. 1Co 16.1,2. 4) A oferta deve ser proporcional aos ganhos (8.12-14; comp. 1Co 16.2). A proporção do AT era o dízimo (uma proporção que antecede a Lei [Gn 14.20]), além de numerosas outras ofertas. 5) As recompensas para a oferta cristã são a) alegria (8.2), b) aumento da capacidade de dar em proporção ao que já foi ofertado (9.7-11), c) aumento da gratidão a Deus (9.12) e d) glória para Deus e para o evangelho (9.13,14). Veja 1Co 16.2, *nota*.

(4) A mensagem de incentivo: nenhum homem pode dar mais do que Deus

9 **O**ra, quanto à [z]assistência que se faz a favor dos [a]santos, [b]não necessito escrever-vos.

2 Pois bem sei a vossa prontidão, pela qual me orgulho de vós para com os macedônios, dizendo-lhes que a Acaia está pronta desde o [c]ano passado, e o vosso zelo tem estimulado a muitos.

3 Contudo, enviei estes irmãos para que a nossa glória a vosso respeito não seja vã nesta parte, mas para que (como já disse) possais estar prontos.

4 Pois se acaso os macedônios vierem comigo e vos acharem despreparados, nós nos envergonharemos (para não dizermos vós) deste firme fundamento de glória.

5 Portanto, julguei necessário exortar a estes irmãos, para que primeiro fossem ter convosco e preparassem antecipadamente a vossa contribuição, já antes anunciada, para que esteja pronta como expressão de generosidade, e não de avareza.

6 **E** digo isto: Que o que semeia pouco, pouco também ceifará, e o que semeia com fartura, com [d]fartura também ceifará.

7 Cada um contribua segundo propôs no seu coração, [e]não com tristeza ou por [f]necessidade, pois Deus ama ao que dá com [g]alegria.

8 E Deus é poderoso para fazer abundar em vós toda a [h]graça, a fim de que tendo sempre, em tudo, toda a suficiência, abundeis em toda boa obra.

9 Conforme está [i]escrito:

[j]Espalhou, deu aos pobres;
a sua [k]justiça permanece para sempre.

10 **O**ra, aquele que dá a semente ao que semeia e pão para o alimento, também multiplicará a vossa sementeira e [l]aumentará os frutos da vossa justiça.

11 Em tudo sereis [m]enriquecidos para toda a generosidade, a qual faz que por nós se deem graças a Deus.

12 A ministração deste serviço não só supre as necessidades dos santos, mas também transborda em muitas graças, que se dão a Deus.

13 Visto que esta ministração prova que sois obedientes e seguis o [n]evangelho de Cristo, eles louvarão a Deus. E também louvarão a Deus pela liberalidade das vossas contribuições para com eles e para com todos.

14 E orarão com grande afeto por vós, por causa da excelente graça que Deus vos deu.

15 [o]Graças a Deus pelo seu [p]dom indescritível!

III. Paulo defende sua autoridade como apóstolo, 10.1–13.10 (comp. Gl 1.11–2.21)

(1) Autenticação divina

10 **O**ra, eu mesmo, Paulo, [q]rogo-vos pela mansidão e benignidade de Cristo, eu que, na verdade, quando [r]presente entre vós, sou humilde, mas quando ausente, ousado!

2 Rogo-vos que, quando estiver presente, não me veja obrigado a usar [s]com confiança da ousadia que espero ter com alguns que nos julgam, como se andássemos segundo a [t]carne.

3 Pois embora andando na carne, não militamos segundo a carne.

4 As [u]armas da nossa [v]milícia não são carnais, mas sim poderosas em Deus, para destruição das fortalezas.

5 Derrubamos [w]raciocínios e toda altivez que se levante contra o conhecimento de Deus, e levamos cativo [x]todo [y]pensamento à obediência de Cristo.

6 E estaremos prontos para punir toda desobediência, quando for cumprida a vossa [zz]obediência.

7 **O**lhais para as coisas segundo a [aa]aparência. Se alguém confia de si mesmo que é de Cristo, pense outra vez isto consigo, que, assim como ele é de Cristo, também [bb]nós de Cristo somos.

8 Pois ainda que eu me glorie um pouco mais a respeito da nossa [cc]autoridade, a qual o Senhor nos deu para [dd]edificação, e não para a vossa destruição, não me envergonharei,

9 para que não pareça como se quisera intimidar-vos por cartas.

10 Pois as suas cartas, dizem, são graves e fortes, mas a presença pessoal é [ee]fraca, e a palavra [ff]desprezível.

11 Saiba o tal que, quais somos no falar por cartas, estando ausentes, tais seremos no fazer, estando presentes.

12 [gg]Não ousamos classificar-nos ou comparar-nos com alguns, que se louvam a si mesmos. Mas estes que se medem a si mesmos e se comparam consigo mesmos estão sem entendimento.

13 **N**ós, porém, não nos gloriaremos além da medida, mas [hh]conforme a reta medida que Deus nos deu, para chegarmos até vós.

14 Não nos estendemos além do que convém, como se não houvéssemos de chegar até vós, pois já chegamos também até vós no [ii]evangelho de Cristo.

15 Nem nos gloriando além da medida nos trabalhos [jj]alheios. Temos esperança de que, crescendo a vossa [kk]fé, seremos abundantemente engrandecidos entre vós, conforme a nossa medida,

16 para anunciar o evangelho nos lugares [ll]que estão além de vós, e não em campo de outrem, a fim de não nos gloriarmos no que já estava preparado.

17 Aquele, porém, que se gloria, [mm]glorie-se no Senhor.

18 Pois não é aprovado quem a si mesmo se [nn]louva, mas sim aquele a quem o Senhor louva.

---

[z] 2Co 8.4
[a] Veja Rm 15.25, marg. b
[b] Comp. 1Ts 4.9
[c] 2Co 8.10
[d] Pv 11.24-26; 19.17; 22.9; comp. Gl 6.7,8
[e] Comp. Dt 15.7-10; Rm 12.8
[f] Comp. 2Co 8.8
[g] Comp. Êx 25.2
[h] Veja 2Pe 3.18, nota. Graça: v. 8,14; 2Co 12.9 (Jo 1.14; 1.17, nota)
[i] Inspiração: v. 9; 2Co 13.2 (Êx 4.15; 2Tm 3.16)
[j] Sl 112.9
[k] Veja 1Jo 3.7, nota
[l] Comp. Os 10.12; Fp 1.11
[m] Comp. Pv 10.22; 13.7; 2Co 8.9; Ef 1.18; Ap 2.9
[n] Evangelho: v. 13; 2Co 10.14 (Gn 12.3; Ap 14.6)
[o] Comp. Sl 68.19; Dn 2.23; 1Co 15.57; 1Ts 5.18
[p] Jo 3.16; 4.10; Rm 6.23; 8.32; Ef 2.8
[q] Comp. Rm 12.1

[r] v. 10
[s] Comp. 1Co 4.21
[t] Carne (natureza pecaminosa): v. 2,3; 2Co 11.18 (Jo 8.15; Jd 23)
[u] Comp. 1Sm 17.45; Rm 13.12; 2Co 6.7; Ef 6.11-17; 1Ts 5.8
[v] Comp. Rm 7.23; 1Tm 6.12
[w] 1Co 1.19; 3.19
[x] Lei (de Cristo): v. 5; 2Co 12.15 (Jo 13.34; 2Jo 5)
[y] Comp. Mt 7.24,25
[zz] Comp. 2Co 2.9
[aa] Comp. 1Sm 16.7; Mt 23.27; Jo 7.24; 2Co 5.12
[bb] Rm 14.8
[cc] 2Co 13.10; comp. 1Tm 1.20; Tt 3.10
[dd] Veja 1Co 14.3, marg. i
[ee] Comp. 2Co 12.7; Gl 4.13,14
[ff] 2Co 11.6; comp. 1Co 1.17; 2.1,4
[gg] Comp. 2Co 3.1
[hh] Comp. Rm 12.3
[ii] Evangelho: 10.14,16; 11.7; Gl 1.7 (Gn 12.3; Ap 14.6)
[jj] Comp. Rm 15.20
[kk] Fé: v. 15; Gl 2.16 (Gn 3.20; Hb 11.39, nota)
[ll] Comp. Mt 28.19; Mc 16.15; Lc 24.47
[mm] Jr 9.24; 1Co 1.31
[nn] Comp. 1Co 4.5

(2) Zelo divino

11 Quem dera me suportásseis um pouco na minha insensatez! Sim, suportai-me ainda.

2 Estou zeloso de vós com zelo de Deus. Tenho-vos preparado para [o]vos apresentar como uma [1p]virgem pura a um marido, a saber, a Cristo.

(3) Advertência contra falsos mestres

3 Temo, porém, que assim como a [q]serpente [r]enganou Eva com a sua [s]astúcia, assim também sejam de alguma sorte corrompida a vossa mente, e se apartem da simplicidade que há em Cristo.

4 Pois se alguém for pregar-vos outro Jesus que nós não temos pregado, ou se recebeis outro espírito que não recebestes, ou outro evangelho que não abraçastes, de boa mente o suportais.

5 Penso, porém, que em nada fui [t]inferior aos mais excelentes apóstolos.

6 E, se sou [u]rude na palavra, não o sou, [v]contudo, no conhecimento. Já em tudo temos provado isso totalmente entre vós.

7 [w]Pequei, humilhando-me, para que vós fôsseis exaltados, visto que de [x]graça vos anunciei o evangelho de Deus?

8 Despojei outras [y]igrejas para vos servir, recebendo delas salário. E, quando estava presente convosco, se tinha necessidade, a ninguém fui pesado.

9 Pois os irmãos que vieram da Macedônia supriram a minha necessidade. Em tudo me guardei de vos ser pesado e ainda me guardarei.

10 Como a verdade de Cristo está em mim, esta glória não me será tirada nas regiões da Acaia.

11 Por quê? Por que não vos [z]amo? Deus o sabe.

12 O que faço, porém, isso farei, para não dar oportunidade aos que a buscam a fim de que, naquilo em que se gloriam, sejam achados assim como nós.

13 Pois os tais são [a]falsos apóstolos, obreiros enganosos, fingindo-se apóstolos de Cristo.

14 E não é de admirar, pois o próprio [b]Satanás se transforma em [c]anjo de luz.

15 Não é muito, pois, que os seus ministros se transformem em ministros da [d]justiça. O fim deles será conforme as suas obras.

(4) A glória involuntária do apóstolo (até 12.18)

16 **O**utra vez digo, ninguém me julgue insensato, ou então recebei-me como insensato, para que também me glorie um pouco.

17 O que digo, não o [e]digo segundo o Senhor, mas como por loucura, nesta confiança de gloriar-me.

[o] Igreja (verdadeira): v. 2; Ef 1.22 (Mt 16.18; Hb 12.23)
[p] Esposa (de Cristo): v. 2; Ef 5.25 (Jo 3.29; Ap 19.7, nota)
[q] Satanás: v. 3; 2Co 11.14 (Gn 3.1; Ap 20.10)
[r] Provar-Tentar: v. 3; Gl 4.14 (Gn 3.1; Tg 1.14)
[s] Comp. 2Co 2.11; Ef 6.11; 2Ts 2.9; Ap 12.9; 20.7,8
[t] 2Co 12.11
[u] Uma pessoa simples no falar. Comp. 1Co 2.1
[v] Ef 3.4
[w] Veja Rm 3.23, nota
[x] 1Co 9.18; 2Co 12.13; comp. At 18.3; 1Co 4.12
[y] Igrejas (locais): v. 8; 2Co 11.28 (At 8.3; Fp 1.1, nota)
[z] 2Co 12.15
[a] Comp. Mt 7.15; 24.11,24; 2Pe 2.1; 1Jo 4.1
[b] Satanás: v. 14; 2Co 12.7 (Gn 3.1; Ap 20.10)
[c] Comp. 2Co 2.11; Ef 6.11
[d] Veja 1Jo 3.7, nota
[e] Comp. 1Co 7.6

18 Posto que muitos se gloriam segundo a [f]carne, eu também me gloriarei.

19 Sendo vós sensatos, de boa mente tolerais os insensatos.

20 Com efeito, suportais até [g]aquele que vos escraviza ou [h]vos devora ou [i]vos engana ou [j]vos trata com desprezo ou vos fere no rosto.

21 [k]Envergonhado o digo, como se nós fôssemos fracos, mas no que qualquer tem ousadia (com insensatez falo) também eu tenho ousadia.

22 São [l]hebreus? Também eu. São israelitas? Também eu. São descendência de Abraão? Também eu.

23 São [m]ministros de Cristo? Eu ainda mais (falo como fora de mim). Em trabalhos, muito mais; em açoites, mais do que eles; em prisões, muito mais; em perigo de morte muitas vezes.

24 Cinco vezes recebi dos judeus uma [n]quarentena de [oo]açoites menos um.

25 Três vezes fui [pp]açoitado com varas, uma vez fui [qq]apedrejado, três vezes sofri [rr]naufrágio, uma noite e um dia passei no abismo;

26 em [ss]viagens muitas vezes, em perigos de rios, em perigos de assaltantes, em perigos entre [tt]patrícios, em perigos dos gentios, em perigos na cidade, em perigos no deserto, em perigos no mar, em perigos entre os falsos irmãos;

27 em trabalhos e fadiga, em vigílias muitas vezes, em fome e sede, em jejum muitas [uu]vezes, em frio e nudez.

28 Além das coisas exteriores, há o que diariamente [vv]pesa sobre mim, o cuidado de todas as [ww]igrejas.

29 [xx]Quem enfraquece, que também eu não enfraqueça? Quem se escandaliza, que eu não me queime por dentro?

30 Se é preciso [yy]gloriar-me, que seja no que diz respeito à minha fraqueza.

31 O Deus e Pai de nosso Senhor Jesus Cristo, que é eternamente [zz]bendito, sabe que não minto.

32 Em [aa]Damasco, o que governava sob o rei Aretas pôs guardas às portas da cidade dos damascenos, para me prenderem.

33 Mas por uma janela da muralha desceram-me num grande cesto, e assim escapei das suas mãos.

O espinho na carne de Paulo

12 É necessário gloriar-me. Embora isso não adiante nada, passarei às [bb]visões e [cc]revelações do Senhor.

[f] Carne (natureza pecaminosa): v. 18; Gl 3.3 (Jo 8.15; Jd 23)
[g] Comp. Gl 2.4; 4.9; 2Pe 2.19
[h] Comp. Mt 23.14; Lc 20.47; Gl 5.15
[i] Comp. At 20.29,30
[j] Comp. Mt 23.12
[k] Comp. 2Co 10.10
[l] Fp 3.4-6
[m] Comp. 2Co 3.6; Ef 3.7,8; Cl 1.23
[n] Dt 25.3
[oo] 2Co 6.5; comp. 1Pe 2.24
[pp] At 16.22,23; 21.32
[qq] At 14.5,19
[rr] At 27.1-44
[ss] Veja At 9.26, nota
[tt] At 9.23,24; 17.5
[uu] At 9.9; 13.2,3; 14.23
[vv] At 15.36; 20.17-21,31; 2Co 7.12; 12.20; Gl 4.11; 1Ts 3.10
[ww] Igrejas (locais): v. 28; 2Co 12.13 (At 8.3; Fp 1.1, nota)
[xx] Comp. 2Co 2.4
[yy] 2Co 12.5,9,10
[zz] Rm 9.5
[aa] At 9.19-25
[bb] v. 2-4; At 16.9; 18.9; 22.17,18; 23.11; 26.13-15; 27.23
[cc] At 9.3-6; Gl 2.2

[1] (11.2) Paulo compara a união com Cristo ao relacionamento matrimonial (veja Ef 5.32, *nota*).

2 Conheço um homem em Cristo que há catorze anos foi [1]arrebatado até o [2]terceiro céu. Se no corpo não sei, se fora do corpo não sei, Deus o sabe.

3 E sei que o tal homem — se no corpo, se fora do corpo, não sei, Deus o sabe —,

4 foi arrebatado ao [d]paraíso e ouviu palavras indizíveis, as quais não é lícito ao homem falar.

5 De um assim me [e]gloriarei, mas de mim mesmo não me gloriarei, senão nas minhas fraquezas.

6 Ainda que me gloriasse, não seria insensato, porque estaria dizendo a verdade. Mas abstenho-me, para que ninguém pense de mim mais do que em mim vê ou de mim ouve.

7 **E**, para que não me exaltasse pelas excelências das revelações, foi-me dado um [3][f]espinho na carne, a saber, um mensageiro de [g]Satanás para me esbofetear, a fim de não me exaltar.

8 [h]Três vezes orei ao Senhor para que o afastasse de mim.

9 Ele, porém, me disse: A minha [i]graça te basta, pois o meu poder se aperfeiçoa na fraqueza. Portanto, de boa vontade me gloriarei nas minhas fraquezas, para que em mim habite o poder de Cristo.

10 Pelo que sinto prazer nas fraquezas, nas injúrias, nas necessidades, nas perseguições, nas angústias, por amor de Cristo. Pois quando estou fraco, então é que sou forte.

(5) Advertência

11 **Fui** insensato em gloriar-me, mas vós me constrangestes. Eu devia ser louvado por vós, visto que em nada fui [j]inferior a esses tais apóstolos, [k]ainda que nada sou.

12 Os [l]sinais do meu apostolado foram manifestados entre vós com toda a paciência, por sinais, [m]prodígios e [n]milagres.

13 Em que tendes vós sido inferiores às outras [o]igrejas, a não ser que eu mesmo não vos fui pesado? Perdoai-me esta injustiça.

14 **Agora** estou pronto para ir visitar-vos pela [p]terceira vez, e não vos serei pesado, [q]porque não busco o que é vosso, mas sim a vós. Afinal de contas, não devem os filhos entesourar para os pais, mas os pais para os filhos.

15 Eu de muito boa vontade gastarei e me deixarei gastar pela vossa alma, ainda que, [r]amando-vos cada vez mais, seja menos amado.

16 Seja, porém, como for, eu não vos fui pesado. Contudo, sendo astuto, vos prendi com fraude!

17 Aproveitei-me de vós por intermédio de algum daqueles que vos enviei?

18 Roguei a Tito e enviei com ele um [s]irmão. Aproveitou-se Tito de vós? Acaso não andamos no mesmo espírito? Não seguimos as mesmas pisadas?

19 **Pensais** que nos estamos desculpando convosco? Falamos em Cristo perante Deus, e tudo isso, ó amados, para a vossa [t]edificação.

20 Pois receio que, [u]quando chegar, não vos ache como eu vos quero, e eu seja achado de vós como não me quereis: que de alguma maneira [v]haja contendas, invejas, iras, porfias, detrações, mexericos, orgulhos, tumultos.

21 Receio que, quando for outra vez, o meu Deus me humilhe no meio de vós, e eu chore por muitos daqueles que antes [w]pecaram e não se [x]arrependeram da impureza, da prostituição e da libertinagem que praticaram.

(6) Exortação: "Examinai-vos a vós mesmos"

13 **É** esta a [y]terceira visita que vos faço. Por boca de duas ou três [z]testemunhas será confirmada toda palavra.

2 Já anteriormente o disse, e segunda vez o digo, como quando estava presente. Agora, estando ausente, o [a]digo aos que antes pecaram e a todos os mais que, se outra vez for, não os pouparei,

3 visto que buscais uma prova de que Cristo fala em mim, o qual não é fraco para convosco, antes poderoso entre vós.

4 Ainda que tenha sido [b]crucificado por fraqueza, contudo [c]vive pelo poder de Deus. Nós também somos fracos nele, mas viveremos com ele pelo poder de Deus em vós.

5 [dd]**Examinai-vos** a vós mesmos se permaneceis na [ee]fé; [ff]provai-vos a vós mesmos. Ou não sabeis quanto a vós mesmos que Jesus Cristo está em vós? Se não é que já estais reprovados.

[d] Lc 23.43; Ap 2.7; veja Lc 16.23, nota
[e] v. 9,10; 2Co 11.30
[f] Gl 4.14
[g] Satanás: v. 7; Ef 2.2 (Gn 3.1; Ap 20.10)
[h] Comp. Mt 26.44
[i] Veja 2Pe 3.18, nota. Graça: v. 9; 2Co 13.14 (Jo 1.14; 1.17, nota)
[j] 2Co 11.5; comp. 1Co 15.10
[k] Comp. Lc 17.10
[l] At 14.3; comp. Hb 2.4
[m] At 15.12
[n] At 14.8-10; 16.16-18; 19.11,12; 20.6-12; 28.1-10
[o] Igrejas (locais): v. 13; Gl 1.2 (At 8.3; Fp 1.1, nota)
[p] 13.1
[q] Comp. 1Co 10.24,33; 1Ts 2.8
[r] Lei (de Cristo): v. 15; Gl 5.6 (Jo 13.34; 2Jo 5)
[s] 2Co 8.18
[t] Veja 1Co 14.3, marg. i
[u] 13.2; comp. 1Co 4.21; 2Co 13.10
[v] Comp. Gl 5.19-21
[w] Veja Rm 3.23, nota
[x] Arrependimento: v. 21; 2Tm 2.25 (Mt 3.2; At 17.30, nota)
[y] 12.14
[z] Dt 19.15
[a] Inspiração: v. 2; 2Co 13.10 (Êx 4.15; 2Tm 3.16)
[b] Sacrifício (de Cristo): v. 4; Gl 1.4 (Gn 3.15; Hb 10.18, nota)
[c] Ressurreição: v. 4; Gl 1.1 (2Rs 4.35; 1Co 15.52, nota)
[dd] Juízos (os sete): v. 5; Gl 3.13 (2Sm 7.14; Ap 20.12)
[ee] Comp. 1Co 16.13
[ff] Comp. 2Pe 1.10

[1] (12.2) Apesar de a cosmologia do século I ser diferente da cosmologia de hoje, quando a Bíblia fala de um tema como o céu, que está fora da esfera terrena, pode usar apenas uma linguagem comum e compreensível tanto aos homens de hoje como aos do século I. Não se pode criticar o NT por se referir ao céu como estando "lá em cima", se um cientista não é acusado de ignorante ao dizer que o sol nasce e se põe.

[2] (12.2) O "terceiro céu" é a morada de Deus, o primeiro céu é o lugar onde estão as nuvens, e o segundo é o lugar das estrelas.

[3] (12.7) O "espinho na carne" de Paulo era algum tipo de fraqueza ou enfermidade física; é possível que tenha sido uma enfermidade nos olhos (veja Gl 6.11, *nota*). Sem dúvida, a Bíblia não revela a natureza específica desse mal, a fim de que as consolações de Paulo possam ajudar a todos que têm algum tipo de "espinho". Para o povo de Deus, as fraquezas e até as enfermidades podem ser permitidas por Deus 1) para que o cristão seja humilde (v. 7), 2) para preveni-lo contra a presunção na oração (v. 8) e 3) para mostrar a plena suficiência da graça de Deus (v. 9).

6 Espero, porém, que entendereis que nós não somos reprovados.

7 Ora, rogamos a Deus que não façais mal algum, não para que sejamos achados aprovados, mas para que vós façais o bem, embora nós sejamos como reprovados.

8 [g]Pois nada podemos contra a verdade, senão em favor da verdade.

9 Regozijamo-nos de estar fracos, quando vós estais fortes; e nossa oração é para o vosso [h]aperfeiçoamento.

10 Portanto, [i]escrevo estas coisas estando ausente, para que, estando presente, não use de [j]rigor, segundo o [k]poder que o Senhor me deu para edificação, e não para destruição.

Conclusão, 13.11-14

11 Quanto ao mais, irmãos, adeus. Regozijai-vos, sede [l]perfeitos, sede consolados, sede de um mesmo parecer, vivei em paz. E o Deus de amor e de paz será convosco.

12 Saudai-vos uns aos outros com ósculo santo. Todos os santos vos saúdam.

13 A [m]graça do Senhor Jesus Cristo, o amor de Deus e a comunhão do [n]Espírito Santo sejam com todos vós.

[g] Comp. Pv 21.30

[h] Veja Fp 3.12, nota

[i] Inspiração: v. 10; Gl 1.11 (Êx 4.15; 2Tm 3.16)

[j] 1Co 4.21

[k] 2Co 10.8

[l] Veja Fp 3.12, nota

[m] Graça: v. 14; Gl 1.3 (Jo 1.14; 1.17, nota)

[n] Espírito Santo (NT): v. 14; Gl 3.2 (Mt 1.18; At 2.4, nota)

- **Autor:** Paulo
- **Tema:** Salvação pela graça
- Escrito em 49 ou 52 d.C., aprox.

GÁLATAS

A EPÍSTOLA AOS GÁLATAS destina-se a um grupo de igrejas na Galácia, que estava localizada no centro da região onde hoje se encontra a Turquia. Os primeiros habitantes eram os frígios, cuja religião prestava culto à natureza. Nessas cidades, viviam muitos judeus. Os gálatas eram conhecidos por sua impetuosidade, inconstância e amor às coisas novas e que despertavam a curiosidade. Paulo visitou a Galácia em sua primeira viagem missionária (At 13.51; 14.8,20; Icônio, Listra e Derbe estavam situadas na parte sul da Galácia) e na terceira (At 18.23), embora não haja documentos que registrem seu labor no estabelecimento dessas igrejas. O Espírito Santo proibiu o apóstolo de pregar ali em sua segunda viagem missionária (At 16.6).

Quando Paulo escreveu, as igrejas da Galácia estavam enfrentando uma dupla ameaça relacionada à pureza de doutrina e à pureza de conduta. Certos indivíduos haviam entrado em um terreno em que “o evangelho de Cristo” poderia ser pervertido (Gl 1.7; 5.10). Eles insistiam que, embora a salvação viesse de Cristo, as obras também eram necessárias para a salvação. Os gálatas estavam começando a ceder a essa atitude judaizante, i.e., o erro legalista (1.6; 3.1), e estavam voltando a uma escravidão da observância de dias, meses, anos, épocas etc. (4.10). De maneira avassaladora, Paulo derruba todos os argumentos em favor da mescla da Lei com a fé, destacando que Abraão foi justificado somente pela fé 430 anos antes que a Lei de Moisés fosse dada. O apóstolo responde ao segundo erro, o erro complementar – que um crente se torna espiritualmente maduro por meio da observância da Lei –, apresentando a verdade do poder santificador do Espírito Santo e as riquezas espirituais que o cristão pode obter quando permite que o Espírito Santo, que habita nele, governe sua vida.

A epístola pode ser dividida da seguinte maneira: Introdução, 1.1-5. I. Motivo da epístola: os gálatas haviam se afastado do verdadeiro evangelho, 1.6-9. II. Paulo defende seu ministério apostólico, 1.10–2.21. III. A justificação é totalmente pela fé, sem a Lei, 3.1-24. IV. A norma de vida do crente é segundo a graça, não segundo a Lei, 3.25–5.1. V. Características na vida de um cristão justificado somente pela fé, 5.2-26. VI. A manifestação exterior da nova vida em Cristo Jesus, 6.1-16. Conclusão, 6.17,18.

Introdução: Saudação, 1.1-5

1 Paulo, apóstolo (não da parte de homens
nem por homem algum, mas por Jesus
Cristo e por Deus Pai, que o [a]ressuscitou den-
tre os mortos),
2 e todos os irmãos que estão comigo, às
[b]igrejas da Galácia:
3 [c]Graça e paz a vós outros, da parte de Deus,
nosso Pai, e do nosso Senhor Jesus Cristo,
4 o qual se [d]deu a si mesmo por nossos [e]peca-
dos, para nos [f]livrar do presente [g]século mau,
[h]segundo a vontade de Deus, nosso Pai,
5 a quem seja glória para todo o sempre.
Amém.

I. Motivo da epístola: os gálatas haviam se afastado do verdadeiro evangelho, 1.6-9

6 Admira-me que tão depressa estejais pas-
sando, daquele que vos [i]chamou na [1]graça de
Cristo, para outro evangelho,
7 o qual não é [j]outro evangelho. Mas há
alguns que vos [k]inquietam, querendo [l]perver-
ter o [m]evangelho de Cristo.
8 Mas, ainda que nós mesmos ou um [n]anjo
do céu vos anuncie outro evangelho além do
que já vos anunciamos, seja [o]amaldiçoado.
9 Assim como já o dissemos, agora de novo
também o digo: Se alguém vos anunciar outro
evangelho além do que já recebestes, seja
amaldiçoado.

II. Paulo defende seu ministério apostólico, 1.10–2.21

10 [2]Persuado eu agora a homens ou a Deus?
Ou procuro [p]agradar a homens? Se estivesse
ainda agradando aos homens, não seria servo
de Cristo.
11 Faço-vos, porém, saber, irmãos, que o
evangelho que por mim foi anunciado [q]não é
segundo os homens.

[a] Ressurreição: v. 1; Ef 1.20 (2Rs 4.35; 1Co 15.52, nota)
[b] Igrejas (locais): v. 2; Gl 1.22 (At 8.3; Fp 1.1, nota)
[c] Veja 2Pe 3.18, nota. Graça: v. 3,6; Gl 1.15 (Jo 1.14; Jo 1.17, nota)
[d] Sacrifício (de Cristo): v. 4; Gl 2.20 (Gn 3.15; Hb 10.18, nota)
[e] Veja Rm 3.23, nota
[f] Gl 6.14; Cl 2.20
[g] Gr. *aiõn*
[h] Comp. 1Jo 2.15-17
[i] Veja 1Co 1.2, marg. e
[j] Comp. At 4.12
[k] Gl 5.10,12
[l] 2Co 2.17; comp. 2Co 11.13,14
[m] Evangelho: v. 7-9; Gl 1.11 (Gn 12.3; Ap 14.6)
[n] Comp. 1Rs 13.18; veja Hb 1.4, nota
[o] 1Co 16.22
[p] 1Ts 2.4
[q] Inspiração: 1.11,12,20; 2.2; Gl 3.8 (Êx 4.15; 2Tm 3.16)

[1] (1.6) O teste do evangelho é a graça. Se a mensagem exclui a graça, ou mistura a Lei com a graça como meio de justificação ou santificação (2.21; 3.1-3), nega o fato ou a culpa do pecado – que é o único fato que dá à graça oportunidade e ocasião para agir –, é “outro evangelho”, e quem o prega está sob o anátema de Deus (v. 8,9).

[2] (1.10) A prova disso é a seguinte: 1) Os gálatas conhecem Paulo e sabem que ele não andava em busca de popularidade (v. 10). 2) Ele respalda com seu caráter a afirmação de que o seu evangelho da graça era uma revelação de Deus (v. 11,12). 3) Quanto aos judaizantes, o próprio Paulo havia sido um judeu destacado e tinha abandonado o judaísmo por algo melhor (v. 13,14). 4) Ele havia pregado a graça anos antes de ter visto os outros apóstolos (v. 15-24). 5) Quando ele os conheceu, eles nada tiveram a acrescentar às revelações que Paulo havia recebido (2.1-6). 6) Os outros apóstolos reconheceram plenamente o apostolado de Paulo (2.7-10). 7) Se os judaizantes queriam amparar-se na autoridade de Pedro, a resposta era que Pedro não havia alegado autoridade alguma ao ser repreendido por Paulo (2.11-21).

12 Não o recebi de homem algum nem o aprendi, mas eu o recebi pela [r]revelação de Jesus Cristo.

13 Pois já ouvistes qual foi antigamente a minha conduta no judaísmo, como sobremaneira perseguia a [s]igreja de Deus e a assolava.

14 E na minha nação excedia em [1]judaísmo a muitos da minha idade, sendo extremamente [t]zeloso das tradições de meus pais.

15 Quando, porém, aprouve a Deus, que desde o ventre de minha mãe me [u]separou e me [v]chamou pela sua [w]graça,

16 revelar seu Filho [x]em mim, para que o pregasse entre os [y]gentios, [z]não consultei [a]pessoa alguma,

17 tampouco subi a Jerusalém para estar com os que já antes de mim eram apóstolos, mas parti para a Arábia e voltei outra vez a Damasco.

18 **D**epois, passados três anos, [b]subi a Jerusalém para ver Pedro e fiquei com ele quinze dias.

19 E não vi nenhum outro dos apóstolos, senão [c]Tiago, irmão do Senhor.

20 Ora, acerca do que vos escrevo, diante de Deus testifico que não minto.

21 Depois, fui para as regiões da Síria e da Cilícia.

22 Eu não era conhecido de vista das [d]igrejas de Cristo na Judeia.

23 Somente tinham [e]ouvido dizer: Aquele que antes nos [f]perseguia, agora anuncia a fé que outrora procurava destruir.

24 E [g]glorificavam a Deus a meu respeito.

Atrás das cenas do primeiro concílio eclesiástico em Jerusalém (comp. At 15)

2 **D**epois, passados [h]catorze anos, subi outra vez a Jerusalém com Barnabé, levando também comigo a Tito.

2 E subi por causa de uma revelação, e lhes [i]expus o evangelho que prego entre os gentios. Mas particularmente aos que pareciam ter maior destaque, para que de maneira alguma não corresse, ou não tivesse corrido em [j]vão.

3 Mas nem mesmo Tito, que estava comigo, sendo grego, [k]foi constrangido a [l]circuncidar-se.

4 E isso por causa dos [m]falsos irmãos que se infiltraram em nosso meio com o fim de espionar a [n]liberdade que temos em Cristo Jesus, para reduzir-nos à escravidão.

[r] Ef 3.3-5; comp. At 9.1-20; 22.1-16; 26.9-18
[s] Igreja (visível): v. 13; Fp 3.6 (1Co 10.32; 1Tm 3.15)
[t] Fp 3.6
[u] Comp. Is 49.1-5; Jr 1.5
[v] Eleição (individual): v. 15; Ef 1.4 (Dt 7.6; 1Pe 5.13); Rm 8.30
[w] Veja 2Pe 3.18, nota. Graça: 1.15; 2.9; Gl 2.21 (Jo 1.14; 1.17, nota)
[x] 2Co 4.5-7
[y] Veja Ef 3.6, nota
[z] Comp. 1.1
[a] Comp. Mt 16.17
[b] At 9.26
[c] Veja Mt 4.21, nota
[d] Igrejas (locais): v. 22; Fp 1.1 (At 8.3; Fp 1.1, nota)
[e] At 9.20,21
[f] At 8.3
[g] At 11.18
[h] At 15.2
[i] At 15.1-4
[j] Comp. Fp 2.16
[k] Comp. Ef 2.15; Cl 2.14; Hb 7.18; 8.13
[l] Comp. At 15.5-21; Gl 5.2
[m] Comp. 2Co 11.26; Jd 4
[n] Gl 5.1,13

5 Não nos submetemos a eles [o]nem ainda por uma hora, para que a verdade do evangelho permanecesse entre vós.

6 E, quanto àqueles que pareciam ser influentes (quais tenham sido noutro tempo, não importa; Deus [p]não aceita a aparência do homem), esses, digo, que pareciam ser influentes, nada me acrescentaram.

7 Pelo contrário, viram que o evangelho da [q]incircuncisão me fora confiado, como a Pedro o da [rr]circuncisão.

8 Pois Deus, que [ss]operou eficazmente em Pedro para o apostolado da circuncisão, operou também em mim com eficácia [tt]para com os gentios.

9 Quando conheceram a graça que me fora dada, Tiago, Cefas e João, que eram considerados as colunas, estenderam-nos a mão direita em sinal de comunhão, a mim e a Barnabé, para que nós fôssemos aos gentios e eles fossem à circuncisão.

10 Recomendaram-nos somente que nos lembrássemos dos pobres, o que também procurei fazer com diligência.

Paulo recorda como resistiu a Pedro em Antioquia

11 **E**, chegando Pedro a [uu]Antioquia, enfrentei-o cara a cara, porque sua atitude era condenável.

12 Porque, antes que alguns tivessem chegado da parte de Tiago, ele [vv]comia com os gentios. Mas, depois que chegaram, foi-se retirando e se apartou deles, temendo os que eram da circuncisão.

13 E os outros judeus também foram hipócritas, de maneira que até [ww]Barnabé se deixou levar pela sua dissimulação.

14 Quando, porém, vi que não andavam corretamente conforme a verdade do [xx]evangelho, disse a Pedro, na presença de todos: Se tu, sendo judeu, vives como os gentios, e não como judeu, por que obrigas os gentios a viverem como judeus?

O cristão está morto para a Lei e sua sentença foi executada

15 [2]Nós, que somos judeus por natureza, e não [yy]pecadores dentre os gentios,

16 sabemos que o homem não é [zz]justificado [aa]pelas obras da [bb]Lei, mas pela fé em Jesus

[o] Comp. At 15.7-11
[p] Sl 51.6
[q] At 9.15; 22.21; Rm 11.13
[rr] 1Pe 1.1
[ss] Comp. 1Co 9.2; 2Co 3.2; 12.12
[tt] At 13.3
[uu] Comp. At 11.19-26; 15.1
[vv] At 11.2,3
[ww] Comp. At 15.37-39
[xx] Evangelho: 2.14; 3.8; Gl 4.13 (Gn 12.3; Ap 14.6)
[yy] Veja Rm 3.23, nota
[zz] Justificação: v. 16; Gl 3.8 (Lc 18.14; Rm 3.28, nota)
[aa] Rm 3.20
[bb] Lei (de Moisés): 2.16,19,21; 3.2,5; Gl 3.10 (Êx 19.1; Gl 3.24)

[1] (1.14) A expressão "judaísmo" (v. 13,14; gr. *ioudaismos*) se refere ao estilo judeu quanto às crenças e ao modo de viver. No NT, há outra palavra usada para falar de "religião" (gr. *threskeia*, que significa *um serviço religioso*): 1) quanto às observâncias externas (At 26.5; Tg 1.26; Cl 2.18, "culto") e 2) quanto às boas obras do crente (Tg 1.27). Nunca é usada como sinônimo de salvação ou de espiritualidade.

[2] (2.15) Paulo, aqui, cita suas palavras a Pedro quando se opôs a ele em Antioquia (v. 11), pois quer mostrar aos gálatas que, não importando o que os legalistas houvessem alegado, Pedro e ele estavam em perfeita harmonia

Cristo, também temos [c]crido em Jesus Cristo para sermos justificados pela fé em Cristo, e não pelas obras da Lei, porque pelas obras da Lei ninguém será justificado.

17 Se nós, que [1]procuramos ser justificados [d]em Cristo, fomos nós mesmos também achados pecadores, é Cristo ministro do pecado? De maneira nenhuma.

18 Se torno a [e]edificar aquilo que destruí, constituo-me a mim mesmo transgressor.

19 Pois eu pela Lei estou [f]morto para a Lei, a fim de viver para Deus.

A vida cristã é a expressão externa da vida de Cristo no crente (comp. Gl 5.15-23)

20 Estou [g]crucificado com Cristo, e já [h]não vivo [i]eu, mas Cristo vive em mim. A vida que agora [j]vivo no corpo, vivo-a na fé do Filho de Deus, que me amou e a si mesmo se [k]entregou por mim.

Misturar Lei com graça na justificação invalida a graça

21 Não anulo a [l]graça de Deus, pois, se a [m]justiça provém da Lei, segue-se que Cristo morreu [n]em vão.

III. A justificação é totalmente pela fé, sem a Lei, 3.1-24

(1) O dom do Espírito é pela fé

3 Ó insensatos gálatas! quem vos enfeitiçou? Não foi diante dos vossos olhos que foi exposto Jesus Cristo crucificado?

2 Só quisera saber isto de vós: recebestes o [o]Espírito pelas obras da Lei ou pela [p]pregação da fé?

3 Sois vós tão insensatos que, tendo começado pelo Espírito, acabeis agora pela [q]carne?

4 Será em vão que tenhais padecido tanto? Se é que isso também foi em vão.

5 Aquele que vos [r]dá o Espírito e que opera milagres entre vós, acaso o faz pelas obras da Lei ou pela pregação da fé?

(2) A aliança abraâmica é uma aliança de fé (comp. Rm 4)

6 [s]Assim como Abraão creu em Deus e isso lhe foi [t]imputado como justiça,

7 sabei, pois, que os da fé é que são filhos de Abraão.

8 Ora, tendo a Escritura previsto que Deus havia de [u]justificar pela [v]fé os [w]gentios, anunciou primeiro o [x]evangelho a Abraão, [y]dizendo: Em ti [z]serão benditas todas as nações.

9 De sorte que os que são da fé são benditos com o crente Abraão.

(3) A pessoa sob as obras da Lei está sob a maldição da Lei

10 Todos aqueles que são das obras da [a]Lei estão debaixo da maldição, pois está escrito: [b]Maldito todo aquele que não permanecer em todas as coisas que estão escritas no livro da Lei, para praticá-las.

11 É evidente que pela Lei ninguém será justificado diante de Deus, porque [cc]o justo viverá pela fé.

12 Ora, a Lei não é baseada na fé, mas: O [dd]que fizer essas coisas, por elas viverá.

(4) Cristo levou a maldição da Lei

13 Cristo nos [ee]resgatou da maldição da Lei, [ff]fazendo-se [gg]maldição por nós, pois está escrito: [hh]Maldito todo aquele que for pendurado no madeiro.

14 Ele nos resgatou para que a [ii]bênção de Abraão chegasse aos [jj]gentios por Jesus Cristo, e para que pela fé nós recebêssemos a promessa do [kk]Espírito.

15 Irmãos, falo como homem. Se o testamento de um homem for confirmado, ninguém o anula nem lhe acrescenta alguma coisa.

16 Ora, as promessas foram feitas [ll]a Abraão e a seu descendente. A Escritura não diz: E aos seus descendentes, como falando de muitos, mas: Ao seu descendente, dando a entender que se refere a um [mm]só, que é Cristo.

(5) A Lei não acrescentou uma nova condição à Aliança Abraâmica da fé

17 Digo, porém, isto: Que tendo sido o testamento anteriormente confirmado por Deus, a Lei, que veio quatrocentos e trinta anos depois, não o invalida, de forma que venha a invalidar a promessa.

[c] Fé: 2.16; 3.2,5-7; Gl 3.8 (Gn 3.20; Hb 11.39, nota)
[d] Comp. Rm 8.1; Gl 5.6
[e] Comp. Gl 5.2-4
[f] Rm 7.4
[g] Gl 6.14
[h] Veja Ef 4.24, nota
[i] Rm 6.8-11; Ef 2.4-6; Cl 3.1-4
[j] Vida (eterna): 2.20; 6.8; Ef 4.18 (Mt 7.14; Ap 22.19)
[k] Sacrifício: 2.20; 3.1,13; Gl 4.5 (Gn 3.15; Hb 10.18, nota)
[l] Graça: 2.21; 5.4; Ef 1.2 (Jo 1.14; 1.17, nota)
[m] Veja Rm 10.10, nota
[n] Comp. 1Co 15.17
[o] Espírito Santo (NT): v. 2,3,5; Gl 3.14 (Mt 1.18; At 2.4, nota)
[p] Rm 10.17
[q] Carne (natureza pecaminosa): 3.3; 4.23; Gl 5.13 (Jo 8.15; Jd 23)
[r] Comp. At 9.17; 10.44
[s] Gn 15.6
[t] Imputação: v. 6; Tg 2.23 (Gn 15.6; Tg 2.23)

[u] Justificação: v. 8,11; Gl 3.24 (Lc 18.14; Rm 3.28, nota)
[v] Fé: v. 8,9,11, 12,22; Gl 3.24 (Gn 3.20; Hb 11.39, nota)
[w] Veja Ef 3.6, nota
[x] Veja Gl 2.14, marg. xx
[y] Inspiração: v. 8,10, 11, 13, 15-18, 22; 4.1; Gl 4.22 (Êx 4.15; 2Tm 3.16)
[z] Gn 12.3
[a] Lei (de Moisés): v. 10-24; Gl 4.21 (Êx 19.1; Gl 3.24)
[b] Dt 27.26
[cc] Hc 2.4; Rm 1.17
[dd] Lv 18.5
[ee] Veja Rm 3.24, nota
[ff] Veja Gl 2.20, marg. k
[gg] Juízos (os sete): v. 13; Gl 6.4 (2Sm 7.14; Ap 20.12)
[hh] Dt 21.23
[ii] v. 8; Rm 4.1-5
[jj] Rm 3.29,30
[kk] Espírito Santo (NT): v. 14; Gl 4.6 (Mt 1.18; At 2.4, nota)
[ll] Gn 13.15
[mm] Gn 22.18

no que toca à doutrina. Paulo apelou ao que Pedro e ele criam e usou essa crença para repreender a prática incoerente de Pedro.

[1] (2.17) "Nós" refere-se aos judeus. Veja Rm 3.19-23. Assim, a passagem poderia ser interpretada: "Se nós, os judeus, ao buscarmos ser justificados pela fé em Cristo, tomamos nosso lugar como meros pecadores assim como os gentios, é, portanto, Cristo que nos torna pecadores? De modo nenhum. Colocando-nos outra vez sob a lei depois de buscar justificação em Cristo, estamos agindo como se ainda fôssemos pecadores não justificados que buscam tornar-se justos mediante as obras da lei" Comp. Gl 5.1-4.

18 Pois, se a herança provém da Lei, já não depende da promessa, mas Deus pela promessa a deu gratuitamente a Abraão.

(6) A intenção da Lei é condenação e disciplina preparatória

19 [1]Logo, [n]qual a razão de ser da Lei? Foi acrescentada por causa das transgressões, até que viesse o [o]descendente a quem a promessa tinha sido feita. E foi ordenada por intermédio de anjos, pela mão de um mediador.

20 Ora, o mediador não representa um só; mas Deus é um.

21 Logo, a Lei é contra as promessas de Deus? De modo nenhum. Pois, se fosse dada uma lei que pudesse vivificar, a [p]justiça, na verdade, teria sido pela lei.

22 A Escritura, porém, encerrou [q]tudo debaixo do [r]pecado, para que a promessa pela fé em Jesus Cristo fosse dada aos que creem.

23 **A**ntes, porém, que a fé viesse, estávamos sob custódia da Lei, encerrados para aquela fé que se havia de manifestar.

24 De maneira que a [2]Lei nos serviu de tutor, para nos conduzir a Cristo, a fim de que pela [s]fé fôssemos [t]justificados.

IV. A norma de vida do crente é segundo a graça, não segundo a Lei, 3.25–5.1

25 Depois, porém, que a fé veio, já não estamos sob o controle do [3]tutor.

(1) O crente justificado é um filho na família de Deus

26 Todos vós sois [u]filhos de Deus pela fé em Cristo Jesus,

27 pois todos vós que fostes [v]batizados em Cristo, vos revestistes de Cristo.

28 Dessa forma [w]não há judeu nem grego, [x]não há servo nem livre, não há macho nem

---

[1] (3.19) A resposta a esta pergunta tem seis partes: 1) A Lei "foi acrescentada por causa das transgressões", i.e., para dar ao pecado o caráter da transgressão. a) Os homens haviam pecado antes de Moisés, mas, na ausência da Lei, seus pecados não lhes foram imputados (Rm 5.13); a Lei deu ao pecado o caráter de transgressão, i.e., de culpa individual. b) Além disso, em vista de os homens não apenas continuarem pecando depois que a Lei foi dada, como também serem induzidos à transgressão pela própria Lei que a proibia (Rm 7.8), a Lei demonstrou de maneira inquestionável a pecaminosidade arraigada da natureza do homem (Rm 7.11-13). 2) A Lei, portanto, "encerrou tudo [i.e., todo o mundo] debaixo do pecado" (Gl 3.22; comp. Rm 3.19,20,23). 3) A Lei foi uma maneira temporária de Deus tratar o homem, "até que viesse o descendente" (v. 19). 4) A Lei encerrou o homem pecador para que a promessa que é pela fé lhe fosse a única via de escape (v. 23). 5) A Lei era para os judeus o que o "tutor", ou o encarregado da disciplina das crianças (gr. *paidagogos*), era em uma família grega: o responsável pela guarda e disciplina dos filhos enquanto estes fossem menores. A Lei teve este caráter até a vinda de Cristo (v. 23-25, *nota*; 4.1,2). 6) Cristo veio, e o crente já não está sob a autoridade do tutor ou pedagogo (i.e., a Lei, v. 25), mas tornou-se um discípulo (i.e., alguém que aprende) do próprio Cristo (Mt 11.29; Lc 10.39; Jo 17.6-8; Tt 2.11-13).

[2] (3.24) I. A Lei de Moisés. Resumo: 1) A Aliança Mosaica foi dada a Israel em três partes: a) os mandamentos, que expressam a vontade justa de Deus (Êx 20.1-26); b) os juízos, que regiam a vida social de Israel (Êx 21.1–24.11); e c) as ordenanças, que regiam a vida religiosa de Israel (Êx 24.12; 31.18). 2) Os mandamentos e as ordenanças formavam um todo completo e inseparável. Se um israelita oferecia o sacrifício requerido após pecar, era considerado irrepreensível (Lc 1.6; Fp 3.6). 3) A Lei, como método pelo qual Deus trata com o homem, caracterizou a dispensação que vai desde quando a Lei foi dada até a morte de Jesus Cristo (Gl 3.13,14,23,24). 4) A tentativa dos mestres legalistas (p. ex., At 15.1-31; Gl 2.1-5) de mesclar a Lei e a graça como método divino para a presente dispensação da Igreja ressaltou a verdadeira relação que existe entre a Lei e o cristão.

II. A doutrina cristã da Lei: 1) A Lei está em contraste com a graça, debaixo da qual Deus outorga a justiça que ele mesmo exigiu sob a Lei (Êx 19.5; Jo 1.17; Rm 3.21, *nota*; 10.3-10; 1Co 1.30). 2) Em si mesma, a Lei é santa, justa, boa e espiritual (Rm 7.12-14). 3) Diante da Lei, todo o mundo é culpado, e, portanto, a Lei é, necessariamente, um ministério de condenação, morte e maldição divinas (Rm 3.19; 2Co 3.7-9; Gl 3.10). 4) Cristo levou a maldição da Lei e redimiu o crente da maldição e do domínio da Lei (Gl 3.13; 4.5-7). 5) A Lei não justifica o pecador nem santifica o crente (Gl 2.16; 3.2,3,11,12). 6) O crente está morto para a Lei e redimido dela, de maneira que ele não está "debaixo da Lei, mas debaixo da graça" (Rm 6.14; 7.4; Gl 2.19; 4.4-7; 1Tm 1.8,9). 7) Sob a nova aliança da graça está gravado o princípio de obediência à vontade divina (Hb 10.16). A vida do crente está tão distante da anarquia da vontade própria que ele está "debaixo da lei de Cristo" (1Co 9.21), e a nova "lei de Cristo" (Gl 6.2; 2Jo 5) é seu deleite; portanto, a justiça da Lei se cumpre nele por meio do Espírito que nele habita (Rm 8.2-4; Gl 5.16-18). Nas Escrituras distintivamente cristãs, os mandamentos são usados para "instruir em justiça" (2Tm 3.16,17; comp. Rm 13.8-10; 1Co 9.8,9; Ef 6.1-3).

[3] (3.25) "Tutor" é a tradução do gr. *paidagogos*, que significa *o que disciplina crianças* ou *líder da criança*. No mundo greco-romano, o pedagogo era o responsável pela educação e pela guarda dos filhos menores. O argumento não se estriba no alcance ou natureza da autoridade do pedagogo, mas no fato de que ela cessa por completo quando o "menino" (4.1) se torna filho (4.1-6), quando o menor se torna adulto. O "filho" adulto faz voluntariamente o que antes fazia por medo do pedagogo. Mas, mesmo que não o faça, já não é uma questão entre o filho e o pedagogo (a Lei), mas entre o filho e Deus, seu Pai. Comp. Hb 12.5-10; 1Jo 2.1,2.

[n] Para que o pecado fosse manifestado como transgressão. Rm 4.15
[o] Gl 4.4
[p] Justiça (AT): v. 21; Fp 3.6 (Gn 6.9; Lc 2.25, nota)
[q] Comp. Rm 3.9-20
[r] Veja Rm 3.23, nota

[s] Fé: v. 24-26; 5.5,6,22; Ef 1.13 (Gn 3.20; Hb 11.39, nota)
[t] Justificação: 3.24; 5.4; Tt 3.7 (Lc 18.14; Rm 3.28, nota)
[u] Veja Ef 1.5, nota
[v] Rm 6.3
[w] Rm 10.12; Cl 3.11
[x] 1Co 12.13

fêmea, pois todos vós sois [y]um em Cristo Jesus.

29 E, se sois de Cristo, então sois [z]descendentes de Abraão e [a]herdeiros conforme a promessa.

4 [b]Digo que todo o tempo que o herdeiro é menino em nada difere do escravo, ainda que seja senhor de tudo.

2 Ele está debaixo de tutores e administradores até o tempo determinado pelo pai.

3 Assim também nós, quando éramos meninos, estávamos reduzidos à servidão, debaixo dos [c]rudimentos do mundo.

(2) O crente é redimido da Lei

4 Vindo, porém, a plenitude dos tempos, Deus [d]enviou seu Filho, nascido de [e]mulher, nascido sob a Lei,

5 para [f]resgatar os que estavam [g]debaixo da Lei, a fim de recebermos a [h]adoção de filhos.

(3) O Espírito confirma a posição de filho do crente (veja Ef 1.5, nota)

6 Porque sois filhos, Deus enviou ao nosso coração o [i]Espírito de seu Filho, que clama: [j]Aba, Pai.

7 Assim que já não és mais escravo, mas filho; e, se és filho, és também feito herdeiro por Deus.

(4) A observância da Lei é voltar aos rudimentos da religião

8 **Antes**, porém, quando não conhecíeis a Deus, [k]servíeis aos que por natureza não são deuses.

9 Agora, no entanto, conhecendo a Deus, ou antes, sendo conhecidos por Deus, como tornais [l]outra vez a esses rudimentos fracos e pobres, aos quais de novo quereis servir?

10 [m]Guardais dias, e meses, e tempos, e anos.

11 [n]Receio por vós, que de algum modo eu tenha trabalhado em vão para convosco.

12 Irmãos, rogo-vos que sejais como eu, pois também eu sou como vós. Em nada me [o]ofendestes.

13 E vós sabeis que primeiro vos anunciei o [p]evangelho estando em [q]fraqueza da carne.

14 Embora minha enfermidade na carne vos fosse uma [r]tentação, não me rejeitastes nem me desprezastes; antes me recebestes como a um anjo de Deus, como ao próprio Cristo Jesus.

[y] 1Co 12.13; Ef 2.15,16
[z] Rm 4.11; Gl 3.7
[a] Rm 8.17
[b] Veja Gl 3.8, marg. y
[c] Comp. Cl 2.8,20
[d] Cristo (primeira vinda): v. 4; Ef 2.17 (Gn 3.15; At 1.11, nota); Jo 16.28
[e] Gn 3.15; Is 7.14; Mt 1.25
[f] Sacrifício (de Cristo): v. 5; Ef 1.7; 2.13 (Gn 3.15; Hb 10.18, nota)
[g] Gl 3.13
[h] Adoção: v. 5; Ef 1.5 (Rm 8.15; Ef 1.5)
[i] Espírito Santo (NT): 4.6,29; 5.5; Gl 5.16 (Mt 1.18; At 2.4, nota)
[j] Rm 8.15
[k] Comp. 1Ts 1.9
[l] Gl 3.1-3
[m] Comp. Cl 2.16
[n] Comp. v. 20
[o] Comp. 2Co 2.5
[p] Evangelho: v. 13; Ef 1.13 (Gn 12.3; Ap 14.6)
[q] Veja Gl 6.11, nota
[r] Provar--Tentar: v. 14; Gl 6.1 (Gn 3.1; Tg 1.14)

(5) No legalismo, os gálatas perderam a bênção

15 Qual é, logo, a vossa alegria? Dou-vos testemunho de que, se possível fora, teríeis arrancado os vossos olhos e os teríeis dado a mim.

16 Fiz-me, acaso, vosso inimigo, dizendo a verdade?

17 Os que tanto se esforçam para vos agradar não o fazem com sinceridade, mas querem afastar-vos de mim, para que vós tenhais zelo por eles.

18 É bom ser zeloso, mas sempre do bem, e não somente quando estou presente convosco.

(6) Os dois sistemas, Lei e graça, não podem coexistir

19 [1]Meus filhinhos, por quem de novo sinto as [s]dores de parto, até que Cristo seja formado em vós,

20 eu bem [t]quisera agora estar presente convosco e mudar o tom da minha voz, porque estou perplexo a vosso respeito.

21 **Dizei-me**, os que quereis estar debaixo da [u]Lei, não [v]ouvis vós a Lei?

22 Pois está [w]escrito [x]que Abraão teve dois filhos, um da escrava e outro da livre.

23 Todavia, o que era da escrava nasceu segundo a [yy]carne, mas, o que era da livre, por [zz]promessa.

24 O que deve ser entendido como ilustração, pois estas mulheres são as duas [aa]alianças. Uma aliança é do monte [bb]Sinai, gerando filhos para a [cc]escravidão, que é Hagar.

25 Ora, esta Hagar é Sinai, um monte da Arábia, que corresponde à Jerusalém atual, porque é escrava com seus filhos.

26 A Jerusalém que é de [dd]cima, porém, é livre, a qual é mãe de todos nós.

27 Pois está escrito:

[ee]Alegra-te, estéril,
que não dás à luz;
esforça-te e clama,
tu que não estás de parto;
porque os filhos da abandonada
são mais do que os da que tem marido.

28 Ora, [ff]vós, irmãos, sois filhos da promessa, como Isaque.

29 Mas, como então o que nasceu segundo a carne [gg]perseguia ao que nasceu segundo o [hh]Espírito, assim é também agora.

30 Que diz a Escritura? [ii]Lança fora a escrava e seu filho, pois de modo algum o filho da escrava herdará com o filho da livre.

[s] Comp. 1Co 4.15
[t] Comp. 2Co 13.1,2
[u] Lei (de Moisés): 4.21; 5.3,4, 14,18; 6.13; Ef 2.15 (Êx 19.1; Gl 3.24, nota)
[v] Comp. Rm 3.19,20
[w] Inspiração: 4.22,27, 30; 5.2; Gl 6.11 (Êx 4.15; 2Tm 3.16)
[x] Gn 16.15; 21.2
[yy] Veja Gl 3.3, marg. q
[zz] Gn 17.15-19
[aa] Veja Êx 19.5 e Hb 8.8, notas
[bb] Êx 24.6-8
[cc] 5.1
[dd] Comp. Hb 12.22
[ee] Is 54.1
[ff] Rm 9.8; Gl 3.29
[gg] Gn 21.9
[hh] Veja Gl 4.6, marg. i
[ii] Gn 21.10

[1] (4.19) A alegoria (v. 22-31) é dirigida aos crentes justificados, mas imaturos (comp. 1Co 3.1,2) que, sob a influência de mestres legalistas, queriam estar sob a Lei. Portanto, não tem aplicação ao pecador que busca justificação. Pela quinta vez na epístola, isso levanta a seguinte pergunta e também responde a ela: "O crente está sob a Lei?" (2.19-21; 3.1-3,25,26; 4.4-6,9-31).

31 De maneira que, irmãos, somos filhos [j]não da escrava, mas da livre.

5 Cristo nos libertou para que sejamos de fato livres. [k]Estai, pois, firmes e não torneis a colocar-vos debaixo do [l]jugo da escravidão.

V. Características na vida de um cristão justificado somente pela fé, 5.2-26

2 **Escutai!** Eu, Paulo, vos digo que, [m]se vos deixardes circuncidar, Cristo de nada vos aproveitará.

3 De novo testifico a todo homem que se deixa circuncidar, que está [n]obrigado a guardar toda a Lei.

4 [o]Separados estais de Cristo, vós os que vos [p]justificais pela Lei; da [q]graça tendes caído.

5 Nós, porém, pela [r]fé, [s]aguardamos mediante o Espírito a [t]justiça pela qual esperamos.

6 Pois em Cristo Jesus nem a [u]circuncisão nem a incircuncisão tem valor algum. O que importa é a fé que [v]opera pelo [w]amor.

7 Corríeis bem. Quem vos impediu de obedecer à verdade?

8 Esta persuasão não vem daquele que vos chamou.

9 Um pouco de [x]fermento leveda toda a massa.

10 Confio de vós, no Senhor, que não haveis de pensar de nenhum outro modo. Mas aquele que vos inquieta, seja ele quem for, sofrerá a condenação.

11 Eu, porém, irmãos, se ainda prego a circuncisão, por que é que sou perseguido? Logo o escândalo da cruz está desfeito.

12 Quanto aos que vos andam inquietando, quem dera se mutilassem.

13 **Vós**, irmãos, fostes chamados à liberdade. Não useis, porém, a [y]liberdade para dar [z]ocasião à [a]carne; mas servi-vos uns aos outros pelo [b]amor.

14 Toda a [c]Lei se cumpre numa só palavra, a saber: [d]Amarás o teu próximo como a ti mesmo.

15 Se vós, porém, vos [e]mordeis e devorais uns aos outros, vede que não vos consumais também uns aos outros.

A santificação é por meio do Espírito, não pela Lei

16 **Digo**, porém: [f]Andai no [g]Espírito e não satisfareis os desejos da carne.

O Espírito dá vitória sobre o pecado (comp. Rm 8.2; veja Rm 7.15, nota)

17 Pois a carne [h]deseja o que é contrário ao Espírito, e o Espírito o que é contrário à carne. Estes opõem-se um ao outro, para que [i]não façais o que quereis.

18 Se, porém, sois [jj]guiados pelo Espírito, [kk]não estais debaixo da Lei.

19 As [ll]obras da carne são conhecidas, as quais são: prostituição, impureza, libertinagem,

20 idolatria, feitiçarias, inimizades, porfias, ciúmes, iras, pelejas, dissensões, facções,

21 invejas, bebedices, orgias e coisas semelhantes a essas, acerca das quais vos declaro, como já antes vos preveni, que os que cometem tais coisas [mm]não herdarão o [nn]Reino de Deus.

O caráter cristão é produzido pelo Espírito Santo, não pelo próprio esforço (comp. Jo 15.1-5; Gl 2.20)

22 O [oo]fruto do Espírito, [1]porém, é: amor, alegria, paz, longanimidade, benignidade, bondade, [pp]fidelidade,

23 mansidão, domínio próprio. Contra essas coisas não há lei.

24 E os que são de Cristo Jesus crucificaram a carne com as suas paixões e desejos.

25 Se vivemos no Espírito, andemos também no Espírito.

26 Não nos tornemos convencidos, irritando-nos uns aos outros, invejando-nos uns aos outros.

VI. A manifestação exterior da nova vida em Cristo Jesus, 6.1-16.

(1) A nova vida é uma irmandade

(a) O caso do irmão em pecado

6 **Irmãos**, se alguém for surpreendido nalguma [qq]ofensa, vós, que sois [rr]espirituais, corrigi o tal com espírito de [ss]mansidão. Mas olha por ti mesmo, para que não sejas também [tt]tentado.

(b) O caso do irmão afligido

2 [uu]Levai as cargas uns dos outros e assim cumprireis a lei de Cristo.

3 Se alguém [vv]pensa ser alguma coisa, não sendo nada, [ww]engana-se a si mesmo.

4 [xx]Examine cada um a sua própria obra. Então terá motivo de glória só em [yy]si mesmo, não em outrem,

[1] (5.22) O caráter cristão não é meramente retidão moral ou legalista, mas a posse e a manifestação das graças ou virtudes dos v. 22,23. Tomadas em conjunto, apresentam um retrato moral de Cristo e podem ser consideradas a explicação que o apóstolo faz sobre 2.20, "já não vivo eu, mas Cristo vive em mim", e uma definição do "fruto" em Jo 15.1-8. Este caráter é possível em razão da união vital entre o crente e Cristo (Jo 15.5; 1Co 12.12,13) e é, em sua totalidade, o fruto do Espírito. "Fruto" (singular), em contraste com "obras" (plural, v. 19), indica que a vida do cristão no Espírito está unificada em propósito e direção, em contraste com a vida na carne com seus conflitos interiores e frustrações.

[j] Comp. Rm 6.14
[k] Fp 4.1
[l] At 15.10
[m] Comp. At 15.1
[n] Dt 27.26; Rm 2.25
[o] Tentando vos justificar pela lei, fazendo que a morte de Cristo não tenha benefício prático, haveis perdido o sentido da liberdade em Cristo. Cl 1.23
[p] Veja Gl 3.24, marg. s
[q] Veja Gl 2.21, marg. l
[r] Veja Gl 3.24, marg. t
[s] Comp. Rm 5.2-5
[t] Veja Rm 10.10, nota
[u] Gl 6.15
[v] 1Ts 1.3
[w] Lei (de Cristo): v. 6; Gl 5.13 (Jo 13.34; 2Jo 5)
[x] Fermento: v. 9 (Gn 19.3; Mt 13.33, nota)
[y] Rm 8.2; Gl 5.1
[z] Rm 6.1; 1Pe 2.16
[a] Carne (natureza pecaminosa): 5.13,16, 17,19,24; 6.8; Ef 2.3 (Jo 8.15; Jd 23)
[b] Lei (de Cristo): 5.13; 6.2; Ef 1.15 (Jo 13.34; 2Jo 5)
[c] Veja Gl 4.21, marg. u
[d] Lv 19.18; Mt 22.39; Rm 13.9
[e] Comp. Tg 3.13-16
[f] Comp. Rm 8.12,13
[g] Espírito Santo (NT): 5.16-18,22, 23,25; 6.8; Ef 1.13 (Mt 1.18; At 2.4, nota)

[h] Rm 7.22,23
[i] Comp. Rm 7.15-25
[jj] Rm 8.14
[kk] Libertados no Espírito, não estais debaixo da escravidão do esforço de agradar a Deus por obras da Lei. Rm 6.14
[ll] Rm 1.26-31; Ef 5.3,11; 2Tm 3.2-4
[mm] 1Co 6.9,10
[nn] Veja Mt 6.33, nota
[oo] Veja Ap 19.8, nota
[pp] Veja Gl 3.24, marg. t
[qq] Veja Rm 3.23, nota
[rr] Comp. Rm 15.1
[ss] Ef 4.2; comp. 2Ts 3.15
[tt] Provar-Tentar: v. 1; 1Ts 3.5 (Gn 3.1; Tg 1.14)
[uu] At 20.35; 1Ts 5.14
[vv] Rm 12.3
[ww] Tg 1.22
[xx] Juízos (os sete): v. 4; 1Tm 1.20 (2Sm 7.14; Ap 20.12)
[yy] Comp. 2Co 10.12-18

5 pois cada qual [z]levará o seu próprio fardo.

(c) O caso do irmão que instrui

6 **E** o que é instruído na palavra, [a]reparta todas as coisas boas com aquele que o instrui.

(2) A nova vida como responsabilidade perante Deus

7 [b]Não vos enganeis: Deus não se deixa escarnecer. [c]Tudo o que o homem semear, isso também colherá.
8 O que semeia na sua [d]carne, da carne colherá a corrupção; o que semeia no [e]Espírito, do Espírito colherá a [f]vida eterna.
9 E não nos [g]cansemos de fazer o bem, pois a seu tempo [h]colheremos, se não houvermos desfalecido.

(3) A nova vida como ajuda aos demais (comp. At 10.38)

10 Então, enquanto temos [i]oportunidade, façamos o bem a todos, mas [j]principalmente aos da família da fé.

(4) A nova vida em amor sacrificial

11 **V**ede com que [1]grandes letras vos [k]escrevi de meu próprio punho.

12 Todos os que querem causar [l]boa impressão, esses vos obrigam a circuncidar-vos, somente para não [m]serem perseguidos por causa da cruz de Cristo.
13 Nem mesmo aqueles que se circuncidam guardam a [n]Lei, mas querem que vos circuncideis, para se gloriarem na vossa carne.

(5) O novo regozijo de uma nova vida

14 Longe, porém, esteja de mim gloriar-me, a não [o]ser na [p]cruz de nosso Senhor Jesus Cristo, pela qual o [q]mundo está crucificado para mim, e [r]eu para o [s]mundo.
15 Em Cristo Jesus nem a circuncisão nem a incircuncisão têm valor algum, mas sim o ser uma nova [t]criatura.

(6) A paz da nova vida

16 E a todos os que andarem conforme esta regra, paz e misericórdia sejam sobre eles e sobre o Israel de Deus.

Conclusão: As marcas da comunhão do sofrimento de Cristo, 6.17,18

17 **F**inalmente, ninguém me perturbe, pois trago no meu corpo as marcas de Jesus.
18 A [u]graça de nosso Senhor Jesus Cristo seja, irmãos, com o vosso espírito. Amém.

[z] Comp. Rm 14.12
[a] 1Co 9.7-15; 1Tm 5.18
[b] Comp. 1Co 6.9,10
[c] Comp. 1Co 3.10-15
[d] Veja Gl 5.13, marg. a
[e] Veja Gl 5.16, marg. g
[f] Rm 6.8; veja Gl 2.20, marg. j
[g] 1Co 15.58; 2Ts 3.13
[h] Tg 5.7,8
[i] Pv 3.27
[j] Rm 12.13
[k] Inspiração: v. 11; Ef 3.3 (Êx 4.15; 2Tm 3.16)
[l] Comp. Fp 3.4
[m] Gl 5.11
[n] Veja Gl 4.21, marg. u
[o] Comp. Fp 3.7-9
[p] 1Co 1.18
[q] Gr. *kosmos*. Veja Mt 4.8, nota
[r] Gl 2.20; Cl 2.20
[s] Gr. *kosmos*. Veja Ap 13.8, nota
[t] 2Co 5.17
[u] Veja Gl 2.21, marg. l

[1] (6.11) Embora no NT não se registre qual era a enfermidade de Paulo (veja 2Co 12.7, *nota*), é possível que ele tenha tido algum tipo de problema nos olhos (p. ex., 4.13-15). Talvez essa seja a razão pela qual geralmente ele ditava suas cartas; mas, agora, por causa do perigo espiritual de seus queridos gálatas e sem ter à mão um amanuense, escreve com a própria mão.

EFÉSIOS

- **Autor:** Paulo
- **Tema:** A Igreja, o corpo de Cristo
- Escrito em 60 d.C., aprox.

A EPÍSTOLA AOS EFÉSIOS, a primeira das epístolas da prisão (At 20–27; veja At 28.30, nota), foi escrita em Roma, e Tíquico a levou em mãos, com a carta aos colossenses e a carta a Filemom. Provavelmente, as duas mais extensas foram escritas por ocasião do regresso de Onésimo à casa de Filemom. Efésios é a mais impessoal das cartas de Paulo. Em Cl 4.16, há menção de uma carta aos laodicenses. É possível que a epístola de Efésios tenha sido enviada tanto a Éfeso como a Laodiceia, dirigida "aos santos [...] e fiéis em Cristo Jesus" que estão em todo lugar.

A doutrina da epístola confirma este ponto de vista. Ela contém a verdade mais elevada sobre a Igreja, mas não menciona em absoluto a ordem dentro da igreja. Essencialmente, há três linhas que formam essa epístola: 1) a posição exaltada do crente mediante a graça, 2) a verdade sobre o corpo de Cristo e 3) uma vida de acordo com essa posição.

Há uma notável afinidade espiritual entre Efésios e Josué; na posição cristã, as "regiões celestiais" correspondem a Canaã na experiência de Israel. Em ambos os livros, há conflito, frequentes fracassos, mas também vitória, descanso e posse (Js 21.43-45; Ef 1.3; 3.14-19; 6.16). Como é de esperar em uma revelação completa, na estrutura de Efésios o número sete se destaca.

A epístola pode ser dividida da seguinte maneira: Introdução, 1.1,2. I. A posição do crente na graça, 1.3–3.21. II. A vida e o serviço do crente, 4.1–5.17. III. A vida e a luta do crente cheio do Espírito, 5.18–6.20. Conclusão, 6.21-24.

Introdução, 1.1,2

1 Paulo, apóstolo de Cristo Jesus pela vonta-
de de Deus, aos [1]santos que estão em Éfeso
e fiéis [2]em Cristo Jesus:
2 [a]Graça e paz a vós outros, da parte de Deus
nosso Pai e do Senhor Jesus Cristo.

I. A posição do crente na graça, 1.3–3.21

(1) O crente em Cristo nos lugares celestiais

3 Bendito seja o Deus e Pai de nosso Senhor
Jesus Cristo, o qual nos abençoou com todas
as bênçãos espirituais nas [3]regiões celestiais
em Cristo.
4 Pois nos [b]elegeu nele antes da fundação do
[c]mundo, para sermos [d]santos e irrepreensíveis
diante dele. E em amor
5 nos [e]predestinou para sermos filhos de
[4f]adoção por Jesus Cristo, para si mesmo, se-
gundo o bom propósito da sua vontade,
6 para louvor e glória da sua graça, a qual
nos deu gratuitamente no Amado.
7 Nele temos a [g]redenção pelo seu [h]sangue,
a [i]remissão dos [j]pecados, segundo as riquezas
da sua [k]graça,
8 que ele derramou profundamente sobre
nós em toda a sabedoria e entendimento.
9 E desvendou-nos o [l]mistério da sua vonta-
de, segundo o bom propósito que propusera
em Cristo,
10 de fazer convergir em Cristo todas as
coisas, na [5m]dispensação da plenitude dos
tempos, tanto as que estão nos céus como
as que estão na terra.

[a] Veja 2Pe 3.18, nota. Graça: v. 2,6; Ef 1.7 (Jo 1.14; Jo 1.17, nota)
[b] Eleição (coletiva): v. 4; Cl 3.12 (Dt 7.6; 1Pe 5.13)
[c] Gr. *kosmos*
[d] Santificação (NT): v. 4; Ef 2.21 (Mt 4.5; Ap 22.11
[e] Predestinação: v. 5; Ef 1.11 (Rm 8.29; Ef 1.11)
[f] Adoção: v. 5 (Rm 8.15; Ef 1.5)
[g] Veja Rm 3.24, nota
[h] Veja Gl 4.5, marg. f
[i] Perdão: v. 7; Ef 4.32 (Lv 4.20; Mt 26.28, nota)
[j] Veja Rm 3.23, nota
[k] Graça: 1.7; 2.5,7,8; 3.2; Ef 3.7 (Jo 1.14; 1.17, nota)
[l] Veja Mt 13.11, nota
[m] Veja Ap 20.4, nota

[1] (1.1) No NT, santo não é uma pessoa sem pecado, mas um pecador salvo. É por meio da fé no Senhor Jesus Cristo que um pecador se torna santo. Veja Rm 1.7, *nota*.

[2] (1.1) Este é o lugar do cristão como membro do corpo de Cristo; o crente está unido a ele de forma vital pelo batismo com o Espírito Santo (1Co 12.12,13).

[3] (1.3) "As *regiões* celestiais" podem ser definidas como a esfera da experiência espiritual do cristão que está identificado com Cristo em natureza (2Pe 1.4), vida (Cl 3.4; 1Jo 5.12), relacionamentos (Jo 20.17; Hb 2.11), serviço (Mt 28.20; Jo 17.18), sofrimento (Fp 1.29; 3.10; Cl 1.24), herança (Rm 8.16,17) e na glória futura do Reino (Rm 8.18-21; 1Pe 2.9; Ap 1.6; 5.10). O cristão é um homem celestial, um estrangeiro e peregrino sobre a terra (Hb 3.1; 1Pe 2.11).

[4] (1.5) "Adoção" (gr. *huiothesia*, que significa *estar na posição de filho*) não é tanto uma palavra que denota relacionamento, mas posição. Na regeneração, um cristão recebe a natureza de filho de Deus; na adoção, recebe a posição de filho de Deus. Todos os cristãos obtêm a posição de filhos e o direito de assim ser chamados no momento em que creem (Gl 3.25,26; 4.6; 1Jo 3.1,2). O Espírito que habita no crente confirma esta realidade na experiência presente do cristão (Gl 4.6); mas a manifestação plena da condição de filhos aguarda a ressurreição, a transformação e o arrebatamento dos santos, algo que recebe o nome de "a redenção do nosso corpo" (Rm 8.23; Ef 1.14; 1Ts 4.14-17; 1Jo 3.2).

[5] (1.10) "Dispensação da plenitude dos tempos". Esta é a sétima e última das dispensações ordenadas que condicionam a vida humana na terra; identifica-se com o Reino da aliança firmada com Davi (2Sm 7.8-17; Zc 12.8, Resumo; Lc 1.31-33; 1Co 15.24, Resumo) e reúne em si e debaixo de Cristo todos os *tempos* passados: 1) O tempo de opressão e desgoverno tem fim quando Cristo estabelece o seu Reino (Is 11.3,4); 2) O tempo de testemunho e paciência divina termina em julgamento (Mt 25.31-46; At 17.30,31; Ap 20.7-15); 3) O tempo de luta termina em descanso e recompensa (2Ts 1.6,7); 4) O tempo de sofrimento termina em glória (Rm 8.17,18); 5) O tempo de

11 Nele, digo, em quem também fomos feitos herança, havendo sido [1][n]predestinados, conforme o propósito daquele que faz todas as coisas, segundo o [o]conselho da sua vontade,

12 a fim de sermos para [p]louvor da sua glória, nós, os que primeiro esperamos em Cristo.

13 É também nele que vós estais, depois que ouvistes a palavra da verdade, o [q]evangelho da vossa [r]salvação. Tendo nele [s]crido, fostes [2]selados com o [t]Espírito Santo da promessa,

14 que é o [u]penhor da nossa herança, para redenção da propriedade de Deus, em louvor da sua glória.

(2) Oração por sabedoria

15 **P**elo que, ouvindo eu também falar da fé que entre vós há no Senhor Jesus e do vosso [v]amor para com todos os santos,

16 não cesso de dar graças a Deus por vós, lembrando-me de vós nas minhas [w]orações.

17 Peço que o Deus de nosso Senhor Jesus Cristo, o Pai da glória, vos dê em seu conhecimento o espírito de sabedoria e de revelação.

18 Oro também para que sejam iluminados os olhos do vosso entendimento, para que saibais qual seja a esperança para a qual ele vos chamou, e quais as riquezas da glória da sua herança nos santos,

19 e qual a suprema grandeza do seu poder para conosco, os que cremos, segundo a operação da força do seu poder,

20 que manifestou em Cristo, [x]ressuscitando-o dentre os mortos e fazendo-o sentar-se à sua direita nos céus,

21 acima de todo principado, autoridade, poder, domínio e de todo nome que se nomeia, não só neste [y]século, mas também no vindouro.

(3) Cristo exaltado como Cabeça do seu corpo, a Igreja

22 Deus [z]sujeitou todas as coisas debaixo dos seus pés e sobre todas as coisas o constituiu cabeça da igreja,

23 que é o seu [a]corpo, a plenitude daquele que enche tudo em todos.

(4) Método de salvação

2 Ele vos [b]vivificou, estando vós mortos nos vossos delitos e pecados,

2 nos quais andastes outrora, segundo o curso deste [c]mundo, segundo o [d]príncipe do poder do ar, do espírito que agora opera nos filhos da desobediência.

3 Entre eles todos nós também antes andávamos nos desejos da nossa carne, fazendo a vontade da [e]carne e dos pensamentos. E éramos por natureza filhos da ira, como também os demais.

4 Deus, porém, que é [f]riquíssimo em misericórdia, pelo seu [g]muito amor com que nos amou,

5 estando nós [h]ainda [3][i]mortos em nossos [j]delitos, nos [k]vivificou com Cristo (pela [l]graça sois [m]salvos)

6 e nos ressuscitou com ele, fazendo-nos assentar nas regiões [nn]celestiais, em Cristo Jesus,

7 para mostrar nos séculos vindouros as abundantes riquezas da sua graça, pela sua benignidade para conosco em Cristo Jesus.

[n] Predestinação: v. 11 (Rm 8.29; Ef 1.11)
[o] Is 46.10
[p] v. 6,14
[q] Evangelho: v. 13; Ef 2.17 (Gn 12.3; Ap 14.6)
[r] Veja Rm 1.16, nota
[s] Fé: v. 13,15, 19; Ef 2.8 (Gn 3.20; Hb 11.39, nota)
[t] Espírito Santo (NT): v. 13; Ef 2.18 (Mt 1.18; At 2.4, nota)
[u] Segurança: v. 14; Ef 4.30 (Sl 23.1; Jd 1)
[v] Lei (de Cristo): v. 15; Ef 3.17 (Jo 13.34; 2Jo 5)
[w] Orações da Bíblia (NT): v. 16-23; Ef 3.14 (Mt 6.9; Lc 11.2, nota)
[x] Ressurreição: v. 20,21; Fp 3.10 (2Rs 4.35; 1Co 15.52, nota)
[y] Gr. *aiōn*. Veja 3.9, marg. uu
[z] Sl 8.6
[a] Igreja (verdadeira): v. 22,23; Ef 2.16 (Mt 16.18; Hb 12.23)
[b] v. 5; veja Rm 4.17, marg. b
[c] Gr. *kosmos*. Veja Rm 13.8, nota
[d] Satanás: v. 2; Ef 4.27 (Gn 3.1; Ap 20.10); Jo 12.31; 1Jo 5.19
[e] Carne (natureza pecaminosa): v. 3; Fp 3.3 (Jo 8.15; Jd 23)
[f] Sl 103.8-11
[g] Jo 3.16; 1Jo 4.9,10
[h] Rm 5.8
[i] Morte (espiritual): v. 5; Ef 4.18 (Gn 2.17; Ef 2.5, nota)
[j] Veja Rm 3.23, nota
[k] Ef 2.1
[l] Veja Ef 1.7, marg. b
[m] Veja Rm 1.16, nota
[nn] Veja Ef 1.3, nota

cegueira e castigo de Israel termina em restauração e conversão (Rm 11.25-27; Ez 39.25-29); 6) Os tempos dos gentios findam com o *ferir da estátua* (Dn 2.34,35; Ap 19.15-21) e o estabelecimento do reino dos céus; 7) O tempo do cativeiro da criação termina em libertação na "manifestação dos filhos de Deus" (Gn 3.17; Is 11.6-8; Rm 8.19-21).

[1] (1.11) "Predestinar" significa *delinear* ou *determinar de antemão*. Nas Escrituras, essa ideia é mais inclusiva do que a ideia de eleição. Esta sempre está limitada àqueles especialmente escolhidos por Deus. Mas a predestinação inclui a salvação dos eleitos, como também todos os outros atos e eventos no universo, tanto bons como maus (At 4.27,28, gr.). Dentro do plano global de predestinação feito por Deus, é necessário distinguir entre os dois tipos de eventos que foram determinados: 1) os eventos *causados* por Deus, como, p. ex., a salvação dos eleitos, e 2) os eventos *permitidos* por Deus. Dizer que Deus predestinou os atos maus dos homens não significa que Deus tenha causado esses atos, já que isto faria de Deus o autor do mal. Deus predestinou, neste caso, significa que Deus, conhecendo de antemão como os homens agiriam em variadas circunstâncias, determinou de antemão que lhes permitiria agir dessa maneira; isso significa que as ações acontecem como parte de seu plano total, mas deixando que os homens sejam totalmente responsáveis pelo que fazem (Lc 22.22; At 2.23). A verdade bíblica da predestinação faz surgirem problemas de difíceis soluções para o intelecto humano, dos quais não podemos escapar rejeitando a predestinação e afirmando a presciência. Se Deus sabe de antemão todas as coisas, estas são tão inevitáveis como se fossem predestinadas. Veja Eleição, 1Pe 5.13, *nota*; Presciência, 1Pe 1.20, *nota*.

[2] (1.13) O próprio Espírito Santo é o selo. No simbolismo das Escrituras, um selo tem os seguintes significados: 1) uma transação concluída (Jr 32.9,10; Jo 17.4; 19.30); 2) posse ou propriedade (Jr 32.11,12; 2Tm 2.19); 3) segurança (Et 8.8; Dn 6.17; Ef 4.30).

[3] (2.5) Morte (espiritual). Resumo: A morte espiritual é o estado do homem natural ou não regenerado que ainda está em seus pecados (2.1), alheio à vida de Deus (4.18,19) e sem o Espírito (Rm 8.9). A morte espiritual se prolonga além da morte do corpo e é um estado de separação eterna de Deus e de sofrimento consciente. É o que se chama de "a segunda morte" (Ap 2.11; 20.6,14, *nota*; 21.8).

8 Pois é pela graça que sois salvos, por meio
da [o]fé; e isso não vem de vós, é [p]dom de Deus;
9 não das [q]obras, para que ninguém se [r]glorie.
10 Pois somos feitura sua, [s]criados em Cristo
Jesus para as [t]boas obras, as quais Deus pre-
parou para que andássemos nelas.

(5) Posição dos gentios por natureza

11 **Portanto**, lembrai-vos de que vós outro-
ra éreis gentios por nascimento e chamados
incircuncisão pelos que no corpo se chamam
circuncisão, feita pela mão dos homens;
12 que naquele tempo estáveis sem Cristo,
separados da comunidade de Israel e estra-
nhos às [u]alianças da promessa, sem esperança
e sem Deus no [v]mundo.
13 Agora, porém, em Cristo Jesus, vós, que
antes estáveis longe, já pelo sangue de Cristo
chegastes perto.

(6) Judeus e gentios, um corpo em Cristo

14 Pois ele é a nossa paz, o qual de ambos
os povos fez um e destruiu a parede de sepa-
ração, a barreira de inimizade que estava no
meio, desfazendo [w]na sua carne
15 a [x]Lei dos mandamentos, que consistia
em ordenanças, para criar em si mesmo dos
dois um [1]novo homem, fazendo a paz,
16 e pela cruz [y]reconciliar ambos com Deus
em um só [z]corpo, matando com ela a ini-
mizade.
17 E, [a]vindo, ele [b]evangelizou a paz a vós
que estáveis longe e aos que estavam perto.
18 Pois por ele ambos temos acesso ao Pai
em um mesmo [c]Espírito.

(7) A Igreja, um templo para habitação de Deus em Espírito

19 Assim já não sois estrangeiros nem fo-
rasteiros, mas concidadãos dos santos e
membros da família de Deus,
20 edificados sobre o [d]fundamento dos após-
tolos e dos profetas, sendo o próprio Cristo
Jesus a principal [e]pedra angular.
21 Nele todo o edifício bem ajustado cresce
para [f]templo [g]santo no Senhor.
22 E nele também vós juntamente sois edifi-
cados para [h]morada de Deus no Espírito.

(8) A Igreja, um "mistério" escondido das gerações passadas (comp. Cl 1.24-27)

3 **Por** esta causa eu, Paulo, sou o prisioneiro
de Cristo Jesus por vós, os gentios,
2 se é que tendes ouvido a dispensação da
graça de Deus, que para convosco me foi dada,
3 isto é, o [i]mistério que me foi manifestado
pela revelação, como acima em poucas pala-
vras vos [j]escrevi.
4 Quando lerdes o que escrevi, podereis per-
ceber a minha compreensão do mistério de
Cristo,
5 o qual em outras gerações não foi mani-
festado aos filhos dos homens, como agora foi
revelado pelo Espírito aos seus santos após-
tolos e profetas.
6 O mistério é [2]que os gentios são co-herdeiros
e membros do mesmo [k]corpo e coparticipantes
da promessa em Cristo Jesus pelo [l]evangelho.
7 Fui [m]feito ministro deste evangelho, segun-
do o dom da [n]graça de Deus, que me foi dado
segundo a operação do seu [oo]poder.
8 A mim, o [pp]menor de todos os [qq]santos, me
foi dada esta graça de anunciar entre os [rr]gentios,
por meio do evangelho, as riquezas [ss]insondá-
veis de Cristo
9 e demonstrar a todos qual seja a dispensa-
ção do [tt]mistério, que desde os [uu]séculos esteve
oculto em Deus, que a tudo [vv]criou.
10 E foi assim para que agora, pela igreja, a mul-
tiforme sabedoria de Deus seja conhecida dos
[ww]principados e potestades nas [xx]regiões celestiais,
11 [yy]segundo o eterno propósito que fez em
Cristo Jesus, nosso Senhor,
12 no qual temos [zz]ousadia e acesso em con-
fiança, pela nossa [aa]fé nele.

(9) Oração por compreensão

13 Portanto, peço-vos que não desfaleçais
nas minhas tribulações por vós, que são a
vossa glória.
14 [bb]**Por** causa disso me [cc]ponho de joelhos
perante o [dd]Pai de nosso Senhor Jesus Cristo,
15 do qual toda a família nos céus e na terra
toma o nome.
16 Oro para que, segundo as [ee]riquezas da sua
glória, vos conceda que sejais [ff]fortalecidos com
poder pelo seu [gg]Espírito no homem interior,

---

[1] (2.15) Aqui e possivelmente em 4.13, o "novo homem" não é o crente como indivíduo, mas a Igreja considerada como o corpo de Cristo no sentido de 1Co 12.12,13; Ef 1.22,23; comp. Cl 3.10,11; veja Hb 12.23, *nota*.

[2] (3.6) Não era um mistério que os gentios seriam salvos (Rm 9.24-33; 10.19-21). O mistério "oculto em Deus" era o propósito divino de fazer de judeus e gentios algo totalmente novo: "a igreja, que é o seu corpo [de Cristo]", formada pelo batismo com o Espírito Santo (1Co 12.12,13) e na qual desaparece a distinção terrena entre judeus e gentios (Ef 2.14,15; Cl 3.10,11). Cristo predisse esse "mistério" da Igreja, mas não o explicou (Mt 16.18). Os detalhes sobre a doutrina, a posição, a vida e o destino da Igreja foram confiados pelo Espírito a Paulo e aos outros "santos apóstolos e profetas" (Ef 3.5).

---

[o] Fé: v. 8; Ef 3.12 (Gn 3.20; Hb 11.39, nota)
[p] Jo 1.12,13
[q] Rm 4.4,5; 11.6
[r] Rm 3.27
[s] Veja Ef 4.24, nota
[t] Veja Jo 3.3, nota
[u] Veja Hb 8.8, nota
[v] Gr. *kosmos*. Veja Mt 4.8, nota
[w] Sacrifício (de Cristo): v. 13-16; Ef 5.2 (Gn 3.15; Hb 10.18, nota)
[x] Lei (de Moisés): v. 15; Fp 3.5 (Êx 19.1; Gl 3.24, nota)
[y] Reconciliação: v. 12-18; Cl 1.20 (Rm 5.10; Cl 1.20)
[z] Igreja (verdadeira): v. 15-22; Ef 3.6 (Mt 16.18; Hb 12.23)
[a] Cristo (primeira vinda): v. 17; Fp 2.7 (Gn 3.15; At 1.11, nota)
[b] Evangelho: v. 17; Ef 3.6 (Gn 12.3; Ap 14.16)
[c] Espírito Santo (NT): 2.18,22; 3.5; Ef 3.16 (Mt 1.18; At 2.4, nota)
[d] 1Co 3.11
[e] Cristo (Pedra): v. 20; 1Pe 2.4 (Gn 49.24; 1Pe 2.8)
[f] 1Co 3.16,17
[g] Santificação (NT): 2.21; 3.5; Ef 4.24 (Mt 4.5; Ap 22.11)
[h] Jo 17.23

[i] Veja Mt 13.11, nota
[j] Inspiração: v. 3-5; Ef 4.8 (Êx 4.15; 2Tm 3.16)
[k] Igreja (verdadeira): 3.6,10,21; 4.4,12,16; Ef 5.23 (Mt 16.18; Hb 12.23)
[l] Evangelho: v. 1-10; Ef 6.15 (Gn 12.3; Ap 14.6)
[m] Veja Rm 11.13, marg. hh
[n] Veja 2Pe 3.18, nota. Graça: 3.7,8; 4.7; Ef 4.29 (Jo 1.14; 1.17, nota)
[oo] Comp. Gl 2.7,8
[pp] 1Co 15.9; comp. 1Tm 1.15
[qq] Veja Rm 15.25, marg. b
[rr] Veja v. 6, nota; At 9.15; Rm 11.13
[ss] v. 18,19; Cl 2.2,3
[tt] Veja Mt 13.11, nota
[uu] Gr. *aiōn*. Veja Mc 10.30, nota
[vv] Jo 1.3; Cl 1.16; Hb 1.2
[ww] Ef 1.21
[xx] Veja Ef 1.3, nota
[yy] Ef 1.4,11
[zz] Hb 10.19
[aa] Fé: v. 12,17; Fp 1.29 (Gn 3.20; Hb 11.39, nota)
[bb] Comp. Ef 3.1
[cc] Orações da Bíblia (NT): v. 14-21; Fp 1.9 (Mt 6.9; Lc 11.2, nota)
[dd] Ef 1.3
[ee] Ef 1.7; 2.4; Fp 4.19
[ff] Cl 1.11
[gg] Espírito Santo (NT): 3.16; 4.3,4; Ef 4.30 (Mt 1.18; At 2.4, nota)

17 para que Cristo [h]habite pela fé no vosso coração. E oro para que, estando arraigados e fundados em [i]amor,

18 [j]possais perfeitamente compreender, com todos os santos, [k]qual seja a largura, e o comprimento, e a altura, e a profundidade,

19 e conhecer o amor de Cristo, que excede todo o entendimento, para que sejais cheios de toda a plenitude de Deus.

20 Ora, àquele que é poderoso para fazer tudo muito mais abundantemente além daquilo que pedimos ou pensamos, segundo o poder que em nós opera,

21 a ele seja glória, na igreja e em Cristo Jesus, por todas as [l]gerações, para todo o sempre. Amém.

II. A vida e o serviço do crente, 4.1–5.17

(1) Uma vida digna da alta posição

4 Portanto, como prisioneiro do Senhor, rogo-vos que [m]andeis como é digno da vocação que recebestes,

2 com toda a humildade e mansidão, com longanimidade, suportando-vos uns aos outros em amor,

3 procurando guardar a unidade do Espírito no vínculo da paz.

(2) Sete fatores de unidade a ser mantidos

4 Há um só corpo e um só Espírito, como também fostes chamados em uma só esperança da vossa vocação;

5 [n]um só Senhor, [o]uma só fé, [p]um só batismo;

6 [q]um só Deus e Pai de todos, o qual é sobre todos, e por todos e em todos.

(3) Os dons do Cristo ressurreto e seu propósito (1Co 12.4-11)

7 A graça, porém, foi dada a cada um de nós segundo a medida do dom de Cristo.

8 Por isso [r]diz:

[s]Subindo ao alto,
levou cativo o cativeiro,
e deu dons aos homens.

9 Ora, que significa "ele subiu", senão que também antes desceu às partes mais baixas da terra?

10 Aquele que desceu é o mesmo que subiu acima de todos os céus, para [t]cumprir todas as coisas.

11 E ele mesmo [1]deu [2]uns para apóstolos, e outros para profetas, e outros para evangelistas, e outros para pastores e doutores,

12 tendo em vista o [u]aperfeiçoamento dos santos para o desempenho do ministério, para a [v]edificação do [w]corpo de Cristo,

13 até que todos cheguemos à unidade da fé e do pleno conhecimento do Filho de Deus, à [x]perfeita [y]varonilidade, à medida da estatura da plenitude de Cristo,

14 para que não sejamos mais [z]meninos, inconstantes, levados ao redor por todo vento de doutrina, pelo engano dos homens que com astúcia induzem ao erro.

15 Antes, [a]seguindo a verdade em [b]amor, cresçamos em tudo naquele que é o [c]cabeça, Cristo,

16 do qual todo o corpo bem ajustado e ligado pelo auxílio de todas as juntas, segundo a justa operação de cada parte, faz o seu próprio aumento para a edificação de si mesmo em amor.

(4) A vida do crente como novo homem em Cristo

17 Portanto, digo isto e [d]testifico no Senhor, para que [e]não andeis mais como andam os outros gentios, na vaidade do seu pensamento,

18 obscurecidos no entendimento, [f]separados da [g]vida de Deus pela ignorância que há neles, pela dureza do seu coração.

19 Tendo-se [hh]tornado insensíveis, [ii]entregaram-se à depravação, para, com avidez, cometerem toda sorte de impureza.

20 Vós, porém, não aprendestes assim a Cristo,

21 se é que o ouvistes e nele fostes ensinados, conforme é a verdade em Jesus,

22 que, quanto ao trato passado, vos [jj]despojeis do [kk]velho homem, que se corrompe pelas concupiscências do engano;

23 e vos [ll]renoveis no espírito do vosso entendimento;

[h] Jo 14.23; comp. Cl 1.27
[i] Lei (de Cristo): 3.17,19; 4.2; Ef 4.15 (Jo 13.34; 2Jo 5)
[j] Comp. Ef 1.18
[k] Comp. 2Tm 2.7
[l] Gr. *aiōn*. Veja Mc 10.30, nota
[m] 1Ts 2.12
[n] 1Co 1.13; 8.6
[o] 1Co 15.1-8
[p] 1Co 12.12,13
[q] 1Co 8.6; 12.6
[r] Inspiração: v. 8; Ef 4.17 (Êx 4.15; 2Tm 3.16)
[s] Sl 68.18
[t] Ef 1.23
[u] Veja Mt 5.48, nota
[v] Veja 1Co 14.3, marg. i
[w] Veja Ef 3.6, marg. k
[x] Veja Fp 3.12, nota
[y] Veja Ef 2.15, nota
[z] 1Co 14.20
[a] 2Tm 1.13
[b] Lei (de Cristo): 4.15,16; 5.2,25,28; Ef 6.23 (Jo 13.34; 2Jo 5)
[c] Ef 1.22
[d] Inspiração: 4.17; 5.14,32; Cl 2.4 (Êx 4.15; 2Tm 3.16)
[e] Ef 2.2
[f] Morte (espiritual): v. 18; Cl 2.13 (Gn 2.17; Ef 2.5, nota)
[g] Vida (eterna): v. 18; Fp 4.3 (Mt 7.14; Ap 22.19)
[hh] 1Tm 4.2
[ii] Comp. Rm 1.24-32
[jj] Cl 3.9,10
[kk] Veja Rm 6.6, nota
[ll] Rm 12.2

[1] (4.11) Em 1Co 12.8-28, o Espírito Santo dota os membros do corpo de Cristo de dons espirituais, dá-lhes capacidade para o desempenho de serviços variados; aqui, certos homens dotados pelo Espírito, i.e., apóstolos, profetas, evangelistas, pastores e doutores, são os dons que o Cristo glorificado concede ao seu corpo, a Igreja. Em 1 Coríntios, os dons são capacitações espirituais para um serviço específico; em Efésios, os dons são homens que têm essas capacitações.

[2] (4.11) Ao conceder homens com dons, o Senhor determina – de forma providencial (p. ex., At 11.22-26) ou de forma direta mediante o Espírito Santo (p. ex., At 13.1,2; 16.6,7) – os lugares onde devem servir. Algumas igrejas ou lugares necessitam de um dom, como, p. ex., um evangelista; outros necessitam de um pastor ou um mestre. Absolutamente nada no serviço cristão fica para ser decidido ou escolhido pelo próprio homem. Nem mesmo um apóstolo podia escolher seu lugar de serviço (At 16.7,8).

24 e vos revistais do [1]novo homem, que se-
gundo Deus é criado em verdadeira [m]justiça
e [n]santidade.
25 **P**elo que deixai a mentira e [o]falai a verda-
de cada um com o seu próximo, pois somos
membros uns dos outros.
26 [p]Irai-vos, mas [q]não pequeis: Não se ponha
o sol sobre a vossa ira,
27 [r]não deis lugar ao [s]Diabo.
28 Aquele que furtava, não furte mais; antes,
trabalhe, fazendo com as mãos o que é bom, pa-
ra que tenha o que [t]repartir com o necessitado.
29 Não saia da vossa [u]boca nenhuma palavra
torpe, mas só a que for boa para promover a
edificação, conforme a necessidade, para que
[v]beneficie aos que a ouvem.

(5) A vida do crente no qual habita o Espírito

30 E não entristeçais o [w]Espírito Santo de Deus,
no qual [x]fostes [y]selados para o dia da [z]redenção.
31 Livrem-se de toda a amargura, ira, cólera,
gritaria, blasfêmias e malícia.
32 Antes, sede uns para com os outros be-
nignos, compassivos, [a]perdoando-vos uns
aos outros, [b]como também Deus vos [c]perdoou
em Cristo.

(6) A vida do crente como filho amado de Deus

5 Sede, pois, imitadores de Deus, como [d]fi-
lhos amados,
2 e andai em [e]amor como também Cristo vos
[f]amou e se entregou a si mesmo por nós, em
oferta e [g]sacrifício a Deus, em [h]cheiro suave.
3 **M**as a [i]prostituição, e toda sorte de [j]impu-
reza ou [k]cobiça, nem ainda se nomeie entre
vós, como convém a [l]santos;
4 nem [mm]torpeza nem [nn]conversa tola, nem
[oo]chocarrices, que [pp]não convêm; antes, [qq]ações
de graças.
5 Pois bem sabeis isto: Nenhum [rr]devasso, im-
puro, avarento, o qual é idólatra, tem [ss]herança
no [tt]Reino de Cristo e de [uu]Deus.
6 Ninguém vos engane com palavras vãs, pois
por essas coisas vem a ira de Deus sobre os
[vv]filhos da desobediência.
7 Portanto, não sejais [ww]participantes com eles.
8 Pois outrora éreis trevas, mas agora sois [xx]luz
no Senhor. Andai como filhos da luz
9 (pois o fruto da luz consiste em toda a bon-
dade, [yy]justiça e verdade),
10 [zz]descobrindo o que é agradável ao Senhor.
11 E [aa]não vos associeis com as obras infru-
tuosas das trevas; antes condenai-as.
12 Pois o que eles fazem em oculto, até [bb]di-
zê-lo é vergonhoso.
13 Todas [cc]as coisas manifestas pela luz, po-
rém, tornam-se visíveis, pois é a luz que a
tudo manifesta.
14 Pelo que [dd]diz:
[ee]Desperta, ó tu que dormes,
levanta-te dentre os mortos
e Cristo te iluminará.
15 **P**ortanto, vede prudentemente como an-
dais, não como insensatos, mas como sábios,
16 [ff]aproveitando bem cada oportunidade,
porque os dias são maus.
17 Pelo que não sejais insensatos, mas enten-
dei qual seja a vontade do Senhor.

III. A vida e a luta do crente cheio do Espírito, 5.18–6.20

(1) A vida interior do crente cheio do Espírito

18 E não vos embriagueis com vinho, que leva
à libertinagem, mas enchei-vos do [gg]Espírito,
19 falando entre vós com salmos, e hinos, e
cânticos espirituais, cantando e [hh]salmodian-
do ao Senhor no vosso coração,
20 dando sempre graças por tudo a nosso Deus
e Pai, em nome de nosso Senhor Jesus Cristo,
21 [ii]sujeitando-vos uns aos outros no temor
de Cristo.

(2) A vida conjugal dos crentes cheios do Espírito, ilustração de Cristo e a Igreja

22 **A**s mulheres sejam, cada uma, [jj]submis-
sas ao seu próprio marido, como ao Senhor,
23 pois o marido é o [kk]cabeça da mulher, co-
mo também Cristo é o [ll]cabeça da [mmm]igreja,
sendo ele próprio o [nnn]salvador do corpo.
24 De sorte que, assim como a igreja está
sujeita a Cristo, assim também as mulheres
estejam em tudo sujeitas a seus maridos.
25 Maridos, amai vossa mulher, [2]como tam-
bém Cristo amou a igreja, e a si mesmo se
entregou por [ooo]ela,

[1] (4.24) O "novo homem" é o homem regenerado, distinto do velho homem (Rm 6.6, *nota*), e é novo por ter se tornado participante da natureza e da vida divinas (Cl 3.3,4; 2Pe 1.4). Em nenhum aspecto, o velho homem é reformado ou melhorado (2Co 5.17; Gl 6.15; Ef 2.10; Cl 3.10). O novo homem é Cristo "formado" no cristão (Gl 2.20; 4.19; Cl 1.27; 1Jo 4.12).

[2] (5.25) A obra de amor de Cristo pela Igreja é tríplice: passada, presente e futura: 1) por amor, ele se entregou para redimir a Igreja (v. 25); 2) em amor, ele está santificando a Igreja (v. 26); 3) como recompensa de seu sacrifício e obra de amor, ele vai apresentar a Igreja a si mesmo em perfeição total, "uma pérola de grande valor" (v. 27; Mt 13.46).

[m] Veja Rm 10.10, nota
[n] Santificação (NT): 4.24; 5.26; Cl 1.22 (Mt 4.5; Ap 22.11)
[o] Zc 8.16
[p] Sl 4.4
[q] Veja Rm 3.23, nota
[r] Tg 4.7
[s] Satanás: v. 27; Ef 6.11 (Gn 3.1; Ap 20.10)
[t] Comp. Lc 3.11
[u] Comp. Mt 12.34,35
[v] Veja 2Pe 3.18, nota. Graça: 4.29; 6.24; Fp 1.7 (Jo 1.14; 1.17, nota)
[w] Espírito Santo (NT): 4.30; 5.18; Ef 6.17 (Mt 1.18; At 2.4, nota)
[x] Segurança: v. 30; Fp 1.6 (Sl 23.1; Jd 1)
[y] Veja Ef 1.13, nota
[z] Veja Rm 3.24, nota
[a] Lc 6.37
[b] Comp. Mt 18.21-35
[c] Perdão: v. 32; Cl 1.14 (Lv 4.20; Mt 26.28, nota)
[d] 1Pe 1.14-16
[e] Veja Ef 4.15, marg. b
[f] Jo 15.9; 1Jo 3.16
[g] Sacrifício (de Cristo): v. 2,25; Cl 1.14 (Gn 3.15; Hb 10.18, nota)
[h] Veja Lv 1.9, nota

[i] Veja 1Co 6.13, marg. y
[j] Cl 3.5-7
[k] Lc 12.15
[l] Veja Rm 15.25, marg. b
[mm] Tg 1.21
[nn] Tt 3.9
[oo] Comp. Pv 26.19
[pp] Rm 1.28
[qq] Fp 4.6; Cl 3.17; 1Ts 5.18
[rr] 1Co 5.11
[ss] 1Co 6.9,10
[tt] Reino (NT): v. 5; 1Tm 6.15 (Mt 2.2; 1Co 15.24, nota)
[uu] Veja Mt 6.33, nota
[vv] Ef 2.2,3
[ww] 1Tm 5.22
[xx] 1Ts 5.5
[yy] Veja 1Jo 3.7, nota
[zz] Rm 12.1,2
[aa] 2Co 6.14
[bb] Comp. v. 3
[cc] Jo 3.21
[dd] Veja Ef 4.17, marg. d
[ee] Is 26.19; 60.1
[ff] Cl 4.5
[gg] Veja Ef 4.30, marg. w
[hh] Tg 5.13
[ii] 1Pe 5.5
[jj] Cl 3.18; 1Pe 3.1-6; comp. Gn 3.16
[kk] 1Co 11.3
[ll] Cl 1.18
[mmm] Igreja (verdadeira): v. 23-32; Cl 1.18 (Mt 16.18; Hb 12.23)
[nnn] Veja Rm 1.16, nota
[ooo] Esposa (de Cristo): v. 25,27; Ap 19.7 (Jo 3.29; Ap 19.7, nota)

26 para a [p]santificar, purificando-a com a lavagem da água, [q]pela palavra,

27 a fim de apresentá-la a si mesmo igreja gloriosa, sem mácula, nem ruga, nem coisa semelhante, mas santa e irrepreensível.

28 Assim devem os maridos amar, cada um, a sua mulher, como a seu próprio corpo. Quem ama sua mulher, ama-se a si mesmo.

29 Afinal de contas, nunca ninguém odiou a sua própria carne; antes, a alimenta e sustenta, como também o Senhor à igreja;

30 pois [r]somos membros do seu [s]corpo.

31 [t]Por isso, deixará o homem seu pai e sua mãe, e se unirá a sua mulher, e serão os dois uma só carne.

32 Grande é este [u]mistério, mas eu me [v]refiro a Cristo e à [1]igreja.

33 Assim também vós, cada um em particular, ame a sua mulher como a si mesmo, e a mulher [w]respeite seu marido.

(3) A vida familiar dos crentes cheios do Espírito que vivem sob autoridade

6 Vós, filhos, sede [x]obedientes a vossos pais no Senhor, pois isso é justo.

2 [y]Honra a teu pai e a tua mãe — que é o primeiro mandamento com promessa —,

3 para que tudo te vá bem e vivas muito tempo sobre a terra.

4 **E** vós, pais, [z]não provoqueis à ira vossos filhos, mas [a]criai-os na disciplina e instrução do Senhor.

5 Vós, [b]servos, obedecei a vossos senhores segundo a carne, com temor e tremor, na sinceridade de vosso coração, como a Cristo.

6 Não obedeçais a vossos senhores [c]apenas quando estão olhando, só para agradar a homens, mas como servos de Cristo, fazendo de coração a vontade de Deus.

7 Servi de boa vontade como ao Senhor, não como a homens.

8 Sabendo que cada um [d]receberá do Senhor todo o bem que fizer, seja escravo, seja livre.

9 E vós, senhores, fazei o mesmo para com eles, [e]deixando as ameaças, sabendo também que o [f]Senhor deles e vosso está no céu, e que ele não faz [g]diferença entre as pessoas.

(4) A luta dos crentes cheios do Espírito

(a) A força do guerreiro

10 **No** demais, [h]irmãos meus, [i]fortalecei-vos no Senhor e na força do seu poder.

[p] Veja Ef 4.24, marg. n
[q] Jo 15.3; 17.17
[r] 1Co 12.14, 19,26
[s] Veja 5.23, marg. m
[t] Gn 2.24
[u] Veja Mt 13.11, nota
[v] Veja Ef 4.17, marg. d
[w] 1Pe 3.1
[x] Cl 3.20
[y] Êx 20.12; Dt 5.16; comp. Jr 35.8-19
[z] Cl 3.21
[a] Pv 22.6
[b] 1Pe 2.18
[c] Cl 3.22
[d] Recompensas: v. 8; Fp 4.1 (Dn 12.3; 1Co 3.14, nota)
[e] Comp. 1Pe 2.23
[f] Cl 4.1
[g] At 10.34; Rm 2.11; Cl 3.25
[h] Veja Rm 15.14, marg. j
[i] Comp. Js 1.6,7,9

(b) A armadura do guerreiro

11 Revesti-vos de toda a [j]armadura de Deus, para que possais estar firmes contra as astutas ciladas do [k]Diabo.

(c) Os inimigos do guerreiro

12 Pois não temos de lutar contra a carne e o sangue, e sim contra os principados, contra as potestades, contra os [l]poderes deste mundo tenebroso, contra as forças espirituais da maldade nas [m]regiões celestes.

13 Portanto, tomai toda a armadura de Deus, para que possais resistir no dia mau e, havendo feito tudo, ficar firmes.

14 Estai, pois, firmes, tendo cingidos os vossos [n]lombos com a verdade, e vestida a [o]couraça da justiça,

15 e calçados os [pp]pés na preparação do [qq]evangelho da paz,

16 tomando, sobretudo, o [rr]escudo da fé, com o qual podereis apagar todos os dardos inflamados do maligno.

17 Tomai também o [ss]capacete da [tt]salvação e a [uu]espada do [vv]Espírito, que é a palavra de Deus.

(d) Os recursos do guerreiro

18 E [ww]orai em todo tempo com toda oração e súplica no Espírito. Vigiai nisso com toda a perseverança e súplica por todos os santos.

19 Orai também por mim, para que me seja dada, [xx]no abrir da minha boca, a palavra com confiança, para com intrepidez fazer conhecido o mistério do evangelho,

20 pelo qual sou [yy]embaixador em cadeias, para que possa falar dele livremente, como devo falar.

Conclusão, 6.21-24

21 **Ora**, para que vós também possais saber como estou e o que faço, [zz]Tíquico, irmão amado e [aa]fiel ministro do Senhor, vos informará de tudo.

22 Eu o envio para este mesmo fim, para que saibais do nosso estado, e ele [bb]console o vosso coração.

23 Paz seja com os irmãos, e [cc]amor com fé, da parte de Deus Pai e do Senhor Jesus Cristo.

24 A [dd]graça seja com todos os que amam nosso Senhor Jesus Cristo com amor incorruptível.

[j] Comp. Rm 13.12; 2Co 6.7
[k] Satanás: v. 11,16; 1Ts 2.18 (Gn 3.1; Ap 20.10)
[l] Governantes do mundo. 1Co 2.6; Ef 2.2
[m] Ef 3.10
[n] Comp. Is 11.5; Lc 12.35; 1Pe 1.13
[o] Is 59.17; comp. 1Ts 5.8
[pp] Comp. Is 52.7; Rm 10.15
[qq] Evangelho: v. 15, 17,19; Fp 1.5 (Gn 12.3; Ap 14.6)
[rr] Comp. 1Jo 5.4
[ss] Comp. Is 59.17
[tt] Veja Rm 1.16, nota
[uu] Comp. Hb 4.12
[vv] Espírito Santo (NT): v. 17,18; Fp 1.19 (Mt 1.18; At 2.4, nota)
[ww] Cl 4.2; 1Ts 5.17
[xx] At 4.29; Cl 4.3
[yy] 2Co 5.20
[zz] At 20.4; 2Tm 4.12; Tt 3.12
[aa] 1Co 4.1,2; comp. Cl 1.7
[bb] 2Co 1.6; comp. 2Co 7.13
[cc] Lei (de Cristo): v. 23; Fp 1.9 (Jo 13.34; 2Jo 5)
[dd] Veja Ef 4.29, marg. v

[1] (5.32) Os v. 30,31 são citação de Gn 2.23,24 e excluem a interpretação de que é apenas uma referência à Igreja como o corpo de Cristo. Eva, tomada do corpo de Adão, era verdadeiramente "osso dos [seus] ossos, e carne da [sua] carne", mas ela também era sua esposa, unida a ele numa relação que faz dos dois "uma só carne" (Mt 19.5,6), e, assim, um claro tipo da Igreja como esposa de Cristo (comp. 2Co 11.2,3). Os tipos da esposa são Eva (Gn 2.23,24) e Rebeca (Gn 24.1-7, veja *nota* no v. 1). Veja Os 2.2, *nota*.

FILIPENSES

- **Autor:** Paulo
- **Tema:** A experiência cristã
- Escrito em 60 d.C., aprox.

A EPÍSTOLA AOS FILIPENSES é uma das epístolas que Paulo escreveu na prisão em Roma. Foi em Filipos, cidade que o apóstolo visitou em sua segunda viagem missionária (At 16.12), que Lídia e o carcereiro filipense com sua família se converteram a Cristo (At 16.14-34). Agora, poucos anos mais tarde, a igreja estava bem constituída, como se pode deduzir dos destinatários da carta, que incluem os "bispos [anciãos] e diáconos" (1.1).

O motivo da epístola era agradecer uma oferta em dinheiro que a igreja em Filipos havia enviado ao apóstolo por meio de Epafrodito, um dos membros da igreja (4.10-18). É uma carta amorosa para um grupo de cristãos que ocupavam um lugar especial no coração de Paulo (2Co 8.1-6), e, nela, comparativamente, pouco se diz sobre erros doutrinários.

O versículo-chave é: "Para mim o viver é Cristo, e o morrer é lucro" (1.21). Paulo era prisioneiro de Nero, mas a epístola tem voz de triunfo, e as palavras "regozijo" (gr. chara, traduzida tb. por "alegria", "gozo") e "regozijar" (gr. chairo) aparecem várias vezes (1.4,18,25; 2.2,28; 3.1; 4.1,4,10). Quaisquer que sejam as circunstâncias em que nos encontremos, a experiência cristã correta é a manifestação exterior da vida, da natureza e da mente de Cristo vivendo em nós (1.6,11; 2.5,13).

Filipenses chega ao clímax em 2.5-11, com a gloriosa e profunda declaração sobre a humilhação e a exaltação de nosso Senhor Jesus Cristo.

A epístola pode ser dividida da seguinte maneira: Introdução, 1.1-7. I. Cristo, a vida do cristão: regozijo apesar do sofrimento, 1.8-30. II. Cristo, o modelo do cristão: regozijo no serviço humilde, 2.1-30. III. Cristo, o objeto da fé, do desejo e da esperança do cristão, 3.1-21. IV. Cristo, a força do cristão: regozijo apesar da ansiedade, 4.1-19. Conclusão, 4.20-23.

Introdução: Saudação e ação de graças, 1.1-7

1 Paulo e Timóteo, servos de Cristo Jesus, a todos os santos em Cristo Jesus, [1]que estão em [a]Filipos, com os [b]bispos e [c]diáconos:

2 [d]Graça e paz a vós outros, da parte de Deus nosso Pai e do Senhor Jesus Cristo.

3 **D**ou graças ao meu Deus [e]todas as vezes que me lembro de vós,

4 fazendo sempre, em todas as minhas orações, súplicas por todos vós, com alegria,

5 pela vossa cooperação no [f]evangelho desde o primeiro dia até agora.

6 Tendo por certo que aquele que em vós começou a boa obra a [g]aperfeiçoará até o [h]dia de Cristo Jesus.

7 Tenho por justo pensar isso de todos vós, porque vos tenho em meu coração, pois todos vós fostes participantes da minha graça, tanto nas minhas prisões como na minha defesa e confirmação do evangelho.

I. Cristo, a vida do cristão: regozijo apesar do sofrimento, 1.8-30

(1) Alegria triunfando sobre o sofrimento

8 Deus me é testemunha das saudades que tenho de todos vós, na terna misericórdia de Cristo Jesus.

9 E esta é a [i]minha oração: que o vosso [j]amor aumente mais e mais em pleno [k]conhecimento e toda percepção,

10 para que possais discernir as coisas excelentes, para que sejais sinceros e inculpáveis até o dia de Cristo,

11 cheios do [l]fruto de [m]justiça, que vem por meio de Jesus Cristo, para glória e louvor de Deus.

12 **E** quero, irmãos, que saibais que as coisas que me aconteceram contribuíram para maior avanço do evangelho.

13 De maneira que as minhas cadeias, em Cristo, se tornaram conhecidas de toda a guarda [n]pretoriana e dos demais.

14 Muitos dos irmãos no Senhor, motivados pelas minhas cadeias, [2]ousam falar a [o]palavra mais confiadamente, sem temor.

15 Verdade é que também alguns pregam Cristo por inveja e rivalidade, mas outros, de boa vontade.

16 Estes, por [p]amor, sabendo que aqui estou para defesa do evangelho.

17 Aqueles, contudo, pregam Cristo por contenda, não sinceramente, pensando que poderão causar aflição enquanto estou preso.

[a] Igrejas (locais): v. 1; Fp 4.15 (At 8.3; Fp 1.1, nota)
[b] Anciãos: v. 1; 1Tm 3.1 (At 11.30; Tt 1.5, nota); 1Tm 3.1-7
[c] 1Tm 3.8-13
[d] Veja 2Pe 3.18, nota. Graça: v. 2,7; Fp 4.23 (Jo 1.14,17, nota)
[e] Ef 1.16; 1Ts 1.2
[f] Evangelho: v. 5,7,12; Fp 1.14 (Gn 12.3; Ap 14.6)
[g] Segurança: v. 6; Cl 2.2 (Sl 23.1; Jd 1)
[h] Dia (de Cristo): v. 6,10; Fp 2.16 (1Co 1.8, nota; 2Tm 4.8)
[i] Orações da Bíblia (NT): v. 9; Cl 1.3 (Mt 6.9; Lc 11.2, nota)
[j] Lei (de Cristo): v. 9; Fp 1.17 (Jo 13.34; 2Jo 5)
[k] Cl 1.9
[l] Veja Ap 19.8, nota
[m] Veja 1Jo 3.7, nota
[n] Comp. Fp 4.22
[o] Evangelho: v. 14-18,27; Fp 2.22 (Gn 12.3; Ap 14.6)
[p] Lei (de Cristo): 1.17; 2.1,2; Cl 1.4 (Jo 13.34; 2Jo 5)

[1] (1.1) Igreja (local). Resumo: Uma igreja local é uma assembleia de crentes que professam fé no Senhor Jesus Cristo, vivem na mesma localidade e se reúnem em nome de Jesus para a prática do batismo, da ceia do Senhor, da adoração, do louvor, da oração, da comunhão, do testemunho, para o ministério da Palavra, para exercer disciplina e pregar o evangelho (At 13.1-4; 20.7; 1Co 5.4,5; 14.26; Fp 4.14-18; 1Ts 1.8; Hb 10.25). Cada igreja local tem Cristo como centro, é um templo de Deus e o Espírito Santo habita nela (1Co 3.16,17). Quanto à organização, aqui se afirma (v. 1) que uma igreja local é composta de "todos os santos [...] com os bispos [anciãos, presbíteros, veja 1Tm 3.1-13; Tt 1.5, *nota 2*] e diáconos".

[2] (1.14) A grandeza da coragem de Paulo também inspirou outros crentes. Assim, quando sua voz foi calada na prisão, eles se sentiram animados a pregar o evangelho com denodo em seu lugar.

18 Que, porém, importa? Contanto que Cristo, de qualquer modo, seja anunciado, ou por pretexto ou de verdade, nisso me [1][q]regozijo, sim, e me regozijarei,

(2) A esperança de Paulo pelo livramento

19 **p**ois sei que [r]isso me resultará em [s]salvação, pela vossa súplica e pelo socorro do [t]Espírito de Jesus Cristo.

20 A minha ardente expectativa e esperança é de em nada ser confundido, mas ter muita [u]coragem para que, agora e sempre, Cristo seja engrandecido no meu [v]corpo, quer pela vida, quer [w]pela morte.

21 Pois para mim o viver é Cristo, e o [x]morrer é lucro.

22 Se, contudo, o viver no corpo trouxer fruto para a minha obra, não sei então o que devo escolher.

23 De ambos os lados, porém, estou em aperto, tendo [y]desejo de partir e estar com Cristo, o que é [z]muito melhor;

24 mas julgo mais necessário, por amor de vós, permanecer no corpo.

25 E, tendo esta confiança, sei que ficarei e [a]permanecerei com todos vós, para o vosso progresso e alegria na fé,

26 para que o motivo de vos gloriardes cresça por mim em Cristo Jesus, pela minha presença de novo convosco.

27 **O** mais importante é que deveis portar-vos [b]dignamente, conforme o evangelho de Cristo. Então quer vá e vos veja, quer esteja ausente, ouça acerca de vós que estais firmes em [c]um mesmo espírito, [d]combatendo com o mesmo ânimo pela fé do evangelho,

28 sem serdes intimidados pelos adversários. Isso para eles, na verdade, é sinal de [e]destruição, mas para vós, de salvação, e isso da parte de Deus.

29 Pois vos foi [f]concedido, por amor de Cristo não somente o [g]crer nele, como também o [h]padecer por ele,

30 tendo o mesmo combate que já em mim [i]vistes e agora ouvis que é meu.

[q] Comp. Lc 9.50
[r] Jó 13.16, LXX
[s] Veja Rm 1.16, nota
[t] Espírito Santo (NT): 1.19; 2.1; Cl 1.8 (Mt 1.18; At 2.4, nota)
[u] Ef 6.19,20
[v] Comp. 1Co 6.20
[w] Rm 14.8
[x] Morte (física): v. 21; Hb 9.27 (Gn 2.17; Hb 9.27, nota)
[y] 2Co 5.2,8
[z] Sl 16.11
[a] Comp. Fp 2.24
[b] Ef 4.1
[c] Ef 4.3
[d] Jd 3
[e] Comp. 2Ts 1.4-6
[f] At 5.41; comp. Mt 5.12
[g] Fé: v. 29; Fp 3.9 (Gn 3.20; Hb 11.39, nota)
[h] 2Tm 3.12
[i] Comp. At 16.19; 1Ts 2.2

II. Cristo, o modelo do cristão: Alegria no serviço humilde, 2.1-30

(1) Exortação à humildade e à unidade

2 Portanto, se há algum conforto em Cristo, se alguma consolação de amor, se alguma comunhão no Espírito, se alguma profunda [j]afeição e compaixão,

2 completai a minha alegria, para que tenhais o mesmo modo de pensar, tendo o mesmo amor, o mesmo ânimo, pensando [k]a mesma coisa.

3 [l]Nada façais por [m]contenda ou por vanglória, mas por humildade; cada um considere os outros superiores a si mesmo.

4 Não atente cada um somente para o que é [n]seu, mas cada qual também para o que é dos [o]outros.

(2) A humilhação voluntária de Cristo

5 **D**e sorte que haja em vós o mesmo sentimento que houve em [p]Cristo Jesus,

6 que, sendo em [2]forma de Deus,
não considerou que o ser igual a Deus
era algo ao qual devia se apegar;
7 mas a si mesmo se [qq]esvaziou,
[rr]tomando a forma de servo,
[ss]fazendo-se semelhante aos homens.
8 E, achado na forma de homem,
humilhou-se a si mesmo,
[tt]sendo [uu]obediente até a
morte, e morte de cruz.

(3) A exaltação de Jesus

9 [vv]Pelo que Deus o exaltou soberanamente
e lhe deu [ww]um [xx]nome que é
sobre [yy]todo o nome,
10 para que ao nome de Jesus se dobre todo joelho
dos que estão nos céus,
na terra e debaixo da terra,
11 e toda língua confesse que
Cristo Jesus [zz]é o Senhor,
para glória de Deus Pai.

[j] Cl 3.12
[k] v. 27; Fp 4.2
[l] Gl 5.26; Tg 3.14
[m] Tg 3.14
[n] 1Co 13.5
[o] Rm 15.1,2
[p] Comp. Mt 11.29; Jo 13.14; Rm 15.3; 1Pe 2.21
[qq] Is 53.3; 2Co 8.9
[rr] Cristo (primeira vinda): v. 7,8; 1Tm 1.15 (Gn 3.15; At 1.11, nota)
[ss] Comp. Sl 8.4-6
[tt] Sl 40.6-8
[uu] Hb 5.8
[vv] Hb 2.9
[ww] v. 10; Ef 1.20,21; Hb 1.4
[xx] Ef 1.21
[yy] Is 45.23; Rm 14.11; Ap 5.13
[zz] Jo 13.13; Rm 14.9

[1] (1.18) O apóstolo podia regozijar-se enquanto Cristo fosse pregado, ainda que a pregação fosse feita "não sinceramente" e com motivos egoístas (v. 15-18). Por outro lado, ele amaldiçoa certos mestres que pervertiam a mensagem do evangelho com o legalismo (Gl 1.8,9). Assim, Paulo inverte esse padrão de valores que dá mais importância à conduta isenta de erro do que à doutrina correta.

[2] (2.6) Esta é uma das mais contundentes declarações no NT sobre a divindade de Jesus Cristo. A palavra gr. *morphe*, "forma", se refere à aparência exterior pela qual uma pessoa ou uma coisa se faz ver, mas é uma forma exterior totalmente indicativa da natureza interior. Essa passagem em nenhum momento ensina que o Verbo eterno (Jo 1.1) esvaziou-se de sua natureza divina ou de seus atributos divinos, mas apenas da manifestação exterior e visível da divindade. Deus pode mudar sua forma, mas não pode deixar de ser Deus. Ele sempre manifestou seus atributos divinos de acordo com sua vontade. Veja *notas* em Jo 1.1 e 20.28.

(4) A manifestação exterior da salvação

12 **De** sorte que, meus amados, assim como sempre obedecestes, não só na minha presença, mas muito mais agora na minha ausência, assim também [a]efetuai a vossa [b]salvação com temor e tremor,

13 pois [c]Deus é o que opera em vós tanto o querer como o efetuar, segundo [d]a sua boa vontade.

14 Fazei todas as coisas sem [e]murmurações nem contendas,

15 para que sejais irrepreensíveis e sinceros, filhos de Deus inculpáveis no meio de uma [f]geração corrompida e perversa, entre a qual [g]resplandeceis como astros no [h]mundo,

16 retendo a palavra da vida, para que no [i]dia de Cristo possa gloriar-me de não ter corrido nem trabalhado em [j]vão.

(5) O exemplo apostólico

17 E, ainda que seja [k]oferecido por libação sobre o sacrifício e serviço da vossa fé, estou alegre e me regozijo com todos vós.

18 E vós também regozijai-vos e alegrai-vos comigo por isso mesmo.

19 **Espero** no Senhor Jesus que em breve vos mandarei [l]Timóteo, para que também eu esteja de bom ânimo, sabendo as vossas notícias.

20 Não tenho [m]ninguém que, sinceramente, cuide do vosso bem-estar.

21 Pois todos buscam o que é seu, não o que é de Cristo Jesus.

22 Bem sabeis, porém, qual a sua experiência, e que serviu comigo no [n]evangelho, como filho ao pai.

23 De sorte que espero enviá-lo a vós, logo que tenha visto a minha situação.

24 Confio, porém, no Senhor, que também eu mesmo em breve [o]irei ter convosco.

25 Julguei, contudo, necessário mandar-vos [p]Epafrodito, meu irmão, cooperador e companheiro nos combates, e vosso enviado para prover às minhas necessidades.

26 Pois tinha muitas saudades de todos vós e estava muito angustiado de que tivésseis ouvido que ele estivera doente.

27 De fato esteve doente e quase à morte, mas Deus se compadeceu dele, e não somente dele, mas também de mim, para que eu não tivesse tristeza sobre tristeza.

28 Por isso o enviei mais depressa, para que, vendo-o outra vez, vos regozijeis, e eu tenha menos tristeza.

29 [q]Recebei-o no Senhor com toda a alegria e tende em honra homens como ele,

30 porque pela obra de Cristo chegou até bem próximo da morte, não fazendo caso da vida para suprir a ajuda que vós próprios não podíeis dar.

III. Cristo, o objeto da fé, do desejo e da esperança do cristão, 3.1-21

(1) Advertências contra os judaizantes

3 **Quanto** ao mais, irmãos meus, [r]regozijai-vos no Senhor. Não me aborreço de escrever-vos as [s]mesmas coisas, e é segurança para vós.

2 **Acautelai-vos** dos [t]cães, acautelai-vos dos [u]maus obreiros, acautelai-vos da falsa circuncisão.

3 Pois a [v]circuncisão somos nós, que servimos a Deus em [w]Espírito, nos gloriamos em Cristo Jesus e não confiamos na [x]carne.

(2) Advertências contra a justiça legalista

4 Ainda que eu também pudesse confiar na carne. Se algum outro pensa que pode confiar na carne, eu ainda [y]mais:

5 Circuncidado ao oitavo dia, da linhagem de Israel, da tribo de Benjamim, hebreu de hebreus; segundo a [z]Lei, [aa]fariseu;

6 segundo o zelo, [bb]perseguidor da [cc]igreja; segundo a [dd]justiça que há na Lei, irrepreensível.

(3) Cristo, objeto da fé do crente para justiça

7 O que, porém, para mim era lucro, considerei-o perda por causa de Cristo.

8 E, na verdade, considero também por perda todas as coisas, [ee]pela excelência do conhecimento de Cristo Jesus, meu Senhor, por quem sofri a [ff]perda de todas essas coisas. Eu as considero como refugo, para que possa ganhar a Cristo

9 e ser achado nele, não tendo justiça própria, que vem da Lei, mas a que vem pela [gg]fé em Cristo, a saber, a [hh]justiça que vem de Deus pela fé.

(4) Cristo, objeto do desejo do crente para participação no poder da ressurreição

10 Desejo conhecer Cristo, o [ii]poder da sua [jj]ressurreição e a [kk]comunhão dos seus sofrimentos, conformando-me com ele na sua morte,

11 para ver se de alguma maneira posso [ll]chegar à ressurreição dentre os mortos.

12 **Não** que já a tenha alcançado ou que seja [1]perfeito, mas prossigo para alcançar aquilo para o que fui alcançado por Cristo Jesus.

---

[a] Jo 6.27,29; Hb 4.11; 2Pe 1.10
[b] Veja Rm 1.16, nota
[c] 1Co 12.6; Hb 13.20,21
[d] Ef 1.5
[e] 1Co 10.10
[f] Dt 32.5
[g] Mt 5.15,16
[h] Gr. kosmos. Veja Mt 4.8, nota
[i] Dia (de Cristo): v. 16; 2Tm 1.18 (1Co 1.8, 2Tm 4.8)
[j] Gl 4.11; 1Ts 3.5
[k] Comp. 2Tm 4.6
[l] Comp. 1Ts 3.2
[m] 2Tm 3.10
[n] Evangelho: v. 22; Fp 4.3 (Gn 12.3; Ap 14.6)
[o] Comp. Fp 1.25
[p] Fp 4.18
[q] Comp. Mt 10.40

[r] 1Ts 5.16
[s] Comp. 2Pe 1.12,15
[t] Comp. Sl 22.16,20; Is 56.10,11
[u] Sl 119.115
[v] Rm 2.29
[w] Jo 4.24
[x] Carne (natureza pecaminosa): v. 3,4; Cl 2.11 (Jo 8.15; Jd 23)
[y] 2Co 11.22,23
[z] Lei (de Moisés): v. 5,6,9; 1Tm 1.9 (Êx 19.1; Gl 3.24, nota)
[aa] At 23.6
[bb] At 8.3
[cc] Igreja (visível): v. 6; 1Tm 3.15 (1Co 10.3; 1Tm 3.15)
[dd] Justiça (AT): v. 6,9; 2Pe 2.5 (Gn 6.9; Lc 2.25, nota)
[ee] Jr 9.23,24; 1Co 2.2; comp. Jo 17.3
[ff] Comp. 2Co 11.25-28
[gg] Fé: v. 9; 1Ts 1.7 (Gn 3.20; Hb 11.39, nota)
[hh] Veja Rm 3.21, nota
[ii] Ef 1.19,20
[jj] Ressurreição: v. 10,11; Cl 2.12 (2Rs 4.35; 1Co 15.52, nota)
[kk] 2Co 1.5; 1Pe 4.13
[ll] Comp. Lc 20.35

---

[1] (3.12) A palavra "perfeito", quando usada na Bíblia em relação aos homens, não se refere a uma perfeição sem pecado. Os personagens do AT descritos como "perfeitos" ou "íntegros" obviamente não eram pessoas sem

13 Irmãos, não julgo que o tenha alcançado. Mas uma coisa faço: [m]esquecendo-me das coisas que para trás ficam e [n]avançando para as que estão diante de mim,

14 [o]prossigo para o alvo, pelo prêmio da [p]soberana vocação de Deus em Cristo Jesus.

(5) Apelo à unidade entre os crentes

15 Todos quantos somos [q]perfeitos tenhamos [r]este sentimento. E, se pensais de outra maneira, também [s]Deus o revelará.

16 Andemos, contudo, segundo o que já alcançamos.

(6) A verdade não deve ser sacrificada em favor da unidade

17 Irmãos, sede meus imitadores e observai os que andam [t]segundo o exemplo que tendes em nós.

18 Pois muitos há, dos quais muitas vezes vos disse, e agora novamente digo, chorando, que são inimigos da cruz de Cristo.

19 O seu [u]fim é a perdição, o seu Deus é o ventre, e a sua glória é a vergonha. Só pensam nas coisas terrenas.

(7) Cristo, objeto da esperança do crente

20 A nossa pátria, porém, está nos [v]céus, [w]de onde esperamos o [x]Salvador, o Senhor Jesus Cristo,

21 que transformará o nosso [y]corpo de humilhação, para ser [z]conforme o seu corpo glorioso, segundo o seu eficaz poder de [a]sujeitar também a si todas as coisas.

IV. Cristo, a força do cristão: Alegria apesar da ansiedade, 4.1-19

(1) Exortação a ter o mesmo sentimento

4 Portanto, meus amados e mui saudosos irmãos, minha alegria e [b]coroa, estai assim firmes no Senhor, amados.

2 Rogo a Evódia e a Síntique que sintam o [c]mesmo no Senhor.

3 E peço-te também a ti, meu leal companheiro de jugo, que ajudes essas mulheres que trabalharam comigo no [d]evangelho, e com Clemente, e com os outros cooperadores, cujos [e]nomes estão no livro da [f]vida.

(2) O segredo da paz de Deus

4 Regozijai-vos sempre no Senhor. Outra vez digo: regozijai-vos.

5 Seja a vossa amabilidade conhecida de todos os homens. Perto está [g]o Senhor.

6 Não [h]andeis ansiosos por coisa alguma; mas em tudo, pela oração e pela súplica, com [i]ações de graças, sejam as vossas petições conhecidas diante de Deus.

7 E a [j]paz de Deus, que excede todo o entendimento, guardará o vosso coração e a vossa mente em Cristo Jesus.

(3) A presença do Deus da paz

8 Quanto ao mais, irmãos, tudo o que é [k]verdadeiro, tudo o que é [l]honesto, tudo o que é [mm]justo, tudo o que é [nn]puro, tudo o que é [oo]amável, tudo o que é de boa fama, se há alguma [pp]virtude e se há algum louvor, nisso pensai.

9 O que aprendestes, e recebestes, e ouvistes de mim, e em mim vistes, isso fazei. E o [qq]Deus de paz será convosco.

(4) A suficiência do crente por meio de Cristo

10 Muito me regozijo no Senhor, pois finalmente renovastes o vosso cuidado a meu favor. Já tínheis cuidado antes, mas vos faltava oportunidade para mostrá-lo.

11 Não digo isso por causa de necessidade, pois já aprendi a [rr]contentar-me em toda e qualquer situação.

12 Sei passar necessidade e também ter abundância. Em toda maneira, e em todas as coisas, aprendi tanto a ter fartura como a ter fome, tanto a ter abundância como a padecer necessidade.

13 Posso todas as coisas [ss]naquele que me fortalece.

14 Todavia, fizestes bem em tomar parte na minha aflição.

15 E bem sabeis, ó filipenses, que no princípio do evangelho, quando parti da Macedônia,

[m] Comp. Lc 9.62
[n] Comp. 1Co 9.24; 2Tm 4.7
[o] Comp. Hb 12.1,2
[p] Am 8.28; Hb 3.1
[q] Veja v. 12, nota
[r] Comp. Gl 5.10
[s] Os 6.3; Tg 1.5
[t] 1Co 4.16; Tt 2.7,8; 1Pe 5.3
[u] Comp. 2Pe 2.1
[v] Cl 3.1
[w] Cristo (segunda vinda): v. 20; Cl 3.4 (Dt 30.3; At 1.11, nota)
[x] Veja Rm 1.16, nota
[y] 1Co 15.43, 48,49; Cl 3.4; 1Jo 3.2
[z] 1Jo 3.2
[a] 1Co 15.28
[b] Recompensas: v. 1; Cl 3.24 (Dn 12.3; 1Co 3.14, nota)
[c] Fp 2.2

[d] Evangelho: v. 3,15; Cl 1.5 (Gn 12.3; Ap 14.6)
[e] Lc 10.20
[f] Vida (eterna): v. 3; Cl 1.27 (Mt 7.14; Ap 22.19)
[g] Tg 5.7-9; Ap 22.7,20; comp. Sl 145.18
[h] Mt 6.25; 1Pe 5.7
[i] 1Ts 5.17,18; comp. Dn 6.10
[j] Veja Mt 10.34, nota
[k] Ef 4.25
[l] 2Co 8.21
[mm] Dt 16.20
[nn] Tg 3.17
[oo] 1Co 13.4-7
[pp] 2Pe 1.3,5
[qq] Hb 13.20
[rr] Hb 13.5; comp. 1Tm 6.6
[ss] Comp. Jo 15.5; 2Co 12.9

pecado (comp. Gn 6.9; 1Rs 15.14; 2Rs 20.3; 1Cr 12.38; Jó 1.1,8; Sl 37.37). Ainda que certo número de palavras hebraicas e gregas tenha sido traduzido por "perfeito", a ideia é geralmente de *algo completo em todos os detalhes* (heb. *tamam*, gr. *katartizō*) ou de *alcançar uma meta* ou *atingir um propósito* (gr. *teleioō*). São reveladas três fases da perfeição: 1) A perfeição posicional, que todos os crentes em Cristo já possuem (Hb 10.14). 2) A perfeição relativa, i.e., maturidade espiritual (Fp 3.15), especialmente em aspectos como a vontade de Deus (Cl 4.12), o amor (1Jo 4.17,18), a santidade (2Co 7.1), a paciência (Tg 1.4), "toda boa obra" (Hb 13.21). A maturidade se alcança progressivamente, como em 2Co 7.1: "Aperfeiçoando a nossa santificação". Essa maturidade é obtida mediante os dons concedidos para "o aperfeiçoamento dos santos" (Ef 4.12). 3) A perfeição final, i.e., perfeição de alma, espírito e corpo, algo que Paulo nega ter alcançado (Fp 3.12), mas que se tornará realidade no momento da ressurreição dos mortos (Fp 3.11). Para o cristão, o padrão absoluto de conduta é sempre a perfeição moral de Deus, mas as Escrituras reconhecem que os cristãos não alcançam a perfeição sem pecado nesta vida (comp. 1Pe 1.15,16; 1Jo 1.8-10).

nenhuma [t]igreja partilhou comigo no sentido
de dar e de receber, senão vós;
16 porque até para [u]Tessalônica mandastes
não apenas uma vez, mas duas, o necessário
para as minhas necessidades.
17 Não que eu procure as ofertas, mas procuro
o fruto que [v]aumente o vosso crédito.
18 Bastante tenho recebido, e tenho abun-
dância. Estou bem suprido depois que recebi
de [w]Epafrodito o que da vossa parte me foi
enviado, como cheiro suave, como [x]sacrifício
agradável e aceitável a Deus.

[t] Igrejas (locais): v. 15; Cl 1.2 (At 8.3; Fp 1.1, nota)
[u] Comp. 1Ts 2.9
[v] Comp. Mt 6.4
[w] Fp 2.25
[x] Rm 12.1; veja Hb 10.18, nota

19 E o meu Deus [y]suprirá todas as vossas
necessidades, segundo a sua gloriosa riqueza
em Cristo Jesus.

Conclusão, 4.20-23

20 A nosso Deus e Pai seja dada glória para
todo o sempre. Amém.
21 **S**audai a todos os santos em Cristo Jesus.
Os irmãos que estão comigo vos saúdam.
22 Todos os santos vos saúdam, especial-
mente os da casa de César.
23 A [z]graça de nosso Senhor Jesus Cristo seja
com o vosso espírito.

[y] Sl 23.1; 2Co 9.8
[z] Graça: v. 23; Cl 1.2 (Jo 1.14; 1.17, nota)

- **Autor:** Paulo
- **Tema:** A preeminência de Cristo
- Escrito em 60 d.C., aprox.

COLOSSENSES

A EPÍSTOLA AOS COLOSSENSES, como as cartas aos efésios e aos filipenses, foi escrita em Roma durante a primeira prisão de Paulo. O apóstolo nunca havia visitado Colossos (1.7; 2.1), situada a cerca de 160 km a leste de Éfeso. A igreja ali talvez tenha sido estabelecida por Epafras (1.7; 4.12,13; Fm 23), quem, com muitos outros, provavelmente se converteu durante os três anos de ministério de Paulo em Éfeso.

Alguém havia ido a Colossos e ensinado uma filosofia atraente, mas perigosa, conhecida como gnosticismo, que até hoje é a base de muitos ensinamentos heréticos. (Para mais informações sobre esse erro, veja 2.18, nota.) No NT, a passagem de 1.15-23 é a que apresenta mais plenamente a glória eterna do Filho de Deus preexistente, onipotente, exaltado e eterno.

A epístola pode ser dividida da seguinte maneira: Introdução, 1.1-8. I. A oração do apóstolo pelos cristãos colossenses, 1.9-14. II. A preeminente glória de Cristo, 1.15-23. III. A preocupação do apóstolo com a igreja em Colossos, 1.24–2.23. IV. Algumas características da vida abundante do cristão, 3.1–4.6. Conclusão, 4.7-18.

Introdução: Saudações e ação de graças, 1.1-8

1 **P**aulo, apóstolo de Cristo Jesus, pela vontade de Deus, e o irmão Timóteo,

2 aos santos e irmãos fiéis em Cristo [a]que estão em Colossos: [b]Graça e paz a vós outros, da parte de Deus, nosso Pai, e do Senhor Jesus Cristo.

3 **G**raças damos a Deus, Pai de nosso Senhor Jesus Cristo, [c]orando sempre por vós,

4 desde que ouvimos falar da vossa fé em Cristo Jesus e do [d]amor que tendes para com todos os santos;

5 por causa da esperança que vos está reservada nos céus, da qual antes ouvistes pela palavra da verdade do [e]evangelho,

6 que já chegou a vós. Em todo o [f]mundo este evangelho [g]vai frutificando, como também entre vós, desde o dia em que ouvistes e conhecestes a graça de Deus em verdade.

7 Aprendestes isso com [h]Epafras, nosso amado conservo, que por vós é [i]fiel ministro de Cristo,

8 e que também nos declarou o vosso amor no [j]Espírito.

I. A oração do apóstolo pelos cristãos colossenses, 1.9-14

9 **P**or essa razão, nós também, desde o dia em que o ouvimos, não cessamos de orar por vós e de pedir que sejais cheios do pleno [k]conhecimento da sua vontade, em [l]toda a sabedoria e entendimento espiritual.

10 E oramos para que possais [m]andar dignamente diante do Senhor, [n]agradando-lhe em tudo, frutificando em toda a boa obra e crescendo no [o]conhecimento de Deus;

11 [p]corroborados com toda a fortaleza, segundo a força da sua glória, em toda a paciência e longanimidade com [q]alegria,

12 dando graças ao Pai que nos fez idôneos para participar da herança dos santos na luz.

13 **E**le nos tirou do poder das trevas e nos transportou para o Reino do Filho do seu amor,

14 em quem temos a [r]redenção pelo seu [s]sangue, a saber, a [t]remissão dos pecados.

II. A preeminente glória de Cristo, 1.15-23

(1) A supremacia de Cristo

15 Ele é a [u]imagem do Deus invisível, o [1]primogênito de toda a criação.

16 Pois [v]nele foram criadas todas as coisas que há nos céus e na terra, visíveis e invisíveis, sejam tronos, sejam soberanias, sejam principados, sejam potestades; [w]tudo foi criado por ele e para ele.

17 [x]Ele é antes de todas as coisas, e [y]todas as coisas subsistem por ele.

18 E ele é a [z]cabeça do corpo, a [aa]igreja; é o princípio, o primogênito [bb]dentre os mortos, para que em tudo tenha a preeminência.

19 [2]Pois foi do agrado do Pai que toda a [cc]plenitude nele habitasse,

(2) A obra reconciliadora de Cristo

20 e que, havendo por ele feito a paz [dd]pelo sangue da sua cruz, por meio dele

---

[a] Igrejas (locais): v. 2; Cl 4.15 (At 8.3; Fp 1.1, nota)
[b] Graça: v. 2,6; Cl 3.16 (Jo 1.14; 1.17, nota)
[c] Orações da Bíblia (NT): v. 3,9-11; Cl 4.12 (Mt 6.9; Lc 11.2, nota)
[d] Lei (de Cristo): v. 4,8; 3.14; 1Ts 3.12 (Jo 13.34; 2Jo 5)
[e] Evangelho: v. 5,23; 1Ts 1.5 (Gn 12.3; Ap 14.6)
[f] Gr. *kosmos*. Veja Mt 4.8, nota
[g] Jo 15.16
[h] Cl 4.12; Fm 23
[i] 1Co 4.1,2
[j] Espírito Santo (NT): v. 8; 1Ts 1.6; 4.8 (Mt 1.18; At 2.4, nota)
[k] Ef 5.17
[l] Ef 1.8
[m] Ef 4.1; 1Ts 2.12
[n] 1Ts 4.1

[o] 2Pe 3.18
[p] Ef 3.16; 6.10
[q] 2Co 8.2; Hb 10.34
[r] Veja Rm 3.24, nota
[s] Sacrifício (de Cristo): v. 14; Cl 1.20 (Gn 3.15; Hb 10.18, nota)
[t] Perdão: v. 14; Cl 2.13 (Lv 4.20; Mt 26.28, nota)
[u] 2Co 4.4; Hb 1.3
[v] Jo 1.1; Hb 1.3
[w] Rm 11.36; Hb 2.10
[x] Comp. Jo 17.5
[y] Hb 1.3
[z] Ef 1.22
[aa] Igreja (verdadeira): v. 18,24; Cl 2.19 (Mt 16.18; Hb 12.23)
[bb] Ap 1.5
[cc] Jo 1.16
[dd] Sacrifício (de Cristo): v. 20-22; 1Tm 2.6 (Gn 3.15; Hb 10.18, nota)

---

[1] (1.15) Da forma que foi aplicado aqui ao nosso Senhor, este termo (gr. *prototokos*) refere-se à prioridade de posição, não de origem. Este significado fica claro em Sl 89.27: "Também lhe darei o lugar de primogênito, o mais elevado dos reis da terra". Portanto, a afirmativa em 1.15 é que Cristo, como o Filho eterno, tem a posição de prioridade em relação a toda a criação, no sentido de que ele era antes de todas as coisas (v. 17), criou todas as coisas (v. 16) e por ele todas as coisas subsistem, isto é, mantêm-se (v. 17).

[2] (1.19) Deus Pai estava nele (Jo 17.21-23), e Deus Espírito Santo estava sobre ele em toda a plenitude (Is 42.1; Jo 3.34).

[1][e]reconciliasse consigo mesmo todas as coisas, tanto as que estão na terra como as que estão nos céus.

21 A vós também que, noutro tempo, éreis [f]estranhos e inimigos na sua mente, pelas vossas obras más,

22 agora, contudo, vos [g]reconciliou [h]no corpo da sua carne, pela morte, para [i]perante ele vos apresentar [j]santos, irrepreensíveis e inculpáveis,

23 se é que permaneceis fundados e firmes na fé, não [k]vos deixando afastar da esperança do [l]evangelho que ouvistes, o qual foi [m]pregado a toda criatura que há debaixo do céu, e do qual eu, Paulo, fui feito ministro.

III. A preocupação do apóstolo com a igreja em Colossos, 1.24–2.23

A igreja é um "mistério" escondido das gerações passadas (comp. Ef 3.1-11)

24 **A**gora me regozijo no que padeço por vós, e na minha carne cumpro o resto das [n]aflições de Cristo, pelo seu corpo, que é a igreja.

25 Eu fui feito seu ministro segundo a [o]responsabilidade que me foi concedida para convosco, para cumprir a palavra de Deus:

26 O [p]mistério que esteve oculto durante séculos e gerações e que agora foi manifesto aos seus santos.

27 A eles Deus quis fazer conhecer quais são as riquezas da glória deste mistério entre os gentios, que é [q]Cristo em [r]vós, esperança da glória.

28 A ele anunciamos, [s]admoestando e ensinando a todo homem em toda a sabedoria, para que apresentemos todo homem [t]perfeito em Cristo.

29 Para isso também trabalho, combatendo segundo a sua eficácia, que opera em mim [u]poderosamente.

[e] Reconciliação: v. 20-23 (Rm 5.10; Cl 1.20)
[f] Ef 2.12
[g] 2Co 5.18,19
[h] Ef 2.14-16
[i] Ef 5.27
[j] Santificação (NT): v. 22; Cl 3.12 (Mt 4.5; Ap 22.11)
[k] 1Co 15.58
[l] Veja Cl 1.5, marg.
[m] Cl 1.6
[n] 2Co 1.5
[o] Mordomia, administração. 1Co 9.17; Tt 1.7
[p] Veja Mt 13.11, nota
[q] Rm 8.10,11; veja Ef 4.24, nota
[r] Vida (eterna): v. 27; Cl 3.4 (Mt 7.14; Ap 22.19)
[s] Comp. At 20.20,27
[t] Veja Fp 3.12, nota
[u] Ef 3.7

A divindade encarnada em Cristo

(1) Cristo, a fonte da sabedoria

2 **Q**uero que saibais quão [v]grande combate tenho por vós, pelos que estão em Laodiceia e por quantos não me viram pessoalmente.

2 Combato para [w]que o coração deles seja consolado e estejam unidos em amor e enriquecidos da [x]plenitude da inteligência, para conhecimento do [2]mistério de Deus, a saber, Cristo,

3 em quem estão ocultos todos os tesouros da [y]sabedoria e da ciência.

(2) O perigo das palavras persuasivas (comp. Rm 16.17,18; 1Co 2.4; 2Pe 2.3)

4 [z]Digo isso [a]para que ninguém vos engane com palavras convincentes.

5 Pois ainda que esteja ausente quanto ao corpo, contudo em espírito estou convosco, regozijando-me e [b]vendo a vossa ordem e a [c]firmeza da vossa fé em Cristo.

6 **P**ortanto, assim como recebestes Cristo Jesus, o Senhor, assim também andai nele,

7 arraigados e edificados nele, e confirmados na fé, assim como fostes ensinados, crescendo em ação de graças.

(3) Dupla advertência acerca da falsa filosofia e o legalismo

8 **T**ende cuidado para que ninguém vos faça presa sua, por meio de filosofias e vãs sutilezas, segundo a tradição dos homens, segundo os [d]rudimentos do [ee]mundo, e não segundo Cristo.

(4) O crente completo em Cristo

9 Pois nele [ff]habita corporalmente toda a plenitude da divindade.

10 E recebestes a plenitude em Cristo, que é o [gg]Cabeça de todo principado e potestade.

[v] Fp 1.30; Cl 1.29; 1Ts 2.2
[w] Comp. 2Co 1.6
[x] Segurança: v. 2; 1Ts 5.23 (Sl 23.1; Jd 1)
[y] 1Co 1.24,30
[z] Inspiração: v. 4; 1Ts 4.15 (Êx 4.15; 2Tm 3.16)
[a] v. 8,18; 2Co 11.13; Ef 4.14; 5.6
[b] Comp. 1Co 14.40
[c] 1Pe 5.9
[d] Gl 4.3,9,10
[ee] Gr. *kosmos*. Veja Ap 13.8, nota
[ff] Cl 1.19; comp. Jo 1.14
[gg] Ef 1.20,21; 1Pe 3.22

---

[1] (1.20) A palavra traduzida por "reconciliar" (gr. *katallassō*) significa *mudar completamente*, e, em suas várias formas, aparece em Rm 5.10,11; 11.15; 1Co 7.11; 2Co 5.18-20; Ef 2.16; Cl 1.20,21. Um estudo das passagens mencionadas indica que a obra de Deus inclui duas reconciliações: 1) A reconciliação obtida no Calvário – "Deus estava em Cristo reconciliando consigo o mundo" (2Co 5.19). Aqui, o que mudou não foi Deus, pois ele sempre amou o mundo; o que mudou não foi o mundo, pois ele continuou em uma rebelião pecaminosa contra Deus. Pela morte de Cristo, o que mudou foi *o relacionamento entre Deus e o mundo*; a barreira do pecado foi judicialmente retirada, permitindo a Deus mostrar misericórdia onde o juízo era merecido. Essa reconciliação foi obra única e exclusivamente de Deus, na qual o homem não teve parte alguma. 2) Há uma reconciliação que Deus produz no próprio pecador, pela qual há uma mudança na atitude rebelde do pecador em relação a Deus, de maneira que ele é persuadido a receber a reconciliação já realizada na cruz mediante Cristo (Rm 5.11). Nesse ministério de reconciliar o pecador, os cristãos têm uma parte: ser embaixadores de Cristo, levando a "mensagem da reconciliação" que lhes foi entregue (2Co 5.19), e rogar aos homens "que vos reconcilieis com Deus" (2Co 5.20).

[2] (2.2) O "mistério de Deus" é Cristo, encarnando a plenitude da divindade e toda a sabedoria e conhecimento divinos para a redenção e a reconciliação do homem.

11 Nele também fostes [h]circuncidados com a circuncisão não feita por mãos [i]humanas, mas com a circuncisão de Cristo;

12 tendo sido [j]sepultados com ele no batismo, nele também ressurgistes pela fé no [k]poder de Deus, que o [l]ressuscitou dentre os mortos.

13 E a vós outros que estáveis [m]mortos nos vossos pecados e na incircuncisão da vossa carne, vos [n]vivificou com ele, [o]perdoando-nos todos os nossos delitos;

(5) A observância da Lei foi abolida em Cristo (comp. Mt 5.17)

14 havendo [p]riscado o escrito de dívida que havia contra nós nas suas ordenanças, o qual nos era contrário, tirou-o do meio de nós, cravando-o na cruz.

15 E, tendo [q]despojado os principados e as potestades, os expôs publicamente ao desprezo e triunfou sobre eles na cruz.

16 **P**ortanto, ninguém vos [r]julgue pelo comer, ou pelo beber, ou por causa dos dias de festa, ou de lua nova, ou de [s]sábados.

17 Essas são [t]sombras das coisas futuras; a realidade, porém, encontra-se em Cristo.

(6) Advertência contra o falso misticismo

18 Ninguém vos prive do prêmio, alegando humildade ou culto aos [u]anjos, [1]baseando-se em visões, enfatuado sem motivo algum na sua mente carnal,

19 e não se mantendo unido à [v]cabeça, da qual todo o [w]corpo, provido e organizado pelas juntas e ligaduras, vai [x]crescendo com o aumento concedido por Deus.

(7) Advertência contra o ascetismo

20 **S**e estais mortos com Cristo quanto aos rudimentos do mundo, por que vos sujeitais ainda a ordenanças, como se vivêsseis no mundo,

21 como: não toques, não proves, não manuseies?

22 Todas essas coisas estão destinadas ao desaparecimento pelo uso, porque são baseadas em preceitos e [y]ensinamentos dos homens.

23 Têm, na verdade, aparência de sabedoria, em culto voluntário, humildade fingida e severidade para com o corpo, mas [2]não têm valor algum contra a satisfação da [z]carne.

IV. Algumas características da vida abundante do cristão, 3.1–4.6

A união do crente com Cristo agora e na eternidade

3 **P**ortanto, se fostes [a]ressuscitados com [b]Cristo, buscai as coisas que são de cima, onde Cristo está assentado à destra de Deus.

2 Pensai nas coisas que são de cima, não nas que são da [c]terra.

3 [d]Pois morrestes, e a vossa vida está oculta com Cristo em Deus.

4 Quando Cristo, que é a nossa [e]vida, [f]se [g]manifestar, então também vós vos manifestareis com ele em glória.

(1) A vida cristã

5 [hh]**F**azei, pois, morrer a vossa natureza terrena: a prostituição, a impureza, a paixão, o vil desejo, e a avareza, que é [ii]idolatria.

6 Por essas coisas vem a [jj]ira de Deus sobre os filhos da desobediência.

7 Nelas também em outro tempo [kk]andastes, quando a vossa vida era dominada por elas.

8 [ll]Agora, porém, abandonai também todas estas coisas: a ira, a cólera, a malícia, a maledicência, as palavras torpes da vossa boca.

9 Não mintais uns aos outros, pois já vos despistes do [mm]velho homem com os seus feitos

10 e vos vestistes do [nn]novo, que se [oo]renova para o conhecimento, segundo a imagem daquele que o criou.

---

[1] (2.18) O erro sobre o qual Paulo fez advertências aos colossenses mais tarde transformou-se na heresia chamada gnosticismo (do gr. *gnosis*, que significa *conhecimento*). Esse falso ensinamento atribuía a Cristo uma posição subordinada à verdadeira Divindade e desvalorizava a singularidade e a perfeição de sua obra redentora. O gnosticismo insistia na existência de uma ponte entre um Deus santo e este mundo, formada por um exército de diferentes seres, anjos etc., e Cristo era membro desse exército. Esse sistema incluía a adoração a anjos (v. 18) e um falso ascetismo (v. 20-22). Para todos esses erros, o apóstolo tinha um só remédio: um conhecimento (gr. *epignosis*, i.e., *conhecimento pleno*, 1.9,10; 3.10) da plenitude de Deus em Jesus Cristo. Paulo não tinha medo da sabedoria nem do conhecimento, e referiu-se a eles muitas vezes, mas insistia em que o conhecimento fosse de acordo com a revelação divina. Em 1.19 e 2.9, ele apresenta sua devastadora e contundente resposta a esse falso ensinamento. Nesses versículos, o Senhor é revelado como aquele em quem "habita corporalmente toda a plenitude da divindade". A palavra "plenitude" (gr. *pleroma*) é a mesma palavra que o gnosticismo usava para referir-se a todo o exército de seres intermediários entre Deus e o homem. O Senhor encarnado, crucificado, ressuscitado e que havia subido ao céu é o único Mediador entre Deus e os homens (1Tm 2.5).

[2] (2.23) Ao criar o conceito de uma santidade superior, como muitos faziam, eles, na verdade, não estavam honrando a Deus, mas impondo sua justiça própria, satisfazendo a carne.

[h] Comp. Dt 10.16; Jr 4.4; Rm 2.29; Fp 3.3
[i] Carne (natureza pecaminosa): v. 11; Cl 2.23 (Jo 8.15; Jd 23)
[j] Rm 6.4
[k] Ef 1.20
[l] Ressurreição: v. 12; 1Ts 1.10 (2Rs 4.35; 1Co 15.52, nota)
[m] Morte (espiritual): v. 13; Tg 1.15 (Gn 2.17; Ef 2.5, nota)
[n] Ef 2.5
[o] Perdão: v. 13; Cl 3.13 (Lv 4.20; Mt 26.28, nota)
[p] Ef 2.15,16
[q] Hb 2.14; comp. Ef 6.12
[r] Rm 14.3
[s] Sábado (dia de repouso): v. 16 (Gn 2.3; Mt 12.1, nota)
[t] Comp. Hb 8.5; 10.1
[u] Veja Hb 1.4, nota
[v] Ef 4.15
[w] Igreja (verdadeira): v. 19; 3.15; 1Ts 4.17 (Mt 16.18; Hb 12.23)
[x] Ef 4.16

[y] Doutrinas. Hb 13.9
[z] Carne (natureza pecaminosa): v. 23; 1Pe 3.21 (Jo 8.15; Jd 23)
[a] Rm 6.5; Ef 2.6; Cl 2.12
[b] Rm 8.34; Ef 1.20
[c] Mt 6.19-21
[d] Rm 6.2; Gl 2.20
[e] Vida (eterna): v. 4; 1Tm 1.16 (Mt 7.14; Ap 22.19)
[f] 1Jo 3.2gg Cristo (segunda vinda): v. 4; 1Ts 1.10 (Dt 30.3; At 1.11, nota)
[hh] Rm 8.13
[ii] Comp. Ef 5.5
[jj] Rm 1.18; Ef 5.6
[kk] Ef 2.2; Tt 3.3
[ll] Ef 4.22; 1Pe 2.1
[mm] Veja Rm 6.6, nota
[nn] Veja Ef 4.24, nota
[oo] Rm 12.2; 2Co 4.16

11 [p]Aqui não há grego nem judeu, circunci-
são nem incircuncisão, bárbaro, cita, servo ou
livre, mas Cristo é tudo em todos.
12 **P**ortanto, como [q]eleitos de Deus, [r]san-
tos e amados, [s]revesti-vos de [t]compaixão, de
benignidade (de humildade, de mansidão, de
longanimidade).
13 Suportai-vos uns aos outros, [u]perdoai-vos
uns aos outros, se alguém tiver queixa contra
outrem. Assim como o Senhor vos perdoou,
assim também perdoai vós.
14 E, [v]acima de tudo isso, porém, revesti-vos
de [w]amor, que é o vínculo da [x]perfeição.
15 E a paz de [y]Deus, para a qual fostes cha-
mados em um só corpo, [z]domine em vosso
coração. E [a]sede agradecidos.
16 A palavra de Cristo habite em vós abun-
dantemente, em toda a sabedoria, ensinan-
do-vos e aconselhando-vos uns aos outros,
com salmos, hinos e cânticos espirituais,
cantando ao Senhor com [b]gratidão em vosso
coração.
17 E tudo o [c]que fizerdes por palavras ou
por obras, fazei-o em nome do Senhor Jesus,
dando por ele graças a Deus Pai.

(2) Relacionamentos familiares do cristão

18 **M**ulheres, sede submissas a vosso próprio
marido, como [d]convém no Senhor.
19 Maridos, [e]amai, cada um, a vossa mulher e
não a trateis asperamente.
20 Filhos, obedecei em tudo a vossos pais,
pois isso é agradável ao Senhor.
21 [f]Pais, não irriteis os vossos filhos, para
que não desanimem.

(3) Servos e senhores

22 [g]Servos, obedecei em tudo a vossos
senhores segundo a carne, não servindo só
na aparência, como para agradar aos homens,
mas em simplicidade de coração, temendo
a Deus.
23 E [h]tudo o que fizerdes fazei-o de todo o
coração, como ao Senhor, não aos homens,
24 sabendo que recebereis do Senhor a [i]re-
compensa da herança. É a Cristo, o Senhor,
que servis.
25 Quem faz injustiça receberá em troco
a injustiça feita; nisso não há exceção para
ninguém.

4 **S**enhores, dai a vossos servos o que é justo
e direito, sabendo que também vós tendes
um Senhor nos céus.

(4) Perseverança na oração; sabedoria em palavras

2 **P**erseverai na oração, vigiando nela com
ações de graças.
3 Orai também juntamente por nós, para
que Deus nos abra a porta da palavra, a fim
de falarmos do [j]mistério de Cristo, pelo qual
estou preso.
4 Orai para que o manifeste como devo fazer.
5 [k]Andai em [l]sabedoria para com os que estão
de fora, aproveitando bem cada oportunidade.
6 A vossa palavra seja sempre [m]agradável,
temperada com sal, para que saibais como
deveis responder a cada um.

Conclusão: Exortações pessoais, 4.7-18

7 [n]**T**íquico, irmão amado, fiel ministro e con-
servo no Senhor, de tudo vos informará.
8 Eu [o]o envio a vós para o mesmo fim, para
que saibais o nosso estado, e ele console o
vosso coração,
9 Ele irá com [pp]Onésimo, amado e fiel irmão,
que é um de vós. Eles vos contarão tudo o que
aqui se passa.

Saudações finais

10 [qq]**A**ristarco, que está preso comigo, vos
saúda, como também [rr]Marcos, o sobrinho de
Barnabé. Acerca dele já recebestes instruções;
se ele for visitar-vos, recebei-o.
11 Jesus, conhecido por Justo, também vos
saúda. Esses são os únicos da circuncisão que
cooperam comigo pelo Reino de Deus e têm
sido para mim uma consolação.
12 Saúda-vos [1ss]Epafras, que é um de vós,
servo de Cristo Jesus, combatendo sempre por
vós nas suas [tt]orações, para que vos conserveis
firmes, [uu]perfeitos e plenamente seguros em
toda a vontade de Deus.
13 Dou-lhe testemunho de que tem grande
zelo por vós, como também pelos que estão
em Laodiceia e pelos que estão em Hierápolis.
14 Saúda-vos [vv]Lucas, o médico amado, e [ww]Demas.
15 Saudai os irmãos de Laodiceia, Ninfa e a
[xx]igreja que está em sua casa.
16 Depois que esta epístola tiver sido [yy]lida
entre vós, fazei que também o seja na igreja
dos laodicenses, e a que veio de Laodiceia
lede-a vós também.
17 Dizei a [zz]Arquipo: Atenta para o [aa]ministé-
rio que recebeste no Senhor, para o cumprires.
18 **E**u, Paulo, escrevo esta saudação com meu
próprio punho. [bb]Lembrai-vos das minhas
cadeias. A graça seja convosco.

[p] Gl 3.27,28
[q] Eleição (coletiva): v. 12; 1Ts 1.4 (Dt 7.6; 1Pe 5.13)
[r] Santificação (NT): v. 12; 1Ts 4.3 (Mt 4.5; Ap 22.11)
[s] Justiça (vestes de): v. 12-15; 1Tm 2.10 (Gn 3.21; Ap 19.18)
[t] Fp 2.1,2
[u] Carne (natureza pecaminosa): v. 13; Hb 9.22 (Lv 4.20; Mt 26.28, nota)
[v] 1Pe 4.8
[w] Veja Cl 1.4, marg. d
[x] Veja Mt 5.48, nota
[y] Cristo
[z] Veja Cl 2.19, marg. w
[a] 1Ts 5.18
[b] Veja 2Pe 3.18, nota. Graça: v. 16; Cl 4.6 (Jo 1.14; 1.17, nota)
[c] 1Co 10.31
[d] Ef 5.22
[e] Ef 5.25
[f] Ef 6.4
[g] Ef 6.5; 1Tm 6.1; Tt 2.9; 1Pe 2.18
[h] Ec 9.10
[i] Recompensas: v. 24; 1Ts 2.19 (Dn 12.3; 1Co 3.14, nota)

[j] Veja Mt 13.11, nota
[k] Ef 5.15
[l] Mt 10.16
[m] Veja 2Pe 3.18, nota. Graça: v. 6,18; 2Ts 1.12 (Jo 1.14; 1.17, nota)
[n] At 20.4; Ef 6.21; 2Tm 4.12; Tt 3.12
[o] Comp. Ef 6.22
[pp] Fm 10
[qq] At 19.29; 20.4; 27.2; Fm 24
[rr] At 15.37; 2Tm 4.11
[ss] Cl 1.7; Fm 23
[tt] Orações da Bíblia (NT): v. 12; 1Ts 1.2 (Mt 6.9; Lc 11.2, nota)
[uu] Veja Fp 3.12, nota
[vv] 2Tm 4.11
[ww] 2Tm 4.10; Fm 24
[xx] Igrejas (locais): v. 15,16; 1Ts 1.1 (At 8.3; Fp 1.1, nota)
[yy] Comp. 1Ts 5.27
[zz] Fm 2
[aa] 2Tm 4.5
[bb] Hb 13.3

[1] (4.12) Aqui há uma comovente ilustração do serviço sacerdotal por meio da oração (veja 1Pe 2.9, *nota*).

- **Autor:** Paulo
- **Tema:** A volta de Cristo
- Escrito em 51 d.C., aprox.

1TESSALONICENSES

A PRIMEIRA EPÍSTOLA AOS TESSALONICENSES, que Paulo escreveu em Corinto pouco depois de sua partida de Tessalônica (At 17.1-10; 18.1), provavelmente foi um dos primeiros escritos inspirados do apóstolo. Ele havia visitado Tessalônica em sua segunda viagem missionária e pregou na sinagoga três sábados consecutivos (At 17.1-9). Por causa da violenta perseguição que se havia desencadeado, ele foi tirado dali para sua segurança pessoal (At 17.5-10).

O motivo de 1Tessalonicenses foi a visita de Timóteo, a quem Paulo tinha enviado de Atenas a Tessalônica (3.1,2). O bom relatório de Timóteo quanto à fé e ao amor dos tessalonicenses e a sua terna preocupação pelo apóstolo despertaram Paulo a escrever-lhes esta carta íntima e comovente, na qual os elogia por sua firmeza, lembra-lhes as verdades que lhes ensinara e esclarece certas questões sobre a volta do Senhor, as quais Timóteo lhe havia informado.

O tema dessa epístola é quádruplo: 1) confirmar os novos convertidos em Tessalônica nas verdades fundamentais que haviam aprendido, 2) exortá-los a uma vida pessoal de santidade, agradável ao Senhor, 3) consolá-los por causa daqueles que haviam falecido e 4) instruí-los sobre a esperança que tinham quanto à vinda do Senhor. Em cada capítulo de 1 e 2Tessalonicenses, a vinda do Senhor é proeminente. A riqueza do ensinamento de Paulo se evidencia pelo fato de que, em um mês, o apóstolo não só os havia conduzido a Cristo, mas também lhes havia ensinado muitas das grandes doutrinas da fé (comp. 1.4, nota).

A epístola pode ser dividida da seguinte maneira: Introdução, 1.1-4. I. A igreja-modelo e os três tempos da vida cristã, 1.5-10. II. O servo-modelo e sua recompensa, 2. III. O irmão-modelo e sua santificação, 3. IV. A vida-modelo e a esperança do crente, 4. V. A vida-modelo e o dia do Senhor, 5.1-24. Conclusão, 5.25-28.

Introdução, 1.1-4

1 Paulo, Silvano e Timóteo, à [a]igreja dos [b]tessalonicenses, em Deus Pai e no Senhor Jesus Cristo: Graça e paz vos sejam dadas.

2 Sempre damos graças a Deus por todos vós, fazendo menção de vós em nossas [c]orações,

3 lembrando-nos sem cessar da obra da vossa fé, do vosso trabalho de amor e da vossa firmeza de esperança em nosso Senhor Jesus Cristo, diante de nosso Deus e Pai,

4 reconhecendo, irmãos, amados de Deus, a vossa [1d]eleição,

I. A igreja modelo e os três tempos da vida cristã, 1.5-10

5 porque o nosso [e]evangelho não foi a vós somente em palavras, mas também em poder, no [f]Espírito Santo e em plena [g]convicção, como bem sabeis quais fomos entre vós, por amor de vós.

6 E vós vos tornastes nossos imitadores e do Senhor, recebendo a palavra em muita tribulação, com [h]alegria do Espírito Santo.

7 De maneira que fostes exemplo para todos os [i]fiéis na Macedônia e na Acaia.

8 De vós fez-se [j]ouvir a palavra do Senhor, não somente na Macedônia e Acaia, mas também [k]em todos os lugares. A vossa fé para com Deus se espalhou, de tal maneira que não temos necessidade de falar coisa alguma;

9 pois eles mesmos anunciam de que forma [2]fomos recebidos entre vós. Dizem-nos como vos convertestes [l]dos ídolos a Deus, para servirdes o Deus vivo e verdadeiro,

10 e [m]aguardardes dos céus a seu Filho, a quem ele [n]ressuscitou dentre os mortos, a saber, Jesus, que nos livra da [o]ira vindoura.

II. O servo modelo e sua recompensa, 2

2 Vós mesmos sabeis, irmãos, que a nossa estada entre vós [p]não foi vã.

2 Havendo primeiro padecido e sido ultrajados em [q]Filipos, como sabeis, tornamo-nos [r]ousados em nosso Deus, para vos falar o evangelho de Deus, em meio a grande luta.

3 Pois a nossa exortação não procede de engano, nem de impureza, nem é feita com intenção de enganá-los.

4 Pelo contrário, como fomos aprovados por Deus para que o [s]evangelho nos fosse confiado, assim falamos, não como para agradar aos [t]homens, mas a Deus, que prova o nosso coração.

---

[a] Igrejas (locais): v. 1; 1Ts 2.14 (At 8.3; Fp 1.1, nota)
[b] At 17.1-9
[c] Orações da Bíblia (NT): v. 2; 1Ts 3.10 (Mt 6.9; Lc 11.2, nota)
[d] Eleição (coletiva): v. 4; 2Ts 2.13 (Dt 7.6; 1Pe 5.13)
[e] Evangelho: v. 5; 1Ts 2.4 (Gn 12.3; Ap 14.6)
[f] Veja Cl 1.8, marg. j
[g] Is 32.17; 2Tm 1.12
[h] At 13.52
[i] Fé: v. 7; 1Ts 2.10 (Gn 3.20; Hb 11.39, nota)
[j] Rm 10.18
[k] 2Ts 1.4
[l] Comp. 1Co 12.2; Gl 4.8
[m] Cristo (segunda vinda): v. 10; 1Ts 2.19 (Dt 30.3; At 1.11, nota)
[n] Ressurreição: v. 10; 1Ts 4.14 (2Rs 4.35; 1Co 15.52, nota)
[o] Mt 3.7; Rm 5.9
[p] Comp. Gl 2.2; 4.11; Fp 2.16
[q] At 16.12-24
[r] At 17.1-3
[s] Evangelho: 2.4,8,9; 3.2; 2Ts 1.8 (Gn 12.3; Ap 14.6)
[t] Gl 1.10

[1] (1.4) Embora Paulo tenha ministrado em Tessalônica por menos de um mês, nessa epístola ele faz alusão a muitas doutrinas importantes da fé cristã: a Trindade (comp. 1.1 com v. 5,6); o Espírito Santo (1.5,6; 4.8; 5.19); a segunda vinda de Cristo (1.10; 2.19; 3.13; 4.14-17; 5.23); o dia do Senhor (5.1-3); a segurança do cristão (1.5); a conversão (1.9); a eleição (1.4); a ressurreição (4.14-18); a santificação (4.3; 5.23); e a conduta cristã (2.12; 4.1).

[2] (1.9) Os tempos da vida cristã indicados aqui são lógicos e estão na sequência correta. Aparecem também no v. 3. A "obra da vossa fé" é que "vos convertestes dos ídolos a Deus" (comp. Jo 6.28,29); o "trabalho de amor" é "para servirdes o Deus vivo e verdadeiro"; a "firmeza de esperança" é "aguardardes dos céus a seu Filho" (comp. Mt 24.42; 25.13; Lc 12.36-48; At 1.11; Fp 3.20,21). Paulo repete esta sequência tríplice em Tt 2.11-13.

5 Como bem sabeis, [u]nunca usamos de palavras bajuladoras nem de intuitos gananciosos; Deus é testemunha.

6 Não [v]buscamos glória dos homens nem de vós, nem de outros, ainda que pudéssemos, como apóstolos de Cristo, ser-vos pesados.

7 Antes fomos brandos entre vós, como a mãe que acaricia [w]seus próprios filhos.

8 Assim nós, sendo-vos tão afeiçoados, de boa vontade quiséramos [x]dar-vos não somente o evangelho de Deus, mas também a nossa própria vida, porque nos éreis muito queridos.

9 Certamente vos lembrais, irmãos, do nosso [y]trabalho e fadiga; trabalhamos noite e dia para não sermos pesados a nenhum de vós, enquanto vos pregamos o evangelho de Deus.

10 Bem sabeis vós e Deus, e sois testemunhas, de quão santa, justa e irrepreensivelmente procedemos para convosco, os que [z]credes.

11 Assim como bem sabeis de que modo vos exortávamos e consolávamos, a cada um de vós, como o pai a seus filhos,

12 para que andásseis de um modo [a]digno de Deus, [b]que vos chama para o seu Reino e glória.

13 **P**elo que também damos, sem cessar, graças a Deus, porque, havendo recebido de nós a palavra da pregação de Deus, a [c]recebestes não como palavra de homens, mas (segundo é, na verdade) como palavra de Deus, a qual também [d]opera em vós, os que credes.

14 Pois vós, irmãos, vos tornastes imitadores das [e]igrejas de Deus em Cristo Jesus que estão na Judeia: Sofrestes de vossos próprios conterrâneos o mesmo que eles sofreram dos judeus,

15 os quais também mataram o Senhor Jesus e os [f]seus profetas e a nós nos perseguiram. Eles não agradam a Deus, são contrários a todos os homens

16 e nos [g]impedem de falar aos gentios para que estes sejam [h]salvos. Desta forma sempre enchem a medida de seus [i]pecados. A ira de Deus caiu sobre eles afinal.

17 **N**ós, porém, irmãos, sendo privados da vossa presença, pessoalmente, por algum tempo, mas não de coração, tanto mais procuramos com grande desejo ver o vosso rosto.

18 Por isso, quisemos ir ter convosco, pelo menos eu, Paulo, não somente uma vez, mas duas, mas [j]Satanás nos impediu.

19 Pois qual é a nossa esperança, ou alegria, ou [k]coroa de glória na [l]presença de nosso Senhor Jesus [m]na sua vinda? Não sois vós?

20 Na verdade, vós sois a nossa glória e a nossa alegria.

[u] 2Co 2.17
[v] Comp. Jo 5.41,44
[w] v. 8-12
[x] Comp. Rm 1.11
[y] At 18.3; 20.34,35; 1Co 4.12; 2Ts 3.7,8; comp. Fp 4.16
[z] Fé: v. 10,13; 1Ts 4.14 (Gn 3.20; Hb 11.39, nota)
[a] Ef 4.1
[b] 1Co 1.9; 2Ts 2.14; 2Tm 1.9
[c] Mc 4.20
[d] 1Pe 1.23
[e] Igrejas (locais): v. 14; 2Ts 1.1 (At 8.3; Fp 1.1, nota)
[f] Jr 2.30; Mt 23.34,35; At 7.52; comp. Lc 20.9-19
[g] Comp. At 17.5,13; 18.12; 22.21,22
[h] Veja Rm 1.16, nota
[i] Veja Rm 3.23, nota
[j] Satanás: v. 18; 2Ts 2.9 (Gn 3.1; Ap 20.10)
[k] Recompensas: v. 19; 2Tm 4.8 (Dn 12.3; 1Co 3.14, nota)
[l] Jd 24
[m] Cristo (segunda vinda): v. 19; 1Ts 3.13 (Dt 30.3; At 1.11, nota)

III. O irmão modelo e sua santificação, 3

3 **P**elo que, não podendo suportar mais o cuidado por vós, achamos por bem ficar sozinhos em Atenas

2 e enviamos [n]Timóteo, nosso irmão, ministro de Deus e nosso cooperador no evangelho de Cristo, para vos confortar e vos exortar acerca da vossa fé,

3 [o]para que ninguém seja abalado por estas tribulações. Vós mesmos sabeis que para isso [p]fomos destinados.

4 Com efeito, estando ainda convosco, predissemos que íamos ser afligidos, como sucedeu, e vós o sabeis.

5 Portanto, [q]não podendo eu também esperar mais, mandei-o saber da vossa fé, [r]temendo que o tentador vos tentasse, e o nosso trabalho [ss]viesse a ser inútil.

6 **V**indo, porém, agora Timóteo de vós para nós, trouxe-nos boas notícias da vossa fé e [tt]amor. Contou-nos como sempre tendes boa lembrança de nós, [uu]desejando muito ver-nos, como nós também a vós.

7 Por essa razão, irmãos, ficamos [vv]consolados acerca de vós, em toda a nossa aflição e necessidade, pela vossa fé.

8 Pois agora vivemos, se [ww]estais firmes no Senhor.

9 Que ação de graças poderemos dar a Deus por vós, por toda a alegria com que nos regozijamos por vossa causa diante do nosso Deus,

10 [xx]orando incessantemente noite e dia, para que possamos ver o vosso rosto e [yy]supramos o que falta à vossa fé?

11 **O**ra, o mesmo nosso Deus e Pai e nosso Senhor Jesus nos abram o caminho até vós.

12 O Senhor vos [zz]aumente e vos faça crescer [aa]em [bb]amor uns para com os outros e para com todos, como também nós para convosco.

13 Possa ele vos confirmar [cc]o coração, para que sejais irrepreensíveis em santidade diante de nosso Deus e Pai, [d]na vinda de nosso Senhor Jesus com todos os seus santos.

IV. A vida modelo e a esperança do crente, 4

4 **F**inalmente, irmãos, nós vos rogamos e exortamos no Senhor Jesus que, como recebestes de nós, quanto à maneira por que deveis [e]viver e agradar a Deus, assim andai, para que [f]abundeis cada vez mais.

2 Pois vós bem sabeis que mandamentos vos temos dado pelo Senhor Jesus.

3 Esta é a vontade de Deus para a vossa [g]santificação: [h]que vos abstenhais da prostituição;

4 que cada um de vós saiba controlar o próprio corpo de forma santa e honrosa,

[n] Comp. At 17.15; Fp 2.19
[o] Ef 3.13
[p] Jo 16.2; At 9.16; 1Co 4.9; 2Tm 3.12; 1Pe 2.21
[q] Comp. 2Co 11.2,3
[r] Provar-Tentar: v. 5; 1Tm 2.14 (Gn 3.1; Tg 1.14)
[s] Veja 2.1, marg. p
[t] Veja v. 12, marg. b
[u] Comp. Fp 1.8
[v] Comp. 2Co 7.6,7
[w] Ef 6.13,14; Fp 4.1
[x] Orações da Bíblia (NT): v. 10-13; 1Ts 5.23 (Mt 6.9; Lc 11.2, nota)
[y] 2Co 13.9; veja Fp 3.12, nota
[z] Fp 1.9
[a] Jo 13.34,35; 1Jo 4.7,12
[b] Lei (de Cristo): 3.6,12; 4.9; 1Ts 5.13 (Jo 13.34; 2Jo 5)
[c] 2Ts 2.17
[d] Cristo (segunda vinda): 3.13; 4.14-17; 1Ts 5.23 (Dt 30.3; At 1.11, nota)
[e] Cl 1.10
[f] 1Co 15.58
[g] Santificação (NT): v. 3; 1Ts 5.23 (Mt 4.5; Ap 22.11)
[h] 1Co 6.15-20

5 não dominados pelo desejo desenfreado, como os [i]gentios, que não conhecem a Deus;

6 e que, nesta matéria, ninguém oprima ou [j]engane a seu irmão. O Senhor é vingador de todas essas coisas, como também antes vos dissemos e testificamos.

7 Pois Deus não nos chamou para a impureza, [k]mas para a santificação.

8 Portanto, quem [l]rejeita estas coisas não rejeita ao homem, mas sim a Deus, que vos dá o seu [m]Espírito Santo.

9 **Q**uanto, porém, ao amor fraternal, não necessitais de que vos escreva, visto que vós mesmos estais [n]instruídos por Deus que vos ameis uns aos outros.

10 E, com efeito, já assim o fazeis para com todos os irmãos que estão em toda a Macedônia. Exortamo-vos, porém, a que ainda nisso aumenteis cada vez mais.

11 Procurai viver quietos, [o]tratar dos vossos próprios negócios e trabalhar com as vossas próprias mãos, como já vos temos mandado,

12 para que andeis [p]honestamente para com os que estão de fora e não necessiteis de coisa alguma.

A revelação do arrebatamento da Igreja

13 **N**ão quero, porém, irmãos, que sejais ignorantes acerca dos que já [q]dormem, para que não vos entristeçais, como os demais, que não têm esperança.

14 [r]Cremos que Jesus morreu e [s]ressurgiu, assim também cremos que Deus tornará a [t]trazer com ele todos os que dormem em Jesus.

15 [u]Dizemos isso pela palavra do Senhor: que nós, os que ficarmos vivos para a vinda do Senhor, não precederemos os que dormem.

16 Pois o mesmo Senhor descerá do céu com grande brado, à voz do arcanjo, ao som da trombeta de Deus, e os que morreram em Cristo [v]ressurgirão primeiro.

17 [w]Depois [x]nós, os que ficarmos vivos, seremos [1]arrebatados com eles nas nuvens, para o encontro do Senhor nos ares e, assim, [y]estaremos para sempre com o Senhor.

18 Portanto, [z]consolai-vos uns aos outros com essas palavras.

[i] Ef 4.17,18
[j] 1Co 6.7,8
[k] Lv 11.44; Hb 12.14; 1Pe 1.14-16
[l] Lc 10.16; Tg 2.1-9
[m] Espírito Santo (NT): v. 8; 1Ts 5.19 (Mt 1.18; At 2.4, nota)
[n] Jo 15.12,17
[o] 2Ts 3.11; 1Pe 4.15
[p] 1Pe 2.12
[q] Comp. Jo 11.11-14
[r] Fé: v. 14; 2Ts 1.10 (Gn 3.20; Hb 11.39, nota)
[s] Ressurreição: v. 14,16; 2Tm 2.8 (2Rs 4.35; 1Co 15.52, nota)
[t] 1Co 15.20
[u] Inspiração: v. 15-18; 1Tm 4.1 (Êx 4.15; 2Tm 3.16)
[v] Ap 20.6
[w] 1Co 15.51-53
[x] Igreja (verdadeira): v. 15-18; Hb 2.12 (Mt 16.18; Hb 12.23)
[y] Jo 14.3
[z] Exortai-vos

V. A vida modelo e o dia do Senhor, 5.1-24.
(Veja Jl 1.15 e Ap 19.19, notas)

5 Irmãos, acerca dos tempos e das épocas, porém, não necessitais de que se vos escreva,

2 pois vós mesmos sabeis muito bem que o [a]dia do Senhor virá como o ladrão de noite.

3 Quando andarem dizendo: Há paz e segurança, então lhes sobrevirá repentina destruição, como as dores de parto àquela que está grávida, e de modo nenhum escaparão.

4 [2][b]**V**ós, porém, irmãos, já não estais em trevas, para que esse dia vos surpreenda como faz um ladrão.

5 Todos vós sois filhos da luz e filhos do dia. Nós não somos da noite nem das trevas.

6 Não durmamos, [c]pois, como os demais, mas [d]vigiemos e sejamos [e]sóbrios.

7 Pois os que dormem, dormem de noite, e os que se embriagam, embriagam-se de noite.

8 Nós, porém, que somos do dia, sejamos sóbrios, revestindo-nos da [f]couraça da fé e do amor e tendo por capacete a esperança da salvação.

9 Pois Deus não nos destinou para a ira, mas para alcançar a [g]salvação por nosso Senhor Jesus Cristo,

10 que morreu por nós, para que, quer vigiemos, quer durmamos, vivamos com ele.

11 Pelo que vos exortai uns aos outros e vos edificai uns aos outros, como também estais fazendo.

12 **A**gora vos rogamos, irmãos, que tenhais consideração pelos [h]que trabalham entre vós e os que presidem sobre vós no Senhor e vos admoestam.

13 Tratai-os com grande estima e [ii]amor, por causa da sua obra. Tende paz entre vós.

14 Exortamo-vos também, irmãos, que admoesteis os insubmissos, consoleis os desanimados, sustenteis os fracos e sejais pacientes para com todos.

15 Vede que ninguém retribua a outrem mal por mal, mas segui sempre o bem, uns para com os outros e para com todos.

16 Regozijai-vos sempre.

17 Orai sem cessar.

18 Em tudo dai graças, pois esta é a vontade de Deus em Cristo Jesus para convosco.

19 Não apagueis o [jj]Espírito.

20 Não desprezeis as profecias.

21 Examinai tudo. Retende o bem.

[a] Dia (do Senhor): v. 1-4; 2Ts 2.2 (Sl 2.9; Is 2.12; Ap 19.19)
[b] Ef 5.8; 1Jo 2.8
[c] Comp. Rm 13.12,13
[d] Mt 25.13; Mc 13.35
[e] 1Pe 5.8
[f] Comp. Is 59.17; Ef 6.14
[g] Veja Rm 1.16, nota
[h] Hb 13.7,17
[ii] Lei (de Cristo): v. 13; 2Ts 1.3 (Jo 13.34; 2Jo 5)
[jj] Espírito Santo (NT): v. 19; 2Ts 2.13 (Mt 1.18; At 2.4, nota)

---

[1] (4.17) Esta passagem central sobre a bendita esperança da Igreja inclui: 1) segurança tranquilizadora (v. 13,14); 2) revelação (v. 15-17, em que se apresentam a volta de Cristo, o arrebatamento da Igreja e a reunião de todos os crentes); e 3) consolo (v. 18).

[2] (5.4) O fato de que, ao longo desta passagem, Paulo usa cuidadosa e alternadamente os pronomes “eles” e “vós” (ambos, por vezes, implícitos) é suficiente para demonstrar que ele nunca concebeu que a Igreja, o corpo de Cristo, permaneceria na terra durante o tempo da ira no dia do Senhor (veja Ap 19.19, *nota*).

22 Abstende-vos de [k]toda espécie de mal.
23 **O** mesmo Deus de paz vos [l]santifique
completamente. E todo o vosso [1]espírito, alma
e corpo sejam plenamente [m]conservados
[n]irrepreensíveis para a [o]vinda de nosso Senhor
Jesus Cristo.
24 [p]Fiel é o que vos chama, o qual também
[q]o fará.

Conclusão, 5.25-28

25 **Irmãos**, orai por nós.
26 Saudai a todos os irmãos com ósculo
santo.
27 Pelo Senhor vos [r]encarrego de ler esta
epístola a todos os santos irmãos.
28 **A** graça de nosso Senhor Jesus Cristo seja
convosco.

[k] 1Ts 4.12
[l] Santificação (NT): v. 23; 1Tm 4.5 (Mt 4.5; Ap 22.11)
[m] Segurança: v. 23; 2Ts 3.3 (Sl 23.1; Jd 1)
[n] 1Co 1.8,9
[o] Cristo (segunda vinda): v. 23; 2Ts 1.7 (Dt 30.3; At 1.11, nota)
[p] 1Co 10.13; 2Ts 3.3
[q] Fp 1.6

[r] Apelo solenemente; rogo. 1Tm 4.13

[1] (5.23) Embora as palavras "alma" e "espírito" sejam algumas vezes usadas como sinônimos nas Escrituras ao se referir ao homem (Jó 7.11; 1Co 5.5; Hb 10.39), em algumas passagens observa-se uma distinção. Declara-se que são divisíveis (Hb 4.12) e distintas quando usadas para falar do sepultamento e da ressurreição do corpo humano. O corpo é sepultado como um corpo natural (gr. *sôma psuchikon – alma-corpo*), mas ressuscita como um corpo espiritual (gr. *sôma pneumatikon*) (1Co 15.44). A diferença entre as duas expressões parece ser que o espírito é aquele que "sabe" (1Co 2.11) e é capaz de ter consciência de Deus e de comunicar-se com ele (Jó 32.8; Pv 20.27; comp. Sl 18.28), enquanto a alma é a sede dos afetos, dos desejos, das emoções e da vontade do homem (Mt 11.29; 26.38; Jo 12.27). A palavra do NT traduzida por alma (gr. *psuche*) corresponde à palavra "alma" do AT (heb. *nephesh*; p. ex., Dt 6.5; 14.26; 1Sm 18.1; 20.4,17; Jó 14.22; Sl 42.6; 84.2), enquanto a palavra do NT traduzida por "espírito" (gr. *pneuma*) tem o mesmo significado da palavra "espírito" no AT (heb. *ruah*; p. ex., Gn 41.8; 1Co 5.5). Veja Gn 1.26, *nota*.

- **Autor:** Paulo
- **Tema:** O dia do Senhor
- Escrito em 51 d.C., aprox.

2TESSALONICENSES

A SEGUNDA EPÍSTOLA AOS TESSALONICENSES foi escrita por Paulo pouco depois de lhes ter escrito a primeira.

Os convertidos tessalonicenses mudavam facilmente seu modo de pensar e estavam perturbados (2.2), supondo, talvez por causa de uma carta falsificada em nome de Paulo, que as perseguições que estavam sofrendo eram do "grande e terrível dia do Senhor" (Jl 2.31; veja Jl 1.15; Ap 19.19 e notas). Eles haviam sido ensinados que deviam esperar ser livres desse dia no dia de Cristo, o momento de "nossa reunião com ele" (2.1).

Essa carta, então, foi escrita para instruir os cristãos tessalonicenses que "nossa reunião com ele [Cristo]" (1Ts 4.14-17; 2Ts 2.1) precederá o dia do Senhor. Primeira aos Tessalonicenses enfatiza mais o arrebatamento da Igreja; a segunda epístola, "o dia do Senhor", que virá a seguir.

A epístola pode ser dividida da seguinte maneira: Introdução, 1.1-4. I. Consolo na perseguição, 1.5-12. II. O dia do Senhor e o homem do pecado, 2.1-12. III. Exortações e instruções, 2.13–3.15. Conclusão, 3.16-18.

Introdução: 1.1-4

1 Paulo, Silvano e Timóteo à [a]igreja dos tessa-
lonicenses, em Deus, nosso Pai, e no Senhor
Jesus Cristo:
2 Graça e paz a vós outros, da parte de Deus,
nosso Pai, e do Senhor Jesus Cristo.
3 Sempre devemos, irmãos, dar graças a
Deus por vós, como é justo, porque a vossa fé
cresce muitíssimo, e o [b]amor de cada um de
vós aumenta de uns para com os outros.
4 De maneira que nós mesmos nos gloria-
mos de vós nas igrejas de Deus por causa da
vossa paciência e fé, e em todas as persegui-
ções e aflições que suportais.

I. Consolo na perseguição, 1.5-12

5 Tudo isso é prova clara do justo juízo de
Deus, e como resultado sereis tidos por dignos
do Reino de Deus, pelo qual também padeceis.
6 Deus é justo: Ele dará em paga tribulação
aos que vos atribulam
7 e a vós, que sois atribulados, alívio conosco,
[c]quando do céu se manifestar o Senhor Jesus
com os [d]anjos do seu poder,
8 em chama de fogo. Ele tomará [e]vingança
dos que não conhecem a Deus e dos que não
obedecem ao [f]evangelho de nosso Senhor
Jesus.
9 Eles por castigo padecerão eterna perdição,
banidos da face do Senhor e da glória do seu
poder,
10 quando vier para ser [g]glorificado nos seus
santos e admirado em todos os que [h]creram,
[i]naquele dia (porque o nosso testemunho foi
crido entre vós).
11 Pelo que também [j]rogamos sempre por
vós, para que o nosso Deus vos [k]faça dignos da
sua vocação e, com poder, cumpra todo o bom
propósito e a toda a obra da fé.
12 Rogamos para que o nome de nosso
Senhor Jesus seja em vós glorificado, e vós
nele, segundo a [l]graça de nosso Deus e do
Senhor Jesus Cristo.

II. O dia do Senhor e o homem do pecado, 2.1-12

2 Ora, irmãos, quanto à vinda de nosso
Senhor Jesus Cristo e à nossa reunião com
ele, rogamo-vos
2 que não desistais facilmente do vosso
modo de pensar nem vos perturbeis, quer por
espírito, quer por palavra, quer por epístola,
como se procedesse de nós, como se o [m]dia de
Cristo já tivesse chegado.
3 Ninguém de maneira alguma vos engane,
[1]pois isso não acontecerá sem que antes venha

[a] Igrejas (locais): v. 1,4; 1Tm 3.5 (At 8.3; Fp 1.1, nota)
[b] Lei (de Cristo): v. 3; 1Tm 1.5 (Jo 13.34; 2Jo 5)
[c] Cristo (segunda vinda): v. 7; 2Ts 2.8 (Dt 30.3; At 1.11, nota)
[d] Veja Hb 1.4, nota
[e] Dia (de destruição): v. 7-10; Ap 19.20 (Jó 21.30; Ap 20.11)
[f] Evangelho: v. 8; 2Ts 2.14 (Gn 12.3; Ap 14.6)

[g] Jo 17.10
[h] Fé: v. 10; 1Tm 1.16 (Gn 3.20; Hb 11.39, nota)
[i] Mt 25.31
[j] Orações da Bíblia (NT): v. 11,12; 2Ts 2.16 (Mt 6.9; Lc 11.2, nota)
[k] Cl 1.12
[l] Veja 2Pe 3.18, nota. Graça: v. 12; 2Ts 2.16 (Jo 1.14; 1.17, nota)
[m] Dia (do Senhor): v. 1-12; 2Pe 3.10 (Sl 2.9; Is 2.12; Ap 19.19)

[1] (2.3) A ordem dos acontecimentos é a seguinte: 1) A operação do mistério da injustiça restringido pelo poder divino, operação que já havia começado nos tempos do apóstolo (v. 7) e vem se expandindo ao longo da Dispensação da Igreja. 2) A retirada daquilo que detém o mistério da injustiça (v. 6,7). Há várias opiniões quanto à identidade da influência que o detém. O uso do pronome masculino "um" indica que é uma pessoa. Parece evidente que se trata do Espírito Santo: a) no AT, o Espírito Santo age como o que detém a injustiça (Gn 6.3); b) a referência ao que o detém é feita tanto no gênero neutro como no masculino ("o que", v. 6; "um", v. 7), como em Jo 14.16,17 e 16.12,13 quanto à vinda do Espírito Santo; e c) quando o que o detém "até que seja afastado", i.e, afastado do caminho, o homem do pecado será revelado; isso acontecerá quando a Igreja for arrebatada e cessar o ministério de restrição que o Espírito realiza por meio dela. Note, entretanto, que o que o detém será afastado durante um tempo dessa tarefa específica, mas seu ministério não deixará de existir. O Espírito Santo continuará com uma atividade divina até o fim dos tempos, embora não como quem detém o mal por meio da Igreja. 3) A manifestação do homem do pecado, o filho da perdição, com a consequente apostasia (v. 3,4,8-10; Dn 7.8; 9.27; Mt 24.15; Ap 13.1-18). 4) O glorioso regresso de Cristo à terra, que resultará na derrota do homem do pecado e no estabelecimento do reino milenar (v. 8-10; Ap 19.11–20.6).

na [o]apostasia e se manifeste o [p]homem do pecado, o filho da perdição.

4 Ele se opõe e se [q]levanta contra tudo o que se chama Deus ou é objeto de culto, de sorte que se assentará, como Deus, no templo de Deus, querendo parecer Deus.

5 Não vos lembrais de que essas coisas vos dizia quando ainda estava convosco?

6 E agora vós sabeis o que o detém, para que a seu próprio tempo seja manifestado.

7 **P**ois já o [r]mistério da [s]injustiça opera; somente há um que agora o detém até que seja afastado.

8 E então será revelado o iníquo, [t]a quem o Senhor desfará pelo sopro da sua [u]boca e destruirá [v]pelo esplendor da sua vinda.

9 A vinda desse iníquo é segundo a [w]eficácia de [x]Satanás, com todo poder, sinais e prodígios da mentira

10 e com todo engano da injustiça para os que perecem. Perecem porque não receberam [y]o amor à verdade para serem [z]salvos.

11 Por isso, Deus lhes envia a operação do erro, para que creiam na [a]mentira

12 e para que sejam julgados todos os que não creram na verdade, antes tiveram prazer na iniquidade.

III. Exortações e instruções, 2.13–3.15

13 **D**evemos, porém, sempre dar graças a Deus por vós, irmãos amados pelo Senhor, porque Deus vos [b]escolheu desde o princípio para a salvação, pela santificação do [c]Espírito e fé na verdade,

14 para o que também vos chamou pelo nosso [d]evangelho, a fim de alcançardes a glória de nosso Senhor Jesus Cristo.

15 Assim, pois, irmãos, permanecei firmes e conservai as [e]tradições que vos foram ensinadas, seja por palavra, seja por epístola nossa.

16 [f]**E** o próprio nosso Senhor Jesus Cristo e nosso Deus e Pai, que nos amou e em [g]graça nos deu uma eterna consolação e boa esperança,

17 console o vosso coração e os confirme em toda boa obra e palavra.

Pedido de oração

3 **Finalmente**, irmãos, orai por nós, para que a palavra do Senhor se propague e seja glorificada, como também o é entre vós.

2 E orai para que sejamos livres de homens perversos e maus, pois a fé não é de todos.

3 [h]Fiel, porém, é o Senhor, que vos confirmará e guardará do Maligno.

4 Confiamos no Senhor que fazeis e continuareis a fazer o que vos mandamos.

5 Ora, o Senhor encaminhe o vosso coração ao amor de Deus e à constância de Cristo.

Os cristãos devem trabalhar enquanto aguardam a volta do Senhor

6 **M**andamo-vos, porém, irmãos, em nome do Senhor Jesus Cristo, que vos [i]aparteis de todo irmão que ande desordenadamente, e não segundo a tradição que de nós recebeu.

7 Porque vós mesmos sabeis como deveis imitar-nos. Não nos portamos desordenadamente entre vós

8 nem de graça comemos o pão de homem algum, mas com labor e [j]fadiga, trabalhando noite e dia, para não sermos pesados a nenhum de vós.

9 Não porque não tivéssemos esse [k]direito, mas para vos dar em nós mesmos exemplo, para nos imitardes.

10 Pois quando ainda estávamos convosco, vos ordenamos isto: Se alguém não quer trabalhar, também não coma.

11 Ouvimos que alguns entre vós andam desordenadamente, não trabalhando, antes [l]intrometendo-se na vida alheia.

12 A esses tais, porém, ordenamos e exortamos por nosso Senhor Jesus Cristo que, [m]trabalhando com sossego, comam o seu próprio pão.

13 E vós, irmãos, [nn]não vos canseis de fazer o bem.

14 **S**e, porém, alguém não obedecer à nossa palavra por esta carta, notai o tal e [oo]não vos associeis com ele, para que se envergonhe.

15 Todavia, não o tenhais como inimigo, mas [pp]admoestai-o [qq]como irmão.

16 **O**ra, o próprio [rr]Senhor da paz vos dê paz sempre e de toda maneira. O Senhor seja com todos vós.

Conclusão: Bênção e autenticação, 3.16-18

17 **E**u, Paulo, escrevo esta [ss]saudação com meu próprio punho. Este é o sinal em cada epístola. É assim que escrevo.

18 A [tt]graça de nosso Senhor Jesus Cristo seja com todos vós.

---

[n] Gr. apostasia, signif. rebelião, deserção (Lc 18.8; 2Tm 3.1-8)
[o] Apostasia: v. 1-12; 1Tm 4.1 (Lc 18.8; 2Tm 3.1, nota)
[p] A besta: v. 3-8; Ap 13.1 (Dn 7.8; Ap 19.20)
[q] Comp. Is 14.14; Ez 28.2
[r] Veja Mt 13.11, nota
[s] Ap 13.1-8
[t] Veja 2.2, marg. m
[u] Is 11.4; Ap 19.15
[v] Cristo (segunda vinda): v. 8; 1Tm 6.14 (Dt 30.3; At 1.11, nota)
[w] Comp. Mt 12.24
[x] Satanás: v. 9; 1Tm 1.20 (Gn 3.1; Ap 20.10)
[y] 1Co 16.22
[z] Veja Rm 1.16, nota
[a] Comp. 1Rs 22.22
[b] Eleição (coletiva): v. 13,14; 2Tm 2.4 (Dt 7.6; 1Pe 5.13)
[c] Espírito Santo (NT): v. 13; 1Tm 3.16 (Mt 1.18; At 2.4, nota)
[d] Evangelho: v. 14; 1Tm 1.11 (Gn 12.3; Ap 14.6)
[e] Rm 6.17; Jd 3
[f] Orações da Bíblia (NT): 2.16; 3.5; Hb 5.7 (Mt 6.9; Lc 11.2, nota)
[g] Graça: v. 16; 1Tm 1.14 (Jo 1.14; 1.17, nota)
[h] Segurança: v. 3,4; 2Tm 1.12 (Sl 23.1; Jd 1)

[i] 3.14; 1Co 5.11
[j] 1Ts 2.9
[k] 1Co 9.6-14
[l] 1Tm 5.13; 1Pe 4.15
[m] 1Ts 4.11,12
[nn] Comp. 1Co 15.58; Tg 5.7,11
[oo] v. 6
[pp] Comp. Ez 18.23; Gl 6.1
[qq] Lv 19.17
[rr] Jo 14.27; Fp 4.9
[ss] 1Co 16.21
[tt] Rm 16.24

- **Autor:** Paulo
- **Tema:** A ordem na igreja
- Escrito em 64 d.C., aprox.

1TIMÓTEO

A PRIMEIRA EPÍSTOLA A TIMÓTEO foi escrita durante os últimos anos da vida de Paulo. Junto com 2Timóteo e Tito, é uma das Epístolas Pastorais. À medida que as igrejas do primeiro século aumentavam em número, surgiam questões quanto à ordem eclesiástica, à sã doutrina e à disciplina. Os próprios apóstolos trataram desses temas, mas aproximava-se o fim do período apostólico e, visando à orientação futura das igrejas, fez-se necessário o ensinamento autorizado sobre a fé e a ordem. A revelação desse ensinamento está nas Epístolas Pastorais.

Timóteo, destinatário dessa epístola e da segunda, foi companheiro de Paulo. Era consideravelmente mais jovem do que o apóstolo. Era filho de pai grego e Eunice, uma mulher judia devota (2Tm 1.5). Uniu-se a Paulo na segunda viagem missionária e esteve com ele, p. ex., em Corinto, na Macedônia, em Éfeso e em Jerusalém.

O versículo-chave da epístola é 3.15: "Para que [...] saibas como convém andar na casa de Deus, que é a igreja do Deus vivo, a coluna e o esteio da verdade". De particular importância é o resumo dos requisitos para os oficiais da igreja: bispos (termo alternativo para "anciãos" e "presbíteros") e diáconos, 3; 5.1,17,19.

A epístola pode ser dividida da seguinte maneira: Introdução, 1.1,2. I. Advertências sobre a heresia na doutrina e na vida, 1.3-11. II. Testemunho pessoal de Paulo e exortação a Timóteo, 1.12-20. III. Instruções sobre a oração e o papel das mulheres na igreja, 2. IV. Requisitos para os bispos (anciãos, presbíteros) e diáconos, 3. V. A vida de um bom ministro de Jesus Cristo, 4. VI. A obra de um bom ministro, 5. VII. Advertências a um bom ministro, 6.1-19. Conclusão, 6.20,21.

Introdução: Saudação, 1.1,2

1 Paulo, apóstolo de Cristo Jesus, segundo o mandado de Deus, nosso [a]Salvador, e de Cristo Jesus, esperança nossa,

2 a [b]Timóteo, meu verdadeiro filho na fé: Graça, misericórdia e paz da parte de Deus nosso Pai e de Cristo Jesus, nosso Senhor.

I. Advertências sobre a heresia na doutrina e na vida, 1.3-11

3 **C**omo te roguei, quando [c]partia para a Macedônia, que ficasses em Éfeso, para advertires a alguns que não ensinassem outra doutrina,

4 nem se [d]ocupassem com fábulas ou com genealogias intermináveis, que antes produzem controvérsias do que o serviço de Deus, na fé.

5 Ora, o [e]intuito deste mandamento é o [f]amor que procede de um coração [g]puro, de uma boa consciência, de uma fé não fingida.

6 Alguns se [h]desviaram dessas coisas e se entregaram a [i]discursos vãos.

7 Querem ser mestres da lei, mas não entendem nem o que dizem nem o que com tanta confiança afirmam.

8 **S**abemos, porém, que a [j]Lei é boa, se alguém dela usa legitimamente,

9 tendo em vista que a [k]lei não é feita para o justo, mas para os transgressores e rebeldes, os irreverentes e pecadores, os ímpios e profanos, para os parricidas, matricidas e homicidas,

10 para os devassos, os sodomitas, os [l]roubadores de homens, os mentirosos, os que juram falsamente e para o que for contrário à [m]sã doutrina,

11 conforme o [n]evangelho da glória do Deus [o]bendito, o qual me foi [p]confiado.

II. Testemunho pessoal de Paulo e exortação a Timóteo, 1.12-20

12 **D**ou graças àquele que me [q]fortaleceu, a Cristo Jesus, nosso Senhor, porque me considerou fiel, [r]pondo-me no seu ministério,

13 a mim que [s]outrora fui [1]blasfemo e perseguidor e injuriador; mas alcancei misericórdia, porque o fiz ignorantemente, na incredulidade;

14 e a [t]graça de nosso Senhor superabundou com a fé e o amor que há em Cristo Jesus.

15 Fiel é esta palavra e digna de toda a aceitação: que Cristo Jesus [u]veio ao [v]mundo para [w]salvar os pecadores, dos quais eu sou o principal.

16 Por isso, contudo, alcancei misericórdia, para que em mim, o pior dos pecadores, Cristo Jesus mostrasse toda a sua longanimidade, para exemplo dos que haviam de [x]crer nele e receber a [y]vida eterna.

17 Ora, ao Rei eterno, imortal, [z]invisível, ao único Deus, seja honra e glória para todo o sempre. Amém.

---

[a] Veja Rm 1.16, nota
[b] At 16.1,2
[c] At 20.1,3
[d] 1Tm 6.3,4,20
[e] Rm 13.8-10; Gl 5.14
[f] Lei (de Cristo): v. 5; 1Tm 2.15 (Jo 13.34; 2Jo 5)
[g] Ef 6.24
[h] Comp. 2Tm 4.10
[i] Comp. Tt 1.10
[j] Rm 7.12
[k] Lei (de Moisés): v. 8,9; Hb 7.19 (Êx 19.1; Gl 3.24, nota)
[l] Êx 21.16
[m] Comp. 2Co 2.17
[n] Evangelho: v. 11; 2Tm 1.10 (Gn 12.3; Ap 14.6)
[o] 1Tm 6.15
[p] 1Co 9.17
[q] 1Co 15.10
[r] Cl 1.25
[s] At 8.3; 1Co 15.9
[t] Graça: v. 14,15; 2Tm 1.9 (Jo 1.14; Jo 1.17, nota)
[u] Cristo (primeira vinda): 1.15; 2.6; Tt 2.11 (Gn 3.15; At 1.11, nota)
[v] Gr. *kosmos*. Veja Mt 4.8, nota
[w] Veja Rm 1.16, nota
[x] Fé: v. 16; 1Tm 4.3 (Gn 3.20; Hb 11.39, nota)
[y] Vida (eterna): v. 16; 1Tm 4.8 (Mt 7.14; Ap 22.19)
[z] Veja Jo 1.18, nota

[1] (1.13) Ao aplicar a si mesmo essa terrível palavra, Paulo dá inconfundível testemunho de sua fé na divindade de Cristo. Blasfemar é falar injuriosamente sobre Deus, e certamente Paulo, um fariseu rigoroso, jamais teria falado dessa maneira de Jeová, Deus de Israel. Mas ele havia falado mal de Jesus (At 9.4,5) e, agora, humildemente confessa sua blasfêmia.

18 **E**sta instrução te dou, meu filho Timóteo, que, segundo as profecias que houve acerca de ti, por elas combatas o bom combate,

19 conservando a fé e a boa consciência, a qual alguns, havendo rejeitado, vieram a naufragar na fé.

20 Entre esses encontram-se [a]Himeneu e [b]Alexandre, os quais [c]entreguei a [d]Satanás para que aprendam a não blasfemar.

III. Instruções sobre a oração e o papel das mulheres na igreja, 2

2 Exorto, pois, antes de tudo, que se façam súplicas, orações, intercessões e ações de graças por todos os homens,

2 pelos reis e por todos os que exercem autoridade, para que tenhamos uma vida tranquila e sossegada, em toda piedade e [e]honestidade.

3 Pois isso é bom e agradável diante de Deus nosso Salvador,

4 o qual deseja que todos os homens se salvem e venham ao conhecimento da verdade.

5 Porque há um só Deus e um só Mediador entre Deus e os homens: Cristo Jesus, homem,

6 que se [f]deu a si mesmo em resgate por todos, para servir de testemunho a seu tempo.

7 Para isso fui designado pregador e apóstolo (digo a verdade, não minto), mestre dos gentios na fé e na verdade.

8 **Q**uero, pois, que os homens orem em todo lugar, levantando mãos santas, sem ira nem contenda.

9 Quero que, do mesmo modo, as mulheres se vistam com roupas decorosas, com modéstia e sobriedade, não com [g]tranças, ou com ouro, ou pérolas, ou vestidos dispendiosos,

10 mas (como convém a mulheres que fazem profissão de servir a Deus) com [h]boas obras.

11 A mulher aprenda em [i]silêncio, com toda a [j]submissão.

12 Não permito que a mulher ensine nem que exerça autoridade sobre o marido, mas que esteja em silêncio.

13 Porque primeiro foi formado Adão, depois Eva.

14 E Adão não foi [k]enganado, mas a mulher, sendo enganada, caiu em [l]pecado.

15 Todavia, será salva, dando à luz filhos, se permanecer com sobriedade na fé, no [m]amor e na santificação.

IV. Requisitos para os bispos (anciãos, presbíteros) e diáconos, 3

3 Fiel é esta palavra: Se alguém deseja ser [n]bispo, excelente obra deseja.

2 É necessário, pois, que o bispo seja irrepreensível, marido de uma só mulher, vigilante, sóbrio, honesto, hospitaleiro, apto para ensinar;

3 não dado ao vinho, não espancador, mas amável, inimigo de contendas, não ganancioso;

4 que governe bem a sua própria casa, tendo seus filhos sob disciplina, com todo o respeito

5 (pois se alguém não sabe governar a sua própria casa, como cuidará da [o]igreja de Deus?);

6 não pode ser [p]recém-convertido, para que não se ensoberbeça e caia na mesma condenação do Diabo.

7 Também é necessário que tenha boa reputação perante os de [q]fora, para que não caia em descrédito e na [r]armadilha do Diabo.

8 **D**a mesma forma os diáconos sejam respeitáveis, sinceros, não dados a muito vinho, não cobiçosos de sórdida ganância,

9 conservando o [s]mistério da fé com a consciência pura.

10 Também estes sejam primeiro provados, depois sirvam, se forem irrepreensíveis.

11 Da mesma forma as mulheres sejam respeitáveis, não caluniadoras, sóbrias e fiéis em tudo.

12 Os diáconos sejam maridos de uma só mulher e governem bem seus filhos e sua própria casa.

13 Porque os que servirem [t]bem como diáconos adquirirão para si uma boa posição e muita confiança na fé que há em Cristo Jesus.

14 **E**screvo-te estas coisas, esperando ir ver-te em breve;

15 para que, se eu tardar, saibas como convém andar na [u]casa de Deus, que é a [1][v]igreja do Deus vivo, a coluna e o esteio da verdade.

16 Sem dúvida alguma, grande é o [w]mistério da piedade:

Aquele que se manifestou em [x]carne
foi justificado em [y]espírito,
visto dos [z]anjos,
pregado aos gentios,
crido no [aa]mundo,
recebido acima na glória.

[a] 2Tm 2.17,18
[b] 2Tm 4.14
[c] Juízos (os sete) v. 20; 2Tm 4.1 (2Sm 7.14; Ap 20.12); 1Co 5.5
[d] Satanás: 1.20; 3.6,7; 1Tm 5.15 (Gn 3.1; Ap 20.10)
[e] Rm 12.17; 13.13; 2Co 8.21; 13.7
[f] Sacrifício (de Cristo): v. 6; Tt 2.14 (Gn 3.15; Hb 10.18, nota)
[g] 1Pe 3.3
[h] Justiça (vestes de): v. 10; Tt 2.10 (Gn 3.21; Ap 19.8)
[i] 1Co 14.34
[j] Comp. Gn 3.16
[k] Provar-Tentar: v. 14; 1Tm 6.9 (Gn 3.1; Tg 1.14)
[l] Veja Rm 3.23, nota
[m] Lei (de Cristo): v. 15; 1Tm 4.12 (Jo 13.34; 2Jo 5)
[n] Presbíteros, também chamados anciãos. Anciãos: v. 1,2; 1Tm 5.17 (At 11.30; Tt 1.5, nota)
[o] Igrejas (locais): v. 5; 1Tm 3.15 (At 8.3; Fp 1.1, nota)
[p] Ou neófito
[q] Cl 4.5; 1Ts 4.12
[r] 1Tm 6.9; 2Tm 2.26
[s] v. 16; veja Mt 13.11, nota
[t] Mt 25.21
[u] Igrejas (locais): v. 15; Fm 2 (At 8.3; Fp 1.1, nota)
[v] Igreja (visível): v. 15 (1Co 10.32; 1Tm 3.15)
[w] Veja Mt 13.11, nota
[x] Jo 1.14
[y] Espírito Santo (NT): 3.16; 4.1; 2Tm 1.14 (Mt 1.18; At 2.4, nota)
[z] Veja Hb 1.4, nota
[aa] Gr. *kosmos*. Veja Mt 4.8, nota

[1] (3.15) Igreja (visível). Resumo: As passagens que falam da Igreja de Deus (aqui e em 1Co 10.32) referem-se ao corpo visível de pessoas que professam ser crentes. Coletivamente são chamados "a igreja", embora esta exista com muitos nomes e divisões baseadas em diferenças de doutrina ou de governo. Em linhas gerais, dentro da igreja histórica, existe a verdadeira Igreja, "que é o seu corpo, a plenitude daquele que enche tudo em todos" (Ef 1.22,23; veja Hb 12.23, *nota*), do mesmo modo que o remanescente fiel existe dentro de Israel (veja Rm 11.5, *nota*). O futuro profetizado para a verdadeira Igreja é o arrebatamento e a glória (1Ts 4.14-17; Rm 8.18-23); o futuro dos membros não salvos da igreja visível, deixados na terra na ocasião do arrebatamento, é a apostasia e o juízo divino (2Tm 3.1-9; 2Pe 2.1-3).

V. A vida de um bom ministro de Jesus Cristo, 4

4 O Espírito, porém, expressamente [b]diz que nos últimos tempos alguns [c]apostatarão da fé, dando ouvidos a [1]espíritos enganadores e a doutrinas de demônios,
2 pela hipocrisia de homens que falam mentiras e têm [d]cauterizada a própria consciência,
3 que proíbem o casamento e ordenam a abstinência de [e]alimentos que Deus [f]criou para os fiéis e para os que conhecem a verdade, a fim de usarem deles com ações de graças;
4 porque tudo o que Deus criou é bom, e não há nada que rejeitar, sendo recebido com ações de graças;
5 porque é [g]santificada pela palavra de Deus e pela oração.
6 **T**ransmitindo essas coisas aos irmãos, serás bom ministro de [h]Cristo Jesus, alimentado com as palavras da fé e da boa doutrina que tens seguido.
7 Rejeita, contudo, as fábulas profanas e de velhas. Exercita-te a ti mesmo na piedade.
8 Pois o exercício físico para pouco aproveita, mas a piedade para tudo é proveitosa, tendo a promessa da vida presente e da que há de [i]vir.
9 Fiel é esta palavra e digna de toda a aceitação.
10 Pois para isto é que trabalhamos e [j]lutamos, porque esperamos no Deus vivo, que é o salvador de todos os homens, principalmente dos fiéis.
11 **M**anda estas coisas e ensina-as.
12 Ninguém despreze a tua juventude, mas sê [k]exemplo dos fiéis, na palavra, no trato, no [l]amor, no espírito, na fé, na pureza.
13 Persiste em ler, exortar e ensinar, até que eu vá.
14 [m]Não desprezes o dom que há em ti, o qual te foi dado por profecia, com a imposição das mãos dos [n]presbíteros.
15 Medita nessas coisas, ocupa-te nelas, para que o teu progresso seja manifesto a todos.
16 [o]Tem cuidado de ti mesmo e da doutrina. Persevera nessas coisas; porque, fazendo isso, te [p]salvarás, tanto a ti mesmo como aos que te ouvem.

VI. A obra de um bom ministro, 5

5 Não repreendas asperamente um idoso, mas admoesta-o como se ele fosse seu pai; aos moços, como a irmãos;
2 às mulheres idosas, como a mães; às moças, como a irmãs, com toda a pureza.
3 **H**onra as viúvas que [q]verdadeiramente são viúvas.
4 Se, porém, alguma viúva tiver filhos ou [r]netos, aprendam eles primeiro a exercer piedade para com a sua própria família e a recompensar seus [s]pais; porque isso é bom e agradável diante de Deus.
5 Ora, a que é verdadeiramente viúva e desamparada espera em Deus e persevera de noite e de [t]dia em súplicas e orações;
6 mas a que vive em prazeres, mesmo viva, está [u]morta.
7 Manda, pois, estas coisas, para que elas sejam irrepreensíveis.
8 Se, porém, alguém não cuida dos seus parentes, [v]principalmente dos da sua casa, negou a fé e é pior que o incrédulo.
9 Não seja inscrita viúva com menos de sessenta anos, apenas a que tenha sido mulher de um só marido,
10 recomendada pelo testemunho de [w]boas obras, se criou filhos, se exercitou [x]hospitalidade, se [y]lavou os pés dos santos, se socorreu os atribulados, se praticou toda sorte de boa obra.
11 Rejeita, porém, as viúvas mais novas, porque, quando se tornam levianas contra Cristo, querem casar-se;
12 tendo já a sua condenação por haverem quebrado o seu primeiro compromisso.
13 Além do mais, aprendem também a ser ociosas, andando de casa em casa; [z]e não somente ociosas, mas também faladeiras e intrigantes, falando o que não devem.
14 Quero, pois, que as mais novas se casem, tenham filhos, sejam boas donas de casa e não deem motivo ao adversário para falar mal delas.
15 Porque já algumas se desviaram, indo após [aa]Satanás.
16 Se alguma mulher [bb]crente tem viúvas, socorra-as, e não se sobrecarregue a igreja, para que esta possa socorrer as que verdadeiramente são viúvas.
17 **O**s [cc]presbíteros que governam bem [dd]sejam estimados por dignos de duplicada honra, principalmente os que trabalham na palavra e no ensino.
18 Porque diz a Escritura: Não [ee]amordaçarás a boca do boi quando debulha. [ff]E: Digno é o obreiro do seu salário.
19 Não aceites acusação contra um presbítero, senão com [gg]duas ou três testemunhas.

[b] Inspiração: v. 1; 2Tm 3.15 (Êx 4.15; 2Tm 3.16)
[c] Apostasia: v. 1-3; 2Tm 3.1 (Lc 18.8; 2Tm 3.1, nota)
[d] Ef 4.19
[e] Cl 2.16,23
[f] Fé: v. 3,10,12; 1Tm 5.16 (Gn 3.20; Hb 11.39, nota)
[g] Santificação (NT): v. 5; Tt 1.8 (Mt 4.5; Ap 22.11)
[h] Tem um pouco de valor
[i] Vida (eterna): v. 8; 1Tm 6.12 (Mt 7.14; Ap 22.19)
[j] 1Pe 4.12-15
[k] Fp 3.17; Tt 2.7; 1Pe 5.3
[l] Lei (de Cristo): v. 12; 1Tm 6.11 (Jo 13.34; 2Jo 5)
[m] 2Tm 1.6
[n] Veja Tt 1.5, nota 2
[o] Comp. At 20.28
[p] Veja Rm 1.16, nota
[q] v. 5,16
[r] 1Tm 5.8
[s] Comp. Mt 15.4-6
[t] Comp. 1Co 7.34
[u] Comp. Ap 3.1
[v] 2Co 12.14
[w] Comp. At 9.36
[x] Comp. At 16.15
[y] Comp. Lc 7.44; Jo 13.14
[z] Comp. 2Ts 3.11
[aa] Satanás: v. 15; 2Tm 2.26 (Gn 3.1; Ap 20.10)
[bb] Fé: v. 16; 6.2; 2Tm 1.5 (Gn 3.20; Hb 11.39, nota)
[cc] Anciãos: v. 17,19; Tt 1.5 (At 11.30; Tt 1.5, nota)
[dd] Comp. 1Co 9.10-14; Gl 6.6; 1Ts 5.12,13
[ee] Dt 25.4; 1Co 9.7-9
[ff] Lc 10.7
[gg] Dt 19.15; Mt 18.16

[1] (4.1) A mentira satânica que causou a queda do homem (comp. Gn 3.13; 2Co 11.3; 1Tm 2.14) há de caracterizar o fim dos tempos (Mt 24.4,5,11,24; Mc 13.6; 2Ts 2.8-11; 1Jo 2.18-26; 4.1-6; 2Jo 7; Ap 13.14; 19.20; 20.7-10). Satanás é quem "engana o mundo todo" (Ap 12.9) e é o poder agindo por trás da besta e do falso profeta (Ap 13.4,7,12-15; 19.20; 20.3,7-10).

20 Aos que [h]pecarem, repreende-os na presença de [i]todos, para que também os outros tenham temor.

21 Eu [j]te exorto diante de Deus, de Cristo Jesus e dos [k]anjos eleitos, que [l]guardes essas instruções, nada fazendo com parcialidade.

22 A ninguém imponhas [1]precipitadamente as mãos nem [m]participes dos pecados alheios; conserva-te a ti mesmo puro.

23 Não bebas mais água só, mas toma também um pouco de vinho, por causa do teu estômago e das tuas frequentes enfermidades.

24 **O**s pecados de alguns homens são [n]manifestos antes de entrarem em juízo, ao passo que os de outros manifestam-se depois.

25 Da mesma forma também as boas obras são manifestas antecipadamente; e as que não o são não podem ocultar-se.

VII. Advertências a um bom ministro, 6.1-19

6 **T**odos os servos que estão debaixo do jugo [o]considerem seus senhores dignos de toda a honra, para que o nome de Deus e a doutrina não sejam blasfemados.

2 E os que têm senhores crentes não os desprezem, porque são irmãos; antes os sirvam melhor, porque eles, que participam do benefício, são crentes e amados. Ensina e recomenda essas coisas.

Os falsos mestres

3 **S**e alguém ensina outra doutrina e não concorda com as [p]sãs palavras de nosso Senhor Jesus Cristo e com a doutrina que é segundo a piedade,

4 é soberbo e [q]nada sabe, mas delira acerca de questões e contendas de palavras, das quais nascem invejas, porfias, blasfêmias, suspeitas malignas,

5 contendas de [r]homens corruptos de entendimento e privados da verdade, cuidando que a piedade é fonte de lucro.

6 De fato, grande fonte de lucro é a piedade com o [s]contentamento.

7 Porque nada trouxemos para este mundo [t]e nada podemos levar dele;

8 tendo, porém, sustento e com que nos vestir, estejamos [u]contentes.

9 Os que, porém, querem ficar ricos caem em [v]tentação e em laço, e em muitos desejos descontrolados e nocivos, os quais submergem os homens na ruína e perdição.

10 Porque o amor ao dinheiro é a raiz de todos os males; e nessa cobiça alguns se desviaram da fé e se atormentaram com muitas dores.

11 **T**u, porém, ó homem de Deus, [w]foge dessas coisas e segue a [x]justiça, a piedade, a fé, o [y]amor, a paciência, a mansidão.

12 Combate o bom combate da fé, toma posse da [z]vida eterna, para a qual também foste chamado, tendo já feito boa confissão diante de muitas testemunhas.

13 Exorto-te perante Deus, que todas as coisas vivifica, e de Cristo Jesus, que diante de Pôncio Pilatos [a]deu o testemunho da boa confissão,

14 que guardes este mandamento imaculado e irrepreensível até a [b]vinda de nosso Senhor Jesus Cristo;

15 que, no tempo próprio, há de ser revelada pelo bendito e único Soberano, [c]Rei dos reis e Senhor dos senhores;

16 aquele que tem, ele só, a imortalidade e habita na luz [d]inacessível, [e]a quem nenhum dos homens viu nem pode ver, a ele seja honra e poder sempiterno. Amém.

Conclusão: Exortação final a Timóteo, 6.20,21

17 **M**anda aos ricos deste mundo que não sejam altivos nem ponham a esperança na incerteza das [f]riquezas, mas em Deus, que abundantemente nos dá todas as coisas para delas [g]usufruirmos;

18 que façam o bem, sejam ricos de boas obras, generosos em dar e prontos a repartir,

19 que [hh]acumulem para si mesmos um bom fundamento para o futuro, para que possam alcançar a vida eterna.

20 **Ó** Timóteo, guarda o depósito que te foi confiado, evitando as conversas vãs e profanas e as oposições da falsamente chamada [2]ciência;

21 a qual professando-a alguns, se desviaram da fé. A graça seja convosco.

[h] Veja Rm 3.23, nota
[i] Comp. Gl 2.14
[j] Comp. 2Tm 4.1
[k] Veja Hb 1.4, nota
[l] Dt 1.17
[m] Ef 5.6,7; 2Jo 11
[n] Gl 5.19-21
[o] 2Tm 1.13
[p] Comp. 1Co 8.2
[q] Tem um interesse doentio
[r] 2Tm 3.5
[s] Hb 13.5; comp. Fp 4.11
[t] Jó 1.21; Sl 49.17
[u] Pv 30.8,9; comp. Gn 28.20

[v] Provar--Tentar: v. 9; Hb 2.18 (Gn 3.1; Tg 1.14)
[w] Separação: v. 9-11; 2Tm 2.21 (Gn 12.1; 2Co 6.17, nota)
[x] Veja 1Jo 3.7, nota
[y] Lei (de Cristo): v. 11; 2Tm 1.7 (Jo 13.34; 2Jo 5)
[z] Vida (eterna): v. 12,19; 2Tm 1.1 (Mt 7.14; Ap 22.19)
[a] Jo 18.36,37
[b] Cristo (segunda vinda): v. 14,15; 2Tm 4.8 (Dt 30.3; At 1.11, nota)
[c] Reino (NT): v. 15; 2Tm 4.1 (Mt 2.2; 1Co 15.24, nota)
[d] Dn 2.22
[e] Veja Jo 1.18, nota
[f] Jr 9.23; 48.7
[g] Ec 5.18,19
[hh] Mt 6.20,21; 19.21; comp. Cl 3.1

[1] (5.22) Esta instrução é válida tanto para hoje quanto para a época em que foi escrita. Com frequência, cristãos imaturos e inexperientes são colocados em posições de responsabilidade.

[2] (6.20) A verdade não pode contradizer a Bíblia, uma vez que Deus, que conhece todas as coisas, guardou de erro os escritores da Bíblia. Se as teorias que se baseiam em mera especulação ou em dados insuficientes são apresentadas como fatos — e isso em qualquer área do conhecimento, como, p. ex., religião, filosofia, ciências em geral etc. –, elas merecem a descrição que o apóstolo faz aqui: a "falsamente chamada ciência", que deve ser evitada.

- **Autor:** Paulo
- **Tema:** Conservar a verdade
- **Escrito em** 67 d.C., aprox.

2TIMÓTEO

A SEGUNDA EPÍSTOLA A TIMÓTEO, provavelmente a última carta de Paulo, foi escrita quase no final do reinado de Nero.

Diferente da primeira carta a Timóteo, a segunda é menos formal que as outras duas epístolas pastorais e muito mais pessoal. Na primeira carta a Timóteo, Paulo fala como se fosse um homem livre, esperando logo estar com "seu filho na fé". Aqui, nessa segunda carta, ele diz que o tempo de sua partida está próximo (4.6). Paulo, além de estar na prisão, fora abandonado pela maioria de seus amigos (1.15; 4.16).

Essa epístola inclui o mais detalhado relato paulino sobre as condições que prevalecerão na terra durante os últimos dias (3.1-9; 4.3,4).

A epístola pode ser dividida da seguinte maneira: Introdução, 1.1,2. I. Exortação de Paulo a Timóteo, 1.3-18. II. O caminho de um servo aprovado em tempos de apostasia, 2. III. Predição da apostasia – o recurso do cristão: as Escrituras, 3. IV. Um servo fiel e seu fiel Senhor, 4.1-18. Conclusão, 4.19-22.

Introdução: Saudação, 1.1,2

1 **P**aulo, apóstolo de Cristo Jesus, pela vontade de Deus, segundo a [a]promessa da [b]vida que está em Cristo Jesus,

2 a Timóteo, meu [c]amado [1]filho: Graça, misericórdia e paz da parte de Deus Pai e de Cristo Jesus nosso Senhor.

I. Exortação de Paulo a Timóteo, 1.3-18

3 **D**ou graças a Deus, a quem, desde os meus antepassados, [d]sirvo com uma [e]consciência pura, de que sem cessar faço [f]menção de ti nas minhas orações noite e dia.

4 Lembrando-me das tuas lágrimas, [g]desejo muito ver-te, para me encher de alegria;

5 trazendo à memória a [h]fé [i]não fingida que há em ti, a qual habitou primeiro em tua avó Loide e em tua [j]mãe Eunice, e estou certo de que também habita em ti.

6 **P**or este motivo eu te exorto que despertes o [k]dom de Deus que há em ti, pela imposição das minhas mãos.

7 Porque Deus não nos deu o espírito de [l]timidez, mas de [m]poder, de [n]amor e de moderação.

8 Portanto, não te [o]envergonhes do testemunho de nosso Senhor nem de mim, que sou prisioneiro seu; antes, [p]participa comigo das aflições do evangelho segundo o poder de Deus,

9 que nos [q]salvou e chamou com uma santa vocação; [r]não segundo as nossas obras, mas segundo o seu próprio propósito e a [s]graça que nos foi dada em Cristo Jesus antes dos tempos eternos

10 e que agora se manifestou pelo aparecimento de nosso Salvador Cristo Jesus, o qual destruiu a morte e trouxe à luz a vida e a imortalidade pelo [t]evangelho,

11 do qual fui constituído pregador, apóstolo e mestre.

12 Por esse motivo [2]sofro também estas coisas, mas não me envergonho; porque eu sei em quem tenho crido e estou certo de que ele é poderoso para [u]guardar o meu depósito até aquele dia.

13 Conserva o modelo das [v]sãs palavras que de mim tens ouvido, na fé e no amor que há em Cristo Jesus.

14 Guarda o bom depósito, mediante o [w]Espírito Santo que habita em nós.

15 **B**em sabes isto, que todos os que estão na Ásia [x]me [y]abandonaram, entre eles Figelo e Hermógenes.

16 O Senhor conceda misericórdia à [z]casa de Onesíforo, porque muitas vezes ele me reanimou e não se envergonhou das minhas [aa]algemas.

17 Antes, vindo ele a Roma, diligentemente me procurou e me achou.

18 O Senhor lhe [bb]conceda que naquele [cc]dia ache misericórdia diante do Senhor. E, quantos serviços me [dd]prestou ele em Éfeso, melhor o sabes tu.

II. O caminho de um servo aprovado em tempos de apostasia, 2

2 **T**u, pois, meu filho, fortifica-te na [ee]graça que há em Cristo Jesus.

2 E o que de mim, através de muitas testemunhas ouviste, [ff]confia-o a homens fiéis, que sejam idôneos para também ensinarem os outros.

3 [gg]Sofre, pois, comigo as aflições como bom soldado de Cristo Jesus.

a Tt 1.2
b Vida (eterna): v. 1,10; Tt 1.2 (Mt 7.14; Ap 22.19)
c 1Tm 1.2
d At 24.14
e Comp. At 23.1
f Comp. Hb 13.18
g Comp. 2Tm 4.9,21
h Fé: v. 5,12; Tt 3.8 (Gn 3.20; Hb 11.39, nota)
i 1Tm 4.6
j At 16.1
k 1Tm 4.14
l Rm 8.15; 1Jo 4.18
m Comp. At 1.8
n Lei (de Cristo): v. 7; 2Tm 2.22 (Jo 13.34; 2Jo 5)
o Lc 9.26
p Comp. Cl 1.24
q Veja Rm 1.16, nota
r Ef 2.8,9
s Graça: v. 9; Tt 2.11 (Jo 1.14; Jo 1.17, nota)
t Evangelho: v. 10; 2Tm 2.8 (Gn 12.3; Ap 14.6)
u Segurança: v. 12; 2Tm 4.8 (Sl 23.1; Jd 1)
v 1Tm 6.3
w Espírito Santo (NT): v. 14; Tt 3.5 (Mt 1.18; At 2.4, nota)
x Comp. At 19.10
y Comp. 2Tm 4.10,16
z 2Tm 4.19
aa Comp. At 28.20
bb Mt 6.4; Mc 9.41
cc Dia (de Cristo): v. 18; 2Tm 4.8 (1Co 1.8, 2Tm 4.8)
dd Hb 6.10
ee Veja 2Pe 3.18, nota
ff Comp. 1Tm 1.18
gg 2Tm 4.5

[1] (1.2) É provável que Timóteo tenha se convertido durante a primeira visita de Paulo a Listra (comp. At 16.1-3 com At 14.6-23).

[2] (1.12) Recursos do cristão em tempos de decadência geral e apostasia: 1) a fé (1.5); 2) o espírito (1.6,7); 3) a Palavra de Deus (1.13; 3.1-17; 4.3,4); 4) a graça de Cristo (2.1); 5) a separação dos vasos "para desonra" (2.4,20,21); 6) a recompensa segura do Senhor (4.7,8); e 7) a fidelidade e o poder do Senhor (2.13,19).

4 Nenhum [h]soldado em serviço se embaraça com negócio desta vida, a fim de agradar àquele que o [i]alistou para a guerra.

5 Igualmente, o atleta não é coroado, se não lutar legitimamente.

6 O lavrador que trabalha deve ser o primeiro a participar dos frutos.

7 Considera o que digo, porque o Senhor [j]te dará entendimento em tudo.

8 **L**embra-te de que [k]Jesus Cristo, que é da descendência de Davi, [l]ressurgiu dentre os mortos, segundo o meu [m]evangelho,

9 pelo qual sofro a ponto de ser [n]preso como malfeitor; mas a palavra de Deus não está [o]presa.

10 Por esse motivo, tudo suporto por amor dos eleitos, para que também eles alcancem a [p]salvação que está em Cristo Jesus com glória eterna.

11 Fiel é esta palavra:
se já morremos com ele,
também com ele viveremos;
12 se perseverarmos,
com ele também reinaremos;
se o [q]negarmos,
também ele nos negará;
13 se somos infiéis,
ele permanece fiel;
porque [r]não pode negar-se a si mesmo.

14 [s]**L**embra-lhes essas coisas, ordenando-lhes diante do Senhor que [t]não tenham contendas de palavras, que para nada aproveitam, exceto para perverter os ouvintes.

15 [u]Procura apresentar-te a Deus aprovado, como obreiro que não tem de que se envergonhar e que maneja bem a palavra da verdade.

16 Evita os falatórios inúteis, porque produzirão maior impiedade.

17 E a palavra desses corrói como câncer; entre os quais estão [v]Himeneu e Fileto.

18 Esses se [w]desviaram da verdade, [x]dizendo que a ressurreição é já passada e perverteram a fé que tinham alguns.

19 Todavia, o firme fundamento de Deus permanece, tendo este selo: O Senhor [y]conhece os que são seus, e: Qualquer que profere o nome do Senhor aparte-se da injustiça.

20 **O**ra, numa grande casa não há somente [z]vasos de ouro e de prata, mas também de pau e de barro; uns para honra, outros, porém, para desonra.

21 De sorte que, se alguém se [a]purificar dessas coisas, será vaso para honra, santificado, idôneo para uso do Senhor e [b]preparado para toda boa obra.

22 [c]Foge também dos desejos da juventude; segue a [d]justiça, a fé, o [e]amor e a paz com os que, com um coração puro, invocam o Senhor.

23 E rejeita as questões insensatas e absurdas, sabendo que produzem contendas.

24 E ao servo do Senhor não convém contender, mas sim ser brando para com todos, apto para ensinar, [f]paciente;

25 corrigindo com [g]mansidão os que resistem, na [hh]expectativa de que Deus lhes conceda o [ii]arrependimento para conhecerem plenamente a verdade,

26 e que se desprendam dos laços do [jj]Diabo, por quem haviam sido presos, para cumprirem a vontade de Deus.

III. Predição da apostasia — o recurso do cristão: as Escrituras, 3

3 [1kk]Sabe, porém, isto: [ll]Nos últimos dias sobrevirão tempos difíceis;

2 [mm]pois os homens serão amantes de si mesmos, gananciosos, presunçosos, soberbos, blasfemos, desobedientes a pais e mães, ingratos, profanos,

3 sem afeição natural, irreconciliáveis, caluniadores, sem domínio de si, cruéis, sem amor para com os bons,

4 [nn]traidores, atrevidos, orgulhosos, mais amigos dos prazeres do que amigos de Deus,

5 [oo]tendo aparência de piedade, mas negando-lhe o poder. [pp]Afasta-te também destes.

6 Porque entre estes estão os que se [qq]introduzem pelas casas e levam cativas mulheres néscias sobrecarregadas de [rr]pecados, levadas por todo tipo de desejos;

7 que aprendem sempre, mas nunca podem chegar ao conhecimento da verdade.

8 E, como [ss]Janes e Jambres resistiram a Moisés, assim também estes resistem à verdade,

- h Veja 1Co 9.25-27
- i Eleição (individual): v. 4,10; Tt 1.1 (Dt 7.6; 1Pe 5.13)
- j Pv 2.6
- k Rm 1.3,4
- l Ressurreição: v. 8,18; Hb 6.2 (2Rs 4.35; 1Co 15.52, nota)
- m Evangelho: v. 8; Fm 13 (Gn 12.3; Ap 14.6)
- n Comp. Ef 6.20
- o Comp. At 28.31
- p Veja Rm 1.16, nota
- q Mt 10.33
- r Nm 23.19
- s Comp. 2Pe 1.13
- t Tt 3.9
- u 1Tm 4.13; 2Pe 1.10
- v 1Tm 1.20
- w Comp. 1Tm 6.21
- x 1Co 15.12
- y Nm 16.5; Jo 10.14,27
- z Rm 9.21
- a Separação: v. 19-21; Hb 11.25 (Gn 12.1; 2Co 6.17, nota)
- b 2Tm 3.17
- c 1Tm 6.11
- d Veja 1Jo 3.7, nota
- e Lei (de Cristo): v. 22; 2Tm 3.10 (Jo 13.34; 2Jo 5)
- f 1Tm 3.3
- g Gl 6.1
- hh Comp. Jr 36.3; Lc 20.13
- ii Arrependimento: v. 25; Hb 6.1 (Mt 3.2; At 17.30, nota)
- jj Satanás: v. 26; Hb 2.14 (Gn 3.1; Ap 20.10)
- kk Apostasia: v. 1-8; 2Tm 4.4 (Lc 18.8; 2Tm 3.1, nota)
- ll 1Tm 4.1; 2Pe 3.3; 1Jo 2.18; Jd 17,18
- mm Comp. Rm 1.24-32
- nn 2Pe 2.10
- oo Tt 1.16; comp. Mt 7.15
- pp 2Ts 3.6
- qq Tt 1.11
- rr Veja Rm 3.23, nota
- ss Êx 7.11, 12,22; 8.7; 9.11

[1] (3.1) Apostasia. Resumo: Apostasia (2Ts 2.3), que significa "voltar atrás" ou "recair", é a ação de pessoas que professaram crer em Cristo e que, de forma deliberada, rejeitam a verdade sobre 1) a divindade de Jesus Cristo e 2) a redenção por meio de seu sacrifício expiatório e redentor (1Jo 4.1-3; Fp 3.18; 2Pe 2.1). Assim, a apostasia distingue-se do erro quanto à verdade – que pode ser resultado da ignorância (At 19.1-6) – e da heresia – que pode ser causada pelo laço do Diabo (2Tm 2.25,26) –, já que ambas podem coexistir com a fé verdadeira. O apóstata é claramente descrito em 4.3,4. Os apóstatas abandonam a fé, mas não a confissão exterior do cristianismo (3.5). Os mestres apóstatas são descritos em 4.3; 2Pe 2.1-19; Jd 4,8,11-13,16. A apostasia na igreja, assim como em Israel (Is 1.5,6; 5.5-7), é irremediável, e seu resultado é juízo (2Ts 2.10-12; 2Pe 2.17,21; Jd 11-15; Ap 3.14-16).

sendo [t]homens corruptos de entendimento e
reprovados na fé.
9 Não irão longe; porque a todos será manifes-
ta a sua insensatez, como também aconteceu
com a daqueles.
10 **M**as tu tens seguido de perto o meu
ensino, procedimento, intenção, fé, longani-
midade, [u]amor, perseverança,
11 perseguições e aflições, as quais me
aconteceram em [v]Antioquia, [w]Icônio e Listra;
quantas [x]perseguições sofri, e o Senhor de to-
das me livrou.
12 E na verdade todos os que desejam viver
piedosamente em Cristo Jesus padecerão
perseguições.
13 Os homens maus e [y]enganadores, po-
rém, irão de mal a pior, enganando e sendo
enganados.
14 **Q**uanto a ti, porém, permanece naquilo
que aprendeste e de que estás convicto, sa-
bendo de quem o tens aprendido.
15 Pois desde a infância conheces as sagra-
das [z]letras, que podem [a]fazer-te sábio para a
[b]salvação, pela fé que há em Cristo Jesus.
16 Toda a Escritura é divinamente [1]inspirada
e proveitosa para ensinar, para repreender, pa-
ra corrigir, para instruir em [c]justiça;
17 a fim de que o homem de Deus seja [d]per-
feito e perfeitamente preparado para toda
boa obra.

IV. Um servo fiel e seu fiel Senhor, 4.1-18

4 **E**xorto-te, pois, diante de Deus e de Cristo
Jesus, que há de [e]julgar os vivos e os mor-
tos, na sua vinda e no seu [f]Reino;
2 prega a palavra, insista a tempo e fora de
tempo, [g]admoesta, repreende, exorta, com to-
da a longanimidade e ensino.
3 Porque virá tempo em que não suportarão
a sã doutrina; mas, tendo coceira nos ouvidos,
se [h]cercarão de mestres, segundo as suas pró-
prias cobiças,
4 [i]e se recusarão a dar ouvidos à verdade,
voltando às fábulas.
5 Tu, porém, sê sóbrio em tudo, sofre as afli-
ções, faze a obra de um evangelista, cumpre
bem o teu ministério.
6 **Q**uanto a mim, já estou sendo derramado
como libação, e o tempo da minha [j]partida
está próximo.
7 [k]Combati o bom combate, acabei a [l]carrei-
ra, guardei a fé.
8 Desde agora, a [m]coroa da justiça me es-
tá [n]guardada, a qual o Senhor, justo [o]juiz, me
dará naquele [p]dia; e não somente a mim, mas
também a todos os que amarem a sua [q]vinda.
9 **P**rocura vir ter comigo depressa.
10 Porque [r]Demas me abandonou, amando o
presente século, e foi para Tessalônica; Cres-
cente foi para a Galácia e Tito para a Dalmácia.
11 Só Lucas está comigo. Toma a [s]Marcos e
traze-o contigo, porque me é muito útil para
o ministério.
12 Quanto a [tt]Tíquico, enviei-o a Éfeso.
13 Quando vieres, traze a capa que deixei em
Trôade, na casa de Carpo, e os livros, princi-
palmente os pergaminhos.
14 [uu]Alexandre, o latoeiro, causou-me mui-
tos males; o Senhor lhe pague segundo as
suas obras.

[t] 1Tm 6.5
[u] Lei (de Cristo): v. 10; Tt 2.2 (Jo 13.34; 2Jo 5)
[v] At 13.44-52
[w] At 14.1-6,19
[x] Comp. Jo 15.20; 1Ts 3.3
[y] Impostores
[z] Inspiração: v. 15-17; Hb 1.1 (Êx 4.15; 2Tm 3.16)
[a] Sl 119.97-104; Jo 5.39
[b] Veja Rm 1.16, nota
[c] Veja 1Jo 3.7, nota
[d] Veja Fp 3.12, nota
[e] Juízos (os sete): v. 1,8; Hb 9.27 (2Sm 7.14; Ap 20.12)
[f] Reino (NT): v. 1; Tg 2.5 (Mt 2.2; 1Co 15.24, nota)

[g] Tt 2.15
[h] Is 30.9-11; Jr 5.30,31
[i] Apostasia: v. 4; Hb 6.4 (Lc 18.8; 2Tm 3.1, nota)
[j] Comp. 2Pe 1.14
[k] Comp. 1Tm 6.12
[l] 1Co 9.24-27; Fp 3.13,14
[m] Recompensas: v. 8; Hb 11.6 (Dn 12.3; 1Co 3.14, nota)
[n] Segurança: v. 8,18; Hb 6.11 (Sl 23.1; Jd 1)
[o] Jo 5.22
[p] Dia (de Cristo): v. 8 (1Co 1.8, nota; 2Tm 4.8)
[q] Cristo (segunda vinda): v. 8; Tt 2.13 (Dt 30.3; At 1.11, nota)
[r] Cl 4.14; Fm 24
[ss] At 12.12
[tt] At 20.4; Tt 3.12
[uu] 1Tm 1.20

---

[1] (3.16) Inspiração. Resumo: Cada palavra das Escrituras Sagradas é inspirada ("soprada por Deus", gr. *theopneustos*). Sem desconsiderar a inteligência, a individualidade, o estilo literário nem os sentimentos pessoais dos autores humanos, Deus dirigiu de forma sobrenatural essas pessoas para que registrassem com perfeita exatidão a completa e infalível revelação divina ao homem. A Palavra escrita não seria mais exata nem teria mais autoridade mesmo que o próprio Deus a tivesse escrito com sua própria mão.

A inspiração das Escrituras é confirmada pelos escritores do AT (2Sm 23.2,3; Is 59.21; Jr 1.9) e por centenas de exemplos em que se utilizam as expressões "assim diz o Senhor", "palavra que veio do Senhor" ou expressões equivalentes. Cristo afirma que o AT foi inspirado (Mt 5.18; 22.42,43; Mc 12.36; Jo 10.35). Os apóstolos atestam o mesmo (At 1.16; 4.24,25; 28.25; Hb 3.7; 10.15,16; 2Pe 1.20,21). Mediante inspiração divina, os escritores da Bíblia falaram com autoridade sobre um passado desconhecido, fizeram registros de eventos históricos, revelaram a Lei, redigiram os textos devocionais da Bíblia, registraram a mensagem profética para os seus dias e profetizaram o futuro. A inspiração abrange toda a Escritura por igual, embora apenas uma pequena porção tenha sido dada mediante ditado direto de Deus, como, p. ex., Êx 20.1; Lv 1.1; Dt 5.4.

A inspiração do NT também foi pré-autenticada por Cristo (veja Jo 16.12, *nota*). Os apóstolos declararam inspiradas as porções do NT que eles escreveram (1Co 2.13; 14.37; Gl 1.7,8; 1Ts 4.2,15; 2Ts 3.6,12,14). Paulo cita Deuteronômio e Lucas, dando-lhes autoridade de Escrituras sagradas (1Tm 5.18; comp. Dt 25.4; Lc 10.7). Pedro declara que todas as epístolas de Paulo são Escrituras (2Pe 3.16). Ainda que o NT cite por vezes o AT de maneira aproximada, parafraseando-o ou interpretando-o, nunca o faz para negar a autoridade ou a exatidão do texto original. A igreja apostólica primitiva recebeu as Escrituras do NT como Palavra de Deus inspirada conforme iam sendo escritas, embora o reconhecimento formal de todo o cânon tenha vindo mais lentamente. E, porque as Escrituras são inspiradas, elas têm autoridade, não contêm erros em suas palavras originais e constituem a revelação infalível de Deus ao homem.

15 Tu também te guardas dele; porque resistiu muito às nossas palavras.

16 Ninguém me deu assistência na minha primeira defesa, antes todos me desampararam. Que isso não lhes seja [v]cobrado.

17 O [w]Senhor, porém, esteve ao meu lado, me apoiando, e me fortaleceu, para que por mim fosse cumprida a pregação, e a ouvissem todos os gentios; e fiquei livre da boca do leão.

18 E o Senhor me [x]livrará de toda má obra e me levará salvo para o seu Reino celestial; a quem seja glória para todo o sempre. Amém.

Conclusão, 4.19-22

19 **S**aúda a Priscila e a [y]Áquila e à casa de [z]Onesíforo.

20 Erasto ficou em Corinto. Quanto a [a]Trófimo, deixei-o doente em Mileto.

21 Apressa-te a vir antes do inverno. Saúdam-te Êubulo, Pudente, Lino, Cláudia e todos os irmãos.

22 **O** Senhor seja com o teu espírito. A graça seja convosco.

[v] Comp. At 7.60
[w] Dt 31.6
[x] 2Pe 2.9
[y] At 18.2
[z] 2Tm 1.16
[a] At 20.4

- **Autor:** Paulo
- **Tema:** A ordem na Igreja
- Escrito em 65 d.C., aprox.

TITO

A EPÍSTOLA A TITO, escrita por Paulo a um dos seus auxiliares mais dignos de confiança, trata das condições nas igrejas da ilha de Creta. Embora não seja mencionado em Atos, Tito ocupa um lugar de destaque nas epístolas; Paulo o encarregou de tarefas que exigiam responsabilidade e discrição (1.5; comp. 2Co 7.6,7; 8.6,16). Tito foi o emissário de Paulo à igreja em Corinto, foi encarregado da oferta para os pobres em Jerusalém e foi-lhe conferida autoridade sobre as igrejas de Creta, cujos habitantes eram de baixa moral (1.12). Mais tarde, Paulo enviou Tito até a Dalmácia (a oeste do mar Adriático).

Quanto à ênfase, Tito é semelhante a 1Timóteo. Essa epístola pastoral faz uma lista das condições exigidas dos presbíteros, enfatiza a sã doutrina, declara as obrigações éticas dos homens e mulheres mais velhos, dos jovens e dos servos e adverte contra falsas doutrinas. Contém duas passagens doutrinárias notáveis (2.1-14; 3.4-7).

A epístola pode ser dividida da seguinte maneira: Introdução, 1.1-4. I. Requisitos e deveres dos presbíteros, 1.5-16. II. A obra pastoral de um verdadeiro ministro, 2. III. Exortação a uma vida piedosa, 3.1-11. Conclusão 3.12-15.

Introdução: Saudação, 1.1-4

1 Paulo, servo de Deus e apóstolo de Jesus Cristo, segundo a fé dos [a]eleitos de Deus e o pleno conhecimento da verdade que é segundo a piedade,

2 na esperança da [b]vida eterna, a qual Deus, que não pode [c]mentir, prometeu antes dos tempos eternos,

3 e, em tempos próprios, manifestou a sua palavra, pela pregação que me foi confiada segundo o mandamento de Deus, nosso [d]Salvador,

4 a [e]Tito, meu verdadeiro filho segundo a fé que nos é comum: Graça e paz da parte de Deus Pai e de Cristo Jesus nosso Salvador.

I. Requisitos e deveres dos presbíteros, 1.5-16

5 **P**or esta causa te deixei em Creta, para que pusesses em [1]boa ordem o que ainda resta e, de cidade em cidade, [f]estabelecesses [2][g]presbíteros, como já te mandei:

6 aquele que for irrepreensível, marido de uma só mulher, que tenha filhos fiéis, que não possam ser acusados de dissolução, nem são desobedientes.

7 É necessário que o bispo seja irrepreensível, como despenseiro de Deus, não soberbo nem irascível, nem dado ao vinho, nem espancador, nem cobiçoso de torpe ganância.

8 Deve ser hospitaleiro, amigo do bem, sóbrio, justo, [h]piedoso, temperante.

9 Deve [i]reter firme a fiel palavra, que é conforme a doutrina, para que seja poderoso, tanto para admoestar na sã doutrina como para convencer os contradizentes.

10 **P**ois há muitos insubordinados, [j]faladores vãos e enganadores, especialmente os da circuncisão.

11 É preciso tapar-lhes a boca, porque arruínam casas inteiras ensinando o que não convém, [k]por pura ganância.

12 [l]Um dentre eles, seu próprio profeta, disse: Os cretenses são sempre mentirosos, bestas ruins, ventres preguiçosos.

13 Este testemunho é exato. Portanto, [m]repreende-os [n]severamente, para que sejam sãos na fé,

14 não dando ouvidos a fábulas judaicas nem a mandamentos de homens que se desviam da verdade.

15 [o]Todas as coisas são puras para os puros, mas nada é puro para os corrompidos e descrentes. Antes, a sua mente e sua consciência estão contaminadas.

16 [p]Professam [q]conhecer a Deus, mas negam-no pelas suas obras, sendo abomináveis, desobedientes e reprovados para toda boa obra.

[a] Eleição (coletiva): v. 1; Hb 3.1 (Dt 7.6; 1Pe 5.13)
[b] Vida (eterna): v. 2; Tt 3.7 (Mt 7.14; Ap 22.19)
[c] Nm 23.19
[d] Veja Rm 1.16, nota
[e] 2Co 2.13
[f] 2Tm 2.2
[g] Anciãos: v. 5,7; Tg 5.14 (At 11.30; Tt 1.5, nota)
[h] Santificação (NT): v. 8; Hb 2.11 (Mt 4.5; Ap 22.11)
[i] Comp. 2Ts 2.15
[j] Tg 1.26
[k] 1Tm 6.5
[l] Comp. At 17.28
[m] 2Tm 4.2
[n] Comp. 2Co 13.10
[o] Rm 14.14,20; comp. Lc 11.41
[p] 2Tm 3.5,7
[q] Mt 7.20-23; 25.12; 1Jo 2.4

[1] (1.5) A questão aqui não é que deve haver na assembleia pessoas qualificadas para serem presbíteros a quem o Espírito Santo faça bispos (At 20.28); dá-se por certo que nas igrejas de Creta havia tais pessoas. A questão relaciona-se com a nomeação dessas pessoas. As igrejas não tinham falta de presbíteros, mas erravam (era o que precisava ser posto em boa ordem) por não os haver nomeado de forma adequada. Há um desenvolvimento da doutrina com respeito à nomeação de presbíteros.

[2] (1.5) Presbítero (gr. *presbuteros*) e bispo (gr. *episkopos*) designam a mesma função (comp. v. 7; At 20.17; comp. v. 28). A primeira palavra se refere ao homem que cumpre a tarefa, e a segunda, à função. Os presbíteros nas igrejas apostólicas geralmente eram vários; não há exemplo de apenas um presbítero numa igreja local. As funções dos presbíteros e/ou pastores eram: governar (1Tm 3.4,5; 5.17), ensinar (1Tm 5.17), preservar o conjunto da verdade revelada contra a perversão e o erro (Tt 1.9) e velar pela igreja como pastores do rebanho (Jo 21.16; At 20.28; Hb 13.17; 1Pe 5.2). Os presbíteros eram nomeados ou estabelecidos nas igrejas pelo Espírito Santo (At 20.28), mas o NT ressalta especificamente a nomeação feita de forma correta (At 14.23; Tt 1.5). Tito e 1Timóteo constituem parte das Escrituras que tratam das qualificações do presbítero e são um guia das igrejas para essas nomeações (1Tm 3.1-7).

II. A obra pastoral de um verdadeiro ministro, 2

2 **T**u, porém, fala o que convém à sã doutrina.

2 Exorta os velhos a que sejam temperantes, respeitáveis, sensatos, sadios na fé, no [r]amor e na constância.

3 As mulheres idosas, semelhantemente, sejam sérias no seu viver, como convém a santas, não caluniadoras, não dadas a muito vinho, mestras no bem.

4 Então poderão ensinar as mulheres mais novas a amar seus maridos e filhos,

5 a serem sensatas, honestas, boas donas de [s]casa, bondosas, [t]submissas a seus maridos, para que a palavra de Deus não seja difamada.

6 Exorta semelhantemente os jovens a que sejam moderados.

7 Em tudo te dá por [u]exemplo de boas obras. Na doutrina, mostra integridade, reverência,

8 [v]linguagem sã e irrepreensível, para que o adversário se envergonhe, não tendo nenhum mal que dizer de nós.

9 Exorta os [w]servos a que sejam obedientes a seus senhores, sendo-lhes agradáveis em tudo, não os contradizendo,

10 não furtando, antes mostrando perfeita lealdade, para que assim tornem [x]atraente em tudo o ensino de Deus, nosso [y]Salvador.

11 [1]Pois a [z]graça de Deus se [a]manifestou, trazendo salvação a todos os homens.

12 Ela nos ensina a abandonar a impiedade e as paixões mundanas, para que vivamos neste presente século sóbria, justa e piedosamente,

13 aguardando a bendita [b]esperança e o aparecimento da glória do nosso grande Deus e Salvador Cristo Jesus,

14 o qual a si mesmo se [c]deu por nós, a fim de [d]remir-nos de toda iniquidade e purificar para si um [e]povo todo seu, zeloso de boas obras.

15 Fala essas coisas, exorta e repreende com toda a autoridade. [f]Ninguém te despreze.

III. Exortação a uma vida piedosa, 3.1-11

3 **L**embra-lhes que se [g]sujeitem aos governadores e autoridades, sejam obedientes, estejam preparados para toda boa obra,

2 que a ninguém difamem, e não sejam briguentos, mas pacíficos, mostrando toda a mansidão para com todos os homens.

3 Outrora [h]nós também éramos insensatos, desobedientes, extraviados, servindo a várias paixões e prazeres, vivendo em malícia e inveja, odiosos e odiando-nos uns aos outros.

4 Quando, porém, se manifestou a bondade de Deus, nosso Salvador, e o seu amor para com os homens,

5 [i]não por obras de [j]justiça que houvéssemos feito, mas segundo a sua misericórdia, ele nos salvou mediante a lavagem da regeneração e da renovação pelo [k]Espírito Santo,

6 que ele derramou ricamente sobre nós, por meio de Jesus Cristo nosso [l]Salvador,

7 a fim de que, [m]justificados por sua [n]graça, sejamos feitos seus herdeiros segundo a esperança da [o]vida eterna.

8 Fiel é a palavra. E quero que a proclames com firmeza, para que os que [p]creem em Deus [q]procurem aplicar-se às boas obras. Estas coisas são boas e proveitosas aos homens.

9 [r]Evita, porém, questões tolas, genealogias, contendas e debates acerca da Lei, porque são coisas inúteis e vãs.

10 Ao homem que causa divisão, depois da primeira e segunda admoestações, evita-o,

11 sabendo que esse tal está pervertido e vive [s]pecando e já por si mesmo está condenado.

Conclusão: Comentários pessoais e bênção, 3.12-15

12 **Q**uando te enviar Ártemas, ou [t]Tíquico, procura vir ter comigo a Nicópolis, porque resolvi passar o inverno ali.

13 Faze tudo o que puderes para ajudar a Zenas, doutor da lei, e a [u]Apolo, para que nada lhes falte.

14 Que os nossos também aprendam a aplicar-se às boas obras, para suprir as coisas necessárias, a fim de que não sejam infrutíferos.

15 Saúdam-te todos os que estão comigo. Saúda a quantos nos [v]amam na fé. **A** graça seja com todos vós.

---

r Lei (de Cristo): v. 2; Tt 3.15 (Jo 13.34; 2Jo 5)
s 1Tm 5.14
t 1Tm 2.11; comp. Gn 3.16
u Fp 3.17; 1Tm 4.12
v Comp. 1Tm 6.3
w Ef 6.5,6; 1Tm 6.1
x Justiça (vestes de): v. 10; Tt 3.8 (Gn 3.21; Ap 19.8)
y Veja Rm 1.16, nota
z Graça: v. 11; 3.7; Hb 2.9 (Jo 1.14; Jo 1.17, nota)
a Cristo (primeira vinda): v. 11,14; Hb 7.27 (Gn 3.15; At 1.11, nota)
b Cristo (segunda vinda): v. 13; Hb 9.28 (Dt 30.3; At 1.11, nota)
c Sacrifício (de Cristo): v. 14; Hb 1.3 (Gn 3.15; Hb 10.18, nota)
d Veja Rm 3.24, nota
e Dt 14.2; 26.18; 1Pe 2.9
f Comp. 1Tm 4.12
g Rm 13.1; 1Pe 2.13

h 1Co 6.11; 1Pe 4.3
i Ef 2.4-9
j Veja Rm 10.3, nota
k Espírito Santo (NT): v. 5; Hb 2.4 (Mt 1.18; At 2.4, nota)
l Veja Rm 1.16, nota
m Justificação: v. 7; Tg 2.21 (Lc 18.14; Rm 3.28, nota)
n Veja Tt 2.11, marg. z
o Vida (eterna): v. 7; Hb 7.16 (Mt 7.14; Ap 22.19)
p Fé: v. 8; Fm 6 (Gn 3.20; Hb 11.39, nota)
q Justiça (vestes de): v. 8; 1Pe 2.12 (Gn 3.21; Ap 19.8)
r 2Tm 2.23
s Veja Rm 3.23, nota
t At 20.4; Ef 6.21; 2Tm 4.12
u Comp. At 18.24
v Lei (de Cristo): v. 15; Fm 9 (Jo 13.34; 2Jo 5)

---

[1] (2.11) Os v. 11-14 são notáveis por seu perfeito equilíbrio entre doutrina e vida. Começando com a encarnação ("a graça de Deus se manifestou", v. 11), relacionam essa doutrina com uma vida que rejeita o mal e pratica o bem aqui e agora (v. 12), que vê na volta de Cristo o incentivo para uma conduta piedosa ("aguardando a bendita esperança", v. 13) e que, em santidade pessoal e em boas obras, torna real o propósito da expiação (v. 14). A passagem é uma das recapitulações mais concisas do NT sobre a relação entre a verdade do Evangelho e a vida. Veja tb. 3.4-7; Ef 2.8-10.

- **Autor:** Paulo
- **Tema:** O amor exemplificado
- Escrito em 60 d.C., aprox.

FILEMOM

A EPÍSTOLA A FILEMOM, escrita durante a primeira prisão de Paulo em Roma, provavelmente foi levada a Filemom – um próspero cidadão de Colossos – por Tíquico, o mesmo mensageiro que levou as cartas aos efésios e aos colossenses. O mensageiro dessas cartas foi acompanhado por Onésimo (Cl 4.9).

Onésimo, cujo nome significa útil, havia sido inútil para seu senhor Filemom (v. 11); o escravo aparentemente havia roubado seu senhor (v. 18) e fugido para Roma. Ali, se converteu pelo ministério de Paulo, e, agora, o apóstolo o enviava de volta acompanhado por Tíquico e dessa carta, a qual é de incalculável valor como instrução 1) na justiça prática, 2) na fraternidade cristã, 3) na cortesia cristã e 4) na lei do amor.

A epístola pode ser dividida da seguinte maneira: Introdução, v. 1-3. I. O caráter de Filemom, v. 4-7. II. Intercessão em favor de Onésimo, v. 8-21. Conclusão, v. 22-25.

Introdução: Saudação de Paulo, v. 1-3

1 **P**aulo, [a]prisioneiro de Cristo Jesus, e o irmão Timóteo, ao amado Filemom, nosso cooperador,

2 à irmã Áfia, a [b]Arquipo, nosso companheiro de lutas, e à [c]igreja que está em tua [d]casa:

3 Graça e paz a vós outros, da parte de Deus, nosso Pai, e do Senhor Jesus Cristo.

I. O caráter de Filemom, v. 4-7

4 [e]**D**ou graças ao meu Deus, lembrando-me sempre de ti nas minhas orações,

5 porque [f]ouvi falar do amor e da fé que tens para com o Senhor Jesus e para com todos os santos.

6 Oro para que a comunicação da tua [g]fé seja [h]eficaz no conhecimento de [i]todo o bem que em nós há para com Cristo.

7 Tive grande alegria e consolação no teu amor, porque por ti, ó irmão, o coração dos santos tem sido reanimado.

II. Intercessão em favor de Onésimo, v. 8-21

8 **P**elo que, ainda que tenha em Cristo grande confiança para te mandar [j]o que te convém,

9 prefiro, todavia, solicitar em nome do [k]amor, sendo o que sou, Paulo, o velho e, também agora, prisioneiro de Cristo Jesus.

10 Peço-te por meu filho [1][l]Onésimo, que [m]gerei nas minhas prisões.

11 Outrora ele te foi inútil, mas agora a ti e a mim muito útil.

12 Mando-o de volta a ti, a ele que é o meu coração.

13 Eu bem quisera conservá-lo comigo, para que [n]por ti me servisse nas prisões do [o]evangelho.

14 Nada, porém, quis fazer sem o teu consentimento, para que o teu benefício não fosse forçado, mas [p]voluntário.

15 [q]Bem pode ser que ele se tenha separado de ti por algum tempo, para que o retivesses para sempre,

16 não já como [r]escravo, antes, mais do que escravo, como irmão amado, particularmente para mim, e quanto mais para ti, assim na [s]carne como no Senhor.

17 Portanto, se me tens por [t]companheiro, recebe-o como a mim mesmo.

18 E, se te causou algum prejuízo, ou te deve alguma coisa, lança-o na minha [2][u]conta.

19 Eu, Paulo, escrevo de meu próprio [v]punho, eu o pagarei, para não dizeres que ainda me deves a própria vida.

20 Sim, irmão, eu gostaria de receber de ti, no Senhor, este benefício. Reanima-me o coração em Cristo.

21 **E**screvo-te [w]confiado na tua obediência, sabendo que farás ainda mais do que peço.

Conclusão: Comentários pessoais e bênção, v. 22-25

22 Ao mesmo tempo, prepara-me também pousada, porque [x]espero que pelas vossas orações vos hei de ser restituído.

23 Saúdam-te [y]Epafras, meu companheiro de prisão em Cristo Jesus,

24 [z]Marcos, [aa]Aristarco, [bb]Demas e Lucas, meus cooperadores.

25 **A** graça do Senhor Jesus Cristo seja com o vosso espírito.

[a] Ef 3.1
[b] Cl 4.17
[c] Igrejas (locais): v. 2; Tg 5.14 (At 8.3; Fp 1.1, nota)
[d] Comp. Rm 16.5
[e] Comp. Ef 1.16
[f] Comp. Cl 1.3,4,9
[g] Fé: v. 6; Hb 4.2 (Gn 3.20; Hb 11.39, nota)
[h] Tg 2.14-17
[i] 1Ts 5.18; comp. Fp 4.8; 2Pe 1.5-8
[j] v. 19
[k] Lei (de Cristo): v. 9; Tg 2.8 (Jo 13.34; 2Jo 5)
[l] Cl 4.9
[m] Comp. 1Co 4.15
[n] Comp. Fp 2.30
[o] Evangelho: v. 13; Hb 4.2 (Gn 12.3; Ap 14.6)
[p] Comp. 2Co 9.7; 1Pe 5.2
[q] Comp. Gn 45.5-8
[r] 1Co 7.22
[s] Ef 6.5; Cl 3.22
[t] Comp. 2Co 8.23
[u] Comp. Lc 14.14
[v] 1Co 16.21
[w] Comp. 2Co 7.16
[x] Comp. Fp 2.24
[y] Cl 1.7
[z] At 12.12,25
[aa] At 19.29
[bb] 2Tm 4.10

[1] (v. 10) Onésimo significa *útil* (v. 11) ou *proveitoso*.

[2] (v. 18) Os v. 17,18 ilustram de maneira perfeita a imputação: "Recebe-o como a mim mesmo" – credita-lhe (põe em sua conta) meus méritos –; "E, se te causou algum prejuízo, ou te deve alguma coisa, lança-o na minha conta" – debita de mim (põe na minha conta) sua falta de méritos. Veja Imputação, Gn 15.6 e Tg 2.23, *notas*.

HEBREUS

- **Autor:** Paulo
- **Tema:** O sacerdócio de Cristo
- Escrito em 68 d.C., aprox.

A EPÍSTOLA AOS HEBREUS possui, em certos trechos, a linguagem característica de Paulo, e, em virtude da referência pessoal a Timóteo em 13.23, alguns eruditos atribuíram essa carta a Paulo. Embora não haja provas conclusivas sobre seu autor, Hebreus fala com autoridade divina, por ser parte das Escrituras. A carta foi escrita antes da destruição de Jerusalém, pois é evidente que nessa época o templo ainda estava de pé (comp. 10.11).

O motivo da epístola foi a necessidade de uma exortação especial aos leitores hebreus que tinham professado fé em Jesus como o Messias; alguns deles tinham uma atitude vacilante. Por essa razão, a exortação é "conservarmos firmes a confiança e a glória da esperança" (3.6) e "prossigamos para a perfeição" (6.1).

Assim, o propósito do livro era: 1) confirmar os cristãos judeus, demonstrando que o judaísmo do AT havia terminado em virtude de Cristo ter cumprido todo o propósito da Lei; 2) alertar alguns que tinham se identificado como cristãos para que a) não voltassem a cair no judaísmo e b) alcançassem a verdadeira fé em Cristo; e 3) chamar a atenção dos cristãos em todo lugar para a preeminência de Jesus Cristo.

As palavras-chave no livro são "melhor" (6.9; 7.19; 11.16; 12.24), "superior" (7.22; 8.6; 9.23; 10.34; 11.35,40) "mais excelente" (1.4) ou "maior" (7.7). Hebreus contém uma série de contrastes entre as coisas boas do judaísmo e as coisas melhores ou mais excelentes de Cristo. Ele é melhor do que os anjos, do que Moisés, do que Josué, do que Arão, e a Nova Aliança (8.7-13) é melhor do que a Aliança Mosaica (veja Êx 19.5, nota).

De maneira mais completa do que os demais escritos do NT, Hebreus revela o atual ministério sacerdotal do Homem na glória celestial, o Senhor Jesus Cristo.

A epístola pode ser dividida da seguinte maneira: Introdução, 1.1-3. I. Cristo como uma Pessoa superior às demais, 1.4–4.16. II. Preeminência e caráter conclusivo do sacerdócio de Cristo, 5.1–10.18. III. A vida de fé, 10.19–13.19. Conclusão, 13.20-25.

Introdução, 1.1-3

1 Havendo Deus outrora [a]falado, muitas
vezes e de muitas maneiras, aos pais, pelos
profetas,
2 a nós falou-nos, nestes últimos dias, pelo
Filho, a quem constituiu herdeiro de tudo, por
quem fez o mundo.
3 O Filho é o resplendor da sua glória e a
expressa [b]imagem da sua pessoa, sustentando
todas as coisas pela palavra do seu poder.
Havendo feito por si mesmo a [c]purificação
dos nossos pecados, assentou-se à direita da
Majestade nas alturas.

I. Cristo como uma Pessoa superior às demais, 1.4–4.16

O Filho é superior aos anjos

4 Assim ele se tornou tão superior aos [1]anjos
quanto o nome que herdou é mais excelente
do que o deles.
5 Pois a qual dos anjos disse jamais:

[a] Inspiração: v. 1,2; Hb 3.7 (Êx 4.15; 2Tm 3.16, nota)

[b] 2Co 4.4; Cl 1.15

[c] Sacrifício (de Cristo): v. 3; Hb 7.27 (Gn 3.15; Hb 10.18, nota)

[1] (1.4) Anjo. Resumo: Anjo, "mensageiro", é uma palavra usada com respeito a Deus, aos homens e uma ordem de seres espirituais criados cujos atributos principais são força e sabedoria (2Sm 14.20; Sl 103.20; 104.4). No AT, a expressão "o anjo do Senhor" ou "de Jeová" (às vezes, "de Deus") geralmente implica a presença da Divindade em forma angélica (Gn 16.1-13; 21.17-19; 22.11-16; 31.11-13; Êx 3.2-4; Jz 2.1; 6.12-16; 13.3-22). Veja Jz 2.1, *nota*; comp. Ml 3.1, *nota*. A palavra "anjo" foi usada com respeito aos homens em Lc 7.24 (gr.); Tg 2.25 (gr.); Ap 1.20; 2.1,8,12,18; 3.1,7,14. Em Ap 8.3-5, a palavra faz referência clara a Cristo. Às vezes, "anjo" é usado para referir-se ao espírito do homem (At 12.15). Embora os anjos sejam espíritos (Sl 104.4; Hb 1.14), é-lhes dado o poder de se tornarem visíveis em aparência humana (Gn 19.1, comp. v. 5; Êx 3.2; Nm 22.22-31; Jz 2.1; 6.11,22; 13.3,6; 1Cr 21.16,20; Mt 1.20; Lc 1.26; Jo 20.12; At 7.30; 12.7,8; etc.). A palavra sempre é usada no gênero masculino, embora, no sentido humano, nunca seja atribuído sexo determinado aos anjos (Mt 22.30; Mc 12.25). Eles são muito numerosos (Sl 68.17; Mt 26.53; Hb 12.22; Ap 5.11) e têm um poder inconcebível (2Rs 19.35). Estão ao redor do trono de Deus (Ap 5.11; 7.11). Sua relação com os crentes é de "espíritos ministradores, enviados para servir a favor dos que hão de herdar a salvação" (Hb 1.14), e este ministério tem relação especial com a integridade física e com o bem-estar dos filhos de Deus (1Rs 19.5; Sl 34.7; 91.11; Dn 6.22; Mt 2.13,19; 4.11; Lc 22.43; At 5.19; 12.7-10). Ao comparar Hb 1.14 com Mt 18.10 e Sl 91.11, tem-se a impressão de que este cuidado com os herdeiros da salvação começa na infância e continua ao longo da vida. Os anjos nos observam (Ec 5.6; 1Co 4.9; Ef 3.10), fato que deve influenciar nossa conduta. O homem é "um pouco menor do que os anjos", e, na encarnação, Cristo assumiu esse lugar inferior (Sl 8.4,5; Hb 2.7,9 *marg.*) por "um pouco [de tempo]", a fim de elevar o cristão à própria esfera divina acima dos anjos (Hb 2.9,10). Os anjos acompanharão Cristo em sua segunda vinda (Mt 25.31). A eles será dada a incumbência de preparar o julgamento dos gentios no juízo das nações (veja Mt 13.30,39,41,42; 25.32, *nota*). A Dispensação do Reino não estará sujeita aos anjos, mas a Cristo e àqueles

Tu és meu [d]Filho,
eu hoje te gerei?
E outra vez:
[e]Eu lhe serei por Pai,
e ele me será por Filho?
6 E, novamente, ao inserir o
primogênito no [f]mundo, diz:
E todos os anjos de Deus o [g]adorem.
7 E, quanto aos anjos, diz:
Quem de seus anjos [h]faz ventos;
e de seus ministros,
labaredas de fogo.
8 Do Filho, porém, diz:
Ó [i]Deus, o teu trono subsiste
pelos séculos dos séculos;
cetro de [j]equidade é o
cetro do teu Reino.
9 Amaste a [k]justiça e odiaste a [l]iniquidade;
por isso Deus, o teu Deus,
te ungiu com óleo de alegria
mais do que a teus companheiros.
10 Ainda:
[m]Tu, Senhor, no princípio
fundaste a terra,
e os céus são obra de tuas mãos.
11 Eles perecerão, mas tu permanecerás;
[n]todos eles, como roupa, envelhecerão.
12 Qual um manto os enrolarás;
como roupa se mudarão.
Mas tu és o [o]mesmo,
e os teus anos não acabarão.
13 Ora, a qual dos anjos disse jamais:
[p]Assenta-te à minha direita
até que ponha os teus inimigos
por estrado dos teus pés?
14 Não são todos eles espíritos ministrado-
res, enviados para servir a favor dos que hão
de herdar a [q]salvação?

Advertência aos ouvintes

2 **Portanto**, devemos dar mais atenção para
as coisas que já temos ouvido, para que em
tempo algum nos desviemos delas.
2 Pois, se a palavra falada pelos [r]anjos perma-
neceu firme e toda [s]violação e desobediência
recebeu justa retribuição,
3 como escaparemos nós, se negligenciar-
mos tão grande salvação? Salvação esta que,
começando a ser anunciada pelo Senhor, foi-
-nos depois confirmada pelos [t]que a ouviram.
4 Também Deus testificou [u]com eles, por
meio de sinais, prodígios e vários milagres e
dons do [v]Espírito Santo, distribuídos segundo
a sua vontade.

Propósito de Deus: sujeitar a terra à humanidade

5 **Não** foi aos anjos que Deus sujeitou o
mundo vindouro, de que falamos.
6 Antes, em certo lugar, testificou
alguém, dizendo:
[w]Que é o homem, para que dele te lembres?
E o filho do homem, para que o visites?
7 Fizeste-o [x]um pouco menor do que os anjos,
de glória e de honra o coroaste
e o constituíste sobre as
obras de tuas mãos.
8 Todas as coisas lhe
sujeitaste debaixo dos pés.
Ora, visto que lhe sujeitou todas as coisas,
nada deixou que não lhe esteja sujeito. Mas
agora ainda não vemos todas as coisas sujei-
tas a [y]ele.

Jesus foi feito por um pouco de tempo menor que os anjos

9 Vemos, porém, aquele que, por um pouco,
foi feito [z]um pouco menor do que os anjos,
Jesus, coroado de glória e de honra, por causa
da paixão da morte, para que, pela [a]graça de
Deus, provasse a morte por todos.
10 **Convinha** que aquele [b]para quem são
todas as coisas e mediante quem tudo existe,
trazendo muitos filhos à glória, [c]consagrasse
pelas aflições o autor da salvação deles.
11 Tanto o que [dd]santifica como os que são
santificados provêm todos de um só. Por
causa disso Jesus não se envergonha de lhes
chamar irmãos,
12 dizendo:
[ee]Anunciarei o teu nome a meus irmãos,
cantarei louvores a ti no
meio da [ff]congregação.
13 E outra vez:
[gg]Porei nele a minha confiança.
E ainda:

[d] Sl 2.7
[e] 2Sm 7.14
[f] Gr. *oikoumene*. Veja Lc 2.1, nota
[g] Dt 32.43
[h] Sl 104.4
[i] v. 8,9; Sl 45.6,7
[j] Sl 11.7
[k] Veja 1Jo 3.7, nota
[l] Veja Rm 3.23, nota
[m] v. 10-12; Sl 102.25-27
[n] Is 50.9; 51.6
[o] Hb 13.8
[p] Sl 110.1; Mt 22.44
[q] Veja Rm 1.16, nota
[r] At 7.53; Gl 3.19
[s] Veja Rm 3.23, nota

[t] Lc 1.2
[u] At 2.43; 2Co 12.12
[v] Espírito Santo: v. 4; Hb 3.7 (Mt 1.18; At 2.4, nota)
[w] v. 6-8; Sl 8.4-6
[x] Fp 2.8,9
[y] 1Co 15.27
[z] Fp 2.8,9
[a] Graça: v. 9; Hb 4.16 (Jo 1.14; 1.17, nota)
[b] Cl 1.16
[c] Hb 5.8,9; veja Fp 3.12, nota
[dd] Santificação (NT): 2.11; 3.1; Hb 10.10 (Mt 4.5; Ap 22.11)
[ee] Sl 22.22
[ff] Igreja (verdadeira): v. 12; Hb 12.23 (Mt 16.18; Hb 12.23)
[gg] Is 8.17

por quem ele foi feito um pouco menor que os anjos (Hb 2.7). É mencionado que um arcanjo, Miguel, tem uma relação especial com Israel e as ressurreições (Dn 10.13,21; 12.1,2; 1Ts 4.16; Jd 9). Gabriel, o outro anjo cujo nome é revelado na Bíblia, prestou importantes serviços (Dn 8.16; 9.21; Lc 1.19,26).

Em relação aos anjos caídos, mencionam-se duas classes: 1) os "que não guardaram o seu principado, mas deixaram a sua própria habitação" e estão presos "na escuridão", esperando o juízo (Jd 6; 2Pe 2.4; comp. Jo 5.22; 1Co 6.3). Veja Gn 6.4, *nota*. 2) Os anjos que não estão presos, mas se dedicam a fazer a vontade de Satanás (veja Ap 20.10, *nota*). É possível que eles sejam os demônios (veja Mt 7.22, *nota*). O fogo eterno foi preparado para Satanás e seus anjos (Mt 25.41; Ap 20.10).

Aqui estou e aos filhos
que Deus me deu.

14 **P**ortanto, visto que os filhos participam da carne e do sangue, também ele participou das mesmas coisas, para que pela [h]morte derrotasse o que tinha o poder da morte, isto é, o [i]Diabo;

15 e livrasse a todos os que, com medo da morte, estavam por toda a vida sujeitos à escravidão.

16 Pois na verdade ele não socorre a anjos, mas sim à descendência de Abraão.

17 Pelo que convinha que em tudo fosse semelhante a seus irmãos, para ser misericordioso e fiel sumo [j]sacerdote naquilo que é de Deus, a fim de fazer [k]propiciação pelos pecados do povo.

18 Porque naquilo que ele mesmo, sendo [l]tentado, padeceu, pode socorrer aos que são tentados.

O repouso de Deus

Cristo, o Filho, superior a Moisés, o servo

3 Pelo que, santos irmãos, participantes da [m]vocação celestial, fixai sua mente em Jesus, o Apóstolo e Sumo Sacerdote da nossa confissão.

2 Ele foi fiel ao que o constituiu, como também o foi [n]Moisés em toda a casa de Deus.

3 Jesus é tido por digno de maior glória do que Moisés, assim como um construtor de uma casa tem honra maior do que a casa que [o]edificou.

4 Pois toda casa é edificada por alguém, mas o que edificou todas as coisas é Deus.

5 [p]Moisés, na verdade, foi fiel em toda a casa de Deus, como servo, para testemunho das coisas que se haviam de anunciar;

6 Cristo, porém, como Filho, é fiel sobre a sua própria [q]casa. Essa casa somos nós, se tão somente conservarmos firmes a confiança e a glória da esperança até o fim.

Exortação: a geração que saiu do Egito não entrou no repouso de Canaã por causa da incredulidade

7 **A**ssim, como [r]diz o [s]Espírito Santo:
Hoje [t]se ouvirdes a sua voz,
8 não endureçais o vosso coração,
como no dia da tentação no deserto,
9 onde vossos pais me tentaram,
me provaram e viram,
por quarenta anos, as minhas obras.
10 Por isso, me indignei contra esta geração e
disse: Estes sempre erram em seu coração
e não conheceram os meus caminhos.
11 Assim jurei na minha ira:
Não entrarão no meu descanso.

12 Vede, irmãos, que nunca haja em qualquer de vós um coração perverso e incrédulo que vos afaste do Deus vivo.

13 Antes, exortai-vos uns aos outros todos os dias, durante o tempo que se chama Hoje, para que nenhum de vós se endureça pelo engano do [u]pecado.

14 Temo-nos tornado participantes de Cristo, se é que guardamos firme até o fim a confiança que desde o princípio tivemos.

15 Enquanto se diz:
Hoje, se ouvirdes a sua voz,
não endureçais o vosso coração,
como na provocação.

16 **O**ra, quais os que, tendo-a ouvido, o provocaram? Não foram todos os que saíram do Egito por meio de Moisés?

17 E contra quem se indignou por quarenta anos? Não foi contra os que pecaram, cujos corpos caíram no deserto?

18 E a quem jurou que não entrariam no seu descanso, senão aos que foram desobedientes?

19 E vemos que não puderam entrar por causa da [v]incredulidade.

O crente e o melhor repouso

4 Temamos, portanto, que, tendo-nos sido deixada a promessa de entrar no seu descanso, suceda parecer que algum de vós [w]tenha falhado.

2 Pois também a nós foram anunciadas as [x]boas-novas, como a eles, mas a palavra que ouviram nada lhes aproveitou, visto não ser acompanhada pela [y]fé, naqueles que a [z]ouviram.

3 Ora, nós, os que temos crido, entramos no descanso, tal como [a]disse:
[b]Assim jurei na minha ira
que não entrarão no meu descanso.
Contudo as suas obras foram acabadas desde a fundação do mundo.

4 Pois em certo lugar disse ele assim do sétimo dia: E [c]descansou Deus, no sétimo dia, de todas as suas obras.

5 E outra vez, no mesmo lugar: Não entrarão no meu descanso.

6 Visto que restam entrar alguns ainda e que, por causa da desobediência, não entraram aqueles a quem primeiro foram pregadas as boas-novas,

7 determina outra vez certo dia, chamando-o Hoje, dizendo, por meio de Davi, muito tempo depois, segundo antes fora [d]dito:
Hoje, se ouvirdes a sua voz,
não endureçais o vosso coração.

[h] 2Tm 1.10
[i] Satanás: v. 14; Tg 4.7 (Gn 3.1; Ap 20.10)
[j] Hb 5.1-10
[k] Ou expiar. Veja Rm 3.25, nota
[l] Provar--Tentar: 2.18; 3.7-9; Hb 4.15 (Gn 3.1; Tg 1.14)
[m] Eleição (coletiva): v. 1; Tg 2.5 (Dt 7.6; 1Pe 5.13)
[n] Nm 12.7
[o] Zc 6.12,13
[p] Dt 18.15,19
[q] Comp. Ef 2.19
[r] Inspiração: v. 7; Hb 4.3 (Êx 4.15; 2Tm 3.16, nota)
[s] Espírito Santo (NT): v. 7; Hb 6.4 (Mt 1.18; At 2.4, nota)
[t] v. 7-11; Sl 95.7-11
[u] Veja Rm 3.23, nota
[v] Nm 14.1-39; 1Co 10.10,11
[w] Comp. Hb 12.15
[x] Evangelho: v. 2; 1Pe 1.12 (Gn 12.3; Ap 14.6)
[y] Fé: v. 2; Hb 10.22 (Gn 3.20; Hb 11.39, nota)
[z] Comp. 1Ts 2.13
[a] Inspiração: 4.4-8; 5.5,6; Hb 6.14 (Êx 4.15; 2Tm 3.16, nota)
[b] Sl 95.11
[c] Gn 2.2
[d] Sl 95.7,8

8 Ora, se Josué lhes [e]houvesse dado descanso, não teria falado depois disso de outro dia.

O crente repousa na obra perfeita da redenção

9 Resta ainda, portanto, um [f]repouso para o povo de Deus;

10 pois aquele que entrou no descanso de Deus, ele próprio descansou de suas [g]obras, como Deus das suas.

11 [h]Procuremos, portanto, entrar naquele descanso, para que ninguém [i]caia no mesmo exemplo de desobediência.

12 [j]Pois a palavra de Deus é [k]viva e [l]eficaz e mais cortante do que qualquer [m]espada de [n]dois gumes; ela penetra até o ponto de dividir alma e espírito, juntas e medulas, e é apta para [o]discernir os pensamentos e intenções do coração.

13 E não há criatura alguma [p]encoberta diante dele. Todas as coisas estão [q]nuas e patentes aos olhos daquele a quem havemos de prestar contas.

14 Visto que temos um grande [r]sumo sacerdote, Jesus, o Filho de Deus, que penetrou nos céus, [s]retenhamos firmemente a nossa confissão.

15 Pois não temos um sumo sacerdote que não possa [t]compadecer-se das nossas fraquezas, mas um que, como nós, em tudo foi [u]tentado, porém sem [v]pecado.

16 Cheguemo-nos, pois, com [w]confiança ao trono da [x]graça, para que recebamos misericórdia e achemos graça, a fim de sermos socorridos no momento oportuno.

II. Preeminência e caráter conclusivo do sacerdócio de Cristo, 5.1–10.18

A graça guarda o crente no perfeito repouso

O ofício de sumo sacerdote

5 Todo sumo sacerdote tomado dentre os homens é constituído a favor dos homens [y]nas coisas concernentes a Deus, para oferecer tanto dons como sacrifícios pelos pecados.

2 Ele pode compadecer-se devidamente dos que não têm conhecimento e andam errantes, pois ele mesmo está rodeado de [z]fraquezas.

3 E, por esse motivo, deve ele, tanto pelo povo como por [a]si mesmo, fazer oferta pelos pecados.

4 Ora, ninguém toma para si esta honra, senão o que é chamado por Deus, como o foi [b]Arão.

Cristo, o sumo sacerdote segundo a ordem de Melquisedeque

5 Assim também Cristo não se glorificou a si mesmo, para se fazer sumo sacerdote, mas o glorificou aquele que lhe disse:

[c]Tu és meu Filho,
eu hoje te gerei.

6 Como diz em outro lugar:

[d]Tu és Sacerdote, eternamente,
segundo a ordem de [1]Melquisedeque.

7 O qual, nos dias de sua vida terrena, tendo oferecido, com grande [ee]clamor e lágrimas, orações e súplicas ao que o [ff]podia livrar da morte; e, sendo ouvido por causa da sua [gg]piedade,

8 embora sendo Filho, aprendeu a [hh]obediência por meio daquilo que sofreu

9 e, [ii]tendo ele sido aperfeiçoado, veio a ser o autor da eterna [jj]salvação para todos os que lhe obedecem,

10 tendo sido por Deus chamado sumo sacerdote, segundo a ordem de Melquisedeque.

Apelo e advertência (até 6.12)

11 [kk]A esse respeito temos muito que dizer, mas de difícil interpretação, porque vos tornastes lentos para aprender.

12 Com efeito, devendo já ser mestres, por causa do tempo decorrido, ainda necessitais de que se vos torne a ensinar os [ll]princípios elementares dos ensinamentos de Deus; e vos tornastes como necessitados de [mm]leite, não de alimento sólido.

13 Ora, todo aquele que ainda se alimenta de leite não está apto a ensinar a palavra da justiça, porque é [nn]criança.

14 O alimento sólido, porém, é para os adultos, para aqueles que, pela prática, têm as faculdades exercitadas para [oo]discernir tanto o bem como o mal.

Progresso até a perfeição

6 Pelo que, deixando os ensinos elementares da doutrina de Cristo, prossigamos para a [pp]perfeição, não lançando de novo o [qq]fundamento do [rr]arrependimento de [ss]obras mortas e da fé em Deus,

[e] Js 22.4
[f] Observância de um sábado (dia de repouso)
[g] Comp. Ap 14.13
[h] 2Pe 1.10
[i] Comp. Hb 10.38
[j] Comp. Is 49.2
[k] 1Pe 1.23
[l] Comp. Jr 23.29
[m] Ef 6.17
[n] Ap 2.12
[o] Comp. Jo 12.48
[p] Sl 33.13-15; comp. 2Cr 16.9
[q] Jó 26.6; Pv 15.11
[r] Hb 2.17; 3.1; 5.5,10; 6.20; 7.26; 8.1; 9.11; 10.21
[s] Hb 10.23
[t] Comp. Os 11.8
[u] Provar--Tentar: v. 15; Hb 11.17 (Gn 3.1; Tg 1.14)
[v] Veja Rm 3.23, nota
[w] Hb 10.19,22
[x] Veja 2Pe 3.18, nota. Graça: v. 16; Hb 12.15 (Jo 1.14; 1.17, nota)
[y] Hb 2.17
[z] Hb 7.28
[a] Lv 9.7; Hb 9.7

[b] Êx 28.1; Nm 16.40
[c] Sl 2.7
[d] Sl 110.4
[ee] Orações da Bíblia (NT): v. 7; Tg 5.17 (Mt 6.9; Lc 11.2, nota)
[ff] Mt 26.53
[gg] Veja Sl 19.9, nota
[hh] Fp 2.8
[ii] Hb 2.10
[jj] Veja Rm 1.16, nota
[kk] Hb 7.1-22
[ll] Comp. Hb 6.1,2
[mm] 1Co 3.1-3
[nn] Comp. Ef 4.14
[oo] Fp 1.9
[pp] Veja Fp 3.12, nota
[qq] 1Co 3.11-13
[rr] Arrependimento: v. 1,6; Hb 12.17 (Mt 3.2; At 17.30, nota)
[ss] Hb 9.14

[1] (5.6) Veja Gn 14.18, *nota*. Melquisedeque foi um tipo adequado de Cristo como Sumo Sacerdote, porque: 1) era um homem (Hb 7.4; 1Tm 2.5); 2) era um rei-sacerdote (comp. Gn 14.18 com Zc 6.12,13); 3) seu nome significa "meu rei é justo" (comp. Is 11.5) e era rei de Salém (i.e., "paz"; comp. Is 11.6-9); 4) dele não há registro de "princípio de dias" (Hb 7.3; comp. Jo 1.1) nem "fim de vida" (Hb 7.3; comp. Rm 6.9; Hb 7.23-25); 5) tampouco foi ele feito sumo sacerdote por designação humana (Sl 110.4). O contraste entre o sumo sacerdócio de Melquisedeque e o de Arão é apenas quanto à pessoa, à "ordem" (ou designação) e à duração. Em sua obra, Cristo segue o modelo araônico. Arão foi a "sombra"; Cristo deu substância a ela (Hb 8.1-6; 9.1-28).

2 o ensino sobre [t]batismos e imposição de mãos e sobre a [u]ressurreição dos mortos e o juízo eterno.

3 E assim faremos, se Deus o permitir.

4 [v]**É** [1]impossível que os que já uma vez foram iluminados, provaram o dom celestial, se fizeram participantes do [w]Espírito Santo

5 e experimentaram a boa palavra de Deus e os poderes do mundo vindouro

6 e depois caíram sejam outra vez renovados para arrependimento, porque de novo estão crucificando para si mesmos o Filho de Deus e expondo-o à desonra.

7 A terra, que absorve a chuva que muitas vezes cai sobre ela e produz erva proveitosa para aqueles por quem é lavrada, recebe a [x]bênção da parte de Deus.

8 Se, porém, produz espinhos e ervas daninhas, é rejeitada e perto está da maldição. O seu fim é ser queimada.

9 **De** vós, contudo, ó amados, esperamos coisas melhores e pertencentes à salvação, ainda que assim falemos.

10 [y]Deus não é injusto; ele não se esquecerá da vossa obra e do amor que para com o seu nome mostrastes, pois servistes e ainda [z]servis aos santos.

11 Desejamos que cada um de vós mostre o mesmo zelo até o fim, para completa [a]certeza da esperança.

12 Não desejamos que vos torneis negligentes, mas sejais [b]imitadores dos que pela fé e paciência herdam as promessas.

O sumo sacerdote dentro do véu garante a entrada do crente

13 **Quando** Deus fez a promessa a Abraão, como não tinha outro maior por quem jurasse, jurou por si mesmo,

14 [c]dizendo: [d]Certamente te abençoarei e multiplicarei.

15 E assim, tendo Abraão esperado com paciência, alcançou a [e]promessa.

16 Os homens juram por quem lhes é [f]superior, e o juramento para confirmação é, para eles, o fim de toda contenda.

17 Assim que, querendo Deus mostrar mais abundantemente aos [g]herdeiros da promessa a [h]imutabilidade do seu conselho, se interpôs com juramento.

18 Deus fez isso para que por duas coisas imutáveis, nas quais é impossível que Deus [i]minta, tenhamos forte consolação, nós, os que nos refugiamos em lançar mão da [j]esperança proposta.

19 Temos essa consolação como âncora da alma, segura e firme, e que penetra até o [k]interior do véu,

20 onde Jesus, como precursor, entrou por nós, feito [l]sumo sacerdote para sempre, segundo a ordem de [m]Melquisedeque.

O Melquisedeque histórico, um tipo de Cristo (comp. Gn 14)

7 **Este** Melquisedeque, rei de Salém, sacerdote do Deus [n]Altíssimo que saiu ao encontro de Abraão quando este regressava da matança dos reis e o abençoou,

2 para quem Abraão separou o dízimo de tudo (primeiramente se interpreta rei de justiça, depois também é rei de Salém, ou seja, rei de paz.

3 Sem pai, sem mãe, sem genealogia, não tendo princípio de dias nem fim de vida, mas sendo feito semelhante ao Filho de Deus), permanece sacerdote para [2]sempre.

[t] Nm 8.7; Hb 9.10
[u] Ressurreição: v. 2; Hb 11.19 (2Rs 4.35; 1Co 15.52, nota)
[v] Apostasia: v. 1-9; Hb 10.29 (Lc 18.8; 2Tm 3.1, nota)
[w] Espírito Santo (NT): v. 4; Hb 9.8 (Mt 1.18; At 2.4, nota)
[x] Sl 65.10
[y] Comp. Mt 25.40
[z] Hb 10.32-34
[a] Segurança: v. 8-12; Hb 7.25 (Sl 23.1; Jd 1)
[b] Hb 13.7

[c] Inspiração: 6.14; 7.17,21; 8.1,5,8-13; Hb 10.5 (Êx 4,15; 2Tm 3.16, nota)
[d] Gn 22.16,17
[e] Gn 21.5
[f] Comp. Êx 22.10,11
[g] Rm 8.17; Hb 11.9
[h] Rm 11.29
[i] Nm 23.19; 1Sm 15.29
[j] Cl 1.5; Hb 7.19
[k] Lv 16.15
[l] Comp. Hb 4.14, marg. r
[m] Gn 14.17-19; Sl 110.4; Hb 5.10,11
[n] Gn 14.18

[1] (6.4) A advertência nos v. 6-8 tem sido interpretada de várias maneiras. As interpretações mais importantes são: 1) A advertência é dirigida a alguns judeus que professavam ser crentes em Cristo, mas não haviam chegado à verdadeira fé nele, apesar de terem avançado até as portas da salvação. 2) A exortação apresenta um caso hipotético: se alguém pudesse cair da graça (v. 6), seria impossível a renovação para o arrependimento, pois, em tal caso, seria necessário que Cristo fosse crucificado uma segunda vez. Obviamente, isso não ocorrerá (Hb 10.12,14), de maneira que é impossível cair da graça, desertar ou apostatar da salvação em Cristo. 3) A advertência é dirigida a crentes que caíram em pecado, a ponto de crucificarem novamente o Filho de Deus para si mesmos (v. 6) e, portanto, são desaprovados e perderão sua recompensa (veja 1Co 9.27, *nota*). 4) A advertência é dirigida aos que são crentes no Senhor Jesus Cristo e, por causa da incredulidade ou do pecado, estão em perigo de cair e perder a salvação.

A frase “se fizeram participantes do Espírito Santo” (v. 4) pode ser parafraseada assim: “e estavam de livre e espontânea vontade sendo conduzidos ao Espírito Santo”. A advertência é feita aos que receberam instrução e foram até movidos pelo Espírito Santo, mas nunca se entregaram a Cristo. Toda a passagem está fundamentada na palavra “melhores” no v. 9. Se tudo o que está escrito nos v. 1-5 equivalesse à salvação, não poderia haver nada melhor. As experiências esboçadas podem preceder e até mesmo acompanhar a salvação, mas nem sempre resultam em salvação. As Escrituras afirmam várias vezes a segurança eterna do crente; assim, a interpretação dessa passagem não deve ser que os crentes em Cristo podem perder a salvação. Veja Jo 3.15,16,36; 10.27-30; Rm 8.35,37-39; Ef 1.12-14; 4.30; Fp 1.6; Hb 10.12-14; 1Pe 1.3-5.

[2] (7.3) “Para sempre” porque Melquisedeque não teve “princípio de dias nem fim de vida”.

O sumo sacerdócio de Melquisedeque maior que o de Arão

(a) Porque Arão em Abraão pagou dízimos a Melquisedeque

4 **C**onsiderai quão grande era este, a quem até o patriarca Abraão deu o dízimo tirado dos despojos.

5 E os que dentre os [o]filhos de Levi recebem o sacerdócio têm ordem, segundo a Lei, de tomar o dízimo do povo, isto é, de seus irmãos, ainda que estes sejam descendentes de Abraão.

6 Aquele, porém, cuja genealogia não é contada entre eles [p]tomou dízimos de Abraão e abençoou o que tinha as promessas.

7 Ora, sem contradição alguma, o menor é abençoado pelo maior.

8 Aqui certamente recebem dízimos homens que morrem; ali, porém, os recebe aquele de [q]quem se testifica que vive.

9 E, por assim dizer, por meio de Abraão, até Levi, que recebe dízimos, pagou dízimos,

10 porque ele estava ainda nos lombos de seu pai quando Melquisedeque saiu ao encontro deste.

(b) Porque o sacerdócio de Arão não era perfeito

11 [r]**D**e sorte que, se a perfeição fosse pelo sacerdócio levítico (pois sob ele o povo recebeu a lei), que necessidade haveria ainda de que outro sacerdote se levantasse, segundo a ordem de Melquisedeque, e que não fosse contado segundo a ordem de Arão?

12 Pois mudando-se o sacerdócio, necessariamente se faz também mudança de lei.

13 Aquele de quem estas coisas se dizem pertence a outra tribo, da qual ninguém serviu ao altar,

14 visto ser [s]evidente que nosso Senhor procedeu de [t]Judá, tribo da qual Moisés nada falou acerca de sacerdócio.

15 E ainda muito mais evidente é isto, se à semelhança de Melquisedeque se levanta outro sacerdote,

16 que não foi feito segundo regras de uma linhagem, mas segundo o poder da [u]vida [v]indestrutível.

17 Pois dele assim se testifica:

Tu és sacerdote para sempre,
segundo a ordem de Melquisedeque.

18 **O** mandamento anterior é revogado por causa da sua [w]fraqueza e inutilidade

19 (pois a [x]Lei [y]nunca [z]aperfeiçoou coisa alguma), e desta sorte é introduzida uma melhor [a]esperança, pela [b]qual chegamos a Deus.

20 **E** isso não ocorreu sem prestar juramento (pois certamente aqueles, sem juramento, foram feitos sacerdotes,

21 mas este, com juramento, por aquele que lhe [c]disse:

[d]Jurou o Senhor
e não se arrependerá:
Tu és sacerdote para sempre,
segundo a ordem de Melquisedeque).

22 Jesus tornou-se assim a garantia de uma aliança [e]superior.

(c) Porque os sacerdotes morreram, mas Cristo vive para sempre

23 **N**a verdade, aqueles foram feitos sacerdotes em grande número, porque pela morte foram impedidos de permanecer,

24 mas este, porque permanece eternamente, tem o seu sacerdócio perpétuo.

25 Portanto, [f]pode também [g]salvar [h]perfeitamente os que por ele se chegam a Deus, vivendo sempre para [i]interceder por eles.

26 **C**onvinha-nos tal [j]sumo sacerdote, santo, inocente, imaculado, separado dos [k]pecadores e feito mais sublime do que os céus,

27 que não necessitasse, como os sumos sacerdotes, de oferecer cada dia sacrifícios, primeiro por seus [l]próprios pecados e, depois, pelos do povo. Isso fez ele, [m]uma vez por todas, quando a si mesmo se [n]ofereceu.

28 Pois a Lei constitui sumos sacerdotes a homens sujeitos à [oo]fraqueza, mas a palavra do juramento, que veio depois da Lei, constitui ao Filho, perfeito para sempre.

(d) Porque os sacerdotes ministraram num sistema de sombras, enquanto Cristo ministra na realidade celestial

8 **O** ponto principal do que estamos dizendo é que temos um sumo sacerdote tal que se [pp]assentou à direita Vdo trono da Majestade nos céus

2 como ministro do santuário e do [qq]verdadeiro tabernáculo que o Senhor fundou, não o homem.

3 Todo sumo sacerdote é constituído para oferecer dons e sacrifícios, pelo que era necessário que este também tivesse alguma coisa que oferecer.

4 Ora, se ele estivesse na terra, nem seria sacerdote, havendo já sacerdotes que oferecem dons segundo a Lei.

5 Eles servem num santuário que é [rr]figura e [ss]sombra das coisas celestiais. É por isso que Moisés divinamente foi avisado quando estava para construir o tabernáculo: [tt]Vê que faças tudo conforme o modelo que te foi mostrado no monte.

[o] Nm 18.21-26
[p] Gn 14.20
[q] Hb 5.6; Ap 1.18
[r] v. 18,19; Rm 7.7-14; Gl 2.21; Hb 8.7
[s] Gn 49.8-10
[t] Mt 1.2
[u] Vida (eterna): v. 16; Tg 1.12 (Mt 7.14; Ap 22.19)
[v] Jo 3.16; 4.13,14
[w] Rm 8.3; Gl 3.21
[x] Lei (de Moisés): v. 18,19; Hb 10.28 (Êx 19.1; Gl 3.24, nota)
[y] Hb 9.9; 10.1
[z] Veja Mt 5.48 e Fp 3.12, notas
[a] Hb 6.18,19
[b] Rm 5.2

[c] Veja Hb 6.14, marg. c
[d] Sl 110.4
[e] 8.6
[f] Jd 24
[g] Veja Rm 1.16, nota
[h] Segurança: v. 23-25; Hb 8.10 (Sl 23.1; Jd 1)
[i] Rm 8.34; Hb 9.24
[j] Veja Hb 4.14, marg. r
[k] Veja Rm 3.23, nota
[l] Lv 16.6; Hb 5.3
[m] Cristo (primeira vinda): v. 27; Hb 9.28 (Gn 3.15; At 1.11, nota)
[n] Sacrifício (de Cristo): v. 27; Hb 9.15 (Gn 3.15; Hb 10.18, nota)
[oo] Hb 5.2
[pp] Hb 1.3
[qq] Hb 9.11,24
[rr] Hb 9.23,24
[ss] Cl 2.17
[tt] Êx 25.40

(e) Porque Cristo é o mediador de uma aliança superior

6 Agora, porém, Jesus alcançou ministério superior ao deles, como também a aliança da qual ele é mediador é [u]superior à aliança antiga, que está firmada em promessas superiores.

A Nova Aliança

7 Pois, se aquela [v]primeira aliança tivesse sido [w]sem defeito, nunca se teria buscado lugar para a segunda.
8 Deus, porém, repreendendo-os, diz:
Virão dias, diz o [x]Senhor,
em que com a casa de Israel
e com a casa de Judá
estabelecerei uma [1][y]nova [2][z]aliança.
9 Ela não será segundo a aliança
que fiz com seus pais
no dia em que os tomei pela mão,
para os tirar da terra do Egito,
porque não permaneceram
naquela minha aliança,
e eu para eles não atentei,
diz o Senhor.
10 Esta é a aliança que depois
daqueles dias farei
com a casa de Israel, [a]diz o [b]Senhor.
Porei as minhas leis na sua mente,
e em seu coração as [c]escreverei.
Eu [d]serei o seu Deus,
e eles serão o meu povo.
11 E não ensinará jamais
cada um ao seu próximo,
nem cada um ao seu irmão,
dizendo: Conhece ao [e]Senhor,
porque todos me conhecerão,
desde o menor deles até o maior.
12 Pois lhes [f]perdoarei a maldade de seus [g]pecados e de suas iniquidades não me lembrarei mais.
13 Dizendo nova aliança, ele tornou antiquada a primeira. Ora, aquilo que se torna antiquado e envelhecido perto está de desaparecer.

(1) As ordenanças e o santuário da Antiga Aliança eram apenas tipos

9 **O**ra, a primeira aliança tinha ordenanças de culto sagrado e também um [h]santuário terrestre.

[u] v. 22
[v] Êx 3.8; 19.5
[w] Comp. Hb 7.11
[x] v. 8-12; Jr 31.31-34
[y] Aliança (Nova): v. 8-13; Hb 9.15 (Is 61.8; Hb 8.8)
[z] Alianças (Oito): v. 7,8 (Gn 2.16; Hb 8.8)

[a] Veja Hb 6.14, marg. c
[b] Jr 31.33
[c] Comp. 2Co 3.3,6
[d] Segurança: v. 10-13; Hb 9.26 (Sl 23.1; Jd 1)
[e] Jr 31.34
[f] Veja Rm 3.25, nota
[g] Veja Rm 3.23, nota
[h] Êx 25.1-40

---

[1] (8.8) A Nova Aliança, a última das oito grandes alianças das Escrituras, é 1) "superior" (comp. 8.6) à Aliança Mosaica (Êx 19.5, *nota*), não moralmente, mas quanto a sua eficácia (Hb 7.19; comp. Rm 8.3,4). 2) Está fundamentada sobre promessas melhores (i.e., incondicionais). Na Aliança Mosaica, Deus disse: "Se [...] guardardes" (Êx 19.5); na Nova Aliança, ele não impõe condições (Hb 8.10,12). 3) Sob a Aliança Mosaica, a obediência nascia do temor (2.2; 12.25-27); sob a Nova Aliança, ela é produto da disposição da mente e do coração (8.10). 4) A Nova Aliança assegura a revelação pessoal do Senhor a todo crente (v. 11). 5) Ela assegura completo perdão de pecados (v. 12; 10.17; comp. 10.3). 6) Baseia-se numa redenção consumada (Mt 26.27,28; 1Co 11.25; Hb 9.11,12,18,23). Lembre-se de que no NT a palavra gr. *diatheke* é traduzida tanto por "testamento" como por "aliança". 7) Ela assegura a perpetuidade, conversão futura e bênção de um Israel arrependido, com quem a Nova Aliança ainda será ratificada (10.9; comp. Jr 31.31-40; veja tb. Reino [AT], Zc 12.18, *nota*; 2Sm 7.8-17, *notas*).

[2] (8.8) As oito Alianças. Resumo: 1) A Aliança Edênica (Gn 2.16, *nota*) condiciona a vida do homem no estado de inocência. 2) A Aliança Adâmica (Gn 3.14, tít., *nota*) condiciona a vida dos homens caídos e promete um Redentor. 3) A Aliança Noeica (Gn 9.16, *nota*) estabelece um princípio: a vida na terra está sob governo humano. 4) A Aliança Abraâmica (Gn 12.2, *nota*) funda a nação de Israel e confirma, com acréscimos específicos, a promessa de redenção feita a Adão. 5) A Aliança Mosaica (Êx 19.5, *nota*) condena todos os homens, "porque todos pecaram" (Rm 3.23; 5.12). 6) A Aliança Israelita (Dt 30.3, *nota*) assegura a restauração final e a conversão de Israel. 7) A Aliança Davídica (2Sm 7.16, *nota*) estabelece a perpetuidade da família davídica (cumprida em Cristo, Mt 1.1; Lc 1.31-33; Rm 1.3) e do reino davídico sobre Israel e sobre toda a terra, que será cumprida em Cristo e por meio dele (2Sm 7.8-17; Zc 12.8; Lc 1.31-33; At 15.14-18; 1Co 15.24). 8) A Nova Aliança (Hb 8.8, *nota 1*) se baseia no sacrifício de Cristo e assegura a bênção eterna a todos os que creem, bênção prometida pela Aliança Abraâmica (Gl 3.13-29). É absolutamente incondicional e, pelo fato de não impor nenhuma responsabilidade ao homem, é definitiva e irreversível.

A relação de Cristo com as oito Alianças é a seguinte: 1) Quanto à Aliança Edênica, como "segundo homem" e "último Adão" (1Co 15.45-47), Cristo toma o lugar sobre todas as coisas, lugar que o primeiro Adão perdeu (Cl 2.10; Hb 2.7-9). 2) Ele é o Descendente da mulher da Aliança Adâmica (Gn 3.15; Jo 12.31; Gl 4.4; 1Jo 3.8) e cumpriu as condições de trabalho árduo (Mc 6.3) e de obediência (Fp 2.8; Hb 5.8). 3) Como o maior filho de Sem, nele se cumpriu de forma suprema a promessa feita a Sem na Aliança Noeica (Gn 9.16, *nota*; Cl 2.9). 4) Ele é o Descendente a quem foram feitas as promessas na Aliança Abraâmica, o Filho de Abraão obediente até a morte (Gn 22.18; Gl 3.16; Fp 2.8). 5) Ele viveu sem pecado sob a Aliança Mosaica e levou por nós a maldição dessa aliança (Gl 3.10-13). 6) Ele viveu em obediência como um judeu na Judeia, terra da Aliança Israelita, e cumprirá suas promessas da graça (Dt 28.1–30.9). 7) Ele é o Descendente, o Herdeiro e o Rei da Aliança Davídica (Mt 1.1; Lc 1.31-33). 8) Seu sacrifício é o fundamento da Nova Aliança (Mt 26.28; 1Co 11.25). Lembre-se do que foi mencionado na nota anterior: no NT, a mesma palavra grega (*diatheke*) é traduzida tanto por "testamento" como por "aliança".

2 Foi preparado um tabernáculo. Na parte da frente estavam o candelabro, a mesa e os [i]pães da proposição; a esse se chama o Santo Lugar.

3 Depois do [j]segundo véu estava o tabernáculo que se chama o [k]Santo dos Santos,

4 que tinha o altar de ouro do [l]incenso e a [m]arca da aliança, toda coberta de ouro, na qual estava um [n]vaso de ouro, que continha o maná, a [o]vara de Arão, que tinha brotado, e as [p]tábuas da aliança.

5 Sobre a arca estavam os querubins da glória que, com a sua sombra, cobriam o propiciatório. Dessas coisas não falaremos agora pormenorizadamente.

6 **O**ra, estando essas coisas assim preparadas, continuamente entram no primeiro tabernáculo os sacerdotes, para [q]realizar os serviços.

7 No segundo, porém, só o sumo sacerdote, [r]uma vez no ano, não sem sangue, que oferece por [s]si mesmo e pelos pecados de ignorância do povo.

8 O [t]Espírito Santo estava dando a entender com isso que o caminho do Santo dos Santos ainda não está descoberto, enquanto continua em pé o primeiro tabernáculo.

9 Esta é uma parábola para o tempo presente, em que se oferecem tanto dons como sacrifícios que, quanto à consciência, não podem [u]aperfeiçoar aquele que presta o culto.

10 Não passam de ordenanças de comida, bebidas e várias cerimônias de [v]purificação, impostas até a época da reforma.

(2) O santuário e o sacrifício da Nova Aliança são realidades

11 **C**risto, porém, tendo vindo como [w]sumo sacerdote dos [x]bens já realizados, por meio de um maior e mais perfeito tabernáculo, não feito por mãos, isto é, não desta criação,

12 e não por meio de sangue de bodes e bezerros, mas [y]pelo seu próprio sangue, entrou no [z]Santo dos Santos, uma vez por todas, havendo obtido uma eterna redenção.

13 Se a aspersão do sangue de bodes e de touros e das cinzas de uma novilha santifica os contaminados, quanto à purificação da carne,

14 quanto mais o sangue de Cristo, que pelo [a]Espírito eterno se ofereceu a si mesmo imaculado a Deus, [b]purificará a nossa consciência das obras mortas, para servirmos ao Deus vivo?

15 **P**or isso, ele é o mediador de uma [c]nova aliança, para que, intervindo a morte para [d]remissão dos [e]pecados que havia sob a primeira aliança, os chamados recebam a promessa da herança eterna.

(3) A Nova Aliança é o testamento que Cristo deixou

16 Onde há testamento, necessário é que intervenha a morte do testador,

17 porque um testamento só é confirmado onde houve morte; ou terá ele algum valor enquanto o testador vive?

18 É por isso que nem a primeira aliança foi consagrada sem sangue.

19 Havendo Moisés anunciado a todo o povo todos os mandamentos segundo a Lei, tomou o sangue dos bezerros e dos bodes, com água, lã vermelha e hissopo, e aspergiu tanto o próprio livro como todo o povo,

20 dizendo: Este é o sangue [f]da aliança que [g]Deus ordenou para vós.

21 [h]Semelhantemente aspergiu com sangue o tabernáculo e todos os vasos do ministério sagrado.

22 Quase todas as coisas, segundo a Lei, se purificam com sangue; e sem [ii]derramamento de sangue não há [jj]remissão.

(4) O santuário celestial foi purificado com um sacrifício melhor (Lv 16.33)

23 **E**ra necessário, portanto, que as [kk]figuras das coisas que estão no céu se purificassem com tais sacrifícios, mas as próprias coisas celestiais com sacrifícios superiores a estes.

24 Pois Cristo não entrou em santuário feito por mãos, figura do [ll]verdadeiro, mas no mesmo céu, para comparecer, agora, por nós, perante a face de Deus.

25 Nem também entrou para se oferecer a si mesmo muitas vezes, como o sumo sacerdote entra anualmente no Santo dos Santos, com sangue alheio.

26 Doutra forma, necessário lhe fora padecer muitas vezes desde a fundação do mundo. Mas agora, na consumação dos séculos, uma vez por todas se manifestou, para [mm]aniquilar o pecado pelo sacrifício de si mesmo.

27 E, como aos homens está ordenado [1][nn]morrer uma só vez, vindo [oo]depois disso o [pp]juízo,

[i] Veja Êx 25.30, nota
[j] Êx 26.31-35
[k] Santificação (NT): v.3,8; Hb 9.12 (Mt 4.5; Ap 22.11)
[l] Lv 16.12
[m] Êx 25.10
[n] Êx 16.33
[o] Nm 17.1-10
[p] Êx 34.29; Dt 10.2-5
[q] Nm 28.3
[r] Lv 16.34
[s] Hb 5.3
[t] Espírito Santo (NT): v. 8; Hb 9.14 (Mt 1.18; At 2.4, nota)
[u] Hb 7.19; veja Mt 5.48 e Fp 3.12, notas
[v] Veja Rm 7.14, nota
[w] Veja Hb 4.14, marg. r
[x] Ef 1.3-11; Hb 10.1
[y] Sacrifício (de Cristo): v. 12,15, 26; Hb 10.10 (Gn 3.15; Hb 10.18, nota)
[z] Santificação (NT): v. 12,24, 25; Hb 10.10 (Mt 4.5; Ap 22.11)
[a] Espírito Santo (NT): v. 14; Hb 10.15 (Mt 1.18; At 2.4, nota)
[b] 1Jo 1.7

[c] Aliança (Nova): v. 15; Hb 12.24 (Is 61.8; Hb 8.8, nota)
[d] Veja Rm 3.24, nota
[e] Veja Rm 3.23, nota
[f] Mt 26.28
[g] Êx 24.3-8
[h] Êx 29.12,36
[ii] Lv 17.11
[jj] Perdão: v. 22; Tg 5.15 (Lv 4.20; Mt 26.28, nota)
[kk] Hb 8.5
[ll] Hb 8.2
[mm] Segurança: v. 24-26; Hb 10.14 (Sl 23.1; Jd 1)
[nn] Morte (física): v. 27; 2Pe 1.14 (Gn 2.17; Hb 9.27, nota)
[oo] Juízos (os sete): v. 27; 1Pe 2.24 (2Sm 7.14; Ap 20.12)
[pp] Dia (do juízo): v. 27; 2Pe 2.9 (Mt 10.15; Ap 20.11)

[1] (9.27) Morte (física). Resumo: 1) A morte física é uma consequência do pecado (Gn 3.19), e a universalidade da morte demonstra a universalidade do pecado (Rm 5.12-14). 2) A morte física afeta apenas o corpo e não significa o fim da existência nem da consciência (Hc 2.5, *nota*; Lc 16.23, *nota*; Ap 6.9,10). 3) Toda morte física sempre termina em ressurreição do corpo. Veja Ressurreição, Jó 19.25; 1Co 15.52, *nota*. 4) Por ser consequência do pecado, a morte física nem por isso é inevitável para os redimidos (Gn 5.24; 1Co 15.51,52; 1Ts 4.15-17). 5) A morte física para o cristão tem um caráter peculiar. É chamada de "dormir", porque o corpo do cristão pode ser

28 assim também Cristo, oferecendo-se [q]uma só vez, para levar os pecados de muitos, aparecerá pela [r]segunda vez, sem [s]pecado, aos que o [t]esperam para a [u]salvação.

(5) O sacrifício único da Nova Aliança é superior a muitos sacrifícios da antiga aliança

10 **A** Lei, tendo a [v]sombra dos bens futuros, e não a imagem exata das coisas, não pode [w]nunca, pelos mesmos sacrifícios que continuamente se oferecem de ano em ano, [x]aperfeiçoar os que se chegam ao culto.

2 Doutra sorte, não teriam deixado de ser oferecidos? Pois tendo sido uma vez purificados os que prestam culto, nunca mais teriam consciência de pecado.

3 Nesses sacrifícios, porém, cada ano se faz recordação de pecados,

4 porque é impossível que sangue de touros e de bodes tire os pecados.

5 Pelo que, ao entrar no [y]mundo, [z]diz:
[a]Sacrifício e oferta não quiseste,
mas corpo me [1]preparaste;
6 não te deleitaste em holocaustos
e ofertas pelo pecado.
7 Então eu disse: Aqui [b]estou (no rolo
do livro está escrito de mim),
para fazer, ó Deus, a tua vontade.

8 Depois de dizer como acima: Sacrifícios, ofertas, holocaustos e ofertas pelo pecado não quiseste, nem deles te agradaste (os quais se oferecem segundo a Lei),

9 então acrescentou: Aqui estou, para fazer, ó Deus, a tua vontade. Tira o primeiro para estabelecer o segundo.

10 Nessa vontade é que temos sido [c]santificados pela [d]oferta do corpo de Jesus Cristo, feita uma vez por todas.

11 Todo sacerdote se apresenta dia após dia, ministrando e oferecendo muitas vezes os mesmos sacrifícios, que nunca podem tirar pecados.

12 Este, porém, havendo oferecido, para sempre, um único sacrifício pelos pecados, [e]assentou-se [f]à direita de Deus.

13 Daí por diante espera que os seus inimigos sejam postos por estrado dos seus pés,

14 porque com uma só oferta [g]aperfeiçoou para sempre [h]os que estão sendo santificados.

15 O [i]Espírito Santo também o testifica. Primeiro diz:
16 Esta é a aliança que farei com eles
depois daqueles dias, diz o [j]Senhor:
Porei as minhas leis no coração deles,
e as escreverei na sua
mente. Então acrescenta:
17 E jamais me lembrarei dos seus pecados
e das suas iniquidades.

18 Ora, onde há perdão de pecados, não há necessidade de [2]sacrifício pelo pecado.

III. A vida de fé, 10.19–13.19

19 **P**ortanto, irmãos, tendo [k]ousadia para entrar no [l]Santo dos Santos, pelo sangue de Jesus,

20 pelo novo e vivo [m]caminho que ele nos [n]consagrou pelo [o]véu, isto é, pelo seu corpo,

[q] Cristo (primeira vinda): v. 28; Hb 10.5 (Gn 3.15; At 1.11, nota)
[r] Cristo (segunda vinda): v. 28; Hb 10.37 (Dt 30.3; At 1.11, nota)
[s] Veja Rm 3.23, nota
[t] Tt 2.13; comp. 2Tm 4.8
[u] Veja Rm 1.16, nota
[v] Hb 8.5
[w] Hb 7.19
[x] Veja Mt 5.48, nota
[y] Gr. *kosmos*. Veja Mt 4.8, nota
[z] Inspiração: v. 15; 1Pe 1.11 (Êx 4.15; 2Tm 3.16, nota)
[a] v. 5-7; Sl 40.6-8
[b] Cristo (primeira vinda): v. 5,7,9; 1Pe 2.21 (Gn 3.15; At 1.11, nota)

[c] Santificação (NT): v. 10,14; Hb 10.19 (Mt 4.5; Ap 22.11)
[d] Sacrifício (de Cristo): v. 10,12, 14,18; Hb 11.4 (Gn 3.15; Hb 10.18, nota)
[e] Hb 1.3
[f] Sl 110.1
[g] Segurança: v. 14,16-18; 1Pe 1.5 (Sl 23.1; Jd 1)
[h] v. 10
[i] Espírito Santo (NT): v. 15; Hb 10.29 (Mt 1.18; At 2.4, nota)
[j] Jr 31.33,34
[k] Hb 4.16
[l] Santificação (NT): v. 19,29; Hb 13.12 (Mt 4.5; Ap 22.11)
[m] Jo 14.6; Hb 7.24,25
[n] Jo 10.9; Hb 9.8
[o] Comp. Mt 27.50,51

despertado a qualquer momento (Fp 3.20,21; 1Ts 4.14-18). 6) A alma e o espírito vivem, independentemente da morte do corpo, que é descrito como um tabernáculo (tenda), no qual o “eu” vive, tabernáculo do qual podemos nos despojar (2Co 5.1-8; comp. 1Co 15.42-44; 2Pe 1.13-15). 7) Quando o cristão morre, ele está imediatamente “com o Senhor” e seu corpo aguarda a ressurreição quando Cristo retornar (2Co 5.1-8; Fp 1.23; 1Ts 4.13-17). Quanto à morte de Cristo, veja Mt 27.50, *nota*.

[1] (10.5) Esta citação (v. 5-9) de Sl 40.6-8 não segue o texto hebraico palavra por palavra. A regra aplicável a todas as modificações da forma nas citações que o NT faz do AT é que o Autor Divino de ambos os Testamentos é perfeitamente livre para refazer uma declaração e reformular seu aspecto meramente formal. A forma variante é reconhecida como íntegra, pois fornece o significado inerente da declaração original. O Espírito Santo, que inspirou o AT, tinha a liberdade de expressar uma citação com palavras diferentes, da mesma forma que um autor humano pode reformular seus próprios escritos usando outras palavras sem impugnar a exatidão da declaração original (Mt 2.6; comp. Mq 5.2). A doutrina da inspiração plenária exige apenas que a revelação seja expressa sem erros.

[2] (10.18) Sacrifício. Resumo: 1) A primeira indicação de um sacrifício encontra-se em Gn 3.21, em que as túnicas de peles obviamente foram extraídas de animais sacrificados. O primeiro exemplo claro de sacrifício está em Gn 4.4, explicado em Hb 11.4. A justiça de Abel foi manifestada em seu sacrifício. Sua justiça não foi resultado de seu sacrifício, mas de sua fé (11.4). 2) Antes de ser dada a Lei, o cabeça de uma família era o sacerdote dessa família. A Lei estabeleceu uma ordem de sacerdotes, os únicos que podiam oferecer sacrifícios. Esses sacrifícios eram “sombras”, tipos que expressavam de várias maneiras a culpa e a necessidade que o pecador tinha de Deus; apontavam para Cristo e foram cumpridos nele. 3) Prefigurado nos tipos e explicado no NT, o sacrifício de Cristo é penal (Gl 3.13; 2Co 5.21), vicário (Lv 1.4; Is 53.5,6; 2Co 5.21; 1Pe 2.24), voluntário (Jo 10.18), redentor (Gl 3.13; Ef 1.7; comp. 1Co 6.20), propiciatório (Rm 3.25), reconciliatório (2Co 5.18,19; Cl 1.21,22), eficaz (Jo 12.32,33; Rm 5.9,10; 2Co 5.21; Ef 2.13; Hb 9.11,12,26; 10.10-17; 1Jo 1.7; Ap 1.5) e oferece revelação (Jo 3.16; Rm 3.25,26; 1Jo 4.9,10).

21 e tendo grande sacerdote sobre a casa de Deus,

22 [p]cheguemo-nos com verdadeiro coração, em plena certeza de [q]fé, tendo o coração purificado de má consciência e o corpo lavado com água limpa.

23 Guardemos firme a confissão da nossa esperança, pois [r]fiel é aquele que fez a promessa.

24 Consideremo-nos uns aos outros, para nos estimularmos ao amor e às boas obras.

25 Não deixando de congregar-nos, como é costume de alguns, mas [s]admoestemo-nos uns aos outros, e tanto mais [t]quanto vedes que se [u]aproxima aquele dia.

Advertência aos que vacilam; os sacrifícios judeus perderam eficácia; a escolha é entre Cristo e o juízo eterno

26 **Se** [v]voluntariamente continuarmos no [w]pecado, depois de termos recebido o pleno conhecimento da verdade, já [x]não resta mais sacrifício pelos pecados,

27 mas certa expectação horrível de juízo e ardor de fogo que há de devorar os adversários.

28 Todo aquele que quebrava a [y]Lei de Moisés morria sem misericórdia, pelo [z]testemunho de duas ou três pessoas.

29 De [a]quanto maior castigo cuidais vós será julgado merecedor aquele [b]que pisar o Filho de Deus, tiver por [c]profano o sangue da aliança com o qual foi santificado e ultrajar o [d]Espírito da graça?

30 Pois conhecemos aquele que [e]disse: [f]Minha é a vingança; eu retribuirei. E outra vez: O Senhor julgará o seu povo.

31 Horrenda coisa é cair nas mãos do Deus vivo.

32 **Lembrai-vos**, porém, dos [g]dias passados, em que, depois de serdes iluminados, suportastes grande combate de aflições.

33 Às vezes fostes expostos como em espetáculo, tanto de vergonha quanto de tribulações; às vezes vos tornastes coparticipantes com os que desse modo foram tratados.

34 Não somente vos compadecestes dos que estavam nas prisões, mas também com alegria aceitastes o espólio dos vossos bens, sabendo que tendes possessão superior e permanente.

35 Portanto, não lanceis fora a vossa confiança, que tem uma grande recompensa.

36 Necessitais de [h]perseverança, para que, depois de haverdes feito a vontade de Deus, alcanceis a promessa.

37 Pois, ainda em pouco tempo,
aquele que há de vir [i]virá; não [j]tardará.

38 O meu [k]justo, porém, viverá da fé.
E, se ele recuar,
a minha alma não tem prazer nele.

[p] Hb 7.19
[q] Fé: 10.22,38; 11.1-40; Hb 12.2 (Gn 3.20; Hb 11.39, nota)
[r] 1Ts 5.24
[s] Rm 15.14
[t] Comp. Mt 24.1-51
[u] Rm 13.11
[v] Nm 15.30; comp. 2Pe 2.20,21
[w] Veja Rm 3.23, nota
[x] Hb 6.6
[y] Lei (de Moisés): v. 28; Tg 2.10 (Êx 19.1; Gl 3.24, nota)
[z] Dt 17.6
[a] Comp. Hb 2.3
[b] Apostasia: v. 26-31, 38,39; 2Pe 2.15 (Lc 18.8; 2Tm 3.1, nota)
[c] 1Co 11.29; Hb 13.20
[d] Espírito Santo (NT): v. 29; 1Pe 1.2 (Mt 1.18; At 2.4, nota)
[e] Veja 10.5, marg. z
[f] Dt 32.35,36
[g] Hb 6.9,10
[h] Lc 21.19; Hb 12.1
[i] Cristo (segunda vinda): v. 37; 2Pe 3.4 (Dt 30.3; At 1.11, nota)
[j] Ap 22.20
[k] Hc 2.3,4; Rm 1.17; Gl 3.11

39 **Nós**, porém, não somos daqueles que retrocedem para a perdição, mas daqueles que creem para a conservação da alma.

A superioridade do caminho da fé

A esfera da fé

11 **Ora**, a fé é a certeza das coisas que se esperam e a prova das coisas que [l]não se veem.

2 Foi por ela que os antigos alcançaram bom testemunho.

3 Pela fé, entendemos que os mundos foram criados pela palavra de Deus, de maneira que o visível não foi feito do que se vê.

Exemplos de fé: Abel

4 **Pela** fé, [m]Abel ofereceu a Deus mais excelente [n]sacrifício do que Caim, pelo qual alcançou testemunho de que era [o]justo, dando Deus testemunho das suas ofertas, e por meio delas, depois de morto, ainda [pp]fala.

Enoque

5 Pela fé, [qq]Enoque foi trasladado, para não ver a morte; não foi achado, porque Deus o trasladara. Pois antes da sua trasladação, alcançou testemunho de que agradara a Deus.

6 Ora, sem [rr]fé é impossível agradar a Deus, porque é necessário que aquele que se aproxima de Deus creia que ele existe e que é [ss]galardoador dos que o buscam.

Noé

7 Pela fé, [tt]Noé, divinamente avisado das coisas que ainda não se viam e sendo temente a Deus, preparou uma arca para a [uu]salvação da sua casa, pela qual condenou o [vv]mundo e tornou-se herdeiro da [ww]justiça que é segundo a fé.

Abraão e Sara

8 **Pela** fé, [xx]Abraão, sendo chamado para um lugar que havia de receber por herança, obedeceu e saiu, sem saber para onde ia.

9 Pela fé, peregrinou na terra da promessa, como em terra alheia, [yy]habitando em tendas com Isaque e Jacó, herdeiros com ele da mesma promessa.

10 Pois [zz]esperava a cidade que tem [aa]fundamentos, da qual Deus é o arquiteto e construtor.

11 Pela fé, também, a própria [bb]Sara recebeu poder de conceber um filho, mesmo fora da idade, porque teve por [cc]fiel aquele que lhe havia feito a promessa.

12 Pelo que também de um, e esse já sem [dd]vitalidade, descenderam tantos, em multidão,

[l] Comp. Rm 8.24
[m] Gn 4.3-5
[n] Sacrifício (tipológico): v. 4; Hb 13.12 (Gn 3.15; Hb 10.18, nota)
[o] v. 4-7; veja Rm 10.10, nota
[pp] Hb 12.24
[qq] Gn 5.22-24
[rr] Veja Hb 10.22, marg. q
[ss] Recompensas: v. 6; Tg 1.12 (Dn 12.3; 1Co 3.14, nota)
[tt] Gn 6.14-22
[uu] Veja Rm 1.16, nota
[vv] Gr. *kosmos*. Veja Mt 4.8, nota
[ww] Comp. Rm 4.13-24
[xx] Gn 12.1-4
[yy] Gn 13.3,18
[zz] Hb 13.14; comp. 12.22
[aa] Comp. Ap 21.14
[bb] Gn 21.1,2
[cc] Hb 10.23
[dd] Rm 4.19

como as [e]estrelas do céu e como a areia inumerável que está na praia do mar.

13 **T**odos estes morreram na fé. [f]Não alcançaram [g]as promessas. [h]Viram-nas de longe e as saudaram. E confessaram que eram estrangeiros e peregrinos na terra.

14 Ora, os que dizem tais coisas, claramente mostram que estão buscando uma pátria.

15 E se, na verdade, se lembrassem [i]daquela de onde haviam saído, teriam oportunidade de [j]voltar.

16 Agora, porém, desejam uma pátria melhor, isto é, a celestial. Pelo que também Deus não se envergonha deles, de ser chamado o seu Deus, pois já lhes [k]preparou uma cidade.

17 **P**ela fé, Abraão, [l]ao ser [m]provado, ofereceu Isaque. Aquele que havia recebido as promessas ofereceu o seu unigênito,

18 embora Deus lhe tivesse dito: [n]"Em Isaque será chamada a tua descendência.

19 Abraão julgou que Deus era poderoso para até dentre os mortos o [o]ressuscitar, e daí [p]também em figura o recobrou.

Isaque

20 Pela fé, [q]Isaque abençoou [r]Jacó e Esaú, no tocante às coisas futuras.

Jacó

21 Pela fé, Jacó, próximo da morte, abençoou cada um dos filhos de José e adorou a Deus, [s]apoiado sobre a extremidade do seu bordão.

José

22 Pela fé, [t]José, próximo da morte, fez menção da saída dos filhos de Israel do Egito e deu instruções acerca de seus ossos.

Os pais de Moisés

23 **P**ela fé, Moisés, logo ao nascer, foi [u]escondido por seus pais durante três meses, porque viram que o menino era formoso e não temeram o [v]decreto do rei.

Moisés

24 Pela fé, [w]Moisés, sendo já homem, recusou ser chamado filho da filha de faraó.

25 Escolhendo antes ser maltratado [x]com o povo de Deus do que, por algum tempo, ter a alegria do [y]pecado.

26 Teve por maiores riquezas o desprezo de Cristo do que os tesouros do Egito, porque tinha em vista a [z]recompensa.

27 Pela fé, deixou o Egito, não temendo a ira do rei; ficou firme porque viu aquele que é invisível.

28 Pela fé, celebrou a [a]Páscoa e a aspersão do sangue, para que o destruidor dos primogênitos não os tocasse.

29 Pela fé, os israelitas [b]atravessaram o mar Vermelho, como por terra seca; quando, porém, os egípcios, tentaram fazê-lo, se afogaram.

Josué e Israel

30 **P**ela [c]fé, caíram os [d]muros de Jericó, depois de rodeados por sete dias.

Raabe

31 Pela fé, [ee]Raabe, a meretriz, tendo acolhido em paz os espias, não pereceu com os incrédulos.

Os muitos heróis da fé

32 **E** que mais direi? Certamente me faltará o tempo para falar de [ff]Gideão, de [gg]Baraque, de [hh]Sansão, de [ii]Jefté, de [jj]Davi, de [kk]Samuel e dos profetas,

33 os quais, pela fé, venceram reinos, praticaram a [ll]justiça, alcançaram promessas, [mm]fecharam a boca de leões,

34 [nn]apagaram a força do fogo, escaparam do fio da espada, da fraqueza tiraram forças, tornaram-se poderosos na batalha, puseram em fuga exércitos de estrangeiros.

35 Mulheres [oo]receberam pela ressurreição os seus mortos. [1]Uns foram torturados, [pp]não aceitando o seu livramento, para alcançar superior [qq]ressurreição.

36 Outros experimentaram zombaria e açoites, e até algemas e prisões.

37 Foram [rr]apedrejados, [ss]tentados, [2]serrados pelo meio, mortos a fio de espada. Andaram vestidos de peles de ovelhas e de cabras, necessitados, aflitos e maltratados

38 (O [tt]mundo não era digno deles.) pelos desertos e montes, e pelas covas e cavernas da terra.

39 **E** todos estes, embora tendo recebido bom testemunho pela [3]fé, [uu]não alcançaram a promessa.

[e] Gn 22.17
[f] Hb 11.39; comp. 10.36
[g] v. 39; Gn 12.7
[h] Comp. Jo 8.56
[i] Gn 11.31
[j] Comp. Gn 24.6-8; Hb 10.38,39
[k] Jo 14.2; Ap 21.2
[l] Gn 22.1-14; Tg 2.21
[m] Provar--Tentar: v. 17; Hb 11.37 (Gn 3.1; Tg 1.14)
[n] Gn 21.12
[o] Ressurreição: v. 19; Hb 11.35 (2Rs 4.35; 1Co 15.52, nota)
[p] Comp. Hb 9.9
[q] Gn 27.26-40
[r] Gn 48.1-22
[s] Comp. Gn 47.31
[t] Gn 50.24,25
[u] Êx 2.1-3
[v] Êx 1.16
[w] Êx 2.11-15
[x] Separação: v. 25; Hb 13.14 (Gn 12.1; 2Co 6.17, nota)
[y] Veja Rm 3.23, nota

[z] Rm 8.18; 2Co 4.17
[a] Êx 12.1-51
[b] Êx 14.13-31; Jd 5
[c] Veja Hb 10.22, marg. q
[d] Js 6.1-20
[ee] Js 2.1-21; 6.23; Tg 2.25
[ff] Jz 6.11; 7.1-25
[gg] Jz 4.6-24
[hh] Jz 13.24–16.31
[ii] Jz 11.1-29; 12.1-7
[jj] 1Sm 16.17
[kk] 1Sm 7.9-14
[ll] Veja 1Jo 3.7, nota
[mm] Dn 6.22
[nn] Dn 3.23-28
[oo] 1Rs 17.22; 2Rs 4.35-37
[pp] v. 24-26
[qq] Ressurreição: v. 35; 1Pe 1.3 (2Rs 4.35; 1Co 15.52, nota)
[rr] 2Cr 24.21
[ss] Provar--Tentar: v. 36,37; Tg 1.2 (Gn 3.1; Tg 1.14)
[tt] Gr. *kosmos*. Veja Mt 4.8, nota
[uu] Hb 11.13; comp. 10.36

[1] (11.35) Observe que nem todos os heróis da fé consideraram que o resultado da fé que tiveram foi um triunfo físico sobre as circunstâncias imediatas da vida. Alguns, pela fé, subjugaram reinos e escaparam ao fio da espada; outros, pela fé (v. 33), foram torturados e mortos à espada. "Todos estes [receberam] testemunho pela fé" (v. 39).

[2] (11.37) De acordo com uma antiga tradição judaica, o profeta Isaías foi serrado ao meio pelos servos do rei Manassés.

[3] (11.39) Fé. Resumo: A essência da fé consiste em crer e receber o que Deus revelou. A fé pode ser definida como essa confiança no Deus das Escrituras e em Jesus Cristo, a quem ele enviou; é a confiança que o recebe

40 Deus havia planejado coisa superior a nosso respeito, para que eles, [v]sem nós, não fossem [w]aperfeiçoados.

O culto e a vida do crente sacerdote

(1) Jesus é o exemplo perfeito

12 Portanto, visto que nós também estamos rodeados de tão grande nuvem de testemunhas, [x]deixemos todo embaraço e o pecado que tão de perto nos rodeia e [y]corramos com [z]perseverança a carreira que nos está proposta,

2 olhando firmemente para Jesus, [a]autor e [b]consumador da nossa [c]fé, o qual pela alegria que lhe estava proposta [d]suportou a cruz, desprezando a afronta, e está assentado à direita do trono de Deus.

Parêntese, até o v. 17
(a) A disciplina do Pai

3 [e]Considerai aquele que suportou tal oposição dos [f]pecadores contra si mesmo, para que [g]não vos canseis nem desanimeis.

4 **A**inda não resististes até o ponto de derramar o próprio sangue, combatendo contra o pecado,

5 e já vos esquecestes da exortação que vos admoesta como filhos:

Filho meu, não desprezes a
correção do [h]Senhor
e não desanimes quando por
ele fores repreendido,

6 porque o Senhor [i]corrige a quem ama
e açoita a todo o que recebe por filho.

7 É para disciplina que suportais a correção; Deus vos trata como [j]filhos. Pois que [k]filho há a quem o pai não corrige?

8 Se, porém, estais sem disciplina, da qual [l]todos são feitos participantes, sois então bastardos, não filhos.

9 Além disso, tivemos nossos pais humanos, os quais nos corrigiam, e os respeitávamos. Não nos sujeitaremos muito mais ao Pai dos espíritos, para vivermos?

10 Aqueles, na verdade, por um pouco de tempo, nos corrigiam como bem lhes parecia; mas este, para nosso proveito, para sermos participantes da sua santidade.

11 Na verdade, nenhuma correção parece no momento ser motivo de alegria, mas de [m]tristeza. Contudo, depois produz um fruto pacífico de [n]justiça nos que por ela têm sido exercitados.

12 Portanto, [o]fortalecei as mãos cansadas e os joelhos vacilantes;

13 fazei veredas direitas para os vossos pés, para que o que é manco não se desvie inteiramente, [p]antes seja curado.

14 **S**egui a [q]paz com todos e a santificação; sem a santificação ninguém verá o Senhor.

15 Tende cuidado de que ninguém se [r]prive da [s]graça de Deus e de que nenhuma [t]raiz de amargura, brotando, vos perturbe, e por ela muitos se contaminem.

(b) Esaú, uma advertência aos cristãos professos (veja Gn 25.25,31, notas; Gn 27.38)

16 Ninguém seja imoral, ou [u]profano, como foi Esaú, [w]que por uma refeição vendeu o seu direito de primogenitura.

17 Depois, como bem sabeis, querendo ele ainda herdar a bênção, foi [ww]rejeitado. Não achou lugar de [xx]arrependimento, embora com lágrimas o tivesse buscado.

(2) O crente sacerdote não vem ao monte Sinai (a Lei) mas ao monte Sião (o evangelho)

18 [yy]**N**ão tendes chegado ao [zz]monte palpável e ardente, à escuridão, às trevas e à tempestade,

19 ao sonido da trombeta e ao som de palavras tais, que, [aa]quantos o ouviram, rogaram que não se lhes falasse mais,

20 porque não podiam suportar o que se lhes mandava: Se até um animal tocar no monte, será apedrejado.

21 E tão terrível era a visão que Moisés disse: Estou todo aterrado e trêmulo.

22 Tendes, porém, chegado ao monte Sião e à [bb]cidade do Deus vivo, à Jerusalém celestial e aos muitos milhares de [cc]anjos,

23 à universal assembleia e [1dd]igreja dos primogênitos inscritos nos céus. Tendes chegado

[v] Comp. Ap 6.11
[w] Veja Mt 5.48, nota
[x] Hb 10.39
[y] Comp. 1Co 9.24
[z] Hb 10.36
[a] Comp. Hb 2.10
[b] Rm 8.29; 1Co 1.8
[c] Fé: v. 2; Tg 2.17 (Gn 3.20; Hb 11.39, nota)
[d] Fp 2.8
[e] Comp. Mt 10.24
[f] Veja Rm 3.23, nota
[g] Comp. Gl 6.9; Ap 2.3
[h] v. 5,6; Pv 3.11,12
[i] Ap 3.19
[j] Dt 8.5; 2Sm 7.14
[k] Pv 13.24
[l] Comp. 1Pe 5.9

[m] Comp. 1Pe 1.6
[n] Veja 1Jo 3.7, nota
[o] Is 35.3
[p] Comp. Gl 6.1
[q] Sl 34.14
[r] Hb 4.1
[s] Graça: v. 15; Tg 4.6 (Jo 1.14; 1.17, nota)
[t] Dt 29.18
[u] 1Co 6.13-18
[w] Gn 25.33
[ww] Gn 27.30-37
[xx] Arrependimento: v. 17; 2Pe 3.9 (Mt 3.2; At 17.30, nota)
[yy] Comp. 2Co 3.7-13
[zz] Êx 19.12
[aa] Êx 20.18-26
[b] Comp. Ef 2.19; Fp 3.20
[c] Veja Hb 1.4, nota
[d] Igreja (verdadeira): v. 23 (Mt 16.18; Hb 12.23)

---

como Senhor e Salvador e estimula à obediência em amor e às boas obras (Jo 1.12; Tg 2.14-26). As aplicações particulares da fé fazem surgir definições secundárias: 1) Para fins de salvação, a fé é confiança pessoal no Senhor Jesus Cristo, entregue por nossas ofensas e ressuscitado para nossa justificação (Rm 4.5,23,25; 5.1), confiança sem obras meritórias. 2) Como elemento da oração, a fé "é a confiança que temos nele, que, se pedirmos alguma coisa segundo a sua vontade, ele nos ouve" (1Jo 5.14,15). 3) Utilizada com referência às coisas que não se veem e das quais as Escrituras falam, a fé lhes dá substância, certeza, de maneira que podemos agir com a convicção de que são realidade (Hb 11.1-3). 4) Como princípio operante na vida, as aplicações da fé estão ilustradas neste capítulo.

[1] (12.23) Igreja (verdadeira). Resumo: A Igreja, composta de todas as pessoas regeneradas desde o Pentecoste até a primeira ressurreição (1Co 15.52), unidas entre si e a Cristo pelo batismo com o Espírito Santo (1Co 12.12,13),

a Deus, o juiz de todos, e aos espíritos dos justos [e]aperfeiçoados,

24 a Jesus, o [f]Mediador de uma nova [g]aliança, e ao [h]sangue da [i]aspersão, que fala melhor do que o de [j]Abel.

(3) Advertências e instruções: "Deus é fogo consumidor"

25 [k]**V**ede que não rejeiteis ao que fala. [l]Se não escaparam aqueles que rejeitaram o que sobre a terra os advertia, quanto menos escaparemos nós, se nos desviarmos daquele que nos adverte lá dos céus?

26 Então a sua voz abalou a terra, mas agora ele prometeu, dizendo: [m]Ainda uma vez abalarei não só a [n]terra, mas também o céu.

27 Ora, a declaração "Ainda uma vez" mostra a [o]remoção das coisas abaláveis, como coisas criadas, para que as inabaláveis permaneçam.

28 Pelo que, tendo recebido um Reino que não pode ser abalado, retenhamos a graça, pela qual [p]sirvamos a Deus agradavelmente com reverência e santo temor,

29 pois o nosso Deus é fogo consumidor.

(4) O Cristo imutável

13 **P**ermaneça o amor fraternal.

2 Não vos esqueçais da [q]hospitalidade, pois por ela alguns, sem o [r]saber, hospedaram [s]anjos.

3 Lembrai-vos dos [t]presos, como se estivésseis presos com eles, e dos maltratados, como sendo-o vós mesmos também no corpo.

4 [u]Digno de honra entre todos seja o matrimônio, bem como o leito sem mácula, pois aos imorais e adúlteros Deus os julgará.

5 Seja a vossa vida livre do [v]amor ao dinheiro, [w]contentando-vos com o que tendes, pois ele mesmo [x]disse:

Não te deixarei,
nunca te desampararei.

6 Assim, com confiança, ousemos dizer:

[y]O Senhor é o meu auxílio; não temerei.
O que me poderá fazer o homem?

7 **L**embrai-vos dos vossos [z]guias, que vos falaram a palavra de Deus, e, atentando para o êxito da sua carreira, imitai-lhes a fé.

8 Jesus Cristo é o [a]mesmo ontem, hoje e eternamente.

9 Não vos deixeis envolver por [b]doutrinas várias e estranhas. Bom é que o coração se fortifique com a [c]graça, não com [d]alimentos que não trouxeram proveito nenhum aos que com eles se preocuparam.

(5) A santidade e o culto cristãos

10 Possuímos um [ee]altar do qual não têm direito de comer os que servem ao tabernáculo.

11 Os corpos dos animais, cujo sangue é trazido para dentro do santo lugar pelo sumo sacerdote como oferta pelo pecado, são queimados [ff]fora do acampamento.

12 E por isso também Jesus, para [gg]santificar o povo [hh]pelo seu próprio sangue, padeceu fora da porta.

13 Saiamos, pois, a ele, fora do acampamento, [ii]suportando a vergonha que ele suportou.

14 Pois não temos aqui cidade [jj]permanente, [kk]mas [ll]buscamos a que está por vir.

(6) O sacrifício do crente sacerdote

15 Portanto, ofereçamos sempre por meio dele a Deus [mm]sacrifício de [nn]louvor, que é o fruto de lábios que confessam o seu nome.

16 Não vos esqueçais de [oo]fazer o bem e de repartir com outros, pois com [pp]tais sacrifícios Deus se agrada.

(7) A obediência do crente sacerdote

17 Obedecei [qq]aos seus guias e submetei-vos a eles. Eles cuidam de vós, como quem há de prestar contas. Obedecei-lhes para que o façam com alegria, e não gemendo, pois isso não vos seria útil.

18 **O**rai por nós. Estamos certos de que temos [rr]boa consciência, desejando em todas as coisas portar-nos corretamente.

19 Rogo-vos, com firmeza, que assim façais para que eu mais depressa vos seja restituído.

Conclusão: Bênçãos e saudações, 13.20-25

20 **O**ra, o [ss]Deus da paz, que pelo [tt]sangue da [uu]aliança eterna tornou a trazer dentre os mortos o nosso Senhor Jesus, o grande [vv]Pastor das ovelhas,

21 vos [ww]aperfeiçoe em toda boa obra, para [xx]fazerdes a sua vontade, operando em vós o que perante ele é agradável por meio de Jesus Cristo, ao qual seja glória para todo o sempre. Amém.

22 Rogo-vos, porém, irmãos, que suporteis esta palavra de exortação, pois vos escrevi resumidamente.

23 Sabei que o irmão Timóteo já está solto, com o qual, se ele vier depressa, vos verei.

24 Saudai a todos os vossos líderes e a todos os santos. Os da Itália vos saúdam.

25 **A** graça seja com todos vós.

[e] Veja Fp 3.12, nota
[f] Hb 8.6
[g] Aliança (Nova): v. 24; Hb 13.20 (Is 61.8; Hb 8.8, nota)
[h] Êx 24.8
[i] Comp. Hb 10.22
[j] Hb 11.4
[k] Comp. At 13.46
[l] Comp. Hb 2.2-4
[m] Ag 2.6
[n] Comp. Êx 19.18
[o] Is 65.17
[p] 13.15
[q] Rm 12.13
[r] Gn 18.1-22
[s] Veja Hb 1.4, nota
[t] Mt 25.36
[u] Pv 5.18,19
[v] Ou avareza
[w] Comp. Fp 4.11
[x] Dt 31.6
[y] Sl 118.6
[z] Hb 13.17
[a] Hb 1.12
[b] Ensinamentos. Ef 4.14
[c] Veja 2Pe 3.18, nota
[d] Rm 14.17

[ee] Comp. 1Co 10.18,21
[ff] Comp. Jo 19.17
[gg] Santificação (NT): v. 12; 1Pe 1.15 (Mt 4.5; Ap 22.11)
[hh] Sacrifício (de Cristo): v. 12; 1Pe 1.19 (Gn 3.15; Hb 10.18, nota)
[ii] Comp. At 5.41
[jj] Comp. Hb 10.34
[kk] Comp. Hb 11.10
[ll] Separação: v. 14; 2Jo 10 (Gn 12.1; 2Co 6.17, nota)
[mm] Sacrifício (do crente-sacerdote): veja Hb 10.18, nota
[nn] Comp. Jr 33.11
[oo] Gl 6.6
[pp] Fp 4.18
[qq] Comp. Ez 3.17
[rr] Comp. At 24.16
[ss] Rm 5.1,2,10
[tt] Zc 9.11; Hb 10.29
[uu] Aliança (Nova): v. 20 (Is 61.8; Hb 8.8, nota)
[vv] Jo 10.11; 1Pe 5.4
[ww] Veja Fp 3.12, nota
[xx] Fp 2.13

é o Corpo de Cristo do qual ele é a Cabeça (Ef 1.22,23). Como tal, a Igreja é um templo santo em que Deus habita pelo Espírito (Ef 2.21,22), uma só "carne" com Cristo (Ef 5.30,31), desposada com ele como uma virgem pura e unida a um só marido (2Co 11.2-4), e será levada ao céu quando o Senhor regressar nos ares (1Ts 4.13-17).

AS EPÍSTOLAS GERAIS

As sete cartas – Tiago, 1 e 2 Pedro, 1, 2 e 3 João e Judas – são conhecidas desde o século IV como Epístolas Gerais ou Epístolas Católicas. A designação se refere ao fato de, ao contrário das epístolas paulinas, não serem dirigidas a igrejas nem a pessoas em particular, mas a um círculo mais amplo e, até mesmo, à Igreja como um todo. O primeiro nome dado a essas cartas foi "católicas" no sentido de "universais"; "gerais" é um termo mais recente.

Alguns têm objetado que Tiago, 1Pedro, assim como 2João e 3João, não são, de fato, epístolas "gerais", porque o objetivo de seus ensinamentos é demasiadamente restrito. No entanto, Tiago, que foi dirigida aos judeus dispersos ("às doze tribos da Dispersão"), provavelmente é um dos primeiros livros do NT, escrito antes de Paulo completar sua obra missionária e numa época quando a Igreja ainda era composta, em sua maioria, de cristãos hebreus. Portanto, é válido descrevê-la como uma epístola "geral". Do mesmo modo, 1Pedro – endereçada aos "estrangeiros" dispersos por cinco regiões (Ponto, Galácia, Capadócia, Ásia e Bitínia) – é também de caráter "geral". Quanto às brevíssimas 2João e 3João, embora sejam dirigidas a pessoas determinadas, estão tão intimamente relacionadas com 1João no estilo e conteúdo que podem ser consideradas como apêndices dela.

Em relação à doutrina, as Epístolas Gerais estão para as paulinas como o Evangelho de João está para os Sinópticos, i.e., as Epístolas Gerais complementam o ensinamento de Paulo, mas não entram em conflito com ele. Por exemplo, a exposição que Tiago faz da justificação pelas obras (Tg 2.14-26) complementa o ensinamento de Paulo sobre a justificação pela fé, e o ensinamento de Pedro sobre "os últimos dias" e a vinda do Senhor é um complemento ao de Paulo.

Assim, podemos afirmar que a função das Epístolas Gerais é completar a doutrina do NT, acrescentando algo à grande exposição paulina sobre a fé cristã. Em outras palavras, Paulo apresenta a fé cristã principalmente para os gentios, enquanto Tiago a apresenta para os judeus; Pedro representa uma ponte entre Paulo e Tiago, e João, em suas epístolas, dá o aspecto universal da fé cristã. Paulo pode ser considerado o apóstolo da fé; Tiago, o apóstolo das obras; Pedro, o apóstolo da esperança; João, o apóstolo do amor; e Judas, o apóstolo da defesa da fé. Por último, na inter-relação entre as Epístolas Gerais, há muito em comum entre Tiago e 1Pedro; 2Pedro e Judas, e as três epístolas de João.

- **Autor:** Tiago
- **Tema:** Vida cristã prática
- **Escrito entre 45 e 50 d.C.**

TIAGO

A EPÍSTOLA DE TIAGO foi escrita por Tiago, o irmão do Senhor (veja Mt 4.21, nota). Como líder da primeira igreja cristã, a igreja em Jerusalém, Tiago era um homem de grande autoridade (At 12.17; 15.13-29; 21.17,18). Converteu-se à fé cristã depois que o Senhor ressuscitado lhe apareceu (1Co 15.7). Ele escreve "às doze tribos da Dispersão" (v. 1), i.e., aos judeus cristãos dispersos por todo o Império Romano. A epístola é provavelmente um dos livros mais antigos do NT.

Com sua ênfase na vida cristã prática, a Epístola de Tiago reflete a mente e o ensinamento do divino Irmão do autor, algo que se percebe no estilo e nas frequentes referências ao Sermão da Montanha. Embora sua ênfase não seja teológica, a epístola sobressai pelo ensinamento moral e ético de relevância eterna para a Igreja. Além disso, a volta de Cristo é mencionada duas vezes (5.7,8), e o novo nascimento está claramente implícito (1.18,21).

O contexto local da epístola pode ser visto em passagens tais como 2.1-13; 4.1-11. O tema central de Tiago é a religião (gr. threskeia) no melhor sentido de um serviço prestado aos outros como resultado e prova da fé. Sua exposição sobre a justificação (2.14-26) não contradiz o ensinamento paulino sobre essa doutrina, mas a complementa do ponto de vista prático.

O livro não se sujeita a uma análise estrita. Consiste em uma série de ditos reunidos em torno de certos temas que se repetem (comp. Provérbios e Eclesiastes). A linguagem de Tiago é enérgica e, muitas vezes, eloquente. Ele nos oferece diversas imagens vívidas da vida na igreja primitiva (p. ex., 2.1-4; 5.1-6,14-16).

A epístola pode ser dividida da seguinte maneira: Introdução, 1.1. I. A prova da fé, 1.2–2.26. II. A realidade da fé colocada à prova pelo controle da língua, 3. III. Repreensão ao mundanismo, 4. IV. Advertência aos ricos, 5.1-6. V. Exortações em face da volta do Senhor, 5.7-18. Conclusão, 5.19,20.

Introdução, 1.1

1 Tiago, servo de Deus e do Senhor Jesus Cristo, às doze tribos da [a]Dispersão, saudações.

I. A prova da fé, 1.2–2.26

(1) O propósito das provações

2 **M**eus irmãos, tende por motivo de grande alegria o passardes por [b]provações,

3 [c]sabendo que a prova da vossa fé desenvolve a perseverança.

4 Ora, a perseverança deve terminar a sua [d]obra, para que sejais maduros e completos, não tendo falta de coisa alguma.

5 **O**ra, se algum de vós tem falta de sabedoria, peça-a a Deus, que [e]a todos dá liberalmente e não censura, e lhe será dada.

6 [f]Peça-a, porém, com fé, não duvidando, porque aquele que duvida é semelhante à onda do mar, impelida e agitada pelo vento.

7 Não pense tal homem que receberá do Senhor alguma coisa;

8 homem [g]vacilante que é, inconstante em todos os seus caminhos.

9 [h]**G**lorie-se o irmão de condição humilde quando estiver em alta posição.

10 O rico, porém, glorie-se na sua [i]insignificância, porque ele passará como a flor da erva.

11 Pois o sol sai com seu ardente calor e faz secar a erva; a sua flor cai, e a sua formosura perece. Assim murchará também o rico em seus caminhos.

12 **B**em-aventurado o homem que [j]suporta a provação, porque, depois de ter passado na prova, receberá a [k]coroa da [l]vida, que o Senhor prometeu aos que o amam.

(2) A tentação ao mal não vem de Deus

13 Ninguém, ao ser tentado, diga: Sou tentado por Deus. Pois Deus não pode ser tentado pelo mal, e ele a ninguém tenta.

14 Cada um, porém, é [1]tentado por sua própria cobiça, quando esta o atrai e seduz.

15 Depois, havendo esse desejo [m]concebido, [n]dá à luz o [o]pecado; e o pecado, sendo consumado, gera a [p]morte.

16 **N**ão vos enganeis, meus amados irmãos.

17 Toda boa [2]dádiva e todo dom perfeito é lá [q]do alto, descendo do Pai das luzes, em quem não há mudança nem sombra de variação.

18 [r]Segundo a sua vontade, ele nos gerou pela [s]palavra da verdade, para que fôssemos como os [t]primeiros frutos do que ele criou.

[a] 1Pe 1.1
[b] Provar--Tentar: v. 2,3,12-14; 1Pe 1.6 (Gn 3.1; Tg 1.14)
[c] Rm 5.3-5
[d] Veja Mt 5.48, nota
[e] Pv 2.3-6
[f] Mc 11.24
[g] Comp. Pv 3.5,6
[h] Comp. Tg 2.5

[i] Comp. Is 57.15
[j] Hb 10.36; Tg 5.11
[k] Recompensas: v. 12; 1Pe 5.4 (Dn 12.3; 1Co 3.14, nota)
[l] Vida (eterna): v. 12; 1Pe 3.7 (Mt 7.14; Ap 22.19)
[m] Sl 7.14
[n] Rm 6.23
[o] Veja Rm 3.23, nota
[p] Morte (espiritual): v. 15; Ap 20.12 (Gn 2.17; Ef 2.5, nota)
[q] Comp. Tg 3.15-17
[r] Jo 1.13
[s] 1Ts 2.13; 1Pe 1.23
[t] Comp. Ap 14.4

[1] (1.14) Tanto no AT como no NT, o conceito de provar ou tentar se expressa não apenas pelas palavras traduzidas por "provar" ou "tentar", mas também pelas palavras "sondar" (Sl 26.2), "examinar" (Jr 6.27; 2Co 13.5), "tentação" (1Co 10.13). Comp. Jó 31.27; Pv 22.25; Is 3.8. O significado principal geralmente é *pôr à prova* ou *provar por meio de tribulações* ou *aflições* (Gn 22.1; Rm 5.3,4; 1Pe 1.6,7). Com menos frequência, o sentido é *incitação* ou *tentação para o mal* (p. ex., 1.13,14; Gn 3.1-6; Mt 4.1-11; Mc 1.12,13; Lc 4.1-13; 2Co 11.3,4; Hb 2.18; 4.15).

[2] (1.17) Há duas palavras usadas no grego e traduzidas por "dádiva": a primeira, no v. 17, *dosis*, denota a ação de dar; a segunda, *dõrema*, significa *aquilo que se dá, a dádiva*.

19 **S**abei isto, meus amados irmãos: Todo homem seja pronto para ouvir, [u]tardio para falar e tardio para se irar,

20 pois a ira do homem não opera a [v]justiça de Deus.

21 Pelo que, despojando-vos de toda impureza e de todo vestígio do mal, recebei com mansidão a palavra em vós implantada, a qual é poderosa para vos [w]salvar.

(3) A prova da obediência

22 E sede [x]praticantes da palavra, e não somente ouvintes, enganando-vos a vós mesmos.

23 Se alguém é ouvinte da palavra e não praticante, é semelhante ao homem que contempla no espelho o seu rosto natural e,

24 depois de se contemplar a si mesmo, vai-se e logo se esquece de como era.

25 Aquele, porém, que [y]atenta bem para a [z]lei perfeita, a da liberdade, e nela persevera, não sendo ouvinte esquecido, mas executor da obra, este será bem-aventurado no que realizar.

(4) A prova da verdadeira religião

26 **S**e alguém cuida ser [a]religioso, mas não refreia a sua [b]língua, antes engana o seu coração, a sua religião é vã.

27 A religião [c]pura e imaculada para com nosso Deus e Pai é esta: Visitar os órfãos e as [d]viúvas nas suas aflições e guardar-se incontaminado do [e]mundo.

[u] Pv 16.32
[v] Veja Rm 3.21, nota
[w] Veja Rm 1.16, nota
[x] Mt 7.21-28
[y] Comp. 2Co 3.18
[z] 2.12
[a] Veja Gl 1.14, nota
[b] Sl 34.13
[c] Mt 25.34-36
[d] Comp. Dt 14.29
[e] Gr. *kosmos*. Veja Ap 13.8, nota

(5) A prova do amor fraternal

2 **M**eus irmãos, como crentes em nosso Senhor Jesus Cristo, Senhor da glória, não façais acepção de [1]pessoas.

2 Por exemplo: Se na vossa reunião entrar algum homem com anel de ouro no dedo e com trajes de luxo e entrar também algum pobre andrajoso,

3 e atentardes para o que tem os trajes de luxo e lhe disserdes: Assenta-te aqui em lugar de honra; e disserdes ao pobre: Fica aí em pé, ou assenta-te abaixo do estrado dos meus pés,

4 não fazeis distinção entre vós mesmos e não vos tornais juízes movidos de maus pensamentos?

5 Ouvi, meus amados irmãos: [f]Não [g]escolheu Deus aos que são pobres aos olhos do [h]mundo para serem [i]ricos na fé e herdeiros do [j]Reino que prometeu aos que o amam?

6 Vós, porém, desonrastes o pobre. Não são os ricos os que vos oprimem e vos arrastam aos tribunais?

7 Não são eles os que blasfemam o [k]bom nome daquele a quem [l]pertenceis?

8 Todavia, se cumprirdes a [m]lei do Reino, encontrada na Escritura: [n]Amarás o teu próximo como a ti mesmo, fazeis bem.

9 [o]Se, porém, fazeis acepção de pessoas, cometeis pecado, sendo condenados pela Lei como [p]transgressores.

10 Pois qualquer que guardar toda a [q]Lei, mas [r]tropeçar em um só ponto, torna-se culpado de todos.

11 Pois aquele que disse: Não adulterarás, também disse: [s]Não matarás. Ora, se não adulteras, mas matas, tornas-te transgressor da Lei.

12 Falai de tal maneira e de tal maneira procedei, como aqueles que hão de ser julgados pela [t]lei da liberdade,

13 porque o juízo será sem misericórdia para aquele que [uu]não usou de [vv]misericórdia. A misericórdia triunfa sobre o juízo!

(6) A prova das boas obras

14 **M**eus irmãos, que proveito há se alguém disser que tem fé, mas não tiver [ww]obras? Pode essa [xx]fé [yy]salvá-lo?

15 Se o irmão ou a irmã estiverem nus e tiverem falta de mantimento cotidiano,

16 e [zz]algum de vós lhes disser: Ide em paz, aquentai-vos e fartai-vos, mas não lhes derdes as [aa]coisas necessárias para o corpo, que proveito há nisso?

17 Assim também a [bb]fé, se não tiver obras, é [cc]morta em si mesma.

18 **A**lguém, porém, dirá: Tu tens fé, e eu tenho obras. [dd]Mostra-me a tua fé sem as tuas obras, e eu te mostrarei a minha fé pelas minhas [ee]obras.

19 Crês tu que Deus é um só? Fazes bem! Os [ff]demônios também o creem e estremecem.

20 Queres comprovar, porém, ó homem insensato, que a [gg]fé sem as obras é inútil?

(7) Abraão como exemplo (comp. Rm 4.1-25)

21 Não foi pelas obras que o nosso pai Abraão foi [hh]justificado quando ofereceu sobre o [ii]altar o seu filho Isaque?

22 Vês que a fé cooperou com as suas [jj]obras, e pelas obras a fé foi [kk]aperfeiçoada.

[f] 1Co 1.26-28
[g] Eleição (coletiva): v. 5; 1Pe 1.2 (Dt 7.6; 1Pe 5.13)
[h] Gr. *kosmos*. Veja Mt 4.8, nota
[i] 1Tm 6.18; comp. Lc 12.21
[j] Reino (NT): v. 5; Ap 3.21 (Mt 2.2; 1Co 15.24, nota)
[k] Fp 2.9
[l] At 11.26; 1Pe 4.16
[m] Lei (de Cristo): v. 8; 1Pe 1.22 (Jo 13.34; 2Jo 5)
[n] Lv 19.18
[o] v. 1
[p] Lv 19.15; Dt 1.17
[q] Lei (de Moisés): v. 10; Ap 12.17 (Êx 19.1; Gl 3.24, nota)
[r] Gl 3.10; comp. Mt 5.19
[s] Êx 20.13,14
[t] Tg 1.25; comp. 1Pe 2.16
[uu] Pv 21.13; Mt 18.32-35
[vv] Mq 7.18; Mt 5.7
[ww] Mt 7.21-23; 21.28-32
[xx] Mt 7.21; Lc 6.46; 11.28; 1Jo 3.7-10
[yy] Veja Rm 1.16, nota
[zz] Comp. 1Jo 3.18
[aa] Lc 3.11
[bb] Fé: v. 17-23; 1Pe 1.8 (Gn 3.20; Hb 11.39, nota)
[cc] v. 26; comp. Jo 15.2
[dd] Cl 1.6; 1Ts 1.3; Hb 6.10
[ee] Gl 5.6
[ff] Mt 8.29; Mc 1.24; comp. At 16.17; 19.15
[gg] v. 17,26
[hh] Justificação: v. 21,25 (Lc 18.14; Rm 3.28, nota)
[ii] Gn 22.9
[jj] Jo 8.39
[kk] Veja Fp 3.12, nota

[1] (2.1) Este versículo contém uma afirmação contundente da divindade do Senhor Jesus Cristo. Pode ser traduzido assim: "Em nosso Senhor Jesus Cristo, a Glória". O uso do título "Senhor" e a associação de nosso Senhor com a glória de Deus, a *Shekiná*, torna claro o testemunho de Tiago quanto à divindade do Senhor. Além disso, a referência que condena a acepção de pessoas indica que todas as distinções terrenas desaparecem na presença do glorioso Cristo.

23 E se cumpriu a Escritura, que diz: Abraão [l]creu em Deus, e isso lhe foi [1m]creditado para [n]justiça, e ele foi chamado [o]amigo de Deus.

24 Vedes então que o homem é justificado pelas obras, e não somente pela fé.

25 De igual modo não foi a meretriz [p]Raabe também justificada pelas obras, quando acolheu os espias e os fez partir por outro caminho?

26 Assim como o corpo sem o espírito está morto, [q]assim também a fé sem as obras é [2]morta.

II. A realidade da fé colocada à prova pelo controle da língua, 3

3 **M**eus irmãos, não sejais muitos de vós mestres, sabendo que receberemos um juízo mais severo.

2 Todos tropeçamos em muitas coisas. Se alguém não tropeça em palavra, esse homem é perfeito e capaz de refrear todo o corpo.

3 Ora, quando pomos [r]freios na boca dos cavalos, para que nos obedeçam, conseguimos dirigir todo o seu corpo.

4 Vede também os navios que, sendo tão grandes e levados por impetuosos ventos, com um pequenino leme se voltam para onde queira o impulso do timoneiro.

5 Assim também a [s]língua é um pequeno membro, mas se gaba de grandes coisas. Vede quão grande bosque um tão pequeno fogo incendeia.

6 [t]A língua também é fogo, mundo de iniquidade situada entre os nossos membros. Ela [u]contamina todo o corpo, [v]inflama o curso da natureza e é por sua vez inflamada pelo [w]inferno.

7 Toda espécie de feras, de aves, de répteis e de animais do mar se doma e tem sido domada pelo gênero humano,

8 mas a língua, nenhum homem a pode domar. É mal incontido, está [x]cheia de veneno mortal.

9 Com ela bendizemos ao Senhor e Pai, e também com ela amaldiçoamos os homens, feitos [y]à semelhança de Deus.

10 Da mesma boca procedem bênção e maldição. Meus irmãos, não convém que isso seja assim.

11 Pode a fonte jorrar do mesmo manancial água doce e água amarga?

12 Meus irmãos, acaso pode uma [z]figueira produzir azeitonas, ou uma videira figos? Tampouco pode uma fonte de água salgada dar água doce.

13 **Q**uem entre vós é sábio e entendido? Mostre pelo seu bom procedimento as suas obras em mansidão de sabedoria.

14 Se, porém, tendes em vosso coração amarga inveja e sentimento faccioso, não vos glorieis, nem mintais contra a verdade.

15 [a]Essa não é a sabedoria que vem do alto, mas é terrena, animal e diabólica.

16 Pois onde há inveja e sentimento faccioso, aí há confusão e toda obra má.

17 A [b]sabedoria que vem do alto, porém, é antes de tudo pura, depois pacífica, moderada, tratável, cheia de misericórdia e de bons frutos, sem parcialidade e [c]sem hipocrisia.

18 Ora, o fruto da [d]justiça semeia-se em paz para os que promovem a paz.

III. Repreensão ao mundanismo, 4

4 **D**e onde vêm as guerras e contendas entre vós? Não vêm disto, dos prazeres que nos vossos membros [e]guerreiam?

2 Cobiçais, mas nada tendes. [f]Matais e invejais, mas não podeis obter o que desejais. Combateis e guerreais. Nada tendes porque não pedis.

[l] Gn 15.6
[m] Imputação: v. 23 (Gn 15.6; Tg 2.23)
[n] Veja Rm 3.21, nota
[o] 2Cr 20.7; Is 41.8
[p] Js 2.1-21; 6.25; Hb 11.31
[q] v. 17,20
[r] Sl 32.9
[s] Pv 12.18; 15.2; Tg 1.26
[t] Pv 16.27
[u] Mt 15.18
[v] Comp. Sl 83.12-14
[w] Gr. *geenna*. Veja Mt 5.22, nota
[x] Comp. Sl 140.3; Rm 3.13
[y] Gn 1.26; 5.1; 9.6
[z] Mt 7.16-20
[a] Comp. Tg 1.5,17
[b] 1Co 2.6,7
[c] Rm 12.9; 1Pe 1.22
[d] Veja 1Jo 3.7, nota
[e] Rm 7.23; Gl 5.17; 1Pe 2.11
[f] Comp. 1Jo 3.15

[1] (2.23) Deus credita justiça ao crente em Cristo. Jesus carregou os pecados do crente, num ato de validação da Lei. Veja Fm 18, *nota*.

[2] (2.26) Com base nesta passagem (2.14-26), Tiago tem sido acusado de contradizer a doutrina da justificação pela fé apresentada por Paulo (Rm 4.1-5). No entanto, a suposta contradição está simplesmente nas palavras, não na verdade subjacente. Nesta passagem, Tiago usa a palavra "fé" no sentido de uma crença ortodoxa intelectual (comp. v. 19), ao passo que Paulo usa "fé" no sentido pessoal, falando de confiança na obra expiatória de Cristo até a consagração total a ele. Para Tiago, o termo "obras" significa as obras do crente, evidência exterior de uma vida salva. Todavia, Paulo às vezes emprega "obras" para referir-se às obras ou ações de um homem não salvo, obras pelas quais inutilmente espera ser aceito por Deus, enquanto, outras vezes, fala de "boas obras" referindo-se ao fruto que deve ser produzido pelo homem justificado. Além disso, para Paulo, a palavra "justificar" é um termo jurídico, posicional (veja Rm 3.28, *nota*), que descreve uma ação definitiva de Deus, da qual alguém se apropria pela fé, algo que se relaciona com o momento inicial da vida cristã. Mas, para Tiago, "justificar" é um termo empregado com respeito a qualquer momento posterior da vida cristã e demonstra a realidade da fé de um homem diante de seu próximo.

Assim, de acordo com a perspectiva que os dois tinham da justificação, Paulo e Tiago se complementam (2.23); Paulo enfatiza que Deus nos aceita somente pela graça mediante a fé, enquanto Tiago apresenta a evidência contínua diante dos homens dessa transação inicial. Quanto a uma declaração definitiva do NT sobre fé e obras, onde ambas são apresentadas juntas, veja Ef 2.8-10.

3 Pedis e não recebeis [g]porque pedis mal, para o gastardes em vossos prazeres.

4 Adúlteros e adúlteras, não sabeis que a [h]amizade do [i]mundo é inimizade com Deus? Portanto [j]qualquer que quiser ser amigo do mundo constitui-se inimigo de Deus.

5 Ou pensais que em vão diz a Escritura: O Espírito que ele fez habitar em nós tem intenso ciúme?

6 Antes, ele nos dá uma [k]graça maior. Portanto, diz a Escritura:

[l]Deus resiste aos soberbos,
mas dá graça aos humildes.

7 Sujeitai-vos, pois, a Deus. Resisti ao [m]Diabo, e ele [n]fugirá de vós.

8 [o]Chegai-vos a Deus, e ele se chegará a vós. Lavai as mãos, [p]pecadores, e vós de mente dividida, purificai o coração.

9 Senti as vossas misérias, lamentai e chorai. Converta-se o vosso riso em pranto, e a vossa alegria em tristeza.

10 [q]Humilhai-vos perante o Senhor, e ele vos exaltará.

11 **Irmãos**, [r]não faleis mal uns dos outros. Quem fala mal de um irmão ou [s]julga a seu irmão, fala mal da Lei e julga a Lei. Ora, se julgas a Lei, não és observador da Lei, mas juiz.

12 Há só um legislador e juiz, aquele [t]que pode [u]salvar e destruir. Tu, porém, quem és, que julgas ao [v]próximo?

13 **E** agora, vós que dizeis: Hoje ou amanhã iremos a tal cidade, lá passaremos um ano, negociaremos e ganharemos.

14 Ora, não sabeis o que acontecerá [w]amanhã. O que é a vossa vida? [x]É um vapor que aparece por um pouco e logo se desvanece.

15 Em lugar disso, devíeis dizer: [y]Se o Senhor quiser, viveremos e faremos isto ou aquilo.

16 Agora, porém, vós vos orgulhais das vossas pretensões. Ora, toda vanglória tal como essa é maligna.

17 Aquele, pois, que [z]sabe o bem que deve fazer e não o faz comete pecado.

IV. Advertência aos ricos, 5.1-6

5 **Agora**, vós, [a]ricos, chorai e pranteai, por causa das misérias que sobre vós [b]hão de vir.

2 As vossas [c]riquezas estão apodrecidas, e as vossas vestes estão comidas de traça.

3 O vosso ouro e a vossa prata se enferrujaram. A sua ferrugem dará testemunho contra vós e devorará a vossa carne como fogo. Entesourastes [d]nos últimos dias.

4 Vede! O salário dos trabalhadores que ceifaram os vossos campos e que por vós foi [e]retido com fraude está clamando. Os [f]clamores dos ceifeiros chegaram aos ouvidos do [gg]Senhor Todo-poderoso.

5 Deliciosamente vivestes sobre a terra e vos deleitastes. Cevastes o vosso coração no dia de matança.

6 Condenastes e matastes o justo, que não resistiu a vós.

V. Exortações em face da vinda do Senhor, 5.7-18

7 **Sede**, pois, irmãos, pacientes até a vinda do Senhor. Vede que o lavrador espera o precioso fruto da terra, aguardando-o com paciência, até receber as primeiras e as [hh]últimas chuvas.

8 Sede vós também pacientes e fortalecei o vosso coração, [ii]porque a [jj]vinda do Senhor está próxima.

9 Irmãos, não vos queixeis uns dos outros, para não serdes [kk]julgados. O juiz está à porta.

10 Irmãos, tomai como exemplo de sofrimento e [ll]paciência os [mm]profetas que falaram em nome do Senhor.

11 Como sabeis, temos por [nn]bem-aventurados os que [oo]perseveraram. Ouvistes da [pp]paciência de Jó e vistes o [qq]fim que o Senhor lhe deu. O Senhor é cheio de misericórdia e compaixão.

12 **Sobretudo**, porém, meus irmãos, [rr]não jureis, nem pelo céu, nem pela terra, nem por qualquer outra coisa. Seja, porém, o vosso sim, sim, e o vosso não, não, para não serdes condenados.

13 Está alguém entre vós aflito? [ss]Ore. Está alguém contente? Cante [tt]louvores.

14 Está alguém entre vós doente? Chame os [uu]presbíteros da [vv]igreja, e orem sobre ele, ungindo-o com óleo em nome do Senhor.

15 E a oração da [ww]fé salvará o doente; o Senhor o levantará. Se houver cometido [xx]pecados, lhe serão [yy]perdoados.

16 Portanto, confessai os vossos pecados uns aos outros e orai uns pelos outros, para serdes curados. A oração de um [zz]justo é poderosa e eficaz.

17 Elias era homem humano e estava sujeito às mesmas [aa]paixões que nós, mas [bb]orou com fervor para que não chovesse, e durante três anos e seis meses não choveu sobre a terra.

18 E [cc]orou outra vez, e o céu deu chuva, e a terra produziu o seu fruto.

Conclusão, 5.19,20

19 **Meus** irmãos, se algum dentre vós se desviar da verdade e [dd]alguém o converter,

20 sabei que aquele que fizer converter um pecador do erro do seu caminho salvará da morte uma alma e [ee]cobrirá uma multidão de pecados.

---

[g] Comp. 1Jo 5.14
[h] 1Jo 2.15
[i] Gr. *kosmos*. Veja Ap 13.8, nota
[j] Gl 1.4; comp. Jo 15.19; 17.14
[k] Veja 2Pe 3.18, nota. Graça: v. 6; 1Pe 5.5 (Jo 1.14; 1.17, nota)
[l] Pv 3.34
[m] Satanás: v. 7; 1Pe 5.8 (Gn 3.1; Ap 20.10)
[n] Comp. Mt 4.10,11
[o] 2Cr 15.2; Ml 3.7; Hb 10.19-22
[p] Veja Rm 3.23, nota
[q] Jó 22.29; Lc 14.11; 18.14; 1Pe 5.6
[r] Ef 4.31; 1Pe 2.1-3
[s] Mt 7.1-5
[t] Comp. Mt 10.28
[u] Veja Rm 1.16, nota
[v] Rm 14.4
[w] Pv 27.1; comp. Lc 12.16-20
[x] Jó 7.7; Sl 102.3; 1Pe 1.24
[y] At 18.21; 1Co 4.19
[z] Lc 12.47; 2Pe 2.21
[a] Pv 11.28; Lc 6.24
[b] Comp. Lc 16.19-31
[c] Jr 17.11; Mt 6.19
[d] Lv 19.13
[e] Comp. Dt 24.15
[f] Veja 1Sm 1.3, nota

[gg] Comp. Dt 11.14; Jr 5.24; Jl 2.23
[hh] Comp. 1Co 7.29-31
[ii] Cristo (segunda vinda): v. 7,8; 1Pe 1.7 (Dt 30.3; At 1.11, nota)
[jj] Mt 7.1
[kk] Hb 10.36
[ll] Comp. Mt 5.12; Hb 10.32
[mm] Mt 5.10; Tg 1.2
[nn] Tg 1.12
[oo] Jó 1.22
[pp] Jó 42.10
[qq] Mt 5.34
[rr] Sl 50.14,15
[ss] Ef 5.19
[tt] Anciãos: v. 14; 1Pe 5.1 (At 11.30; Tt 1.5, nota)
[uu] Igrejas (locais): v. 14; 1Pe 5.13 (At 8.3; Fp 1.1, nota)
[vv] Fé: v. 15; 1Pe 1.5 (Gn 3.20; Hb 11.39, nota)
[ww] Veja Rm 3.23, nota
[xx] Perdão: v. 15; 1Jo 1.9 (Lv 4.20; Mt 26.28, nota)
[yy] Gl 6.1
[zz] Veja Rm 10.10, nota
[aa] Uma natureza semelhante à nossa. At 14.15
[bb] Orações da Bíblia (NT): v. 17,18; Ap 22.20 (Mt 6.9; Lc 11.2, nota)
[cc] 1Rs 18.1,42
[dd] Mt 18.15; Gl 6.1
[ee] Pv 10.12

- **Autor:** Pedro
- **Tema:** Sofrimento e glória
- Escrito em 65 d.C., aprox.

1PEDRO

A PRIMEIRA EPÍSTOLA DE PEDRO é o cumprimento da comissão que Cristo deu a Pedro em Lc 22.31,32. Comp. 1Pe 1.1 com Tg 1.1. Pedro foi ministro do evangelho para os judeus (Gl 2.9) e, por isso, escreve aos judeus da Dispersão (1.1). Ele é o apóstolo da esperança: 1.3,7,9,13; 3.9-15; 4.13; 5.4. Assim como Paulo, Pedro apresenta as doutrinas da graça. Há uma quantidade de paralelos nessa carta com as palavras do Senhor registradas nos Evangelhos; também há semelhanças entre a linguagem dessa epístola e os discursos de Pedro em Atos.

A Primeira Epístola de Pedro foi escrita na Babilônia (5.13). As referências geográficas de 1.1 dão apoio à ideia de que a Babilônia é mesmo o local onde foi escrita; contudo, muitos interpretam que o nome é um símbolo de Roma. A carta é dirigida aos hebreus cristãos (comp. 4.3 com 1.1) e tem uma aplicação mais ampla para todos os crentes em Cristo.

O propósito da epístola é exortação e testemunho. O pensamento principal é o sofrimento do cristão. Pedro roga que haja firmeza e perseverança em tempos de sofrimento, à luz da esperança do crente no Redentor ressurreto. A epístola está cheia de exortações a uma vida santa, e as citações do AT e alusões a ele são frequentes.

A Primeira Epístola de Pedro pode ser dividida da seguinte maneira: Introdução, 1.1,2. I. O sofrimento e a conduta do cristão em vista da salvação completa, 1.3–2.8. II. A vida cristã em vista da posição do cristão e do sofrimento vicário de Cristo, 2.9–4.19. III. O serviço cristão à luz da vinda do Senhor, 5.1-9. Conclusão, 5.10-14.

[a] Tg 1.1
[b] Eleição (coletiva): v. 2; 1Pe 1.15 (Dt 7.6; 1Pe 5.13)
[c] 2Ts 2.13
[d] Espírito Santo (NT): v. 2,11; 1Pe 1.12 (Mt 1.18; At 2.4, nota)
[e] Rm 1.5
[f] Veja 2Pe 3.18, nota
[g] Tt 3.5
[h] Ressurreição: v. 3; 1Pe 1.21 (2Rs 4.35; 1Co 15.52, nota)
[i] Fé: v. 5,8,9; 1Pe 1.21 (Gn 3.20; Hb 11.39, nota)
[j] Segurança: v. 3-5; 2Pe 2.9 (Sl 23.1; Jd 1)
[k] Provar-Tentar: v. 6,7; 1Pe 4.12 (Tg 1.14, nota)
[l] Cristo (segunda vinda): v. 7; 2Pe 3.4 (Dt 30.3; At 1.11, nota)

Introdução, 1.1,2

1 Pedro, apóstolo de Jesus Cristo, aos estrangeiros da [a]Dispersão, no Ponto, na Galácia, na Capadócia, na Ásia e na Bitínia,

2 [1b]eleitos segundo a presciência de Deus Pai, na [c]santificação do [d]Espírito, para a [e]obediência e aspersão do sangue de Jesus Cristo: [f]Graça e paz vos sejam multiplicadas.

I. O sofrimento e a conduta do cristão em vista da salvação completa, 1.3–2.8

3 **Bendito** seja o Deus e Pai de nosso Senhor Jesus Cristo, que, segundo a sua grande [g]misericórdia, nos gerou de novo para uma viva esperança, pela [h]ressurreição de Jesus Cristo dentre os mortos,

4 para uma herança incontaminável, que jamais perecerá ou perderá seu valor, guardada nos céus para vós,

5 que pelo [i]poder de Deus sois [j]guardados, mediante a fé, para a salvação preparada para se revelar no último tempo.

6 Nisso vos exultais, ainda que no presente, por breve tempo, se necessário, sejais entristecidos por várias [k]provações.

7 Essas provações são para que a prova da vossa fé, muito mais preciosa do que o ouro que perece, embora provado pelo fogo, [2]redunde para louvor, glória e honra na [l]revelação de Jesus Cristo.

8 Embora não o tendes visto, o amais; e embora [m]não o vedes agora, credes nele e exultais com alegria inefável e cheio de glória,

9 recebendo o objetivo final da vossa fé: a [n]salvação da vossa alma.

10 **Desta** salvação investigaram e minaram diligentemente os profetas que profetizaram da graça que vos era destinada,

11 para saber qual o tempo ou qual a circunstância que o Espírito de Cristo, que estava neles, indicava, [o]quando predisse os sofrimentos de Cristo e as glórias que os seguiriam.

12 Aos quais foi revelado que não para si mesmos, mas para vós, eles ministravam estas coisas que agora vos foram anunciadas por aqueles que, pelo [p]Espírito Santo enviado do céu, vos pregaram o [q]evangelho. Coisas para as quais até os anjos [r]desejam atentar.

13 **Portanto**, estando com a mente preparada, sede sóbrios e esperai inteiramente na [s]graça que se vos oferece na revelação de Jesus Cristo.

14 Como filhos obedientes, não vos [t]conformeis com as concupiscências que antes tínheis na vossa ignorância.

15 Antes, porém, como é santo aquele que vos [u]chamou, sede vós também [v]santos em todo o vosso procedimento;

16 pois está escrito: [w]Sede santos, porque eu sou santo.

[m] Jo 20.29
[n] Veja Rm 1.16, nota
[o] Inspiração: v. 10-12; 2Pe 1.21 (Êx 4.15; 2Tm 3.16, nota)
[p] Espírito Santo (NT): v. 12,22; 1Pe 3.18 (Mt 1.18; At 2.4, nota)
[q] Evangelho: v. 12,25; 1Pe 4.6 (Gn 12.3; Ap 14.6, nota)
[r] Ef 3.10
[s] Graça: v. 13, 18,19; 1Pe 3.7 (Jo 1.14; 1.17, nota)
[t] Rm 12.2
[u] Eleição (coletiva): v. 15; 1Pe 2.9 (Dt 7.6; 1Pe 5.13)
[v] Santificação (NT): 1.15,16; 2.5; 1Pe 2.9 (Mt 4.5; Ap 22.11)
[w] Lv 11.44

[1](1.2) A palavra aqui traduzida por "eleitos" (*eklektos*) aparece no v. 1 modificando "estrangeiros". A carta foi, portanto, endereçada, "aos estrangeiros [eleitos] da Dispersão".

[2](1.7) Nessa epístola, o sofrimento é apresentado à luz: 1) da salvação garantida (1.2-5); 2) da glória quando Cristo se manifestar (1.7); 3) dos sofrimentos de Cristo e das glórias futuras (1.11); 4) da identificação do crente com Cristo em seu sofrimento e em sua glória (2.20,21; 3.17,18; 4.12,13); 5) do efeito purificador do sofrimento (1.7; 4.1,2; 5.10); 6) da glorificação presente de Cristo no sofrimento paciente do cristão (4.16); e 7) do propósito disciplinar do sofrimento (4.17-19; comp. 1Co 11.31,32; Hb 12.5-13).

17 Ora, se invocais por Pai aquele que, [x]sem acepção de pessoas, julga segundo a obra de cada um, andai em temor, durante o tempo da vossa peregrinação,

18 sabendo que não foi com coisas [y]perecíveis, como prata ou ouro, que fostes resgatados da vossa vã maneira de viver, a qual por tradição recebestes dos vossos pais,

19 mas [z]com o precioso sangue de Cristo, como de um cordeiro sem defeito e sem mancha,

20 o qual, na verdade, foi [1a]conhecido ainda antes da fundação do mundo, mas manifesto nestes últimos tempos por amor de vós,

21 que por ele [b]credes em Deus, que o [c]ressuscitou dentre os mortos e lhe deu glória, para que a vossa fé e esperança estivessem em Deus.

22 **T**endo purificado a vossa vida na obediência à verdade, que leva ao amor [d]fraternal não fingido, amai-vos ardentemente uns aos outros de coração,

23 tendo sido regenerados, não de semente corruptível, mas de incorruptível, pela [e]palavra de Deus, a qual vive e é permanente.

24 Pois:

Toda a [f]carne é como a erva,
e toda a glória do homem
como a flor da erva.
Seca-se a erva e cai a sua flor,

25 mas a palavra do Senhor
permanece para sempre.
E esta é a palavra que vos foi pregada.

2 **D**eixando, pois, toda a malícia e engano, fingimentos e invejas, e toda sorte de maledicências,

2 desejai ardentemente, como meninos recém-nascidos, o puro leite espiritual, para por ele crescerdes para a salvação,

3 agora que já [g]provastes que o Senhor é bom.

4 Chegando-vos para ele, [h]pedra viva, [i]rejeitada, na verdade, pelos homens, mas para com Deus eleita e preciosa,

5 vós também, como pedras vivas, sois edificados como [j]casa espiritual para serdes sacerdócio santo, a fim de oferecerdes sacrifícios espirituais aceitáveis a Deus por Jesus Cristo.

6 Pois na Escritura se diz:

Vede, [k]ponho em Sião uma pedra angular,
eleita e preciosa;
e quem nela crer
não será envergonhado.

7 Ora, para vós, os que credes, essa pedra é preciosa. Mas para os descrentes, a
pedra que os edificadores rejeitaram,
essa foi posta como a
principal de esquina,

8 e:
Uma [2]pedra de tropeço
e rocha de escândalo.

Tropeçam porque são desobedientes à palavra; para [l]o que também foram destinados.

II. A vida cristã em vista da posição do cristão e do sofrimento vicário de Cristo, 2.9–4.19

9 **V**ós, porém, sois a geração [m]eleita, o [3]sacerdócio real, a nação [n]santa, o povo adquirido, para que anuncieis as [o]grandezas daquele que vos chamou das trevas para a sua maravilhosa luz.

[x] At 10.34
[y] Veja Rm 3.24, nota
[z] Sacrifício (de Cristo): v. 18,19; 1Pe 2.24 (Gn 3.15; Hb 10.18, nota)
[a] Presciência: v. 20 (At 2.23; 1Pe 1.20)
[b] Fé: 1.21; 2.6,7; 1Jo 3.23 (Gn 3.20; Hb 11.39, nota)
[c] Ressurreição: v. 21; 1Pe 3.21 (2Rs 4.35; 1Co 15.52, nota)
[d] Lei (de Cristo): v. 22; 1Pe 3.8 (Jo 13.34; 2Jo 5)
[e] 1Ts 2.13; Tg 1.18
[f] Is 40.6-8

[g] Sl 34.8
[h] Cristo (Pedra): v. 4,6-8 (Gn 49.24; 1Pe 2.8)
[i] Sl 118.22
[j] Sacrifício (do crente--sacerdote): veja Hb 10.18, nota
[k] Is 28.16
[l] Comp. Rm 9.21-24
[m] Eleição (coletiva): v. 9; 1Pe 5.13 (Dt 7.6; 1Pe 5.13)
[n] Santificação (NT): v. 9; 1Pe 3.5 (Mt 4.5; Ap 22.11)
[o] 2Pe 1.3,5

[1] (1.20) A vontade soberana de Deus na eleição e na predestinação logicamente se originou na decisão de Deus baseada em sua onisciência eterna de todos os planos de ação possíveis. A ordem lógica, não cronológica, é a seguinte: onisciência, decisão divina (eleição e predestinação) e presciência – o conhecimento do futuro. No entanto, como a decisão de Deus é eterna, também sua presciência é eterna. Uma vez que esta se estende a todos os eventos, inclui tudo o que se abrange na eleição e na predestinação. Portanto, a eleição está de acordo com a presciência; e a presciência, de acordo com a eleição; ambas estão em perfeita harmonia. Veja Eleição, 1Pe 5.13, *nota*; Predestinação, Ef 1.11, *nota*.

[2] (2.8) Cristo é a Rocha (ou Pedra): 1) ferida, para que o Espírito da vida possa fluir dele a todos os que beberem (Êx 17.6; 1Co 10.4; comp. Jo 4.13,14; 7.37-39); 2) para a Igreja, é o fundamento e "a principal pedra angular" (Ef 2.20); 3) para os judeus, em sua primeira vinda, ele foi "pedra de tropeço" (Rm 9.32,33; 1Co 1.23); 4) para Israel, em sua segunda vinda, será "a pedra angular", de remate (Zc 4.7); 5) para o poder mundial gentio será a pedra que "se soltou, sem auxílio de mãos" (Dn 2.34); 6) no propósito divino, será a Pedra que, depois da destruição do poder mundial gentio, se tornará grande e encherá a terra (Dn 2.35); e 7) para os incrédulos, será a Pedra esmagadora do juízo que reduzirá a pó aqueles sobre os quais cair (Mt 21.44).

[3] (2.9) Sacerdócio, NT, Resumo: 1) Antes de ser dada a Lei, o cabeça de cada família era o sacerdote de sua família (Gn 8.20; 26.25; 31.54). 2) Quando a Lei foi dada, a promessa para obediência perfeita era que Israel seria um "reino sacerdotal" para Deus (Êx 19.6); mas Israel transgrediu a Lei, e Deus limitou a função sacerdotal à família de Arão e designou a tribo de Levi para que ministrasse a Israel, constituindo assim o sacerdócio tipológico (Êx 28.1). 3) Na Era da Igreja, todos os cristãos de maneira incondicional são constituídos "sacerdócio real" (v. 9; Ap 1.6), distinção que Israel não recebeu pelas obras. Desse modo, o sacerdócio do cristão é um direito de nascimento, assim como todos os descendentes de Arão nasciam para o sacerdócio (Hb 5.1). 4) O privilégio principal do sacerdote é o acesso a Deus. Sob a Lei, só o sumo sacerdote podia entrar no Santo dos Santos, e isso ocorria uma vez por ano (Hb 9.7); mas, quando Cristo morreu, o véu – tipo do corpo humano de

10 Antes não éreis povo, mas agora sois po-
vo de [p]Deus; antes não tínheis alcançado
misericórdia, mas agora alcançastes mi-
sericórdia.
11 **Amados**, peço-vos, como a peregrinos e
[q]estrangeiros, que vos abstenhais dos desejos
carnais, os quais [r]combatem contra a alma.
12 O vosso procedimento entre aos gentios
seja correto, para que, naquilo em que falam
mal de vós, como de malfeitores, [s]observando
as vossas boas [t]obras, glorifiquem a Deus no
dia da visitação.
13 [u]**Sujeitai-vos** a toda autoridade humana, por
causa do Senhor, quer ao rei, como soberano,
14 quer aos governadores, como por ele
enviados para castigo dos malfeitores e para
louvor dos que fazem o bem.
15 Pois é a vontade de Deus que, pela prá-
tica do bem, façais emudecer a ignorância
dos insensatos,
16 [v]como livres, e não [w]tendo a liberdade
como desculpa para malícia, mas vivendo
como [x]servos de Deus.
17 Honrai a todos. Amai os irmãos. Temei a
[y]Deus. Honrai o rei.
18 **Vós**, [z]servos, sujeitai-vos com todo o temor
aos vossos senhores, não somente aos bons e
amáveis, mas também aos maus.
19 Pois é louvável que alguém, por causa da
consciência para com Deus, suporte tristezas,
padecendo injustamente.
20 [a]Que glória, porém, é essa, se, [b]pecando e
sendo esbofeteados por isso, o suportais com
paciência? Se, porém, fazendo o bem, sois
afligidos e o suportais com paciência, isso é
agradável a Deus.

O sofrimento vicário de Cristo

21 [c]Para isso fostes chamados, porque tam-
bém Cristo padeceu por vós, deixando-vos o
[d]exemplo, para que sigais as suas pisadas.
22 [e]Ele não cometeu pecado,
e na sua boca não se achou
engano.
23 [f]Quando foi injuriado, não injuriava
e, quando padecia, não ameaçava. Antes,
entregava-se àquele que julga justamente.
24 [g]Ele mesmo [h]levou em seu corpo os nos-
sos pecados sobre o madeiro, para que, mortos
para os pecados, pudéssemos viver para a [i]jus-
tiça; pelas suas feridas fostes sarados.
25 Pois estáveis [j]desgarrados como ovelhas,
mas agora voltastes ao [k]Pastor e [l]Bispo da
vossa alma.

Vida piedosa no lar e na igreja

3 [m]Semelhantemente, vós, mulheres, sede
submissas a vosso marido, para que tam-
bém, se alguns deles não obedecem à palavra,
pelo procedimento de suas mulheres, sejam
ganhos sem palavra,
2 observando a vossa conduta honesta e
respeitosa.
3 A [n]beleza das esposas não seja o enfeite
exterior, como o frisado de cabelos, o uso de
joias de ouro ou o luxo dos vestidos,
4 mas a beleza interior, no incorruptível
traje de um espírito manso e tranquilo, que é
precioso diante de Deus.
5 Pois assim se adornavam antigamente
também as [o]santas mulheres que esperavam
em Deus. Estavam submissas a seus maridos,
6 como Sara obedecia a Abraão, [pp]chamando-
-lhe senhor. Sois filhas dela, se fazeis o bem, e
não temeis nenhum espanto.
7 Igualmente, [qq]vós, maridos, vivei com elas
com entendimento, dando honra à mulher,
como vaso mais frágil e como sendo elas her-
deiras convosco da [rr]graça da [ss]vida, para que
não sejam impedidas as vossas orações.
8 **Finalmente**, sede todos de um mesmo
sentimento, compassivos, cheios de [tt]amor fra-
ternal, misericordiosos, humildes.
9 Não pagueis mal por mal, nem injúria por
injúria. Pelo contrário, [uu]bendizei, porque para
isso fostes chamados, a fim de receberdes bên-
ção por herança.
10 Pois [vv]quem quiser desfrutar a vida
e ter dias felizes
refreie a sua língua do mal
e os seus lábios não falem engano.
11 Aparte-se do mal e faça o bem;
busque a paz e siga-a.
12 Pois os olhos do Senhor estão sobre os
[ww]justos,
e os seus ouvidos atentos à sua súplica,
mas o rosto do Senhor é contra
os que fazem o mal.

[p] Os 1.10
[q] Sl 119.19; comp. Lv 25.23; Hb 11.9,10
[r] Rm 8.13; Gl 5.17
[s] Justiça (vestes de): v. 12; 1Pe 3.3 (Gn 3.21; Ap 19.8)
[t] Mt 5.16
[u] Mt 22.21; veja Rm 13.4, nota
[v] Rm 6.14, 20,22
[w] Gl 5.13
[x] 1Co 6.20
[y] Pv 24.21
[z] Ef 6.5-8
[a] Lc 6.32-34
[b] Veja Rm 3.23, nota
[c] Mt 16.24; 1Ts 3.3,4
[d] Cristo (primeira vinda): v. 21-24; 1Pe 3.18 (Gn 3.15; At 1.11, nota)
[e] Is 53.9
[f] Is 53.7
[g] Juízos (os sete): v. 24; 1Pe 3.18 (2Sm 7.14; Ap 20.12)
[h] Sacrifício (de Cristo): v. 24; 1Pe 3.18 (Gn 3.15; Hb 10.18, nota)
[i] Veja Rm 10.10, nota
[j] Is 53.5,6
[k] Ez 34.11; Hb 13.20
[l] Gr. *episkopos*, supervisor, inspetor
[m] v. 1,5,6; Gn 3.16; Ef 5.22
[n] Justiça (vestes de): v. 3-5; 1Pe 5.5 (Gn 3.21; Ap 19.8)
[o] Santificação (NT): v. 5,15; 2Pe 1.18 (Mt 4.5; Ap 22.11)
[pp] Gn 18.12
[qq] Ef 5.25
[rr] Veja 2Pe 3.18, nota. Graça: v. 7; 1Pe 5.5 (Jo 1.14; 1.17, nota)
[ss] Vida (eterna): v. 7; 2Pe 1.3 (Mt 7.14; Ap 22.19)
[tt] Lei (de Cristo): v. 8; 1Jo 2.10 (Jo 13.34; 2Jo 5)
[uu] Mt 5.44
[vv] Sl 34.12-15
[ww] Veja Rm 10.10, nota

Cristo (Hb 10.20) – foi rasgado, de modo que, agora, com Cristo, o Sumo Sacerdote, os crentes-sacerdotes têm acesso a Deus no Santo dos Santos (Hb 10.19-22). O sumo sacerdote está ali em forma corporal (Hb 4.14-16; 9.24; 10.19-22). 5) No exercício de sua função, o crente-sacerdote do NT é 1) alguém que oferece um sacrifício de quatro aspectos: a) seu próprio corpo vivo (Rm 12.1; Fp 2.17; 2Tm 4.6; Tg 1.27; 1Jo 3.16); b) louvor a Deus, "o fruto de lábios que confessam o seu nome", algo que deve ser oferecido de forma contínua (Hb 13.15; comp. Êx 25.22: "Ali virei a ti e, de cima do propiciatório, do meio dos dois querubins que estão sobre a arca do testemunho"); c) seus bens (Rm 12.13; Gl 6.6,10; Tt 3.14; Hb 13.2,16; 3Jo 5-8); e d) seu serviço, i.e., "fazer o bem" (Hb 13.16). 2) O sacerdote do NT também é um intercessor (Cl 4.12; 1Tm 2.1).

Vida piedosa perante o mundo por amor à justiça

13 **Ora**, quem é que vos fará mal, se fordes zelosos do [x]bem?

14 Mas, ainda que venhais padecer por causa da [y]justiça, bem-aventurados sois. Não temais as suas ameaças; não vos perturbeis.

15 Antes santificai Cristo, como Senhor, em vosso coração. Estai sempre [z]preparados para responder com mansidão e temor a todo aquele que vos pedir a razão da [a]esperança que há em vós.

16 Tende uma boa consciência, para que, naquilo em que falam mal de vós, como de malfeitores, fiquem confundidos os que blasfemam do vosso bom procedimento em Cristo.

17 Melhor é que padeçais fazendo o bem (se a vontade de Deus assim o quer) do que fazendo o mal.

O sofrimento vicário de Cristo, pregado por Cristo mediante o Espírito em Noé (comp. 1.10-12)

18 Pois Cristo [b]padeceu [c]uma única vez pelos [d]pecados, o justo pelos injustos, para levar-nos a Deus. Ele, [e]na verdade, foi morto na carne, mas vivificado pelo [f]Espírito,

19 [1]no qual também foi e pregou aos espíritos em prisão,

20 os quais noutro tempo foram rebeldes, quando a longanimidade de Deus esperava, nos dias de Noé, enquanto se preparava a arca. Nela poucas (isto é, oito) almas se salvaram através da água,

21 que também agora, por uma verdadeira figura — o batismo — vos salva, o qual não é o despojamento da imundícia da [g]carne, mas o compromisso de uma boa consciência para com Deus, por meio da [h]ressurreição de Jesus Cristo,

22 que está à direita de Deus, tendo subido ao céu; a ele estão sujeitos os [i]anjos, as autoridades e as potestades.

Se Cristo sofreu, por que nós não sofreríamos?

4 **Portanto**, visto que Cristo [j]padeceu por nós no seu [k]corpo, armai-vos também vós deste mesmo pensamento, porque aquele que padeceu no corpo já rompeu com o [l]pecado.

2 Então, no tempo que vos resta no corpo não vivais mais segundo os desejos dos homens, mas segundo a vontade de Deus.

[x] Pv 16.7
[y] Veja 1Jo 3.7, nota
[z] Comp. Sl 119.46
[a] Tt 3.7
[b] Cristo (primeira vinda): v. 18; 1Pe 4.1 (Gn 3.15; At 1.11, nota)
[c] Juízos (os sete): v. 18; 1Pe 4.17 (2Sm 7.14; Ap 20.12)
[d] Veja Rm 3.23, nota
[e] Sacrifício (de Cristo): v. 18; 1Pe 4.1 (Gn 3.15; Hb 10.18, nota)
[f] Espírito Santo (NT): v. 18; 1Pe 4.14 (Mt 1.18; At 2.4, nota)
[g] Carne (natureza pecaminosa): v. 21; 2Pe 2.10 (Jo 8.15; Jd 23)
[h] Ressurreição: v. 21,22; Ap 20.5 (2Rs 4.35; 1Co 15.52, nota)
[i] Veja Hb 1.4, nota
[j] Sacrifício (de Cristo): v. 1; 1Jo 1.7 (Gn 3.15; Hb 10.18, nota)
[k] Cristo (primeira vinda): v. 1; 1Jo 1.1 (Gn 3.15; At 1.11, nota)
[l] Veja Rm 3.23, nota

3 Pois é bastante que no tempo passado tenhais cumprido a vontade dos gentios, andando em dissoluções, concupiscências, glutonarias, bebedices e abomináveis idolatrias.

4 E acham estranho não correrdes com eles no mesmo desenfreamento de dissolução e vos insultam.

5 Hão, porém, de dar conta àquele que está preparado para julgar os vivos e os mortos.

6 Pois é por isso que foi pregado o [m]evangelho até [n]aos mortos, para que, na verdade, fossem julgados segundo os homens no corpo, mas [o]vivessem segundo Deus em espírito.

A conduta cristã à luz dos tempos em que vivemos

7 **Ora**, já está próximo o [p]fim de todas as coisas. [q]Portanto, sede sóbrios e vigiai em oração.

8 Tende, antes de tudo, ardente amor uns para com os outros, porque o amor cobre uma multidão de [r]pecados.

9 Sede hospitaleiros uns para os outros, sem murmuração.

10 Servi uns aos outros conforme o dom que cada um [s]recebeu, como [t]bons administradores da multiforme [u]graça de Deus.

11 [v]Se alguém fala, fale segundo as palavras de Deus. Se alguém ministra, ministre segundo a força que Deus dá, para que [w]em tudo Deus seja glorificado por Jesus Cristo. A ele pertence a glória e o domínio para todo o sempre. Amém.

12 **Amados**, não estranheis a ardente [xx]prova que vem sobre vós para vos provar, como se coisa estranha vos acontecesse.

13 Pelo contrário, alegrai-vos [yy]no fato de serdes participantes das aflições de Cristo, para que também [zz]na revelação da sua glória vos regozijeis e alegreis.

14 Se pelo nome de Cristo sois vituperados, [aa]bem-aventurados sois, pois sobre vós repousa o [bb]Espírito da glória e de [cc]Deus.

15 Que nenhum de vós padeça como homicida, ou ladrão, ou malfeitor, ou como quem se intromete em negócios alheios.

16 Entretanto, se padece como cristão, não se envergonhe, antes glorifique a Deus por este nome.

17 Pois já é tempo que comece o [dd]julgamento pela casa de Deus; e se primeiro começa por nós, qual será o fim daqueles que são desobedientes ao evangelho de Deus?

[m] Evangelho: v. 6,17; Jd 3 (Gn 12.3; Ap 14.6)
[n] 1Pe 3.19
[o] Rm 8.9,13; Gl 5.25
[p] Tg 5.8,9
[q] Veja Mt 4.17, nota
[r] Veja Rm 3.23, nota
[s] Rm 12.6-8
[t] 1Co 4.2
[u] Veja 2Pe 3.18, nota
[v] Ef 4.29
[w] 1Co 10.31
[xx] Provar-Tentar: v. 12; 2Pe 2.9 (Gn 3.1; Tg 1.14, nota)
[yy] Tg 1.2
[zz] 2Tm 2.12
[aa] Mt 5.11
[bb] Espírito Santo (NT): v. 14; 2Pe 1.21 (Mt 1.18; At 2.4, nota)
[cc] Mt 5.16
[dd] Juízos (os sete): v. 17; 2Pe 2.4 (2Sm 7.14; Ap 20.12)

[1] (3.19) Isso significa que Cristo pregou pelo Espírito Santo, por meio de Noé, às pessoas não salvas no tempo do AT (comp. 1.10,11), cujos espíritos estão agora em prisão. A teoria de que o Senhor Jesus, após a crucificação, pregou aos mortos não salvos no inferno para dar-lhes uma segunda oportunidade não é encontrada nas Escrituras. Veja Lc 16.23; Hc 2.5, *notas*.

18 E se é com dificuldade
que o [e]justo se [f]salva,
o que será do ímpio e do pecador?
19 Portanto, também os que padecem
segundo a vontade de Deus [g]encomendem as
suas almas ao fiel Criador, fazendo o bem.

III. O serviço cristão à luz da vinda do Senhor, 5.1-9

5 **A**os [h]presbíteros, que estão entre vós,
admoesto eu, que sou também presbítero
com eles e [i]testemunha das aflições de Cristo,
como alguém que participará da [j]glória que se
há de revelar:
2 [k]Apascentai o rebanho de Deus, que está
entre vós, tendo cuidado dele, não por força,
mas voluntariamente, não por torpe ganância,
mas de boa vontade;
3 não como dominadores dos que vos
foram confiados, mas servindo de exemplo
ao rebanho.
4 E, quando se manifestar o [l]sumo Pastor,
recebereis a imperecível [m]coroa de glória.
5 **S**emelhantemente, vós, jovens, sede sub-
missos aos mais velhos. E [n]cingi-vos [o]todos de
humildade uns para com os outros,
porque [p]Deus resiste aos soberbos,
mas dá [q]graça aos humildes.

6 [r]Humilhai-vos, portanto, debaixo da
potente mão de Deus, para que a seu tempo
vos exalte.
7 Lançai sobre ele toda a vossa ansiedade,
porque ele tem cuidado de vós.
8 Sede sóbrios e vigiai. O vosso adversário, o
[s]Diabo, anda em derredor, rugindo como leão,
buscando a quem possa tragar.
9 Resisti-lhe, firmes na fé, sabendo que os
mesmos sofrimentos estão se cumprindo
entre os vossos irmãos no [t]mundo.

Conclusão: Bênção e saudações pessoais, 5.10-14

10 E o Deus de toda a [u]graça, que em Cristo
Jesus vos chamou à sua eterna glória, depois
de haverdes padecido um pouco, ele mesmo
vos [v]aperfeiçoará, confirmará, fortificará e
fortalecerá.
11 A ele seja o poder para todo o sempre. Amém.
12 **P**or meio de [w]Silvano, vosso fiel irmão,
como o considero, escrevi resumidamente,
exortando e testificando que esta é a verda-
deira graça de Deus. Nela estai firmes.
13 [x]A vossa [1y]coeleita em Babilônia vos saúda,
como também meu filho Marcos.
14 **S**audai-vos uns aos outros com ósculo de
amor. Paz seja com todos vós que estais em Cristo.

[e] Veja Rm 10.10, nota
[f] Veja Rm 1.16, nota
[g] Sl 37.5-7
[h] Anciãos: v. 1-4; 2Jo 1 (At 11.30; Tt 1.5, nota)
[i] Mt 26.37
[j] Rm 8.17,18
[k] Comp. Jo 21.15-17
[l] Hb 13.20; 1Pe 2.25; comp. Is 40.11
[m] Recompensas: v. 4; 2Jo 8 (Dn 12.3; 1Co 3.14, nota)
[n] Justiça (vestes de): v. 5; Ap 3.4 (Gn 3.21; Ap 19.8)
[o] Ef 5.21
[p] Pv 3.34; Tg 4.6
[q] Veja 2Pe 3.18, nota. Graça: v. 5, 10,12; 2Pe 1.2 (Jo 1.14; 1.17, nota)
[r] Is 57.15
[s] Satanás: v. 8,9; 1Jo 3.8 (Gn 3.1; Ap 20.10)
[t] Gr. *kosmos*. Veja Mt 4.8, nota
[u] Veja v. 5, marg. q
[v] Veja Fp 3.12, nota
[w] 2Co 1.19; 1Ts 1.1; 2Ts 1.1
[x] Igrejas (locais): v. 13; 3Jo 6 (At 8.3; Ap 1.1, nota)
[y] Eleição (coletiva): v. 13; 2Pe 1.10 (Dt 7.6; 1Pe 5.13)

[1] (5.13) Eleição, Resumo: Tanto no Antigo como no Novo Testamentos, as palavras hebraicas e gregas foram traduzidas por "eleitos", "eleição", "eleger", "escolhidos", "escolher". Em todos os casos, significam simplesmente *escolhidos* ou *escolher*, e foram usadas tanto com respeito às escolhas humanas como às divinas. 1) Nesse último sentido, a eleição é: a) coletiva, em sua relação com a nação de Israel ou com a Igreja (Is 45.4; Ef 1.4); b) individual (1Pe 1.2). 2) A eleição é de acordo com a presciência de Deus (1.2) e totalmente pela graça, sem nenhum mérito humano (Rm 9.11; 11.5,6). 3) A eleição se origina na vontade divina (Jo 15.16).

Portanto, a eleição é: 1) um ato soberano de Deus por sua graça, ato por meio do qual certas pessoas são escolhidas por ele dentre a humanidade (Jo 15.19); e 2) o ato soberano de Deus pelo qual certas pessoas eleitas são escolhidas para lhe prestar um serviço especial (Lc 6.13; At 9.15; 1Co 1.27,28).

2PEDRO

- **Autor:** Pedro
- **Tema:** Os últimos dias
- Escrito em 66 d.C., aprox.

A SEGUNDA EPÍSTOLA DE PEDRO e 2Timóteo têm muito em comum. Em ambas as epístolas, os autores estão aguardando o martírio (2Tm 4.6; 2Pe 1.14; comp. Jo 21.18,19); ambas se caracterizam por um tom de alegria; em ambas, se prevê o afastamento da fé, que chegará ao auge durante "os últimos dias" (2.1–3.9; 2Tm 3). Encontramos também em 1Jo 4.1-5; 2Jo 7-11 e em Judas uma ênfase semelhante no perigo da falsa doutrina.

A epístola é, antes de tudo, uma denúncia eloquente e detalhada da heresia na doutrina e na vida (2.1–3.3). Mas na carta também há outras questões importantes: a insistência de Pedro quanto à confirmação da "vocação e eleição" pela prática de virtudes cristãs (1.4-14), sua lembrança pessoal da transfiguração de Cristo (1.15-18), seu ensinamento sobre a autenticidade inspirada da profecia (1.19-21) e sobre a vinda do Senhor (3.4-13); e suas exortações à diligência e firmeza espirituais (3.14-17).

A epístola pode ser dividida da seguinte maneira: Introdução, 1.1,2. I. As grandes virtudes cristãs, 1.3-14. II. Lembrança da transfiguração, 1.15-18. III. Exaltação das Escrituras proféticas, 1.19-21. IV. Advertências sobre falsos mestres, 2.1–3.3. V. A segunda vinda de Cristo e o dia do Senhor, 3.4-16. Conclusão, 3.17,18.

Introdução, 1.1,2

1 Simão Pedro, servo e [a]apóstolo de Jesus
Cristo, aos que conosco alcançaram fé igual-
mente preciosa pela [b]justiça do nosso Deus e
[c]Salvador Jesus Cristo:
2 [d]Graça e paz vos sejam multiplicadas,
pelo conhecimento de Deus e de Jesus, nosso
Senhor.

I. As grandes virtudes cristãs, 1.3-14

3 **O** seu [e]divino poder nos deu tudo o que
diz respeito à [f]vida e à piedade, pelo conheci-
mento daquele que nos chamou por sua glória
e virtude.
4 [g]Desse modo ele nos tem dado grandíssi-
mas e preciosas promessas, para que por elas
vos torneis participantes da natureza divina,
havendo [h]fugido da corrupção que há no
[i]mundo por causa da cobiça.
5 Por isso mesmo, vós, empregando toda a
diligência, acrescentai à vossa fé a bondade; à
bondade, o conhecimento;
6 ao conhecimento, o domínio próprio; ao
domínio próprio, a perseverança; à perseve-
rança, a piedade;
7 à piedade, a fraternidade; e à fraternidade,
o amor.
8 Pois, se em vós houver essas coisas em
abundância, não vos deixarão ociosos nem
infrutíferos no pleno conhecimento de nosso
Senhor Jesus Cristo.
9 Aquele, porém, em quem não há essas coi-
sas é [j]cego, vendo somente o que está perto,
havendo-se esquecido da purificação dos seus
antigos [k]pecados.
10 Portanto, irmãos, procurai fazer cada vez
mais [l]firme a vossa vocação e [m]eleição. [n]Pois,
fazendo isso, nunca jamais tropeçareis,
11 e vos será amplamente concedida a
entrada no Reino eterno de nosso Senhor e
Salvador Jesus Cristo.
12 **P**elo que não deixarei de [o]exortar-vos
sempre acerca destas coisas, ainda que as
saibais e estejais confirmados na verdade já
presente convosco.
13 E tenho por justo, enquanto estiver neste
tabernáculo, [p]despertar-vos com admoestações,
14 [q]sabendo que brevemente [r]hei de deixar
este meu tabernáculo, como nosso Senhor
Jesus Cristo já me [s]revelou.

II. Lembrança da transfiguração, 1.15-18

15 Procurarei, contudo, diligentemente que
em toda ocasião depois da minha morte
tenhais lembrança destas coisas.
16 **N**ão vos fizemos saber o [t]poder e a [u]vinda
de nosso Senhor Jesus Cristo, seguindo [v]fá-
bulas artificialmente compostas, mas [w]nós
mesmos vimos a sua majestade.
17 Pois ele recebeu de Deus Pai honra e gló-
ria, quando da magnífica glória lhe foi dirigida
a seguinte voz: Este é o meu Filho amado, em
quem me agrado.
18 Nós mesmos ouvimos esta voz vinda do
céu, estando nós com ele no monte [1x]santo.

III. Exaltação das Escrituras proféticas, 1.19-21

19 E temos ainda mais [2]firme a palavra dos
profetas, à qual bem fazeis se a ela prestarem
atenção como a uma [y]luz que ilumina em lugar

[a] Gl 2.8
[b] Veja Rm 3.21, nota
[c] Veja Rm 1.16, nota
[d] Graça: v. 2; 2Pe 3.18 (Jo 1.14; 1.17, nota)
[e] 1Pe 1.5
[f] Vida (eterna): v. 3; 1Jo 1.2 (Mt 7.14; Ap 22.19)
[g] 2Co 1.20
[h] Comp. 2Pe 2.18-20
[i] Gr. *kosmos*. Veja Ap 13.8, nota
[j] 1Jo 2.9-11
[k] Veja Rm 3.23, nota
[l] 2Co 13.5
[m] Eleição (individual): v. 10; 2Jo 1 (Dt 7.6; 1Pe 5.13, nota)
[n] Comp. 1Jo 3.19
[o] Comp. 2Tm 2.14
[p] 2Pe 3.1
[q] Comp. 2Tm 4.6
[r] Morte (física): v. 13,14; Ap 6.9 (Gn 2.17; Hb 9.27, nota)
[s] Comp. Jo 21.18,19
[t] Mt 28.18; Ef 1.19-22
[u] 1Pe 5.4
[v] Comp. 2Co 4.2; 1Tm 1.4
[w] Mt 17.1-5; Lc 1.2
[x] Santificação (NT): v. 18,21; Jd 20 (Mt 4.5; Ap 22.11)
[y] Jo 1.4,5,9; comp. Sl 119.105

[1] (1.18) Quando há referência a coisas inanimadas, não a pessoas, o significado de "santo" ou "santificado" é, simplesmente, *separado para o uso de Deus* ou *considerado santo pela Presença divina*.

[2] (1.19) A certeza quanto à profecia aumenta com seu cumprimento parcial. A profecia cumprida é uma prova da inspiração, porque as profecias bíblicas de eventos futuros foram pronunciadas tanto tempo antes

escuro, [z]até que o dia clareie e a estrela da [a]alva
surja em vosso [b]coração.
20 Acima de tudo, lembrai-vos de que
nenhuma profecia da Escritura é de [1]particular
interpretação.
21 Pois a profecia nunca foi produzida por
vontade dos homens, mas os homens santos
da parte de Deus [c]falaram movidos pelo [d]Es-
pírito Santo.

IV. Advertências sobre falsos mestres, 2.1–3.3

Negarão a redenção pelo sangue

2 Houve também entre o povo falsos profe-
tas, como entre vós haverá também [e]falsos
mestres, os quais introduzirão encoberta-
mente heresias destruidoras, negando até
o Senhor que os resgatou, trazendo sobre si
mesmos repentina destruição.
2 E muitos seguirão as suas dissoluções, e,
por causa deles, será blasfemado o caminho
da verdade.
3 Por ganância vos explorarão com palavras
fingidas. Para eles o juízo lavrado há longo
tempo não tarda, e a sua destruição não
dorme.
4 Pois, se Deus [f]não poupou os anjos que
pecaram, mas, havendo-os lançado no [g]in-
ferno, os entregou às cadeias da escuridão,
ficando reservados para o juízo;
5 se não poupou o [h]mundo antigo, embora
preservasse Noé, pregoeiro da [i]justiça, com
mais sete pessoas, ao trazer o Dilúvio sobre o
mundo dos ímpios;
6 se condenou à destruição as cidades de
[j]Sodoma e Gomorra, reduzindo-as a cinza e
pondo-as para exemplo aos que vivessem
impiamente;
7 e se livrou ao justo Ló, atribulado pela vida
dissoluta daqueles perversos
8 (pois este justo, habitando entre eles, afli-
gia todos os dias a sua alma justa com as
injustas obras deles);
9 [k]assim, sabe o Senhor [l]livrar da [m]tentação
os piedosos e reservar os injustos para o [n]dia
do juízo, para serem castigados.
10 Deus castigará especialmente aqueles que
segundo a [o]carne andam em imundos desejos
e [p]desprezam as autoridades. Atrevidos, arro-
gantes, não receiam blasfemar das dignidades,
11 ao passo que os anjos, embora maiores
em força e poder, não pronunciem contra eles
juízo blasfemo diante do Senhor.
12 Estes, porém, como [q]animais irracionais,
que seguem a natureza, feitos para serem
presos e mortos, blasfemando do que não
entendem, perecerão na sua corrupção.
13 Receberão a paga da injustiça. Tais
homens têm prazer na luxúria à luz do dia. São
nódoas e máculas, deleitando-se em suas fes-
tas, quando se banqueteiam convosco.
14 Têm os olhos cheios de adultério e são
insaciáveis no [r]pecado; iludem as almas
inconstantes; têm um coração exercitado na
ganância, são filhos da maldição!

Características dos falsos mestres
(a) São como Balaão

15 Eles, [s]deixando o caminho direito, desvia-
ram-se, tendo seguido o caminho de [2][t]Balaão,
filho de Beor, que amou o prêmio da injustiça,
16 mas que foi repreendido pela sua trans-
gressão: um mudo jumento, falando com voz
humana, impediu a loucura do profeta.

(b) Não têm o Espírito (comp. Jo 4.14; 7.37-39; Rm 8.9)

17 Estes são fontes sem água, [u]névoas impe-
lidas pela tempestade, para os quais está
[v]reservada a escuridão das trevas eternamente.

(c) Suas palavras são arrogantes de vaidade (comp. 1Co 2.1-5)

18 Pois proferem palavras [w]arrogantes de
vaidade e nos desejos da [x]carne iludem com

[z] Pv 4.18
[a] Ap 2.28; 22.16
[b] 2Co 4.5-7
[c] Inspiração: v. 20,21; Ap 1.1 (Êx 4.15; 2Tm 3.16, nota)
[d] Espírito Santo (NT): v. 21; 1Jo 3.24 (Mt 1.18; At 2.4, nota)
[e] Mt 24.5,24; 1Tm 4.2
[f] Juízos (os sete): v. 4; Jd 6 (2Sm 7.14; Ap 20.12)
[g] Jd 6
[h] Gr. *kosmos*. Veja Mt 4.8, nota
[i] Justiça (AT): v. 5,8 (Gn 6.9; Lc 2.25, nota)
[j] Gn 19.1-26

[k] Segurança: v. 9; 1Jo 2.2 (Sl 23.1; Jd 1)
[l] Sl 34.15-19; 1Co 10.13
[m] Provar-Tentar: v. 9; 2Pe 3.17 (Gn 3.1; Tg 1.14, nota)
[n] Dia (do juízo): v. 9; 2Pe 3.7 (Mt 10.15; Ap 20.11)
[o] Carne (natureza pecaminosa): v. 10; 2Pe 2.18 (Jo 8.15; Jd 23)
[p] Jd 8
[q] Jd 10
[r] Veja Rm 3.23, nota
[s] Apostasia: v. 1-22; 1Jo 4.5 (Lc 18.8; 2Tm 3.1, nota)
[t] Nm 22.1-41
[u] Jd 12
[v] Jd 13
[w] Comp. Jd 18
[x] Carne (natureza pecaminosa): v. 18; 1Jo 2.16 (Jo 8.15; Jd 23)

de eles acontecerem que a mera sagacidade ou previsão humanas jamais as poderiam ter imaginado. E essas predições são tão detalhadas, minuciosas e específicas que excluem a possibilidade de que sejam simplesmente conjecturas acertadas. Centenas de predições referentes a Israel, à terra de Canaã, à Babilônia, à Assíria, ao Egito e a numerosos personagens – predições tão antigas, tão singulares, tão aparentemente improváveis, como também tão detalhadas e definidas que nenhum mortal poderia tê-las previsto – cumpriram-se por meio de elementos da natureza e por homens que as desconheciam, que descriam completamente delas, ou que lutaram com todas as forças para evitar seu cumprimento. Portanto, é indubitável que as Escrituras que contêm essas profecias são movidas [inspiradas] pelo Espírito Santo. “A profecia nunca foi produzida por vontade dos homens, mas os homens santos da parte de Deus falaram movidos pelo Espírito Santo” (v. 21).

[1] (1.20) Alguns propõem o significado básico de que nenhuma profecia está isolada do que as Escrituras declaram em outras passagens, i.e., todas as profecias são congruentes.

[2] (2.15) Balaão (veja Nm 22.5, *refs.*) era o típico profeta profissional, ansioso por obter lucro com seu dom. Este é o “caminho de Balaão”. Veja o “erro de Balaão”, Jd 11, *nota*, e a “doutrina de Balaão”, Ap 2.14, *nota*.

dissoluções aqueles que estavam prestes a
fugir dos que andam no erro.

(d) Corrompem a liberdade cristã

19 Prometem-lhes liberdade, sendo eles
mesmos [y]escravos da corrupção; [z]porque de
quem um homem é vencido, do mesmo é
feito escravo.
20 Se, depois de terem escapado das corrup-
ções do [a]mundo, mediante o conhecimento
do Senhor e [b]Salvador Jesus Cristo, forem
[c]outra vez envolvidos nelas e vencidos, tor-
nou-se o seu último estado pior do que
o primeiro.
21 [d]Melhor lhes fora não terem conhecido
o caminho da justiça do que, conhecendo-o,
desviarem-se do santo mandamento que lhes
fora dado.

(e) Rejeitam a fé

22 Deste modo sobreveio-lhes o que diz este
[e]provérbio verdadeiro: O cão voltou ao seu
próprio vômito; e a porca lavada voltou a rolar
na lama.

Motivo da epístola

3 **Amados**, esta é a segunda carta que vos
escrevo. Nas duas cartas procuro [f]desper-
tar pensamentos puros na vossa mente.
2 Quero que vos lembreis das palavras que
já vos [g]foram ditas pelos santos profetas e
do mandamento do Senhor e Salvador, dado
mediante os vossos apóstolos.
3 Sabei primeiro que nos últimos dias virão
[h]escarnecedores, andando segundo os seus
próprios desejos

V. A segunda vinda de Cristo e o dia do Senhor, 3.4-16

(1) A volta do Senhor será objeto de incredulidade

4 e dizendo: Onde está a promessa da sua
[i]vinda? Desde que os pais dormiram, todas as
coisas permanecem como desde o princípio
da [j]criação.
5 Eles, [k]de propósito, ignoram isto, que
[l]pela palavra de Deus já desde a antiguidade
existiram os céus e a terra, que foi tirada da
água e no meio da água subsiste.
6 Por essas coisas também pereceu o
[m]mundo de então, [n]coberto pelas águas
do Dilúvio.
7 Os céus e a terra que existem agora, porém,
pela mesma palavra, têm sido guardados para
o fogo, sendo reservados para o [o]dia do juízo e
da [p]perdição dos homens ímpios.
8 **Amados**, não ignoreis uma coisa: que um
dia para o Senhor é como mil anos, e [q]mil anos
como um dia.
9 O Senhor não [r]retarda a sua promessa,
ainda que alguns a tenham por tardia. Ele é
[s]longânimo para convosco, não [1]querendo que
ninguém se perca, senão que todos [t]venham a
[u]arrepender-se.

(2) A purificação dos céus e da terra

10 O [v]dia do Senhor, porém, virá [w]como
um ladrão. [2]Os [x]céus passarão com grande
estrondo, e os elementos, ardendo, se des-
farão, e a terra e as obras que nela há serão
descobertas.
11 Havendo, pois, de perecer todas essas coi-
sas, que pessoas não deveis ser em santidade
e piedade,
12 [yy]aguardando e desejando ardentemente
a vinda do dia de Deus, em que os céus, em
fogo, se dissolverão, e os elementos, ardendo,
se fundirão?
13 Nós, porém, segundo a sua [zz]promessa,
aguardamos novos [aa]céus e nova terra, nos
quais habita a [bb]justiça.
14 **Pelo** que, amados, aguardando estas
coisas, procurai que dele sejais achados
imaculados e [cc]irrepreensíveis em paz.
15 Tende por [dd]salvação a [ee]longanimidade de
nosso Senhor, como também o nosso amado
irmão Paulo vos escreveu segundo a sabedoria
que lhe foi dada.
16 Em todas as suas [ff]cartas ele escreve da
mesma forma, falando acerca destas coi-
sas. Suas cartas contêm pontos difíceis de
entender, os quais os indoutos e incons-
tantes torcem, como o fazem também com
as [gg]outras Escrituras, para sua própria
perdição.

[1] (3.9) Nas Escrituras observam-se três aspectos da vontade de Deus: 1) a vontade divina soberana (Is 46.9-11; Dn 4.17,35; Hb 2.4; Ap 17.17); 2) a vontade moral de Deus, i.e., sua lei moral (Mc 3.35; Ef 6.6; Hb 13.21); 3) os desejos de Deus que provêm de seu coração de amor (Ez 33.11; Mt 23.37; 2Pe 3.9). A vontade soberana de Deus terá cumprimento cabal, mas os homens desobedecem à lei moral, e os desejos de Deus são cumpridos somente quando fazem parte de sua vontade soberana. Deus não deseja que ninguém se perca, mas está claro que muitos não serão salvos (Ap 21.8).

[2] (3.10) Isso se refere ao clímax do Dia do Senhor no final do milênio, quando a destruição dos céus e da terra concluirá o Dia do Senhor (Ap 20.11; 21.1).

[y] Pv 5.22
[z] Jo 8.34; Rm 6.16
[a] Gr. *kosmos*. Veja Ap 13.8, nota
[b] Veja Rm 1.16, nota
[c] Lc 11.26; Hb 6.4-6
[d] Comp. Mt 11.23,24; Lc 12.47,48
[e] Pv 26.11
[f] 2Pe 1.13
[g] 2Pe 1.21
[h] Comp. Jd 10,18
[i] Cristo (segunda vinda): v. 4; 1Jo 2.28 (Dt 30.3; At 1.11, nota)
[j] Gn 6.1-7
[k] Sl 19.11
[l] Gn 1.6-9
[m] Gr. *kosmos*. Veja Mt 4.8, nota
[n] Gn 7.21-23; Mt 24.37-39; Lc 17.26,27; 2Pe 2.5
[o] Dia (do juízo): v. 7; 1Jo 4.17 (Mt 10.15; Ap 20.11)
[p] 2Ts 1.8
[q] Sl 90.4
[r] Comp. Hc 2.3
[s] Sl 86.15; Is 30.18
[t] Mt 20.28; 1Tm 2.4
[u] Arrependimento: v. 9; Ap 2.5 (Mt 3.2; At 17.30, nota)
[v] Dia (do Senhor): v. 10-13; Jd 6 (Sl 2.9; Is 2.12; Ap 19.19)
[w] Mt 24.42; 1Ts 5.2; Ap 16.15
[x] Gn 1.6-8; Sl 102.25,26; Is 51.6; Ap 20.11
[yy] 1Co 1.7,8; Tt 2.13-15
[zz] Is 65.17
[aa] Ap 21.1
[bb] Veja 1Jo 3.7, nota
[cc] 1Co 1.8; 1Ts 5.23
[dd] Veja Rm 1.16, nota
[ee] Sl 86.15; Rm 2.4
[ff] p. ex., Rm 8.19; 1Co 15.24; 2Ts 1.10
[gg] 2Tm 3.16

[h] Comp. Jo 16.4
[i] Provar-Tentar: v. 17; Ap 2.10 (Gn 3.1; Tg 1.14, nota)

Conclusão: Exortação e bênção, 3.17,18

17 Vós, portanto, amados, sabendo isto de
[h]antemão, guardai-vos de que pelo [i]engano dos
homens perversos sejais juntamente arrebata-
dos e deixais a vossa firmeza.

18 Antes, crescei na [1j]graça e no conhecimento
de nosso Senhor e Salvador Jesus Cristo. A ele
seja dada a glória, assim agora como até o dia
da eternidade. Amém.

[j] Graça: v. 18; 2Jo 3 (Jo 1.14; Jo 1.17, nota)

[1] (3.18) Graça (conferida), Resumo (veja Graça, Jo 1.17, *nota*): A graça é o método que Deus utiliza tanto na salvação como na vida e no serviço do crente. Como salvo, ele não está "debaixo da Lei, mas debaixo da graça" (Rm 6.14). Depois que o cristão chega, pela graça, à mais alta posição que se pode imaginar (Ef 1.6), Deus, sem cessar, opera por meio de sua graça para conceder-lhe as graças correspondentes e aperfeiçoá-las nele (os dons do Espírito e a capacidade para o crente cumprir os propósitos de Deus e conformar-se à sua imagem; Jo 15.4,5; Gl 5.22,23). A graça, portanto, está relacionada com o serviço (Rm 12.6; 15.15,16; 1Co 1.3-7; 3.10; 15.10; 2Co 12.9,10; Gl 2.9; Ef 3.7,8; 4.7; Fp 1.7; 2Tm 2.1,2; 1Pe 4.10); com o crescimento cristão (2Co 1.12; Ef 4.29; Cl 3.16; 4.6; 2Ts 1.12; Hb 4.16; 12.28,29; 13.9; Tg 4.6; 1Pe 1.2; 3.7; 5.5,10; 2Pe 3.18; Jd 4); e com a contribuição por meio de ofertas (2Co 4.15; 8.1,6,7,19; 9.14).

1JOÃO

- **Autor:** João
- **Tema:** A comunhão
- Escrito entre 90 e 95 d.C., aprox.

A PRIMEIRA EPÍSTOLA DE JOÃO, de acordo com o testemunho da evidência interna e por comparação com o Evangelho de João, foi escrita pelo apóstolo João. É uma carta de caráter familiar e parte do pai para os seus "filhinhos" que estão no mundo. Com a possível exceção de Cântico dos Cânticos de Salomão, este é o escrito inspirado de caráter mais íntimo. O pecado do cristão é considerado ofensa de um filho contra o pai e tratado como um assunto de família (1.9; 2.1). O governo moral do universo não está em discussão. O pecado do filho como uma ofensa contra a Lei foi julgado na cruz, e "Jesus Cristo, o justo" é agora nosso "Advogado para com o Pai". O Evangelho de João nos faz entrar na casa do Pai; sua primeira epístola faz que ali nos sintamos em nosso próprio lar. Para falar aos filhos, João usa uma palavra cheia de ternura (gr. teknia), diminutivo que significa filhinhos, os que nasceram. Enquanto Paulo se ocupa com a posição pública do cristão como filho, João tem em mente a proximidade do crente como nascido do Pai.

A primeira epístola de João pode ser dividida da seguinte maneira: Introdução, 1.1,2. I. Os filhinhos e a comunhão, 1.3–2.11. II. Os filhinhos e seus inimigos, 2.12-27. III. Os filhinhos e a volta do Senhor, 2.28–3.3. IV. Os filhinhos em contraste com os filhos de Satanás, 3.4-24. V. Os filhinhos e os falsos mestres, 4.1-6. VI. Segurança e advertência aos filhinhos, 4.7–5.19. Conclusão, 5.20,21.

Introdução: a Palavra encarnada, 1.1,2

A comunhão, uma realidade

1 **O** que [a]era [b]desde o princípio, o que [c]ouvimos, o que [d]vimos com os nossos olhos, o que [e]contemplamos e as nossas mãos [f]tocaram, isso proclamamos com respeito ao [g]Verbo da vida

2 (pois a vida foi [h]manifestada, e nós a vimos, testificamos dela e vos anunciamos a [i]vida eterna, que estava [j]com o Pai, e nos foi manifestada).

I. Os filhinhos e a comunhão, 1.3–2.11

(1) A comunhão é com o Pai e com o Filho

3 O que vimos e ouvimos, isso vos anunciamos, para que também tenhais comunhão conosco. E a nossa comunhão é [k]com o Pai e com seu Filho Jesus Cristo.

4 Essas coisas vos escrevemos, para que a nossa [l]alegria seja completa.

(2) As condições da comunhão

(a) A posição na luz

5 **E**sta é a mensagem que dele ouvimos e vos anunciamos: que Deus é [m]luz, e nele não há treva nenhuma.

6 Se [n]dissermos que temos comunhão com ele, mas andarmos nas trevas, mentimos e não praticamos a verdade.

7 Se, porém, [1][o]andarmos na [p]luz, como ele na luz está, temos comunhão uns com os outros, e o [q]sangue de Jesus Cristo, seu Filho, nos purifica de todo pecado.

(b) Reconhecimento do pecado que habita em nós (veja 1Co 11.31, nota)

8 Se dissermos que não temos pecado nenhum, enganamo-nos a nós mesmos, e não há verdade em nós.

(c) Pecados confessados, perdoados e purificados

9 Se [r]confessarmos os nossos pecados, ele é [s]fiel e justo para nos [t]perdoar os pecados e nos purificar de toda injustiça.

10 Se dissermos que não pecamos, [u]fazemo-lo mentiroso, e a sua palavra não está em nós.

(d) A comunhão com Deus e Cristo como nosso Advogado

2 **F**ilhinhos meus, estas coisas vos escrevo para que não pequeis. Se, porém, alguém [v]pecar, temos um [2][w]Advogado para com o Pai, Jesus Cristo, o justo.

[a] Cristo (primeira vinda): v. 1-3; 1Jo 4.2 (Gn 3.15; At 1.11, nota)
[b] Jo 1.1; 1Jo 2.13
[c] Comp. Jo 5.24; At 4.20
[d] Lc 1.2; Jo 1.14; 19.35
[e] 2Pe 1.16,17
[f] Lc 24.39; Jo 20.27
[g] Jo 1.1,14
[h] Rm 16.26; 1Tm 3.16
[i] Vida (eterna): v. 1,2; 1Jo 2.25 (Mt 7.14; Ap 22.19)
[j] Jo 1.1,18; 16.28
[k] Jo 17.21; 1Co 1.9; 1Jo 2.24
[l] Jo 15.11; 16.24; 1Pe 1.8
[m] 1Tm 6.16
[n] 1Jo 2.9-11
[o] Is 2.5
[p] Veja Êx 27.20, nota
[q] Sacrifício (de Cristo): v. 7; Ap 1.5 (Gn 3.15; Hb 10.18, nota)
[r] Pv 28.13; comp. Sl 32.5
[s] Rm 3.24-26
[t] Perdão: v. 9; 1Jo 2.12 (Lv 4.20; Mt 26.28, nota)
[u] 1Jo 5.10; comp. Jo 3.33
[v] Veja Rm 3.23, nota
[w] Jo 14.16; Rm 8.34; Hb 7.25

[1] (1.7) O andar na luz é explicado nos v. 8-10 e em Ef 5.13. Por meio da Palavra de Deus, o Espírito Santo, que habita no cristão, mostra-lhe que 1) ele ainda possui a velha natureza (v. 8) e 2) precisa do perdão de seus pecados (v. 9,10). O sangue de Cristo é a provisão divina para ambas as coisas (veja Advogado de defesa, 2.1, *nota*). Andar na luz é viver em comunhão com o Pai e com o Filho. O pecado interrompe a comunhão, mas não pode mudar o relacionamento. A confissão restaura a comunhão e, se feita de imediato, mantém a comunhão intacta.

[2] (2.1) Esta é a obra de Cristo como advogado de defesa em favor dos crentes que pecam, obra que ele realiza para com o Pai e pela qual, em razão da eficácia eterna do sacrifício de Cristo, os restaura à comunhão. Comp. Sl 23.3; veja Jo 13.10, *nota*.

2 Ele é a [x]propiciação pelos nossos [y]pecados,
e não somente pelos nossos, [z]mas também pe-
los de todo o [a]mundo.

(e) Reconhecimento da santidade de Deus

3 E nisto sabemos que o conhecemos: se
guardamos os seus [1]mandamentos.
4 Aquele que diz: Eu o conheço, mas não
guarda os seus mandamentos é [b]mentiroso,
e nele não está a verdade.
5 Mas qualquer que [c]guarda a sua palavra, o
amor de Deus nele tem-se verdadeiramente
[d]aperfeiçoado. E nisso conhecemos que es-
tamos nele.
6 Aquele que diz que está nele, também [e]de-
ve andar como ele andou.
7 **A**mados, [f]não vos escrevo mandamento no-
vo, mas um mandamento antigo, que [g]desde o
princípio tivestes. Este mandamento [h]antigo
é a palavra que ouvistes.
8 Contudo, vos escrevo [i]novo mandamento,
que é verdadeiro nele e em vós, porque as tre-
vas vão passando, e já brilha a verdadeira [j]luz.
9 Aquele, porém, que [k]diz que está na luz, mas
odeia seu irmão, até agora está nas trevas.
10 Aquele que [l]ama seu irmão permanece na
luz, e nele não há nenhum tropeço.
11 Aquele, porém, que [m]odeia seu irmão está
nas trevas e [n]anda nas trevas; não sabe para on-
de vai, porque as trevas lhe cegaram os olhos.

II. Os filhinhos e seus inimigos, 2.12-27

Palavras à família

12 **F**ilhinhos, eu vos escrevo,
porque os vossos pecados são [o]perdoados,
por causa do seu nome.
13 Pais, eu vos escrevo,
porque conhecestes aquele
que é [p]desde o princípio.
Jovens, eu vos escrevo,
porque [q]vencestes o Maligno.
14 Eu vos escrevi, meninos,
porque [r]conhecestes o Pai.
Eu vos escrevi, pais,
porque já conhecestes
aquele que é desde o princípio.
Eu vos escrevi, jovens,
porque sois fortes
e a palavra de Deus está em vós
e já vencestes o Maligno.

Os filhos não devem amar o mundo

15 [s]**N**ão ameis o [t]mundo nem o que há no
mundo. [u]Se alguém ama o mundo, o amor do
Pai não está nele.
16 Pois tudo o que há no mundo, a cobiça da
[v]carne, a cobiça dos olhos e a soberba da vida,
não é do Pai, mas do mundo.
17 Ora, o mundo e a sua cobiça passam, mas
aquele que faz a vontade de Deus permanece
para sempre.

Advertência aos filhos sobre os apóstatas

18 **F**ilhinhos, esta é a última hora; e como
ouvistes que vem o anticristo, já muitos [w]an-
ticristos têm surgido, pelo que conhecemos
que é a [xx]última hora.
19 [2]Saíram de nosso meio, mas não eram dos
nossos. Pois se tivessem sido dos nossos, te-
riam ficado conosco; mas isso é [yy]para que se
manifestasse que [zz]nenhum deles é dos nossos.
20 Mas vós tendes a [aa]unção que vem do San-
to e [bb]sabeis tudo.
21 Não vos escrevi [cc]porque não soubésseis
a verdade, mas porque a sabeis e porque ne-
nhuma mentira vem da verdade.
22 Quem é o mentiroso senão aquele que
nega que [dd]Jesus é o Cristo? Esse mesmo é o
[ee]anticristo, esse que nega o Pai e o Filho.
23 Qualquer que [ff]nega o Filho também não
tem o [gg]Pai; aquele que confessa o Filho tem
também o Pai.
24 Portanto, o que desde o princípio ouvistes
[hh]permaneça em vós. Se em vós permanecer o
que desde o princípio ouvistes, também per-
manecereis no Filho e no Pai.
25 E esta é a [ii]promessa que ele nos fez: a
[jj]vida eterna.
26 Estas coisas vos escrevo acerca dos que
vos querem enganar.
27 **E** a [kk]unção, que vós recebestes dele, fi-
ca em vós, e não tendes necessidade de que
alguém vos ensine. Mas como a sua unção
vos ensina todas as coisas e é verdadeira,
não é mentira, como ela vos ensinou, assim
nele permanecei.

III. Os filhinhos e a vinda do Senhor, 2.28–3.3

Exortação à pureza

28 E agora, [ll]filhinhos, permanecei nele, pa-
ra que, quando ele se [mm]manifestar, tenhamos

[x] Veja Rm 3.25, nota
[y] Veja Rm 3.23, nota
[z] Segurança: v. 1,2; 1Jo 3.2 (Sl 23.1; Jd 1)
[a] Gr. *kosmos*. Veja Mt 4.8, nota
[b] Rm 3.4
[c] Comp. Jo 14.23; Cl 3.16
[d] Veja Mt 5.48, nota
[e] Jo 13.15; 1Pe 2.21
[f] Comp. 2Jo 5
[g] 1Jo 3.11
[h] Comp. Jo 15.10
[i] Jo 15.12
[j] Jo 1.9; 8.12; 12.35
[k] v. 4; 1Jo 3.14
[l] Lei (de Cristo): v. 10; 1Jo 3.11 (Jo 13.34; 2Jo 5)
[m] 1Jo 3.15; 4.20
[n] Jo 12.35; comp. 2Pe 1.9
[o] Perdão: v. 12 (Lv 4.20; Mt 26.28, nota)
[p] 1Jo 1.1; Ap 22.13
[q] Comp. Ef 6.11; Hb 2.14; 1Jo 4.4
[r] Rm 8.15-17; Gl 4.6

[s] Rm 12.2; Gl 1.4
[t] Gr. *kosmos*. Veja Ap 13.8, nota
[u] Mt 6.24; Tg 4.4; comp. Gl 1.10
[v] Carne (natureza pecaminosa): v. 16; Jd 23 (Jo 8.15; Jd 23)
[w] Anticristo: v. 18; 1Jo 2.22 (1Jo 2.18; Ap 13.11, nota)
[xx] 1Pe 4.7
[yy] Comp. 1Co 11.19
[zz] Comp. Jo 10.27-29
[aa] 2Co 1.21
[bb] 1Co 2.15,16
[cc] Comp. 2Pe 3.1; Jd 5
[dd] 1Jo 4.3
[ee] Anticristo: v. 22; 1Jo 4.3 (1Jo 2.18; Ap 13.11, nota)
[ff] Comp. Jo 14.9-11
[gg] Jo 5.23
[hh] Jo 15.5; Cl 1.23; 2Jo 9
[ii] Jo 3.14-16; 17.2,3
[jj] Vida (eterna): v. 25; 1Jo 3.15 (Mt 7.14; Ap 22.19)
[kk] v. 20; Jo 14.26; 16.13
[ll] Jo 2.1,12
[mm] Cristo (segunda vinda): 2.28; 3.2,3; Jd 14 (Dt 30.3; At 1.11, nota)

[1] (2.3) João usa o termo "mandamentos" 1) no sentido geral de vontade divina – independentemente da forma pela qual é revelada –, i.e., "sua palavra" (v. 5); e 2) em referência especial à lei de Cristo (Gl 6.2; 2 Jo 5). Veja tb. Jo 15.10-12.

[2] (2.19) "Saíram de nosso meio", i.e., quanto à doutrina. Sem dúvida, naquele tempo, como acontece hoje, os que negavam o Filho (v. 22,23) chamavam a si mesmos de cristãos. Comp. 2Tm 1.15.

[n]confiança e não sejamos envergonhados por ele na sua vinda.

29 Se sabeis que ele é justo, sabeis que todo aquele que pratica a [o]justiça é nascido dele.

3 **V**ede [p]quão grande amor nos concedeu o Pai, que fôssemos chamados filhos de Deus. E somos mesmo seus filhos! O [q]mundo [r]não nos conhece porque não o conheceu.

2 Amados, agora somos filhos de Deus, e ainda não se manifestou o que havemos de ser. Mas [s]sabemos que, quando ele se manifestar, [t]seremos semelhantes a ele, porque assim como [u]é, o veremos.

3 E todo o que nele tem esta esperança purifica-se a si mesmo, como também ele é puro.

IV. Os filhinhos em contraste com os filhos de Satanás, 3.4-24

As características distintas

4 Todo aquele que [1]comete [v]pecado transgride a Lei, pois o pecado é a transgressão da Lei.

5 E bem sabeis que ele se manifestou para [w]tirar os nossos pecados. E nele [x]não há pecado.

6 Todo aquele que permanece nele não vive pecando. Todo o que vive pecando não o viu nem o conhece.

7 **F**ilhinhos, ninguém vos engane. Quem pratica a [2]justiça é justo, assim como ele é justo.

8 Quem comete pecado é do Diabo, porque o [y]Diabo peca desde o princípio. Para isto o Filho de Deus se manifestou: [z]para destruir as obras do Diabo.

9 Aquele que é [a]nascido de Deus não vive na prática do pecado, porque a semente de Deus permanece nele; não pode continuar pecando, porque é nascido de Deus.

10 Nisto são manifestos os filhos de Deus e os filhos do Diabo: quem não pratica a [b]justiça não é de Deus, nem aquele que não ama seu irmão.

11 **E**sta é a mensagem que [c]ouvistes desde o princípio, que nos [d]amemos uns aos outros,

12 não sendo como [e]Caim, que era do Maligno e matou seu irmão. E por que o matou? Porque as suas obras eram más e as de seu irmão, justas.

13 Meus irmãos, não vos admireis se o [f]mundo vos [g]odeia.

14 Nós sabemos que já passamos da morte para a vida, porque amamos os irmãos. Quem não ama permanece na morte.

15 Todo o que odeia a seu irmão é homicida. E vós sabeis que nenhum homicida tem a [h]vida eterna permanente em si.

16 Nisto conhecemos o [i]amor: [j]que Cristo deu a sua vida por nós. E devemos [k]dar a nossa vida pelos irmãos.

17 Quem tiver bens do mundo e, vendo o seu irmão [l]necessitado, fechar-lhe o seu coração, como [m]estará nele o amor de Deus?

18 Meus filhinhos, não amemos de palavra nem de língua, mas por obra e em verdade.

19 **N**isso conheceremos que somos da verdade, e diante dele tranquilizaremos o nosso coração,

20 [nn]sabendo que, se o nosso coração nos condena, maior é Deus do que o nosso coração, e conhece todas as coisas.

21 Amados, se o coração não nos condena, temos [oo]confiança para com Deus,

22 e [pp]qualquer coisa que lhe pedirmos, dele a receberemos, porque guardamos os seus mandamentos e fazemos o que lhe é agradável.

23 Ora, o seu mandamento é este: Que [qq]creiamos no nome de seu Filho Jesus Cristo e nos amemos uns aos outros, segundo o mandamento que nos ordenou.

24 E aquele que guarda os seus mandamentos permanece em [rr]Deus, e Deus nele. E nisto conhecemos que ele permanece em nós: pelo [ss]Espírito que nos deu.

V. Os filhinhos e os falsos mestres, 4.1-6

4 **A**mados, não creiais em todo espírito, mas provai se os [tt]espíritos vêm de Deus, porque já muitos falsos profetas têm surgido no [uu]mundo.

Sinais dos falsos mestres

(a) Doutrina errada sobre a Pessoa de Cristo

2 Nisto conheceis o Espírito de Deus: Todo espírito que confessa que [vv]Jesus Cristo [ww]veio em carne é de Deus,

3 mas todo espírito que não confessa a Jesus não é de Deus. Este é o espírito do [xx]anticristo, do qual já ouvistes que há de vir e agora já está no [yy]mundo.

---

[n] 1Jo 3.21; 4.17
[o] Veja 3.7, nota
[p] Ef 2.4-7; 1Jo 4.10
[q] Gr. *kosmos*. Veja Mt 4.8, nota
[r] Comp. Jo 15.18-20
[s] Segurança: v. 2; Jd 1 (Sl 23.1; Jd 1)
[t] Rm 8.29; 1Co 15.49; Fp 3.21
[u] Comp. 1Co 13.10-12
[v] Veja Rm 3.23, nota
[w] Jo 1.29; 2Co 5.21; Hb 9.26
[x] Hb 7.26; 1Pe 1.19
[y] Satanás: v. 8,10; Jd 9 (Gn 3.1; Ap 20.10)
[z] Hb 2.14
[a] Jo 3.3-6; 1Jo 5.18
[b] Veja v. 7, nota
[c] Jo 13.34; 1Jo 1.5; 2.7-11; 3.23; 4.7-12
[d] Lei (de Cristo): v. 11,14; 1Jo 3.16 (Jo 13.34; 2Jo 5)
[e] Gn 4.8
[f] Gr. *kosmos*. Veja Ap 13.8, nota
[g] Jo 15.18-21

[h] Vida (eterna): v. 14,15; 1Jo 5.11 (Mt 7.14; Ap 22.19)
[i] Lei (de Cristo): 3.16-18,23; 4.7,11, 12,17; 1Jo 4.21 (Jo 13.34; 2Jo 5)
[j] Jo 15.13; Gl 2.20
[k] Comp. Rm 16.4
[l] Comp. Lc 3.11
[m] Comp. 1Jo 4.20
[nn] Comp. 1Co 4.4
[oo] 1Jo 2.28
[pp] Jo 15.7; 1Jo 5.14,15
[qq] Fé: 3.23; 4.16; 1Jo 5.1 (Gn 3.20; Hb 11.39, nota)
[rr] Jo 14.21
[ss] Espírito Santo (NT): 3.24; 4.2,13; 1Jo 5.6 (Mt 1.18; At 2.4, nota)
[tt] Comp. Mt 7.15; 2Co 11.13-15
[uu] Gr. *kosmos*. Veja Mt 4.8, nota
[vv] Rm 10.8-10; 1Jo 5.1
[ww] Cristo (primeira vinda): 4.2,3; 5.20 (Gn 3.15; At 1.11, nota)
[xx] Anticristo: v. 3; 2Jo 7 (1Jo 2.18; Ap 13.11, nota)
[yy] Gr. *kosmos*. Veja Ap 13.8, nota

---

[1] (3.4) Aqui e em passagens semelhantes nessa epístola, o verbo grego tem a força do tempo presente contínuo (comp. 3.6,9; 5.18) e, portanto, denota a atitude habitual de uma pessoa quanto ao pecado, expresso em sua prática ou não. João não está falando de um estado de perfeição no qual é impossível que o cristão peque; ele está enfatizando o fato de que um cristão não pode viver na prática do pecado, pois nasceu de Deus.

[2] (3.7) "Justiça", aqui e nas passagens com referências marginais a este versículo, significa a vida justa que é resultado da salvação em Cristo. Pela graça de Deus, o cristão age com justiça porque foi feito justo (Rm 3.22; veja Rm 10.3, *nota*).

4 Filhinhos, vós sois de Deus e já os vencestes, porque [z]maior é o que está [a]em vós do que o que está no mundo.

(b) Atitude errada para com o mundo

5 Eles [b]são do mundo, por isso falam do mundo, [c]e o mundo os ouve.

6 Nós somos de Deus, e quem conhece a Deus nos ouve; mas aquele que não é de Deus [d]não nos ouve. [e]Nisso reconhecemos o espírito da verdade e o espírito do erro.

VI. Segurança e advertência aos filhinhos, 4.7–5.19

7 [f]**Amados**, amemo-nos uns aos outros, pois o amor é de Deus. Quem [g]ama é nascido de Deus e conhece a Deus.

8 Aquele que não ama não conhece a Deus, porque [h]Deus é amor.

9 Nisto se [i]manifestou o amor de Deus para conosco: em que Deus enviou o seu [j]Filho unigênito ao mundo, para que por meio dele vivamos.

10 Nisto está o amor: [k]não em que nós tenhamos amado a Deus, mas em que ele nos amou e enviou o seu Filho como [l]propiciação pelos nossos pecados.

O amor de Deus habitando em nós demonstrado por meio de uma vida de amor por ele e por outros

11 Amados, se Deus assim nos amou, nós também devemos amar uns aos outros.

12 Ninguém jamais viu a Deus; mas se amarmos uns aos outros, Deus está em nós, e em nós é [m]aperfeiçoado o seu amor.

13 **Nisto** conhecemos que estamos nele e ele em nós: por ele nos ter dado do seu Espírito.

14 Vimos e testificamos que o Pai enviou o seu Filho como [n]Salvador do mundo.

15 Todo aquele que [o]confessar que Jesus é o Filho de Deus, Deus está nele, e ele em Deus.

16 E nós conhecemos e cremos no amor que Deus tem por nós. Deus é amor. Quem está em amor está em Deus, e Deus [p]nele.

17 Nisto é aperfeiçoado em nós o amor, para que no [q]dia do juízo tenhamos [r]confiança; porque, qual ele é, somos nós também neste mundo.

18 No amor não há medo. Antes o perfeito amor lança fora o medo, porque o medo produz tormento. Aquele que teme não é [s]aperfeiçoado em amor.

19 [t]Nós o amamos porque ele nos amou primeiro.

20 [u]Se alguém disser: Eu amo a Deus, e odiar seu irmão, é mentiroso. Pois aquele que não ama seu irmão, a quem viu, como pode amar a Deus, a quem não viu?

21 E dele temos [v]este mandamento, que quem ama a Deus, [w]ame também seu irmão.

[z] Comp. Rm 8.31; Hb 6.13
[a] Jo 14.30; 16.11; comp. 1Co 2.12
[b] Apostasia: v. 1-6; Jd 4 (Lc 18.8; 2Tm 3.1, nota)
[c] Jo 15.19; 17.14
[d] Comp. Jo 8.47
[e] 1Co 2.12-16
[f] 1Jo 3.10,11,23
[g] 3.14; 1Ts 4.9
[h] v. 16
[i] Rm 5.8
[j] Is 9.6,7; Jo 3.16
[k] Tt 3.5
[l] Veja Rm 3.25, nota
[m] Veja Mt 5.48, nota
[n] Veja Rm 1.16, nota
[o] v. 2
[p] Jo 14.23
[q] Dia (do juízo): v. 17; Ap 20.11 (Mt 10.15; Ap 20.11)
[r] 1Jo 2.28
[s] Veja Mt 5.48, nota
[t] 4.10; comp. 2Co 5.14,15
[u] 1Jo 2.4
[v] Jo 13.34; 15.12; 1Jo 3.23
[w] Lei (de Cristo): 4.21; 5.2; 2Jo 5 (Jo 13.34; 2Jo 5)

A fé é o princípio vencedor no conflito com o mundo

5 Todo aquele que [x]crê que [y]Jesus é o Cristo é [zz]nascido de Deus, e [aa]todo aquele que ama o que o gerou também ama o que dele é nascido.

2 Nisto conhecemos que amamos os filhos de Deus, se amamos a Deus e [bb]guardamos os seus mandamentos.

3 Este é o amor de Deus, que guardemos os seus mandamentos. E os seus mandamentos [cc]não são penosos,

4 pois todo o que é nascido de Deus vence o [dd]mundo. Esta é a vitória que [ee]vence o mundo: a nossa fé.

5 Quem é o que vence o mundo senão aquele que crê que Jesus é o Filho de Deus?

6 **Este** é aquele que veio por [ff]água e sangue, isto é, Jesus Cristo. Ele não veio só pela água, mas pela água e pelo sangue. E o [gg]Espírito é o que dá testemunho, porque o Espírito é a verdade.

7 Pois três são os que dão testemunho no céu: o Pai, a Palavra e o Espírito Santo; e estes três são um.

8 E [hh]três são os que dão testemunho na terra: [ii]o Espírito, a água e o sangue; e estes três concordam.

Certeza bendita

9 Se recebemos o testemunho dos homens, o [jj]testemunho de Deus é maior, porque o testemunho de Deus é este, que de seu Filho testificou.

10 Quem crê no Filho de Deus, em si mesmo [kk]tem o testemunho. Quem [ll]não crê em Deus, mentiroso o faz, porque não crê no testemunho que Deus dá acerca do seu Filho.

11 E o testemunho é este: Deus nos deu a [mm]vida eterna, e esta vida está em seu Filho.

12 Quem [nn]tem o Filho tem a vida; quem não tem o Filho de Deus não tem a vida.

13 **Estas** coisas vos escrevi [oo]para que saibais que tendes a vida eterna, a vós que credes no nome do Filho de Deus.

14 Esta é a confiança que temos nele, que, [pp]se pedirmos alguma coisa [qq]segundo a sua vontade, ele nos ouve.

15 E se sabemos que nos ouve em tudo o que lhe pedimos, sabemos que já alcançamos os pedidos que lhe fizemos.

Sérias advertências

16 Se alguém vir a seu irmão cometer [rr]pecado que não é para morte, [ss]pedirá, e Deus lhe dará vida, aos que não pecam para morte. Há pecado para morte, e por esse não digo que [tt]ore.

[x] Fé: v. 1,4,5, 10,13; Ap 2.19 (Gn 3.20; Hb 11.39, nota)
[y] 1Jo 4.2,15; comp. 1Jo 2.22,23
[zz] Jo 1.13
[aa] Comp. Jo 15.23
[bb] Jo 15.10; 2Jo 6
[cc] Mt 11.30
[dd] Gr. *kosmos*. Veja Ap 13.8, nota
[ee] 1Jo 4.4; comp. Ap 12.11
[ff] Jo 19.34,35; Ef 5.26,27; comp. Jo 15.3; 17.17
[gg] Espírito Santo (NT): v. 6,8; Jd 19 (Mt 1.18; At 2.4, nota)
[hh] Comp. Jo 8.17,18
[ii] Jo 15.26
[jj] Jo 5.34,37
[kk] Rm 8.16; Gl 4.6
[ll] Comp. 1Jo 1.10
[mm] Vida (eterna): v. 11-13,20; Jd 21 (Mt 7.14; Ap 22.19)
[nn] Jo 3.36; 6.47; 17.2,3
[oo] Comp. Jo 20.31
[pp] 1Jo 3.22
[qq] Comp. Tg 4.3
[rr] Veja Rm 3.23, nota
[ss] Comp. Tg 5.15
[tt] Comp. Jr 7.16

17 [u]Toda injustiça é pecado, e há pecado que
não é para morte.
18 Sabemos que todo aquele que é [v]nascido de
Deus não vive pecando; antes, o guarda Aquele
que nasceu de Deus, e o Maligno não lhe toca.
19 Sabemos que somos de Deus e [w]que o
mundo inteiro jaz no Maligno.

20 Também sabemos que o [x]Filho já [y]veio
e nos deu entendimento para conhecermos
aquele que é verdadeiro. E estamos naquele
que é verdadeiro, isto é, em seu Filho Jesus
Cristo. [z]Este é o verdadeiro Deus e a vida
eterna.
21 Filhinhos, [a]guardai-vos dos ídolos.

[u] 1Jo 3.4
[v] 1Jo 3.9
[w] Comp. Lc 4.5,6; 2Co 4.3,4
[x] 1Jo 4.2
[y] Cristo (primeira vinda): v. 20 (Gn 3.15; At 1.11, nota)
[z] Jo 17.3
[a] Veja 2Co 6.17, nota

- **Autor:** João
- **Tema:** O mandamento de Cristo
- Escrito entre 90 e 95 d.C., aprox.

2JOÃO

A SEGUNDA EPÍSTOLA DE JOÃO, por causa de sua saudação, tem sido motivo de muito debate. Alguns eruditos afirmam que as palavras "à senhora eleita" personificam uma das igrejas do primeiro século; outros supõem que se referem a alguma senhora cristã de alta posição que o apóstolo João conhecia. Ainda que breve, a epístola não é destituída de importância. Pelo contrário, sua mensagem urgente centraliza-se na "verdade" em sua relação com a vida cristã. Com o termo "verdade" João não faz alusão apenas ao conjunto das verdades reveladas, as Escrituras, mas também ao Senhor Jesus Cristo, que, como tema principal das Escrituras, é a Verdade encarnada.

A epístola pode ser dividida da seguinte maneira: Introdução, v. 1-3. I. O caminho da verdade e do amor, v. 4-6. II. O sinal do enganador e anticristo, v. 7-11. Conclusão, v. 12,13.

Introdução: Saudação e invocação, v. 1-3

1 **O** [a]presbítero à senhora [b]eleita e a seus filhos, a quem eu amo na verdade — e não somente eu, mas também todos os que conhecem a verdade —,

2 por causa da verdade [c]que está em nós e para sempre estará conosco:

3 [e]Graça, misericórdia e paz da parte de Deus Pai e de Jesus Cristo, o Filho do Pai, serão conosco em verdade e amor.

I. O caminho da verdade e do amor, v. 4-6

4 **Muito** me [f]alegrei em ter achado alguns de teus filhos andando na verdade, assim como recebemos o mandamento do Pai.

5 E agora, senhora, rogo-te, não como se escrevesse novo mandamento, senão o que tivemos [g]desde o princípio: [1]que nos [h]amemos uns aos outros.

6 E o amor é [i]este: que andemos segundo os seus mandamentos. Este é o mandamento, como já desde o princípio ouvistes, para que nele andeis.

II. O sinal do enganador e anticristo, v. 7-11

7 **Muitos** enganadores têm saído pelo [j]mundo, os quais não confessam que Jesus Cristo veio em [k]carne. Tal é o enganador e o [l]anticristo.

8 Olhai por vós mesmos, para que [m]não percais o que ganhastes, antes recebais plena [n]recompensa.

9 Todo aquele que vai [o]além da [p]doutrina de Cristo e não permanece nela [q]não tem Deus; quem persevera na doutrina de Cristo, esse tem tanto o Pai como o Filho.

10 Se alguém vem ter convosco e [r]não traz esta doutrina, [s]não o recebais em casa nem o saudeis.

11 Quem o saúda participa das suas obras más.

Conclusão, v. 12,13

12 **Tenho** muito que vos escrever, mas não quero fazê-lo com papel e tinta. Antes, espero ir ter convosco e falar [t]pessoalmente, para que a nossa alegria seja completa.

13 Saúdam-te os filhos de tua irmã, a eleita.

[a] Anciãos: v. 1; 3Jo 1 (At 11.30; Tt 1.5, nota)
[b] Eleição (individual): v. 1,13; Jd 1 (Dt 7.6; 1Pe 5.13, nota)
[c] Comp. Cl 3.16
[d] Comp. 1Pe 1.23
[e] Graça: v. 3; Ap 1.4 (Jo 1.14; 1.17, nota)
[f] 1Ts 2.19,20; 3Jo 3,4
[g] Jo 13.34; 1Jo 2.7
[h] Lei (de Cristo): v. 5 (Jo 13.34; 2Jo 5)
[i] Jo 14.15; 1Jo 5.3
[j] Gr. *kosmos*. Veja Mt 4.8, nota
[k] 1Jo 4.2
[l] Anticristo: v. 7; Ap 13.11 (1Jo 2.18; Ap 13.11, nota)
[m] Comp. Hb 2.1; 4.1; 10.35
[n] Recompensas: v. 8; Ap 2.10 (Dn 12.3; 1Co 3.14, nota)
[o] Veja Rm 3.23, nota
[p] Ensinamento
[q] 1Jo 2.19,24
[r] Rm 16.17
[s] Separação: v. 10,11; Ap 18.4 (Gn 12.1; 2Co 6.17, nota)
[t] Comp. 3Jo 13,14

[1] (v. 5) Lei (de Cristo), Resumo: A nova lei de Cristo é o amor divino produzido pelo Espírito Santo no coração renovado (Rm 5.5; Hb 10.16), amor que, natural e espontaneamente, flui para o exterior na energia do Espírito, na direção dos objetos do amor divino (2Co 5.14-20; 1Ts 2.7,8). Portanto, é "a lei da liberdade" (Tg 1.25; 2.12) em contraste com a Lei de Moisés, que é exterior. A Lei de Moisés exige amor (Lv 19.18; Dt 6.5; Lc 10.27), a lei de Cristo é amor (Rm 5.5; 1Jo 4.7,19,20) e, assim, toma o lugar da lei exterior, cumprindo-a (Rm 13.10; Gl 5.14). É a "lei escrita no coração" (Jr 31.33) sob a nova aliança (veja Hb 8.8, *nota 1*).

3JOÃO

- **Autor:** João
- **Tema:** Andando na verdade
- Escrito entre 90 e 95 d.C., aprox.

A TERCEIRA EPÍSTOLA DE JOÃO, endereçada a Gaio, amigo do apóstolo João, repreende Diótrefes. Este havia usurpado a liderança em uma das igrejas. Rejeitando com difamações a autoridade de João, esse homem se negava a receber os irmãos (pregadores itinerantes, ministros que visitavam a igreja local, v. 5-8) e excomungava aqueles que os recebiam. Diótrefes se destaca como exemplo de ambição tirânica na igreja. Em contraste com ele, encontramos também a breve descrição de dois outros homens: Gaio, digno de ser notado por sua vida cristã sólida, evidenciada especialmente na prática da hospitalidade para com os ministros itinerantes, e Demétrio, crente de distinta reputação, que vivia na verdade. A epístola como um todo apresenta um panorama breve, mas vívido, da vida da igreja no final do primeiro século.

A terceira epístola de João pode ser dividida da seguinte maneira: Introdução, v. 1-4. I. Hospitalidade para com os ministros itinerantes, v. 5-8. II. Diótrefes: sua prepotência e atitudes perversas, v. 9-11. III. Demétrio: sua piedade, v. 12. Conclusão, v. 13,14.

Introdução: Saudações e caracterização de Gaio, v. 1-4

1 O [a]presbítero ao amado Gaio, a quem amo na verdade.

2 Amado, desejo [b]que te vá bem em todas as coisas e que tenhas saúde, assim como bem vai a tua alma.

3 Muito me [c]alegrei quando os irmãos vieram e deram testemunho da tua verdade, como tu andas na verdade.

4 Não tenho maior [d]alegria do que esta: a de ouvir que os [e]meus filhos andam na [f]verdade.

I. Hospitalidade para com os ministros itinerantes, v. 5-8

5 Amado, procedes fielmente em tudo o que fazes para com os irmãos e para com os estranhos.

6 Eles, perante a [g]igreja, deram testemunho do teu amor. Se os [h]encaminhares em sua jornada por modo digno de Deus, [i]bem farás.

A obra de Deus sustentada por seu povo

7 Foi por causa do Nome que saíram, [j]nada aceitando dos gentios.

8 Portanto aos tais devemos [k]acolher, para que sejamos cooperadores da verdade.

II. Diótrefes: sua prepotência e atitudes perversas, v. 9-11

9 Escrevi algumas palavras à igreja, mas Diótrefes, que gosta de ser o [l]principal entre eles, não nos recebe.

10 Pelo que, se eu for, trarei à memória as obras que ele faz, [m]proferindo contra nós palavras maliciosas. Não contente com isso, não acolhe os irmãos, impede os que querem recebê-los e os [n]expulsa da igreja.

11 Amado, [o]não imites o mal, mas o bem. Quem faz o bem é de [p]Deus. Mas quem faz o mal jamais viu a [q]Deus.

III. Demétrio: sua piedade, v. 12

12 Todos dão testemunho de Demétrio, até [r]a própria verdade. Nós também damos testemunho, e sabes que o nosso testemunho é [s]verdadeiro.

Conclusão, v. 13,14

13 Tenho muitas coisas que te escrever, mas não quero fazê-lo com tinta e pena.

14 Espero, porém, ver-te brevemente, e falaremos [t]pessoalmente.

15 A paz seja contigo. Os amigos te saúdam. Saúda os amigos nome por nome.

---

[a] Anciãos: v. 1 (At 11.30; Tt 1.5, nota)
[b] Comp. Mt 6.33
[c] 2Jo 4
[d] 1Ts 2.19,20; 2Jo 4
[e] Comp. 1Co 4.15
[f] 2Jo 4
[g] Igrejas (locais): v. 6,9,10; Ap 1.4 (At 8.3; Fp 1.1, nota)
[h] Comp. At 15.3
[i] Comp. Mt 25.40
[j] Comp. 1Co 9.15-18
[k] Mt 10.40; Rm 12.13; Hb 13.2; 1Pe 4.9
[l] Comp. Mt 23.8; Cl 1.18
[m] Pv 10.8,10; comp. 2Pe 2.18; Jd 10
[n] Comp. Mt 23.13
[o] Sl 37.27; Rm 14.19; 1Ts 5.15; 1Tm 6.11; 2Tm 2.22
[p] 1Jo 2.29
[q] 1Jo 3.10
[r] v. 4
[s] Comp. Jo 21.24
[t] Comp. 2Jo 12

- **Autor:** Judas
- **Tema:** Lutar pela fé
- Escrito em 68 d.C., aprox.

JUDAS

A EPÍSTOLA DE JUDAS foi escrita por Judas, um dos irmãos do Senhor Jesus (Mt 13.55; Mc 6.3). Sua mensagem, uma das mais severas no NT, foi motivada pela apostasia na igreja primitiva. As heresias eram tão ameaçadoras que o Espírito levou Judas a escrever essa carta de advertência. Judas exorta os leitores a lutar ardentemente pela fé (v. 3) em vista da quantidade de falsos mestres que já se haviam introduzido nas igrejas locais (v. 4). Com palavras veementes, Judas descreve esses hereges, mostrando vividamente como a apostasia conduz a uma vida de pecado (v. 5-19). A epístola conclui com uma majestosa doxologia (v. 24,25).

A epístola de Judas pode ser dividida da seguinte maneira: Introdução, v. 1,2. I. Motivo da epístola, v. 3,4. II. Exemplos históricos de incredulidade e rebelião, v. 5-7. III. Descrição dos falsos mestres, v. 8-19. IV. Exortações aos cristãos, v. 20-23. Conclusão, v. 24,25.

Introdução, v. 1,2

Judas, servo de Jesus Cristo e irmão de [a]Tiago, aos [b]chamados, [c]queridos em Deus Pai, e [1d]guardados em Jesus Cristo:

2 Misericórdia, paz e amor vos sejam multiplicados.

I. Motivo da epístola, v. 3,4

Advertência sobre a apostasia

3 **A**mados, enquanto eu empregava toda diligência para vos escrever acerca da [e]salvação que nos é comum, [f]senti a necessidade de vos escrever, [g]exortando-vos a batalhar pela [h]fé que de [i]uma vez por todas foi entregue aos santos.

4 Pois certos homens se infiltraram descaradamente, os quais desde há muito estavam destinados para este juízo, homens ímpios, que convertem em dissolução a [j]graça de nosso Deus e [k]negam o nosso [l]único Soberano e Senhor, Jesus Cristo.

II. Exemplos históricos de incredulidade e rebelião, v. 5-7

5 **Q**uero [m]lembrar-vos, se bem que já estais cientes de tudo isso, que o Senhor, tendo salvo um povo, tirando-o da terra do Egito, destruiu depois os que não creram.

6 E aos [n]anjos que não guardaram o seu principado, mas deixaram a sua própria habitação, ele os tem reservado em prisões eternas, na escuridão, para o [o]juízo do [2p]grande dia.

7 Assim também [q]Sodoma e Gomorra e as cidades circunvizinhas entregaram-se à prostituição e a práticas sexuais antinaturais. E foram postas como exemplo, sofrendo a [r]pena do fogo eterno.

III. Descrição dos falsos mestres, v. 8-19

8 **C**ontudo, semelhantemente também estes falsos mestres, sonhando, [s]contaminam a sua carne, rejeitam toda a autoridade e blasfemam das dignidades.

9 O arcanjo Miguel, porém, quando contendia com o [t]Diabo e disputava a respeito do corpo de Moisés, não ousou pronunciar contra ele juízo de maldição, mas disse: [u]"O Senhor te repreenda.

10 Estes, porém, difamam tudo o que não entendem; e naquilo que compreendem de modo natural, como os animais irracionais, até nisso se corrompem.

11 Ai deles! Entraram pelo caminho de [3]Caim; [v]movidos pela ganância, foram levados pelo [4]erro de Balaão; pereceram na revolta de [5]Coré.

---

[1] (v. 1) A segurança da salvação é a plena convicção que o cristão tem de que, somente por meio da obra de Cristo, recebida pela fé, ele possui uma salvação na qual será guardado ou conservado eternamente. Essa segurança tem como único esteio as promessas que as Escrituras fazem ao que crê.

[2] (v. 6) O julgamento dos anjos caídos. O "grande dia" é o dia do Senhor (Is 2.9-22, *refs*.). Uma vez que o julgamento definitivo de Satanás ocorrerá depois dos mil anos e antes do juízo final (Ap 20.10), é coerente pensar que outros anjos caídos serão julgados com ele (2Pe 2.4; Ap 20.10). Os cristãos terão parte com Cristo nesse julgamento (1Co 6.3). Veja outros julgamentos, Ap 20.12, *nota*. Comp. tb. Anjo, Hb 1.4, *nota*.

[3] (v. 11) Comp. Gn 4.1. Caim é um exemplo de homem natural religioso que crê em Deus e na religião, mas, segundo sua própria vontade, alguém que rejeita a redenção por meio do sangue. Quando se vê obrigado, como guia religioso, a afirmar a expiação, o falso mestre o faz de tal modo que a nega.

[4] (v. 11) Deve-se fazer uma distinção entre o "erro de Balaão", o "caminho de Balaão" (veja 2Pe 2.15, *nota*) e a "doutrina de Balaão" (Ap 2.14, *nota*). O "erro de Balaão" foi que, em seu raciocínio baseado numa moralidade natural e considerando o mal em Israel, ele supôs que um Deus justo devia amaldiçoar aquele povo. Ele estava cego para a moral da cruz mais elevada, pela qual Deus mantém e impõe a autoridade e as terríveis sanções de sua lei, de tal modo que seja justo e o justificador do pecador que crê.

[5] (v. 11) Veja Nm 16. O pecado de Coré foi negar a autoridade de Moisés como porta-voz escolhido por Deus e intrometer-se no ofício sacerdotal.

---

[a] Veja introdução a Tg e Mt 4.21, nota
[b] Eleição (individual): v. 1; Ap 17.14 (Dt 7.6; 1Pe 5.13, nota)
[c] Jo 17.8,11,17
[d] Segurança: v. 1; Jd 24 (Sl 23.1; Jd 1)
[e] Veja Rm 1.16, nota
[f] 1Tm 6.12; Jd 4,7
[g] Comp. Fp 1.27
[h] Evangelho: v. 3; Ap 14.6 (Gn 12.3; Ap 14.6)
[i] Fp 1.27
[j] Veja 2Pe 3.18, nota
[k] Apostasia: v. 4-11; Jd 11 (Lc 18.8; 2Tm 3.1, nota)
[l] Tt 1.16; 2Pe 2.1
[m] Comp. 2Pe 1.12
[n] Veja Hb 1.4, nota
[o] Juízos (os sete): v. 6; Jd 15 (2Sm 7.14; Ap 20.12)
[p] Dia (do Senhor): v. 6; Ap 2.27 (Sl 2.9; Is 2.12; Ap 19.19)
[q] 2Pe 2.6
[r] Ap 20.10-15
[s] 2Pe 2.10
[t] Satanás: v. 9; Ap 2.9 (Gn 3.1; Ap 20.10)
[u] Zc 3.2
[v] Apostasia: v. 11-19; Ap 3.15 (Lc 18.8; 2Tm 3.1, nota)

12 Estes são manchas em vossas festas de amor, banqueteando-se convosco sem nenhum recato; pastores que se apascentam a si mesmos. São nuvens sem água, levadas pelos ventos; árvores sem frutos em pleno outono e desarraigadas, duplamente mortas.

13 São ondas furiosas do mar, espumando as suas próprias sujidades; estrelas errantes, para as quais tem sido eternamente reservada a escuridão das trevas.

14 Concernente a estes profetizou [1]Enoque, o sétimo depois de Adão: Vede, o Senhor [w]vem com milhares de seus santos,

15 para fazer [x]juízo contra todos e para fazer convictos todos os ímpios, acerca de todas as obras ímpias que impiamente praticaram e de todas as duras palavras que ímpios [y]pecadores contra ele proferiram.

16 Estes são murmuradores, queixosos, andando segundo os seus desejos puros, cuja boca diz coisas muito arrogantes, bajulando as pessoas por motivos interesseiros.

17 **Q**uanto a vós, amados, lembrai-vos das palavras que foram preditas pelos apóstolos de nosso Senhor Jesus Cristo,

18 os quais vos diziam: No último tempo haverá escarnecedores, andando segundo seus desejos ímpios.

19 São estes os que causam divisões; são sensuais e não têm o [z]Espírito.

IV. Exortações aos cristãos, v. 20-23

20 Edificando-vos, porém, amados na vossa [a]santíssima fé, orando no Espírito Santo,

21 conservai-vos no amor de Deus, esperando a misericórdia de nosso Senhor Jesus Cristo para a [b]vida eterna.

22 E apiedai-vos de alguns que estão na dúvida,

23 salvai-os, arrebatando-os do fogo; quanto a outros, tende misericórdia em temor, detestando até a roupa manchada pela [2c]carne.

Conclusão: Doxologia, v. 24,25

24 **O**ra, àquele que é poderoso para vos [d]guardar de tropeçar e apresentar-vos jubilosos e imaculados diante da sua glória,

25 ao único Deus, nosso [e]Salvador, por Jesus Cristo, o nosso Senhor, glória, majestade, domínio e poder, antes de todos os séculos, agora e para todo o sempre. Amém.

[w] Cristo (segunda vinda): v. 14,15; Ap 1.7 (Dt 30.3; At 1.11, nota)
[x] Juízos (os sete): v. 15; Ap 20.12 (2Sm 7.14; Ap 20.12)
[y] Veja Rm 3.23, nota
[z] Espírito Santo (NT): v. 19,20; Ap 1.10 (Mt 1.18; At 2.4, nota)
[a] Santificação (NT): v. 20; Ap 22.11 (Mt 4.5; Ap 22.11)
[b] Vida (eterna): v. 21; Ap 2.7 (Mt 7.14; Ap 22.19)
[c] Carne (natureza pecaminosa): v. 23 (Jo 8.15; Jd 23)
[d] Segurança: v. 24 (Sl 23.1; Jd 1, nota)
[e] Veja Rm 1.16, nota

[1] (v. 14) A citação atribuída a "Enoque, o sétimo depois de Adão" (comp. Gn 5.19-24; Hb 11.5,6) assemelha-se a uma passagem no livro de Enoque (1.9), livro não canônico escrito por uma pessoa desconhecida que usou o nome de Enoque. O fato de Judas ter usado essa citação de Enoque não indica que cresse na autoridade do referido livro. Além disso, não é impossível que o próprio Judas tenha sido a fonte da citação que acabou entrando para o livro de Enoque, já que somente muitos séculos depois da época em que Judas foi escrito é que surgiram as primeiras evidências do conteúdo desse livro apócrifo. A profecia do piedoso Enoque é a primeira revelação que se registra da segunda vinda de Cristo.

[2] (v. 23) Carne, Resumo: "Carne", ou natureza pecaminosa no sentido ético, refere-se ao homem todo – espírito, alma e corpo – natural ou não regenerado, o homem centrado em si mesmo, com inclinação para o pecado e em oposição a Deus (Rm 7.18). O homem regenerado não vive "na carne, mas no Espírito" (Rm 8.9), mas a carne ainda está nele e, de acordo com o que ele escolher, pode satisfazer "os desejos da carne" ou andar "no Espírito" (1Co 3.1-4; Gl 5.16,17). A primeira escolha é de um cristão "carnal"; a segunda, de um cristão "espiritual". A vitória sobre a carne é a experiência habitual do cristão que anda no Espírito (Rm 8.2,4; Gl 5.16,17).

- **Autor:** João
- **Tema:** A consumação
- Escrito em 95 d.C., aprox.

APOCALIPSE

APOCALIPSE, o último livro da Bíblia, revela os grandes eventos que levarão a história à sua consumação e inclui a revelação de Jesus Cristo em sua segunda vinda. A palavra "apocalipse" (gr. apokalupsis) significa revelação de algo anteriormente oculto ou desconhecido.

Na exposição desse tema central, Jesus Cristo é revelado em glória, em contraste com a forma em que é apresentado nos Evangelhos, em humilhação. Em Apocalipse, Cristo é visto, em relação ao tempo, como Aquele "que é, que era e que há de vir" (1.4). Esse livro mostra como Cristo age com relação à Igreja (1.9–3.22), à tribulação (4.1–19.21), ao reino milenar (20.1-10) e à eternidade (20.11–22.21).

Nesse livro, Cristo é apresentado como o Soberano dos reis da terra (1.5), o Noivo da Igreja (19.7-9), o Leão da tribo de Judá (5.5), o Cordeiro que foi morto (5.6,12 etc.), o Sumo Sacerdote (8.3-6) e o Rei e Juiz (19.11–20.15).

Apocalipse é um registro do que o apóstolo João viu e ouviu. Constantemente são usados símbolos. São abundantes as referências a eventos e profecias do AT. Os cenários alternam-se diversas vezes entre o céu e a terra. É um relato do juízo divino e do conflito que atinge o mundo todo.

Notam-se três divisões principais. Em 1.19, foi ordenado a João que escrevesse sobre 1) as coisas do passado, "as coisas que tens visto", i.e., a visão de Patmos (1.1-20); 2) as coisas do presente, "as que são", i.e., as igrejas de então (2.1–3.22); e 3) as coisas do futuro, "as que depois destas hão de acontecer", i.e., os acontecimentos após a conclusão da Era da Igreja (4.1–22.5). É importante observar que, a partir do capítulo 4, o livro apresenta eventos futuros.

A terceira grande divisão de Apocalipse (4.1–22.21) caracteriza-se por uma série de setes: sete selos (4.1–8.1), sete trombetas (8.2–11.19), sete taças (15.1–16.21), sete condenações (17.1–20.15) e sete coisas novas (21.1–22.21). Podem-se observar passagens importantes que fazem algumas digressões ou, melhor dizendo, são suplementares ou corretivas, como, p. ex., o remanescente judeu e os santos da tribulação (7.1-17); o anjo, o livrinho e as duas testemunhas (10.1–11.14); o Cordeiro, o remanescente e a proclamação do evangelho eterno (14.1-13); a reunião dos reis da terra preparando-se para o Armagedom (16.13-16); os quatro aleluias no céu (19.1-6). Essas passagens não acrescentam fatos à narrativa profética, mas, com sua visão retrospectiva e voltada para o futuro, resumem o passado e fazem previsões. Por isso, a ordem da narrativa não é sempre cronológica. A continuidade principal é fornecida pelos acontecimentos simbolizados pelos selos, pelas trombetas e pelas taças.

O propósito principal do livro é providenciar o cenário para a revelação de Jesus Cristo. Dá-se especial importância ao período da tribulação (cap. 4–19), que se crê coincidir com a septuagésima semana de Daniel (Dn 9.24-27). A grande tribulação, a segunda metade dessa "semana", recebe atenção especial. O clímax do livro começa com a revelação do Senhor Jesus Cristo no cap. 19.

Os intérpretes de Apocalipse devem ter em mente duas passagens das Escrituras: 1Pe 1.12; 2Pe 1.20,21. À medida que o tempo se aproxima, muito do que agora parece obscuro se tornará claro para os leitores para os quais isso foi escrito.

O livro pode ser dividido da seguinte maneira: Introdução, 1.1-3. I. As mensagens do Senhor ressurreto às sete igrejas, 1.4–3.22. II. O livro selado com sete selos é aberto, 4–6; 8.1. III. Parêntese: judeus e gentios salvos durante a tribulação, 7. IV. Os juízos das sete trombetas, 8.2–9.21; 11.15-19. V. Parêntese, 10.1–11.14. VI. Personagens proeminentes, 12. VII. Surgimento e reinado da besta e do falso profeta, 13. VIII. Parêntese, 14. IX. Os juízos das sete taças, 15–16. X. A queda da Babilônia, 17–18. XI. A batalha de Armagedom e o milênio, 19.1–20.6. XII. O juízo final e a cidade santa, 20.7–22.5. XIII. A última mensagem da Bíblia, 22.6-19. Conclusão, 22.20,21.

Introdução, 1.1-3

1 [a]Revelação de Jesus Cristo, que Deus lhe deu, para mostrar aos seus servos as coisas que brevemente devem acontecer. Ele as enviou pelo seu [b]anjo e as [c]notificou ao seu servo João,
2 que testificou da palavra de Deus, do testemunho de Jesus Cristo, de tudo o que viu.
3 Bem-aventurado aquele que [d]lê e bem-aventurados os que ouvem as palavras desta profecia e [e]guardam as coisas que nela estão escritas, porque o tempo está [f]próximo.

I. As mensagens do Senhor ressurreto às sete igrejas, 1.4–3.22

Coisas passadas: "as coisas que tens visto"

4 João, às sete [g]igrejas que estão na Ásia: Graça e paz a vós outros, da parte daquele que [h]é, que era e que há de vir, e da parte dos sete [i]espíritos que estão diante do seu trono,
5 e da parte de Jesus Cristo, que é a [j]fiel [k]testemunha, o primogênito dos mortos e o [l]soberano dos reis da terra. Àquele que nos ama, em seu [m]sangue nos lavou dos nossos [n]pecados

[a] Inspiração: v. 1; Ap 1.19 (Êx 4.15; 2Tm 3.16, nota)
[b] Veja Hb 1.4, nota
[c] Ap 22.6
[d] Comp. 1Ts 5.27
[e] Ap 22.7
[f] Ap 22.10; veja Mt 4.17, nota 5
[g] Igrejas (locais): v. 4,11,20; Ap 2.1 (At 8.3; Fp 1.1, nota)
[h] Êx 3.14
[i] Is 11.2; Ap 3.1; 4.5; 5.6
[j] Is 55.4
[k] Is 9.6,7
[l] Pv 14.5
[m] Sacrifício (de Cristo): v. 5,6; Ap5.9(Gn3.15; Hb 10.18, nota)
[n] Veja Rm 3.23, nota

6 e nos fez reino e [o]sacerdotes para o seu
Deus e Pai, a ele seja glória e poder para todo
o sempre. Amém.
7 Vede, ele [p]vem com as [q]nuvens,
e todo o olho o verá,
até mesmo os que o trespassaram;
e todas as tribos da terra se
[r]lamentarão sobre ele.
Sim. Amém.
8 Eu sou o [1s]Alfa e o Ômega, o princípio e o
fim, diz o Senhor, aquele que é, que era e que
há de vir, o [t]Todo-poderoso.

A visão de Patmos

9 Eu, João, irmão vosso e companheiro con-
vosco na aflição, no Reino e na perseverança
em Jesus, estava na [2]ilha chamada Patmos por
causa da palavra de Deus e do testemunho
de Jesus.
10 Eu fui arrebatado em [u]espírito no dia do
Senhor e ouvi detrás de mim uma grande voz,
como de trombeta,
11 que dizia: O que vês, escreve-o num livro
e envia-o às sete igrejas que estão na Ásia:
a Éfeso, a Esmirna, a Pérgamo, a Tiatira, a
Sardes, a Filadélfia e a Laodiceia.
12 E voltei-me para ver quem falava comigo.
E, ao voltar-me, vi sete candeeiros de ouro
13 [v]e no meio dos sete candeeiros alguém
semelhante a um filho de homem, vestido
com vestes talares e cingido à altura do peito
com um cinto de ouro.
14 A sua cabeça e seus cabelos eram brancos
como lã, brancos como a neve, e os seus olhos
como chama de fogo.
15 Os seus pés eram semelhantes a latão
reluzente, como que refinado numa fornalha,
e a sua voz como a voz de muitas águas.
16 Tinha ele na mão direita [w]sete estrelas, e
da sua boca saía uma afiada espada de dois
gumes. O seu rosto era como o [x]sol, quando
resplandece na sua força.
17 Quando o vi, caí a seus pés como morto.
Mas ele pôs sobre mim a sua mão direita,
dizendo: Não temas. Eu sou o primeiro e
o último.
18 Eu sou o que vivo; fui morto, mas estou
vivo para todo o sempre! E tenho as chaves da
morte e do [y]inferno.

Ordem de escrever

19 [z]Escreve, pois, as coisas que tens [a]visto,
as que são e as que [b]depois destas hão de
acontecer.
20 O [c]mistério das sete estrelas que viste
na minha mão direita e dos sete candeeiros
de ouro é este: As sete estrelas são os [3]anjos
das sete igrejas, e os sete candeeiros são as
sete [4]igrejas.

[o] 1Pe 2.5,9
[p] Cristo (segunda vinda): v. 7; Ap 2.25 (Dt 30.3; At 1.11, nota)
[q] Mt 24.30
[r] Zc 12.10
[s] Ap 21.6; 22.13
[t] Is 9.6
[u] Espírito Santo (NT): v. 10; Ap 2.7 (Mt 1.18; At 2.4, nota)
[v] v. 13-15; comp. Dn 7.9,10; 10.5,6

[w] v. 20
[x] Mt 17.2
[y] Veja Lc 16.23, nota
[z] Inspiração: v. 19; Ap 2.1 (Êx 4.15; 2Tm 3.16, nota)
[a] Ap 1.9-18
[b] Depois da igreja. Comp. 4.1
[c] Veja Mt 13.11, nota

[1] (1.8) Alfa e Ômega, mencionados também em Ap 21.6 e 22.13, são a primeira e a última letras do alfabeto grego.

[2] (1.9) Em 1.1-20, João tem uma visão do Cristo ressurreto no meio de sete candeeiros de ouro. Em 2.1–3.22, ele escreve mensagens de nosso Senhor às sete igrejas na Ásia romana. Em 4.1,2, afirma-se que o apóstolo é arrebatado "em espírito" para o céu, de onde observa coisas que acontecerão futuramente no céu e sobre a terra, conforme registradas em 4.1–22.5.

[3] (1.20) Embora seja a palavra habitual para referir-se a um anjo (gr. *angelos*), frequentemente é traduzida por "mensageiro". A explicação mais natural neste contexto é que estes eram homens enviados pelas sete igrejas para indagar sobre a situação do apóstolo idoso que estava no exílio em Patmos; mas representam todos os que anunciam mensagens de Deus a uma igreja.

[4] (1.20) As mensagens às sete igrejas têm uma aplicação quádrupla: 1) local, às igrejas as quais foram endereçadas; 2) exortativa, a todas as igrejas em todos os tempos como testes pelos quais elas podem discernir sua verdadeira condição espiritual aos olhos de Deus; 3) pessoal, nas exortações a "quem tem ouvidos" e nas promessas ao "que vencer"; e 4) profética: a referência profética às sete igrejas revela as sete fases da história espiritual da Igreja. Cada uma das sete igrejas representa uma fase dessa história. Há duas maneiras pelas quais as sete igrejas também atuam profeticamente: a) ao longo da história da Igreja, haverá igrejas como cada uma dessas sete, de maneira que todas juntas revelam um modelo profético, e b) as sete igrejas mostram a sucessão das fases, em que cada fase é caracterizada, em linhas gerais, por uma das igrejas, e a ordem das sete indica a mudança no estado espiritual da Igreja que há de continuar até o fim desta dispensação.

Seria inconsistente que em uma profecia que cobre o período da Igreja não houvesse tal visão antecipada do futuro. Essas mensagens têm de conter essa visão, se ela se encontra no livro, uma vez que a Igreja não aparece na terra depois de 3.22. Pela linguagem em que se expressam, essas mensagens vão além das assembleias locais mencionadas. Pode-se notar que, embora Éfeso (2.1-7) fosse uma igreja no tempo do apóstolo, é um tipo da Igreja do primeiro século como um todo; Esmirna (2.8-11) caracteriza a Igreja sob perseguição (p. ex., aprox. 100-316 d.C.); Pérgamo (2.12-17), "onde está o trono de Satanás" (2.13; comp. 2.14,15 e *notas*), é indicativa da Igreja que se mescla com o mundo (p. ex., na Idade Média); Tiatira (2.18-29) revela de que maneira o mal avança na Igreja e como se pratica a idolatria; Sardes (3.1-6) representa a Igreja que está morta, mas ainda tem

Coisas presentes — as sete igrejas: "as que são"

(1) Mensagem a Éfeso: a igreja no final da era apostólica

2 Ao [d]anjo da [e]igreja de Éfeso [f]escreve: Isto
diz aquele que tem na mão direita as sete
estrelas, que anda no meio dos sete candeei-
ros de ouro:
2 Conheço as tuas obras, o teu trabalho e
a tua perseverança. Sei que não suportas os
maus; que puseste à [g]prova os que se dizem
apóstolos e não o são e descobriste que
eram mentirosos.
3 Tens [h]perseverança e, por causa do meu
nome, sofreste, [i]mas não desfaleceste.
4 Tenho, porém, contra ti que deixaste o teu
primeiro amor.
5 Lembra-te de onde caíste! [j]Arrepende-te e
pratica as primeiras obras. Se não te arrepen-
deres, brevemente virei a ti e removerei do seu
lugar o teu candeeiro, se não te arrependeres.
6 Tens, porém, a teu favor, que odeias as obras
dos [1]nicolaítas, as quais eu também odeio.
7 Quem tem ouvidos ouça, o que o [k]Espírito
diz às igrejas. Ao que vencer, darei o direito de
comer da [2][l]árvore da [m]vida, que está no para-
íso de Deus.

(2) Mensagem a Esmirna: a igreja sob perseguição

8 **A**o anjo da igreja de Esmirna escreve: **I**sto
diz o [n]primeiro e o último, o que foi morto
e reviveu:
9 Conheço a tua tribulação e a tua pobreza
(mas tu és rico) e a blasfêmia dos que se
[o]dizem judeus, e não o são, mas são [p]sinagoga
de [q]Satanás.
10 Não temas as coisas que estás para sofrer.
Escutai: o Diabo lançará alguns de vós na pri-
são, para que sejais [r]provados, e tereis uma
tribulação de dez dias. Sê fiel até à morte, e eu
te darei a [s]coroa da vida.
11 Quem tem ouvidos, ouça o que o Espírito
diz às igrejas. O que vencer de modo algum
sofrerá o dano da [t]segunda morte.

(3) Mensagem a Pérgamo: a igreja acomodada ao mundo

12 [u]**A**o anjo da [v]igreja de Pérgamo escreve:
Isto diz aquele que tem a [w]espada afiada de
dois gumes:
13 Sei onde habitas, que é onde está o trono
de [x]Satanás. Contudo, reténs o meu nome e
[y]não negaste a tua fé em mim mesmo nos dias
de Antipas, minha [3]fiel testemunha, que foi
morto entre vós, onde Satanás habita.
14 Todavia, tenho algumas coisas contra ti:
Tens aí os que seguem a doutrina de [4]Balaão,
que ensinava Balaque a lançar tropeços diante
dos filhos de Israel, levando-os a comer das
coisas sacrificadas aos ídolos e praticar a
prostituição.
15 Assim tens também alguns que seguem a
doutrina dos [z]nicolaítas.
16 [a]Arrepende-te, pois! Se não em breve virei
a ti e contra eles batalharei [b]com a espada da
minha boca.
17 Quem tem ouvidos, ouça o que o [c]Espírito
diz às igrejas. Ao que vencer, darei do [dd]maná
escondido; também lhe darei uma [ee]pedra

---

uma minoria de homens e mulheres piedosos, como durante a Reforma; Filadélfia (3.7-13) mostra o avivamento e um estado de progresso espiritual; Laodiceia (3.14-19) ilustra a fase final da apostasia que a igreja visível experimentará.

[1] (2.6,15) De acordo com os primeiros pais da Igreja (Inácio, Ireneu, Clemente de Alexandria, Tertuliano, Hipólito), o nome "nicolaítas" refere-se àqueles que, professando ser cristãos, vivem licenciosamente. O que em Éfeso eram "obras" (v. 6), em Pérgamo tornou-se "doutrina" (v. 15).

[2] (2.7) "A árvore da vida" é uma das muitas alusões a Gênesis que encontramos em Apocalipse. A fim de que o homem não comesse da "árvore da vida", Deus o expulsou do Éden e colocou querubins para guardar o caminho para a árvore (Gn 2.9; 3.22,24). "A árvore da vida" aparece aqui e duas vezes em Ap 22 (v. 2,14) como parte da descrição do novo paraíso. No NT, a palavra gr. *xulon* não só se refere à árvore da vida, mas também à cruz de madeira, ao madeiro onde Jesus foi crucificado (At 5.30; 10.39; 13.29; Gl 3.13; 1Pe 2.24). Comp. seu uso para falar de madeira em Ap 18.12 e de uma árvore em Lc 23.31. É por meio da morte de Cristo no madeiro da cruz que a humanidade pode ter vida eterna. "Ele mesmo levou em seu corpo os nossos pecados sobre o madeiro" (1Pe 2.24).

[3] (2.13) A palavra "testemunha" é a tradução do gr. *martus* (de onde deriva a palavra "mártir"), que, em suas diversas variantes, aparece dezoito vezes nesse livro (p. ex., 1.2,5; 3.14; 19.10; 20.4; etc.); posteriormente, tal como sucede aqui, começou a significar *alguém que morria por sua fidelidade como testemunha.*

[4] (2.14) A "doutrina de Balaão" (veja 2Pe 2.14; Jd 11, *nota*) foi ter ensinado Balaque a corromper o povo que não podia ser amaldiçoado (Nm 31.15,16; 22.5; 23.8) tentando os israelitas a se casarem com mulheres moabitas, levando-os a profanar sua separação e a abandonar sua condição de peregrinos. Essa união do mundo com a igreja (Tg 4.4) é o que constitui a falta de castidade espiritual. A igreja em Pérgamo havia perdido sua condição de peregrina e vivia onde estava o trono de Satanás (v. 13), i.e., no mundo (Jo 12.31; 14.30; 16.11).

---

[d] Mensageiro: Veja Ap 1.20, nota 4
[e] Igrejas (locais): v. 1,7,8,11; Ap 2.12 (At 8.3; Fp 1.1, nota)
[f] Inspiração: v. 1,8; Ap 2.12 (Êx 4.15; 2Tm 3.16, nota)
[g] 1Jo 4.1
[h] Hb 12.1-3
[i] Gl 6.9
[j] Arrependimento: v. 5; Ap 2.16 (Mt 3.2; At 17.30, nota)
[k] Espírito Santo (NT): v. 7,11; Ap 2.17 (Mt 1.18; At 2.4, nota)
[l] Gn 2.9; Ap 22.2,14
[m] Vida (eterna): v. 7,10; Ap3.5(Mt7.14; Ap 22.19)
[n] Ap 1.17,18
[o] Ap 3.9
[p] Comp. Jo 8.30-47; 2Co 11.14
[q] Satanás: v. 9,10; Ap2.13(Gn3.1; Ap 20.10)
[r] Provar-Tentar: v. 10; Ap 3.10 (Gn3.1;Tg1.14, nota)
[s] Recompensas: v. 10; Ap 3.11 (Dn 12.3; 1Co 3.14, nota)
[t] Morte (segunda): v. 11; Ap 20.6 (Jo 8.21; Ap 20.14, nota)
[u] Inspiração: 2.12,18; 3.1; Ap3.7(Êx4.15; 2Tm 3.16, nota)
[v] Igrejas (locais): 2.12,17, 23,29; 3.1; Ap 3.6 (At 8.3; Fp 1.1, nota)
[w] Ap 1.16
[x] Satanás: v. 13,24; Ap3.9(Gn3.1; Ap 20.10)
[y] Comp. 2Tm 2.12
[z] Veja 2.6, nota
[a] Arrependimento: v. 16,21, 22; Ap3.3(Mt3.2; At 17.30, nota)
[b] 2Ts 2.8; Ap 19.15
[c] Espírito Santo (NT): v. 17,29; Ap3.6(Mt1.18; At 2.4, nota)
[dd] Êx 16.33,34; Jo 6.49-51
[ee] Como aprovação

branca, e na pedra um novo [f]nome escrito, o
qual ninguém conhece senão aquele que
o [g]recebe.

(4) Mensagem a Tiatira: a igreja em idolatria

18 **Ao** [h]anjo da igreja de Tiatira escreve:
Isto diz o Filho de Deus, [i]que tem os olhos
como chama de fogo e os pés semelhantes a
latão reluzente:
19 Conheço as tuas obras, o teu amor, o teu
serviço, a tua [j]fé e a tua perseverança; sei que
as tuas últimas obras são mais numerosas do
que as primeiras.
20 Tenho, porém, contra ti que toleras [k]Jeza-
bel, mulher que se diz profetisa. Com o seu
ensino ela engana os meus servos, seduzindo-
-os a se prostituírem e a comerem das coisas
sacrificadas aos ídolos.
21 Dei-lhe tempo para que se arrepen-
desse da sua imoralidade, mas ela não quer
se arrepender.
22 Portanto, a lançarei num leito de dores,
bem como em grande tribulação os que com
ela adulteram, caso não se arrependam das
obras que ela incita.
23 Ferirei de morte os seus filhos. Então
todas as igrejas saberão que eu sou aquele
que [l]esquadrinha a mente e o coração, e darei
a cada um de vós segundo as vossas obras.
24 Digo, porém, a vós, os demais que estão
em Tiatira, a todos quantos não têm esta
doutrina e não conheceram, como dizem, as
[m]profundezas de Satanás, que outra carga não
porei sobre vós.
25 O que tendes, retende-o [n]até que eu venha.
26 Ao vencedor, que guardar até o fim as
minhas obras, darei autoridade sobre as nações;
27 com vara de ferro as regerá,
quebrando-as como são
quebrados [o]os vasos de oleiro;
assim como também [p]recebi autoridade de
meu Pai.
28 Também lhe darei a [q]estrela da manhã.
29 Quem tem ouvidos, ouça o que o Espírito
diz às igrejas.

(5) Mensagem a Sardes: a igreja morta, mas com um remanescente fiel

3 **A**o anjo da igreja de Sardes escreve: Isto
diz o que [r]tem os sete espíritos de Deus e
as sete estrelas. Conheço as tuas obras; tens
nome de que vives, mas estás morto.
2 Sê vigilante e confirma o restante, que
estava para morrer, pois não tenho achado as
tuas obras [s]perfeitas diante do meu Deus.
3 [t]Lembra-te, pois, do que recebeste e
ouviste; obedeça-lhe e [u]arrepende-te. Mas se
não vigiares, virei sobre ti como um [v]ladrão, e
não saberás a que hora sobre ti virei.
4 No entanto, também tens em Sardes algu-
mas pessoas que não contaminaram as suas
[w]vestes. Elas comigo [x]andarão vestidas de
branco, pois são dignas.
5 O que vencer será vestido de vestes brancas.
De maneira nenhuma riscarei o seu nome do
livro da [y]vida, mas [z]confessarei o seu nome
diante de meu Pai e diante dos seus [a]anjos.
6 Quem tem ouvidos, ouça o que o [b]Espírito
diz às [c]igrejas.

(6) Mensagem a Filadélfia: a igreja em avivamento

7 [d]**Ao** [e]anjo da igreja de Filadélfia escreve:
Isto diz o que é [ff]santo, o que é [gg]verdadeiro,
o que tem a [hh]chave de Davi. O que abre e nin-
guém fecha, e fecha e ninguém abre:
8 Conheço as tuas obras. Diante de ti pus
uma porta aberta, que ninguém pode fechar.
Sei que tens pouca força, entretanto guardaste
a minha palavra e não negaste o meu nome.
9 Aos da sinagoga de [ii]Satanás, aos que se
dizem judeus e [jj]não o são, mas mentem, farei
que venham e adorem prostrados a teus pés e
saibam que eu te amo.
10 Visto que guardaste a palavra da minha
perseverança, também eu te [kk]guardarei da
[ll]hora da [mm]tribulação que há de vir sobre todo
o [nn]mundo, para provar os que habitam sobre
a terra.
11 Venho sem demora. Guarda o que tens,
para que ninguém tome a tua [oo]coroa.
12 A quem vencer, eu o farei [pp]coluna no
templo do meu Deus, de onde jamais [qq]sairá.
[rr]Escreverei sobre ele o nome do meu Deus
e o nome da cidade do meu Deus, a nova
Jerusalém, que [ss]desce do céu, da parte do meu
Deus, e também o meu [tt]novo nome.
13 Quem tem ouvidos, ouça o que o Espírito
diz às igrejas.

(7) Mensagem a Laodicéia: a igreja em seu estado final de apostasia

14 **Ao** anjo da igreja de Laodiceia escreve:
Isto diz o [uu]Amém, a testemunha [vv]fiel e verda-
deira, o princípio da criação de Deus:
15 Conheço as tuas obras, que não és frio
nem quente. Quem dera fosses frio ou quente!
16 Assim, porque és morno, e [ww]não és frio
nem quente, eu te vomitarei da minha boca.
17 Dizes: Rico sou, estou enriquecido e de
nada tenho falta. Mas não sabes que és um
coitado, miserável, pobre, cego e nu.
18 Aconselho-te que de mim compres ouro
refinado no fogo, para que te enriqueças, e
vestes brancas, para que te vistas e não seja

[f] Is 62.2; Ap 3.12; comp. Jo 1.42
[g] Comp. Ap 14.3
[h] Mensageiro: Veja Ap 1.20, nota 4
[i] Ap 1.14,15
[j] Fé: v. 19 (Gn 3.20; Hb 11.39, nota)
[k] 1Rs 16.31,32
[l] Jr 17.10
[m] 2Tm 3.1-9; comp. 1Co 2.10
[n] Cristo (segunda vinda): v. 25; Ap 16.15 (Dt 30.3; At 1.11, nota)
[o] Sl 2.7-9
[p] Dia (do Senhor): v. 27; Ap 6.17 (Sl 2.9; Is 2.12; Ap 19.19)
[q] Ap 22.16; comp. 2Pe 1.19
[r] Ap 1.4,16; comp. At 2.33
[s] Veja Mt 5.48, nota
[t] Comp. Ap 2.5
[u] Arrependimento: v. 3-19 (Mt 3.2; At 17.30, nota)

[v] Ap 16.15; comp. Mt 24.43; 1Ts 5.2-5
[w] Justiça (vestes de): v. 4,5,18; Ap 4.4 (Gn 3.21; Ap 19.8)
[x] Ap 6.11
[y] Vida (eterna): v. 5; Ap 13.8 (Mt 7.14; Ap 22.19)
[z] Lc 12.8
[a] Veja Hb 1.4, nota
[b] Espírito Santo (NT): v. 6,13,22; Ap 4.2 (Mt 1.18; At 2.4, nota)
[c] Igrejas (locais): v. 6,7,13,14,22; Ap 22.16 (At 8.3; Fp 1.1, nota)
[d] Inspiração: v. 7,14; Ap 14.13 (Êx 4.15; 2Tm 3.16, nota)
[e] Mensageiro: Veja Ap 1.20, nota 4
[ff] Comp. Lc 1.35; 1Pe 1.16
[gg] Jo 14.6; Ap 19.11
[hh] Is 22.22
[ii] Satanás: v. 9; Ap 12.3 (Gn 3.1; Ap 20.10)
[jj] Ap 2.9
[kk] 2Pe 2.9
[ll] Tribulação (a grande): v. 10; Ap 7.14 (Sl 2.5; Ap 7.14)
[mm] Provar-Tentar: v. 10 (Gn 3.1; Tg 1.14, nota)
[nn] Gr. *Oikoumene*. Veja Lc 2.1, nota
[oo] Recompensas: v. 11; Ap 4.4 (Dn 12.3; 1Co 3.14, nota)
[pp] 1Rs 7.21; comp. Gl 2.9
[qq] Sl 23.6
[rr] Ap 22.4
[ss] Ap 21.2
[tt] Ap 2.17
[uu] 2Co 1.20
[vv] Ap 1.5
[ww] Apostasia: v. 14-18 (Lc 18.8; 2Tm 3.1, nota)

manifesta a vergonha da tua nudez, e colírio,
para ungires os teus olhos, a fim de que vejas.
19 Eu repreendo e [x]castigo todos quantos
amo. Portanto, sê zeloso e arrepende-te.

Lugar e atitude de Cristo no final da Dispensação da Igreja

20 Eis que estou à porta e bato. Se alguém
ouvir a minha voz e abrir a porta, [y]entrarei em
sua casa e com ele cearei, e ele comigo.
21 Ao que vencer, darei o direito de assen-
tar-se comigo no meu [z]trono, assim como eu
venci e me assentei com meu [1]Pai no seu trono.
22 Quem tem ouvidos, ouça o que o Espírito
diz às igrejas.

II. O livro selado com sete selos é aberto, 4–6; 8.1

As coisas futuras: "que depois destas devem acontecer"

A cena no céu antes da abertura dos selos

4 Depois destas coisas, olhei e vi que estava
uma [a]porta [b]aberta no céu, e a primeira voz
que ouvi, como de som de [c]trombeta falando
comigo, disse: [2]Sobe para aqui, e te mostrarei
as coisas que [d]depois destas devem acontecer.
2 Imediatamente fui arrebatado em [e]espí-
rito, e um [f]trono estava posto no céu, e alguém
assentado sobre o trono.
3 E o que estava assentado tinha a aparência
[g]semelhante a uma pedra de jaspe e de sardô-
nio, e ao redor do trono havia um [h]arco-íris de
aspecto semelhante à esmeralda.

Os anciãos entronizados ao redor do trono

4 Ao redor do trono também havia vinte e
quatro tronos, e vi assentados sobre os tronos
vinte e quatro [3]anciãos, [i]vestidos de branco,
que tinham nas suas cabeças [j]coroas de ouro.
5 Do trono saíam relâmpagos, vozes e tro-
vões. Diante do trono ardiam sete lâmpadas
de fogo, as quais são os sete espíritos de Deus.

Os quatro seres viventes e os vinte e quatro anciãos adoram o Criador

6 Também havia diante do trono como que
um [k]mar de vidro, semelhante ao cristal, e ao
redor do trono, um ao centro de cada lado,
quatro [l]seres viventes [m]cheios de olhos por
diante e por detrás.
7 O primeiro ser era semelhante a um leão,
o segundo semelhante a um touro, o terceiro
tinha o rosto como de homem, e o quarto era
semelhante a uma águia voando.
8 Os quatro seres viventes tinham, cada um,
[n]seis asas, e ao redor e por dentro estavam
cheios de olhos. Não descansam nem de dia
nem de noite, dizendo:

Santo, Santo, Santo é o
Senhor [o]Deus, o Todo-poderoso,
aquele que era, que é e que há de vir.

9 Quando os seres viventes davam glória,
honra e ações de graças ao que estava assen-
tado sobre o trono, ao que vive para todo
o sempre,
10 os vinte e quatro anciãos prostravam-se
diante do que estava assentado sobre o trono
e adoravam ao que vive para todo o sem-
pre; eles lançavam as suas coroas diante do
trono, dizendo:
11 Digno és, [p]Senhor nosso e Deus nosso,
de receber a glória, a honra e o poder,
pois tu [q]criaste todas as coisas,
e por [r]tua vontade existem
e foram criadas.

Cristo e o livro selado com sete selos

5 Vi na mão direita do que estava assentado
sobre o [s]trono um livro escrito por dentro
e por fora, selado com sete selos.

[x] Hb 12.6
[y] Jo 14.23
[z] Reino (NT): v. 21; Ap 5.1 (Mt 2.2; 1Co 15.24, nota)
[a] Comp. Lc 23.45; Hb 10.19,20
[b] Ez 1.1
[c] Ap 1.10; comp. 1Ts 4.16
[d] Ap 1.19
[e] Espírito Santo (NT): 4.2; Ap 14.13 (Mt 1.18; At 2.4, nota)
[f] Ap 3.21; comp. Ap 22.3
[g] Ap 21.11; comp. Ez 1.26,27
[h] Gn 9.13-17; Ez 1.28
[i] Justiça (vestes de): v. 4; Ap 6.11 (Gn 3.21; Ap 19.8)
[j] Recompensas: v. 4,10; Ap 11.18 (Dn 12.3; 1Co 3.14, nota)
[k] Ap 15.2
[l] Veja Ez 1.5, nota
[m] Comp. Ez 1.18; 10.12
[n] Is 6.2
[o] Is 6.3
[p] Ap 5.9,12
[q] Gn 1.1; Jo 1.3
[r] Cl 1.16; comp. Sl 19.1
[s] Reino (NT): v. 1-4; Ap 5.10 (Mt 2.2; 1Co 15.24, nota)

[1] (3.21) Esta passagem, que está em harmonia com Lc 1.32,33; At 2.30,34,35; 15.14-16, é conclusiva quanto ao fato de que Cristo agora não está assentado em seu próprio trono. A Aliança Davídica (veja 2Sm 7.16, *nota*) e as promessas de Deus por meio dos profetas e do anjo Gabriel referentes ao reino messiânico aguardam cumprimento. Num dia futuro, Deus dará a seu Filho – uma vez coroado com espinhos pelos homens – a coroa de Davi, seu pai.

[2] (4.1) Começando com 4.1, João vê, do céu, todas as coisas. Como a palavra "igreja" não aparece novamente em Apocalipse até 22.16, o arrebatamento de João ao céu tem sido considerado como representação simbólica do arrebatamento da Igreja, que ocorre antes dos acontecimentos da tribulação descritos nos cap. 6–19.

[3] (4.4) Estes anciãos representam a Igreja. A palavra "ancião" tem importância eclesiástica (1Tm 5.17; Tt 1.5). No NT, as coroas são apresentadas exclusivamente como recompensa para os fiéis na Igreja. Os anciãos sentam-se em tronos que estão associados com o trono do juízo de Deus (v. 2-4; comp. 1Co 6.2,3; 2Tm 2.12).

A aparência desses anciãos, que já estão glorificados, coroados e em seus tronos antes que se abra o livro selado do juízo (cap. 5) e antes que os juízos do fim dos tempos sejam descarregados sobre o mundo (cap. 6–18), reafirma que a Igreja não estará sujeita à ira do juízo nem aos juízos daquele período (comp. Jo 5.24; Rm 5.9; 1Ts 1.10; 5.1-11; Ap 3.10).

2 Vi também um [t]anjo forte, bradando com grande voz: [u]Quem é digno de abrir o livro e de lhe romper os selos?

3 E [v]ninguém no céu, nem na terra, nem debaixo da terra, podia abrir o livro nem olhar para ele.

Cristo abre o livro no caráter de Rei (comp. Is 11.1; Jr 23.5; Lc 1.32-33)

4 E eu chorava muito, porque ninguém fora achado digno de abrir o livro, nem de o ler, nem de olhar para ele.

5 Todavia um dos anciãos me disse: Não chores! Olha, o [1][w]Leão da tribo de [x]Judá, a [y]raiz de Davi, [z]venceu para abrir o livro e os seus sete selos.

6 **E**ntão vi, no meio do trono e dos quatro [a]seres viventes, e entre os anciãos, em pé, um [b]Cordeiro, como havendo sido morto, e tinha sete [c]chifres e sete [d]olhos, que são os sete [e]espíritos de Deus enviados por toda a terra.

7 E [2]veio e tomou o livro da mão direita do que estava assentado no trono.

A adoração dos seres viventes e os vinte e quatro anciãos

8 Logo que tomou o livro, os quatro seres viventes e os vinte e quatro anciãos [f]prostraram-se diante do Cordeiro, tendo todos eles uma harpa e taças de ouro cheias de [g]incenso, que são as [h]orações dos santos.

9 E cantavam um [i]novo cântico, dizendo:

Digno és de tomar o livro
e de abrir os seus selos,
porque foste morto,
e [j]com o teu [k]sangue
[l]compraste para Deus
homens de toda tribo,
língua, povo e nação.

10 Para o nosso Deus os fizeste [m]reino e [n]sacerdotes,
e eles [o]reinarão sobre a terra.

Anjos exaltam o Cordeiro

11 Então olhei e ouvi a voz de muitos anjos ao redor do trono, dos seres viventes e dos anciãos; e o número deles era milhões de milhões e milhares de milhares,

12 proclamando com grande voz:

[p]Digno é o Cordeiro, que foi morto,
de receber poder, riqueza,
sabedoria, força,
honra, glória e louvor.

A adoração universal ao Cordeiro como Rei (comp. Fp 2.9-11)

13 Então ouvi toda criatura que está no céu, na terra, debaixo da terra, no mar, e todas as coisas que neles há, dizerem:

Ao que está [q]assentado sobre
o trono e ao [r]Cordeiro
seja o louvor, a honra, a glória e o
poder para todo o sempre.

14 E os quatro seres viventes diziam: Amém. E os anciãos prostraram-se e adoraram.

Abertura dos sete selos

(1) Primeiro selo: o falso Cristo

6 Vi quando o Cordeiro [s]abriu um dos sete selos. E ouvi um dos quatro seres viventes dizer, como se fosse voz de trovão: Vem!

2 Olhei e vi um cavalo branco. O seu cavaleiro tinha um arco, e foi-lhe dada uma coroa, e ele [3]saiu vencendo e para [tt]vencer.

(2) Segundo selo: guerra

3 Quando o Cordeiro abriu o segundo selo, ouvi o segundo ser vivente dizer: Vem!

4 Então saiu outro cavalo, [uu]vermelho. Ao seu cavaleiro foi dado poder para [vv]tirar a paz da terra para que os homens se matassem uns aos outros. Também lhe foi dada uma grande espada.

(3) Terceiro selo: fome

5 **Q**uando o Cordeiro abriu o terceiro selo, ouvi o terceiro [ww]ser vivente dizer: Vem! Olhei e vi um [xx]cavalo preto. O seu cavaleiro tinha uma [yy]balança na mão.

6 E ouvi uma como que voz no meio dos quatro seres viventes, que dizia: Uma medida de trigo por um denário; três [zz]medidas de cevada por um [aa]denário; e não danifiques o azeite e o vinho.

[t] Veja Hb 1.4, nota
[u] Ap 4.11; 5.9; comp. Sl 15.1
[v] Comp. Is 63.5
[w] Gn 49.9
[x] Hb 7.14
[y] Is 11.10; Rm 15.12; Ap 22.16; Mt 1.1
[z] Ap3.21;comp. Is 53.12; 63.1-3
[a] Veja Ez 1.5, nota
[b] Jo 1.29
[c] Veja Dt 33.17, nota
[d] Comp. Zc 3.8,9; 4.10
[e] Ap 1.4; 3.1; 4.5
[f] Ap 4.8-10; 19.4
[g] Sl 141.2
[h] Ap 8.3
[i] Ap 4.11; 14.3; comp. Sl 33.3; 96.1; 98.1; 149.1
[j] Hb 9.12; 1Pe 1.18,19
[k] Sacrifício (de Cristo): v. 9; Ap 7.14 (Gn 3.15; Hb 10.18, nota)
[l] Veja Rm 3.24, nota
[m] Êx 19.6
[n] Is 61.6
[o] Reino (NT): v. 10; Ap 11.15 (Mt 2.2; 1Co 15.24, nota)
[p] v. 9; comp. Fp 2.9-11
[q] Ap 4.2,3; 6.16; 20.11
[r] v. 6; comp. Jo 5.23
[s] v. 3,5,7, 9,12; 8.1
[tt] Mt 24.5; comp. Dn 7.7
[uu] Comp. 2Rs 3.22,23; Na 2.3; Zc 6.2
[vv] Mt 24.6,7
[ww] Veja Ez 1.5, nota
[xx] Comp. Zc 6.2
[yy] Mt24.7;comp. Ez 4.16,17
[zz] Veja pesos e medidas (NT): At 27.28, nota
[aa] Veja sist. monetário (NT): Mt 5.26, nota

---

[1] (5.5) O leão é o rei dos animais. Em Gn 49.8-12, é predito que a descendência de Judá empunharia o cetro, i.e., seria rei de Israel, Siló, e governaria o mundo. Maria, mãe de Jesus, era da tribo de Judá (Lc 3.33).

[2] (5.7) Comp. Dn 7.13,14. As duas visões são idênticas; aqui se acrescenta o que estava oculto para Daniel: que os reis e sacerdotes da Era da Igreja estarão associados com o Filho do homem ("um Cordeiro, como havendo sido morto") quando ele reinar sobre a terra (v. 6-10; comp. 3.21; 5.10).

[3] (6.2) O que monta o cavalo branco não é Cristo. Aqueles que identificam esse cavaleiro com Cristo consideram que esta passagem é uma profecia da conquista realizada pelo evangelho. No entanto, nenhuma coroa foi dada ao Senhor quando começou a proclamação do evangelho, e os terríveis acontecimentos mundiais que representam os outros três cavaleiros (v. 3-8) não implicam uma conquista anterior por parte de Cristo.

(4) Quarto selo: morte

7 Quando o Cordeiro abriu o quarto selo, ouvi
a voz do quarto ser vivente, que dizia: Vem!
8 Olhei e vi um cavalo amarelo. O seu cava-
leiro chamava-se [b]Morte, e o [c]Inferno o seguia.
Foi-lhes dado poder sobre a quarta parte da
terra para [d]matar com a espada, com a fome,
com a peste e com as [e]feras da terra.

(5) Quinto selo: os mártires remanescentes

9 Quando ele abriu o quinto selo, vi debaixo
do altar as almas dos que foram [f]mortos por
causa da palavra de Deus e por causa do teste-
munho que deram.
10 E clamavam com grande voz, dizendo:
[g]Até quando, ó verdadeiro e santo Soberano,
não julgas e vingas o nosso sangue dos que
habitam sobre a terra?
11 E foram dadas a cada um deles compridas
[h]vestes brancas, e [i]foi-lhes dito que repou-
sassem ainda por pouco tempo, até que se
[j]completasse o número de seus conservos e
seus irmãos, que haviam de ser mortos, como
também eles foram.

(6) Sexto selo: anarquia

12 Olhei enquanto ele abria o sexto selo.
Houve um grande [k]terremoto. O sol tornou-se
[l]negro como saco de cilício, e a lua tornou-se
como sangue.
13 As estrelas do céu [m]caíram sobre a terra,
como quando a figueira, sacudida por um
vento forte, deixa cair os seus figos verdes.
14 O [n]céu recolheu-se como um pergaminho
quando se enrola, e todos os [o]montes e ilhas
foram removidos dos seus lugares.
15 Os [p]reis da terra, os grandes, os chefes mili-
tares, os ricos, os poderosos e todo escravo e
todo livre se [q]esconderam nas cavernas e nos
penhascos dos montes
16 e diziam aos montes e aos rochedos: [r]Caí
sobre nós e escondei-nos do rosto daquele que
está [s]assentado sobre o trono e da ira do Cordeiro!
17 [t]Pois é vindo o grande [u]dia da ira deles, e
quem poderá subsistir?

III. Parêntese: Judeus e gentios salvos durante a tribulação, 7

7 Depois destas coisas vi [v]quatro anjos que
estavam sobre os quatro cantos da terra,
retendo os quatro [w]ventos da terra, para que
nenhum vento soprasse sobre a terra, sobre o
mar ou contra árvore qualquer.
2 Vi outro anjo subir do lado do sol nascente,
tendo o [x]selo do Deus vivo. Ele clamou com
grande voz aos quatro anjos, a quem fora dado
o poder de danificar a terra e o mar,
3 dizendo: [y]Não danifiqueis a terra, o mar ou
as árvores até que tenhamos selado nas suas
testas os servos do nosso Deus.

O remanescente israelita de 144.000

4 E ouvi o número dos que foram [z]selados, e
eram cento e quarenta e quatro mil, de [a]todas
as tribos dos filhos de Israel.
5 Da tribo de Judá doze mil foram selados;
da tribo de Rúben, doze mil; da tribo de Gade,
doze mil;
6 da tribo de Aser, doze mil; da tribo de Naftali,
doze mil; da tribo de Manassés, doze mil;
7 da tribo de Simeão, doze mil; da tribo de
Levi, doze mil; da tribo de Issacar, doze mil;
8 da tribo de Zebulom, doze mil; da tribo de
José, doze mil; da tribo de Benjamim, doze mil.

A multidão de gentios que vieram da grande tribulação

9 Depois destas coisas olhei e vi [bb]uma
grande multidão, que ninguém podia contar,
de todas as nações, tribos, povos e línguas,
que estavam em pé diante do trono e perante
o Cordeiro, trajando compridas [cc]vestes bran-
cas e com [dd]palmas nas mãos.
10 Clamavam com grande voz: [ee]Salvação ao
nosso Deus, que está assentado no trono, e
ao Cordeiro.
11 Todos os [ff]anjos estavam em pé ao redor do
trono e dos anciãos e dos quatro [gg]seres viven-
tes. Eles se prostraram diante do trono sobre
seus rostos e [hh]adoraram a Deus,
12 dizendo:
Amém.
Louvor, glória,
sabedoria, ação de graças, honra,
poder e força
ao nosso Deus, para todo o sempre.
Amém.
13 Então um dos anciãos me perguntou:
Estes que estão vestidos de branco, quem são
eles e de onde vieram?
14 Respondi-lhe: Senhor, tu o sabes.
Disse-me ele: Estes são os que vieram da
grande [1][ii]tribulação e lavaram as suas vestes e
as [jj]branquearam no [kk]sangue do Cordeiro.
15 Por isso,
estão [ll]diante do trono de Deus

[1] (7.14) Ainda que o povo de Deus possa esperar tribulações na presente era (Jo 16.33; At 14.22), a palavra "tribulação", a exemplo do que acontece aqui, também é usada com respeito a um tempo futuro específico (Mt 24.21,29; Mc 13.24).

[b] Comp. At 3.15; Rm 6.23
[c] Veja Lc 16.23, nota
[d] Mt 24.9
[e] Comp. Ez 14.21
[f] Morte (física): v. 9,10; Ap 9.6 (Gn 2.17; Hb 9.27, nota)
[g] Sl 13.1-6
[h] Justiça (vestes de): v. 9-11; Ap 7.9 (Gn 3.21; Ap 19.8)
[i] Remanescente: 6.9-11; 7.3-17; Ap12.17(Is1.9; Rm 11.5, nota)
[j] Comp. Hb 11.40
[k] Mt 24.7
[l] Jl 2.10,31
[m] Mt 24.29
[n] Is 34.4
[o] Ap 16.20; comp. Jr 3.23
[p] Sl 2.2-4; comp. Dn 2.21
[q] Is 2.12,19
[r] Lc 23.29,30
[s] Ap 20.11
[t] Comp. Is 13.6; Mt 24.8
[u] Dia (do Senhor): v. 12-17; Ap 16.17 (Sl 2.9; Is 2.12; Ap 19.19)
[v] Veja Hb 1.4, nota
[w] Comp. Dn 7.2

[x] Comp. Ef 1.13,14
[y] Comp. 2Ts 2.7
[z] Israel (profecias): v. 1-4; Ap 12.1 (Gn 12.2; Rm 11.26, nota)
[a] Gn 49.1-27; comp. Dt 33.6-25; Ez48.1-7,23-28
[bb] Is 60.1-5; comp. Rm 11.25
[cc] Justiça (vestes de): v. 9-14; Ap 16.15 (Gn 3.21; Ap 19.8)
[dd] v. 9,10; comp. Mt 21.8,9
[ee] Veja Rm 1.16, nota
[ff] Veja Hb 1.4, nota
[gg] Veja Ez 1.5, nota
[hh] Ap 4.11; 5.9,12,14; 11.16
[ii] Tribulação (a grande): v. 14 (Sl 2.5; Ap 7.14)
[jj] Ap 22.14; comp. Is 1.18; Zc 3.3-5; 1Jo 1.7
[kk] Sacrifício (de Cristo): v. 14; Ap 12.11 (Gn 3.15; Hb 10.18, nota)
[ll] v. 9

e o servem de dia e de noite
no seu templo;
e aquele que está assentado sobre o trono
estenderá o seu tabernáculo sobre eles.
16 Nunca mais terão fome;
nunca mais terão sede.
Nem sol, nem [m]calor algum,
cairá sobre eles.
17 Pois o Cordeiro que está no meio do trono
os [n]apascentará e os conduzirá às fontes
das águas da vida.
E [o]Deus lhes enxugará dos
olhos toda lágrima.

Sétimo selo (comp. 4.1): as sete trombetas

8 Quando ele abriu o sétimo selo, fez-se
silêncio no céu por cerca de meia hora.

IV. Os juízos das sete trombetas, 8.2–9.21; 11.15-19

Cristo como sumo sacerdote

2 E vi os [p]sete anjos que estavam em pé
diante de Deus, aos quais foram dadas sete
[1q]trombetas.
3 Veio outro anjo e ficou em pé junto ao altar,
tendo um incensário de ouro. Foi-lhe dado
muito incenso, para [r]oferecê-lo com as [s]ora-
ções de todos os santos sobre o altar de ouro,
que está diante do trono.
4 E da mão do anjo subiu diante de Deus a
[t]fumaça do incenso com as orações dos santos.
5 Então o anjo tomou o incensário, [u]encheu-o
do fogo do altar e o lançou sobre a terra;
e houve trovões, vozes, [v]relâmpagos e ter-
remotos.
6 Então os sete anjos que tinham as sete
trombetas prepararam-se para tocar.

(1) A primeira trombeta

7 O primeiro anjo tocou a sua trombeta, e
houve [w]saraiva e fogo misturado com sangue,
que foram lançados na terra. Foi queimada a
[x]terça parte da terra, a terça parte das árvores e
toda a [y]erva verde.

(2) A segunda trombeta

8 O segundo anjo tocou a trombeta, e foi
lançado no mar como que um grande [z]monte
ardendo em fogo, e tornou-se em [a]sangue a
terça parte do mar.
9 E morreu a terça parte das criaturas viven-
tes que havia no mar, e foi destruída a terça
parte dos [b]navios.

(3) A terceira trombeta

10 O terceiro anjo tocou a sua trombeta, e
[c]caiu do céu uma grande [d]estrela, ardendo
como uma tocha, e caiu sobre a terça parte dos
rios e sobre as [e]fontes das águas;
11 o nome da estrela era [f]Absinto. A terça
parte das águas tornou-se amarga, e muitos
homens morreram por causa das águas, que
se tornaram amargas.

(4) A quarta trombeta

12 O quarto anjo tocou a sua trombeta, e foi
ferida a terça parte do [g]sol, a terça parte da lua
e a terça parte das estrelas, de modo que a terça
parte deles se escureceu. A terça parte do dia
não brilhou, e semelhantemente a da noite.
13 Enquanto eu olhava, ouvi uma águia que,
voando pelo meio do céu, dizia com grande
voz: [h]Ai, ai, ai dos que habitam sobre a terra!
por causa das outras vozes das trombetas dos
três anjos que ainda vão tocar.

(5) A quinta trombeta

9 O quinto anjo tocou a sua trombeta, e vi
uma [i]estrela [j]que do céu caiu na terra. Foi-
lhe dada a chave do poço do abismo.
2 E abriu o poço do abismo, e subiu fumaça do
poço, como a fumaça de uma grande fornalha, e
com a fumaça do poço escureceram-se o [k]sol e o ar.
3 E da fumaça saíram [l]gafanhotos sobre a
terra, e foi-lhes dado poder, como o que têm
os [mm]escorpiões da terra.
4 Foi-lhes dito que não causassem [nn]dano à
erva da terra, a verdura alguma ou a árvore
alguma, mas somente aos homens [oo]que não
têm nas suas testas o selo de Deus.
5 Foi-lhes permitido não que os matassem,
mas que por cinco meses os atormentassem.

m Sl 121.6
n Ez 34.23,24
o Ap 21.4; comp. Is 25.8
p Veja Hb 1.4, nota
q Trombetas de anjos: comp. 1Ts 4.16, a trombeta de Deus
r Comp. Jo 14.13; Hb 7.25
s Ap 5.8
t Comp. Êx 30.7,8; Sl 141.2
u Comp. Lv 16.12; Nm 16.46
v Ap4.5;comp. Êx 19.18,19; Sl 97.1-4
w Comp. Êx 9.23,24; Sl 18.13; Ez 38.22
x v. 8-10; Ap 9.15-18
y Comp. 9.4

z Comp. Jr 51.25
a Ap11.6;comp. Êx 7.19,20
b Comp. Is 2.12,16
c Comp. Dn 12.3
d 9.1; comp. Is 14.12
e Ap 16.4; comp. Ap 7.17
f Comp. Dt 29.18; Jr 23.15
g Is 13.10; Jl 2.31; Mt 24.29; Ap6.12;comp. Êx 10.21-23; Jo 12.35
h Ap 9.12; 11.14; 12.12
i 8.10; comp. Is 14.12-14
j 8.10
k Jl 2.10;comp. Ap 21.24
l Comp. Êx 10.12-15
mm Comp. Nm 21.6
nn Comp. 8.7
oo Ap 7.2,3; comp. Ap 13.16,17

Considerando que nosso Senhor vincula "a abominação da desolação, de que falou o profeta Daniel" com este período de tribulação (Mt 24.15-21; Mc 13.14-19), é evidente que a tribulação deve ser associada à septuagésima semana de Daniel (Dn 9.27). Além disso, as referências bíblicas têm em comum uma alusão a distúrbios e aflições sem precedentes (Jr 30.7; Dn 9.27; 12.1; Mt 24.21,22).

Conquanto a septuagésima semana de Daniel dure sete anos (veja Dn 9.24, *nota*; comp. Ap 11.2, *nota*) e os termos "tribulação" e "grande tribulação", conforme usados nas Escrituras, se refiram à última metade dos sete anos, o uso da expressão "tribulação" em referência a todo o período e "grande tribulação" em referência à segunda metade do período é considerado normal.

[1] (8.2) As sete trombetas seguem cronologicamente a abertura do sétimo selo (8.1).

E o seu tormento era semelhante ao tormento
do escorpião, quando fere o homem.
6 Naqueles dias, os homens [p]buscarão a
[q]morte e não a acharão; desejarão morrer, mas
a morte fugirá deles.
7 **A** aparência dos gafanhotos era seme-
lhante à de cavalos preparados para a guerra.
Sobre as suas [r]cabeças havia como que umas
[s]coroas semelhantes ao ouro, e os seus rostos
eram como rostos de homens.
8 Tinham cabelos como cabelos de mulhe-
res, e os seus [t]dentes eram como os de leões.
9 Tinham [u]couraças como couraças de ferro, e
o ruído das suas asas era como o ruído de [v]car-
ros de muitos cavalos que correm ao combate.
10 Tinham caudas e ferrões semelhantes às
dos escorpiões, e nas suas caudas tinham poder
para danificar os homens por cinco meses.
11 Tinham sobre si como [w]rei o [x]anjo do
[y]abismo, cujo nome em hebraico é [z]Abadom,
e em grego, [1]Apoliom.
12 Passado é já um [a]ai; depois disso vêm
ainda dois ais.

(6) A sexta trombeta: o exército do Extremo Oriente (comp. 16.12)

13 **O** sexto anjo tocou a sua trombeta, e ouvi
uma voz que vinha das quatro pontas do altar
[b]de ouro, que estava diante de Deus,
14 a qual dizia ao sexto anjo, que tinha a
trombeta: Solta os quatro anjos que estão pre-
sos junto ao grande rio [2]Eufrates.
15 E foram soltos os quatro anjos que estavam
preparados para aquela hora, dia, mês e ano, a
fim de matarem a [c]terça parte dos homens.
16 O número dos exércitos dos cavaleiros
era de duzentos milhões. Eu ouvi o nú-
mero deles.
17 E assim vi os cavalos nesta visão: os seus
cavaleiros tinham [d]couraças de fogo, de jacinto
e de enxofre. As [e]cabeças dos cavalos eram
como cabeças de leões, e de suas bocas [f]saíam
fogo, fumaça e enxofre.
18 Por estas três pragas foi morta a terça parte
dos homens, isto é, pelo fogo, pela fumaça e
pelo enxofre, que saíam das bocas dos cavalos.
19 O poder dos cavalos está na sua boca e nas
suas caudas; pois as suas [g]caudas eram seme-
lhantes a serpentes, e tinham cabeças, e com
elas causavam dano.
20 **Os** outros homens, que não foram mor-
tos por essas pragas, não se arrependeram das
obras das suas mãos, para deixarem de [h]adorar
aos demônios e aos ídolos de ouro, de prata,
de bronze, de pedra e de madeira que não
podem [i]ver, nem ouvir, nem andar.
21 Nem se arrependeram dos seus [j]homi-
cídios, nem das suas feitiçarias, nem da sua
[k]prostituição, nem dos seus furtos.

[1] (9.11) O nome Abadom significa *destruidor*.

[2] (9.14) O rio Eufrates, mencionado na Bíblia já no jardim do Éden (Gn 2.14), em cujas margens ficavam famosas cidades-estado do mundo antigo, como Babilônia, Nipur (capital religiosa da Mesopotâmia) e Ur, era o limite nordeste da terra prometida a Israel (Gn 15.18; comp. Dt 1.7; Js 1.4; 1Rs 4.21,24; etc.), como também a fronteira oriental do Império Romano. De modo geral, ele é considerado o limite que separa o Oriente do Ocidente (Ed 4.10,11; Ne 2.9; etc.).

O exército descrito em Ap 9.16-19 são hostes militares que vêm do Oriente e cruzam o rio Eufrates (comp. 16.12). Os anjos que são soltos (9.14,15) e o Eufrates que seca (16.12) são uma preparação para a invasão da Terra Santa pelos "reis do Oriente" (16.12) em antecipação à batalha de Armagedom (16.14-16).

Podemos deduzir das Escrituras que a tribulação começará com a assinatura do pacto que permitirá a restauração do sacrifício judeu (Dn 9.27); será um período de sofrimento e de juízo nunca vistos (veja ref. em cadeia, *Tribulação*, Sl 2.5 a Ap 7.14), descrito em Ap 6–19; envolverá toda a terra (Ap 3.10), mas de maneira distintiva será um "tempo de angústia para Jacó" (Jr 30.7). Os elementos da grande tribulação (a segunda metade da septuagésima semana) são: 1) o cruel reinado da besta que sobe do mar (Ap 13.1), que, no começo dos três anos e meio finais, violará seu pacto com os judeus (em virtude do qual eles terão restabelecido o culto no templo, Dn 9.27) e se apresentará no templo exigindo adoração como Deus (Mt 24.15; 2Ts 2.4); 2) a intervenção ativa de Satanás, com "grande ira" (Ap 12.12), dando seu poder à besta (Ap 13.4,5); 3) a atividade sem precedentes dos demônios (Ap 9.2,11; comp. v. 20); e 4) as terríveis taças de juízos de Ap 16.

Apesar disso, a tribulação será um período de salvação. Um grupo escolhido de Israel será redimido (Ap 7.1-4) com uma inumerável multidão de gentios (Ap 7.9). Afirma-se que eles "vieram da grande tribulação" (Ap 7.14). Não fazem parte do sacerdócio, a Igreja, mas parecem ter com esse sacerdócio a mesma relação que os levitas tinham com os sacerdotes sob a Aliança Mosaica. A grande tribulação será imediatamente seguida pela volta de Cristo em glória e pelos acontecimentos relacionados a ela (Mt 24.29,30). Veja Remanescente (Is 1.9; Rm 11.5, *nota*); Besta (Dn 7.8; Ap 19.20, *nota*); Armagedom (Ap 16.14; 19.17, *nota*).

Há uma diferença de opinião quanto ao lugar em que, pela primeira vez, faz-se alusão à tribulação em Apocalipse. Alguns sugerem o cap. 6; outros optam por uma localização bem posterior, no cap. 11. De qualquer maneira, ela está descrita nos cap. 11–18.

[p] Comp. Jr 8.3
[q] Morte (física): v. 6; Ap 11.7 (Gn 2.17; Hb 9.27, nota)
[r] Comp. Jl 2.4
[s] Comp. Na 3.17
[t] Comp. Jl 1.6
[u] v. 17; comp. Ef 6.14
[v] Comp. Jl 2.5
[w] Comp. Jo 14.30; Ef 2.2
[x] Veja Hb 1.4, nota
[y] v. 1
[z] Comp. Jó 26.6; 1Pe 5.8
[a] Ap 8.13
[b] Ap 8.3

[c] Ap 8.7-9
[d] v. 9
[e] Comp. Is 5.25-30
[f] Comp. Sl 27.2,12; At 9.1
[g] Comp. Is 9.15; Mq 3.5
[h] Comp. Dt 32.17; 1Co 10.20
[i] Comp. Sl 115.4-7
[j] Ap 21.8
[k] Comp. Ap 18.9

V. Parêntese, 10.1–11.14

Um anjo poderoso anuncia que o tempo terminou

10 Vi [l]outro anjo forte descendo do céu, [m]vestido de uma nuvem. Por cima da sua cabeça estava o [n]arco-íris; o seu [o]rosto era como o sol e as suas pernas como colunas de fogo,

2 e tinha na mão um [p]livrinho aberto. Pôs o seu [q]pé direito sobre o mar e o esquerdo sobre a terra

3 e clamou em alta voz, como quando ruge o leão. Tendo clamado, os sete [r]trovões fizeram soar as suas vozes.

4 E, quando os sete trovões fizeram soar as suas vozes, eu ia escrevê-las; mas ouvi uma voz do céu, que dizia: [s]Sela o que os sete trovões falaram e não o escrevas.

5 Então o anjo que vi em pé sobre o mar e sobre a terra levantou a sua mão direita ao céu

6 e jurou por Aquele que vive para todo o sempre, o qual [t]criou o céu e o que nele há, a terra e o que nela há, e o mar e o que nele há, que não haveria mais [u]demora,

7 mas nos dias da voz do [v]sétimo [w]anjo, quando ele estiver prestes a tocar a sua trombeta, se cumprirá o [x]mistério de Deus, como anunciou aos profetas, seus servos.

João recebe ordens de profetizar novamente

8 Então a [y]voz que eu do céu tinha ouvido tornou a falar comigo e disse: Vai e toma o livrinho aberto da mão do anjo que está em pé sobre o mar e sobre a terra.

9 Fui, pois, ao anjo e lhe pedi que me desse o livrinho. Disse-me ele: [z]Toma-o e come-o. Ele fará amargo o teu ventre, mas na tua boca será [a]doce como mel.

10 Tomei o livrinho da mão do anjo e o comi. Na minha boca era doce como mel, mas, tendo-o comido, o meu ventre ficou amargo.

11 Então foi-me dito: Importa que [b]profetizes [1]outra vez acerca de muitos povos, nações, línguas e reis.

"O tempo dos gentios" terminará em quarenta e dois meses

11 Foi-me dado um [c]caniço semelhante a uma vara e foi-me dito: Levanta-te e [d]mede o templo de Deus, o altar e os que nele adoram.

2 Deixa, porém, o átrio que está fora do templo; não o meças, porque foi dado aos [e]gentios. Estes pisarão a cidade santa por [2][f]quarenta e dois meses.

Morte e ressurreição das duas testemunhas

3 E darei poder às minhas [g]duas [3][h]testemunhas, e elas profetizarão por mil duzentos e sessenta dias, vestidas de saco.

4 [i]Estas são as duas oliveiras e os dois candeeiros que estão diante do Senhor da terra.

5 Se alguém lhes quiser causar mal, das suas bocas sairá [j]fogo e devorará os seus inimigos. Se alguém lhes quiser causar mal, importa que assim seja morto.

6 Estes homens têm poder para [k]fechar o céu, para que não chova durante os dias em que estiverem profetizando; [ll]e têm poder sobre as águas para convertê-las em sangue e para ferir a terra com toda sorte de pragas, quantas vezes quiserem.

7 Quando acabarem o seu testemunho, a [mm]besta que sobe do [nn]abismo lhes fará [oo]guerra e os vencerá e [pp]matará.

8 E os seus corpos ficarão expostos na praça da grande [qq]cidade, que espiritualmente se chama [rr]Sodoma e Egito, onde o seu Senhor também foi crucificado.

9 Homens de vários povos, tribos, línguas e nações [ss]verão os seus corpos mortos por três dias e meio e não permitirão que sejam sepultados.

10 Os que habitam na terra se [tt]regozijarão sobre eles e se alegrarão, mandando presentes uns aos outros, porque estes dois profetas tinham atormentado os que habitam sobre a terra.

11 Depois daqueles três dias e meio, o espírito de vida, vindo de Deus, entrou neles, e eles se

[l] Comp. Ap 5.2; 8.3
[m] Comp. At 1.9; Ap 1.7
[n] Ez 1.26-28; Ap 4.3
[o] Ap 1.16
[p] Comp. Ap 5.1
[q] Sl 95.5; comp. Ag 2.6
[r] Sl 29.3-9
[s] Comp. Dn 8.26; 12.4-9
[t] Gn 1.1; Ap 4.11
[u] Comp. Ap 6.11; 12.12; 16.17; 21.6
[v] Ap 11.15
[w] Veja Hb 1.4, nota
[x] Comp. Am 3.7; veja Mt 13.11, nota
[y] Comp. Ap 4.1
[z] Comp. Ez 2.8,9; 3.2,3
[a] Comp. Sl 19.9,10; 119.103
[b] Comp. Jr 25.15-26

[c] Veja pesos e medidas (NT): At 27.28, nota
[d] Comp. Ez 40.3
[e] Tempos dos gentios: v. 2; Ap 16.19 (Dt 28.49; Ap 16.19)
[f] Ap13.5;comp. Dn 7.25; 12.7; Ap 12.6,14
[g] Dt 17.6
[h] Comp. Is 43.10,12
[i] Zc 4.2,3,14
[j] Comp. 2Rs 1.10,12; Jr 5.14
[k] Comp. 1Rs 17.1; Tg 5.17
[ll] Comp. Êx 7.10,19
[mm] Comp. Ap 13.1; 17.8
[nn] Ap 9.1
[oo] Comp. Dn 7.21; Ap 13.7
[pp] Morte (física): v. 7; Ap 13.3 (Gn 2.17; Hb 9.27, nota)
[qq] Jerusalém
[rr] Comp. Is 1.9,10
[ss] Comp. Is 66.23,24
[tt] Comp. Sl 79.2-4; Jo 16.20

[1] (10.11) "Importa que profetizes outra vez acerca de muitos povos". Aqui se diz a João que deve repassar detalhadamente os eventos cobertos até aqui, em especial no que os eventos dos últimos três anos e meio afetam o remanescente fiel de Israel (comp. 11.19; 12.1,2,5,17; 13.7; 14.1,3).

[2] (11.2) A tribulação que ocorrerá ao final desta era continuará durante sete anos, a semana de Dn 9.27 (veja Ap 7.14, *nota*). Nos escritos proféticos, esse período de sete anos é dividido em duas metades de três anos e meio. A duração dos períodos também é referida como "um tempo, tempos e metade de um tempo" (Ap 12.14; comp. Dn 7.25; 12.7), "quarenta e dois meses" (Ap 11.2; 13.5) e "mil duzentos e sessenta dias" (Ap 11.3; 12.6). A segunda metade desse período de sete anos se caracterizará por uma crueldade crescente por parte do governante mundial e, por conseguinte, uma maior intensidade de perseguição e sofrimento.

[3] (11.3) As Escrituras não identificam claramente essas duas testemunhas, cujos poderes são como os de Moisés e Elias (v. 6).

[u]puseram de pé, e caiu grande [v]temor sobre os que os viram.

12 Então ouviram uma grande voz do céu, que lhes dizia: [w]Subi para aqui. E subiram ao céu em uma nuvem, e os seus inimigos os [x]viram.

13 Naquela mesma hora, houve um grande terremoto, e caiu a décima parte da cidade. No terremoto foram mortos sete mil homens, e os demais ficaram atemorizados e deram glória ao [y]Deus do céu.

14 **É** passado o segundo [z]ai; o terceiro ai cedo virá.

(7) A sétima trombeta (comp. 8.2):
Visão do reino de Cristo

15 **O** [a]sétimo [b]anjo tocou a sua trombeta, e houve no céu grandes vozes, que diziam:

Os reinos do [c]mundo [1]vieram a
ser de nosso Senhor e do seu Cristo,
e ele [d]reinará para todo o sempre.

16 E os vinte e quatro anciãos, que estão assentados em seus tronos diante de Deus, prostraram-se sobre seus rostos e [e]adoraram a Deus,

17 dizendo:

Graças te damos, Senhor
Deus, todo-poderoso,
que és e que eras,
porque tomaste o teu grande
poder e reinaste.

18 [f]Iraram-se as nações;
então veio a tua ira,
o tempo de serem julgados os [g]mortos
e o tempo de dares [h]recompensa
aos profetas,
teus servos, e aos santos e aos que temem
o teu nome,
a pequenos e a grandes,
e o tempo de destruíres os
que destroem a terra.

19 [i,j]Abriu-se no céu o templo de Deus, e a arca da sua [k]aliança foi vista no seu santuário. E houve relâmpagos, vozes e trovões, terremoto e grande chuva de pedras.

VI. Personagens proeminentes, 12

A mulher, Israel, dá à luz o filho varão, Cristo

12 Viu-se um grande sinal no céu: uma [l]mulher vestida do sol, tendo a [m]lua debaixo dos pés, e uma coroa de [n]doze estrelas sobre a cabeça.

2 Ela estava grávida e gritava com as [o]dores de parto, sofrendo tormentos para dar à luz.

O dragão vermelho: Satanás

3 Viu-se também outro sinal no céu: um grande [p]dragão vermelho, que [q]tinha sete cabeças e [r]dez chifres, e sobre as suas cabeças sete diademas.

4 A sua cauda levou após si a terça parte das [s]estrelas do céu e [t]lançou-as sobre a terra. O dragão parou diante da mulher que estava prestes a dar à luz, para que, dando ela à luz, lhe [uu]devorasse o filho.

O filho varão: Cristo

5 Ela deu à luz um [w]filho, um varão que há de reger todas as nações com vara de ferro. E o seu filho foi [ww]arrebatado para Deus e para o seu trono.

6 A mulher fugiu para o [xx]deserto, onde já tinha lugar preparado por Deus para que ali fosse alimentada durante [yy]mil duzentos e sessenta dias.

O arcanjo: Miguel

7 **E** houve guerra no céu: [zz]Miguel e os seus anjos batalhavam contra o dragão. E o dragão e os seus anjos batalhavam,

8 mas não prevaleceram, nem mais o seu lugar se achou nos céus.

9 E foi precipitado o grande dragão, a [aa]antiga serpente, que se chama Diabo e Satanás, que [bb]engana o [cc]mundo todo. Ele foi precipitado na terra, e os seus anjos foram lançados com ele.

10 Então ouvi uma grande voz no céu, que dizia:

Agora é chegada a [dd]salvação,
a força, o [ee]eino do nosso Deus
e o poder do seu Cristo.
Pois já o [ff]acusador de nossos irmãos foi
lançado fora,
o qual diante do nosso Deus
os acusava de dia e de noite.

11 Eles o venceram pelo [gg]sangue do Cordeiro
e pela palavra do seu testemunho;
não amaram as suas vidas até a morte.

12 Pelo que vos alegrai,
ó céus e vós que neles habitais.
[hh]Ai dos que habitam na terra e no mar,
porque o Diabo desceu a vós

---

[u] Milagres (NT): v. 11 (Mt 8.3; At 28.8, nota)
[v] Comp. At 5.11
[w] Comp. Ap 20.4-6
[x] Comp. v. 9
[y] Comp. Dn 2.18
[z] Ap 8.13
[a] Ap 10.7
[b] Veja Hb 1.4, nota
[c] Gr. *kosmos*. Veja Ap 13.8, nota
[d] Reino (NT): v. 15; Ap 17.14 (Mt 2.2; 1Co 15.24, nota)
[e] v. 16,17; Ap 4.11; 5.9,12,14; 7.11
[f] Sl 2.1
[g] Ap 20.12,13
[h] Recompensas: v. 18; Ap 22.12 (Dn 12.3; 1Co 3.14, nota)
[i] O v. 19 se entende melhor ao lê-lo como parte do cap. 12
[j] Ap 15.5
[k] Comp. Êx 37.1; Hb 9.4
[l] Israel (história): v. 1-17; Ap 21.12 (Gn 12.2; Rm 11.26, nota)
[m] Comp. Gn 37.9
[n] Comp. Ap 7.4-8
[o] Is 66.7-10; comp. Mq 4.10
[p] Satanás: v. 3-9; Ap 12.10 (Gn 3.1; Ap 20.10)
[q] Comp. Ap 13.1
[r] Comp. Dn 7.7
[s] Ap 8.12
[t] Comp. Dn 8.10
[uu] Mt 2.16
[w] Cristo: Sl 2.8,9; Ap 2.27; 19.15; comp. Is 9.6,7
[ww] Lc 24.51; At 1.9-11
[xx] 12.14
[yy] Ap 11.2,3; 13.5; comp. Dn 9.27; veja Ap 7.14 e 11.2, notas
[zz] Dn 10.21; Jd 9
[aa] Gn 3.1; Is 14.12-19
[bb] Comp. 2Co 4.4; 11.14
[cc] Gr. *Oikoumene*. Veja Lc 2.1, nota
[dd] Veja Rm 1.16, nota
[ee] Veja Ap 20.4, nota
[ff] Satanás: v. 10-17; Ap 20.2 (Gn 3.1; Ap 20.10)
[gg] Sacrifício (de Cristo): v. 11 (Gn 3.15; Hb 10.18, nota)
[hh] Ap 8.13

---

[1] (11.15) A sétima trombeta anuncia que está para começar o reinado de Cristo sobre a terra, quando o reino deste mundo se tornará o reino de nosso Senhor. Essa trombeta se faz ouvir perto do final da grande tribulação. As sete taças (cap. 16) seguem-se a este evento numa rápida sequência e culminam com a segunda vinda de Cristo.

e tem grande [i]ira, sabendo
que pouco tempo
lhe resta.

O remanescente judeu é perseguido por Satanás

13 Quando o dragão se viu lançado na terra,
[j]perseguiu a mulher que dera à luz o filho varão.
14 E foram dadas à mulher as duas [k]asas da
grande águia, para que voasse até o deserto, ao
seu [l]lugar, onde é sustentada por um tempo,
tempos e metade de um tempo, fora da vista
da serpente.
15 Então a serpente lançou da sua boca, atrás
da mulher, água como um rio, a fim de fazer
que ela fosse arrebatada pela corrente.
16 A terra, porém, ajudou a mulher, abrindo
a sua boca e engolindo o rio que o dragão lan-
çara da sua boca.
17 Então o dragão irou-se contra a mulher e
foi fazer guerra aos [m]demais filhos dela, os que
guardam os [n]mandamentos de Deus e man-
têm o testemunho de Jesus.
18 E o dragão parou sobre a areia do mar.

VII. Surgimento e reinado da besta e do falso profeta, 13

A besta que sobe do mar: a ferida mortal curada

13 E eu vi [1]subir do mar uma [2][o]besta [p]que
tinha [q]dez [r]chifres e sete cabeças; sobre
os seus chifres tinham dez diademas e, sobre
as suas cabeças, um [s]nome de blasfêmia.
2 A besta que vi era semelhante ao [3]leopardo,
com pés como os de urso e a boca como a de
leão. O [t]dragão deu-lhe o seu poder, o seu
trono e grande autoridade.
3 Então vi uma de suas cabeças como [4]gol-
peada de [u]morte, mas a sua chaga mortal foi
[v]curada. Toda a [w]terra se [x]maravilhou, seguindo
a besta,
4 e adoraram o dragão que deu à besta a
sua autoridade, e adoraram a besta, dizendo:
Quem é semelhante à besta? Quem poderá
batalhar contra ela?
5 Foi-lhe dada uma [y]boca para proferir arro-
gâncias e blasfêmias e foi-lhe dada também
autoridade para continuar por [z]quarenta e
dois meses.
6 E abriu a sua boca em blasfêmias contra
Deus, para blasfemar do seu nome, do seu
tabernáculo e dos que [a]habitam no céu.
7 Também lhe foi permitido fazer [b]guerra aos
santos e [5]vencê-los. E foi-lhe dado poder sobre
toda tribo, língua e nação.
8 E todos os que habitam sobre a terra a ado-
rarão, esses cujos nomes [c]não estão escritos no
livro da [d]vida do Cordeiro que foi morto desde
a fundação do [6]mundo.
9 Se alguém tem ouvidos, ouça.
10 Se alguém deve ir para o cativeiro,
para o cativeiro irá.

[i] v. 17; comp. 1Pe 5.8
[j] Comp. Mt 24.9
[k] Comp. Êx 19.4
[l] v. 6; comp. Os 2.14,15
[m] Remanescente: v. 6,13-17; Ap 14.5 (Is 1.9; Rm 11.5, nota)
[n] Lei (de Moisés): v. 17; Ap 14.12 (Êx 19.1; Gl 3.24, nota)
[o] A besta: v. 1-8; Ap 19.19 (Dn 7.8; Ap 19.20)
[p] Comp. Ap 12.3
[q] Comp. Dn 7.7
[r] Veja Dt 33.17, nota

[s] Ap 17.3
[t] Ap 12.3,9
[u] Morte (física): v. 3; Ap 18.24 (Gn 2.17; Hb 9.27, nota)
[v] Comp. Dn 7.8
[w] Veja v. 8, nota
[x] Ap 17.8
[y] v. 6; comp. Dn 7.8,11, 20,25
[z] Ap 11.2
[a] Comp. Ap 12.12
[b] Comp. Dn 7.21; Ap 11.7
[c] Ap 20.12-15; comp. Fp 4.3; Ap 3.5
[d] Vida (eterna): v. 8; Ap 17.8 (Mt 7.14; Ap 22.19)

[1] (13.1) Nesta revelação das condições sobre a terra no final dos tempos, se manifestarão os seguintes fatores: 1) Satanás infunde sua energia e poder no governante mundial (v. 2,4); 2) este e sua imagem recebem adoração (v. 4,8,12,15); 3) o governante mundial é reconhecido como detentor de supremo poder militar (v. 4); 4) ele exerce autoridade universal (v. 7) e 5) persegue os crentes em Cristo (v. 6,7). A segunda besta é 1) um enganador (v. 13,14) e 2) exercerá ditadura econômica (v. 16,17).

[2] (13.1) A quarta besta de Daniel (Dn 7.26, *nota*). Em Dn 7.24 e Ap 17.12 explica-se que os "dez chifres" são dez reis. Toda a visão é a última forma do poder mundial gentio, uma confederação de dez nações que será uma restauração do antigo Império Romano. Sua esfera provavelmente irá além das antigas fronteiras, pois deve ser um poder mundial (v. 8). Por exemplo, em Ap 17.1-7, a mulher vestida de púrpura e vermelho é vista sentada sobre uma besta vermelha. A mulher é Babilônia, o cristianismo apóstata (veja Ap 18.2, *nota*), e a besta é a forma final do poder mundial gentio. Porque a mulher monta a besta, aonde uma vai, a outra também vai, de modo que o império mundial abrangerá todas as áreas do cristianismo, que certamente inclui o hemisfério ocidental. Ap 13.1-3 faz referência aos dez reinos como potência, e os v. 4-10 aludem a seu governante que, categoricamente, é a "besta" (veja Ap 19.20, *nota*).

[3] (13.2) Em Dn 7.4-6, veem-se três animais: um leão, um urso e um leopardo. Eles são símbolos dos impérios que precederam o Império Romano, a besta composta (Dn 7.7) que combinou características e qualidades dos primeiros três: a voracidade babilônica, a tenacidade persa e a rapidez macedônia.

[4] (13.3) Certos fragmentos do antigo Império Romano nunca deixaram de existir como reinos separados. O que cessou foi a forma imperial de governo; "uma de suas cabeças [estava] como golpeada de morte". O que é profeticamente mencionado no v. 3 é a restauração da forma imperial como tal, embora na forma de um império confederado de dez reinos. A cabeça é "curada", i.e., restaurada; novamente há um imperador: a besta.

[5] (13.7) Quanto à certeza de vitória para o povo de Deus sobre todas essas forças malignas, veja Ap 15.2.

[6] (13.8) Mundo (gr. *kosmos*). Resumo: Com referência ao presente sistema mundial e no sentido do que é mau do ponto de vista ético, a palavra refere-se à ordem ou sistema com o qual Satanás organizou o mundo da humanidade incrédula de acordo com seus princípios cósmicos de força, ganância, egoísmo, ambição e prazer (Mt 4.8,9; Jo 12.31; 14.30; 18.36; Ef 2.2; 6.12; 1Jo 2.15-17). Esse sistema mundial é imponente e poderoso

Se alguém deve ser morto à espada,
necessário é que à espada seja morto.
Nisso repousa a [e]perseverança e a fidelidade dos santos.

A besta que sobe da terra; o número do homem, 666

11 Então vi subir da terra [f]outra [1]besta, que tinha dois [g]chifres [h]semelhantes aos de um cordeiro, mas falava como dragão.
12 Exercia toda a autoridade da primeira besta na sua presença e fazia que a terra e os que nela habitavam [i]adorassem a primeira besta, cuja chaga mortal fora curada.
13 E fez grandes sinais, de maneira que até [j]fogo fazia descer do céu à terra, à vista dos homens.
14 Por causa dos [k]sinais que lhe foi permitido fazer na presença da besta, [l]enganava os que habitavam na terra e dizia-lhes que fizessem uma imagem à besta que recebera a ferida da espada e vivia.
15 Foi-lhe concedido também que desse fôlego à imagem da besta, para que ela falasse e fizesse que fossem [m]mortos todos os que não adorassem a imagem da besta.
16 E fez que a todos, pequenos e grandes, ricos e pobres, livres e escravos, lhes fosse posto [n]um sinal na mão direita, ou na testa,
17 para que ninguém pudesse comprar ou vender, senão aquele que tivesse o [o]sinal, ou o nome da besta, ou o [p]número do seu nome.
18 Aqui há sabedoria. Aquele que tem [q]entendimento, calcule o [r]número da besta, pois é o número de um homem. O seu número é seiscentos e sessenta e seis.

VIII. Parêntese, 14

O Cordeiro e os 144.000 no monte Sião

14 Então olhei e vi o [s]Cordeiro em pé sobre o monte Sião, e com ele [t]cento e quarenta e quatro mil, que traziam [u]escrito na testa o seu nome e o nome de seu Pai.
2 E ouvi uma voz do céu, como a [v]voz de muitas águas e como a voz de um grande trovão. A voz que ouvi era como de [w]harpistas, que tocavam com as suas harpas.
3 E cantavam um cântico novo diante do trono e diante dos quatro seres viventes e dos anciãos. [x]Ninguém podia aprender aquele cântico, [y]senão os cento e quarenta e quatro mil que tinham sido comprados da terra.
4 Estes são os que não se contaminaram com mulheres, pois são virgens. Estes são os que [z]seguem o Cordeiro para onde quer que vai. Estes são os que dentre os homens foram comprados para ser as primícias para Deus e para o Cordeiro.
5 Na sua boca não se achou engano; [a]são irrepreensíveis.

Visão do anjo com o evangelho eterno

6 Vi outro [b]anjo voando pelo meio do céu, tendo um [2c]evangelho eterno para proclamar aos que habitam sobre a terra e a toda nação, tribo, língua e povo,

[e] Ap 14.12; comp. Ap 1.9
[f] Anticristo: v. 11-17; Ap 16.13 (1Jo 2.18; Ap 13.11, nota)
[g] Veja Dn 33.17, nota
[h] Comp. Jo 1.29
[i] v. 8
[j] Comp. 2Rs 1.10
[k] Veja v. 5,11
[l] Mt 24.24; 2Ts 2.9-12; Ap12.9;comp. 1Jo 4.1-3
[m] Comp. Dn 3.1-6
[n] Comp. Ap 7.2,3
[o] Ap 14.9-11
[p] Ap 15.2
[q] 1Co 2.14; comp.Dn12.10
[r] Comp. Sl 9.20

[s] Ap 5.6
[t] Ap 7.4
[u] Ap 7.3; 22.4; comp. Ap 13.16
[v] Ap 19.6
[w] Comp. Ap 15.2
[x] Comp. Ap 5.9
[y] Veja Rm 3.24, nota
[z] Ap 7.17
[a] Remanescente: v. 1-5; Ap20.4(Is1.9; Rm 11.5, nota)
[b] Veja Hb 1.4, nota
[c] Evangelho: v. 6,7 (Gn 12.3; Ap 14.6)

---

no aspecto militar; com frequência é extremamente religioso, científico, culto e elegante; mas, como está cheio de rivalidades e ambições políticas e comerciais, só pode se manter em uma crise verdadeira pela força armada e se acha dominado por princípios satânicos. Comp. Zc 12.1-6; veja Mt 4.8, *nota*.

[1] (13.11) Muitos identificam a besta que sobe da terra com o Anticristo. De acordo com as Escrituras, "muitos anticristos" (1Jo 2.18) e aqueles que têm o "espírito do anticristo" (1Jo 4.3) precederão e prepararão o caminho para o último Anticristo. A marca suprema de todos os anticristos é negar a encarnação do eterno Filho de Deus (Jo 1.14; veja Mt 1.16, *nota*). Se a besta que subiu da terra (v. 11-17) é o Anticristo, então ele é o "falso profeta" de 16.13; 19.20; 20.10. No entanto, como a palavra "anticristo" nunca se aplica diretamente a ele, alguns consideram o termo "anticristo", com o sentido de estar *contra Cristo*, aplica-se à primeira besta (v. 1-10), que é o governante político.

[2] (14.6) Evangelho. Resumo: A palavra "evangelho" significa *boas notícias*. No NT, a palavra fala de diferentes aspectos da revelação divina. O evangelho da graça de Deus (Rm 2.16, *refs.*) é totalmente essencial à salvação do homem. São as boas-novas de que Jesus Cristo morreu na cruz pelos pecados do mundo, que foi ressuscitado dos mortos para nossa justificação e que por ele todos os que creem são justificados. Ele é chamado o evangelho: "de Deus" (Rm 1.1) porque se origina no amor de Deus; "de Cristo" (2Co 10.14) porque nasce de seu sacrifício e porque ele é o objeto da fé; "da graça de Deus" (At 20.24) porque salva os que estão sob a maldição da Lei; "da glória de Cristo" (2Co 4.4; comp. 1Tm 1.11) porque se relaciona com aquele que está na glória e leva "muitos filhos à glória" (Hb 2.10); "da vossa salvação" (Ef 1.13) porque é "o poder de Deus para a salvação de todo aquele que crê" (Rm 1.16); "da paz" (Ef 6.15) porque, por meio de Cristo, estabelece a paz entre o pecador que crê e Deus, e torna possível a paz interior.

Outro aspecto das boas notícias é "o evangelho do Reino" (Mt 4.23), i.e., as boas-novas de que, em cumprimento da Aliança Davídica (2Sm 7.16, *nota*), Deus se propõe a estabelecer sobre a terra o reino de Cristo, o Filho de Davi. As boas notícias desse reino foram anunciadas pelos profetas do AT (Is 9.6,7), pelo próprio Cristo em sua primeira vinda (Mt 9.35) e serão proclamadas durante a grande tribulação (Mt 24.14).

7 dizendo com grande voz: Temei a Deus e dai-lhe glória, porque é chegada a hora do seu juízo. E adorai aquele que fez o céu, a terra, o mar e as fontes das águas.

A profecia da queda da Babilônia

8 **Um** segundo anjo o seguiu, dizendo: [d]Caiu, caiu a [e]grande Babilônia, que a todas as nações deu a beber do vinho da ira da sua prostituição.

Condenação dos que adoram a besta

9 **Seguiu-os** ainda um terceiro anjo, dizendo com grande voz: Se alguém adorar a besta e a sua [f]imagem, e receber o [g]sinal na sua testa, ou na sua mão, **10** também o tal [h]beberá do vinho da ira de Deus, preparado, sem mistura, no cálice da sua ira. E será [i]atormentado com fogo e enxofre [j]diante dos santos anjos e diante do Cordeiro. **11** A fumaça do seu tormento sobe [k]para todo o sempre. [l]Não têm repouso nem de dia nem de noite os que adoram a besta e a sua imagem e aquele que receber o sinal do seu nome. **12** Aqui está a perseverança dos santos, daqueles que guardam os [m]mandamentos de Deus e a fé em Jesus.

Bem-aventurança para os mortos em Cristo

13 **Então** ouvi uma voz do céu, que dizia: [n]Escreve: [o]Bem-aventurados os mortos que desde agora morrem no Senhor. Sim, diz o [p]Espírito, descansarão dos seus trabalhos, pois as suas obras [q]os acompanharão.

Visão do Armagedom (veja 19.17, nota)

14 **Olhei** e vi uma nuvem branca e, assentado sobre a nuvem, um [r]semelhante a filho de homem, tendo na cabeça uma [s]coroa de ouro e, na mão, uma [t]foice afiada. **15** Então outro [u]anjo saiu do templo, clamando com grande voz ao que estava assentado sobre a nuvem: Lança a tua foice e colhe, porque é chegada a hora de colher, [v]pois já a seara da terra está madura. **16** E aquele que estava assentado sobre a nuvem passou a sua foice pela [w]terra, e a terra foi colhida.

17 **Outro** anjo saiu do templo, que está no céu, o qual também tinha uma foice afiada. **18** Ainda outro anjo saiu do altar, o qual tinha [x]poder sobre o fogo, e clamou com grande voz ao que tinha a foice afiada, dizendo: [y]Lança a tua foice afiada e ajunta os cachos da vinha da terra, porque já as suas uvas estão [z]maduras. **19** E o anjo [a]passou a sua foice pela terra, colheu as uvas da vinha da terra e lançou-as no grande tanque da ira de Deus. **20** E as uvas foram pisadas no tanque que ficava fora da cidade, e saiu sangue do tanque até aos freios dos cavalos, pelo espaço de mil e seiscentos [b]estádios.

IX. Os juízos das sete taças, 15–16

Uma gloriosa cena celestial

15 Vi no céu outro sinal, grande e admirável: sete anjos, que tinham as [c]sete últimas pragas; porque nelas é consumada a ira de Deus.

2 **E** vi como que um [dd]mar de vidro misturado com [ee]fogo, e os que tinham [ff]vencido a besta e a sua [gg]imagem e o [hh]número do seu nome estavam em pé junto ao mar de vidro. Tinham as [ii]harpas de Deus **3** e cantavam o [jj]cântico de Moisés, servo de Deus, e o cântico do [kk]Cordeiro, dizendo:

[ll]Grandes e maravilhosas são as tuas obras,
ó Senhor Deus, todo-poderoso.
[mm]Justos e verdadeiros são
os teus caminhos,
ó Rei [nn]dos séculos.
4 Quem não te temerá, ó Senhor,
e não glorificará o teu nome?
Pois só tu és [oo]santo.

[d] Ap 18.2
[e] Ap 17.5
[f] Ap 13.14,15
[g] Ap 13.16
[h] Sl 75.8; Ap 16.19; comp. Jr 25.15
[i] Comp. Ap 20.10
[j] 2Ts 1.9
[k] Comp. Is 66.23,24; Mc 9.48; Ap 19.3
[l] Comp. Ap 4.8
[m] Lei (de Moisés): v. 12 (Êx 19.1; Gl 3.24, nota)
[n] Inspiração: v. 13; Ap 19.9 (Êx 4.15; 2Tm 3.16, nota)
[o] Comp. 1Co 15.51-53; Fp 1.23
[p] Espírito Santo (NT): v. 13; Ap 17.3 (Mt 1.18; At 2.4, nota)
[q] 1Co 3.11-15; 15.58
[r] Comp. Mt 24.30; 26.64; Ap 1.7
[s] Comp. Ap 19.12
[t] Comp. Mc 4.29
[u] Veja Hb 1.4, nota

[v] Comp. Jr 51.33
[w] Comp. Mt 13.30,36-43; Lc 3.17
[x] Comp. Ap 16.8
[y] Jl 3.13
[z] Comp. 2Ts 2.7-12
[a] Is 63.1-6; Ap 19.15
[b] Veja pesos e medidas (NT): At 27.28, nota
[c] Comp. Lv 26.21
[dd] Comp. Ap 4.6
[ee] Comp. 1Pe 1.7
[ff] Comp. Ap 12.11
[gg] Ap 13.14,15
[hh] Ap 13.17
[ii] Comp. Sl 150.3; Ap 5.8
[jj] Êx 15.1-21
[kk] Ap 15.3; comp. Sl 22.22
[ll] Dt 32.3,4; Sl 92.5; Rm 11.33
[mm] Ap 16.7
[nn] Lv 11.44; 1Pe 1.16; Ap 4.8
[oo] Is 66.23

O "evangelho eterno" (Ap 14.6ss.) é descrito como o anúncio do juízo divino sobre os ímpios na grande tribulação futura. Esse evangelho é uma boa-nova para os crentes que sofrem, já que anuncia seu futuro livramento e recompensa (comp. v. 12). Em vista disso, os que "habitam sobre a terra" são exortados a temer a Deus e adorá-lo (v. 7).

As boas notícias da revelação divina são contrastadas com "outro evangelho" (2Co 11.4; Gl 1.6), que Paulo declara "não ser outro", mas uma perversão do evangelho da graça de Deus. Temos a advertência contra todas as suas formas sedutoras que negam a suficiência da graça para salvar, guardar e aperfeiçoar. Os que ensinam isso estão sob a terrível maldição de Deus (Gl 1.9).

Portanto, a palavra "evangelho" inclui vários aspectos das boas notícias da revelação divina. Mas o fato de Deus ter proclamado as boas-novas do evangelho da graça, o evangelho do reino vindouro e o evangelho eterno do juízo divino sobre os ímpios e do livramento dos crentes não significa que haja mais de um evangelho da salvação. A graça é a base para a salvação em todas as dispensações, e sob todas as circunstâncias é o único caminho de salvação do pecado.

Todas as nações virão e se
prostrarão diante de ti,
pois os teus juízos são manifestos.

5 Depois disso olhei, e abriu-se no céu o
[p]santuário do tabernáculo do testemunho,
6 e os sete anjos que tinham as sete pragas
saíram do templo, [q]vestidos de linho puro e
resplandecente e [r]cingidos à altura do peito
com cintos de ouro.
7 Um dos quatro seres viventes deu aos sete
anjos sete taças de ouro, cheias da [s]ira do Deus
que vive para todo o sempre.
8 E o templo [t]se encheu de fumaça, pro-
cedente da glória de Deus e do seu poder, e
ninguém podia entrar no templo, enquanto
não se consumassem as sete pragas dos
sete anjos.

(1) A primeira taça da ira

16 Então ouvi, vinda do templo, uma
grande voz que dizia aos sete anjos: Ide
e [u]derramai sobre a terra as sete taças da ira
de Deus.
2 O primeiro saiu e derramou a sua taça
[v]sobre a terra, e apareceu uma [w]chaga feia e
dolorosa nos homens que tinham o sinal da
besta e que adoravam a sua imagem.

(2) A segunda taça da ira

3 O segundo anjo derramou a sua taça no
mar, que se tornou em sangue como de um
morto, e morreram todos os seres viventes que
estavam no [x]mar.

(3) A terceira taça da ira

4 O terceiro anjo derramou a sua taça nos
rios e nas [y]fontes das águas, e se tornaram em
[z]sangue.
5 Então ouvi o anjo das águas dizer:

[a]Justo és tu, ó Senhor,
que és e que eras, o Santo,
porque julgaste estas coisas;
6 porquanto [b]derramaram o sangue de santos
e de profetas,
também tu lhes deste [c]sangue a beber;
são merecedores disso.

7 E ouvi uma voz do altar responder:

Na verdade, ó Senhor Deus, todo-poderoso,
verdadeiros e justos são os teus juízos.

(4) A quarta taça da ira

8 O quarto [d]anjo derramou a sua taça sobre
o [e]sol, e foi-lhe permitido que abrasasse os
homens com fogo.
9 Os homens foram abrasados com grande
calor e blasfemaram contra o nome de Deus,
que tem [f]poder sobre estas pragas, mas não se
arrependeram para lhe darem glória.

(5) A quinta taça da ira

10 O quinto anjo derramou a sua taça sobre o
trono da besta, e o seu reino se fez [g]tenebroso.
Os homens mordiam as suas línguas de dor
11 e, por causa das suas dores e das suas cha-
gas, blasfemaram contra o Deus do céu e não
se arrependeram das suas obras.

(6) A sexta taça da ira

12 O sexto anjo derramou a sua taça [h]sobre
o grande rio Eufrates, e a sua água secou-se,
para que se preparasse o caminho dos reis
do Oriente.

Parêntese: Armagedom (veja 19.17, nota)

13 Então vi três [i]espíritos imundos, seme-
lhantes a rãs, saírem da boca do dragão, da
boca da besta e da boca do [j]falso [k]profeta.
14 São espíritos de demônios, que [l]operam
sinais e vão ao encontro dos reis de todo o
[m]mundo, a fim de congregá-los para a [n]batalha,
naquele grande dia do Deus todo-poderoso.
15 Eis que [o]venho como ladrão! Bem-
aventurado aquele que vigia e guarda as suas
[pp]vestes, para não andar nu e não se veja a
sua vergonha.
16 Então congregaram os reis no lugar que
em hebraico se chama [1]Armagedom.

(7) A sétima taça da ira

17 O sétimo anjo derramou a sua taça no ar,
e saiu grande voz do templo do céu, do trono,
dizendo: [qq]Está [rr]feito.
18 E houve relâmpagos, vozes, trovões e um
grande [ss]terremoto, como nunca tinha havido
desde que há homens sobre a terra, tal foi o
terremoto, forte e grande.
19 A grande cidade fendeu-se em três par-
tes, e as cidades das [tt]nações caíram. Deus se

---

[p] Comp. Ap 11.19
[q] Comp. Ap 19.8
[r] Comp. Ap 1.13
[s] Comp. Jr 25.15; Ap 14.10
[t] Comp. Êx 40.34,35; 1Rs 8.10,11; Is 6.4; comp. 1Sm 4.21,22
[u] Comp. Sl 79.6
[v] Comp. Ap 8.7
[w] Comp. Êx 9.8-11
[x] Comp. Ap 8.8,9
[y] Comp. Ap 8.10,11
[z] Comp. Êx 7.17-20
[a] Comp. Rm 3.3-6
[b] Comp. Mt 23.35; Ap 18.24
[c] Is 49.26

[d] Veja Hb 1.4, nota
[e] Comp. Ap 8.12
[f] Autoridade
[g] Comp. Êx 10.21; Ap 9.2
[h] Comp. Ap 9.14
[i] Comp. Êx 8.1-6; 1Tm 4.1; 1Jo 4.1-3
[j] Anticristo: v. 13; Ap 19.20 (1Jo 2.18; Ap 13.11, nota)
[k] Comp. Ap 13.11
[l] Comp. Ap 13.13
[m] Gr. *Oikoumene*. Veja Lc 2.1, nota
[n] Armagedom (batalha de): v. 13-16; Ap 19.17 (Is 10.27; Ap 19.17)
[o] Cristo (segunda vinda): v. 13-16; Ap 19.11 (Dt 30.3; At 1.11, nota)
[pp] Justiça (vestes de): v. 15; Ap 19.8 (Gn 3.21; Ap 19.8)
[qq] Dia (do Senhor): v. 12-17; Ap 19.19 (Sl 2.9; Is 2.12; Ap 19.19)
[rr] Comp. Ap 10.6,7
[ss] Comp. Ap 6.12; 11.13
[tt] Tempos dos gentios: v. 14,19 (Dt 28.49; Ap 16.19)

[1] (16.16) Embora a batalha de Armagedom seja descrita no cap. 19 (veja 19.17, *nota*), sua localização é dada apenas neste versículo. A palavra geralmente é interpretada com o significado de *montanha de Megido*. Megido está localizado no lado norte do vale de Jezreel, e o AT frequentemente se refere a esse lugar como fortaleza militar (Js 12.21; 17.11; 2Rs 9.27; 23.29; veja Jz 5.19, *nota*).

lembrou da [u]grande [1v]Babilônia, para lhe dar o [w]cálice do vinho da indignação da sua ira.

20 Todas as [x]ilhas fugiram, e os montes desapareceram.

21 E sobre os homens caiu do céu uma grande [y]saraivada, pedras que pesavam cerca de um [z]talento. E os homens blasfemaram contra Deus por causa da praga da chuva de pedra, porque a sua praga era muito grande.

X. A queda da Babilônia, 17–18

A grande prostituta: o cristianismo apóstata e seu poder sobre o quarto império mundial que reviveu

17 Veio um dos sete anjos que tinham as sete taças e me disse: Vem, eu te mostrarei a [a]condenação da [b]grande prostituta que está assentada sobre muitas [c]águas.

2 Com ela se prostituíram os [d]reis da terra, e os que habitam na terra se [e]embebedaram com o vinho da sua prostituição.

3 Então o anjo me levou em [f]espírito a um deserto. Ali vi uma mulher montada numa besta vermelha, que estava cheia de [g]nomes de blasfêmia e que tinha sete cabeças e dez [h]chifres.

4 A mulher estava [i]vestida de púrpura e vermelho e adornada com ouro, pedras preciosas e pérolas. Tinha na mão um [j]cálice de ouro cheio das abominações e da imundícia da sua prostituição.

5 E na sua testa estava escrito: [k]Mistério, a grande [l]Babilônia, a mãe das prostituições e das abominações da terra.

6 Vi que a mulher estava embriagada com o sangue dos santos e com o sangue das testemunhas de Jesus. Quando a vi, admirei-me com grande espanto.

A grande prostituta é derrubada

7 Então o [m]anjo me disse: Por que te admiras? Eu te direi o mistério da mulher e da besta que a leva, a qual tem sete cabeças e dez chifres.

8 A besta que viste era e já não é, e subirá do [n]abismo, e irá à sua destruição. Os que [o]habitam na terra (cujos nomes não estão escritos no [p]livro da [q]vida desde a fundação do [r]mundo) se [s]admirarão, vendo a besta que [t]era e já não é, mas que virá.

9 [uu]Aqui é necessário a mente que tem sabedoria. [vv]As sete cabeças são sete montes, sobre os quais a mulher está assentada.

10 São também sete reis. Cinco já caíram, um existe, o outro ainda não é chegado. Quando vier, convém que [ww]dure um pouco de tempo.

11 A [xx]besta que era e já não é, é o oitavo rei. Pertence aos sete e vai à sua destruição.

12 Os [2]dez chifres que viste são [yy]dez reis que ainda não receberam o reino, mas receberão a autoridade, como reis, por [zz]uma hora, com a besta.

13 Estes têm um mesmo propósito e entregarão o seu poder e autoridade à besta.

Vitória do Cordeiro

14 [aa]Guerrearão contra o Cordeiro, e o Cordeiro os [bb]vencerá, porque é o [cc]Senhor dos senhores e o [dd]Rei dos reis; vencerão também os que estão com ele, chamados [ee]eleitos e fiéis.

15 Então o anjo me disse: As águas que viste, onde se assenta a prostituta, são povos, multidões, nações e línguas.

16 A [ff]besta e os dez chifres que viste são os que odiarão a prostituta e a tornarão [gg]desolada e nua, comerão as suas carnes e a [hh]queimarão no fogo.

17 Pois Deus lhes pôs no coração o [ii]realizarem o propósito dele, concordando dar à besta o poder de reinar, até que se cumpram as palavras de Deus.

18 A mulher que viste é a grande cidade que reina sobre os reis da terra.

Babilônia é destruída

18 Depois destas coisas vi descer do céu outro anjo que tinha grande autoridade, e a terra foi iluminada com o seu esplendor.

2 Ele clamou com poderosa voz:

[jj]Caiu, caiu a grande [3]Babilônia,
se tornou morada de demônios,
guarida de todo espírito imundo

[1] (16.19) Os tempos dos gentios. Resumo: "Os tempos dos gentios" (Lc 21.24) é o longo período que começou com o cativeiro babilônico de Judá sob Nabucodonosor e terminará com a destruição do poder mundial gentio pela "pedra [que] se soltou, sem auxílio de mãos" (Dn 2.34,35,44), i.e., a vinda do Senhor em glória (Ap 19.11,21). Até então, Jerusalém será, como disse Cristo, "pisada pelos gentios" (Lc 21.24).

[2] (17.12) Muitas vezes, nas Escrituras, dez é o número de reis ou de reinos que se opuseram a Israel em sua história passada (Gn 15.19-21; Sl 83.1-8) ou que estarão confederados contra Cristo e contra o povo de Deus no futuro (Jr 46.51; Dn 2.41,42; 7.7,20,24; Ap 12.3; 13.1).

[3] (18.2) Na profecia, o nome "Babilônia" é por vezes usado num sentido mais amplo do que a mera referência à antiga cidade ou à nação (veja Is 13.1, *nota*). No fim dos tempos, a Babilônia aparecerá com dois perfis: a Babilônia política (Ap 17.8-17) e a Babilônia eclesiástica (Ap 17.1-7,18; 18.1-24). A Babilônia política é o império confederado da besta, a última forma do domínio mundial gentio. A Babilônia eclesiástica é todo o cristianismo apóstata. É possível que essa união inclua todas as religiões do mundo.

[u] Ap 17.5,18
[v] Ap 14.8; veja Is 13.1, nota 2
[w] Ap 14.10; 18.5; comp. Is 51.21-23
[x] Comp. Ap 6.14
[y] Comp. Êx 9.22-35
[z] Veja pesos e medidas (NT): At 27.28, nota
[a] Ap 16.19
[b] Ap 19.2
[c] Comp. Jr 51.13
[d] Ap 18.3,9
[e] Ap 14.8
[f] Espírito Santo (NT): v. 3; Ap 21.10 (Mt 1.18; At 2.4, nota)
[g] Ap 13.1
[h] Veja Dt 33.17, nota
[i] Comp. Ap 18.16
[j] Ap 18.6
[k] Veja Mt 13.11, nota
[l] Veja Is 13.1, nota
[m] Veja Hb 1.4, nota
[n] Ap 9.1; 11.7

[o] Ap 3.10
[p] Ap 13.8
[q] Vida (eterna): v. 8; Ap 20.12 (Mt 7.14; Ap 22.19)
[r] Gr. *kosmos*. Veja Mt 4.8, nota
[s] Ap 13.3
[t] Comp. Ap 13.3,13,14
[uu] Ap 13.18
[vv] Ap 13.1
[ww] Ap 13.5
[xx] Ap 13.3
[yy] Comp. Dn 7.24
[zz] Comp. Ap 18.10
[aa] Ap 19.19
[bb] Ap 19.20; comp. 2Ts 2.8,9
[cc] Ap 19.16; comp. 1Tm 6.15
[dd] Reino (NT): v. 14; Ap 19.16 (Mt 2.2; 1Co 15.24, nota)
[ee] Eleição (coletiva): v. 14 (Dt 7.6; 1Pe 5.13, nota)
[ff] v. 10
[gg] Ap 18.17
[hh] Comp. Lv 21.9; Tg 4.4
[ii] Comp. Ap 18.8,20
[jj] Ap 14.8

e esconderijo de toda ave
imunda e detestável.
3 Pois todas as nações [k]beberam
do vinho da ira da sua prostituição.
Os reis da terra se prostituíram com ela,
e os [l]mercadores da terra se
enriqueceram com a abundância
da sua [m]luxúria.
4 **O**uvi [n]outra voz do céu dizer:
[o]Sai dela, povo meu,
para que não sejas
participante dos seus [p]pecados,
para que não incorras nas suas pragas;
5 pois os seus pecados se
[q]acumularam até o céu,
e Deus se lembrou das iniquidades dela.
6 [r]Tornai a dar-lhe como ela vos tem dado;
retribuí-lhe em dobro
conforme as suas obras.
No cálice em que vos deu
de beber, dai-lhe a ela em dobro.
7 Quanto ela se glorificou e em luxúria esteve,
foi-lhe outro tanto de tormento e pranto.
Diz em seu coração:
Estou assentada como [s]rainha;
e não sou viúva, jamais verei o pranto.
8 Portanto, num mesmo dia
virão as suas pragas,
a morte, o pranto e a fome.
Será queimada no fogo,
pois [t]forte é o Senhor Deus que a julga.

Os habitantes da terra lamentam a destruição da Babilônia

9 **O**s [u]reis da terra, que com ela se pros-
tituíram e viveram em luxúria, sobre ela
[v]chorarão e prantearão, quando virem a
fumaça do seu incêndio.
10 E estando de longe pelo temor do tor-
mento dela, dirão:
Ai! ai da grande cidade,
[w]Babilônia, a cidade forte!
[x]Numa só hora veio o teu juízo.
11 E, sobre ela, [y]choram e lamentam os
[z]mercadores da terra, porque ninguém mais
compra a sua mercadoria,
12 mercadoria de ouro, de prata, de pedras
preciosas, de pérolas, de linho fino, de
púrpura, de seda e de escarlate; todo tipo de
madeira de cedro e todo objeto de marfim, de
[a]madeira preciosíssima, de bronze, de ferro
e de mármore;
13 e canela, especiarias, perfume, mirra e
incenso; e vinho, azeite, flor de farinha e trigo;
e gado, ovelhas, cavalos e carros; e escravos e
até almas de homens.
14 O fruto que a tua alma cobiçava [b]foi-se
de ti. Todas as coisas delicadas e suntuosas
foram-se de ti, e não mais as acharás.
15 Os mercadores dessas coisas, que com elas
se enriqueceram, [c]ficarão de longe, pelo temor
do tormento dela, chorando e lamentando:
16 Ai, ai da [d]grande cidade,
da que estava [e]vestida
de linho fino, de púrpura, de vermelho,
e adornada com ouro,
pedras preciosas e pérolas!
[f]Numa só hora foram
[g]assoladas tantas riquezas!
17 Todo piloto e todo aquele que navega, os
marinheiros e todos quantos negociam no
mar se puseram de longe.
18 E, contemplando a fumaça do seu incên-
dio, clamavam: Que cidade é semelhante a
esta grande cidade?
19 E lançavam pó sobre as suas cabeças e cla-
mavam, chorando e lamentando:
Ai, ai da grande cidade!
na qual todos os que tinham
navios no mar
se enriqueceram à custa
da sua opulência!
Numa só hora foi assolada!

O céu se regozija pela queda da Babilônia

20 [h]Exulta sobre ela, ó céu!
E vós, santos e apóstolos e profetas!
Deus contra ela vindicou a vossa causa.
21 **E**ntão um [i]forte anjo levantou uma [j]pe-
dra qual uma grande mó e lançou-a no
mar, dizendo:
Com igual ímpeto
será lançada Babilônia, a grande cidade,
e nunca mais será achada.
22 E em ti não se ouvirá mais
a [kk]voz de harpistas, de músicos,

[k] Comp. Jr 51.7
[l] v. 11,12
[m] Ou sensualidade. Ap 14.8; 17.2
[n] Comp. Ap 16.7
[o] Separação: v. 4 (Gn 12.1; 2Co 6.17, nota)
[p] Veja Rm 3.23, nota
[q] Comp. Jr 51.9
[r] Comp. Jr 50.15,29
[s] Comp. Is 47.7,8
[t] Jr 50.34; Hb 10.31
[u] Ap 17.2
[v] Comp. Jr 50.46
[w] Veja Is 13.1, nota 2
[x] v. 17-19; comp. Ap 17.12
[y] v. 3,15
[z] Comp. Is 13.19

[a] Gr. *thuinos*, madeira aromática e decorativa
[b] Comp. Ap 17.16
[c] v. 10,17
[d] Ap 17.18
[e] Ap 17.4
[f] v. 10,19; comp. Ap 17.12
[g] Ap 17.16
[h] Ap 12.12; comp. Is 44.23; Jr 51.48
[i] Comp. Ap 10.1
[j] Comp. Jr 51.63,64
[kk] Comp. Ap 14.1-3

Embora alguns esperem uma reconstrução literal da cidade da Babilônia (alegando que Is 13.5,6,10,19-22; 14.1-6,22,25,26 requer um cumprimento futuro), a evidência parece indicar que aqui o uso do nome é simbólico (já que Is 13.19-22; Jr 51.24-26,62-64 parecem excluir essa restauração). De acordo com o último ponto de vista, aqui há uma referência a Roma (comp. Ap 18.10,16,18).

A Babilônia eclesiástica é a "grande prostituta" (Ap 17.1) e será destruída pela Babilônia política (Ap 17.15-18), para que somente a besta seja objeto de adoração (2Ts 2.3,4; Ap 13.15). O poder da Babilônia política será destruído pelo regresso do Senhor em glória. Veja Armagedom, Ap 16.14,16; 19.17, *nota*.

de tocadores de flautas e de clarins,
nem artífice de arte alguma
se achará mais em ti.
Em ti não mais se ouvirá
ruído das pedras de moinhos.
23 A luz de candeia
não mais brilhará em ti.
A voz de [l]noivo e de noiva
não mais em ti se ouvirá.
Os teus mercadores eram
os grandes da terra.
Todas as nações foram
enganadas pelas tuas feitiçarias.
24 E nela se achou o [m]sangue
dos profetas, dos santos
e de todos os que foram [n]mortos na terra.

XI. A batalha do Armagedom e o milênio, 19.1–20.6

Regozijo no céu pela destruição da grande prostituta (comp. 17.16,17; 18.8)

19 Depois destas coisas, ouvi no céu como
que uma grande [o]voz de numerosa mul-
tidão, que dizia:
Aleluia!
A [p]salvação, a glória,
a honra e o poder pertencem
ao nosso Deus,
2 pois verdadeiros e [q]justos são os seus juí-
zos. Julgou a grande [r]prostituta, que havia
corrompido a terra com a sua prostituição,
e das mãos dela [s]vingou o sangue dos seus
servos.
3 E outra vez clamaram: Aleluia! E a [t]fumaça
dela sobe para todo o sempre.
4 Os vinte e quatro anciãos e os quatro seres
viventes prostraram-se e adoraram a Deus,
que está assentado no trono, dizendo: Amém.
Aleluia!
5 Então saiu do trono uma voz, que dizia:
[u]Louvai o nosso Deus,
vós, todos os seus servos,
e vós que o temeis,
tanto pequenos como grandes.
6 Também ouvi uma voz como a de uma
grande multidão, como a voz de muitas águas
e de [v]fortes trovões, que dizia:
Aleluia!
Pois já reina o Senhor nosso Deus,
o todo-poderoso.

As bodas do Cordeiro

7 Regozijemo-nos e exultemos
e demos-lhe a glória!
Pois são chegadas as [1w]bodas
do Cordeiro,
e já a sua [x]noiva se aprontou.
8 Foi-lhe dado que se vestisse de linho fino,
resplandecente e puro.
O linho fino são os atos de [2y]justiça dos
santos.
9 E disse-me: [z]Escreve: [a]Bem-aventurados
aqueles que são chamados à ceia das bodas do
Cordeiro. E disse-me ainda: Estas são as verda-
deiras palavras de Deus.
10 Então me lancei a seus pés para adorá-
-lo, mas ele me disse: Olha, não faças isso!
Sou [b]conservo teu e de teus irmãos, que têm
o [c]testemunho de [3]Jesus. Adora a Deus! Pois o
testemunho de Jesus é o espírito da profecia.

[l] Comp. Jr 16.9
[m] Ap 16.6; 17.6
[n] Morte (física): v. 24 (Gn 2.17; Hb 9.27, nota)
[o] v. 20; Ap 11.15
[p] Veja Rm 1.16, nota
[q] Ap 16.7
[r] Ap 17.1
[s] Lc 18.7,8; Ap 6.10
[t] Ap 18.9,18
[u] Sl 134
[v] Comp. Êx 20.18
[w] Mt 22.1-14; comp. Ef 5.22-27
[x] Esposa (de Cristo): v. 6-9; Ap 21.9 (Jo 3.29; Ap 19.7)
[y] Justiça (vestes de): v. 8 (Gn 3.21; Ap 19.8)
[z] Inspiração: v. 9; Ap 21.5 (Êx 4.15; 2Tm 3.16, nota)
[a] Comp. Lc 14.15
[b] Hb 1.14
[c] Lc 24.27; Jo 5.39; comp. Ef 1.9,10; 1Pe 1.10-12

[1] (19.7) Noiva de Cristo. Resumo: "As bodas do Cordeiro" (*a ceia das bodas do Cordeiro*) é a consumação do casamento entre Cristo e a Igreja como sua esposa. A figura está de acordo com o costume oriental das três etapas que compunham o casamento: 1) o noivado, compromisso legal, quando os membros do corpo de Cristo são salvos como indivíduos; 2) a vinda do Noivo para buscar sua noiva no arrebatamento da Igreja; e 3) a ceia das bodas do Cordeiro, que ocorre em ligação com a segunda vinda de Cristo para estabelecer seu reino milenar. A noiva do Cordeiro está em contraste com a prostituta de 17.1 e também deve ser distinguida de Israel, a esposa de Jeová, que foi infiel na história passada e será restaurada no milênio (Is 54.1-10; Os 2.1-17).

[2] (19.8) As vestes nas Escrituras são um símbolo de justiça. No sentido ético do que é mau, simbolizam a justiça própria (p. ex., Is 64.6). Veja Fp 3.6-8, que mostra o melhor que um homem religioso e moral pode fazer sob a Lei. No sentido ético do que é bom, as vestes simbolizam 1) a provisão básica da salvação de Deus pela graça por meio da fé em Cristo, as "vestes de salvação [...] manto de retidão [justiça]" [gr. *dikaiosune*] (Is 61.10; Rm 3.21, *nota*); e 2) as vestes de "linho fino [...] os atos de justiça [gr. *dikaiōma*] dos santos", como aqui no v. 8, obras de piedade e bondade produzidas pelo Espírito Santo à medida que o crente julga a carne, deixa-a de lado e se rende a Deus (Rm 13.14). Essas são as "boas obras" para as quais fomos "criados em Cristo Jesus" (Ef 2.10) e com as quais os crentes devem adornar-se para honrar o nome de Cristo aqui na terra (Mt 5.16; 1Tm 2.10; Tt 2.8-10; 3.8; 1Pe 2.12; 3.3-6; 5.5) e no além (Rm 2.7,10; 1Co 3.12-14, *nota*; Fp 1.10,11; 1Pe 1.7; Ap 19.8).

[3] (19.10) Embora homens, cidades e nações ocupem grande parte da profecia bíblica, o tema principal é uma Pessoa, o Senhor Jesus Cristo. Tal como foi lembrado a João nesse momento culminante, quando estava para ver a manifestação de Cristo em glória, "o testemunho de [com respeito a] Jesus é o espírito da profecia". Todos os temas proféticos devem ser estudados com cuidado, mas sem obscurecer o lugar central que pertence a Jesus Cristo.

A segunda vinda de Cristo em glória (comp. Mt 24.16-30)

11 [1]Vi o céu aberto, e apareceu um [d]cavalo
branco. [e]O seu cavaleiro chama-se [f]Fiel e
Verdadeiro; ele [2]julga e peleja com justiça.
12 Os seus [g]olhos eram como chama de fogo,
e sobre a sua cabeça havia muitos diademas.
Ele tinha um nome escrito, [h]que ninguém
sabia senão ele mesmo.
13 Estava vestido com um manto salpicado
de sangue, e o nome pelo qual se chama é o
[i]Verbo de Deus.
14 Seguiam-no os exércitos que estão no céu,
em cavalos brancos e vestidos de linho fino,
branco e puro.
15 Da sua [j]boca saía uma espada afiada, para
ferir com ela as nações. Ele as [k]regerá com vara
de ferro. Ele mesmo é o que [l]pisa o lagar do
vinho do furor e da ira do Deus todo-poderoso.
16 No manto, sobre a sua coxa tem escrito o
nome: [m]Rei dos reis e Senhor dos senhores.

Armagedom (veja nota 4; comp. 16.14-16)

17 **Então** vi um anjo em pé no sol, o qual
clamou com grande voz a todas as aves que
voavam pelo meio do céu: [3][n]Vinde, ajuntai-vos
para a [o]ceia do grande Deus,
18 para [p]comerdes carnes de reis, carnes de
poderosos, carnes de cavalos e seus cavaleiros,
carnes de todos os homens, livres e escravos,
pequenos e grandes.
19 **E** vi a [q]besta e os [r]reis da terra, com os seus
exércitos reunidos, para [4][s]guerrearem con-
tra aquele que [t]estava montado no cavalo e o
seu exército.

Condenação da besta e do falso profeta

20 E a [5]besta foi presa, e com ela o [u]falso pro-
feta que diante dela fizera os sinais com que
enganou os que receberam o sinal da besta
e os que [v]adoraram a sua imagem. Estes dois
foram [w]lançados vivos no lago de fogo que
arde com enxofre.

Condenação de reis e exércitos

21 Os demais foram mortos pela espada que
saía da [x]boca do cavaleiro, e todas as aves se
fartaram das suas carnes.

Satanás é preso no abismo durante a Dispensação do Reino

20 **Então** vi descer do céu um anjo
que tinha a chave do abismo e uma
grande cadeia na mão.

---

[1] (19.11) Esta é uma visão de Cristo deixando o céu com os santos e os anjos antes da catástrofe na qual o poder mundial gentio, encabeçado pela besta, será ferido pela "pedra [que] se soltou, sem auxílio de mãos [humana]" (Dn 2.34,35).

[2] (19.11) Em todo o NT, Cristo é apresentado como o Juiz da humanidade; ele mesmo declara isso (Jo 5.22,23,27,30). A mesma coisa volta a ser enfatizada na pregação da Igreja apostólica: por Pedro (At 10.42) e por Paulo em seu discurso aos atenienses (At 17.31; comp. Rm 2.16). Cristo também será o Juiz dos crentes – juiz de suas obras, não de sua salvação (Rm 14.10; 2Co 5.10). O fator de controle no juízo será a justiça, tema que começa em Gn 18.25 e continua ao longo das Escrituras até Ap 19.11 (comp. Sl 9.8; 50.6; etc.).

[3] (19.17) Armagedom (o nome propriamente dito só se encontra em 16.16) é o antigo monte e vale de Megido, a oeste do Jordão, no vale de Jezreel, entre Samaria e a Galileia. É o lugar designado por Deus onde Cristo descerá à terra em glória e destruirá os exércitos da besta e do falso profeta (v. 11,15,19,21), como também as demais forças militares que terão vindo contra a besta em seu ataque à Palestina (p. ex., o restante do exército de duzentos milhões do Extremo Oriente). Veja 9.13-18; 16.12-14, 16; comp. Jl 3.9-16; Zc 12.1-9; 14.1-4; Mt 24.27-30. A batalha é um cumprimento da profecia da pedra destruidora de Dn 2.35 (veja *nota*). Veja tb. Is 2.12, *refs*.

[4] (19.19) O dia do Senhor (Jeová). Resumo: O dia do Senhor é o período em que Deus intervém abertamente nos assuntos dos homens – para juízo e para bênção. Veja Jl 1.15, *nota*. Começará com o arrebatamento da Igreja e terminará com a purificação dos céus e da terra antes da criação dos novos céus e da nova terra.

A ordem dos acontecimentos parece ser: 1) o arrebatamento da Igreja exatamente antes de começar o dia do Senhor (1Ts 4.13-17); 2) o cumprimento da septuagésima semana de Daniel (Dn 9.27), a segunda metade da qual é a grande tribulação (Mt 24.21; veja Ap 7.14, *nota*); 3) a volta do Senhor em glória para estabelecer o reino milenar (Mt 24.29,30); 4) a destruição da besta, do falso profeta e de seus exércitos, que é o acontecimento grande e terrível desse dia (Ap 19.11-21); 5) o julgamento dos gentios de acordo com o tratamento que deram aos irmãos de Cristo – o povo judeu (Zc 14.1-9; Mt 25.31-46) – e o julgamento de Israel (Ez 20.34-38); 6) o reino milenar de Cristo na terra (Ap 20.4-6); 7) a rebelião satânica e seu julgamento (Ap 20.7-10); 8) a ressurreição e o juízo final dos ímpios (Ap 20.11-15); 9) a destruição da terra e dos céus atuais por meio de fogo antes do futuro "dia do Senhor" (2Pe 3.10-12); e 10) a criação dos novos céus e da nova terra (Is 65.17-19; 66.22; 2Pe 3.13; Ap 21.1).

[5] (19.20) A besta. Resumo: A "besta" é o "chifre pequeno" de Dn 7.8,24-26, o "assolador" de Dn 9.27, a "abominação da desolação" de Mt 24.15, o "homem do pecado" de 2Ts 2.3-8; é o último e mais terrível tirano da terra, o cruel instrumento satânico de ira e ódio contra Deus e contra os judeus santos. Satanás dá à besta o poder que ofereceu a Cristo (Mt 4.8,9; Ap 13.4). Veja: A grande tribulação, Sl 2.5; Ap 7.14, *nota*.

---

[d] Sl 45.3,4; comp. Mt 21.2-5
[e] Cristo (segunda vinda): v. 11-21; Ap 20.4 (Dt 30.3; At 1.11, nota)
[f] Ap 3.7
[g] Ap 1.14
[h] Comp. v. 13,16; Mt 11.27
[i] Jo 1.1,14
[j] Is 11.4; 2Ts 2.8; Ap 1.16
[k] Sl 2.8,9
[l] Is 63.3-6; Ap 14.20; comp. Mt 21.44
[m] Reino (NT): v. 11-21; Ap 20.6 (Mt 2.2; 1Co 15.24, nota)
[n] Armagedom (batalha de): v. 11-21 (Is 10.27; Ap 19.17)
[o] Comp. Ez 39.17-20

[p] Comp. Ez 32.21-31
[q] A besta: v. 19,20 (Dn 7.8; Ap 19.20)
[r] Ap 16.13-16
[s] Dia (do Senhor): v. 11-21 (Sl 2.9; Is 2.12; Ap 19.19)
[t] v. 11
[u] Anticristo: v. 20 (1Jo 2.18; Ap 13.11, nota)
[v] Ap 13.8,13
[w] Dia (de destruição): v. 20; Ap 20.11 (Jó 21.30; Ap 20.11)
[x] Veja 19.15, marg. j

2 Ele prendeu o dragão, a antiga serpente, que é o [y]Diabo e Satanás, e o amarrou por [1]mil anos.

3 Lançou-o no abismo, ali o encerrou e selou sobre ele, para que não [z]enganasse mais as nações, até que os mil anos se completassem. Depois disso é necessário que seja solto, por um pouco de tempo.

Término da primeira ressurreição (veja 1Co 15.52, nota) e da Dispensação do Reino

4 **Vi** também tronos, e aos que se assentaram sobre eles [a]foi-lhes dado o poder de julgar. E vi as almas [b]daqueles que foram degolados por causa do testemunho de Jesus e pela palavra de Deus, que [c]não adoraram a besta nem a sua imagem e não receberam o sinal na testa nem nas mãos. Eles [d]reviveram e [e]reinaram [f]com Cristo durante [2]mil anos.

5 Os outros mortos, porém, não reviveram, até que os mil anos se completassem. Esta é a [3]primeira [g]ressurreição.

6 [h]Bem-aventurado e santo aquele que tem parte na primeira ressurreição. Sobre eles não tem poder a [i]segunda morte, mas serão [j]sacerdotes de Deus e de Cristo, e [k]reinarão com ele durante os mil anos.

XII. O juízo final e a cidade santa, 20.7–22.5

Satanás é solto no final dos mil anos; a rebelião é sufocada

7 **Quando** se completarem os mil anos, [l]Satanás será solto da sua prisão

8 e sairá para enganar as nações que estão nos quatro cantos da terra, [m]Gogue e Magogue, cujo número é como a areia do mar, a fim de ajuntá-las para a batalha.

9 Subiram sobre a largura da terra e cercaram o arraial dos santos e a cidade querida. Mas desceu fogo do céu e os consumiu.

Satanás é lançado no lago de fogo

10 E o [4]Diabo, que os enganava, foi lançado no lago de fogo e enxofre, onde estão a besta

---

[1] (20.2) A expressão "mil anos", que ocorre seis vezes nos v. 1-7, deu lugar ao termo "milênio" (do latim *mille*, mil, e *annus*, ano). O milênio é o período durante o qual Cristo reinará na terra, um tempo de paz, prosperidade, longevidade e justiça universais. De acordo com a interpretação dos primeiros pais da Igreja, como Justino Mártir e Ireneu, a passagem se refere a um período literal de tempo no futuro. Veja Sl 72.1-20; Is 9.6,7; 11.1-9; 24.22,23; 30.15-33; 35.1-10; 44.1-28; 49.1-26; 65.17-25; Jr 23.5,6; 33.15; Mq 4.1-4; Mt 25.31,32; 1Co 15.24-28.

[2] (20.4) *A Sétima Dispensação: o Reino*. Essa é a última das eras estabelecidas por Deus que têm impacto sobre a vida humana na terra. Essa sétima era ou dispensação torna realidade o reino pactuado com Davi (2Sm 7.8-17, veja v. 16, *nota*; Zc 12.8, Resumo; Lc 1.31-33; 1Co 15.24, Resumo). O Senhor Jesus Cristo, o grande Filho de Davi, reinará durante mil anos sobre a terra como Rei dos reis e Senhor dos senhores, associando consigo nesse reinado seus santos de todos os tempos (Ap 3.21; 5.9,10; 11.15-18; 15.3,4; 19.16; 20.4,6).

A Dispensação do Reino reúne em si mesma, sob o governo de Cristo, os vários "tempos" mencionados nas Escrituras: 1) O tempo de opressão e mau governo termina quando Cristo estabelece seu reino (Is 11.3,4). 2) O tempo de testemunho e de paciência divina termina em juízo (Mt 25.31-46; At 17.30,31; Ap 20.7-15). 3) O tempo de trabalho termina em descanso e recompensa (2Ts 1.6,7). 4) O tempo de sofrimento termina em glória (Rm 8.17,18). 5) O tempo da cegueira e do castigo de Israel termina em restauração e conversão (Ez 39.25-29; Rm 11.25-27). 6) O tempo dos gentios termina com a destruição da imagem e com o estabelecimento do reino dos céus (Dn 2.34,35; Ap 19.15-21). 7) O tempo da escravidão da criação termina em libertação na manifestação dos filhos de Deus (Gn 3.17; Is 11.6-8; Rm 8.19-21).

Ao final dos mil anos, Satanás é solto por um breve tempo e instiga uma rebelião final que o Senhor reprime de forma sumária. Cristo lança Satanás no lago de fogo, para que seja eternamente atormentado, derrota a morte, o último inimigo, e, então, entrega o reino ao Pai (veja 1Co 15.24, *nota*, especialmente o ponto 7).

Notas sobre outras dispensações: veja Inocência (Gn 1.28), Consciência ou responsabilidade moral (Gn 3.7), Governo humano (Gn 8.15), Promessa (Gn 12.1), Lei (Êx 19.1) e Igreja (At 2.1).

[3] (20.5) A primeira ressurreição é a ressurreição dos justos (Lc 14.14). Embora tanto o AT como o NT mostrem que a ressurreição dos justos para a vida eterna e a ressurreição dos perdidos para a condenação eterna são eventos distintos (p. ex., Dn 12.2; Jo 5.29), aqui, pela primeira vez, revela-se o intervalo exato de mil anos entre as duas ressurreições. Veja 1Co 15.52, *nota*.

[4] (20.10) Satanás. Resumo: Esse ser terrível, que aparentemente foi criado como um dos querubins (Ez 1.5; 28.12; e *notas*) e ungido para uma posição de grande autoridade – talvez sobre a criação primitiva (Gn 1.2, *nota*; Ez 28.11-15) –, caiu em razão de seu orgulho (Is 14.12-14). Sua declaração daquilo que faria (Is 14.13) marca o início do pecado no universo. Lançado do céu (Lc 10.18), o cenário de sua atividade incansável passa a ser a terra e o ar (Ef 2.2; 1Pe 5.8). Depois da criação do homem, ele entrou na serpente (Gn 3.1, *nota*) e, enganando Eva com sutileza, assegurou a queda de Adão e, por meio dela, a queda de toda a raça humana e a entrada do pecado no mundo dos homens (Rm 5.12-14). A Aliança Adâmica (Gn 3.15, *nota*) prometeu a derrota final de Satanás por meio do "descendente" da mulher. Então, começou a longa guerra de Satanás contra a obra de Deus em favor da

[y] Satanás: v. 2; Ap 20.7 (Gn 3.1; Ap 20.10)
[z] v. 8; comp. 2Co 4.4; Ap 13.14
[a] 1Co 6.2
[b] Remanescente: v. 4 (Is 1.9; Rm 11.5, nota)
[c] Comp. Ap 13.15-17; 14.9-13
[d] Jo 14.19
[e] v. 6; comp. 2Tm 2.12
[f] Cristo (segunda vinda): v. 4-6; Ap 22.7 (Dt 30.3; At 1.11, nota)
[g] Ressurreição: v. 4-6; Ap 20.13 (2Rs 4.35; 1Co 15.52, nota)
[h] Comp. Ap 14.13
[i] Morte (segunda): v. 6; Ap 20.14 (Jo 8.21; Ap 20.14, nota)
[j] Ap 1.6
[k] Reino (NT): v. 6; Ap 21.5 (Mt 2.2; 1Co 15.24, nota)
[l] Satanás: v. 7-10 (Gn 3.1; Ap 20.10)
[m] Veja Ez 38.2, nota

e o falso profeta. De dia e de noite serão atormentados para todo o sempre.

A segunda ressurreição e o julgamento do grande trono branco

11 Então vi um [1n]grande trono branco e o que estava assentado sobre ele. Da presença dele fugiram a terra e o céu, e [2o]não se achou lugar para eles.

12 E vi os [p]mortos, grandes e pequenos, que estavam diante do trono, e abriram-se [q]livros. Abriu-se outro [r]livro, que é o da [s]vida. Os mortos foram [3]julgados pelas coisas que estavam escritas nos livros, segundo as suas obras.

13 O mar [t]entregou os mortos que nele havia, e a morte e o [u]além deram os mortos que neles havia, e foram julgados cada um segundo as suas obras.

14 Então a [4]morte e o inferno foram lançados no lago de fogo. Esta é a segunda [v]morte.

15 E todo aquele que não foi achado inscrito no livro da vida foi lançado no lago de fogo.

O novo céu, a nova terra e a nova Jerusalém

21 Então vi um [w]novo céu e uma nova terra, pois já o [x]primeiro céu e a primeira terra passaram e o mar já não existe.

2 Vi também a [y]cidade santa, a [5]nova Jerusalém, que de Deus descia do céu, ataviada como uma [z]noiva para o seu noivo.

3 E ouvi uma grande voz, vinda do trono, que dizia: Agora o tabernáculo de Deus está com os homens. Deus habitará com eles, e eles serão

[n] Dia (do juízo): v. 11-15 (Mt 10.15; Ap 20.11)
[o] Dia (de destruição): v. 11-15 (Jó 21.30; Ap 20.11)
[p] Morte (espiritual): v. 12-15 (Gn 2.17; Ef 2.5, nota)
[q] Juízos (os sete): v. 11-15; Ap 22.12 (2Sm 7.14; Ap 20.12)
[r] Comp. Lc 10.20
[s] Vida (eterna): 20.12,15; 21.6; Ap 21.27 (Mt 7.14; Ap 22.19)
[t] Ressurreição: v. 12,13 (2Rs 4.35; 1Co 15.52, nota)
[u] Veja Lc 16.23, nota
[v] Morte (segunda): 20.14,15; 21.8 (Jo 8.21; Ap 20.14)
[w] Comp. Is 65.17; 66.22; 2Pe 3.13
[x] Comp. Hb 12.26,27; 2Pe 3.10-12
[y] Ap 22.19; comp. Hb 11.10,16
[z] Ap 19.7,8; comp. Sl 45.13-15

humanidade, algo que ainda continua. O atual sistema mundial (Ap 13.8), organizado segundo os princípios de força, cobiça, egoísmo, ambição e prazer pecaminoso, é obra de Satanás e foi o suborno que ele ofereceu a Cristo (Mt 4.8,9). Ele é o príncipe (Jo 14.30; 16.11) e o deus (2Co 4.4) deste sistema mundial. Como "príncipe do poder do ar" (Ef 2.2), está no comando de um vasto exército de demônios (Mt 7.22, *nota*). A ele foi dado, sob a autoridade de Deus, o poder da morte na terra (Hb 2.14). Embora tenha sido expulso do céu como sua própria esfera de ação e posição de autoridade, ele ainda tem acesso a Deus como o "acusador de nossos irmãos" (Ap 12.10) e lhe é permitido certo poder para peneirar ou pôr à prova os crentes autoconfiantes e carnais (Jó 1.6-11; Lc 22.31,32; 1Co 5.5; 1Tm 1.20); mas esse poder é absolutamente concedido e limitado, e os crentes a quem Satanás peneira são guardados na fé mediante a defesa e a intercessão de Cristo (Lc 22.31,32; 1Jo 2.1, *nota*). No começo da grande tribulação, será tirado de Satanás o privilégio do acesso a Deus como acusador (Ap 12.7-12). Quando Cristo voltar em glória, Satanás será amarrado por mil anos (Ap 20.2), depois dos quais será "solto, por um pouco de tempo" (Ap 20.3,7,8) e se tornará o líder de um esforço final para derrubar o reino. No entanto, será derrotado e lançado no lago de fogo, sua condenação definitiva. A ideia de que ele reina no inferno não é bíblica. Ele é o príncipe do atual sistema mundial, mas no lago de fogo será atormentado.

[1] (20.11) "O juízo" e "o dia de juízo", expressões do NT, conforme mostram as passagens e seu contexto, referem-se a este juízo final dos v. 11-15.

[2] (20.11) O "dia da destruição" é o aspecto do dia do Senhor (Is 2.12; Jl 1.15, *nota*; Ap 19.19, Resumo) que inflige juízo definitivo e eterno sobre os ímpios. No dia do Senhor são incluídos três desses "dias" e estão descritos nas referências marginais começando em Is 34.2.

[3] (20.12) O juízo final. Os julgados são os "mortos". Como os remidos foram ressuscitados mil anos antes (v. 5) e vivem na glória com Cristo durante esse período, os "mortos" só pode referir-se aos ímpios falecidos desde o começo da história humana até o estabelecimento do grande trono branco na imensidão do espaço. Uma vez que há diferentes graus de castigo (Lc 12.47,48), os mortos são julgados de acordo com suas obras. O livro da vida está ali para refutar a quem quer que peça para ser justificado por suas obras (p. ex., Mt 7.22,23) – um horrível espaço em branco no lugar em que poderia haver um nome.

Os juízos. Resumo: Entre os muitos juízos mencionados nas Escrituras, sete são revestidos de especial importância: 1) o julgamento dos pecados do crente na cruz de Cristo (Jo 12.31, *nota*); 2) o autojulgamento do crente (1Co 11.31, *nota*); 3) o julgamento das obras do crente (2Co 5.10, *nota*); 4) o julgamento individual dos gentios quando Cristo regressar à terra (Mt 25.32, *nota*); 5) o julgamento de Israel quando Cristo regressar à terra (Ez 20.37, *nota*); 6) o julgamento dos anjos depois dos mil anos (Jd 6, *nota*); 7) esse julgamento dos ímpios que morreram, com o qual termina a história da terra.

[4] (20.14) A segunda morte. Resumo: "A segunda morte" e o "lago de fogo" neste versículo são termos idênticos usados em relação ao estado eterno dos ímpios. É "segunda" em relação à morte física anterior dos ímpios que morreram em incredulidade e tendo rejeitado a Deus; a condição eterna deles é "morte" (i.e., separação de Deus) eterna em seus pecados (Jo 8.21,24). A comparação de Ap 19.20 e 20.10 demonstra que a segunda morte não é aniquilação. Depois de mil anos no lago de fogo, a besta e o falso profeta ainda existem como pessoas conscientes e com identidade própria. As palavras "para todo o sempre" (comp. v. 10) são usadas com respeito a Deus (1.18; 4.9,10; 10.6; 15.7), à glória de Deus (Gl 1.5 etc.) e ao domínio ou reino de Deus (1Pe 4.11; Ap 1.6; 5.13,14; 7.12; 11.15) e simplesmente significam algo eterno no sentido de algo sem fim.

[5] (21.2) A nova Jerusalém é o lugar eterno de habitação para os santos de todas as eras e cumpre a esperança de Abraão quanto à cidade celestial (Hb 11.10-16; comp. Hb 12.22-24).

o seu povo, e o próprio Deus estará com eles e será o seu Deus.

4 Deus enxugará de seus olhos toda [a]lágrima. Não haverá mais [b]morte, nem pranto, nem clamor, nem dor, pois já as primeiras coisas são passadas.

5 E o que estava assentado no [c]trono disse: Faço novas todas as coisas. E disse-me: Escreve, [d]pois essas palavras são verdadeiras e fiéis.

6 Disse-me mais: Está cumprido. Eu sou o [e]Alfa e o Ômega, o princípio e o fim. A quem tiver sede, de graça lhe darei da fonte da água da vida.

7 Quem vencer herdará todas as coisas, e eu serei seu Deus, e ele será meu filho.

8 Quanto, porém, aos medrosos, aos incrédulos, aos abomináveis, aos homicidas, aos adúlteros, aos feiticeiros, aos idólatras e a todos os mentirosos, a sua parte será no lago que arde com fogo e enxofre, que é a segunda morte.

A esposa do Cordeiro; a nova Jerusalém

9 Então veio um dos sete anjos, que tinham as sete taças cheias das últimas sete pragas, e me disse: Vem, eu te [f]mostrarei a noiva, a esposa do Cordeiro.

10 E levou-me em [g]espírito a um grande e alto monte e mostrou-me a grande cidade, a santa Jerusalém, que descia do céu, da parte de Deus.

11 Ela brilhava com a glória de Deus, e o seu brilho era semelhante a uma pedra preciosíssima, como o jaspe cristalino.

12 Tinha grande e alto muro com doze portas, e nas portas doze [h]anjos, e nomes escritos sobre elas, que são os nomes das [i]doze [j]tribos dos filhos de Israel.

13 Do lado do oriente tinha três portas; do lado do norte, três portas; do lado do sul, três portas; do lado do poente, três portas.

14 O muro da cidade tinha doze [k]fundamentos, e neles estavam os nomes dos doze [l]apóstolos do Cordeiro.

15 Aquele que falava comigo tinha como medida uma [m]vara de ouro para medir a cidade, as suas portas e o seu muro.

16 A cidade era [n]quadrangular, o seu comprimento era igual à sua largura. Mediu a cidade com o caniço e tinha ela doze mil estádios de comprimento, e a largura e a altura eram iguais.

17 Ele mediu o seu muro, e era de cento e quarenta e quatro côvados, segundo a medida de [o]homem, que o anjo estava usando.

18 O muro era construído de jaspe, e a cidade era de [p]ouro puro, semelhante a vidro límpido.

19 Os [q]fundamentos do muro da cidade estavam adornados de toda espécie de pedras preciosas. O primeiro fundamento era de jaspe; o segundo, de safira; o terceiro, de calcedônia; o quarto, de esmeralda;

20 o quinto, de sardônica; o sexto, de sárdio; o sétimo, de crisólito; o oitavo, de berilo; o nono, de topázio; o décimo, de crisópraso; o décimo primeiro, de jacinto; o décimo segundo, de ametista.

21 As doze [r]portas eram doze pérolas: cada uma das portas era uma só pérola. A [s]praça da cidade era de ouro puro, como vidro transparente.

22 Nela não vi templo, porque o seu templo é o Senhor Deus, todo-poderoso, e o Cordeiro.

23 A cidade não necessita nem do sol, nem da lua, para que nela resplandeçam, pois a glória de [t]Deus a ilumina, e o Cordeiro é a sua [u]lâmpada.

24 As [v]nações [w]andarão [x]à sua luz, e os reis da terra trarão para ela a sua glória e honra.

25 As suas portas não se [y]fecharão de dia, e noite ali não haverá.

26 E a ela trarão a glória e a honra das nações.

27 E não [z]entrará nela coisa alguma impura, nem o que pratica abominação ou mentira, mas somente os que estão inscritos no [aa]livro da [bb]vida do Cordeiro.

O novo paraíso; seu rio e a árvore da vida

22 Então me mostrou o [cc]rio da água da vida, claro como cristal, que procedia do [dd]trono de Deus e do Cordeiro.

2 No meio da sua [ee]praça, em ambas as margens do rio, estava a [ff]árvore da vida, que produz doze frutos, dando seu fruto de mês em mês. E as [gg]folhas da árvore são para a [hh]cura das nações.

3 Ali [ii]nunca mais haverá maldição. Nela estará o [jj]trono de Deus e do Cordeiro, e os seus [kk]servos o servirão

4 e verão a sua face, e na sua testa estará o seu nome.

5 Ali não haverá mais noite. Não necessitarão da luz de lâmpada, nem da [ll]luz do sol, pois o Senhor Deus os iluminará. E reinarão para todo o sempre.

XIII. A última mensagem da Bíblia, 22.6-19

6 Disse-me o anjo: Estas palavras são fiéis e verdadeiras. O Senhor, o Deus dos espíritos dos profetas, [mm]enviou o seu anjo para mostrar aos seus servos as coisas que em breve hão de [nn]acontecer.

[a] Ap 7.17
[b] Is 25.8; 1Co 15.26
[c] Reino (NT): v. 5; 21.9–22.5 (Mt 2.2; 1Co 15.24, nota)
[d] Inspiração: v. 5; Ap 22.18 (Êx 4.15; 2Tm 3.16, nota)
[e] Veja Ap 1.8, nota
[f] Esposa (de Cristo): v. 9,10 (Jo 3.29; Ap 19.7, nota)
[g] Espírito Santo (NT): v. 10; Ap 22.17 (Mt 1.18; At 2.4, nota)
[h] Veja Hb 1.4, nota
[i] Comp. Ez 48.31-34
[j] Israel (profecias): v. 12 (Gn 12.2; Rm 11.26, nota)
[k] Comp. Hb 11.10
[l] Lc 22.29,30; comp. Ef 2.20
[m] Veja pesos e medidas (NT): At 27.28, nota
[n] Comp. 1Rs 6.20
[o] Comp. Dt 3.11
[p] Comp. 2Cr 3.8
[q] Comp. Is 54.11
[r] Mt 13.45,46; comp. Ef 5.25
[s] Ap 22.2
[t] Is 60.19
[u] Ap 22.5
[v] Is 60.3
[w] Veja Rm 1.16, nota
[x] Is 66.23
[y] Is 60.11
[z] Comp. Ap 22.15
[aa] Fp 4.3; Ap 3.5; 13.8; 20.12; 22.19; comp. Êx 32.32; Sl 69.28; Dn 12.1
[bb] Vida (eterna): 21.27; 22.1,2; Ap 22.14 (Mt 7.14; Ap 22.19)
[cc] Comp. Ez 47.1,12; Zc 14.8
[dd] Comp. Ap 4.2,3
[ee] Ap 21.21
[ff] Comp. Gn 2.9; 3.22
[gg] Comp. Ez 47.12
[hh] Comp. Gn 3.6,7
[ii] Comp. Gn 3.17-19
[jj] v. 1
[kk] Ap 7.15
[ll] Ap 21.23
[mm] Ap 1.1
[nn] Hb 10.37

7 Eis que cedo [o]venho! Bem-aventurado aquele que [p]guarda as palavras da profecia deste livro.

8 **E**u, João, sou quem ouviu e viu estas coisas. E, havendo-as ouvido e visto, prostrei-me aos pés do [q]anjo que me mostrava essas coisas, para adorá-lo.

9 Então ele me disse: Olha, não faças isso! Sou conservo teu e de teus irmãos, os profetas, e dos que guardam as palavras deste livro. Adora a Deus.

10 **D**isse-me ainda: [r]Não seles as palavras da profecia deste livro, porque [s]próximo está o tempo.

11 Quem é injusto, faça injustiça ainda; quem está sujo, suje-se ainda; quem é [1]justo, faça justiça ainda; e quem é [2t]santo, santifique-se ainda.

12 Eis que cedo [u]venho! A minha [v]recompensa está comigo, para dar a cada um [w]segundo a sua obra.

13 Eu sou o [x]Alfa e o Ômega, o primeiro e o último, o princípio e o fim.

14 Bem-aventurados aqueles que lavam as suas vestes [no sangue do Cordeiro] para que tenham direito à [y]árvore da [z]vida e possam entrar na cidade pelas portas.

15 Ficarão de fora os cães, os feiticeiros, os adúlteros, os homicidas, os idólatras e todo aquele que ama e pratica a mentira.

16 Eu, Jesus, enviei o meu anjo para vos testificar estas coisas às [a]igrejas. Eu sou a raiz e a geração de Davi, a resplandecente estrela da manhã.

17 **O** [b]Espírito e a noiva dizem: Vem. Quem ouve, diga: Vem. Quem tem sede, venha; e quem quiser, tome de graça da água da vida.

18 **E**u advirto a todo aquele que ouvir as [c]palavras da profecia deste livro: Se alguém lhes acrescentar alguma coisa, Deus lhe acrescentará as pragas que estão escritas neste livro.

19 E se alguém tirar quaisquer palavras do livro desta profecia, Deus lhe tirará a sua parte da árvore da [3]vida e da cidade santa, que estão escritas neste livro.

Conclusão: Última promessa, última oração e última profecia, 22.20,21

20 **A**quele que dá testemunho destas coisas diz: Certamente cedo venho. Amém. [d]Vem, Senhor Jesus.

21 **A** [e]graça do Senhor Jesus seja com todos. Amém.

[o] Cristo (segunda vinda): v. 7; Ap 22.12 (Dt 30.3; At 1.11, nota)
[p] Ap 1.3
[q] Veja Hb 1.4, nota
[r] Comp. Ap 10.4
[s] Veja Mt 4.17, nota 1
[t] Santificação (NT): v. 11 (Mt 4.5; Ap 22.11)
[u] Cristo (segunda vinda): veja v. 7, marg. o
[v] Recompensas: v. 12,14 (Dn 12.3; 1Co 3.14, nota)
[w] Juízos (os sete): v. 10-19 (2Sm 7.14; Ap 20.12, nota)
[x] Veja Ap 1.8, nota
[y] Pv 11.30
[z] Vida (eterna): v. 14,17,19 (Mt 7.14; Ap 22.19)

[a] Igrejas (locais): v. 16 (At 8.3; Fp 1.1, nota)
[b] Espírito Santo (NT): v. 17 (Mt 1.18; At 2.4, nota)
[c] Inspiração: veja Ap 21.5, marg. d
[d] Orações da Bíblia (NT): v. 20 (Mt 6.9; Lc 11.2, nota)
[e] Graça: v. 21 (Jo 1.14; 1.17, nota)

[1] (22.11) Veja *notas*: Justiça AT (Lc 2.25); justiça NT (Rm 3.21; 10.10); justiça própria (Rm 10.3); vida de justiça (1Jo 3.7); vestes de justiça (Ap 19.8).

[2] (22.11) Santificação, santidade, Resumo: 1) Nas línguas originais da Bíblia, "santificar" e "santo" têm o significado básico de *separar* ou *separado para Deus*. 2) Em ambos os Testamentos, as palavras são usadas com respeito a coisas e pessoas. 3) Quando a santificação é de coisas, não está implícita uma qualidade moral; as coisas são santificadas ou tornadas santas porque são separadas para Deus. 4) Quando a santificação é de pessoas, há um significado tríplice: a) Quanto à sua posição, os crentes são eternamente separados para Deus pela redenção, "pela oferta do corpo de Jesus Cristo, feita uma vez" (Hb 10.10). Portanto, da perspectiva de sua posição, os crentes são "santos" desde o momento em que creem (Fp 1.1; Hb 3.1). b) Quanto à experiência, os crentes estão sendo santificados pela obra do Espírito Santo por meio das Escrituras (Jo 17.17; 2Co 3.18; Ef 5.25,26; 1Ts 5.23,24). c) Quanto à consumação, a santificação completa dos crentes aguarda a manifestação do Senhor (Ef 5.27; 1Jo 3.2). Veja Salvação, Rm 1.16, *nota*.

[3] (22.19) Vida eterna, Resumo: 1) Essa vida é chamada "eterna" porque é vida da eternidade passada até a eternidade futura – a vida de Deus revelada em Jesus Cristo, que é Deus (Jo 1.4; 5.26; 1Jo 1.1,2). 2) Essa vida de Deus, revelada em Jesus Cristo, é concedida no novo nascimento pelo Espírito Santo – o qual opera em conformidade com a Palavra de Deus – a todo aquele que crê no Senhor Jesus Cristo (Jo 3.3-15). 3) A vida assim concedida não é uma nova vida, exceto no sentido de posse humana; continua sendo "o que era desde o princípio" (1Jo 1.1). Mas quem recebe essa nova vida é uma nova criação (2Co 5.17; Gl 6.15). E 4) a vida de Deus que está no crente é parte inseparável da vida que estava e está eternamente em Cristo Jesus – uma vida nele e no crente; Videira e ramos; Cabeça e membros (Jn 15.1-5; 1Co 6.17; 12.12-14; Gl 2.20; Cl 1.27; 3.3,4; 1Jo 5.11,12).

MATERIAIS ADICIONAIS

TABELA DE PESOS E MEDIDAS

MEDIDAS DE PESO

PESOS HEBRAICOS	EQUIVALENTE HEBRAICO	EQUIVALENTE MÉTRICO	OUTRO EQUIVALENTE	ESCRITURAS
Talento a) comum b) real	a) 60 minas, 3000 Siclos	a) 34 kg b) 45-68 kg	a) 75 libras b) 100-150 libras	Êx 38.25; 2Rs 18.14; Mt 25.15-28
Mina	50 a 60 siclos	600 g	1,25 libra	Ez 45.12
Siclo a) comum b) real	2 becas	a) 11,5 g b) 23 g	a) 0,4 onças b) 0,8 onças	Gn 23.15
Pim	2/3 siclo	7,6 g	0,258 onças	
Beca	½ siclo; 10 geras	5,7 g	0,2 onças	Êx 38.26
Gera	1/20 siclo	0,57 g	0,2 onças	Lv 27.25; Nm 18.16
PESO ROMANO				
arrátel (libra romana)	30 siclos	327,45 g	12 onças	Jo 12.3; 19.39

MEDIDAS DE COMPRIMENTO

MEDIDA HEBRAICA	EQUIVALENTE HEBRAICO	EQUIVALENTE MÉTRICO	OUTRO EQUIVALENTE	ESCRITURAS
Passo	1/3 cana; 2 côvados	1 metro	3 pés	
Côvado	½ passo; 2 palmos	46-50 cm	18 polegadas	Dt 3.11
Cana	6 côvados	3 m	108 polegadas	Ez 42.16
Palmo	½ côvado; 3 palmos menores	22,5 cm	9 polegadas	1Sm 17.4; Ez 43.13
Palmo menor	1/3 palmo, 4 dedos; 1/6 côvado	7,5 cm	3 polegadas	Êx 25.25
Dedo	¼ palmo menor	quase 2 cm	0,75 polegada	Jr 52.21
MEDIDA GREGA	EQUIVALENTE GREGO			
Caminho de um dia		32 km	20 milhas	Lc 2.44
Milha romana	8 estádios	1,5 km	4800 pés; 1600 jardas	Mt 5.41
Caminho de um sábado	2000 côvados	1000 m	3000 pés	At 1.12
Cana (*kalamos*)	6 côvados	3 m	3 jardas	Ap 11.1; 21.15
Estádio	1/8 milha romana; 400 côvados	200 m	600 pés	Jo 6.19
Cana de medir	6 côvados; 3 passos	3 m	9 pés (10,5 pés em Ezequiel	Ez 40.5
Braça	4 côvados	2 m	6 pés; 2 jardas	At 27.28

MEDIDAS DE CAPACIDADE (SECOS)

MEDIDA HEBRAICA	EQUIVALENTE HEBRAICO	EQUIVALENTE MÉTRICO	OUTRO EQUIVALENTE	ESCRITURAS
Ômer	10 efas	220 litros	6,52 *bushels*	Ez 45.11
Ômer	1/10 efa; 1 4/5 cabo	2 litros	2 quartos (de galão)	Êx 16.13-36
Coro	10 efas	220 litros	6,52 *bushels*; 200 quartos	2Cr 27.5
Meio ômer (*lethek*)	½ coro; 5 efas	110 litros	3,26 *bushels*	Os 3.2
Efa	1 bato; 1/10 coro; 10 ômeres	22 litros	0,65 *bushel*, 22 quartos	Êx 16.36
Medida	1/3 efa	7 litros	7 quartos	Gn 18.6; 1Sm 25.18
Cabo	½ ômer; 4 logues; 1/18 efa	1 litro	1 quarto (de galão)	2Rs 6.25

MEDIDA GREGA	EQUIVALENTE HEBRAICO	EQUIVALENTE MÉTRICO	OUTRO EQUIVALENTE	ESCRITURAS
Medida (*saton*)	1/3 efa	7 litros	7 quartos (de galão)	Mt 13.33; Lc 13.21
Jarro	½ cabo	0,5 litro	1 1/16 pinta	Mc 7.4
Alqueire (*koros*)	1 coro; 10 efas	220 (ou 350) litros	6 (ou 10) *bushels*	Lc 16.7

MEDIDAS DE C APACIDADE (LÍQUIDOS)

MEDIDA HEBRAICA	EQUIVALENTE HEBRAICO	EQUIVALENTE MÉTRICO	OUTRO EQUIVALENTE	ESCRITURAS
Coro	1 ômer; 10 batos	220 litros	60 galões	Ez 45.14
Ômer	1 coro; 10 batos	220 litros	60 galões	Ez 45.14
Bato	6 hins; 1 efa	22 litros	6 galões	Ez 45.10-14
Him	2 cabos; 1/6 bato	4 litros	1 galão; 4 quartos	Êx 29.40
Cabo	4 logues	2 litros	2 quartos	2Rs 6.25
Logue	¼ cabo	0,3 litros	1/3 quarto	Lv 14.10-20
MEDIDA GREGA				
Jarro	1/4 him	0,5 litro	1 1/16 pinta	Mc 7.4
Almude (*metretes*)	10 hins	39 litros	10 galões	Jo 2.6
Arrátel (*litra*)	Libra romana	327,45 g	12 onças	Jo 12.3; 19.9

As medidas são aproximadas.

MOEDAS

MEDIDA HEBRAICA	EQUIVALENTE HEBRAICO	EQUIVALENTE MÉTRICO	OUTRO EQUIVALENTE	ESCRITURAS
Talento	3000 siclos; 6000 becas			Mt 25.15-28
Siclo	Salário de 4 dias de trabalho; 2 becas; 20 geras			Êx 30.13
peças de dinheiro; peças de prata (*Kesita*)		1430 g	3,2 libras	Gn 33.19; Js 24.32; Jó 42.11
Beca	½ siclo; 10 geras			Êx 38.26
Gera	1/20 siclo			Êx 30.13
MOEDA PERSA				
Dárico	Salário de 2 dias de trabalho; ½ siclo hebraico de prata			
MOEDAS GREGAS				
Tetradracma (estáter)	4 dracmas			Mt 17.27
Didracma	2 dracmas; ½ siclo			Mt 17.24
Dracma	1/5 do preço de um boi; preço de uma ovelha			Lc 15.8
Lepton	½ quadrante romano			Mc 12.42; Lc 21.2
MOEDAS ROMANAS				
Peça de prata (*argurion*)	Moeda de prata; 4 dracmas; 26 denários			Mt 26.15; At 19.19
Denário	salário de um dia de trabalho			Mt 18.28; Mc 14.5; Ap 6.6
Ceitil				Mt 10.29; Lc 12.6

ÍNDICE DAS REFERÊNCIAS TEMÁTICAS EM CADEIA

Para informação sobre como usar estas referências temáticas, veja *Utilizando o Material de Estudo*, pág. xix

			Resumo da nota	*Quantidade de referências*		
TEMA	*Primeira referência*	*Última referência*	*Referência*	*Ref. AT*	*Ref. NT*	*Total*
Adoção	Rm 8.15	Ef 1.5	Ef 1.5	–	3	3
Aliança (Nova)	Is 61.8	Hb 13.20	Hb 8.8	4	10	14
Alianças (Oito)	Gn 2.16	Hb 8.8	Hb 8.8	8	1	9
Anciãos	At 11.30	3Jo 1	Tt 1.5	–	14	14
Anjo do Senhor	Gn 16.7	Zc 12.8	Jz 2.1	31	–	31
Anticristo	1Jo 2.18	Ap 19.20	Ap 13.11	–	9	9
Apostasia	2Tm 3.1	Ap 3.15	2Tm 3.1	–	11	11
Armagedom (batalha de)	Is 10.27	Ap 19.17	Ap 19.17	14	4	18
Arrependimento	Mt 3.2	Ap 3.19	At 17.30	–	38	38
Besta, A	Dn 7.8	Ap 19.19	Ap 19.20	5	6	11
Carne (natureza pecaminosa)	Jo 8.15	Jd 23	Jd 23	–	20	20
Cristo (primeira vinda)	Gn 3.15	1Jo 5.20	At 1.11	25	59	84
Cristo (Pedra ou Rocha)	Gn 49.24	1Pe 2.4	1Pe 2.8	13	12	25
Cristo (segunda vinda)	Dt 30.3	Ap 22.12	At 1.11	18	50	68
Dia (de Cristo)	1Co 1.8	2Tm 4.8	1Co 1.8	–	7	7
Dia (de destruição)	Jó 21.30	Ap 20.11	Ap 20.11	4	5	9
Dia (do juízo)	Mt 10.15	Ap 20.11	Ap 20.11	–	11	11
Dia (do Senhor)	Sl 2.9	Ap 19.19	Ap 19.19	24	16	40
Divindade (nomes da)	Gn 1.1	Ml 3.18	Ml 3.18	13	–	13
Eleição (coletiva e individual)	Dt 7.6	Ap 17.14	1Pe 5.13	13	34	47
Espírito Santo (AT)	Gn 1.2	Zc 12.10	Zc 12.10	60	–	60
Espírito Santo (NT)	Mt 1.18	Ap 22.17	At 2.4	–	100	100
Esposa (de Cristo)	Jo 3.29	Ap 21.9	Ap 19.7	–	6	6
"Esposa" (do Senhor)	Is 54.5	Os 2.2	Os 2.2	3	–	3
Evangelho	Gn 12.3	Ap 14.6	Ap 14.6	4	84	88
Fé	Gn 3.20	Ap 2.19	Hb 11.39	23	108	131
Graça	Jo 1.14	Ap 22.21	Jo 1.17	–	61	61
Igreja (verdadeira)	Mt 16.18	Hb 12.23	Hb 12.23	–	28	28
Igreja (visível)	1Co 10.32	1Tm 3.15	1Tm 3.15	–	6	6
Igrejas (locais)	At 8.3	Ap 22.16	Fp 1.1	–	39	39
Imputação	Gn 15.6	Tg 2.23	Tg 2.23	2	3	5
Inspiração	Êx 4.15	Ap 22.18	2Tm 3.16	33	129	162
Israel (história, origem, aliança, profecias)	Gn 12.2	Ap 21.12	Rm 11.26	55	20	75
Juízos (os sete)	2Sm 7.14	Ap 22.12	Ap 20.12	6	37	43
Justiça (vestes de)	Gn 3.21	Ap 19.8	Ap 19.8	7	16	23

ÍNDICE DAS REFERÊNCIAS TEMÁTICAS EM CADEIA (*continuação*)

			Resumo da nota	*Quantidade de referências*		
TEMA	*Primeira referência*	*Última referência*	*Referência*	*Ref. AT*	*Ref. NT*	*Total*
Justiça (AT)	Gn 6.9	2Pe 2.8	Lc 2.25	9	20	29
Justificação	Lc 18.14	Tg 2.21	Rm 3.28	–	14	14
Fermento	Gn 19.3	Gl 5.9	Mt 13.33	17	7	24
Lei (de Cristo)	Jo 13.34	2Jo 5	2Jo 5	–	52	52
Lei (de Moisés)	Êx 19.1	Ap 14.12	Gl 3.24	22	71	93
Milagres (AT)	Gn 5.24	Jn 2.10	Jn 1.17	52	–	52
Milagres (NT)	Mt 8.3	Ap 11.11	At 28.8	–	56	56
Morte (espiritual)	Gn 2.17	Ap 20.12	Ef 2.5	2	14	16
Morte (física)	Gn 2.17	Ap 18.24	Hb 9.27	4	19	23
Morte (segunda)	Jo 8.21	Ap 21.8	Ap 20.14	–	6	6
Nomes de Deus, *veja* Divindade						
Orações da Bíblia (AT)	Gn 15.2	Hc 3.1	Hc 3.1	51	–	51
Orações da Bíblia (NT)	Mt 6.9	Ap 22.20	Lc 11.2	–	48	48
Parábolas (AT)	Jz 9.8	Zc 11.7	Zc 11.7	20	–	20
Parábolas (NT)	Mt 5.13	Lc 21.29	Lc 21.29	–	31	31
Perdão	Lv 4.20	1Jo 2.12	Mt 26.28	11	31	42
Predestinação	Rm 8.29	Ef 1.11	Ef 1.11	–	3	3
Presciência	At 2.23	1Pe 1.20	1Pe 1.20	–	4	4
Provar-Tentar	Gn 3.1	Ap 3.10	Tg 1.14	38	40	78
Recompensas	Dn 12.3	Ap 22.12	1Co 3.14	1	26	27
Reconciliação	Rm 5.10	Cl 1.20	Cl 1.20	–	5	5
Redenção (tipo do parente remidor)	Gn 48.16	Os 13.14	Is 59.20	43	–	43
Reino (AT)	Gn 1.26	Zc 14.16	Zc 12.8	60	–	60
Reino (NT)	Mt 2.2	Ap 21.5	1Co 15.24	–	59	59
Remanescente	Is 1.9	Ap 20.4	Rm 11.5	24	7	31
Ressurreição	2Rs 4.35	Ap 20.13	1Co 15.52	7	62	69
Sábado (dia de repouso)	Gn 2.3	Cl 2.16	Mt 12.1	9	22	31
Sacrifício (de Cristo, profético, tipológico)	Gn 3.15	Ap 12.11	Hb 10.18	21	56	77
Santificação (AT)	Gn 2.3	Zc 8.3	Zc 8.3	22	–	22
Santificação (NT)	Mt 4.5	Ap 22.11	Ap 22.11	–	53	53
Satanás	Gn 3.1	Ap 20.10	Ap 20.10	8	49	57
Segurança	Sl 23.1	Jd 24	Jd 1	7	29	36
Separação	Gn 12.1	Ap 18.4	2Co 6.17	18	11	29
Tempos dos gentios	Dt 28.49	Ap 16.19	Ap 16.19	9	3	12
Teofanias	Gn 12.7	Dn 10.5	Gn 12.7	9	–	9
Tribulação (a grande)	Sl 2.5	Ap 7.14	Ap 7.14	4	5	9
Vida (eterna)	Mt 7.14	Ap 22.19	Ap 22.19	–	61	61

ÍNDICE DE NOTAS DE RODAPÉ

ÍNDICE DE NOTAS DE RODAPÉ (*continuação*)

ÍNDICE DE NOTAS DE RODAPÉ (*continuação*)

ANOTAÇÕES

ANOTAÇÕES

ANOTAÇÕES

ANOTAÇÕES

ANOTAÇÕES

ANOTAÇÕES

Bíblia Scofield AEC Capa Preta	ISBN 978-65-5584-483-2
Bíblia Scofield AEC Capa Marrom	ISBN 978-65-5584-484-9
Bíblia Scofield AEC Capa Azul	ISBN 978-65-5584-485-6
Bíblia Scofield AEC Capa Vinho	ISBN 978-65-5584-486-3

Esta obra foi composta em *Askan Slim* e *Próxima Nova* e impressa na Coreia, sobre Papel Bíblia 30 g/m².

Impresso na Coreia / *Printed in Korea*

O MUNDO DOS PATRIARCAS

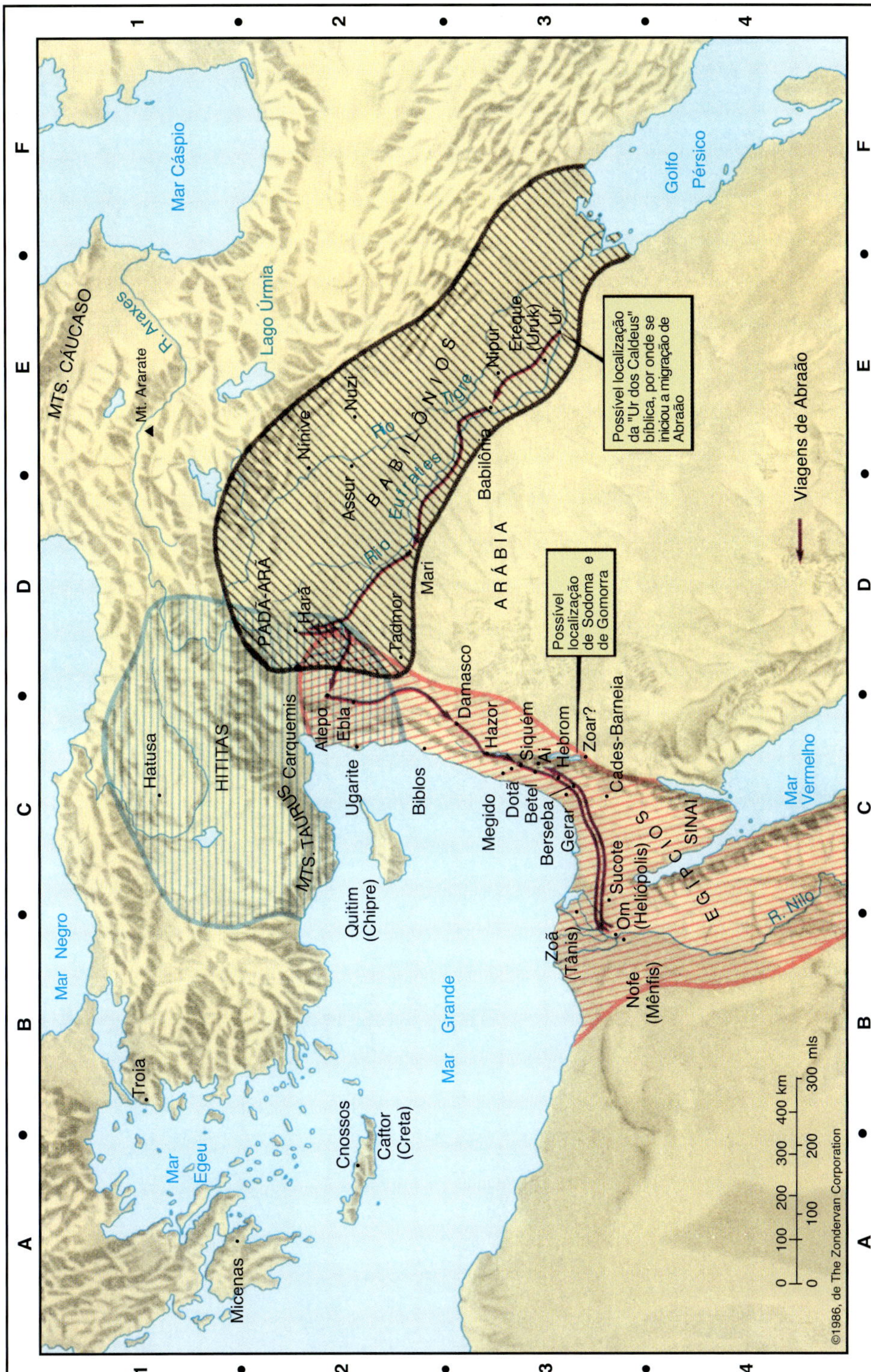

O ÊXODO E A CONQUISTA DE CANAÃ

OS PROFETAS DE ISRAEL E DE JUDÁ

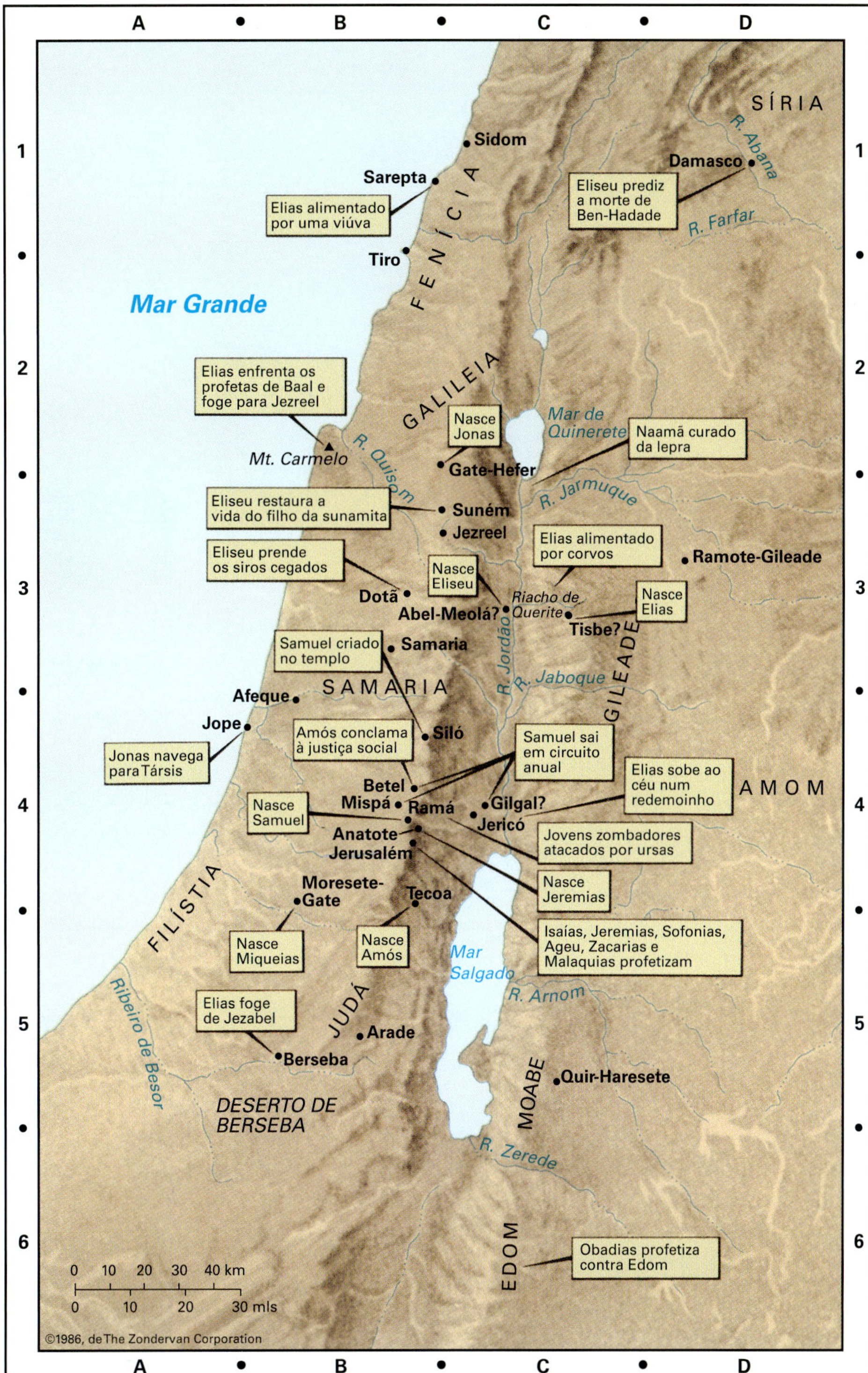

O MINISTÉRIO DE JESUS

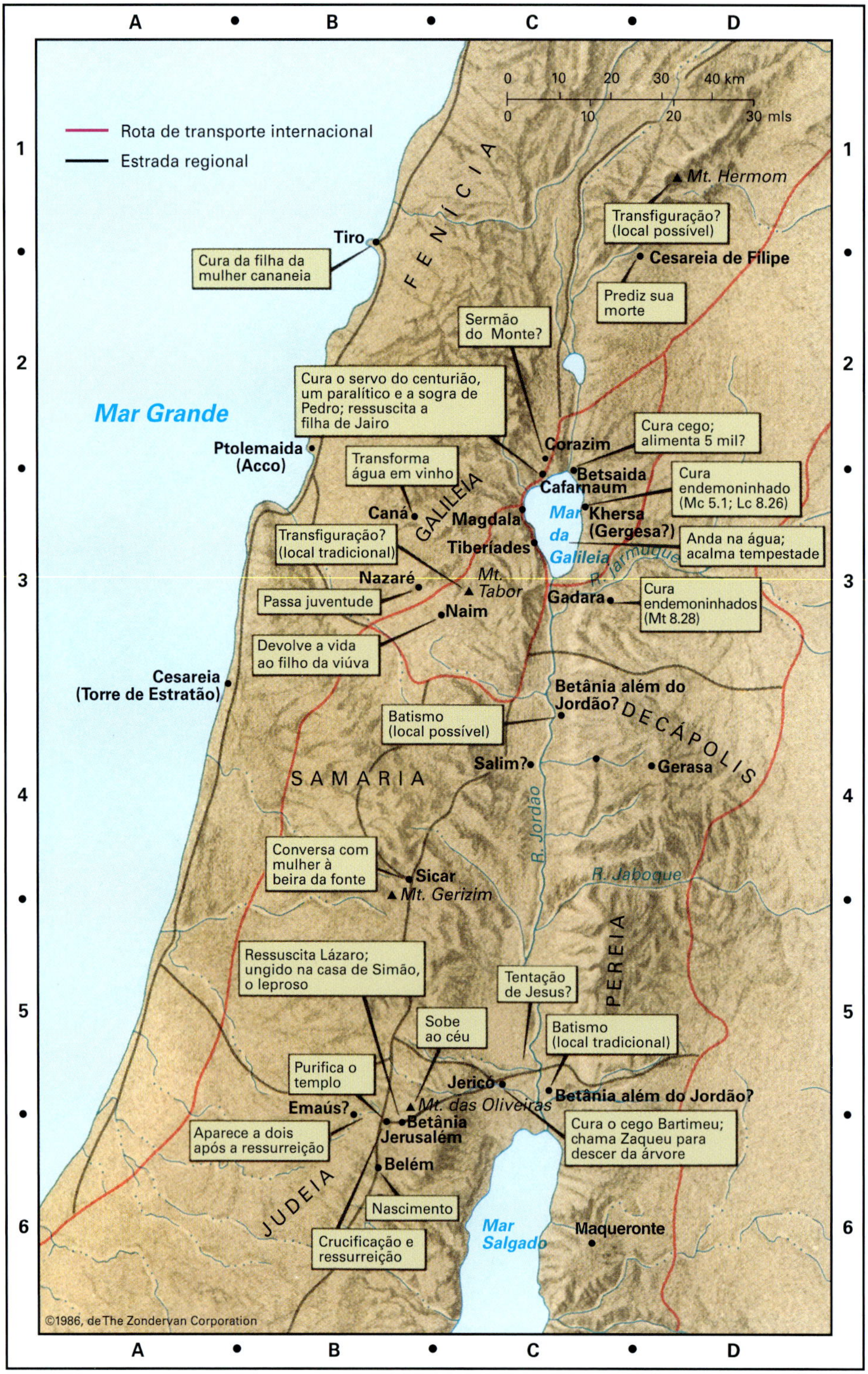

AS PRIMEIRAS VIAGENS DOS APÓSTOLOS

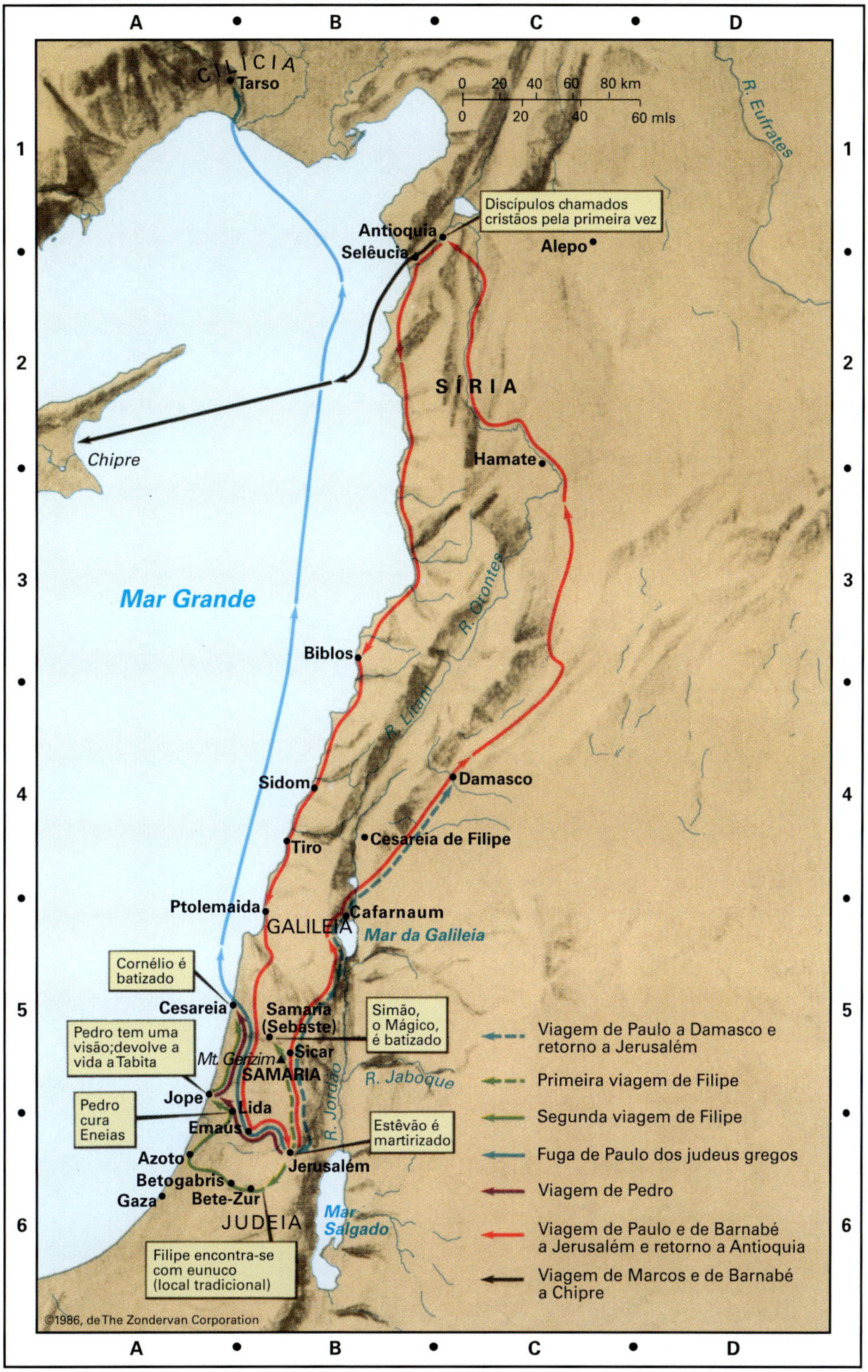

AS VIAGENS MISSIONÁRIAS DE PAULO

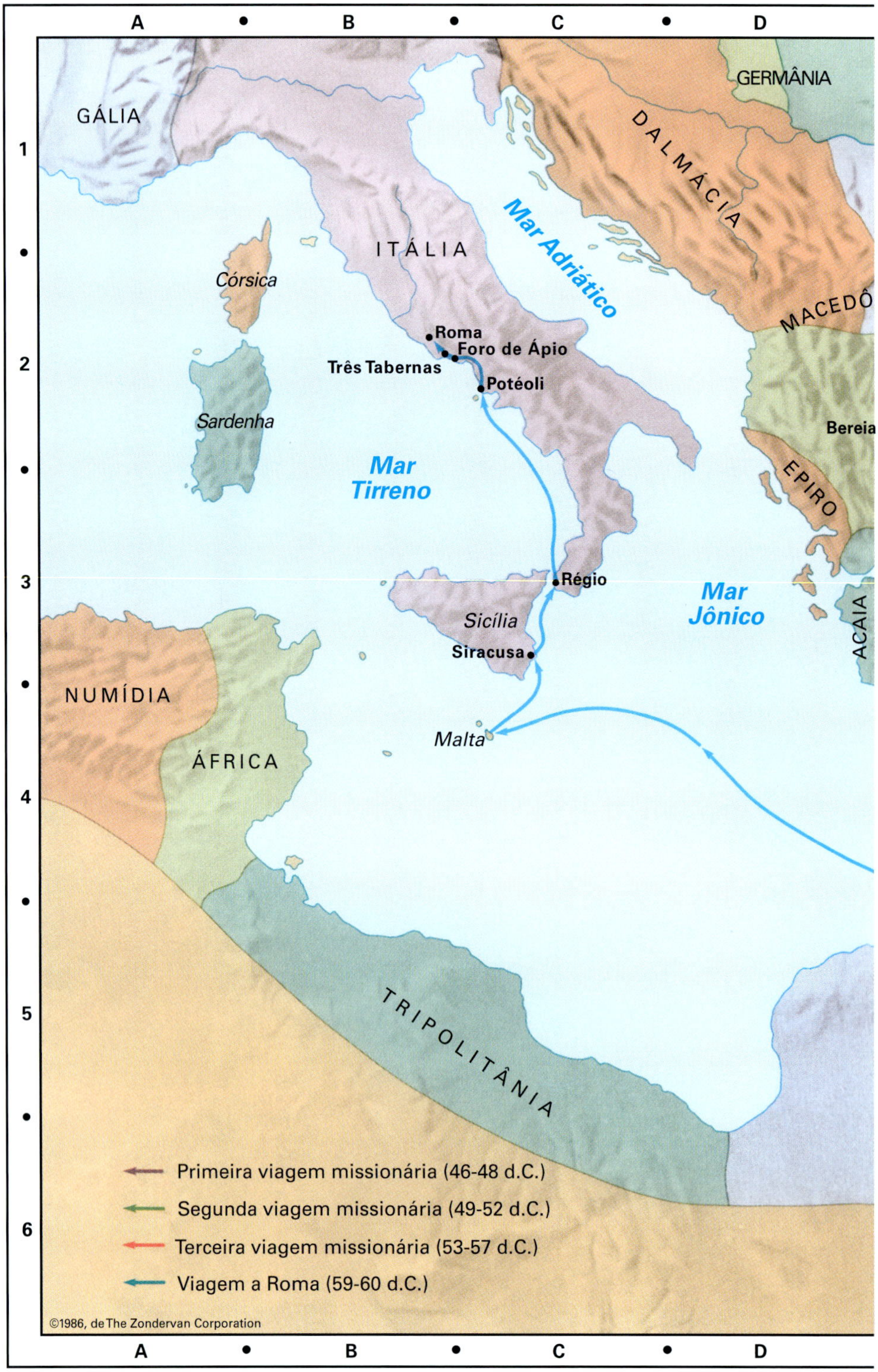

E
F
G
H
1
2
3
4
5
6
DÁCIA
MOÉSIA
Mar Negro
NIA
TRÁCIA
Filipos
Neápolis
Anfípolis
Apolônia
Samotrácia
Tessalônica
Mt. Olimpo
BITÍNIA E PONTO
GALÁCIA
Trôade
Assôs
Mitilene
MÍSIA
Mar Egeu
Pérgamo
Tiatira
ÁSIA
Quios
Sardes
Filadélfia
Esmirna
LÍDIA
FRÍGIA
Antioquia da Pisídia
LICAÔNIA
CAPADÓCIA
COMAGENE
Delfos
Corinto
Atenas
Samos
Éfeso
Laodiceia
Colossos
PISÍDIA
Icônio
Listra
Derbe
CILÍCIA
R. Eufrates
Cencreia
Mileto
Tarso
Isso
Esparta
Patmos
Cós
Cnido
LÍCIA
Pátara
Atália
PANFÍLIA
Perge
Antioquia
Alepo
Selêucia
Rodes
Mirra
SÍRIA
Chipre
Salamina
Pafos
Fenice
Creta
Laseia
Salmona
Bons Portos
FENÍCIA
ABILENE
Sidom
Damasco
Tiro
Mar Grande
Ptolemaida
Cesareia
JUDEIA
R. Jordão
Jerusalém
Mar Salgado
ARÁBIA
CIRENAICA
EGITO
R. Nilo
0
100
200
300 km
0
100
200 mls
Mar Vermelho

O IMPÉRIO ROMANO

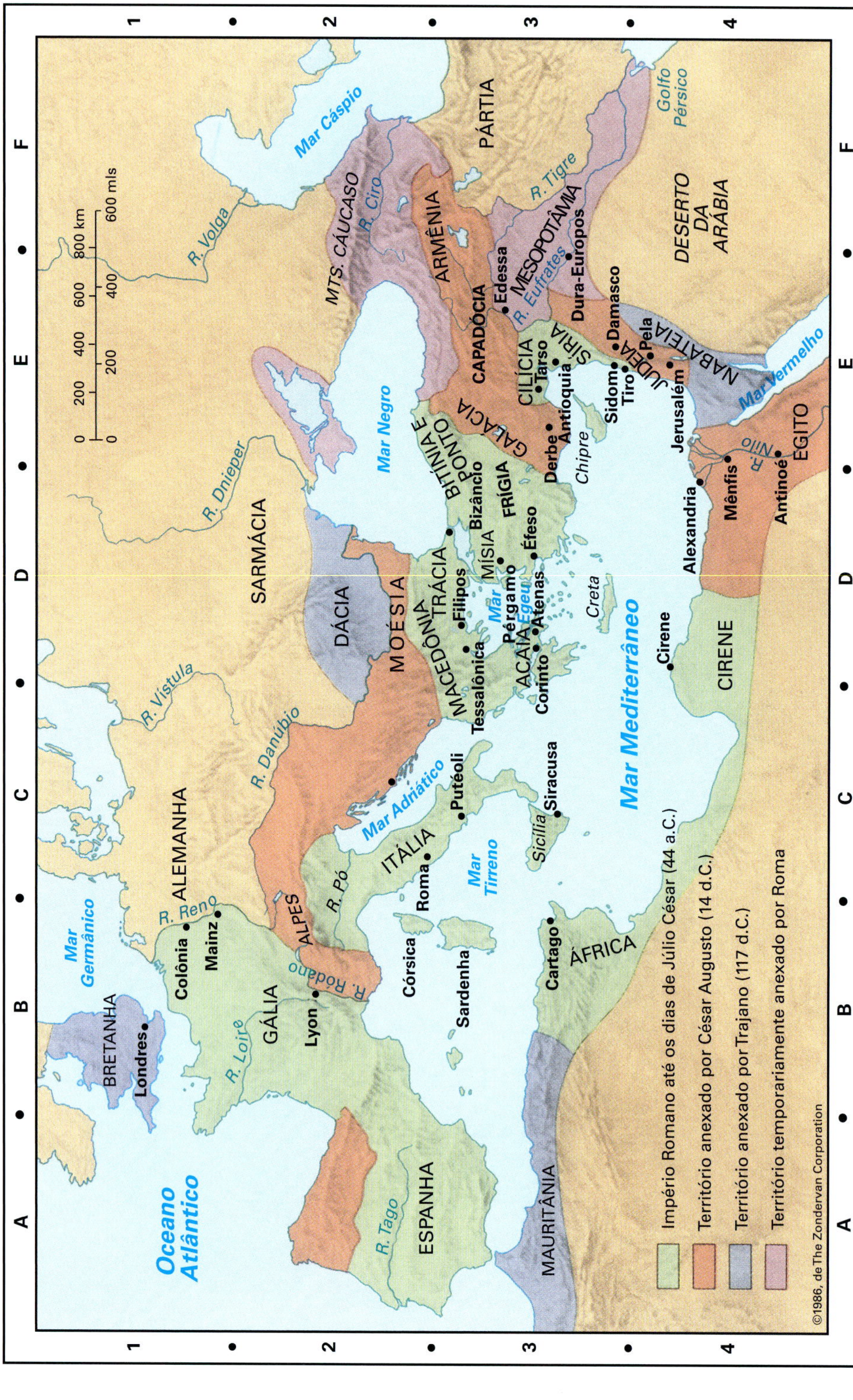